2010
中国证券投资基金年鉴
ALMANAC OF CHINA'S SECURITIES INVESTMENT FUNDS
（总第八卷）

国务院发展研究中心金融研究所　主办
中国证券投资基金年鉴编辑委员会　编
中国经济出版社
CHINA ECONOMIC PUBLISHING HOUSE

基金公司地区分布图

Geographical Distribution of Fund Management Companies

截至2009年12月31日，我国共有60家基金管理公司，分别分布在上海、深圳、北京、广东珠海、广西南宁、重庆和天津七地。

（地区分布统计按基金公司注册地址统计）

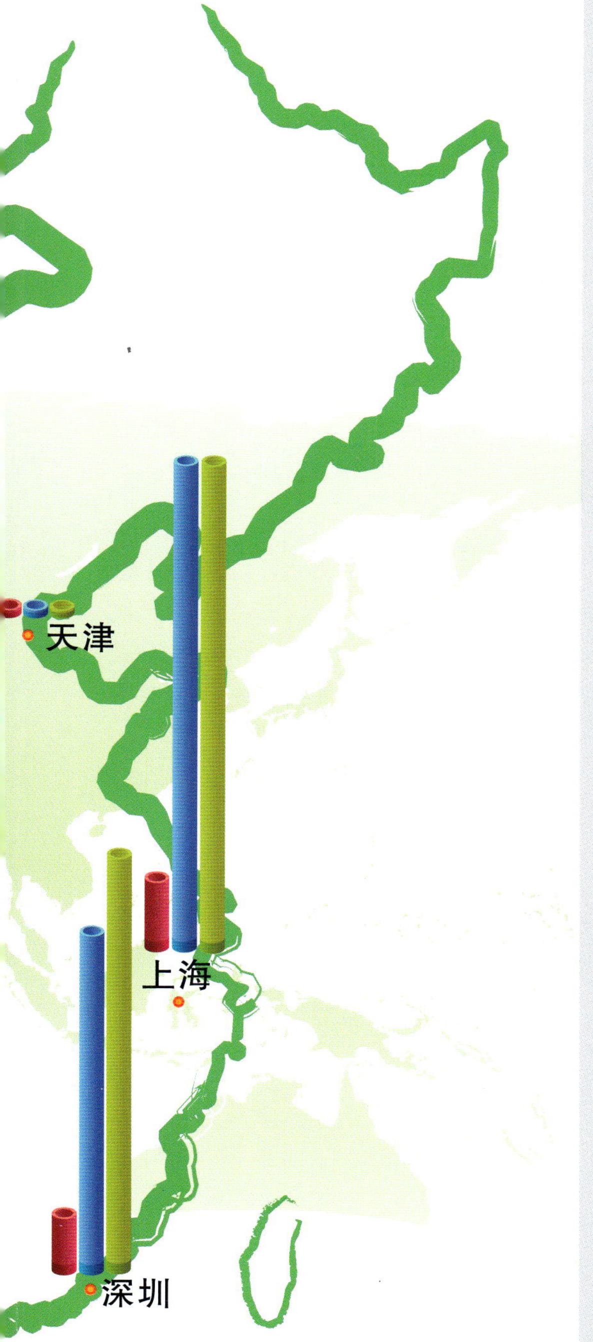

北京：7家（3家合资）
管理基金70只，新增16只
管理资产规模4,744.48亿元
市场占比17.73%

（华夏 泰达宏利 建信 东方 华商 工银瑞信 中邮创业）

上海：30家（20家合资）
管理基金255只，新增62只
管理资产规模10,215.86亿元
市场占比38.17%

（国泰 华安 嘉实 富国 银河 万家 华宝兴业 海富通 国联安 长信 泰信 天治 兴业全球 申万巴黎 中海 华富 光大保德信 上投摩根 中银 东吴 华泰柏瑞 汇添富 交银施罗德 信诚 汇丰晋信 诺德 中欧 金元比联 浦银安盛 农银汇理）

深圳：16家（9家合资）
管理基金178只，新增34只
管理资产规模8,677.61亿元
市场占比32.43%

（南方 博时 鹏华 长盛 大成 宝盈 融通 银华 长城 国投瑞银 招商 摩根士丹利华鑫 景顺长城 诺安 信达澳银 民生加银）

珠海：3家（中资）
管理基金35只，新增6只
管理资产规模2,746.47亿元
市场占比10.26%

（易方达 金鹰 广发）

重庆：2家（中资）
管理基金7只，新增1只
管理资产规模147.89亿元
市场占比0.55%

（新华 益民）

南宁：1家（合资）
管理基金7只，新增2只
管理资产规模183.48亿元
市场占比0.69%

（国海富兰克林）

天津：1家（中资）
管理基金4只，新增1只
管理资产规模45.02亿元
市场占比0.17%

（天弘）

说明：

桔色标注为合资基金管理公司；

2009年，华夏基金公司吸收合并中信基金公司，且无新基金公司成立，我国基金管理公司数量由上年的61家变为60家；

2010年6月，新成立1家基金公司（合资）；国泰基金公司发生股权变更，公司性质由中资基金公司变更为合资基金公司。

基金市场地区分布图

Geographical Distribution of Fund Market

前10大基金公司市场占有率地区分布

截至2009年12月31日，我国前10大基金公司共管理基金169只，管理基金资产规模13,310.67亿元，市场集中度达到49.74%，同比上年降低了0.68个百分点。

前10大基金公司分别为华夏、易方达、嘉实、博时、南方、广发、大成、华安、交银施罗德和银华；分别分布在深圳（4家）、上海（3家）、珠海（2家）和北京（1家）。

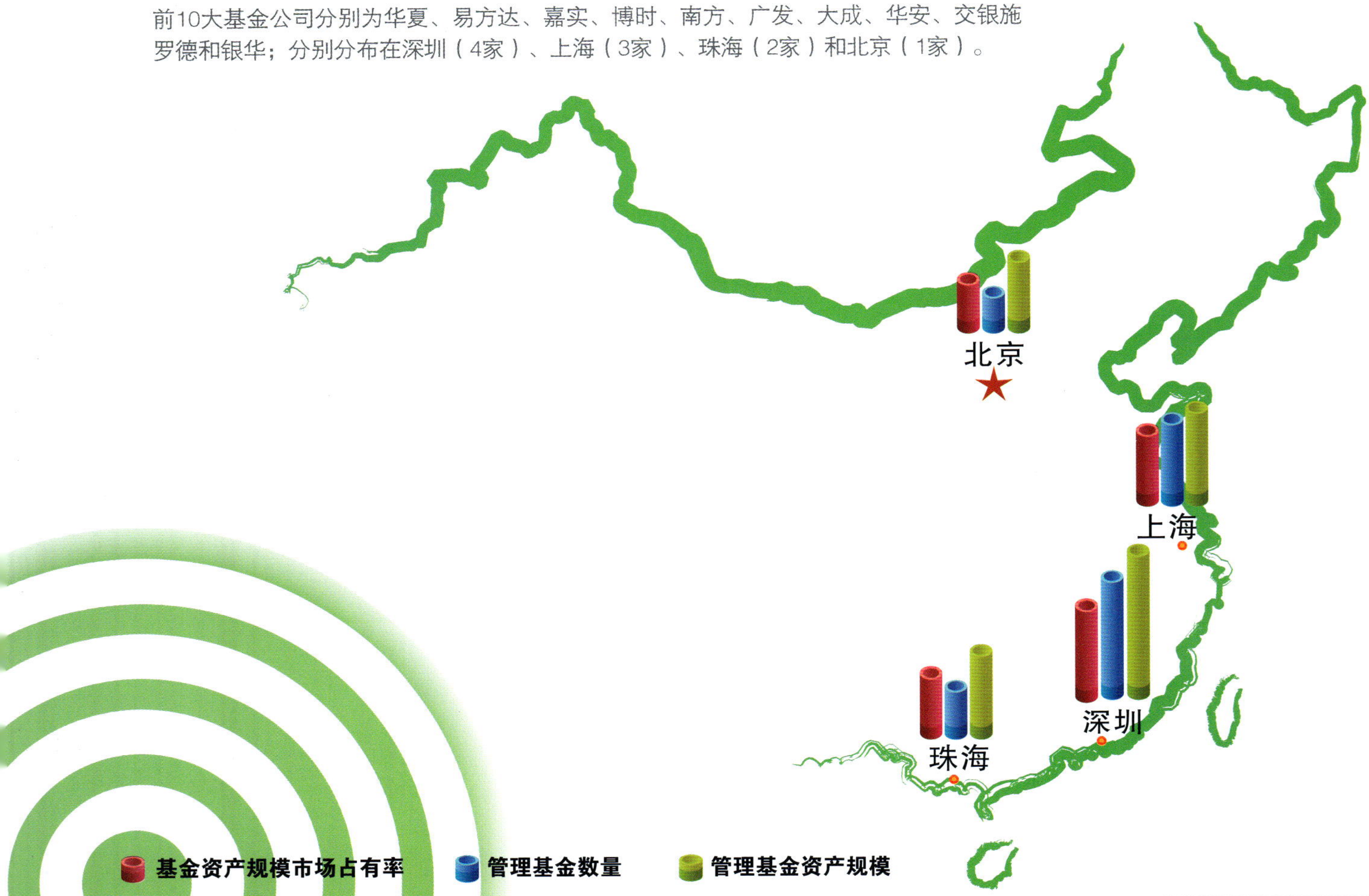

北 京：1家（中资）25只，2,657.59亿元

华夏

管理基金25只，管理基金资产2,657.59亿元，市场占比9.93%

上海：3家（2家合资）45只，3,418.31亿元

嘉实

管理基金19只，管理基金资产1,564.21亿元，市场占比5.85%

华安

管理基金15只，管理基金资产930.18亿元，市场占比3.48%

交银施罗德

管理基金11只，管理基金资产923.92亿元，市场占比3.45%

深圳：4家（中资）68只，4,534.83亿元

博时

管理基金18只，管理基金资产1,504.56亿元，市场占比5.62%

南方

管理基金21只，管理基金资产1,222.71亿元，市场占比4.57%

大成

管理基金16只，管理基金资产1,060.46亿元，市场占比3.96%

银华

管理基金13只，管理基金资产747.10亿元，市场占比2.79%

珠海：2家（中资）31只，2,699.94亿元

易方达

管理基金19只，管理基金资产1,595.23亿元，市场占比5.96%

广发

管理基金12只，管理基金资产1,104.71亿元，市场占比4.13%

14家托管银行市场占有率地区分布

2009年，广东发展银行、中国邮政储蓄银行和上海银行三家商业银行分别获得基金托管资格，至此，基金托管银行从上年末的14家增加到17家。截至2009年12月31日，前5大托管银行——中国工商银行、中国建设银行、中国银行、中国农业银行、交通银行托管基金资产规模的市场份额合计达到91.57%，比上年增长0.94个百分点。

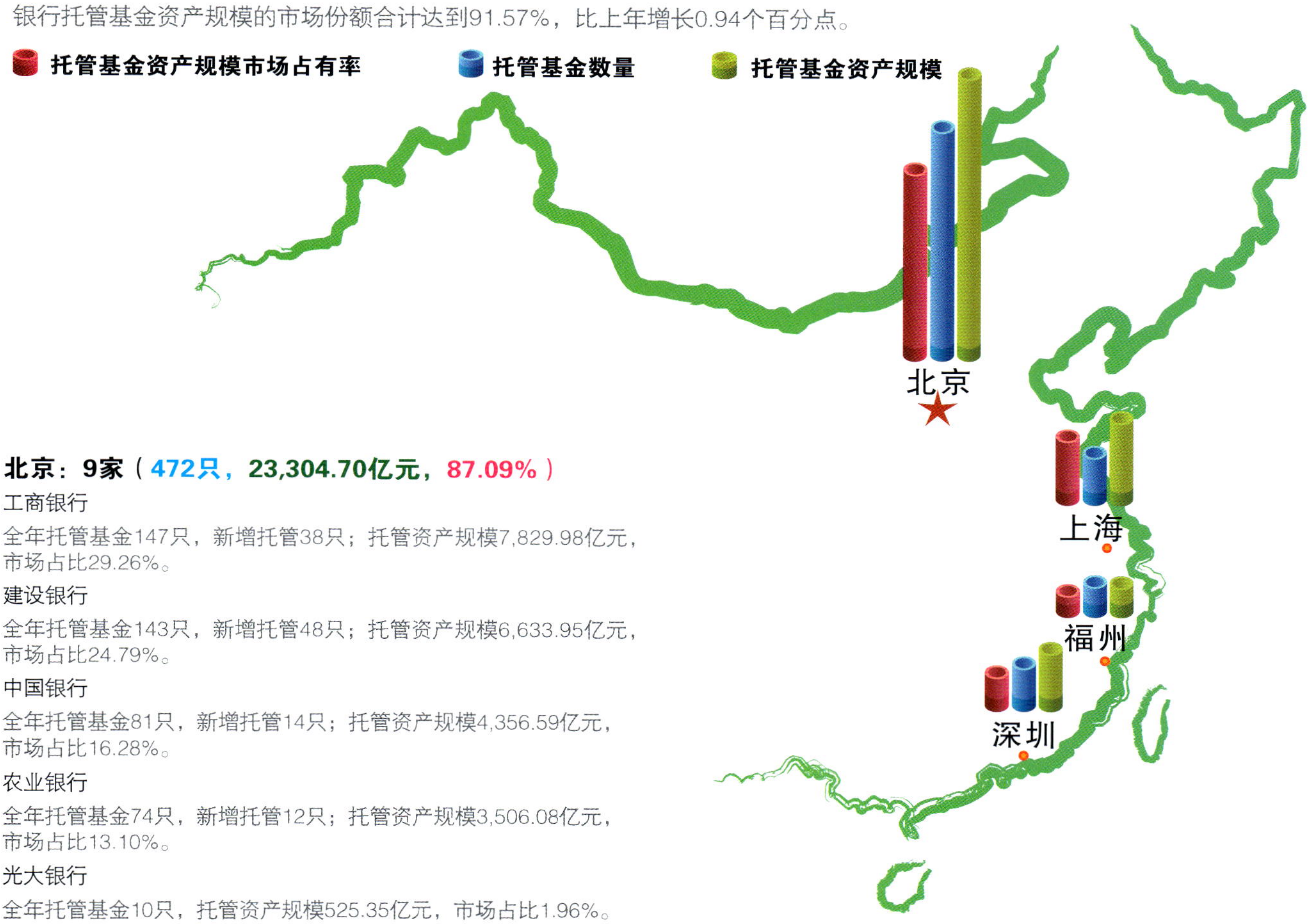

北京：9家（472只，23,304.70亿元，87.09%）

工商银行

全年托管基金147只，新增托管38只；托管资产规模7,829.98亿元，市场占比29.26%。

建设银行

全年托管基金143只，新增托管48只；托管资产规模6,633.95亿元，市场占比24.79%。

中国银行

全年托管基金81只，新增托管14只；托管资产规模4,356.59亿元，市场占比16.28%。

农业银行

全年托管基金74只，新增托管12只；托管资产规模3,506.08亿元，市场占比13.10%。

光大银行

全年托管基金10只，托管资产规模525.35亿元，市场占比1.96%。

民生银行

全年托管基金7只，托管资产规模233.21亿元，市场占比0.87%。

中信银行

全年托管基金3只，托管资产规模105.46亿元，市场占比0.39%。

华夏银行

全年托管基金6只，托管资产规模99.31亿元，市场占比0.37%。

邮储银行

获得基金托管资格,托管基金1只，托管资产规模14.78亿元。

上海：2家（53只，2,515.06亿元，9.40%）

交通银行

全年托管基金46只，新增托管4只；托管资产规模2,178.71亿元，市场占比8.14%。

浦发银行

全年托管基金7只；托管资产规模336.35亿元，市场占比1.26%。

深圳：2家（20只，482.80亿元，1.80%）

招商银行

全年托管基金19只，新增托管1只；托管资产规模478.48亿元，市场占比1.79%。

深圳发展银行

获得基金托管资格，托管基金1只，托管资产规模4.32亿元。

福州：1家（11只，458.24亿元，1.71%）

兴业银行

全年托管基金11只，新增托管1只；托管资产规模458.24亿元，市场占比1.71%。

基金数字

Fund Figures

556只　118只　27%

截至2009年末，我国证券投资基金的数量达到556只，同比上年净增118只，增长幅度26.94%，与上年基本持平。

26,761亿元　7,372亿元　38%

2009年，我国基金市场出现新一轮的投资热潮：556只证券投资基金年末资产净值达到26,761亿元，同比上年增加7,372亿元，增长38%。

60家　33家　55%

2009年，华夏基金管理公司完成对中信基金管理公司的吸收合并，且无新基金管理公司成立，我国基金管理公司总数变更为60家。其中，合资基金公司保持上年的33家，市场占比55%。

12家　27家　35家

截至2009年末，我国60家基金管理公司共有12家获得企业年金投资管理人资格；27家获得QDII资格；35家获得专户理财资格。

3家　17家　50.40亿元

2009年新增3家商业银行获得基金托管资格,基金托管银行数量增至17家；基金托管费收入从上年的53.78亿元下降到50.40亿元，基金托管费收入首次出现下降。

118只　3,771亿元　32亿元

2009年新设立的118只证券投资基金（不含2只“封转开”基金）募集总规模3,771亿元，平均每只基金募集规模32亿元。

120只　4只　115只

2009年我国新设立证券投资基金共计120只。其中1只封闭式基金、4只ETF和115只开放式基金(包括2只“封转开”基金)。115只新设立的开放式基金中,包括72只股票型基金、20只混合型基金、20只债券型基金和3只货币市场基金。

72只　2,478亿元　65%

2009年，股票型基金大幅扩容，全年共有72只股票型基金募集设立，募集总额2,478亿元，为上年的5.41倍，占全年募集总额的65%,成为2009年新基金发行市场的主力军。

9只　736亿元　57.48%

2009年，QDII基金表现出色：9只QDII基金(不含华安国际)年末资产净值达到736亿元，同比增长42%；年平均净值增长率达到57.48%。

8,055人　6,887人　85.50%

据中国证券业协会统计,截至2009年12月31日，我国60家基金管理公司共有员工8,055人,其中在职注册的基金从业人员共6,887人,占员工总数的85.50%,同比上年增加了32.14%。

证券投资基金数量发展（2001–2009年）

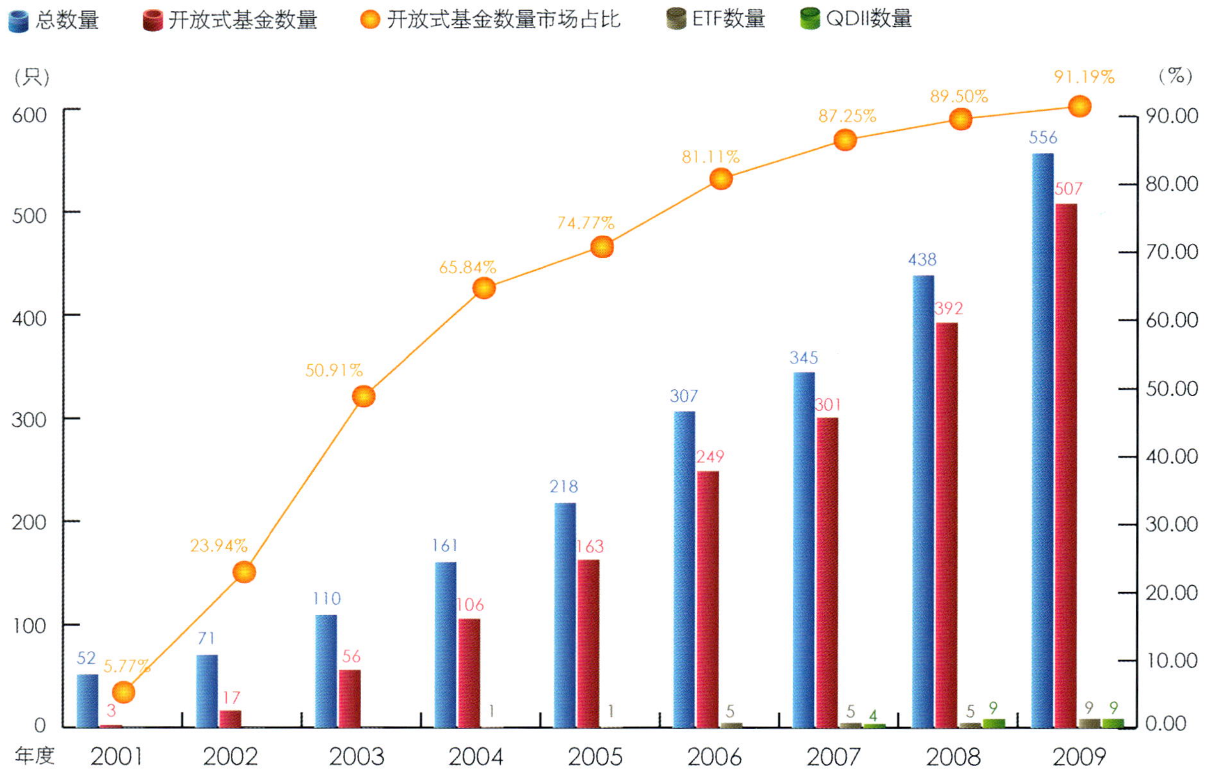

证券投资基金资产规模发展（2001–2009年）

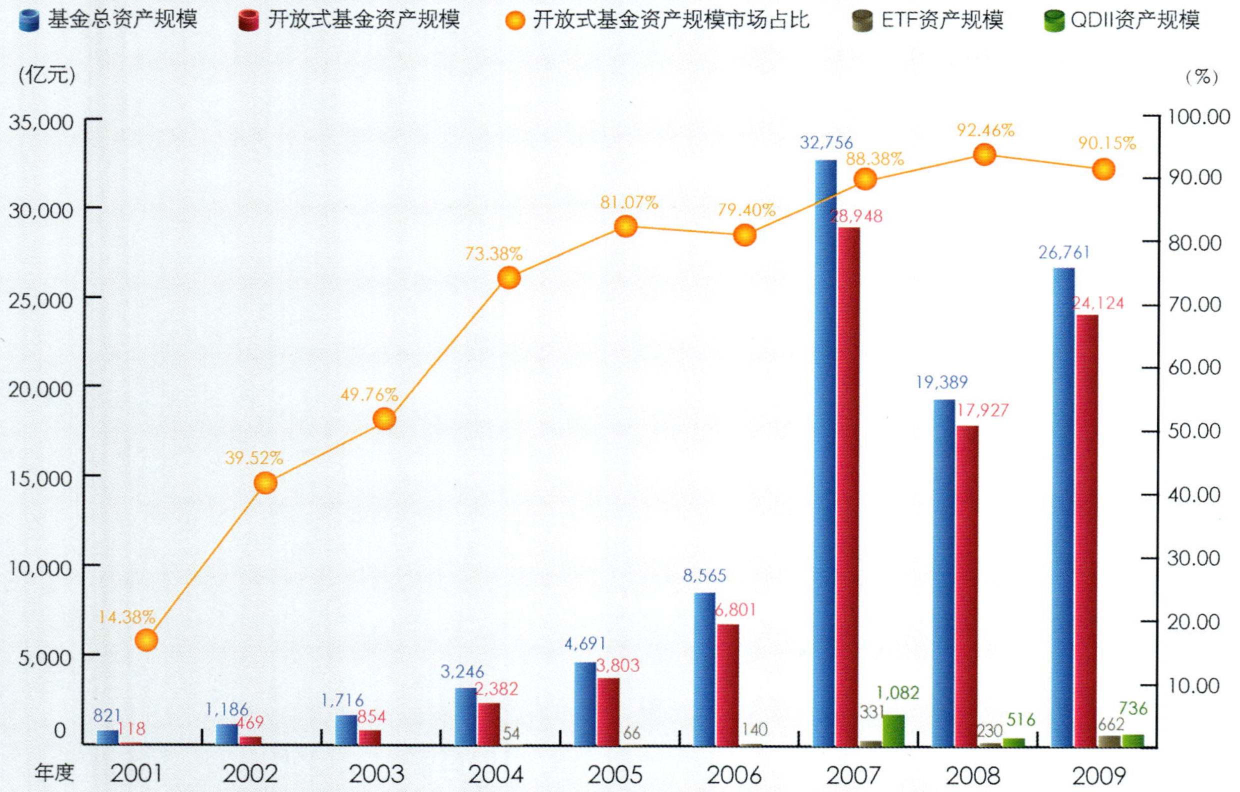

基金管理公司数量发展（2003–2009年）

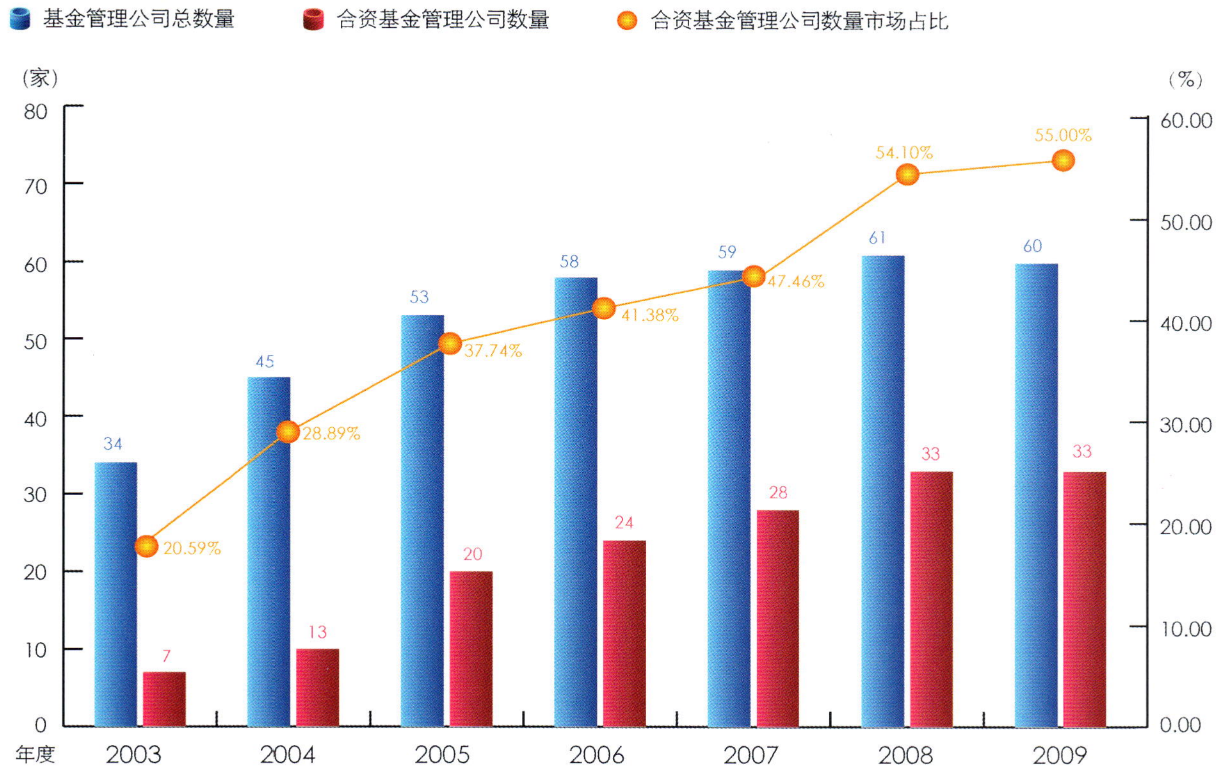

前10大基金管理公司市场集中度（2001–2009年）

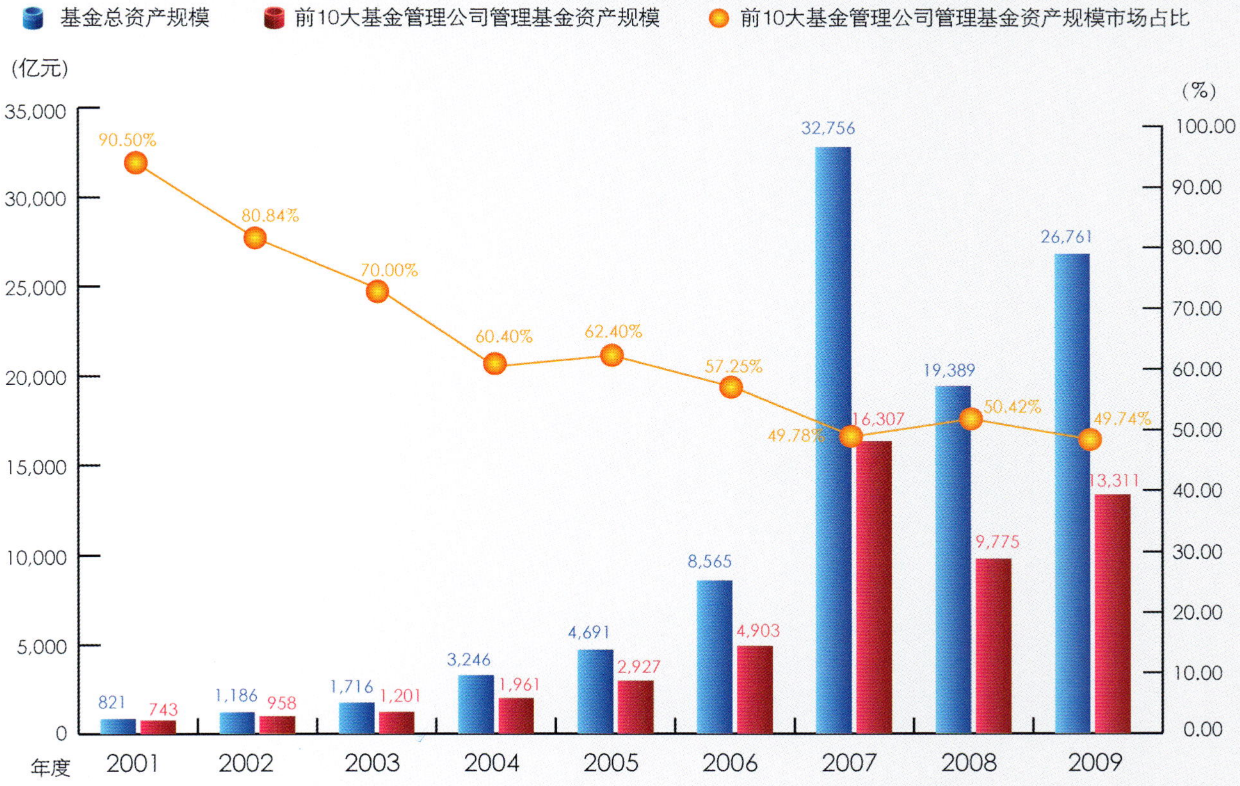

证券投资基金历年发行数量（2001–2009年）

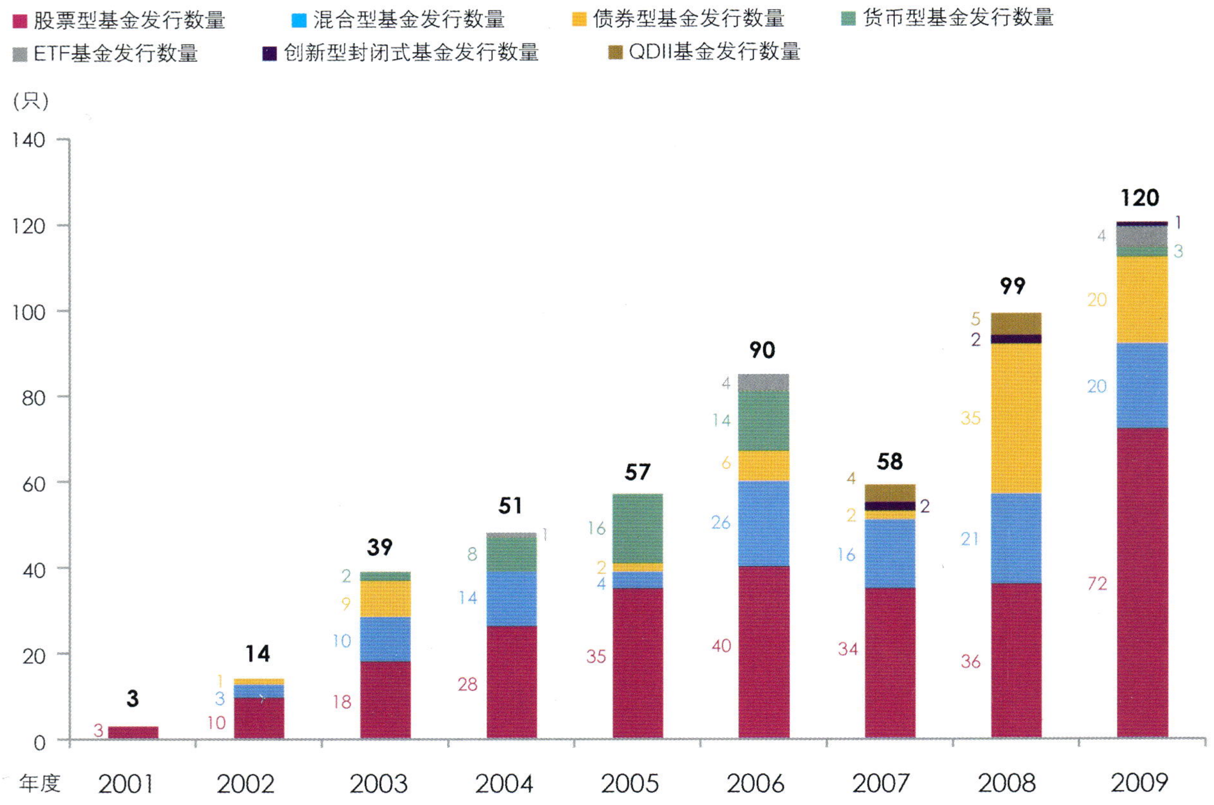

2009年证券投资基金数量

总数量：556只

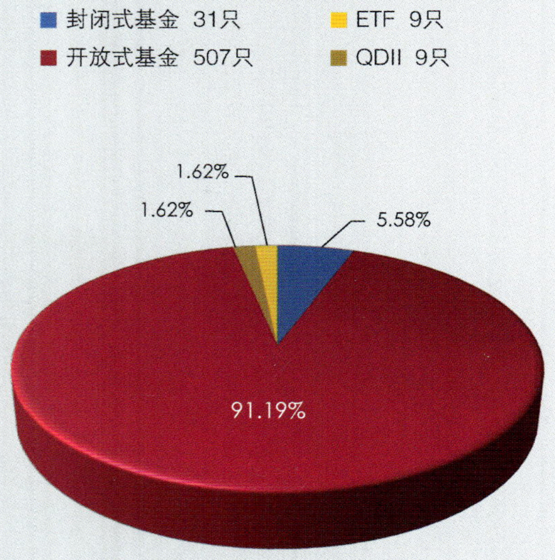

2009年证券投资基金资产规模

总资产规模：26,760亿元

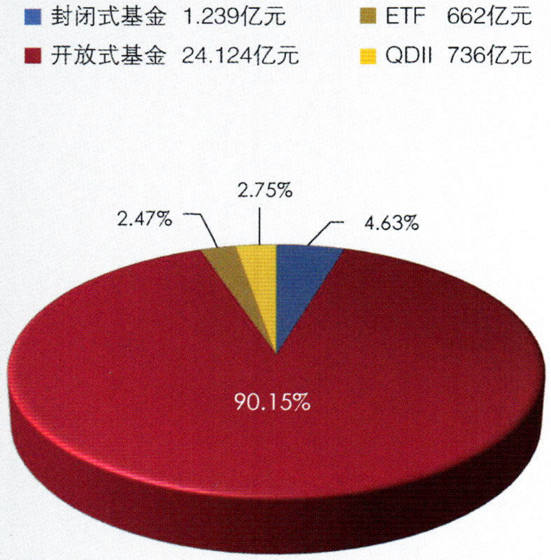

证券投资基金历年募集规模（2001–2009年）

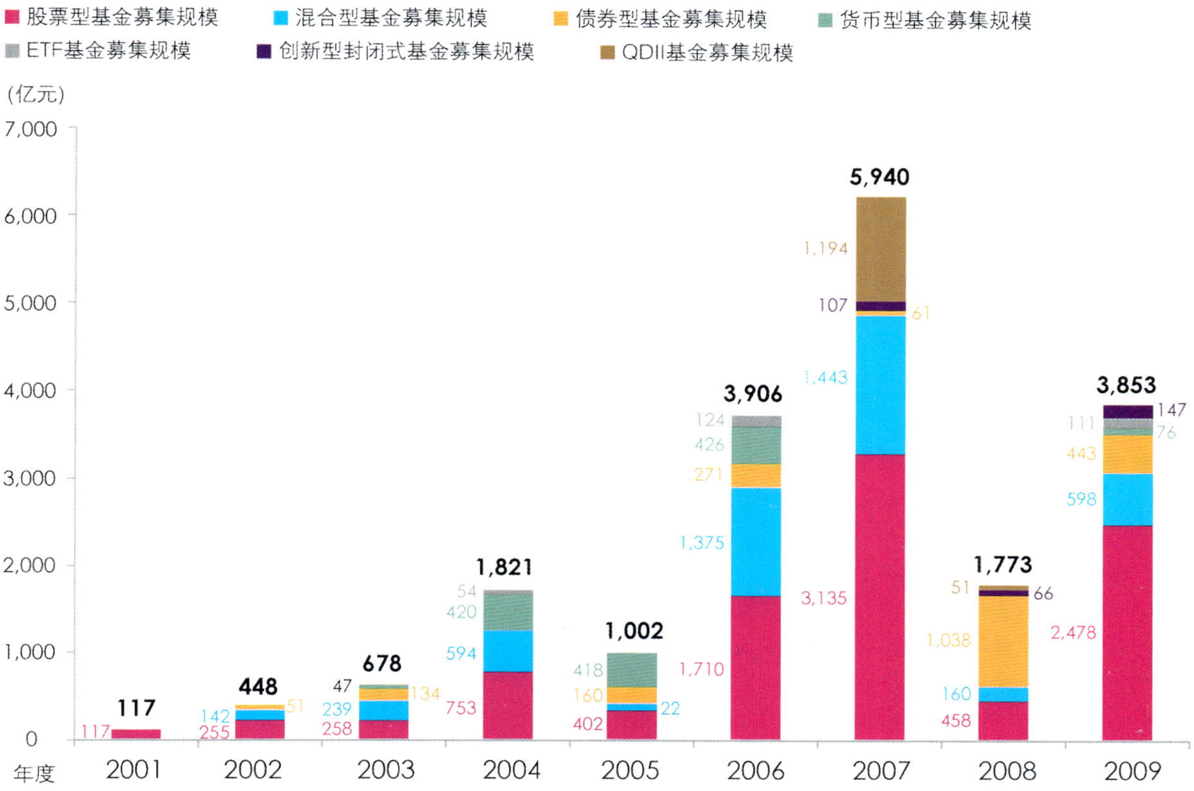

2009年开放式基金数量

总数量：507只

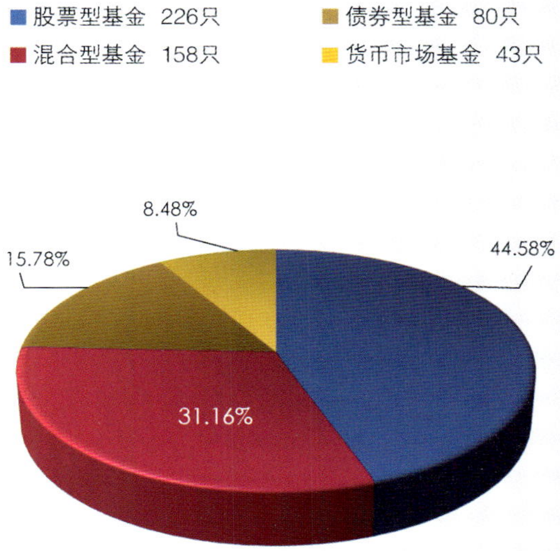

2009年开放式基金资产规模

总资产规模：24,124亿元

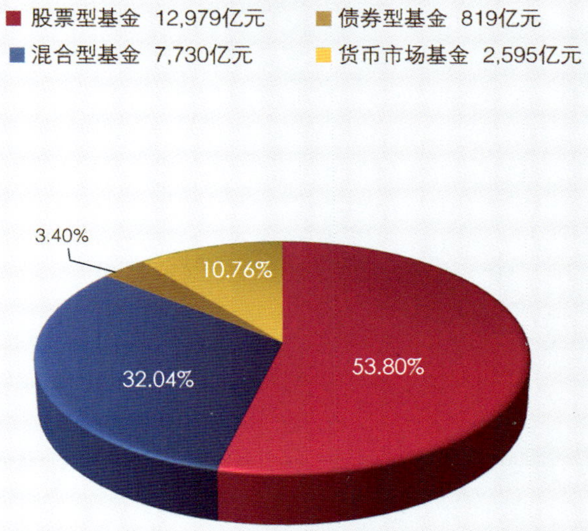

开放式基金历年资金流量(2002-2009年)

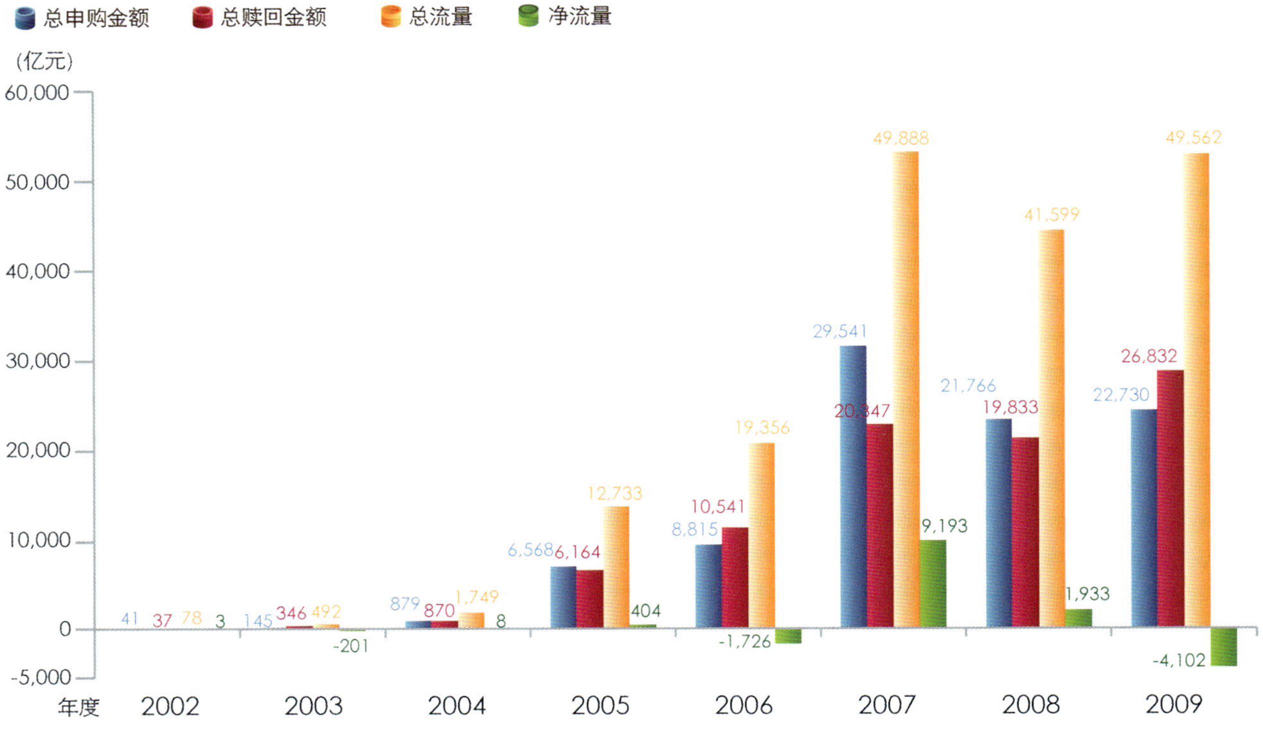

注:当年新成立的基金不在统计范围之内;总流量=总申购金额+总回金额; 净流量=总申购金额-总赎回金额

2009年证券投资基金发行数量

总数量:120只

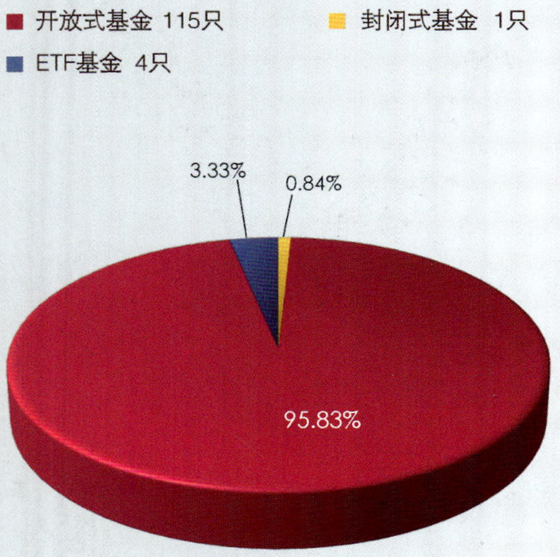

2009年证券投资基金募集规模

总募集规模:3,853亿元

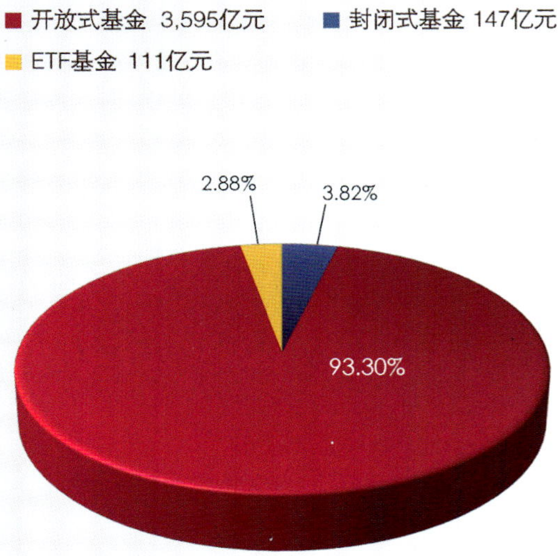

证券投资基金历年资产配置(2002–2009年)

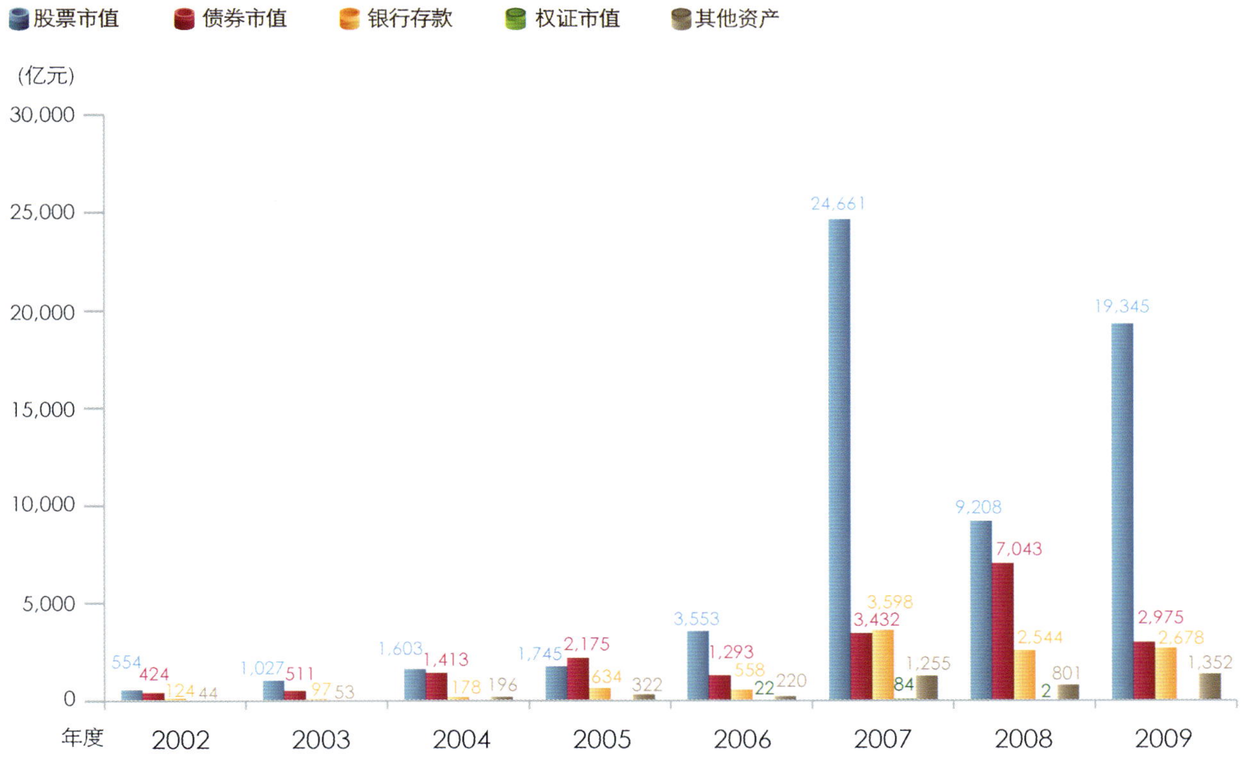

2009年开放式基金发行数量

总数量：115只

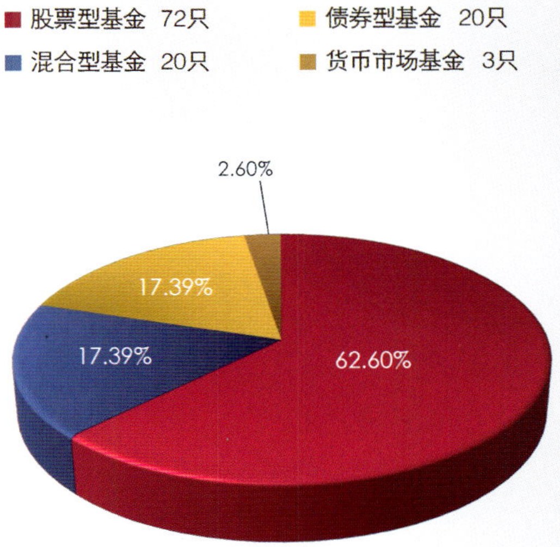

2009年开放式基金募集规模

总募集规模：3,595亿元

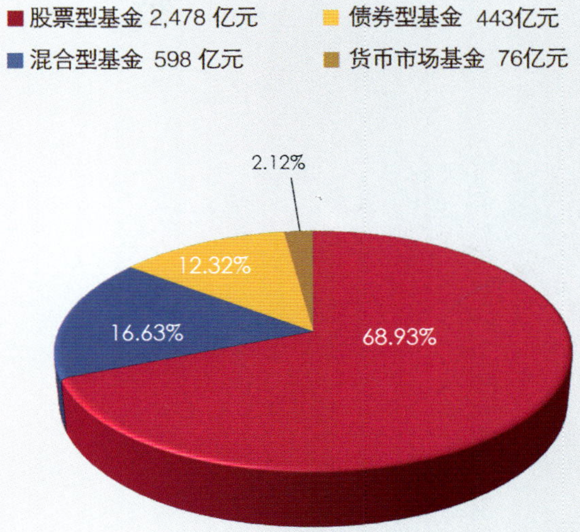

基金日历

Fund Calendar

基金行业机构　基金成立　基金分红　法规文件

一月/January

07 杭州银行获准基金销售业务资格
华宝证券经纪公司获准基金销售业务资格
16 融通基金获准从事特定客户资产管理业务
广发基金获准QDII业务资格
厦门证券获准基金销售业务资格
爱建证券获准基金销售业务资格

15 长城双动力股票基金合同生效成立
19 国投瑞银货币基金合同生效成立
21 交银保本混合基金合同生效成立
上投摩根中小盘股票基金合同生效成立
23 汇添富价值精选股票基金合同生效成立
华商收益增强债券基金合同生效成立

05 1只开放式基金分红
07 1只开放式基金分红
08 1只开放式基金分红
19 1只开放式基金分红

二月/February

09 中银基金获准QDII业务资格
长信基金获准从事特定客户资产管理业务
23 临商银行获准基金销售业务资格

17 华宝兴业增强收益债券基金合同生效成立

06 1只开放式基金分红
09 2只开放式基金分红
1只封闭式基金分红
10 1只开放式基金分红
12 1只开放式基金分红
13 1只开放式基金分红
16 2只开放式基金分红
18 1只开放式基金分红
20 1只开放式基金分红
25 1只开放式基金分红
26 1只开放式基金分红
27 2只开放式基金分红

08 中国证监会发布《证券投资基金信息披露XBRL模板第3号〈年度报告和半年度报告〉》

三月/March

17 英大证券获准基金销售业务资格

04 光大保德信均衡精选股票基金合同生效成立
诺德增强收益债券基金合同生效成立
05 工银沪深300指数基金合同生效成立
10 诺安成长股票基金合同生效成立
11 国联安增利债券基金合同生效成立
国泰双利债券基金合同生效成立
信诚经典优债债券基金合同生效成立
17 宝盈核心优势混合基金合同生效成立
20 嘉实量化阿尔法股票基金合同生效成立
23 金元比联丰利债券基金合同生效成立
25 南方沪深300指数基金合同生效成立
国富成长动力股票基金合同生效成立
兴业有机增长混合基金合同生效成立
26 易方达行业领先股票基金合同生效成立
27 民生加银品牌蓝筹混合基金合同生效成立

04 1只开放式基金分红
09 1只开放式基金分红
12 1只开放式基金分红
18 1只开放式基金分红
23 2只开放式基金分红
24 2只开放式基金分红
25 1只开放式基金分红
26 2只开放式基金分红
27 1只开放式基金分红
30 2只开放式基金分红
1只封闭式基金分红
31 2只开放式基金分红

17 中国证监会发布《基金管理公司投资管理人员管理指导意见》

四月/April

23 泰达宏利基金获准QDII业务资格

03 中银优选混合基金合同生效成立
鹏华沪深300指数（LOF）基金合同生效成立
08 农银平衡双利混合基金合同生效成立
信达澳银稳定价值债券基金合同生效成立
09 泰达宏利品质生活混合基金合同生效成立
10 交银先锋股票基金合同生效成立
13 华安强化收益债券基金合同生效成立
22 融通内需驱动股票基金合同生效成立
泰信蓝筹精选股票基金合同生效成立
24 银河行业股票基金合同生效成立
中欧稳健收益债券基金合同生效成立
27 银华和谐主题混合基金合同生效成立
30 海富通领先成长股票基金合同生效成立

01 3只开放式基金分红
02 2只开放式基金分红
1只封闭式基金分红
07 4只开放式基金分红
08 1只开放式基金分红
3只封闭式基金分红
10 1只ETF基金分红
1只QDII基金分红
3只开放式基金分红
13 1只封闭式基金分红
14 1只开放式基金分红
2只封闭式基金分红
20 3只开放式基金分红
22 5只开放式基金分红
23 4只开放式基金分红
1只封闭式基金分红
24 2只开放式基金分红
27 1只开放式基金分红
28 3只开放式基金分红
29 1只开放式基金分红

21 中国证监会发布《证券投资基金参与股指期货交易指引》

五月/May

04 广东发展银行基金托管资格获批
13 汇添富基金香港子公司获批
大成基金香港子公司获批
19 温州银行获准基金销售业务资格

06 东吴进取策略混合基金合同生效成立
华泰柏瑞货币基金合同生效成立
12 长盛同庆封闭基金合同生效成立
18 万家精选股票基金合同生效成立
27 国泰区位优势股票基金合同生效成立
诺安增利债券基金合同生效成立

07 1只开放式基金分红
08 1只开放式基金分红
1只封闭式基金分红
12 2只开放式基金分红
13 1只QDII基金分红
14 1只开放式基金分红
15 1只开放式基金分红
22 4只开放式基金分红
25 2只开放式基金分红
26 2只开放式基金分红
27 1只开放式基金分红

05 中国证监会发布《关于基金管理公司开展特定多个客户资产管理业务有关问题的规定》

六月/June

26 汉口银行获准基金销售业务资格
29 华夏基金吸收合并中信基金获批

02 建信增强债券基金合同生效成立
04 浦银安盛精致生活混合基金合同生效成立
10 博时信用债券基金合同生效成立
富国优化增强债券基金合同生效成立
12 申万巴黎消费增长股票基金合同生效成立
16 广发聚瑞股票基金合同生效成立
19 招商行业领先股票基金合同生效成立
24 东方核心动力股票基金合同生效成立
汇丰晋信大盘股票基金合同生效成立
上投摩根纯债债券基金合同生效成立
中海量化策略股票基金合同生效成立
30 长城景气行业龙头混合基金合同生效成立

03 2只开放式基金分红
04 2只开放式基金分红
05 1只开放式基金分红
08 1只QDII基金分红
1只开放式基金分红
1只封闭式基金分红
10 1只开放式基金分红
11 1只开放式基金分红
12 1只开放式基金分红
15 1只开放式基金分红
17 1只开放式基金分红
18 1只开放式基金分红
19 1只开放式基金分红
25 2只开放式基金分红
26 2只开放式基金分红
29 2只开放式基金分红

（详况请阅基金日历解读P1024-P1026）

基金日历
Fund Calendar

■ 基金行业机构 ■ 基金成立 ■ 基金分红 ■ 法规文件

七月/July

06 东兴证券获准基金销售业务资格
信达证券获准基金销售业务资格
16 中国邮政储蓄银行基金托管资格获批
21 信诚基金获准QDII业务资格

01 汇添富上证综合指数基金合同生效成立
银华内需精选股票基金合同生效成立
金鹰行业优势股票基金合同生效成立
10 华夏沪深300指数基金合同生效成立
13 新华泛资源优势混合基金合同生效成立
15 天治趋势精选混合基金合同生效成立
华富价值增长混合基金合同生效成立
21 民生加银增强收益债券基金合同生效成立
23 兴业磐稳增利债券基金合同生效成立
24 中欧价值发现股票基金合同生效成立
29 泰信增强收益债券基金合同生效成立
30 长信恒利优势股票基金合同生效成立

01 1只开放式基金分红
03 1只开放式基金分红
06 2只开放式基金分红
07 2只开放式基金分红
1只封闭式基金分红
09 1只开放式基金分红
13 3只开放式基金分红
14 1只开放式基金分红
16 1只QDII基金分红
17 2只开放式基金分红
20 2只开放式基金分红
22 2只开放式基金分红
24 3只开放式基金分红
27 3只开放式基金分红
28 2只开放式基金分红
29 2只开放式基金分红
30 2只开放式基金分红

八月/August

10 上投摩根基金获准从事特定客户资产管理业务
18 上海银行基金托管资格获批

03 华泰柏瑞行业领先股票基金合同生效成立
05 宝盈货币基金合同生效成立
11 博时策略混合基金合同生效成立
12 万家稳健增利债券基金合同生效成立
18 嘉实回报混合基金合同生效成立
26 工银上证央企ETF基金合同生效成立
国联安主题驱动股票基金合同生效成立
信诚优胜精选股票基金合同生效成立
易方达沪深300指数基金合同生效成立

01 1只开放式基金分红
03 1只开放式基金分红
04 2只开放式基金分红
06 2只开放式基金分红
07 1只开放式基金分红
10 5只开放式基金分红
2只封闭式基金分红
13 1只开放式基金分红
17 1只开放式基金分红
18 2只开放式基金分红
20 1只开放式基金分红
21 1只开放式基金分红
25 1只开放式基金分红
28 1只开放式基金分红

04 中国证监会发布《基金管理公司特定多个客户资产管理合同内容与格式准则》

九月/September

07 华融证券获准基金销售业务资格
15 “新世纪基金”更名为“新华基金”获批
21 江苏银行获准基金销售业务资格
27 长信基金获准QDII业务资格

03 国富沪深300指数增强基金合同生效成立
04 中银中证100指数增强基金合同生效成立
08 大成行业轮动股票基金合同生效成立
09 鹏华精选成长股票基金合同生效成立
11 金元比联价值增长股票基金合同生效成立
22 大摩领先优势股票基金合同生效成立
诺德成长优势股票基金合同生效成立
25 交银上证180公司治理ETF基金合同生效成立
南方中证500指数基金合同生效成立
29 华宝兴业中证100指数基金合同生效成立
交银上证180公司治理ETF联接基金合同生效成立
华安上证180ETF联接基金合同生效成立
农银策略价值股票基金合同生效成立

01 2只开放式基金分红
04 1只封闭式基金分红
07 1只开放式基金分红
08 1只封闭式基金分红
15 2只开放式基金分红
17 1只开放式基金分红
22 1只封闭式基金分红
24 1只开放式基金分红
25 1只开放式基金分红

十月/October

14 渤海银行获准基金销售业务资格

14 国投瑞银沪深300指数分级基金合同生效成立
银华沪深300指数基金合同生效成立
19 国泰中小盘成长股票基金合同生效成立
20 景顺长城能源基建股票基金合同生效成立
27 诺安中证100指数基金合同生效成立
28 光大保德信动态优选混合基金合同生效成立
中邮核心优势灵活配置混合基金合同生效成立
30 海富通中证100指数基金合同生效成立

09 1只开放式基金分红
16 1只开放式基金分红
1只封闭式基金分红
21 1只ETF基金分红
26 2只开放式基金分红
27 1只开放式基金分红
28 3只开放式基金分红
29 1只开放式基金分红

十一月/November

19 天风证券经纪公司获准基金销售业务资格

05 建信沪深300指数基金合同生效成立
24 华商动态阿尔法混合基金合同生效成立
25 长盛量化红利股票基金合同生效成立
26 广发中证500指数基金合同生效成立

02 3只开放式基金分红
03 2只开放式基金分红
05 1只开放式基金分红
06 1只开放式基金分红
09 1只封闭式基金分红
10 1只开放式基金分红
11 1只开放式基金分红
12 1只开放式基金分红
13 1只开放式基金分红
16 1只开放式基金分红
17 1只开放式基金分红
18 1只开放式基金分红
23 1只开放式基金分红
24 1只开放式基金分红
25 2只开放式基金分红
26 1只ETF基金分红
2只开放式基金分红
27 2只开放式基金分红
30 1只开放式基金分红

06 中国证监会发布《证券投资基金评价业务管理暂行办法》

十二月/December

14 大通证券获准基金销售业务资格
25 河北财达证券获准基金销售业务资格
30 博时基金香港子公司获批
31 江苏张家港农村商业银行获准基金销售业务资格

01 信达澳银中小盘股票基金合同生效成立
易方达深证100ETF联接基金合同生效成立
03 泰达宏利红利先锋股票基金合同生效成立
浦银安盛红利精选股票基金合同生效成立
04 南方深证成份ETF基金合同生效成立
09 南方深证成份ETF联接基金合同生效成立
11 华夏盛世股票基金合同生效成立
汇丰晋信中小盘股票基金合同生效成立
16 富国沪深300指数增强基金合同生效成立
17 天弘周期策略股票基金合同生效成立
22 华安动态灵活配置混合基金合同生效成立
汇添富策略回报股票基金合同生效成立
25 招商中小盘股票基金合同生效成立
28 银河沪深300价值指数基金合同生效成立
29 博时上证超大盘ETF基金合同生效成立
博时上证超大盘ETF联接基金合同生效成立
大摩强收益债券基金合同生效成立
30 东吴新经济股票基金合同生效成立
华富中证100指数基金合同生效成立
嘉实基本面50指数基金合同生效成立
中欧中小盘股票基金合同生效成立

02 1只开放式基金分红
04 1只开放式基金分红
07 2只开放式基金分红
08 1只开放式基金分红
08 1只封闭式基金分红
09 1只开放式基金分红
10 1只封闭式基金分红
11 3只开放式基金分红
14 2只开放式基金分红
15 1只开放式基金分红
17 1只开放式基金分红
21 3只开放式基金分红
22 5只开放式基金分红
23 5只开放式基金分红
24 2只开放式基金分红
25 4只开放式基金分红
28 9只开放式基金分红
29 2只开放式基金分红
30 2只开放式基金分红
31 1只开放式基金分红

14 中国证监会发布《开放式证券投资基金销售费用管理规定》

（详况请阅基金日历解读P1027–P1030）

基金图片
Fund Pictures

2010年12月2日，第九届中国证券投资基金国际论坛在深圳召开。本届论坛主题为“投资基金的多元化发展与规范”。中国证监会副主席姚刚在论坛上表示，基金业要坚守三条底线，坚决打击老鼠仓。

2010年4月9日，由中国证券协会主办、《中国证券投资基金年鉴》承办的“中国证券投资基金业年会（2010）”在北京召开。本届年会主题是“责任与创新—开启中国基金业新未来”。来自监管层，行业单位及海外机构350多名代表出席了本届年会。

基金图片

Fund Pictures

2009年10月，中国证监会在北京召开第32次基金业联席会暨高管培训班。中国证监会主席尚福林、副主席姚刚出席会议并讲话，中国证监会副主席刘新华主持了会议。

2010年3月18–19日，《证券投资基金法》修改研讨会在浙江举行。

2010年4月9日，“中国基金业社会责任图片展”在中国证券投资基金业年会（2010）现场展出。

基金图片

Fund Pictures

2009年9月，海峡两岸基金业研讨会在上海举行。

2009年12月，华夏人慈善基金会成立

2010年3月16-18日，中国证券业协会在北京组织召开“基金评价业务评估工作第一次会议”。

2010年3月26日，中国银行业协会托管业务专业委员会2010年第一次全体会议在北京召开。

基金图片

Fund Pictures

2009年9月18日，由《中国证券投资基金年鉴》主办、华商基金管理公司协办的“2009基金营销拓展研讨会”在山东泰山召开。

2010年6月，汇添富基金管理公司携手西澳大利亚州旅游局举办QDII基金首次跨界营销活动“2010汇添富澳洲财富发现之旅”。

2010年1月6日，鹏华基金管理公司携手娱乐明星伍佰在北京举办“两个伍佰·同样精彩——鹏华中证500相约伍佰暨基金营销创新高峰论坛”。

2009年7月21日，由上投摩根基金管理公司与宋庆龄基金会联合主办的“宋庆龄爱心书库阅读夏令营开营式暨捐赠仪式”在上海开营。

2010年12月，泰达宏利基金管理公司在四川安县茶坪小学举行“泰达宏利图书室”挂牌仪式。

基金图片

Fund Pictures

2009年8月，海富通基金协助根与芽组织，组织上海唐四民工小学学生免费体检。

2010年7月，中国证券业协会组织第五期赴英基金公司管理与风险控制研修班。

2009年5月22日，中国证券业协会在北京组织召开投资者教育工作会议。

2010年1月23日，由国投瑞银基金管理公司与《中国证券投资基金年鉴》联合多家行业机构共同举办的“国投瑞银‘安心投资 健康生活’暨2010年度中国基金投资者服务巡讲大型公益活动”首站活动在深圳启动。

基金图片

Fund Pictures

2009年北京金博会，南方基金公司工作人员向现场的投资者演示如何利用网络查询基金相关资料。

2010年4月，建信基金公司在河北省滦平县巴克什营林场举办“绿色中国——我们在行动”植树活动。

2010

中国证券投资基金年鉴

ALMANAC OF CHINA'S SECURITIES INVESTMENT FUNDS

上册（总第八卷）

国务院发展研究中心金融研究所　主办

中国证券投资基金年鉴编辑委员会　编

中国经济出版社
CHINA ECONOMIC PUBLISHING HOUSE
北京

图书在版编目（CIP）数据

中国证券投资基金年鉴·2010/中国证券投资基金年鉴编辑委员会编.—北京：中国经济出版社，2011.1

ISBN 978-7-5136-0536-6

Ⅰ.中... Ⅱ①中.... Ⅲ.①证券投资—基金—中国—2010—年鉴 Ⅳ.①F832.51-54

中国版本图书馆CIP数据核字（2011）第004949号

责任编辑：师少林

装帧设计：北京金萍广告有限公司

出版发行：中国经济出版社

（北京市西城区百万庄北街3号 100037）

经 销：各地新华书店

承 印：北京金华印刷有限公司

本：889mm×1194mm 1/16

68.5

46

350千字

1年1月第1版 第1次印刷

978-7-5136-0536-6/F·8754

元（上、下册）

编辑说明 Editor's Note

《中国证券投资基金年鉴》（以下简称“《年鉴》”）创刊于2003年，由国务院发展研究中心金融研究所主办，是中国首部系统、全面记录中国证券投资基金行业创新与发展进程，逐年编撰、连续出版的大型史料性工具书。

一、本卷《年鉴》系总第八卷，为充分体现2009年中国基金行业发展的特点，《年鉴》对部分篇目进行了调整与充实，全书整体分为五个部分及附录，包括：第一部分（特载）、第二部分（市场发展综述）、第三部分（综合数据统计）、第四部分（政策与法规）、第五部分（基金市场体系）和附录。

二、中国证监会目前将基金分为股票型基金、混合型基金、债券型基金、货币市场基金、封闭式基金与QDII基金。《年鉴》则将ETF基金单独列为一类，在新的基金分类基础上，本卷《年鉴》将债券型基金进一步分为一般债券基金、中短债基金、债券新股基金与债券股票基金 ，基金类型从12类增至14类。

三、中国证监会2009年末基金数量统计数为557只，含华安国际配置。但考虑该基金属私募性质，并未按QDII基金的信息披露规则进行信息披露，为此在本卷《年鉴》的数据统计中剔除了华安国际配置基金，2009年末国内基金总数量统计为556只。

四、为方便读者阅读与使用，更好地满足读者需求，本卷《年鉴》分为上、下两册编辑与装帧。

五、《年鉴》中的“基金”特指证券投资基金；为增加检索途径，目录编排按各章节顺序进行；篇章中，“基金市场体系、基金行业大事记”均以时间为序进行编辑、“彩图部分与数据统计篇中的数据”截至时间为2009年12月31日；“基金专论、基金人物、基金市场体系和法律法规”部分内容截至时间为2010年6月30日。数据统计篇中由于四舍五入，总计与分项相加略有误差。

六、《年鉴》相关数据依据我国证券投资基金公开披露的信息加以汇整，包括2009年基金年报、中报、季度报告及基金公司对外公开的网站等，并经各编委单位相关领导审核；部分内容主要参考了相关单位及媒体对外公开的信息，包括中国证券监督管理委员会、中国证券业协会、上海证券交易所、深圳证券交易所、《中国证券报》、《上海证券报》和《证券时报》等；图片部分来源于中国证券业协会，其他由相关基金公司、托管银行及相关媒体单位提供。

本卷《年鉴》的编纂工作，得到了各编委单位的鼎力支持，编委会各位委员也对《年鉴》相关内容提出了宝贵意见，对提高《年鉴》的编辑质量起到了重要作用。在此，我们谨向有关方面的同志和单位表示最衷心的感谢。

《中国证券投资基金年鉴》编辑部

编委会　　编辑部

Editorial Board　Editorial Department

《中国证券投资基金年鉴2010》

国务院发展研究中心金融研究所 主办

执行主编： 杜书明

执行副主编： 高潮生　陈道富　范建军

编辑部工作人员： 赵　君　黄　霞　黄芙蓉　葛　辉
郑　刚　周杰蓉　岳增顺

创意设计： 曹春燕　唐　洁

目 录 CONTENTS

第二部分　市场发展综述 Overview of Market Development

第三部分　综合数据统计 Composite Data Statistics

第一章　市场综合数据统计 Composite Data Statistics of Market

目 录 CONTENTS

目 录 CONTENTS

第五部分 基金市场体系 Fund Market System

第一章 基金管理人及旗下产品 Fund Managers and Their Products

目 录 CONTENTS

第二章　基金托管人及托管业务 Custodians and Their Businesses

第三章　其他服务机构 Other Fund Service Providers

基金代销机构 Distributors

审计机构 Auditors

法律顾问 Law Firms

目 录 CONTENTS

编委风采

Highlight

夏　斌

国务院参事、货币政策委员会委员、
国务院发展研究中心金融研究所所长
中国证券投资基金年鉴编委会主任

享受国务院特殊津贴，研究员，博士生导师，国家哲学社会科学规划评审组专家、“中国经济学家50人论坛”成员，中国金融学会常务理事、《银行家》杂志编委会主任、上海、北京等多个省市政府特聘专家、顾问、北京大学中国经济研究中心及国家行政学院等高校兼职教授、中国人民银行总行博士后流动站学术委员会委员、中国并购公会首席经济学家。曾任中国人民银行金融研究所副所长、中国证监会交易部主任、深圳证券交易所总经理、中国人民银行政策研究室负责人、非银行金融机构监管司司长。

王连洲

全国人大财经委证券投资基金法起草
工作组首任组长；
中国证券投资基金年鉴编委会执行主任

山东冠县人,研究员,1964年毕业于山东财经学院财政金融专业，进入中国人民银行总行工作。1983年调任全国人大财经委员会，先后担任委员会办公室财金组组长、办公室副主任、经济法室副主任、研究室负责人、巡视员，是中国《证券法》、《信托法》以及投资基金法起草工作的主要组织者和参与者。其作品和谈话涉猎证券、信托和投资基金等方面，表达了具有独立个性的视点，为促进中国资本市场的规范发展做出了自己坚持不懈的努力，得到了社会比较广泛的认知。从原公务员岗位退休后，现任中国人民大学信托与基金研究所理事长、华夏基金管理有限公司独立董事、《中国证券投资基金年鉴》编委会执行主任等社会兼职。

周月秋
中国工商银行资产托管部 总经理

经济学博士,研究员，享受国务院政府特殊津贴专家。现任中国工商银行资产托管部总经理，1993年加入工商银行，历任工商银行资金营运部处长、资金营运部副总经理、基金托管部副总经理(主持工作)。目前兼任中国银行业协会托管业务专业委员会常务副主任，中国证券业协会基金专业委员会委员，中国工商银行年金理事会副主席，中国工商银行博士后工作站指导专家，中央财经大学硕士生导师，中国金融学会会员。

张 健
中国农业银行托管业务部 总经理

1955年生，经济学学士、高级经济师。曾任中国农业银行党委组织部副部长、人事部副总经理（主持工作），中国农业银行房地产信贷部总经理，中国农业银行河南分行党委书记、行长。25年金融从业经历。

董 杰
中国银行总行托管及投资者服务部 总经理

1962年生，中共党员，博士。曾任中国银行深圳市分行行长助理、中国银行天津市分行副行长，现任中国银行总行托管及投资者服务部总经理。曾主管公司、个人、资金、国际结算等商业银行主要业务，具有较高的理论水平和丰富的管理经验。

编委风采

Highlight

马梅琴

中国建设银行个人存款与投资部 副总经理

1984年毕业于中央财政金融学院；自1984年至今就职于中国建设银行总行，先后从事证券、外汇、自助服务、教育培训及个人客户经理队伍建设工作；曾任个人业务部门处长、二级客户经理(部门副总经理级)，现任总行个人存款与投资部副总经理。马梅琴女士从事银行个人业务工作二十多年，从2002年我国诞生开放式证券投资基金以来，一直直接负责银行证券投资基金销售、交易、投资者教育、系统开发、新产品及服务创新、客户经理队伍建设等工作，具有丰富的管理经验，在业内有广泛影响力。

李春信

中国建设银行投资托管服务部 副总经理

曾就职于中国建设银行总行人事教育部、计划部、筹资储备部、国际业务部、对商业银行综合经营计划、零售业务及国际业务具有丰富的客户服务和业务管理经验。

谷娜莎

交通银行资产托管部 总经理

大学学历，经济师。曾任交通银行研究开发部主任科员、交通银行信托部代理业务处副处长、交通银行证券投资基金托管部规划处副处长、交通银行证券投资基金托管部内控巡查处处长；2001年1月任交通银行证券投资基金托管部总经理助理，2002年5月起任交通银行资产托管部副总经理，2005年11月起任交通银行资产托管部副总经理（正职级），2007年12月起任交通银行资产托管部总经理。

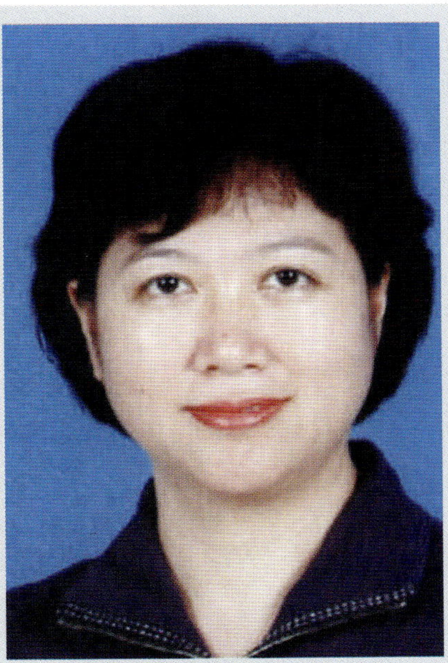

叶 萍

深圳发展银行资产托管部 副总经理

叶萍,大学学历,高级会计师，长期从事银行会计工作，精通本外币资金清算，具有多年计财、零售业务管理经验。1982年至1989年在中国银行惠州分行工作；1989年至1990年在深圳发展银行上步支行工作；1990年至2002年在深圳发展银行总行工作,历任总行国际业务部外汇会计室副主任、室主任、总行清算中心副主任（副总经理级）；2002年至2007年任深圳发展银行深圳分行副行长；2007年7月至2008年1月任深圳发展银行总行零售运营管理部副总经理兼基金托管筹备小组副组长；2008年8月，经中国证券业监督管理委员会任职资格核准，任深圳发展银行资产托管部副总经理。

袁丹旭

深圳发展银行零售银行总监兼任财富管理部 总经理

曾供职招商银行总行零售银行部；美国顶级大学商学院毕业生，具备广泛与深厚的金融理论知识；拥有在国际化银行积累的投资与融资、风险分析以及战略发展规划与管理的实践经验；通晓商业银行价值评估、业务计划与财务预测的量化技术手段。

刘以研

上海浦东发展银行个人银行总部 总经理

工商管理硕士，高级经济师。1989年3月以来，先后担任交通银行长春分行信贷处副处长、市场营销处处长、分行党委委员、副行长。2005年 7月加入浦发银行，负责长春分行筹建。开业后任浦发长春分行党委书记、行长。 2008年 3月，刘以研同志调浦发银行总行个人银行总部，担任总经理。

编委风采

Highlight

刘长江

上海浦东发展银行公司及投资银行总部副总经理、资产托管部 总经理

拥有二十多年的金融从业经历，曾供职于中国工商银行总行，常年致力于我国商业银行收费型中间业务产品的创新研究和开发。刘长江先生是我国证券投资基金托管业务、企业年金托管业务、直接股权基金托管业务的最早的研究者和设计者之一，在我国基金托管、养老金管理和产业基金托管等领域有着深入而专业的研究，2008年刘长江先生被荣誉评为2007年上海市的金融领军人才。

薛瑞锋

兴业银行资产托管部 总经理

毕业于复旦大学企业管理专业，博士学位。具有十五年金融从业经验。曾任安徽芜湖市职业教育中心团委副书记、上海宝山钢铁（集团）公司计划财务部、联合证券公司计划财务部总经理、财务总监、参与筹建上海大盛资产有限公司、广东证券股份有限公司、兴业银行计划财务部副总经理、兴业银行资金营运中心副总经理。

陈 凌

中国民生银行资产托管部 总经理

高级会计师。曾任职于中国有色金属工业总公司财务部，中国有色财务公司，招商银行北京分行，中国民生银行股份有限公司总行营业部、北京管理部、西安分行、总行年金筹备组；历任中国有色财务公司处长，中国民生银行股份有限公司总行营业部副主任、北京管理部副总经理、西安分行行长、总行年金筹备组组长等职务。具有丰富的大型企业集团、非银行金融机构及商业银行的从业工作经历和管理工作经验

徐　进
中国邮政储蓄银行托管业务部 总经理

1977年生，中共党员，研究生学历。1998年7月起在国家邮政储汇局（2007年3月改制为中国邮政储蓄银行）工作。历任国家邮政储汇局副主任科员、主任科员，中国邮政储蓄银行代理托管部副总经理。现任中国邮政储蓄银行托管业务部总经理。

王宏磊
上海银行同业金融部 总经理

高良玉
南方基金管理有限公司 总经理

中共党员，经济学硕士，经济师。历任中国证监会发行部副处长、南方基金管理有限公司副总经理,现任南方基金管理有限公司总经理、党委书记。

编委风采

Highlight

范勇宏

华夏基金管理有限公司 总经理

博士。曾任华夏证券股份有限公司总裁助理、中国建设银行总行干部。现任华夏基金管理有限公司总经理

王立新

银华基金管理有限公司 总经理

经济学博士。历任中国工商银行总行科员；南方证券股份有限公司基金部副处长；南方基金管理有限公司研究开发部、市场拓展部总监；现任银华基金管理有限公司总经理。

杨光裕

长城基金管理有限公司 董事长

缪钧伟

泰达宏利基金管理有限公司 总经理

毕业于复旦大学和香港城市大学，获得理学学士、经济学硕士和金融学博士学位；1998年10月至2003年2月任证监会基金部副处长；2003年3月至2006年8月任海富通基金管理有限公司副总经理。2007年2月起任泰达宏利基金管理有限公司总经理。

尚　健

国投瑞银基金管理有限公司 总经理

美国康涅狄格大学金融学博士，现任国投瑞银基金管理有限公司总经理。历任中国证监会基金部副处长，上海证券交易所发展战略委员会副总监，华安基金管理有限公司副总经理，银华基金管理有限公司总经理。

成保良

招商基金管理有限公司 总经理

中国国籍，经济学硕士，高级经济师。曾在北京经济学院任教；后就职于中国人民银行金融管理司；1993年起先后担任中国证券交易系统有限公司上市管理部副经理、经理；中国证监会发行部副处长、处长、稽查局处长。现任招商基金管理有限公司总经理、董事。

编委风采

Highlight

裴长江

华宝兴业基金管理有限公司 总经理

硕士、经济师。曾任上海万国证券公司闸北营业部经理助理、经理，申银万国证券股份有限公司浙江管理总部副总经理，申银万国证券股份有限公司经纪总部副总经理，华宝信托投资有限责任公司投资总监。 现任华宝兴业基金管理有限公司总经理。

田仁灿

海富通基金管理有限公司 总裁

曾获上海外语学院法国语言文学学士学位，上海外国语大学主攻政治研究国际关系的法语文学硕士学位。英国曼彻斯特商业学校和威尔斯大学联合颁发的工商管理硕士（金融专业），在比利时布鲁塞尔圣路易斯高等商学院从事过经济学研究工作。迄今为止，田先生在海外金融机构有超过15年的工作经验。2000年，田先生被任命为富通基金管理亚洲有限公司首席执行官，全权负责富通基金管理公司在亚太区的业务。自2003年4月起，田先生回到了上海，在海富通基金管理有限公司担任总裁兼董事。

赵玉彪

天治基金管理有限公司 董事长

中共党员，管理硕士，从事证券投资工作20年。曾任吉林省信托投资有限责任公司上海证券业务部交易部经理、驻上海证券交易所出市代表，上海金路达投资管理有限公司总经理，现任天治基金管理有限公司董事长。

陈　儒

中银基金管理有限公司 执行总裁

经济学博士、南开大学博士后，高级经济师、国务院政府特殊津贴专家。现任中银基金管理有限公司董事、执行总裁。曾参与深交所筹建。历任深圳投资基金管理公司董事长兼执行总裁，中国银行总行基金托管部总经理，中银国际控股董事总经理，中银国际英国保诚资产管理公司董事，中银国际证券副执行总裁、董事总经理、原中银国际基金管理有限公司董事、执行总裁。

徐建平

东吴基金管理有限公司 总裁

硕士研究生学历，会计师，中共党员。历任张家港市财政局科长兼市房改办副主任，苏州证券有限责任公司张家港杨舍证券营业部总经理、公司总裁助理兼资产管理总部总经理，东吴证券有限责任公司副总裁。现任东吴基金管理有限公司总裁。

桂水发

汇添富基金管理有限公司 董事长

有多年的证券监管经验和丰富的证券从业经历，曾任上海证券交易所市场发展部总监、北京办事处总经理等职，现任东方证券股份有限公司副总裁。2004年4月，桂水发先生加入汇添富基金，担任汇添富基金管理有限公司董事长至今。桂水发先生在市场创新、投资银行和证券投资业务方面具有很深的造诣，是中国基金业最早起步时的工作人员之一，并参与了《基金法》、《证券投资基金管理暂行办法》等基金业重要法规的起草工作。桂水发先生拥有香港大学工商管理硕士学位。

编委风采

Highlight

钱文挥

交银施罗德基金管理有限公司 董事长

工商管理硕士，现任交通银行股份有限公司执行董事，副行长，交银施罗德基金管理有限公司董事长。历任建设银行资产负债管理委员会办公室主任兼上海分行副行长、资产负债管理委员会办公室主任兼体制改革办公室主任兼上海分行副行长、资产负债管理部总经理、资产负债管理部总经理兼重组改制办公室主任、交通银行股份有限公司副行长兼上海分行行长。

江先周

建信基金管理有限责任公司 董事长

1986年获财政部财政科学研究所经济学硕士学位。1993年获英国Heriot-Watt大学商学院国际银行金融学硕士学位。历任中国建设银行行长办公室副处长，中国建设银行国际业务部处长，中国建设银行行长办公室副主任，中国建设银行国际业务部副总经理，中国建设银行基金托管部总经理，中国建设银行基金托管部总经理兼机构业务部总经理，中国建设银行基金托管部总经理。

翁振杰

益民基金管理有限公司 董事长

汉族，1962年生，硕士，高级经济师，1983年参加工作，重庆市第三届人大常委。曾任解放军通信学院教官，北京中关村科技发展（控股）股份有限公司副总经理。现任重庆国际信托有限公司首席执行官，西南证券股份有限公司董事长，益民基金管理有限公司董事长。

何加武

信达澳银基金管理有限公司 董事长

中南财经大学本科毕业，1982年8月至1996年1月就职于中国建设银行总行，历任科长、副处长、处长、副主任，1996年1月至1997年6月任中国信达信托投资公司副总经理，1997年6月至2003年6月任宏源证券股份有限公司总经理，2003年6月至2005年1月任宏源证券股份有限公司副董事长，2005年1月至2006年4月任中国信达资产管理公司金融风险研究中心研究员，2006年4月至今任信达澳银基金管理有限公司董事长。

易 强

金元比联基金管理有限公司 总经理

公共事务管理硕士。曾任荷兰保险北京代表处副代表，招商基金管理有限公司业务发展部副总监，比利时联合资产管理有限公司中国地区业务发展总监，比利时联合资产管理有限公司上海代表处首席代表，金元比联基金管理有限公司筹备组副组长。2006年11月至今，任金元比联基金管理有限公司总经理。

莫兆奇

摩根富林明基金（亚洲）有限公司 副总裁

莫兆奇现职摩根富林明基金（亚洲）有限公司副总裁。驻于香港，专责透过合格境内机构投资者计划的中国内地银行，向内地投资者提供零售产品。莫氏于2000年加入本集团之台湾证券业务任职证券经纪，其后调职至资产管理业务，领导其中一队零售营业队伍。及至2003年调职至香港，负责管理及发展离岸高增值客户业务，并于2006年获任命开拓中国合格境内机构投资者零售业务。莫氏持有高雄理工学院工商管理学士学位。

编委风采

Highlight

林家强

东亚联丰投资管理有限公司董事及行政总裁

林先生从事资产管理业务前后长达20余年，先后任职于多家全球性跨国金融机构，其中包括在瑞士信贷集团任职10年之久，林先生在加入东亚联丰前，在骏利英达资产管理集团（Janus Intech Group）担任区域董事，主持亚洲除日本外机构投资者与公募基金事业的新业务开发、客户服务及经销规划等业务。林先生先后从英国华威大学取得企业管理硕士学位，并从英国伦敦大学取得财务经济学深造文凭。他亦完成了由哈佛大学、清华大学及中欧国际工商学院合办的高级行政课程。他目前是香港董事学会（FHKIoD）资深会员。

冯芷贤女士

先机环球基金亚太区董事

冯芷贤女士于2002年加入先机环球基金成为亚太区联席董事， 负责整个亚太市场业务。她拥有超过15年丰富的行业经验，曾在Baring（霸菱）资产管理和Credit Agricole（东方汇理）资产管理有限公司担任高级职位。冯芷贤是英国伦敦大学法学荣誉学士和美国伊利诺州州立大学金融学学士。

周志钢

中信建投证券有限责任公司 副总裁

证券时报

ICBC
中国最佳托管银行
2008

BEST SUB-CUSTODIAN BANK AWARD • 2009
GLOBAL FINANCE

ICBC
中国最佳托管银行
2008

Global Custodian

ICBC
中国最佳托管银行
2008

中国证券投资基金年鉴
Almanac of China's Securities Investment Funds

ICBC
中国最佳托管银行
2008

BEST SUB-CUSTODIAN BANK AWARD • 2008
GLOBAL FINANCE

ICBC
中国最佳托管银行
2007

证券时报

ICBC
中国最佳托管银行
2007

数字商业时代

ICBC
中国最佳托管银行
2007

Global Custodian

ICBC
中国最佳托管银行
2006

Global Custodian

ICBC
中国最佳托管银行
2004

亚洲货币
ASIAMONEY

ICBC
中国最佳托管银行
2003

ICBC
中国工商银行
托管服务
www.icbc.com.cn

中国农业银行托管业务部全体员工将继续本着“开拓进取、勤勉尽责、诚实守信、严谨自律”的执业原则，以科学严谨的风险管理和内部控制体系、高效安全的业务营运和技术保障系统、开拓创新的托管服务团队，为广大客户提供安全、专业、高效的托管服务，与广大客户共创价值、共同成长。

托管业务部：

地址：北京市西城区复兴门内大街28号凯晨世贸中心东座F9

电话：010—66060069

传真：010—63201816　　邮编：100031

网址：www.abchina.com

中国银行 BANK OF CHINA

托管及投资者服务部

安全
勤责

中国银行
BANK OF CHINA
中国银行
全球服务
AYS WITH YOU
诚信 规范
创新 增值
www.boc.cn
地址：北京市复兴门内大街1号（100818） SWIFT：BKCH CN BJ 电话：（0086）010-66594912 传真：（0086）010-66594853

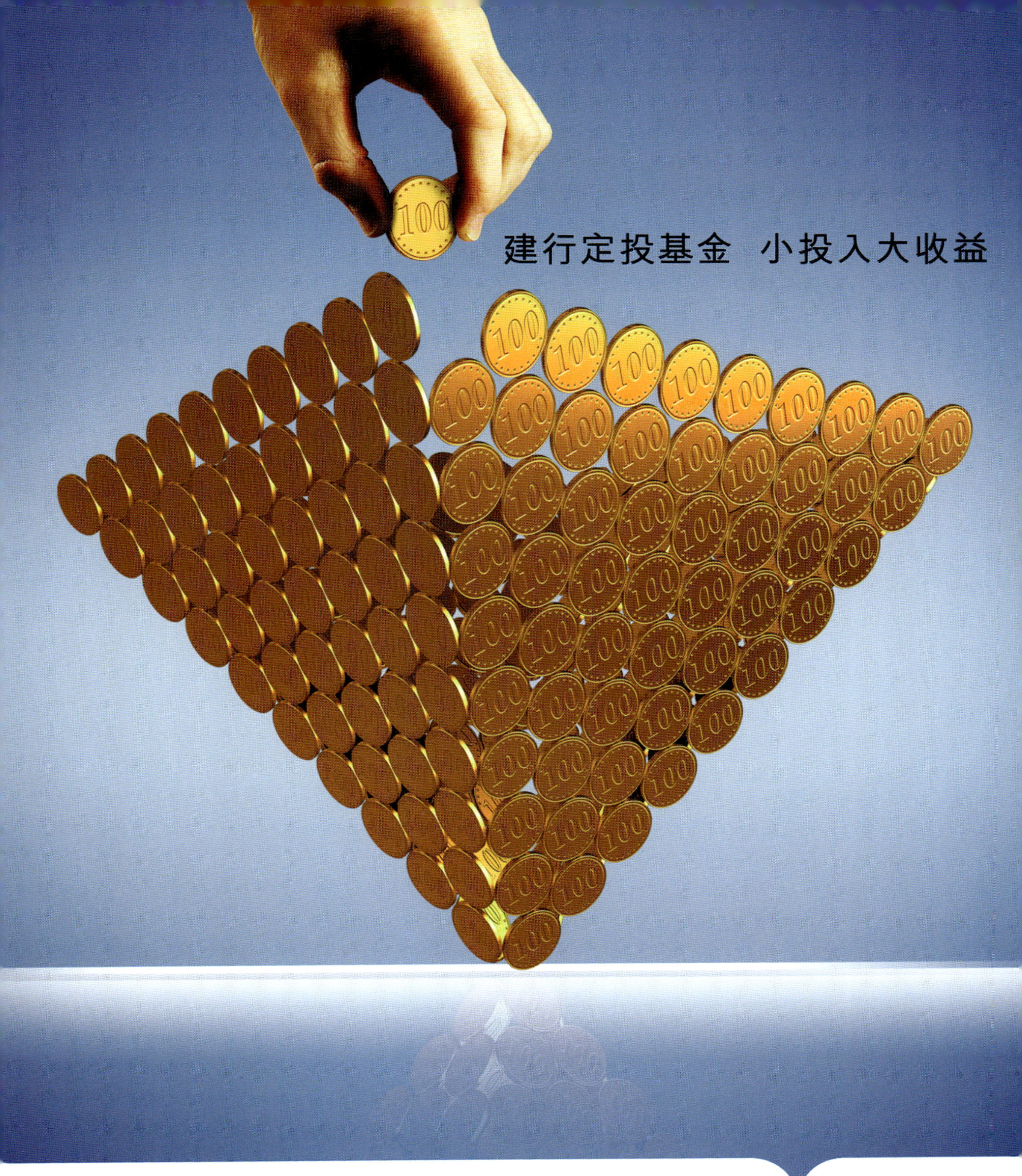
建行定投基金　小投入大收益

发展中我们共成长！

2005年9月，托管本行首只开放式证券投资基金。

2006年8月，托管本行首只信托计划。

2007年3月，托管本行首只证券集合资产管理计划。

2007年5月，托管本行首只QDII产品。

2008年6月，托管本行首只PE基金。

2008年11月，托管本行首只证券定向资产管理计划。

2009年8月，托管本行首只银行理财产品。

2009年9月，托管本行首只基金专户产品。

2009年12月，托管本行首只集合资金TOT信托计划。

2010年6月，托管本行首只保险专项资产管理计划。

同心共进

进步，源自厚积薄发。自2007年3月成立以来，中国邮政储蓄银行始终以“沟通城乡，服务大众”为己任，紧随时代步伐，紧随城乡百姓生活需求，不断突破创新。

经过三年发展，邮储银行的能力建设得到了显著提升，业务条线不断充实，产品种类不断增加，服务对象不断拓宽，服务渠道不断丰富。作为目前国内客户规模与网点规模最大的商业银行之一，邮储银行将矢志不移地以创新理念与客户需求相结合，为广大客户提供更全面、更便捷的金融服务。

业务产品不断充实

业务产品从最初仅能向个人客户提供基础金融服务，到相继开办了小额贷款、商务贷款、住房贷款、信用卡、理财、网购支付、结售汇、多币种外币存款等服务个人客户的新业务，以及公司存款、结算、票据贴现、债券投资、资产托管、小企业贷款、公司流动贷款、固定资产贷款、项目贷款、贸易结算等服务公司客户的业务，成为我国金融服务领域的一支重要力量。

资产托管
托付民生·安享财富
专业 稳健 创新

序言 Preface

王连洲

时间飞逝，中国基金业的发展已经走过12年的发展历程。

每年一卷的《中国证券投资基金年鉴》，以详实全面的数据统计和精心设计的编排，真实而客观地记录着中国证券投资基金业曲折发展的历史足迹，给人以赏心悦目的资料回忆。它不仅记载了基金行业发展的兴盛与辉煌，同时也记载了行业发展的低落与黯淡。

2009年以来，中国股市并没有出现预想的上升奇迹。但中国基金市场在监管层“放松行政干预、加强制度监管、鼓励开拓创新、推动基金业进一步市场化”的努力下，继续保持了稳定、健康发展的态势。截至2010年10月底，国内共有62家基金公司，管理基金总资产超过3万亿元人民币，基金的持股市值近2万亿元，占沪深两市流通A股市值的10.61%，成为中国证券市场上最大的机构投资者。基金被视之为中国证券市场的中坚和顶梁柱，并不为过。

但是，毋庸置疑，近一两年来，中国基金业还是出现了一些影响其发展和面临挑战的问题：

首先是基金业绩平平，难以达到基金投资者旨在资产增值保值、增加财产性收入的预期。基金很一般的业绩表现无疑挫伤了部分基金投资者的投资热情、信心和积极性，也降低了基金曾有过的吸引力。基金被公认为是专家运作、组合投资、分散风险，其收益与风险介于储蓄与股市之间，是最适合公众投资的一种金融工具和渠道。据资料统计，偏股型基金累计发行份额达3万多亿，但其持股净增产总额近一两年来一直徘徊在2.5万亿元左右，没有给投资者带来更好的投资回报。

二是基金业面临的竞争日趋激烈，经营的内外环境不断劣化。随着基金产品的不断增加，基金销售渠道的垄断导致业内互相争夺资源，行业外部又面临其他金融机构的理财业务愈来愈扩大的挤压，特别是私募基金的迅速发展，使公募基金的经营形势愈来愈严峻。

三是业内“人才流动”频繁，成为社会敏感的关注点。在证券市场多为“近亲繁殖”、“人脉关系”复杂的环境中，频繁的人才流动给基金公司的治理和市场监管带来不少新的复杂课题。对一些“疑似违规”行为的发现和认定也许更加困难，监管形势也许更为严峻。

四是当前基金行业内，股东、经营团队、投资者相互之间，其责任与权利、风险与收益担当不平衡。股东和高管人员行为短期化，开拓创新力不足，产品同质化严重，人才培育积极性不高，“老鼠仓”违规现象时有发生，凡此种种所暴露出基金治理中的不少弊端，致使基金投资者的信赖度和投资热情降低。

由于基金行业广泛涉及到公众的利益，导致公众对于基金运作和业绩寄予了过高期许，造成基金业目前的运作现状和业绩表现。2010年，质疑基金运作能力的声音此起彼伏。曾有关心公募基金发展的行业人士为基金业开出“多剂药方”，诸如，人才战略、管理战略、法规改进，管理层也前所未有地提出给基金管理公司松绑。面对现实，基金业应该以什么姿态出现在理财市场的面前？既不被矮化，也不人为拔高，重聚基民信心，更好地促进基金业的发展，成为行业必须面对的重大课题。而这一切问题的解决面临一个最核心的问题：“基金业需要拓展，需要突破，需要变革”，但解决这个问题的同时又不可避免地需要解决另一个问题——“怎么创新、怎么突破、怎么变革？”

我个人认为，以下的思路值得讨论和参考：

一是改变以股东资本为基础构建基金治理机制。代为以投资者资本为基础构建基金治理机制，以平衡基金当事人之间的利益诉求，促进基金持有人、员工利益和股东利益的有机统一，努力造就基金持有人利益至上的治理格局。目前，以提高基金公司股东利润为经营目标的运作机制，不能完全做到对投资者利益的有效保护，应当加以改进。

二是寄希望于《基金法》修改。放松基金的投资限制，允许基金以适当方式投资房地产(REITs)、黄金、白银、农产品、房地产以及其他品种。取消禁止基金对基金托管人发行证券的购买规定，放宽对基金关联交易的限制，增加和扩大基金投资获利的空间和机会，放松基金公司组织形式的限制。现行基金管理人的企业法律形式，仅限于有限公司一种形式，主要股东也限于大型金融机构，这种单一化的组织形式，造成了基金管理公司的同质化，大股东和实际控制人干预公司经营的情况屡有发生，基金持有人利益受损。为了有利于基金管理公司增强经营实力和风险承受能力、提高企业经营灵活性以及在税收、分配机制方面的竞争优势，基金管理公司可由企业自主选择股份公司、有限公司和合伙等形式。降低基金市场的准入标准，允许符合资质的金融企业以外的大型企业、机构或者基金从业人员参股或发起设立基金管理公司，降低基金管理公司准入的资金门槛，维护公募基金经理队伍的稳定和发展。将私募基金纳入监管视野，严格其行为规范，加强行为监管，放松业务管制，促进公募基金与私募基金的取长补短，既融合发展，又各具特性。

三是进一步推动基金销售市场的专业化发展。鼓励专业销售人员设立基金销售机构，在保证资金安全的前提下，解决基金销售的支付渠道，提升基金销售的自强能力。

四是尊重基金作为市场主体的自主经营权利。放松行政干预，改进基金产品审批制度，加大对创新产品的支持力度，扩大基金管理公司的发展空间。

五是适当降低基金管理费用，减少投资基金的成本，维护基金投资者利益，重塑投资者对于基金的信赖和热情。最近从监管层传出了利好的声音，将按照市场化改革的方向，做出制度的进一步安排。由此，我们应该对中国基金业的未来充满信心，中国基金业的未来充满希望。

第一部分 特 载

Part I Special Articles

第一章

领导讲话

Leader's Lectures

在"第九届中国证券投资基金国际论坛"上的讲话

中国证券监督管理委员会副主席 姚 刚

2010年12月2日 深 圳

尊敬的各位领导、各位来宾，女士们、先生们：

大家早上好！

非常高兴参加第九届中国证券投资基金国际论坛，这是基金行业一年一度的盛会。我想借这个机会，就基金业的发展谈几点看法。

一、当前基金业总体保持了稳定、健康的发展态势

2009年以来，面对国际金融危机之后，国际国内金融环境的深刻变化，中国证监会认真分析和把握市场发展的新情况、新特点，在继续强化基础性制度建设，加快改革创新发展步伐的同时，按照市场化改革的方向，进一步巩固和完善基金业创新发展的相关制度安排，放松管制、强化监管、鼓励创新，推动行业规范运作，基金业呈现稳定、健康发展的态势。

截至2010年10月底，国内共有62家基金管理公司，管理总资产超过3万亿元人民币。其中，公募基金657只，资产规模25,000亿元；社保委托资产3,150亿元；企业年金1,067亿元；特定客户资产1,124亿元；基金持股市值18,957亿元，占沪深两市流通A股市值的10.61%，占保险公司、证券公司、合格境外投资者，社保、信托、企业年金等各类专业机构投资者的合计持股比重大约53%，超过了一半。

2010年，中国证监会重点推进了以下工作：

一是坚持市场化的改革方向，提高基金产品审核的透明度和效率，较好地发挥了市场配置资源的基础性作用

截至2010年10月底，新批基金103只，比上年同期的95只增加了8%，基金产品结构也得到了初步的改善，固定收益类产品得到了比较快的发展，合格境内投资者的基金审核发行显著加快，专户产品资产规模也在稳步增加。

同时，进一步加大了政务公开的力度，对基金募集申请审核情况，实行公示制度，基金产品的申请一受理就公布到网上，提高了透明度，有利于业界及时了解审核的进度，对审核工作也可以进行比较有效的社会监督。

二是督促行业要坚守"三条底线"，强化行业监管，净化市场环境，提高合规意识

组织基金管理公司开展了坚守"三条底线"的自查活动，通过自查，多数基金公司健全了投资、研发等重点部门和岗位的制度管理体系，开展了围绕"三条底线"的合规培训，对自查中发现的问题进行了认真整改。

与此同时，我们加大了对基金管理公司"老鼠仓"、非公平交易和各种形式的利益输送行为的打击力度，严肃查处了两家基金管理公司，三名基金经理的"老鼠仓"行为，其中一名基金经理已经被依法移送司法机关追究刑事责任，另外两名被取消基金从业资格，没收违法所得，处以罚款，并分别被罚终身禁入市场和三年禁入市场。通过强化责任追究，严肃了市场的法纪，维护了市场的秩序。

三是规范基金销售和评价行为，鼓励长期投资，拓宽支付渠道

2010年5月份，第一批七家机构和三家媒体注册成为中国证券业协会会员，从事基金评价业务。多元化基金评价方法的引入，鼓励基金管理公司注重长期业绩。

同时，稳步推进第三方支付机构参与基金销售业务。目前，已经有11家基金管理公司正式启用上海汇付公司支付服务，我们称第三方支付，开展网上基金销售，各项工作目前进展顺利。我们还会在这个方面进一步推动基金业拓宽销售渠道。

四是加大对创新的支持力度，不断推动产品创新和业务创新

截至2010年10月底，共计推出了9只创新产品，这9只产品是过去中国基金市场上没有的类型产品，而且有一部分产品在募集中由于认购踊跃，实行了比例配售。

明确了基金和专户参与股指期货交易的相关政策，积极研究基金参与融资融券的业务规则，深入研究跨市场和跨境ETF的方案，为产品创新创造了新的条件。

五是稳步扩大对外开放，提升基金业综合竞争能力

截至2010年10月底，已经批准了35家合资基金管理公司，35家合资基金公司管理资产规模达到14，240亿元人民币，占行业总资产的47%；31家基金管理公司获得了合格境内投资者的业务资格，24只公开募集的QDII基金资产规模已经达到了757亿元。QDII产品试点工作稳步推进，经受住了国际金融危机的考验。

此外，截至2010年10月底，共有10家基金管理公司获批在香港设立子公司，其中6家已获得资产管理等业务牌照，并在香港开展了业务。基金管理公司通过"走出去"和"引进来"等方式，提高了境外资产管理能力，增强了风险管理意识。

二、充分认识基金业发展面临的挑战和机遇

自1998年第一只规范运作的基金成立以来，我国公募基金行业从无到有、从小到大，规范运作和风险管理水平不断增强，整体竞争力显著提高，逐步发展成为促进资本市场健康发展的重要力量。

当然，现阶段基金行业的发展也确实面临一些新的情况、新的问题：

一是行业内部竞争加剧，各家基金管理公司对于销售渠道的争夺日趋激烈，产品发行比较困难

过去每家基金公司一年只批两只基金，当时有人提出来，说这样很不符合市场竞争的原则。为什么呢？非常简单，比如说老基金公司已经有20只基金，而新基金公司仅有2只基金，如果每年每家公司只批2只基金的话，那么新公司由于这种行政管制，它管理的基金数量永远是赶不上老公司的。那么现在呢，基金审批基本上放开了。但也同时带来了由于同一时间发行基金的数量非常集中，对销售渠道的争夺日趋激烈，这也成为了目前基金行业大家诉苦比较多的问题。

二是行业面临较大的外部竞争压力

基金管理公司，特别是公募基金管理公司，现在已经不是唯一从事资产管理业务的机构。目前，商业银行、信托公司、证券公司、保险机构、私募基金等机构都在资产管理业务领域不断地拓展业务，有些机构近年来发展的速度大大超过了公募基金管理公司的发展速度。

三是人才流失问题比较突出

近几年来，一些从业年限比较长，业内知名度比较高的基金经理相继离开了公募基金行业。对于这个问题，市场关注度也比较多。

四是舆论和社会关注度增加

有基金公司的经理告诉我说，现在基金界是严重地被娱乐化了。正确分析和把握当前行业发展面临的形势，对于推动基金行业稳定、健康发展意义重大。

第一，要正确认识基金行业的发展阶段

2006、2007这两年我国基金行业实现了跨越式的发展，特别是在管理资产规模上，基金资产净值在这两年分别增长了83%和283%。近三年来，基金行业管理的资产规模，一直在3万亿元左右徘徊。经过2006、2007年两年的高增长之

后，行业发展进入了整固阶段。

从另一个角度看，基金业要跨上一个更高的发展台阶，既需要我们在制度创新、机制转变，市场化改革等方面扎实做好工作，也需要行业自身在专业水平、管理能力和人才储备等方面为打基础、立长远多下工夫，这是一个系统的工程，需要全行业付出坚持不懈的努力。对此，我们要有清醒的认识。

第二，要正确认识基金业面临的外部竞争的环境

对于资产管理行业市场竞争的加剧，公募基金行业应当有客观、理性的认识，以积极进取的精神顺应变化、迎接挑战。从发展趋势看，资产管理行业的激烈竞争，客观上将是长期存在的，但公募基金行业在竞争中仍然有不少有利的因素。公募基金是唯一法定，唯一可以进行宣传和募集的理财产品。行业10多年规范发展积累的信誉，以及公开透明的投资运作方式，能够赢得投资者的信任。公募基金行业比较严格的监管和较为完善的法规体系，使得投资者的利益能够得到比较好的保护。

另一方面，大家也要看到，由于居民财富不断增加，理财需求不断增长，理财市场各类机构的竞争并不是固有市场中的"你争我夺"，整体的蛋糕是在不断扩大的。基金业只要充分认识自身的优势和不足，取长补短，不断增强整体竞争力，就依然能够在资产管理行业中发挥主力军的作用。

第三，要正确认识行业内部存在的问题

当前，基金行业内部在公司治理方面仍然存在持有人利益保护机制不完善，股东和高管人员行为短期化，长效激励约束机制缺失等问题，在发展的路径方面仍然存在经营模式单一、创新不足、同质化竞争的问题；在合规与内控方面，个别公司仍然出现"老鼠仓"、违规投资、风控不力等问题；在人才培养方面，仍然存在从业人员经验不足、人才储备不足的问题。

上述问题的存在，既有行业发展较快等客观原因，也有行业参与者在坚守信托责任，树立长远发展理念，诚信立场方面有所缺失的原因。对于体制机制方面的问题，监管部门有责任去推动。行业也应当发挥集体智慧，出谋划策，积极探索。对于公司自身合规，风控等方面的问题大家要高度重视，严格要求，主动查找薄弱环节，并认真纠正和规范。监管部门也将加大对违法、背信行为查处和打击力度，净化基金行业整体的发展环境。

第四，正确认识基金业发展的广阔空间

近两年来，虽然受到国际金融危机的冲击，我国国民经济仍然保持了平稳较快的增长。长期向好的总体态势没有改变。"十二五"规划提出要加快多层次资本市场体系建设，显著提高直接融资比重，积极发展债券市场，稳步发展场外交易市场和期货市场。作为资本市场上重要的专业机构投资者，资本市场深化改革、扩大开放，也为基金业的发展提供了新的有利条件。社会保障和金融机构改革，都将为基金业的发展提供更为广阔的平台。

总之，基金业发展的内外部环境发生了重大变化，行业整体处于调整、转型的关键时期。如果基础性工作做得好，就会为下一步的快速发展奠定坚实的基础。反之，就会错失下一步的发展机遇。

因此，既要正视基金业发展面临的困难和挑战，更要看到下一步行业发展面临的机遇和广阔的发展前景。坚定信心，迎难而上、苦练内功、打好基础，为基金业下一步的发展做好组织、制度、机制和人才方面的准备。

三、坚定不移地推进我国基金业稳定、健康发展

把基金管理公司建设成为专业精良、治理完善、诚信合规、运作稳健的现代资产管理机构，是一项长期的工作任务。

下一步在大力发展证券投资基金方面，中国证监会准备主要做以下几个方面的工作：

第一，要积极推动《证券投资基金法》及其配套法规的修改，为基金业的进一步发展提供法制的保障

2004年实施的《基金法》及其配套法规，为基金业规范发展奠定了重要的基础。但是，时间已经过去了六年，随着资本市场和基金业的快速发展，新情况、新问题的出现，这部《基金法》已经不能完全适应当前基金业发展和市场监管的需要。比如，私募基金行业这两年取得了非常重大的发展，目前的《基金法》只涵盖了公募基金的监管。因此，中国证监会将配合立法部门加快推动《基金法》的修订步伐，进一步严格行为准则，加强行为监管，放松业务管制，促进业务创新，更好地保障和推动基金业持续、健康发展。进一步强化市场内在的约束机制，切实保护基金持有人的合法权益。统一理财产品监管标准，适当扩大监管范围，坚持集中统一监管，防范和减少监管套利的空间。

第二，要进一步完善公司治理，努力探索并建立与基金行业特点相适应的激励约束机制

要推动建立持有人利益、员工利益和股东利益的有机统一，并以持有人利益优先为根本出发点的基金管理公司治理，实现职权相互制衡，激励约束有效，注重长期发展，持有人利益至上的治理格局。

强化对股东及实际控制人的监管，强化董事会层面的相互制衡，逐步提高非股东董事比例，进一步发挥独立董事的作用。认真研究股份制和合伙制企业作为基金管理人的问题；研究员工持股制度，探索长效的激励约束机制，为行业的长期稳定发展提供动力和活力。

第三、深入推进销售领域的改革，进一步拓宽销售渠道

要进一步推动销售市场的专业化发展，调整专业销售机构的准入门槛，鼓励专业销售人员设立基金销售机构，采取资金安全监管措施，打通基金销售的支付渠道，为专业销售机构构建合理的赢利模式创造条件。尽快完成所有基金公司注册登记数据的集中备份工作，并在这项工作的基础上研究探索开放式基金登记业务的适当集中。

第四，坚持市场化改革方向，进一步推动产品创新，促进公司差异化、特色化、国际化的发展

及时总结和完善基金产品分类审批制度，择机推出成熟产品标准化的格式合同，进一步简化审核程序，研究探索基金产品的注册手续。

加大对创新产品的支持力度，进一步完善创新产品的评审机制，为产品创新创造有利条件。探索基金管理公司分类监管的路径，允许符合条件的公司按不同业务设立专业子公司进行集团化经营的试点，扩大基金公司的发展空间。

推动公司业务拓展，抓紧修订相关办法，降低专户理财和QDII业务的门槛标准，打造公平竞争环境，为公司的差异化发展创造条件。鼓励有条件的公司拓展国际业务，推动境外募集投资境内业务试点的工作。

第五，坚守“三条底线”不动摇，打击“老鼠仓”等违法行为

在2009年第32次基金业联席会议上，尚福林主席强调，任何机构和个人都不能触犯“老鼠仓”、非公平交易和各种形式的利益诉讼这三条底线，否则将受到严厉的查处。

基金业是信托业务体现最为明显的行业，合规、专业、诚信是基金业的立业之本，如果基金管理公司不能在规范运作、诚信经营方面下苦功，持有人利益的保护就是一句空话，公司乃至整个行业的信用将受到严重的损害，行业的发展也就根本无从谈起。

因此，中国证监会对于“老鼠仓”等违法行为的态度是鲜明的，发现一起，严厉查处一起，坚守“三条底线”不动摇。

我在这里讲了这么多，今后我们要做的工

作，实际上主线是非常清晰的。就是八个字："加强监管、放松管制"。

基金行业发展十多年了，有一批基金经理经过十多年的基金运作，业绩不错，得到市场认可。这个时候我们说，基金行业是人力资本集中的行业，没有人会否认这一看法。同样，市场发展到一定阶段，原来靠政府的各种门槛、各种规定来管制的行业，我们有条件去放松管制。放松管制，意味着更多的市场竞争，门槛的进一步降低，那么正常的竞争秩序和市场的维护投资人利益的秩序就必须得到保护。所以，在放松管制的同时，一定要加强监管，这是中国证监会对基金行业这两年做的事情。

各位来宾，当前和今后一个时期，我国仍处在可以大有作为的战略机遇期，资本市场在经济转型和结构调整中的作用将更加突出，基金行业也将面临着巨大的发展空间和难得的发展机遇。

我相信，只要大家统一思想、坚定信心、抓住机遇、开拓创新，始终把维护基金持有人的合法权益放在工作的首位，基金业就必将迎来美好的明天！

最后，预祝论坛取得圆满成功，谢谢大家！

携手共进　创新发展
迎接中国基金业发展的新未来

在“2010年中国证券投资基金业年会”上的讲话

中国证券业协会会长　黄湘平

尊敬的各位来宾、女士们、先生们、朋友们：

早上好！在这春暖花开、万物复苏的美好时节，我非常高兴能与大家相聚在一起，参加“2010年中国证券投资基金业年会”，共同探讨基金行业未来发展之路。首先我谨代表本次年会的主办方中国证券业协会向到会的演讲嘉宾、行业主管领导(兄弟单位代表)、海内外业界参会代表、媒体代表表示热烈的欢迎和诚挚的问候！也对承办单位《中国证券投资基金年鉴》的辛勤努力表示衷心的感谢。

一年一度的基金业年会都是全行业共同期盼的盛会。在2009年的年会上，我们主要是在谈论如何直面金融危机。值得欣慰的是，在过去的一年中，我们用实际行动证明我们的行业经受住了考验，为投资者交上了一份满意的答卷，我们必将以昂扬的斗志迈向新的未来。2010年对基金业来说具有异乎寻常的意义，本次年会主题是“责任与创新”，也正体现着其真正的内涵和特定的诠释：

2010年是基金行业履行社会责任升华之年。尽管企业社会责任这个概念在20世纪60年代，首先由美国的学术界提出，但是与企业社会责任相关的思想早在二千多年前就在中国萌芽，孟子有曰“穷则独善其身，达则兼济天下”。随着时代的发展，企业社会责任融入了更多新的元素。我国基金业经历了十多年的发展，在为投资者实现财富增长的同时，自身也不断发展壮大，基金行业也越来越清晰地认识到，获得经济利益的同时，恪守企业责任，营造社会和谐，才能获得企业的可持续发展。近年来，中国证券业协会一直在行业内倡导社会责任的理念。从2009年中国证券业协会对行业调查的情况来看，基金管理公司通过多种形式积极履行着自己的社会责任。基金公司作为专业的投资理财机构，其最大的社会责任在于为投资者创造更多的财富，帮助投资者实现资产的保值增值。据Wind资讯统计，截至2009年12月31日，621只证券投资基金资产净值合计26,760.80亿元，份额规模合计24,535.07亿份，60家基金公司2009年共实现利润9,177亿元，2009年期末基金可供分配的利润达到了1,082.88亿元。基金公司在为投资者创造价值和财富的同时，也在用自己的实际行动丰富着社会责任其他方面的内涵，今天年会现场的宣传片和宣传栏中一幅幅感人的画面正是基金公司履行社会公益和慈善环保方面社会责任的明证。我们相信，在2010年，企业社会责任在中国基金业的发展必将向更务实的方向迈进，为构建和谐社会的目标添砖加瓦。

2010年是基金行业的创新之年。既是制度创新之年，也是产品创新之年。国家立法机关和中国证监会正在积极推动《证券投资基金法》的修改，本次《基金法》的修改意义重大，它将扩展基金行业发展的法律空间，将为行业的发展创造更为有利的制度环境。多元化的基金管理公司股权结构、多种基金组织形式等促进行业创新发展的制度安排有望在本次修法中得以体现。与此同时，融资融券和股指期货业务的推出，将拓宽基金投资对象，为基金产品的创新打下良好基础，也必将为基金行业的发展提供绵绵不断的动力源泉。我相信，2010年，我国基金业将会真正迎来产品创新和结构调整多元化、个性化的良好发展时期。

2010年是基金行业兑现加快国际化进程之年。以2001年正式加入世贸组织为契机，我国一直全面履行着加入世贸组织时有关证券市场对外开放的各项承诺，同时以非常积极的态度参与到国际市场中来。目前已有94家QFII，12家QDII，34家合资基金公司，并有8家基金管理公司在海外拥有子公司。在全球化的大趋势下，我国经济日益成为世界经济的重要组成部分，同时，在后金融危机时期，全球金融市场和监管框架正在加速整合，这也要求我们必须从经济全球化的视角审视行业的未来发展。所以，2010年的基金业年会从议题到演讲嘉宾以及来宾，都彰显着国际化的特点。我衷心希望每年年会不仅给国内业界提供一个交流的平台，也为中国了解世界，世界了解中国打开一扇明亮之窗。

各位来宾！为了筹办好2010年的年会，我们广泛听取业界的建议，年会议题涵盖了业界关注的一些热点问题，接下来各位嘉宾将从不同角度对中国基金业的未来发展进行深入的挖掘和探讨，我相信2010年的年会一定会亮点纷呈、激情迸发。我更坚信，只要有我们大家的共同努力，携手面对，我国基金业一定会走向更加美好的未来。

最后祝本次大会圆满成功！

第二章

基金专论

Fund Thesis

融资融券试点推出对基金行业的影响

中国证监会融资融券工作小组办公室主任 聂庆平

2010年1月8日，国务院原则同意开展证券公司融资融券试点，这是中国资本市场的一件重要事情，是一项重要的基础性制度建设，也是中国证券业的一项业务创新。经过两个多月的认真准备，中国证监会于2010年3月19日正式核准国泰君安、国信、中信、光大、海通和广发六家证券公司作为首批试点公司进行融资融券业务试点。2010年3月31日，上海证券交易所和深圳证券交易所正式开通了融资融券交易系统，融资融券交易首笔交易开始成交，我国的融资融券交易平稳推出。

首先，融资融券交易量呈平稳增长的趋势。自2010年3月31日融资融券试点推出以来，融资融券交易成交金额逐步增加，但是融券交易的成交量比较小，这与当前投资者对市场长期看好有一定的联系，随着市场变化和投资者对融券卖空机制的逐步了解，相信今后融券交易也会逐步增加。所以，从融资融券交易情况看，试点还是比较平稳的，业务规模会逐步先前拓展。

其次，开户数量稳步增加。目前，融资融券信用账户的开户数量已经达到520户。

第三，市场反映比较平稳。无论从单只股票来看，还是从市场总体情况看，融资融券试点的推出，没有产生比较大的市场波动。

融资融券制度是我国资本市场的基础性制度之一。对于这项制度的建设，经历了长达四年时间的准备，包括从法律准备、技术系统准备和业务准备。之所以把融资融券试点视为我国资本市场的基础性制度，我个人认为至少有四个方面的原因：

第一、融资融券试点完善了我国资本市场的交易方式

成熟的资本市场至少应包括现货交易方式、信用交易方式和衍生品交易方式。融资融券交易属于信用交易，它与股指期货一起推出，有利于我国资本市场成为比较健全的市场。也正是从这个角度，我们说融资融券是中国资本市场的一项基础性制度建设。

第二、融资融券试点增加了资本市场做空机制功能

1997年亚洲金融危机后，我国《证券法》严格限制股票交易只能采取现货交易方式，缺乏规范的股票信用交易方式和衍生品交易方式，因此被形容为单边市，没有与股票现货市场相对应的做空机制，沪深300股指期货的推出，则提供了市场的做空机制。融资融券和股指期货两项试点对于我国资本市场的完善具有长远意义。

第三、融资融券试点的推出，有利于防范市场风险和道德风险

我国股票市场出现重大的行业风险问题和市场风险问题，往往都不是在股票上，而是出在融资上。证券公司综合治理过程中暴露出来的证券公司风险，主要是通过委托理财、国债回购融资所产生的系统性风险。所以，融资融券试点的推出，就是规范证券市场的融资行为。使过去一些不透明、缺乏合规监管的股票融资行为，变成公开透明且合规监管的融资交易，既可以及时检测市场风险，也可以防范道德风险。

第四、融资融券试点的推出，增加了证券公司的业务范围，促进了证券行业有序健康发展

融资融券业务可以改变证券公司的盈利模式。据统计，在美国市场上融资融券的融资金额大体上只相当于美国股市市值的2%左右，它所产生的利息收入大体占证券公司业务收入的16%。从成熟市场的情况来看，融资融券交易占证券交易的比例大约为20%左右，利息收入占证券公司经纪业务收入的比例为50%左右。所以，从境外市场的经验看，融资融券是证券业扩大业务范围，逐步增加营业收入的一个很重要的渠道。

融资融券试点将按照"试点先行，逐步推开"的原则进行，根据市场的发展情况，以及试点的效果，分期分批地允许证券公司逐步开展融资融券业务。试点阶段，证券公司只能使用自有资金和自有证券开展融资融券业务。按照《证券公司监督管理条例》的规定，今后我国还将实行转融通制度，融资融券的资金使用范围将进一步扩大。随着融资融券业务规模和范围逐步扩大，乃至成为常规业务后，融资融券交易将对基金业产生比较大的影响。

首先，融资融券的推出，以及与其他市场创新结合在一起，有利于促进我国资本市场价值投资理念的形成

目前我国资本市场还没有经历新兴市场转轨这道关，股票市场价格还不能完全反映价值投资的理念。但是从新兴市场转轨的经验来看，总要经历这一关。日本和韩国的股市价值投资理念就是市场对外资完全开放以后逐步形成的。基金公司最信奉的资产管理原则，是价值投资理念。融资融券试点对于价值投资理念的形成是有帮助的，它可以通过市场的方向交易制度使股票价值凸显出来，通过杠杆的作用，形成市场卖空或买空，促进价值投资理念成为理性投资文化的主流。

其次，融资融券交易为基金产品的设计和投资组合提供杠杆，基金管理公司资产配置必须考虑融资融券因素的影响

因为融资融券交易既可以为单只股票提供买空杠杆，也可以为单只股票提供卖空杠杆，相信会影响到基金产品的设计和投资组合的变化。金融产品创新的最大技巧，就是把金融资产的未来不确定性和收益率组合起来并合约化。融资融券会影响股票收益率的变化，基金产品也将必须产生相应的变化，我相信这是给基金管理带来的最新的技术影响。

最后，当转融通机制逐步形成以后，基金管理公司不同基金所持有的证券会成为主要的转融券来源之一

由于基金管理公司管理的基金较多，总是会有一部分证券存量相对固定，短期内不会进行买卖，用于转融券可以增加基金的财务收入。当然，基金能否参与到融资融券业务中还需要一定的监管政策许可和基金合约的新规定，随着试点的稳步推进，今后会考虑基金参与融资融券的业务。

（本文系作者在"2010年中国证券投资基金业年会"上的演讲稿）

股指期货业务给基金业带来的挑战和机遇

中国证监会期货一部副主任 彭俊衡

2010年4月8日，股指期货正式启动，应该说十年磨一剑。股指期货的正式推出是在2010年4月16日。股指期货这一产品的创新，应该说是资本市场发展的一个重大里程碑，它对于多层次资本市场的建设，对于提高股票市场风险管理能力，都会带来比较深刻的影响。我在这里主要简单介绍一下股指期货推出的情况。一是产品设计方面的情况，二是股指期货市场的主要游戏规则。基金参与股票市场的经验非常丰富，是股票市场主要的机构投资者，股指期货推出以后，其游戏规则与股票市场的游戏规则在很多方面有较大的不同，需要我们进一步深入研究与学习。

从全世界范围来看，股指期货只有30年的发展历史，1982年才产生股指期货。10年前我在上海期货交易所任副总裁，当时开发股指期货，主要是想在上海期货交易所挂一个产品。当时我们成立了由近30个人组成的股指期货开发设计小组，由我担任组长，一些基金公司也参与了股指期货产品的设计。2000年8月，我们完成了股指期货市场基本框架的设计，在法规、体系、产品各方面都进行设计。经过10年的不断改进、完善和丰富，逐步形成了体系。当时开发股指期货是经过长时间分析得出的结论。金融期货包括三大类：股票指数、利率和外汇。由于我们的利率市场化还在进行过程中，外汇的市场化程度还很有限，而股票指数的形成是完全市场化的，所以首先考虑推出股指期货。

2010年1月8日，国务院正式批准上市股指期货，在年内启动。比国际市场晚了30年。但是我国股票市场的发展只有20年，而上市股指期货最基本的前提条件就是现货市场要发育到一定的程度。比如，股权分置改革之前，市场里有大量的非流通股票，现货市场的结构不具备推出股指期货的条件，现在我们完成了股权分置改革，股票市场具备股指期货推出的基础。在2010年1月8日到来之前，我们做了大量的系统性的准备工作。原来的《期货交易管理暂行条例》没有金融期货的内容，我们根据股指期货的特点，在2007年新版本的《期货交易管理条例》中进行了相应的调整。如果一个新推出的产品很容易被人操纵，那么这个产品就不具备推出的条件，这是关键点。由于沪深300指数在整个股票市场的权重足够大，使得股票指数期货市场不容易被操纵。而单支股票价格容易被控制，所以，单支股票的期货就不具备推出条件。选择股指期货作为金融期货的首个产品，应该说有战略意义的考虑。准备工作涉及方方面面，在此不一一详述了。2010年1月8日之后，我们进行了开户的准备工作，因为需要国务院的正式批准，中介机构和交易所才能够正式为客户开通股指期货账户。目前，所有的准备工作都已经完成，2010年4月16日，股指期货正式挂牌交易。

在座的各位都是基金行业的精英，对于股票市场非常熟悉，但是参与股指期货确实是一项全新的业务。股指期货有一整套新的游戏规则，需要大家去熟悉、研究，然后才能真正运用好。在《证券投资基金法》的法规体系约束的框架下，基金作为股指期货的市场参与者，需要遵守期货市场的游戏规则。期货市场的参与者必须遵循的游戏规则包括：一是《期货交易管理条例》；二是证监会颁布的管理办法，如《期货交易所管理办法》、《期货公司管理办法》、《期货从业人员管理办法》等一系列部门的规章；三是交易所的章程和交易规则；四是交易细则。

首先，我们建立了跨市场的监控体系。股票指数期货实际上是股票市场和期货市场这两个不同的市场体系联动，相互间的交织影响比较多。两个市场间的交织影响、期现市场的复杂应用和多种交易方式应用，都需要跨市场的监控。执行游戏规则很重要的一个方面就是跨市场监控体系的建立。我们建立了世界独一无二的保证金监控中心，对于市场的交易行为进行实时监控，与交易所的实时监控既有交叉，又有补充。监控中心使客户的保证金安全程度得到了极大的提高。期货市场没有第三方存管制度，我们通过保证金监控中心来防止出现保证金被挪用的情况。保证金监控中心是中国证监会监管工作的重要手段。原来证监会期货部监管期货市场是没有手段的，市场、客户、中介机构在做什么证监会看不到，只能通过交易所报上来的情况才能看到。监控中心使证监会有了重要的监控手段，使得市场被操纵、被控制的可能性大大降低，市场的"公开、公平、公正"原则能够得到保证。

其次，就是分级结算制度。这是全球通行的风险控制防范制度。

这些都是一些主要的市场游戏规则，基金公司作为股指期货参与者，非常有必要对这些游戏规则有一些基本的了解。

股指期货推出后，对于基金公司来说，机遇和挑战应该是同时并存的，这体现在很多方面，最基本的方面是双向交易、套期保值、管理风险。虽然只是增加了一个做空的方式，但是由于市场的不断发展，交易策略方面就会出现几何级数的增长，非常丰富。比如，套期保值的策略、跨月套利的策略，这些方面都会发生很大的变化。其次就是快速建仓。募集了资金以后要买股票，当股指期货发展到比较成熟、流动性比较好的时候，在很短的时间内，甚至在一个小时或半个小时之内就可以实现建仓策略，这对于今后的基金运行是比较大的变化，应该说手段会更加丰富。当然，整个产品的创新，还是要由市场参与者去研究开发，我们只是提供了一个创新的条件。股指期货推出后，不仅仅对基金，对股票市场的参与者，甚至对整个市场，都会带来一系列的影响。最近我们在跟踪一些国际市场的情况，从他们参与股指期货交易、闪电交易、程序化交易等各种交易的策略中，受到很大启发。在美国市场和欧洲市场比较有效的一套模型，在中国市场可能不一定有效，所以这个模型还要经过中国市场的检验。股指期货推出之后，其运行特点和具体特征到底怎样，需要市场运行一段时间后，经过我们逐步摸索、逐步研究分析跟踪才能真正掌握它的规律，所以，未来机遇和挑战到底是什么，现在很难讲清楚，要经过市场的不断实践，才能最终掌握。

（本文系作者在"2010年中国证券投资基金业年会"上的演讲稿）

境外杠杆ETF研究及我国杠杆ETF创新设想

（第20期上证联合研究计划）
华夏基金管理有限公司 上海证券交易所联合课题组
课题负责人：褚晓菲 汤 弦
课题研究员：褚晓菲 汤 弦 李大凯

杠杆ETF(Leveraged ETF)是近年来境外ETF发展中的重大创新。它将杠杆投资技术与ETF相结合，实现了每日对目标指数收益的一定倍数的追踪，从而放大了指数收益。杠杆ETF的诞生，拓宽了ETF的产品领域，增加了市场深度，为投资者提供了新的投资工具，获得了投资者的认可，为我们提供了很好的借鉴。本报告旨在借鉴境外杠杆ETF的发展经验，结合我国实际分析杠杆ETF在我国推出的可行性。

一、境外杠杆ETF的发展情况

(一)杠杆ETF的概念和类型

杠杆ETF是对传统ETF的一种创新①。传统ETF通常是指完全被动追踪目标指数，追求与目标指数相同回报的上市交易型开放式基金。当指数上涨时ETF价值上涨，指数下跌时ETF价值下跌。经过十余年快速发展，传统ETF已经为市场广泛认同。随着金融衍生品市场的发展，境外发达市场开始出现运用股指期货、互换等金融衍生工具实现杠杆投资效果的ETF，即杠杆ETF。

一般说来，所谓杠杆ETF(Leveraged ETF)，又称做多或看多ETF(Bull ETF)，是通过运用股指期货、互换合约等杠杆投资工具，实现每日追踪目标指数收益的正向一定倍数，如1.5倍、2倍甚至3倍。

根据目标指数类型的不同，杠杆ETF可以分为全市场股票指数类ETF、风格指数类ETF、行业指数类ETF、国际指数类ETF、固定收益类ETF、商品指数类ETF以及货币类ETF。

自2006年6月美国ProShare公司首批推出该类产品以来，很快就在美国和欧洲市场取得了巨大成功，资产规模迅速增长。据巴克莱公司数据显示，截至2009年三季度，美国已有杠杆ETF46只，总资产规模达到104.3亿美元，占全部ETF资产规模的1.7%；欧洲已有反向及杠杆ETF11只，总资产规模达11.4亿美元，占全部ETF资产规模的0.6%，显示了投资者对该产品的认可和巨大的市场潜力。

(二)杠杆ETF的投资运作

杠杆ETF的基本运作模式与传统ETF相似，即由基金管理人募集和管理，基金托管人托管；投资者通过参与券商向基金申购和赎回基金份额，申购和赎回通常以申购赎回单位的整数倍进行，基金管理人每日通过证券交易所公布基金申购赎回清单；基金份额在证券市场挂牌上市交易，投资者也可以直接在二级市场买卖杠杆ETF基金份额②。

1. 投资目标

杠杆ETF通常追求每个交易日的投资结果在扣除费用前达到目标指数每日价格表现的一定倍数，如1.5倍、2倍甚至3倍，但基金通常不追求超过一个交易日以上达到上述目标。这意味着超过一个交易日的投资回报将是每个交易日投资回报的复合结果，而与目标指数在同时期的回报不相同。相应的，杠杆ETF比普通ETF风险更高。它仅适合于理解该产品并能够承担该风险的投资者，且投资者需要每日监控其投资情况。

2. 投资策略

为了达到投资目标，基金管理人通常将采用数量化方法进行投资，以确定投资的持仓类型、持仓数量和仓位构成。基金管理人在投资时不受其本身对市场趋势、证券价格观点的影响，在任何时候均保持充分投资，而不考虑市场状况和趋势，也不在市场下跌时持有防御性仓位。

3. 组合管理

杠杆ETF的组合管理主要包括目标指数证券组合管理和衍生金融工具管理。

⑴目标指数证券组合管理

目标指数成分证券组合管理是指将基金净资产的至少80%投资于目标指数成分证券，以保持与目标指数的相同特征，提高组合的流动性，降低费用。这种复制方法与传统ETF基本相同，典型的是选择目标指数的一个代表性抽样，以保持与指数的高相关性。抽样方法主要包括完全复制法、抽样复制法和其他中间方法。在投资需要或市场不便时，基金也可以适当买入目标指数证券以外的股票，其持有证券的权重也可以高于或低于目标指数的权重。

⑵衍生金融工具管理

衍生金融工具管理是指通过投资目标指数衍生工具来替代目标指数成分证券并达到相同的效果，这种复制方法主要包括目标指数股指期货、目标指数互换合约或者两者的混合。

股指期货方式是指在缴纳一定比例（通常为股指期货合约总额的5%~10%）的保证金的基础上，基金将按正向建立相当于基金净资产一定倍数的股指期货合约头寸。由于杠杆ETF通常持有80%以上的目标指数组合证券，其余部分将通过股指期货合约复制。

股票指数互换方式是指互换双方达成协议，将与某一股票指数变动所实现的红利及资本利得与某一以短期利率指数为基础的支付进行互换。它主要是被用来替代在股票市场上的直接投资，但使用者同时承担了股票指数变动的风险。在互换交易中，基金向交易对手方购买互换协议，约定合约到期后交易对手方向基金支付相当于合约名义价值×指数增长率的现金，基金向交易对手方支付相当于合约名义价值×（Libor+一定的额外利率）的现金。双方只需要支付两笔资金的净差值即可。互换交易每天进行结算，基金根据净值情况，对第二天的互换头寸进行调整，使互换头寸名义价值总额为基金净资产价值的杠杆倍数。

运用股指期货和互换合约方式的差异在于，股指期货通常在公开市场交易，需要交纳保证金；互换合约通常在场外市场（柜台市场）与特定对手方进行交易，没有公开报价，也不用缴纳保证金。相应的，基金在每日的投资管理、风险控制以及会计估值等方面均有所不同。

杠杆ETF的组合管理还需要根据市场每日的波动情况对基金的组合证券和衍生金融工具头寸进行跟踪维护（Reposition），以保证基金最大限度的跟踪目标指数的倍数。

（三）杠杆ETF的募集、申购和赎回

1. 基金募集

境外杠杆ETF通常采用种子基金募集方式。种子基金一旦募集到位并达到上市标准，基金即可成立并迅速安排挂牌上市交易。基金成立之后，参与券商可以安排机构客户陆续进行申购，并开始接受一般机构客户的申购赎回申请。

2. 申购模式

杠杆ETF的申购赎回通常通过参与券商进行，并且最少应达到一篮子特定数量的份额（即申购赎回单位）进行申购和赎回。申购赎回单位包含的基金份额数量通常为50，000份或其他整数数量，其总体市场价值可能较高，通常只有机构

投资者才能够满足申购和赎回的要求。杠杆ETF份额通常在二级市场公开交易。中小投资者一般只能从二级市场买卖基金份额。投资者在二级市场买卖基金份额时需要向经纪人交付一定的费用或佣金。

对于杠杆ETF，基金申购可以有两种方式，即实物申购（或称组合证券申购，In-kind Creation）和现金申购（Cash-Creation）。实物申购即投资者向基金资产中存入目标指数的一篮子证券及现金并支付一定的交易费用，以直接向基金申购杠杆ETF份额。基金管理人每日制定申购的组合证券清单并公布，由投资者通过参与券商以一篮子证券及相应的结算余额进行交易，并支付一定的交易费用。实物申购有时需要使用现金替代（Cash-in-lieu）和现金差额（Balancing Amount）。现金替代即在投资者不能交付足够数量的存入证券或其他无法实现的原因时，作为个别证券的替代而使用的一定数量的现金。现金差额是作为实物存入证券（Deposits Securities）的补充，投资者通过参与券商支付给基金或者从基金收到的一定数量的现金。现金差额的数量相当于存入证券的市场价格和申购赎回单位的净资产价值（NAV）之间的差额。

现金申购即投资者通过参与券商以现金进行申购，换取基金份额。现金申购程序与组合证券申购基本相同。所不同的是，现金申购实际上是由参与券商以投资者提交的现金在市场上代为购买篮子证券并交付基金，换取相应的申购单位。在申购时，投资者只需准备最低申购单位50,000份的NAV的整数倍的现金并交纳一定数量的交易费用即可。

3. 赎回模式

对应于实物申购和现金申购两种方式，杠杆ETF的赎回也有实物赎回（In-kind Redemption）和现金赎回（Cash Redemption）两种方式。实物赎回程序与实物申购程序相反。投资者必须通过参与券商赎回份额，并须向基金交付赎回单位，以换取一篮子证券的赎回收益。赎回单位（Redemption Unit）通常与当日申购单位（Creation Unit）的篮子证券组成相同。申购、赎回篮子的构成将由基金管理人制定，并且每日开市前通过证券结算公司公布。基金管理人有权决定在特殊情况下接受某些与赎回篮子不一致的赎回申请。

实物赎回也可能涉及现金替代和现金差额。如果申购赎回单位的净资产价值高于篮子证券的价值，则投资者将在收到一篮子证券的同时，还将收到基金以现金支付的现金差额。如果申购赎回单位的净资产价值低于篮子证券的价值，则投资者应向基金支付现金差额。

基金将就申购和赎回交易收取一定的交易费用（Transaction Fees）③，以平抑与申购赎回份额有关的转让及其他交易成本。交易费用中包括了固定费用和可变费用两部分。固定费用适用于所有申购赎回交易，与申购的数量无关；可变费用最高为申购赎回单位价值的0.10%，适用于每一项申购赎回交易。

在基金管理人许可的情况下，参与券商可以接受现金赎回申请。投资者采用现金赎回方式赎回基金份额将直接获得现金，而无需获得赎回篮子的组合证券。

（四）杠杆ETF的主要风险

与传统ETF相比，杠杆ETF具有相对高得多的风险，其主要风险如下：

1. 与使用杠杆相关的风险

杠杆ETF使用杠杆投资技术通常具有激进性，包括使用股权期货、期货期权、证券期货、指数期货、远期合约、互换合约以及类似的金融衍生工具。金融衍生工具具有以小搏大的特点，可能以较小数额的投资而导致较大数额的损失。使用这些激进的投资技术也可能使基金承受与投资于目标指数成分证券本身所不同的、甚至是更大的风险。

2. 偏离度风险

多种因素都将影响杠杆ETF保持与业绩基准之间具有较高相关性，如各项费用、支出和交易成本、申购赎回的资金流动冲击、基金持有证券与目标指数成分证券及权重之间的差异等，都使得基金实现与基准的高度相关性面临一定困难。

杠杆ETF还有一种因使用杠杆投资工具而产生的非相关性风险，即在超过一个交易日的期间内，杠杆ETF的复合投资业绩将可能大于或小于目标指数的业绩，这种现象被称为长期复合回报效应(Compounding Effect)。杠杆倍数越高，长期复合回报可能与目标指数的业绩表现相差越大。通常在市场高波动时期，复合回报效应将导致基金的长期投资结果小于目标指数收益的一定倍数。

投资者应理解这一产品是典型的设计来提供指数在每日基础上表现的一定倍数的，而不是更长的期间。基金回报在超过一天的期间内将可能不是指数回报的简单倍数。

除以上风险外，杠杆ETF还涉及多种风险，包括市场限制特定交易风险、对手方风险、提前闭市、停止交易风险、流动性风险、集中度风险等，投资者需要全面理解基金风险，做出恰当的投资决策。

(五)境外杠杆ETF的发展经验及存在的问题

1. 境外杠杆ETF的发展经验

境外杠杆ETF迅速发展的主要原因在于：自网络泡沫破灭之后，美国市场β收益大幅降低，投资者纷纷寻求新的收益来源，衍生品和结构性产品的投资应用得到了极大的扩展。境外管理人将ETF与杠杆投资技术相结合，通过运用股指期货、互换等衍生金融工具实现了杠杆投资效果，创造出了杠杆ETF这种产品。其风险低于股指期货，且不用缴纳保证金，具有一定的便利性。对于一些机构投资者(如退休基金)而言，由于受法律法规或投资政策限制，不能投资于衍生品或从事卖空，但可以投资杠杆ETF，因此受到青睐。境外杠杆ETF的推出，不仅活跃了证券市场，而且拓展了ETF的产品领域，创造了新的活力和增长点，促进了资本市场的发展。随着未来进一步发展壮大，杠杆ETF将在金融衍生品市场上发挥越来越大的作用。因此，市场普遍认为，"杠杆ETF已经成为近两年市场上的重大成功故事之一。"④有人已经预言，"如果这些第三代ETF最终被证明是成功的，则ETF行业可能被剧烈改变。"⑤

2. 境外杠杆ETF目前面临的一些问题

在迅速发展的同时，杠杆ETF也面临一些问题和争议。据报道，2009年以来市场也出现一些对杠杆ETF的批评声音，主要集中在杠杆ETF的长期投资偏离度风险和杠杆投资风险，即在超过1个交易日的期间内，杠杆ETF的投资回报可能与目标指数的回报偏离，以及投资衍生金融工具将面临比投资组合证券更大的风险。为此，美国证监会(SEC)于2009年8月18日专门在其网站上发布了提示⑥。

市场上也不乏该产品的辩护者。有评论就认为"该产品并非适合于所有投资者，但这并不意味着该产品是有瑕疵的产品"。"这种产品要求投资者有能力和意愿来定期监控其持仓情况，投资者需要透彻地理解该基金的的运作机制"。⑦虽然各种意见争论热烈，但杠杆ETF仍然在增长。"在去年的混乱中，一个不变的因素即反向及杠杆ETF的增长。"⑧

总之，经过十余年的发展，传统ETF已经趋于成熟，产品不断向深入发展。自金融期货推出后，ETF和杠杆投资技术相结合，就是ETF产品逻辑演变的必然结果。境外杠杆ETF的推出，不仅活跃了证券市场，还拓展了ETF的产品领域，开辟了新的产品市场，为资本市场创造了新的活力和增长点。另外，作为机构投资者之一，反向及杠杆型ETF的参与也活跃了金融衍生品市场，成为衍生品市场中的重要力量之一。随着未来进一步发展壮大，反向及杠杆型ETF将在金融衍生品市场上发挥越来越大的作用。这些经验都可以为我国推出杠杆ETF提供有益的参考。

二、我国推出杠杆ETF产品的可行性及意义

(一)我国推出杠杆ETF产品的必要性

根据境外发展杠杆ETF的经验和我国的实际情况，在我国推出杠杆ETF对于我国资本市场的发展、基金业的发展等均具有重大的意义：

(1)从国际ETF发展趋势来看，杠杆ETF的产生和发展是ETF产品发展的内在逻辑演变的结果，受到投资者的认可和欢迎，具有较强的生命力，成为ETF产品发展的重要方向。我国ETF尚处于发展初期，需要借助产品创新来加快发展，因此发展杠杆ETF就是一个重要的途径。

(2)从我国资本市场的发展来讲，发展不同倍数的杠杆ETF可以引导投资者按风险收益偏好予以分化，从而有利于深化市场，稳定市场；而推出不同类型、不同风格和不同杠杆倍数的杠杆ETF产品，可以满足不同类型的投资需求，拓展和深化ETF的产品领域，为我国资本市场的发展创造新的活力和增长点。

(3)对我国基金业的发展来讲，发展杠杆ETF可以进一步丰富产品类型，细分市场，有利于基金公司的差异化经营。如划分为高Beta产品、普通Beta产品等各种类型，在产品风格上进一步细分，从而促进基金公司的差异化经营。

(4)对投资者来讲，经历了2006—2008年的剧烈波动，我国投资者已经不再满足于被动接受市场波动的处境，而越来越需要一种新的产品来适应市场。

（二）我国推出杠杆ETF的可行性

虽然我国资本市场的发展程度与境外发达市场还有相当差距，特别是我国的金融衍生品市场还未开始运行，我国要推出典型的杠杆ETF还有很长的路要走，但我国资本市场的发展也为发展杠杆ETF奠定了必要的基础：

1. 市场存在对杠杆类产品的需求

经历了2006—2008年的市场剧烈波动，我国投资者已经不满足于被动接受市场震荡，而需要能够获得比普通ETF收益更高的产品，因此对于杠杆类基金产品的需求在快速增长。2007年到2009年，我国市场推出了瑞福分级、长盛同庆和国投瑞银瑞和沪深300指数分级基金等三只带有杠杆效应的基金产品，受到了市场的热烈追捧，就证明了这种市场需求的存在及其深厚的基础。

2. 我国的传统ETF产品运作已趋于成熟

我国自2005年推出第一只ETF产品以来，已经经过了4年的平稳运作。根据Wind资讯显示，截至2009年9月底，我国ETF已经增加到7只，资产规模已经达到458亿元。即使经历了2008年的大幅下跌，投资者仍然经受住了考验，ETF资产规模稳步增长，新产品仍然在不断筹备和推出。目前无论是产品创新还是投资运作，ETF均已进入相对规范的阶段，从而为杠杆ETF创新奠定了基础。

3. 我国的衍生产品市场已经基本准备就绪，即将推出金融衍生产品

我国目前已经建立了中国金融期货交易所等交易机构，第一只股指期货产品——沪深300股指期货合约已经进入仿真交易阶段，即将推出正式交易。这些产品一方面为杠杆型基金运用衍生品提供了交易场所，同时也为杠杆技术的运用积累了经验。近期，国务院已原则同意开展证券公司融资融券业务试点和推出股指期货品种，我国金融衍生品市场已经基本准备就绪。

(三)我国推出杠杆ETF的初步设想

采用股指期货作为杠杆投资工具是境外杠杆ETF的典型做法。在我国推出股指期货产品的情况下，

我们设想推出运用沪深300股指期货等产品的2倍或多倍杠杆ETF产品，来填补我国ETF市场的空白。当然，上述设想要等到我国股指期货产品推出并运行平稳之后才能推出。在我国推出股指期货产品之前，分级基金模式的杠杆ETF也将是实际可行而又具有一定创新意义的替代方案。这两种方案各有优势和不足。但由于我国目前尚无投资实践，两者在长期业绩表现和降低投资偏离度等方面的优劣尚无法明确判断。只有待未来在市场推出股指期货产品，开发出相应的杠杆ETF，再由市场来进行检验。

① 见www.etfdb.com网站2009年6月22日文章ETF Securities Plans Industry Shakeup，该文章把反向及杠杆ETF视为"第三代ETF"。第一代为通过持有指数成分证券来跟踪指数的ETF；第二代为只运用单一的互换对手方的ETF，当对手方不能履行义务时基金面临流动性不足。

② 见PROFUND公司网站"STATEMENT OF ADDITIONAL INFORMATION"第3页。

③ 见Proshares招募说明书第140页"Transaction Fees on Creation and Redemption Transactions"。

④ 见www.etfdb.com网站2009年5月25日文章Shorting leveraged ETFs，作者Mark Noble。

⑤ 见www.etfdb.com网站2009年6月22日文章ETF Securities Plans Industry Shakeup，作者Michael Johnston。

⑥ 见美国证监会网站http://www.sec.gov/investor/pubs/leveragedetfs-alert.htm。

⑦ 见ETF数据库网站/www.etfdb.com/报道："The Other Side Of The Leveraged ETF Coin"。

⑧ 见www.etfdb.com/网站2009年7月31日报道Leveraged ETF Fallout Continues，作者Michael Johnston。

（本文来源：《上海证券报》2010年3月26日）

国内基金的选证能力VS择时能力

上海证券基金评价研究中心

基金的收益来源于选证(股票、债券等)和择时。海外成熟市场的经验表明，开放式基金不具备选证和择时的能力。国内的市场环境与国外有较大的差别，一方面，国内股票市场的基本特征是散户参与度高、信息不对称程度大、机构数量少且研究能力有待发展，在这样的环境下证券被错判的可能性增大，基金有可能通过选择被低估的证券来获得超额收益；另一方面，国内股票市场大起大落，大多数基金的一种操作策略是通过择时，即适时调整基金的仓位来规避市场向下的风险或者抓住市场上涨的机会，期望通过择时来获得超额收益。我们采用上海证券基金评价方法估算基金由选证和择时所产生的市场风险调整后的超额收益率，发现在2007年7月至2010年7月间，股票型基金和混合型基金整体上取得了不错的选证超额收益，而择时的超额收益为负，也就是说国内基金具备选证能力而不具备择时能力。

一、 国内基金具有较强的选证能力

海外成熟市场的基金不具备选证能力，这是因为成熟市场上参与的主要力量是机构投资者，各类投资机构者在信息掌握、专业投资能力之间的差异不大，机构之间的博弈使得获取超额收益的机会下降。而国内市场上散户的参与度高、信息不对称程度大、机构投资者的研究能力尚待发展，在这样的市场环境下，国内基金表现出了较强的选证能力，但不同基金的选证能力差别较大，同一基金在不同时期经选证获取的超额收益波动性也较大。过去的几年间，随着机构数量的不断增加和专业能力的不断提升，基金通过选证获取的超额收益在逐步下降。

1. 国内基金取得了较好的选证超额收益

在2007年7月至2010年6月间，股票型基金和混合型基金整体上取得了较好的选证超额收益。基金三年选证累计超额收益率均值为16.73%，82.6%的基金取得了选证正收益，基金间选证超额收益差异比较大，选证表现最好的与最差的基金相差167.7%。

在股票型基金中，统计的73只基金的三年选证累计超额收益率均值为18.86%，国泰金鹰以55.4%位列第一，宝盈增长以-29.3%列最后。共有83.5%的股票型基金取得了选证正收益，其中，选证收益超过40%的占14%，选证收益在10%和40%间的占56%，17%的基金取得选证的负收益(其中6%的基金选证损失在10%以上)(见图1)。

在混合型基金中，统计的99只基金的三年选证累计超额收益率均值为14.6%，华夏大盘以138.4%的收益排第一，宝盈鸿利以-25.6%的收益排最后。共有81.8%的混合型基金取得了选证正收益，其中，选证收益超过40%的占5.1%，在10%和40%间的占52.5%，18.2%的基金取得选证负收益(其中9.1%的基金选证损失在10%以上)(见图2)。

虽然基金总体上表现出了较强的通过选证获取超越收益的能力，但是不同基金在选证方面的差异很大。在股票型基金中，选证获取超额收益最好的与最差的之间相差84.7%，混合型基金中，选证获取超额收益最好的与最差的之间相差164%。表1列举了股票型基金和混合型基金三年

图1 股票型基金三年选证累计收益分布

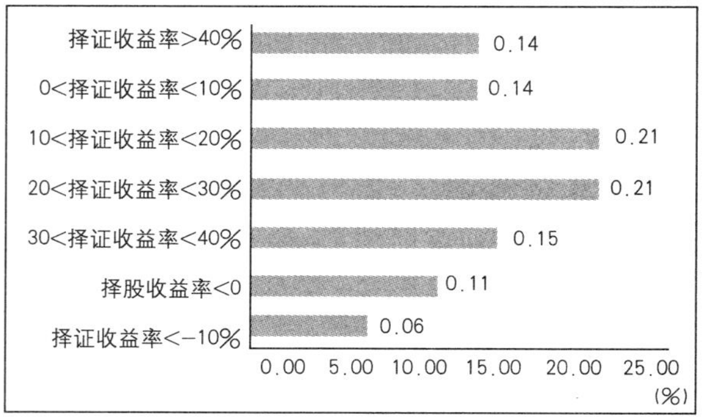

图2 混合型基金三年选证累计收益分布

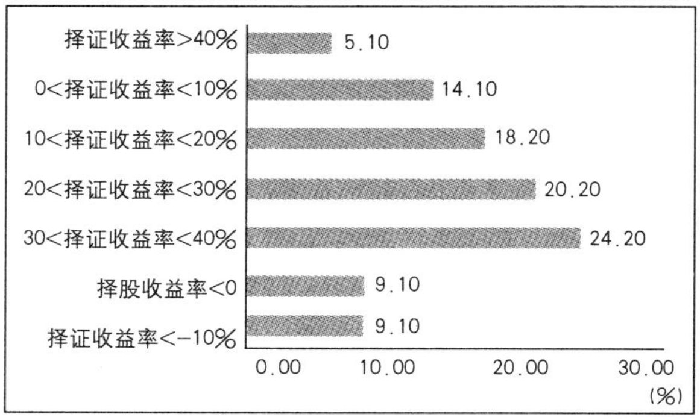

表1 2007年7月至2010年6月三年选证累计超额收益率排名 (%)

股票型基金前十	股票型基金后十	混合型基金前十	混合型基金后十
国泰金鹰(55.4)	中欧趋势(-4.8)	华夏大盘(138.4)	德盛小盘(-9.78)
银华优选(53.6)	长信金利(-5.5)	华夏红利(71.9)	泰信先行(-12.3)
银内需贰(50.2)	南方稳健(-5.8)	中银中国(49.2)	天弘精选(-14.1)
银华富裕(47.8)	景顺长城(-7.1)	宝康消费(47.1)	东方龙(-14.4)
交银成长(47.6)	泰信优质(-8.6)	嘉实增长(45.8)	华富优选(-18.0)
博时主题(47.5)	长信增利(-9.4)	华夏成长(38.1)	天治财富(-18.3)
景顺成长(44.8)	申万新动力(-12.4)	交银稳健(37.9)	益民红利(-22.2)
华夏优势(43.0)	德盛优势(-13.4)	嘉实服务(36.8)	万家和谐(-24.5)
泰达周期(42.7)	天冶核心(-23.1)	大摩资源(36.1)	大摩基础(-25.0)
兴业全球(41.4)	宝盈增长(-29.3)	嘉实主题(35.8)	宝盈鸿利(-25.6)

图3 基金三年选证超额收益指标走势图

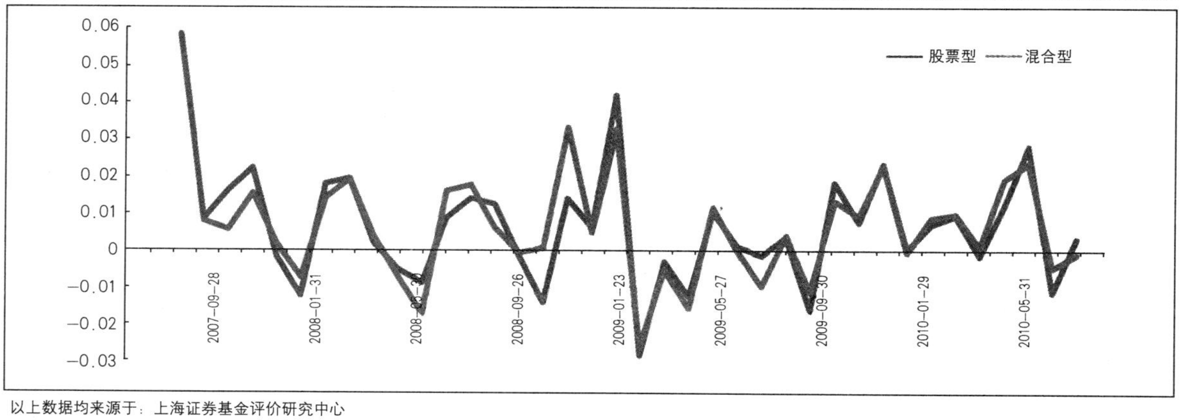

以上数据均来源于：上海证券基金评价研究中心

选证累计超额收益的前十名和后十名及其对应的累计超额收益率。

此外，需要注意的是基金通过选证获取的超额收益并不稳定。考察2007年8月至2010年7月间每个月基金的三年选证收益情况，发现基金在不同时间选证获取超越收益的波动性很大（见图3），有不少时间段选证的超额收益为负值。这说明基金虽然在总体上能够通过选证来

图4 基金三年选证能力指标走势图

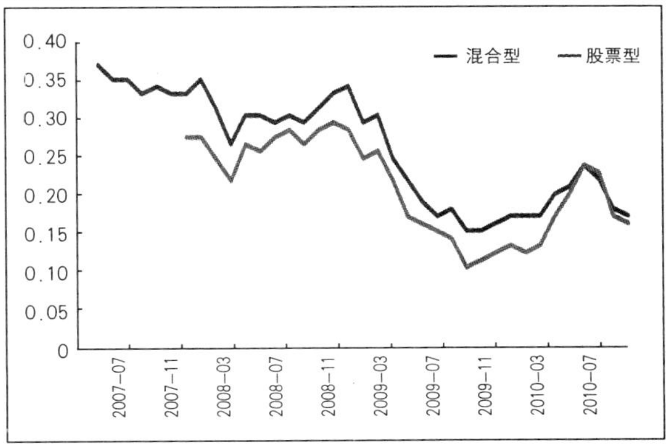

图5 80%的股票型基金调仓变幅在20%以上

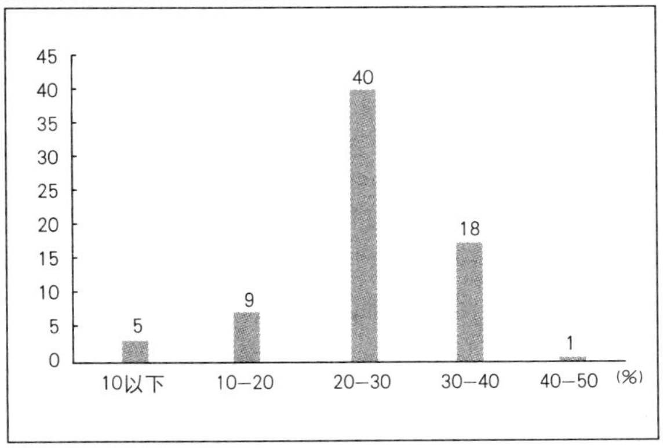

以上数据均来源于：上海证券基金评价研究中心

获取超额收益，但是这种收益不稳定。

2.国内基金选证超额收益趋于下滑

近年来，上海证券基金选证能力指标在逐步的下降，表明基金选证获取的超额收益在下滑，但是在牛市、熊市和震荡市中基金选证的表现有所不同。

在过去三年中基金选证能力指标趋于下滑。考察2007年7月至2010年6月间每月三年期上海证券选证能力指标，发现混合型基金选证能力指标从2007年7月的最高值0.37逐步开始下滑到了2010年6月的0.16。虽然在三年间选证能力指标在不同的区间有回升的势头，但是不改整体上逐步回落的趋势，股票型基金也表现出了类似的走势（见图4）。这是因为市场上机构越来越多，专业能力也有所提升，虽然散户的参与度仍然很高，但是机构从市场上通过选证能力获取的超额收益总体上在下降。可以预期，随着各类投资机构数量的不断增加、专业能力的逐步提升，基金通过选证产生的超额收益还会逐步的下降。

在不同的市场条件下，基金选证获取的超额收益表现不同。考察基金选证能力指标走势图（图4），我们发现，在2007年11月至2008年9月的熊市中，基金的选证能力先下降后回升，表现为震荡的走势，这可能是因为在熊市初期基金整体上受到了系统性风险的冲击，在熊市的后半段基金在弱势里的选证能力得到了一定的体现；在2008年11月至2009年7月的牛市中，基金的选证能力指标不断下降，这可能是因为在牛市中股票普遍上涨，因此基金选证获取的超额收益不明显；在2009年8月至2010年4月的震荡市中，基金选证能力指标走高，这可能是因为在震荡市中股票的表现差异很大，在这样的市场条件下，基金选证的能力得到了一定程度的体现。

二、国内基金不具有择时能力

在海外成熟市场，股票型基金的仓位通常维持在90%以上，混合型基金的仓位通常只是在基金基准的仓位附近略有变动，而国内的股票型和混合型基金仓位调整频繁且幅度甚大。面对国内大幅波动的市场，基金投资管理人的自然倾向是要通过择时，即适时调整基金的仓位来规避市场向下的风险或者抓住市场上涨的机会，这正是国内大多数基金的一个操作策略。但是择时是一把双刃剑，成则可以为投资者创造超过基准的额外收益，否则适得其反，不仅增加了投资的风险，也会损害投资的业绩。考查国内股票型和混合型基金在过去三年中所表现出来的择时能力，发现这些基金总体产生了负的择时收益，择时收益为正的基金不到三分之一。

表2 2007年7月至2010年6月基金调仓变幅排名 (%)

股票型基金调仓前十	股票型基金调仓后十	混合型基金调仓前十	混合型基金调仓后十
鹏华收益（40.68）	量化核心（5.06）	宝盈鸿利（72.09）	国泰精选（7.79）
鹏华价值（37.92）	光大红利（6.18）	天治财富（66.74）	广发稳健（8.59）
宝盈增长（33.86）	景顺股票（8.01）	嘉实主题（63.93）	长盛债券（10.23）
交银精选（32.87）	泰达首选（8.27）	申万新经济（55.14）	宝康消费（11.25）
融通动力（32.62）	光大增利（9.64）	大摩资源（53.25）	嘉实增长（11.61）
银华富裕（32.56）	长信银利（11.12）	东方龙（52.84）	德盛小盘（12.27）
华夏优势（32.06）	招商股票（12.65）	中海成长（51.49）	大成价值（12.44）
南方绩优（31.93）	汇丰龙腾（14.18）	添富优势（51.03）	金鹰优选（13.33）
添富均衡（31.85）	上投阿尔法（14.81）	华夏回报（46.50）	海富收益（13.78）
泰达稳定（31.82）	海富优势（15.15）	德盛安心（45.43）	海富精选（13.92）

图6 70%的混合型基金调仓变幅在20%以上

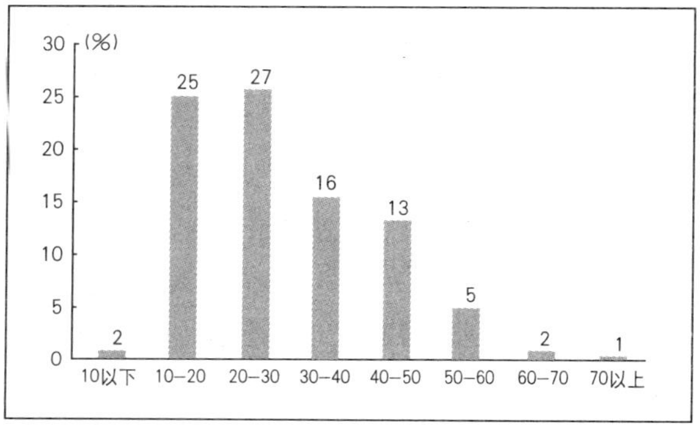

图7 每年调仓幅度超过20%的基金比例

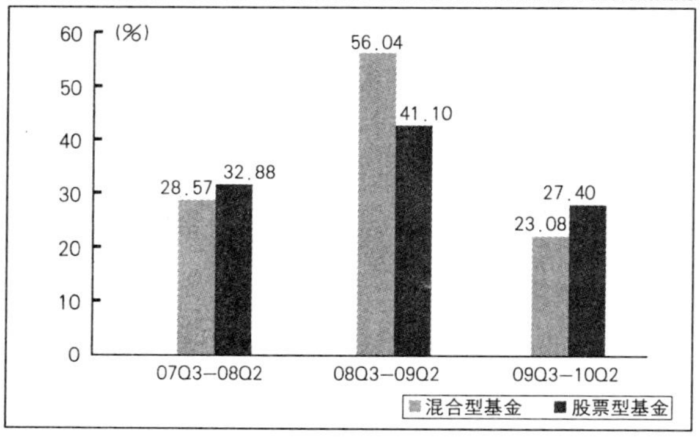

以上数据均来源于：上海证券基金评价研究中心

1. 基金普遍频繁地大幅度调仓

与海外成熟市场相比，国内基金普遍调仓幅度很大。考察2007年三季度到2010年二季度12个报告期内基金股票仓位最高值与最低值之间的变幅，统计的73只股票型基金的平均变幅为24.58%，调整幅度最大的基金变幅达40.68%，调仓变幅前25%的基金平均值为32.66%，有近80%的股票型基金仓位变幅20%以上（见图5）。混合型基金的调仓变幅比股票型基金更大，统计的91只混合型基金中的平均变幅为29.4%，调整幅度的最大基金变幅达72.09%，调仓变幅前25%的基金平均值为48.19%，有70%的混合型基金仓位变幅在20%以上（见图6）。在基金总体上调仓幅度很大的状况下，也有少部分基金的调仓幅度较小，股票型基金最小调仓变幅为5.06%，混合型基金最小调仓变幅为7.79%（见表2）。

同时，国内基金调仓的频率也很快。除了在三年中调仓变幅很大外，基金调仓的频率也很快，表现为每一年仓位调整的幅度很大。每年调仓幅度超过20%的基金的比例，在2007年三季度到2008年二季度股票型基金为32.88%，混合型基金为28.57%；2008年三季度到2009年二季度股票型基金为41.10%，而混合型基金为56.04%；2009年三季度到2010年二季度股票型基金为23.08%，混合型基金为27.40%（见图7）。

2. 基金择时取得负收益

在2007年7月至2010年6月间，总体上来说，

图8 65.7%的股票型基金产生择时负收益 (%)

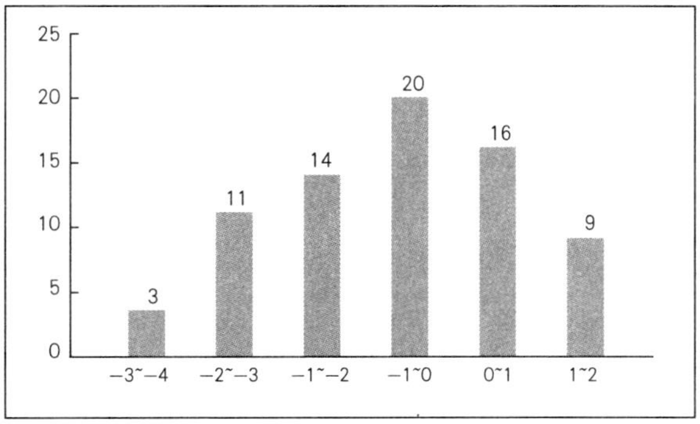

图9 70%的混合型基金产生择时负收益 (%)

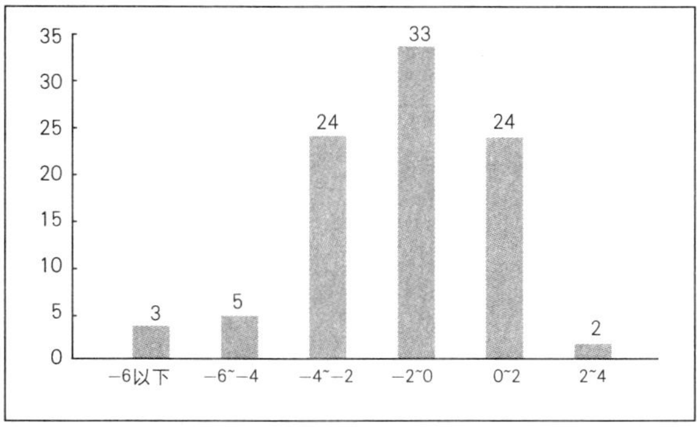

表3 2007年7月至2010年6月择时年化超额收益率排名 (%)

股票型基金择时收益前十	股票型基金择时收益后十	混合型基金择时收益前十	混合型基金择时收益后十
泰信优质 (1.87)	博时主题 (-3.63)	易基平稳 (3.04)	景顺平衡 (-6.93)
国投核心 (1.82)	大红利 (-3.22)	金鹰小盘 (2.26)	大成蓝筹 (-6.44)
上投先锋 (1.46)	长城消费 (-3.17)	易基积极 (1.40)	华夏回报 (-6.17)
南方高增 (1.43)	量化核心 (-2.90)	嘉实主题 (1.31)	长城回报 (-5.67)
易基价值 (1.31)	鹏华价值 (-2.79)	大摩资源 (1.31)	海富收益 (-4.49)
南方绩优 (1.31)	诺安股票 (-2.53)	天弘精选 (1.29)	海富回报 (-4.30)
德盛优势 (1.07)	泰达精选 (-2.27)	银河稳健 (1.16)	嘉实增长 (-4.21)
天治核心 (1.05)	景顺增长 (-2.21)	嘉实成长 (1.12)	博时精选 (-4.10)
融通动力 (1.02)	鹏华收益 (-2.20)	益民红利 (1.07)	德盛小盘 (-3.87)
东吴动力 (0.99)	景内需贰 (-2.16)	华夏大盘 (1.05)	宝康配置 (-3.75)

以上数据均来源：上海证券基金评价研究中心

基金产生了择时负收益。择时产生负收益的基金比率高达67.8%，少数取得择时正收益的基金，大多数的年化收益仅集中在0-1%之间。

在股票型基金中，三年择时年化超额收益率均值为-0.06%，有65.7%的基金产生择时负收益，最差基金择时年化超额收益为-3.63%，在表现较差的25%的基金中，择时年化超额收益均值为-2.36%，而在取得择时正收益的基金中，60%的收益仅集中在0-1%之间(见图8)。

在混合型基金中，三年择时年化超额收益率均值为-1.34%，近70%的基金产生择时负收益，最差基金择时年化超额收益为-6.93%，在表现较差的25%的基金中，择时年化收益均值为-3.92%，而在取得择时正收益的基金中，92.3%的收益集中在0-2%之间(见图9)。这些数据表明，基金总体上不具有择时能力，但也有很少一部分基金取得了正的择时超额收益(见表3)。

三、结论

与海外成熟市场的经验不同，在国内市场环境下，由于散户参与度高、信息不对称程度大、机构数量少且研究能力有待发展等特征，证券被错判的可能性增大，国内基金整体上取得了不错的选证超额收益；而面对国内市场的大幅波动，基金通过频繁大幅调仓策略所获得的择时超额收益为负。因此，国内基金具备较好的选证能力，而不具备择时能力。

《开放式证券投资基金销售费用管理规定》评述

通力律师事务所

2009年12月14日，中国证监会发布了《开放式证券投资基金销售费用管理规定》（以下简称“《基金销售费用规定》”）。《基金销售费用规定》就基金销售费用结构、费率水平和收支行为进行了规范，明确了基金管理公司与基金销售机构之间销售费用分成安排的范围和界限，为规范基金销售费用相关的市场活动提供了新的规则和指导。

《基金销售费用规定》的出台背景

《基金销售费用规定》的出台主要是为了解决基金销售费用中出现的三个问题：一是基金管理公司在基金销售协议中向基金销售机构支付一次性奖励费用和尾随佣金的现象非常普遍，而法律法规对此未有明确规定，可能涉及不正当竞争和商业贿赂；二是基金销售渠道结构不均衡，商业银行“一家独大”，不利于形成多元化、多层次的销售渠道体系；三是一次性奖励费用以基金交易量作为基数计算，可能导致基金的频繁申购、赎回，既不利于基金管理公司的投资运作，也不利于保护基金长期投资者的利益。

《基金销售费用规定》的基本安排

针对上述问题，《基金销售费用规定》作出了如下三个方面的规定：一是鼓励后端收费模式，持有三年以上认购费或申购费可以为零，引导投资人长期投资；二是增列短期交易赎回费，抑制短期交易，短期交易赎回费全额计入基金财产，保护长期投资者的利益；三是禁止一次性奖励，规范尾随佣金，禁止基金管理公司向销售机构支付非以销售基金的保有量为基础的客户维护费，禁止在基金销售协议之外支付或变相支付销售佣金或报酬奖励。

对《基金销售费用规定》几个问题的理解

短期交易赎回费

短期交易赎回费是《基金销售费用规定》的重大创新。《基金销售费用规定》第八条规定：“对于短期交易的投资人，基金管理人可以在基金合同、招募说明书中约定按以下费用标准收取赎回费：(一)对于持续持有期少于7日的投资人，收取不低于赎回金额1.5%的赎回费；(二)对于持续持有期少于30日的投资人，收取不低于赎回金额0.75%的赎回费。按上述标准收取的基金赎回费应全额计入基金财产。”如前所述，基金投资者频繁的申购、赎回基金的行为，不利于基金管理公司的投资运作，也将损害长期投资者的利益，因此，《基金销售费用规定》增加规定短期交易赎回费，抑制短期交易行为，同时将短期交易赎回费全额归入基金财产，对基金长期投资者进行一定的利益补偿。

需要明确的是，《基金销售费用规定》并未强制要求基金设置短期交易赎回费。对于新基金，基金管理公司可以视需要在设计基金产品时规定短期交易赎回费；对于基金合同已经生效的基金，如果增加规定短期交易赎回费则需要考虑采用适当的过渡期安排，维持现有基金份额持有人购买基金时所依据的赎回费率结构和水平，避免对现有基金份额持有人的利益造成损害。例如，对于基金合同已经生效的基金增加规定“对于持续持有期少于30日的投资人，收取不低于赎回金额0.75%的赎回费”，则需安排30日以上的过渡期，在公告的过渡期结束以后更新招募说明书并开始实施短期交易赎回费。

一次性奖励费用

禁止过去基金销售行业内常见的一次性奖励销售费用，是《基金销售费用规定》的另一重要内容。《基金销售费用规定》第十四条第二款规定："基金管理人和基金销售机构应当在基金销售协议中明确约定销售费用的结算方式和支付方式；除客户维护费外，不得就销售费用签订其他补充协议。"第十四条第三款规定："基金管理人不得向销售机构支付非以销售基金的保有量为基础的客户维护费，不得在基金销售协议之外支付或变相支付销售佣金或报酬奖励。"这两款明确禁止了一次性奖励。由于一次性销售奖励不是以销售基金的保有量为基础而是以发售量为基础，容易诱使销售人员引导投资者频繁地购买、赎回基金，因此《基金销售费用规定》禁止了一次性销售奖励，并且基金管理公司也不得以销售协议之外的其他任何书面或非书面的方式约定、支付一次性奖励。

除客户维护费外，不仅一次性销售奖励被禁止，其他一切形式的销售佣金和奖励安排也被明令禁止。如基金管理公司以向销售机构或第三方机构支付培训费用的方式变相支付销售奖励，甚至直接向销售机构分支机构或个人支付销售奖励等，均属禁止之列。

当然，具有实质性内容的培训还是现实需要的。对于培训是否属于变相支付佣金，应结合培训费用是否与短期销售量挂钩，是否具有培训的实质内容，培训费用的水平是否偏离于正常的市场水平等因素进行综合判断。

基金销售禁止行为

《基金销售费用规定》第十五条规定基金销售机构在基金销售活动中，不得采取抽奖、回扣或者送实物、保险、基金份额等方式销售基金。准确理解此处的"销售基金"，即送礼或抽奖是否与新增基金份额、延长持有期限相联系。如基金管理公司规定投资者开户后即可参与抽奖活动，或者规定对成功介绍新客户的老持有人进行奖励，均应当被禁止。而对于基金管理公司根据持有期限和金额计算积分，承诺积分可以兑换实物、基金份额等活动，同样具有增加基金销售量或诱使投资者延长持有期限的目的，应当被禁止。当然，如果积分兑换的是投资者教育手册或者相关书籍，尽管兑换的是实物，但并不会使投资者购买或持有基金时产生额外的经济利益驱动，可能从普及投资者教育的角度上看应予以鼓励。

生效前后的衔接

《基金销售费用规定》自2010年3月15日起生效。就2009年12月14日至2010年3月15日之间的衔接，将涉及期间如何签订销售协议、计提和支付销售服务费等问题。根据相关监管口径，在2009年12月14日后，基金管理公司与基金销售机构之间的基金销售协议及补充协议中不得约定一次性奖励费用；2009年12月14日至2010年3月15日期间，基金销售机构可以根据已有的基金销售协议及补充协议计提和支付一次性奖励费用；2010年3月15日以后，基金销售机构不得再计提一次性奖励费用，但2010年3月15日以前已经计提尚未支付的一次性奖励费用仍然可以支付。

2009年开放式基金投资者基本情况分析

中国证券业协会基金公司会员部

2009年是全球金融危机后的第一年，我国A股市场整体经历了上涨过程，上证综指年初1,880.72点，2009年8月4日，上证综指3,471.44点，为全年最高点，年末上证综指3,277.14点。随着股票市场的涨跌，基金单位净值上下浮动，基金投资人的投资意愿也发生着变化，影响着基金市场整体的发展趋势。2009年，证券投资基金市场总体上保持了稳定发展的态势。根据60家基金管理公司向中国证券业协会报送的2009年第四季度基金投资者基本情况报表，我们对相关数据进行了整理，并与以往数据进行汇总分析，发现部分重要指标呈现如下特征：2009年，开放式基金净值增幅明显，份额略有下降，资金出现小幅净流出，产品结构上出现了分化；在投资者结构方面，个人投资者仍是开放式基金投资的主力，机构投资者账户数及占比略有上升；从投资者交易行为看，2009年开放式基金整体净赎回，基金投资人的交易行为与指数存在明显的正相关性；从销售渠道看，商业银行仍是开放式基金销售的主要渠道，基金管理公司直销的市场份额保持稳定，证券公司在基金销售领域的市场份额继续下降；从个人投资者持有开放式基金情况看，中青年是个人基金投资者的主要群体，60岁以上个人投资者每户平均持有基金净值最高。

一、开放式基金投资者账户结构及持有基金的份额、规模分析

(一)开放式基金投资者账户结构

截至2009年底，开放式基金投资者账户总数①为18,640.66万户，较2008年底增加了10.65%，有效账户总数②为8,092.47万户，较2008年底减少了4.34%。账户总数的增加表明不断有新的投资者加入，2009年上半年，股票市场表现良好，新增账户比较踊跃；随着2009年8月5日指数达到全年最高点以后，有效账户总数减少，表明部分投资者对开放式基金做了清仓处理。在2007年基金行业快速发展时期，大部分投资者在这一年进入基金市场，这段时期上证综指处于2,715.72点至5,261.56点之间，这表明大部分的基金投资者的平均购入成本在此区间之中。2009年第三季度以后，上证综指处在3,000点左右振荡，一部分投资者在这段时间清仓赎回，原因可能是这部分投资者回到成本区，且对未来股票市场走势持不确定的判断，进而选择赎回离场的结果(见图1)。

从账户结构看，开放式基金投资者账户总数中个人投资者占比达99.88%，有效账户总数中个人投资者占比达99.94%。最近三年，个人投资者在账户总数及有效账户总数中所占的比例均在99%以上，占绝对的多数(见表1)。

(二)开放式基金投资者持有基金份额及净值

1.基金总份额下降明显，基金总净值大幅上升，产品结构出现分化

截至2009年底，开放式基金总份额为23,141.36亿份，较2008年底减少了6.88%，总净值为24,489.32亿元，较2008年底增加了31.35%。2009年开放式基金总份额减少，是由基金整体净赎回导致的，基金市场整体仍呈现资金净流出状态。2009年总净值的增长是因为指数上涨导致基金净值增长(见图2)。

截至2009年底，不同类型的开放式基金产品结构出现分化，偏股型基金总份额增幅明显，

①投资者账户总数指在TA开立基金账户的数目
②有效账户总数指投资者在TA开立基金账户中保有基金份额的账户数

图1　开放式基金投资者总账户及有效账户情况　（万户）

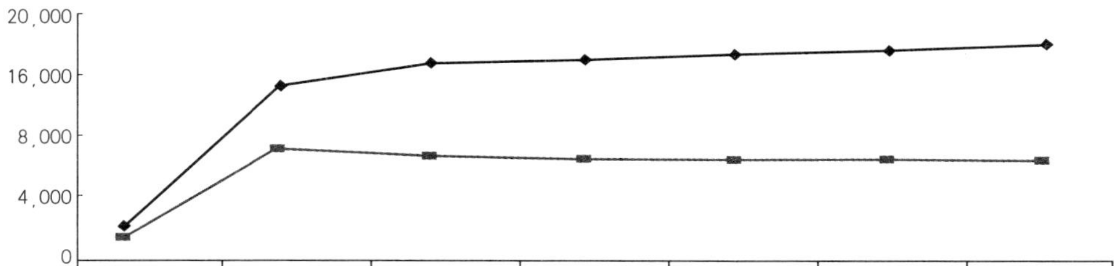

	2006.12.31	2007.12.31	2008.12.31	2009.03.31	2009.06.30	2009.09.30	2009.12.31
基金账户总数	2,049.6	14,777	16,847	17,165	17,672	18,085	18,641
基金有效账户总数	1,087.1	9,091.3	8,459.4	8,160.3	8,253	8,194.6	8,092.5

表1　开放式基金投资者账户结构　（%）

时点	2006年	2007年	2008年	2009Q1	2009Q2	2009Q3	2009Q4
个人投资者账户数占比	99.25	99.89	99.88	99.89	99.88	99.84	99.84
机构投资者账户数占比	0.75	0.11	0.12	0.11	0.12	0.16	0.16
个人投资者有效账户数占比	99.62	99.95	99.94	99.95	99.95	99.90	99.90
机构投资者有效账户数占比	0.38	0.05	0.06	0.05	0.05	0.10	0.10

图2　开放式基金总份额及总净值情况　（亿份；亿元人民币）

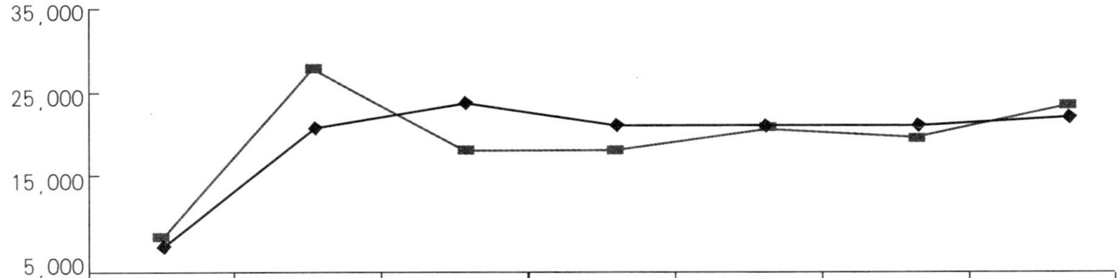

	2006.12.31	2007.12.31	2008.12.31	2009.03.31	2009.06.30	2009.09.30	2009.12.31
基金总份额	6,003.91	21,599.9	24,851.5	21,992.1	21,890.3	21,963.2	23,141.4
基金总净值	6,996.39	29,279.4	18,644.3	18,599	21,411.3	20,612.4	24,489.3

表2　开放式基金投资者持有基金资产结构　（%）

时点	2006.12.31	2007.12.31	2008.12.31	2009.3.31	2009.6.30	2009.9.30	2009.12.31
个人投资者持有基金份额占比	81.72	89.39	85.59	87.73	87.21	87.93	82.44
机构投资者持有基金份额占比	18.28	10.61	14.41	12.27	12.79	12.07	17.56
个人投资者持有基金净值占比	76.03	89.17	81.48	85.41	85.61	86.26	81.77
机构投资者持有基金净值占比	23.97	10.83	18.52	14.59	14.39	13.74	18.23

图3 开放式基金投资者认购金额结构 （亿元人民币）

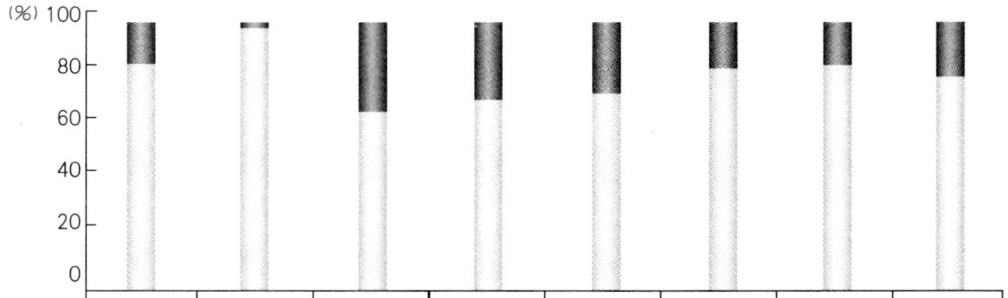

	2006年	2007年	2008年	2009Q1	2009Q2	2009Q3	2009Q4	2009年
机构投资者认购金额	563.23	143.76	619.45	146.74	231.87	185.21	149.05	721.87
个人投资者认购金额	3,478	6,203.3	1,298	431.17	709.43	1,015.4	902.14	3,058.1

固定收益类基金总份额大幅下降，其中，债券型基金份额下降尤为明显。2009年基金产品结构出现的分化现象表明，随着指数的上涨，投资者总体上更偏好高风险等级的基金，基金投资者偏股型基金的净申购可能与指数存在一定的正相关性。

2. 个人投资者始终是基金投资的主力

2009年底，开放式基金个人投资者持有份额占比为82.44%，持有净值占比为81.77%。最近四年个人投资者持有份额占比均在80%以上，个人投资者始终是开放式基金投资的主力（见表2）。

但从趋势上看，机构投资者持有基金份额占比有所增加，比2008年增加了3.15个百分点，持有基金净值基本没有改变。

二、开放式基金投资者认、申购及赎回情况分析

（一）开放式基金投资者认、申购总体情况

1. 基金投资者认购金额大幅增加，个人投资者认购金额占比上升明显

2009年投资者认购金额为3,771.00亿元，较2008年增加了96.67%。2009年新发基金118只，较2008年94只有较大增加，平均每只基金的募集规模32亿元，较2008年的20亿元增幅明显。从2009年新基金的发行情况可以看出，基金投资者尤其是个人投资者对新发基金的认购热情不减。

2009年个人投资者认购金额占比为81.10%，较2008年的67.69%明显上升。2009年第一季度至第四季度个人投资者认购金额占比分别为74.61%、75.37%、84.57%及85.82%，呈现连续增长的态势（见图3），2009年新发基金的募集更加依赖于个人投资者。

2. 基金投资者每笔认购金额大幅提升

2009年开放式基金投资者每笔认购金额为7.50万元，较2008年的6.70万元有所提升。2009年第一季度至第四季度每笔认购金额分别为7.2万元、10.54万元、6.56万元及7.01万元。个人投资者每笔认购金额呈现先升后降态势，而机构投资者每笔认购金额却呈现先降后升态势，说明个人投资者和机构投资者在基金认购偏好上存在一定差异（见图4）。

3. 基金投资者申购金额减少，同时基金个人投资者申购金额占比下降

2009年开放式基金投资者申购金额为16,476.15亿元，较2008年减少了14.34%，说明个人投资者申购基金的热情有所下降。

图4 开放式基金投资者每笔认购金额情况 （万元人民币）

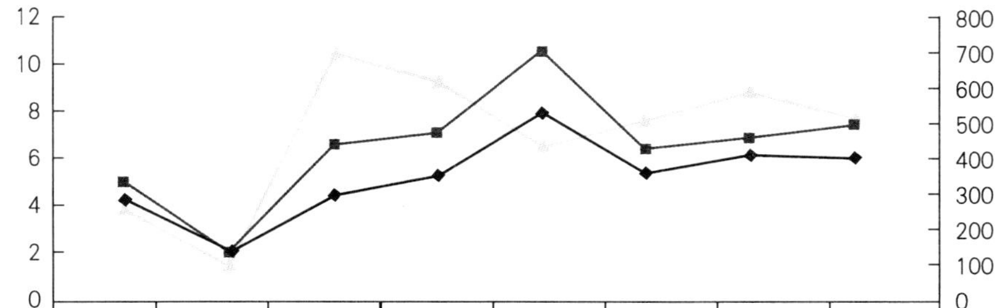

	2006年	2007年	2008年	2009Q1	2009Q2	2009Q3	2009Q4	2009年
投资者每笔认购金额	5.1	2.35	6.7	7.2	10.54	6.56	7.01	7.5
个人每笔认购金额	4.4	2.3	4.55	5.39	7.99	5.56	6.3	6.18
机构每笔认购金额	272.09	116.88	700.42	621.01	446.41	516.52	596.2	522.56

图5 开放式基金投资者申购金额结构 （亿元人民币）

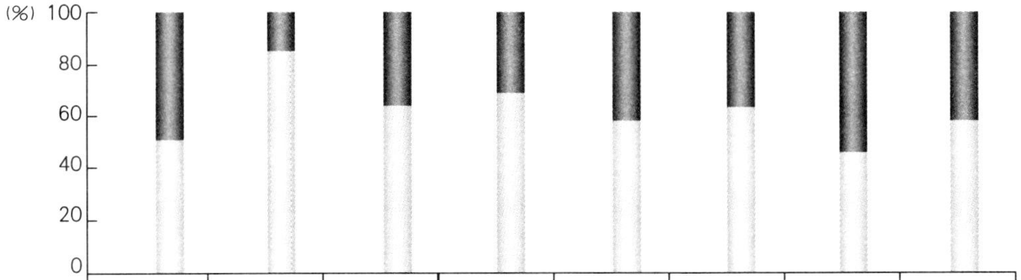

	2006年	2007年	2008年	2009Q1	2009Q2	2009Q3	2009Q4	2009年
机构投资者申购金额	4,874.47	3,650.86	7,032.12	1,279.57	1,550.17	1,531.12	2,608.1	6,968.96
个人投资者申购金额	4,678.09	26,296.6	12,203	2,627.37	2,190.66	2,536.26	2,152.9	9,507.19

图6 开放式基金投资者每笔申购金额情况 （万元人民币）

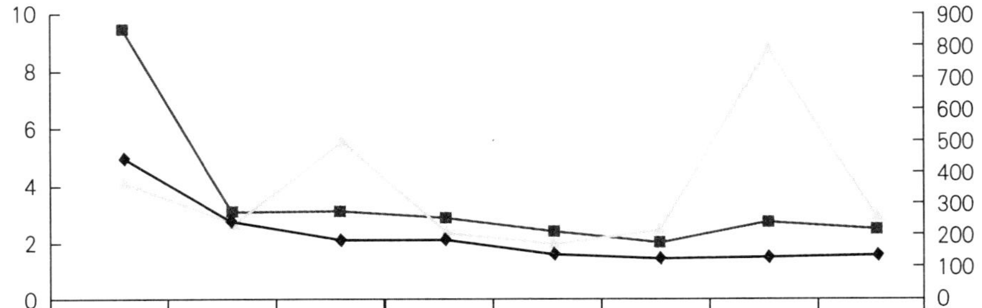

	2006年	2007年	2008年	2009Q1	2009Q2	2009Q3	2009Q4	2009年
投资者每笔申购金额	9.38	2.64	2.6	2.46	1.88	1.52	2.24	1.97
个人每笔申购金额	4.66	2.33	1.66	1.66	1.11	0.95	1.01	1.14
机构每笔申购金额	339.45	208.26	476.38	174.79	137.19	176.98	786.03	227.82

图7 开放式基金投资者认购、申购结构 (%)

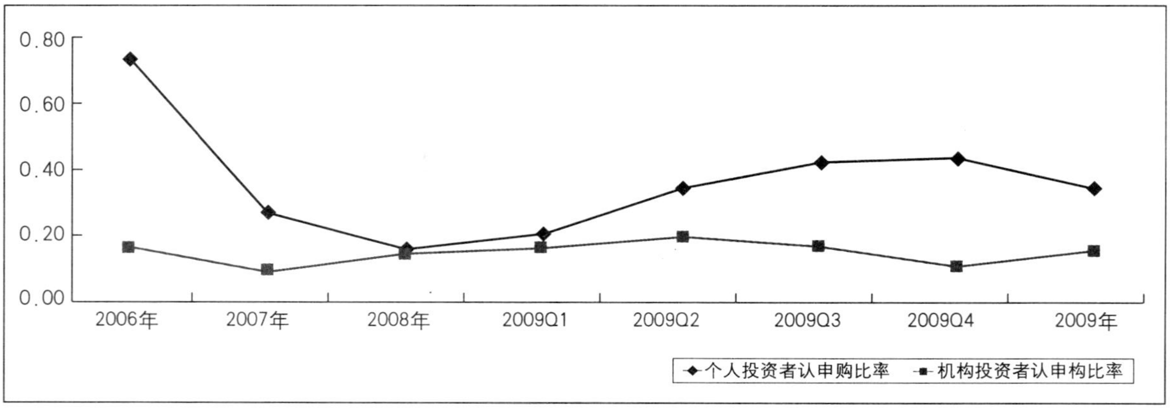

图8 开放式基金投资者赎回金额结构 (%)

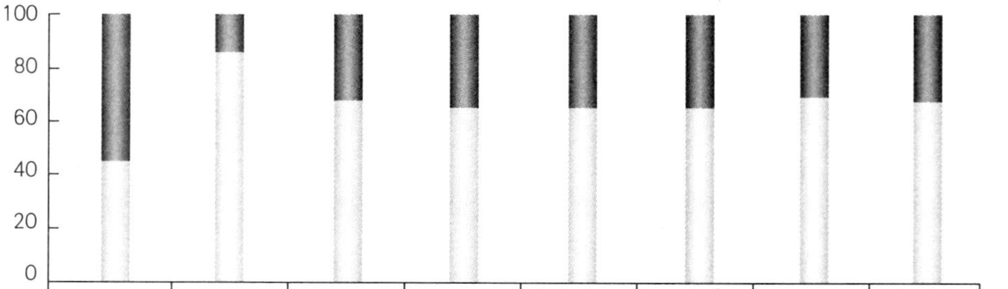

	2006年	2007年	2008年	2009Q1	2009Q2	2009Q3	2009Q4	2009年
机构投资者赎回金额	6,235	3,115.8	5,825.9	2,314.7	1,768	1,854.5	1,419.4	7,356.7
个人投资者赎回金额	5,650.8	18,605	12,084	4,304.6	3,330.1	3,534.6	3,293.1	14,462

2009年个人投资者申购金额占比为57.70%，较2008年的63.44%明显下降。2009年第一季度至第四季度个人投资者申购金额占比有一定的波动起伏，分别为67.25%、58.56%、62.36%及45.22%（见图5）。

4.基金投资者每笔申购金额呈下降趋势

2009年开放式基金投资者每笔申购金额为1.97万元，较2008年的2.60万元有所下降。2009年第一季度至第四季度基金投资者每笔申购金额分别为2.46万元、1.88万元、1.52万元及2.24万元，前三季度逐步下降，第四季度略有上升，呈现波动态势（见图6）。

2009年投资者每笔认购金额明显高于每笔申购金额，其中，个人投资者每笔认购金额是每笔申购金额的5.42倍，机构投资者每笔认购金额也明显高于每笔申购金额，这表明个人投资者较机构投资者更认可新发基金。

5.基金投资者以申购为主，个人投资者较机构投资者更加偏好认购新发基金

2009年开放式基金个人投资者认购金额与申购金额的比为0.32:1，机构投资者认购金额与申购金额的比为0.10:1，个人与机构投资者基本以申购为主。

2006年、2007年个人投资者比机构投资者更

图9 开放式基金投资者每笔赎回金额情况

（万元人民币）

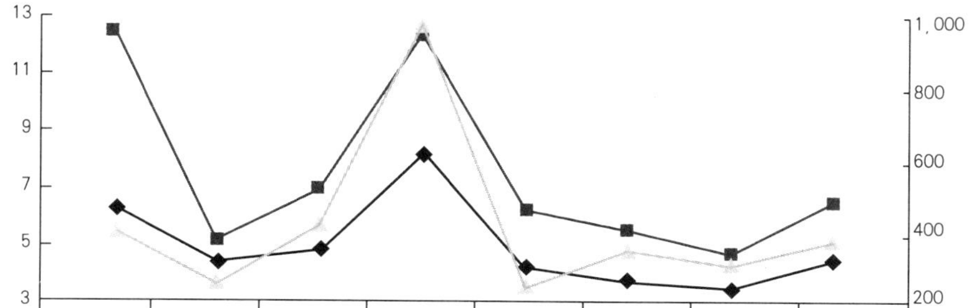

	2006年	2007年	2008年	2009Q1	2009Q2	2009Q3	2009Q4	2009年
投资者每笔赎回金额	12.38	4.84	6.62	12.33	5.9	5.24	4.36	6.21
个人投资者每笔赎回金额	5.99	4.16	4.49	8.06	3.89	3.46	3.07	4.15
机构投资者每笔赎回金额	367.85	222.56	366.14	925	208.12	307.18	270.1	330.05

图10 开放式基金投资者平均每户赎回笔数

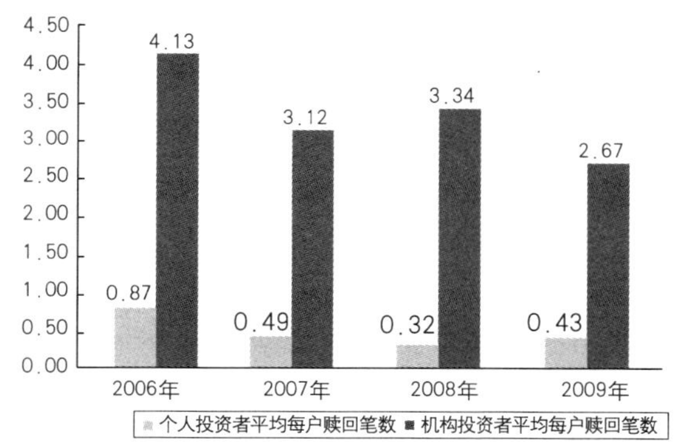

图11 2009年开放式基金销售渠道结构

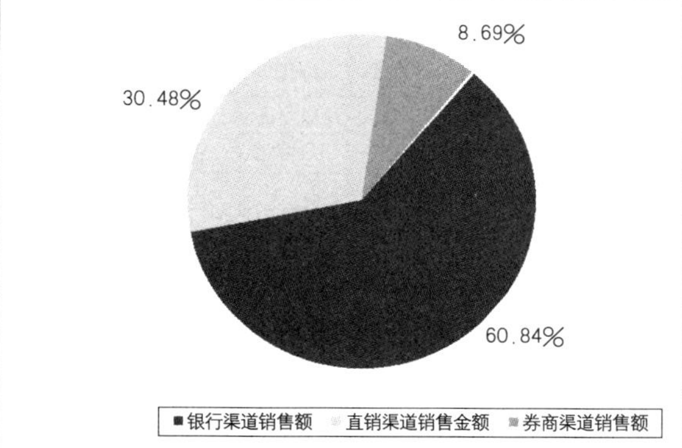

偏好于新发基金，2008年二者偏好趋于一致，而2009年个人比机构又更偏好于新发基金（见图7）。

（二）开放式基金投资者赎回情况分析

1. 基金投资者赎回金额增加，基金个人投资者赎回金额占比稳定，在市场回暖情况下赎回有所增加

2009年开放式基金投资者赎回金额为21,818.92亿元，较2008年增加了21.82%。2009年个人投资者赎回金额占比为66.28%，较2008年的67.47%有所下降。2009年第一季度至第四季度个人投资者赎回金额占比分别为65.03%、65.32%、65.59%及69.88%，个人赎回金额占比稳定（见图8）。

2. 投资者每笔赎回金额略有下降

2009年开放式基金投资者每笔赎回金额为6.21万元，低于2008年的6.62万元。2009年第一季度至第四季度每笔赎回金额分别为12.33万元、5.9万元、5.24万元及4.36万元，第一季度的每笔赎回金额较高。个人投资者与机构投资者每笔赎回变化趋势与总体相同（见图9）。

个人投资者每笔赎回金额明显高于每笔申购金额，机构投资者此项数据未表现出明显特征。这说明，个人投资者在基金投资策略上，多数人采取的是"多次申购，一次赎回"的方式。

3. 机构投资者赎回行为较个人投资者更频繁

表3 个人投资者开放式基金资产净值分布情况 (%)

	2006年	2007年	2008年	2009Q1	2009Q2	2009Q3	2009Q4
0–10万元户占比	89.93	94.65	97.50	97.39	96.85	97.05	96.47
10–50万元户占比	8.50	4.76	2.23	2.35	2.86	2.68	3.18
50–100万元户占比	0.62	0.37	0.17	0.18	0.20	0.18	0.23
100–500万元户占比	0.32	0.22	0.09	0.07	0.08	0.08	0.11
500万元以上户占比	0.63	0.01	0.01	0.01	0.01	0.01	0.01

图12 开放式基金各销售渠道销售情况 (%)

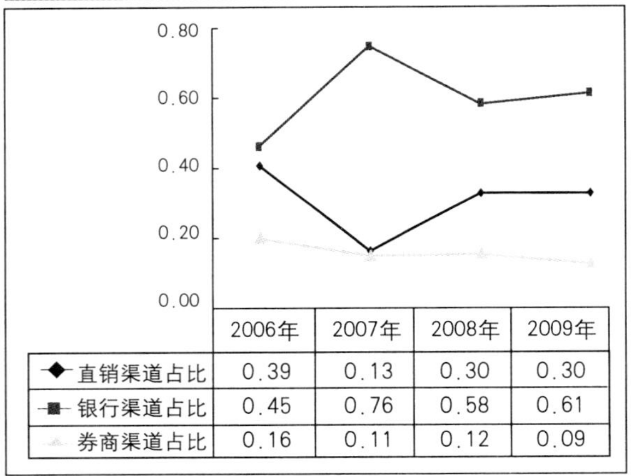

图13 2009年开放式基金个人投资者年龄结构

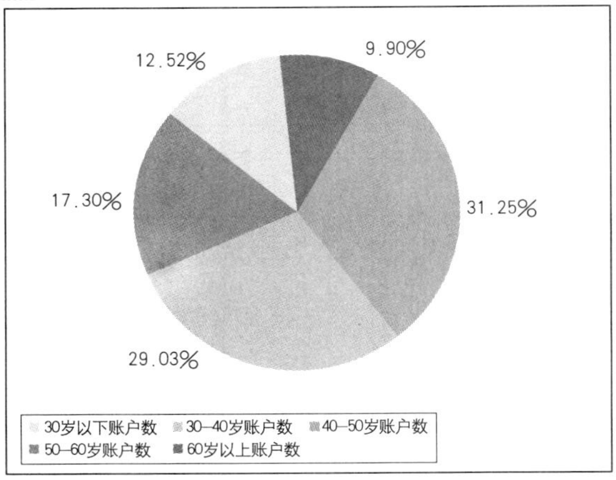

2009年，个人投资者平均每户赎回笔数为0.43笔，较2008年的0.32笔有所上升。机构投资者平均每户赎回笔数为2.67笔，较2008年的3.34笔有所下降。最近三年，机构投资者平均每户赎回笔数均高于个人投资者，说明机构投资者赎回行为较个人投资者更为频繁（见图10）。

机构投资者平均每户赎回笔数明显高于个人投资者的原因可能是机构投资者资金量大，操作频率较高；相反，个人投资者资金量小，较少分批操作。

三、开放式基金销售渠道情况

2009年，开放式基金总销售金额为20,004.22亿元，其中，直销渠道占比为30.48%，券商渠道占比为8.69%，银行渠道占比为60.84%（见图11）。

2006年以来，券商渠道基金销售的比例呈下降的趋势，三年下降了7%，而银行渠道和直销渠道基金销售比例却此起彼消，2007年的火爆行情使得银行因网络广客户多占有更好的销售优势，使其销售占比达到76%，直销比率猛降到13%。2008年、2009年各渠道的销售金额比例逐步回归，但总体上银行一直是开放式基金的主要销售渠道，且销售金额比例呈上升趋势。

商业银行与证券公司均为基金代销机构，商业银行在基金销售领域占有主导优势，主要原因是：商业银行拥有巨大的客户资源；商业银行占有支付渠道和网点优势，新增基金投资者从商业银行购买基金具有快捷和便利性；商业银行和证券公司在基金的销售服务上不存在明显区别，客户从商业银行转到证券公司购买基金不存在内在动力。基金管理公司的直销渠道是机构投资者和个人投资者中的大客户投资基金的主要渠道。

图14 开放式基金个人投资者年龄结构变化情况 (%)

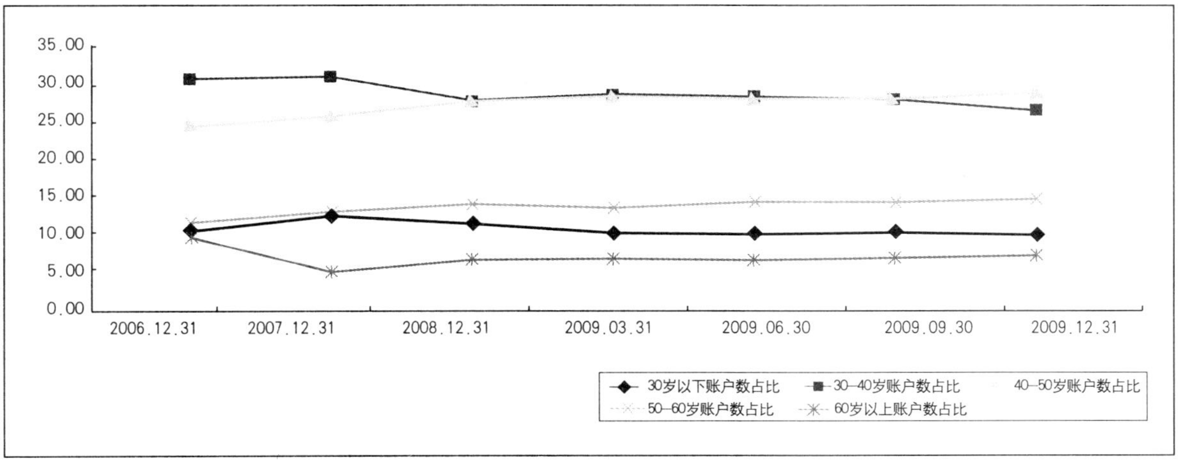

四、个人基金投资者持有开放式基金情况

(一)持有10万元以下基金净值的个人投资者占比最大

根据基金个人投资者账户持有基金净值的大小分为5个档次：10万元以下、10—50万元、50—100万元、100—500万元及500万元以上。2009年底，持有开放式基金资产净值在10万元以下基金投资者约占96.47%，较2008年的97.50%有小幅下降。说明基金市场存在越来越多的小额投资者(见表3)。

(二)40—50岁投资者账户数占比最大

2009年底开放式基金个人投资者账户数占比最大的为40—50岁的投资者，占个人投资者总账户的31.25%(见图13)。2006年至2008年，30—40岁投资者的账户数在所有个人投资者的账户数中始终占比最大，2009年40—50岁投资者的账户数在所有个人投资者的账户数中占比最大。

(三)各年龄段账户数占比呈现出不同变化

2006—2009年，40岁以下开放式基金投资者账户数占比呈先增后降态势，40—60岁开放式基金投资者账户数占比逐年上升（见图14）。

(四)40—50岁投资者持有基金净值最多

2009年底，持有开放式基金净值最多的个人投资者年龄为40—50岁，占个人持有开放式基金总净值的34.08%。最近四年，40—50岁投资者持有开放式基金净值的占比始终最大，且该比例呈逐年上升状态(见图15)。

(五)各年龄段持有基金净值占比呈现出不同变化

2006—2009年，40岁以下开放式基金投资者持有基金净值占比下降，40岁以上开放式基金投资者持有基金净值占比一直呈上升状态，60岁以上开放式基金投资者持有基金净值占比增长率相对于其他年龄段较大(见图16)。

(六)60岁以上投资者每户平均持有基金净值最高，各年龄段投资者每户平均持有基金净值有一定程度的增加

2009年每户平均持有开放式基金净值最高的个人投资者为60岁以上的投资人群，其每户平均净值为3.03万元。最近三年每户平均净值最高的投资者均为60岁以上的投资人群。2009年各年龄段每户平均净值较2008年有一定程度的增加(见图17)。

图15 2009年开放式基金投资者各年龄段持有基金市值结构

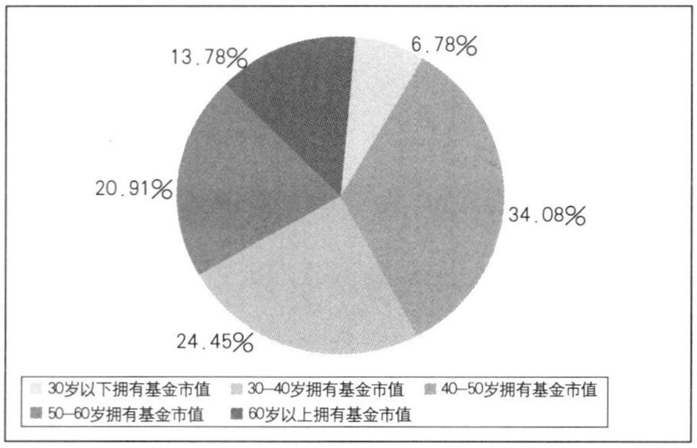

图16 开放式基金投资者各年龄段持有基金市值结构变化情况 (%)

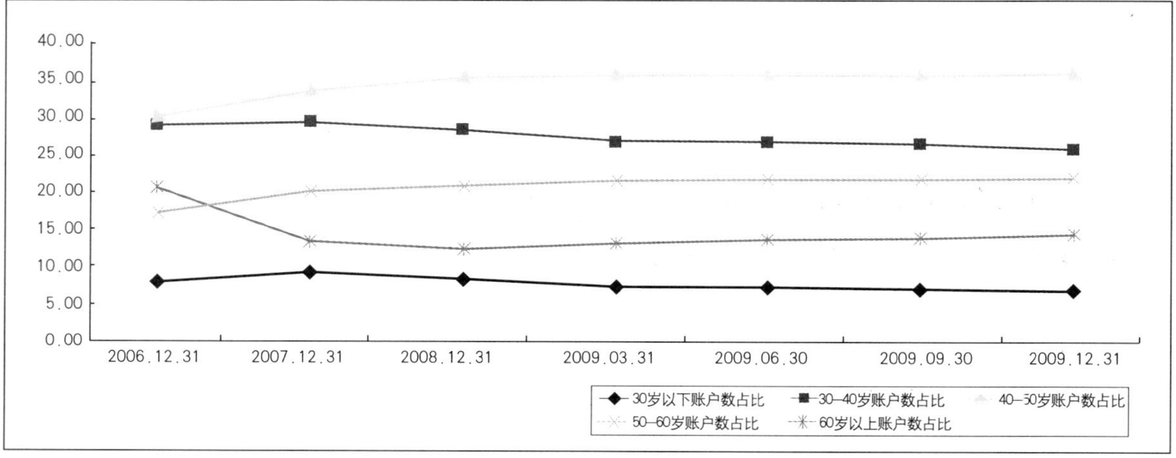

图17 各年龄段个人投资者每户持有基金市值结构 （万元人民币）

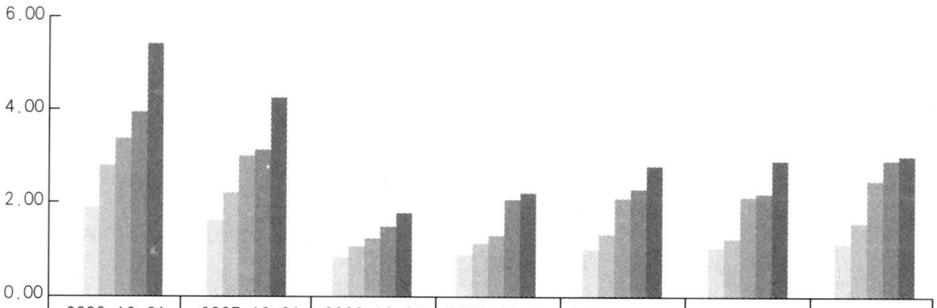

	2006.12.31	2007.12.31	2008.12.31	2009.03.31	2009.06.30	2009.09.30	2009.12.31
30岁以下每户持有基金净值	1.91	1.49	0.87	0.94	1.07	1.00	1.18
30—40岁每户持有基金净值	2.76	2.15	1.35	1.40	1.60	1.55	1.83
40—50岁每户持有基金净值	3.49	2.87	1.67	1.84	2.12	2.06	2.37
50—60岁每户持有基金净值	3.83	3.12	1.80	2.11	2.35	2.28	2.63
60岁以上每户持有基金净值	5.15	4.16	1.90	2.21	2.71	2.63	3.03

第三章

基金人物

Fund Industry Profiles

深化基金制度改革 促进中国基金业健康发展

—— 专访华夏基金管理有限总经理 范勇宏

范勇宏先生：华夏基金管理有限公司总经理，博士。曾任华夏证券股份有限公司总裁助理、中国建设银行总行干部。

值中国资本市场建立20周年之际，华夏基金总经理范勇宏就“基金业如何深化制度改革以实现进一步发展”等问题，在其办公室接受《上海证券报》的专访……

中国基金业仅仅用12年的时间，就走过了成熟市场几十年的发展历程，取得了巨大成就，也遇到许多问题，核心人才流失、创业激情消退、公司治理深化裹足不前。

随着基金业的发展壮大，当初的制度优势逐渐减弱，一些问题开始逐步显现，基金业如何解放思想、未雨绸缪、居安思危，在今后获得更大更快的发展呢？作为中国境内最大基金公司的当家人，华夏基金总经理范勇宏谈了自己的看法。

人才流失之惑

两个多小时的采访，范勇宏反复提及四个字——“以人为本”。在他看来，这四个字对于自己所从事的基金行业具有特殊的意义，12年的风风雨雨让他对这四个字有着深刻的感受和理解。

核心人才流失，已经成为基金业不得不正视的一个问题。正如范勇宏所言，基金业不是靠股本生存，而是靠一批优秀的人生存。如果精英持续流失，这个行业会停滞不前，这也是范勇宏最担心的问题。

事实上，在公募基金业，只靠“理想”和“精神”来维系人才，是难以长久的，从长期效果看，也很难保护投资人的利益。而现在的问题是，无论对于高管团队还是基金经理，都没有很好的机制可以让他们长久做下去。股东一换，高管地震，已经成为这个行业的常态，因为股权决定管理团队。

在范勇宏看来，资产管理行业是个以“人”为核心竞争力的行业。我们必须尊重资产管理行业这个特点，建立以人为核心的治理结构，基金行业才能长久健康发展。

“既然资产管理行业是一个经营‘人’的行业，公司治理必须真正体现以人为本的原则。而想要留住人才，则需要科学的制度。”范勇宏认为，这个制度一定是适应资产管理行业自身特点的，符合国际惯例的基金经理激励和约束制度。具体说，这样的制度是一种能够实现基金经理、基金持有人与股东共担收益与风险的科学资产管理制度。

"建立了这样的科学制度，能更好地保护持有人的合法权益，投资人也才会放心地投资公募基金，中国公募基金业的潜力将进一步发挥出来，整个行业也将会迎来更大的发展。"

而范勇宏所指的科学制度，目前业内谈得最多的就是股权激励问题。范勇宏坦言，采取何种形式并不重要，最重要的是建立良好的互相制约的公司治理制度，保证基金公司长期、可持续发展。如果没有制约机制，股东一变，管理团队就变，基金经理缺乏长期职业规划，基金公司也很难实现长远的发展。只要这个行业能充分市场化，获得充分的竞争，很多问题就自然解决了，不一定非要以股权激励的方式进行。

业绩规模之辩

如何处理好基金规模增长与管理业绩之间的关系，也一直是困扰基金行业发展的一大问题。而这一问题，范勇宏只用了简单的13个字来阐述："基金是'管'出来的，不是'卖'出来的。"

在范勇宏看来，在力争取得长期良好业绩的前提下，实现自身规模的合理增长，才是基金业真正意义上的"可持续增长"之路。资产管理行业安身立命之本就是"诚信"二字。"投资者把钱交给你打理，说明投资者信任你。既然投资者信任你，你的所作所为要对得起这份信任，专心致志、一心一意把信任转化为责任，用良好的业绩去回报投资者。"

"如果不认真分析市场，单纯追求规模的扩张，什么基金好卖就发行什么基金。短时间内看，规模是迅速扩大了，但业绩却不一定理想，特别是在市场高点发基金，一次能发几十亿甚至上百亿。结果呢，往往以投资人亏损告终，损害了投资人的利益。不顾自身的管理能力，盲目地扩大规模，最后导致业绩下滑，失去了投资人的信任，最终也会损害自己的利益。"

华夏基金也的确践行了范勇宏这番思想和理念。2007年大牛市期间，基金大比例分红、拆分的现象比比皆是，一时间基金总规模突飞猛进，然而华夏基金却主动暂停了旗下大部分股票方向基金的申购。

如今，谈到华夏基金，业内人士多数会这样评价："业绩稳定、长期向好"。范勇宏说，除了处理好规模与业绩之间的关系，做独立的买方，也一直是华夏基金的奋斗目标。在他看来，当一个卖方的研究报告被无数人看过之后，已经没有太大意义，"我们一直坚持以自己的独立研究为主，以卖方的研究为辅。"

公募私募之争

从基金经理到公司高管，越来越多的公募精英流向私募，公募基金明显感受到来自私募发展壮大的压力。

正如"硬币的两面"，在范勇宏看来，私募基金也是资产管理行业的组成部分，是公募基金的有益补充，它的发展壮大还能推动公募基金行业深化改革，建立更加市场化的激励机制和约束机制。

"公募基金为千千万万的普通投资者理财，私募基金为一些富人理财，两者为不同的投资群体服务，相互促进，可以实现共同的发展。"范勇宏认为，公募基金和私募基金是能够协调发展的。只不过在这个过程中，要解决公平的问题，让优秀的基金人才获得合理的回报和激励，解决了人才激励方面的问题，中国基金业未来发展是会非常好的。

范勇宏说，公募基金12年的发展，取得了很大的成就。"在取得这么大、这么好成绩的同时，我们更要未雨绸缪，居安思危，将公募基金做得更好。制度是生产力，要应对未来可能的变化，我们必须及早改革，尽快建立起有利于公募基金发展的科学制度体系。公募基金发展好了，成千上万的普通投资者也受益匪浅。”

最后，针对近期股票市场的大幅波动，《上海证券报》记者问到范总对普通投资者有何建议。范勇宏特别提醒广大投资者，股票市场是个信息市场，既有真实的信息，也有刻意编造的虚假信息，甚至谣言，这些都会对股票市场造成巨大的波动。投资者应该认真分析，明辨真伪，理性投资，长期投资，不要被虚假信息和谣言所误导，避免追涨杀跌，造成不必要的投资损失。

谈到中国资本市场的未来，范勇宏满怀希望地说，“全世界都看好中国未来的发展，作为中国资本市场20年发展的亲身经历者，我对中国资本市场长期发展更是充满了信心。”

记者：王文清 吴晓婧 ／编辑：张亦文

（本文刊登于：《上海证券报》2010年11月17日）

按市场规则办事 争做未来的领先者

—— 专访摩根士丹利华鑫基金管理公司总经理 于 华

于 华先生：摩根士丹利华鑫基金管理公司董事、总经理。北京大学经济学学士，比利时鲁汶大学工商管理硕士、金融博士，美国注册金融分析师(CFA)。曾任英国里丁大学经济系金融财务讲师，加拿大魁北克大学管理学院金融终身教授，深圳证券交易所综合研究所所长，加拿大鲍尔集团亚太分公司基金与保险业务副总裁，加拿大伦敦人寿保险公司北京代表处首席代表，大成基金管理有限公司董事、总经理，摩根士丹利投资管理公司董事总经理、中国业务主管；现兼任中国证券业协会基金业委员会副主任委员，国际资产管理协会董事。

有这样一家基金公司：在2008年的艰难岁月中，经过股权重组后终于浴火重生；在2009年的红火岁月中，奋勇前进，投资业绩让人刮目相看；而在2010年的震荡行情下，这家基金又随机应变，产品业绩一直名列前茅。

这家基金公司就是摩根士丹利华鑫基金公司！作为该公司的掌门人，总经理于华颇有感触："基金事业的魅力，就是在挑战和压力之中，充满着想象和希望。"

"奉命于危难之间"

2008年的摩根士丹利华鑫基金公司经历股权重组后，可谓百废待兴。由于部分股权待处置，摩根士丹利华鑫基金公司从2005年就被停止了新产品的发行，资产管理规模萎缩到十几个亿，人员流失严重。在这个关键时刻，于华的到任可谓"奉命于危难之间"。

于华对基金业并不陌生，从2004年初到2008年中，他曾任"老十家"的大成基金公司董事、总经理，四年多的时间里将原来的一个规模不大的公司打造成一家业内领先的公司。来到摩根士丹利华鑫基金公司后，面临的困难甚至超过这位基金业老人的想象："过来以前也知道会难，但没想到会这么难。现在与以前不一样了，市场环境变了，竞争格局也变了，销售费用增加了好几倍，人力资源的成本也高了很多，基金公司的发展环境和几年前已不可同日而语。说小公司尤其难，现在真是有了切肤之感。"

然而，面对困难，于华和摩根士丹利华鑫基金从来都没有失去信心：加强管理，组建队伍，开展调研，拓展渠道，为了迎接恢复基金发行的那一刻，他们做了积极而充分的准备。大摩领先优势基金是公司重组后发行的第一只新基金。发行时困难重重，2009年8月17日在渠道里推出，恰逢市场大跌100多点，投资者信心缺失；新组建的公司缺少业绩记录，认同度低，到处是困难和压力。"让我感到欣慰的是公司有一支压不垮的团队，他们用自己的勤奋、努力和诚信在短期内迅速增强了渠道对公司的了解和信任，最后取得了在同渠道发行的基金中规模排名前列的成绩。”这是于华对公司员工的高度赞赏。

投研业务是公司翻身的关键。来到公司之初，于华便和投研部门全力开展队伍建设，在短短的半年时间里，建立起了一支几乎是全新的团队。新团队充分贯彻了价值投资的理念和自下而上的投资风格，对上市公司进行了细致、深入的调研，对新基金建仓的重点公司进行了深度挖掘。磨刀不误砍柴功，新的投研团队充分而细致的准备，使大摩领先优势基金脱颖而出，在同期发行的基金中业绩排名第一。另一只大摩资源优选基金的业绩表现也十分出色，截至2010年10月29日，在同类基金中当年净值增长率排名第二。

良好的业绩大大地提高了市场对这家新重组公司的认同度，形成了从业绩到规模增长的良性循环。进入2010年，公司的优异业绩和快速增长更显现出强势崛起的态势。据Wind数据统计，截至2010年12月17日，摩根士丹利华鑫基金资产管理规模从2009年底的32.59亿元上升至128亿元，增幅达到292.76%，规模增幅排名业内第一；同时，公司的资产管理规模排名在60家基金公司中上升了16位，上升幅度也排名业内第一。

崛起秘诀源于“三好”

好的治理结构、好的团队、好的文化，这是摩根士丹利华鑫基金近两年的成长经验。摩根士丹利华鑫基金总经理于华说：“基金行业所处的是一个完全有效的市场，竞争非常充分。没有任何人能比市场更聪明，因此每一分业绩都要靠努力去耕耘。小公司要长大，没有什么捷径，除了在业务上做得更出色之外，更要靠积极进取的企业文化，良好的治理结构和高效的运作机制和有战斗力的专业团队。”

“一个好的治理结构可以让公司在大的问题上有非常好的方向。机制和方向是董事会可以定的。”于华将摩根士丹利华鑫基金能够取得现在的成绩，首先归功于董事会的支持。他说，公司董事会非常有眼光，为公司设定了长远的发展目标，而非急功近利的目标；对管理层非常信任充分授权，公司建立了一支高度市场化的高管团队。公司还有非常好的市场化激励机制，让员工清晰地看到自己未来的发展方向。

2008年底，于华来到刚经历股权重组的摩根士丹利华鑫基金时，公司资产管理规模只有十几个亿。2009年2月，公司董事会提出未来三年的商业计划，并对发展目标作了基本描述，要“将摩根士丹利华鑫基金公司打造成国内一流的公司，以良好的投资业绩及专业的服务和投资人一起成就梦想”。具体来讲，就是公司的投资业绩和服务水平质量高，能够为客户提供可信任的服务；同时，通过与多渠道的合作，形成坚实、稳定的客户基础；三年后，公司还要进入公募基金以外的其他业务领域，包括专户理财、QDII等；在后台运营和IT方面，公司要通过3年的投入，使公司的IT系统建设与应用在国内达到先进的水平。

面对困难，于华和摩根士丹利华鑫基金没有失去信心。为迎接恢复基金发行，公司积极地准备：投研团队边组建，边深度调研上市公司，进行行业梳理，逐步形成和确立了团队的价值投资的理念和自下而上的投资风格；市场销售团队迅速扩充，形成了能够覆盖主要地区的销售队伍。摩根士丹利华鑫基金公司三年来首只新基金——大摩领先优势基金的发行，在营销与投研等团队的紧密配合下，用勤奋、努力和诚信在短期内增强了渠道对公司的了解和信任，取得首募7.04亿元这个在同渠道发行的基金中规模排名前列的成绩。2010年，公司投资业绩显著提升，渠道服务卓有成效，大摩卓越成长基金和大摩消费领航基金更是取得了22.6亿元和37.6亿元的发行规模，得到了市场的广泛认同。

在谈到摩根士丹利华鑫基金公司文化时，于华表示，公司正努力塑造“和谐、规范、透明、进取”的企业文化。这涵盖了公司的不同方面，但概括起来就是“简单”。简单是公司内部管理的一种基本风格，从决策到员工的晋升、到产品的选择，都是这种简单化的处理。

在严肃的工作之余，于华也是有生活情趣的人。只要时间能安排开，他争取每天都要去游泳。闲暇之余，他喜欢听音乐，练书法。"都说修身养性是齐家治国平天下的根本。我的体会是事业起于修身，成败在于凝气，无论是个人还是公司，有了一股积极向上的气势，就可以走得强，走得远。"

争做未来的领先者

于华表示，资产管理规模的大幅增长，代表着投资者对于摩根士丹利华鑫基金的信任与日俱增，也意味着更重大的责任和更殷切的期望。

关于公司发展的愿景，于华用"聚环球睿智，成人生梦想"来描述。他说，摩根士丹利华鑫人将打造出一家一流的基金管理公司，以良好的投资业绩及专业的服务和投资人一起成就梦想。立足于中国市场的现实，借助国际化的优势，公司致力于发展成为国内具有一流管理水平、投资人能够信赖、值得市场尊重的国际化资产管理公司。公司希望做到的"一流"，是质量标准的一流，以一流的团队，在投资管理、客户服务、运营效率、风险控制等方面达到市场领先水平。公司还将致力于提供良好的环境，帮助员工不断成长，向着他们的人生理想迈进。

对于公司未来的发展方向，于华介绍，从中外方股东考虑，摩根士丹利华鑫基金的目标是将公司打造成一流的综合性的基金管理公司，公司的产品是最高端的，业务是全球的业务，团队是最好的专业化团队。"在国内既有公募也有专户业务；在全球既有国内的基金，也要走向世界做QDII。只要有机会，公司希望有一个业务全面发展的格局。"

在发展策略上，于华强调，摩根士丹利华鑫基金近几年将以公募为主，同时适时地抓住新业务的发展机遇，尽可能早进入专户、QDII等领域。在产品上，将以主动性的资产管理为主，以突出公司作为一个资产管理人的管理能力。对于行业的未来发展趋势，于华认为，变化是一定的，但小基金公司要摆脱目前的困境，实现异军突起，并不乐观。"因为现在的市场环境，是'爱大欺小'。无论是从渠道还是从监管来讲，都对大公司有利。小公司能发展，主要是靠超乎寻常的努力和勤奋。"而且，私募基金、产业基金的异军突起，对公募基金行业形成较大的冲击，摩根士丹利华鑫基金也会受到一定的影响。

凤凰涅槃的摩根士丹利华鑫基金，历经2009年浴火重生的战斗洗礼后，如今已脱胎换骨，变成了一家积极进取、充满活力、形象良好的基金公司。于华和他领导的管理团队对于公司的未来发展更是充满信心。

"在基金行业里，摩根士丹利华鑫基金公司不是先行者，但它是一名充满信心和期待的新兵，也是未来的领先者。"于华如是说。

对话于华

关于治理结构

高管和股东都要按市场规则办事

记者：高管的频繁变动，成了基金业的一大问题，基金公司的治理结构问题是否已成当务之急？

于华：公司的治理结构从来就是公司发展的最重要的要素。高管变动问题的解决方案取决于两个方面：一是职业经理人要专业化，同时还要有好的经营业绩。如果业绩做不好，自然就会在竞争中被淘汰，这是市场规则；另一方面股东也要按市场规则办事，真正把基金公司当成投资的事业，而不是变成自己的后院，更不能是关联交易的平台，一定要按市场的机制和标准来选拔人才，给管理层以尊重。摩根士丹利华鑫基金在艰难的环境中能取得一定的成绩，其主要原因之一就是股东给了管理层合理的机制与充分的空间和信任。

关于营销策略

提倡专业化营销

记者：营销方面，公司有哪些具体做法？

于华：我们强调专业化的营销，主要体现在两个方面：一是加强市场销售团队自身的专业化建设。公司分管市场的副总经理秦红本人就是一位出色的培训师，市场团队的销售人员也都各有特长，具备为渠道和客户提供专业的投资建议和开办高水平的讲座和培训的能力。二是全力为银行渠道提供服务和支持。在对客户经理的培训方面，今年我们会加强训练营与专项培训工作。训练营是借鉴其他行业的经验，把客户经理集中起来培训，这是和渠道沟通建立信任与感情的有效方式，我们已经在上海和江苏等地举办过若干期训练营，成效显著，颇受欢迎。今后我们会做得更广泛、更深入，在更多的银行渠道开展这项活动。

关于品牌策略

业绩的持续稳定才是公司的优良品牌

记者：您怎样建立公司良好的品牌形象？

于华：在快速发展的同时，我们要全面推进各项业务的开展，确保旗下基金业绩有持续优良的表现。始终保持中上游的业绩水平，实现公司品牌有持续性与稳定性。公司规模扩张的同时，投研团队的能力一定要跟上。我们正在积极招聘投资管理人员，扩大投研队伍，同时通过好的机制调动现有人员的积极性。

我们希望从一只基金有好业绩变成整体业绩优良，从一段时间的好业绩变成持续优良的业绩，逐渐形成公司良好的品牌形象。实事求是地说，摩根士丹利华鑫基金绝不是先行者，却是一名充满信心和期待的新兵，我们希望通过努力走向前列。

关于企业文化

和谐、规范、透明、进取

记者：您希望在摩根士丹利华鑫基金打造什么样的企业文化？

于华：公司的文化可以归纳为八个字：和谐、规范、透明、进取。

首先，要在多个目标间进行平衡，达到多方面的和谐发展。在投资方面，必须在长期视角、价值选择与短期业绩压力之间求得平衡；公司经营方面，要在规模增长与投资人利益之间求得平衡；在竞争压力、利润压力与员工成长间也需要平衡；在内部运行上更要强调团队协作，部门和部门之间、员工和员工之间相互配合、相互支持，形成亲密无间的伙伴关系，使公司成为具有战斗力的整体。

其次，作为受托行业，严格遵守法规是基本的要求。建立明确的规范，会加强公司的诚信，提升品牌。

再次，资产管理也是经营人的行业，公司要为员工提供公开、透明的工作和发展平台，最大限度地激发员工的热情，在员工的成长中实现公司的成就。公司非常讲求透明度以及与员工的互动，增强公司和员工的互信，以此形成宽松舒畅的氛围。

最后，在行业的激烈竞争中要赢得市场的信赖与尊重，必须在规范的前提下，不断进取、勇于创新。公司的文化要提倡员工不断学习和提高，在工作岗位上辛勤和敬业。

新华基金：图强求变

—— 专访新华基金管理有限公司董事长 陈 重

陈重先生：新华基金管理有限公司董事长，博士。历任原国家经委中国企业管理协会研究部副主任、主任，中国企业报社社长，中国企业管理科学基金会秘书长，重庆市政府副秘书长，中国企业联合会常务副理事长，幸福人寿保险公司筹备负责人。

"低开低走，蓄势整理，止跌反弹，发力上攻。"新华基金董事长陈重用这16个字的股市术语概括了公司两年来的变化。而一组数据或许最能说明新华基金的脱颖而出：据银河统计数据显示，2009年，新华成长全年收益率为115.21%，位列所有股票型基金第二，且全年业绩长期稳定保持前三；新华分红2009年收益率为99.73%，取得同类型基金第三名、所有开放式基金第十三名的优异成绩。闪亮的业绩也带来了规模的迅速增长：2009年，新华基金规模从年初的10亿扩张到了年底70亿左右，实现了一年6倍的快速增长。

究竟是怎样的力量推动着新华基金的"蝶变"？在陈重办公室墙上挂着一幅颇有深意的四字书法：举重若轻。陈重的名字中也有个"重"字，他说："'重'就是压力，做事要释放压力，要把包袱和压力变成动力甚至乐趣。"有人面对压力崩溃，有人面对压力崛起，也许这就是区别的秘诀所在。

在危难时刻破釜沉舟

2009年，新华基金获得《中国证券报》评选的"金牛进取基金公司"奖，旗下满一年的基金均获得了年度金牛基金奖；获得《证券时报》评选的"2009年十大明星基金公司"奖；同时，新华基金还荣获《上海证券报》颁发的2009年度"金基金成长公司奖"。辉煌成绩的取得从来不是偶然，在某种程度上这是新华基金团队厚积薄发的一种必然。

2008年陈重接手新华基金董事会，开始了一系列"打基础"的工作。之所以用"低开低走"来形容公司的前期阶段，是因为新华基金（更名前为"新世纪基金"）成立之初的三年内受制于股权问题得不到解决，错失了2006、2007年行业大发展的最佳时期。直至2008年之前，公司仅管理新华分红一只基金。

到了2008年，新华基金进入了"蓄势整理"阶段。2008年9月份之前，由于投资决策的失误，加之整个投研团队凝聚力不够，导致当时公司唯一一只基金在熊市中业绩表现较差，投研团队意见很大。陈重了解到这个情况后建议总经理找所有投研人员单独聊聊，在达成一致意见后，果断调整了投研团队，并任命王卫东担任投资部负责人。"就像世界杯比赛，都0比3了，还有什么好犹豫的，破釜沉舟派上前锋打吧。"陈重自豪地向记者表示，在当时情况很糟的时候其他部门都有人离开，只有投研部门一个人都没有走。而经过了这次调整，投研团队的风气焕然一新，王卫东提出的"1,600点不买就相当于6,100点不卖"的观点获得了投委会一致同意。由此，第二只基金新华优选成长建仓在低点，虽然发行规模仅有2.7亿，但2009年底该基金规模已经突破了30亿。

时间转眼进入2009年，新华基金在前期盘整的基础上，终于开始发力上攻，形成了强力反弹的趋势。"能不能冲到最前面，不是一天两天的事。但是我们已经积蓄好了发力上攻的动能，有能力向上冲。目前不光是业绩，公司整个面貌、状态都在积极向上，大家干劲十足。"陈重说。

记者了解到，新华基金目前的投研团队主要有两部分人组成，一部分是经验丰富的核心骨干，一部分是非常优秀的年轻成员。目前，新华基金投委会成员全部都是"60后"，平均从业年限超过15年，投资经验非常丰富。如投资总监王卫东拥有17年的证券从业经验，投资副总监曹名长拥有13年的证券从业经验，而且他们在证券公司做投资和当研究员的时候就非常出色。新华基金采用"自身培养为主、市场引进为辅"的人才战略，先后引进有培养潜力的硕士、博士毕业生，逐步完善投研队伍的梯队化建设。在长期而持续的努力下，公司投研实力正不断提升和进步。

"基金公司说白了很简单，就是一个业绩、一个规模，这两个都抓住了问题就迎刃而解，业绩是最重要的，没有业绩就谈不上规模。我们从2.7亿做到30多亿的那只基金，就是最好的例子。"陈重对此看得很清楚。

和谐氛围中奋发前行

2009年9月28日，"新世纪基金"正式更名为"新华基金"，并提出"慧投资、惠生活"的投资理念，目前其第5只基金新华行业周期轮换基金已经募集完成，新华基金正以全新的面貌奋发前行。

在2010年的新年致辞中，陈重曾经用哈佛图书馆的墙训中的一句话来鞭策员工：此刻打盹你将做梦，此刻学习你将圆梦。"要实现人生价值、完成职业目标就必需努力，力争将一技变成一技之长。"陈重认为，"求知、进取、包容、奉献"这四个词代表了新华基金独有的文化，虽然表面看似平淡，但每一个员工应该深刻理解其背后的含义。事实上，无论是投研还是后台部门的员工，常常早上八点半就到岗，晚上八九点才离开公司，不计较加班费，正是因为有内在的力量在推动他们。

"人才建设尤为重要，我们把'敬业、专业、创业'作为公司的人才战略，我一直主张，做公司就是做人，一个不开心的员工不可能生产出开心的产品，在工作中他得心情舒畅才行。"陈重表示，做人的公司做不小，做事儿的公司做不大，只有把部门之间人的关系协调好，才能向着一致的目标形成合力。

在这一点上，新华基金的内部氛围确实让人十分羡慕。"公司班子的团结在所有基金公司里很少见。班子团结了以后，大家才会开心地工作。"在采访中陈重多次提到"包容"两个字，新华基金的"包容"文化就是包容不同个性，主张各抒己见。"公司发展就是创业的过程，必须不停往前走，研究方面也是，我常常鼓励大家不怕失误，一定要有自己的主见。"无论是在新华基金的投研团队之间、还是在董事长总经理之间，讨论问题时都可以提出不同的意见，即使难免有摩擦，大家也都是从工作出发、没有私利，互相宽容因而气氛才会和谐。

此外，在公司治理结构方面，陈重认为不仅可以用"规范"甚至可以用"优化"二字来形容新

华基金。公司董事会和经营班子按照严格程序运作，"内部的事情总经理来管，董事会绝不干预经营班子的日常工作。当然，需要董事会协调外部的事情，我责无旁贷。"此前，新华基金只有农行一家托管和代销行，而现在，工行、建行、交行、招行、邮储、中信银行等多家银行都与之签订了基金托管或代销协议，销售渠道建设日臻完善。

打造优秀权益类基金管理人

2009年，新华基金以业绩与规模齐升的闪亮成绩赢得了市场的阵阵掌声。那么2010年，又能否延续昨日的辉煌，实现跨越式发展呢？

"今年我们希望规模排名能从49名跃升到40名；希望业绩整体能达到前二分之一，部分产品达到前四分之一。"陈重对投研团队很有信心，但对于规模却也显得很平静，"我们希望五年内做到300亿的规模，最好的市场机会贻误以后，说是后发优势，其实短时追上的难度很大。但在没有做大的时候我们尽量做强做精，有一本论述中小企业发展之道的书名叫做《小的也是美好的》，在"小"的现状下，做精、出新就是我们努力的方向。"

而在长期目标上，公司把新华基金定位于"打造优秀的权益类基金管理人"。"持续不断地提升基金产品的业绩，是我们打造产品品牌的前提，在投资人能想得起来做得不错的公司中，能想到新华基金，我就心满意足了。"陈重一直鼓励投研团队，投资胜在长跑，管理赢在细节，长跑要有耐力才能胜利，大起大落必定失败。而在2010年，新华基金也加大了人才有效激励机制和约束机制建设，比照业内的标准，大幅提高投研人员的薪酬水平，而对于出现差错、纰漏、失职的情况，也按章依规严肃处理。"规范的基金管理公司不仅要有制度，而且一定要严格执行制度，既然我们的目标不是做一个小公司，而是要逐步做大做强，就必须把基础夯实，如果基础打得不好，楼盖得越高就越容易垮塌。"

陈重表示，公司品牌第一是业绩，第二是服务，第三就是公司的氛围和评价。业绩是比硬功夫，服务看的是能不能保留住客户。国外有统计，找回一个客户比新开发一个客户难度大得多。而公司氛围和形象，一是效率要高，二是合作意识要强，三是人际关系要简单，不要关心那些与公司无关的事儿，把自己的事情做好。高效、合作、简单很重要，各部分都做好了才能打造一个真正优秀的公司。

至于对基金业未来的发展状况，陈重信心满满地表示，中国基金业从规模上来说还比较小，虽然新基金审批加快了，但规模尚未同比增长。监管层想要做大的是一个产业而不是一个公司，那么就要从产业的发展角度来考虑，政策上应给予多方支持。

一步一个脚印。新华基金如此，中国基金业亦是如此，华丽"蝶变"之后，我们期待真正的飞翔！

采访手记

专心致志者，摆脱一切困境

见到新华基金董事长陈重，第一感觉是平和，一如当天北京夏季难得的湿润小雨。基金行业因其巨大的竞争压力常常使人焦躁，对于陈重来说，压力不是没有的，"向书法家求字，我都会请他们写'举重若轻'这四个字，已经成了一种习惯。"也许正是这样一种平和，才使得新华基金逆势崛起，在2009年扬眉吐气。

虽是北方人，陈重却有着南方人的儒雅和文气。身为董事长就如同掌舵人，辨明公司发展方向是第一要务。从2008年"谷底"时果断换将，梳理好投研团队，到2009年开始绝地反击，打赢了一场漂亮的业绩胜利仗，陈重始终清晰地知道，业绩是基金公司的根本，而短期优异的业绩并不能说明任何问题，相反，一年好一年差只会让投资者对其产生“不稳定”的印象，也就很难得到市场的认可。

基金规模的壮大，应该是每一个基金掌门人都梦寐以求的事情，陈重也一样。但难能可贵的是，我们并没有从他身上看到因为2009年业绩不错就骄傲自满地喊出“超英赶美”的口号，也没有看到他急切地希望2010年能有怎样大步的突围。他只是笑笑说，“尺有所短，寸有所长，小的也是美好的，我们会一直努力，在做大之前力争做强做精。”

在新华基金，没有董事长对具体投资问题的指手画脚，没有居高临下的“一言堂”。有的，只有彼此之间的融洽氛围和积极向上的工作态度，陈重对此引以为豪，“公司的治理结构相当规范，甚至可以用优化来形容。”这般的自信，记者倒是很少见到。“单纯”的人才能锻造出“纯粹”的业绩，专心致志者能够摆脱一切困境，衷心祝愿新华基金在未来路上一帆风顺、梦想成真！

（特邀采访记者：姚 婧）

先人一步 另辟蹊径
开拓中小商业银行资产托管多元发展新路

——专访招商银行资产托管部总经理 夏博辉

夏博辉先生：招商银行资产托管部总经理，厦门大学管理学博士，教授、注册会计师，财政部会计准则咨询专家、金融会计组负责人，中国银行业协会托管专业委员会常务副主任。1992年至1999年历任湖南财经学院会计系副主任、科研处副处长、科研(研究生)处处长，世界银行技术援助中国人民银行会计改革体系项目金融会计准则研究组中方工作组组长(1993—1996)，1996年晋升教授；2000年至2005年6月历任深圳发展银行总行部门总经理、财务执行总监等职；2005年7月加盟招商银行至今。

到夏博辉总经理办公室时发现，招行总行资产托管部扩建工程正在进行之中。"我们资产托管部业务大发展，办公环境已经不能满足要求了，重新设计、重新施工。"夏总解释道。近五年里，招行资产托管部业务发展有了翻天覆地的变化：托管费收入、托管资产余额、托管存款、托管投资组合年复合增长率分别达到37%、54%、73%和97%。截至2010年11月底，托管投资组合达到1,266个，托管资产规模达到3,078亿元，较年初增长%，2010年已实现托管费收入2.83亿元，托管资产规模和托管费收入在中小托管银行稳居首位。招商银行6S托管银行，被境内外权威媒体被评为"最佳托管专业银行"、"客户满足度首选品牌"、"最佳创新奖"、"最佳托管新星"等诸多荣誉。夏总透露，未来几年招行托管业务增速将努力在同行中保持领先水平。

在采访过程中，夏总反复提到"先人一步"，这或许就是招行资产托管业务近几年来取得飞速发展的内在动因。证券投资基金托管是很多银行争抢的蛋糕，但中小银行进入晚，根本无法与五大托管银行抗衡，如何在群雄逐鹿时找到自己的定位，是对各家托管银行战略决策的考验。招行敏锐地意识到资产管理业多元发展趋势，基金之外的其他托管业务也将会呈几何数量增长，及时调整思路，在竞争中寻找同行尚未注意到的领域，率先开拓券商集合理财托管、信托资金保管、股权投资基金托管业务，成为较早托管保险资金、企业年金的银行。"对于资产托管业务，我们向来是多元化发展，没有特地强调着重发展哪一个门类。"夏总如是道来。

在托管服务上，招行将服务创新融入技术创新之中，网上托管银行、资产托管核心系统的开发，改变托管业务以往繁琐的工作流程，极大提升运营操作效率和内控能力，也为中小银行拓展业务提供了一条新路——以特色取胜，以创新取胜。

资产托管的未来业务范围可以拓展得更广。夏总透露，不仅是券商小集合、基金专户资产托管空间巨大，私募证券投资、股权投资托管和ESCROW托管也是很好的增长点。为了拓展股权投资基金的巨大市场，招商银行拓展到与私募基金整条产品线的支持与对接，为各类私募基金提供资产估值、投资监督、信息披露等托管服务，运用自主开发的网上托管银行系统，提供7×24小时托管、直通式不落地资金清算划付，以及定制化的信息咨询等个性化服务。

对话夏博辉

记者：招行资产托管业务近几年来的发展业内有目共睹，各项托管业务市场占有率在中小银行中遥遥领先。这是此前五年规划设定的目标吗？

夏博辉：我们刚刚做过统计，2005年到2010年我行资产规模年复合增长率54%，托管费收入年复合增长37%。今年增速要超过去年。现在托管规模恰好与五年前设想得差不多，但是托管产品组成与预想差别很大。

怎样发展资产托管业务？托管是一个新型行业，当时国内行业经验严重匮乏。为此，我们首先要了解和学习境外托管银行的先进经验。我加盟招行资产托管部不久，就请了世界六大托管银行，在香港对我们进行了全方位资产托管业务培训。

我们的产品策略是多元化发展。当时，股份制银行一年至多只能承接一到两支基金托管，有些小托管银行一只都没有。我们只能从其他领域入手。我接手不久，就开始研究券商理财产品托管，当时，没有一家银行愿做这一业务，我们内部也有不同意见，但我行成了第一家开办券商理财托管的银行，我们市场份额增长很快，最高占到70%；之后我们进行信托资金保管，现在信托资金保管业务已占我行托管资产规模的50%；之后是年金托管，那时刚刚开放申报年金资格，我行成为第一批年金托管银行，在所有银行里，我行年金托管规模按绝对量排名位第三；再后来是银行理财托管、股权投资基金托管，我们就是这样不断地扩大资产托管业务范围，在别的托管银行还没有开垦的处女地上开始拓展。

最初我们也想争取公募基金托管，但形势迫使我们另辟蹊径，反而在券商理财产品、信托资产、年金托管、股权投资托管和ESCROW托管等方面取得突破。当然，我行证券投资托管市场占有率也不错，占到中小银行基金托管总量的29%，基金专户资产托管规模居行业第二。

回顾几年来的工作，在大行还没有进入的一个新领域，我们能够占有市场，一旦大行进入后，我们的市场份额就会下来。

记者：招行近几年托管提出托管服务标准，也有了自己的品牌，目前，招行托管业务品牌效应是否已显现？

夏博辉：许多托管银行都强调"销售决定托管"，通过销售能力带动托管业务。我们不否定销售对托管的促进作用，但不是为销售而托管，而是为托管做托管，关键是必须把托管做得很专业。

2005年，我们开发了国内第一个网上托管银行。资产管理公司、基金公司、保险公司、信贷公司的资金交我们托管，以前核对账务都是通过传真、电话完成，系统开发之后，通过网上托管银行就实现账务核对。

从2006年起，我们又进行托管核心系统研发，这个系统用于托管核算、估资、监督、信息披露，以往银行托管核心系统都是委托一家民营公司做的，我们成为工行之后的第二家自主开发核心系统的托管银行。后来，我们将两大系统与本行企业银行系统，外购托管系统、绩效评估与风险管理系统和各类外围数据充分整合，率先推出了“6S资产托管综合业务系统”，并获得深圳市人民政府金融创新二等奖第1名。

我们建立自己的6S托管银行品牌。国际上的“custody”不是托管，而是保管的含意。托管是一个中国化的法律概念，它是由共同受托人的“托”和资产保管的“管”共同构成的。因此，建立6S托管银行品牌的一个来源是国际保管银行的经验。国际上保管银行最核心的单词就是3S。第一个“S”就是“实时清算(Settlement)”，第二个“S”是“安全保管(Safekeeping)”，第三个“S”是“个性服务(Service)”。

第二个来源，国际保管银行的保管业务不做监督，监督是属于增值服务，但是我国《证券基金投资法》要求托管人必须监督，属于基本业务，这就是第四个“S”，即投资监督(Supervision)。

第三个来源，资产托管业务是需要依托于网络的，以实现不落地业务、不落地处理，即构成第五个“S”即STP，我们将之界定为“直通处理”。

第四个来源，我们借鉴汽车4S店的经营模型，构成我们品牌的第六个“S”，即“survey”，意为“信息支持”。

这样，就形成招行6S托管银行品牌：“安全保管、实时清算、投资监督、个性服务、信息支持”，对应的英文字母就形成了6个“S”。品牌对于我们业务发展起到很好的促进作用，我们始终坚持做专业托管，工作内涵得到丰富。

记者：招行未来资产托管业务的定位是什么？有什么规划？

夏博辉：我们将托管业务定位为新型战略业务，要求积极发展。

首先，要积极拓展基金托管发展空间。今年，我行新增托管基金8支，年底还会有新基金发行，其他12家中小托管银行加起来没有我行多。现在新发基金托管争夺很激烈，有些银行甚至以超低价格来争取。我们不参加价格战，我行销售议价能力很高，有些银行靠压低销售费用来争取托管，把销售费用压低到我们的三分之一，尽管争取不容易，但我们仍要在增速上领先于其他大行。

第二，就是券商理财托管。随着招行整体实力增强，我行对于券商理财还是有很大的优势。券商集合托管我们做得最早，市场占有率也高，未来券商小集合的增长值得期待。在养老金托管方面，招行应保持中小银行第一的地位。

在以客户为中心的经营理念的指引下，我们开始精挑细选托管优质基金和券商理财。去年我行拒绝托管了6家基金公司的公募基金，因为这些基金公司或是我们不太了解或是不太熟悉，或是其过往业绩不太理想。对于所有托管的基金产品，我们没有实行任何过度性的激励，一切以提升客户价值为基准。托管业务本身就是渠道，做好渠道就是更好满足客户需求，一切以客户为中心。

我们定期与投资管理人进行联系，对市场进行预判，和总行零售银行部高端客户保持密切联系，零售银行渠道缺少什么产品，我们尽量选什么产品，与基金公司洽谈产品设计时，我们也会根据前面两项的判断，对基金公司提出我行客户的特殊需求，基金公司产品如不符合我行客户要求，我们就不做。招行尽可能把客户需求和基金管理人的产品结合起来。一些基金公司根据我行提出的客户需求，修改产品设计方案，最近我行新成立的一只分级托管基金，就按照我行要求做出改进。

第三，我们正在改造托管运营流程，以前运营是以单个产品为单位，现在要变成批量化处理，实现托管营运工业化。

第四，我们提出托管管理信息化，托管业务所有的依据和决策要在第一时间得到反应。以前很多东西更多还是倾向于定性不是定量，现在我们正在整合托管数据，对每家分行、每个基金可以进行深度分析。

总之，我们要坚持走托管专业化道路：第一，实现“托管服务流程化”，成为以客户为中心的托管银行；第二，实现“托管运营工业化”，通过系统优势提升效率；第三，实现“托管管理信息化”，提高我们决策的时效、信息及时；最后，就是要打造自己的优势，做一个智慧的托管人。

记者：可以说，招行资产托管是中小银行开拓托管业务的典范，对于其他中小银行，您有何建议？

夏博辉：我觉得中小银行要发展资产托管业务，第一，要定位清晰。就是因时因势因行定位业务。招行最初想从公募基金托管入手，但那时竞争力难以与托管大行匹敌，所以另辟蹊径，争取券商理财托管。现在实力增加了，又重新争取基金托管，不同时期的托管业务定位要因时变化。对于小银行来说，初期可能要以非基金为主，因为毕竟首先要盈利、要生存。第二，要有一个战略或者是规划，并坚持执行下去。我们每年都有一些变化、都有一些新规划，但是大的规划不能改变、对于整个市场的判断不会改变，某个产品结构发生变化，需要及时把握。

（特邀采访记者：江 沂）

第二部分 市场发展综述

Part II Overview of Market Development

股票市场回暖　基金业发展重整旗鼓
2009年中国证券投资基金市场发展综述

执　笔：杜书明

● 2009年在全球经济衰退趋缓、国内股票市场回暖的影响下，中国基金规模从上年末的1.94万亿元上升到2.68万亿元，增长幅度超过38%，基金业重新回到快速发展轨道。

● 从基金表现看，与2008年反差很大，债券基金与货币市场基金表现平平；而其他类型的基金在2009年表现抢眼，表现最好的股票型基金和偏股型基金平均净值增长率分别为69.25%和63.79%。2009年ETF基金交投更加活跃，年成交额7,652.1亿元，比2008年的3,178.6亿元增加了4,473.5亿元，同比提高140.7%。

● 机构投资者在基金投资中的比例略有增长，持有比例从上年的19.83%上升到了20.95%，个人投资者仍为基金投资的主力军。

● 2009年末基金管理公司的数量为60家，比上年相比减少了1家。60家基金管理公司中，33家为合资基金管理公司，27家为内资基金管理公司。

第一部分 2009年中国基金市场发展环境分析

本部分要点

- 2009年，为应对全球金融危机，中央及时采取了积极的财政政策和适度宽松的货币政策，果断出台并不断丰富完善一揽子计划，年终中国经济出现"V"型反转之势，中国经济从曲折艰险中走出来，总体呈回升好转势态，为金融市场发展提供了较好的国内环境。
- 受国家宏观经济政策刺激、创业板推出、全球经济衰退趋向缓和等多种因素影响，2009年中国股票市场出现了大幅反弹。上证A股指数全年涨幅高达79.80%，股票总市值较年初增加了12万亿元，涨幅高达100%。
- 与股票市场的大反弹形成鲜明对照的是，2009年中国债券市场出现了大幅震荡、整体走弱的行情，银行间市场债券指数全年下降1.42%，中信标普全债指数全年仅上涨0.27%。

图1-1 国内生产总值及其增长率

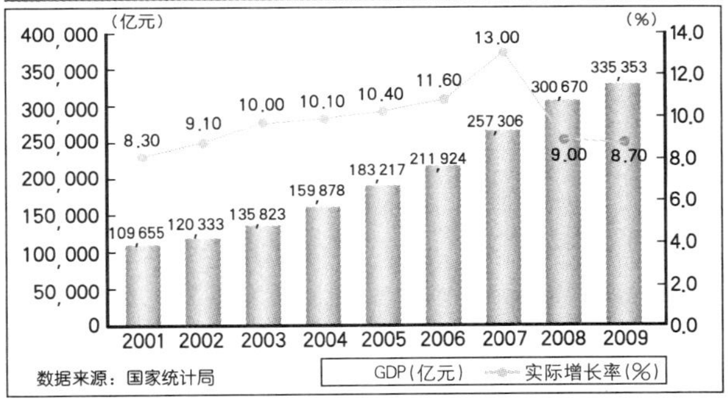

数据来源：国家统计局

图1-2 居民储蓄存款余额 （单位：万亿元）

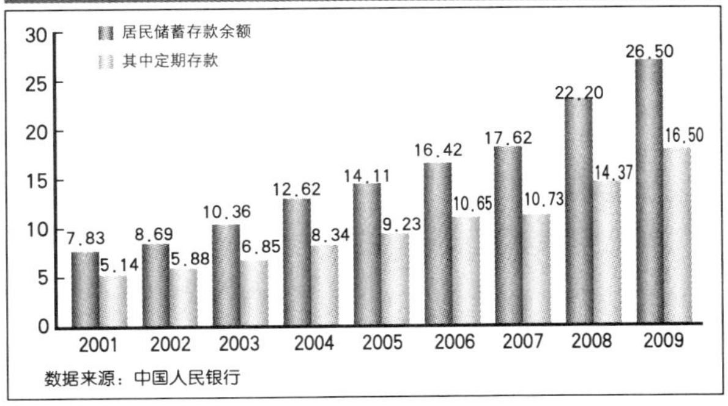

数据来源：中国人民银行

2009年中国宏观经济与金融市场发展概况

2009年国民经济总体回升转好，从曲折艰险中走出来。为应对全球金融危机，中国提出GDP增长不低于8%的"保八"宣言，中央及时采取积极的财政政策和适度宽松的货币政策，果断出台一揽子行业振兴计划，较快扭转了经济增速的明显下滑，率先实现了经济的总体回升向好，年终中国经济的"V"型反转之势让世界对"中国经验"刮目相看，为金融市场的发展提供了较为良好的国内环境。

2009年，全年国内生产总值335,353亿元，比上年增长8.7%(图1－1)。全年农村居民人均纯收入达到5,153元，扣除价格上涨因素，比上年实际增长8.5%；城镇居民人均可支配收入17,175元，实际增长9.8%[①](表1－1)。

注①数据来源：《2009年国民经济和社会发展统计公报》，中国国家统计局

表1-1 中国城乡居民人均可支配收入 资料来源：国家统计局

	2001	2002	2003	2004	2005	2006	2007	2008	2009
城镇居民									
人均可支配收入(元)	6,859.6	7,702.8	8,472.2	9,421.6	10,493	11,759	13,786	15,781	17,175
实际增长(%)	8.5	13.4	9.0	7.7	9.6	10.4	12.2	8.4	9.8
农村居民									
人均可支配收入(元)	2,366.4	2,475.6	2,622.2	2,936.4	3,255	3,587	4,140	4,761	5,153
实际增长(%)	4.2	4.8	4.3	6.8	6.2	7.4	9.5	8.0	8.5

2009年全国财政收入达到68,477亿元，比上年增加7,147亿元，增长11.7%；全国财政支出75,874亿元，增加13,281亿元，增长21.2%；进出口总额达到22,027万亿美元，比上年下降13.9%；外汇储备余额为23,992万亿美元，比上年末增加4,531亿美元；2009年末人民币汇率为1美元兑6.8282元人民币，比上年末升值0.1%①，人民币汇率保持基本稳定。

2009年末广义货币供应量(M2)余额为60.6万亿元，比上年末增长27.7%；狭义货币供应量(M1)余额为22.0万亿元，增长32.4%；流通中现金(M0)余额为3.8万亿元，增长11.8%。年末全部金融机构本外币各项存款余额61.2万亿元，增长27.7%；全部金融机构本外币各项贷款余额42.6万亿元，增长33.0%。居民户和企业定期存款大幅增多。2009年末金融机构居民户人民币存款金额为26.5万亿元，同比增长19.3%，增速比上年同期高7.0个百分点，比年初增加4.3亿元，同比少增3,290亿元，这与资本市场回暖、居民投资意识高涨等因素有关②。

2009年股票市场发展与走势

2009年年初以来，受国内政策刺激和巨额信贷投放的影响，中国股票市场出现超级反弹，股指总体呈现大幅上涨走势：上证A股指数从2008年末的1,911.79点，最高达到3,478.01点，2009年底报收于3,437.46点，全年上涨1,525.67点，涨幅高达79.80%(图1-3)。股指的一路上涨，使股票市值大幅增加。2009年末股票总市值为24万亿元，较年初大幅增加了12万亿元，增幅高达100%。A股流通市值14.17万亿元，比2008年末的4.44万亿元增加218.97%。

2009年股票指数大幅上扬，导致股市成交量明显放大。全年沪、深股市累计成交53.6万亿元，同比增加26.9万亿元，增幅达到100.7%。随着股票市场持续震荡高涨，沪、深两市A股平均市盈率分别由上年末的15倍和17倍上升到2009年末的29倍和47倍。

由于市场回暖，股票市场融资额也大幅度增加。2009年非金融企业及金融机构在境内外股票市场上通过发行(含增发)、配股以及可转债累计筹资6,084亿元，比上年增加2,423亿元，上升66.3%。其中，下半年筹资5,030亿元，占全年筹资总额的82.7%。

2009年10月30日，筹备、酝酿了十年之久的创业板，终于登上中国资本市场的舞台。首批28家公司30日上市，总市值达到1,438.69亿元，创业板满月市盈率达114倍；在首批创业板发行PE突破57倍的情况下，第二批创业板8只股票发行PE平均突破83倍，显示创业板泡沫风险较大。

2009年，中国股票市场由熊转牛，原因是多方面的：

首先，从国内经济与宏观经济政策看，中国为应对国际金融危机，在2008年11月份推出了4万亿经济刺激政策，在很大程度上提振了市场信心。特别是，2009年1月中旬国务院陆续审议通过了汽车、钢铁、纺织、装备制造、船舶、电子信息、轻工、石化、有色金属、物流等10大产业调整振兴规划，更成为影响板块强势此起彼伏的关键。此外，巨额信贷的投放也为市场走强提供了充足的流动性支持。2009年新增信贷量接近10万亿元，尤其第一季度贷款投放量较为集中，四个季度新增贷款分别为4.85万亿元、2.79万亿元、1.30万亿元、0.93万亿元。巨额信贷投入使得A股市场3—6月连续上涨，8月创出反弹新高，市场活跃度增大。

其次，从股票市场的内在因素看，经过2008年的大幅下跌，市场估值水平不断拉低，2008年末沪、深两市A股平均市盈率达到15倍和17倍的历

注① 数据来源：《2009年国民经济和社会发展统计公报》，国家统计局。
注② 数据来源：《中国货币政策执行报告－2009年第4季度》，中国人民银行货币政策分析小组。

史低点，这为市场的走强积累了内在动力。

最后，全球经济衰退趋向缓和，金融市场趋于稳定，这在一定程度上改善了我国经济增长的外部环境，增强了投资者对国内金融市场的信心。自金融危机以来，全球金融机构亏损超过1.4万亿美元，主要经济体政府纷纷出台救助方案，金融救助措施促使全球金融体系快速企稳。2009年3月以来，全球期货市场和股市率先复苏。随着世界经济复苏迹象趋于明显，8月以来全球金融市场信心进一步回升，市场运行总体向上；10月美国道琼斯指数突破万点大关。同时，受金融危机影响最深的全球房地产市场出现复苏回暖迹象。

2009年债券市场发展与走势情况

2009年中国债券市场的发行规模快速增长，债券融资能力持续增强；但是在股市回暖和巨额信贷投放的影响下，债券市场大幅震荡、整体走弱。银行间市场债券指数由年初的132.11点降至年末的130.23点，下降1.42%；中信标普全债指数从2008年末的1,216.98点，上涨到2009年末的1,220.24，仅上涨0.27%，基本上保持稳定（图1—4）。

2009年债券市场整体震荡下行。上半年，我国货币政策极度宽松，受政府4万亿投资拉动，中国经济开始出现反弹迹象，货币市场利率低位运行，新债券发行总量较上年同期明显减少，但是月度发行量不断增加。下半年我国经济企稳回升势头逐步增强，财政货币政策保持宽松，市场对经济回暖的信心增强，债券发行大幅增长，交易日益活跃；由于信贷规模大幅增长，银监会加强了对商业银行风险管理的要求，使得债券市场信用类债券价格下行更为明显。

2009年，中国债券市场交易仍很活跃。银行间债券市场现券交易全年累计成交47.3万亿元，日均成交1,891亿元，同比增长27.9%。交易所国债现券成交2,085亿元，与上年基本持平。

债券发行规模快速扩大。2009年累计发行各类债券（不含中央银行票据）4.9万亿元，比上年增长64.3%，其中国债、银行次级债、中期票据及公司债券发行额同比涨幅均超过100%。截至2009年末，中央国债登记结算公司债券托管量余额为17.5万亿元，比上年增长16.0%。债券发行利率持续走高，10年期记账式付息国债发行利率由3月份的3.05%上升至11月份的3.68%，累计上升63个基点①。

注① 数据来源：《中国货币政策执行报告2009》

表1—2 2009年主要债券发行情况

债券品种	发行额（亿元）	同比增长（%）
国债①	17,927	109.5
政策性金融债	11,678	7.9
银行次级债、混合资本债	2,746	279.3
银行普通债	100	−60.0
企业债券②	16,629	77.7
其中：短期融资券	4,612	6.5

注：①国债含财政部代理发行的地方政府债券2000亿；②包括企业债、公司债券、可分离债、集合票据、短期融资券和中期票据。

图1-3 2009年上证A股指数全年走势图

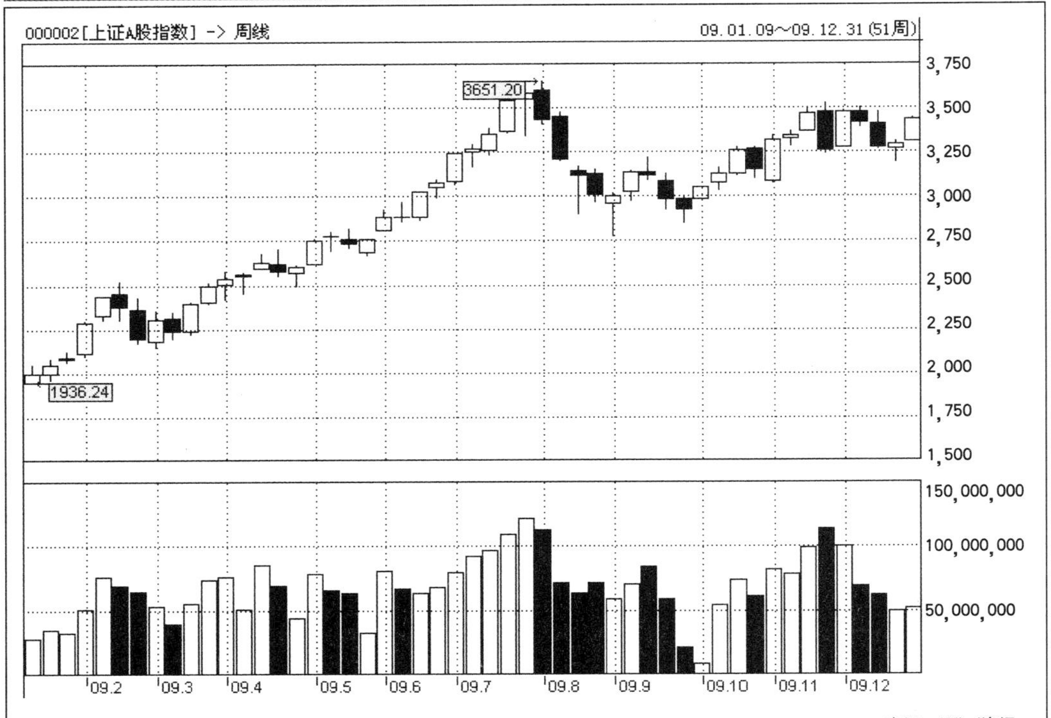

来源：Wind资讯

图1-4 2009年中信标普全债指数全年走势图

来源：Wind资讯

第二部分 2009年中国基金市场发展回顾

本部分要点

- 在2008年基金资产规模大幅下降后，2009年末中国证券投资基金资产规模从上年的19,388.76亿元猛增到26,760.80亿元，上升38%；基金规模大幅增加的主要原因是国内股票市场回暖。
- 2009年中国证券投资基金数量达到556只，与上年相比净增加118只。
- 随着基金资产规模的增加，基金资产规模占GDP的比例从上年度的6.45%上升到7.98%，基金资产规模占城乡居民储蓄存款余额的比例也从上年的8.73%上升到10.26%，但基金股票投资市值占A股流通市值的比例却从2008年的20.01%下降到13.27%。
- 2009年，除货币市场基金与债券基金规模下降外，其余各类基金资产规模均有较大幅度的上升。股票型基金资产规模增幅最大，规模从2008年末的7,054.03亿元上升到2009年末的12,978.87亿元，增长了84%；其数量也从2008年末的155只大幅增加到2009年末的226只，增长了45.81%。
- 从基金表现看，除债券基金与货币市场基金增长率较小外，其他类型的基金在2009年均表现抢眼，表现最好的股票型基金和偏股型基金平均净值增长率分别为69.25%和63.79%。
- 2009年，投资者投资基金的热情升温，基金账户数从2008年的9,660万户上升到9,827万户，净增加167万，增长幅度为1.73%。
- 2009年末基金管理公司的数量为60家，与上年相比减少了1家基金管理公司。60家基金管理公司中，33家为合资基金管理公司，27家为内资基金管理公司，合资基金管理公司在数量上仍多于内资基金管理公司。
- 机构投资者在基金投资中的比例略微上升，持有比例从上年的19.83%上升到20.95%，个人投资者仍是基金投资的主力军，投资者结构稳定。
- 2009年ETF基金交投更加活跃，年成交金额7,652.1亿元，比2008年的3,178.6亿元增加了4,473.5亿元，同比增长140.7%。

基金资产规模与基金数量发展概况

2009年，中国经济在经历曲折后逐步回升，股市也逐渐回暖，使以股票市场为主要活动场所的基金表现不凡，基金净值大反弹。

截至2009年末，中国证券投资基金的资产规模为26,760.80亿元，与上年相比，基金资产规模增加了7,372.13亿元，基金资产规模增幅高达38%（图2—1）。从基金数量来看，2009年证券投资基金数量与上年相比，净增118只，增长率为26.94%，使2009年末基金数量达到了556只（图2—2）。其中，开放式基金数量净增115只（含2只封转开基金），ETF基金净增4只，封闭式基金净减1只，QDII基金数量维持不变。

从基金资产规模变化的情况看，与上年末相比，2009年末基金资产规模增加了7,372亿元，其中，全年新基金发行带来3,104亿元新增流入，但开放式基金净赎回4,102亿元，二者相

图2-1 证券投资基金资产规模发展概况

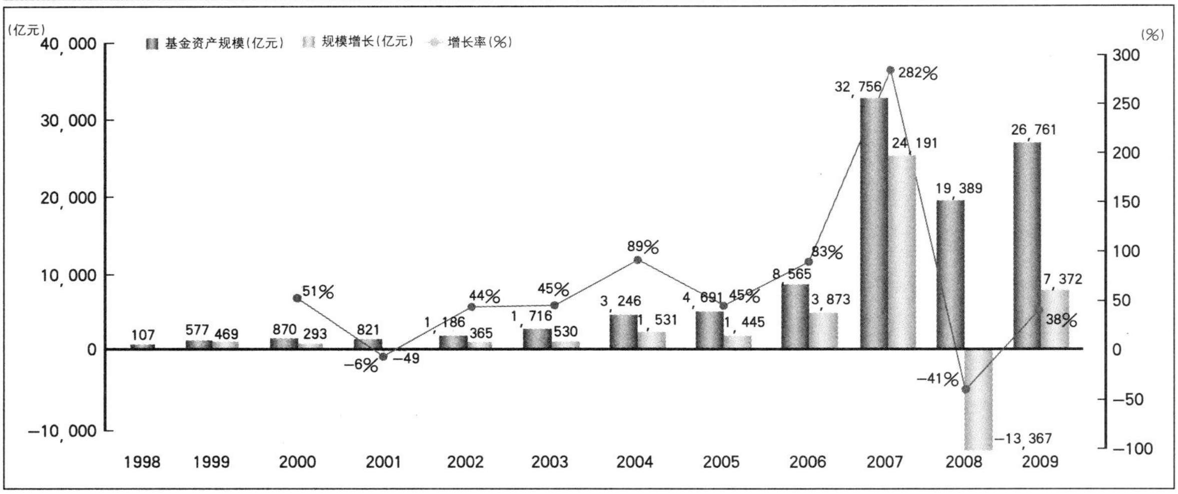

图2-2 证券投资基金数量发展概况 (单位：只)

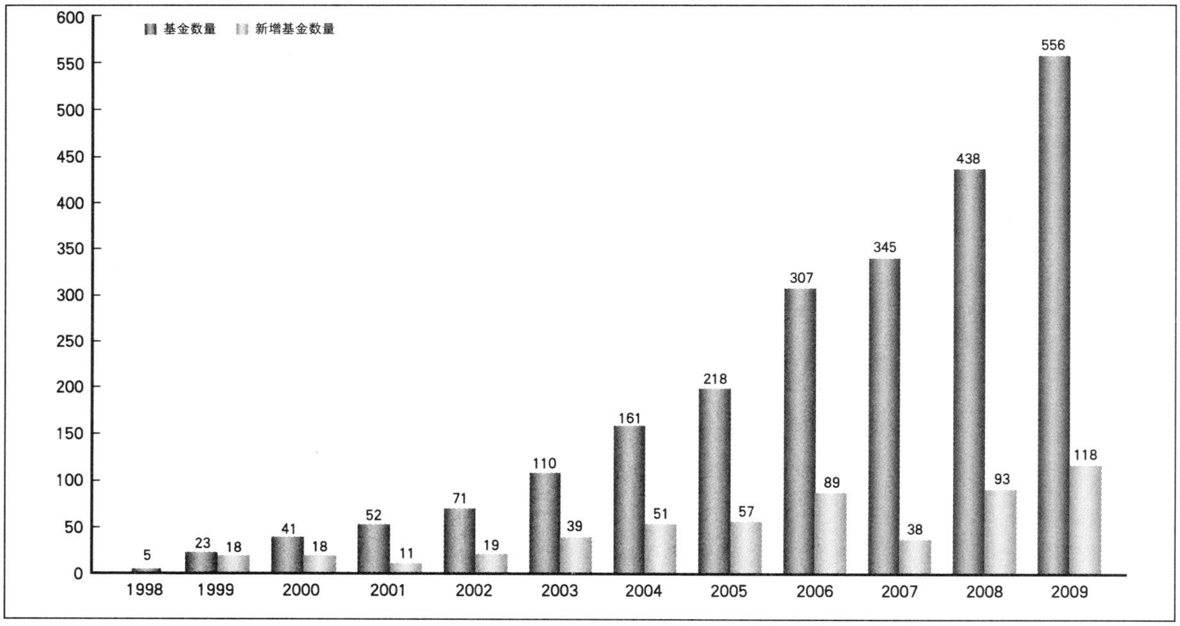

图2-3 基金资产规模占GDP的比例

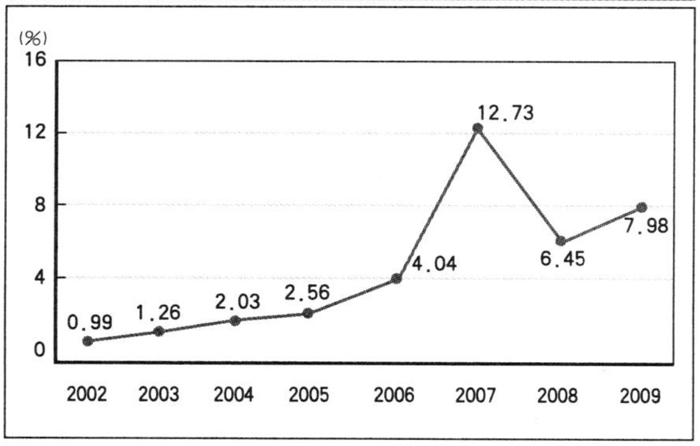

图2-4 基金股票投资市值占A股流通市值的比例

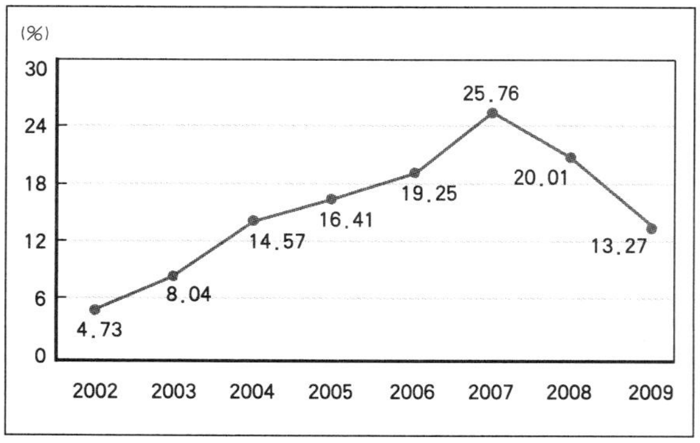

抵，有近1,000亿元的净流出，分红额507亿元。因此规模上升全部是由基金表现所致。

证券投资基金仍然是我国股票市场最大的一类机构投资者，基金资产规模大幅上升，基金资产规模占GDP的比例从上年度的6.45%回升到了7.98%（图2—3），基金资产规模占城乡居民储蓄存款余额的比例则从上年的8.73%上升到了10.26%，但随着非流通股的大量上市，基金股票投资市值占A股流通市值的比例大幅降低，从2008年的20.01%下降到了13.27%（图2—4），创最近6年新低，证券投资基金在市场中的地位相对降低。

2009年，国内新批设立基金120只，其中，1只为封闭式基金，4只为ETF基金，115只为开放式基金（含2只封转开基金）。115只开放式基金中，72只为股票型基金，20只为混合型基金，20只为债券型基金，3只为货币市场基金。

各类型基金的发展与资产分布状况

为与中国证监会对开放式基金分类相一致，2008年本年鉴将成立较早的开放式股票型基金统一调整为混合型—偏股型基金，并对以前的数据进行了相应的回溯统计调整[①]。在新的基金分类基础上[②]，2009年本年鉴将债券型基金进一步细分为纯债基金、中短债基金，一级债基金与二级债基金[③]。在此情况下，基金类型从2008年的12类增加到2009年的14大类。

从各类基金资产规模发展情况看，各类基金资产规模在2009年均有较大幅度的增加。其中，封闭式基金资产规模增加了522.91亿元，同比增加了73.04%；开放式基金资产规模增加6,196.86亿元，同比增加34.57%；ETF基金资产规模增加432.50亿元，同比增加188.29%；QDII基金资产规模增加219.86亿元，同比增加42.60%（图2—5）。

从资产规模结构上看，封闭式基金资产规模的市场占有率略有回升，从2008年末的3.69%，上升到2009年末的4.63%；开放式基金资产规模的市场占有率则从92.46%下降到90.15%，而ETF与QDII的市场占有率微不足道，仅为2.47%与2.75%。

注① 中国证监会目前将基金分为股票型基金、混合型基金、债券型基金、货币市场基金、封闭式基金与QDII基金。本年鉴则将ETF基金单独列为一类，同时将股票型基金、混合型基金、债券型基金进行了进一步的细分。

注② 自2008年开始，本年鉴对基金分类进行了新的调整，将基金分为国内基金与海外基金两大类，并在国内基金的分类上采用了与国际通行分类标准一致的分类方法，将国内基金分为封闭式基金、开放式基金与ETF基金三大类。其中，开放式基金被细分为股票型基金、混合型基金、债券型基金与货币市场基金四大类，而混合型基金被进一步细分为偏股型基金、平衡型基金、偏债型基金与保本型基金。如无特别说明，本文所指开放式基金将不包括ETF基金与QDII基金。

注③ 纯债基金是指不进行新股申购、股票投资的债券基金；一级债基金是指可以参与新股配售，但限制股票二级市场主动投资的债券基金；二级债基金是指可以进行二级市场股票主动投资的债券基金。

图2—5 各类证券投资基金资产规模发展概况 （单位：亿元）

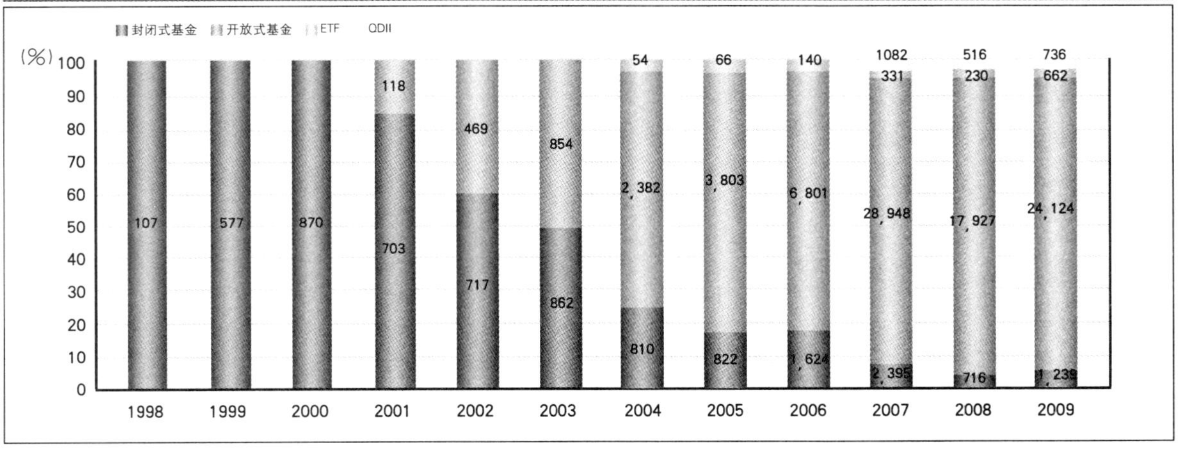

从基金数量看，开放式基金的数量从392只增加到507只，增加了115只。QDII基金的数量维持9只不变，而ETF则由4只增加到了9只（图2–6）。2009年，虽然有1只创新型封闭式基金面世，但由于有2只封闭式基金到期转型为开放式基金，导致封闭式基金的数量进一步萎缩，从上年末的32只下降到2009年末的31只。

从各类开放式基金的发展情况看，股票型基金与混合型基金的资产规模上升幅度较大，但债券型基金与货币市场基金的资产规模缩水严重。股票型基金一改上年的颓势，数量从2008年末的155只大幅增加到2009年末的226只，资产规模从7,054.03亿元上升到2009年末的12,978.87亿元，在开放式基金资产规模占比中从2008年末的39.35%上升到53.80%。混合型基金的数量从上年末的138只增加到158只，其资产规模从上年末的5,124.67亿元上升到2009年末的7,730.40亿元，上升幅度为50.85%，其资产规模占开放式基金资产规模的比例从上年末的28.58%上升到2009年末的32.04%。2009年虽然债券型基金从2008年末的59只增加到80只，但其资产规模则从1,856.57亿元降低到819.32亿元，下降了55.87%，债券型基金资产规模占开放式基金资产规模的比例从上年末的10.36%下降到3.40%。尽管货币型基金的数量略有增加，但其资产规模却从2008年末的3,891.74亿元下降到2009年末的2,595.27亿元，规模缩小33%，其占开放式基金资产规模的比例也从2008年末的21.71%，大幅缩减到2009年末的10.76%（图2–8）。

从单只基金资产规模来看，规模最大的一只基金为指数型基金，规模达到了393.93亿元，而规模最小的一只基金为股票型基金，规模不足1亿元。从平均规模看，QDII、ETF基金、指数型基金的规模较大，而债券型基金规模普遍较小。

基金资产配置结构情况

从国内基金的整体资产配置情况看，2009年由于股票市场的回暖，基金股票资产占基金资产

表2–1 2009年证券投资基金分类情况一览表

基金类型	基金数量（只）	投资者账户数（个）	净值规模（亿元）
国内市场基金			
封闭式基金	31	2,175,564	1,238.80
开放式基金	507	88,909,042	24,123.86
其中：股票型基金	226	58,967,074	12,978.87
混合型基金	158	27,212,314	7,730.40
债券型基金	80	1,448,417	819.32
货币市场基金	43	1,281,237	2,595.27
合　计	**538**	**92,172,526**	**25,362.66**
ETF基金	9	1,087,920	662.20
海外市场基金			
QDII基金	9	6,100,397	735.94
总　计	**556**	**98,272,923**	**26,760.80**

图2-6　2009年证券投资基金数量结构

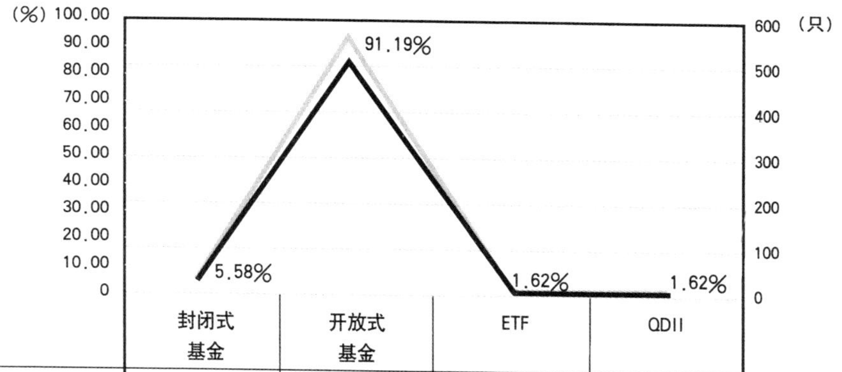

	封闭式基金	开放式基金	ETF	QDII
比例(%)	5.58	91.19	1.62	1.62
数量(只)	31	507	9	9

图2-7　开放式基金数量结构　（单位：%）

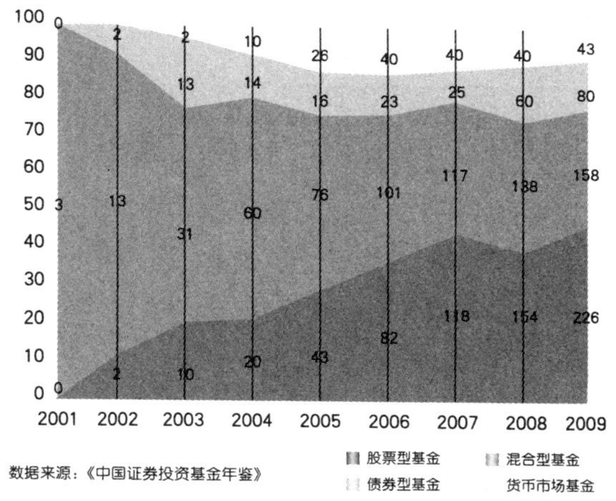

数据来源：《中国证券投资基金年鉴》

图2-8　开放式基金资产结构变化　（单位：亿元，%）

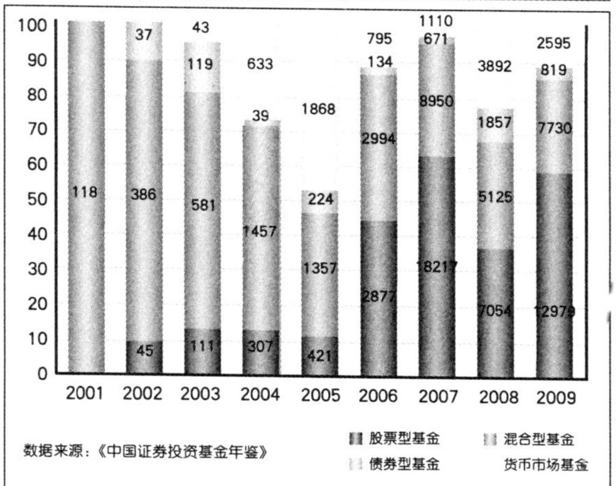

数据来源：《中国证券投资基金年鉴》

图2-9　2009年末不同类型开放式基金资产规模市场占比

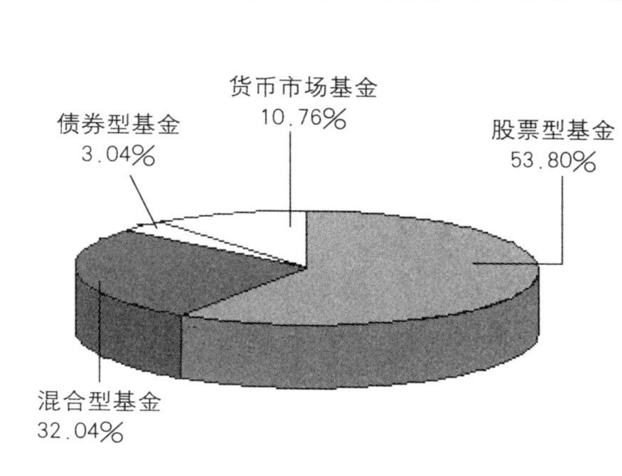

图2-10　证券投资基金资产配置　（单位：%）

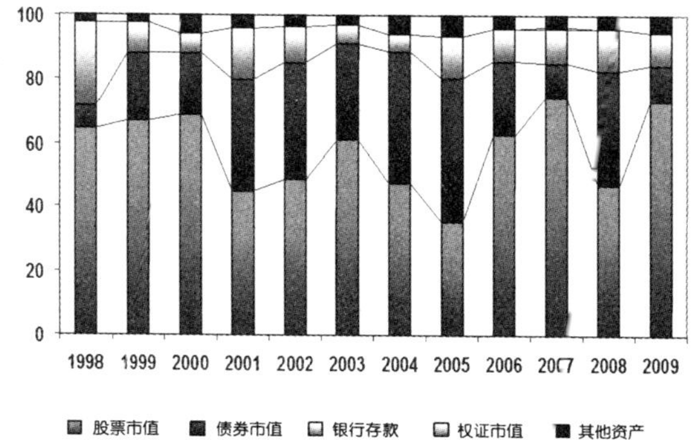

的比重出现了较大幅度的增加，从2008年末的46.98%上升到了73.41%。债券投资比例则出现大幅收缩，比例从2008年末的35.94%下降到了11.29%，银行存款与其他投资占基金资产的比重相对稳定（图2—11）。

各类型基金业绩表现

从绝对回报看，2009年所有类型基金都实现了正的回报率，除债券基金与货币市场基金回报率较低外，其他类型的基金在2009年均出现了较高的回报率。2009年表现最好的股票型基金，平均回报率达到了69.25%，偏股型基金的平均表现也到达了较高的63.79%；QDII基金的平均表现达到57.48%。表现最为一般的货币市场基金和债券型基金平均回报率分别为1.41%和5.33%（表2—2）。

图2—11　2009年基金投资者分布结构

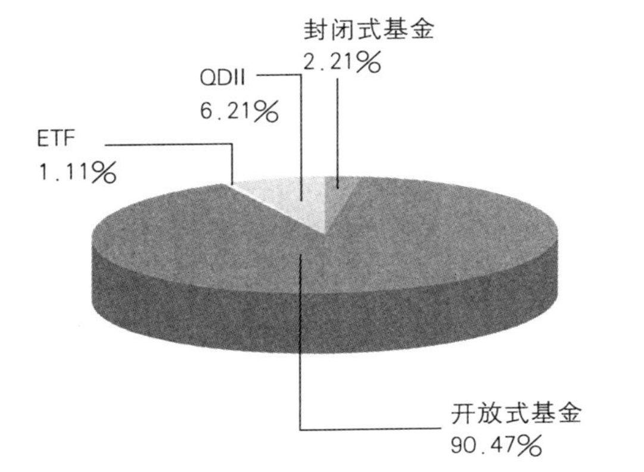

开放式基金资金流进、流出情况

2009年尽管股票市场好转，但基金整体上仍表现为净流出，净流出资金为997.92亿元，其中，新设基金年末净值为3,104.09亿元，开放式基金与QDII基金净流出金额为5,058.40亿元，ETF基金净流入金额为97.70亿元。2009年尽管基金投资者收益不错，但基金总体上仍表现为净流出。新设立的开放式基金数量达到119只（包括2只"封转开"基金），首发规模合计3,692.07亿元，同比上升了123%。设立于2009年之前的基金在2009年的申购总金额19,558.85亿元，赎回总金额23,678.13亿元，净流出金额4,119.28亿元。

从不同类型基金的申购赎回情况看，仅有ETF基金表现为净流入，净流入97.70亿元；股票型基金、债券型基金和货币市场基金的净流出量分别为1,114.23亿元、1,421.38亿元和1,372.75亿元。

表2—2　2009年不同类型开放式基金的业绩表现　（单位：只，%）

	基金数量	超越基准指数表现的基金数	最 好	最 差	中 值	平 均	基准指数表现	超越基准指数比例
股票型基金	163	109	116	31	71	69	64	67
偏股型基金	64	51	103	9	61	64	48	80
平衡型基金	38	27	85	21	51	51	40	71
偏债型基金	8	6	53	11	36	35	24	75
债券型基金（不含中短债）	21	20	18	−1	4	5	1	95
货币市场基金	40	0	2	1	1	1	2	0
QDII基金	9	—	83	30	58	57	—	—

注：基金数量为上年末的数量
股票基金的基准指数表现＝上证A股指数表现×80%
偏股型基金的基准指数表现＝上证A股指数表现×60%＋中信标普全债指数表现×30%
平衡型基金的基准指数表现＝上证A股指数表现×50%＋中信标普全债指数表现×40%
偏债型基金的基准指数表现＝上证A股指数表现×30%＋中信标普全债指数表现×60%
债券型基金的基准指数表现＝中信标普全债指数表现×80%＋1年期定期存款利率×20%
货币市场基金基准指数表现＝1年期定期存款平均利率

开放式基金持有人数量及其结构

2009年末证券投资基金账户数高达9,827万户，比2008年末的9,660万户，增加了167万户，增长幅度为1.8%。

从账户分布看，开放式基金的账户数最多，占90.5%，其次为QDII，占6.2%，封闭式基金的账户数占2.2%，而ETF账户数仅有1.1%。开放式基金中，又以股票型基金、混合型基金的账户数最多，分别占开放式基金账户总数的66.3%与30.6%，而债券型基金与货币市场基金的账户数量合计仅有3.1%。从不同类型基金账户的变动情况来看，股票型基金与混合型基金有所上升，而债券型基金与货币市场基金的账户数比上年有所减少（图2—11）。

2009年末机构投资者持有基金资产的比例从上年末的19.83%上升到了20.95%，个人投资者持有基金的比例则从80.17%下降到79.05%，个人投资者仍是基金投资的主力军。

从个人投资者和机构投资者对不同类型基金的持有情况看，机构投资者在开放式基金和QDII基金的持有比例均略有下降，而其在封闭式基金和ETF基金中的持有比例有所提高。在封闭式基金中，2009年机构投资者持有比例为55.03%，同比上升了12.46个百分点；在ETF基金中，2009年机构投资者持有比例为58.07%，同比上升了17.9个百分点。在开放式基金中，机构投资者持有比例从上年末的19.19%下降到2009年末的18.79%，同比下降了0.4个百分点。2009年末个人投资者在开放式基金、QDII基金的持有比例则分别达到了81.21%与98.62%。由此可见，机构投资者与个人投资者在基金类型的选择上存在明显不同。

基金管理公司发展概况

2009年末我国基金管理公司的数量为60家，与上年相比减少了1家（华夏基金吸收合并中信基金）。60家基金管理公司中，33家为合资基金管理公司，27家为内资基金管理公司，合资基金管理公司数量的市场占比上升到55%，但资产管理规模的市场占比却从45.5%下降到了44.6%。

2009年前10大基金管理公司的市场份额为50%，与上年相比基本持平。2008年末仅有4家基金管理公司的基金资产超过1,000亿元，管理规模最高的为1,888.62亿元。2009年末基金管理公司规模有所扩大，有1家基金管理公司的资产规模超过了2,000亿元，7家基金管理公司规模超千亿，管理规模最大的基金管理公司管理基金资产管理规模高达2,657.59亿元（图2—13）。

尽管2009年基金资产规模大幅回升，但基金管理公司管理费收入却出现了小幅下降，比上年减少21.08亿元，同比下降6.88%，这可能是由于规模增长效应迟滞所致。

基金托管机构发展概况

2009年，广东发展银行、中国邮政储蓄银行和上海银行三家商业银行分别获得基金托管资格，至此，我国基金托管机构从上年末的14家增加到17家，但基金托管费收入却从2008年的53.78亿元下降到50.40亿元，下降了6.06%，这也是我国基金业托管费首次出现下降。

17家托管机构中，中国工商银行的基金托管业务量最大，继续保持行业龙头地位，年末托管基金资产7,829.98亿元，市场份额从上年的27.28%上升到29.26%；中国建设银行保持第二大基金托管银行的位置，其市场份额达到了24.79%。前5大托管银行——中国工商银行、中国建设银行、中国银行、中国农业银行、交通银行的市场份额合计达到91.57%，比上年上升了0.94个百分点。

图2-12 基金管理公司发展概况

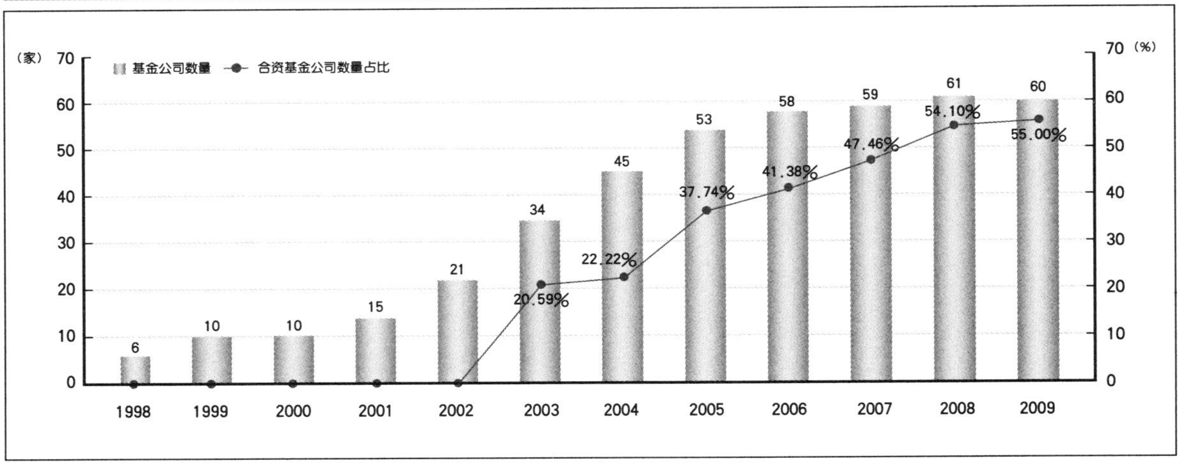

图2-13 2009年前十大基金管理公司管理资产规模 （单位：亿元）

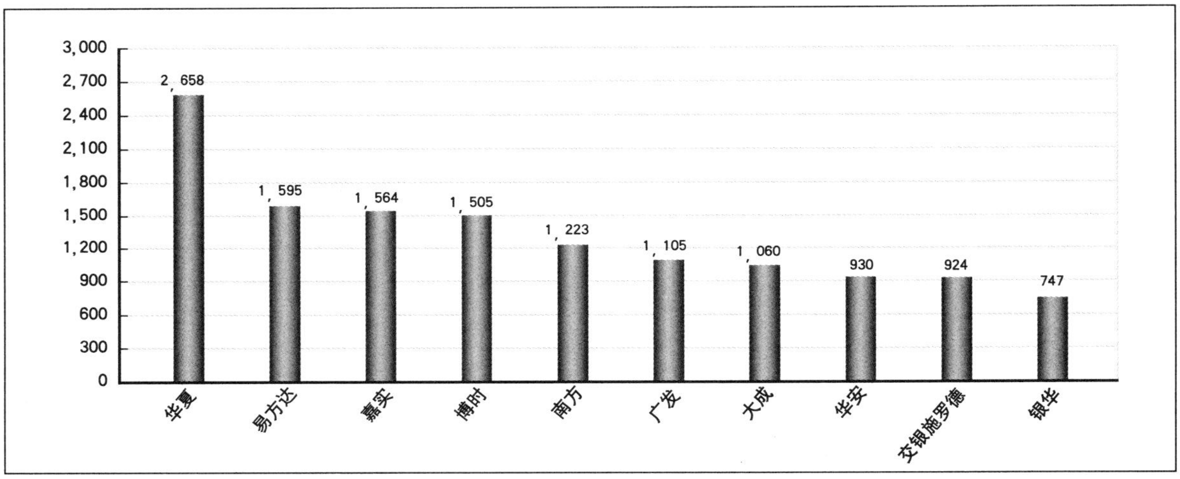

图2-14 2009年前十大基金管理公司市场份额 （单位：%）

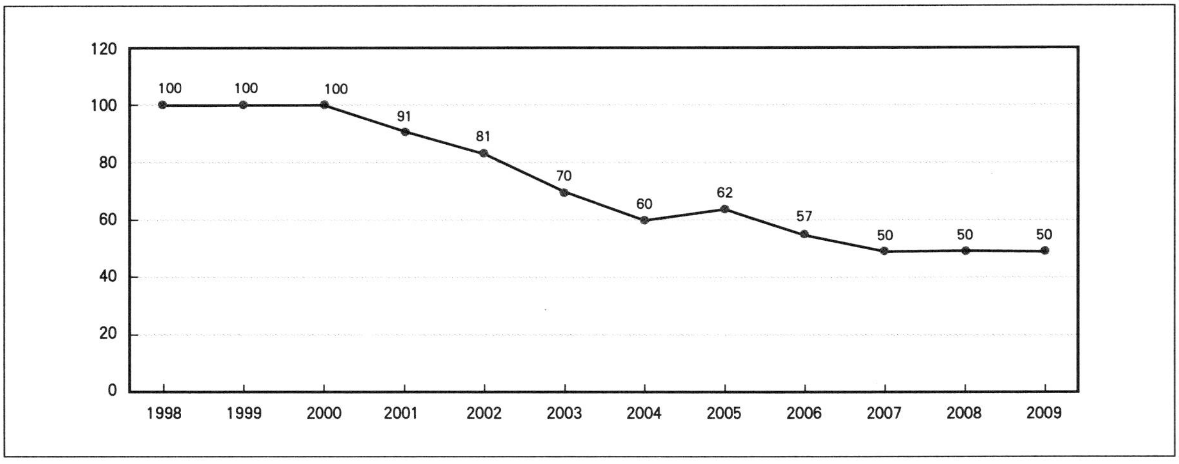

基金交易活动情况

2009年，证券投资基金的股票交易量由上一年的50,218.88亿元增加到79,897.49亿元，同比增加29,678.61亿元。但受市场扩容的影响，基金股票交易量占沪深两市股票市场总交易量的8%，与上年的19%相比，下降幅度较大。基金债券交易额为2,108.13亿元，回购交易额为24,605.98亿元，分别比上年增加了518.13亿元与12,669.44亿元。基金支付给证券公司的交易佣金合计达到66.9亿元，比上年增加24.72亿元。

2009年，基金交易佣金收入最高的五大券商是申银万国、中信证券、中金公司、国泰君安和海通证券，佣金收入合计达到了20.75亿元，占全部券商基金交易佣金收入的31%。

交易型基金二级市场表现及交易情况

2009年上证基金指数从2008年末的2,512.49点，一路上涨至年末的4,765.75点，涨幅高达89.68%。两市封闭式基金成交额合计为2,363.15亿元，同比增加125.97亿元。

2009年，ETF基金交投更加活跃，成交金额达到了7,652.1亿元，比2007年的3,178.6亿元增加了4,473.5亿元，同比增长140.7%。

图2-15 2009年上证基金指数全年走势图

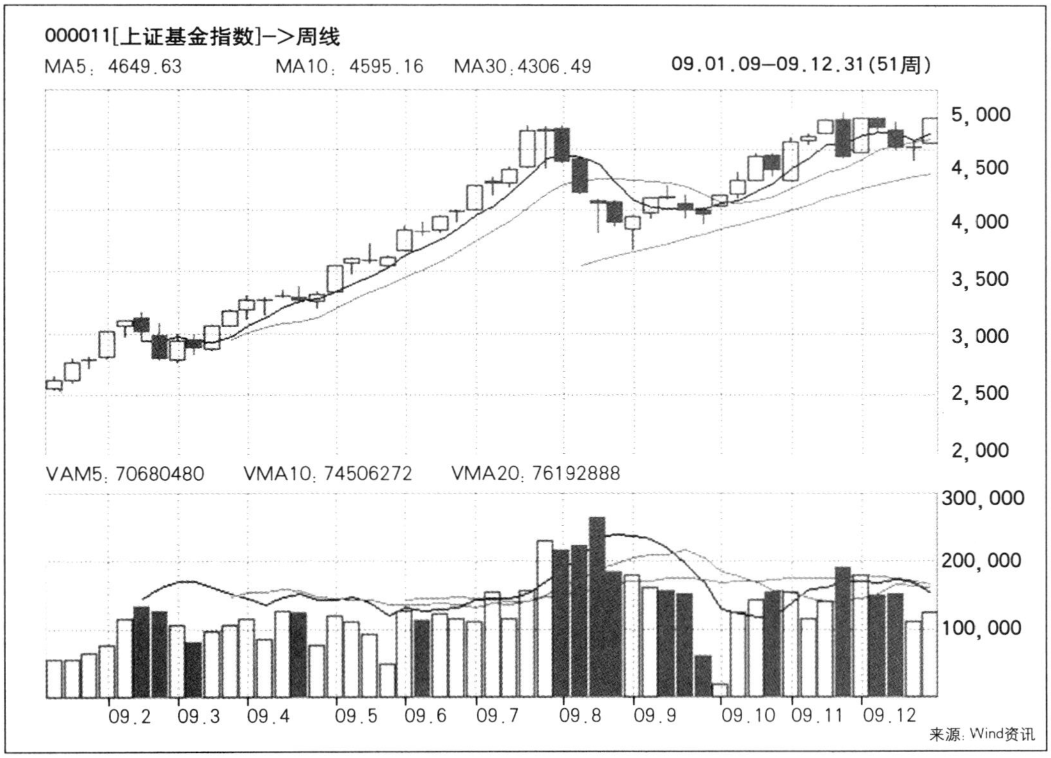

来源：Wind资讯

第三部分 2009年基金市场的发展特点与新动向

本部分要点

- 2009年证券投资基金稳步发展，资产规模大幅度反弹，基金行业发展重整旗鼓。
- 基金表现抢眼，但基金净流量表现为负。
- 机构投资者在基金中的占比略有上升，个人投资者仍是基金投资的主力军，投资者结构稳定。
- 基金股票投资市值占A股流通市值大幅下降，市场影响力略有下降。
- ETF基金发展迅速，规模增长比例最大。
- 专户理财“一对多”业务正式推出，基金公司业务范围不断扩大。
- 可分离交易基金推出，受市场追捧。
- 基金业再暴“老鼠仓”，监管层大力整肃基金业。

2009年，股票市场的逐步回暖，带来了中国基金业的大反弹，特别是股票型基金和偏股型基金出现全面逆转。但是基金出现大规模赎回现象，基金流量表现为净流出。回顾全年的发展情况，2009年中国基金市场表现出如下一些新特点与新动向：

基金规模大幅增加，基金行业发展重整旗鼓

2008年受金融危机的影响，股票市场大跌，基金规模大幅缩水，基金行业发展遭遇重大挫折。回顾1998年至2009年，除2001年基金规模曾出现过一次小幅下降外，2008年为中国基金业有史以来规模缩水幅度最大的一年，而在其余年份中国基金资产规模都保持了快速增长的势头。2009年国内经济好转，股票市场持续走强，基金表现抢眼，基金规模从2008年的1.94万亿元大幅上升至2.68万亿元，增长了73%，中国基金市场出现新一轮的投资热潮，基金行业发展蓄势待发、重整旗鼓。

基金表现抢眼，基金净流量为负

2009年各类基金平均净值增长均为正，尤其是股票型基金和偏股型基金表现特别抢眼，平均净值增长率分别为69.25%和63.79%，财富效应凸显。另外由于全球经济衰退趋于结束，QDII基金也有出色的表现，平均净值增长率为57.48%。但从基金资金流量看，只有ETF基金出现了资金净流入，金额为97.70亿元，其余基金都表现为净流出，总净流量为-5,058.40亿元。

尽管2009年基金表现抢眼，但是却达到历年来基金赎回的高峰，总赎回金额23,678.13亿元。在金融危机过后投资者变得更加理性与谨慎。股市大跌后投资者的“恐高”心态更加明显，在股指不断攀升的同时，投资者也担心泡沫的再度出现。经历了市场的大起大落之后，中国基金业发展也会更加合理与完善。

机构投资者在基金投资中的占比略有上升，个人投资者仍是基金投资的中坚力量，投资者结构保持稳定

2009年末机构投资者在基金中的占比从上年末的19.83%上升到20.95%，增加1.12个百分点。与此同时，个人投资者持有基金的比例从

80.17%下降到79.05%，所占比例基本上稳定。这样的投资者结构可能会持续下去，并且个人投资者依然是基金投资的中坚力量。

图3-1 基金投资者分布图

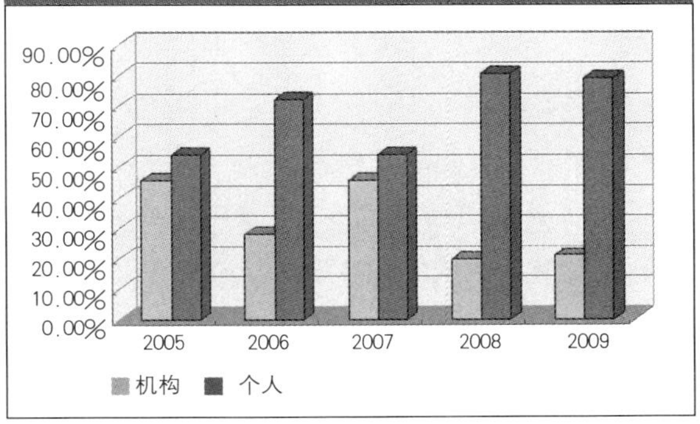

基金股票投资市值占A股流通市值大幅下降，市场影响力有所下降

2009年基金股票投资市值占A股流通市值的比例从2008年的20.01%下降到了13.27%，创最近6年的新低。基金股票投资市值占A股流通市值大幅下降，表明基金在市场中的相对地位有所降低。

股票市场走牛，股票型基金大幅扩容

2008年股市大跌，股票型基金大幅缩水。但2009年股市转暖，逐渐走牛，股票型基金得到了大幅扩容，全年共有72只股票型基金成功募集，募集规模达到2,478.02亿元，为上年的5.41倍，占所有新设基金募集规模的64.32%。2009年，股票型基金成为新基金发行市场的绝对主力。

图3-2 股票型基金数量发展概况

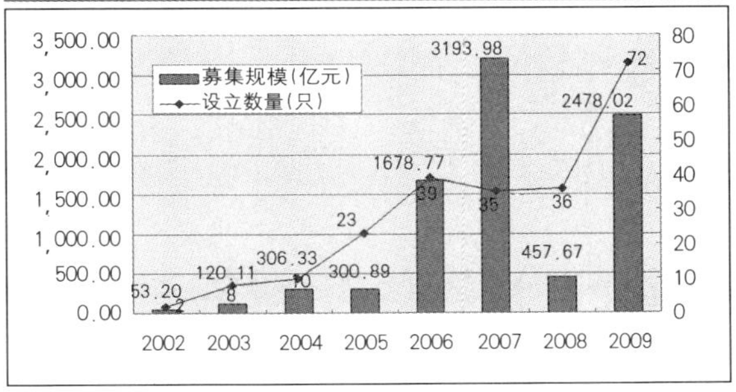

ETF基金发展迅速，规模增长比例最大

2009年ETF基金资产规模达到662.20亿元，为上年的2.88倍，占全部基金资产规模的比例由上年的1.18%增长到2.47%。2009年新设立4只ETF基金，募集规模达到111亿元。由于ETF基金费用低廉、产品创新活跃，是被动型基金的代表，越来越受到投资者的青睐。

图3-3 ETF基金规模发展概况

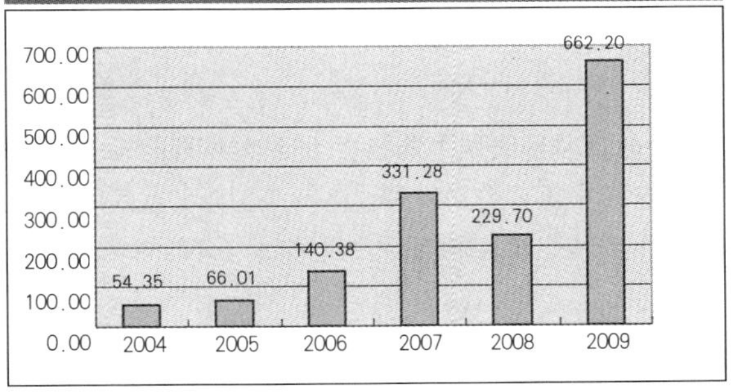

专户理财"一对多"业务正式推出，基金公司业务范围不断扩大

2009年8月7日，中国证监会发布了《基金管理公司特定多个客户资产管理合同内容与格式准则》，并于8月18日起正式实施。2009年9月，国内首个特定多个客户资产管理产品获批，标志着基金公司的业务范围的扩大上又迈出了重要的一步。

特定多个客户资产管理业务，俗称"一对多"业务，主要针对机构客户和高端个人客户进行委托理财，其特点是产品针对性强，操作灵活，募集采取非公开方式，可以进行业绩提成。专户理财"一对多"业务的推出，一方面进一步完善了基金公司的业务种类，另一方面也对证券公司等其他资产管理机构带来一定的冲击。

结构型分级基金产品再推新品，引来市场追捧

2007年7月，国投瑞银基金管理公司推出国内首只结构型分级基金产品。时隔两年，2009年5

月，长盛基金管理公司推出国内第二只结构型分级基金——长盛同庆可分离交易基金。长盛同庆可分离交易基金于2009年5月6日正式公开募集，仅发行一天就宣布提前结束募集，募集规模高达147亿元，备受投资者追捧。该基金的最大创新点在于：投资人认购的基金份额，在基金成立时按照4:6的比例自动分离为A、B两类份额，该基金前3年封闭式运作，两种份额均可上市交易。该基金自动分离为A、B两类份额，解决了A、B两类份额的"派对"难题，具有重要的创新意义。

基金业再暴"老鼠仓"，监管层大力整肃基金业

2009年5月，融通基金管理公司的基金经理因"老鼠仓"被证监会调查。2009年11月，又有2家基金管理公司的基金经理涉嫌"老鼠仓"被稽查。

"老鼠仓"问题再一次暴露了基金从业人员的诚信问题与内部控制的漏洞，也说明基金利益冲突防不胜防，对基金从业人员的职业道德教育必须常抓不懈。

第四部分 2009年新的基金监管规章及其影响

本部分要点

- **2009年，中国证监会又出台了一系列加强基金监管的法规，这些新的监管规定对未来基金业的发展有着重要的影响。**
- **新的监管法规主要包括：《基金管理公司投资管理人员管理指导意见(修订)》、《关于基金管理公司开展特定多个客户资产管理业务有关问题的规定》、《证券投资基金评价业务管理暂行办法》、《关于进一步优化基金审核工作有关问题的通知》、《开放式证券投资基金销售费用管理规定》等。**

2009年，监管部门先后发布了《基金管理公司投资管理人员管理指导意见(修订)》、《关于基金管理公司开展特定多个客户资产管理业务有关问题的规定》、《证券投资基金评价业务管理暂行办法》、《关于进一步优化基金审核工作有关问题的通知》、《开放式证券投资基金销售费用管理规定》等一系列对基金业规范运作和未来发展影响较大的新的基金监管规章。

《基金管理公司投资管理人员管理指导意见(修订)》(简称《指导意见》) 2009年3月17日发布，证监会公告[2009]3号

该规定增加了对基金经理任职年限、交易操作、公开言论等的规定。要求基金公司不得聘用从其他公司离任未满3个月的基金经理从事投资、研究、交易等相关业务，两年内跳槽两次的人将不得获任基金经理。明确要求基金管理公司员工不得买卖股票，直系亲属买卖股票的需及时向公司报备，同时要求基金公司加强对投资管理人员直接或者间接股权投资及其直系亲属投资等可能导致个人利益冲突行为的管理，还要求公司

加强投资管理人员的通信管理和出境管理。

《指导意见》提高了基金管理公司投资管理人员的合规意识，规范了投资管理人员执业行为，防范利益冲突和道德风险，完善了公司内部控制。该指导意见对有效防范利益输送，规范基金投资运作具有深远影响。

《关于基金管理公司开展特定多个客户资产管理业务有关问题的规定》（简称《多客户特定资产管理业务》）2009年5月5日发布，证监会公告[2009]10号

《多客户特定资产管理业务》明确取得特定客户资产管理业务资格和合规境内机构投资者资格的基金管理公司可以开展特定客户境外资产管理业务，并对有关政策口径进行了说明。规范了基金管理公司特定多个客户资产管理业务，保护了当事人的合法权益。

《证券投资基金评价业务管理暂行办法》（简称《暂行办法》）2009年11月6日发布，证监会第64号令

《暂行办法》对基金评价机构的准入资质、基金评价业务操作和监督管理进行了规范。提出了基金评价应遵循长期性、公正性、全面性、客观性、一致性和公开性六大原则。明定九大禁令：禁止对成立不满3年的基金进行评级；禁止对不同分类的基金进行评价；禁止对特定客户资产管理计划进行评价；禁止对处于建仓期的基金进行评级等等。其中对基金评价与评级间隔期的众多规定意在阻止业内和投资者过于关注短期业绩，引导市场的长期理念。

《暂行办法》规范了证券投资基金评价业务，引导证券投资基金的长期投资理念，保障了基金投资人和相关当事人的合法权益。

《关于进一步优化基金审核工作有关问题的通知》

2009年12月1日，中国证监会基金部下发《关于进一步优化基金审核工作有关问题的通知》，改革目前排队审批制度，对基金产品实行分类审核制度，规定基金产品审核将按照公募基金和特定资产管理计划、境内基金和QDII基金、创新产品和普通产品、固定收益类基金和偏股型基金的分类方式实行分类审核制度。基金公司上报一类基金时，可同时上报另一类基金的募集申请，两类基金分别排队，分别审核。同时对专家评审会等程序进行简化。

《关于进一步优化基金审核工作有关问题的通知》推动基金产品审核的市场化改革，也会改变原有的基金发行节奏，在行业的激烈竞争中，将使新的博弈格局产生。

《开放式证券投资基金销售费用管理规定》（简称《管理规定》）2009年12月14日发布，证监会公告[2009]32号

根据这一最新的《管理规定》，从2010年3月15日起，开放式基金管理人将可自主选择对持有少于一周、少于一个月内赎回的基金持有人分别加收不低于赎回金额1.5%和0.75%的赎回费；鼓励基金实施后端收费模式，手续费随持有期限不断降低，持有三年以上可以为零。基金公司可向销售机构支付尾随佣金，不设上限，但一次性奖励被叫停。此外，《管理规定》要求对短期内频繁申购、赎回基金的行为将加收"惩罚性"费用，对持有三年期以上的基民免收销售费用，并禁止对基金销售机构一次性奖励佣金。这样可防止机构资金为特定私利而频繁进出或恶意套利，从而一定程度上防止股市暴涨暴跌。

《管理规定》对中小基金投资者影响并不会太大，影响最大的是主要代销渠道银行和基金公司的利益分配格局，因为规定禁止了一次性奖励，同时规范尾随佣金。《管理规定》维护了开放式证券投资基金销售的市场秩序，保护了开放式证券投资基金投资人的合法权益，将会促进证券投资基金业的健康发展。

2009年全球基金业：阴霾与阳光的交错

执笔：高潮生

全球资本市场在悲喜交加之中度过了令人错愕的2009年。以3月9日为分水岭，先是延续了2008年的悲怆与凄迷，道琼斯指数一度回落到了1996年时的水平。而后又不明不白但却清清楚楚地开始了一波力道十足的反弹，势头之猛，创下了历史之最。不仅收复了2009年初的全部失地，而且使2009年的全年涨幅也十分惊人。更为重要的是，除股票市场之外，其他类别的资产也同样在2009年中表现辉煌，包括各种不同类别的债券和大宗商品。资本市场的狂暴也如实地反映在基金业之中，使其同样是大起大落、大悲大喜。

表1 全球主要资产类别在过去几年中的总收益率（%）

Index Name	2009	2008	2007	2006	2005	2004	2003	2002	3Yr	5Yr	10Yr	15Yr
MSCI BRIC	88.8	−60.3	56.1	52.9	39.8	13.6	84.2	−15.2	5.4	20.1	11.0	–
MSCI EM	78.5	−53.3	39.4	32.2	34.0	25.6	55.8	−6.2	5.1	15.5	9.8	–
ML Global High Yield	62.0	−27.9	3.1	13.5	1.5	12.4	30.7	−1.1	6.4	6.8	6.9	–
S&P 500 Equal Weighted	46.3	−39.7	1.5	15.8	8.1	17.0	41.0	−18.2	−3.6	2.3	5.1	10.1
MSCI EAFE	31.8	−43.4	11.2	26.3	13.5	20.3	38.6	−15.9	−6.0	3.5	1.2	4.9
JPM EMBI Global	28.2	−10.9	6.3	9.9	10.7	11.7	25.7	13.1	6.7	8.1	10.5	12.3
Russell Micro Cap	27.5	−39.8	−8.0	16.5	2.6	14.1	66.4	−16.1	−11.0	−3.3	–	–
Russell 2000	27.2	−33.8	−1.6	18.4	4.6	18.3	47.3	−20.5	−6.1	0.5	3.5	7.7
S&P 500	26.5	−37.0	5.5	15.8	4.9	10.9	28.7	−22.1	−5.6	0.4	−1.0	8.0
JP Morgan EMBI	26.0	−9.7	6.5	10.5	11.9	11.8	28.8	14.2	6.6	8.4	10.9	12.8
DJ Industrial Average	22.7	−31.9	8.9	19.1	1.7	5.3	28.3	−15.0	−3.1	2.0	1.3	9.2
DJ UBS Commodity	18.9	−35.7	16.2	2.1	21.4	9.2	23.9	25.9	−3.8	2.0	7.1	6.2
S&P GSCI	13.5	−46.5	32.7	−15.1	25.6	17.3	20.7	32.1	−7.0	−3.0	5.1	4.9
Barclays Global Aggregate	6.9	4.8	9.5	6.6	−4.5	9.3	12.5	16.5	7.1	4.6	6.5	6.7
Barclays US Aggregate Bond	5.9	5.2	7.0	4.3	2.4	4.3	4.1	10.3	6.0	5.0	6.3	6.8
ML Global Government Bond	0.4	14.4	10.4	4.6	−6.0	8.4	11.7	17.1	8.2	4.5	6.1	6.2

资料来源：Bloomberg

全球资本市场的绝地反弹

受益于世界各国政府纷纷出手、应对2008年秋天的全球金融危机，全球股市在2009年中经历了否极泰来、悲喜交加的戏剧性转折。MSCI全球股市指数上涨了26.4%，创下了10年来的最大涨幅，也是该指数自1987年发布以来的第二高年份，仅次于1999年的28%。不过尽管如此，全球主要的20个股市中，包括美、日、欧、英在内的近半数股市的指数水平都还远远低于2007年底时的高位。更重要的是，2009年表现为全球资本市场中所有资产类别的普遍上涨。如表1所示，从股票到债券，从大宗商品到垃圾债券，从大盘股到小盘股，无一下跌。

出于对经济复苏和公司盈利的乐观展望，美国股市在2009年中强劲反弹，三大指数均创下了2003年以来的最大年度涨幅。标普500指数上涨了23.5%，与2008年38.5%的暴跌形成了强烈对比。道琼斯工业指数和纳斯达克指数也分别取得了18.8%和43.9%的涨幅。如表1所示，平均加权的标普500指数取得了46.3%的总收益率，远远高于常规标普500指数的26.5%，显示中小盘股票表现尤佳。从历史上看，这也是经济复苏的一个显著标志。

这一现象也可从表2中得到进一步的印证。中小盘股的整体规模虽然不大，但在2009年中却取得了不俗的表现，远远强于整个大市。而大盘股的滞后在一定程度上拖累了整个股市的后腿。但另一方面，2009年是成长股绝地反弹的年份，尤其是大盘成长股在所有板块中首屈一指。因此真正拉股市后腿的是大盘价值股，它们在2009年中只有11.4%的涨幅，大大落后于整个股市的28.5%。

如表3所示，2009年股市反弹后的直接结果之一就是高科技与金融业重新成为股市中两个最重要的行业板块，分别占据了17.3%和15.5%的市场比重。就业绩表现而言，领涨的行业是高科技和原材料，涨幅均在65%左右。而居后的行业则是具有较高防御性功能的公共事业与电讯服务

表2 美国股市不同板块在2009年中的表现

美国股市风格指数	总收益率（%）			
	2009	三年年化	五年年化	十年年化
美国股市	28.45	5.01	1.09	0.11
大盘股	24.76	5.30	0.63	1.88
中盘股	39.03	4.48	2.33	4.50
小盘股	37.75	4.35	1.61	5.68
价值股	17.95	9.41	0.12	3.58
核心股	25.96	3.54	1.79	2.21
成长股	43.00	2.25	1.20	6.26
大盘价值股	11.38	10.82	0.94	1.77
大盘核心股	21.52	3.27	1.65	0.48
大盘成长股	44.37	1.94	0.60	8.19
中盘价值股	36.05	6.26	1.76	8.06
中盘核心股	38.94	4.60	1.84	6.78
中盘成长股	42.05	2.96	3.09	1.21
小盘价值股	40.28	4.14	2.13	10.22
小盘核心股	39.86	5.48	1.69	8.79
小盘成长股	32.98	3.89	0.65	1.44

资料来源：美国晨星公司

表3 美国股市不同行业在2009年中的表现（%）

指数名称	指数权重	一年	三年	五年	十年
道琼斯美国股票市场指数	100.00	28.79	−4.98	1.06	−0.39
道琼斯美国基础材料指数	3.33	65.51	2.64	5.95	4.87
道琼斯美国消费产品指数	10.07	23.86	0.32	3.43	5.05
道琼斯美国消费服务指数	11.51	33.68	−4.96	−0.76	−2.26
道琼斯美国金融服务指数	15.52	17.11	−21.79	−9.47	−0.51
道琼斯美国医药保健指数	12.13	21.71	0.60	3.34	3.42
道琼斯美国工业制造指数	12.53	26.07	−4.70	0.65	−0.19
道琼斯美国石油能源指数	10.88	17.26	0.52	10.83	10.41
道琼斯美国科技行业指数	17.31	64.48	2.83	4.34	−6.21
道琼斯美国电讯服务指数	2.78	9.85	−6.76	1.27	−7.42
道琼斯美国公用事业指数	3.95	12.58	−2.58	5.28	6.17

资料来源：美国道琼斯公司

表4 全球股市在过去一年与十年中的表现（%）

	2009	自2009年低点	过去十年
S&P 500	23	65	−24
Dow Jones	19	59	−9
Nasdaq	44	79	−44
MSCI 新兴市场	74	108	102
MSCI 发达市场	28	73	−10

资料来源：Bloomberg

类股。它们在2008年的熊市中下跌较少，在2009年的股市反弹中涨幅也较小。

2009年是全球股市的丰收之年，全球主要股市皆大欢喜。发达股市的总收益率达到了将近32%，其中英国23.8%，加拿大35.5%，德国25%。澳大利亚股市也上涨了30.9%，创下了16年来的最大涨幅。香港恒生指数的升幅为52%，为10年来的最高值，也是自1969年正式发布以来的第二大年度升幅，仅次于指数突破三万点时的2007年。日本股市在2009年中的表现最为怪诞，日经225指数上涨了18.9%，为三年以来的首度上涨，但东证指数却下跌了26.6%。

新兴市场股市较2009年3月初的低点上涨了一倍有余，全年度的总收益率为78.5%，继续领跑全球股市。富时(FTSE)环球新兴市场指数在2009年中上涨了75%，远远超过富时环球发达市场指数28%的涨幅。新兴市场的当前市盈率为20倍，而在3月份低点时仅有7.9倍。在2008年受挫至深的金砖四国股市反弹尤为强劲，总收益率将近90%。包括八个市场在内的MSCI新兴市场亚洲指数在2009年中上涨了70%。中国市场上，上证综合指数2009年上涨了75.2%，深证100指数更是上涨了111.4%。在印度市场上也同样如此，不同指数的涨幅不一，从82.5%到102%，不一而足。但都是1991年以来的最大涨幅。不过年底时的市净率达到了3.5倍，高出中国的3.3倍。印尼等国家的股市也上涨了八成左右。

包括63只成份股的巴西Bovespa指数上涨了119%，创下了有史以来的最高点，这个拉美最大的国家依旧是整个拉美地区的经济引擎。虽然年底时股市的市净率达到2.2倍，但预期市盈率仍有14倍。市场预测巴西公司的利润在2010年中还会增长30%。这部分是源于全球对于巴西铁矿石和大豆需求的急剧增长。墨西哥基准Bolsa指数接近有史以来的最高水平，市净率和市盈率均高于新兴市场2倍和20倍的平均水平。墨西哥在美国的存托凭证在2009年中上涨了83%，不过仍比墨西哥本地市场低了30%至40%。

俄罗斯股市在2009年中上涨了129%，在各主要新兴市场中表现最佳。如果像人们预期的那样，石油价格继续上升而美元汇率保持稳定，2010年还有可能再次成为表现最好的指数。匈牙利股市在2009年中飙升了179%，但股价不足账面价值的两倍，波兰的股市也是如此。土耳其股市在2009年中也翻了一倍还多，达到了三年以来的最高水平，而且预期市盈率只有10.6倍。南非股市2009年上涨了64%，目前市盈率为19倍。以色列股市在2009年上涨了51%，市场普遍预测随着以色列于2010年5月27日加入MSCI发达市场指数，还会有更多的投资者和资本被吸引过来。东欧、非洲和中东存在着一些世界上增长最快、估值最低的股市，当然这并不意味着它们就是最安全的。尼日利亚、肯尼亚和罗马尼亚等前沿市场似乎显得颇具吸引力。

不过，新兴市场中也有例外。譬如迪拜股市在2009年中仅上涨了12.6%，阿布扎比股市也只有16.9%的涨幅。年底爆发的迪拜债务危机给中东地区的经济复苏投下了浓重的阴影。

美元高收益率债券（俗称垃圾债券）的销售在2009年创下了历史最高水平，这与2008年时投资人对于信贷市场纷纷夺门而逃的情景截然相反。2009年的总发行量高达1,440亿美元，超过2006年1,430亿美元的前一历史高点。此外，如表1所示，全球垃圾债券的回报率在2009年中达到了62%，轻松超过了1991年39%的历史纪录，同时也是所有固定收益类证券中表现最优秀的类别。这番表现令众多分析师和决策者深感意外。因为全球获得垃圾债券评级公司的违约率在2009年底时达到了12.7%，即250起违约案例。这虽然低于年初16.4%的预期值，但就历史平均值而言并不算低。

除了股市之外，新兴市场债券在2009年中的表现也十分抢眼。如表1所示，摩根大通新兴市场债券指数上涨了28.2%。债券价格得益于包括巴西在内的一些市场的信用评级上调以及更有效的政府宏观经济刺激政策。

2009年中，标普500指数公司中有74家削减了股息发放，而且削减的平均幅度超过了60%。不过令人稍感欣慰的是在企业债方面，仅有为数不多的一些投资级公司债券在2008年和2009年中倒债或不幸破产，而且其中不包括美国的国债、政府机构债，以及房利美和房地美的房屋抵押贷款债券。

尽管全球股市在2009年中反弹惊人，但就过去十年来看，整个股市显现出来的却是两极分化的明显趋势。如表4所示，美国和发达国家及地区的股市是"失落的十年"，让长期投资的理念岌岌可危；但新兴市场却整整翻了一番，相当于9%左右的年化收益率。

全球基金业沉沦后的奋进

尽管美国乃至全球股市在2009年中强劲反弹，但标普500指数在2008到2009年的两年中还是总共下跌了11%。根据晨星公司的统计，在总计2,301只美国股票共同基金中，仅有63只在此期间实现了正回报，仅占总数的不到3%。这也显示出了想要发掘优异基金是何其之难！不过回首2009年的全球基金业，还是具有诸多令人回味和深思之处，同时也展现出了行业发展与变化的一些新特点和新趋势，大致可以归结为以下十点：

2009年全球基金业的第一个特点就是共同基金与对冲基金的彼此融合与相互渗透，进一步验证了近些年来颇为盛行的共同基金与对冲基金的趋同论说法。

公募基金与对冲基金原本是两条道上跑的车，走的不是一条路。前者受到政府机构的严格监管，而后者过去从来不受监管，今后是否会受到监管，以及会受到怎样的监管，至今不得而知。前者可以大张旗鼓地打广告、做宣传，而后者却只能私下开发客户，而且客户总数受到严格限制。前者受到投资分散化的种种规定，而后者则可以大展拳脚、自由发挥，甚至为所欲为。前者只是偶尔和有节制地使用杠杆、做空、金融衍生品这三大金融工具，而后者却将其视为日常运作的基本手段和致胜法宝。然而在经历了2008年全球金融风暴的洗礼之后，这样两个原本南辕北辙、泾渭分明的基金类别却出现了融合与趋同的势头。

首先，一些传统的对冲基金公司撩开了自己昔日的神秘面纱，相继推出了针对普罗大众的共同基金。例如AQR资本管理公司在2009年首度推出了共同基金；美盛投资（Legg Mason）旗下的子公司——对冲基金的基金Permal也是如此。Bull Path长短仓基金将自己从对冲基金重新定位为共同基金。就连在2008年全球金融风暴中大出风头、资产规模已经超过300亿美元、在全球对冲基金业中号称老三的保尔森（John Paulson）也计划在2010年底之前与德意志银行合作，在欧洲推出与其对冲基金管理策略基本一致的公募基金。

是什么原因导致对冲基金甘愿放下身段、散去自己头上的光环呢？与规模庞大的共同基金公司相比，绝大多数对冲基金都势单力薄，而且是单打独斗。在风和日丽、花好月圆时分，他们不在乎基金规模的大小，高管理费与业绩分成使他们怡然自得，可谓是山不在高，有仙则名；水不在深，有龙则灵；钱不在多，能赚就行。但金融海啸过后，面对投资人的急速撤离，众多公司捉襟见肘、难以为继。再加上对冲基金业绩分成中的水迹线规定(High Water Mark)，使他们可能在今后几年中都颗粒无收。因此迫于生存压力，他们不得不走上台面、纷纷亮相，同意接受政府的监管，开始发放公募基金。第二个原因在于金融海啸过后，各国政府加强对于对冲基金的监管是迟早之事。既然旧的游戏规则即将分崩离析，何不改弦易辙、另辟蹊径？识时务者为俊杰嘛！

另一方面，越来越多的共同基金公司也在推出多空型的准对冲基金产品，包括为人瞩目的130/30基金。例如普信、摩根大通、凯利、德雷弗斯、卢佛等基金公司在过去两年中均发行了自己的多空基金。虽然130/30基金起源于1979年7月，市场中性基金十多年前也已问世，但此类基金直到最近几年才开始蔚然成风。美国基金市场上目前有20多只类似基金，2009年获得了103亿美元的净资本流入。

在典型的130/30基金中，空头仓位可达到30%，同时利用卖空所得将多头仓位提高到130%，进而利用短仓的对冲效应和长仓的杠杆效应获取超额收益。其优越性有四点：首先是通过投资组合中的一多一空，对冲掉基金的系统性风险，减少大盘走势带来的影响。同时还能够提供做空和做多的双边投资机会。传统公募基金在熊市中只能通过减仓来追求相对绩效，但130/30基金可以通过做空预期较差的股票来从中获利。再者是有效利用了金融投资的杠杆效应，用100%的资本实现了160%的投资组合运作(130%的多头加上30%的空头)。最后，传统方式只会注重预期优异的股票，而剔除预期较差的股票，白白浪费掉了从中获利的机会和资源。诚然，始于长短仓能够双向获利的美好初衷，最后也可能止于长短仓同时失误而导致损失扩大化的终局。

如果说130/30基金还只是借鉴了对冲基金卖空的原理，那么更广泛使用其工具的非传统型公募产品近两年来也应运而生。Invesco AIM在2009年推出了AIM Balanced-Risk Allocation基金，根据不同类别资产的风险度不同，将基金资产分散到各个资产类别中。另两家基金公司Van Kampen与MFS也分别在2008年推出了各自基于不同风险度而进行资产配置的新型产品。百能投资(Putnam)先是在2009年初推出了首只绝对收益基金，接着又在5月推出了资本型(Capital Spectrum)与股票型(Equity Spectrum)基金。在2009年中推出的类似基金还有IndexIQ公司的IQ Alpha对冲策略基金以及特纳投资公司的Turner Spectrum基金。领航投资(Vanguard)前不久在爱尔兰注册了交替策略基金(The Alternate Strategies Fund)，这支全新的绝对报酬基金可以自由投资于股票、债券、商品、外汇、期权以及其他资产类别，并利用做空性、杠杆化、衍生品。这与典型的对冲基金惟妙惟肖。

共同基金公司迈向准对冲基金的风潮可谓方兴未艾。主要因为在经历了2008年股市暴跌的打击后，越来越多的投资人意识到了保本的重要性，开始扬弃传统的分散化投资产品，转向具有绝对收益色彩的新型品种。在股市出现急剧暴跌、或当市场估值较高之时，多空基金通常会比普通公募基金显示出更大的优越性，更能抵御下行风险。从2001年到2008年，不到十年间股市就两度遭遇了40%的重挫，这就使不少投资者开始质疑备受推崇的长期投资理念，甚至成为“股市17年之痒”一说的拥趸(美国股市从1966年到1983年止步不前长达17年之久；从1983年到2000年的17年间则灿烂辉煌。照此推理下去，似乎股市在2017年前都不会有所作为)。

共同基金与对冲基金的彼此融合与相互渗透，使其边界日益模糊。这样两股趋势的延展逐步造就了共同基金与对冲基金的趋同，二者正分别从两个相反的方向步入一个共同的历史舞台，你中有我、我中有你。这就是2008年金融风暴之后所浮现出来的全球资产管理业的新景观与新变局。

2009年全球基金业的第二个特点就是产品创新趋势的不断发展，包括ETF、集合投资信托产品、抗通胀基金，以及提供稳定和高额现金流的

退休收入基金。

根据不久前所作的问卷调查，将近一半的公司计划在未来六个月中推出新产品，71%的公司表示会在未来18个月内让新产品面世。市场普遍估计这些新产品会更加注重高度分散化、更加保守、更加侧重于提供稳定的现金回报、更加倾向于绝对收益。

传统的公募基金在向对冲基金领域延展的同时，还在向ETF领域不断渗透。比如Pimco利用其在债券基金投资中的领先优势和统治地位，推出了一系列债券型ETF产品。嘉信理财(Charles Schwab)更是利用它在经纪交易中的有利地位，推出了超低成本的ETF产品系列，向安硕(iShares)和领航投资(Vanguard)发起了挑战。其它已经向美国证监会提交了ETF产品申请的基金公司还包括汉考克基金(John Hancock)、普信集团(T.Rowe Price)、杰弗里公司(Jefferies)，以及IndexIQ公司。

除了向ETF产品渗透之外，越来越多的美国基金公司也还在陆续推出新型的集合投资信托产品(Collective Investment Trusts，CITs)，也被称为混合信托(Commingled Trusts)。这一产品近年来受到了市场的广泛欢迎：它可以在税前扣除，受到的投资监管较少，特别是可以为符合条件的公司和政府退休计划量身定制。目前在美国公司的401K退休账户中，三家最主要的混合信托管理公司分别为收购了BGI的贝莱德、道富投资(SSgA)和纽银梅隆(BNY Mellon)。其他一些公司也在纷纷跟进，如美国世纪(American Century)、先驱投资(Pioneer)、Hansberger、Montag & Caldwell等。

面对2008年的金融危机，美国政府推出了巨额的紧急财政救助计划(TARP)。随着局势的稳定和经济的复苏，美国政府开始逐步退出，这就为投资人创造了一个崭新的投资机会，即如何从这一应急计划中获得投资收益。为了应对这一需求，许多基金公司陆续推出了自己的独特产品。例如，基金公司Eaton Vance和Invesco就针对美国政府所援助的公司及债券推出了Build America债券基金。位于芝加哥的Nuveen也推出了类似的封闭式基金。全球基金业老大贝莱德(BlackRock)也向美国证监会递交了申请，希望推出同样的公募基金产品。

不过政府的紧急救助计划也引发了人们对于未来通货膨胀抬头的担心，使得投资人对于抗通胀产品的市场需求急剧升温，特别是对于美国的联邦抗通胀债券(TIPS)。不少基金公司迅速抓住时机，推出了相关产品。最引人注目的就是擅长债券投资的美国太平洋资产管理公司(Pimco)同时推出了投资于TIPS的传统公募基金和ETF产品。

美国市场中的"婴儿潮"是指出生在1946年到1964年间的人士。随着他们陆续步入退休之年，专门为他们而设计的、以债券投资为主、具有稳定现金流的"退休收入"基金在过去几年间大行其道。富达、领航、德意志资产管理(DWS)、罗素投资、汉考克、ING、嘉信理财、拜伦基金(Baron)、奥本海默(OppenheimerFunds)都先后推出了类似产品。不过此类基金在2008年中深受其害，债券本金的巨大损失使得利息收入无法得到保证。但随着次贷危机的消逝以及信用利差的迅速收窄，这类基金在2009年中都很快得到了复苏。例如在总共34只此类基金中，2009年中的净流入达到了14亿美元。说明退休了的"婴儿潮"们还是需要它们来为自己的退休生活提供财务支持。

2009年全球基金业的第三个特点是新兴市场基金重获投资者青睐。

2009年，新兴市场股票基金的资金净流入飙升至803亿美元，比2007年创下的原纪录多出了259亿美元，完全逆转了2008年净流出495亿美元的颓势。相比之下，发达市场股票基金在2009年却出现了860亿美元的净流出。作为全球四大新兴市场经济体，金砖四国的巴西、俄罗斯、印度和中国是2009年投资者最感兴趣的投资对象，这些市场共流入了约600亿美元。主要投资于这四大市场的全球新兴市场股票基金流入了390亿美元；专门投资于金砖四国的基金流入了47.5亿美元；投资于中国、巴西、印度、俄罗斯单一市场的基金则分别获得了68亿美元、49亿美元、31亿美元、15亿美元的资本净流入。

2009年全球基金业的第四个特点是拉美股票基金领跑2009年。

拉美股票基金在2009年中的平均回报率为122.9%，远远超过其他类别的基金。排在其后的依次是贵金属股票基金、分散化新兴市场股票基金、亚太(除日本外)股票基金、高科技类股票基金。新兴市场基金本身也有部分投资于拉美股市，所占比重约为22%。其主要原因在于投资者在2008年中对于新兴市场过度担忧，而随着市场担忧逐渐散去，资金重新离开防御性资产而转向高风险类别，使得几乎所有新兴市场的股市都业绩斐然。

不过拉美股票基金也有其显著特点。首先，巴西市场在很大程度上决定了拉美基金的表现。拉美基金并非广泛而平均投资于各个拉美股市，而主要以巴西股票和墨西哥股票为主。巴西在拉美基金的组合中的占比通常为65%到75%，墨西哥则占大约15%至20%。而2009年巴西股市的涨幅排在所有拉美市场的最前面，MSCI巴西指数的涨幅超过了120%。巴西股市备受青睐的原因是巴西在新兴市场中政治较稳定、经济规模大、增长速度快、股市规模大，而且在金融危机中受到的损失较小。

其次，拉美基金的个股集中度非常高。巴西石油一只股票所占的权重就高达15%，淡水河谷和伊塔乌银行(Banco Itau)的权重也大约为7%。例如安硕标普拉美40指数ETF的前三大重仓股分别为巴西石油、伊塔乌银行和淡水河谷，三者的累计权重高达40%。巴西石油在安硕MSCI巴西指数ETF中所占的权重更是高达22%。巴西石油的美国存托凭证在2009年上涨了118%，这就是为什么重仓该股的巴西基金能够出类拔萃，也就是为什么重仓巴西股票的拉美基金能够业绩辉煌。

最后，除了杠杆化产品和ETF之外，美国市场上的拉美基金一共只有五只，但规模都不算小。富达拉美基金有42亿美元，普信拉美基金也有26亿美元。拉美基金的数量此前曾经很多，但后来随着投资者对拉美的兴趣日渐减弱，部分拉美基金被并入了投资范围更广的新兴市场基金。此外，投资于拉美市场和巴西股票的ETF近年来也十分火爆。安硕标普拉美40指数ETF的规模约为30亿美元。单独投资于巴西股票的安硕MSCI巴西指数ETF的规模更是超过了110亿美元，比所有传统拉美共同基金的资产总和还多。

2009年全球基金业的第五个特点就是基金公司的生存环境在全球金融危机之后发生了急剧变化。

2009年全球基金公司的利润跌入了自2003年以来的最低水平。例如欧洲基金公司的运营利润从2008年的74亿欧元跌至2009年的64亿欧元，尚不足2006年133亿欧元利润的一半。而且基金公司的利润率也从2006年的16.8个基点急剧下降到了2009年的9.6个基点，与十年前的25个基点形成了鲜明的对比。原因之一就是投资人远离股票等高管理费用的风险类资产，而将更多的资产注入债券和货币市场基金等低管理费用、低风险类资产。同时基金业的成本在过去十年中也在不断上升。譬如欧洲基金公司的运营成本在1999至2009年间，从15.4个基点上升到22个基点，导致成本收益比率从38%上升到70%。收入的减少、利润率的降低、营运成本的上升使得欧洲基金的数目在2009年中减少了920只。相形之下，从2002年10月全球股市复苏到2008年底股市崩盘，欧洲共同基金的数目上升了35%，达到了创纪录的36,300只。

追求低费率的市场风潮也对往日的一些传统运营模式造成了挑战。其中最明显的例子就是富达基金公司在开始失去公司的401K退休账户客户。倚仗品牌和名声这些核心竞争优势，富达一直是美国401K退休计划的最大提供商，公司客户有1.75万之多，管理的资产总额约为7,500亿美元，占整个退休计划全部资产额的将近四分之一。虽然富达在2009年底签下了它的最大客户——通用电气公司(GE)，但在整个2009年中却陆续失去了400多名公司客户。竞争者在不断通过降低收费标准来削弱富达的市场份额，譬如苹果公司(Apple)转向了嘉信理财(Schwab)，福特(Ford)也换成了施乐公司(Xerox)旗下的联盟计算机服务(Affiliated Computer Services)。

2009年全球基金业的第六个特点就是市场投资策略的变迁。

昔日盛行的"买而持有"(Buy and Hold)的长期投资理念不再吃香，反倒是趋势投资更受投资者的青睐。趋势投资主要依据对市场走向所做的技术分析决定股票的买卖时机，在2008年的暴跌和2009年的暴涨中，这一投资方式似乎帮助了不少投资者逃过了一劫，也把握了机会。反倒是长期投资的理念渐渐丧失了其往日的地位。回首过去的十年，股市非但没有像人们普遍预测的那样获得10%左右的年化收益率，反倒是如表2所示，亏损了10%到44%(取决于指数的不同)。考虑到通货膨胀的因素，实际损失更为惨重。在残酷的事实面前，根据基本面分析来选择股票品种并持有数月或数年之久的长期策略似乎已经失宠，而让位于趋势投资和短期投资的务实主义。诚然，这种趋势投资的风潮究竟会不会是昙花一现，还有待于市场的检验和时间的考验。

2009年全球基金业的第七个特点就是盛极必衰与否极泰来的应验。

例如，规模在1亿美元的Forester Value基金是2008年美国分散化投资基金中唯一保持盈利的股票基金，当时盛极一时、风光无限。但在2009年却只上涨了19%，在大盘价值型股票基金中只排在最后的四分之一。反之，那些2008年凄凄惨惨、悲悲切切的基金却在2009年大放异彩。例如Aegis Value基金在2008年中暴跌了51%，在同类型基金中排名垫底，但2009年却上涨了93%，在美国分散化股票基金中首屈一指。2009年排名第二的是小盘成长股基金Birmiwal Oasis基金，它虽然在2008年损失了63%，但却在2009年增长了91%。2009年排名第三的美盛Capital Management Opportunity基金也是在2008年狂跌65%之后，在2009年暴涨了88%。2009年前三甲有着同样的遭遇，可谓是无巧不成书。这也是基金业中"十年河东、十年河西"的真实写照。

昔日美国基金业的标竿人物比尔·米勒(Bill Miller)每年都会受到人们的特殊关照，把其基金业绩拿出来晒一晒。2009年也不例外。其48亿美元规模的价值信托基金全年上涨了43%，优于93%的同类型基金。但不要忘记，这是他自2005年以来首度战胜标普500指数。其基金在2008年中暴跌了55%，比99%的同类型基金都差。要因之一就是作为价值投资者，他重仓而且坚持握有大量的金融类股，包括已经陷于灭顶之灾的贝尔斯登、房地美、AIG、华盛顿互惠银行、Countrywide、美林证券。这也使得他被众多投资者称之为是一位"牛市辉煌、熊市苍凉"的单向基金经理。不过凭心而论，假如你是一位长期投资者，从1990年开始就始终持有比尔·米勒的基金，那么当年1万美元的初始投资额如今已经变成了5.5万美金，远多于标普500指数的3.2万美金。

2009年全球基金业的第八个特点就是基金公司的全球性并购重组，而且都是数额巨大的大手笔交易。

例如，英国的景顺(Invesco)买下了大摩旗下针对散户投资人的基金公司Van Kampen；旧金山的富国银行(Wells Fargo)收购了Wacovia银行旗下的基金管理公司Evergreen；Ameriprise金融公司从美国银行手中买走了Columbia资产管理公司；澳大利亚的麦格理银行(Macquarie)收购了美国林肯金融公司旗下的Delaware投资公司。诚然，最令万众瞩目的还是贝莱德以152亿美元的价格并购了以被动型和指数优化型投资著称的BGI，包括旗下的ETF管理商安硕(iShares)。

2009年全球基金业的第九个特点就是新基金建立的数目之少创下了1990年以来的新记录。

在2008年和2007年，分别有493只和536只新基金问世。而2009年中只有276只，略多于1990年的248只。而且相当多的新基金都承诺在所有的市场环境中均能盈利。例如多空型基金的推出就成为了近几年来的市场新时尚，从2007年的9只增长到了2008年的14只和2009年的26只。

表5 业绩落后于大市的主动型美国股票基金的百分比 （单位：%）

2000	2001	2002	2003	2004	2005	2006	2007	2008	2009
40.50	54.5	59.0	47.7	51.4	44.0	67.8	48.8	64.23	41.67

资料来源：标准普尔公司

2009年全球基金业的第十个特点就是股市在2009年的戏剧性反弹也使得美国基金公司的业绩排名出现了戏剧性的变化，一些2008年名落孙山的基金公司柳暗花明、否极泰来。

根据基金评级公司理柏(Lipper)按基金规模加权后的业绩排名，State Farm虽然在2008年盛极一时、名列榜首，但2009年却因误判股市的反弹趋势而一落千丈，排到了最后的第61位。反倒是2008年排名第57位的百能投资(Putnam)在招聘了7位基金经理和20多位优秀分析师，以加强自己的投研团队建设后，在2009年交出了靓丽的业绩表现，排名一跃登上榜首。2008年排名垫底的OppenheimerFunds也同样峰回路转，凭借免税债券基金的优异表现而一举排名第七。

排在百能投资之后的依次是普信投资(T. Rowe Price)、安本投资(Aberdeen)、FAF投资(FAF Advisors)、诺文投资(Nuveen)。在那些美国基金业巨头之中，富兰克林(Franklin)排名第17，富达(Fidelity)从2008年的31上升到了26，美洲基金(American Funds)则从2008年的12下跌到了31，领航基金(Vanguard)与太平洋投资公司(Pimco)分列第40和第41。

按照五年业绩排名的前五家公司分别是瓦德理投资(Waddell & Reed)、其姐妹公司常青藤投资(Ivy Investment Management)、诺文投资(Nuveen)、摩根银行(JP Morgan)和富兰克林(Franklin)。按照十年业绩排名的前五家公司则分别是富兰克林、普信、明斯戴基金(Mainstay Funds)、MFS和美洲基金。

主动型与被动型投资之争

这一已经持续了长达20年之久的纷争在2009年中又有了新的进展。标准普尔公司每年三月份都会发布根据前一年、前三年、前五年数目所计算出来的统计数据，显示有多少百分比的主动型基金落后于相应的市场指数。

如表5所示，只有41.67%的主动型美国股票基金在2009年落在了大市之后，是2000年40.50%以来的最小值。这与2008年的数据64.23%同样令人大惑不解、匪夷所思。市场以往的推测与共识是，主动型基金会在牛市中相对落后，因为基金中所持有的现金部分会拉基金的后腿。比如2006年的牛市就是一个显著的例子，高达67.8%的主动型基金落后于指数。反之，主动型基金会在熊市中一展风采，因为基金经理会及时降低仓位，有效避免市场下跌带来的损失，而指数基金却无能为力。但2008年的数据无情打破了这一思维模式，因为高达64.23%的主动型基金经理没能在这一超大熊市中超越指数。同理，市场普遍认为主动型基金经理会在市场反弹时落后指数，因为市场的恐惧心理会使他们逃离股市，从而错失股市的反弹。但2009年的数据也毫不留情地批驳了这一观点，因为只有41.67%的主动型美国股票基金经理落败，而不是大多数！

表6进一步分析了各大主要类别基金的相对表现状况（基金类别的确定是依据理柏公司的标准）。在股票基金方面，大盘股基金与标普500指数几乎不相上下。主要差异来自于小盘股基金上。落后于指数的小盘股基金不到三分之一，也就是说有超过三分之二的小盘股基金既没有错失股市反弹的良机，也通过良好的选股机制战胜了指数。小盘股可供选择的投资对象毕竟太多了。在债券基金方面，令人惊奇的数

表6 业绩落后于相应指数的美国股票和债券基金的百分比*

Category	Comparison Index	1 Year	3 Year	5 Year
All Large Cap Funds	S&P 500	50.75	49.41	60.80
All Mid Cap Funds	S&P MidCap 400	57.60	73.68	77.17
All Small Cap Funds	S&P SmallCap 600	32.22	63.21	66.60
All Domestic Equity Funds	S&P Composite 1500	41.67	54.06	60.61
Government Long Funds	Barclays Long Government	7.27	61.22	72.34
Govt. Int. Funds	Barclays Int. Government	8.70	68.63	70.59
Government Short Funds	Barclays 1—3 Year Government	20.45	71.74	73.81
High Yield Funds	Barclays High Yield	90.20	91.30	95.00

*基于基金的平均加权方法

表7 标普500指数与美国大盘股基金的收益率比较 （单位：%）

	1—Year	3—Year	5—Year
S&P 500	26.45	—5.63	0.41
All LargeCap Funds	28.88	—4.78	0.75

资料来源：标准普尔公司

据比比皆是。先是在政府债券投资基金中，只有不到10%的基金落败于指数，说明绝大多数基金经理在整个2009年都在恪守满仓操作的原则。不过也正是他们坚守政府债券、而避开公司高利率债券的举措导致有高达九成的基金经理落后于高利率债券指数。不过就三年和五年的数据来看，无论在哪个基金类别，落败于相应指数的基金经理都是多数，似乎为波动性投资作出了最好的注解。

然而结论并不尽然。如果不从战胜指数的基金数目、而从战胜指数的业绩幅度来看，主动型基金似乎仍有领先优势。如表7所示，以资产规模加权所计算出来的基金业绩来看，美国大盘股基金的平均表现无论在过去一年、三年还是五年，都要大大优于标普500指数。若按平均加权的方法计算，结果也相差无几。当然，统计学上"近期放大效应"所带来的影响是不容忽视的要素之一。时间越近，影响越大。过去一年中的优异表现必然还会同时且直接提升过去三年和五年的相对表现。反之亦然。

不过，我们无法据此就简单地得到投资人应当去申购主动型基金的结论。因为无法保证投资人就一定能够在上千只股票基金中选中平均值以上的基金，而指数基金是面向所有投资者的，根本就不需要精挑细选。表6和表7中看似矛盾的数据恰恰揭示了基金投资中一个颇为有趣的现象。以五年期的数据为例。虽然高达61%的基金经理没能战胜指数，但主动型基金0.75%的收益率却远在标普500指数0.41%的收益率之上。说明了虽然能够战胜市场的基金经理只是少数，但他们却可以把指数远远地抛在后面。不战胜则已，要战胜就一定是大胜而归。就如同是棒球比赛，尽管打出的安打不是很多，但一旦打出的话就是本垒打。这就是所有基金投资人始终都在探索之中的一个终极奥妙：如何从成千上万只基金中找出这为数不多的真正高手？

全球ETF的热潮方兴未艾

全球ETF资产在2009年底达到了1.032万亿美元，比一年前增长了45%。其中美国市场上

表8 美国的四大ETF管理商

		资产规模（亿美元）	市场份额(%)
iShares	安硕	3,640	52
SSgA	道富	1,500	21
Vanguard	领航	920	13
PowerShares		340	5

资料来源：贝莱德公司（BlackRock）

表9 美国十大ETF的规模、费率与业绩比较 （单位：亿美元；%）

ETF名称	代码	资产规模	费率	2009	2008	三年年化	五年年化
SPDRs（S&P 500）	SPY	84,908	0.09	26.3	−36.7	−5.6	0.4
SPDR Gold Trust	GLD	40,223	0.40	24.0	4.9	19.5	19.6
iShares MSCI 新兴市场	EEM	39,209	0.72	68.8	−48.9	4.7	14.9
iShares MSCI EAFE	EFA	35,207	0.35	26.9	−41.0	−6.3	3.3
iShares S&P 500	IVV	21,729	0.09	26.6	−37.0	−5.8	0.4
Vanguard 新兴市场	VWO	19,445	0.27	76.3	−52.5	4.7	—
PowerShares 那斯达克100	QQQQ	18,560	0.20	54.7	−41.7	2.4	3.2
iShares Barclays抗通胀债券	TIP	18,490	0.20	9.0	−0.5	6.7	4.5
Vanguard 美国全市场	VTI	13,443	0.09	28.9	−37.0	−5.1	1.0
iShares Russell 2000	IWM	13,081	0.24	28.5	−34.2	−6.0	0.5

资料来源：Bloomberg

有7,060亿，较一年前增长了42%。28家公司共提供了772个ETF产品。表8展示了美国市场上四大ETF管理商的资产规模及市场份额。在这四大ETF产品提供商中，道富是唯一市场份额下跌的公司，尽管其资产总额增长了8.6%，但市场份额仍旧下降了6.5%。安硕的市场份额也仅增长了不到1%。随着越来越多的资产管理商进入ETF市场，市场竞争变得愈发激烈，价格战也一触即发。道富和安硕这两家历史最悠久、规模最庞大的ETF老大，由于在费率上没有优势，因此不可避免地受到后来者的挑战和冲击。

就ETF产品的业绩表现而言，在2009年中不仅是参差不齐、大相径庭，而且可谓是冰火两重天。这也从一个侧面体现了ETF产品多样化的特点和优势。煤炭ETF在2009年的涨幅高达145%，是非杠杆型ETF产品中涨幅最大的。不过该基金的资产在2008年底时只有1.7亿美元，属于微型ETF产品；而且在2009年的前4个月中都处于净流出状态。其他的基本工业材料ETF在2009年的表现也非常突出，比如钢铁ETF的涨幅也高达122%。

新兴市场ETF产品的表现仅次于原材料类股的ETF。俄罗斯ETF全年增长了139%，而且资产规模也从年初的大约4亿美元增加到了年底的14亿美元。规模最大的新兴市场ETF产品是安硕的MSCI新兴市场ETF，它在2009年的回报率为69%，而且全年又吸引了44亿美元的资本净流入。不过第二大的新兴市场ETF产品领航公司新兴市场股票ETF更是吸引了高达90亿美元的新资本流入。二者虽然同是基于MSCI的新兴市场股市指数，但前者的管理费为0.72%，而后者只有0.27%，并且76%

的回报率也更具有吸引力，成为美国十大ETF产品中的业绩最佳者(见表9)。

长期美国国债曾是2008年全球金融危机中表现最耀眼的投资品种，一是国债利率在不断下跌，二是股市暴跌使得投资人更倾心于风险性较低的产品。譬如安硕旗下的巴克莱20年以上美国国债ETF在2008年的回报高达31%。但随着利率水平在2008年12月到达空前低点，以及美国经济的复苏和股市的反弹，这两个利好因素的消失导致该ETF全年的跌幅高达26%。在违约风险之外，这又暴露出了债券投资的另一风险。在2009年中盛极而衰的还有天然气ETF。它以天然气期货交易为基础，通过不断滚动卖出即将到期的期货合约、并买入下一到期的期货合约来维持运作。由于受到对手的逼仓，到期的合约价格总是高于下一到期的合约价格，导致该ETF不得不反复高买低卖。最后美国证监会对可疑市场操纵行为的调查使其不得不停盘交易长达一个月之久。虽然天然气价格在2009年仍旧上涨，但该ETF却损失了57%，使15亿美元的财富付诸东流。

就2009年的流入资金量而言，道富公司(SSgA)黄金ETF的111亿美元为最高，其次是安硕旗下巴克莱抗通胀债券ETF的84亿美元。这都反映出了投资者对于宽松货币政策会给日后带来通货膨胀风险的担心。而流出量最大的ETF是道富公司旗下最有名、历史最悠久、资产规模最大、以标普500指数为基础的"蜘蛛证券"(SPDR)，资金流出量高达210亿美元。其次是安硕旗下的罗素1000成长股票ETF，流出的资产额为23亿美元。有人将其解读为这是由于投资人对于美国经济复苏依然信心不足，还有人认为这恰恰体现出了投资人对于经济增长过于乐观，所以抽回资金而投入风险性更高的新兴市场股市。

ETF产品的特点之一就是品种的丰富性与多元化，几乎覆盖了全球资本市场上所有的主要投资类别。这不但向投资者提供了参与各种投资主题的简便工具，而且还使投资者能够清晰了解各个市场上的表现以及资金的流动情况。不过在美国市场上，虽然ETF的资产规模在2009年仍在增长，但新产品的发行数目却在不断减少。与2007年的291只和2008年的231只相比，2009年新发行的ETF只有135只。这似乎预示着ETF产品的多样化趋势已经出现了拐点。

对冲基金柳暗花明又一村

资本规模为2万亿美元的全球对冲基金业以强劲回报为2009年庄严谢幕。2008年对冲基金遭遇了前所未有的重大亏损，平均亏损率为19%，行业的撤资总额高达1,550亿美元，创下了历史之最。然而，在经历了2008年的惨败之后，2009年成为对冲基金史上最辉煌的年份之一，平均回报率高达19%。超大型对冲基金的表现更为突出，获得了历来最为出色的业绩。伦敦对冲基金公司GLG Partners在纽约交易所上市，旗下管理的资产规模达到了140亿美元，它所管理的股市中性基金在2009年上涨了77.8%。芝加哥大型对冲基金Citatel所管理的资产规模为130亿美元，在2008年败走麦城、出现巨亏，但其旗舰产品在2009年反弹了将近60%。

在不同的对冲基金投资策略中，在企业可转债与公司股票之间寻找套利机会的可转换债券套利基金的平均回报率为56%，高居榜首。股票多空型基金的平均回报率为22.2%。事件驱动型基金也表现良好，增长率为22.1%。只有寻求获利于公司股票下跌的偏空型基金出现亏损，平均下跌了20%。诚然，2008年金融危机所带来的冲击和影响并未完全消除，基金经理人还没有完全摆脱2008年所遗留下来的诸多问题。在未来的一年中将何去何从，投资者们都在拭目以待。

全球经济的复苏和资产市场的回暖使全球基金业重新看到了光明与希望，但行业的生态环境毕竟还是发生了虽不至翻天覆地、但依旧惊天动地的变化。尤其是行业的结构重组与调整，使一些昔日无比风光的基金公司已经黯然退出了历史舞台。2009年各个资产类别基金的辉煌表现实际上是对2008年极端恶劣环境的一个修正，我们希望也相信这会是一段新历程的新起点，而不是那些悲观派眼中的回光返照。

第三部分 综合数据统计

Part III Composite Data Statistics

【数据统计说明】

1．从2008年开始，本年鉴采用新的基金分类方法。基金被分为国内市场基金与海外市场基金两大类；国内市场基金部分则被进一步分为封闭式基金、开放式基金与ETF基金。与此同时，对历史数据进行了追溯修正。

2．2009年，本年鉴首次将债券型基金进一步细分为纯债基金、中短债基金、一级债基金与二级债基金四类，基金类型增加到14类。

3．2009年，天华证券投资基金和金盛证券投资基金到期转型，新增1只长盛同庆封闭式基金；封闭式基金数量从2008年的32只下降到31只。

4．由于华安国际配置基金未按QDII基金的信息披露规则进行信息披露，本数据统计未包含在QDII的统计之中。

5.2009年，华夏基金管理有限公司吸收合并中信基金管理有限责任公司，基金公司数量从61家减少到60家。

6．2009年，广东发展银行、中国邮政储蓄银行和上海银行分别获得基金托管资格。至此，2009年拥有基金托管资格的银行数量增加到17家。

7．数据来源：基金年报、基金季报、基金招募说明书、基金合同生效公告、各基金公司网站等公开披露的信息。

2009年中国证券投资基金市场概貌

	2009年	2008年	同比		2007年
			变动额	增长率(%)	
基金管理公司					
基金公司数量(家)	60	61	-1	-1.64	59
新增基金公司	-1①	2	-3	-150.00	1
其中:合资基金公司	0	5①	-5	-100.00	4
基金托管银行					
托管银行数量(家)	17	14	3	21.43	12
新增托管银行数	3	2	1	50.00	0
证券投资基金					
年末基金数量(只)	556	438	118	26.94	345
开放式基金	507	392	115	29.34	301
封闭式基金	31②	32	-1	-3.13	35
ETF基金	9	5	4	80.00	5
QDII基金	9	9	0	0.00	4
年末资产规模(亿元)	26,760.80	19,388.67	7,372.13	38.02	32,755.90
开放式基金	24,123.86	17,927.00	6,196.86	34.57	28,948.14
封闭式基金	1,238.80	715.89	522.91	73.04	2,394.69
ETF基金	662.20	229.70	432.50	188.29	331.28
QDII基金	735.94	516.08	219.86	42.60	1,081.79
全年募集规模(亿份)	3,852.72	1,772.65	2,080.07	117.34	5,939.75
开放式基金	3,705.85③	1,655.71	2,050.14	123.82	4,639.24
封闭式基金	146.87	66.41	80.46	121.16	106.75
QDII基金	0.00	50.53	-50.53	-100.00	1,193.76
基金分红金额(亿元)					
全年分红额	506.58	1,770.22	-1,263.64	-71.38	3,556.75
基金年度费用(亿元)					
管理费用	285.52	307.39	-21.87	-7.11	282.48
托管费用	50.40	53.78	-3.38	-6.28	48.06
基金投资者(万户)					
年末持有人户数	9,827	9,660	167	1.73	9,957

注①:本年度发生基金公司吸收合并,基金公司数量减少1家;注②:2只封闭式基金到期转型为开放式基金,新增1只创新型封闭式基金;
注③:募集规模包括2只封转开基金。

第一章 市场综合数据统计

表1-1 2009年证券投资基金资产规模发展概况

（单位：亿元人民币）

年 度	国内市场基金			海外市场基金	合 计
	封闭式基金	开放式基金	ETF基金	QDII基金	
1998	107.42	——	——	——	107.42
1999	576.85	——	——	——	576.85
2000	869.80	——	——	——	869.80
2001	702.55	118.03	——	——	820.58
2002	717.08	468.50	——	——	1,185.58
2003	861.99	853.62	——	——	1,715.61
2004	809.73	2,382.32	54.35	——	3,246.40
2005	822.11	3,803.04	66.01	——	4,691.16
2006	1,623.50	6,800.72	140.38	——	8,564.60
2007	2,394.69	28,948.14	331.28	1,081.79	32,755.90
2008	715.89	17,927.00	229.70	516.08	19,388.67
2009	**1,238.80**	**24,123.86**	**662.20**	**735.94**	**26,760.80**

表1-2 2009年证券投资基金资产规模市场占比

（单位：%）

年 度	国内市场基金			海外市场基金	合 计
	封闭式基金	开放式基金	ETF基金	QDII基金	
1998	100.00	——	——	——	100.00
1999	100.00	——	——	——	100.00
2000	100.00	——	——	——	100.00
2001	85.62	14.38	——	——	100.00
2002	60.48	39.52	——	——	100.00
2003	50.24	49.76	——	——	100.00
2004	24.94	73.38	1.67	——	100.00
2005	17.52	81.07	1.41	——	100.00
2006	18.96	79.40	1.64	——	100.00
2007	7.31	88.38	1.01	3.30	100.00
2008	3.69	92.46	1.18	2.66	100.00
2009	**4.63**	**90.15**	**2.47**	**2.75**	**100.00**

表1-3 2009年证券投资基金数量发展概况

（单位：只）

年度	国内市场基金			海外市场基金	合计
	封闭式基金	开放式基金	ETF基金	QDII基金	
1998	5	——	——	——	5
1999	23	——	——	——	23
2000	41	——	——	——	41
2001	49	3	——	——	52
2002	54	17	——	——	71
2003	54	56	——	——	110
2004	54	106	1	——	161
2005	54	163	1	——	218
2006	53	249	5	——	307
2007	35	301	5	4	345
2008	32	392	5	9	438
2009	**31**	**507**	**9**	**9**	**556**

注：①基金数量统计以基金成立时间为准；②系列基金子基金被视为独立基金进行统计。

表1-4 2009年证券投资基金数量市场占比

（单位：%）

年度	国内市场基金			海外市场基金	合计
	封闭式基金	开放式基金	ETF基金	QDII基金	
1998	100.00	——	——	——	100.00
1999	100.00	——	——	——	100.00
2000	100.00	——	——	——	100.00
2001	94.23	5.77	——	——	100.00
2002	76.06	23.94	——	——	100.00
2003	49.09	50.91	——	——	100.00
2004	33.54	65.84	0.62	——	100.00
2005	24.77	74.77	0.46	——	100.00
2006	17.26	81.11	1.63	——	100.00
2007	10.14	87.25	1.45	1.16	100.00
2008	7.31	89.50	1.14	2.05	100.00
2009	**5.58**	**91.19**	**1.62**	**1.62**	**100.00**

表1–5 2009年证券投资基金分类统计概况

（单位：只；个；亿元人民币）

基金类型	基金数量	投资者账户数	净值规模
国内市场基金			
封闭式基金	31	2,175,564	1,238.80
开放式基金	507	88,909,042	24,123.86
其中：股票型基金	226	58,967,074	12,978.87
混合型基金	158	27,212,314	7,730.40
债券型基金	80	1,448,417	819.32
货币市场基金	43	1,281,237	2,595.27
合　计	**538**	**92,172,526**	**25,362.66**
ETF基金	9	1,087,920	662.20
海外市场基金			
QDII基金	9	6,100,397	735.94
总　计	**556**	**98,272,923**	**26,760.80**

表1–6 2009年基金管理公司发展概况

（单位：家；%）

年 度	中资基金管理公司		合资基金管理公司		合 计
	数量	比例	数量	比例	
1998	5	100.00	0	0.00	5
1999	10	100.00	0	0.00	10
2000	10	100.00	0	0.00	10
2001	15	100.00	0	0.00	15
2002	21	100.00	0	0.00	21
2003	27	79.41	7	20.59	34
2004	35	77.78	13	28.89	45
2005	33	62.26	20	37.74	53
2006	34	58.62	24	41.38	58
2007	31	52.54	28	47.46	59
2008	28	45.90	33	54.10	61
2009	**27**	**45.00**	**33**	**55.00**	**60**

表1—7　2009年合资基金管理公司管理基金资产概况

（单位：亿元人民币）

年度	合资基金管理公司					中资基金管理公司				
	封闭	开放	ETF	QDII	合计	封闭	开放	ETF	QDII	合计
2003	0.00	186.47	0.00	0.00	186.47	861.99	667.15	0.00	0.00	1,529.14
2004	0.00	615.23	0.00	0.00	615.23	809.73	1,767.09	54.35	0.00	2,631.17
2005	0.00	1,093.67	0.00	0.00	1,093.67	822.11	2,709.37	66.01	0.00	3,597.49
2006	124.61	3,097.95	26.51	0.00	3,249.07	1,498.88	3,702.78	113.87	0.00	5,315.53
2007	818.38	11,838.18	66.59	531.23	13,254.39	1,576.31	17,109.96	264.68	550.56	19,501.52
2008	291.13	8,257.04	23.37	242.50	8,814.05	424.76	9,669.96	206.33	273.58	10,574.63
2009	**601.96**	**10,808.70**	**151.99**	**361.84**	**11,924.49**	**636.84**	**13,315.16**	**510.22**	**374.10**	**14,836.32**

表1—8　2009年合资基金管理公司管理基金数量概况

（单位：只）

年度	合资基金管理公司					中资基金管理公司				
	封闭	开放	ETF	QDII	合计	封闭	开放	ETF	QDII	合计
2003	0	16	0	0	16	54	40	0	0	94
2004	0	28	0	0	28	54	78	1	0	133
2005	0	61	0	0	61	54	103	1	0	157
2006	5	100	1	0	106	48	149	4	0	201
2007	12	144	1	2	159	23	157	4	2	186
2008	12	201	1	6	220	20	191	4	3	218
2009	**13**	**263**	**3**	**6**	**287**	**18**	**238**	**6**	**3**	**269**

表1-9　2009年基金管理公司资产规模市场占有率

（单位：只；亿元；%）

序号	基金管理人	性质	2009年		市场占有率		
			管理基金数量	管理资产规模	2007年	2008年	**2009年**
1	华夏基金管理有限公司	内资	25	2,657.59	7.58	9.74	**9.93**
2	易方达基金管理有限公司	内资	19	1,595.23	5.26	4.52	**5.96**
3	嘉实基金管理有限公司	合资	19	1,564.21	6.32	7.09	**5.85**
4	博时基金管理有限公司	内资	18	1,504.56	6.76	6.49	**5.62**
5	南方基金管理有限公司	内资	21	1,222.71	5.89	5.31	**4.57**
6	广发基金管理有限公司	内资	12	1,104.71	4.20	3.45	**4.13**
7	大成基金管理有限公司	内资	16	1,060.46	4.27	3.65	**3.96**
8	华安基金管理有限公司	内资	15	930.18	3.28	3.58	**3.48**
9	交银施罗德基金管理有限公司	合资	11	923.92	1.69	2.50	**3.45**
10	银华基金管理有限公司	内资	13	747.10	2.82	2.82	**2.79**
11	富国基金管理有限公司	合资	15	653.62	1.96	2.08	**2.44**
12	工银瑞信基金管理有限公司	合资	11	626.76	1.78	3.88	**2.34**
13	华宝兴业基金管理有限公司	合资	13	619.54	2.59	2.48	**2.32**
14	汇添富基金管理有限公司	内资	9	615.47	2.34	2.44	**2.30**
15	鹏华基金管理有限公司	合资	14	596.73	2.40	2.46	**2.23**
16	融通基金管理有限公司	合资	11	595.33	2.66	1.89	**2.22**
17	国泰基金管理有限公司	内资	15	594.03	1.94	1.63	**2.22**
18	上投摩根基金管理有限公司	合资	10	584.61	2.96	2.53	**2.18**
19	景顺长城基金管理有限公司	合资	11	536.80	3.27	2.15	**2.01**
20	诺安基金管理有限公司	内资	9	511.57	2.32	1.71	**1.91**
21	长盛基金管理有限公司	合资	13	484.75	1.40	1.41	**1.81**
22	中邮创业基金管理有限公司	内资	3	482.67	2.35	1.33	**1.80**
23	海富通基金管理有限公司	合资	11	458.19	1.58	1.99	**1.71**
24	建信基金管理有限责任公司	合资	9	437.34	0.97	1.95	**1.63**
25	兴业全球基金管理有限公司	合资	7	434.57	1.16	1.29	**1.62**
26	长城基金管理有限公司	内资	11	415.94	2.21	1.50	**1.55**
27	光大保德信基金管理有限公司	合资	8	398.26	1.75	1.20	**1.49**
28	国投瑞银基金管理有限公司	合资	10	384.49	1.17	1.06	**1.44**
29	招商基金管理有限公司	合资	12	355.56	1.67	2.05	**1.33**
30	泰达宏利基金管理有限公司	合资	12	302.46	1.09	1.07	**1.13**

（续上表）

序号	基金管理人	性质	2009年		市场占有率		
			管理基金数量	管理资产规模	2007年	2008年	**2009年**
31	中银基金管理有限公司	合资	8	289.98	0.76	1.15	**1.08**
32	长信基金管理有限公司	内资	7	274.72	1.05	1.21	**1.03**
33	申万巴黎基金管理有限公司	合资	8	236.62	0.66	0.54	**0.88**
34	华泰柏瑞基金管理有限公司	合资	7	220.68	0.90	0.66	**0.82**
35	中海基金管理有限公司	合资	6	204.77	0.93	0.80	**0.77**
36	国海富兰克林基金管理有限公司	合资	7	183.48	0.81	0.70	**0.69**
37	万家基金管理有限公司	内资	8	150.27	0.43	0.66	**0.56**
38	泰信基金管理有限公司	内资	7	136.27	0.66	0.65	**0.51**
39	信诚基金管理有限公司	合资	6	134.48	0.30	0.48	**0.50**
40	华商基金管理有限公司	内资	4	133.84	0.36	0.25	**0.50**
41	农银汇理基金管理有限公司	合资	4	131.73	——	0.50	**0.49**
42	银河基金管理有限公司	内资	9	130.12	0.60	0.83	**0.49**
43	宝盈基金管理有限公司	内资	8	114.33	0.63	0.48	**0.43**
44	东方基金管理有限公司	内资	6	103.82	0.40	0.38	**0.39**
45	国联安基金管理有限公司	合资	8	102.33	0.36	0.27	**0.38**
46	信达澳银基金管理有限公司	合资	4	100.38	0.52	0.30	**0.38**
47	汇丰晋信基金管理有限公司	合资	7	99.48	0.29	0.32	**0.37**
48	益民基金管理有限公司	内资	4	76.49	0.40	0.29	**0.29**
49	新华基金管理有限公司	内资	3	71.40	0.03	0.05	**0.27**
50	东吴基金管理有限公司	内资	6	70.26	0.28	0.39	**0.26**
51	华富基金管理有限公司	内资	7	59.35	0.23	0.25	**0.22**
52	天治基金管理有限公司	内资	7	54.76	0.26	0.32	**0.20**
53	中欧基金管理有限公司	合资	5	47.41	0.18	0.11	**0.18**
54	金鹰基金管理有限公司	内资	4	46.53	0.07	0.10	**0.17**
55	天弘基金管理有限公司	内资	4	45.02	0.18	0.17	**0.17**
56	诺德基金管理有限公司	合资	4	44.73	0.30	0.17	**0.17**
57	金元比联基金管理有限公司	合资	4	32.90	0.15	0.20	**0.12**
58	摩根士丹利华鑫基金管理有限公司	合资	5	32.59	0.13	0.09	**0.12**
59	浦银安盛基金管理有限公司	合资	4	18.39	——	0.09	**0.07**
60	民生加银基金管理有限公司	合资	2	14.29	——	——	**0.05**
总　计			**556**	**26,760.80**			

表1—10 2009年前十大基金管理公司市场集中度

（单位：家；亿元人民币；%）

年 度	基金公司总数量	基金资产总规模	前十大基金公司	
			管理资产规模	市场份额
1998	6	107.42	107.42	100.00
1999	10	576.85	576.85	100.00
2000	10	869.80	869.80	100.00
2001	15	820.58	742.62	90.50
2002	21	1,185.58	958.42	80.84
2003	34	1,715.61	1,200.92	70.00
2004	45	3,246.40	1,960.83	60.40
2005	52	4,691.16	2,927.28	62.40
2006	57	8,564.60	4,903.10	57.30
2007	59	32,755.90	16,307.01	49.78
2008	61	19,388.67	9,774.99	50.42
2009	**60**	**26,760.80**	**13,310.67**	**49.74**

表1—11 2009年基金管理公司管理费收入统计

（单位：亿元人民币；%）

年 度	管理费收入	变动额	增长率
1998	1.62	——	——
1999	6.78	5.16	318.52
2000	11.06	4.28	63.13
2001	10.96	−0.10	−0.90
2002	14.30	3.34	30.47
2003	19.70	5.40	37.76
2004	35.41	15.71	79.75
2005	41.63	6.22	17.57
2006	56.97	15.34	36.85
2007	282.48	225.51	395.84
2008	307.39	24.91	8.82
2009	**285.52**	**−21.87**	**7.11**

表1-12 2009年托管银行托管基金规模市场占有率

（单位：亿元人民币；%）

序号	基金托管人	2009年	市场占有率		
		托管基金规模	2009年	2008年	2007年
1	工商银行	7,829.98	**29.26**	27.28	29.69
2	建设银行	6,633.95	**24.79**	24.12	22.85
3	中国银行	4,356.59	**16.28**	17.47	17.37
4	农业银行	3,506.08	**13.10**	11.12	12.97
5	交通银行	2,178.71	**8.14**	10.64	8.47
6	光大银行	525.35	**1.96**	1.78	1.88
7	招商银行	478.48	**1.79**	2.12	1.91
8	兴业银行	458.24	**1.71**	1.91	1.60
9	上海浦发银行	336.35	**1.26**	1.61	1.26
10	民生银行	233.21	**0.87**	0.82	0.98
11	中信银行	105.46	**0.39**	0.41	0.72
12	华夏银行	99.31	**0.37**	0.73	0.29
13	邮政储蓄银行	14.78	**0.06**	——	——
14	深圳发展银行	4.32	**0.02**	——	——
总计		**26,760.80**	**100.00**	**100.00**	**100.00**

表1-13 2009年托管银行基金托管费收入统计

（单位：亿元人民币；%）

年度	托管费	变动额	增长率
1998	0.16	——	——
1999	0.77	0.61	381.25
2000	1.87	1.1	142.86
2001	1.89	0.02	1.07
2002	2.45	0.56	29.63
2003	3.44	0.99	40.41
2004	6.19	2.75	79.94
2005	8.01	1.82	29.40
2006	10.53	2.52	31.46
2007	48.06	37.47	355.84
2008	53.78	5.78	12.04
2009	**50.40**	**-3.25**	**-6.06**

表1—14 2009年证券投资基金证券交易量与佣金分配统计

（单位：数量/只；交易总额/亿元；佣金总额/万元）

序号	交易券商	交易基金数量	股票交易总额	债券交易总额	回购交易总额	佣金总额
1	申银万国证券股份有限公司	273	5,549.35	171.65	4,938.07	46,877.60
2	中信证券股份有限公司	250	5,440.06	169.81	1,024.97	45,455.48
3	中国国际金融有限公司	254	5,235.31	165.98	2,325.51	43,812.88
4	国泰君安证券股份有限公司	277	4,873.51	181.52	5,574.18	40,929.26
5	海通证券股份有限公司	195	3,618.49	175.33	1,219.18	30,379.84
6	国信证券股份有限公司	199	3,604.63	59.29	131.32	30,022.62
7	招商证券股份有限公司	223	3,585.81	58.00	447.89	29,830.45
8	安信证券股份有限公司	158	3,315.06	32.56	286.99	27,975.87
9	华泰联合证券有限责任公司	187	2,905.43	37.52	88.26	24,321.77
10	国金证券股份有限公司	141	2,878.41	21.02	29.46	24,072.79
11	北京高华证券有限责任公司	136	2,637.90	33.41	624.84	21,928.90
12	中国银河证券股份有限公司	240	2,589.02	109.10	1,530.08	21,534.02
13	中信建投证券有限责任公司	221	2,493.42	118.98	474.04	20,977.04
14	中银国际证券有限责任公司	176	2,383.02	46.22	356.67	19,792.68
15	广发证券股份有限公司	127	2,148.59	56.79	196.00	17,924.17
16	长江证券股份有限公司	125	2,071.70	137.70	761.65	17,150.81
17	光大证券股份有限公司	139	2,035.77	30.58	239.47	17,008.83
18	长城证券有限责任公司	111	1,963.16	18.07	141.20	16,411.87
19	东方证券股份有限公司	96	1,764.09	23.98	345.81	14,753.99
20	兴业证券股份有限公司	127	1,712.27	21.48	149.39	14,255.34
21	中国建银投资证券有限责任公司	137	1,600.11	40.98	689.20	13,365.56
22	华泰证券股份有限公司	120	1,458.48	54.38	394.00	12,306.93
23	平安证券有限责任公司	126	1,347.36	24.28	67.78	11,260.31
24	瑞银证券有限责任公司	51	1,077.19	1.92	17.36	9,059.10
25	渤海证券股份有限公司	72	1,032.59	25.40	193.09	8,695.36
26	国元证券股份有限公司	74	983.36	30.54	1,090.46	8,276.31
27	齐鲁证券有限公司	94	798.45	22.50	100.27	6,714.60
28	湘财证券有限责任公司	66	569.75	9.36	222.08	4,812.98
29	国都证券有限责任公司	31	494.30	3.48	27.62	4,194.12
30	东北证券股份有限公司	58	485.31	17.75	103.82	4,033.85
31	德邦证券有限责任公司	39	398.26	12.43	117.18	3,383.56

（续上表）

序号	交易券商	交易基金数量	股票交易总额	债券交易总额	回购交易总额	佣金总额
32	第一创业证券有限责任公司	40	370.33	5.89	28.31	3,124.84
33	华宝证券有限责任公司	55	353.04	3.07	——	2,959.17
34	中航证券有限公司	42	340.33	5.22	27.63	2,850.88
35	西部证券股份有限公司	23	289.61	5.02	2.68	2,454.69
36	东吴证券有限责任公司	34	275.17	5.93	3.91	2,314.53
37	西南证券股份有限公司	33	269.36	21.56	121.79	2,277.13
38	上海证券有限责任公司	36	261.26	14.30	197.76	2,202.67
39	财富证券有限责任公司	27	258.70	3.84	1.94	2,168.66
40	山西证券股份有限公司	42	236.60	2.98	2.64	1,989.61
41	首创证券有限责任公司	14	229.49	2.70	1.20	1,938.89
42	宏源证券股份有限公司	38	223.11	2.30	2.43	1,869.46
43	中信金通证券有限责任公司	22	216.37	2.97	23.94	1,828.28
44	方正证券有限责任公司	32	213.71	2.33	4.40	1,795.48
45	广发华福证券有限责任公司	28	205.12	11.49	3.39	1,728.51
46	广州证券有限责任公司	14	204.45	1.38	——	1,692.27
47	新时代证券有限责任公司	34	198.60	3.92	——	1,666.86
48	东海证券有限责任公司	40	195.85	3.77	2.67	1,651.51
49	国联证券股份有限公司	18	194.46	2.22	0.48	1,623.45
50	国海证券有限责任公司	27	194.43	4.61	4.63	1,605.04
51	英大证券有限责任公司	22	172.90	1.66	——	1,459.44
52	中邮证券有限责任公司	13	157.86	9.31	4.86	1,341.58
53	红塔证券股份有限公司	10	141.66	8.80	19.03	1,190.58
54	东莞证券有限责任公司	14	136.99	1.12	——	1,150.33
55	中信万通证券有限责任公司	25	123.23	6.97	1.20	1,038.45
56	中国民族证券有限责任公司	23	114.03	1.00	11.40	951.61
57	南京证券有限责任公司	17	90.14	0.17	——	765.09
58	华西证券有限责任公司	11	85.86	0.96	2.04	724.13
59	日信证券有限责任公司	4	82.18	0.29	——	692.97
60	联讯证券经纪有限责任公司	2	67.58		——	574.46
61	华融证券股份有限公司	9	67.13	0.01	1.70	570.34
62	华安证券有限责任公司	12	62.47	1.83	69.56	530.05

（续上表）

序号	交易券商	交易基金数量	股票交易总额	债券交易总额	回购交易总额	佣金总额
63	世纪证券有限责任公司	15	60.33	1.86	0.03	511.79
64	华鑫证券有限责任公司	4	60.82	0.02	——	504.69
65	华龙证券有限责任公司	3	67.74	38.75	122.69	479.12
66	万联证券有限责任公司	13	50.08	2.07	——	418.67
67	国盛证券有限责任公司	12	49.12	0.01	0.29	415.12
68	华林证券有限责任公司	13	46.47	0.12	3.43	393.24
69	金元证券股份有限公司	20	44.64	0.34	15.89	379.40
70	河北财达证券经纪有限责任公司	5	42.80	——	——	363.80
71	江海证券有限责任公司	7	40.28	1.45	——	333.12
72	浙商证券有限责任公司	20	37.48	0.11	——	308.58
73	中山证券有限责任公司	7	37.46	4.33	——	306.30
74	民生证券有限责任公司	11	34.30	——	——	287.87
75	信达证券股份有限公司	5	34.22	——	——	286.26
76	天风证券有限责任公司	3	31.94	——	——	271.25
77	华创证券有限责任公司	4	29.25	——	——	245.62
78	财通证券有限责任公司	7	28.26	0.01	——	235.73
79	大通证券股份有限公司	15	27.47	0.52	——	230.51
80	西藏同信证券经纪有限责任公司	2	24.37	——	——	207.11
81	太平洋证券股份有限公司	4	17.51	0.41	16.27	148.84
82	爱建证券有限责任公司	4	17.79	3.54	——	147.22
83	恒泰证券股份有限公司	6	7.76	0.24	——	65.98
84	厦门证券有限公司	3	7.27	0.06	——	60.77
85	天源证券经纪有限公司	1	3.78	——	——	30.70
86	大同证券经纪有限责任公司	2	2.91	——	——	23.68
87	恒泰长财证券有限责任公司	3	2.86	——	——	23.27
88	上海远东证券有限公司	2	2.72	——	——	23.10
89	五矿证券经纪有限责任公司	3	2.20	0.65	——	17.87
90	东兴证券股份有限公司	2	1.89	——	——	16.06
91	泰阳证券有限责任公司	5	0.01	4.02	——	10.00
92	银泰证券有限责任公司	1	1.12	——	——	9.48
93	汉唐证券有限责任公司	1	0.50	——	——	4.09
总 计		**5,487**	**79,897.49**	**2,108.13**	**24,605.98**	**669,009.12**

表1−15　2009年证券投资基金支付券商交易佣金统计

（单位：亿元人民币；%）

年 度	券商交易佣金	变动额	增长率
1998	0.14	——	——
1999	0.85	0.71	507.14
2000	1.70	0.85	100.00
2001	0.96	−0.74	−43.53
2002	1.42	0.46	47.92
2003	2.74	1.32	92.96
2004	4.27	1.53	55.84
2005	4.57	0.30	7.03
2006	11.81	7.24	158.42
2007	59.77	47.96	406.10
2008	42.18	−17.59	−29.43
2009	**66.90**	**24.72**	**58.61**

表1−16　2009年证券投资基金股票交易量统计

（单位：亿元人民币；%）

年 度	股票交易量	变动额	增长率	占A股交易量比例
1998	216.39	——	——	——
1999	1,036.90	820.51	379.17	——
2000	2,091.65	1,054.75	101.72	3.67
2001	1,187.06	−904.59	−43.25	3.75
2002	1,770.48	583.41	49.15	6.81
2003	3,379.41	1,608.94	90.88	11.31
2004	5,339.29	1,959.88	57.99	13.33
2005	5,722.48	383.19	7.18	19.03
2006	14,680.72	8,958.24	156.54	16.66
2007	72,883.94	58,203.22	396.46	16.23
2008	50,218.88	−22,665.06	−31.10	19.31
2009	**79,897.49**	**29,678.61**	**59.10**	**16.51**

表1—17　2009年证券投资基金债券交易量统计

（单位：亿元人民币；%）

年 度	债券交易量	变动额	增长率
2003	1,223.08	——	——
2004	909.80	−313.28	−26
2005	1,314.10	404.30	44
2006	1,001.54	−312.56	−24
2007	1,326.15	324.61	32
2008	1,590.00	263.86	20
2009	**2,108.13**	**518.13**	**33**

表1—18　2009年证券投资基金债券回购交易量统计

（单位：亿元人民币；%）

年 度	债券回购交易量	变动额	增长率
2004	4,765.52	——	——
2005	9,843.70	5,078.18	107
2006	7,442.92	−2,400.78	−24
2007	14,538.08	7,095.16	95
2008	11,936.54	−2,601.54	−18
2009	**24,605.98**	**12,669.44**	**106**

表1—19　2009年证券投资基金资产配置概况

（单位：亿元人民币）

年 度	股票市值	债券市值	银行存款	权证市值	其他资产	合计
1998	69.90	7.78	28.19	0.00	2.86	108.73
1999	331.22	104.11	49.57	0.00	10.42	495.32
2000	620.54	175.97	55.50	0.00	52.72	904.73
2001	360.34	279.75	127.85	0.00	33.88	801.82
2002	553.73	424.35	124.12	0.00	43.68	1,145.89
2003	1,027.39	511.05	96.70	0.00	53.09	1,688.24
2004	1,602.82	1,413.47	177.54	0.00	196.14	3,389.97
2005	1,744.59	2,175.17	633.83	0.15	321.64	4,875.23
2006	3,552.57	1,293.28	557.74	22.26	219.82	5,645.67
2007	24,661.46	3,431.82	3,597.66	84.24	1,254.79	33,029.97
2008	9,208.19	7,042.77	2,544.05	2.36	800.81	19,598.18
2009	**19,345.39**	**2,975.44**	**2,678.12**	**2.45**	**1,352.02**	**26,353.42**

注：①以披露年报的全部基金为基础汇总；②债券市值中包含“买入返售证券”。

表1-20 2009年证券投资基金资产配置构成比例

（单位：%）

年 度	股票市值	债券市值	银行存款	权证市值	其他资产	合计
1998	64.29	7.16	25.93	0.00	2.63	100.00
1999	66.87	21.02	10.01	0.00	2.10	100.00
2000	68.59	19.45	6.13	0.00	5.83	100.00
2001	44.94	34.89	15.95	0.00	4.23	100.00
2002	48.32	37.03	10.83	0.00	3.81	100.00
2003	60.86	30.27	5.73	0.00	3.14	100.00
2004	47.28	41.70	5.24	0.00	5.79	100.00
2005	35.78	44.62	13.00	0.00	6.60	100.00
2006	62.93	22.91	9.88	0.39	3.89	100.00
2007	74.66	10.39	10.89	0.26	3.80	100.00
2008	46.98	35.94	12.98	0.01	4.09	100.00
2009	**73.41**	**11.29**	**10.16**	**0.01**	**5.13**	**100.00**

注：①以披露年报的全部基金为基础汇总；②债券市值中包含"买入返售证券"。

表1-21 2009年证券投资基金持有人投资基金概况

（单位：亿元人民币）

年 度	机构投资者					个人投资者				
	封闭式	开放式	ETF	QDII	合计	封闭式	开放式	ETF	QDII	合计
2005	425.30	1,670.11	47.37	0.00	2,147.15	396.81	2,132.93	18.64	0.00	2,544.01
2006	983.09	1,315.76	98.20	0.00	2,403.01	640.41	5,484.96	42.18	0.00	6,161.59
2007	1,457.41	2,608.03	151.34	17.73	4,235.34	937.28	26,340.11	179.94	1,064.06	28,520.56
2008	304.76	3,440.02	92.27	7.32	3,844.36	411.13	14,485.58	137.44	510.17	15,544.32
2009	**681.70**	**4,370.04**	**352.25**	**10.12**	**5,414.11**	**557.10**	**18,890.70**	**254.36**	**725.82**	**20,427.97**

表1-22 2009年证券投资基金持有人构成比例

（单位：%）

年 度	封闭式基金		开放式基金		ETF基金		QDII基金		总 计	
	机构	个人	机构	个人	机构	个人	机构	个人	机构	个人
2005	51.73	48.27	43.92	56.08	71.76	28.24	0.00	0.00	45.77	54.23
2006	60.55	39.45	19.35	80.65	69.95	30.05	0.00	0.00	28.06	71.94
2007	60.86	39.14	9.00	91.00	45.68	54.32	1.64	98.36	12.93	87.07
2008	42.57	57.43	19.19	80.81	40.17	59.83	1.41	98.59	19.83	80.17
2009	**55.03**	**44.97**	**18.79**	**81.21**	**58.07**	**41.93**	**1.38**	**98.62**	**20.95**	**79.05**

表1—23　2009年各类型证券投资基金单只规模概况

（单位：亿元人民币）

基金类型	最大值	中间值	最小值	平均值
封闭式基金	162.83	36.99	6.41	39.96
开放式基金				
股票型基金	290.84	34.89	0.52	54.71
一般股票指数	393.93	35.41	3.37	72.59
偏股型基金	325.66	37.47	0.99	57.52
偏债型基金	42.58	8.06	0.75	13.72
平衡型基金	213.48	22.14	0.72	39.25
纯债基金	48.36	7.91	2.52	12.12
一级债基金	35.68	6.06	1.13	9.23
二级债基金	75.11	3.19	0.64	8.98
中短债基金	22.45	14.11	5.77	14.11
保本基金	118.97	28.14	13.07	40.89
货币市场基金	218.76	42.11	1.19	60.36
ETF基金	254.84	41.44	14.15	73.58
QDII基金	202.67	18.82	1.28	81.77
全部基金	**393.93**	**28.42**	**0.52**	**48.13**

表1—24　2009年证券投资基金收益分配汇总统计

（单位：亿元人民币；%）

年 度	分配金额	变动额	增长率
1999	3.28	——	——
2000	52.72	49.44	1,507.32
2001	164.75	112.03	212.50
2002	28.52	−136.23	−82.69
2003	18.27	−10.25	−35.94
2004	77.802	59.53	325.85
2005	76.2	−1.60	−2.06
2006	332.37	256.17	336.18
2007	3,556.75	3,224.38	970.12
2008	1,770.22	−1,786.53	50.23
2009	**506.58**	**−1,263.64**	**−71.38**

表1—25 2009年证券投资基金发行汇总统计

（单位：只；亿份；户；亿元）

年 度	数 量	募集规模	投资者认购户数	年末资产净值
2001	3	117.26	136,418	110.76
2002	14	447.98	770,653	357.75
2003	39	678.51	1,448,717	534.86
2004	51	1,821.40	3,019,866	1,634.26
2005	57	1,002.79	1,136,445	1,012.22
2006	90	3,906.19	7,108,695	3,902.54
2007	58	5,939.75	29,437,668	9,245.55
2008*	99	1,772.65	2,428,611	1,529.93
2009*	**120**	**3,852.72**	**5,001,053**	**3,104.09**

注：*包括封转开基金，但不含其他转型基金。

表1—25.1 2009年开放式（股票型）基金发行汇总统计

（单位：只；亿份；户；亿元）

年 度	数 量	募集规模	投资者认购户数	年末资产净值
2002	10	254.65	445,153	203.98
2003	18	257.58	631,387	204.84
2004	29	807.40	1,318,168	674.42
2005	35	401.93	731,973	305.11
2006	44	1,834.03	4,244,302	2,215.85
2007	34	3,134.55	16,474,249	5,416.41
2008*	36	457.67	1,056,122	313.47
2009*	**72**	**2,478.02**	**3,543,613**	**2,189.90**

注：*包括封转开基金，但不含其他转型基金。

表1—25.2 2009年开放式（混合型）基金发行汇总统计

（单位：只；亿份；户；亿元）

年 度	数 量	募集规模	投资者认购户数	年末资产净值
2001	3	117.26	136,418	110.76
2002	3	141.98	254,271	116.52
2003	10	239.69	466,134	189.65
2004	14	594.10	1,123,161	492.70
2005	4	22.45	47,640	14.53
2006	26	1,374.82	2,647,499	1,502.59
2007	16	1,443.38	5,623,183	2,496.36
2008*	21	166.67	212,612	134.61
2009	**20**	**598.17**	**933,409**	**369.53**

注：*包括封转开基金，但不含其他转型基金。

表1-25.3 2009年开放式(债券型)基金发行汇总统计

(单位：只；亿份；户；亿元)

年 度	数 量	募集规模	投资者认购户数	年末资产净值
2002	1	51.33	71,229	37.24
2003	9	133.91	224,270	94.52
2004	0	0.00	0.00	0.00
2005	2	160.37	81,420	189.14
2006	6	271.33	83,070	50.95
2007	2	61.33	141,006	122.24
2008*	35	1,042.51	863,100	1,018.65
2009	**20**	**442.62**	**337,253**	**148.78**

注：*包括封转开基金，但不含其他转型基金。

表1-25.4 2009年开放式(货币型)基金发行汇总统计

(单位：只；亿份；户；亿元)

年 度	数 量	募集规模	投资者认购户数	年末资产净值
2003	2	47.27	126,926	45.84
2004	8	419.82	578,537	467.14
2005	16	418.04	275,412	503.43
2006	14	426.00	133,824	133.15
2007	0	0.00	0	0.00
2008	0	0.00	0	0.00
2009	**3**	**76.28**	**49,966**	**79.47**

表1-25.5 2009年开放式(ETF)基金发行汇总统计

(单位：只；亿份；户；亿元)

年 度	数 量	募集规模	投资者认购户数	年末资产净值
2007	0	0	0	0
2008	0	0	0	0
2009	**4**	**110.77**	**111,288**	**153.58**

表1-25.6 2009年封闭式基金发行汇总统计

(单位：只；亿份；户；亿元)

年 度	数 量	募集规模	投资者认购户数	年末资产净值
2007	2	106.75	182,566	128.75
2008	2	66.41	119,282	47.28
2009	**1**	**146.87**	**25,524**	**162.83**

表1-25.7 2009年QDII基金发行汇总统计

(单位：只；亿份；户；亿元)

年 度	数 量	募集规模	投资者认购户数	年末资产净值
2007	4	1,193.76	7,016,664	1,081.79
2008	5	50.53	184,932	18.59
2009	**0**	**0.00**	**0**	**0.00**

第二章　开放式基金数据统计

表2-1　2009年不同类型开放式基金资产规模

（单位：亿元人民币）

年 度	股票型基金	混合型基金	债券型基金	货币型基金	合 计
2001	0.00	118.03	0.00	0.00	118.03
2002	44.97	386.28	37.24	——	468.49
2003	111.25	580.69	119.15	42.54	853.62
2004	307.27	1,456.74	39.38	633.27	2,436.66
2005	421.10	1,356.55	223.50	1,867.90	3,869.05
2006	2,877.27	2,994.44	134.15	794.88	6,800.73
2007	18,216.78	8,949.50	671.40	1,110.46	28,948.14
2008	7,054.03	5,124.67	1,856.57	3,891.74	17,927.00
2009	**12,978.87**	**7,730.40**	**819.32**	**2,595.27**	**24,123.86**

注：①系列基金下的子基金被视为独立基金；②统计数据不含ETF与QDII基金。

表2-2　2009年不同类型开放式基金资产规模市场占比

（单位：%）

年 度	股票型基金	混合型基金	债券型基金	货币型基金	合 计
2001	0.00	100.00	0.00	0.00	100.00
2002	9.60	82.45	7.95	——	100.00
2003	13.03	68.03	13.96	4.98	100.00
2004	12.61	59.78	1.62	25.99	100.00
2005	10.88	35.06	5.78	48.28	100.00
2006	42.31	44.03	1.97	11.69	100.00
2007	62.93	30.92	2.32	3.84	100.00
2008	39.35	28.58	10.36	21.71	100.00
2009	**53.80**	**32.04**	**3.40**	**10.76**	**100.00**

注：①系列基金下的子基金被视为独立基金；②统计数据不含ETF与QDII基金。

表2-3　2009年不同类型开放式基金数量发展

（单位：只）

年　度	股票型基金	混合型基金	债券型基金	货币型基金	合　计
2001	0	3	0	0	3
2002	2	14	1	0	17
2003	7	37	11	1	56
2004	15	72	11	9	107
2005	38	88	12	26	164
2006	82	114	18	40	254
2007	141	96	24	40	301
2008	155	138	60	40	392
2009	**226**	**158**	**80**	**43**	**507**

注：系列基金下的子基金被视为独立基金。

表2-4　2009年不同类型开放式基金数量市场占比

（单位：%）

年　度	股票型基金	混合型基金	债券型基金	货币型基金	合　计
2001	0.00	100.00	0.00	0.00	100.00
2002	11.76	82.35	5.88	0.00	100.00
2003	12.50	66.07	19.64	1.79	100.00
2004	14.02	67.29	10.28	8.41	100.00
2005	23.17	53.66	7.32	15.85	100.00
2006	32.28	44.88	7.09	15.75	100.00
2007	46.84	31.89	7.97	13.29	100.00
2008	39.54	35.21	15.05	10.20	100.00
2009	**44.58**	**31.16**	**15.78**	**8.48**	**100.00**

注：系列基金下的子基金被视为独立基金。

表2-5　2009年开放式（股票型）基金业绩表现

（单位：只；%）

年　度	基金数量	超越基准指数表现的基金数量	最好表现	最差表现	中值表现	平均表现	基准指数表现	超越基准指数的比例
2004	6	6	17.09	1.69	2.57	5.43	−12.18	100.00
2005	13	11	14.84	−7.36	3.32	3.07	−6.57	84.62
2006	56	48	182.27	55.11	122.91	124.74	104.46	85.71
2007	94	92	226.19	54.47	124.97	126.33	76.91	97.87
2008	129	58	−31.61	−66.42	−50.78	−50.56	−52.30	44.96
2009	**163**	**109**	**116.19**	**31.27**	**70.55**	**69.25**	**64.00**	**66.87**

注：①以上股票型基金不含指数基金；②基金数量为上年末的数量；③股票基金的基准指数表现＝上证A股指数表现×80%

表2-6　2009年开放式(偏股型)基金业绩表现

(单位：只；%)

年度	基金数量	超越基准指数表现的基金数量	最好表现	最差表现	中值表现	平均表现	基准指数表现	超越基准指数的比例
2003	11	11	34.35	13.09	17.84	20.96	6.21	100.00
2004	23	21	15.56	−10.93	−0.05	−0.52	−9.72	91.30
2005	43	33	13.41	−9.40	3.39	3.02	−1.26	76.74
2006	31	26	155.17	49.40	118.34	108.92	78.85	83.87
2007	45	45	169.42	74.48	116.27	115.68	57.39	100.00
2008	58	29	−34.96	−59.54	−50.00	−49.74	−36.32	50.00
2009	**64**	**51**	**102.90**	**9.37**	**61.30**	**63.79**	**47.96**	**79.69**

注：①基金数量为上年末的数量；②偏股型基金的基准指数表现＝上证A股指数表现×60%＋中信标普全债指数表现×30%

表2-7　2009年开放式(平衡型)基金业绩表现

(单位：只；%)

年度	基金数量	超越基准指数表现的基金数量	最好表现	最差表现	中值表现	平均表现	基准指数表现	超越基准指数的比例
2004	8	7	8.55	−9.52	1.86	2.03	−8.39	87.50
2005	12	8	16.93	−2.58	4.05	5.25	0.79	66.67
2006	14	13	160.31	50.36	115.18	107.82	65.96	92.86
2007	24	24	159.89	62.32	111.90	109.06	47.68	100.00
2008	26	4	−24.52	−58.90	−43.74	−42.94	−28.81	15.38
2009	**38**	**27**	**85.46**	**21.07**	**51.02**	**51.43**	**40.01**	**71.05**

注：①基金数量为上年末数量；②平衡型基金的基准指数表现＝上证A股指数表现×50%＋中信标普全债指数表现×40%

表2-8　2009年开放式(偏债型)基金业绩表现

(单位：只；%)

年度	基金数量	超越基准指数表现的基金数量	最好表现	最差表现	中值表现	平均表现	基准指数表现	超越基准指数的比例
2005	5	3	8.49	−1.44	7.11	4.61	4.88	60.00
2006	8	6	79.81	27.59	60.54	57.78	40.18	75.00
2007	8	8	113.44	55.81	71.50	77.60	28.25	100.00
2008	8	1	−8.80	−52.00	−25.35	−27.93	−13.80	12.50
2009	**8**	**6**	**53.38**	**11.00**	**35.74**	**34.69**	**24.10**	**75.00**

注：①基金数量为上年末数量；②偏债型基金的基准指数表现＝上证A股指数表现×30%＋中信标普全债指数表现×60%

表2-9　2009年开放式(债券型)基金业绩表现

（单位：只；%）

年度	基金数量	超越基准指数表现的基金数量	最好表现	最差表现	中值表现	平均表现	基准指数表现	超越基准指数的比例
2004	12	8	3.04	−8.44	0.18	−0.84	−1.14	66.67
2005	12	6	13.78	2.30	9.87	9.49	10.24	50.00
2006	12	12	56.85	4.91	16.04	20.93	1.85	100.00
2007	14	14	51.91	7.98	——	25.08	−0.12	100.00
2008	22	8	12.72	−16.72	7.18	5.13	8.41	36.36
2009	**21**	**20**	**18.34**	**−0.54**	**4.33**	**5.33**	**0.66**	**95.24**

注：①基金数量为上年末数量；②债券型基金基准指数表现＝中信标普全债指数表现×80%＋1年期定期存款利率×20%

表2-10　2009年开放式(货币型)基金业绩表现

（单位：只；%）

年度	基金数量	超越基准指数表现的基金数量	最好表现	最差表现	中值表现	平均表现	基准指数表现	超越基准指数的比例
2005	9	9	2.49	2.30	2.41	2.43	2.25	100.00
2006	26	0	2.05	1.48	1.91	1.88	2.52	0.00
2007	40	17	4.11	2.61	3.27	3.29	3.33	42.50
2008	40	30	4.68	2.67	3.45	3.53	3.28	75.00
2009	**40**	**0**	**2.15**	**0.67**	**1.48**	**1.41**	**2.25**	**0.00**

注：①基金数量为上年末的数量；②货币市场基金基准指数表现＝1年期定期存款平均利率

表2-11　2009年QDII基金业绩表现

（单位：只；%）

年度	基金数量	超越基准指数表现的基金数量	最好表现	最差表现	中值表现	平均表现	基准指数表现	超越基准指数的比例
2008	4	——	−41.10	−57.21	−46.64	−47.90	——	——
2009	**9**	**——**	**83.47**	**29.93**	**57.95**	**57.48**	**——**	**——**

注：基金数量为上年末数量。

表2-12　2009年开放式基金资金流量汇总统计

（单位：亿元人民币）

年 度	总申购金额	总赎回金额	总流量	净流量
2003	145.28	346.24	491.51	-200.96
2004	878.63	870.44	1,749.07	8.19
2005	6,568.27	6,164.74	12,733.01	403.53
2006	8,815.32	10,541.10	19,356.42	-1,725.79
2007	29,540.79	20,347.36	49,888.15	9,193.43
2008	21,766.33	19,833.12	41,599.45	1,933.21
2009	**22,730.00**	**26,832.01**	**49,562.02**	**-4,102.01**

注：①当年新成立的基金不在统计范围之内；②总流量=总申购金额+总赎回金额；③净流量=总申购金额-总赎回金额

表2-12.1　2009年开放式（股票型）基金资金流量汇总统计

（单位：亿元人民币）

年 度	总申购金额	总赎回金额	总流量	净流量
2003	18.28	40.98	59.26	-22.70
2004	110.53	102.23	212.76	8.30
2005	147.07	227.43	374.50	-80.36
2006	800.22	828.06	1,628.28	-27.84
2007	13,064.17	8,496.93	21,561.10	4,567.24
2008	3,705.46	4,270.91	7,976.36	-565.45
2009	**4,423.70**	**5,440.99**	**9,864.69**	**-1,017.29**

表2-12.2　2009年开放式（混合型）基金资金流量汇总统计

（单位：亿元人民币）

年 度	总申购金额	总赎回金额	总流量	净流量
2003	112.75	256.42	369.17	-143.67
2004	331.94	374.60	706.53	-42.66
2005	302.29	540.78	843.07	-238.49
2006	1,161.54	1,455.91	2,617.45	-294.37
2007	11,080.74	7,159.01	18,239.75	3,921.73
2008	2,387.64	2,974.88	5,362.52	-587.24
2009	**1,696.31**	**2,255.17**	**3,951.48**	**-558.85**

表2–12.3　2009年开放式(债券型)基金资金流量汇总统计

(单位:亿元人民币)

年 度	总申购金额	总赎回金额	总流量	净流量
2003	14.25	48.83	63.08	–34.59
2004	16.62	95.13	111.75	–78.52
2005	19.30	37.72	57.02	–18.42
2006	453.56	605.29	1,058.86	–151.73
2007	1,190.53	847.81	2,038.35	342.72
2008	1,995.71	1,811.61	3,807.31	184.10
2009	**1,549.13**	**2,745.03**	**4,294.16**	**–1,195.90**

表2–12.4　2009年开放式(货币型)基金资金流量汇总统计

(单位:亿元人民币)

年 度	总申购金额	总赎回金额	总流量	净流量
2004	419.55	298.48	718.02	121.07
2005	5,979.35	5,248.97	11,228.32	730.38
2006	6,336.43	7,542.60	13,879.03	–1,206.17
2007	3,602.27	3,251.78	6,854.05	350.50
2008	12,472.72	9,691.44	22,164.16	2,781.28
2009	**10,433.20**	**11,809.13**	**22,242.33**	**–1,375.93**

表2–12.5　2009年开放式(ETF)基金资金流量汇总统计

(单位:亿元人民币)

年 度	总申购金额	总赎回金额	总流量	净流量
2005	120.26	109.85	11,228.32	730.38
2006	63.57	109.24	172.80	–45.67
2007	603.07	591.83	1,194.91	11.24
2008	1,144.43	932.43	2,076.86	212.00
2009	**4,552.17**	**4,455.20**	**9,007.37**	**96.98**

表2-12.6　2009年QDII基金资金流量汇总统计

（单位：亿元人民币）

年 度	总申购金额	总赎回金额	总流量	净流量
2008	60.38	151.86	212.24	-91.48
2009	**73.40**	**124.41**	**197.82**	**-51.01**

表2-13　2009年开放式（主动型股票基金）股票投资周转率

（单位：%）

年 度	最 高	最 低	中 值	平 均
2004	440	82	240	237
2005	530	19	180	193
2006	901	25	208	286
2007	1,271	28	181	229
2008	1,086	17	236	284
2009	**1,508**	**58**	**264**	**352**

表2-14　2009年开放式（偏股型）基金股票投资周转率

（单位：%）

年 度	最 高	最 低	中 值	平 均
2004	425	55	234	237
2005	570	13	229	248
2006	1,360	48	350	448
2007	1,086	17	230	300
2008	1,700	65	307	348
2009	**1,183**	**58**	**297**	**352**

表2-15 2009年开放式基金发行年度汇总统计

（单位：只；亿份；户；天）

基金类型	新设立基金总数量	募集总份额	有效认购总户数	平均募集份额
股票型基金[①]	72	2,478.02	3,543,613	34.42
混合型基金	20	598.17	933,409	29.91
债券型基金	20	442.62	337,253	22.13
货币型基金	3	76.28	49,966	25.43
ETF基金	4	110.77	111,288	27.69
合 计	**119**	**3,705.86**	**4,975,529**	**31.14**

注：①含封转开基金。

表2-16 2009年开放式基金发行月度汇总统计

（单位：只；亿份；户；天）

月份	股票型基金			混合型基金			债券型基金			货币型基金			ETF基金			合 计		
	数量	募集份额	认购户数	数量	募集份额	认购户数	数量	募集份额	认购户数	数量	募集份额	认购户数	数量	募集份额	认购户数	总数量	募集总额	认购总户数
一月	3	28.24	27,429	1	49.56	46,900	1	12.45	12,160	1	38.33	8,336				6	128.59	94,825
二月							1	22.58	18,453							1	22.58	18,453
三月	7	155.58	214,352	3	54.76	57,577	5	92.76	75,200							15	303.10	347,129
四月	6	138.54	182,129	4	124.31	271,085	3	60.48	45,629							13	323.32	498,843
五月	2	35.49	45,967	1	10.49	25,557	1	16.13	10,109	1	23.40	39,708				5	85.51	121,341
六月	6	183.14	239,701	2	28.02	42,271	4	179.93	138,675							12	391.09	420,647
七月	6	421.73	645,641	3	43.37	48,280	3	41.85	29,567							12	506.95	723,488
八月	4	221.96	341,155	2	189.07	267,710	1	12.83	4,479	1	14.55	1,922	1	45.34	53,134	9	483.74	668,400
九月	12	349.49	592,636										1	10.09	5,824	13	359.58	598,460
十月	6	135.31	136,237	2	46.76	119,053										8	182.07	255,290
十一月	3	152.14	209,266	1	22.99	28,004										4	175.13	237,270
十二月	17	656.39	909,100	1	28.85	26,972	1	3.61	2,981				2	55.34	52,330	21	744.20	991,383
总 计	**72**	**2,478.02**	**3,543,613**	**20**	**598.17**	**933,409**	**20**	**442.62**	**337,253**	**3**	**76.28**	**49,966**	**4**	**110.77**	**111,288**	**119**	**3,705.86**	**4,975,529**

表2-17　2009年开放式(股票型)基金发行汇总统计

(单位：亿份；户；亿元人民币；%)

序号	基金简称	设立日期	募集份额	认购户数	年末资产净值	年度收益率	年末户数	管理人	托管人
1	长城双动力股票	2009.01.15	4.86	2,298	0.70	30.17	3,433	长城	建行
2	上投摩根中小盘股票	2009.01.21	8.26	13,167	14.82	53.00	55,938	上投摩根	建行
3	汇添富价值精选股票	2009.01.23	15.13	11,964	14.67	63.60	21,776	汇添富	工行
4	光大保德信均衡精选股票	2009.03.04	10.41	14,757	5.60	36.54	8,581	光大保德信	建行
5	工银沪深300指数	2009.03.05	36.06	77,085	56.19	42.79	102,736	工银瑞信	建行
6	诺安成长股票	2009.03.10	11.68	14,435	4.32	30.25	4,767	诺安	工行
7	嘉实量化阿尔法股票	2009.03.20	29.61	28,331	30.38	29.90	37,540	嘉实	工行
8	国富成长动力股票	2009.03.25	11.10	11,104	5.38	23.07	7,083	国海富兰克林	中行
9	南方沪深300指数	2009.03.25	15.81	26,302	21.52	38.03	50,515	南方	工行
10	易方达行业领先股票	2009.03.26	40.92	42,338	22.52	36.30	30,096	易方达	工行
11	鹏华沪深300指数(LOF)	2009.04.03	19.94	37,556	11.35	31.11	34,366	鹏华	工行
12	交银先锋股票	2009.04.10	44.71	57,582	33.72	24.57	49,989	交银施罗德	农行
13	融通内需驱动股票	2009.04.22	29.55	41,102	9.74	18.21	20,364	融通	工行
14	泰信蓝筹精选股票	2009.04.22	10.75	11,516	4.24	24.06	5,757	泰信	中行
15	银河行业股票	2009.04.24	6.93	11,248	2.05	24.20	4,356	银河	建行
16	海富通领先成长股票	2009.04.30	26.65	23,125	10.97	25.40	11,540	海富通	建行
17	万家精选股票	2009.05.18	16.40	26,970	8.22	14.58	12,855	万家	建行
18	国泰区位优势股票	2009.05.27	19.09	18,997	9.13	20.14	12,246	国泰	中行
19	申万巴黎消费增长股票	2009.06.12	14.64	25,086	13.22	17.91	19,918	申万巴黎	工行
20	广发聚瑞股票	2009.06.16	70.71	101,082	45.18	7.40	69,823	广发	上行
21	招商行业领先股票	2009.06.19	44.75	43,991	30.07	12.60	38,629	招商	中行
22	东方核心动力股票	2009.06.24	7.72	17,585	3.12	2.83	9,046	东方	中行
23	汇丰晋信大盘股票	2009.06.24	28.86	31,795	15.73	17.28	19,165	汇丰晋信	交行
24	中海量化策略股票	2009.06.24	16.46	20,162	13.64	4.10	11,847	中海	工行

（续上表）

序号	基金简称	设立日期	募集份额	认购户数	年末资产净值	年度收益率	年末户数	管理人	托管人
25	汇添富上证综合指数	2009.07.01	90.98	121,511	73.09	5.10	146,409	汇添富	工行
26	金鹰行业优势股票	2009.07.01	21.67	34,095	15.03	3.02	25,358	金鹰	中行
27	银华内需精选股票(LOF)	2009.07.01	44.37	109,366	37.61	9.53	88,732	银华	农行
28	华夏沪深300指数	2009.07.10	247.72	356,985	261.79	−0.20	546,505	华夏	工行
29	中欧价值发现股票	2009.07.24	7.15	12,443	5.49	−6.20	11,170	中欧	建行
30	长信恒利优势股票	2009.07.30	9.84	11,241	6.39	−2.20	9,399	长信	建行
31	华泰柏瑞行业领先股票	2009.08.03	22.50	34,657	15.27	−16.60	30,167	华泰柏瑞	工行
32	国联安主题驱动股票	2009.08.26	8.44	9,244	5.28	4.60	6,622	国联安	建行
33	信诚优胜精选股票	2009.08.26	23.56	25,810	21.63	7.80	19,200	信诚	建行
34	易方达沪深300指数	2009.08.26	167.46	271,444	116.91	7.20	226,657	易方达	建行
35	国富沪深300指数增强	2009.09.03	24.24	56,862	20.40	15.50	46,693	国海富兰克林	农行
36	中银中证100指数增强	2009.09.04	35.58	58,359	26.39	4.80	44,515	中银	建行
37	大成行业轮动股票	2009.09.08	30.86	45,583	18.23	8.30	46,361	大成	农行
38	鹏华精选成长股票	2009.09.09	30.15	48,285	19.87	3.40	37,786	鹏华	建行
39	金元比联价值增长股票	2009.09.11	4.12	7,746	3.11	7.80	5,929	金元比联	建行
40	大摩领先优势股票	2009.09.22	7.04	9,223	6.49	11.16	7,801	摩根士丹利华鑫	建行
41	诺德成长优势股票	2009.09.22	5.15	2,053	0.89	11.80	1,360	诺德	建行
42	南方中证500指数(LOF)	2009.09.25	32.23	54,086	33.91	17.60	76,678	南方	农行
43	华安上证180ETF联接	2009.09.29	11.25	17,933	10.66	12.30	29,299	华安	建行
44	华宝兴业中证100指数	2009.09.29	20.09	16,509	10.76	4.86	16,300	华宝兴业	建行
45	交银上证180公司治理ETF联接	2009.09.29	70.90	78,610	71.13	1.50	78,043	交银施罗德	农行
46	农银策略价值股票	2009.09.29	77.89	197,387	74.90	4.63	186,659	农银汇理	建行
47	国投瑞银沪深300指数分级	2009.10.14	32.16	19,241	33.27	6.00	29,514	国投瑞银	工行
48	银华沪深300指数(LOF)	2009.10.14	6.70	10,560	6.27	8.00	13,597	银华	建行

（续上表）

序号	基金简称	设立日期	募集份额	认购户数	年末资产净值	年度收益率	年末户数	管理人	托管人
49	国泰中小盘成长股票(LOF)	2009.10.19	45.14	47,733	51.73	9.84	57,199	国泰	建行
50	景顺长城能源基建股票	2009.10.20	9.34	17,676	5.92	3.00	14,850	景顺长城	农行
51	诺安中证100指数	2009.10.27	21.10	19,552	21.13	0.10	19,552	诺安	工行
52	海富通中证100指数(LOF)	2009.10.30	20.87	21,475	21.40	2.50	21,475	海富通	中行
53	建信沪深300指数(LOF)	2009.11.05	53.26	86,240	46.56	——	——	建信	工行
54	长盛量化红利股票	2009.11.25	12.52	15,070	12.30	——	——	长盛	工行
55	广发中证500指数(LOF)	2009.11.26	86.36	107,956	87.15	——	——	广发	工行
56	信达澳银中小盘股票	2009.12.01	18.69	29,968	18.69	——	——	信达澳银	建行
57	易方达深证100ETF联接	2009.12.01	189.25	259,291	189.44	——	——	易方达	中行
58	浦银安盛红利精选股票	2009.12.03	3.70	8,888	3.47	——	——	浦银安盛	工行
59	泰达宏利红利先锋股票	2009.12.03	13.96	15,328	14.39	——	——	泰达宏利	建行
60	南方深证成份ETF联接	2009.12.09	32.72	45,012	32.88	——	——	南方	工行
61	华夏盛世股票	2009.12.11	187.10	248,859	190.00	——	——	华夏	建行
62	汇丰晋信中小盘股票	2009.12.11	22.34	23,822	22.76	——	——	汇丰晋信	建行
63	富国沪深300指数增强	2009.12.16	34.90	29,848	36.46	——	——	富国	工行
64	天弘周期策略股票	2009.12.17	6.99	7,454	7.04	——	——	天弘	工行
65	汇添富策略回报股票	2009.12.22	32.16	31,255	32.60	——	——	汇添富	工行
66	招商中小盘股票	2009.12.25	26.27	25,926	26.40	——	——	招商	工行
67	银河沪深300价值指数	2009.12.28	8.71	11,907	8.72	——	——	银河	建行
68	博时上证超大盘ETF联接	2009.12.29	19.06	34,794	19.06	——	——	博时	建行
69	东吴新经济股票	2009.12.30	8.01	8,445	8.02	——	——	东吴	建行
70	华富中证100指数	2009.12.30	3.37	3,911	3.37	——	——	华富	交行
71	嘉实基本面50指数(LOF)	2009.12.30	34.37	33,250	34.36	——	——	嘉实	工行
72	中欧中小盘股票(LOF)	2009.12.30	14.78	91,142	14.78	——	——	中欧	邮储银行

表2-18　2009年开放式（混合型）基金发行汇总统计

（单位：亿份；户；亿元人民币；%）

序号	基金简称	设立日期	募集份额	认购户数	年末资产净值	年度收益率	年末户数	管理人	托管人
1	交银保本混合	2009.01.21	49.56	46,900	35.39	7.50	32,750	交银施罗德	工行
2	宝盈核心优势混合	2009.03.17	7.77	10,410	1.97	20.44	5,134	宝盈	中行
3	兴业有机增长混合	2009.03.25	19.80	21,993	14.99	16.61	15,066	兴业全球	兴业银行
4	民生加银品牌蓝筹混合	2009.03.27	27.19	25,174	7.41	23.75	12,415	民生加银	建行
5	中银优选混合	2009.04.03	19.97	43,538	10.89	23.38	23,489	中银	工行
6	农银平衡双利混合	2009.04.08	64.66	184,553	22.14	17.70	83,715	农银汇理	交行
7	泰达宏利品质生活混合	2009.04.09	12.95	10,514	9.07	28.55	8,434	泰达宏利	建行
8	银华和谐主题混合	2009.04.27	26.73	32,480	10.96	24.20	15,746	银华	工行
9	东吴进取策略混合	2009.05.06	10.49	25,557	3.70	6.94	12,565	东吴	农行
10	浦银安盛精致生活混合	2009.06.04	8.37	17,274	3.06	4.20	7,365	浦银安盛	建行
11	长城景气行业龙头混合	2009.06.30	19.65	24,997	7.09	11.00	13,380	长城	建行
12	新华泛资源优势混合	2009.07.13	31.32	33,392	18.62	2.60	25,010	新华	工行
13	华富价值增长混合	2009.07.15	6.79	8,452	4.32	−1.04	6,394	华富	深发展行
14	天治趋势精选混合	2009.07.15	5.26	6,436	2.84	0.60	5,045	天治	建行
15	博时策略混合	2009.08.11	88.04	136,515	56.66	9.40	95,592	博时	建行
16	嘉实回报混合	2009.08.18	101.04	131,195	63.63	5.59	96,524	嘉实	中行
17	光大保德信动态优选混合	2009.10.28	7.33	6,998	5.03	4.10	6,077	光大保德信	建行
18	中邮核心优势灵活配置混合	2009.10.28	39.42	112,055	40.72	9.02	104,941	中邮创业	农行
19	华商动态阿尔法混合	2009.11.24	22.99	28,004	22.12	——	——	华商	建行
20	华安动态灵活配置混合	2009.12.22	28.85	26,972	28.94	——	——	华安	工行

表2-19 2009年开放式(债券型)基金发行汇总统计

(单位：亿份；户；亿元人民币；%)

序号	基金简称	设立日期	募集份额	认购户数	年末资产净值	年度收益率	年末户数	管理人	托管人
1	华商收益增强债券	2009.01.23	12.45	12,160	4.96	9.79/9.27	7,632	华商	建行
2	华宝兴业增强收益债券	2009.02.17	22.58	18,453	5.02	5.80/5.43	6,133	华宝兴业	工行
3	诺德增强收益债券	2009.03.04	11.85	8,915	1.13	3.60	2,120	诺德	建行
4	国联安增利债券	2009.03.11	30.72	11,086	9.85	6.51/6.11	2,814	国联安	工行
5	国泰双利债券	2009.03.11	19.80	11,595	5.27	10.17/9.87	6,622	国泰	建行
6	信诚经典优债债券	2009.03.11	15.64	8,897	3.80	2.70/2.20	2,557	信诚	建行
7	金元比联丰利债券	2009.03.23	14.75	34,707	3.46	0.97	6,898	金元比联	农行
8	信达澳银稳定价值债券	2009.04.08	11.41	12,400	2.35	0.90/0.50	3,944	信达澳银	建行
9	华安强化收益债券	2009.04.13	27.55	16,635	10.91	5.41/5.11	10,430	华安	工行
10	中欧稳健收益债券	2009.04.24	21.52	16,594	2.46	4.51/4.18	5,231	中欧	建行
11	诺安增利债券	2009.05.27	16.13	10,109	2.93	1.50/1.30	3,747	诺安	工行
12	建信增强债券	2009.06.02	79.64	75,658	30.36	3.40/3.20	39,506	建信	农行
13	博时信用债券	2009.06.10	24.07	16,219	12.09	0.20/0.00	11,382	博时	工行
14	富国优化增强债券	2009.06.10	58.21	29,804	17.30	0.20/0.00	17,236	富国	建行
15	上投摩根纯债债券	2009.06.24	18.01	16,994	6.60	1.20/0.90	10,405	上投摩根	工行
16	民生加银增强收益债券	2009.07.21	15.91	14,103	6.89	3.40/3.20	7,434	民生加银	建行
17	兴业磐稳增利债券	2009.07.23	14.18	10,897	7.50	1.05	15,066	兴业全球	交行
18	泰信增强收益债券	2009.07.29	11.76	4,567	7.11	−1.13/−1.31	3,696	泰信	中行
19	万家稳健增利债券	2009.08.12	12.83	4,479	5.18	2.01/1.85	2,810	万家	中行
20	大摩强收益债券	2009.12.29	3.61	2,981	3.61	——	——	摩根士丹利华鑫	中行

表2-20 2009年开放式(货币型)基金发行汇总统计

(单位：亿份；户；亿元人民币；%)

序号	基金简称	设立日期	募集份额	认购户数	年末资产净值	年度收益率	年末户数	管理人	托管人
1	国投瑞银货币	2009.01.19	38.33	8,336	62.49	0.263/0.42	3,227	国投瑞银	工行
2	华泰柏瑞货币	2009.05.06	23.40	39,708	2.77	0.93/1.16	3,309	华泰柏瑞	中行
3	宝盈货币	2009.08.05	14.55	1,922	14.20	0.40/0.50	862	宝盈	建行

表2-21 2009年开放式(ETF)基金发行汇总统计

(单位：亿份；户；亿元人民币；%)

序号	基金简称	设立日期	募集份额	认购户数	年末资产净值	年度收益率	年末户数	管理人	托管人
1	工银上证央企ETF	2009.08.26	45.34	53,134	27.33	10.40	31,062	工银瑞信	招行
2	交银上证180公司治理ETF	2009.09.25	10.09	5,824	70.65	1.61	5,404	交银施罗德	农行
3	南方深证成份ETF	2009.12.04	41.28	42,054	41.44	——	——	南方	工行
4	博时上证超大盘ETF	2009.12.29	14.07	10,276	14.15	——	——	博时	建行

表2-22 2009年开放式(股票型)基金年度净值增长率

(单位:%)

基金简称	设立日期	2009年	排序	2008年	排序	2007年	排序
银华价值优选股票	2005-09-27	116.08	1	-53.15	103	121.66	48
新华优选成长股票	2008-07-25	115.21	2	-0.67	19	—	—
兴业社会责任股票	2008-04-30	108.57	3	-22.20	31	—	—
华商盛世成长股票	2008-09-23	106.80	4	1.25	7	—	—
中邮核心优选股票	2006-09-28	105.09	5	-61.62	144	194.02	2
华夏复兴股票	2007-09-10	104.33	6	-38.44	37	1.20	117
融通深证100指数	2003-09-30	103.78	7	-60.61	143	151.54	15
银华领先策略股票	2008-08-20	102.71	8	1.66	4	—	—
景顺长城内需贰号股票	2006-10-11	99.63	9	-54.92	111	114.59	61
国泰金牛创新股票	2007-05-18	93.28	10	-54.17	107	36.36	102
长城久泰中信标普300指数	2004-05-21	92.40	11	-63.44	149	145.02	22
嘉实沪深300指数(LOF)	2005-08-29	91.97	12	-64.36	153	130.32	39
银华富裕主题股票	2006-11-16	91.88	13	-50.47	80	110.27	70
华宝兴业大盘精选股票	2008-10-07	91.29	14	0.98	9	—	—
大成策略回报股票	2008-11-26	91.23	15	0.40	14	—	—
光大保德信量化股票	2004-08-27	90.61	16	-64.75	154	155.61	9
大成沪深300指数	2006-04-06	90.08	17	-64.77	155	133.11	36
景顺长城内需增长股票	2004-06-25	89.68	18	-55.13	115	106.97	72
国泰沪深300指数	2007-11-11	89.60	19	-62.61	146	0.41	118
光大保德信新增长股票	2006-09-14	89.52	20	-56.51	126	153.96	11
博时裕富指数	2003-08-26	88.61	21	-63.88	150	121.58	49
长城消费增值股票	2006-04-06	87.94	22	-51.07	87	113.68	64
海富通风格优势股票	2006-10-19	87.67	23	-56.27	125	111.65	66
广发小盘成长股票(LOF)	2005-02-02	87.59	24	-59.25	140	148.19	19
华安中国A股增强指数	2002-11-08	85.11	25	-62.45	145	154.07	10
广发沪深300指数	2008-12-30	85.05	26	-0.10	16	—	—
融通巨潮100指数(LOF)	2005-05-12	84.92	27	-63.96	152	136.63	31
银华优质增长股票	2006-06-09	84.40	28	-52.43	95	125.18	45
华安中小盘成长股票	2007-04-10	84.31	29	-57.68	131	73.04	91
万家180指数	2003-03-17	83.81	30	-63.32	148	142.57	25
国泰金鹰增长股票	2002-05-08	83.62	31	-46.24	56	117.33	55
长盛中证100指数	2006-11-22	83.53	32	-62.78	147	115.49	59
国投瑞银成长优选股票	2008-01-10	83.45	33	-46.82	59	—	—
交银成长股票	2006-10-23	83.03	34	-45.11	51	124.76	46
光大保德信红利股票	2006-03-24	83.01	35	-58.10	134	175.07	4
银华-道琼斯88指数	2004-08-11	82.46	36	-54.02	105	118.86	53
广发核心精选股票	2008-07-16	82.25	37	-2.90	20	—	—
华宝兴业行业精选股票	2007-06-14	81.48	38	-54.20	108	31.80	103

（续上表）

基金简称	设立日期	2009年	排序	2008年	排序	2007年	排序
大成景阳领先股票	2007—12—11	81.28	39	—57.17	129	2.08	115
国联安精选股票	2005—12—28	80.94	40	—58.10	135	133.07	37
鹏华价值优势股票(LOF)	2006—07—18	80.78	41	—52.53	96	131.64	38
华宝兴业先进成长股票	2006—11—07	80.68	42	—51.21	88	139.51	28
国投瑞银创新动力股票	2006—11—15	80.52	43	—51.72	91	199.17	1
国富深化价值股票	2008—07—03	80.13	44	—7.84	26	—	—
泰达宏利首选企业股票	2006—12—01	79.68	45	—55.84	120	97.51	79
光大保德信优势配置股票	2007—08—24	79.32	46	—55.63	119	5.60	112
诺安价值增长股票	2006—11—21	78.89	47	—56.55	127	119.34	51
华夏收入股票	2005—11—17	78.76	48	—43.27	42	146.38	20
华夏行业股票(LOF)	2007—11—22	78.61	49	—44.51	49	0.12	119
信达澳银领先增长股票	2007—03—08	78.42	50	—55.88	121	81.26	87
交银精选股票	2005—09—29	78.17	51	—48.87	74	115.97	57
中邮核心成长股票	2007—08—17	77.80	52	—60.31	142	13.87	108
宝盈资源优选股票	2008—04—15	77.53	53	—33.52	35	—	—
易方达上证50指数	2004—03—22	77.36	54	—63.94	151	123.25	47
兴业全球视野股票	2006—09—20	77.08	55	—44.16	47	152.46	13
汇丰晋信龙腾股票	2006—09—27	77.03	56	—52.88	101	128.36	41
博时特许价值股票	2008—05—28	76.08	57	—14.30	28	—	—
广发聚丰股票	2005—12—23	75.64	58	—55.60	118	157.68	7
鹏华优质治理股票(LOF)	2007—04—25	75.48	59	—53.07	102	44.90	99
华安宏利股票	2006—09—06	75.46	60	—48.39	70	166.25	5
融通领先成长股票(LOF)	2007—04—30	75.41	61	—55.01	113	70.71	93
友邦柏瑞价值增长股票	2008—07—16	75.36	62	—7.65	25	—	—
建信核心精选股票	2008—11—25	75.20	63	—0.20	17	—	—
易方达中小盘股票	2008—06—19	74.72	64	—0.41	18	—	—
泰达宏利市值优选股票	2007—08—03	74.58	65	—57.87	132	7.55	111
中银策略股票	2008—04—03	74.55	66	—18.06	30	—	—
国投瑞银核心企业股票	2006—04—19	74.47	67	—52.08	94	114.88	60
长城久富股票(LOF)	2007—02—12	74.35	68	—44.82	50	97.03	80
博时新兴成长股票	2007—07—06	74.32	69	—50.49	81	52.64	96
银河成长股票	2008—05—26	73.98	70	—5.15	24	—	—
长城品牌优选股票	2007—08—06	73.94	71	—55.01	114	18.44	106
招商优质成长股票(LOF)	2005—11—17	73.73	72	—56.20	124	134.97	34
华宝兴业动力组合股票	2005—11—17	73.56	73	—47.54	63	129.41	40
工银大盘蓝筹股票	2008—08—04	73.38	74	—3.50	21	—	—
建信恒久价值股票	2005—12—01	73.26	75	—49.94	77	102.72	76
景顺长城资源垄断股票(LOF)	2006—01—26	73.17	76	—55.38	117	105.68	73

（续上表）

基金简称	设立日期	2009年	排序	2008年	排序	2007年	排序
信诚精萃成长股票	2006-11-27	73.16	77	-48.03	66	125.41	44
海富通股票	2005-07-29	73.16	78	-58.77	139	97.02	81
嘉实研究精选股票	2008-05-27	72.71	79	2.90	3	—	—
上投摩根内需动力股票	2007-04-13	72.62	80	-47.00	60	52.07	97
交银蓝筹股票	2007-08-08	71.61	81	-50.01	78	9.61	110
博时主题行业股票(LOF)	2005-01-06	71.51	82	-48.14	67	188.61	3
泰达宏利周期股票	2003-04-25	71.49	83	-40.52	38	81.77	86
泰达宏利精选股票	2004-07-09	71.09	84	-48.44	72	119.06	52
富国天合稳健股票	2006-11-15	71.05	85	-46.75	58	115.92	58
信诚盛世蓝筹股票	2008-06-04	71.03	86	1.50	6	—	—
长盛同德主题股票	2007-10-25	70.91	87	-48.40	71	1.46	116
长信银利精选股票	2005-01-17	70.59	88	-54.49	110	114.37	62
申万巴黎竞争优势股票	2008-07-04	70.51	89	0.68	12	—	—
工银红利股票	2007-07-18	70.30	90	-47.49	62	21.76	105
易方达科翔股票	2008-11-13	70.14	91	8.97	1	—	—
鹏华盛世创新股票(LOF)	2008-10-10	70.14	92	1.60	5	—	—
诺安股票	2005-12-19	69.63	93	-53.35	104	145.27	21
博时第三产业股票	2007-04-12	69.37	94	-48.30	68	55.82	94
华宝兴业多策略股票	2004-05-11	67.85	95	-37.79	36	138.71	29
富国天鼎中证指数增强	2008-11-20	67.83	96	2.99	2	—	—
东方策略成长股票	2008-06-03	67.65	97	-14.61	29	—	—
华安策略优选股票	2007-08-02	67.60	98	-52.81	99	17.81	107
农银行业成长股票	2008-08-04	67.21	99	0.41	13	—	—
招商大盘蓝筹股票	2008-06-19	66.91	100	-3.60	23	—	—
富国天博创新股票	2007-04-27	66.88	101	-51.52	89	55.53	95
南方优选价值股票	2008-06-18	66.84	102	-3.60	22	—	—
万家公用事业行业股票	2005-07-15	66.52	103	-50.42	79	116.80	56
宝盈策略增长股票	2007-01-19	66.06	104	-51.01	86	83.55	84
长信金利趋势股票	2006-04-30	65.99	105	-58.68	138	151.23	16
国富弹性市值股票	2006-06-14	65.43	106	-43.68	45	164.34	6
浦银安盛价值成长股票	2008-04-16	65.34	107	-42.30	41	—	—
申万巴黎新动力股票	2005-11-10	65.17	108	-58.63	137	114.28	63
泰信优质生活股票	2006-12-15	65.11	109	-55.01	112	111.00	68
景顺长城精选蓝筹股票	2007-06-18	65.02	110	-52.66	97	28.00	104
建信优选成长股票	2006-09-08	64.66	111	-55.22	116	133.79	35
华安核心股票	2008-10-22	64.43	112	0.93	10	—	—
大成积极成长股票	2007-01-16	64.30	113	-54.32	109	111.49	67
汇添富成长焦点股票	2007-03-12	63.79	114	-50.85	85	75.34	89

（续上表）

基金简称	设立日期	2009年	排序	2008年	排序	2007年	排序
易方达价值精选股票	2006-06-13	63.50	115	-46.12	54	143.10	23
中银增长股票	2006-03-17	62.42	116	-47.04	61	143.05	24
国富潜力组合股票	2007-03-22	62.40	117	-46.17	55	76.79	88
工银稳健成长股票	2006-12-06	62.32	118	-47.97	65	95.05	83
南方盛元红利股票	2008-03-21	61.98	119	-30.70	33	—	—
诺德价值优势股票	2007-04-19	61.82	120	-56.61	128	44.54	100
博时精选股票	2004-06-22	61.38	121	-51.66	90	149.93	17
中欧新趋势股票(LOF)	2007-01-29	60.41	122	-58.61	136	83.22	85
南方隆元产业主题股票	2007-11-09	59.59	123	-57.97	133	5.40	113
南方绩优成长股票	2006-11-16	59.48	124	-49.47	76	149.22	18
上投摩根阿尔法股票	2005-10-11	57.57	125	-46.62	57	139.91	27
景顺长城鼎益股票(LOF)	2005-03-16	57.50	126	-50.74	83	135.81	32
工银核心价值股票	2005-08-31	57.49	127	-41.07	39	100.39	77
华富成长趋势股票	2007-03-19	57.22	128	-59.77	141	49.33	98
华夏优势增长股票	2006-11-24	57.05	129	-43.44	43	153.66	12
国联安红利股票	2008-10-22	56.70	130	1.00	8	—	—
华泰柏瑞盛世中国股票	2005-04-27	56.45	131	-51.94	93	137.79	30
国联安优势股票	2007-01-24	56.08	132	-49.40	75	73.00	92
南方高增长股票(LOF)	2005-07-13	55.37	133	-56.07	122	135.65	33
汇添富均衡增长股票	2006-08-07	53.27	134	-45.57	52	105.58	74
景顺长城优选股票	2003-10-24	53.25	135	-51.92	92	96.12	82
南方积极配置股票(LOF)	2004-10-14	53.23	136	-50.51	82	112.40	65
南方成份精选股票	2007-05-14	53.18	137	-52.84	100	43.85	101
嘉实优质企业股票	2007-12-08	52.79	138	-47.72	64	2.90	114
泰达宏利成长股票	2003-04-25	52.12	139	-31.61	34	110.40	69
上投摩根成长先锋股票	2006-09-20	51.09	140	-50.81	84	156.73	8
天治核心成长股票(LOF)	2006-01-20	50.60	141	-57.31	130	126.33	43
融通动力先锋股票	2006-11-15	49.76	142	-56.10	123	141.05	26
富国天益价值股票	2004-06-15	49.73	143	-43.83	46	118.41	54
景顺长城公司治理股票	2008-10-22	47.67	144	0.70	11	—	—
招商安泰股票	2003-04-28	45.33	145	-44.29	48	105.33	75
长信增利动态策略股票	2006-11-09	42.98	146	-52.72	98	152.23	14
易方达科讯股票	2007-12-18	42.36	147	-41.77	40	10.78	109
东吴行业轮动股票	2008-04-23	42.10	148	-26.56	32	—	—
泰达宏利稳定股票	2003-04-25	42.03	149	-46.00	53	74.10	90
景顺长城新兴成长股票	2006-06-28	35.61	150	-48.38	69	109.12	71
宝盈泛沿海增长股票	2005-03-08	35.43	151	-54.07	106	97.67	78
天治创新先锋股票	2008-05-08	34.99	152	-8.55	27	—	—
东吴双动力股票	2006-12-15	33.20	153	-43.47	44	120.03	50
天弘永定价值成长股票	2008-12-02	31.27	154	0.34	15	—	—

注：仅对完整运作一年以上的基金进行统计；当年新成立的基金不在统计范围之内。

表2-23 2009年开放式(混合型)基金年度净值增长率

(单位: %)

基金简称	设立日期	2009年	排序	2008年	排序	2007年	排序
华夏大盘精选混合	2004-08-11	116.19	1	-34.88	35	226.24	1
易方达价值成长混合	2007-04-02	102.90	2	-53.62	115	67.15	101
东方精选混合	2006-01-11	100.81	3	-56.87	128	168.81	3
新华优选分红混合	2005-09-16	99.73	4	-55.96	124	99.48	71
富国天瑞强势混合	2005-04-05	99.16	5	-48.47	88	92.44	85
华宝兴业收益增长混合	2006-06-15	91.39	6	-53.69	116	167.63	4
融通行业景气混合	2004-04-29	91.30	7	-59.44	135	143.97	11
华商领先企业混合	2007-05-15	88.43	8	-59.54	136	51.17	108
国泰金鹏蓝筹混合	2006-09-29	87.25	9	-52.69	109	105.22	65
交银稳健配置混合	2006-06-14	85.46	10	-42.93	56	106.33	63
国泰金马稳健混合	2004-06-18	84.41	11	-53.79	117	113.20	50
国泰金鼎价值混合	2007-04-11	84.39	12	-53.83	118	58.30	104
华夏策略混合	2008-10-23	84.30	13	3.20	4	—	—
华宝兴业宝康消费品混合	2003-07-15	83.29	14	-41.78	50	96.45	78
嘉实主题混合	2006-07-21	82.49	15	-52.49	107	120.07	38
长盛动态精选混合	2004-05-21	81.13	16	-57.57	131	120.24	37
上投摩根中国优势混合	2004-09-15	80.80	17	-57.24	130	150.25	8
金鹰中小盘精选混合	2004-05-27	80.48	18	-35.03	37	54.47	106
华夏红利混合	2005-06-30	79.33	19	-38.59	41	169.42	2
鹏华动力增长混合(LOF)	2007-01-09	79.24	20	-54.40	120	112.70	54
嘉实服务增值行业混合	2004-04-01	77.01	21	-47.30	77	125.61	27
大摩资源优选混合(LOF)	2005-09-27	76.75	22	-47.62	80	159.00	5
大成精选增值混合	2004-12-15	75.92	23	-52.50	108	124.66	29
富国天惠成长混合(LOF)	2005-11-16	75.80	24	-47.34	78	101.45	68
建信优化配置混合	2007-03-01	75.08	25	-53.43	113	73.89	96
鹏华中国50混合	2004-05-12	73.87	26	-48.86	73	127.81	42
益民创新优势混合	2007-07-11	73.85	27	-56.83	127	29.32	112
中银中国混合(LOF)	2005-01-04	73.73	28	-39.79	45	128.98	21
诺安灵活配置混合	2008-05-20	73.72	29	-10.20	22	—	—
易方达科汇灵活配置混合	2008-10-09	73.39	30	-0.65	13	—	—
国泰金龙行业混合	2003-12-05	72.69	31	-50.06	96	139.67	12
嘉实策略混合	2006-12-12	72.69	32	-51.32	101	74.48	93
大成蓝筹稳健混合	2004-06-03	71.23	33	-58.55	133	127.40	23
广发大盘成长混合	2007-06-13	70.93	34	-54.63	122	21.25	115
广发策略优选混合	2006-05-17	70.75	35	-53.27	112	144.03	10
富国天成红利混合	2008-05-28	70.42	36	-20.39	28	—	—
汇丰晋信2026周期混合	2008-07-23	69.80	37	-2.30	16	—	—
兴业趋势投资(LOF)	2005-11-03	69.32	38	-40.68	47	153.24	7

（续上表）

基金简称	设立日期	2009年	排序	2008年	排序	2007年	排序
鹏华普天收益混合	2003-07-12	69.02	39	-51.75	105	118.81	39
广发稳健增长混合	2004-07-26	68.90	40	-51.68	104	126.97	24
大成创新成长混合	2007-06-12	68.75	41	-57.77	132	25.71	114
大成价值增长	2002-11-11	67.96	42	-49.65	93	125.42	28
大成2020生命周期混合	2006-09-13	67.51	43	-56.52	126	136.19	13
华夏成长混合	2001-12-18	67.37	44	-44.02	61	130.73	18
中海分红增利混合	2005-06-16	66.98	45	-53.60	114	95.01	81
申万巴黎新经济混合	2006-12-06	65.41	46	-54.24	119	125.72	26
易方达积极成长混合	2004-09-09	63.29	47	-45.86	70	113.17	51
华夏经典混合	2004-03-15	63.14	48	-42.27	52	111.18	57
汇丰晋信动态策略混合	2007-04-09	62.55	49	-47.81	82	48.45	109
金鹰成份优选混合	2003-06-16	62.19	50	-51.43	102	132.39	16
申万巴黎盛利精选混合	2004-04-09	62.12	51	-48.20	86	100.30	69
易方达策略成长混合	2003-12-09	62.06	52	-48.17	85	133.88	15
博时价值增长贰号混合	2006-09-27	61.59	53	-50.35	98	106.94	62
中海能源策略混合	2007-03-13	61.42	54	-49.30	90	70.94	97
长城安心回报混合	2006-08-22	61.32	55	-58.90	134	117.87	42
易方达策略成长二号混合	2006-08-16	61.18	56	-47.77	81	134.46	14
华夏蓝筹混合(LOF)	2007-04-24	61.16	57	-42.85	55	51.37	107
信诚四季红混合	2006-04-29	61.03	58	-44.41	62	116.65	45
华安宝利配置混合	2004-08-24	60.64	59	-38.20	40	108.00	59
华宝兴业宝康配置混合	2003-07-15	60.45	60	-44.78	64	97.86	74
嘉实增长混合	2003-07-09	60.33	61	-39.36	44	107.39	60
银河稳健混合	2003-08-04	60.32	62	-42.22	51	124.36	30
长盛创新先锋混合	2008-06-04	59.87	63	-13.56	24	—	—
广发聚富混合	2003-12-03	59.48	64	-49.50	91	117.01	44
天治品质优选混合	2005-01-12	58.62	65	-50.86	99	120.65	36
国投瑞银景气行业混合	2004-04-29	57.61	66	-39.33	43	95.17	80
中海优质成长混合	2004-09-28	57.49	67	-44.70	63	129.27	20
长盛同智优势混合(LOF)	2007-01-05	57.15	68	-50.01	95	130.59	19
鹏华行业成长混合	2002-05-24	56.74	69	-39.11	42	104.26	66
海富通精选混合	2003-08-22	56.02	70	-46.61	74	96.45	79
博时价值增长混合	2002-10-09	55.45	71	-48.70	89	118.38	41
国投瑞银稳健增长混合	2008-06-11	55.18	72	-6.10	19	—	—
中欧新蓝筹混合	2008-07-25	54.17	73	-1.65	15	—	—
汇添富蓝筹稳健混合	2008-07-08	54.16	74	3.00	5	—	—
信达澳银精华配置混合	2008-07-30	53.59	75	4.00	3	—	—
国富中国收益混合	2005-06-01	53.38	76	-41.58	49	66.02	102

（续上表）

基金简称	设立日期	2009年	排序	2008年	排序	2007年	排序
中银收益混合	2006-10-11	52.97	77	-43.17	58	105.80	64
长盛成长价值混合	2002-09-18	52.52	78	-45.86	71	97.58	75
汇添富优势精选混合	2005-08-25	52.07	79	-46.13	72	144.52	9
海富通收益增长混合	2004-03-12	52.04	80	-0.52	12	109.04	58
银河银泰混合	2004-03-30	51.60	81	-45.57	69	118.78	40
博时平衡配置混合	2006-05-31	51.50	82	-26.32	31	97.99	73
国联安稳健混合	2003-08-08	51.40	83	-44.86	66	80.81	88
招商核心价值混合	2007-03-30	51.07	84	-54.52	121	74.08	95
诺安平衡混合	2004-05-21	51.04	85	-42.75	54	86.30	87
银华优势企业混合	2002-11-13	50.62	86	-45.47	68	101.85	67
融通蓝筹成长混合	2003-09-30	50.59	87	-49.60	92	111.95	55
工银精选平衡混合	2006-07-13	50.53	88	-48.38	87	96.75	76
富国天源平衡混合	2002-08-16	49.66	89	-43.74	60	62.32	103
万家双引擎灵活配置混合	2008-06-27	49.35	90	4.19	2	—	—
益民红利成长混合	2006-11-21	49.25	91	-49.98	94	132.33	17
华夏稳增混合	2006-08-09	49.08	92	-51.49	103	156.96	6
融通新蓝筹混合	2002-09-13	48.92	93	-44.85	65	116.27	46
金鹰红利价值混合	2008-12-04	48.77	94	-0.05	11	—	—
万家和谐增长混合	2006-11-30	48.47	95	-56.09	125	99.82	70
华富竞争力优选混合	2005-03-02	47.79	96	-54.70	123	122.22	33
国联安小盘精选混合	2004-04-12	47.16	97	-47.99	83	121.91	35
嘉实成长收益混合	2002-11-05	45.99	98	-41.23	48	96.63	77
海富通强化回报混合	2006-05-25	45.87	99	-52.27	106	112.73	53
海富通精选贰号混合	2007-04-09	44.65	100	-42.36	53	39.60	110
泰信先行策略混合	2004-06-28	44.62	101	-48.15	84	126.73	25
南方稳健成长混合	2001-09-28	44.61	102	-52.94	110	123.63	32
泰达宏利效率优选混合	2006-05-12	44.58	103	-46.19	73	78.55	90
长信双利优选混合	2008-06-19	43.94	104	-11.20	23	—	—
华安创新混合	2001-09-21	43.20	105	-45.44	67	113.05	52
华泰柏瑞积极成长混合	2007-05-29	43.16	106	-43.14	57	29.46	111
招商先锋混合	2004-06-01	42.16	107	-47.16	76	111.37	56
嘉实稳健混合	2003-07-09	42.07	108	-51.26	100	123.76	31
上投摩根双核平衡混合	2008-05-21	42.03	109	-9.71	21	—	—
南方稳健成长贰号混合	2006-07-25	41.82	110	-52.99	111	117.75	43
景顺长城动力平衡混合	2003-10-24	41.27	111	-43.74	59	93.99	82
东方龙混合	2004-11-25	40.12	112	-57.21	129	107.31	61
泰信优势增长混合	2008-06-25	39.47	113	-1.00	14	—	—
大摩基础行业混合	2004-03-26	39.04	114	-66.42	137	128.02	22

（续上表）

基金简称	设立日期	2009年	排序	2008年	排序	2007年	排序
东吴嘉禾优势精选混合	2005-02-01	39.00	115	-46.85	75	99.33	72
上投摩根双息平衡混合	2006-04-26	38.75	116	-40.45	46	115.81	47
华夏回报二号混合	2006-08-14	38.59	117	-31.47	34	113.61	48
长城久恒平衡混合	2003-10-31	37.83	118	-34.96	36	76.88	91
华夏回报混合	2003-09-05	37.15	119	-24.52	29	122.13	34
泰达宏利预算混合	2005-04-05	36.27	120	-14.74	25	68.81	99
兴业可转债混合	2004-05-11	35.21	121	-19.65	26	113.44	49
天弘精选混合	2005-10-08	34.85	122	-50.30	97	93.62	84
中海蓝筹混合	2008-12-03	34.37	123	0.30	9	—	—
金元比联成长动力混合	2008-09-03	33.65	124	2.90	6	—	—
招商安泰平衡混合	2003-04-28	28.92	125	-27.26	33	70.17	98
国联安安心成长混合	2005-07-13	28.87	126	-27.06	32	74.18	94
易方达平稳增长混合	2002-08-23	27.95	127	-36.74	39	92.03	86
诺德灵活配置混合	2008-11-05	24.17	128	0.54	8	—	—
汇丰晋信2016周期混合	2006-05-23	22.25	129	-25.16	30	68.24	100
银华保本增值混合	2004-03-02	21.42	130	-5.66	18	26.91	113
华富策略精选混合	2008-12-24	21.07	131	0.00	10	—	—
天治财富增长混合	2004-06-29	18.00	132	-35.98	38	76.33	92
南方恒元保本混合	2008-11-12	13.47	133	1.80	7	—	—
南方避险增值混合	2003-06-27	12.44	134	-20.38	27	80.08	89
申万巴黎盛利强化配置混合	2004-11-29	11.00	135	-8.80	20	57.53	105
宝盈鸿利收益混合	2002-10-08	9.37	136	-47.47	79	93.91	83
国泰金鹿保本(二期)混合	2008-06-12	5.06	137	5.10	1	—	—
金元比联宝石保本混合	2007-08-15	1.56	138	-3.07	17	6.36	116

注:仅对完整运作一年以上的基金进行统计；当年新成立的基金不在统计范围之内。

表2-24 2009年开放式(债券型)基金年度净值增长率

（单位：%）

基金简称	设立日期	2009年	排序	2008年	排序	2007年	排序
国投瑞银融华债券	2003-04-16	42.73	1	-23.63	82	55.81	1
南方宝元债券	2002-09-20	18.34	2	-16.72	81	51.91	2
银华增强收益债券	2008-12-03	18.12	3	1.00	70	—	—
鹏华丰收债券	2008-05-28	12.18	4	7.91	37	—	—
华富收益增强债券A	2008-05-28	11.90	5	8.05	34	—	—
华富收益增强债券B	2008-05-28	11.43	6	7.79	39	—	—
大成强化收益债券	2008-08-06	10.56	7	6.24	47	—	—
嘉实多元债券A	2008-09-10	10.22	8	5.09	51	—	—
嘉实多元债券B	2008-09-10	9.82	9	4.99	53	—	—
银河收益债券	2003-08-04	9.72	10	-6.00	80	44.92	3
宝盈增强收益债券A/B	2008-05-15	9.49	11	8.04	35	—	—
宝盈增强收益债券C	2008-05-15	9.07	12	3.56	59	—	—
建信稳定增利债券	2008-06-25	8.95	13	11.84	4	—	—
华夏希望债券A	2008-03-10	8.94	14	11.23	11	—	—
富国天利增长债券	2003-12-02	8.94	15	3.65	58	38.70	5
华夏希望债券C	2008-03-10	8.58	16	11.03	16	—	—
万家增强收益债券	2004-09-28	8.50	17	7.86	38	18.90	12
招商安心收益债券	2008-10-22	8.34	18	4.30	55	—	—
工银添利债券A	2008-04-14	8.10	19	11.45	9	—	—
长盛全债指数增强债券	2003-10-25	7.79	20	-2.08	79	42.43	4
长盛积极配置债券	2008-10-08	7.65	21	2.64	63	—	—
中信稳定双利债券	2006-07-20	7.64	22	12.72	2	21.77	8
工银添利债券B	2008-04-14	7.64	23	11.12	14	—	—
易方达增强回报债券A	2008-03-19	7.36	24	10.40	19	—	—
易方达增强回报债券B	2008-03-19	7.02	25	9.90	20	—	—
交银增利债券A/B	2008-03-31	6.97	26	13.04	1	—	—
招商安本增利债券	2006-07-11	6.74	27	-0.31	78	20.13	10
中海稳健收益债券	2008-04-10	6.56	28	11.79	5	—	—
交银增利债券C	2008-03-31	6.50	29	12.66	3	—	—
银河银信添利债券A	2007-03-14	6.34	30	6.27	46	14.15	15
华泰柏瑞稳本增利债券A	2007-12-03	5.98	31	9.37	26	0.98	30
银河银信添利债券B	2007-03-14	5.87	32	6.04	48	—	—
华泰柏瑞稳本增利债券B	2007-12-03	5.64	33	9.06	29	—	—
长城稳健增利债券	2008-08-27	5.56	34	8.40	30	—	—
泰信双息双利债券	2007-10-31	5.05	35	7.11	44	4.05	28
易方达稳健收益债券B	2008-01-29	4.90	36	8.40	31	—	—
南方多利中短期债券A	2007-08-28	4.66	37	—	—	—	—
易方达稳健收益债券A	2008-01-29	4.58	38	8.09	33	—	—

（续上表）

基金简称	设立日期	2009年	排序	2008年	排序	2007年	排序
海富通稳健添利债券C	2008－10－24	4.56	39	3.10	62	—	—
鹏华普天债券A	2003－07－12	4.33	40	7.24	43	9.55	18
海富通稳健添利债券A	2008－10－24	4.26	41	—	—	—	—
中银增利债券	2008－11－13	4.25	42	1.10	69	—	—
国投瑞银稳定增利债券	2008－01－11	4.12	43	9.67	22	—	—
嘉实债券	2003－07－09	4.03	44	0.41	75	30.28	6
工银增强收益债券A	2007－05－11	3.95	45	9.85	21	13.07	16
华安稳定收益债券A	2008－04－30	3.79	46	9.53	24	—	—
长信利丰债券	2008－12－29	3.74	47	—	—	—	—
工银增强收益债券B	2007－05－11	3.52	48	9.39	25	12.77	17
鹏华普天债券B	2003－07－12	3.51	49	6.32	45	8.48	21
南方多利中短期债券C	2007－08－28	3.42	50	3.37	60	7.04	24
华安稳定收益债券B	2008－04－30	3.33	51	9.21	28	—	—
诺安优化收益债券	2007－08－29	2.95	52	2.57	64	6.05	27
大成债券A/B	2003－06－12	2.72	53	11.10	15	8.79	20
国泰金龙债券A	2003－12－05	2.41	54	11.61	6	7.93	23
农银恒久增利债券	2008－12－23	2.37	55	0.15	76	—	—
大成债券C	2003－06－12	2.24	56	10.56	18	8.17	22
信诚三得益债券A	2008－09－27	2.24	57	5.19	50	—	—
国富强化收益债券A	2008－10－24	2.23	58	3.25	61	—	—
华夏债券A/B	2002－10－23	2.19	59	11.52	7	17.25	13
国富强化收益债券C	2008－10－24	2.02	60	0.13	77	—	—
国泰金龙债券C	2003－12－05	1.93	61	11.41	10	—	—
招商安泰债券A	2003－04－28	1.92	62	8.27	32	20.55	9
光大保德信增利收益债券A	2008－10－29	1.86	63	2.00	66	—	—
华夏债券C	2002－10－23	1.85	64	11.13	13	16.90	14
汇添富增强收益债券A	2008－03－06	1.83	65	9.55	23	—	—
华宝兴业宝康债券	2003－07－15	1.81	66	4.75	54	27.60	7
申万巴黎添益宝债券A	2008－12－04	1.79	67	0.60	73	—	—
广发增强债券	2008－03－27	1.78	68	11.50	8	—	—
融通债券	2003－09－30	1.75	69	9.22	27	9.20	19
光大保德信增利收益债券B	2008－10－29	1.57	70	1.90	67	—	—
信诚三得益债券B	2008－09－27	1.56	71	5.09	52	—	—
汇添富增强收益债券C	2008－03－06	1.53	72	—	—	—	—
申万巴黎添益宝债券B	2008－12－04	1.49	73	0.60	74	—	—
招商安泰债券B	2003－04－28	1.45	74	7.76	40	20.10	11
天弘永利债券B	2008－04－18	1.01	75	7.70	41	—	—
天治稳健双盈债券	2008－11－05	0.77	76	1.54	68	—	—

（续上表）

基金简称	设立日期	2009年	排序	2008年	排序	2007年	排序
嘉实超短债债券	2006-04-26	0.65	77	5.41	49	4.01	29
天弘永利债券A	2008-04-18	0.57	78	7.36	42	—	—
浦银安盛优化收益债券C	2008-12-30	0.50	79	—	—	—	—
浦银安盛优化收益债券A	2008-12-30	0.40	80	—	—	—	—
泰达宏利集利债券A	2008-09-26	0.31	81	3.94	56	—	—
东吴优信稳健债券C	2008-11-05	0.28	82	—	—	—	—
东吴优信稳健债券A	2008-11-05	0.27	83	2.44	65	—	—
益民多利债券	2008-05-21	0.01	84	8.00	36	—	—
泰达宏利集利债券C	2008-09-26	-0.13	85	3.86	57	—	—
博时稳定价值债券A	2007-09-06	-0.54	86	11.16	12	6.51	25
博时稳定价值债券B	2007-09-06	-0.90	87	10.79	17	6.41	26
汇丰晋信平稳增利债券	2008-12-03	-1.47	88	1.00	71	—	—
东方稳健回报债券	2008-12-10	-1.69	89	0.80	72	—	—

注：仅对完整运作一年以上的基金进行统计；当年新成立的基金不在统计范围之内。

表2-25 2009年开放式（ETF）基金年度净值增长率

（单位：%）

基金简称	设立日期	2009年	排序	2008年	排序	2007年	排序
易方达深证100ETF	2006-03-24	113.64	1	-63.43	2	185.35	1
华泰柏瑞上证红利ETF	2006-11-17	95.58	2	-68.29	5	154.82	2
华夏中小板ETF	2006-06-08	94.19	3	-52.62	1	149.25	3
华安上证180ETF	2006-04-13	87.82	4	-64.55	3	146.39	4
华夏上证50ETF	2004-12-30	83.60	5	-65.19	4	135.79	5

注：仅对完整运作一年以上的基金进行统计；当年新成立的基金不在统计范围之内。

表2-26 2009年QDII基金年度净值增长率

（单位：%）

基金简称	设立日期	2009年	排序	2008年	排序	2007年	排序
海富通中国海外（QDII）	2008-06-27	83.47	1	-43.33	6	-6.30	1
交银环球精选股票（QDII）	2008-08-22	72.31	2	-41.10	5	-10.70	3
工银全球股票（QDII）	2008-02-14	64.93	3	-49.94	8	-12.10	4
上投亚太优势（QDII）	2007-10-22	58.49	4	-26.40	3	—	—
嘉实海外中国股票（QDII）	2007-10-12	57.95	5	-1.20	1	—	—
华夏全球股票（QDII）	2007-10-09	56.65	6	-57.21	9	-10.50	2
华宝兴业海外中国股票	2008-05-07	54.08	7	-44.40	7	—	—
南方全球精选配置（QDII）	2007-09-19	39.55	8	-2.70	2	—	—
银华全球优选（QDII）	2008-05-26	29.93	9	-26.50	4	—	—

注：仅对完整运作一年以上的基金进行统计；当年新成立的基金不在统计范围之内。

表2–27　2009年开放式基金收益分配年度汇总统计

（单位：只；次；亿元人民币）

基金类型	分红总数量	分红总次数	年度分红总额
股票型基金	77	77	288.59
混合型基金	71	75	110.72
债券型基金	79	79	36.82
货币型基金	43	43	26.67
合 计			**462.80**
ETF基金	4	4	2.52
QDII基金	4	4	1.38

表2–28　2009年开放式基金收益分配月度汇总统计

（单位：只；次；万元人民币）

月份	股票型基金			混合型基金			债券型基金			ETF基金			QDII基金		
	分红数量	分红次数	分红总额	分红数量	分红次数	分红总额	分红数量	分红次数	分红总额	分红数量	分红次数	分红总额	分红数量	分红次数	分红总额
一月	1	1	44,354.09				3	3	21,618.62						
二月	2	2	4,248.64	4	4	3,954.62	8	8	65,022.41						
三月	2	2	2,500.55	1	1	13,374.00	12	12	43,065.27	1	1	3,170.82			
四月	12	12	352,308.71	10	10	90,673.52	2	2	19,971.87	1	1	2,435.00	1	1	246.79
五月	6	6	214,485.33	6	6	16,002.87	11	11	42,298.89				1	1	653.57
六月	3	3	9,115.74	6	6	19,621.67	3	3	8,154.25				1	1	11032.98
七月	9	9	256,988.72	8	10	43,935.27	10	10	15,926.05				1	1	1820.00
八月	6	6	293,363.52	10	11	346,436.93	2	2	14,851.10						
九月	4	4	272,615.90	2	2	106,413.65	2	2	16,040.72						
十月	3	3	40,040.71	2	2	2,755.91	3	3	13,566.90	1	1	4,565.90			
十一月	9	9	344,412.52	5	6	97,804.52	8	8	65,330.33	1	1	15,036.59			
十二月	20	20	1,051,468.00	17	17	366,197.10	15	15	42,319.17						

表2-29 2009年开放式(股票型)基金收益分配汇总统计

(单位：次；元；万元人民币)

基金简称	累计分红次数	每10份累计派现	年度利润分配总额	其中:现金形式发放金额	再投资形式发放金额
国泰金牛创新股票	1	0.200	10,548.22	5,113.33	5,434.89
国泰区位优势股票	1	0.450	3,613.46	2,735.38	878.09
合 计			**14,161.68**	**7,848.71**	**6,312.97**
南方绩优成长股票	1	0.500	44,354.09	13,678.06	30,676.03
南方盛元红利股票	4	2.590	26,443.58	21,020.41	5,423.17
南方沪深300指数	1	0.600	8,028.31	4,950.88	3,077.43
合 计			**78,825.98**	**39,649.35**	**39,176.63**
华安宏利股票	1	2.300	121,223.51	52,529.28	68,694.23
博时精选股票	1	0.350	36,503.82	14,786.82	21,717.00
博时主题行业股票(LOF)	1	1.200	117,618.88	45,036.66	72,582.22
合 计			**154,122.69**	**59,823.48**	**94,299.22**
鹏华优质治理股票(LOF)	1	0.100	7,168.06	4,132.66	3,035.40
鹏华盛世创新股票(LOF)	1	0.300	486.68	346.04	140.63
鹏华沪深300指数(LOF)	1	0.600	6,492.91	4,617.86	1,875.05
合 计			**14,147.65**	**9,096.56**	**5,051.08**
嘉实研究精选股票	2	2.100	50,237.16	27,895.88	22,341.28
大成策略回报股票	5	6.500	26,142.51	15,884.16	10,258.35
易方达价值精选股票	1	0.600	32,311.47	8,441.66	23,869.81
易方达科讯股票	1	0.100	9,188.35	5,712.70	3,475.66
易方达中小盘股票	1	0.400	2,680.72	1,461.45	1,219.27
易方达科翔股票	1	1.500	11,289.80	9,443.14	1,846.65
合 计			**55,470.34**	**25,058.96**	**30,411.38**

（续上表）

基金简称	累计分红次数	每10份累计派现	年度利润分配总额	其中:现金形式发放金额	再投资形式发放金额
宝盈策略增长股票	1	2.000	65,274.30	32,904.11	32,370.19
融通深证100指数	1	1.800	197,718.65	62,275.39	135,443.25
融通动力先锋股票	1	1.200	29,647.03	9,283.47	20,363.56
融通内需驱动股票	1	1.000	8,801.98	4,149.22	4,652.76
合 计			**236,167.66**	**75,708.09**	**160,459.57**
银华领先策略股票	1	1.000	2,013.87	1,748.26	265.61
长城久富股票(LOF)	1	0.200	4,072.31	2,144.81	1,927.49
国投瑞银创新动力股票	2	2.500	102,911.81	52,272.41	50,639.40
银河成长股票	1	0.800	1,236.16	1,075.47	160.69
海富通风格优势股票	1	2.000	129,481.43	64,393.74	65,087.69
国联安红利股票	2	2.100	4,631.65	3,385.70	1,245.95
泰信蓝筹精选股票	3	1.500	7,113.21	4,677.25	2,435.96
景顺长城优选股票	1	0.200	3,942.35	1,808.37	2,133.98
景顺长城内需贰号股票	1	6.200	185,819.67	88,836.83	96,982.84
合 计			**189,762.02**	**90,645.21**	**99,116.82**
广发核心精选股票	2	1.600	16,048.16	11,656.41	4,391.75
广发沪深300指数	2	1.400	15,412.40	8,572.54	6,839.86
合 计			**31,460.55**	**20,228.94**	**11,231.61**
兴业社会责任股票	1	1.900	77,143.41	41,792.37	35,351.04
诺安成长股票	2	1.400	7,417.99	5,576.64	1,841.35
申万巴黎竞争优势股票	2	1.000	887.05	478.97	408.08
申万巴黎消费增长股票	1	0.150	1,485.88	843.00	642.88
合 计			**2,372.93**	**1,321.97**	**1,050.96**

（续上表）

基金简称	累计分红次数	每10份累计派现	年度利润分配总额	其中:现金形式发放金额	再投资形式发放金额
光大保德信均衡精选股票	1	1.200	6,685.17	5,638.60	1,046.56
上投摩根成长先锋股票	1	6.800	193,416.52	77,588.72	115,827.79
中银增长股票	1	1.500	189,450.55	96,943.41	92,507.13
天弘永定价值成长股票	2	1.900	1,817.80	691.24	1,126.56
国富弹性市值股票	1	2.500	102,754.91	44,631.59	58,123.32
国富潜力组合股票	2	2.500	148,446.63	84,400.72	64,045.90
国富深化价值股票	1	2.000	24,759.27	18,285.91	6,473.36
合 计			**275,960.81**	**147,318.23**	**128,642.58**
华泰柏瑞价值增长股票	1	3.100	24,927.33	22,590.12	2,337.21
新华优选成长股票	1	0.500	368.10	339.54	28.56
工银核心价值股票	3	4.900	529,924.58	263,832.27	266,092.31
工银稳健成长股票	1	2.500	100,452.18	43,894.95	56,557.23
工银大盘蓝筹股票	2	2.000	11,022.81	6,452.90	4,569.91
工银沪深300指数	2	1.350	30,281.51	17,332.15	12,949.37
合 计			**671,681.08**	**331,512.26**	**340,168.82**
建信恒久价值股票	2	0.700	22,290.40	10,333.44	11,956.96
建信核心精选股票	1	5.800	20,288.20	18,450.62	1,837.58
合 计			**42,578.60**	**28,784.06**	**13,794.54**
汇丰晋信大盘股票	1	0.300	7,171.25	6,038.66	1,132.59
华商盛世成长股票	1	2.650	5,234.72	4,537.51	697.20
农银行业成长股票	1	4.000	91,219.70	80,001.21	11,218.50

表2-30　2009年开放式(混合型)基金收益分配汇总统计

（单位：次；元；万元人民币）

基金简称	累计分红次数	每10份累计派现	年度利润分配总额	其中：现金形式发放金额	再投资形式发放金额
国泰金鹏蓝筹混合	1	0.320	7,527.95	2,741.47	4,786.49
国泰金鼎价值混合	1	2.000	123,655.77	88,127.23	35,528.54
国泰金鹿保本混合(二期)	1	0.500	13,374.00	13,374.00	—
合　计			**144,557.72**	**104,242.70**	**40,315.03**
南方恒元保本混合	1	0.200	5,509.85	5,509.85	—
华夏成长混合	1	1.000	76,574.24	33,532.04	43,042.20
华夏经典混合	1	11.400	107,153.22	28,950.10	78,203.12
华夏大盘精选混合	1	1.000	6,400.23	2,617.01	3,783.22
合　计			**190,127.69**	**65,099.15**	**125,028.54**
鹏华中国50混合	1	1.000	26,646.48	12,399.98	14,246.50
嘉实回报混合	1	0.110	7,140.70	4,934.52	2,206.18
长盛动态精选混合	1	1.000	17,540.14	7,816.85	9,723.29
长盛创新先锋混合	2	2.200	4,996.43	4,465.77	530.65
合　计			**22,536.56**	**12,282.62**	**10,253.94**
富国天成红利混合	2	0.200	1,380.74	1,015.77	364.97
易方达平稳增长混合	1	0.200	4,911.57	1,680.08	3,231.49
易方达策略成长混合	3	0.600	10,540.81	2,933.70	7,607.10
易方达积极成长混合	1	0.700	42,246.45	12,447.83	29,798.61
易方达科汇灵活配置混合	1	1.500	12,642.70	9,635.65	3,007.05
合　计			**70,341.52**	**26,697.27**	**43,644.25**
宝盈核心优势混合	8	2.000	4,067.51	2,748.97	1,318.54
融通蓝筹成长混合	1	1.200	26,201.55	9,977.82	16,223.74
银华保本增值混合	1	0.500	5,496.47	5,496.47	—
银华和谐主题混合	1	0.800	17,434.64	12,455.13	4,979.51
合　计			**22,931.11**	**17,951.60**	**4,979.51**

（续上表）

基金简称	累计分红次数	每10份累计派现	年度利润分配总额	其中:现金形式发放金额	再投资形式发放金额
泰达宏利风险预算混合	1	1.550	4,619.20	3,427.98	1,191.22
泰达宏利品质生活混合	1	1.000	9,137.17	8,118.78	1,018.38
合 计			**13,756.37**	**11,546.76**	**2,209.60**
国投瑞银稳健增长混合	1	0.400	777.22	615.77	161.45
万家双引擎灵活配置混合	1	4.700	81,463.80	80,262.42	1,201.38
金鹰中小盘精选混合	4	5.180	15,089.64	8,692.74	6,396.91
华宝兴业宝康配置混合	1	0.500	9,561.48	4,268.18	5,293.29
华宝兴业宝康消费品混合	1	0.500	12,728.66	6,418.80	6,309.86
合 计			**22,290.14**	**10,686.99**	**11,603.15**
国联安稳健混合	2	1.600	2,614.98	760.67	1,854.31
长信双利优选混合	4	3.000	4,382.63	3,812.23	570.41
泰信优势增长混合	2	1.300	1,628.55	961.54	667.01
兴业可转债混合	3	1.120	28,024.72	6,671.00	21,353.72
兴业趋势投资混合(LOF)	1	1.000	177,181.25	93,111.40	84,069.85
合 计			**205,205.97**	**99,782.40**	**105,423.57**
诺安灵活配置混合	3	4.200	28,527.36	21,225.59	7,301.77
申万巴黎盛利强化配置混合	1	0.200	181.06	67.66	113.40
中海蓝筹混合	1	2.600	9,607.52	8,741.74	865.78
上投摩根双核平衡混合	1	0.500	4,340.21	3,263.28	1,076.93
中银中国混合(LOF)	1	0.500	5,964.83	2,804.35	3,160.49
中银优选混合	1	0.300	4,306.46	3,781.15	525.32
合 计			**10,271.30**	**6,585.49**	**3,685.80**
国富中国收益混合	1	1.500	25,452.54	13,986.43	11,466.11
汇添富蓝筹稳健混合	1	0.300	1,395.78	1,097.80	297.98
工银精选平衡混合	1	1.000	105,705.99	45,150.70	60,555.29
汇丰晋信2026周期混合	1	3.200	4,765.88	3,641.39	1,124.49

（续上表）

基金简称	累计分红次数	每10份累计派现	年度利润分配总额	其中：现金形式发放金额	再投资形式发放金额
益民红利成长混合	1	0.680	18,488.74	8,935.82	9,552.92
中邮核心优势灵活配置混合	2	0.500	19,741.10	16,539.72	3,201.38
信达澳银精华配置混合	1	2.000	2,418.64	2,092.47	326.18
中欧新蓝筹混合	2	2.700	3,612.07	3,270.18	341.89
金元比联成长动力混合	2	1.300	1,132.93	961.06	171.88
民生加银品牌蓝筹混合	1	0.300	2,878.19	2,407.41	470.78

表2–31　2009年开放式（债券型）基金年度收益分配汇总统计

（单位：次；元；万元人民币）

基金简称	累计分红次数	每10份累计派现	年度利润分配总额	其中：现金形式发放金额	再投资形式发放金额
国泰金龙债券	1	0.400	5,853.28	3,991.79	1,861.49
国泰双利债券	1	0.100	947.52	713.08	234.44
合　计			**6,800.79**	**4,704.87**	**2,095.92**
南方多利中短期债券A	1	0.200	12.66	10.30	2.36
南方多利中短期债券C	2	0.680	6,691.34	4,347.21	2,344.13
合　计			**6,704.00**	**4,357.51**	**2,346.49**
华夏债券A/B	4	0.800	22,543.68	8,880.92	13,662.76
华夏债券C	4	0.800	25,849.36	9,897.47	15,951.90
中信稳定双利债券	4	0.910	17,499.01	6,008.98	11,490.03
华夏希望债券A	2	0.600	19,995.54	10,894.68	9,100.86
华夏希望债券C	2	0.600	23,807.84	12,145.90	11,661.94
合　计			**109,695.43**	**47,827.94**	**61,867.49**
华安稳定收益	1	0.300	7,797.05	5,952.93	1,844.12
华安强化收益债券	1	0.100	1,213.79	957.19	256.60
合　计			**9,010.84**	**6,910.12**	**2,100.72**

（续上表）

基金简称	累计分红次数	每10份累计派现	年度利润分配总额	其中:现金形式发放金额	再投资形式发放金额
鹏华普天债券	1	0.200	1,115.39	851.25	264.14
嘉实债券	1	0.150	2,512.43	881.28	1,631.16
嘉实超短债	5	0.175	11,246.10	7,201.80	4,044.30
嘉实多元债券A	3	0.280	1,550.73	1,010.92	539.81
嘉实多元债券B	3	0.260	2,640.49	1,304.91	1,335.58
合 计			**17,949.76**	**10,398.90**	**7,550.85**
长盛全债指数增强债券	1	0.400	2,872.39	1,236.35	1,636.04
大成债券A/B	3	0.400	1,485.98	916.55	569.43
大成债券C	3	0.400	4,822.79	4,160.91	661.88
大成强化收益债券	2	1.000	8,321.31	7,738.73	582.58
合 计			**14,630.07**	**12,816.18**	**1,813.88**
富国天利增长债券	4	1.000	20,739.20	10,514.38	10,224.81
易方达稳健收益债券A	2	0.210	1,556.98	647.27	909.71
易方达稳健收益债券B	2	0.220	1,637.21	678.67	958.54
易方达增强回报债券	1	0.600	8,965.46	5,909.07	3,056.39
合 计			**12,159.65**	**7,235.00**	**4,924.65**
宝盈增强收益债券A/B	2	0.380	2,209.04	1,245.90	963.14
宝盈增强收益债券C	2	0.380	276.30	262.37	13.93
合 计			**2,485.34**	**1,508.27**	**977.07**
融通债券	1	1.000	4,821.03	2,356.16	2,464.86
长城稳健增利债券	1	0.250	695.98	643.24	52.74
泰达宏利集利债券	1	0.180	1,383.29	1,146.11	237.18
国投瑞银融华债券	1	1.000	5,206.22	1,789.05	3,417.17
国投瑞银稳定增利债券	1	0.250	9,622.61	6,727.65	2,894.96
合 计			**14,828.83**	**8,516.70**	**6,312.14**

（续上表）

基金简称	累计分红次数	每10份累计派现	年度利润分配总额	其中:现金形式发放金额	再投资形式发放金额
银河收益债券	1	1.000	2,294.78	1,132.47	1,162.31
银河银信添利债券A	4	0.970	6,362.27	3,764.90	2,597.37
银河银信添利债券B	4	0.970	4,184.35	2,972.19	1,212.16
合 计			**12,841.40**	**7,869.56**	**4,971.84**
华宝兴业宝康债券	1	0.300	3,328.91	1,756.05	1,572.86
国联安增利债券A	1	0.200	713.25	594.91	118.34
国联安增利债券B	1	0.150	496.21	317.78	178.43
合 计			**1,209.47**	**912.69**	**296.77**
长信利丰债券	1	0.200	541.27	523.97	17.30
泰信双息双利债券	2	0.800	4,645.43	2,818.37	1,827.06
广发增强收益债券	1	0.300	12,232.06	7,949.12	4,282.94
诺安优化收益债券	1	0.100	406.41	297.86	108.54
中海稳健收益债券	1	0.300	4,608.51	3,889.07	719.44
华富收益增强债券A	3	0.700	4,337.03	3,612.38	724.66
华富收益增强债券B	3	0.700	1,857.84	1,315.51	542.33
合 计			**6,194.87**	**4,927.89**	**1,266.98**
东吴优信稳健债券	1	0.120	471.78	372.18	99.61
天弘永利债券A	3	0.598	674.11	598.29	75.82
天弘永利债券B	3	0.674	416.28	270.97	145.31
合 计			**1,090.39**	**869.27**	**221.12**
国富强化收益债券	1	0.100	439.23	396.74	42.49
华泰柏瑞稳本增利债券A	2	0.770	1,558.29	1,002.51	555.78
华泰柏瑞稳本增利债券B	2	0.770	1,580.85	1,118.33	462.52
合 计			**3,139.14**	**2,120.84**	**1,018.30**

（续上表）

基金简称	累计分红次数	每10份累计派现	年度利润分配总额	其中:现金形式发放金额	再投资形式发放金额
汇添富增收收益债券	1	0.200	4,547.04	3,152.40	1,394.64
工银增强收益债券	1	0.950	31,461.58	11,611.92	19,849.66
工银添利债券A	2	0.500	8,366.04	4,720.37	3,645.68
工银添利债券B	2	0.500	7,533.74	4,145.81	3,387.93
合 计			**47,361.36**	**20,478.10**	**26,883.26**
交银增利债券A/B	2	0.910	31,933.01	25,533.43	6,399.58
交银增利债券C	2	0.860	17,462.37	12,106.27	5,356.10
合 计			**49,395.38**	**37,639.70**	**11,755.68**
建信稳定增利债券	1	0.500	12,809.91	9,146.50	3,663.41
信诚三得益债券	1	0.150	2,301.25	1,988.15	313.11
华商收益增强债券A	3	0.510	1,363.12	1,155.00	208.11
华商收益增强债券B	3	0.480	3,308.81	2,506.59	802.22
合 计			**4,671.93**	**3,661.60**	**1,010.33**
中欧稳健收益债券A	1	0.250	202.16	185.18	16.98
中欧稳健收益债券C	1	0.240	534.62	507.15	27.47
合 计			**736.79**	**692.33**	**44.46**
金元比联丰利债券	1	0.100	743.87	703.93	39.94
农银恒久增利债券	1	0.030	189.45	179.47	9.98

表2-32 2009年开放式（货币型）基金年度收益分配汇总统计

（单位：万元人民币）

基金简称	年度利润分配合计	其中：再投资形式发放金额
国泰货币	2,894.19	2,895.93
南方现金增利货币	18,774.36	20,626.48
华夏现金增利货币	39,064.15	39,167.80
中信现金优势货币	964.07	962.96
华安现金富利货币	17,935.95	18,982.81
博时现金收益货币	25,141.18	26,611.79
鹏华货币	6,743.22	6,826.55
嘉实货币	12,917.37	18,141.63
长盛货币	4,463.02	4,463.02
大成货币	5,459.05	5,438.60
富国天时货币	2,463.17	1,926.40
易方达货币	11,699.31	11,632.22
宝盈货币	130.40	127.91
融通易支付货币	880.87	684.54
长城货币	696.35	696.35
泰达宏利货币	2,337.87	2,236.67
国投瑞银货币	215.76	215.76
银河银富货币	3,202.89	3,202.89
万家货币	5,924.74	6,237.40
招商现金增值	8,353.52	8,353.52
华宝兴业现金宝	3,220.00	3,212.37
大摩货币	592.42	462.01
海富通货币	14,418.22	14,793.11
长信利息收益	8,681.57	8,406.78
泰信天天收益	3,162.49	3,304.47
天治天得利	1,478.83	1,481.89
景顺长城货币	1,144.08	1,142.58
广发货币	4,098.09	4,216.37
兴业货币	816.96	832.49
诺安货币	1,735.04	1,489.84
申万巴黎收益宝货币	320.59	320.59
华富货币	1,253.25	1,012.46
光大保德信货币	821.83	821.83
上投摩根货币	5,264.16	5,025.64
东方金账簿货币	443.04	365.06
中银货币	2,621.15	2,433.30
华泰柏瑞货币	144.33	96.00
汇添富货币	8,905.50	9,482.36
工银货币	15,205.93	15,730.67
交银货币	11,682.27	12,521.85
建信货币	10,367.81	10,367.81
益民货币	91.80	66.76

表2-33 2009年开放式(ETF)基金年度收益分配汇总统计

（单位：次；元；万元人民币）

基金简称	累计分红次数	每10份累计派现	年度利润分配总额	其中：现金形式发放额	再投资形式发放额
华夏中小板ETF	1	1.000	15,036.59	15,036.59	——
华安上证180ETF	1	1.490	2,435.00	2,435.00	——
华泰柏瑞上证红利ETF	2	0.470	7,736.72	7,736.72	——

表2-34 2009年QDII基金年度收益分配汇总统计

（单位：次；元；万元人民币）

基金简称	累计分红次数	每10份累计派现	年度利润分配总额	其中：现金形式发放额	再投资形式发放额
海富通中国海外QDII	2	2.700	11,279.77	7,658.06	3,621.70
交银环球精选QDII	2	0.800	2,473.57	1,487.08	986.49

表2-35 2009年开放式基金年度经营利润汇总统计

（单位：万元人民币）

基金类型	本年度利润	本年度收入总额	本年度费用总额
股票型基金	50,200,236.98	52,518,103.80	2,317,866.82
混合型基金	31,106,228.24	32,805,795.83	1,699,567.59
债券型基金	271,474.43	402,467.34	130,992.91
货币型基金	411,040.80	561,630.86	150,590.05
合 计	**81,988,980.46**	**86,287,997.82**	**4,299,017.36**
ETF基金	1,893,073.57	1,918,702.54	25,628.97
QDII基金	2,728,039.57	2,911,053.92	183,014.35

表2–36 2009年开放式(股票型)基金年度利润汇总统计

(单位：万元人民币)

基金简称	年度利润	年度收入	年度费用
国泰金鹰增长股票	41,580.00	43,369.02	1,789.02
国泰金牛创新股票	296,206.10	306,882.75	10,676.65
国泰沪深300指数	277,344.14	281,787.16	4,443.02
国泰区位优势股票	21,314.09	22,987.80	1,673.70
国泰中小盘成长股票(LOF)	10,839.49	12,067.44	1,227.95
合　计	**647,283.82**	**667,094.17**	**19,810.35**
南方积极配置股票(LOF)	125,224.47	132,533.90	7,309.43
南方高增长股票(LOF)	186,128.33	197,234.76	11,106.44
南方绩优成长股票	554,658.59	583,992.88	29,334.29
南方成份精选股票	565,393.30	595,816.07	30,422.77
南方隆元产业主题股票	312,085.51	327,745.66	15,660.15
南方盛元红利股票	242,766.03	253,932.18	11,166.15
南方优选价值股票	28,359.13	29,935.29	1,576.16
南方沪深300指数	48,587.69	50,424.52	1,836.83
南方中证500指数(LOF)	52,261.34	53,684.83	1,423.49
合　计	**2,115,464.39**	**2,225,300.10**	**109,835.71**
华夏收入股票	274,072.91	286,951.48	12,878.58
华夏优势增长股票	701,381.21	737,448.48	36,067.27
华夏复兴股票	294,289.45	307,972.25	13,682.80
华夏行业股票(LOF)	558,554.31	584,548.39	25,994.07
华夏沪深300指数	23,621.01	36,619.31	12,998.30
合　计	**1,851,918.88**	**1,953,539.91**	**101,621.02**
华安中国A股增强指数	284,574.76	293,194.01	8,619.25
华安宏利股票	620,546.96	648,045.22	27,498.25
华安中小盘成长股票	640,225.82	666,829.43	26,603.61
华安策略优选股票	637,398.83	666,781.26	29,382.42
华安核心股票	22,890.93	24,165.68	1,274.75
华安上证180ETF联接	12,716.10	13,039.36	323.25
合　计	**2,218,353.42**	**2,312,054.96**	**93,701.54**
博时沪深300指数	783,126.74	801,497.40	18,370.66
博时精选股票	645,053.27	676,465.85	31,412.57
博时主题行业股票(LOF)	853,202.11	885,503.95	32,301.83
博时第三产业股票	565,467.60	587,835.58	22,367.98
博时新兴成长股票	1,048,570.29	1,098,187.27	49,616.97
博时特许价值股票	56,832.49	60,500.21	3,667.72
合　计	**3,952,252.51**	**4,109,990.26**	**157,737.75**

（续上表）

基金简称	年度利润	年度收入	年度费用
鹏华价值优势股票(LOF)	653,575.69	678,027.75	24,452.06
鹏华优质治理股票(LOF)	458,169.54	477,726.82	19,557.29
鹏华盛世创新股票(LOF)	18,047.89	19,653.33	1,605.44
鹏华沪深300指数(LOF)	37,015.30	38,679.57	1,664.27
鹏华精选成长股票	10,611.61	12,414.33	1,802.72
合　计	**1,177,420.02**	**1,226,501.79**	**49,081.77**
嘉实沪深300指数(LOF)	1,690,636.22	1,713,720.32	23,084.10
嘉实优质企业股票	190,639.03	203,075.34	12,436.32
嘉实研究精选股票	153,034.21	165,730.54	12,696.33
嘉实量化阿尔法股票	67,469.14	74,555.42	7,086.29
合　计	**2,101,778.59**	**2,157,081.62**	**55,303.03**
长盛中证100指数	64,898.98	66,604.76	1,705.78
长盛同德主题股票	500,142.66	522,776.90	22,634.24
合　计	**565,041.64**	**589,381.66**	**24,340.02**
大成沪深300股票	377,130.73	384,269.95	7,139.22
大成积极成长股票	149,132.33	157,475.19	8,342.86
大成景阳领先股票	215,192.59	225,743.74	10,551.14
大成策略回报股票	28,791.51	30,902.38	2,110.87
大成行业轮动股票	23,006.91	25,693.58	2,686.67
合　计	**793,254.07**	**824,084.83**	**30,830.76**
富国天益价值股票	482,777.60	506,369.63	23,592.03
富国天合稳健股票	204,887.41	214,949.15	10,061.75
富国天博创新股票	432,210.84	450,334.56	18,123.72
富国天鼎中证指数增强	30,247.46	32,023.63	1,776.16
合　计	**1,150,123.31**	**1,203,676.97**	**53,553.66**
易方达上证50指数	1,106,179.09	1,141,052.03	34,872.94
易方达价值精选股票	386,353.11	405,912.60	19,559.49
易方达科讯股票	265,809.34	284,957.14	19,147.79
易方达中小盘股票	52,223.74	55,014.66	2,790.92
易方达科翔股票	42,353.77	45,042.95	2,689.19
易方达行业领先股票	88,113.94	94,096.60	5,982.66
易方达沪深300指数	106,811.40	111,930.51	5,119.11
合　计	**2,047,844.39**	**2,138,006.50**	**90,162.10**
宝盈泛沿海增长股票	95,716.74	108,160.41	12,443.68
宝盈策略增长股票	177,964.23	189,207.72	11,243.49
宝盈资源优选股票	15,082.72	16,066.54	983.83
合　计	**288,763.68**	**313,434.68**	**24,671.00**

（续上表）

基金简称	年度利润	年度收入	年度费用
融通深证100指数	779,501.55	795,961.70	16,460.14
融通巨潮100指数(LOF)	168,037.93	173,180.98	5,143.05
融通动力先锋股票	158,871.28	168,798.57	9,927.29
融通领先成长股票(LOF)	253,034.41	264,516.16	11,481.75
融通内需驱动股票	44,367.95	47,523.61	3,155.66
合　计	**1,403,813.12**	**1,449,981.02**	**46,167.89**
银华-道琼斯88指数	688,205.49	709,073.86	20,868.37
银华核心价值优选股票	1,101,389.97	1,133,578.15	32,188.17
银华优质增长股票	405,835.19	421,885.71	16,050.52
银华富裕主题股票	487,904.30	506,068.43	18,164.13
银华领先策略股票	23,415.15	25,103.26	1,688.11
银华内需精选股票(LOF)	34,804.68	39,936.40	5,131.72
银华沪深300指数(LOF)	4,318.91	4,592.93	274.03
合　计	**2,745,873.70**	**2,840,238.74**	**94,365.04**
长城久泰中信标普300指数	130,629.25	134,034.21	3,404.96
长城消费增值股票	331,876.59	345,101.07	13,224.48
长城久富股票(LOF)	225,105.66	234,274.40	9,168.73
长城品牌优选股票	712,659.20	739,552.94	26,893.74
长城双动力股票	3,410.10	3,744.33	334.23
合　计	**1,403,680.80**	**1,456,706.95**	**53,026.15**
泰达宏利成长股票	47,557.30	51,368.15	3,810.85
泰达宏利周期股票	31,053.38	33,280.96	2,227.59
泰达宏利稳定股票	10,940.95	12,187.98	1,247.03
泰达宏利精选股票	247,150.50	265,371.92	18,221.42
泰达宏利首选企业股票	121,918.92	128,304.71	6,385.80
泰达宏利市值优选股票	352,783.93	373,236.73	20,452.80
合　计	**811,404.97**	**863,750.47**	**52,345.50**
国投瑞银核心企业股票	416,526.88	433,912.01	17,385.13
国投瑞银创新动力股票	204,772.71	213,493.79	8,721.08
国投瑞银成长优选股票	156,451.05	163,665.39	7,214.34
国投瑞银沪深300指数分级	19,313.22	20,561.81	1,248.59
合　计	**797,063.86**	**831,633.00**	**34,569.14**
银河成长股票	12,513.42	13,262.01	748.59
银河行业股票	9,751.16	10,577.85	826.69
合　计	**22,264.58**	**23,839.86**	**1,575.28**
万家180指数	299,528.25	307,783.67	8,255.42
万家公用事业行业股票(LOF)	17,427.67	19,205.43	1,777.76
万家精选股票	13,856.24	16,469.97	2,613.73
合　计	**330,812.16**	**343,459.07**	**12,646.91**

（续上表）

基金简称	年度利润	年度收入	年度费用
金鹰行业优势股票	5,141.57	8,925.61	3,784.03
招商安泰股票	42,731.66	46,319.81	3,588.14
招商优质成长股票(LOF)	324,218.06	339,376.34	15,158.28
招商大盘蓝筹股票	46,853.92	51,834.14	4,980.22
招商行业领先股票	50,311.01	56,148.34	5,837.33
合　计	**464,114.65**	**493,678.62**	**29,563.97**
华宝兴业多策略股票	410,187.28	427,946.03	17,758.75
华宝兴业动力组合股票	142,832.68	149,122.79	6,290.11
华宝兴业先进成长股票	254,895.18	266,439.12	11,543.94
华宝兴业行业精选股票	919,127.06	952,409.44	33,282.38
华宝兴业大盘精选股票	54,475.30	57,475.60	3,000.31
华宝兴业中证100指数	7,381.37	7,833.49	452.12
合　计	**1,788,898.86**	**1,861,226.48**	**72,327.61**
大摩领先优势股票	7,354.42	7,958.01	603.60
海富通股票	252,799.09	269,786.47	16,987.38
海富通风格优势股票	265,531.58	281,903.94	16,372.36
海富通领先成长股票	44,223.70	48,106.31	3,882.61
海富通中证100指数(LOF)	5,258.47	5,823.12	564.66
合　计	**567,812.83**	**605,619.84**	**37,807.01**
国联安精选股票	127,813.84	136,921.75	9,107.91
国联安优势股票	60,091.86	64,614.64	4,522.78
国联安红利股票	12,219.00	13,341.95	1,122.94
国联安主题驱动股票	5,299.02	6,050.70	751.68
合　计	**205,423.72**	**220,929.04**	**15,505.31**
长信银利精选股票	145,220.84	151,383.93	6,163.09
长信金利趋势股票	401,431.06	419,059.42	17,628.37
长信增利动态策略股票	141,141.69	152,645.19	11,503.50
长信恒利优势股票	−2,689.73	−1,710.91	978.82
合　计	**685,103.85**	**721,377.63**	**36,273.77**
泰信优质生活股票	105,686.86	112,001.08	6,314.23
泰信蓝筹精选股票	18,853.08	20,887.78	2,034.70
合　计	**124,539.94**	**132,888.87**	**8,348.93**
天治核心成长股票(LOF)	139,808.99	147,219.54	7,410.54
天治创新先锋股票	4,241.61	4,630.98	389.36
合　计	**144,050.61**	**151,850.52**	**7,799.91**

（续上表）

基金简称	年度利润	年度收入	年度费用
景顺长城优选股票	116,422.25	123,725.40	7,303.15
景顺长城内需增长股票	94,900.87	100,396.78	5,495.90
景顺长城鼎益股票(LOF)	376,105.79	394,604.89	18,499.10
景顺长城资源垄断股票(LOF)	456,272.42	478,408.42	22,136.00
景顺长城新兴成长股票	147,932.83	159,032.11	11,099.29
景顺长城内需贰号股票	207,633.52	220,048.59	12,415.08
景顺长城精选蓝筹股票	628,657.75	662,834.20	34,176.45
景顺长城公司治理股票	3,586.56	4,059.56	473.00
景顺长城能源基建股票	2,736.70	3,117.50	380.80
合　计	**2,034,248.69**	**2,146,227.46**	**111,978.77**
广发小盘成长股票	612,634.66	637,497.80	24,863.14
广发聚丰股票	1,338,117.58	1,390,088.55	51,970.97
广发核心精选股票	70,978.47	75,278.71	4,300.25
广发沪深300指数	74,137.61	76,242.55	2,104.95
广发聚瑞股票	43,174.20	53,645.71	10,471.51
合　计	**2,139,042.51**	**2,232,753.32**	**93,710.81**
兴业全球视野股票	390,164.51	407,916.94	17,752.42
兴业社会责任股票	227,843.55	238,796.80	10,953.25
合　计	**618,008.06**	**646,713.73**	**28,705.67**
诺安股票	1,119,798.43	1,163,826.66	44,028.23
诺安价值增长股票	514,572.34	537,281.19	22,708.85
诺安成长股票	22,325.67	24,473.54	2,147.87
诺安中证100指数	311.20	846.40	535.20
合　计	**1,657,007.64**	**1,726,427.79**	**69,420.15**
申万巴黎新动力股票	190,380.55	201,171.74	10,791.18
申万巴黎竞争优势股票	6,995.87	7,569.90	574.02
申万巴黎消费增长股票	21,296.07	23,646.37	2,350.30
合　计	**218,672.49**	**232,388.00**	**13,715.51**
中海量化策略股票	10,226.08	13,785.94	3,559.85
华富成长趋势股票	75,488.72	79,971.23	4,482.51
光大保德信量化股票	779,866.65	807,806.54	27,939.89
光大保德信红利股票	230,591.64	240,532.20	9,940.56
光大保德信新增长股票	124,686.47	129,248.49	4,562.02
光大保德信优势配置股票	677,113.92	701,885.94	24,772.02
光大保德信均衡精选股票	26,645.66	28,166.00	1,520.35
合　计	**1,838,904.34**	**1,907,639.17**	**68,734.83**

（续上表）

基金简称	年度利润	年度收入	年度费用
上投摩根阿尔法股票	296,480.43	311,804.56	15,324.13
上投摩根成长先锋股票	289,568.89	305,752.74	16,183.84
上投摩根内需动力股票	613,208.38	648,908.63	35,700.25
上投摩根中小盘股票	38,372.00	42,548.14	4,176.14
合　计	**1,237,629.71**	**1,309,014.07**	**71,384.36**
东方策略成长股票	5,786.39	6,105.48	319.09
东方核心动力股票	1,390.50	1,976.44	585.94
合　计	**7,176.89**	**8,081.92**	**905.03**
中银增长股票	543,897.59	570,009.64	26,112.06
中银策略股票	158,877.11	166,881.29	8,004.17
中银中证100指数增强	15,302.83	17,044.30	1,741.47
合　计	**718,077.53**	**753,935.23**	**35,857.70**
东吴双动力股票	49,875.16	59,207.74	9,332.58
东吴行业轮动股票	70,386.85	77,257.92	6,871.07
合　计	**120,262.01**	**136,465.65**	**16,203.64**
天弘永定价值成长股票	2,400.48	3,028.44	627.96
国富弹性市值股票	258,468.89	269,146.97	10,678.07
国富潜力组合股票	338,844.82	353,267.88	14,423.07
国富深化价值股票	73,279.17	76,116.79	2,837.62
国富成长动力股票	20,935.44	22,871.47	1,936.02
国富沪深300指数增强	37,016.28	38,543.05	1,526.77
合　计	**728,544.60**	**759,946.15**	**31,401.55**
华泰柏瑞盛世中国股票	312,798.49	334,239.92	21,441.43
华泰柏瑞价值增长股票	18,835.11	20,025.31	1,190.21
华泰柏瑞行业领先股票	−38,325.75	−36,375.09	1,950.66
合　计	**293,307.85**	**317,890.14**	**24,582.29**
新华优选成长股票	42,281.35	45,165.69	2,884.33
汇添富均衡增长股票	896,650.49	951,003.18	54,352.69
汇添富成长焦点股票	572,152.88	600,080.46	27,927.57
汇添富价值精选股票	52,852.39	56,824.54	3,972.15
汇添富上证综合指数	45,936.05	51,571.31	5,635.26
合　计	**1,567,591.81**	**1,659,479.49**	**91,887.68**
工银核心价值股票	323,472.45	341,119.22	17,646.77
工银稳健成长债券	257,996.92	273,145.42	15,148.51
工银红利股票	233,219.38	243,668.68	10,449.30
工银大盘蓝筹股票	47,773.12	51,209.45	3,436.33
工银沪深300指数	112,729.15	116,176.07	3,446.92
合　计	**975,191.02**	**1,025,318.85**	**50,127.83**

（续上表）

基金简称	年度利润	年度收入	年度费用
交银精选股票	514,669.04	541,076.88	26,407.84
交银成长股票	360,367.87	377,502.29	17,134.41
交银蓝筹股票	639,100.27	669,303.16	30,202.89
交银先锋股票	97,019.14	105,333.68	8,314.54
交银上证180公司治理ETF联接	10,349.59	12,213.20	1,863.62
合　计	**1,621,505.91**	**1,705,429.21**	**83,923.29**
建信恒久价值股票	134,332.14	143,058.10	8,725.96
建信优选成长股票	169,359.79	178,845.69	9,485.90
建信核心精选股票	17,865.26	19,235.26	1,370.00
合　计	**321,557.18**	**341,139.05**	**19,581.87**
信诚精萃成长股票	164,698.77	175,537.48	10,838.71
信诚盛世蓝筹股票	28,689.67	30,635.28	1,945.60
信诚优胜精选股票	18,281.82	20,878.76	2,596.94
合　计	**211,670.26**	**227,051.51**	**15,381.25**
汇丰晋信龙腾股票	98,063.91	102,928.73	4,864.82
汇丰晋信大盘股票	35,721.58	39,559.96	3,838.38
合　计	**133,785.49**	**142,488.69**	**8,703.20**
华商盛世成长股票	40,316.37	45,685.32	5,368.95
中邮核心优选股票	931,453.68	966,921.80	35,468.12
中邮核心成长股票	1,287,162.55	1,345,817.16	58,654.61
合　计	**2,218,616.23**	**2,312,738.96**	**94,122.73**
信达澳银领先增长股票	417,379.64	434,826.04	17,446.40
诺德价值优势股票	195,556.10	205,852.27	10,296.17
诺德成长优势股票	1,821.81	1,936.35	114.54
合　计	**197,377.91**	**207,788.62**	**10,410.71**
中欧新趋势股票(LOF)	110,049.44	116,890.45	6,841.02
中欧价值发现股票	-4,587.84	-3,750.61	837.23
合　计	**105,461.60**	**113,139.85**	**7,678.25**
金元比联价值增长股票	3,384.07	3,714.56	330.50
浦银安盛价值成长股票	52,300.90	55,038.27	2,737.37
农银行业成长股票	140,253.08	150,330.80	10,077.73
农银策略价值股票	35,714.20	40,289.49	4,575.29
合　计	**175,967.27**	**190,620.29**	**14,653.02**
总　计	**50,200,236.98**	**52,518,103.80**	**2,317,866.82**

表2-37 2009年开放式(混合型)基金年度利润汇总统计

(单位：万元人民币)

基金简称	年度利润	年度收入	年度费用
国泰金龙行业混合	21,460.09	22,458.47	998.38
国泰金马稳健混合	390,312.53	405,612.46	15,299.93
国泰金鹏蓝筹混合	136,782.63	141,557.67	4,775.03
国泰金鼎价值混合	360,988.61	373,478.52	12,489.91
国泰金鹿保本混合(二期)	12,660.99	16,504.76	3,843.77
合　计	**922,204.86**	**959,611.88**	**37,407.02**
南方稳健成长混合	280,072.76	297,024.10	16,951.34
南方避险增值混合	113,695.48	130,974.03	17,278.55
南方稳健成长贰号混合	281,499.70	299,706.62	18,206.92
南方恒元保本混合	37,523.62	43,285.76	5,762.13
合　计	**712,791.55**	**770,990.50**	**58,198.95**
华夏成长混合	513,209.94	539,788.47	26,578.53
华夏回报混合	481,768.19	513,315.19	31,547.00
华夏经典混合	89,845.18	94,263.83	4,418.65
华夏大盘精选混合	344,948.27	356,554.22	11,605.95
华夏红利混合	1,394,423.39	1,456,048.60	61,625.22
华夏稳增混合	284,998.52	304,049.62	19,051.10
华夏回报二号混合	258,676.66	275,555.22	16,878.56
华夏蓝筹混合(LOF)	814,206.16	852,084.20	37,878.04
华夏策略混合	123,435.72	128,551.22	5,115.50
合　计	**4,305,512.03**	**4,520,210.58**	**214,698.54**
华安创新混合	291,229.90	310,644.56	19,414.66
华安宝利配置混合	179,799.07	190,524.61	10,725.54
合　计	**471,028.97**	**501,169.17**	**30,140.20**
博时价值增长混合	850,326.23	876,742.74	26,416.52
博时平衡配置混合	123,186.40	131,375.57	8,189.17
博时价值增长贰号混合	355,333.25	370,777.26	15,444.01
博时策略混合	70,623.73	76,908.65	6,284.92
合　计	**1,399,469.60**	**1,455,804.22**	**56,334.62**
鹏华行业成长混合	22,641.85	24,099.32	1,457.48
鹏华普天收益混合	104,258.21	110,039.92	5,781.72
鹏华中国50混合	231,831.78	242,574.17	10,742.39
鹏华动力增长混合(LOF)	517,834.64	540,799.62	22,964.98
合　计	**876,566.47**	**917,513.04**	**40,946.57**

（续上表）

基金简称	年度利润	年度收入	年度费用
嘉实成长收益混合	123,780.03	133,620.10	9,840.07
嘉实增长混合	96,952.65	102,619.05	5,666.41
嘉实稳健混合	565,613.99	603,269.01	37,655.03
嘉实服务增值行业混合	254,946.04	276,209.35	21,263.31
嘉实主题混合	456,554.98	479,901.71	23,346.73
嘉实策略混合	434,222.93	454,336.24	20,113.31
嘉实回报混合	49,962.80	59,614.87	9,652.06
合　计	**1,982,033.42**	**2,109,570.33**	**127,536.91**
长盛成长价值混合	46,264.02	48,786.47	2,522.45
长盛动态精选混合	95,444.30	99,361.44	3,917.14
长盛同智优势混合(LOF)	146,741.11	154,183.42	7,442.31
长盛创新先锋混合	15,227.16	16,978.82	1,751.66
合　计	**303,676.58**	**319,310.15**	**15,633.57**
大成价值增长混合	574,692.80	604,203.08	29,510.28
大成蓝筹稳健混合	688,661.52	723,541.09	34,879.57
大成精选增值混合	172,328.64	181,434.89	9,106.25
大成2020生命周期混合	496,228.00	523,269.96	27,041.96
大成创新成长混合(LOF)	569,935.96	600,065.86	30,129.90
合　计	**2,501,846.92**	**2,632,514.88**	**130,667.96**
富国天源平衡混合	31,477.53	33,323.41	1,845.89
富国天瑞强势混合	465,343.61	484,948.19	19,604.57
富国天惠成长混合(LOF)	132,048.25	138,649.86	6,601.60
富国天成红利混合	11,793.81	13,082.82	1,289.01
合　计	**640,663.21**	**670,004.28**	**29,341.07**
易方达平稳增长混合	103,351.86	113,515.50	10,163.64
易方达策略成长混合	298,911.55	315,788.54	16,876.99
易方达积极成长混合	400,131.30	420,604.30	20,472.99
易方达策略成长二号混合	305,563.21	322,853.59	17,290.39
易方达价值成长混合	1,553,184.02	1,601,503.24	48,319.22
易方达科汇灵活配置混合	55,598.45	58,936.97	3,338.52
合　计	**2,716,740.40**	**2,833,202.15**	**116,461.75**
宝盈鸿利收益混合	7,818.40	10,747.84	2,929.43
宝盈核心优势混合	5,858.94	6,839.19	980.25
合　计	**13,677.35**	**17,587.03**	**3,909.68**
融通新蓝筹混合	610,379.16	648,358.95	37,979.79
融通蓝筹成长混合	133,820.19	140,945.97	7,125.77
融通行业景气混合	235,570.46	244,988.86	9,418.40
合　计	**979,769.82**	**1,034,293.77**	**54,523.96**

（续上表）

基金简称	年度利润	年度收入	年度费用
银华优势企业混合	178,396.66	188,835.74	10,439.08
银华保本增值混合	23,940.10	26,067.48	2,127.37
银华和谐主题混合	45,810.79	48,976.20	3,165.42
合　计	**248,147.55**	**263,879.43**	**15,731.87**
长城久恒平衡混合	11,618.18	12,336.39	718.21
长城安心回报混合	392,982.20	409,497.21	16,515.02
长城景气行业龙头混合	14,502.08	16,239.50	1,737.42
合　计	**419,102.45**	**438,073.10**	**18,970.65**
泰达宏利风险预算混合	6,397.51	6,974.81	577.30
泰达宏利效率优选混合(LOF)	158,933.33	171,803.60	12,870.27
泰达宏利品质生活混合	26,244.32	28,594.81	2,350.49
合　计	**191,575.16**	**207,373.22**	**15,798.06**
国投瑞银景气行业混合	149,628.44	159,507.02	9,878.59
国投瑞银稳健增长混合	9,961.85	10,714.77	752.92
合　计	**159,590.29**	**170,221.80**	**10,631.51**
银河稳健混合	64,312.78	68,088.36	3,775.58
银河银泰混合	127,480.06	136,054.11	8,574.06
合　计	**191,792.83**	**204,142.47**	**12,349.64**
万家和谐增长混合	82,128.78	87,784.58	5,655.79
万家双引擎灵活配置混合	3,197.49	3,935.99	738.50
合　计	**85,326.28**	**91,720.57**	**6,394.29**
金鹰成份优选混合	79,925.83	85,921.15	5,995.33
金鹰中小盘精选混合	36,282.97	39,687.68	3,404.72
金鹰红利价值混合	11,000.67	13,250.48	2,249.81
合　计	**127,209.46**	**138,859.32**	**11,649.86**
招商安泰平衡混合	4,348.29	4,845.82	497.53
招商先锋混合	268,090.82	289,115.22	21,024.40
招商核心价值混合	272,513.55	292,331.32	19,817.77
合　计	**544,952.66**	**586,292.36**	**41,339.69**
华宝兴业宝康消费品混合	165,648.01	173,909.00	8,260.99
华宝兴业宝康配置混合	95,856.19	100,883.86	5,027.67
华宝兴业收益增长混合	375,935.67	392,509.67	16,574.00
合　计	**637,439.86**	**667,302.53**	**29,862.66**
大摩基础行业混合	3,084.25	3,423.94	339.69
大摩资源优选混合(LOF)	95,465.53	99,448.56	3,983.03
合　计	**98,549.78**	**102,872.50**	**4,322.71**
海富通精选混合	352,860.58	373,900.00	21,039.42
海富通收益增长混合	165,745.51	179,576.72	13,831.21
海富通强化回报混合	88,578.21	95,072.74	6,494.53
海富通精选贰号混合	88,984.39	97,327.85	8,343.47
合　计	**696,168.69**	**745,877.32**	**49,708.63**

（续上表）

基金简称	年度利润	年度收入	年度费用
国联安稳健混合	10,223.12	11,395.28	1,172.16
国联安小盘精选混合	89,179.17	97,045.82	7,866.64
国联安安心成长混合	7,286.21	8,150.43	864.22
合　计	**106,688.51**	**116,591.53**	**9,903.02**
长信双利优选混合	6,718.68	7,352.62	633.94
泰信先行策略混合	250,585.59	271,293.11	20,707.52
泰信优势增长混合	6,442.96	7,371.97	929.01
合　计	**257,028.56**	**278,665.08**	**21,636.53**
天治财富增长混合	4,853.57	5,647.34	793.77
天治品质优选混合	6,414.37	6,897.54	483.16
天治趋势精选混合	−363.72	200.02	563.74
合　计	**10,904.23**	**12,744.90**	**1,840.67**
景顺长城动力平衡混合	223,904.44	237,399.65	13,495.21
广发聚富混合	323,354.91	337,201.53	13,846.63
广发稳健增长混合	432,251.94	453,952.02	21,700.08
广发策略优选混合	574,473.72	598,400.69	23,926.98
广发大盘成长混合	647,963.84	675,006.78	27,042.94
合　计	**1,978,044.40**	**2,064,561.03**	**86,516.62**
兴业可转债混合	82,214.70	88,674.58	6,459.88
兴业趋势投资混合(LOF)	995,857.14	1,039,009.49	43,152.35
兴业有机增长混合	24,903.22	28,139.20	3,235.98
合　计	**1,102,975.06**	**1,155,823.27**	**52,848.21**
诺安平衡混合	341,778.25	359,385.19	17,606.94
诺安灵活配置混合	27,949.19	30,379.76	2,430.57
合　计	**369,727.44**	**389,764.95**	**20,037.51**
申万巴黎盛利精选混合	72,624.37	76,721.84	4,097.47
申万巴黎盛利强化配置混合	973.11	1,211.47	238.36
申万巴黎新经济混合	240,175.89	253,973.89	13,798.01
合　计	**313,773.36**	**331,907.21**	**18,133.84**
中海优质成长混合	223,204.14	239,062.17	15,858.03
中海分红增利混合	137,701.51	146,229.63	8,528.12
中海能源策略混合	364,537.78	385,002.78	20,465.00
中海蓝筹混合	8,291.96	9,842.23	1,550.27
合　计	**733,735.39**	**780,136.81**	**46,401.42**
华富竞争力优选混合	67,114.97	73,331.94	6,216.97
华富策略精选混合	1,287.52	1,623.75	336.23
华富价值增长混合	−1,545.75	−938.70	607.05
合　计	**66,856.74**	**74,016.99**	**7,160.26**

（续上表）

基金简称	年度利润	年度收入	年度费用
光大保德信动态优选混合	2,788.22	3,142.90	354.68
上投摩根中国优势混合	364,360.91	382,074.87	17,713.95
上投摩根双息平衡混合	132,970.61	144,676.88	11,706.26
上投摩根双核平衡混合	37,451.52	40,568.93	3,117.42
合　计	**534,783.04**	**567,320.68**	**32,537.63**
东方龙混合	31,238.06	33,319.62	2,081.56
东方精选混合	467,657.24	482,598.00	14,940.76
合　计	**498,895.30**	**515,917.62**	**17,022.33**
中银中国混合(LOF)	91,487.83	96,152.21	4,664.37
中银收益混合	163,026.80	172,214.66	9,187.85
中银优选混合	29,726.45	32,363.79	2,637.34
合　计	**284,241.09**	**300,730.65**	**16,489.56**
东吴嘉禾优势精选混合	90,038.24	99,236.79	9,198.55
东吴进取策略混合	5,707.66	7,635.31	1,927.66
合　计	**95,745.90**	**106,872.11**	**11,126.21**
天弘精选混合	104,478.14	117,818.04	13,339.89
国富中国收益混合	54,415.91	57,155.32	2,739.41
华泰柏瑞积极成长混合	172,176.72	185,136.77	12,960.05
新华优选分红混合	90,455.43	94,189.25	3,733.82
新华泛资源优势混合	6,480.07	9,514.52	3,034.45
合　计	**96,935.50**	**103,703.78**	**6,768.28**
汇添富优势精选混合	202,818.82	216,234.59	13,415.77
汇添富蓝筹稳健混合	31,176.20	33,719.53	2,543.33
合　计	**233,995.03**	**249,954.12**	**15,959.10**
工银精选平衡混合	328,107.16	349,716.62	21,609.46
交银稳健配置混合	382,585.33	404,568.08	21,982.75
交银保本混合	31,917.74	38,880.14	6,962.40
合　计	**414,503.08**	**443,448.22**	**28,945.15**
建信优化配置混合	584,336.29	610,437.28	26,100.99
信诚四季红混合	234,613.40	249,404.83	14,791.42
汇丰晋信2016周期混合	15,772.99	17,780.89	2,007.90
汇丰晋信动态策略混合	117,038.62	123,158.22	6,119.60
汇丰晋信2026周期混合	9,935.86	10,597.96	662.10
合　计	**142,747.47**	**151,537.07**	**8,789.60**
益民红利成长混合	70,462.06	75,019.34	4,557.29
益民创新优势混合	261,530.58	273,595.62	12,065.03
合　计	**331,992.64**	**348,614.96**	**16,622.32**

（续上表）

基金简称	年度利润	年度收入	年度费用
华商领先企业混合	409,071.11	426,252.03	17,180.92
中邮核心优势灵活配置混合	34,456.01	37,606.01	3,150.00
信达澳银精华配置混合	5,760.61	6,159.81	399.20
诺德灵活配置混合	1,608.86	2,058.33	449.47
中欧新蓝筹混合	7,212.99	7,798.79	585.80
金元比联宝石保本混合	7,083.49	12,426.89	5,343.40
金元比联成长动力混合	4,033.27	4,394.39	361.11
合　计	**11,116.76**	**16,821.27**	**5,704.51**
浦银安盛精致生活混合	3,275.59	4,167.89	892.30
农银平衡双利混合	96,192.52	107,383.24	11,190.71
民生加银品牌蓝筹混合	26,585.88	29,276.84	2,690.96
总　计	**31,106,228.24**	**32,805,795.83**	**1,699,567.59**

表2–38　2009年开放式(债券型)基金年度利润汇总统计

（单位：万元人民币）

基金简称	年度利润	年度收入	年度费用
国泰金龙债券	–4,616.05	–3,665.65	950.39
国泰双利债券	6,932.31	8,207.77	1,275.46
合　计	**2,316.27**	**4,542.11**	**2,225.85**
南方宝元债券	35,704.29	38,820.97	3,116.68
南方多利中短期债券	3,184.12	4,626.11	1,441.99
合　计	**38,888.41**	**43,447.09**	**4,558.68**
华夏债券	8,006.37	16,495.22	8,488.85
中信稳定双利	14,172.57	17,671.72	3,499.15
华夏希望债券	62,258.88	75,123.26	12,864.39
合　计	**84,437.82**	**109,290.20**	**24,852.38**
华安稳定收益债券	–1,198.24	26.99	1,225.23
华安强化收益债券	7,196.21	9,120.48	1,924.27
合　计	**5,997.97**	**9,147.48**	**3,149.51**
博时稳定价值债券	–6,793.81	–4,299.07	2,494.74
博时信用债券	–632.83	653.17	1,285.99
合　计	**–7,426.63**	**–3,645.90**	**3,780.73**
鹏华普天债券	1,900.22	2,578.80	678.58
鹏华丰收债券	10,901.93	11,988.81	1,086.88
合　计	**12,802.15**	**14,567.61**	**1,765.46**

（续上表）

基金简称	年度利润	年度收入	年度费用
嘉实债券	6,301.01	8,400.28	2,099.27
嘉实超短债债券	2,260.48	7,247.05	4,986.57
嘉实多元债券	12,186.96	15,042.36	2,855.40
合 计	**20,748.45**	**30,689.69**	**9,941.23**
长盛全债指数增强债券	8,937.49	10,684.65	1,747.16
长盛积极配置债券	1,610.78	2,152.48	541.70
合 计	**10,548.27**	**12,837.13**	**2,288.86**
大成债券	-3,151.40	-1,387.67	1,763.73
大成强化收益债券	8,518.57	9,837.73	1,319.16
合 计	**5,367.16**	**8,450.06**	**3,082.90**
富国天利增长债券	23,550.79	27,426.42	3,875.63
富国优化增强债券	-1,777.33	864.67	2,642.00
合 计	**21,773.46**	**28,291.09**	**6,517.63**
易方达稳健收益债券	353.57	1,939.70	1,586.13
易方达增强回报债券	4,453.32	5,966.45	1,513.14
合 计	**4,806.89**	**7,906.16**	**3,099.27**
宝盈增强收益债券	7,038.51	8,339.97	1,301.47
融通债券	851.67	1,365.53	513.86
银华增强收益债券	12,962.51	14,518.35	1,555.83
长城稳健增利债券	800.82	1,144.71	343.89
泰达宏利集利债券	-1,631.79	-1,011.67	620.12
国投瑞银融华债券	19,523.88	20,700.67	1,176.79
国投瑞银稳定增利债券	6,710.19	9,431.55	2,721.37
合 计	**26,234.06**	**30,132.22**	**3,898.16**
银河收益债券	4,093.96	4,706.22	612.27
银河银信添利债券	5,358.81	6,777.16	1,418.36
合 计	**9,452.76**	**11,483.39**	**2,030.62**
万家增强收益债券	5,795.87	7,460.38	1,664.51
万家稳健增利债券	1,427.42	1,909.28	481.86
合 计	**7,223.29**	**9,369.66**	**2,146.37**
招商安泰债券	-4,336.63	-3,223.83	1,112.80
招商安本增利债券	4,505.37	6,755.10	2,249.73
招商安心收益债券	1,362.39	3,719.88	2,357.49
合 计	**1,531.13**	**7,251.15**	**5,720.02**
华宝兴业宝康债券	705.88	2,062.00	1,356.11
华宝兴业增强收益债券	3,647.54	4,901.80	1,254.26
合 计	**4,353.43**	**6,963.80**	**2,610.37**

（续上表）

基金简称	年度利润	年度收入	年度费用
海富通稳健添利债券	1,840.09	3,480.68	1,640.60
国联安增利债券	4,577.74	5,678.50	1,100.77
长信利丰债券	1,045.40	2,143.08	1,097.68
泰信双息双利债券	946.12	2,131.54	1,185.41
泰信债券增强收益	−1,611.93	−1,114.81	497.12
合　计	**−665.81**	**1,016.73**	**1,682.54**
天治稳健双盈债券	−1.26	416.64	417.91
广发增强债券	2,038.16	6,322.47	4,284.31
兴业磐稳增利债券	1,044.83	1,485.21	440.38
诺安优化收益债券	1,672.99	2,399.34	726.35
诺安增利债券	694.84	1,342.25	647.41
合　计	**2,367.83**	**3,741.59**	**1,373.76**
申万巴黎添益宝债券	−802.54	267.86	1,070.40
中海稳健收益债券	3,059.61	4,746.99	1,687.38
华富收益增强债券	8,262.92	9,559.24	1,296.32
光大保德信增利收益债券	−724.27	−133.18	591.09
上投摩根纯债债券	939.41	1,635.70	696.29
东方稳健回报债券	−1,666.87	−1,093.60	573.27
中银增利债券	656.23	1,766.26	1,110.02
东吴优信稳健债券	−546.93	164.18	711.10
天弘永利债券	52.25	293.16	240.90
国富强化收益债券	269.97	624.72	354.75
华泰柏瑞稳本增利债券	2,379.66	3,209.83	830.17
汇添富增收收益债券	1,236.61	3,522.98	2,286.38
工银增强收益债券	12,581.81	19,218.35	6,636.54
工银添利债券	27,138.64	32,418.44	5,279.80
合　计	**39,720.45**	**51,636.79**	**11,916.34**
交银增利债券	20,201.52	27,122.79	6,921.27
建信稳定增利债券	26,613.99	32,235.45	5,621.46
建信收益增强债券	17,261.68	22,341.17	5,079.49
合　计	**43,875.67**	**54,576.62**	**10,700.94**
信诚三得益债券	−2,513.59	−463.12	2,050.47
信诚经典优债债券	2,058.01	2,867.51	809.51
合　计	**−455.58**	**2,404.39**	**2,859.98**
汇丰晋信平稳增利债券	−2,200.32	−1,284.87	915.45
益民多利债券	−215.45	39.89	255.35
华商收益增强债券	6,627.34	7,855.99	1,228.65

（续上表）

基金简称	年度利润	年度收入	年度费用
信达澳银稳定价值债券	137.81	716.32	578.51
诺德增强收益债券	1,681.30	2,670.71	989.41
中欧稳健收益债券	2,506.18	3,098.20	592.02
金元比联丰利债券	1,936.64	2,936.60	999.96
浦银安盛优化收益债券	96.51	411.90	315.39
农银恒久增利债券	98.27	2,058.33	1,960.06
民生加银增强收益债券	2,590.80	3,458.32	867.52
总　计	**411,040.80**	**561,630.86**	**150,590.05**

表2-39　2009年开放式(货币型)基金年度利润汇总统计

（单位：万元人民币）

基金简称	年度利润	年度收入	年度费用
国泰货币	2,894.19	4,501.06	1,606.87
南方现金增利货币	18,774.36	26,753.59	7,979.23
华夏现金增利货币	39,064.15	55,935.97	16,871.83
中信现金优势货币	964.07	1,280.69	316.62
合　计	**40,028.22**	**57,216.66**	**17,188.45**
华安现金富利货币	17,935.95	26,413.19	8,477.24
博时现金收益货币	25,141.18	38,549.10	13,407.92
鹏华货币	6,743.22	9,622.26	2,879.04
嘉实货币	12,917.37	22,181.72	9,264.36
长盛货币	4,463.02	6,718.36	2,255.34
大成货币	5,459.05	7,939.52	2,480.47
富国天时货币	2,463.17	3,466.86	1,003.69
易方达货币	11,699.31	16,314.51	4,615.20
宝盈货币	130.40	221.43	91.04
融通易支付货币	880.87	1,362.57	481.70
银华货币	3,739.96	5,262.87	1,522.91
长城货币	696.35	1,287.06	590.71
泰达宏利货币	2,337.87	3,545.95	1,208.08
国投瑞银货币	1,219.43	1,863.93	644.50
银河银富货币	3,202.89	4,629.93	1,427.03
万家货币	5,924.74	8,872.67	2,947.93
招商现金增值货币	8,353.52	13,077.73	4,724.21
华宝兴业现金宝货币	3,220.00	4,468.86	1,248.87

（续上表）

基金简称	年度利润	年度收入	年度费用
大摩货币	592.42	832.14	239.72
海富通货币	14,418.22	20,074.45	5,656.23
长信利息收益货币	8,681.57	13,398.37	4,716.80
泰信天天收益货币	3,162.49	4,678.31	1,515.82
天治天得利货币	1,478.83	2,139.74	660.91
景顺长城货币	1,144.08	1,811.01	666.93
广发货币	4,098.09	6,172.88	2,074.79
兴业货币	816.96	1,356.82	539.86
诺安货币	1,735.04	2,833.22	1,098.18
申万巴黎收益宝货币	320.59	659.49	338.89
华富货币	1,253.25	1,850.29	597.04
光大保德信货币	821.83	1,308.57	486.74
上投摩根货币	5,264.16	7,689.39	2,425.23
东方金账簿货币	443.04	693.52	250.48
中银货币	2,621.15	3,983.50	1,362.36
华泰柏瑞货币	144.33	322.67	178.34
汇添富货币	8,905.50	12,243.33	3,337.84
工银货币	15,205.93	25,383.57	10,177.64
交银货币	11,682.27	15,257.73	3,575.45
建信货币	10,367.81	15,285.12	4,917.31
益民货币	91.80	223.40	131.59
总　计	**271,474.43**	**402,467.34**	**130,992.91**

表2-40　2009年开放式(ETF)基金年度利润汇总统计

（单位：万元人民币）

基金简称	年度利润	年度收入	年度费用
华夏上证50ETF	1,003,956.35	1,016,926.23	12,969.88
华夏中小板ETF	179,596.53	181,608.36	2,011.83
合　计	**1,183,552.88**	**1,198,534.59**	**14,981.71**
华安上证180ETF	89,086.12	90,767.23	1,681.11
易方达深证100ETF	361,162.92	365,303.44	4,140.52
华泰柏瑞上证红利ETF	210,803.23	214,036.32	3,233.09
工银上证央企ETF	30,598.58	31,856.77	1,258.18
交银上证180公司治理ETF	17,869.83	18,204.19	334.36
总　计	**1,893,073.57**	**1,918,702.54**	**25,628.97**

表2-41　2009年QDII基金年度利润汇总统计

（单位：亿元人民币）

基金简称	年度利润	年度收入	年度费用
南方全球精选配置QDII	510,477.53	551,451.27	40,973.74
华夏全球股票QDII	775,412.06	817,910.48	42,498.42
嘉实海外中国(QDII)	674,068.45	718,574.67	44,506.22
华宝兴业海外中国QDII	6,987.55	7,475.76	488.22
海富通中国海外QDII	22,785.57	24,242.29	1,456.72
上投摩根亚太优势QDII	635,159.46	681,822.85	46,663.39
工银全球股票QDII	81,237.32	85,774.48	4,537.17
交银环球精选股票QDII	18,834.01	20,365.27	1,531.25
银华全球优选QDII	3,077.62	3,436.84	359.22
总　计	**2,728,039.57**	**2,911,053.92**	**183,014.35**

表2-42　2009年开放式基金年度费用汇总统计

（单位：万元人民币）

基金类型	管理费用	托管费用	交易费用	信息披露费	审计费用
股票型基金	142.07	24.06	64.63	0.52	0.21
混合型基金	102.02	17.26	48.88	0.40	0.16
债券型基金	7.35	2.26	1.27	0.18	0.06
货币型基金	6.13	1.86	——	0.08	0.03
合　计	**257.57**	**45.44**	**114.78**	**1.18**	**0.46**
ETF基金	1.83	0.37	0.34	0.01	0.01
QDII基金	11.60	2.07	4.57	0.03	0.01

表2-43 2009年开放式(股票型)基金年度费用汇总统计

(单位：万元人民币)

基金简称	管理费用	托管费用	交易费用	信息披露费	审计费用
国泰金鹰增长股票	1,142.28	190.38	420.52	22.00	7.00
国泰金牛创新股票	7,082.37	1,180.40	2,368.08	32.00	12.00
国泰沪深300指数	2,770.39	554.08	1,051.98	32.00	12.00
国泰区位优势股票	1,206.88	201.15	231.01	25.00	9.00
国泰中小盘成长股票(LOF)	862.91	143.82	204.26	6.49	9.22
合 计	**13,064.83**	**2,269.82**	**4,275.86**	**117.49**	**49.22**
南方积极配置股票(LOF)	4,409.72	734.95	2,115.44	30.00	9.30
南方高增长股票(LOF)	6,342.59	1,057.10	3,648.63	30.00	10.70
南方绩优成长股票	18,382.90	3,063.82	7,719.22	30.00	16.50
南方成份精选股票	20,060.69	3,343.45	6,914.56	30.00	16.50
南方隆元产业主题股票	10,170.14	1,695.02	3,725.79	30.00	13.10
南方盛元红利股票	6,614.01	1,190.72	3,301.80	30.00	11.00
南方优选价值股票	776.71	129.45	633.07	30.00	5.00
南方沪深300指数	879.76	203.02	722.88	22.50	7.30
南方中证500指数(LOF)	524.39	104.88	759.10	7.50	5.30
合 计	**68,160.92**	**11,522.41**	**29,540.48**	**240.00**	**94.70**
华夏收入股票	7,234.08	1,205.68	4,387.55	26.38	9.00
华夏优势增长股票	23,791.23	3,965.21	8,157.20	8.00	11.00
华夏复兴股票	6,493.67	1,082.28	6,078.79	8.00	10.00
华夏行业股票(LOF)	16,152.97	2,692.16	7,098.59	8.00	11.00
华夏沪深300指数	6,056.27	1,211.25	5,704.43	12.00	12.00
合 计	**59,728.21**	**10,156.58**	**31,426.55**	**62.38**	**53.00**
华安中国A股增强指数	5,064.23	1,012.85	2,492.91	30.00	11.10
华安宏利股票	18,021.79	3,003.63	6,366.99	30.00	16.00
华安中小盘成长股票	16,274.90	2,712.48	7,551.74	30.00	16.00
华安策略优选股票	19,478.07	3,246.34	6,583.02	30.00	16.00
华安核心股票	659.82	109.97	467.51	30.00	4.70
华安上证180ETF联接	133.92	26.78	151.78	6.00	4.60
合 计	**59,632.72**	**10,112.06**	**23,613.95**	**156.00**	**68.40**
博时沪深300指数	13,119.21	2,677.39	2,528.93	30.00	14.00
博时精选股票	20,426.86	3,404.48	7,530.16	30.00	14.00
博时主题行业股票(LOF)	24,103.25	4,017.21	4,098.63	30.00	14.00
博时第三产业股票	16,527.77	2,754.63	3,035.73	30.00	14.00
博时新兴成长股票	29,982.40	4,997.07	14,587.51	30.00	15.00
博时特许价值股票	2,149.24	358.21	1,116.69	30.00	10.00
合 计	**106,308.73**	**18,208.98**	**32,897.65**	**180.00**	**81.00**

（续上表）

基金简称	管理费用	托管费用	交易费用	信息披露费	审计费用
鹏华价值优势股票(LOF)	17,826.48	2,971.08	3,575.36	30.00	13.00
鹏华优质治理股票(LOF)	12,535.41	2,089.24	4,848.65	30.00	10.00
鹏华盛世创新股票(LOF)	621.00	103.50	831.58	30.00	10.00
鹏华沪深300指数(LOF)	757.63	151.53	716.52	22.50	9.00
鹏华精选成长股票	1,227.59	204.60	356.74	7.50	5.00
合　计	**32,968.11**	**5,519.94**	**10,328.85**	**120.00**	**47.00**
嘉实沪深300指数(LOF)	15,419.85	3,083.97	4,476.66	30.00	17.00
嘉实优质企业股票	6,715.13	1,119.19	4,529.52	30.00	10.00
嘉实研究精选股票	4,520.64	753.44	7,366.91	30.00	10.00
嘉实量化阿尔法股票	3,345.14	557.52	3,155.71	15.00	10.00
合　计	**30,000.76**	**5,514.12**	**19,528.79**	**105.00**	**47.00**
长盛中证100指数	993.24	198.65	476.09	27.00	9.00
长盛同德主题股票	14,888.44	2,481.41	5,220.59	27.00	15.00
合　计	**15,881.68**	**2,680.05**	**5,696.69**	**54.00**	**24.00**
大成沪深300股票	4,853.19	970.64	1,269.94	30.00	12.00
大成积极成长股票	4,612.13	768.69	2,918.04	30.00	10.00
大成景阳领先股票	5,821.02	970.17	3,694.04	30.00	10.70
大成策略回报股票	872.31	145.38	1,056.15	30.00	5.50
大成行业轮动股票	1,337.86	222.98	1,118.11	2.00	5.00
合　计	**17,496.51**	**3,077.86**	**10,056.28**	**122.00**	**43.20**
富国天益价值股票	17,875.18	2,979.20	2,540.35	30.00	12.00
富国天合稳健股票	5,798.58	966.43	3,193.45	30.00	10.00
富国天博创新股票	12,887.66	2,147.94	2,827.99	30.00	12.00
富国天鼎中证指数增强	969.65	161.61	579.21	30.00	8.00
合　计	**37,531.07**	**6,255.18**	**9,141.01**	**120.00**	**42.00**
易方达上证50指数	26,840.95	4,473.49	3,511.12	30.00	13.00
易方达价值精选股票	11,904.82	1,984.14	5,621.76	30.00	13.00
易方达科讯股票	11,365.30	1,894.22	5,811.68	30.00	13.00
易方达中小盘股票	1,497.06	249.51	1,003.85	30.00	8.60
易方达科翔股票	1,116.75	186.13	1,339.73	30.00	13.00
易方达行业领先股票	3,202.64	533.77	2,210.93	21.00	10.10
易方达沪深300指数	2,515.26	754.58	1,723.79	9.90	12.10
合　计	**58,442.79**	**10,075.83**	**21,222.86**	**180.90**	**82.80**
宝盈泛沿海增长股票	4,823.99	804.00	6,773.70	30.00	10.00
宝盈策略增长股票	5,271.29	878.55	5,049.09	30.00	11.00
宝盈资源优选股票	396.91	66.15	482.76	30.00	6.00
合　计	**10,492.19**	**1,748.70**	**12,305.54**	**90.00**	**27.00**

（续上表）

基金简称	管理费用	托管费用	交易费用	信息披露费	审计费用
融通深证100指数	12,638.92	2,527.78	1,265.36	10.00	16.00
融通巨潮100指数(LOF)	4,079.82	627.66	407.66	10.00	10.00
融通动力先锋股票	5,883.02	980.50	3,019.96	30.00	11.90
融通领先成长股票(LOF)	7,073.03	1,178.84	3,171.82	30.00	16.00
融通内需驱动股票	1,879.42	313.24	937.05	15.00	10.00
合　计	**31,554.21**	**5,628.03**	**8,801.86**	**95.00**	**63.90**
银华-道琼斯88指数	14,784.60	3,080.13	2,957.11	30.00	10.50
银华核心价值优选股票	22,710.23	3,785.04	5,646.62	30.00	10.50
银华优质增长股票	10,085.05	1,680.84	4,242.62	30.00	10.00
银华富裕主题股票	11,457.90	1,909.65	4,750.07	30.00	10.00
银华领先策略股票	568.90	94.82	983.44	30.00	9.00
银华内需精选股票(LOF)	3,667.38	611.23	826.18	12.12	4.54
银华沪深300指数(LOF)	64.25	19.28	175.58	6.00	4.00
合　计	**63,338.31**	**11,180.98**	**19,581.62**	**168.12**	**58.54**
长城久泰中信标普300指数	2,180.94	445.09	742.05	30.00	5.00
长城消费增值股票	9,045.42	1,507.57	2,627.40	30.00	10.00
长城久富股票(LOF)	6,080.86	1,013.48	2,026.56	30.00	10.00
长城品牌优选股票	20,917.00	3,486.17	2,445.63	30.00	12.00
长城双动力股票	212.39	35.40	54.87	24.33	5.00
合　计	**38,436.62**	**6,487.70**	**7,896.51**	**144.33**	**42.00**
泰达宏利成长股票	1,658.26	276.38	1,848.40	10.00	10.00
泰达宏利周期股票	970.22	161.70	1,070.27	10.00	6.00
泰达宏利稳定股票	430.77	71.80	717.85	10.00	6.00
泰达宏利精选股票	8,467.71	1,411.29	8,296.72	30.00	11.00
泰达宏利首选企业股票	3,383.19	563.86	2,392.70	30.00	11.00
泰达宏利市值优选股票	10,383.48	1,730.58	8,286.94	30.00	14.00
合　计	**25,293.64**	**4,215.61**	**22,612.89**	**120.00**	**58.00**
国投瑞银核心企业股票	11,465.61	1,910.94	3,964.64	30.00	12.00
国投瑞银创新动力股票	6,069.70	1,011.62	1,595.09	30.00	12.00
国投瑞银成长优选股票	4,472.70	745.45	1,948.51	30.00	16.00
国投瑞银沪深300指数分级	705.33	155.17	376.27	3.70	8.00
合　计	**22,713.35**	**3,823.18**	**7,884.51**	**93.70**	**48.00**
银河成长股票	333.16	55.53	315.00	36.00	7.00
银河行业股票	435.50	72.58	285.03	24.00	7.00
合　计	**768.66**	**128.11**	**600.04**	**60.00**	**14.00**
万家180指数	5,927.52	1,185.50	1,092.95	37.53	11.00
万家公用事业行业股票(LOF)	693.73	106.73	933.47	30.00	6.00
万家精选股票	1,234.92	205.82	1,140.03	21.00	8.00
合　计	**7,856.16**	**1,498.05**	**3,166.45**	**88.53**	**25.00**

（续上表）

基金简称	管理费用	托管费用	交易费用	信息披露费	审计费用
金鹰行业优势股票	1,443.11	240.52	2,081.64	15.00	3.36
招商安泰股票	1,642.06	273.68	1,599.72	8.00	10.00
招商优质成长股票(LOF)	9,367.79	1,561.30	4,188.68	20.00	12.00
招商大盘蓝筹股票	1,766.94	294.49	2,894.47	10.00	10.00
招商行业领先股票	2,994.38	499.06	2,325.79	10.00	7.00
合　计	**15,771.17**	**2,628.53**	**11,008.66**	**48.00**	**39.00**
华宝兴业多策略股票	12,208.83	2,034.81	3,444.18	32.00	14.00
华宝兴业动力组合股票	3,996.49	666.08	1,583.84	30.00	10.00
华宝兴业先进成长股票	6,441.84	1,073.64	3,976.05	30.00	13.50
华宝兴业行业精选股票	24,174.15	4,029.03	5,026.36	31.96	16.00
华宝兴业大盘精选股票	1,447.91	241.32	1,267.86	32.18	7.00
华宝兴业中证100指数	177.64	53.29	193.54	15.00	5.00
合　计	**48,446.87**	**8,098.16**	**15,491.84**	**171.15**	**65.50**
大摩领先优势股票	298.33	49.72	241.28	7.00	6.00
海富通股票	7,397.33	1,232.89	8,306.81	36.00	11.80
海富通风格优势股票	7,810.69	1,301.78	7,206.84	36.00	11.50
海富通领先成长股票	1,643.54	273.92	1,927.13	26.00	9.50
海富通中证100指数(LOF)	250.55	42.95	247.99	10.00	6.00
合　计	**17,102.11**	**2,851.54**	**17,688.78**	**108.00**	**38.80**
国联安精选股票	4,496.17	749.36	3,817.93	30.00	12.50
国联安优势股票	2,065.00	344.17	2,069.81	30.00	11.00
国联安红利股票	375.70	62.62	643.35	32.00	6.50
国联安主题驱动股票	407.15	67.86	250.54	15.00	10.00
合　计	**7,344.02**	**1,224.00**	**6,781.62**	**107.00**	**40.00**
长信银利精选股票	4,290.77	715.13	1,029.27	20.00	10.71
长信金利趋势股票	12,483.25	2,080.54	3,033.70	16.00	12.84
长信增利动态策略股票	5,980.22	996.70	4,490.63	22.00	10.84
长信恒利优势股票	530.81	88.47	335.28	15.00	8.00
合　计	**23,285.04**	**3,880.84**	**8,888.89**	**73.00**	**42.39**
泰信优质生活股票	3,321.57	553.60	2,397.01	30.00	10.00
泰信蓝筹精选股票	739.60	123.27	1,134.87	27.00	8.50
合　计	**4,061.17**	**676.86**	**3,531.88**	**57.00**	**18.50**
天治核心成长股票(LOF)	4,118.77	858.08	2,381.56	34.00	10.00
天治创新先锋股票	150.52	25.09	172.93	34.00	5.00
合　计	**4,269.29**	**883.16**	**2,554.48**	**68.00**	**15.00**

（续上表）

基金简称	管理费用	托管费用	交易费用	信息披露费	审计费用
景顺长城优选股票	4,065.79	677.63	2,537.38	10.00	10.00
景顺长城内需增长股票	2,442.64	407.11	2,602.63	30.00	10.00
景顺长城鼎益股票(LOF)	12,448.98	2,074.83	3,924.19	30.00	13.00
景顺长城资源垄断股票(LOF)	13,246.21	2,207.70	6,626.05	30.00	16.00
景顺长城新兴成长股票	7,203.65	1,200.61	2,651.13	30.00	12.00
景顺长城内需贰号股票	5,373.05	895.51	6,101.51	30.00	11.00
景顺长城精选蓝筹股票	20,063.95	3,343.99	10,723.46	30.00	13.00
景顺长城公司治理股票	156.62	26.10	253.58	30.00	5.00
景顺长城能源基建股票	246.98	41.16	84.11	3.00	5.00
合　计	**65,247.86**	**10,874.64**	**35,504.04**	**223.00**	**95.00**
广发小盘成长股票	15,703.00	2,617.17	6,493.72	30.00	8.00
广发聚丰股票	37,941.57	6,323.59	7,660.95	30.00	8.00
广发核心精选股票	2,284.13	380.69	1,593.81	30.00	8.00
广发沪深300指数	1,266.54	253.31	545.09	30.00	8.00
广发聚瑞股票	5,266.16	877.69	4,304.96	12.00	8.00
合　计	**62,461.40**	**10,452.45**	**20,598.53**	**132.00**	**40.00**
兴业全球视野股票	10,548.56	1,758.09	5,362.32	28.00	10.00
兴业社会责任股票	5,668.52	944.75	4,281.59	29.00	7.00
合　计	**16,217.08**	**2,702.85**	**9,643.91**	**57.00**	**17.00**
诺安股票	33,094.12	5,515.69	5,376.36	30.00	10.00
诺安价值增长股票	13,678.46	2,279.74	6,708.71	30.00	10.00
诺安成长股票	950.40	158.40	1,005.54	22.50	10.00
诺安中证100指数	278.81	55.76	194.62	1.00	5.00
合　计	**48,001.79**	**8,009.59**	**13,285.23**	**83.50**	**35.00**
申万巴黎新动力股票	6,005.42	1,000.90	3,736.96	34.00	12.00
申万巴黎竞争优势股票	234.51	39.09	273.77	18.00	6.00
申万巴黎消费增长股票	1,194.09	199.01	926.63	21.00	9.00
合　计	**7,434.02**	**1,239.00**	**4,937.36**	**73.00**	**27.00**
中海量化策略股票	1,227.67	204.61	2,100.50	18.55	8.00
华富成长趋势股票	2,591.16	431.86	1,392.37	36.00	10.00
光大保德信量化股票	19,839.51	3,306.58	4,754.71	28.00	10.00
光大保德信红利股票	6,051.27	1,008.54	2,840.75	30.00	8.00
光大保德信新增长股票	3,294.28	549.05	677.10	30.00	8.00
光大保德信优势配置股票	18,473.32	3,078.89	3,165.68	30.00	10.00
光大保德信均衡精选股票	1,010.59	168.43	301.90	30.00	8.00
合　计	**48,668.96**	**8,111.49**	**11,740.14**	**148.00**	**44.00**

（续上表）

基金简称	管理费用	托管费用	交易费用	信息披露费	审计费用
上投摩根阿尔法股票	9,394.65	1,565.78	4,313.74	30.00	14.00
上投摩根成长先锋股票	10,202.11	1,700.35	4,214.06	30.00	14.00
上投摩根内需动力股票	17,438.53	2,906.42	15,308.03	30.00	15.00
上投摩根中小盘股票	1,749.36	291.56	2,100.75	21.00	10.00
合　计	**38,784.65**	**6,464.11**	**25,936.57**	**111.00**	**53.00**
东方策略成长股票	156.54	26.09	95.65	30.00	8.00
东方核心动力股票	367.13	61.19	143.18	5.00	8.00
合　计	**523.68**	**87.28**	**238.83**	**35.00**	**16.00**
中银增长股票	17,451.13	2,908.52	5,646.18	34.00	16.70
中银策略股票	3,986.99	664.50	3,304.85	32.00	11.30
中银中证100指数增强	1,007.74	151.16	527.16	16.43	10.20
合　计	**22,445.86**	**3,724.18**	**9,478.19**	**82.43**	**38.20**
东吴双动力股票	2,621.84	436.97	6,219.86	30.00	8.00
东吴行业轮动股票	2,503.35	417.23	3,901.10	30.00	9.00
合　计	**5,125.20**	**854.20**	**10,120.96**	**60.00**	**17.00**
天弘永定价值成长股票	170.61	28.43	391.10	30.00	6.00
国富弹性市值股票	7,832.03	1,305.34	1,473.73	32.00	14.60
国富潜力组合股票	10,437.88	1,739.65	2,159.86	32.00	16.20
国富深化价值股票	1,953.32	325.55	517.03	30.00	9.20
国富成长动力股票	1,089.12	181.52	621.10	30.00	10.00
国富沪深300指数增强	681.17	120.21	687.36	15.00	10.00
合　计	**21,993.51**	**3,672.26**	**5,459.08**	**139.00**	**60.00**
华泰柏瑞盛世中国股票	11,608.02	1,934.67	7,839.47	30.00	14.70
华泰柏瑞价值增长股票	613.62	102.27	441.09	26.40	5.00
华泰柏瑞行业领先股票	1,054.70	175.78	694.71	15.00	10.00
合　计	**13,276.34**	**2,212.72**	**8,975.27**	**71.40**	**29.70**
新华优选成长股票	1,331.19	221.86	1,300.12	16.85	12.49
汇添富均衡增长股票	31,732.63	5,288.77	17,250.76	34.00	9.00
汇添富成长焦点股票	17,134.77	2,855.79	7,843.92	31.00	9.00
汇添富价值精选股票	1,798.22	299.70	1,812.23	36.00	8.00
汇添富上证综合指数	3,230.26	646.05	1,732.48	18.00	8.00
合　计	**53,895.88**	**9,090.32**	**28,639.38**	**119.00**	**34.00**
工银核心价值股票	10,638.12	1,773.02	5,160.27	30.00	10.00
工银稳健成长债券	8,026.17	1,337.69	5,713.01	30.00	10.00
工银红利股票	6,756.75	1,126.13	2,495.13	30.00	11.00
工银大盘蓝筹股票	1,240.95	206.82	1,944.27	30.00	10.00
工银沪深300指数	1,726.46	287.74	1,400.06	24.00	4.50
合　计	**28,388.45**	**4,731.41**	**16,712.74**	**144.00**	**45.50**

（续上表）

基金简称	管理费用	托管费用	交易费用	信息披露费	审计费用
交银精选股票	15,978.34	2,663.06	7,716.46	30.00	12.00
交银成长股票	9,671.58	1,611.93	5,778.91	30.00	13.00
交银蓝筹股票	18,850.53	3,141.75	7,942.64	30.00	15.00
交银先锋股票	4,506.12	751.02	3,017.69	27.00	10.26
交银上证180公司治理ETF联接	891.43	178.29	776.56	9.00	5.00
合　计	**49,898.00**	**8,346.05**	**25,232.27**	**126.00**	**55.26**
建信恒久价值股票	3,825.47	637.58	4,218.29	30.00	10.00
建信优选成长股票	5,291.65	881.94	3,266.74	30.00	10.80
建信核心精选股票	578.57	96.43	656.37	30.00	5.50
合　计	**9,695.70**	**1,615.95**	**8,141.40**	**90.00**	**26.30**
信诚精萃成长股票	5,300.43	883.40	4,605.98	28.00	16.03
信诚盛世蓝筹股票	805.95	134.32	958.15	32.00	11.83
信诚优胜精选股票	1,157.94	192.99	1,222.60	13.83	8.40
合　计	**7,264.32**	**1,210.72**	**6,786.73**	**73.83**	**36.26**
汇丰晋信龙腾股票	2,843.34	473.89	1,497.80	36.00	11.90
汇丰晋信大盘股票	1,955.65	325.94	1,527.53	18.07	10.60
合　计	**0.48**	**0.08**	**0.30**	**0.01**	**0.00**
华商盛世成长股票	1,441.61	240.27	3,636.52	30.00	8.00
中邮核心优选股票	21,539.40	3,589.90	10,285.01	40.00	12.00
中邮核心成长股票	36,688.37	6,114.73	15,797.69	40.00	12.00
合　计	**58,227.76**	**9,704.63**	**26,082.70**	**80.00**	**24.00**
信达澳银领先增长股票	10,979.72	1,829.95	4,585.75	30.00	14.20
诺德价值优势股票	6,160.42	1,026.74	3,056.76	36.00	12.00
诺德成长优势股票	66.07	11.01	32.07	—	5.00
合　计	**6,226.49**	**1,037.75**	**3,088.83**	**36.00**	**17.00**
中欧新趋势股票(LOF)	3,583.48	597.25	2,612.23	30.00	10.00
中欧价值发现股票	401.54	66.92	347.63	15.00	5.00
合　计	**3,985.03**	**664.17**	**2,959.86**	**45.00**	**15.00**
金元比联价值增长股票	184.52	30.75	104.75	3.99	6.00
浦银安盛价值成长股票	1,579.60	263.27	848.43	34.00	10.00
农银行业成长股票	3,881.38	646.90	5,527.52	12.00	8.00
农银策略价值股票	3,035.08	505.85	1,019.65	3.00	10.00
合　计	**6,916.46**	**1,152.74**	**6,547.17**	**15.00**	**18.00**
总　计	**1,420,674.07**	**240,645.88**	**646,341.47**	**5,169.22**	**2,077.72**

表2-44 2009年开放式(混合型)基金年度费用汇总统计

(单位：万元人民币)

基金简称	管理费用	托管费用	交易费用	信息披露费	审计费用
国泰金龙行业混合	607.75	101.29	266.36	11.00	6.00
国泰金马稳健混合	10,765.91	1,794.32	2,687.74	32.00	14.00
国泰金鹏蓝筹混合	3,446.38	574.40	708.88	32.00	10.00
国泰金鼎价值混合	9,365.11	1,560.85	1,512.77	32.00	13.00
国泰金鹿保本混合(二期)	2,825.17	513.67	448.08	22.00	10.00
合　计	**27,010.31**	**4,544.52**	**5,623.83**	**129.00**	**53.00**
南方稳健成长混合	11,264.64	1,877.44	3,683.10	30.00	14.00
南方避险增值混合	11,964.38	1,994.06	2,826.75	30.00	13.70
南方稳健成长贰号混合	12,106.68	2,017.78	3,953.73	30.00	14.50
南方恒元保本混合	3,692.47	568.07	1,251.25	30.00	10.00
合　计	**39,028.17**	**6,457.36**	**11,714.82**	**120.00**	**52.20**
华夏成长混合	16,161.14	2,693.52	7,311.73	24.00	10.00
华夏回报混合	22,417.78	3,736.30	4,883.92	24.00	10.00
华夏经典混合	2,604.02	434.00	1,280.30	25.89	8.00
华夏大盘精选混合	7,169.25	1,194.88	3,144.48	24.00	10.00
华夏红利混合	36,966.37	6,161.06	18,362.34	24.00	10.00
华夏稳增混合	10,654.14	1,775.69	6,453.80	8.00	10.00
华夏回报二号混合	11,930.66	1,988.44	2,658.70	8.00	10.00
华夏蓝筹混合(LOF)	25,556.34	4,259.39	7,857.39	24.00	11.00
华夏策略混合	3,111.02	518.50	1,396.37	8.00	8.00
合　计	**136,570.73**	**22,761.79**	**53,349.04**	**169.89**	**87.00**
华安创新混合	12,229.78	2,038.30	4,986.81	14.10	30.00
华安宝利配置混合	4,692.93	977.69	4,949.46	28.00	10.10
合　计	**16,922.71**	**3,015.99**	**9,936.26**	**42.10**	**40.10**
博时价值增长混合	16,314.18	5,003.41	4,923.52	30.00	14.00
博时平衡配置混合	4,802.85	800.48	2,538.76	30.00	10.00
博时价值增长贰号混合	11,466.99	1,911.17	1,951.29	30.00	14.00
博时策略混合	4,410.21	735.04	1,119.83	7.50	10.00
合　计	**36,994.24**	**8,450.08**	**10,533.40**	**97.50**	**48.00**
鹏华行业成长混合	747.64	124.61	545.85	30.00	5.60
鹏华普天收益混合	3,113.79	415.17	2,170.48	15.00	10.00
鹏华中国50混合	6,609.88	1,101.65	9.98	0.23	30.00
鹏华动力增长混合(LOF)	14,494.07	2,415.68	5,961.45	30.00	13.00
合　计	**24,965.37**	**4,057.10**	**8,687.77**	**75.23**	**58.60**
嘉实成长收益混合	4,863.29	810.55	4,103.61	30.00	10.00
嘉实增长混合	2,883.20	480.53	2,260.68	9.00	7.00
嘉实稳健混合	24,076.81	4,012.80	9,460.74	12.00	8.00
嘉实服务增值行业混合	7,362.08	1,227.01	12,625.69	30.00	12.00
嘉实主题混合	12,932.63	2,155.44	8,213.16	30.00	13.00
嘉实策略混合	12,039.86	2,006.64	5,982.64	30.00	14.00
嘉实回报混合	4,880.07	813.34	3,933.64	9.90	13.00
合　计	**69,037.94**	**11,506.32**	**46,580.16**	**150.90**	**77.00**

（续上表）

基金简称	管理费用	托管费用	交易费用	信息披露费	审计费用
长盛成长价值混合	1,695.04	282.51	507.10	27.00	9.00
长盛动态精选混合	2,484.82	331.31	1,063.21	27.00	9.00
长盛同智优势混合(LOF)	4,927.53	821.26	1,650.47	27.00	8.00
长盛创新先锋混合	456.57	76.10	1,181.29	27.00	6.50
合　计	**9,563.97**	**1,511.17**	**4,402.07**	**108.00**	**32.50**
大成价值增长混合	17,633.79	2,938.96	8,523.36	30.00	15.00
大成蓝筹稳健混合	20,579.29	3,429.88	10,797.85	30.00	16.00
大成精选增值混合	4,951.98	825.33	3,283.35	30.00	10.10
大成2020生命周期混合	15,150.03	2,525.01	9,255.40	30.00	16.00
大成创新成长混合(LOF)	17,197.26	2,866.21	9,945.19	30.00	16.00
合　计	**75,512.34**	**12,585.39**	**41,805.15**	**150.00**	**73.10**
富国天源平衡混合	1,167.23	194.54	431.20	10.00	7.00
富国天瑞强势混合	11,333.62	1,888.94	6,185.99	30.00	10.00
富国天惠成长混合(LOF)	3,561.37	593.56	2,356.32	30.00	10.00
富国天成红利混合	622.10	103.68	524.88	10.00	6.00
合　计	**16,684.33**	**2,780.72**	**9,498.40**	**80.00**	**33.00**
易方达平稳增长混合	6,119.39	1,019.90	2,863.19	30.00	13.00
易方达策略成长混合	9,520.19	1,586.70	5,703.59	30.00	13.00
易方达积极成长混合	12,250.88	2,041.81	6,132.92	30.00	15.10
易方达策略成长二号混合	9,814.60	1,635.77	5,771.65	30.00	13.00
易方达价值成长混合	37,094.95	6,182.49	4,982.60	30.00	17.00
易方达科汇灵活配置混合	1,610.11	268.35	1,412.69	30.00	13.00
合　计	**76,410.13**	**12,735.02**	**26,866.63**	**180.00**	**84.10**
宝盈鸿利收益混合	1,057.27	176.21	1,652.82	30.00	8.00
宝盈核心优势混合	417.29	69.55	464.82	22.50	5.00
合　计	**1,474.56**	**245.76**	**2,117.64**	**52.50**	**13.00**
融通新蓝筹混合	23,902.44	3,983.74	9,972.65	30.00	13.00
融通蓝筹成长混合	4,858.03	809.67	1,431.05	10.00	10.20
融通行业景气混合	5,843.68	973.95	2,558.17	30.00	10.70
合　计	**34,604.15**	**5,767.36**	**13,961.87**	**70.00**	**33.90**
银华优势企业混合	6,484.97	1,080.83	2,801.59	30.00	10.50
银华保本增值混合	1,508.27	251.38	202.75	30.00	10.00
银华和谐主题混合	1,932.00	322.00	881.78	19.50	7.00
合　计	**9,925.23**	**1,654.21**	**3,886.12**	**79.50**	**27.50**
长城久恒平衡混合	531.06	88.51	61.51	30.00	5.00
长城安心回报混合	12,491.95	2,081.99	1,897.17	30.00	10.00
长城景气行业龙头混合	1,073.02	178.84	465.13	15.00	4.00
合　计	**14,096.04**	**2,349.34**	**2,423.81**	**75.00**	**19.00**
泰达宏利风险预算混合	307.58	54.92	177.08	30.00	5.00
泰达宏利效率优选混合(LOF)	6,598.21	1,099.70	5,113.89	30.00	11.00
泰达宏利品质生活混合	1,186.69	197.78	927.00	20.00	10.00
合　计	**8,092.47**	**1,352.41**	**6,217.97**	**80.00**	**26.00**

（续上表）

基金简称	管理费用	托管费用	交易费用	信息披露费	审计费用
国投瑞银景气行业混合	5,017.70	836.28	3,981.21	30.00	12.00
国投瑞银稳健增长混合	318.84	53.14	337.00	30.00	12.00
合　计	**5,336.54**	**889.42**	**4,318.21**	**60.00**	**24.00**
银河稳健混合	2,059.59	343.26	1,240.39	18.00	5.00
银河银泰混合	4,696.17	782.70	2,879.32	30.00	7.00
合　计	**6,755.76**	**1,125.96**	**4,119.70**	**48.00**	**12.00**
万家和谐增长混合	3,203.92	533.99	1,847.14	30.00	10.00
万家双引擎灵活配置混合	177.65	29.61	493.38	30.00	6.00
合　计	**3,381.56**	**563.59**	**2,340.52**	**60.00**	**16.00**
金鹰成份优选混合	2,539.42	423.24	2,995.72	29.97	5.10
金鹰中小盘精选混合	1,261.20	210.20	1,896.08	30.00	5.35
金鹰红利价值混合	562.66	93.78	1,555.04	30.00	5.35
合　计	**4,363.28**	**727.21**	**6,446.83**	**89.97**	**15.80**
招商安泰平衡混合	253.47	42.24	180.89	6.00	7.00
招商先锋混合	11,517.53	1,919.59	7,346.96	20.00	12.00
招商核心价值混合	9,732.88	1,622.15	8,421.64	20.00	12.00
合　计	**21,503.88**	**3,583.98**	**15,949.49**	**46.00**	**31.00**
华宝兴业宝康消费品混合	4,157.68	692.95	3,310.06	10.67	10.00
华宝兴业宝康配置混合	2,691.82	517.66	1,762.98	10.67	10.00
华宝兴业收益增长混合	9,284.39	1,547.40	5,677.37	30.00	13.50
合　计	**16,133.90**	**2,758.00**	**10,750.41**	**51.33**	**33.50**
大摩基础行业混合	136.56	22.76	162.55	10.00	6.00
大摩资源优选混合(LOF)	2,545.94	424.32	984.69	10.00	10.00
合　计	**2,682.50**	**447.08**	**1,147.24**	**20.00**	**16.00**
海富通精选混合	12,491.88	2,081.98	6,266.62	36.00	15.20
海富通收益增长混合	6,051.66	1,008.61	6,632.24	36.00	11.00
海富通强化回报混合	3,462.30	577.05	2,386.27	36.00	10.00
海富通精选贰号混合	3,793.69	632.28	3,784.35	60.00	10.00
合　计	**25,799.53**	**4,299.92**	**19,069.48**	**168.00**	**46.20**
国联安稳健混合	390.06	65.01	676.39	28.00	7.00
国联安小盘精选混合	3,594.56	599.09	3,615.35	30.00	11.50
国联安安心成长混合	404.05	67.34	360.24	23.00	6.50
合　计	**4,388.66**	**731.44**	**4,651.97**	**81.00**	**25.00**
长信双利优选混合	235.57	39.26	326.26	22.00	7.61
泰信先行策略混合	10,246.26	1,707.71	8,706.63	30.00	14.30
泰信优势增长混合	257.67	42.95	593.48	28.00	5.00
合　计	**10,503.93**	**1,750.66**	**9,300.11**	**58.00**	**19.30**
天治财富增长混合	434.57	72.43	253.63	24.00	7.00
天治品质优选混合	209.17	34.86	196.22	34.00	7.00
天治趋势精选混合	306.26	51.04	181.68	18.11	5.00
合　计	**950.00**	**158.33**	**631.53**	**76.11**	**19.00**

（续上表）

基金简称	管理费用	托管费用	交易费用	信息披露费	审计费用
景顺长城动力平衡混合	9,780.04	1,630.01	2,059.24	10.00	13.50
广发聚富混合	10,697.46	1,782.91	1,277.35	30.00	8.00
广发稳健增长混合	13,638.92	2,273.15	4,068.45	30.00	8.00
广发策略优选混合	16,918.86	2,819.81	4,143.75	30.00	8.00
广发大盘成长混合	19,159.10	3,193.18	4,646.72	30.00	8.00
合　计	**60,414.35**	**10,069.06**	**14,136.27**	**120.00**	**32.00**
兴业可转债混合	3,775.47	726.05	1,868.72	20.00	10.00
兴业趋势投资混合(LOF)	29,103.85	4,850.64	9,064.93	30.00	15.00
兴业有机增长混合	2,006.15	334.36	864.64	18.00	10.00
合　计	**34,885.48**	**5,911.05**	**11,798.29**	**68.00**	**35.00**
诺安平衡混合	12,797.34	2,132.89	2,184.71	30.00	10.00
诺安灵活配置混合	800.18	133.36	1,455.14	30.00	10.00
合　计	**13,597.52**	**2,266.25**	**3,639.84**	**60.00**	**20.00**
申万巴黎盛利精选混合	2,385.38	397.56	1,283.48	18.00	10.00
申万巴黎盛利强化配置混合	105.24	21.93	67.44	34.00	6.00
申万巴黎新经济混合	7,389.30	1,231.55	5,140.24	22.00	13.00
合　计	**9,879.92**	**1,651.04**	**6,491.16**	**74.00**	**29.00**
中海优质成长混合	7,599.69	1,266.61	6,938.32	30.00	15.00
中海分红增利混合	4,644.91	774.15	3,034.59	30.00	15.00
中海能源策略混合	11,743.70	1,957.28	6,701.38	34.00	15.00
中海蓝筹混合	623.14	103.86	770.62	36.13	10.00
合　计	**24,611.43**	**4,101.90**	**17,444.91**	**130.13**	**55.00**
华富竞争力优选混合	2,609.36	434.89	3,124.34	36.00	10.00
华富策略精选混合	120.15	20.02	150.95	38.16	5.00
华富价值增长混合	380.92	63.49	139.35	18.00	5.00
合　计	**3,110.43**	**518.40**	**3,414.64**	**92.16**	**20.00**
光大保德信动态优选混合	171.03	28.51	142.85	6.80	5.00
上投摩根中国优势混合	9,333.75	1,555.62	6,774.60	30.00	14.00
上投摩根双息平衡混合	6,273.96	1,045.66	4,316.31	30.00	11.00
上投摩根双核平衡混合	1,561.04	260.17	1,234.43	30.00	10.00
合　计	**17,168.75**	**2,861.46**	**12,325.34**	**90.00**	**35.00**
东方龙混合	1,367.42	227.90	443.86	30.00	8.00
东方精选混合	10,801.92	1,800.32	2,297.87	30.00	8.00
合　计	**12,169.35**	**2,028.22**	**2,741.73**	**60.00**	**16.00**
中银中国混合(LOF)	2,645.86	440.98	1,513.86	34.00	9.70
中银收益混合	5,925.00	987.50	2,212.73	32.00	12.10
中银优选混合	1,600.05	266.67	732.17	20.00	9.70
合　计	**10,170.91**	**1,695.15**	**4,458.75**	**86.00**	**31.50**
东吴嘉禾优势精选混合	4,127.99	688.00	4,351.65	20.00	8.00
东吴进取策略混合	778.84	129.81	985.38	24.00	8.00
合　计	**4,906.82**	**817.80**	**5,337.03**	**44.00**	**16.00**

（续上表）

基金简称	管理费用	托管费用	交易费用	信息披露费	审计费用
天弘精选混合	5,353.13	892.19	6,907.36	25.07	12.00
国富中国收益混合	1,799.57	326.01	519.66	32.00	10.00
华泰柏瑞积极成长混合	7,205.22	1,200.87	4,510.81	30.00	11.00
新华优选分红混合	2,049.27	341.54	1,302.25	30.00	8.00
新华泛资源优势混合	1,860.13	310.02	840.19	14.14	8.00
合　计	**3,909.40**	**651.57**	**2,142.44**	**44.14**	**16.00**
汇添富优势精选混合	7,584.19	1,264.03	4,503.90	34.00	9.00
汇添富蓝筹稳健混合	1,118.01	186.33	1,193.97	34.00	8.00
合　计	**8,702.20**	**1,450.37**	**5,697.88**	**68.00**	**17.00**
工银精选平衡混合	12,299.79	2,049.96	6,908.89	30.00	10.00
交银稳健配置混合	13,337.91	2,222.99	6,327.78	30.00	14.60
交银保本混合	5,003.27	833.88	686.34	34.00	10.53
合　计	**18,341.18**	**3,056.86**	**7,014.11**	**64.00**	**25.13**
建信优化配置混合	16,429.11	2,738.19	6,729.88	30.10	17.00
信诚四季红混合	7,871.67	1,311.95	5,556.88	28.00	19.18
汇丰晋信2016周期混合	1,149.28	191.55	617.24	36.00	11.90
汇丰晋信动态策略混合	3,578.48	596.41	1,892.90	36.39	13.50
汇丰晋信2026周期混合	260.24	43.37	312.28	36.00	7.80
合　计	**4,988.00**	**831.33**	**2,822.41**	**108.39**	**33.20**
益民红利成长混合	2,682.82	447.14	1,411.63	10.00	3.60
益民创新优势混合	7,559.38	1,259.90	3,227.63	10.00	6.00
合　计	**10,242.19**	**1,707.03**	**4,639.27**	**20.00**	**9.60**
华商领先企业混合	10,860.30	1,810.05	4,463.85	30.00	14.00
中邮核心优势灵活配置混合	1,073.83	178.97	1,888.33	4.87	4.00
信达澳银精华配置混合	199.23	33.20	127.41	32.00	5.00
诺德灵活配置混合	102.02	17.00	285.35	38.00	5.00
中欧新蓝筹混合	216.83	36.14	295.05	30.00	5.00
金元比联宝石保本混合	3,618.46	657.90	1,031.44	22.99	10.00
金元比联成长动力混合	165.68	27.61	134.67	22.99	6.00
合　计	**3,784.14**	**685.52**	**1,166.10**	**45.98**	**16.00**
浦银安盛精致生活混合	471.61	78.60	304.55	27.00	8.00
农银平衡双利混合	5,050.72	841.79	5,270.41	9.00	8.00
民生加银品牌蓝筹混合	1,534.18	255.70	863.79	22.50	10.00
总　计	**1,020,228.17**	**172,581.57**	**488,761.16**	**4,000.17**	**1,586.52**

表2-45 2009年开放式(债券型)基金年度费用汇总统计

(单位：万元人民币)

基金简称	管理费用	托管费用	交易费用	信息披露费	审计费用
国泰金龙债券	533.94	177.98	20.20	11.00	6.00
国泰双利债券	524.77	149.93	224.32	26.00	6.00
合 计	**1,058.71**	**327.91**	**244.53**	**37.00**	**12.00**
南方宝元债券	1,768.16	412.57	690.56	30.00	8.00
南方多利中短期债券	632.67	210.89	10.06	30.00	7.30
合 计	**2,400.83**	**623.46**	**700.62**	**60.00**	**15.30**
华夏债券	4,516.51	1,505.50	138.77	24.00	11.00
中信稳定双利	1,395.49	429.38	206.23	26.38	8.00
华夏希望债券	6,087.84	1,739.38	2,055.74	8.00	10.00
合 计	**11,999.84**	**3,674.27**	**2,400.75**	**58.38**	**29.00**
华安稳定收益债券	688.92	229.64	41.83	26.00	8.50
华安强化收益债券	885.06	252.87	334.35	15.00	8.50
合 计	**1,573.98**	**482.51**	**376.18**	**41.00**	**17.00**
博时稳定价值债券	1,284.10	428.03	8.89	30.00	9.00
博时信用债券	662.94	189.41	119.50	14.50	7.00
合 计	**1,947.05**	**617.45**	**128.39**	**44.50**	**16.00**
鹏华普天债券	347.85	104.35	39.88	15.00	5.04
鹏华丰收债券	563.78	187.93	121.03	30.00	6.00
合 计	**911.63**	**292.28**	**160.91**	**45.00**	**11.04**
嘉实债券	1,155.66	385.22	111.20	9.00	7.00
嘉实超短债债券	2,282.91	779.53	5.60	20.00	8.00
嘉实多元债券	1,184.06	338.30	660.13	30.00	9.00
合 计	**4,622.63**	**1,503.05**	**776.93**	**59.00**	**24.00**
长盛全债指数增强债券	887.07	236.55	349.35	27.00	8.00
长盛积极配置债券	246.01	65.60	81.26	27.00	6.00
合 计	**1,133.09**	**302.16**	**430.61**	**54.00**	**14.00**
大成债券	938.78	268.22	7.35	30.00	9.00
大成强化收益债券	718.16	205.19	188.69	27.00	9.00
合 计	**1,656.94**	**473.41**	**196.04**	**57.00**	**18.00**
富国天利增长债券	2,245.78	561.44	131.55	10.00	10.00
富国优化增强债券	1,249.16	356.90	356.78	14.00	8.00
合 计	**3,494.93**	**918.35**	**488.33**	**24.00**	**18.00**
易方达稳健收益债券	651.00	217.00	290.10	30.00	8.50
易方达增强回报债券	805.25	247.77	57.67	30.00	8.50
合 计	**1,456.25**	**464.77**	**347.78**	**60.00**	**17.00**

（续上表）

基金简称	管理费用	托管费用	交易费用	信息披露费	审计费用
宝盈增强收益债券	541.74	180.58	250.67	30.00	7.00
融通债券	344.10	114.70	1.63	10.00	5.31
银华增强收益债券	814.00	250.46	235.13	30.00	10.00
长城稳健增利债券	147.42	49.14	89.62	30.00	5.00
泰达宏利集利债券	283.78	94.59	130.19	23.70	6.00
国投瑞银融华债券	745.14	198.70	181.45	30.00	10.00
国投瑞银稳定增利债券	1,348.32	449.44	40.08	30.00	10.00
合　计	**2,093.46**	**648.14**	**221.53**	**60.00**	**20.00**
银河收益债券	318.85	85.03	146.01	18.00	5.00
银河银信添利债券	733.55	225.71	12.72	24.00	6.00
合　计	**1,052.39**	**310.73**	**158.73**	**42.00**	**11.00**
万家增强收益债券	530.75	151.64	456.63	30.00	8.00
万家稳健增利债券	282.69	80.77	2.40	12.00	6.00
合　计	**813.44**	**232.41**	**459.03**	**42.00**	**14.00**
招商安泰债券	631.43	189.43	6.68	6.00	7.00
招商安本增利债券	849.54	182.05	485.42	10.00	12.00
招商安心收益债券	1,107.91	316.55	60.44	20.00	12.00
合　计	**2,588.88**	**688.02**	**552.54**	**36.00**	**31.00**
华宝兴业宝康债券	826.56	275.52	15.34	10.67	6.00
华宝兴业增强收益债券	551.08	183.69	123.85	30.00	7.00
合　计	**1,377.63**	**459.21**	**139.19**	**40.67**	**13.00**
海富通稳健添利债券	819.67	252.21	20.17	30.28	8.00
国联安增利债券	522.45	174.15	14.57	27.00	7.50
长信利丰债券	340.89	97.40	385.42	39.00	7.00
泰信双息双利债券	451.97	129.13	207.72	28.00	6.54
泰信债券增强收益	280.74	93.58	25.15	18.00	9.00
合　计	**732.71**	**222.71**	**232.88**	**46.00**	**15.54**
天治稳健双盈债券	163.13	46.61	45.25	10.50	6.00
广发增强债券	2,049.43	683.14	111.83	30.00	8.00
兴业磐稳增利债券	323.90	92.54	3.98	6.00	—
诺安优化收益债券	333.63	85.79	4.95	4.50	10.00
诺安增利债券	297.48	84.99	185.84	15.00	10.00
合　计	**631.11**	**170.79**	**190.79**	**19.50**	**20.00**
申万巴黎添益宝债券	536.68	178.89	3.88	27.29	9.29
中海稳健收益债券	750.31	250.10	80.22	30.00	10.00

（续上表）

基金简称	管理费用	托管费用	交易费用	信息披露费	审计费用
华富收益增强债券	543.24	181.55	83.89	34.00	8.00
光大保德信增利收益债券	300.46	100.15	3.21	38.83	8.00
上投摩根纯债债券	370.01	123.34	11.12	24.00	8.00
东方稳健回报债券	297.59	99.20	8.64	10.00	8.00
中银增利债券	531.27	151.79	8.86	12.00	7.08
东吴优信稳健债券	377.16	116.05	107.71	9.22	8.00
天弘永利债券	82.72	23.63	40.08	38.88	5.96
国富强化收益债券	192.64	64.21	30.69	27.00	4.50
华泰柏瑞稳本增利债券	314.43	89.84	280.57	10.00	4.50
汇添富增收收益债券	1,456.74	485.58	8.38	32.00	8.00
工银增强收益债券	3,352.99	1,117.66	102.01	29.56	10.00
工银添利债券	2,237.62	745.87	50.77	30.00	10.00
合　计	**5,590.61**	**1,863.54**	**152.78**	**59.56**	**20.00**
交银增利债券	3,461.03	1,153.68	119.52	30.00	12.06
建信稳定增利债券	2,613.65	746.76	124.38	30.00	11.16
建信收益增强债券	2,284.74	652.78	1,130.10	17.51	13.46
合　计	**4,898.39**	**1,399.54**	**1,254.48**	**47.51**	**24.62**
信诚三得益债券	983.85	281.10	290.02	32.00	11.82
信诚经典优债债券	427.80	122.23	12.18	25.50	10.50
合　计	**1,411.64**	**403.33**	**302.20**	**57.50**	**22.32**
汇丰晋信平稳增利债券	631.43	210.48	6.53	34.28	10.00
益民多利债券	96.12	27.46	35.71	8.78	3.60
华商收益增强债券	516.06	172.02	39.52	30.00	8.00
信达澳银稳定价值债券	275.15	91.72	6.91	21.50	5.13
诺德增强收益债券	322.54	86.01	347.51	26.00	6.50
中欧稳健收益债券	290.64	96.88	2.13	27.00	5.58
金元比联丰利债券	464.23	132.64	108.08	19.00	6.00
浦银安盛优化收益债券	202.92	62.44	2.05	34.00	7.70
农银恒久增利债券	1,347.92	449.31	10.58	10.00	7.50
民生加银增强收益债券	353.16	100.90	159.83	15.00	9.00
总　计	**73,511.10**	**22,561.43**	**12,709.31**	**1,805.87**	**623.03**

表2-46 2009年开放式(货币型)基金年度费用汇总统计

（单位：万元人民币）

基金简称	管理费用	托管费用	信息披露费	审计费用
国泰货币	660.29	200.09	4.00	6.00
南方现金增利货币	3,861.03	1,170.01	30.00	10.60
华夏现金增利货币	7,462.95	2,261.50	24.00	11.00
中信现金优势货币	133.88	40.57	25.40	5.00
合　计	**7,596.84**	**2,302.07**	**49.40**	**16.00**
华安现金富利货币	3,842.01	1,164.24	28.00	12.80
博时现金收益货币	5,513.05	1,670.62	30.00	10.00
鹏华货币	1,396.57	423.20	10.00	9.50
嘉实货币	3,927.45	1,190.14	10.00	13.00
长盛货币	960.68	291.11	27.00	10.00
大成货币	1,281.68	388.39	30.00	10.00
富国天时货币	565.35	171.32	10.00	5.00
易方达货币	2,120.87	642.69	30.00	13.00
宝盈货币	49.04	14.86	2.50	6.00
融通易支付货币	193.61	58.67	10.00	9.00
银华货币	946.21	286.73	9.00	9.00
长城货币	245.67	74.45	20.00	5.00
泰达宏利货币	566.47	171.66	28.00	8.00
国投瑞银货币	395.99	120.00	29.00	9.00
银河银富货币	926.74	280.83	8.00	5.00
万家货币	1,186.49	359.54	6.00	5.00
招商现金增值货币	2,065.52	625.92	10.00	11.00
华宝兴业现金宝货币	771.42	233.76	24.00	6.00
大摩货币	108.12	32.76	10.00	4.00
海富通货币	2,788.20	844.91	30.00	12.12
长信利息收益货币	1,883.18	570.66	18.00	8.76
泰信天天收益货币	692.64	209.89	28.00	9.00
天治天得利货币	297.63	90.19	8.00	5.00
景顺长城货币	310.78	94.18	10.00	5.00
广发货币	1,067.51	323.49	20.00	8.00
兴业货币	252.26	76.44	8.00	5.00
诺安货币	470.69	142.63	29.00	10.00
申万巴黎收益宝货币	148.62	45.16	21.00	6.00
华富货币	263.18	79.75	9.06	5.00
光大保德信货币	190.80	57.82	22.00	5.00
上投摩根货币	1,687.09	511.24	24.00	11.00
东方金账簿货币	94.66	28.69	10.00	8.00
中银货币	593.25	179.77	12.00	5.00
华泰柏瑞货币	96.76	29.32	6.00	6.50
汇添富货币	2,012.10	609.73	30.00	8.00

（续上表）

基金简称	管理费用	托管费用	信息披露费	审计费用
工银货币	4,483.97	1,358.78	30.00	10.00
交银货币	2,516.33	762.53	10.00	10.00
建信货币	2,239.22	678.55	29.87	12.40
益民货币	53.91	16.34	10.00	1.80
总　计	**61,323.89**	**18,583.12**	**779.83**	**344.48**

表2-47　2009年开放式(ETF)基金年度费用汇总统计

（单位：万元人民币）

基金简称	管理费用	托管费用	交易费用	信息披露费	审计费用
华夏上证50ETF	9,925.74	1,985.15	1,017.51	24.00	10.00
华夏中小板ETF	1,434.49	286.90	242.24	8.00	11.00
合　计	**11,360.23**	**2,272.05**	**1,259.75**	**32.00**	**21.00**
华安上证180ETF	1,227.90	245.58	158.84	26.00	9.40
易方达深证100ETF	2,993.22	598.64	498.85	30.00	11.90
华泰柏瑞上证红利ETF	1,964.37	392.87	803.37	30.00	10.60
工银上证央企ETF	599.20	119.84	520.61	9.00	5.00
交银上证180公司治理ETF	144.86	28.97	126.58	9.00	8.00
总　计	**18,289.77**	**3,657.95**	**3,368.00**	**136.00**	**65.90**

表2-48　2009年QDII基金年度费用汇总统计

（单位：万元人民币）

基金简称	管理费用	托管费用	交易费用	信息披露费	审计费用
南方全球精选配置QDII	28,166.03	4,567.46	8,079.81	30.00	19.00
华夏全球股票QDII	32,151.59	6,082.73	4,211.84	8.00	19.00
嘉实海外中国(QDII)	26,315.04	4,385.84	13,741.30	30.00	19.00
华宝兴业海外中国QDII	277.14	53.89	122.97	28.18	6.00
海富通中国海外QDII	652.54	152.26	609.67	36.00	6.00
上投摩根亚太优势QDII	24,697.08	4,802.21	17,098.53	30.00	18.00
工银全球股票 QDII	2,898.69	483.12	1,115.92	30.00	8.00
交银环球精选股票QDII	667.39	129.77	674.43	35.25	6.00
银华全球优选QDII	212.98	34.54	73.53	30.00	8.00
总　计	**116,038.49**	**20,691.82**	**45,727.99**	**257.43**	**109.00**

表2-49 2009年开放式基金年度份额变动汇总统计

（单位：亿份）

基金类型	期初总份额	期间：总申购份额	总赎回份额	拆分变动额	期末总份额
股票型基金	12,261.37	4,500.95	5,614.92	-0.26	11,147.14
混合型基金	7,942.14	1,670.07	2,743.46	0.00	6,868.76
债券型基金	2,164.25	1,576.27	2,997.65	0.00	742.87
货币型基金	3,968.02	10,550.70	11,923.44	0.00	2,595.27
合　计	**26,335.78**	**18,297.99**	**23,279.46**	**-0.26**	**21,354.04**
ETF基金	210.34	2,072.01	1,974.20	-0.11	308.05
QDII基金	1,093.04	107.76	184.42	0.00	1,016.38

表2-50 2009年开放式(股票型)基金年度份额变动汇总统计

（单位：万份）

基金简称	期初总份额	期间：总申购份额	总赎回份额	期末总份额
国泰金鹰增长股票	78,183.37	127,809.59	101,820.98	104,171.98
国泰金牛创新股票	491,671.99	394,709.96	337,016.72	549,365.24
国泰沪深300指数	703,209.96	1,527,964.12	1,127,881.96	1,103,292.12
国泰区位优势股票	190,920.42	20,368.83	132,122.75	79,166.50
国泰中小盘成长股票(LOF)	50,000.00	461,128.93	——	511,128.93
合　计	**1,513,985.74**	**2,531,981.44**	**1,698,842.40**	**2,347,124.77**
南方积极配置股票(LOF)	301,004.44	38,963.75	99,276.84	240,691.36
南方高增长股票(LOF)	351,755.05	19,322.54	109,559.09	261,518.51
南方绩优成长股票	887,340.12	145,324.63	260,862.20	771,802.55
南方成份精选股票	1,619,471.08	34,042.29	312,286.32	1,341,227.04
南方隆元产业主题股票	1,283,895.83	70,308.34	370,162.39	984,041.78
南方盛元红利股票	621,705.52	27,151.29	275,161.69	373,695.12
南方优选价值股票	63,623.23	37,484.64	60,075.27	41,032.61
南方沪深300指数	158,075.50	268,528.58	264,010.37	162,593.71
南方中证500指数(LOF)	322,321.78	201,236.46	235,292.05	288,266.19
合　计	**5,609,192.56**	**842,362.51**	**1,986,686.21**	**4,464,868.86**
华夏收入股票	249,021.26	11,528.59	64,327.58	196,222.27
华夏优势增长股票	872,859.44	346,301.96	495,798.63	723,362.78
华夏复兴股票	476,592.59	—	96,646.99	379,945.60
华夏行业股票(LOF)	1,149,434.81	805,010.64	673,897.96	1,280,547.49
华夏沪深300指数	2,477,195.72	865,204.91	718,249.12	2,624,151.51
合　计	**5,225,103.83**	**2,028,046.10**	**2,048,920.28**	**5,204,229.64**

（续上表）

基金简称	期初总份额	期间：总申购份额	总赎回份额	期末总份额
华安中国A股增强指数	702,064.80	1,017,173.26	1,120,066.78	599,171.29
华安宏利股票	490,820.06	395,929.82	335,961.37	550,788.51
华安中小盘成长股票	1,195,955.84	103,458.06	377,492.31	921,921.59
华安策略优选股票	1,948,508.08	80,160.75	265,947.60	1,762,721.23
华安核心股票	45,644.31	48,929.40	62,980.25	31,593.46
华安上证180ETF联接	112,453.40	64,762.36	82,268.41	94,947.34
合　计	**4,495,446.48**	**1,710,413.66**	**2,244,716.72**	**3,961,143.42**
博时沪深300指数	1,868,157.22	810,020.48	1,112,852.25	1,565,325.45
博时精选股票	1,087,205.14	128,169.96	347,097.00	868,278.10
博时主题行业股票(LOF)	992,466.29	251,288.10	443,278.59	800,475.80
博时第三产业股票	1,087,337.96	265,102.27	472,350.32	880,089.91
博时新兴成长股票	2,601,179.55	168,073.81	439,665.05	2,329,588.31
博时特许价值股票	60,395.89	262,196.01	223,780.58	98,811.32
合　计	**7,696,742.05**	**1,884,850.62**	**3,039,023.78**	**6,542,568.90**
鹏华价值优势股票(LOF)	1,630,529.72	208,841.56	350,548.18	1,488,823.10
鹏华优质治理股票(LOF)	928,667.01	59,231.91	270,243.89	717,655.03
鹏华盛世创新股票(LOF)	28,559.07	91,821.18	78,109.88	42,270.38
鹏华沪深300指数(LOF)	199,442.90	138,726.07	247,454.85	90,714.13
鹏华精选成长股票	301,456.48	8,394.65	117,699.95	192,151.18
合　计	**3,088,655.18**	**507,015.38**	**1,064,056.74**	**2,531,613.81**
嘉实沪深300指数(LOF)	3,862,227.65	4,530,437.40	4,053,359.25	4,339,305.80
嘉实优质企业股票	783,062.01	52,762.87	263,242.97	572,581.91
嘉实研究精选股票	160,089.25	443,620.06	337,485.46	266,223.85
嘉实量化阿尔法股票	296,122.28	294,667.78	356,963.92	233,826.14
合　计	**5,101,501.19**	**5,321,488.11**	**5,011,051.60**	**5,411,937.70**
长盛中证100指数	158,892.35	170,682.17	199,361.08	130,213.44
长盛同德主题股票	1,280,491.78	108,896.94	235,897.22	1,153,491.50
合　计	**1,439,384.13**	**279,579.11**	**435,258.29**	**1,283,704.95**
大成沪深300股票	739,723.60	640,890.40	716,973.20	663,640.80
大成积极成长股票	381,766.77	16,218.38	91,852.60	306,132.55
大成景阳领先股票	622,565.35	249,295.90	282,606.09	589,255.15
大成策略回报股票	46,741.50	180,270.19	118,165.95	108,845.75
大成行业轮动股票	308,619.69	2,681.17	142,896.07	168,404.79
合　计	**2,099,416.91**	**1,089,356.04**	**1,352,493.91**	**1,836,279.04**
富国天益价值股票	1,694,706.41	315,191.70	709,551.69	1,300,346.42
富国天合稳健股票	543,695.88	94,164.60	167,384.89	470,475.59
富国天博创新股票	1,235,161.41	17,297.32	182,935.54	1,069,523.20
富国天鼎中证指数增强	90,555.90	145,989.33	155,183.99	81,361.24
合　计	**3,564,119.61**	**572,642.95**	**1,215,056.11**	**2,921,706.45**

（续上表）

基金简称	期初总份额	期间：总申购份额	总赎回份额	期末总份额
易方达上证50指数	2,705,327.53	2,712,976.65	2,613,095.20	2,805,208.98
易方达价值精选股票	718,686.65	190,466.69	355,746.86	553,406.48
易方达科讯股票	1,142,792.65	57,562.16	279,804.07	920,550.74
易方达中小盘股票	75,651.58	176,890.09	161,504.67	91,037.00
易方达科翔股票	143,298.97	37,618.65	139,395.93	41,521.69
易方达行业领先股票	409,174.54	105,475.29	349,460.28	165,189.55
易方达沪深300指数	1,674,625.24	97,891.62	681,666.24	1,090,850.61
合　计	**6,869,557.17**	**3,378,881.15**	**4,580,673.26**	**5,667,765.06**
宝盈泛沿海增长股票	565,052.83	28,174.77	120,120.10	473,107.50
宝盈策略增长股票	357,126.18	80,231.18	134,526.51	302,830.86
宝盈资源优选股票	31,700.15	9,566.57	19,790.05	21,476.67
合　计	**953,879.16**	**117,972.53**	**274,436.66**	**797,415.03**
融通深证100指数	835,686.33	1,497,394.60	1,093,658.55	1,239,422.38
融通巨潮100指数(LOF)	327,873.83	204,872.20	199,917.48	332,828.55
融通动力先锋股票	331,529.09	24,957.60	95,084.25	261,402.43
融通领先成长股票(LOF)	528,270.14	37,542.22	136,403.84	429,408.52
融通内需驱动股票	295,517.42	36,222.06	241,788.83	89,950.65
合　计	**2,318,876.81**	**1,800,988.68**	**1,766,852.96**	**2,353,012.53**
银华—道琼斯88指数	1,260,556.68	576,981.54	630,392.36	1,207,145.86
银华核心价值优选股票	1,236,020.63	1,026,315.09	642,243.10	1,620,092.62
银华优质增长股票	483,483.75	44,319.61	147,717.86	380,085.49
银华富裕主题股票	911,784.52	115,450.05	269,418.47	757,816.09
银华领先策略股票	17,585.15	72,067.62	52,974.75	36,678.02
银华内需精选股票(LOF)	250,000.00	457,347.73	356,901.04	350,446.70
银华沪深300指数(LOF)	67,018.91	24,836.87	33,791.78	58,064.00
合　计	**4,226,449.64**	**2,317,318.51**	**2,133,439.37**	**4,410,328.78**
长城久泰中信标普300指数	176,291.30	349,024.19	335,083.91	190,231.59
长城消费增值股票	653,283.31	845,550.64	768,381.74	730,452.21
长城久富股票(LOF)	327,310.30	89,680.42	213,166.17	203,824.55
长城品牌优选股票	1,837,337.19	173,778.92	336,118.72	1,674,997.39
长城双动力股票	48,575.12	31,151.87	74,349.76	5,377.23
合　计	**3,042,797.23**	**1,489,186.05**	**1,727,100.31**	**2,804,882.97**
泰达宏利成长股票	139,097.27	103,007.84	158,848.42	83,256.69
泰达宏利周期股票	67,809.11	83,387.19	81,119.22	70,077.08
泰达宏利稳定股票	67,313.28	24,255.10	55,224.21	36,344.17
泰达宏利精选股票	107,028.92	141,915.48	98,788.80	150,155.59
泰达宏利首选企业股票	169,090.23	108,152.48	90,824.74	186,417.97
泰达宏利市值优选股票	1,058,486.12	265,543.01	323,802.23	1,000,226.90
合　计	**1,608,824.92**	**726,261.10**	**808,607.63**	**1,526,478.40**

（续上表）

基金简称	期初总份额	期间：总申购份额	总赎回份额	期末总份额
国投瑞银核心企业股票	915,148.55	29,170.84	222,648.27	721,671.12
国投瑞银创新动力股票	300,873.64	334,485.58	187,807.98	447,551.25
国投瑞银成长优选股票	321,908.74	209,985.56	179,420.24	352,474.05
国投瑞银沪深300指数分级	321,592.32	1,873.57	9,587.77	313,878.12
合　计	**1,859,523.25**	**575,515.55**	**599,464.26**	**1,835,574.54**
银河成长股票	25,955.82	19,317.41	28,639.52	16,633.71
银河行业股票	69,268.81	2,868.48	55,606.59	16,530.70
合　计	**95,224.63**	**22,185.89**	**84,246.11**	**33,164.41**
万家180指数	789,774.17	600,804.21	439,981.18	950,597.20
万家公用事业行业股票(LOF)	53,802.48	113,456.10	78,037.23	89,221.36
万家精选股票	164,007.47	12,502.56	104,801.10	71,708.93
合　计	**1,007,584.11**	**726,762.87**	**622,819.51**	**1,111,527.48**
金鹰行业优势股票	216,708.93	6,891.19	77,683.93	145,916.18
招商安泰股票	176,767.43	23,962.18	79,753.88	120,975.74
招商优质成长股票(LOF)	560,626.91	234,482.72	309,621.03	485,488.60
招商大盘蓝筹股票	70,090.18	150,032.84	112,213.68	107,909.34
招商行业领先股票	447,530.43	186,172.93	366,532.69	267,170.67
合　计	**1,255,014.95**	**594,650.67**	**868,121.28**	**981,544.35**
华宝兴业多策略股票	1,423,567.51	380,634.08	639,521.35	1,164,680.23
华宝兴业动力组合股票	365,961.83	51,490.40	134,444.59	283,007.64
华宝兴业先进成长股票	275,761.94	157,812.15	287,576.67	145,997.42
华宝兴业行业精选股票	1,943,635.11	102,279.23	452,959.92	1,592,954.42
华宝兴业大盘精选股票	41,102.58	209,445.58	146,861.63	103,686.53
华宝兴业中证100指数	200,875.16	15,803.66	114,068.54	102,610.29
合　计	**4,250,904.13**	**917,465.09**	**1,775,432.70**	**3,392,936.52**
大摩领先优势股票	70,433.00	3,098.34	15,173.16	58,358.17
海富通股票	799,601.70	285,197.58	365,266.33	719,532.95
海富通风格优势股票	327,403.47	708,609.76	382,364.85	653,648.38
海富通领先成长股票	266,531.92	67,836.27	246,878.29	87,489.90
海富通中证100指数(LOF)	208,714.89	—	—	208,714.89
合　计	**1,602,251.99**	**1,061,643.61**	**994,509.47**	**1,669,386.13**
国联安精选股票	251,577.91	422,241.70	261,990.23	411,829.39
国联安优势股票	142,500.46	12,643.93	46,476.86	108,667.54
国联安红利股票	43,904.53	36,094.34	64,024.90	15,973.97
国联安主题驱动股票	84,366.02	2,559.99	36,406.56	50,519.45
合　计	**522,348.93**	**473,539.96**	**408,898.55**	**586,990.34**

（续上表）

基金简称	期初总份额	期间：总申购份额	总赎回份额	期末总份额
长信银利精选股票	434,183.92	12,380.21	54,789.80	391,774.32
长信金利趋势股票	1,307,131.78	37,330.44	180,967.89	1,163,494.33
长信增利动态策略股票	552,752.89	9,758.61	117,891.64	444,619.86
长信恒利优势股票	98,448.54	191.87	33,234.58	65,405.83
合　计	**2,392,517.12**	**59,661.13**	**386,883.91**	**2,065,294.34**
泰信优质生活股票	225,096.34	76,485.10	104,163.91	197,417.53
泰信蓝筹精选股票	107,526.62	20,921.03	89,414.60	39,033.05
合　计	**332,622.97**	**97,406.13**	**193,578.52**	**236,450.59**
天治核心成长股票(LOF)	752,673.35	48,934.11	204,063.67	597,543.80
天治创新先锋股票	15,996.63	5,972.05	17,735.81	4,232.87
合　计	**768,669.98**	**54,906.16**	**221,799.48**	**601,776.67**
景顺长城优选股票	308,555.44	9,909.82	120,517.40	197,947.86
景顺长城内需增长股票	67,166.00	37,230.73	56,811.05	47,585.67
景顺长城鼎益股票(LOF)	979,198.88	31,244.00	278,140.67	732,302.21
景顺长城资源垄断股票(LOF)	1,245,029.17	36,768.77	182,277.15	1,099,520.79
景顺长城新兴成长股票	566,285.23	18,354.03	166,653.69	417,985.57
景顺长城内需贰号股票	239,301.87	294,907.81	172,993.01	361,216.67
景顺长城精选蓝筹股票	1,621,344.70	180,180.14	380,588.71	1,420,936.13
景顺长城公司治理股票	12,699.19	16,777.30	22,109.14	7,367.35
景顺长城能源基建股票	93,403.27	559.08	36,467.17	57,495.18
合　计	**5,132,983.75**	**625,931.68**	**1,416,557.98**	**4,342,357.44**
广发小盘成长股票	605,337.33	365,395.57	383,797.31	586,935.59
广发聚丰股票	3,839,801.45	349,898.03	610,321.38	3,579,378.10
广发核心精选股票	89,443.38	216,471.13	174,907.66	131,006.84
广发沪深300指数	65,369.40	442,320.60	352,507.19	155,182.80
广发聚瑞股票	707,089.33	20,274.09	306,883.21	420,480.21
合　计	**5,307,040.89**	**1,394,359.41**	**1,828,416.76**	**4,872,983.54**
兴业全球视野股票	278,293.78	155,242.36	194,040.82	239,495.32
兴业社会责任股票	113,773.12	628,069.68	256,288.69	485,554.12
合　计	**392,066.90**	**783,312.04**	**450,329.51**	**725,049.43**
诺安股票	2,501,310.32	236,553.72	610,270.31	2,127,593.73
诺安价值增长股票	1,271,550.49	80,469.42	247,223.21	1,104,796.71
诺安成长股票	116,783.81	27,389.80	106,693.72	37,479.89
诺安中证100指数	210,973.56	—	—	210,973.56
合　计	**4,100,618.19**	**344,412.94**	**964,187.24**	**3,480,843.89**
申万巴黎新动力股票	576,925.52	33,475.60	104,377.99	506,023.13
申万巴黎竞争优势股票	12,044.85	18,302.12	19,520.99	10,825.98
申万巴黎消费增长股票	146,422.10	79,776.47	112,615.77	113,582.80
合　计	**735,392.47**	**131,554.19**	**236,514.75**	**630,431.90**

（续上表）

基金简称	期初总份额	期间：总申购份额	总赎回份额	期末总份额
中海量化策略股票	164,638.77	84,119.21	117,771.67	130,986.31
华富成长趋势股票	288,346.38	6,913.48	47,450.76	247,809.10
光大保德信量化股票	1,577,422.43	756,618.75	809,668.87	1,524,372.31
光大保德信红利股票	195,896.84	80,533.45	104,858.40	171,571.90
光大保德信新增长股票	168,268.06	233,429.75	193,086.45	208,611.37
光大保德信优势配置股票	1,878,919.54	51,130.80	251,784.64	1,678,265.70
光大保德信均衡精选股票	104,050.32	50,827.29	109,334.12	45,543.49
合　计	**3,924,557.21**	**1,172,540.03**	**1,468,732.47**	**3,628,364.77**
上投摩根阿尔法股票	208,935.88	43,699.03	146,832.17	105,802.73
上投摩根成长先锋股票	401,897.18	115,207.70	175,099.53	342,005.35
上投摩根内需动力股票	1,136,807.85	402,223.29	613,060.86	925,970.28
上投摩根中小盘股票	82,605.76	159,296.08	145,013.46	96,888.38
合　计	**1,830,246.67**	**720,426.10**	**1,080,006.03**	**1,470,666.75**
东方策略成长股票	14,977.48	1,845.17	10,868.38	5,954.26
东方核心动力股票	77,197.42	4,707.86	51,525.05	30,380.24
合　计	**92,174.90**	**6,553.03**	**62,393.43**	**36,334.50**
中银增长股票	1,485,771.15	265,505.84	356,034.75	1,395,242.24
中银策略股票	366,817.17	69,583.14	278,359.65	158,040.66
中银中证100指数增强	355,774.58	36,559.03	140,521.32	251,812.29
合　计	**2,208,362.89**	**371,648.01**	**774,915.71**	**1,805,095.19**
东吴双动力股票	187,781.65	40,266.44	79,623.54	148,424.55
东吴行业轮动股票	250,602.93	7,923.90	161,825.77	96,701.06
合　计	**438,384.58**	**48,190.34**	**241,449.31**	**245,125.61**
天弘永定价值成长股票	8,435.35	19,067.24	18,651.43	8,851.16
国富弹性市值股票	412,753.44	222,270.49	271,418.35	363,605.58
国富潜力组合股票	641,566.39	156,325.74	205,953.80	591,938.32
国富深化价值股票	109,245.66	213,117.20	230,229.65	92,133.21
国富成长动力股票	110,959.88	25,537.62	92,819.03	43,678.47
国富沪深300指数增强	242,383.22	27,938.68	93,688.27	176,633.63
合　计	**1,516,908.58**	**645,189.73**	**894,109.10**	**1,267,989.21**
华泰柏瑞盛世中国股票	1,308,622.69	409,006.33	308,236.28	1,409,392.73
华泰柏瑞价值增长股票	27,440.00	98,729.00	71,125.50	55,043.50
华泰柏瑞行业领先股票	224,963.23	1,851.49	43,707.77	183,106.95
合　计	**1,561,025.92**	**509,586.82**	**423,069.55**	**1,647,543.19**
新华优选成长股票	8,892.28	272,930.58	121,485.40	160,337.46
汇添富均衡增长股票	2,972,999.96	84,752.64	485,149.74	2,572,602.86
汇添富成长焦点股票	1,225,014.94	106,224.46	382,340.25	948,899.16
汇添富价值精选股票	151,252.27	119,794.79	181,401.91	89,645.15
汇添富上证综合指数	909,775.87	443,137.05	657,257.03	695,655.88
合　计	**5,259,043.04**	**753,908.94**	**1,706,148.92**	**4,306,803.05**

（续上表）

基金简称	期初总份额	期间：总申购份额	总赎回份额	期末总份额
工银核心价值股票	945,156.16	1,619,081.01	838,705.88	1,725,531.29
工银稳健成长债券	451,889.95	113,048.31	161,978.45	402,959.81
工银红利股票	583,206.67	165,904.71	301,556.07	447,555.31
工银大盘蓝筹股票	109,591.87	113,095.55	147,546.19	75,141.24
工银沪深300指数	360,642.18	723,684.49	648,089.43	436,237.23
合　计	**2,450,486.83**	**2,734,814.07**	**2,097,876.02**	**3,087,424.87**
交银精选股票	967,969.59	843,824.87	767,604.50	1,044,189.96
交银成长股票	287,965.63	263,414.66	227,786.76	323,593.54
交银蓝筹股票	1,689,562.21	201,431.12	328,075.56	1,562,917.77
交银先锋股票	447,067.91	248,327.04	424,670.43	270,724.52
交银上证180公司治理ETF联接	709,025.78	1,020.40	9,102.64	700,943.53
合　计	**4,101,591.12**	**1,558,018.10**	**1,757,239.90**	**3,902,369.32**
建信恒久价值股票	369,483.33	105,636.17	157,882.00	317,237.50
建信优选成长股票	448,402.38	75,192.56	148,918.88	374,676.06
建信核心精选股票	27,870.25	133,522.98	96,590.43	64,802.80
合　计	**845,755.97**	**314,351.71**	**403,391.31**	**756,716.37**
信诚精萃成长股票	348,765.85	361,495.45	298,493.18	411,768.12
信诚盛世蓝筹股票	53,123.62	37,480.31	56,084.06	34,519.88
信诚优胜精选股票	235,633.35	56,148.65	91,158.30	200,623.70
合　计	**637,522.82**	**455,124.41**	**445,735.53**	**646,911.70**
汇丰晋信龙腾股票	106,659.84	158,706.99	121,060.39	144,306.44
汇丰晋信大盘股票	288,555.42	22,277.41	172,733.93	138,098.91
合　计	**395,215.26**	**180,984.41**	**293,794.32**	**282,405.35**
华商盛世成长股票	15,763.89	275,173.72	166,759.96	124,177.64
中邮核心优选股票	1,158,731.01	54,793.30	176,079.63	1,037,444.67
中邮核心成长股票	3,723,069.19	—	272,709.83	3,450,359.36
合　计	**4,881,800.19**	**54,793.30**	**448,789.47**	**4,487,804.03**
信达澳银领先增长股票	809,282.58	30,942.96	220,709.46	619,516.08
诺德价值优势股票	522,952.21	9,786.96	123,028.51	409,710.67
诺德成长优势股票	51,466.21	1,046.26	44,523.09	7,989.38
合　计	**574,418.42**	**10,833.23**	**167,551.60**	**417,700.05**
中欧新趋势股票(LOF)	279,989.19	9,342.91	71,956.57	217,375.53
中欧价值发现股票	71,473.17	621.21	13,622.96	58,471.42
合　计	**351,462.37**	**9,964.13**	**85,579.54**	**275,846.96**
金元比联价值增长股票	41,206.39	338.50	12,718.53	28,826.37
浦银安盛价值成长股票	155,484.48	2,921.67	44,961.44	113,444.71
农银行业成长股票	377,953.84	307,330.41	464,475.15	220,809.10
农银策略价值股票	778,852.77	895.17	63,865.23	715,882.71
合　计	**1,156,806.60**	**308,225.58**	**528,340.37**	**936,691.81**
总　计	122,613,652.27	45,009,508.05	56,149,152.00	111,471,387.77

表2–51 2009年开放式(混合型)基金年度份额变动汇总统计

(单位：亿份)

基金简称	期初总份额	期间：总申购份额	总赎回份额	期末总份额
国泰金龙行业混合	57,097.75	46,946.07	50,732.64	53,311.18
国泰金马稳健混合	900,537.24	406,383.87	328,991.59	977,929.52
国泰金鹏蓝筹混合	252,696.78	71,346.58	83,083.89	240,959.47
国泰金鼎价值混合	665,700.88	199,346.03	250,884.12	614,162.78
国泰金鹿保本混合(二期)	282,486.04	18,463.61	95,393.14	205,556.52
合　计	**2,158,518.68**	**742,486.16**	**809,085.38**	**2,091,919.46**
南方稳健成长混合	828,094.65	90,247.85	284,252.88	634,089.62
南方避险增值混合	199,883.78	399,212.34	102,957.83	496,138.30
南方稳健成长贰号混合	1,026,951.03	21,872.12	207,547.82	841,275.33
南方恒元保本混合	243,150.29	173,558.70	144,019.60	272,689.38
合　计	**2,298,079.74**	**684,891.02**	**738,778.14**	**2,244,192.63**
华夏成长混合	733,997.00	616,108.83	553,400.16	796,705.67
华夏回报混合	1,367,288.60	194,007.13	538,392.80	1,022,902.93
华夏经典混合	105,698.08	82,176.12	21,212.63	166,661.57
华夏大盘精选混合	64,822.02	579.89	2,142.31	63,259.61
华夏红利混合	1,018,843.16	113,987.33	348,840.04	783,990.45
华夏稳增混合	598,626.12	28,117.24	213,154.03	413,589.33
华夏回报二号混合	839,313.38	160,805.51	272,064.97	728,053.92
华夏蓝筹混合(LOF)	1,697,811.52	276,646.62	698,214.79	1,276,243.35
华夏策略混合	158,376.58	—	25,439.24	132,937.35
合　计	**6,584,776.47**	**1,472,428.67**	**2,672,860.96**	**5,384,344.18**
华安创新混合	1,314,893.16	29,419.17	258,287.39	1,086,024.95
华安宝利配置混合	421,795.49	193,884.00	182,533.46	433,146.02
合　计	**1,736,688.65**	**223,303.16**	**440,820.85**	**1,519,170.97**
博时价值增长混合	2,955,360.72	73,488.30	389,596.78	2,639,252.24
博时平衡配置混合	259,795.78	143,175.14	146,618.79	256,352.13
博时价值增长贰号混合	1,221,127.91	45,607.67	229,178.28	1,037,557.30
博时策略混合	880,350.13	47,379.22	409,811.68	517,917.66
合　计	**5,316,634.54**	**309,650.33**	**1,175,205.54**	**4,451,079.33**
鹏华行业成长混合	83,742.82	22,751.80	61,786.96	44,707.66
鹏华普天收益混合	307,957.40	17,862.80	60,169.87	265,650.33
鹏华中国50混合	280,106.75	139,817.92	133,573.78	286,350.89
鹏华动力增长混合(LOF)	812,704.18	272,270.62	349,326.30	735,648.50
合　计	**1,484,511.15**	**452,703.14**	**604,856.90**	**1,332,357.39**
嘉实成长收益混合	455,043.97	42,004.83	146,719.85	350,328.95
嘉实增长混合	77,091.53	50,087.59	84,815.38	42,363.74
嘉实稳健混合	2,120,120.41	68,871.35	510,794.12	1,678,197.64
嘉实服务增值行业混合	168,485.11	107,599.04	121,618.29	154,465.86
嘉实主题混合	738,164.75	1,058,827.48	988,696.47	808,295.76
嘉实策略混合	872,561.74	94,279.46	261,799.92	705,041.27
嘉实回报混合	1,010,361.18	10,090.54	411,651.52	608,800.20
合　计	**5,441,828.69**	**1,431,760.28**	**2,526,095.55**	**4,347,493.42**

（续上表）

基金简称	期初总份额	期间：总申购份额	总赎回份额	期末总份额
长盛成长价值混合	143,072.25	7,295.73	21,453.87	128,914.12
长盛动态精选混合	161,675.66	73,050.50	51,891.80	182,834.36
长盛同智优势混合(LOF)	415,132.96	11,396.90	92,256.82	334,273.04
长盛创新先锋混合	44,069.02	36,210.96	64,601.40	15,678.58
合　计	**763,949.89**	**127,954.10**	**230,203.89**	**661,700.10**
大成价值增长混合	1,724,199.25	115,618.20	278,695.37	1,561,122.09
大成蓝筹稳健混合	2,080,059.91	109,621.87	244,878.20	1,944,803.58
大成精选增值混合	350,517.54	123,015.68	126,004.62	347,528.60
大成2020生命周期混合	1,737,679.24	73,337.96	263,504.93	1,547,512.26
大成创新成长混合(LOF)	1,520,032.12	32,239.01	190,819.92	1,361,451.21
合　计	**7,412,488.05**	**453,832.71**	**1,103,903.03**	**6,762,417.74**
富国天源平衡混合	91,451.21	6,173.30	26,284.50	71,340.01
富国天瑞强势混合	765,431.14	1,136,217.26	753,788.65	1,147,859.75
富国天惠成长混合(LOF)	201,483.91	77,984.12	92,833.33	186,634.70
富国天成红利混合	17,047.20	103,484.68	76,826.32	43,705.56
合　计	**1,075,413.46**	**1,323,859.37**	**949,732.81**	**1,449,540.02**
易方达平稳增长混合	337,279.76	25,085.13	115,689.30	246,675.59
易方达策略成长混合	194,594.84	63,515.12	107,871.50	150,238.46
易方达积极成长混合	829,057.85	113,094.61	317,283.68	624,868.78
易方达策略成长二号混合	537,946.77	96,847.12	187,334.66	447,459.24
易方达价值成长混合	1,960,584.86	1,439,712.32	1,249,063.69	2,151,233.50
易方达科汇灵活配置混合	75,549.82	112,603.31	112,770.75	75,382.38
合　计	**3,935,013.91**	**1,850,857.61**	**2,090,013.58**	**3,695,857.94**
宝盈鸿利收益混合	134,137.26	16,204.93	46,106.82	104,235.37
宝盈核心优势混合	77,668.79	15,227.76	73,188.53	19,708.02
合　计	**211,806.05**	**31,432.69**	**119,295.35**	**123,943.39**
融通新蓝筹混合	2,136,165.74	90,217.85	333,425.08	1,892,958.51
融通蓝筹成长混合	295,450.38	34,439.42	99,333.67	230,556.12
融通行业景气混合	486,835.07	103,737.00	163,509.08	427,062.98
合　计	**2,918,451.18**	**228,394.26**	**596,267.83**	**2,550,577.61**
银华优势企业混合	491,812.84	19,701.69	135,763.26	375,751.27
银华保本增值混合	115,346.67	33,248.25	39,524.64	109,070.29
银华和谐主题混合	267,297.95	26,646.47	198,935.99	95,008.43
合　计	**874,457.46**	**79,596.42**	**374,223.89**	**579,829.99**
长城久恒平衡混合	29,964.68	2,339.00	13,629.46	18,674.22
长城安心回报混合	1,565,293.47	22,303.71	256,452.65	1,331,144.52
长城景气行业龙头混合	196,463.17	14,070.05	146,618.44	63,914.78
合　计	**1,791,721.32**	**38,712.75**	**416,700.55**	**1,413,733.52**

（续上表）

基金简称	期初总份额	期间：总申购份额	总赎回份额	期末总份额
泰达宏利风险预算混合	12,942.59	33,508.72	30,437.37	16,013.94
泰达宏利效率优选混合(LOF)	678,386.62	7,513.04	123,565.37	562,334.29
泰达宏利品质生活混合	129,488.43	71,126.23	124,324.12	76,290.54
合　计	**820,817.64**	**112,147.99**	**278,326.86**	**654,638.77**
国投瑞银景气行业混合	452,344.88	18,447.95	85,604.95	385,187.87
国投瑞银稳健增长混合	28,433.48	18,300.71	34,156.32	12,577.87
合　计	**480,778.35**	**36,748.66**	**119,761.27**	**397,765.74**
银河稳健混合	178,635.78	35,810.98	71,791.69	142,655.07
银河银泰混合	418,696.70	5,263.81	50,439.62	373,520.89
合　计	**597,332.48**	**41,074.79**	**122,231.31**	**516,175.96**
万家和谐增长混合	376,293.92	9,892.64	62,928.52	323,258.05
万家双引擎灵活配置混合	5,471.10	182,547.18	176,938.04	11,080.24
合　计	**381,765.02**	**192,439.81**	**239,866.55**	**334,338.29**
金鹰成份优选混合	270,234.71	13,212.73	57,925.29	225,522.15
金鹰中小盘精选混合	17,382.34	250,305.59	194,288.93	73,399.00
金鹰红利价值混合	36,701.85	133,876.78	151,893.66	18,684.97
合　计	**324,318.90**	**397,395.10**	**404,107.88**	**317,606.11**
招商安泰平衡混合	9,917.55	1,922.56	4,137.15	7,702.96
招商先锋混合	1,198,909.22	51,368.63	243,873.24	1,006,404.61
招商核心价值混合	713,566.07	26,695.14	211,306.26	528,954.95
合　计	**1,922,392.84**	**79,986.33**	**459,316.65**	**1,543,062.52**
华宝兴业宝康消费品混合	232,799.23	231,312.85	225,458.08	238,654.00
华宝兴业宝康配置混合	160,473.06	69,030.06	115,032.33	114,470.79
华宝兴业收益增长混合	226,318.29	208,954.80	177,743.32	257,529.77
合　计	**619,590.58**	**509,297.71**	**518,233.73**	**610,654.56**
大摩基础行业混合	20,441.14	3,015.06	7,932.11	15,524.10
大摩资源优选混合(LOF)	120,705.51	29,958.69	54,269.92	96,394.28
合　计	**141,146.65**	**32,973.76**	**62,202.03**	**111,918.37**
海富通精选混合	1,143,000.26	92,061.55	248,030.38	987,031.44
海富通收益增长混合	644,859.67	7,343.13	108,624.06	543,578.74
海富通强化回报混合	426,510.19	17,640.51	129,199.93	314,950.77
海富通精选贰号混合	421,608.83	153,571.23	198,627.89	376,552.17
合　计	**2,635,978.95**	**270,616.42**	**684,482.25**	**2,222,113.12**
国联安稳健混合	14,586.48	7,463.60	3,921.80	18,128.27
国联安小盘精选混合	331,265.71	3,723.69	48,653.59	286,335.81
国联安安心成长混合	16,605.70	39,328.63	29,903.13	26,031.20
合　计	**362,457.89**	**50,515.92**	**82,478.52**	**330,495.28**
长信双利优选混合	24,772.77	25,345.46	36,202.88	13,915.35
泰信先行策略混合	1,143,520.50	36,900.96	247,811.91	932,609.54
泰信优势增长混合	23,167.81	21,555.52	33,988.45	10,734.89
合　计	**1,166,688.31**	**58,456.48**	**281,800.36**	**943,344.43**

（续上表）

基金简称	期初总份额	期间：总申购份额	总赎回份额	期末总份额
天治财富增长混合	44,920.91	569.71	6,234.65	39,255.97
天治品质优选混合	21,731.23	4,270.43	9,013.30	16,988.35
天治趋势精选混合	52,601.23	320.61	24,655.81	28,266.03
合　计	**119,253.37**	**5,160.74**	**39,903.76**	**84,510.35**
景顺长城动力平衡混合	1,007,561.17	10,591.37	162,989.88	855,162.66
广发聚富混合	672,323.12	105,935.85	180,661.55	597,597.42
广发稳健增长混合	643,191.60	244,853.34	282,850.46	605,194.48
广发策略优选混合	771,531.48	134,221.89	244,230.22	661,523.15
广发大盘成长混合	1,706,693.75	9,141.61	210,697.77	1,505,137.59
合　计	**3,793,739.95**	**494,152.69**	**918,440.00**	**3,369,452.64**
兴业可转债混合	198,131.73	174,320.78	130,220.27	242,232.25
兴业趋势投资混合(LOF)	2,013,076.58	628,678.98	826,808.62	1,814,946.94
兴业有机增长混合	198,025.49	68,945.37	138,405.52	128,565.33
合　计	**2,409,233.80**	**871,945.13**	**1,095,434.41**	**2,185,744.52**
诺安平衡混合	1,230,505.84	134,094.46	231,429.69	1,133,170.62
诺安灵活配置混合	50,571.64	166,130.62	127,516.66	89,185.60
合　计	**1,281,077.48**	**300,225.08**	**358,946.35**	**1,222,356.21**
申万巴黎盛利精选混合	190,992.56	23,471.16	32,044.43	182,419.29
申万巴黎盛利强化配置混合	8,939.64	2,098.01	3,937.22	7,100.43
申万巴黎新经济混合	800,760.91	78,282.25	195,400.20	683,642.95
合　计	**1,000,693.11**	**103,851.42**	**231,381.85**	**873,162.68**
中海优质成长混合	783,828.55	179,790.46	286,389.30	677,229.70
中海分红增利混合	390,262.27	164,962.86	120,877.62	434,347.51
中海能源策略混合	1,046,812.38	91,476.41	254,986.92	883,301.87
中海蓝筹混合	74,640.26	96,649.79	139,034.89	32,255.16
合　计	**2,295,543.47**	**532,879.52**	**801,288.73**	**2,027,134.25**
华富竞争力优选混合	267,577.69	6,680.25	59,346.56	214,911.38
华富策略精选混合	25,952.92	13,111.96	33,084.07	5,980.80
华富价值增长混合	67,912.19	336.22	24,582.88	43,665.54
合　计	**361,442.80**	**20,128.43**	**117,013.51**	**264,557.72**
光大保德信动态优选混合	73,319.35	299.38	25,307.03	48,311.70
上投摩根中国优势混合	346,378.59	80,598.71	201,821.54	225,155.75
上投摩根双息平衡混合	506,494.84	120,654.06	185,191.07	441,957.83
上投摩根双核平衡混合	110,578.54	46,982.42	70,756.86	86,804.10
合　计	**963,451.97**	**248,235.18**	**457,769.47**	**753,917.68**
东方龙混合	187,315.18	7,417.21	57,846.78	136,885.61
东方精选混合	882,879.26	285,781.67	358,391.31	810,269.63
合　计	**1,070,194.44**	**293,198.89**	**416,238.09**	**947,155.24**

（续上表）

基金简称	期初总份额	期间：总申购份额	总赎回份额	期末总份额
中银中国混合(LOF)	114,330.52	88,835.52	91,088.02	112,078.01
中银收益混合	529,636.39	19,625.86	92,560.57	456,701.68
中银优选混合	199,737.01	53,973.78	162,946.68	90,764.12
合　计	**843,703.92**	**162,435.16**	**346,595.27**	**659,543.81**
东吴嘉禾优势精选混合	426,275.13	12,824.99	76,770.91	362,329.21
东吴进取策略混合	104,861.84	6,800.00	77,108.03	34,553.81
合　计	**531,136.97**	**19,624.99**	**153,878.94**	**396,883.02**
天弘精选混合	662,018.32	11,551.21	90,820.11	582,749.42
国富中国收益混合	164,620.82	66,907.62	51,591.70	179,936.74
华泰柏瑞积极成长混合	535,859.88	49,855.22	162,787.02	422,928.08
新华优选分红混合	212,325.71	72,762.87	56,559.83	228,528.76
新华泛资源优势混合	313,217.59	8,832.43	140,637.50	181,412.51
合　计	**525,543.31**	**81,595.30**	**197,197.33**	**409,941.27**
汇添富优势精选混合	202,711.36	112,661.60	123,590.98	191,781.98
汇添富蓝筹稳健混合	65,244.50	72,986.16	93,952.55	44,278.10
合　计	**267,955.86**	**185,647.75**	**217,543.53**	**236,060.08**
工银精选平衡混合	1,194,920.34	163,190.09	265,592.41	1,092,518.03
交银稳健配置混合	304,932.09	918,612.85	739,569.16	483,975.78
交银保本混合	495,637.56	—	166,493.82	329,143.74
合　计	**800,569.65**	**918,612.85**	**906,062.98**	**813,119.52**
建信优化配置混合	1,475,247.24	131,901.01	372,583.41	1,234,564.83
信诚四季红混合	633,710.00	211,534.90	230,349.33	614,895.56
汇丰晋信2016周期混合	45,994.24	4,654.21	17,582.76	33,065.69
汇丰晋信动态策略混合	275,419.22	24,536.28	117,671.02	182,284.48
汇丰晋信2026周期混合	27,525.08	16,577.61	34,836.46	9,266.22
合　计	**348,938.54**	**45,768.10**	**170,090.24**	**224,616.39**
益民红利成长混合	284,196.31	26,791.23	54,140.28	256,847.26
益民创新优势混合	662,238.99	10,927.93	87,671.85	585,495.07
合　计	**946,435.30**	**37,719.16**	**141,812.13**	**842,342.33**
华商领先企业混合	809,311.92	236,265.27	250,681.50	794,895.69
中邮核心优势灵活配置混合	394,234.61	72,631.75	75,420.08	391,446.28
信达澳银精华配置混合	16,471.17	5,521.78	13,228.00	8,764.95
诺德灵活配置混合	8,835.83	15,824.43	15,671.58	8,988.68
中欧新蓝筹混合	20,174.66	8,066.34	19,375.58	8,865.42
金元比联宝石保本混合	371,377.04	21,927.39	151,268.11	242,036.32
金元比联成长动力混合	10,345.61	30,177.02	32,463.10	8,059.52
合　计	**381,722.64**	**52,104.41**	**183,731.22**	**250,095.84**
浦银安盛精致生活混合	83,698.90	1,240.79	55,618.79	29,320.90
农银平衡双利混合	646,551.80	62,267.11	520,711.10	188,107.81
民生加银品牌蓝筹混合	271,857.65	20,953.83	231,441.17	61,370.31
总　计	**79,421,409.88**	**16,700,747.98**	**27,434,551.05**	**68,687,606.80**

表2-52　2009年开放式(债券型)基金年度份额变动汇总统计

（单位：万份）

基金简称	期初总份额	期间：总申购份额	总赎回份额	期末总份额
国泰金龙债券	230,026.05	95,228.78	301,430.69	23,824.14
国泰双利债券	198,021.39	80,051.52	229,629.99	48,442.92
合　计	**428,047.44**	**175,280.30**	**531,060.68**	**72,267.06**
南方宝元债券	194,351.57	233,023.94	263,029.02	164,346.49
南方多利中短期债券	118,327.78	126,270.23	166,924.06	77,673.94
合　计	**312,679.34**	**359,294.16**	**429,953.08**	**242,020.43**
华夏债券	963,491.89	724,491.79	1,243,446.63	444,537.04
中信稳定双利债券	308,953.47	13,500.43	166,616.06	155,837.84
华夏希望债券	946,036.97	892,765.37	1,165,031.88	673,770.46
合　计	**2,218,482.33**	**1,630,757.59**	**2,575,094.57**	**1,274,145.35**
华安稳定收益债券	281,803.53	130,622.14	362,330.62	50,095.05
华安强化收益债券	275,486.87	114,066.83	284,897.99	104,655.71
合　计	**557,290.40**	**244,688.97**	**647,228.61**	**154,750.76**
博时稳定价值债券	448,849.89	389,740.44	759,021.69	79,568.64
博时信用债券	240,661.54	28,494.67	148,324.68	120,831.53
合　计	**689,511.43**	**418,235.11**	**907,346.37**	**200,400.17**
鹏华普天债券	65,927.28	148,718.82	173,944.14	40,701.95
鹏华丰收债券	129,791.19	98,510.38	180,977.97	47,323.60
合　计	**195,718.47**	**247,229.20**	**354,922.12**	**88,025.55**
嘉实债券	244,670.95	73,079.05	204,876.91	112,873.08
嘉实超短债债券	2,096,272.09	3,641,416.62	5,514,824.05	222,864.65
嘉实多元债券	264,081.65	388,505.32	538,094.68	114,492.29
合　计	**2,605,024.69**	**4,103,000.98**	**6,257,795.65**	**450,230.02**
长盛全债指数增强债券	110,303.76	23,194.42	72,984.83	60,513.35
长盛积极配置债券	69,427.62	9,058.25	64,601.34	13,884.52
合　计	**179,731.38**	**32,252.66**	**137,586.18**	**74,397.87**
大成债券	320,018.07	450,075.30	724,787.84	45,305.53
大成强化收益债券	132,143.76	186,765.31	232,149.52	86,759.55
合　计	**452,161.83**	**636,840.61**	**956,937.36**	**132,065.08**
富国天利增长债券	218,005.63	301,032.02	285,652.46	233,385.19
富国优化增强债券	582,052.30	33,321.93	442,486.29	172,887.94
合　计	**800,057.93**	**334,353.95**	**728,138.75**	**406,273.13**
易方达稳健收益债券	255,623.39	282,463.73	484,768.71	53,318.41
易方达增强回报债券	177,540.78	164,087.74	265,438.90	76,189.62
合　计	**433,164.16**	**446,551.47**	**750,207.61**	**129,508.03**
宝盈增强收益债券	139,492.30	44,628.26	122,855.56	61,264.99
融通债券	57,794.08	379,436.04	395,999.85	41,230.27
银华增强收益债券	255,229.34	221,714.58	344,160.98	132,782.95
长城稳健增利债券	58,302.79	16,890.14	67,157.07	8,035.86
泰达宏利集利债券	171,587.60	48,092.60	208,636.91	11,043.29

（续上表）

基金简称	期初总份额	期间：总申购份额	总赎回份额	期末总份额
国投瑞银融华债券	29,342.11	236,099.20	170,143.32	95,297.99
国投瑞银稳定增利债券	390,200.39	149,507.73	388,438.62	151,269.50
合　计	**419,542.50**	**385,606.93**	**558,581.94**	**246,567.49**
银河收益债券	27,396.68	22,613.01	28,282.28	21,727.41
银河银信添利债券	132,651.33	182,604.85	223,373.32	91,882.87
合　计	**160,048.01**	**205,217.87**	**251,655.60**	**113,610.28**
万家增强收益债券	73,350.93	169,077.49	171,971.89	70,456.53
万家稳健增利债券	128,250.10	2,516.45	79,979.08	50,787.47
合　计	**201,601.02**	**171,593.95**	**251,950.97**	**121,244.00**
招商安泰债券	289,693.26	118,934.91	365,144.80	43,483.38
招商安本增利债券	179,226.44	52,717.12	163,814.61	68,128.95
招商安心收益债券	434,488.93	142,962.56	522,406.54	55,044.95
合　计	**903,408.63**	**314,614.59**	**1,051,365.94**	**166,657.28**
华宝兴业宝康债券	365,504.79	109,001.30	399,225.11	75,280.98
华宝兴业增强收益债券	225,820.84	39,222.49	217,503.79	47,539.54
合　计	**591,325.63**	**148,223.79**	**616,728.90**	**122,820.52**
海富通稳健添利债券	297,927.31	72,488.12	314,223.01	56,192.43
国联安增利债券	307,218.22	191,986.13	405,032.98	94,171.37
长信利丰债券	81,935.68	65,639.88	120,655.11	26,920.45
泰信双息双利债券	62,565.94	149,299.55	159,530.01	52,335.48
泰信债券增强收益	117,598.68	24,135.72	69,768.16	71,966.23
合　计	**180,164.62**	**173,435.27**	**229,298.18**	**124,301.72**
天治稳健双盈债券	80,475.07	36,369.71	97,603.87	19,240.91
广发增强债券	609,360.89	255,713.48	707,924.49	157,149.88
兴业磐稳增利债券	141,794.35	24,147.04	91,719.70	74,221.69
诺安优化收益债券	46,583.09	39,132.08	39,028.21	46,686.96
诺安增利债券	161,295.97	24,143.32	156,564.75	28,874.54
合　计	**207,879.06**	**63,275.41**	**195,592.96**	**75,561.51**
申万巴黎添益宝债券	206,225.79	36,813.77	206,190.55	36,849.01
中海稳健收益债券	238,098.44	196,730.95	320,899.15	113,930.24
华富收益增强债券	40,815.26	231,752.89	198,801.92	73,766.23
光大保德信增利收益债券	135,361.65	61,445.31	183,199.37	13,607.59
上投摩根纯债债券	180,123.74	64,106.25	178,928.25	65,301.74
东方稳健回报债券	97,224.41	3,011.26	83,206.28	17,029.39
中银增利债券	237,421.84	92,755.94	278,303.68	51,874.10
东吴优信稳健债券	158,578.10	38,257.73	172,182.97	24,652.86
天弘永利债券	23,142.75	5,635.49	22,419.27	6,358.97
国富强化收益债券	75,432.26	36,200.83	100,839.71	10,793.38
华泰柏瑞稳本增利债券	61,063.91	38,243.01	59,093.67	40,213.25

（续上表）

基金简称	期初总份额	期间：总申购份额	总赎回份额	期末总份额
汇添富增收收益债券	428,772.25	197,341.29	482,889.01	143,224.53
工银增强收益债券	793,740.10	531,671.37	908,610.19	416,801.28
工银添利债券	451,404.27	624,571.02	786,285.56	289,689.73
合　计	**1,245,144.37**	**1,156,242.39**	**1,694,895.75**	**706,491.01**
交银增利债券	1,062,265.17	896,327.49	1,628,490.82	330,101.84
建信稳定增利债券	701,150.26	502,139.40	954,899.66	248,390.00
建信收益增强债券	796,447.40	243,433.24	745,829.02	294,051.62
合　计	**1,497,597.66**	**745,572.63**	**1,700,728.68**	**542,441.62**
信诚三得益债券	286,203.61	54,350.80	319,439.17	21,115.24
信诚经典优债债券	156,394.88	37,833.02	157,030.27	37,197.62
合　计	**442,598.48**	**92,183.81**	**476,469.44**	**58,312.86**
汇丰晋信平稳增利债券	195,177.82	48,362.08	213,688.87	29,851.03
益民多利债券	32,516.95	7,348.83	33,594.32	6,271.46
华商收益增强债券	124,528.69	210,844.24	287,879.89	47,493.04
信达澳银稳定价值债券	114,072.52	13,460.46	104,191.34	23,341.64
诺德增强收益债券	118,489.08	2,717.69	110,253.95	10,952.82
中欧稳健收益债券	215,241.16	7,444.10	198,544.97	24,140.28
金元比联丰利债券	147,480.65	10,375.81	123,288.36	34,568.10
浦银安盛优化收益债券	77,127.22	1,577.01	68,299.38	10,404.85
农银恒久增利债券	591,982.21	95,909.11	624,880.21	63,011.12
民生加银增强收益债券	159,093.37	24,470.41	116,922.15	66,641.64
总　计	**21,642,532.26**	**15,762,689.58**	**29,976,496.89**	**7,428,724.95**

表2-53　2009年开放式(货币型)基金年度份额变动汇总统计

（单位：亿份）

基金简称	期初总份额	期间：总申购份额	总赎回份额	期末总份额
国泰货币	506,831.10	1,968,246.56	1,449,251.06	1,025,826.60
南方现金增利货币	2,378,669.60	4,150,260.86	5,890,357.95	638,572.51
华夏现金增利货币	3,729,541.25	5,585,824.80	7,903,038.69	1,412,327.36
中信现金优势货币	64,742.07	26,917.66	63,988.57	27,671.16
合　计	**3,794,283.33**	**5,612,742.45**	**7,967,027.26**	**1,439,998.52**
华安现金富利货币	1,989,407.12	4,915,042.40	5,493,625.92	1,410,823.61
博时现金收益货币	3,358,024.37	8,327,058.91	10,171,637.54	1,513,445.74
鹏华货币	1,313,331.39	2,881,587.22	3,679,419.47	515,499.14
嘉实货币	3,677,823.48	4,233,001.16	5,723,268.31	2,187,556.33
长盛货币	802,553.45	1,487,909.50	1,912,811.77	377,651.18

（续上表）

基金简称	期初总份额	期间：总申购份额	总赎回份额	期末总份额
大成货币	1,097,036.12	4,745,143.49	4,216,509.67	1,625,669.94
富国天时货币	109,114.04	1,767,584.99	1,603,616.54	273,082.49
易方达货币	1,074,358.24	3,448,788.36	4,011,861.46	511,285.14
宝盈货币	145,516.03	172,338.81	175,826.66	142,028.17
融通易支付货币	37,885.57	645,604.32	605,494.06	77,995.82
银华货币	1,475,142.85	1,647,209.72	2,639,968.65	482,383.93
长城货币	220,291.39	230,187.72	428,803.05	21,676.06
泰达宏利货币	392,902.55	1,085,694.54	1,192,320.50	286,276.59
国投瑞银货币	383,296.29	926,515.37	684,901.02	624,910.65
银河银富货币	768,901.10	513,921.97	1,106,350.94	176,472.13
万家货币	658,493.51	2,266,099.36	2,702,286.74	222,306.12
招商现金增值货币	1,105,207.69	2,014,795.13	2,734,171.17	385,831.65
华宝兴业现金宝货币	1,123,710.70	1,389,446.53	1,517,425.86	995,731.37
大摩货币	21,496.02	228,349.51	225,368.71	24,476.82
海富通货币	1,583,886.18	4,061,859.07	4,532,295.55	1,113,449.71
长信利息收益货币	1,046,386.71	4,973,169.15	5,029,281.25	990,274.62
泰信天天收益货币	431,821.37	856,747.90	1,022,830.81	265,738.47
天治天得利货币	183,374.19	397,385.91	486,420.02	94,340.09
景顺长城货币	220,266.80	710,848.41	844,780.83	86,334.38
广发货币	434,848.30	2,718,762.34	2,664,453.19	489,157.44
兴业货币	133,460.69	415,764.75	410,643.26	138,582.18
诺安货币	216,048.24	780,519.10	696,561.10	300,006.24
申万巴黎收益宝货币	27,735.85	1,265,080.58	264,214.91	1,028,601.51
华富货币	125,310.35	691,707.78	750,846.77	66,171.35
光大保德信货币	81,370.98	552,582.68	441,852.05	192,101.61
上投摩根货币	609,814.45	2,829,724.47	2,950,829.23	488,709.69
东方金账簿货币	74,408.92	369,030.55	416,135.22	27,304.24
中银货币	312,651.44	1,464,590.09	1,356,127.33	421,114.20
华泰柏瑞货币	233,994.87	76,163.42	282,416.81	27,741.48
汇添富货币	1,070,499.85	2,325,871.04	2,804,726.13	591,644.77
工银货币	3,758,479.96	14,487,030.35	16,573,219.90	1,672,290.41
交银货币	1,250,594.27	5,195,799.68	4,438,754.12	2,007,639.83
建信货币	1,434,251.75	6,211,358.99	6,665,483.16	980,127.58
益民货币	16,677.52	465,463.44	470,263.22	11,877.74
总　计	**39,680,158.62**	**105,506,988.58**	**119,234,439.17**	**25,952,708.03**

表2-54　2009年开放式(ETF)基金年度份额变动汇总统计

（单位：万份）

基金类型	期初总份额	期间：总申购份额	总赎回份额	拆分变动额	期末总份额
华夏上证50ETF	1,093,956.68	11,473,100.00	11,568,600.00	——	998,456.68
华夏中小板ETF	154,333.35	529,071.88	540,713.83	——	142,691.40
合　计	**1,248,290.03**	**12,002,171.88**	**12,109,313.83**	**——**	**1,141,148.08**
华安上证180ETF	19,702.27	2,002,080.00	1,644,420.00	150,860.41	528,222.67
易方达深证100ETF	122,216.66	3,439,000.00	3,273,900.00	——	287,316.66
华泰柏瑞上证红利ETF	158,917.57	2,295,550.00	2,262,750.00	——	191,717.57
工银上证央企ETF	453,376.74	252,300.00	383,900.00	-163,380.82	158,395.92
交银上证180公司治理ETF	100,928.42	729,000.00	67,700.00	11,424.02	773,652.44
总　计	**2,103,431.68**	**20,720,101.88**	**19,741,983.83**	**-1,096.39**	**3,080,453.34**

表2-55　2009年QDII基金年度份额变动汇总统计

（单位：万份）

基金简称	期初总份额	期间：总申购份额	总赎回份额	期末总份额
南方全球精选配置QDII	2,522,676.97	63,948.44	291,280.84	2,295,344.57
华夏全球股票QDII	2,634,045.26	216,398.29	392,137.80	2,458,305.76
嘉实海外中国(QDII)	2,649,377.06	322,123.80	515,912.34	2,455,588.52
华宝兴业海外中国QDII	18,530.82	9,110.82	15,235.28	12,406.36
海富通中国海外QDII	8,173.48	130,260.74	103,347.68	35,086.55
上投摩根亚太优势QDII	2,829,981.13	234,309.22	401,373.69	2,662,916.66
工银全球股票 QDII	222,663.25	46,377.71	63,803.38	205,237.58
交银环球精选股票QDII	30,564.44	51,187.56	56,264.20	25,487.80
银华全球优选QDII	14,427.01	3,844.24	4,832.97	13,438.29
总　计	**10,930,439.44**	**1,077,560.82**	**1,844,188.17**	**10,163,812.08**

表2—56 2009年开放式基金年末持有人结构

（单位：户；亿份；%）

基金类型	持有人户数	机构投资者		个人投资者		联接基金	
		持有基金份额	占比	持有基金份额	占比	持有份额	占比
股票型基金	51,849,670	1,128.04	10.13	10,011.24	89.87	—	
混合型基金	33,250,576	551.03	8.02	6,317.73	91.98		
债券型基金	1,481,230	314.02	41.96	434.29	58.04		
货币型基金	1,281,237	1,837.67	70.81	757.56	29.19		
合 计	**87,862,713**	**3,830.76**	**17.94**	**17,520.82**	**82.06**		
ETF基金	1,035,590	123.59	40.12	112.86	36.64	7,159,629,613.00	23.24
QDII基金	6,100,397	12.55	1.23	1,003.84	98.77		

表2—57 2009年开放式(股票型)基金年末持有人结构

（单位：户；万份；%）

基金简称	持有人户数	机构投资者		个人投资者	
		持有份额	占总份额比	持有份额	占总份额比
国泰金鹰增长股票	41,489	17,215.46	16.53	86,956.53	83.47
国泰金牛创新股票	185,624	183,904.11	33.48	365,461.12	66.52
国泰沪深300指数	291,057	196,118.39	17.78	907,173.73	82.22
国泰区位优势股票	12,246	13,570.90	17.14	65,595.60	82.86
国泰中小盘成长股票(LOF)	57,199	112,947.10	22.10	398,181.83	77.90
合 计	**587,615**	**523,755.96**	**22.32**	**1,823,368.81**	**77.68**
南方积极配置股票(LOF)	129,014	26,865.79	11.16	213,825.56	88.84
南方高增长股票(LOF)	141,184	7,245.86	2.77	254,272.66	97.23
南方绩优成长股票	378,131	26,220.13	3.40	745,582.43	96.60
南方成份精选股票	637,560	27,362.75	2.04	1,313,864.29	97.96
南方隆元产业主题股票	306,100	29,704.31	3.02	954,337.48	96.98
南方盛元红利股票	123,488	6,572.25	1.76	367,122.86	98.24
南方优选价值股票	13,347	11,384.15	27.74	29,648.46	72.26
南方沪深300指数	50,515	51,625.88	31.75	110,967.83	68.25
南方中证500指数(LOF)	76,678	13,766.33	4.78	274,499.86	95.22
合 计	**1,856,017**	**200,747.45**	**4.50**	**4,264,121.41**	**95.50**
华夏收入股票	128,701	3,722.14	1.90	192,500.13	98.10
华夏优势增长股票	435,032	43,923.07	6.07	679,439.70	93.93
华夏复兴股票	778,588	8,132.18	2.14	371,813.42	97.86
华夏行业股票(LOF)	352,458	220,069.50	17.19	1,060,477.99	82.81
华夏沪深300指数	546,505	140,089.77	5.34	2,484,061.73	94.66
合 计	**2,241,284**	**415,936.67**	**7.99**	**4,788,292.98**	**92.01**

（续上表）

基金简称	持有人户数	机构投资者		个人投资者	
		持有份额	占总份额比	持有份额	占总份额比
华安中国A股增强指数	263,491	75,146.31	12.54	524,024.98	87.46
华安宏利股票	233,537	254,120.14	46.14	296,668.37	53.86
华安中小盘成长股票	538,620	35,698.32	3.87	886,223.26	96.13
华安策略优选股票	1,650,674	45,981.10	2.61	1,716,740.13	97.39
华安核心股票	10,303	21,663.34	68.57	9,930.12	31.43
华安上证180ETF联接	29,299	3,634.43	3.83	91,312.91	96.17
合 计	**2,725,924**	**436,243.65**	**11.01**	**3,524,899.77**	**88.99**
博时沪深300指数	852,870	38,548.59	2.46	1,526,776.86	97.54
博时精选股票	645,205	13,481.98	1.55	854,796.12	98.45
博时主题行业股票(LOF)	548,365	97,899.55	12.23	702,576.25	87.77
博时第三产业股票	515,231	85,552.87	9.72	794,537.04	90.28
博时新兴成长股票	1,127,518	57,104.26	2.45	2,272,484.04	97.55
博时特许价值股票	33,212	54,396.06	55.05	44,415.26	44.95
合 计	**3,722,401**	**346,983.32**	**5.30**	**6,195,585.57**	**94.70**
鹏华价值优势股票(LOF)	754,331	88,396.16	5.94	1,400,426.94	94.06
鹏华优质治理股票(LOF)	348,658	42,538.59	5.93	675,116.43	94.07
鹏华盛世创新股票(LOF)	13,697	16,748.20	39.62	25,522.17	60.38
鹏华沪深300指数(LOF)	34,366	25,011.71	27.57	65,702.41	72.43
鹏华精选成长股票	37,786	13,144.80	6.84	179,006.38	93.16
合 计	**1,188,838**	**185,839.47**	**7.34**	**2,345,774.35**	**92.66**
嘉实沪深300指数(LOF)	1,734,470	804,926.90	18.55	3,534,378.89	81.45
嘉实优质企业股票	158,587	9,811.23	1.71	562,770.69	98.29
嘉实研究精选股票	37,871	185,825.60	69.80	80,398.25	30.20
嘉实量化阿尔法股票	37,540	80,675.94	34.50	153,150.20	65.50
合 计	**1,968,468**	**1,081,239.67**	**19.98**	**4,330,698.03**	**80.02**
长盛中证100指数	75,936	414.97	0.32	129,798.48	99.68
长盛同德主题股票	395,604	100,948.39	8.75	1,052,543.11	91.25
合 计	**471,540**	**101,363.36**	**7.90**	**1,182,341.59**	**92.10**
大成沪深300股票	911,666	38,631.17	5.82	625,009.63	94.18
大成积极成长股票	568,383	16,986.41	5.55	289,146.15	94.45
大成景阳领先股票	209,751	144,743.86	24.56	444,511.29	75.44
大成策略回报股票	44,828	22,729.15	20.88	86,116.60	79.12
大成行业轮动股票	46,361	54,920.91	32.61	113,483.89	67.39
合 计	**1,780,989**	**278,011.49**	**15.14**	**1,558,267.55**	**84.86**
富国天益价值股票	499,006	156,676.33	12.05	1,143,670.09	87.95
富国天合稳健股票	145,893	62,283.45	13.24	408,192.15	86.76
富国天博创新股票	525,731	29,934.84	2.80	1,039,588.37	97.20
富国天鼎中证指数增强	26,939	38,051.07	46.77	43,310.17	53.23
合 计	**1,197,569**	**286,945.68**	**9.82**	**2,634,760.78**	**90.18**

（续上表）

基金简称	持有人户数	机构投资者		个人投资者	
		持有份额	占总份额比	持有份额	占总份额比
易方达上证50指数	1,518,520	301,445.59	10.75	2,503,763.39	89.25
易方达价值精选股票	220,217	46,372.04	8.38	507,034.44	91.62
易方达科讯股票	297,808	22,867.97	2.48	897,682.78	97.52
易方达中小盘股票	67,107	18,636.51	20.47	72,400.49	79.53
易方达科翔股票	23,997	20,678.88	49.80	20,842.81	50.20
易方达行业领先股票	30,096	56,209.81	34.03	108,979.74	65.97
易方达沪深300指数	226,657	39,297.67	3.60	1,051,552.95	96.40
合　计	**2,384,402**	**505,508.47**	**8.92**	**5,162,256.59**	**91.08**
宝盈泛沿海增长股票	236,167	2,315.57	0.49	470,791.93	99.51
宝盈策略增长股票	144,164	11,144.93	3.68	291,685.93	96.32
宝盈资源优选股票	13,504	9,528.93	44.37	11,947.74	55.63
合　计	**393,835**	**22,989.43**	**2.88**	**774,425.60**	**97.12**
融通深证100指数	942,113	68,260.76	5.51	1,171,161.62	94.49
融通巨潮100指数(LOF)	234,803	9,829.11	2.95	322,999.44	97.05
融通动力先锋股票	143,881	3,385.81	1.30	258,016.62	98.70
融通领先成长股票(LOF)	242,372	6,709.57	1.56	422,698.95	98.44
融通内需驱动股票	20,364	207.92	0.23	89,742.73	99.77
合　计	**1,583,533**	**88,393.17**	**3.76**	**2,264,619.36**	**96.24**
银华—道琼斯88指数	718,299	786,604,242,73	6.52	1,128,485.43	93.48
银华核心价值优选股票	673,561	336,718.84	20.78	1,283,373.78	79.22
银华优质增长股票	166,460	18,642.04	4.90	361,443.45	95.10
银华富裕主题股票	366,471	20,535.81	2.71	737,280.29	97.29
银华领先策略股票	29,216	9,155.86	24.96	27,522.16	75.04
银华内需精选股票(LOF)	88,732	62,088.39	17.72	288,358.30	82.28
银华沪深300指数(LOF)	13,597	14,547.31	25.05	43,516.69	74.95
合　计	**2,056,336**	**461,688.25**	**10.66**	**3,869,980.11**	**89.34**
长城久泰中信标普300指数	110,851	19,949.60	10.49	170,281.98	89.51
长城消费增值股票	289,477	62,467.27	8.55	667,984.94	91.45
长城久富股票(LOF)	87,791	5,651.45	2.77	198,173.10	97.23
长城品牌优选股票	772,677	26,129.93	1.56	1,648,867.46	98.44
长城双动力股票	3,433	1,813.55	33.73	3,563.68	66.27
合　计	**1,264,229**	**116,011.80**	**4.14**	**2,688,871.16**	**95.86**
泰达宏利成长股票	45,758	22,394.87	26.90	60,861.82	73.10
泰达宏利周期股票	35,088	2,637.12	3.76	67,439.96	96.24
泰达宏利稳定股票	20,117	1,246.77	3.43	35,097.40	96.57
泰达宏利精选股票	80,725	100,978.61	67.25	49,176.98	32.75
泰达宏利首选企业股票	62,046	79,174.58	42.47	107,243.39	57.53
泰达宏利市值优选股票	367,036	68,340.80	6.83	931,886.10	93.17
合　计	**610,770**	**274,772.74**	**18.00**	**1,251,705.66**	**92.00**

（续上表）

基金简称	持有人户数	机构投资者		个人投资者	
		持有份额	占总份额比	持有份额	占总份额比
国投瑞银核心企业股票	362,729	546.58	0.08	721,124.54	99.92
国投瑞银创新动力股票	102,090	145,948.84	32.61	301,602.41	67.39
国投瑞银成长优选股票	93,655	129,042.76	36.61	223,431.29	63.39
国投瑞银沪深300指数分级	29,514	187,992.91	59.89	125,885.21	40.11
合　计	**587,988**	**463,531.09**	**25.25**	**1,372,043.45**	**74.75**
银河成长股票	4,108	8,974.23	53.95	7,659.48	46.05
银河行业股票	4,356	1,129.71	6.83	15,400.99	93.17
合　计	**8,464**	**10,103.94**	**30.47**	**23,060.47**	**69.53**
万家180指数	429,890	216,154.27	22.74	734,442.93	77.26
万家公用事业行业股票(LOF)	40,420	19,833.67	22.23	69,387.69	77.77
万家精选股票	12855	22,142.58	30.88	49,566.35	69.12
合　计	**483,165**	**258,130.51**	**23.22**	**853,396.97**	**76.78**
金鹰行业优势股票	25,358	2,341.81	1.60	143,574.38	98.40
招商安泰股票	49,430	20,486.74	16.93	100,489.00	83.07
招商优质成长股票(LOF)	183,338	92,905.45	19.14	392,583.15	80.86
招商大盘蓝筹股票	29,447	77,657.29	71.97	30,252.04	28.03
招商行业领先股票	38,629	68,257.14	25.55	198,913.53	74.45
合　计	**300,844**	**259,306.62**	**26.42**	**722,237.73**	**73.58**
华宝兴业多策略股票	310,584	115,399.37	9.91	1,049,280.86	90.09
华宝兴业动力组合股票	83,575	4,495.68	1.59	278,511.95	98.41
华宝兴业先进成长股票	56,553	28,067.16	19.22	117,930.25	80.78
华宝兴业行业精选股票	667,027	11,019.12	0.69	1,581,935.30	99.31
华宝兴业大盘精选股票	20,474	56,490.91	54.48	47,195.63	45.52
华宝兴业中证100指数	16,300	30,757.53	29.98	71,852.76	70.02
合　计	**1,154,513**	**246,229.77**	**7.26**	**3,146,706.75**	**92.74**
大摩领先优势股票	7,801	12,166.69	20.85	46,191.49	79.15
海富通股票	305,721	63,590.16	8.84	655,942.79	91.16
海富通风格优势股票	112,477	330,609.56	50.58	323,038.83	49.42
海富通领先成长股票	11,540	43,914.58	50.19	43,575.32	49.81
海富通中证100指数(LOF)	21,475	70,750.17	33.90	137,964.71	66.10
合　计	**451,213**	**508,864.47**	**30.48**	**1,160,521.66**	**69.52**
国联安精选股票	72,698	183,206.16	44.49	228,623.22	55.51
国联安优势股票	24,183	20,654.12	19.01	88,013.42	80.99
国联安红利股票	1,551	11,199.72	70.11	4,774.25	29.89
国联安主题驱动股票	6,622	13,535.88	26.79	36,983.57	73.21
合　计	**105,054**	**228,595.88**	**38.94**	**358,394.46**	**61.06**

（续上表）

基金简称	持有人户数	机构投资者		个人投资者	
		持有份额	占总份额比	持有份额	占总份额比
长信银利精选股票	204,028	705.19	0.18	391,069.13	99.82
长信金利趋势股票	641,079	15,707.17	1.35	1,147,787.16	98.65
长信增利动态策略股票	196,419	6,980.53	1.57	437,639.33	98.43
长信恒利优势股票	9,399	7,822.54	11.96	57,583.29	88.04
合　计	**1,050,925**	**31,215.44**	**1.51**	**2,034,078.91**	**98.49**
泰信优质生活股票	83,753	14,987.02	7.59	182,430.51	92.41
泰信蓝筹精选股票	5,757	8,509.61	21.80	30,523.45	78.20
合　计	**89,510**	**23,496.63**	**9.94**	**212,953.96**	**90.06**
天治核心成长股票(LOF)	253,230	6,857.76	1.15	590,686.04	98.85
天治创新先锋股票	1,635	1,662.39	39.27	2,570.48	60.73
合　计	**254,865**	**8,520.14**	**1.42**	**593,256.52**	**98.58**
景顺长城优选股票	89,824	4,445.28	2.25	193,502.59	97.75
景顺长城内需增长股票	70,143	4,276.72	8.99	43,308.95	91.01
景顺长城鼎益股票(LOF)	347,821	2,219.63	0.30	730,082.58	99.70
景顺长城资源垄断股票(LOF)	471,751	2,731.91	0.25	1,096,788.88	99.75
景顺长城新兴成长股票	197,616	1,025.89	0.25	416,959.68	99.75
景顺长城内需贰号股票	136,939	10,032.87	2.78	351,183.80	97.22
景顺长城精选蓝筹股票	910,698	24,005.99	1.69	1,396,930.15	98.31
景顺长城公司治理股票	3,814	2,883.92	39.14	4,483.43	60.86
景顺长城能源基建股票	14,850	9,573.66	16.65	47,921.53	83.35
合　计	**2,243,456**	**61,195.87**	**1.41**	**4,281,161.57**	**98.59**
广发小盘成长股票	465,335	109,282.63	18.62	477,652.96	81.38
广发聚丰股票	2,880,377	8,785.71	0.25	3,570,592.38	99.75
广发核心精选股票	31,933	71,411.09	54.51	59,595.75	45.49
广发沪深300指数	112,741	39,947.19	25.74	115,235.61	74.26
广发聚瑞股票	69,823	5,061.60	1.20	415,418.61	98.80
合　计	**3,560,209**	**234,488.23**	**4.81**	**4,638,495.31**	**95.19**
兴业全球视野股票	53,197	145,837.78	60.89	93,657.53	39.11
兴业社会责任股票	176,661	148,045.49	30.49	337,508.62	69.51
合　计	**229,858**	**293,883.28**	**40.53**	**431,166.16**	**59.47**
诺安股票	1,071,999	99,934.59	4.70	2,027,659.14	95.30
诺安价值增长股票	484,007	44,122.77	3.99	1,060,673.94	96.01
诺安成长股票	4,767	22,324.52	59.56	15,155.36	40.44
诺安中证100指数	19,552	80,111.77	37.97	130,861.79	62.03
合　计	**1,580,325**	**246,493.65**	**7.08**	**3,234,350.23**	**92.92**
申万巴黎新动力股票	264,741	21,384.89	4.23	484,638.24	95.77
申万巴黎竞争优势股票	5,849	4,444.07	41.05	6,381.90	58.95
申万巴黎消费增长股票	19,918	36,763.13	32.37	76,819.67	67.63
合　计	**290,508**	**62,592.09**	**9.93**	**567,839.81**	**90.07**

（续上表）

基金简称	持有人户数	机构投资者		个人投资者	
		持有份额	占总份额比	持有份额	占总份额比
中海量化策略股票	11,847	68,419.46	52.23	62,566.85	47.77
华富成长趋势股票	113,323	485.64	0.20	247,323.45	99.80
光大保德信量化股票	772,743	152,281.14	9.99	1,372,091.17	90.01
光大保德信红利股票	110,310	40,050.92	23.34	131,520.98	76.66
光大保德信新增长股票	56,040	88,893.35	42.61	119,718.02	57.39
光大保德信优势配置股票	814,234	11,241.08	0.67	1,667,024.62	99.33
光大保德信均衡精选股票	8,581	21,901.10	48.09	23,642.39	51.91
合　计	**1,761,908**	**314,367.58**	**8.66**	**3,313,997.18**	**91.34**
上投摩根阿尔法股票	157,241	16,916.94	15.99	88,885.80	84.01
上投摩根成长先锋股票	134,140	24,341.42	7.12	317,663.94	92.88
上投摩根内需动力股票	931,841	113,150.79	12.22	812,819.49	87.78
上投摩根中小盘股票	55,938	4,231.26	4.37	92,657.13	95.63
合　计	**1,279,160**	**158,640.39**	**10.79**	**1,312,026.35**	**89.21**
东方策略成长股票	3,463	908.08	15.25	5,046.18	84.75
东方核心动力股票	9,046	1,304.81	4.29	29,075.43	95.71
合　计	**12,509**	**2,212.89**	**6.09**	**34,121.61**	**93.91**
中银增长股票	511,947	102,048.89	7.31	1,293,193.34	92.69
中银策略股票	52,682	37,797.99	23.92	120,242.67	76.08
中银中证100指数增强	44,515	35,013.31	13.90	216,798.97	86.10
合　计	**609,144**	**174,860.20**	**9.69**	**1,630,234.99**	**90.31**
东吴双动力股票	85,295	19,065.69	12.85	129,358.86	87.15
东吴行业轮动股票	16,193	23,900.64	24.72	72,800.43	75.28
合　计	**101,488**	**42,966.33**	**17.53**	**202,159.28**	**82.47**
天弘永定价值成长股票	3,419	3,512.33	39.68	5,338.83	60.32
国富弹性市值股票	161,555	29,771.04	8.19	333,834.54	91.81
国富潜力组合股票	217,171	67,333.67	11.38	524,604.65	88.62
国富深化价值股票	14,362	71,388.38	77.48	20,744.84	22.52
国富成长动力股票	7,083	24,505.07	56.10	19,173.39	43.90
国富沪深300指数增强	46,693	21,170.75	11.99	155,462.88	88.01
合　计	**446,864**	**214,168.92**	**16.89**	**1,053,820.30**	**83.11**
华泰柏瑞盛世中国股票	668,627	259,989.92	18.45	1,149,402.81	81.55
华泰柏瑞价值增长股票	7,693	42,364.70	76.97	12,678.81	23.03
华泰柏瑞行业领先股票	30,167	14,642.58	8.00	168,464.37	92.00
合　计	**706,487**	**316,997.20**	**19.24**	**1,330,545.99**	**80.76**
新华优选成长股票	62,305	7,980.82	4.98	152,356.64	95.02
汇添富均衡增长股票	1,247,213	14,634.95	0.57	2,557,967.91	99.43
汇添富成长焦点股票	360,746	36,976.06	3.90	911,923.10	96.10
汇添富价值精选股票	21,776	58,403.95	65.15	31,241.19	34.85
汇添富上证综合指数	146,409	37,222.96	5.35	658,432.92	94.65
合　计	**1,776,144**	**147,237.92**	**3.42**	**4,159,565.13**	**96.58**

（续上表）

基金简称	持有人户数	机构投资者		个人投资者	
		持有份额	占总份额比	持有份额	占总份额比
工银核心价值股票	450,451	111,495.75	6.46	1,614,035.54	93.54
工银稳健成长债券	148,177	57,360.71	14.23	345,599.10	85.77
工银红利股票	123,762	63,355.66	14.16	384,199.65	85.84
工银大盘蓝筹股票	35,453	12,735.25	16.95	62,405.99	83.05
工银沪深300指数	102,736	81,026.12	18.57	355,211.11	81.43
合　计	**860,579**	**325,973.49**	**10.56**	**2,761,451.38**	**89.44**
交银精选股票	343,304	151,339.53	14.49	892,850.43	85.51
交银成长股票	128,027	137,844.81	42.60	185,748.72	57.40
交银蓝筹股票	934,057	50,869.93	3.25	1,512,047.84	96.75
交银先锋股票	49,989	65,699.25	24.27	205,025.27	75.73
交银上证180公司治理ETF联接	78,043	53,987.76	7.70	646,955.77	92.30
合　计	**1,533,420**	**459,741.28**	**11.78**	**3,442,628.04**	**88.22**
建信恒久价值股票	144,803	6,920.16	2.18	310,317.35	97.82
建信优选成长股票	166,181	25,661.97	6.85	349,014.09	93.15
建信核心精选股票	24,596	9,464.73	14.61	55,338.07	85.39
合　计	**335,580**	**42,046.86**	**5.56**	**714,669.51**	**94.44**
信诚精萃成长股票	42,118	234,200.59	56.88	177,567.52	43.12
信诚盛世蓝筹股票	4,934	25,777.22	74.67	8,742.66	25.33
信诚优胜精选股票	19,200	74,810.54	37.29	125,813.16	62.71
合　计	**66,252**	**334,788.35**	**51.75**	**312,123.35**	**48.25**
汇丰晋信龙腾股票	16,511	101,202.03	70.13	43,104.41	29.87
汇丰晋信大盘股票	19,165	17,438.22	12.63	120,660.68	87.37
合　计	**35,676**	**118,640.25**	**42.01**	**163,765.09**	**57.99**
华商盛世成长股票	39,774	25,532.74	20.56	98,644.90	79.44
中邮核心优选股票	562,917	6,840.81	0.66	1,030,603.86	99.34
中邮核心成长股票	2,154,005	17,085.35	0.50	3,433,274.01	99.50
合　计	**2,716,922**	**23,926.16**	**0.53**	**4,463,877.87**	**99.47**
信达澳银领先增长股票	256,785	3,291.75	0.53	616,224.33	99.47
诺德价值优势股票	214,054	2,392.76	0.58	407,317.91	99.42
诺德成长优势股票	1,360	1,148.51	14.38	6,840.87	85.62
合　计	**215,414**	**3,541.28**	**0.85**	**414,158.77**	**99.15**
中欧新趋势股票(LOF)	112,432	2,518.32	1.16	214,857.21	98.84
中欧价值发现股票	11,170	9,840.33	16.83	48,631.09	83.17
合　计	**123,602**	**12,358.65**	**4.48**	**263,488.30**	**95.52**
金元比联价值增长股票	5,929	9,549.42	33.13	19,276.94	66.87
浦银安盛价值成长股票	20,233	18,829.55	16.60	94,615.16	83.40
农银行业成长股票	110,441	35,482.27	16.07	185,326.83	83.93
农银策略价值股票	186,659	137,219.21	19.17	578,663.50	80.83
合　计	**297,100**	**172,701.48**	**18.44**	**763,990.33**	**81.56**
总　计	**51,849,670**	**11,280,357.60**	**10.13**	**100,112,369.74**	**89.87**

表2-58　2009年开放式(混合型)基金年末持有人结构

(单位：户；万份；%)

基金简称	持有人户数	机构投资者		个人投资者	
		持有份额	占总份额比	持有份额	占总份额比
国泰金龙行业混合	27,852	5,823.07	10.92	47,488.10	89.08
国泰金马稳健混合	376,906	209,557.03	21.43	768,372.49	78.57
国泰金鹏蓝筹混合	91,748	42,443.23	17.61	198,516.23	82.39
国泰金鼎价值混合	246,266	133,147.77	21.68	481,015.01	78.32
国泰金鹿保本混合(二期)	23,888	29,958.14	14.57	175,598.38	85.43
合　计	**766,660**	**420,929.25**	**20.12**	**1,670,990.21**	**79.88**
南方稳健成长混合	352,675	5,241.33	0.83	628,848.29	99.17
南方避险增值混合	97,953	22,659.39	4.57	473,478.90	95.43
南方稳健成长贰号混合	500,499	33,091.71	3.93	808,183.62	96.07
南方恒元保本混合	30,559	6,581.04	2.41	266,108.35	97.59
合　计	**981,686**	**67,573.47**	**3.01**	**2,176,619.15**	**96.99**
华夏成长混合	446,523	69,104.53	8.67	727,601.15	91.33
华夏回报混合	610,715	61,043.63	5.97	961,859.30	94.03
华夏经典混合	24,285	5,532.17	3.32	161,129.40	96.68
华夏大盘精选混合	12,384	34,783.99	54.99	28,475.62	45.01
华夏红利混合	838,598	89,859.23	11.46	694,131.22	88.54
华夏稳增混合	302,992	30,453.79	7.36	383,135.53	92.64
华夏回报二号混合	284,038	94,821.69	13.02	633,232.23	86.98
华夏蓝筹混合(LOF)	815,497	44,186.26	3.46	1,232,057.09	96.54
华夏策略混合	13,346	35,767.49	26.91	97,169.85	73.09
合　计	**3,348,378**	**465,552.78**	**8.65**	**4,918,791.40**	**91.35**
华安创新混合	528,365	37,165.72	3.42	1,048,859.23	96.58
华安宝利配置混合	174,933	125,385.71	28.95	307,760.31	71.05
合　计	**703,298**	**162,551.43**	**10.70**	**1,356,619.54**	**89.30**
博时价值增长混合	1,268,638	7,669.63	0.29	2,631,582.61	99.71
博时平衡配置混合	125,293	58,190.49	22.70	198,161.64	77.30
博时价值增长贰号混合	502,432	14,920.17	1.44	1,022,637.13	98.56
博时策略混合	95,592	64,785.06	12.51	453,132.61	87.49
合　计	**1,991,955**	**145,565.35**	**3.27**	**4,305,513.98**	**96.73**
鹏华行业成长混合	18,127	6,200.07	13.87	38,507.59	86.13
鹏华普天收益混合	152,463	6,158.75	2.32	259,491.58	97.68
鹏华中国50混合	164,538	54,004.07	18.86	232,346.82	81.14
鹏华动力增长混合(LOF)	386,901	70,083.70	9.53	665,564.80	90.47
合　计	**722,029**	**136,446.60**	**10.24**	**1,195,910.79**	**89.76**

（续上表）

基金简称	持有人户数	机构投资者		个人投资者	
		持有份额	占总份额比	持有份额	占总份额比
嘉实成长收益混合	127,850	3,298.09	0.94	347,030.85	99.06
嘉实增长混合	38,342	21,708.99	51.24	20,654.75	48.76
嘉实稳健混合	847,392	14,409.29	0.86	1,663,788.35	99.14
嘉实服务增值行业混合	95,508	44,445.79	28.77	110,020.07	71.23
嘉实主题混合	224,206	122,009.83	15.09	686,285.93	84.91
嘉实策略混合	215,256	35,549.09	5.04	669,492.18	94.96
嘉实回报混合	96,524	25,987.97	4.27	582,812.23	95.73
合　计	**1,645,078**	**267,409.05**	**6.15**	**4,080,084.37**	**93.85**
长盛成长价值混合	75,713	10,696.19	8.30	118,217.93	91.70
长盛动态精选混合	87,366	49,058.70	26.83	133,775.65	73.17
长盛同智优势混合(LOF)	138,087	14,218.80	4.25	320,054.24	95.75
长盛创新先锋混合	6,182	4,953.32	31.59	10,725.26	68.41
合　计	**307,348**	**78,927.01**	**11.93**	**582,773.09**	**88.07**
大成价值增长混合	1,130,953	26,795.59	1.72	1,534,326.50	98.28
大成蓝筹稳健混合	1,418,708	42,044.27	2.16	1,902,759.31	97.84
大成精选增值混合	602,344	43,478.02	12.51	304,050.58	87.49
大成2020生命周期混合	957,714	7,912.15	0.51	1,539,600.11	99.49
大成创新成长混合(LOF)	1,084,517	30,650.23	2.25	1,330,800.98	97.75
合　计	**5,194,236**	**150,880.26**	**2.23**	**6,611,537.48**	**97.77**
富国天源平衡混合	42,607	4,685.04	6.57	66,654.97	93.43
富国天瑞强势混合	277,286	469,167.98	40.87	678,691.77	59.13
富国天惠成长混合(LOF)	63,029	61,801.28	33.11	124,833.42	66.89
富国天成红利混合	8,886	18,752.19	42.91	24,953.36	57.09
合　计	**391,808**	**554,406.50**	**38.25**	**895,133.52**	**61.75**
易方达平稳增长混合	118,205	24,619.29	9.98	222,056.29	90.02
易方达策略成长混合	256,178	6,792.55	4.52	143,445.91	95.48
易方达积极成长混合	318,814	16,563.46	2.65	608,305.32	97.35
易方达策略成长二号混合	193,150	51,615.61	11.54	395,843.63	88.46
易方达价值成长混合	905,966	215,289.37	10.01	1,935,944.13	89.99
易方达科汇灵活配置混合	31,737	45,842.72	60.81	29,539.66	39.19
合　计	**1,824,050**	**360,723.00**	**9.76**	**3,335,134.94**	**90.24**
宝盈鸿利收益混合	51,749	1,971.15	1.89	102,264.22	98.11
宝盈核心优势混合	5,134	252.19	1.28	19,455.83	98.72
合　计	**56,883**	**2,223.34**	**1.79**	**121,720.05**	**98.21**
融通新蓝筹混合	915,999	9,453.30	0.50	1,883,505.21	99.50
融通蓝筹成长混合	147,339	2,057.20	0.89	228,498.92	99.11
融通行业景气混合	225,920	3,803.33	0.89	423,259.65	99.11
合　计	**1,289,258**	**15,313.83**	**0.60**	**2,535,263.77**	**99.40**

（续上表）

基金简称	持有人户数	机构投资者		个人投资者	
		持有份额	占总份额比	持有份额	占总份额比
银华优势企业混合	193,440	3,510.06	0.93	372,241.20	99.07
银华保本增值混合	31,430	10,493.26	9.62	98,577.03	90.38
银华和谐主题混合	15,746	11,668.97	12.28	83,339.46	87.72
合　计	**240,616**	**25,672.29**	**4.43**	**554,157.70**	**95.57**
长城久恒平衡混合	13,360	842.81	4.51	17,831.41	95.49
长城安心回报混合	741,552	12,032.45	0.90	1,319,112.08	99.10
长城景气行业龙头混合	13,380	1,796.34	2.81	62,118.44	97.19
合　计	**768,292**	**14,671.60**	**1.04**	**1,399,061.92**	**98.96**
泰达宏利风险预算混合	12,265	692.48	4.32	15,321.46	95.68
泰达宏利效率优选混合(LOF)	421,475	10,107.50	1.80	552,226.79	98.20
泰达宏利品质生活混合	8,434	50,605.18	66.33	25,685.36	33.67
合　计	**442,174**	**61,405.16**	**9.38**	**593,233.61**	**90.62**
国投瑞银景气行业混合	165,891	7,074.07	1.84	378,113.80	98.16
国投瑞银稳健增长混合	6,264	7,579.81	60.26	4,998.06	39.74
合　计	**172,155**	**14,653.87**	**3.68**	**383,111.87**	**96.32**
银河稳健混合	76,162	3,226.09	2.26	139,428.98	97.74
银河银泰混合	185,770	1,613.61	0.43	371,907.29	99.57
合　计	**261,932**	**4,839.70**	**0.94**	**511,336.27**	**99.06**
万家和谐增长混合	170,919	2,613.50	0.81	320,644.54	99.19
万家双引擎灵活配置混合	1,889	8,219.03	74.18	2,861.21	25.82
合　计	**172,808**	**10,832.53**	**3.24**	**323,505.75**	**96.76**
金鹰成份优选混合	81,288	917.58	0.41	224,604.56	99.59
金鹰中小盘精选混合	33,895	861.70	1.17	72,537.30	98.83
金鹰红利价值混合	10,197	604.24	3.23	18,080.74	96.77
合　计	**125,380**	**2,383.52**	**0.75**	**315,222.60**	**99.25**
招商安泰平衡混合	10,319	1,203.99	15.63	6,498.97	84.37
招商先锋混合	426,172	21,165.11	2.10	985,239.51	97.90
招商核心价值混合	229,747	3,824.92	0.72	525,130.02	99.28
合　计	**666,238**	**26,194.02**	**1.70**	**1,516,868.50**	**98.30**
华宝兴业宝康消费品混合	73,357	100,741.75	42.21	137,912.25	57.79
华宝兴业宝康配置混合	45,524	33,809.69	29.54	80,661.11	70.46
华宝兴业收益增长混合	103,249	117,064.39	45.46	140,465.39	54.54
合　计	**222,130**	**251,615.82**	**41.20**	**359,038.74**	**58.80**
大摩基础行业混合	5,977	1,312.78	8.46	14,211.32	91.54
大摩资源优选混合(LOF)	64,133	9,932.39	10.30	86,461.89	89.70
合　计	**70,110**	**11,245.17**	**10.05**	**100,673.21**	**89.95**

（续上表）

基金简称	持有人户数	机构投资者		个人投资者	
		持有份额	占总份额比	持有份额	占总份额比
海富通精选混合	388,753	118,793.56	12.04	868,237.88	87.96
海富通收益增长混合	262,339	11,760.12	2.16	531,818.62	97.84
海富通强化回报混合	143,774	1,574.18	0.50	313,376.59	99.50
海富通精选贰号混合	100,893	82,619.75	21.94	293,932.41	78.06
合　计	**895,759**	**214,747.62**	**9.66**	**2,007,365.50**	**90.34**
国联安稳健混合	7,607	6,217.76	34.30	11,910.51	65.70
国联安小盘精选混合	103,730	539.01	0.19	285,796.80	99.81
国联安安心成长混合	2,632	21,049.52	80.86	4,981.68	19.14
合　计	**113,969**	**27,806.29**	**8.41**	**302,688.99**	**91.59**
长信双利优选混合	9,815	2,969.54	21.34	10,945.81	78.66
泰信先行策略混合	323,088	8,358.97	0.90	924,250.58	99.10
泰信优势增长混合	3,485	6,182.87	57.60	4,552.02	42.40
合　计	**326,573**	**14,541.83**	**1.54**	**928,802.60**	**98.46**
天治财富增长混合	16,802	3,547.98	9.04	35,707.99	90.96
天治品质优选混合	6,961	3,577.37	21.06	13,410.98	78.94
天治趋势精选混合	5,045	6,528.46	23.10	21,737.58	76.90
合　计	**28,808**	**13,653.81**	**16.16**	**70,856.55**	**83.84**
景顺长城动力平衡混合	440,430	2,040.06	0.24	853,122.60	99.76
广发聚富混合	467,792	14,325.96	2.40	583,271.46	97.60
广发稳健增长混合	511,613	25,605.37	4.23	579,589.11	95.77
广发策略优选混合	292,935	48,632.97	7.35	612,890.18	92.65
广发大盘成长混合	694,700	23,194.27	1.54	1,481,943.32	98.46
合　计	**1,967,040**	**111,758.58**	**3.32**	**3,257,694.06**	**96.68**
兴业可转债混合	60,207	34,603.75	14.29	207,628.50	85.71
兴业趋势投资混合(LOF)	669,141	236,219.65	13.02	1,578,727.30	86.98
兴业有机增长混合	15,066	53,613.80	41.70	74,951.53	58.30
合　计	**744,414**	**324,437.19**	**14.84**	**1,861,307.33**	**85.16**
诺安平衡混合	541,399	105,426.72	9.30	1,027,743.89	90.70
诺安灵活配置混合	14,624	37,287.82	41.81	51,897.78	58.19
合　计	**556,023**	**142,714.54**	**11.68**	**1,079,641.67**	**88.32**
申万巴黎盛利精选混合	55,570	22,761.52	12.48	159,657.78	87.52
申万巴黎盛利强化配置混合	4,820	1,305.22	18.38	5,795.20	81.62
申万巴黎新经济混合	270,288	50,715.95	7.42	632,927.00	92.58
合　计	**330,678**	**74,782.69**	**8.56**	**798,379.98**	**91.44**
中海优质成长混合	262,116	75,580.67	11.16	601,649.03	88.84
中海分红增利混合	166,247	102,491.47	23.60	331,856.04	76.40
中海能源策略混合	277,316	69,107.63	7.82	814,194.24	92.18
中海蓝筹混合	9,278	10,098.34	31.31	22,156.82	68.69
合　计	**714,957**	**257,278.11**	**12.69**	**1,769,856.14**	**87.31**

（续上表）

基金简称	持有人户数	机构投资者		个人投资者	
		持有份额	占总份额比	持有份额	占总份额比
华富竞争力优选混合	111,964	6,453.62	3.00	208,457.77	97.00
华富策略精选混合	1,483	3,571.78	59.72	2,409.03	40.28
华富价值增长混合	6,394	12,674.21	29.03	30,991.33	70.97
合　计	**119,841**	**22,699.60**	**8.58**	**241,858.12**	**91.42**
光大保德信动态优选混合	6,077	13,767.49	28.50	34,544.21	71.50
上投摩根中国优势混合	195,902	14,346.98	6.37	210,808.77	93.63
上投摩根双息平衡混合	116,025	96,891.25	21.92	345,066.58	78.08
上投摩根双核平衡混合	17,388	41,010.97	47.25	45,793.13	52.75
合　计	**329,315**	**152,249.20**	**20.19**	**601,668.48**	**79.81**
东方龙混合	76,069	4,155.36	3.04	132,730.25	96.96
东方精选混合	349,625	2,050.30	0.25	808,219.33	99.75
合　计	**425,694**	**6,205.66**	**0.66**	**940,949.58**	**99.34**
中银中国混合(LOF)	62,788	45,684.07	40.76	66,393.94	59.24
中银收益混合	205,068	44,389.76	9.72	412,311.92	90.28
中银优选混合	23,489	40,120.61	44.20	50,643.50	55.80
合　计	**291,345**	**130,194.44**	**19.74**	**529,349.37**	**80.26**
东吴嘉禾优势精选混合	226,612	408.81	0.11	361,920.40	99.89
东吴进取策略混合	12,565	4,414.09	12.77	30,139.71	87.23
合　计	**239,177**	**4,822.91**	**1.22**	**392,060.11**	**98.78**
天弘精选混合	353,620	2,720.77	0.47	580,028.65	99.53
国富中国收益混合	52,144	65,785.49	36.56	114,151.25	63.44
华泰柏瑞积极成长混合	148,439	42,235.87	9.99	380,692.21	90.01
新华优选分红混合	76,516	12,615.78	5.52	215,912.98	94.48
新华泛资源优势混合	25,010	1,456.85	0.80	179,955.66	99.20
合　计	**101,526**	**14,072.63**	**3.43**	**395,868.65**	**96.57**
汇添富优势精选混合	202,938	69,282.38	36.13	122,499.59	63.87
汇添富蓝筹稳健混合	13,238	32,795.56	74.07	11,482.54	25.93
合　计	**216,176**	**102,077.95**	**43.24**	**133,982.14**	**56.76**
工银精选平衡混合	446,080	38,312.52	3.51	1,054,205.51	96.49
交银稳健配置混合	228,156	102,152.69	21.11	381,823.09	78.89
交银保本混合	32,750	16,089.96	4.89	313,053.78	95.11
合　计	**260,906**	**118,242.65**	**14.54**	**694,876.87**	**85.46**
建信优化配置混合	468,570	4,517.34	0.37	1,230,047.49	99.63
信诚四季红混合	199,814	200,226.08	32.56	414,669.49	67.44
汇丰晋信2016周期混合	14,219	1,918.11	5.80	31,147.57	94.20
汇丰晋信动态策略混合	53,846	10,248.71	5.62	172,035.77	94.38
汇丰晋信2026周期混合	6,118	92.58	1.00	9,173.64	99.00
合　计	**74,183**	**12,259.41**	**5.46**	**212,356.98**	**94.54**

（续上表）

基金简称	持有人户数	机构投资者		个人投资者	
		持有份额	占总份额比	持有份额	占总份额比
益民红利成长混合	105,753	7,560.48	2.94	249,286.77	97.06
益民创新优势混合	246,303	5,379.86	0.92	580,115.21	99.08
合　计	**352,056**	**12,940.35**	**1.54**	**829,401.98**	**98.46**
华商领先企业混合	352,979	44,796.60	5.64	750,099.09	94.36
中邮核心优势灵活配置混合	104,941	56,477.49	14.43	334,968.79	85.57
信达澳银精华配置混合	3,738	2,663.74	30.39	6,101.21	69.61
诺德灵活配置混合	2,940	1,998.90	22.24	6,989.78	77.76
中欧新蓝筹混合	23,198	5,144.39	58.03	3,721.03	41.97
金元比联宝石保本混合	76,923	1,926.64	0.80	240,109.67	99.20
金元比联成长动力混合	4,431	2,330.40	28.91	5,729.12	71.09
合　计	**81,354**	**4,257.05**	**1.70**	**245,838.79**	**98.30**
浦银安盛精致生活混合	7,365	622.05	2.12	28,698.85	97.88
农银平衡双利混合	83,715	7,326.04	3.89	180,781.77	96.11
民生加银品牌蓝筹混合	12,415	4,947.30	8.06	56,423.01	91.94
总　计	**33,250,576**	**5,510,309.69**	**8.02**	**63,177,297.11**	**91.98**

表2-59　2009年开放式(债券型)基金年末持有人结构

（单位：户；万份；%）

基金简称	持有人户数	机构投资者		个人投资者	
		持有份额	占总份额比	持有份额	占总份额比
国泰金龙债券	10,058	4,642.32	19.49	19,181.82	80.51
国泰双利债券	6,622	16,125.63	33.29	32,317.29	66.71
合　计	**16,680**	**20,767.95**	**28.74**	**51,499.11**	**71.26**
南方宝元债券	61,372	15,902.36	9.68	148,444.13	90.32
南方多利中短期债券	21,143	27,519.45	35.43	50,154.49	64.57
合　计	**82,515**	**43,421.81**	**17.94**	**198,598.62**	**82.06**
华夏债券	88,948	156,209.17	35.14	288,327.88	64.86
中信稳定双利债券	26,264	5,459.58	3.50	150,378.27	96.50
华夏希望债券	124,668	161,391.68	23.95	512,378.78	76.05
合　计	**239,880**	**323,060.43**	**25.36**	**951,084.92**	**74.64**
华安稳定收益债券	11,933	23,440.86	46.79	26,654.19	53.21
华安强化收益债券	10,430	50,625.88	48.37	54,029.83	51.63
合　计	**22,363**	**74,066.74**	**47.86**	**80,684.02**	**52.14**
博时稳定价值债券	32,317	38,951.90	48.95	40,616.74	51.05
博时信用债券	11,382	59,678.32	49.39	61,153.21	50.61
合　计	**43,699**	**98,630.21**	**49.22**	**101,769.95**	**50.78**

（续上表）

基金简称	持有人户数	机构投资者		个人投资者	
		持有份额	占总份额比	持有份额	占总份额比
鹏华普天债券	8,825	20,898.32	51.34	19,803.64	48.66
鹏华丰收债券	4,774	34,362.10	72.61	12,961.49	27.39
合 计	**13,599**	**55,260.42**	**62.78**	**32,765.13**	**37.22**
嘉实债券	38,334	22,218.59	19.68	90,654.49	80.32
嘉实超短债债券	16,967	107,229.63	48.11	115,635.02	51.89
嘉实多元债券	9,974	64,263.78	56.13	50,228.50	43.87
合 计	**65,275**	**193,712.01**	**43.03**	**256,518.01**	**56.97**
长盛全债指数增强债券	23,353	14,892.10	24.61	45,621.25	75.39
长盛积极配置债券	2,554	7,960.85	57.34	5,923.68	42.66
合 计	**25,907**	**22,852.95**	**30.72**	**51,544.92**	**69.28**
大成债券	281,806	16,632.21	36.71	28,673.32	63.29
大成强化收益债券	25,522	76,294.61	87.94	10,464.93	12.06
合 计	**307,328**	**92,926.83**	**70.36**	**39,138.25**	**29.64**
富国天利增长债券	38,628	134,390.83	57.58	98,994.36	42.42
富国优化增强债券	17,236	25,233.56	14.60	147,654.39	85.40
合 计	**55,864**	**159,624.39**	**39.29**	**246,648.75**	**60.71**
易方达稳健收益债券	14,587	15,596.30	29.25	37,722.11	70.75
易方达增强回报债券	14,658	30,382.64	39.88	45,806.98	60.12
合 计	**29,245**	**45,978.94**	**35.50**	**83,529.09**	**64.50**
宝盈增强收益债券	3,977	53,338.72	87.06	7,926.27	12.94
融通债券	19,383	235.67	0.57	40,994.59	99.43
银华增强收益债券	12,071	85,206.53	64.17	47,576.42	35.83
长城稳健增利债券	4,026	280.96	3.50	7,754.89	96.50
泰达宏利集利债券	3,201	5,997.75	54.31	5,045.55	45.69
国投瑞银融华债券	21,041	40,597.56	42.60	54,700.43	57.40
国投瑞银稳定增利债券	30,875	77,507.67	51.24	73,761.83	48.76
合 计	**51,916**	**118,105.23**	**47.90**	**128,462.26**	**52.10**
银河收益债券	15,787	7,091.12	32.64	14,636.28	67.36
银河银信添利债券	6,498	68,460.55	74.51	23,422.32	25.49
合 计	**22,285**	**75,551.68**	**66.50**	**38,058.60**	**33.50**
万家增强收益债券	18,889	37,535.85	53.28	32,920.68	46.72
万家稳健增利债券	2810	29,669.85	58.42	21,117.62	41.58
合 计	**21,699**	**67,205.70**	**55.43**	**54,038.30**	**44.57**
招商安泰债券	11,645	23,693.57	54.49	19,789.81	45.51
招商安本增利债券	9,700	37,716.43	55.36	30,412.52	44.64
招商安心收益债券	8,119	22,452.20	40.79	32,592.75	59.21
合 计	**29,464**	**83,862.20**	**50.32**	**82,795.09**	**49.68**

（续上表）

基金简称	持有人户数	机构投资者		个人投资者	
		持有份额	占总份额比	持有份额	占总份额比
华宝兴业宝康债券	9,713	53,162.28	70.62	22,118.70	29.38
华宝兴业增强收益债券	6,133	15,928.61	33.51	31,610.93	66.49
合 计	**15,846**	**69,090.89**	**56.25**	**53,729.63**	**43.75**
海富通稳健添利债券	2,449	44,211.95	78.68	11,980.48	21.32
国联安增利债券	2,814	77,879.88	82.70	16,291.49	17.30
长信利丰债券	2,275	19,781.15	73.48	7,139.30	26.52
泰信双息双利债券	8,010	25,658.44	49.03	26,677.04	50.97
泰信债券增强收益	3,696	35,312.16	49.07	36,654.07	50.93
合 计	**11,706**	**60,970.60**	**49.05**	**63,331.11**	**50.95**
天治稳健双盈债券	1,034	14,955.85	77.73	4,285.06	22.27
广发增强债券	35,377	40,590.43	25.83	116,559.45	74.17
兴业磐稳增利债券	15,066	53,613.80	41.70	74,951.53	58.30
诺安优化收益债券	4,588	34,128.54	73.10	12,558.42	26.90
诺安增利债券	3,747	5,475.48	18.96	23,399.07	81.04
合 计	**8,335**	**39,604.02**	**52.41**	**35,957.49**	**47.59**
申万巴黎添益宝债券	4,091	17,488.62	47.46	19,360.39	52.54
中海稳健收益债券	3,838	96,713.77	84.89	17,216.47	15.11
华富收益增强债券	3,838	52,879.44	71.69	20,886.79	28.31
光大保德信增利收益债券	4,388	5,669.86	41.67	7,937.73	58.33
上投摩根纯债债券	10,405	11,442.06	17.52	53,859.68	82.48
东方稳健回报债券	4,254	80.61	0.47	16,948.78	99.53
中银增利债券	2,578	39,395.18	75.94	12,478.92	24.06
东吴优信稳健债券	2,705	19,162.05	77.73	5,490.81	22.27
天弘永利债券	1,116	2,567.88	40.38	3,791.09	59.62
国富强化收益债券	1,723	6,833.97	63.32	3,959.42	36.68
华泰柏瑞稳本增利债券	7,308	23,586.45	58.65	16,626.80	41.35
汇添富增收收益债券	24,242	85,760.75	59.88	57,463.78	40.12
工银增强收益债券	48,389	223,287.09	53.57	193,514.19	46.43
工银添利债券	24,317	179,800.37	62.07	109,889.36	37.93
合 计	**72,706**	**403,087.46**	**57.05**	**303,403.54**	**42.95**
交银增利债券	39,441	137,648.25	41.70	192,453.59	58.30
建信稳定增利债券	27,771	90,724.23	36.52	157,665.77	63.48
建信收益增强债券	39,506	10,491.54	3.57	283,560.09	96.43
合 计	**67,277**	**101,215.76**	**18.66**	**441,225.86**	**81.34**
信诚三得益债券	2,151	13,041.91	61.77	8,073.33	38.23
信诚经典优债债券	2,557	23,878.43	64.19	13,319.19	35.81
合 计	**4,708**	**36,920.34**	**63.31**	**21,392.51**	**36.69**

（续上表）

基金简称	持有人户数	机构投资者		个人投资者	
		持有份额	占总份额比	持有份额	占总份额比
汇丰晋信平稳增利债券	4,099	5,162.12	17.29	24,688.91	82.71
益民多利债券	805	2,793.40	44.54	3,478.06	55.46
华商收益增强债券	7,632	5,614.77	11.82	41,878.27	88.18
信达澳银稳定价值债券	3,944	959.99	4.11	22,381.65	95.89
诺德增强收益债券	2,120	50.02	0.46	10,902.81	99.54
中欧稳健收益债券	5,231	430.22	1.78	23,710.06	98.22
金元比联丰利债券	6,898	16,218.97	46.92	18,349.13	53.08
浦银安盛优化收益债券	1,998	107.37	1.03	10,297.47	98.97
农银恒久增利债券	21,172	11,935.59	18.94	51,075.53	81.06
民生加银增强收益债券	7,434	15,678.33	23.53	50,963.31	76.47
总　计	**1,481,230**	**3,140,188.93**	**41.96**	**4,342,879.65**	**58.04**

表2-60　2009年开放式(货币型)基金年末持有人结构

（单位：户；万份；%）

基金简称	持有人户数	机构投资者		个人投资者	
		持有份额	占总份额比	持有份额	占总份额比
国泰货币	25,592	837,073.30	81.60	188,753.31	18.40
南方现金增利货币	135,924	278,987.56	43.69	359,584.95	56.31
华夏现金增利货币	162,369	428,088.84	30.31	984,238.51	69.69
中信现金优势货币	7,920	1,582.58	5.72	26,088.59	94.28
合　计	**170,289**	**429,671.42**	**29.84**	**1,010,327.10**	**70.16**
华安现金富利货币	57,284	1,187,741.21	84.19	223,082.40	15.81
博时现金收益货币	76,327	960,120.55	63.44	553,325.19	36.56
鹏华货币	12,426	435,258.76	84.43	80,240.38	15.57
嘉实货币	88,305	1,649,280.66	75.39	538,275.67	24.61
长盛货币	14,697	135,726.34	35.97	241,592.96	64.03
大成货币	262,111	1,249,776.58	76.88	375,893.35	23.12
富国天时货币	15,715	218,948.69	80.18	54,133.80	19.82
易方达货币	40,959	231,527.90	45.28	279,757.24	54.72
宝盈货币	862	119,766.47	84.33	22,261.70	15.67
融通易支付货币	5,165	48,897.60	62.69	29,098.22	37.31
银华货币	15,701	422,848.01	87.66	59,535.92	12.34
长城货币	9,024	4,178.32	19.28	17,497.74	80.72

（续上表）

基金简称	持有人户数	机构投资者		个人投资者	
		持有份额	占总份额比	持有份额	占总份额比
泰达宏利货币	14,531	264,203.59	92.29	22,073.00	7.71
国投瑞银货币	3,227	558,714.46	89.41	66,196.19	10.59
银河银富货币	4,066	173,577.08	98.36	2,895.05	1.64
万家货币	14,046	133,765.15	60.17	88,540.98	39.83
招商现金增值货币	25,632	296,001.97	76.72	89,829.66	23.28
华宝兴业现金宝货币	5,666	895,545.54	89.94	100,185.82	10.06
大摩货币	2,852	12,171.74	49.73	12,305.08	50.27
海富通货币	15,943	864,809.67	77.67	248,640.04	22.33
长信利息收益货币	23,493	773,206.42	78.08	217,068.20	21.92
泰信天天收益货币	8,230	215,292.92	81.02	50,445.54	18.98
天治天得利货币	1,829	31,279.31	33.16	63,060.78	66.84
景顺长城货币	13,677	43,671.60	50.58	42,662.78	49.42
广发货币	37,118	387,687.34	79.26	101,470.10	20.74
兴业货币	5,906	119,529.84	86.25	19,052.34	13.75
诺安货币	7,685	255,445.75	85.15	44,560.48	14.85
申万巴黎收益宝货币	5,833	788,068.11	76.62	240,533.41	23.38
华富货币	2,760	42,567.80	64.33	23,603.56	35.67
光大保德信货币	10,251	146,571.67	76.31	45,508.06	23.69
上投摩根货币	5,482	459,887.61	94.10	28,822.08	5.90
东方金账簿货币	7,881	5,820.30	21.32	21,483.95	78.68
中银货币	15,470	305,501.29	72.55	115,612.91	27.45
华泰柏瑞货币	3,309	24,217.79	87.30	3,523.68	12.70
汇添富货币	5,111	574,442.69	97.09	17,202.08	2.91
工银货币	52,479	856,786.49	51.23	815,503.91	48.77
交银货币	14,026	1,692,981.18	84.33	314,658.65	15.67
建信货币	43,152	239,822.58	24.47	740,304.99	76.53
益民货币	1,201	5,376.13	45.26	6,501.61	54.74
总　计	**1,281,237**	**18,376,749.42**	**70.81**	**7,575,604.83**	**29.19**

表2-61　2009年开放式(ETF)基金年末持有人结构

（单位：万户；亿份；%）

基金简称	持有人户数	机构投资者		个人投资者		联接基金	
		持有基金份额	占比	持有基金份额	占比	持有份额	占比
华夏上证50ETF	245,757	556,230.44	55.71	442,226.24	44.29	——	——
华夏中小板ETF	531,226	19,703.21	13.81	122,988.19	86.19	——	——
合　计	**776,983**	**575,933.65**	**50.47**	**565,214.43**	**49.53**		
华安上证180ETF	63,476	305,731.31	57.88	222,261.36	42.08	230.00	0.04%
易方达深证100ETF	87,263	174,626.88	60.78	112,689.78	39.22	——	——
华泰柏瑞上证红利ETF	71,402	103,882.16	54.18	87,835.41	45.82	——	——
工银上证央企ETF	31,062	75,702.95	47.79	82,692.97	52.21	——	——
交银上证180公司治理ETF	5,404	11.89	0.00	57,907.58	7.49	715,732.96	92.51%
总　计	**1,035,590**	**1,235,888.85**	**40.12**	**1,128,601.53**	**36.64**	**715,962.96**	**23.24%**

表2-62　2009年QDII基金年末持有人结构

（单位：户；万份；%）

基金简称	持有人户数	机构投资者		个人投资者	
		持有份额	占总份额比	持有份额	占总份额比
南方全球精选配置QDII	1,134,455	16,195.24	0.71	2,279,149.33	99.29
华夏全球股票QDII	1,552,301	19,640.32	0.80	2,438,665.44	99.20
嘉实海外中国(QDII)	1,535,748	27,396.89	1.12	2,428,191.63	98.88
华宝兴业海外中国QDII	6,853	919.13	7.39	11,522.24	92.61
海富通中国海外QDII	11,390	8,121.79	23.15	26,964.76	76.85
上投摩根亚太优势QDII	1,741,206	32,088.06	1.20	2,630,828.60	98.80
工银全球股票QDII	102,990	12,460.83	6.07	192,776.75	93.93
交银环球精选股票QDII	9,819	2,846.11	11.17	22,641.69	88.83
银华全球优选QDII	5,635	5,819.65	43.31	7,618.64	56.69
总　计	**6,100,397**	**125,488.02**	**1.23**	**10,038,359.08**	**98.77**

表2-63 2009年开放式基金基本情况

（单位：只；亿份；亿元人民币）

基金类型	基金数量	年末基金总份额	年末基金净资产
股票型基金	226	11,947.9769	12,978.8717
混合型基金	158	6,920.4260	7,730.4034
债券型基金	80	746.4825	819.3158
货币型基金	43	2,595.2708	2,595.2708
合 计	**507**	**22,210.1562**	**24,123.8617**
ETF基金	9	363.3883	662.2009
QDII基金	9	1,016.3812	735.9396

表2-64 2009年开放式（股票型）基金基本情况

（单位：亿份；亿元人民币；%）

序号	基金简称	设立日期	年末总份额	年末净资产	年收益率	管理人	托管人
1	国泰金鹰增长股票	2002-05-08	10.42	11.21	83.62	国泰	交行
2	华安中国A股增强指数	2002-11-08	59.92	57.34	85.11	华安	工行
3	万家180指数	2003-03-17	95.06	75.67	83.81	万家	中行
4	泰达宏利成长股票	2003-04-25	8.33	9.87	52.12	泰达宏利	交行
5	泰达宏利稳定股票	2003-04-25	3.63	2.52	42.03	泰达宏利	交行
6	泰达宏利周期股票	2003-04-25	7.01	7.91	71.49	泰达宏利	交行
7	招商安泰股票	2003-04-28	12.10	10.48	45.33	招商	招行
8	博时沪深300指数	2003-08-26	156.53	150.28	88.61	博时	建行
9	融通深证100指数	2003-09-30	123.94	172.58	103.78	融通	工行
10	景顺长城优选股票	2003-10-24	19.79	23.00	53.25	景顺长城	中行
11	易方达上证50指数	2004-03-22	280.52	262.84	77.36	易方达	交行
12	华宝兴业多策略股票	2004-05-11	116.47	88.86	67.85	华宝兴业	建行
13	长城久泰中信标普300指数	2004-05-21	19.02	26.12	92.40	长城	招行
14	富国天益价值股票	2004-06-15	130.03	124.55	49.73	富国	交行
15	博时精选股票	2004-06-22	86.83	143.31	61.38	博时	工行
16	景顺长城内需增长股票	2004-06-25	4.76	18.62	89.68	景顺长城	农行
17	泰达宏利精选股票	2004-07-09	15.02	72.19	71.09	泰达宏利	中行
18	银华-道琼斯88指数	2004-08-11	120.71	137.64	82.46	银华	建行
19	光大保德信量化股票	2004-08-27	152.44	153.57	90.61	光大保德信	光大银行
20	南方积极配置股票(LOF)	2004-10-14	24.07	30.32	53.23	南方	工行
21	博时主题行业股票(LOF)	2005-01-06	80.05	168.33	71.51	博时	建行
22	长信银利精选股票	2005-01-17	39.18	32.57	70.59	长信	农行

（续上表）

序号	基金简称	设立日期	年末总份额	年末净资产	年收益率	管理人	托管人
23	广发小盘成长股票	2005-02-02	58.69	126.91	87.59	广发	浦发银行
24	宝盈泛沿海增长股票	2005-03-08	47.31	30.80	35.43	宝盈	工行
25	景顺长城鼎益股票(LOF)	2005-03-16	73.23	83.04	57.50	景顺长城	中行
26	华泰柏瑞盛世中国股票	2005-04-27	140.94	92.66	56.45	华泰柏瑞	中行
27	融通巨潮100指数(LOF)	2005-05-12	33.28	36.75	84.92	融通	工行
28	南方高增长股票(LOF)	2005-07-13	26.15	42.47	55.37	南方	中行
29	万家公用事业行业股票	2005-07-15	8.92	7.63	66.52	万家	交行
30	海富通股票	2005-07-29	71.95	52.47	73.16	海富通	中行
31	嘉实沪深300指数(LOF)	2005-08-29	433.93	393.93	91.97	嘉实	中行
32	工银核心价值股票	2005-08-31	172.55	82.44	57.49	工银瑞信	中行
33	银华价值优选股票	2005-09-27	162.01	258.80	116.08	银华	建行
34	交银精选股票	2005-09-29	104.42	128.17	78.17	交银施罗德	农行
35	上投摩根阿尔法股票	2005-10-11	10.58	57.66	57.57	上投摩根	建行
36	申万巴黎新动力股票	2005-11-10	50.60	43.12	65.17	申万巴黎	工行
37	华宝兴业动力组合股票	2005-11-17	28.30	28.15	73.56	华宝兴业	中行
38	华夏收入股票	2005-11-17	19.62	52.34	78.76	华夏	建行
39	招商优质成长股票(LOF)	2005-11-17	48.55	69.26	73.73	招商	中信银行
40	建信恒久价值股票	2005-12-01	31.72	26.56	73.26	建信	中信银行
41	诺安股票	2005-12-19	212.76	238.63	69.63	诺安	工行
42	广发聚丰股票	2005-12-23	357.94	290.84	75.64	广发	工行
43	国联安精选股票	2005-12-28	41.18	41.08	80.94	国联安	华夏银行
44	天治核心成长股票(LOF)	2006-01-20	59.75	35.50	50.60	天治	交行
45	景顺长城资源垄断股票(LOF)	2006-01-26	109.95	98.60	73.17	景顺长城	农行
46	中银增长股票	2006-03-17	139.52	118.79	62.42	中银	工行
47	光大保德信红利股票	2006-03-24	17.16	44.42	83.01	光大保德信	兴业银行
48	长城消费增值股票	2006-04-06	73.05	72.20	87.94	长城	建行
49	大成沪深300指数	2006-04-06	66.36	77.92	90.08	大成	农行
50	国投瑞银核心企业股票	2006-04-19	72.17	79.63	74.47	国投瑞银	工行
51	长信金利趋势股票	2006-04-30	116.35	92.80	65.99	长信	浦发银行
52	银华优质增长股票	2006-06-09	38.01	77.03	84.40	银华	中行
53	易方达价值精选股票	2006-06-13	55.34	83.02	63.50	易方达	工行
54	国富弹性市值股票	2006-06-14	36.36	54.82	65.43	国海富兰克林	农行
55	景顺长城新兴成长股票	2006-06-28	41.80	42.35	35.61	景顺长城	工行
56	鹏华价值优势股票(LOF)	2006-07-18	148.88	138.67	80.78	鹏华	建行
57	汇添富均衡增长股票	2006-08-07	257.26	234.19	53.27	汇添富	工行
58	华安宏利股票	2006-09-06	55.08	145.44	75.46	华安	建行
59	建信优选成长股票	2006-09-08	37.47	38.07	64.66	建信	工行
60	光大保德信新增长股票	2006-09-14	20.86	28.03	89.52	光大保德信	招行
61	上投摩根成长先锋股票	2006-09-20	34.20	59.87	51.09	上投摩根	建行
62	兴业全球视野股票	2006-09-20	23.95	85.07	77.08	兴业全球	兴业银行
63	汇丰晋信龙腾股票	2006-09-27	14.43	27.01	77.03	汇丰晋信	交行

（续上表）

序号	基金简称	设立日期	年末总份额	年末净资产	年收益率	管理人	托管人
64	中邮核心优选股票	2006-09-28	103.74	164.73	105.09	中邮创业	农行
65	景顺长城内需贰号股票	2006-10-11	36.12	45.06	99.63	景顺长城	农行
66	海富通风格优势股票	2006-10-19	65.36	73.23	87.67	海富通	建行
67	交银成长股票	2006-10-23	32.36	91.00	83.03	交银施罗德	农行
68	华宝兴业先进成长股票	2006-11-07	14.60	36.83	80.68	华宝兴业	中行
69	长信增利动态策略股票	2006-11-09	44.46	39.85	42.98	长信	民生银行
70	富国天合稳健股票	2006-11-15	47.05	45.57	71.05	富国	招行
71	国投瑞银创新动力股票	2006-11-15	44.76	51.28	80.52	国投瑞银	光大银行
72	融通动力先锋股票	2006-11-15	26.14	36.75	49.76	融通	工行
73	南方绩优成长股票	2006-11-16	77.18	132.96	59.48	南方	工行
74	银华富裕主题股票	2006-11-16	75.78	90.29	91.88	银华	建行
75	诺安价值增长股票	2006-11-21	110.48	106.82	78.89	诺安	工行
76	长盛中证100指数	2006-11-22	13.02	14.00	83.53	长盛	农行
77	华夏优势增长股票	2006-11-24	72.34	165.08	57.05	华夏	建行
78	信诚精萃成长股票	2006-11-27	41.18	39.74	73.16	信诚	建行
79	泰达宏利首选企业股票	2006-12-01	18.64	30.45	79.68	泰达宏利	农行
80	工银稳健成长股票	2006-12-06	40.30	55.55	62.32	工银瑞信	建行
81	东吴双动力股票	2006-12-15	14.84	17.89	33.20	东吴	农行
82	泰信优质生活股票	2006-12-15	19.74	23.80	65.11	泰信	中行
83	大成积极成长股票	2007-01-16	30.61	31.84	64.30	大成	农行
84	宝盈策略增长股票	2007-01-19	30.28	34.29	66.06	宝盈	农行
85	国联安优势股票	2007-01-24	10.87	13.67	56.08	国联安	招行
86	中欧新趋势股票(LOF)	2007-01-29	21.74	23.59	60.41	中欧	兴业银行
87	长城久富股票(LOF)	2007-02-12	20.38	34.89	74.35	长城	交行
88	信达澳银领先增长股票	2007-03-08	61.95	78.18	78.42	信达澳银	建行
89	汇添富成长焦点股票	2007-03-12	94.89	121.90	63.79	汇添富	工行
90	华富成长趋势股票	2007-03-19	24.78	18.32	57.22	华富	招行
91	国富潜力组合股票	2007-03-22	59.19	73.72	62.40	国海富兰克林	中行
92	华安中小盘成长股票	2007-04-10	92.19	114.02	84.31	华安	工行
93	博时第三产业股票	2007-04-12	88.01	115.84	69.37	博时	工行
94	上投摩根内需动力股票	2007-04-13	92.60	118.16	72.62	上投摩根	工行
95	诺德价值优势股票	2007-04-19	40.97	41.58	61.82	诺德	建行
96	鹏华优质治理股票(LOF)	2007-04-25	71.77	84.87	75.48	鹏华	工行
97	富国天博创新股票	2007-04-27	106.95	97.54	66.88	富国	建行
98	融通领先成长股票(LOF)	2007-04-30	42.94	49.93	75.41	融通	建行
99	南方成份精选股票	2007-05-14	134.12	139.38	53.18	南方	工行
100	国泰金牛创新股票	2007-05-18	54.94	62.49	93.28	国泰	农行
101	华宝兴业行业精选股票	2007-06-14	159.30	174.49	81.48	华宝兴业	建行
102	景顺长城精选蓝筹股票	2007-06-18	142.09	142.05	65.02	景顺长城	工行
103	博时新兴成长股票	2007-07-06	232.96	224.61	74.32	博时	交行
104	工银红利股票	2007-07-18	44.76	47.03	70.30	工银瑞信	建行

（续上表）

序号	基金简称	设立日期	年末总份额	年末净资产	年收益率	管理人	托管人
105	华安策略优选股票	2007-08-02	176.27	146.28	67.60	华安	交行
106	泰达宏利市值优选股票	2007-08-03	100.02	79.11	74.58	泰达宏利	建行
107	长城品牌优选股票	2007-08-06	167.50	155.26	73.94	长城	建行
108	交银蓝筹股票	2007-08-08	156.29	144.95	71.61	交银施罗德	建行
109	中邮核心成长股票	2007-08-17	345.04	277.23	77.80	中邮创业	农行
110	光大保德信优势配置股票	2007-08-24	167.83	140.99	79.32	光大保德信	招行
111	华夏复兴股票	2007-09-10	37.99	48.36	104.33	华夏	农行
112	长盛同德主题股票	2007-10-25	115.35	110.61	70.91	长盛	农行
113	南方隆元产业主题股票	2007-11-09	98.40	69.61	59.59	南方	工行
114	国泰沪深300指数	2007-11-11	110.33	78.41	89.60	国泰	中行
115	华夏行业股票(LOF)	2007-11-22	128.05	128.32	78.61	华夏	中行
116	嘉实优质企业股票	2007-12-08	57.26	47.09	52.79	嘉实	浦发银行
117	大成景阳领先股票	2007-12-11	58.93	46.77	81.28	大成	农行
118	易方达科讯股票	2007-12-18	92.06	73.95	42.36	易方达	交行
119	国投瑞银成长优选股票	2008-01-10	35.25	36.89	83.45	国投瑞银	工行
120	南方盛元红利股票	2008-03-21	37.37	40.37	61.98	南方	建行
121	中银策略股票	2008-04-03	15.80	22.60	74.55	中银	工行
122	宝盈资源优选股票	2008-04-15	2.15	2.74	77.53	宝盈	建行
123	浦银安盛价值成长股票	2008-04-16	11.34	10.82	65.34	浦银安盛	工行
124	东吴行业轮动股票	2008-04-23	9.67	10.09	42.10	东吴	华夏银行
125	兴业社会责任股票	2008-04-30	48.56	69.15	108.57	兴业全球	建行
126	天治创新先锋股票	2008-05-08	0.42	0.52	34.99	天治	交行
127	银河成长股票	2008-05-26	1.66	2.57	73.98	银河	中行
128	嘉实研究精选股票	2008-05-27	26.62	41.55	72.71	嘉实	中行
129	博时特许价值股票	2008-05-28	9.88	14.91	76.08	博时	建行
130	东方策略成长股票	2008-06-03	0.60	0.85	67.65	东方	建行
131	信诚盛世蓝筹股票	2008-06-04	3.45	5.99	71.03	信诚	建行
132	南方优选价值股票	2008-06-18	4.10	5.55	66.84	南方	工行
133	易方达中小盘股票	2008-06-19	9.10	15.34	74.72	易方达	中行
134	招商大盘蓝筹股票	2008-06-19	10.79	17.37	66.91	招商	工行
135	国富深化价值股票	2008-07-03	9.21	13.27	80.13	国海富兰克林	农行
136	申万巴黎竞争优势股票	2008-07-04	1.08	1.73	70.51	申万巴黎	农行
137	广发核心精选股票	2008-07-16	13.10	20.87	82.25	广发	工行
138	华泰柏瑞价值增长股票	2008-07-16	5.50	7.07	75.36	华泰柏瑞	中行
139	新华优选成长股票	2008-07-25	16.03	32.78	115.21	新华	农行
140	工银大盘蓝筹股票	2008-08-04	7.51	10.96	73.38	工银瑞信	中行
141	农银行业成长股票	2008-08-04	22.08	28.24	67.21	农银汇理	交行
142	银华领先策略股票	2008-08-20	3.67	6.96	102.71	银华	中行
143	华商盛世成长股票	2008-09-23	12.42	21.33	106.80	华商	建行
144	华宝兴业大盘精选股票	2008-10-07	10.37	20.03	91.29	华宝兴业	中行
145	鹏华盛世创新股票(LOF)	2008-10-10	4.23	7.11	70.14	鹏华	建行

（续上表）

序号	基金简称	设立日期	年末总份额	年末净资产	年收益率	管理人	托管人
146	国联安红利股票	2008-10-22	1.60	2.11	56.70	国联安	招行
147	华安核心股票	2008-10-22	3.16	5.24	64.43	华安	建行
148	景顺长城公司治理股票	2008-10-22	0.74	1.10	47.67	景顺长城	工行
149	易方达科翔股票	2008-11-13	4.15	6.15	70.14	易方达	工行
150	富国天鼎中证指数增强	2008-11-20	8.14	13.67	67.83	富国	工行
151	建信核心精选股票	2008-11-25	6.48	7.25	75.20	建信	工行
152	大成策略回报股票	2008-11-26	10.88	11.66	91.23	大成	光大银行
153	天弘永定价值成长股票	2008-12-02	0.89	0.99	31.27	天弘	兴业银行
154	广发沪深300指数	2008-12-30	15.52	26.03	85.05	广发	工行
155	长城双动力股票	2009-01-15	0.54	0.70	30.17	长城	建行
156	上投摩根中小盘股票	2009-01-21	9.69	14.82	53.00	上投摩根	建行
157	汇添富价值精选股票	2009-01-23	8.96	14.67	63.60	汇添富	工行
158	光大保德信均衡精选股票	2009-03-04	4.55	5.60	36.54	光大保德信	建行
159	工银沪深300指数	2009-03-05	43.62	56.19	42.79	工银瑞信	建行
160	诺安成长股票	2009-03-10	3.75	4.32	30.25	诺安	工行
161	嘉实量化阿尔法股票	2009-03-20	23.38	30.38	29.90	嘉实	工行
162	国富成长动力股票	2009-03-25	4.37	5.38	23.07	国海富兰克林	中行
163	南方沪深300指数	2009-03-25	16.26	21.52	38.03	南方	工行
164	易方达行业领先股票	2009-03-26	16.52	22.52	36.30	易方达	工行
165	鹏华沪深300指数(LOF)	2009-04-03	9.07	11.35	31.11	鹏华	工行
166	交银先锋股票	2009-04-10	27.07	33.72	24.57	交银施罗德	农行
167	融通内需驱动股票	2009-04-22	9.00	9.74	18.21	融通	工行
168	泰信蓝筹精选股票	2009-04-22	3.90	4.24	24.06	泰信	中行
169	银河行业股票	2009-04-24	1.65	2.05	24.20	银河	建行
170	海富通领先成长股票	2009-04-30	8.75	10.97	25.40	海富通	建行
171	万家精选股票	2009-05-18	7.17	8.22	14.58	万家	建行
172	国泰区位优势股票	2009-05-27	7.92	9.13	20.14	国泰	中行
173	申万巴黎消费增长股票	2009-06-12	11.36	13.22	17.91	申万巴黎	工行
174	广发聚瑞股票	2009-06-16	42.05	45.18	7.40	广发	工行
175	招商行业领先股票	2009-06-19	26.72	30.07	12.60	招商	中行
176	东方核心动力股票	2009-06-24	3.04	3.12	2.83	东方	中行
177	汇丰晋信大盘股票	2009-06-24	13.81	15.73	17.28	汇丰晋信	交行
178	中海量化策略股票	2009-06-24	13.10	13.64	4.10	中海	工行
179	汇添富上证综合指数	2009-07-01	69.57	73.09	5.10	汇添富	工行
180	金鹰行业优势股票	2009-07-01	14.59	15.03	3.02	金鹰	中行
181	银华内需精选股票	2009-07-01	35.04	37.61	9.53	银华	农行
182	华夏沪深300指数	2009-07-10	262.42	261.79	-0.20	华夏	工行
183	中欧价值发现股票	2009-07-24	5.85	5.49	-6.20	中欧	建行
184	长信恒利优势股票	2009-07-30	6.54	6.39	-2.20	长信	建行
185	华泰柏瑞行业领先股票	2009-08-03	18.31	15.27	-16.60	华泰柏瑞	工行
186	国联安主题驱动股票	2009-08-26	5.05	5.28	4.60	国联安	建行

（续上表）

序号	基金简称	设立日期	年末总份额	年末净资产	年收益率	管理人	托管人
187	信诚优胜精选股票	2009-08-26	20.06	21.63	7.80	信诚	建行
188	易方达沪深300指数	2009-08-26	109.09	116.91	7.20	易方达	建行
189	国富沪深300指数增强	2009-09-03	17.66	20.40	15.50	国海富兰克林	农行
190	中银中证100指数增强	2009-09-04	25.18	26.39	4.80	中银	建行
191	大成行业轮动股票	2009-09-08	16.84	18.23	8.30	大成	农行
192	鹏华精选成长股票	2009-09-09	19.22	19.87	3.40	鹏华	建行
193	金元比联价值增长股票	2009-09-11	2.88	3.11	7.80	金元比联	建行
194	大摩领先优势股票	2009-09-22	5.84	6.49	11.16	摩根士丹利华鑫	建行
195	诺德成长优势股票	2009-09-22	0.80	0.89	11.80	诺德	建行
196	南方中证500指数(LOF)	2009-09-25	28.83	33.91	17.60	南方	农行
197	华安上证180ETF联接	2009-09-29	9.49	10.66	12.30	华安	建行
198	华宝兴业中证100指数	2009-09-29	10.26	10.76	4.86	华宝兴业	建行
199	交银上证180公司治理ETF联接	2009-09-29	70.09	71.13	1.50	交银施罗德	农行
200	农银策略价值股票	2009-09-29	71.59	74.90	4.63	农银汇理	建行
201	国投瑞银沪深300指数分级	2009-10-14	31.39	33.27	6.00	国投瑞银	工行
202	银华沪深300指数(LOF)	2009-10-14	5.81	6.27	8.00	银华	建行
203	国泰中小盘成长股票(LOF)	2009-10-19	51.11	51.73	9.84	国泰	建行
204	景顺长城能源基建股票	2009-10-20	5.75	5.92	3.00	景顺长城	农行
205	诺安中证100指数	2009-10-27	21.10	21.13	0.10	诺安	工行
206	海富通中证100指数(LOF)	2009-10-30	20.87	21.40	2.50	海富通	中行
207	建信沪深300指数(LOF)	2009-11-05	46.11	46.56	——	建信	工行
208	长盛量化红利股票	2009-11-25	12.22	12.30	——	长盛	工行
209	广发中证500指数(LOF)	2009-11-26	86.36	87.15	——	广发	工行
210	信达澳银中小盘股票	2009-12-01	18.69	18.69	——	信达澳银	建行
211	易方达深证100ETF联接	2009-12-01	189.25	189.44	——	易方达	中行
212	浦银安盛红利精选股票	2009-12-03	3.44	3.47	——	浦银安盛	工行
213	泰达宏利红利先锋股票	2009-12-03	13.96	14.39	——	泰达宏利	建行
214	南方深证成份ETF联接	2009-12-09	32.72	32.88	——	南方	工行
215	华夏盛世股票	2009-12-11	187.10	190.00	——	华夏	建行
216	汇丰晋信中小盘股票	2009-12-11	22.36	22.76	——	汇丰晋信	建行
217	富国沪深300指数增强	2009-12-16	34.90	36.46	——	富国	工行
218	天弘周期策略股票	2009-12-17	6.99	7.04	——	天弘	工行
219	汇添富策略回报股票	2009-12-22	32.16	32.60	——	汇添富	工行
220	招商中小盘股票	2009-12-25	26.27	26.40	——	招商	中行
221	银河沪深300价值指数	2009-12-28	8.71	8.72	——	银河	建行
222	博时上证超大盘EFT联接	2009-12-29	19.06	19.06	——	博时	建行
223	东吴新经济股票	2009-12-30	8.01	8.02	——	东吴	建行
224	华富中证100指数	2009-12-30	3.37	3.37	——	华富	交行
225	嘉实基本面50指数(LOF)	2009-12-30	34.37	34.36	——	嘉实	工行
226	中欧中小盘股票	2009-12-30	14.78	14.78	——	中欧	邮储银行
	总　计		**11,947.98**	**12,978.87**			

表2-65 2009年开放式(混合型)基金基本情况

(单位：亿份；亿元人民币；%)

序号	基金简称	设立日期	年末总份额	年末净资产	年收益率	管理人	托管人
1	华安创新混合	2001-09-21	108.60	84.64	43.20	华安	交行
2	南方稳健成长混合	2001-09-28	63.41	72.57	44.61	南方	工行
3	华夏成长混合	2001-12-18	79.67	117.63	67.37	华夏	建行
4	鹏华行业成长混合	2002-05-24	4.47	4.67	56.74	鹏华	工行
5	富国天源平衡混合	2002-08-16	7.13	7.62	49.66	富国	农行
6	易方达平稳增长混合	2002-08-23	24.67	37.85	27.95	易方达	中行
7	融通新蓝筹混合	2002-09-13	189.30	167.62	48.92	融通	建行
8	长盛成长价值混合	2002-09-18	12.89	12.47	52.52	长盛	农行
9	宝盈鸿利收益混合	2002-10-08	10.42	6.03	9.37	宝盈	农行
10	博时价值增长混合	2002-10-09	263.93	218.22	55.45	博时	建行
11	嘉实成长收益混合	2002-11-05	35.03	33.11	45.99	嘉实	中行
12	大成价值增长混合	2002-11-11	156.11	131.76	67.96	大成	农行
13	银华优势企业混合	2002-11-13	37.58	43.10	50.62	银华	中行
14	招商安泰平衡混合	2003-04-28	0.77	1.58	28.92	招商	招行
15	金鹰成份优选混合	2003-06-16	22.55	18.24	62.19	金鹰	中行
16	南方避险增值混合	2003-06-27	49.61	118.97	12.44	南方	工行
17	嘉实稳健混合	2003-07-09	167.82	161.02	42.07	嘉实	中行
18	嘉实增长混合	2003-07-09	4.24	18.44	60.33	嘉实	中行
19	鹏华普天收益混合	2003-07-12	26.57	22.90	69.02	鹏华	交行
20	华宝兴业宝康配置混合	2003-07-15	11.45	18.27	60.45	华宝兴业	建行
21	华宝兴业宝康消费品混合	2003-07-15	23.87	37.97	83.29	华宝兴业	建行
22	银河稳健混合	2003-08-04	14.27	14.35	60.32	银河	农行
23	国联安稳健混合	2003-08-08	1.81	3.28	51.40	国联安	工行
24	海富通精选混合	2003-08-22	98.70	86.26	56.02	海富通	交行
25	华夏回报混合	2003-09-05	102.29	143.53	37.15	华夏	中行
26	融通蓝筹成长混合	2003-09-30	23.06	30.30	50.59	融通	工行
27	景顺长城动力平衡混合	2003-10-24	85.52	68.43	41.27	景顺长城	中行
28	长城久恒平衡混合	2003-10-31	1.87	2.84	37.83	长城	建行
29	广发聚富混合	2003-12-03	59.76	77.87	59.48	广发	工行
30	国泰金龙行业混合	2003-12-05	5.33	4.89	72.69	国泰	浦发银行
31	易方达策略成长混合	2003-12-09	15.02	64.32	62.06	易方达	中行
32	银华保本增值混合	2004-03-02	10.91	13.07	21.42	银华	建行
33	海富通收益增长混合	2004-03-12	54.36	42.58	52.04	海富通	中行
34	华夏经典混合	2004-03-15	16.67	17.49	63.14	华夏	招行
35	大摩基础行业混合	2004-03-26	1.55	0.91	39.04	摩根士丹利华鑫	光大银行
36	银河银泰混合	2004-03-30	37.35	34.60	51.60	银河	工行
37	嘉实服务增值行业混合	2004-04-01	15.45	59.22	77.01	嘉实	中行
38	申万巴黎盛利精选混合	2004-04-09	18.24	18.20	62.12	申万巴黎	工行
39	国联安小盘精选混合	2004-04-12	28.63	24.49	47.16	国联安	工行
40	国投瑞银景气行业混合	2004-04-29	38.52	36.97	57.61	国投瑞银	光大银行

（续上表）

序号	基金简称	设立日期	年末总份额	年末净资产	年收益率	管理人	托管人
41	融通行业景气混合	2004-04-29	42.71	45.10	91.30	融通	交行
42	兴业可转债混合	2004-05-11	24.22	30.52	35.21	兴业全球	工行
43	鹏华中国50指数	2004-05-12	28.64	53.74	73.87	鹏华	交行
44	长盛动态精选混合	2004-05-21	18.28	21.08	81.13	长盛	农行
45	诺安平衡混合	2004-05-21	113.32	93.16	51.04	诺安	工行
46	金鹰中小盘精选混合	2004-05-27	7.34	11.02	80.48	金鹰	交行
47	招商先锋混合	2004-06-01	100.64	78.98	42.16	招商	中行
48	大成蓝筹稳健混合	2004-06-03	194.48	158.02	71.23	大成	中行
49	国泰金马稳健混合	2004-06-18	97.79	89.11	84.41	国泰	建行
50	泰信先行策略混合	2004-06-28	93.26	67.77	44.62	泰信	光大银行
51	天治财富增长混合	2004-06-29	3.93	2.98	18.00	天治	浦发银行
52	广发稳健增长混合	2004-07-26	60.52	97.17	68.90	广发	工行
53	华夏大盘精选混合	2004-08-11	6.33	63.10	116.19	华夏	中行
54	华安宝利配置混合	2004-08-24	43.31	47.72	60.64	华安	交行
55	易方达积极成长混合	2004-09-09	62.49	83.16	63.29	易方达	中行
56	上投摩根中国优势混合	2004-09-15	22.52	63.63	80.80	上投摩根	建行
57	中海优质成长混合	2004-09-28	67.72	55.12	57.49	中海	交行
58	东方龙混合	2004-11-25	13.69	8.98	40.12	东方	建行
59	申万巴黎盛利强化配置混合	2004-11-29	0.71	0.75	11.00	申万巴黎	工行
60	大成精选增值混合	2004-12-15	34.75	39.22	75.92	大成	农行
61	中银中国混合(LOF)	2005-01-04	11.21	20.98	73.73	中银	工行
62	天治品质优选混合	2005-01-12	1.70	1.52	58.62	天治	民生银行
63	东吴嘉禾优势精选混合	2005-02-01	36.23	28.06	39.00	东吴	工行
64	华富竞争力优选混合	2005-03-02	21.49	17.80	47.79	华富	建行
65	富国天瑞强势混合	2005-04-05	114.79	112.01	99.16	富国	农行
66	泰达宏利风险预算混合	2005-04-05	1.60	2.46	36.27	泰达宏利	交行
67	国富中国收益混合	2005-06-01	17.99	14.77	53.38	国海富兰克林	工行
68	中海分红增利混合	2005-06-16	43.43	35.49	66.98	中海	农行
69	华夏红利混合	2005-06-30	78.40	270.05	79.33	华夏	建行
70	国联安安心成长混合	2005-07-13	2.60	2.56	28.87	国联安	工行
71	汇添富优势精选混合	2005-08-25	19.18	57.77	52.07	汇添富	工行
72	新华优选分红混合	2005-09-16	22.85	20.00	99.73	新华	农行
73	大摩资源优选混合(LOF)	2005-09-27	9.64	19.14	76.75	摩根士丹利华鑫	光大银行
74	天弘精选混合	2005-10-08	58.27	36.35	34.85	天弘	工行
75	兴业趋势投资(LOF)	2005-11-03	181.49	213.48	69.32	兴业全球	兴业银行
76	富国天惠成长混合(LOF)	2005-11-16	18.66	30.66	75.80	富国	工行
77	东方精选混合	2006-01-11	81.03	86.45	100.81	东方	民生银行
78	上投摩根双息平衡混合	2006-04-26	44.20	42.58	38.75	上投摩根	建行
79	信诚四季红混合	2006-04-29	61.49	61.10	61.03	信诚	农行
80	泰达宏利效率优选混合	2006-05-12	56.23	44.73	44.58	泰达宏利	建行
81	广发策略优选混合	2006-05-17	66.15	124.90	70.75	广发	工行

（续上表）

序号	基金简称	设立日期	年末总份额	年末净资产	年收益率	管理人	托管人
82	汇丰晋信2016周期混合	2006–05–23	3.31	6.83	22.25	汇丰晋信	交行
83	海富通强化回报混合	2006–05–25	31.50	22.24	45.87	海富通	招行
84	博时平衡配置混合	2006–05–31	25.64	36.19	51.50	博时	工行
85	交银稳健配置混合	2006–06–14	48.40	108.46	85.46	交银施罗德	建行
86	华宝兴业收益增长混合	2006–06–15	25.75	89.29	91.39	华宝兴业	建行
87	工银精选平衡混合	2006–07–13	109.25	83.61	50.53	工银瑞信	建行
88	嘉实主题混合	2006–07–21	80.83	99.38	82.49	嘉实	中行
89	南方稳健成长贰号混合	2006–07–25	84.13	81.65	41.82	南方	工行
90	华夏稳增混合	2006–08–09	41.36	67.10	49.08	华夏	农行
91	华夏回报二号混合	2006–08–14	72.81	83.13	38.59	华夏	中行
92	易方达策略成长二号混合	2006–08–16	44.75	70.60	61.18	易方达	中行
93	长城安心回报混合	2006–08–22	133.11	92.88	61.32	长城	农行
94	大成2020生命周期混合	2006–09–13	154.75	113.22	67.51	大成	中行
95	博时价值增长贰号混合	2006–09–27	103.76	82.49	61.59	博时	建行
96	国泰金鹏蓝筹混合	2006–09–29	24.10	27.80	87.25	国泰	中行
97	中银收益混合	2006–10–11	45.67	42.76	52.97	中银	工行
98	益民红利成长混合	2006–11–21	25.68	18.68	49.25	益民	华夏银行
99	万家和谐增长混合	2006–11–30	32.33	22.27	48.47	万家	兴业银行
100	申万巴黎新经济混合	2006–12–06	68.36	52.97	65.41	申万巴黎	工行
101	嘉实策略混合	2006–12–12	70.50	89.64	72.69	嘉实	工行
102	长盛同智优势混合(LOF)	2007–01–05	33.43	34.21	57.15	长盛	中行
103	鹏华动力增长混合(LOF)	2007–01–09	73.56	110.46	79.24	鹏华	农行
104	建信优化配置混合	2007–03–01	123.46	118.46	75.08	建信	工行
105	中海能源策略混合	2007–03–13	88.33	84.20	61.42	中海	工行
106	招商核心价值混合	2007–03–30	52.90	63.27	51.07	招商	工行
107	易方达价值成长混合	2007–04–02	215.12	325.66	102.90	易方达	工行
108	海富通精选贰号混合	2007–04–09	37.66	26.46	44.65	海富通	中行
109	汇丰晋信动态策略混合	2007–04–09	18.23	22.96	62.55	汇丰晋信	交行
110	国泰金鼎价值混合	2007–04–11	61.42	62.43	84.39	国泰	建行
111	华夏蓝筹混合(LOF)	2007–04–24	127.62	166.77	61.16	华夏	交行
112	华商领先企业混合	2007–05–15	79.49	85.43	88.43	华商	民生银行
113	华泰柏瑞积极成长混合	2007–05–29	42.29	44.57	43.16	华泰柏瑞	中行
114	大成创新成长混合	2007–06–12	136.15	128.70	68.75	大成	农行
115	广发大盘成长混合	2007–06–13	150.51	141.53	70.93	广发	工行
116	益民创新优势混合	2007–07–11	58.55	55.96	73.85	益民	农行
117	金元比联宝石保本混合	2007–08–15	24.20	25.34	1.56	金元比联	工行
118	诺安灵活配置混合	2008–05–20	8.92	9.52	73.72	诺安	工行
119	上投摩根双核平衡混合	2008–05–21	8.68	10.70	42.03	上投摩根	工行
120	富国天成红利混合	2008–05–28	4.37	5.83	70.42	富国	农行
121	长盛创新先锋混合	2008–06–04	1.57	1.79	59.87	长盛	中行
122	国投瑞银稳健增长混合	2008–06–11	1.26	1.77	55.18	国投瑞银	工行

（续上表）

序号	基金简称	设立日期	年末总份额	年末净资产	年收益率	管理人	托管人
123	国泰金鹿保本(二期)混合	2008-06-12	20.56	21.63	5.06	国泰	中行
124	长信双利优选混合	2008-06-19	1.39	1.34	43.94	长信	农行
125	泰信优势增长混合	2008-06-25	1.07	1.33	39.47	泰信	工行
126	万家双引擎灵活配置混合	2008-06-27	1.11	1.16	49.35	万家	兴业银行
127	汇添富蓝筹稳健混合	2008-07-08	4.43	6.85	54.16	汇添富	工行
128	汇丰晋信2026周期混合	2008-07-23	0.93	1.23	69.80	汇丰晋信	建行
129	中欧新蓝筹混合	2008-07-25	0.89	1.10	54.17	中欧	建行
130	信达澳银精华配置混合	2008-07-30	0.88	1.16	53.59	信达澳银	建行
131	金元比联成长动力混合	2008-09-03	0.81	0.99	33.65	金元比联	农行
132	易方达科汇灵活配置混合	2008-10-09	7.54	11.55	73.39	易方达	交行
133	华夏策略混合	2008-10-23	13.29	25.28	84.30	华夏	中行
134	诺德灵活配置混合	2008-11-05	0.90	1.12	24.17	诺德	建行
135	南方恒元保本混合	2008-11-12	27.27	30.94	13.47	南方	工行
136	中海蓝筹混合	2008-12-03	3.23	3.49	34.37	中海	农行
137	金鹰红利价值混合	2008-12-04	1.87	2.24	48.77	金鹰	交行
138	华富策略精选混合	2008-12-24	0.60	0.72	21.07	华富	建行
139	交银保本混合	2009-01-21	32.91	35.39	7.50	交银施罗德	工行
140	宝盈核心优势混合	2009-03-17	1.97	1.97	20.44	宝盈	中行
141	兴业有机增长混合	2009-03-25	12.86	14.99	16.61	兴业全球	兴业银行
142	民生加银品牌蓝筹混合	2009-03-27	6.14	7.41	23.75	民生加银	建行
143	中银优选混合	2009-04-03	9.08	10.89	23.38	中银	工行
144	农银平衡双利混合	2009-04-08	18.81	22.14	17.70	农银汇理	交行
145	泰达宏利品质生活混合	2009-04-09	7.63	9.07	28.55	泰达宏利	建行
146	银华和谐主题混合	2009-04-27	9.50	10.96	24.20	银华	工行
147	东吴进取策略混合	2009-05-06	3.46	3.70	6.94	东吴	农行
148	浦银安盛精致生活混合	2009-06-04	2.93	3.06	4.20	浦银安盛	建行
149	长城景气行业龙头混合	2009-06-30	6.39	7.09	11.00	长城	建行
150	新华泛资源优势混合	2009-07-13	18.14	18.62	2.60	新华	工行
151	华富价值增长混合	2009-07-15	4.37	4.32	-1.04	华富	深圳发展银行
152	天治趋势精选混合	2009-07-15	2.83	2.84	0.60	天治	建行
153	博时策略混合	2009-08-11	51.79	56.66	9.40	博时	建行
154	嘉实回报混合	2009-08-18	60.88	63.63	5.59	嘉实	中行
155	光大保德信动态优选混合	2009-10-28	4.83	5.03	4.10	光大保德信	建行
156	中邮核心优势灵活配置混合	2009-10-28	39.14	40.72	9.02	中邮创业	农行
157	华商动态阿尔法混合	2009-11-24	22.81	22.12	——	华商	建行
158	华安动态灵活配置混合	2009-12-22	28.85	28.94	——	华安	工行
	总　计		**6,920.43**	**7,730.40**			

表2-66　2009年开放式(债券型)基金基本情况

(单位：亿份；亿元人民币；%)

序号	基金简称	设立日期	年末总份额	年末净资产	年收益率	管理人	托管人
1	南方宝元债券	2002-09-20	16.43	19.18	18.34	南方	工行
2	华夏债券	2002-10-23	44.45	48.36	2.19/1.85	华夏	交行
3	国投瑞银融华债券	2003-04-16	9.53	13.14	42.73	国投瑞银	光大银行
4	招商安泰债券	2003-04-28	4.35	5.00	1.92/1.45	招商	招行
5	大成债券	2003-06-12	4.53	4.69	2.72/2.24	大成	农行
6	嘉实债券	2003-07-09	11.29	14.26	4.03	嘉实	中行
7	鹏华普天债券	2003-07-12	4.07	4.61	4.33/3.51	鹏华	交行
8	华宝兴业宝康债券	2003-07-15	7.53	8.89	1.81	华宝兴业	建行
9	银河收益债券	2003-08-04	2.17	3.37	9.72	银河	农行
10	融通债券	2003-09-30	4.12	4.69	1.75	融通	工行
11	长盛全债指数增强债券	2003-10-25	6.05	7.51	7.7900	长盛	农行
12	富国天利增长债券	2003-12-02	23.34	29.67	8.94	富国	工行
13	国泰金龙债券	2003-12-05	2.38	2.52	2.41/1.93	国泰	浦发银行
14	万家增强收益债券	2004-09-28	7.05	7.91	8.50	万家	农行
15	嘉实超短债债券	2006-04-26	22.29	22.45	0.65	嘉实	中行
16	招商安本增利债券	2006-07-11	6.81	8.35	6.74	招商	光大银行
17	中信稳定双利债券	2006-07-20	15.58	16.72	7.64	华夏	建行
18	银河银信添利债券	2007-03-14	9.19	9.63	6.34/5.87	银河	中信银行
19	工银增强收益债券	2007-05-11	41.68	44.92	3.95/3.52	工银瑞信	建行
20	南方多利中短期债券	2007-08-28	7.77	8.19	4.66/3.42	南方	工行
21	诺安优化收益债券	2007-08-29	4.67	5.06	2.95	诺安	华夏银行
22	博时稳定价值债券	2007-09-06	7.96	8.78	-0.54/-0.90	博时	建行
23	泰信双息双利债券	2007-10-31	5.23	5.44	5.05	泰信	工行
24	华泰柏瑞稳本增利债券	2007-12-03	4.02	4.34	5.98/5.64	华泰柏瑞	招行
25	国投瑞银稳定增利债券	2008-01-11	15.13	16.39	4.12	国投瑞银	中行
26	易方达稳健收益债券	2008-01-29	5.33	5.77	4.58/4.90	易方达	中行
27	汇添富增强收益债券	2008-03-06	14.32	15.24	1.83/1.53	汇添富	工行
28	华夏希望债券	2008-03-10	67.38	75.11	8.94/8.58	华夏	工行
29	易方达增强回报债券	2008-03-19	7.62	8.52	7.36/7.02	易方达	建行
30	广发增强债券	2008-03-27	15.71	17.34	1.78	广发	工行
31	交银增利债券	2008-03-31	33.01	35.68	6.97/6.50	交银施罗德	建行
32	中海稳健收益债券	2008-04-10	11.39	12.83	6.56	中海	工行
33	工银添利债券	2008-04-14	28.97	32.69	8.10/7.64	工银瑞信	建行
34	天弘永利债券	2008-04-18	0.64	0.64	0.57/1.01	天弘	兴业银行
35	华安稳定收益债券	2008-04-30	5.01	5.53	3.79/3.33	华安	建行
36	宝盈增强收益债券	2008-05-15	6.13	7.01	9.49/9.07	宝盈	建行
37	益民多利债券	2008-05-21	0.63	0.65	0.01	益民	招行
38	鹏华丰收债券	2008-05-28	4.73	5.62	12.18	鹏华	建行
39	华富收益增强债券	2008-05-28	7.38	8.19	11.90/11.43	华富	建行
40	建信稳定增利债券	2008-06-25	24.84	28.60	8.95	建信	工行

（续上表）

序号	基金简称	设立日期	年末总份额	年末净资产	年收益率	管理人	托管人
41	大成强化收益债券	2008-08-06	8.68	9.30	10.56	大成	建行
42	长城稳健增利债券	2008-08-27	0.80	0.90	5.56	长城	建行
43	嘉实多元债券	2008-09-10	11.45	12.73	10.22/9.82	嘉实	工行
44	泰达宏利集利债券	2008-09-26	1.10	1.13	0.31/-0.13	泰达宏利	中行
45	信诚三得益债券	2008-09-27	2.11	2.22	2.24/1.56	信诚	建行
46	长盛积极配置债券	2008-10-08	1.39	1.53	7.6500	长盛	建行
47	招商安心收益债券	2008-10-22	5.50	6.22	8.34	招商	工行
48	海富通稳健添利债券	2008-10-24	5.62	6.06	4.26/4.56	海富通	工行
49	国富强化收益债券	2008-10-24	1.08	1.13	2.23/2.02	国海富兰克林	中行
50	光大保德信增利收益债券	2008-10-29	1.36	1.41	1.86/1.57	光大保德信	建行
51	天治稳健双盈债券	2008-11-05	1.92	1.97	0.77	天治	农行
52	东吴优信稳健债券	2008-11-05	2.47	2.50	0.27/0.28	东吴	建行
53	中银增利债券	2008-11-13	5.19	5.47	4.25	中银	工行
54	银华增强收益债券	2008-12-03	13.28	15.85	18.12	银华	建行
55	汇丰晋信平稳增利债券	2008-12-03	2.99	2.97	-1.47	汇丰晋信	交行
56	申万巴黎添益宝债券	2008-12-04	3.68	3.77	1.79/1.49	申万巴黎	工行
57	东方稳健回报债券	2008-12-10	1.70	1.69	-1.69	东方	建行
58	农银恒久增利债券	2008-12-23	6.30	6.44	2.37	农银汇理	交行
59	长信利丰债券	2008-12-29	2.69	2.74	3.74	长信	农行
60	浦银安盛优化收益债券	2008-12-30	1.04	1.04	0.40/0.50	浦银安盛	工行
61	华商收益增强债券	2009-01-23	4.75	4.96	9.79/9.27	华商	建行
62	华宝兴业增强收益债券	2009-02-17	4.75	5.02	5.80/5.43	华宝兴业	工行
63	诺德增强收益债券	2009-03-04	1.10	1.13	3.60	诺德	建行
64	国泰双利债券	2009-03-11	4.84	5.27	10.17/9.87	国泰	建行
65	国联安增利债券	2009-03-11	9.42	9.85	6.51/6.11	国联安	工行
66	信诚经典优债债券	2009-03-11	3.72	3.80	2.70/12.20	信诚	建行
67	金元比联丰利债券	2009-03-23	3.46	3.46	0.97	金元比联	农行
68	信达澳银稳定价值债券	2009-04-08	2.33	2.35	0.90/0.50	信达澳银	建行
69	华安强化收益债券	2009-04-13	10.47	10.91	5.41/5.11	华安	工行
70	中欧稳健收益债券	2009-04-24	2.41	2.46	4.51/4.18	中欧	建行
71	诺安增利债券	2009-05-27	2.89	2.93	1.50/1.30	诺安	工行
72	建信收益增强债券	2009-06-02	29.41	30.36	3.40/3.20	建信	农行
73	博时信用债券	2009-06-10	12.08	12.09	0.20/0.00	博时	工行
74	富国优化增强债券	2009-06-10	17.29	17.30	0.20/0.00	富国	建行
75	上投摩根纯债债券	2009-06-24	6.53	6.60	1.20/0.90	上投摩根	工行
76	民生加银增强收益债券	2009-07-21	6.66	6.89	3.40/3.20	民生加银	建行
77	兴业磐稳增利债券	2009-07-23	7.42	7.50	1.05	兴业全球	交行
78	泰信增强收益债券	2009-07-29	7.20	7.11	-1.13/-1.31	泰信	中行
79	万家稳健增利债券	2009-08-12	5.08	5.18	2.01/1.85	万家	中行
80	大摩强收益债券	2009-12-29	3.61	3.61	——	摩根士丹利华鑫	中行
	总　计		746.48	819.32			

表2–67 2009年开放式(货币型)基金基本情况

(单位：亿份；亿元人民币；%)

序号	基金简称	设立日期	年末总份额	年末净资产	年收益率	管理人	托管人
1	景顺长城货币	2003–10–24	8.63	8.63	1.1973	景顺长城	中行
2	华安现金富利货币	2003–12–30	141.08	141.08	1.4998	华安	工行
3	招商现金增值货币	2004–01–14	38.58	38.58	1.3671	招商	招行
4	博时现金收益货币	2004–01–16	151.34	151.34	1.68	博时	交行
5	泰信天天收益货币	2004–02–10	26.57	26.57	1.5308	泰信	中行
6	南方现金增利货币	2004–03–05	63.86	63.86	1.74/1.03	南方	工行
7	长信利息收益货币	2004–03–19	99.03	99.03	1.62	长信	农行
8	华夏现金增利货币	2004–04–07	141.23	141.23	1.7616	华夏	建行
9	诺安货币	2004–12–06	30.00	30.00	1.20	诺安	工行
10	银河银富货币	2004–12–20	17.65	17.65	0.9191/1.1633	银河	交行
11	海富通货币	2005–01–04	111.34	111.34	1.6104/1.8551	海富通	中行
12	银华货币	2005–01–31	48.24	48.24	1.0870/1.3313	银华	交行
13	易方达货币	2005–02–02	51.13	51.13	1.8550/2.0997	易方达	中行
14	嘉实货币	2005–03–18	218.76	218.76	1.3683	嘉实	中行
15	华宝兴业现金宝货币	2005–03–31	99.57	99.57	1.1660/1.4096	华宝兴业	建行
16	鹏华货币	2005–04–12	51.55	51.55	1.4697/1.7144	鹏华	农行
17	上投摩根货币	2005–04–13	48.87	48.87	0.7748/1.0174	上投摩根	建行
18	中信现金优势货币	2005–04–20	2.77	2.77	2.1526	华夏	招行
19	广发货币	2005–05–20	48.92	48.92	1.2827/1.0555	广发	工行
20	长城货币	2005–05–30	2.17	2.17	0.8435	长城	华夏银行
21	大成货币	2005–06–03	162.57	162.57	1.3162/1.5599	大成	光大银行
22	中银货币	2005–06–07	42.11	42.11	1.4994	中银	工行
23	光大保德信货币	2005–06–09	19.21	19.21	1.48	光大保德信	招行
24	国泰货币	2005–06–21	102.58	102.58	1.5294	国泰	农行
25	泰达宏利货币	2005–11–10	28.63	28.63	1.3487	泰达宏利	农行
26	长盛货币	2005–12–12	37.77	37.77	1.65	长盛	兴业银行
27	融通易支付货币	2006–01–19	7.80	7.80	1.6362	融通	民生银行
28	交银货币	2006–01–20	200.76	200.76	1.34/1.58	交银施罗德	农行
29	工银货币	2006–03–20	167.23	167.23	1.2863	工银瑞信	建行
30	汇添富货币	2006–03–23	59.16	59.16	1.31/1.55	汇添富	浦发银行
31	建信货币	2006–04–25	98.01	98.01	1.62	建信	工行
32	兴业货币	2006–04–27	13.86	13.86	1.00	兴业全球	兴业银行
33	万家货币	2006–05–24	22.23	22.23	1.7029	万家	华夏银行
34	富国天时货币	2006–06–05	27.31	27.31	1.4229/1.6663	富国	农行
35	华富货币	2006–06–21	6.62	6.62	1.6279	华富	建行
36	天治天得利货币	2006–07–05	9.43	9.43	1.6628	天治	民生银行
37	申万巴黎收益宝货币	2006–07–07	102.86	102.86	0.8559	申万巴黎	工行
38	益民货币	2006–07–17	1.19	1.19	0.6729	益民	农行
39	东方金账簿货币	2006–08–02	2.73	2.73	1.64	东方	民生银行
40	大摩货币	2006–08–17	2.45	2.45	1.8123	摩根士丹利华鑫	交行

（续上表）

序号	基金简称	设立日期	年末总份额	年末净资产	年收益率	管理人	托管人
41	国投瑞银货币	2009-01-19	62.49	62.49	0.9336/1.1647	国投瑞银	工行
42	华泰柏瑞货币	2009-05-06	2.77	2.77	0.2630/0.4225	华泰柏瑞	中行
43	宝盈货币	2009-08-05	14.20	14.20	0.4013/0.4998	宝盈	建行
总　计			2,595.27	2,595.27			

表2-68 2009年开放式(ETF)基金基本情况

（单位：亿份；亿元人民币；%）

序号	基金简称	设立日期	年末总份额	年末净资产	年收益率	管理人	托管人
1	华夏上证50ETF	2004-12-30	99.85	254.84	83.60	华夏	工行
2	易方达深证100ETF	2006-03-24	28.73	121.47	113.64	易方达	中行
3	华安上证180ETF	2006-04-13	52.82	40.69	87.82	华安	建行
4	华夏中小板ETF	2006-06-08	14.27	37.62	94.19	华夏	建行
5	华泰柏瑞上证红利ETF	2006-11-17	19.17	54.00	95.58	华泰柏瑞	招行
6	工银上证央企ETF	2009-08-26	15.84	27.33	10.40	工银瑞信	招行
7	交银上证180公司治理ETF	2009-09-25	77.37	70.65	1.61	交银施罗德	农行
8	南方深证成份ETF	2009-12-04	41.28	41.44	——	南方	工行
9	博时上证超大盘ETF	2009-12-29	14.07	14.15	——	博时	建行
总　计			363.39	662.20			

表2-69 2009年QDII基金基本情况

（单位：亿份；亿元人民币；%）

序号	基金简称	设立日期	年末总份额	年末净资产	年收益率	管理人	托管人
1	南方全球精选配置(QDII)	2007-09-19	229.53	170.14	39.55	南方	工行
2	华夏全球股票(QDII)	2007-10-09	245.83	202.67	56.65	华夏	建行
3	嘉实海外中国(QDII)	2007-10-12	245.56	170.73	57.95	嘉实	中行
4	上投摩根亚太优势(QDII)	2007-10-22	266.29	161.72	58.49	上投摩根	工行
5	工银全球股票(QDII)	2008-02-14	20.52	18.82	64.93	工银瑞信	中行
6	华宝兴业海外中国股票QDII	2008-05-07	1.24	1.41	54.08	华宝兴业	建行
7	银华全球优选(QDII)	2008-05-26	1.34	1.28	29.93	银华	中行
8	海富通中国海外(QDII)	2008-06-27	3.51	5.17	83.47	海富通	建行
9	交银环球精选股票(QDII)	2008-08-22	2.55	4.00	72.31	交银施罗德	建行
总　计			1,016.38	735.94			

第三章　封闭式基金数据统计

表3-1　2009年封闭式基金基本情况

（单位：亿份；亿元人民币）

序号	基金简称	设立日期	上市日期	上市地点	设立份额	2009年末资产	管理人	托管人
1	国泰金泰封闭	1998.03.27	1998.04.07	上交所	20.00	27.06	国泰	工行
2	南方开元封闭	1998.03.27	1998.04.07	深交所	20.00	22.28	南方	工行
3	华夏兴华封闭	1998.04.28	1998.05.08	上交所	20.00	34.67	华夏	建行
4	华安安信封闭	1998.06.22	1998.06.26	上交所	20.00	33.50	华安	工行
5	博时裕阳封闭	1998.07.25	1998.07.30	上交所	20.00	36.32	博时	农行
6	鹏华普惠封闭	1999.01.06	1999.01.27	深交所	20.00	36.77	鹏华	交行
7	长盛同益封闭	1999.04.08	1999.04.21	深交所	20.00	31.66	长盛	工行
8	嘉实泰和封闭	1999.04.08	1999.04.20	上交所	20.00	23.47	嘉实	建行
9	大成景宏封闭	1999.05.04	1999.05.18	深交所	20.00	33.90	大成	中行
10	富国汉盛封闭	1999.05.10	1999.05.18	上交所	20.00	37.14	富国	农行
11	博时裕隆封闭	1999.06.15	1999.06.24	深交所	30.00	45.54	博时	农行
12	华安安顺封闭	1999.06.15	1999.06.22	上交所	30.00	58.18	华安	交行
13	华夏兴和封闭	1999.07.14	1999.07.30	上交所	30.00	43.62	华夏	建行
14	鹏华普丰封闭	1999.07.14	1999.07.30	深交所	30.00	44.53	鹏华	工行
15	南方天元封闭	1999.08.25	1999.09.20	深交所	30.00	44.53	南方	工行
16	国泰金鑫封闭	1999.10.21	1999.11.26	上交所	30.00	37.77	国泰	建行
17	长盛同盛封闭	1999.11.05	1999.11.26	深交所	30.00	36.99	长盛	中行
18	大成景福封闭	1999.12.30	2000.01.10	深交所	30.00	48.66	大成	农行
19	富国汉兴封闭	1999.12.30	2000.01.10	上交所	30.00	47.62	富国	交行
20	博时裕泽封闭	2000.03.27	2000.05.17	深交所	5.00	6.41	博时	工行
21	融通通乾封闭	2001.08.29	2001.09.21	上交所	20.00	34.08	融通	建行
22	宝盈鸿阳封闭	2001.12.10	2001.12.18	深交所	20.00	17.29	宝盈	农行
23	易方达科瑞封闭	2002.03.12	2002.03.20	上交所	30.00	45.03	易方达	交行
24	嘉实丰和价值封闭	2002.03.22	2002.04.04	深交所	30.00	30.07	嘉实	农行
25	长城久嘉封闭	2002.07.05	2002.08.27	深交所	20.00	20.90	长城	农行
26	银河银丰封闭	2002.08.15	2002.09.10	上交所	30.00	37.18	银河	建行
27	国投瑞银瑞福分级股票	2007.07.17	2007.09.21	深交所	60.00	52.67	国投瑞银	工行
28	大成优选封闭	2007.08.01	2007.09.07	深交所	46.74	43.99	大成	中行
29	建信优势动力封闭	2008.03.19	2008.09.19	深交所	46.43	43.45	建信	交行
30	富国天丰强化债券	2008.10.24	2008.12.08	深交所	19.98	20.67	富国	建行
31	长盛同庆封闭	2009.05.12	2009.05.26	深交所	146.87	162.83	长盛	建行
	总　计				945.02	1,238.80		

表3-2　2009年封闭式基金发行概况

（单位：户；亿份）

年度	基金简称	投资类型	设立日期	合同存续期	上市日期	上市地点	募集日期	认购户数	募集份额	管理人	托管人
2007	国投瑞银瑞福分级	股票型	2007.07.17	5	2007.09.21	深交所	2007.07.09至2007.07.13	128,039	60.0033	国投瑞银	工行
	大成优选封闭	股票型	2007.08.01	5	2007.09.07	深交所	2007.07.23至2007.07.25	84,269	46.7431	大成	中行
2008	建信优势动力封闭	股票型	2008.03.19	5	2008.09.19	深交所	2008.02.18至2008.03.17	114,266	46.4269	建信	交行
	富国天丰强化债券	债券型	2008.10.24	—	2008.12.08	深交所	2008.10.15至2008.10.17	5,016	19.9814	富国	建行
2009	**长盛同庆封闭**	**股票型**	**2009.05.12**	**3**	**2009.05.26**	**深交所**	**2009.05.06至2009.05.06**	**25,524**	**146.8673**	**长盛**	**建行**

表3-3　2009年封闭式基金转型概况

（单位：户；亿份）

年度	转型前情况					转型后情况					
	基金名称	设立日期	上市日期	合同到期日	基金规模	开放式基金简称	设立日期	申购户数	募集份额	管理人	托管人
2008	基金融鑫	2002.06.13	2002.09.02	2008.02.04	8.00	国投瑞银成长优选股票	2008.01.10	100,023	28.7178	国投瑞银	工行
	基金鸿飞	2001.05.18	2001.11.28	2008.04.14	5.00	宝盈资源优选股票	2008.04.15	2,764	0.5300	宝盈	建行
	基金科汇	2001.05.25	2001.06.20	2008.12.13	8.00	易方达科汇混合	2008.10.09	1,763	4.6371	易方达	交行
	基金科翔	2001.05.25	2001.06.20	2008.12.13	8.00	易方达科翔股票	2008.11.13	4,092	3.6050	易方达	工行
	基金汉鼎	2000.06.30	2000.08.17	2008.12.31	5.00	富国天鼎中证红利指数	2008.11.20	3,372	3.4176	富国	工行
2009	**基金天华**	**1999.07.12**	**2001.08.08**	**2009.07.11**	**25.00**	**银华内需精选股票(LOF)**	**2009.07.01**	**109,366**	**44.3701**	**银华**	**农行**
	基金金盛	**2000.04.26**	**2000.06.13**	**2009.11.30**	**5.00**	**国泰中小盘成长股票(LOF)**	**2009.10.19**	**47,733**	**45.1437**	**国泰**	**建行**

表3–4 2009年封闭式基金年度净值增长率

（单位：%）

基金简称	设立日期	2009年	排序	2008年	排序	2007年	排序
华安安顺封闭	1999–06–15	77.62	1	–38.22	3	113.48	16
大成优选封闭	2007–08–01	76.88	2	–54.49	29	20.78	28
华夏兴华封闭	1998–04–28	75.50	3	–36.66	2	124.76	9
国投瑞银瑞福分级封闭	2007–07–17	73.52	4	–53.36	28	22.10	27
国泰金鑫封闭	1999–10–21	73.51	5	–47.01	14	109.84	18
长盛同益封闭	1999–04–08	73.48	6	–49.67	21	124.49	10
博时裕阳封闭	1998–07–25	72.54	7	–48.19	19	134.15	4
银河银丰封闭	2002–08–15	70.66	8	–44.59	9	120.29	12
嘉实泰和封闭	1999–04–08	70.59	9	–47.21	16	140.17	2
融通通乾封闭	2001–08–29	69.14	10	–45.53	12	122.86	11
长盛同盛封闭	1999–11–05	66.44	11	–49.85	22	117.98	13
华夏兴和封闭	1999–07–14	65.52	12	–46.18	13	108.82	19
国泰金泰封闭	1998–03–27	64.77	13	–47.93	18	107.28	21
博时裕隆封闭	1999–06–15	64.72	14	–42.76	5	142.04	1
富国汉盛封闭	1999–05–10	64.49	15	–44.89	11	126.97	7
建信优势动力封闭	2008–03–19	63.64	16	–42.80	6	—	—
大成景福封闭	1999–12–30	62.40	17	–50.71	25	94.23	25
大成景宏封闭	1999–05–04	60.60	18	–49.00	20	131.18	5
博时裕泽封闭	2000–03–27	60.37	19	–49.91	23	115.65	15
南方天元封闭	1999–08–25	60.29	20	–47.62	17	127.58	6
易方达科瑞封闭	2002–03–12	58.70	21	–42.94	7	101.07	24
华安安信封闭	1998–06–22	57.95	22	–41.08	4	104.24	23
鹏华普惠封闭	1999–01–06	57.69	23	–50.83	26	116.89	14
长城久嘉封闭	2002–07–05	56.01	24	–44.74	10	125.96	8
富国汉兴封闭	1999–12–30	55.12	25	–43.73	8	110.40	17
南方开元封闭	1998–03–27	54.66	26	–51.78	27	139.29	3
鹏华普丰封闭	1999–07–14	54.63	27	–47.17	15	108.14	20
嘉实丰和价值封闭	2002–03–22	43.85	28	–34.52	1	107.16	22
宝盈鸿阳封闭	2001–12–10	43.02	29	–50.29	24	77.75	26
富国天丰强化债券封闭	2008–10–24	7.23	30	4.20	—	—	—

注：仅对完整运作一年以上的基金进行统计；当年新成立的基金不在统计范围之内。

表3-5 2009年封闭式基金年度收益分配汇总统计

（单位：次；元人民币）

基金简称	设立日期	累计分红次数	累计10份派现	本年分配利润总额
国泰金盛封闭	2000-04-26	1	4.800	240,000,000.00
南方天元封闭	1999-08-25	1	1.100	330,000,000.00
华安安信封闭	1998-06-22	1	2.600	520,000,000.00
博时裕阳封闭	1998-07-25	1	2.100	420,000,000.00
鹏华普惠封闭	1999-01-06	1	0.480	96,000,000.00
鹏华普丰封闭	1999-07-14	1	0.054	16,200,000.00
合计				112,200,000.00
大成景宏封闭	1999-05-04	1	2.100	420,000,000.00
富国汉盛封闭	1999-05-10	1	3.330	665,999,999.41
富国汉兴封闭	1999-12-30	1	1.790	537,000,000.83
富国天丰强化债券封闭	2008-10-24	11	0.755	150,859,716.42
合计				1,353,859,716.66
融通通乾封闭	2001-8-29	1	1.000	200,000,000.00
银河银丰封闭	2002-8-15	2	1.310	393,000,006.56
总计				**3,989,059,723.22**

注：国泰金盛封闭基金已转型为开放式基金，表中数据为转型前实施的分红。

表3-6 2009年封闭式基金年度利润汇总统计

（单位：万元人民币）

基金简称	年度收入	年度费用	年度利润
国泰金泰封闭	111,204.31	4,847.18	106,357.13
国泰金鑫封闭	166,250.79	6,246.26	160,004.53
国泰金盛封闭	27,921.13	978.81	26,942.32
合计	**305,376.22**	**12,072.25**	**293,303.98**
南方开元封闭	83,119.87	4,395.77	78,724.10
南方天元封闭	186,620.19	9,257.85	177,362.34
合计	**269,740.06**	**13,653.62**	**256,086.44**
华夏兴华封闭	157,265.58	8,128.57	149,137.00
华夏兴和封闭	179,828.60	7,143.30	172,685.30
合计	**337,094.18**	**15,271.88**	**321,822.30**
华安安信封闭	138,255.41	7,180.37	131,075.04
华安安顺封闭	265,695.94	11,467.17	254,228.77
合计	**403,951.35**	**18,647.54**	**385,303.81**

（续上表）

基金简称	年度收入	年度费用	年度利润
博时裕阳封闭	168,365.64	7,489.80	160,875.85
博时裕隆封闭	187,282.34	8,337.23	178,945.11
博时裕泽封闭	25,400.40	1,261.60	24,138.80
合　计	**381,048.39**	**17,088.63**	**363,959.76**
鹏华普惠封闭	144,426.01	8,194.87	136,231.14
鹏华普丰封闭	164,646.48	7,032.96	157,613.52
合　计	**309,072.49**	**15,227.83**	**293,844.66**
嘉实泰和封闭	103,016.19	5,893.50	97,122.69
嘉实丰和价值	100,605.25	8,935.59	91,669.66
合　计	**203,621.45**	**14,829.10**	**188,792.35**
长盛同益封闭	139,695.14	5,587.03	134,108.11
长盛同盛封闭	153,963.41	6,301.61	147,661.81
长盛同庆封闭	182,001.25	22,361.93	159,639.32
合　计	**475,659.80**	**34,250.57**	**441,409.23**
大成景宏封闭	142,483.05	7,478.23	135,004.82
大成景福封闭	197,247.48	10,246.89	187,000.59
大成优选封闭	197,600.76	6,259.39	191,341.36
合　计	**537,331.28**	**23,984.51**	**513,346.77**
富国汉盛封闭	163,480.12	6,757.27	156,722.85
富国汉兴封闭	183,810.96	8,829.52	174,981.44
富国天丰强化债券封闭	17,269.35	2,831.89	14,437.46
合　计	**364,560.44**	**18,418.69**	**346,141.75**
易方达科瑞封闭	178,682.42	12,115.84	166,566.59
宝盈鸿阳封闭	55,722.22	3,719.63	52,002.59
融通通乾封闭	151,183.35	7,308.59	143,874.77
银华天华封闭	46,310.61	2,505.41	43,805.20
长城久嘉封闭	79,208.87	4,174.61	75,034.25
银河银丰封闭	177,950.21	8,192.20	169,758.01
建信优势动力封闭	179,667.37	10,583.71	169,083.67
总　计	**4,456,180.70**	**232,044.60**	**4,224,136.11**

注：国泰金盛封闭及银华天华封闭已转型为开放式基金；表中数据为转型前数据。

表3-7 2009年封闭式基金年度费用汇总统计

（单位：万元人民币）

基金简称	管理费用	托管费用	交易费用	审计费用	信息披露费	上市年费	红利手续费	费用合计
国泰金泰封闭	3,376.07	562.68	861.52	10.00	22.00	6.00	—	4,838.27
国泰金鑫封闭	4,663.99	777.33	714.21	10.00	22.00	6.00	—	6,193.53
国泰金盛封闭	543.35	90.90	235.27	4.78	25.51	4.78	71.64	976.24
合 计	**8,583.41**	**1,430.91**	**1,811.00**	**24.78**	**69.51**	**16.78**	**71.64**	**12,008.04**
南方开元封闭	2,914.91	485.82	906.08	9.50	30.00	6.00	—	4,352.31
南方天元封闭	6,053.64	1,008.94	2,014.10	9.50	30.00	6.00	98.51	9,220.69
合 计	**8,968.55**	**1,494.76**	**2,920.18**	**19.00**	**60.00**	**12.00**	**98.51**	**13,573.00**
华夏兴华封闭	4,183.94	697.32	3,067.22	10.00	24.00	6.00	—	7,988.49
华夏兴和封闭	4,573.42	914.68	1,445.44	10.00	24.00	6.00	—	6,973.55
合计	**8,757.36**	**1,612.01**	**4,512.67**	**20.00**	**48.00**	**12.00**		**14,962.04**
华安安信封闭	4,413.26	735.54	1,741.87	9.40	30.00	6.00	156.00	7,092.08
华安安顺封闭	7,116.99	1,186.17	3,030.27	9.40	30.00	6.00	—	11,378.83
合 计	**11,530.25**	**1,921.71**	**4,772.14**	**18.80**	**60.00**	**12.00**	**156.00**	**18,470.91**
博时裕阳封闭	4,722.97	787.16	1,777.47	10.00	30.00	6.00	126.00	7,459.61
博时裕隆封闭	5,770.39	961.73	1,494.93	10.00	30.00	6.00	—	8,273.05
博时裕泽封闭	826.57	137.76	253.35	6.00	30.00	6.00	—	1,259.69
合计	**11,319.93**	**1,886.66**	**3,525.76**	**26.00**	**90.00**	**18.00**	**126.00**	**16,992.34**
鹏华普惠封闭	4,660.24	776.71	2,570.88	10.00	30.00	6.00	28.37	8,082.20
鹏华普丰封闭	4,763.61	952.72	1,210.11	10.00	30.00	6.00	4.84	6,977.27
合 计	**9,423.85**	**1,729.43**	**3,780.98**	**20.00**	**60.00**	**12.00**	**33.20**	**15,059.47**
嘉实泰和封闭	2,895.19	482.53	2,446.13	10.00	30.00	6.00	—	5,869.84
嘉实丰和价值封闭	3,888.14	648.02	4,279.54	10.00	30.00	6.00	—	8,861.70
合 计	**6,783.33**	**1,130.55**	**6,725.66**	**20.00**	**60.00**	**12.00**		**14,731.55**

（续上表）

基金简称	管理费用	托管费用	交易费用	红利手续费	审计费用	信息披露费	上市年费	费用合计
长盛同益封闭	3,863.75	643.96	956.55	9.50	27.00	6.00	—	5,506.76
长盛同盛封闭	4,572.65	762.11	867.73	9.50	27.00	6.00	—	6,245.00
长盛同庆封闭	14,590.25	2,431.71	5,278.95	13.00	13.50	7.00	—	22,334.41
合 计	**23,026.65**	**3,837.78**	**7,103.24**	**32.00**	**67.50**	**19.00**		**34,086.16**
大成景宏封闭	4,407.30	734.55	2,058.20	10.00	30.00	6.00	124.11	7,370.16
大成景福封闭	5,124.68	1,024.94	3,885.91	10.00	30.00	6.00	—	10,081.52
大成优选封闭	4,369.72	873.94	967.71	10.00	30.00	6.00	—	6,257.38
合 计	**13,901.70**	**2,633.43**	**6,911.82**	**30.00**	**90.00**	**18.00**	**124.11**	**23,709.06**
富国汉盛封闭	4,859.16	810.16	609.41	10.00	30.00	6.00	199.80	6,524.54
富国汉兴封闭	6,085.83	1,014.38	1,396.07	10.00	20.00	6.00	161.10	8,693.37
富国天丰强化债券封闭	1,245.19	415.06	21.67	10.00	20.00	6.00	—	1,717.92
合 计	**12,190.18**	**2,239.60**	**2,027.15**	**30.00**	**70.00**	**18.00**	**360.90**	**16,935.82**
易方达科瑞封闭	5,765.82	960.97	5,162.56	12.00	30.00	6.00	—	11,937.34
宝盈鸿阳封闭	2,325.47	387.58	957.74	10.00	30.00	6.00	—	3,716.79
融通通乾封闭	4,301.93	716.99	2,174.45	13.00	30.00	6.00	60.00	7,302.37
银华天华封闭	1,626.26	271.04	583.67	4.46	14.88	2.98	—	2,503.29
长城久嘉封闭	2,721.57	453.59	960.46	10.00	20.00	6.00	—	4,171.62
国投瑞银瑞福分级封闭	6,514.17	1,215.98	3,160.99	8.30	30.00	—	—	10,929.43
银河银丰封闭	4,974.01	829.00	1,980.91	9.00	30.00	6.00	117.90	7,946.82
建信优势动力封闭	4,549.70	909.94	5,075.73	10.00	30.00	6.00	—	10,581.37
总 计	**138,506.76**	**24,049.92**	**59,634.45**	**297.35**	**841.89**	**176.76**	**1,148.26**	**224,655.38**

注：国泰金盛封闭及银华天华封闭两只封闭式基金已转型为开放式基金；表中数据为转型前的数据。

表3-8 2009年封闭式基金年末持有人结构

（单位：户；万份；%）

基金简称	持有人户数	机构投资者		个人投资者	
		持有份额	占总份额比	持有份额	占总份额比
国泰金泰封闭	58,168	119,304.32	59.65	80,695.68	40.35
国泰金鑫封闭	93,517	158,525.44	52.84	141,474.56	47.16
合 计	151,685	277,829.76	55.57	222,170.24	44.43
南方开元封闭	68,563	85,798.63	42.90	114,201.37	57.10
南方天元封闭	58,772	155,121.22	51.71	144,878.78	48.29
合 计	127,335	240,919.84	48.18	259,080.16	51.82
华夏兴华封闭	70,668	96,668.33	48.33	103,331.67	51.67
华夏兴和封闭	70,410	188,895.20	62.97	111,104.80	37.03
合 计	141,078	285,563.52	57.11	214,436.48	42.89
华安安信封闭	64,640	120,424.23	60.21	79,575.77	39.79
华安安顺封闭	56,122	165,508.68	55.17	134,491.32	44.83
合 计	120,762	285,932.91	57.19	214,067.09	42.81
博时裕阳封闭	60,449	118,139.28	59.07	81,860.72	40.93
博时裕隆封闭	58,172	151,842.38	50.61	148,157.62	49.39
博时裕泽封闭	9,078	35,973.23	71.95	14,026.77	28.05
合 计	127,699	305,954.88	55.63	244,045.12	44.37
鹏华普惠封闭	34,871	133,763.60	66.88	66,236.40	33.12
鹏华普丰封闭	48,943	185,816.80	61.94	114,183.20	38.06
合 计	83,814	319,580.40	63.92	180,419.60	36.08
嘉实泰和封闭	74,511	74,345.57	37.17	125,654.43	62.83
嘉实丰和价值封闭	57,954	119,280.14	39.76	180,719.86	60.24
合 计	132,465	193,625.71	38.73	306,374.29	61.27
长盛同益封闭	28,314	128,738.83	64.37	71,261.17	35.63
长盛同盛封闭	71,509	146,423.68	48.81	153,576.32	51.19
长盛同庆封闭	48,647	1,058,841.91	72.10	409,831.41	27.90
合 计	148,470	1,334,004.42	67.76	634,668.90	32.24
大成景宏封闭	31,690	135,708.97	67.85	64,291.03	32.15
大成景福封闭	44,663	168,501.10	56.17	131,498.90	43.83
大成优选封闭	425,066	129,839.68	27.78	337,590.82	72.22
合 计	501,419	434,049.76	44.87	533,380.75	55.13
富国汉盛封闭	29,319	131,198.40	65.60	68,801.61	34.40
富国汉兴封闭	64,436	188,222.57	62.74	111,777.43	37.26
富国天丰强化债券封闭	7,213	159,587.98	79.87	40,226.22	20.13
合 计	100,968	479,008.94	68.45	220,805.26	31.55

（续上表）

基金简称	持有人户数	机构投资者		个人投资者	
		持有份额	占总份额比	持有份额	占总份额比
易方达科瑞封闭	34,022	195,216.49	65.07	104,783.51	34.93
宝盈鸿阳封闭	59,877	54,857.40	27.43	145,142.60	72.57
融通通乾封闭	45,964	120,118.78	60.06	79,881.22	39.94
长城久嘉封闭	39,832	92,384.42	46.19	107,615.58	53.81
国投瑞银瑞福分级封闭	170,343	131,446.63	21.91	468,586.67	78.09
银河银丰封闭	82,211	148,241.73	49.41	151,758.27	50.59
建信优势动力封闭	107,620	121,165.94	26.10	343,099.56	73.90
总　计	**2,906,423**	**7,447,321.20**	**53.12**	**5,988,813.66**	**46.88**

表3–9　2009年封闭式基金股票投资周转率

（单位：%）

年 度	最 高	最 低	中 值	平 均
2007	402	36	177	179
2008	1,457	28	288	391
2009	**651**	**74**	**208**	**237**

第四章　证券投资基金的市场地位

表4—1　2009年基金业、保险业与银行储蓄存款规模及增长率

（单位：亿元人民币；%）

年 度	银行储蓄		保 险		证券投资基金	
	存款规模	增长率	资产规模	增长率	资产规模	增长率
2002	94,307	——	6,494	——	1,186	——
2003	104,000	10.28	8,619	32.72	1,716	44.69
2004	119,555	14.96	11,854	37.53	3,246	89.16
2005	141,051	17.98	15,226	28.45	4,691	44.52
2006	166,616	18.12	19,731	29.59	8,565	82.58
2007	172,532	3.55	29,004	47.00	32,756	282.44
2008	222,006	28.68	33,418	15.22	19,389	−40.81
2009	**260,772**	**17.46**	**40,635**	**21.60**	**26,761**	**38.02**

表4—2　2009年基金资产规模占国民生产总值的比重

（单位：亿元人民币；%）

年 度	基金资产规模	GDP	占GDP比重
2002	1,186	120,333	0.99
2003	1,716	135,823	1.26
2004	3,246	159,878	2.03
2005	4,691	183,217	2.56
2006	8,566	211,924	4.04
2007	32,756	257,306	12.73
2008	19,389	300,670	6.45
2009	**26,760**	**335,353**	**7.98**

表4—3　2009年基金资产规模占城乡居民储蓄存款的比重

（单位：亿元人民币；%）

年 度	基金资产规模	城乡居民储蓄存款余额	占储蓄存款余额比重
2002	1,186	94,307	1.26
2003	1,716	104,000	1.66
2004	3,246	119,555	2.72
2005	4,691	141,051	3.33
2006	8,565	161,587	5.14
2007	32,756	172,534	18.99
2008	19,389	222,006	8.73
2009	**26,760**	**260,772**	**10.26**

表4-4 2009年基金资产规模占A股流通市值的比重

（单位：亿元人民币；%）

年 度	基金资产规模	A股流通市值	占A股流通市值比重
2002	1,185.58	12,042.26	9.85
2003	1,715.61	12,774.25	13.43
2004	3,246.40	11,000.24	29.51
2005	4,691.16	10,630.52	44.13
2006	8,564.60	25,003.64	34.25
2007	32,755.90	93,064.00	35.20
2008	19,388.67	44,409.11	43.66
2009	**26,760.80**	**141,653.42**	**18.89**

表4-5 2009年基金股票投资市值占A股流通市值的比重

（单位：亿元人民币；%）

年 度	基金股票投资市值	A股流通市值	占A股流通市值比重
2002	570.19	12,042.26	4.73
2003	1,027.39	12,774.25	8.04
2004	1,602.80	11,000.24	14.57
2005	1,744.59	10,630.52	16.41
2006	4,813.82	25,003.64	19.25
2007	23,971.57	93,064.00	25.76
2008	8,887.71	44,409.11	20.01
2009	**18,803.31**	**141,653.42**	**13.27**

表4-6 2009年基金股票交易量占股票交易量的比重

（单位：亿元人民币；%）

年 度	基金股票交易量	股票交易量	占股票交易量比重
2002	1,770.48	25,989.24	6.81
2003	3,379.41	29,886.36	11.31
2004	5,339.29	40,045.14	13.33
2005	5,722.48	30,071.10	19.03
2006	14,680.72	88,108.02	16.66
2007	72,883.94	448,981.60	15.83
2008	50,218.88	260,064.00	19.31
2009	**38,530.35**	**483,787.70**	**8.00**

第四部分 政策与法规

Part IV Policy and Regulation

法规、规章文件	颁发日期
[中国证监会]	
基金管理公司投资管理人员管理指导意见	2009年03月17日
关于基金管理公司开展特定多个客户资产管理业务有关问题的规定	2009年05月05日
基金管理公司特定多个客户资产管理合同内容与格式准则	2009年08月04日
证券投资基金评价业务管理暂行办法	2009年11月06日
开放式证券投资基金销售费用管理规定	2009年12月14日
证券投资基金参与股指期货交易指引	2010年04月21日
关于保本基金的指导意见	2010年10月26日
[中国证券业协会]	
证券投资基金评价业务自律管理规则(试行)	2010年01月11日
证券投资基金销售人员从业资质管理规则	2010年01月11日

中国证券监督管理委员会公告

[2009]3号

为进一步提高基金管理公司投资管理人员的合规意识，规范投资管理人员执业行为，防范利益冲突和道德风险，完善公司内部控制，我会对《基金管理公司投资管理人员管理指导意见》（证监基金字[2006]226号）进行了修订，现将修订后的《基金管理公司投资管理人员管理指导意见》予以公告，自2009年4月1日起施行。

中国证券监督管理委员会

二〇〇九年三月十七日

基金管理公司投资管理人员管理指导意见

第一章　总　则

第一条　为了指导基金管理公司（以下简称公司）投资管理人员的执业行为，完善公司内部控制，保障基金份额持有人的合法权益，根据证券投资基金法律法规，制定本指导意见。

第二条　本指导意见所称投资管理人员，是指下列在公司负责基金投资、研究、交易的人员以及实际履行相应职责的人员：

（一）公司投资决策委员会成员；

（二）公司分管投资、研究、交易业务的高级管理人员；

（三）公司投资、研究、交易部门的负责人；

（四）基金经理、基金经理助理；

（五）中国证监会规定的其他人员。

第三条　投资管理人员应当诚实守信、独立客观、专业审慎、勤勉尽责。

第四条　公司应当按照本指导意见，结合公司实际情况，建立投资管理人员相关管理制度，健全公司有关投资风险控制制度，加强对投资管理人员执业行为的管理。

第五条　中国证监会及相关派出机构依法对投资管理人员进行监督管理，中国证券业协会依法对投资管理人员进行自律管理。

第二章　基本行为规范

第六条　投资管理人员应当维护基金份额持有人的利益。在基金份额持有人的利益与公司、股东及与股东有关联关系的机构和个人等的利益发生冲突时，投资管理人员应当坚持基金份额持有人利益优先的原则。

投资管理人员不得利用基金财产或利用管理基金份额之便向任何机构和个人进行利益输送，不得从事或者配合他人从事损害基金份额持有人利益的活动。

第七条　投资管理人员应当严格遵守法律、行政法规、中国证监会规定及基金合同的规定，执行行业自律规范和公司各项规章制度，不得为了基金业绩排名等实施拉抬尾市、打压股价等损害证券市场秩序的行为，或者进行其他违反规定的操作。

第八条　投资管理人员应当恪守职业道德，信守对基金份额持有人、监管机构和公司作出的承诺，不得从事与履行职责有利益冲突的活动。

第九条　投资管理人员应当独立、客观地履行职责，在作出投资建议或者进行投资活动时，不受他人干预，在授权范围内就投资、研究等事项作出客观、公正的独立判断。

第十条 投资管理人员应当公平对待不同基金份额持有人，公平对待基金份额持有人和其他资产委托人，不得在不同基金财产之间、基金财产和其他受托资产之间进行利益输送。

第十一条 投资管理人员应当树立长期、稳健、对基金份额持有人负责的理念，审慎签署并认真履行聘用合同，提前解除聘用合同应当有正当的理由。

第十二条 投资管理人员应当牢固树立合规意识和风险控制意识，强化投资风险管理，提高风险管理水平，审慎开展投资活动。

第十三条 投资管理人员应当加强学习，接受职业培训，熟悉与证券投资基金有关的政策法规及相关业务知识，不断提高专业技能。

第三章 监督管理

第十四条 公司应当建立科学合理的投资管理人员聘用制度，对投资管理人员的聘任条件、聘任程序、聘任期限等作出明确规定。

公司在聘任投资管理人员时，应当充分了解拟任人选的工作背景、遵规守法情况、诚信情况、从业资格、业务素质、工作能力及工作变动情况等，对其能否胜任拟任职岗位进行认真评估，审慎作出聘用决定。

基金经理在任职前应当通过中国证监会或其授权机构组织的证券投资法律知识考试，并通过所任职公司向中国证券业协会申请注册。基金经理发生变动的应当在规定时间内向中国证券业协会申请注册变更。公司不得聘用未通过证券投资法律知识考试、未在中国证券业协会注册的人员担任基金经理。投资总监、特定客户资产管理投资经理、企业年金投资经理、社保基金投资经理等投资管理人员参照本款管理。

第十五条 公司聘用投资管理人员应当签订聘用合同。公司应当按照相关法律法规和规章的要求，结合基金行业的特点认真研究、制订聘用合同的各项内容，对双方的权利、义务、投资管理人员的聘任期限、投资管理目标与考核、保密事项、竞业禁止事项、违约条款等方面进行详细约定。

第十六条 公司应当完善研究、决策、执行、反馈等投资业务流程，合理设置与投资业务相关的部门、岗位，并明确相关部门和岗位的职责。

第十七条 公司应当完善并严格实行投资分析和投资决策机制，加强研究对投资决策的支持，防止投资决策的随意性。

第十八条 公司应当建立完善投资授权制度，明确界定投资权限，防止投资管理人员越权从事投资活动。

投资管理人员应当严格遵守公司的投资授权制度，在授权范围内履行职责；超出授权范围的，应当按照公司制度履行批准程序。

第十九条 公司应当建立健全投资风险控制机制，设立专门机构，配备专门人员对市场风险、信用风险、流动性风险等进行监测、评估、报告，并制定相应的风险处置预案。

第二十条 公司应当建立公平交易制度，制订公平交易规则，明确公平交易的原则及实施措施，对反向交易、交叉交易及其他可能导致不公平交易和利益输送的异常交易行为加强跟踪监测、及时分析并按规定履行报告义务。

公司在投资管理人员安排方面应当公平对待基金和其他委托资产，不得对特定客户资产管理等其他业务进行倾斜，不得因开展其他资产管理业务影响基金经理的稳定，不得应其他机构客户的要求调整基金经理而损害基金份额持有人的利益。

第二十一条 公司应当建立信息管理及保密制度，加强风险隔离。

投资管理人员应当严格遵守公司信息管理的有关规定以及聘用合同中的保密条款，不得利用未公开信息为自己或者他人谋取利益，不得违反有关规定向公司股东、与公司有业务联系的机构、公司其他部门和员工传递与投资活动有关的未公开信息。

第二十二条 公司应当建立完善投资、研究及交易的记录和档案管理制度，基金投资标的物备选库的建立及变更、主要投资决策等事项应当有充分的依据和完整的记录，并按照规定期限予以保存。

第二十三条 公司应当建立有关投资管理人员个人利益冲突的管理制度，加强对投资管理人员直接或者间接股权投资及其直系亲属投资等可能导致个人利益冲突行为的管理，按照基金份额持有人利益优先的原则，建立相关申报、登记、审查、管理、处置制度，防止因投资管理人员的股权投资行为影响基金的正常投资、损害基金份额持有人的利益。

投资管理人员不得直接或间接为其他任何机构和个人进行证券投资活动，不得直接或间接接受证券公司、投资公司、上市公司等其他任何机构和个人提供的礼金、旅游服务等各种形式的利益。投资管理人员履行职责时，对可能产生个人利益冲突的情况应当及时向公司报告。

除法律、行政法规另有规定外，公司员工不得买卖股票，直系亲属买卖股票的，应当及时向公司报备其账户和买卖情况。公司所管理基金的交易与员工直系亲属买卖股票的交易应当避免利益冲突。

第二十四条 公司应当加强对投资管理人员参加与履行职责有关的社会活动及会议的管理，对投资管理人员参加各种形式的年会、论坛等活动做出统一安排。

未经公司允许，投资管理人员不得以公司或个人名义参加与履行职责有关的社会活动或会议，严禁投资管理人员利用参加会议之便牟取不当利益，损害基金份额持有人的合法权益。

第二十五条 公司应当加强投资管理人员对外公开发表与基金投资有关言论的管理。

投资管理人员应当遵守公司对外宣传的有关规定，不得误导、欺诈基金份额持有人，不得对基金业绩进行不实的陈述。

第二十六条 公司应当建立健全通信管理制度，加强对各类通信工具的管理，公司固定电话应进行录音，交易时间投资管理人员的移动电话、掌上电脑等移动通讯工具应集中保管，MSN、QQ等各类即时通信工具和电子邮件应实施全程监控并留痕，录音、即时通信、电子邮件等资料应当保存五年以上。

第二十七条 公司应当加强对投资管理人员代表基金份额持有人对外行使权利的管理，制定相关制度，明确相应程序。

投资管理人员受公司委托，以基金份额持有人的名义行使权利时应当遵守有关法律、行政法规、中国证监会的规定及公司的有关规定，不得利用履行职责之便获取不正当利益。

第二十八条 公司应当加强对投资管理人员出国(境)的管理，对投资管理人员出国(境)时应当履行的报告义务、职责行使等作出规定。

第二十九条 公司应当建立对投资管理人员的考核体系，客观、科学地评价投资管理绩效。

公司对基金经理的评价和考核应当体现基金财产运用注重长期、价值投资、控制风险的特点。

第三十条 公司应当加强对投资管理人员的合规教育，定期进行合规培训，提高其合规意识。每个投资管理人员每年接受合规培训的时间不得少于20小时。

第三十一条 公司应当加强对其他人员代为履行投资管理人员职责的程序、职责范围等的管理。公司的紧急应变制度中应当包含投资管理人员不能正常履行职责时的处理方案，以保障基金财产不受损失。

公司应当严格执行其他人员代为履行基金经理职责的规定，不得违反规定以任何理由安排不符合基金经理任职条件的人员实际履行基金经理职责。拟由其他人员代为履行基金经理职责时间超过30日的，公司应当自决定之日起3个工作日内报告中国证监会相关派出机构，并进行相关信息披露。基金经理发现公司违反规定安排其他人员以其名义履行职责时，应当在知悉之日起3个工作日内报告中国证监会相关派出机构。

第三十二条 公司应当加强对投资管理人员离职的管理，对投资管理人员解聘、辞职的程序、工作交接、离任审查等作出明确规定。

公司应当依照有关规定及时对拟离职投资管理人员进行离任审查，自其离职之日起30个工作日内为其出具工作经历证明及真实客观的离任审查报告或鉴定意见，并采取切实有效的措施，确保投资业务正常进行。

投资管理人员提出辞职时，应当按照聘用合同约定的期限提前向公司提出申请，并积极配合有关部门完成工作移交。已提出辞职但尚未完成工作移交的，投资管理人员应认真履行各项义务，不得擅自离职；已完成工作移交的投资管理人员应当按照聘用合同的规定，认真履行保密、竞业禁止等义务。

第三十三条 公司应当严格遵守有关信息披露的规定，及时披露基金经理的变更情况，自公司作出决定之日起两日内对外公告，并将任免材料报中国证监会相关派出机构。

公司对外公告基金经理变更情况时，至少应当包括以下内容：基金经理变更原因，新任基金经理的基本情况、工作经历、是否曾被监管机构予以行政处罚或采取行政监管措施，如管理过公募基金还应详细列明其管理基金的名称及管理时间。

公司在基金招募说明书及招募说明书更新材料中，应详细披露该基金现任基金经理曾经管理的基金名称及管理时间，该基金历任基金经理的姓名及管理本基金的时间。

基金经理应当督促公司及时披露本人任免情况。

第三十四条 公司聘用短期内频繁变更工作岗位的投资管理人员，应当对其以往诚信记录、从业操守、执业道德进行尽职调查，并在签订聘用合同前书面报告中国证监会及相关派出机构，说明尽职调查情况与拟聘用的理由。

公司不得聘用从其他公司离任未满3个月的基金经理从事投资、研究、交易等相关业务。

第三十五条 基金经理管理基金未满1年的，公司不得变更基金经理。如有特殊情况需要变更的，应当向中国证监会及相关派出机构书面说明理由。

基金经理管理基金未满1年主动提出辞职的，应当严格遵守法律法规和聘用合同竞业禁止有关规定，并向中国证监会及相关派出机构书面说明理由；其他公司在聘用其担任投资管理人员时应当遵守竞业禁止有关规定，对其以往诚信记录、从业操守、执业道德进行尽职调查，取得其前任职公司的书面鉴定，并在签订聘用合同前书面报告中国证监会及相关派出机构，说明尽职调查情况与拟聘用的理由。

基金经理频繁发生变动的，公司应当向中国证监会及相关派出机构书面说明情况。

第三十六条 投资管理人员有下列情形之一的，督察长应当在知悉该信息之日起3个工作日内，向中国证监会相关派出机构报告：

（一）因涉嫌违法违纪被有关机关调查或者处理；

（二）拟离开工作岗位1个月以上；

（三）在其他非经营性机构兼职；

（四）其他可能影响投资管理人员正常履行职责的情形。

基金经理有上述情形的，公司应当暂停或免去其基金经理职务。

第三十七条 中国证监会及相关派出机构建立投资管理人员监管档案，对投资管理人员的诚信状况、执业行为、任职和离职情况进行跟踪记录，对基金经理进行任职谈话和离职谈话，对变更频繁的投资管理人员及频繁调整基金经理的公司进行重点关注。对疏于投资管理人员管理、专业人员明显不足、基金经理调整频繁的公司，中国证监会将对公司新业务的拓展和新产品的发行申请予以审慎对待。发现公司聘用不符合条件的基金经理，应当责令公司进行调整。投资管理人员违反诚信原则和职业道德、频繁变换公司、未能勤勉尽责的，中国证监会可视情节采取记入诚信档案、监管谈话、出具警示函、暂停履行职务、认定为不适宜担任相关职务者等行政监管措施。

中国证券业协会对投资管理人员进行自律管理，投资管理人员违反有关规定的，中国证券业协会视情节采取相应措施。

第四章　附　则

第三十八条 除本指导意见第二条所规定的投资管理人员以外的公司其他从事研究、投资、交易的人员，应当遵守本指导意见中有关基本行为规范的规定。

第三十九条 本指导意见是衡量公司内部控制水平的标准之一。公司和投资管理人员的行为与本指导意见规定不符的，应当向中国证监会及相关派出机构做出详细解释说明。无正当理由的，中国证监会可以对该公司进行检查，全面了解公司内部控制制度的执行情况。

第四十条 本指导意见自2009年4月1日起施行。

中国证券监督管理委员会公告

[2009]10号

现公布《关于基金管理公司开展特定多个客户资产管理业务有关问题的规定》，自2009年6月1日起施行。

中国证券监督管理委员会
二〇〇九年五月五日

关于基金管理公司开展特定多个客户资产管理业务有关问题的规定

第一条 为了规范基金管理公司特定多个客户资产管理业务（以下简称多客户特定资产管理业务），保护当事人的合法权益，根据《证券投资基金法》和《基金管理公司特定客户资产管理业务试点办法》（证监会令第51号），制定本规定。

第二条 基金管理公司从事多客户特定资产管理业务，适用《基金管理公司特定客户资产管理业务试点办法》和本规定。

第三条 基金管理公司从事多客户特定资产管理业务，是指取得特定资产管理业务资格的基金管理公司向两个以上特定客户募集资金，或接受两个以上特定客户的财产委托担任资产管理人，由商业银行担任资产托管人，为资产委托人的利益，将其委托财产集合于特定账户，进行证券投资的活动。

第四条 基金管理公司应当遵循自愿、公平、诚信、规范的原则，公平地对待所管理的不同资产，禁止各种形式的利益输送。

第五条 基金管理公司应当建立内部控制、合规管理和异常交易日常监控制度，规范投资管理人员及其他相关工作人员的业务行为，防范和化解多客户资产管理业务开展过程中可能出现的各类风险，保护好有关各方的合法权益。

第六条 基金管理公司从事多客户特定资产管理业务，应当向符合条件的特定客户销售资产管理计划。

前款所称符合条件的特定客户，是指委托投资单个资产管理计划初始金额不低于100万元人民币，且能够识别、判断和承担相应投资风险的自然人、法人、依法成立的组织或中国证监会认可的其他特定客户。

第七条 基金管理公司为多个客户办理特定资产管理业务的，单个资产管理计划的委托人人数不得超过200人，客户委托的初始资产合计不得低于5000万元人民币，中国证监会另有规定的除外。

第八条 从事多客户特定资产管理业务，各资产委托人、资产管理人、资产托管人应当共同订立书面的资产管理合同，明确约定各自的权利、义务和相关事宜。

资产管理合同应当对资产委托人参与和退出资产管理计划的时间、方式、价格、程序等事项做出明确约定。

资产管理计划应当设定为均等份额。除资产管理合同另有约定外，每份计划份额具有同等的合法权益。

资产委托人、资产管理人及资产托管人应当遵守资产管理合同，资产管理合同的内容与格式由中国证监会另行规定。

第九条 基金管理公司向特定客户销售资产管理计划，应当编制投资说明书。投资说明书应当真实、准确、完整，不得有任何虚假记载、误导性陈述或者重大遗漏。

投资说明书应当包括以下内容：

（一）资产管理计划概况；

（二）资产管理合同的主要内容；

（三）资产管理人与资产托管人概况。

（四）投资风险揭示；

（五）初始销售期间；

（六）中国证监会规定的其他事项。

第十条 资产管理人在签订资产管理合同前，应当保证有充足时间供资产委托人审阅合同内容，并对资产委托人资金能力、金融投资经验和投资目的进行充分了解，制作客户资料表和相关证明材料留存备查，并应指派专人就资产管理计划向资产委托人作出详细说明。

第十一条 基金管理公司可以自行销售资产管理计划，或者委托有基金销售资格的机构代理销售资产管理计划。

第十二条 基金管理公司、代理销售机构不得通过报刊、电视、广播、互联网（基金管理公司、代理销售机构网站除外）及其他公共媒体销售资产管理计划，不得通过违规承诺收益或承担损失等方式，或者采用虚假宣传、预测收益和商业贿赂等不正当手段销售资产管理计划。

第十三条 基金管理公司应当在投资说明书约定的期限内销售资产管理计划。初始销售期限届满，满足本规定第七条规定的条件的，基金管理公司应当自初始销售期限届满之日起10日内聘请法定验资机构验资，自收到验资报告之日起10日内，向中国证监会提交验资报告及客户资料表，办理相关备案手续。

第十四条 资产管理人、代理销售机构应当在有证券投资基金托管业务资格的商业银行开立与资产管理计划销售有关的账户，并由该银行对账户内的资金进行监督。

资产管理人应当将资产管理计划初始销售期间客户的资金存入专门账户，在资产管理计划初始销售行为结束前，任何人不得动用。

第十五条 资产管理计划初始销售期限届满，不能满足本规定第七条规定的条件的，基金管理公司应当承担下列责任：

（一）以其固有财产承担因初始销售行为而产生的债务和费用；

（二）在初始销售期限届满后30日内返还客户已缴纳的款项，并加计银行同期活期存款利息。

第十六条 资产管理人应当采取资产组合方式运用特定多个客户的委托财产进行证券投资，资产管理计划的投资组合应当满足法律、法规和中国证监会的有关规定。单个资产管理计划持有一家上市公司的股票，其市值不得超过该计划资产净值的10%；同一资产管理人管理的全部特定客户委托财产（包括单一客户和多客户特定资产管理业务）投资于一家公司发行的证券，不得超过该证券的10%。

完全按照有关指数的构成比例进行证券投资的资产管理计划可以不受前款规定的比例限制。

第十七条 因证券市场波动、上市公司合并、资产管理计划规模变动等资产管理人之外的因素致使资产管理计划投资不符合本规定第十六条规定的比例或者资产管理合同约定的投资比例的，资产管理人应当在10个交易日内调整完毕。

第十八条 资产管理合同存续期间，资产管理人可以根据合同的约定，办理特定客户参与和退出资产管理计划的手续，由此发生的合理费用可以由资产委托人承担。

资产管理计划每年至多开放一次计划份额的参与和退出，但中国证监会另有规定的除外。

第十九条 资产管理计划份额的登记，由资产管理人负责办理；资产管理人可以委托其他机构代为办理。

第二十条 资产管理人应当在资产管理合同中约定向资产委托人报告相关信息的时间和方式，保证资产委托人能够充分了解资产管理计划的运作情况。

资产管理人每月至少应向资产委托人报告一次经资产托管人复核的计划份额净值。

第二十一条 基金管理公司应当在销售某一资产管理计划前将资产管理合同草案、投资说明书草案、销售计划及中国证监会要求的其他材料报中国证监会备案。中国证监会自收到完整的备案材料之日起10个工作日内予以备案登记。备案登记完毕，基金管理公司可以开始销售该资产管理计划。

资产管理合同草案、投资说明书草案、销售计划等材料的内容不符合法律法规有关规定的，基金管理公司应当根据中国证监会的要求作出修改，并重新办理备案登记手续。

第二十二条 基金管理公司、代理销售机构在销售资产管理计划的过程中，存在虚假宣传、预测收益或其他违规行为的，中国证监会可以依法对其采取相应的监管措施。

第二十三条 本规定自2009年6月1日起施行。

中国证券监督管理委员会公告

[2009]20号

现公布《基金管理公司特定多个客户资产管理合同内容与格式准则》，自2009年8月18日起施行。

中国证券监督管理委员会
二〇〇九年八月四日

基金管理公司特定多个客户资产管理合同内容与格式准则

第一章　总　则

第一条　根据《中华人民共和国证券投资基金法》（以下简称《基金法》）、《基金管理公司特定客户资产管理业务试点办法》（以下简称《试点办法》）、《关于基金管理公司开展特定多个客户资产管理业务有关问题的规定》（以下简称《规定》）及其他有关规定，制定本准则。

第二条　基金管理公司为多个客户办理特定资产管理业务，资产委托人、资产管理人和资产托管人应当按照本准则的要求订立资产管理合同（以下或称本合同）。

第三条　资产管理合同当事人应当遵循平等自愿、诚实信用、充分保护资产管理合同各方当事人合法权益的原则订立资产管理合同。

第四条　资产管理合同不得含有虚假的内容或误导性陈述。

第五条　在不违反相关法律法规、《试点办法》、《规定》、本准则以及其他有关规定的前提下，资产管理合同当事人可以根据实际情况约定本准则规定内容之外的事项。本准则某些具体要求对当事人确不适用的，当事人可对相应内容做出合理调整和变动，但应在资产管理合同上报中国证监会备案时出具书面说明。

第六条　凡对当事人权利、义务有重大影响的事项，无论本准则是否作出规定，当事人均应在资产管理合同中订明。

第二章　资产管理合同封面和目录

第七条　资产管理合同封面应当标有“XX资产管理计划资产管理合同”的字样。封面下端应当标明资产管理人及资产托管人名称的全称。

第八条　资产管理合同目录应当自首页开始排印。目录应当列明各个具体标题及相应的页码。

第三章　资产管理合同正文

第一节　前　言

第九条　载明订立资产管理合同的目的、依据和原则。

第十条　说明资产委托人自签订资产管理合同即成为资产管理合同的当事人。在本合同存续期间，资产委托人自全部退出资产管理计划之日起，该资产委托人不再是资产管理计划的投资人和资产管理合同的当事人。本合同（草案）已经中国证监会备案，但中国证监会接受本合同（草案）的备案并不表明其对资产管理计划的价值和收益作出实质性判断或保证，也不表明投资于资产管理计划没有风险。

第二节　释　义

第十一条　对资产管理合同中具有特定含义

的词汇作出明确的解释和说明。

第三节　声明与承诺

第十二条 列明资产委托人、资产管理人及资产托管人的声明与承诺，内容包括但不限于：

资产委托人保证委托财产的来源及用途合法，并已充分理解本合同全文，了解相关权利、义务，了解有关法律法规及所投资资产管理计划的风险收益特征，愿意承担相应的投资风险，本委托事项符合其决策程序的要求；承诺其向资产管理人提供的有关投资目的、投资偏好、投资限制和风险承受能力等基本情况真实、完整、准确、合法，不存在任何重大遗漏或误导，前述信息资料如发生任何实质性变更，应当及时书面告知资产管理人。

资产管理人保证已在签订本合同前充分地向资产委托人说明了有关法律法规和相关投资工具的运作市场及方式，同时揭示了相关风险；已经了解资产委托人的风险偏好、风险认知能力和承受能力，对资产委托人的财务状况进行了充分评估。资产管理人承诺依照恪尽职守、诚实信用、谨慎勤勉的原则管理和运用资产管理计划财产，除保本资产管理计划外，不保证资产管理计划一定盈利，也不保证最低收益。

资产托管人承诺依照恪尽职守、诚实信用、谨慎勤勉的原则安全保管资产管理计划财产，并履行本合同约定的其他义务。

第四节　资产管理计划的基本情况

第十三条 列明资产管理计划的基本情况：

（一）资产管理计划的名称；

（二）资产管理计划的类别；

（三）资产管理计划的运作方式；

（四）资产管理计划的投资目标；

（五）资产管理计划的存续期限；

（六）资产管理计划的最低资产要求；

（七）资产管理计划份额的初始销售面值；

（八）其他需要列明的内容。

第五节　资产管理计划份额的初始销售

第十四条 订明资产管理计划份额初始销售的有关事项，包括但不限于：

（一）资产管理计划份额的初始销售期间、销售方式、销售对象，其中初始销售期间自资产管理计划份额发售之日起不得超过1个月；

（二）资产管理计划份额的认购和持有限额，其中投资者在初始销售期间的认购金额不得低于100万元人民币（不含认购费用）；

（三）资产管理计划份额的认购费用；

（四）其他。

第十五条 订明资产管理人应当将资产管理计划初始销售期间客户的资金存入专门账户，在资产管理计划初始销售行为结束前，任何人不得动用。

第六节　资产管理计划的备案

第十六条 根据《试点办法》和《规定》说明资产管理计划备案的条件和资产管理计划初始销售期限届满，不能满足《规定》第七条规定的条件时的处理方式。

初始销售期限届满，符合资产管理计划备案条件的，资产管理人应当自初始销售期限届满之日起10日内聘请法定验资机构验资，自收到验资报告之日起10日内，向中国证监会提交验资报告及客户资料表，办理相关备案手续。客户资料表应包括委托人名称、委托人身份证明文件号码、通讯地址、联系电话、参与资产管理计划的金额和其他信息。

自中国证监会书面确认之日起，资产管理计划备案手续办理完毕，资产管理合同生效。资产委托人的认购参与款项（不含认购费用）加计其在初始销售期形成的利息在资产管理合同生效后折算成相应的资产管理计划份额归资产委托人所有，其中利息转份额的具体数额以注册登记机构的记录为准。

第七节　资产管理计划的参与和退出

第十七条 订明在资产管理计划运作期间，资产委托人参与和退出资产管理计划的有关事项，包括但不限于：

（一）参与和退出场所；

（二）参与和退出的开放日和时间，除中国证监会另有规定外，资产管理计划每年至多开放一次计划份额的参与和退出。开放期原则上不得超过5个工作日；

（三）参与和退出的方式、价格及程序等；

（四）参与和退出的金额限制；

（五）参与和退出的费用；

（六）其他事项。

投资者在资产管理计划存续期开放日购买资产管理计划份额的，购买金额应不低于100万元人民币（不含参与费用），已持有资产管理计划份额的投资者在资产管理计划存续期开放日追加购买资产管理计划份额的除外。

当投资者持有的计划资产净值高于100万元人民币时，投资者可以选择全部或部分退出资产管理计划；选择部分退出资产管理计划的，投资者在退出后持有的计划资产净值不得低于100万元人民币。当资产管理人发现投资者申请部分退出资产管理计划将致使其在部分退出申请确认后持有的计划资产净值低于100万元人民币的，资产管理人有权适当减少该投资者的退出金额，以保证部分退出申请确认后投资者持有的计划资产净值不低于100万元人民币。

当投资者持有的计划资产净值低于100万元人民币（含100万元人民币）时，需要退出计划的，投资者必须选择一次性全部退出资产管理计划。

第八节 当事人及权利义务

第十八条 列明资产委托人、资产管理人和资产托管人的基本情况，包括但不限于名称、住所、联系人、通讯地址、联系电话等信息。

第十九条 根据《试点办法》、《规定》及其他有关规定列明资产委托人的权利，包括但不限于：

（一）分享资产管理计划财产收益；

（二）参与分配清算后的剩余资产管理计划财产；

（三）按照本合同的约定参与和退出资产管理计划；

（四）监督资产管理人及资产托管人履行投资管理和托管义务的情况；

（五）按照本合同约定的时间和方式获得资产管理计划的运作信息资料；

（六）国家有关法律法规、监管机构及本合同规定的其他权利。

第二十条 说明资产管理计划应当设定为均等份额。除资产管理合同另有约定外，每份计划份额具有同等的合法权益。

第二十一条 根据《试点办法》、《规定》及其他有关规定列明资产委托人的义务，包括但不限于：

（一）遵守本合同；

（二）交纳购买资产管理计划份额的款项及规定的费用；

（三）在持有的资产管理计划份额范围内，承担资产管理计划亏损或者终止的有限责任；

（四）及时、全面、准确地向资产管理人告知其投资目的、投资偏好、投资限制和风险承受能力等基本情况；

（五）向资产管理人或其代理销售机构提供法律法规规定的信息资料及身份证明文件，配合资产管理人履行反洗钱义务；

（六）不得违反本合同的规定干涉资产管理人的投资行为；

（七）不得从事任何有损资产管理计划及其投资人、资产管理人管理的其他资产及资产托管人托管的其他资产合法权益的活动；

（八）按照本合同的约定承担资产管理费、托管费、业绩报酬以及因资产管理计划财产运作产生的其他费用；

（九）国家有关法律法规、监管机构及本合同规定的其他义务。

第二十二条 根据《试点办法》、《规定》及其他有关规定列明资产管理人的权利，包括但不限于：

（一）按照本合同的约定，独立管理和运用资产管理计划财产；

（二）依照本合同的约定，及时、足额获得资产管理人报酬；

（三）依照有关规定行使因资产管理计划财产投资于证券所产生的权利；

（四）根据本合同及其他有关规定，监督资产托管人，对于资产托管人违反本合同或有关法律法规规定的行为，对资产管理计划财产及其他当事人的利益造成重大损失的，应及时采取措施制止，并报告中国证监会；

（五）自行销售或者委托有基金销售资格的机构代理销售资产管理计划，制定和调整有关资产管理计划销售的业务规则，并对代理销售机构的销售行为进行必要的监督；

（六）自行担任或者委托经中国证监会认定可办

理开放式证券投资基金份额登记业务的其他机构担任资产管理计划份额的注册登记机构，并对注册登记机构的代理行为进行必要的监督和检查；

（七）国家有关法律法规、监管机构及本合同规定的其他权利。

第二十三条 根据《试点办法》、《规定》及其他有关规定列明资产管理人的义务，包括但不限于：

（一）办理资产管理计划的备案手续；

（二）自本合同生效之日起，以诚实信用、勤勉尽责的原则管理和运用资产管理计划财产；

（三）配备足够的具有专业能力的人员进行投资分析、决策，以专业化的经营方式管理和运作资产管理计划财产；

（四）建立健全内部风险控制、监察与稽核、财务管理及人事管理等制度，保证所管理的资产管理计划财产与其管理的基金财产、其他委托财产和资产管理人的固有财产相互独立，对所管理的不同财产分别管理，分别记账，进行投资；

（五）除依据法律法规、本合同及其他有关规定外，不得为资产管理人及任何第三人谋取利益，不得委托第三人运作资产管理计划财产；

（六）办理或者委托经中国证监会认定可办理开放式证券投资基金份额登记业务的其他机构代为办理资产管理计划份额的登记事宜；

（七）依据本合同接受资产委托人和资产托管人的监督；

（八）以资产管理人的名义，代表资产委托人利益行使诉讼权利或者实施其他法律行为；

（九）按照《试点办法》和本合同的规定，编制并向资产委托人报送资产管理计划财产的投资报告，对报告期内资产管理计划财产的投资运作等情况做出说明；

（十）按照《试点办法》和本合同的规定，编制特定资产管理业务季度及年度报告，并向中国证监会备案；

（十一）计算并根据本合同的规定向资产委托人报告资产管理计划份额净值；

（十二）进行资产管理计划会计核算；

（十三）保守商业秘密，不得泄露资产管理计划的投资计划、投资意向等，监管机构另有规定的除外；

（十四）保存资产管理计划资产管理业务活动的全部会计资料，并妥善保存有关的合同、协议、交易记录及其他相关资料；

（十五）公平对待所管理的不同财产，不得从事任何有损资产管理计划财产及其他当事人利益的活动；

（十六）国家有关法律法规、监管机构及本合同规定的其他义务。

第二十四条 根据《试点办法》、《规定》及其他有关规定列明资产托管人的权利，包括但不限于：

（一）依照本合同的约定，及时、足额获得资产托管费；

（二）根据本合同及其他有关规定，监督资产管理人对资产管理计划财产的投资运作，对于资产管理人违反本合同或有关法律法规规定的行为，对资产管理计划财产及其他当事人的利益造成重大损失的情形，有权报告中国证监会并采取必要措施；

（三）根据本合同的约定，依法保管资产管理计划财产；

（四）国家有关法律法规、监管机构及本合同规定的其他权利。

第二十五条 根据《试点办法》、《规定》及其他有关规定列明资产托管人的义务，包括但不限于：

（一）安全保管资产管理计划财产；

（二）设立专门的资产托管部门，具有符合要求的营业场所，配备足够的、合格的熟悉资产托管业务的专职人员，负责财产托管事宜；

（三）对所托管的不同财产分别设置账户，确保资产管理计划财产的完整与独立；

（四）除依据法律法规、本合同及其他有关规定外，不得为资产托管人及任何第三人谋取利益，不得委托第三人托管资产管理计划财产；

（五）按规定开设和注销资产管理计划的资金账户和证券账户；

（六）复核资产管理计划份额净值；

（七）复核资产管理人编制的资产管理计划财产的投资报告，并出具书面意见；

（八）编制资产管理计划的年度托管报告，并向中国证监会备案；

（九）按照本合同的约定，根据资产管理人的投资指令，及时办理清算、交割事宜；

（十）按照法律法规及监管机构的有关规定，保存资产管理计划资产管理业务活动有关的合同、协议、凭证等文件资料；

（十一）公平对待所托管的不同财产，不得从事任何有损资产管理计划财产及其他当事人利益的活动；

（十二）保守商业秘密，除法律法规、本合同及其他有关规定另有规定外，不得向他人泄露；

（十三）根据法律法规及本合同的规定监督资产管理人的投资运作，资产托管人发现资产管理人的投资指令违反法律、行政法规和其他有关规定，或者违反本合同约定的，应当拒绝执行，立即通知资产管理人并及时报告中国证监会；资产托管人发现资产管理人依据交易程序已经生效的投资指令违反法律、行政法规和其他有关规定，或者违反本合同约定的，应当立即通知资产管理人并及时报告中国证监会；

（十四）国家有关法律法规、监管机构及本合同规定的其他义务。

第九节　资产管理计划份额的登记

第二十六条　订明资产管理人办理登记业务的各项事宜。说明资产管理人委托经中国证监会认定可办理开放式证券投资基金份额登记业务的其他机构代为办理资产管理计划份额的登记业务的，应当与有关机构签订委托代理协议，并列明代为办理资产管理计划份额登记机构的权限和职责。

第十节　资产管理计划的投资

第二十七条　说明资产管理计划财产投资的有关事项，包括但不限于：

（一）投资目标；

（二）投资范围；

（三）投资策略，说明资产管理人运作资产管理计划财产的决策依据、决策程序、投资管理的方法和标准等；

（四）投资限制，列明依照《试点办法》、《规定》及其他有关规定和本合同禁止或限制的投资事项；

（五）业绩比较基准；

（六）风险收益特征。

第十一节　投资经理的指定与变更

第二十八条　订明资产管理计划投资经理由资产管理人负责指定，且本投资经理与资产管理人所管理的证券投资基金的基金经理不得相互兼任。同时，列明本资产管理计划投资经理的姓名、从业简历、学历及兼职情况等。

第二十九条　订明资产管理计划投资经理变更的条件和程序。

第十二节　资产管理计划的财产

第三十条　列明与资产管理计划财产有关的事项，包括：

（一）资产管理计划财产的保管与处分

1.说明资产管理计划财产应独立于资产管理人、资产托管人的固有财产，并由资产托管人保管。资产管理人、资产托管人不得将资产管理计划财产归入其固有财产。

2.说明资产管理人、资产托管人因资产管理计划财产的管理、运用或者其他情形而取得的财产和收益归入资产管理计划财产。

3.说明资产管理人、资产托管人可以按本合同的约定收取管理费、托管费以及本合同约定的其他费用。资产管理人、资产托管人以其固有财产承担法律责任，其债权人不得对资产管理计划财产行使请求冻结、扣押和其他权利。资产管理人、资产托管人因依法解散、被依法撤销或者被依法宣告破产等原因进行清算的，资产管理计划财产不属于其清算财产。

4.说明资产管理计划财产产生的债权不得与不属于资产管理计划财产本身的债务相互抵销。非因资产管理计划财产本身承担的债务，资产管理人、资产托管人不得主张其债权人对资产管理计划财产强制执行。上述债权人对资产管理计划财产主张权利时，资产管理人、资产托管人应明确告知资产管理计划财产的独立性。

（二）资产管理计划财产相关账户的开立和管理

订明当事人在资产管理计划财产相关账户开立和管理中的职责及相应的办理程序。资产托管人按照规定开立资产管理计划财产的资金账户和证券账户，资产管理人应给予必要的配合。证券账户的持有人名称应当符合证券登记结算机构的有关规定。

第十三节　投资指令的发送、确认和执行

第三十一条 具体订明有关资产管理人在运用资产管理计划财产时向资产托管人发送资金划拨及其他款项收付的投资指令的事项：

（一）交易清算授权；

（二）投资指令的内容；

（三）投资指令的发送、确认及执行程序。

第十四节　越权交易

第三十二条 具体订明下列事项：

（一）越权交易的界定；

（二）越权交易的处理程序；

（三）资产托管人对资产管理人投资运作的监督。

第十五节 资产管理计划财产的估值和会计核算

第三十三条 根据国家有关规定订明资产管理计划财产估值的相关事项，包括但不限于：

（一）估值目的；

（二）估值时间；

（三）按照公认的会计准则订明估值方法；

（四）估值对象；

（五）估值程序；

（六）估值错误的处理；

（七）暂停估值的情形；

（八）资产管理计划份额净值的确认；

（九）特殊情况的处理。

第三十四条 说明资产管理计划的会计政策比照证券投资基金现行政策执行，并订明有关情况：

（一）会计年度、记账本位币、会计核算制度等事项；

（二）资产管理计划应独立建账、独立核算；资产管理人应保留完整的会计账目、凭证并进行日常的会计核算，编制会计报表；资产托管人应定期与资产管理人就资产管理计划的会计核算、报表编制等进行核对。

第十六节　资产管理计划的费用与税收

第三十五条 订明资产管理计划费用的有关事项：

（一）列明资产管理计划财产运作过程中，从资产管理计划财产中支付的费用种类、费率、费率的调整、计提标准、计提方式与支付方式等；

（二）不得列入资产管理计划财产费用的项目，订明资产管理人和资产托管人因未履行或未完全履行义务导致的费用支出或资产管理计划财产的损失，以及处理与资产管理计划财产运作无关的事项发生的费用等不得列入资产管理计划的费用；

（三）列明资产管理计划的管理费率、托管费率不得低于同类型或相似类型投资目标和投资策略的证券投资基金管理费率、托管费率的60%。资产管理人可以与资产委托人约定，根据资产管理计划的管理情况提取适当的业绩报酬。在一个委托投资期间内，业绩报酬的提取比例不得高于所管理资产在该期间净收益（即利润）的20%。

（四）收取业绩报酬的资产管理计划每年至多开放一次计划份额的参与和退出。在满足计提业绩报酬条件的前提下，订明业绩报酬的计提原则：

1.业绩报酬的收取时间：业绩报酬仅于资产委托人选择全部退出或部分退出资产管理计划或资产管理计划终止财产清算完毕时方可收取；

2.业绩报酬的计算基础：业绩报酬以退出资产的投资增值部分（包含收益分配部分和净值增长部分）高于预先设定的计提基准的部分为基础进行计算；

3.业绩报酬的计算区间：原则上根据资产管理计划份额的持有期限分别计算业绩报酬（例如，资产管理计划运作满3年的，应当分别计算持有期限为1年、2年和3年的资产管理计划资产对应的业绩报酬，以此类推）。在资产管理合同存续期非开放日违约退出的，业绩报酬可按年化收取。

第三十六条 说明本合同各方当事人根据国家有关规定纳税的情况。

第十七节　资产管理计划的收益分配

第三十七条 说明资产管理计划收益分配政策比照证券投资基金现行政策执行，并订明有关事项：

（一）可供分配利润的构成；

（二）收益分配原则：订明收益分配的基准、次数、比例、方式、时间等；

（三）收益分配方案的确定与通知。

第十八节　报告义务

第三十八条　列明资产管理人向资产委托人报告的种类、内容、时间和途径等有关事项，以及资产委托人向资产管理人查询资产管理计划财产投资运作情况和向资产托管人查询资产管理计划财产托管情况的具体时间和方式。涉及证券投资明细的，原则上每季度至多报告一次。

订明资产管理人每月至少应向资产委托人报告一次经资产托管人复核的计划份额净值。

第三十九条　列明资产管理人、资产托管人向监管机构报告的种类、内容、时间和途径等有关事项。

第十九节　风险揭示

第四十条　列明资产管理计划财产投资相关的各项风险，包括但不限于：

（一）市场风险；

（二）管理风险；

（三）流动性风险；

（四）信用风险；

（五）特定投资方法及资产管理计划所投资的特定投资对象可能引起的特定风险；

（六）其他风险。

第二十节　资产管理合同的变更、终止与财产清算

第四十一条　说明全体资产委托人、资产管理人和资产托管人协商一致后，可对资产管理合同内容进行变更，资产管理合同另有约定的除外。

第四十二条　说明对资产管理合同任何形式的变更、补充，资产管理人应当在变更或补充发生之日起5个工作日内将资产管理合同样本报中国证监会备案。在资产管理计划运作期间开放参与和退出或发生资产委托人违约退出的，资产管理人应当于每次开放期结束或违约退出申请确认后5个工作日内将客户资料表报中国证监会备案。

第四十三条　订明资产管理合同终止的情形，包括下列事项：

（一）资产管理合同期限届满而未延期的；

（二）资产管理合同的委托人人数少于2人的；

（三）资产管理人被依法取消特定客户资产管理业务资格的；

（四）资产管理人依法解散、被依法撤销或被依法宣告破产的；

（五）资产托管人被依法取消基金托管资格的；

（六）资产托管人依法解散、被依法撤销或被依法宣告破产的；

（七）经全体委托人、资产管理人和资产托管人协商一致决定终止的；

（八）法律法规和本合同规定的其他情形（例如，约定资产管理计划运作满一年后，当资产管理计划资产净值低于某一标准时，资产管理人可以终止资产管理计划；或约定资产管理计划运作满一年后，当资产管理计划份额净值高于某一标准时，资产管理人可以终止资产管理计划等）。

第四十四条　订明资产管理计划财产清算的有关事项：

（一）资产管理计划财产清算小组

1．资产管理计划财产清算小组组成：说明资产管理计划财产清算小组成员由资产管理人和资产托管人组成。清算小组可以聘用必要的工作人员。

2．资产管理计划财产清算小组职责：说明资产管理计划财产清算小组负责资产管理计划财产的保管、清理、估价、变现和分配。资产管理计划财产清算小组可以依法进行必要的民事活动。

（二）订明资产管理计划财产清算的程序。

（三）清算费用，说明清算费用的来源和支付方式。

（四）资产管理计划财产清算剩余资产的分配，说明依据资产管理计划财产清算的分配方案，将资产管理计划财产清算后的全部剩余资产扣除资产管理计划财产清算费用后，按资产管理计划的投资人持有的计划份额比例进行分配，资产管理合同另有约定的除外。

（五）订明资产管理计划财产清算报告的告知安排。

（六）资产管理计划财产清算账册及文件的保存，说明资产管理计划财产清算账册及文件由资产管理人保存15年以上。

第四十五条　资产管理计划财产相关账户的注销。

订明资产管理计划财产清算完毕后，当事人在资产管理计划财产相关账户注销中的职责及相应的办理程序。资产托管人按照规定注销资产管理计划财产的资金账户和证券账户，资产管理人

应给予必要的配合。

第二十一节　违约责任

第四十六条　说明资产管理合同当事人违反本合同，应当承担违约责任。给其他合同当事人造成损失的，应当承担赔偿责任。本合同能够继续履行的应当继续履行。

在资产管理计划存续期非开放日，资产管理合同当事人可以约定资产委托人不能退出，也可以约定资产委托人在承担一定的退出违约金和其他费用后可以申请退出资产管理计划，退出违约金不得低于退出金额(指扣除管理费、托管费和业绩报酬等费用后的实际退出金额)的2%，并可根据距离下一次开放日剩余时间的长短逐级提高，退出违约金应当全额归入资产管理计划财产。

第二十二节　争议的处理

第四十七条　说明发生纠纷时，当事人可以通过协商或者调解予以解决。当事人不愿通过协商、调解解决或者协商、调解不成的，可以根据合同的规定或者事后达成的书面仲裁条款向仲裁机构申请仲裁，或向人民法院起诉。

第二十三节　资产管理合同的效力

第四十八条　说明资产管理合同是约定资产管理合同当事人之间权利义务关系的法律文件。资产委托人为法人的，本合同经资产委托人、资产管理人和资产托管人加盖公章以及各方法定代表人或授权代表签字之日起成立；资产委托人为自然人的，本合同经资产委托人本人签字或授权代表签字、资产管理人和资产托管人加盖公章以及双方法定代表人或授权代表签字之日起成立。本合同自资产管理计划备案手续办理完毕，获中国证监会书面确认之日起生效。

第四十九条　说明资产管理合同自生效之日起对资产委托人、资产管理人、资产托管人具有同等的法律约束力。

第五十条　说明资产管理合同的有效期限。资产管理合同的有效期限可为不定期或合同当事人约定的其他期限。约定期限的资产管理合同，到期后原则上不得延期。

第二十四节　其他事项

第五十一条　列明资产管理合同其他需要约定的事项。

第四章　附　则

第五十二条 本准则所称每年，是指运作年度。

第五十三条 本准则自2009年8月18日起施行。

中国证券监督管理委员会令

第64号

《证券投资基金评价业务管理暂行办法》已经中国证券监督管理委员会第250次主席办公会议审议通过，现予公布，自2010年1月1日起施行。

中国证券监督管理委员会主席 尚福林
二〇〇九年十一月六日

证券投资基金评价业务管理暂行办法

第一章 总 则

第一条 为了规范证券投资基金评价业务，引导证券投资基金的长期投资理念，保障基金投资人和相关当事人的合法权益，根据《证券法》、《证券投资基金法》等法律法规，制定本办法。

第二条 在中华人民共和国境内，基金评价机构对证券投资基金（以下简称基金）进行评价并通过公开形式发布基金评价结果，适用本办法。

基金评价机构仅通过非公开形式发布基金评价结果的，不适用本办法。但该机构应当与使用基金评价结果的对象签订协议，禁止对方对结果进行公开引用。

第三条 本办法所称基金评价业务，包括基金评价机构及其评价人员对基金的投资收益和风险或基金管理人的管理能力开展评级、评奖、单一指标排名或中国证监会认定的其他评价活动。

评级是指基金评价机构及其评价人员运用特定的方法对基金的投资收益和风险或基金管理人的管理能力进行综合性分析，并使用具有特定含义的符号、数字或文字展示分析结果的活动。

公开形式指通过报刊、电台、电视台、互联网等公众传播媒体形式或讲座、报告会、分析会、电脑终端、电话、传真、电子邮件、短信等形式，向非特定对象发布基金评价结果。

第四条 从事基金评价业务，应当遵循下列原则：

（一）长期性原则，即注重对基金的长期评价，培育和引导投资人的长期投资理念，不得以短期、频繁的基金评价结果误导投资人；

（二）公正性原则，即保持中立地位，公平对待所有评价对象，不得歪曲、诋毁评价对象，防范可能发生的利益冲突；

（三）全面性原则，即全面综合评价基金的投资收益和风险或基金管理人的管理能力，不得将单一指标做为基金评级的唯一标准；

（四）客观性原则，即基金评价过程和结果客观准确，不得使用虚假信息作为基金评价的依据，不得发布虚假的基金评价结果；

（五）一致性原则，即基金评价标准、方法和程序保持一致，不得使用未经公开披露的评价标准、方法和程序；

（六）公开性原则，即使用市场公开披露的信息，不得使用公开披露信息以外的数据。

第五条 中国证监会及其派出机构依法对基金评价业务活动进行监督管理。中国证券业协会依法对基金评价业务活动进行自律管理。

第二章 基金评价机构和评价人员

第六条 基金评价机构应当加入中国证券业协会。

中国证券业协会应当制定严格的基金评价机构自律规则、执业规范、入会标准和入会程序。基金评价机构应当在本办法施行后30个工作日内或开始从事基金评价业务后30个工作日内按照协会公示的要求向协会提请办理入会手续。

第七条 基金评价机构应当在加入中国证券业协会后15个工作日内向中国证监会报送书面材料进行备案，材料应当包括下列文件：

（一）基金评价机构基本情况；

（二）企业法人营业执照复印件；

（三）从事基金评价业务人员和业务主要负责人的名单、简历、身份证件及基金从业资格证明复印件；

（四）完整的基金评价理论基础、标准、方法的说明；

（五）内部控制制度和业务流程；

（六）诚信承诺书；

（七）中国证监会要求提供的其他文件。

第八条 基金评价机构应当具有健全的组织架构和完善的内部控制制度；有足够熟悉基金及其评价业务的专业人员；有完善、系统的评价标准、方法以及严谨的业务规范。

第九条 基金评价机构的内部控制应当促进基金评价业务的有效开展和规范运作：

（一）具有可靠的基金信息采集制度，并对信息数据库进行严格的管理，保证信息数据的安全、真实和完整；

（二）具有确定的基金评价标准、方法和作业程序，并据此建立和维护信息分析处理系统；

（三）建立和执行严格的校正和复核程序，保证评价结果的客观准确；

（四）建立基金评价标准、方法和程序的公开披露制度，并真实、准确、完整、及时地进行披露；

（五）建立和执行严格规范的文档制度，妥善保留业务数据、工作底稿和相关文件；

（六）建立基金评价标准、方法和作业程序的检讨评估制度，保证基金评价业务的一致性；

（七）建立基金评价结果发布制度和程序，保证发布的基金评价结果符合相关业务规范的要求。

第十条 基金评价人员应当具备基金从业资格。

基金评价人员是指从事基金评价业务的人员。基金评价人员只有被一家基金评价机构聘用后，方可从事基金评价业务，且基金评价人员不得同时在两个以上的基金评价机构执业。

基金评价机构不得聘用有违法、违规记录的人员从事基金评价业务。

第三章　基金评价业务

第十一条 从事基金评价业务应当有完善、系统的理论基础、标准和方法。基金评价方法应当基于机构自己的研究成果，不得侵犯其他基金评价机构的有关知识产权。

对基金进行评价应当至少考虑下列内容：

（一）基金招募说明书和基金合同约定的投资方向、投资范围、投资方法和业绩比较基准等；

（二）基金的风险收益特征；

（三）基金投资决策系统及交易系统的有效性和一贯性。

对基金管理人进行评价应当至少考虑下列内容：

（一）基金管理公司及其人员的合规性；

（二）基金管理公司的治理结构；

（三）股东、高级管理人员、基金经理的稳定性；

（四）投资管理和研究能力；

（五）信息披露和风险控制能力。

第十二条 对基金的分类应当以相关法律、行政法规和中国证监会的规定为标准，可以在法律、行政法规和中国证监会对基金分类规定的基础上进行细分；对法律、行政法规和中国证监会未做规定的分类方法，应当明确标注并说明理由。

第十三条 基金评价机构应当将基金评价标准、评价方法和程序报中国证监会、中国证券业协会备案，并通过中国证券业协会网站、本机构网站及至少一家中国证监会指定信息披露媒体向社会公告。基金评价机构修改上述内容时，应当及时备案、公告。

第十四条 任何机构从事基金评价业务并以公开形式发布评价结果的，不得有下列行为：

（一）对不同分类的基金进行合并评价；

（二）对同一分类中包含基金少于10只的基金进行评级或单一指标排名；

（三）对基金合同生效不足6个月的基金（货币市场基金除外）进行评奖或单一指标排名；

（四）对基金（货币市场基金除外）、基金管理人评级的评级期间少于36个月；

（五）对基金、基金管理人评级的更新间隔少于3个月；

（六）对基金、基金管理人评奖的评奖期间少于12个月；

（七）对基金、基金管理人单一指标排名（包括具有点击排序功能的网站或咨询系统数据列示）的排名期间少于3个月；

（八）对基金、基金管理人单一指标排名的更新间隔少于1个月；

（九）对特定客户资产管理计划进行评价。

第十五条 基金评价机构与评价对象存在当前或潜在利益冲突时，应当在评级报告、评价报告中声明该机构与评价对象之间的关系，同时说明该机构在评价过程中为规避利益冲突影响而采取的措施。

第十六条 基金评价机构应当避免使用与评价对象存在当前或潜在利益冲突的人员对该对象进行评价。

第十七条 基金评价报告等文件应当声明评价结果并不是对未来表现的预测，也不应视作投资基金的建议。

第十八条 基金评价结果应当以基金评价机构的名义而并非基金评价人员的个人名义发布。

第十九条 基金评价机构应当将其向基金投资人或者社会公众提供的基金评价数据和资料，自提供之日起保存15年。

第四章 基金评价结果的引用

第二十条 基金管理人、基金销售机构及中国证监会指定信息披露媒体不得引用不具备中国证券业协会会员资格的机构提供的基金评价结果。

第二十一条 基金管理人、基金销售机构及中国证监会指定信息披露媒体决定与基金评价机构合作并引用基金评价结果的，应当事先根据本办法第九条的要求对拟合作的基金评价机构进行审慎调查，核查其内部控制是否能够保障基金评价业务的有效开展和规范运作。

基金管理人、基金销售机构及中国证监会指定信息披露媒体应当避免引用违反本办法第九条内部控制规范要求的基金评价机构提供的基金评价结果。

第二十二条 基金管理人、基金销售机构及中国证监会指定信息披露媒体决定引用基金评价结果的，应当事先根据本办法第十四条要求的业务规范对基金评价结果做出审查，发现有违反业务规范情形的，应当提请基金评价机构做出调整或拒绝进行引用。

第五章 报告和信息披露

第二十三条 基金评价机构及其评价人员违反本办法规定从事基金评价活动的，中国证监会依法采取责令改正、监管谈话、出具警示函等监管措施；情节严重的，依法进行行政处罚；涉嫌犯罪的，依法移送司法机关，追究其刑事责任。

第二十四条 中国证券业协会应当对违反自律准则和执业规范的行为给予纪律处分；情节严重的，取消会员资格。

第二十五条 基金评价机构应当按照中国证券业协会的规定向其提交相关备案文件和年度报告。

第二十六条 中国证券业协会应当建立基金评价机构及其评价人员从事基金评价业务的资料库和诚信档案，通过适当方式公布基金评价机构会员情况，并建立对基金评价行为的跟踪机制。

第二十七条 中国证券业协会可以对基金评价机构及其评价人员的业务活动进行检查，被检查的基金评价机构应当予以配合，不得干扰和阻碍。中国证券业协会应当将检查过程中发现的问题及时向中国证监会报告。

第二十八条 基金评价机构加入中国证券业协会后，未按照本办法第七条的规定向中国证监会备案，擅自从事基金评价业务的，责令改正，单处或者并处警告、罚款；对直接负责的主管人员和其他直接责任人员单处或者并处警告、罚款。

第二十九条 基金管理人、基金销售机构及中国证监会指定信息披露媒体引用或发布不具备中国证券业协会会员资格的基金评价机构提供的基金评价结果的，中国证监会采取责令改正、出具警示函等监管措施，单处或者并处警告、罚款；对直接负责的主管人员和其他直接责任人员单处或者并处警告、罚款。

第三十条 基金评价机构违反本办法规定，聘任不具备基金从业资格的人员的，中国证监会采取责令改正等监管措施，单处或者并处警告、罚款；对直接负责的主管人员和其他直接责任人员单处或者并处警告、罚款。

第三十一条 基金评价机构未按照本办法规

定保存有关文件和资料的，责令改正，单处或者并处警告、罚款。

第三十二条 基金评价机构有下列行为之一的，中国证监会采取责令改正、监管谈话、出具警示函等监管措施，单处或者并处警告、罚款：

（一）内部控制制度不符合本办法第九条的规定；

（二）基金评价标准和方法不符合本办法第十一条、第十二条的规定；

（三）未按照本办法第十三条规定公开披露基金评价标准、方法和程序，或未按照公开披露的基金评价标准、方法和程序从事基金评价业务；

（四）违反本办法第十四条的规定进行基金评价或发布基金评价结果；

（五）违反本办法第十五条和第十六条规定的利益冲突防范制度；

（六）不公平对待评价对象，或贬低、诋毁其他基金评价机构、评价人员等不正当竞争行为。

第六章 附 则

第三十三条 本办法自2010年1月1日起施行。

中国证券监督管理委员会公告

[2009]32号

现公布《开放式证券投资基金销售费用管理规定》，自2010年3月15日起施行。

中国证券监督管理委员会

二〇〇九年十二月十四日

附件1：开放式证券投资基金销售费用管理规定

附件2：《开放式证券投资基金销售费用管理规定》起草说明

开放式证券投资基金销售费用管理规定

第一章　总　则

第一条　为维护开放式证券投资基金销售的市场秩序，保护开放式证券投资基金投资人的合法权益，促进证券投资基金业的健康发展，根据《证券投资基金法》、《证券投资基金销售管理办法》，制定本规定。

第二条　本规定所称开放式证券投资基金（以下简称基金）的销售费用，是指基金销售机构在中华人民共和国境内，发售基金份额以及办理基金份额的申购、赎回等销售活动中收取的费用。

前款所称基金销售机构是指办理基金销售业务的基金管理人以及经中国证监会认定取得基金销售业务资格的其他机构。

创新型封闭式基金以及中国证监会规定的其他基金品种，参照本规定执行。

第三条　基金管理人应当依据有关法律法规及本规定，设定科学合理、简单清晰的基金销售费用结构和费率水平，不断完善基金销售信息披露，防止不正当竞争。

第四条　基金销售机构应当依据有关法律法规及本规定，建立健全对基金销售费用的监督和控制机制，持续提高对基金投资人的服务质量，保证公平、有序、规范地开展基金销售业务。

第二章　基金销售费用结构和费率水平

第五条　基金销售费用包括基金的申购费（认购费）和赎回费。

对于不收取申购费（认购费）、赎回费的货币市场基金以及其他经中国证监会核准的基金产品，基金管理人可以依照相关规定从基金财产中持续计提一定比例的销售服务费。

第六条　基金管理人发售基金份额、募集基金，可以收取认购费，但费率不得超过认购金额的5%。

基金管理人办理基金份额的申购，可以收取申购费，但费率不得超过申购金额的5%。

认购费和申购费可以采用在基金份额发售或者申购时收取的前端收费方式，也可以采用在赎回时从赎回金额中扣除的后端收费方式。基金产品同时设置前端收费模式和后端收费模式的，其前端收费的最高档申购（认购）费率应低于对应的后端最高档申购（认购）费率。

基金管理人可以对选择前端收费方式的投资人根据其申购（认购）金额的数量适用不同的前端申购（认购）费率标准。

基金管理人可以对选择后端收费方式的投资人根据其持有期限适用不同的后端申购(认购)费率标准。对于持有期低于3年的投资人，基金管理人不得免收其后端申购(认购)费用。

第七条 基金管理人办理开放式基金份额的赎回应当收取赎回费，赎回费不得超过基金份额赎回金额的5%，货币市场基金及中国证监会规定的其他品种除外。

基金管理人应当将不低于赎回费总额的25%归入基金财产；对于投资于计提销售服务费的债券基金的投资人，持有期少于30日的，基金管理人可以在基金合同、招募说明书中约定收取一定比例的赎回费。

第八条 对于短期交易的投资人，基金管理人可以在基金合同、招募说明书中约定按以下费用标准收取赎回费：

(一)对于持续持有期少于7日的投资人，收取不低于赎回金额1.5%的赎回费；

(二)对于持续持有期少于30日的投资人，收取不低于赎回金额0.75%的赎回费。

按上述标准收取的基金赎回费应全额计入基金财产。

第九条 基金销售机构开通通过互联网、电话、移动通信等非现场方式实现的自助交易业务的，经与基金管理人协商一致可以对自助交易前端申购费用实行一定的优惠。货币市场基金及中国证监会规定的其他品种，不适用本条规定。

第十条 基金份额持有人在同一基金管理人所管理的不同基金之间进行转换的，基金管理人应当按照转出基金的赎回费用加上转出与转入基金申购费用补差的标准收取费用。当转出基金申购费率低于转入基金申购费率时，费用补差为按照转出基金金额计算的申购费用差额；当转出基金申购费率高于转入基金申购费率时，不收取费用补差。基金管理人可以参照上述费用收取标准设置转换费率。

基金转换后，转入的基金份额的持有期将自转入的基金份额被确认之日起重新开始计算。

上述费用含赎回费的，应当按照本规定第七条、第八条规定的比例将赎回费计入转出基金的基金财产。

基金管理人开通基金转换业务应当予以公告，载明相关费用的收取方式、费率水平和计算公式，并以具体数字举例说明。

第三章 基金销售费用规范

第十一条 基金销售机构应当依据相关法律法规的要求，完善内部控制制度和业务执行系统，健全内部监督和反馈系统，加强后台管理系统对费率的合规控制，强化对分支机构基金销售费用的统一管理和监督。

第十二条 基金销售机构应当按照基金合同和招募说明书的约定向投资人收取销售费用；未经招募说明书载明并公告，不得对不同投资人适用不同费率。

第十三条 基金管理人与基金销售机构应在基金销售协议及其补充协议中约定，双方在申购(认购)费、赎回费、销售服务费等销售费用的分成比例，并据此就各自实际取得的销售费用确认基金销售收入，如实核算、记账，依法纳税。

第十四条 基金销售机构销售基金管理人的基金产品前，应由总部与基金管理人签订销售协议，约定支付报酬的比例和方式。基金管理人与基金销售机构可以在基金销售协议中约定依据销售机构销售基金的保有量提取一定比例的客户维护费，用以向基金销售机构支付客户服务及销售活动中产生的相关费用，客户维护费从基金管理费中列支。

基金管理人和基金销售机构应当在基金销售协议中明确约定销售费用的结算方式和支付方式；除客户维护费外，不得就销售费用签订其他补充协议。

基金管理人不得向销售机构支付非以销售基金的保有量为基础的客户维护费，不得在基金销售协议之外支付或变相支付销售佣金或报酬奖励。

第十五条 基金销售机构在基金销售活动中，不得有下列行为：

(一)在签订销售协议或销售基金的活动中进行商业贿赂；

(二)以排挤竞争对手为目的，压低基金的收费水平；

(三)擅自变更向基金投资人的收费项目或收费标准，或通过先收后返、财务处理等方式变相降低收费标准；

(四)采取抽奖、回扣或者送实物、保险、基金份额等方式销售基金；

（五）募集期间对认购费用打折；

（六）其他违反法律、行政法规的规定，扰乱行业竞争秩序的行为。

第十六条 基金管理人应当在招募说明书及基金份额发售公告中载明以下有关基金销售费用的信息内容：

（一）基金销售费用收取的条件、方式、用途和费用标准；

（二）以简单明了的格式和举例方式向投资人说明基金销售费用水平；

（三）中国证监会规定的其他有关基金销售费用的信息事项。

第十七条 基金管理人应当在基金半年度报告和基金年度报告中披露从基金财产中计提的管理费、托管费、基金销售服务费的金额，并说明管理费中支付给基金销售机构的客户维护费总额。

第十八条 基金管理人应当在每季度的监察稽核报告中列明基金销售费用的具体支付项目和使用情况以及从管理费中支付的客户维护费总额。

第四章　附　则

第十九条 中国证监会有权对基金销售机构执行本规定的情况进行监督检查并依据相关法律法规采取行政监管措施或做出行政处罚。

第二十条 本规定自2010年3月15日起施行。

《开放式证券投资基金销售费用管理规定》起草说明

一、起草背景

近年来，开放式基金快速发展，市场对基金产品的关注度日益增强。受市场变化的影响，基金销售经历了较大起伏，开放式基金费用收取、费率结构及销售机构盈利模式等问题日渐显现。主要包括：

（一）基金销售渠道竞争激烈，基金管理公司向基金销售机构支付尾随佣金和一次性奖励的现象非常普遍，支付方式缺乏规范。同时，由于一次性奖励以基金交易为基础计算，而非以基金保有量为基础，从某种程度上说，这种激励机制可能诱发销售人员引导投资人频繁申购赎回基金。

（二）基金销售渠道结构不均衡。商业银行由于网点优势占有较高市场份额，其他销售渠道未形成合理的、可持续的盈利模式，不利于形成多元化、多层次的销售渠道体系。

（三）部分投资人将基金作为投机品种进行频繁申购赎回，一些机构投资人运用资金优势进行短期套利，影响了基金管理人的投资运作，损害了基金长期投资人的利益。

为规范基金销售市场秩序，完善基金销售费用结构和水平，促进基金行业健康发展，我们对基金销售费用问题进行了研究，并草拟了《开放式证券投资基金销售费用管理规定》（以下简称《管理规定》）。起草过程中，我们多次征求了中国证券业协会和基金管理公司、商业银行、证券公司、证券投资咨询公司等基金销售机构的意见，并吸收了各方的合理建议。我会于2009年10月12日至27日就《管理规定》向社会公开征求意见，我们采纳了相关反馈意见，并修改了《管理规定》。

二、《管理规定》的基本安排

（一）销售费用结构和水平与现行做法保持基本一致。从费用结构上看，《管理规定》仍保持行业现行的申购费（认购费）、赎回费的基本费用结构；从费用水平上看，与现行《基金销售管理办法》的规定基本一致。

（二）鼓励后端收费模式，引导投资人长期投资。申购费（认购费）可以采取在基金申购（认购）时收取的前端收费模式，也可以采取在赎回时从赎回金额中扣除的后端收费模式。虽然最高档前端收费通常低于最高档后端收费，但随着投资者持有时间的延续，手续费会不断降低，持有三年以上甚至可以为零，可以降低基金长期投资人的交易成本。

（三）增列短期交易的赎回费，抑制短期交

易。过度交易行为通常会摊薄长期投资人的既有收益，还可能会干扰基金经理正常管理其投资组合，侵害长期投资者的利益。2003年，美国市场以择时交易和延时交易为焦点的“基金黑幕”曝光以后，美国及其他发达国家纷纷采取措施建立防范择时交易和延时交易的制度安排。国内对于通过短期交易基金进行套利的关注起因于股改，虽然股改已近完成，但短期交易行为仍将长期存在。为此，借鉴国际经验，《管理规定》允许基金管理人自主选择对一周、一月内赎回的基金持有人设定较高的赎回费率标准，并将此类赎回费全额计入基金财产。虽然提高了短期基金交易投资人的交易成本，但由于《管理规定》要求持有期在30日以内的赎回费全部计入基金财产，为此对大部分坚持长期投资的持有人来说还可从中获益。

（四）禁止一次性奖励，规范尾随佣金，建立基金管理人与销售机构的共赢机制，维护销售市场秩序。《管理规定》旨在充分考虑基金管理人、基金销售机构各方生存与发展空间的基础上，维护合理有序的竞争秩序，逐步形成由市场动态调整各参与主体利益的格局。由于一次性奖励可能带来利益冲突，《管理规定》禁止基金管理人向销售机构支付一次性奖励，允许基金管理人依据销售机构销售基金的保有量向基金销售机构支付客户维护费（尾随佣金），用于客户服务及销售活动中产生的相关费用。

三、公开征求意见及修改情况

我会于2009年10月12日至27日就《管理规定》向社会公开征求意见，征求意见期间，我会共收到19家机构的80条反馈意见和23名个人的26条反馈意见，剔除重复意见后归纳为20条意见。

（一）反馈意见的总体情况

总体上看，社会各界对《管理规定》给予了较高评价，普遍认为本规定有利于引导投资人长期投资，规范基金销售费用，维护基金销售市场秩序。同时，社会各界也提出了一些具体的意见和建议，我们对所有反馈意见进行了梳理和汇总，简要归纳为以下几方面：

一是建议对于投资于计提销售服务费的债券基金的投资人，持有期少于30日的，基金管理人可以决定是否收取赎回费，而不强制性规定必须收取赎回费。

二是建议明确持有期的具体概念。

三是建议将货币市场基金、债券基金、LOF、ETF等产品排除在收取短期交易赎回费的基金范围之外。

四是建议短期交易赎回费不应全额记入基金财产，而由基金管理人和基金销售机构继续分成部分比例佣金。

五是建议短期交易赎回费应只针对500万以上机构投资者。

六是建议保留一次性奖励。

七是建议规定尾随佣金的支付比例上限。

八是建议不强制要求披露管理费中支付给基金销售机构的客户维护费情况。

九是其他建议，包括调整大额基金申购投资者的费率，取消按笔收取申购费的方式；非现场交易的转换补差费用优惠应与前端申购费用优惠保持一致；允许认购费打折等。

（二）《管理规定》的修改情况

根据反馈意见，我们对《管理规定》的部分内容进行了调整，具体情况如下：

1.将第七条第二款改为“对于投资于计提销售服务费的债券基金的投资人，持有期少于30日的，基金管理人可以在基金合同、招募说明书中约定收取一定比例的赎回费”。

2.将第八条的“持有期”改为“持续持有期”。

3.在第十条增加一款，“基金转换后，转入的基金份额的持有期将自转入的基金份额被确认之日起重新开始计算”，并删除第十条“认购”字样。

4.将第十三条改为“基金管理人与基金销售机构应当在基金销售协议及其补充协议中约定，双方在申购（认购）费、赎回费、销售服务费等销售费用的分成比例，并据此就各自实际取得的销售费用确认基金销售收入，如实核算、记账，依法纳税。”

（三）未采纳意见的说明

1.部分机构建议将货币市场基金、债券基金、LOF、ETF等产品排除在收取短期交易赎回费的基金范围之外，我们未予采纳，主要考虑是短期交易赎回费是由基金管理人自主决定是否设置的，因此管理人可在设置时考虑产品特性等因素。

2.部分机构建议短期交易赎回费不应全额记入基金财产，而由基金管理人和基金销售机构继续分成部分比例佣金。我们未予采纳，主要考虑是短期赎回费的设置必然要增加短期交易投资人的交易成本，考虑将其全额记入基金资产，就是为了用这部分费用给长期持有人以补偿。增加短期交易投资人的交易成本不能用来提高销售机构的销售收入。

3.部分机构建议短期交易赎回费应只针对500万以上机构投资者。我们未予采纳，主要考虑是：根据中登公司统计，2006年至2009年，个人投资者投资各类基金的平均持有期限都在30日以上。剔除货币市场基金，其余3类基金的平均持有期限均在3个月以上。此外，按投资金额大小分档的统计显示，仅当个人投资者的投资金额在100万元以上时，平均持有期限才降至30日以下。因此可以推断，如果基金管理人选择增加短期惩罚性赎回费(分7日和30日两档)，受影响最大的应是投资额在100万元以上的个人投资者。同时，基金管理人可以自主设置收取短期交易赎回费的适用投资者。

4.部分机构建议保留一次性奖励。我们未予采纳，主要考虑是由于一次性奖励以基金交易为基础计算，而非以保有量为基础，从某种程度上说，这种激励机制可能诱发销售人员引导投资人频繁申赎基金，损害投资人利益；且由于其支付缺乏规范，存在商业贿赂和不正当竞争等潜在风险，因此不予保留。

5.部分机构建议规定尾随佣金的支付比例上限。我们未予采纳，主要考虑是尾随佣金的比例可以由基金管理人和基金销售机构谈判确定，使客户维护费更客观、灵活地反映优秀基金的稀缺性及不同销售渠道的成本和利润要求，也有利于基金管理人与基金销售机构建立长期合作的战略同盟关系。

6.部分机构建议不强制要求披露管理费中支付给基金销售机构的客户维护费情况。我们未予采纳，主要考虑是：本规定仅要求披露单只基金支付给销售机构的客户维护费总额，不必披露对个别销售机构的明细，因此不涉及商业秘密问题。同时，经此次对基金管理费的分成改革，已使基金管理费成为综合费用，不由基金管理公司独享。此项披露有助于基金投资人了解销售机构得到的佣金，以便衡量销售机构取得的佣金与实际提供的服务是否对应。

中国证券监督管理委员会公告

[2010]13号

现公布《证券投资基金参与股指期货交易指引》，自公布之日起施行。

中国证券监督管理委员会

二○一○年四月二十一日

证券投资基金参与股指期货交易指引

第一章 总 则

第一条 为规范证券投资基金（以下简称基金）参与股指期货交易的行为，防范投资风险，保护基金份额持有人的合法权益，根据《证券投资基金法》、《证券投资基金运作管理办法》等法律法规，制定本指引。

第二条 本指引所称股指期货，是指由中国证监会批准，在中国金融期货交易所上市交易的以股票价格指数为标的的金融期货合约。

第三条 基金参与股指期货交易，应当根据风险管理的原则，以套期保值为目的，并按照中国金融期货交易所套期保值管理的有关规定执行。保本基金及中国证监会批准的特殊基金品种除外。

第四条 股票型基金、混合型基金及保本基金可以按照本指引参与股指期货交易，债券型基金、货币市场基金不得参与股指期货交易。

第五条 基金参与股指期货交易，除中国证监会另有规定或批准的特殊基金品种外，应当遵守下列要求：

（一）基金在任何交易日日终，持有的买入股指期货合约价值，不得超过基金资产净值的10%。

（二）开放式基金在任何交易日日终，持有的买入期货合约价值与有价证券市值之和，不得超过基金资产净值的95%。

封闭式基金、开放式指数基金（不含增强型）、交易型开放式指数基金（ETF）在任何交易日日终，持有的买入期货合约价值与有价证券市值之和，不得超过基金资产净值的100%。

其中，有价证券指股票、债券（不含到期日在一年以内的政府债券）、权证、资产支持证券、买入返售金融资产（不含质押式回购）等。

（三）基金在任何交易日日终，持有的卖出期货合约价值不得超过基金持有的股票总市值的20%。

基金管理公司应当按照中国金融期货交易所要求的内容、格式与时限向交易所报告所交易和持有的卖出期货合约情况、交易目的及对应的证券资产情况等。

（四）基金所持有的股票市值和买入、卖出股指期货合约价值，合计（轧差计算）应当符合基金合同关于股票投资比例的有关约定。

（五）基金在任何交易日内交易（不包括平仓）的股指期货合约的成交金额不得超过上一交易日基金资产净值的20%。

（六）开放式基金（不含ETF）每个交易日日终在扣除股指期货合约需缴纳的交易保证金后，应当保持不低于基金资产净值5%的现金或到期日在一年以内的政府债券。

（七）封闭式基金、ETF每个交易日日终在扣除股指期货合约需缴纳的交易保证金后，应当保持不低于交易保证金一倍的现金。

（八）保本基金参与股指期货交易不受上述第（一）项至第（七）项的限制，但应当符合基金合同约定的保本策略和投资目标，且每日所持期货合约及有价证券的最大可能损失不得超过基金净资产扣除用于保本部分资产后的余额。担保机构应当充分了解保本基金的股指期货交易策略和可能损失，并在担保协议中作出专门说明。

（九）法律法规、基金合同规定的其他比例限制。

因证券期货市场波动、基金规模变动等基金管理人之外的因素致使基金投资比例不符合上述要求的，基金管理人应当在10个交易日之内调整完毕。

第六条 本指引施行前已经获得中国证监会核准的基金，基金管理人应当根据法律法规、基金合同和本指引的有关要求，决定是否参与股指期货交易。拟参与股指期货交易的，基金管理人应当在基金合同中明确相应的投资策略、比例限制、信息披露方式等，并履行相应程序。

第七条 本指引施行后申请募集的基金，拟参与股指期货交易的，应当在基金合同、招募说明书、产品方案等募集申报材料中列明股指期货交易方案等相关内容。

第八条 基金应当在季度报告、半年度报告、年度报告等定期报告和招募说明书（更新）等文件中披露股指期货交易情况，包括投资政策、持仓情况、损益情况、风险指标等，并充分揭示股指期货交易对基金总体风险的影响以及是否符合既定的投资政策和投资目标。

第九条 基金管理公司和托管银行应当充分了解股指期货的特点和各种风险，真正从保护基金份额持有人利益的角度出发，以审慎的态度对待基金参与股指期货交易的问题。基金管理公司拟运用基金财产参与股指期货交易的，应当根据公司自身的发展战略和总体规划，综合衡量现阶段的风险管理水平、技术系统和专业人员准备情况，审慎评估参与股指期货交易的能力，科学决策参与股指期货交易的广度和深度，并将相关投资决策流程和风险控制制度等报公司董事会批准。

第十条 基金管理公司应当针对股指期货交易制订严格的授权管理制度和投资决策流程，确保研究分析、投资决策、交易执行及风险控制各环节的独立运作，并明确相关岗位职责。此外，应当建立股指期货交易决策部门或小组，并授权特定的管理人员负责股指期货的投资审批事项。

第十一条 基金管理公司和托管银行应当强化内部控制制度，完善风险管理系统，做好人员、制度、业务流程、技术系统等方面的培训和准备工作，并在上报基金募集申请等相关材料时附上相关制度及准备情况的说明。

第十二条 基金管理公司在参与股指期货交易的过程中，应当根据有关法律法规的要求，规范运作，不得从事内幕交易、操纵证券及期货价格、进行利益输送及其他不正当的交易活动。

第十三条 基金管理公司、基金托管银行应当根据中国金融期货交易所的相关规定，确定基金参与股指期货交易的交易结算模式，明确交易执行、资金划拨、资金清算、会计核算、保证金存管等业务中的权利和义务，建立资金安全保障机制。基金托管银行应当加强对基金参与股指期货交易的监督、核查和风险控制，切实保护基金份额持有人的合法权益。

第十四条 本指引自公布之日起施行。

中国证券监督管理委员会公告

[2010]30号

现公布《关于保本基金的指导意见》，自公布之日起施行。

中国证券监督管理委员会

二〇一〇年十月二十六日

关于保本基金的指导意见

为推动保本基金的平稳健康发展，保护基金份额持有人合法权益，根据《证券投资基金法》、《担保法》、《物权法》、《合同法》、《证券投资基金运作管理办法》等相关规定，制定本指导意见。

一、本指导意见所称保本基金，是指通过一定的保本投资策略进行运作，同时引入保本保障机制，以保证基金份额持有人在保本周期到期时，可以获得投资本金保证的基金。

前款所指保本保障机制包括：

（一）由基金管理人对基金份额持有人的投资本金承担保本清偿义务，同时基金管理人与符合条件的担保人签订保证合同，由担保人和基金管理人对投资人承担连带责任；

（二）基金管理人与符合条件的保本义务人签订风险买断合同，约定由基金管理人向保本义务人支付费用，保本义务人在保本基金到期出现亏损时，负责向基金份额持有人偿付相应损失。保本义务人在向基金份额持有人偿付损失后，放弃向基金管理人追偿的权利。

（三）经中国证监会认可的其他保本保障机制。

二、基金管理人申请募集保本基金，应当在基金合同、招募说明书及宣传推介材料中充分揭示保本基金的风险，说明投资者投资于保本基金并不等于将资金作为存款存放在银行或存款类金融机构，并说明保本基金在极端情况下仍然存在本金损失的风险。

三、保本基金在保本期间开放申购的，基金管理人应当在相关业务公告以及宣传推介材料中说明开放申购期间，投资者的申购金额是否保本。

四、保本基金应当具备相应的投资策略以避免本金亏损，并明确载入基金合同、招募说明书等法律文件。

保本基金的招募说明书中应当采用举例或其他形式简明扼要地向基金份额持有人说明该基金的投资策略。

五、保本基金的基金管理人应当在基金合同、招募说明书等法律文件中约定，保本期间届满，基金份额持有人能够收回投资本金，并约定本金的计算方法。

六、保本基金可以投资于股票、债券、货币市场工具、权证、股指期货及中国证监会允许投资的其他金融工具。保本基金投资于各类金融工具的比例应与该基金的投资目标、投资策略相匹配。

七、基金管理公司申请募集保本基金，应当符合以下审慎监管要求：

（一）经营稳健，财务状况良好；

（二）最近三年未受到重大处罚；

（三）最近一年内无重大违法、违规行为，并且没有因违法违规行为正受到监管机构调查，或者正处于整改期间；

（四）已经管理的保本基金及拟申请募集的保

本基金中，由担保人承担保证责任及由保本义务人承担偿付责任的总金额，不得超过该公司上一年度经审计的净资产的30倍；

（五）中国证监会规定的其他条件。

八、非金融机构担任保本基金的担保人或保本义务人的，应当符合以下审慎监管要求：

（一）成立并经营满3年以上，具备法人资格的企业；

（二）财务状况良好，最近三年连续盈利；

（三）注册资本不低于10亿元；

（四）上一年度经审计的净资产不低于20亿元；

（五）为保本基金承担保证责任或偿付责任的总金额不超过上一年度经审计的净资产的10倍；

（六）最近三年未受过重大处罚；

（七）中国证监会规定的其他条件。

如保本基金的担保人或保本义务人为担保公司，除满足上述条件外，担保公司已经对外提供的担保资产规模不应超过其净资产总额的25倍。

九、证券公司及其他金融机构担任保本基金的担保人或保本义务人的，应当符合以下审慎监管要求：

（一）注册资本不低于5亿元；

（二）上一年度经审计的净资产不低于20亿元；

（三）为保本基金承担保证责任或偿付责任的总金额不超过上一年度经审计的净资产的10倍；

（四）最近三年未受过重大处罚；

（五）中国证监会规定的其他条件。

十、基金管理人申请募集保本基金，在与担保人签订保证合同后，不得以自有资产对担保人设定担保物权。

十一、保证合同或风险买断合同应当作为保本基金的基金合同、招募说明书的附件，并随基金合同、招募说明书一同公告。

保本基金的基金合同、招募说明书应当约定，投资者购买基金份额的行为视为同意保证合同或风险买断合同的约定。

十二、基金管理人与保本义务人签订风险买断合同的，保本基金到期出现亏损时，基金管理人可以代表基金份额持有人要求保本义务人履行偿付责任，向基金份额持有人偿付相应损失。

十三、保本基金的基金合同、招募说明书中应当约定下列情形的处理方法：

（一）保本期间内，更换担保人或保本义务人的；

（二）保本期间内，担保人或保本义务人出现足以影响其担保能力或偿付能力的情形的。

十四、保证合同包括但不限于以下内容：

（一）为保本基金承担保证责任的总金额；

（二）保证方式；

（三）保证期间；

（四）保证范围；

（五）保证费用的费率及支付方式；

（六）基金份额持有人要求清偿投资亏损的程序和方式；

（七）基金管理人与担保人的责任分担、追偿程序和还款方式。

十五、风险买断合同包括但不限于以下内容：

（一）为保本基金承担偿付责任的总金额；

（二）承担偿付责任的期间；

（三）承担偿付责任的范围；

（四）风险买断费用的费率及支付方式；

（五）基金份额持有人要求清偿投资亏损的程序和方式；

（六）保本义务人在向基金份额持有人偿付损失后，不得向基金管理人追偿。

十六、保本基金的基金合同、招募说明书应当用单独的章节说明基金保本的相关内容，包括但不限于：

（一）担保人或保本义务人的名称、住所、营业范围等基本情况；

（二）担保人或保本义务人对外承担保证或偿付责任的情况；

（三）保证合同或风险买断合同的主要内容；

（四）保证费用或风险买断费用的费率和支付方式；

（五）适用保本的情形和不适用保本的情形；

（六）保本基金到期的处理方案；

（七）担保人或保本义务人免除保证责任或偿付责任的情形；

（八）更换担保人或保本义务人的程序。

保证合同或风险买断合同中对基金份额持有人利益有重大影响而未在基金合同、招募说明书中进行披露的条款，对基金份额持有人没有法律约束力；但是，基金份额持有人可以主张此类条款对基金管理人、担保人或保本义务人具有法律约束力。

十七、担保人或保本义务人应当在第十三条所列情形发生之日起3个工作日内，通知基金管理人和基金托管人。

基金管理人应当在得知本条前款所指情形之日起3个工作日，按照基金合同的约定提出处理办法，并履行信息披露义务和报告义务。

十八、基金管理人应当在保本基金的基金合同中约定保本周期到期后的处理方案，转入下一个保本周期的，应在基金合同中明确约定转入下一个保本周期的条件以及如何转入下一个保本周期。

保本基金到期后，符合保本条件并转入下一个保本周期的，基金份额净值应重新调整至1.00元。

保本周期到期后，转为其他类型基金的，应当在基金合同中明确约定拟转换的其他类型基金的名称、费率、投资目标、投资范围、投资策略等区别于原保本基金的要素。

十九、除保本基金外，其他基金（包括仅采用特定的投资策略及投资方法实现保本，没有保本保障机制的基金）不得在基金合同、招募说明书等法律文件以及宣传推介材料中明示或采取谐音、联想等方式暗示对本金安全的保证。

二十、本指导意见施行前已经获得中国证监会核准的保本基金，仍按基金合同的约定进行运作。但在保本周期到期后转入下一保本周期的，应当按照本指导意见的要求对基金合同、招募说明书等文件进行修订，并履行相应程序。

二十一、本指导意见自公布之日起施行。

证券投资基金评价业务自律管理规则(试行)

(中国证券业协会　2010年1月11日)

第一章　总　　则

第一条　为加强对证券投资基金(以下称基金)评价业务自律管理，规范基金评价业务，保障基金投资人和相关当事人的合法权益，根据《证券投资基金评价业务管理暂行办法》(以下称《暂行办法》)和《中国证券业协会章程》、《中国证券业协会会员管理办法》等规定，制定本规则。

第二条　基金评价机构对基金进行评价并通过公开形式发布基金评价结果，以及基金管理公司、基金销售机构及中国证监会指定信息披露媒体公开引用基金评价结果，适用本规则。

第三条　本规则所称基金评价机构包括从事基金评价业务的证券公司、证券投资咨询机构、独立基金评价机构、媒体及中国证监会认定的其他机构。

本规则所称基金评价业务是指基金评价机构及其评价人员对基金的投资收益和风险或基金管理人的管理能力开展评级、评奖、单一指标排名或中国证监会认定的其他评价活动。

本规则所称基金评价结果是指基金评价机构开展基金评价业务所形成的信息资料，包括基金或基金管理人的评级信息、基金排名、基金或基金管理人获奖信息等。

第四条　基金评价机构应当加入中国证券业协会(以下称协会)，成为协会会员，履行会员义务，享有会员权利。

第五条　协会成立基金评价业务专家工作组(以下称专家工作组)，负责对基金评价机构的基金评价标准、方法、内控制度、业务流程以及执行情况的评估咨询。

第六条　协会依据本规则，负责对基金评价机构及基金评价业务活动等进行自律管理。

第二章　注册登记和业务备案

第七条　申请入会成为协会会员的基金评价机构，应符合《中国证券业协会章程》和《中国证券业协会会员管理办法》规定的入会条件，符合《暂行办法》规定的从事基金评价业务的基本条件，同时还应符合下列条件：

(一)在中国境内登记、注册的企业法人；

(二)注册资本不少于500万元人民币，且为实缴货币资本；

(三)基金评价人员应取得基金从业资格，且不少于5人，并具备3年以上金融业务相关的工作经历或学术经历，其中基金评价业务主要负责人应当具备5年以上金融业务相关的工作经历或学术经历；

(四)完整的基金评价理论和方法，健全的评级体系和作业程序；

(五)有可靠的信息采集制度和完备的数据存储机制，数据库应包括5年以上基金评价需要的基金行业相关信息；

(六)有清晰明确的盈利模式，确保基金评价机构的可持续发展；

(七)有完善的员工管理和培训制度，持续提高从业人员的职业素养和业务水平；

(八)协会规定的其他条件。

第八条　媒体也可以按照下列条件申请入会成为协会会员，但只能开展评奖活动：

(一)本规则第七条除第(三)、(五)、(六)、(七)项外的其他规定；

(二)基金评价人员应取得基金从业资格，且不少于2人，并具备3年以上金融业务相关的工作经历或学术经历，其中基金评价业务主要负责人应当具备5年以上金融业务相关的工作经历或学术经历。

(三)有完备、可靠的数据库支持，数据库应包括5年以上基金评价需要的基金行业相关信息。

第九条　独立基金评价机构、媒体及中国证监会认定的其他机构应当在《暂行办法》施行后30个工作日内或其开始从事基金评价业务后30个工作日内申请入会。申请入会时，应向协会递交下列申请材料：

（一）申请成为协会会员的公函（原件）；

（二）《中国证券业协会会员登记表》（原件）；

（三）法人营业执照（副本复印件）；

（四）从事基金评价业务人员和业务主要负责人的名单、简历、身份证件、学历证明、基金从业资格证明；

（五）机构基本经营情况；

（六）基金评价业务范围；

（七）完整的基金评价理论、标准、方法及效果的说明；

（八）基金评价信息数据及数据安全性、真实性和完整性说明；

（九）基金评价业务内部控制制度、业务流程、基金分类方法；

（十）诚信承诺书；

（十一）协会要求提供的其他文件。

第十条 《暂行办法》施行前已经加入协会的证券公司、证券投资咨询机构等从事基金评价业务，应在《暂行办法》施行后30个工作日内或其开始从事基金评价业务后30个工作日内向协会递交下列备案材料：

（一）报备从事基金评价业务相关文件的公函；

（二）本规则第九条第（四）项至第（十一）项的材料。

《暂行办法》施行后设立的证券公司、证券投资咨询机构从事基金评价业务，应先行办理注册登记手续成为协会会员，在其开始从事基金评价业务后30个工作日内向协会递交前款所列的备案材料。

第十一条 协会正式受理基金评价机构的入会申请材料或基金评价业务备案材料后，在两个月内完成入会申请材料或基金评价业务备案材料的审核，作出是否核准注册登记入会或基金评价业务备案，或终止注册登记入会或基金评价业务备案程序的决定，并函告基金评价机构。

第十二条 协会在基金评价机构入会之日或核准基金评价业务备案之日起的10个工作日内，通过协会网站公告具备会员资格基金评价机构的名单及其基金评价业务范围。

第十三条 基金评价机构有下列情形之一的，应至少提前30个工作日向协会报送相关备案材料：

（一）调整基金评价业务范围的；

（二）调整基金评价标准、方法、内控制度和业务流程的；

（三）调整基金评奖的标准、方法和业务流程的；

（四）协会规定的其他情形。

发生上款第（二）、（三）项情形的，基金评价机构还应说明调整后的评价标准、方法等对调整前评价或评奖结果的影响。

第十四条 协会受理基金评价机构调整基金评价业务范围，或调整其基金评价标准、方法、内控制度、业务流程的备案材料后，在两个月内完成对其备案材料审核工作，作出是否核准调整基金评价业务范围，或核准调整基金评价标准、方法、内控制度、业务流程备案，或终止上述备案程序的决定，函告基金评价机构，并作出在协会网站上公告变更事宜。

第三章 基金评价业务规范

第十五条 基金评价机构及其评价人员从事基金评价业务等活动，应当遵守法律、行政法规和中国证监会的相关规定，恪守业务规则和行业规范，客观公正地对基金及基金管理人进行评价，促进基金行业的良性竞争，培育和引导投资人形成长期投资理念。

第十六条 基金评价机构自身评价部门、销售部门之间以及基金评价机构与基金管理公司或基金销售机构之间应建立基金评价业务与其他证券业务的“防火墙”制度，保证基金评价业务的独立性和客观性。

第十七条 基金评价机构不得频繁调整其基金评价标准、方法、内控制度、业务流程和基金分类方法，原则上一年内调整次数不得超过1次，法律、法规或中国证监会规定必须调整的除外。

第十八条 基金评价机构的评价人员及其业务负责人，应向协会申请执业注册，取得中国证券业执业证书。

第十九条 基金评价机构及其评价人员从事基金评价业务等活动，不得有下列行为：

（一）使用未经公开披露的信息或虚假信息作为基金评价的数据或依据；

（二）利用基金评价业务活动向评价对象索取任何形式的好处或利益；

（三）在基金评价报告等文件中使用广告性语言；

（四）在评价结果中明显不公平对待部分评价对象，或者使用贬低、诋毁评价对象的语言；

（五）出具预测未来业绩等明显具有误导性的评价结果；

（六）评价人员未经其所服务的基金评价机构允许，擅自发表有关基金评价的言论；

（七）诋毁其他基金评价机构及其评价人员，或者对其评价结果发表不正当的评论等不正当竞争行为；

（八）法律、法规或中国证监会规定禁止的其他行为。

第四章　基金评价机构信息披露

第二十条　具备协会会员资格基金评价机构应通过本机构网站及至少一家中国证监会指定信息披露媒体向社会披露本机构下列信息内容：

（一）基本信息：包括机构名称、法定代表人、基金评价业务部门名称、通信地址和联系办法；

（二）人员信息：包括取得基金从业资格的基金评价业务人员及业务主要负责人的姓名、执业资格证书编号、主要从业经历；

（三）业务信息：包括基金评价标准、方法和程序，基金评级和评奖开展情况及发布方式，为避免与评价对象产生利益冲突而采取的措施；

（四）中国证监会、协会要求披露的其它信息或基金评价机构认为需要披露的相关信息。

第二十一条　基金评价机构与基金管理公司或基金销售机构存在下列关联关系的，应通过本机构网站披露关联方名称及关联关系：

（一）同一股东持有基金评价机构、基金管理公司的股份均达到5%以上的；

（二）基金评价机构持有基金管理公司的股份达到5%以上的；

（三）基金评价机构销售基金产品的；

（四）基金评价机构为基金管理公司提供证券投资咨询服务或销售信息产品且获得收入的；

（五）基金评价机构为基金管理公司提供证券买卖交易席位及交易单元的；

（六）基金评价机构的评价人员担任基金管理公司职务的；

（七）基金评价机构为基金管理公司提供信息披露和宣传栏目的；

（八）基金评价机构认为应该披露的其他关联关系。

第二十二条　本规则第二十条、第二十一条所列各项信息内容发生变化的，基金评价机构应该更新本机构网站披露的相关信息，其中第二十条第（三）项信息内容发生变化时，基金评价机构还应通过至少一家中国证监会指定信息披露媒体进行披露。

第二十三条　基金评价机构应在披露第二十条所列各项信息内容或在更新其所披露信息内容之日起的10个工作日内，向协会提交所披露信息内容或更新信息内容的电子文档。

第二十四条　基金评价机构应在每年3月底向协会提交本机构上年度工作报告的书面和电子文档，工作报告包括但不限于以下内容：

（一）机构或基金评价业务部门基本情况及经营状况；

（二）基金评价人员及其变化情况；

（三）基金评价标准、方法、程序以及调整情况；

（四）基金评价业务开展情况；

（五）履行信息披露义务情况；

（六）防范利益冲突措施及实施情况；

（七）奖惩情况；

（八）其他需要说明的情况。

基金评价机构从事基金评价业务时间在报告期内未满3个月的，可免交年度工作报告。

第二十五条　协会通过网站公示本规则第二十条和二十四条规定的各基金评价机构的相关信息。

第五章　评价结果引用

第二十六条　基金管理公司、基金销售机构及中国证监会指定信息披露媒体应当引用协会公告的具备协会会员资格基金评价机构公开发布的基金评价结果，并注明所引用评价结果的基金评价机构。

第二十七条　基金评价机构被取消协会会员资格或被停止基金评价业务的，基金管理公司、基金销售机构及中国证监会指定信息披露媒体应当停止公开引用其评价结果。

第二十八条　对于不具备协会会员资格的境外基金评价机构对基金或基金管理公司进行评价或评级的结果，基金管理公司不得在境内（包括公司网站）公开引用。在境外公开引用时，应遵从当地法律的要求。

第二十九条 基金管理公司主动聘请基金评价机构利用非公开信息对本公司或基金产品进行综合评价或评级，其评价或评级结果不得在境内（包括公司网站）公开引用。

第三十条 基金管理公司、基金销售机构在宣传推介材料中公开引用基金评价结果的，还应遵循中国证监会关于基金宣传推介材料制作的相关规定。

第三十一条 基金管理公司、基金销售机构及中国证监会指定信息披露媒体决定与基金评价机构合作并公开引用其基金评价结果的，可以向协会查询基金评价机构的诚信档案。

第三十二条 基金管理公司、基金销售机构及中国证监会指定信息披露媒体在与基金评价机构合作并公开引用其基金评价结果的过程中，发现基金评价机构或其基金评价活动违反《暂行办法》和本规则的，应当及时向协会报告。

第六章 专家工作组

第三十三条 专家工作组是协会设立的非常设评估咨询机构，在协会的领导下开展工作。

第三十四条 专家工作组的主要职责是：

（一）对申请从事基金评价业务活动的机构所提交的基金评价理论基础、标准、方法、内控制度和业务流程进行专业评估；

（二）对基金评价机构调整后的基金评价标准、方法、内控制度和业务流程进行专业评估；

（三）参加协会组织的对基金评价机构业务检查，对基金评价机构基金评价业务合规性进行专业评估；

（四）参与其他需要对基金评价业务作出专业评估的事项。

第三十五条 专家工作组由中国证监会、协会、业内机构、学术研究机构的有关专家组成，由协会聘任，任期2年，可连续聘任。专家工作组名单向社会公布。专家工作组成员必须满足以下条件：

（一）有较高的专业水平与丰富的从业经验；

（二）有良好的行业声誉；

（三）关心行业发展，热心协会工作；

（四）有充足的时间和精力参加专家组的活动；

（五）协会规定的其他条件。

第三十六条 专家工作组对所评估的事项可以通过集体表决，也可以由专家独立发表个人意见。专家工作组表决意见和专家个人意见，是协会对相关事项进行决策的重要依据。

第三十七条 专家工作组成员应当遵循以下要求：

（一）勤勉尽职，客观、公正地对基金评价机构进行评估，独立发表个人意见、行使表决权；

（二）保守基金评价机构商业秘密；

（三）不擅自对外发表与评估对象和内容相关的意见；

（四）遵守有关回避规定；

（五）不得接受评估对象提供的任何形式的馈赠；

（六）不得为其他评估对象提供指导或咨询。

第七章 业务检查与纪律处分

第三十八条 协会根据《暂行办法》及协会自律规则等规定，对基金评价机构的人员资质、内部控制、业务活动、信息披露等合规情况进行业务检查，业务检查可通过现场或非现场方式进行。

业务检查分年度检查、专项检查和投诉举报事项检查。

第三十九条 协会对基金评价机构实行年检制度，每年对基金评价机构提交的年度工作报告进行审阅，每两年对基金评价机构进行一次现场检查。

第四十条 基金评价业务相关规章制度发生变化，或基金评价机构的基金评价标准、方法、内控制度和业务流程进行调整，协会将根据需要组织对基金评价机构执行规章制度或调整后业务活动进行专项检查。

第四十一条 基金评价机构被投诉或被举报，协会认为有必要时，可对基金评价机构进行检查。

第四十二条 协会跟踪基金管理公司、基金销售机构及中国证监会指定信息披露媒体公开引用基金评价结果的情况，对发现或被举报有违反《暂行办法》或本规则的行为进行检查。

第四十三条 协会对基金评价业务进行检查时，可组织专家工作组进行专业评估，或聘请注册会计师等专业人员提供专业服务。

第四十四条 协会在业务检查中，发现基金评价机构、基金评价人员或基金管理公司、基金销售机构违反《暂行办法》或本规则的，协会可采取书面或口头形式进行谈话提醒或质询，要求改正，对拒不改正或情节严重的，可给予警告、行业内通报批评、通过媒体公开谴责、暂停部分会员权利、将其从具备协会会员资格的基金评价机构名单中予以删除、取消会员资格等纪律处分，记入诚信档案并报告中国证监会。

第四十五条 基金评价机构有下列行为之一的，协会可按照本规则第四十四条的规定给予纪律处分：

（一）未按照已在协会备案的评价标准、方法和程序从事基金评价业务的；

（二）未按照本规则的规定履行信息披露义务的；

（三）违反《暂行办法》第十四条规定进行基金评价或发布基金评价结果的；

（四）未按规定保存基金评价数据和资料的；

（五）违反本规则规定的基金评价机构行为准则的；

（六）聘任不具备基金从业资格的人员或有违法、违规记录的人员从事基金评价业务的；

（七）其他违反《暂行办法》和本规则的行为。

第四十六条 基金评价人员有下列情形之一的，协会可按照本规则第四十四条的规定，给予纪律处分：

（一）同时在两个以上基金评价机构执业；

（二）以基金评价人员个人名义发布基金评价结果；

（三）未取得基金从业资格，从事基金评价业务；

（四）违反本规则规定的基金评价人员行为规则。

第四十七条 基金管理公司、基金销售机构在境内公开引用不具备协会会员资格基金评价机构发布的基金评价结果，或不注明引用评价结果的基金评价机构的，协会可按照本规则第四十四条的规定，给予纪律处分。

中国证监会指定信息披露媒体违反前款所列行为的，协会报中国证监会处理。

第四十八条 基金评价机构及其基金评价人员、基金管理公司或基金销售机构对检查结果或纪律处分有异议的，可以向协会进行申诉。

第四十九条 协会建立基金评价机构及其基金评价人员的诚信数据库，记载基金评价机构及其评价人员受到处罚或纪律处分、被投诉或举报等相关信息。

第八章 附 则

第五十条 基金管理公司和基金销售机构根据基金销售适用性原则对基金产品进行风险等级分类或聘请第三方对基金产品进行风险等级分类的，不属于本规则规范的基金评价业务。

第五十一条 协会对基金评价业务的自律管理接受中国证监会的指导和监督。

第五十二条 本规则由中国证券业协会实施并负责解释。

第五十三条 本规则自公布之日起施行。

证券投资基金销售人员从业资质管理规则

（中国证券业协会　2010年1月11日）

第一条　为提高证券投资基金（以下简称基金）销售人员执业素质，规范基金销售行为，维护基金持有人的合法权益，根据中国证监会《证券投资基金销售管理办法》、《证券从业人员资格管理办法》等法律、法规以及中国证券业协会（以下简称协会）的有关自律规则，制定本规则。

第二条　本规则适用于下列基金销售人员：

（一）基金销售机构总部及主要分支机构负责基金销售业务的部门中从事基金销售业务管理的人员，包括部门基金业务负责人；

（二）基金销售机构从事基金宣传推介活动、基金理财业务咨询等活动的人员。

第三条　本规则所称的基金销售机构是指办理基金销售业务的基金管理公司和经中国证监会认定的取得基金销售业务资格的其他机构，包括商业银行、证券公司、证券投资咨询机构、专业基金销售机构等。

第四条　基金销售人员应按照本规则的要求取得从业资质证明，基金销售人员从业资质可以通过以下方式获取：

（一）通过证券业从业人员资格考试中的“证券市场基础知识”和“证券投资基金”两科考试，由所在机构统一进行注册申请，符合条件的可获得中国证券业执业证书。

（二）通过基金销售人员从业考试即“证券投资基金销售基础知识”一科的，可直接获得基金销售人员从业考试成绩合格证。

第五条　基金销售人员应符合下列资质要求：

（一）基金管理公司的全部基金销售人员应取得第四条第（一）项规定的中国证券业执业证书；

（二）证券公司总部及营业网点、商业银行总行及其一级分行、专业基金销售机构和证券投资咨询总部及营业网点从事基金销售业务管理的人员应取得第四条第（一）项规定的中国证券业执业证书；

（三）证券公司总部及营业网点、商业银行总行、各级分行及营业网点、专业基金销售机构和证券投资咨询机构总部及营业网点从事基金宣传推介、基金理财业务咨询等活动的人员应取得基金销售人员从业考试成绩合格证。

前款第（三）项人员已取得中国证券业执业证书的，可以豁免基金销售人员从业考试。

第六条　基金销售人员在开展基金宣传推介、基金理财业务咨询等活动时应通过适当的方式向基金投资人出示从业资质证明。

第七条　对于通过证券业从业人员资格考试的基金销售人员，基金销售机构应遵照《证券业从业人员资格管理办法》、《证券业从业人员资格管理实施细则》和本规则的要求，统一办理执业注册、后续培训和执业年检。

第八条　对于取得基金销售人员从业考试成绩合格证的人员，基金销售机构可参照协会证券从业人员后续职业培训大纲的要求，组织与基金销售相关的职业培训。

取得基金销售人员从业考试成绩合格证的人员可以参加所在机构组织的培训，也可以参加协会远程系统的培训或所在辖区地方证券业协会组织的培训。

第九条　基金销售机构对基金销售人员的销售行为、流动情况、获取从业资质和业务培训等进行日常管理，建立健全基金销售人员管理档案，登记基金销售人员的基本资料和培训情况等。

第十条　基金销售机构应通过网站或其他方式向社会公示本机构所属的取得基金销售从业资质的人员信息，公示的内容包括但不限于姓名、从业资质证明及编号、所在营业网点等信息。

第十一条　协会对各基金销售机构基金销售人员的持证上岗情况以及执业行为等进行监督检查。对于违反本规则及协会其他自律规则的，协会将进行调查并视情节轻重对基金销售机构和基金销售人员予以纪律处分，相关惩罚记录记入基金销售人员和所在机构的诚信数据库。不予纠正或情节严重的，报告中国证监会。

第十二条　本规则由协会负责解释。

第十三条　本规则自公布之日起施行。

第五部分 基金市场体系

Part V Fund Market System

国泰基金管理有限公司

法定名称	国泰基金管理有限公司	英文名称	GuoTai Asset Management Co.,Ltd.		
成立时间	1998年3月5日	注册资本	1.1亿元人民币	公司属性	中外合资
法人代表	陈勇胜	总 经 理	金 旭	督 察 长	李 峰
公司网址	www.gtfund.com	客服电话	400-888-8688 021-3856 9000		
联系电话	021-3856 1600	传真号码	021-3856 1800		
注册地址	上海市浦东新区世纪大道100号上海环球金融中心39层	办公地址	上海市浦东新区世纪大道100号上海环球金融中心39层		

公司简介

国泰基金管理有限公司(以下简称“公司”)成立于1998年3月5日，是经中国证监会证监基字[1998]5号文批准的首批规范的全国性基金管理公司之一。注册资本为1.1亿元人民币，公司注册地为上海，并在北京和深圳设有分公司。经中国证监会证监许可[2009]1163号文核准，公司股东中国建银投资有限责任公司、万联证券有限责任公司将其所持有的公司合计30%的股权转让给意大利忠利集团，同时，公司住所变更为上海市浦东新区世纪大道100号上海环球金融中心39楼。经中华人民共和国商务部批准(商外资资审字[2009]0023号)，公司变更为中外合资企业。

截至2010年6月30日，公司共管理2只封闭式证券投资基金和14只开放式证券投资基金。另外，公司于2004年获得全国社会保障基金理事会社保基金资产管理人资格，目前受托管理全国社保基金多个投资组合；2007年11月19日，公司获得企业年金投资管理人资格；2008年2月24日，公司成为首批获准开展特定客户资产管理业务(专户理财)的基金公司之一，并于3月24日经中国证监会批准获得合格境内机构投资者(QDII)资格，成为目前业内少数拥有“全牌照”的基金公司之一，囊括了公募基金、社保、年金、专户理财和QDII等管理业务资格。

2009年旗下开放式基金业绩表现

截至日期：2009年12月31日 (单位：元；%)

基金类型	基金简称	设立日期	基金份额净值	净值增长率①	累计净值增长率②
股票型	国泰金鹰增长股票	2002-05-08	1.076	83.62	447.76
	国泰金牛创新股票	2007-05-18	1.137	93.28	20.78
	国泰沪深300指数	2007-11-11	0.711	89.60	-28.82
	国泰区位优势股票	2009-05-27	1.153	20.14	20.14
	国泰中小盘成长股票(LOF)	2009-10-19	1.012	9.84	9.84
混合型	国泰金龙行业混合	2003-12-05	0.917	72.69	365.37
	国泰金马稳健混合	2004-06-18	0.911	84.41	298.55
	国泰金鹏蓝筹混合	2006-09-29	1.154	87.25	144.71
	国泰金鼎价值混合	2007-04-11	1.016	84.39	34.77
	国泰金鹿保本(二期)混合	2008-06-12	1.052	5.06	10.41
债券型	国泰金龙债券A	2003-12-05	1.059	2.41	44.41
	国泰双利债券A	2009-03-11	1.091	10.17	10.17
货币型	国泰货币	2005-06-21	1.000	1.5294	10.7631

注：①净值增长率指该基金2009年度的份额净值增长率；②累计净值增长率指该基金设立以来的份额净值增长率。

2009年管理公募基金概况

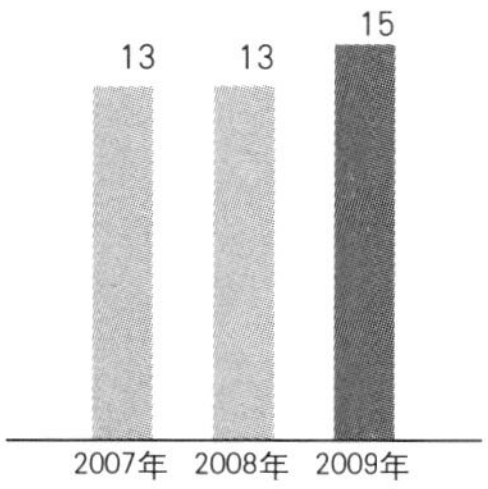

基金数量(只)

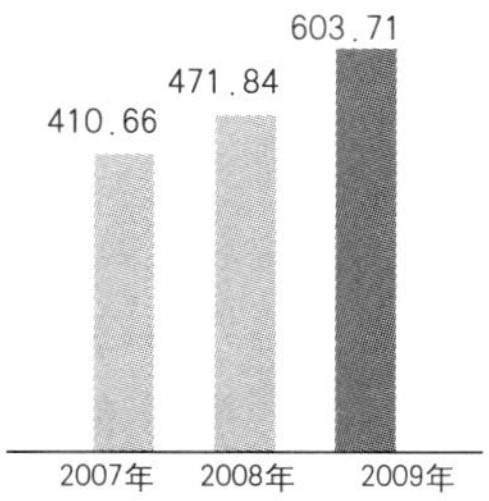

基金份额规模(亿份)

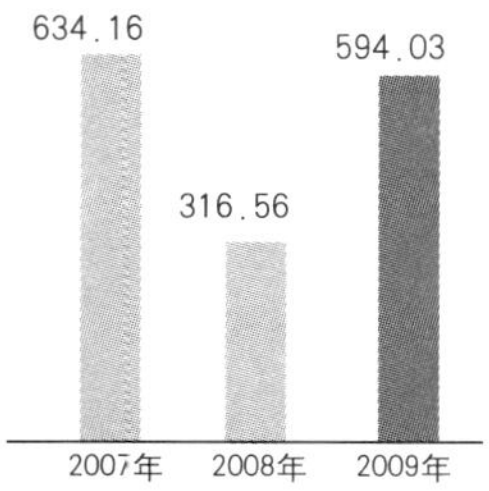

基金资产规模(亿元)

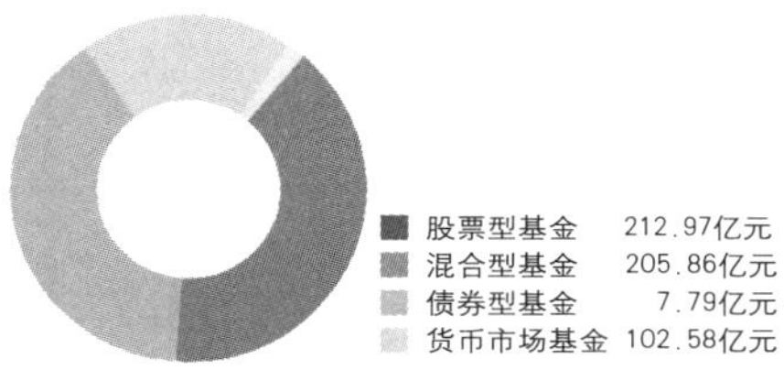

2009年基金资产规模构成(不含封闭式基金)

金泰证券投资基金

基本资料			
基金简称	国泰金泰封闭	交易代码	500001
风险收益特征	承担中等风险、获取中等的超额收益。	业绩比较基准	—
合同生效日	1998年3月27日	基金总份额	20亿份
上市日期	1998年4月7日　地点　上交所	存续期	至2013年3月26日止
基金管理人	国泰基金管理有限公司	基金托管人	中国工商银行
注册登记人	中国证券登记结算有限责任公司上海分公司		

财务指标　单位：人民币(元)；%

项目＼年度	2009年	2008年	2007年
本期利润	1,063,571,302.07	−2,557,847,870.11	4,006,807,730.89
本期加权平均净值利润率	46.99	−75.52	66.19
期末基金资产净值	2,705,751,348.74	1,642,180,046.67	7,616,027,917.15
期末基金份额净值	1.3529	0.8211	3.808
本期份额净值增长率	64.77	−47.93	107.28
累计份额净值增长率	520.95	276.86	623.62
基金收益分配	——	10派17.080	10派2.900
期末基金份额持有人户数	基金份额持有人户数为58,168户，平均每户持有34,383.17份。　(期末截至2009年12月31日)		
期末基金份额持有人结构	机构投资者持有1,193,043,173份，占总份额59.65%；个人投资者持有806,956,827份，占总份额40.35%。		

成立来累计净值增长率与同期基准收益率历史走势对比图（%）

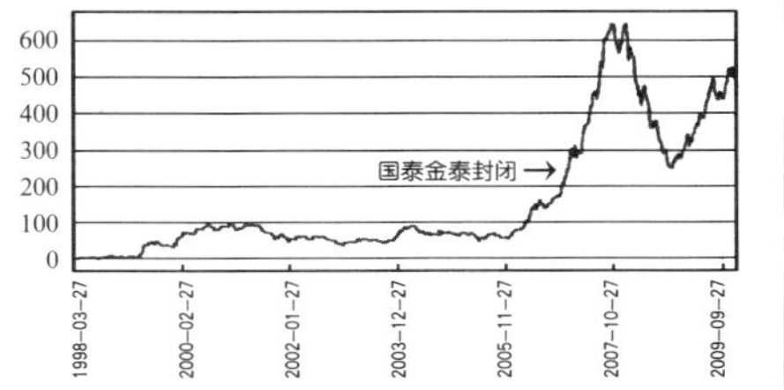

近三年净值增长率与同期基准收益率对比图（%）

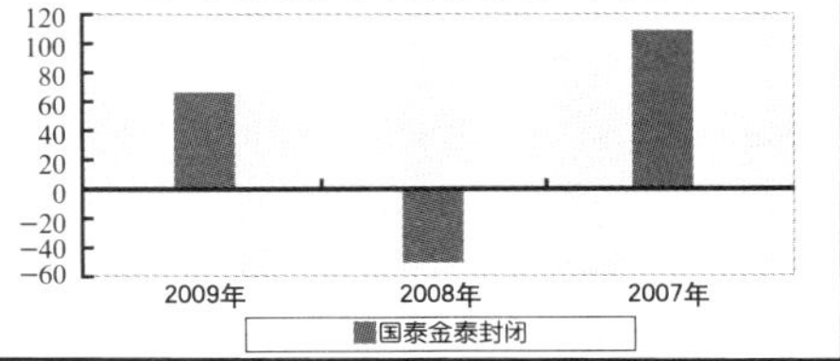

基金业绩表现

截至2009年12月31日，国泰金泰基金份额为1.3529元，全年净值增长率为64.77%。

基金管理团队

唐　珂先生：基金经理，6年证券从业经历，硕士研究生，CFA。曾任职于江苏丹化集团、德国远东投资有限公司、中国网络、上海德茂投资。2003年2月加入国泰基金管理公司，历任高级行业研究员、基金经理助理；2008年4月起任国泰金泰封闭基金经理；2008年8月起兼任国泰金鹿保本混合(二期)基金经理。

程洲先生：基金经理，9年证券从业经历，硕士研究生，CFA。曾任职于申银万国证券研究所。2004年4月加入国泰基金管理公司，历任高级策略分析师、基金经理助理；2008年4月起任国泰金马稳健混合基金经理，2009年12月起兼任国泰金泰封闭基金经理.

基金运作分析

回顾2009年的操作，在资产配置层面，国泰金泰基金在一季度随着经济的强劲复苏逐步增加了股票资产配置比例，二、三季度在结构调整时股票仓位有所波动，但基本维持稳定，随着经济持续复苏和企业盈利的回升，该基金在四季度增加了股票资产配置比例。

在结构调整上，国泰股票基金在一季度对持股结构进行了较大调整，主要减持了前期涨幅较大、估值偏高、流动性较差的个股，增持了分红收益率较高、增长更明确、业绩稳定性更强、具有良好流动性的价值类型股票，行业上则是重点增持了受益经济复苏的金融和煤炭行业；二季度，该基金继续增加了经济复苏受益的房地产行业；三季度该基金开始关注经济结构的调整，重点增加了国家政策支持和刺激的家电和食品饮料行业。

季度投资组合一览

项目＼季度	第一季度		第二季度		第三季度		第四季度	
基金资产净值	1,971,156,387.23元		2,349,139,609.50元		2,353,233,527.79元		2,705,751,348.74元	
基金份额净值	0.9856元		1.1746元		1.1766元		1.3529元	
基金资产组合	市值(元)	占总资产比(%)	市值(元)	占总资产比(%)	市值(元)	占总资产比(%)	市值(元)	占总资产比(%)
股票投资	1,351,341,518.97	68.33	1,513,628,237.45	64.25	1,599,110,349.65	67.67	2,089,549,043.11	76.33
债券投资	550,000,971.00	27.81	527,799,398.00	22.40	553,675,217.10	23.43	589,670,668.70	21.54
资产支持证券投资	——	——	——	——	——	——	——	——
金融衍生品投资	——	——	——	——	——	——	——	——
买入返售金融资产	——	——	——	——	——	——		
银行存款和结算备付金	53,538,573.32	2.71	105,524,858.15	4.48	200,316,386.81	8.48	50,998,170.99	1.86
其他资产	22,849,316.83	1.16	208,773,353.11	8.86	10,168,483.54	0.43	7,390,376.36	0.27

投资前五名股票明细

股票名称	公允价值(元)	占净值比(%)	股票名称	公允价值(元)	占净值比(%)	股票名称	公允价值(元)	占净值比(%)	股票名称	公允价值(元)	占净值比(%)
建发股份	71,680,000.00	3.64	招商银行	109,809,000.00	4.67	中国平安	96,837,000.00	4.12	*ST伊利	122,501,484.72	4.53
招商银行	64,835,100.00	3.29	建发股份	94,710,000.00	4.03	*ST伊利	85,097,219.48	3.62	招商银行	118,208,168.45	4.37
中国石化	63,456,118.90	3.22	中国平安	83,269,372.20	3.54	建发股份	78,540,000.00	3.34	中国平安	107,150,050.00	3.96
中兴通讯	56,218,518.60	2.85	兴业银行	77,188,800.00	3.29	招商银行	75,378,000.00	3.20	建发股份	90,720,000.00	3.35
大同煤业	54,467,000.00	2.76	北京银行	71,717,315.34	3.05	北京银行	70,643,000.00	3.00	双汇发展	82,938,589.20	3.07

投资前五名债券明细

债券名称	公允价值(元)	占净值比(%)	债券名称	公允价值(元)	占净值比(%)	债券名称	公允价值(元)	占净值比(%)	债券名称	公允价值(元)	占净值比(%)
20国债(4)	100,554,417.00	5.10	20国债(4)	110,389,884.00	4.70	07国开08	100,050,000.00	4.25	07国开08	99,990,000.00	3.70
08农发10	100,490,000.00	5.10	07国开08	100,550,000.00	4.28	09央行票据43	69,769,000.00	2.96	09央行票据57	59,802,000.00	2.21
07国开08	99,140,000.00	5.03	08国开23	59,700,000.00	2.54	08国开23	59,112,000.00	2.51	08国开23	59,142,000.00	2.19
08国开23	60,360,000.00	3.06	08进出09	50,795,000.00	2.16	08进出09	49,900,000.00	2.12	07央行票据23	50,185,000.00	1.85
21国债(10)	51,425,000.00	2.61	08农发19	49,510,000.00	2.11	09央行票据35	49,835,000.00	2.12	09央行票据53	49,835,000.00	1.84

金鑫证券投资基金

基本资料			
基金简称	国泰金鑫封闭	交易代码	500011
风险收益特征	承担中等风险、获取中等的超额收益。	业绩比较基准	—
合同生效日	1999年10月21日	基金总份额	30亿份
上市日期	1999年11月26日　地点　上交所	存续期	至2014年10月20日
基金管理人	国泰基金管理有限公司	基金托管人	中国建设银行
注册登记人	中国证券登记结算有限责任公司上海分公司		

财务指标　　单位：人民币（元）；%

项目　年度	2009年	2008年	2007年
本期利润	1,600,045,287.15	-3,081,826,897.91	5,022,412,774.92
本期加权平均净值利润率	51.13	-69.99	65.91
期末基金资产净值	3,776,886,608.78	2,176,841,321.63	9,470,668,217.37
期末基金份额净值	1.2590	0.7256	3.1569
本期份额净值增长率	73.51	-47.01	109.84
累计份额净值增长率	306.90	134.51	342.52
基金收益分配	——	10派14.040	10派1.300
期末基金份额持有人户数	基金份额持有人户数为93,517户，平均每户持有32,079.73份。　（期末截至2009年12月31日）		
期末基金份额持有人结构	机构投资者持有1,585,254,386份，占总份额52.84%；个人投资者持有1,414,745,614份，占总份额47.16%。		

成立来累计净值增长率与同期基准收益率历史走势对比图（%）

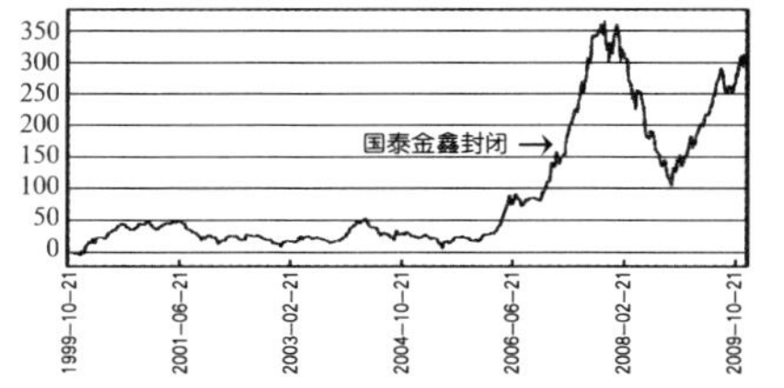

近三年净值增长率与同期基准收益率对比图（%）

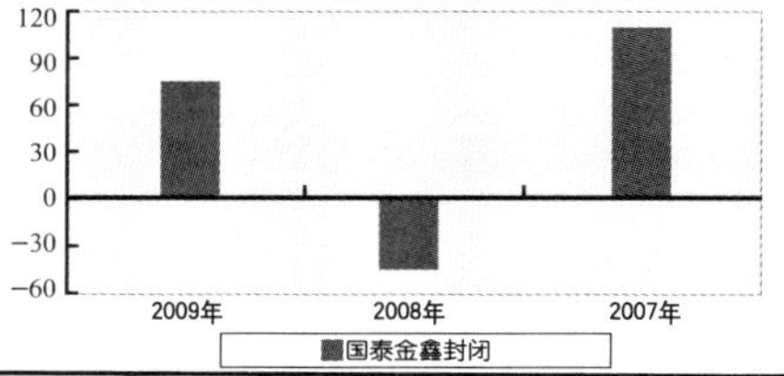

基金业绩表现

截至2009年12月31日，国泰金鑫基金份额为1.2590元，全年净值增长率为73.51%。

基金管理团队

黄　炎先生：基金经理、基金管理部副总监，16年证券从业经历，硕士研究生。曾任职于中期国际期货公司、和利投资发展公司、平安保险公司投资管理中心。2003年1月加入国泰基金管理公司，曾任国泰金泰封闭基金经理、国泰金鹿保本增值基金和国泰金象保本增值基金经理，2006年7月至2008年5月担任国泰金龙行业混合基金经理，2007年4月起兼任国泰金鑫封闭基金经理，2008年5月起兼任国泰金鹏蓝筹混合基金经理，2009年5月起任基金管理部副总监。

基金运作分析

2009年年初基于对市场的乐观判断，国泰金鑫基金保持了较高的仓位和组合弹性。另外，对于2009年的重点行业机会如地产、煤炭、汽车、家电以及下半年的医药消费等基本都有所把握，因此获得了较好的收益率。到2009年末期，大盘股相对中小盘股的估值折价已达历史高位，股指期货的推出时间也在不断临近，判断未来大中盘股走强的可能性增大，因此国泰金鑫基金减持了涨幅较大、估值偏高脱离基本面的中小盘股票，增持了业绩增长确定、估值优势突出的部分中大盘股，如银行、钢铁等。

季度投资组合一览

项目　季度	第一季度		第二季度		第三季度		第四季度	
基金资产净值	2,702,956,871.47元		3,263,94C,493.79元		3,268,196,886.02元		3,776,886,608.78元	
基金份额净值	0.9010元		1.0880元		1.0894元		1.2590元	
基金资产组合	市值(元)	占总资产比(%)	市值(元)	占总资产比(%)	市值(元)	占总资产比(%)	市值(元)	占总资产比(%)
股票投资	1,890,282,256.24	69.47	2,363,132,145.27	70.57	2,302,299,818.24	70.12	2,961,208,131.26	76.19
债券投资	600,621,570.70	22.08	717,052,383.60	21.41	728,237,203.40	22.18	794,285,798.50	20.44
资产支持证券投资	——	——	——	——	——	——	——	——
金融衍生品投资	——	——	——	——	——	——	——	——
买入返售金融资产	——	——	——	——	——	——	——	——
银行存款和结算备付金	214,109,253.67	7.87	54,579,520.42	1.63	236,455,617.09	7.20	87,397,588.11	2.25
其他资产	15,806,180.50	0.58	214,062,505.28	6.39	16,331,134.52	0.50	43,508,653.07	1.12

投资前五名股票明细	股票名称	公允价值(元)	占净值比(%)	股票名称	公允价值(元)	占净值比(%)	股票名称	公允价值(元)	占净值比(%)	股票名称	公允价值(元)	占净值比(%)
	招商银行	113,795,747.91	4.21	招商银行	181,053,460.17	5.55	招商银行	119,726,173.34	3.66	招商银行	168,200,459.25	4.45
	兴业银行	90,913,384.08	3.36	兴业银行	137,318,726.76	4.21	兴业银行	103,032,772.11	3.15	东方电气	150,179,407.50	3.98
	金地集团	74,677,905.96	2.76	中国平安	81,796,849.08	2.51	湖北宜化	88,740,000.00	2.72	兴业银行	115,699,898.43	3.06
	豫园商城	63,024,000.00	2.33	北京银行	74,343,224.04	2.28	中国平安	83,730,492.30	2.56	湖北宜化	113,437,268.35	3.00
	中国铁建	62,621,897.60	2.32	浦发银行	68,612,445.16	2.10	东方电气	80,744,420.68	2.47	中国平安	112,273,364.91	2.97

投资前五名债券明细	债券名称	公允价值(元)	占净值比(%)	债券名称	公允价值(元)	占净值比(%)	债券名称	公允价值(元)	占净值比(%)	债券名称	公允价值(元)	占净值比(%)
	20国债(4)	108,561,955.50	4.02	20国债(4)	113,221,960.00	3.47	20国债(4)	125,175,134.40	3.83	20国债(4)	159,027,120.00	4.21
	08央行票据46	96,290,000.00	3.56	06农发17	100,800,000.00	3.09	06农发17	100,310,000.00	3.07	01国债09	71,239,000.00	1.89
	01国债09	72,163,000.00	2.67	01国债09	72,282,000.00	2.21	01国债09	71,386,000.00	2.18	09国开23	69,944,000.00	1.85
	08进出08	52,630,000.00	1.95	08进出08	52,160,000.00	1.60	08进出08	51,400,000.00	1.57	21国债(12)	63,022,102.50	1.67
	03国债(8)	50,975,000.00	1.89	03国债(8)	50,700,000.00	1.55	03国债(8)	50,200,000.00	1.54	08进出08	50,965,000.00	1.35

国泰金鹰增长证券投资基金

基本资料			
基金简称	国泰金鹰增长股票	交易代码	020001
风险收益特征	该基金追求中性偏低的风险收益，通过组合投资于增长型股票，力争实现基金单位资产净值在大盘上涨时增幅不低于比较基准上涨幅度的65%，大盘下跌时基金单位资产净值跌幅不高于比较基准跌幅的60%；年度内基金单位资产净值的标准差小于比较基准的标准差。		
业绩比较基准	上证A股指数		
合同生效日	2002年5月8日　首募份额　22.26亿份	认购户数	23,567户
基金管理人	国泰基金管理有限公司	基金托管人	交通银行
注册登记人	国泰基金管理有限公司		

成立来累计净值增长率与同期基准收益率历史走势对比图（%）

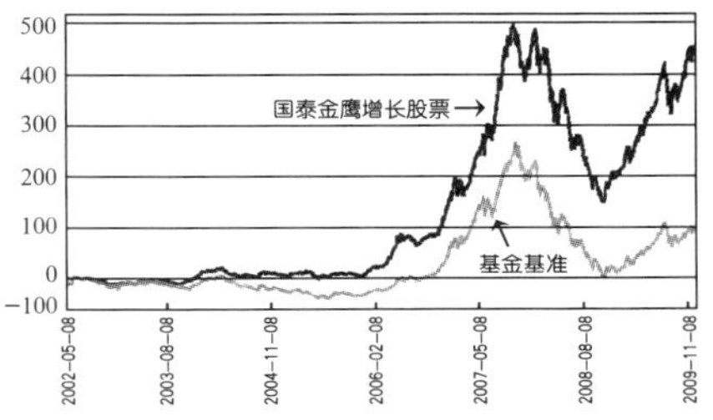

财务指标　单位：人民币(元)；%

项目＼年度	2009年	2008年	2007年
本期利润	415,799,993.49	−497,877,684.77	733,984,957.68
本期加权平均净值利润率	53.96	−74.21	69.98
期末基金资产净值	1,121,111,940.73	457,779,991.73	1,152,010,295.60
期末基金份额净值	1.076	0.586	3.654
本期份额净值增长率	83.62	−46.24	117.33
累计份额净值增长率	447.76	198.32	454.89
基金收益分配	——	10派21.100	10派5.600

近三年净值增长率与同期基准收益率对比图（%）

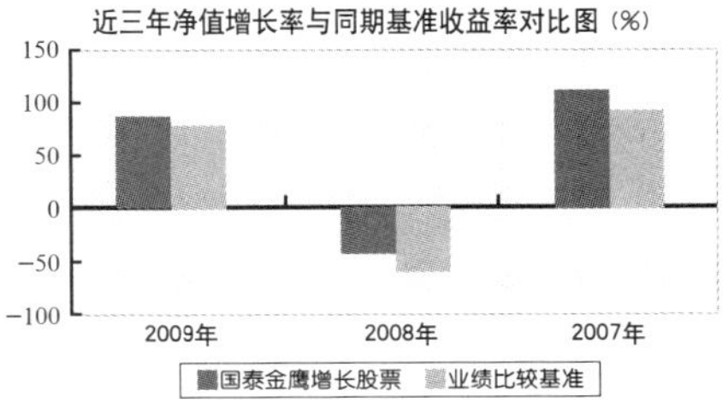

期末基金份额持有人户数	基金份额持有人户数为41,489户，平均每户持有25,108.34份。　（期末截至2009年12月31日）
期末基金份额持有人结构	机构投资者持有172,154,566.23份，占总份额16.53%；个人投资者持有869,565,261.14份，占总份额83.47%。

基金业绩表现

截至2009年12月31日，国泰金鹰增长股票基金份额为1.076元，全年净值增长率为83.62%，同期业绩基准收益率为79.80%。

基金管理团队

张　玮先生：基金经理、9年证券从业经历，硕士研究生。2000年11月至2004年6月就职于申银万国证券研究所，任行业研究员。2004年7月至2007年3月就职于银河基金管理有限公司，历任高级研究员、基金经理。2007年3月加入国泰基金管理公司，任国泰金鹰增长股票基金经理助理，2008年5月起任国泰金鹰增长股票基金经理，2009年4月至2009年10月兼任国泰金盛封闭基金经理，2009年10月起任国泰中小盘成长股票基金经理。

基金运作分析

出于对经济复苏形势的谨慎判断，2009年上半年国泰金鹰增长股票基金资产配置较为保守，股票仓位偏轻，下半年随着对经济恢复的信心提高而逐步提升了股票资产比重。基于对大消费板块的看好，该基金重点配置了汽车、家电、地产、医药、食品饮料等泛消费行业，同时持续配置与低碳经济有关的品种，并对有持续高增长潜力的优秀中小市值企业采取长期持有的策略，取得了较好成效。

季度投资组合一览

项目＼季度	第一季度		第二季度		第三季度		第四季度	
基金资产净值	510,872,917.81元		762,225,593.35元		848,951,420.79元		1,121,111,940.73元	
基金份额	700,901,667.45份		864,938,099.91份		961,622,459.70份		1,041,719,827.37份	
基金份额净值	0.7290元		0.8810元		0.8830元		1.0760元	
基金资产组合	市值(元)	占总资产比(%)	市值(元)	占总资产比(%)	市值(元)	占总资产比(%)	市值(元)	占总资产比(%)
股票投资	380,550,532.40	73.84	594,540,694.79	71.81	698,216,606.12	81.54	995,950,020.04	88.04
债券投资	71,935,100.00	13.96	81,719,000.00	9.87	30,614,757.00	3.58	30,389,000.00	2.69
资产支持证券投资	——	——	——	——	——	——	——	——
金融衍生品投资	——	——	——	——	——	——	——	——
买入返售金融资产	——	——	——	——	——	——	20,000,000.00	1.77
银行存款和结算备付金	57,703,978.03	11.20	23,927,129.32	2.89	124,300,809.45	14.52	64,492,279.09	5.70
其他资产	5,149,944.17	1.00	127,709,211.50	15.43	3,104,618.94	0.36	20,453,131.45	1.81

投资前五名股票明细	股票名称	公允价值(元)	占净值比(%)	股票名称	公允价值(元)	占净值比(%)	股票名称	公允价值(元)	占净值比(%)	股票名称	公允价值(元)	占净值比(%)
	招商银行	21,467,268.00	4.20	招商银行	33,902,184.15	4.45	中国平安	40,853,147.40	4.81	福耀玻璃	68,136,574.14	6.08
	长江电力	15,581,774.32	3.05	中国平安	32,434,977.72	4.26	潍柴动力	31,772,232.60	3.74	中大股份	50,691,167.68	4.52
	浦发银行	15,361,536.00	3.01	浦发银行	22,005,117.26	2.89	招商银行	27,737,034.80	3.27	招商银行	46,219,227.10	4.12
	天威保变	12,983,841.00	2.54	兴业银行	21,416,774.76	2.81	福耀玻璃	27,613,966.00	3.25	美的电器	40,424,515.20	3.61
	东华科技	11,722,829.60	2.29	青岛软控	16,859,034.36	2.21	*ST伊利	24,752,255.92	2.92	*ST伊利	37,291,678.08	3.33

投资前五名债券明细	债券名称	公允价值(元)	占净值比(%)	债券名称	公允价值(元)	占净值比(%)	债券名称	公允价值(元)	占净值比(%)	债券名称	公允价值(元)	占净值比(%)
	08央行票据95	29,169,000.00	5.71	08央行票据95	28,947,000.00	3.80	20国债(4)	20,318,000.00	2.39	20国债(4)	20,160,000.00	1.80
	21国债(7)	10,632,000.00	2.08	20国债(4)	15,270,000.00	2.00	21国债(10)	10,276,000.00	1.21	21国债(10)	10,229,000.00	0.91
	21国债(10)	10,285,000.00	2.01	21国债(7)	10,547,000.00	1.38	龙盛转债	20,757.00	0.00			
	03国债(3)	9,694,000.00	1.90	21国债(10)	10,238,000.00	1.34						
	99国债(8)	5,063,000.00	0.99	03国债(3)	9,628,000.00	1.26						

国泰金龙系列证券投资基金

国泰金龙债券证券投资基金

基本资料					
基金简称	国泰金龙债券			交易代码	020002/010012
风险收益特征	该基金属于收益稳定、风险较低的基金品种。				
业绩比较基准	中信全债指数收益率				
合同生效日	2003年12月5日	首募份额	18.87亿份	认购户数	6,623户
基金管理人	国泰基金管理有限公司			基金托管人	上海浦东发展银行
注册登记人	国泰基金管理有限公司				

成立来累计净值增长率与同期基准收益率历史走势对比图（%）

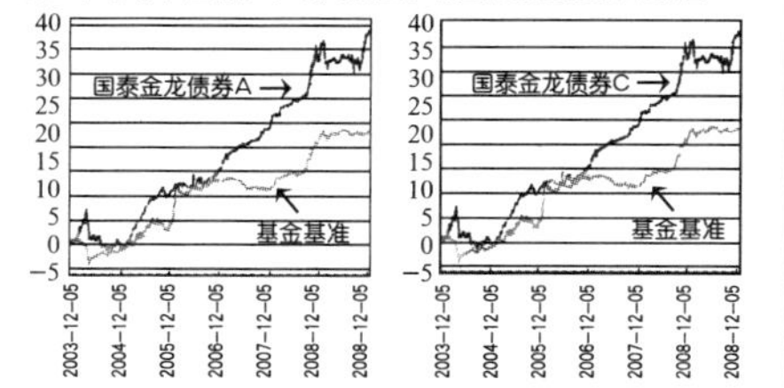

近三年净值增长率与同期基准收益率对比图（%）

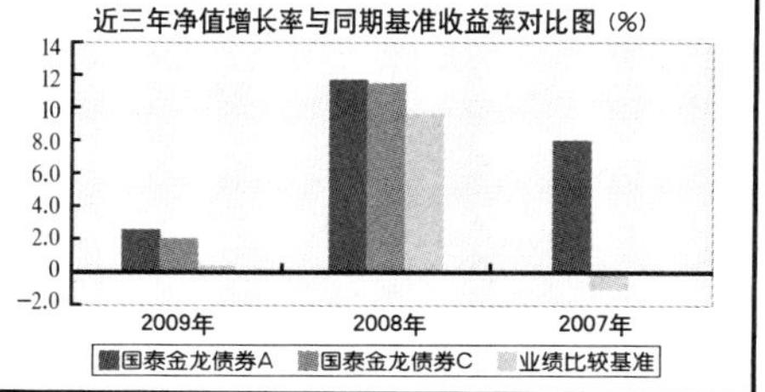

财务指标　单位：人民币（元）；%

项目 \ 年度	2009年 A	2009年 C	2008年 A	2008年 C	2007年
本期利润	−0.35亿元	−0.12亿元	1.00亿元	0.29亿元	38,485,930.67
本期加权平均净值利润率	−5.31	−5.51	12.16	8.49	5.63
期末基金资产净值	1.86亿元	0.66亿元	18.56亿元	6.16亿元	168,825,891.96
期末基金份额净值	1.059	1.052	1.075	1.073	1.085
本期份额净值增长率	2.41	1.93	11.61	11.41	7.93
累计份额净值增长率	44.41	43.48	41.02	40.76	26.35
基金收益分配	10派0.400	10派0.400	10派1.260	10派0.400	10派1.210

期末基金份额持有人户数	A：基金份额持有人户数为7,510户，平均每户持有23,362.11份。 C：基金份额持有人户数为2,548户，平均每户持有24,643.63份。　（期末截至2009年12月31日）
期末基金份额持有人结构	A：基金机构投资者持有24,283,565.61份，占总份额13.84%；个人投资者持有151,165,868.05份，占总份额86.16%。 C：基金机构投资者持有22,139,668.47份，占总份额35.26%；个人投资者持有40,652,310.78份，占总份额64.74%。

基金业绩表现

2009年国泰金龙债券A类基金全年净值增长率为2.41%，C类基金全年净值增长率为1.93%。

基金管理团队

林　勇先生：基金经理，14年证券从业经历，硕士研究生。曾任职于江西省人民银行、江西省资金融通中心、招商银行总行、嘉实基金管理公司。2005年5月加入国泰基金管理公司，曾任国泰货币基金经理、国泰金龙债券基金经理、国泰双利债券基金经理。

陈　强先生：基金经理，12年证券从业经历，硕士。曾任职于中行辽宁省分行、大连市商业银行、汉唐证券。2004年11月加入国泰基金公司，曾任国泰金象保本基金经理助理、国泰货币基金经理助理、国泰金象保本基金经理；2008年8月起担任国泰金鹿保本混合（二期）基金经理；2009年3月起兼任国泰金龙债券基金经理。

基金运作分析

2009年年初国泰金龙债券基金在大类资产配置策略上出现一定失误，忽视权益类资产的投资，债券资产久期偏长，在年初债券市场快速下跌中，基金净值遭受一定的损失。下半年，该基金将工作重心转移到权益类资产上，随着基金资产结构的不断完善，积极参与上市公司股票公开增发、新股申购、可转债投资，通过积极运做，获得良好的效果，基金业绩明显提升。

季度投资组合一览

项目 \ 季度	第一季度 A	第一季度 C	第二季度 A	第二季度 C	第三季度 A	第三季度 C	第四季度 A	第四季度 C
基金资产净值	10.7767亿元	3.3136亿元	3.8306亿元	1.4702亿元	2.0322亿元	0.9145亿元	1.8575亿元	0.6605亿元
基金份额	10.6490亿份	3.2835亿份	3.7710亿份	1.4531亿份	2.0346亿份	0.9203亿份	1.7545亿份	0.6279亿份
基金份额净值	1.0120元	1.0090元	1.0160元	1.0120元	0.9990元	0.9940元	1.0590元	1.0520元
基金资产组合	市值(元)	占总资产比(%)	市值(元)	占总资产比(%)	市值(元)	占总资产比(%)	市值(元)	占总资产比(%)
股票投资	——	——	12,342,294.00	1.24	22,031,503.80	5.39	21,116,975.58	5.84
债券投资	1,360,378,352.69	83.57	610,372,120.33	61.14	258,567,662.81	63.24	219,767,478.44	60.82
资产支持证券投资	——	——	——	——	——	——	——	——
金融衍生品投资	——	——	——	——	——	——	——	——
买入返售金融资产	——	——	——	——	——	——	——	——
银行存款和结算备付金	219,118,424.76	13.46	181,718,193.29	18.20	110,681,119.71	27.07	104,453,069.96	28.91
其他资产	48,333,993.77	2.97	193,917,420.88	19.42	17,598,910.61	4.30	15,980,226.74	4.42

投资前五名股票明细	股票名称	公允价值(元)	占净值比(%)	股票名称	公允价值(元)	占净值比(%)	股票名称	公允价值(元)	占净值比(%)	股票名称	公允价值(元)	占净值比(%)
	——			柳　工	8,627,390.72	1.63	南山铝业	12,168,877.40	4.13	福建高速	6,289,800.00	2.50
				赤天化	3,714,903.28	0.70	柳　工	3,587,326.66	1.22	卧龙地产	1,963,879.68	0.78
				——			中国中冶	1,477,781.28	0.50	平高电气	1,961,446.44	0.78
							桂林三金	1,404,615.94	0.48	云维股份	1,685,070.00	0.67
							三维通信	632,499.81	0.21	中国中冶	1,440,570.96	0.57

投资前五名债券明细	债券名称	公允价值(元)	占净值比(%)	债券名称	公允价值(元)	占净值比(%)	债券名称	公允价值(元)	占净值比(%)	债券名称	公允价值(元)	占净值比(%)
	08国开25	312,635,000.00	22.19	08国开19	131,625,000.00	24.83	21国债(12)	55,734,835.60	18.91	21国债(12)	43,210,468.00	17.16
	08国开19	235,842,000.00	16.74	08国开18	100,400,000.00	18.94	21国债(10)	42,230,249.60	14.33	21国债(10)	31,984,037.20	12.70
	09农发01	193,400,000.00	13.73	07央行票据16	50,620,000.00	9.55	07央行票据16	20,138,000.00	6.83	02国债(3)	25,441,936.40	10.10
	08国开18	102,340,000.00	7.26	08招行债01	42,724,000.00	8.06	09镇城投	19,496,000.00	6.62	07央行票据16	20,058,000.00	7.97
	07国开29	66,828,000.00	4.74	09哈城投	38,661,256.74	7.29	09湖交投债	19,314,000.00	6.55	09镇城投	19,628,902.80	7.80

国泰金龙行业精选证券投资基金

基本资料					
基金简称	国泰金龙行业混合			交易代码	020003
风险收益特征	承担中等风险，获取相对超额回报。				
业绩比较基准	75%×（上证A股指数和深圳A股指数的总市值加权平均）+25%×（上证国债指数）				
合同生效日	2003年12月5日	首募份额	6.84亿份	认购户数	3,311户
基金管理人	国泰基金管理有限公司		基金托管人	上海浦东发展银行	
注册登记人	国泰基金管理有限公司				

财务指标　　单位：人民币（元）；%

项目　　年度	2009年	2008年	2007年
本期利润	214,600,896.07	−413,231,814.22	234,599,529.67
本期加权平均净值利润率	52.57	−78.21	60.77
期末基金资产净值	489,022,684.01	303,199,384.78	783,165,112.61
期末基金份额净值	0.917	0.531	3.423
本期份额净值增长率	72.69	−50.06	139.67
累计份额净值增长率	365.37	169.48	439.59
基金收益分配	——	10派0.200	10派6.600

成立来累计净值增长率与同期基准收益率历史走势对比图（%）

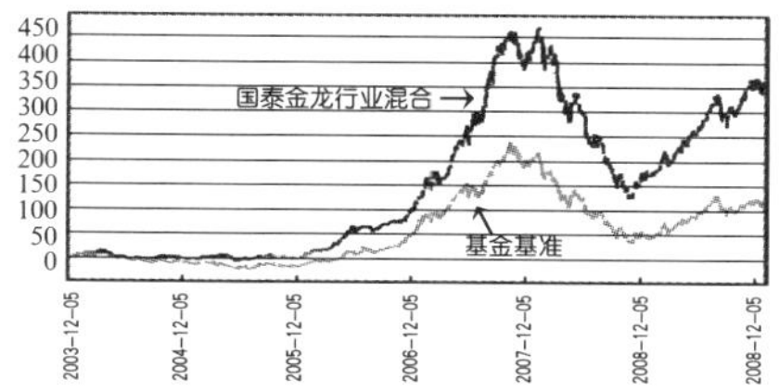

近三年净值增长率与同期基准收益率对比图（%）

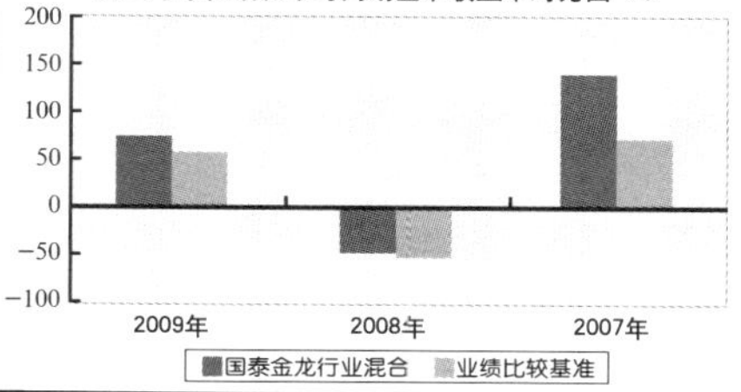

期末基金份额持有人户数	基金份额持有人户数为27,852户，平均每户持有19,140.88份。　（期末截至2009年12月31日）
期末基金份额持有人结构	机构投资者持有58,230,734.30份，占总份额10.92%；个人投资者持有474,881,031.42份，占总份额89.08%。

基金业绩表现

截至2009年12月31日，国泰金龙行业混合基金份额净值为0.917元，全年净值增长率为72.69%，同期业绩基准收益率为54.75%。

基金管理团队

王　航先生：基金经理，12年证券从业经历，硕士研究生，CFA。曾任职于南方证券有限公司。2003年1月加入国泰基金管理有限公司，历任社保111组合基金经理助理、国泰金鹿保本和国泰金象保本的基金经理助理、国泰金马稳健混合基金经理助理、国泰金牛创新股票基金经理助理，2008年5月起任国泰金龙行业混合基金经理。

基金运作分析

2009年A股大幅上涨，根据基金合同规定，国泰金龙行业混合基金于全年保持75%以下的股票资产配置比例，重点配置医药、食品饮料、交运等业绩增长确定并符合政策导向的内需板块以及金融等低估值行业。

2010年，国泰金龙行业混合基金仍将保持中性的战略资产配置策略，将组合整体风险控制在较低水平；核心策略仍将围绕"调结构"即经济转型和结构升级这条主线，围绕内需相关板块寻找投资标的，并重点关注通信和信息技术、低碳经济相关投资机会。作为应对策略，对全球流动性依然充裕而导致通胀预期受益的上游资源型行业继续保持适当配置；风格特征方面，盈利模式清晰、成长性好的中小盘品种也将是该基金2010年重点布局的投资方向。

季度投资组合一览

项目　　季度	第一季度		第二季度		第三季度		第四季度	
基金资产净值	360,536,570.42元		421,075,899.30元		415,896,901.30元		489,022,684.01元	
基金份额	563,573,660.08份		548,355,914.14份		531,966,222.62份		533,111,765.72份	
基金份额净值	0.6400元		0.7680元		0.7820元		0.9170元	
基金资产组合	市值(元)	占总资产比(%)	市值(元)	占总资产比(%)	市值(元)	占总资产比(%)	市值(元)	占总资产比(%)
股票投资	269,738,063.39	72.68	298,369,682.87	60.56	307,005,785.15	73.09	364,459,429.30	71.10
债券投资	75,368,335.20	20.31	103,910,688.30	21.09	89,503,102.40	21.31	112,817,952.90	22.01
资产支持证券投资	——	——	——	——	——	——	——	——
金融衍生品投资	——	——	——	——	——	——	——	——
买入返售金融资产	——	——	——	——	——	——	——	——
银行存款和结算备付金	18,639,151.05	5.02	5,687,411.27	1.15	19,532,469.37	4.65	29,127,790.54	5.68
其他资产	7,363,965.11	1.98	84,728,786.64	17.20	4,018,416.78	0.96	6,181,087.51	1.21

投资前五名股票明细	股票名称	公允价值(元)	占净值比(%)	股票名称	公允价值(元)	占净值比(%)	股票名称	公允价值(元)	占净值比(%)	股票名称	公允价值(元)	占净值比(%)
	兴业银行	13,630,839.78	3.78	招商银行	18,650,431.17	4.43	中国平安	18,830,030.70	4.53	中国平安	19,292,297.64	3.95
	天坛生物	12,961,286.10	3.59	长江电力	17,167,206.68	4.08	国电南瑞	17,606,230.89	4.23	国电南瑞	16,156,800.00	3.30
	长江电力	12,780,866.56	3.54	兴业银行	16,864,899.27	4.01	民生银行	13,318,240.00	3.20	中大股份	14,608,000.00	2.99
	中国铁建	11,186,000.00	3.10	北京银行	11,454,698.46	2.72	天士力	12,418,430.76	2.99	西山煤电	14,408,627.01	2.95
	山东黄金	10,433,800.00	2.89	保利地产	11,349,249.81	2.70	ST东源	12,329,950.28	2.96	ST东源	13,967,215.80	2.86

投资前五名债券明细	债券名称	公允价值(元)	占净值比(%)	债券名称	公允价值(元)	占净值比(%)	债券名称	公允价值(元)	占净值比(%)	债券名称	公允价值(元)	占净值比(%)
	03国债(8)	20,938,491.00	5.81	03国债(8)	24,399,882.00	5.79	03国债(8)	24,763,660.00	5.95	03国债(8)	26,862,321.00	5.49
	20国债(4)	16,673,944.50	4.62	20国债(4)	21,706,814.00	5.16	21国债(10)	19,240,782.40	4.63	21国债(10)	24,180,333.10	4.94
	02国债(10)	16,077,299.70	4.46	02国债(10)	18,852,497.10	4.48	08农发01	15,468,000.00	3.72	20国债(4)	19,436,256.00	3.97
	21国债(10)	15,427,500.00	4.28	21国债(10)	17,633,931.20	4.19	20国债(4)	12,089,210.00	2.91	08农发01	15,367,500.00	3.14
	21国债(7)	3,189,600.00	0.88	99国债(8)	10,674,200.00	2.53	09央行票据43	9,967,000.00	2.40	02国债(3)	11,020,650.80	2.25

国泰金马稳健回报证券投资基金

基本资料					
基金简称	国泰金马稳健混合		交易代码	020005	
风险收益特征	该基金属于中低风险的平衡型基金产品，其预期收益高于债券型基金，风险程度低于激进的股票型基金。				
业绩比较基准	60%×（上证A股指数和深圳A股指数的总市值加权平均）+40%×（上证国债指数）				
合同生效日	2004年6月18日	首募份额	12.31亿份	认购户数	24,355户
基金管理人	国泰基金管理有限公司		基金托管人	中国建设银行	
注册登记人	国泰基金管理有限公司				

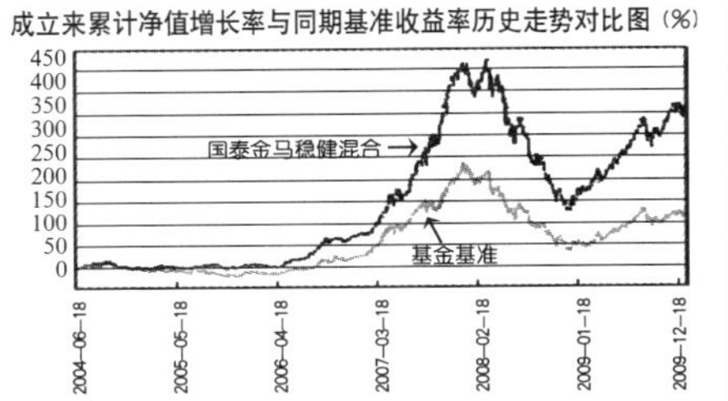

财务指标　　单位：人民币（元）；%

项目　　年度	2009年	2008年	2007年
本期利润	3,903,125,302.20	−4,953,618,165.74	1,207,600,817.08
本期加权平均净值利润率	53.88	−78.05	25.52
期末基金资产净值	8,910,826,760.46	4,448,589,932.08	10,074,572,782.23
期末基金份额净值	0.911	0.494	1.069
本期份额净值增长率	84.41	−53.79	113.20
累计份额净值增长率	298.55	116.16	367.64
基金收益分配	——	——	——

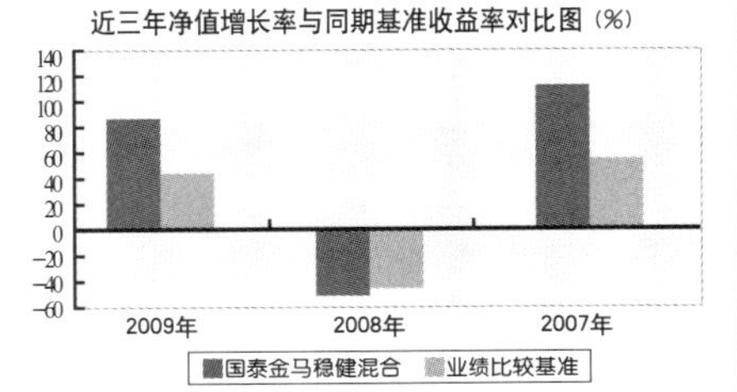

期末基金份额持有人户数	基金份额持有人户数为376,906户，平均每户持有25,946.24份。（期末截至2009年12月31日）
期末基金份额持有人结构	机构投资者持有2,095,570,298.70份，占总份额21.43%；个人投资者持有7,683,724,857.95份，占总份额78.57%。

基金业绩表现

截至2009年12月31日，国泰金马稳健混合基金份额净值为0.911元，全年净值增长率为84.41%，同期业绩基准收益率为42.69%。

基金管理团队

余荣权先生：基金经理，16年证券从业经历，硕士研究生。曾任职于深圳赛格集团财务公司、上海华宝信托投资公司、华宝兴业基金管理公司（兼任宝康灵活配置和华宝兴业多策略增长基金经理）。2007年8月加入国泰基金管理公司，2007年8月至2009年3月任投资总监；2008年4月起任国泰金马稳健混合基金经理。

程　洲先生：基金经理，9年证券从业经历，硕士研究生，CFA。曾任职于申银万国证券研究所。2004年4月加入国泰基金管理公司，历任高级策略分析师、基金经理助理；2008年4月起任国泰金马稳健混合基金经理，2009年12月起兼任国泰金泰封闭基金经理。

基金运作分析

2009年，国泰金马稳健混合基金在一季度和四季度维持较高的股票资产配置比例，在二、三季度适当降低了股票资产的配置比例。年初时的高股票资产配置比例为全年的净值增长奠定了较好的基础，而在年中时段降低股票仓位一度比较被动，但8月份的大跌为该基金提供了结构调整的机会。从行业配置层面看，该基金在年初时以煤炭、有色金属、房地产等周期类行业为主；二季度通过减持周期类行业来降低股票仓位的同时，大量增持了交通运输、公用事业、商业贸易等防御性行业，使组合行业配置变得比较均衡。在四季度增加股票配置比例时，该基金主要增持了金融保险业和医药行业，下半年超配了内需消费和基础设施类等稳定性和防御性行业，低配周期类行业。

季度投资组合一览

项目　　季度	第一季度		第二季度		第三季度		第四季度	
基金资产净值	6,063,329,897.26元		7,748,726,448.28元		7,863,084,970.17元		8,910,826,760.46元	
基金份额	9,139,952,432.98份		9,679,113,953.45份		9,942,754,941.40份		9,779,295,156.65份	
基金份额净值	0.6630元		0.8010元		0.7910元		0.9110元	
基金资产组合	市值(元)	占总资产比(%)	市值(元)	占总资产比(%)	市值(元)	占总资产比(%)	市值(元)	占总资产比(%)
股票投资	4,828,830,624.57	79.22	5,730,921,977.54	73.12	6,271,277,517.45	79.48	8,107,157,597.30	90.48
债券投资	500,309,816.76	8.21	838,637,261.10	10.70	489,549,031.46	6.20	112,799,553.50	1.26
资产支持证券投资	——	——	——	——	——	——	——	——
金融衍生品投资	——	——	——	——	——	——	——	——
买入返售金融资产	——	——	——	——	——	——	——	——
银行存款和结算备付金	688,275,640.21	11.29	1,043,253,040.09	13.31	1,106,982,720.76	14.03	684,635,927.37	7.64
其他资产	78,414,930.79	1.29	225,363,991.80	2.88	23,070,958.12	0.29	55,930,345.62	0.62

	第一季度			第二季度			第三季度			第四季度		
投资前五名股票明细	股票名称	公允价值(元)	占净值比(%)	股票名称	公允价值(元)	占净值比(%)	股票名称	公允价值(元)	占净值比(%)	股票名称	公允价值(元)	占净值比(%)
	建发股份	463,205,130.24	7.64	建发股份	627,276,466.41	8.10	建发股份	529,085,585.16	6.73	建发股份	615,599,546.40	6.91
	中国船舶	297,273,729.44	4.90	贵州茅台	410,236,208.79	5.29	贵州茅台	487,658,352.90	6.20	贵州茅台	516,068,884.94	5.79
	贵州茅台	290,416,233.94	4.79	长江电力	291,589,912.38	3.76	长江电力	320,572,102.27	4.08	长江电力	320,579,773.12	3.60
	浦发银行	212,705,410.88	3.51	兴业银行	252,915,411.90	3.26	新兴铸管	265,951,415.52	3.38	大秦铁路	314,882,062.20	3.53
	大同煤业	193,270,000.00	3.19	招商银行	223,507,793.34	2.88	*ST伊利	216,723,607.59	2.76	工商银行	306,572,282.56	3.44
投资前五名债券明细	债券名称	公允价值(元)	占净值比(%)	债券名称	公允价值(元)	占净值比(%)	债券名称	公允价值(元)	占净值比(%)	债券名称	公允价值(元)	占净值比(%)
	08央行票据108	97,520,000.00	1.61	08央行票据108	96,790,000.00	1.25	20国债(4)	70,254,564.50	0.89	07央行票据32	50,255,000.00	0.56
	08国开15	54,485,000.00	0.90	99国债(8)	78,965,919.00	1.02	21国债(10)	59,359,314.00	0.75	21国债(12)	36,271,935.00	0.41
	08国债17	53,085,000.00	0.88	21国债(10)	61,428,000.00	0.79	08国债17	51,825,000.00	0.66	21国债(10)	25,332,118.50	0.28
	06国开29	51,185,000.00	0.84	20国债(4)	61,080,000.00	0.79	06国开29	50,000,000.00	0.64	09闽漳龙	940,500.00	0.01
	08国开18	51,170,000.00	0.84	08国开15	53,905,000.00	0.70	09央行票据37	49,835,000.00	0.63	——		

国泰沪深300指数证券投资基金

基本资料					
基金简称	国泰沪深300指数			交易代码	020011
风险收益特征	该基金属于中高风险的基金品种。				
业绩比较基准	90%×沪深300指数收益率+10%×银行同业存款收益率				
合同生效日	2007年11月11日	首募份额	60.18亿份	认购户数	178,800户
基金管理人	国泰基金管理有限公司			基金托管人	中国银行
注册登记人	国泰基金管理有限公司				

财务指标　　单位：人民币(元)；%

项目　年度	2009年	2008年	2007年11月11日至2007年12月31日
本期利润	2,773,441,355.65	−4,203,832,542.59	16,965,634.20
本期加权平均净值利润率	49.36	−101.37	0.84
期末基金资产净值	7,840,866,190.46	2,638,533,199.45	6,404,687,585.31
期末基金份额净值	0.7110	0.3750	1.0030
本期份额净值增长率	89.60	−62.61	0.41
累计份额净值增长率	−28.82	−62.45	0.41
基金收益分配	——	——	——

期末基金份额持有人户数	基金份额持有人户数为291,057户，平均每户持有37,906.39份。　（期末截至2009年12月31日）
期末基金份额持有人结构	机构投资者持有1,961,183,937.43份，占总份额17.78%；个人投资者持有9,071,737,266.91份，占总份额82.22%。

成立来累计净值增长率与同期基准收益率历史走势对比图（%）

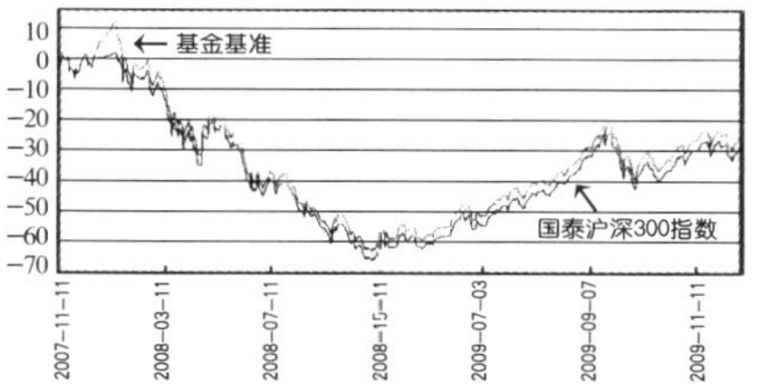

近三年净值增长率与同期基准收益率对比图（%）

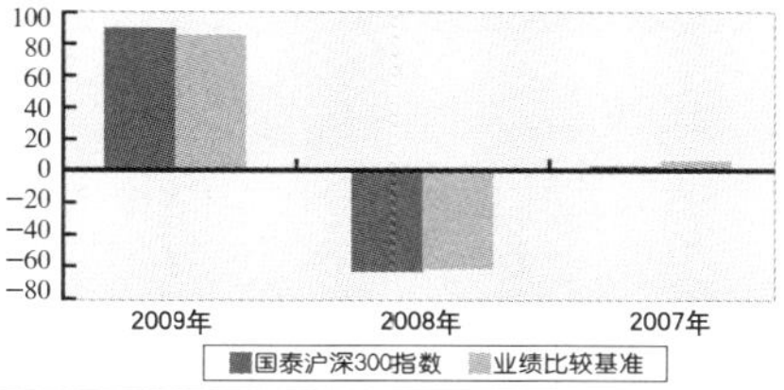

基金业绩表现

截至2009年12月31日，国泰沪深300指数基金份额净值为0.711元，全年净值增长率为89.60%，同期业绩基准收益率为84.85%。

基金管理团队

黄　刚先生：基金经理，16年证券从业经历，硕士研究生。曾任职于上海社会科学院、上海金属交易所、上海期货交易所，2000年5月加入国泰基金管理公司，曾任研究开发部经理、市场部经理，国泰金鹰增长股票基金经理、国泰金泰封闭经理、社保组合投资经理，2004年11月至2007年11月任理财部副总监；2007年3月至2008年5月任国泰金鹏蓝筹混合基金经理；2007年11月至2009年3月任国泰沪深300指数基金经理。

刘　翔先生：基金经理，4年证券从业经历，硕士研究生。曾就职于中国海员对外技术服务公司深圳分公司、Sprint AAA公司、美国通用电气公司、深圳中兴通讯股份有限公司、标准普尔信息服务公司、招商基金管理公司。2007年12月加入国泰基金管理公司，任高级策略分析师，2009年3月起任国泰沪深300指数基金经理。

基金运作分析

2009年，国泰沪深300指数基金采取全面跟踪沪深300指数，相应地维持较高的股票资产仓位。由于申购和赎回的量都比较大，该基金在交易策略上尽量按照交易时间平均分单交易执行，减少交易冲击成本。

2009年国泰沪深300指数基金份额净值从0.375元上涨到0.711元，上涨89.6%；基金份额从70.32亿份上升到110.33亿份，增长56.9%；基金净资产从26.39亿元增长至78.41亿元，增长197.1%。

季度投资组合一览

项目　季度	第一季度			第二季度			第三季度			第四季度		
基金资产净值	4,118,996,496.28元			5,667,330,266.43元			6,436,402,833.45元			7,840,866,190.46元		
基金份额	8,100,814,106.03份			8,905,122,188.63份			10,641,595,719.70份			11,032,921,204.34份		
基金份额净值	0.5080元			0.6360元			0.6050元			0.7110元		
基金资产组合	市值(元)		占总资产比(%)	市值(元)		占总资产比(%)	市值(元)		占总资产比(%)	市值(元)		占总资产比(%)
股票投资	3,813,097,038.13		91.32	5,357,215,473.77		91.88	5,959,397,637.43		91.84	7,373,678,461.76		91.09
债券投资	——		——	40,524,701.00		0.70	727,119.90		0.01	208,708,416.00		2.58
资产支持证券投资	——		——	——		——	——		——	——		——
金融衍生品投资	——		——	——		——	——		——	——		——
买入返售金融资产	——		——	——		——	——		——	——		——
银行存款和结算备付金	338,126,611.53		8.10	384,278,382.37		6.59	499,592,640.93		7.70	404,837,387.26		5.00
其他资产	24,506,415.32		0.59	48,366,668.32		0.83	29,135,769.98		0.45	107,820,969.68		1.33
投资前五名股票明细	股票名称	公允价值(元)	占净值比(%)	股票名称	公允价值(元)	占净值比(%)	股票名称	公允价值(元)	占净值比(%)	股票名称	公允价值(元)	占净值比(%)
	招商银行	142,226,050.77	3.45	招商银行	220,233,647.52	3.89	招商银行	208,215,777.38	3.23	招商银行	266,043,552.75	3.39
	中信证券	124,886,949.12	3.03	民生银行	174,766,616.64	3.08	交通银行	194,144,644.40	3.02	交通银行	223,766,322.45	2.85
	中国平安	119,770,737.77	2.91	中国平安	168,207,524.80	2.97	中国平安	187,185,971.70	2.91	中国平安	208,730,556.09	2.66
	交通银行	106,773,660.78	2.59	交通银行	162,669,684.49	2.87	民生银行	162,687,060.04	2.53	民生银行	199,601,327.59	2.55
	民生银行	99,657,921.08	2.42	中信证券	154,371,380.40	2.72	兴业银行	151,901,525.82	2.36	中信证券	197,528,005.26	2.52
投资前五名债券明细	债券名称	公允价值(元)	占净值比(%)	债券名称	公允价值(元)	占净值比(%)	债券名称	公允价值(元)	占净值比(%)	债券名称	公允价值(元)	占净值比(%)
				99国债(8)	40,524,701.00	0.72	安泰转债	727,119.90	0.01	20国债(4)	208,708,416.00	2.66

国泰货币市场证券投资基金

基本资料			
基金简称	国泰货币	交易代码	020007
风险收益特征	该基金属于中高流动性、低风险的基金品种，其预期风险和预期收益率都低于股票基金、债券基金和混合型基金。		
业绩比较基准	一年期银行定期储蓄存款的税后利率，即(1−利息税率)×一年期银行定期储蓄存款利率		
合同生效日	2005年6月21日	首募份额	44.45亿份
认购户数	34,678户		
基金管理人	国泰基金管理有限公司	基金托管人	中国农业银行
注册登记人	国泰基金管理有限公司		

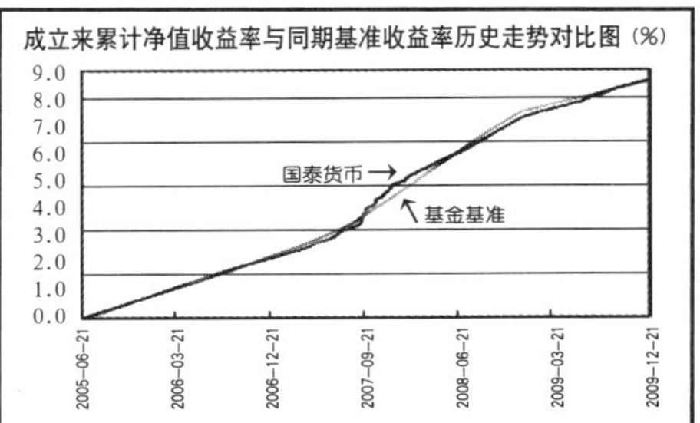

财务指标　单位：人民币(元)；%

项目 \ 年度	2009年	2008年	2007年
本期利润	28,941,928.74	20,465,608.44	5,090,053.38
期末基金资产净值	10,258,266,048.56	5,068,310,971.61	383,724,519.71
期末基金份额净值	1.000	1.000	1.000
本期份额净值增长率	1.5294	2.8041	3.2968
累计份额净值增长率	10.7631	9.0946	6.1190
基金收益分配	28,941,928.74	20,465,608.44	5,090,053.38

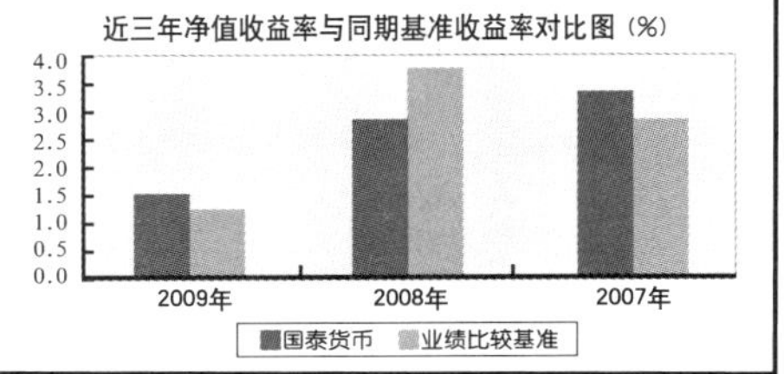

期末基金份额持有人户数	基金份额持有人户数为25,592户，平均每户持有400,838.78份。（期末截至2009年12月31日）
期末基金份额持有人结构	机构投资者持有8,370,732,968.73份，占总份额81.60%；个人投资者持有1,887,533,079.83份，占总份额18.40%。

基金业绩表现

2009年国泰货币市场基金全年净值收益率为1.5294%，同期业绩基准收益率为1.3500%。

基金管理团队

翁　锡先生：基金经理，5年证券从业经历，硕士研究生。曾任职于兴业基金管理公司、万家基金管理公司。2008年7月加入国泰基金管理公司，2008年8月起担任国泰货币市场基金经理。

基金运作分析

2009年，债券市场第一季度达到了收益率的历史低点，央票、金融债收益率都低于中登利率；短期融资券收益率也处低位。第二季度利率产品收益率开始上升，新股出台后，回购利率整体回升。第三季度央票利率快速上升。第四季度央票利率一二级市场倒挂，短融受机构投资者追捧。全年收益率曲线陡峭化。

2009年国泰货币市场基金全年规模达到历史高点，达到102亿。在对市场资金和利率走势正确判断的基础上，积极防御，充分利用各类存款，在稳定债券配置的前提下，为投资者带来了较好的收益。

展望2010年，世界经济开始稳定复苏，中国经济由复苏转向扩张。中央的基调是保增长、调结构、防通胀。国泰货币市场基金将积极依托公司内外部研究力量，随时关注资金供求变化和收益率变化对市场产生的影响，根据变化完善投资策略，控制市场变化带来的投资风险，抓住市场存在的投资机会，力争为基金持有人带来长期稳定的收益。

季度投资组合一览

项目 \ 季度	第一季度		第二季度		第三季度		第四季度	
基金资产净值	2,373,920,332.70元		1,595,001,730.29元		1,405,763,475.14元		10,258,266,048.56元	
基金份额	2,373,920,332.70份		1,595,001,730.29份		1,405,763,475.14份		10,258,266,048.56份	
基金份额净值	0.0000元		0.000C元		0.0000元		0.0000元	
基金资产组合	市值(元)	占总资产比(%)	市值(元)	占总资产比(%)	市值(元)	占总资产比(%)	市值(元)	占总资产比(%)
股票投资	——	——	——	——	——	——	——	——
债券投资	1,007,658,729.25	38.46	898,624,611.24	49.81	833,522,793.26	56.48	1,915,993,020.42	18.50
资产支持证券投资	——	——	——	——	——	——	——	——
金融衍生品投资	——	——	——	——	——	——	——	——
买入返售金融资产	——	——	——	——	193,400,000.00	13.10	3,312,757,267.63	31.98
银行存款和结算备付金	1,502,962,588.83	57.36	729,042,553.35	40.41	445,982,355.53	30.22	3,398,138,826.42	32.80
其他资产	109,639,956.27	4.18	176,258,223.70	9.77	2,981,586.39	0.20	1,732,171,321.82	16.72

投资前五名股票明细	股票名称	公允价值(元)	占净值比(%)	股票名称	公允价值(元)	占净值比(%)	股票名称	公允价值(元)	占净值比(%)	股票名称	公允价值(元)	占净值比(%)
	——			——			——			——		

投资前五名债券明细	债券名称	公允价值(元)	占净值比(%)	债券名称	公允价值(元)	占净值比(%)	债券名称	公允价值(元)	占净值比(%)	债券名称	公允价值(元)	占净值比(%)
	08央行票据106	148,171,141.11	6.24	08央行票据106	149,153,123.09	9.35	09央行票据44	167,177,928.54	11.89	09央行票据42	444,543,531.85	4.33
	07进出09	110,164,420.83	4.64	08央行票据78	99,942,449.11	6.27	09央行票据40	88,573,224.36	6.30	09央行票据36	237,347,740.77	2.31
	08鞍钢CP01	100,953,556.78	4.25	06国开02	59,054,204.13	3.70	09央行票据42	88,536,907.40	6.30	09央行票据44	197,508,782.52	1.93
	08央行票据78	99,290,134.30	4.18	08苏国信CP04	50,121,594.99	3.14	08京投CP01	50,051,979.68	3.56	09央行票据38	128,510,284.05	1.25
	06国开02	58,924,978.77	2.48	08京投CP01	50,105,534.19	3.14	08申能股CP01	50,048,360.43	3.56	09国开18	99,966,208.10	0.97

国泰金鹏蓝筹价值混合型证券投资基金

基本资料			
基金简称	国泰金鹏蓝筹混合	交易代码	020009
风险收益特征	该基金属于中等风险的基金品种，在获取市场平均收益的同时，力争获得更高的超额收益。		
业绩比较基准	60%×新华富时蓝筹价值100指数+40%×新华巴克莱资本中国债券指数		
合同生效日	2006年9月29日	首募份额	12.49亿份
认购户数	24,138户		
基金管理人	国泰基金管理有限公司	基金托管人	中国银行
注册登记人	国泰基金管理有限公司		

成立来累计净值增长率与同期基准收益率历史走势对比图（%）

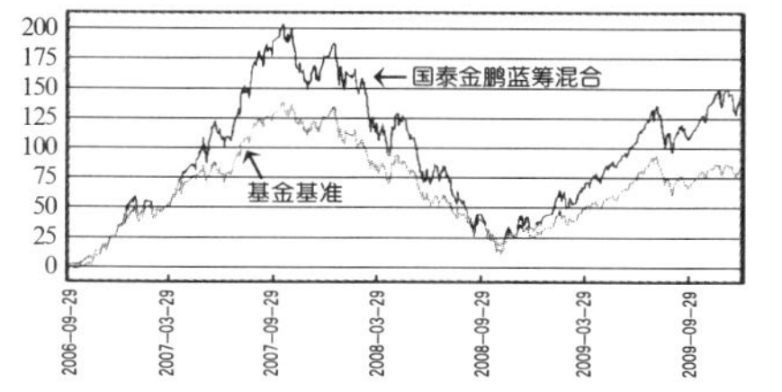

近三年净值增长率与同期基准收益率对比图（%）

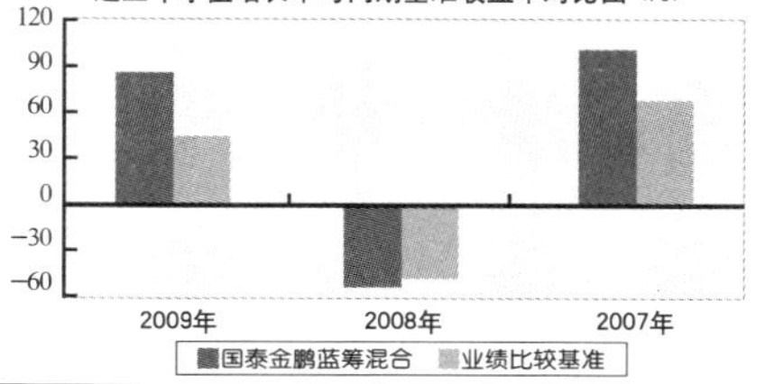

财务指标　单位：人民币（元）；%

项目＼年度	2009年	2008年	2007年
本期利润	1,367,826,349.69	-2,073,043,554.04	2,524,638,686.25
本期加权平均净值利润率	59.08	-79.20	66.04
期末基金资产净值	2,780,046,204.27	1,601,791,847.95	4,635,400,715.75
期末基金份额净值	1.154	0.634	1.340
本期份额净值增长率	87.25	-52.69	105.22
累计份额净值增长率	144.71	30.69	176.21
基金收益分配	10派0.320	——	10派8.100

期末基金份额持有人户数	基金份额持有人户数为91,748户，平均每户持有26,263.18份。　（期末截至2009年12月31日）
期末基金份额持有人结构	机构投资者持有424,432,348.34份，占总份额17.61%；个人投资者持有1,985,162,304.67份，占总份额82.39%。

基金业绩表现

截至2009年12月31日，国泰金鹏蓝筹混合基金份额为1.154元，全年净值增长率为87.25%，同期业绩基准收益率为47.78%。

基金管理团队

黄　焱先生：基金经理、基金管理部副总监，16年证券从业经历，硕士研究生。曾任职于中期国际期货公司、和利投资发展公司、平安保险公司投资管理中心。2003年1月加入国泰基金管理公司，曾任国泰金泰基金经理、金鹿保本增值和金象保本增值的共同基金经理；2006年7月至2008年5月担任国泰金龙行业混合经理；2007年4月起兼任国泰金鑫封闭基金经理；2008年5月起任国泰金鹏蓝筹混合基金经理；2009年5月起任基金管理部副总监。

基金运作分析

2009年中国经济在"四万亿"投资和宽松货币政策的刺激下，迅速走出了国际金融危机的泥潭。相应地，A股市场也从2008年的单边下跌演变成了2009年的单边上涨行情。

2009年年初基于对市场的乐观判断，国泰金鹏蓝筹混合基金保持了较高的仓位和组合弹性。另外，对于该年的重点行业机会如地产、煤炭、家电以及下半年的医药消费等基本都有所把握，因此获得了较好的收益率。到2009年末，大盘股相对中小盘股的估值折价已达历史高位，股指期货的推出时间也在不断临近，判断未来大中盘股走强的可能性增大，因此国泰金鹏蓝筹混合基金减持了涨幅较大、估值偏高脱离基本面的中小盘股票，增持了业绩增长确定、估值优势突出的部分中大盘股，如银行、钢铁等。

季度投资组合一览

项目＼季度	第一季度		第二季度		第三季度		第四季度	
基金资产净值	2,030,428,500.30元		2,403,715,182.12元		2,428,151,762.18元		2,780,046,204.27元	
基金份额	2,502,414,122.44份		2,410,404,876.48份		2,398,383,320.16份		2,409,594,653.01份	
基金份额净值	0.8110元		0.9970元		1.0120元		1.1540元	
基金资产组合	市值(元)	占总资产比(%)	市值(元)	占总资产比(%)	市值(元)	占总资产比(%)	市值(元)	占总资产比(%)
股票投资	1,530,611,113.40	75.10	1,923,471,892.06	79.55	1,957,582,091.73	80.33	2,500,548,419.09	89.49
债券投资	267,177.63	0.01	266,736.15	0.01	55,026,964.00	2.26	128,501,362.50	4.60
资产支持证券投资	——	——	——	——	——	——	——	——
金融衍生品投资	——	——	——	——	——	——	——	——
买入返售金融资产	——	——	——	——	——	——	——	——
银行存款和结算备付金	494,016,413.05	24.24	307,951,287.70	12.74	420,918,081.40	17.27	140,418,134.17	5.03
其他资产	13,125,948.25	0.64	186,122,430.79	7.70	3,246,793.68	0.13	24,848,686.49	0.89

投资前五名股票明细	股票名称	公允价值(元)	占净值比(%)	股票名称	公允价值(元)	占净值比(%)	股票名称	公允价值(元)	占净值比(%)	股票名称	公允价值(元)	占净值比(%)
	招商银行	111,827,182.23	5.51	招商银行	161,350,005.51	6.71	招商银行	95,108,368.86	3.92	招商银行	164,243,032.85	5.91
	兴业银行	62,806,546.08	3.09	兴业银行	84,684,537.57	3.52	东方电气	75,098,760.14	3.09	东方电气	120,609,240.66	4.34
	北京银行	54,381,935.06	2.68	中国平安	70,652,620.80	2.94	中国平安	71,621,963.40	2.95	中国平安	101,924,708.41	3.67
	中国铁建	53,720,887.20	2.65	北京银行	69,041,455.92	2.87	湖北宜化	65,836,512.00	2.71	民生银行	78,224,173.16	2.81
	金地集团	53,606,000.00	2.64	长江电力	63,383,397.48	2.64	兴业银行	64,016,303.86	2.64	湖北宜化	78,086,002.40	2.81

投资前五名债券明细	债券名称	公允价值(元)	占净值比(%)	债券名称	公允价值(元)	占净值比(%)	债券名称	公允价值(元)	占净值比(%)	债券名称	公允价值(元)	占净值比(%)
	08万科G1	151,477.50	0.01	08万科G1	150,907.50	0.01	03国债(1)	29,629,464.00	1.22	03国债(1)	80,840,067.00	2.91
	08万科G2	115,700.13	0.01	08万科G2	115,828.65	0.00	20国债(4)	25,397,500.00	1.05	20国债(4)	47,597,760.00	1.71
										03国债(7)	63,535.50	0.00

国泰金鼎价值精选混合型证券投资基金

基本资料					
基金简称	国泰金鼎价值混合			交易代码	519021
风险收益特征	该基金属于具有较高预期风险和预期收益的基金品种。				
业绩比较基准	65%×上证综合指数收益率+35%×上证国债指数收益率				
合同生效日	2007年4月11日	首募份额	98.59亿份	认购户数	478,509户
基金管理人	国泰基金管理有限公司		基金托管人	中国建设银行	
注册登记人	中国证券登记结算有限责任公司				

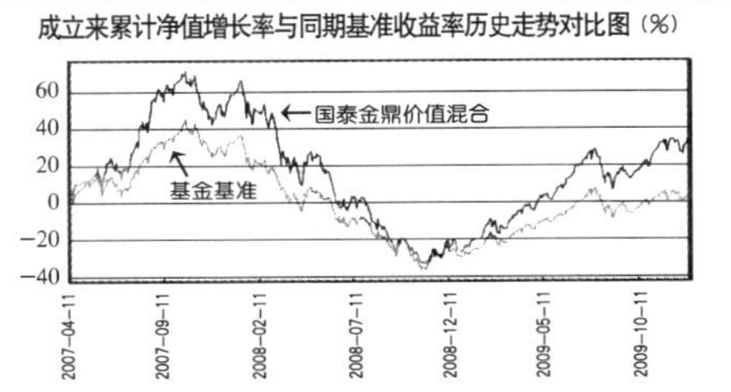

财务指标 单位：人民币（元）；%

项目　年度	2009年	2008年	2007年
本期利润	3,609,886,112.69	−5,346,775,816.75	5,331,926,930.12
本期加权平均净值利润率	57.41	−80.78	39.91
期末基金资产净值	6,242,946,282.46	4,413,460,243.03	12,113,430,432.01
期末基金份额净值	1.016	0.663	1.436
本期份额净值增长率	84.39	−53.83	58.30
累计份额净值增长率	34.77	−26.91	58.30
基金收益分配	10派2.000	——	——

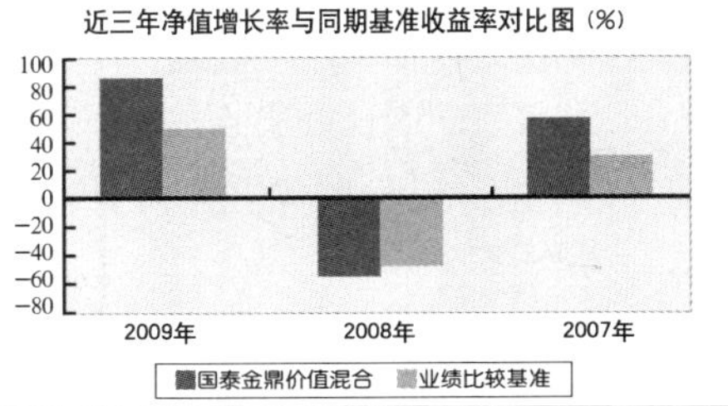

期末基金份额持有人户数	基金份额持有人户数为246,266户，平均每户持有24,939.00份。（期末截至2009年12月31日）
期末基金份额持有人结构	机构投资者持有1,331,477,707.06份，占总份额21.68%；个人投资者持有4,810,150,132.89份，占总份额78.32%。

基金业绩表现

截至2009年12月31日，国泰金鼎价值混合基金份额为1.016元，全年净值增长率为84.39%；同期业绩基准收益率为48.51%。

基金管理团队

邓时锋先生：基金经理，9年证券从业经历，硕士研究生。曾任职于天同证券。2001年9月加入国泰基金管理公司，历任行业研究员、社保111组合基金经理助理、国泰金鼎价值混合和国泰金泰封闭的基金经理助理，2008年4月起任国泰金鼎价值混合基金经理，2009年5月起兼任国泰区位优势股票基金经理。

基金运作分析

2009年中国经济在政府的一系列强有力的经济刺激政策、产业振兴规划和区域振兴规划的拉动下，成功实现了V型反转，GDP增速逐季提升，经济增长的动力也逐步趋向平衡，由政府财政刺激政策主导的投资增长在下半年开始逐步向房地产投资和私人部门投资需求过渡，同时出口需求在四季度也出现了明显的恢复，全年的消费增长则稳定在较高水平。

宏观经济的不断好转和流动性的充裕带来了资本市场的繁荣，全年上证综指大幅上涨79.98%。从行业层面看，有色金属、汽车和家电等行业涨幅居前，而防御性特征明显的交通运输和公用事业等行业表现不佳。

2009年，国泰金鼎价值混合基金坚持基金合同规定的价值投资理念，成功把握投资机遇，在一季度成功把握了采掘和有色行业的投资机会，二季度成功把握了房地产和金融行业的投资机会，三季度和四季度成功把握了医药和食品饮料行业的投资机会。总体而言，国泰金鼎价值混合基金在2009年为持有人取得了较好的投资收益。

季度投资组合一览

项目　季度	第一季度		第二季度		第三季度		第四季度	
基金资产净值	5,565,556,272.31元		7,027,670,703.63元		6,495,972,066.78元		6,242,946,282.46元	
基金份额	6,570,810,958.51份		6,726,121,755.47份		6,332,229,155.82份		6,141,627,839.95份	
基金份额净值	0.8470元		1.0450元		1.0260元		1.0160元	
基金资产组合	市值(元)	占总资产比(%)	市值(元)	占总资产比(%)	市值(元)	占总资产比(%)	市值(元)	占总资产比(%)
股票投资	4,217,547,806.51	75.34	5,587,446,799.66	78.94	5,455,232,683.12	83.65	5,769,255,751.91	88.38
债券投资	15,544,452.40	0.28	14,954,780.70	0.21	——	——	——	——
资产支持证券投资	——	——	——	——	——	——	——	——
金融衍生品投资	——	——	——	——	——	——	——	——
买入返售金融资产	——	——	200,000,000.00	2.83	——	——	——	——
银行存款和结算备付金	1,362,881,140.60	24.35	1,091,944,813.76	15.43	1,063,226,310.17	16.30	755,560,880.86	11.57
其他资产	2,061,392.30	0.04	183,878,212.72	2.60	2,752,880.81	0.04	3,050,570.42	0.05

投资前五名股票明细	股票名称	公允价值(元)	占净值比(%)	股票名称	公允价值(元)	占净值比(%)	股票名称	公允价值(元)	占净值比(%)	股票名称	公允价值(元)	占净值比(%)
	浦发银行	240,258,390.56	4.32	招商银行	377,948,123.55	5.38	恒瑞医药	287,217,961.74	4.42	*ST伊利	375,309,513.60	6.01
	招商银行	226,515,981.87	4.07	兴业银行	306,406,137.00	4.36	*ST伊利	278,789,204.40	4.29	恒瑞医药	367,392,742.50	5.88
	建发股份	216,450,048.00	3.89	浦发银行	291,368,744.00	4.15	云南白药	265,450,487.12	4.09	云南白药	354,844,201.60	5.68
	山东黄金	216,214,741.54	3.88	建发股份	277,093,006.41	3.94	招商银行	260,427,989.66	4.01	华海药业	333,240,284.00	5.34
	大秦铁路	201,149,996.16	3.61	中国平安	274,680,363.56	3.91	中国平安	256,419,103.20	3.95	招商银行	325,266,360.85	5.21

投资前五名债券明细	债券名称	公允价值(元)	占净值比(%)	债券名称	公允价值(元)	占净值比(%)	债券名称	公允价值(元)	占净值比(%)	债券名称	公允价值(元)	占净值比(%)
	20国债(4)	14,688,148.50	0.26	20国债(4)	14,637,822.00	0.21						
	柳工转债	538,148.00	0.01	08万科G1	316,958.70	0.00						
	08万科G1	318,155.90	0.01									

国泰金牛创新成长股票型证券投资基金

基本资料					
基金简称	国泰金牛创新股票			交易代码	020010
风险收益特征	该基金属于具有较高预期风险和预期收益的基金品种。				
业绩比较基准	80%×沪深300指数收益率+20%×上证国债指数收益率				
合同生效日	2007年5月18日	首募份额	88.85亿份	认购户数	333,120户
基金管理人	国泰基金管理有限公司			基金托管人	中国农业银行
注册登记人	国泰基金管理有限公司				

财务指标　　单位：人民币（元）；%

项目＼年度	2009年	2008年	2007年5月18日至2007年12月31日
本期利润	2,962,061,042.57	−3,568,891,376.90	3,075,884,241.73
本期加权平均净值利润率	62.23	−81.61	32.65
期末基金资产净值	6,248,967,765.24	2,944,254,516.62	7,710,760,574.84
期末基金份额净值	1.137	0.599	1.307
本期份额净值增长率	93.28	−54.17	36.36
累计份额净值增长率	20.78	−37.51	36.36
基金收益分配	10派0.200	——	10派0.500

成立来累计净值增长率与同期基准收益率历史走势对比图（%）

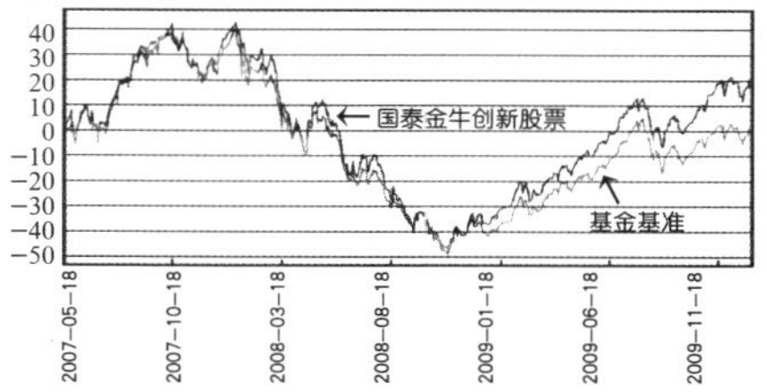

近三年净值增长率与同期基准收益率对比图（%）

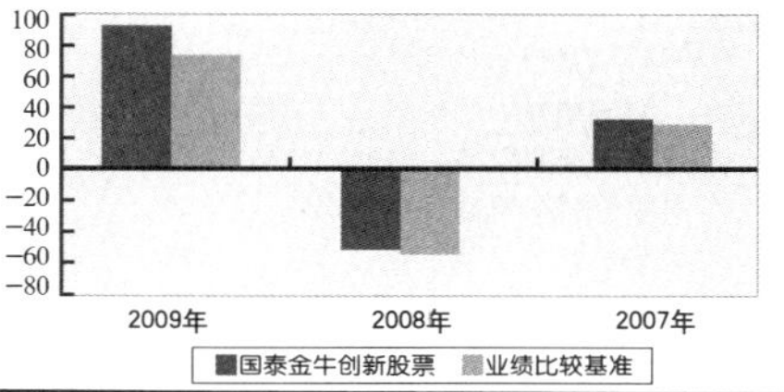

期末基金份额持有人户数	基金份额持有人户数为185,624户，平均每户持有29,595.59份。（期末截至2009年12月31日）
期末基金份额持有人结构	机构投资者持有1,839,041,134.81份，占总份额33.48%；个人投资者持有3,654,611,221.46份，占总份额66.52%。

基金业绩表现

2009年国泰金牛创新股票基金全年净值增长率为93.28%，同期业绩基准收益率为73.60%。

基金管理团队

何江旭先生：基金经理、基金管理部总监、权益类资产投资副总监，15年证券从业经历，硕士研究生。曾就职于浙江金达期货经纪有限公司、君安证券公司、国信证券公司。2000年5月加入国泰基金管理公司，历任研究开发部总监助理、投资决策委员会秘书、基金管理部副总监，曾担任国泰金鑫封闭、国泰金马稳健混合和国泰金鹰增长股票的基金经理，2007年3月至2009年12月兼任基金管理部总监，2007年5月至2009年12月任国泰金牛创新股票基金经理，2008年3月至2009年12月兼任权益类资产投资副总监。

范迪钊先生：基金经理，9年证券从业经历，学士。曾就职于上海银行、香港百德能控股公司上海代表处、华一银行、法国巴黎百富勤公司上海代表处，2005年3月加入国泰基金管理公司，历任行业研究员、高级行业研究员、社保基金经理助理，2009年5月至2009年9月任国泰金鹏蓝筹混合和国泰金鑫封闭的基金经理助理。2009年9月起任国泰双利债券的基金经理，2009年12月起兼任国泰金牛创新股票基金经理。

基金运作分析

国泰金牛创新股票基金在2009年较好地把握了上述行业及板块间的轮动，从年初的中小市值股票，到年中的金融、地产、汽车，再到下半年的消费品行业，充分享受了行业轮动带来的超额收益。而在股票仓位上，由于该基金坚持了良好的投资纪律及心态，始终维持在80%–85%的均衡位置，没有出现追随趋势的仓位变化而导致的净值损失。

季度投资组合一览

项目＼季度	第一季度		第二季度		第三季度		第四季度	
基金资产净值	3,969,571,823.21元		4,906,451,945.64元		5,272,691,094.16元		6,248,967,765.24元	
基金份额	5,080,364,470.03份		5,089,062,510.66份		5,501,905,134.69份		5,493,652,356.27份	
基金份额净值	0.7810元		0.9640元		0.9580元		1.1370元	
基金资产组合	市值(元)	占总资产比(%)	市值(元)	占总资产比(%)	市值(元)	占总资产比(%)	市值(元)	占总资产比(%)
股票投资	3,255,363,994.11	81.26	3,966,811,321.18	76.73	4,407,235,995.89	82.21	5,613,218,930.68	89.27
债券投资	1,076,296.00	0.03	——	——	527,472.00	0.01	98,260,000.00	1.56
资产支持证券投资	——	——	——	——	——	——	——	——
金融衍生品投资	——	——	——	——	——	——	——	——
买入返售金融资产	——	——	——	——	——	——	50,000,000.00	0.80
银行存款和结算备付金	687,109,371.26	17.15	1,00[illegible]	19.52	690,344,285.49	12.88	517,430,738.81	8.23
其他资产	62,774,029.68	1.57	193,682,792.62	3.75	263,083,356.72	4.91	8,754,317.83	0.14

投资前五名股票明细	股票名称	公允价值(元)	占净值比(%)	股票名称	公允价值(元)	占净值比(%)	股票名称	公允价值(元)	占净值比(%)	股票名称	公允价值(元)	占净值比(%)
	浦发银行	330,318,354.56	8.32	浦发银行	290,968,886.60	5.93	中国平安	334,311,389.10	6.34	中大股份	282,252,084.16	4.52
	中国平安	168,170,653.40	4.24	中国平安	250,341,691.08	5.10	科华生物	212,185,030.64	4.02	中国平安	275,189,699.75	4.40
	科华生物	150,052,796.72	3.78	招商银行	229,998,961.89	4.69	浦发银行	196,219,417.65	3.72	招商银行	254,953,759.10	4.08
	长江电力	141,931,214.32	3.58	长江电力	212,332,450.98	4.33	美的电器	182,570,775.20	3.46	北京银行	252,860,191.78	4.05
	恒生电子	137,414,183.56	3.46	科华生物	201,491,435.25	4.11	长江电力	176,789,985.82	3.35	兴业银行	236,218,333.33	3.78

投资前五名债券明细	债券名称	公允价值(元)	占净值比(%)	债券名称	公允价值(元)	占净值比(%)	债券名称	公允价值(元)	占净值比(%)	债券名称	公允价值(元)	占净值比(%)
	柳工转债	1,076,296.00	0.03				龙盛转债	527,472.00	0.01	09央票40	49,135,000.00	0.79
										09央票44	49,125,000.00	0.79

国泰金鹿保本增值混合证券投资基金(二期)

基本资料			
基金简称	国泰金鹿保本混合(二期)	交易代码	020018
风险收益特征	该基金属于低风险的基金品种。		
业绩比较基准	2年期银行定期存款税后收益率		
合同生效日	2008年6月12日	首募份额	25.41亿份
		认购户数	25,406户
基金管理人	国泰基金管理有限公司	基金托管人	中国银行
注册登记人	国泰基金管理有限公司		

财务指标　　单位：人民币(元)；%

项目 \ 年度	2009年	2008年6月12日至2008年12月31日
本期利润	126,609,906.44	151,406,699.34
本期加权平均净值利润率	4.94	4.90
期末基金资产净值	2,162,732,760.03	2,968,944,147.83
期末基金份额净值	1.052	1.051
本期份额净值增长率	5.06	5.10
累计份额净值增长率	10.41	5.10
基金收益分配	10派0.500	——

成立来累计净值增长率与同期基准收益率历史走势对比图(%)

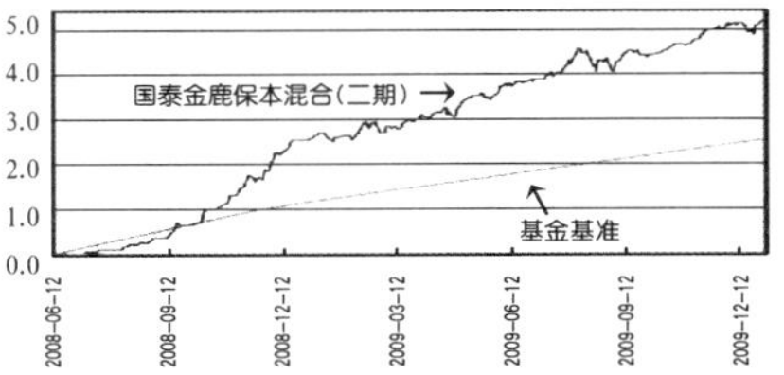

近两年净值增长率与同期基准收益率对比图(%)

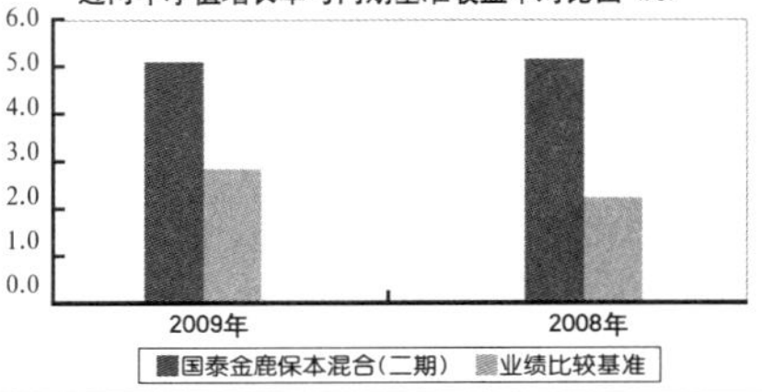

期末基金份额持有人户数	基金份额持有人户数为23,888户，平均每户持有86,050.12份。　(期末截至2009年12月31日)
期末基金份额持有人结构	机构投资者持有299,581,387.05份，占总份额14.57%；个人投资者持有1,755,983,782.55份，占总份额85.43%。

基金业绩表现

截至2009年12月31日，国泰金鹿保本混合(二期)基金份额净值为1.052元，全年净值增长率为5.06%，同期业绩比较基准收益率为2.79%。

基金管理团队

唐　珂先生：基金经理，6年证券从业经历，硕士研究生，CFA。曾任职于江苏丹化集团、德国远东投资有限公司、中国网络、上海德茂投资。2003年2月加入国泰基金管理有限公司，历任高级行业研究员、基金经理助理。2008年4月起任国泰金泰封闭的基金经理。2008年8月起兼任国泰金鹿保本混合(二期)的基金经理。

基金运作分析

2009年，国泰金鹿保本混合(二期)基金继续严格执行CPPI投资策略，由于年初债券收益率过低，债券市场全年处于下跌状态，因此，保本垫积累相当困难。保本垫积累缓慢，极大地制约了该基金风险资产投资比例，风险资产一直难以快速提高。债券资产实施防御策略，结构上侧重高收益信用债。

在股票操作上，国泰金鹿保本混合(二期)基金以自下而上挖掘个股为主，上半年重点投资了分红收益率高、增长明确、业绩稳定和流动性好的价值类型股票，由于这类股票稳定强，在经济复苏时业绩增长缺乏弹性，短期表现一般。下半年，该基金股票操作上进行了结构调整，重点增持了家电下乡受益且估值相对偏低的白色家电龙头企业、管理存在很大改善空间的地域商业零售企业、受益行业集中度提高的乳业龙头和受益经济复苏的特钢龙头。

季度投资组合一览

项目 \ 季度	第一季度		第二季度		第三季度		第四季度	
基金资产净值	2,691,365,759.89元		2,591,724,057.46元		2,358,186,622.43元		2,162,732,760.03元	
基金份额	2,662,025,125.58份		2,524,962,002.86份		2,274,483,371.14份		2,055,565,169.60份	
基金份额净值	1.0110元		1.0260元		1.0370元		1.0520元	
基金资产组合	市值(元)	占总资产比(%)	市值(元)	占总资产比(%)	市值(元)	占总资产比(%)	市值(元)	占总资产比(%)
股票投资	121,278,130.32	4.47	81,353,505.56	3.11	79,251,631.02	3.35	155,908,860.09	6.84
债券投资	2,182,746,216.60	80.44	2,217,928,141.60	84.90	1,991,203,721.80	84.18	1,751,505,360.58	76.88
资产支持证券投资	——	——	——	——	——	——	——	——
金融衍生品投资	——	——	——	——	——	——	——	——
买入返售金融资产	——	——	——	——	——	——	103,400,000.00	4.54
银行存款和结算备付金	103,266,839.16	3.81	52,727,639.00	2.02	263,222,942.15	11.13	237,850,613.95	10.44
其他资产	306,308,939.70	11.29	260,310,539.11	9.96	31,798,687.76	1.34	29,546,729.80	1.30

投资前五名股票明细	股票名称	公允价值(元)	占净值比(%)	股票名称	公允价值(元)	占净值比(%)	股票名称	公允价值(元)	占净值比(%)	股票名称	公允价值(元)	占净值比(%)
	贵州茅台	27,699,842.36	1.03	鲁　泰A	16,012,206.50	0.62	ST 东 源	17,303,750.54	0.73	美的电器	36,082,704.80	1.67
	大秦铁路	22,298,670.92	0.83	贵州茅台	10,360,700.00	0.40	*ST伊利	16,176,706.35	0.69	南京中商	34,057,484.82	1.57
	特变电工	17,082,000.00	0.63	潍柴动力	10,193,323.49	0.39	美的电器	5,405,921.30	0.23	*ST伊利	17,340,507.44	0.80
	国电电力	12,960,000.00	0.48	中联重科	10,169,082.00	0.39	焦作万方	5,355,000.00	0.23	大冶特钢	16,590,933.76	0.77
	中兴通讯	8,128,200.00	0.30	三九医药	9,129,487.50	0.35	双鹤药业	4,503,782.40	0.19	苏宁电器	14,544,316.82	0.67

投资前五名债券明细	债券名称	公允价值(元)	占净值比(%)	债券名称	公允价值(元)	占净值比(%)	债券名称	公允价值(元)	占净值比(%)	债券名称	公允价值(元)	占净值比(%)
	08央行票据47	212,140,000.00	7.88	08央行票据47	209,980,000.00	8.10	08央行票据47	207,360,000.00	8.79	08央行票据47	205,820,000.00	9.52
	04国开16	203,600,000.00	7.56	04国开16	201,980,000.00	7.79	04国开16	200,420,000.00	8.50	07进出10	111,386,000.00	5.15
	20国债(4)	159,354,000.00	5.92	20国债(4)	158,308,000.00	6.13	08首钢CP02	191,596,000.00	8.12	06国开05	100,700,000.00	4.66
	08央行票据92	136,038,000.00	5.05	08央行票据92	135,016,000.00	5.21	08央行票据41	103,630,000.00	4.39	08农发03	100,600,000.00	4.65
	08央行票据41	105,990,000.00	3.94	08首钢CP02	131,495,000.00	5.07	06国开05	101,010,000.00	4.28	09苏交通CP01	100,240,000.00	4.63

国泰双利债券证券投资基金

基本资料					
基金简称	国泰双利债券	交易代码	A:020019/C:020020		
风险收益特征	该基金为债券基金，其长期平均风险和预期收益率低于股票基金、混合基金，高于货币市场基金。				
业绩比较基准	中证全债指数收益率×90%＋上证红利指数收益率×10%				
合同生效日	2009年3月11日	首募份额	19.80亿份	认购户数	11,595户
基金管理人	国泰基金管理有限公司	基金托管人	中国建设银行		
注册登记人	国泰基金管理有限公司				

财务指标　　单位：人民币(元)；%

项目＼年度	2009年3月11日至2009年12月31日	
	A	C
本期利润	18,506,044.83	50,817,087.85
本期加权平均净值利润率	8.65	7.05
期末基金资产净值	176,126,211.83	351,348,119.22
期末基金份额净值	1.091	1.088
本期份额净值增长率	10.17	9.87
累计份额净值增长率	10.17	9.87
基金收益分配	10派0.100	10派0.100

2009年累计净值增长率与同期基准收益率历史走势对比图（%）

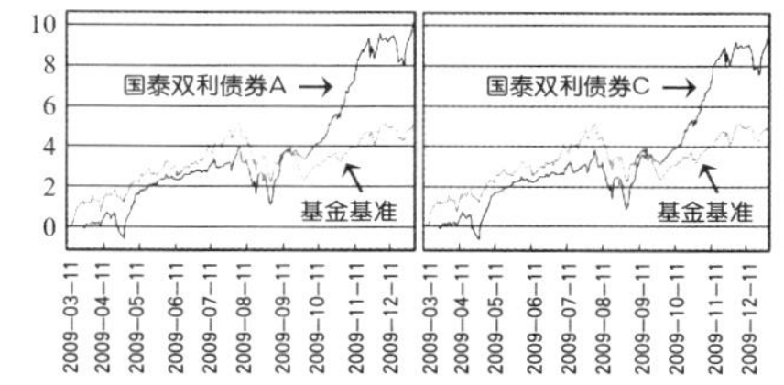

2009年净值增长率与同期基准收益率对比图（%）

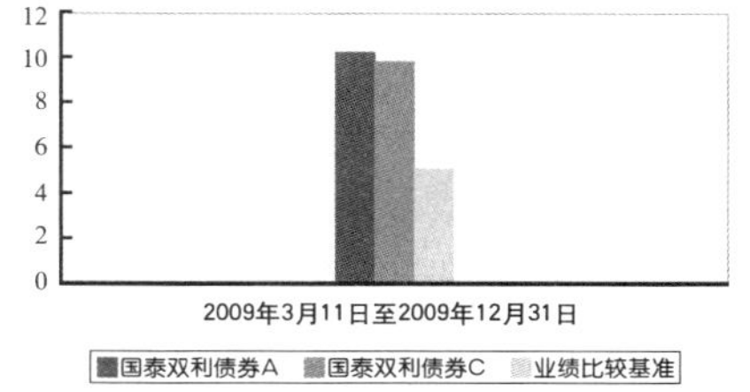

期末基金份额持有人户数	A:基金份额持有人户数为2,420户，平均每户持有66,678.58份。 C:基金份额持有人户数为4,202户，平均每户持有76,884.11份。（期末截至2009年12月31日）
期末基金份额持有人结构	A:机构投资者持有69,778,541.27份，占总份额43.24%；个人投资者持有91,583,625.65份，占总份额56.76%。 C:机构投资者持有91,477,752.96份，占总份额28.32%；个人投资者持有231,589,266.74份，占总份额71.68%。

基金业绩表现

2009年国泰双利债券基金A类全年净值增长率为10.17%，C类全年净值增长率为9.87%。

基金管理团队

林　勇先生：基金经理，14年证券从业经历，硕士研究生。2005年5月加入国泰基金管理公司，曾任国泰货币和国泰金龙债券的基金经理，2009年3月至2009年7月兼任国泰双利债券基金经理。

赵　峰先生：基金经理，6年证券从业经历，硕士研究生。2008年11月加入国泰基金管理公司任投资经理，2009年6月起任国泰双利债券基金经理。

范迪钊先生：基金经理，9年证券从业经历，学士。2005年3月加入国泰基金管理公司，历任行业研究员、高级行业研究员、社保基金经理助理，国泰金鹏蓝筹和国泰金鑫基金经理助理；2009年9月起任国泰双利债券基金经理；2009年12月起兼任国泰金牛创新股票基金经理。

基金运作分析

2009年国泰双利债券基金较好地把握了行业及板块间的轮动，充分享受了行业轮动带来的超额收益。在股票仓位方面，保持相对稳定。债市方面，上半年保持较高仓位的信用债，后在市场调整前及时降低比例，并在四季度继续加仓信用债，积极波段操作，把握机会，通过挖掘一二级市场套利等运作方式，提升组合收益。

季度投资组合一览

项目＼季度	第二季度		第三季度		第四季度	
	A	C	A	C	A	C
基金资产净值	2.1428亿元	7.6459亿元	1.3583亿元	3.6091亿元	1.7613亿元	3.5135亿元
基金份额	2.1048亿份	7.5204亿份	1.3261亿份	3.5326亿份	1.6136亿份	3.2307亿份
基金份额净值	1.0180元	1.0170元	1.0240元	1.0220元	1.0910元	1.0880元
基金资产组合	市值(元)	占总资产比(%)	市值(元)	占总资产比(%)	市值(元)	占总资产比(%)
股票投资	38,016,786.46	3.44	69,640,215.13	7.78	87,647,077.90	14.23
债券投资	753,247,248.16	68.09	504,844,381.70	56.38	438,614,289.70	71.22
金融衍生品投资	——	——	——	——	——	——
买入返售金融资产	——	——	115,600,000.00	12.91	——	——
银行存款和结算备付金	98,620,935.54	8.92	199,816,019.26	22.32	83,397,218.47	13.54
其他资产	216,341,836.00	19.56	5,520,655.60	0.62	6,206,161.57	1.01

投资前五名股票明细

股票名称	公允价值(元)	占净值比(%)	股票名称	公允价值(元)	占净值比(%)	股票名称	公允价值(元)	占净值比(%)
潍柴动力	22,515,124.34	2.30	*ST伊利	13,441,297.80	2.71	中大股份	13,277,742.40	2.52
国电电力	15,499,774.48	1.58	潍柴动力	8,534,200.80	1.72	金证股份	6,464,417.60	1.23
浦发银行	1,887.64	0.00	海信电器	6,835,000.00	1.38	*ST伊利	6,046,443.20	1.15
			ST 东 源	5,183,985.04	1.04	国电南瑞	5,688,858.24	1.08
			海螺水泥	4,367,674.09	0.88	大秦铁路	5,665,000.00	1.07

投资前五名债券明细

债券名称	公允价值(元)	占净值比(%)	债券名称	公允价值(元)	占净值比(%)	债券名称	公允价值(元)	占净值比(%)
09央行票据16	99,740,000.00	10.19	02国债(3)	97,717,387.50	19.67	02国债(3)	96,781,296.30	18.35
08央行票据95	96,490,000.00	9.86	09央行票据41	69,769,000.00	14.05	21国债(10)	48,694,131.60	9.23
08央行票据81	96,220,000.00	9.83	09央行票据35	59,802,000.00	12.04	09复地债	32,677,164.00	6.20
09绵阳投控债	51,840,000.00	5.30	09国开09	49,925,000.00	10.05	09江阴城投债	30,960,000.00	5.87
09柳州投控债	51,605,000.00	5.27	21国债(10)	40,697,070.40	8.19	08上港债	27,787,500.00	5.27

国泰区位优势股票型证券投资基金

基本资料

基金简称	国泰区位优势股票	交易代码	020015
风险收益特征	该基金为股票型基金，风险和收益高于货币市场基金、债券型基金和混合型基金，属于高风险、高收益的品种。		
业绩比较基准	80%×沪深300指数收益率+20%×上证国债指数收益率。		
合同生效日	2009年5月27日	首募份额	19.09亿份
认购户数	18,997户		
基金管理人	国泰基金管理有限公司	基金托管人	中国银行
注册登记人	国泰基金管理有限公司		

财务指标 单位：人民币（元）；%

项目 \ 年度	2009年5月27日至2009年12月31日
本期利润	213,140,922.62
本期加权平均净值利润率	15.81
期末基金资产净值	913,154,511.90
期末基金份额净值	1.153
本期份额净值增长率	20.14
累计份额净值增长率	20.14
基金收益分配	10派0.450
期末基金份额持有人户数	基金份额持有人户数为12,246户，平均每户持有64,646.82份。（期末截至2009年12月31日）
期末基金份额持有人结构	机构投资者持有135,708,954.40份，占总份额17.14%；个人投资者持有655,956,032.15份，占总份额82.86%。

2009年累计净值增长率与同期基准收益率历史走势对比图（%）

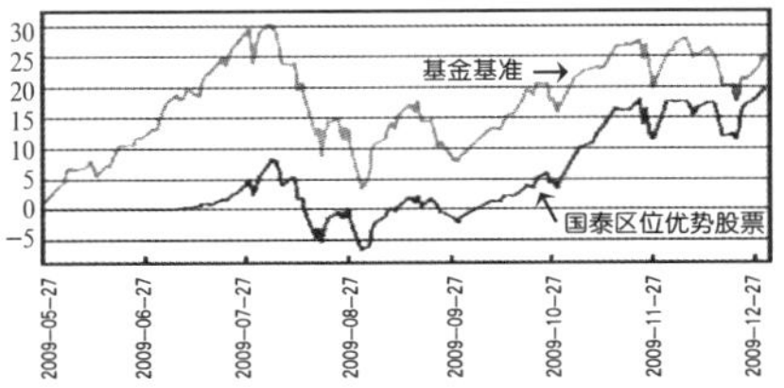

2009年净值增长率与同期基准收益率对比图（%）

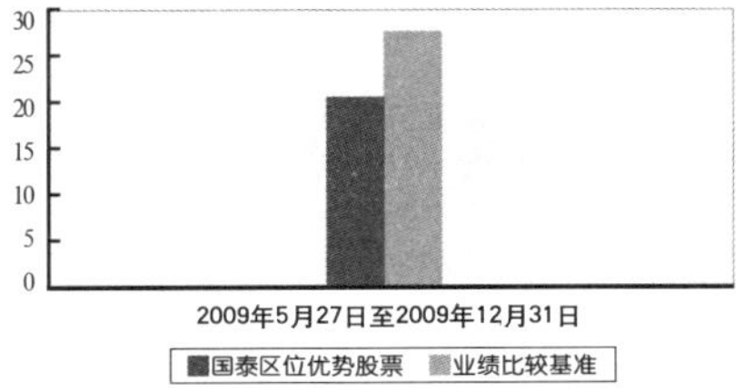

基金业绩表现

国泰区位优势股票基金于2009年5月27日基金合同生效成立，截至2009年12月31日，该基金净值增长率为20.14%，同期业绩基准收益率为25.27%。

基金管理团队

邓时锋先生：基金经理，9年证券从业经历，硕士研究生。曾任职于天同证券。2001年9月加入国泰基金管理公司，历任行业研究员、社保111组合基金经理助理、国泰金鼎价值混合和国泰金泰封闭的基金经理助理，2008年4月起任国泰金鼎价值混合的基金经理，2009年5月起兼任国泰区位优势股票的基金经理。

季度投资组合一览

项目 \ 季度	第三季度		第四季度	
基金资产净值	1,199,667,840.02元		913,154,511.90元	
基金份额	1,217,014,186.85份		791,664,986.55份	
基金份额净值	0.9860元		1.1530元	
基金资产组合	市值(元)	占总资产比(%)	市值(元)	占总资产比(%)
股票投资	889,474,446.74	73.65	851,804,577.95	90.37
债券投资	——	——	——	——
资产支持证券投资	——	——	——	——
金融衍生品投资	——	——	——	——
买入返售金融资产	——	——	——	——
银行存款和结算备付金	317,587,004.33	26.30	81,490,257.67	8.65
其他资产	653,810.38	0.05	9,292,481.98	0.99

投资前五名股票明细	股票名称	公允价值(元)	占净值比(%)	股票名称	公允价值(元)	占净值比(%)
	*ST伊利	77,115,625.23	6.43	*ST伊利	75,237,650.48	8.24
	中兴通讯	76,707,056.20	6.39	中兴通讯	59,018,318.66	6.46
	云南白药	52,399,305.91	4.37	华海药业	54,251,626.00	5.94
	恒瑞医药	48,127,585.14	4.01	云南白药	52,019,500.00	5.70
	中国平安	38,021,501.70	3.17	恒瑞医药	47,902,050.00	5.25

投资前五名债券明细	债券名称	公允价值(元)	占净值比(%)	债券名称	公允价值(元)	占净值比(%)

基金运作分析

国泰区位优势股票基金在2009年完成了基金的发行募集和建仓，在基金合同的指导下，基金管理团队深入研究，克服市场波动带来的困难，成功把握了医药、食品饮料和信息设备等行业的投资机会，同时也把握了具有区位优势的新疆板块优质股票，取得了较好的投资效果。为基金持有人创造了较好的投资回报。

展望2010年，国泰区位优势股票基金在具体投资策略方面将主要关注三类投资机会：①具有核心竞争力，业绩增长确切性强，估值水平合理的优质消费品行业龙头；②目前估值水平较低，同时受益于信贷扩张的金融行业；③受益于政府投资、积极产业政策持续推动的行业，主要包括节能环保、新能源和电力设备等行业。在投资主题方面该基金主要关注区域振兴规划、拉动内需、价格改革、科技创新和企业并购等。

国泰中小盘成长股票型证券投资基金(LOF)(原金盛证券投资基金转型)

基本资料			
基金简称	国泰中小盘成长股票(LOF)	交易代码	160211
风险收益特征	承担较高风险，获取较高的超额收益。		
业绩比较基准	35%×天相中盘成长指数+45%×天相小盘成长指数+20%×中证全债指数		
合同生效日	2009年10月19日	集中募集份额 45.13亿份	申购户数 47,733户
基金管理人	国泰基金管理有限公司	基金托管人	中国建设银行
注册登记人	国泰基金管理有限公司		

财务指标	单位：人民币(元)；%
项目 \ 年度	2009年10月19日至2009年12月31日
本期利润	108,394,876.71
本期加权平均净值利润率	3.82
期末基金资产净值	5,172,690,478.54
期末基金份额净值	1.012
本期份额净值增长率	9.84
累计份额净值增长率	9.84
基金收益分配	——
期末基金份额持有人户数	基金份额持有人户数为57,199户，平均每户持有89,359.77份。（期末截至2009年12月31日）
期末基金份额持有人结构	机构投资者持有1,129,471,041.96份，占总份额22.10%；个人投资者持有3,981,818,277.13份，占总份额77.90%。

2009年累计净值增长率与同期基准收益率历史走势对比图（%）

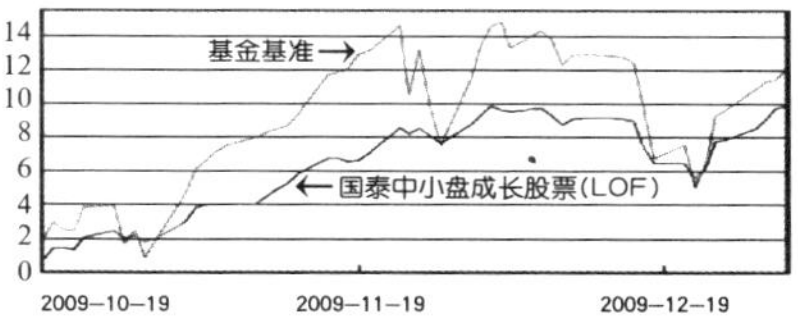

2009年净值增长率与同期基准收益率对比图（%）

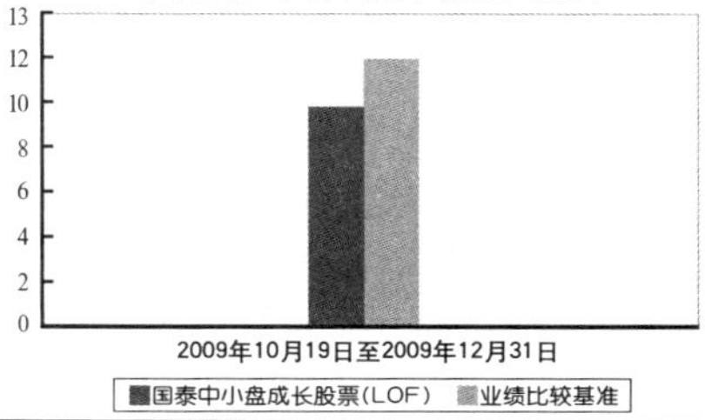

基金业绩表现

2009年1月1日至2009年10月18日，国泰金盛封闭基金净值增长率为52.11%。

2009年10月19日至2009年12月31日，国泰中小盘成长股票基金净值增长率为9.84%，同期业绩基准收益率为12.03%。

基金管理团队

张　玮先生：基金经理，9年证券从业经历，硕士研究生。历任申银万国证券研究所，行业研究员；银河基金管理公司，高级研究员、基金经理。2007年3月加入国泰基金管理公司，任国泰金鹰增长股票基金经理助理；2008年5月起担任国泰金鹰增长股票基金经理；2009年4月至2009年10月兼任国泰金盛封闭基金经理；2009年10月起任国泰中小盘成长股票基金经理。

吴战峰先生：基金经理，14年证券从业经历，硕士研究生。曾就职于深圳中大投资基金管理公司、平安证券公司、招商证券公司、国信证券公司、国投瑞银基金管理公司。2007年10月加入国泰基金管理公司，2008年4月至2009年8月任国泰金盛封闭基金经理。

基金运作分析

出于对经济复苏形势的谨慎判断，2009年上半年该基金资产配置较为保守，股票仓位偏轻。下半年配合开展基金封转开、扩募等工作，股票仓位仍保持在较低水平。基于对大消费板块的看好，该基金重点配置了汽车、家电、地产、医药、食品饮料等泛消费行业，同时持续配置与低碳经济有关的品种，并对有持续高增长潜力的优秀中小市值企业采取了长期持有的策略，取得了较好效果。2009年最后一个月，该基金转型扩募完成并进入建仓期，出于对投资风险的谨慎考虑，建仓节奏稳健，布局侧重中盘成长股。

季度投资组合一览

项目 \ 季度	第四季度	
基金资产净值	5,172,690,478.54元	
基金份额	5,111,289,319.09份	
基金份额净值	1.0120元	
基金资产组合	金额(元)	占总资产比例(%)
股票投资	2,235,271,730.30	33.03
债券投资	91,269,000.00	1.35
金融衍生品投资	——	——
买入返售金融资产	2,405,800,000.00	35.55
银行存款和结算备付金	2,033,521,747.81	30.05
其他资产	1,802,489.23	0.03

投资前五名股票明细	股票名称	公允价值(元)	占净值比例(%)	投资前五名债券明细	债券名称	公允价值(元)	占净值比例(%)
	福耀玻璃	232,491,857.76	4.49		09央行票据49	49,835,000.00	0.96
	招商银行	178,150,467.60	3.44		20国债(4)	21,168,000.00	0.41
	中国平安	171,269,025.55	3.31		02国债(3)	20,266,000.00	0.39
	中大股份	169,763,445.76	3.28				
	美的电器	136,220,215.20	2.63				

南方基金管理有限公司 | 大事记

CHINA SOUTHERN FUND MANAGEMENT CO., LTD. | MAJOR EVENTS

2009年3月26日

发行、成立旗下第16只开放式证券投资基金——南方沪深300指数证券投资基金，募集资产规模15.81亿元人民币。

2009年9月2日

南方基金-光大银行首只专户“一对多”产品获批，南方基金成为国内首批拿到专户“一对多”产品批文的基金公司之一。

2009年9月25日

发行、成立旗下第17只开放式证券投资基金——南方中证500指数证券投资基金(LOF)，募集资产规模32.23亿元人民币。

2009年9月28日

发行、成立旗下第1只一对多理财产品——南方-光大-灵活配置1号资产管理计划。

2009年12月4日

发行、成立旗下第18只开放式证券投资基金——深证成份交易型开放式指数证券投资基金(ETF)，募集资产规模41.28亿元人民币。

2009年12月9日

发行、成立旗下第19只开放式证券投资基金——南方深证成份交易型开放式指数证券投资基金联接基金，募集资产规模32.72亿元人民币。

2010年3月30日

发行、成立旗下第20只开放式证券投资基金——南方策略优化股票型证券投资基金，募集资产规模22亿元人民币。

南方基金管理有限公司

法定名称	南方基金管理有限公司	英文名称	China Southern Fund Management Co.,Ltd.		
成立时间	1998年3月6日	注册资本	1.5亿元人民币	公司属性	中 资
法人代表	吴万善	总 经 理	高良玉	督 察 长	秦长奎
公司网址	www.nffund.com	客服电话	400-889-8899		
联系电话	0755-8276 3888	传真号码	0755-8276 3889		
注册地址	深圳市福田中心区福华一路6号免税商务大厦31-33层	办公地址	深圳市福田中心区福华一路6号免税商务大厦31-33层		

公司简介

1998年3月6日，经中国证监会批准，南方基金管理有限公司作为国内首批规范的基金管理公司正式成立，成为我国“新基金时代”的起始标志。

南方基金总部设在深圳，注册资本1.5亿元人民币。目前股东结构为：华泰证券股份有限公司(45%)；深圳市投资控股有限公司(30%)；厦门国际信托有限公司(15%)；兴业证券股份有限公司(10%)。公司在北京、上海、合肥等地设有分公司，在香港设有子公司——南方东英资产管理有限公司，这也是国内基金公司获批成立的第一家境外分支机构。

公司拥有一支高素质、经验丰富的专业化团队。现有员工300余人，超过55%的员工具有硕士以上学历，近70%的员工具有7年以上的证券从业经历，其中投研人员的平均证券从业年限为8年，40%的投研人员具有海外学习或工作经验。

年度经营

南方基金经历了中国证券市场多次牛熊交替的长期考验，以持续优秀的投资业绩、完善周到的客户服务，赢得了广大基金投资人、社保理事会、企业年金客户、专户客户的认可和信赖。

截至2010年3月底，南方基金管理资产规模突破1,800亿元，位居行业前列。旗下管理公募基金共26只，其中开放式基金24只、封闭式基金2只，公募基金资产管理规模近1,200亿元，累计向基金持有人分红超过440亿元，拥有客户突破1,000万人。私募业务管理规模超过600亿元，在行业中持续保持领先地位。目前，南方基金已经发展成为国内产品种类最丰富、业务领域最全面、经营业绩优秀、资产管理规模最大的基金管理公司之一。

2009年，南方基金在指数基金产品业务上得到长足发展，先后募集设立了南方沪深300指数证券投资基金、南方中证500指数证券投资基金(LOF)、深证成份交易型开放式指数证券投资基金(ETF)及南方深证成份交易型开放式指数证券投资基金联接基金、中证南方小康产业交易型开放式指数证券投资基金(ETF)及中证南方小康产业交易型开放式指数证券投资基金联接基金、南方金砖四国指数证券投资基金共7只指数基金，募集资金约144.5亿元，一举成为国内管理指数基金数量最多的基金公司之一。其中，南方中证500、南方深成指ETF及联接基金、中证南方小康ETF及联接基金、南方金砖四国均是相关标的指数被首次开发成基金产品，充分展现了南方基金的产品创新能力和开发实力。

社会责任

多年来，南方基金在公益事业方面不遗余力，积极承担社会责任，积极参与各项社会公益活动，回馈社会。

2008年5月，汶川发生地震，南方基金先后为灾区捐款近600万元，2009年地震一周年之际，南方基金又举行了“重返地震现场，爱心接力升级”活动，包括走访慰问持有人，把灾区群众所需的物品制作成“爱心包裹”，寄送给灾区持有人和受灾群众；2009年3月，南方基金宣布启动“温暖300公益计划”，该计划作为公司旗下常规公益项目之一，从2009年开始，每年从南方沪深300基金的实收管理费中拿出10%，开展公益活动；2010年4月，青海玉树遭受震灾，南方基金第一时间启动温暖300计划向玉树灾区捐款80万元；2010年8月，公司向甘肃舟曲灾区捐款30万元，用于救灾和灾后重建工作。同时，延续以往的做法，启动“持有人应急关怀计划”，积极联系灾区的持有人，提供相关帮助。

2009年管理公募基金概况

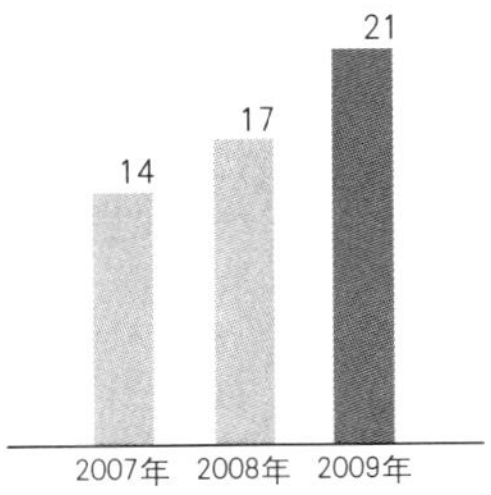

基金数量(只)

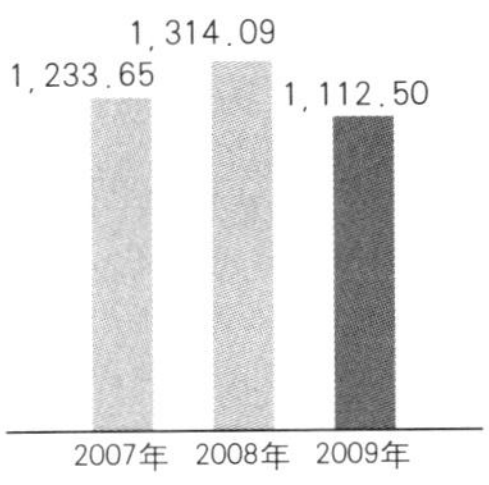

基金份额规模(亿份)

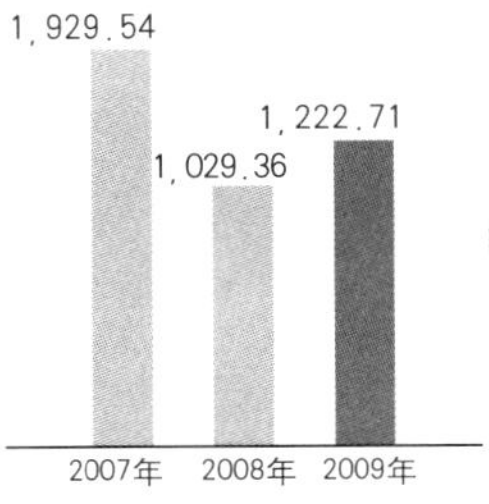

基金资产规模(亿元)

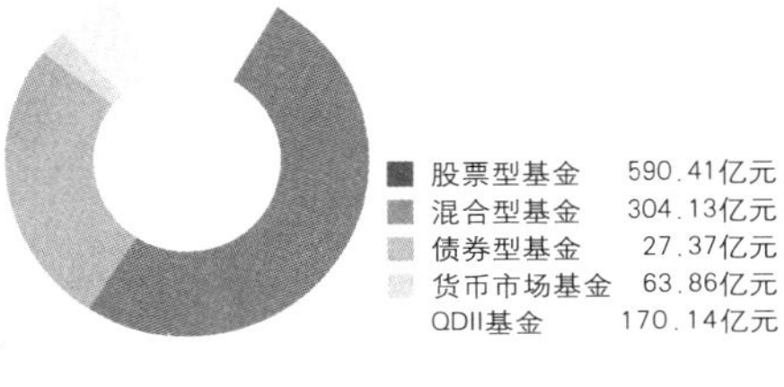

2009年基金资产规模构成(不含封闭式基金)

开元证券投资基金

基本资料			
基金简称	南方开元封闭	交易代码	184688
风险收益特征	——	业绩比较基准	——
合同生效日	1998年3月27日	基金总份额	20亿份
上市日期	1998年4月7日　地点　深交所	存续期	至2013年3月27日
基金管理人	南方基金管理有限公司	基金托管人	中国工商银行
注册登记人	中国证券登记结算有限责任公司		

成立来累计净值增长率与同期基准收益率历史走势对比图（%）

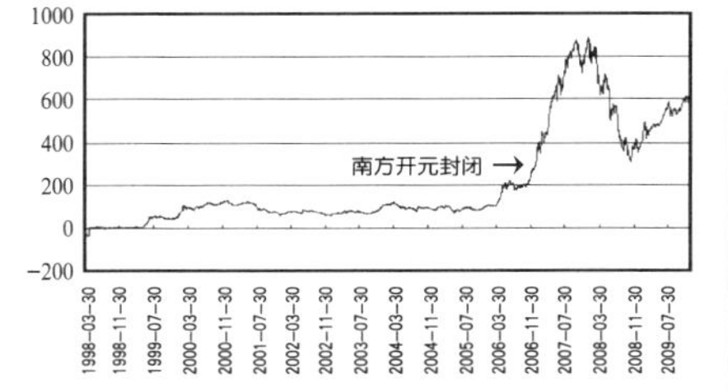

近三年净值增长率与同期基准收益率对比图（%）

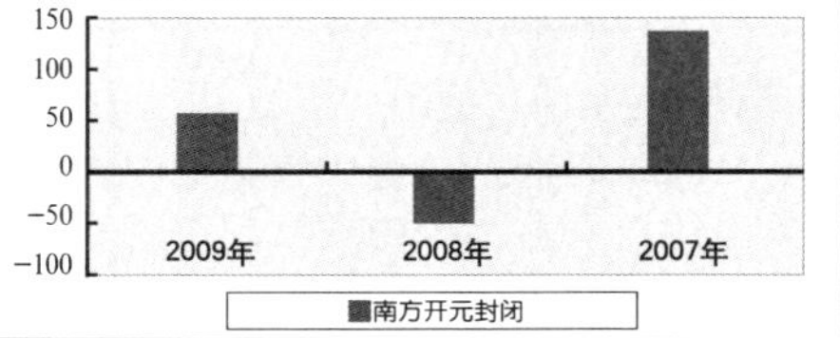

财务指标　　单位：人民币（元）；%

项目　年度	2009年	2008年	2007年
本期利润	787,241,003.05	−2,239,919,356.21	4,906,371,358.38
本期加权平均净值利润率	40.32	−73.89	80.09
期末基金资产净值	2,227,916,176.65	1,440,675,173.60	6,424,594,529.81
期末基金份额净值	1.1140	0.7203	3.2123
本期份额净值增长率	54.66	−51.78	139.29
累计份额净值增长率	597.67	351.10	835.53
基金收益分配	——	10派13.720	10派13.200
期末基金份额持有人户数	基金份额持有人户数为68,563户，平均每户持有29,170份。（期末截至2009年12月31日）		
期末基金份额持有人结构	机构投资者持有857,986,277份，占总份额42.90%；个人投资者持有1,142,013,723份，占总份额57.10%。		

基金业绩表现

截至2009年12月31日，南方开元基金份额净值为1.1140元，全年净值增长率为54.66%。

基金管理团队

汪　澂女士：基金经理、公司投资部副总监，10年证券从业经历，注册金融分析师（CFA），工商管理硕士。1999年加入南方基金管理公司，先后担任研究员、基金经理助理，2002年4月至2006年3月任南方隆元基金经理；2005年8月至2006年3月任南方金元基金经理；2006年3月至今任南方开元基金经理，2008年4月至今任南方隆元基金经理。

基金运作分析

2009年是A股市场大幅反弹期。由于政府的刺激政策，和银行创历史的放贷纪录，出现了天量信贷，市场流动性充裕，支持A股市场在上半年经济恶化的背景下走出了大幅反弹的行情。上市公司估值迅速提升到了泡沫化的水平，而实体经济仍处于恢复之中，与此相似的另一个领域是房地产，住房价格再一次强劲上行，同样走出偏离基本面的走势。当这些背离情况达到相当的程度，并且流动性充裕的情况下，市场进入了一个高位振荡的阶段。

2010年，对于中国来说将是经济进入转型和升级的关键阶段，能否成功拉动内需增长和实现产业转型将成为中国未来稳健发展的关键。为了抵御金融危机，全球政府在救市的过程中靠大量发行纸币和增加财政赤字来实现，结果可能是从一个极端走向另一个极端。

在新的局面下，南方开元基金将争取把握住经济危机之后和经济转型之中的经济成长确定性的机会，并积极关注在新的形势下可能出现的突破型性的投资机会。

季度投资组合一览

项目　季度	第一季度		第二季度		第三季度		第四季度	
基金资产净值	1,795,126,966.98元		2,006,163,211.77元		2,013,820,638.56元		2,227,916,176.65元	
基金份额净值	0.8976元		1.0031元		1.0069元		1.1140元	
基金资产组合	市值(元)	占总资产比(%)	市值(元)	占总资产比(%)	市值(元)	占总资产比(%)	市值(元)	占总资产比(%)
股票投资	903,888,100.41	50.08	1,115,741,371 20	55.39	1,169,313,734.66	57.83	1,196,661,556.44	53.53
债券投资	610,514,800.00	33.82	524,235,600 00	26.03	537,844,242.00	26.60	680,416,000.00	30.44
资产支持证券投资	——	——	——	——	——	——	——	——
金融衍生品投资	——	——	——	——	——	——	——	——
买入返售金融资产	——	——	——	——	——	——	——	——
银行存款和结算备付金	243,420,154.96	13.49	170,470,734.14	8.46	308,133,542	15.24	347,687,081.56	15.55
其他资产	47,204,771.20	2.62	203,818,456.77	10.12	6,807,747.35	0.34	10,841,491.95	0.48

投资前五名股票明细	股票名称	公允价值(元)	占净值比(%)	股票名称	公允价值(元)	占净值比(%)	股票名称	公允价值(元)	占净值比(%)	股票名称	公允价值(元)	占净值比(%)
	中信证券	130,819,446.99	7.29	建设银行	116,260,[illegible]72.82	5.80	贵州茅台	122,057,892.78	6.06	山东黄金	110,938,465	4.98
	招商银行	91,756,800.00	5.11	贵州茅台	109,582,607.73	5.46	大秦铁路	81,355,958.01	4.04	中国中铁	109,368,686.70	4.91
	中国石化	88,473,120.00	4.93	中国石化	105,968,928.00	5.28	中国中铁	74,878,632.20	3.72	大秦铁路	106,875,508.90	4.80
	贵州茅台	84,950,398.02	4.73	中国中铁	99,881,640.11	4.98	云南白药	67,204,948.44	3.34	中粮屯河	79,876,964.50	3.59
	中国神华	82,898,594.10	4.62	大秦铁路	92,940,625.17	4.63	双汇发展	62,339,879.42	3.10	燕京啤酒	74,050,484.27	3.32

投资前五名债券明细	债券名称	公允价值(元)	占净值比(%)	债券名称	公允价值(元)	占净值比(%)	债券名称	公允价值(元)	占净值比(%)	债券名称	公允价值(元)	占净值比(%)
	08央票106	321,618,000.00	17.92	08央票106	319,176.000.00	15.91	09央票39	279,076,000.00	13.86	07央行票据23	381,406,000.00	17.12
	06农发03	100,110,000.00	5.58	08央票112	97,150.000.00	4.84	08央票112	144,780,000.00	7.19	09央票61	299,010,000.00	13.42
	09央票09	79,808,000.00	4.45	08央行票据84	48,140.000.00	2.40	09央票43	99,670,000.00	4.95			
	08央票112	48,905,000.00	2.72	08央行票据76	48,060.000.00	2.40	08央票117	11,648,400.00	0.58			
	08央行票据61	28,971,000.00	1.61	08央票117	11,709,600.00	0.58	龙盛转债	1,317,459.00	0.07			

天元证券投资基金

基本资料			
基金简称	南方天元封闭	交易代码	184698
风险收益特征	——	业绩比较基准	——
合同生效日	1999年8月25日	基金总份额	30亿份
上市日期	1999年9月20日　地点　深交所	存续期	至2014年8月25日
基金管理人	南方基金管理有限公司	基金托管人	中国工商银行
注册登记人	中国证券登记结算有限责任公司		

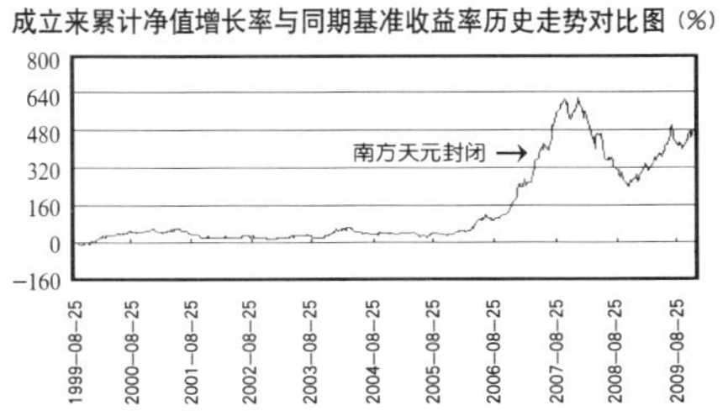

财务指标　　单位：人民币（元）；%

项目＼年度	2009年	2008年	2007年
本期利润	1,773,623,351.34	−3,534,066,855.42	6,873,150,376.39
本期加权平均净值利润率	43.66	−68.40	77.68
期末基金资产净值	4,453,186,924.47	3,009,563,573.13	9,756,630,428.55
期末基金份额净值	1.4844	1.0032	3.2522
本期份额净值增长率	60.29	−47.62	127.58
累计份额净值增长率	473.81	257.98	583.42
基金收益分配	10派1.100	10派10.710	10派12.500

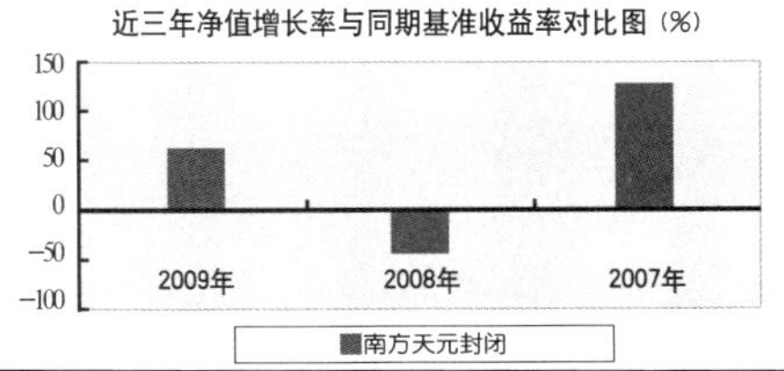

期末基金份额持有人户数	基金份额持有人户数为58,772.00户，平均每户持有51,044.72份。　（期末截至2009年12月31日）
期末基金份额持有人结构	机构投资者持有1,551,212,169.00份，占总份额51.71%；个人投资者持有1,448,787,831.00份，占总份额48.29%。

基金业绩表现

截至2009年12月31日，南方天元基金份额净值为1.4844元，全年净值增长率为60.29%。

基金管理团队

陈　键先生：基金经理，9年证券从业经历，硕士学历。2000年加入南方基金管理公司，历任行业研究员、基金经理助理，2003年11月至2005年6月任南方宝元基金经理；2004年3月至2005年3月任南方现金货币基金经理；2005年3月至2006年3月任南方积极配置股票基金经理；2006年3月至今任南方天元基金经理；2008年2月至今任南方盛元红利股票基金经理。

基金运作分析

2009年南方天元基金整体资产配置策略除了在年初保守，仓位较低外，二至四季度内的资产配置策略比较稳定，但在行业配置策略上，上半年尤其一季度相对偏防御，对于市场反弹过程中弹性较大的周期类行业没有超配，整体落后指数较多。

展望2010年，市场多空力量的博弈结果以及结构性机会如何产生？该管理人倾向于认为来自政策导向和宏观基本面之间的平衡。如果说2009年政策导向的侧重点更多是"保增长"，2010年侧重于"调结构"已经成为市场共识，与此同时，"控通胀"也成为政策制定者在2010年相对2009年更关注的因素。因此，南方天元基金下一阶段的操作策略，一方面将密切围绕投资机会较多的行业以及城镇化、产业区域转移等投资主题展开，另一方面，也关注估值已经相对历史平均估值水平偏低甚至极低的部分行业，由于投资者情绪在短期内过度反应而可能带来的波段操作机会。

季度投资组合一览

项目＼季度	第一季度		第二季度		第三季度		第四季度	
基金资产净值	3,705,606,321.00元		4,393,508,832.26元		3,895,158,836.90元		4,453,186,924.47元	
基金份额净值	1.2352元		1.4645元		1.2984元		1.4844元	
基金资产组合	市值(元)	占总资产比(%)	市值(元)	占总资产比(%)	市值(元)	占总资产比(%)	市值(元)	占总资产比(%)
股票投资	2,819,454,625.86	75.39	3,455,875,945.67	74.88	2,792,980,747.32	71.41	3,500,326,997.65	77.70
债券投资	800,770,560.73	21.41	895,413,486.80	19.40	839,162,547.20	21.46	934,859,667.50	20.75
资产支持证券投资	——	——	——	——	——	——	——	——
金融衍生品投资	——	——	——	——	——	——	——	——
买入返售金融资产	——	——	——	——	——	——	——	——
银行存款和结算备付金	99,097,144.28	2.65	50,842,512.06	1.10	265,468,822.02	6.79	56,297,885.59	1.25
其他资产	20,329,375.00	0.54	212,891,840.80	4.61	13,425,057.64	0.34	13,273,994.55	0.29

项目	第一季度			第二季度			第三季度			第四季度		
投资前五名股票明细	股票名称	公允价值(元)	占净值比(%)	股票名称	公允价值(元)	占净值比(%)	股票名称	公允价值(元)	占净值比(%)	股票名称	公允价值(元)	占净值比(%)
	中信证券	239,625,937.08	6.47	民生银行	193,192,734.24	4.40	民生银行	201,815,968.28	5.18	民生银行	236,849,304.02	5.32
	华夏银行	182,598,156.28	4.93	建设银行	171,854,933.67	3.91	招商银行	141,324,601.18	3.63	招商银行	172,591,952.05	3.88
	海油工程	124,206,123.02	3.35	招商银行	151,041,338.28	3.44	万　科A	116,239,966.14	2.98	贵州茅台	155,226,857.94	3.49
	万　科A	114,723,266.76	3.10	万　科A	132,032,204.25	3.01	贵州茅台	100,410,785.62	2.58	大秦铁路	104,938,861.70	2.36
	民生银行	80,736,907.36	2.18	交通银行	121,634,053.95	2.77	交通银行	89,130,125.35	2.29	中信证券	98,617,161.69	2.21
投资前五名债券明细	债券名称	公允价值(元)	占净值比(%)	债券名称	公允价值(元)	占净值比(%)	债券名称	公允价值(元)	占净值比(%)	债券名称	公允价值(元)	占净值比(%)
	08央票108	146,280,000.00	3.95	08央票108	145,185,000.00	3.30	09央票43	159,472,000.00	4.09	09央票67	249,175,000.00	5.60
	08央票104	97,390,000.00	2.63	08央票104	135,310,000.00	3.08	09央票47	139,538,000.00	3.58	09央票51	249,175,000.00	5.60
	08央票92	97,170,000.00	2.62	08央票112	131,152,500.00	2.99	08央票114	116,088,000.00	2.98	09央票71	149,505,000.00	3.36
	08央行票据70	96,740,000.00	2.61	08央票92	96,440,000.00	2.20	08央票112	106,172,000.00	2.73	09央票57	149,505,000.00	3.36
	2002(11)期	50,345,000.00	1.36	05农发06	50,255,000.00	1.14	09央票35	99,670,000.00	2.56	05农发06	50,175,000.00	1.13

南方稳健成长证券投资基金

基本资料			
基金简称	南方稳健成长混合	交易代码	202001
风险收益特征	——	业绩比较基准	——
合同生效日	2001年9月28日　首募份额 34.89亿份	认购户数	35,588户
基金管理人	南方基金管理有限公司	基金托管人	中国工商银行
注册登记人	南方基金管理有限公司		

财务指标　　单位：人民币(元)；%

项目＼年度	2009年	2008年	2007年
本期利润	2,800,727,570.37	-8,344,766,668.04	12,716,895,261.01
本期加权平均净值利润率	37.12	-79.34	72.31
期末基金资产净值	7,257,498,819.41	6,554,556,153.91	18,085,552,234.89
期末基金份额净值	1.1446	0.7915	1.7463
本期份额净值增长率	44.61	-52.94	123.63
累计份额净值增长率	281.85	164.06	461.10
基金收益分配	——	10派0.500	10派15.200

成立来累计净值增长率与同期基准收益率历史走势对比图（%）

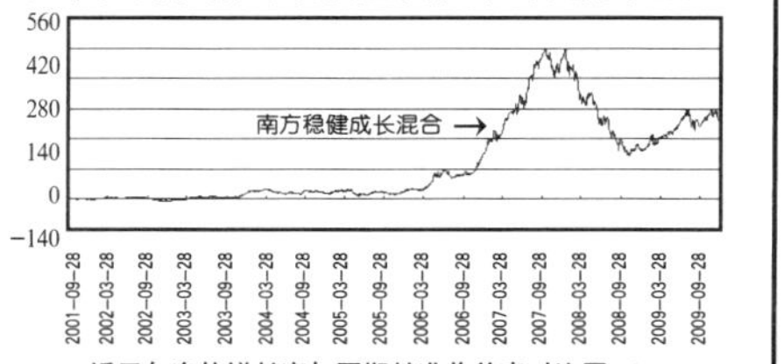

近三年净值增长率与同期基准收益率对比图（%）

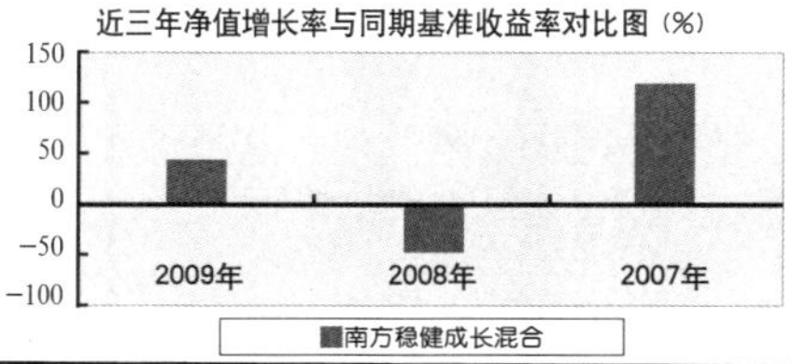

期末基金份额持有人户数	基金份额持有人户数为352,675.00户，平均每户持有17,979.43份。（期末截至2009年12月31日）
期末基金份额持有人结构	机构投资者持有52,413,303.47份，占总份额0.83%；个人投资者持有6,288,482,863.75份，占总份额99.17%。

基金业绩表现

截至2009年12月31日，南方稳健成长混合基金份额净值为1.1446元，全年净值增长率为44.61%。

基金管理团队

冯　皓先生：基金经理，6年证券从业经历，注册金融分析师(CFA)，工商管理硕士。曾任职于中安成长基金公司，2003年加入南方基金管理公司，2007年5月至2010年2月任南方稳健成长混合基金经理；2007年5月至2010年2月任南方稳健成长贰号混合基金经理。

马北雁先生：基金经理，9年证券从业经历，土壤学博士。历任广东省科学院助理研究员、平安证券研究所农业和食品饮料行业研究员、平安证券综合研究所行业公司部副总经理等职务。2005年9月加入南方基金管理公司，2008年4月至今任南方稳健成长混合基金经理；2008年4月至今任南方稳健成长贰号混合基金经理。

基金运作分析

2009年上半年，由于低估了政策的刺激效应，担忧经济复苏的可持续性，因此南方稳健成长混合基金组合以防御性公司为主，错失了周期性公司的大幅反弹行情；下半年虽然防御性的食品和医药等公司获得了良好的收益，但中小市值股票的缺配导致总体收益不够理想。从基金运作角度看，除了继续坚持自下而上选择优质成长公司进行长期投资的投资策略外，未来要注重自上而下对行业轮动规律和市场风格转换的研究，把握行业轮动和市场风格切换带来的投资机遇，为持有人创造持续稳定的长期资产增值。

展望下一阶段，该管理人认为未来中国经济增长的主线在城市化和消费升级，因此资产配置的大思路仍然是从这两个角度去寻找受益于此的行业和公司；围绕资产重组和行业整合发掘相关行业和公司也是超额收益的重要来源。对于3G、区域经济振兴、世博会、股指期货、节能减排和出口复苏等主题投资机会，也将通过积极参与波段操作获取超额收益。

季度投资组合一览

项目＼季度	第一季度		第二季度		第三季度		第四季度	
基金资产净值	7,666,922,724.78元		7,944,330,472.68元		7,030,756,338.83元		7,257,498,819.41元	
基金份额	8,335,478,866.3份		7,519,255,001.91份		6,877,983,218.50份		6,340,896,167.22份	
基金份额净值	0.9198元		1.0565元		1.0222元		1.1446元	
基金资产组合	市值(元)	占总资产比(%)	市值(元)	占总资产比(%)	市值(元)	占总资产比(%)	市值(元)	占总资产比(%)
股票投资	4,217,203,632.30	54.76	6,125,509,162.75	76.50	5,385,781,050.52	76.39	5,202,858,229.61	71.37
债券投资	2,308,214,000.00	29.97	1,663,192,000.00	20.77	1,558,709,000.00	22.11	1,484,983,000.00	20.37
资产支持证券投资	——	——	——	——	——	——	——	——
金融衍生品投资	——	——	——	——	——	——	——	——
买入返售金融资产	——	——	——	——	——	——	——	——
银行存款和结算备付金	1,090,887,745.63	14.17	158,789,587.59	1.98	47,259,510.12	0.67	528,291,672.77	7.25
其他资产	84,364,953.01	1.1	60,000,251.30	0.75	58,821,788.61	0.83	73,559,728.13	1.01

投资前五名股票明细	股票名称	公允价值(元)	占净值比(%)	股票名称	公允价值(元)	占净值比(%)	股票名称	公允价值(元)	占净值比(%)	股票名称	公允价值(元)	占净值比(%)
	盐湖钾肥	519,166,809.41	6.77	贵州茅台	462,554,487.57	5.82	贵州茅台	384,345,701.56	5.47	招商银行	357,241,430.45	4.92
	吉林敖东	480,528,364.20	6.27	DR招商银	355,852,401.39	4.48	招商银行	345,730,345.82	4.92	双汇发展	266,683,068.00	3.67
	辽宁成大	456,904,988.92	5.96	浦发银行	266,469,414.22	3.35	中国平安	305,359,813.20	4.34	中国平安	210,994,700.00	2.91
	双汇发展	342,716,500.77	4.47	双汇发展	261,969,120.00	3.30	保利地产	289,709,622.46	4.12	浦发银行	205,899,504.39	2.84
	贵州茅台	336,389,568.70	4.39	万　科A	216,517,656.75	2.73	双汇发展	280,400,089.06	3.99	太工天成	201,649,361.65	2.78

投资前五名债券明细	债券名称	公允价值(元)	占净值比(%)	债券名称	公允价值(元)	占净值比(%)	债券名称	公允价值(元)	占净值比(%)	债券名称	公允价值(元)	占净值比(%)
	08国开20	585,000,000.00	7.63	08国开20	583,620,000.00	7.35	08国开20	580,500,000.00	8.26	08国开20	575,640,000.00	7.93
	09央票10	498,800,000.00	6.51	08央票104	289,950,000.00	3.65	09央票43	199,340,000.00	2.84	09央票49	199,340,000.00	2.75
	09央票09	199,520,000.00	2.60	08央票110	193,920,000.00	2.44	08央票110	192,580,000.00	2.74	09央票65	149,505,000.00	2.06
	08央票110	195,340,000.00	2.55	08央票106	125,736,000.00	1.58	09央票45	149,505,000.00	2.13	09央票57	119,604,000.00	1.65
	08央票95	194,460,000.00	2.54	08央票114	97,320,000.00	1.23	09央票33	99,680,000.00	1.42	09央票51	99,670,000.00	1.37

南方宝元债券型基金

基本资料					
基金简称	南方宝元债券		交易代码	202101	
风险收益特征	该基金属于低风险的基金品种，其风险收益配比关系为低风险、适度收益。				
业绩比较基准	75%×交易所国债指数+25%×（上证A股指数+深证A股指数）				
合同生效日	2002年9月20日	首募份额	49.03亿份	认购户数	98,114户
基金管理人	南方基金管理有限公司		基金托管人	中国工商银行	
注册登记人	南方基金管理有限公司				

成立来累计净值增长率与同期基准收益率历史走势对比图（%）

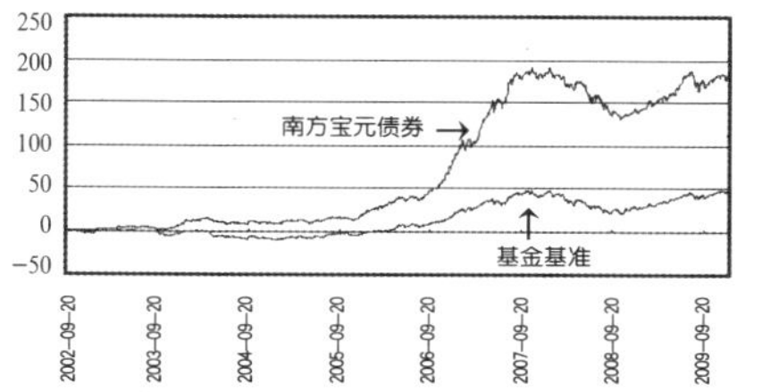

近三年净值增长率与同期基准收益率对比图（%）

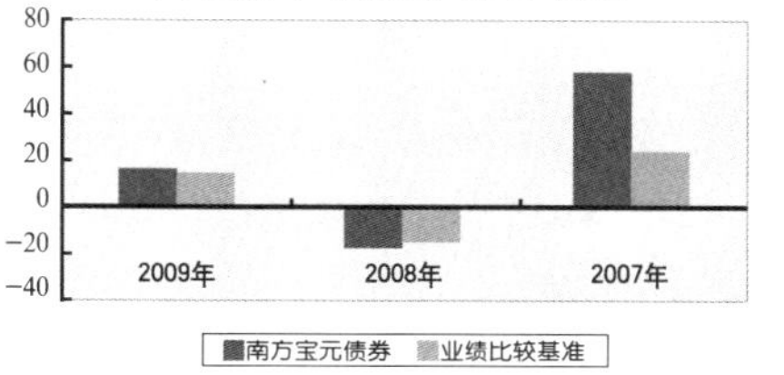

财务指标　　单位：人民币（元）；%

项目＼年度	2009年	2008年	2007
本期利润	357,042,907.56	−472,336,893.17	781,373,023.82
本期加权平均净值利润率	15.05	−19.67	35.51
期末基金资产净值	1,918,138,766.24	1,916,744,583.13	2,869,635,663.21
期末基金份额净值	1.1671	0.9862	1.2367
本期份额净值增长率	18.34	−16.72	51.91
累计份额净值增长率	182.26	138.52	186.42
基金收益分配	——	10派0.500	10派9.500

期末基金份额持有人户数	基金份额持有人户数为61,372户，平均每户持有26,778.74份。（期末截至2009年12月31日）
期末基金份额持有人结构	机构投资者持有159,023,565.03份，占总份额9.68%；个人投资者持有1,484,441,288.82份，占总份额90.32%。

基金业绩表现

截至2009年12月31日，南方宝元债券基金份额净值为1.1671元，全年净值增长率为18.34%，同期业绩基准收益率为17.39%；业绩表现优于基准。

基金管理团队

高　峰先生：基金经理，理学博士。曾任职于上海大学理学院、美国SAS软件研究所上海公司，2002年加入南方基金管理公司，2006年3月至今任南方多利债券基金经理；2008年1月至今任南方宝元债券基金经理。

基金运作分析

2009年年初以来，基于对宏观经济向好的判断，南方宝元债券基金较早降低了债券部分的组合久期，并且全年始终维持组合久期在较低的水平；年初增加了企业债的比例，二季度和三季度对企业债部分做了调整和减持，四季度以一级市场为主，买入企业债；年中择机配置了少量偏债性的转债。由于对经济的看好，该基金在一季度增持了权益类资产，并一直维持偏高的仓位，这部分在上半年获得超额收益，而在下半年的调整中略弱于基准。

回顾全年操作，基于对宏观经济的研判和股票、债券相对估值的研究，该基金总体增加了对股票部分的投资，债券部分增加了无风险债券和企业债的投资，获得了较好的持有收益。

2010年，南方宝元债券基金将维持精选个股的投资思路。此外，该管理人对A股市场不合理的估值和大量的融资表示担忧；信用债券市场存在结构性投资机会，更看好信用合规、绝对收益有支撑的信用债券；无论是经济复苏还是通货膨胀提前到来，对长期无风险债券都不是好消息，该管理人将对无风险收益债券投资采取较保守的策略。

季度投资组合一览

项目＼季度	第一季度		第二季度		第三季度		第四季度	
基金资产净值	2,104,420,699.04元		2,615,262,914.36元		2,156,977,244.88元		1,918,138,766.24元	
基金份额	1,990,238,749.82份		2,298,894,705.54份		1,935,758,534.71份		1,643,464,853.85份	
基金份额净值	1.0574元		1.1376元		1.1143元		1.1671元	
基金资产组合	市值(元)	占总资产比(%)	市值(元)	占总资产比(%)	市值(元)	占总资产比(%)	市值(元)	占总资产比(%)
股票投资	559,318,827.35	24.22	850,697,705.21	31.66	607,293,657.98	26.24	598,170,030.47	27.29
债券投资	1,631,789,133.36	70.67	1,688,674,920.30	62.85	1,666,798,920.64	72.03	1,522,613,639.54	69.46
资产支持证券投资	——	——	——	——	——	——	——	——
金融衍生品投资	——	——	——	——	——	——	——	——
买入返售金融资产	——	——	——	——	——	——	——	——
银行存款和结算备付金	87,300,311.72	3.78	91,644,095.09	3.41	10,622,799.07	0.46	49,133,849.98	2.24
其他资产	30,544,232.57	1.32	55,997,937.14	2.08	29,347,693.74	1.27	22,075,491.34	1.01

投资前五名股票明细	股票名称	公允价值(元)	占净值比(%)	股票名称	公允价值(元)	占净值比(%)	股票名称	公允价值(元)	占净值比(%)	股票名称	公允价值(元)	占净值比(%)
	中信证券	48,497,427.00	2.30	华侨城A	58,782,713.00	2.25	保利地产	82,375,172.52	3.82	徐工机械	47,272,503.36	2.46
	山东黄金	48,156,000.00	2.29	保利地产	58,206,653.12	2.23	华侨城A	36,421,838.00	1.69	保利地产	43,928,640.00	2.29
	中国平安	46,508,986.24	2.21	中国平安	49,460,000.00	1.89	交通银行	33,319,333.60	1.54	南　玻A	29,400,000.00	1.53
	华夏银行	42,760,000.00	2.03	交通银行	47,752,279.20	1.83	徐工机械	33,213,837.90	1.54	中国平安	27,236,496.00	1.42
	保利地产	40,854,081.60	1.94	北京银行	42,275,479.68	1.62	中牧股份	25,223,429.52	1.17	天威视讯	26,348,186.13	1.37

投资前五名债券明细	债券名称	公允价值(元)	占净值比(%)	债券名称	公允价值(元)	占净值比(%)	债券名称	公允价值(元)	占净值比(%)	债券名称	公允价值(元)	占净值比(%)
	08央票108	195,040,000.00	9.27	08央票108	193,580,000.00	7.40	08农发17	173,400,000.00	8.04	08国开16	135,317,000.00	7.05
	08农发17	177,565,000.00	8.44	08农发17	176,069,000.00	6.73	09央票47	149,505,000.00	6.93	09央票69	129,571,000.00	6.76
	08国开16	138,489,000.00	6.58	08国开16	137,904,000.00	5.27	08国开16	136,409,000.00	6.32	07进出口13	101,080,000.00	5.27
	07进出口13	102,190,000.00	4.86	07进出口13	102,090,000.00	3.90	07进出口13	101,570,000.00	4.71	08国开12	50,810,000.00	2.65
	08国债06	76,139,000.00	3.62	08国开17	59,646,000.00	2.28	08国开12	50,870,000.00	2.36	09国开08	49,680,000.00	2.59

南方避险增值基金

基本资料

基金简称	南方避险增值混合	交易代码	202202		
风险收益特征	该基金为投资者控制本金损失的风险。				
业绩比较基准	中信全债指数×80%+中信综指×20%				
合同生效日	2003年6月27日	首募份额	51.92亿份	认购户数	148,023户
基金管理人	南方基金管理有限公司	基金托管人	中国工商银行		
注册登记人	南方基金管理有限公司				

财务指标 单位：人民币(元)；%

项目 \ 年度	2009年	2008年	2007年
本期利润	1,136,954,751.28	−1,265,830,368.91	3,595,112,746.26
本期加权平均净值利润率	11.31	−26.05	57.93
期末基金资产净值	11,896,619,567.70	4,262,544,500.99	6,386,033,877.39
期末基金份额净值	2.3978	2.1325	2.7373
本期份额净值增长率	12.44	−20.38	80.08
累计份额净值增长率	246.27	207.96	286.79
基金收益分配	——	10派0.500	10派2.500

成立来累计净值增长率与同期基准收益率历史走势对比图（%）

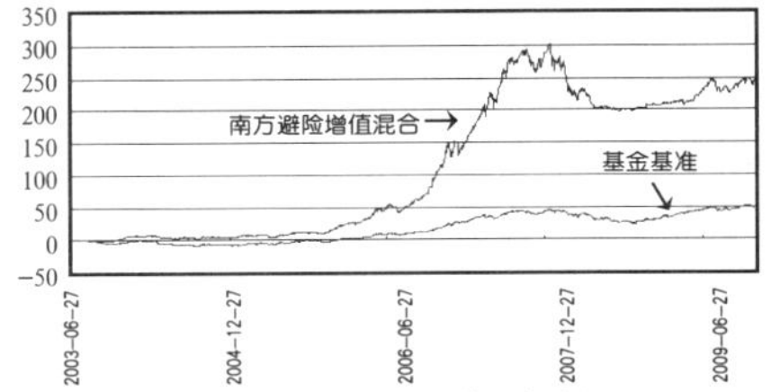

近三年净值增长率与同期基准收益率对比图（%）

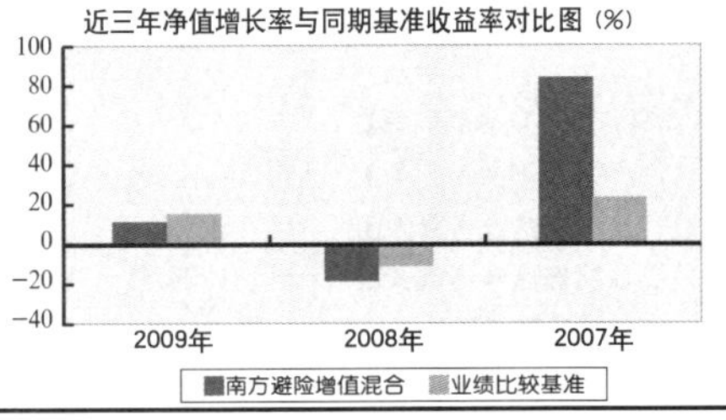

期末基金份额持有人户数	基金份额持有人户数为97,953户，平均每户持有50,650.65份。（期末截至2009年12月31日）
期末基金份额持有人结构	机构投资者持有226,593,921.85份，占总份额4.57%；个人投资者持有4,734,789,032.60份，占总份额95.43%。

基金业绩表现

截至2009年12月31日，南方避险增值混合基金份额净值为2.3978元，全年净值增长率为12.44%，显著超越3年期金融债的收益水平。

基金管理团队

蒋　峰先生：基金经理，8年证券从业经历，经济学博士。曾就职于鹏华基金公司和宝盈基金公司，曾任宝盈鸿阳基金经理。2007年加入南方基金管理公司，2007年6月至今任南方避险增值混合基金经理；2008年1月至2009年2月任南方宝元债券基金经理；2008年11月至今任南方恒元保本混合基金经理。

基金运作分析

2009年，南方避险增值混合基金分别于1月和6月进行了两次到期操作，并放开申购进入新的保本周期运作。该基金在两次到期操作后的投资，均依照积极、稳妥的操作思路，先通过股票市场的小幅积极运作累积"防守垫"，随后再结合对宏观经济和股票市场的趋势性判断，逐步调整权益类资产的投资比例。上半年该基金重点加大了钢铁、航运、地产、金融等行业的配置，获得了较好的回报，为新的保本周期创造了一个良好的开端。固定收益部分，该管理人将组合的久期调整至显著低于保本周期，部分回避了利率风险。随着新股的恢复发行，该基金亦积极安排资金参与新股申购，积极提高该部分的绝对收益水平。

下半年，随着市场单边上涨行情结束，该管理人感到投资管理难度开始进一步加大。为此，该基金的应对策略是：①坚持动态资产配置的基本原则，综合运用CPPI策略和市场趋势判断来进行资产配置；②调整强周期行业与弱周期行业的资产配置比例，降低市场波动对基金表现的冲击；③从中长线出发提高择股标准，适度提高个股集中度。

季度投资组合一览

项目 \ 季度	第一季度			第二季度			第三季度			第四季度		
基金资产净值	7,971,522,757.00元			10,567,715,255.30元			11,926,945,946.82元			11,896,619,567.70元		
基金份额	3,687,644,744.15份			4,629,689,392.29份			5,270,429,236.4份			4,961,382,954.45份		
基金份额净值	2.1617元			2.2826元			2.2630元			2.3978元		
基金资产组合	市值(元)		占总资产比(%)	市值(元)		占总资产比(%)	市值(元)		占总资产比(%)	市值(元)		占总资产比(%)
股票投资	1,480,374,508.85		18.40	3,331,029,453.84		28.91	3,373,025,459.06		28.15	4,834,893,937.11		40.57
债券投资	6,236,089,419.07		77.51	4,881,182,610.38		42.37	7,851,233,484.12		65.53	6,718,295,900.36		56.37
资产支持证券投资	85,843,278.06		1.07	80,965,230.06		0.70	40,944,272.26		0.34	40,944,272.26		0.34
金融衍生品投资	——		——	92,964,000.00		0.81	120,204,000.00		1.00	136,650,000.00		1.15
买入返售金融资产	——		——	——		——	——		——	——		——
银行存款和结算备付金	152,333,092.45		1.89	30,582,385.27		0.27	491,665,441.32		4.1	66,091,801.98		0.55
其他资产	91,132,720.27		1.13	3,104,695,159.23		26.95	103,808,149.32		0.87	120,550,153.97		1.01
投资前五名股票明细	股票名称	公允价值(元)	占净值比(%)	股票名称	公允价值(元)	占净值比(%)	股票名称	公允价值(元)	占净值比(%)	股票名称	公允价值(元)	占净值比(%)
	攀钢钢钒	758,248,369.48	9.51	攀钢钢钒	490,200,000.00	4.64	攀钢钢钒	470,400,000.00	3.94	攀钢钢钒	460,800,000.00	3.87
	许继电气	151,558,142.68	1.90	首钢股份	276,782,587.48	2.62	中国平安	252,851,749.80	2.12	贵州茅台	415,380,059.64	3.49
	贵州茅台	141,518,135.94	1.78	鞍钢股份	256,004,696.81	2.42	鞍钢股份	238,389,480.00	2.00	鞍钢股份	287,331,008.00	2.42
	平高电气	128,098,637.70	1.61	许继电气	203,309,538.48	1.92	大龙地产	237,802,720.35	1.99	大龙地产	246,899,963.44	2.08
	千金药业	84,354,063.50	1.06	宝钢股份	195,200,192.00	1.85	韶钢松山	189,614,433.75	1.59	美邦服饰	207,713,795.55	1.75
投资前五名债券明细	债券名称	公允价值(元)	占净值比(%)	债券名称	公允价值(元)	占净值比(%)	债券名称	公允价值(元)	占净值比(%)	债券名称	公允价值(元)	占净值比(%)
	06农发13	404,160,000.00	5.07	06农发13	402,360,000.00	3.81	09央票39	1,285,743,000.00	10.78	09央票67	897,030,000.00	7.54
	08国开23	402,400,000.00	5.05	08国开23	358,200,000.00	3.39	09央票45	797,360,000.00	6.69	09央票65	498,350,000.00	4.19
	01国开17	315,600,000.00	3.96	01国开17	312,360,000.00	2.96	09央票24	498,650,000.00	4.18	09央票27	492,000,000.00	4.14
	08国开21	302,700,000.00	3.80	08国开21	300,750,000.00	2.85	09央票27	491,800,000.00	4.12	09央票36	471,792,000.00	3.97
	04国开11	302,580,000.00	3.80	04国开11	300,300,000.00	2.84	09央票36	471,840,000.00	3.96	09央票51	458,482,000.00	3.85

南方现金增利证券投资基金

基本资料					
基金简称	南方现金增利货币	交易代码	A：202301　B：202302		
风险收益特征	——				
业绩比较基准	同期7天通知存款利率（税后）				
合同生效日	2004年3月5日	首募份额	80.50亿份	认购户数	143,742户
基金管理人	南方基金管理有限公司	基金托管人	中国工商银行		
注册登记人	南方基金管理有限公司				

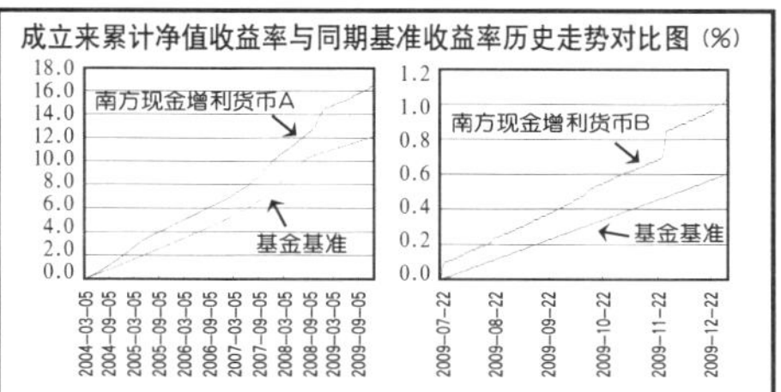

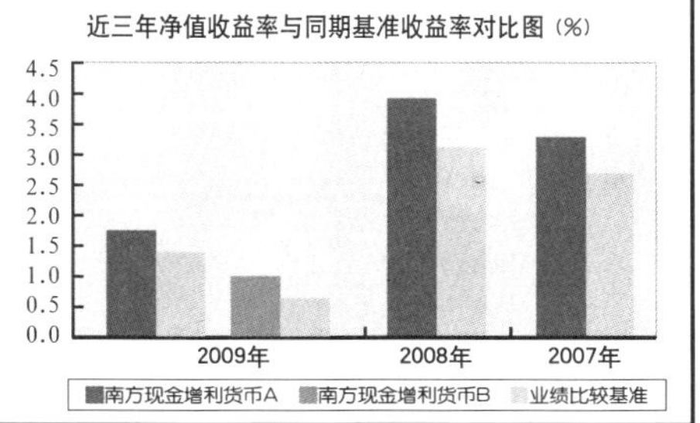

财务指标　单位：人民币（元）；%

项目＼年度	2009年 A	2009年 B	2008年	2007年
本期利润	1.64亿元	0.24亿元	392,447,813.87	255,379,869.58
期末基金资产净值	38.78亿元	25.08亿元	237.87	78.71
期末基金份额净值	1.0000	1.0000	1.0000	1.0000
本期份额净值收益率	1.74	1.03	3.93	3.26
累计份额净值收益率	16.53	1.03	14.55	10.22
基金收益分配	1.64亿元	0.24亿元	392,447,813.87	255,379,869.58

期末基金份额持有人户数	A：基金份额持有人户数为135,893户，平均每户持有28,536.96份。 B：基金份额持有人户数为31户，平均每户持有80,895,216.98份。　（期末截至2009年12月31日）
期末基金份额持有人结构	A：机构投资者持有372,703,951.39份，占总份额9.61%；个人投资者持有3,505,269,414.69份，占总份额90.39%。 B：机构投资者持有2,417,171,677.14份，占总份额96.39%；个人投资者持有90,580,049.30份，占总份额3.61%。

基金业绩表现

2009年南方现金增利货币基金A级净值收益率为1.7435%，B级净值收益率为1.0266%。

基金管理团队

韩亚庆先生：基金经理，4年证券从业经历，经济学硕士。曾任职于国家开发银行资金局、全国社会保障基金理事会投资部。2008年加入南方基金管理公司，2008年11月至今任南方现金增利货币基金经理。

万晓西女士：基金经理，4年证券从业经历，经济学硕士。曾任职于农业银行及深圳发展银行的国际业务部，2005年加入南方基金管理公司，2007年6月至2009年10月任南方现金增利货币基金经理。

基金运作分析

2009年上半年，南方现金增利货币基金总体保持低水平的久期和仓位，主要以短期产品稳定收益。二季度，该基金较大力度减持了中长期的央票和短期融资券，进一步降低久期，规避该阶段利率调整带来的较大不利冲击。三季度，该基金对组合类属结构进行调整和提前布局，增持一定比例的浮息金融债和企业债，并利用IPO重启回购市场利率走高的阶段通过逆回购提高收益。10月份，南方现金增利货币基金逐步加长久期、增持部分政策性金融债和一定量的短期融资券。从全年情况看，通过在利率风险控制、久期和仓位增减时机、类属调整等方面的工作，该基金保持较好的投资节奏并取得了较好的投资结果。

季度投资组合一览

项目＼季度	第一季度		第二季度		第三季度 A	第三季度 B	第四季度 A	第四季度 B
基金资产净值	149.0842亿元		112.1048亿元		44.8462亿元	26.8298亿元	38.7797亿元	25.0775亿元
基金份额	149.0842亿份		112.1048亿份		44.8462亿份	26.8298亿份	38.7797亿份	25.0775亿份
基金份额净值	1.0000元		1.0000元		1.0000元	1.0000元	1.0000元	1.0000元
基金资产组合	市值(元)	占总资产比(%)	市值(元)	占总资产比(%)	市值(元)	占总资产比(%)	市值(元)	占总资产比(%)
股票投资	——	——	——	——	——	——	——	——
债券投资	12,734,780,896.33	78.73	5,353,521,221.65	46.47	3,592,193,184.32	50.05	3,994,868,856.94	62.47
资产支持证券投资	60,000,000.00	0.37	60,000,000.00	0.52	60,000,000.00	0.84	60,000,000.00	0.94
买入返售金融资产	——	——	2,031,200,568.80	17.63	1,225,503,358.25	17.07	680,121,380.18	10.63
银行存款和结算备付金	3,202,697,154.16	19.80	3,263,824,972.96	28.33	2,232,916,294.32	31.11	1,628,472,016.71	25.46
其他资产	178,249,571.47	1.10	810,876,383.29	7.04	66,706,455.29	0.93	31,688,947.45	0.50

投资前五名债券明细	债券名称	成本(元)	占净值比(%)	债券名称	成本(元)	占净值比(%)	债券名称	成本(元)	占净值比(%)	债券名称	成本(元)	占净值比(%)
	08央票106	989,329,049.82	6.64	04建行03浮	592,171,974.64	5.28	05中行02浮	573,608,330.14	8.00	05中行02浮	525,619,815.15	8.23
	08央票114	959,299,065.57	6.43	05中行02浮	573,929,402.91	5.12	04建行03浮	500,300,247.06	6.98	09国电集CP01	399,750,115.75	6.26
	08央票46	779,213,392.31	5.23	07国开11	398,363,040.68	3.55	08苏交通CP01	300,419,724.52	4.19	07国开11	209,279,519.21	3.28
	08央票49	679,256,155.33	4.56	08苏交通CP01	300,820,014.92	2.68	07国开11	249,059,799.81	3.47	08苏交通CP01	200,456,953.69	3.14
	04建行03浮	593,292,319.17	3.98	08央票78	299,855,200.38	2.67	08进出03	229,216,776.91	3.20	09国开23	199,851,577.90	3.13

投资组合平均剩余期限	平均剩余期限	占净值比(%)	平均剩余期限	占净值比(%)	平均剩余期限	占净值比(%)	平均剩余期限	占净值比(%)
	30天以内	13.29	30天以内	42.16	30天以内	31.00	30天以内	19.73
	30天(含)—60天	13.41	30天(含)—60天	4.72	30天(含)—60天	21.45	30天(含)—60天	14.50
	60天(含)—90天	25.81	60天(含)—90天	13.68	60天(含)—90天	22.46	60天(含)—90天	18.54
	90天(含)—180天	24.97	90天(含)—180天	21.25	90天(含)—180天	15.98	90天(含)—180天	20.56
	180天(含)—397天（含）	29.82	180天(含)—397天（含）	13.24	180天(含)—397天（含）	7.81	180天(含)—397天（含）	25.95

南方积极配置证券投资基金

基本资料			
基金简称	南方积极配置股票(LOF)	交易代码	160105
风险收益特征	该基金属于较高预期风险和较高预期收益的基金品种		
业绩比较基准	上证综指×85%+上证国债指数×15%		
合同生效日	2004年10月14日	首募份额	35.36亿份
认购户数	28,171户		
基金管理人	南方基金管理有限公司	基金托管人	中国工商银行
注册登记人	中国证券登记结算有限责任公司		

成立来累计净值增长率与同期基准收益率历史走势对比图(%)

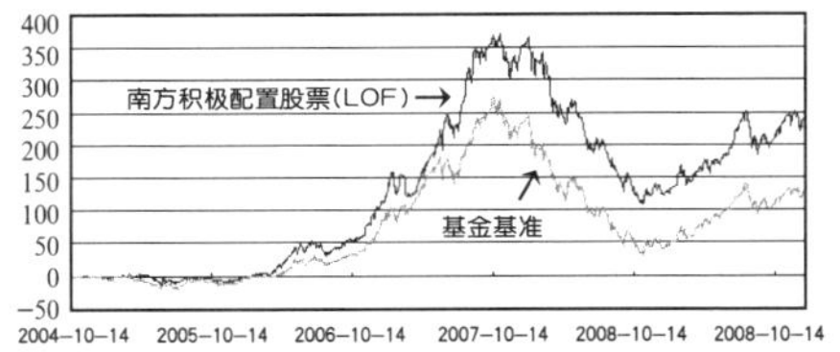

财务指标　单位：人民币(元)；%

项目＼年度	2009年	2008年	2007年
本期利润	1,252,244,745.80	−2,935,719,458.70	5,355,945,019.72
本期加权平均净值利润率	42.36	−73.30	75.06
期末基金资产净值	3,031,932,842.39	2,474,473,870.04	7,247,009,768.48
期末基金份额净值	1.2597	0.8221	2.0498
本期份额净值增长率	53.23	−50.51	112.40
累计份额净值增长率	241.50	122.87	350.31
基金收益分配	——	10派3.090	10派1.700

近三年净值增长率与同期基准收益率对比图(%)

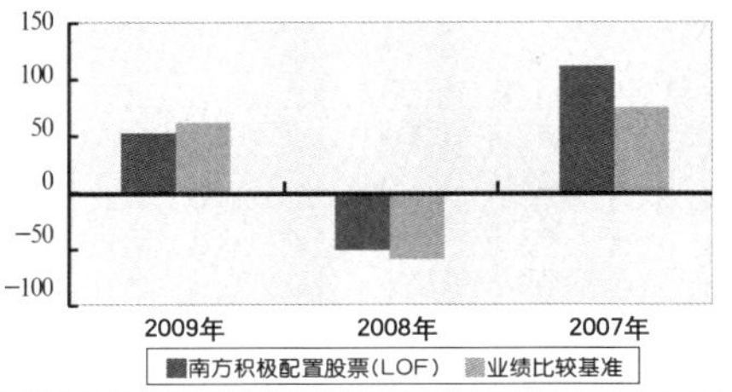

期末基金份额持有人户数	基金份额持有人户数为129,014户，平均每户持有18,656.22份。　(期末截至2009年12月31日)
期末基金份额持有人结构	机构投资者持有268,657,908.36份，占总份额11.16%；个人投资者持有2,138,255,647.26份，占总份额88.84%。

基金业绩表现

截至2009年12月31日，南方积极配置股票基金份额净值为1.2597元，全年净值增长率为53.23%。

基金管理团队

张慎平先生：基金经理，6年证券从业经历。注册金融分析师(CFA)，经济学硕士。2003年加入南方基金管理公司，负责石化化工、建筑建材行业研究，2008年1月至2010年1月，担任南方积极配置股票基金经理；2008年4月至今任南方成份精选股票基金经理；2010年1月至今任南方稳健成长混合基金经理；2010年1月至今任南方稳健成长贰号混合基金经理。

基金运作分析

出于对政府经济刺激计划以及银行信贷可持续性的担忧，2009年一季度南方积极配置股票基金操作在仓位和行业配置上采取了相对保守的策略，导致一季度基金业绩落后基准；二季度随着房价的企稳上涨，房地产成交量随之放大，并迅速带动其他相关行业企稳回升；从二季度起开始提高仓位，并加大了银行、地产、钢铁等权重周期性板块的配置比例；三季度随着股票市场新股再融资的恢复和迅速展开，以及政府对于信贷的管理趋于强化，该基金降低了股票仓位和周期性板块的配置；随着三季度市场的大幅回调，四季度市场走势趋于平稳，中小市值板块迅速跑赢大市值板块，南方积极配置股票基金增加了泛消费板块的配置比例，包括食品饮料、医药等，在主题投资方面，增加了节能减排相关公司的配置比例。

季度投资组合一览

项目＼季度	第一季度		第二季度		第三季度		第四季度	
基金资产净值	2,844,952,243.83元		3,106,768,646.50元		2,827,766,830.24元		3,031,932,842.39元	
基金份额	2,956,046,237.49份		2,773,524,272.20份		2,570,061,225.08份		2,406,913,555.62份	
基金份额净值	0.9624元		1.1202元		1.1003元		1.2597元	
基金资产组合	市值(元)	占总资产比(%)	市值(元)	占总资产比(%)	市值(元)	占总资产比(%)	市值(元)	占总资产比(%)
股票投资	2,119,457,298.64	73.21	2,574,165,510.06	82.26	2,115,777,880.62	73.85	2,556,992,626.38	80.40
债券投资	479,699,091.60	16.57	330,493,069.30	10.56	435,461,061.70	15.20	225,425,095.70	7.09
资产支持证券投资	——	——	——	——	——	——	——	——
金融衍生品投资	——	——	——	——	2,133,542.39	0.07	2,356,380.75	0.07
买入返售金融资产	——	——	——	——	——	——		
银行存款和结算备付金	266,636,878.09	9.21	211,430,838.55	6.76	305,126,470.72	10.65	392,351,869.07	12.34
其他资产	29,396,180.40	1.02	13,248,425.54	0.42	6,391,859.34	0.22	3,304,669.40	0.10

投资前五名股票明细	股票名称	公允价值(元)	占净值比(%)	股票名称	公允价值(元)	占净值比(%)	股票名称	公允价值(元)	占净值比(%)	股票名称	公允价值(元)	占净值比(%)
	贵州茅台	105,668,999.82	3.71	华夏银行	138,176,416.91	4.45	民生银行	92,912,173.86	3.29	宁波银行	105,150,352.23	3.47
	中信证券	101,871,416.61	3.58	大秦铁路	122,198,645.40	3.93	交通银行	71,056,124.51	2.51	招商银行	80,321,272.60	2.65
	华夏银行	83,960,222.10	2.95	民生银行	109,178,696.88	3.51	中国平安	60,443,475.30	2.14	中国人寿	72,887,000.00	2.40
	辽宁成大	73,782,326.13	2.59	招商银行	89,164,213.29	2.87	新安股份	56,605,462.77	2.00	吉林敖东	72,407,286.48	2.39
	中国平安	64,007,426.00	2.25	中国太保	88,514,869.44	2.85	大秦铁路	55,705,645.53	1.97	北京城建	69,195,550.26	2.28

投资前五名债券明细	债券名称	公允价值(元)	占净值比(%)	债券名称	公允价值(元)	占净值比(%)	债券名称	公允价值(元)	占净值比(%)	债券名称	公允价值(元)	占净值比(%)
	08央票112	107,591,000.00	3.78	08央票112	106,865,000.00	3.44	09央票44	245,675,000.00	8.69	09央票44	98,250,000.00	3.24
	08央票114	97,940,000.00	3.44	08央票114	97,320,000.00	3.13	20国债(4)	83,303,800.00	2.95	21国债(10)	40,916,00.00	1.35
	08央票106	97,460,000.00	3.43	20国债(4)	73,296,000.00	2.36	08央票114	48,370,000.00	1.71	02国债(3)	25,046,749.40	0.83
	20国债(4)	73,548,000.00	2.59	08石化债	19,363,173.60	0.62	08石化债	18,996,650.00	0.67	21国债(12)	20,510,000.00	0.68
	09央票08	49,880,000.00	1.75	08宝钢债	16,355,845.00	0.53	08宝钢债	15,806,197.00	0.56	20国债(4)	20,160,000.00	0.66

南方高增长证券投资基金

基本资料					
基金简称	南方高增长股票(LOF)	交易代码	160106(前端) 160107(后端)		
风险收益特征	该基金定位为股票基金，坚持积极投资、价值投资的理念，以具有高成长性的公司为主要投资对象，追求超额收益，因此属于较高预期风险和较高预期收益的基金品种。				
业绩比较基准	上证综指×90%+上证国债指数×10%				
合同生效日	2005年7月13日	首募份额	12.77亿份	认购户数	6,043户
基金管理人	南方基金管理有限公司	基金托管人	中国银行		
注册登记人	中国证券登记结算有限责任公司				

财务指标　　单位：人民币(元)；%

项 目 \ 年 度	2009年	2008年	2007年
本期利润	1,861,283,268.17	−6,124,739,890.84	8,501,541,953.45
本期加权平均净值利润率	43.79	−88.81	76.50
期末基金资产净值	4,246,637,255.76	3,676,336,960.28	12,677,918,961.57
期末基金份额净值	1.6238	1.0451	2.9350
本期份额净值增长率	55.37	−56.07	135.65
累计份额净值增长率	292.06	152.33	474.35
基金收益分配	——	10派4.000	——

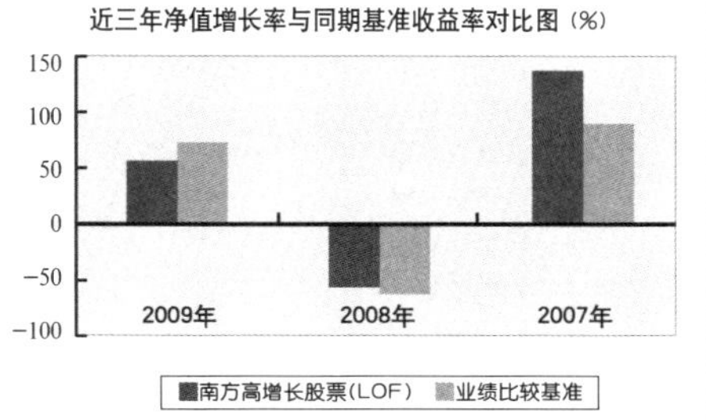

期末基金份额持有人户数	基金份额持有人户数为141,184户，平均每户持有18,523.24份。　(期末截至2009年12月31日)
期末基金份额持有人结构	机构投资者持有72,458,572.61份，占总份额2.77%；个人投资者持有2,542,726,552.68份，占总份额97.23%。

基金业绩表现

截至2009年12月31日，南方高增长股票基金份额净值为1.6238元，全年净值增长率为55.37%。

基金管理团队

谈建强先生：基金经理，13年证券从业经历，经济学硕士，注册会计师。曾任职于上海申华实业股份有限公司、海南港澳国际信托投资公司、中海信托投资有限责任公司。2006年9月加入南方基金管理有限公司，2006年12月至2008年6月任南方绩优成长股票基金经理；2008年4月至今任南方高增长股票基金经理；2008年6月至今任南方优选价值股票基金经理。

基金运作分析

2009年上半年，南方高增长股票基金的投资经历了从低仓位向高仓位、从防御性的非周期行业配置向进攻性的周期性转变的过程，并根据周期轮动的特点积极操作，及时实现了大部分收益。下半年，自下而上的选股策略和主题投资逐渐取代传统的行业配置策略，该基金的投资组合亦发生了较大的调整，低碳经济、区域投资主题和新兴科技产业成为基金的主要投资方向。

季度投资组合一览

项 目 \ 季 度	第一季度		第二季度		第三季度		第四季度	
基金资产净值	4,253,230,489.12元		4,475,193,439.92元		3,961,442,974.50元		4,246,637,255.76元	
基金份额	3,426,320,107.92份		3,072,199,248.42份		2,823,843,089.48份		2,615,185,125.29份	
基金份额净值	1.2413元		1.4567元		1.4029元		1.6238元	
基金资产组合	市值(元)	占总资产比(%)	市值(元)	占总资产比(%)	市值(元)	占总资产比(%)	市值(元)	占总资产比(%)
股票投资	3,313,215,922.21	77.44	3,943,722,091.76	86.89	2,875,736,588.98	72.27	3,780,944,201.80	87.86
债券投资	389,690,000.00	9.11	290,510,000.00	6.40	144,435,000.00	3.63	——	——
资产支持证券投资	——	——	——	——	——	——	——	——
金融衍生品投资	——	——	——	——	——	——	——	——
买入返售金融资产	——	——	——	——	——	——	——	——
银行存款和结算备付金	564,453,029.80	13.19	183,377,656.43	4.04	948,924,838.45	23.85	422,311,086.90	9.81
其他资产	11,108,810.78	0.26	121,138,311.17	2.67	10,076,998.21	0.25	99,954,614.33	2.32

投资前五名股票明细	股票名称	公允价值(元)	占净值比(%)	股票名称	公允价值(元)	占净值比(%)	股票名称	公允价值(元)	占净值比(%)	股票名称	公允价值(元)	占净值比(%)
	贵州茅台	184,365,953.10	4.33	华侨城A	246,208,771.60	5.50	中国平安	188,404,647.60	4.76	招商银行	170,674,735.20	4.02
	徐工科技	180,018,323.68	4.23	中国平安	217,021,478.28	4.85	中国中铁	178,679,701.00	4.51	中国平安	165,441,495.17	3.90
	中兴通讯	172,931,201.04	4.07	中国中铁	209,178,477.55	4.67	紫金矿业	169,799,609.46	4.29	海通集团	160,502,263.20	3.78
	深发展A	159,398,884.20	3.75	徐工科技	171,143,114.00	3.82	徐工机械	150,526,530.00	3.80	徐工机械	147,128,216.00	3.46
	山东黄金	120,390,000.00	2.83	DR招商银	166,372,893.27	3.72	招商银行	133,020,000.00	3.36	烟台万华	144,212,775.63	3.40

投资前五名债券明细	债券名称	公允价值(元)	占净值比(%)	债券名称	公允价值(元)	占净值比(%)	债券名称	公允价值(元)	占净值比(%)	债券名称	公允价值(元)	占净值比(%)
	08央票110	195,340,000.00	4.59	08央票110	193,920,000.00	4.33	08央票110	144,435,000.00	3.65			
	08央票101	97,340,000.00	2.29	08央票101	96,590,000.00	2.16						
	08央票84	97,010,000.00	2.28									

南方稳健成长贰号证券投资基金

基本资料					
基金简称	南方稳健成长贰号混合	交易代码	202002		
风险收益特征	该基金为混合基金，属于风险收益适中的基金品种。				
业绩比较基准	上证综合指数×80%+上证国债指数×20%				
合同生效日	2006年7月25日	首募份额	52.58亿份	认购户数	101,081户
基金管理人	南方基金管理有限公司	基金托管人	中国工商银行		
注册登记人	南方基金管理有限公司				

财务指标　　单位：人民币(元)；%

项目＼年度	2009年	2008年	2007年
本期利润	2,814,996,989.44	−9,054,840,658.67	11,038,953,102.79
本期加权平均净值利润率	34.70	−79.35	60.11
期末基金资产净值	8,164,630,095.16	7,027,114,101.87	20,361,930,016.43
期末基金份额净值	0.9705	0.6843	1.4556
本期份额净值增长率	41.82	−52.99	117.75
累计份额净值增长率	106.25	45.43	209.36
基金收益分配	——	——	——

期末基金份额持有人户数	基金份额持有人户数为500,499户，平均每户持有16,808.73份。　（期末截至2009年12月31日）
期末基金份额持有人结构	机构投资者持有330,917,135.25份，占总份额3.93%；个人投资者持有8,081,836,176.04份，占总份额96.07%。

成立来累计净值增长率与同期基准收益率历史走势对比图（%）

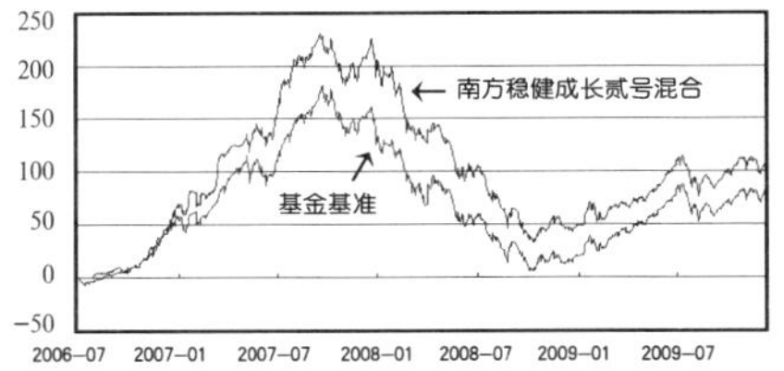

近三年净值增长率与同期基准收益率对比图（%）

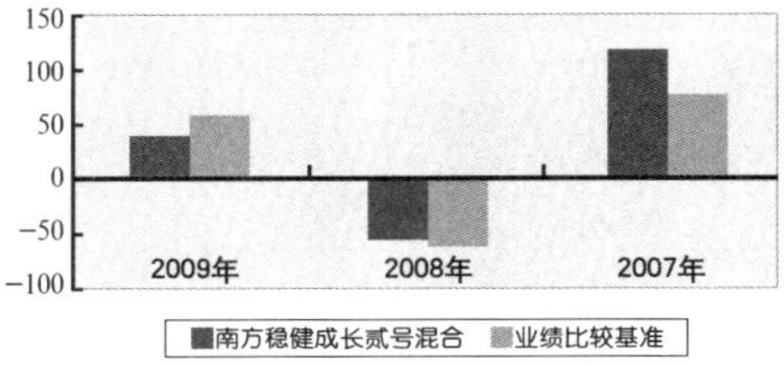

基金业绩表现

截至2009年12月31日，南方稳健成长贰号混合基金份额净值为0.9705元，全年净值增长率为41.82%。

基金管理团队

冯　皓先生：基金经理，6年证券从业经历。注册金融分析师（CFA），工商管理硕士。曾任职于中安成长基金公司，2003年加入南方基金管理公司，2007年5月至2010年2月任南方稳健成长混合基金经理；2007年5月至2010年2月任南方稳健成长贰号混合基金经理。

马北雁先生：基金经理，9年证券从业经历。土壤学博士。曾先后担任广东省科学院助理研究员、平安证券研究所农业和食品饮料行业研究员、平安证券综合研究所行业公司部副总经理等职务。2005年9月加入南方基金管理公司，2008年4月至今任南方稳健成长混合基金经理；2008年4月至今任南方稳健成长贰号混合基金经理。

基金运作分析

2009年上半年，由于低估了政策的刺激效应，担忧经济复苏的可持续性，南方稳健成长贰号混合基金组合以防御性公司为主，错失了周期性公司的大幅反弹行情；下半年虽然防御性的食品和医药等公司获得了良好的收益，但中小市值股票的缺配导致总体收益不够理想。

从未来基金运作角度看，除了继续坚持自下而上选择优质成长公司进行长期投资的投资策略外，未来要注重自上而下对行业轮动规律和市场风格转换的研究，把握行业轮动和市场风格切换带来的投资机遇，为持有人创造持续稳定的长期资产增值。

季度投资组合一览

项目＼季度	第一季度		第二季度		第三季度		第四季度	
基金资产净值	7,873,110,601.16元		8,605,989,649.69元		7,724,892,485.25元		8,164,630,095.16元	
基金份额	10,089,682,871.83份		9,612,432,715.17份		8,911,099,168.90份		8,412,753,311.29份	
基金份额净值	0.7803元		0.8953元		0.8669元		0.9705元	
基金资产组合	市值(元)	占总资产比(%)	市值(元)	占总资产比(%)	市值(元)	占总资产比(%)	市值(元)	占总资产比(%)
股票投资	4,147,965,613.57	52.49	6,596,492,948.57	76.30	5,871,907,081.96	75.81	5,857,835,679.22	71.50
债券投资	2,624,184,000.00	33.21	1,814,911,000.00	20.99	1,710,198,000.00	22.08	1,669,434,000.00	20.38
资产支持证券投资	——	——	——	——	——	——	——	——
金融衍生品投资	——	——	——	——	——	——	——	——
买入返售金融资产	——	——	——	——	——	——	——	——
银行存款和结算备付金	932,753,653.63	11.80	163,048,568.64	1.89	80,765,146.74	1.04	532,530,659.71	6.50
其他资产	197,068,798.40	2.49	70,855,906.02	0.82	82,994,905.37	1.07	133,442,660.38	1.63

投资前五名股票明细	股票名称	公允价值(元)	占净值比(%)	股票名称	公允价值(元)	占净值比(%)	股票名称	公允价值(元)	占净值比(%)	股票名称	公允价值(元)	占净值比(%)
	盐湖钾肥	558,094,673.52	7.09	贵州茅台	479,132,347.62	5.57	招商银行	384,861,193.94	4.98	招商银行	397,268,280.15	4.87
	吉林敖东	522,911,093.40	6.64	招商银行	395,806,428.45	4.60	贵州茅台	379,118,650.40	4.91	双汇发展	333,512,126.10	4.08
	辽宁成大	424,393,614.57	5.39	双汇发展	318,750,912.00	3.70	双汇发展	333,552,493.82	4.32	中国平安	233,570,747.27	2.86
	贵州茅台	359,614,206.84	4.57	浦发银行	288,506,736.46	3.35	中国平安	331,061,012.10	4.29	浦发银行	232,633,340.37	2.85
	双汇发展	344,402,814.42	4.37	中国平安	246,380,241.84	2.86	保利地产	320,481,314.98	4.15	贵州茅台	230,894,064.80	2.83

投资前五名债券明细	债券名称	公允价值(元)	占净值比(%)	债券名称	公允价值(元)	占净值比(%)	债券名称	公允价值(元)	占净值比(%)	债券名称	公允价值(元)	占净值比(%)
	09央票10	698,320,000.00	8.87	08国开20	680,890,000.00	7.91	08国开20	677,250,000.00	8.77	08国开20	671,580,000.00	8.23
	08国开20	682,500,000.00	8.67	08央票84	192,560,000.00	2.24	09央票45	498,350,000.00	6.45	09央票67	418,614,000.00	5.13
	09央票07	199,520,000.00	2.53	08央票89	144,570,000.00	1.68	09央票35	199,340,000.00	2.58	09央票57	299,010,000.00	3.66
	08央票108	195,040,000.00	2.48	08央票106	125,736,000.00	1.46	09央票33	99,680,000.00	1.29	09央票51	99,670,000.00	1.22
	08央票84	194,020,000.00	2.46	08央票81	125,086,000.00	1.45	09央票47	99,670,000.00	1.29	07央行票据44	80,528,000.00	0.99

南方绩优成长股票型证券投资基金

基本资料

基金简称	南方绩优成长股票	交易代码	202003(前端)　202004(后端)
风险收益特征	该基金预期风险收益水平高于混合型基金、债券基金及货币市场基金。		
业绩比较基准	80%×沪深300指数+20%×上证国债指数		
合同生效日	2006年11月16日	首募份额	124.77亿份　认购户数　281,581户
基金管理人	南方基金管理有限公司	基金托管人	中国工商银行
注册登记人	南方基金管理有限公司		

成立来累计净值增长率与同期基准收益率历史走势对比图（%）

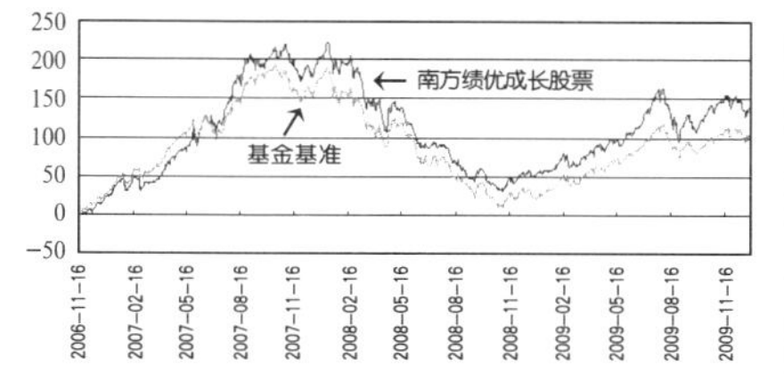

财务指标　　单位：人民币（元）；%

项目　年度	2009年	2008年	2007年
本期利润	5,546,585,892.59	−12,862,293,950.31	14,034,934,996.88
本期加权平均净值利润率	44.95	−76.30	68.69
期末基金资产净值	13,295,756,344.34	10,028,862,493.14	29,192,478,511.96
期末基金份额净值	1.7227	1.1302	3.0188
本期份额净值增长率	59.48	−49.47	149.22
累计份额净值增长率	143.27	52.54	201.88
基金收益分配	10派0.500	10派5.000	——

近三年净值增长率与同期基准收益率对比图（%）

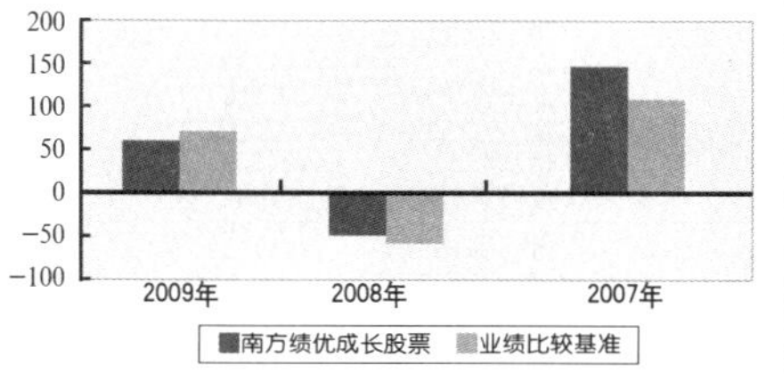

期末基金份额持有人户数	基金份额持有人户数为378,131户，平均每户持有20,410.98份。（期末截至2009年12月31日）
期末基金份额持有人结构	机构投资者持有262,201,260.28份，占总份额3.40%；个人投资者持有7,455,824,279.90份，占总份额96.60%。

基金业绩表现

截至2009年12月31日，南方绩优成长股票基金份额净值为1.7227元，全年净值增长率为59.48%。

基金管理团队

苏彦祝先生：基金经理、公司投资部总监，8年证券从业经历。清华大学机械工程硕士。2001年加入南方基金管理公司，历任研究员、基金经理助理，2003年11月至2008年2月任南方避险增值混合基金经理；2005年6月至2006年3月任南方宝元债券基金经理；2006年11月至今任南方绩优成长股票基金经理。

基金运作分析

回顾2009年全年操作，年初南方绩优成长股票基金对于整体经济形势判断过于谨慎，在仓位和配置上偏重防御性。进入3月份，随着对于经济复苏判断更加明确，南方绩优成长股票基金主动提高了仓位；在行业配置上，该基金继续增加了金融、地产、有色等进攻性板块的配置。下半年，该基金基本维持了对于经济加速复苏的判断。因此，三季度依然保持了较高仓位。进入四季度，在国家主动调控通胀预期的背景下，南方绩优基金进行了持仓结构调整，主动降低了可能受损行业的配置，增加了低碳、高铁、3G等行业的配置。

对于2010年，管理人总体判断是全年资金面总体维持均衡水平，实体经济的加速复苏和政策面对于通胀的担忧并存。在这样的好坏参半的宏观背景下，管理人认为2010年股指波动较小，但是板块波动将加大，板块之间交替炒作将成为主流。

季度投资组合一览

项目　季度	第一季度		第二季度		第三季度		第四季度	
基金资产净值	11,205,833,818.55元		12,917,078,585.35元		11,999,752,165.37元		13,295,756,344.34元	
基金份额	8,842,716,799.34份		8,330,903,752.12份		8,009,206,590.66份		7,718,025,540.18份	
基金份额净值	1.2672元		1.5505元		1.4982元		1.7227元	
基金资产组合	市值(元)	占总资产比(%)	市值(元)	占总资产比(%)	市值(元)	占总资产比(%)	市值(元)	占总资产比(%)
股票投资	10,581,327,139.23	93.96	12,263,751,792.54	93.40	11,377,619,935.30	94.49	12,574,063,331.34	94.15
债券投资	212,192,000.00	1.88	412,912,000.00	3.14	536,355,000.00	4.45	660,923,000.00	4.95
资产支持证券投资	——	——	——	——	——	——	——	——
金融衍生品投资	——	——	——	——	——	——	——	——
买入返售金融资产	——	——	——	——	——	——	——	——
银行存款和结算备付金	411,312,349.33	3.65	292,000,850.66	2.22	99,160,467.38	0.82	103,174,590.12	0.77
其他资产	56,320,447.41	0.51	161,576,920.32	1.23	27,966,291.60	0.23	17,681,085.35	0.13

项目	股票名称	公允价值(元)	占净值比(%)	股票名称	公允价值(元)	占净值比(%)	股票名称	公允价值(元)	占净值比(%)	股票名称	公允价值(元)	占净值比(%)
投资前五名股票明细	东方电气	1,032,865,155.28	9.22	深发展A	709,143,235.80	5.49	中国平安	695,147,801.40	5.79	深发展A	724,285,100.09	5.45
	恒瑞医药	697,725,000.00	6.23	美的电器	685,453,640.30	5.31	深发展A	620,303,796.90	5.17	中信证券	700,974,137.79	5.27
	中兴通讯	681,898,057.74	6.09	西山煤电	678,321,745.40	5.25	民生银行	599,103,374.34	4.99	中国中铁	560,908,473.30	4.22
	中国联通	576,652,063.23	5.15	中国平安	678,146,158.92	5.25	保利地产	593,493,780.24	4.95	中国联通	542,261,073.15	4.08
	美的电器	558,850,706.74	4.99	民生银行	661,531,788.72	5.12	招商银行	568,631,279.94	4.74	民生银行	505,562,785.35	3.80

项目	债券名称	公允价值(元)	占净值比(%)	债券名称	公允价值(元)	占净值比(%)	债券名称	公允价值(元)	占净值比(%)	债券名称	公允价值(元)	占净值比(%)
投资前五名债券明细	08央票37	192,240,000.00	1.72	09央票11	219,472,000.00	1.70	08央票110	337,015,000.00	2.81	09央票48	314,208,000.00	2.36
	09央票01	19,952,000.00	0.18	08央票106	193,440,000.00	1.50	09央票45	199,340,000.00	1.66	09央票71	199,340,000.00	1.50
										09央票44	147,375,000.00	1.11

南方成份精选股票型证券投资基金

基本资料

基金简称	南方成份精选股票	交易代码	202005（前端） 202006（后端）		
风险收益特征	该基金为股票型基金，属于风险收益配比较高的基金品种。				
业绩比较基准	沪深300指数×80%+上证国债指数×20%				
合同生效日	2007年5月14日	募集规模	106.45亿份	申购户数	299,836户
基金管理人	南方基金管理有限公司	基金托管人	中国工商银行		
注册登记人	南方基金管理有限公司				

财务指标 单位：人民币（元）；%

项 目 \ 年 度	2009年	2008年	2007年5月14日至2007年12月31日
本期利润	5,653,932,971.79	−13,552,478,386.42	8,757,384,392.68
本期加权平均净值利润率	42.00	−78.81	32.76
期末基金资产净值	13,938,432,963.84	10,986,589,850.80	30,365,983,232.10
期末基金份额净值	1.0392	0.6784	1.4385
本期份额净值增长率	53.18	−52.84	43.85
累计份额净值增长率	3.92	−32.16	43.85
基金收益分配	——	——	——

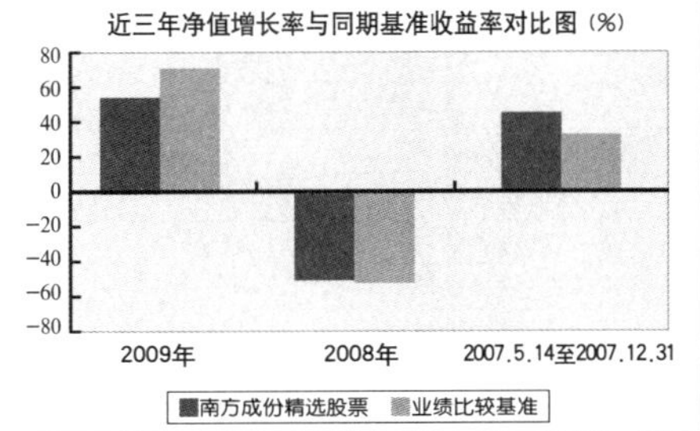

期末基金份额持有人户数	基金份额持有人户数为637,560户，平均每户持有21,036.88份。（期末截至2009年12月31日）
期末基金份额持有人结构	机构投资者持有273,627,505.97份，占总份额2.04%；个人投资者持有13,138,642,878.95份，占总份额97.96%。

基金业绩表现

截至2009年12月31日，南方成份精选股票基金份额净值为1.0392元，全年净值增长率为53.18%。

基金管理团队

应 帅先生：基金经理，8年证券从业经历。北大光华管理学院管理学硕士。曾担任长城基金管理公司行业研究员，2007年加入南方基金管理公司，2007年5月至2009年2月任南方宝元债券基金经理；2007年5月至今任南方成份精选股票基金经理。

张慎平先生：基金经理，6年证券从业经历。注册金融分析师（CFA），经济学硕士。2003年加入南方基金，负责石化化工、建筑建材行业研究，2008年1月至今任南方积配基金经理，2008年4月至今任南方成份精选股票基金经理；2010年1月至今任南方稳健成长贰号混合基金经理。

基金运作分析

回顾2009年，南方成份精选股票基金尽管取得了绝对收益，但与基准相比，差距不小。主要原因在于年初对于市场过于谨慎，且过度重视绝对回报，而忽视了大盘可能大幅上涨、相对回报不足的风险。2009年上半年，仓位偏低，且集中配置在食品饮料和医药行业，对于大幅上涨的周期性行业缺配严重，相对收益不足。下半年该基金行业配置趋于均衡，相对回报比较理想，但与基金同业相比，却有所落后。

季度投资组合一览

项 目 \ 季 度	第一季度		第二季度		第三季度		第四季度	
基金资产净值	12,677,403,074.73元		14,574,490,502.99元		12,739,154,585.97元		13,938,432,963.84元	
基金份额	15,932,682,885.57份		15,352,050,445.33份		14,400,693,485.25份		13,412,270,384.92份	
基金份额净值	0.7957元		0.9494元		0.8846元		1.0392元	
基金资产组合	市值(元)	占总资产比(%)	市值(元)	占总资产比(%)	市值(元)	占总资产比(%)	市值(元)	占总资产比(%)
股票投资	10,022,261,075.82	78.76	12,682,088,384.54	86.69	11,376,407,672.78	89.06	12,997,952,467.77	90.44
债券投资	1,932,336,631.40	15.18	1,534,308,780.60	10.49	500,633,887	3.92	697,691,438.20	4.85
资产支持证券投资	——	——	——	——	——	——	——	——
金融衍生品投资	——	——	——	——	711,356.96	0.01	——	——
买入返售金融资产	——	——	——	——	——	——	——	——
银行存款和结算备付金	608,256,625.89	4.78	138,364,535.69	0.95	886,183,195.49	6.94	629,943,036.25	4.38
其他资产	162,954,115.70	1.28	274,442,031.57	1.88	10,082,814.57	0.08	45,743,177.52	0.32

投资前五名股票明细	股票名称	公允价值(元)	占净值比(%)	股票名称	公允价值(元)	占净值比(%)	股票名称	公允价值(元)	占净值比(%)	股票名称	公允价值(元)	占净值比(%)
	辽宁成大	363,740,763.13	2.87	华夏银行	673,945,884.99	4.62	民生银行	497,074,460.80	3.90	招商银行	620,916,534.40	4.45
	华夏银行	304,049,940.16	2.40	招商银行	661,735,007.19	4.54	华夏银行	494,794,686.60	3.88	民生银行	573,380,926.37	4.11
	招商银行	302,669,633.61	2.39	民生银行	636,371,366.40	4.37	深发展A	490,155,655.35	3.85	深发展A	555,283,756.02	3.98
	中信证券	279,960,713.01	2.21	浦发银行	632,755,689.30	4.34	招商银行	482,601,393.06	3.79	浦发银行	539,292,264.84	3.87
	海通证券	275,532,373.48	2.17	深发展A	588,310,163.58	4.04	浦发银行	463,881,774.75	3.64	兴业银行	453,263,416.71	3.25

投资前五名债券明细	债券名称	公允价值(元)	占净值比(%)	债券名称	公允价值(元)	占净值比(%)	债券名称	公允价值(元)	占净值比(%)	债券名称	公允价值(元)	占净值比(%)
	08央票108	975,200,000.00	7.69	08央票108	967,900,000.00	6.64	09央票45	498,350,000.00	3.91	09央票69	697,690,000.00	5.01
	08央票114	332,996,000.00	2.63	08农发15	200,980,000.00	1.38	龙盛转债	1,317,459.00	0.01	王府转债	1,438.20	0
	08农发15	202,460,000.00	1.60	08央票106	193,440,000.00	1.33	09长虹债	966,428.00	0.01			
	08央票106	194,920,000.00	1.54	08央票119	88,389,000.00	0.61						
	08央票119	88,686,000.00	0.70	08央票117	39,032,000.00	0.27						

南方多利增强债券型证券投资基金

基本资料					
基金简称	南方多利增强债券	交易代码	202102		
风险收益特征	该基金为债券型基金，属低风险的基金品种，预期收益高于货币市场基金，风险低于混合型基金。				
业绩比较基准	中央国债登记结算公司中债总指数(全价)				
原合同生效日	2006年3月27日	首募份额	89.77亿份	认购户数	103,129户
转型合同生效日	2007年8月28日				
基金管理人	南方基金管理有限公司	基金托管人	中国工商银行		
注册登记人	南方基金管理有限公司				

成立来累计净值增长率与同期基准收益率历史走势对比图（%）

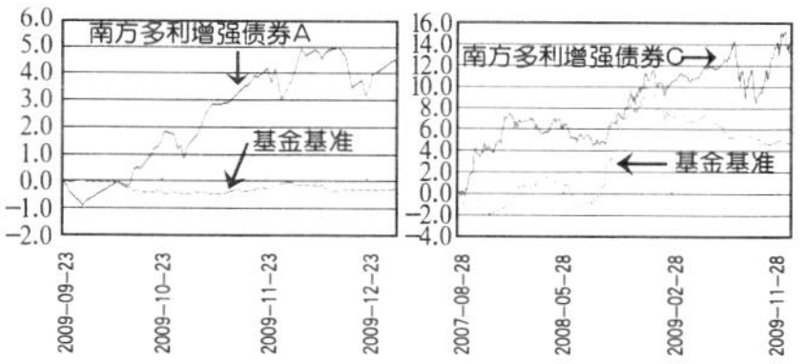

财务指标　　单位：人民币(元)；%

年度 / 项目	2009年 A	2009年 C	2008年	2007年
本期利润	0.0034亿元	0.3150亿元	0.0328	1.0045
本期加权平均净值利润率	5.13	3.00	2.12	7.09
期末基金资产净值	0.0740亿元	8.1116亿元	12.8543	16.9496
期末基金份额净值	1.0556	1.0538	1.0863	1.0889
本期份额净值增长率	4.66	3.42	3.37	7.04
累计份额净值增长率	4.66	14.43	10.65	7.04
基金收益分配	10派0.200	10派0.680	10派0.371	——

近三年净值增长率与同期基准收益率对比图（%）

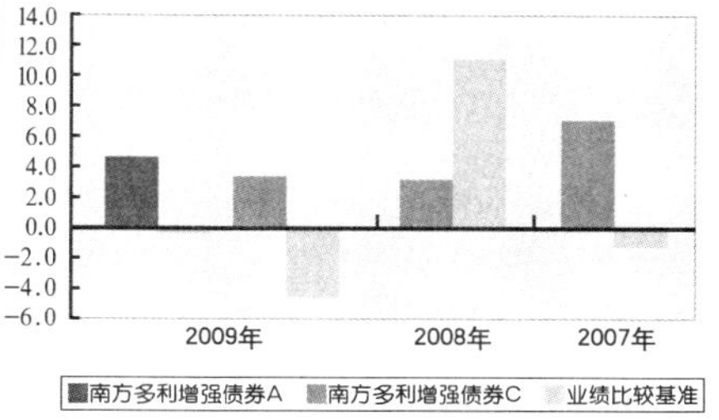

期末基金份额持有人户数	A：基金份额持有人户数为194户，平均每户持有36,152.12份。 C：基金份额持有人户数为20,949户，平均每户持有36,742.85份。　（期末截至2009年12月31日）
期末基金份额持有人结构	A：机构投资者持有0份，占总份额0.00；个人投资者持有7,013,510.61份，占总份额100.00%。 C：机构投资者持有275,194,538.20份，占总份额35.75%；个人投资者持有494,531,395.25份，占总份额64.25%。

基金业绩表现

2009年南方多利增强债券基金A类全年净值增长率为0.32%；C类全年净值增长率为0.27%。

基金管理团队

高　峰先生：基金经理，7年证券从业经历。理学博士。曾任职于上海大学理学院、美国SAS软件研究所上海公司，2002年加入南方基金管理公司，2006年3月至今任南方多利增强债券基金经理；2008年1月至今任南方宝元债券基金经理。

季度投资组合一览

基金运作分析

2009年南方多利增强债券基金较早降低了债券部分的组合久期，并且全年始终维持组合久期在较低的水平；年初增加企业债的比例，二季度和三季度对企业债部分做调整和减持，四季度以一级市场为主，买入企业债；年初配置部分防御性的可转债，三季度初有过一次加仓，三季度转债调整较深后继续加仓，四季度有所调整和减持。

回顾全年的操作，基于对宏观经济的研判和债券相对估值的研究，无风险债券和企业债的投资，在一定程度上规避了利率风险，获得了较好的持有收益。

季度 / 项目	第一季度		第二季度		第三季度 A	第三季度 C	第四季度 A	第四季度 C
基金资产净值	11.1961亿元		10.6309亿元		0.0097亿元	9.2831亿元	0.0740亿元	8.1116亿元
基金份额	10.2740亿份		10.1165亿份		0.0095亿份	9.1030亿份	0.0701亿份	7.6973亿份
基金份额净值	1.0898元		1.0508元		1.0199元	1.0199元	1.0556元	1.0538元
基金资产组合	市值(元)	占总资产比(%)	市值(元)	占总资产比(%)	市值(元)	占总资产比(%)	市值(元)	占总资产比(%)
股票投资	——	——	10,346,103.04	0.86	77,550,418.40	8.28	97,284,283.96	9.01
债券投资	1,222,637,406.11	89.05	1,039,396,546.90	86.21	795,849,638.95	85.02	829,319,933.02	76.79
资产支持证券投资	105,622,128.83	7.69	34,944,892.53	2.90	34,944,892.53	3.73	34,944,892.53	3.24
买入返售金融资产	——	——	——	——	——	——	——	——
银行存款和结算备付金	23,041,183.75	1.68	13,413,847.18	1.11	17,523,538.98	1.87	86,115,951.74	7.97
其他资产	21,666,164.35	1.58	107,520,825.7	8.92	10,199,206.30	1.09	32,260,375.63	2.99

投资前五名股票明细	股票名称	公允价值(元)	占净值比(%)	股票名称	公允价值(元)	占净值比(%)	股票名称	公允价值(元)	占净值比(%)	股票名称	公允价值(元)	占净值比(%)
	东方电气	1,032,865,155.28	9.22	柳　工	10,346,103.04	0.97	南山铝业	27,316,170.60	2.94	南山铝业	29,106,000.00	3.56
	恒瑞医药	697,725,000.00	6.23				中国建筑	12,694,065.60	1.37	中国建筑	12,912,928.80	1.58
	中兴通讯	681,898,057.74	6.09				柳　工	10,209,315.62	1.10	恒源煤电	10,233,419.04	1.25
	中国联通	576,652,063.23	5.15				巨轮股份	8,341,203.10	0.90	中国中冶	5,570,215.30	0.68
	美的电器	558,850,706.74	4.99				中国中冶	5,714,095.40	0.61	招商证券	5,217,430.36	0.64

投资前五名债券明细	债券名称	公允价值(元)	占净值比(%)	债券名称	公允价值(元)	占净值比(%)	债券名称	公允价值(元)	占净值比(%)	债券名称	公允价值(元)	占净值比(%)
	08国开16	213,060,000.00	19.03	08国开16	212,160,000.00	19.96	08国开16	104,930,000.00	11.29	08国开16	104,090,000.00	12.72
	08央票106	77,968,000.00	6.96	08央票106	77,376,000.00	7.28	08石化债	55,250,000.00	5.95	08石化债	51,060,000.00	6.24
	08石化债	63,101,288.60	5.64	08石化债	62,746,420.80	5.90	08国开03	50,770,000.00	5.46	08国开03	50,800,000.00	6.21
	08进出10	59,382,000.00	5.30	08国开14	55,115,000.00	5.18	07国开21	50,400,000.00	5.42	07国开21	50,200,000.00	6.13
	08国开14	55,050,000.00	4.92	08国开03	50,995,000.00	4.80	09央票47	49,835,000.00	5.36	09央票69	49,835,000.00	6.09

南方全球精选配置证券投资基金

基本资料			
基金简称	南方全球精选配置(QDII-FOF)	交易代码	202801
风险收益特征	该基金为基金中基金，属于中等偏高预期风险和预期收益的基金品种，其预期风险和收益水平低于全球股票型基金、高于债券基金及货币市场基金。		
业绩比较基准	60%×MSCI世界指数(MSCI World Index)+40%×MSCI新兴市场指数(MSCI Emerging Markets Index)		
合同生效日	2007年9月19日	首募份额	299.98亿份
认购户数	1,395,042户		
基金管理人	南方基金管理有限公司	基金托管人	中国工商银行
境外投资顾问	纽约银行梅隆资产管理国际有限公司	境外托管人	纽约银行
注册登记人	南方基金管理有限公司		

财务指标　单位：人民币(元)；%

项目 \ 年度	2009年	2008年	2007.9.19至2007.12.31
本期利润	5,104,775,256.40	-11,136,510,743.67	-1,880,607,204.20
本期加权平均净值利润率	33.45	-56.29	-6.63
期末基金资产净值	17,013,981,966.24	13,406,223,824.17	28,225,153,246.81
期末基金份额净值	0.741	0.531	0.937
本期份额净值增长率	39.55	-43.33	-6.30
累计份额净值增长率	-25.90	-46.90	-6.30
基金收益分配	——	——	——

成立来累计净值增长率与同期基准收益率历史走势对比图(%)

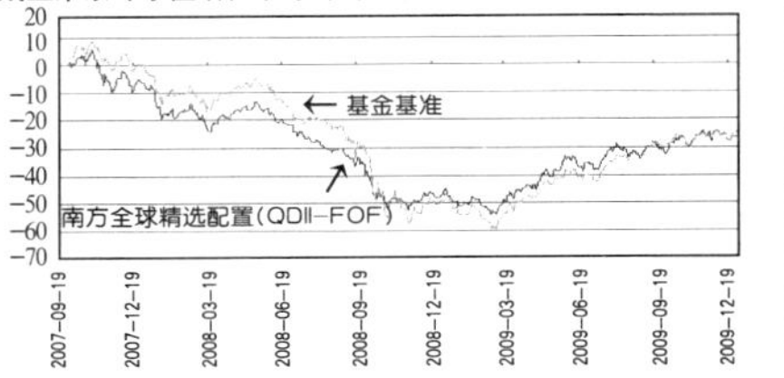

近三年净值增长率与同期基准收益率对比图(%)

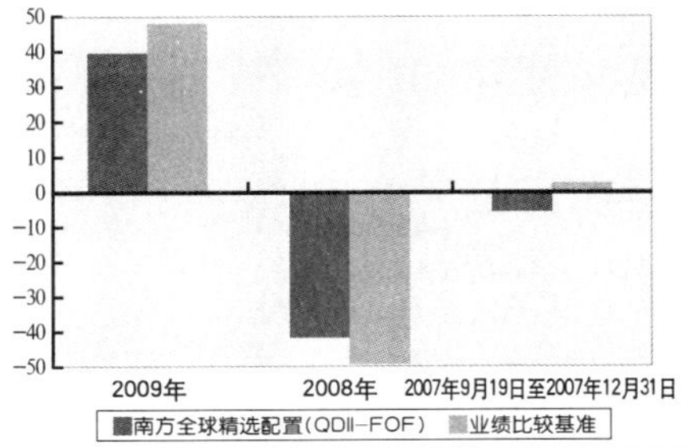

期末基金份额持有人户数	基金份额持有人户数为1,134,455户，平均每户持有20,233.02份。(期末截至2009年12月31日)
期末基金份额持有人结构	机构投资者持有161,952,426.99份，占总份额0.71%；个人投资者持有22,791,493,294.09份，占总份额99.29%。

基金业绩表现

截至2009年12月31日，南方全球精选基金份额净值为0.741元，全年净值增长率为39.55%。

基金管理团队

谢伟鸿先生：基金经理、国际业务部执行总监，财务管理硕士，15年证券从业经历。曾任职于台湾开发国际投资公司、中国信托商业银行、富邦保险公司、台湾新光证券投资信托公司。2007年加入南方基金管理公司，任国际业务部执行总监；2007年9月至2010年2月任南方全球基金经理。

温　亮先生：基金经理，金融学硕士，11年证券从业经历。曾任职于中国人民保险公司、国泰君安证券公司、广州大鹏集团，及香港恒生银行恒生投资管理公司。2007年11月加入南方基金管理公司，2008年2月至2009年6月任南方全球基金经理。

李浩东先生：基金经理，理工学博士，哈佛大学医学院博士后，9年证券从业经历。曾任美国Friedaman Billing and Ramsey(FBR)公司、EJF投资公司的基金经理，2007年加入南方基金管理公司，2008年4月至今任南方全球基金经理。

黄　亮先生：基金经理，北京大学工商管理硕士，9年证券从业经历。曾任职于招商证券、天华投资，2005年加入南方基金国际业务部，负责QDII产品设计及国际业务开拓工作；2007年9月起担任南方全球基金经理助理。

基金运作分析

2009年南方全球精选基金管理团队在摸清宏观经济的脉络后，转变投资方向和相对应的资产配置。2009年该基金从低股票资产配置到相对较高股票配置的转型相对缓慢一些，造成业绩落后于基准。但综合近两年业绩，南方全球精选基金仍然战胜其基准，表明该基金的投资策略在长期内还是十分有效的。

季度投资组合一览

项目 \ 季度	第一季度		第二季度		第三季度		第四季度	
基金资产净值	12,927,926,453.22元		15,710,468,788.39元		16,403,608,938.80元		17,013,981,966.24元	
基金份额	24,959,845,849.40份		24,613,110,953.08份		23,679,493,049.86份		22,953,445,721.08份	
基金份额净值	0.5180元		0.6380元		0.6930元		0.7410元	
基金资产组合	市值(元)	占总资产比(%)	市值(元)	占总资产比(%)	市值(元)	占总资产比(%)	市值(元)	占总资产比(%)
权益类投资-普通股	3,436,595,797.20	26.47	4,882,952,503.55	30.58	4,981,054,276.18	29.85	5,718,233,933.42	33.49
基金投资	7,206,926,024.52	55.51	8,719,455,073.81	54.60	9,019,042,903.55	54.06	10,123,746,712.54	59.29
金融衍生品投资	——	——	——	——	981,000.00	0.01	621,000.00	0.00
货币市场	793,245,709.66	6.11	1,236,177,362.79	7.74	1,335,467,325.99	8.00	589,157,354.11	3.45
银行存款和结算备付金	1,462,132,740.75	11.26	1,092,706,568.18	6.84	1,339,807,878.52	8.03	624,246,239.89	3.66
其他资产	85,193,437.90	0.66	38,521,601.97	0.24	8,130,970.89	0.05	17,819,462.88	0.10

投资前五名股票明细	股票名称	公允价值(元)	占净值比(%)	股票名称	公允价值(元)	占净值比(%)	股票名称	公允价值(元)	占净值比(%)	股票名称	公允价值(元)	占净值比(%)
	人寿保险	374,024,821.50	2.89	中银香港	762,713,640.10	4.85	石油化工	464,537,008.00	2.83	中国石油	517,149,928.00	3.04
	建设银行	281,949,709.80	2.18	建设银行	492,348,001.22	3.13	人寿保险	386,600,175.00	2.36	中国人寿	438,963,304.00	2.58
	石油天然气	243,875,297.20	1.89	中国人寿	301,483,260.00	1.92	绿城中国控股	385,591,445.93	2.35	(香港)石油	427,068,019.20	2.51
	(香港)石油	201,356,864.64	1.56	中国石油	299,014,976.00	1.90	神华能源	345,988,432.40	2.11	神华能源	418,228,000.00	2.46
	海洋石油	169,776,521.40	1.31	交通银行	220,300,535.34	1.40	腾讯控股	300,001,735.80	1.83	中信泰富	368,040,640.00	2.16

投资前五名基金明细	基金名称	公允价值占净值比(%)	基金名称	公允价值占净值比(%)	基金名称	公允价值占净值比(%)	基金名称	公允价值占净值比(%)
	SPDR TRUST SERIES 1	8.48	ISHARES FTSE/XINHUA CHINA 25	9.85	JPM LUX LIQUIDITY INSTITUTIONAL FUND	8.14	VANGUARD EMERGING MARKET ETF	11.66
	ISHARES MSCI EMERGING MKT IN	6.23	ISHARES MSCI BRAZIL	8.20	ISHARES FTSE/XINHUA CHINA 25	7.58	ISHARES FTSE/XINHUA CHINA 25	7.66
	ISHARES FTSE/XINHUA CHINA 25	4.37	BLACKROCK USD INSTL CASH SERIES	7.87	VANGUARD EMERGING MARKET ETF	5.78	HANG SENG H-SHARE IDX ETF	5.24
	BLACKROCK USD INSTL CASH SERIES	4.02	ISHARES MSCI EMERGING MKT IN	7.01	FINANCIAL SELECT SECTOR SPDR	5.52	MARKET VECTORS GOLD MINERS	4.62
	ISHARES MSCI BRAZIL	3.47	ISHARES MSCI TAIWAN INDEX FD	5.36	ISHARES FTSE/XINHUA A50 CHIN	5.04	ISHARES FTSE/XINHUA A50 CHIN	3.86

南方隆元产业主题股票型证券投资基金

基本资料

基金简称	南方隆元产业主题股票	交易代码	202007(前端) 202008(后端)
风险收益特征	该基金为股票型基金，属于较高预期风险和预期收益的基金品种，其预期风险和收益水平高于混合型基金、债券基金及货币市场基金。		
业绩比较基准	85%×沪深300指数+15%×上证国债指数		
合同生效日	2007年11月9日	募集规模	92.64亿份
申购户数	249,357户		
基金管理人	南方基金管理有限公司	基金托管人	中国工商银行
注册登记人	南方基金管理有限公司		

财务指标　　单位：人民币(元)；%

项目＼年度	2009年	2008年	2007年
本期利润	3,120,855,123.53	−8,566,161,405.85	521,031,116.65
本期加权平均净值利润率	45.82	−90.40	8.01
期末基金资产净值	6,960,589,521.65	5,685,542,635.60	11,795,495,508.54
期末基金份额净值	0.7070	0.443	1.054
本期份额净值增长率	59.59	−57.97	5.40
累计份额净值增长率	−29.30	−55.70	5.40
基金收益分配	——	——	——

成立来累计净值增长率与同期基准收益率历史走势对比图(%)

近三年净值增长率与同期基准收益率对比图(%)

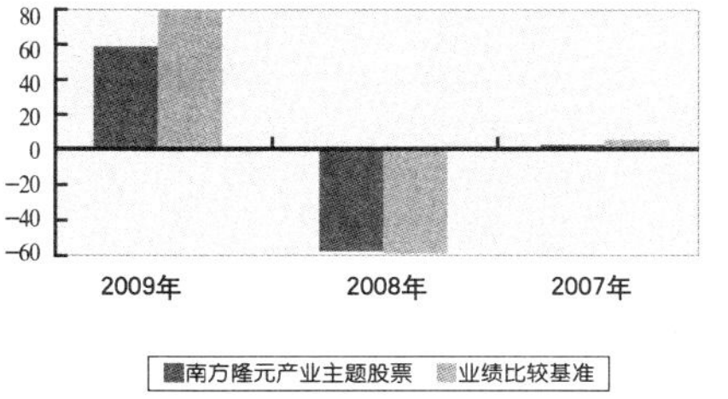

期末基金份额持有人户数	基金份额持有人户数为306,100.00户，平均每户持有32,147.72份。(期末截至2009年12月31日)
期末基金份额持有人结构	机构投资者持有297,043,058.51份，占总份额3.02%；个人投资者持有9,543,374,755.98份，占总份额96.98%。

基金业绩表现

截至2009年12月31日，南方隆元产业主题股票基金份额净值为0.7070元，全年净值增长率为59.59%。

基金管理团队

汪　澂女士：基金经理、公司投资部副总监，10年证券从业经历。注册金融分析师(CFA)，工商管理硕士。1999年加入南方基金管理公司，先后担任研究员、基金经理助理，2002年4月至2006年3月任南方隆元基金经理；2005年8月至2006年3月任南方金元基金经理；2006年3月至今任南方开元基金经理；2008年4月至今任南方隆元产业主题股票基金经理。

蒋朋宸先生：基金经理，5年证券从业经历。北大生物化学硕士、美国哥伦比亚大学金融工程学硕士。曾担任鹏华基金公司基金管理部分析师，2005年加入南方基金管理公司，2008年4月至今任南方盛元红利股票基金经理；2008年4月至今任南方隆元产业主题股票基金经理；2009年2月至今任南方宝元债券基金经理。

基金运作分析

2009年南方隆元产业主题股票基金净值增长率为59.59%。从中期来看，今明两年仍然应该以风险控制为核心进行投资管理，从长期来看，该基金要在中国原有的以及随着美国危机已经一同破灭了的增长模式之外，寻找中国经济新的增长模式与增长点，做好战略进攻的研究准备。

季度投资组合一览

项目＼季度	第一季度		第二季度		第三季度		第四季度	
基金资产净值	6,827,692,530.18元		7,084,717,745.63元		6,531,191,805.43元		6,960,589,521.65元	
基金份额	12,646,273,468.14份		11,478,479,099.64份		10,490,413,552.12份		9,840,417,814.49份	
基金份额净值	0.5400元		0.6170元		0.6230元		0.7070元	
基金资产组合	市值(元)	占总资产比(%)	市值(元)	占总资产比(%)	市值(元)	占总资产比(%)	市值(元)	占总资产比(%)
股票投资	4,142,423,534.24	60.33	4,320,854,190.62	60.58	4,605,469,226.85	70.32	4,598,406,136.85	65.84
债券投资	1,791,475,000.00	26.09	492,464,000.00	6.90	501,019,842.00	7.65	498,350,000.00	7.14
资产支持证券投资	——	——	——	——	——	——	——	——
金融衍生品投资	——	——	——	——	——	——	——	——
买入返售金融资产	——	——	——	——	——	——		
银行存款和结算备付金	901,638,154.81	13.13	2,098,432,978.36	29.42	1,439,090,479.97	21.97	1,883,679,332.94	26.97
其他资产	30,605,014.71	0.45	220,375,977.61	3.09	3,515,438.46	0.05	3,472,962.66	0.05

投资前五名股票明细

股票名称	公允价值(元)	占净值比(%)	股票名称	公允价值(元)	占净值比(%)	股票名称	公允价值(元)	占净值比(%)	股票名称	公允价值(元)	占净值比(%)
中信证券	573,075,000.00	8.39	贵州茅台	443,328,728.62	6.26	贵州茅台	434,050,167.26	6.65	山东黄金	364,165,799.80	5.23
招商银行	481,049,376.93	7.05	招商银行	420,396,338.79	5.93	中国中铁	331,841,287.00	5.08	中国中铁	360,448,294.50	5.18
贵州茅台	343,676,361.88	5.03	建设银行	410,040,000.00	5.79	大秦铁路	313,074,884.97	4.79	大秦铁路	347,860,983.30	5.00
中国神华	338,527,593.00	4.96	中国石化	404,281,107.62	5.71	云南白药	272,997,062.87	4.18	中国铁建	274,520,366.14	3.94
中国石化	337,533,007.30	4.94	中国中铁	393,405,911.85	5.55	中国铁建	258,902,139.62	3.96	贵州茅台	274,120,557.06	3.94

投资前五名债券明细

债券名称	公允价值(元)	占净值比(%)	债券名称	公允价值(元)	占净值比(%)	债券名称	公允价值(元)	占净值比(%)	债券名称	公允价值(元)	占净值比(%)
09央票09	648,440,000.00	9.50	08央行票据92	173,592,000.00	2.45	09央票45	498,350,000.00	7.63	09央票67	498,350,000.00	7.16
09央票10	598,560,000.00	8.77	08央行票据98	125,502,000.00	1.77	龙盛转债	1,317,459.00	0.02			
08央行票据92	174,906,000.00	2.56	08央票106	96,720,000.00	1.37	博汇转债	805,015.60	0.01			
08央行票据98	126,464,000.00	1.85	08央票104	96,650,000.00	1.36	西洋转债	547,367.40	0.01			
08央票106	97,460,000.00	1.43									

南方盛元红利股票型证券投资基金

基本资料			
基金简称	南方盛元红利股票	交易代码	202009(前端) 202010(后端)
风险收益特征	该基金为股票型基金，属于较高预期风险和预期收益的基金品种，其预期风险和收益水平高于混合型基金、债券基金及货币市场基金。		
业绩比较基准	90%×上证红利指数+10%×上证国债指数		
合同生效日	2008年3月21日	募集规模	62.17亿份 申购户数 177,240户
基金管理人	南方基金管理有限公司	基金托管人	中国建设银行
注册登记人	南方基金管理有限公司		

财务指标　单位：人民币(元)；%

项目 \ 年度	2009年	2008年3月21日至2008年12月31日
本期利润	2,427,660,256.83	−1,910,289,348.00
本期加权平均净值利润率	50.73	−36.51
期末基金资产净值	4,037,042,264.28	4,306,765,843.10
期末基金份额净值	1.080	0.693
本期份额净值增长率	61.98	−30.70
累计份额净值增长率	12.25	−30.70
基金收益分配	10派0.390	——

成立来累计净值增长率与同期基准收益率历史走势对比图（%）

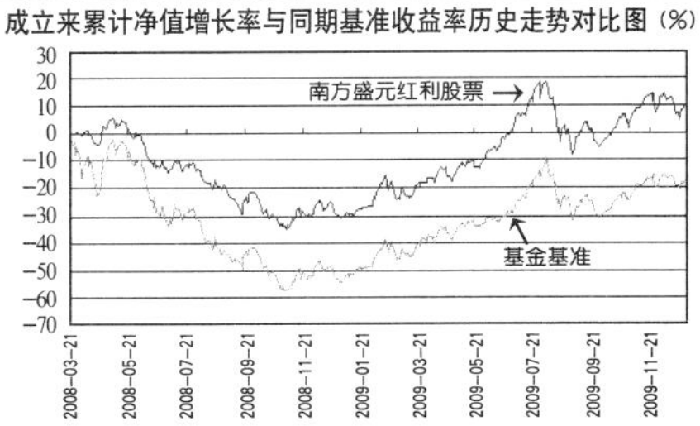

近两年净值增长率与同期基准收益率对比图（%）

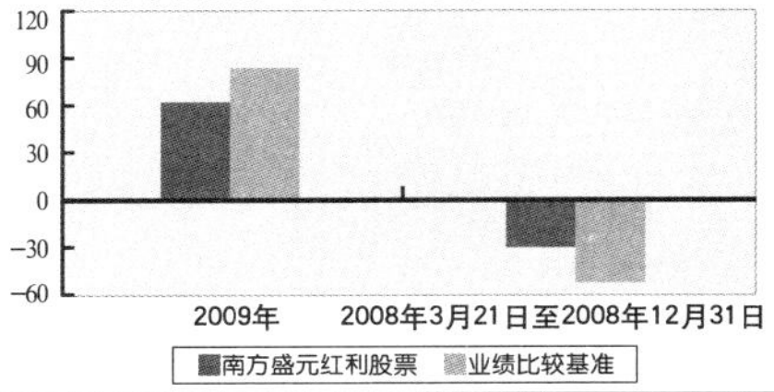

期末基金份额持有人户数	基金份额持有人户数为123,488户，平均每户持有30,261.65份。（期末截至2009年12月31日）
期末基金份额持有人结构	机构投资者持有65,722,545.68份，占总份额1.76%；个人投资者持有3,671,228,614.09份，占总份额98.24%。

基金业绩表现

截至2009年12月31日，南方盛元红利股票基金份额净值为1.080元，全年净值增长率为61.98%。

基金管理团队

陈　键先生：基金经理，9年证券从业经历。硕士学历。2000年加入南方基金管理公司，历任行业研究员、基金经理助理，2003年11月至2005年6月任南方宝元债券基金经理；2004年3月至2005年3月任南方现金增利货币基金经理；2005年3月至2006年3月任南方积极配置混合基金经理；2006年3月至今任南方天元基金经理；2008年2月至今任南方盛元红利股票基金经理。

蒋朋宸先生：基金经理，5年证券从业经历。生物化学硕士、金融工程学硕士。曾担任鹏华基金公司基金管理部分析师，2005年加入南方基金管理公司，2008年4月至今任南方盛元红利股票基金经理；2008年4月至今任南方隆元产业主题股票基金经理；2009年2月至今任南方宝元债券基金经理。

基金运作分析

2009年，南方盛元红利股票基金的资产配置策略在一季度相对保守，虽然随后在二季度及整个下半年都采取了积极的资产配置策略，但全年整体表现仍然不佳。在行业配置策略方面，一季度组合构建以防御心态为主，超配了食品饮料、医药生物等行业，虽然也对部分资产资源类行业如地产、周期性行业如机械、石化进行了超配，标配采掘业，但由于低配有色钢铁、金融等周期性行业，整体的行业配置为负贡献；二季度，该基金对行业配置策略进行了较大幅度调整，行业配置效应从负贡献转为正贡献，但整体而言，由于一季度内落后指数幅度较大，在复利效应作用下，全年基金运作仍落后指数。

季度投资组合一览

项目 \ 季度	第一季度		第二季度		第三季度		第四季度	
基金资产净值	4,961,739,367.07元		5,507,614,168.21元		4,082,908,826.58元		4,037,042,264.28元	
基金份额	6,024,543,571.92份		5,480,953,175.11份		4,358,810,078.92份		3,736,951,159.77份	
基金份额净值	0.8240元		1.0050元		0.9370元		1.0800元	
基金资产组合	市值(元)	占总资产比(%)	市值(元)	占总资产比(%)	市值(元)	占总资产比(%)	市值(元)	占总资产比(%)
股票投资	3,979,542,586.33	79.56	5,094,823,185.39	89.00	3,495,638,161.55	85.27	3,788,326,713.07	92.77
债券投资	777,560,000.00	15.55	309,238,000.00	5.40	279,708,478.00	6.82	99,670,000.00	2.44
资产支持证券投资	——	——	——	——	——	——	——	——
金融衍生品投资	3,144,000.00	0.06	2,928,000.00	0.05	——	——	——	——
买入返售金融资产	——	——	——	——	——	——		
银行存款和结算备付金	198,054,885.12	3.96	111,354,154.63	1.95	316,656,499.53	7.72	182,296,102.59	4.46
其他资产	43,420,387.72	0.87	206,174,796.03	3.60	7,419,782.55	0.18	13,337,391.27	0.33

投资前五名股票明细

股票名称	公允价值(元)	占净值比(%)	股票名称	公允价值(元)	占净值比(%)	股票名称	公允价值(元)	占净值比(%)	股票名称	公允价值(元)	占净值比(%)
中信证券	348,375,883.77	7.02	民生银行	268,780,168.80	4.88	民生银行	222,130,112.60	5.44	招商银行	252,127,020.80	6.25
华夏银行	231,303,752.55	4.66	万　科A	219,103,892.25	3.98	招商银行	206,450,823.68	5.06	民生银行	229,049,790.90	5.67
万　科A	186,172,645.32	3.75	招商银行	216,565,914.87	3.93	万　科A	145,922,586.54	3.57	大秦铁路	154,289,766.70	3.82
盐湖钾肥	170,029,449.05	3.43	交通银行	179,230,487.96	3.25	大秦铁路	129,590,790.03	3.17	贵州茅台	150,174,882.76	3.72
海油工程	143,542,343.42	2.89	工商银行	173,440,000.00	3.15	海通证券	115,258,177.00	2.82	兰花科创	107,959,199.22	2.67

投资前五名债券明细

债券名称	公允价值(元)	占净值比(%)	债券名称	公允价值(元)	占净值比(%)	债券名称	公允价值(元)	占净值比(%)	债券名称	公允价值(元)	占净值比(%)
08央行票据108	195,040,000.00	3.93	08央行票据106	193,440,000.00	3.51	09央行票据45	179,406,000.00	4.39	09央行票据71	99,670,000.00	2.47
08央行票据106	194,920,000.00	3.93	08央行票据92	96,440,000.00	1.75	09央行票据35	99,670,000.00	2.44			
08央行票据101	97,340,000.00	1.96	08央行票据108	19,358,000.00	0.35	龙盛转债	632,478.00	0.02			
08央行票据92	97,170,000.00	1.96									
08央行票据70	96,740,000.00	1.95									

南方优选价值股票型证券投资基金

基本资料			
基金简称	南方优选价值股票	交易代码	202011(前端) 202012(后端)
风险收益特征	该基金为股票型基金，属于较高预期风险和预期收益的基金品种，其预期风险和收益水平高于混合型基金、债券基金及货币市场基金。		
业绩比较基准	80%×沪深300指数+20%×上证国债指数		
合同生效日	2008年6月18日	募集规模	11.40亿份
申购户数	13,412户		
基金管理人	南方基金管理有限公司	基金托管人	中国工商银行
注册登记人	南方基金管理有限公司		

成立来累计净值增长率与同期基准收益率历史走势对比图（%）

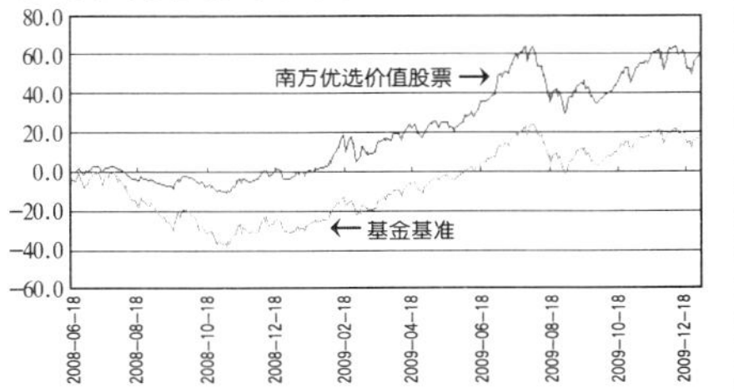

财务指标　单位：人民币（元）；%

项目 \ 年度	2009年	2008年6月18日至2008年12月31日
本期利润	283,591,330.03	−55,791,462.28
本期加权平均净值利润率	54.78	−6.12
期末基金资产净值	555,083,089.18	613,108,470.29
期末基金份额净值	1.353	0.964
本期份额净值增长率	66.84	−3.60
累计份额净值增长率	60.83	−3.60
基金收益分配	10派2.200	——

近两年净值增长率与同期基准收益率对比图（%）

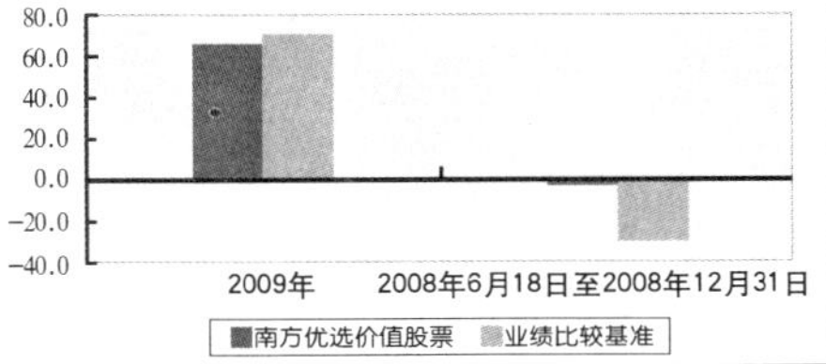

期末基金份额持有人户数	基金份额持有人户数为13,347户，平均每户持有30,742.94份。（期末截至2009年12月31日）
期末基金份额持有人结构	机构投资者持有113,841,490.31份，占总份额27.74%；个人投资者持有296,484,576.95份，占总份额72.26%。

基金业绩表现

截至2009年12月31日，南方优选价值股票基金份额净值为1.353元，全年净值增长率为66.84%。

基金管理团队

谈建强先生：基金经理，13年证券从业经历。经济学硕士，注册会计师。曾任职于上海申华实业股份有限公司、海南港澳国际信托投资公司、中海信托投资有限责任公司。2006年9月加入南方基金管理有限公司，2006年12月至2008年6月任南方绩优成长股票基金经理；2008年4月至今任南方高增长股票基金经理；2008年6月至今任南方优选价值股票基金经理。

基金运作分析

2009年，在政府实施了积极的经济刺激政策后，中国经济从低谷快速回升，A股市场随之呈现出恢复性的上涨行情。基于对经济前景和企业盈利改善的预期，南方优选价值股票基金加大了股票投资的比重，并根据市场不同的发展阶段采取相应的投资策略。随着市场整体估值水平的提高，该基金组合结构逐步完成了从追求高β的周期性行业配置向具有成长性的个股选择的转变，到四季度末，南方优选价值股票基金资产重点分布在低碳经济、区域投资主题和电子信息产业等方面。

季度投资组合一览

项目 \ 季度	第一季度		第二季度		第三季度		第四季度	
基金资产净值	536,260,099.87元		518,370,407.38元		427,988,175.72元		555,083,089.18元	
基金份额	455,944,379.41份		411,193,981.63份		374,719,300.64份		410,326,067.26份	
基金份额净值	1.1760元		1.2610元		1.1420元		1.3530元	
基金资产组合	市值(元)	占总资产比(%)	市值(元)	占总资产比(%)	市值(元)	占总资产比(%)	市值(元)	占总资产比(%)
股票投资	452,801,323.56	81.78	460,830,082.06	86.66	295,955,391.28	68.75	501,064,468.08	89.02
债券投资	48,175,000.00	8.70	29,016,000.00	5.46	——	——	——	——
资产支持证券投资	——	——	——	——	——	——	——	——
金融衍生品投资	——	——	——	——	——	——	——	——
买入返售金融资产	——	——	——	——	——	——	——	——
银行存款和结算备付金	48,474,372.62	8.75	22,166,509.99	4.17	133,378,754.26	30.99	43,949,666.43	7.81
其他资产	4,252,725.36	0.77	19,768,151.87	3.72	1,116,072.92	0.26	17,830,849.81	3.17

	股票名称	公允价值(元)	占净值比(%)	股票名称	公允价值(元)	占净值比(%)	股票名称	公允价值(元)	占净值比(%)	股票名称	公允价值(元)	占净值比(%)
投资前五名股票明细	海南海药	37,866,300.00	7.06	保利地产	27,332,200.00	5.27	紫金矿业	21,225,000.00	4.96	海通集团	18,232,548.00	3.28
	徐工科技	31,264,116.00	5.83	华侨城A	27,293,289.10	5.27	中国中铁	20,300,000.00	4.74	中泰化学	17,462,864.84	3.15
	华发股份	29,502,000.00	5.50	招商银行	27,192,069.90	5.25	中国平安	20,280,000.00	4.74	神火股份	16,710,328.00	3.01
	贵州茅台	28,685,000.00	5.35	中国平安	25,818,317.84	4.98	天地科技	20,265,990.04	4.74	国电南瑞	16,646,106.24	3.00
	深发展A	21,607,371.36	4.03	中国中铁	23,765,000.00	4.58	招商银行	16,258,000.00	3.80	中国平安	16,527,000.00	2.98
投资前五名债券明细	债券名称	公允价值(元)	占净值比(%)	债券名称	公允价值(元)	占净值比(%)	债券名称	公允价值(元)	占净值比(%)	债券名称	公允价值(元)	占净值比(%)
	08央行票据49	48,175,000.00	8.98	08央票106	29,016,000.00	5.60						

南方恒元保本混合型证券投资基金

基本资料

基金简称	南方恒元保本混合	交易代码	202211		
风险收益特征	该基金为保本基金，属于证券投资基金中的低风险品种。				
业绩比较基准	3年期银行定期存款税后收益率				
合同生效日	2008年11月12日	募集规模	22.11亿份	申购户数	31,317户
基金管理人	南方基金管理有限公司	基金托管人	中国工商银行		
注册登记人	南方基金管理有限公司				

财务指标　　单位：人民币（元）；%

项目 \ 年度	2009年	2008年11月12日至2008年12月31日
本期利润	375,236,221.97	41,020,529.30
本期加权平均净值利润率	13.17	1.78
期末基金资产净值	3,093,772,128.23	2,475,239,544.24
期末基金份额净值	1.1350	1.0180
本期份额净值增长率	13.47	1.80
累计份额净值增长率	15.51	1.80
基金收益分配	10派0.200	——

成立来累计净值增长率与同期基准收益率历史走势对比图（%）

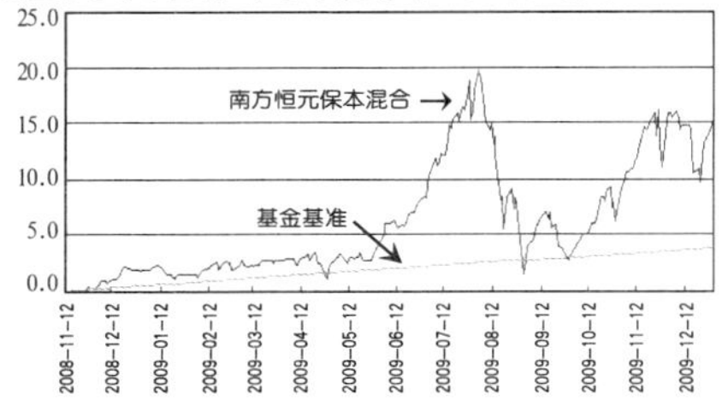

2008年净值增长率与同期基准收益率对比图（%）

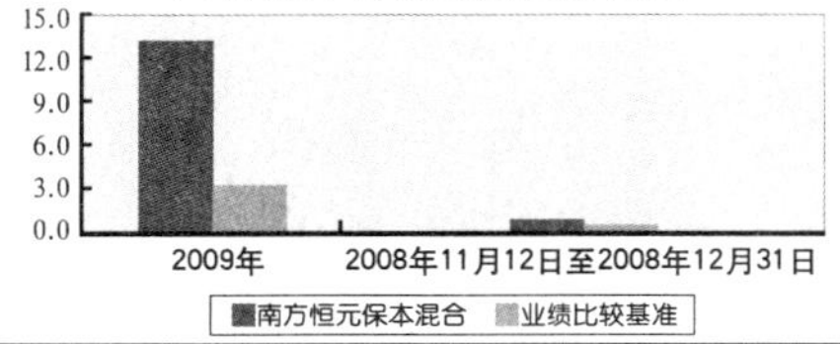

期末基金份额持有人户数	基金份额持有人户数为30,559.00户，平均每户持有89,233.74份。（期末截至2009年12月31日）
期末基金份额持有人结构	机构投资者持有65,810,367.53份，占总份额2.41%；个人投资者持有2,661,083,474.11份，占总份额97.59%。

基金业绩表现

截至2009年12月31日，南方恒元保本混合基金份额净值为1.1350元，全年净值增长率为13.47%。

基金管理团队

蒋　峰先生：基金经理，8年证券从业经历。经济学博士。曾任职于鹏华基金公司和宝盈基金公司，曾任宝盈鸿阳基金经理。2007年加入南方基金管理公司，2007年任南方避险增值混合基金经理；2008年至2009年任南方宝元债券基金经理；2008年11月至今任南方恒元保本混合基金经理。

基金运作分析

南方恒元保本混合基金2009年上半年的操作分为三个阶段：第一阶段是利用债券市场累积“防守垫”；第二阶段按照CPPI策略调整资产配置，逐步加大股票资产部分的配置，重点持有稳定成长行业的股票和部分有周期性复苏预期的股票；第三阶段，该管理人将权益资产比例提高到基金资产的一半左右，重点加大钢铁、航运、地产、金融等行业的配置，获得了较好的回报，也为未来近两年半的保本运作奠定了一个良好的基础。固定收益部分，将组合的久期调整至显著低于保本周期，部分回避了利率风险。随着新股的恢复发行，亦积极安排资金参与新股申购，积极提高该部分的绝对收益水平。

2009年下半年，随着市场单边上涨行情结束，低风险组合的投资管理难度开始进一步加大，该基金的应对策略是：①坚持动态资产配置的基本原则，综合运用CPPI策略和市场趋势判断来进行资产配置；②在风险可控的前提下，适度保持权益类资产的比例；③调整强周期行业与弱周期行业的资产配置比例，降低市场波动对基金表现的冲击；④从中长线出发提高择股标准，适度提高个股集中度。

季度投资组合一览

项目 \ 季度	第一季度		第二季度		第三季度		第四季度	
基金资产净值	2,662,507,635.09元		2,667,539,723.79元		3,011,417,679.66元		3,093,772,128.23元	
基金份额	2,591,854,516.19份		2,465,134,308.08份		2,918,307,246.20份		2,726,893,841.64份	
基金份额净值	1.0270元		1.0820元		1.0320元		1.1350元	
基金资产组合	市值(元)	占总资产比(%)	市值(元)	占总资产比(%)	市值(元)	占总资产比(%)	市值(元)	占总资产比(%)
股票投资	494,538,754.15	17.98	1,143,175,534.14	39.44	1,265,329,424.60	41.87	2,068,518,470.82	66.56
债券投资	2,111,424,386.01	76.77	1,507,282,796.92	52.01	1,390,319,293.60	46.01	952,472,720.02	30.65
资产支持证券投资	——	——	——	——	——	——	——	——
金融衍生品投资	——	——	30,988,000.00	1.07	40,068,000.00	1.33	45,550,000.00	1.47
买入返售金融资产	——	——	——	——	——	——		
银行存款和结算备付金	111,452,418.79	4.05	6,299,647.42	0.22	254,784,251.42	8.43	28,674,883.94	0.92
其他资产	32,823,004.80	1.19	210,563,630.59	7.27	71,341,824.28	2.36	12,575,959.89	0.40

	股票名称	公允价值(元)	占净值比(%)	股票名称	公允价值(元)	占净值比(%)	股票名称	公允价值(元)	占净值比(%)	股票名称	公允价值(元)	占净值比(%)
投资前五名股票明细	攀钢钢钒	254,019,524.80	9.54	攀钢钢钒	163,400,000.00	6.13	攀钢钢钒	156,800,000.00	5.21	攀钢钢钒	153,600,000.00	4.96
	平高电气	46,748,264.22	1.76	中国平安	134,116,230.60	5.03	中国平安	108,946,492.20	3.62	贵州茅台	101,294,573.24	3.27
	许继电气	43,250,166.12	1.62	首钢股份	81,067,270.48	3.04	鞍钢股份	79,929,332.28	2.65	大龙地产	90,030,911.72	2.91
	武钢股份	38,462,550.00	1.44	鞍钢股份	66,588,949.98	2.50	大龙地产	72,335,526.51	2.40	国电南瑞	74,640,890.88	2.41
	千金药业	35,821,200.80	1.35	太钢不锈	61,420,032.00	2.30	北京城建	67,679,079.44	2.25	美邦服饰	74,091,864.60	2.39
投资前五名债券明细	债券名称	公允价值(元)	占净值比(%)	债券名称	公允价值(元)	占净值比(%)	债券名称	公允价值值(元)	占净值比(%)	债券名称	公允价值(元)	占净值比(%)
	08国开21	221,980,000.00	8.34	08国开21	220,550,000.00	8.27	08国开21	218,812,000.00	7.27	08国开21	218,196,000.00	7.05
	08国开19	205,080,000.00	7.70	08国开22	170,170,000.00	6.38	08国开22	168,827,000.00	5.61	09央票36	196,580,000.00	6.35
	08央行票据114	195,880,000.00	7.36	08国开19	101,250,000.00	3.80	08进出11	97,590,000.00	3.24	08上港债	81,298,425.00	2.63
	08央行票据112	195,620,000.00	7.35	08进出11	99,160,000.00	3.72	08央行票据117	97,070,000.00	3.22	08国电债	75,271,123.20	2.43
	08央行票据110	195,340,000.00	7.34	08央行票据117	97,580,000.00	3.66	08央行票据114	96,740,000.00	3.21	06马钢债	60,510,105.00	1.96

南方沪深300指数证券投资基金

基本资料			
基金简称	南方沪深300指数	交易代码	202015(前端) 202016(后端)
风险收益特征	该基金属股票基金，风险与收益高于混合基金、债券基金与货币市场基金。该基金为指数型基金，主要采用指数复制法跟踪标的指数的表现，具有与标的指数，以及标的指数所代表的股票市场相似的风险收益特征。		
业绩比较基准	沪深300指数收益率×95%+一年期银行定期存款收益率(税后)×5%		
合同生效日	2009年3月25日	首募规模	15.81亿份
认购户数	26,302户		
基金管理人	南方基金管理有限公司	基金托管人	中国工商银行
注册登记人	南方基金管理有限公司		

2009年累计净值增长率与同期基准收益率历史走势对比图（%）

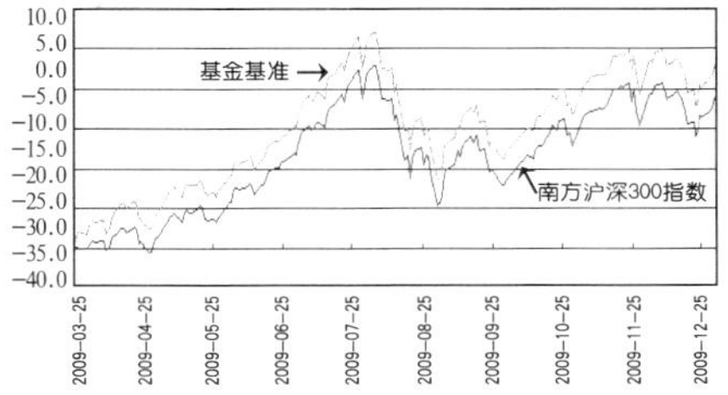

财务指标　　单位：人民币(元)；%	
项目＼年度	2009年3月25日至2009年12月31日
本期利润	485,876,898.62
本期加权平均净值利润率	27.55
期末基金资产净值	2,151,873,479.74
期末基金份额净值	1.323
本期份额净值增长率	38.03
累计份额净值增长率	38.03
基金收益分配	10派0.600

2009年净值增长率与同期基准收益率对比图（%）

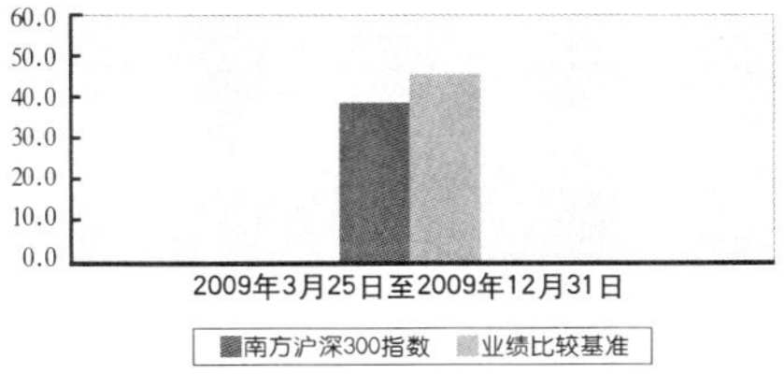

期末基金份额持有人户数	基金份额持有人户数为50,515户，平均每户持有32,187.21份。（期末截至2009年12月31日）
期末基金份额持有人结构	机构投资者持有516,258,824.26份，占总份额31.75%；个人投资者持有1,109,678,271.82份，占总份额68.25%。

基金业绩表现

南方沪深300指数基金合同生效于2009年3月25日，截至2009年12月31日，该基金份额净值为1.323元，成立以来基金净值增长率为38.03%。

基金管理团队

潘海宁先生：基金经理，9年证券从业经历。会计学学士。曾先后任职于兴业证券股份有限公司、富国基金管理有限公司。2003年3月加入南方基金管理有限公司，历任行业研究员、基金开元经理助理、投资部总监助理等职务。2009年3月至今任南方沪深300指数基金经理；2009年12月至今任南方深成ETF及联接基金经理。

基金运作分析

南方沪深300指数基金于2009年3月底进入建仓期，基于市场判断确定较为快速的建仓策略，在短时间内建仓至70%以上。4月13日开始日常申购赎回，4月30日结束建仓期，随后正式进入指数跟踪状态。

回顾指数跟踪期间，该基金最高曾遭遇过接近基金资产净值10%的大比例申赎冲击，也曾面临过需补仓当天指数高开高走的不利局面。

南方沪深300指数基金应付申购赎回进行的投资操作，是跟踪误差的主要来源之一，管理团队通过自建的"指数化交易系统"、"日内择时交易模型"、"跟踪误差归因分析系统"等，将该基金的跟踪误差指标控制在较好水平。此外，制定并实施了成份股调整策略，在年中、年底平稳实现了组合中沪深300指数成份股的调整。

季度投资组合一览

项目＼季度	第二季度		第三季度		第四季度	
基金资产净值	1,377,011,857.63元		1,894,860,278.78元		2,151,873,479.74元	
基金份额	1,116,344,585.30份		1,686,803,545.91份		1,625,937,096.08份	
基金份额净值	1.2340元		1.1230元		1.3230元	
基金资产组合	市值(元)	占总资产比(%)	市值(元)	占总资产比(%)	市值(元)	占总资产比(%)
股票投资	1,294,960,353.69	91.75	1,797,771,049.88	94.37	2,024,690,883.62	90.24
债券投资	——	——	——	——	——	——
资产支持证券投资	——	——	——	——	——	——
金融衍生品投资	——	——	——	——	——	——
买入返售金融资产	——	——	——	——	——	——
银行存款和结算备付金	91,976,455.35	6.52	98,410,447.41	5.17	115,592,831.12	5.15
其他资产	24,520,932.14	1.74	8,791,792.98	0.46	103,358,387.68	4.61

投资前五名股票明细	股票名称	公允价值(元)	占净值比(%)	股票名称	公允价值(元)	占净值比(%)	股票名称	公允价值(元)	占净值比(%)
	招商银行	51,000,678.00	3.70	交通银行	63,459,322.78	3.35	招商银行	70,310,453.80	3.27
	交通银行	46,642,067.00	3.39	招商银行	62,272,810.48	3.29	交通银行	62,762,492.10	2.92
	民生银行	40,239,144.00	2.92	中国平安	55,968,693.30	2.95	中国平安	56,217,637.21	2.61
	中国平安	38,341,392.00	2.78	民生银行	48,765,922.00	2.57	民生银行	52,910,385.50	2.46
	中信证券	35,404,128.00	2.57	兴业银行	45,460,930.84	2.40	中信证券	52,398,737.55	2.44

投资前五名债券明细	债券名称	公允价值(元)	占净值比(%)	债券名称	公允价值(元)	占净值比(%)	债券名称	公允价值(元)	占净值比(%)

南方中证500指数证券投资基金(LOF)

基本资料

基金简称	南方中证500指数(LOF)	交易代码	160119(前端) 160120(后端)		
风险收益特征	该基金属股票基金，风险与收益高于混合基金、债券基金与货币市场基金。该基金为指数型基金，主要采用指数复制法跟踪标的指数的表现，具有与标的指数、以及标的指数所代表的股票市场相似的风险收益特征。				
业绩比较基准	中证500指数收益率×95%+银行活期存款利率(税后)×5%				
合同生效日	2009年9月25日	首募规模	22.11亿份	认购户数	31,317户
上市日期	2009年11月11日	上市地点	深圳证券交易所		
基金管理人	南方基金管理有限公司	基金托管人	中国农业银行		
注册登记人	中国证券登记结算有限责任公司				

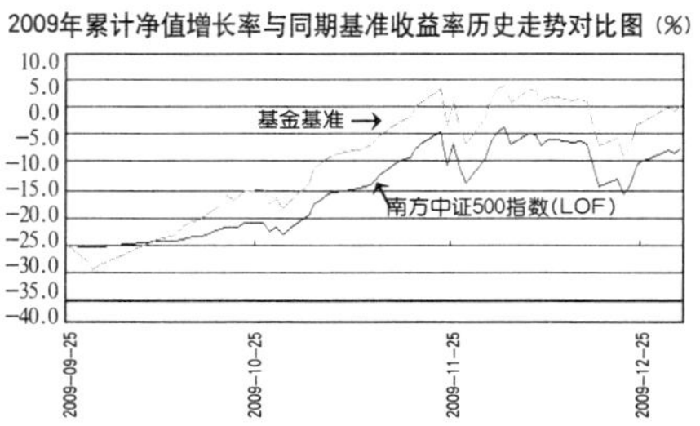

财务指标 单位：人民币(元)；%

项目＼年度	2009年9月25日至2009年12月31日
本期利润	522,613,376.93
本期加权平均净值利润率	15.81
期末基金资产净值	3,391,413,066.60
期末基金份额净值	1.1760
本期份额净值增长率	17.60
累计份额净值增长率	17.60
基金收益分配	——

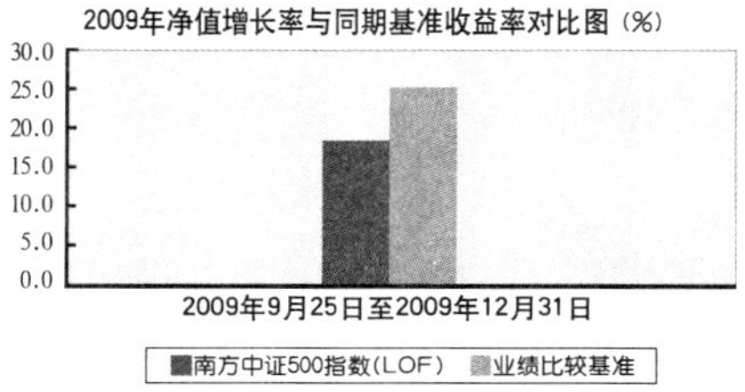

期末基金份额持有人户数	基金份额持有人户数为76,678.00户，平均每户持有37,594.38份。
期末基金份额持有人结构	机构投资者持有137,663,311.61份，占总份额4.78%；个人投资者持有2,744,998,556.23份，占总份额95.22%。

基金业绩表现

南方中证500指数基金合同生效于2009年9月25日，截至2009年12月31日，该基金份额净值为1.176元；成立以来基金净值增长率为17.60%。

基金管理团队

张　原先生：基金经理，3年证券从业经历。美国密歇根大学经济学硕士学位。2006年4月加入南方基金管理公司，曾担任南方基金研究部机械及电力设备行业高级研究员，南方高增长股票及南方隆元产业主题股票基金经理助理，2009年9月至今任南方中证500指数基金经理。

基金运作分析

南方中证500指数基金于2009年9月25日成立并进入建仓期。该基金管理组在公司投资决策委员会的指导下，根据对于市场的判断，作出了较为周密完善的建仓安排和计划。按照基金合同的规定，四季度实际上为该基金的建仓期。基于市场判断，南方中证500指数基金采取了相对快速的建仓策略。截至11月11日该基金结束封闭期打开申购赎回日，基金股票仓位达到85%，基本完成了主要股票仓位的建仓，取得了较好的建仓效果。

在打开申购赎回后，由于基金持有者赎回等因素，南方中证500指数基金股票仓位迅速达到95%，并开始尝试进入完全跟踪。尽管其间该基金遭遇了较大额度的赎回申购(前7个交易日累计遭受净赎回份额近10亿份；11月20日至11月30日7个交易日又累计接受净申购7.6亿份)，成为该基金跟踪误差的主要来源之一，但在该基金管理组的努力下，通过自建的“指数化交易系统”、“日内择时交易模型”、“跟踪误差归因分析系统”等工具，有效地将跟踪误差控制在较好的水平。

2009年实际上为南方中证500指数基金的合同建仓期，由于建仓原因，相对业绩基准的跟踪误差及年化跟踪误差不能成为报告期内评价该基金业绩表现的指标。尽管这样，该基金管理者仍统计了该基金结束封闭期打开申购赎回并进入对标的指数的完全跟踪起至报告期末的基金年化跟踪误差，值为0.714%，较好地完成了基金合同中控制年化跟踪误差不超过4%的投资目标。

季度投资组合一览

项目＼季度	第四季度	
基金资产净值	3,391,413,056.60元	
基金份额	2,882,661,857.84份	
基金份额净值	1.1760元	
基金资产组合	金额(元)	占总资产比例(%)
股票投资	3,217,014,167.22	87.58
存托凭证	——	——
债券投资	——	——
金融衍生品投资	——	——
买入返售金融资产	——	——
银行存款和结算备付金	235,776,981.68	6.42
其他资产	220,540,881.40	6.00

投资前五名股票明细	股票名称	公允价值(元)	占净值比例(%)	投资前五名债券明细	债券名称	公允价值(元)	占净值比例(%)
	厦门国贸	47,797,200.00	1.41				
	青岛软控	18,251,962.25	0.54				
	科华生物	16,564,600.80	0.49		——		
	中泰化学	15,135,088.28	0.45				
	科达机电	14,615,250.49	0.43				

深证成份交易型开放式指数证券投资基金

基本资料					
基金简称	南方深证成份ETF		交易代码	159903	
投资目标	紧密跟踪标的指数，追求跟踪偏离度和跟踪误差最小化。				
业绩比较基准	深证成份指数				
风险收益特征	该基金属于股票基金，风险与收益高于混合基金、债券基金与货币市场基金。该基金为指数型基金，主要采用完全复制法跟踪标的指数的表现，具有与标的指数，以及标的指数所代表的股票市场相似的风险收益特征。				
合同生效日	2009年12月4日	上市日期	2010年2月2日	上市地点	深圳证券交易所
募集概况	首募份额	认购户数	募集日期		
	32.72亿份	45,012户	2009年11月9日至2009年11月27日		
基金费率	认购费率	不高于1.00%		申购费率	——
	赎回费率	——			
	管理费率	0.50%		托管费率	0.10%
基金管理人	南方基金管理有限公司		基金托管人	中国工商银行股份有限公司	
审计机构	普华永道中天会计师事务所		注册登记人	南方基金管理有限公司	

南方深证成份交易型开放式指数证券投资基金联接基金

基本资料					
基金简称	南方深证成份ETF联接		交易代码	202017	
投资目标	通过投资于深成ETF，紧密跟踪标的指数，追求跟踪偏离度和跟踪误差最小化。				
业绩比较基准	深证成份指数收益率×95%+银行活期存款利率(税后)×5%				
风险收益特征	该基金属于股票基金，预期风险与收益水平高于混合基金、债券基金与货币市场基金。同时该基金为指数型基金，具有与标的指数，以及标的指数所代表的股票市场相似的风险收益特征。				
合同生效日	2009年12月9日	上市日期	——	上市地点	——
募集概况	首募份额	认购户数	募集日期		
	32.72亿份	45,012户	2009年11月9日至2009年12月4日		
基金费率	认购费率	前端收费不高于1.00%；后端收费不高于1.10%。			
	申购费率	前端收费不高于1.10%；后端收费不高于1.40%。			
	赎回费率	不高于0.50%			
	管理费率	0.50%		托管费率	0.10%
基金管理人	南方基金管理有限公司		基金托管人	中国工商银行股份有限公司	
审计机构	普华永道中天会计师事务所		注册登记人	南方基金管理有限公司	

基金管理团队

潘海宁先生：基金经理，会计学学士，9年基金从业经历。曾任职于富国基金管理有限公司，2003年加入南方基金管理有限公司，先后担任行业研究员、基金开元经理助理、投资部总监助理等职务，2009年3月至今，担任南方沪深300指数基金经理；2009年12月至今，担任南方深成ETF及联接基金的基金经理。

南方策略优化股票型证券投资基金

基本资料					
基金简称	南方策略优化股票		交易代码	前端：202019　后端：202020	
投资目标	该基金通过数量化手段优化投资策略，在积极把握证券市场及相关行业发展趋势的前提下精选优势个股进行投资，力争获取超越业绩比较基准的投资回报。				
业绩比较基准	80%×沪深300指数+20%×上证国债指数				
风险收益特征	该基金为股票型基金，属于较高预期风险和预期收益的证券投资基金品种，其预期风险和收益水平高于混合型基金、债券基金及货币市场基金。				
合同生效日	2010年3月30日	上市日期	——	上市地点	——
募集概况	首募份额	认购户数	募集日期		
	21.73亿份	34,351户	2010年2月25日至2010年3月25日		
基金费率	认购费率	不超过1.20%	申购费率	不超过1.80%	
	赎回费率	不超过0.50%			
	管理费率	1.50%	托管费率	0.25%	
基金管理人	南方基金管理有限公司		基金托管人	招商银行股份有限公司	
审计机构	普华永道中天会计师事务所		注册登记人	南方基金管理有限公司	

基金管理团队

刘治平先生：基金经理，美国康奈尔大学工商管理硕士、美国佛罗里达州立大学计算物理学博士，14年证券从业经历。曾获得美国证券及股票交易从业资格，具有中国基金从业资格。曾先后担任香港巴克莱投资银行可转债交易总监、美国纽约贝尔斯登可转债对冲基金经理及美国纽约美联投资银行自营投资董事总经理，2008年6月加入南方基金管理有限公司，现任南方基金数量策略投资小组组长兼数量化投资部总监。2010年3月至今任南方策略优化股票基金经理。

中证南方小康产业交易型开放式指数证券投资基金

基本资料					
基金简称	小康ETF		交易代码	510160	
投资目标	紧密跟踪标的指数，追求跟踪偏离度和跟踪误差最小化。				
业绩比较基准	中证南方小康产业指数				
风险收益特征	该基金属股票基金，风险与收益高于混合基金、债券基金与货币市场基金。同时该基金为指数型基金，主要采用完全复制法跟踪标的指数的表现，具有与标的指数、以及标的指数所代表的股票市场相似的风险收益特征。				
合同生效日	2010年8月27日	上市日期	2010年11月1日	上市地点	上交所
募集概况	首募份额	认购户数	募集日期		
	6．57亿份	6,855户	2010年7月26日至2010年8月20日		
基金费率	认购费率	不超过1.00%	申购费率	——	
	赎回费率	——			
	管理费率	0.50%	托管费率	0.10%	
基金管理人	南方基金管理有限公司		基金托管人	中国工商银行股份有限公司	
审计机构	普华永道中天会计师事务所		注册登记人	中国证券登记结算有限责任公司	

基金管理团队

杨德龙先生：基金经理，北京大学经济学硕士、清华大学工学学士。2006年加入南方基金管理有限公司，现任南方基金研究部高级策略分析师、行业高级研究员，小康ETF、南方小康基金经理。

柯　晓先生：基金经理，美国纽约大学工商管理硕士，13年证券从业经历。曾先后任职于美国美林证券公司、招商证券。2006年加入南方基金管理有限公司，现任南方基金首席产品设计师，小康ETF、南方小康基金经理。

中证南方小康产业交易型开放式指数证券投资基金联接基金

基本资料					
基金简称	南方小康ETF联接基金		交易代码	202021	
投资目标	通过投资于小康ETF，紧密跟踪业绩比较基准，追求跟踪偏离度和跟踪误差最小化。				
业绩比较基准	中证南方小康产业指数收益率×95% ＋ 银行活期存款利率（税后）×5%				
风险收益特征	该基金属股票基金，预期风险与收益水平高于混合基金、债券基金与货币市场基金。同时该基金为指数型基金，具有与标的指数、以及标的指数所代表的股票市场相似的风险收益特征。				
合同生效日	2010年8月27日	上市日期	——	上市地点	——
募集概况	首募份额	认购户数	募集日期		
	8.10亿份	20,351户	2010年7月26日至2010年8月24日		
基金费率	认购费率	前端不超过1.00%；后端不超过1.20%			
	申购费率	前端不超过1.20%；后端不超过1.40%			
	赎回费率	不超过0.50%			
	管理费率	0.50%	托管费率	0.10%	
基金管理人	南方基金管理有限公司		基金托管人	中国工商银行股份有限公司	
审计机构	普华永道中天会计师事务所		注册登记人	南方基金管理有限公司	

基金管理团队

杨德龙先生：基金经理，北京大学经济学硕士、清华大学工学学士。2006年加入南方基金管理有限公司，现任南方基金研究部高级策略分析师、行业高级研究员，小康ETF、南方小康基金经理。

柯　晓先生：基金经理，美国纽约大学工商管理硕士，13年证券从业经历。曾先后任职于美国美林证券公司、招商证券。2006年加入南方基金管理有限公司，现任南方基金首席产品设计师，小康ETF、南方小康基金经理。

南方广利回报债券型证券投资基金

基本资料					
基金简称	南方广利回报债券		交易代码	A/B：202105　C：202106	
投资目标	该基金在保持资产流动性及有效控制风险的基础上，追求基金资产长期稳定增值。				
业绩比较基准	中证全债指数				
风险收益特征	该基金为债券型基金，其长期平均风险和预期收益率低于股票基金、混合基金，高于货币市场基金。				
合同生效日	2010年11月3日	上市日期	——	上市地点	——
募集概况	首募份额	认购户数	募集日期		
	45.66亿份	37,691户	2010年10月11日至2010年10月29日		
基金费率	认购费率	前端收费不超过0.60%；后端收费不超过0.80%			
	申购费率	前端收费不超过0.80%；后端收费不超过1.00%			
	赎回费率	不高于0.10%			
	管理费率	0.65%	托管费率	0.20%	
基金管理人	南方基金管理有限公司		基金托管人	中国工商银行股份有限公司	
审计机构	普华永道中天会计师事务所		注册登记人	南方基金管理有限公司	

基金管理团队

韩亚庆先生：基金经理，经济学硕士，2000年开始从事固定收益类证券承销、研究与投资管理，曾任职于国家开发银行资金局、全国社会保障基金理事会投资部。2008年加入南方基金管理有限公司，现任南方现金货币、南方广利回报债券基金经理。

南方金砖四国指数证券投资基金

基本资料					
基金简称	南方金砖四国指数(QDII)		交易代码	160121/160122	
投资目标	该基金采用被动式指数化投资，以实现对标的指数的有效跟踪。				
业绩比较基准	人民币计价的金砖四国指数收益率×95%+人民币活期存款收益率×5%(税后)				
风险收益特征	该基金属股票型基金，风险与收益高于混合基金、债券基金与货币市场基金。同时该基金为指数型基金，主要采用综合指数复制法跟踪标的指数的表现，具有与标的指数、以及标的指数所代表的股票市场相似的风险收益特征。				
合同生效日	2010年12月9日	上市日期	——	上市地点	——
募集概况	首募份额	认购户数	募集日期		
	6.37亿份	12,146户	2010年11月3日至2010年12月3日		
基金费率	认购费率	前端不超过1.10%；后端不超过1.20%。			
	申购费率	前端申购费率最高不高于1.30%；后端申购费率最高不高于1.40%。			
	赎回费率	不高于0.50%			
	管理费率	0.80%	托管费率	0.25%	
基金管理人	南方基金管理有限公司		基金托管人	中国工商银行股份有限公司	
			境外托管人	布朗兄弟哈里曼银行	
审计机构	普华永道中天会计师事务所		注册登记人	中国证券登记结算有限责任公司	

基金管理团队

黄　亮先生：基金经理，大学工商管理硕士，8年证券从业经历。曾任职于招商证券股份有限公司、天华投资有限责任公司，2005年加入南方基金管理公司国际业务部，负责QDII产品设计及国际业务开拓工作，自2007年9月起担任南方全球基金经理助理，现任南方全球、南方金砖四国指数基金的基金经理。

为信任奉献回报

The Healthy Return On Your Trust

华夏基金 ChinaAMC | 大事记 MAJOR EVENTS

2009年7月10日

华夏沪深300指数基金成立。

2009年12月11日

华夏盛世精选股票基金成立。

2009年12月30日

华夏人慈善基金会成立。

2010年4月

青海省玉树县发生地震灾害，华夏基金公司及全体员工通过华夏人慈善基金会向灾区捐款100万元。华夏基金香港公司向中央人民政府驻港联络办公室捐款专户捐赠港币10万元整。

2010年5月8日

华夏基金发布公告，公司已办理注册资本变更、公司章程修改等工商变更登记手续，变更后的注册资本为贰亿叁仟捌佰万元人民币。

2010年5月

华夏基金获得由《中国证券报》评选的"中国基金业金牛奖"九项大奖，是该届金牛奖评选中获奖最多的基金公司。华夏基金获得"2009年年度金牛基金公司奖"，华夏大盘精选混合基金、华夏兴华封闭式基金分获五年期"开放式混合型持续优胜金牛基金"和"封闭式持续优胜金牛基金"；华夏红利混合基金、华夏回报混合基金、华夏收入股票基金、华夏现金增利基金、中信稳定双利债券基金分获各自产品类型"三年期持续优胜金牛奖"，华夏复兴股票基金获得"2009年度开放式股票型金牛基金"。

2010年6月

华夏大盘精选混合基金荣获晨星(中国)2009年度"激进配置型基金奖"。

在《上海证券报》举办的"第七届中国金基金奖"评选中，华夏基金荣获"金基金TOP公司奖"，华夏策略精选基金荣获"金基金灵活配置型基金奖"，华夏经典配置混合基金荣获"金基金分红基金奖"。

为引导投资者树立正确的基金投资理念，华夏基金广泛收集800多个基金投资常见问题，编著出版了《做一个理性的投资者——中国基金投资指南》，免费分发给投资者。

华夏基金管理有限公司

法定名称	华夏基金管理有限公司	英文名称	China Asset Management Co.,Ltd.
成立时间	1998年4月9日	办公地址	北京市西城区金融大街33号通泰大厦B座3层
公司网址	www.chinaamc.com	客服电话	400-818-6666

公司概况

华夏基金管理有限公司成立于1998年4月9日，是经中国证监会批准成立的首批全国性基金管理公司之一。公司总部设在北京，在北京、上海、深圳、成都及南京等地设有分公司，在香港设有子公司。公司以专业、严谨的投资研究为基础，为投资人提供优质的投资理财产品和服务。

业务发展

历经多年牛市熊市的洗礼，华夏基金秉承"为信任奉献回报"的企业宗旨，规范运作、稳健经营，以雄厚的综合实力保持了基金行业的领先地位。截至2010年6月30日，旗下基金累计实现分红525亿元，基金份额持有人户数超过1,300万，是境内管理基金资产规模最大的基金管理公司。

业务领域

成立十二年来，华夏基金的业务持续快速发展，获得了基金行业全部业务牌照。华夏基金是首批全国社保基金投资管理人、首批企业年金基金投资管理人、境内首只ETF基金管理人、境内唯一的亚债中国基金投资管理人以及特定客户资产管理人，是业务领域最广泛的基金管理公司之一。

投研团队

华夏基金在业内最早提出"研究创造价值"的投资理念，制定了严格的投资管理流程和制度，目的是通过专业、严谨的投资，获取稳定、可靠的收益。华夏基金的投研团队，吸收了大批海内外专业人士，具有高水准的职业操守、丰富的投资经验和突出的研究能力。基金经理平均从业年限超过10年。各基金经理在分享团队智慧的同时，能够充分发挥主观能动性，团队整体富有经验且充满锐气，在投资管理方面具有独立性和前瞻性。

旗下产品

华夏基金建立了完善的基金产品线，旗下共有23只开放式基金，2只封闭式基金，从低风险、低收益的货币市场基金到高风险、高收益的股票基金，可以满足各类风险偏好投资者的需求。公司还管理着亚洲债券基金二期中国子基金及多只全国社保基金投资组合，已经被超过140家大中型企业确定为年金投资管理人，并被多家客户确定为特定客户资产管理人。公司是境内管理基金数目最多、品种最全的基金管理公司之一。

客户服务

为了给投资人提供优质的理财服务，华夏基金建立了超过百人的客户服务团队，构建了较为完善的客户服务体系。公司率先在业内通过CCCS(客户联络中心标准体系)五星级认证。华夏基金以优质的服务获得了投资人的广泛认可，并获得了专业机构评选的权威奖项。2009年7月，华夏基金荣获中国信息协会、中国服务贸易协会评选的"中国最佳客户服务奖"和"中国最佳客户服务管理团队"奖。公司已连续三年在该评选中获奖，是在历届评选活动中获奖次数最多的基金公司。

社会责任

华夏基金在勤勉尽责地为基金份额持有人谋求长期、稳定回报的同时，也在作为一个负责任的企业公民持续回馈社会，公司积极致力于社会公益事业。2009年到2010年，公司在扶贫救灾、支持教育等多个方面做出了自己应有的贡献。

2009年1月，华夏基金开展中学生社会实践课，在青少年中开展财商教育。

2009年8月，华夏基金参与北京市顺义区社会福利慈善协会主办的助学项目，帮助城乡低保家庭和其他特殊困难家庭的学生就学。

2009年12月，由华夏基金员工发起的"华夏人慈善基金会"正式成立，基金会以"促进人的发展与环境和谐"为宗旨，是未来华夏基金开展公益事业、践行社会责任的平台。同年，基金会向宁夏自治区同心县"生态移民项目"捐赠40万元，用于移民新村特色种植、养殖技术、节水灌溉等劳动技能培训。

2010年4月，青海省玉树县发生地震灾害，华夏基金公司及全体员工通过华夏人慈善基金会向灾区捐款100万元。华夏基金香港公司向中央人民政府驻港联络办公室捐款专户捐赠港币10万元整。

2010年6月，华夏基金独家支持美国宾夕法尼亚大学、北京大学等著名院校联合举办的首届"中美未来领袖项目"。该项目参与成员均选拔自两国著名高校的在校研究生，旨在推动两国优秀人才之间交流。

2010年8月，华夏基金与哈佛大学相关机构合作，独家支持"2010哈佛大学AUSCR中美学生领袖峰会"。峰会为中国优秀的中学生提供了一次全面提升自身素质的良好机会，旨在发掘和培养他们的领导才能，成为未来中国社会的栋梁之才。

兴华证券投资基金

基本资料					
基金简称	华夏兴华封闭		交易代码	500008	
风险收益特征	该基金属于中高风险的基金品种，其长期平均的预期收益和风险高于债券基金和混合基金。				
业绩比较基准	——				
合同生效日	1998年4月28日		基金总份额	20亿份	
上市日期	1998年5月8日	地点	上交所	存续期	15年
基金管理人	华夏基金管理有限公司		基金托管人	中国建设银行	
注册登记人	中国证券登记结算有限责任公司上海分公司				

成立来累计净值增长率与同期基准收益率历史走势对比图（%）

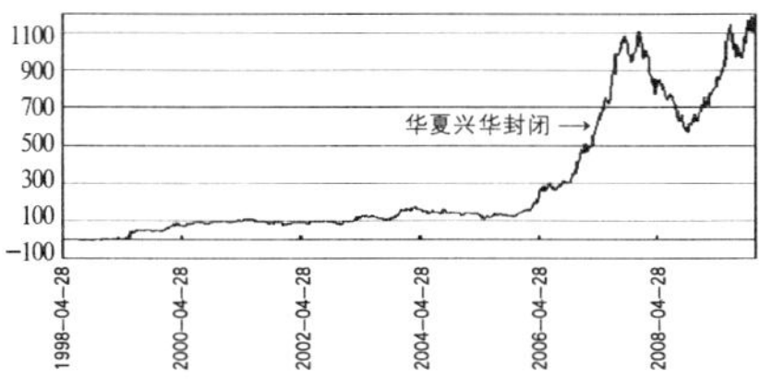

财务指标　　单位：人民币（元）；%

项目 / 年度	2009年	2008年	2007年
本期利润	1,491,370,029.26	−1,989,581,419.99	4,570,617,311.61
本期加权平均净值利润率	53.15	−58.65	76.56
期末基金资产净值	3,466,846,305.53	1,975,476,276.27	7,495,057,697.65
期末基金份额净值	1.7334	0.9877	3.7475
本期份额净值增长率	75.50	−36.66	124.76
累计份额净值增长率	1178.85	628.70	1050.51
基金收益分配	——	10派17.650	10派7.240

近三年净值增长率与同期基准收益率对比图（%）

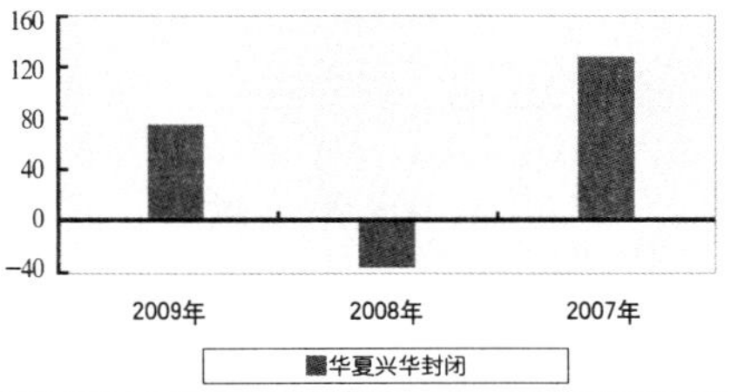

期末基金份额持有人户数	基金份额持有人户数为70,668户，平均每户持有28,301.35份。　（期末截至2009年12月31日）
期末基金份额持有人结构	机构投资者持有966,683,269份，占总份额48.33%；个人投资者持有1,033,316,731份，占总份额51.67%。

基金业绩表现

截至2009年12月31日，华夏兴华基金份额净值为1.7334元，全年份额净值增长率为75.50%；同期上证综指上涨79.98%，深证成指上涨111.24%。

基金经理

阳　琨先生：基金经理，北京大学MBA，15年证券从业经历。曾任宝盈基金管理有限公司基金经理助理，益民基金管理有限公司投资部部门经理，中国对外经济贸易信托投资公司财务部部门经理。2006年加入华夏基金管理有限公司，历任策略研究员；2007年6月起至今任兴华基金经理。

基金运作分析

2009年上半年，华夏兴华基金较早地提高股票投资比例，增强组合的进攻性，主要增持金融、地产、钢铁等周期类行业。在经历了8月份的市场调整后，该基金适度调升消费类行业的投资比重，整体组合由偏重于周期类行业转向相对均衡配置。

2010年对于股票投资者将是比较困难的一年。中长期来看，政策制定者如何处理好刺激政策退出与经济持续复苏之间的关系将是一项艰巨的挑战。该基金管理人预期未来一段时间内经济政策将以相机抉择为主基调，股票市场可能会呈现震荡走势，等待经济前景的进一步明朗。

季度投资组合一览

项目 / 季度	第一季度		第二季度		第三季度		第四季度	
基金资产净值	2,368,880,550.09元		2,926,488,879.02元		2,889,078,546.31元		3,466,846,305.53元	
基金份额	2,000,000,000.00份		2,000,000,000.00份		2,000,000,000.00份		2,000,000,000.00份	
基金份额净值	1.1844元		1.4632元		1.4445元		1.7334元	
基金资产组合	市值(元)	占总资产比(%)	市值(元)	占总资产比(%)	市值(元)	占总资产比(%)	市值(元)	占总资产比(%)
股票投资	1,188,565,448.83	49.66	2,291,951,199.25	77.50	2,218,797,480.61	68.57	2,657,163,885.77	71.30
债券投资	765,076,877.34	31.97	601,374,136.00	20.34	636,182,985.40	19.66	704,229,777.90	18.90
资产支持证券投资	——	——	——	——	——	——	——	——
金融衍生品投资	——	——	——	——	——	——	——	——
买入返售金融资产	——	——	——	——	——	——	——	——
银行存款和结算备付金	385,073,967.87	16.09	37,650,317.95	1.27	370,285,862.51	11.44	109,255,177.92	2.93
其他资产	54,632,799.39	2.28	26,266,961.99	0.89	10,342,599.60	0.32	256,183,558.70	6.87

投资前五名股票明细	股票名称	公允价值(元)	占净值比(%)	股票名称	公允价值(元)	占净值比(%)	股票名称	公允价值(元)	占净值比(%)	股票名称	公允价值(元)	占净值比(%)
	浦发银行	87,680,000.00	3.70	招商银行	162,533,522.43	5.55	中国平安	133,936,218.00	4.64	南京银行	149,864,840.55	4.32
	中国人寿	68,968,942.46	2.91	中国平安	130,660,460.40	4.46	南京银行	123,478,359.48	4.27	中国平安	145,533,456.60	4.20
	招商银行	47,790,000.00	2.02	南京银行	125,928,326.93	4.30	新湖中宝	98,924,344.20	3.42	中国联通	109,350,000.00	3.15
	哈药股份	34,382,550.96	1.45	新湖中宝	103,861,246.50	3.55	交通银行	98,542,908.73	3.41	招商银行	108,300,000.00	3.12
	中国神华	32,409,700.20	1.37	兴业银行	99,638,828.49	3.40	大商股份	95,363,790.70	3.30	交通银行	105,934,004.00	3.06

投资前五名债券明细	债券名称	公允价值(元)	占净值比(%)	债券名称	公允价值(元)	占净值比(%)	债券名称	公允价值(元)	占净值比(%)	债券名称	公允价值(元)	占净值比(%)
	20国债(4)	133,569,297.00	5.64	20国债(4)	197,754,644.00	6.76	20国债(4)	190,680,366.40	6.60	20国债(4)	192,221,568.00	5.54
	08央行票据73	116,148,000.00	4.90	08央行票据47	125,988,000.00	4.31	08央行票据47	124,416,000.00	4.31	21国债(10)	160,170,796.50	4.62
	02国债(3)	59,242,066.00	2.50	03国债(8)	70,980,000.00	2.43	21国债(10)	116,887,444.80	4.05	08央行票据47	123,492,000.00	3.56
	08国开16	53,265,000.00	2.25	21国债(12)	54,431,000.00	1.86	03国债(8)	60,232,972.00	2.08	03国债(8)	60,436,948.20	1.74
	07农发14	50,480,000.00	2.13	07农发14	50,175,000.00	1.71	06国开02	50,045,000.00	1.73	06国开02	50,055,000.00	1.44

兴和证券投资基金

基本资料

基金简称	华夏兴和封闭	交易代码	500018
风险收益特征	该基金属于中高风险的基金品种，其长期平均的预期收益和风险高于债券基金和混合基金。		
业绩比较基准	——		
合同生效日	1999年7月14日	基金总份额	30亿份
上市日期	1999年7月30日　地点　上交所	存续期	15年
基金管理人	华夏基金管理有限公司	基金托管人	中国建设银行
注册登记人	中国证券登记结算有限责任公司上海分公司		

财务指标　单位：人民币(元)；%

项目 \ 年度	2009年	2008年	2007年
本期利润	1,726,852,973.66	−3,206,446,204.56	5,421,619,449.44
本期加权平均净值利润率	46.91	−69.48	68.48
期末基金资产净值	4,362,255,323.38	2,635,402,349.72	9,468,848,554.55
期末基金份额净值	1.4541	0.8785	3.1563
本期份额净值增长率	65.52	−46.18	108.82
累计份额净值增长率	384.11	192.48	443.40
基金收益分配	——	10派12.090	10派5.160

成立来累计净值增长率与同期基准收益率历史走势对比图（%）

近三年净值增长率与同期基准收益率对比图（%）

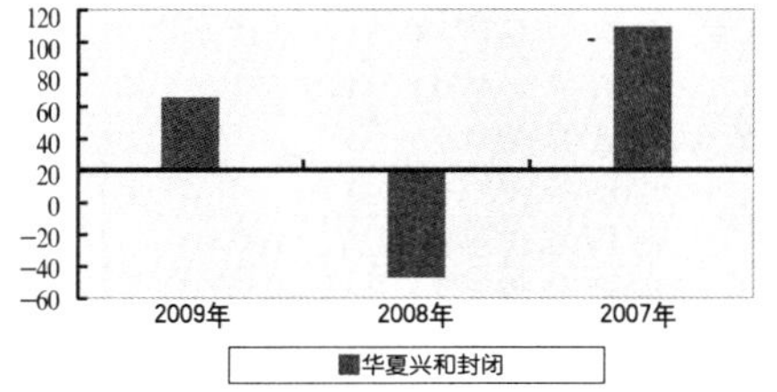

期末基金份额持有人户数	基金份额持有人户数为70,410户，平均每户持有42,607.58份。（期末截至2009年12月31日）
期末基金份额持有人结构	机构投资者持有1,888,951,958份，占总份额62.97%；个人投资者持有1,111,048,042份，占总份额37.03%。

基金业绩表现

截至2009年12月31日，华夏兴和基金份额净值为1.4541元，全年份额净值增长率为65.52%；同期上证综指上涨79.98%，深证成指上涨111.24%。

基金经理

阳　琨先生：基金经理，北京大学MBA，15年证券从业经历。曾任宝盈基金管理有限公司基金经理助理，益民基金管理有限公司投资部部门经理，中国对外经济贸易信托投资公司财务部部门经理。2006年加入华夏基金管理有限公司，历任策略研究员；2009年1月起至今任兴和基金经理。

基金运作分析

2009年上半年，华夏兴和基金较早地提高了积极投资部分的股票比例，增强了组合的进攻性，主要增持了金融、地产、钢铁等周期类行业。在经历了8月份的市场调整后，该基金适度调升了消费类行业的投资比重，整体组合由偏重于周期类行业转向相对均衡配置。

2010年对于股票投资者将是比较困难的一年。中长期来看，政策制定者如何处理好刺激政策退出与经济持续复苏之间的关系将是一项艰巨的挑战。该基金管理人预期未来一段时间内经济政策将以相机抉择为主基调，股票市场可能会呈现震荡走势，等待经济前景的进一步明朗。

季度投资组合一览

项目 \ 季度	第一季度		第二季度		第三季度		第四季度	
基金资产净值	3,185,500,727.51元		3,889,530,481.23元		3,750,986,382.07元		4,362,255,323.38元	
基金份额	3,000,000,000.00份		3,000,000,000.00份		3,000,000,000.00份		3,000,000,000.00份	
基金份额净值	1.0618元		1.2965元		1.2503元		1.4541元	
基金资产组合	市值(元)	占总资产比(%)	市值(元)	占总资产比(%)	市值(元)	占总资产比(%)	市值(元)	占总资产比(%)
股票投资	2,167,243,555.42	67.22	3,066,556,926.04	77.82	2,889,500,877.43	70.50	3,415,272,010.97	72.88
债券投资	665,559,135.08	20.64	796,421,593.80	20.21	800,986,810.30	19.54	900,101,928.20	19.21
资产支持证券投资	——	——	——	——	——	——	——	——
金融衍生品投资	——	——	——	——	——	——	——	——
买入返售金融资产	——	——	——	——	——	——	——	——
银行存款和结算备付金	356,393,540.74	11.05	41,003,107.54	1.04	391,465,762.79	9.55	225,594,198.43	4.81
其他资产	35,085,787.89	1.09	36,496,551.94	0.93	16,752,215.49	0.41	145,008,238.47	3.09

指数投资前五名股票明细	股票名称	公允价值(元)	占净值比(%)	股票名称	公允价值(元)	占净值比(%)	股票名称	公允价值(元)	占净值比(%)	股票名称	公允价值(元)	占净值比(%)
	招商银行	103,635,307.17	3.25	招商银行	145,792,042.29	3.75	招商银行	124,999,928.60	3.33	招商银行	152,655,528.50	3.50
	中国平安	59,570,552.94	1.87	中国平安	75,335,196.84	1.94	中国平安	77,223,907.80	2.06	中国平安	91,617,920.31	2.10
	万　科A	48,469,099.68	1.52	万　科A	74,635,389.00	1.92	民生银行	58,678,777.00	1.56	民生银行	68,864,855.50	1.58
	浦发银行	46,523,840.96	1.46	民生银行	68,951,916.00	1.77	浦发银行	58,388,265.45	1.56	浦发银行	64,449,947.97	1.48
	民生银行	44,226,734.00	1.39	浦发银行	68,401,927.26	1.76	中国神华	51,041,899.92	1.36	中国神华	58,540,150.04	1.34

投资前五名债券明细	债券名称	公允价值(元)	占净值比(%)	债券名称	公允价值(元)	占净值比(%)	债券名称	公允价值(元)	占净值比(%)	债券名称	公允价值(元)	占净值比(%)
	07国开20	202,300,000.00	6.35	07国开20	202,100,000.00	5.20	07国开20	201,000,000.00	5.36	07国开20	200,380,000.00	4.59
	08进出09	101,850,000.00	3.20	08央行票据47	125,988,000.00	3.24	08央行票据47	124,416,000.00	3.32	21国债(10)	160,075,666.80	3.67
	07农发14	100,960,000.00	3.17	07农发14	100,350,000.00	2.58	21国债(10)	115,898,893.60	3.09	08央行票据47	123,492,000.00	2.83
	08央行票据64	96,630,000.00	3.03	20国债(4)	80,225,526.00	2.06	02国债(3)	92,854,350.00	2.48	02国债(3)	95,967,616.40	2.20
	08央行票据110	48,835,000.00	1.53	02国债(3)	50,345,100.00	1.29	09贴债17	69,524,000.00	1.85	20国债(4)	71,373,456.00	1.64

华夏成长证券投资基金

基本资料					
基金简称	华夏成长混合	交易代码	000001(前端) 000002(后端)		
风险收益特征	该基金属于中高风险的基金品种，其长期平均的预期收益和风险高于债券基金和混合基金。				
业绩比较基准	——				
合同生效日	2001年12月18日	首募份额	32.37亿份	认购户数	55,212户
基金管理人	华夏基金管理有限公司	基金托管人	中国建设银行		
注册登记人	华夏基金管理有限公司				

成立来累计净值增长率与同期基准收益率历史走势对比图（%）

财务指标 单位：人民币(元)；%

项 目 / 年 度	2009年	2008年	2007年
本期利润	5,132,099,422.53	−6,053,622,410.46	8,580,282,590.22
本期加权平均净值利润率	47.18	−62.60	73.43
期末基金资产净值	11,762,587,070.08	6,922,473,047.59	12,768,966,995.07
期末基金份额净值	1.476	0.943	2.212
本期份额净值增长率	67.37	−44.02	130.73
累计份额净值增长率	408.14	203.61	442.37
基金收益分配	10派1.000	10派5.000	10派8.310

近三年净值增长率与同期基准收益率对比图（%）

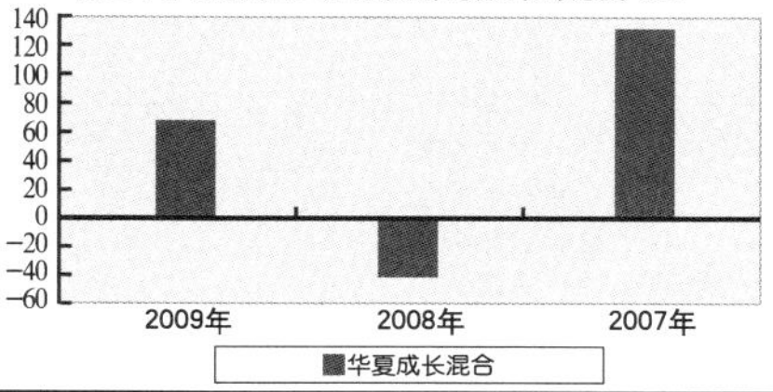

期末基金份额持有人户数	基金份额持有人户数为446,523户，平均每户持有17,842.43份。（期末截至2009年12月31日）
期末基金份额持有人结构	机构投资者持有691,045,257.86份，占总份额8.67%；个人投资者持有7,276,011,458.81份，占总份额91.33%。

基金业绩表现

截至2009年12月31日，华夏成长混合基金份额净值为1.476元，全年份额净值增长率为67.37%；同期上证综指上涨79.98%，深证成指上涨111.24%。

基金经理

童 汀先生：基金经理，中国人民银行总行研究生部经济学硕士。9年证券从业经历。曾任南方基金管理有限公司基金经理助理、策略研究员、行业研究员。2007年加入华夏基金管理有限公司，历任兴和基金经理(2007年4月至2009年1月)、华夏复兴股票基金经理(2007年9月至2009年1月)、华夏红利混合基金经理(2009年1月至2010年1月)；2010年1月起任华夏成长混合基金经理。

季度投资组合一览

基金运作分析

基于华夏成长混合基金2008年年报提出的"2009年股票市场将从过度悲观的状态中逐步回归至相对理性"的市场判断，该基金在2009年年初即大幅提高了股票仓位，并在全年保持高仓操作。在行业配置方面，对于地产、汽车等早周期行业的重点投资取得了较好的投资效果，但对高贝塔值的有色、煤炭配置不足也对组合绩效带来负面影响。

展望2010年，在经历了2009年的牛市以后，市场的长期估值已经回升到一个比较合理的水平，企业盈利继续改善，但国外经济、政策等变量的不明确性加大，市场将可能呈现结构分化的震荡格局。保持灵敏的政策嗅觉和市场反应，以一个开放学习的心态去捕捉不断出现的投资机会，合理匹配投资组合的预期风险与收益将有利于基金的长期稳健增值。

项 目 / 季 度	第一季度		第二季度		第三季度		第四季度	
基金资产净值	9,437,501,734.98元		12,071,988,503.30元		11,192,588,755.56元		11,762,587,070.08元	
基金份额	8,140,654,583.21份		8,506,319,900.04份		8,227,987,806.24份		7,967,056,716.67份	
基金份额净值	1.1590元		1.4190元		1.3600元		1.4760元	
基金资产组合	市值(元)	占总资产比(%)	市值(元)	占总资产比(%)	市值(元)	占总资产比(%)	市值(元)	占总资产比(%)
股票投资	7,302,723,305.01	75.20	9,570,791,496.21	78.44	8,264,382,856.23	72.87	8,879,969,571.84	73.04
债券投资	1,885,109,433.68	19.41	2,463,219,800.60	20.19	2,451,125,839.35	21.61	2,512,310,570.55	20.66
资产支持证券投资	——	——	——	——	——	——	——	——
金融衍生品投资	——	——	——	——	——	——	——	——
买入返售金融资产	——	——	——	——	——	——		
银行存款和结算备付金	302,433,394.05	3.11	97,104,629.78	0.80	580,364,731.14	5.12	175,224,407.99	1.44
其他资产	220,433,753.40	2.27	70,559,694.18	0.58	45,967,892.52	0.41	590,307,286.03	4.86

投资前五名股票明细	股票名称	公允价值(元)	占净值比(%)	股票名称	公允价值(元)	占净值比(%)	股票名称	公允价值(元)	占净值比(%)	股票名称	公允价值(元)	占净值比(%)
	张江高科	468,825,705.53	4.97	招商银行	596,753,559.36	4.94	交通银行	504,381,841.53	4.51	交通银行	462,563,302.85	3.93
	苏宁电器	345,467,830.60	3.66	交通银行	545,555,869.41	4.52	上海汽车	482,690,118.50	4.31	*ST伊利	432,573,440.40	3.68
	交通银行	308,637,948.83	3.27	浦发银行	464,075,764.54	3.84	张江高科	457,852,148.25	4.09	五 粮 液	417,480,632.50	3.55
	中华企业	258,875,778.53	2.74	张江高科	459,046,645.68	3.80	新湖中宝	439,199,859.78	3.92	兰花科创	325,483,424.28	2.77
	上海汽车	250,329,659.04	2.65	苏宁电器	445,287,454.66	3.69	兴业银行	434,587,010.11	3.88	东阿阿胶	305,183,653.45	2.59

投资前五名债券明细	债券名称	公允价值(元)	占净值比(%)	债券名称	公允价值(元)	占净值比(%)	债券名称	公允价值(元)	占净值比(%)	债券名称	公允价值(元)	占净值比(%)
	07央行票据82	206,600,000.00	2.19	20国债(4)	207,410,374.00	1.72	21国债(10)	284,424,266.00	2.54	21国债(10)	278,008,876.50	2.36
	07农发14	201,920,000.00	2.14	07央行票据82	204,920,000.00	1.70	02国债(3)	203,502,375.00	1.82	07央行票据82	202,340,000.00	1.72
	08农发04	201,840,000.00	2.14	08农发04	201,420,000.00	1.67	07央行票据82	203,320,000.00	1.82	05国开08	201,540,000.00	1.71
	08央行票据92	194,340,000.00	2.06	07农发14	200,700,000.00	1.66	08农发04	200,720,000.00	1.79	08农发04	200,300,000.00	1.70
	20国债(4)	162,562,531.50	1.72	08央行票据92	192,880,000.00	1.60	08国债24	200,000,000.00	1.79	21国债(12)	188,230,525.00	1.60

华夏债券投资基金

基本资料					
基金简称	华夏债券(A/B) 华夏债券(C)				
交易代码	001001(前端) 001002(后端) 001003(C)				
风险收益特征	该基金属于相对低风险的基金品种，其长期平均的风险和预期收益率低于股票基金和平衡型基金，高于货币市场基金。				
业绩比较基准	53%中信标普银行间债券指数+46%中信标普国债指数+1%中信标普企业债指数				
合同生效日	2002年10月23日	首募份额	51.33亿份	认购户数	71,229户
基金管理人	华夏基金管理有限公司	基金托管人	交通银行		
注册登记人	华夏基金管理有限公司				

成立来累计净值增长率与同期基准收益率历史走势对比图（%）

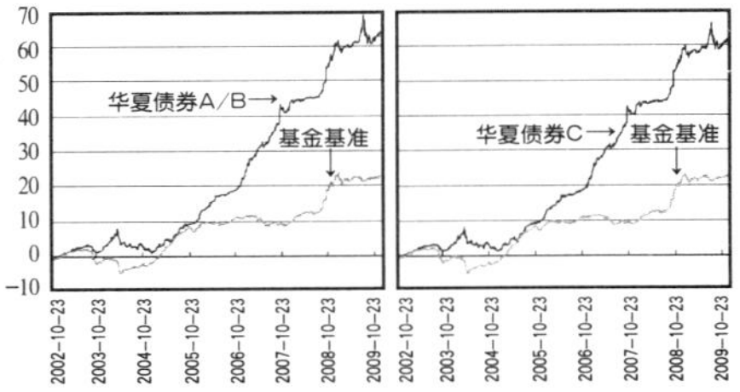

近三年净值增长率与同期基准收益率对比图（%）

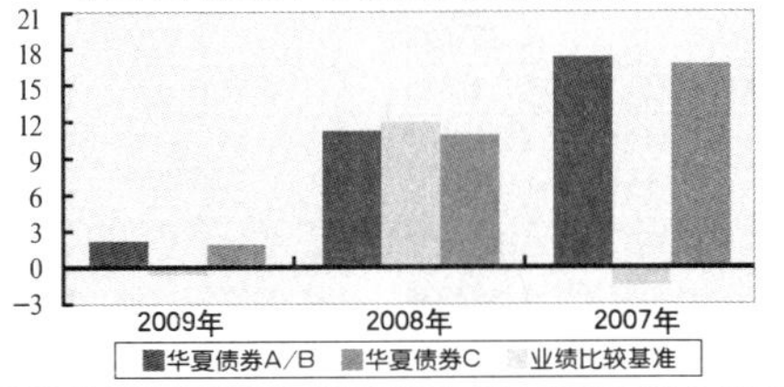

财务指标 单位：人民币(亿元)；%

项目 \ 年度	2009年度		2008年度		2007年度	
	A/B	C	A/B	C	A/B	C
本期利润	0.5227	0.2780	5.2320	4.8558	5.4751	1.2832
本期加权平均净值利润率	1.50	0.70	10.15	14.31	14.59	13.86
期末基金资产净值	20.3337	28.0272	49.3439	61.1173	50.3759	15.9150
期末基金份额净值	1.097元	1.081元	1.153元	1.141元	1.111元	1.104元
本期份额净值增长率	2.19	1.85	11.52	11.13	17.25	16.90
累计份额净值增长率	63.74	61.69	60.24	58.76	43.69	42.86
基金收益分配	10派0.800元		10派0.800元		10派1.000元	

期末基金份额持有人户数	A/B：基金份额持有人户数为51,764户，平均每户持有35,810.31份。 C：基金份额持有人户数为37,184户，平均每户持有69,698.94份。 (期末截至2009年12月31日)
期末基金份额持有人结构	A/B：机构投资者持有份额421,608,337.84份，占总份额22.74%；个人投资者持有份额1,432,076,555.51份，占总份额77.26%。 C：机构投资者持有份额1,140,483,325.73份，占总份额44.01%；个人投资者持有份额1,451,202,212.74份，占总份额55.99%。

基金业绩表现

截至2009年12月31日，华夏债券基金A/B份额净值为1.097元，全年净值增长率为2.19%；C类基金份额净值为1.081元，全年份额净值增长率为1.85%，同期业绩比较基准收益率为−0.18%，业绩表现优于基准。

基金经理

韩会永先生：基金经理、固定收益副总监，经济学硕士，10年证券从业经历。曾任职于招商银行北京分行。2000年加入华夏基金管理有限公司。历任研究发展部副总经理、基金经理助理、华夏现金增利基金经理；2004年2月起至今任华夏债券基金经理。

魏镇江先生：基金经理，北京大学经济学硕士。7年证券从业经历。曾任德邦证券有限责任公司债券研究员。2005年加入华夏基金管理有限公司，历任债券研究员；2010年2月起任华夏债券基金经理。

基金运作分析

2009年，随着经济刺激计划的实施和巨额信贷的投放，中国经济快速从国际金融危机的影响下恢复，通胀预期上升，债券收益率曲线表现为熊市变陡。下半年，信用债券发行增加，信用利差上升，投资机会增多。经济环境的改善使股市上涨较多，受其影响，可转债市场涨幅也较大，但由于供求不平衡，可转债市场波动性明显上升。

2009年，华夏债券基金保持较低的久期，增持了可转债和信用债券，参与了新股发行和部分新股的增发。

季度投资组合一览

项目 \ 季度	第一季度		第二季度		第三季度		第四季度	
	A/B	C	A/B	C	A/B	C	A/B	C
基金资产净值	40.4494亿元	46.3579亿元	35.3527亿元	35.2342亿元	31.3838亿元	32.7866亿元	20.3337亿元	28.0272亿元
基金份额	35.1481亿份	40.7299亿份	31.0037亿份	31.2719亿份	28.6492亿份	30.3269亿份	18.5368亿份	25.9169亿份
基金份额净值	1.151元	1.138元	1.140元	1.127元	1.095元	1.081元	1.097元	1.081元
基金资产组合	市值(元)	占总资产比(%)	市值(元)	占总资产比(%)	市值(元)	占总资产比(%)	市值(元)	占总资产比(%)
股票投资	——	——	252,511,682.78	3.54	179,981,197.79	2.78	261,290,359.64	4.41
债券投资	8,295,003,456.39	94.70	6,241,437,046.33	87.50	5,678,165,124.18	87.68	4,704,218,664.39	79.48
资产支持证券投资	46,725,095.35	0.53	26,692,225.21	0.37	17,322,603.29	0.27	17,322,603.29	0.29
金融衍生品投资	——	——	——	——	——	——	——	——
买入返售金融资产	——	——	——	——	——	——	——	——
银行存款和结算备付金	201,611,192.32	2.30	497,834,328.91	6.98	521,964,996.16	8.06	126,029,690.31	2.13
其他资产	216,365,336.66	2.47	114,522,801.79	1.61	78,385,502.01	1.21	809,727,608.15	13.68

投资前五名股票明细	股票名称	公允价值(元)	占净值比(%)	股票名称	公允价值(元)	占净值比(%)	股票名称	公允价值(元)	占净值比(%)	股票名称	公允价值(元)	占净值比(%)
	——			柳 工	112,403,915.52	1.59	中国建筑	123,313,795.36	1.92	中国建筑	97,591,895.28	2.02
				五洲交通	82,024,876.58	1.16	光大证券	27,591,831.76	0.43	光大证券	32,094,054.08	0.66
				恒源煤电	30,953,224.14	0.44	南山铝业	14,993,032.05	0.23	中国北车	28,391,003.05	0.59
				海马股份	19,764,564.54	0.28	四川成渝	2,868,106.06	0.04	中国重工	19,615,822.49	0.41
				赤天化	5,914,121.84	0.08	信 立 泰	1,589,144.00	0.02	平高电气	17,444,212.46	0.36

投资前五名债券明细	债券名称	公允价值(元)	占净值比(%)	债券名称	公允价值(元)	占净值比(%)	债券名称	公允价值(元)	占净值比(%)	债券名称	公允价值(元)	占净值比(%)
	08国开18	562,870,000.00	6.48	05中行02浮	411,271,000.00	5.83	05中行02浮	411,148,000.00	6.41	05中行02浮	410,656,000.00	8.49
	08央行票据47	530,350,000.00	6.11	09农发04	299,580,000.00	4.24	09农发04	299,310,000.00	4.66	21国债(10)	165,133,907.30	3.41
	08国开16	426,120,000.00	4.91	08国开18	251,000,000.00	3.56	新钢转债	201,647,304.00	3.14	新钢转债	155,465,400.00	3.21
	08农发16	421,480,000.00	4.86	08农发16	208,500,000.00	2.95	08国债24	200,020,000.00	3.12	06马钢债	148,749,795.00	3.08
	05中行02浮	406,392,000.00	4.68	08国开19	202,500,000.00	2.87	08国开18	197,300,000.00	3.07	21国债(12)	143,660,244.00	2.97

华夏回报证券投资基金

基本资料					
基金简称	华夏回报混合	交易代码	002001(前端) 002002(后端)		
风险收益特征	该基金属于中等风险的基金品种，其长期平均的预期收益和风险高于债券基金，低于股票基金。				
业绩比较基准	同期一年期定期存款利率				
合同生效日	2003年9月5日	首募份额	37.97亿份	认购户数	49,829户
基金管理人	华夏基金管理有限公司	基金托管人	中国银行		
注册登记人	华夏基金管理有限公司				

财务指标　　单位：人民币(元)；%

项 目 \ 年 度	2009年	2008年	2007年
本期利润	4,817,681,923.58	–4,678,196,734.01	4,321,655,238.45
本期加权平均净值利润率	32.14	–28.87	43.41
期末基金资产净值	14,352,515,385.12	13,991,999,835.81	20,439,568,010.65
期末基金份额净值	1.403	1.023	1.401
本期份额净值增长率	37.15	–24.52	122.13
累计份额净值增长率	463.73	311.04	444.54
基金收益分配	——	10派0.414	10派13.075

成立来累计净值增长率与同期基准收益率历史走势对比图（%）

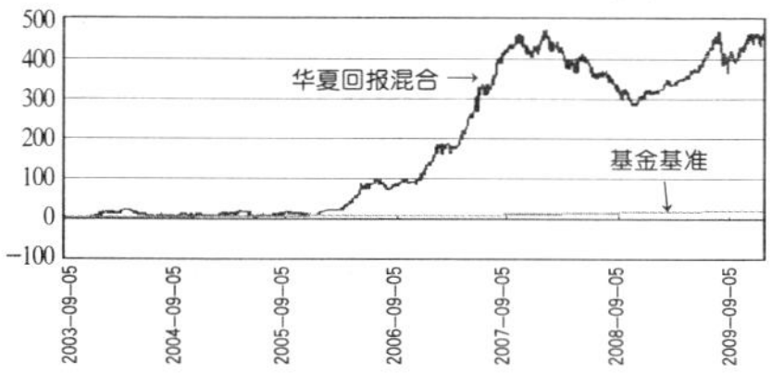

近三年净值增长率与同期基准收益率对比图（%）

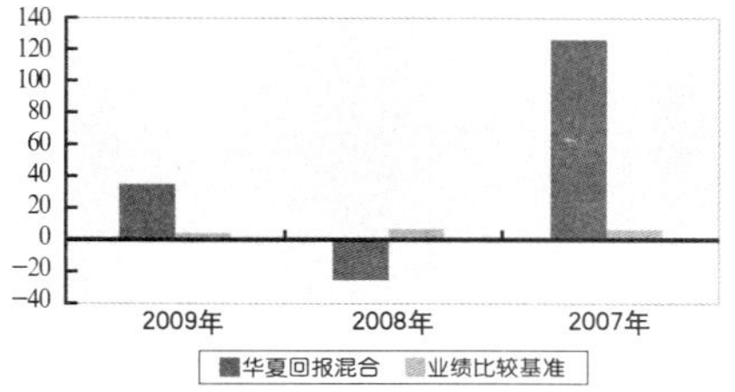

期末基金份额持有人户数	基金份额持有人户数为610,715户，平均每户持有16,749.27份。(期末截至2009年12月31日)
期末基金份额持有人结构	机构投资者持有610,436,273.80份，占总份额5.97%；个人投资者持有9,618,593,018.93份，占总份额94.03%。

基金业绩表现

截至2009年12月31日，华夏回报混合基金份额净值为1.403元，全年份额净值增长率为37.15%，同期业绩比较基准收益率为2.25%，业绩表现优于基准。

基金经理

胡建平先生：基金经理，硕士，12年证券从业经历。曾任鹏华基金管理有限公司基金经理、研究员，浙江天堂硅谷创业投资公司投资经理，原浙江证券投资经理、研究员。2007年4月加入华夏基金管理有限公司。2007年7月起至今任华夏回报混合基金经理。

基金运作分析

2009年上半年，华夏回报混合基金对市场的判断比较保守，没有及时意识到刺激政策对经济和市场的巨大作用，延误了大幅加仓的时机，没有充分分享市场上涨带来的收益，下半年该基金提高了股票仓位。

管理人认为，市场经过2007年大涨、2008年大跌和2009年的恢复性上涨之后，在宏观经济逐步平稳的情况下，指数大幅起落的概率大大减少。未来一段时间政策相机抉择的微调对投资人的预期会有持续的影响，但是整体上管理人仍然认为经济增速将会进入一个更加持续的区域，投资机会将逐步从寻找拐点和高弹性向持续增长过渡，以合适的价格买入持续增长的股票将是华夏回报混合基金未来一段时间的投资重点。

季度投资组合一览

项 目 \ 季 度	第一季度		第二季度		第三季度		第四季度	
基金资产净值	14,897,687,226.69元		16,072,645,478.19元		14,205,465,556.10元		14,352,515,385.12元	
基金份额	13,423,462,061.98份		12,640,998,426.10份		11,580,618,199.49份		10,229,029,292.73份	
基金份额净值	1.1100元		1.2710元		1.2270元		1.4030元	
基金资产组合	市值(元)	占总资产比(%)	市值(元)	占总资产比(%)	市值(元)	占总资产比(%)	市值(元)	占总资产比(%)
股票投资	4,603,785,108.10	30.36	9,271,743,185.32	56.92	9,961,549,183.43	69.63	10,846,536,665.21	74.97
债券投资	8,075,552,661.45	53.25	5,781,815,395.53	35.50	3,258,288,680.40	22.78	3,192,832,307.90	22.07
资产支持证券投资	——	——	——	——	——	——	——	——
金融衍生品投资	1,506,286.08	0.01	——	——	——	——	——	——
买入返售金融资产	——	——	——	——	——	——	——	——
银行存款和结算备付金	2,196,520,486.23	14.48	1,106,828,297.24	6.79	1,039,814,275.07	7.27	388,078,599.54	2.68
其他资产	286,955,164.01	1.89	128,532,977.31	0.79	46,279,530.09	0.32	40,448,302.87	0.28

	第一季度			第二季度			第三季度			第四季度		
投资前五名股票明细	股票名称	公允价值(元)	占净值比(%)	股票名称	公允价值(元)	占净值比(%)	股票名称	公允价值(元)	占净值比(%)	股票名称	公允价值(元)	占净值比(%)
	中国神华	477,852,731.10	3.21	工商银行	848,177,772.88	5.28	工商银行	1,074,539,254.68	7.56	工商银行	1,225,470,344.96	8.54
	深发展A	332,902,277.40	2.23	兴业银行	746,925,847.17	4.65	兴业银行	690,915,855.13	4.86	建设银行	680,252,990.25	4.74
	格力电器	265,117,901.22	1.78	中国平安	536,650,892.00	3.34	中国平安	661,971,850.80	4.66	兴业银行	673,420,593.33	4.69
	工商银行	252,185,003.24	1.69	建设银行	532,422,208.71	3.31	建设银行	613,216,750.50	4.32	交通银行	511,700,881.45	3.57
	兴业银行	249,126,708.54	1.67	万 科A	467,922,654.00	2.91	交通银行	455,878,967.11	3.21	中国平安	509,948,517.96	3.55
投资前五名债券明细	债券名称	公允价值(元)	占净值比(%)	债券名称	公允价值(元)	占净值比(%)	债券名称	公允价值(元)	占净值比(%)	债券名称	公允价值(元)	占净值比(%)
	08央行票据47	795,525,000.00	5.34	08央行票据47	619,441,000.00	3.85	07进出10	611,040,000.00	4.30	07进出10	607,560,000.00	4.23
	07进出10	621,360,000.00	4.17	07进出10	615,960,000.00	3.83	08农发04	501,800,000.00	3.53	08农发04	500,750,000.00	3.49
	08央行票据44	593,768,000.00	3.99	08央行票据44	524,750,000.00	3.26	07央行票据95	407,480,000.00	2.87	07央行票据95	405,400,000.00	2.82
	08央行票据49	539.560,000.00	3.62	08农发04	503,550,000.00	3.13	08央行票据17	186,138,000.00	1.31	09贴债25	368,890,000.00	2.57
	08农发04	504,600,000.00	3.39	08农发09	419,480,000.00	2.61	08国债24	180,000,000.00	1.27	09贴债22	298,080,000.00	2.08

华夏现金增利证券投资基金

基本资料

基金简称	华夏现金增利货币		交易代码	003003	
风险收益特征	该基金属于低风险的基金品种，其长期平均的风险和预期收益率低于股票基金、混合基金和债券基金。				
业绩比较基准	同期7天通知存款利率				
合同生效日	2004年4月7日	首募份额	64.26亿份	认购户数	89,983户
基金管理人	华夏基金管理有限公司		基金托管人	中国建设银行	
注册登记人	华夏基金管理有限公司				

财务指标 单位：人民币(元)；%

项目 \ 年度	2009年	2008年	2007年
本期利润	390,641,452.42	815,196,301.21	297,748,298.42
期末基金资产净值	14,123,273,565.83	37,295,412,545.09	11,286,195,792.67
期末基金份额净值	1.0000	1.0000	1.0000
本期份额净值收益率	1.7616	4.0683	3.5428
累计份额净值收益率	16.7366	14.7158	10.2312
基金收益分配	390,641,452.42	815,196,301.21	297,748,298.42

成立来累计净值收益率与同期基准收益率历史走势对比图（%）

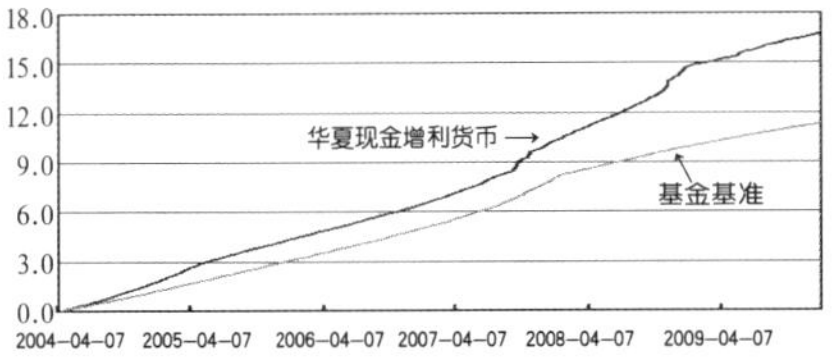

近三年净值收益率与同期基准收益率对比图（%）

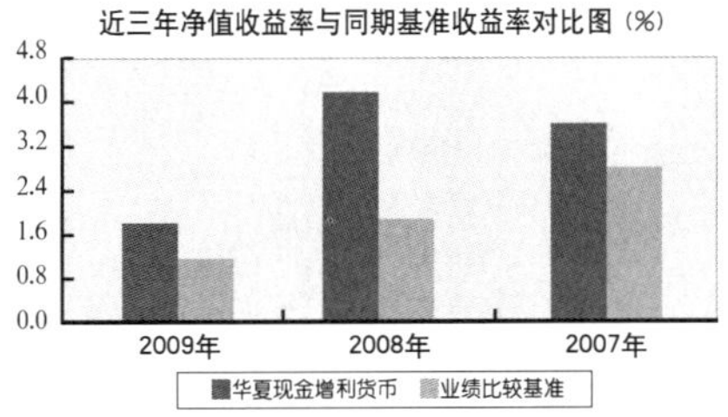

期末基金份额持有人户数	基金份额持有人户数为162,369户，平均每户持有86,982.57份。（期末截至2009年12月31日）
期末基金份额持有人结构	机构投资者持有4,280,888,438.02份，占总份额30.31%；个人投资者持有9,842,385,127.81份，占总份额69.69%。

基金业绩表现

2009年华夏现金增利货币基金全年净值收益率为1.7616%，同期业绩基准收益率为1.3500%；业绩表现优于基准。

基金经理

曲　波先生：基金经理，清华大学工商管理学硕士。7年证券从业经历。2003年加入华夏基金管理有限公司，历任交易管理部交易员、华夏现金增利基金经理助理；2008年1月起至今任华夏现金增利基金经理。

基金运作分析

2009年，为使国民经济尽快摆脱国际金融危机的影响，中国实行了宽松的货币政策。信贷增量创出历史天量，货币供应量增长创出十年来新高，资金面全年保持宽裕状态。受一年央票重新发行、CPI环比逐渐上升等因素影响，下半年利率水平有所上行，但全年来看，货币市场利率绝对水平较低。

2009年，华夏现金增利货币基金始终保持较低比例的央票、国债等利率产品的配置；通过加大浮动利率债券投资力度、维持一定比例的信用债券投资，有效规避了下半年货币市场利率逐步上升的风险；通过综合运用短期存款、融券回购等投资工具，取得了部分套利收益。

展望2010年，随着宏观经济的复苏，各种经济刺激政策可能逐步退出，2009年极度宽松的货币政策难以延续，预计在实质上将转向中性。资金面宽裕程度的下降，以及通货膨胀的重新抬头将使短端利率继续面临上行压力。市场不确定性加大，短期波动的频率和幅度预计比2009年更加频繁和剧烈。

季度投资组合一览

项目 \ 季度	第一季度		第二季度		第三季度		第四季度	
基金资产净值	26,840,818,251.72元		19,701,079,986.15元		15,934,165,161.87元		14,123,273,565.83元	
基金份额	26,840,818,251.72份		19,701,079,986.15份		15,934,165,161.87份		14,123,273,565.83份	
基金份额净值	1.0000元		1.0000元		1.0000元		1.0000元	
基金资产组合	市值(元)	占总资产比(%)	市值(元)	占总资产比(%)	市值(元)	占总资产比(%)	市值(元)	占总资产比(%)
股票投资	——	——	——	——	——	——	——	——
债券投资	23,274,393,245.19	85.19	13,269,259,593.19	57.19	11,522,680,884.16	69.52	12,522,353,234.49	76.78
资产支持证券投资	——	——	——	——	——	——	——	——
金融衍生品投资	——	——	——	——	——	——	——	——
买入返售金融资产	——	——	4,205,600,000.00	18.13	4,200,900,000.00	25.34	3,500,403,360.00	21.46
银行存款和结算备付金	3,604,942,388.82	13.20	3,089,688,600.30	13.32	794,804,977.98	4.80	233,366,741.06	1.43
其他资产	440,393,004.73	1.61	2,636,816,010.28	11.36	56,526,212.62	0.34	52,436,355.26	0.32

	第一季度			第二季度			第三季度			第四季度		
投资前五名股票明细	股票名称	公允价值(元)	占净值比(%)	股票名称	公允价值(元)	占净值比(%)	股票名称	公允价值(元)	占净值比(%)	股票名称	公允价值(元)	占净值比(%)
	——			——			——			——		
投资前五名债券明细	债券名称	公允价值(元)	占净值比(%)	债券名称	公允价值(元)	占净值比(%)	债券名称	公允价值(元)	占净值比(%)	债券名称	公允价值(元)	占净值比(%)
	08央行票据40	1,249,594,520.08	4.66	08央行票据92	968,708,627.47	4.92	09央行票据38	1,572,851,611.84	9.87	09央行票据36	1,580,408,949.87	11.19
	08电网CP02	1,111,763,111.48	4.14	08进出03	900,574,613.54	4.57	08进出03	898,256,538.21	5.64	09央行票据38	1,579,236,784.52	11.18
	08央行票据92	965,981,389.25	3.60	05中行02浮	849,969,562.40	4.31	09央行票据36	884,876,705.57	5.55	08进出03	968,934,158.40	6.86
	05中行02浮	906,898,189.22	3.38	08国电集CP01	474,171,418.94	2.41	05中行02浮	645,667,640.78	4.05	07农发17	650,847,914.46	4.61
	08电网CP03	903,347,030.67	3.37	07农发19	469,691,717.10	2.38	07农发13	539,882,845.93	3.39	05中行02浮	645,814,060.48	4.57

华夏大盘精选证券投资基金

基本资料

基金简称	华夏大盘精选混合	交易代码	000011（前端）/000012（后端）		
风险收益特征	该基金属于中等风险的基金品种，其长期平均的预期收益和风险高于债券基金和混合基金，低于成长型股票基金。				
业绩比较基准	新华富时中国A200指数×80%+新华富时中国国债指数×20%				
合同生效日	2004年8月11日	首募份额	19.28亿份	认购户数	21,340户
基金管理人	华夏基金管理有限公司	基金托管人	中国银行		
注册登记人	华夏基金管理有限公司				

财务指标　　单位：人民币（元）；%

项目＼年度	2009年	2008年	2007年
本期利润	3,449,482,701.42	-1,858,157,941.07	4,472,899,263.43
本期加权平均净值利润率	71.47	-45.31	101.59
期末基金资产净值	6,310,405,623.80	3,038,059,255.70	5,630,721,618.58
期末基金份额净值	9.975	4.687	7.311
本期份额净值增长率	116.19	-34.88	226.24
累计份额净值增长率	1070.11	441.23	731.09
基金收益分配	10派1.000	10派1.000	——

期末基金份额持有人户数	基金份额持有人户数为12,384户，平均每户持有51,081.73份。（期末截至2009年12月31日）
期末基金份额持有人结构	机构投资者持有347,839,852.15份，占总份额54.99%；个人投资者持有284,756,237.94份，占总份额45.01%。

成立来累计净值增长率与同期基准收益率历史走势对比图（%）

近三年净值增长率与同期基准收益率对比图（%）

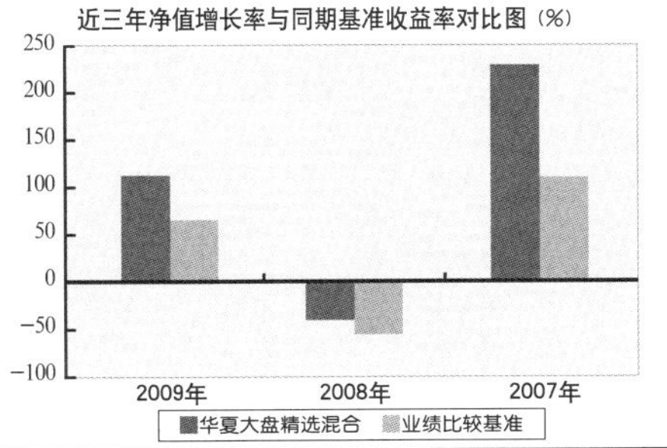

基金业绩表现

截至2009年12月31日，华夏大盘精选混合基金份额净值为9.975元，全年份额净值增长率为116.19%，同期业绩比较基准收益率为68.20%；业绩表现优于基准。

基金经理

王亚伟先生：基金经理、公司副总经理，经济学硕士。15年证券从业经历。曾任中信国际合作公司业务经理，华夏证券有限公司研究经理。1998年加入华夏基金管理有限公司，历任兴华基金经理助理、基金经理（1998年4月至2002年1月），华夏成长基金经理（2001年12月1至2005年4月）；2005年12月起至今任华夏大盘精选混合基金经理。

基金运作分析

2009年年初，华夏大盘精选混合基金谨慎布局，偏向防御，在经济复苏态势确立后，及时加大投资力度，并相应地调整组合结构，在煤炭、医药、房地产、券商等方面取得较好收益。为规避日益加剧的结构性风险，该基金在四季度大幅增加低估值的银行和交通运输行业的配置，减持采掘业和金属非金属行业。

2010年，市场面临的经济和政策环境非常复杂，华夏大盘精选混合基金对相关的投资机会持谨慎态度。

华夏大盘精选混合基金合同生效的5年来，累计实现了10倍的复合收益，这主要得益于中国经济的高速增长和股票市场的健康发展，也得益于基金管理人始终以持有人利益为重，秉承价值投资理念，以多元化的投资视角对多元化的投资机会进行积极挖掘，并务实灵活地管理基金。

季度投资组合一览

项目＼季度	第一季度		第二季度		第三季度		第四季度	
基金资产净值	4,134,699,283.62元		4,732,050,641.21元		4,985,694,839.75元		6,310,405,623.80元	
基金份额	640,348,806.98份		640,004,311.69份		636,714,343.91份		632,596,090.09份	
基金份额净值	6.4570元		7.3940元		7.8300元		9.9750元	
基金资产组合	市值(元)	占总资产比(%)	市值(元)	占总资产比(%)	市值(元)	占总资产比(%)	市值(元)	占总资产比(%)
股票投资	2,324,627,963.04	55.63	4,103,601,154.46	85.41	4,610,460,767.30	89.28	5,976,211,583.99	93.01
债券投资	41,976,979.50	1.00	131,991,466.00	2.75	264,030,337.20	5.11	285,755,903.20	4.45
资产支持证券投资	——	——	——	——	——	——	——	——
金融衍生品投资	——	——	——	——	——	——	——	——
买入返售金融资产	——	——	——	——	——	——	——	——
银行存款和结算备付金	1,743,163,758.55	41.72	565,165,168.45	11.76	285,666,475.77	5.53	103,899,356.71	1.62
其他资产	68,681,834.03	1.64	3,704,704.96	0.08	3,739,342.08	0.07	59,253,028.08	0.92

项目	第一季度			第二季度			第三季度			第四季度		
投资前五名股票明细	股票名称	公允价值(元)	占净值比(%)	股票名称	公允价值(元)	占净值比(%)	股票名称	公允价值(元)	占净值比(%)	股票名称	公允价值(元)	占净值比(%)
	恒生电子	216,928,835.78	5.25	国阳新能	425,210,653.56	8.99	国阳新能	356,200,000.00	7.14	工商银行	614,724,591.36	9.74
	吉林敖东	196,729,971.60	4.76	恒生电子	211,854,079.69	4.48	片仔癀	221,562,275.20	4.44	建设银行	610,623,215.37	9.68
	金牛能源	163,258,509.96	3.95	中国联通	150,925,666.36	3.19	中国联通	158,754,794.25	3.18	广汇股份	371,201,946.80	5.88
	中材国际	146,136,863.97	3.53	太行水泥	149,214,815.53	3.15	建设银行	156,379,399.56	3.14	片仔癀	263,105,878.93	4.17
	中国神华	124,231,588.20	3.00	中材国际	140,255,181.84	2.96	中材国际	154,711,701.30	3.10	中恒集团	214,577,006.28	3.40
投资前五名债券明细	债券名称	公允价值(元)	占净值比(%)	债券名称	公允价值(元)	占净值比(%)	债券名称	公允价值(元)	占净值比(%)	债券名称	公允价值(元)	占净值比(%)
	08央行票据35	31,773,000.00	0.77	20国债(4)	57,643,232.00	1.22	09央行票据44	206,367,000.00	4.14	09贴债25	119,640,000.00	1.90
	02国债(3)	10,203,979.50	0.25	08央行票据35	31,449,000.00	0.66	20国债(4)	37,206,321.60	0.75	09央行票据44	108,075,000.00	1.71
				99国债(8)	22,619,234.00	0.48	09央行票据46	19,652,000.00	0.39	20国债(4)	57,081,024.00	0.90
				02国债(3)	20,280,000.00	0.43	博汇转债	805,015.60	0.02	博汇转债	959,879.20	0.02

上证50交易型开放式指数证券投资基金

基本资料					
基金简称	华夏上证50ETF	交易代码	510050		
风险收益特征	该基金属于股票基金，其风险与收益高于混合基金、债券基金与货币市场基金。该基金为指数型基金，采用完全复制策略，跟踪上证50指数，是股票基金中风险较低、收益中等的品种。				
业绩比较基准	上证50指数				
合同生效日	2004年12月30日	首募份额	54.35亿份	认购户数	37,267户
基金管理人	华夏基金管理有限公司	基金托管人	中国工商银行		
注册登记人	中国证券登记结算有限责任公司				

成立来累计净值增长率与同期基准收益率历史走势对比图（%）

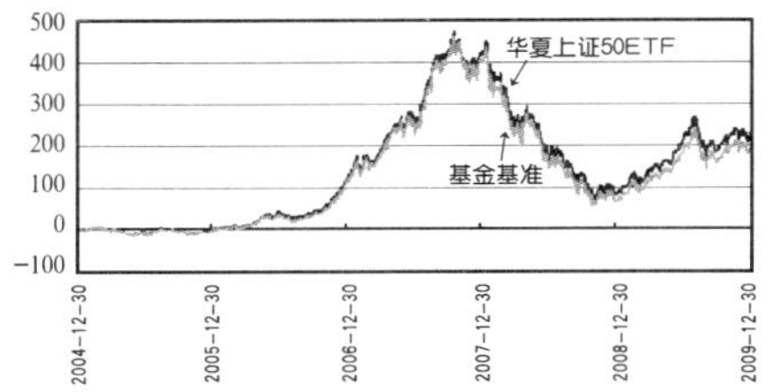

财务指标　单位：人民币（元）；%

项目 \ 年度	2009年	2008年	2007年
本期利润	10,039,563,543.71	−16,971,339,604.31	6,503,252,471.35
本期加权平均净值利润率	50.12	−97.63	79.25
期末基金资产净值	25,483,509,055.14	15,208,738,081.61	13,380,130,706.97
期末基金份额净值	2.552	1.390	4.157
本期份额净值增长率	83.60	−65.19	135.79
累计份额净值增长率	231.66	80.65	418.88
基金收益分配	——	10派0.600	——

近三年净值增长率与同期基准收益率对比图（%）

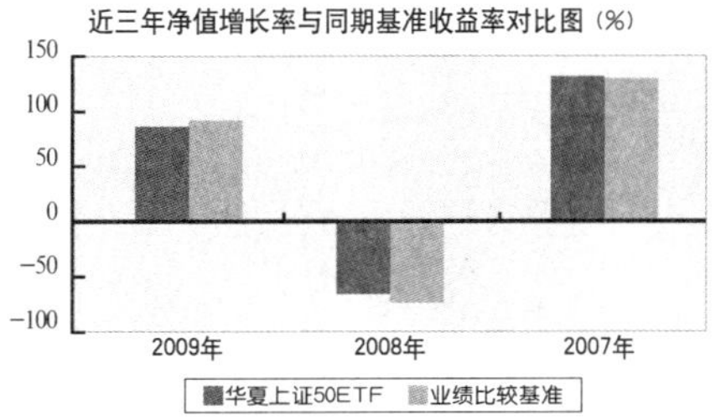

期末基金份额持有人户数	基金份额持有人户数为245,757户，平均每户持有40,627.80份。（期末截至2009年12月31日）
期末基金份额持有人结构	机构投资者持有5,562,304,399.00份，占总份额55.71%；个人投资者持有4,422,262,358.00份，占总份额44.29%。

基金业绩表现

截至2009年12月31日，华夏上证50ETF基金份额净值为2.552元，全年份额净值增长率为83.60%，同期上证50指数累计增长率为84.40%；该基金2009年累计跟踪偏离度为−0.80%。

基金经理

方　军先生：基金经理，硕士，11年证券从业经历。1999年加入华夏基金管理有限公司，历任研究员，华夏成长基金经理助理、兴华基金经理助理和华夏回报基金经理助理。2004年12月起至今任华夏上证50ETF基金经理。

基金运作分析

2009年上半年，宏观经济企稳回升，企业盈利向好，投资者信心逐渐恢复，A股市场在充裕的流动性和经济增长预期的共同推动下迅速上涨。进入8月份以来，投资者开始对国家收紧信贷政策和地产政策产生了一定的预期，IPO密集发行和再融资也对市场资金面形成一定压力，A股市场开始呈现振荡走势。

在投资操作上，华夏上证50ETF基金严格按照基金合同要求，在指数权重及成份股变动时，尽量降低成本、减少市场冲击，逐步调整组合至目标结构。

季度投资组合一览

项目 \ 季度	第一季度			第二季度			第三季度			第四季度		
基金资产净值	16,261,108,452.27元			20,715,522,077.92元			21,548,568,217.35元			25,483,509,055.14元		
基金份额	8,863,566,757.00份			8,708,566,757.00份			9,742,566,757.00份			9,984,566,757.00份		
基金份额净值	1.8350元			2.3790元			2.2120元			2.5520元		
基金资产组合	市值(元)		占总资产比(%)	市值(元)		占总资产比(%)	市值(元)		占总资产比(%)	市值(元)		占总资产比(%)
股票投资	15,996,380,929.06		97.93	20,472,656,448.70		98.29	20,803,843,403.19		96.42	25,255,350,462.54		98.96
债券投资	——		——	——		——	——		——	——		——
资产支持证券投资	——		——	——		——	——		——	——		——
金融衍生品投资	——		——	——		——	——		——	——		——
买入返售金融资产	——		——	——		——	——		——	——		——
银行存款和结算备付金	338,190,352.71		2.07	339,782,261.39		1.63	738,621,022.70		3.42	264,863,353.09		1.04
其他资产	186,130.89		0.00	16,369,092.76		0.08	32,983,775.30		0.15	1,351,548.07		0.01
投资前五名股票明细	股票名称	公允价值(元)	占净值比(%)	股票名称	公允价值(元)	占净值比(%)	股票名称	公允价值(元)	占净值比(%)	股票名称	公允价值(元)	占净值比(%)
	招商银行	1,296,381,950.37	7.97	招商银行	1,704,486,246.21	8.23	招商银行	1,536,685,068.94	7.13	招商银行	1,953,422,189.80	7.67
	中国平安	1,055,249,202.70	6.49	交通银行	1,294,153,097.94	6.25	中国平安	1,350,774,040.20	6.27	交通银行	1,634,704,510.45	6.41
	浦发银行	856,213,393.60	5.27	民生银行	1,288,924,346.16	6.22	交通银行	1,316,842,035.74	6.11	中国平安	1,491,803,705.28	5.85
	交通银行	793,116,149.59	4.88	中国平安	1,252,217,596.64	6.04	民生银行	1,140,367,378.02	5.29	民生银行	1,420,987,093.26	5.58
	民生银行	792,368,458.44	4.87	浦发银行	1,180,799,067.72	5.70	兴业银行	1,115,433,479.03	5.18	兴业银行	1,305,934,840.52	5.12
投资前五名债券明细	债券名称	公允价值(元)	占净值比(%)	债券名称	公允价值(元)	占净值比(%)	债券名称	市值(元)	占净值比(%)	债券名称	公允价值(元)	占净值比(%)
	——			——			——			——		

华夏红利混合型证券投资基金

基本资料					
基金简称	华夏红利混合	交易代码	002011(前端) 002012(后端)		
风险收益特征	该基金属于混合型基金，其风险高于债券基金和货币市场基金，低于股票基金。该基金主要投资于红利股，是中等风险的基金品种。				
业绩比较基准	新华富时150红利指数收益率×60%+新华富时中国国债指数收益率×40%				
合同生效日	2005年6月30日	首募份额	7.70亿份	认购户数	11,432户
基金管理人	华夏基金管理有限公司	基金托管人	中国建设银行		
注册登记人	华夏基金管理有限公司				

成立来累计净值增长率与同期基准收益率历史走势对比图（%）

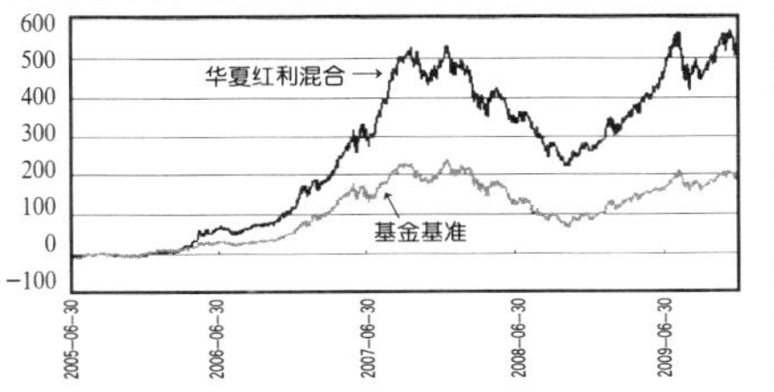

财务指标　单位：人民币(元)；%

项目 \ 年度	2009年	2008年	2007年
本期利润	13,944,233,852.55	−13,975,996,558.17	8,225,128,954.72
本期加权平均净值利润率	56.19	−52.78	61.67
期末基金资产净值	27,005,397,086.77	19,569,189,198.27	26,463,632,510.34
期末基金份额净值	3.445	1.921	3.128
本期份额净值增长率	79.33	−38.59	169.42
累计份额净值增长率	549.59	262.23	489.82
基金收益分配	——	——	——

近三年净值增长率与同期基准收益率对比图（%）

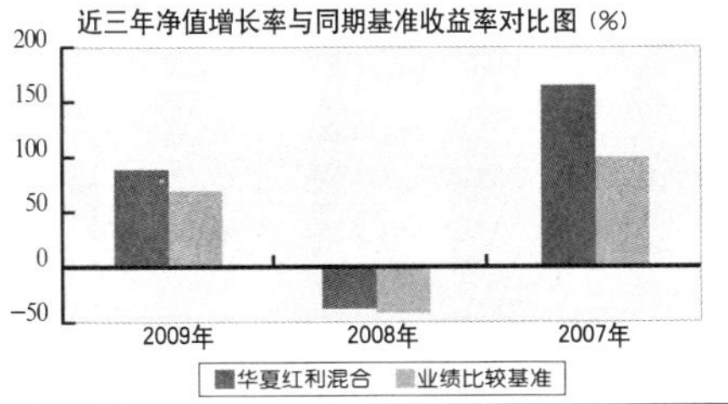

期末基金份额持有人户数	基金份额持有人户数为838,598户，平均每户持有9,348.82份。（期末截至2009年12月31日）
期末基金份额持有人结构	机构投资者持有898,592,263.50份，占总份额11.46%；个人投资者持有6,941,312,231.31份，占总份额88.54%。

基金业绩表现

2009年华夏红利混合基金全年份额净值增长率为79.33%，同期业绩基准收益率为60.32%；业绩表现优于基准。

基金经理

谭　琦先生：基金经理，工学硕士，7年证券从业经历。2003年加入华夏基金管理有限公司。历任行业研究员、行业研究主管、基金经理助理、华夏蓝筹核心混合(LOF)基金经理(2007年9月至2009年1月)；2009年1月至今任华夏红利混合基金经理。

郑　煜先生：基金经理、股票投资部副总经理，中国科技大学管理科学与工程学硕士，12年证券从业经历。曾任华夏证券高级分析师，大成基金高级分析师、投资经理，原中信基金股权投资部总监。2009年1月加入华夏基金管理有限公司；2010年1月起任华夏红利混合基金经理。

基金运作分析

2009年，"自上而下"对宏观经济以及宏观政策的预判成为华夏红利混合基金超额收益的重要来源。年初，该基金抛售了主题投资类的股票，大幅减持医药等防御性的股票及与内需相关性小的中游制造业股票，最大限度地增持了受益于内需复苏的地产、银行、钢铁等行业的股票，取得了良好的投资效果。该基金在二、三季度之交大幅度减持了地产与银行股，加大对钢铁股的投资，在7月份取得了较好的效果。

季度投资组合一览

项目 \ 季度	第一季度		第二季度		第三季度		第四季度	
基金资产净值	22,291,115,087.41元		26,502,345,851.77元		24,256,534,267.57元		27,005,397,086.77元	
基金份额	9,303,125,991.13份		8,878,531,769.57份		8,364,169,324.70份		7,839,904,494.81份	
基金份额净值	2.3960元		2.9850元		2.9000元		3.4450元	
基金资产组合	市值(元)	占总资产比(%)	市值(元)	占总资产比(%)	市值(元)	占总资产比(%)	市值(元)	占总资产比(%)
股票投资	16,009,097,388.78	71.09	23,953,919,983.52	89.34	18,800,033,157.47	76.73	24,703,212,585.31	90.48
债券投资	1,903,519,420.75	8.45	1,402,129,691.54	5.23	1,489,351,476.26	6.08	1,387,545,291.04	5.08
资产支持证券投资	——	——	——	——	——	——	——	——
金融衍生品投资	2,635,932.68	0.01	1,097,387.94	0.00	1,655,249.43	0.01	1,774,331.86	0.01
银行存款和结算备付金	4,469,884,457.23	19.85	1,334,621,027.65	4.98	4,177,493,483.02	17.05	992,421,945.58	3.64
其他资产	135,585,859.98	0.60	119,650,492.15	0.45	32,746,343.48	0.13	216,856,746.10	0.79

投资前五名股票明细	股票名称	公允价值(元)	占净值比(%)	股票名称	公允价值(元)	占净值比(%)	股票名称	公允价值(元)	占净值比(%)	股票名称	公允价值(元)	占净值比(%)
	中国平安	702,992,433.39	3.15	民生银行	1,350,363,857.04	5.10	南京银行	894,246,287.76	3.69	工商银行	1,059,366,821.12	3.92
	浦发银行	688,288,000.00	3.09	中国平安	1,328,720,098.94	5.01	北京银行	793,535,661.95	3.27	中国联通	857,860,620.66	3.18
	格力电器	530,833,096.08	2.38	工商银行	940,152,083.48	3.55	中国平安	766,715,870.70	3.16	招商银行	857,646,760.80	3.18
	哈药股份	465,947,567.64	2.09	南京银行	857,132,524.57	3.23	大秦铁路	519,279,666.48	2.14	南京银行	815,767,129.80	3.02
	招商银行	462,445,924.68	2.07	招商银行	817,762,391.19	3.09	交通银行	387,317,527.66	1.60	中国平安	765,983,920.52	2.84

投资前五名债券明细	债券名称	公允价值(元)	占净值比(%)	债券名称	公允价值(元)	占净值比(%)	债券名称	公允价值(元)	占净值比(%)	债券名称	公允价值(元)	占净值比(%)
	08央行票据95	972,300,000.00	4.36	08央行票据95	964,900,000.00	3.64	09央行票据35	996,700,000.00	4.11	09贴债22	546,480,000.00	2.02
	08兵器债	287,508,000.00	1.29	08兵器债	285,194,000.00	1.08	09央行票据41	199,340,000.00	0.82	09央行票据61	468,449,000.00	1.73
	08央行票据17	190,224,000.00	0.85	08万科G2	33,199,670.70	0.13	08兵器债	157,995,000.00	0.65	09央行票据42	127,738,000.00	0.47
	08进出02	100,210,000.00	0.45	08合肥建投债	30,996,000.00	0.12	09央行票据44	98,270,000.00	0.41	09央行票据38	98,280,000.00	0.36
	08万科G2	65,571,833.34	0.29	21国债(10)	28,461,640.00	0.11	09万业债	10,004,000.00	0.04	09央行票据44	98,250,000.00	0.36

中小企业板交易型开放式指数基金

基本资料					
基金简称	华夏中小板ETF	交易代码	159902		
风险收益特征	该基金属于股票基金，其风险与收益高于混合基金、债券基金与货币市场基金。该基金为指数型基金，采用完全复制策略，跟踪反映中小企业板市场的标的指数，是股票基金中风险较高的品种。				
业绩比较基准	中小企业板价格指数				
合同生效日	2006年6月8日	首募份额	39.66亿份	认购户数	89,049户
基金管理人	华夏基金管理有限公司	基金托管人	中国建设银行		
注册登记人	中国证券登记结算有限责任公司				

财务指标　单位：人民币（元）；%

项目＼年度	2009年	2008年	2007年
本期利润	1,795,965,303.49	−2,709,930,610.82	3,076,342,818.10
本期加权平均净值利润率	62.18	−81.61	90.04
期末基金资产净值	3,761,695,191.30	2,176,801,667.99	5,309,223,049.90
期末基金份额净值	2.636	1.410	2.976
本期份额净值增长率	94.19	−52.62	149.25
累计份额净值增长率	173.80	41.00	197.60
基金收益分配	10派1.000	——	——

成立来累计净值增长率与同期基准收益率历史走势对比图（%）

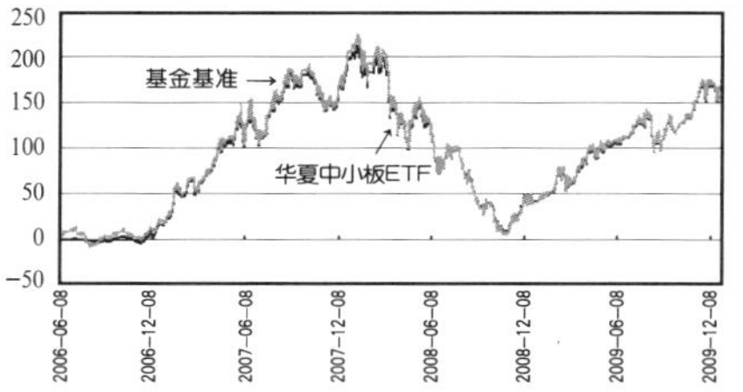

近三年净值增长率与同期基准收益率对比图（%）

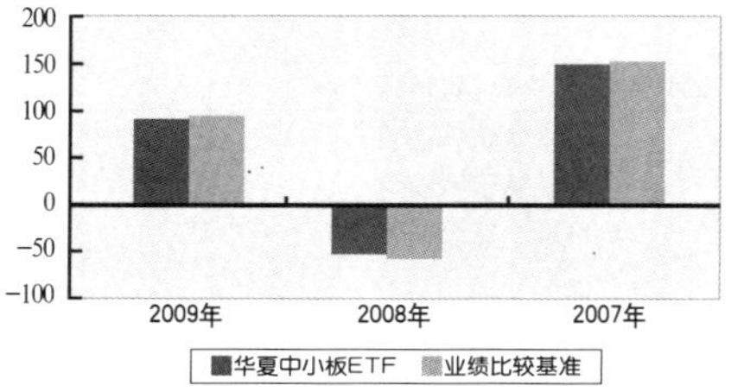

期末基金份额持有人户数	基金份额持有人户数为531,226户，平均每户持有2,686.08份。（期末截至2009年12月31日）
期末基金份额持有人结构	机构投资者持有197,032,087.60份，占总份额13.81%；个人投资者持有1,229,881,909.94份，占总份额86.19%。

基金业绩表现

截至2009年12月31日，华夏中小板ETF基金份额净值为2.636元，全年份额净值增长率为94.19%，同期中小企业板价格指数累计增长率为96.64%；该基金2009年累计跟踪偏离度为−2.45%。

基金经理

方　军先生：基金经理，硕士，11年证券从业经历。1999年加入华夏基金管理有限公司，历任研究员，华夏成长基金经理助理、兴华基金经理助理和华夏回报基金经理助理。2006年6月起至今任华夏中小板ETF基金经理。

基金运作分析

2009年，华夏中小板ETF基金的操作主要集中在指数结构的调整上，完成份股的定期调整以及限售股上市带来的结构调整。在操作上，该基金严格按照基金合同要求，尽量降低成本、减少市场冲击，紧密跟踪中小板指。

展望2010年，该管理人认为未来市场的主要驱动因素可能从资金推动转为业绩推动。同时，随着股指期货、融资融券等创新业务的推出，境内证券市场的深度和广度将得到拓展并将显著提高市场效率，这将有利于指数投资乃至整个证券市场的长期发展，也会对市场结构产生深远影响。因此，未来市场呈现宽幅振荡走势的可能性较大，整体投资机会可能较少，结构性机会可能相对较多。

季度投资组合一览

项目＼季度	第一季度		第二季度		第三季度		第四季度	
基金资产净值	2,474,407,154.78元		2,526,144,431.82元		3,246,575,868.43元		3,761,695,191.30元	
基金份额	1,368,325,254.33份		1,186,190,139.75份		1,492,882,061.66份		1,426,913,997.54份	
基金份额净值	1.8080元		2.1300元		2.1750元		2.6360元	
基金资产组合	市值(元)	占总资产比(%)	市值(元)	占总资产比(%)	市值(元)	占总资产比(%)	市值(元)	占总资产比(%)
股票投资	2,439,232,237.77	98.13	2,465,084,280.78	97.07	3,114,032,364.80	94.97	3,695,383,840.72	97.82
债券投资	——	——	——	——	——	——	——	——
资产支持证券投资	——	——	——	——	——	——	——	——
金融衍生品投资	——	——	——	——	——	——	——	——
买入返售金融资产	——	——	——	——	——	——	——	——
银行存款和结算备付金	43,868,336.95	1.76	67,211,619.25	2.65	163,890,502.19	5.00	81,913,242.31	2.17
其他资产	2,662,421.90	0.11	7,263,539.49	0.29	1,038,964.63	0.03	492,781.29	0.01

项目	股票名称	公允价值(元)	占净值比(%)	股票名称	公允价值(元)	占净值比(%)	股票名称	公允价值(元)	占净值比(%)	股票名称	公允价值(元)	占净值比(%)
前五名股票明细指数投资	苏宁电器	403,286,799.95	16.30	苏宁电器	456,223,314.64	18.06	苏宁电器	529,063,742.13	16.30	苏宁电器	582,482,081.22	15.48
	金风科技	152,512,063.55	6.16	金风科技	145,301,590.80	5.75	宁波银行	171,091,652.22	5.27	宁波银行	203,491,847.46	5.41
	宁波银行	119,365,272.00	4.82	宁波银行	138,163,879.12	5.47	金风科技	148,289,045.35	4.57	金风科技	167,483,136.04	4.45
	华兰生物	72,858,891.90	2.94	华兰生物	73,269,958.98	2.90	华兰生物	95,592,952.00	2.94	华兰生物	100,411,396.92	2.67
	科华生物	66,898,524.96	2.70	科华生物	61,050,551.85	2.42	辰州矿业	80,120,348.28	2.47	辰州矿业	84,215,849.66	2.24
前五名股票明细积极投资	——			粤传媒	15,268,849.66	0.60	——			——		
				绿大地	8,535,200.00	0.34						
				黔源电力	8,470,000.00	0.34						
				中航光电	8,217,994.32	0.33						
				华天科技	7,715,807.10	0.31						

华夏平稳增长混合型证券投资基金

基本资料			
基金简称	华夏稳增混合	交易代码	519028
风险收益特征	该基金为混合型基金，其风险高于债券基金和货币市场基金，低于股票基金。		
业绩比较基准	新华富时600指数收益率×50%+新华巴克莱资本中国全债指数收益率×50%		
合同生效日	2006年8月9日	募集规模 18.46亿份	申购户数 53,532户
基金管理人	华夏基金管理有限公司	基金托管人	中国农业银行
注册登记人	中国证券登记结算有限责任公司		

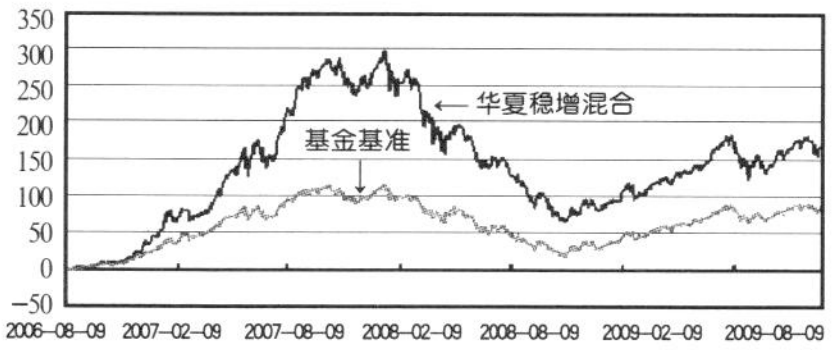

财务指标　单位：人民币（元）；%

项目 \ 年度	2009年	2008年	2007年
本期利润	2,849,985,232.54	-8,292,833,183.60	5,754,426,467.14
本期加权平均净值利润率	39.99	-77.72	72.54
期末基金资产净值	6,710,201,286.28	6,515,028,633.82	15,155,626,221.52
期末基金份额净值	1.622	1.088	2.243
本期份额净值增长率	49.08	-51.49	156.96
累计份额净值增长率	169.18	80.56	272.23
基金收益分配	——	——	10派5.450

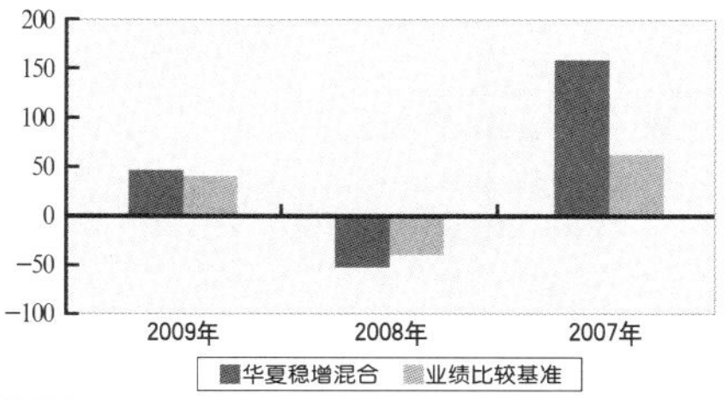

期末基金份额持有人户数	基金份额持有人户数为302,992户，平均每户持有13,650.17份。（期末截至2009年12月31日）
期末基金份额持有人结构	机构投资者持有304,537,934.24份，占总份额7.36%；个人投资者持有3,831,355,341.36份，占总份额92.64%。

基金业绩表现

截至2009年12月31日，华夏稳增混合基金份额净值为1.622元，全年份额净值增长率为49.08%，同期业绩比较基准收益率为43.19%；业绩表现优于基准。

基金经理

严鸿宴先生：基金经理，北京大学管理学硕士，9年证券从业经历。曾任中国工商银行总行计划财务部主任科员，大鹏证券有限责任公司研究员，渤海证券有限责任公司投资经理，上汽集团财务公司投资部经理。2008年加入华夏基金管理有限公司，历任机构投资经理；2010年2月起任华夏平稳增长混合基金经理。

基金运作分析

2009年，在经历了2008年度世界金融危机所导致的单边巨幅下跌后，中国证券市场在宏观经济和上市公司基本面好转的支持下连续上涨7个月，经过8、9月份的震荡调整后再次走高，全年上证综指涨幅近80%。

2009年，华夏稳增混合基金在战略性持仓节能减排新能源板块的基础上，上半年对煤炭、券商、钢铁、机械、化工、有色、航运、汽车等强周期行业进行了积极的轮动操作，而在市场出现快速上涨的7月和11月，及时降低组合仓位，增持了医药、旅游、商业、化工行业的优秀上市公司，规避了基金净值在指数震荡期间的大幅波动。

季度投资组合一览

项目 \ 季度	第一季度		第二季度		第三季度		第四季度	
基金资产净值	7,104,086,518.36元		7,543,100,305.21元		6,499,684,856.29元		6,710,201,286.28元	
基金份额	5,430,618,410.07份		5,035,534,725.38份		4,610,431,141.94份		4,135,893,275.60份	
基金份额净值	1.3080元		1.4980元		1.4100元		1.6220元	
基金资产组合	市值(元)	占总资产比(%)	市值(元)	占总资产比(%)	市值(元)	占总资产比(%)	市值(元)	占总资产比(%)
股票投资	3,776,155,167.53	52.42	5,870,760,698.41	75.88	5,015,752,065.49	75.05	4,349,639,055.57	61.14
债券投资	2,044,017,023.68	28.37	904,915,177.35	11.70	845,875,490.55	12.66	1,061,241,436.27	14.92
资产支持证券投资	——	——	——	——	——	——	——	——
金融衍生品投资	——	——	——	——	2,133,542.39	0.03	——	——
买入返售金融资产	——	——	——	——	——	——	——	——
银行存款和结算备付金	1,108,390,856.46	15.39	904,117,503.42	11.69	726,115,580.20	10.86	1,680,135,421.18	23.62
其他资产	275,714,321.20	3.83	57,374,643.34	0.74	93,576,566.16	1.40	22,868,629.10	0.32

投资前五名股票明细	股票名称	公允价值(元)	占净值比(%)	股票名称	公允价值(元)	占净值比(%)	股票名称	公允价值(元)	占净值比(%)	股票名称	公允价值(元)	占净值比(%)
	中国平安	351,990,000.00	4.95	中国平安	463,642,986.00	6.15	建设银行	368,280,000.00	5.67	川投能源	218,120,542.20	3.25
	武钢股份	279,298,809.30	3.93	唐钢股份	341,591,026.94	4.53	中国平安	288,990,000.00	4.45	广汇股份	206,257,506.20	3.07
	海通证券	233,894,000.00	3.29	浦发银行	322,300,464.78	4.27	万　科A	281,340,000.00	4.33	西南合成	190,223,500.74	2.83
	吉林敖东	176,280,000.00	2.48	万　科A	306,004,296.75	4.06	唐钢股份	226,320,000.00	3.48	赣粤高速	182,490,000.00	2.72
	万　科A	115,920,000.00	1.63	建设银行	298,511,290.80	3.96	金风科技	225,843,257.97	3.47	深发展A	163,520,628.55	2.44

投资前五名债券明细	债券名称	公允价值(元)	占净值比(%)	债券名称	公允价值(元)	占净值比(%)	债券名称	公允价值(元)	占净值比(%)	债券名称	公允价值(元)	占净值比(%)
	08国开18	409,360,000.00	5.76	08农发14	190,206,000.00	2.52	08农发14	187,884,000.00	2.89	08农发14	186,318,000.00	2.78
	08进出02	220,462,000.00	3.10	20国债(4)	164,424,306.00	2.18	20国债(4)	112,455,050.50	1.73	09国开18	149,985,000.00	2.24
	08进出09	203,700,000.00	2.87	21国债(10)	102,380,000.00	1.36	21国债(10)	103,787,600.00	1.60	09央行票据53	139,538,000.00	2.08
	08农发10	200,980,000.00	2.83	08央行票据114	97,320,000.00	1.29	08央行票据114	96,740,000.00	1.49	20国债(4)	111,580,560.00	1.66
	08农发14	192,528,000.00	2.71	08万科G2	68,188,683.15	0.90	08万科G2	66,738,530.85	1.03	09央行票据57	99,670,000.00	1.49

华夏回报二号证券投资基金

基本资料					
基金简称	华夏回报二号混合	交易代码	002021		
风险收益特征	该基金为混合型基金，其风险高于债券基金和货币市场基金，低于股票基金。该基金以绝对回报为目标，预期风险较低。				
业绩比较基准	同期一年期定期存款利率				
合同生效日	2006年8月14日	首募份额	63.27亿份	认购户数	153,494户
基金管理人	华夏基金管理有限公司	基金托管人	中国银行		
注册登记人	华夏基金管理有限公司				

财务指标　单位：人民币（元）；%

项 目 \ 年 度	2009年	2008年	2007年
本期利润	2,586,766,575.21	−3,497,276,918.80	5,574,006,982.93
本期加权平均净值利润率	32.38	−40.99	69.71
期末基金资产净值	8,312,934,042.16	6,917,196,443.41	11,371,459,779.17
期末基金份额净值	1.142	0.824	1.242
本期份额净值增长率	38.59	−31.47	113.61
累计份额净值增长率	182.40	103.77	197.35
基金收益分配	——	10派0.414	10派12.465

成立来累计净值增长率与同期基准收益率历史走势对比图（%）

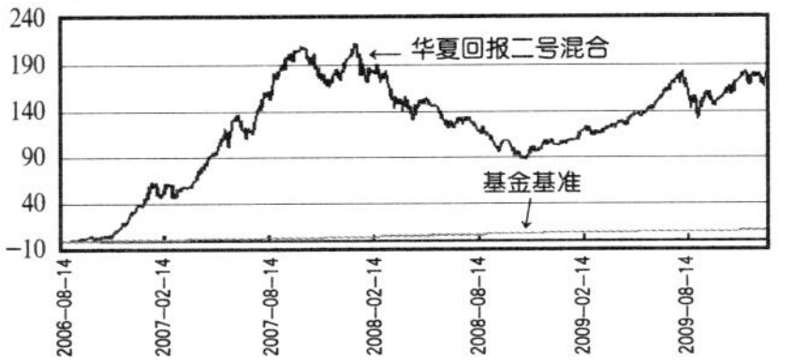

近三年净值增长率与同期基准收益率对比图（%）

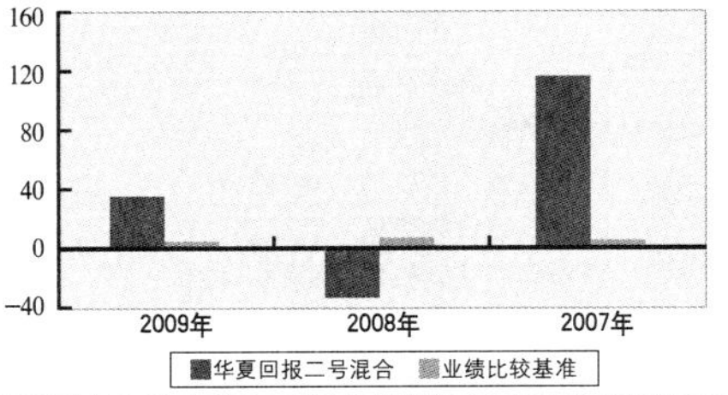

期末基金份额持有人户数	基金份额持有人户数为284,038户，平均每户持有25,632.27份。（期末截至2009年12月31日）
期末基金份额持有人结构	机构投资者持有948,216,919.97份，占总份额13.02%；个人投资者持有6,332,322,289.27份，占总份额86.98%。

基金业绩表现

截至2009年12月31日，华夏回报二号混合基金份额净值为1.142元，全年净值增长率为38.59%，同期业绩比较基准收益率为2.25%；业绩表现优于基准。

基金经理

胡建平先生：基金经理，硕士，12年证券从业经历。曾任鹏华基金管理有限公司基金经理、研究员，浙江天堂硅谷创业投资公司投资经理，原浙江证券投资经理、研究员。2007年4月加入华夏基金管理有限公司。2007年7月起至今任华夏回报二号混合基金经理。

基金运作分析

2009年上半年，华夏回报二号混合基金对市场的判断比较保守，没有及时意识到刺激政策对经济和市场的巨大作用，延误大幅加仓的时机，没有充分分享市场上涨带来的收益，下半年该基金提高股票仓位。

管理人认为，市场经过2007年大涨、2008年大跌和2009年的恢复性上涨之后，在宏观经济逐步平稳的情况下，指数大幅起落的概率大大减少。未来一段时间政策相机抉择的微调对投资人的预期会有持续的影响，但整体上管理人仍然认为经济增速将会进入一个更加持续的区域，投资机会将逐步从寻找拐点和高弹性向持续增长过渡，以合适的价格买入持续增长的股票将是华夏回报二号混合基金未来一段时间的投资重点。

季度投资组合一览

项 目 \ 季 度	第一季度		第二季度		第三季度		第四季度	
基金资产净值	7,441,381,478.93元		8,698,214,233.95元		7,865,065,482.43元		8,312,934,042.16元	
基金份额	8,247,148,477.32份		8,402,778,490.18份		7,872,320,093.08份		7,280,539,209.24份	
基金份额净值	0.9020元		1.0350元		0.9990元		1.1420元	
基金资产组合	市值(元)	占总资产比(%)	市值(元)	占总资产比(%)	市值(元)	占总资产比(%)	市值(元)	占总资产比(%)
股票投资	2,408,157,579.56	31.75	4,974,840,011.68	56.25	5,475,175,153.00	69.01	6,110,930,565.43	72.91
债券投资	4,008,365,711.40	52.85	3,129,506,652.00	35.39	1,707,157,219.60	21.52	1,850,545,968.60	22.08
资产支持证券投资	——	——	——	——	——	——	——	——
金融衍生品投资	8,037,840.40	0.11	680,591.52	0.01	——	——	——	——
买入返售金融资产	——	——	——	——	——	——	——	——
银行存款和结算备付金	1,011,938,388.15	13.34	696,689,219.56	7.88	717,610,211.26	9.04	391,275,956.23	4.67
其他资产	147,864,024.36	1.95	42,388,425.58	0.48	34,345,203.68	0.43	29,068,471.23	0.35

投资前五名股票明细	股票名称	公允价值(元)	占净值比(%)	股票名称	公允价值(元)	占净值比(%)	股票名称	公允价值(元)	占净值比(%)	股票名称	公允价值(元)	占净值比(%)
	中国神华	257,002,029.90	3.45	工商银行	556,055,940.74	6.39	工商银行	609,669,665.19	7.75	工商银行	695,304,607.68	8.36
	深发展A	155,756,897.06	2.09	兴业银行	371,737,772.46	4.27	建设银行	427,895,464.50	5.44	建设银行	474,672,567.25	5.71
	工商银行	128,379,998.64	1.73	建设银行	327,331,163.25	3.76	兴业银行	344,562,914.94	4.38	兴业银行	369,359,038.53	4.44
	格力电器	124,587,978.03	1.67	中国平安	267,573,654.00	3.08	中国平安	330,430,912.50	4.20	中国平安	292,934,188.75	3.52
	兴业银行	118,345,828.02	1.59	万　科A	233,707,500.00	2.69	交通银行	233,583,470.89	2.97	交通银行	262,185,528.55	3.15

投资前五名债券明细	债券名称	公允价值(元)	占净值比(%)	债券名称	公允价值(元)	占净值比(%)	债券名称	公允价值(元)	占净值比(%)	债券名称	公允价值(元)	占净值比(%)
	08央行票据50	636,600,000.00	8.55	08央行票据50	630,120,000.00	7.24	08央行票据50	622,200,000.00	7.91	08央行票据50	411,720,000.00	4.95
	08央行票据47	636,420,000.00	8.55	08央行票据47	629,940,000.00	7.24	08央行票据44	393,870,000.00	5.01	06国开08	301,050,000.00	3.62
	08央行票据44	318,090,000.00	4.27	08央行票据44	482,770,000.00	5.55	06国开08	301,140,000.00	3.83	08农发04	200,300,000.00	2.41
	06国开08	300,810,000.00	4.04	06国开08	301,290,000.00	3.46	08农发04	200,720,000.00	2.55	09贴债22	198,720,000.00	2.39
	08农发09	212,000,000.00	2.85	08农发09	209,740,000.00	2.41	08国开16	73,451,000.00	0.93	08央行票据44	174,896,000.00	2.10

华夏优势增长股票型证券投资基金

基本资料

基金简称	华夏优势增长股票	交易代码	000021		
风险收益特征	该基金为股票基金，其风险高于货币市场基金、债券基金和混合基金，属于较高风险、较高收益的品种。				
业绩比较基准	新华富时600指数收益率×80%+新华巴克莱资本中国全债指数收益率×20%				
合同生效日	2006年11月24日	首募份额	141.02亿份	认购户数	373,826户
基金管理人	华夏基金管理有限公司	基金托管人	中国建设银行		
注册登记人	华夏基金管理有限公司				

成立来累计净值增长率与同期基准收益率历史走势对比图（%）

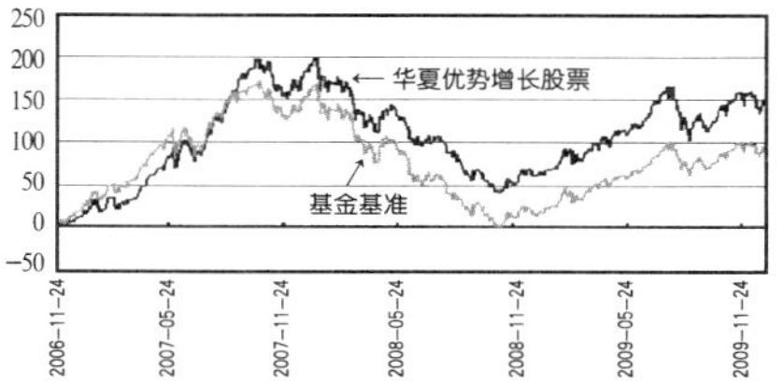

财务指标　　单位：人民币（元）；%

项目＼年度	2009年	2008年	2007年
本期利润	7,013,812,084.11	−11,264,173,002.20	13,218,113,479.33
本期加权平均净值利润率	43.94	−61.20	75.88
期末基金资产净值	16,508,347,438.12	12,680,119,207.12	27,079,336,300.78
期末基金份额净值	2.282	1.453	2.569
本期份额净值增长率	57.05	−43.44	153.66
累计份额净值增长率	151.69	60.25	183.34
基金收益分配	——	——	10派1.200

近三年净值增长率与同期基准收益率对比图（%）

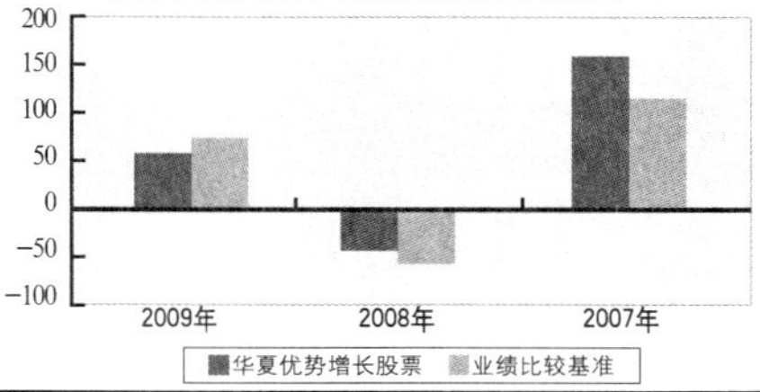

期末基金份额持有人户数	基金份额持有人户数为435,032户，平均每户持有16,627.81份。（期末截至2009年12月31日）
期末基金份额持有人结构	机构投资者持有439,230,742.81份，占总份额6.07%；个人投资者持有6,794,397,047.79份，占总份额93.93%。

基金业绩表现

截至2009年12月31日，华夏优势增长股票基金份额净值为2.282元，全年份额净值增长率为57.05%，同期业绩基准收益率为73.43%。

基金经理

刘文动先生：基金经理、投资总监，硕士，13年证券从业经历。曾任鹏华基金管理有限公司投资总部副总经理兼机构理财部总监，平安保险集团投资管理中心组合经理助理、平安证券有限责任公司研究员。2006年加入华夏基金管理有限公司，历任兴安基金经理（2006年5月至2007年11月）、兴华基金经理（2007年2月至2008年2月）；2009年7月起至今任华夏优势增长股票基金经理。

巩怀志先生：基金经理、股票投资部副总经理，清华大学MBA，9年证券从业经历。曾任鹏华基金管理有限公司基金经理助理、社保股票组合基金经理。2005年加入华夏基金管理有限公司。历任华夏蓝筹核心混合（LOF）基金经理（2007年5月至2009年1月）、华夏成长基金经理（2005年10月至2010年1月）；2010年1月起任华夏优势增长股票基金经理。

基金运作分析

2009年，在投资操作上，华夏优势增长股票基金全年均坚持高股票仓位的投资策略，重点配置了金融、房地产、煤炭、钢铁等显著受益于经济复苏的行业，并"自下而上"地对新能源、信息技术等行业进行阶段性投资，较好地分享了经济复苏和股市上涨的好处。但是，由于对经济结构调整的力度认识不足，稳定增长的消费类股票配置较少，下半年在一定程度上影响了组合净值的增长。

季度投资组合一览

项目＼季度	第一季度		第二季度		第三季度		第四季度	
基金资产净值	15,493,385,886.42元		16,943,489,673.19元		14,838,025,385.22元		16,508,347,438.12元	
基金份额	8,766,742,537.14份		8,006,609,503.36份		7,550,422,860.55份		7,233,627,790.60份	
基金份额净值	1.7670元		2.1160元		1.9650元		2.2820元	
基金资产组合	市值(元)	占总资产比(%)	市值(元)	占总资产比(%)	市值(元)	占总资产比(%)	市值(元)	占总资产比(%)
股票投资	12,496,452,637.66	79.03	15,516,958,800.29	90.74	12,571,853,025.49	83.99	15,531,823,965.49	91.87
债券投资	1,474,865,793.20	9.33	665,470,000.00	3.89	874,876,408.00	5.84	911,464,822.00	5.39
资产支持证券投资	——	——	——	——	——	——	——	——
金融衍生品投资	——	——	——	——	——	——	——	——
买入返售金融资产	——	——	——	——	——	——	——	——
银行存款和结算备付金	1,664,160,793.41	10.52	838,984,225.95	4.91	1,435,743,903.19	9.59	446,616,011.93	2.64
其他资产	176,552,995.29	1.12	78,979,159.26	0.46	85,891,396.16	0.57	16,151,596.56	0.10

投资前五名股票明细	股票名称	公允价值(元)	占净值比(%)	股票名称	公允价值(元)	占净值比(%)	股票名称	公允价值(元)	占净值比(%)	股票名称	公允价值(元)	占净值比(%)
	中国平安	782,206,805.14	5.05	中国平安	1,157,369,687.90	6.83	中国平安	1,135,685,830.50	7.65	兴业银行	685,267,299.23	4.15
	特变电工	585,334,829.82	3.78	招商银行	869,590,580.85	5.13	招商银行	582,994,010.98	3.93	招商银行	675,877,232.10	4.09
	招商银行	461,968,709.67	2.98	工商银行	667,839,511.24	3.94	兴业银行	574,427,736.07	3.87	中国平安	619,887,664.48	3.75
	金风科技	457,984,184.35	2.96	兴业银行	593,757,513.63	3.50	工商银行	492,348,056.94	3.32	工商银行	615,903,863.68	3.73
	中国神华	400,685,822.10	2.59	保利地产	557,800,000.00	3.29	苏宁电器	471,210,172.62	3.18	交通银行	538,276,190.10	3.26

投资前五名债券明细	债券名称	公允价值(元)	占净值比(%)	债券名称	公允价值(元)	占净值比(%)	债券名称	公允价值(元)	占净值比(%)	债券名称	公允价值(元)	占净值比(%)
	08央行票据95	486,150,000.00	3.14	08央行票据95	482,450,000.00	2.85	09央行票据35	498,350,000.00	3.36	09贴债22	298,080,000.00	1.81
	08农发16	316,110,000.00	2.04	08中冶债	162,660,000.00	0.96	08央行票据110	240,725,000.00	1.62	09央行票据44	225,975,000.00	1.37
	08中冶债	271,775,000.00	1.75	20国债(4)	20,360,000.00	0.12	09央行票据41	109,637,000.00	0.74	09央行票据53	159,472,000.00	0.97
	08农发10	200,980,000.00	1.30				21国债(12)	20,596,000.00	0.14	09央行票据61	109,637,000.00	0.66
	08国开18	153,510,000.00	0.99				09长虹债	2,898,566.00	0.02	09央行票据49	99,670,000.00	0.60

华夏蓝筹核心混合型证券投资基金

基本资料					
基金简称	华夏蓝筹混合(LOF)	交易代码	160311		
风险收益特征	该基金为混合基金，其风险高于货币市场基金和债券基金，低于股票基金，属于较高风险、较高收益的基金品种。				
业绩比较基准	沪深300指数收益率×60%+上证国债指数收益率×40%				
合同生效日	2007年4月24日	募集规模	99.65亿份	申购户数	1,083,800户
基金管理人	华夏基金管理有限公司	基金托管人	交通银行		
注册登记人	中国证券登记结算有限责任公司				

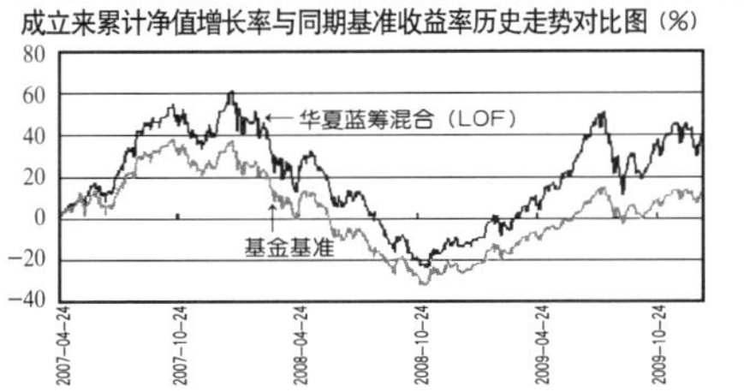

财务指标　单位：人民币(元)；%

项目 \ 年度	2009年	2008年	2007.4.24至2007.12.31
本期利润	8,142,061,632.25	-11,247,150,744.84	11,889,582,275.40
本期加权平均净值利润率	47.48	-58.49	38.70
期末基金资产净值	16,677,396,604.67	13,762,655,557.98	29,402,271,040.50
期末基金份额净值	1.307	0.811	1.419
本期份额净值增长率	61.16	-42.85	51.37
累计份额净值增长率	39.42	-13.49	51.37
基金收益分配	——	——	——

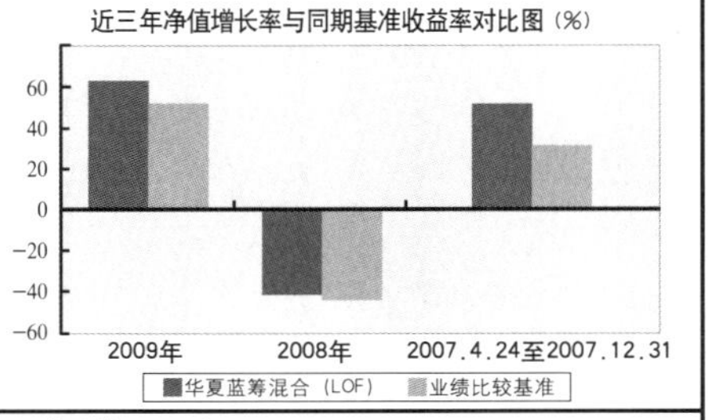

期末基金份额持有人户数	基金份额持有人户数为815,497户，平均每户持有15,649.88份。（期末截至2009年12月31日）
期末基金份额持有人结构	机构投资者持有441,862,581.94份，占总份额3.46%；个人投资者持有12,320,570,945.45份，占总份额96.54%。

基金业绩表现

截至2009年12月31日，华夏蓝筹混合基金份额净值为1.307元，全年份额净值增长率为61.16%，同期业绩比较基准收益率为52.55%，业绩表现优于基准。

基金经理

刘文动先生：基金经理、投资总监，硕士，13年证券从业经历。曾任鹏华基金管理有限公司投资总部副总经理兼机构理财部总监，平安保险集团投资管理中心组合经理助理、平安证券有限责任公司研究员。2006年加入华夏基金管理有限公司，历任兴安基金经理（2006年5月至2007年11月）、兴华基金经理（2007年2月至2008年2月）；2007年6月起至今任华夏蓝筹核心混合基金经理。

杨泽辉先生：基金经理，会计学硕士，6年证券从业经历。2004年加入华夏基金管理有限公司，历任行业研究主管、行业研究员。2009年1月起至今任华夏蓝筹核心混合基金经理。

基金运作分析

2009年，全年市场分为特点鲜明的三个阶段：一季度，市场在犹豫中上涨，主题类个股领涨；4月到7月，蓝筹股领涨，指数的上涨几乎一气呵成，A股在8月初达到全年高点；随后，市场开始呈现震荡行情。

基于对经济复苏持续性的信心，华夏蓝筹混合基金自年初即早于市场大幅增加了股票仓位，集中持有受益于经济复苏的金融、地产、汽车、机械等早周期行业，并在经济复苏继续深化时坚定持有，取得了较好的效果。但在8月开始的下跌中，由于对调整幅度预期不足，以及对此后政府较早出台地产调控政策没有足够的预判，该基金降低股票仓位、降低地产相关行业投资比例的力度不够，使基金净值受到了一定的损失。

季度投资组合一览

项目 \ 季度	第一季度			第二季度			第三季度			第四季度		
基金资产净值	15,937,801,134.32元			19,493,616,025.89元			16,126,912,192.68元			16,677,396,604.67元		
基金份额	16,505,062,911.19份			15,824,379,675.83份			14,312,588,651.06份			12,762,433,527.39份		
基金份额净值	0.9660元			1.2320元			1.1270元			1.3070元		
基金资产组合	市值(元)		占总资产比(%)	市值(元)		占总资产比(%)	市值(元)		占总资产比(%)	市值(元)		占总资产比(%)
股票投资	13,083,572,763.52		81.55	17,945,534,982.86		90.19	14,360,453,527.50		88.25	15,095,532,860.37		88.10
债券投资	1,137,310,539.22		7.09	677,079,519.61		3.40	975,726,600.03		6.00	802,807,048.15		4.69
资产支持证券投资	——		——	——		——	——		——	——		——
金融衍生品投资	1,289,692.04		0.01	1,131,051.53		0.01	1,204,689.22		0.01	1,257,298.50		0.01
买入返售金融资产	——		——	——		——	——		——	——		——
银行存款和结算备付金	1,757,732,579.96		10.96	1,075,528,899.53		5.41	896,429,828.92		5.51	856,656,611.79		5.00
其他资产	63,552,273.23		0.40	197,253,847.12		0.99	39,038,405.13		0.24	378,238,983.60		2.21
投资前五名股票明细	股票名称	公允价值(元)	占净值比(%)	股票名称	公允价值(元)	占净值比(%)	股票名称	公允价值(元)	占净值比(%)	股票名称	公允价值(元)	占净值比(%)
	工商银行	670,073,274.46	4.20	民生银行	1,262,078,769.60	6.47	中国平安	1,057,429,113.00	6.56	招商银行	1,019,447,249.60	6.11
	苏宁电器	597,683,621.30	3.75	招商银行	1,097,515,430.01	5.63	民生银行	897,285,692.34	5.56	民生银行	926,485,968.31	5.56
	招商银行	475,929,267.84	2.99	工商银行	936,380,213.34	4.80	招商银行	795,741,484.16	4.93	兴业银行	842,643,787.28	5.05
	兴业银行	404,131,473.48	2.54	兴业银行	872,693,678.22	4.48	中国神华	781,073,420.16	4.84	中国平安	699,684,042.05	4.20
	张江高科	397,414,560.04	2.49	苏宁电器	806,2[illegible]5,813.93	4.14	兴业银行	744,036,539.70	4.61	中国联通	480,531,583.89	2.88
投资前五名债券明细	债券名称	公允价值(元)	占净值比(%)	债券名称	公允价值(元)	占净值比(%)	债券名称	公允价值(元)	占净值比(%)	债券名称	公允价值(元)	占净值比(%)
	08央行票据98	564,224,000.00	3.54	08央行票据98	463,392,000.00	2.38	09贴债17	476,736,000.00	2.96	09贴债17	476,880,000.00	2.86
	08国开18	153,510,000.00	0.96	08央行票据95	96,490,000.00	0.49	08央行票据112	318,516,000.00	1.98	09央行票据48	176,742,000.00	1.06
	08进出09	152,775,000.00	0.96	08国开16	53,040,000.00	0.27	09央行票据35	99,670,000.00	0.62	09贴债22	69,552,000.00	0.42
	08农发10	100,490,000.00	0.63	08国开18	50,200,000.00	0.26	09央行票据41	69,769,000.00	0.43	09央行票据44	68,775,000.00	0.41
	08央行票据95	97,230,000.00	0.61	99国债(8)	7,049,000.00	0.04	唐钢转债	6,022,963.70	0.04	唐钢转债	6,393,204.22	0.04

华夏复兴股票型证券投资基金

基本资料					
基金简称	华夏复兴股票	交易代码	000031		
风险收益特征	该基金为股票基金，其风险高于货币市场基金、债券基金和混合基金，属于高风险、高收益的基金品种。				
业绩比较基准	沪深300指数收益率×80%＋上证国债指数收益率×20%				
合同生效日	2007年9月10日	首募份额	49.99亿份	认购户数	959,328户
基金管理人	华夏基金管理有限公司	基金托管人	中国农业银行		
注册登记人	华夏基金管理有限公司				

财务指标　　单位：人民币(元)；%

项目＼年度	2009年	2008年	2007年
本期利润	2,942,894,466.81	−1,949,955,896.46	59,890,210.83
本期加权平均净值利润率	67.34	−51.39	1.20
期末基金资产净值	4,836,071,966.53	2,969,388,356.23	5,059,003,159.49
期末基金份额净值	1.273	0.623	1.012
本期份额净值增长率	104.33	−38.44	1.20
累计份额净值增长率	27.30	−37.70	1.20
基金收益分配	——	——	——

成立来累计净值增长率与同期基准收益率历史走势对比图（%）

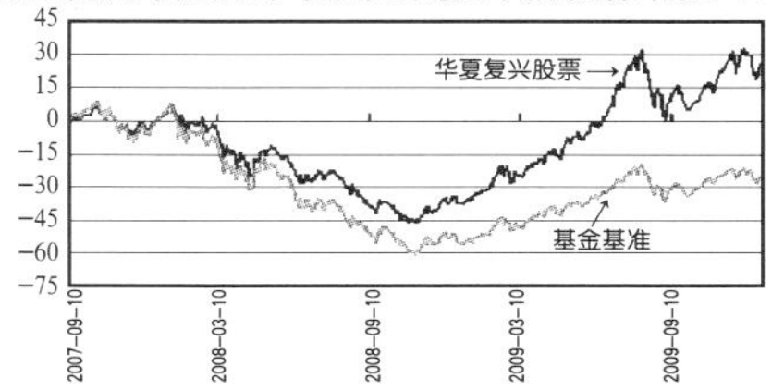

近三年净值增长率与同期基准收益率对比图（%）

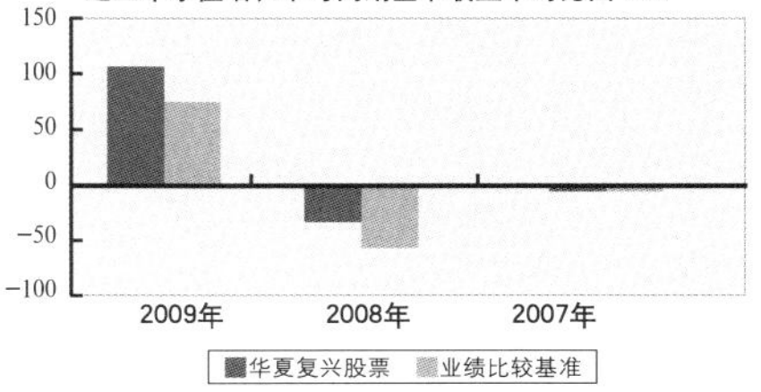

期末基金份额持有人户数	基金份额持有人户数为778,588户，平均每户持有4,879.93份。（期末截至2009年12月31日）
期末基金份额持有人结构	机构投资者持有81,321,802.43份，占总份额2.14%；个人投资者持有3,718,134,209.74份，占总份额97.86%。

基金业绩表现

截至2009年12月31日，华夏复兴股票基金份额净值为1.273元，全年份额净值增长率为104.33%，同期业绩比较基准收益率为73.60%；业绩表现优于基准。

基金经理

程海泳先生：基金经理、投资副总监、股票投资部总经理、国际投资总监，北京大学经济学学士，13年证券从业经历。曾任职于原君安证券公司、深圳市胜源投资发展有限公司、深圳市世代创业投资有限公司、宝盈基金管理公司、景顺长城基金管理公司，从事证券研究和投资工作。2004年加入华夏基金管理公司，历任全国社保股票组合基金经理、机构投资部副总经理，兴安基金经理（2004年9月至2005年8月）；2010年2月起任华夏复兴股票基金经理。

基金运作分析

2009年，“自上而下”对宏观经济以及宏观政策的预判成为华夏复兴股票基金超额收益的重要来源。年初，基于管理人确定了资产泡沫将推动宏观经济实现阶段性持续复苏的判断，华夏复兴股票基金抛售了主题投资类的股票，大幅减持了医药等防御性的股票及与内需相关性小的中游制造业股票，最大限度地增持了受益于内需复苏的地产、银行、钢铁等行业的股票，取得了良好的投资效果。在市场于6月份大规模增持地产银行股之后，该基金在二、三季度之交大幅度减持了地产与银行股，加大了对钢铁股的投资，在7月份取得了较好的效果。在钢价与钢铁股大涨之后减持了部分顺周期类的股票，但由于前期持仓量大，且市场对宏观政策调整的预期导致股价急速下跌，基金净值仍然在8、9月份出现了较大的波动。四季度前期，华夏复兴股票基金增持了成长类的股票，后期明显加大了对大盘蓝筹股的配置。

华夏复兴股票型基金合同于2007年9月生效，不久遇到百年一遇的金融风暴，在基金持有人的信任和支持下，同舟共济，共渡难关，于2009年实现了正回报。

季度投资组合一览

项目＼季度	第一季度		第二季度		第三季度		第四季度	
基金资产净值	3,793,827,229.76元		4,783,081,641.70元		4,311,851,454.65元		4,836,071,966.53元	
基金份额	4,675,984,686.82份		4,480,614,761.22份		4,094,452,269.69份		3,799,456,012.17份	
基金份额净值	0.8110元		1.0680元		1.0530元		1.2730元	
基金资产组合	市值(元)	占总资产比(%)	市值(元)	占总资产比(%)	市值(元)	占总资产比(%)	市值(元)	占总资产比(%)
股票投资	2,770,386,726.40	72.39	4,501,141,164.80	93.02	3,430,031,783.42	78.47	4,444,118,860.50	90.24
债券投资	103,625,165.10	2.71	96,540,000.00	2.00	245,619,826.40	5.62	250,678,442.80	5.09
资产支持证券投资	——	——	——	——	——	——	——	——
金融衍生品投资	——	——	——	——	——	——	——	——
买入返售金融资产	——	——	——	——	——	——	——	——
银行存款和结算备付金	944,484,898.80	24.68	195,007,886.11	4.03	687,975,196.79	15.74	198,837,576.29	4.04
其他资产	8,788,294.17	0.23	46,206,583.32	0.95	7,373,324.45	0.17	31,368,383.91	0.64

投资前五名股票明细	股票名称	公允价值(元)	占净值比(%)	股票名称	公允价值(元)	占净值比(%)	股票名称	公允价值(元)	占净值比(%)	股票名称	公允价值(元)	占净值比(%)
	浦发银行	197,280,000.00	5.20	民生银行	261,360,000.00	5.46	新湖中宝	233,707,033.44	5.42	工商银行	298,088,504.64	6.16
	格力电器	188,486,849.07	4.97	兴业银行	240,397,540.92	5.03	南京银行	231,083,241.48	5.36	*ST伊利	219,959,774.24	4.55
	中国平安	114,983,400.00	3.03	中国平安	232,457,103.46	4.86	大秦铁路	166,875,759.00	3.87	交通银行	199,171,998.30	4.12
	美的电器	107,883,648.26	2.84	南京银行	221,295,277.84	4.63	中材科技	158,042,023.50	3.67	中材科技	197,450,000.00	4.08
	北京银行	95,237,794.23	2.51	国阳新能	205,914,999.84	4.31	北京银行	143,009,000.00	3.32	中国银行	177,555,135.65	3.67

投资前五名债券明细	债券名称	公允价值(元)	占净值比(%)	债券名称	公允价值(元)	占净值比(%)	债券名称	公允价值(元)	占净值比(%)	债券名称	公允价值(元)	占净值比(%)
	08央行票据98	97,280,000.00	2.56	08央行票据98	96,540,000.00	2.02	08央行票据110	144,435,000.00	3.35	09贴债22	149,040,000.00	3.08
	新钢转债	5,727,500.00	0.15				09贴债17	99,320,000.00	2.30	09贴债17	99,350,000.00	2.05
	08葛洲债	617,665.10	0.02				龙盛转债	1,317,459.00	0.03	龙盛转债	1,659,070.40	0.03
							西洋转债	547,367.40	0.01	西洋转债	629,372.40	0.01

华夏全球精选股票型证券投资基金

基本资料

基金简称	华夏全球股票(QDII)	交易代码	000041
风险收益特征	该基金为股票型基金，风险和收益高于货币基金、债券基金和混合型基金。同时，该基金为全球证券投资基金，除了需要承担与国内证券投资基金类似的市场波动风险之外，还面临汇率风险、国别风险、新兴市场风险等海外市场投资所面临的特别投资风险。		
业绩比较基准	摩根士丹利资本国际全球指数(MSCI All Country World Index)		
合同生效日	2007年10月9日	首募份额	300.56亿份
认购户数	1,836,997户		
基金管理人	华夏基金管理有限公司	基金托管人	中国建设银行
境外投资顾问	普信集团	境外托管人	摩根大通银行
注册登记人	华夏基金管理有限公司		

成立来累计净值增长率与同期基准收益率历史走势对比图（%）

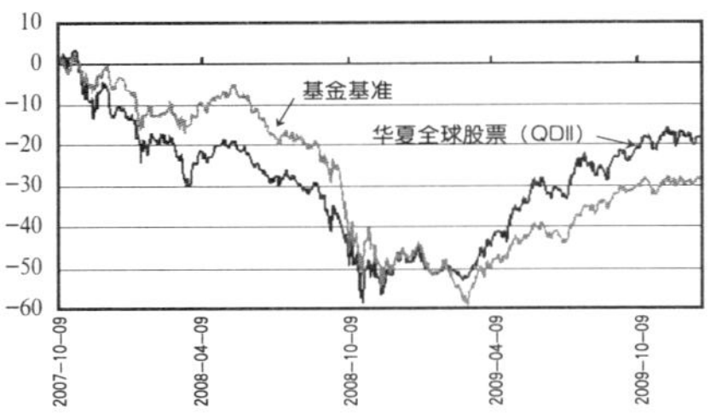

财务指标 单位：人民币（元）；%

项目 \ 年度	2009年	2008年	2007年
本期利润	7,754,120,610.47	-10,378,920,880.98	-3,224,500,875.42
本期加权平均净值利润率	44.40	-53.28	-11.30
期末基金资产净值	20,267,275,138.17	13,845,666,158.54	26,831,137,252.84
期末基金份额净值	0.824	0.526	0.893
本期份额净值增长率	56.65	-41.10	-10.70
累计份额净值增长率	-17.60	-47.40	-10.70
基金收益分配	——	——	——

近三年年净值增长率与同期基准收益率对比图（%）

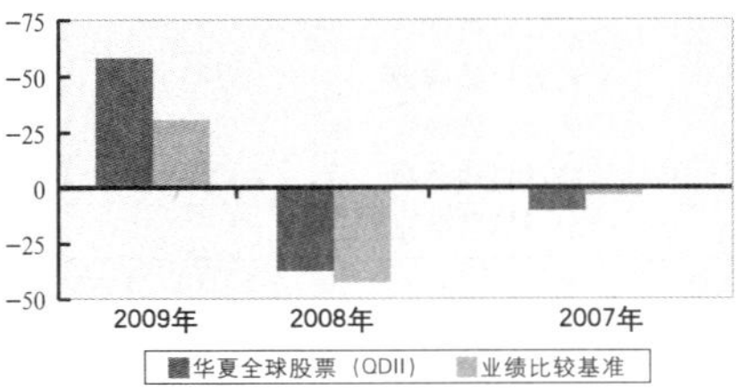

期末基金份额持有人户数	基金份额持有人户数为1,552,301户，平均每户持有15,836.53份。（期末截至2009年12月31日）
期末基金份额持有人结构	机构投资者持有196,403,212.99份，占总份额0.80%；个人投资者持有24,386,654,359.04份，占总份额99.20%。

基金业绩表现

2009年华夏全球股票基金全年净值增长率为56.65%，同期业绩基准收益率以美元计为31.52%(不包含人民币汇率变动等因素产生的效应)。

基金经理

杨昌桁先生：基金经理，硕士，20年证券从业经历。自1990年开始从事台湾证券市场的投资管理工作，曾在国票投信投资本部、荷银投信、怡富证券投研部、京华证券研究部、元富证券等任职，具有10年以上的台湾证券市场投资管理经验。2005年1月加入华夏基金管理有限公司，历任公司研究主管；2007年10月起至今任华夏全球精选股票基金经理。

周　全先生：基金经理、国际投资部副总经理，中国人民银行研究生部金融专业硕士，10年证券从业经历。2000年4月加入华夏基金管理有限公司，历任交易主管、行业研究员；2007年10月起至今任华夏全球精选股票基金经理。

基金运作分析

2009年年初，华夏全球股票基金提出“全球股票市场长期投资价值显著”的判断，从一季度开始，不断提高股票投资比例。该管理人通过对宏观经济面、政策面的跟踪解读，以及对上市公司“自下而上”的大量调研，持续印证了上述判断。由于长期看好中国经济，该基金尤其加大对中国公司的投资。在行业及个股选择上，提高可选消费品、周期类公司的持有比例，降低公用事业、电信等稳定类公司的投资。

季度投资组合一览

项目 \ 季度	第一季度		第二季度		第三季度		第四季度	
基金资产净值	13,985,186,286.30元		18,248,907,859.32元		19,455,320,933.03元		20,267,275,138.17元	
基金份额	26,264,902,319.98份		26,413,696,587.38份		25,445,574,159.86份		24,583,057,572.03份	
基金份额净值	0.5320元		0.6910元		0.7650元		0.8240元	
基金资产组合	市值(元)	占总资产比(%)	市值(元)	占总资产比(%)	市值(元)	占总资产比(%)	市值(元)	占总资产比(%)
股票及存托凭证投资	9,794,399,142.11*	69.24	13,901,785,169.75*	74.90	15,688,076,167.58*	80.18	15,437,364,834.89*	75.23
基金投资	1,114,218,874.00	7.88	747,712,923.09	4.03	1,007,785,099.56	5.15	981,765,802.43	4.78
债券投资	4,733,860.75	0.03	100,746,595.68	0.54	342,829,528.87	1.75	492,624,241.03	2.40
金融衍生品投资	——	——	260,962.99	0.00	250,010.90	0.00	29,514.06	0.00
买入返售金融资产	——	——	——	——	——	——	——	——
银行存款和结算备付金	3,183,818,726.94	22.51	3,427,596,182.98	18.47	2,320,129,893.70	11.86	2,318,836,272.10	11.30
其他资产	49,399,040.47	0.35	382,099,661.10	2.06	207,291,216.75	1.06	1,290,685,487.41	6.29

投资前五名股票与存托凭证明细

第一季度 股票名称	公允价值(元)	占净值比(%)	第二季度 股票名称	公允价值(元)	占净值比(%)	第三季度 股票名称	公允价值(元)	占净值比(%)	第四季度 股票名称	公允价值(元)	占净值比(%)
石油化工	640,463,991.96	4.58	工商银行	994,891,246.81	5.45	工商银行	1,204,148,032.35	6.19	工商银行	1,315,674,872.65	6.49
工商银行	568,741,334.72	4.07	中国银行	910,793,581.61	4.99	石油化工	1,078,113,025.72	5.54	石油化工	1,129,745,131.14	5.57
石油天然气	534,058,803.66	3.82	石油天然气	682,301,812.01	3.74	中国银行	1,068,011,632.16	5.49	石油化工	112,574,512.25	0.56
中国银行	507,482,097.95	3.63	石油化工	625,178,869.61	3.43	石油天然气	694,700,787.89	3.57	中国银行	1,158,125,518.87	5.71
中国移动	507,454,470.15	3.63	中国人寿	583,267,555.20	3.20	VALE SA-SP	600,228,126.00	3.09	石油天然气	771,469,026.04	3.81

投资前五名基金明细

第一季度 基金名称	公允价值占净值比(%)	第二季度 基金名称	公允价值占净值比(%)	第三季度 基金名称	公允价值占净值比(%)	第四季度 基金名称	公允价值占净值比(%)
PROSHARES TRUST	4.89	ISHARES INDEX FUND	1.66	ISHARES INDEX FUND	1.75	ISHARES 安硕亚洲信托基金	3.14
ISHARES INDEX FUND	1.40	PROSHARES TRUST	0.98	PROSHARES TRUST	1.65	ISHARES INDEX FUND	0.61
POWERSHARES QQQ	0.44	SELECT SECTOR SPDRS	0.61	SELECT SECTOR SPDRS	0.44	PROSHARES TRUST	0.50
MARKET VECTORS AGRIBUSINESS	0.42	MARKET VECTORS AGRIBUSINESS	0.39	MARKET VECTORS	0.38	POWERSHARES DB AGRICULTURE	0.24
SEMICONDUCTOR HOLDRS TRUST	0.29	POWERSHARES DB AGRICULTURE F	0.26	POWERSHARES DB AGRICULTURE	0.24	MARKET VECTORS	0.22

注：*包括普通股与存托凭证投资。

华夏行业精选股票型证券投资基金(LOF)

基本资料					
基金简称	华夏行业股票(LOF)	交易代码	160314		
风险收益特征	该基金为股票型基金，其风险和收益高于货币基金、债券基金和混合型基金，属于高风险、高收益的基金品种。				
业绩比较基准	沪深300指数收益率×80%+上证国债指数收益率×20%				
合同生效日	2007年11月22日	募集规模	124.24亿份	申购户数	363,538户
上市日期	2008年1月14日	上市地点	深圳证券交易所		
基金管理人	华夏基金管理有限公司	基金托管人	中国银行		
注册登记人	中国证券登记结算有限责任公司				

成立来累计净值增长率与同期基准收益率历史走势对比图 (%)

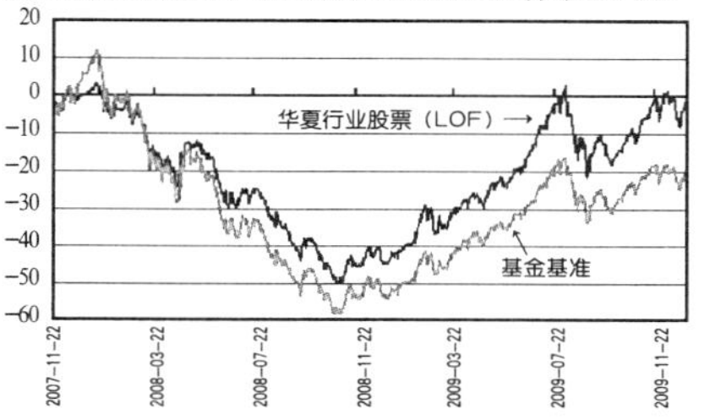

财务指标 单位：人民币(元)；%

项目 \ 年度	2009年	2008年	2007.11.22至2007.12.31
本期利润	5,585,543,125.26	−5,735,884,076.08	134,496,063.27
本期加权平均净值利润率	51.29	−60.11	2.50
期末基金资产净值	12,832,287,829.15	6,450,899,191.19	14,399,505,217.15
期末基金份额净值	1.002	0.561	1.011
本期份额净值增长率	78.61	−44.51	0.12
累计份额净值增长率	−0.77	−44.44	0.12
基金收益分配	——	——	——

近三年净值增长率与同期基准收益率对比图 (%)

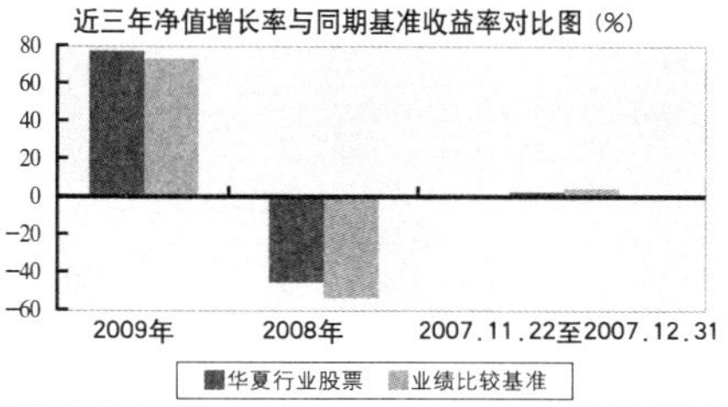

期末基金份额持有人户数	基金份额持有人户数为352,458户，平均每户持有36,331.92份。 （期末截至2009年12月31日）
期末基金份额持有人结构	机构投资者持有2,200,695,014.38份，占总份额17.19%；个人投资者持有10,604,779,869.36份，占总份额82.81%。

基金业绩表现

截至2009年12月31日，华夏行业股票基金份额净值为1.002元，全年份额净值增长率为78.61%，同期业绩比较基准收益率为73.60%。

基金经理

罗泽萍女士：基金经理，经济学硕士，9年证券从业经历。曾任大成基金管理有限公司研究部研究员。2004年加入华夏基金管理有限公司，历任研究员、基金经理助理、兴华证券投资基金基金经理(2005年4月至2007年2月)、兴安基金经理(2007年2月至2007年11月)；2007年11月起至今任华夏行业精选股票基金经理。

基金运作分析

2009年，中国实体经济逐步回暖，A股市场持续上涨。政府陆续出台了各项经济刺激政策措施，全力以赴保经济增长。房地产、汽车、家电等行业受刺激内需政策的影响，销量出现了大幅增长，企业效益明显增长，相关股票大幅上涨。

华夏行业股票基金在2009年年初大幅提高了股票投资比例，在有效控制风险的情况下，加大对相关行业的投资力度。该基金在新疆区域、房地产、军工、股份制银行等板块取得了不错的投资收益，但是对汽车和家电等行业的刺激政策理解不够深入，投资比例较少，未能充分分享相应的投资机会。

季度投资组合一览

项目 \ 季度	第一季度		第二季度		第三季度		第四季度	
基金资产净值	9,320,859,765.56元		11,924,261,298.84元		11,308,283,164.53元		12,832,287,829.15元	
基金份额	13,043,379,364.38份		13,629,751,087.13份		13,545,836,464.72份		12,805,474,883.74份	
基金份额净值	0.7150元		0.8750元		0.8350元		1.0020元	
基金资产组合	市值(元)	占总资产比(%)	市值(元)	占总资产比(%)	市值(元)	占总资产比(%)	市值(元)	占总资产比(%)
股票投资	6,578,123,992.20	70.12	10,750,248,238.39	88.97	8,010,031,618.27	70.31	11,988,449,754.54	92.50
债券投资	482,202,164.50	5.14	476,000,960.00	3.94	635,807,311.20	5.58	626,681,000.00	4.84
资产支持证券投资	——	——	——	——	——	——	——	——
金融衍生品投资	——	——	——	——	——	——	——	——
买入返售金融资产	——	——	——	——	——	——	——	——
银行存款和结算备付金	2,245,228,873.93	23.93	794,677,153.95	6.58	2,717,901,915.07	23.86	332,378,951.48	2.56
其他资产	75,747,139.82	0.81	61,808,666.23	0.51	28,644,693.26	0.25	12,709,571.87	0.10

投资前五名股票明细	股票名称	公允价值(元)	占净值比(%)	股票名称	公允价值(元)	占净值比(%)	股票名称	公允价值(元)	占净值比(%)	股票名称	公允价值(元)	占净值比(%)
	工商银行	692,506,046.64	7.43	民生银行	894,960,000.00	7.51	大秦铁路	464,302,578.06	4.11	五粮液	487,029,832.48	3.80
	建设银行	407,424,466.80	4.37	工商银行	799,249,281.14	6.70	北京银行	382,604,727.90	3.38	海通证券	479,749,155.64	3.74
	中国联通	247,994,219.18	2.66	建设银行	617,926,040.91	5.18	中国平安	354,900,000.00	3.14	招商银行	360,998,249.15	2.81
	中国平安	234,658,787.59	2.52	招商银行	504,460,484.28	4.23	工商银行	348,210,000.00	3.08	北京银行	336,249,862.26	2.62
	晨鸣纸业	195,022,860.66	2.09	中国平安	445,138,268.90	3.73	南京银行	293,289,008.04	2.59	中国平安	302,992,961.67	2.36

投资前五名债券明细	债券名称	公允价值(元)	占净值比(%)	债券名称	公允价值(元)	占净值比(%)	债券名称	公允价值(元)	占净值比(%)	债券名称	公允价值(元)	占净值比(%)
	08央行票据110	390,680,000.00	4.19	08央票110	387,840,000.00	3.25	08央行票据110	385,160,000.00	3.41	09贴债22	397,440,000.00	3.10
	21国债(10)	51,425,000.00	0.55	21国债(10)	51,190,000.00	0.43	09央行票据41	229,241,000.00	2.03	09央行票据49	199,340,000.00	1.55
	21国债(12)	25,782,500.00	0.28	21国债(12)	25,675,000.00	0.22	21国债(12)	19,541,484.80	0.17	09央行票据61	29,901,000.00	0.23
	02国债(3)	11,368,370.00	0.12	02国债(3)	11,295,960.00	0.09	龙盛转债	1,317,459.00	0.01			
	柳工转债	2,153,954.40	0.02				西洋转债	547,367.40	0.00			

华夏希望债券型证券投资基金

基本资料

基金简称	华夏希望债券	交易代码	001011(A) 001013(C)		
风险收益特征	该基金为债券型基金，其长期平均风险和预期收益率低于股票基金、混合基金，高于货币市场基金。				
业绩比较基准	中信标普全债指数				
合同生效日	2008年3月10日	首募规模	93.23亿份	认购户数	168,327户
基金管理人	华夏基金管理有限公司	基金托管人	中国工商银行		
注册登记人	华夏基金管理有限公司				

财务指标　　单位：人民币(亿元)；%

项目 \ 年度	2009年		2008.3.10至2008.12.31	
	A	C	A	C
本期利润	3.1382	3.0877	5.2330	4.4102
本期加权平均净值利润率	7.59	6.80	10.35	10.41
期末基金资产净值	33.7855	41.3258	52.2512	50.0147
期末基金份额净值	1.118	1.112	1.082	1.08
本期份额净值增长率	8.94	8.58	11.23	11.03
累计份额净值增长率	21.17	20.56	11.23	11.03
基金收益分配	10派0.600元	10派0.600元	10派0.300元	10派0.300元

期末基金份额持有人户数	A：基金份额持有人户数为59,215户，平均每户持有51,019.33份。 C：基金份额持有人户数为65,453户，平均每户持有56,782.65份。(期末截至2009年12月31日)
期末基金份额持有人结构	A：机构投资者持有1,120,587,374.90份，占总份额37.09%；个人投资者持有1,900,522,440.29份，占总份额62.91%。 C：机构投资者持有493,329,468.64份，占总份额13.27%；个人投资者持有3,223,265,336.75份，占总份额86.73%。

成立来累计净值增长率与同期基准收益率历史走势对比图 (%)

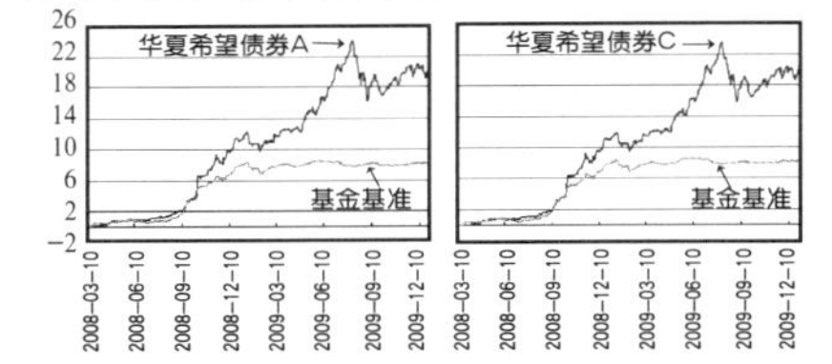

近两年净值增长率与同期基准收益率对比图 (%)

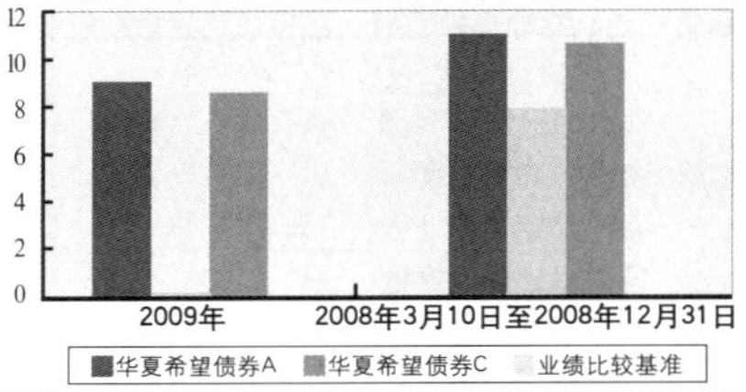

基金业绩表现

截至2009年12月31日，华夏希望债券基金A类份额净值为1.118元，全年净值增长率为8.94%；华夏希望债券基金C类份额净值为1.112元，全年净值增长率为8.58%，同期业绩比较基准收益率为0.27%；业绩表现均优于基准。

基金经理

韩会永先生：基金经理、固定收益副总监，经济学硕士，10年证券从业经历。曾任职于招商银行北京分行。2000年加入华夏基金管理有限公司。历任研究发展部副总经理、基金经理助理、华夏现金增利基金经理(2005年4月至2006年1月，2007年1月至2008年2月)；2008年3月起至今任华夏希望债券基金经理。

基金运作分析

2009年债券市场经历调整。其中，一季度，受通胀预期上升、机构资产配置调整的影响，市场下跌较多；三季度，央票发行利率上调对市场产生了比较显著的影响。收益率曲线变陡，反映通胀预期的上升。信用债发行增加，阶段性供求失衡使得信用利差扩大。前七个月股票市场在经济恢复和流动性充裕的支持下大幅上涨，周期股上涨较多；八月份以后银行信贷增量和票据融资下降，市场资金面略紧，股市整体表现为震荡运行，消费股上涨较多。

华夏希望债券基金在2009年年初降低了组合久期，并于下半年增持了信用债券。鉴于经济快速恢复，流动性总体充裕，该基金继年初逐步加仓后，整体上保持了较高的股票仓位。

季度投资组合一览

项目 \ 季度	第一季度		第二季度		第三季度		第四季度	
	A	C	A	C	A	C	A	C
基金资产净值	42.1752亿元	38.8892亿元	43.3532亿元	47.0704亿元	37.3245亿元	48.9596亿元	33.7855亿元	41.3258亿元
基金份额	38.5166亿份	35.6300亿份	37.4281亿份	40.7986亿份	33.6506亿份	44.3542亿份	30.2111亿份	37.1659亿份
基金份额净值	1.0950元	1.0910元	1.1580元	1.1540元	1.1090元	1.1040元	1.1180元	1.1120元
基金资产组合	市值(元)	占总资产比(%)	市值(元)	占总资产比(%)	市值(元)	占总资产比(%)	市值(元)	占总资产比(%)
股票投资	336,722,690.88	4.14	1,621,716,106.66	17.23	1,277,499,645.58	13.58	1,475,101,369.69	16.63
债券投资	7,076,196,550.04	86.93	7,283,504,712.54	77.39	7,538,816,874.77	80.15	6,253,972,465.13	70.52
资产支持证券投资	——	——	——	——	——	——	——	——
金融衍生品投资	——	——	——	——	——	——	——	——
买入返售金融资产	——	——	——	——	——	——	——	——
银行存款和结算备付金	452,149,478.65	5.55	234,462,228.13	2.49	493,590,477.96	5.25	250,596,427.05	2.83
其他资产	274,974,816.45	3.38	272,293,615.17	2.89	96,011,195.89	1.02	888,586,175.75	10.02

投资前五名股票明细

股票名称	公允价值(元)	占净值比(%)	股票名称	公允价值(元)	占净值比(%)	股票名称	公允价值(元)	占净值比(%)	股票名称	公允价值(元)	占净值比(%)
中国神华	41,395,342.50	0.51	交通银行	205,875,499.67	2.28	中国建筑	159,582,559.52	1.85	招商银行	205,765,451.40	2.74
招商银行	32,656,149.54	0.40	中国平安	168,904,168.90	1.87	民生银行	91,040,731.98	1.06	中国银行	103,919,610.30	1.38
攀钢钢钒	26,616,846.84	0.33	兴业银行	152,516,719.05	1.69	招商银行	67,986,847.16	0.79	交通银行	98,171,886.45	1.31
北新建材	26,549,646.00	0.33	浦发银行	141,793,669.72	1.57	浦发银行	62,879,607.00	0.73	建设银行	64,994,993.81	0.87
中国联通	23,034,272.75	0.28	民生银行	135,034,701.12	1.49	邯郸钢铁	60,390,423.75	0.70	中国北车	59,189,036.42	0.79

投资前五名债券明细

债券名称	公允价值(元)	占净值比(%)	债券名称	公允价值(元)	占净值比(%)	债券名称	公允价值(元)	占净值比(%)	债券名称	公允价值(元)	占净值比(%)
09农发04	699,650,000.00	8.63	09农发04	699,020,000.00	7.73	09贴现国债12	997,200,000.00	11.56	09农发04	699,230,000.00	9.31
08央行票据50	477,450,000.00	5.89	08央行票据112	291,450,000.00	3.22	09农发04	698,390,000.00	8.09	09贴债17	457,010,000.00	6.08
08国开16	426,120,000.00	5.26	08央行票据106	290,160,000.00	3.21	09贴现国债17	456,872,000.00	5.29	09贴现国债16	296,760,000.00	3.95
09央行票据01	349,160,000.00	4.31	08央行票据104	289,950,000.00	3.21	08央行票据114	319,242,000.00	3.70	09央行票据48	294,570,000.00	3.92
08央行票据62	212,560,000.00	2.62	08央行票据98	289,620,000.00	3.20	09国债21	300,090,000.00	3.48	09附息国债21	200,020,000.00	2.66

华夏策略精选灵活配置混合型证券投资基金

基本资料					
基金简称	华夏策略混合	交易代码	002031		
风险收益特征	该基金是灵活配置型混合基金，混合基金的风险高于货币市场基金和债券基金，低于股票基金；而灵活配置型混合基金的资产配置比例可灵活调整，在混合基金中也属于较高风险、较高收益的基金品种。				
业绩比较基准	沪深300指数收益率×55%＋上证国债指数收益率×45%				
合同生效日	2008年10月23日	首募份额	15.84亿份	认购户数	15,427户
基金管理人	华夏基金管理有限公司	基金托管人	中国银行		
注册登记人	华夏基金管理有限公司				

财务指标	单位：人民币(元)；%	
项目 \ 年度	2009年	2008年10月23日至2008年12月31日
本期利润	1,234,357,226.62	50,965,217.51
本期加权平均净值利润率	59.13	3.15
期末基金资产净值	2,528,101,723.77	1,634,731,065.47
期末基金份额净值	1.902	1.032
本期份额净值增长率	84.30	3.20
累计份额净值增长率	90.20	3.20
基金收益分配	——	——

成立来累计净值增长率与同期基准收益率历史走势对比图（%）

近两年净值增长率与同期基准收益率对比图（%）

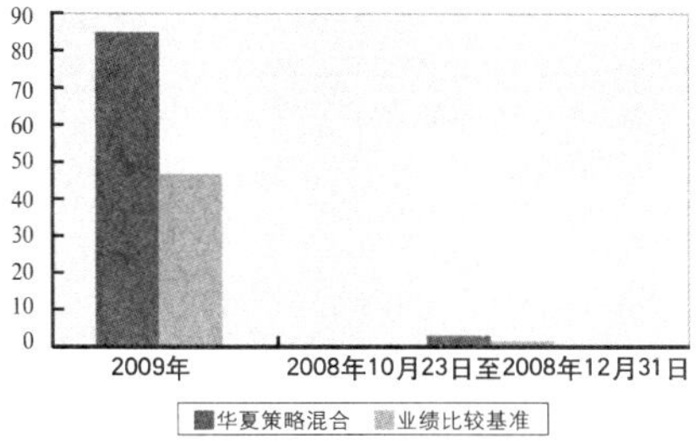

期末基金份额持有人户数	基金份额持有人户数为13,346户，平均每户持有99,608.38份。（期末截至2009年12月31日）
期末基金份额持有人结构	机构投资者持有357,674,948.44份，占总份额26.91%；个人投资者持有971,698,547.91份，占总份额73.09%。

基金业绩表现

截至2009年12月31日，华夏策略混合基金份额净值为1.902元，全年份额净值增长率为84.30%，同期业绩比较基准收益率为47.60%；业绩表现优于基准。

基金经理

王亚伟先生：基金经理、公司副总经理，硕士，15年证券从业经历。曾任中信国际合作公司业务经理，华夏证券有限公司研究经理。1998年加入华夏基金管理有限公司，历任兴华基金经理助理、基金经理（1998年4月至2002年1月），华夏成长基金经理（2001年12月至2005年4月）；2008年10月起至今任华夏策略混合基金经理。

基金运作分析

2009年，经济复苏和创纪录的货币投放，驱动股市走出强劲的上涨行情。汽车、家电、有色、煤炭、房地产、新能源、医药、券商等行业以及资产重组类个股表现突出。受创业板推出的影响，中小盘股票受到热钱追捧，大盘蓝筹股表现落后，市场风格分化明显。华夏策略混合基金年初谨慎布局，偏向防御，在经济复苏态势确立后，及时减持债券，加大股票投资力度，并相应地调整组合结构，在煤炭、医药、房地产、券商等方面取得较好收益。为规避日益加剧的结构性风险，该基金四季度大幅增加低估值的银行和交通运输行业的配置，减持了采掘业和金属非金属行业。

季度投资组合一览

项目 \ 季度	第一季度		第二季度		第三季度		第四季度	
基金资产净值	1,870,716,129.53元		2,053,691,822.60元		2,088,214,796.16元		2,528,101,723.77元	
基金份额	1,475,995,218.09份		1,383,220,752.57份		1,338,548,285.70份		1,329,373,496.35份	
基金份额净值	1.2670元		1.4850元		1.5600元		1.9020元	
基金资产组合	市值(元)	占总资产比(%)	市值(元)	占总资产比(%)	市值(元)	占总资产比(%)	市值(元)	占总资产比(%)
股票投资	750,642,216.29	39.96	1,581,070,488.79	75.30	1,585,113,342.39	68.64	1,991,839,608.77	74.46
债券投资	321,924,739.50	17.14	236,780,558.10	11.28	343,650,607.05	14.88	491,567,805.13	18.38
资产支持证券投资	——	——	——	——	——	——	——	——
金融衍生品投资	——	——	——	——	——	——	——	——
买入返售金融资产	——	——	——	——	——	——	——	——
银行存款和结算备付金	779,896,586.46	41.52	276,831,971.06	13.18	379,285,191.97	16.43	91,739,736.76	3.43
其他资产	26,028,920.54	1.39	4,918,101.43	0.23	1,143,815.05	0.05	100,034,138.01	3.74

投资前五名股票明细	股票名称	公允价值(元)	占净值比(%)	股票名称	公允价值(元)	占净值比(%)	股票名称	公允价值(元)	占净值比(%)	股票名称	公允价值(元)	占净值比(%)
	中恒集团	70,122,829.56	3.75	国阳新能	194,960,960.04	9.49	国阳新能	163,852,000.00	7.85	建设银行	247,019,439.90	9.77
	吉林敖东	67,800,000.00	3.62	中恒集团	101,620,234.30	4.95	中恒集团	124,816,937.96	5.98	工商银行	244,802,959.36	9.68
	中材国际	61,393,401.00	3.28	太行水泥	89,358,112.52	4.35	片仔癀	72,700,125.68	3.48	中恒集团	172,380,000.00	6.82
	中国神华	60,030,000.00	3.21	华光股份	67,424,485.05	3.28	太行水泥	61,545,294.25	2.95	广汇股份	113,553,543.00	4.49
	陕国投A	38,328,348.24	2.05	中材国际	58,440,000.00	2.85	海南海药	57,300,977.50	2.74	片仔癀	86,496,426.77	3.42

投资前五名债券明细	债券名称	公允价值(元)	占净值比(%)	债券名称	公允价值(元)	占净值比(%)	债券名称	公允价值(元)	占净值比(%)	债券名称	公允价值(元)	占净值比(%)
	08国开18	153,510,000.00	8.21	99国债(8)	66,995,710.00	3.26	21国债(10)	54,071,284.40	2.59	09央行票据51	99,670,000.00	3.94
	21国债(10)	54,118,641.50	2.89	21国债(10)	53,871,332.20	2.62	09央行票据41	49,835,000.00	2.39	08万科G2	83,227,409.43	3.29
	06马钢债	22,960,245.00	1.23	06马钢债	32,525,762.50	1.58	09央行票据46	49,130,000.00	2.35	09央行票据61	69,769,000.00	2.76
	08万科G2	16,204,500.00	0.87	02国债(10)	20,074,000.00	0.98	09央行票据42	39,312,000.00	1.88	21国债(10)	62,007,175.10	2.45
	20国债(4)	15,322,500.00	0.82	08万科G2	15,817,153.80	0.77	06马钢债	32,289,211.50	1.55	09央行票据53	39,868,000.00	1.58

华夏沪深300指数证券投资基金

基本资料					
基金简称	华夏沪深300指数	交易代码	000051		
风险收益特征	该基金属于股票基金，风险与收益高于混合基金、债券基金与货币市场基金。				
业绩比较基准	沪深300指数收益率×95%+1%				
合同生效日	2009年7月10日	首募份额	15.84亿份	认购户数	15,427户
基金管理人	华夏基金管理有限公司	基金托管人	中国工商银行		
注册登记人	华夏基金管理有限公司				

成立来累计净值增长率与同期基准收益率历史走势对比图（%）

2009年净值增长率与同期基准收益率对比图（%）

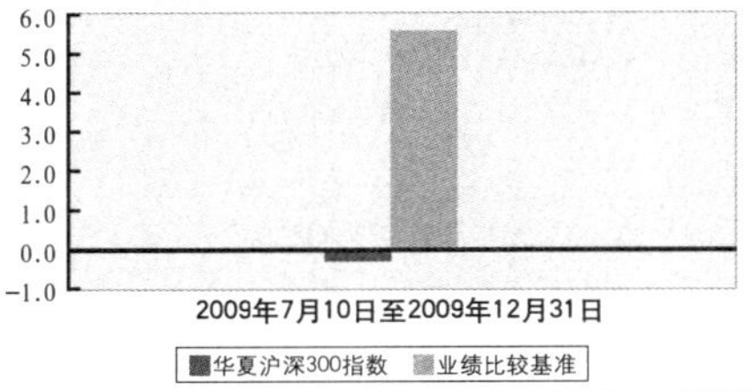

财务指标　单位：人民币（元）；%

项目 \ 年度	2009年7月10日至2009年12月31日
本期利润	236,210,112.65
本期加权平均净值利润率	0.93
期末基金资产净值	26,179,138,106.94
期末基金份额净值	0.998
本期份额净值增长率	−0.20
累计份额净值增长率	−0.20
基金收益分配	——
期末基金份额持有人户数	基金份额持有人户数为546,505户，平均每户持有48,016.97份。（期末截至2009年12月31日）
期末基金份额持有人结构	机构投资者持有1,400,897,733.22份，占总份额5.34%；个人投资者持有24,840,617,324.39份，占总份额94.66%。

基金业绩表现

华夏沪深300指数基金合同生效于2009年7月10日，截至2009年12月31日，该基金份额净值为0.998元，成立以来净值增长率为−0.20%，同期业绩比较基准收益率为5.50%；累计跟踪偏离度为−5.70%。

基金经理

张弘弢先生：基金经理，硕士，10年证券从业经历。2000年加入华夏基金管理有限公司，历任研究发展部总经理、金融工程部副总经理；2009年7月起至今任华夏沪深300指数基金经理。

方　军先生：基金经理，硕士，11年证券从业经历。1999年加入华夏基金管理有限公司，历任研究员，华夏成长基金经理助理、兴华基金经理助理和华夏回报基金经理助理。2009年7月起至今任华夏沪深300指数基金经理。

季度投资组合一览

项目 \ 季度	第三季度		第四季度	
基金资产净值	24,400,528,788.87元		26,179,138,106.94元	
基金份额	27,693,234,212.49份		26,241,515,057.61份	
基金份额净值	0.8810元		0.9980元	
基金资产组合	市值(元)	占总资产比(%)	市值(元)	占总资产比(%)
股票投资	16,413,852,679.18	67.02	24,840,418,699.81	94.33
债券投资	805,015.60	0.00	897,030,000.00	3.41
资产支持证券投资	——	——	——	——
金融衍生品投资	——	——	——	——
买入返售金融资产	——	——	——	——
银行存款和结算备付金	8,007,474,443.08	32.69	501,648,954.18	1.91
其他资产	69,540,736.88	0.28	94,172,070.89	0.36

投资前五名股票明细	股票名称	公允价值(元)	占净值比(%)	股票名称	公允价值(元)	占净值比(%)
	中国平安	491,759,225.10	2.02	海通证券	944,137,637.40	3.61
	交通银行	440,682,964.61	1.81	招商银行	895,690,240.40	3.42
	建设银行	423,424,846.62	1.74	交通银行	774,535,262.60	2.96
	海通证券	422,074,710.81	1.73	中国平安	705,579,278.04	2.70
	招商银行	413,838,522.00	1.70	民生银行	656,528,085.78	2.51

投资前五名债券明细	债券名称	公允价值(元)	占净值比(%)	债券名称	公允价值(元)	占净值比(%)
	博汇转债	805,015.60	0.00	09央行票据67	897,030,000.00	3.43

基金运作分析

2009年，A股市场随着投资者信心逐步回升，在充裕的流动性和经济快速复苏预期的共同推动下迅速上涨。伴随着部分资产价格水平的快速上涨，A股市场整体估值水平显著提升，投资者开始对宏观经济政策调整产生一定的担忧。同时，IPO密集发行、再融资以及“大小非”解禁也对市场资金面形成一定压力，A股市场开始呈现振荡行情。

华夏沪深300指数基金合同生效于2009年7月10日，正处于A股市场快速上涨期，指数成份股估值水平相对较高。该基金采取了稳健建仓策略，尽可能降低建仓成本，在一定程度上规避了8月份的大幅下行风险。10月份，该基金在看好第四季度整体市场表现的基础上，利用市场出现的阶段性调整机会进行了大幅度的建仓、指数拟合工作，从而较好地分享了11月份以来的市场上涨收益。11月末，该基金完成建仓，12月份投资组合拟合标的指数效果良好。总体上看，华夏沪深300指数基金实现了较大规模指数基金的平稳建仓工作。

华夏经典配置混合型证券投资基金(原中信经典配置证券投资基金)

基本资料

基金简称	华夏经典配置混合		交易代码	288001	
风险收益特征	追求资产配置动态平衡、收益和长期资本增值平衡,风险适中。				
业绩比较基准	60%×中信标普300指数+20%×中信全债指数+20%×一年期定期存款利率				
合同生效日	2004年3月15日	首募份额	121.49亿份	认购户数	106,421户
基金管理人	华夏基金管理有限公司		基金托管人	招商银行	
注册登记人	华夏基金管理有限公司				

财务指标 单位:人民币(元);%

项目 \ 年度	2009年	2008年	2007年
本期利润	898,451,763.20	-1,190,435,317.45	2,252,317,265.03
本期加权平均净值利润率	51.51	-59.71	71.61
期末基金资产净值	1,749,045,425.19	1,442,717,594.72	2,933,833,375.45
期末基金份额净值	1.0495	1.3649	2.3643
本期份额净值增长率	63.14	-42.27	111.18
累计份额净值增长率	279.53	132.63	302.97
基金收益分配	10派11.400	——	10派9.500

成立来累计净值增长率与同期基准收益率历史走势对比图(%)

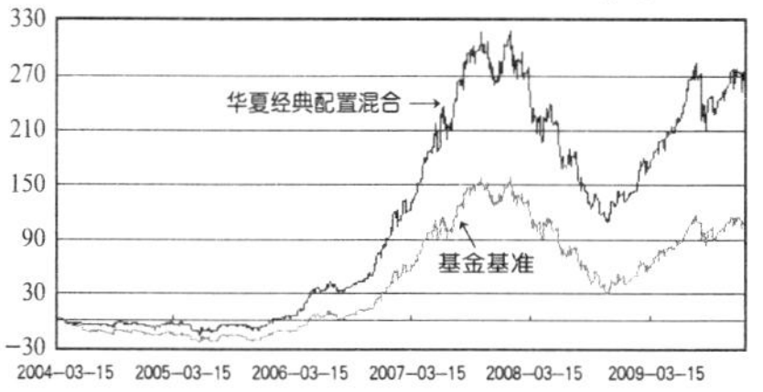

近三年净值增长率与同期基准收益率对比图(%)

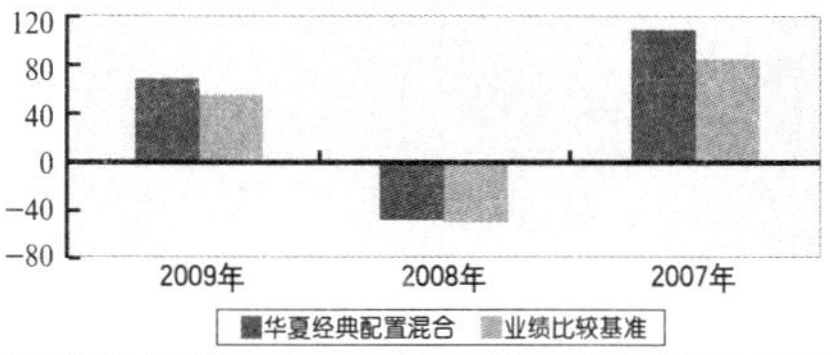

期末基金份额持有人户数	基金份额持有人户数为24,285户,平均每户持有68,627.37份。(期末截至2009年12月31日)
期末基金份额持有人结构	机构投资者持有55,321,746.26份,占总份额3.32%;个人投资者持有1,611,293,958.51份,占总份额96.68%。

基金业绩表现

截至2009年12月31日,华夏经典配置混合基金份额净值为1.0495元,全年份额净值增长率为63.14%,同期业绩比较基准收益率为51.91%;业绩表现优于基准。

基金经理

郑煜先生:基金经理、股票投资部副总经理,中国科技大学管理科学与工程学硕士,12年证券从业经历。曾任华夏证券高级分析师,大成基金高级分析师、投资经理,原中信基金股权投资部总监。2009年1月加入华夏基金管理有限公司;2006年8月起至今任华夏经典配置混合基金经理。

赵航先生:基金经理,中南财经大学投资经济专业硕士,13年证券从业经历。曾任大鹏证券公司资产管理中心投资经理、长城证券公司投资银行部项目经理、鹏华基金管理有限公司原普华基金经理(2003年4月至2005年5月)、原中信基金中信红利精选股票基金经理(2008年5月至2009年4月)。2009年1月加入华夏基金管理有限公司。2009年8月起至今任华夏经典配置混合基金经理。

基金运作分析

2009年上半年华夏经典配置混合基金重点配置了受益于宏观经济反转的地产、金融、煤炭、钢铁等顺周期行业,获得较好的超额收益。8月份之后,市场进入震荡格局,该基金在行业上进行了均衡配置,努力降低市场波动风险。

季度投资组合一览

项目 \ 季度	第一季度		第二季度		第三季度		第四季度	
基金资产净值	1,746,638,883.62元		1,977,817,849.68元		1,576,885,425.93元		1,749,045,425.19元	
基金份额	1,033,603,082.42份		994,110,722.24份		1,724,019,146.04份		1,666,615,704.77份	
基金份额净值	1.6899元		1.9895元		0.9147元		1.0495元	
基金资产组合	市值(元)	占总资产比(%)	市值(元)	占总资产比(%)	市值(元)	占总资产比(%)	市值(元)	占总资产比(%)
股票投资	1,121,080,399.85	63.66	1,414,498,461.33	70.63	955,360,203.54	59.44	1,305,439,814.08	69.53
债券投资	484,656,852.30	27.52	429,240,194.80	21.43	435,909,311.65	27.12	410,413,222.58	21.86
金融衍生品投资	——	——	——	——	——	——	——	——
买入返售金融资产	——	——	——	——	——	——	——	——
银行存款和结算备付金	139,729,616.57	7.93	148,996,903.94	7.44	204,801,570.26	12.74	39,203,049.54	2.09
其他资产	15,704,277.09	0.89	9,913,477.83	0.50	11,322,302.63	0.70	122,505,767.15	6.52

项目	股票名称	公允价值(元)	占净值比(%)	股票名称	公允价值(元)	占净值比(%)	股票名称	公允价值(元)	占净值比(%)	股票名称	公允价值(元)	占净值比(%)
投资前五名股票明细	攀钢钢钒	114,720,000.00	6.57	中联重科	75,374,803.35	3.81	工商银行	90,632,303.91	5.75	工商银行	103,362,627.52	5.91
	燕京啤酒	64,311,000.00	3.68	民生银行	74,425,293.36	3.76	建设银行	67,784,668.20	4.30	海通证券	67,164,808.10	3.84
	中国中铁	54,399,891.20	3.11	建设银行	60,299,939.70	3.05	海南海药	41,357,281.75	2.62	建设银行	49,520,000.00	2.83
	华夏银行	48,105,000.00	2.75	燕京啤酒	59,120,451.00	2.99	北京银行	40,307,138.34	2.56	交通银行	46,807,521.20	2.68
	华侨城A	39,540,000.00	2.26	华夏银行	52,282,364.75	2.64	中联重科	38,240,000.00	2.43	北京银行	43,112,940.74	2.46
投资前五名债券明细	债券名称	公允价值(元)	占净值比(%)	债券名称	公允价值(元)	占净值比(%)	债券名称	公允价值(元)	占净值比(%)	债券名称	公允价值(元)	占净值比(%)
	08农发02	54,645,000.00	3.13	08国开02	53,975,000.00	2.73	08央行票据112	96,520,000.00	6.12	02国债(3)	74,870,710.40	4.28
	08国开02	54,535,000.00	3.12	08央行票据44	52,475,000.00	2.65	02国债(3)	74,811,600.00	4.74	09央行票据48	68,733,000.00	3.93
	08央行票据41	52,995,000.00	3.03	08央行票据41	52,455,000.00	2.65	21国债(12)	70,610,296.60	4.48	21国债(12)	66,213,458.50	3.79
	99国债(8)	52,239,021.40	2.99	99国债(8)	51,950,123.00	2.63	08国开02	53,250,000.00	3.38	08国开02	52,740,000.00	3.02
	07进出10	51,780,000.00	2.96	07进出10	51,330,000.00	2.60	21国债(10)	40,240,816.00	2.55	21国债(10)	39,033,864.00	2.23

中信现金优势货币市场证券投资基金

基本资料					
基金简称	中信现金优势货币	交易代码	288101		
风险收益特征	该基金投资于货币市场工具，属于低风险品种。				
业绩比较基准	该基金以中国人民银行公布的一年期定期存款的税后收益率作为业绩比较基准。				
合同生效日	2005年4月20日	首募份额	24.33亿份	认购户数	9,009户
基金管理人	华夏基金管理有限公司	基金托管人	招商银行		
注册登记人	华夏基金管理有限公司				

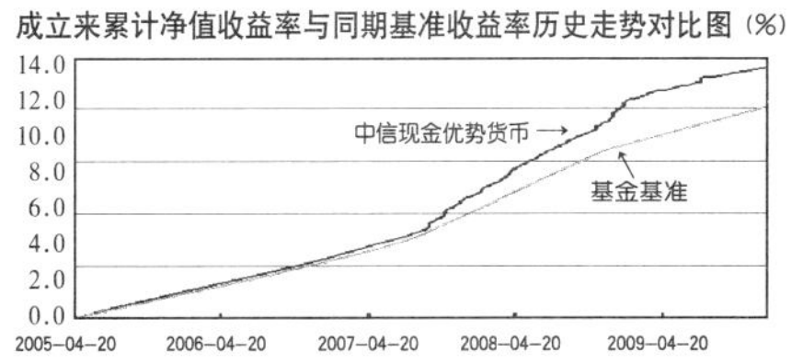

财务指标　单位：人民币（元）；%

项 目 \ 年 度	2009年	2008年	2007年
本期利润	9,640,727.72	22,465,307.81	19,481,485.24
期末基金资产净值	276,711,643.68	647,420,746.91	941,030,073.17
期末基金份额净值	1.0000	1.0000	1.0000
本期份额净值收益率	2.1526	4.6792	3.4589
累计份额净值收益率	14.3738	11.9636	6.9589
基金收益分配	9,640,727.72	22,465,307.81	19,481,485.24

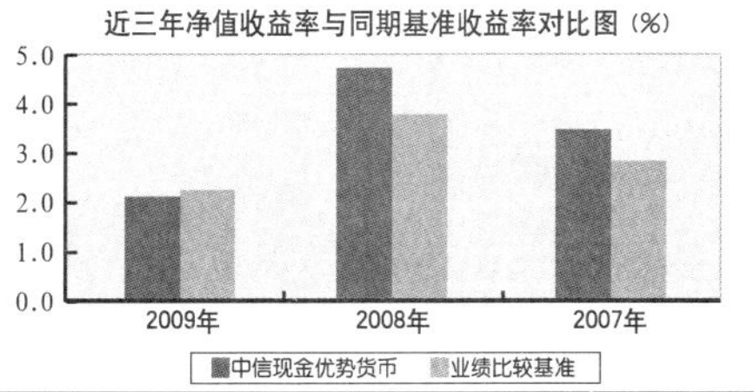

期末基金份额持有人户数	基金份额持有人户数为7,920户，平均每户持有34,938.34份。（期末截至2009年12月31日）
期末基金份额持有人结构	机构投资者持有15,825,772.92份，占总份额5.72%；个人投资者持有260,885,870.76份，占总份额94.28%。

基金业绩表现

2009年中信现金优势货币基金年净值收益率为2.1526%，同期业绩比较基准收益率为2.2655%。

基金经理

李广云先生：基金经理，英国华威大学管理科学与运筹学硕士。9年证券从业经历。曾任招商证券研究员、原中信基金研究员、基金经理助理等职。2009年1月加入华夏基金管理有限公司；2007年7月起至今任中信现金优势货币基金经理。

基金运作分析

2009年，货币市场收益率从底部开始上行。年初，由于1年期央票停发，二级市场1年期左右的央票收益率一度停留在略高于1%的水平，与0.72%的超额准备金利率非常接近。7月份，央行重新发行1年期央票，其发行利率快速上升并最后稳定在1.76%的水平。受央票利率上行影响，短期融资券收益率也明显上升，与同期限央票的利差迅速扩大。

中信现金优势货币基金在2009年上半年以降低利率风险为主，下半年加大了对收益率较高的中低信用等级短期融资券的配置，并通过短期国债一级市场投标获得了一定的套利收益。

展望2010年，在适度宽松的货币政策指引下，货币市场利率水平将继续保持稳步小幅上行的态势。短端利率上行风险加大，但短期融资券品种在高收益率的保护下有望保持相对平稳。该基金在保持稳定利息收入的基础上，仍将重点防范短端利率上行风险，并将根据市场变化及时调整组合，力争在控制组合整体风险的同时保持投资业绩的稳定。

季度投资组合一览

项 目 \ 季 度	第一季度		第二季度		第三季度		第四季度	
基金资产净值	537,720,406.15元		358,085,673.01元		258,487,095.78元		276,711,643.68元	
基金份额	537,720,406.15份		358,085,673.01份		258,487,095.78份		276,711,643.68份	
基金份额净值	1.0000元		1.0000元		1.0000元		1.0000元	
基金资产组合	市值(元)	占总资产比(%)	市值(元)	占总资产比(%)	市值(元)	占总资产比(%)	市值(元)	占总资产比(%)
股票投资	——	——	——	——	——	——	——	——
债券投资	352,552,414.63	65.44	230,939,336.39	64.19	259,101,482.13	95.80	249,714,105.88	90.16
金融衍生品投资	——	——	——	——	——	——	——	——
买入返售金融资产	——	——	——	——	——	——	——	——
银行存款和结算备付金	182,757,426.53	33.92	124,980,981.58	34.74	10,460,280.02	3.87	26,117,465.88	9.43
其他资产	3,425,188.02	0.64	3,845,785.66	1.07	889,337.52	0.33	1,136,269.38	0.41

投资前五名债券明细	债券名称	成本(元)	占净值比(%)	债券名称	成本(元)	占净值比(%)	债券名称	成本(元)	占净值比(%)	债券名称	成本(元)	占净值比(%)
	06国开02	49,862,941.67	9.27	08天医药CP01	30,271,231.99	8.45	09贴现国债16	98,960,916.87	38.28	07农发13	80,059,081.32	28.93
	08华侨城CP02	40,795,178.82	7.59	08南航CP01	30,167,316.76	8.42	07农发13	80,077,467.72	30.98	07农发17	20,015,880.11	7.23
	08陕有色CP02	40,439,452.43	7.52	08淮南矿CP02	30,147,492.15	8.42	08陕有色CP02	20,065,341.92	7.76	06国开08	20,014,642.52	7.23
	08蒙电力CP01	40,206,251.55	7.48	06国开08	30,104,064.64	8.41	07农发17	20,019,890.61	7.75	09昆钢CP01	19,999,031.17	7.23
	08天医药CP01	30,415,352.31	5.66	08蒙电力CP01	30,073,478.18	8.40	06国开08	20,017,246.33	7.74	09永煤CP03	19,993,891.08	7.23

投资组合平均剩余期限	平均剩余期限	占净值比(%)	平均剩余期限	占净值比(%)	平均剩余期限	占净值比(%)	平均剩余期限	占净值比(%)
	30天以内	43.26	30天以内	43.28	30天以内	19.51	30天以内	27.43
	30天(含)—60天	5.60	30天(含)—60天	8.41	30天(含)—60天	38.72	30天(含)—60天	36.17
	60天(含)—90天	3.74	60天(含)—90天	16.82	60天(含)—90天	7.76	60天(含)—90天	-
	90天(含)—180天	14.97	90天(含)—180天	30.89	90天(含)—180天	-	90天(含)—180天	7.18
	180天(含)—397天（含）	31.99	180天(含)—397天（含）	-	180天(含)—397天（含）	38.28	180天(含)—397天（含）	28.90

华夏收入股票型证券投资基金（原中信红利精选股票型证券投资基金）

基本资料

基金简称	华夏收入股票		交易代码	288002	
风险收益特征	该基金是一只股票型基金，遵循积极主动的投资理念，以盈利增长稳定的高股息和连续分红股票类资产为主要投资工具，属于中等风险的基金产品。该基金力争在严格控制风险的前提下实现基金资产的中长期稳定增值。				
业绩比较基准	80%×新华富时150红利指数+20%×新华富时中国国债指数				
合同生效日	2005年11月17日	首募份额	5.44亿份	认购户数	7,378户
基金管理人	华夏基金管理有限公司		基金托管人	中国建设银行	
注册登记人	华夏基金管理有限公司				

财务指标 单位：人民币（元）；%

项目 \ 年度	2009年	2008年	2007年
本期利润	2,740,729,053.59	−3,445,195,481.01	4,706,166,040.88
本期加权平均净值利润率	56.41	−62.57	68.50
期末基金资产净值	5,233,815,495.97	3,715,625,941.01	9,610,238,464.07
期末基金份额净值	2.6673	1.4921	2.6301
本期份额净值增长率	78.76	−43.27	146.38
累计份额净值增长率	501.66	236.57	493.27
基金收益分配	——	——	10派12.900

成立来累计净值增长率与同期基准收益率历史走势对比图（%）

近三年净值增长率与同期基准收益率对比图（%）

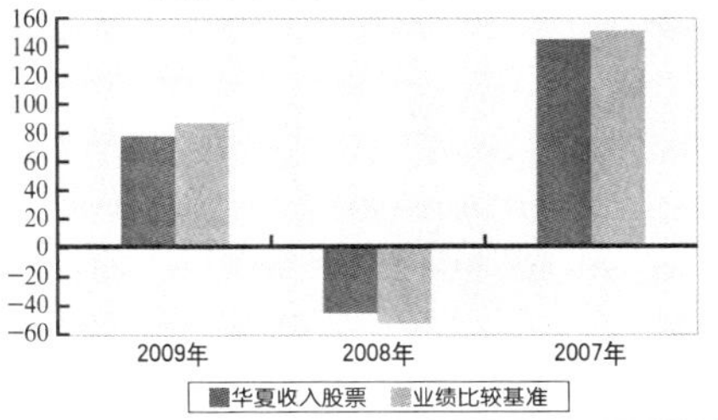

期末基金份额持有人户数	基金份额持有人户数为128,701户，平均每户持有15,246.37份。（期末截至2009年12月31日）
期末基金份额持有人结构	机构投资者持有37,221,403.26份，占总份额1.90%；个人投资者持有1,925,001,300.47份，占总份额98.10%。

基金业绩表现

截至2009年12月31日，华夏收入股票基金份额净值为2.6673元，全年份额净值增长率为78.76%。

基金经理

郑煜先生：基金经理、股票投资部副总经理，中国科技大学管理科学与工程学硕士，12年证券从业经历。曾任华夏证券高级分析师，大成基金高级分析师、投资经理，原中信基金股权投资部总监。2009年1月加入华夏基金管理有限公司；2009年2月起至今任华夏收入股票基金经理。

基金运作分析

2009年，中国政府实施了积极的财政政策和适度宽松的货币政策，同时出台了一系列产业政策来提振经济。综观全年，货币政策的变化引导着A股市场的涨跌，信贷数据成为投资者的风向标。

针对经济的变化，华夏收入股票基金在2009年采取了相对灵活的行业配置。初期减持了已取得较大超额收益的电力设备、电子通讯、食品饮料、医药等行业，增持了基本面迅速向好的券商、银行、房地产，以及受益于投资拉动的采掘、金属、工程机械等行业。8月初，该基金在小幅降低仓位的同时对行业结构进行了调整，降低了金融、地产、建筑等行业的投资比例，提高了业绩增长稳定的医药、交通运输等行业的投资比例，整体行业配置趋于均衡。

季度投资组合一览

项目 \ 季度	第一季度		第二季度		第三季度		第四季度	
基金资产净值	4,494,439,827.53元		5,186,898,144.50元		4,735,176,438.67元		5,233,815,495.97元	
基金份额	2,424,244,426.16份		2,275,367,075.34份		2,092,615,998.93份		1,962,222,703.73份	
基金份额净值	1.8540元		2.2796元		2.2628元		2.6673元	
基金资产组合	市值(元)	占总资产比(%)	市值(元)	占总资产比(%)	市值(元)	占总资产比(%)	市值(元)	占总资产比(%)
股票投资	3,322,330,124.96	72.75	4,693,263,175.28	88.63	4,007,215,709.94	82.95	4,616,541,503.32	87.43
债券投资	234,600,777.10	5.14	231,045,405.30	4.36	237,571,918.20	4.92	250,351,271.90	4.74
金融衍生品投资	——	——	——	——	——	——	——	——
买入返售金融资产	——	——	——	——	——	——	——	——
银行存款和结算备付金	914,988,015.93	20.04	321,950,779.68	6.08	577,152,882.30	11.95	346,463,440.38	6.56
其他资产	94,919,691.69	2.08	49,159,554.22	0.93	8,994,462.46	0.19	66,632,500.65	1.26

投资前五名股票明细	股票名称	公允价值(元)	占净值比(%)	股票名称	公允价值(元)	占净值比(%)	股票名称	公允价值(元)	占净值比(%)	股票名称	公允价值(元)	占净值比(%)
	攀钢钢钒	299,731,525.20	6.67	工商银行	168,947,259.02	3.26	中国石化	252,913,707.20	5.34	工商银行	262,016,408.64	5.01
	中国中铁	125,119,809.60	2.78	中联重科	165,784,060.75	3.20	工商银行	186,816,005.37	3.95	中国石化	225,440,000.00	4.31
	华侨城A	115,318,884.48	2.57	燕京啤酒	150,819,825.60	2.91	交通银行	161,190,797.88	3.40	交通银行	218,328,427.90	4.17
	中金黄金	112,708,000.00	2.51	华侨城A	140,042,393.70	2.70	北京银行	127,500,759.44	2.69	特变电工	142,800,000.00	2.73
	一汽轿车	102,822,600.00	2.29	中国太保	135,016,525.80	2.60	复星医药	127,440,000.00	2.69	兴业银行	121,566,051.49	2.32

投资前五名债券明细	债券名称	公允价值(元)	占净值比(%)	债券名称	公允价值(元)	占净值比(%)	债券名称	公允价值(元)	占净值比(%)	债券名称	公允价值(元)	占净值比(%)
	99国债(8)	192,394,000.00	4.28	99国债(8)	191,330,000.00	3.69	09央行票据46	186,694,000.00	3.94	09贴债22	198,720,000.00	3.80
	02国债(10)	39,802,457.10	0.89	02国债(10)	39,715,405.30	0.77	08央行票据114	48,370,000.00	1.02	09央行票据49	49,835,000.00	0.95
	04国债(3)	2,404,320.00	0.05				08江铜债	1,155,535.20	0.02	08江铜债	1,166,899.50	0.02
							博汇转债	805,015.60	0.02	西洋转债	629,372.40	0.01
							西洋转债	547,367.40	0.01			

中信稳定双利债券型证券投资基金

基本资料					
基金简称	中信稳定双利债券		交易代码	288102	
风险收益特征	该基金为债券型基金，其长期平均风险和预期收益率低于混合型基金，高于货币市场基金。				
业绩比较基准	80%×中信全债指数+20%×税后一年期定期存款利率				
合同生效日	2006年7月20日	首募份额	42.07亿份	认购户数	63,645户
基金管理人	华夏基金管理有限公司		基金托管人	中国建设银行	
注册登记人	华夏基金管理有限公司				

成立来累计净值增长率与同期基准收益率历史走势对比图（%）

财务指标　单位：人民币（元）；%

项目 \ 年度	2009年	2008年	2007年
本期利润	141,725,728.48	301,647,752.72	616,350,127.07
本期加权平均净值利润率	6.67	9.01	18.10
期末基金资产净值	1,671,819,386.47	3,355,288,024.75	4,131,170,228.33
期末基金份额净值	1.0728	1.0860	1.0799
本期份额净值增长率	7.64	12.72	21.77
累计份额净值增长率	53.28	42.39	26.33
基金收益分配	10派0.910	10派1.220	10派1.620

近三年净值增长率与同期基准收益率对比图（%）

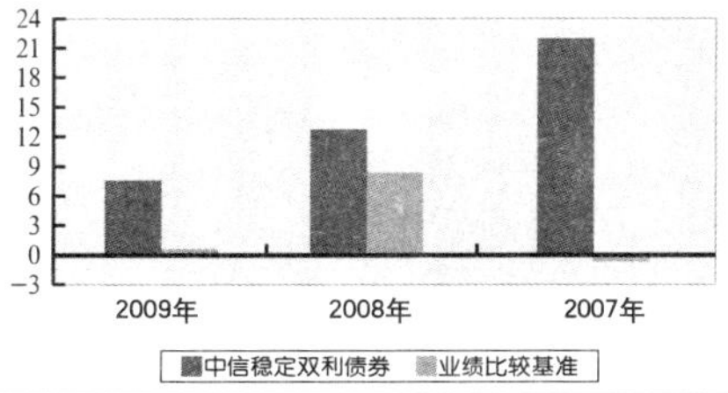

期末基金份额持有人户数	基金份额持有人户数为26,264户，平均每户持有59,335.15份。（期末截至2009年12月31日）
期末基金份额持有人结构	机构投资者持有54,595,772.41份，占总份额3.50%；个人投资者持有1,503,782,654.22份，占总份额96.50%。

基金业绩表现

截至2009年12月31日，中信稳定双利债券基金份额净值为1.0728元，全年份额净值增长率为7.64%，同期业绩比较基准收益率为0.67%；业绩表现优于基准。

基金经理

李广云先生：基金经理，英国华威大学管理科学与运筹学硕士。9年证券从业经历。曾任招商证券研究员、原中信基金研究员、基金经理助理等职。2009年1月加入华夏基金管理有限公司；2009年2月起至今任中信稳定双利债券基金经理。

基金运作分析

2009年，在国内适度宽松货币政策与积极财政政策的刺激下，银行信贷迅猛增长；债券市场收益率持续上升；A股市场大幅上扬，新股重启，创业板顺利推出，转债在正股推动下出现了较大涨幅。

中信稳定双利债券基金在2009年年初大幅下调久期，降低组合利率风险。同时，通过参与转债市场分享了股市上涨的收益，并积极参与新股申购，努力提高资金使用效率，增加基金的稳定收益。年底，该基金对高收益率企业债的投资取得较好回报。由于坚定地持有权益类资产，并保持中等偏低的久期，该基金在全年表现良好，但对于8月份以来的股票市场调整估计不足，基金净值在三季度波动性较大。

季度投资组合一览

项目 \ 季度	第一季度		第二季度		第三季度		第四季度	
基金资产净值	2,345,366,429.59元		1,922,218,345.43元		1,692,883,306.90元		1,671,819,386.47元	
基金份额	2,210,933,619.72份		1,827,063,288.37份		1,680,748,284.69份		1,558,378,426.63份	
基金份额净值	1.0608元		1.0521元		1.0072元		1.0728元	
基金资产组合	市值(元)	占总资产比(%)	市值(元)	占总资产比(%)	市值(元)	占总资产比(%)	市值(元)	占总资产比(%)
股票投资	191,919,753.28	6.44	194,086,868.55	9.26	276,701,837.49	15.84	258,104,512.49	13.05
债券投资	2,601,467,568.00	87.31	1,824,710,628.70	87.02	1,389,266,856.49	79.55	1,432,524,805.73	72.45
金融衍生品投资	——	——	——	——	——	——	——	——
买入返售金融资产	——	——	——	——	——	——	——	——
银行存款和结算备付金	44,053,002.70	1.48	19,416,040.14	0.93	70,107,659.80	4.01	45,948,999.49	2.32
其他资产	142,235,765.59	4.77	58,587,361.08	2.79	10,428,564.75	0.60	240,779,874.90	12.18

投资前五名股票明细	股票名称	公允价值(元)	占净值比(%)	股票名称	公允价值(元)	占净值比(%)	股票名称	公允价值(元)	占净值比(%)	股票名称	公允价值(元)	占净值比(%)
	攀钢钢钒	191,919,753.28	8.18	柳工	112,504,271.36	5.85	柳工	111,016,835.08	6.56	柳工	146,918,138.02	8.79
				五洲交通	45,872,117.45	2.39	南山铝业	41,704,678.10	2.46	五洲交通	44,202,094.00	2.64
	——			赤天化	24,938,709.84	1.30	五洲交通	38,788,245.60	2.29	赤天化	31,276,439.82	1.87
				恒源煤电	6,934,260.14	0.36	中国建筑	29,619,486.40	1.75	洋河股份	3,808,063.93	0.23
				海马股份	3,837,509.76	0.20	赤天化	26,407,208.25	1.56	同花顺	3,059,522.22	0.18

投资前五名债券明细	债券名称	公允价值(元)	占净值比(%)	债券名称	公允价值(元)	占净值比(%)	债券名称	公允价值(元)	占净值比(%)	债券名称	公允价值(元)	占净值比(%)
	08国开19	287,112,000.00	12.24	05国债(9)	226,228,860.00	11.77	08国债24	200,020,000.00	11.82	唐钢转债	102,807,312.55	6.15
	08国开25	252,125,000.00	10.75	09农发04	199,720,000.00	10.39	09国债08	99,690,000.00	5.89	08嘉城投债	96,023,200.00	5.74
	05国债(9)	225,783,452.70	9.63	08国开25	150,225,000.00	7.82	09央行票据38	98,290,000.00	5.81	08江铜债	84,533,260.50	5.06
	07国债07	220,000,000.00	9.38	07农发13	110,220,000.00	5.73	08嘉城投债	95,941,300.00	5.67	新钢转债	72,638,112.60	4.34
	08国开18	173,978,000.00	7.42	08渝交通债	104,630,000.00	5.44	唐钢转债	91,111,079.25	5.38	09复地债	60,840,000.00	3.64

华夏盛世精选股票型证券投资基金

基本资料					
基金简称	华夏盛世股票		交易代码	000061	
投资目标	紧密跟踪中国经济动向，把握中国经济的长期发展趋势和周期变动特征，挖掘不同发展阶段下的优势资产及行业投资机会，更好地分享中国经济持续、较快成长的发展成果，追求基金资产的长期、持续增值，抵御通货膨胀。				
业绩比较基准	沪深300指数×80%+上证国债指数×20%				
风险收益特征	该基金属于股票基金，风险与收益高于混合基金、债券基金与货币市场基金，属于较高风险、较高收益的品种。				
合同生效日	2009-12-11	上市日期	——	上市地点	——
募集概况	首募份额	认购户数	募集日期		
	187.10亿份	248,859户	2009年12月9日		
基金费率	认购费率	认购金额		前端认购费率	
		100万元以下		1.20%	
		100万元以上(含)—500万元以下		0.90%	
		500万元以上(含)—1000万元以下		0.60%	
		1000万元以上(含)		1000.00元/笔	
	申购费率	申购金额		申购费率	
		100万元以下		1.50%	
		100万元以上(含)—500万元以下		1.20%	
		500万元以上(含)—1000万元以下		0.80%	
		1000万元以上(含)		1000.00元/笔	
	赎回费率	0.50%			
	管理费率	1.50%			
	托管费率	0.25%			
基金管理人	华夏基金管理有限公司		基金托管人	中国建设银行股份有限公司	
审计机构	德勤华永会计师事务所有限公司		注册登记人	华夏基金管理有限公司	

基金经理

刘文动先生：基金经理、投资总监，硕士，13年证券从业经历。曾任鹏华基金管理有限公司投资总部副总经理兼机构理财部总监，平安保险集团投资管理中心组合经理助理、平安证券有限责任公司研究员。2006年加入华夏基金管理有限公司，历任兴安基金经理(2006年5月至2007年11月)、兴华基金经理(2007年2月至2008年2月)；2009年12月起至今任华夏盛世精选股票基金经理。

阳　琨先生：基金经理，北京大学MBA，15年证券从业经历。曾任宝盈基金管理有限公司基金经理助理，益民基金管理有限公司投资部部门经理，中国对外经济贸易信托投资公司财务部部门经理。2006年加入华夏基金管理有限公司，历任策略研究员；2009年12月起至今任华夏盛世精选股票基金经理。

华安基金管理有限公司

法定名称	华安基金管理有限公司	英文名称	HuaAn Fund Management Co.,Ltd.		
成立时间	1998年6月4日	注册资本	1.5亿元人民币	公司属性	中 资
董 事 长	俞妙根	总 经 理	李勍	督 察 长	章国富
公司网址	www.huaan.com.cn	客服电话	40088-50099		
联系电话	021-3896 9999	传真号码	021-3362 6962		
注册地址	上海浦东新区浦东南路360号新上海国际大厦38楼	办公地址	上海市浦东新区浦东南路360号新上海国际大厦37楼		

公司简介

华安基金管理有限公司经中国证监会证监基金字[1998]20号文批准于1998年6月设立，是国内首批基金管理公司之一，注册资本1.5亿元人民币，公司总部设在上海陆家嘴金融贸易区。目前股东为上海国际信托有限公司、上海电气(集团)总公司、上海工业投资(集团)有限公司和国泰君安投资管理股份有限公司。

截至2010年6月30日，公司旗下共管理了2只封闭式证券投资基金，15只开放式基金，管理资产规模达到672.14亿元人民币。

2009年旗下开放式基金业绩表现

截至日期：2009年12月31日

(单位：元；%)

基金类型	基金简称	设立日期	基金份额净值	净值增长率①	累计净值增长率②
股票型	华安中国A股增强指数	2002-11-08	0.957	85.11	287.69
	华安宏利股票	2006-09-06	2.6406	75.46	236.97
	华安中小盘成长股票	2007-04-10	1.2367	84.31	34.98
	华安策略优选股票	2007-08-02	0.8298	67.60	-6.83
	华安核心股票	2008-10-22	1.6596	64.43	65.96
	华安上证180ETF联接	2009-09-29	1.123	12.30	12.30
混合型	华安创新混合	2001-09-21	0.779	43.20	305.26
	华安宝利配置混合	2004-08-24	1.102	60.64	424.53
债券型	华安稳定收益债券A	2008-04-30	1.1055	3.79	13.69
	华安稳定收益债券B	2008-04-30	1.0972	3.33	12.84
	华安强化收益债券A	2009-04-13	1.044	5.41	5.41
	华安强化收益债券B	2009-04-13	1.041	5.11	5.11
货币型	华安现金富利货币A	2003-12-30	1.0000	1.4998	16.1680
	华安现金富利货币B	2003-12-30	1.0000	0.0465	0.0465
ETF	华安上证180ETF	2006-04-13	0.770	87.82	197.93

注：①净值增长率指该基金2009年度的份额净值增长率；②累计净值增长率指该基金设立以来的份额净值增长率。

2009年管理公募基金概况

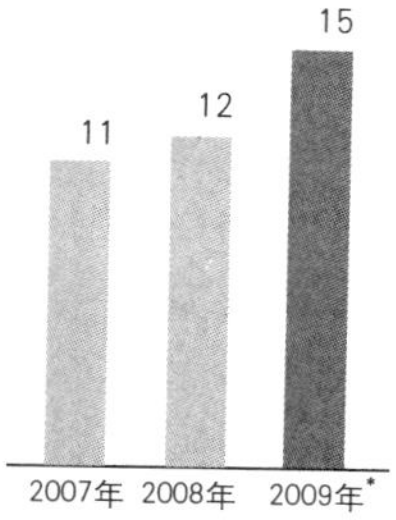

基金数量(只)

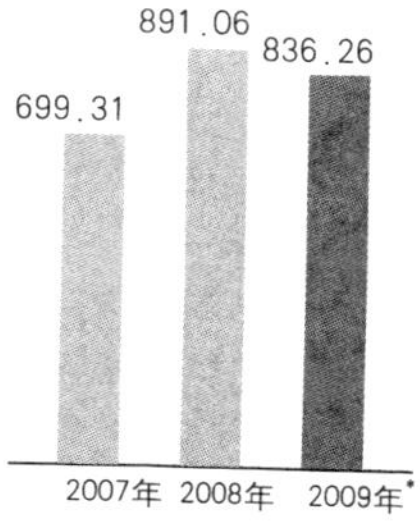

基金份额规模(亿份)

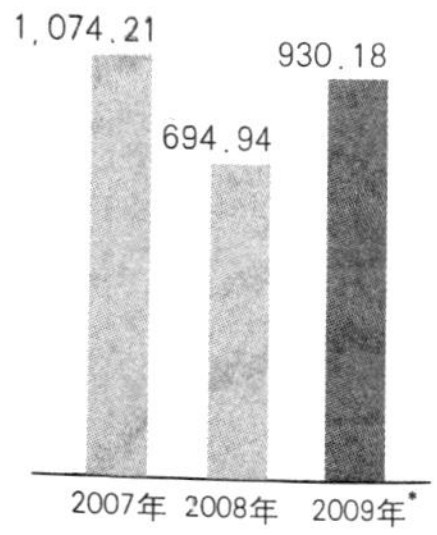

基金资产规模(亿元)

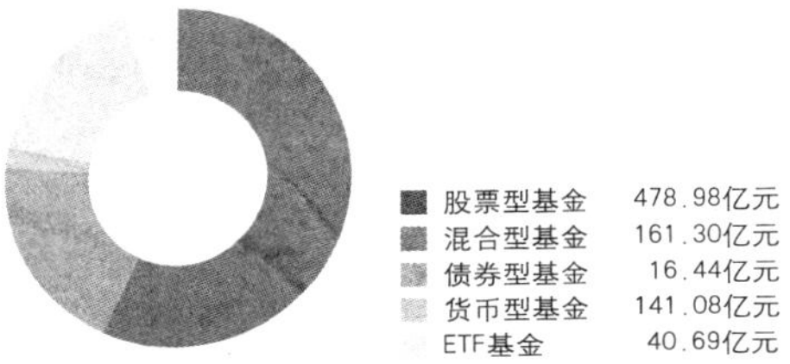

2009年基金资产规模构成(不含封闭式基金)

(注：*该数据统计不含华安国际配置基金)

安信证券投资基金

基本资料			
基金简称	华安安信封闭	交易代码	500003
风险收益特征	——	业绩比较基准	——
合同生效日	1998年6月22日	基金总份额	20亿份
上市日期	1998年6月26日 地点 上交所	存续期	15年
基金管理人	华安基金管理有限公司	基金托管人	中国工商银行
注册登记人	中国证券登记结算有限责任公司上海分公司		

财务指标　单位：人民币（元）；%

项目　　年度	2009年	2008年	2007年
本期利润	1,310,750,437.34	-2,026,254,078.50	3,974,838,712.90
本期加权平均净值利润率	44.53	-52.70	66.88
期末基金资产净值	3,350,474,473.65	2,559,724,036.31	6,725,978,114.81
期末基金份额净值	1.6752	1.2799	3.3630
本期份额净值增长率	57.95	-41.08	104.24
累计份额净值增长率	864.57	510.67	936.42
基金收益分配	10派2.600	10派10.700	10派8.200

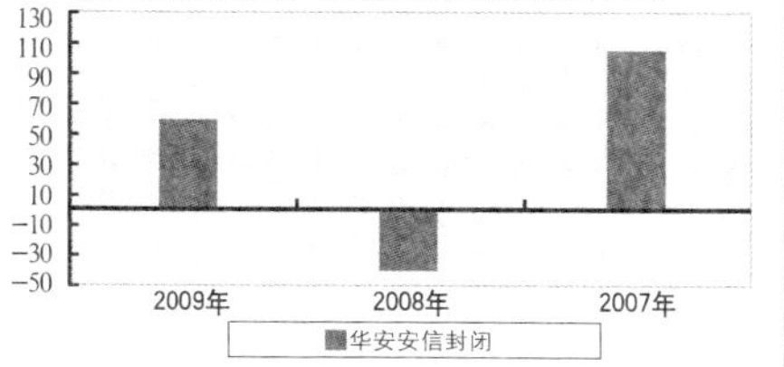

期末基金份额持有人户数	基金份额持有人户数为64,640户，平均每户持有30,941份。（期末截至2009年12月31日）
期末基金份额持有人结构	机构投资者持有份额1,204,242,253份，占总份额60.21%；个人投资者持有份额795,757,747份，占总份额39.79%。

基金业绩表现

2009年安信基金份额净值为1.6752元，全年份额净值增长率为57.95%。

基金管理团队

陈俏宇女士：基金经理，14年证券从业经历，工商管理硕士，中国注册会计师协会非执业会员。曾在上海万国证券公司发行部、申银万国证券公司国际业务部、上海申银万国证券研究所有限公司行业部工作。2003年加入华安基金公司，曾任研究发展部高级研究员、专户理财部投资经理、安顺证券投资基金和华安宏利基金经理助理；2007年3月至2008年2月担任安顺证券投资基金、华安宏利基金经理；2008年2月起任安信基金经理；2008年10月起同时担任华安核心优选基金经理。

基金运作分析

2009年年初，安信基金对市场的此种趋势性转折，尤其是流动性问题认知不够深刻，仍一度纠缠于具体的经济数据与企业盈利情况，因此在实施年度分红前的股票仓位相对保守。所幸的是在对流动性问题及对市场影响的重要性做出修正判断后，该基金在其后阶段内对股票仓位的调整相对积极灵活，较好地适应了市场节奏。行业配置方面，由于安信基金相信经济转型从中长期看都将是主旋律，因此配置的方向主要集中在医疗服务为主的泛消费板块，代表新经济方向的新能源及信息技术行业，以及城镇化发展过程中更具潜力的二三线城市的地产公司等方面。

管理人认为2010年是经济转型的过渡之年，市场进入整体估值的支撑乃至提升都将需要更确切和持续的企业业绩作为基础的真正考验阶段。由此，安信基金判断市场宽幅震荡的可能性偏大，对市场整体机会不抱过高奢望，但对各阶段的局部机会则相对乐观。

季度投资组合一览

项目　　季度	第一季度		第二季度		第三季度		第四季度	
基金资产净值	2,546,734,609.81元		2,889,716,557.63元		2,913,685,149.90元		3,350,474,473.65元	
基金份额净值	1.2734元		1.4449元		1.4568元		1.6752元	
基金资产组合	市值(元)	占总资产比(%)	市值(元)	占总资产比(%)	市值(元)	占总资产比(%)	市值(元)	占总资产比(%)
股票投资	1,848,017,677.93	60.09	2,182,863,012.55	74.36	2,137,963,350.72	72.90	2,609,025,174.93	76.81
债券投资	726,682,785.00	23.63	597,540,809.80	20.36	641,405,491.60	21.87	698,128,693.80	20.55
资产支持证券投资	——	——	——	——	——	——	——	——
金融衍生品投资	——	——	——	——	——	——	——	——
买入返售金融资产	——	——	——	——	——	——		
银行存款和结算备付金	427,494,612.74	13.90	114,711,937.22	3.91	140,280,367.58	4.78	72,339,928.22	2.13
其他资产	73,211,741.79	2.38	40,241,045.22	1.37	12,967,396.22	0.44	17,441,682.42	0.51

投资前五名股票明细	股票名称	公允价值(元)	占净值比(%)	股票名称	公允价值(元)	占净值比(%)	股票名称	公允价值(元)	占净值比(%)	股票名称	公允价值(元)	占净值比(%)
	金风科技	108,989,905.20	4.28	北京银行	128,291,400.00	4.44	北京银行	142,836,700.00	4.90	北京银行	164,390,000.00	4.91
	浦发银行	104,996,580.80	4.12	金风科技	119,217,429.84	4.13	中国平安	91,260,000.00	3.13	招商银行	136,747,756.65	4.08
	北京银行	95,120,000.00	3.73	浦发银行	102,806,997.72	3.56	交通银行	83,216,700.00	2.86	复星医药	117,768,326.43	3.51
	金晶科技	81,329,987.00	3.19	交通银行	87,306,900.00	3.02	复星医药	76,781,007.00	2.64	格力电器	105,631,000.00	3.15
	中信证券	76,410,000.00	3.00	中国平安	83,587,400.00	2.89	云南城投	74,295,000.00	2.55	云南城投	102,555,000.00	3.06

投资前五名债券明细	债券名称	公允价值(元)	占净值比(%)	债券名称	公允价值(元)	占净值比(%)	债券名称	公允价值(元)	占净值比(%)	债券名称	公允价值(元)	占净值比(%)
	08进出04	116,436,000.00	4.57	05农发13	60,858,000.00	2.11	05农发13	60,504,000.00	2.08	05农发13	60,324,000.00	1.80
	08进出08	63,156,000.00	2.48	08国开02	53,975,000.00	1.87	09央票42	58,968,000.00	2.02	09央票42	58,956,000.00	1.76
	05农发13	61,236,000.00	2.40	08国开16	53,040,000.00	1.84	08国开02	53,250,000.00	1.83	08国开02	52,740,000.00	1.57
	08国开02	54,535,000.00	2.14	08央票44	52,475,000.00	1.82	08国开16	52,465,000.00	1.80	08国开16	52,045,000.00	1.55
	08国开16	53,265,000.00	2.09	05国开27	50,670,000.00	1.75	08央票44	51,825,000.00	1.78	08央票44	51,440,000.00	1.54

安顺证券投资基金

基本资料

基金简称	华安安顺封闭	交易代码	500009
风险收益特征	——	业绩比较基准	——
合同生效日	1999年6月15日	基金总份额	30亿份
上市日期	1999年6月22日　地点　上交所	存续期	15年
基金管理人	华安基金管理有限公司	基金托管人	交通银行
注册登记人	中国证券登记结算有限责任公司上海分公司		

财务指标　　单位：人民币（元）；%

项目　年度	2009年	2008年	2007年
本期利润	2,542,287,673.67	-2,468,175,428.58	6,092,510,714.64
本期加权平均净值利润率	53.25	-48.60	71.89
期末基金资产净值	5,818,093,253.31	3,275,805,579.64	9,433,981,008.22
期末基金份额净值	1.9394	1.0919	3.1447
本期份额净值增长率	77.62	-38.22	113.48
累计份额净值增长率	734.06	369.62	660.15
基金收益分配	——	10派12.300	10派10.800

成立来累计净值增长率与同期基准收益率历史走势对比图（%）

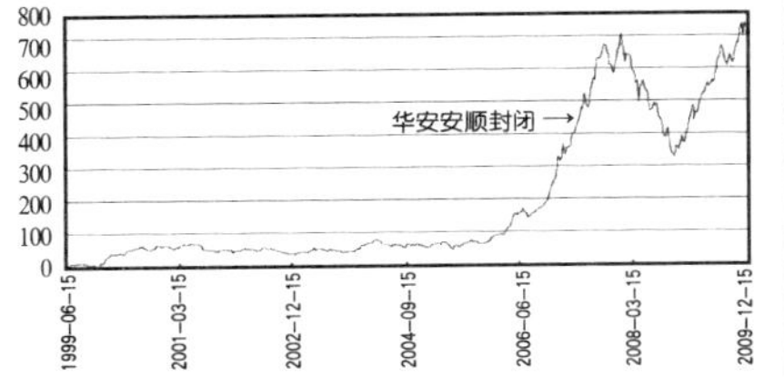

近三年净值增长率与同期基准收益率对比图（%）

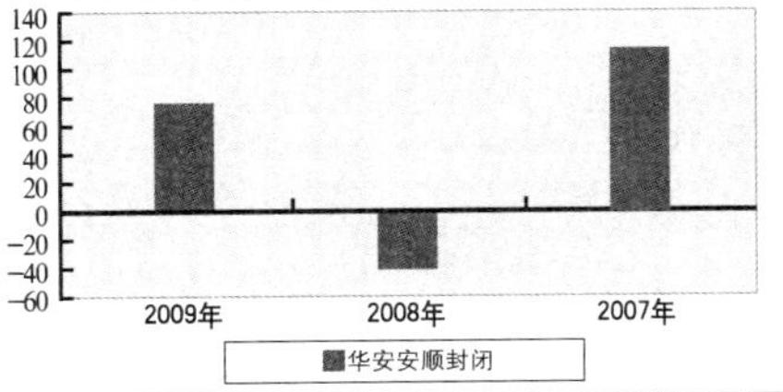

期末基金份额持有人户数	基金份额持有人户数为56,122户，平均每户持有53,454.97份。（期末截至2009年12月31日）
期末基金份额持有人结构	机构投资者持有1,655,086,833.00份，占总份额55.17%；个人投资者持有1,344,913,167.00份，占总份额44.83%。

基金业绩表现

截至2009年12月31日，安顺基金份额净值为1.9394元，全年份额净值增长率为77.62%。

基金管理团队

尚志民先生：基金经理、基金投资部总经理，13年证券从业经历，工商管理硕士。曾在上海证券报研究所、上海证大投资管理公司工作，进入华安基金管理公司后曾先后担任公司研究发展部高级研究员，1999年6月至2001年9月任安顺基金经理，2000年7月至2001年9月任安瑞基金经理，2001年9月至2003年9月任华安创新基金经理，2003年9月至今任安顺基金经理，2006 年9月起任华安宏利股票基金经理。

汪光成先生：基金经理，8年证券从业经历，管理学博士。2002年1月加入华安基金管理公司后，曾先后在战略策划部、研究发展部从事数量分析和行业研究工作。2009年3月起任华安创新基金经理；2008年2月至2009年3月任安顺基金经理。

陆从珍女士：基金经理助理，10年证券从业经历，经济学硕士。历任上海市工商局职员；京华山一证券上海公司高级研究员；中企东方资产管理公司高级研究员；东方证券研究部资深研究员等职。2008年3月加入华安基金管理公司，任研究发展部高级研究员，2009年5月起任安顺基金和华安宏利股票基金的基金经理助理。

基金运作分析

2009年，基于对市场的判断，安顺基金在全年保持相对高的仓位，仅在三季度，出于对政策调整的判断，在仓位方面有一定的变化。

在操作中，根据政策扶持可能产生的投资机会，及之后经济复苏对产业拉动的变化路径，该基金对投资组合进行相机调整。一季度，主要增加新能源的配置；二季度，增加资产、资源等板块的配置比例，同时在后期增加对防御类行业如医药、通讯的配置，使得基金表现在三季度相对平稳；四季度，该基金增加对TMT 行业的配置，同时也增加低估值的大型蓝筹股的投资比例，但随后而来的流动性收紧使得配置于大型蓝筹股的收益率在四季度后半期表现不佳。

季度投资组合一览

项目　季度	第一季度		第二季度		第三季度		第四季度	
基金资产净值	4,221,399,995.88元		4,858,557,501.82元		4,991,537,360.69元		5,818,093,253.31元	
基金份额净值	1.4071元		1.6195元		1.6638元		1.9394元	
基金资产组合	市值(元)	占总资产比(%)	市值(元)	占总资产比(%)	市值(元)	占总资产比(%)	市值(元)	占总资产比(%)
股票投资	2,647,758,320.35	61.95	3,611,158,312.69	74.10	3,890,113,207.05	77.69	4,569,540,010.46	78.28
债券投资	872,890,099.60	20.42	989,396,818.50	20.30	1,027,361,436.50	20.52	1,172,621,318.40	20.09
资产支持证券投资	——	——	——	——	——	——	——	——
金融衍生品投资	——	——	——	——	——	——	——	——
银行存款和结算备付金	630,821,185.56	14.76	244,962,424.74	5.03	41,885,474.47	0.84	41,985,812.96	0.72
其他资产	122,767,509.97	2.87	27,761,913.66	0.57	48,156,705.30	0.96	53,407,875.22	0.91

投资前五名股票明细	股票名称	公允价值(元)	占净值比(%)	股票名称	公允价值(元)	占净值比(%)	股票名称	公允价值(元)	占净值比(%)	股票名称	公允价值(元)	占净值比(%)
	金风科技	179,584,405.55	4.25	中国平安	237,403,054.00	4.89	贵州茅台	247,290,000.00	4.95	复星医药	293,548,219.13	5.05
	贵州茅台	133,235,973.26	3.16	兴业银行	233,421,900.00	4.80	复星医药	233,639,081.37	4.68	贵州茅台	271,542,180.00	4.67
	浦发银行	113,981,808.00	2.70	金风科技	214,451,388.00	4.41	招商银行	224,655,556.60	4.50	云南城投	239,295,000.00	4.11
	盐湖钾肥	108,645,200.00	2.57	贵州茅台	174,651,800.00	3.59	中国平安	212,934,930.00	4.27	招商银行	238,258,195.00	4.10
	复星医药	99,945,600.00	2.37	云南城投	140,070,000.00	2.88	海螺水泥	191,480,616.99	3.84	兴业银行	237,829,000.00	4.09

投资前五名债券明细	债券名称	公允价值(元)	占净值比(%)	债券名称	公允价值(元)	占净值比(%)	债券名称	公允价值(元)	占净值比(%)	债券名称	公允价值(元)	占净值比(%)
	08央票50	106,100,000.00	2.51	08央票50	105,020,000.00	2.16	09央票42	127,764,000.00	2.56	09央票42	137,564,000.00	2.36
	08央票101	77,872,000.00	1.84	08央票101	96,590,000.00	1.99	08央票50	103,700,000.00	2.08	09央票36	117,948,000.00	2.03
	08央票92	77,736,000.00	1.84	08央票92	96,440,000.00	1.98	09央票41	99,670,000.00	2.00	08央票50	102,930,000.00	1.77
	02国债(10)	77,112,294.00	1.83	02国债(10)	81,538,580.60	1.68	09央票47	99,670,000.00	2.00	08央票44	102,880,000.00	1.77
	07农发01	70,994,000.00	1.68	07农发01	70,630,000.00	1.45	07农发01	70,287,000.00	1.41	07农发01	70,049,000.00	1.20

华安创新证券投资基金

基本资料

基金简称	华安创新混合		交易代码	040001	
风险收益特征	——				
业绩比较基准	75%×中信标普300指数收益率+25%×中信标普国债指数收益率				
合同生效日	2001年9月21日	首募份额	50亿份	认购户数	45，618户
基金管理人	华安基金管理有限公司		基金托管人	交通银行	
注册登记人	华安基金管理有限公司				

财务指标　　单位：人民币(元)；%

项目 \ 年度	2009年	2008年	2007年
本期利润	2,912,298,968.44	−6,178,259,891.13	1,986,592,860.00
本期加权平均净值利润率	35.55	−63.22	38.44
期末基金资产净值	8,463,989,977.86	7,148,772,928.25	14,415,317,074.83
期末基金份额净值	0.779	0.544	0.997
本期份额净值增长率	43.20	−45.44	113.05
累计份额净值增长率	305.26	183.00	418.67
基金收益分配	——	——	——

成立来累计净值增长率与同期基准收益率历史走势对比图（%）

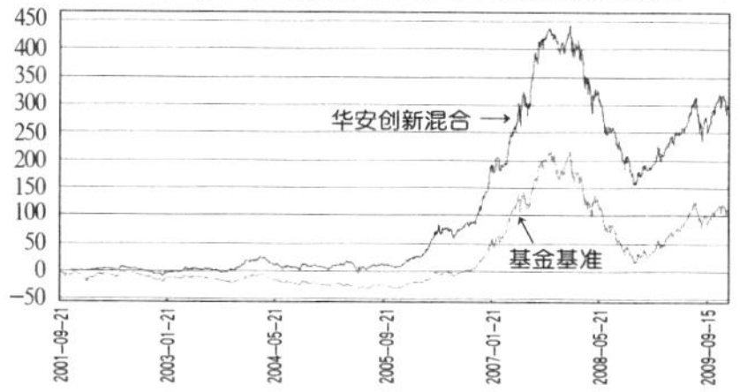

近三年净值增长率与同期基准收益率对比图（%）

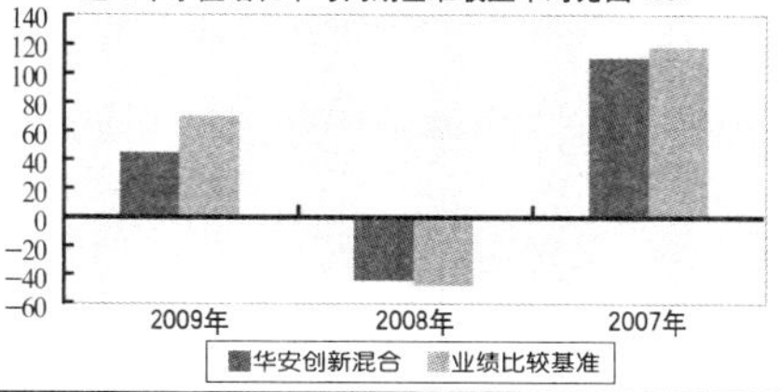

期末基金份额持有人户数	基金份额持有人户数为528,365户，平均每户持有20,554.45份。（期末截至2009年12月31日）
期末基金份额持有人结构	机构投资者持有份额371,657,213.84份，占总份额3.42%；个人投资者持有份额10,488,592,257.23份，占总份额96.58%。

基金业绩表现

截至2009年12月31日，华安创新混合基金份额净值为0.779元，全年净值增长率为43.20%，同期业绩比较基准收益率为71.48%。

基金管理团队

刘新勇先生：基金经理，12年证券从业经历，硕士。曾在淄博基金管理公司从事研究、投资工作。1999年5月加入华安基金管理公司后，曾任研究发展部高级研究员，2002年11月至2003年9月担任华安上证180指数增强型基金（后更名为华安MSCI中国A股指数增强型基金）经理；2007年4月至2008年2月曾担任安信基金经理；2003年9月至2009年3月任华安创新混合基金经理。

汪光成先生：基金经理，8年证券从业经历，管理学博士。2002年1月加入华安基金管理公司后，曾先后在战略策划部、研究发展部从事数量分析和行业研究工作；2008　年2月至2009年3月担任安顺证券投资基金和华安宏利股票基金经理；2009年3月起任华安创新混合基金经理。

基金运作分析

2009年度华安创新混合基金更换了基金经理，由于年初过于保守的股票仓位和以防御性股票为主，导致错失一季度强劲的上涨行情。其后由于对市场的上涨幅度和周期性行业估值提升的估计不足以及谨慎的操作风格，虽然百般努力，但仍然没有挽回被动局面，基金业绩表现比较平庸。

季度投资组合一览

项目 \ 季度	第一季度		第二季度		第三季度		第四季度	
基金资产净值	8,178,469,173.03元		8,247,744,702.21元		7,683,031,476.62元		8,463,989,977.86元	
基金份额	12,941,256,293.48份		11,618,730,514.90份		11,250,954,296.64份		10,860,249,471.07份	
基金份额净值	0.6320元		0.7100元		0.6830元		0.7790元	
基金资产组合	市值(元)	占总资产比(%)	市值(元)	占总资产比(%)	市值(元)	占总资产比(%)	市值(元)	占总资产比(%)
股票投资	4,306,323,497.03	51.69	5,960,016,558.67	71.44	5,339,145,125.59	69.28	6,304,166,885.23	74.04
债券投资	3,101,557,207.90	37.23	1,996,576,129.20	23.93	1,699,785,974.90	22.06	1,769,445,206.10	20.78
资产支持证券投资	——	——	——	——	——	——	——	——
金融衍生品投资	——	——	——	——	——	——	——	——
买入返售金融资产	——	——	——	——	——	——	——	——
银行存款和结算备付金	791,575,592.89	9.50	326,746,101.88	3.92	617,586,352.52	8.01	405,961,623.13	4.77
其他资产	131,546,497.00	1.58	59,232,521.26	0.71	50,435,659.68	0.65	35,328,976.11	0.41

投资前五名股票明细	股票名称	公允价值(元)	占净值比(%)	股票名称	公允价值(元)	占净值比(%)	股票名称	公允价值(元)	占净值比(%)	股票名称	公允价值(元)	占净值比(%)
	浦发银行	526,080,000.00	6.43	浦发银行	619,512,099.14	7.51	浦发银行	423,265,303.35	5.51	浦发银行	433,800,000.00	5.13
	中信证券	203,869,521.00	2.49	民生银行	380,160,000.00	4.61	民生银行	253,951,492.62	3.31	格力电器	303,870,000.00	3.59
	万 科A	198,720,000.00	2.43	中国平安	272,030,000.00	3.30	海螺水泥	236,662,116.99	3.08	北京银行	232,080,000.00	2.74
	格力电器	182,070,000.00	2.23	北京银行	227,640,000.00	2.76	中国平安	228,150,000.00	2.97	中国平安	231,378,000.00	2.73
	苏宁电器	169,304,974.85	2.07	苏宁电器	226,099,532.62	2.74	格力电器	218,000,000.00	2.84	海螺水泥	225,192,590.28	2.66
投资前五名债券明细	债券名称	公允价值(元)	占净值比(%)	债券名称	公允价值(元)	占净值比(%)	债券名称	公允价值(元)	占净值比(%)	债券名称	公允价值(元)	占净值比(%)
	08央票35	317,730,000.00	3.88	08央票35	314,490,000.00	3.81	08央票35	310,710,000.00	4.04	08央票05	307,560,000.00	3.63
	08央票05	316,440,000.00	3.87	08央票05	313,170,000.00	3.80	08央票05	309,780,000.00	4.03	09央票55	299,010,000.00	3.53
	08央票95	194,460,000.00	2.38	07国开27	131,484,000.00	1.59	07国开27	127,896,000.00	1.66	09央票42	127,738,000.00	1.51
	08央票61	193,140,000.00	2.36	08央票44	125,940,000.00	1.53	09央票42	127,764,000.00	1.66	07国开27	126,972,000.00	1.50
	07国开27	132,396,000.00	1.62	08国开16	106,080,000.00	1.29	09央票47	119,604,000.00	1.56	09国开18	119,988,000.00	1.42

华安MSCI中国A股指数增强型证券投资基金

基本资料

基金简称	华安中国A股增强指数		交易代码	040002(前端) 041002(后端)	
风险收益特征	该基金为增强型指数基金，通过承担证券市场的系统性风险，来获取市场的平均回报，属于中等风险、中等收益的基金品种。				
业绩比较基准	MSCI中国A股指数收益率+5%×金融同业存款利率				
合同生效日	2002年11月8日	首募份额	30.94亿份	认购户数	79,843户
基金管理人	华安基金管理有限公司		基金托管人	中国工商银行	
注册登记人	华安基金管理有限公司				

财务指标 单位：人民币(元)；%

项目 \ 年度	2009年	2008年	2007年
本期利润	2,845,747,620.13	−4,884,700,075.95	1 793,730,568.59
本期加权平均净值利润率	55.76	−99.32	58.11
期末基金资产净值	5,733,841,768.20	3,627,316,273.50	6 386,096,840.97
期末基金份额净值	0.957	0.517	4.519
本期份额净值增长率	85.11	−62.45	154.07
累计份额净值增长率	287.69	109.44	457.82
基金收益分配	——	——	10派2.000

成立来累计净值增长率与同期基准收益率历史走势对比图（%）

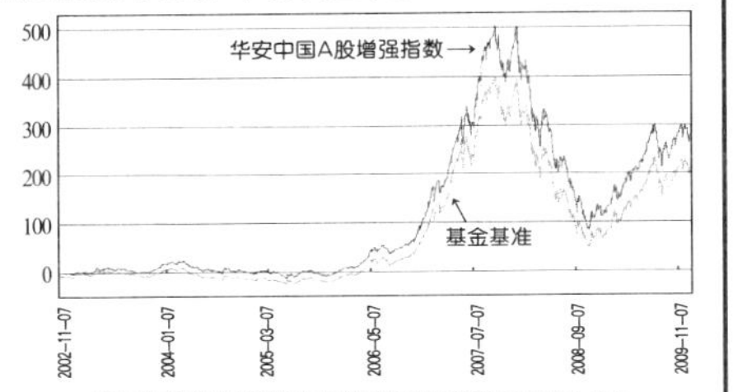

近三年净值增长率与同期基准收益率对比图（%）

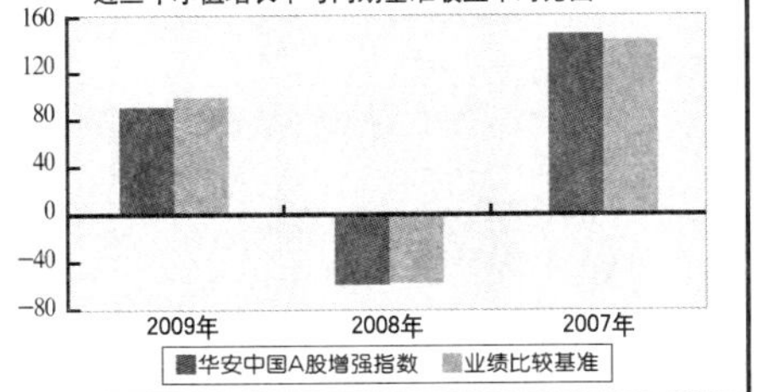

期末基金份额持有人户数	基金份额持有人户数为263,491户，平均每户持有22,739.72份。（期末截至2009年12月31日）
期末基金份额持有人结构	机构投资者持有份额751,463,121.06份，占总份额12.54%；个人投资者持有份额5,240,249,751.14份，占总份额87.46%。

基金业绩表现

2009年华安中国A股增强指数基金全年净值增长率为85.11%，同期业绩基准收益率为90.27%。

基金管理团队

许之彦先生：基金经理、风险管理和金融工程部总经理，7年证券基金从业经历，理学博士，CQF(国际数量金融工程师)。曾就职于广发证券和中山大学经济管理学院博士后流动站。2005年加入华安基金公司，曾任研究发展部数量策略分析师，2008年4月起任华安中国A股增强指数基金经理，2009年9月起兼任上证180ETF指数基金及上证180ETF联接基金经理。

刘　璎女士：基金经理，9年证券从业经历，管理学硕士。曾在交通银行工作，2001年加入华安基金公司，历任市场部高级投资顾问、专户理财部客户主管、上证180交易型开放式指数基金经理助理。2007年3月起担任上证180交易型开放式指数基金经理，2008年4月起同时任华安中国A股增强指数基金经理。

牛　勇先生：基金经理助理，6年证券从业经历，复旦大学经济学硕士，FRM(金融风险管理师)。曾在泰康人寿保险公司从事研究工作。2008年5月加入华安基金公司后任金融工程部高级金融工程师，2009年7月起任华安中国A股增强指数基金经理助理。

基金运作分析

2009年，华安中国A股增强指数基金在下半年适度超配了机械类股。8月起受地产调控政策影响市场震荡较大，有色、地产等周期性行业落后市场，在坚持拟合MSCI中国A股指数下，该基金期间适度低配了有色、地产行业。哥本哈根会议未能给新能源板块带来超预期收益，超配的新能源个股带来负向超额贡献。另外根据MSCI公司对MSCI ChinaA指数编制规则的调整，该基金在8月和11月底对成份股进行调整操作。

季度投资组合一览

项目 \ 季度	第一季度		第二季度		第三季度		第四季度	
基金资产净值	4,412,152,970.47元		5,051,229,405.14元		5,372,625,892.71元		5,733,841,768.20元	
基金份额	6,351,035,834.52份		5,950,137,166.30份		6,570,830,454.01份		5,991,712,872.20份	
基金份额净值	0.6950元		0.8490元		0.8180元		0.9570元	
基金资产组合	市值(元)	占总资产比(%)	市值(元)	占总资产比(%)	市值(元)	占总资产比(%)	市值(元)	占总资产比(%)
股票投资	4,096,063,311.43	90.73	4,790,796,268.64	93.85	5,098,134,372.82	94.37	5,423,216,952.13	93.97
债券投资	96,740,000.00	2.14	196,100,000.00	3.84	49,981,195.46	0.93	98,340,000.00	1.70
资产支持证券投资	——	——	——	——	——	——	——	——
金融衍生品投资	——	——	——	——	——	——	——	——
银行存款和结算备付金	223,472,694.60	4.95	80,477,449.08	1.58	221,622,361.37	4.10	222,446,775.60	3.85
其他资产	98,173,975.77	2.17	37,365,821.25	0.73	32,481,232.52	0.60	27,370,579.76	0.47

项目	第一季度			第二季度			第三季度			第四季度		
投资前五名股票明细	股票名称	公允价值(元)	占净值比(%)	股票名称	公允价值(元)	占净值比(%)	股票名称	公允价值(元)	占净值比(%)	股票名称	公允价值(元)	占净值比(%)
	中信证券	198,330,993.09	4.50	招商银行	202,864,239.18	4.02	招商银行	187,458,435.00	3.49	招商银行	188,087,371.65	3.28
	招商银行	143,524,489.14	3.25	浦发银行	149,593,398.20	2.96	中国平安	177,781,578.00	3.31	中国平安	184,738,806.00	3.22
	中国平安	130,922,993.38	2.97	中信证券	149,082,182.28	2.95	中信证券	142,202,083.09	2.65	中信证券	147,073,242.24	2.57
	浦发银行	128,855,624.00	2.92	万 科A	130,015,192.50	2.57	民生银行	125,806,325.98	2.34	浦发银行	127,216,990.53	2.22
	交通银行	109,034,268.74	2.47	中国平安	129,354,815.32	2.56	交通银行	119,323,451.52	2.22	交通银行	117,104,486.40	2.04
投资前五名债券明细	债券名称	公允价值(元)	占净值比(%)	债券名称	公允价值(元)	占净值比(%)	债券名称	公允价值(元)	占净值比(%)	债券名称	公允价值(元)	占净值比(%)
	08央票70	96,740,000.00	2.19	09央票18	99,740,000.00	1.97	09央票39	49,835,000.00	0.93	09央票30	98,340,000.00	1.72
				08央票92	48,220,000.00	0.95	安泰转债	146,195.46	0.00			
				08央票84	48,140,000.00	0.95						

华安现金富利投资基金

基本资料					
基金简称	华安现金富利货币	交易代码	A:040003 B:041003		
风险收益特征	该基金面临与其他开放式基金相同的风险，但由于该基金是以短期金融工具投资为主的低风险开放式基金，上述风险在该基金中存在一定的特殊性。该基金主要面临的风险为：利率风险、信用风险、流动性风险等。				
业绩比较基准	当期银行个人活期储蓄利率（税前）				
合同生效日	2003年12月30日	首募份额	42.53亿份	认购户数	118,183户
基金管理人	华安基金管理有限公司	基金托管人	中国工商银行		
注册登记人	华安基金管理有限公司				

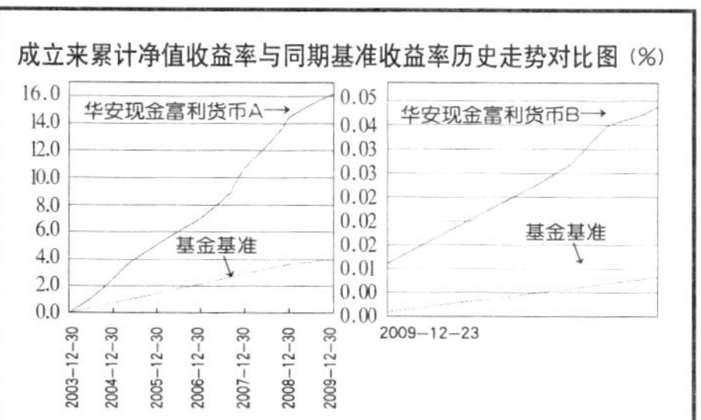

财务指标　单位：人民币（元）；%

项目＼年度	2009年 A	2009年 B	2008年	2007年
本期利润	1.7670亿元	0.0266亿元	270,943,225.72	176,946,722.94
期末基金资产净值	19.9215亿元	121.1608亿元	19,894,071,247.09	6,138,760,285.00
期末基金份额净值	1.0000	1.0000	1.0000	1.0000
本期份额净值收益率	1.4998	0.0465	3.3029	3.4896
累计份额净值收益率	16.1680	0.0465	14.4516	10.7923
基金收益分配	1.7670亿元	0.0266亿元	270,943,225.72	176,946,722.94

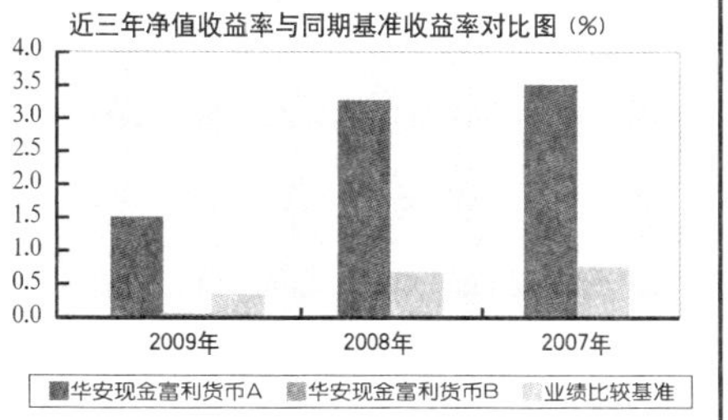

期末基金份额持有人户数	A：基金份额持有人户数为57,143户，平均每户持有34,862.61份。 B：基金份额持有人户数为141户，平均每户持有85,929,661.43份。　（期末截至2009年12月31日）
期末基金份额持有人结构	A：机构投资者持有份额111,783,520.31份，占总份额5.61%，个人投资者持有份额1,880,370,318.93份，占总份额94.39%。 B：机构投资者持有份额11,765,628,596.80份，占总份额97.11%，个人投资者持有份额350,453,664.16份，占总份额2.89%。

基金业绩表现

2009年华安现金富利货币基金全年净值收益率为1.4998%，同期业绩比较基准收益率为0.3600%。

基金管理团队

黄　勤先生：基金经理、固定收益部总经理，9年证券从业经历，经济学硕士。13年银行、基金从业经历。曾在上海银行资金部从事债券投资、交易工作。2004年8月加入华安基金公司，曾任固定收益部债券投资经理，2007年5月起任华安现金富利货币基金经理，2009年4月13日起同时担任华安强化收益债券基金经理。

杨　柳女士：基金经理助理，8年证券从业经历，金融学硕士。曾先后在平安保险资产营运中心、太平人寿投资部从事流动性管理及债券交易工作。2005年8月加入华安基金管理公司，任集中交易部高级交易员。2009年12月起担任华安现金富利货币基金经理助理。

基金运作分析

2009年，华安现金富利货币基金密切跟踪宏观经济和货币政策的变化，在二、三季度货币市场利率降至低位的情况下主动降低组合的平均剩余期限，提高现金类资产的比重，并在三、四季度逐步延长组合的平均剩余期限，增持高票息的短期融资券，提高基金投资收益。同时，少量配置一年期央票，作为流动性管理的工具。

季度投资组合一览

项目＼季度	第一季度		第二季度		第三季度		第四季度	
基金资产净值	14,264,509,423.72元		10,312,580,067.47元		7,029,463,915.08元		14,108,236,100.20元	
基金份额	14,264,509,423.72份		10,312,580,067.47份		7,029,463,915.08份		14,108,236,100.20份	
基金份额净值	1.000元		1.000元		1.000元		1.000元	
基金资产组合	市值(元)	占总资产比(%)	市值(元)	占总资产比(%)	市值(元)	占总资产比(%)	市值(元)	占总资产比(%)
股票投资	——	——	——	——	——	——	——	——
债券投资	14,045,105,112.05	84.08	7,314,092,219.84	70.71	4,453,421,043.63	62.63	3,403,688,825.06	20.79
资产支持证券投资	——	——	——	——	——	——	——	——
金融衍生品投资	——	——	——	——	——	——	——	——
买入返售金融资产	——	——	684,300,396.45	6.62	477,800,409.80	6.72	5,245,546,309.82	32.05
银行存款和结算备付金	2,132,149,238.30	12.76	2,233,675,953.15	21.60	2,167,103,862.76	30.48	7,696,068,656.29	47.02
其他资产	526,656,901.85	3.15	111,101,700.55	1.07	12,684,408.45	0.18	22,661,314.97	0.14

投资前五名债券明细	债券名称	公允价值(元)	占净值比(%)	债券名称	公允价值(元)	占净值比(%)	债券名称	公允价值(元)	占净值比(%)	债券名称	公允价值(元)	占净值比(%)
	08央票106	1,480,142,545.90	10.38	08央票95	1,158,221,317.20	11.23	09央行票据42	541,055,680.52	7.70	09农发07	330,394,466.70	2.34
	08央票95	1,154,991,110.54	8.10	07进出09	960,693,316.70	9.32	09武钢CP01	300,004,886.45	4.27	09武钢CP01	250,003,026.99	1.77
	08央票112	1,028,269,074.58	7.21	08央票101	528,803,575.06	5.13	09央行票据38	295,319,058.85	4.20	09央行票据38	247,183,841.12	1.75
	07进出09	962,181,342.05	6.75	08央票92	339,409,136.40	3.29	09华侨城CP01	240,100,820.83	3.42	09国开投CP02	189,930,203.03	1.35
	08央票114	916,791,327.32	6.43	08电网CP03	270,878,966.80	2.63	09华能CP02	200,007,818.72	2.85	09国开投CP01	150,001,214.29	1.06

期限　投资组合平均剩余	平均剩余期限	占净值比(%)	平均剩余期限	占净值比(%)	平均剩余期限	占净值比(%)	平均剩余期限	占净值比(%)
	30天以内	5.96	30天以内	27.61	30天以内	36.20	30天以内	86.06
	30天(含)—60天	14.26	30天(含)—60天	26.28	30天(含)—60天	3.43	30天(含)—60天	5.68
	60天(含)—90天	12.20	60天(含)—90天	10.22	60天(含)—90天	9.39	60天(含)—90天	6.63
	90天(含)—180天	45.27	90天(含)—180天	14.78	90天(含)—180天	5.98	90天(含)—180天	0.57
	180天(含)—397天（含）	37.95	180天(含)—397天（含）	20.33	180天(含)—397天（含）	45.98	180天(含)—397天（含）	16.92

华安宝利配置证券投资基金

基本资料					
基金简称	华安宝利配置混合	交易代码	040004		
风险收益特征	该基金主要面临的风险为：利率风险，政策风险，经济周期风险，信用风险，再投资风险，上市公司经营风险，新产品创新带来的风险，购买力风险，流动性风险，现金管理风险，技术风险，管理风险，巨额赎回风险等。				
业绩比较基准	35%×天相转债指数收益率+30%×天相280指数收益率+30%×天相国债全价指数收益率+5%×金融同业存款利率				
合同生效日	2004年8月24日	首募份额	11.30亿份	认购户数	4 613户
基金管理人	华安基金管理有限公司	基金托管人	交通银行		
注册登记人	华安基金管理有限公司				

成立来累计净值增长率与同期基准收益率历史走势对比图（%）

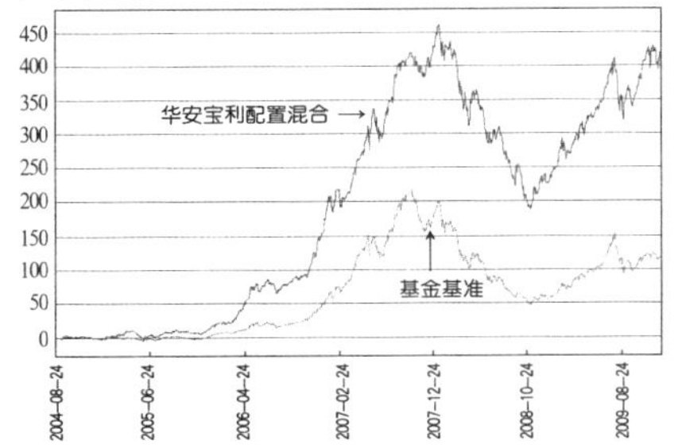

财务指标　　单位：人民币（元）；%

项目 \ 年度	2009年	2008年	2007年
本期利润	1,797,990,724.66	-2,037,254,863.10	1,634,175,911.37
本期加权平均净值利润率	45.66	-52.95	65.12
期末基金资产净值	4,771,627,751.49	2,894,572,949.82	3,234,899,997.13
期末基金份额净值	1.102	0.686	1.149
本期份额净值增长率	60.64	-38.20	108.00
累计份额净值增长率	424.53	226.52	428.34
基金收益分配	——	10派0.400	10派11.000

近三年净值增长率与同期基准收益率对比图（%）

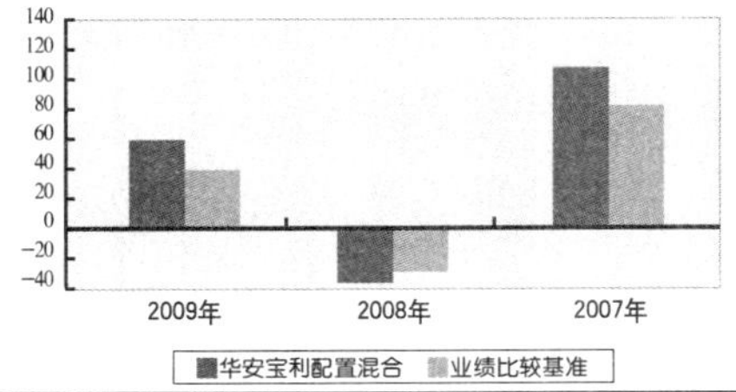

期末基金份额持有人户数	基金份额持有人户数为174,933户，平均每户持有24,760.68份。（期末截至2009年12月31日）
期末基金份额持有人结构	机构投资者持有份额1,253,857,083.32份，占总份额28.95%；个人投资者持有份额3,077,603,137.45份，占总份额71.05%。

基金业绩表现

2009年华安宝利配置混合基金全年净值增长率为60.64%，同期业绩基准收益率为39.49%。

基金管理团队

邓跃辉先生：基金经理，7年证券从业经历，经济学硕士，CFA。2003 年4月加入华安基金管理公司，曾任研究发展部高级研究员；2008年2月起任华安策略优选股票基金经理；2008年4月起同时任华安宝利配置混合基金经理。

沈雪峰女士：基金经理，16年证券从业经历，经济学硕士。曾就职于安徽省国际信托投资公司、华安基金管理公司、亚洲证券资产管理总部、华富基金管理公司。2008年6月重新加入华安基金管理公司，2008年10月起任华安宝利配置混合基金经理；2009年6月起同时任华安中小盘成长股票基金经理。

基金运作分析

2009年初华安宝利配置混合基金提高基金仓位并逐步加大周期性股票的配置比重，虽然在3、4月份有一次错误的大幅度减仓行为，但很快就进行了纠正，全年来看，华安宝利配置混合基金仓位基本维持在较高水平，并在四季度把握了几次波段机会；行业配置方面，该基金虽对某些景气行业有所偏重，但偏离基准幅度不大，为基金带来的超额收益也不算显著，基金超额收益主要来自于仓位判断和个股选择，在未来的基金投资中需在行业投资力度上有所加强。

季度投资组合一览

项目 \ 季度	第一季度		第二季度		第三季度		第四季度	
基金资产净值	3,482,104,377.04元		4,006,393,879.22元		4,042,310,202.04元		4,771,627,751.49元	
基金份额	4,217,441,213.31份		4,237,033,206.42份		4,355,019,116.25份		4,331,460,220.77份	
基金份额净值	0.8260元		0.9460元		0.9280元		1.1020元	
基金资产组合	市值(元)	占总资产比(%)	市值(元)	占总资产比(%)	市值(元)	占总资产比(%)	市值(元)	占总资产比(%)
股票投资	2,014,810,845.11	57.13	2,782,860,628.39	68.79	2,822,569,044.24	69.48	3,675,690,304.48	73.97
债券投资	1,263,393,872.42	35.82	948,816,794.20	23.45	714,201,706.60	17.58	851,074,473.67	17.13
资产支持证券投资	——	——	——	——	——	——	——	——
金融衍生品投资	——	——	——	——	——	——	——	——
买入返售金融资产	——	——	——	——	——	——	——	——
银行存款和结算备付金	166,017,097.65	4.71	267,099,996.11	6.60	474,675,660.98	11.68	397,772,373.11	8.00
其他资产	82,536,749.62	2.34	46,604,270.54	1.15	51,172,710.73	1.26	44,592,556.97	0.90

投资前五名股票明细	股票名称	公允价值(元)	占净值比(%)	股票名称	公允价值(元)	占净值比(%)	股票名称	公允价值(元)	占净值比(%)	股票名称	公允价值(元)	占净值比(%)
	中信证券	155,188,710.00	4.46	中国平安	163,218,000.00	4.07	民生银行	207,296,451.00	5.13	光大证券	217,308,133.68	4.55
	浦发银行	113,885,491.52	3.27	海通证券	123,419,415.00	3.08	招商银行	188,047,979.64	4.65	北大荒	195,229,203.75	4.09
	招商银行	76,464,000.00	2.20	万科A	114,750,000.00	2.86	中国平安	167,946,082.20	4.15	中国平安	155,353,800.00	3.26
	金风科技	64,240,000.00	1.84	招商银行	112,050,000.00	2.80	香江控股	102,699,121.60	2.54	招商银行	155,230,000.00	3.25
	南京银行	61,728,887.80	1.77	兴业银行	100,197,000.00	2.50	云南城投	99,060,000.00	2.45	中国石化	147,946,099.02	3.10

投资前五名债券明细	债券名称	公允价值(元)	占净值比(%)	债券名称	公允价值(元)	占净值比(%)	债券名称	公允价值(元)	占净值比(%)	债券名称	公允价值(元)	占净值比(%)
	08央票17	105,680,000.00	3.03	99国债(8)	94,378,054.00	2.36	02国债(3)	76,293,900.00	1.89	09央票36	98,290,000.00	2.06
	08渝城投债	105,160,000.00	3.02	02国债(3)	76,406,928.00	1.91	06中化债	63,743,932.70	1.58	06中化债	51,497,600.00	1.08
	99国债(8)	94,902,897.20	2.73	06中化债	64,198,198.20	1.60	08央票05	51,630,000.00	1.28	08央票05	51,260,000.00	1.07
	02国债(3)	76,896,716.00	2.21	08渝城投债	52,440,000.00	1.31	06国开02	50,045,000.00	1.24	06国开02	50,055,000.00	1.05
	06中化债	64,994,910.00	1.87	08央票17	52,295,000.00	1.31	新钢转债	48,705,652.80	1.20	新钢转债	48,153,000.00	1.01

上证180交易型开放式指数证券投资基金

基本资料			
基金简称	华安上证180ETF	交易代码	510180
风险收益特征	该基金属于股票基金，其风险与收益高于混合基金、债券基金与货币市场基金。该基金为指数型基金，采用抽样复制策略，跟踪上证180指数，是股票基金中风险中等、收益中等的基金品种。		
业绩比较基准	上证180指数		
合同生效日	2006年4月13日	首募份额	10.73亿份
认购户数	4,570户		
基金管理人	华安基金管理有限公司	基金托管人	中国建设银行
注册登记人	中国证券登记结算有限责任公司		

成立来累计净值增长率与同期基准收益率历史走势对比图（%）

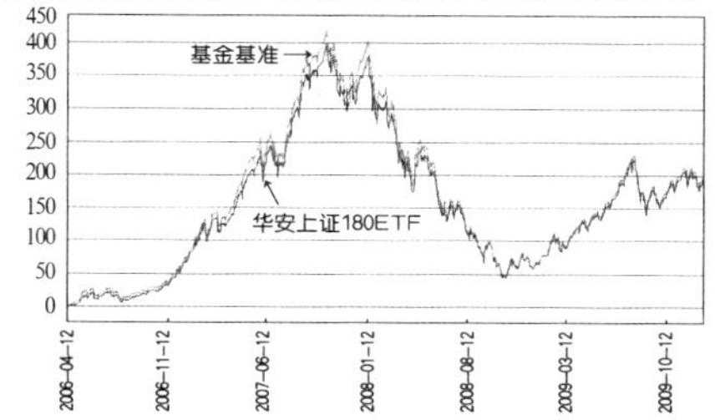

财务指标　单位：人民币（元）；%

项目 \ 年度	2009年	2008年	2007年
本期利润	890,861,221.17	-1,210,037,899.73	616,638,203.86
本期加权平均净值利润率	35.74	-101.50	70.77
期末基金资产净值	4,069,342,048.73	828,737,582.44	1,522,737,921.57
期末基金份额净值	0.770	4.206	11.866
本期份额净值增长率	87.82	-64.55	146.39
累计份额净值增长率	197.93	58.63	347.52
基金收益分配	10派1.490	——	——

近三年净值增长率与同期基准收益率对比图（%）

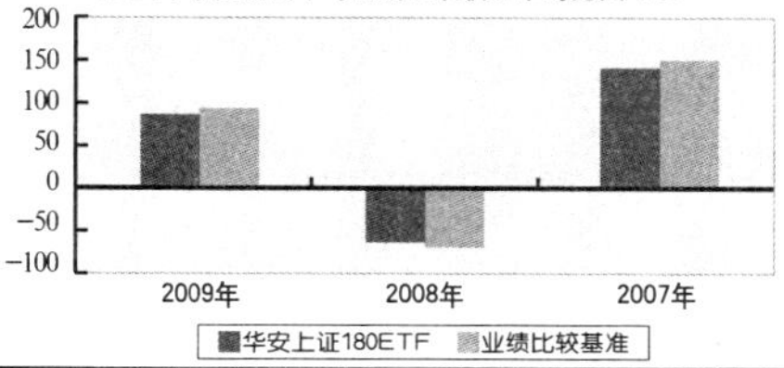

期末基金份额持有人户数	基金份额持有人户数为63,476户，平均每户持有83,216.12份。（期末截至2009年12月31日）
期末基金份额持有人结构	机构投资者持有份额3,057,313,108.00份，占总份额57.88%；个人投资者持有份额2,222,613,632.00份，占总份额42.08%。

基金业绩表现

2009年华安上证180ETF基金全年净值增长87.82%，同期业绩基准收益率为91.77%。

基金管理团队

卢赤斌先生：基金经理，11年证券从业经历，硕士学位。曾就职于美国先锋证券公司。2004年7月加入华安基金管理公司，在基金投资部负责交易型开放式基金的研发工作，曾任华安上证180ETF基金经理；2009年9月起任华安上证180ETF联接基金经理。

刘　璎女士：基金经理，9年证券从业经历，管理学硕士。曾在交通银行工作，2001年加入华安基金管理公司，历任市场部高级投资顾问、专户理财部客户主管、上证180ETF基金经理助理；2007年3月起任华安上证180ETF基金经理。

许之彦先生：基金经理，风险管理和金融工程部总经理，7年证券从业经历，理学博士。曾就职于广发证券和中山大学经济管理学院博士后流动站。2005年加入华安基金管理公司，曾任研究发展部数量策略分析师，2008年4月起任华安中国A股指数基金经理；2009年9月起同时任华安上证180ETF基金及华安上证180ETF联接基金经理。

基金运作分析

2009年华安上证180ETF基金进行了基金分红和基金份额的拆分操作。拆分后上证180ETF基金二级市场交易活跃，同时也带动了基金的一级市场申购，促进了基金资产规模扩大和投资的稳定性。

季度投资组合一览

项目 \ 季度	第一季度		第二季度		第三季度		第四季度	
基金资产净值	994,185,978.61元		2,083,036,780.58元		3,929,476,213.87元		4,069,342,048.73元	
基金份额	174,222,674.00份		2,960,226,740.00份		5,975,226,740.00份		5,282,226,740.00份	
基金份额净值	5.7060元		0.7040元		0.6580元		0.7700元	
基金资产组合	市值(元)	占总资产比(%)	市值(元)	占总资产比(%)	市值(元)	占总资产比(%)	市值(元)	占总资产比(%)
股票投资	972,105,472.37	97.36	2,041,230,699.81	97.92	3,884,505,460.39	98.75	4,009,088,660.23	97.94
债券投资	——	——	——	——	——	——	——	——
资产支持证券投资	——	——	——	——	——	——	——	——
金融衍生品投资	——	——	——	——	——	——	——	——
买入返售金融资产	——	——	——	——	——	——	——	——
银行存款和结算备付金	26,364,773.48	2.64	42,079,579.43	2.02	46,609,517.64	1.18	84,129,149.50	2.06
其他资产	5,534.89	0.00	1,250,434.35	0.06	2,505,346.60	0.06	10,587.58	0.00

投资前五名股票明细	股票名称	公允价值(元)	占净值比(%)	股票名称	公允价值(元)	占净值比(%)	股票名称	公允价值(元)	占净值比(%)	股票名称	公允价值(元)	占净值比(%)
	招商银行	54,082,716.39	5.44	招商银行	119,695,866.21	5.75	招商银行	194,524,974.70	4.95	招商银行	208,494,087.95	5.12
	中信证券	46,433,847.60	4.67	中国平安	89,415,024.50	4.29	交通银行	174,790,672.42	4.45	交通银行	173,262,736.90	4.26
	中国平安	42,502,284.07	4.28	民生银行	88,973,976.96	4.27	中国平安	171,595,873.80	4.37	中国平安	162,618,132.67	4.00
	浦发银行	42,199,638.72	4.24	兴业银行	88,615,191.66	4.25	民生银行	150,766,979.12	3.84	中信证券	152,698,978.53	3.75
	兴业银行	35,134,122.00	3.53	交通银行	83,836,013.74	4.02	兴业银行	145,970,671.23	3.71	民生银行	152,416,904.08	3.75

投资前五名债券明细	债券名称	公允价值(元)	占净值比(%)	债券名称	公允价值(元)	占净值比(%)	债券名称	公允价值(元)	占净值比(%)	债券名称	公允价值(元)	占净值比(%)

华安宏利股票型证券投资基金

基本资料			
基金简称	华安宏利股票	交易代码	040005
风险收益特征	该基金是一只主动投资的股票型基金，其风险与预期收益都要高于混合型基金，属于中高风险的基金品种。该基金力争在科学的风险管理的前提下，谋求实现基金财产的稳定增值。		
业绩比较基准	中信标普300指数收益率×90%+同业存款利率×10%		
合同生效日	2006年9月6日	首募份额	16.84亿份
		认购户数	28,953户
基金管理人	华安基金管理有限公司	基金托管人	中国建设银行
注册登记人	华安基金管理有限公司		

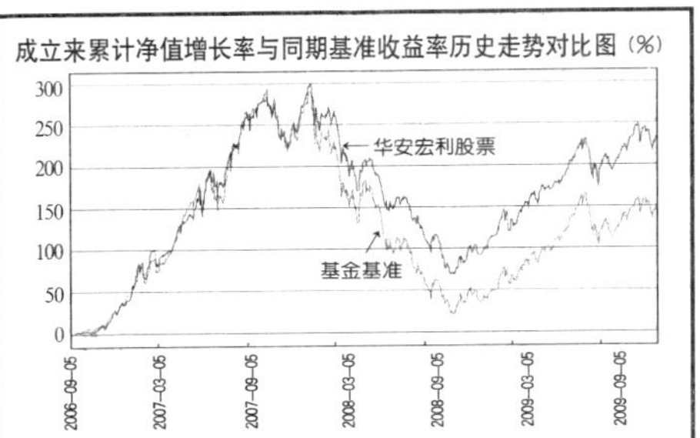

财务指标　单位：人民币（元）；%

项目＼年度	2009年	2008年	2007年
本期利润	6,205,469,629.63	−9,395,389,976.74	8,206,673,812.37
本期加权平均净值利润率	51.28	−70.97	72.56
期末基金资产净值	14,544,303,777.30	8,048,764,980.44	16,640,603,735.18
期末基金份额净值	2.6406	1.6399	3.1774
本期份额净值增长率	75.46	−48.39	166.25
累计份额净值增长率	236.97	92.05	272.11
基金收益分配	10派2.300	——	10派3.900

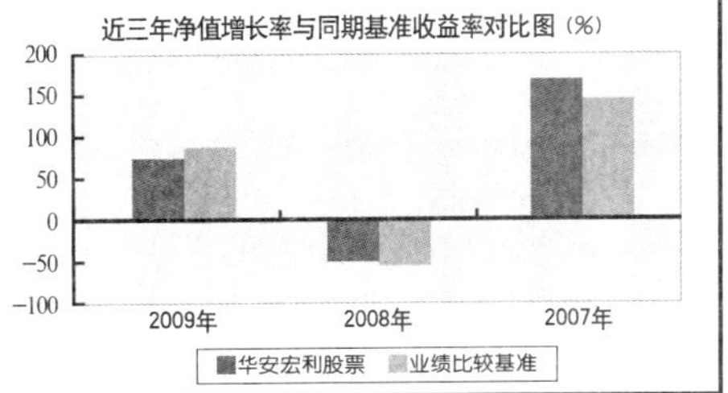

期末基金份额持有人户数	基金份额持有人户数为233,537户，平均每户持有23,584.64份。（期末截至2009年12月31日）
期末基金份额持有人结构	机构投资者持有份额2,541,201,406.67份，占总份额46.14%；个人投资者持有份额2,966,683,664.30份，占总份额53.86%。

基金业绩表现

2009年华安宏利股票基金全年份额净值增长75.46%，同期业绩基准收益率为85.57%。

基金管理团队

尚志民先生：基金经理、基金投资部总经理，13年证券从业经历，工商管理硕士。曾在上海证券报研究所、上海证大投资管理公司工作，进入华安基金管理公司后曾先后担任公司研究发展部高级研究员；2003年9月至今任安顺基金经理；2006年9月起同时任华安宏利股票基金经理。

汪光成先生：基金经理，8年证券从业经历，管理学博士。2002年1月加入华安基金管理公司，2009年3月起任华安创新基金经理；2008年2月至2009年3月任华安宏利股票基金经理。

陆从珍女士：基金经理助理，10年证券从业经历，经济学硕士。曾就职于上海市工商局、京华山一证券上海公司、中企东方资产管理公司、东方证券研究部。2008年3月加入华安基金管理公司，2009年5月起任华安宏利股票基金经理助理。

基金运作分析

2009年，华安宏利股票基金一直保持相对高的仓位运作。一季度重点在新能源；二季度提高对资产资源类股票的配置，并逐步提高对稳定性行业的配置，使得该基金在三季度的市场调整中保持相对平稳的表现；四季度增加对新兴产业的配置，主要配置在大中盘股；四季度后半期，地产和大盘股组合拖累了组合表现。

季度投资组合一览

项目＼季度	第一季度		第二季度		第三季度		第四季度	
基金资产净值	10,377,052,418.72元		12,530,857,195.83元		12,947,953,180.93元		14,544,303,777.30元	
基金份额	4,830,551,551.26份		4,990,795,393.19份		5,154,857,355.89份		5,507,885,070.97份	
基金份额净值	2.1482元		2.5103元		2.5118元		2.6406元	
基金资产组合	市值(元)	占总资产比(%)	市值(元)	占总资产比(%)	市值(元)	占总资产比(%)	市值(元)	占总资产比(%)
股票投资	8,218,405,107.77	78.53	10,871,455,715.90	86.19	10,754,661,841.46	82.60	13,637,362,296.28	92.04
债券投资	563,480,320.30	5.38	676,234,522.90	5.36	965,402,459.00	7.41	752,238,000.00	5.08
资产支持证券投资	——	——	——	——	——	——	——	——
金融衍生品投资	——	——	——	——	——	——	——	——
买入返售金融资产	——	——	——	——	——	——	——	——
银行存款和结算备付金	1,609,334,152.25	15.38	999,374,234.34	7.92	1,247,945,770.32	9.59	318,847,520.06	2.15
其他资产	74,535,929.37	0.71	66,553,903.84	0.53	51,581,417.34	0.40	107,576,517.20	0.73

投资前五名股票明细	股票名称	公允价值(元)	占净值比(%)	股票名称	公允价值(元)	占净值比(%)	股票名称	公允价值(元)	占净值比(%)	股票名称	公允价值(元)	占净值比(%)
	金风科技	610,278,353.85	5.88	中国平安	717,095,612.16	5.72	中国平安	719,889,300.00	5.56	中国平安	782,222,910.00	5.38
	贵州茅台	367,071,503.66	3.54	金风科技	607,818,588.00	4.85	贵州茅台	591,847,400.00	4.57	复星医药	718,217,160.42	4.94
	浦发银行	289,831,106.24	2.79	兴业银行	593,388,900.00	4.74	中国神华	558,620,964.00	4.31	兴业银行	705,384,690.00	4.85
	张江高科	288,516,657.61	2.78	贵州茅台	531,355,900.00	4.24	复星医药	532,060,502.58	4.11	贵州茅台	677,581,800.00	4.66
	盐湖钾肥	260,050,839.12	2.51	北京银行	439,018,374.00	3.50	招商银行	520,255,970.44	4.02	工商银行	652,799,510.40	4.49

投资前五名债券明细	债券名称	公允价值(元)	占净值比(%)	债券名称	公允价值(元)	占净值比(%)	债券名称	公允价值(元)	占净值比(%)	债券名称	公允价值(元)	占净值比(%)
	08央票110	293,010,000.00	2.82	08央票110	290,880,000.00	2.32	09央票44	393,080,000.00	3.04	09央票44	442,125,000.00	3.04
	08央票112	117,372,000.00	1.13	08央票112	174,870,000.00	1.40	08央票110	288,870,000.00	2.23	09央票49	129,571,000.00	0.89
	08央票106	97,460,000.00	0.94	08央票106	96,720,000.00	0.77	08央票112	173,736,000.00	1.34	07央票95	70,945,000.00	0.49
	08央票104	29,217,000.00	0.28	08央票117	48,790,000.00	0.39	08央票117	48,535,000.00	0.37	09央票55	49,835,000.00	0.34
	21国债(10)	20,570,000.00	0.20	08央票104	38,660,000.00	0.31	09央票42	39,312,000.00	0.30	09央票42	39,304,000.00	0.27

华安中小盘成长股票型证券投资基金

基本资料

基金简称	华安中小盘成长股票		交易代码	040007	
风险收益特征	该基金是积极成长型股票基金，属于较高预期风险和较高预期收益的基金品种，其预期风险收益水平高于混合型基金、债券基金和货币市场基金。				
业绩比较基准	40%×天相中盘成长指数+40%×天相小盘成长指数+20%×中债-国债总指数				
合同生效日	2007年4月10日	募集规模	98.83亿份	申购户数	753,378户
基金管理人	华安基金管理有限公司		基金托管人	中国工商银行	
注册登记人	华安基金管理有限公司				

财务指标 单位：人民币(元)；%

项目＼年度	2009年	2008年	2007.4.10至2007.12.31
本期利润	6,402,258,248.23	-12,071,042,338.14	8,460,937,860.00
本期加权平均净值利润率	58.60	-90.32	45.58
期末基金资产净值	11,401,600,104.05	8,025,427,032.85	19,544,161,732.53
期末基金份额净值	1.2367	0.6710	1.5854
本期份额净值增长率	84.31	-57.68	73.04
累计份额净值增长率	34.98	-26.76	73.04
基金收益分配	——	——	——

成立来累计净值增长率与同期基准收益率历史走势对比图(%)

近三年净值增长率与同期基准收益率对比图(%)

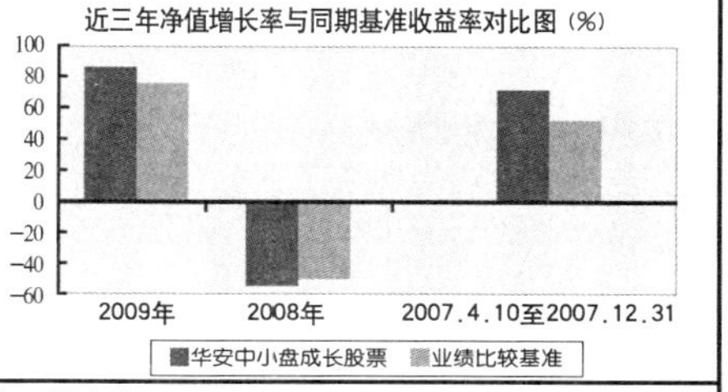

期末基金份额持有人户数	基金份额持有人户数为538,620户，平均每户持有17,116.36份。(期末截至2009年12月31日)
期末基金份额持有人结构	机构投资者持有份额356,983,218.70份，占总份额3.87%；个人投资者持有份额8,862,232,637.79份，占总份额96.13%。

基金业绩表现

截至2009年12月31日，华安中小盘成长股票基金份额净值为1.2367元，全年份额净值增长率为84.31%，同期业绩比较基准收益率为76.94%。

基金管理团队

刘光华先生：基金经理，12年证券从业经历，工商管理硕士。曾就职于农业银行上海分行、路透集团上海代表处、中银国际上海代表处。2001年加入华安基金管理公司，曾任研究部高级研究员，华安上证180ETF基金经理、华安中国A股指数基金经理、华安中小盘成长基金经理。

沈雪峰女士：基金经理，16年证券从业经历，经济学硕士。曾就职于安徽省国际信托投资公司、华安基金管理公司、亚洲证券资产管理总部、华富基金管理公司。2008年6月重新加入华安基金管理公司，现任华安宝利配置混合基金经理、华安中小盘成长股票基金经理。

基金运作分析

2009年，华安中小盘成长股票基金保持看多做多的思路，保持平均较高仓位运作。在行业选择、个股选择、仓位控制、股票交易等几个因素中，该基金个股选择超额贡献度遥遥领先，行业选择贡献次之，显示了该基金价值投资为基准的理念。行业配置超额贡献最大的行业为汽车、公用事业和医药等。交易策略仍是该基金的弱项，该基金善于通过仓位降低回避风险，但是加仓时点把握仍需进一步提高。

季度投资组合一览

项目＼季度	第一季度		第二季度		第三季度		第四季度	
基金资产净值	10,201,178,084.59元		11,737,118,714.04元		10,770,561,423.64元		11,401,600,104.05元	
基金份额	11,716,708,500.46份		11,159,038,130.30份		10,228,787,264.49份		9,219,215,856.49份	
基金份额净值	0.8707元		1.0518元		1.0530元		1.2367元	
基金资产组合	市值(元)	占总资产比(%)	市值(元)	占总资产比(%)	市值(元)	占总资产比(%)	市值(元)	占总资产比(%)
股票投资	7,171,442,110.56	69.93	10,020,980,423.42	84.18	8,225,210,822.29	76.03	10,564,552,431.66	90.69
债券投资	974,297,000.00	9.50	481,516,000.00	4.04	290,870,222.60	2.69	302,820,000.00	2.60
资产支持证券投资	——	——	——	——	——	——	——	——
金融衍生品投资	——	——	——	——	——	——	——	——
买入返售金融资产	——	——	300,000,000.00	2.52	——	——	——	——
银行存款和结算备付金	1,959,262,823.72	19.10	1,046,770,220.18	8.79	2,117,007,810.06	19.57	762,528,277.49	6.55
其他资产	150,459,526.29	1.47	54,834,540.06	0.46	184,785,119.44	1.71	18,951,477.29	0.16

投资前五名股票明细	股票名称	公允价值(元)	占净值比(%)	股票名称	公允价值(元)	占净值比(%)	股票名称	公允价值(元)	占净值比(%)	股票名称	公允价值(元)	占净值比(%)
	兴业银行	359,637,000.00	3.53	兴业银行	556,650,000.00	4.74	云南白药	403,667,537.00	3.75	福耀玻璃	500,490,000.00	4.39
	海螺水泥	293,932,057.56	2.88	中国平安	346,220,000.00	2.95	海螺水泥	402,232,520.69	3.73	海螺水泥	428,828,159.70	3.76
	华夏银行	288,630,000.00	2.83	海螺水泥	325,681,939.80	2.77	宇通客车	335,876,955.60	3.12	西山煤电	418,910,898.28	3.67
	湖北宜化	258,041,000.00	2.53	金融街	320,305,486.40	2.73	福耀玻璃	275,670,000.00	2.56	科华生物	407,352,213.95	3.57
	开滦股份	243,960,000.00	2.39	金地集团	310,148,800.00	2.64	湖北宜化	256,594,509.90	2.38	云南白药	404,680,000.00	3.55

投资前五名债券明细	债券名称	公允价值(元)	占净值比(%)	债券名称	公允价值(元)	占净值比(%)	债券名称	公允价值(元)	占净值比(%)	债券名称	公允价值(元)	占净值比(%)
	08进出04	291,090,000.00	2.85	08央票17	104,590,000.00	0.89	08央票17	103,410,000.00	0.96	08央票17	102,650,000.00	0.90
	08央票17	105,680,000.00	1.04	04国开11	100,100,000.00	0.85	09央票47	99,670,000.00	0.93	09央票28	98,370,000.00	0.86
	08央票108	97,520,000.00	0.96	08央票108	96,790,000.00	0.82	08央票20	82,752,000.00	0.77	08央票20	82,144,000.00	0.72
	08央票49	96,350,000.00	0.94	08央票20	83,704,000.00	0.71	龙盛转债	4,233,207.00	0.04	09央票38	19,656,000.00	0.17
	08央票46	6,290,000.00	0.94	08央票84	77,024,000.00	0.66	博汇转债	805,015.60	0.01	——		

华安策略优选股票型证券投资基金

基本资料					
基金简称	华安策略优选股票	交易代码	040008		
风险收益特征	该基金是股票型基金，属于较高预期风险和较高预期收益的基金品种，其预期风险收益水平高于混合型基金、债券基金和货币市场基金。				
业绩比较基准	80%×中信标普300指数收益率+20%×中信标普国债指数收益率				
合同生效日	2007年8月2日	募集规模	98.54亿份	申购户数	1,712,912户
基金管理人	华安基金管理有限公司	基金托管人	交通银行		
注册登记人	华安基金管理有限公司				

财务指标			单位：人民币(元)；%
项目 \ 年度	2009年	2008年	2007.8.2至2007.12.31
本期利润	6,373,988,310.85	−11,240,028,975.61	675,788,257.18
本期加权平均净值利润率	48.70	−78.37	3.56
期末基金资产净值	14,627,669,405.86	9,647,171,698.86	23,378,518,955.74
期末基金份额净值	0.8298	0.4951	1.0492
本期份额净值增长率	67.60	−52.81	17.81
累计份额净值增长率	−6.83	−44.41	17.81
基金收益分配	——	——	——

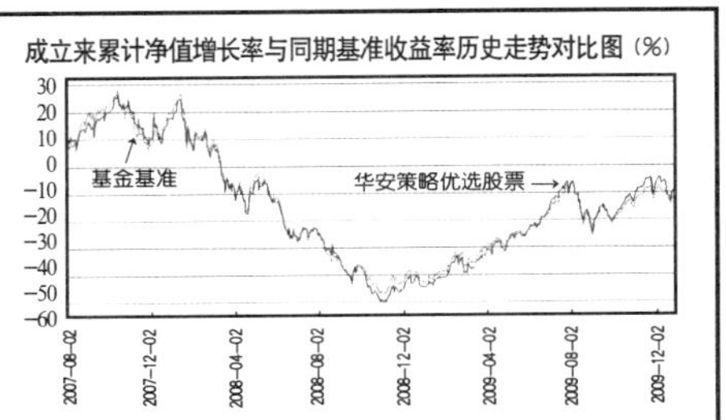

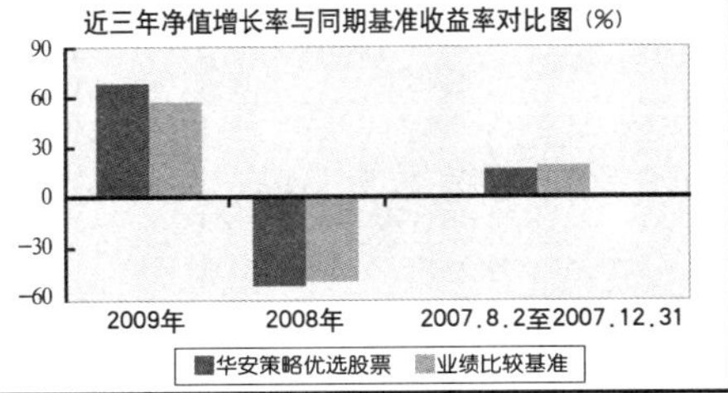

期末基金份额持有人户数	基金份额持有人户数为1,650,674户，平均每户持有10,678.80份。（期末截至2009年12月31日）
期末基金份额持有人结构	机构投资者持有份额459,811,040.74份，占总份额2.61%；个人投资者持有份额17,167,401,279.81份，占总份额97.39%。

基金业绩表现

截至2009年12月31日，华安策略优选股票基金份额净值为0.8298元，全年份额净值增长率为67.60%，同期业绩比较基准收益率为58.69%。

基金管理团队

张 伟先生：基金经理，9年证券从业经历，经济学硕士。曾在平安证券公司、天同证券公司任职。2004年6月加入华安基金管理公司，曾任研究发展部高级研究员，2008年2月起担任华安策略优选股票基金经理。

邓跃辉先生：基金经理，7年证券从业经历，经济学硕士，CFA。2003年4月加入华安基金管理公司，曾任研究发展部高级研究员，2008年4月起任华安宝利配置混合基金经理。2008年2月至2010年3月任华安策略优选股票基金经理。

基金运作分析

2009年，华安策略优选股票基金在年初就注意到了经济的复苏迹象，积极调仓，买入地产和煤炭等对经济敏感性高的行业，并且获得了显著的超额收益。但是在下半年，该基金的注意力仍然放在经济本身的复苏上，而忽视了政策预期的改变，没有及时调整组合结构，对消费行业及小市值行业配置较少，导致比较被动。

与2008、2009年通过仓位控制和行业配置获取超额收益的策略不同，2010年该管理人的精力将主要放在个股选择方面。同时，将采取反向操作策略，在震荡市中寻找波段性机会。华安策略优选股票基金关注以下四个方面的投资机会：①医药、零售、家电、汽车等消费行业；②工程机械/电子/电力设备等机械设备制造业；③新能源新材料行业；④钢铁建材等产业的整合机会。

季度投资组合一览

项目 \ 季度	第一季度		第二季度		第三季度		第四季度	
基金资产净值	11,613,620,422.93元		14,163,155,215.85元		13,056,681,459.16元		14,627,669,405.86元	
基金份额	19,275,839,659.54份		19,058,546,639.15份		18,311,550,237.34份		17,627,212,320.55份	
基金份额净值	0.6025元		0.7431元		0.7130元		0.8298元	
基金资产组合	市值(元)	占总资产比(%)	市值(元)	占总资产比(%)	市值(元)	占总资产比(%)	市值(元)	占总资产比(%)
股票投资	8,938,995,127.85	76.19	12,642,498,122.89	88.42	11,345,219,746.78	85.89	13,523,688,723.72	91.70
债券投资	1,378,733,000.00	11.75	465,797,000.00	3.26	402,280,474.60	3.05	477,694,000.00	3.24
资产支持证券投资	——	——	——	——	——	——	——	——
金融衍生品投资	——	——	——	——	——	——	——	——
买入返售金融资产	——	——	——	——	——	——	——	——
银行存款和结算备付金	1,298,575,006.06	11.07	1,164,976,874.68	8.15	1,448,526,334.23	10.97	675,123,312.19	4.58
其他资产	116,880,979.11	1.00	25,637,351.39	0.18	13,624,691.73	0.10	71,484,255.11	0.48

投资前五名股票明细	股票名称	公允价值(元)	占净值比(%)	股票名称	公允价值(元)	占净值比(%)	股票名称	公允价值(元)	占净值比(%)	股票名称	公允价值(元)	占净值比(%)
	中信证券	509,400,000.00	4.39	中国平安	717,046,399.46	5.06	中国平安	659,100,000.00	5.05	中国平安	936,530,000.00	6.40
	中国平安	469,320,000.00	4.04	兴业银行	629,910,149.85	4.45	北京银行	482,440,000.00	3.69	北京银行	625,236,825.92	4.27
	北京银行	356,700,000.00	3.07	北京银行	552,840,000.00	3.90	招商银行	413,840,000.00	3.17	兴业银行	547,440,395.29	3.74
	兴业银行	355,595,622.30	3.06	招商银行	470,608,139.97	3.32	兴业银行	405,513,790.00	3.11	招商银行	541,500,000.00	3.70
	金风科技	338,741,976.65	2.92	万 科 A	427,124,808.75	3.02	海螺水泥	405,080,332.15	3.10	恒瑞医药	466,903,815.00	3.19

投资前五名债券明细	债券名称	公允价值(元)	占净值比(%)	债券名称	公允价值(元)	占净值比(%)	债券名称	公允价值(元)	占净值比(%)	债券名称	公允价值(元)	占净值比(%)
	08央票92	485,850,000.00	4.18	08央票47	209,980,000.00	1.48	08央票47	207,360,000.00	1.59	05农发13	241,296,000.00	1.65
	08央票95	320,859,000.00	2.76	04国开11	130,130,000.00	0.92	09央票39	49,835,000.00	0.38	09央票38	98,280,000.00	0.67
	08央票47	212,140,000.00	1.83	08央票112	38,860,000.00	0.27	09央票41	49,835,000.00	0.38	09央票44	98,250,000.00	0.67
	08央票98	194,560,000.00	1.68	08央票101	38,636,000.00	0.27	09央票35	39,868,000.00	0.31	09央票49	39,868,000.00	0.27
	08央票81	87,264,000.00	0.75	08央票95	28,947,000.00	0.20	08央票112	38,608,000.00	0.30	——		

华安稳定收益债券型证券投资基金

基本资料			
基金简称	华安稳定收益债券	交易代码	040009(A) 040010(B)
风险收益特征	该基金属于较高流动性、低风险的基金品种，其预期的风险水平和预期收益率低于股票基金、混合基金，高于货币市场基金。		
业绩比较基准	中国债券总指数		
合同生效日	2008年4月30日	首募规模	31.31亿份
认购户数	18,076户		
基金管理人	华安基金管理有限公司	基金托管人	中国建设银行
注册登记人	华安基金管理有限公司		

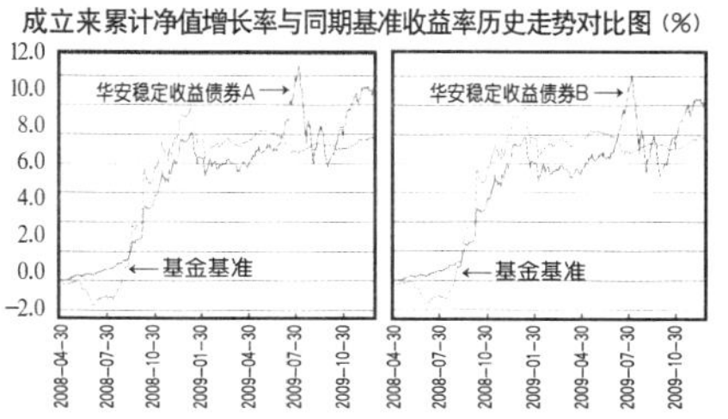

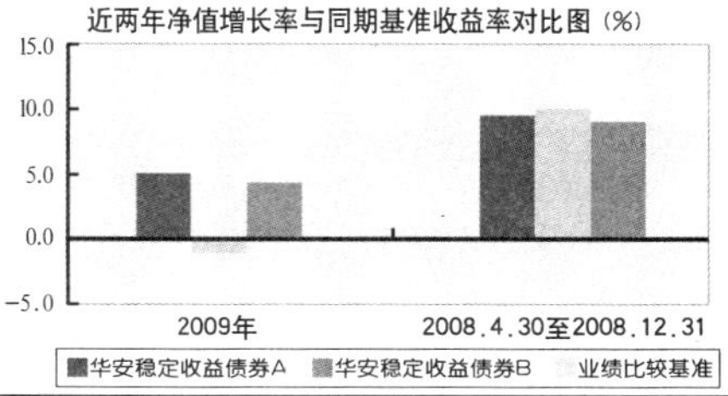

财务指标　单位：人民币（元）；%

项 目 ＼ 年 度	2009年		2008.4.30至2008.12.31	
	A	B	A	B
本期利润	-0.0823亿元	-0.0375亿元	1.8914亿元	0.6029亿元
本期加权平均净值利润率	-1.05	-1.14	8.51	8.87
期末基金资产净值	4.1008亿元	1.4263亿元	19.7433亿元	11.0899亿元
期末基金份额净值	1.1055	1.0972	1.0953	1.0921
本期份额净值增长率	3.79	3.33	9.53	9.21
累计份额净值增长率	13.69	12.84	9.53	9.21
基金收益分配	10派0.300	10派0.300	——	——

期末基金份额持有人户数	A：基金份额持有人户数为7,264户，平均每户持有51,066.68份。 B：基金份额持有人户数为4,669户，平均每户持有27,843.68份。（期末截至2009年12月31日）
期末基金份额持有人结构	A：机构投资者持有份额225,053,754.72份，占总份额60.67%；个人投资者持有份额145,894,597.16份，占总份额39.33%。 B：机构投资者持有份额9,354,875.10份，占总份额7.20%；个人投资者持有份额120,647,271.29份，占总份额92.80%。

基金业绩表现

2009年华安稳健收益债券基金A类全年净值增长率为3.79%，B类全年净值增长率为3.33%，同期业绩比较基准收益率为-1.24%。

基金管理团队

贺 涛先生：基金经理，12年证券从业经历，金融学硕士。曾任长城证券有限公司债券研究员，华安基金管理公司债券研究员、债券投资风险管理员、固定收益投资经理。2008年4月起担任华安稳健收益债券基金经理。

基金运作分析

2009年，根据宏观和市场变化，华安稳健收益债券基金年初组合采取了减持中长期债券、压缩债券久期的策略，并将配置重点逐步转向可转债。年中新股发行重启，组合积极参与了网下询价和申购。三季度信用债密集发行、票面利率接近降息前的水平，该基金组合加大了信用债的配置力度。年底随着一级市场发行市盈率走高，组合“打新”趋于谨慎。

季度投资组合一览

项 目 ＼ 季 度	第一季度		第二季度		第三季度		第四季度	
	A	B	A	B	A	B	A	B
基金资产净值	10.2259亿元	4.6194亿元	5.9054亿元	2.4253亿元	4.7995亿元	1.8416亿元	4.1008亿元	1.4263亿元
基金份额	9.7338亿份	4.4145亿份	5.5514亿份	2.2918亿份	4.5702亿份	1.7649亿份	3.7095亿份	1.3000亿份
基金份额净值	1.0506元	1.0464元	1.0638元	1.0583元	1.0502元	1.0435元	1.1055元	1.0972元
基金资产组合	市值(元)	占总资产比(%)	市值(元)	占总资产比(%)	市值(元)	占总资产比(%)	市值(元)	占总资产比(%)
股票投资	——	——	7,941,400.00	0.95	48,664,325.29	6.18	49,498,908.75	6.73
债券投资	1,363,995,121.10	91.11	627,735,777.63	74.76	582,046,858.25	73.86	516,489,916.75	70.21
资产支持证券投资	——	——	——	——	——	——	——	——
金融衍生品投资	——	——	——	——	——	——	——	——
买入返售金融资产	——	——	150,000,000.00	17.86	——	——	——	——
银行存款和结算备付金	96,893,065.99	6.47	12,700,961.96	1.51	147,521,346.99	18.72	151,117,048.54	20.54
其他资产	36,213,563.11	2.42	41,291,217.36	4.92	9,776,028.87	1.24	18,496,528.29	2.51

投资前五名股票明细	股票名称	公允价值(元)	占净值比(%)	股票名称	公允价值(元)	占净值比(%)	股票名称	公允价值(元)	占净值比(%)	股票名称	公允价值(元)	占净值比(%)
	——			五洲交通	7,941,400.00	0.95	南山铝业	14,325,000.00	2.16	中国建筑	12,298,026.08	2.23
				——			中国建筑	12,089,584.96	1.82	招商证券	4,414,760.07	0.80
							中国中冶	4,137,790.92	0.62	中国中冶	4,033,601.94	0.73
							光大证券	3,484,335.28	0.52	红日药业	2,199,561.60	0.40
							四川成渝	1,434,053.03	0.22	华英农业	2,185,984.89	0.40

投资前五名债券明细	债券名称	公允价值(元)	占净值比(%)	债券名称	公允价值(元)	占净值比(%)	债券名称	公允价值(元)	占净值比(%)	债券名称	公允价值(元)	占净值比(%)
	08央票53	265,375,000.00	17.88	08农发20	68,467,000.00	8.22	08央票23	82,768,000.00	12.46	08央票23	82,160,000.00	14.86
	08央票47	265,175,000.00	17.86	南山转债	65,366,918.40	7.85	09央票43	79,736,000.00	12.01	09名流债	40,491,600.00	7.33
	08农发20	98,060,000.00	6.61	08江铜债	61,565,318.10	7.39	08农发05	52,990,000.00	7.98	09央票67	39,868,000.00	7.21
	08江铜债	83,826,303.40	5.65	08农发05	53,670,000.00	6.44	09津投3	36,577,583.50	5.51	09津投3	37,691,970.00	6.82
	08央票101	77,872,000.00	5.25	08央票23	52,335,000.00	6.28	20国债(4)	35,291,350.10	5.31	大荒转债	37,239,937.00	6.74

华安核心优选股票型证券投资基金

基本资料					
基金简称	华安核心股票	交易代码	040011(前端) 041011(后端)		
风险收益特征	该基金是一只主动投资的股票型基金，基金的风险与预期收益都要高于混合型基金，属于中高风险的基金品种。				
业绩比较基准	80%×沪深300指数收益率+20%×中信标普国债指数收益率				
合同生效日	2008年10月22日	首募规模	81.34亿份	认购户数	4,423户
基金管理人	华安基金管理有限公司	基金托管人	中国建设银行		
注册登记人	华安基金管理有限公司				

财务指标	单位：人民币(元)；%	
项目 \ 年度	2009年	2008.10.22至2008.12.31
本期利润	228,909,331.60	5,803,921.51
本期加权平均净值利润率	52.08	0.92
期末基金资产净值	524,323,484.51	460,687,242.63
期末基金份额净值	1.6596	1.0093
本期份额净值增长率	64.43	0.93
累计份额净值增长率	65.96	0.93
基金收益分配	——	——

成立来累计净值增长率与同期基准收益率历史走势对比图（%）

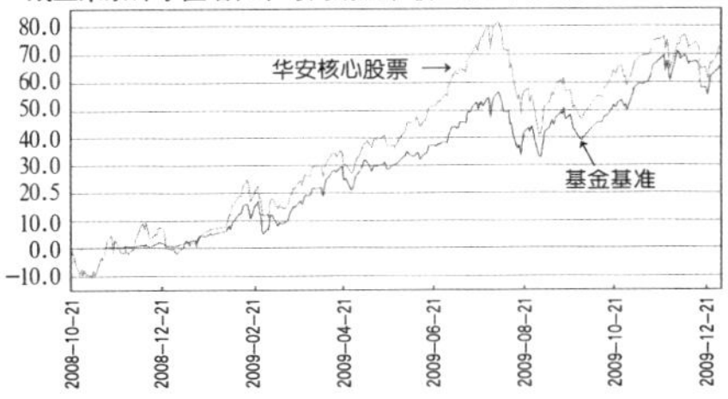

近两年净值增长率与同期基准收益率对比图（%）

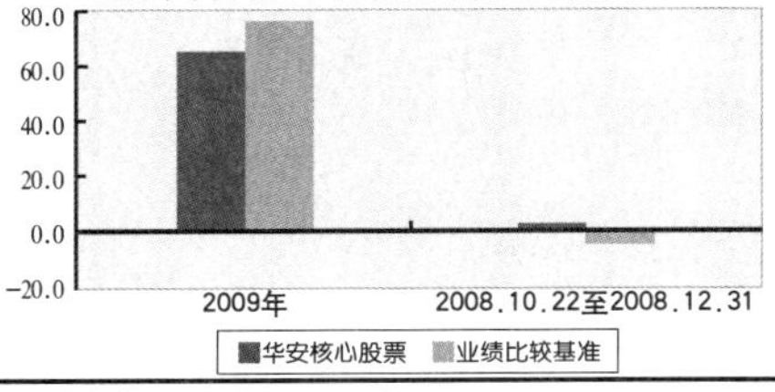

期末基金份额持有人户数	基金份额持有人户数为10,303户，平均每户持有30,664.34份。（期末截至2009年12月31日）
期末基金份额持有人结构	机构投资者持有份额216,633,447.71份，占总份额68.57%；个人投资者持有份额99,301,198.87份，占总份额31.43%。

基金业绩表现

截至2009年12月31日，华安核心优选股票基金份额净值为1.6596元，全年份额净值增长率为64.43%，同期业绩基准收益率为77.56%。

基金管理团队

陈俏宇女士：基金经理，14年证券从业经历，工商管理硕士，中国注册会计师协会非执业会员。曾就职于上海万国证券公司发行部、申银万国证券有限公司国际业务部、上海申银万国证券研究所有限公司行业部。2003年加入华安基金管理有限公司，曾任研究发展部高级研究员、专户理财部投资经理、安顺基金和华安宏利股票基金经理助理；2007年3月至2008年2月任安顺基金、华安宏利股票基金经理；2008年2月起任安信基金经理；2008年10月起同时任华安核心优选股票基金经理。

基金运作分析

2009年的证券市场和经济状况可谓冰火两重天。作为次新基金，年初过于保守的股票仓位让华安核心优选股票基金错失了一季度强劲的上涨行情。其后阶段，虽在股票仓位和行业配置方面相对较理想，但也难以完全挽回年初的被动局面。该基金整体表现可谓中庸有余，特点颇少。

季度投资组合一览

项目 \ 季度	第一季度		第二季度		第三季度		第四季度	
基金资产净值	368,817,793.35元		575,825,033.83元		366,150,677.75元		524,323,484.51元	
基金份额	305,727,038.16份		416,679,468.45份		261,310,150.71份		315,934,646.58份	
基金份额净值	1.2064元		1.3819元		1.4012元		1.6596元	
基金资产组合	市值(元)	占总资产比(%)	市值(元)	占总资产比(%)	市值(元)	占总资产比(%)	市值(元)	占总资产比(%)
股票投资	288,204,209.65	77.39	469,611,550.23	79.79	301,587,820.25	81.49	463,885,122.23	82.63
债券投资	19,492,000.00	5.23	——	——	372,836.80	0.10	——	——
资产支持证券投资	——	——	——	——	——	——	——	——
金融衍生品投资	——	——	——	——	——	——	——	——
买入返售金融资产	——	——	——	——	——	——	——	——
银行存款和结算备付金	64,030,526.87	17.19	91,864,384.92	15.61	67,748,535.48	18.31	42,448,541.12	7.56
其他资产	691,865.41	0.19	27,090,497.68	4.60	363,005.07	0.10	55,043,522.67	9.81

投资前五名股票明细	股票名称	公允价值(元)	占净值比(%)	股票名称	公允价值(元)	占净值比(%)	股票名称	公允价值(元)	占净值比(%)	股票名称	公允价值(元)	占净值比(%)
	金风科技	23,610,207.50	6.40	金风科技	24,796,892.40	4.31	北京银行	15,334,700.00	4.19	北京银行	23,208,000.00	4.43
	金晶科技	16,317,379.30	4.42	兴业银行	22,266,000.00	3.87	中牧股份	14,053,549.50	3.84	中国平安	22,311,450.00	4.26
	荣信股份	13,069,361.25	3.54	北京银行	21,625,800.00	3.76	复星医药	13,540,500.00	3.70	招商银行	21,299,000.00	4.06
	浦发银行	12,844,856.96	3.48	中国平安	17,756,140.00	3.08	小商品城	12,490,632.00	3.41	洪都航空	16,943,964.25	3.23
	深发展A	12,273,800.00	3.33	中牧股份	17,673,000.00	3.07	平煤股份	12,007,440.00	3.28	恒生电子	16,824,808.00	3.21

投资前五名债券明细	债券名称	公允价值(元)	占净值比(%)	债券名称	公允价值(元)	占净值比(%)	债券名称	公允价值(元)	占净值比(%)	债券名称	公允价值(元)	占净值比(%)
	08央票106	19,492,000.00	5.28				龙盛转债	315,018.00	0.09			
							博汇转债	57,818.80	0.02			

华安强化收益债券型证券投资基金

基本资料

基金简称	华安强化收益债券	交易代码	040012(前端) 040013(后端)		
风险收益特征	该基金属于具有中低风险收益特征的基金品种，其长期平均风险和预期收益率低于股票型基金、混合型基金，高于货币市场基金，属于证券投资基金中的中低等风险和中低等收益品种。				
业绩比较基准	中国债券综合指数收益率×90%+中证红利指数收益率×10%				
合同生效日	2009年4月13日	首募规模	27.55亿份	认购户数	16,635户
基金管理人	华安基金管理有限公司	基金托管人	中国工商银行		
注册登记人	华安基金管理有限公司				

成立来累计净值增长率与同期基准收益率历史走势对比图（%）

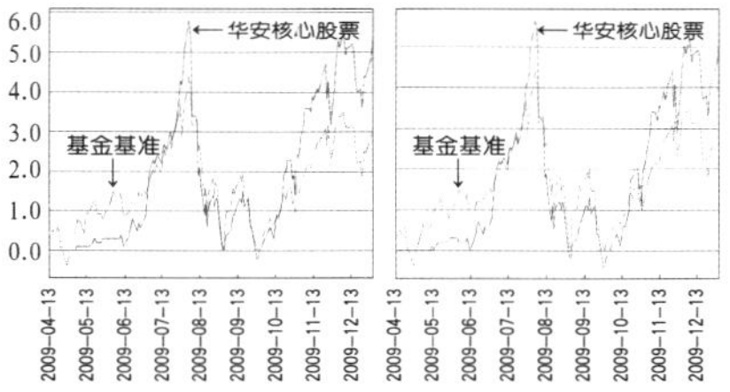

2009年净值增长率与同期基准收益率对比图（%）

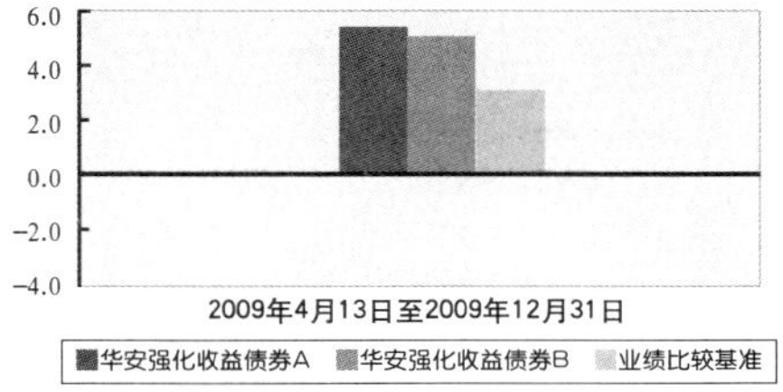

财务指标　　单位：人民币（元）；%

项目 \ 年度	2009年4月13日至2009年12月31日	
	A	B
本期利润	38,272,500.38	33,689,605.09
本期加权平均净值利润率	4.48	3.71
期末基金资产净值	683,956,299.83	407,155,651.08
期末基金份额净值	1.044	1.041
本期份额净值增长率	5.41	5.11
累计份额净值增长率	5.41	5.11
基金收益分配	10派0.100	10派0.100

期末基金份额持有人户数	基金份额持有人户数为10,430户，平均每户持有100,341.04份。（期末截至2009年12月31日）
期末基金份额持有人结构	机构投资者持有份额506,258,752.86份，占总份额48.37%；个人投资者持有份额540,298,332.93份，占总份额51.63%。

基金业绩表现

华安强化收益债券基金合同生效于2009年4月13日，截至2009年12月31日，该基金A类净值增长率为5.41%，B类净值增长率为5.11%。

基金管理团队

黄　勤先生：基金经理、固定收益部总经理，9年证券从业经历，经济学硕士。曾就职于上海银行资金部。2004年8月加入华安基金管理公司，曾任固定收益部债券投资经理；2007年5月起任华安现金富利基金经理；2009年4月起同时任华安强化收益债券基金经理。

周丽萍女士：基金经理，9年证券从业经历，硕士，特许金融分析师、金融风险管理师。曾就职于世纪证券资产管理部。2005年8月加入华安基金管理公司，曾任研究发展部研究员，固定收益部债券投资经理；2009年4月起任华安强化收益债券基金经理。

基金运作分析

华安强化收益债券基金成立于2009年的4月13日。建仓初期，该基金操作略显保守。基金规模逐步稳定之后，管理人根据经济形势和市场状况在信用类资产和权益类资产上加大了配置力度。

在债券投资方面，该基金全年保持较短的组合久期，利率品种的投资比例较低，信用产品的票息较高、持有价值显著，因此信用债的投资比例相对高于股票市场；在股票投资方便，基本保持了相对高的仓位，同时也积极参与新股申购，尤其是中小板和创业板股票的申购，取得较好收益。

季度投资组合一览

项目 \ 季度	第二季度		第三季度		第四季度	
	A	B	A	B	A	B
基金资产净值	7.7462亿元	9.9762亿元	7.4698亿元	7.8404亿元	6.8396亿元	4.0716亿元
基金份额	7.6779亿份	9.8991亿份	7.4698亿份	7.8564亿份	6.5527亿份	3.9129亿份
基金份额净值	1.0090元	1.0080元	1.0000元	0.9980元	1.0440元	1.0410元
基金资产组合	市值(元)	占总资产比(%)	市值(元)	占总资产比(%)	市值(元)	占总资产比(%)
股票投资	202,734,443.64	10.60	174,618,665.53	10.21	197,641,595.15	12.16
债券投资	1,567,560,252.75	81.92	1,277,063,660.96	74.66	1,064,449,217.97	65.50
金融衍生品投资	——	——	711,356.96	0.04	——	——
银行存款和结算备付金	55,300,508.83	2.89	44,569,959.68	2.61	344,588,105.88	21.20
其他资产	87,863,149.89	4.59	213,439,517.20	12.48	18,517,700.95	1.14

投资前五名股票明细	股票名称	公允价值(元)	占净值比(%)	股票名称	公允价值(元)	占净值比(%)	股票名称	公允价值(元)	占净值比(%)
	万 科 A	44,625,000.00	2.52	招商银行	32,516,000.00	2.12	太阳纸业	24,374,064.00	2.23
	华侨城A	37,620,000.00	2.12	中国建筑	23,332,903.52	1.52	山推股份	18,990,000.00	1.74
	中国平安	24,137,172.44	1.36	香江控股	22,816,736.00	1.49	中国石化	16,908,000.00	1.55
	长航油运	22,284,000.00	1.26	双汇发展	14,651,000.00	0.96	宝信软件	14,916,329.04	1.37
	中信国安	22,110,000.00	1.25	盐湖集团	14,118,000.00	0.92	招商银行	14,440,000.00	1.32

投资前五名债券明细	债券名称	公允价值(元)	占净值比(%)	债券名称	公允价值(元)	占净值比(%)	债券名称	公允价值(元)	占净值比(%)
	08央票17	209,180,000.00	11.80	08央票17	103,410,000.00	6.75	09保利集团债	98,660,000.00	9.04
	08国开13	140,764,000.00	7.94	08央票11	103,320,000.00	6.75	08国开10	84,336,000.00	7.73
	08兵器装备债	117,018,000.00	6.60	09保利集团债	98,160,000.00	6.41	08兵器装备债	81,880,000.00	7.50
	08央票11	104,470,000.00	5.89	08国开10	85,200,000.00	5.56	09富力债	51,753,300.00	4.74
	08进出09	101,590,000.00	5.73	21国债(12)	84,927,606.00	5.55	09蓉工投	50,699,023.20	4.65

华安上证180交易型开放式指数证券投资基金联接基金

基本资料			
基金简称	华安上证180ETF联接	交易代码	040180
风险收益特征	基金为华安上证180ETF的联接基金，具有较高风险、较高预期收益的特征，其风险和预期收益均高于混合基金、债券型基金和货币市场基金。		
业绩比较基准	95%×上证180 指数收益率+5%×商业银行税后活期存款利率		
合同生效日	2009年9月29日	首募份额	11.2442亿份
认购户数	17,933户		
基金管理人	华安基金管理有限公司	基金托管人	中国建设银行
注册登记人	华安基金管理有限公司		

财务指标　单位：人民币（元）；%

项目＼年度	2009年9月29日至2009年12月31日
本期利润	127,161,046.20
本期加权平均净值利润率	12.27
期末基金资产净值	1,066,421,818.62
期末基金份额净值	1.123
本期份额净值增长率	12.30
累计份额净值增长率	12.30
基金收益分配	——

成立来累计净值增长率与同期基准收益率历史走势对比图（%）

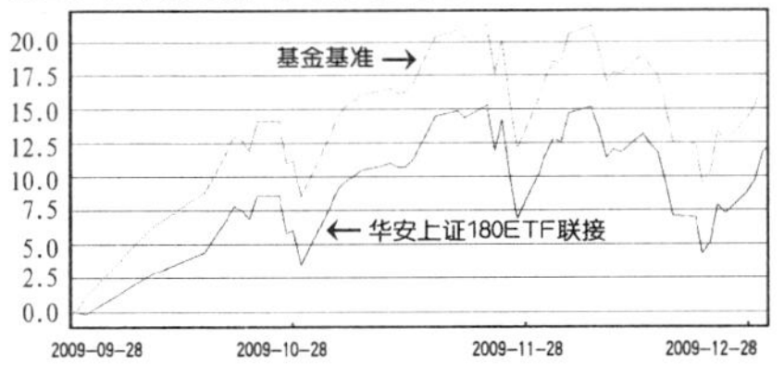

2009年净值增长率与同期基准收益率对比图（%）

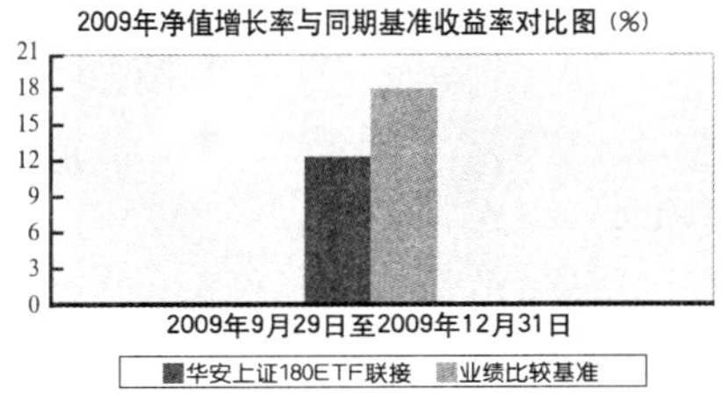

期末基金份额持有人户数	基金份额持有人户数为29,299户，平均每户持有32,406.34份。（期末截至2009年12月31日）
期末基金份额持有人结构	机构投资者持有份额36,344,288.55份，占总份额3.83%；个人投资者持有份额913,129,148.94份，占总份额96.17%。

基金业绩表现

华安上证180ETF联接基金合同生效于2009年9月29日，截至2009年12月31日，该基金份额净值增长率为12.30%，同期业绩基准收益率为18.01%。

基金管理团队

卢赤斌先生：基金经理，11年证券从业经历，硕士。曾在美国先锋证券公司(The Vanguard Group)投资系统部和股票基金管理部工作。2004年7月加入华安基金管理公司，在基金投资部负责交易型开放式基金的研发工作。2006年4月起担任华安上证180ETF基金经理；2009年9月至2009年10月同时任华安上证180ETF联接基金经理。

许之彦先生：基金经理、风险管理和金融工程部总经理，7年证券从业经历，理学博士，CQF。曾在广发证券和中山大学经济管理学院博士后流动站从事金融工程工作，2005年加入华安基金管理公司，曾任研究发展部数量策略分析师，2008年4月起任华安中国A股指数基金经理；2009年9月起同时任华安上证180ETF及华安上证180ETF联接基金经理。

章海默先生：基金经理助理，7年证券从业经历，复旦大学工商管理硕士。曾在安永华明会计师事务所工作，2003年9月加入华安基金管理公司，任基金运营部基金核算主管；2009年12月起任华安上证180ETF联接基金经理助理。

基金运作分析

华安上证180ETF联接基金成立于2009年9月29日，基于该基金运作特点和市场状况，管理人采取了较为积极的建仓策略。2009年四季度市场呈现了震荡上升的走势，作为新成立的基金，华安上证180ETF联接基金有效分享了市场收益。

按照相关法律的规定，该基金在12月底进行了上证180指数成分股的调整操作，截至2009年末，基金仓位为94.14%。

季度投资组合一览

项目＼季度	第四季度	
基金资产净值	1,066,421,818.62元	
基金份额	949,473,437.49份	
基金份额净值	1.123元	
基金资产组合	金额(元)	占总资产比例(%)
股票投资	1,003,931,239.82	93.33
存托凭证	——	——
债券投资	19,654,000.00	1.83
金融衍生品投资	——	——
买入返售金融资产	——	——
银行存款和结算备付金	41,589,465.11	3.87
其他资产	8,746,308.29	0.81

投资前五名股票明细

股票名称	公允价值(元)	占净值比例(%)
招商银行	52,397,615.75	4.91
交通银行	43,515,835.00	4.08
中国平安	38,929,128.14	3.65
民生银行	37,938,733.00	3.56
中信证券	36,646,695.00	3.44

投资前五名债券明细

债券名称	公允价值(元)	占净值比例(%)
09央票40	19,654,000.00	1.84

华安动态灵活配置混合型证券投资基金

基本资料					
基金简称	华安动态灵活配置混合		交易代码	040015	
投资目标	该基金通过对股票、债券等金融资产的动态灵活配置，在合理控制投资风险和保障基金资产流动性的基础上，追求基金资产的长期稳定增值，力求为投资者获取超额回报。				
投资范围	该基金为混合型基金，投资范围为具有良好流动性的金融工具，包括国内依法发行上市的股票、债券、货币市场工具、权证、资产支持证券以及法律法规或中国证监会允许基金投资的其他金融工具。 该基金的投资组合比例为：股票资产的投资比例占基金资产的30%–80%；债券等固定收益类资产的投资比例占基金资产的0–65%；权证的投资比例占基金资产净值的0–3%；现金或者到期日在一年以内的政府债券的投资比例不低于基金资产净值的5%。 如法律法规或监管机构以后允许基金投资其他品种，基金管理人在履行适当程序后，可以将其纳入投资范围。				
业绩比较基准	60%×沪深300指数收益率+40%×中国债券总指数收益率				
风险收益特征	该基金是一只混合型基金，基金的风险与预期收益都要低于股票型基金，高于债券型基金和货币市场基金，属于证券投资基金中的中等风险和中等收益品种。				
合同生效日	2009–12–22	上市日期	——	上市地点	——
募集概况	首募份额	认购户数	募集日期		
	28.85亿份	26,972户	2009年11月23日至2009年12月18日		
基金费率	认购费率	单笔认购金额(M)	认购费率		
		M<100万	1.20%		
		100万≤M<500万	1.00%		
		500万≤M<1,000万	0.20%		
		M≥1,000万	1,000元/笔		
	申购费率	申购金额(M)	申购费率		
		M<100万	1.50%		
		100万≤M<500万	1.20%		
		500万≤M<1,000万	0.30%		
		M≥1,000万	1,000元/笔		
	赎回费率	持有期限	赎回费率		
		Y<1年	0.50%		
		1年≤Y<2年	0.25%		
		Y≥2年	0.00%		
	管理费率	1.50%			
	托管费率	0.25%			
基金管理人	华安基金管理有限公司		基金托管人	中国工商银行股份有限公司	
审计机构	普华永道中天会计师事务所有限公司		注册登记人	华安基金管理有限公司	

基金管理团队

宋　磊先生：基金经理、研究发展部总经理，工学硕士，11年证券从业经历。2000年3月加入华安基金管理有限公司，曾任研究发展部研究员、研究发展部总监助理、副总监。现任研究发展部总经理，2009年12月起担任华安动态灵活配置混合基金经理。

张　翥先生：基金经理，经济学硕士，11年证券从业经历。1998年7月加入华安基金管理有限公司，曾任基金投资部高级交易员、研究发展部行业研究员、策略分析师。2009年12月起担任华安动态灵活配置混合基金经理。

博时基金管理有限公司

法定名称	博时基金管理有限公司	英文名称	Bosera Asset Management Co.,Ltd.		
成立时间	1998年7月13日	注册资本	1亿元人民币	公司属性	中 资
法人代表	杨 鶤	总 经 理	肖 风	督 察 长	孙麒清
公司网址	www.bosera.com	客服电话	95105568		
联系电话	0755-8316 9999	传真号码	0755-8319 5140		
注册地址	广东省深圳市福田区深南大道7088号招商银行大厦29层	办公地址	广东省深圳市福田区深南大道7088号招商银行大厦29层		

公司简介

博时基金管理有限公司(以下简称“博时基金”)成立于1998年7月13日，是中国内地首批成立的五家基金管理公司之一。注册资本1亿元人民币，总部设在深圳，在北京、上海设有分公司，此外，中国证监会于2009年12月30日正式核准博时基金成立全资香港子公司——博时基金(国际)有限公司。

博时基金的股东为招商证券股份有限公司，持有股份49%；中国长城资产管理公司，持有股份25%；天津港(集团)有限公司，持有股份6%；安实业有限公司，持有股份6%；上海盛业资产管理有限公司，持有股份6%；丰益实业发展有限公司，持有股份6%；广厦建设集团有限责任公司，持有股份2%。

截至2009年12月31日，博时基金共管理十五只开放式基金和博时裕阳、裕隆、裕泽三只封闭式基金，并且受全国社会保障基金理事会委托管理部分社保基金，以及多个企业年金账户、特定资产管理账户，资产管理总规模逾2,090亿元人民币，累计分红超过人民币436亿元。博时基金是目前我国资产管理规模最大的基金公司之一，养老金资产管理规模在同业中名列前茅，截至2009年6月30日，博时基金养老金投资运作规模超过500亿元人民币。

2009年旗下开放式基金业绩表现

截至日期：2009年12月31日 (单位：元；%)

基金类型	基金简称	设立日期	基金份额净值	净值增长率①	累计净值增长率②
股票型	博时裕富指数	2003-08-26	0.960	88.61	203.57
	博时精选股票	2004-06-22	1.6505	61.38	312.80
	博时主题行业股票(LOF)	2005-01-06	2.103	71.51	442.25
	博时第三产业股票	2007-04-12	1.316	69.37	36.43
	博时新兴成长股票	2007-07-06	0.964	74.32	31.74
	博时特许价值股票	2008-05-28	1.509	76.08	50.90
混合型	博时价值增长混合	2002-10-09	0.827	55.45	342.76
	博时平衡配置混合	2006-05-31	1.412	51.50	192.37
	博时价值增长贰号混合	2006-09-27	0.795	61.59	128.60
	博时策略混合	2009-08-11	1.094	9.40	9.40
债券型	博时稳定价值债券A	2007-09-06	1.110	-0.54	17.76
	博时信用债券A/B	2009-06-10	1.002	0.20	0.20
	博时信用债券C	2009-06-10	1.000	0.00	0.00
	博时稳定价值债券B	2007-09-06	1.101	-0.90	16.84
货币型	博时现金收益货币	2004-01-16	1.0000	1.68	16.59

注：①净值增长率指该基金2009年度的份额净值增长率；②累计净值增长率指该基金设立以来的份额净值增长率。

2009年管理公募基金概况

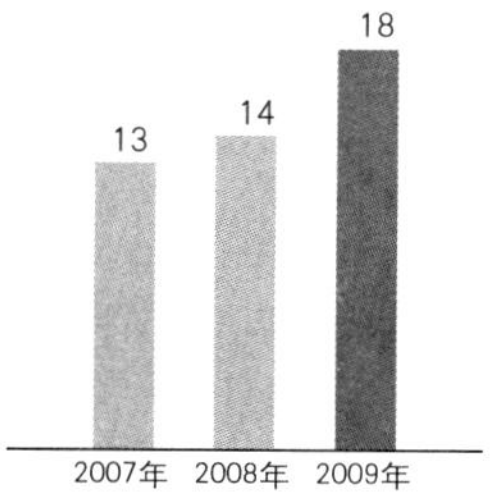

基金数量(只)

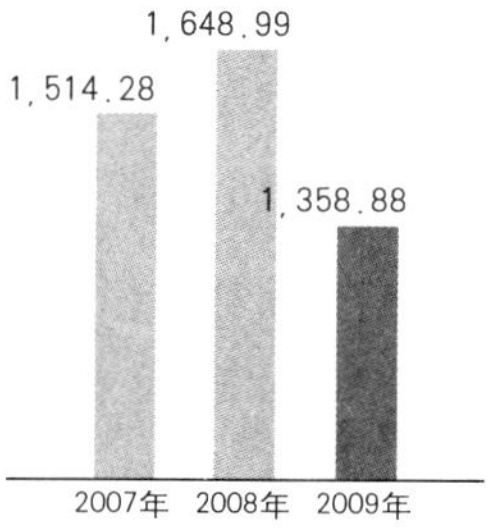

基金份额规模(亿份)

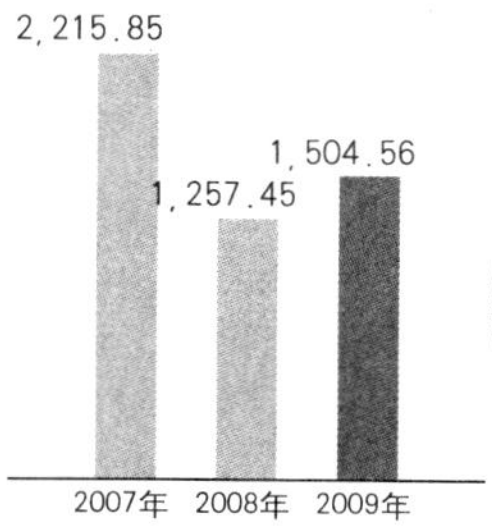

基金资产规模(亿元)

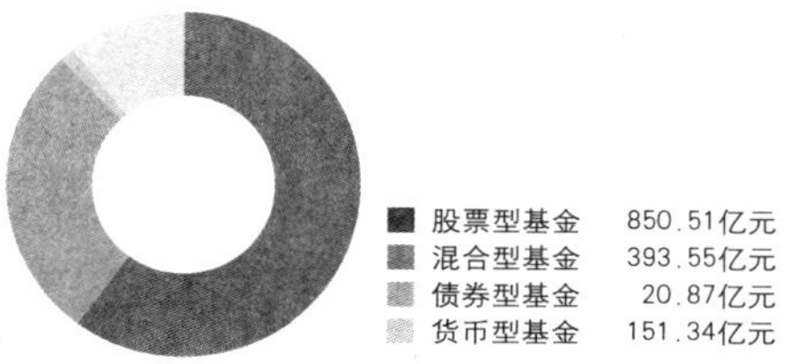

2009年基金资产规模构成(不含封闭式基金)

裕阳证券投资基金

基本资料

基金简称	博时裕阳封闭	交易代码	500006
风险收益特征	该基金是一只偏股型的证券投资基金，属于中等风险品种。		
业绩比较基准	——		
合同生效日	1998年7月25日	基金总份额	20亿份
上市日期	1998年7月30日　地点　上交所	存续期	15年
基金管理人	博时基金管理有限公司	基金托管人	中国农业银行
注册登记人	中国证券登记结算有限公司上海分公司		

财务指标　　单位：人民币(元)；%

项目＼年度	2009年	2008年	2007年
本期利润	1,608,758,466.72	−2,870,019,759.87	4,714,758,601.01
本期加权平均净值利润率	50.89	−71.68	78.33
期末基金资产净值	3,631,934,456.83	2,443,175,990.11	7,493,195,749.98
期末基金份额净值	1.8160	1.2216	3.7466
本期份额净值增长率	72.54	−48.19	134.15
累计份额净值增长率	720.82	375.71	833.65
基金收益分配	10派2.100	10派10.900	10派6.300

期末基金份额持有人户数	基金份额持有人户数为60,449户，平均每户持有33,085.74份。(期末截至2009年12月31日)
期末基金份额持有人结构	机构投资者持有份额1,181,392,819份，占总份额59.07%；个人投资者持有份额818,607,181份，占总份额40.93%。

成立来累计净值增长率与同期基准收益率历史走势对比图(%)

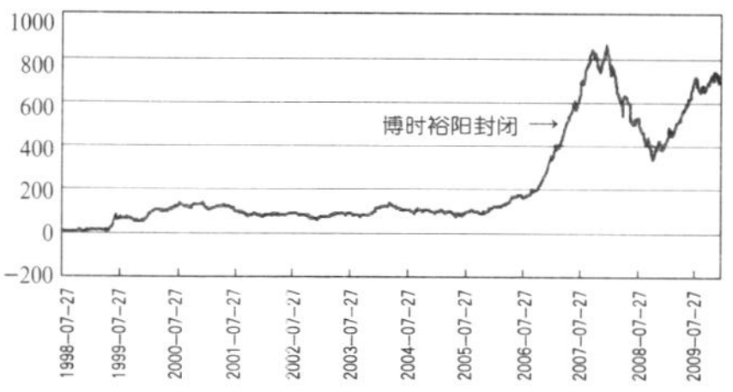

近三年净值增长率与同期基准收益率对比图(%)

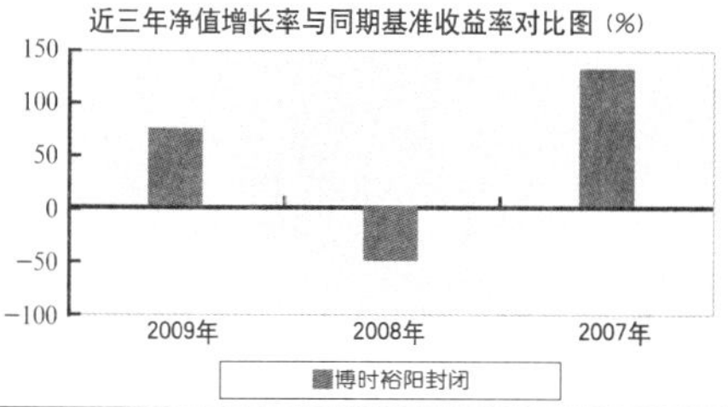

基金业绩表现

截至2009年12月31日，博时裕阳基金份额净值为1.8160元，全年份额净值增长率为72.54%；同期上证指数涨幅为79.98%。

基金管理团队

周　力先生：基金经理，13.5年证券从业经历。曾先后在深圳市金源实业股份有限公司、深圳赛格集团财务公司、招商证券研发中心工作。2003年加入博时基金管理公司，曾任研究部研究员；现任博时裕阳基金经理、博时策略混合基金经理。

基金运作分析

2009年，从全年的投资情况来，博时裕阳基金资产配置一直比较成功，仓位一直较高，3400点附近的资产配置比例调整也比较合适。但行业配置上较为谨慎。

展望未来，2010年将是困难的一年及不确定性更大的一年；基于目前的数据及预期，管理人倾向于认为2010年难有趋势性行情，指数下跌时，资产配置不能悲观，指数上涨时，配置不能太乐观。该管理人坚持认为中国确实需要收益率曲线的大幅上移；2010年人民币国际化的进程将可能大大加快，汇率的变动也可能将顺理成章进入大幅度升值阶段。如果通过汇率的升值，将资源从出口转向内需后，中国的消费及服务业可能将会处在快速增长期，这也将是该基金未来投资的重点。

2010年的指数期货、融资融券、区域经济等将是市场投资主体间博弈的工具及手段，在流动性充裕，基金交易量占比不断下降的背景下，指数的窄幅波动的背景下可能个股的波幅会变大。

季度投资组合一览

项目＼季度	第一季度		第二季度		第三季度		第四季度	
基金资产净值	3,033,798,135.36元		3,174,202,420.86元		3,273,438,292.37元		3,631,934,456.83元	
基金份额净值	1.5169元		1.5871元		1.6367元		1.8160元	
基金资产组合	市值(元)	占总资产比(%)	市值(元)	占总资产比(%)	市值(元)	占总资产比(%)	市值(元)	占总资产比(%)
股票投资	2,240,567,960.83	73.66	2,512,593,796.88	78.74	2,415,502,247.84	73.56	2,682,445,358.57	73.64
债券投资	610,270,011.30	20.06	649,040,667.50	20.34	775,055,089.60	23.60	784,208,427.10	21.53
资产支持证券投资	——	——	——	——	——	——	——	——
金融衍生品投资	——	——	——	——	——	——	——	——
买入返售金融资产	——	——	——	——	——	——		
银行存款和结算备付金	127,884,380.31	4.20	11,050,166.98	0.35	77,623,714.98	2.36	161,504,099.56	4.43
其他资产	63,069,151.94	2.07	18,293,633.58	0.57	15,548,549.33	0.47	14,723,061.29	0.40

投资前五名股票明细	股票名称	公允价值(元)	占净值比(%)	股票名称	公允价值(元)	占净值比(%)	股票名称	公允价值(元)	占净值比(%)	股票名称	公允价值(元)	占净值比(%)
	深发展A	252,170,800.00	8.31	中国石化	234,520,000.00	7.39	中国石化	159,330;000.00	4.87	中信证券	225,565,983.36	6.21
	中国石化	222,861,215.40	7.35	长江电力	192,920,000.00	6.08	长江电力	120,330,000.0	3.68	同方股份	217,263,748.29	5.98
	中国联通	181,061,342.14	5.97	中国联通	150,924,116.00	4.75	深发展A	120,060,000.00	3.67	万科A	216,200,000.00	5.95
	长江电力	133,280,000.00	4.39	深发展A	109,100,000.00	3.44	中国联通	101,603,810.00	3.10	中国石化	211,349,154.60	5.82
	徐工科技	71,092,897.20	2.34	中国石油	101,359,464.24	3.19	建设银行	89,279,525.70	2.73	山东黄金	161,392,962.50	4.44

投资前五名债券明细	债券名称	公允价值(元)	占净值比(%)	债券名称	公允价值(元)	占净值比(%)	债券名称	公允价值(元)	占净值比(%)	债券名称	公允价值(元)	占净值比(%)
	07进出06	233,335,000.00	7.69	07进出06	233,197,000.00	7.35	07进出06	232,047,000.00	7.09	07进出06	231,449,000.00	6.37
	08央行票据35	137,683,000.00	4.54	08央行票据35	136,279,000.00	4.29	08央行票据35	134,641,000.00	4.11	09央行票据46	196,480,000.00	5.41
	08央行票据64	77,304,000.00	2.55	08央行票据110	58,176,000.00	1.83	08国债24	100,000,000.00	3.05	08央行票据35	133,640,000.00	3.68
	21国债(10)	50,602,200.00	1.67	20国债(4)	55,990,000.00	1.76	07央行票据13	70,420,000.00	2.15	07央行票据13	70,133,000.00	1.93
	21国债(12)	39,575,106.20	1.30	21国债(10)	45,015,462.20	1.42	20国债(4)	60,954,000.00	1.86	20国债(4)	60,480,000.00	1.67

裕隆证券投资基金

基本资料					
基金简称	博时裕隆封闭			交易代码	184692
风险收益特征	该基金是一只偏股型的证券投资基金，属于中等风险品种。				
业绩比较基准	——				
合同生效日	1999年6月15日			基金总份额	30亿份
上市日期	1999年6月24日	地点	深交所	存续期	15年
基金管理人	博时基金管理有限公司			基金托管人	中国农业银行
注册登记人	中国证券登记结算有限公司深圳分公司				

成立来累计净值增长率与同期基准收益率历史走势对比图（%）

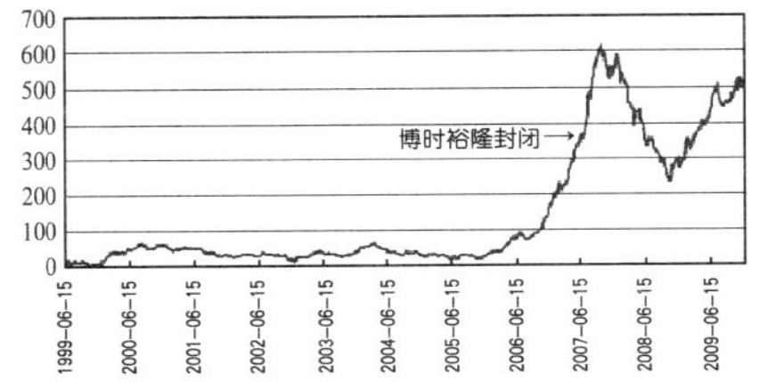

近三年净值增长率与同期基准收益率对比图（%）

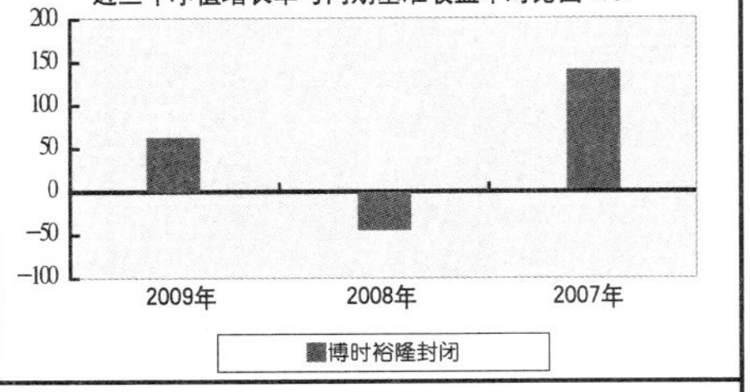

财务指标　单位：人民币（元）；%

项 目 \ 年 度	2009年	2008年	2007年
本期利润	1,789,451,098.25	−3,047,458,546.22	7,171,534,586.62
本期加权平均净值利润率	46.25	−59.26	80.39
期末基金资产净值	4,554,282,446.04	2,764,831,347.79	10,942,289,894.01
期末基金份额净值	1.5181	0.9216	3.6474
本期份额净值增长率	64.72	−42.76	142.04
累计份额净值增长率	518.55	275.51	556.06
基金收益分配	——	10派17.100	10派7.700

期末基金份额持有人户数	基金份额持有人户数为58,172户，平均每户持有51,571.20份。（期末截至2009年12月31日）
期末基金份额持有人结构	机构投资者持有份额1,518,423,756份，占总份额50.61%；个人投资者持有份额1,481,576,244份，占总份额49.39%。

基金业绩表现

2009年博时裕隆基金份额净值为1.5181元，全年份额净值增长率为64.72%。

基金管理团队

孙占军先生：基金经理，8.5年证券从业经历。曾先后在宝山钢铁股份公司、申银万国证券研究所、香港中信证券研究有限公司工作。2005年加入博时基金管理公司，曾任研究员，兼基金经理助理；2008年2月起任博时裕隆基金经理。

基金运作分析

2009年的市场是大幅度波动的市场，全年来看行业配置十分重要，尤其是对汽车、家电、地产等受益于政策且反转性行业的投资。博时裕隆基金在上半年认识到这点，加大了地产、家电等行业的配置，取得了一定的超额收益。

基于市场分析，该管理人认为2010年将是板块和个股表现大幅度分化的一年，基础研究和选股显得更为重要。如果说2008年看宏观，2009年看行业，2010年则应该侧重于主题和个股，博时裕隆基金将重点关注以下行业：一是能够受益于政策转变的行业。预计2010年调结构是政府政策的重心，扩大内需、刺激消费、深化医改将成为贯穿全年的脉络。该基金会重点关注医药、零售、家电等泛消费概念的公司；二是通胀收益类行业：从中期看，通胀将由预期到现实，将逐渐演变为新的投资主题，该基金也会阶段性关注地产、黄金、化工、钢铁等通胀受益类行业；三是主题性投资：重点关注有政府实质性政策拉动，并且对企业盈利和未来发展有重大影响的主题。

季度投资组合一览

项 目 \ 季 度	第一季度		第二季度		第三季度		第四季度	
基金资产净值	3,422,841,669.88元		4,023,799,553.30元		4,055,190,449.59元		4,554,282,446.04元	
基金份额净值	1.1409元		1.3413元		1.3517元		1.5181元	
基金资产组合	市值(元)	占总资产比(%)	市值(元)	占总资产比(%)	市值(元)	占总资产比(%)	市值(元)	占总资产比(%)
股票投资	2,298,883,373.42	66.87	3,043,805,221.57	75.35	1,948,876,756.97	47.87	3,222,948,952.86	70.54
债券投资	703,194,332.00	20.46	826,972,552.10	20.47	1,455,190,974.40	35.74	945,968,000.00	20.70
资产支持证券投资	——	——	——	——	——	——	——	——
金融衍生品投资	——	——	——	——	——	——	——	——
买入返售金融资产	——	——	——	——	——	——		
银行存款和结算备付金	214,758,634.73	6.25	146,360,879.58	3.62	647,782,438.68	15.91	373,208,211.50	8.17
其他资产	220,749,914.77	6.42	22,207,602.02	0.55	19,760,910.71	0.49	27,110,084.39	0.59

投资前五名股票明细	股票名称	公允价值(元)	占净值比(%)	股票名称	公允价值(元)	占净值比(%)	股票名称	公允价值(元)	占净值比(%)	股票名称	公允价值(元)	占净值比(%)
	建设银行	258,000,000.00	7.54	建设银行	361,800,000.00	8.99	建设银行	212,039,564.76	5.23	建设银行	235,219,517.18	5.16
	深发展A	223,935,034.68	6.54	深发展A	186,530,932.04	4.64	深发展A	171,057,926.22	4.22	辽宁成大	218,380,749.47	4.80
	青岛啤酒	119,001,737.51	3.48	中信证券	154,014,541.38	3.83	冀东水泥	134,683,363.62	3.32	深发展A	208,329,918.14	4.57
	中信证券	87,870,557.61	2.57	三一重工	152,330,389.05	3.79	苏宁电器	126,535,045.01	3.12	苏宁电器	160,426,982.02	3.52
	中国平安	84,868,504.45	2.48	苏宁电器	124,064,562.13	3.08	泸州老窖	117,595,913.40	2.90	泸州老窖	156,154,573.44	3.43

投资前五名债券明细	债券名称	公允价值(元)	占净值比(%)	债券名称	公允价值(元)	占净值比(%)	债券名称	公允价值(元)	占净值比(%)	债券名称	公允价值(元)	占净值比(%)
	08央行票据14	316,800,000.00	9.26	08央票14	313,530,000.00	7.79	09央票36	393,200,000.00	9.70	08央票14	307,800,000.00	6.76
	08央行票据17	169,088,000.00	4.94	21国债(10)	177,182,923.20	4.40	08央票14	310,050,000.00	7.65	08央票17	164,240,000.00	3.61
	21国债(10)	152,283,824.00	4.45	08央票17	167,344,000.00	4.16	21国债(10)	177,840,566.40	4.39	08央票20	102,680,000.00	2.25
	21国债(12)	32,960,348.00	0.96	02国债(10)	65,839,708.90	1.64	08央票17	165,456,000.00	4.08	21国债(10)	102,290,000.00	2.25
	02国债(10)	20,118,000.00	0.59	21国债(12)	32,822,920.00	0.82	09央票39	149,505,000.00	3.69	07央票95	101,350,000.00	2.23

裕泽证券投资基金

基本资料					
基金简称	博时裕泽封闭			交易代码	184705
风险收益特征	该基金是一只偏股型的证券投资基金，属于中等风险品种。				
业绩比较基准	——				
合同生效日	2000年3月27日			基金总份额	5亿份
上市日期	2000年5月17日	地点	深交所	存续期	15年
基金管理人	博时基金管理有限公司			基金托管人	中国工商银行
注册登记人	中国证券登记结算有限公司深圳分公司				

财务指标　单位：人民币（元）；%

项目＼年度	2009年	2008年	2007年
本期利润	241,387,995.59	−586,384,798.10	1,040,462,107.78
本期加权平均净值利润率	43.54	−74.42	71.35
期末基金资产净值	641,292,876.88	399,904,881.29	1,751,289,679.39
期末基金份额净值	1.2826	0.7998	3.5026
本期份额净值增长率	60.37	−49.91	115.65
累计份额净值增长率	335.71	171.70	442.40
基金收益分配	——	10派15.300	10派7.000

期末基金份额持有人户数	基金份额持有人户数为9,078户，平均每户持有55,078.21份。（期末截至2009年12月31日）
期末基金份额持有人结构	机构投资者持有份额359,732,252份，占总份额71.95%；个人投资者持有份额140,267,748份，占总份额28.05%。

成立来累计净值增长率与同期基准收益率历史走势对比图（%）

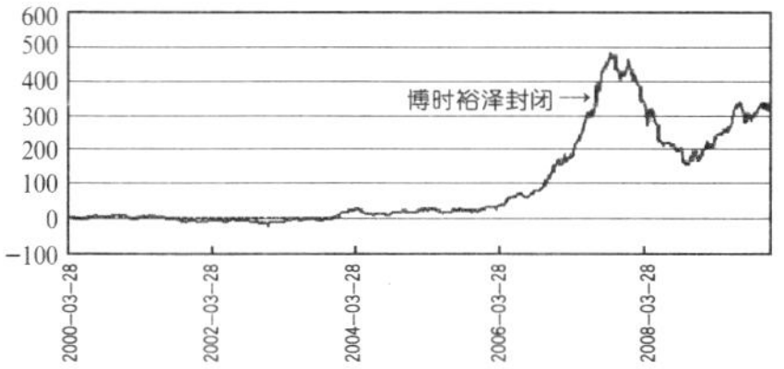

近三年净值增长率与同期基准收益率对比图（%）

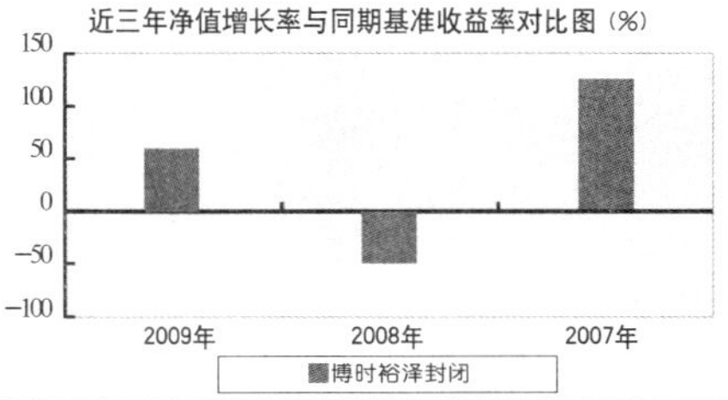

基金业绩表现

截至2009年12月31日，博时裕泽基金份额净值为1.2826元，全年份额净值增长率为60.37%；同期上证指数涨幅为79.98%。

基金管理团队

陈　亮先生：基金经理，10.5年证券从业经历。1998年起先后在中信证券金融产品开发小组、北京玖方量子软件技术公司工作。2001年加入博时基金管理公司，历任金融工程师、基金经理助理、基金经理、数量组投资总监兼任基金经理；现任数量组投资总监、博时裕泽基金经理、博时特许价值股票基金经理。

基金运作分析

2009年是全球走出金融危机和经济危机的关键一年。

博时裕泽基金在2009年保持了比较进取的资产配置，仓位保持较高位置。在年初行业选择上博时裕泽基金采用较为进攻的配置。在四季度根据市场的波动情况进行了一定程度的微调，该基金适度增加了一些消费、医药、银行的配置。

从中国经济的走向来看，目前经济依然在复苏的轨道上，经济增长上行的动力明显。经济复苏的广度和深度在增加。

展望2010年，该管理人认为市场将在通胀和政策推出博弈之间和声起舞。总体可以预期政策退出也是有节奏地、局部地和相机地退出。关键变量复杂性增强的一年，必然也是投资挑战增加的一年。

季度投资组合一览

项目＼季度	第一季度		第二季度		第三季度		第四季度	
基金资产净值	492,994,243.89元		588,778,374.10元		567,907,569.90元		641,292,876.88元	
基金份额净值	0.9860元		1.1776元		1.1358元		1.2826元	
基金资产组合	市值(元)	占总资产比(%)	市值(元)	占总资产比(%)	市值(元)	占总资产比(%)	市值(元)	占总资产比(%)
股票投资	349,263,387.80	70.51	465,557,109.17	78.46	365,958,992.09	64.16	479,276,846.34	74.49
债券投资	102,605,948.00	20.72	118,741,185.20	20.01	121,761,707.30	21.35	129,064,076.00	20.06
资产支持证券投资	——	——	——	——	——	——	——	——
金融衍生品投资	——	——	——	——	——	——	——	——
买入返售金融资产	——	——	——	——	——	——		
银行存款和结算备付金	28,680,571.46	5.79	6,047,252.83	1.02	80,231,699.74	14.07	31,843,427.00	4.95
其他资产	14,761,280.97	2.98	3,034,224.84	0.51	2,436,692.52	0.43	3,202,124.57	0.50

投资前五名股票明细	股票名称	公允价值(元)	占净值比(%)	股票名称	公允价值(元)	占净值比(%)	股票名称	公允价值(元)	占净值比(%)	股票名称	公允价值(元)	占净值比(%)
	格力电器	23,540,740.65	4.78	建设银行	36,300,600.00	6.17	建设银行	28,011,600.00	4.93	深发展A	32,899,500.00	5.13
	深发展A	22,250,135.92	4.51	万科A	33,787,500.00	5.74	格力电器	17,658,000.00	3.11	建设银行	31,073,800.00	4.85
	万科A	21,699,603.00	4.40	浦发银行	20,519,084.18	3.49	新和成	17,552,000.00	3.09	浦发银行	26,148,965.13	4.08
	中国平安	19,554,960.89	3.97	鞍钢股份	17,837,839.44	3.03	三一重工	16,588,341.00	2.92	一汽夏利	24,633,000.00	3.84
	中国联通	17,310,000.00	3.51	中国平安	17,311,000.00	2.94	贵州茅台	16,480,724.48	2.90	柳工	21,728,478.90	3.39

投资前五名债券明细	债券名称	公允价值(元)	占净值比(%)	债券名称	公允价值(元)	占净值比(%)	债券名称	公允价值(元)	占净值比(%)	债券名称	公允价值(元)	占净值比(%)
	08央行票据38	52,985,000.00	10.75	08央行票据38	52,445,000.00	8.91	08央行票据38	51,805,000.00	9.12	20国债(4)	52,866,576.00	8.24
	20国债(4)	20,430,000.00	4.14	20国债(4)	25,450,000.00	4.32	20国债(4)	45,153,707.30	7.95	08央行票据38	51,420,000.00	8.02
	08央行票据106	19,492,000.00	3.95	08央行票据106	19,344,000.00	3.29	09央行票据44	19,654,000.00	3.46	09央行票据44	19,650,000.00	3.06
	21国债(12)	5,156,500.00	1.05	02国债(10)	13,044,085.20	2.22	21国债(12)	5,149,000.00	0.91	21国债(12)	5,127,500.00	0.80
	02国债(10)	3,017,700.00	0.61	21国债(12)	5,135,000.00	0.87	——			——		

博时价值增长证券投资基金

基本资料

基金简称	博时价值增长混合	交易代码	050001（前端）051001（后端）		
风险收益特征	该基金属于低风险的基金品种，以在风险约束下期望收益最大化为核心，在收益结构上追求下跌风险有下界、上涨收益无上界的目标，其长期投资的单位风险下收益（夏普率）大于股票、小于国债。				
业绩比较基准	70%×沪深300指数收益率＋30%×中国债券总指数收益率				
合同生效日	2002年10月9日	首募份额	30.49亿份	认购户数	60,318户
基金管理人	博时基金管理有限公司	基金托管人	中国建设银行		
注册登记人	博时基金管理有限公司				

成立来累计净值增长率与同期基准收益率历史走势对比图（%）

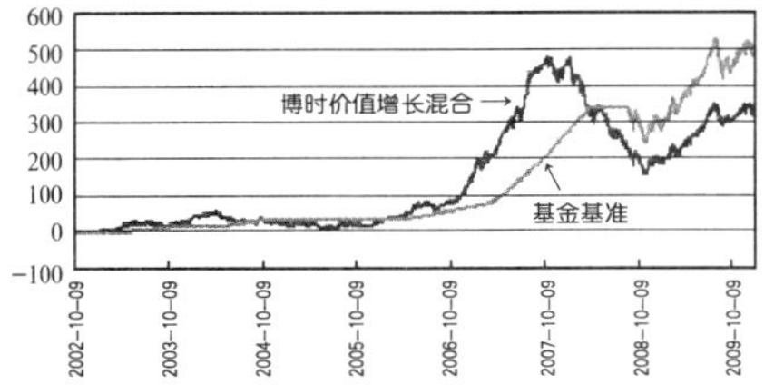

财务指标　　单位：人民币（元）；%

项目 \ 年度	2009年	2008年	2007年
本期利润	8,503,262,291.91	-15,666,855,240.56	4,209,769,789.21
本期加权平均净值利润率	42.23	-70.88	25.87
期末基金资产净值	21,822,217,909.68	15,713,117,385.52	36,088,479,245.59
期末基金份额净值	0.827	0.532	1.037
本期份额净值增长率	55.45	-48.70	118.38
累计份额净值增长率	342.76	184.82	455.19
基金收益分配	——	——	10派23.040

近三年净值增长率与同期基准收益率对比图（%）

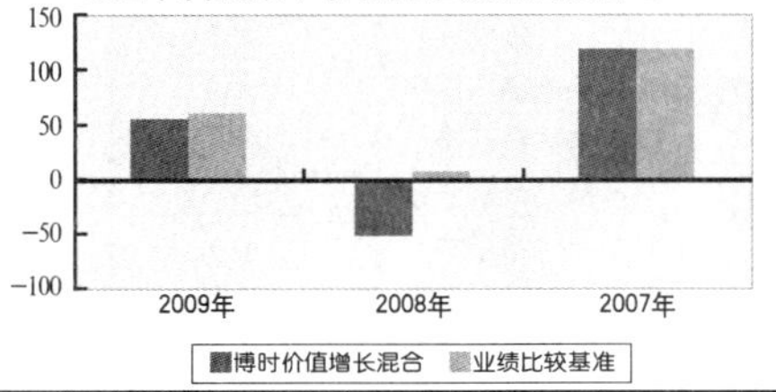

期末基金份额持有人户数	基金份额持有人户数为1,268,638户，平均每户持有20,803.82份。（期末截至2009年12月31日）
期末基金份额持有人结构	机构投资者持有份额76,696,286.84份，占总份额0.29%；个人投资者持有份额26,315,826,094.34份，占总份额99.71%。

基金业绩表现

截至2009年12月31日，博时价值增长混合基金份额净值为0.827元，全年份额净值增长率为55.45%，同期业绩比较基准收益率为61.77%。

基金管理团队

夏　春先生：基金经理、研究部总经理，8年证券从业经历。1996年至1997年在上海永道会计财务咨询公司任审计师。2001年至2004年在招商证券研发中心任研究员。2004年加入博时基金管理公司，历任宏观研究员、研究部副总经理兼策略分析师兼基金经理助理；2008年12月起任博时价值增长混合基金经理。

基金运作分析

2009年市场经历了大幅上涨，博时价值增长混合基金在年初时较为谨慎，通过对8月份市场大跌的较好把握以及全年对汽车和家电行业投资价值的坚持，最终亦取得了不错的收益。

2010年市场大幅波动的可能性较大。虽然估值上看还没有高到离谱，但经济复苏已经成为事实，而年初以来调控性政策频繁出台，对通货膨胀的恐惧日益增大，货币政策已经明显收紧。简单来说，利好已经兑现，未来更多的是不确定性。

对于2010年的市场，博时价值增长混合基金会更加关注那些随着经济社会转型、政策调整、民众意识变化所形成的小趋势。新兴消费和新兴行业将成为投资的重点。

季度投资组合一览

项目 \ 季度	第一季度		第二季度		第三季度		第四季度	
基金资产净值	18,245,012,785.70元		21,367,823,051.27元		20,462,955,651.58元		21,822,217,909.68元	
基金份额	29,240,721,217.52份		28,477,277,393.04份		27,431,429,192.68份		26,392,522,381.18份	
基金份额净值	0.6240元		0.7500元		0.7460元		0.8270元	
基金资产组合	市值（元）	占总资产比（%）	市值（元）	占总资产比（%）	市值（元）	占总资产比（%）	市值（元）	占总资产比（%）
股票投资	13,644,454,048.77	74.70	16,736,089,992.26	78.19	9,953,020,627.77	48.54	16,500,567,975.23	75.43
债券投资	3,871,694,335.52	21.20	4,320,437,852.60	20.19	7,899,383,029.60	38.52	4,455,260,852.00	20.37
资产支持证券投资	——	——	——	——	——	——	——	——
金融衍生品投资	——	——	——	——	——	——	——	——
买入返售金融资产	——	——	——	——	——	——	——	——
银行存款和结算备付金	595,433,848.66	3.26	219,861,177.60	1.03	2,596,493,657.03	12.66	869,219,367.34	3.97
其他资产	152,972,447.00	0.84	127,493,510.18	0.60	57,863,923.54	0.28	50,095,612.54	0.23

项目	股票名称	公允价值（元）	占净值比（%）	股票名称	公允价值（元）	占净值比（%）	股票名称	公允价值（元）	占净值比（%）	股票名称	公允价值（元）	占净值比（%）
投资前五名股票明细	中信证券	815,040,000.00	4.47	万科A	1,160,250,000.00	5.43	一汽轿车	1,101,806,360.98	5.38	一汽轿车	1,637,271,889.86	7.50
	一汽轿车	797,539,766.82	4.37	一汽轿车	1,003,587,123.04	4.70	特变电工	542,417,413.56	2.65	中信证券	716,093,036.01	3.28
	金融街	698,280,628.59	3.83	中信证券	904,320,000.00	4.23	工商银行	429,300,000.00	2.10	工商银行	650,433,600.00	2.98
	万科A	626,532,306.84	3.43	长江电力	816,712,475.00	3.82	大秦铁路	370,800,000.00	1.81	特变电工	608,079,813.60	2.79
	长江电力	590,236,134.88	3.24	浦发银行	633,975,910.44	2.97	中兴通讯	285,120,451.28	1.39	金地集团	459,424,071.96	2.11

项目	债券名称	公允价值（元）	占净值比（%）	债券名称	公允价值（元）	占净值比（%）	债券名称	公允价值（元）	占净值比（%）	债券名称	公允价值（元）	占净值比（%）
投资前五名债券明细	07农发15	1,223,188,000.00	6.70	07农发15	1,212,450,000.00	5.67	07农发15	1,202,538,000.00	5.88	07农发15	1,195,576,000.00	5.48
	09央票09	498,800,000.00	2.73	08央票92	607,572,000.00	2.84	09央票41	996,700,000.00	4.87	09央票40	982,700,000.00	4.50
	07进出10	414,240,000.00	2.27	02国债⑽	531,597,660.60	2.49	09央票40	982,900,000.00	4.80	09央票36	835,465,000.00	3.83
	08进出11	299,130,000.00	1.64	07进出10	410,640,000.00	1.92	09央票37	976,766,000.00	4.77	07进出10	405,040,000.00	1.86
	08央票110	195,340,000.00	1.07	08进出11	297,480,000.00	1.39	09央票36	835,550,000.00	4.08	09央票34	314,560,000.00	1.44

博时裕富指数证券投资基金

基本资料					
基金简称	博时裕富指数	交易代码	050002		
风险收益特征	由于该基金采用完全复制的指数化投资方法，基金净值增长率与标的指数增长率相偏离的风险尤为突出。该基金将严格执行风险管理程序，最大程度地运用数量化风险管理手段，以偏离度、跟踪误差等风险控制指标对基金资产风险进行实时跟踪控制与管理。				
业绩比较基准	95%的沪深300指数加5%的银行同业存款利率				
合同生效日	2003年8月26日	首募份额	51.23亿份	认购户数	110,760户
基金管理人	博时基金管理有限公司	基金托管人	中国建设银行		
注册登记人	博时基金管理有限公司				

成立来累计净值增长率与同期基准收益率历史走势对比图（%）

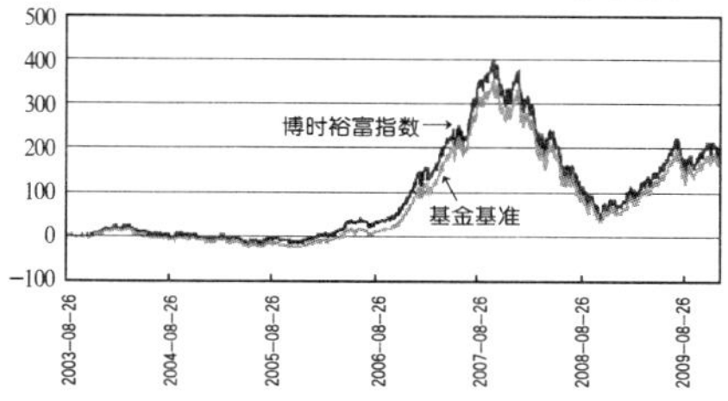

财务指标　　单位：人民币（元）；%

项 目 ＼ 年 度	2009年	2008年	2007年
本期利润	7,831,267,434.73	−15,103,519,043.66	8,150,453,367.93
本期加权平均净值利润率	58.01	−104.11	50.68
期末基金资产净值	15,028,300,963.94	9,510,958,832.52	24,940,362,048.17
期末基金份额净值	0.960	0.509	1.409
本期份额净值增长率	88.61	−63.88	121.58
累计份额净值增长率	203.57	60.96	345.56
基金收益分配	——	——	10派19.300

近三年净值增长率与同期基准收益率对比图（%）

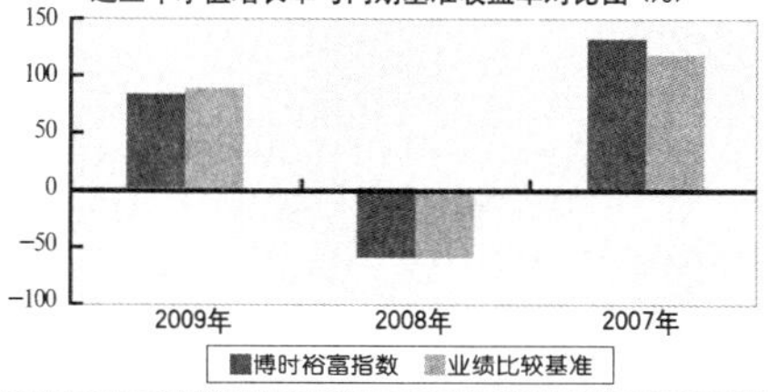

期末基金份额持有人户数	基金份额持有人户数为852,870户，平均每户持有18,353.62份。（期末截至2009年12月31日）
期末基金份额持有人结构	机构投资者持有份额385,485,900.79份，占总份额2.46%；个人投资者持有份额15,267,768,584.94份，占总份额97.54%。

基金业绩表现

截至2009年12月31日，博时裕富指数基金份额净值为0.960元，全年份额净值增长率为88.61%；同期业绩基准收益率为90.72%。

基金管理团队

张晓军先生：基金经理，5年证券从业经历，1992年起在新疆水利电力物资总公司财务科工作。2005年加入博时公司，历任数量化投资部金融工程师、股票投资部数量化研究员兼博时裕富基金经理助理；2008年7月起任博时裕富指数基金经理。

基金运作分析

博时裕富指数基金是遵循指数投资理念的指数型基金。指数投资注重承担市场风险，获取市场收益，跟踪误差和相关度是重要的衡量指标。因此，在整个管理过程中，基金经理借助系统软件的支持严密控制跟踪误差，在最小化成本的前提下做出适当的调整，减少或者避免过多交易。

指数投资是舶来品，对于中国证券市场来说是个新理念，实践中也遇到了中国市场的一些特殊问题，例如问题股的处理。博时裕富指数基金对此类指数样本股做了适当的调整，使得基金资产规避掉了此类资产的风险，同时份额净值增长率基本同指数一致，具体来说就是跟踪误差控制在4%以内。

从2009年经济运行状况来看，最坏的时光已经过去，中国经济触底回升。宽松的政策面、充裕的资金、对经济向好的预期带来A股市场2009年的大幅上扬。

季度投资组合一览

项 目 ＼ 季 度	第一季度		第二季度		第三季度		第四季度	
基金资产净值	11,976,017,963.00元		14,210,457,041.27元		13,411,902,788.27元		15,028,300,963.94元	
基金份额	17,450,706,139.32份		16,445,994,808.64份		16,443,057,004.65份		15,653,254,485.73份	
基金份额净值	0.6860元		0.8640元		0.8160元		0.9600元	
基金资产组合	市值(元)	占总资产比(%)	市值(元)	占总资产比(%)	市值(元)	占总资产比(%)	市值(元)	占总资产比(%)
股票投资	11,344,930,394.79	94.53	13,368,109,464.22	93.85	12,698,127,975.04	94.49	14,227,203,198.36	94.42
债券投资	——	——	——	——	1,409,879.70	0.01	——	——
资产支持证券投资	——	——	——	——	——	——	——	——
金融衍生品投资	——	——	——	——	——	——	——	——
买入返售金融资产	——	——	——	——	——	——	——	——
银行存款和结算备付金	633,961,601.99	5.28	757,538,411.11	5.32	708,839,532.36	5.27	737,361,460.75	4.89
其他资产	22,017,826.27	0.18	118,476,694.61	0.83	29,920,920.70	0.22	102,747,096.25	0.68

投资前五名股票明细	股票名称	公允价值(元)	占净值比(%)	股票名称	公允价值(元)	占净值比(%)	股票名称	公允价值(元)	占净值比(%)	股票名称	公允价值(元)	占净值比(%)
	招商银行	476,146,043.28	3.98	招商银行	586,548,560.79	4.13	招商银行	438,927,911.94	3.27	招商银行	511,044,794.55	3.40
	中信证券	363,873,487.32	3.04	民生银行	558,396,685.44	3.93	交通银行	430,244,899.84	3.21	交通银行	455,182,534.40	3.03
	中国平安	345,425,034.51	2.88	交通银行	525,597,593.16	3.70	中国平安	396,773,231.40	2.96	中国平安	404,124,649.53	2.69
	交通银行	307,249,004.53	2.57	兴业银行	490,315,578.12	3.45	民生银行	361,509,012.48	2.70	民生银行	399,324,603.65	2.66
	民生银行	293,684,198.00	2.45	万　科A	469,592,610.75	3.30	兴业银行	337,195,512.29	2.51	中信证券	395,470,259.55	2.63

投资前五名债券明细	债券名称	公允价值(元)	占净值比(%)	债券名称	公允价值(元)	占净值比(%)	债券名称	公允价值(元)	占净值比(%)	债券名称	公允价值(元)	占净值比(%)
							安泰转债	1,409,879.70	0.01			

博时现金收益证券投资基金

基本资料			
基金简称	博时现金收益货币	交易代码	050003
风险收益特征	现金收益基金投资于短期资金市场基础工具，曰于这些金融工具的特点，因此整个基金的风险处于较低的水平。但是，该基金依然处于各种风险因素的暴露之中，包括利率风险、再投资风险、信用风险、操作风险、政策风险和通货膨胀风险等等。		
业绩比较基准	一年期定期存款利率(税后)		
合同生效日	2004年1月16日	首募份额	62.86亿份
认购户数	72,988户		
基金管理人	博时基金管理有限公司	基金托管人	交通银行
注册登记人	博时基金管理有限公司		

财务指标　　单位：人民币(元)；%

项 目 / 年 度	2009年	2008年	2007年
本期利润	251,411,812.28	660,547,717.07	92,639,190.19
期末基金资产净值	15,134,457,407.06	33,580,243,723.76	3,467,407,083.37
期末基金份额净值	1.0000	1.0000	1.0000
本期份额净值收益率	1.68	4.29	2.96
累计份额净值收益率	16.59	14.67	9.95
基金收益分配	251,411,812.28	660,547,717.07	92,639,190.19

成立来累计净值收益率与同期基准收益率历史走势对比图 (%)

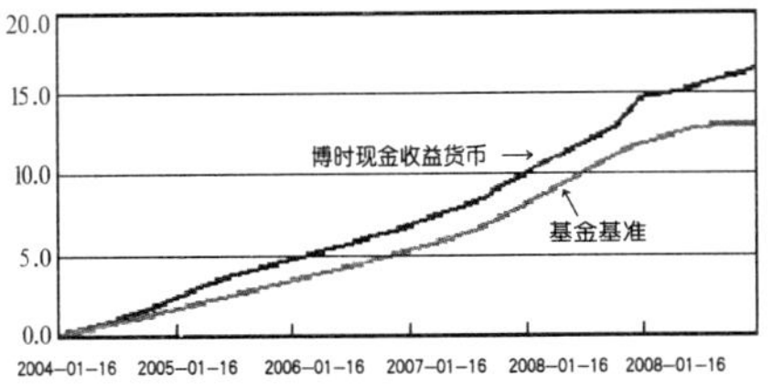

近三年净值收益率与同期基准收益率对比图 (%)

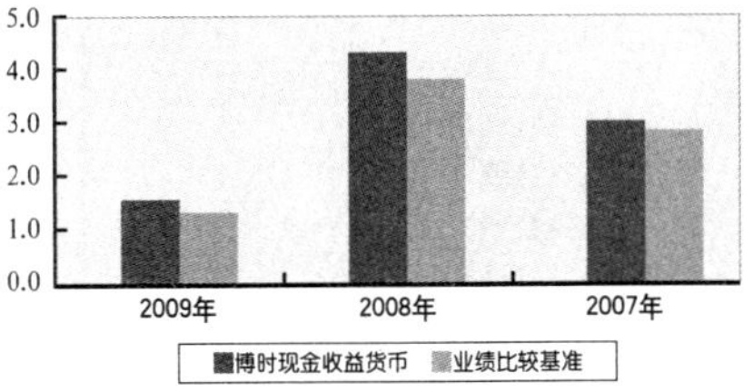

期末基金份额持有人户数	基金份额持有人户数为76,327户，平均每户持有198,284.45份。(期末截至2009年12月31日)
期末基金份额持有人结构	机构投资者持有份额9,601,205,529.70份，占总份额63.44%；个人投资者持有份额5,533,251,877.36份，占总份额36.56%。

基金业绩表现

2009年博时现金收益货币基金全年净值收益率为1.68%，同期业绩基准收益率为1.30%。

基金管理团队

张　勇先生：基金经理，6年证券从业经历。2001年起先后在南京市商业银行北清支行、南京市商业银行资金营运中心工作。2003年加入博时基金公司，历任债券交易员、博时现金收益基金经理助理兼任债券交易员；2006年7月起任博时现金收益货币基金经理。

基金运作分析

2009年初，整个债券市场收益率处于历史低位，该基金管理人判断收益率继续下降的概率较小，选择卖出组合中所有的利率产品，保留现金。回顾2009年，博时现金收益货币基金卖出的时点选择是非常恰当的。保留现金出于两方面考虑：一是等待收益率上行后再次买入；二是股票市场的上升，有可能造成货币基金的赎回，保留现金应对赎回。而市场在充裕流动性的保障下，收益率的上升并没有达到预期的目标，博时现金收益货币基金在下半年选择将现金进行短期存款投资，以及选择性地买入部分信用产品。

展望未来，尽管对2010年债券市场前景并不看好，但债券作为一种生息资产，该基金管理人不能忽视这个重要因素。因此，博时现金收益货币基金2010年的投资策略是：“择机买入，持有回报”。选择恰当的时机买入，不以获取价差为目的，而是期望获取持有期的稳定回报。

季度投资组合一览

项 目 / 季 度	第一季度		第二季度		第三季度		第四季度	
基金资产净值	16,627,306,025.27元		12,746,417,297.21元		11,729,684,197.47元		15,134,457,407.06元	
基金份额	16,627,306,025.27份		12,746,417,297.21份		11,729,684,197.47份		15,134,457,407.06份	
基金份额净值	1.0000元		1.0000元		1.0000元		1.0000元	
基金资产组合	市值(元)	占总资产比(%)	市值(元)	占总资产比(%)	市值(元)	占总资产比(%)	市值(元)	占总资产比(%)
股票投资	——	——	——	——	——	——	——	——
债券投资	9,743,726,228.96	48.87	7,925,924,250.78	62.13	4,592,541,979.86	39.12	3,682,557,185.32	24.32
资产支持证券投资	——	——	——	——	——	——	——	——
金融衍生品投资	——	——	——	——	——	——	——	——
买入返售金融资产	——	——	2,336,666,417.90	18.32	5,437,814,664.98	46.32	2,342,844,002.58	15.47
银行存款和结算备付金	4,280,658,837.22	21.47	2,224,229,995.34	17.44	1,647,699,988.75	14.04	8,321,011,237.48	54.95
其他资产	5,913,155,760.97	29.66	269,699,293.59	2.11	60,372,786.73	0.51	796,349,976.70	5.26

投资前五名股票明细	股票名称	公允价值(元)	占净值比(%)	股票名称	公允价值(元)	占净值比(%)	股票名称	公允价值(元)	占净值比(%)	股票名称	公允价值(元)	占净值比(%)

投资前五名债券明细	债券名称	公允价值(元)	占净值比(%)	债券名称	公允价值(元)	占净值比(%)	债券名称	公允价值(元)	占净值比(%)	债券名称	公允价值(元)	占净值比(%)
	08央行票据95	2,559,422,325.40	15.39	09央行票据17	1,498,014,035.21	11.75	09央行票据44	491,703,616.60	4.19	09央行票据44	493,870,949.53	3.26
	08央行票据110	1,094,029,110.96	6.58	09央行票据18	1,497,699,578.17	11.75	07国开11	441,416,253.40	3.76	07国开11	444,347,833.24	2.94
	07国开11	443,237,223.42	2.67	07国开11	441.545,176.95	3.46	04建行03浮	300,326,241.82	2.56	05中行02浮	200,182,075.06	1.32
	04建行03浮	301,019,362.76	1.81	04建行03浮	300.669,096.19	2.36	08邯钢CP01	300,311,903.84	2.56	09中航工债02	200,000,000.00	1.32
	08邯钢CP01	300,939,504.50	1.81	08邯钢CP01	300.628,520.47	2.36	08莱钢CP01	260,224,294.19	2.22	09国开23	199,986,597.68	1.32

博时精选股票证券投资基金

基本资料			
基金简称	博时精选股票	交易代码	050004
风险收益特征	该基金是一只主动型的股票基金，其风险与预期收益都要高于平衡型基金，属于中高风险的基金品种。该基金力争在严格控制风险的前提下谋求实现基金资产长期稳定增长。		
业绩比较基准	75%×新华富时中国A600指数+20%×新华富时中国国债指数+5%×现金收益率		
合同生效日	2004年6月22日　首募份额　61.03亿份	认购户数	135,015户
基金管理人	博时基金管理有限公司	基金托管人	中国工商银行
注册登记人	博时基金管理有限公司		

成立来累计净值增长率与同期基准收益率历史走势对比图（%）

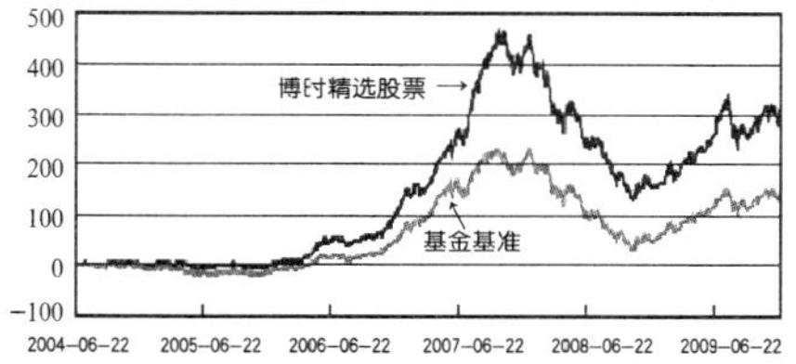

财务指标　单位：人民币（元）；%

项目＼年度	2009年	2008年	2007年
本期利润	6,450,532,729.31	−14,308,062,701.46	13,263,744,493.19
本期加权平均净值利润率	47.08	−78.27	70.81
期末基金资产净值	14,330,980,323.49	11,435,959,208.92	29,481,774,865.68
期末基金份额净值	1.6505	1.0519	2.1759
本期份额净值增长率	61.38	−51.66	149.93
累计份额净值增长率	312.80	155.79	429.12
基金收益分配	10派0.350	——	10派13.300

近三年净值增长率与同期基准收益率对比图（%）

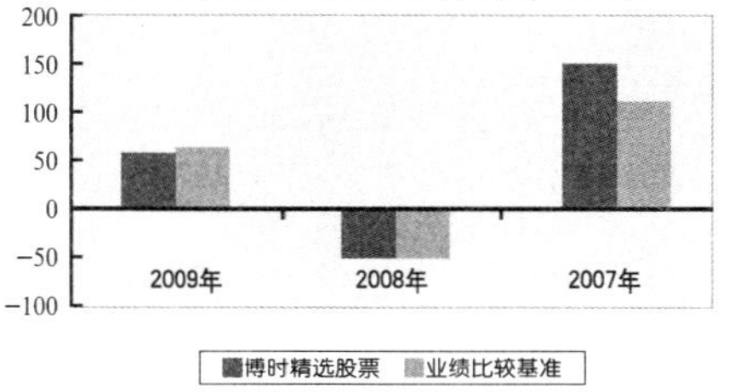

期末基金份额持有人户数	基金份额持有人户数为645,205户，平均每户持有13,457.40份。（期末截至2009年12月31日）
期末基金份额持有人结构	机构投资者持有份额134,819,817.45份，占总份额1.55%；个人投资者持有份额8,547,961,188.82份，占总份额98.45%。

基金业绩表现

2009年博时精选股票基金份额净值为1.6505元，全年份额净值增长率为61.38%；同期业绩基准收益率为66.34%。

基金管理团队

余　洋先生：基金经理，8年证券从业经历，2001年起在西南证券公司从事证券投资工作。2002年加入博时基金管理公司，历任研究员、博时精选股票基金经理助理、博时价值增长基金经理；2008年12月起任博时精选股票基金经理。

基金运作分析

2009年A股市场出现大幅上涨，前7个月上证指数的涨幅达到90%，8月份开始震荡调整，而全年的涨幅达到80%。该管理人在宏观数据和企业盈利数据尚未好转前仍然保持了谨慎的态度，因此博时精选股票基金上半年在股票仓位和组合调整上都较为谨慎，全年收益率为61.38%。

展望2010年，基金管理人预计投资增速会下降，而消费仍将保持高增长，出口出现复苏但仍然不可寄予过高的期望。周期性消费品中的房屋和汽车在2010年比较难继续保持高增长，而非周期消费行业中的食品饮料、零售、医药等仍有望实现较高的增长速度。

季度投资组合一览

项目＼季度	第一季度		第二季度		第三季度		第四季度	
基金资产净值	13,180,553,591.75元		14,304,477,454.36元		13,004,224,542.24元		14,330,980,323.49元	
基金份额	10,435,443,255.68份		9,742,401,228.03份		9,185,251,107.54份		8,682,781,006.27份	
基金份额净值	1.2631元		1.4683元		1.4158元		1.6505元	
基金资产组合	市值(元)	占总资产比(%)	市值(元)	占总资产比(%)	市值(元)	占总资产比(%)	市值(元)	占总资产比(%)
股票投资	10,812,119,440.73	81.29	12,381,103,670.97	86.05	10,476,330,700.39	80.30	12,858,459,317.45	89.37
债券投资	——	——	——	——	——	——	——	——
资产支持证券投资	——	——	——	——	——	——	——	——
金融衍生品投资	——	——	——	——	——	——	——	——
买入返售金融资产	——	——	——	——	——	——	——	——
银行存款和结算备付金	2,442,020,959.28	18.36	1,985,417,952.73	13.80	2,554,175,018.20	19.58	1,519,107,409.77	10.56
其他资产	45,780,297.46	0.34	21,164,918.64	0.15	16,789,430.18	0.13	10,636,688.78	0.07

投资前五名股票明细	股票名称	公允价值(元)	占净值比(%)	股票名称	公允价值(元)	占净值比(%)	股票名称	公允价值(元)	占净值比(%)	股票名称	公允价值(元)	占净值比(%)
	万　科A	826,398,383.04	6.27	万　科A	892,500,000.00	6.24	中国平安	760,500,000.00	5.85	苏宁电器	831,199,605.18	5.80
	深发展A	718,539,845.08	5.45	中信证券	847,800,000.00	5.93	建设银行	725,399,017.92	5.58	建设银行	804,698,910.56	5.62
	中信证券	713,154,906.00	5.41	中国平安	741,900,000.00	5.19	深发展A	700,350,000.00	5.39	兴业银行	765,872,344.22	5.34
	中国平安	625,753,977.06	4.75	深发展A	720,060,000.00	5.03	万　科A	698,140,000.00	5.37	深发展A	731,100,000.00	5.10
	中国太保	503,395,754.66	3.82	浦发银行	644,559,976.98	4.51	苏宁电器	655,599,688.50	5.04	海通证券	690,836,526.61	4.82

投资前五名债券明细	债券名称	公允价值(元)	占净值比(%)	债券名称	公允价值(元)	占净值比(%)	债券名称	公允价值(元)	占净值比(%)	债券名称	公允价值(元)	占净值比(%)
	——			——			——			——		

博时主题行业股票证券投资基金

基本资料					
基金简称	博时主题行业股票(LOF)	交易代码	160505		
风险收益特征	该基金是一只主动型的股票基金，其风险与预期收益都要高于平衡型基金，属于中高风险的基金品种。该基金力争在严格控制风险的前提下，谋求实现基金资产的长期稳定增长。				
业绩比较基准	80%×新华富时中国A600指数+20%×新华富时中国国债指数				
合同生效日	2005年1月6日	首募份额	12.10亿份	认购户数	25,154户
上市日期	2005年2月22日			上市地点	深交所
基金管理人	博时基金管理有限公司	基金托管人	中国建设银行		
注册登记人	中国证券登记结算有限责任公司				

财务指标　　单位：人民币（元）；%

项目 \ 年度	2009年	2008年	2007年
本期利润	8,532,021,131.59	-14,101,566,813.31	9,495,010,704.04
本期加权平均净值利润率	52.80	-71.00	76.61
期末基金资产净值	16,833,396,930.15	13,127,249,725.05	31,643,054,746.94
期末基金份额净值	2.103	1.323	2.551
本期份额净值增长率	71.51	-48.14	188.61
累计份额净值增长率	442.25	216.15	509.60
基金收益分配	10派1.200	——	10派5.400
期末基金份额持有人户数	基金份额持有人户数为548,365户，平均每户持有14,597.50份。（期末截至2009年12月31日）		
期末基金份额持有人结构	机构投资者持有份额978,995,546.49份，占总份额12.23%；个人投资者持有份额7,025,762,476.64份，占总份额87.77%。		

成立来累计净值增长率与同期基准收益率历史走势对比图（%）

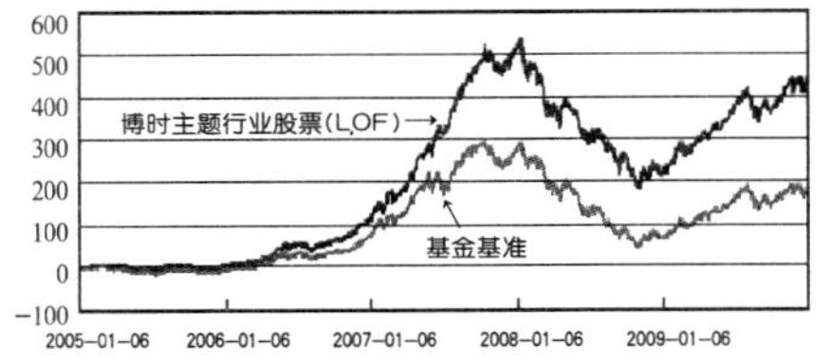

近三年净值增长率与同期基准收益率对比图（%）

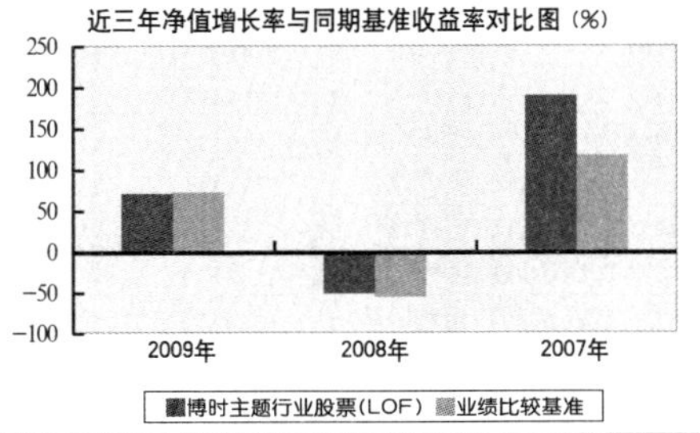

基金业绩表现

截至2009年12月31日，博时主题行业股票基金份额净值为2.103元，全年份额净值增长率为71.51%。

基金管理团队

邓晓峰先生：基金经理、特定资产管理部副总经理，8年证券从业经历，清华大学MBA。1996年起先后在深圳市银业工贸有限公司、国泰君安证券股份有限公司工作。2005年加入博时基金公司，历任基金经理助理、社保股票基金经理，现任特定资产管理部副总经理、价值组投资副总监、博时主题行业股票基金经理，兼任社保股票基金经理。

基金运作分析

2009年，A股市场表现出色，全年沪深300指数上涨95.79%，上证综合指数上涨79.98%。从市场风格上看，小盘公司表现突出，大盘蓝筹收益滞后。

管理人在2008年底即对经济及股票市场持乐观看法，提前增加了股票仓位的比例，在3月份降低了股票仓位，并维持了半年。因坚持一贯的投资标准，减持组合中高估的小盘股，并转投到估值合理的蓝筹股上。估值水平的合理性是博时主题行业股票基金投资的准绳。未来的投资仍将以估值合理的大盘蓝筹为主，对估值偏高的小盘股和主题投资采取回避的策略。

季度投资组合一览

项目 \ 季度	第一季度		第二季度		第三季度		第四季度	
基金资产净值	16,079,201,031.95元		17,400,171,734.14元		15,672,124,589.53元		16,833,396,930.15元	
基金份额	9,807,635,642.56份		9,651,145,035.91份		8,724,651,663.69份		8,004,758,023.13份	
基金份额净值	1.6390元		1.8030元		1.7960元		2.1030元	
基金资产组合	市值(元)	占总资产比(%)	市值(元)	占总资产比(%)	市值(元)	占总资产比(%)	市值(元)	占总资产比(%)
股票投资	10,650,933,367.81	65.83	12,472,878,973.05	71.37	11,899,715,830.31	75.03	15,388,492,514.30	90.37
债券投资	564,660,396.90	3.49	350,659,730.10	2.01	328,907,264.20	2.07	480,262,405.50	2.82
资产支持证券投资	——	——	——	——	——	——	——	——
金融衍生品投资	8,051,177.55	0.05	7,297,450.29	0.04	——	——	——	——
买入返售金融资产	——	——	1,227,227,596.57	7.02	——	——	——	——
银行存款和结算备付金	4,940,235,293.95	30.53	3,398,661,252.55	19.45	3,610,931,314.86	22.77	1,149,773,434.23	6.75
其他资产	16,441,921.03	0.10	19,982,477.68	0.11	20,920,756.04	0.13	9,999,364.04	0.06

投资前五名股票明细	股票名称	公允价值(元)	占净值比(%)	股票名称	公允价值(元)	占净值比(%)	股票名称	公允价值(元)	占净值比(%)	股票名称	公允价值(元)	占净值比(%)
	大秦铁路	1,173,357,048.40	7.30	大秦铁路	1,228,440,000.00	7.06	上海汽车	932,077,392.00	5.95	上海汽车	1,387,074,990.60	8.24
	招商银行	820,395,000.00	5.10	招商银行	1,154,115,000.00	6.63	美的电器	835,886,764.20	5.33	美的电器	1,137,195,745.60	6.76
	万　科A	786,600,000.00	4.89	万　科A	1,147,500,000.00	6.59	工商银行	748,369,111.23	4.78	中国石化	1,056,750,000.00	6.28
	天 津 港	612,040,000.00	3.81	工商银行	1,140,522,605.50	6.55	招商银行	739,000,000.00	4.72	招商银行	902,500,000.00	5.36
	东方电气	600,320,000.00	3.73	中国石化	746,200,000.00	4.29	中国石化	694,571,472.60	4.43	工商银行	897,005,527.68	5.33

投资前五名债券明细	债券名称	公允价值(元)	占净值比(%)	债券名称	公允价值(元)	占净值比(%)	债券名称	公允价值(元)	占净值比(%)	债券名称	公允价值(元)	占净值比(%)
	05中信债1	235,675,000.00	1.47	06农发11	204,060,000.00	1.17	06农发11	201,340,000.00	1.28	06农发11	200,980,000.00	1.19
	06农发11	204,080,000.00	1.27	02国开18	53,430,000.00	0.31	02国开18	52,725,000.00	0.34	09华发债	81,120,000.00	0.48
	02国开18	53,960,000.00	0.34	08农发18	49,965,000.00	0.29	08江铜债	45,547,170.40	0.29	02国开18	52,245,000.00	0.31
	08农发18	50,110,000.00	0.31	08江铜债	22,486,506.90	0.13	08石化债	20,326,050.00	0.13	08江铜债	45,995,111.50	0.27
	08石化债	20,835,396.90	0.13	08石化债	20,718,223.20	0.12	09龙湖债	7,820,451.10	0.05	09万通债	31,164,000.00	0.19

博时平衡配置混合型证券投资基金

基本资料

基金简称	博时平衡配置混合	交易代码	050007		
风险收益特征	该基金的预期风险低于股票基金，预期收益高于债券基金。该基金属于中等风险、中等收益的基金品种。				
业绩比较基准	45%×新华富时中国A600指数＋50%×中国债券总指数＋5%×同业存款息率				
合同生效日	2006年5月31日	首募份额	23.65亿份	认购户数	57,243户
基金管理人	博时基金管理有限公司	基金托管人	中国工商银行		
注册登记人	博时基金管理有限公司				

财务指标　单位：人民币（元）；%

项目＼年度	2009年	2008年	2007年
本期利润	1,231,863,986.97	−1,050,608,748.79	2,323,377,952.88
本期加权平均净值利润率	38.24	−31.99	53.78
期末基金资产净值	3,619,118,957.75	2,421,331,106.99	4,711,678,316.92
期末基金份额净值	1.412	0.932	1.265
本期份额净值增长率	51.50	−26.32	97.99
累计份额净值增长率	192.37	92.98	161.94
基金收益分配	——	——	10派10.610

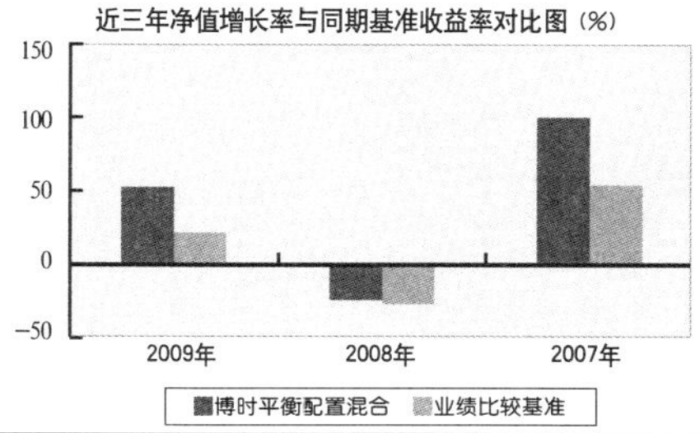

期末基金份额持有人户数	基金份额持有人户数为125,293户，平均每户持有20,460.21份。（期末截至2009年12月31日）
期末基金份额持有人结构	机构投资者持有份额581,904,904.53份，占总份额22.70%；个人投资者持有份额1,981,616,388.05份，占总份额77.30%。

基金业绩表现

2009年博时平衡配置混合基金全年净值增长率为51.50%；同期业绩基准收益率为36.33%。

基金管理团队

杨　锐先生：基金经理、首席策略分析师、股票投资部总经理，10年证券从业经历。1999年加入博时基金管理公司，任研究员；2004年任研究部副总经理、高级策略分析师；2005年纽约大学进修；2006年5月起兼任博时平衡配置混合基金经理；2007年1月起兼任博时价值增长、博时价值增长贰号基金经理。现任首席策略分析师、股票投资部总经理，兼任混合组投资总监、博时平衡配置混合基金经理。

皮　敏先生：基金经理，4.5年证券从业经历。曾在国信证券经济研究所工作，任分析师。2009年6月加入博时基金管理公司，任固定收益部固定收益研究员。现任博时平衡配置混合基金经理。

黄健斌先生：基金经理、固定收益部副总经理，14.5年证券从业经历。曾先后在广发证券有限公司、广发基金公司、中银国际基金公司工作。2005年加入博时基金管理公司，2006年6月起任博时平衡配置混合基金经理；2007年兼任博时年金债券投资经理；现任固定收益部副总经理。

基金运作分析

股票投资方面，博时平衡配置混合基金操作上偏重大地产股票；抓住汽车行业的部分机会；对有色行业有所把握，认识处在不断深化的过程中。从另外一个角度看，基本上回避了2009年表现最差的行业和公司。

季度投资组合一览

项目＼季度	第一季度		第二季度		第三季度		第四季度	
基金资产净值	2,872,329,864.13元		3,479,146,032.95元		3,524,678,466.07元		3,619,118,957.75元	
基金份额	2,587,172,688.68份		2,633,452,759.73份		2,691,355,791.71份		2,563,521,292.58份	
基金份额净值	1.1100元		1.3210元		1.3100元		1.4120元	
基金资产组合	市值(元)	占总资产比(%)	市值(元)	占总资产比(%)	市值(元)	占总资产比(%)	市值(元)	占总资产比(%)
股票投资	1,586,028,601.06	54.33	1,939,217,723.62	55.27	1,524,925,979.74	43.06	1,924,879,015.72	52.95
债券投资	951,518,678.76	32.59	1,201,309,059.07	34.24	1,296,809,627.95	36.62	1,173,499,942.29	32.28
资产支持证券投资	13,832,535.80	0.47	4,076,439.80	0.12	4,076,439.80	0.12	4,076,439.80	0.11
金融衍生品投资	——	——	——	——	——	——	——	——
买入返售金融资产	——	——	——	——	——	——	——	——
银行存款和结算备付金	300,172,764.61	10.28	332,556,591.52	9.48	684,953,077.63	19.34	516,766,584.12	14.22
其他资产	67,959,076.17	2.33	31,534,401.97	0.90	30,719,156.39	0.87	15,753,454.45	0.43

投资前五名股票明细	股票名称	公允价值(元)	占净值比(%)	股票名称	公允价值(元)	占净值比(%)	股票名称	公允价值(元)	占净值比(%)	股票名称	公允价值(元)	占净值比(%)
	中信证券	127,350,000.00	4.43	中金黄金	250,344,000.00	7.20	贵州茅台	276,990,847.88	7.86	海通证券	355,015,000.00	9.81
	万　科A	124,200,000.00	4.32	中信证券	192,166,869.60	5.52	山东黄金	224,200,000.00	6.36	中信证券	343,114,189.11	9.48
	中国平安	117,330,000.00	4.08	山东黄金	168,280,000.00	4.84	中金黄金	206,150,000.00	5.85	中金黄金	338,024,000.00	9.34
	中国人寿	114,950,000.00	4.00	海通证券	164,500,000.00	4.73	紫金矿业	127,349,388.72	3.61	山东黄金	337,260,000.00	9.32
	上海汽车	98,400,000.00	3.43	华侨城A	125,398,181.70	3.60	中国联通	126,999,758.70	3.60	贵州茅台	203,784,000.00	5.63

投资前五名债券明细	债券名称	公允价值(元)	占净值比(%)	债券名称	公允价值(元)	占净值比(%)	债券名称	公允价值(元)	占净值比(%)	债券名称	公允价值(元)	占净值比(%)
	99国债(8)	266,230,766.80	9.27	99国债(8)	264,758,426.00	7.61	09央票44	245,675,000.00	6.97	09央票44	393,000,000.00	10.86
	02国债(10)	169,001,259.00	5.88	02国债(10)	168,631,637.00	4.85	09央票38	147,435,000.00	4.18	08国开25	99,740,000.00	2.76
	08国开25	100,850,000.00	3.51	08国开25	100,150,000.00	2.88	08国开25	99,780,000.00	2.83	09央票36	98,290,000.00	2.72
	08央票92	97,170,000.00	3.38	08央票92	96,440,000.00	2.77	09央票36	98,300,000.00	2.79	新钢转债	85,206,045.60	2.35
	新钢转债	70,943,106.00	2.47	新钢转债	78,858,015.60	2.27	09央票47	79,736,000.00	2.26	21国债(10)	68,580,330.50	1.89

博时价值增长贰号证券投资基金

基本资料			
基金简称	博时价值增长贰号混合	交易代码	050201(前端) 051201(后端)
风险收益特征	该基金属于中等风险的基金品种，以在风险约束下期望收益最大化为核心，在收益结构上追求下跌风险有下界、上涨收益无上界的目标，其长期投资的单位风险下收益(夏普率)大于股票、小于国债。		
业绩比较基准	70%×沪深300指数收益率+30%×中国债券总指数收益率		
合同生效日	2006年9月27日	首募份额	16.93亿份；认购户数 43,482户
基金管理人	博时基金管理有限公司	基金托管人	中国建设银行
注册登记人	博时基金管理有限公司		

财务指标　　单位：人民币(元)；%

项目＼年度	2009年	2008年	2007年
本期利润	3,553,332,490.28	-6,604,263,847.88	4,361,900,054.02
本期加权平均净值利润率	46.20	-72.51	51.70
期末基金资产净值	8,248,567,351.97	6,004,942,924.38	14,024,135,792.17
期末基金份额净值	0.795	0.492	0.991
本期份额净值增长率	61.59	-50.35	106.94
累计份额净值增长率	128.60	41.47	184.95
基金收益分配	——	——	10派14.550
期末基金份额持有人户数	基金份额持有人户数为502,432户，平均每户持有20,650.70份。(期末截至2009年12月31日)		
期末基金份额持有人结构	机构投资者持有份额149,201,711.19份，占总份额1.44%；个人投资者持有份额10,226,371,271.22份，占总份额98.56%。		

成立来累计净值增长率与同期基准收益率历史走势对比图(%)

近三年净值增长率与同期基准收益率对比图(%)

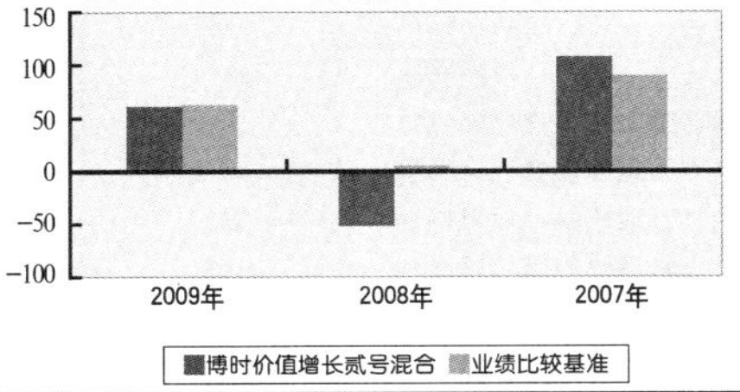

基金业绩表现

截至2009年12月31日，博时价值增长贰号混合基金份额净值为0.795元，全年份额净值增长率为61.59%；同期业绩比较基准收益率为61.77%。

基金管理团队

夏　春先生：基金经理，研究部总经理。8年证券从业经历。曾任上海永道会计财务咨询公司审计师、招商证券研发中心研究员。2004年加入博时基金管理公司，历任宏观研究员、研究部副总经理兼策略分析师兼基金经理助理；现任研究部总经理，兼任博时价值增长、博时价值增长贰号基金经理、策略分析师。

基金运作分析

2009年市场经历了大幅上涨，博时价值增长贰号混合基金在年初时较为谨慎，通过对8月份市场大跌的较好把握以及全年对汽车和家电行业投资价值的坚持，该基金最终取得不错的收益。

展望未来，2010年的市场大幅波动的可能性较大。虽然估值上看还没有高到离谱，但经济复苏已经成为事实，而年初以来调控性政策频繁出台，对通货膨胀的恐惧日益增大，货币政策已经明显收紧。简单来说，利好已经兑现，未来更多的是不确定性。

基于对市场的分析，基金管理人认为市场整体收益可能性不大，但结构分化会愈加明显。传统制造业、出口相关行业可能难有太多表现，向大盘股的风格转换也将是一个艰难过程。

季度投资组合一览

项目＼季度	第一季度		第二季度		第三季度		第四季度	
基金资产净值	7,020,029,345.92元		8,175,989,916.20元		7,807,985,489.98元		8,248,567,351.97元	
基金份额	12,003,966,308.56份		11,472,328,381.71份		10,889,246,672.08份		10,375,572,982.41份	
基金份额净值	0.5850元		0.7130元		0.7170元		0.7950元	
基金资产组合	市值(元)	占总资产比(%)	市值(元)	占总资产比(%)	市值(元)	占总资产比(%)	市值(元)	占总资产比(%)
股票投资	5,273,084,938.32	74.59	6,501,132,636.44	79.16	3,619,047,115.89	46.23	6,309,333,842.87	76.24
债券投资	1,455,097,078.50	20.58	1,650,264,455.40	20.09	3,143,787,000.00	40.16	1,729,515,500.00	20.90
资产支持证券投资	——	——	——	——	——	——	——	——
金融衍生品投资	——	——	——	——	——	——	——	——
买入返售金融资产	——	——	——	——	——	——	——	——
银行存款和结算备付金	278,120,370.05	3.93	23,533,542.47	0.29	1,022,900,300.35	13.07	216,271,524.82	2.61
其他资产	62,791,038.92	0.89	37,700,579.07	0.46	43,278,027.72	0.55	20,140,361.24	0.24

	第一季度			第二季度			第三季度			第四季度		
投资前五名股票明细	股票名称	公允价值(元)	占净值比(%)	股票名称	公允价值(元)	占净值比(%)	股票名称	公允价值(元)	占净值比(%)	股票名称	公允价值(元)	占净值比(%)
	万　科A	496,800,000.00	7.08	万　科A	573,750,000.00	7.02	上海汽车	474,121,679.75	6.07	上海汽车	627,280,986.93	7.60
	中国人寿	359,830,031.11	5.13	中国平安	435,320,904.04	5.32	一汽轿车	223,401,873.11	2.86	一汽轿车	341,333,924.74	4.14
	中国平安	344,225,648.14	4.90	中国人寿	413,250,000.00	5.05	华侨城A	135,050,000.00	1.73	中信证券	284,658,501.06	3.45
	中信证券	277,623,000.00	3.95	上海汽车	358,892,106.95	4.39	三一重工	114,411,541.44	1.47	华侨城A	204,320,046.76	2.48
	宝钢股份	271,603,024.00	3.87	中信证券	308,034,000.00	3.77	北京银行	103,380,000.00	1.32	北京银行	186,579,632.96	2.26
投资前五名债券明细	债券名称	公允价值(元)	占净值比(%)	债券名称	公允价值(元)	占净值比(%)	债券名称	公允价值(元)	占净值比(%)	债券名称	公允价值(元)	占净值比(%)
	04国开16	458,100,000.00	6.53	04国开16	454,455,000.00	5.56	09央票36	540,650,000.00	6.92	09央票40	393,080,000.00	4.77
	07农发08	253,050,000.00	3.60	07农发08	253,125,000.00	3.10	04国开16	450,945,000.00	5.78	07农发08	252,400,000.00	3.06
	07进出13	214,599,000.00	3.06	07进出13	214,389,000.00	2.62	09央票41	398,680,000.00	5.11	07进出13	212,268,000.00	2.57
	02国开03	184,626,000.00	2.63	02国开03	183,330,000.00	2.24	09央票40	393,160,000.00	5.04	09央票34	196,600,000.00	2.38
	07农发05	60,858,000.00	0.87	02国债(10)	167,660,055.40	2.05	07农发08	252,175,000.00	3.23	02国开03	180,234,000.00	2.19

博时第三产业成长股票证券投资基金

基本资料			
基金简称	博时第三产业股票	交易代码	050008
风险收益特征	该基金是积极主动管理的股票型基金，属于高风险的基金品种，其预期风险收益水平高于混合型基金、债券基金和货币市场基金。		
业绩比较基准	沪深300指数收益率×80%+中国债券总指数收益率×20%		
合同生效日	2007年4月12日	募集规模	98.83亿份
申购户数	451,989户		
基金管理人	博时基金管理有限公司	基金托管人	中国工商银行
注册登记人	博时基金管理有限公司		

财务指标 单位：人民币（元）；%

项目 \ 年度	2009年	2008年	2007.4.12至2007.12.31
本期利润	5,654,675,996.52	−8,887,966,096.63	7,778,047,010.73
本期加权平均净值利润率	50.94	−70.41	40.27
期末基金资产净值	11,584,347,067.37	8,449,100,589.35	21,900,911,285.08
期末基金份额净值	1.316	0.777	1.503
本期份额净值增长率	69.37	−48.30	55.82
累计份额净值增长率	36.43	−19.45	55.82
基金收益分配	——	——	——

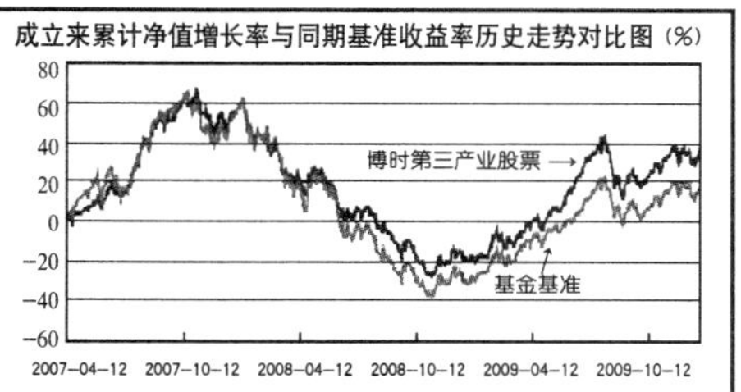

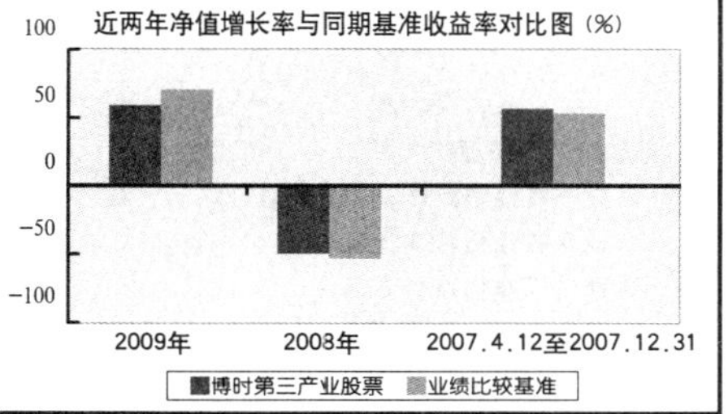

期末基金份额持有人户数	基金份额持有人户数为515,231户，平均每户持有17,081.46份。（期末截至2009年12月31日）
期末基金份额持有人结构	机构投资者持有份额855,528,720.56份，占总份额9.72%；个人投资者持有份额7,945,370,425.27份，占总份额90.28%。

基金业绩表现

2009年博时第三产业股票基金份额净值为1.316元，全年份额净值增长率为69.37%；同期业绩基准收益率为72.85%。

基金管理团队

邹志新先生：基金经理、成长组投资总监，13年证券从业经历。1997年起在君安证券研究所工作。1999年加入博时基金管理公司，历任研究员、交易员、基金经理助理、博时裕泽基金经理、博时裕元基金经理。现任股票投资部成长组投资总监、博时第三产业股票基金经理。

基金运作分析

2009年A股市场有良好表现，全年沪深300指数上涨96.71%，上证指数上涨79.98%。

按照管理人的管理计划，从2008年年底开始考虑布局，至2009年年初提出大范围纵深布局，坚决而迅速看多做多。从全年交易日资产配置情况看，博时第三产业股票基金在年初将股票投资比例迅速加到80%以上，此后全年再也没有低于此比例。从行业配置看，该基金的资产配置脉络清晰简单：年初考虑财富管理和通胀预期，依次从虚拟经济和实物资产方向配置，主要行业依次是保险、银行、地产、黄金等；至二季度经济回暖确立，布局经济先行指标的基础原材料行业钢铁、火电等；进入三季度当市场对钢铁、煤炭等这些强周期行业追逐的时候，该基金完全撤退。特别是四季度政策迹象显示货币政策开始微调，策略是酝酿战略大转移—寻找持续增长行业和国家政策大力支持的行业和主题，如消费、民生等。

博时第三产业股票基金对于可熨平经济周期持续增长的食品饮料、管理软件等行业继续保持超配。这一策略将贯彻到2010年的投资实践中，同时还会增加看得清楚的其他行业和主题。

季度投资组合一览

项目 \ 季度	第一季度		第二季度		第三季度		第四季度	
基金资产净值	9,825,122,414.91元		13,324,682,470.46元		11,157,064,932.94元		11,584,347,067.37元	
基金份额	10,628,886,625.74份		10,999,800,269.30份		9,713,380,418.87份		8,800,899,145.83份	
基金份额净值	0.9240元		1.2110元		1.1490元		1.3160元	
基金资产组合	市值(元)	占总资产比(%)	市值(元)	占总资产比(%)	市值(元)	占总资产比(%)	市值(元)	占总资产比(%)
股票投资	8,239,293,970.46	83.43	11,520,617,029.64	85.98	9,251,717,675.69	82.57	10,255,682,331.95	88.14
债券投资	——	——	——	——	1,699,827.60	0.02	——	——
资产支持证券投资	——	——	——	——	——	——	——	——
金融衍生品投资	——	——	——	——	——	——	——	——
买入返售金融资产	——	——	——	——	——	——	——	——
银行存款和结算备付金	1,633,235,071.20	16.54	1,746,545,476.15	13.03	1,922,343,338.39	17.16	1,075,989,144.32	9.25
其他资产	3,654,766.27	0.04	132,383,859.29	0.99	28,532,868.32	0.25	303,871,623.80	2.61

投资前五名股票明细	股票名称	公允价值(元)	占净值比(%)	股票名称	公允价值(元)	占净值比(%)	股票名称	公允价值(元)	占净值比(%)	股票名称	公允价值(元)	占净值比(%)
	万 科A	837,027,435.60	8.52	万 科A	1,083,750,000.00	8.13	贵州茅台	907,014,218.64	8.13	中信证券	1,016,640,000.00	8.78
	浦发银行	703,624,985.60	7.16	浦发银行	1,034,508,487.04	7.76	浦发银行	844,950,000.00	7.57	贵州茅台	934,302,769.68	8.07
	中国人寿	668,196,165.56	6.80	中信证券	989,368,413.48	7.43	万 科A	833,600,000.00	7.47	浦发银行	910,980,000.00	7.86
	中信证券	636,995,912.85	6.48	民生银行	831,600,000.00	6.24	民生银行	741,400,000.00	6.65	万 科A	864,800,000.00	7.47
	贵州茅台	631,267,811.76	6.43	贵州茅台	814,310,169.24	6.11	中信证券	725,290,000.00	6.50	中国人寿	855,630,000.00	7.39

投资前五名债券明细	债券名称	公允价值(元)	占净值比(%)	债券名称	公允价值(元)	占净值比(%)	债券名称	公允价值(元)	占净值比(%)	债券名称	公允价值(元)	占净值比(%)
							安泰转债	1,699,827.60	0.02			

博时新兴成长股票型证券投资基金

基本资料					
基金简称	博时新兴成长股票	交易代码	050009		
风险收益特征	该基金为股票型基金，属于预期风险和收益相对较高的基金品种。其预期风险和预期收益均高于债券型基金。				
业绩比较基准	沪深300指数收益率×80%+中国债券总指数收益率×20%				
合同生效日	2007年7月6日	募集规模	135.06亿份	申购户数	468,765户
基金管理人	博时基金管理有限公司	基金托管人	交通银行		
注册登记人	博时基金管理有限公司				

成立来累计净值增长率与同期基准收益率历史走势对比图（%）

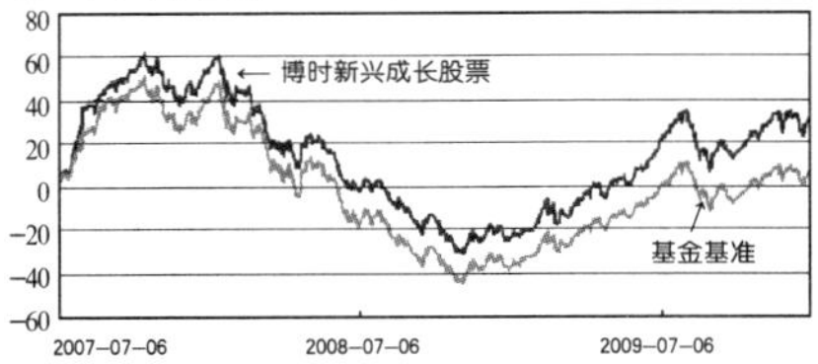

近两年净值增长率与同期基准收益率对比图（%）

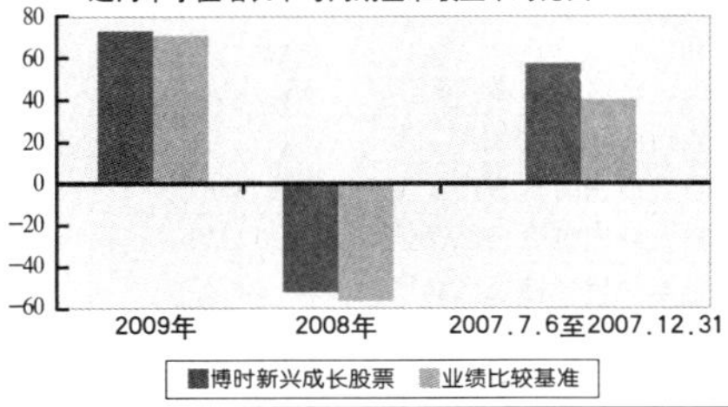

财务指标　单位：人民币（元）；%

项目＼年度	2009年	2008年	2007.7.6至2007.12.31
本期利润	10,485,702,918.69	−15,495,335,424.10	2,574,996,734.25
本期加权平均净值利润率	52.02	−73.39	10.54
期末基金资产净值	22,461,337,025.02	14,387,185,642.05	33,001,946,213.52
期末基金份额净值	0.964	0.553	1.117
本期份额净值增长率	74.32	−50.49	52.64
累计份额净值增长率	31.74	−24.43	52.64
基金收益分配	——	——	——
期末基金份额持有人户数	基金份额持有人户数为1,127,518户，平均每户持有20,661.21份。（期末截至2009年12月31日）		
期末基金份额持有人结构	机构投资者持有份额571,042,622.53份，占总份额2.45%；个人投资者持有份额22,724,840,434.73份，占总份额97.55%。		

基金业绩表现

截至2009年12月31日，博时新兴成长股票基金份额净值为0.964元，全年份额净值增长率为74.32%；同期业绩基准收益率为72.85%。

基金管理团队

李培刚先生：基金经理，9年证券从业经历。曾先后在黑龙江省水电建设管理局、北京国际系统控制公司、招商证券研发中心、华安基金研究部工作。2005年加入博时基金管理公司，历任研究员、研究部副总经理兼任研究员；2008年7月起任博时新兴成长股票基金经理。

刘彦春先生：基金经理，7.5年证券从业经历。曾先后在汉唐证券研究所、香港中信投资研究有限公司任行业研究员。2006年加入博时基金管理公司，历任研究员、研究员兼基金经理助理；2008年7月起任博时新兴成长股票基金经理。

基金运作分析

在2009年市场整体上升环境下，仓位及行业配置尤为重要。在操作上，博时新兴成长股票基金年初开局股票仓位相对较低，在观察到市场资金充裕和企业盈利改善进程加快后，该基金迅速大幅提高了股票仓位接近投资上限。在三季度震荡行情下，迅速降低了仓位，全年来看，在仓位上控制较好。在行业配置上，该基金在一季度超配了非银行金融、地产、汽车，对传统防御性行业运输、食品、医药进行了减持，在二季度逐步增加钢铁、火电、航空等周期性行业配置，在三季度整体减仓的同时，适当增加食品、医药和商业等消费品领域的配置，四季度行业配置基本没有大的变化。

季度投资组合一览

项目＼季度	第一季度		第二季度		第三季度		第四季度	
基金资产净值	17,945,361,567.95元		21,618,969,352.29元		20,395,239,686.59元		22,461,337,025.02元	
基金份额	25,940,900,524.46份		25,425,060,762.72份		24,479,627,042.67份		23,295,883,057.26份	
基金份额净值	0.6920元		0.8500元		0.8330元		0.9640元	
基金资产组合	市值(元)	占总资产比(%)	市值(元)	占总资产比(%)	市值(元)	占总资产比(%)	市值(元)	占总资产比(%)
股票投资	15,097,313,402.90	83.83	18,947,326,416.96	86.85	16,682,533,844.79	81.25	20,520,577,176.11	90.39
债券投资	——	——	——	——	4,367,098.90	0.02	6,846,157.70	0.03
资产支持证券投资	——	——	——	——	——	——	——	——
金融衍生品投资	——	——	——	——	——	——	——	——
买入返售金融资产	——	——	——	——	——	——	——	——
银行存款和结算备付金	2,799,609,915.00	15.54	2,758,665,127.50	12.64	3,801,914,568.71	18.52	2,001,854,483.34	8.82
其他资产	112,948,660.59	0.63	111,117,203.53	0.51	44,159,898.56	0.22	173,936,545.30	0.77

投资前五名股票明细	股票名称	公允价值(元)	占净值比(%)	股票名称	公允价值(元)	占净值比(%)	股票名称	公允价值(元)	占净值比(%)	股票名称	公允价值(元)	占净值比(%)
	北京银行	939,308,573.20	5.23	万　科A	1,211,247,450.00	5.60	格力电器	1,092,156,150.80	5.35	格力电器	1,449,862,339.64	6.45
	中国平安	900,958,727.41	5.02	中国平安	1,187,037,527.00	5.49	中信证券	1,000,400,000.00	4.91	中信证券	1,270,800,000.00	5.66
	中国太保	838,998,724.72	4.68	中信证券	1,130,400,000.00	5.23	北京银行	792,580,000.00	3.89	北京银行	889,640,000.00	3.96
	万　科A	827,998,344.00	4.61	北京银行	1,105,190,053.68	5.11	万　科A	781,500,000.00	3.83	万　科A	756,700,000.00	3.37
	格力电器	780,300,000.00	4.35	格力电器	1,047,067,135.40	4.84	建设银行	781,199,330.40	3.83	建设银行	711,849,418.14	3.17

投资前五名债券明细	债券名称	公允价值(元)	占净值比(%)	债券名称	公允价值(元)	占净值比(%)	债券名称	公允价值(元)	占净值比(%)	债券名称	公允价值(元)	占净值比(%)
	——			——			安泰转债	1,698,541.80	0.01	安泰转债	1,978,461.70	0.01
							龙盛转债	1,317,459.00	0.01	龙盛转债	1,659,070.40	0.01
							博汇转债	805,015.60	0.00	王府转债	1,620,851.40	0.01
							西洋转债	546,082.50	0.00	博汇转债	959,879.20	0.00
							——			西洋转债	627,895.00	0.00

博时稳定价值债券投资基金

基本资料

基金简称	博时稳定价值债券	交易代码	A:050106/051106　B:050006		
风险收益特征	该基金属于证券市场中的低风险品种，预期收益和风险高于货币市场基金，低于股票型基金。				
业绩比较基准	中信标普全债指数				
合同生效日	2007年9月6日	原募集份额	45.80亿份	认购户数	30,850户
基金管理人	博时基金管理有限公司	基金托管人	中国建设银行		
注册登记人	博时基金管理有限公司				

财务指标　　单位：人民币(元)；%

项目＼年度	2009年		2008年		2007年	
	A	B	A	B	A	B
本期利润	-0.1081亿元	-0.5713亿元	0.6951亿元	3.4202亿元	0.1229亿元	1.8621亿元
本期加权平均净值利润率	-2.23	-3.57	13.43	10.74	6.66	9.12
期末基金资产净值	2.5688亿元	6.2107亿元	8.8723亿元	41.0182亿元	2.8420亿元	18.5387亿元
期末基金份额净值	1.110	1.101	1.116	1.111	1.068	1.067
本期份额净值增长率	-0.54	-0.90	11.16	10.79	6.51	6.41
累计份额净值增长率	17.76	16.84	18.40	17.90	6.51	6.41
基金收益分配	——		10派0.700		——	

成立来累计净值增长率与同期基准收益率历史走势对比图（%）

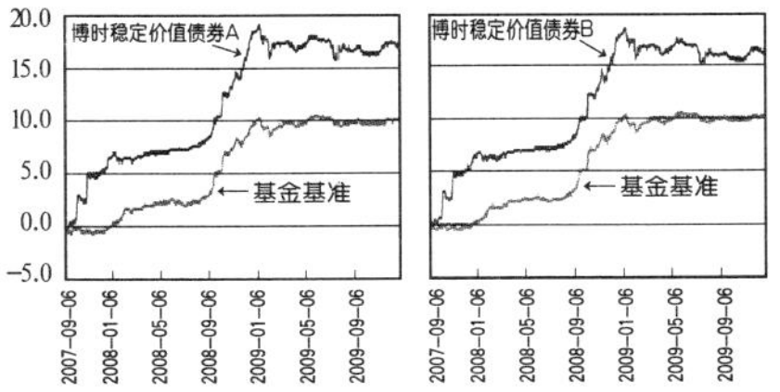

近三年净值增长率与同期基准收益率对比图（%）

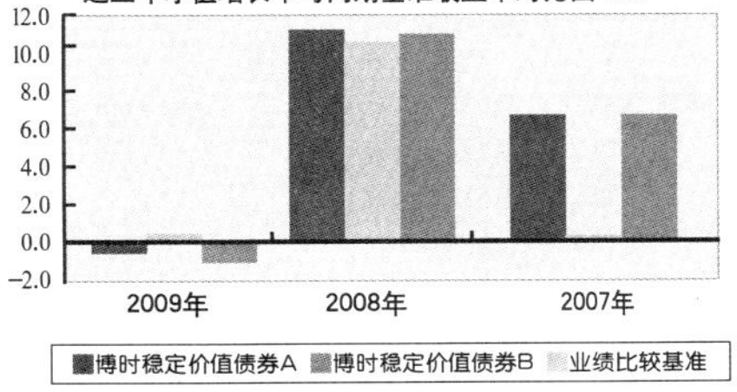

期末基金份额持有人户数	A类：基金份额持有人户数为9,122户，平均每户持有25,377.04份。 B类：基金份额持有人户数为23,195户，平均每户持有24,324.08份。　（期末截至2009年12月31日）
期末基金份额持有人结构	A类：机构投资者持有份额162,041,132.87份，占总份额70.00%；个人投资者持有份额69,448,180.71份，占总份额30.00%。 B类：机构投资者持有份额227,477,847.17份，占总份额40.32%；个人投资者持有份额336,719,257.72份，占总份额59.68%。

基金业绩表现

2009年，博时稳定价值债券基金A类全年份额净值增长率为-0.54%，B类全年份额净值增长率为-0.90%；同期业绩基准收益率为0.27%。

基金管理团队

过　钧先生：基金经理，10年证券从业经历，硕士。1999年至2000年工作于美国GE资产管理公司；2001年至2005年工作于华夏基金管理公司；2005年加入博时基金管理公司，任博时稳定价值债券基金、博时信用债券基金经理。

基金运作分析

转债在2009年走出了一个过山车的走势。由于整体流动性不佳以及估值昂贵，博时稳定价值债券基金未参与转债的投资。支持转债高昂估值的是所谓的稀缺性。但是，缺乏估值基础的稀缺性，无疑就是皇帝的新衣。在新股市场，这种逻辑同样适用。在这里，成长性成为辩护的理由。但历史证明，持续的成长性也是稀缺的。

2010年将不同于前两年大落大起的行情，经济的不确定性和脆弱性，将使主权国家在撤出宽松货币政策决策中存在反复的可能，整个市场将处于一个上下幅度均有限的整体均衡状态下运行。

季度投资组合一览

项目＼季度	第一季度		第二季度		第三季度		第四季度	
	A	B	A	B	A	B	A	B
基金资产净值	6.7534亿元	20.8437亿元	4.4881亿元	11.4127亿元	3.3548亿元	10.0044亿元	2.5688亿元	6.2107亿元
基金份额	6.1134亿份	18.9684亿份	4.0525亿份	10.3684亿份	3.0581亿份	9.1848亿份	2.3149亿份	5.6420亿份
基金份额净值	1.1050元	1.0990元	1.1070元	1.1010元	1.0970元	1.0890元	1.1100元	1.1010元
基金资产组合	市值(元)	占总资产比(%)	市值(元)	占总资产比(%)	市值(元)	占总资产比(%)	市值(元)	占总资产比(%)
股票投资	——	——	——	——	34,547,430.97	2.53	35,677,446.75	3.95
债券投资	2,717,271,502.90	95.45	1,676,289,546.90	96.73	1,160,916,760.60	84.86	735,328,615.78	81.48
资产支持证券投资	——	——	——	——	——	——	——	——
金融衍生品投资	——	——	——	——	——	——	——	——
买入返售金融资产	——	——	——	——	——	——	——	——
银行存款和结算备付金	49,192,907.27	1.73	5,481,684.44	0.32	138,026,463.80	10.09	78,785,018.58	8.73
其他资产	80,210,803.26	2.82	51,104,810.62	2.95	34,533,957.14	2.52	52,650,430.37	5.83

投资前五名股票明细

第一季度股票名称	公允价值(元)	占净值比(%)	第二季度股票名称	公允价值(元)	占净值比(%)	第三季度股票名称	公允价值(元)	占净值比(%)	第四季度股票名称	公允价值(元)	占净值比(%)
——			——			中国建筑	20,250,059.68	1.52	中国建筑	20,599,198.64	2.35
						中国中冶	6,331,477.80	0.47	中国北车	3,452,691.85	0.39
						光大证券	2,653,050.62	0.20	同 花 顺	3,059,522.22	0.35
						中国国旅	1,543,886.80	0.12	中国国旅	2,744,396.40	0.31
						神开股份	904,481.30	0.07	深圳燃气	1,899,026.16	0.22

投资前五名债券明细

第一季度债券名称	公允价值(元)	占净值比(%)	第二季度债券名称	公允价值(元)	占净值比(%)	第三季度债券名称	公允价值(元)	占净值比(%)	第四季度债券名称	公允价值(元)	占净值比(%)
08国开15	403,189,000.00	14.61	09农发01	289,200,000.00	18.19	08中联债	107,289,000.00	8.03	08中联债	107,425,500.00	12.24
08国债17	318,510,000.00	11.54	08国开15	258,744,000.00	16.27	08首钢CP02	100,840,000.00	7.55	09哈城投	54,658,100.00	6.23
09农发01	290,100,000.00	10.51	08进出01	129,096,000.00	8.12	08京投CP01	100,430,000.00	7.52	08万科G2	51,291,123.18	5.84
09华能CP01	250,950,000.00	9.09	08农发17	124,284,000.00	7.82	09附息国债06	97,460,000.00	7.30	09中节能CP01	50,195,000.00	5.72
07农发21	132,457,000.00	4.80	08进出08	114,752,000.00	7.22	03国债(1)	70,896,000.00	5.31	09央票36	49,145,000.00	5.60

博时特许价值股票型证券投资基金

基本资料					
基金简称	博时特许价值股票	交易代码	050010(前端) 051010(后端)		
风险收益特征	该基金为股票型基金，属于预期风险收益较高的基金品种，其预期风险和预期收益高于债券型基金和混合型基金。				
业绩比较基准	80%×沪深300指数收益率+20%×中国债券总指数收益率				
合同生效日	2008年5月28日	募集份额	4.77亿份	认购户数	7,668户
基金管理人	博时基金管理有限公司	基金托管人	中国建设银行		
注册登记人	博时基金管理有限公司				

财务指标　　单位：人民币(元)；%

项目＼年度	2009年	2008年5月28日至2008年12月31日
本期利润	568,324,865.98	-91,673,161.18
本期加权平均净值利润率	39.04	-17.36
期末基金资产净值	1,491,179,857.11	517,570,427.57
期末基金份额净值	1.509	0.857
本期份额净值增长率	76.08	-14.30
累计份额净值增长率	50.90	-14.30
基金收益分配	——	——

成立来累计净值增长率与同期基准收益率历史走势对比图（%）

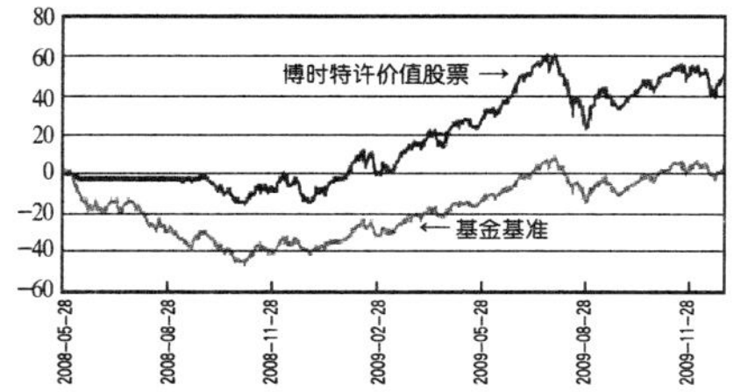

近两年净值增长率与同期基准收益率对比图（%）

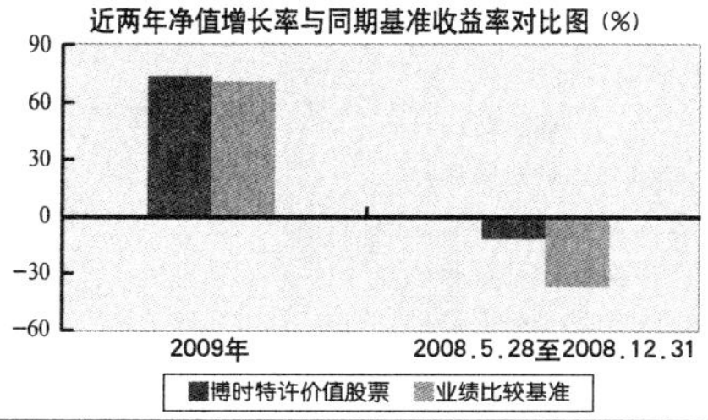

期末基金份额持有人户数	基金份额持有人户数为33,212户，平均每户持有29,751.69份。（期末截至2009年12月31日）
期末基金份额持有人结构	机构投资者持有份额543,960,618.08份，占总份额55.05%；个人投资者持有份额444,152,615.64份，占总份额44.95%。

基金业绩表现

截至2009年12月31日，博时特许价值股票基金份额净值为1.509元，全年净值增长率为76.08%；同期业绩基准收益率为72.85%。

基金管理团队

陈　亮先生：基金经理、数量组投资总监，10.5年证券从业经历。曾先后在中信证券金融产品开发小组、北京玖方量子软件技术公司工作。2001年加入博时基金管理公司，历任金融工程师、基金经理助理、基金经理、数量组投资总监兼任基金经理；现任数量组投资总监、博时裕泽基金经理、博时特许价值股票基金经理。

基金运作分析

2009年政策的刺激力度非常密集。政策主线成为股票投资的重要线索。股票市场先于实体经济恢复信心，市场价值的恢复反过来带来的财富效应大大刺激了消费的增长。博时特许价值基金在2009年保持比较进取的资产配置，仓位处于较高位置。

2009年年初，博时特许价值股票基金在行业选择上采用较为进攻的配置；在四季度根据市场的波动情况进行一定程度的微调，适度增加了一些消费、医药、银行的配置。

季度投资组合一览

项目＼季度	第一季度		第二季度		第三季度		第四季度	
基金资产净值	961,181,689.88元		1,878,389,675.07元		1,722,756,034.24元		1,491,179,857.11元	
基金份额	848,271,468.12份		1,317,266,364.33份		1,276,880,265.85份		988,113,233.72份	
基金份额净值	1.1330元		1.4260元		1.3490元		1.5090元	
基金资产组合	市值(元)	占总资产比(%)	市值(元)	占总资产比(%)	市值(元)	占总资产比(%)	市值(元)	占总资产比(%)
股票投资	903,171,008.15	88.92	1,709,190,326.58	90.50	1,427,956,366.25	82.48	1,401,614,417.73	93.52
债券投资	——	——	——	——	——	——	——	——
资产支持证券投资	——	——	——	——	——	——	——	——
金融衍生品投资	——	——	——	——	——	——	——	——
买入返售金融资产	——	——	——	——	——	——	——	——
银行存款和结算备付金	91,577,555.96	9.02	147,239,593.98	7.80	297,038,073.60	17.16	94,320,667.12	6.29
其他资产	20,919,805.89	2.06	32,135,519.01	1.70	6,327,643.70	0.37	2,794,866.80	0.19

投资前五名股票明细	股票名称	公允价值(元)	占净值比(%)	股票名称	公允价值(元)	占净值比(%)	股票名称	公允价值(元)	占净值比(%)	股票名称	公允价值(元)	占净值比(%)
	浦发银行	56,991,802.72	5.93	浦发银行	83,792,500.74	4.46	贵州茅台	75,314,312.68	4.37	保利地产	67,199,977.60	4.51
	深发展A	42,716,936.52	4.44	深发展A	80,294,501.56	4.27	保利地产	72,419,975.86	4.20	东阿阿胶	65,895,489.60	4.42
	保利地产	37,415,283.22	3.89	金地集团	67,059,200.00	3.57	浦发银行	71,525,744.55	4.15	深发展A	63,114,839.46	4.23
	万　科A	37,259,884.08	3.88	中国平安	59,350,021.60	3.16	深发展A	61,828,058.58	3.59	泸州老窖	57,388,800.00	3.85
	贵州茅台	35,212,558.60	3.66	中国神华	56,828,282.16	3.03	北京银行	60,649,600.00	3.52	新和成	48,892,616.10	3.28
投资前五名债券明细	债券名称	公允价值(元)	占净值比(%)	债券名称	公允价值(元)	占净值比(%)	债券名称	公允价值(元)	占净值比(%)	债券名称	公允价值(元)	占净值比(%)
	——			——			——			——		

博时信用债券投资基金

基本资料

基金简称	博时信用债券		交易代码	A:050011 B:051011 C:050111	
风险收益特征	该基金属于证券市场中的低风险品种，预期收益和风险高于货币市场基金，低于股票型基金。				
业绩比较基准	中国债券总指数收益率×90%+沪深300指数收益率×10%				
合同生效日	2009年6月10日	募集份额	24.06亿份	认购户数	16,219户
基金管理人	博时基金管理有限公司	基金托管人	中国工商银行		
注册登记人	博时基金管理有限公司				

财务指标 单位：人民币(元)；%

项目 \ 年度	2009年6月10日至2009年12月31日	
	A/B	C
本期利润	−868,077.12	−5,460,178.07
本期加权平均净值利润率	−0.26	−0.40
期末基金资产净值	253,413,282.82	955,453,473.20
期末基金份额净值	1.002	1.000
本期份额净值增长率	0.20	0.00
累计份额净值增长率	0.20	0.00
基金收益分配	——	——

期末基金份额持有人户数	A/B：基金份额持有人户数为5,103户，平均每户持有49,554.44份。 C：基金份额持有人户数为6,279户，平均每户持有152,164.19份。（期末截至2009年12月31日）
期末基金份额持有人结构	A/B：机构投资者持有份额51,921,462.91份，占总份额20.53%；个人投资者持有份额200,954 864.58份，占总份额 79.47%。 C：机构投资者持有份额544,861,705.25份，占总份额57.03%；个人投资者持有份额410,577,229.16份，占总份额42.97%。

2009年累计净值增长率与同期基准收益率历史走势对比图（%）

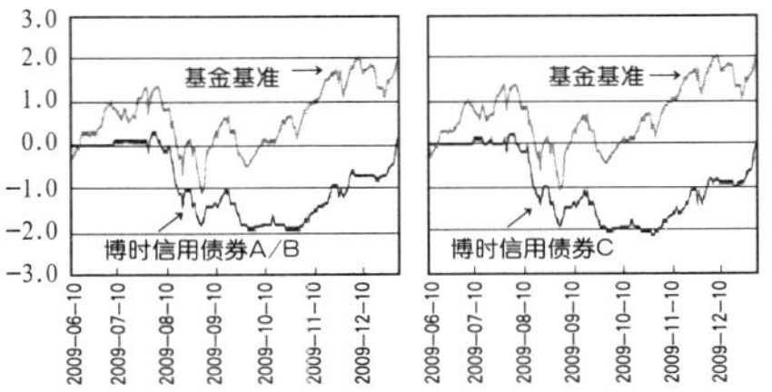

2009年净值增长率与同期基准收益率对比图（%）

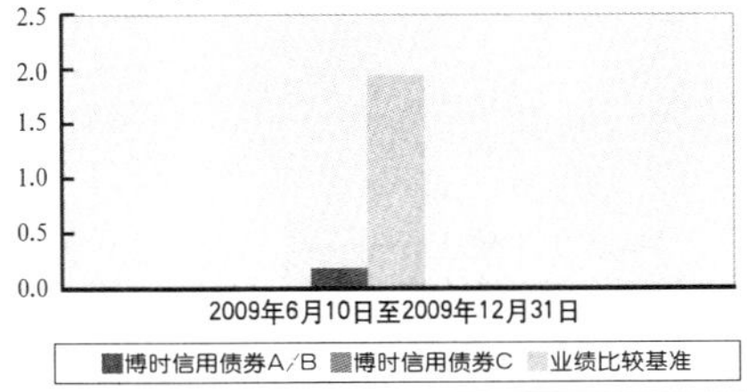

基金业绩表现

博时信用债券基金合同生效于2009年6月10日，截至2009年12月31日，该基金A/B类份额净值增长率为0.20%，C类份额净值增长率为0.00；同期业绩基准收益率为1.94%。

基金管理团队

过 钧先生：基金经理，10年证券从业经历，硕士。1999年至2000年工作于美国GE资产管理公司；2001年至2005年工作于华夏基金管理公司；2005年加入博时基金管理公司，现任博时稳定价值债券基金、博时信用债券基金经理。

季度投资组合一览

项目 \ 季度	第三季度		第四季度	
	A/B	C	A/B	C
基金资产净值	3.2807亿元	11.7789亿元	2.5341亿元	9.5545亿元
基金份额	3.3439亿份	12.0196亿份	2.5288亿份	9.5544亿份
基金份额净值	0.9810元	0.9800元	1.0020元	1.0000元
基金资产组合	市值(元)	占总资产比(%)	市值(元)	占总资产比(%)
股票投资	31,443,721.36	2.08	9,438,026.31	0.74
债券投资	1,058,026,196.40	70.06	1,152,203,431.46	90.18
资产支持证券投资	——	——	——	——
买入返售金融资产	200,040,778.08	13.25	——	——
银行存款和结算备付金	213,657,111.77	14.15	98,629,384.65	7.72
其他资产	7,055,516.48	0.47	17,453,719.89	1.37

投资前五名股票明细	股票名称	公允价值(元)	占净值比(%)	股票名称	公允价值(元)	占净值比(%)
	国投电力	18,159,473.36	1.21	中国北车	4,320,797.93	0.36
	国电电力	13,199,373.00	0.88	同花顺	3,059,522.22	0.25
	神州泰岳	29,000.00	0.00	深圳燃气	1,899,026.16	0.16
	乐普医疗	14,500.00	0.00	中国化学	76,020.00	0.01
	中国国旅	11,780.00	0.00	西部建设	31,790.00	0.00

投资前五名债券明细	债券名称	公允价值(元)	占净值比(%)	债券名称	公允价值(元)	占净值比(%)
	09央行票据42	491,400,000.00	32.63	09宜华债	100,000,000.00	8.27
	09央票40	98,290,000.00	6.53	09吉安债	51,750,000.00	4.28
	09扬城建债	48,780,000.00	3.24	09临海债	51,115,000.00	4.23
	09常投债	48,495,000.00	3.22	09沈国资债	51,020,000.00	4.22
	09长经开	40,976,000.00	2.72	09扬城建债	49,460,000.00	4.09

基金运作分析

由于整体债市经历了2008年的大牛市之后，在2009年出现较大幅度的调整，特别是第三和第四季度由于新股的恢复发行，债券的下行速度加快。在四季度，随着新股发行的火热和对2010年通胀率的悲观预期，信用产品一级和二级市场收益率大幅上升，博时信用债券基金积极在一级市场申购高收益新债，完成对信用产品的配置建仓；同时谨慎参与申购新股，控制组合内部股票比例，仅参与具有合理价值的新股，适当参与股票二级市场，增强收益。

转债在2009年走出了一个过山车的走势。由于整体流动性不佳以及估值昂贵，博时信用债券基金未参与转债的投资。

2010年，博时信用债券基金上半年将维持信用产品的配置，争取获得较高的票面收益以抵御利率风险，规避利率产品，以保存本金为主；下半年如果利率产品利率回升，同时股市和楼市由于估值过高出现调整，经济有回落趋势之时，进入利率产品市场，以获取资本利得收入；只参与具有合理价值的新股，适当参与股票二级市场，争取全年达到理想的绝对回报。

博时策略灵活配置混合型证券投资基金

基本资料					
基金简称	博时策略混合	交易代码	050010(前端) 051010(后端)		
风险收益特征	该基金为混合型基金，混合型基金的风险高于货币市场基金和债券型基金，低于股票型基金，属于较高风险、较高收益的品种。				
业绩比较基准	沪深300指数收益率×60%+中国债券总指数收益率×40%				
合同生效日	2009年8月11日	募集份额	88.01亿份	认购户数	136,515户
基金管理人	博时基金管理有限公司	基金托管人	中国建设银行		
注册登记人	博时基金管理有限公司				

财务指标　单位：人民币(元)；%

项目＼年度	2009年8月11日至2009年12月31日
本期利润	706,237,260.09
本期加权平均净值利润率	9.37
期末基金资产净值	5,665,584,600.62
期末基金份额净值	1.094
本期份额净值增长率	9.40
累计份额净值增长率	9.40
基金收益分配	——

成立来累计净值增长率与同期基准收益率历史走势对比图(%)

近两年净值增长率与同期基准收益率对比图(%)

期末基金份额持有人户数	基金份额持有人户数为95,592户，平均每户持有54,180.02份。　(期末截至2009年12月31日)
期末基金份额持有人结构	机构投资者持有份额647,850,560.84份，占总份额12.51%；个人投资者持有份额4,531,326,072.22份，占总份额87.49%。

基金业绩表现

博时策略混合基金合同生效于2009年8月11日，截至2009年12月31日，该基金成立以来净值增长率为9.40%；同期业绩基准收益率为1.48%。

基金管理团队

周　力先生：基金经理，13.5年证券从业经历。1992年起先后在深圳市金源实业股份有限公司、深圳赛格集团财务公司、招商证券研发中心工作。2003年加入博时基金管理公司，曾任研究部研究员；现任博时裕阳基金经理、博时策略混合基金经理。

张　勇先生：基金经理，6年证券从业经历。2001年起先后在南京市商业银行北清支行、南京市商业银行资金营运中心工作。2003年加入博时基金管理公司，历任债券交易员、博时现金收益基金经理助理兼任债券交易员；现任博时现金收益货币基金经理、博时策略混合基金经理。

基金运作分析

博时策略混合基金合同生效于2009年8月11日，成立初期，该基金管理人资产配置较为谨慎，在股市大幅度下降的过程中避免了损失。

展望未来，该管理人认为2010年将是困难的一年及不确定性更大的一年；基于目前的数据及预期，倾向于认为2010年难有趋势性行情，指数下跌时，在资产配置上不能悲观，指数上涨时，配置不能太乐观。同时，坚持认为中国确实需要收益率曲线的大幅上移；2010年人民币国际化的进程可能将大大加快，汇率的变动也可能将顺理成章进入大幅度升值阶段。如果通过汇率的升值，将资源从出口转向内需后，中国的消费及服务业可能将会处在快速增长期，这也将是该基金未来投资的重点。

2010年的指数期货、融资融券、区域经济等将是市场投资主体间博弈的工具及手段，在流动性充裕、基金交易量占比不断下降的背景下，指数的窄幅波动的背景下可能个股的波幅会变大。

季度投资组合一览

项目＼季度	第四季度	
基金资产净值	5,665,584,600.62元	
基金份额	5,179,176,633.06份	
基金份额净值	1.0940元	
基金资产组合	金额(元)	占总资产比例(%)
股票投资	4,357,625,258.52	76.05
债券投资	255,420,515.37	4.46
金融衍生品投资	——	——
买入返售金融资产	——	——
银行存款和结算备付金	1,100,370,571.70	19.20
其他资产	16,437,082.02	0.29

投资前五名股票明细

股票名称	公允价值(元)	占净值比例(%)
国元证券	426,200,000.00	7.52
山东黄金	362,141,597.40	6.39
中信证券	336,480,486.03	5.94
中国石化	284,617,225.05	5.02
中兴通讯	219,635,733.45	3.88

投资前五名债券明细

债券名称	公允价值(元)	占净值比例(%)
09沙钢CP01	100,510,000.00	1.77
09益阳城投债	50,985,000.00	0.90
09亿城债	29,550,000.00	0.52
09天药集CP01	20,082,000.00	0.35
09铁电化CP01	20,078,000.00	0.35

上证超级大盘交易型开放式指数证券投资基金

基本资料					
基金简称	博时上证超大盘ETF		交易代码	510020	
投资目标	紧密跟踪标的指数，追求跟踪偏离度和跟踪误差的最小化。				
业绩比较基准	上证超级大盘指数（价格指数）				
风险收益特征	该基金属于股票型基金，其预期收益及风险水平高于混合基金、债券基金与货币市场基金，属于高风险高收益的开放式基金。该基金为被动式投资的股票型指数基金，主要采用完全复制策略，跟踪上证超级大盘指数，其风险收益特征与标的指数所表征的市场组合的风险收益特征相似。				
合同生效日	2009-12-29	上市日期	2010年3月19日	上市地点	上海证券交易所
募集概况	首募份额	认购户数	募集日期		
	14.07亿份	10,276户	2009年12月7日至2009年12月23日		
基金费率	认购费率	不高于0.80%			
	申购费率	———			
	赎回费率	———			
	管理费率	0.50%			
	托管费率	0.10%			
基金管理人	博时基金管理有限公司		基金托管人	中国建设银行股份有限公司	
审计机构	普华永道中天会计师事务所有限公司		注册登记人	中国证券登记结算有限责任公司	

博时上证超级大盘交易型开放式指数证券投资基金联接基金

基本资料					
基金简称	博时上证超大盘ETF联接		交易代码	050013	
投资目标	通过主要投资于上证超级大盘交易型开放式指数证券投资基金，紧密跟踪标的指数即上证超级大盘指数的表现，追求跟踪偏离度和跟踪误差的最小化。				
业绩比较基准	上证超级大盘指数收益率×95%+银行活期存款税后利率×5%				
风险收益特征	该基金属于股票型基金，其预期收益及风险水平高于混合基金、债券基金与货币市场基金，属于高风险高收益的开放式基金。				
合同生效日	2009-12-29	上市日期	——	上市地点	——
募集概况	首募份额	认购户数	募集日期		
	19.06亿份	34,794户	2009年12月7日至2009年12月25日		
基金费率	认购费率	不高于1.00%			
	申购费率	不高于1.20%			
	赎回费率	不高于0.50%			
	管理费率	0.50%			
	托管费率	0.10%			
基金管理人	博时基金管理有限公司		基金托管人	中国建设银行股份有限公司	
审计机构	普华永道中天会计师事务所有限公司		注册登记人	博时基金管理有限公司	

基金管理团队

王　政先生：基金经理，博士。11.5年证券从业经历。1995年至1997年在哈佛大学从事博士后研究工作。1997年8月起先后在美国的道琼斯公司、彭博公司、巴克莱全球投资公司工作。2009年5月加入博时基金管理有限公司。现任ETF及量化投资组投资总监兼博时上证超大盘ETF及联接基金经理、博时大中华亚太精选股票基金经理。

鹏华基金管理有限公司

法定名称	鹏华基金管理有限公司	英文名称	PengHua Fund Management Co.,Ltd		
成立时间	1998年12月22日	注册资本	1.5亿元人民币	公司属性	中外合资
法人代表	何 如	总 经 理	邓召明	督 察 长	程国洪
公司网址	www.phfund.com.cn	客服电话	400-6788-999		
联系电话	0755-8202 1222	传真号码	0755-8202 1112		
注册地址	深圳市福田区福华三路168号深圳国际商会中心43层	办公地址	深圳市福田区福华三路168号深圳国际商会中心43层		

公司简介

鹏华基金管理有限公司(以下简称“公司”)成立于1998年12月22日，业务范围包括基金募集、基金销售、资产管理及中国证监会许可的其他业务。公司股东现由国信证券股份有限公司、意大利欧利盛资本资产管理股份公司(Eurizon Capital SGR S.p.A.)、深圳市北融信投资发展有限公司组成，三家股东的出资比例分别为50%、49%、1%,公司注册资本1.5亿元人民币。

截至2009年12月31日，公司旗下共管理两只封闭式基金、十二只开放式基金和六只全国社保投资组合。

2009年旗下开放式基金业绩表现

截至日期：2009年12月31日

(单位：元；%)

基金类型	基金简称	设立日期	基金份额净值	净值增长率[①]	累计净值增长率[②]
股票型	鹏华价值优势股票(LOF)	2006-07-18	0.931	80.78	198.01
	鹏华优质治理股票(LOF)	2007-04-25	1.183	75.48	19.33
	鹏华盛世创新股票(LOF)	2008-10-10	1.681	70.14	72.86
	鹏华沪深300 指数(LOF)	2009-04-03	1.251	31.11	31.11
	鹏华精选成长股票	2009-09-09	1.034	3.40	3.40
混合型	鹏华行业成长混合	2002-05-24	1.0448	56.74	328.26
	鹏华普天收益混合	2003-07-12	0.862	69.02	362.69
	鹏华中国50混合	2004-05-12	1.877	73.87	422.47
	鹏华动力增长混合(LOF)	2007-01-09	1.502	79.24	73.82
债券型	鹏华普天债券A	2003-07-12	1.155	4.23	39.13
	鹏华普天债券B	2003-07-12	1.120	3.51	35.11
	鹏华丰收债券	2008-05-28	1.188	12.18	21.06
货币型	鹏华货币A	2005-04-12	1.0000	1.4697	12.0384
	鹏华货币B	2005-04-12	1.0000	1.7144	13.0856

注：①净值增长率指该基金2009年度的份额净值增长率；②累计净值增长率指该基金设立以来的份额净值增长率。

2009年管理公募基金概况

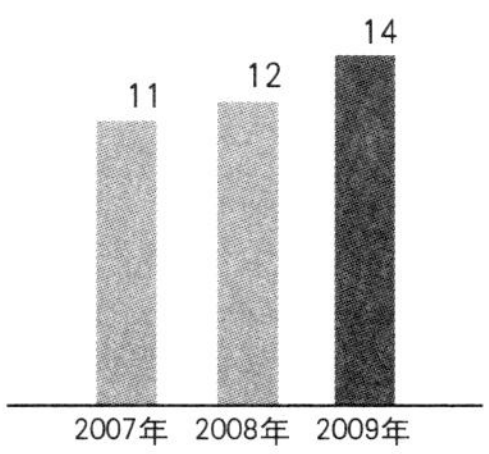

基金数量(只)

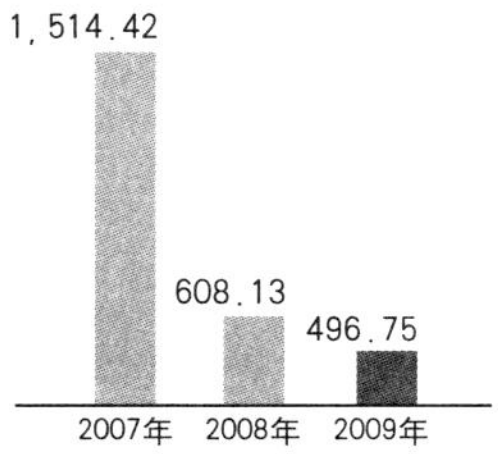

基金份额规模(亿份)

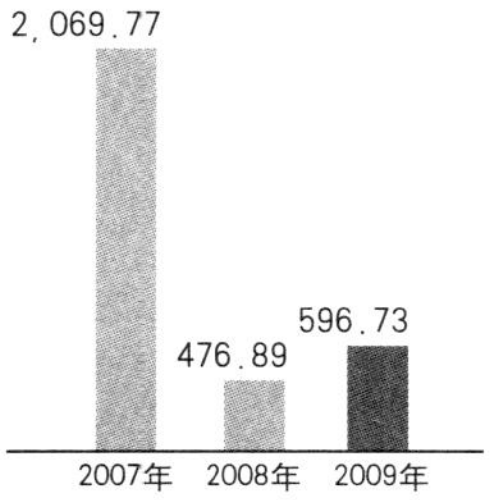

基金资产规模(亿元)

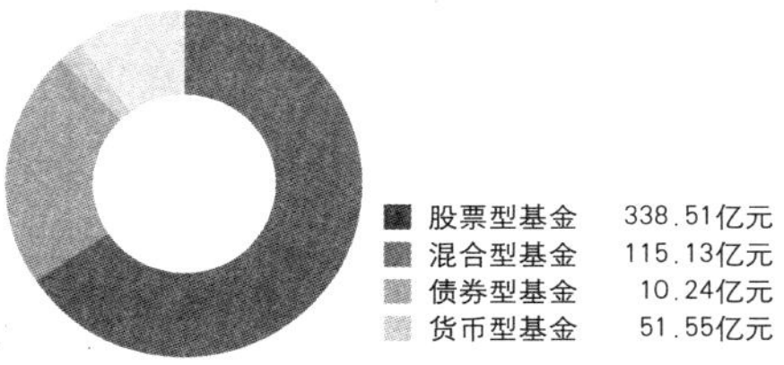

2009年基金资产规模构成

普惠证券投资基金

基本资料			
基金简称	鹏华普惠封闭	交易代码	184689
风险收益特征	——	业绩比较基准	——
合同生效日	1999年1月6日	基金总份额	20亿份
上市日期	1999年1月27日 地点 深交所	存续期	至2014年1月6日止
基金管理人	鹏华基金管理有限公司	基金托管人	交通银行
注册登记人	中国证券登记结算责任有限公司		

财务指标 单位：人民币(元)；%

项目 \ 年度	2009年	2008年	2007年
本期利润	1,362,311,408.02	−3,187,855,483.51	4,393,798,859.93
本期加权平均净值利润率	43.63	−78.38	70.29
期末基金资产净值	3,677,183,870.68	2,410,872,462.66	7,718,727,946.17
期末基金份额净值	1.8386	1.2054	3.8594
本期份额净值增长率	57.69	−50.83	116.89
累计份额净值增长率	435.00	239.26	590.05
基金收益分配	10派0.480	10派10.600	10派3.520

成立来累计净值增长率与同期基准收益率历史走势对比图（%）

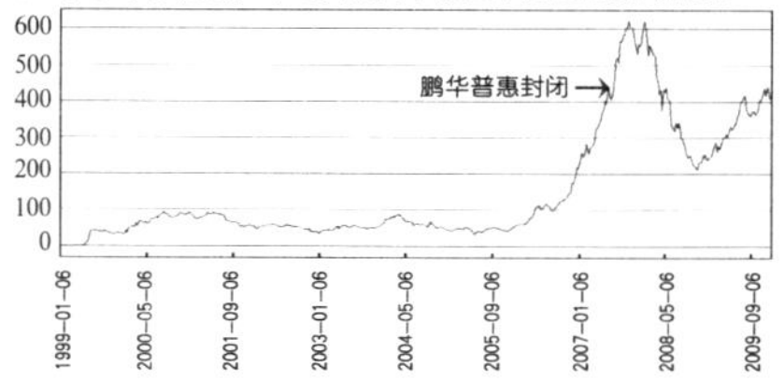

近三年净值增长率与同期基准收益率对比图（%）

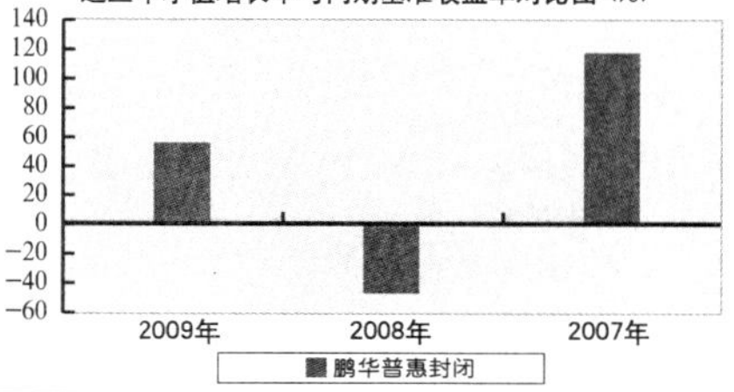

期末基金份额持有人户数	基金份额持有人户数为34,871户，平均每户持有57,354.25份。（期末截至2009年12月31日）
期末基金份额持有人结构	机构投资者持有份额1,337,635,959份，占总份额66.88%；个人投资者持有份额662,364,041份，占总份额33.12%。

基金业绩表现

截至2009年12月31日，鹏华普惠基金份额净值为1.8386元，全年份额净值增长率为57.69%；同期上证综指上涨了79.98%。

基金管理团队

冀洪涛先生：基金经理、研究部总经理。经济学硕士，11年证券从业经历。历任华夏证券大连业务部研究发展部投资顾问、债券投资经理；大连证券研究发展总部副经理兼沈阳业务部副总经理；巨田证券资产管理部、投资管理部投资经理；巨田基金管理公司投资管理部总监、巨田资源优选基金经理；鹏华基金管理公司专户理财投资总监，现任鹏华基金管理公司研究部总经理、投资决策委员会委员、鹏华普惠基金经理。

基金运作分析

2009年全年来看，鹏华普惠基金上半年表现相对较弱，净值增长落后于市场表现，下半年明显好转，表现略好于同期指数。上半年主要是市场判断出现偏差，加仓虽然较快，但部分持仓结构与市场热点的匹配性较弱，一季度的有色、煤炭，二季度的钢铁参与较少，但分享了金融、地产的超额收益。下半年，市场出现较大波动，组合中的长线品种表现出较好的稳定性，该基金积极参与了医药、家电、汽车下半年的行情，取得一定的超额收益。综合而言，2009年的主要教训是对宏观形势的判断有些犹豫，对高估值行业的个股参与谨慎，另一个原因是对部分稳定类的品种持有比率过高，也过于执着，但如果看得更长远一些，未来仍要坚持。其次，在部分机会明确的行业及个股上投资过于保守，不够果断。

季度投资组合一览

项目 \ 季度	第一季度		第二季度		第三季度		第四季度	
基金资产净值	2,811,455,100.88元		3,251,319,058.55元		3,196,660,443.56元		3,677,183,870.68元	
基金份额净值	1.4057元		1.6257元		1.5983元		1.8386元	
基金资产组合	市值(元)	占总资产比(%)	市值(元)	占总资产比(%)	市值(元)	占总资产比(%)	市值(元)	占总资产比(%)
股票投资	2,002,543,220.85	71.01	2,522,269,199.63	77.11	2,253,393,978.99	69.94	2,888,676,723.93	78.35
债券投资	575,652,981.10	20.41	660,266,463.80	20.19	691,875,750.50	21.47	751,672,781.90	20.39
资产支持证券投资	——	——	——	——	——	——	——	——
金融衍生品投资	——	——	——	——	——	——	——	——
买入返售金融资产	——	——	——	——	——	——		
银行存款和结算备付金	218,666,951.82	7.75	29,721,546.24	0.91	260,369,610.18	8.08	33,827,025.22	0.92
其他资产	23,310,901.13	0.83	58,564,029.85	1.79	16,163,942.56	0.50	12,852,774.34	0.35

	股票名称	公允价值(元)	占净值比(%)	股票名称	公允价值(元)	占净值比(%)	股票名称	公允价值(元)	占净值比(%)	股票名称	公允价值(元)	占净值比(%)
投资前五名股票明细	招商银行	149,422,699.08	5.31	小商品城	218,041,917.72	6.71	民生银行	240,616,975.52	7.53	小商品城	233,021,024.46	6.34
	小商品城	108,551,200.00	3.86	民生银行	215,422,796.16	6.63	小商品城	170,269,545.60	5.33	民生银行	229,389,984.18	6.24
	深发展A	103,610,000.00	3.69	招商银行	192,701,080.08	5.93	美的电器	145,319,965.40	4.55	美的电器	189,982,201.60	5.17
	中国平安	97,774,569.79	3.48	保利地产	150,604,047.70	4.63	中国平安	101,400,000.00	3.17	江淮汽车	129,929,978.70	3.53
	华侨城A	92,518,683.86	3.29	中国平安	142,938,855.94	4.40	许继电气	98,039,954.40	3.07	片仔癀	107,302,305.64	2.92
投资前五名债券明细	债券名称	公允价值(元)	占净值比(%)	债券名称	公允价值(元)	占净值比(%)	债券名称	公允价值(元)	占净值比(%)	债券名称	公允价值(元)	占净值比(%)
	08央票20	169,152,000.00	6.02	08央行票据20	167,408,000.00	5.15	08央行票据20	165,504,000.00	5.18	08央行票据20	164,288,000.00	4.47
	05国开29	153,000,000.00	5.44	05国开29	152,100,000.00	4.68	05国开29	150,990,000.00	4.72	05国开29	150,690,000.00	4.10
	07农发16	121,812,000.00	4.33	07农发16	120,924,000.00	3.72	20国债(4)	103,962,126.50	3.25	20国债(4)	103,153,680.00	2.81
	20国债(4)	57,272,440.50	2.04	20国债(4)	99,087,030.00	3.05	09央行票据41	79,736,000.00	2.49	09央行票据59	99,670,000.00	2.71
	02国债(10)	38,700,996.60	1.38	99国债(8)	38,709,080.00	1.19	21国债(12)	78,367,780.00	2.45	21国债(12)	78,040,550.00	2.12

普丰证券投资基金

基本资料

基金简称	鹏华普丰封闭	交易代码	184693
风险收益特征	——	业绩比较基准	——
合同生效日	1999年7月14日	基金总份额	30亿份
上市日期	1999年7月30日　地点　深交所	存续期	至2014年7月14日
基金管理人	鹏华基金管理有限公司	基金托管人	中国工商银行
注册登记人	——		

财务指标　　单位：人民币(元)；%

项目＼年度	2009年	2008年	2007年
本期利润	1,576,135,171.93	-3,516,364,830.21	5,280,062,333.13
本期加权平均净值利润率	41.15	-72.05	66.89
期末基金资产净值	4,453,278,542.48	2,893,343,370.55	9,448,708,200.76
期末基金份额净值	1.4844	0.9644	3.1496
本期份额净值增长率	54.63	-47.17	108.14
累计份额净值增长率	291.11	152.94	378.75
基金收益分配	10派0.054	10派10.130	10派4.450

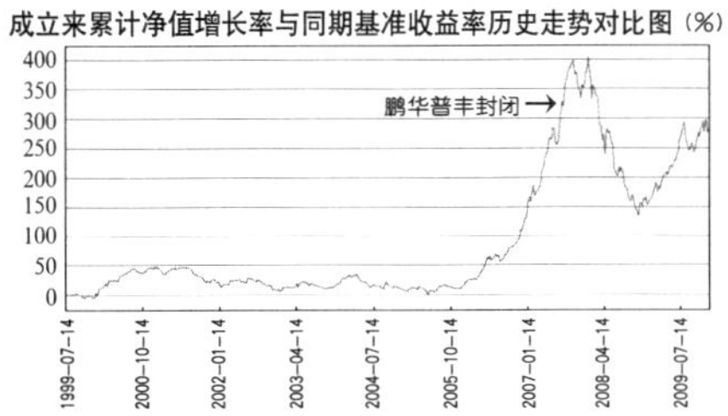

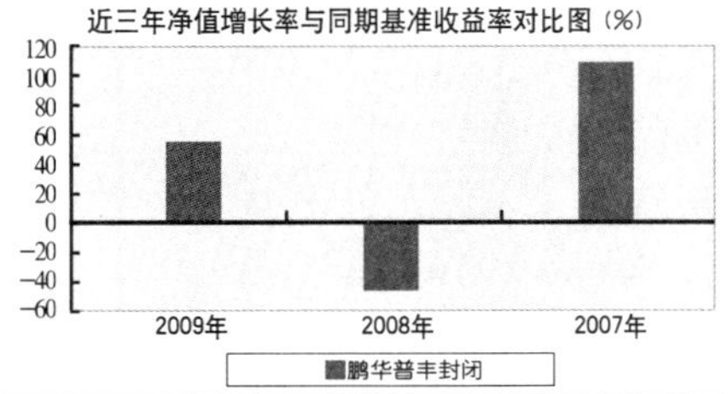

期末基金份额持有人户数	基金份额持有人户数为48,943户，平均每户持有61,295.79份。（期末截至2009年12月31日）
期末基金份额持有人结构	机构投资者持有份额1,858,168,041份，占总份额61.94%；个人投资者持有份额1,141,831,959份，占总份额38.06%。

基金业绩表现

截至2009年12月31日，鹏华普丰基金份额净值为1.4844元，全年净值增长率为54.63%；同期上证指数和深圳综指分别上涨79.98%和117.12%。

基金管理团队

吴昱村先生：基金经理，管理学硕士，5年证券从业经历。曾任联合证券公司研究员。2008年10月加入鹏华基金管理公司从事行业研究工作，任行业研究员；2009年7月起任鹏华普丰基金经理。

陈　鹏先生：基金经理，硕士，6年证券从业经历。曾任联合证券公司行业研究员。2006年5月加入鹏华基金管理公司从事行业研究工作，2007年3月起任鹏华价值优势股票基金经理助理；2007年8月起担任鹏华行业成长混合基金经理；2008年8月起任鹏华普丰基金经理。

基金运作分析

2009年上半年，鹏华普丰基金基于对宏观经济回升稳定程度的审慎判断在配置策略上侧重于稳健型行业，下半年显著增加了与经济复苏直接相关的汽车、家电等行业的配置，从实际情况看取得较好的效果。偏于谨慎的大类资产配置策略与较低的股票仓位上限导致全年基金份额净值增长率低于上述指数表现。

展望未来，鹏华普丰基金将重点沿着以下几条主线寻找投资机会：①与消费结构改善和升级相关的行业，包括通讯、消费电子等；②2009年经济振兴计划项目建设进展带动的设备及相关需求；③行业政策推动下的产业振兴与升级。此外，还将密切关注出口尤其是机电设备的复苏状况，并及时在组合中对其可能出现的乐观变化加以反映。

季度投资组合一览

项目＼季度	第一季度		第二季度		第三季度		第四季度	
基金资产净值	3,425,205,511.41元		3,957,662,087.13元		3,891,403,036.03元		4,453,278,542.48元	
基金份额净值	1.1417元		1.3192元		1.2971元		1.4844元	
基金资产组合	市值(元)	占总资产比(%)	市值(元)	占总资产比(%)	市值(元)	占总资产比(%)	市值(元)	占总资产比(%)
股票投资	1,901,333,881.36	55.21	2,920,484,573.19	71.80	2,773,035,885.89	71.05	3,315,544,855.56	74.26
债券投资	1,023,893,811.01	29.73	814,354,956.40	20.02	810,968,350.30	20.78	919,780,711.80	20.60
资产支持证券投资	——	——	——	——	——	——	——	——
金融衍生品投资	575,252.07	0.02	576,204.39	0.01	——	——	——	——
买入返售金融资产	——	——	——	——	——	——		
银行存款和结算备付金	484,676,454.83	14.07	244,688,329.55	6.02	305,016,249.71	7.82	19,299,608.95	0.43
其他资产	33,130,270.65	0.96	87,238,916.89	2.14	13,722,783.43	0.35	210,001,006.26	4.70

投资前五名股票明细	股票名称	公允价值(元)	占净值比(%)	股票名称	公允价值(元)	占净值比(%)	股票名称	公允价值(元)	占净值比(%)	股票名称	公允价值(元)	占净值比(%)
	招商银行	57,705,341.76	1.68	招商银行	86,276,976.12	2.18	招商银行	58,655,981.90	1.51	招商银行	60,138,610.95	1.35
	浦发银行	45,559,185.60	1.33	浦发银行	69,548,990.84	1.76	交通银行	54,750,432.73	1.41	民生银行	53,152,439.41	1.19
	中信证券	45,118,169.28	1.32	民生银行	57,787,986.96	1.46	中国平安	52,722,524.40	1.35	交通银行	49,263,887.75	1.11
	中国平安	41,797,991.19	1.22	交通银行	56,923,206.81	1.44	民生银行	52,422,796.62	1.35	中国平安	46,279,291.03	1.04
	交通银行	37,946,522.83	1.11	中国平安	56,499,592.34	1.43	兴业银行	42,820,715.40	1.10	中信证券	45,161,118.54	1.01

投资前五名债券明细	债券名称	公允价值(元)	占净值比(%)	债券名称	公允价值(元)	占净值比(%)	债券名称	公允价值(元)	占净值比(%)	债券名称	公允价值(元)	占净值比(%)
	08国开15	326,910,000.00	9.54	08国开19	151,875,000.00	3.84	08国开19	150,285,000.00	3.86	08国开19	150,105,000.00	3.37
	08国开19	153,810,000.00	4.49	02国债(10)	135,170,286.40	3.42	08央行票据26	103,490,000.00	2.66	09央行票据57	109,637,000.00	2.46
	02国债(10)	120,378,064.80	3.51	08国开15	107,810,000.00	2.72	05国开07	100,460,000.00	2.58	08央行票据26	102,720,000.00	2.31
	08国开25	100,850,000.00	2.94	05国开07	100,520,000.00	2.54	08国开25	99,780,000.00	2.56	05国开07	100,330,000.00	2.25
	05国开07	100,620,000.00	2.94	08国开25	100,150,000.00	2.53	08央行票据35	62,142,000.00	1.60	08国开25	99,740,000.00	2.24

鹏华行业成长证券投资基金

基本资料			
基金简称	鹏华行业成长混合	交易代码	206001
风险收益特征	该基金为混合型基金，属于中高风险的基金品种；其长期平均的风险和预期收益低于积极成长型基金，高于指数型基金、货币市场基金、纯债券基金和国债。		
业绩比较基准	中信综合指数涨跌幅×80%+中信标普国债指数涨跌幅×20%		
合同生效日	2002年5月24日	首募份额	39.77亿份
认购户数	105,045户		
基金管理人	鹏华基金管理有限公司	基金托管人	中国工商银行
注册登记人	鹏华基金管理有限公司		

成立来累计净值增长率与同期基准收益率历史走势对比图（%）

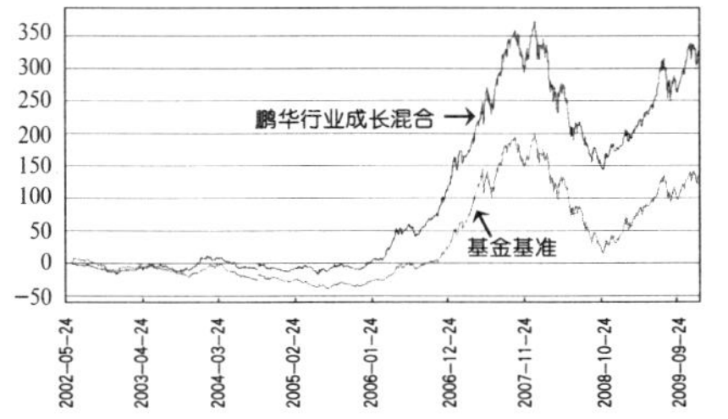

财务指标　　单位：人民币（元）；%

项目＼年度	2009年	2008年	2007年
本期利润	226,418,458.28	−356,170,739.56	613,870,718.19
本期加权平均净值利润率	45.42	−52.90	68.28
期末基金资产净值	467,122,444.10	558,195,222.06	771,772,839.84
期末基金份额净值	1.0448	0.6666	3.9685
本期份额净值增长率	56.74	−39.11	104.26
累计份额净值增长率	328.26	173.24	348.71
基金收益分配	——	——	——

近三年净值增长率与同期基准收益率对比图（%）

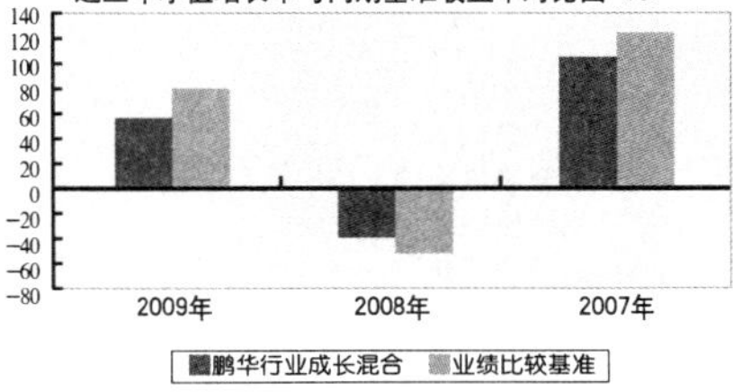

期末基金份额持有人户数	基金份额持有人户数为18,127户，平均每户持有24,663.57份。（期末截至2009年12月31日）
期末基金份额持有人结构	机构投资者持有份额62,000,734.13份，占总份额13.87%；个人投资者持有份额385,075,862.28份，占总份额86.13%。

基金业绩表现

截至2009年12月31日，鹏华行业成长混合基金份额净值为1.0448元，全年份额净值增长率为56.74%，同期上证指数和深圳综指分别上涨了79.98%和111.24%。

基金管理团队

陈　鹏先生：基金经理，硕士，6年证券从业经历。曾在联合证券公司任行业研究员。2006年5月加入鹏华基金管理公司从事行业研究工作，2007年3月起任鹏华价值优势股票基金经理助理；2007年8月起任鹏华行业成长混合基金经理；2008年8月起兼任鹏华普丰基金经理。

基金运作分析

2009年，中国经济在政府的政策刺激下出现了快速复苏，A股市场对此做出积极、充分的反应。下半年，随着海外经济的回暖，这种复苏的趋势愈加明显，但于此同时流动性充裕程度的下降和对政策退出的担忧，令股票市场开始陷入震荡调整。鹏华行业成长混合基金在上半年仓位策略保守，错失了年内最重要的投资机会，下半年该基金在行业配置和个股选择上虽然取得了不错的收益，较大幅度地战胜了指数，但全年业绩仍然低于比较基准。

季度投资组合一览

项目＼季度	第一季度		第二季度		第三季度		第四季度	
基金资产净值	628,837,888.16元		412,122,492.41元		410,486,201.96元		467,122,444.10元	
基金份额	839,716,099.90份		470,414,581.72份		460,908,723.50份		447,076,596.41份	
基金份额净值	0.7489元		0.8761元		0.8906元		1.0448元	
基金资产组合	市值(元)	占总资产比(%)	市值(元)	占总资产比(%)	市值(元)	占总资产比(%)	市值(元)	占总资产比(%)
股票投资	322,466,202.05	50.86	305,909,669.32	73.49	317,681,839.58	75.83	351,015,085.07	74.48
债券投资	189,165,675.10	29.84	84,833,700.00	20.38	86,942,150.00	20.75	95,486,407.50	20.26
资产支持证券投资	——	——	——	——	——	——	——	——
金融衍生品投资	——	——	——	——	——	——	——	——
买入返售金融资产	——	——	——	——	——	——	——	——
银行存款和结算备付金	116,491,201.54	18.37	8,109,284.08	1.95	11,148,882.92	2.66	22,876,403.50	4.85
其他资产	5,914,216.50	0.93	17,401,267.69	4.18	3,160,487.92	0.75	1,915,659.10	0.41

投资前五名股票明细	股票名称	公允价值(元)	占净值比(%)	股票名称	公允价值(元)	占净值比(%)	股票名称	公允价值(元)	占净值比(%)	股票名称	公允价值(元)	占净值比(%)
	民生银行	16,510,000.00	2.63	万　科A	21,930,000.00	5.32	民生银行	18,198,000.00	4.43	招商银行	27,075,000.00	5.80
	北京银行	15,833,853.55	2.52	北京银行	18,699,000.00	4.54	建设银行	17,856,000.00	4.35	民生银行	23,334,500.00	5.00
	招商地产	15,659,000.00	2.49	美的电器	18,446,256.40	4.48	国电电力	17,489,221.20	4.26	科陆电子	14,875,647.32	3.18
	中信证券	15,282,000.00	2.43	中信证券	16,956,000.00	4.11	葛洲坝	16,001,394.21	3.90	兴业银行	12,089,089.93	2.59
	中国铁建	15,060,680.00	2.40	葛洲坝	12,159,355.52	2.95	天威保变	14,161,500.00	3.45	中兴通讯	11,662,834.75	2.50

投资前五名债券明细	债券名称	公允价值(元)	占净值比(%)	债券名称	公允价值(元)	占净值比(%)	债券名称	公允价值(元)	占净值比(%)	债券名称	公允价值(元)	占净值比(%)
	08央票98	58,368,000.00	9.28	08央行票据98	38,616,000.00	9.37	09央行票据43	29,901,000.00	7.28	09央行票据61	29,901,000.00	6.40
	08央票46	48,145,000.00	7.66	08央行票据92	19,288,000.00	4.68	21国债(12)	19,978,120.00	4.87	21国债(10)	23,705,707.50	5.07
	02国债(10)	30,815,746.50	4.90	21国债(10)	16,892,700.00	4.10	08央行票据117	19,414,000.00	4.73	21国债(12)	21,945,700.00	4.70
	08央票92	19,434,000.00	3.09	02国债(10)	10,037,000.00	2.44	21国债(10)	17,649,030.00	4.30	09央行票据51	19,934,000.00	4.27
	21国债(10)	17,998,750.00	2.86	——			——			——		

鹏华普天系列开放式证券投资基金

鹏华普天债券投资基金

基本资料					
基金简称	鹏华普天债券		交易代码	160602 160608	
风险收益特征	该基金属于低风险的基金品种；其长期平均的风险和预期收益低于股票型基金，高于货币市场基金。				
业绩比较基准	中信标普国债指数涨跌幅×90%＋金融同业存款利率×10%				
合同生效日	2003年7月12日	首募份额	7.98亿份	认购户数	5,495户
基金管理人	鹏华基金管理有限公司		基金托管人	交通银行	
注册登记人	中国证券登记结算有限责任公司				

成立来累计净值增长率与同期基准收益率历史走势对比图（%）

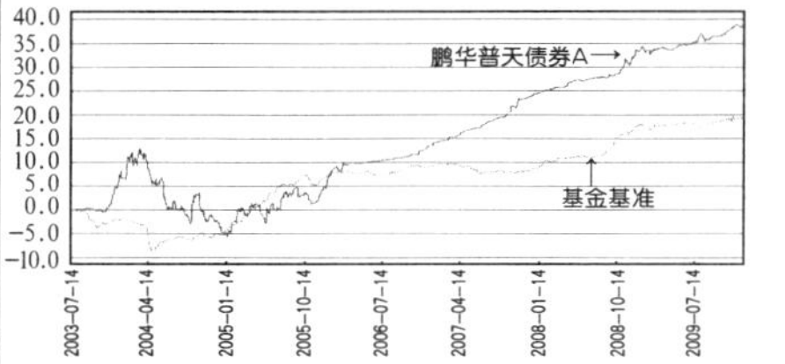

财务指标　单位：人民币（亿元）；%

项目＼年度	2009年		2008年		2007年	
	A	B	A	B	A	B
本期利润	0.1025	0.0876	0.2151	0.1740	0.1252	0.1536
本期加权平均净值利润率	3.92	2.79	7.11	5.51	8.92	8.07
期末基金资产净值	1.8117	2.8029	3.4317	3.9085	1.2325	2.1541
期末基金份额净值	1.155元	1.120元	1.127元	1.102元	1.098元	1.084元
本期份额净值增长率	4.33	3.51	7.24	6.32	9.55	8.48
累计份额净值增长率	39.13	35.11	33.36	30.54	24.35	22.78
基金收益分配	10派0.200元		10派0.500元		10派0.440元	

近三年净值增长率与同期基准收益率对比图（%）

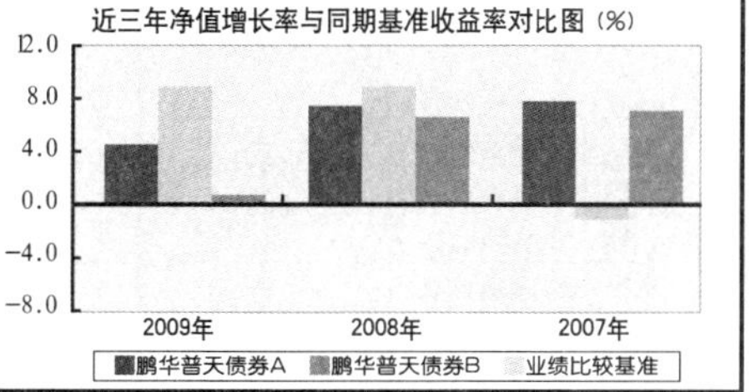

期末基金份额持有人户数	A类：基金份额持有人户数为5,722户，平均每户持有27,410.68份。 B类：基金份额持有人户数为3,103户，平均每户持有80,623.79份。　（期末截至2009年12月31日）
期末基金份额持有人结构	A类：机构投资者持有份额87,345,036.76份，占总份额55.69%；个人投资者持有份额69,498,886.98份，占总份额44.31%。 B类：机构投资者持有份额121,638,152.64份，占总份额48.62%；个人投资者持有份额128,537,469.89份，占总份额51.38%。

基金业绩表现

截至2009年12月31日，鹏华普天债券基金A类份额净值为1.155元，全年净值增长4.33%；B类基金份额净值为1.120元，全年净值增长3.51%；同期业绩基准收益率为0.92%。

基金管理团队

阳先伟先生：基金经理，硕士，7年证券从业经历。曾先后在民生证券、国海证券等机构从事债券研究及投资组合管理工作，历任研究员、高级经理等职务。2004年9月加入鹏华基金管理公司从事债券及宏观研究工作，曾任普天债券基金经理助理；2006年12月起任鹏华普天债券基金经理；2008年5月起兼任鹏华丰收债券基金经理。

基金运作分析

2009年中国经济增速逐季回升，呈现出持续复苏的良好势头。虽然市场资金面较为充裕，短期利率极低，但由于经济强劲复苏所带来的通胀忧虑，债券市场中长端收益率整体上仍然明显上行。全年来看，交易所上证国债指数上涨0.87%，银行间中债总财富指数下跌1.24%。鹏华普天债券基金在2009年始终维持较低的组合久期，逐步加大信用品种的配置比例，并更加积极地参与了新股申购。

季度投资组合一览

项目＼季度	第一季度		第二季度		第三季度		第四季度	
	A	B	A	B	A	B	A	B
基金资产净值	2.8828亿元	3.2309亿元	1.9239亿元	2.9270亿元	2.7469亿元	2.2411亿元	1.8117亿元	2.8029亿元
基金份额	2.5931亿份	2.9761亿份	1.7182亿份	2.6835亿份	2.4257亿份	2.0356亿份	1.5684亿份	2.5018亿份
基金份额净值	1.1120元	1.0860元	1.1200元	1.0910元	1.1320元	1.1010元	1.1550元	1.1200元
基金资产组合	市值(元)	占总资产比(%)	市值(元)	占总资产比(%)	市值(元)	占总资产比(%)	市值(元)	占总资产比(%)
股票投资	9,286,069.85	1.51	10,499,132.07	2.13	16,133,792.50	3.22	27,523,788.13	4.79
债券投资	556,657,063.00	90.57	380,024,760.70	77.25	427,151,743.80	85.18	396,016,390.20	68.93
资产支持证券投资	——	——	——	——	——	——	——	——
金融衍生品投资	——	——	——	——	——	——	——	——
买入返售金融资产	——	——	——	——	——	——	——	——
银行存款和结算备付金	35,998,912.26	5.86	58,172,439.30	11.82	48,121,472.55	9.60	145,410,982.98	25.31
其他资产	12,686,716.45	2.06	43,271,329.89	8.80	10,064,157.10	2.01	5,545,354.46	0.97

	第一季度			第二季度			第三季度			第四季度		
投资前五名股票明细	股票名称	公允价值(元)	占净值比(%)	股票名称	公允价值(元)	占净值比(%)	股票名称	公允价值(元)	占净值比(%)	股票名称	公允价值(元)	占净值比(%)
	美邦服饰	1,608,331.76	0.26	滨江集团	2,322,043.20	0.48	首开股份	7,570,000.00	1.52	首开股份	8,305,000.00	1.80
	滨江集团	1,519,355.24	0.25	美邦服饰	1,594,322.94	0.33	中国建筑	5,198,521.44	1.04	银江股份	3,182,447.98	0.69
	烟台氨纶	993,186.70	0.16	烟台氨纶	1,001,764.50	0.21	四川成渝	860,426.29	0.17	梅泰诺	2,119,624.00	0.46
	浙富股份	793,852.84	0.13	浙富股份	818,311.60	0.17	光大证券	742,844.52	0.15	机器人	1,880,364.20	0.41
	上海莱士	718,422.27	0.12	上海莱士	712,994.07	0.15	保龄宝	575,330.96	0.12	中科电气	1,727,867.70	0.37
投资前五名债券明细	债券名称	公允价值(元)	占净值比(%)	债券名称	公允价值(元)	占净值比(%)	债券名称	公允价值(元)	占净值比(%)	债券名称	公允价值(元)	占净值比(%)
	08农发03	101,390,000.00	16.58	08农发03	101,650,000.00	20.95	08农发03	100,750,000.00	20.20	02国债(3)	71,008,010.80	15.39
	08农发17	62,670,000.00	10.25	01国开15	51,985,000.00	10.72	02国债(3)	60,523,200.00	12.13	08农发03	50,300,000.00	10.90
	07国开10	53,010,000.00	8.67	09中化工债	50,225,000.00	10.35	08国开13	42,668,000.00	8.55	08国开13	42,228,000.00	9.15
	08进出08	52,630,000.00	8.61	08国开13	43,312,000.00	8.93	21国债(12)	40,121,008.00	8.04	08国开25	39,896,000.00	8.65
	01国开15	52,520,000.00	8.59	08国开25	40,060,000.00	8.26	08国开25	39,912,000.00	8.00	09铁十四CP01	30,066,000.00	6.52

鹏华普天收益证券投资基金

基本资料

基金简称	鹏华普天收益混合		交易代码	160603	
风险收益特征	该基金为平衡型基金，属于中等风险的基金品种；其长期平均的风险和预期收益低于成长型基金，高于指数型基金、纯债券基金和国债。				
业绩比较基准	中信综合指数涨跌幅×70%＋中信标普国债指数涨跌幅×25%＋金融同业存款利率×5%				
合同生效日	2003年7月12日	首募份额	3.43亿份	认购户数	2,132户
基金管理人	鹏华基金管理有限公司		基金托管人	交通银行	
注册登记人	中国证券登记结算有限责任公司				

成立来累计净值增长率与同期基准收益率历史走势对比图（%）

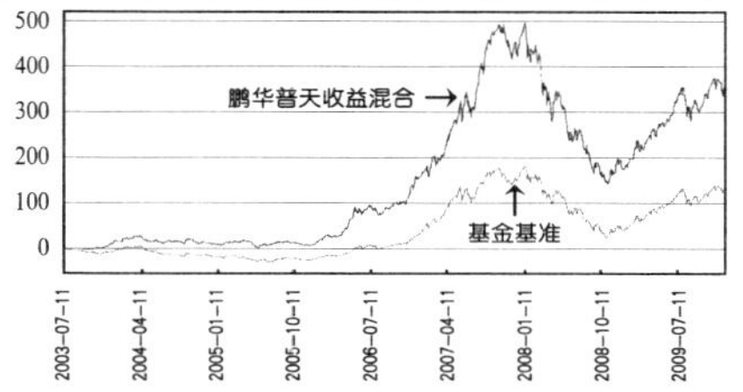

财务指标 单位：人民币（元）；%

项目 \ 年度	2009年	2008年	2007年
本期利润	1,042,582,052.30	−1,790,507,406.94	553,349,409.80
本期加权平均净值利润率	49.87	−78.46	36.49
期末基金资产净值	2,289,732,644.97	1,569,116,476.69	3,747,969,253.17
期末基金份额净值	0.862	0.510	1.057
本期份额净值增长率	69.02	−51.75	118.81
累计份额净值增长率	362.69	173.75	467.36
基金收益分配	——	——	10派18.410

近三年净值增长率与同期基准收益率对比图（%）

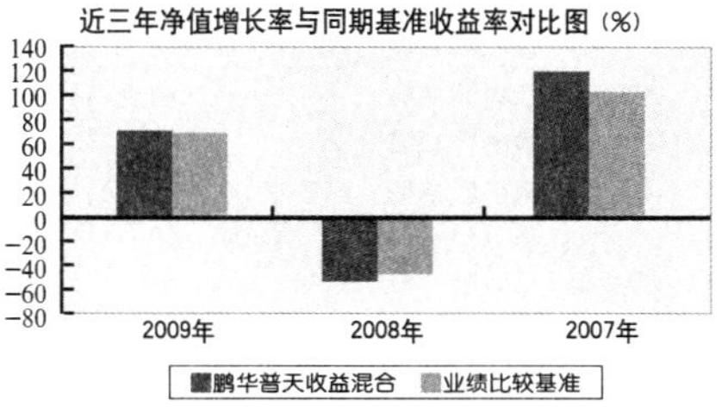

期末基金份额持有人户数	基金份额持有人户数为152,463户，平均每户持有17,423.92份。（期末截至2009年12月31日）
期末基金份额持有人结构	机构投资者持有份额61,587,529.89份，占总份额2.32%；个人投资者持有份额2,594,915,791.25份，占总份额97.68%。

基金业绩表现

截至2009年12月31日，鹏华普天收益混合基金份额净值为0.862元，全年净值增长率为69.02%；同期上证指数上涨79.98%，沪深300指数上涨96.71%。

基金管理团队

张 卓先生：基金经理，管理学硕士，5年证券从业经历。2004年6月加入鹏华基金管理公司从事行业研究工作，2007年1月起担任鹏华动力增长混合基金经理助理；2007年8月至2009年1月担任鹏华优质治理股票基金经理；2009年1月起担任鹏华普天收益混合基金经理。

林宇坤先生：基金经理，博士，5年证券从业经历。曾在华西证券公司任研究员，先后从事行业分析、宏观策略研究等工作。2005年9月加入鹏华基金管理公司从事宏观与策略研究工作，2006年8月起任鹏华中国50混合、鹏华普惠的基金经理助理；2007年8月至2009年1月任鹏华普天收益混合基金经理；2009年1月起任鹏华动力增长基金经理。

基金运作分析

2009年，鹏华普天收益混合基金管理人全年对行情的大趋势判断正确，该基金在80%股票仓位上限下，平均维持75%以上高仓位策略，重仓持有金融、房地产，以及受益地产的家电行业和其他行业、医药等行业，把握了这些行业上涨机会，对于汽车、上半年对于非地产外的周期行业参与不足，比较遗憾。

季度投资组合一览

项目 \ 季度	第一季度		第二季度		第三季度		第四季度	
基金资产净值	1,942,551,225.88元		2,181,112,998.29元		2,064,283,237.80元		2,289,732,644.97元	
基金份额	3,042,719,961.71份		2,908,035,655.08份		2,765,400,561.27份		2,656,503,321.14份	
基金份额净值	0.6380元		0.7500元		0.7460元		0.8620元	
基金资产组合	市值(元)	占总资产比(%)	市值(元)	占总资产比(%)	市值(元)	占总资产比(%)	市值(元)	占总资产比(%)
股票投资	1,449,433,934.99	72.80	1,673,468,764.46	75.92	1,529,179,960.97	73.75	1,766,627,262.40	76.80
债券投资	393,657,674.40	19.77	443,755,499.20	20.13	453,441,408.10	21.87	479,457,150.00	20.84
资产支持证券投资	——	——	——	——	——	——	——	——
金融衍生品投资	——	——	——	——	——	——	——	——
买入返售金融资产	——	——	——	——	——	——	——	——
银行存款和结算备付金	122,061,705.23	6.13	43,750,267.79	1.98	84,097,473.21	4.06	38,510,781.32	1.67
其他资产	25,886,016.89	1.30	43,195,598.31	1.96	6,664,165.05	0.32	15,596,957.53	0.68

投资前五名股票明细	股票名称	公允价值(元)	占净值比(%)	股票名称	公允价值(元)	占净值比(%)	股票名称	公允价值(元)	占净值比(%)	股票名称	公允价值(元)	占净值比(%)
	深发展A	74,918,000.00	3.86	深发展A	80,734,000.00	3.70	深发展A	60,030,000.00	2.91	美的电器	120,637,865.60	5.27
	新湖创业	55,795,514.84	2.87	民生银行	79,199,802.00	3.63	美的电器	58,820,000.00	2.85	深发展A	65,799,000.00	2.87
	格力电器	52,074,594.99	2.68	海螺型材	63,478,800.00	2.91	民生银行	53,920,000.00	2.61	深天健	64,587,491.45	2.82
	中信证券	50,940,000.00	2.62	贵州茅台	61,996,208.65	2.84	滨江集团	53,097,964.66	2.57	中信证券	63,540,000.00	2.77
	深长城	48,240,000.00	2.48	新湖创业	53,001,000.00	2.43	海螺型材	52,638,092.18	2.55	滨江集团	57,380,698.18	2.51
投资前五名债券明细	债券名称	公允价值(元)	占净值比(%)	债券名称	公允价值(元)	占净值比(%)	债券名称	公允价值(元)	占净值比(%)	债券名称	公允价值(元)	占净值比(%)
	07央票92	124,248,000.00	6.40	07央行票据92	123,192,000.00	5.65	07央行票据92	122,208,000.00	5.92	07央行票据92	121,584,000.00	5.31
	08央票50	106,100,000.00	5.46	08央行票据50	105,020,000.00	4.81	08央行票据50	103,700,000.00	5.02	08央行票据50	102,930,000.00	4.50
	02国债(10)	86,724,674.40	4.46	02国债(10)	86,534,999.20	3.97	09央行票据43	89,703,000.00	4.35	09央行票据61	89,703,000.00	3.92
	08国开19	51,270,000.00	2.64	08国开19	50,625,000.00	2.32	08央行票据44	41,460,000.00	2.01	08央行票据44	41,152,000.00	1.80
	99国债(8)	25,315,000.00	1.30	99国债(8)	45,315,000.00	2.08	08国开19	30,057,000.00	1.46	08国开19	30,021,000.00	1.31

鹏华中国50开放式证券投资基金

基本资料					
基金简称	鹏华中国50混合	交易代码	160605		
风险收益特征	该基金为平衡型基金，属于中风险的基金品种。长期平均的风险和预期收益低于成长型基金，高于价值型基金、指数型基金、纯债券基金和国债。				
业绩比较基准	上证180指数涨跌幅×65%＋深证100指数涨跌幅×30%＋金融同业存款利率×5%				
合同生效日	2004年5月12日	首募份额	24.45亿份	认购户数	28,072户
基金管理人	鹏华基金管理有限公司	基金托管人	交通银行		
注册登记人	中国证券登记结算有限责任公司				

成立来累计净值增长率与同期基准收益率历史走势对比图（%）

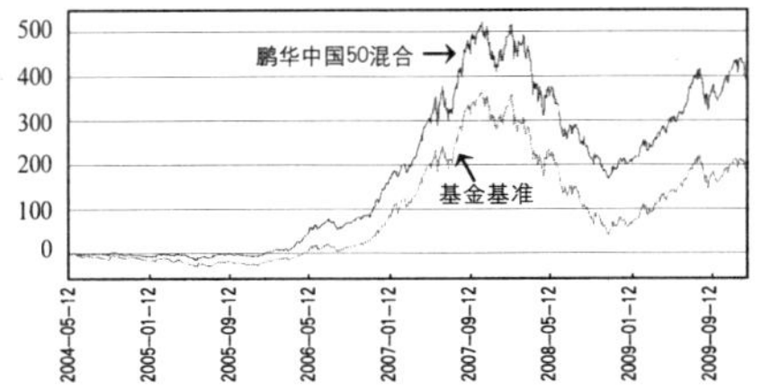

财务指标 单位：人民币（元）；%

项目 \ 年度	2009年	2008年	2007年
本期利润	2,318,317,787.30	-3,444,744,879.85	4,436,935,357.07
本期加权平均净值利润率	52.15	-71.77	71.08
期末基金资产净值	5,374,070,103.65	3,199,876,666.09	8,017,733,528.17
期末基金份额净值	1.877	1.142	2.233
本期份额净值增长率	73.87	-48.86	127.81
累计份额净值增长率	422.47	200.50	487.58
基金收益分配	10派1.000	——	10派12.800

近三年净值增长率与同期基准收益率对比图（%）

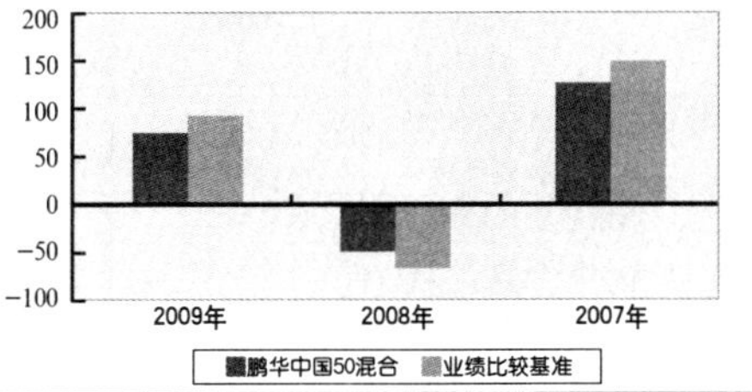

期末基金份额持有人户数	基金份额持有人户数为164,538户，平均每户持有17,403.33份。（期末截至2009年12月31日）
期末基金份额持有人结构	机构投资者持有份额540,040,721.89份，占总份额18.86%；个人投资者持有份额2,323,468,213.21份，占总份额81.14%。

基金业绩表现

2009年鹏华中国50混合基金全年净值增长率为73.87%，同期上证指数和深证成指的涨幅分别为79.9%和111.24%。

基金管理团队

黄　鑫先生：基金经理，硕士，7年证券从业经历。曾在民生证券公司证券投资部、长城证券公司研究所从事研究工作；2004年10月加入鹏华基金管理公司从事行业研究工作，曾任机构理财部社保基金理财经理助理、理财经理；2007年8月起担任鹏华中国50混合基金经理；2008年10月起兼任鹏华盛世创新股票基金经理。

基金运作分析

2009年鹏华中国50混合基金在年初的策略偏保守，致使净值增长不尽理想。一季度末，该基金管理人改变策略，积极加仓，重点布局金融、地产等蓝筹股，在二季度取得了较好的效果。当市场突破3000点后继续加速上扬之时，该基金管理人基于市场的分析与判断，果断减持了周期性股票，使得鹏华中国50混合基金在三季度大幅度战胜市场，取得了正收益。遗憾的是，在四季度的投资中，组合结构仍不够理想，没有全面调整到基于大消费和内需的投资，组合收益率在四季度表现较为平庸。

季度投资组合一览

项目 \ 季度	第一季度		第二季度		第三季度		第四季度	
基金资产净值	3,651,404,924.03元		4,653,833,218.37元		4,649,991,103.51元		5,374,070,103.65元	
基金份额	2,651,888,626.80份		2,754,840,525.01份		2,897,593,779.07份		2,863,508,935.10份	
基金份额净值	1.3770元		1.6890元		1.6050元		1.8770元	
基金资产组合	市值(元)	占总资产比(%)	市值(元)	占总资产比(%)	市值(元)	占总资产比(%)	市值(元)	占总资产比(%)
股票投资	2,804,601,268.00	75.37	4,194,228,048.61	89.61	3,805,107,811.19	80.69	4,589,268,887.96	84.79
债券投资	337,237,874.50	9.06	33,031,500.00	0.71	214,746,250.00	4.55	214,764,375.00	3.97
资产支持证券投资	——	——	——	——	——	——	——	——
金融衍生品投资	——	——	——	——	——	——	——	——
买入返售金融资产	——	——	——	——	——	——	——	——
银行存款和结算备付金	540,646,553.76	14.53	373,333,089.44	7.98	685,255,408.97	14.53	581,977,096.35	10.75
其他资产	38,385,755.67	1.03	79,754,355.19	1.70	10,627,016.09	0.23	26,708,005.70	0.49

投资前五名股票明细	股票名称	公允价值(元)	占净值比(%)	股票名称	公允价值(元)	占净值比(%)	股票名称	公允价值(元)	占净值比(%)	股票名称	公允价值(元)	占净值比(%)
	招商银行	183,195,684.99	5.02	中国平安	306,645,421.82	6.59	中国平安	304,200,000.00	6.54	北京银行	338,449,110.36	6.30
	招商地产	161,360,089.32	4.42	招商银行	211,206,608.19	4.54	北京银行	223,990,000.00	4.82	深发展A	268,066,929.38	4.99
	深发展A	159,401,434.60	4.37	北京银行	195,120,000.00	4.19	三一重工	195,754,136.34	4.21	丽珠集团	256,623,488.52	4.78
	中国平安	144,703,362.77	3.96	招商地产	174,623,793.50	3.75	招商地产	162,499,975.00	3.49	许继电气	182,397,058.80	3.39
	华发股份	127,533,704.10	3.49	万　科A	159,373,814.25	3.42	招商银行	151,525,402.46	3.26	招商地产	180,037,680.67	3.35

投资前五名债券明细	债券名称	公允价值(元)	占净值比(%)	债券名称	公允价值(元)	占净值比(%)	债券名称	公允价值(元)	占净值比(%)	债券名称	公允价值(元)	占净值比(%)
	08国开19	205,080,000.00	5.62	08石化债	33,031,500.00	0.71	09央行票据37	199,340,000.00	4.29	09央行票据67	199,340,000.00	3.71
	08央票73	96,790,000.00	2.65				08石化债	15,406,250.00	0.33	08石化债	15,424,375.00	0.29
	08石化债	33,218,312.50	0.91									
	08康美债	2,149,562.00	0.06									

鹏华货币市场证券投资基金

基本资料					
基金简称	鹏华货币			交易代码	160606/160609
风险收益特征	该基金为货币市场基金，属于低风险的基金品种；长期平均的风险和预期收益低于成长型基金、价值型基金、指数型基金、纯债券基金。				
业绩比较基准	活期存款税后利率[即活期存款利率×(1-利息税率)]				
合同生效日	2005年4月12日	首募份额	33.54亿份	认购户数	40,618户
基金管理人	鹏华基金管理有限公司			基金托管人	中国农业银行
注册登记人	中国证券登记结算有限责任公司				

成立来累计净值增长率与同期基准收益率历史走势对比图（%）

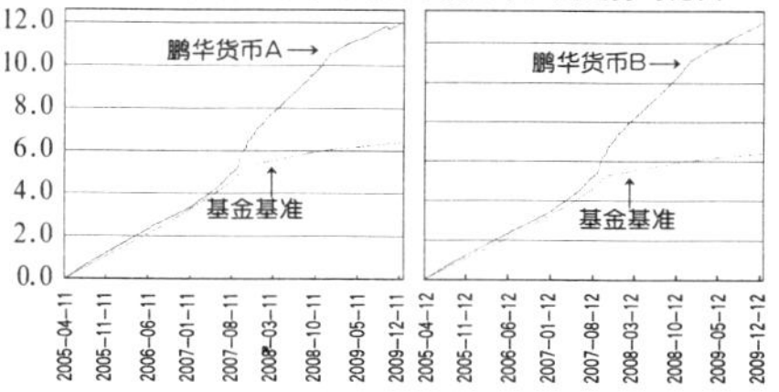

近三年净值收益率与同期基准收益率对比图（%）

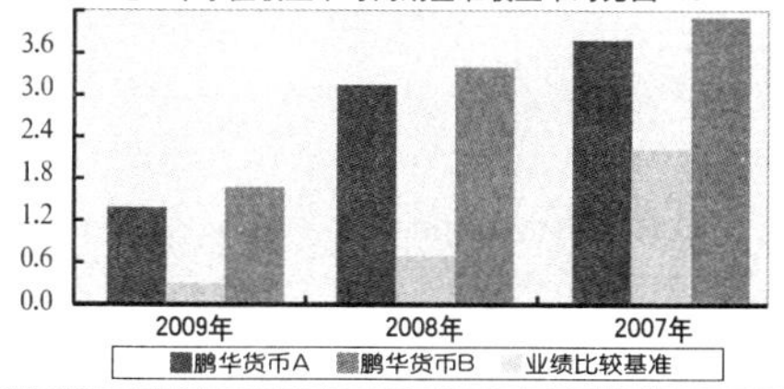

财务指标　　单位：人民币(亿元)；%

项目＼年度	2009年		2008年		2007年	
	A	B	A	B	A	B
本期利润	0.2481	0.4263	0.2187	0.4279	0.1177	0.0995
期末基金资产净值	6.8955	44.6544	33.5617	97.7713	4.6592	1.7713
期末基金份额净值	1.000元	1.000元	1.000元	1.000元	1.000元	1.000元
本期份额净值收益率	1.4697	1.7144	3.2016	3.4478	3.7287	3.9768
累计份额净值收益率	12.0384	13.0856	10.5705	11.1797	7.1403	7.4743
基金收益分配	0.2481	0.4263	0.2187	0.4279	0.1177	0.0995

期末基金份额持有人户数	A：基金份额持有人户数为12,348户，平均每户持有55,842.85份。 B：基金份额持有人户数为78户，平均每户持有57,249,280.58份。　（期末截至2009年12月31日）
期末基金份额持有人结构	A：机构投资者持有份额60,782,817.98份，占总份额8.81%；个人投资者持有份额628,764,650.22份，占总份额91.19%。 B：机构投资者持有份额4,291,804,784.71份，占总份额96.11%；个人投资者持有份额173,639,100.78份，占总份额3.89%。

基金业绩表现

2009年鹏华货币基金A级全年净值收益率为1.4697%，B级全年净值收益率为1.7144%，同期业绩基准收益率为0.3600%。

基金管理团队

初　冬女士：基金经理、固定收益部总经理，经济学硕士，13年证券从业经历。曾在平安证券研究所、平安保险投资管理中心等公司从事研究与投资工作；2000年8月至今就职于鹏华基金管理公司，历任研究员、鹏华普丰基金经理助理等职。现任鹏华基金管理公司社保基金理财经理及鹏华货币基金经理，投资决策委员会成员，固定收益部总经理。

基金运作分析

2009年货币市场投资机会较少，央票利率一直在上升过程中，回购市场也由于宽松的货币政策导致利率始终处于低位，因此鹏华货币基金在全年均保持了较低的组合久期。在类属配置上，适度增加了在企业债、存款等上的配置，减少了对央票的配置，较好地回避了投资风险。

展望2010年，该基金管理人认为是投资形势较为复杂的一年，国际形势的不明确、国内宏观经济形势的好转、物价指数高于预期及政策调控的时间和力度超乎预期都可能对债券市场带来较大的影响。

季度投资组合一览

项目＼季度	第一季度		第二季度		第三季度		第四季度	
	A	B	A	B	A	B	A	B
基金资产净值	36.4302亿元	41.5025亿元	12.5614亿元	19.7826亿元	6.9691亿元	6.5964亿元	6.8955亿元	44.6544亿元
基金份额	36.4302亿份	41.5025亿份	12.5614亿份	19.7826亿份	6.9691亿份	6.5964亿份	6.8955亿份	44.6544亿份
基金份额净值	1.0000元	1.0000元	1.0000元	1.0000元	1.0000元	1.0000元	1.0000元	1.0000元
基金资产组合	市值(元)	占总资产比(%)	市值(元)	占总资产比(%)	市值(元)	占总资产比(%)	市值(元)	占总资产比(%)
股票投资	——	——	——	——	——	——	——	——
债券投资	3,743,904,719.17	39.89	1,176,859,694.89	30.17	663,506,660.49	48.46	774,611,509.57	14.98
资产支持证券投资	——	——	——	——	——	——	——	——
金融衍生品投资	——	——	——	——	——	——	——	——
买入返售金融资产	——	——	——	——	340,000,910.00	24.83	100,000,000.00	1.93
银行存款和结算备付金	5,513,562,307.41	58.75	2,655,077,687.52	68.08	158,696,900.70	11.59	4,238,047,840.16	81.97
其他资产	127,508,288.40	1.36	68,187,542.35	1.75	206,846,060.32	15.11	57,709,154.39	1.12

	第一季度			第二季度			第三季度			第四季度		
投资前五名股票明细	股票名称	公允价值(元)	占净值比(%)	股票名称	公允价值(元)	占净值比(%)	股票名称	公允价值(元)	占净值比(%)	股票名称	公允价值(元)	占净值比(%)
	——			——			——			——		
投资前五名债券明细	债券名称	公允价值(元)	占净值比(%)	债券名称	公允价值(元)	占净值比(%)	债券名称	公允价值(元)	占净值比(%)	债券名称	公允价值(元)	占净值比(%)
	08央票40	899,516,054.24	11.54	08央行票据101	199,633,154.84	6.17	09酒钢CP01	80,025,680.77	5.90	09酒钢CP01	80,017,282.00	1.55
	08央票49	359,169,009.02	4.61	08央行票据92	179,685,121.90	5.56	05中行02浮	69,929,368.26	5.15	05中行02浮	69,928,170.65	1.36
	08央票46	319,465,887.89	4.10	08央行票据98	149,590,358.58	4.62	09攀钢集CP01	60,408,621.88	4.45	09国开13	69,625,544.15	1.35
	08央票52	299,376,423.37	3.84	08央行票据108	99,687,862.78	3.08	09太不锈CP01	49,933,761.77	3.68	09太不锈CP01	49,966,807.09	0.97
	08央票43	179,771,377.72	2.31	08中建材CP01	70,060,096.71	2.17	09京热电CP01	40,185,758.01	2.96	09云铜CP01	40,129,721.35	0.78

鹏华价值优势股票型证券投资基金(LOF)

基本资料					
基金简称	鹏华价值优势股票(LOF)	交易代码	160607		
风险收益特征	该基金为股票型基金，属于中高风险的基金品种；其长期平均的风险和预期收益高于混合型基金、债券型基金、货币型基金，低于成长型股票基金。				
业绩比较基准	中信综指×70%+中信标普国债指数×30%				
合同生效日	2006年7月18日	首募份额	18.77亿份	认购户数	47,537户
上市日期	2006年9月18日			上市地点	深交所
基金管理人	鹏华基金管理有限公司	基金托管人	中国建设银行		
注册登记人	中国证券登记结算有限责任公司				

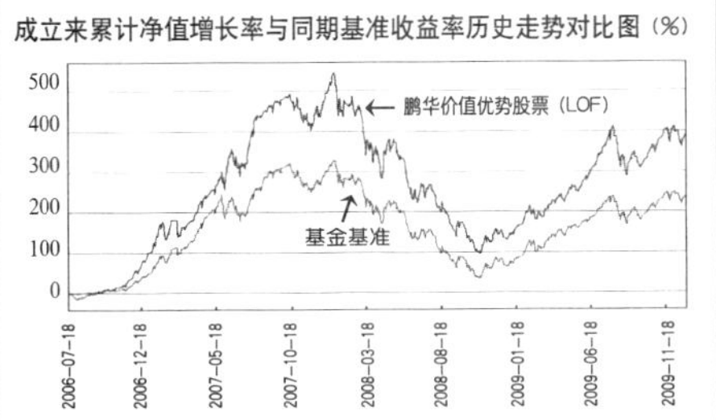

财务指标　单位：人民币(元)：%

项目＼年度	2009年	2008年	2007年
本期利润	6,535,756,857.08	−9,710,730,614.55	2,169,686,224.90
本期加权平均净值利润率	54.55	−78.78	36.56
期末基金资产净值	13,867,229,465.95	8,400,820,507.43	14,536,856,637.91
期末基金份额净值	0.931	0.5150	1.0850
本期份额净值增长率	80.78	−52.53	131.64
累计份额净值增长率	198.01	64.85	247.30
基金收益分配	——	——	10派1.200

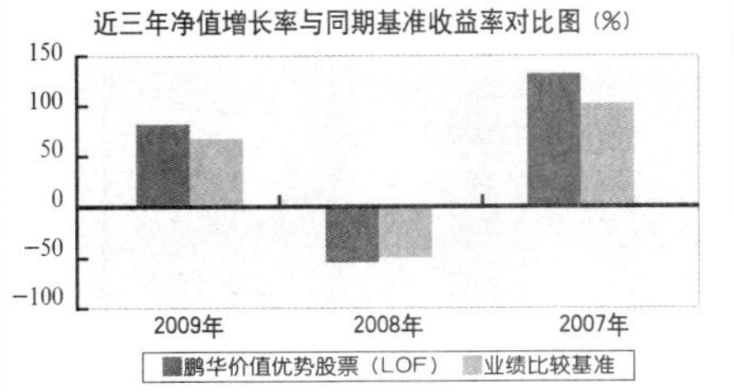

期末基金份额持有人户数	基金份额持有人户数为754,331户，平均每户持有19,737.00份。（期末截至2009年12月31日）
期末基金份额持有人结构	机构投资者持有份额883,961,581.12份，占总份额5.94%；个人投资者持有份额14,004,269,425.09份，占总份额94.06%。

基金业绩表现

2009年，鹏华价值优势股票基金全年净值增长率为80.78%，同期上证指数上涨79.98%，深证综指上涨111.24%。

基金管理团队

程世杰先生：基金经理、基金管理部副总经理，经济学硕士，12年证券从业经历。2001年5月加入鹏华基金管理公司，历任行业研究员、鹏华中国50混合基金经理助理。2005 年5月至2007年5月担任原普华基金(2007年4月转型为鹏华优质治理股票基金经理)；2007年5月至2007年8月任鹏华优质治理基金经理；2007年4月起任鹏华价值优势股票基金经理。

基金运作分析

2009年，在百年一遇的金融危机面前，中国政府和人民再次向世人提交了一份出色的答卷。作为经济晴雨表的股票市场也有良好表现，汽车、家电、煤炭、有色、房地产等行业涨幅较大。鹏华价值优势股票基金对本轮经济复苏的判断基本正确，表现在股票仓位上及时增仓，在市场震荡和调整中没有进行过大的减仓操作。行业配置方面，该基金在银行股方面的重仓持有取得较好的回报，下半年在钢铁行业的投资较为成功，在股价快速上涨中进行部分减持，并适度增持消费类股票，但操作力度不大，调整不够坚决，鹏华价值优势股票基金在家电行业的超配也取得了不错的效果。但该基金对全年表现较好的煤炭、有色、汽车等行业配置不足，错过了一些比较好的投资机会。

季度投资组合一览

项目＼季度	第一季度		第二季度		第三季度		第四季度	
基金资产净值	10,285,504,831.82元		12,509,158,097.86元		12,448,005,631.42元		13,867,229,465.95元	
基金份额	15,788,124,149.34份		15,630,752,687.14份		15,630,608,845.74份		14,888,231,006.21份	
基金份额净值	0.6510元		0.80C0元		0.7960元		0.9310元	
基金资产组合	市值(元)	占总资产比(%)	市值(元)	占总资产比(%)	市值(元)	占总资产比(%)	市值(元)	占总资产比(%)
股票投资	7,349,364,441.72	70.45	10,528,224,39[illegible].74	83.22	10,820,430,445.63	86.69	12,383,952,182.29	88.99
债券投资	1,719,933,868.44	16.49	1,051,696,237.66	8.31	89,490,498.40	0.72	109,395,315.80	0.79
资产支持证券投资	——	——	——	——	——	——	——	——
金融衍生品投资	——	——	——	——	——	——	——	——
买入返售金融资产	——	——	——	——	——	——	——	——
银行存款和结算备付金	1,319,159,788.33	12.65	909,157,175.03	7.19	1,562,734,769.98	12.52	1,418,647,576.82	10.19
其他资产	42,873,199.32	0.41	162,221,543.50	1.28	9,201,602.78	0.07	4,768,850.26	0.03

投资前五名股票明细	股票名称	公允价值(元)	占净值比(%)	股票名称	公允价值(元)	占净值比(%)	股票名称	公允价值(元)	占净值比(%)	股票名称	公允价值(元)	占净值比(%)
	招商银行	796,555,133.73	7.74	招商银行	851,580,000.00	6.81	民生银行	775,125,740.06	6.23	民生银行	980,869,377.74	7.07
	民生银行	762,019,649.44	7.41	宝钢股份	845,137,645.44	6.76	招商银行	730,132,000.00	5.87	招商银行	891,670,000.00	6.43
	华侨城A	349,146,108.00	3.39	民生银行	823,710,634.56	6.58	华侨城A	418,100,000.00	3.36	马钢股份	536,308,257.75	3.87
	邯郸钢铁	274,872,370.72	2.67	华侨城A	517,886,366.80	4.14	宝钢股份	387,639,761.30	3.11	大秦铁路	401,699,289.30	2.90
	中国石化	67,018,743.40	2.60	工商银行	368,662,465.10	2.95	工商银行	372,150,176.85	2.99	华侨城A	400,301,380.00	2.89

投资前五名债券明细	债券名称	公允价值(元)	占净值比(%)	债券名称	公允价值(元)	占净值比(%)	债券名称	公允价值(元)	占净值比(%)	债券名称	公允价值(元)	占净值比(%)
	08央票101	486,700,000.00	4.73	08央行票据101	289.770,000.00	2.32	08央行票据35	51,785,000.00	0.42	08央行票据	51,400,000.00	0.37
	08央票84	291,030,000.00	2.83	08央行票据84	288.840,000.00	2.31	博汇转债	36,388,039.40	0.29	博汇转债	43,388,130.80	0.31
	08国开16	213,060,000.00	2.07	08国开16	212.160,000.00	1.70	龙盛转债	1,317,459.00	0.01	王府转债	12,948,114.60	0.09
	唐钢转债	102,961,843.88	1.00	唐钢转债	111,971,237.66	0.90				龙盛转债	1,659,070.40	0.01
	08央票98	97,280,000.00	0.95	08央行票据98	96,540,000.00	0.77						

鹏华动力增长混合型证券投资基金(LOF)

基本资料					
基金简称	鹏华动力增长混合(LOF)	交易代码	160610		
风险收益特征	该基金属于混合型(偏股型)基金，其预期风险和收益高于货币型基金、债券基金、混合型基金中的偏债型基金，低于股票型基金，属于中等风险的基金品种。				
业绩比较基准	新华富时600成长指数×70%+新华巴克莱资本中国综合债券指数×30%				
合同生效日	2007年1月9日	首募份额	110.23亿份	认购户数	391,912户
上市日期	2007年3月9日			上市地点	深交所
基金管理人	鹏华基金管理有限公司	基金托管人	中国农业银行		
注册登记人	中国证券登记结算有限责任公司				

成立来累计净值增长率与同期基准收益率历史走势对比图（%）

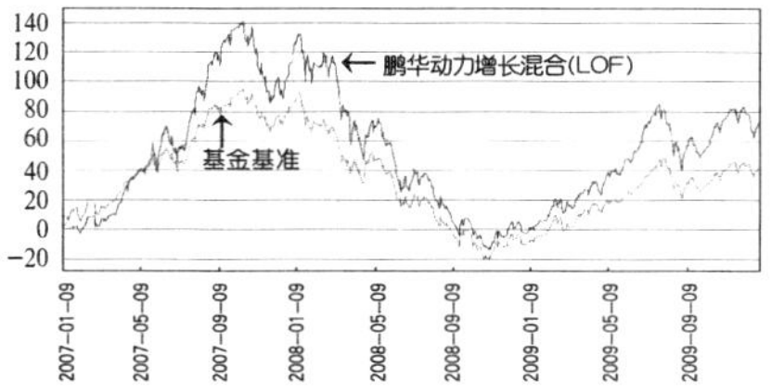

财务指标　单位：人民币（元）：%

项目 \ 年度	2009年	2008年	2007.1.9至2007.12.31
本期利润	5,178,346,402.46	−9,499,493,316.89	8,468,487,065.63
本期加权平均净值利润率	53.10	−83.08	64.64
期末基金资产净值	11,046,133,259.59	6,808,836,879.06	15,554,035,417.87
期末基金份额净值	1.502	0.838	2.127
本期份额净值增长率	79.24	−54.40	112.70
累计份额净值增长率	73.82	−3.02	112.70
基金收益分配	——	10派2.000	——

近三年净值增长率与同期基准收益率对比图（%）

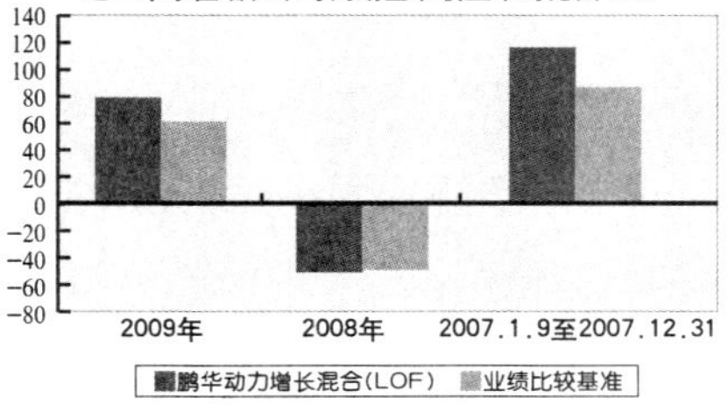

期末基金份额持有人户数	基金份额持有人户数为386,901户，平均每户持有19,013.87份。(期末截至2009年12月31日)
期末基金份额持有人结构	机构投资者持有份额700,837,036.33份，占总份额9.53%；个人投资者持有份额6,655,647,990.11份，占总份额90.47%。

基金业绩表现

2009年鹏华动力增长混合基金份额净值为1.502元，全年净值增长率为79.24%。

基金管理团队

林宇坤先生：基金经理，博士，6年证券从业经历。曾任华西证券公司研究员。2005年9月加入鹏华基金管理公司从事宏观与策略研究工作，2006年8月起任鹏华中国50混合、普惠基金的基金经理助理；2007年8月至2009年1月任鹏华普天收益基金经理；2009年1月起任鹏华动力增长混合基金经理。

管文浩先生：基金经理、基金管理部副总经理，硕士，11年证券从业经验。历任中国社会科学院世界经济与政治研究所；国泰君安证券研究所、国信证券投资研究中心、泰信基金管理公司，2005年9月起至2007年7月任普天收益基金经理，2007年1月至2009年1月任鹏华动力增长混合基金经理。

基金运作分析

2009年7月以前，市场单边上涨，一季度市场热点是主题投资，二季度是金融地产为主的蓝筹股领涨，但8月份开始，市场宽幅震荡，以地产为代表的蓝筹股震荡下跌，消费品、IT等中小盘股票屡创新高。鹏华动力增长混合基金在上半年表现较好，保持较高仓位，积极投资，尤其是抓住了二季度地产股的主升浪，上半年业绩跃升同类基金前列，但下半年由于继续超配金融、地产，消费品和TMT等板块配置不足，基金净值表现不如人意。

季度投资组合一览

项目 \ 季度	第一季度		第二季度		第三季度		第四季度	
基金资产净值	8,313,331,668.15元		10,764,382,549.50元		9,831,486,778.30元		11,046,133,259.59元	
基金份额	7,688,747,478.10份		7,824,431,362.73份		7,568,585,909.98份		7,356,485,026.44份	
基金份额净值	1.0810元		1.3760元		1.2990元		1.5020元	
基金资产组合	市值(元)	占总资产比(%)	市值(元)	占总资产比(%)	市值(元)	占总资产比(%)	市值(元)	占总资产比(%)
股票投资	6,452,159,029.85	77.04	9,772,466,539.21	90.10	9,080,172,622.07	89.98	10,118,646,049.23	91.15
债券投资	——	——	——	——	503,156,743.70	4.99	5,731,433.40	0.05
资产支持证券投资	——	——	——	——	——	——	——	——
金融衍生品投资	——	——	——	——	——	——	——	——
买入返售金融资产	——	——	——	——	——	——	——	——
银行存款和结算备付金	1,858,575,265.43	22.19	736,094,936.47	6.79	485,273,946.02	4.81	964,013,625.65	8.68
其他资产	64,546,983.78	0.77	337,420,736.88	3.11	22,769,108.03	0.23	12,992,693.59	0.12

投资前五名股票明细	股票名称	公允价值(元)	占净值比(%)	股票名称	公允价值(元)	占净值比(%)	股票名称	公允价值(元)	占净值比(%)	股票名称	公允价值(元)	占净值比(%)
	浦发银行	394,560,000.00	4.75	浦发银行	633,050,000.00	5.88	中国平安	576,023,639.10	5.86	美的电器	756,806,852.00	6.85
	招商地产	351,387,512.60	4.23	兴业银行	556,650,000.00	5.17	美的电器	531,440,637.60	5.41	中国平安	506,677,934.84	4.59
	兴业银行	344,700,000.00	4.15	中国平安	519,326,587.26	4.82	中国人寿	498,952,760.00	5.08	新湖中宝	398,746,101.00	3.61
	华侨城A	312,595,635.14	3.76	保利地产	460,882,222.11	4.28	新湖中宝	474,443,264.34	4.83	深发展A	376,876,396.16	3.41
	华北制药	303,251,328.99	3.65	民生银行	449,450,622.72	4.18	万　科A	372,858,276.48	3.79	北京城建	375,801,186.35	3.40

投资前五名债券明细	债券名称	公允价值(元)	占净值比(%)	债券名称	公允价值(元)	占净值比(%)	债券名称	公允价值(元)	占净值比(%)	债券名称	公允价值(元)	占净值比(%)
							09央行票据37	299,010,000.00	3.04	博汇转债	5,731,433.40	0.05
							09央行票据41	99,670,000.00	1.01			
							09央行票据35	99,670,000.00	1.01			
							博汇转债	4,806,743.70	0.05			

鹏华优质治理股票型证券投资基金(LOF)

基本资料			
基金简称	鹏华优质治理股票(LOF)	交易代码	160611
风险收益特征	该基金属于股票型基金，其预期的风险和收益高于货币型基金、债券基金、混合型基金，属于较高风险、较高收益的基金品种。		
业绩比较基准	沪深300指数×75%+新华巴克莱资本中国综合债券指数×25%		
合同生效日	2007年4月25日	募集规模	93.83亿份
		申购户数	323,981户
上市日期	2007年7月18日	上市地点	深交所
基金管理人	鹏华基金管理有限公司	基金托管人	中国工商银行
注册登记人	中国证券登记结算有限责任公司		

财务指标　　单位：人民币(元)；%

项目 \ 年度	2009年	2008年	2007.5.15至2007.12.31
本期利润	4,581,695,359.83	−7,795,050,505.45	6,495,653,117.67
本期加权平均净值利润率	54.42	−79.57	34.82
期末基金资产净值	8,486,650,223.15	6,315,312,739.30	17,698,241,227.44
期末基金份额净值	1.183	0.680	1.449
本期份额净值增长率	75.48	−53.07	44.90
累计份额净值增长率	19.33	−32.00	44.90
基金收益分配	10派0.100	——	——

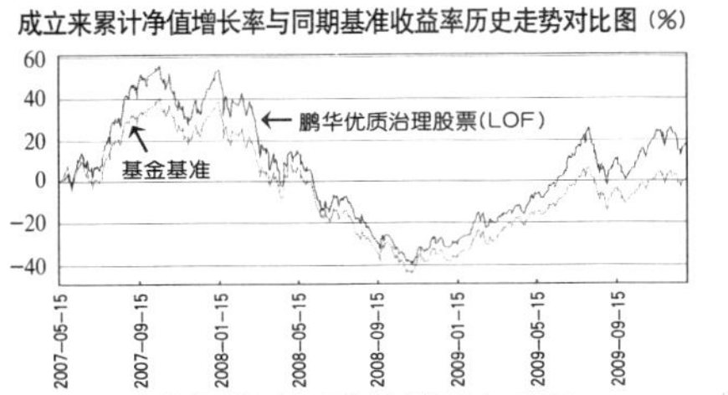

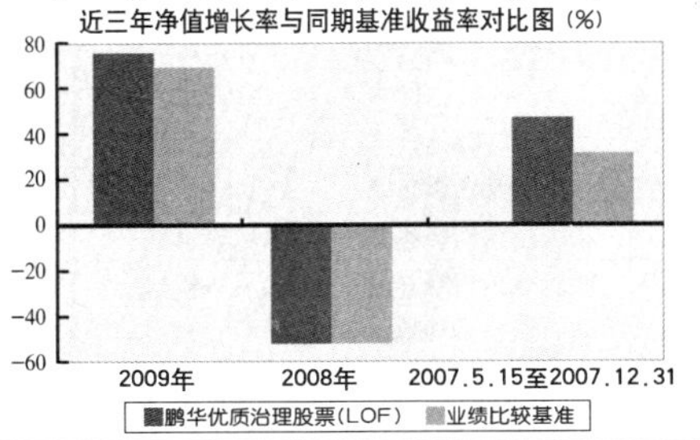

期末基金份额持有人户数	基金份额持有人户数为348,658户，平均每户持有20,583.35份。(期末截至2009年12月31日)
期末基金份额持有人结构	机构投资者持有份额425,385,941.01份，占总份额5.93%；个人投资者持有份额6,751,164,320.90份，占总份额94.07%。

基金业绩表现

2009年鹏华优质治理股票基金全年净值增长率为75.48%；同期业绩基准收益率为67.59%。

基金管理团队

谢　可先生：基金经理，经济学硕士，7年证券从业经历。2009年5月加入鹏华基金公司，2009年10月起任鹏华优质治理股票基金经理。

顾少华先生：基金经理，工学硕士，11年证券从业经历。2005年4月加入鹏华基金公司，2007年7月起任普惠基金经理助理；2007年8月至2009年10月任鹏华优质治理股票基金经理。

杨　靖先生：基金经理，管理学硕士，9年证券从业经历。2001年6月加入鹏华基金管理公司，先后任鹏华中国50混合、鹏华行业成长基金经理助理，2006年8月至2007年4月任原普润基金经理；2007年4月至2009年10月任鹏华优质治理股票基金经理。

张　卓先生：基金经理，管理学硕士，5年证券从业经历。2004年6月加入鹏华基金公司，2007年1月起任鹏华动力增长混合基金经理助理；2007年8月至2009年1月任鹏华优质治理股票基金经理；2009年1月起任普天收益基金经理。

基金运作分析

2009年，鹏华优质治理基金在年初开始就维持较高的股票仓位，在随后的二季度重点超配金融、房地产，以及三季度增加对房地产上游的钢铁、化工和消费领域的家电、汽车、TMT的配置比重，投资效果较好。四季度投资业绩有所下滑，主要原因是在消费品领域更多地从“自下而上”的角度挖掘具备长期投资价值的标的，而没有系统性超配。

季度投资组合一览

项目 \ 季度	第一季度		第二季度		第三季度		第四季度	
基金资产净值	7,684,730,858.46元		9,146,340,344.05元		8,171,108,641.93元		8,486,650,223.15元	
基金份额	9,120,573,009.95份		8,742,544,503.93份		7,995,423,446.12份		7,176,550,261.91份	
基金份额净值	0.8430元		1.0460元		1.0220元		1.1830元	
基金资产组合	市值(元)	占总资产比(%)	市值(元)	占总资产比(%)	市值(元)	占总资产比(%)	市值(元)	占总资产比(%)
股票投资	5,504,748,945.05	71.29	7,923,503,484.32	86.19	7,214,847,167.48	87.82	7,517,407,076.96	88.23
债券投资	872,778,569.07	11.30	229,466,973.55	2.50	535,383,000.00	6.52	——	——
资产支持证券投资	——	——	——	——	——	——	——	——
金融衍生品投资	——	——	——	——	——	——	——	——
买入返售金融资产	——	——	——	——	——	——	——	——
银行存款和结算备付金	1,322,300,536.85	17.12	882,647,033.87	9.60	445,832,379.81	5.43	996,178,825.74	11.69
其他资产	22,005,480.78	0.28	157,514,786.73	1.71	19,066,331.27	0.23	7,022,166.48	0.08

投资前五名股票明细	股票名称	公允价值(元)	占净值比(%)	股票名称	公允价值(元)	占净值比(%)	股票名称	公允价值(元)	占净值比(%)	股票名称	公允价值(元)	占净值比(%)
	招商银行	398,530,272.42	5.19	招商地产	476,340,773.25	5.21	深发展A	500,444,617.26	6.12	深发展A	585,117,022.62	6.89
	招商地产	335,550,000.00	4.37	深发展A	458,432,417.70	5.01	宝钢股份	361,794,554.54	4.43	海信电器	523,317,364.74	6.17
	深发展A	318,955,207.78	4.15	宝钢股份	422,437,720.32	4.62	保利地产	358,715,716.84	4.39	招商地产	501,704,859.31	5.91
	万　科A	231,922,402.56	3.02	建设银行	417,504,754.08	4.56	招商地产	333,498,400.00	4.08	招商银行	393,489,837.55	4.64
	保利地产	229,113,843.34	2.98	兴业银行	373,627,599.21	4.08	中国石化	324,875,000.00	3.98	万　科A	389,267,418.97	4.59

投资前五名债券明细	债券名称	公允价值(元)	占净值比(%)	债券名称	公允价值(元)	占净值比(%)	债券名称	公允价值(元)	占净值比(%)	债券名称	公允价值(元)	占净值比(%)
	08央票81	290,880,000.00	3.79	08央行票据35	104,830,000.00	1.15	09央行票据39	269,109,000.00	3.29			
	08央票95	252,798,000.00	3.29	08央行票据17	104,590,000.00	1.14	09央行票据37	179,406,000.00	2.20			
	08央票35	105,910,000.00	1.38	02国债(10)	11,176,199.50	0.12	08央行票据112	86,868,000.00	1.06			
	08央票17	105,680,000.00	1.38	99国债(8)	8,811,250.00	0.10						
	08央票104	97,390,000.00	1.27	08万科G1	33,676.20	0.00						

鹏华丰收债券型证券投资基金

基本资料			
基金简称	鹏华丰收债券	交易代码	160612
风险收益特征	该基金属于债券型基金，其预期的风险和收益高于货币市场基金，低于混合型基金、股票型基金，属于较低风险的基金品种。		
业绩比较基准	中债总指数收益率		
合同生效日	2008年5月28日	首募规模	21.00亿份
认购户数	6,276户		
基金管理人	鹏华基金管理有限公司	基金托管人	中国建设银行
注册登记人	中国证券登记结算有限责任公司		

财务指标　　单位：人民币(元)；%

项目 \ 年度	2009年	2008年5月28日至2008年12月31日
本期利润	109,019,313.49	127,258,932.99
本期加权平均净值利润率	11.69	7.26
期末基金资产净值	562,286,844.22	1,375,090,475.44
期末基金份额净值	1.188	1.059
本期份额净值增长率	12.18	7.91
累计份额净值增长率	21.06	7.91
基金收益分配	——	10派0.200

期末基金份额持有人户数	基金份额持有人户数为4,774户，平均每户持有99,127.77份。(期末截至2009年12月31日)
期末基金份额持有人结构	机构投资者持有份额343,621,019.92份，占总份额72.61%；个人投资者持有份额129,614,948.46份，占总份额27.39%。

2008年累计净值增长率与同期基准收益率历史走势对比图（%）

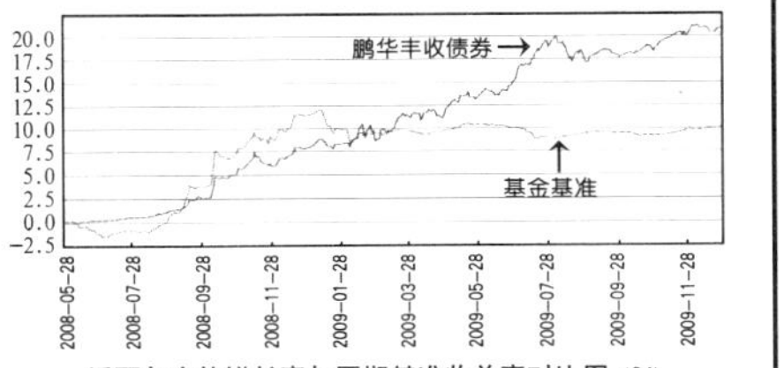

近两年净值增长率与同期基准收益率对比图（%）

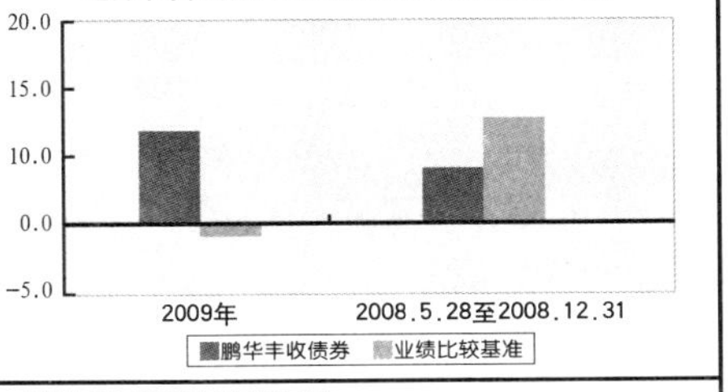

基金业绩表现

截至2009年12月31日，鹏华丰收债券基金份额净值为1.188元，全年净值增长率为12.18%；同期业绩基准收益率为−1.24%。

基金管理团队

阳先伟先生：基金经理，硕士，7年证券从业经历。曾在民生证券、国海证券等机构从事债券研究及投资组合管理工作，历任研究员、高级经理等职务。2004年9月加入鹏华基金管理公司从事债券及宏观研究工作，曾任鹏华普天债券基金经理助理，2006年12月起至今任鹏华普天债券基金经理，2008年5月起兼任鹏华丰收债券基金经理。

基金运作分析

2009年，交易所上证国债指数上涨了0.87%，银行间中债总财富指数下跌1.24%。鹏华丰收债券基金在2009年始终维持较低的组合久期和较低的股票仓位，并逐步加大了对于信用产品的配置比例，从而减小了组合的波动性；股票方面，该基金上半年投资较为积极，而在8月份之后转向更加保守的策略，基本把握了市场的节奏。

2010年，投资策略方面：在久期配置上，该基金将坚持平衡收益与风险的原则，在控制组合久期的前提下适当进行波段操作，有所作为；在类属配置上，将继续以银行间金融债、央行票据等为主，注重对信用产品的投资。对于权益投资，该基金将根据股票市场的情况，在控制股票总体仓位的前提下，精选行业和个股，切实控制风险，力争提高收益。

季度投资组合一览

项目 \ 季度	第一季度		第二季度		第三季度		第四季度	
基金资产净值	980,786,599.90元		1,001,136,726.21元		718,223,694.36元		562,286,844.22元	
基金份额	897,744,753.96份		885,565,443.12份		621,109,015.67份		473,235,968.38份	
基金份额净值	1.0930元		1.1310元		1.1560元		1.1880元	
基金资产组合	市值(元)	占总资产比(%)	市值(元)	占总资产比(%)	市值(元)	占总资产比(%)	市值(元)	占总资产比(%)
股票投资	86,884,590.23	8.10	134,308,846.31	12.74	57,163,985.82	7.94	35,543,663.54	5.14
债券投资	874,816,417.86	81.52	811,702,922.25	76.97	613,825,235.25	85.21	525,090,988.20	75.88
资产支持证券投资	——	——	——	——	——	——	——	——
金融衍生品投资	——	——	——	——	——	——	——	——
买入返售金融资产	——	——	——	——	——	——	——	——
银行存款和结算备付金	86,390,129.75	8.05	71,508,029.90	6.78	42,909,174.11	5.96	124,451,950.91	17.98
其他资产	25,073,788.58	2.34	37,098,241.79	3.52	6,493,284.83	0.90	6,923,006.47	1.00

投资前五名股票明细	股票名称	公允价值(元)	占净值比(%)	股票名称	公允价值(元)	占净值比(%)	股票名称	公允价值(元)	占净值比(%)	股票名称	公允价值(元)	占净值比(%)
	中国平安	15,808,262.00	1.61	华发股份	22,590,000.00	2.26	首开股份	15,140,000.00	2.11	首开股份	16,610,000.00	2.95
	华发股份	14,751,000.00	1.50	中国平安	19,991,732.00	2.00	中国建筑	10,155,252.48	1.41	梅泰诺	2,119,624.00	0.38
	滨江集团	11,314,124.12	1.15	柳工	14,727,348.48	1.47	开创国际	6,467,600.00	0.90	中国化学	1,983,861.36	0.35
	中煤能源	11,284,000.00	1.15	中煤能源	12,340,000.00	1.23	金证股份	5,495,459.56	0.77	机器人	1,880,364.20	0.33
	东百集团	7,116,000.00	0.73	西山煤电	11,960,000.00	1.19	双环科技	5,098,080.00	0.71	新朋股份	1,772,132.85	0.32

投资前五名债券明细	债券名称	公允价值(元)	占净值比(%)	债券名称	公允价值(元)	占净值比(%)	债券名称	公允价值(元)	占净值比(%)	债券名称	公允价值(元)	占净值比(%)
	08国开16	138,489,000.00	14.12	08国开16	137,904,000.00	13.77	08农发03	100,750,000.00	14.03	08农发03	80,480,000.00	14.31
	08央票38	127,164,000.00	12.97	08央行票据38	125,868,000.00	12.57	21国债(12)	90,622,400.00	12.62	07农发05	70,511,000.00	12.54
	08农发03	101,390,000.00	10.34	08农发03	101,650,000.00	10.15	08国开16	83,944,000.00	11.69	02国债(3)	50,656,893.60	9.01
	07农发05	71,001,000.00	7.24	07农发05	71,134,000.00	7.11	07农发05	70,686,000.00	9.84	08无锡公用债	41,272,000.00	7.34
	08国开10	54,560,000.00	5.56	08国开10	53,995,000.00	5.39	21国债(10)	47,370,304.80	6.60	21国债(12)	40,144,223.00	7.14

鹏华盛世创新股票型证券投资基金(LOF)

基本资料			
基金简称	鹏华盛世创新股票(LOF)	交易代码	160613
风险收益特征	该基金属于股票型基金，其预期的风险和收益高于货币市场基金、债券基金、混合型基金，为较高风险、较高收益的基金品种。		
业绩比较基准	沪深300指数×75%+新华巴克莱资本中国综合债券指数×25%		
合同生效日	2008年10月10日	首募规模	11.45亿份
		认购户数	10,243户
上市日期	2008年11月10日	上市地点	深交所
基金管理人	鹏华基金管理有限公司	基金托管人	中国建设银行
注册登记人	中国证券登记结算有限责任公司		

成立来累计净值增长率与同期基准收益率历史走势对比图（%）

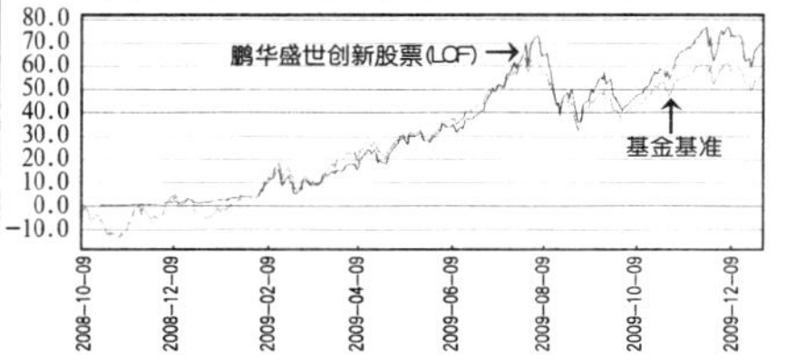

财务指标　　单位：人民币(元)；%

项目 \ 年度	2009年	2008年10月10日至2008年12月31日
本期利润	180,478,870.94	9,269,652.65
本期加权平均净值利润率	43.31	1.39
期末基金资产净值	710,600,218.04	290,151,499.52
期末基金份额净值	1.681	1.016
本期份额净值增长率	70.14	1.60
累计份额净值增长率	72.86	1.60
基金收益分配	10派0.300	——

近两年净值增长率与同期基准收益率对比图（%）

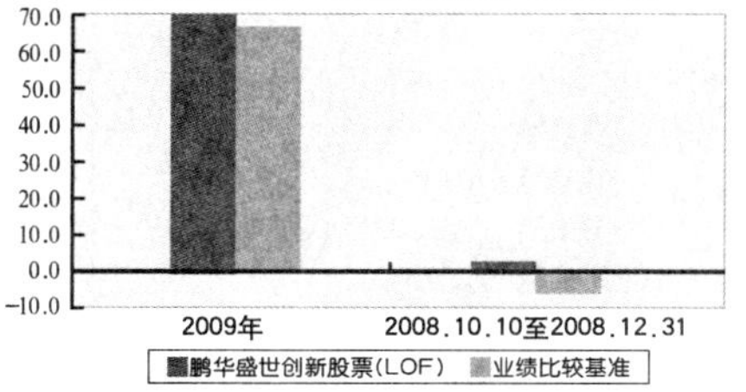

期末基金份额持有人户数	基金份额持有人户数为13,697户，平均每户持有30,861.05份。（期末截至2009年12月31日）
期末基金份额持有人结构	机构投资者持有份额167,482,028.09份，占总份额39.62%；个人投资者持有份额255,221,737.16份，占总份额60.38%。

基金业绩表现

截至2009年12月31日，鹏华盛世创新股票基金份额净值为1.681元，全年净值增长率为70.14%。

基金管理团队

黄　鑫先生：基金经理，硕士，7年证券从业经历。曾在民生证券公司证券投资部、长城证券公司研究所从事研究工作；2004年10月加入鹏华基金管理公司从事行业研究工作，曾担任公司理财经理助理和理财经理；2007年8月起任鹏华中国50混合基金经理；2008年10月起任鹏华盛世创新股票基金经理。

唐文杰先生：基金经理，理学硕士，5年证券从业经历。曾任广州金骏资产管理公司研究员、长盛基金管理公司研究员、博时基金管理公司研究员。2009年6月加入鹏华基金管理公司，2009年7月起任鹏华盛世创新股票基金经理。

基金运作分析

由于鹏华盛世创新股票基金在一季度还处于建仓期，总体策略偏保守，因而部分错失了市场的第一轮上涨。在二季度加仓后，该基金净值表现基本与大势同步。三、四季度市场整体呈现震荡态势，该基金较好地把握了市场投资机会，取得了超额收益。2009年上半年管理人看到市场基本上是围绕着“经济复苏”来运行，而下半年则围绕“结构调整”，该基金全年投资策略主要按照这两个思路，在行业配置上向这两个方向倾斜。下半年在组合中加大了与经济转型、提升消费和创新相关的行业和个股配置，取得了相对较好的业绩。

季度投资组合一览

项目 \ 季度	第一季度		第二季度		第三季度		第四季度	
基金资产净值	256,647,123.67元		397,768,813.71元		562,273,434.69元		710,600,218.04元	
基金份额	227,407,872.66份		291,067,793.87份		408,368,664.40份		422,703,765.25份	
基金份额净值	1.1290元		1.3670元		1.3770元		1.6810元	
基金资产组合	市值(元)	占总资产比(%)	市值(元)	占总资产比(%)	市值(元)	占总资产比(%)	市值(元)	占总资产比(%)
股票投资	169,769,243.87	58.49	299,873,060.57	73.76	497,386,464.15	87.59	656,427,399.24	90.99
债券投资	——	——	——	——	——	——	——	——
资产支持证券投资	——	——	——	——	——	——	——	——
金融衍生品投资	——	——	——	——	——	——	——	——
买入返售金融资产	——	——	——	——	——	——	——	——
银行存款和结算备付金	67,746,087.04	23.34	74,395,241.97	18.30	67,835,447.57	11.95	46,604,342.67	6.46
其他资产	52,738,571.85	18.17	32,303,418.08	7.95	2,655,077.87	0.47	18,428,472.17	2.55

投资前五名股票明细	股票名称	公允价值(元)	占净值比(%)	股票名称	公允价值(元)	占净值比(%)	股票名称	公允价值(元)	占净值比(%)	股票名称	公允价值(元)	占净值比(%)
	招商地产	11,630,163.00	4.53	中国平安	20,773,200.00	5.22	荣信股份	35,400,000.00	6.30	中信银行	41,148,987.71	5.79
	招商银行	8,761,500.00	3.41	招商银行	15,685,050.33	3.94	烟台万华	22,410,293.24	3.99	金证股份	39,853,037.12	5.61
	中国平安	7,820,983.14	3.05	北京银行	10,567,390.26	2.66	中信银行	21,356,000.00	3.80	国元证券	38,784,200.00	5.46
	华发股份	7,106,704.00	2.77	中国国航	10,530,000.00	2.65	金证股份	21,066,195.48	3.75	辽宁成大	38,087,752.69	5.36
	北京银行	6,539,500.00	2.55	招商地产	10,156,825.00	2.55	嘉宝集团	18,677,906.46	3.32	中国石化	35,225,000.00	4.96
投资前五名债券明细	债券名称	公允价值(元)	占净值比(%)	债券名称	公允价值(元)	占净值比(%)	债券名称	公允价值(元)	占净值比(%)	债券名称	公允价值(元)	占净值比(%)

鹏华沪深300指数证券投资基金（LOF）

基本资料					
基金简称	鹏华沪深300指数（LOF）	交易代码	160615		
风险收益特征	该基金属于采用指数化操作的股票型基金，其预期的风险和收益高于货币市场基金、债券基金、混合型基金，为证券投资基金中的较高风险、较高收益品种。				
业绩比较基准	沪深300指数收益率×95%＋银行同业存款利率×5%				
合同生效日	2009年4月3日	首募规模	19.94亿份	认购户数	37,556户
基金管理人	鹏华基金管理有限公司	基金托管人	中国工商银行		
注册登记人	中国证券登记结算有限责任公司				

2009年累计净值增长率与同期基准收益率历史走势对比图（%）

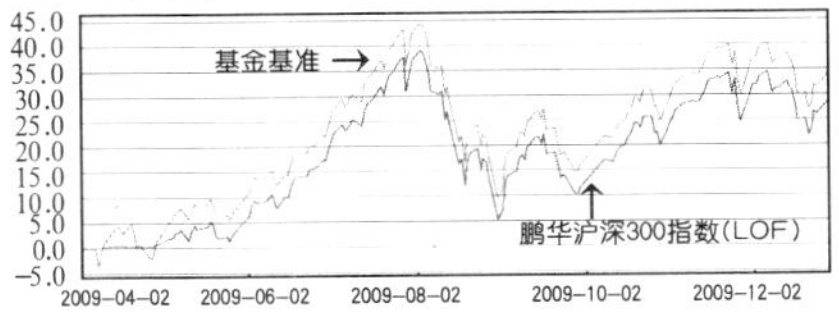

财务指标　单位：人民币（元）；%

项目＼年度	2009年4月3日至2009年12月31日
本期利润	370,152,987.31
本期加权平均净值利润率	27.29
期末基金资产净值	1,135,180,017.75
期末基金份额净值	1.251
本期份额净值增长率	31.11
累计份额净值增长率	31.11
基金收益分配	10派0.600

2009年净值增长率与同期基准收益率对比图（%）

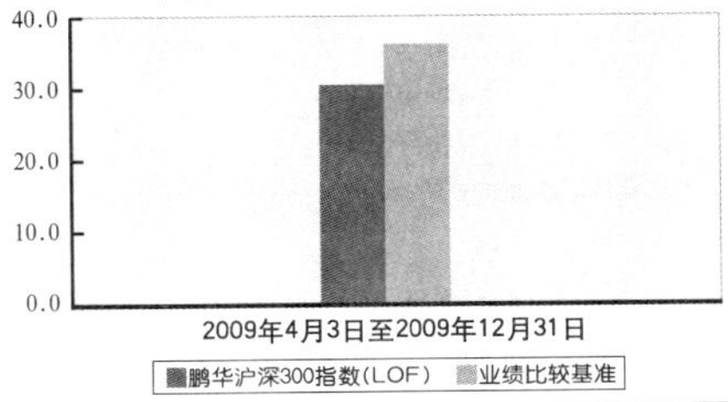

期末基金份额持有人户数	基金份额持有人户数为34,366户，平均每户持有26,396.47份。（期末截至2009年12月31日）
期末基金份额持有人结构	机构投资者持有份额250,117,120.85份，占总份额27.57%；个人投资者持有份额657,024,133.61份，占总份额72.43%。

基金业绩表现

鹏华沪深300指数基金合同生效于2009年4月3日，截至2009年12月31日，该基金份额净值为1.251元。从完成对沪深300指数的拟合至2009年年末，日均跟踪误差为0.05%，实现了对沪深300指数的有效跟踪。

基金管理团队

杨　靖先生：基金经理，管理学硕士，9年证券从业经历。曾在长城证券公司从事证券研究工作，先后任研究员、行业研究小组组长；2001年6月加入鹏华基金管理公司从事行业研究工作，2005年开始先后任鹏华中国50混合基金、鹏华行业成长混合基金经理助理，2006年8月至2007年4月任原普润基金经理；2009年4月起任鹏华沪深300指数基金经理。

基金运作分析

鹏华沪深300指数基金合同于2009年4月3日生效，在该基金合同约定的建仓期中，经过对组合持续的调整，完成了对沪深300指数的拟合。

2009年证券市场受益于流动性充裕和国家振兴经济的各项政策措施，指数获得了较好的收益，目前市场整体估值合理，但结构性泡沫的特征明显。

展望2010年，中国经济在完成保增长以后，调整经济结构将是战略重点，因此影响市场的因素更加复杂：经济形势进一步好转提升上市公司业绩、经济结构调整拉大行业间的差距、市场流动性下降带来估值的压力。总体来看，管理人认为2010年市场波动将加大，但不改市场长期整体向上的趋势。

季度投资组合一览

项目＼季度	第二季度		第三季度		第四季度	
基金资产净值	1,130,098,850.14元		1,031,040,199.70元		1,135,180,017.75元	
基金份额	965,660,935.34份		969,729,961.58份		907,141,254.46份	
基金份额净值	1.1700元		1.0630元		1.2510元	
基金资产组合	市值(元)	占总资产比(%)	市值(元)	占总资产比(%)	市值(元)	占总资产比(%)
股票投资	1,069,769,105.52	92.10	972,257,969.32	93.61	1,071,707,605.39	93.20
债券投资	——	——	247,460.40	0.02	300,933.60	0.03
资产支持证券投资	——	——	——	——	——	——
金融衍生品投资	——	——	——	——	——	——
买入返售金融资产	——	——	——	——	——	——
银行存款和结算备付金	81,146,946.86	6.99	61,043,438.68	5.88	65,853,107.67	5.73
其他资产	10,581,951.91	0.91	5,105,768.11	0.49	11,984,622.45	1.04

投资前五名股票明细

第二季度股票名称	公允价值(元)	占净值比(%)	第三季度股票名称	公允价值(元)	占净值比(%)	第四季度股票名称	公允价值(元)	占净值比(%)
招商银行	41,068,700.46	3.63	招商银行	33,680,250.16	3.27	招商银行	37,195,129.60	3.28
交通银行	35,544,738.32	3.15	交通银行	31,433,271.66	3.05	交通银行	31,905,145.25	2.81
民生银行	32,401,963.44	2.87	中国平安	30,270,130.80	2.94	中国平安	29,742,925.73	2.62
中国平安	30,872,536.32	2.73	民生银行	26,375,102.80	2.56	民生银行	27,990,800.60	2.47
中信证券	28,508,320.62	2.52	兴业银行	24,586,752.86	2.38	中信证券	27,721,008.81	2.44

投资前五名债券明细

第二季度债券名称	公允价值(元)	占净值比(%)	第三季度债券名称	公允价值(元)	占净值比(%)	第四季度债券名称	公允价值(元)	占净值比(%)
			龙盛转债	134,310.00	0.01	龙盛转债	169,136.00	0.01
			安泰转债	113,150.40	0.01	安泰转债	131,797.60	0.01

鹏华精选成长股票型证券投资基金

基本资料

基金简称	鹏华精选成长股票		交易代码	206002	
风险收益特征	该基金属于股票型基金，其预期的风险和收益高于货币市场基金、债券基金、混合型基金，为证券投资基金中的较高风险、较高收益品种。				
业绩比较基准	沪深300指数收益率×80%＋中证综合债指数收益率×20%				
合同生效日	2009年9月9日	首募规模	30.13亿份	认购户数	48,285户
基金管理人	鹏华基金管理有限公司		基金托管人	中国建设银行	
注册登记人	中国证券登记结算有限责任公司				

财务指标 单位：人民币(元)；%

项目 \ 年度	2009年9月9日至2009年12月31日
本期利润	106,116,122.40
本期加权平均净值利润率	4.05
期末基金资产净值	1,987,363,860.10
期末基金份额净值	1.034
本期份额净值增长率	3.40
累计份额净值增长率	3.40
基金收益分配	——
期末基金份额持有人户数	基金份额持有人户数为37,786户，平均每户持有50,852.48份。(期末截至2009年12月31日)
期末基金份额持有人结构	机构投资者持有份额131,447,980.19份，占总份额6.84%；个人投资者持有份额1,790,063,844.12份，占总份额93.16%。

2009年累计净值增长率与同期基准收益率历史走势对比图（%）

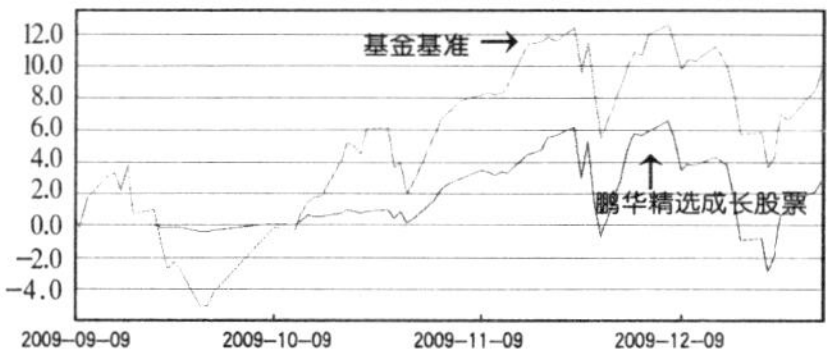

2009年净值增长率与同期基准收益率对比图（%）

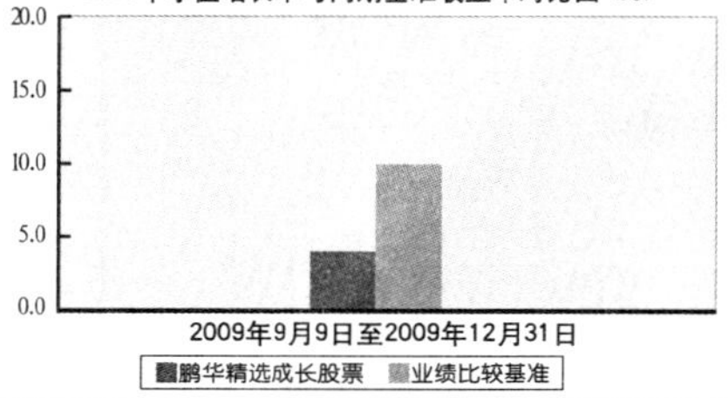

基金业绩表现

鹏华精选成长股票基金合同生效于2009年9月9日，截至2009年12月31日，该基金份额净值为1.034元，成立以来净值增长率为3.40%，同期业绩基准收益率为10.38%。

基金管理团队

程世杰先生：基金经理、基金管理部副总经理，经济学硕士，12年证券从业经历。2001年5月加入鹏华基金管理公司，历任行业研究员、鹏华中国50混合基金经理助理、原普华基金经理、鹏华优质治理股票基金经理；现任鹏华价值优势股票基金经理，鹏华精选成长股票基金经理，基金管理部副总经理，投资决策委员会成员。

基金运作分析

鹏华精选成长股票基金自2009年9月9日基金合同生效以后，本着谨慎和适度控制风险的原则，采取了稳健建仓的策略，建仓初期偏于保守，未能在基金合同生效之初市场低迷时及时完成建仓，在其后市场上涨过程中又不得不加快建仓步伐，导致建仓成本偏高，截至2009年末，鹏华精选成长股票基金仍处于建仓期，相关仓位符合基金合同约定。

从目前看，鹏华精选成长股票基金的建仓策略算不上特别成功，但从另一个方面看，该管理人认为基金是一种长期投资工具，是居民资产配置的一种方式，从长期看基金的建仓方式不会对持有人的投资收益带来较大的影响。

展望2010年，该基金管理人认为市场再现2009年涨幅的可能性不会很大，但对2010年的经济和股票走势并不悲观，市场仍将比较活跃，结构性的投资机会将会不断涌现，个股可能精彩纷呈，因此，精选个股、精耕细作将可能是取得超额收益的主要来源。

季度投资组合一览

项目 \ 季度	第四季度	
基金资产净值	1,987,363,860.10元	
基金份额	1,921,511,824.31份	
基金份额净值	1.0340元	
基金资产组合	金额(元)	占总资产比例(%)
股票投资	1,780,127,021.25	88.48
存托凭证	——	——
债券投资	——	——
金融衍生品投资	——	——
买入返售金融资产	——	——
银行存款和结算备付金	231,212,850.00	11.49
其他资产	602,129.97	0.03

投资前五名股票明细

股票名称	公允价值(元)	占净值比例(%)
民生银行	118,650,000.00	5.97
中国建筑	84,960,000.00	4.28
大秦铁路	72,100,000.00	3.63
华菱钢铁	61,360,000.00	3.09
欧亚集团	61,204,070.36	3.08

投资前五名债券明细

债券名称	公允价值(元)	占净值比例(%)
——		

嘉实基金管理有限公司

法定名称	嘉实基金管理有限公司	英文名称	Harvest Fund Management Co.,Ltd.		
成立时间	1999年3月25日	注册资本	1.5亿元人民币	公司属性	中外合资
法人代表	王忠民	总 经 理	赵学军	督 察 长	王 炜
公司网址	www.jsfund.cn	客服电话	400-600-8800		
联系电话	010-6521 5588	传真号码	010-6518 5678		
注册地址	上海市浦东新区富城路99号震旦国际大楼1702室	办公地址	北京市建国门北大街8号华润大厦8层		

公司简介

嘉实基金管理有限公司成立于1999年3月25日，是经中国证监会批准设立的第一批基金管理公司之一，是一家中外合资基金管理公司。公司注册地上海，公司总部设在北京，在深圳、成都、杭州、青岛、南京、福州、广州设有分公司。目前公司已经获得首批全国社保基金、企业年金投资管理人和QDII、特定资产管理业务资格。

截至2010年6月30日，嘉实基金管理有限公司共管理2只封闭式基金和18只开放式基金，

2009年旗下开放式基金业绩表现

截至日期：2009年12月31日

（单位：元；%）

基金类型	基金简称	设立日期	基金份额净值	净值增长率[①]	累计净值增长率[②]
股票型	嘉实沪深300指数(LOF)	2005-08-29	0.908	91.97	240.42
	嘉实优质企业股票	2007-12-08	0.822	52.79	-17.80
	嘉实研究精选股票	2008-05-27	1.561	72.71	77.72
	嘉实量化阿尔法股票	2009-03-20	1.299	29.90	29.90
	嘉实基本面50指数(LOF)	2009-12-30	1.000	——	——
混合型	嘉实成长收益混合	2002-11-05	0.9450	45.99	366.80
	嘉实增长混合	2003-07-09	4.353	60.33	480.12
	嘉实稳健混合	2003-07-09	0.959	42.07	249.97
	嘉实服务增值行业混合	2004-04-01	3.834	77.01	345.41
	嘉实主题混合	2006-07-21	1.230	82.49	200.77
	嘉实策略混合	2006-12-12	1.2710	72.69	48.30
	嘉实回报混合	2009-08-18	1.045	5.59	5.59
债券型	嘉实债券	2003-07-09	1.263	4.03	82.49
	嘉实超短债债券	2006-04-26	1.0073	0.65	11.69
	嘉实多元债券A	2008-09-10	1.114	10.22	15.83
货币型	嘉实货币	2005-03-18	1.0000	1.3683	14.3032
QDII	嘉实海外中国股票(QDII)	2007-10-12	0.695	57.95	-30.50

注：①净值增长率指该基金2009年度的份额净值增长率；②累计净值增长率指该基金设立以来的份额净值增长率。

2009年管理公募基金概况

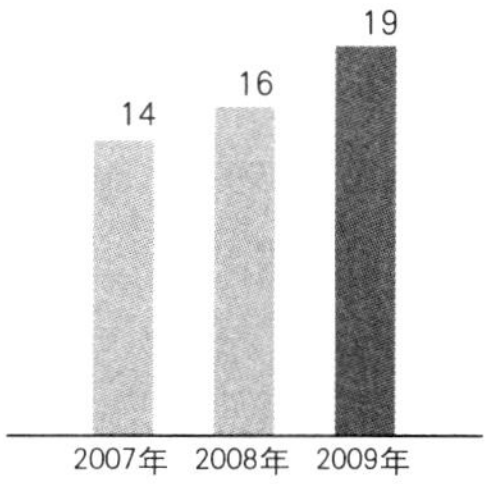

基金数量(只)

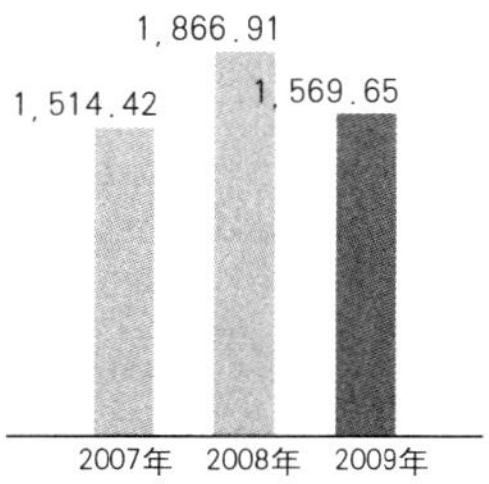

基金份额规模(亿份)

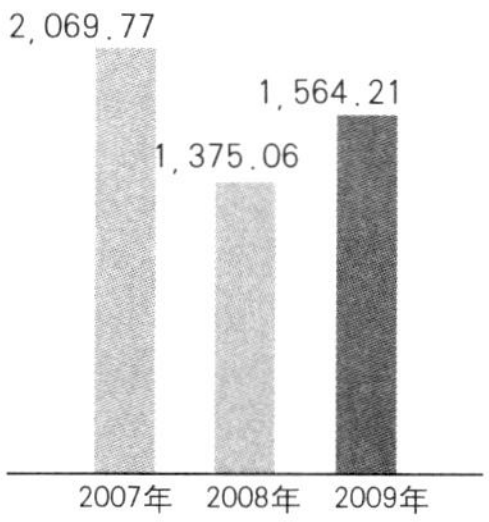

基金资产规模(亿元)

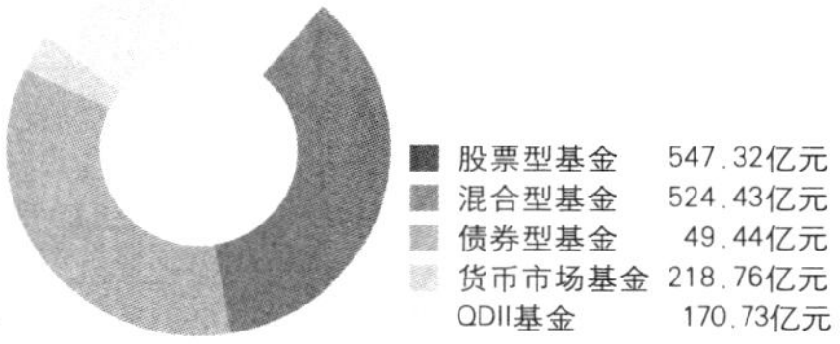

2009年基金资产规模构成(不含封闭式基金)

泰和证券投资基金

基本资料			
基金简称	嘉实泰和封闭	交易代码	500002
风险收益特征	——	业绩比较基准	——
合同生效日	1999年4月8日	基金总份额	20亿份
上市日期	1999年4月20日　地点　上交所	存续期	15年
基金管理人	嘉实基金管理有限公司	基金托管人	中国建设银行
注册登记人	中国证券登记结算有限责任公司上海分公司		

财务指标　　单位：人民币（元）；%

项目 \ 年度	2009年	2008年	2007年
本期利润	971,226,888.41	−2,318,119,969.87	4,904,968,658.35
本期加权平均净值利润率	50.01	−80.06	83.91
期末基金资产净值	2,347,078,216.98	1,375,851,328.57	6,973,971,298.44
期末基金份额净值	1.1735	0.6879	3.4870
本期份额净值增长率	70.59	−47.21	140.17
累计份额净值增长率	675.41	354.54	754.15
基金收益分配	——	10派16.400	10派11.350

成立来累计净值增长率与同期基准收益率历史走势对比图（%）

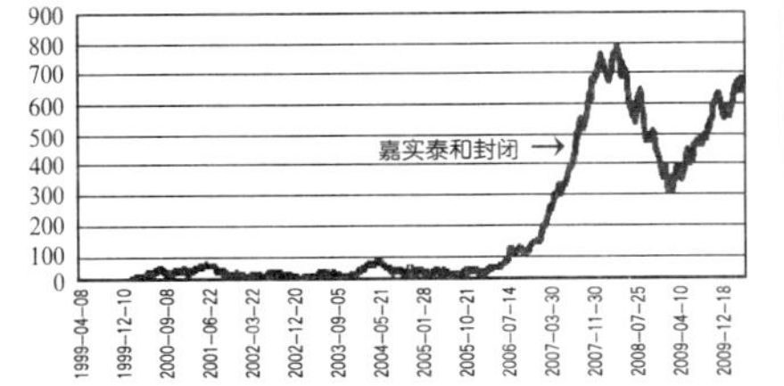

近三年净值增长率与同期基准收益率对比图（%）

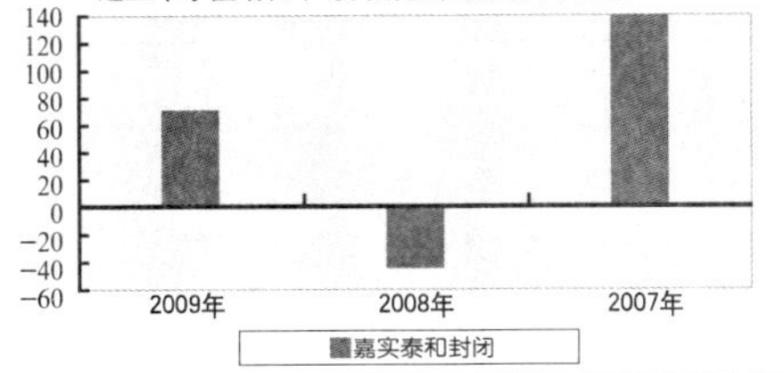

期末基金份额持有人户数	基金份额持有人户数为74,511户，平均每户持有26,841.67份。（期末截至2009年12月31日）
期末基金份额持有人结构	机构投资者持有份额743,455,693份，占总份额37.17%；个人投资者持有份额1,256,544,307份，占总份额62.83%。

基金业绩表现

截至2009年12月31日，嘉实泰和基金份额净值为1.1735元，全年净值增长率为70.59%。

基金管理团队

周可彦先生：基金经理，北京大学MBA，CFA，7年证券从业经历。曾任中国银河证券公司总部研究中心研究员，申万巴黎基金管理公司高级研究员，工银瑞信基金管理公司高级研究员。2006年12月加入嘉实基金管理公司任高级研究员，2008年2月至2009年3月任嘉实泰和基金经理。

忻 怡先生：基金经理，硕士研究生，CFA，7年证券从业经历。曾任职于上海银行、渣打银行上海分行，曾任国泰君安证券香港公司研究员、博时基金管理公司研究员。2006年9月加入嘉实基金管理公司，曾任嘉实稳健混合基金经理；2009年1月起任嘉实泰和基金经理。

基金运作分析

2009年A股走出波澜壮阔的行情，超出了年初大多数投资者的预期。沪深300指数上涨97%。2009年表现比较好的行业是汽车、煤炭和有色，除了这些行业的基本面受宏观经济影响有所改善，但不可否认的是这些行业也是2008年表现最差的行业，估值从低谷恢复也很大程度解释了这些行业股票的表现。从风格看，小盘股在2009年全年表现强于大盘股。

秉承长期价值的投资理念，嘉实泰和基金全年保持低换手率操作，采用自下而上的方法精选个股，坚持持有业绩可预见性强、竞争力强的优势公司，在配置方面保持均衡。

季度投资组合一览

项目 \ 季度	第一季度		第二季度		第三季度		第四季度	
基金资产净值	1,720,059,492.35元		2,012,750,092.74元		2,006,105,348.58元		2,347,078,216.98元	
基金份额净值	0.8600元		1.0064元		1.0031元		1.1735元	
基金资产组合	市值(元)	占总资产比(%)	市值(元)	占总资产比(%)	市值(元)	占总资产比(%)	市值(元)	占总资产比(%)
股票投资	1,337,036,848.95	76.23	1,581,173,355.93	78.02	1,558,055,713.91	77.39	1,818,451,170.78	75.19
债券投资	350,611,650.00	19.99	414,287,584.00	20.44	428,698,435.50	21.29	493,337,615.10	20.4
资产支持证券投资	——	——	——	——	——	——	——	——
金融衍生品投资	2,584,272.10	0.15	2,004,791.52	0.10	2,133,542.39	0.11	2,356,380.75	0.10
买入返售金融资产	——	——	——	——	——	——		
银行存款和结算备付金	37,431,367.92	2.13	9,771,480.27	0.48	14,539,517.69	0.72	98,758,515.43	4.08
其他资产	26,389,331.19	1.50	19,287,427.19	0.95	9,807,358.56	0.49	5,584,533.70	0.23

投资前五名股票明细	股票名称	公允价值(元)	占净值比(%)	股票名称	公允价值(元)	占净值比(%)	股票名称	公允价值(元)	占净值比(%)	股票名称	公允价值(元)	占净值比(%)
	招商银行	133,809,180.39	7.78	招商银行	159,104,187.36	7.90	招商银行	144,324,305.64	7.19	世茂股份	115,071,136.46	4.9
	太原重工	77,906,380.16	4.53	万 科A	152,998,023.75	7.60	恒瑞医药	72,429,061.68	3.61	青岛啤酒	114,700,759.01	4.89
	中国平安	74,304,228.58	4.32	保利地产	145,593,218.74	7.23	中国平安	68,876,000.70	3.43	格力电器	112,059,934.18	4.77
	万 科A	57,960,000.00	3.37	金地集团	67,702,758.76	3.36	烟台万华	56,717,582.92	2.83	威孚高科	71,538,162.80	3.05
	南 玻A	51,810,000.00	3.01	西山煤电	64,283,594.70	3.19	西山煤电	55,461,062.43	2.76	招商银行	68,356,360.80	2.91

投资前五名债券明细	债券名称	公允价值(元)	占净值比(%)	债券名称	公允价值(元)	占净值比(%)	债券名称	公允价值(元)	占净值比(%)	债券名称	公允价值(元)	占净值比(%)
	08央行票据92	87,453,000.00	5.08	08央行票据92	125,372,000.00	6.23	08央行票据112	106,172,000.00	5.29	09央行票据63	119,604,000.00	5.10
	08央行票据46	86,661,000.00	5.04	09农发04	59,902,000.00	3.47	09农发04	69,839,000.00	3.48	09农发04	69,923,000.00	2.98
	99国债(8)	60,756,000.00	3.53	99国债(8)	50,420,000.00	3.00	09央行票据43	49,835,000.00	2.48	09央行票据65	49,835,000.00	2.12
	02国债(3)	31,941,650.00	1.86	02国债(3)	33,766,200.00	1.68	09央行票据37	39,868,000.00	1.99	09央行票据53	39,868,000.00	1.70
	08国开19	30,762,000.00	1.79	08国开19	30,375,000.00	1.51	02国债(3)	36,728,437.50	1.83	09央行票据59	39,868,000.00	1.70

丰和价值证券投资基金

基本资料

基金简称	嘉实丰和价值封闭	交易代码	184721
风险收益特征	——	业绩比较基准	——
合同生效日	2002年3月22日	基金总份额	30亿份
上市日期	2002年4月4日　地点　深交所	存续期	15年
基金管理人	嘉实基金管理有限公司	基金托管人	中国农业银行
注册登记人	中国证券登记结算有限责任公司深圳分公司		

财务指标　单位：人民币（元）；%

项目＼年度	2009年	2008年	2007年
本期利润	916,696,598.03	−2,183,678,595.19	5,839,741,411.93
本期加权平均净值利润率	35.19	−56.08	69.31
期末基金资产净值	3,006,696,162.01	2,089,999,563.98	8,983,678,159.17
期末基金份额净值	1.0022	0.6967	2.9946
本期份额净值增长率	43.85	−34.52	107.16
累计份额净值增长率	355.68	216.85	383.89
基金收益分配	——	10派15.700	10派10.250

成立来累计净值增长率与同期基准收益率历史走势对比图（%）

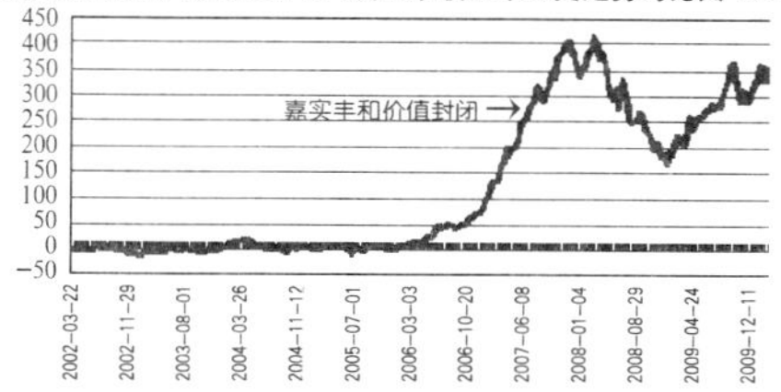

近三年净值增长率与同期基准收益率对比图（%）

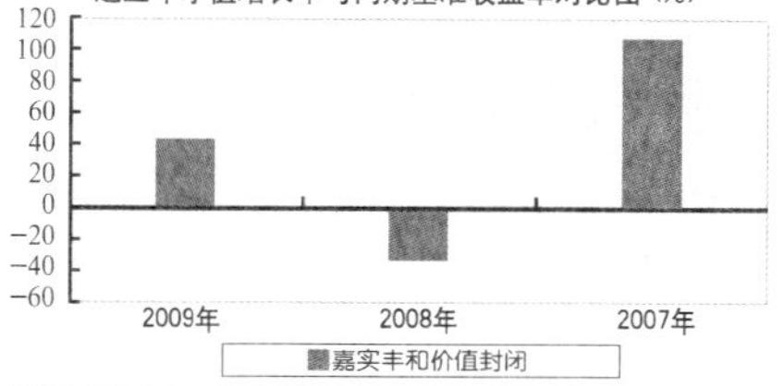

期末基金份额持有人户数	基金份额持有人户数为57,954户，平均每户持有51,765.19份。（期末截至2009年12月31日）
期末基金份额持有人结构	机构投资者持有份额1,192,801,368份，占总份额39.76%；个人投资者持有份额1,807,198,632份，占总份额60.24%。

基金业绩表现

2009年嘉实丰和价值基金份额净值为1.0022元，全年净值增长率为43.85%。

基金管理团队

王　鹏先生：基金经理，硕士研究生，6年证券从业经历。曾任职于UBS公司中国研究部。2004年12月加入嘉实基金公司，历任行业研究员、社保组合基金经理；2007年7月至2009年6月期间任嘉实丰和价值基金经理。

顾义河先生：基金经理，硕士研究生，9年证券从业经历。曾任职于中银国际控股公司。2002年9月加入嘉实基金公司，先后任分析师、高级分析师；2009年6月起任嘉实丰和价值基金经理。

基金运作分析

2009年，在宽松的全球流动性背景下和中国宽松的经济政策推动下，中国经济逐步走向复苏，A股市场的盈利预期、投资者信心都出现了较为明显的改善。与经济的快速复苏相对应，A股市场取得了良好的表现，沪深300指数以接近100%的涨幅笑别2009年，其中除了8月份、12月份指数分别出现了24%和10%的下跌外，其他10个月份均收红。

嘉实丰和价值基金在2009年上半年参与了地产、银行、煤炭的投资，但错失了新能源的投资机会；三季度没有及时跟随“有形之手”转向，受到了较大的损失；四季度投资的汽车、TMT、电力设备、新材料等行业则取得了较好的回报。

展望2010年，该基金管理人判断中国经济将仍然实现较快增长，但增长方式将出现较大的转变。基于对市场的分析与判断，嘉实丰和基金将坚持维持适中的股票仓位，积极优化行业结构，并通过精选个股，力求取得较好收益。

季度投资组合一览

项目＼季度	第一季度		第二季度		第三季度		第四季度	
基金资产净值	2,387,458,096.44元		2,685,383,095.54元		2,571,554,482.33元		3,006,696,162.01元	
基金份额净值	0.7958元		0.8951元		0.8572元		1.0022元	
基金资产组合	市值(元)	占总资产比(%)	市值(元)	占总资产比(%)	市值(元)	占总资产比(%)	市值(元)	占总资产比(%)
股票投资	950,713,055.10	39.23	2,104,805,420.92	77.96	1,928,420,159.69	74.61	2,157,970,577.73	71.54
债券投资	1,068,931,975.50	44.10	551,710,981.00	20.43	561,425,840.70	21.72	622,683,136.00	20.64
资产支持证券投资	——	——	——	——	——	——	——	——
金融衍生品投资	——	——	——	——	2,133,542.39	0.08	2,356,380.75	0.08
买入返售金融资产	——	——	——	——	——	——		
银行存款和结算备付金	378,839,991.32	15.63	14,322,717.98	0.53	67,227,178.43	2.60	184,655,263.24	6.12
其他资产	25,213,372.62	1.04	29,171,143.49	1.08	25,580,034.80	0.99	48,655,859.72	1.61

	股票名称	公允价值(元)	占净值比(%)	股票名称	公允价值(元)	占净值比(%)	股票名称	公允价值(元)	占净值比(%)	股票名称	公允价值(元)	占净值比(%)
投资前五名股票明细	双汇发展	186,330,352.11	7.80	兴业银行	151,315,208.58	5.63	中国平安	152,090,214.90	5.91	时代新材	121,636,915.20	4.05
	鹏博士	179,705,000.00	7.53	万科A	141,013,827.00	5.25	北京银行	86,972,474.05	3.38	中国平安	110,169,367.63	3.66
	中国平安	78,220,000.00	3.28	中兴通讯	133,194,505.80	4.96	盐湖钾肥	70,864,542.91	2.76	八一钢铁	104,451,856.00	3.47
	中兴通讯	70,680,000.00	2.96	民生银行	87,119,382.24	3.24	一汽轿车	67,594,590.44	2.63	北京银行	97,623,194.90	3.25
	华胜天成	65,900,000.00	2.76	北京银行	86,878,594.62	3.24	平高电气	59,294,098.86	2.31	一汽轿车	77,257,230.96	2:57
	债券名称	公允价值(元)	占净值比(%)	债券名称	公允价值(元)	占净值比(%)	债券名称	公允价值(元)	占净值比(%)	债券名称	公允价值(元)	占净值比(%)
投资前五名债券明细	08央行票据106	253,396,000.00	10.61	08央行票据38	104,890,000.00	3.91	09央行票据43	139,538,000.00	5.43	09央行票据63	239,208,000.00	7.96
	08央票108	234,048,000.00	9.80	08央行票据114	97,320,000.00	3.62	08央行票据38	103,610,000.00	4.03	08央行票据38	102,840,000.00	3.42
	08央行票据95	213,906,000.00	8.96	08央行票据106	77,376,000.00	2.88	08央行票据114	77,392,000.00	3.01	02国债(3)	50,440,047.40	1.68
	08央行票据38	105,970,000.00	4.44	02国债(3)	50,474,892.00	1.88	02国债(3)	50,400,225.00	1.96	05国开21	49,700,000.00	1.65
	02国债(3)	50,798,449.00	2.13	05国开21	50,075,000.00	1.86	05国开21	49,695,000.00	1.93	09进出01	49,535,000.00	1.65

嘉实成长收益证券投资基金

基本资料					
基金简称	嘉实成长收益混合	交易代码	070001		
风险收益特征	该基金属于中等风险的基金品种，长期系统性风险控制目标为基金份额净值相对于基金业绩比较基准的β值不超过0.75。在此前提下，通过合理配置基金在成长型资产类、收益型资产类和现金等大类资产之间的比例，努力实现股票市场上涨期间基金资产净值涨幅不低于上证A股指数涨幅的65%，股票市场下跌期间基金资产净值下跌幅度不超过上证A股指数跌幅的55%。				
业绩比较基准	上证A股指数				
合同生效日	2002年11月5日	首募份额	20.02亿份	认购户数	14,780户
基金管理人	嘉实基金管理有限公司	基金托管人	中国银行		
注册登记人	嘉实基金管理有限公司				

成立来累计净值增长率与同期基准收益率历史走势对比图（%）

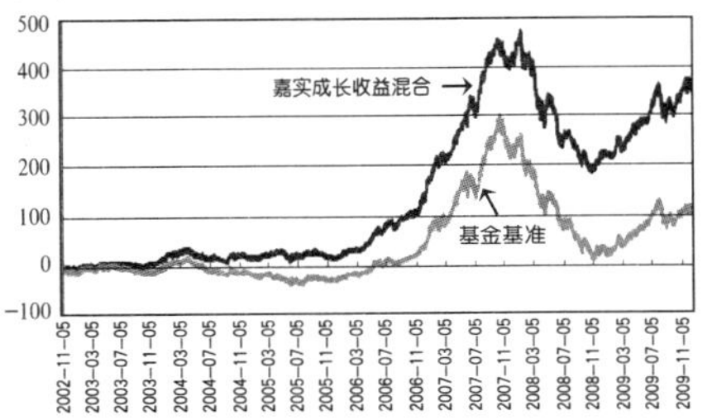

财务指标　单位：人民币（元）；%

项目 \ 年度	2009年	2008年	2007年
本期利润	1,237,800,312.59	−2,274,822,448.75	4,676,156,617.14
本期加权平均净值利润率	38.02	−59.94	62.93
期末基金资产净值	3,310,589,784.32	2,945,308,927.23	5,763,013,028.75
期末基金份额净值	0.9450	0.6473	1.8597
本期份额净值增长率	45.99	−41.23	96.63
累计份额净值增长率	366.80	219.75	444.02
基金收益分配	——	——	10派10.600

近三年净值增长率与同期基准收益率对比图（%）

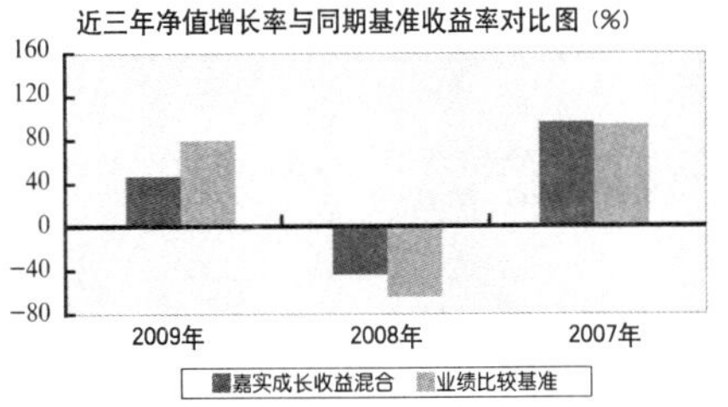

期末基金份额持有人户数	基金份额持有人户数为127,850户，平均每户持有27,401.56份。　（期末截至2009年12月31日）
期末基金份额持有人结构	机构投资者持有份额32,980,933.94份，占总份额0.94%；个人投资者持有份额3,470,308,539.39份，占总份额99.06%。

基金业绩表现

截至2009年12月31日，嘉实成长收益混合基金份额净值为0.9450元，全年净值增长率为45.99%，同期业绩基准收益率为79.80%。

基金管理团队

刘天君先生：基金经理、公司股票投资部总监，北京大学光华管理学院经济学硕士，8年证券从业经历。2003年4月加入嘉实基金管理公司，曾任行业研究员、研究部副总监、嘉实泰和基金经理；2007年4月至2009年7月期间任嘉实成长收益混合基金经理。

徐晨光先生：基金经理，硕士研究生，8年证券从业经历。曾任华泰证券公司北京总部行业研究员。2002年加入嘉实基金管理公司，先后任研究员、社保基金经理职务。2009年7月起任嘉实成长收益混合基金经理。

基金运作分析

2009年沪深300指数实现了接近翻番的涨幅，由于嘉实成长收益混合基金在2009年初仍旧延续了2008年下半年的防守姿态，整体组合的进攻性相对偏弱，因而错失了一些机会；二季度后根据市场的变化对组合进行了微调，在行业和个股配置上更为均衡，从全年看差距主要在一季度，通过二季度后的调整，该基金整体业绩出现了一定的改善。

季度投资组合一览

项目 \ 季度	第一季度			第二季度			第三季度			第四季度		
基金资产净值	3,166,544,192.87元			3,358,835,764.83元			3,074,273,500.45元			3,310,589,784.32元		
基金份额	4,410,382,419.59份			4,085,412,933.52份			3,770,917,406.36份			3,503,289,473.33份		
基金份额净值	0.7180元			0.8222元			0.8153元			0.9450元		
基金资产组合	市值(元)		占总资产比(%)	市值(元)		占总资产比(%)	市值(元)		占总资产比(%)	市值(元)		占总资产比(%)
股票投资	1,896,721,373.97		59.55	2,453,143,280.97		72.48	2,270,478,500.91		73.50	2,211,392,960.98		66.42
债券投资	1,004,304,493.10		31.53	712,171,853.30		21.04	681,811,500.00		22.07	718,258,000.00		21.57
资产支持证券投资	——		——	——		——	——		——	——		——
金融衍生品投资	——		——	——		——	——		——	——		——
买入返售金融资产	——		——	——		——	——		——	——		——
银行存款和结算备付金	101,915,535.94		3.20	119,998,002.29		3.55	117,414,693.53		3.80	322,368,265.41		9.68
其他资产	181,915,639.51		5.71	99,338,664.77		2.93	19,256,208.06		0.62	77,174,478.69		2.32
投资前五名股票明细	股票名称	公允价值(元)	占净值比(%)	股票名称	公允价值(元)	占净值比(%)	股票名称	公允价值(元)	占净值比(%)	股票名称	公允价值(元)	占净值比(%)
	格力电器	226,489,227.75	7.15	格力电器	209,000,000.00	6.22	S上石化	145,525,966.11	4.73	重庆百货	155,325,574.80	4.69
	双汇发展	163,973,301.52	5.18	兴业银行	186,259,914.30	5.55	中国石油	101,600,000.00	3.30	S上石化	150,944,940.18	4.56
	九阳股份	153,622,446.01	4.85	浦发银行	184,160,000.00	5.48	上海汽车	98,743,087.50	3.21	宁波银行	104,940,000.00	3.17
	天马股份	128,316,144.75	4.05	海油工程	123,535,871.79	3.68	保利地产	96,557,561.86	3.14	中国国航	87,390,000.00	2.64
	天威保变	91,260,000.00	2.88	万　科A	114,494,464.50	3.41	兴业银行	91,233,000.00	2.97	中国石化	84,540,000.00	2.55
投资前五名债券明细	债券名称	公允价值(元)	占净值比(%)	债券名称	公允价值(元)	占净值比(%)	债券名称	公允价值(元)	占净值比(%)	债券名称	公允价值(元)	占净值比(%)
	08央行票据17	200,792,000.00.00	6.34	08央行票据17	198,721,000.00	5.92	08央行票据17	186,138,000.00	6.05	08央行票据17	184,770,000.00	5.58
	08央行票据92	194,340,000.00	6.14	08央行票据35	104,830,000.00	3.12	09央行票据37	119,604,000.00	3.89	09央行票据59	119,604,000.00	3.61
	06农发07	160,864,000.00	5.08	08央行票据98	96,540,000.00	2.87	08央行票据35	103,570,000.00	3.37	08央行票据35	102,800,000.00	3.11
	08央行票据35	105,910,000.00	3.34	08央行票据114	87,588,000.00	2.61	08央行票据114	87,066,000.00	2.83	09央行票据51	89,703,000.00	2.71
	08央行票据95	97,230,000.00	3.07	02国开19	83,581,000.00	2.49	02国开19	83,124,500.00	2.70	09央行票据65	89,703,000.00	2.71

嘉实理财通系列证券投资基金

（该系列基金由具有不同市场定位的三只基金构成，包括相互独立的嘉实增长基金、嘉实稳健基金和嘉实债券基金）

嘉实增长开放式证券投资基金

基本资料					
基金简称	嘉实增长混合	交易代码	070002		
风险收益特征	该基金属于中高风险的基金品种。长期系统性风险控制目标为基金份额净值相对于基金业绩基准的β值保持在0.5—0.8之间。				
业绩比较基准	巨潮500（小盘）指数				
合同生效日	2003年7月9日	首募份额	9.45亿份	认购户数	22,504户
基金管理人	嘉实基金管理有限公司	基金托管人	中国银行		
注册登记人	嘉实基金管理有限公司				

财务指标　　单位：人民币（元）；%

项目 / 年度	2009年	2008年	2007年
本期利润	969,526,465.12	－1,258,945,071.15	2,187,867,840.52
本期加权平均净值利润率	50.43	－53.36	71.27
期末基金资产净值	1,844,276,075.57	2,093,302,199.93	2,879,528,330.31
期末基金份额净值	4.353	2.715	4.716
本期份额净值增长率	60.33	－39.36	107.39
累计份额净值增长率	480.12	261.83	496.64
基金收益分配	——	10派2.000	——

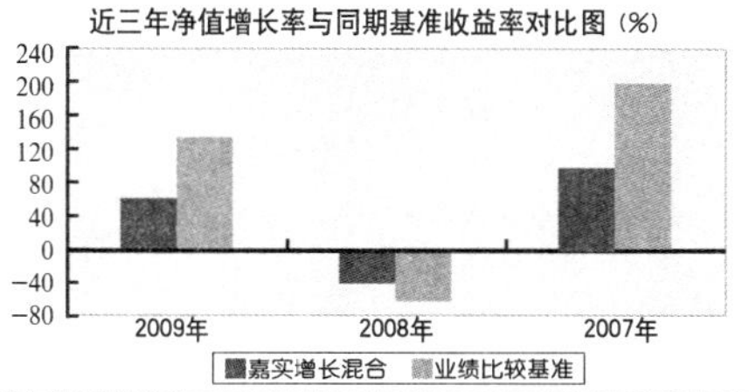

期末基金份额持有人户数	基金份额持有人户数为38,342户，平均每户持有11,048.91份。（期末截至2009年12月31日）
期末基金份额持有人结构	机构投资者持有份额217,089,875.72份，占总份额51.24%；个人投资者持有份额206,547,541.94份，占总份额48.76%。

基金业绩表现

2009年嘉实增长混合基金全年净值增长率为60.33%，同期业绩基准收益率为134.03%。

基金管理团队

邵　健先生：基金经理、公司总经理助理，经济学硕士，11年证券从业经历。曾任职于国泰君安证券研究所，历任研究员、行业投资策略组组长和行业公司部副经理，从事行业研究、行业比较研究及资产配置等工作。2003年7月加入嘉实基金管理公司，2004年4月起任嘉实增长基金经理。

张　弢先生：基金经理，经济学硕士，CFA，7年证券从业经历。曾任兴安证券行业分析师。2005年9月加入嘉实基金管理公司，曾任行业分析师、社保组合基金经理。2009年1月起任嘉实增长基金经理。

基金运作分析

2009年嘉实增长混合基金在多数时间，权益类仓位一直保持在较高水平，较大程度地分享了资本市场的上涨。结构上，该基金继续保持对持续成长股的较多投资，虽在年初beta类股表现突出的行情中未能充分受益，但全年依然取得较好的收益。同时也适当地参与一些周期类股与主题类股的投资，取得一定收益。

2010年，嘉实增长基金将较多时候保持比同业更高的权益类仓位，以积极把握结构性的机会。具体而言，首先，继续保持医药、消费等持续成长行业与公司在组合中的较高投资比例；其次，积极把握新技术、新能源、新模式等带来的投资机会；最后，将阶段性考虑周期性行业矫枉过正的投资机会。

季度投资组合一览

项目 / 季度	第一季度		第二季度		第三季度		第四季度	
基金资产净值	2,599,047,864.58元		1,668,609,149.14元		1,559,823,103.86元		1,844,276,075.57元	
基金份额	801,107,351.46份		446,069,281.56份		420,941,953.22份		423,637,417.66份	
基金份额净值	3.2440元		3.7410元		3.7060元		4.3530元	
基金资产组合	市值(元)	占总资产比(%)	市值(元)	占总资产比(%)	市值(元)	占总资产比(%)	市值(元)	占总资产比(%)
股票投资	1,793,306,652.83	68.71	1,125,192,131.25	65.98	1,085,952,952.18	69.22	1,239,935,119.73	66.92
债券投资	657,890,799.20	25.21	351,092,108.40	20.59	331,448,698.20	21.13	381,134,672.10	20.57
资产支持证券投资	——	——	——	——	——	——	——	——
金融衍生品投资	——	——	——	——	1,209,201.14	0.08	——	——
买入返售金融资产	——	——	——	——	——	——	——	——
银行存款和结算备付金	123,531,305.89	4.73	105,262,868.13	6.17	144,612,607.34	9.22	110,832,354.57	5.98
其他资产	35,272,056.29	1.35	123,867,665.51	7.26	5,726,753.22	0.37	120,837,282.81	6.52

投资前五名股票明细	股票名称	公允价值(元)	占净值比(%)	股票名称	公允价值(元)	占净值比(%)	股票名称	公允价值(元)	占净值比(%)	股票名称	公允价值(元)	占净值比(%)
	中国平安	112,243,353.40	4.32	江中药业	55,461,755.83	3.32	*ST伊利	45,235,728.44	2.90	中国卫星	72,642,585.82	3.94
	江中药业	96,724,696.00	3.72	浙江医药	53,419,833.36	3.20	双汇发展	38,167,445.68	2.45	绿 大 地	64,471,307.30	3.50
	格力电器	83,232,000.00	3.20	大同煤业	48,748,581.54	2.92	大同煤业	36,421,584.50	2.33	中金岭南	63,450,849.60	3.44
	千金药业	76,742,553.65	2.95	民生银行	47,520,000.00	2.85	格力电器	36,130,230.00	2.32	安妮股份	57,820,731.60	3.14
	兴业银行	67,788,793.92	2.61	华发股份	39,476,363.85	2.37	云南白药	34,594,853.09	2.22	中信证券	57,185,745.84	3.10

投资前五名债券明细	债券名称	公允价值(元)	占净值比(%)	债券名称	公允价值(元)	占净值比(%)	债券名称	公允价值(元)	占净值比(%)	债券名称	公允价值(元)	占净值比(%)
	08央票106	136,444,000.00	5.25	09进出01	79,648,000.00	4.77	09进出01	79,168,000.00	5.08	09央行票据57	79,736,000.00	4.32
	09进出01	129,857,000.00	5.00	08央行票据38	73,423,000.00	4.40	08央行票据38	72,527,000.00	4.65	09进出01	79,256,000.00	4.30
	09农发04	99,950,000.00	3.85	08央票95	57,894,000.00	3.47	09央行票据35	69,769,000.00	4.47	08央行票据38	71,988,000.00	3.90
	08央行票据98	87,552,000.00	3.37	99国债(8)	41,621,324.00	2.49	02国债(3)	35,602,537.50	2.28	02国债(3)	35,630,667.90	1.93
	08央行票据38	74,179,000.00	2.85	02国债(3)	35,655,282.00	2.14	09农发04	29,931,000.00	1.92	09农发04	29,967,000.00	1.62

嘉实稳健开放式证券投资基金

基本资料

基金简称	嘉实稳健混合	交易代码	070003		
风险收益特征	该基金属于中低风险的基金品种。长期系统性风险控制目标为基金份额净值相对于基金业绩基准的β值保持在0.5—0.8之间。				
业绩比较基准	巨潮200(大盘)指数				
合同生效日	2003年7月9日	首募份额	10.30亿份	认购户数	16,345户
基金管理人	嘉实基金管理有限公司	基金托管人	中国银行		
注册登记人	嘉实基金管理有限公司				

财务指标 单位：人民币(元)；%

项目 \ 年度	2009年	2008年	2007年
本期利润	5,656,139,854.54	-16,777,761,783.81	10,149,141,461.47
本期加权平均净值利润率	35.10	-71.84	48.70
期末基金资产净值	16,101,565,315.73	14,316,227,320.78	33,104,650,434.09
期末基金份额净值	0.959	0.675	1.385
本期份额净值增长率	42.07	-51.26	123.76
累计份额净值增长率	249.97	146.33	405.44
基金收益分配	——	——	10派0.500

成立来累计净值增长率与同期基准收益率历史走势对比图 (%)

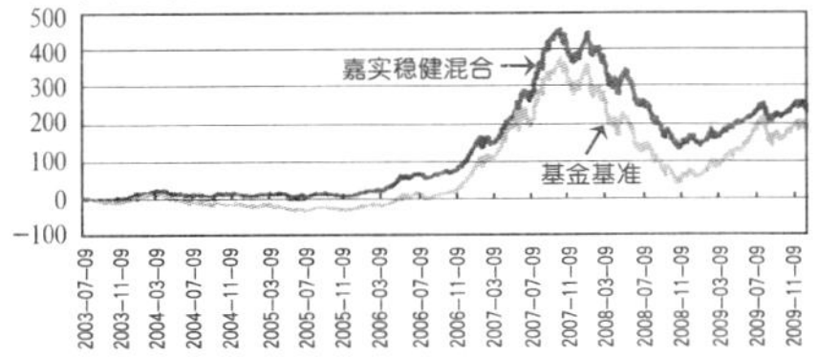

近三年净值增长率与同期基准收益率对比图 (%)

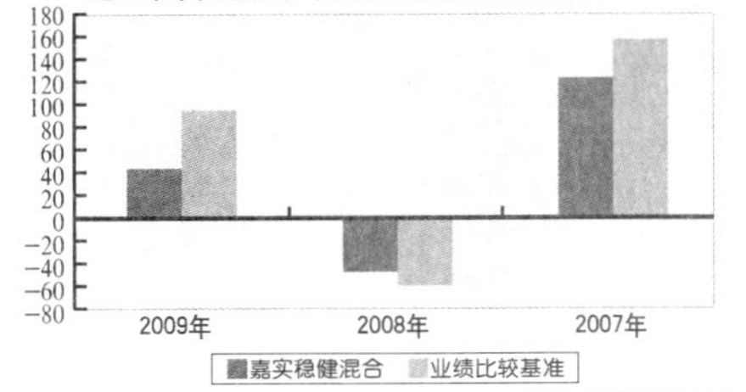

期末基金份额持有人户数	基金份额持有人户数为847,392户，平均每户持有19,804.27份。（期末截至2009年12月31日）
期末基金份额持有人结构	机构投资者持有份额144,092,894.24份，占总份额0.86%；个人投资者持有份额16,637,883,536.98份，占总份额99.14%。

基金业绩表现

2009年嘉实稳健混合基金全年净值增长率为42.07%；同期业绩基准收益率为95.84%。

基金管理团队

忻 怡先生：基金经理，硕士研究生，CFA，7年证券从业经历。曾任职于上海银行、渣打银行上海分行，曾任国泰君安证券香港公司研究员、博时基金管理公司研究员。2006年9月加入嘉实基金管理公司，现任嘉实泰和基金经理，2006年12月至2009年1月任嘉实稳健混合基金经理。

党开宇女士：基金经理，硕士，CFA，8年证券从业经历。曾任招商证券公司证券投资部投资经理，诺安平衡基金经理、诺安股票基金经理。2006年9月加入嘉实基金管理公司，曾任嘉实策略混合基金经理、嘉实服务增值行业混合基金经理；2009年1月起任嘉实稳健混合基金经理。

基金运作分析

2009年全年沪深300指数上涨96.71%。上半年表现突出的主要有周期性行业，如有色、煤炭等；下半年表现突出的为消费类和主题性行业，如医药及区域板块等。全年看行业方面，表现较好的行业为汽车、有色以及煤炭等，而电力、建材、交运等防守性行业表现较弱。

嘉实稳健混合基金在2009年虽然一直在相对高仓位运作，但年初基于稳健的考虑和较大的基金规模，结构配置有些偏失，在周期性的行业上配置较少，在防守性板块配置较多，因此在2009年的大牛行情中导致业绩有些相对落后。

季度投资组合一览

项目 \ 季度	第一季度		第二季度		第三季度		第四季度	
基金资产净值	15,875,015,790.20元		17,021,371,886.00元		15,406,349,406.58元		16,101,565,315.73元	
基金份额	20,662,889,830.08份		19,445,542,676.68份		17,869,570,455.62份		16,781,976,431.22份	
基金份额净值	0.7680元		0.8750元		0.8620元		0.9590元	
基金资产组合	市值(元)	占总资产比(%)	市值(元)	占总资产比(%)	市值(元)	占总资产比(%)	市值(元)	占总资产比(%)
股票投资	9,896,318,466.53	62.03	9,855,538,638.19	56.58	10,822,910,756.27	69.81	11,763,714,044.28	72.32
债券投资	3,481,462,026.30	21.82	4,947,460,928.70	28.4	3,642,216,818.76	23.49	3,783,582,033.66	23.26
资产支持证券投资	——	——	——	——	——	——	——	——
金融衍生品投资	——	——	——	——	2,133,542.39	0.01	2,356,380.75	0.01
买入返售金融资产	——	——	——	——	——	——	——	——
银行存款和结算备付金	1,486,045,390.02	9.31	2,466,727,085.53	14.16	955,531,376.78	6.16	698,794,913.23	4.30
其他资产	1,089,466,519.36	6.83	149,452,522.30	0.86	80,656,344.08	0.52	18,558,783.35	0.11

投资前五名股票明细	股票名称	公允价值(元)	占净值比(%)	股票名称	公允价值(元)	占净值比(%)	股票名称	公允价值(元)	占净值比(%)	股票名称	公允价值(元)	占净值比(%)
	中国联通	980,895,672.50	6.18	双汇发展	764,470,188.00	4.49	苏宁电器	989,818,569.85	6.42	招商银行	743,656,083.15	4.62
	中国平安	703,980,000.00	4.43	格力电器	637,972,500.00	3.75	双汇发展	914,185,688.78	5.93	格力电器	723,500,000.00	4.49
	双汇发展	680,147,388.13	4.28	恒瑞医药	515,271,600.00	3.03	格力电器	610,400,000.00	3.96	双汇发展	663,750,000.00	4.12
	格力电器	539,063,960.58	3.40	海油工程	481,190,192.22	2.83	招商银行	608,932,792.74	3.95	中国联通	637,874,467.83	3.96
	恒瑞医药	506,349,000.00	3.19	民生银行	475,199,691.12	2.79	中国平安	557,700,000.00	3.62	保利地产	523,032,025.60	3.25

投资前五名债券明细	债券名称	公允价值(元)	占净值比(%)	债券名称	公允价值(元)	占净值比(%)	债券名称	公允价值(元)	占净值比(%)	债券名称	公允价值(元)	占净值比(%)
	08央行票据92	583,020,000.00	3.67	09央票18	1,196,880,000.00	7.03	09央行票据37	1,505,017,000.00	9.77	09央行票据63	936,898,000.00	5.82
	08央行票据84	582,060,000.00	3.67	08央行票据92	578,640,000.00	3.40	08国开25	389,142,000.00	2.53	09央行票据65	757,492,000.00	4.70
	08央行票据98	486,400,000.00	3.06	08央行票据84	577,680,000.00	3.39	09央行票据35	348,845,000.00	2.26	08国开25	388,986,000.00	2.42
	09央行票据05	379,088,000.00	2.39	08央行票据98	482,700,000.00	2.84	09央行票据43	199,340,000.00	1.29	09央行票据57	348,845,000.00	2.17
	08农发16	316,110,000.00	1.99	08农发16	312,750,000.00	1.84	08央票112	183,388,000.00	1.19	09国开23	289,768,000.00	1.80

嘉实债券开放式证券投资基金

基本资料					
基金简称	嘉实债券	交易代码	070005		
风险收益特征	该基金属于低风险的基金品种，其长期平均的风险和预期收益率低于股票基金，高于货币市场基金。				
业绩比较基准	中央国债登记结算公司的中国债券指数				
合同生效日	2003年7月9日	首募份额	5.87亿份	认购户数	11,477户
基金管理人	嘉实基金管理有限公司	基金托管人	中国银行		
注册登记人	嘉实基金管理有限公司				

成立来累计净值增长率与同期基准收益率历史走势对比图（%）

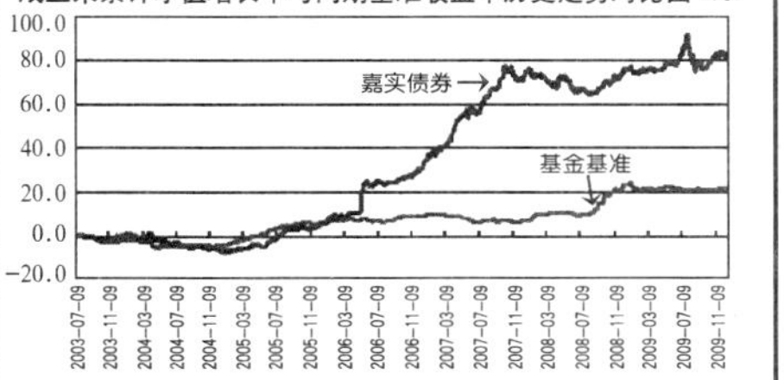

财务指标　　单位：人民币（元）；%

项目 \ 年度	2009年	2008年	2007年
本期利润	63,010,075.01	−129,625,507.85	601,176,681.69
本期加权平均净值利润率	3.30	−2.51	19.77
期末基金资产净值	1,425,614,569.36	3,006,379,503.57	6,016,275,412.68
期末基金份额净值	1.263	1.229	1.224
本期份额净值增长率	4.03	0.41	30.28
累计份额净值增长率	82.49	75.42	74.70
基金收益分配	10派0.150	——	10派1.600

近三年净值增长率与同期基准收益率对比图（%）

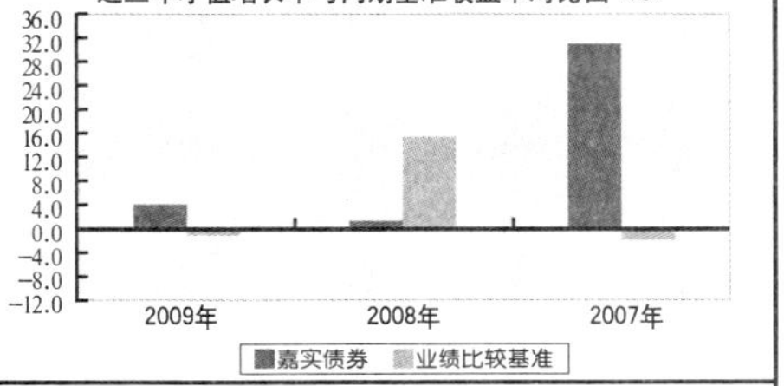

期末基金份额持有人户数	基金份额持有人户数为38,334户，平均每户持有29,444.64份。（期末截至2009年12月31日）
期末基金份额持有人结构	机构投资者持有份额222,185,909.86份，占总份额19.68%；个人投资者持有份额906,544,914.80份，占总份额80.32%。

基金业绩表现

截至2009年12月31日，嘉实债券基金份额净值为1.263元，全年份额净值增长率为4.03%；同期业绩基准收益率为−1.24%。

基金管理团队

刘　熹先生：基金经理、固定收益部总监，经济学硕士，16年证券从业经历。曾任平安证券福田营业部分析师、中国平安保险投资管理中心投资经理，巨田证券公司投资部副经理，招商证券公司债券研究员。2003年2月加入嘉实基金管理公司，曾任嘉实策略混合基金经理，2008年4月起任嘉实债券基金经理。

基金运作分析

经济复苏与通胀重生的预期是2009年中国债市两大基本面不利因素，虽然整体流动性宽裕，但实体经济所需之外的流动性主要流向了股票与住房两大类资产，在第四季度之前对于债市的支撑作用都显得微弱。此外，2009年中国债市的另一特点是信用债成为市场新热点。

嘉实债券基金在2009年一直维持短久期策略，较好地控制了债市下跌风险，另外，适当配置了信用债，为组合贡献一定的收益。

展望2010年，预计债券市场将呈现窄幅震荡的格局。嘉实债券基金将继续遵循"不追求过高风险回报"的投资理念，密切跟踪国内外经济形势变化，充分考虑国内资本市场的风险和机会，在严格控制基金净值波动的基础上，寻求基金净值的稳定增长。

季度投资组合一览

项目 \ 季度	第一季度		第二季度		第三季度		第四季度	
基金资产净值	2,074,666,063.48元		1,766,305,470.69元		1,538,465,254.34元		1,425,614,569.36元	
基金份额	1,684,903,527.92份		4,085,412,933.52份		1,266,270,913.02份		1,128,730,824.66份	
基金份额净值	1.2310元		1.2340元		1.2150元		1.2630元	
基金资产组合	市值(元)	占总资产比(%)	市值(元)	占总资产比(%)	市值(元)	占总资产比(%)	市值(元)	占总资产比(%)
股票投资	959,072.94	0.04	16,777,048.68	0.91	77,494,539.55	4.97	207,088,289.96	13.15
债券投资	2,277,488,643.05	95.32	1,676,531,427.90	91.39	1,376,667,193.50	88.25	1,303,492,498.00	82.77
资产支持证券投资	——	——	——	——	——	——	——	——
金融衍生品投资	——	——	——	——	——	——	——	——
买入返售金融资产	——	——	——	——	——	——	——	——
银行存款和结算备付金	52,195,572.91	2.18	71,809,678.92	3.91	70,814,023.27	4.54	42,842,772.90	2.72
其他资产	58,563,531.90	2.45	69,425,917.81	3.78	34,922,766.62	2.24	21,436,788.12	1.36

投资前五名股票明细

股票名称	公允价值(元)	占净值比(%)	股票名称	公允价值(元)	占净值比(%)	股票名称	公允价值(元)	占净值比(%)	股票名称	公允价值(元)	占净值比(%)
立立电子	959,072.94	0.05	柳　工	9,551,909.12	0.54	中国建筑	36,147,864.32	2.35	恒源煤电	82,429,773.12	5.78
			五洲交通	7,225,139.56	0.41	鲁阳股份	10,002,479.70	0.65	平高电气	20,179,410.41	1.42
						光大证券	6,243,531.62	0.41	报喜鸟	15,063,018.72	1.06
						四川成渝	2,868,106.06	0.19	中国建筑	12,272,000.00	0.86
						乐普医疗	2,047,835.00	0.13	光大证券	5,986,302.96	0.42

投资前五名债券明细

债券名称	公允价值(元)	占净值比(%)	债券名称	公允价值(元)	占净值比(%)	债券名称	公允价值(元)	占净值比(%)	债券名称	公允价值(元)	占净值比(%)
02国债(3)	422,566,599.00	20.37	08央行票据17	522,950,000.00	29.61	08央行票据17	568,755,000.00	36.97	08央行票据17	256,625,000.00	18.00
08国债26	194,960,000.00	9.40	唐钢转债	140,172,089.90	7.94	02国债(3)	153,566,887.50	9.98	02国债(3)	146,994,364.50	10.31
21国债(10)	140,751,253.50	6.78	南山转债	108,545,978.00	6.15	21国债(12)	122,076,611.20	7.93	09央行票据57	99,670,000.00	6.99
唐钢转债	134,076,683.16	6.46	21国债(12)	96,447,624.00	5.46	08北辰债	92,670,233.40	6.02	03国债(8)	89,228,440.20	6.26
21国债(12)	120,467,184.30	5.81	02国债(3)	90,207,468.00	5.11	03国债(8)	84,852,056.00	5.52	09龙湖债	82,942,574.00	5.82

嘉实服务增值行业证券投资基金

基本资料					
基金简称	嘉实服务增值行业混合	交易代码	070006		
风险收益特征	该基金属于中等风险的基金品种。				
业绩比较基准	中信综合指数×80%+中信国债指数×20%				
合同生效日	2004年4月1日	首募份额	90.30亿份	认购户数	181,725户
基金管理人	嘉实基金管理有限公司	基金托管人	中国银行		
注册登记人	嘉实基金管理有限公司				

财务指标　　单位：人民币（元）；%

项目＼年度	2009年	2008年	2007年
本期利润	2,549,460,444.42	–4,250,925,450.73	5,788,851,942.36
本期加权平均净值利润率	51.51	–70.41	65.54
期末基金资产净值	5,921,798,218.06	3,648,860,522.17	10,121,936,084.56
期末基金份额净值	3.834	2.166	4.361
本期份额净值增长率	77.01	–47.30	125.61
累计份额净值增长率	345.41	151.63	377.45
基金收益分配	——	10派2.000	——

成立来累计净值增长率与同期基准收益率历史走势对比图（%）

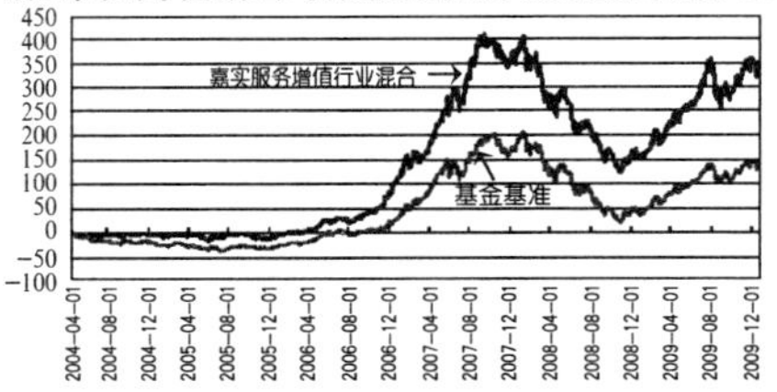

近三年净值增长率与同期基准收益率对比图（%）

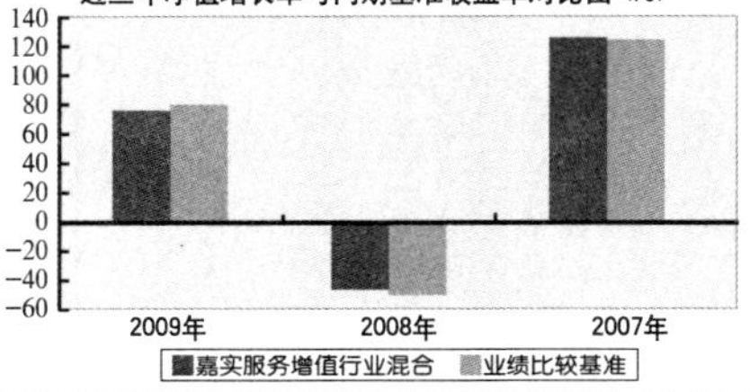

期末基金份额持有人户数	基金份额持有人户数为95,508户，平均每户持有16,173.08份。（期末截至2009年12月31日）
期末基金份额持有人结构	机构投资者持有份额444,457,893.64份，占总份额28.77%；个人投资者持有份额1,100,200,672.37份，占总份额71.23%。

基金业绩表现

2009年嘉实服务增值行业混合基金全年净值增长率为77.01%；同期业绩基准收益率为80.22%。

基金管理团队

陈　勤先生：基金经理，工商管理硕士（MBA）、经济学硕士、特许金融分析师（CFA），7年证券从业经历。曾任瑞士信贷第一波士顿投资银行证券分析师；华夏基金管理公司基金经理助理；银华基金管理公司投资管理部，曾任银华优势企业基金经理。2007年11月加入嘉实基金管理公司，2008年3月起任嘉实服务增值行业混合基金经理。

基金运作分析

2009年嘉实服务增值行业混合基金总体上取得优良的投资回报，特别是在第二季度及时抓住了主流板块上涨的机会，以及在第四季度通过自下而上的个股选择都取得了较好的回报。但也有些经验和教训值得汲取，比如在一季度开始阶段没有能够及时增加股票配置和对热点的把握，以及在三季度没能及时降低股票配置和转向防御类品种等。

展望2010年，嘉实服务增值行业混合基金的首要目标是寻找相对确定的ALPHA，主要是通过自下而上的选股来完成。对于从全年看有比较确定的相对或绝对收益的投资标的将坚定持有。同时，通过对大盘相对中小盘，周期相对非周期，以及行业间的估值比较来把握市场风格和板块的轮动。对于股票仓位，在市场仍存在结构性机会的前提下，不与市场平均水平做大的偏离。而在没有大的结构性机会的情况下，将通过降低股票仓位来防范市场的系统性风险。

季度投资组合一览

项目＼季度	第一季度		第二季度		第三季度		第四季度	
基金资产净值	4,183,560,343.75元		4,946,675,342.40元		4,855,946,636.23元		5,921,798,218.06元	
基金份额	1,513,433,811.55份		1,498,508,511.09份		1,493,460,318.2份		1,544,658,566.01份	
基金份额净值	2.7640元		3.3010元		3.2510元		3.8340元	
基金资产组合	市值(元)	占总资产比(%)	市值(元)	占总资产比(%)	市值(元)	占总资产比(%)	市值(元)	占总资产比(%)
股票投资	3,571,264,497.26	84.64	3,879,322,686.32	77.18	3,979,027,494.39	80.66	5,024,174,619.03	84.28
债券投资	220,372,377.84	5.22	394,577,076.10	7.85	269,208,095.90	5.46	259,252,000.00	4.35
资产支持证券投资	——	——	——	——	——	——	——	——
金融衍生品投资	——	——	——	——	——	——	——	——
买入返售金融资产	——	——	——	——	——	——	——	——
银行存款和结算备付金	376,434,113.72	8.92	724,373,448.12	14.41	676,319,062.92	13.71	439,696,707.04	7.38
其他资产	51,314,150.03	1.22	27,853,429.52	0.55	8,764,717.82	0.18	238,349,950.92	4.00

投资前五名股票明细	股票名称	公允价值(元)	占净值比(%)	股票名称	公允价值(元)	占净值比(%)	股票名称	公允价值(元)	占净值比(%)	股票名称	公允价值(元)	占净值比(%)
	中国太保	303,576,712.40	7.26	兴业银行	403,422,847.11	8.16	工商银行	355,682,371.90	7.32	重庆百货	339,683,975.95	5.74
	保利地产	244,313,399.09	5.84	民生银行	285,514,772.40	5.77	保利地产	349,437,363.00	7.20	招商银行	311,690,017.25	5.26
	兴业银行	186,138,000.00	4.45	万　科A	268,258,661.25	5.42	民生银行	294,199,955.30	6.06	国电南瑞	213,977,770.56	3.61
	国电电力	166,489,564.32	3.98	北京银行	199,973,691.30	4.04	中国平安	285,020,443.50	5.87	兴业银行	186,447,495.71	3.15
	金风科技	165,743,094.55	3.96	中油化建	149,343,667.00	3.02	中兴通讯	147,663,631.70	3.04	中国平安	177,966,261.76	3.01

投资前五名债券明细	债券名称	公允价值(元)	占净值比(%)	债券名称	公允价值(元)	占净值比(%)	债券名称	公允价值(元)	占净值比(%)	债券名称	公允价值(元)	占净值比(%)
	08央行票据44	53,015,000.00	1.27	09龙湖债	94,720,032.00	1.91	08央行票据112	96,520,000.00	1.99	09央行票据65	109,637,000.00	1.85
	08央行票据17	52,840,000.00	1.26	08江铜债	71,378,778.90	1.44	09央行票据43	59,802,000.00	1.23	09央行票据63	99,670,000.00	1.68
	09农发04	49,975,000.00	1.19	08央行票据44	52,475,000.00	1.06	09农发04	49,885,000.00	1.03	09农发04	49,945,000.00	0.84
	08央行票据81	48,480,000.00	1.16	08央行票据17	52,295,000.00	1.06	08央行票据110	48,145,000.00	0.99			
	锡业转债	16,062,377.84	0.38	09农发04	49,930,000.00	1.01	博汇转债	14,856,095.90	0.31			

嘉实货币市场基金

基本资料					
基金简称	嘉实货币	交易代码	070008		
风险收益特征	该基金属于较低风险、流动性强的基金品种。				
业绩比较基准	税后活期存款利率				
合同生效日	2005年3月18日	首募份额	29.47亿份	认购户数	14,219户
基金管理人	嘉实基金管理有限公司	基金托管人	中国银行		
注册登记人	嘉实基金管理有限公司				

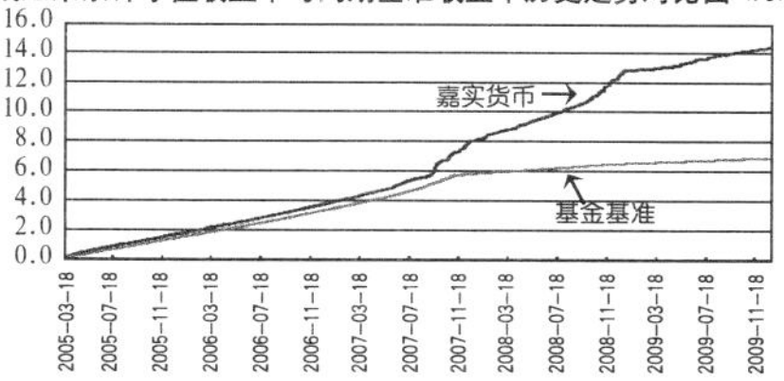

财务指标　单位：人民币（元）；%

项目＼年度	2009年	2008年	2007年
本期利润	129,173,659.48	719,196,411.48	254,990,139.31
期末基金资产净值	21,875,563,297.47	36,778,234,782.21	25,888,134,595.56
期末基金份额净值	1.0000	1.0000	1.0000
本期份额净值收益率	1.3683	4.3646	4.1243
累计份额净值收益率	14.3032	12.7604	8.0447
基金收益分配	129,173,659.48	719,196,411.48	254,990,139.31

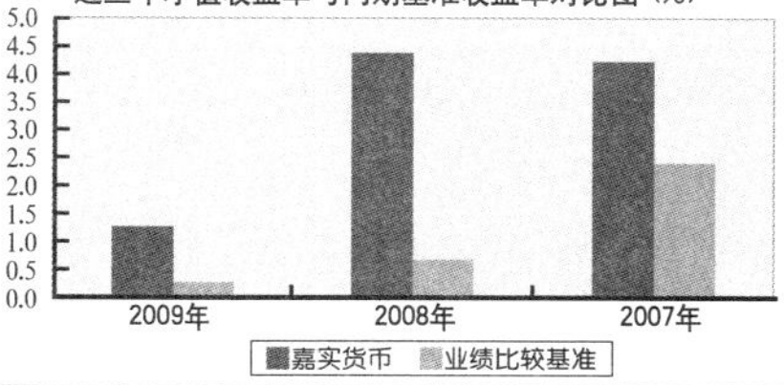

期末基金份额持有人户数	基金份额持有人户数为88,305户，平均每户持有247,727.35份。（期末截至2009年12月31日）
期末基金份额持有人结构	机构投资者持有份额16,492,806,627.12份，占总份额75.39%；个人投资者持有份额5,382,756,670.35份，占总份额24.61%。

基金业绩表现

2009年嘉实货币市场基金全年净值收益率为1.3683%，同期业绩基准收益率为0.3600%。

基金管理团队

吴洪坚先生：基金经理，清华大学工学硕士，7年证券从业经历。曾任职于中国银行交易中心（上海），从事人民币固定收益投资及交易等工作。2005年加入嘉实基金管理公司固定收益部工作，曾任嘉实货币市场基金经理助理；2006年5月起任嘉实货币市场基金经理。

魏　莉女士：基金经理，金融硕士，CFA，CPA，6年证券从业经历。曾任职于国家开发银行国际金融局，中国银行澳门分行资金部经理。2008年7月加入嘉实基金管理公司从事固定收益投资研究工作，2009年1月起任嘉实货币市场基金经理。

基金运作分析

2009年，受市场环境影响，年初嘉实货币基金规模有较大波动，为确保组合安全性和流动性，该基金按计划有序调整组合仓位，降低整体久期，提高流动性资产配置，顺利应对了前期较为集中的赎回状况，并较为成功地规避了之后短端利率的上行风险，以及年中大盘新股发行带来的规模波动。在保障组合流动性的前提下，该基金持续进行交易所和银行间市场逆回购套利操作，后期更利用新股冻结资金期间回购利率上升，增加回购资产比例，提高组合投资收益。下半年，该基金积极配置新发的较高票息短融，提高组合静态收入。通过上述操作，2009年组合业绩持续改善。

季度投资组合一览

项目＼季度	第一季度		第二季度		第三季度		第四季度	
基金资产净值	12,206,723,535.05元		8,446,737,752.83元		6,314,796,402.32元		21,875,563,297.47元	
基金份额	12,206,723,535.05份		8,446,737,752.83份		6,314,796,402.32份		21,875,563,297.47份	
基金份额净值	0.0000元		0.0000元		3.2510元		3.8340元	
基金资产组合	市值(元)	占总资产比(%)	市值(元)	占总资产比(%)	市值(元)	占总资产比(%)	市值(元)	占总资产比(%)
股票投资	——	——	——	——	——	——	——	——
债券投资	11,368,365,334.40	83.27	3,536,715,341.08	38.37	2,955,392,541.65	46.49	4,747,000,139.30	19.57
资产支持证券投资	——	——	——	——	——	——	——	——
金融衍生品投资	——	——	——	——	——	——	——	——
买入返售金融资产	248,600,000.00	1.82	4,186,400,908.50	45.41	2,701,400,682.29	42.49	13,415,178,289.35	55.31
银行存款和结算备付金	1,813,744,232.53	13.29	1,286,877,221.51	13.96	513,815,045.45	8.08	1,257,679,505.90	5.19
其他资产	221,535,719.90	1.62	208,209,804.58	2.26	186,857,660.10	2.94	4,832,479,371.30	19.93

明细 投资前五名债券	债券名称	成本(元)	占净值比(%)	债券名称	成本(元)	占净值比(%)	债券名称	成本(元)	占净值比(%)	债券名称	成本(元)	占净值比(%)
	08央票106	1,310,007,049.91	10.73	08央票106	1,215,728,550.80	14.39	09央行票据43	698,198,443.26	11.06	09央行票据63	798,183,538.39	3.65
	08央行票据46	1,249,023,240.94	10.23	05中信债1	323,776,774.67	3.83	05中信债1	323,861,706.18	5.13	09央行票据61	758,466,620.15	3.47
	08中石集CP01	1,001,916,370.15	8.21	04建行03浮	289,283,986.44	3.42	09央行票据41	299,313,319.12	4.74	05中信债1	323,260,635.81	1.48
	08中石化CP01	1,001,875,072.03	8.21	08南山CP01	210,685,589.32	2.49	04建行03浮	290,084,753.67	4.59	09国开13	228,566,911.12	1.04
	08铁道CP01	878,310,547.68	7.20	07农发16	201,607,850.12	2.39	05工行03	167,462,145.14	2.65	09央行票据67	189,475,093.85	0.87

期限 投资组合平均剩余	平均剩余期限	占净值比(%)	平均剩余期限	占净值比(%)	平均剩余期限	占净值比(%)	平均剩余期限	占净值比(%)
	30天以内	17.05	30天以内	59.71	30天以内	48.65	30天以内	62.07
	30天(含)—60天	11.30	30天(含)—60天	6.05	30天(含)—60天	6.33	30天(含)—60天	7.36
	60天(含)—90天	31.28	60天(含)—90天	17.68	60天(含)—90天	25.82	60天(含)—90天	7.29
	90天(含)—180天	41.68	90天(含)—180天	13.82	90天(含)—180天	7.32	90天(含)—180天	7.74
	180天(含)—397天(含)	8.71	180天(含)—397天(含)	9.41	180天(含)—397天(含)	12.21	180天(含)—397天（含）	4.32

嘉实沪深300指数证券投资基金(LOF)

基本资料					
基金简称	嘉实沪深300指数(LOF)			交易代码	160706
风险收益特征	该基金运用指数复制法进行被动式指数化投资，力争控制该基金净值增长率与业绩衡量基准之间的日平均跟踪误差小于0.3%。				
业绩比较基准	沪深300指数增长率×95%+银行同业存款收益率×5%				
合同生效日	2005年8月29日	首募份额	8.67亿份	认购户数	7,163户
上市日期	2005年10月17日			上市地点	深交所
基金管理人	嘉实基金管理有限公司	基金托管人	中国银行		
注册登记人	中国证券登记结算有限公司				

成立来累计净值增长率与同期基准收益率历史走势对比图(%)

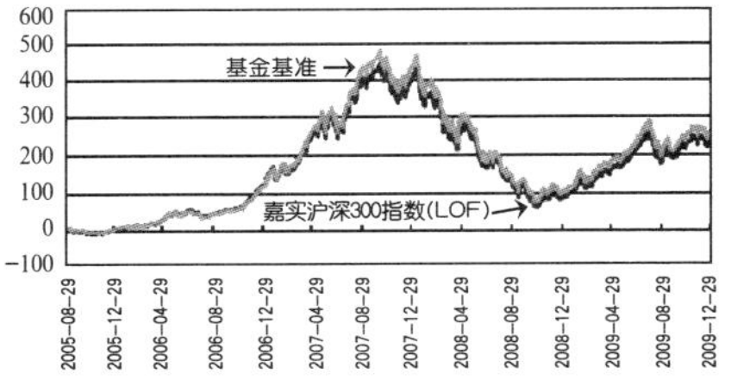

财务指标（单位：人民币(元)；%）

项目 \ 年度	2009年	2008年	2007年
本期利润	16,906,362,216.91	−27,006,729,827.78	8,659,555,318.53
本期加权平均净值利润率	54.24	−104.59	45.89
期末基金资产净值	39,393,479,817.24	18,256,456,339.14	39,342,015,612.47
期末基金份额净值	0.908	0.473	1.327
本期份额净值增长率	91.97	−64.36	130.32
累计份额净值增长率	240.42	77.33	397.51
基金收益分配	——	——	10派16.180

近三年净值增长率与同期基准收益率对比图(%)

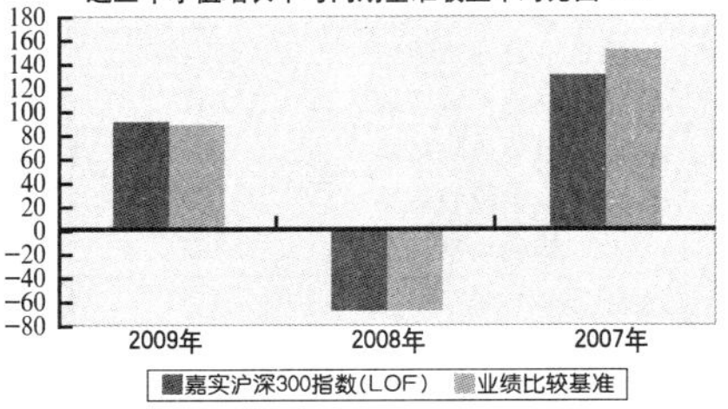

期末基金份额持有人户数	基金份额持有人户数为1,734,470户，平均每户持有25,018.05份。(期末截至2009年12月31日)
期末基金份额持有人结构	机构投资者持有份额8,049,269,034.47份，占总份额18.55%，个人投资者持有份额35,343,788,929.37份，占总份额81.45%。

基金业绩表现

2009年嘉实沪深300指数基金全年份额净值增长率为91.97%；同期业绩基准收益率为90.72%。

基金管理团队

杨　宇先生：基金经理、公司结构产品投资部总监，南开大学经济学硕士，11年证券从业经历。曾先后担任平安保险投资管理中心基金交易室主任及天同基金管理公司投资部总经理、万家(天同)180指数基金经理。2004年7月加入嘉实基金管理公司，2005年8月起任嘉实沪深300指数基金经理。

基金运作分析

2009年嘉实沪深300指数基金日均跟踪误差为0.062%，年度化拟合偏离度为0.987%，符合基金合同约定的年度化跟踪误差不超过3%的限制。影响该基金跟踪误差的主要因素有以下三个：一是长期停牌股票的估值因素；二是基金申购、赎回的影响；三是基金净值与跟踪误差计算精度差异的影响。

展望2010年，全球经济有望在2009年基础上进一步复苏，中国的经济将继续实现快速的增长，这将进一步推进企业盈利显著提升，并有效地降低证券市场的估值水平。所以该管理人看好中国A股市场的长期发展前景，对未来A股的长期表现充满信心。

嘉实沪深300指数基金作为一只投资于沪深300指数的被动投资管理产品，将继续秉承指数化被动投资策略，积极应对基金申购赎回等因素对指数跟踪效果带来的冲击，力图进一步降低基金的跟踪误差，给投资者提供一个标准化的沪深300指数的投资工具。

季度投资组合一览

项目 \ 季度	第一季度		第二季度		第三季度		第四季度	
基金资产净值	24,923,191,796.59元		31,396,169,176.03元		34,330,984,279.27元		39,393,479,817.24元	
基金份额	38,831,503,699.79份		38,845,914,799.80份		44,531,057,231.67份		43,393,057,963.84份	
基金份额净值	0.6420元		0.8080元		0.7710元		0.9080元	
基金资产组合	市值(元)	占总资产比(%)	市值(元)	占总资产比(%)	市值(元)	占总资产比(%)	市值(元)	占总资产比(%)
股票投资	23,631,791,612.76	94.17	29,800,622,977.86	93.96	32,309,160,720.11	93.81	37,350,656,176.41	94.45
债券投资	733,155,000.00	2.92	680,490,000.00	2.15	1,192,760,000.00	3.46	1,096,590,000.00	2.77
资产支持证券投资	——	——	——	——	——	——	——	——
金融衍生品投资	——	——	——	——	——	——	——	——
买入返售金融资产	——	——	——	——	——	——	——	——
银行存款和结算备付金	679,706,084.65	2.71	1,034,049,176.07	3.26	861,909,017.82	2.5	954,054,684.52	2.41
其他资产	49,450,999.45	0.2	202,149,611.59	0.64	77,805,356.96	0.23	144,159,829.01	0.36

投资前五名股票明细	股票名称	公允价值(元)	占净值比(%)	股票名称	公允价值(元)	占净值比(%)	股票名称	公允价值(元)	占净值比(%)	股票名称	公允价值(元)	占净值比(%)
	招商银行	864,449,080.47	3.47	招商银行	1,144,244,291.40	3.64	招商银行	1,117,423,218.08	3.25	招商银行	1,287,516,987.05	3.27
	中信证券	760,821,960.06	3.05	交通银行	990,352,656.54	3.15	交通银行	1,042,873,525.33	3.04	交通银行	1,104,402,393.05	2.80
	中国平安	722,872,163.72	2.90	民生银行	902,776,897.44	2.88	中国平安	1,004,281,164.90	2.93	中国平安	1,029,561,750.07	2.61
	交通银行	643,837,565.37	2.58	中国平安	860,154,993.04	2.74	民生银行	875,057,051.02	2.55	民生银行	968,907,155.93	2.46
	民生银行	615,411,855.28	2.47	中信证券	794,290,876.92	2.53	兴业银行	815,724,592.74	2.38	中信证券	959,569,007.40	2.44

投资前五名债券明细	债券名称	公允价值(元)	占净值比(%)	债券名称	公允价值(元)	占净值比(%)	债券名称	公允价值(元)	占净值比(%)	债券名称	公允价值(元)	占净值比(%)
	08央行票据106	389,840,000.00	1.56	08央行票据106	386,880,000.00	1.23	09央行票据43	717,624,000.00	2.09	09央行票据63	817,294,000.00	2.07
	09农发04	99,950,000.00	0.40	09农发04	99,860,000.00	0.32	09央行票据37	179,406,000.00	0.52	09央行票据59	179,406,000.00	0.46
	08央行票据110	97,670,000.00	0.39	08央行票据110	96,960,000.00	0.31	09农发04	99,770,000.00	0.29	09农发04	99,890,000.00	0.25
	08央行票据108	97,520,000.00	0.39	08央行票据108	96,790,000.00	0.31	09央行票据41	99,670,000.00	0.29			
	08央票49	48,175,000.00	0.19	——			08央行票据110	96,290,000.00	0.28	——		

嘉实超短债证券投资基金

基本资料					
基金简称	嘉实超短债债券	交易代码	070009		
风险收益特征	该基金预期的风险水平和预期收益率高于货币市场基金，低于中长期债券基金、混合基金、股票基金。				
业绩比较基准	一年期银行定期储蓄存款的税后利率				
合同生效日	2006年4月26日	首募份额	61.46亿份	认购户数	37,640户
基金管理人	嘉实基金管理有限公司	基金托管人	中国银行		
注册登记人	嘉实基金管理有限公司				

成立来累计净值增长率与同期基准收益率历史走势对比图（%）

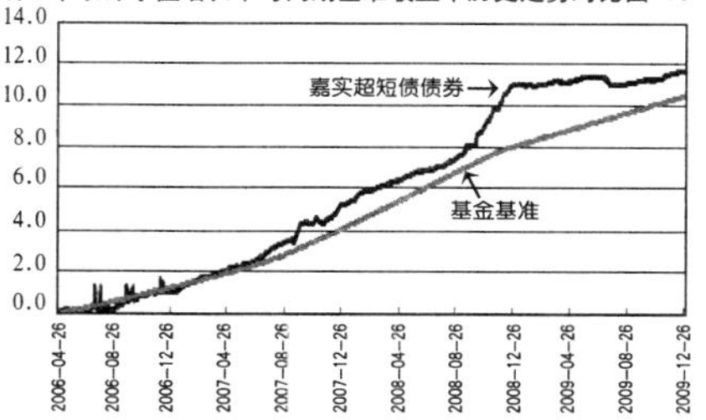

财务指标　单位：人民币（元）；%

项目＼年度	2009年	2008年	2007年
本期利润	22,604,815.48	275,148,686.72	16,900,842.57
本期加权平均净值利润率	0.43	7.16	3.65
期末基金资产净值	2,244,866,897.21	21,345,923,783.86	353,565,319.25
期末基金份额净值	1.0073	1.0183	1.0012
本期份额净值增长率	0.65	5.41	4.01
累计份额净值增长率	11.69	10.97	5.27
基金收益分配	10派0.175	10派0.360	10派0.387

近三年净值增长率与同期基准收益率对比图（%）

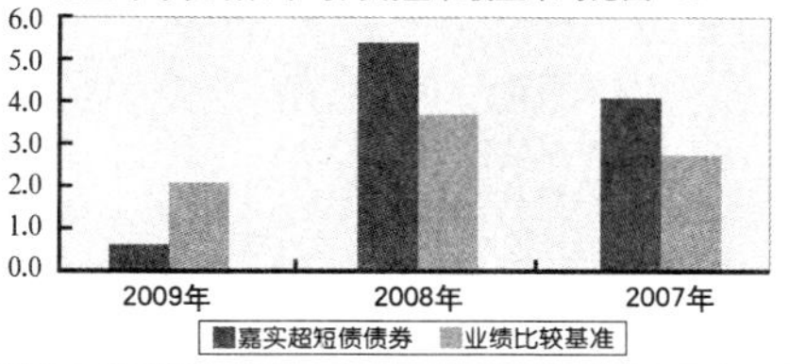

期末基金份额持有人户数	基金份额持有人户数为16,967户，平均每户持有131,351.83份。（期末截至2009年12月31日）
期末基金份额持有人结构	机构投资者持有份额1,072,296,311.79份，占总份额48.11%；个人投资者持有份额1,156,350,206.45份，占总份额51.89%。

基金业绩表现

2009年嘉实超短债债券基金全年份额净值增长率为0.65%，同期业绩基准收益率为2.25%。

基金管理团队

吴洪坚先生：基金经理，清华大学工学硕士，7年证券从业经历。曾任职于中国银行交易中心（上海），从事人民币固定收益投资及交易等工作。2005年加入嘉实基金管理公司固定收益部工作，曾任嘉实货币基金经理助理；2006年10月起任嘉实超短债债券基金经理。

魏　莉女士：基金经理，金融硕士，CFA，CPA，6年证券从业经历。曾任职于国家开发银行国际金融局，中国银行澳门分行资金部经理。2008年7月加入嘉实基金管理公司从事固定收益投资研究工作，2009年1月起任嘉实超短债债券基金经理。

基金运作分析

2009年，嘉实超短债债券基金坚持稳健的防御型投资风格，为规避风险始终保持短久期策略。在前期市场开始出现波动时果断降低组合久期，调整持仓结构；在下半年信用债调整到位后加大信用债持有比例，提高静态收益；此外，该基金根据市场变动状况灵活调整仓位，不断进行持仓券种优化。在市场大环境不利的情况下，操作目标以规避风险为主，为保持组合防御性以及组合弹性，适当提高了高流动性资产配置比例，一定程度上限制了组合业绩水平，但最大限度规避了债市整体下跌风险。通过上述操作，2009年组合业绩持续改善。

季度投资组合一览

项目＼季度	第一季度			第二季度			第三季度			第四季度		
基金资产净值	7,615,651,399.00元			3,315,300,425.02元			1,514,692,429.45元			2,244,866,897.21元		
基金份额	7,510,825,912.31份			3,291,117,453.26份			1,510,157,820.91份			2,228,646,518.24份		
基金份额净值	1.0140元			1.0073元			1.0030元			1.0073元		
基金资产组合	市值(元)	占总资产比(%)		市值(元)	占总资产比(%)		市值(元)	占总资产比(%)		市值(元)	占总资产比(%)	
股票投资	——	——		——	——		——	——		——	——	
债券投资	7,014,255,837.30	75.12		2,322,009,195.00	69.64		1,064,231,180.55	68.51		1,451,801,331.20	61.77	
资产支持证券投资	——	——		——	——		——	——		——	——	
金融衍生品投资	——	——		——	——		——	——		——	——	
买入返售金融资产	——	——		120,000,300.00	3.60		370,600,561.00	23.86		376,161,004.24	16.00	
银行存款和结算备付金	1,645,426,622.26	17.62		709,086,664.73	21.27		22,028,492.87	1.42		315,346,825.37	13.42	
其他资产	677,326,128.90	7.25		183,061,478.82	5.49		96,438,208.48	6.21		207,088,622.67	8.81	
投资前五名股票明细	股票名称	公允价值(元)	占净值比(%)	股票名称	公允价值(元)	占净值比(%)	股票名称	公允价值(元)	占净值比(%)	股票名称	公允价值(元)	占净值比(%)
	——			——			——			——		
投资前五名债券明细	债券名称	公允价值(元)	占净值比(%)	债券名称	公允价值(元)	占净值比(%)	债券名称	公允价值(元)	占净值比(%)	债券名称	公允价值(元)	占净值比(%)
	08央行票据106	974,600,000.00	12.80	08农发03	274,455,000.00	8.28	08国开07	151,485,000.00	10.00	08国开25	299,220,000.00	13.33
	08农发10	803,920,000.00	10.56	08电网CP02	253,225,000.00	7.64	08国开25	109,758,000.00	7.25	08国开07	151,170,000.00	6.73
	08央票101	661,912,000.00	8.69	09进出01	248,900,000.00	7.51	06国开13	101,200,000.00	6.68	09光明CP01	120,372,000.00	5.36
	08电网CP02	508,950,000.00	6.68	08农发04	211,491,000.00	6.38	09进出01	98,960,000.00	6.53	06国开13	101,050,000.00	4.50
	08央行票据108	390,080,000.00	5.12	07国开22	203,620,000.00	6.14	07进出08	70,539,000.00	4.66	07进出08	70,350,000.00	3.13

嘉实主题精选混合型证券投资基金

基本资料					
基金简称	嘉实主题混合		交易代码	070010	
风险收益特征	该基金属于较高风险，较高收益的基金品种。				
业绩比较基准	沪深300指数增长率×95%＋同业存款收益率×5%				
合同生效日	2006年7月21日	首募份额	55.23亿份	认购户数	95,327户
基金管理人	嘉实基金管理有限公司		基金托管人	中国银行	
注册登记人	嘉实基金管理有限公司				

成立来累计净值增长率与同期基准收益率历史走势对比图（%）

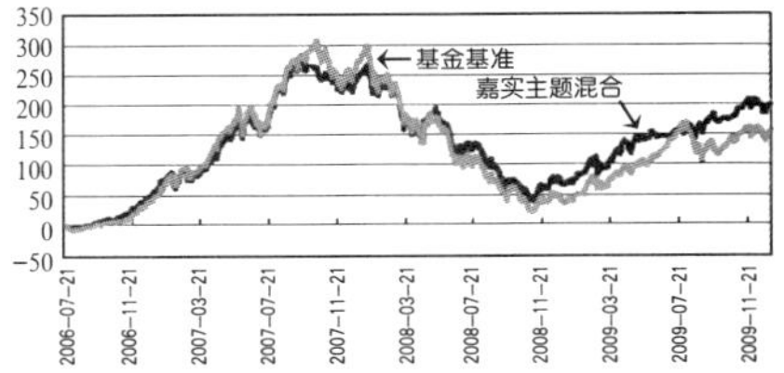

财务指标　单位：人民币（元）；%

项目＼年度	2009年	2008年	2007年
本期利润	4,565,549,833.20	−6,312,113,087.96	9,391,344,876.90
本期加权平均净值利润率	52.56	−78.85	71.73
期末基金资产净值	9,938,026,564.74	4,978,269,241.63	13,762,850,645.31
期末基金份额净值	1.230	0.674	1.755
本期份额净值增长率	82.49	−52.49	120.07
累计份额净值增长率	200.77	64.81	246.87
基金收益分配	——	10派3.430	10派11.500

近三年净值增长率与同期基准收益率对比图（%）

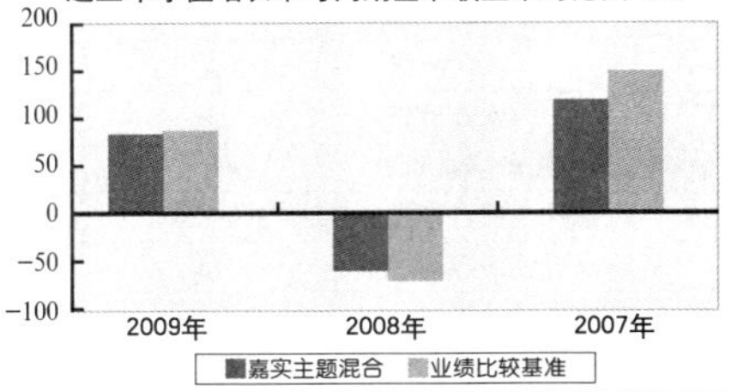

期末基金份额持有人户数	基金份额持有人户数为224,206户，平均每户持有36,051.48份。（期末截至2009年12月31日）
期末基金份额持有人结构	机构投资者持有份额1,220,098,298.22份，占总份额15.09%；个人投资者持有份额6,862,859,310.58份，占总份额84.91%。

基金业绩表现

截至2009年12月31日，嘉实主题混合基金份额净值为1.230元，全年份额净值增长率为82.49%；同期业绩基准收益率为90.72%。

基金管理团队

邹　唯先生：基金经理，硕士研究生，8年证券从业经历。曾任职于长城证券研究发展中心，2003年6月进入嘉实基金管理公司研究部工作，曾任嘉实浦安保本、嘉实稳健混合和嘉实策略混合的基金经理；2007年7月起任嘉实主题混合基金经理。

基金运作分析

2009年在操作上，嘉实主题混合基金上半年看多市场，一季度配置新能源（光伏与风能）、医改、大农业与上海本地股；二季度调整为大宗商品价格反弹主题、经济反弹下的高β资产主题以及失衡主题（房地产与汽车）；6月下旬判断下半年市场将进入调整阶段，三季度调整为避险主题，重点配置在医药、食品饮料、通信设备与电力设备，由进攻性转为防御性，同时降低了仓位（但失误在于减仓及组合调整过快）；四季度坚持判断市场仍将呈现震荡调整走势，超额收益主要来源于有限的结构性机会，将投资主题调整为新疆区域、新能源（智能电网、特高压、配电自动化与节能变频）、大农业与军工。

展望2010年，基于市场分析与判断，嘉实主题混合基金一季度重点配置于新疆区域、新能源（智能电网、特高压、配电自动化与节能变频）、大农业与军工四个投资主题，二季度重点关注美国经济是否二次探底、通胀预期及欧洲国家主权信用风险的持续发生，以防范大幅调整风险。下半年则重点关注全球经济的复苏进程。

季度投资组合一览

项目＼季度	第一季度		第二季度		第三季度		第四季度	
基金资产净值	7,804,522,596.89元		10,214,889,625.82元		9,456,451,922.41元		9,938,026,564.74元	
基金份额	8,553,758,531.96份		10,187,224,853.16份		8,532,690,038.37份		8,082,957,608.80份	
基金份额净值	0.9120元		1.0030元		1.1080元		1.2300元	
基金资产组合	市值(元)	占总资产比(%)	市值(元)	占总资产比(%)	市值(元)	占总资产比(%)	市值(元)	占总资产比(%)
股票投资	7,351,633,883.78	91.55	6,096,466,138.54	54.43	6,404,548,964.57	67.4	8,191,802,212.21	80.88
债券投资	282,399,000.00	3.52	280,282,000.00	2.50	494,970,000.00	5.21	498,350,000.00	4.92
资产支持证券投资	——	——	——	——	——	——	——	——
金融衍生品投资	——	——	——	——	——	——	——	——
买入返售金融资产	——	——	——	——	——	——	——	——
银行存款和结算备付金	349,273,147.45	4.35	4,804,908,964.67	42.90	2,465,925,436.27	25.95	1,422,566,535.94	14.05
其他资产	47,062,631.38	0.59	19,753,413.64	0.18	136,646,335.44	1.44	15,248,604.56	0.15

投资前五名股票明细	股票名称	公允价值(元)	占净值比(%)	股票名称	公允价值(元)	占净值比(%)	股票名称	公允价值(元)	占净值比(%)	股票名称	公允价值(元)	占净值比(%)
	天威保变	678,417,012.00	8.69	复星医药	615,822,058.53	6.03	康美药业	694,717,904.56	7.35	康美药业	806,206,476.58	8.11
	南　玻A	603,838,452.03	7.74	康美药业	614,324,784.60	6.01	中兴通讯	577,620,791.12	6.11	特变电工	500,866,192.40	5.04
	金风科技	448,349,147.95	5.74	中国联通	411,599,725.60	4.03	*ST伊利	503,064,892.12	5.32	中粮屯河	476,802,903.75	4.80
	中国平安	434,106,372.86	5.56	大秦铁路	391,827,765.51	3.84	云南白药	498,809,288.60	5.27	国电南瑞	464,781,392.64	4.68
	太原重工	322,334,519.36	4.13	云南白药	367,311,700.00	3.60	华兰生物	491,358,608.00	5.20	青松建化	365,193,722.40	3.67

投资前五名债券明细	债券名称	公允价值(元)	占净值比(%)	债券名称	公允价值(元)	占净值比(%)	债券名称	公允价值(元)	占净值比(%)	债券名称	公允价值(元)	占净值比(%)
	08央行票据110	97,670,000.00	1.25	08央行票据110	96,960,000.00	0.95	09央行票据43	299,010,000.00	3.16	09央行票据65	398,680,000.00	4.01
	08央行票据101	97,340,000.00	1.25	08央行票据101	96,590,000.00	0.95	09央行票据41	99,670,000.00	1.05	09央行票据63	99,670,000.00	1.00
	08央行票据92	48,585,000.00	0.62	08央行票据92	48,220,000.00	0.47	08央行票据110	96,290,000.00	1.02			
	08央行票据84	38,804,000.00	0.50	08央行票据84	38,512,000.00	0.38						

嘉实策略增长混合型证券投资基金

基本资料

基金简称	嘉实策略混合		交易代码	070011	
风险收益特征	该基金属于较高风险，较高收益的基金品种。				
业绩比较基准	沪深300指数×75%＋上证国债指数×25%				
合同生效日	2006年12月12日	首募份额	419.17亿份	认购户数	925,140户
基金管理人	嘉实基金管理有限公司		基金托管人	中国工商银行	
注册登记人	嘉实基金管理有限公司				

成立来累计净值增长率与同期基准收益率历史走势对比图（%）

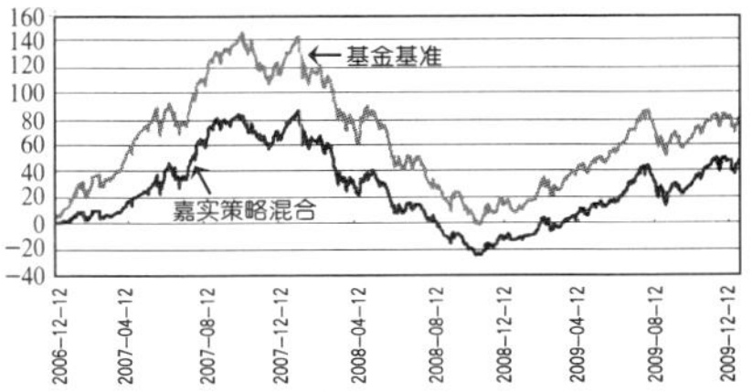

财务指标　　单位：人民币（元）；%

项目＼年度	2009年	2008年	2007年
本期利润	4,342,229,299.59	−7,987,244,257.79	14,462,999,675.46
本期加权平均净值利润率	53.74	−79.31	54.33
期末基金资产净值	8,963,592,648.49	6,426,183,520.97	18,472,873,331.34
期末基金份额净值	1.2710	0.7360	1.7640
本期份额净值增长率	72.69	−51.32	74.48
累计份额净值增长率	48.30	−14.12	76.40
基金收益分配	——	10派1.900	——

近三年净值增长率与同期基准收益率对比图（%）

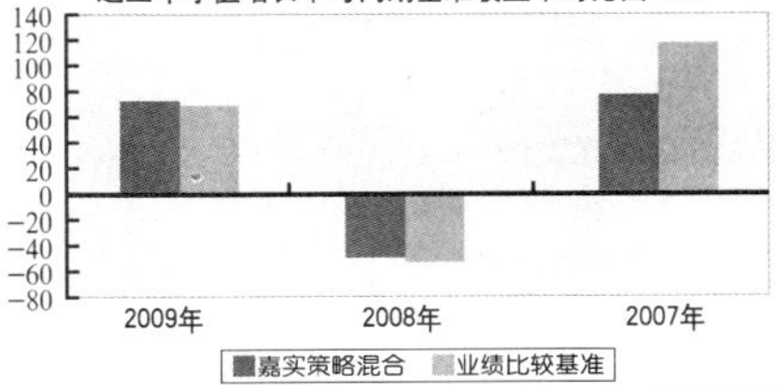

期末基金份额持有人户数	基金份额持有人户数为215,256户，平均每户持有32,753.62份。（期末截至2009年12月31日）
期末基金份额持有人结构	机构投资者持有份额355,490,906.26份，占总份额5.04%；个人投资者持有份额6,694,921,815.72份，占总份额94.96%。

基金业绩表现

截至2009年12月31日，嘉实策略混合基金份额净值为1.271元，全年份额净值增长率为72.69%；同期业绩基准收益率为68.15%。

基金管理团队

邵　健先生：基金经理、公司总经理助理，经济学硕士，11年证券从业经历。曾任国泰君安证券研究所研究员、行业投资策略组组长、行业公司部副经理，从事行业研究、行业比较研究及资产配置等工作。2003年7月加入嘉实基金管理公司投资部工作，2006年12月起任嘉实策略混合基金经理。

基金运作分析

2009年年初以来，嘉实策略混合基金权益类仓位一直保持在较高水平，较大程度地分享了这一阶段资本市场的上涨。结构上，着重对地产等先导性行业以及新能源、通胀等主题进行了超配，取得一定效果。三季度开始，由于没有重视流动性收紧迹象对资本市场带来的负面影响，未能及时降低仓位，带来一定的损失。四季度之后持续成长股和主题股表现突出，嘉实策略混合基金在保持鲜明成长特点以及整体组合风险可控的前提下，也适当地参与了一些区域经济、军工等主题的投资，取得了一定的超额收益。

展望2010年，该基金将积极优化组合的结构，高度重视结构性机会的把握，具体而言，将重点把握三类投资机会：第一，成长类（持续成长与周期成长）公司；第二，主题性投资机会，包括智能电网、军工、区域主题等；第三，由于市场波动可能加剧，阶段性把握市场波动的机会，特别是那些矫枉过正的股票的投资机会。

季度投资组合一览

项目＼季度	第一季度		第二季度		第三季度		第四季度	
基金资产净值	7,584,131,000.91元		8,422,982,006.67元		7,799,887,286.96元		8,963,592,648.49元	
基金份额	8,565,830,887.04份		7,926,562,768.39份		7,404,829,478.84份		7,050,412,721.98份	
基金份额净值	0.8850元		1.0630元		1.0530元		1.2710元	
基金资产组合	市值(元)	占总资产比(%)	市值(元)	占总资产比(%)	市值(元)	占总资产比(%)	市值(元)	占总资产比(%)
股票投资	6,776,500,210.53	88.5	7,950,356,857.73	93.76	6,824,862,134.09	86.99	8,390,220,593.00	92.41
债券投资	289,951,372.74	3.79	256,598,000.00	3.03	402,263,457.00	5.13	403,422,881.00	4.44
资产支持证券投资	——	——	——	——	——	——	——	——
金融衍生品投资	20,656,051.71	0.27	18,603,712.63	0.22	18,608,166.30	0.24	18,332,633.42	0.20
买入返售金融资产	——	——	——	——	——	——	——	——
银行存款和结算备付金	448,814,626.89	5.86	194,313,138.59	2.29	562,902,364.64	7.17	135,736,480.54	1.50
其他资产	121,446,169.06	1.59	59,641,446.30	0.70	36,938,320.03	0.47	131,556,059.13	1.45

投资前五名股票明细

第一季度股票名称	公允价值(元)	占净值比(%)	第二季度股票名称	公允价值(元)	占净值比(%)	第三季度股票名称	公允价值(元)	占净值比(%)	第四季度股票名称	公允价值(元)	占净值比(%)
中国平安	500,600,960.20	6.60	中国平安	702,320,426.36	8.34	兴业银行	364,518,477.98	4.67	兴业银行	480,801,797.86	5.36
兴业银行	364,687,889.10	4.81	兴业银行	477,080,816.16	5.66	中国平安	354,888,136.20	4.55	中金岭南	392,524,765.20	4.38
格力电器	304,581,313.62	4.02	格力电器	325,339,850.00	3.86	招商银行	315,484,243.44	4.04	中信证券	378,058,583.97	4.22
万　科A	204,760,425.60	2.70	浙江医药	273,968,530.56	3.25	格力电器	306,648,065.00	3.93	*ST伊利	297,041,730.24	3.31
云南白药	200,225,203.00	2.64	华发股份	261,113,246.82	3.10	*ST伊利	239,732,511.41	3.07	格力电器	268,836,943.46	3.00

投资前五名债券明细

第一季度债券名称	公允价值(元)	占净值比(%)	第二季度债券名称	公允价值(元)	占净值比(%)	第三季度债券名称	公允价值(元)	占净值比(%)	第四季度债券名称	公允价值(元)	占净值比(%)
09农发04	139,930,000.00	1.85	09农发04	139,804,000.00	1.66	09央行票据43	259,142,000.00	3.32	09央行票据65	259,142,000.00	2.89
08央行票据106	97,460,000.00	1.29	08央票106	96,720,000.00	1.15	09农发04	139,678,000.00	1.79	09农发04	139,846,000.00	1.56
02国债(10)	20,118,000.00	0.27	02国债(10)	20,074,000.00	0.24	09长虹债	2,125,998.00	0.03	09长虹债	2,167,452.00	0.02
06铁道07	19,992,465.00	0.26				龙盛转债	1,317,459.00	0.02	龙盛转债	1,659,070.40	0.02
唐钢转债	6,375,966.24	0.08							王府转债	608,358.60	0.01

嘉实海外中国股票股票型证券投资基金

基本资料					
基金简称	嘉实海外中国股票(QDII)			交易代码	070012
风险收益特征	该基金属于高风险、高收益的基金品种。				
业绩比较基准	MSCI中国指数				
合同生效日	2007年10月12日	首募份额	297.50亿份	认购户数	1,790,435户
基金管理人	嘉实基金管理有限公司			基金托管人	中国银行
境外投资顾问	德意志资产管理公司			境外托管人	中银香港
注册登记人	嘉实基金管理有限公司				

财务指标　单位：人民币(元)；%

项目 \ 年度	2009年	2008年	2007.10.12至2007.12.31
本期利润	6,740,684,527.06	-12,496,115,515.61	-3,584,974,983.18
本期加权平均净值利润率	45.87	-72.07	-13.00
期末基金资产净值	17,072,649,037.20	11,645,840,950.47	25,165,355,299.33
期末基金份额净值	0.695	0.440	0.879
本期份额净值增长率	57.95	-49.94	-12.10
累计份额净值增长率	-30.50	-56.00	-12.10
基金收益分配	——	——	——

成立来累计净值增长率与同期基准收益率历史走势对比图 (%)

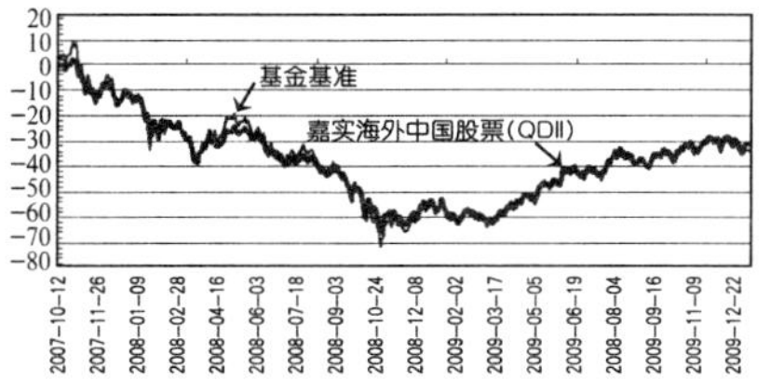

近三年净值增长率与同期基准收益率对比图 (%)

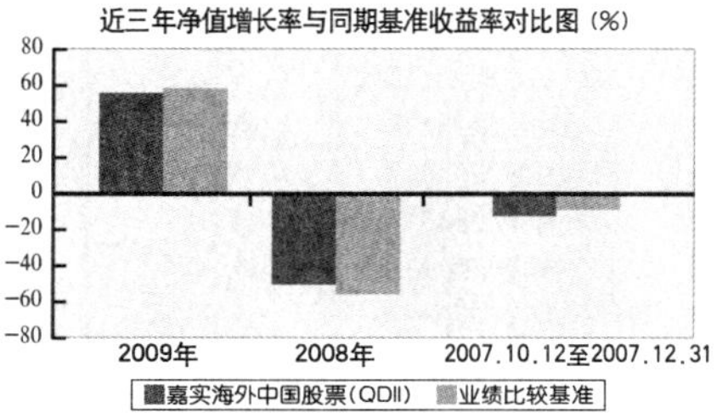

期末基金份额持有人户数	基金份额持有人户数为1,535,748户，平均每户持有15,989.53份。(期末截至2009年12月31日)
期末基金份额持有人结构	机构投资者持有份额273,968,898.37份，占总份额1.12%；个人投资者持有份额24,281,916,285.47份，占总份额98.88%。

基金业绩表现

2009年嘉实海外中国股票基金全年份额净值增长率为57.95%；同期业绩基准收益率为58.86%。

基金管理团队

李　凯先生：基金经理、公司总经理助理，金融学博士，8年证券从业经历。曾任德意志银行高级基金经理、研究总监，齐夫兄弟投资公司策略师、高级助理，德累斯顿投资银行顾问，瑞银普惠顾问。2007年4月至今任嘉实基金管理公司总经理助理；2007年10月至2009年10月任嘉实海外中国股票基金经理。

江隆隆先生：基金经理，美国杜兰大学工商管理硕士，11年证券从业经历。曾任德意志银行股票分析员，瑞银证券首席股票分析员。2008年3月加入嘉实基金管理公司任投资经理，2009年10月起任嘉实海外中国股票基金经理。

基金运作分析

2009年，嘉实海外中国股票基金在经济趋势转好逐步确立的一季度末开始加仓，并在之后的大部分时间保持相对稳定的仓位，在组合结构上采取了适度进取的配置策略。基于基本面和政策面的判断，该基金在2009年总体上超配了可选消费(包括汽车等)、保险、钢铁、有色、煤炭和航空等板块，低配了电信、公用事业、中下游石油石化及电力企业，取得较好收益。此外，在年中对地产等行业从上半年的显著超配适时调低到平配。同时，参与一些新股发行，并加强中小盘股的个股精选。

展望2010年，嘉实海外中国股票基金将继续维持适度进取的仓位和行业配置，同时加强对重点主题和个股的挖掘。在投资主题上，关注如下相对收益机会：①受益于国家调整经济增长模式的板块如消费、医疗等；②受益于政策层面的新能源与低碳经济的概念股；③在通胀预期和升息预期下表现较好的行业；④在经济复苏态势保持平稳延续的中期趋势判断下，关注目前市场情绪较谨慎但在未来会受益于产业链轮动而得以提升的中上游产业，如水泥、煤炭等板块。

季度投资组合一览

项目 \ 季度	第一季度		第二季度		第三季度		第四季度	
基金资产净值	11,823,737,118.14元		15,584,773,022.32元		16,090,363,841.67元		17,072,649,037.20元	
基金份额	26,919,891,854.10份		26,591,172,717.93份		25,452,494,153.44份		24,555,885,183.84份	
基金份额净值	0.4390元		0.5860元		0.6320元		0.6950元	
基金资产组合	市值(元)	占总资产比(%)	市值(元)	占总资产比(%)	市值(元)	占总资产比(%)	市值(元)	占总资产比(%)
普通股	9,779,211,853.76	81.74	13,915,042,729.43	88.58	14,570,201,287.52	89.48	15,568,023,542.61	90.9
存托凭证	111,591,965.96	0.93	287,961,852.24	1.83	409,300,212.40	2.51	273,240,665.30	1.60
债券投资	——	——	——	——	——	——	——	——
金融衍生品投资	——	——	——	——	——	——	——	——
买入返售金融资产	——	——	——	——	——	——	——	——
银行存款和结算备付金	2,044,059,367.35	17.08	1,385,054,790.26	8.82	1,282,306,251.71	7.88	1,237,933,346.22	7.23
其他资产	29,598,188.73	0.25	121,100,584.45	0.77	21,153,457.47	0.13	46,939,200.56	0.27

投资前五名股票及存托凭证明细	公司名称	公允价值(元)	占净值比(%)	公司名称	公允价值(元)	占净值比(%)	公司名称	公允价值(元)	占净值比(%)	公司名称	公允价值(元)	占净值比(%)
	中国人寿	767,498,933.72	6.49	建设银行	1,271,518,872.00	8.16	建设银行	1,363,564,150.00	8.47	建设银行	1,309,634,756.80	7.67
	建设银行	655,877,508.00	5.55	工商银行	1,237,668,120.00	7.94	中国人寿	999,926,483.40	6.21	中国人寿	1,253,544,130.59	7.34
	中国移动	631,092,465.00	5.34	中国海洋石油	703,134,773.90	4.51	工商银行	941,691,940.80	5.85	工商银行	878,895,136.00	5.15
	工商银行	626,288,717.93	5.30	中国移动	684,067,280.00	4.39	腾讯控股	786,537,884.22	4.89	中国神华	869,914,240.00	5.10
	中国海洋石油	508,049,280.00	4.30	腾讯控股	621,928,230.30	3.99	中国海洋石油	706,973,867.60	4.39	中国移动	816,956,911.93	4.79

嘉实优质企业股票型证券投资基金

基本资料			
基金简称	嘉实优质企业股票	交易代码	070099
风险收益特征	该基金属于较高风险，较高收益的基金品种。		
业绩比较基准	沪深300指数×95%+上证国债指数×5%		
合同生效日	2007年12月8日		
基金管理人	嘉实基金管理有限公司	基金托管人	上海浦东发展银行
注册登记人	嘉实基金管理有限公司		

成立来累计净值增长率与同期基准收益率历史走势对比图（%）

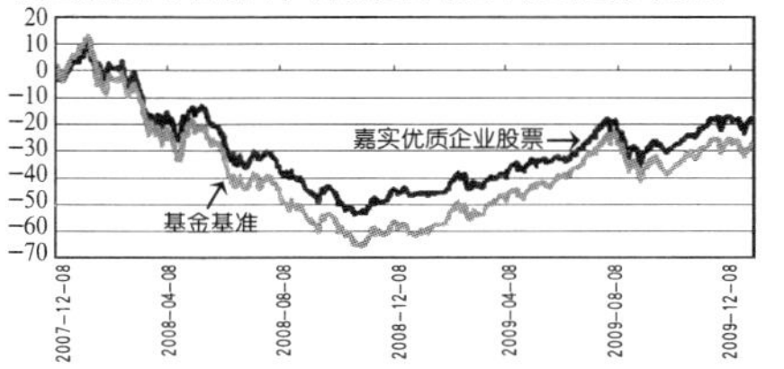

近三年净值增长率与同期基准收益率对比图（%）

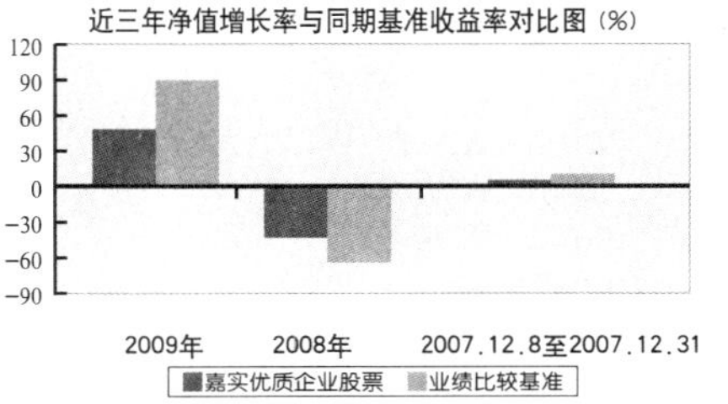

财务指标　　单位：人民币（元）；%

项目＼年度	2009年	2008年	2007.12.8至2007.12.31
本期利润	1,906,390,275.25	−4,100,284,743.31	131,109,562.99
本期加权平均净值利润率	42.42	−72.64	4.04
期末基金资产净值	4,708,587,590.87	4,213,810,713.38	4,149,525,340.58
期末基金份额净值	0.822	0.538	1.029
本期份额净值增长率	52.79	−47.72	2.90
累计份额净值增长率	−17.80	−46.20	2.90
基金收益分配	——	——	——

期末基金份额持有人户数	基金份额持有人户数为158,587户，平均每户持有36,105.22份。（期末截至2009年12月31日）
期末基金份额持有人结构	机构投资者持有份额98,112,254.18份，占总份额1.71%；个人投资者持有份额5,627,706,895.04份，占总份额98.29%。

基金业绩表现

2009年嘉实优质企业股票基金全年份额净值增长率为52.79%；同期业绩基准收益率为90.74%。

基金管理团队

刘天君先生：基金经理、公司股票投资部总监，北京大学光华管理学院经济学硕士，8年证券从业经历。曾任招商证券公司研发中心行业研究员，2003年4月加入嘉实基金管理公司，曾任行业研究员、研究部副总监、嘉实泰和、嘉实成长收益混合基金经理；2007年12月起任嘉实优质企业股票基金经理。

基金运作分析

嘉实优质企业股票基金在2009年初的投资过程中，对政策预期不够充分，组合中周期类股票配置比例偏低，导致业绩显著落后。下半年政府意识到流动性过剩可能出现的危害，开始逐步调控房地产等可能出现泡沫的行业，并开始加大新股发行逐步收紧市场的流动性，股票市场转为结构性机会为主，该基金在下半年开始取得超额收益。

2010年，管理人认为2010年中国股票市场可能难以出现单边牛市，但由于大盘价值股下跌空间有限，而部分中小盘成长股仍有上升动力，因此市场仍将以结构性机会为主。

基于以上判断，嘉实优质企业股票基金在2010年的投资中，将对符合产业结构调整方向的生物医药、科技、新兴消费和服务业加大研究和投资力度。该基金将积极挖掘成长性超出预期的优质企业，通过获取足够多的超额收益以抵消宏观经济周期带来的波动性，力争获得持续稳定的超额收益。

季度投资组合一览

项目＼季度	第一季度		第二季度		第三季度		第四季度	
基金资产净值	4,250,646,774.62元		4,581,884,065.47元		4,260,653,567.31元		4,708,587,590.87元	
基金份额	7,029,822,505.74份		6,456,134,602.85份		6,078,480,299.90份		5,725,819,149.22份	
基金份额净值	0.6050元		0.7100元		0.7010元		0.8220元	
基金资产组合	市值(元)	占总资产比(%)	市值(元)	占总资产比(%)	市值(元)	占总资产比(%)	市值(元)	占总资产比(%)
股票投资	3,211,389,945.36	74.54	4,105,417,699.43	88.92	3,407,659,999.98	79.66	4,070,514,381.37	86.07
债券投资	194,180,000.00	4.51	174,743,000.00	3.78	232,073,662.80	5.43	229,307,000.00	4.85
资产支持证券投资	——	——	——	——	——	——	——	——
金融衍生品投资	——	——	——	——	——	——	——	——
买入返售金融资产	——	——	——	——	——	——	——	——
银行存款和结算备付金	849,420,484.61	19.72	230,342,228.41	4.99	611,845,228.74	14.3	362,750,101.92	7.67
其他资产	53,275,144.56	1.24	106,574,766.06	2.31	26,252,719.10	0.61	66,610,481.38	1.41

投资前五名股票明细	股票名称	公允价值(元)	占净值比(%)	股票名称	公允价值(元)	占净值比(%)	股票名称	公允价值(元)	占净值比(%)	股票名称	公允价值(元)	占净值比(%)
	格力电器	338,130,000.00	7.95	格力电器	334,400,000.00	7.30	格力电器	297,929,700.00	6.99	格力电器	318,340,000.00	6.76
	九阳股份	288,724,698.45	6.79	兴业银行	298,180,445.73	6.51	贵州茅台	222,994,911.52	5.23	三一重工	257,670,000.00	5.47
	天马股份	285,957,582.50	6.73	中国平安	247,295,202.38	5.40	保利地产	219,236,945.30	5.15	国阳新能	241,850,000.00	5.14
	双汇发展	243,782,929.04	5.74	九阳股份	216,626,789.70	4.73	民生银行	190,405,727.92	4.47	民生银行	174,893,635.77	3.71
	保利地产	193,737,302.40	4.56	海油工程	215,811,706.31	4.71	泸州老窖	176,400,000.00	4.14	天地科技	173,750,000.00	3.69

投资前五名债券明细	债券名称	公允价值(元)	占净值比(%)	债券名称	公允价值(元)	占净值比(%)	债券名称	公允价值(元)	占净值比(%)	债券名称	公允价值(元)	占净值比(%)
	08央行票据98	97,280,000.00	2.29	08央行票据98	96,540,000.00	2.11	09央行票据37	99,670,000.00	2.34	09央行票据59	99,670,000.00	2.12
	08央行票据95	48,615,000.00	1.14	08央行票据95	48,245,000.00	1.05	09央行票据43	99,670,000.00	2.34	09央行票据63	99,670,000.00	2.12
	08央行票据61	48,285,000.00	1.14	09农发04	29,958,000.00	0.65	09农发04	29,931,000.00	0.70	09农发04	29,967,000.00	0.64
							龙盛转债	1,317,459.00	0.03			
							博汇转债	805,015.60	0.02			

嘉实研究精选股票型证券投资基金

基本资料

基金简称	嘉实研究精选股票	交易代码	070013		
风险收益特征	该基金属于较高风险，较高收益的基金品种。				
业绩比较基准	沪深300指数×95%+上证国债指数×5%				
合同生效日	2008年5月27日	首募份额	18.11亿份	认购户数	13,950户
基金管理人	嘉实基金管理有限公司	基金托管人	中国银行		
注册登记人	嘉实基金管理有限公司				

成立来累计净值增长率与同期基准收益率历史走势对比图（%）

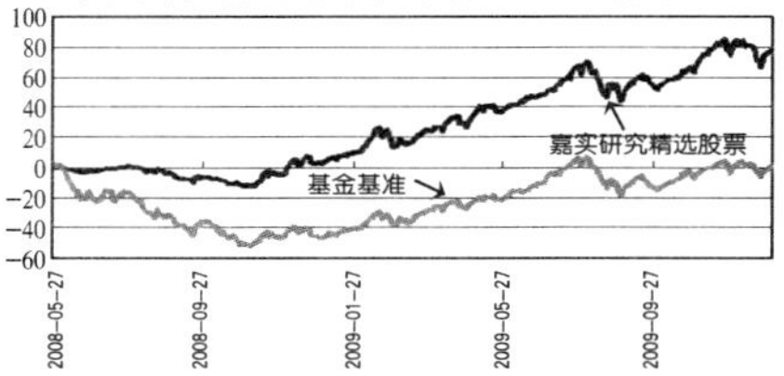

财务指标 单位：人民币（元）；%

项目 \ 年度	2009年	2008年5月27日至2008年12月31日
本期利润	1,530,342,074.46	29,596,969.59
本期加权平均净值利润率	50.12	1.86
期末基金资产净值	4,155,070,717.51	1,646,613,250.74
期末基金份额净值	1.561	1.029
本期份额净值增长率	72.71	2.90
累计份额净值增长率	77.72	2.90
基金收益分配	10派2.100	——

近两年净值增长率与同期基准收益率对比图（%）

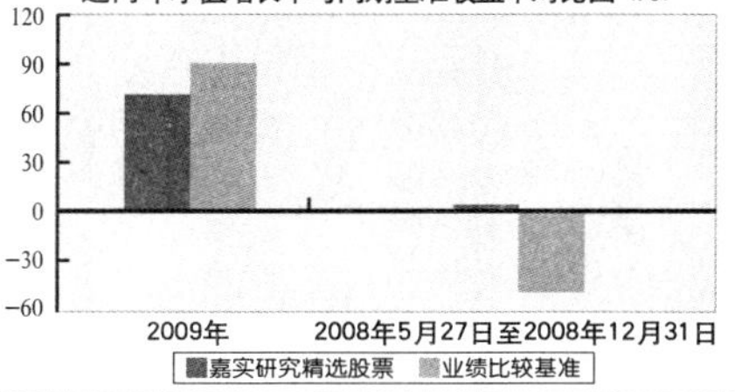

期末基金份额持有人户数	基金份额持有人户数为37,871户，平均每户持有70,297.55份。（期末截至2009年12月31日）
期末基金份额持有人结构	机构投资者持有份额1,858,255,969.01份，占总份额69.80%；个人投资者持有份额803,982,531.27份，占总份额30.20%。

基金业绩表现

截至2009年12月31日，嘉实研究精选股票基金份额净值为1.561元，全年净值增长率为72.71%；同期业绩基准收益率为90.74%。

基金管理团队

党开宇女士：基金经理，硕士，CFA，CPA，8年证券从业经历。曾任招商证券公司证券投资部投资经理；2003年10月加入诺安基金管理公司，曾任诺安平衡基金经理助理、基金经理，诺安股票基金经理。2006年9月加入嘉实基金管理公司，曾任嘉实策略混合基金经理，嘉实服务增值行业混合基金经理；2008年5月起任嘉实研究精选股票基金经理。

刘红辉先生：基金经理，经济学硕士，5年证券从业经历。2004年7月加入嘉实基金管理公司，任产品经理、基金经理助理；2008年5月起任嘉实研究精选股票基金经理。

基金运作分析

嘉实研究精选股票基金在2009年整体操作稳健，虽然年初积极参与市场反弹后较早地收缩了战线，但下半年积极参与各种主题机会，同时在8月份市场向下调整时损失也较小，因此从全年看收益尚可，但其间业绩波动率较低。

展望未来，管理人认为整体看2010年，经济往上走，但政策往下走；盈利向上走，但流动性往下走；也就意味着EPS向上，但估值可能向下。因此股市难现2009年的大牛市行情，预计全年为箱体震荡，但结构会有所分化，其中最大的风险在于政策和通胀的走势。

季度投资组合一览

项目 \ 季度	第一季度		第二季度		第三季度		第四季度	
基金资产净值	2,433,418,768.15元		3,541,856,266.52元		3,189,807,880.05元		4,155,070,717.51元	
基金份额	1,946,632,178.93份		2,451,336,124.93份		2,127,810,962.36份		2,662,238,500.28份	
基金份额净值	1.2500元		1.4450元		1.4990元		1.5610元	
基金资产组合	市值(元)	占总资产比(%)	市值(元)	占总资产比(%)	市值(元)	占总资产比(%)	市值(元)	占总资产比(%)
股票投资	1,717,528,593.72	68.16	2,982,475,556.61	77.33	2,610,248,151.33	81.26	3,862,492,042.31	92.48
债券投资	195,804,000.00	7.77	194,584,000.00	5.04	172,536,173.00	5.37	172,959,706.40	4.14
资产支持证券投资	——	——	——	——	——	——	——	——
金融衍生品投资	——	——	——	——	——	——	——	——
买入返售金融资产	——	——	——	——	——	——	——	——
银行存款和结算备付金	527,264,877.10	20.92	667,261,507.98	17.30	373,758,597.53	11.64	130,079,676.03	3.11
其他资产	79,350,546.99	3.15	12,656,153.49	0.33	55,775,162.29	1.74	11,056,951.79	0.26

投资前五名股票明细	股票名称	公允价值(元)	占净值比(%)	股票名称	公允价值(元)	占净值比(%)	股票名称	公允价值(元)	占净值比(%)	股票名称	公允价值(元)	占净值比(%)
	深发展A	172,145,847.16	7.07	海油工程	287,849,860.35	8.13	招商银行	201,007,231.44	6.30	兴业银行	206,678,641.30	4.97
	双汇发展	145,489,885.17	5.98	深发展A	272,750,000.00	7.70	工商银行	164,564,561.16	5.16	招商银行	198,550,000.00	4.78
	中国平安	105,597,000.00	4.34	民生银行	233,638,059.60	6.60	双汇发展	162,760,261.30	5.10	中国太保	193,428,540.48	4.66
	兴业银行	100,656,996.00	4.14	中国中铁	186,923,397.01	5.28	贵州茅台	157,932,582.80	4.95	贵州茅台	190,966,156.22	4.60
	鹏博士	87,730,000.00	3.61	贵州茅台	133,209,000.00	3.76	苏宁电器	144,232,000.00	4.52	中国联通	170,476,533.36	4.10

投资前五名债券明细	债券名称	公允价值(元)	占净值比(%)	债券名称	公允价值(元)	占净值比(%)	债券名称	公允价值(元)	占净值比(%)	债券名称	公允价值(元)	占净值比(%)
	08央票104	155,824,000.00	6.40	08央票104	154,640,000.00	4.37	09央行票据43	129,571,000.00	4.06	09央行票据65	129,571,000.00	3.12
	09农发04	39,980,000.00	1.64	09农发04	39,944,000.00	1.13	09农发04	39,908,000.00	1.25	09农发04	39,956,000.00	0.96
							09长虹债	1,739,714.00	0.05	09长虹债	1,773,636.00	0.04
							龙盛转债	1,317,459.00	0.04	龙盛转债	1,659,070.40	0.04

嘉实多元收益债券型证券投资基金

基本资料					
基金简称	嘉实多元债券		交易代码	A：070015 B：070016	
风险收益特征	该基金为债券型基金，其长期平均风险和预期收益率低于股票基金、混合基金，高于货币市场基金。				
业绩比较基准	中央国债登记结算公司的中国债券总指数				
合同生效日	2008年9月10日	首募份额	45.80亿份	认购户数	14,055户
基金管理人	嘉实基金管理有限公司		基金托管人	中国工商银行	
注册登记人	嘉实基金管理有限公司				

成立来累计净值增长率与同期基准收益率历史走势对比图（%）

财务指标 单位：人民币（亿元）；%

项目 \ 年度	2009年		2008年9月10日至2008年12月31日	
	A	B	A	B
本期利润	0.5434	0.6753	0.5171	0.7067
本期加权平均净值利润率	8.32	6.62	5.00	4.28
期末基金资产净值	6.1427	6.5902	10.1852	17.2033
期末基金份额净值	1.114元	1.111元	1.038元	1.037元
本期份额净值增长率	10.22	9.82	5.09	4.99
累计份额净值增长率	15.83	15.30	5.09	4.99
基金收益分配	10派0.280元	10派0.260元	10派0.130元	10派0.130元

近两年净值增长率与同期基准收益率对比图（%）

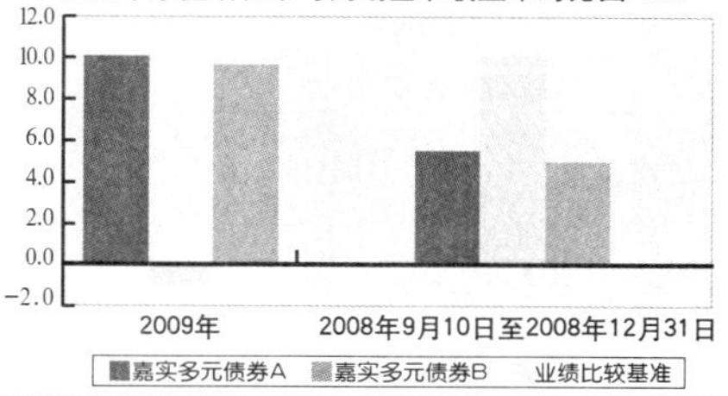

期末基金份额持有人户数	A：基金份额持有人户数为4,407户，平均每户持有125,138.29份。 B：基金份额持有人户数为6,443户，平均每户持有92,105.92份。（期末截至2009年12月31日）
期末基金份额持有人结构	A：机构投资者持有份额422,386,445.22份，占总份额76.59%；个人投资者持有份额129,098,001.74份，占总份额23.41%。 B：机构投资者持有份额220,251,402.50份，占总份额37.11%；个人投资者持有份额373 187,014.49份，占总份额62.89%。

基金业绩表现

2009年嘉实多元债券基金A类全年净值增长10.22%，B类全年净值增长9.82%。

基金管理团队

刘 熹先生：基金经理、固定收益部总监，经济学硕士，16年证券从业经历。曾就职于平安证券福田营业部、中国平安保险投资管理中心，巨田证券公司，招商证券公司。2003年2月加入嘉实基金管理公司，曾任嘉实策略混合基金经理；2008年9月至2009年11月任嘉实多元债券基金经理。

王 茜女士：基金经理、固定收益部副总监，工商管理硕士，7年证券从业经历。历任武汉市商业银行信贷资金管理部总经理助理，中信证券固定收益部，长盛债券基金经理、长盛货币基金经理。2008年11月加入嘉实基金公司，2009年2月起任嘉实多元债券基金经理。

基金运作分析

2009年，嘉实多元债券基金年度内择机对债券资产的配置比例和期限结构进行了战略性调整，利率产品保持短久期，积极参与交易所信用债配置，收获经济复苏期间信用利差收窄的阶段性行情。择优参与估值合理的新股申购，并根据市场状况自下而上参与流动性较好的权益类资产投资，取得了较为理想的投资回报。

季度投资组合一览

项目 \ 季度	第一季度		第二季度		第三季度		第四季度	
	A	B	A	B	A	B	A	B
基金资产净值	5.7523亿元	9.8975亿元	5.7576亿元	8.9356亿元	7.6994亿元	7.3130亿元	6.1427亿元	6.5902亿元
基金份额	5.5372亿份	9.5329亿份	5.3749亿份	8.3536亿份	7.2417亿份	6.8929亿份	5.5148亿份	5.9344亿份
基金份额净值	1.0390元	1.0380元	1.0710元	1.0700元	1.0630元	1.0610元	1.1140元	1.1110元
基金资产组合	市值(元)	占总资产比(%)	市值(元)	占总资产比(%)	市值(元)	占总资产比(%)	市值(元)	占总资产比(%)
股票投资	233,170,328.52	14.42	274,518,870.59	17.77	96,254,822.76	6.37	253,819,277.57	18.38
债券投资	1,265,928,999.34	78.27	1,182,855,104.21	76.55	1,211,569,724.40	80.16	1,037,022,380.70	75.11
资产支持证券投资	——	——	——	——	——	——	——	——
金融衍生品投资	——	——	——	——	——	——	——	——
买入返售金融资产	——	——	——	——	——	——	——	——
银行存款和结算备付金	80,530,826.84	4.98	39,493,242.01	2.56	196,671,471.36	13.01	82,103,503.50	5.95
其他资产	37,688,537.91	2.33	48,328,628.29	3.13	6,938,566.69	0.46	7,715,740.06	0.56

投资前五名股票明细	股票名称	公允价值(元)	占净值比(%)	股票名称	公允价值(元)	占净值比(%)	股票名称	公允价值(元)	占净值比(%)	股票名称	公允价值(元)	占净值比(%)
	中信证券	14,008,500.00	0.90	万 科A	19,125,000.00	1.30	中国建筑	32,678,155.84	2.18	招商银行	18,050,000.00	1.42
	宝胜股份	13,898,265.50	0.89	招商银行	17,928,000.00	1.22	中国神华	11,536,800.00	0.77	天地科技	13,900,000.00	1.09
	华电国际	11,909,353.88	0.76	柳 工	16,805,601.28	1.14	鲁阳股份	10,002,479.70	0.67	华邦制药	13,284,000.00	1.04
	唐钢股份	11,540,567.20	0.74	兴业银行	14,419,684.26	0.98	光大证券	9,055,778.88	0.60	天利高新	11,652,000.00	0.92
	深圳能源	10,800,000.00	0.69	民生银行	14,256,000.00	0.97	万 科A	5,210,000.00	0.35	海通证券	11,514,000.00	0.90

投资前五名债券明细	债券名称	公允价值(元)	占净值比(%)	债券名称	公允价值(元)	占净值比(%)	债券名称	公允价值(元)	占净值比(%)	债券名称	公允价值(元)	占净值比(%)
	08国开19	205,080,000.00	13.10	08央票104	212,630,000.00	14.47	09央行票据45	428,581,000.00	28.55	09央行票据65	358,812,000.00	28.18
	08央票104	204,519,000.00	13.07	08央行票据92	163,948,000.00	11.16	09贴债15	199,380,000.00	13.28	09贴债22	198,720,000.00	15.61
	08国开15	108,970,000.00	6.96	08长电CP02	101,160,000.00	6.88	09央行票据35	109,637,000.00	7.30	09富力债	87,805,000.00	6.90
	08农发17	104,450,000.00	6.67	唐钢转债	81,133,329.71	5.52	09央行票据41	79,736,000.00	5.31	09沪张江	50,000,000.00	3.93
	08长电CP02	101,790,000.00	6.50	21国债(10)	71,755,070.60	4.88	21国债(10)	72,021,401.20	4.80	09央行票据61	49,835,000.00	3.91

嘉实量化阿尔法股票型证券投资基金

基本资料					
基金简称	嘉实量化阿尔法股票	交易代码	070017		
风险收益特征	较高风险，较高收益。				
业绩比较基准	沪深300指数×75%＋上证国债指数×25%				
合同生效日	2009年3月20日	首募份额	29.61亿份	认购户数	28,331户
基金管理人	嘉实基金管理有限公司	基金托管人	中国工商银行		
注册登记人	嘉实基金管理有限公司				

财务指标　单位：人民币(元)；%

项目　　年度	2009年3月20日至2009年12月31日
本期利润	674,691,361.68
本期加权平均净值利润率	23.56
期末基金资产净值	3,038,416,244.17
期末基金份额净值	1.299
本期份额净值增长率	29.90
累计份额净值增长率	29.90
基金收益分配	——

2009年累计净值增长率与同期基准收益率历史走势对比图（%）

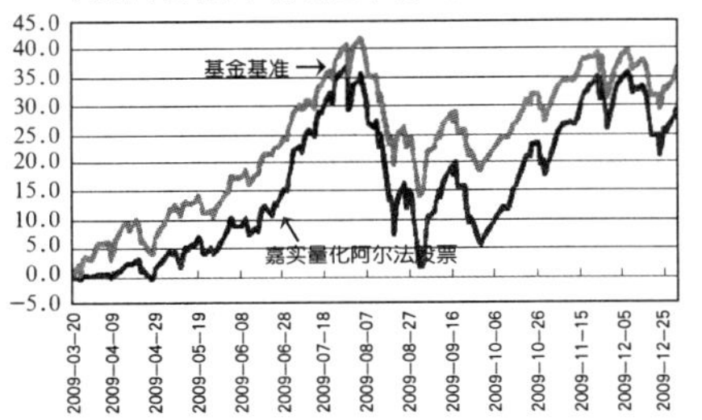

2009年净值增长率与同期基准收益率对比图（%）

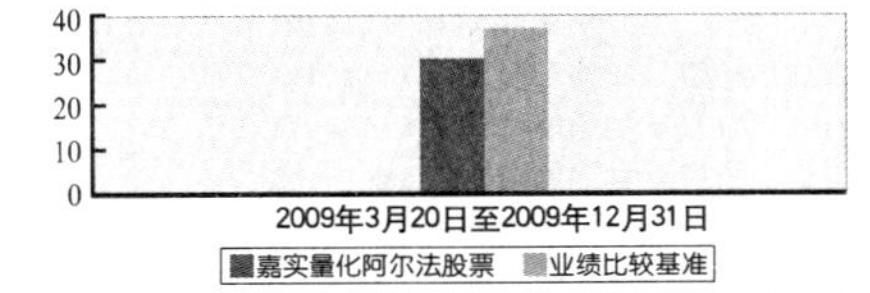

期末基金份额持有人户数	基金份额持有人户数为37,540户，平均每户持有62,287.20份。（期末截至2009年12月31日）
期末基金份额持有人结构	机构投资者持有份额806,759,425.67份，占总份额34.50%；个人投资者持有份额1,531,501,959.71份，占总份额65.50%。

基金业绩表现

嘉实量化阿尔法股票基金合同生效于2009年3月20日，截至2009年12月31日，该基金成立以来净值增长率为29.90%，同期业绩基准收益率为36.95%。

基金管理团队

王永宏先生：基金经理，经济学博士，11年证券从业经历。曾任海通证券业务经理，大成基金管理公司研究员。2001年12月加入嘉实基金管理公司，历任产品总监、首席金融工程师、高级定量分析师；2009年3月起任嘉实量化阿尔法股票基金经理。

陶　羽先生：基金经理，硕士，5年证券从业经历。曾任美国高盛公司定量分析师，美国德意志资产管理公司高级定量分析师、基金经理。2008年8月加入嘉实基金管理公司，任高级定量分析师；2009年3月起任嘉实量化阿尔法股票基金经理。

基金运作分析

2009年3月20日，嘉实量化阿尔法股票基金合同正式生效。在操作过程中，该基金遵循了定量投资、分散风险、纪律化执行以及系统性组合构建的投资理念。建仓初期，在行业结构上主要选择投资了安全边际比较大、估值合理的钢铁、银行、通讯服务、商业贸易等行业。5月份后，该基金逐步加仓，达到并保持了较高的仓位，主要集中在房地产、煤炭等盈利受益于经济复苏预期、短期动能比较强的行业。四季度，基于对整体经济长期看好的判断，嘉实量化阿尔法股票基金维持较高的仓位，重点配置了地产、金融、有色等强周期行业。

2010年，管理人判断经济将持续恢复，但宏观刺激政策退出的可能性将逐渐加大。政策基调由保增长向稳增长、调结构方向转变。认为股市将很难产生明显趋势性行情，震荡将是2010年市场的主基调，结构调整将成为取得超额收益的主要来源。

2010年嘉实量化阿尔法基金将采取中性略高的股票资产仓位。重点配置交运、医药、电力设备等估值安全的行业。同时，关注低碳减排、信息产业等受益于经济结构调整政策的板块。

季度投资组合一览

项目　季度	第二季度		第三季度		第四季度	
基金资产净值	2,471,535,648.24元		2,400,613,240.86元		3,038,416,244.17元	
基金份额	2,144,031,202.51份		2,243,559,200.89份		2,338,261,385.38份	
基金份额净值	1.153元		1.070元		1.299元	
基金资产组合	市值(元)	占总资产比(%)	市值(元)	占总资产比(%)	市值(元)	占总资产比(%)
股票投资	2,344,326,022.00	93.07	2,047,435,029.28	83.64	2,744,136,713.82	89.42
金融衍生品投资	——	——	——	——	——	——
买入返售金融资产	——	——	——	——	——	——
银行存款和结算备付金	148,431,036.79	5.89	370,863,769.42	15.15	307,105,711.05	10.01
其他资产	26,060,180.53	1.03	29,554,898.12	1.21	17,626,444.00	0.57

投资前五名股票明细	股票名称	公允价值(元)	占净值比(%)	股票名称	公允价值(元)	占净值比(%)	股票名称	公允价值(元)	占净值比(%)
	招商地产	81,910,396.25	3.31	中国平安	101,770,110.00	4.24	浦发银行	117,087,261.66	3.85
	吉林敖东	81,747,416.97	3.31	浦发银行	91,150,730.10	3.80	建设银行	84,112,561.21	2.77
	中国平安	80,230,797.10	3.25	民生银行	85,706,096.12	3.57	中国平安	80,512,988.29	2.65
	金风科技	76,670,068.44	3.10	吉林敖东	79,693,047.35	3.32	中国银行	73,029,935.88	2.40
	大同煤业	65,353,795.98	2.64	云南铜业	65,769,272.80	2.74	中国人寿	67,163,722.62	2.21

嘉实回报灵活配置混合型证券投资基金

基本资料

项目	内容				
基金简称	嘉实回报混合	交易代码	070018		
风险收益特征	该基金为混合型基金，其长期平均风险和预期收益率低于股票基金，高于债券基金及货币市场基金。				
业绩比较基准	同期人民币一年期定期存款利率（税前）				
合同生效日	2009年8月18日	首募份额	101.04亿份	认购户数	131,195户
基金管理人	嘉实基金管理有限公司	基金托管人	中国银行		
注册登记人	嘉实基金管理有限公司				

财务指标　　单位：人民币（元）；%

项目＼年度	2009年8月18日至2009年12月31日
本期利润	499,628,029.57
本期加权平均净值利润率	5.71
期末基金资产净值	6,363,079,009.28
期末基金份额净值	1.045
本期份额净值增长率	5.59
累计份额净值增长率	5.59
基金收益分配	10派0.110
期末基金份额持有人户数	基金份额持有人户数为96,524户，平均每户持有63,072.42份。（期末截至2009年12月31日）
期末基金份额持有人结构	机构投资者持有份额259,879,679.65份，占总份额4.27%；个人投资者持有份额5,828,122,274.44份，占总份额95.73%。

2009年累计净值增长率与同期基准收益率历史走势对比图（%）

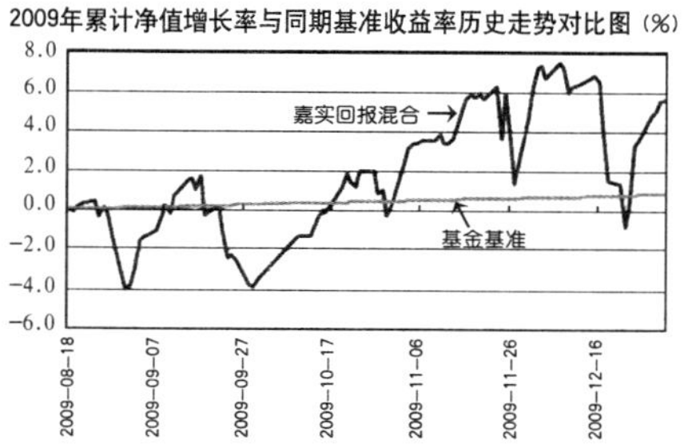

2009年净值增长率与同期基准收益率对比图（%）

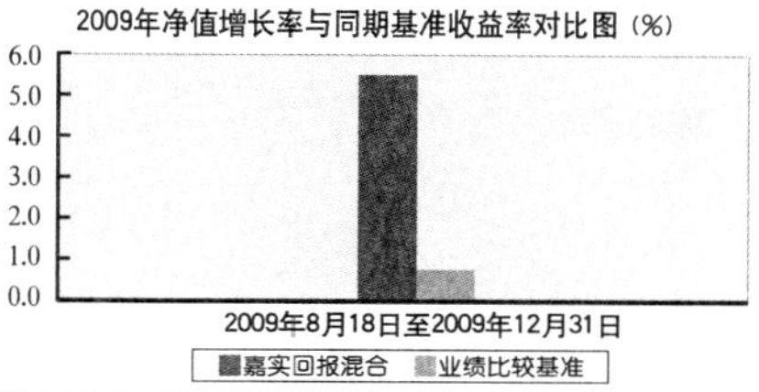

基金业绩表现

嘉实回报混合基金合同生效于2009年8月18日，截至2009年12月31日，该基金份额净值为1.045元，成立以来净值增长率为5.59%，同期业绩基准收益率为0.84%。

基金管理团队

赵　勇先生：基金经理，北京大学光华管理学院工商管理硕士，8年证券从业经历。曾任大成基金管理公司基金经理助理，泰康资产管理公司权益投资经理。2008年3月加入嘉实基金管理公司，2009年8月起任嘉实回报混合基金经理。

基金运作分析

嘉实回报混合基金在2009年8月中旬成立，随后市场从上半年的持续上涨进入了频繁的波动期。我国经济在强劲回升后也出现了一些新的动向，CPI环比快速回升，地产泡沫初见端倪，货币政策开始日益灵活，市场担心积极政策逐步退出，加上企业盈利增长有待时间验证，市场开始出现犹豫，波动频率和幅度加大。经过持续上涨和流通股的不断增加，A股市场流通市值达到比较高的水平，需要更强的流动性支持，尤其是对大盘股而言，中小盘股持续活跃成为下半年主要热点。

2009年嘉实回报混合基金处于建仓期，管理人更多地考虑了风险控制，因此仓位和结构上都更偏向稳健。在配置上增加了消费、医药等行业的配置，在这些行业上取得了比较好的收益。期间银行股配置偏高，一定程度上拉低了整体收益。

季度投资组合一览

项目＼季度	第四季度	
基金资产净值	6,363,079,009.28元	
基金份额	6,088,001,954.09份	
基金份额净值	1.0450元	
基金资产组合	金额(元)	占总资产比例(%)
股票投资	4,760,805,250.81	72.57
债券投资	817,033,277.68	12.45
金融衍生品投资	——	——
买入返售金融资产	——	——
银行存款和结算备付金	974,082,502.13	14.85
其他资产	8,101,260.44	0.12

投资前五名股票明细	股票名称	公允价值(元)	占净值比例(%)	投资前五名债券明细	债券名称	公允价值(元)	占净值比例(%)
	北京银行	439,439,998.80	6.91		09央行票据61	498,350,000.00	7.83
	兴业银行	231,325,102.43	3.64		09国开23	299,760,000.00	4.71
	云南城投	218,032,942.56	3.43		08康美债	4,668,006.40	0.07
	大同煤业	202,699,025.76	3.19		龙盛转债	4,583,585.60	0.07
	中信证券	165,204,000.00	2.60		08江铜债	3,542,500.00	0.06

嘉实中证锐联基本面50指数证券投资基金（LOF）

<table>
<tr><th colspan="6">基本资料</th></tr>
<tr><td>基金简称</td><td colspan="2">嘉实基本面50指数(LOF)</td><td>交易代码</td><td colspan="2">160716</td></tr>
<tr><td>投资目标</td><td colspan="5">采用指数化投资策略，通过严格的投资纪律约束和数量化的风险管理手段，追求对标的指数的有效跟踪。</td></tr>
<tr><td>投资比例</td><td colspan="5">该基金投资组合中成份股及备选股投资比例不低于基金资产的90%；权证市值不超过基金资产净值的3%；现金及到期日在一年以内的政府债券不低于基金资产净值的5%。</td></tr>
<tr><td>业绩比较基准</td><td colspan="5">中证锐联基本面50指数收益率×95%+银行同业存款收益率×5%</td></tr>
<tr><td>风险收益特征</td><td colspan="5">该基金属于采用被动指数化操作的股票型基金，其预期的风险和收益高于货币市场基金、债券基金、混合型基金，为证券投资基金中的较高风险、较高收益品种。</td></tr>
<tr><td>合同生效日</td><td>2009年12月30日</td><td>上市日期</td><td>2010年2月10日</td><td>上市地点</td><td>深圳证券交易所</td></tr>
<tr><td rowspan="2">募集概况</td><td>首募份额</td><td>认购户数</td><td colspan="3">募集日期</td></tr>
<tr><td>34.37亿份</td><td>33，250户</td><td colspan="3">2009年12月10日至2009年12月24日</td></tr>
<tr><td rowspan="5">基金费率</td><td>认购费率</td><td colspan="4">认购金额 认购费率
100万元以下 1.00%
100万元(含)—200万元 0.60%
200万元(含)—500万元 0.30%
500万元(含)以上 每笔1,000元</td></tr>
<tr><td>申购费率</td><td colspan="4">申购金额 申购费率
100万元以下 1.20%
100万元(含)—200万元 0.80%
200万元(含)—500万元 0.40%
500万元(含)以上 每笔1,000元</td></tr>
<tr><td>赎回费率</td><td colspan="4">持有期限 赎回费率
1年之内 0.50%
1年(含)—2年 0.25%
2年(含)以上 0.00</td></tr>
<tr><td>管理费率</td><td colspan="4">1.00%</td></tr>
<tr><td>托管费率</td><td colspan="4">0.18%</td></tr>
<tr><td>基金管理人</td><td colspan="2">嘉实基金管理有限公司</td><td>基金托管人</td><td colspan="2">中国工商银行股份有限公司</td></tr>
<tr><td>审计机构</td><td colspan="2">普华永道中天会计师事务所</td><td>注册登记人</td><td colspan="2">中国证券登记结算有限公司</td></tr>
</table>

基金管理团队

杨　阳先生：基金经理，中国科学技术大学学士，宾夕法尼亚州立大学硕士，9年证券从业经历。2000年至2003年任贝尔斯登高级工程师，2003年至2005年任HBK投资公司高级工程师、交易操盘手，2005年至2006年任Citadel投资集团高级数量分析师，2006年至2008年任高盛集团高级数量分析师，2008年3月加入嘉实基金管理公司担任高级数量分析师；2009年12月起任嘉实基本面50指数基金经理。

长盛基金管理有限公司

法定名称	长盛基金管理有限公司	英文名称	Changsheng Fund Management Co.,Ltd.		
成立时间	1999年3月26日	注册资本	1.5亿元人民币	公司属性	中外合资
法人代表	陈 平	总 经 理	陈礼华	督 察 长	叶金松
公司网址	www.csfunds.com.cn	客服电话	400-888-2666		
联系电话	010-8225 5818	传真号码	010-8225 5988		
注册地址	深圳市福田区福中三路1006号诺德中心8楼GH单元	办公地址	北京市海淀区北太平庄路18号城建大厦A座21层		

公司简介

长盛基金管理有限公司（以下简称“长盛基金”）成立于1999年3月26日，是国内最早成立的十家基金管理公司之一，也是首批获得全国社保基金管理资格的六家基金管理公司之一，公司注册资本为人民币1.5亿元。公司发起人股东为中信证券股份有限公司、长江证券有限责任公司、国元证券有限责任公司和天津北方国际信托投资股份有限公司。经过2004年和2007年的公司股权变更后，目前公司股东及其出资比例为：国元证券股份有限公司占注册资本的41%，新加坡星展资产管理有限公司占注册资本的33%，安徽省信用担保集团有限公司占注册资本的13%，安徽省投资集团有限责任公司占注册资本的13%。

截至2010年6月30日，长盛基金共管理两只封闭式基金、12只开放式基金（包括1只QDII基金）。

2009年旗下开放式基金业绩表现

截至日期：2009年12月31日

（单位：元；%）

基金类型	基金简称	设立日期	基金份额净值	净值增长率①	累计净值增长率②
股票型	长盛中证100指数	2006-11-22	1.0751	83.53	61.11
	长盛同德主题股票	2007-10-25	0.9590	70.91	-10.53
	长盛量化红利股票	2009-11-25	1.0060	0.30%	0.30%
混合型	长盛成长价值混合	2002-09-18	0.9670	52.52	274.70
	长盛动态精选混合	2004-05-21	1.1529	81.13	287.62
	长盛同智优势混合(LOF)	2007-01-05	1.0235	57.15	81.15
	长盛创新先锋混合	2008-06-04	1.1399	59.87	38.19
债券型	长盛全债指数增强债券	2003-10-25	1.2408	7.79	130.13
	长盛积极配置债券	2008-10-08	1.1049	7.65	10.49
货币型	长盛货币	2005-12-12	1.0000	1.65	11.07

注：①净值增长率指该基金2009年度的份额净值增长率；②累计净值增长率指该基金设立以来的份额净值增长率。

2009年管理公募基金概况

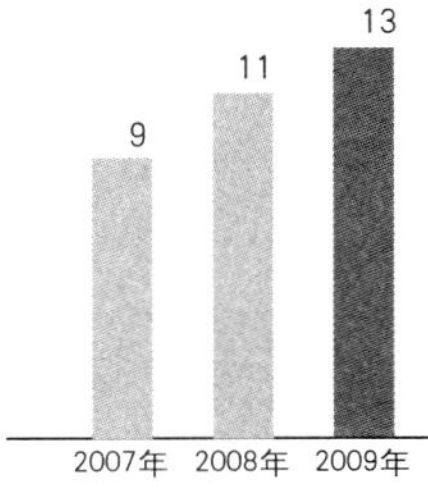

基金数量（只）

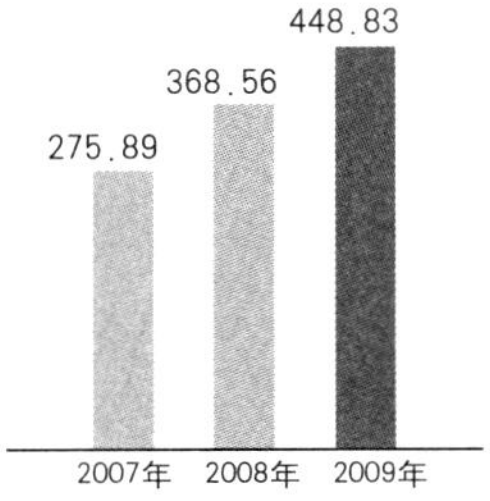

基金份额规模（亿份）

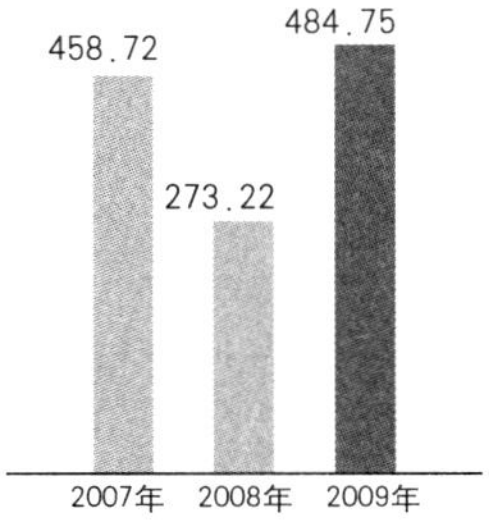

基金资产规模（亿元）

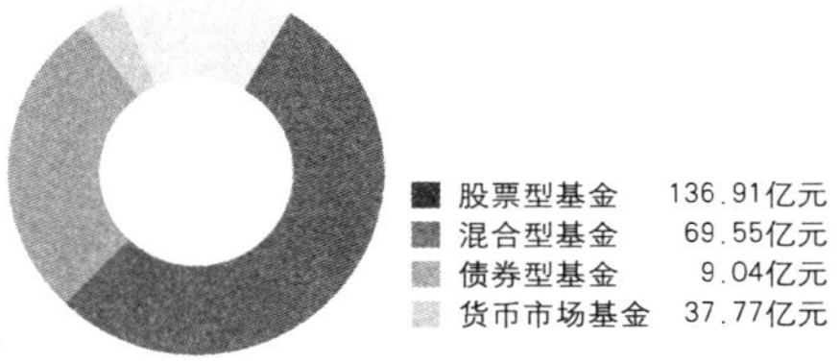

2009年基金资产规模构成（不含封闭式基金）

同益证券投资基金

基本资料			
基金简称	长盛同益封闭	交易代码	184690
风险收益特征	——	业绩比较基准	——
合同生效日	1999年4月8日	基金总份额	20亿份
上市日期	1999年4月21日　地点　深交所	存续期	15年
基金管理人	长盛基金管理有限公司	基金托管人	中国工商银行
注册登记人	中国证券登记结算有限责任公司深圳分公司		

财务指标　单位：人民币(元)；%

项目＼年度	2009年	2008年	2007年
本期利润	1,341,081,072.80	−2,386,617,875.58	4,132,638,343.64
本期加权平均净值利润率	51.59	−77.01	74.77
期末基金资产净值	3,166,076,293.27	1,824,995,220.47	6,011,613,096.05
期末基金份额净值	1.5830	0.9125	3.0058
本期份额净值增长率	73.48	−49.67	124.49
累计份额净值增长率	639.38	326.53	746.85
基金收益分配	——	10派9.000	10派10.200

期末基金份额持有人户数	基金份额持有人户数为28,314户，平均每户持有70,636.43份。(期末截至2009年12月31日)
期末基金份额持有人结构	机构投资者持有份额1,287,388,294份，占总份额64.37%；个人投资者持有份额712,611,706份，占总份额35.63%。

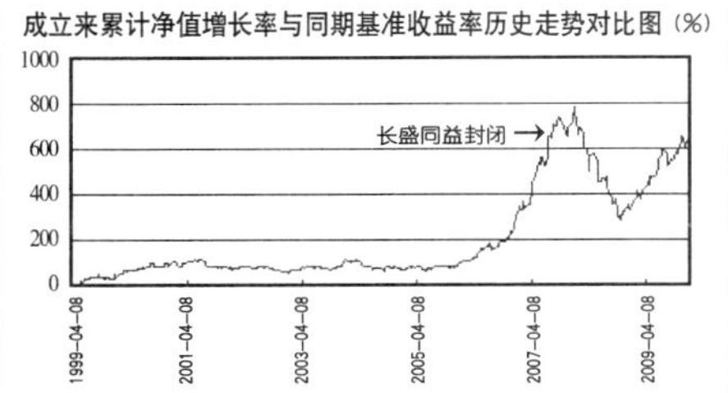

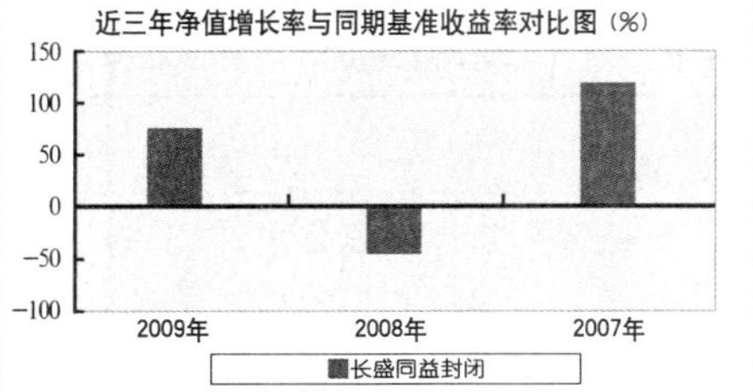

基金业绩表现

截至2009年12月31日，长盛同益基金份额净值为1.5830元，全年份额净值增长率为73.48%。

基金管理团队

冯耀东先生：基金经理，武汉大学硕士，6年证券从业经历。曾任武汉道博股份有限公司项目经理；长城证券公司金融研究所研究员。2002年12月加入长盛基金管理公司，曾任高级研究员和基金经理助理，2009年2月起任长盛同益基金经理。

许　彤先生：基金经理，北京大学硕士，11年证券从业经历。历任中包国际期货经纪公司市场分析主任，君安证券公司投资银行经理，中信证券股份有限公司资产管理部业务主管。2004年3月加入长盛基金管理公司，曾任基金经理助理；2004年10月至2009年5月任长盛同益基金经理。

基金运作分析

2009年，长盛同益基金在年初以来，一直保持了较为积极的操作策略，保持了中等偏高的仓位，结构上看，上半年该基金基本保持了对金融、地产、煤炭等行业的重点配置，仅在三季度初期适当降低了部分仓位，随后在结构上保持了对消费品、稳定成长股的重点配置，总体上在仓位、结构上顺应全年市场的运行节奏，但在操作上仍有值得总结的部分：一是在一季度的操作上稍显保守，对主题投资的机会把握不足；二是在四季度末的操作上略为激进，增持了部分强周期行业和大盘蓝筹，效果不好。

季度投资组合一览

项目＼季度	第一季度		第二季度		第三季度		第四季度	
基金资产净值	2,218,953,434.86元		2,667,363,721.40元		2,708,337,260.59元		3,166,076,293.27元	
基金份额净值	1.1095元		1.3337元		1.3542元		1.5830元	
基金资产组合	市值(元)	占总资产比(%)	市值(元)	占总资产比(%)	市值(元)	占总资产比(%)	市值(元)	占总资产比(%)
股票投资	1,621,028,884.56	72.80	2,078,169,465.84	77.49	1,993,427,020.13	72.64	2,520,902,018.65	76.98
债券投资	449,627,814.20	20.19	544,612,622.70	20.31	559,316,611.90	20.38	643,382,648.38	19.65
资产支持证券投资	——	——	——	——	——	——	——	——
金融衍生品投资	——	——	——	——	——	——	——	——
买入返售金融资产	——	——	——	——	——	——		
银行存款和结算备付金	123,097,633.86	5.53	46,353,991.99	1.73	183,798,100.77	6.70	99,300,005.96	3.03
其他资产	32,886,927.18	1.48	12,559,657.61	0.47	7,774,353.90	0.28	10,960,097.92	0.33

项目	第一季度			第二季度			第三季度			第四季度		
投资前五名股票明细	股票名称	公允价值(元)	占净值比(%)	股票名称	公允价值(元)	占净值比(%)	股票名称	公允价值(元)	占净值比(%)	股票名称	公允价值(元)	占净值比(%)
	中国平安	87,997,500.00	3.97	中国平安	111,285,000.00	4.17	中国平安	101,400,000.00	3.74	招商银行	159,741,056.00	5.05
	招商银行	72,638,267.13	3.27	招商银行	110,029,536.81	4.13	招商银行	91,636,000.00	3.38	华海药业	128,295,414.00	4.05
	保利地产	65,701,852.91	2.96	保利地产	97,615,000.00	3.66	保利地产	84,212,390.00	3.11	中国平安	126,707,000.00	4.00
	大秦铁路	62,440,000.00	2.81	中国神华	82,252,500.00	3.08	东方电气	82,467,450.00	3.04	银座股份	103,920,000.00	3.28
	青岛软控	60,834,566.00	2.74	民生银行	77,616,000.00	2.91	中国神华	66,792,000.00	2.47	保利地产	88,222,400.00	2.79
投资前五名债券明细	债券名称	公允价值(元)	占净值比(%)	债券名称	公允价值(元)	占净值比(%)	债券名称	公允价值(元)	占净值比(%)	债券名称	公允价值(元)	占净值比(%)
	99国债(8)	78,221,324.80	3.53	20国债(4)	77,800,650.00	2.92	20国债(4)	109,766,979.10	4.05	20国债(4)	103,851,216.00	3.28
	20国债(4)	78,068,137.50	3.52	99国债(8)	77,783,736.00	2.92	05农发06	90,441,000.00	3.34	05农发06	90,315,000.00	2.85
	03国开24	51,535,000.00	2.32	21国债(10)	61,548,808.40	2.31	21国债(10)	61,777,256.80	2.28	21国债(10)	61,494,702.20	1.94
	04国开14	50,705,000.00	2.29	03国开24	51,595,000.00	1.93	03国开24	51,395,000.00	1.90	09央票51	59,802,000.00	1.89
	08央票114	48,970,000.00	2.21	04国开14	50,260,000.00	1.88	09央票37	49,835,000.00	1.84	09央票53	59,802,000.00	1.89

同盛证券投资基金

基本资料			
基金简称	长盛同盛封闭	交易代码	184699
风险收益特征	——	业绩比较基准	——
合同生效日	1999年11月5日	基金总份额	30亿份
上市日期	1999年11月26日　地点　深交所	存续期	15年
基金管理人	长盛基金管理有限公司	基金托管人	中国银行
注册登记人	中国证券登记结算有限责任公司深圳分公司		

成立来累计净值增长率与同期基准收益率历史走势对比图（%）

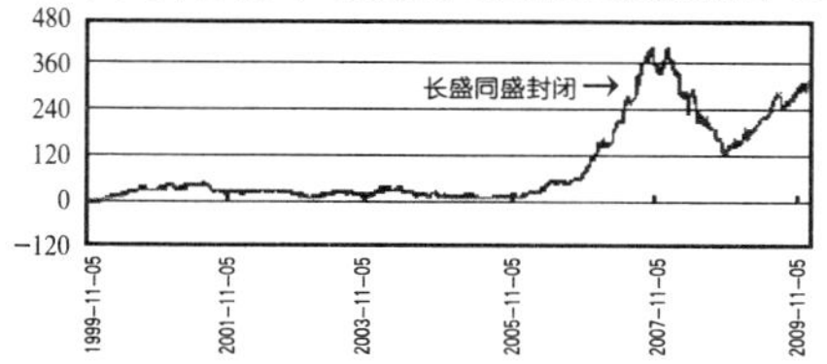

财务指标　　单位：人民币（元）；%

项目＼年度	2009年	2008年	2007年
本期利润	1,476,618,063.72	−3,377,962,433.34	5,453,359,105.91
本期加权平均净值利润率	47.98	−82.07	73.32
期末基金资产净值	3,699,006,948.24	2,222,388,884.52	8,900,351,317.86
期末基金份额净值	1.2330	0.7408	2.9668
本期份额净值增长率	66.44	−49.85	117.98
累计份额净值增长率	315.07	149.40	397.31
基金收益分配	——	10派11.000	10派6.700

近三年净值增长率与同期基准收益率对比图（%）

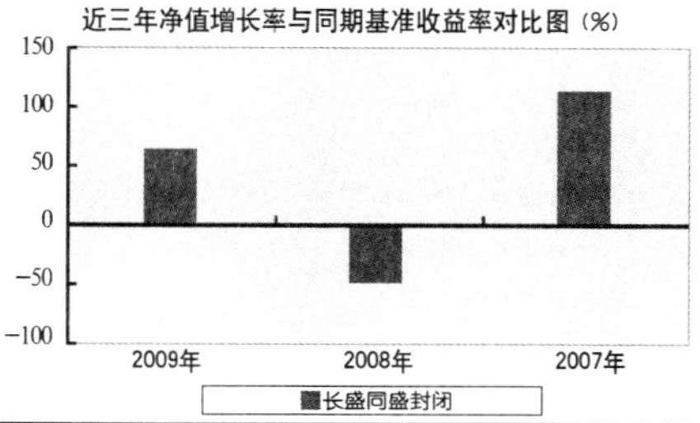

期末基金份额持有人户数	基金份额持有人户数为71,509户，平均每户持有41,952.76份。（期末截至2009年12月31日）
期末基金份额持有人结构	机构投资者持有份额1,464,236,761份，占总份额48.81%；个人投资者持有份额1,535,763,239份，占总份额51.19%。

基金业绩表现

截至2009年12月31日，长盛同盛基金份额净值为1.2330元，全年份额净值增长率为66.44%。

基金管理团队

侯继雄先生：基金经理，清华大学博士，8年证券从业经历。2001年4月至2007年2月在国泰君安证券研究所任研究员、策略部经理。2007年2月加入长盛基金管理公司，2008年8月起任长盛同盛基金经理。

丁　骏先生：基金经理，中国社会科学院经济学博士，8年证券从业经历。历任中国建设银行浙江省分行国际业务部本外币交易员、经济师；国泰君安证券股份有限公司企业融资部业务经理、高级经理；2003年6月加入长盛基金管理公司，先后担任研究发展部行业研究员、机构理财部组合经理助理；现任长盛同智优势混合和长盛同盛基金经理。

基金运作分析

2009年，长盛同盛基金在一季度对经济持相对谨慎的态度，组合结构相对保守；在二季度修正了对经济的看法，仓位和结构逐渐向进攻方向调整；全年来看，该基金基本把握住了市场的上涨趋势。

展望未来，该基金管理人总体判断2010年上半年市场很可能呈现震荡格局，下半年再次向上的概率较大。从结构上，长盛同盛基金仍将维持相对均衡化配置，跟随基本面趋势和估值变化进行组合调整。医药、食品饮料、先进制造业、金融、资源类仍将是该基金重点跟踪的板块。

季度投资组合一览

项目＼季度	第一季度		第二季度		第三季度		第四季度	
基金资产净值	2,647,152,816.05元		3,127,027,829.92元		3,184,142,228.84元		3,699,006,948.24元	
基金份额净值	0.8824元		1.0423元		1.0614元		1.2330元	
基金资产组合	市值(元)	占总资产比(%)	市值(元)	占总资产比(%)	市值(元)	占总资产比(%)	市值(元)	占总资产比(%)
股票投资	1,928,569,746.06	71.93	2,413,478,257.07	76.67	2,419,060,695.29	75.59	2,926,160,751.14	78.91
债券投资	552,945,730.30	20.62	649,407,666.00	20.63	660,722,110.20	20.65	756,545,497.40	20.40
资产支持证券投资	——	——	——	——	——	——	——	——
金融衍生品投资	——	——	——	——	——	——	——	——
买入返售金融资产	——	——	——	——	——	——		
银行存款和结算备付金	187,342,999.14	6.99	72,789,846.85	2.31	110,747,914.14	3.46	20,079,124.94	0.54
其他资产	12,262,648.50	0.46	12,089,200.44	0.38	9,809,865.08	0.31	5,458,092.44	0.15

投资前五名股票明细	股票名称	公允价值(元)	占净值比(%)	股票名称	公允价值(元)	占净值比(%)	股票名称	公允价值(元)	占净值比(%)	股票名称	公允价值(元)	占净值比(%)
	中国平安	109,181,783.49	4.12	民生银行	152,063,897.04	4.86	中国平安	141,531,382.20	4.44	中国平安	164,804,269.14	4.46
	烟台万华	78,312,905.00	2.96	中国平安	133,123,865.16	4.26	民生银行	126,037,912.38	3.96	民生银行	155,826,897.17	4.21
	千金药业	73,752,592.90	2.79	招商银行	101,150,224.20	3.23	潍柴动力	100,118,227.40	3.14	潍柴动力	125,374,073.76	3.39
	西山煤电	73,630,356.12	2.78	浦发银行	81,007,356.98	2.59	招商银行	91,158,694.68	2.86	招商银行	116,742,093.30	3.16
	招商银行	71,901,966.60	2.72	长江电力	74,412,000.00	2.38	千金药业	83,148,914.24	2.61	豫园商城	100,688,502.75	2.72

投资前五名债券明细	债券名称	公允价值(元)	占净值比(%)	债券名称	公允价值(元)	占净值比(%)	债券名称	公允价值(元)	占净值比(%)	债券名称	公允价值(元)	占净值比(%)
	20国债(4)	178,239,492.00	6.73	20国债(4)	177,628,784.00	5.68	20国债(4)	197,580,359.20	6.21	20国债(4)	176,112,720.00	4.76
	99国债(8)	118,474,200.00	4.48	99国债(8)	158,099,000.00	5.06	09央票37	159,472,000.00	5.01	09央票59	169,439,000.00	4.58
	08央票20	105,720,000.00	3.99	08央票20	104,630,000.00	3.35	08央票20	103,440,000.00	3.25	09央票61	129,571,000.00	3.50
	08央票114	48,970,000.00	1.85	08央票114	48,660,000.00	1.56	08央票114	48,370,000.00	1.52	09央票51	79,736,000.00	2.16
	08农发17	31,335,000.00	1.18	08央票98	38,616,000.00	1.23	08农发17	30,600,000.00	0.96	08农发17	30,354,000.00	0.82

长盛成长价值证券投资基金

基本资料						
基金简称	长盛成长价值混合			交易代码	080001	
风险收益特征	该基金属于平衡型基金，在承担适度风险的前提下，获得长期稳定的收益。					
业绩比较基准	中信综合指数收益率×80%+中信国债指数收益率×20%					
合同生效日	2002年9月18日	首募份额	31.67亿份	认购户数	6,325户	
基金管理人	长盛基金管理有限公司			基金托管人	中国农业银行	
注册登记人	长盛基金管理有限公司					

财务指标　单位：人民币(元)；%

项目 \ 年度	2009年	2008年	2007年
本期利润	462,640,207.66	-794,066,746.85	414,518,620.86
本期加权平均净值利润率	40.71	-65.42	38.64
期末基金资产净值	1,246,806,406.34	906,761,361.54	1,923,656,133.36
期末基金份额净值	0.967	0.634	1.171
本期份额净值增长率	52.52	-45.86	97.58
累计份额净值增长率	274.70	145.67	353.78
基金收益分配	——	——	10派16.400

成立来累计净值增长率与同期基准收益率历史走势对比图（%）

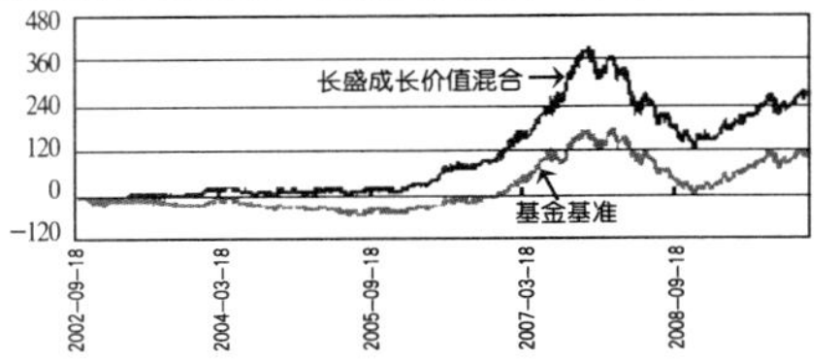

近三年净值增长率与同期基准收益率对比图（%）

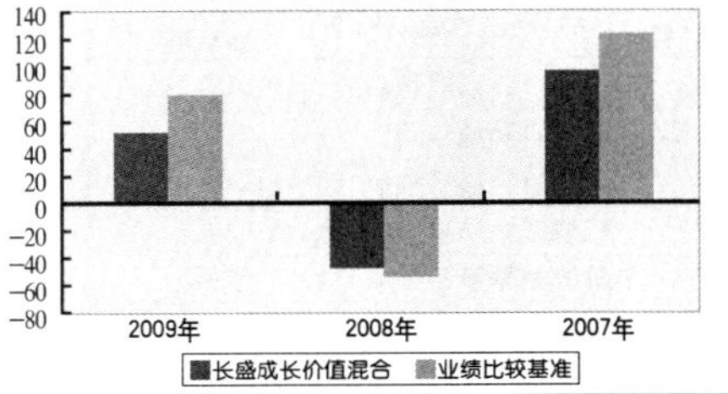

期末基金份额持有人户数	基金份额持有人户数为75,713户，平均每户持有17,026.68份。（期末截至2009年12月31日）
期末基金份额持有人结构	机构投资者持有份额106,961,856.25份，占总份额8.30%；个人投资者持有份额1,182,179,313.19份，占总份额91.70%。

基金业绩表现

2009年长盛成长价值混合基金全年份额净值增长率为52.52%；同期业绩基准收益率为80.22%。

基金管理团队

王　宁先生：基金经理、投资管理部副总监，北京大学光华管理学院EMBA，11年证券从业经历。历任华夏基金公司基金经理助理，兴业基金经理等职务。2005年8月加入长盛基金管理公司，曾任投资管理部基金经理助理、长盛动态精选基金经理。现任投资管理部副总监、长盛成长价值混合基金经理、长盛同庆基金经理。

基金运作分析

在2009年的基金管理中，根据长盛成长价值混合基金的特点，管理人坚持均衡加微调的操作策略，逐渐调整股票组合，不断进行组合优化，其中行业方面重点向通信设备等行业倾斜，特征方面坚持价值成长的组合设计原则，风格方面从年初的均衡逐渐向偏中大股票风格倾斜。在债券组合方面，由于债券市场持续没有系统性投资交易机会，继续维持基金最低债券配置比例。

长盛成长价值混合基金属于平衡型股票基金，长期关注各种估值水平具有低估值、高成长的特征和风格的行业及个股，将继续采取均衡加微调的操作策略，通过控制可能的组合下行风险，实际提高组合的长期累计收益增长率，坚持利用公开信息以及基本面和市场面相结合的策略，积极调整组合，保持组合的有效性，为持有人提供长期持续稳定回报。

季度投资组合一览

项目 \ 季度	第一季度			第二季度			第三季度			第四季度		
基金资产净值	1,076,710,627.32元			1,174,873,070.01元			1,132,019,561.11元			1,246,806,406.34元		
基金份额	1,414,046,694.14份			1,377,791,056.81份			1,337,384,247.92份			1,289,141,169.44份		
基金份额净值	0.7610元			0.8530元			0.8460元			0.9670元		
基金资产组合	市值(元)		占总资产比(%)	市值(元)		占总资产比(%)	市值(元)		占总资产比(%)	市值(元)		占总资产比(%)
股票投资	718,599,767.50		66.53	770,454,386.68		65.07	761,487,374.56		66.93	872,660,000.00		69.68
债券投资	217,776,884.50		20.16	240,015,666.00		20.27	243,147,049.30		21.37	258,649,616.00		20.65
资产支持证券投资	——		——	——		——	——		——	——		——
金融衍生品投资	——		——	——		——	——		——	——		——
买入返售金融资产	——		——	——		——	——		——	——		——
银行存款和结算备付金	138,300,044.19		12.80	165,634,289.79		13.99	128,863,663.82		11.33	117,607,784.06		9.39
其他资产	5,370,843.26		0.50	7,905,118.24		0.67	4,245,379.08		0.37	3,430,439.12		0.27
投资前五名股票明细	股票名称	公允价值(元)	占净值比(%)	股票名称	公允价值(元)	占净值比(%)	股票名称	公允价值(元)	占净值比(%)	股票名称	公允价值(元)	占净值比(%)
	工商银行	39,400,000.00	3.66	工商银行	54,200,000.00	4.61	中国联通	50,800,000.00	4.49	中国石化	56,360,000.00	4.52
	万　科A	33,173,820.00	3.08	中国石化	42,639,520.30	3.63	上海汽车	47,400,000.00	4.19	双汇发展	53,100,000.00	4.26
	兰花科创	31,430,000.00	2.92	万　科A	38,250,000.00	3.26	中国石化	45,200,000.00	3.99	中国联通	51,030,000.00	4.09
	烽火通信	30,377,539.22	2.82	金 融 街	34,400,000.00	2.93	双汇发展	37,674,000.00	3.33	上海汽车	39,195,000.00	3.14
	中信证券	25,370,667.00	2.36	出版传媒	32,250,000.00	2.74	哈药股份	32,180,000.00	2.84	中国建筑	37,760,000.00	3.03
投资前五名债券明细	债券名称	公允价值(元)	占净值比(%)	债券名称	公允价值(元)	占净值比(%)	债券名称	公允价值(元)	占净值比(%)	债券名称	公允价值(元)	占净值比(%)
	08进出08	52,630,000.00	4.89	08进出08	52,160,000.00	4.44	07农发17	60,180,000.00	5.32	07农发17	60,162,000.00	4.83
	08央票104	48,695,000.00	4.52	08央票104	8,325,000.00	4.11	08进出08	51,400,000.00	4.54	08进出08	50,965,000.00	4.09
	08央行票据112	39,124,000.00	3.63	08央行票据112	38,860,000.00	3.31	08央行票据112	38,608,000.00	3.41	09央行票据51	39,868,000.00	3.20
	99国债(8)	23,836,604.00	2.21	99国债(8)	27,732,780.00	2.36	05农发06	30,147,000.00	2.66	20国债(4)	37,121,616.00	2.98
	08央行票据53	21,230,000.00	1.97	20国债(4)	22,219,886.00	1.89	20国债(4)	22,174,049.30	1.96	05农发06	30,105,000.00	2.41

长盛中信全债指数增强型债券投资基金

基本资料

基金简称	长盛全债指数增强债券	交易代码	510080(前端) 511080(后端)		
风险收益特征	该基金属于低风险的基金品种，其长期平均风险和预期收益均低于股票型基金。				
业绩比较基准	中信全债指数收益率×92%+中信综合指数收益率×8%				
合同生效日	2003年10月25日	首募份额	9.25亿份	认购户数	31,379户
基金管理人	长盛基金管理有限公司	基金托管人	中国农业银行		
注册登记人	中国证券登记结算有限责任公司				

财务指标　　单位：人民币(元)；%

项目＼年度	2009年	2008年	2007年
本期利润	89,374,888.20	−58,469,116.92	249,435,243.63
本期加权平均净值利润率	7.57	−3.62	30.36
期末基金资产净值	750,868,888.06	1,311,587,692.30	1,402,944,334.22
期末基金份额净值	1.2408	1.1891	1.3001
本期份额净值增长率	7.79	−2.08	42.43
累计份额净值增长率	130.13	113.50	118.04
基金收益分配	10派0.400	10派0.800	10派2.700
期末基金份额持有人户数	基金份额持有人户数为23,353户，平均每户持有25,912.45份。(期末截至2009年12月31日)		
期末基金份额持有人结构	机构投资者持有份额148,920,984.54份，占总份额24.61%；个人投资者持有份额456,212,467.46份，占总份额75.39%。		

成立来累计净值增长率与同期基准收益率历史走势对比图（%）

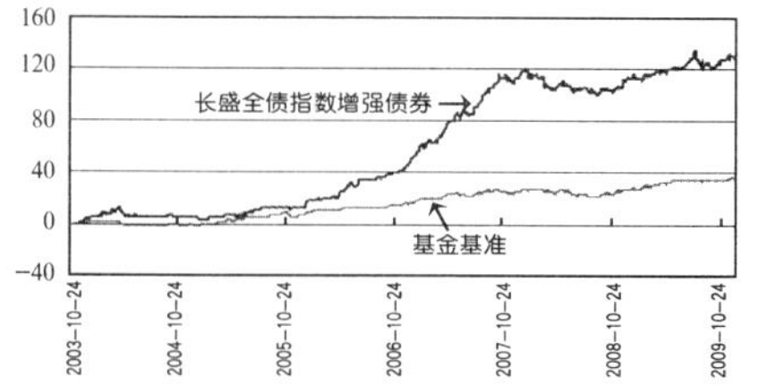

近三年净值增长率与同期基准收益率对比图（%）

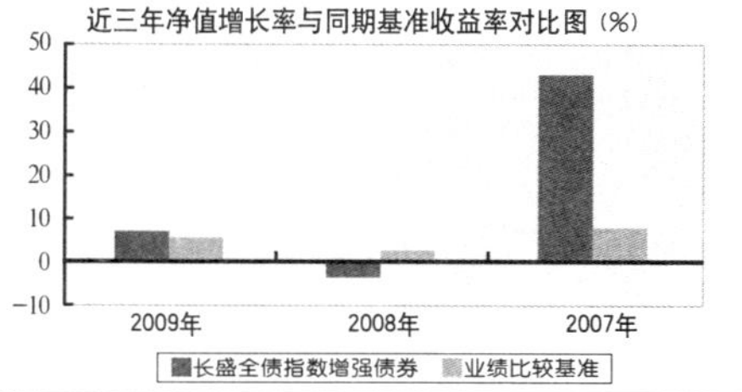

基金业绩表现

截至2009年12月31日，长盛全债指数增强债券基金份额净值为1.2408元，全年份额净值增长率为7.79%；同期业绩基准收益率为6.63%。

基金管理团队

刘　静女士：基金经理，中央财经大学经济学硕士，9年证券从业经历。曾就职于北京证券公司；2003年7月加入长盛基金管理公司，先后担任交易部交易员、首席债券交易员。现任长盛全债指数增强债券基金经理、长盛货币基金经理、长盛积极配置债券基金经理。

基金运作分析

2009年，长盛全债指数增强债券基金在债券资产配置策略上继续保持一贯稳健投资风格，对组合采用战略性和战术性配置相结合的一贯策略。该组合在2009年将组合久期降到规定范围的最低限，较好地抵御了利率上行的风险，但由于该基金有基准久期的限定，超额收益不是很明显；并且基于对整个债券市场全年风险的警惕，放弃参与了年内曾经出现的几次小幅波段行情。就权益类资产部分而言，该基金2009年坚持风险控制的原则，对该部分资产进行动态调整，投资期内基本保持较为积极的仓位；策略上采取自上而下与自下而上相结合的资产配置策略；总体来说，取得相对较好的投资收益，但由于对热点及政策导向带来的行业及个股机会把握不够及时和准确，部分影响了投资收益。另外，仍加强了转债部分的投资，通过对重点券种的研究，对转债部分作适当的结构调整，也获得一定的投资收益。

季度投资组合一览

项目＼季度	第一季度		第二季度		第三季度		第四季度	
基金资产净值	1,379,564,924.19元		1,250,532,440.49元		1,027,294,702.03元		750,868,888.06元	
基金份额	1,137,911,640.51份		1,009,527,374.82份		832,231,359.38份		605,133,452.00份	
基金份额净值	1.2124元		1.2387元		1.2344元		1.2408元	
基金资产组合	市值(元)	占总资产比(%)	市值(元)	占总资产比(%)	市值(元)	占总资产比(%)	市值(元)	占总资产比(%)
股票投资	107,828,770.00	7.23	161,321,861.30	12.80	106,605,453.75	8.30	119,599,121.12	10.81
债券投资	1,253,962,273.60	84.07	858,008,044.44	68.10	754,839,969.70	58.76	640,186,042.20	57.89
资产支持证券投资	——	——	——	——	——	——	——	——
金融衍生品投资	——	——	——	——	——	——	——	——
买入返售金融资产	——	——	——	——	——	——	——	——
银行存款和结算备付金	105,279,635.14	7.06	219,467,250.76	17.42	415,481,218.64	32.34	228,326,608.30	20.65
其他资产	24,541,888.68	1.65	21,150,461.03	1.68	7,717,323.11	0.60	117,766,848.10	10.65

投资前五名股票明细	股票名称	公允价值(元)	占净值比(%)	股票名称	公允价值(元)	占净值比(%)	股票名称	公允价值(元)	占净值比(%)	股票名称	公允价值(元)	占净值比(%)
	中国平安	19,555,000.00	1.42	民生银行	15,840,000.00	1.27	中国建筑	14,265,712.48	1.39	中信银行	12,345,000.00	1.64
	东方电气	7,504,000.00	0.54	招商银行	13,446,000.00	1.08	江铃汽车	9,079,101.90	0.88	中粮屯河	6,700,000.00	0.89
	保利地产	6,603,000.00	0.48	东方电气	11,670,000.00	0.93	招商银行	5,912,000.00	0.58	洋河股份	6,545,077.82	0.87
	龙净环保	6,237,000.00	0.45	华域汽车	9,720,000.00	0.78	中南建设	5,163,000.00	0.50	中信证券	6,354,000.00	0.85
	民生银行	5,080,000.00	0.37	华夏银行	8,771,000.00	0.70	精功科技	4,880,000.00	0.48	神火股份	5,895,046.72	0.79

投资前五名债券明细	债券名称	公允价值(元)	占净值比(%)	债券名称	公允价值(元)	占净值比(%)	债券名称	公允价值(元)	占净值比(%)	债券名称	公允价值(元)	占净值比(%)
	08国开14	110,100,000.00	7.98	01国开11	103,900,000.00	8.31	20国债(4)	190,853,069.40	18.58	20国债(4)	169,142,400.00	22.53
	08央行票据32	105,870,000.00	7.67	05进出02	72,296,000.00	5.78	05进出02	71,344,000.00	6.94	09农发11	60,162,000.00	8.01
	01国开11	104,980,000.00	7.61	08进出08	52,160,000.00	4.17	09农发11	60,060,000.00	5.85	03国债(8)	56,371,081.80	7.51
	05进出02	72,870,000.00	5.28	20国债(4)	43,774,000.00	3.50	03国债(8)	56,180,828.00	5.47	08国开10	42,168,000.00	5.62
	08国开15	54,485,000.00	3.95	08国开10	43,196,000.00	3.45	08国开10	42,600,000.00	4.15	09进出06	40,068,000.00	5.34

长盛动态精选证券投资基金

基本资料					
基金简称	长盛动态精选混合	交易代码	510081（前端）511081（后端）		
风险收益特征	该基金属于适度风险的基金品种，在承担适度风险的前提下，获取长期稳定的收益。				
业绩比较基准	中信综合指数收益率×95%+金融同业存款利率×5%				
合同生效日	2004年5月21日	首募份额	41.08亿份	认购户数	128,876户
基金管理人	长盛基金管理有限公司	基金托管人	中国农业银行		
注册登记人	中国证券登记结算有限责任公司				

财务指标　单位：人民币（元）；%

项目＼年度	2009年	2008年	2007年
本期利润	954,442,959.80	−1,669,153,177.98	1,285,630,488.03
本期加权平均净值利润率	57.24	−95.39	58.13
期末基金资产净值	2,107,836,525.07	1,117,745,005.78	2,948,126,869.83
期末基金份额净值	1.1529	0.6914	1.6296
本期份额净值增长率	81.13	−57.57	120.24
累计份额净值增长率	287.62	114.00	404.36
基金收益分配	10派1.000	——	10派13.300
期末基金份额持有人户数	基金份额持有人户数为87,366户，平均每户持有20,927.40份。（期末截至2009年12月31日）		
期末基金份额持有人结构	机构投资者持有份额490,587,048.78份，占总份额26.83%；个人投资者持有份额1,337,756,532.90份，占总份额73.17%。		

成立来累计净值增长率与同期基准收益率历史走势对比图（%）

近三年净值增长率与同期基准收益率对比图（%）

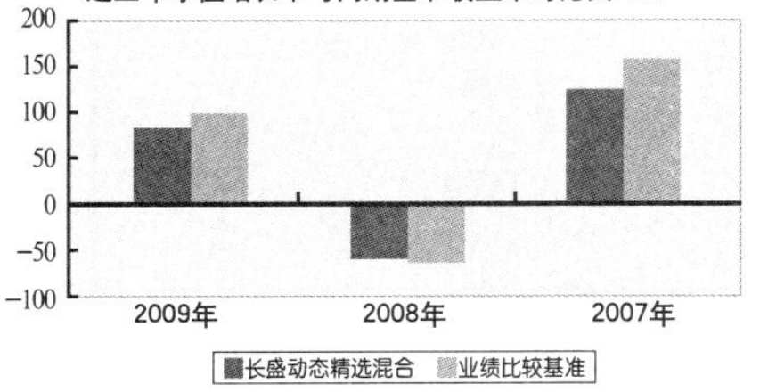

基金业绩表现

2009年长盛动态精选混合基金全年份额净值增长率为81.13%；同期业绩基准收益率为99.36%。

基金管理团队

邓永明先生：基金经理，山西农业大学学士，10年证券从业经历。曾任职于大成基金公司研究员、交易员和基金经理助理。2005年7月加入长盛基金公司投资管理部，曾任长盛同益基金经理助理、长盛同德基金经理、长盛同德主题股票基金经理；现任长盛创新先锋混合基金经理，长盛动态精选混合基金经理。

罗大林先生：基金经理助理、行业研究员，武汉大学硕士，5年证券从业经历。历任大通证券股份有限公司北京营业部总经理助理。2004年10月加入长盛基金公司，曾任长盛中证100指数基金经理助理；2009年4月至2009年7月任长盛动态精选混合基金经理助理。

基金运作分析

2009年，长盛动态精选混合基金在年初判断宽松的货币政策特别是四万亿经济刺激计划的出台，对拉动内需，缓解经济下滑会起到非常明显的作用，预示着A股市场的投资机会已经来临，提高了股票的配置比例，取得较好的效果。

展望2010年，管理人将适当保持股票资产均衡配置，并根据政府的产业政策和区域政策导向来构建组合，以确定性增长的企业为核心投资对象，尽可能回避受宏观调控影响大的行业。下阶段，该基金重点从大的消费类行业、服务行业以及业绩确定增长先进制造业中精选被低估的个股，同时关注一些超跌的资源类个股。

季度投资组合一览

项目＼季度	第一季度		第二季度		第三季度		第四季度	
基金资产净值	1,397,027,380.78元		1,617,248,572.18元		1,944,349,070.19元		2,107,836,525.07元	
基金份额	1,583,806,301.04份		1,533,125,892.24份		1,828,254,553.77份		1,828,343,581.68份	
基金份额净值	0.8821元		1.0549元		1.0635元		1.1529元	
基金资产组合	市值(元)	占总资产比(%)	市值(元)	占总资产比(%)	市值(元)	占总资产比(%)	市值(元)	占总资产比(%)
股票投资	1,164,320,498.61	82.92	1,419,855,993.52	87.03	1,417,196,422.89	68.56	1,949,388,172.19	92.12
债券投资	67,206,928.80	4.79	55,175,616.00	3.38	183,938,615.20	8.90	14,791,400.00	0.70
资产支持证券投资	——	——	——	——	——	——	——	——
金融衍生品投资	——	——	——	——	——	——	——	——
买入返售金融资产	——	——	——	——	——	——	——	——
银行存款和结算备付金	140,211,106.52	9.99	154,270,295.40	9.46	262,856,722.42	12.72	130,824,993.13	6.18
其他资产	32,359,931.82	2.30	2,091,068.59	0.13	203,117,253.30	9.83	21,091,422.37	1.00

投资前五名股票明细	股票名称	公允价值(元)	占净值比(%)	股票名称	公允价值(元)	占净值比(%)	股票名称	公允价值(元)	占净值比(%)	股票名称	公允价值(元)	占净值比(%)
	中国平安	74,309,000.00	5.32	浦发银行	92,080,000.00	5.69	招商银行	88,680,000.00	4.56	招商银行	111,910,000.00	5.31
	招商银行	65,313,000.00	4.68	招商银行	89,640,000.00	5.54	中兴通讯	83,229,536.50	4.28	中国平安	99,162,000.00	4.70
	浦发银行	63,568,000.00	4.55	中国平安	84,082,000.00	5.20	浦发银行	68,775,000.00	3.54	中兴通讯	92,599,430.49	4.39
	力源液压	47,580,000.00	3.41	中信证券	62,172,000.00	3.84	中国平安	68,445,000.00	3.52	华发股份	82,641,301.12	3.92
	中兴通讯	45,940,233.00	3.29	中兴通讯	58,446,173.50	3.61	兴业银行	60,841,125.14	3.13	国阳新能	82,229,000.00	3.90

投资前五名债券明细	债券名称	公允价值(元)	占净值比(%)	债券名称	公允价值(元)	占净值比(%)	债券名称	公允价值(元)	占净值比(%)	债券名称	公允价值(元)	占净值比(%)
	08国开21	30,270,000.00	2.17	08国开21	30,075,000.00	1.86	09央行票据42	98,280,000.00	5.05	08青啤债	10,787,400.00	0.51
	大荒转债	11,471,200.00	0.82	08青啤债	10,751,000.00	0.66	20国债(4)	60,954,000.00	3.13	08葛洲债	4,004,000.00	0.19
	08青啤债	10,913,500.00	0.78	08中远债	10,356,616.00	0.64	08青啤债	10,596,300.00	0.54			
	08中远债	10,525,728.80	0.75	08葛洲债	3,993,000.00	0.25	08中远债	10,162,815.20	0.52			
	08葛洲债	4,026,500.00	0.29				08葛洲债	3,945,500.00	0.20			

长盛货币市场基金

基本资料

基金简称	长盛货币		**交易代码**	080011	
风险收益特征	该基金属于高流动性、低风险的基金品种，其预期风险和预期收益率都低于股票、债券和混合型基金。				
业绩比较基准	银行一年定期存款利率(税后)				
合同生效日	2005年12月12日	**首募份额**	36.02亿份	**认购户数**	12,676户
基金管理人	长盛基金管理有限公司		**基金托管人**	兴业银行	
注册登记人	长盛基金管理有限公司				

成立来累计净值收益率与同期基准收益率历史走势对比图（%）

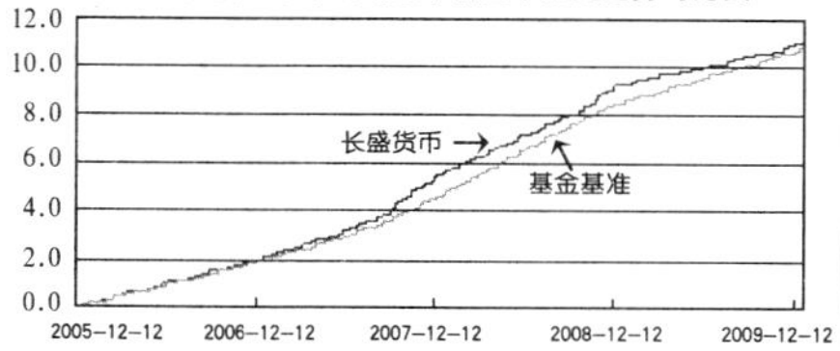

近三年净值收益率与同期基准收益率对比图（%）

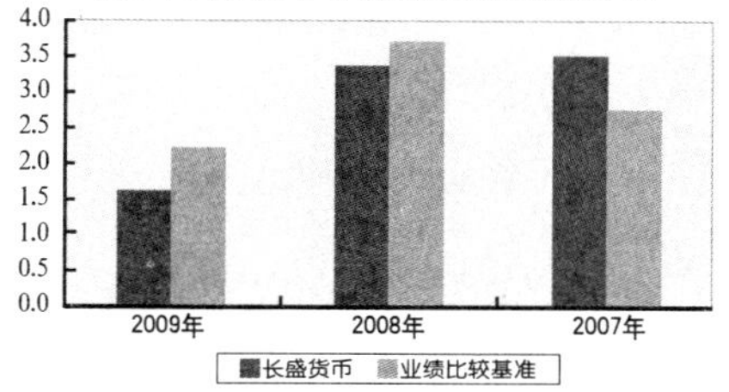

财务指标　　单位：人民币(元)；%

项目＼年度	2009年	2008年	2007年
本期利润	44,630,203.33	30,498,428.74	9,002,209.43
期末基金资产净值	3,776,511,783.67	8,025,534,489.46	227,413,595.78
期末基金份额净值	1.0000	1.0000	1.0000
本期份额净值收益率	1.65	3.43	3.49
累计份额净值收益率	11.07	9.26	5.64
基金收益分配	44,630,203.33	30,498,428.74	9,002,209.43

期末基金份额持有人户数	基金份额持有人户数为14,697户，平均每户持有256,732.19份。(期末截至2009年12月31日)
期末基金份额持有人结构	机构投资者持有份额1,357,263,420.96份，占总份额35.97%；个人投资者持有份额2,415,929,573.84份，占总份额64.03%。

基金业绩表现

2009年长盛货币基金全年净值收益率为1.65%，同期业绩基准收益率为2.25%。

基金管理团队

刘　静女士：基金经理，中央财经大学经济学硕士，9年证券从业经历。2000年7月至2003年6月就职于北京证券公司；2003年7月加入长盛基金管理公司，先后任交易部交易员、首席债券交易员；现任长盛全债指数增强债券基金经理，长盛货币基金经理，长盛积极配置债券基金经理。

基金运作分析

2009年，长盛货币基金始终把组合的流动性放在首位，力争寻求收益最大化和风险最小化的最佳平衡，并且在此期间也获得了较好的投资收益。基于对市场的分析与判断，该基金对组合结构进行了一定的调整，在短期利率面临上升压力的环境下，尽量降低了组合的投资剩余期限，同时大量增持相对收益较高的信用产品。通过对组合的优化管理，始终保证了收益一贯的稳定性、持续性和基金运作的合规性。

展望2010年，长盛货币基金仍继续坚持把保证组合流动性放在第一位，在保证组合良好流动性的前提下，加强对市场走势的深入研究，坚持滚动操作策略，根据市场变化适时调整组合中类属资产的配置比例及组合的平均剩余期限，进一步着力于组合资产流动性与收益性的良好匹配；另一方面，积极关注市场不断推出的新投资品种，挖掘更多的投资机会，选择更易规避利率风险，并且流动性良好的投资品种，获取更好的投资收益。

季度投资组合一览

项目＼季度	第一季度		第二季度		第三季度		第四季度	
基金资产净值	4,367,089,629.92元		2,475,732,696.45元		1,250,053,197.69元		3,776,511,783.67元	
基金份额	4,367,089,629.92份		2,475,732,696.45份		1,250,053,197.69份		3,776,511,783.67份	
基金份额净值	1.0000元		1.0000元		1.0000元		1.0000元	
基金资产组合	市值(元)	占总资产比(%)	市值(元)	占总资产比(%)	市值(元)	占总资产比(%)	市值(元)	占总资产比(%)
股票投资	——	——	——	——	——	——	——	——
债券投资	4,080,495,567.57	93.38	2,931,036,033.51	99.09	1,285,043,746.68	91.48	2,636,297,977.15	69.78
资产支持证券投资	——	——	——	——	——	——	——	——
金融衍生品投资	——	——	——	——	——	——	——	——
买入返售金融资产	——	——	——	——	——	——	296,600,764.90	7.85
银行存款和结算备付金	232,474,422.60	5.32	1,604,991.64	0.05	105,550,274.32	7.51	831,622,255.39	22.01
其他资产	56,837,446.34	1.30	25,255,443.05	0.85	14,163,637.20	1.01	13,473,530.70	0.36

投资前五名债券明细	债券名称	成本(元)	占净值比(%)	债券名称	成本(元)	占净值比(%)	债券名称	成本(元)	占净值比(%)	债券名称	成本(元)	占净值比(%)
	08央行票据92	496,226,751.89	11.36	08央票112	438,193,516.38	17.7	08央票114	129,895,212.21	10.39	09央行票据63	997,762,742.52	26.42
	08央行票据112	436,648,585.02	10.00	08央票110	368,422,019.25	14.88	08太不锈CP01	100,429,262.02	8.03	09央行票据67	299,180,358.52	7.92
	08央行票据110	366,977,488.83	8.40	07进出09	200,166,505.33	8.09	08莱钢CP01	100,163,336.94	8.01	09央行票据61	119,756,545.06	3.17
	07进出09	200,522,132.87	4.59	08太不锈CP01	130,405,002.05	5.27	06国开02	99,557,856.78	7.96	09中石油CP02	99,951,929.06	2.65
	08央行票据108	139,200,982.67	3.19	08莱钢CP01	130,263,742.09	5.26	08央票110	89,972,806.37	7.20	06国开02	99,630,083.48	2.64

投资组合平均剩余期限	平均剩余期限	占净值比(%)	平均剩余期限	占净值比(%)	平均剩余期限	占净值比(%)	平均剩余期限	占净值比(%)
	30天以内	16.77	30天以内	8.95	30天以内	35.60	30天以内	35.43
	30天(含)—60天	6.88	30天(含)—60天	18.17	30天(含)—60天	2.80	30天(含)—60天	7.94
	60天(含)—90天	7.78	60天(含)—90天	18.15	60天(含)—90天	19.98	60天(含)—90天	39.11
	90天(含)—180天	29.81	90天(含)—180天	48.48	90天(含)—180天	33.65	90天(含)—180天	7.94
	180天(含)—397天(含)	37.52	180天(含)—397天(含)	24.70	180天(含)—397天(含)	19.22	180天(含)—397天(含)	9.27

长盛中证100指数证券投资基金

基本资料			
基金简称	长盛中证100指数	交易代码	519100
风险收益特征	该基金为被动投资型指数基金，风险中等，将获得证券市场平均收益率。其风险因素主要来自于市场风险和跟踪误差的风险。由于采用被动投资策略，在投资管理上将最大限度地分散非系统性风险。		
业绩比较基准	中证100指数收益率×95%+一年期银行储蓄存款利率(税后)×5%		
合同生效日	2006年11月22日	首募份额	40.31亿份
		认购户数	116,378户
基金管理人	长盛基金管理有限公司	基金托管人	中国农业银行
注册登记人	中国证券登记结算有限责任公司		

成立来累计净值增长率与同期基准收益率历史走势对比图（%）

财务指标　　单位：人民币(元)；%

项目＼年度	2009年	2008年	2007年
本期利润	648,989,769.93	-1,598,454,125.86	2,058,137,919.12
本期加权平均净值利润率	48.63	-102.64	72.77
期末基金资产净值	1,399,953,030.61	930,845,856.35	2,461,326,244.39
期末基金份额净值	1.0751	0.5858	2.2766
本期份额净值增长率	83.53	-62.78	115.49
累计份额净值增长率	61.11	-12.22	135.85
基金收益分配	——	10派5.300	10派0.400
期末基金份额持有人户数	基金份额持有人户数为75,936户，平均每户持有17,147.79份。（期末截至2009年12月31日）		
期末基金份额持有人结构	机构投资者持有份额4,149,666.36份，占总份额0.32%；个人投资者持有份额1,297,984,763.17份，占总份额99.68%。		

近三年净值增长率与同期基准收益率对比图（%）

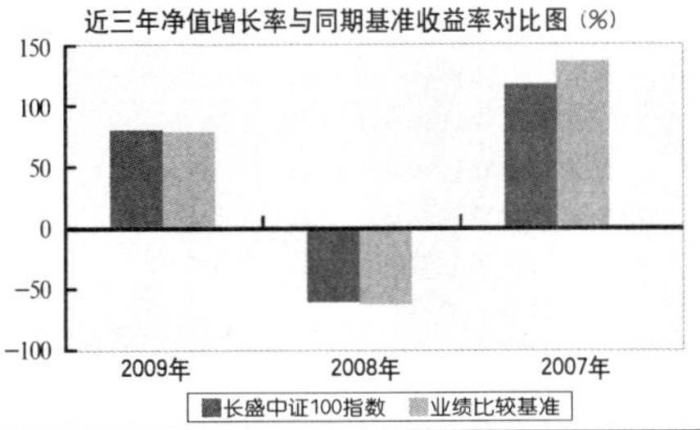

基金业绩表现

2009年长盛中证100指数基金全年份额净值增长率为83.53%，同期业绩基准收益率为82.34%。

基金管理团队

白仲光先生：基金经理、金融工程部总监，博士，6年证券从业经历。2003年2月加入长盛基金公司，历任研究员、高级金融工程师、基金经理等职务；现任金融工程部总监，长盛中证100指数基金经理。

黄瑞庆先生：基金经理、社保组合组合经理，厦门大学博士，6年证券从业经历。曾就职于融通基金公司，长城基金公司。2005年9月起加入长盛基金公司，曾任专户理财部总监，社保组合组合经理；2007年9月至2009年3月任长盛中证100指数基金经理。

刘　斌先生：基金经理助理、基金经理，清华大学工学学士、中国科学院工学博士，3年证券从业经历。2006年5月加入长盛基金公司，先后任金融工程研究员、高级金融工程研究员、基金经理助理等职务；现任长盛中证100指数基金经理助理，长盛量化红利基金经理。

罗大林先生：基金经理助理、行业研究员，武汉大学硕士，5年证券从业经历。历任大通证券公司北京营业部总经理助理。2004年10月加入长盛基金公司，2006年7月至2009年4月任长盛中证100指数基金经理。

基金运作分析

在2009年的操作中，长盛中证100指数基金严格遵守基金合同，在指数权重调整和基金申赎变动时，应用指数复制和数量化手段降低交易成本和减少跟踪误差。

季度投资组合一览

项目＼季度	第一季度		第二季度		第三季度		第四季度	
基金资产净值	966,579,012.17元		1,438,038,414.29元		1,586,757,114.28元		1,399,953,030.61元	
基金份额	1,273,435,689.37份		1,459,814,018.82份		1,706,860,233.56份		1,302,134,429.53份	
基金份额净值	0.7590元		0.9851元		0.9296元		1.0751元	
基金资产组合	市值(元)	占总资产比(%)	市值(元)	占总资产比(%)	市值(元)	占总资产比(%)	市值(元)	占总资产比(%)
股票投资	916,098,617.67	94	1,354,479,775.69	90.2	1,500,592,759.34	93.72	1,330,644,002.73	94.09
债券投资	——	——	——	——	——	——	——	——
资产支持证券投资	——	——	——	——	——	——	——	——
金融衍生品投资	——	——	——	——	——	——	——	——
买入返售金融资产	——	——	——	——	——	——	——	——
银行存款和结算备付金	54,291,888.49	5.57	131,524,173.08	8.76	86,966,510.34	5.43	79,218,670.90	5.60
其他资产	4,181,790.44	0.43	15,615,242.42	1.04	13,593,974.73	0.85	4,423,828.29	0.31

投资前五名股票明细	股票名称	公允价值(元)	占净值比(%)	股票名称	公允价值(元)	占净值比(%)	股票名称	公允价值(元)	占净值比(%)	股票名称	公允价值(元)	占净值比(%)
	招商银行	49,849,717.14	5.16	招商银行	92,046,789.18	6.40	招商银行	77,190,441.84	4.86	招商银行	69,906,350.40	4.99
	中信证券	44,655,150.15	4.62	交通银行	65,294,722.17	4.54	中国平安	71,378,045.70	4.50	中国平安	63,719,903.59	4.55
	中国平安	41,947,508.72	4.34	工商银行	56,964,021.14	3.96	交通银行	69,555,933.16	4.38	交通银行	60,061,146.20	4.29
	万　科A	38,029,162.32	3.93	兴业银行	55,289,075.70	3.84	民生银行	58,376,872.18	3.68	民生银行	54,187,114.87	3.87
	交通银行	37,129,694.21	3.84	中国平安	53,683,933.46	3.73	兴业银行	54,401,291.78	3.43	中信证券	52,012,096.65	3.72
投资前五名债券明细	债券名称	公允价值(元)	占净值比(%)	债券名称	公允价值(元)	占净值比(%)	债券名称	公允价值(元)	占净值比(%)	债券名称	公允价值(元)	占净值比(%)
	——			——			——			——		

长盛同智优势成长混合型证券投资基金(LOF)

基本资料

基金简称	长盛同智优势混合(LOF)	交易代码	160805
风险收益特征	该基金是较高预期收益和较高预期风险的基金品种，其预期收益与风险高于债券基金与货币市场基金。		
业绩比较基准	沪深300指数收益率×65%+上证国债指数收益率×30%+一年定期存款利率×5%		
合同生效日	2007年1月5日	募集规模	108.39亿份
申购户数	355,739户		
上市日期	2007年2月16日	上市地点	深交所
基金管理人	长盛基金管理有限公司	基金托管人	中国银行
注册登记人	中国证券登记结算有限责任公司		

成立来累计净值增长率与同期基准收益率历史走势对比图(%)

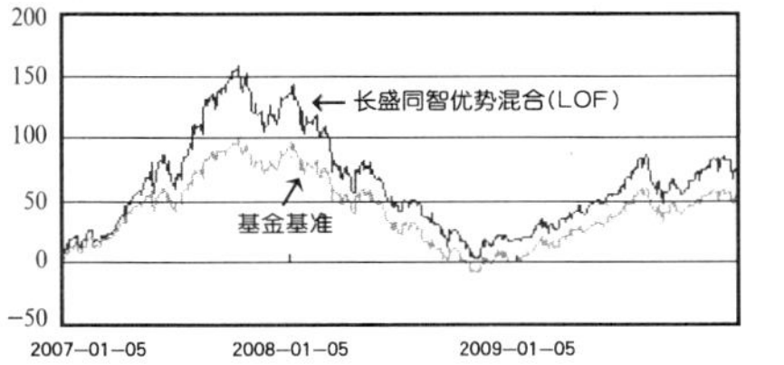

财务指标　单位：人民币(元)；%

项目 / 年度	2009年	2008年	2007.1.5至2007.12.31
本期利润	1,467,411,081.35	-3,554,122,698.11	7,176,178,133.09
本期加权平均净值利润率	44.40	-79.93	71.14
期末基金资产净值	3,421,194,737.65	2,703,830,410.16	8,757,137,483.85
期末基金份额净值	1.0235	0.6513	1.9137
本期份额净值增长率	57.15	-50.01	130.59
累计份额净值增长率	81.15	15.28	130.59
基金收益分配	——	10派4.310	——

近三年净值增长率与同期基准收益率对比图(%)

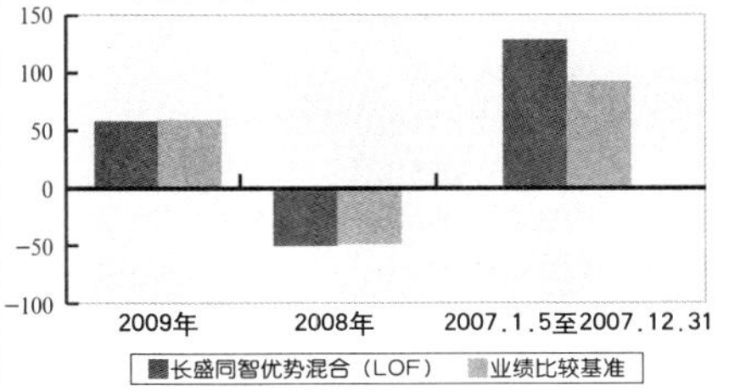

期末基金份额持有人户数	基金份额持有人户数为138,087户，平均每户持有24207.42份。(期末截至2009年12月31日)
期末基金份额持有人结构	机构投资者持有份额142,188,018.57份，占总份额4.25%；个人投资者持有份额3,200,542,414.35份，占总份额95.75%。

基金业绩表现

2009年长盛同智优势混合基金全年净值增长率为57.15%；同期业绩基准收益率为57.73%。

基金管理团队

丁　骏先生：基金经理，中国社会科学院经济学博士，8年证券从业经历。曾就职于中国建设银行浙江省分行、国泰君安证券公司。2003年6月加入长盛基金公司，先后担任研究发展部行业研究员、机构理财部组合经理助理。现任长盛同智优势成长基金经理，长盛同盛基金经理。

肖　强先生：基金经理，中国人民公安大学学士学位，16年证券从业经历。曾就职于中信证券北太平庄营业部、中信证券研究咨询部、中信证券交易部。2002年6月加入长盛基金公司，历任基金经理助理、基金经理、投资管理部副总监等职务，2007年1月至2009年3月任长盛同智优势混合基金经理，现任长盛创新先锋混合基金经理。

基金运作分析

长盛同智优势混合基金在2009年的投资操作，最大的遗憾在于风格配置上。年初，该基金对市场观点尚偏于谨慎，配置风格偏向于大市值蓝筹股，对于年初的小盘股行情没有及时把握。随着市场走势的明确，管理人在第二季度调整了配置思路，对基金投资组合进行了结构性调整，适度增加了中小市值股票的配置。

季度投资组合一览

项目 / 季度	第一季度		第二季度		第三季度		第四季度	
基金资产净值	3,121,757,761.64元		3,508,082,211.14元		3,149,538,677.16元		3,421,194,737.65元	
基金份额	4,065,133,074.23份		3,845,207,594.99份		3,598,047,170.33份		3,342,730,432.92份	
基金份额净值	0.7679元		0.9123元		0.8753元		1.0235元	
基金资产组合	市值(元)	占总资产比(%)	市值(元)	占总资产比(%)	市值(元)	占总资产比(%)	市值(元)	占总资产比(%)
股票投资	2,137,158,110.45	68.15	2,851,414,127.54	80.62	2,729,131,598.43	85.10	2,932,487,415.56	85.27
债券投资	39,351,769.70	1.25	39,143,351.40	1.11	——	——	——	——
资产支持证券投资	——	——	——	——	——	——	——	——
金融衍生品投资	——	——	——	——	——	——	——	——
买入返售金融资产	——	——	——	——	——	——	——	——
银行存款和结算备付金	923,104,803.59	29.44	642,516,281.29	18.17	475,025,115.45	14.81	504,542,823.93	14.67
其他资产	36,463,587.13	1.16	3,569,331.31	0.10	2,815,841.62	0.09	2,186,131.28	0.06

项目	第一季度			第二季度			第三季度			第四季度		
投资前五名股票明细	股票名称	公允价值(元)	占净值比(%)	股票名称	公允价值(元)	占净值比(%)	股票名称	公允价值(元)	占净值比(%)	股票名称	公允价值(元)	占净值比(%)
	中国石化	125,684,536.20	4.03	中国平安	147,423,443.60	4.20	中国平安	148,584,462.00	4.72	中国平安	174,120,759.40	5.09
	中国平安	125,177,812.60	4.01	中国石化	121,757,006.28	3.47	民生银行	128,458,954.08	4.08	民生银行	155,662,408.72	4.55
	兴业银行	72,383,277.24	2.32	兴业银行	116,890,488.18	3.33	中国石化	121,156,995.40	3.85	招商银行	146,188,863.30	4.27
	招商地产	71,075,328.57	2.28	浦发银行	114,346,095.00	3.26	招商银行	105,072,586.68	3.34	中国石化	120,777,479.22	3.53
	浦发银行	69,004,949.12	2.21	招商地产	110,403,036.75	3.15	中国联通	84,455,000.00	2.68	招商地产	109,904,832.78	3.21
投资前五名债券明细	债券名称	公允价值(元)	占净值比(%)	债券名称	公允价值(元)	占净值比(%)	债券名称	公允价值(元)	占净值比(%)	债券名称	公允价值(元)	占净值比(%)
	08渝城投债	21,032,000.00	0.67	08渝城投债	20,976,000.00	0.60						
	08葛洲债	18,319,769.70	0.59	08葛洲债	18,167,351.40	0.52						

长盛同德主题增长股票型证券投资基金

基本资料					
基金简称	长盛同德主题股票	交易代码	519039		
风险收益特征	该基金为股票型基金。其风险高于混合型基金、债券基金，属于较高风险、较高回报的基金品种。				
业绩比较基准	沪深300指数×80%+上证国债指数×20%				
合同生效日	2007年10月25日	募集规模	108.24亿份	申购户数	372,695户
基金管理人	长盛基金管理有限公司	基金托管人	中国农业银行		
注册登记人	中国证券登记结算有限责任公司				

成立来累计净值增长率与同期基准收益率历史走势对比图（%）

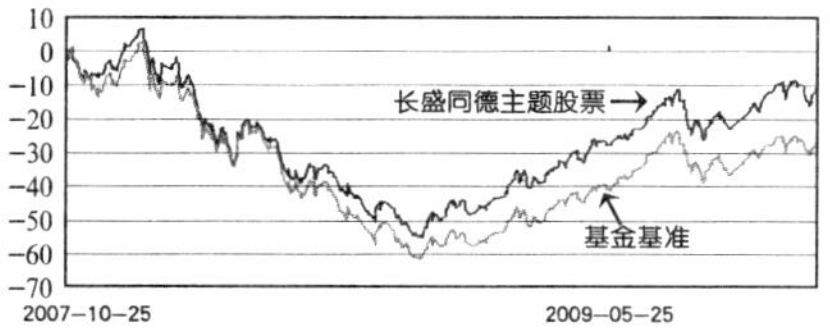

财务指标　单位：人民币（元）；%

项目＼年度	2009年	2008年	2007.10.25至2007.12.31
本期利润	5,001,426,610.48	−7,412,820,859.05	957,659,646.52
本期加权平均净值利润率	50.01	−74.22	12.12
期末基金资产净值	11,061,475,015.13	7,184,431,328.53	13,239,525,530.39
期末基金份额净值	0.9590	0.5611	1.0875
本期份额净值增长率	70.91	−48.40	1.46
累计份额净值增长率	−10.53	−47.65	1.46
基金收益分配	——	——	——

近三年净值增长率与同期基准收益率对比图（%）

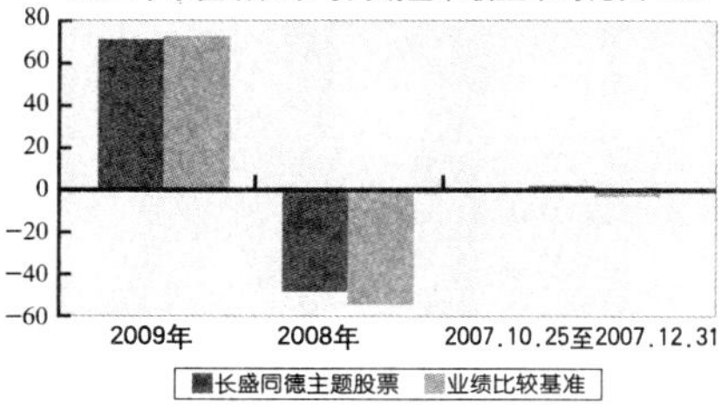

期末基金份额持有人户数	基金份额持有人户数为395,604户，平均每户持有29,157.73份。（期末截至2009年12月31日）
期末基金份额持有人结构	机构投资者持有份额1,009,483,903.30份，占总份额8.75%；个人投资者持有份额10,525,431,127.95份，占总份额91.25%。

基金业绩表现

截至2009年12月31日，长盛同德主题股票基金份额净值为0.9590元，全年份额净值增长率为70.91%；同期业绩基准收益率为73.60%。

基金管理团队

王雪松先生：基金经理，北京大学硕士，7年证券从业经历。历任巨田证券公司研究员、新世纪基金管理公司研究员。2007年8月加入长盛基金管理公司，曾任长盛同德主题股票基金经理助理，行业研究员；2009年8月起任长盛同德主题股票基金经理。

詹凌蔚先生：基金经理、公司总经理助理，投资管理部总监，厦门大学经济学硕士，8年证券从业经历。历任融通新蓝筹基金经理、融通基金管理公司总经理助理、投资管理部总监、博时主题行业基金经理。2007年3月加入长盛基金管理公司，曾任公司总经理助理，投资管理部总监；2007年12月至2009年12月任长盛同德主题股票基金经理。

基金运作分析

继2007年后，2009年又是一轮波澜壮阔的行情。价格冲击后需求的自然回稳、积极的财政政策、宽松的货币政策、消费升级和房地产强劲增长等五大因素共同作用，使得中国经济迅速从低位升至金融危机前的高位，企业盈利在需求端因刺激政策而有保障的情况下，成本端的迅速下降极大地提升了企业的毛利水平，盈利水平的迅速恢复和估值水平的扩张，造就了2009年的大行情。

季度投资组合一览

项目＼季度	第一季度		第二季度		第三季度		第四季度	
基金资产净值	8,891,139,437.74元		10,676,512,229.00元		10,299,404,571.59元		11,061,475,015.13元	
基金份额	12,550,713,589.17份		12,815,659,271.43份		12,413,497,988.14份		11,534,915,031.25份	
基金份额净值	0.7084元		0.8331元		0.8297元		0.9590元	
基金资产组合	市值(元)	占总资产比(%)	市值(元)	占总资产比(%)	市值(元)	占总资产比(%)	市值(元)	占总资产比(%)
股票投资	7,069,007,197.83	79.24	8,832,517,821.31	82.37	8,674,589,005.53	83.29	9,394,815,559.26	84.62
债券投资	279,364,859.23	3.13	273,130,365.40	2.55	247,856,210.98	2.38	248,659,450.20	2.24
资产支持证券投资	——	——	——	——	——	——	——	——
金融衍生品投资	3,397,919.88	0.04	3,075,456.88	0.03	1,629,506.42	0.02	1,641,716.62	0.01
买入返售金融资产	——	——	——	——	——	——	——	——
银行存款和结算备付金	1,541,114,751.87	17.27	1,537,219,796.73	14.34	1,482,095,651.18	14.23	1,447,351,042.67	13.04
其他资产	28,431,552.04	0.32	77,250,100.50	0.72	8,135,162.96	0.08	10,266,668.70	0.09

投资前五名股票明细	股票名称	公允价值(元)	占净值比(%)	股票名称	公允价值(元)	占净值比(%)	股票名称	公允价值(元)	占净值比(%)	股票名称	公允价值(元)	占净值比(%)
	深发展A	504,978,562.40	5.68	深发展A	610,522,727.20	5.72	东方电气	585,065,629.46	5.68	深发展A	633,131,625.20	5.72
	中国石化	413,015,269.00	4.65	招商地产	489,908,278.50	4.59	深发展A	519,858,999.60	5.05	招商银行	533,014,442.30	4.82
	招商地产	354,481,037.53	3.99	中国石化	478,700,198.60	4.48	中国石化	485,968,218.10	4.72	中国联通	364,498,709.67	3.30
	东方电气	334,947,606.00	3.77	长江电力	448,427,189.08	4.20	招商地产	477,737,150.00	4.64	双汇发展	331,828,962.30	3.00
	中国平安	319,161,183.33	3.59	东方电气	417,055,030.10	3.91	长江电力	435,085,015.82	4.22	美的电器	300,435,986.40	2.72

投资前五名债券明细	债券名称	公允价值(元)	占净值比(%)	债券名称	公允价值(元)	占净值比(%)	债券名称	公允价值(元)	占净值比(%)	债券名称	公允价值(元)	占净值比(%)
	08兵器装备债	106,670,000.00	1.20	08兵器装备债	106,380,000.00	1.00	08兵器装备债	102,360,000.00	0.99	08兵器装备债	102,350,000.00	0.93
	中兴债1	79,388,369.95	0.89	中兴债1	79,026,752.00	0.74	中兴债1	77,985,997.90	0.76	中兴债1	78,867,992.90	0.71
	20国债(4)	37,760,769.00	0.42	20国债(4)	37,631,388.00	0.35	20国债(4)	37,553,759.40	0.36	20国债(4)	37,261,728.00	0.34
	99国债(8)	20,252,000.00	0.23	99国债(8)	20,140,000.00	0.19	08石化债	17,697,850.00	0.17	08石化债	17,718,671.00	0.16
	08石化债	18,141,337.30	0.20	08石化债	18,039,314.40	0.17	08国电债	4,247,634.30	0.04	08国电债	4,335,813.30	0.04

长盛创新先锋灵活配置混合型证券投资基金

基本资料					
基金简称	长盛创新先锋混合		交易代码	080002	
风险收益特征	该基金强调精选投资价值较大的创新领先企业，突出资产配置的灵活性和主动性，风险收益略低于股票型基金、高于债券型基金和平衡型基金。				
业绩比较基准	沪深300指数×65%＋上证国债指数×35%				
合同生效日	2008年6月4日	首募规模	8.48亿份	认购户数	6,189户
基金管理人	长盛基金管理有限公司		基金托管人	中国银行	
注册登记人	长盛基金管理有限公司				

成立来累计净值增长率与同期基准收益率历史走势对比图（%）

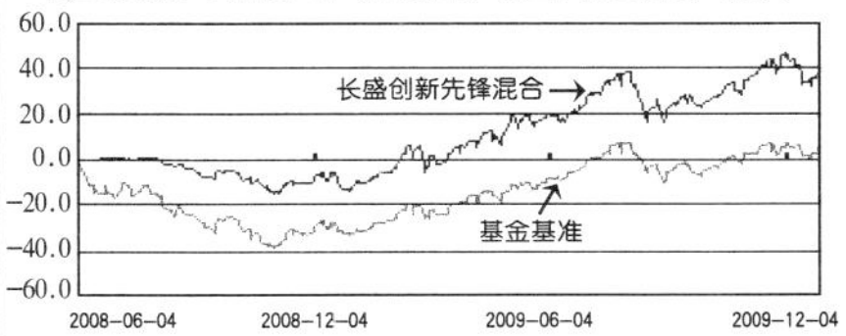

近两年净值增长率与同期基准收益率对比图（%）

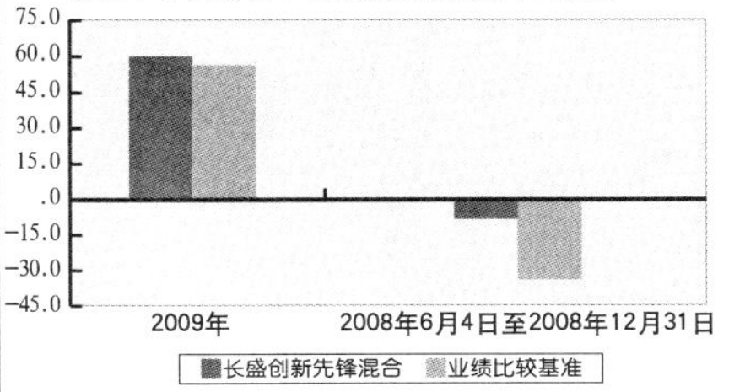

财务指标　　单位：人民币（元）；%

项目 \ 年度	2009年	2008年6月4日至2008年12月31日
本期利润	152,271,600.39	-67,611,630.56
本期加权平均净值利润率	50.38	-13.42
期末基金资产净值	178,722,308.27	380,932,233.42
期末基金份额净值	1.1399	0.8644
本期份额净值增长率	59.87	-13.56
累计份额净值增长率	38.19	-13.56
基金收益分配	10派2.200	——

期末基金份额持有人户数	基金份额持有人户数为6,182户，平均每户持有25,361.66份。（期末截至2009年12月31日）
期末基金份额持有人结构	机构投资者持有份额49,533,190.58份，占总份额31.59%；个人投资者持有份额107,252,592.26份，占总份额68.41%。

基金业绩表现

2009年长盛创新先锋混合基金份额净值为1.1399元，全年份额净值增长率为59.87%；同期业绩基准收益率为57.62%。

基金管理团队

肖　强先生：基金经理，中国人民公安大学学士学位，16年证券从业经历。曾就职于中信证券北太平庄营业部、中信证券研究咨询部、中信证券交易部。2002年6月加入长盛基金管理公司，历任同盛基金经理助理、同益基金经理、长盛动态精选基金经理、同智基金经理，投资管理部副总监，长盛同智优势股票基金经理等职务；2008年6月起任长盛创新先锋混合基金经理。

邓永明先生：基金经理，山西农业大学学士学位，10年证券从业经历。1999年4月到2005年7月就职于大成基金管理公司，曾任职研究员、交易员和基金经理助理。2005年7月加入长盛基金管理公司投资管理部，曾任同益基金经理助理、同德基金经理、长盛同德主题增长基金经理；现任长盛创新先锋混合基金经理，长盛动态精选混合基金经理。

基金运作分析

2009年，长盛创新先锋混合基金适时把握基本面的重大变化，果断加仓，跟上了市场上涨的步伐。上半年，该基金主要布局在金融、地产等行业，下半年根据市场变化，该基金及时调整结构，重点买入了与消费有关的绩优蓝筹股，为投资人取得了较好的收益。

季度投资组合一览

项目 \ 季度	第一季度		第二季度		第三季度		第四季度	
基金资产净值	303,673,131.80元		214,394,951.92元		309,155,151.21元		178,722,308.27元	
基金份额	287,824,138.97份		196,708,764.58份		281,321,074.11份		156,785,782.84份	
基金份额净值	1.0551元		1.0899元		1.0989元		1.1399元	
基金资产组合	市值(元)	占总资产比(%)	市值(元)	占总资产比(%)	市值(元)	占总资产比(%)	市值(元)	占总资产比(%)
股票投资	205,695,193.81	64.15	166,552,051.80	74.89	222,473,704.34	70.81	138,927,076.15	76.33
债券投资	49,919,000.00	15.57	34,515,400.00	15.52	48,210,592.80	15.34	27,518,969.00	15.12
资产支持证券投资	——	——	——	——	——	——	——	——
金融衍生品投资	——	——	——	——	——	——	——	——
买入返售金融资产	——	——	——	——	——	——	——	——
银行存款和结算备付金	61,632,009.31	19.22	12,546,786.51	5.64	31,919,656.02	10.16	13,572,751.20	7.46
其他资产	3,397,778.42	1.06	8,791,829.71	3.95	11,579,496.10	3.69	1,998,303.14	1.10

	第一季度			第二季度			第三季度			第四季度		
投资前五名股票明细	股票名称	公允价值(元)	占净值比(%)	股票名称	公允价值(元)	占净值比(%)	股票名称	公允价值(元)	占净值比(%)	股票名称	公允价值(元)	占净值比(%)
	中国平安	23,855,574.71	7.86	万　科A	15,300,000.00	7.14	兴业银行	23,983,263.46	7.76	兴业银行	14,108,500.00	7.89
	浦发银行	21,920,000.00	7.22	招商银行	14,118,300.00	6.59	浦发银行	16,113,000.00	5.21	浦发银行	13,012,047.90	7.28
	中国石化	16,910,000.00	5.57	西山煤电	6,875,505.00	3.21	深发展A	16,006,359.18	5.18	鑫富药业	11,238,666.48	6.29
	招商银行	15,930,000.00	5.25	中泰化学	6,856,136.00	3.20	苏宁电器	12,292,500.00	3.98	中国人寿	9,507,000.00	5.32
	三一重工	12,684,600.00	4.18	建设银行	6,633,000.00	3.09	民生银行	11,592,800.00	3.75	中兴通讯	8,974,000.00	5.02
投资前五名债券明细	债券名称	公允价值(元)	占净值比(%)	债券名称	公允价值(元)	占净值比(%)	债券名称	公允价值(元)	占净值比(%)	债券名称	公允价值(元)	占净值比(%)
	08央行票据46	28,887,000.00	9.51	08渝城投债	20,976,000.00	9.78	20国债(4)	24,991,140.00	8.08	03国债(1)	23,075,019.00	12.91
	08渝城投债	21,032,000.00	6.93	20国债(4)	13,539,400.00	6.32	03国债(1)	23,219,452.80	7.51	20国债(4)	3,931,200.00	2.20
										21国债(12)	512,750.00	0.29

长盛积极配置债券型证券投资基金

基本资料

基金简称	长盛积极配置债券	交易代码	080003		
风险收益特征	该基金为债券型基金，其长期平均风险和预期收益率低于混合型基金，高于货币市场基金。				
业绩比较基准	中证全债指数收益率×90%+沪深300指数收益率×10%				
合同生效日	2008年10月8日	首募规模	13.62亿份	认购户数	8,285户
基金管理人	长盛基金管理有限公司	基金托管人	中国建设银行		
注册登记人	长盛基金管理有限公司				

财务指标 单位：人民币（元）；%

项目 \ 年度	2009年	2008年10月8日至2008年12月31日
本期利润	16,107,821.85	22,020,004.15
本期加权平均净值利润率	5.02	2.45
期末基金资产净值	153,403,969.04	712,602,628.44
期末基金份额净值	1.1049	1.0264
本期份额净值增长率	7.65	2.64
累计份额净值增长率	10.49	2.64
基金收益分配	——	——

成立来累计净值增长率与同期基准收益率历史走势对比图（%）

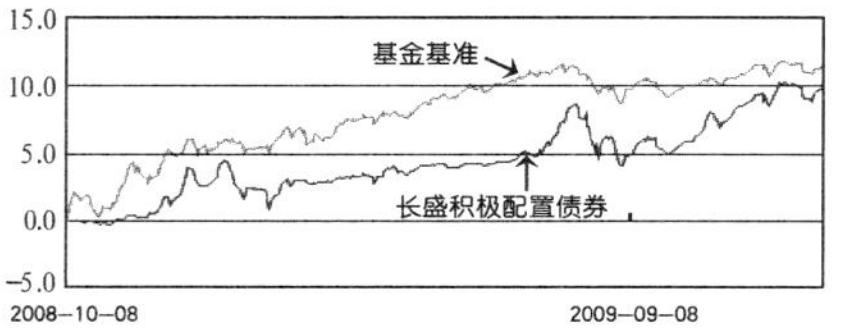

近两年净值增长率与同期基准收益率对比图（%）

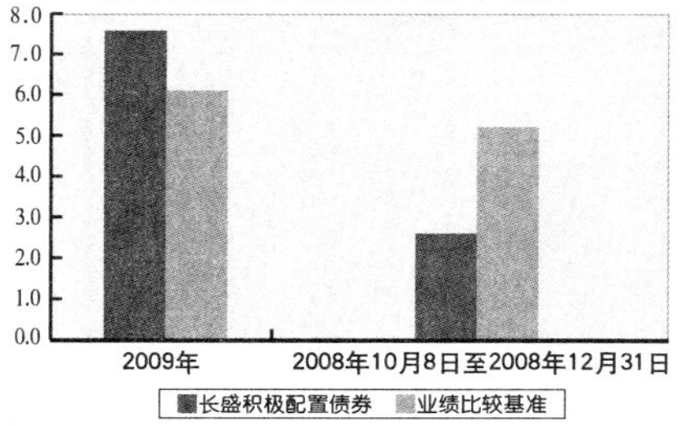

期末基金份额持有人户数	基金份额持有人户数为2,554户，平均每户持有54,363.84份。（期末截至2009年12月31日）
期末基金份额持有人结构	机构投资者持有份额79,608,468.84份，占总份额57.34%；个人投资者持有份额59,236,773.64份，占总份额42.66%。

基金业绩表现

2009年长盛积极配置债券基金全年份额净值增长率为7.65%；同期业绩基准收益率为6.16%。

基金管理团队

蔡　宾先生：基金经理，中央财经大学硕士学位，5年证券从业经历。曾就职于宝盈基金公司，任研究员、基金经理助理。2006年2月加入长盛基金管理公司，曾任研究员、社保组合助理、投资经理等；2008年12月起任长盛积极配置债券基金经理。

刘　静女士：基金经理，中央财经大学经济学硕士，9年证券从业经历。曾就职于北京证券公司；2003年7月加入长盛基金管理公司，先后担任交易部交易员、首席债券交易员。现任长盛中信全债指数基金经理、长盛货币基金经理和长盛积极配置债券基金经理。

吴　达先生：基金经理、国际业务部总监，伦敦政治经济学院金融经济学硕士，CFA，7年证券从业经历。曾就职于新加坡星展资产管理公司、新加坡毕盛高荣资产管理公司、华夏基金公司；2007年8月加入长盛基金管理公司；现任国际业务部总监，长盛积极配置债券基金经理。

基金运作分析

长盛积极配置债券基金在2009年初就注意到固定收益市场蕴含的较大风险和权益市场的吸引力，并选择逐步增加权益资产比重、逐步降低债券资产比重和债券久期。但是由于债券基金本身对绝对收益和组合低波动性的要求，管理人对资产配置的切换是在1−2个季度内逐步完成的，没有充分分享股票市场的上涨和回避债券市场的下跌。

季度投资组合一览

项目 \ 季度	第一季度		第二季度		第三季度		第四季度	
基金资产净值	430,188,786.42元		316,827,392.77元		170,056,543.03元		153,403,969.04元	
基金份额	416,210,646.83份		302,911,277.57份		161,765,910.15份		138,845,242.48份	
基金份额净值	1.0336元		1.0459元		1.0513元		1.1049元	
基金资产组合	市值(元)	占总资产比(%)	市值(元)	占总资产比(%)	市值(元)	占总资产比(%)	市值(元)	占总资产比(%)
股票投资	35,615,500.00	8.17	20,161,900.00	6.29	22,780,638.78	13.30	24,583,756.42	9.19
债券投资	381,253,618.40	87.50	254,331,788.60	79.31	140,596,604.70	82.10	123,145,287.50	46.05
资产支持证券投资	——	——	——	——	——	——	——	——
金融衍生品投资	——	——	——	——	——	——	——	——
买入返售金融资产	——	——	——	——	——	——	——	——
银行存款和结算备付金	12,243,242.81	2.81	40,071,677.40	12.50	5,802,912.07	3.39	103,275,951.36	38.62
其他资产	6,613,656.47	1.52	6,107,742.48	1.90	2,072,045.69	1.21	16,398,828.10	6.13

投资前五名股票明细	股票名称	公允价值(元)	占净值比(%)	股票名称	公允价值(元)	占净值比(%)	股票名称	公允价值(元)	占净值比(%)	股票名称	公允价值(元)	占净值比(%)
	中国平安	2,346,600.00	0.55	中国石化	1,385,800.00	0.44	鑫富药业	8,410,483.20	4.95	招商证券	1,605,369.97	1.05
	深发展A	1,912,800.00	0.44	中国联通	1,372,000.00	0.43	中国建筑	3,505,979.36	2.06	渝三峡A	1,539,000.00	1.00
	保利地产	1,760,800.00	0.41	工商银行	1,355,000.00	0.43	中国中冶	1,444,943.92	0.85	中国中冶	1,408,560.44	0.92
	华邦制药	1,715,200.00	0.40	万　科A	1,275,000.00	0.40	家 润 多	1,178,541.00	0.69	民生银行	1,186,500.00	0.77
	交通银行	1,607,500.00	0.37	中国神华	1,196,400.00	0.38	四川成渝	956,033.05	0.56	南国置业	1,158,954.97	0.76

投资前五名债券明细	债券名称	公允价值(元)	占净值比(%)	债券名称	公允价值(元)	占净值比(%)	债券名称	公允价值(元)	占净值比(%)	债券名称	公允价值(元)	占净值比(%)
	08国开25	90,765,000.00	21.10	08国开25	60,090,000.00	18.97	08国开25	49,890,000.00	29.34	08国开25	39,896,000.00	26.01
	08国开16	63,918,000.00	14.86	21国债(10)	37,422,961.40	11.81	21国债(10)	22,610,282.80	13.30	21国债(10)	25,064,118.70	16.34
	08国开13	32,835,000.00	7.63	08国开10	32,397,000.00	10.23	21国债(12)	21,029,545.80	12.37	21国债(12)	21,703,682.00	14.15
	08国开10	32,736,000.00	7.61	08国开16	31,824,000.00	10.04	07央票26	20,168,000.00	11.86	07央票26	20,084,000.00	13.09
	08国开15	32,691,000.00	7.60	21国债(12)	31,242,367.00	9.86	08上港债	8,232,250.00	4.84	08上港债	7,312,500.00	4.77

长盛同庆可分离交易股票型证券投资基金

基本资料			
基金简称	长盛同庆封闭	交易代码	160806
风险收益特征	从基金资产整体运作来看，该基金为股票型基金，属于高风险、高收益的基金品种，基金资产整体的预期收益和预期风险高于货币市场基金、债券型基金和混合型基金。从该基金所分离的两类基金份额来看，由于基金收益分配的安排，同庆A份额将表现出低风险、收益相对稳定的明显特征；同庆B份额则表现出高风险、相对收益较高的显著特征。		
业绩比较基准	沪深300指数收益率×70%+中证全债指数收益率×30%		
合同生效日	2009年5月12日 首募规模 146.85亿份	认购户数	25,524户
上市日期	2009年5月26日	上市地点	深圳证券交易所
基金管理人	长盛基金管理有限公司	基金托管人	中国建设银行
注册登记人	长盛基金管理有限公司		

财务指标	单位：人民币（元）；%
项目 \ 年度	2009年5月12日至2009年12月31日
本期利润	1,596,393,164.24
本期加权平均净值利润率	10.44
期末基金资产净值	16,283,126,403.30
期末基金份额净值	1.109
本期份额净值增长率	10.90
累计份额净值增长率	10.90
基金收益分配	——
期末基金份额持有人户数	A：基金份额持有人户数为13,069户，平均每户持有 449,513.60份。 B：基金份额持有人户数为35,578户，平均每户持有247,682.27份。（期末截至2009年12月31日）
期末基金份额持有人结构	A：机构投资者持有份额5,264,184,499.72份，占总份额89.61%；个人投资者持有份额 610,508,795.90份，占总份额 10.39%。 B：机构投资者持有份额5,324,234,643.67份，占总份额60.42%；个人投资者持有份额3,487,805,299.77份，占总份额39.58%。

2009年累计净值增长率与同期基准收益率历史走势对比图（%）

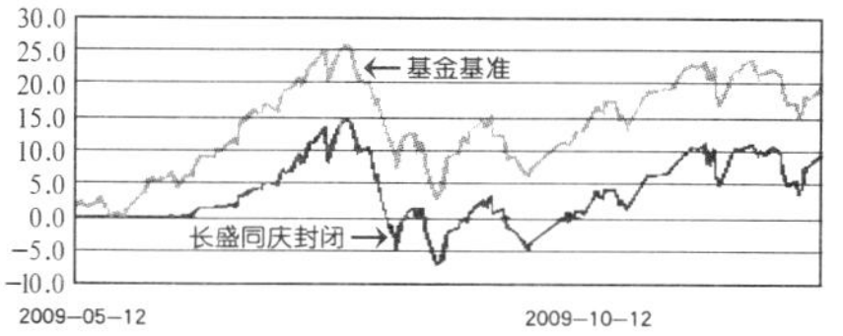

2009年净值增长率与同期基准收益率对比图（%）

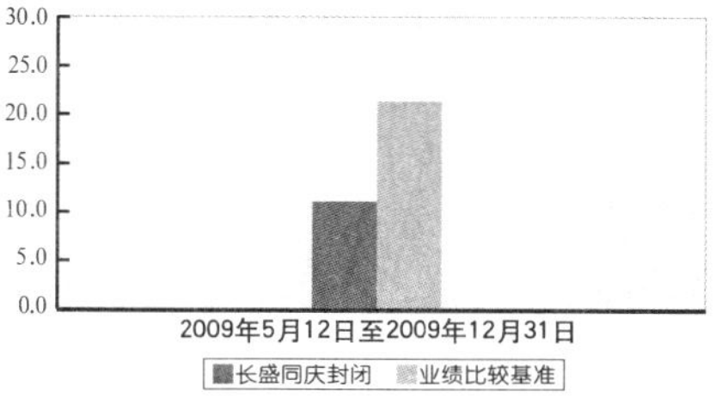

基金业绩表现

长盛同庆封闭基金合同生效于2009年5月12日，截至2009年12月31日，该基金份额净值为1.109元，净值增长率为10.90%，同期业绩基准收益率为21.63%。

基金管理团队

黄瑞庆先生：基金经理、投资管理部副总监，厦门大学博士学位，7年证券从业经历。历任融通基金公司研究员；长城基金公司金融工程小组组长，长城货币基金经理；2005年9月起加入长盛基金管理公司，现任投资管理部副总监、长盛同庆封闭基金经理。

王　宁先生：基金经理、投资管理部副总监，北京大学光华管理学院EMBA，11年证券从业经历。历任华夏基金公司基金经理助理，兴业基金经理等职务。2005年8月加入长盛基金管理公司，曾任投资管理部基金经理助理、长盛动态精选基金经理等职务。现任投资管理部副总监、长盛成长价值混合基金经理、长盛同庆封闭基金经理。

季度投资组合一览

项目 \ 季度	第三季度		第四季度	
基金资产净值	14,142,652,628.83元		16,283,126,403.30元	
基金份额	14,686,733,239.06份		14,686,733,239.06份	
基金份额净值	0.9630元		1.1090元	
基金资产组合	市值(元)	占总资产比(%)	市值(元)	占总资产比(%)
股票投资	11,215,767,746.52	79.09	14,582,189,953.62	89.02
债券投资	20,042,000.00	0.14	51,028,000.00	0.31
资产支持证券投资	——	——	——	——
金融衍生品投资	——	——	——	——
买入返售金融资产	——	——	——	——
银行存款和结算备付金	2,910,839,368.11	20.53	1,737,690,610.77	10.61
其他资产	34,409,741.64	0.24	10,178,895.91	0.06

投资前五名股票明细	股票名称	公允价值(元)	占净值比(%)	股票名称	公允价值(元)	占净值比(%)
	中兴通讯	546,259,891.84	3.86	中国石化	845,777,513.37	5.19
	民生银行	473,145,250.08	3.35	民生银行	816,308,772.72	5.01
	中国石化	463,533,604.90	3.28	中国石油	636,799,383.46	3.91
	中国石油	394,963,205.50	2.79	中兴通讯	579,163,338.95	3.56
	中国联通	355,598,863.35	2.51	中国建筑	425,796,009.68	2.61

投资前五名债券明细	债券名称	公允价值(元)	占净值比(%)	债券名称	公允价值(元)	占净值比(%)
	09汉江CP01	20,042,000.00	0.14	09江阴城投债	30,960,000.00	0.19

基金运作分析

长盛同庆封闭基金于2009年5月中旬成立，5月底上市交易。上市之后的6月和7月，正处于该基金建仓的初期。面对市场的宽幅震荡和结构分化，该基金立足于建仓期的投资策略总体而言得失参半。在6月在7月的上涨过程中，长盛同庆封闭基金适当加速了建仓，截至6月底，重点买入了大盘蓝筹股。7月份净值增长良好，从结构上看战胜了指数，从仓位上看稳步提升至88%。但是随之而来的8月份沪深300指数迅猛下跌24%，净值回到0.99元。四季度，基金组合进行了结构上的大调整，截至年底，该基金组合净值增长约11%。

大成基金管理有限公司

法定名称	大成基金管理有限公司	英文名称	Da Cheng Fund Management Co.,Ltd.		
成立时间	1999年4月12日	注册资本	2亿元人民币	公司属性	中资
法人代表	张树忠	总经理	王颢	督察长	杜鹏
公司网址	www.dcfund.com.cn	客服电话	400-888-5558		
联系电话	0755-8318 3388	传真号码	0755-8319 9588		
注册地址	深圳市福田区深南大道7088号招商银行大厦32层	办公地址	深圳市福田区深南大道7088号招商银行大厦32层		

公司简介

大成基金管理有限公司经中国证监会证监基金字[1999]10号文批准，于1999年4月12日正式成立，是中国证监会批准成立的首批十家基金管理公司之一，注册资本为2亿元人民币，注册地为深圳。目前公司由四家股东组成，分别为中泰信托投资有限责任公司(48%)、光大证券股份有限公司(25%)、中国银河投资管理有限公司(25%)、广东证券股份有限公司(2%)。

截至2009年12月31日，大成基金管理有限公司共管理3只封闭式基金和13只开放式基金。

2009年旗下开放式基金业绩表现

截至日期：2009年12月31日

(单位：元；%)

基金类型	基金简称	设立日期	基金份额净值	净值增长率[1]	累计净值增长率[2]
股票型	大成沪深300指数	2006-04-06	1.1741	90.08	163.28
	大成积极成长股票	2007-01-16	1.040	64.30	58.73
	大成景阳领先股票	2007-12-11	0.794	81.28	-20.74
	大成策略回报股票	2008-11-26	1.071	91.23	91.99
	大成行业轮动股票	2009-09-08	1.083	8.30	8.30
混合型	大成价值增长混合	2002-11-11	0.8440	37.96	395.84
	大成蓝筹稳健混合	2004-06-03	0.8125	71.23	254.99
	大成精选增值混合	2004-12-15	1.1285	75.92	369.39
	大成2020生命周期混合	2006-09-13	0.732	67.51	138.73
	大成创新成长混合	2007-06-12	0.945	68.75	-10.42
债券型	大成债券A/B	2003-06-12	1.0488	2.72	53.91
	大成债券C	2003-06-12	1.0259	2.24	50.96
	大成强化收益债券	2008-08-06	1.0721	10.56	17.46
货币型	大成货币A	2005-06-03	1.0000	1.3162	11.8563
	大成货币B	2005-06-03	1.0000	1.5599	13.0970

注：①净值增长率指该基金2009年度的份额净值增长率；②累计净值增长率指该基金设立以来的份额净值增长率。

2009年管理公募基金概况

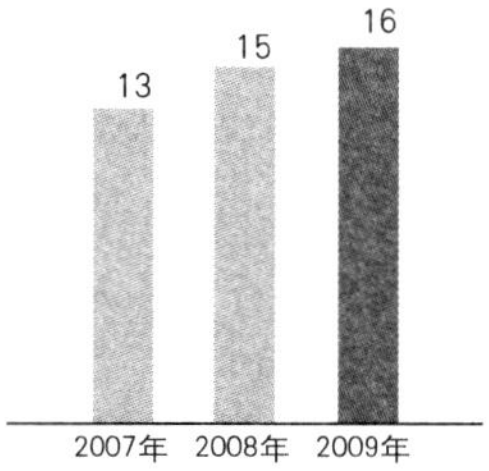

基金数量(只)

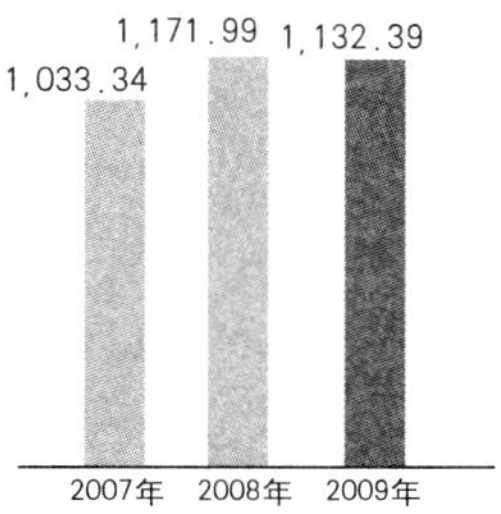

基金份额规模(亿份)

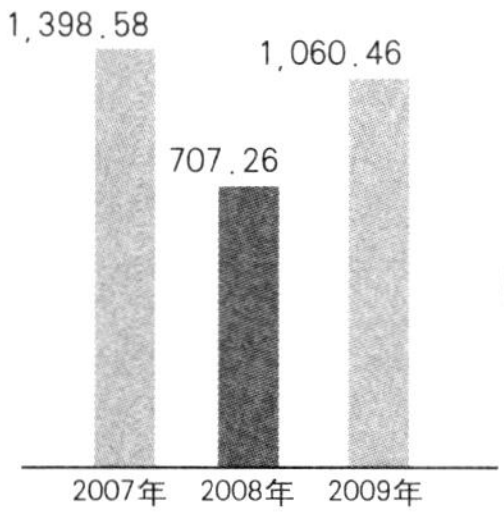

基金资产规模(亿元)

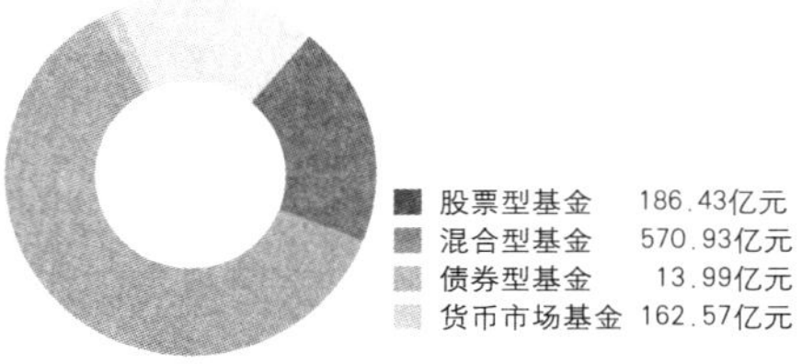

2009年基金资产规模构成(不含封闭式基金)

景宏证券投资基金

基本资料			
基金简称	大成景宏封闭	交易代码	184691
风险收益特征	——	业绩比较基准	——
合同生效日	1999年5月4日	基金总份额	20亿份
上市日期	1999年5月18日　地点　深交所	存续期	15年
基金管理人	大成基金管理有限公司	基金托管人	中国银行
注册登记人	中国证券登记结算有限责任公司深圳分公司		

成立来累计净值增长率与同期基准收益率历史走势对比图（%）

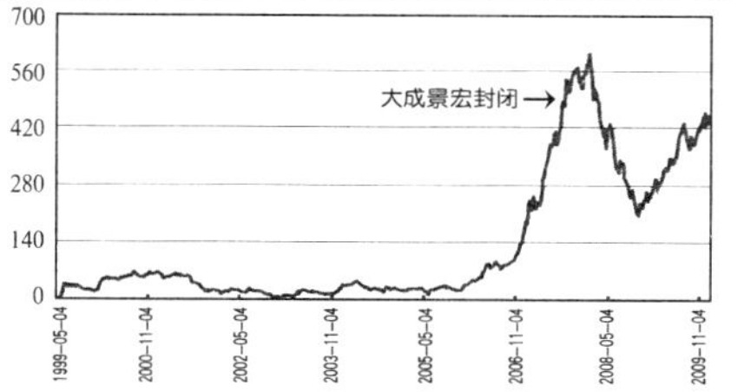

财务指标　单位：人民币（元）；%

项目＼年度	2009年	2008年	2007年
本期利润	1,350,048,156.07	−2,918,701,558.30	4,548,099,570.34
本期加权平均净值利润率	45.93	−75.17	78.93
期末基金资产净值	3,389,617,632.44	2,459,569,476.37	6,978,271,034.67
期末基金份额净值	1.6948	1.2298	3.4891
本期份额净值增长率	60.60	−49.00	131.18
累计份额净值增长率	448.60	243.67	573.99
基金收益分配	10派2.100	10派8.000	10派8.200

近三年净值增长率与同期基准收益率对比图（%）

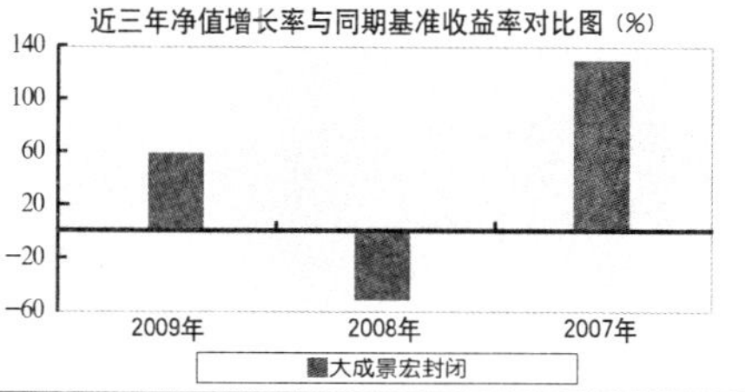

期末基金份额持有人户数	基金份额持有人户数为31,690户，平均每户持有63,111.39份。（期末截至2009年12月31日）
期末基金份额持有人结构	机构投资者持有份额1,357,089,706份，占总份额67.85%；个人投资者持有份额642,910,294份，占总份额32.15%。

基金业绩表现

截至2009年12月31日，大成景宏基金份额净值为1.6948元，全年份额净值增长率为60.60%。

基金管理团队

袁　青先生：基金经理，硕士，9年证券从业经历。曾任江铃汽车股份公司产品开发部工程师、华源凯马股份公司投资部经理助理、平安证券综合研究所研究员。2005年加入大成基金管理公司，历任投资部研究员、大成景宏基金经理助理、大成优选基金经理助理；2008年1月起任大成景宏基金经理。

基金运作分析

2009年初该管理人基于对A股市场较为谨慎的预期，上半年并没有大量配置周期性较强的地产和金融类资产，主要还是以防御为主，所以大成景宏基金资产在市场第一波的强劲反弹市中收益偏弱；下半年在宏观紧缩预期的背景下，该基金没有及时调整组合的结构，保持了银行股的较高配置，而对消费类板块配置严重不足，未能分享整个大消费类板块获得的超额收益，反而是周期性板块的下跌拖累了上半年超额收益的取得。

展望2010年，资产配置方面，该基金将投资重点放在行业配置和个股选择上。行业配置上，将重点配置具有稳定增长的消费类行业和服务性行业；主题投资方面看好节能环保和TMT等技术创新板块；个股方面，将通过前瞻性的研究去挖掘被低估的行业龙头以及成长性确定的个股。

季度投资组合一览

项目＼季度	第一季度		第二季度		第三季度		第四季度	
基金资产净值	2,921,705,368.84元		2,918,682,197.29元		2,928,572,490.80元		3,389,617,632.44元	
基金份额净值	1.4609元		1.4593元		1.4643元		1.6948元	
基金资产组合	市值(元)	占总资产比(%)	市值(元)	占总资产比(%)	市值(元)	占总资产比(%)	市值(元)	占总资产比(%)
股票投资	2,227,254,373.64	74.78	2,313,887,938.04	78.45	2,289,783,537.73	74.19	2,681,827,325.47	77.85
债券投资	649,390,183.00	21.80	587,183,402.00	19.91	619,125,325.30	20.06	682,501,294.00	19.81
金融衍生品投资	——	——	——	——	——	——	——	——
买入返售金融资产	——	——	——	——	——	——	——	——
银行存款和结算备付金	67,521,640.73	2.27	30,577,496.10	1.04	164,537,728.16	5.33	64,842,022.34	1.88
其他资产	34,419,236.49	1.16	17,772,921.38	0.60	12,739,171.18	0.41	15,845,730.77	0.46

项目	第一季度			第二季度			第三季度			第四季度		
投资前五名股票明细	股票名称	公允价值(元)	占净值比(%)	股票名称	公允价值(元)	占净值比(%)	股票名称	公允价值(元)	占净值比(%)	股票名称	公允价值(元)	占净值比(%)
	恒瑞医药	235,233,000.00	8.05	宗申动力	247,039,830.00	8.46	宗申动力	278,257,468.86	9.50	宗申动力	327,105,016.14	9.65
	宗申动力	231,837,380.80	7.94	恒瑞医药	215,743,800.00	7.39	恒瑞医药	209,100,000.00	7.14	恒瑞医药	252,000,000.00	7.43
	东方电气	157,846,077.20	5.40	万　科A	154,131,409.50	5.28	中国平安	152,595,795.30	5.21	三一重工	221,210,431.20	6.53
	招商银行	127,441,545.21	4.36	东方电气	148,091,716.50	5.07	北京银行	137,894,705.25	4.71	宁波银行	199,092,622.74	5.87
	盐湖钾肥	91,358,592.88	3.13	北京银行	130,131,625.50	4.46	兴业银行	128,737,061.64	4.40	中国平安	165,803,987.37	4.89
投资前五名债券明细	债券名称	公允价值(元)	占净值比(%)	债券名称	公允价值(元)	占净值比(%)	债券名称	公允价值(元)	占净值比(%)	债券名称	公允价值(元)	占净值比(%)
	08农发05	130,080,000.00	4.45	08农发05	128,808,000.00	4.41	08农发05	127,176,000.00	4.34	08农发05	125,976,000.00	3.72
	08农发08	109,120,000.00	3.73	08央票35	104,830,000.00	3.59	20国债(4)	122,372,266.30	4.18	20国债(4)	21,420,656.00	3.58
	08央票35	105,910,000.00	3.62	08央票106	96,720,000.00	3.31	08央票35	103,570,000.00	3.54	08央票35	102,800,000.00	3.03
	20国债(4)	85,966,375.50	2.94	20国债(4)	85,671,826.00	2.94	09央票44	98,270,000.00	3.36	09央票44	98,250,000.00	2.90
	08国开08	76,125,000.00	2.61	99国债(8)	67,469,000.00	2.31	21国债(10)	47,058,942.00	1.61	21国债(12)	87,593,082.50	2.58

景福证券投资基金

基本资料					
基金简称	大成景福封闭			交易代码	184701
风险收益特征	——			业绩比较基准	——
合同生效日	1999年12月30日			基金总份额	30亿份
上市日期	2000年1月10日	地点	深交所	存续期	15年
基金管理人	大成基金管理有限公司			基金托管人	中国农业银行
注册登记人	中国证券登记结算有限责任公司深圳分公司				

成立来累计净值增长率与同期基准收益率历史走势对比图（%）

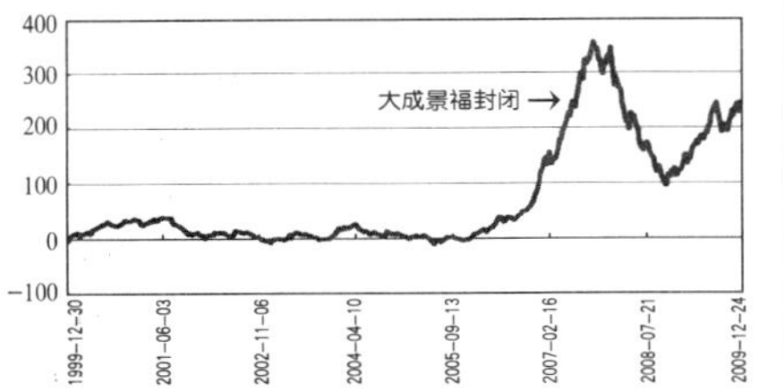

财务指标　　单位：人民币（元）；%

项目 \ 年度	2009年	2008年	2007年
本期利润	1,870,005,938.82	−3,935,733,318.89	4,766,401,199.25
本期加权平均净值利润率	45.31	−79.74	61.63
期末基金资产净值	4,866,416,395.05	2,996,410,456.23	9,212,143,775.12
期末基金份额净值	1.6221	0.9988	3.0707
本期份额净值增长率	62.40	−50.71	94.23
累计份额净值增长率	244.65	112.22	330.54
基金收益分配	——	10派7.600	10派4.600

近三年净值增长率与同期基准收益率对比图（%）

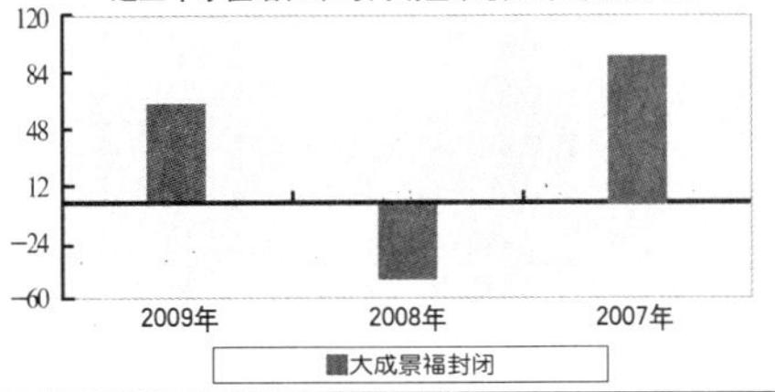

期末基金份额持有人户数	基金份额持有人户数为44,663户，平均每户持有67,169.69份。（期末截至2009年12月31日）
期末基金份额持有人结构	机构投资者持有份额1,685,011,006份，占总份额56.17%；个人投资者持有份额1,314,988,994份，占总份额43.83%。

基金业绩表现

截至2009年12月31日，大成景福基金份额净值为1.6221元，全年净值增长率为62.40%。

基金管理团队

杨　丹先生：基金经理，理学硕士，9年证券从业经历。2001年加入大成基金管理公司，先后任职于基金经理部、研究部、金融工程部，长期从事指数化投资及金融工程研究工作，2008年8月起任大成景福基金经理，兼任大成沪深300指数基金经理。

林贤苏先生：基金经理助理，经济学硕士，11年证券从业经历。先后任职于中国银河证券、中银国际证券、平安证券综合研究所。2001年加入大成基金管理公司，历任市场部产品专员、监察稽核部副总监、大成景福基金经理(2008年8月至2009年10月)。

基金运作分析

2009年大成景福基金在年初及时跟踪宏观及政策的变化，较早地提高了股票仓位，并在全年大部分时间保持高仓位操作，较好地分享到经济回暖后的市场快速上涨。

上半年，该基金重点关注政策刺激的相关行业，在地产、汽车、建材、机械、化工等行业都加大配置力度，同时考虑到全球超级宽松的流动性，在有色行业也进行较多配置。另外，在“新能源”以及“创投”等主题投资也适当参与，获得较理想的投资收益；下半年，该基金适当减持金融、地产、化工、机械等强周期性行业，增持零售、医药、通讯等业绩增长更加稳定的行业。

整体而言，2009年大成景福基金较好地把握住了经济复苏，市场快速反弹的重大投资机会，获得较理想的投资收益。

季度投资组合一览

项目 \ 季度	第一季度		第二季度		第三季度		第四季度	
基金资产净值	3,740,401,250.88元		4,361,849,580.96元		4,143,613,584.55元		4,866,416,395.05元	
基金份额净值	1.2468元		1.4539元		1.3812元		1.6221元	
基金资产组合	市值(元)	占总资产比(%)	市值(元)	占总资产比(%)	市值(元)	占总资产比(%)	市值(元)	占总资产比(%)
股票投资	2,940,494,728.61	77.27	3,404,278,885.79	77.36	3,249,506,584.16	77.72	3,814,887,097.51	77.98
债券投资	764,820,522.10	20.10	876,681,730.20	19.92	840,783,465.60	20.11	978,764,511.60	20.01
金融衍生品投资	——	——	——	——	——	——	——	——
买入返售金融资产	——	——	——	——	——	——	——	——
银行存款和结算备付金	82,153,719.86	2.16	41,226,130.93	0.94	53,066,672.57	1.27	47,008,878.32	0.96
其他资产	17,874,963.42	0.47	78,595,436.47	1.79	37,432,479.51	0.90	51,553,554.51	1.05

指数投资前五名股票明细	股票名称	公允价值(元)	占净值比(%)	股票名称	公允价值(元)	占净值比(%)	股票名称	公允价值(元)	占净值比(%)	股票名称	公允价值(元)	占净值比(%)
	中国平安	182,559,652.61	4.88	中国平安	222,570,000.00	5.10	北京银行	223,985,468.51	5.41	苏宁电器	374,837,937.72	7.70
	深发展A	159,395,552.74	4.26	保利地产	213,824,765.02	4.90	兴业银行	192,223,369.35	4.64	泸州老窖	215,354,360.96	4.43
	保利地产	146,734,199.06	3.92	海螺水泥	153,702,236.66	3.52	中兴通讯	190,687,451.94	4.60	兴业银行	201,093,892.35	4.13
	海油工程	128,342,471.64	3.43	深发展A	148,369,912.22	3.40	中国平安	167,310,000.00	4.04	博瑞传播	158,195,033.65	3.25
	中信证券	90,416,946.33	2.42	北新建材	140,709,631.86	3.23	保利地产	148,862,641.32	3.59	深发展A	153,522,153.69	3.15

投资前五名债券明细	债券名称	公允价值(元)	占净值比(%)	债券名称	公允价值(元)	占净值比(%)	债券名称	公允价值(元)	占净值比(%)	债券名称	公允价值(元)	占净值比(%)
	08农发04	111,012,000.00	2.97	08央行票据104	144,975,000.00	3.32	09央行票据42	265,356,000.00	6.40	09央行票据42	265,302,000.00	5.45
	08农发08	109,120,000.00	2.92	09央票11	129,688,000.00	2.97	08农发04	110,396,000.00	2.66	21国债(12)	132,273,092.00	2.72
	08国开08	108,750,000.00	2.91	08农发04	110,781,000.00	2.54	08农发05	105,980,000.00	2.56	08农发05	104,980,000.00	2.16
	08农发05	108,400,000.00	2.90	08农发05	107,340,000.00	2.46	08央行票据35	103,570,000.00	2.50	08央行票据35	102,800,000.00	2.11
	08央行票据35	105,910,000.00	2.83	08央行票据35	104,830,000.00	2.40	02国债(3)	50,625,000.00	1.22	08农发04	80,120,000.00	1.65

大成价值增长证券投资基金

基本资料

基金简称	大成价值增长混合	交易代码	090001
风险收益特征	——		
业绩比较基准	中信价值指数×80%＋中信国债指数×20%		
合同生效日	2002年11月11日 首募份额 26.04亿份	认购户数	57,481户
基金管理人	大成基金管理有限公司	基金托管人	中国农业银行
注册登记人	大成基金管理有限公司		

成立来累计净值增长率与同期基准收益率历史走势对比图（%）

财务指标 单位：人民币(元)；%

项目 \ 年度	2009年	2008年	2007年
本期利润	5,746,927,986.28	−8,917,744,848.92	2,998,843,173.82
本期加权平均净值利润率	48.52	−73.18	51.30
期末基金资产净值	13,176,386,012.55	8,664,015,092.08	16,347,672,615.23
期末基金份额净值	0.8440	0.5025	0.9980
本期份额净值增长率	67.96	−49.65	125.42
累计份额净值增长率	395.84	195.22	486.32
基金收益分配	——	——	10派24.200

近三年净值增长率与同期基准收益率对比图（%）

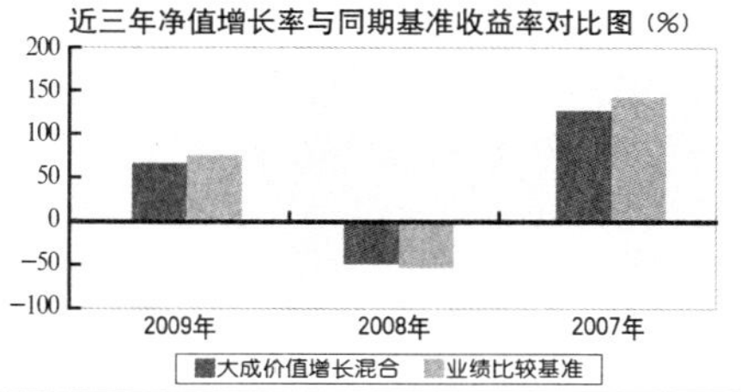

期末基金份额持有人户数	基金份额持有人户数为1,130,953户，平均每户持有13,803.60份。（期末截至2009年12月31日）
期末基金份额持有人结构	机构投资者持有份额267,955,875.26份，占总份额1.72%；个人投资者持有份额15,343,264,981.86份，占总份额98.28%。

基金业绩表现

截至2009年12月31日，大成价值增长混合基金份额净值为0.8440元，全年净值增长率为67.96%，同期业绩基准收益率为73.63%。

基金管理团队

何光明先生：基金经理，工学硕士，14年证券从业经历。1999年加入大成基金管理公司，历任研究员、策略分析师、大成精选增值混合基金经理、大成价值增长混合基金经理助理、大成积极成长股票基金经理助理；2008年1月起任大成价值增长混合基金经理。

基金运作分析

与市场运行格局相对应，在组合管理上，从2009年初至8月上旬，大成价值增长混合基金在逐步将股票仓位提高至基金合同规定上限的基础上，减持了医药、食品饮料、公用事业和铁路建设等防御性行业，置换为有色资源、煤炭、地产、工程机械、化工和汽车等强周期性进攻品种，加大保险和券商等非银行金融业的配置，大举出击风能、太阳能和电动汽车板块等新能源板块，提高了行业和个股的BETA值并适度进行行业和个股轮动。总体而言，这一阶段的投资比较成功。

但当8月初市场形势出现逆转后，由于该管理人未能在第一时间高位大幅度获利了结在强周期性行业上的投资战果，错失了调整战略布局的最好时机，被迫利用市场的震荡反弹机会，减持地产、钢铁、有色和券商等强周期性行业，增持生物医药、食品饮料、汽车、家电和工程机械等防御性行业和稳定增长行业，股票组合得以逐步优化，应该说这一阶段的投资不够理想。

季度投资组合一览

项目 \ 季度	第一季度		第二季度		第三季度		第四季度	
基金资产净值	10,757,803,991.31元		12,615,140,693.26元		11,862,433,075.91元		13,176,386,012.55元	
基金份额	17,040,751,758.16份		16,648,584,970.13份		16,270,699,938.87份		15,611,220,857.12份	
基金份额净值	0.6313元		0.7577元		0.7291元		0.8440元	
基金资产组合	市值(元)	占总资产比(%)	市值(元)	占总资产比(%)	市值(元)	占总资产比(%)	市值(元)	占总资产比(%)
股票投资	8,317,708,534.34	77.07	9,915,548,030.74	78.34	9,324,468,877.56	77.80	10,311,395,842.25	77.54
债券投资	2,166,924,458.92	20.08	2,532,797,897.60	20.01	2,441,176,068.30	20.37	2,646,399,874.60	19.90
金融衍生品投资	——	——	——	——	——	——	——	——
买入返售金融资产	——	——	——	——	——	——	——	——
银行存款和结算备付金	249,353,124.11	2.31	109,821,894.30	0.87	157,133,574.05	1.31	146,077,233.82	1.10
其他资产	57,791,096.71	0.54	99,081,762.05	0.78	62,354,592.70	0.52	194,640,140.25	1.46

投资前五名股票明细	股票名称	公允价值(元)	占净值比(%)	股票名称	公允价值(元)	占净值比(%)	股票名称	公允价值(元)	占净值比(%)	股票名称	公允价值(元)	占净值比(%)
	中国平安	509,840,189.27	4.74	中国平安	639,233,751.22	5.07	中国平安	655,259,829.90	5.52	泸州老窖	764,248,601.60	5.80
	盐湖钾肥	459,292,902.01	4.27	兴业银行	590,789,307.39	4.68	兴业银行	642,010,000.00	5.41	中国平安	661,080,000.00	5.02
	金风科技	381,425,000.00	3.55	万　科A	476,193,566.25	3.77	北京银行	428,823,082.95	3.61	兴业银行	600,868,922.00	4.56
	中信证券	317,776,123.89	2.95	泸州老窖	388,222,173.50	3.08	泸州老窖	397,691,007.00	3.35	潍柴动力	540,103,952.96	4.10
	宏达股份	269,473,507.68	2.50	深发展A	363,135,858.80	2.88	中兴通讯	292,548,103.02	2.47	苏宁电器	508,968,383.66	3.86

投资前五名债券明细	债券名称	公允价值(元)	占净值比(%)	债券名称	公允价值(元)	占净值比(%)	债券名称	公允价值(元)	占净值比(%)	债券名称	公允价值(元)	占净值比(%)
	08国开04	241,406,000.00	2.24	99国债(8)	316,447,736.00	2.51	09央票42	304,668,000.00	2.57	02国债(3)	404,347,232.00	3.07
	08央行票据17	211,360,000.00	1.96	08国开04	239,690,000.00	1.90	08央行票据17	268,866,000.00	2.27	09央票42	353,736,000.00	2.68
	07央票140	210,660,000.00	1.96	08央行票据17	209,180,000.00	1.66	08国开04	233,552,000.00	1.97	21国债(12)	252,775,495.00	1.92
	08央票92	204,057,000.00	1.90	07央票140	208,480,000.00	1.65	02国债(3)	222,750,000.00	1.88	08国开04	231,726,000.00	1.76
	07国开29	167,070,000.00	1.55	08央票92	202,524,000.00	1.61	07央票140	206,300,000.00	1.74	21国债(10)	215,304,083.60	1.63

大成债券投资基金

基本资料					
基金简称	大成债券A/B　大成债券C				
交易代码	大成债券A/B：090002/091002　大成债券C：C92002				
风险收益特征	——				
业绩比较基准	中国债券总指数				
合同生效日	2003年6月12日	首募份额	21.53亿份	认购户数	47,100户
基金管理人	大成基金管理有限公司	基金托管人	中国农业银行		
注册登记人	大成基金管理有限公司				

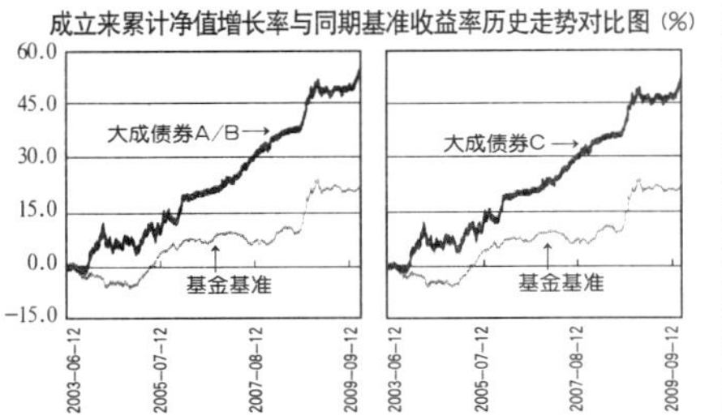

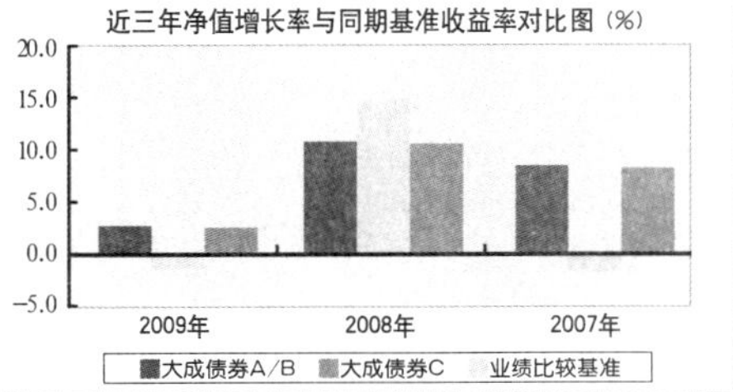

财务指标　　单位：人民币（亿元）；%

项目 \ 年度	2009年		2008年		2007年	
	A/B	C	A/B	C	A/B	C
本期利润	−0.0221	−0.2930	0.6513	1.4817	1.6830	0.0983
本期加权平均净值利润率	−0.59	−3.17	10.21	11.47	8.96	7.28
期末基金资产净值	1.9770	2.7140	8.6564	24.8869	7.6642	0.7764
期末基金份额净值	1.0488元	1.0259元	1.0612元	1.0437元	1.0788元	1.0681元
本期份额净值增长率	2.72	2.24	11.10	10.56	8.79	8.17
累计份额净值增长率	53.91	50.96	49.84	47.66	34.86	33.56
基金收益分配	10派0.400元		10派1.305元		10派0.410元	

期末基金份额持有人户数	A/B：基金份额持有人户数为214,257户，平均每户持有879.79份。 C：基金份额持有人户数为67,549户，平均每户持有3,916.49份。　（期末截至2009年12月31日）
期末基金份额持有人结构	A/B：机构投资者持有份额22,446,364.62份，占总份额11.91%；个人投资者持有份额166,053,853.50份，占总份额88.09%。 C：机构投资者持有份额143,875,773.85份，占总份额54.38%；个人投资者持有份额120,679,312.28份，占总份额45.62%。

基金业绩表现

2009年大成债券基金A/B类份额净值增长率为2.72%，C类份额净值增长率为2.24%。

基金管理团队

陈尚前先生：基金经理、固定收益部总监，经济学博士，11年证券从业经历。曾任职于中国平安保险公司投资管理中心、招商证券公司研究发展中心。2002年加入大成基金管理公司，现负责公司固定收益证券投资业务并兼大成强化收益债券基金经理；2003年6月至2009年5月任大成债券基金经理。

王　立女士：基金经理，经济学硕士，8年证券从业经历。曾任职于申银万国证券公司、南京市商业银行资金营运中心。2005年4月加入大成基金管理公司，历任银行间市场债券交易员、大成货币基金经理助理；2009年5月起任大成债券基金经理，兼大成货币基金经理。

基金运作分析

2009年，大成债券基金在资产配置层面上，仅参与可转债的一级市场申购，谨慎参与新股投资；在普通债券类资产的投资上，对债券组合结构进行调整，缩短债券投资组合久期；在具体类别资产选择中，主要选择国债、央票和政策性金融债等利率产品，减持部分最高信用等级的长期信用债，重点增加对交易所可分离交易债的投资，在规避利率风险的同时，获取较高税后收益。

季度投资组合一览

项目 \ 季度	第一季度		第二季度		第三季度		第四季度	
	A/B	C	A/B	C	A/B	C	A/B	C
基金资产净值	5.1396亿元	19.5811亿元	2.9119亿元	4.4086亿元	2.3660亿元	3.4803亿元	1.9770亿元	2.7140亿元
基金份额	4.9931亿份	19.3740亿份	2.8438亿份	4.3911亿份	2.3076亿份	3.4659亿份	1.8850亿份	2.6456亿份
基金份额净值	1.0294元	1.0107元	1.0240元	1.0040元	1.0253元	1.0042元	1.1550元	1.1200元
基金资产组合	市值(元)	占总资产比(%)	市值(元)	占总资产比(%)	市值(元)	占总资产比(%)	市值(元)	占总资产比(%)
股票投资	——	——	——	——	24,593,810.59	4.15	36,342,381.33	7.58
债券投资	1,975,863,365.55	78.16	633,198,846.70	83.31	465,043,849.00	78.50	364,705,096.50	76.09
资产支持证券投资	96,335,625.09	3.81	33,849,366.29	4.45	24,000,000.00	4.05	24,000,000.00	5.01
金融衍生品投资	——	——	——	——	——	——	——	——
银行存款和结算备付金	282,018,284.28	11.16	69,510,050.02	9.14	69,902,603.73	11.8	48,625,352.89	10.14
其他资产	′173,628,463.33	6.87	23,536,700.65	3.10	8,852,312.59	1.49	5,650,801.77	1.18

投资前五名股票明细	股票名称	公允价值(元)	占净值比(%)	股票名称	公允价值(元)	占净值比(%)	股票名称	公允价值(元)	占净值比(%)	股票名称	公允价值(元)	占净值比(%)
	——			——			中国建筑	5,803,002.08	0.99	中国北车	2,959,447.53	0.63
							中国中冶	5,648,415.12	0.97	洋河股份	2,411,800.42	0.51
							信 立 泰	1,589,144.00	0.27	鼎汉技术	2,192,750.00	0.47
							四川成渝	1,147,239.66	0.20	中国国旅	1,871,177.46	0.40
							中国国旅	1,052,649.02	0.18	威创股份	1,798,140.36	0.38

投资前五名债券明细	债券名称	公允价值(元)	占净值比(%)	债券名称	公允价值(元)	占净值比(%)	债券名称	公允价值(元)	占净值比(%)	债券名称	公允价值(元)	占净值比(%)
	08央票17	211,360,000.00	8.55	04国开11	140,140,000.00	19.14	08国开25	79,824,000.00	13.65	08国开25	69,818,000.00	14.88
	08国开17	199,380,000.00	8.07	05中行02浮	100,310,000.00	13.70	08央行票据35	62,142,000.00	10.63	08上港债	58,175,325.00	12.40
	08进出11	179,478,000.00	7.26	07国开29	99,495,000.00	13.59	08上港债	57,787,489.50	9.88	02国债(3)	32,121,610.00	6.85
	04国开11	161,376,000.00	6.53	08国开05	65,688,000.00	8.97	02国债(3)	32,096,250.00	5.49	07三峡债	30,363,000.00	6.47
	07国开29	133,656,000.00	5.41	07国开27	32,871,000.00	4.49	20国债(4)	31,492,900.00	5.39	05南商01	26,769,000.00	5.71

大成蓝筹稳健证券投资基金

基本资料			
基金简称	大成蓝筹稳健混合	交易代码	090003
风险收益特征	该基金属于较低风险的基金品种，适于承受一定风险，追求当期收益和长期资本增值的基金投资人。		
业绩比较基准	天相280指数×70%+中信国债指数×30%		
合同生效日	2004年6月3日	首募份额	22.34亿份　认购户数　27,458户
基金管理人	大成基金管理有限公司	基金托管人	中国银行
注册登记人	大成基金管理有限公司		

财务指标　单位：人民币（元）；%

项目＼年度	2009年	2008年	2007年
本期利润	6,886,615,202.56	−14,542,219,750.00	1,622,708,000.88
本期加权平均净值利润率	49.79	−93.20	18.38
期末基金资产净值	15,802,051,260.91	9,868,906,122.80	27,386,755,931.13
期末基金份额净值	0.8125	0.4745	1.1448
本期份额净值增长率	71.23	−58.55	127.40
累计份额净值增长率	254.99	107.32	400.18
基金收益分配	——	——	10派22.200

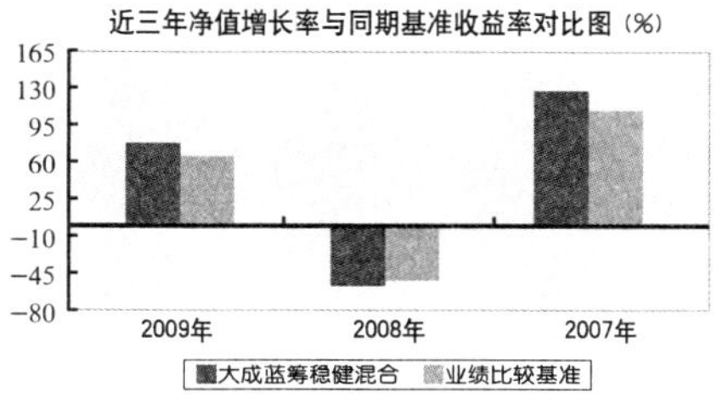

期末基金份额持有人户数	基金份额持有人户数为1,418,708户，平均每户持有13,708.27份。　（期末截至2009年12月31日）
期末基金份额持有人结构	机构投资者持有份额420,442,691.17份，占总份额2.16%；个人投资者持有份额19,027,593,129.56份，占总份额97.84%。

基金业绩表现

截至2009年12月31日，大成蓝筹稳健混合基金份额为0.8125元，全年净值增长率为71.23%；同期业绩基准收益率为61.81%。

基金管理团队

施永辉先生：基金经理、股票投资部副总监，理学硕士，13年证券从业经历。曾任中科院资源环境信息中心助理研究员、甘肃证券资产管理部研究员、招商证券研发中心高级分析师、总经理助理。2003年加入大成基金管理公司，历任公司研究部高级研究员、投资部副总监、大成精选增值基金经理助理；2006年1月起任大成蓝筹稳健混合基金经理。

基金运作分析

2009年随着“金砖四国”经济强劲恢复，全球经济逐步企稳。新兴国家当中更属中国堪称为经济发展的火车头，全年GDP增速达到8.7%，并在总量上首次与日本相当。从我国宏观经济政策来看，全年基本上在“促增长”的市场环境中运行，经济刺激政策与巨额信贷的投入使得上市公司业绩出现回暖，影响到A股市场呈现了快速上涨。

大成蓝筹稳健混合基金在2009年的操作基本执行了2008年底提出的“解放思想、与时俱进”投资原则，上半年注重以开放的心态关注市场行业轮动的节奏，而从三季度起开始关注业绩驱动增长的行业与公司。值得总结借鉴的地方是除了对房地产股取得丰厚收益以外，上半年对煤炭和有色投资力度不足，而在下半年过早减持汽车股和家电股的投资，未能获得利润最丰厚的一段上涨期。

季度投资组合一览

项目＼季度	第一季度		第二季度		第三季度		第四季度	
基金资产净值	12,254,760,352.97元		14,642,572,364.77元		13,944,812,762.67元		15,802,051,260.91元	
基金份额	20,583,209,805.36份		20,167,248,925.68份		20,043,337,514.27份		19,448,035,820.73份	
基金份额净值	0.5954元		0.7261元		0.6957元		0.8125元	
基金资产组合	市值(元)	占总资产比(%)	市值(元)	占总资产比(%)	市值(元)	占总资产比(%)	市值(元)	占总资产比(%)
股票投资	10,210,974,996.22	82.38	13,769,383,187.97	93.56	12,530,760,960.64	89.60	14,891,581,295.34	93.29
债券投资	1,198,735,000.00	9.67	97,150,000.00	0.66	625,657,710.34	4.47	491,360,000.00	3.08
金融衍生品投资	——	——	——	——	——	——	——	——
买入返售金融资产	——	——	——	——	——	——	——	——
银行存款和结算备付金	683,115,129.70	5.51	818,575,404.60	5.56	812,206,349.76	5.81	489,241,432.26	3.06
其他资产	301,544,933.75	2.43	32,501,951.43	0.22	16,743,220.63	0.12	90,463,142.04	0.57

投资前五名股票明细	股票名称	公允价值(元)	占净值比(%)	股票名称	公允价值(元)	占净值比(%)	股票名称	公允价值(元)	占净值比(%)	股票名称	公允价值(元)	占净值比(%)
	中信证券	702,972,000.00	5.74	中信证券	819,540,000.00	5.60	北京银行	742,688,450.17	5.33	云南白药	1,019,972,323.60	6.45
	盐湖钾肥	641,464,434.59	5.23	中国平安	692,440,000.00	4.73	兴业银行	691,076,796.90	4.96	泸州老窖	790,497,028.48	5.00
	长江电力	623,530,592.72	5.09	保利地产	641,470,000.00	4.38	云南白药	608,385,520.96	4.36	潍柴动力	782,986,830.08	4.95
	中国平安	583,135,888.28	4.76	海螺水泥	585,599,816.34	4.00	深发展A	540,459,754.83	3.88	贵州茅台	753,831,998.92	4.77
	保利地产	550,281,078.12	4.49	北京银行	505,597,643.16	3.45	中国平安	532,350,000.00	3.82	兴业银行	731,172,891.57	4.63

投资前五名债券明细	债券名称	公允价值(元)	占净值比(%)	债券名称	公允价值(元)	占净值比(%)	债券名称	公允价值(元)	占净值比(%)	债券名称	公允价值(元)	占净值比(%)
	08进出08	368,410,000.00	3.01	08央票112	97,150,000.00	0.66	09央行票据40	324,357,000.00	2.33	09央行票据40	393,080,000.00	2.49
	08国开17	299,070,000.00	2.44				09央行票据47	199,340,000.00	1.43	09央行票据38	98,280,000.00	0.62
	08央票40	240,425,000.00	1.96				08央行票据112	96,520,000.00	0.69			
	08央票58	193,020,000.00	1.58				安泰转债	4,635,694.74	0.03			
	08央票112	97,810,000.00	0.80				博汇转债	805,015.60	0.01			

大成精选增值混合型证券投资基金

基本资料			
基金简称	大成精选增值混合	交易代码	090004
风险收益特征	该基金属于混合型基金，由于该基金采取积极的投资管理、主动的行业配置，使得该基金成为基金中风险程度中等偏高的基金品种，其长期平均的风险和预期收益低于成长型基金，高于价值型基金、指数型基金、纯债券基金和国债。		
业绩比较基准	新华富时中国A600指数×75%+新华富时中国国债指数×25%		
合同生效日	2004年12月15日 首募份额 13.36亿份	认购户数	45,395户
基金管理人	大成基金管理有限公司	基金托管人	中国农业银行
注册登记人	大成基金管理有限公司		

成立来累计净值增长率与同期基准收益率历史走势对比图（%）

财务指标 单位：人民币（元）；%

项目 \ 年度	2009年	2008年	2007年
本期利润	1,723,286,360.20	−3,048,284,666.06	7,125,582,931.98
本期加权平均净值利润率	51.73	−82.33	83.01
期末基金资产净值	3,921,977,120.34	2,248,587,740.60	6,946,468,135.17
期末基金份额净值	1.1285	0.6415	2.0156
本期份额净值增长率	75.92	−52.50	124.66
累计份额净值增长率	369.39	166.84	461.77
基金收益分配	——	10派5.000	10派1.600

近三年净值增长率与同期基准收益率对比图（%）

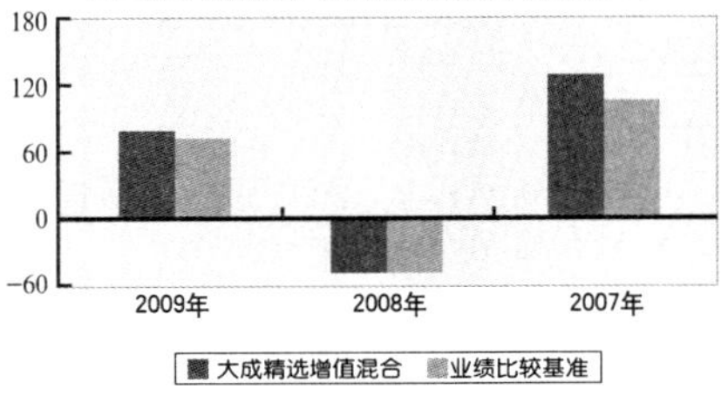

期末基金份额持有人户数	基金份额持有人户数为602,344户，平均每户持有5,769.60份。（期末截至2009年12月31日）
期末基金份额持有人结构	机构投资者持有份额434,780,195.92份，占总份额12.51%；个人投资者持有份额3,040,505,826.88份，占总份额87.49%。

基金业绩表现

2009年大成精选增值混合基金全年净值增长率为75.92%；同期业绩基准收益率为67.45%。

基金管理团队

张益凡先生：基金经理，北京大学光华管理学院硕士，8年证券从业经历。曾任职于浙江省国际信托投资公司、中融基金管理公司、国信证券公司。2008年12月加入大成基金管理公司，2008年12月至2009年3月任大成精选增值混合基金经理。

曹雄飞先生：基金经理、研究部总监，北京大学中国经济研究中心国际金融硕士，9年证券从业经历。曾任职于招商证券北京地区总部、鹏华基金管理公司、景顺长城基金管理公司、大成基金管理公司、建信基金管理公司。2009年3月起任大成精选增值混合基金经理。

孙蓓琳女士：基金经理助理，硕士，美国特许金融分析师(CFA)，5年证券从业经历。曾任职于银华基金管理公司。2007年加入大成基金管理公司，任职交通运输、零售行业研究员，策略小组成员；2009年4月起任大成精选增值混合基金经理助理。

基金运作分析

2009年大成精选增值混合基金净值取得大幅上升，一方面维持较为积极的仓位配置，另一方面上半年增持金融、地产、有色、煤炭、钢铁等周期类股票，较大力度地参与行业和板块的轮动等行业；下半年该基金适度增持了部分消费品行业，同时在年底又加大周期性行业的配置。8月份以来市场转变，管理人未能在第一时间进行大幅度调整仓位和组合结构，导致基金业绩大幅波动并产生明显的损失。

季度投资组合一览

项目 \ 季度	第一季度		第二季度		第三季度		第四季度	
基金资产净值	2,748,194,961.87元		3,585,717,567.37元		3,551,871,375.85元		3,921,977,120.34元	
基金份额	3,426,796,927.45份		3,706,274,844.18份		3,789,771,681.88份		3,475,286,022.80份	
基金份额净值	0.8020元		0.9675元		0.9372元		1.1285元	
基金资产组合	市值(元)	占总资产比(%)	市值(元)	占总资产比(%)	市值(元)	占总资产比(%)	市值(元)	占总资产比(%)
股票投资	2,368,619,343.40	84.31	3,380,485,501.36	93.09	3,120,389,630.66	86.45	3,679,692,456.93	93.21
债券投资	122,545,000.00	4.36	25,175,000.00	0.69	——	——	——	——
金融衍生品投资	——	——	——	——	——	——	——	——
买入返售金融资产	——	——	——	——	——	——	——	——
银行存款和结算备付金	302,707,547.90	10.77	174,313,816.92	4.80	484,638,676.41	13.43	232,861,613.54	5.90
其他资产	15,537,096.95	0.55	51,252,660.41	1.41	4,430,220.02	0.12	35,247,858.22	0.89

	第一季度			第二季度			第三季度			第四季度		
投资前五名股票明细	股票名称	公允价值(元)	占净值比(%)	股票名称	公允价值(元)	占净值比(%)	股票名称	公允价值(元)	占净值比(%)	股票名称	公允价值(元)	占净值比(%)
	万　科A	133,388,365.68	4.85	万　科A	178,500,000.00	4.98	中国平安	152,100,000.00	4.28	宁波银行	248,919,673.86	6.35
	中国平安	117,330,000.00	4.27	中国平安	178,053,625.92	4.97	海螺水泥	133,389,686.69	3.76	北京银行	240,521,252.44	6.13
	中信证券	114,921,251.28	4.18	中信证券	161,082,000.00	4.49	宁波银行	110,727,206.88	3.12	兴业银行	188,345,330.82	4.80
	金风科技	108,405,000.00	3.94	金风科技	129,510,367.56	3.61	西山煤电	109,572,413.38	3.08	深发展A	186,436,641.24	4.75
	恒瑞医药	91,701,000.00	3.34	海螺水泥	126,420,000.00	3.53	泸州老窖	108,771,503.40	3.06	中国平安	170,776,245.50	4.35
投资前五名债券明细	债券名称	公允价值(元)	占净值比(%)	债券名称	公允价值(元)	占净值比(%)	债券名称	公允价值(元)	占净值比(%)	债券名称	公允价值(元)	占净值比(%)
	08央行票据95	97,230,000.00	3.54	99国债(8)	25,175,000.00	0.70						
	99国债(8)	25,315,000.00	0.92									

大成货币市场证券投资基金

基本资料

基金简称	大成货币A、大成货币B	交易代码	090005(A) 091005(B)
风险收益特征	该基金为货币市场基金，属于低风险的基金品种；预期收益和风险都低于债券基金、混合基金、股票基金。		
业绩比较基准	税后一年期银行定期存款利率		
合同生效日	2005年6月3日	首募份额	36.37亿份
认购户数	7,850户		
基金管理人	大成基金管理有限公司	基金托管人	中国光大银行
注册登记人	大成基金管理有限公司		

成立来累计净值收益率与同期基准收益率历史走势对比图（%）

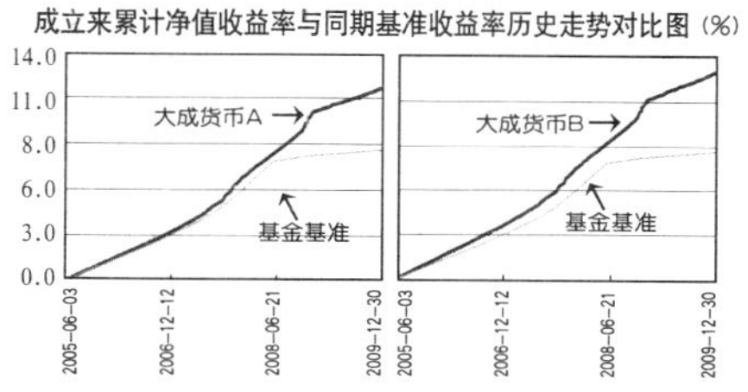

财务指标

单位：人民币（亿元）；%

项目 \ 年度	2009年 A	2009年 B	2008年 A	2008年 B	2007年 A	2007年 B
本期利润	0.1460	0.3999	0.2987	0.7527	0.2297	0.3801
期末基金资产净值	23.9796	138.5873	29.2057	80.4979	4.8103	10.2292
期末基金份额净值	1.0000元	1.0000元	1.0000元	1.0000元	1.0000元	1.0000元
本期份额净值收益率	1.3162	1.5599	3.7332	3.9814	3.1996	3.4504
累计份额净值收益率	11.8563	13.0970	10.4033	11.3598	6.4300	7.0960
基金收益分配	54,590,507.67元		105,130,814.53元		60,980,398.81元	

近三年净值收益率与同期基准收益率对比图（%）

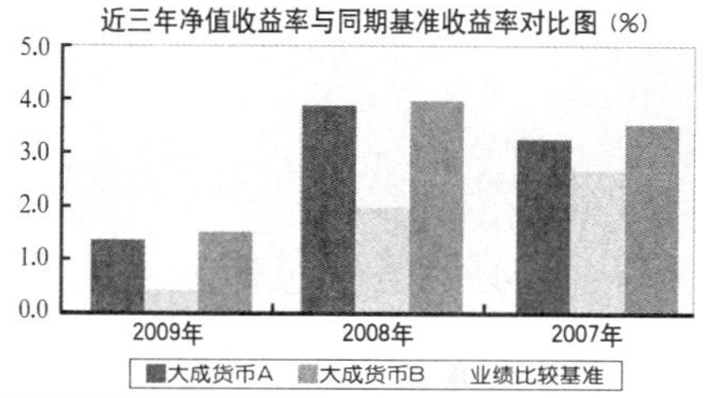

期末基金份额持有人户数	A：基金份额持有人户数为182,151户，平均每户持有13,164.71份。 B：基金份额持有人户数为79,960户，平均每户持有173,320.84份。（期末截至2009年12月31日）
期末基金份额持有人结构	A：机构投资者持有份额480,474,499.25份，占总份额20.04%；个人投资者持有份额1,917,490,412.62份，占总份额79.96%。 B：机构投资者持有份额12,017,291,308.17份，占总份额86.71%；个人投资者持有份额1,841,443,079.74份，占总份额　13.29%。

基金业绩表现

2009年大成货币基金A类净值收益率为1.3162%，B类净值收益率为1.5599%。

基金管理团队

王　立女士：基金经理，经济学硕士，9年证券从业经历。曾任职于申银万国证券公司、南京市商业银行资金营运中心。2005年4月加入大成基金管理公司，历任银行间市场债券交易员、大成货币基金经理助理；2007年1月起任大成货币基金经理，2009年5月起兼任大成债券基金经理。

基金运作分析

2009年大成货币基金在投资管理中继续贯彻稳健操作的原则，高度重视组合的流动性管理和安全性管理。具体来说，该基金在对基金份额持有人结构分析、未来投资期内持有人申购赎回带来的基金流动性变化预测以及货币市场利率判断的基础上，辅以情景分析等技术和数量手段进行资产配置决策。

在类属配置层面，该基金同时注重央票、金融债、信用产品和协议存款的投资。在对债券市场下跌预期明确及市场资金面持续宽松的情况下，重点减持部分利率风险较大的短期央票，同时增加对企业短期融资券的投资比例，继续持有部分浮动利率债券品种以保持较高票息收益，没有进行交易所逆回购的操作。四季度大成货币基金规模增长较快，考虑到持有人未来投资期内的申购赎回状况，该基金对组合各类品种到期期限结构做了合理安排以保证基金的流动性。

季度投资组合一览

项目 \ 季度	第一季度 A	第一季度 B	第二季度 A	第二季度 B	第三季度 A	第三季度 B	第四季度 A	第四季度 B
基金资产净值	13.4939亿元	22.8595亿元	13.4433亿元	88.7420亿元	5.5860亿元	11.5604亿元	23.9796亿元	138.5873亿元
基金份额	13.4939亿份	22.8595亿份	13.4433亿份	88.7420亿份	5.5860亿份	11.5604亿份	23.9796亿份	138.5873亿份
基金份额净值	1.0000元	1.0000元	1.0000元	1.0000元	1.0000元	1.0000元	1.0000元	1.0000元
基金资产组合	市值(元)	占总资产比(%)	市值(元)	占总资产比(%)	市值(元)	占总资产比(%)	市值(元)	占总资产比(%)
股票投资	——	——	——	——	——	——	——	——
债券投资	3,508,795,426.60	96.38	2,789,149,638.93	27.28	1,368,078,841.60	79.62	1,344,203,399.94	8.27
金融衍生品投资	——	——	——	——	——	——	——	——
买入返售金融资产	——	——	——	——	——	——	3,528,707,413.05	21.70
银行存款和结算备付金	12,016,007.96	0.33	6,190,920,494.32	60.56	339,930,209.22	19.78	11,372,498,875.77	69.94
其他资产	119,729,078.19	3.29	1,242,873,378.02	12.16	10,195,373.00	0.59	16,092,349.32	0.10

投资前五名债券明细	债券名称	成本(元)	占净值比(%)	债券名称	成本(元)	占净值比(%)	债券名称	成本(元)	占净值比(%)	债券名称	成本(元)	占净值比(%)
	08央票112	396,129,868.98	10.9	08央票112	397,912,918.89	3.89	08进出13	309,896,019.17	18.07	08进出13	309,986,236.08	1.91
	08央票92	368,203,578.37	10.13	08央票92	369,422,583.43	3.62	09央行票据36	256,028,520.94	14.93	09央行票据36	257,156,998.19	1.58
	08进出13	309,912,471.16	8.52	08进出13	309,939,906.20	3.03	05中行02浮	150,010,453.58	8.75	09农发07	110,107,109.27	0.68
	08央行票据108	297,269,248.71	8.18	08央行票据108	298,678,053.42	2.92	08电网CP03	100,187,433.00	5.84	05中行02浮	100,000,619.21	0.62
	05中行02浮	200,001,429.75	5.50	05中行02浮	200,010,869.42	1.96	09豫投资CP01	99,832,418.96	5.82	09豫投资CP01	99,898,320.51	0.61

投资组合平均剩余期限	平均剩余期限	占净值比(%)	平均剩余期限	占净值比(%)	平均剩余期限	占净值比(%)	平均剩余期限	占净值比(%)
	30天以内	0.61	30天以内	61.86	30天以内	19.83	30天以内	93.75
	30天(含)—60天	13.71	30天(含)—60天	5.57	30天(含)—60天	2.62	30天(含)—60天	0.37
	60天(含)—90天	9.60	60天(含)—90天	7.31	60天(含)—90天	11.53	60天(含)—90天	2.27
	90天(含)—180天	42.73	90天(含)—180天	7.65	90天(含)—180天	41.41	90天(含)—180天	1.22
	180天(含)—397天(含)	30.20	180天(含)—397天(含)	5.49	180天(含)—397天(含)	24.23	180天(含)—397天(含)	2.32

大成沪深300指数证券投资基金

基本资料

基金简称	大成300A	交易代码	519300
风险收益特征	该基金为指数基金，是风险中等、获得证券市场平均收益率的的基金品种。		
业绩比较基准	沪深300指数		
合同生效日	2006年4月6日	首募份额	18.13亿份
认购户数	54,473户		
基金管理人	大成基金管理有限公司	基金托管人	中国农业银行
注册登记人	中国证券登记结算有限责任公司		

财务指标　　单位：人民币(元)；%

项目 \ 年度	2009年	2008年	2007年
本期利润	3,771,307,256.44	-7,154,028,047.15	5,610,547,697.03
本期加权平均净值利润率	57.82	-106.15	65.92
期末基金资产净值	7,791,721,831.86	4,569,249,493.47	10,979,297,757.35
期末基金份额净值	1.1741	0.6177	1.7533
本期份额净值增长率	90.08	-64.77	133.11
累计份额净值增长率	163.28	38.51	293.16
基金收益分配	——	——	10派13.200

成立来累计净值增长率与同期基准收益率历史走势对比图（%）

近三年净值增长率与同期基准收益率对比图（%）

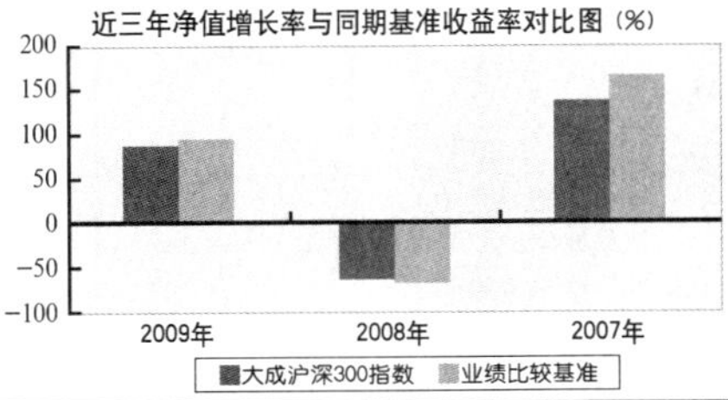

期末基金份额持有人户数	基金份额持有人户数为911,666户，平均每户持有7,279.43份。（期末截至2009年12月31日）
期末基金份额持有人结构	机构投资者持有份额386,311,684.92份，占总份额5.82%；个人投资者持有份额6,250,096,289.91份，占总份额94.18%。

基金业绩表现

2009年大成沪深300指数基金全年份额净值增长率为90.08%；同期业绩基准收益率为96.71%。

基金管理团队

杨　丹先生：基金经理，理学硕士，9年证券从业经历。2001年加入大成基金管理公司，先后任职于基金经理部、研究部、金融工程部，长期从事指数化投资及金融工程研究工作，现任大成沪深300指数基金经理（2006年5月起），同时兼任大成景福基金经理。

基金运作分析

2009年全年GDP增速高达8.7%，快速回升的经济也带动了A股市场的快速上涨。受益于政策刺激的行业，如家电、汽车、建材、机械等，以及受益于信贷规模扩张的行业房地产、煤炭、有色等均涨幅不菲。在经历了大幅上涨以后，下半年A股市场大幅震荡。7月份信贷数据意外的大幅下滑，使得市场开始担心宽松货币政策的过早退出，进而引发了对经济二次探底的担忧，市场单月调整幅度高达24%。

大成沪深300指数基金为被动型指数基金，其投资目标就是要复制指数的收益率。2009年，该基金根据基金合同，严格依据指数化投资方法投资，较好地跟踪了指数，达到了基金合同的要求。

2010年，大成沪深300指数基金将坚持被动型的指数化投资理念，继续深入研究更加高效的交易策略、风险控制方法，以期更好地跟踪指数，积极应对大额、频繁申购赎回及其他突发事件的影响，力争将跟踪误差控制在更低的水平，努力扮演好指数现货的角色。

季度投资组合一览

项目 \ 季度	第一季度		第二季度		第三季度		第四季度	
基金资产净值	5,096,797,890.17元		6,841,938,353.10元		7,022,369,425.74元		7,791,721,831.86元	
基金份额	6,092,779,496.47份		6,485,506,901.49份		7,016,496,215.18份		6,636,407,974.83份	
基金份额净值	0.8365元		1.0550元		1.0008元		1.1741元	
基金资产组合	市值(元)	占总资产比(%)	市值(元)	占总资产比(%)	市值(元)	占总资产比(%)	市值(元)	占总资产比(%)
股票投资	4,816,442,144.34	93.61	6,426,416,212.84	93.69	6,648,050,130.04	94.12	7,376,084,528.53	94.13
债券投资	——	——	——	——	694,460.58	0.01	——	——
金融衍生品投资	——	——	——	——	——	——	——	——
买入返售金融资产	——	——	——	——	——	——	——	——
银行存款和结算备付金	294,794,332.20	5.73	404,935,523.55	5.90	395,018,778.58	5.59	442,179,876.33	5.64
其他资产	34,078,464.24	0.66	28,216,863.82	0.41	19,347,461.00	0.27	17,804,158.87	0.23

投资前五名股票明细

股票名称	公允价值(元)	占净值比(%)	股票名称	公允价值(元)	占净值比(%)	股票名称	公允价值(元)	占净值比(%)	股票名称	公允价值(元)	占净值比(%)
招商银行	185,326,800.39	3.64	招商银行	276,576,936.75	4.04	招商银行	244,542,578.68	3.48	招商银行	275,110,609.25	3.53
中信证券	163,143,347.58	3.20	民生银行	221,160,226.32	3.23	交通银行	228,227,772.36	3.25	交通银行	235,982,639.75	3.03
中国平安	154,034,383.01	3.02	交通银行	205,183,288.40	3.00	中国平安	219,780,190.50	3.13	中国平安	222,820,980.48	2.86
交通银行	138,030,887.43	2.71	兴业银行	192,683,590.93	2.82	民生银行	191,501,341.88	2.73	民生银行	207,030,937.47	2.66
民生银行	131,936,027.72	2.59	中信证券	191,192,719.14	2.79	兴业银行	175,785,514.26	2.50	中信证券	205,032,333.42	2.63

投资前五名债券明细

债券名称	公允价值(元)	占净值比(%)	债券名称	公允价值(元)	占净值比(%)	债券名称	公允价值(元)	占净值比(%)	债券名称	公允价值(元)	占净值比(%)
						安泰转债	694,460.58	0.01			

大成财富管理2020生命周期证券投资基金

基本资料					
基金简称	大成2020生命周期混合	交易代码	090006		
风险收益特征	该基金属于生命周期型基金，从建仓期结束起至目标日止，其风险与收益水平将随着时间的流逝逐步降低。即该基金初始投资阶段的风险收益水平接近股票基金；随着目标日期的临近，逐步发展为一只低风险债券型基金。				
业绩比较基准	基金合同生效日至2010年12月31日：75%×新华富时中国A600指数+25%×中国债券总指数 2011年1月1日至2015年12月31日：45%×新华富时中国A600指数+55%×中国债券总指数 2016年1月1日至2020年12月31日：25%×新华富时中国A600指数+75%×中国债券总指数 202'年1月1日以及该日以后：10%×新华富时中国A600指数+90%×中国债券总指数				
合同生效日	2006年9月13日	首募份额	11.13亿份	认购户数	29,221户
基金管理人	大成基金管理有限公司	基金托管人	中国银行		
注册登记人	大成基金管理有限公司				

成立来累计净值增长率与同期基准收益率历史走势对比图（%）

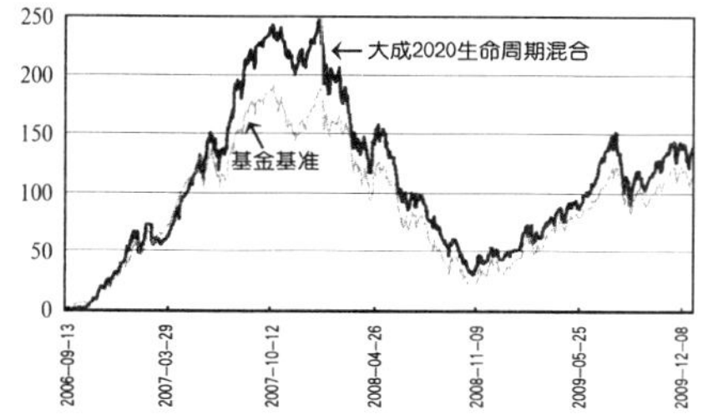

近三年净值增长率与同期基准收益率对比图（%）

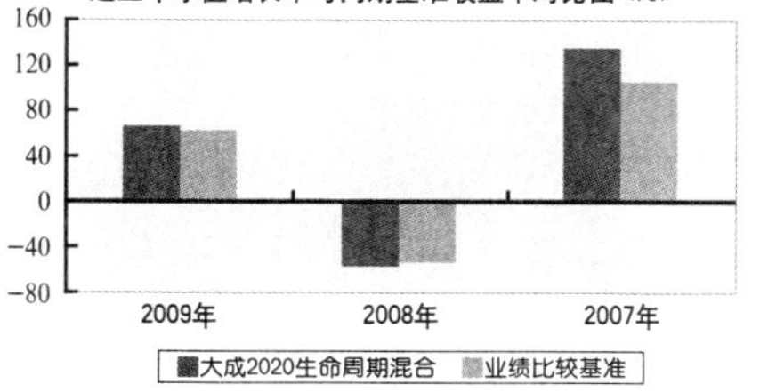

财务指标　　单位：人民币（元）；%

项目 \ 年度	2009年	2008年	2007年
本期利润	4,962,280,035.86	−10,234,333,380.90	1,847,352,086.38
本期加权平均净值利润率	48.74	−89.50%	33.51%
期末基金资产净值	11,321,763,407.78	7,586,734,544.46	17,460,637,732.43
期末基金份额净值	0.732	0.437	1.005
本期份额净值增长率	67.51	−56.52%	136.19%
累计份额净值增长率	138.73	42.52%	227.76%
基金收益分配	——	——	10派15.500

期末基金份额持有人户数	基金份额持有人户数为957,714户，平均每户持有16,158.40份。（期末截至2009年12月31日）
期末基金份额持有人结构	机构投资者持有份额79,121,541.92份，占总份额0.51%；个人投资者持有份额15,396,001,076.87份，占总份额99.49%。

基金业绩表现

截至2009年12月31日，大成2020生命周期混合基金份额净值为0.732元，全年份额净值增长率为67.51%；同期业绩基准收益率为66.78%。

基金管理团队

占冠良先生：基金经理，硕士，8年证券从业经历。曾任职于招商证券公司研发中心金融工程部、策略部。2004年7月加入大成基金管理公司，曾任行业分析师；2007年6月至2010年2月任大成2020生命周期混合基金经理。

季度投资组合一览

基金运作分析

2009年，基于对宏观经济的判断和反映，大成2020生命周期混合基金净值取得大幅上升，一方面维持较为积极的仓位配置，另一方面上半年增持金融、地产、有色、煤炭、钢铁等周期类股票，较大力度地参与行业和板块的轮动等行业，下半年适度增持部分消费品行业。

展望2010年，在操作层面上，该管理人要平衡企业利润和政策，在没有极端政策出台的前提下，对于前期的政策报有积极的心态，而在政策频繁出台之后，主要控制组合的风险。阶段性看好金融、煤炭、有色、化工等周期类板块；长期看好大消费板块，如食品饮料、医药、零售等受益于经济结构调整的行业，在中间挑选部分优质的上市公司进行长期投资。

项目 \ 季度	第一季度		第二季度		第三季度		第四季度	
基金资产净值	9,214,870,732.56元		10,818,994,957.00元		10,113,712,026.19元		11,321,763,407.78元	
基金份额	17,087,228,259.13份		16,539,239,392.39份		16,114,856,483.45份		15,475,122,618.79份	
基金份额净值	0.5390元		0.6540元		0.6280元		0.7320元	
基金资产组合	市值(元)	占总资产比(%)	市值(元)	占总资产比(%)	市值(元)	占总资产比(%)	市值(元)	占总资产比(%)
股票投资	7,794,843,457.86	83.32	10,218,128,972.18	93.74	9,051,192,372.96	89.09	10,524,411,164.51	92.54
债券投资	908,220,759.40	9.71	251,050,000.00	2.30	453,737,015.60	4.47	461,883,000.00	4.06
金融衍生品投资	——	——	——	——	——	——	——	——
买入返售金融资产	——	——	——	——	——	——	——	——
银行存款和结算备付金	546,249,650.18	5.84	328,105,406.03	3.01	583,017,383.24	5.74	330,314,345.25	2.90
其他资产	106,339,462.91	1.14	103,503,613.59	0.95	71,767,402.81	0.71	55,729,213.10	0.49

投资前五名股票明细	股票名称	公允价值(元)	占净值比(%)	股票名称	公允价值(元)	占净值比(%)	股票名称	公允价值(元)	占净值比(%)	股票名称	公允价值(元)	占净值比(%)
	中信证券	553,456,707.03	6.01	招商银行	582,656,795.37	5.39	北京银行	649,195,196.47	6.42	兴业银行	624,802,420.16	5.52
	中国平安	469,320,000.00	5.09	中国平安	474,809,570.20	4.39	兴业银行	530,489,652.95	5.25	泸州老窖	539,553,452.16	4.77
	保利地产	429,181,860.03	4.66	北京银行	465,030,682.98	4.30	中国平安	451,230,000.00	4.46	深发展A	463,030,000.00	4.09
	海油工程	283,126,485.00	3.07	兴业银行	371,096,326.11	3.43	泸州老窖	432,438,014.40	4.28	宁波银行	457,557,149.28	4.04
	招商银行	272,403,000.00	2.96	泸州老窖	353,263,248.80	3.27	深发展A	382,183,836.42	3.78	中材国际	448,924,206.15	3.97

投资前五名债券明细	债券名称	公允价值(元)	占净值比(%)	债券名称	公允价值(元)	占净值比(%)	债券名称	公允价值(元)	占净值比(%)	债券名称	公允价值(元)	占净值比(%)
	08进出08	368,410,000.00	4.00	07农发14	200,700,000.00	1.86	09央行票据38	294,870,000.00	2.92	09央行票据38	294,840,000.00	2.60
	08国开17	249,225,000.00	2.70	99国债(8)	50,350,000.00	0.47	09央行票据46	98,260,000.00	0.97	09央行票据46	98,240,000.00	0.87
	07农发14	201,920,000.00	2.19				09央行票据41	59,802,000.00	0.59	09央行票据36	68,803,000.00	0.61
	99国债(8)	50,630,000.00	0.55				博汇转债	805,015.60	0.01			
	南山转债	20,631,032.40	0.22									

大成积极成长股票型证券投资基金

基本资料			
基金简称	大成积极成长股票	交易代码	519017
风险收益特征	该基金是股票型基金，风险高于货币市场基金、债券型基金和混合型基金。该基金主要投资于具有良好成长性的上市公司，属于中高风险的的基金品种。		
业绩比较基准	新华富时600成长指数收益率×80%+新华巴克莱资本中国全债指数收益率×20%		
合同生效日	2007年1月16日	募集规模	97.61亿份
申购户数	339,402户		
基金管理人	大成基金管理有限公司	基金托管人	中国农业银行
注册登记人	中国证券登记结算有限责任公司		

财务指标　　单位：人民币(元)；%

项目＼年度	2009年	2008年	2007年
本期利润	1,491,323,345.48	-3,500,649,370.01	6,635,040,708.40
本期加权平均净值利润率	48.18	-86.96	67.07
期末基金资产净值	3,184,409,691.05	2,416,040,391.48	7,996,506,922.54
期末基金份额净值	1.040	0.633	1.848
本期份额净值增长率	64.30	-54.32	111.49
累计份额净值增长率	58.73	-3.39	111.49
基金收益分配	——	10派3.500	——

成立来累计净值增长率与同期基准收益率历史走势对比图（%）

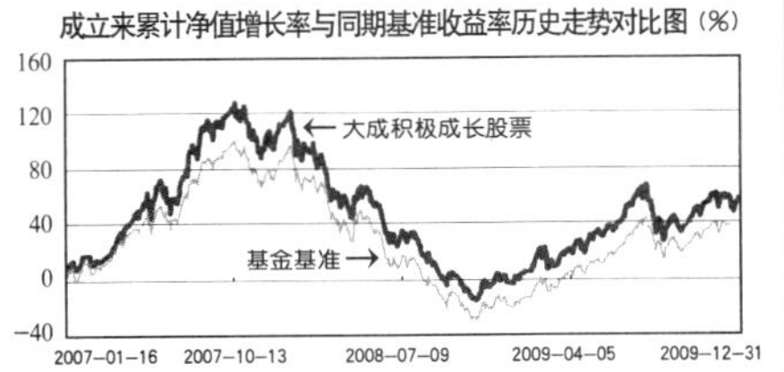

近三年净值增长率与同期基准收益率对比图（%）

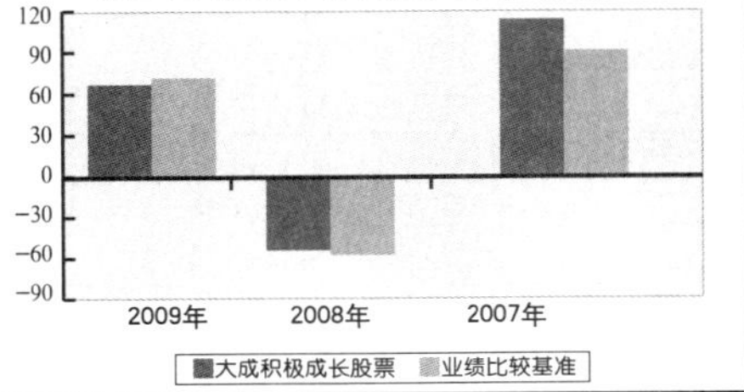

期末基金份额持有人户数	基金份额持有人户数为568,383.00户，平均每户持有5,386.03份。（期末截至2009年12月31日）
期末基金份额持有人结构	机构投资者持有份额169,864,053.21份，占总份额5.55%；个人投资者持有份额2,891,461,472.87份，占总份额94.45%。

基金业绩表现

2009年大成积极成长股票基金全年净值增长率为64.30%；同期业绩基准收益率为72.86%。

基金管理团队

王维钢先生：基金经理，经济学博士，13年证券从业经历。曾任职于君安证券公司研究所、国泰君安证券公司、鹏华基金管理公司、国信证券公司、巨田基金管理公司。2006年12月加入大成基金管理公司，历任景博基金经理、大成创新成长基金经理、大成积极成长股票基金经理。

周建春先生：基金经理，管理工程硕士，13年证券从业经历。曾任职于湖南省国际信托投资公司基金管理部、证券管理总部；1999年10月加入大成基金管理公司，历任高级研究员、景博基金经理助理、景福基金经理助理，现任大成积极成长股票基金经理，兼任大成策略回报股票基金经理。

刘　洋女士：基金经理助理，工商管理硕士，3年证券从业经历。2007年7月加入大成基金管理公司，任行业研究员；2009年10月起同时担任大成积极成长股票和大成策略回报股票基金经理助理。

基金运作分析

2009年大成积极成长股票基金在上半年适当降低建筑、医药、信息技术等防御性行业的配置比重，加大煤炭、有色、汽车等行业比重，二季度大幅增持地产、金融的配置比重；下半年该基金大幅降低采掘、地产、有色等高周期行业配置比例，大幅提高食品饮料、家电、医药等稳定增长类行业比例，同时提高了个股集中度。由于在上半年加仓较慢，且未能把握行业轮动的投资机会，截至2009年12月底该基金股票组合总回报率为64.3%，低于业绩基准表现。

季度投资组合一览

项目＼季度	第一季度		第二季度		第三季度		第四季度	
基金资产净值	2,945,959,160.29元		3,344,817,851.96元		2,915,239,106.60元		3,184,409,691.05元	
基金份额	3,754,283,098.25份		3,545,263,910.51份		3,294,737,200.91份		3,061,325,526.08份	
基金份额净值	0.7850元		0.9430元		0.8850元		1.0400元	
基金资产组合	市值(元)	占总资产比(%)	市值(元)	占总资产比(%)	市值(元)	占总资产比(%)	市值(元)	占总资产比(%)
股票投资	2,240,953,067.22	75.50	2,951,906,149.46	87.61	2,596,536,948.82	88.49	2,980,598,247.38	92.43
债券投资	97,010,000.00	3.27	96,280,000.00	2.86	1,750,488.12	0.06	——	——
金融衍生品投资	——	——	——	——	——	——	——	——
买入返售金融资产	——	——	——	——	——	——	——	——
银行存款和结算备付金	462,221,921.38	15.57	310,110,802.02	9.20	333,537,306.92	11.36	202,397,577.90	6.28
其他资产	167,998,275.46	5.66	11,215,554.49	0.33	5,501,259.52	0.19	41,576,074.00	1.29

	第一季度			第二季度			第三季度			第四季度		
投资前五名股票明细	股票名称	公允价值(元)	占净值比(%)	股票名称	公允价值(元)	占净值比(%)	股票名称	公允价值(元)	占净值比(%)	股票名称	公允价值(元)	占净值比(%)
	重庆啤酒	69,615,710.50	2.36	招商银行	156.870,000.00	4.69	兴业银行	202,734,830.13	6.95	招商银行	189,520,776.30	5.95
	上海汽车	67,070,797.92	2.28	兴业银行	148.442,041.05	4.44	中国平安	134,510,496.90	4.61	中国平安	162,684,461.03	5.11
	紫金矿业	65,220,000.00	2.21	浦发银行	138.118,733.90	4.13	泸州老窖	122,022,847.80	4.19	苏宁电器	135,804,614.24	4.26
	五矿发展	58,050,000.00	1.97	民生银行	102.960,071.28	3.08	苏宁电器	109,407,232.77	3.75	泸州老窖	126,897,060.48	3.98
	万 科A	57,960,000.00	1.97	金地集团	96,720,564.20	2.89	中国人寿	88,569,882.72	3.04	云南白药	105,684,779.20	3.32
投资前五名债券明细	债券名称	公允价值(元)	占净值比(%)	债券名称	公允价值(元)	占净值比(%)	债券名称	公允价值(元)	占净值比(%)	债券名称	公允价值(元)	占净值比(%)
	08央行票据84	97,010,000.00	3.29	08央行票据84	96,280,000.00	2.88	安泰转债	1,750,488.12	0.06			

大成创新成长混合型证券投资基金(LOF)

基本资料

基金简称	大成创新成长混合	交易代码	160910
风险收益特征	该基金为混合型基金，其风险收益水平高于货币市场基金和债券型基金，属于中高风险的的基金品种。		
业绩比较基准	沪深300指数×70%+中国债券总指数×30%		
合同生效日	2007年6月12日	募集规模 98.66亿份	申购户数 340,797户
上市日期	2007年10月25日	上市地点	深交所
基金管理人	大成基金管理有限公司	基金托管人	中国农业银行
注册登记人	中国证券登记结算有限责任公司		

成立来累计净值增长率与同期基准收益率历史走势对比图（%）

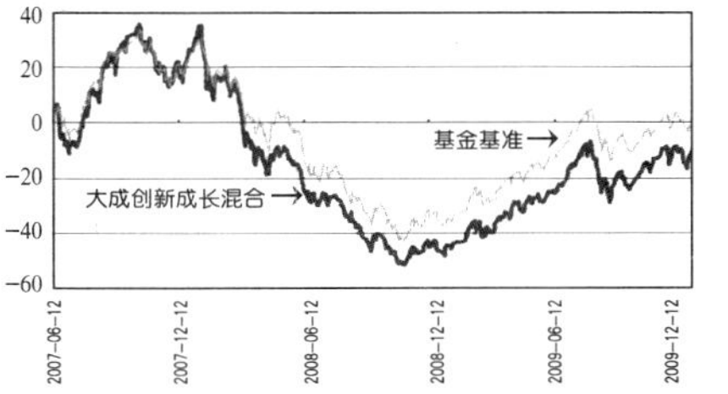

财务指标　　单位：人民币(元)；%

项目＼年度	2009年	2008年	2007.6.12至2007.12.31
本期利润	5,699,359,649.20	−12,364,873,113.57	4,889,192,140.00
本期加权平均净值利润率	49.33	−92.28	23.05
期末基金资产净值	12,870,439,594.84	8,508,231,873.83	24,742,350,877.99
期末基金份额净值	0.945	0.560	1.326
本期份额净值增长率	68.75	−57.77	25.71
累计份额净值增长率	−10.42	−46.91	25.71
基金收益分配	——	——	——

近三年净值增长率与同期基准收益率对比图（%）

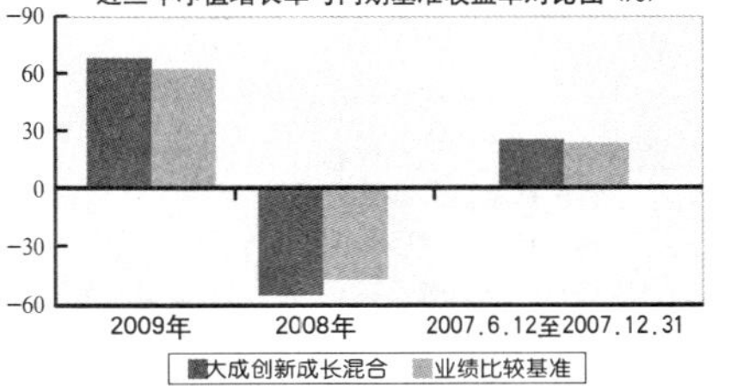

期末基金份额持有人户数	基金份额持有人户数为1,084,517户，平均每户持有12,553.53份。(期末截至2009年12月31日)
期末基金份额持有人结构	机构投资者持有份额306,502,259.29份，占总份额2.25%；个人投资者持有份额13,308,009,821.17份，占总份额97.75%。

基金业绩表现

截至2009年12月31日，大成创新成长混合基金份额净值为0.945元，全年份额净值增长率为68.75%，同期业绩基准收益率为61.77%。

基金管理团队

倪　明先生：基金经理，博士研究生，5年证券从业经历。2004年加入大成基金管理公司，历任固定收益小组信用分析师、大成债券基金经理助理、大成精选增值混合基金经理助理、金融行业研究员；2008年1月起任大成创新成长混合基金经理。

基金运作分析

大成创新成长混合基金在2009年的操作，应该说上半年较为成功，而下半年表现不尽如人意。这也使得基金业绩和排名在2009年上半年有较好表现的基础上，在下半年出现了一定程度的回落。

具体而言，上半年基于对宏观经济企稳回升以及宽松货币政策的预期，该基金较早将基金仓位加至较高水平，同时重点配置了受益于宏观经济回升的煤炭、地产、金融等行业，获得了较为理想的收益；三季度以来，由于该基金未能在市场出现大幅调整的过程中适当控制仓位，同时结构的进攻性较强，因此组合的抗跌能力较差，使得三季度净值的损失较大；四季度在仓位判断方面较为准确，较早地在低位将仓位推高，但在结构方面的配置不够理想，没有取得较为明显的超额收益。虽然加大了对消费类股票的配置力度，但是由于受到消费类股票普遍规模较小以及基金规模较大的限制，依然没有通过足够权重的配置获得较为理想的超额收益。

季度投资组合一览

项目＼季度	第一季度		第二季度		第三季度		第四季度	
基金资产净值	10,433,211,102.96元		12,243,419,723.91元		11,464,215,449.55元		12,870,439,594.84元	
基金份额	14,979,774,988.69份		14,597,609,976.91份		14,189,009,192.33份		13,614,512,080.46份	
基金份额净值	0.6960元		0.8390元		0.8080元		0.9450元	
基金资产组合	市值(元)	占总资产比(%)	市值(元)	占总资产比(%)	市值(元)	占总资产比(%)	市值(元)	占总资产比(%)
股票投资	8,578,042,635.91	81.35	11,272,824,217.86	91.71	9,764,176,264.77	84.90	12,134,544,311.45	93.82
债券投资	865,165,000.00	8.20	297,470,000.00	2.42	441,052,843.20	3.84	491,380,000.00	3.80
金融衍生品投资	——	——	——	——	——	——	——	——
买入返售金融资产	——	——	——	——	——	——	——	——
银行存款和结算备付金	1,077,708,696.38	10.22	694,281,532.71	5.65	1,285,422,380.27	11.18	281,893,058.59	2.18
其他资产	23,840,524.12	0.23	26,689,252.73	0.22	10,062,462.58	0.09	26,728,385.40	0.21

项目	股票名称	公允价值(元)	占净值比(%)	股票名称	公允价值(元)	占净值比(%)	股票名称	公允价值(元)	占净值比(%)	股票名称	公允价值(元)	占净值比(%)
投资前五名股票明细	盐湖钾肥	674,392,945.43	6.46	中国平安	727,930,863.82	5.95	中国平安	615,958,812.30	5.37	泸州老窖	743,337,059.84	5.78
	保利地产	493,553,340.50	4.73	保利地产	671,259,141.66	5.48	保利地产	583,417,789.16	5.09	苏宁电器	617,243,592.52	4.80
	中国平安	484,964,000.00	4.65	盐湖钾肥	413,550,000.00	3.38	北京银行	522,388,271.90	4.56	招商银行	510,811,516.35	3.97
	海油工程	425,720,000.00	4.08	深发展A	403,549,226.30	3.30	兴业银行	412,337,748.08	3.60	北京银行	507,646,570.20	3.94
	中信证券	354,033,000.00	3.39	海油工程	373,296,134.83	3.05	泸州老窖	379,034,619.60	3.31	兴业银行	491,900,995.12	3.82
投资前五名债券明细	债券名称	公允价值(元)	占净值比(%)	债券名称	公允价值(元)	占净值比(%)	债券名称	公允价值(元)	占净值比(%)	债券名称	公允价值(元)	占净值比(%)
	08进出08	421,040,000.00	4.04	08农发15	200,980,000.00	1.64	09央行票据47	299,010,000.00	2.61	09央行票据38	294,840,000.00	2.29
	08农发15	202,460,000.00	1.94	08央行票据95	96,490,000.00	0.79	09央行票据43	99,670,000.00	0.87	09央行票据36	98,290,000.00	0.76
	08央行票据46	144,435,000.00	1.38				09央行票据41	39,868,000.00	0.35	09央行票据44	98,250,000.00	0.76
	08央行票据95	97,230,000.00	0.93				安泰转债	1,699,827.60	0.01			
							博汇转债	805,015.60	0.01			

大成优选股票型证券投资基金

基本资料					
基金简称	大成优选封闭	交易代码	150002		
风险收益特征	该基金为股票型基金，其风险高于货币市场基金、债券型基金和混合型基金，属于较高风险收益的基金品种。				
业绩比较基准	80%×沪深300指数+20%×中信标普全债指数				
合同生效日	2007年8月1日	首募份额	46.74亿份	认购户数	84,269户
上市日期	2007年9月7日	上市地点	深交所	存续期	5年
基金管理人	大成基金管理有限公司	基金托管人	中国银行		
注册登记人	中国证券登记结算有限责任公司				

成立来累计净值增长率与同期基准收益率历史走势对比图（%）

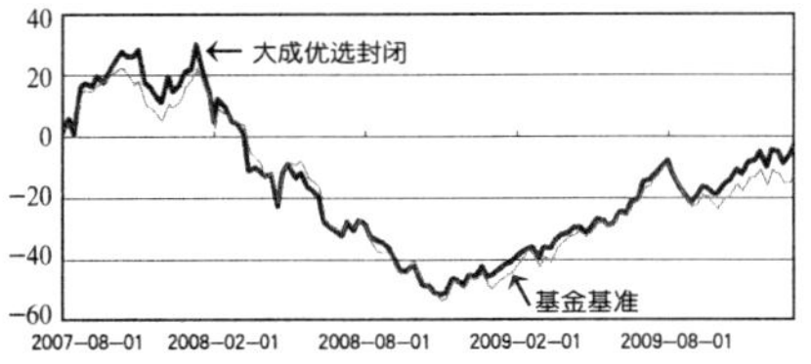

财务指标　单位：人民币（元）；%

项目＼年度	2009年	2008年	2007.8.1至2007.12.31
本期利润	1,913,413,623.32	-3,003,405,274.84	968,756,377.27
本期加权平均净值利润率	54.57	-85.79	17.84
期末基金资产净值	4,398,817,901.95	2,485,404,278.63	5,549,575,383.15
期末基金份额净值	0.941	0.532	1.187
本期份额净值增长率	76.88	-54.49	20.78
累计份额净值增长率	-2.77	-45.03	20.78
基金收益分配	——	10派0.130	10派0.200

近三年净值增长率与同期基准收益率对比图（%）

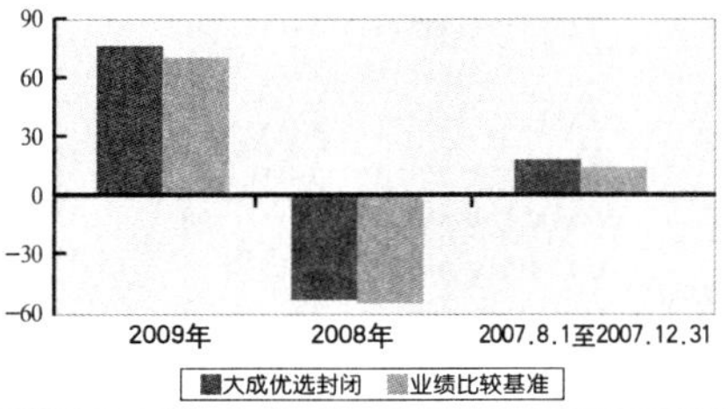

期末基金份额持有人户数	基金份额持有人户数为425,066户，平均每户持有10,996.66份。（期末截至2009年12月31日）
期末基金份额持有人结构	机构投资者持有份额1,298,396,838.72份，占总份额27.78%；个人投资者持有份额3,375,908,229.18份，占总份额72.22%。

基金业绩表现

2009年大成优选封闭基金全年份额净值增长率为76.88%；同期业绩基准收益率为73.37%。

基金管理团队

刘　明先生：基金经理、投资总监，硕士，17年证券从业经历。曾任厦门证券公司鹭江营业部总经理、厦门产权交易中心副总经理及香港时富金融服务集团投资经理，2004年3月加入大成基金管理公司，曾任景宏基金经理；2007年8月起任大成优选封闭基金经理。

郭海洋先生：基金经理助理，金融学硕士，5年证券从业经历。曾任华西证券投资研究部研究员、大成基金管理公司研究部研究员；2007年12月起任大成优选封闭基金经理助理。

基金运作分析

2009年，基于对宏观经济和市场较为准确的判断和反映，大成优选封闭基金净值取得了大幅上升，一方面维持较为积极的仓位配置和优选个股的投资思路，另一方面上半年重配地产、金融、新能源等行业，而下半年大幅减持地产行业，增持医药、零售行业及低碳高新技术板块。

展望2010年，大成优选封闭基金长期看好大消费板块，如食品饮料、医药、零售等受益于经济结构调整的行业，坚定持有具有一定品牌和影响力的龙头公司。而中国经济依然存在加速的可能，阶段性看好金融、煤炭、有色、化工等周期类板块，以及受益于新兴产业政策扶植与金融支持的低碳板块（如新能源、LED节能环保等）和高科技板块（如3G通讯、物联网、信息网络等）。

季度投资组合一览

项目＼季度	第一季度		第二季度		第三季度		第四季度	
基金资产净值	3,075,973,466.10元		3,658,351,749.00元		3,684,266,165.61元		4,398,817,901.95元	
基金份额	4,674,305,067.90份		4,674,305,067.90份		4,674,305,067.90份		4,674,305,067.90份	
基金份额净值	0.6580元		0.7830元		0.7880元		0.9410元	
基金资产组合	市值(元)	占总资产比(%)	市值(元)	占总资产比(%)	市值(元)	占总资产比(%)	市值(元)	占总资产比(%)
股票投资	2,590,094,183.44	84.04	3,598,800,567.34	98.05	3,351,211,819.18	90.79	4,229,306,695.06	95.98
债券投资	180,420,000.00	5.85	25,175,000.00	0.69	——	——	——	——
金融衍生品投资	——	——	——	——	——	——	——	——
买入返售金融资产	——	——	——	——	——	——	——	——
银行存款和结算备付金	290,634,765.05	9.43	44,416,805.94	1.21	338,867,170.45	9.18	67,164,203.97	1.52
其他资产	20,873,684.33	0.68	2,144,290.76	0.06	1,178,953.80	0.03	109,777,917.57	2.49

投资前五名股票明细

第一季度 股票名称	公允价值(元)	占净值比(%)	第二季度 股票名称	公允价值(元)	占净值比(%)	第三季度 股票名称	公允价值(元)	占净值比(%)	第四季度 股票名称	公允价值(元)	占净值比(%)
金风科技	302,953,591.60	9.85	深发展A	339,601,526.86	9.28	中国平安	350,498,479.50	9.51	苏宁电器	418,507,398.00	9.51
中国平安	298,451,734.35	9.70	中国平安	313,135,464.10	8.56	中兴通讯	340,396,118.98	9.24	宗申动力	416,296,667.85	9.46
盐湖钾肥	297,442,702.82	9.67	金风科技	269,024,671.44	7.35	深发展A	328,181,468.73	8.91	深发展A	394,815,275.01	8.98
深发展A	289,308,226.44	9.41	恒瑞医药	258,675,559.44	7.07	宗申动力	286,232,127.30	7.77	中国平安	375,338,361.65	8.53
海油工程	260,390,632.66	8.47	招商银行	243,444,199.95	6.65	恒瑞医药	253,420,166.88	6.88	中兴通讯	357,414,722.07	8.13

投资前五名债券明细

第一季度 债券名称	公允价值(元)	占净值比(%)	第二季度 债券名称	公允价值(元)	占净值比(%)	第三季度 债券名称	公允价值(元)	占净值比(%)	第四季度 债券名称	公允价值(元)	占净值比(%)
08进出08	105,260,000.00	3.42	99国债(8)	25,175,000.00	0.69						
08国开17	49,845,000.00	1.62									
99国债(8)	25,315,000.00	0.82									

大成景阳领先股票型证券投资基金

基本资料			
基金简称	大成景阳领先股票	交易代码	519019
风险收益特征	该基金是股票型基金，其风险高于货币市场基金、债券型基金和混合型基金，属于较高风险收益特征的基金品种。		
业绩比较基准	80%×沪深300指数＋20%×中信标普全债指数		
合同生效日	2007年12月11日	募集规模	48.59亿份
申购户数	156,315户		
基金管理人	大成基金管理有限公司	基金托管人	中国农业银行
注册登记人	中国证券登记结算有限责任公司		

成立来累计净值增长率与同期基准收益率历史走势对比图（%）

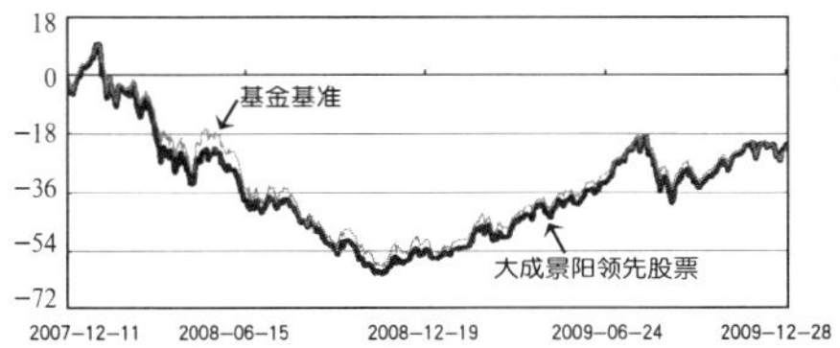

近三年净值增长率与同期基准收益率对比图（%）

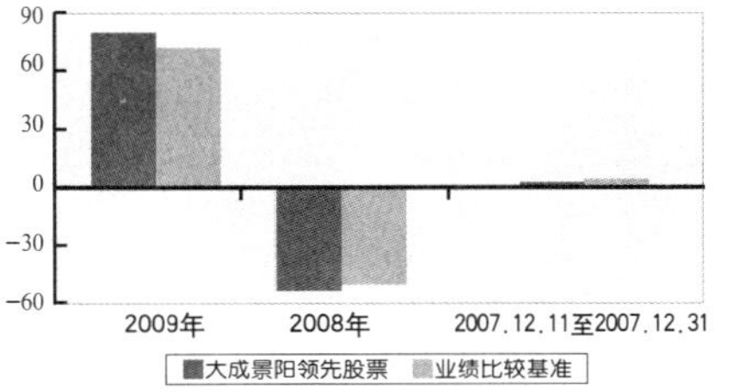

财务指标　单位：人民币（元）；%

项目＼年度	2009年	2008年	2007.12.11至2007.12.31
本期利润	2,151,925,942.53	-4,229,018,226.07	79,856,535.53
本期加权平均净值利润率	54.94	-91.45	2.24
期末基金资产净值	4,677,185,005.80	2,725,156,645.32	3,910,405,963.23
期末基金份额净值	0.794	0.438	3.910
本期份额净值增长率	81.28	-57.17	2.08
累计份额净值增长率	-20.74	-56.28	2.08
基金收益分配	——	——	——
期末基金份额持有人户数	基金份额持有人户数为209,751户，平均每户持有28,093.08份。（期末截至2009年12月31日）		
期末基金份额持有人结构	机构投资者持有份额1,447,438,612.31份，占总份额24.56%；个人投资者持有份额4,445,112,922.08份，占总份额75.44%。		

基金业绩表现

截至2009年12月31日，大成景阳领先股票基金份额净值为0.794元，全年份额净值增长率为81.28%；同期业绩基准收益率为73.37%。

基金管理团队

杨建华先生：基金经理、股票投资部总监。9年证券从业经历，博士研究生。曾任光大证券研究所研究员、四川启明星投资公司总经理助理。2004年4月进入大成基金管理公司，历任景阳基金经理、大成价值增长混合基金经理，2007年12月至今任大成景阳领先股票基金经理。

黄万青女士：基金经理助理，8年证券从业经历，经济学硕士，1999年加入大成基金公司，先后任交易部交易员、债券基金经理助理、景福基金经理助理、固定收益小组股票型基金债券投资经理、大成价值增长混合基金经理助理，2007年9月至今任大成景阳领先股票基金经理助理。

基金运作分析

2009年初，基于对2009年A股市场较乐观的预期，大成景阳领先股票基金整体保持较高的仓位，上半年重点配置周期性较强的地产、煤炭、金融类资产，获得了较好的投资回报；下半年随着紧缩预期的加强，该基金增加大消费类资产的配置，适时对组合进行了调整。

展望2010年，大成景阳领先股票基金将投资重点放在行业配置和个股选择上。行业配置上，看好与通胀预期相关的上游资源类资产以及具有稳定增长的消费类板块。此外，主题投资方面看好低碳经济和TMT等技术创新板块；个股方面，将通过前瞻性的研究去挖掘被低估的行业龙头以及成长性确定的个股。

季度投资组合一览

项目＼季度	第一季度		第二季度		第三季度		第四季度	
基金资产净值	3,416,900,231.57元		4,290,642,024.36元		4,044,737,988.52元		4,677,185,005.80元	
基金份额	6,016,861,753.68份		6,213,361,029.92份		6,114,318,195.30份		5,892,551,534.39份	
基金份额净值	0.5680元		0.6910元		0.6620元		0.7940元	
基金资产组合	市值(元)	占总资产比(%)	市值(元)	占总资产比(%)	市值(元)	占总资产比(%)	市值(元)	占总资产比(%)
股票投资	2,824,794,547.14	82.39	4,054,152,490.89	93.52	3,591,323,747.90	88.20	4,352,882,366.81	90.33
债券投资	196,042,727.00	5.72	28,884,000.00	0.67	119,328,000.00	2.93	167,076,000.00	3.47
金融衍生品投资	——	——	——	——	——	——	——	——
买入返售金融资产	——	——	——	——	——	——	——	——
银行存款和结算备付金	401,935,208.12	11.72	247,374,653.68	5.71	356,704,096.54	8.76	293,268,964.61	6.09
其他资产	5,733,774.03	0.17	4,868,517.72	0.11	4,350,716.18	0.11	5,650,390.01	0.12

项目	第一季度			第二季度			第三季度			第四季度		
投资前五名股票明细	股票名称	公允价值(元)	占净值比(%)	股票名称	公允价值(元)	占净值比(%)	股票名称	公允价值(元)	占净值比(%)	股票名称	公允价值(元)	占净值比(%)
	盐湖钾肥	219,602,000.00	6.43	中国平安	268,567,800.00	6.26	中国平安	313,322,501.70	7.75	泸州老窖	282,349,031.04	6.04
	中国平安	195,550,000.00	5.72	招商银行	219,613,518.00	5.12	招商银行	217,851,021.96	5.39	中国平安	275,450,000.00	5.89
	金风科技	168,630,000.00	4.94	万　科A	216,748,992.75	5.05	东方电气	164,453,393.47	4.07	苏宁电器	263,035,532.30	5.62
	万　科A	160,508,280.24	4.70	盐湖钾肥	187,476,000.00	4.37	兴业银行	162,125,568.86	4.01	兴业银行	193,408,750.54	4.14
	宏达股份	157,463,457.60	4.61	兴业银行	178,055,041.74	4.15	万　科A	156,300,000.00	3.86	云南白药	185,730,241.60	3.97
投资前五名债券明细	债券名称	公允价值(元)	占净值比(%)	债券名称	公允价值(元)	占净值比(%)	债券名称	公允价值(元)	占净值比(%)	债券名称	公允价值(元)	占净值比(%)
	08国开17	149,535,000.00	4.38	08央行票据84	28,884,000.00	0.67	09央票41	99,670,000.00	2.46	09央票38	167,076,000.00	3.57
	08央行票据84	29,103,000.00	0.85				09央票38	19,658,000.00	0.49			
	新钢转债	17,404,727.00	0.51									

大成强化收益债券型证券投资基金

基本资料			
基金简称	大成强化收益债券	交易代码	090008
风险收益特征	该基金定位于满足追求较高稳定回报的基金持有人的投资需求，风险收益水平高于货币市场基金，低于混合基金和股票基金。		
业绩比较基准	中债综合指数		
合同生效日	2008年8月6日	首募份额	27.64亿份
认购户数	10,676户		
基金管理人	大成基金管理有限公司	基金托管人	中国建设银行
注册登记人	中国证券登记结算有限责任公司		

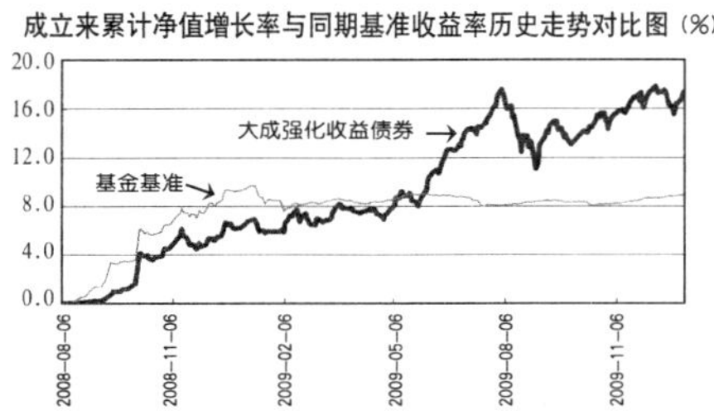

财务指标　　单位：人民币(元)；%

项目 \ 年度	2009年	2008年8月6日至2008年12月31日
本期利润	85,185,652.47	107,493,974.48
本期加权平均净值利润率	8.32	6.10
期末基金资产净值	930,151,319.61	1,403,910,214.74
期末基金份额净值	1.0721	1.0624
本期份额净值增长率	10.56	6.24
累计份额净值增长率	17.46	6.24
基金收益分配	10派1.000	——

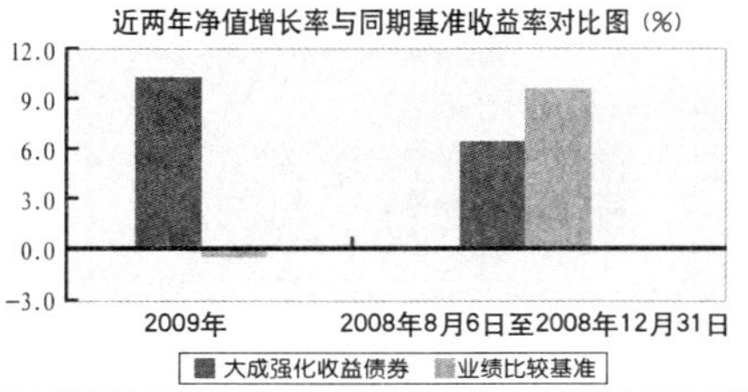

期末基金份额持有人户数	基金份额持有人户数为25,522户，平均每户持有33,994.02份。（期末截至2009年12月31日）
期末基金份额持有人结构	机构投资者持有份额762,946,143.81份，占总份额87.94%；个人投资者持有份额104,649,349.14份，占总份额12.06%。

基金业绩表现

截至2009年12月31日，大成强化收益债券基金份额净值为1.0721元，全年份额净值增长率为10.56%；同期业绩基准收益率为-0.32%。

基金管理团队

陈尚前先生：基金经理、固定收益部总监，经济学博士，11年证券从业经历。曾任中国平安保险公司投资管理中心债券投资室主任、招商证券公司研究发展中心策略部经理。2002年加入大成基金管理公司，曾任大成债券基金经理；现负责公司固定收益证券投资业务；2008年8月起任大成强化收益债券基金经理。

基金运作分析

2009年大成强化收益债券基金继续在资产配置层面进行积极管理，即战术性资产配置策略（TAA）成为全年的主要策略。

在投资操作中，大成强化收益债券基金主要在权益类资产方面进行重点配置，并根据市场环境变化积极管理该类资产的波动率；在债券组合方面，充分重视组合的收益性和流动性，具体债券类别资产选择中，重点投资流动性较好的中央银行票据、金融债等品种；在新股投资方面，积极参与新股投资；基于权益类资产风险收益特征优于利率类资产的逻辑，2009年该基金对该类资产进行重点配置，并取得了较好的收益。

以上资产配置和积极的低久期策略使得大成强化收益债券基金在2009年债券市场下跌过程中减少了投资损失；同时重点配置权益类资产有效提高了基金的投资收益。

季度投资组合一览

项目 \ 季度	第一季度		第二季度		第三季度		第四季度	
基金资产净值	1,029,203,226.01元		1,111,977,599.22元		858,211,121.72元		930,151,319.61元	
基金份额	954,734,354.35份		1,030,456,822.14份		793,489,107.77份		867,595,492.95份	
基金份额净值	1.0780元		1.0791元		1.0816元		1.0721元	
基金资产组合	市值(元)	占总资产比(%)	市值(元)	占总资产比(%)	市值(元)	占总资产比(%)	市值(元)	占总资产比(%)
股票投资	61,845,601.37	5.99	191,280,810.90	16.96	134,639,788.45	15.66	149,395,467.82	16.04
债券投资	853,453,198.40	82.65	892,277,675.00	79.14	696,893,852.10	81.04	747,675,184.00	80.27
金融衍生品投资	——	——	——	——	——	——	——	——
买入返售金融资产	——	——	——	——	——	——	——	——
银行存款和结算备付金	78,331,232.86	7.59	19,407,094.22	1.72	17,535,780.00	2.04	9,332,051.52	1.00
其他资产	39,004,805.30	3.78	24,557,607.02	2.18	10,854,252.53	1.26	25,072,273.32	2.69

投资前五名股票明细	股票名称	公允价值(元)	占净值比(%)	股票名称	公允价值(元)	占净值比(%)	股票名称	公允价值(元)	占净值比(%)	股票名称	公允价值(元)	占净值比(%)
	盐湖钾肥	20,226,442.21	1.97	招商银行	58,265,000.00	5.24	北京银行	24,122,000.00	2.81	苏宁电器	33,793,973.72	3.63
	海油工程	18,104,140.02	1.76	中信证券	42,390,000.00	3.81	泸州老窖	20,580,000.00	2.40	北京银行	27,076,000.00	2.91
	泸州老窖	12,886,238.64	1.25	北京银行	32,520,000.00	2.92	中国建筑	16,925,420.80	1.97	招商银行	14,440,000.00	1.55
	云南白药	6,039,180.50	0.59	泸州老窖	22,955,637.60	2.06	万　科A	13,546,000.00	1.58	万　科A	11,891,000.00	1.28
	贵州茅台	4,589,600.00	0.45	万　科A	12,750,000.00	1.15	招商银行	11,824,000.00	1.38	泸州老窖	11,887,680.00	1.28

投资前五名债券明细	债券名称	公允价值(元)	占净值比(%)	债券名称	公允价值(元)	占净值比(%)	债券名称	公允价值(元)	占净值比(%)	债券名称	公允价值(元)	占净值比(%)
	08国开21	151,350,000.00	14.71	08国开21	150,375,000.00	13.52	20国债(4)	144,257,800.00	16.81	08央票17	133,445,000.00	14.35
	08进出06	117,425,000.00	11.41	08央行票据101	144,885,000.00	13.03	08央行票据17	134,433,000.00	15.66	08国开21	99,180,000.00	10.66
	08国开17	99,690,000.00	9.69	08进出06	116,039,000.00	10.44	08国开21	99,460,000.00	11.59	20国债(4)	86,688,000.00	9.32
	08国债26	97,480,000.00	9.47	99国债(8)	69,508,175.00	6.25	08进出06	83,376,000.00	9.72	08进出06	82,696,000.00	8.89
	08央票46	96,290,000.00	9.36	08央行票据112	68,005,000.00	6.12	09央行票据38	78,632,000.00	9.16	08央行票据20	82,144,000.00	8.83

大成策略回报股票型证券投资基金

基本资料						
基金简称	大成策略回报股票		交易代码	090007		
风险收益特征	该基金属于中高风险收益水平的股票型基金品种，其长期平均的预期收益和风险高于债券基金和货币市场基金。					
业绩比较基准	80%×沪深300指数+20%×中信标普全债指数					
合同生效日	2008年11月26日	募集规模	10.58亿份		申购户数	9,328户
基金管理人	大成基金管理有限公司		基金托管人	中国光大银行		
注册登记人	大成基金管理有限公司					

成立来累计净值增长率与同期基准收益率历史走势对比图（%）

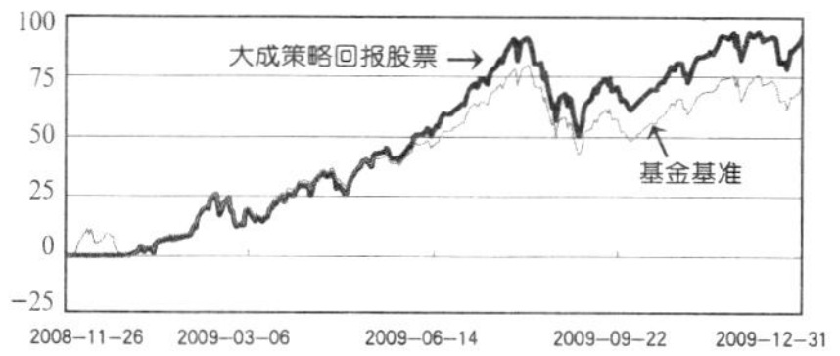

近两年净值增长率与同期基准收益率对比图（%）

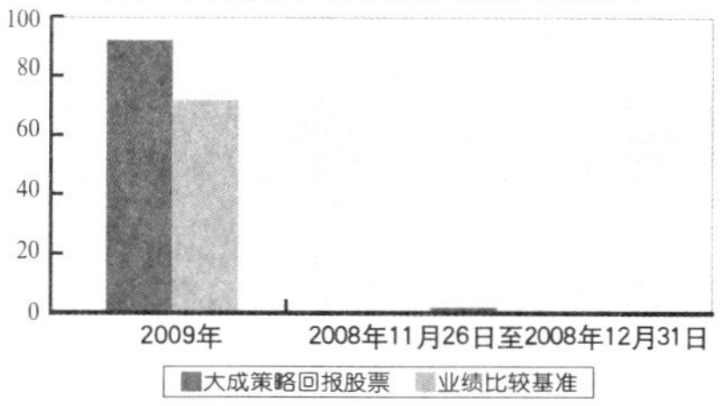

财务指标　单位：人民币（元）：%

项目 \ 年度	2009年	2008年11月26日至2008年12月31日
本期利润	287,915,077.83	2,368,363.97
本期加权平均净值利润率	48.93	0.24
期末基金资产净值	1,166,128,310.64	469,099,270.81
期末基金份额净值	1.071	1.004
本期份额净值增长率	91.23	0.40
累计份额净值增长率	91.99	0.40
基金收益分配	10派6.500	——
期末基金份额持有人户数	基金份额持有人户数为44,828户，平均每户持有24,280.75份。（期末截至2009年12月31日）	
期末基金份额持有人结构	机构投资者持有份额227,291,478.62份，占总份额20.88%；个人投资者持有份额861,165,978.75份，占总份额79.12%。	

基金业绩表现

截至2009年12月31日，大成策略回报股票基金份额净值为1.071元，全年份额净值增长率为91.23%；同期业绩基准收益率为73.37%。

基金管理团队

周建春先生：基金经理，管理工程硕士，13年证券从业经历。曾任职于湖南省国际信托投资公司基金管理部、证券管理总部，从事投资和研究工作；1999年10月加入大成基金管理公司，历任高级研究员、景博基金经理助理、景博基金经理、景福基金经理助理；现任大成策略回报股票基金经理，同时兼任大成积极成长股票基金经理。

刘　洋女士：基金经理助理，工商管理硕士，3年证券从业经历。2007年7月加入大成基金管理公司，任行业研究员；2009年10月起同时担任大成策略回报股票和大成积极成长股票基金经理助理。

基金运作分析

2009年我国经济的V型反转，促使资本市场出现较大幅度回升，全年沪深300指数上升96.7%，市场的上涨主要来自估值水平的大幅提升和企业盈利的增长。

回顾大成策略回报股票基金的投资，首先该基金管理人坚定看好经济的复苏带来的投资机会，因此年初采取了较为激进的建仓方式，并在全年一直保持较高的仓位水平；其次沿着经济复苏的主线和投资逻辑，结合不同行业复苏的节奏和复苏程度不同，寻找行业轮动的投资机会；同时在行业复苏过程中，龙头公司最具有行业代表性，重点选择了行业龙头作为主要投资对象。

季度投资组合一览

项目 \ 季度	第一季度		第二季度		第三季度		第四季度	
基金资产净值	314,408,641.64元		472,266,613.09元		799,431,080.46元		1,166,128,310.64元	
基金份额	282,793,222.63份		414,590,378.89份		803,395,687.02份		1,088,457,457.37份	
基金份额净值	1.1120元		1.1390元		0.9950元		1.0710元	
基金资产组合	市值(元)	占总资产比(%)	市值(元)	占总资产比(%)	市值(元)	占总资产比(%)	市值(元)	占总资产比(%)
股票投资	255,172,259.82	79.15	426,086,935.32	88.24	715,805,890.66	85.29	1,090,375,662.44	91.43
债券投资	10,126,000.00	3.14	10,070,000.00	2.09	——	——	——	——
金融衍生品投资	——	——	——	——	——	——	——	——
买入返售金融资产	——	——	——	——	——	——	——	——
银行存款和结算备付金	55,972,224.68	17.36	34,383,010.87	7.12	99,757,891.52	11.89	80,584,453.94	6.76
其他资产	1,138,773.89	0.35	12,312,082.21	2.55	23,687,779.52	2.82	21,676,885.22	1.82

投资前五名股票明细	股票名称	公允价值(元)	占净值比(%)	股票名称	公允价值(元)	占净值比(%)	股票名称	公允价值(元)	占净值比(%)	股票名称	公允价值(元)	占净值比(%)
	中国平安	20,853,843.10	6.63	招商银行	25,771,500.00	5.46	中国平安	46,279,010.70	5.79	苏宁电器	55,366,425.84	4.75
	中信证券	17,827,548.21	5.67	万 科A	23,586,480.00	4.99	泸州老窖	33,552,897.00	4.20	招商银行	50,573,482.75	4.34
	招商银行	16,724,827.35	5.32	中国人寿	18,458,500.00	3.91	北京银行	33,453,923.07	4.18	中信证券	49,242,388.05	4.22
	万 科A	16,560,000.00	5.27	中国平安	18,295,995.90	3.87	苏宁电器	32,335,945.73	4.04	中国平安	43,592,772.09	3.74
	贵州茅台	10,900,300.00	3.47	格力电器	18,288,189.70	3.87	深发展A	30,408,736.77	3.80	泸州老窖	39,474,749.44	3.39

投资前五名债券明细	债券名称	公允价值(元)	占净值比(%)	债券名称	公允价值(元)	占净值比(%)	债券名称	公允价值(元)	占净值比(%)	债券名称	公允价值(元)	占净值比(%)
	99国债(8)	10,126,000.00	3.22	99国债(8)	10,070,000.00	2.13						

大成行业轮动股票型证券投资基金

基本资料					
基金简称	大成行业轮动股票		交易代码	090009	
风险收益特征	该基金是主动投资的股票基金，预期风险收益水平高于混合基金、债券基金和货币市场基金。				
业绩比较基准	80%×沪深300指数+20%×中证综合债券指数				
合同生效日	2009年9月8日	募集规模	30.86亿份	申购户数	45,583户
基金管理人	大成基金管理有限公司		基金托管人	中国农业银行	
注册登记人	大成基金管理有限公司				

2009年来累计净值增长率与同期基准收益率历史走势对比图（%）

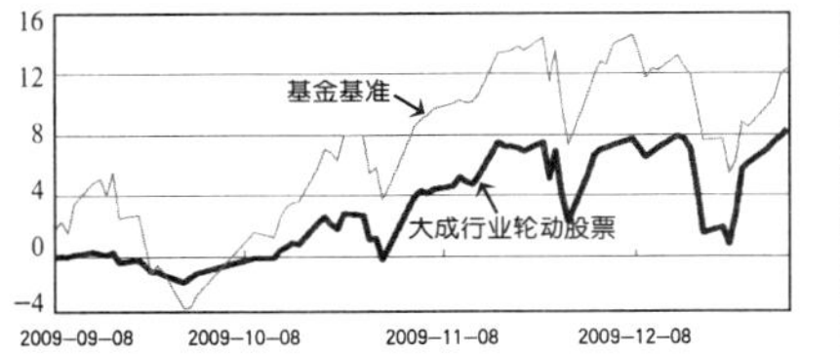

财务指标　单位：人民币（元）；%

项目＼年度	2009年9月8日至2009年12月31日
本期利润	230,069,089.08
本期加权平均净值利润率	8.09
期末基金资产净值	1,823,397,743.72
期末基金份额净值	1.083
本期份额净值增长率	8.30
累计份额净值增长率	8.30
基金收益分配	——

2009年净值增长率与同期基准收益率对比图（%）

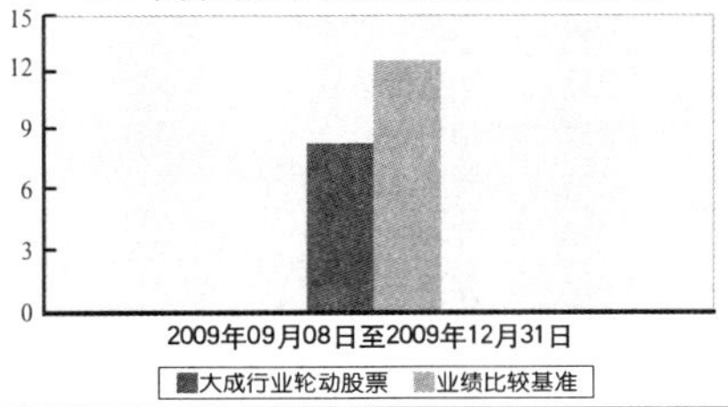

期末基金份额持有人户数	基金份额持有人户数为46,361户，平均每户持有36,324.67份。（期末截至2009年12月31日）
期末基金份额持有人结构	机构投资者持有份额549,209,064.92份，占总份额32.61%；个人投资者持有份额1,134,838,861.45份，占总份额67.39%。

基金业绩表现

大成行业轮动股票基金合同生效于2009年9月8日，截至2009年12月31日，该基金份额净值为1.083元，成立以来净值增长8.30%，同期业绩基准收益率为12.28%。

基金管理团队

姚　瑢先生：基金经理，硕士，9年证券从业经历。曾任中兴通讯公司投资部投资业务主管、招商证券公司研发中心高级分析师。2002年加入大成基金管理公司，曾任高级研究员、投资部总监助理、投资部副总监、研究部副总监等职；2009年9月起任大成行业轮动股票基金经理。

基金运作分析

大成行业轮动股票基金于2009年9月上旬成立，在建仓策略上采取相对谨慎的原则，行业选择上更多倾向于景气度向上趋势能从2009年持续到2010年的行业。因此，该基金选择了食品饮料、医药、家电、汽车等行业作为该基金的超配行业，而对于周期性行业采取了较为谨慎的投资态度。

展望2010年，该基金管理人认为上半年市场将形成窄幅波动的局面，事件性因素以及政策的变化是市场波动的主要因素；下半年随着全球经济形势的进一步明确，将有望走出盘整的格局。在行业投资上，大成行业轮动股票基金更看好稳定增长的内需性行业以及以文化为代表的服务性产业。新的一年，该基金管理人希望通过独立、客观研判市场环境，认真、及时对企业调查研究，重点把握对有长期竞争力公司的投资，力争给投资人带来良好的回报。

季度投资组合一览

项目＼季度	第四季度	
基金资产净值	1,823,397,743.72元	
基金份额	1,684,047,926.37份	
基金份额净值	1.0830元	
基金资产组合	金额(元)	占总资产比例(%)
股票投资	1,620,446,006.71	85.01
存托凭证	——	——
债券投资	——	——
金融衍生品投资	——	——
买入返售金融资产	——	——
银行存款和结算备付金	246,094,023.36	12.91
其他资产	39,671,126.27	2.08

投资前五名股票明细	股票名称	公允价值(元)	占净值比例(%)	投资前五名债券明细	债券名称	公允价值(元)	占净值比例(%)
	云南白药	88,842,420.40	4.87				
	宁波银行	82,503,828.00	4.52				
	宝钢股份	77,277,729.90	4.24		——		
	博瑞传播	76,742,178.63	4.21				
	上海汽车	75,776,973.87	4.16				

富国基金管理有限公司

法定名称	富国基金管理有限公司	英文名称	Fullgoal Fund Management Co.,Ltd.		
成立时间	1999年4月13日	注册资本	1.8亿元人民币	公司属性	中外合资
法人代表	陈 敏	总 经 理	窦玉明	督 察 长	李长伟
公司网址	www.fullgoal.com.cn	客服电话	400-888-0688　95105686		
联系电话	021-6859 7788	传真号码	021-6859 7799		
注册地址	上海市浦东新区花园石桥路33号花旗集团大厦5、6层				
办公地址	上海市浦东新区花园石桥路33号花旗集团大厦5、6层				

公司简介

富国基金管理有限公司于1999年4月13日获国家工商行政管理局登记注册成立，是经中国证监会批准设立的首批十家基金管理公司之一，公司于2001年3月从北京迁址上海。2003年9月加拿大蒙特利尔银行(BMO)参股富国基金管理有限公司的工商变更登记办理完毕，富国基金管理有限公司成为国内首批成立的十家基金公司中，首家中外合资的基金管理公司。

截至2009年12月31日，富国基金管理有限公司管理2只封闭式基金和13只开放式基金。

2009年旗下开放式基金业绩表现

截至日期：2009年12月31日

（单位：元；%）

基金类型	基金简称	设立日期	基金份额净值	净值增长率①	累计净值增长率②
股票型	富国天益价值股票	2004-06-15	0.9578	49.73	498.48
	富国天合稳健股票	2006-11-15	0.9685	71.05	130.38
	富国天博创新股票	2007-04-27	0.9120	66.88	25.82
	富国天鼎中证指数增强	2008-11-20	1.680	67.83	72.85
	富国沪深300指数增强	2009-12-16	1.000	——	——
混合型	富国天源平衡混合	2002-08-16	1.0683	49.66	152.91
	富国天瑞强势混合	2005-04-05	0.9759	99.16	381.54
	富国天惠成长混合(LOF)	2005-11-16	1.6427	75.80	347.80
	富国天成红利混合	2008-05-28	1.3337	70.42	35.67
债券型	富国天利增长债券	2003-12-02	1.2714	8.94	117.35
	富国天丰强化债券	2008-10-24	1.035	7.23	11.74
	富国优化增强债券A/B	2009-06-10	1.002	0.20	0.20
货币型	富国天时货币A	2006-06-05	1.0000	1.4229	8.7800
	富国天时货币B	2006-06-05	1.0000	1.6663	8.5557

注：①净值增长率指该基金2009年度的份额净值增长率；②累计净值增长率指该基金设立以来的份额净值增长率。

2009年管理公募基金概况

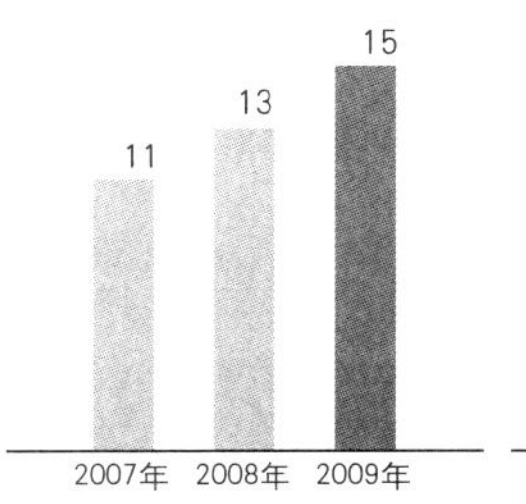

基金数量(只)

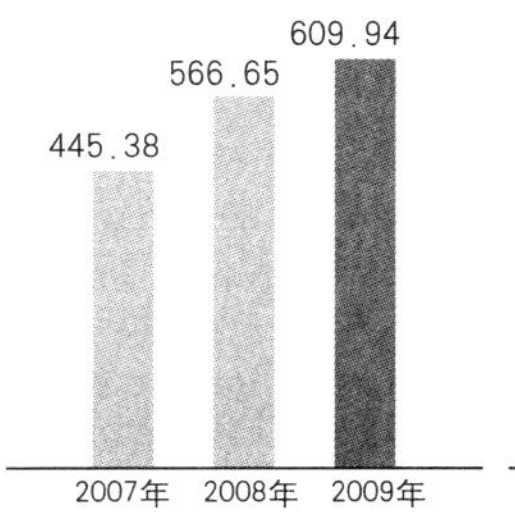

基金份额规模(亿份)

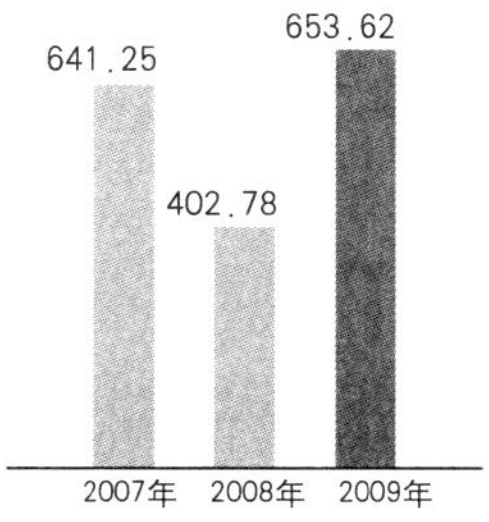

基金资产规模(亿元)

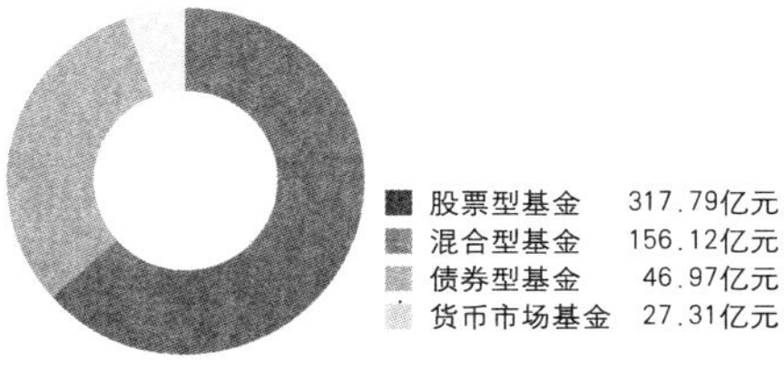

2009年基金资产规模构成(不含封闭式基金)

汉盛证券投资基金

基本资料

基金简称	富国汉盛封闭	交易代码	500005
风险收益特征	——	业绩比较基准	——
合同生效日	1999年5月10日	基金总份额	20亿份
上市日期	1999年5月18日　地点　上交所	存续期	15年
基金管理人	富国基金管理有限公司	基金托管人	中国农业银行
注册登记人	中国证券登记结算有限责任公司上海分公司		

财务指标　单位　人民币（元）；%

项目＼年度	2009年	2008年	2007年
本期利润	1,567,228,465.15	−2,677,202,629.29	4,639,251,579.89
本期加权平均净值利润率	48.27	−60.07	78.81
期末基金资产净值	3,713,531,544.68	2,812,303,078.94	7,589,505,708.23
期末基金份额净值	1.8568	1.4062	3.7948
本期份额净值增长率	64.49	−44.89	126.97
累计份额净值增长率	499.90	264.70	561.77
基金收益分配	10派3.330	10派10.500	10派5.846

成立来累计净值增长率与同期基准收益率历史走势对比图（%）

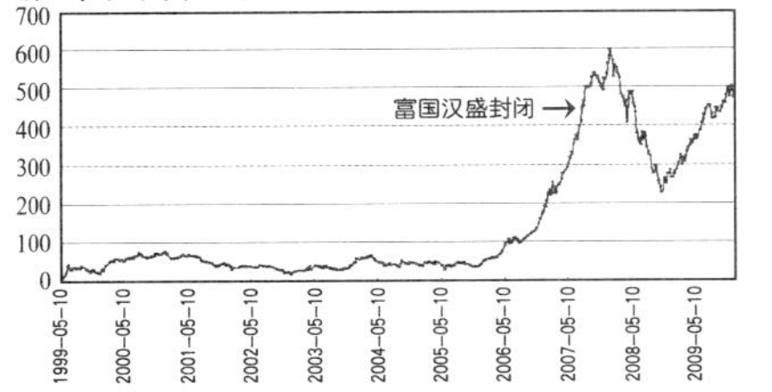

近三年净值增长率与同期基准收益率对比图（%）

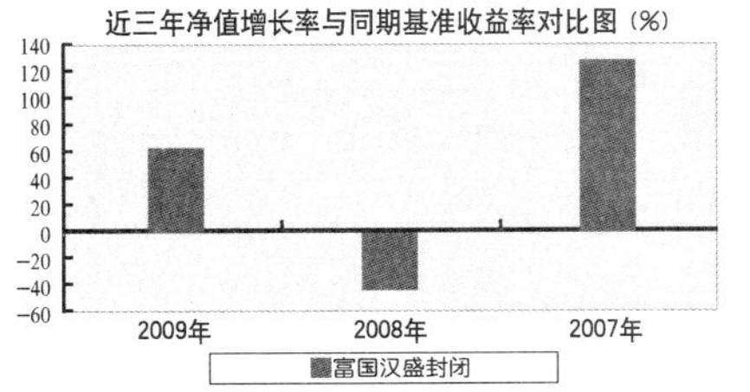

期末基金份额持有人户数	基金份额持有人户数为29,319户，平均每户持有68,215.15份。（期末截至2009年12月31日）
期末基金份额持有人结构	机构投资者持有份额1,311,983,950.00份，占总份额65.60%；个人投资者持有份额688,016,050.00份，占总份额34.40%。

基金业绩表现

截至2009年12月31日，富国汉盛基金份额净值为1.8568元，全年份额净值增长率为64.49%。

基金管理团队

朱少醒先生：基金经理、研究部总经理，博士，10年证券从业经历。曾先后担任华夏证券研究所分析师、富国基金研究策划部分析师、富国基金产品开发主管，2004年6月至2005年8月任富国天益价值股票基金经理助理；2005年11月至今任富国天惠成长混合基金经理；2008年11月起同时兼任富国汉盛基金经理。

基金运作分析

2009年富国汉盛基金一直保持较高的股票仓位。行业配置上，该基金比较偏向于盈利增长前景较为确定的稳定成长类行业，此外，在基金运作中，人民币汇率制度改革、政府主导的投资方向、城市化、产业结构升级等对市场有中长期影响的投资主题始终体现在组合的构建和调整过程中。个股选择层面，富国汉盛基金偏好投资于具有良好“企业基因”，公司治理结构完善、管理层优秀的企业。此外，还适度加大了定向增发投资机会的参与，并取得了较好的绩效。

展望2010年，行业方面，预计受益于结构性调整与周期性因素共振的行业将会有较好的表现，包括受益于政策延续、结构调整、消费增长和升级的消费品和服务板块；受益于经济由复苏向扩张阶段过渡以及价格体系的转正的部分周期性行业；受益于通胀和人民币升值预期升温的板块；受益于城镇化推进、区域经济振兴和低碳经济的板块。企业盈利复苏趋势明确。

季度投资组合一览

项目＼季度	第一季度		第二季度		第三季度		第四季度	
基金资产净值	3,351,968,221.06元		3,193,794,128.59元		3,300,607,258.09元		3,713,531,544.68元	
基金份额净值	1.6760元		1.5969元		1.6503元		1.8568元	
基金资产组合	市值(元)	占总资产比(%)	市值(元)	占总资产比(%)	市值(元)	占总资产比(%)	市值(元)	占总资产比(%)
股票投资	2,253,916,147.24	66.90	2,358,261,322.51	71.15	2,474,484,617.91	68.59	2,783,918,257.60	73.85
债券投资	730,187,610.80	21.67	695,089,738.80	20.97	728,538,537.30	20.19	807,533,198.10	21.42
金融衍生品投资	——	——	——	——	——	——	——	——
买入返售金融资产	——	——	——	——	——	——	——	——
银行存款和结算备付金	375,087,400.32	11.13	65,480,357.29	1.98	342,174,739.92	9.48	136,483,288.16	3.62
其他资产	9,705,246.70	0.29	195,477,921.70	5.90	62,372,978.35	1.73	41,598,461.33	1.10

	第一季度			第二季度			第三季度			第四季度		
投资前五名股票明细	股票名称	公允价值(元)	占净值比(%)	股票名称	公允价值(元)	占净值比(%)	股票名称	公允价值(元)	占净值比(%)	股票名称	公允价值(元)	占净值比(%)
	浦发银行	197,280,000.00	5.89	贵州茅台	235,080,878.77	7.36	贵州茅台	227,506,800.00	6.89	贵州茅台	199,198,860.00	5.36
	福耀玻璃	118,980,000.00	3.55	浦发银行	209,482,000.00	6.56	浦发银行	178,815,000.00	5.42	浦发银行	197,379,000.00	5.32
	贵州茅台	117,984,502.98	3.52	苏宁电器	156,397,016.45	4.90	华兰生物	165,738,872.00	5.02	苏宁电器	176,482,600.00	4.75
	苏宁电器	117,111,233.85	3.49	农 产 品	127,228,400.00	3.98	苏宁电器	155,705,000.00	4.72	龙元建设	108,320,000.00	2.92
	农 产 品	98,879,784.84	2.95	华兰生物	114,717,014.78	3.59	中兴通讯	107,746,441.70	3.26	安泰集团	108,300,000.00	2.92
投资前五名债券明细	债券名称	公允价值(元)	占净值比(%)	债券名称	公允价值(元)	占净值比(%)	债券名称	公允价值(元)	占净值比(%)	债券名称	公允价值(元)	占净值比(%)
	21国债(10)	161,558,837.00	4.82	21国债(10)	150,582,551.60	4.71	21国债(10)	140,865,463.20	4.27	21国债(12)	189,664,174.00	5.11
	21国债(12)	134,015,372.40	4.00	21国债(12)	133,456,596.00	4.18	21国债(12)	138,969,450.40	4.21	21国债(10)	170,908,177.80	4.60
	08央行票据08	105,520,000.00	3.15	02国债(3)	92,274,000.00	2.89	09央票42	98,280,000.00	2.98	09央票42	98,260,000.00	2.65
	02国债(3)	92,865,500.00	2.77	99国债(8)	50,774,954.00	1.59	02国债(3)	92,137,500.00	2.79	02国债(3)	92,210,300.00	2.48
	09农发04	49,975,000.00	1.49	09农发06	49,955,000.00	1.56	09农发06	49,885,000.00	1.51	09农发04	49,945,000.00	1.34

汉兴证券投资基金

基本资料

基金简称	富国汉兴封闭	交易代码	500015
风险收益特征	——	业绩比较基准	——
合同生效日	1999年12月30日	基金总份额	30亿份
上市日期	2000年1月10日　地点　上交所	存续期	15年
基金管理人	富国基金管理有限公司	基金托管人	交通银行
注册登记人	中国证券登记结算有限责任公司上海分公司		

财务指标　　单位：人民币(元)；%

项目 \ 年度	2009年	2008年	2007年
本期利润	1,749,814,391.28	-3,080,800,439.05	4,512,339,989.64
本期加权平均净值利润率	43.03	-60.51	71.98
期末基金资产净值	4,762,319,276.45	3,549,504,886.00	8,100,305,325.05
期末基金份额净值	1.5874	1.1832	2.7001
本期份额净值增长率	55.12	-43.73	110.40
累计份额净值增长率	218.24	105.16	264.58
基金收益分配	10派1.790	10派4.900	10派3.216
期末基金份额持有人户数	基金份额持有人户数为64,436户，平均每户持有46,558.00份。		
期末基金份额持有人结构	机构投资者持有份额1,882,225,703.00份，占总份额62.74%；个人投资者持有份额1,117,774,297.00份，占总份额37.26%。		

成立来累计净值增长率与同期基准收益率历史走势对比图（%）

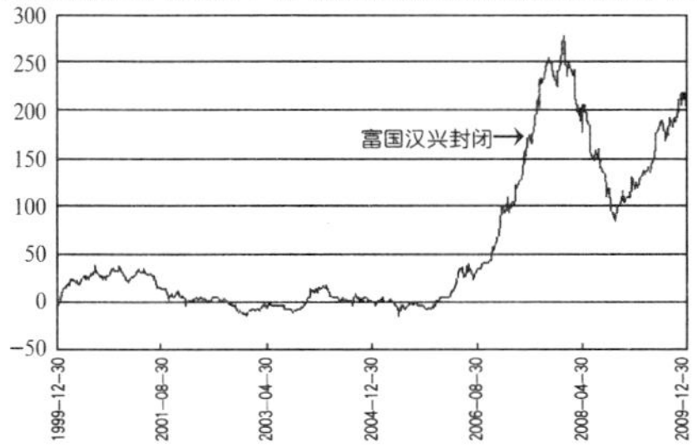

近三年净值增长率与同期基准收益率对比图（%）

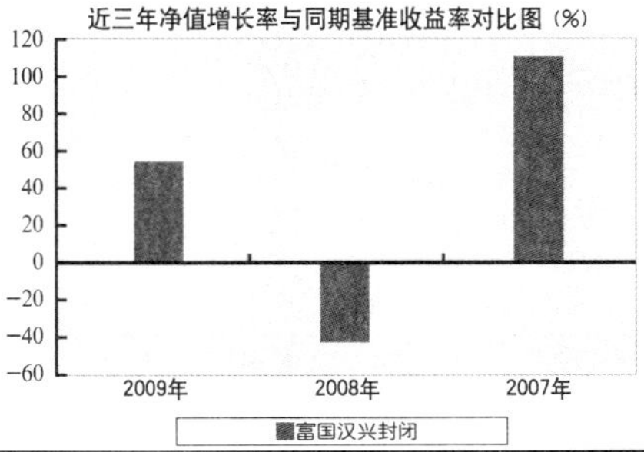

基金业绩表现

截至2009年12月31日，富国汉兴基金份额净值为1.5874元，全年份额净值增长率为55.12%。

基金管理团队

许　达先生：基金经理，硕士，12年证券从业经历。曾任申银万国证券研究所行业分析师。2001年2月至今任富国基金管理公司研究员、基金经理助理；2006年12月起任富国汉兴基金经理。

基金运作分析

富国汉兴基金在2009年初制定了相对保守的投资策略：一是股票资产比例过低，"在大类资产配置上，依然倾向于保持较低的股票资产比例，待有经济转好的信号或估值相对便宜时再增加股票比例"；二是周期性股票比例过少，"在行业配置上，仍然尽量保持较高比例的非周期性股票。若有经济转好的信号时我们将首选周期性股票进行加仓"。

基于这种策略，富国汉兴基金在一季度减持了本来就不多的高贝塔值的周期类股票，致使组合中剩下的大多是上半年表现很差的弱周期股；二季度增加了股票仓位，并适当改变了投资风格，注重行业配置。期间对组合进行了调整，减持了中游制造业，重点增配了银行、保险、地产等行业的股票，调整后组合表现较为理想；三季度该基金主要在7月初减持了地产股，减持的主要原因：一是地产股估值过高，二是判断销售可能不如预期；四季度增配了大盘股，降低小盘股的比例。主要原因：一是小盘股估值整体偏高；二是股指期货的预期推动。另外，在行业配置上也相对均衡，增持了煤炭、钢铁、金融等行业的比例，降低了食品饮料、医药等行业的比例，但食品饮料及医药等行业的比例仍相对较高。

季度投资组合一览

项目 \ 季度	第一季度		第二季度		第三季度		第四季度	
基金资产净值	3,949,998,583.98元		4,034,742,913.86元		4,232,570,832.06元		4,762,319,276.45元	
基金份额净值	1.3167元		1.3449元		1.4109元		1.5874元	
基金资产组合	市值(元)	占总资产比(%)	市值(元)	占总资产比(%)	市值(元)	占总资产比(%)	市值(元)	占总资产比(%)
股票投资	2,105,687,224.29	53.03	3,152,969,147.30	74.27	2,958,567,794.38	69.56	3,560,910,197.78	71.79
债券投资	1,106,084,363.22	27.86	850,669,823.00	20.04	914,678,825.50	21.51	1,006,107,701.50	20.28
金融衍生品投资	——	——	——	——	——	——	——	——
买入返售金融资产	——	——	——	——	——	——	——	——
银行存款和结算备付金	740,648,429.54	18.65	30,484,391.18	0.72	349,020,299.59	8.21	234,731,957.26	4.73
其他资产	18,294,091.07	0.46	211,173,535.34	4.97	30,998,232.37	0.73	158,540,605.48	3.20

投资前五名股票明细	股票名称	公允价值(元)	占净值比(%)	股票名称	公允价值(元)	占净值比(%)	股票名称	公允价值(元)	占净值比(%)	股票名称	公允价值(元)	占净值比(%)
	华兰生物	333,206,073.00	8.44	华兰生物	403,536,538.00	10.00	华兰生物	408,269,212.00	9.65	中国平安	285,464,039.84	5.99
	贵州茅台	230,837,144.72	5.84	贵州茅台	350,519,650.16	8.69	贵州茅台	390,424,089.76	9.22	贵州茅台	243,113,972.36	5.10
	航天信息	204,122,487.60	5.17	招商银行	244,269,000.00	6.05	中国平安	229,164,000.00	5.41	苏宁电器	221,376,000.00	4.65
	苏宁电器	170,650,042.80	4.32	苏宁电器	243,965,805.08	6.05	苏宁电器	179,985,867.16	4.25	华兰生物	216,138,000.00	4.54
	海螺水泥	164,300,372.28	4.16	上海机场	172,625,556.48	4.28	上海机场	160,776,821.43	3.80	招商银行	171,036,168.40	3.59

投资前五名债券明细	债券名称	公允价值(元)	占净值比(%)	债券名称	公允价值(元)	占净值比(%)	债券名称	公允价值(元)	占净值比(%)	债券名称	公允价值(元)	占净值比(%)
	99国债(8)	106,755,380.20	2.70	07央行票据82	102,460,000.00	2.54	21国债(12)	114,033,873.20	2.69	21国债(12)	113,557,717.00	2.38
	08央行票据11	105,560,000.00	2.67	08农发03	101,650,000.00	2.52	07央行票据82	101,660,000.00	2.40	21国债(10)	101,213,909.20	2.13
	07央行票据82	103,300,000.00	2.62	21国债(12)	71,944,431.00	1.78	08农发03	100,750,000.00	2.38	07央行票据82	101,170,000.00	2.12
	08农发03	101,390,000.00	2.57	09农发06	69,937,000.00	1.73	21国债(10)	91,402,964.80	2.16	08农发03	100,600,000.00	2.11
	09农发01	96,700,000.00	2.45	21国债(10)	69,618,400.00	1.73	09农发06	69,839,000.00	1.65	02国债(3)	72,879,575.90	1.53

富国天源平衡混合型证券投资基金

基本资料

基金简称	富国天源平衡混合		交易代码	100016	
风险收益特征	该基金为平衡型基金，属于中低风险的基金品种，其长期平均的风险和预期收益低于积极成长型基金，高于债券和货币市场基金。				
业绩比较基准	证券市场平均收益率(中信标普300指数收益率×65%+中信国债指数收益率×30%+同业存款利率×5%)				
合同生效日	2002年8月16日	首募份额	46.17亿份	认购户数	62,487户
基金管理人	富国基金管理有限公司		基金托管人	中国农业银行	
注册登记人	富国基金管理有限公司				

成立来累计净值增长率与同期基准收益率历史走势对比图（%）

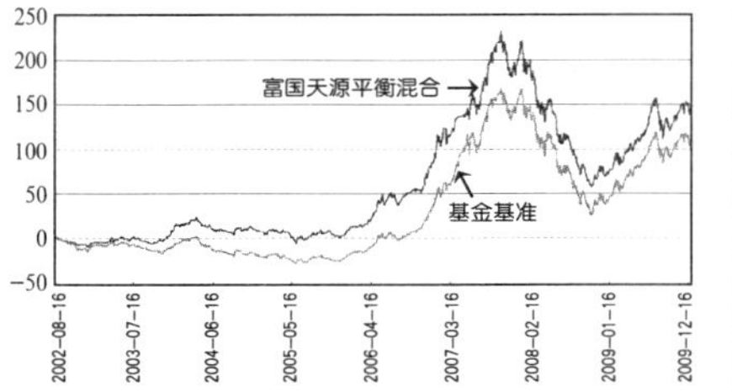

财务指标 单位：人民币(元)；%

项目 \ 年度	2009年	2008年	2007年
本期利润	314,775,279.00	−541,573,351.23	848,922,960.70
本期加权平均净值利润率	40.22	−58.94	42.71
期末基金资产净值	762,135,167.14	652,816,149.20	1,477,891,594.96
期末基金份额净值	1.0683	0.7138	1.2688
本期份额净值增长率	49.66	−43.74	62.32
累计份额净值增长率	152.91	68.99	200.37
基金收益分配	——	——	10派11.606

近三年净值增长率与同期基准收益率对比图（%）

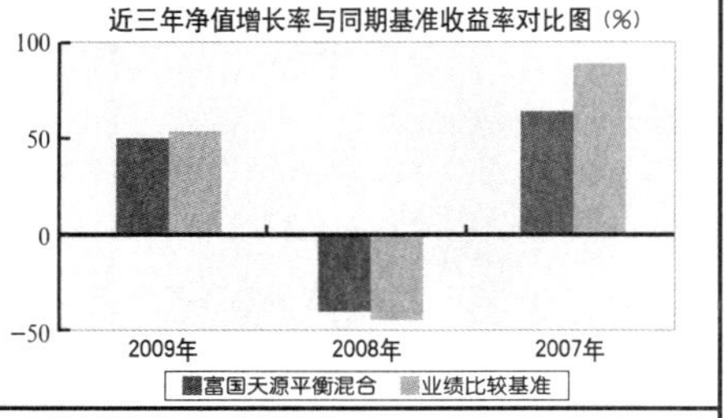

期末基金份额持有人户数	基金份额持有人户数为42,607户，平均每户持有16,743.73份。(期末截至2009年12月31日)
期末基金份额持有人结构	机构投资者持有份额46,850,427.00份，占总份额6.57%；个人投资者持有份额666,549,667.61份，占总份额93.43%。

基金业绩表现

截至2009年12月31日，富国天源平衡混合基金份额净值为1.0683元，全年份额净值增长率为49.66%，同期业绩基准收益率为56.71%。

基金管理团队

李晓铭先生：基金经理，硕士，5年证券从业经历。曾任华富基金公司研究员，富国基金管理公司行业研究部行业研究员，富国天博创新股票基金经理助理；2009年10月起任富国天源平衡混合基金经理。

李为冰先生：基金经理，博士，9年证券从业经历。曾任淮南化工集团公司设计院工程师、兴业证券公司研发中心行业分析研究员；2005年7月至今任富国基金公司行业研究员、富国天源平衡混合基金经理。

基金运作分析

2009 年A 股市场在信心加信贷带来的估值恢复作用下"V"形反转，配置和仓位决定了基金的业绩表现，尤其在上半年，金融地产和周期类股票引领了大盘的走强。进入下半年，在富国天源平衡混合基金更换基金经理之后，管理人主要把握市场大幅上涨时候的剩余结构性机会，重点配置了符合产业结构调整方向的产业和公司。在风格与个股选择上，偏向中小市值的成长股以及在金融危机中依靠自身强大竞争力和良好财务结构获得更高市场地位的公司。

展望2010年，管理人认为，整个经济开始自身恢复成长，同时伴随2009年过度的信心和信贷效应褪去的副作用。在这样的结构性市场中，主要把握产业结构调整带来的投资机会，以及个股的选择带来的投资机会。

季度投资组合一览

项目 \ 季度	第一季度		第二季度		第三季度		第四季度	
基金资产净值	754,682,201.62元		849,190,984.05元		735,831,900.02元		762,135,167.14元	
基金份额	906,413,076.74份		884,094,322.45份		786,559,017.86份		713,400,094.61份	
基金份额净值	0.8326元		0.9605元		0.9355元		1.0683元	
基金资产组合	市值(元)	占总资产比(%)	市值(元)	占总资产比(%)	市值(元)	占总资产比(%)	市值(元)	占总资产比(%)
股票投资	489,996,798.99	64.75	584,601,125.38	67.90	434,354,347.87	56.57	513,117,109.91	66.75
债券投资	240,913,187.66	31.84	257,439,174.00	29.90	222,439,039.00	28.97	237,840,300.00	30.94
金融衍生品投资	601,426.73	0.08	——	——	——	——	——	——
买入返售金融资产	——	——	——	——	——	——	——	——
银行存款和结算备付金	20,885,652.34	2.76	6,630,872.05	0.77	106,194,578.36	13.83	12,853,678.43	1.67
其他资产	4,352,883.04	0.58	12,305,342.85	1.43	4,887,008.27	0.64	4,893,381.97	0.64

投资前五名股票明细	股票名称	公允价值(元)	占净值比(%)	股票名称	公允价值(元)	占净值比(%)	股票名称	公允价值(元)	占净值比(%)	股票名称	公允价值(元)	占净值比(%)
	招商银行	28,797,457.50	3.82	招商银行	37,150,177.50	4.37	招商银行	20,692,000.00	2.81	中国联通	23,166,891.00	3.04
	平高电气	25,880,180.22	3.43	西山煤电	25,415,000.00	2.99	贵州茅台	18,134,600.00	2.46	神火股份	22,128,000.00	2.90
	航天信息	24,831,121.92	3.29	国阳新能	24,591,448.20	2.90	航天信息	17,548,900.00	2.38	合肥百货	21,164,966.46	2.78
	中信证券	21,966,754.32	2.91	平高电气	21,153,262.13	2.49	中国联通	17,004,665.00	2.31	莱宝高科	20,006,194.40	2.63
	恒瑞医药	18,330,671.07	2.43	招商地产	20,914,645.75	2.46	华夏银行	15,300,000.00	2.08	苏宁电器	18,702,000.00	2.45

投资前五名债券明细	债券名称	公允价值(元)	占净值比(%)	债券名称	公允价值(元)	占净值比(%)	债券名称	公允价值(元)	占净值比(%)	债券名称	公允价值(元)	占净值比(%)
	07央行票据13	71,183,000.00	9.43	07央行票据13	70,784,000.00	8.34	07央行票据13	70,420,000.00	9.57	07央行票据13	70,133,000.00	9.20
	21国债(12)	63,754,966.00	8.45	21国债(12)	63,489,140.00	7.48	21国债(12)	57,256,880.00	7.78	21国债(12)	69,323,800.00	9.10
	02国债(3)	42,302,786.50	5.61	02国债(3)	42,033,342.00	4.95	21国债(10)	27,745,200.00	3.77	21国债(10)	35,801,500.00	4.70
	06国开05	20,534,000.00	2.72	06国开05	20,388,000.00	2.40	02国债(3)	20,250,000.00	2.75	20国债(4)	22,176,000.00	2.91
	99国债(8)	11,138,600.00	1.48	21国债(10)	18,428,400.00	2.17	06国开05	20,202,000.00	2.75	02国债(3)	20,266,000.00	2.66

富国天利增长债券投资基金

基本资料

基金简称	富国天利增长债券	交易代码	100018(前端)100019(后端)
风险收益特征	该基金为主要投资于高信用等级固定收益证券的投资基金，属于低风险的基金品种。		
业绩比较基准	中国债券总指数		
合同生效日	2003年12月2日	首募份额	22.95亿份
认购户数	47,005户		
基金管理人	富国基金管理有限公司	基金托管人	中国工商银行
注册登记人	富国基金管理有限公司		

财务指标　　单位：人民币（元）；%

项目　　年度	2009年	2008年	2007年
本期利润	235,507,928.98	94,081,658.88	443,561,251.07
本期加权平均净值利润率	8.37	2.41	27.55
期末基金资产净值	2,967,158,881.47	2,753,870,684.75	3,543,111,195.00
期末基金份额净值	1.2714	1.2632	1.2545
本期份额净值增长率	8.94	3.65	38.70
累计份额净值增长率	117.35	99.51	92.49
基金收益分配	10派1.000	10派0.350	10派2.900

成立来累计净值增长率与同期基准收益率历史走势对比图（%）

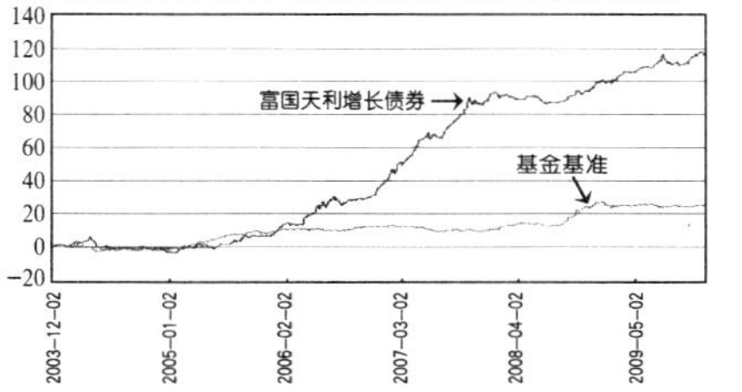

近三年净值增长率与同期基准收益率对比图（%）

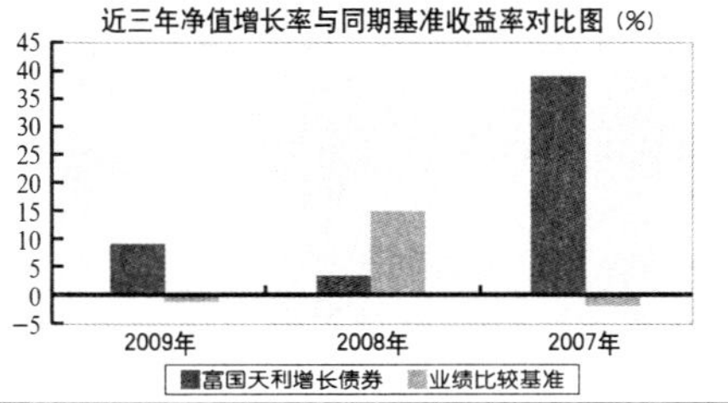

期末基金份额持有人户数	基金份额持有人户数为38,628户，平均每户持有60,418.66份。（期末截至2009年12月31日）
期末基金份额持有人结构	机构投资者持有份额1,343,908,288.16份，占总份额57.58%；个人投资者持有份额989,943,614.25份，占总份额42.42%。

基金业绩表现

截至2009年12月31日，富国天利债券基金份额净值为1.2714元，全年份额净值增长率为8.94%；同期业绩基准收益率为-1.24%。

基金管理团队

饶　刚先生：基金经理、固定收益部总经理，硕士，11年证券从业经历。曾任职兴业证券投资银行部。2003年7月至今任富国基金管理公司债券研究员，2006年1月起任富国天利债券基金经理。

杨贵宾先生：基金经理、富国天时货币基金经理，5年证券从业经理，博士。2005年9月至今任富国基金管理公司债券研究员、策略分析师，2009年9月起任富国天利债券基金经理。

基金运作分析

回顾2009年全年的投资策略，富国天利债券基金基本抓住了2009年主要的投资机会，比如年初的利率产品、年中的可转债以及全年的信用债投资机会，规避掉了较大的市场调整，给持有人创造了相对较好的投资收益。这些策略的成功，主要来自于富国基金固定收益团队的集体智慧，来自于基金管理组对于大类资产的正确配置。

对未来宏观经济和政策的判断：政府开始逐步应对刺激政策带来的负面影响，开始控制流动性。管理人判断，2010年经济继续高速增长前高后低，物价整体上行但不至于形成恶性通胀，政策将前紧后松，收紧但不会出现过度紧缩。

季度投资组合一览

项目　　季度	第一季度		第二季度		第三季度		第四季度	
基金资产净值	2,921,543,631.22元		2,784,263,411.02元		2,518,351,899.13元		2,967,158,881.47元	
基金份额	2,278,082,793.79份		2,173,953,863.46份		1,988,955,700.86份		2,333,851,902.41份	
基金份额净值	1.2825元		1.2807元		1.2662元		1.2714元	
基金资产组合	市值(元)	占总资产比(%)	市值(元)	占总资产比(%)	市值(元)	占总资产比(%)	市值(元)	占总资产比(%)
股票投资	959,072.94	0.03	——	——	117,523,549.89	3.69	201,348,683.93	5.00
债券投资	2,875,814,583.32	89.02	2,732,512,837.66	83.80	2,497,064,778.45	78.39	2,916,743,718.43	72.39
资产支持证券投资	41,813,465.75	1.29	34,330,465.75	1.05	19,427,000.00	0.61	13,364,000.00	0.33
金融衍生品投资	——	——	——	——	——	——	——	——
买入返售金融资产	——	——	——	——	——	——	——	——
银行存款和结算备付金	197,900,514.94	6.13	259,105,503.11	7.95	102,989,344.35	3.23	341,328,762.40	8.47
其他资产	114,016,872.01	3.53	234,900,152.97	7.20	448,300,964.61	14.07	556,305,465.28	13.81

投资前五名股票明细	股票名称	公允价值(元)	占净值比(%)	股票名称	公允价值(元)	占净值比(%)	股票名称	公允价值(元)	占净值比(%)	股票名称	公允价值(元)	占净值比(%)
	立立电子	959,072.94	0.03				中国建筑	48,878,200.80	1.94	招商证券	23,277,879.26	0.78
							中国中冶	21,674,158.80	0.86	中国化学	15,870,890.88	0.53
							光大证券	13,176,856.84	0.52	福建高速	15,721,200.00	0.53
							神州泰岳	4,161,674.00	0.17	中国北车	13,810,773.53	0.47
							四川成渝	2,868,106.06	0.11	中国中冶	13,550,000.00	0.46

投资前五名债券明细	债券名称	公允价值(元)	占净值比(%)	债券名称	公允价值(元)	占净值比(%)	债券名称	公允价值(元)	占净值比(%)	债券名称	公允价值(元)	占净值比(%)
	08央行票据44	318,090,000.00	10.89	08央行票据44	314,850,000.00	11.31	08央行票据44	310,950,000.00	12.35	08央行票据44	308,640,000.00	10.40
	新钢转债	141,948,069.00	4.86	08国开25	130,195,000.00	4.68	08国开25	129,714,000.00	5.15	08国开25	129,662,000.00	4.37
	南山转债	134,052,626.00	4.59	新钢转债	119,690,200.00	4.30	21国债(10)	118,174,000.00	4.69	21国债(10)	117,633,500.00	3.96
	21国债(10)	110,049,500.00	3.77	21国债(10)	109,546,600.00	3.93	21国债(12)	100,657,801.00	4.00	龙盛转债	106,863,200.00	3.60
	08央行票据38	105,970,000.00	3.63	08央行票据32	104,790,000.00	3.76	09央行票据40	98,290,000.00	3.90	09央行票据40	98,270,000.00	3.31

富国天益价值证券投资基金

基本资料					
基金简称	富国天益价值股票	交易代码	100020		
风险收益特征	该基金为价值型基金，属于中低风险的基金品种。				
业绩比较基准	95%×中信标普300指数+5%×中信国债指数				
合同生效日	2004年6月15日	首募份额	10.34亿份	认购户数	7,423户
基金管理人	富国基金管理有限公司	基金托管人	交通银行		
注册登记人	富国基金管理有限公司				

财务指标　　单位：人民币(元)；%

项目＼年度	2009年	2008年	2007年
本期利润	4,827,775,996.71	−8,746,230,697.72	5,490,223,771.13
本期加权平均净值利润率	40.35	−62.57	74.02
期末基金资产净值	12,454,807,597.92	10,840,488,730.87	13,384,602,270.11
期末基金份额净值	0.9578	0.6397	1.1388
本期份额净值增长率	49.73	−43.83	118.41
累计份额净值增长率	498.48	299.72	611.58
基金收益分配	——	——	10派20.548

成立来累计净值增长率与同期基准收益率历史走势对比图（%）

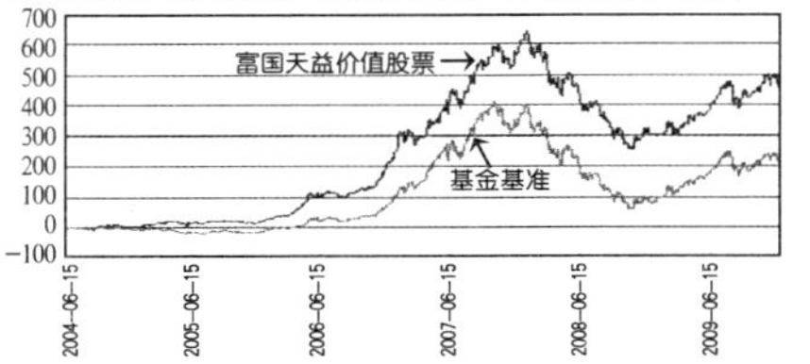

近三年净值增长率与同期基准收益率对比图（%）

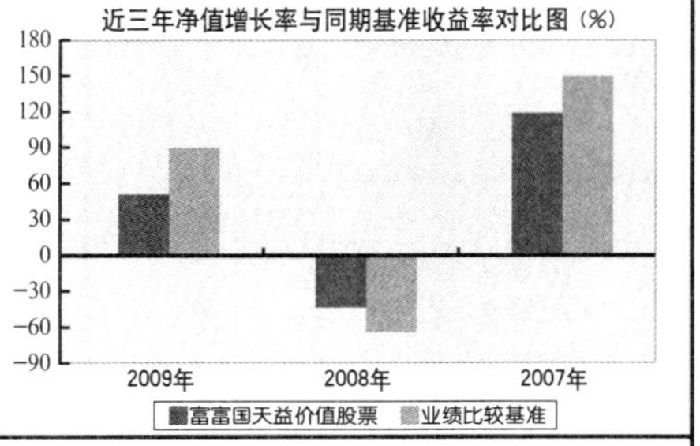

期末基金份额持有人户数	基金份额持有人户数为499,006户，平均每户持有26,058.73份。（期末截至2009年12月31日）
期末基金份额持有人结构	机构投资者持有份额1,566,763,272.90份，占总份额12.05%；个人投资者持有份额11,436,700,888.54份，占总份额87.95%。

基金业绩表现

截至2009年12月31日，富国天益价值股票基金份额净值为0.9578元，全年份额净值增长率为49.73%，同期业绩基准收益率为89.15%。

基金管理团队

陈　戈先生：基金经理、公司副总经理、权益投资部总经理，硕士，13年证券从业经历。曾任君安证券(深圳)资深研究员；2000年10月至今任富国基金管理公司研究员、行业研究主管，研究策划部经理，总经理助理；2005年4月起任富国天益价值股票基金经理。

许友胜先生：基金经理，硕士，8年证券从业经历。曾任安徽省建筑设计研究院工程师，东方证券股份公司研究员，曾任富国基金管理公司研究部行业研究员，富国天益价值基金经理助理；2008年3月至2009年7月任富国天益价值股票基金经理。

基金运作分析

2009年A股市场在政策刺激和充裕流动性推动下，整体呈现单边上扬走势，期间周期性行业表现抢眼，各类主题性投资盛行。富国天益价值股票基金由于策略调整较慢以及风格与市场有所差异，总体表现落后。

展望2010年，富国天益价值股票基金将保持精选个股，长期持有的投资风格。在行业配置方面，仍将以中国经济结构转型和产业升级两大趋势为主要线索，重点关注消费服务类行业，包括金融服务、零售、食品饮料、餐饮旅游、交通运输、消费电子、医药及医疗服务等行业；科技与创新产业，装备制造业；以及具有产业整合和购并机会的上游行业等。

季度投资组合一览

项目＼季度	第一季度		第二季度		第三季度		第四季度	
基金资产净值	11,082,064,549.88元		12,906,469,480.98元		11,951,258,153.57元		12,454,807,597.92元	
基金份额	15,974,356,430.27份		15,543,516,855.33份		14,202,931,771.76份		13,003,464,161.44份	
基金份额净值	0.6937元		0.8303元		0.8415元		0.9578元	
基金资产组合	市值(元)	占总资产比(%)	市值(元)	占总资产比(%)	市值(元)	占总资产比(%)	市值(元)	占总资产比(%)
股票投资	8,723,579,973.43	78.30	11,119,423,700.77	85.45	9,514,338,493.96	79.10	11,372,823,156.22	88.82
债券投资	1,772,892,992.60	15.91	969,868,469.80	7.45	1,104,530,969.80	9.18	589,383,417.60	4.60
金融衍生品投资	——	——	——	——	——	——	——	——
买入返售金融资产	——	——	——	——	——	——	——	——
银行存款和结算备付金	603,971,177.20	5.42	717,204,812.98	5.51	1,383,673,015.88	11.50	416,918,326.67	3.26
其他资产	40,805,761.77	0.37	206,992,498.62	1.59	26,237,160.28	0.22	425,695,347.80	3.32

投资前五名股票明细	股票名称	公允价值(元)	占净值比(%)	股票名称	公允价值(元)	占净值比(%)	股票名称	公允价值(元)	占净值比(%)	股票名称	公允价值(元)	占净值比(%)
	苏宁电器	1,069,561,865.25	9.65	贵州茅台	1,297,954,305.69	10.06	贵州茅台	1,187,915,216.00	9.94	贵州茅台	1,019,151,294.84	8.18
	贵州茅台	1,006,197,399.06	9.08	苏宁电器	1,076,975,017.52	8.34	苏宁电器	1,098,420,693.04	9.19	苏宁电器	1,019,037,640.42	8.18
	航天信息	651,409,691.28	5.88	中国联通	514,885,115.10	3.99	思源电气	513,488,195.56	4.30	海螺水泥	529,424,848.08	4.25
	思源电气	411,992,129.52	3.72	思源电气	478,992,033.66	3.71	中国联通	443,229,345.95	3.71	中国平安	526,325,562.98	4.23
	中国联通	361,470,137.67	3.26	中国平安	446,975,806.82	3.46	中国平安	404,586,000.00	3.39	中国联通	404,318,687.13	3.25

投资前五名债券明细	债券名称	公允价值(元)	占净值比(%)	债券名称	公允价值(元)	占净值比(%)	债券名称	公允价值(元)	占净值比(%)	债券名称	公允价值(元)	占净值比(%)
	08央行票据35	317,730,000.00	2.87	07农发22	214,900,000.00	1.67	07农发22	211,960,000.00	1.77	20国债(4)	336,987,504.00	2.71
	02国债(3)	219,415,664.00	1.98	02国债(3)	204,836,112.00	1.59	02国债(3)	204,533,100.00	1.71	09央行票据65	99,670,000.00	0.80
	07农发22	217,120,000.00	1.96	99国债(8)	187,878,004.00	1.46	09央行票据38	196,580,000.00	1.64	09央行票据38	98,280,000.00	0.79
	99国债(8)	188,922,807.20	1.70	08央行票据35	104,830,000.00	0.81	20国债(4)	121,128,804.70	1.01	09贴现国债25	49,850,000.00	0.40
	21国债(10)	47,194,806.00	1.33	08进出14	96,820,000.00	0.75	08央行票据35	103,570,000.00	0.87	安泰转债	1,976,964.00	0.02

富国天瑞强势地区精选混合型证券投资基金

基本资料					
基金简称	富国天瑞强势混合		交易代码	100022(前端) 100023(后端)	
风险收益特征	该基金是一只主动投资的混合型基金，主要投资于强势地区中定价合理且具有成长潜力的优质股票，属于中度风险的基金品种。				
业绩比较基准	上证A股指数收益率×70%+上证国债指数收益率×25%+同业存款利率×5%				
合同生效日	2005年4月5日	首募份额	16.39亿份	认购户数	51,297户
基金管理人	富国基金管理有限公司		基金托管人	中国农业银行	
注册登记人	富国基金管理有限公司				

成立来累计净值增长率与同期基准收益率历史走势对比图（%）

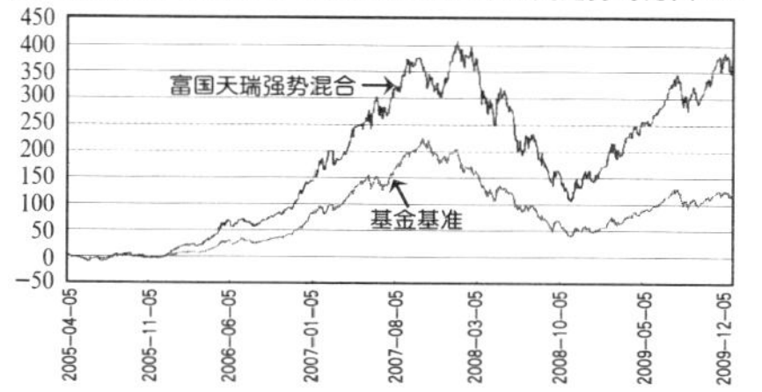

财务指标　单位：人民币（元）；%

项目＼年度	2009年	2008年	2007年
本期利润	4,653,436,142.06	−3,755,788,075.18	1,250,164,597.73
本期加权平均净值利润率	60.75	−77.75	67.79
期末基金资产净值	11,201,393,826.42	3,750,418,530.01	1,550,043,810.51
期末基金份额净值	0.9759	0.4900	2.2566
本期份额净值增长率	99.16	−48.47	92.44
累计份额净值增长率	381.54	141.78	369.21
基金收益分配	——	——	10派10.300

近三年净值增长率与同期基准收益率对比图（%）

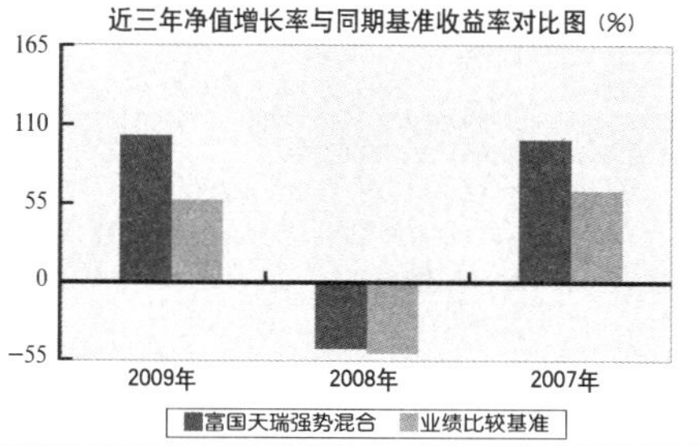

期末基金份额持有人户数	基金份额持有人户数为277,286户，平均每户持有41,396.24份。（期末截至2009年12月31日）
期末基金份额持有人结构	机构投资者持有份额4,691,679,815.21份，占总份额40.87%；个人投资者持有份额6,786,917,724.28份，占总份额59.13%。

基金业绩表现

2009年富国天瑞强势混合基金全年份额净值增长率为99.16%；同期业绩基准收益率为52.63%。

基金管理团队

宋小龙先生：基金经理，硕士，11年证券从业经历。曾任北京北大青鸟公司系统开发部项目经理。1999年至今任富国基金管理公司信息技术部项目经理、研究部行业研究员、高级研究员；2006年12月至2008年11月任汉鼎基金经理；2008年11月至2010年1月任富国天鼎指数基金经理；2007年6月至今任富国天瑞强势混合基金经理。

基金运作分析

2009年一季度，富国天瑞强势混合基金由于仓位相对较高，基金净值呈现一定幅度的回升，相对表现较好；二季度，具体操作上，增加了长期持续稳定增长公司的配置。但从实际的市场表现来看，与宏观经济高度关联的周期类行业依然高歌猛进，表现优异，导致该基金在5—6月的表现较为平淡；三季度，从基金净值的表现来看，7月份表现暗淡，但在8月份的下跌势中则相对抗跌，9月份由于持续稳定增长的防御类公司的股票表现较好，该基金净值也有一定幅度的回升；四季度，中国经济向好趋势得到进一步巩固和加强，微观企业盈利迅速恢复。基于上述判断，富国天瑞强势混合基金三季度末在有效控制风险的前提下，提高了股票仓位配置，加大对地产、家电、汽车等行业，尤其是地产行业的配置比例，得益于个股选择的优良表现，该基金净值表现相对尚可。

季度投资组合一览

项目＼季度	第一季度		第二季度		第三季度		第四季度	
基金资产净值	6,333,301,715.59元		7,978,211,342.43元		7,989,988,202.71元		11,201,393,826.42元	
基金份额	9,502,743,545.66份		10,149,924,996.60份		10,028,287,030.70份		11,478,597,539.49份	
基金份额净值	0.6665元		0.7860元		0.7967元		0.9759元	
基金资产组合	市值(元)	占总资产比(%)	市值(元)	占总资产比(%)	市值(元)	占总资产比(%)	市值(元)	占总资产比(%)
股票投资	5,418,443,554.86	84.79	6,052,688,553.54	75.02	7,111,158,876.64	86.76	10,191,070,298.11	89.61
债券投资	320,694,868.20	5.02	852,525,884.00	10.57	553,153,000.00	6.75	598,811,000.00	5.27
金融衍生品投资	——	——	——	——	——	——	——	——
买入返售金融资产	——	——	——	——	——	——	——	——
银行存款和结算备付金	600,490,833.99	9.40	677,333,644.32	8.40	299,910,684.51	3.66	324,705,258.87	2.86
其他资产	50,523,697.78	0.79	485,280,339.56	6.02	232,481,049.80	2.84	257,483,039.10	2.26

投资前五名股票明细	股票名称	公允价值(元)	占净值比(%)	股票名称	公允价值(元)	占净值比(%)	股票名称	公允价值(元)	占净值比(%)	股票名称	公允价值(元)	占净值比(%)
	深发展A	493,231,133.08	7.79	深发展A	774,399,262.44	9.71	深发展A	785,802,624.96	9.83	深发展A	1,073,876,698.03	9.59
	双鹭药业	375,299,957.70	5.93	振华重工	418,350,306.40	5.24	中国联通	499,974,196.90	6.26	中国联通	663,131,146.68	5.92
	振华港机	369,643,695.12	5.84	双鹭药业	397,956,986.45	4.99	金地集团	408,492,680.31	5.11	金地集团	561,577,526.88	5.01
	中国联通	349,028,719.42	5.51	浦发银行	291,135,896.70	3.65	保利地产	339,506,070.44	4.25	保利地产	453,185,331.20	4.05
	浦发银行	211,007,443.84	3.33	贵州茅台	285,179,599.59	3.57	山西汾酒	337,812,936.79	4.23	山西汾酒	448,679,932.83	4.01

投资前五名债券明细	债券名称	公允价值(元)	占净值比(%)	债券名称	公允价值(元)	占净值比(%)	债券名称	公允价值(元)	占净值比(%)	债券名称	公允价值(元)	占净值比(%)
	08央行票据	105,680,000.00	1.67	08央行票据17	104,590,000.00	1.31	08央行票据17	103,410,000.00	1.29	08农发04	100,150,000.00	0.89
	08央行票据	97,460,000.00	1.54	08农发04	100,710,000.00	1.26	09央行票据40	98,290,000.00	1.23	09央行票据69	99,670,000.00	0.89
	99国债(8)	66,129,868.20	1.04	08央行票据106	96,720,000.00	1.21	09央行票据42	98,280,000.00	1.23	09央行票据40	98,270,000.00	0.88
	21国债(10)	51,425,000.00	0.81	99国债(8)	85,904,149.00	1.08	21国债(10)	92,484,000.00	1.16	09央行票据42	98,260,000.00	0.88
	——			21国债(10)	61,428,000.00	0.77	20国债(4)	60,954,000.00	0.76	21国债(10)	92,061,000.00	0.82

富国天惠精选成长混合型证券投资基金(LOF)

基本资料

基金简称	富国天惠成长混合(LOF)		交易代码	161005(前端) 161006(后端)	
风险收益特征	该基金是一只主动投资的混合型基金，主要投资于具有良好成长性且合理定价的股票，风险和预期收益匹配，属于风险适中的基金品种。				
业绩比较基准	中信标普300指数×70%+中信国债指数×25%+同业存款利率×5%				
合同生效日	2005年11月16日	首募份额	5.84亿份	认购户数	7,328户
上市日期	2006年2月16日		上市地点	深交所	
基金管理人	富国基金管理有限公司		基金托管人	中国工商银行	
注册登记人	中国证券登记结算有限责任公司				

财务指标 单位：人民币(元)；%

项目 \ 年度	2009年	2008年	2007年
本期利润	1,320,482,548.00	-1,891,166,199.29	3,410,851,763.39
本期加权平均净值利润率	55.34	-69.11	63.93
期末基金资产净值	3,065,808,425.16	1,882,760,171.23	4,504,666,169.18
期末基金份额净值	1.6427	0.9344	2.0913
本期份额净值增长率	75.80	-47.34	101.45
累计份额净值增长率	347.08	154.31	382.90
基金收益分配	——	10派3.000	10派5.300

成立来累计净值增长率与同期基准收益率历史走势对比图 (%)

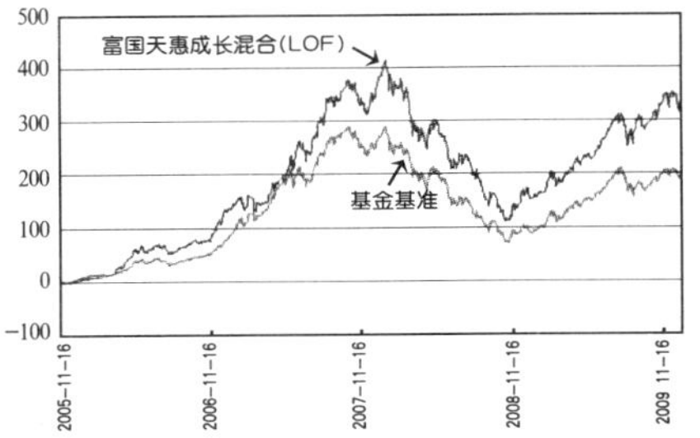

近三年净值增长率与同期基准收益率对比图 (%)

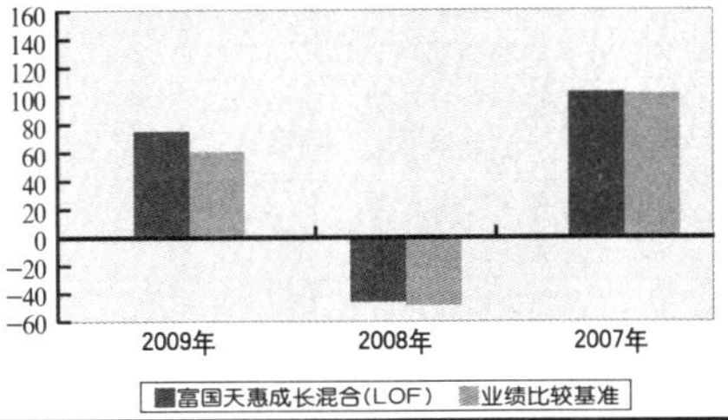

期末基金份额持有人户数	基金份额持有人户数为63,029户，平均每户持有29,610.92份。(期末截至2009年12月31日)
期末基金份额持有人结构	机构投资者持有份额618,012,780.31份，占总份额33.11%；个人投资者持有份额1,248,334,170.82份，占总份额66.89%。

基金业绩表现

2009年富国天惠成长混合基金全年份额净值增长率为75.80%；同期业绩基准收益率为61.80%。

基金管理团队

朱少醒先生：基金经理、研究部总经理，博士，10年证券从业经历。曾先后担任华夏证券研究所分析师、富国基金研究策划部分析师、富国基金产品开发主管；2004年6月至2005年8月任富国天益价值股票基金经理助理；2005年11月至今任富国天惠成长混合基金经理；2008年11月至2010年1月任汉盛基金经理；

基金运作分析

2009年富国天惠成长混合基金在全年保持高仓位运作，充分参与了市场的上涨。在大类资产配置上取得正收益。风格资产表现上来看，2009年经济复苏的初始阶段，价值类资产的估值大幅修复，全年回报超越成长类风格资产。该基金在成长股上的投资占比很高，风格资产配置的超额收益是负的。相应的在行业配置上，强周期的煤炭、金属行业有更大的估值弹性，在复苏初期超额收益显著。富国天惠成长混合基金在这几个板块上的配置偏低，行业配置的超额收益为负数。最终制约了基金取得更高的收益。

季度投资组合一览

项目 \ 季度	第一季度		第二季度		第三季度		第四季度	
基金资产净值	2,125,563,742.60元		2,313,516,342.80元		2,644,650,759.35元		3,065,808,425.16元	
基金份额	1,899,860,484.16份		1,691,343,370.10份		1,869,252,316.60份		1,866,346,951.13份	
基金份额净值	1.1188元		1.3679元		1.4148元		1.6427元	
基金资产组合	市值(元)	占总资产比(%)	市值(元)	占总资产比(%)	市值(元)	占总资产比(%)	市值(元)	占总资产比(%)
股票投资	1,910,986,833.12	89.37	2,150,513,718.95	88.36	2,098,740,616.81	76.02	2,833,786,395.96	92.00
债券投资	42,328,498.50	1.98	114,336,380.00	4.70	112,978,547.00	4.09	110,880,000.00	3.60
金融衍生品投资	——	——	——	——	——	——	——	——
买入返售金融资产	——	——	——	——	——	——	——	——
银行存款和结算备付金	179,284,191.40	8.38	64,131,318.84	2.64	123,414,871.54	4.47	124,471,559.86	4.04
其他资产	5,673,362.26	0.27	104,720,000.13	4.30	425,805,031.56	15.42	11,042,793.21	0.36

投资前五名股票明细	股票名称	公允价值(元)	占净值比(%)	股票名称	公允价值(元)	占净值比(%)	股票名称	公允价值(元)	占净值比(%)	股票名称	公允价值(元)	占净值比(%)
	贵州茅台	181,945,283.32	8.56	贵州茅台	174,651,800.00	7.55	贵州茅台	164,860,000.00	6.23	苏宁电器	184,379,000.00	6.01
	苏宁电器	147,649,000.00	6.95	苏宁电器	153,950,600.00	6.65	中国联通	144,796,795.75	5.48	贵州茅台	169,820,000.00	5.54
	航天信息	123,264,000.00	5.80	华兰生物	105,782,400.00	4.57	苏宁电器	131,120,000.00	4.96	中国平安	131,389,650.00	4.29
	中国平安	100,326,927.50	4.72	农 产 品	105,606,400.00	4.56	华兰生物	92,560,000.00	3.50	中国联通	127,575,000.00	4.16
	华兰生物	93,252,000.00	4.39	万 科A	95,625,000.00	4.13	农 产 品	91,431,220.75	3.46	民生银行	118,710,361.21	3.87

投资前五名债券明细	债券名称	公允价值(元)	占净值比(%)	债券名称	公允价值(元)	占净值比(%)	债券名称	公允价值(元)	占净值比(%)	债券名称	公允价值(元)	占净值比(%)
	21国债(10)	27,392,040.50	1.29	20国债(4)	111,980,000.00	4.84	20国债(4)	111,749,000.00	4.23	20国债(4)	110,880,000.00	3.62
	04国债(3)	13,093,526.00	0.62	99国债(8)	2,356,380.00	0.10	龙盛转债	1,229,547.00	0.05			
	99国债(8)	1,842,932.00	0.09									

富国天时货币市场基金

基本资料					
基金简称	富国天时货币	交易代码	100025(A级) 100028(B级)		
风险收益特征	该基金属于风险较低、收益稳定、流动性较高的基金品种，但并不意味着投资该基金不承担任何风险。				
业绩比较基准	当期银行个人活期存款利率(税前)				
合同生效日	2006年6月5日	首募份额	35.19亿份	认购户数	30,441户
基金管理人	富国基金管理有限公司	基金托管人	中国农业银行		
注册登记人	富国基金管理有限公司				

财务指标　　单位：人民币(亿元)；%

项目＼年度	2009年 A	2009年 B	2008年 A	2008年 B	2007年 A	2007年 B
本期利润	0.1206	0.1257	0.6312	0.0734	0.0885	0.0550
期末基金资产净值	4.0109	23.2974	3.4843	7.4271	1.9216	3.0000
期末基金份额净值	1.0000元	1.0000元	1.0000元	1.0000元	1.0000元	1.0000元
本期份额净值增长率	1.4229	1.6663	2.7809	3.0253	3.1779	3.4253
累计份额净值增长率	8.7800	8.5557	7.2539	6.7764	4.3520	3.6410
基金收益分配	24,631,667.20元		13,651,681.93元		14,352,915.35元	

期末基金份额持有人户数	A级：基金份额持有人户数为15,651户，平均每户持有25,626.81份。 B级：基金份额持有人户数为64户，平均每户持有36,402,181.38份。　(期末截至2009年12月31日)
期末基金份额持有人结构	A级：机构投资者持有份额56,685,778.88份，占总份额14.13%；个人投资者持有份额344,399,478.81份，占总份额85.87%。 B级：机构投资者持有份额2,132,801,115.08份，占总份额91.55%；个人投资者持有份额196,938,493.32份，占总份额8.45%。

成立来累计净值收益率与同期基准收益率历史走势对比图 (%)

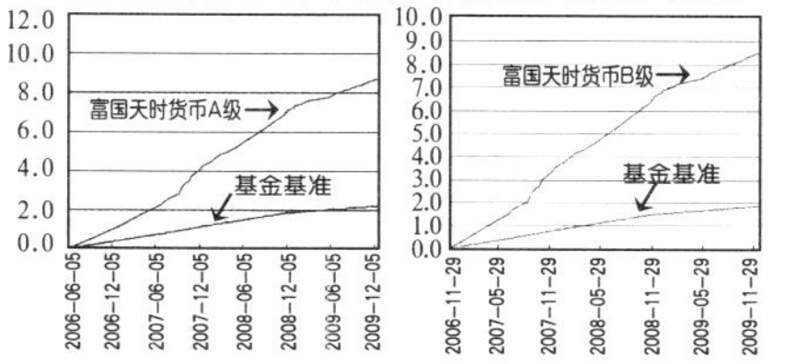

近三年净值收益率与同期基准收益率对比图 (%)

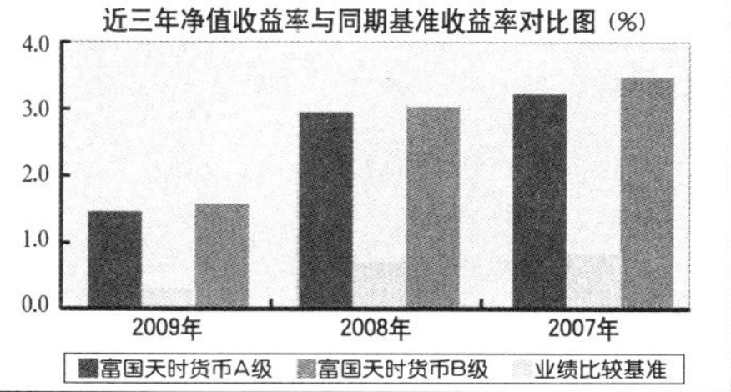

基金业绩表现

2009年富国天时货币基金A级净值收益率为1.4229%，B级净值收益率为1.6663%；同期业绩基准收益率为0.3650%。

基金管理团队

杨贵宾先生：基金经理，博士，5年证券从业经历。2005年9月至今任富国基金管理公司债券研究员、策略分析师。2009年3月起任富国天时货币基金经理，兼任富国天利债券基金经理。

钟智伦先生：基金经理，硕士，16年证券从业经历。曾任平安证券部门经理、上海新世纪投资服务公司研究员、海通证券投资经理。2005年5月加入富国基金管理公司任债券研究员，2006年6月至2009年3月任富国天时货币基金经理。

基金运作分析

2009年，富国天时货币基金坚持严格按照基金合同进行投资管理，资产主要配置在流动性好的央行票据、政策性金融债以及短期融资券上，在控制投资风险和保证基金流动性的前提下为基金持有人获取稳定收益。

2010年，富国天时货币基金在投资上将继续延续一贯的谨慎风格，坚持把流动性管理放在首要位置，保持基金资产的充足流动性，做好对基金投资的各类风险管理，严格按照有关法规和基金合同进行规范运作，在控制风险的前提下为基金持有人获取相对稳定的投资回报。

季度投资组合一览

项目＼季度	第一季度 A	第一季度 B	第二季度 A	第二季度 B	第三季度 A	第三季度 B	第四季度 A	第四季度 B
基金资产净值	19.9198亿元	5.1983亿元	8.2911亿元	7.7338亿元	4.1745亿元	7.3316亿元	4.0109亿元	23.2974亿元
基金份额	19.9198亿份	5.1983亿份	8.2911亿份	7.7338亿份	4.1745亿份	7.3316亿份	4.0109亿份	23.2974亿份
基金份额净值	1.0000元	1.0000元	1.0000元	1.0000元	1.0000元	1.0000元	1.0000元	1.0000元
基金资产组合	市值(元)	占总资产比(%)	市值(元)	占总资产比(%)	市值(元)	占总资产比(%)	市值(元)	占总资产比(%)
股票投资	——	——	——	——	——	——	——	——
债券投资	1,733,833,562.26	68.92	441,445,024.22	27.49	308,779,503.29	26.78	379,294,584.40	13.31
金融衍生品投资	——	——	——	——	——	——	——	——
买入返售金融资产	68,800,000.00	2.73	29,100,000.00	1.81	151,700,000.00	13.16	1,335,000,195.93	46.85
银行存款和结算备付金	643,882,587.92	25.60	1,049,089,748.84	65.32	691,180,528.90	59.95	1,131,946,852.85	39.72
其他资产	69,130,758.88	2.75	86,380,173.78	5.38	1,216,906.60	0.11	3,295,896.39	0.12

投资前五名债券明细	债券名称	成本(元)	占净值比(%)	债券名称	成本(元)	占净值比(%)	债券名称	成本(元)	占净值比(%)	债券名称	成本(元)	占净值比(%)
	08央行票据101	298,094,772.38	11.87	08华侨城CP02	80,995,820.28	5.05	09大亚CP01	50,000,000.00	4.35	09中航工债浮	59,941,957.08	2.20
	08央行票据98	149,310,653.54	5.94	08农发15	50,255,030.61	3.14	09忠旺CP01	49,950,812.90	4.34	09建发集CP01	50,062,270.88	1.83
	09铁道CP01	110,036,044.42	4.38	09攀钢集CP01	40,391,555.19	2.52	09天音CP02	30,009,865.38	2.61	09中普天CP02	30,024,605.27	1.10
	08莱钢CP01	101,602,735.61	4.05	08南玻CP01	40,294,716.32	2.51	09超声CP01	30,008,830.18	2.61	09陕有色CP02	30,000,565.45	1.10
	08央行票据104	99,550,107.51	3.96	08首钢CP02	30,267,423.54	1.89	09铁二股CP02	30,002,243.18	2.61	09成渝CP01	30,000,000.00	1.10

投资组合平均剩余期限	平均剩余期限	占净值比(%)	平均剩余期限	占净值比(%)	平均剩余期限	占净值比(%)	平均剩余期限	占净值比(%)
	30天以内	27.62	30天以内	66.09	30天以内	73.25	30天以内	93.64
	30天(含)—60天	0.00	30天(含)—60天	2.46	30天(含)—60天	1.75	30天(含)—60天	0.71
	60天(含)—90天	5.12	60天(含)—90天	7.47	60天(含)—90天	1.68	60天(含)—90天	1.83
	90天(含)—180天	39.75	90天(含)—180天	10.66	90天(含)—180天	1.68	90天(含)—180天	0.00
	180天(含)—397天(含)	24.90	180天(含)—397天(含)	8.16	180天(含)—397天(含)	21.73	180天(含)—397天(含)	8.06

富国天合稳健优选股票型证券投资基金

基本资料					
基金简称	富国天合稳健股票		交易代码	100026(前端) 100027(后端)	
风险收益特征	该基金是一只主动投资的股票型基金，力争在稳健投资的基础上实现对基金业平均收益水平的超越，属于较高预期收益、较高预期风险的基金品种。				
业绩比较基准	中信标普300指数×80%+中信国债指数×15%+同业存款利率×5%				
合同生效日	2006年11月15日	首募份额	44.82亿份	认购户数	72,597户
基金管理人	富国基金管理有限公司		基金托管人	招商银行	
注册登记人	富国基金管理有限公司				

成立来累计净值增长率与同期基准收益率历史走势对比图 (%)

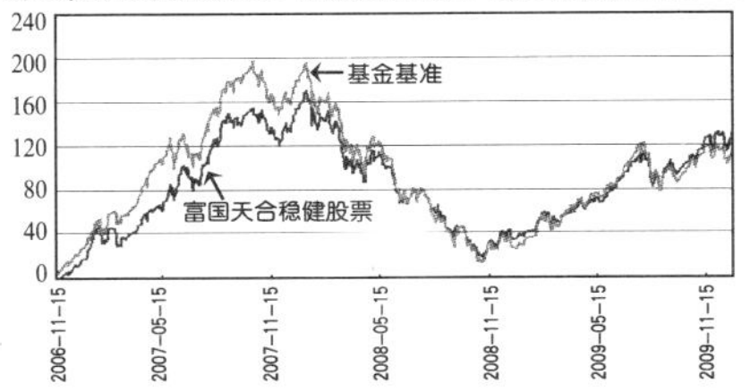

财务指标　　单位：人民币(元)；%

项目 \ 年度	2009年	2008年	2007年
本期利润	2,048,874,069.19	−3,013,040,478.52	4,048,139,285.30
本期加权平均净值利润率	52.63	−67.32	73.24
期末基金资产净值	4,556,597,664.06	3,078,619,949.17	6,299,926,451.27
期末基金份额净值	0.9685	0.5662	1.0633
本期份额净值增长率	71.05	−46.75	115.92
累计份额净值增长率	130.38	34.68	152.93
基金收益分配	——	——	10派13.795

近三年净值增长率与同期基准收益率对比图 (%)

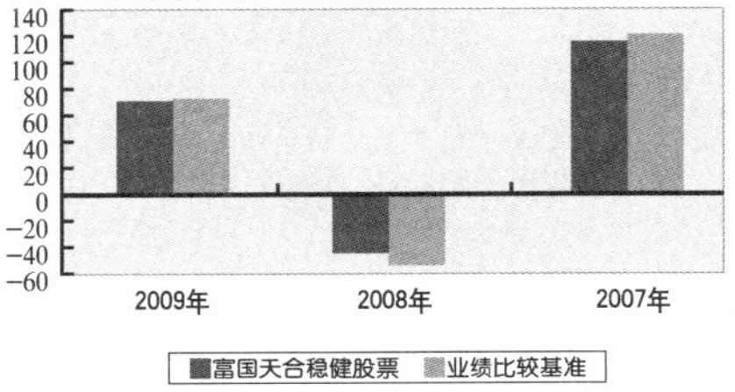

期末基金份额持有人户数	基基金份额持有人户数为145,893户，平均每户持有32,247.99份。(期末截至2009年12月31日)
期末基金份额持有人结构	机构投资者持有份额622,834,466.64份，占总份额13.24%；个人投资者持有份额4,081,921,471.93份，占总份额86.76%。

基金业绩表现

2009年富国天合稳健股票基金全年份额净值增长率为71.05%；同期业绩基准收益率为72.36%。

基金管理团队

周蔚文先生：基金经理，硕士，11年证券从业经历。曾任光大证券研究所研究员；2000年10月至今任富国基金管理公司研究员、高级研究员；2006年11月起任富国天合稳健基金经理。

基金运作分析

2009年，富国天合稳健股票基金的投资策略分为两个主要阶段。年初，基于市场环境的分析，当时投资策略比较保守，表现为股票仓位较低，后来上涨多的周期性股票持有很少。导致前期基金净值增长低于业绩比较基准。5−6月份后，富国天合稳健股票基金认为尽管国际上主要国家的经济将在低位维持，但中国超预期的贷款及投资将使国内经济稳定，股票仓位逐步上升，并稳定在高位，并没有随着市场的短期波动而频繁调整仓位，获得较好的投资效果。

展望2010年，中国经济以及世界经济将平稳增长，2010年将是世界以及中国经济大的上升周期的中期，未来几年经济增长率不会低于2009年将是大概率事件。总体上，富国天合稳健股票基金在行业资产配置之外，将继续努力寻找好行业的优势公司，其股票将成为获得持续收益以及超额收益的主要来源。

季度投资组合一览

项目 \ 季度	第一季度		第二季度		第三季度		第四季度	
基金资产净值	3,319,423,583.15元		4,195,966,119.30元		3,957,298,329.21元		4,556,597,664.06元	
基金份额	5,003,468,195.41份		5,232,075,311.32份		4,842,758,476.19份		4,704,755,938.57份	
基金份额净值	0.6634元		0.8020元		0.8172元		0.9685元	
基金资产组合	市值(元)	占总资产比(%)	市值(元)	占总资产比(%)	市值(元)	占总资产比(%)	市值(元)	占总资产比(%)
股票投资	2,605,813,441.12	76.13	3,508,946,980.68	82.32	3,604,509,382.87	90.72	4,178,660,994.07	89.40
债券投资	148,074,900.57	4.33	252,507,163.20	5.92	235,334,601.40	5.92	204,030,000.00	4.37
金融衍生品投资	67,674.48	0.00	67,786.51	0.00	——	——	——	——
买入返售金融资产	——	——	——	——	——	——	——	——
银行存款和结算备付金	664,910,410.44	19.42	432,358,479.95	10.14	126,032,298.82	3.17	110,185,905.50	2.36
其他资产	4,116,463.54	0.12	68,629,849.12	1.61	7,521,240.01	0.19	181,058,994.68	3.87

投资前五名股票明细	股票名称	公允价值(元)	占净值比(%)	股票名称	公允价值(元)	占净值比(%)	股票名称	公允价值(元)	占净值比(%)	股票名称	公允价值(元)	占净值比(%)
	万　科A	160,371,759.60	4.83	万　科A	208,697,265.75	4.97	贵州茅台	235,380,348.74	5.95	中国平安	261,924,303.20	5.75
	贵州茅台	144,715,595.52	4.36	贵州茅台	186,677,316.48	4.45	兴业银行	164,328,372.75	4.15	兴业银行	221,705,000.00	4.87
	思源电气	108,419,114.88	3.27	兴业银行	184,263,952.95	4.39	苏宁电器	150,888,175.68	3.81	民生银行	166,335,435.00	3.65
	恒瑞医药	97,987,422.51	2.95	中国平安	163,523,514.42	3.90	万　科A	144,357,242.04	3.65	中国太保	158,844,000.00	3.49
	苏宁电器	94,558,210.10	2.85	苏宁电器	128,903,367.69	3.07	中国平安	131,918,307.30	3.33	贵州茅台	155,021,375.74	3.40

投资前五名债券明细	债券名称	公允价值(元)	占净值比(%)	债券名称	公允价值(元)	占净值比(%)	债券名称	公允价值(元)	占净值比(%)	债券名称	公允价值(元)	占净值比(%)
	08央行票据114	97,940,000.00	2.95	20国债(4)	106,890,000.00	2.55	20国债(4)	106,669,500.00	2.70	20国债(4)	105,840,000.00	2.32
	08江铜债	48,171,337.60	1.45	08央行票据114	97,320,000.00	2.32	08央行票据114	96,740,000.00	2.44	09央票48	98,190,000.00	2.15
	08国电债	1,208,908.80	0.04	08江铜债	48,297,163.20	1.15	08江铜债	30,438,214.40	0.77			
	08万科G1	385,975.30	0.01				龙盛转债	1,317,459.00	0.03			
	08万科G2	294,813.87	0.01				02国债(15)	169,428.00	0.00			

富国天博创新主题股票型证券投资基金

基本资料

基金简称	富国天博创新股票	交易代码	519035（前端） 519036（后端）		
风险收益特征	该基金是一只主动投资的股票型基金，属于较高预期收益、较高预期风险的基金品种。				
业绩比较基准	中信标普300指数×80%＋中信标普国债指数×15%＋同业存款利率×5%				
合同生效日	2007年4月27日	募集规模	47.57亿份	申购户数	179,868户
基金管理人	富国基金管理有限公司	基金托管人	中国建设银行		
注册登记人	中国证券登记结算有限责任公司				

财务指标　　单位：人民币（元）；%

项目＼年度	2009年	2008年	2007.4.27至2007.12.31
本期利润	4,322,108,369.24	−7,644,487,549.22	3,126,209,260.89
本期加权平均净值利润率	49.97	−76.80	29.11
期末基金资产净值	9,754,496,520.40	6,749,850,469.71	15,824,227,649.63
期末基金份额净值	0.9120	0.5465	1.1273
本期份额净值增长率	66.88	−51.52	55.53
累计份额净值增长率	25.82	−24.60	55.53
基金收益分配	——	——	10派2.580
期末基金份额持有人户数	基金份额持有人户数为525,731户，平均每户持有20,343.54份。（期末截至2009年12月31日）		
期末基金份额持有人结构	机构投资者持有份额299,348,371.33份，占总份额2.80%；个人投资者持有份额10,395,883,651.79份，占总份额97.20%。		

成立来累计净值增长率与同期基准收益率历史走势对比图（%）

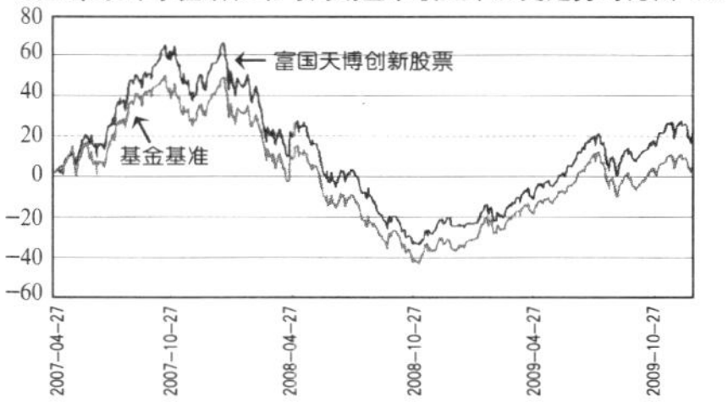

近三年净值增长率与同期基准收益率对比图（%）

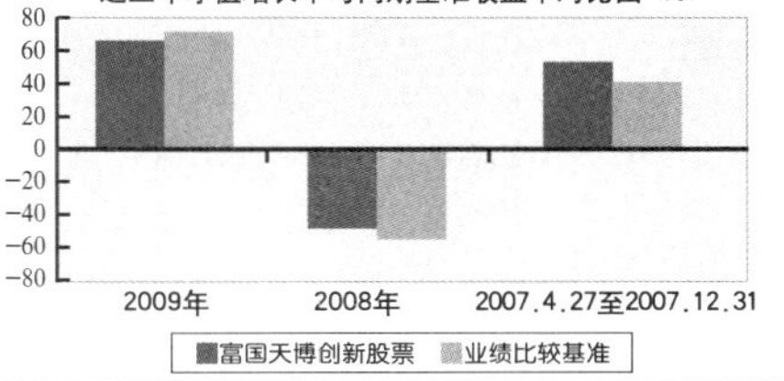

基金业绩表现

2009年富国天博创新股票基金全年净值增长率为66.88%；同期业绩基准收益率为72.36%。

基金管理团队

毕天宇先生：基金经理，硕士，10年证券从业经历。曾任中国燕兴桂林公司汽车经营部经理助理、中国北方工业上海公司处长助理、兴业证券研究员。2002年3月至今任富国基金管理公司行业研究员，2005年11月起任富国天博创新股票基金经理。

李晓铭先生：基金经理助理，硕士，5年证券从业经历。曾任华富基金管理公司研究员。现任富国基金管理公司研究部行业研究员，2008年3月至2009年10月任富国天博创新股票基金经理助理。

基金运作分析

2009年全年富国天博创新股票基金净值表现一般。总结其操作，存在的主要问题在于：第一、年初过于保守的投资策略导致一季度表现最差，净值仅增长15.5%，远低于市场37%的涨幅；第二、配置策略相对保守。尽管从1月中下旬开始房地产、汽车两大支柱产业率先走出低谷，使管理人看到了经济转好的迹象，逐步增加仓位，重点增持了银行、房地产以及汽车等行业。但由于管理人对经济快速复苏心存疑虑，投资策略未能作出彻底转变，在行业配置上依旧偏防御，组合的进攻性明显不足；第三、行业轮动不够坚决。2009　年行业机会层出不穷，从年初的煤炭、银行和地产，下半年的医药和消费，尽管该基金均抓住了投资机会，但配置权重过于保守。在行业出现调整时，减持同样不够坚决。

季度投资组合一览

项目＼季度	第一季度		第二季度		第三季度		第四季度	
基金资产净值	7,675,799,789.49元		9,265,574,588.42元		8,858,189,037.29元		9,754,496,520.40元	
基金份额	12,154,917,236.67份		11,803,421,131.21份		11,266,663,625.53份		10,695,232,023.12份	
基金份额净值	0.6315元		0.7850元		0.7862元		0.9120元	
基金资产组合	市值(元)	占总资产比(%)	市值(元)	占总资产比(%)	市值(元)	占总资产比(%)	市值(元)	占总资产比(%)
股票投资	6,731,747,021.74	87.09	8,298,367,657.58	89.06	7,611,249,556.36	85.70	9,029,744,247.75	92.25
债券投资	608,346,001.40	7.87	669,347,613.00	7.18	509,874,268.00	5.74	507,332,288.00	5.18
金融衍生品投资	2,568,116.31	0.03	——	——	——	——	——	——
买入返售金融资产	——	——	——	——	——	——	——	——
银行存款和结算备付金	375,701,493.47	4.86	109,753,359.91	1.18	748,273,922.27	8.43	209,289,445.89	2.14
其他资产	11,226,318.29	0.15	239,831,420.87	2.57	11,627,850.54	0.13	41,479,326.78	0.42

投资前五名股票明细	股票名称	公允价值(元)	占净值比(%)	股票名称	公允价值(元)	占净值比(%)	股票名称	公允价值(元)	占净值比(%)	股票名称	公允价值(元)	占净值比(%)
	苏宁电器	692,790,551.40	9.03	苏宁电器	799,958,091.65	8.63	贵州茅台	791,328,000.00	8.93	苏宁电器	781,431,400.00	8.01
	贵州茅台	554,940,583.70	7.23	贵州茅台	754,925,745.05	8.15	苏宁电器	770,330,000.00	8.70	兴业银行	604,650,000.00	6.20
	航天信息	449,413,815.84	5.85	兴业银行	561,114,704.10	6.06	兴业银行	506,850,000.00	5.72	贵州茅台	543,424,000.00	5.57
	浦发银行	350,759,894.40	4.57	浦发银行	515,706,654.96	5.57	潍柴动力	291,603,266.00	3.29	潍柴动力	354,640,000.00	3.64
	兴业银行	347,464,723.80	4.53	航天信息	349,580,000.00	3.77	中国平安	253,500,000.00	2.86	中国平安	331,085,446.09	3.39
投资前五名债券明细	债券名称	公允价值(元)	占净值比(%)	债券名称	公允价值(元)	占净值比(%)	债券名称	公允价值(元)	占净值比(%)	债券名称	公允价值(元)	占净值比(%)
	08央行票据106	194,920,000.00	2.54	08央行票据106	193,440,000.00	2.09	08农发04	100,360,000.00	1.13	08农发04	100,150,000.00	1.03
	南山转债	113,592,098.00	1.48	08农发04	100,710,000.00	1.09	09央行票据38	98,290,000.00	1.11	09央行票据38	98,280,000.00	1.01
	99国债(8)	97,876,903.40	1.28	99国债(8)	97,335,613.00	1.05	09央行票据40	98,290,000.00	1.11	09央行票据40	98,270,000.00	1.01
	08联想债	74,417,000.00	0.97	08联想债	73,976,000.00	0.80	08进出08	51,400,000.00	0.58	20国债(4)	61,524,288.00	0.63
	08进出08	52,630,000.00	0.69	08进出08	52,160,000.00	0.56	02国开06	50,920,000.00	0.57	09附息国债08	49,920,000.00	0.51

富国天成红利灵活配置混合型证券投资基金

基本资料			
基金简称	富国天成	交易代码	100029(前端) 100030(后端)
风险收益特征	该基金是一只主动投资的混合型基金，其风险和预期收益低于股票型基金，高于债券型基金、保本型基金与货币市场基金，属于中高风险的基金品种。		
业绩比较基准	中信标普300指数×55%+中信标普国债指数×45%		
合同生效日	2008年5月28日	首募规模	3.41亿份
认购户数	6,606户		
基金管理人	富国基金管理有限公司	基金托管人	中国农业银行
注册登记人	富国基金管理有限公司		

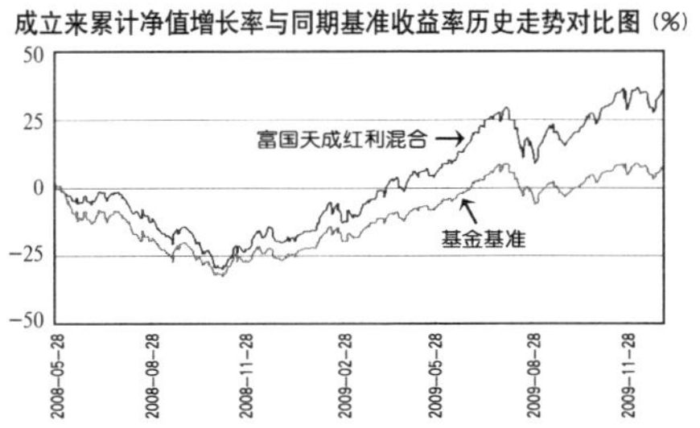

财务指标　单位：人民币(元)；%

项目 / 年度	2009年	2008年5月28日至2008年12月31日
本期利润	117,938,100.04	-68,254,160.20
本期加权平均净值利润率	28.17	-26.85
期末基金资产净值	582,909,276.24	135,718,238.36
期末基金份额净值	1.3337	0.7961
本期份额净值增长率	70.42	-20.39
累计份额净值增长率	35.67	-20.39
基金收益分配	10派0.200	——

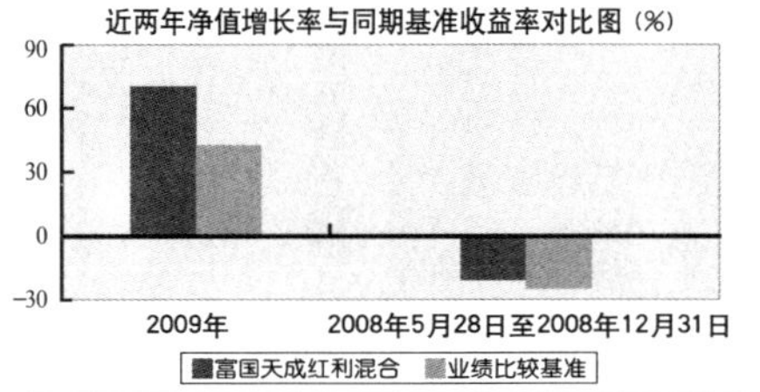

期末基金份额持有人户数	基金份额持有人户数为8,886户，平均每户持有49,184.74份。(期末截至2009年12月31日)
期末基金份额持有人结构	机构投资者持有份额187,521,941.25份，占总份额42.91%；个人投资者持有份额249,533,649.45份，占总份额57.09%。

基金业绩表现

2009年富国天成红利混合基金全年份额净值增长率为70.42%；同期业绩基准收益率为46.90%。

基金管理团队

于江勇先生：基金经理，硕士，13年证券从业经历。曾任华夏证券研究所研究员；2001年4月加入富国基金管理公司任行业研究员、高级行业研究员；2008年5月起任富国天成红利混合基金经理。

基金运作分析

富国天成红利混合基金2009年以来保持了较高仓位，且保持了均衡性特点，即组合中有部分弹性高的周期类股，使得一季度即获得了较好收益。虽然经历2月份和8月份的调整，全年来看，效果还良好。在金融危机未退去的时机选择提高仓位，部分原因基于如下乐观想法：在全球金融危机的环境中，中国企业的竞争力得到提高。

行业配置和风格配置方面，富国天成红利混合基金坚持价值投资，在估值较低的金融和能源板块有较多的仓位，长期稳健增长的消费类股也是基金的投资重点。此外，基金也会少量参与主题性的投资机会。总体而言，2009年富国天成红利混合基金取得了较好的投资收益。

2010年，证券市场将继续得到大发展，继创业板之后，股指期货和融资融券等创新业务即将开展，这对富国天成红利混合基金的操作提出了更高要求。富国天成红利混合基金将积极面对，力求使基金持有人得到良好投资回报。

季度投资组合一览

项目 / 季度	第一季度		第二季度		第三季度		第四季度	
基金资产净值	150,450,324.51元		135,706,465.04元		748,948,351.72元		582,909,276.24元	
基金份额	155,654,160.20份		116,945,396.11份		650,706,138.25份		437,055,590.70份	
基金份额净值	0.9666元		1.1604元		1.1510元		1.3337元	
基金资产组合	市值(元)	占总资产比(%)	市值(元)	占总资产比(%)	市值(元)	占总资产比(%)	市值(元)	占总资产比(%)
股票投资	113,157,674.00	73.95	100,872,727.96	72.56	518,399,299.26	67.97	404,958,322.04	68.88
债券投资	28,272,895.00	18.48	26,405,365.90	18.99	131,014,837.30	17.18	115,106,528.30	19.58
金融衍生品投资	——	——	——	——	——	——	——	——
买入返售金融资产	——	——	——	——	——	——	——	——
银行存款和结算备付金	9,732,734.09	6.36	7,764,748.04	5.59	89,198,788.32	11.70	26,410,926.01	4.49
其他资产	1,857,464.24	1.21	3,981,145.03	2.86	24,042,551.57	3.15	41,472,228.29	7.05

投资前五名股票明细	股票名称	公允价值(元)	占净值比(%)	股票名称	公允价值(元)	占净值比(%)	股票名称	公允价值(元)	占净值比(%)	股票名称	公允价值(元)	占净值比(%)
	盐湖钾肥	4,623,200.00	3.07	贵州茅台	4,440,300.00	3.27	兴业银行	25,142,699.73	3.36	中国平安	17,628,800.00	3.02
	浦发银行	4,384,000.00	2.91	浦发银行	3,683,200.00	2.71	民生银行	20,287,400.00	2.71	民生银行	16,611,000.00	2.85
	中国平安	4,302,100.00	2.86	兴业银行	3,339,900.00	2.46	贵州茅台	18,134,600.00	2.42	三一重工	12,883,500.00	2.21
	贵州茅台	3,947,056.00	2.62	上海家化	3,232,500.00	2.38	中国平安	17,745,000.00	2.37	中国太保	12,810,000.00	2.20
	招商地产	3,355,500.00	2.23	中国联通	3,224,200.00	2.38	三一重工	17,585,400.00	2.35	兴业银行	12,093,000.00	2.07

投资前五名债券明细	债券名称	公允价值(元)	占净值比(%)	债券名称	公允价值(元)	占净值比(%)	债券名称	公允价值(元)	占净值比(%)	债券名称	公允价值(元)	占净值比(%)
	08国电债	7,727,400.00	5.14	99国债(8)	7,552,500.00	5.57	09央行票据46	29,478,000.00	3.94	09央行票据46	29,472,000.00	5.06
	08中远债	7,247,950.00	4.82	08中远债	7,131,500.00	5.26	08葛洲债	26,040,300.00	3.48	08葛洲债	26,426,400.00	4.53
	99国债(8)	6,581,900.00	4.37	08国电债	4,210,000.00	3.10	08青啤债	17,932,200.00	2.39	08青啤债	18,255,600.00	3.13
	09渝隆债	3,649,245.00	2.43	09渝隆债	3,661,697.40	2.70	08国电债	12,186,869.80	1.63	09华发债	10,137,972.00	1.74
	08中联债	2,064,600.00	1.37	08中联债	2,094,000.00	1.54	08北辰债	8,733,371.40	1.17	08中远债	7,145,029.30	1.23

富国天丰强化收益债券型证券投资基金

基本资料

基金简称	富国天丰强化债券封闭	交易代码	161010		
风险收益特征	该基金为债券型基金，属于低风险的基金品种，其预期风险与收益高于货币市场基金，低于混合型基金和股票型基金。				
业绩比较基准	中央国债登记结算有限责任公司编制并发布的中债综合指数。				
合同生效日	2008年10月24日	首募份额	19.98亿份	认购户数	5,016户
上市日期	2008年12月8日	上市地点	深交所		
基金管理人	富国基金管理有限公司	基金托管人	中国建设银行		
注册登记人	中国证券登记结算有限责任公司				

成立来累计净值增长率与同期基准收益率历史走势对比图（%）

财务指标　　单位：人民币（元）；%

项目 / 年度	2009年	2008年10月24日至2008年12月31日
本期利润	144,374,630.12	83,763,376.24
本期加权平均净值利润率	6.96	4.12
期末基金资产净值	2,067,427,714.44	2,073,912,800.74
期末基金份额净值	1.035	1.038
本期份额净值增长率	7.23	4.20
累计份额净值增长率	11.74	4.20
基金收益分配	10派0.755	10派0.040

近两年净值增长率与同期基准收益率对比图（%）

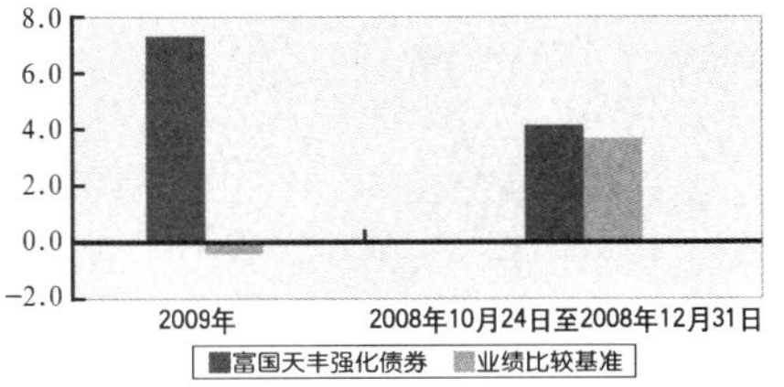

期末基金份额持有人户数	基金份额持有人户数为7,213户，平均每户持有277,019.55份。（期末截至2009年12月31日）
期末基金份额持有人结构	机构投资者持有份额1,595,879,775.74份，占总份额79.87%；个人投资者持有份额402,262,214.76份，占总份额20.13%。

基金业绩表现

2009年富国天丰强化债券基金全年份额净值增长率为7.23%；同期业绩基准收益率为−0.32%。

基金管理团队

饶　刚先生：基金经理、固定收益部总经理，硕士，11年证券从业经历。曾任职兴业证券投资银行部。2003年7月加入富国基金管理公司任债券研究员，2008年11月起任富国天丰强化债券基金经理。

钟智伦先生：基金经理，硕士，16年证券从业经历。曾就职于平安证券公司、上海新世纪投资服务公司、海通证券公司。2005年5月加入富国基金管理公司任债券研究员，富国天时货币基金经理；2008年10月起任富国天丰强化债券基金经理。

基金运作分析

2009年，富国天丰强化债券基金以企业债、公司债、分离债以及资产证券化产品等信用产品为主要投资标的，并在做好信用风险和流动性风险控制的前提下运用适当的杠杆来增强收益，信用债券较高的票息以及较低的回购利率为基金的收益提供了保障。同时，该基金还积极参与新股网下申购，申购所得股票上市后也为基金净值增长带来贡献。

2010年，富国天丰强化债券基金仍然会把投资重点放在企业债、公司债、分离债以及资产证券化产品等信用产品上，并适时通过杠杆水平的变化来调整基金组合风险，同时，选择性参与新股申购，争取为持有人获取相对稳定的投资回报。

季度投资组合一览

项目 / 季度	第一季度		第二季度		第三季度		第四季度	
基金资产净值	2,117,827,288.85元		2,099,360,472.49元		2,027,028,742.37元		2,067,427,714.44元	
基金份额	1,998,141,990.50份		1,998,141,990.50份		1,998,141,990.50份		1,998,141,990.50份	
基金份额净值	1.060元		1.051元		1.014元		1.035元	
基金资产组合	市值(元)	占总资产比(%)	市值(元)	占总资产比(%)	市值(元)	占总资产比(%)	市值(元)	占总资产比(%)
股票投资	——	——	——	——	65,191,353.79	2.46	89,147,379.94	2.51
债券投资	2,227,223,659.66	86.79	2,276,216,725.71	86.30	2,120,223,153.30	79.88	3,193,303,859.80	89.75
资产支持证券投资	204,677,000.00	7.98	108,094,000.00	4.10	99,775,000.00	3.76	68,757,000.00	1.93
金融衍生品投资	——	——	——	——	——	——	——	——
银行存款和结算备付金	91,935,389.89	3.58	17,697,140.57	0.67	26,995,320.63	1.02	32,502,184.43	0.91
其他资产	42,398,116.83	1.65	235,607,854.35	8.93	341,912,164.61	12.88	174,198,797.00	4.90

投资前五名股票明细

第一季度 股票名称	公允价值(元)	占净值比(%)	第二季度 股票名称	公允价值(元)	占净值比(%)	第三季度 股票名称	公允价值(元)	占净值比(%)	第四季度 股票名称	公允价值(元)	占净值比(%)
——			——			中国建筑	17,529,901.44	0.86	招商证券	12,842,959.76	0.62
						中国中冶	10,837,079.40	0.53	神州泰岳	7,548,415.60	0.37
						光大证券	5,819,036.50	0.29	新朋股份	4,833,108.90	0.23
						神州泰岳	4,161,674.00	0.21	海大集团	4,426,979.58	0.21
						四川成渝	2,868,106.06	0.14	中国化学	3,967,722.72	0.19

投资前五名债券明细

第一季度 债券名称	公允价值(元)	占净值比(%)	第二季度 债券名称	公允价值(元)	占净值比(%)	第三季度 债券名称	公允价值(元)	占净值比(%)	第四季度 债券名称	公允价值(元)	占净值比(%)
08万科G2	151,242,000.00	7.14	08万科G2	153,573,000.00	7.32	08万科G2	145,014,500.00	7.15	08万科G2	143,670,390.60	6.95
08常城建	141,671,700.00	6.69	08常城建	140,836,000.00	6.71	08常城建	138,313,487.40	6.82	08常城建	127,814,117.20	6.18
08南网债01	139,794,400.00	6.60	08方正CP02	121,776,000.00	5.80	08合建投	103,875,600.00	5.12	09富力债	103,300,000.00	5.00
08方正CP02	122,568,000.00	5.79	08合建投	113,713,600.00	5.42	08苏交通	66,367,998.00	3.27	08联想债	101,640,000.00	4.92
08闽高速债	116,424,000.00	5.50	08联想债	105,680,000.00	5.03	09浙能债	65,428,526.00	3.23	08北辰债	72,762,487.20	3.52

富国天鼎中证红利指数增强型证券投资基金

基本资料			
基金简称	富国天鼎中证指数增强	交易代码	100032(前端) 100033(后端)
风险收益特征	该基金是一只股票指数增强型基金，属于较高预期风险、较高预期收益的证券投资基金品种。		
业绩比较基准	90%×中证红利指数收益率+10%×一年期银行储蓄存款利率(税后)		
合同生效日	2008年11月20日	集中申购份额	3.42亿份　申购户数　3,372户
基金管理人	富国基金管理有限公司	基金托管人	中国工商银行
注册登记人	富国基金管理有限公司		

财务指标　单位：人民币(元)；%

项目 \ 年度	2009年	2008年11月20日至2008年12月31日
本期利润	302,474,637.49	16,878,942.80
本期加权平均净值利润率	37.43	2.87
期末基金资产净值	1,367,014,527.54	906,669,297.68
期末基金份额净值	1.680	1.001
本期份额净值增长率	67.83	2.99
累计份额净值增长率	72.85	2.99
基金收益分配	——	——

成立来累计净值增长率与同期基准收益率历史走势对比图(%)

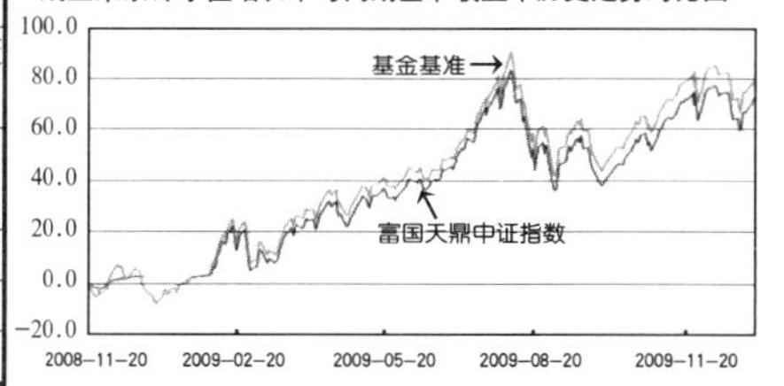

近两年净值增长率与同期基准收益率对比图(%)

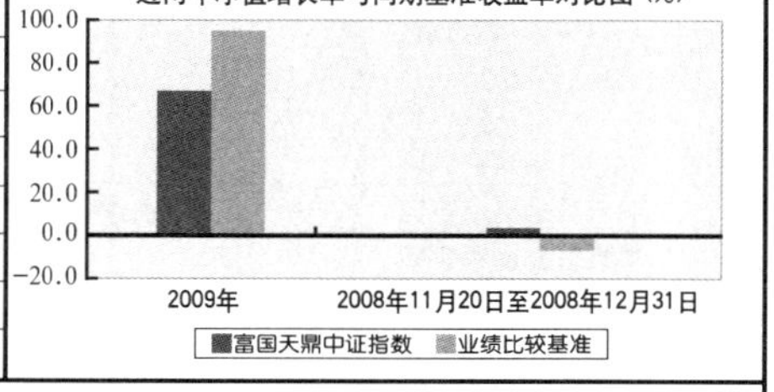

期末基金份额持有人户数	基金份额持有人户数为26,939户，平均每户持有30,202.03份。(期末截至2009年12月31日)
期末基金份额持有人结构	机构投资者持有份额380,510,657.74份，占总份额46.77%；个人投资者持有份额433,101,742.46份，占总份额53.23%。

基金业绩表现

2009年富国天鼎中证指数基全年份额净值增长率为67.83%；同期业绩基准收益率为95.27%。

基金管理团队

常　松先生：基金经理，博士，9年证券从业经历。2001年加入富国基金公司数量研究员、高级数量研究员、研究策划部数量组组长、金融数量工程部经理；2008年11月起任富国天鼎中证指数基金经理。

宋小龙先生：基金经理，硕士，11年证券从业经历。1999年至今任富国基金公司信息技术部项目经理、研究部行业研究员、高级研究员，2006年12月至2008年11月任汉鼎基金经理；2008年11月至2010年1月任富国天鼎中证指数基金经理。

基金运作分析

2009年富国天鼎中证指数基金的运作过程以1月23日为分界线分为两个阶段：第一个阶段是1月23日前，该基金尚没有打开申购赎回，选择了控制下行风险的投资策略，错过了在1800点左右的最佳建仓时机；第二个阶段是1月23日后，该基金打开申购赎回。该基金选择了快速建仓的策略，使基金表现紧跟基准表现。

由于基金规模相对较小，机构占比高，富国天鼎中证指数基金在2009年度经历了严重的申购赎回冲击，对跟踪效果造成了负面影响。冲击主要发生在一季度和三季度。一季度主要是由于打开申购赎回后，在封转开过程中获利较大的投资者实现收益的需求。三季度主要是7月份市场热度最高时大量的申购所造成。除此之外该基金都完成了跟踪并超越指数的目标。

季度投资组合一览

项目 \ 季度	第一季度		第二季度		第三季度		第四季度	
基金资产净值	471,901,953.85元		469,242,164.18元		878,553,080.70元		1,367,014,527.54元	
基金份额	398,563,360.83份		334,335,864.58份		647,528,380.01份		813,612,400.20份	
基金份额净值	1.184元		1.404元		1.357元		1.680元	
基金资产组合	市值(元)	占总资产比(%)	市值(元)	占总资产比(%)	市值(元)	占总资产比(%)	市值(元)	占总资产比(%)
股票投资	412,271,786.19	85.71	433,978,384.62	89.74	796,653,714.78	89.93	1,246,541,375.48	85.99
债券投资	——	——	10,081,000.00	2.08	10,144,909.40	1.15	10,128,000.00	0.70
金融衍生品投资	——	——	——	——	——	——	——	——
买入返售金融资产	——	——	——	——	——	——	——	——
银行存款和结算备付金	50,968,603.49	10.60	37,489,968.40	7.75	75,574,216.92	8.53	107,941,518.51	7.45
其他资产	17,793,869.53	3.70	2,021,426.28	0.42	3,525,116.26	0.40	85,056,245.53	5.87

投资前五名股票明细	股票名称	公允价值(元)	占净值比(%)	股票名称	公允价值(元)	占净值比(%)	股票名称	公允价值(元)	占净值比(%)	股票名称	公允价值(元)	占净值比(%)
	大秦铁路	22,040,535.04	4.67	大秦铁路	23,135.295.24	4.93	西山煤电	39,044,352.75	4.44	交通银行	130,853,745.55	9.57
	宝钢股份	19,173,293.30	4.06	宝钢股份	20,754,800.00	4.42	大秦铁路	37,239,694.29	4.24	宝钢股份	65,983,866.48	4.83
	盐湖钾肥	16,753,205.42	3.55	西山煤电	20,301,801.00	4.33	宝钢股份	34,870,614.88	3.97	雅 戈 尔	54,477,707.94	3.99
	武钢股份	14,628,756.45	3.10	武钢股份	13,872.322.36	2.96	上海汽车	26,755,423.75	3.05	建设银行	54,412,576.00	3.98
	华能国际	13,607,530.05	2.88	鞍钢股份	13,661.555.69	2.91	盐湖钾肥	23,700,558.35	2.70	中国银行	53,250,340.00	3.90

投资前五名债券明细	债券名称	公允价值(元)	占净值比(%)	债券名称	公允价值(元)	占净值比(%)	债券名称	公允价值(元)	占净值比(%)	债券名称	公允价值(元)	占净值比(%)
				09轻纺城	10,081.000.00	2.15	09轻纺城	10,116,000.00	1.15	09轻纺城	10,128,000.00	0.74
							博汇转债	28,909.40	0.00			

富国优化增强债券型证券投资基金

基本资料						
基金简称	富国优化增强债券		交易代码	A/B:100035 C:100037		
风险收益特征	该基金为债券型基金，属于证券投资基金中的较低风险品种，其预期风险与收益高于货币市场基金，低于混合型基金和股票型基金。					
业绩比较基准	中债综合指数收益率×90%+沪深300 指数收益率×10%					
合同生效日	2009年6月10日	首募份额	58.21亿份	认购户数	29,804户	
基金管理人	富国基金管理有限公司		基金托管人	中国建设银行		
注册登记人	富国基金管理有限公司					

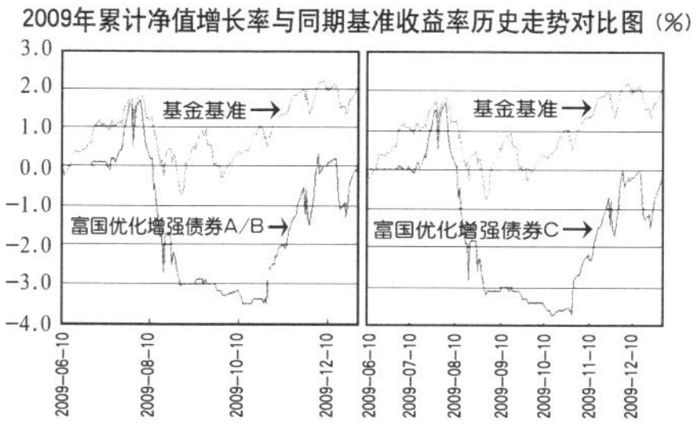

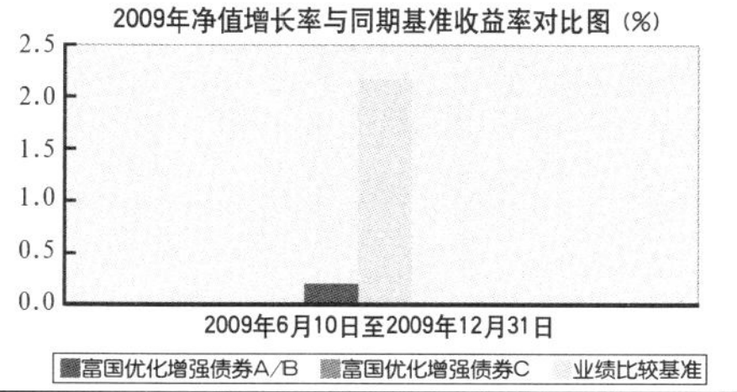

财务指标 单位：人民币（元）；%

项目 \ 年度	2009年6月10日至2009年12月31日	
	A/B	C
本期利润	−14,848,205.06	−2,925,108.33
本期加权平均净值利润率	−1.47	−0.13
期末基金资产净值	537,449,896.35	1,192,657,811.28
期末基金份额净值	1.002	1.000
本期份额净值增长率	−1.47	0.00
累计份额净值增长率	0.20	0.00
基金收益分配	——	——

期末基金份额持有人户数	A/B：基金份额持有人户数为5,407户，平均每户持有99,156.00份。 C：基金份额持有人户数为11,829户，平均每户持有100,832.10份。 （期末截至2009年12月31日）
期末基金份额持有人结构	A/B：机构投资者持有份额162,965,726.21份，占总份额30.40%；个人投资者持有份额373,170,759.18份，占总份额69.60%。 C：机构投资者持有份额89,369,851.06份，占总份额7.49%；个人投资者持有份额1,103,373,110.91份，占总份额92.51%。

基金业绩表现

富国优化增强债券基金合同生效于2009年6月10日，截至2009年12月31日，该基金A/B类净值增长0.20%，C类净值增长0.00，同期业绩基准收益率为2.20%。

基金管理团队

钟智伦先生：基金经理，硕士，16年证券从业经历。曾任平安证券部门经理；上海新世纪投资服务公司研究员；海通证券投资经理；2005年5月任富国基金管理公司债券研究员、富国天时货币基金经理，现任富国天丰基金经理、富国优化增强债券基金经理。

季度投资组合一览

项目 \ 季度	第三季度		第四季度	
	A/B	C	A/B	C
基金资产净值	9.6084亿元	17.3294亿元	5.3745亿元	11.9266亿元
基金份额	9.9388亿份	17.9481亿份	5.3614亿份	11.9274亿份
基金份额净值	0.967元	0.966元	1.002元	1.000元
基金资产组合	市值(元)	占总资产比(%)	市值(元)	占总资产比(%)
股票投资	105,757,503.15	3.91	280,786,262.68	14.81
债券投资	1,930,665,278.30	71.34	1,578,853,366.40	83.28
资产支持证券投资	——	——	——	——
买入返售金融资产	——	——	——	——
银行存款和结算备付金	510,991,492.21	18.88	5,802,913.21	0.31
其他资产	158,980,148.99	5.87	30,283,178.60	1.60

投资前五名股票明细	股票名称	公允价值(元)	占净值比(%)	股票名称	公允价值(元)	占净值比(%)
	中国联通	50,800,000.00	1.89	九芝堂	21,487,116.00	1.24
	盐湖集团	40,000,976.47	1.48	百联股份	20,158,974.00	1.17
	神州泰岳	4,161,674.00	0.15	京投银泰	19,251,110.40	1.11
	特锐德	2,132,051.60	0.08	招商证券	14,046,979.89	0.81
	岳普医疗	2,047,835.00	0.08	航天信息	13,292,830.20	0.77

投资前五名债券明细	债券名称	公允价值(元)	占净值比(%)	债券名称	公允价值(元)	占净值比(%)
	09央行票据40	196,580,000.00	7.30	09央行票据40	196,540,000.00	11.36
	09央行票据42	196,560,000.00	7.30	09央行票据42	196,520,000.00	11.36
	09央票44	196,540,000.00	7.30	09央票44	196,500,000.00	11.36
	09远洋地产债	148,860,000.00	5.53	09常高新债	104,973,000.00	6.07
	08莱钢CP01	101,090,000.00	3.75	09华西债	99,220,000.00	5.73

基金运作分析

富国优化增强债券基金于2009年6月10日正式成立运作。该基金成立后对债券投资采取防御策略，主要是配置低久期的利率产品和高票息的信用产品，根据市场变化和基金申购赎回情况对债券组合进行微调；同时，基于对股票市场的乐观判断，在基金封闭期结束后，启动增强操作，重点配置了金融板块等高贝塔值的股票，8月上旬，该基金在股市深度调整的影响下，基金净值出现较大的跌幅，之后，管理人根据市场变化调整了股票投资策略，四季度积极把握住市场震荡上行的结构性投资机会，自下而上挖掘能够长期持有的品种，主要配置商业零售、汽车、家电、医药以及房地产、化工等行业的上市公司，同时，对具有特定套利机会的股票也进行了投资，基金净值在四季度得以回升。

富国沪深300增强证券投资基金

基本资料					
基金简称	富国沪深300指数增强		交易代码	100038	
投资目标	该基金为增强型股票指数基金，在力求对沪深300指数进行有效跟踪的基础上，通过数量化的方法进行积极的指数组合管理与风险控制，力争实现超越目标指数的投资收益，谋求基金资产的长期增值。				
业绩比较基准	95%×沪深300指数收益率+1.5%（指年收益率，评价时按期间折算）				
风险收益特征	该基金是一只股票指数增强型基金，属于较高预期风险、较高预期收益的证券投资基金品种，其预期风险与收益高于混合型基金、债券型基金与货币市场基金。				
合同生效日	2009年12月16日	上市日期	——	上市地点	——
募集概况	首募份额	认购户数	募集日期		
	34.90亿份	29.848户	2009年11月11日至2009年12月11日		
基金费率	认购费率	认购金额 100万元以下 100万元(含)—500万元 500万元(含)以上	认购费率 1.00% 0.60% 1,000元/笔		
	申购费率	申购金额 100万元以下 100万元(含)—500万元 500万元(含)以上	申购费率 1.20% 0.80% 1,000元/笔		
	赎回费率	0.50%			
	管理费率	1.00%			
	托管费率	0.18%			
基金管理人	富国基金管理有限公司		基金托管人	中国工商银行股份有限公司	
审计机构	安永华明会计师事务所		注册登记人	富国基金管理有限公司	

基金管理团队

李笑薇女士：基金经理、公司另类投资部总经理，博士，8年证券从业经历。曾任摩根士丹利资本国际Barra公司(MSCIBARRA)BARRA股票风险评估部高级研究员，巴克莱国际投资管理公司(Barclays Global Investors)大中华主动股票投资总监、高级基金经理及高级研究员，2009年6月加入富国基金管理公司；现任富国沪深300指数基金经理、富国基金另类投资部总经理。

常　松先生：基金经理，博士，10年证券从业经历。2001年12月加入富国基金管理公司，历任富国基金数量研究员、研究策划部数量组组长、金融数量工程部经理；现任富国天鼎中证指数基金经理、富国沪深300指数基金经理。

易方达基金管理有限公司

法定名称	易方达基金管理有限公司	英文名称	E Fund Management Co.,Ltd.		
成立时间	2001年4月17日	注册资本	1.2亿元人民币	公司属性	中 资
法人代表	梁 棠	总 经 理	叶俊英	督 察 长	张 南
公司网址	www.efunds.com.cn	客服电话	400-881-8088		
联系电话	020-3879 7888	传真号码	020-3879 9488		
注册地址	广东省珠海市香洲区情侣路428号九洲港大厦4001室				
办公地址	广州市天河区体育西路189号城建大厦25、26、27、28楼				

公司简介

经中国证监会证监基金字[2001]4号文批准，易方达基金管理有限公司(以下简称“公司”)成立于2001年4月17日，注册资本1.2亿元。截至2010年6月30日，公司股东为广东粤财信托有限公司、广发证券股份有限公司、广东盈峰投资控股集团有限公司、广东省广晟资产经营有限公司和广州市广永国有资产经营有限公司。公司现有全国社保基金投资管理人、企业年金投资管理人、QDII和特定资产管理业务资格。

截至2010年6月30日，易方达基金管理有限公司共管理1只封闭式和21只开放式基金。同时，公司还管理着多个全国社保基金、企业年金基金和特定客户资产管理投资组合。

2009年旗下开放式基金业绩表现

截至日期：2009年12月31日　　　　(单位：元；%)

基金类型	基金简称	设立日期	基金份额净值	净值增长率①	累计净值增长率②
股票型	易方达上证50指数	2004-03-22	0.9370	77.36	182.66
	易方达价值精选股票	2006-06-13	1.5002	63.50	212.42
	易方达科讯股票	2007-12-18	0.8033	42.36	-8.17
	易方达中小盘股票	2008-06-19	1.6855	74.72	74.00
	易方达科翔股票	2008-11-13	1.481	70.14	85.40
	易方达行业领先股票	2009-03-26	1.363	36.30	36.30
	易方达沪深300指数	2009-08-26	1.072	7.20	7.20
	易方达深证100ETF联接	2009-12-01	1.000	——	——
混合型	易方达平稳增长混合	2002-08-23	1.534	27.95	280.94
	易方达策略成长混合	2003-12-09	4.281	62.06	519.84
	易方达积极成长混合	2004-09-09	1.3308	63.29	398.44
	易方达策略成长二号混合	2006-08-16	1.578	61.18	196.47
	易方达价值成长混合	2007-04-02	1.5138	102.90	57.30
	易方达科汇灵活配置混合	2008-10-09	1.533	73.39	72.27
债券型	易方达稳健收益债券A	2008-01-29	1.0799	4.58	13.04
	易方达增强回报债券A	2008-03-19	1.120	7.36	18.53
货币型	易方达货币A	2005-02-02	1.0000	1.8550	12.9848
ETF	易方达深证100ETF	2006-03-24	4.228	113.64	313.67

注：①净值增长率指该基金2009年度的份额净值增长率；②累计净值增长率指该基金设立以来的份额净值增长率。

2009年管理公募基金概况

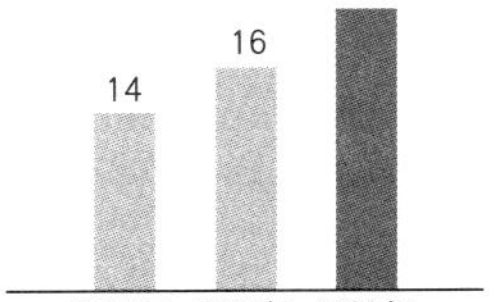

基金数量(只)

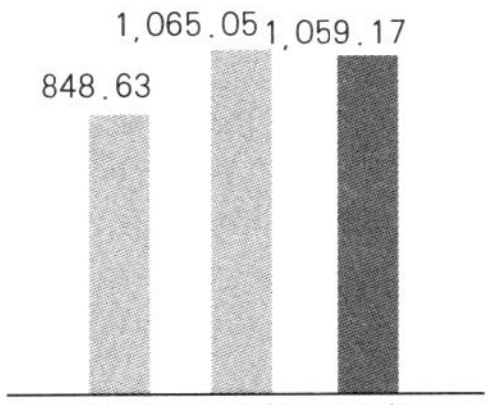

基金份额规模(亿份)

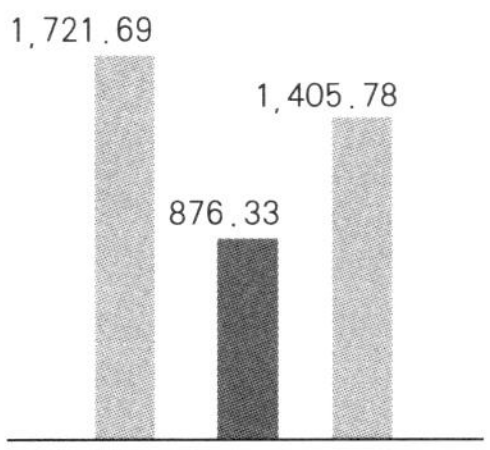

基金资产规模(亿元)

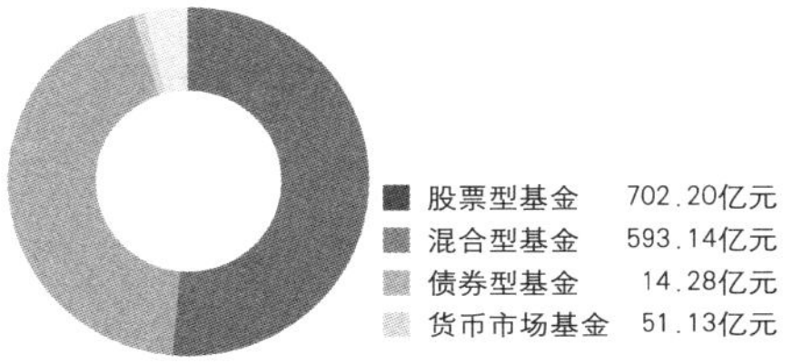

2009年基金资产规模构成(不含封闭式基金)

科瑞证券投资基金

基本资料			
基金简称	易方达科瑞封闭	交易代码	500056
风险收益特征	——	业绩比较基准	——
合同生效日	2002年3月12日	基金总份额	30亿份
上市日期	2002年3月20日 地点 上交所	存续期	至2017年3月11日
基金管理人	易方达基金管理有限公司	基金托管人	交通银行
注册登记人	中国证券登记结算有限公司上海分公司		

财务指标　单位：人民币（元）；%

项目＼年度	2009年	2008年	2007年
本期利润	1,665,665,865.99	-3,548,818,061.69	6,289,673,407.84
本期加权平均净值利润率	43.08	-66.64	63.59
期末基金资产净值	4,502,970,690.87	2,837,304,824.88	11,516,122,886.57
期末基金份额净值	1.5010	0.9458	3.8387
本期份额净值增长率	58.70	-42.94	101.07
累计份额净值增长率	391.76	209.87	443.10
基金收益分配	——	10派17.100	10派6.300

成立来累计净值增长率与同期基准收益率历史走势对比图（%）

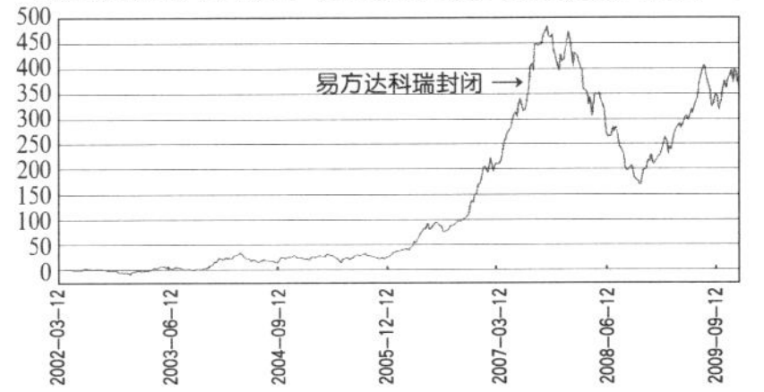

近三年净值增长率与同期基准收益率对比图（%）

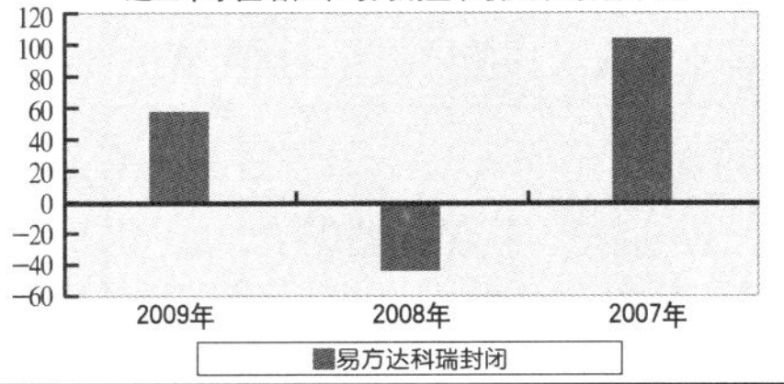

期末基金份额持有人户数	基金份额持有人户数为34,022户，平均每户持有88,178.24份。（期末截至2009年12月31日）
期末基金份额持有人结构	机构投资者持有份额1,952,164,940.00份，占总份额65.07%；个人投资者持有份额1,047,835,060.00份，占总份额34.93%。

基金业绩表现

截至2009年12月31日，易方达科瑞基金份额净值为1.5010元，全年份额净值增长率为58.70%。

基金管理团队

付　浩先生：基金经理，硕士，12年证券从业经历。历任广东粤财信托投资公司国际金融部职员，深圳和君创业研究咨询公司管理咨询项目经理，湖南证券投资银行总部项目经理，融通基金管理公司研究策划部研究员，易方达基金管理公司基金经理助理、易方达策略成长基金经理、易方达科瑞基金经理（2006年1月起）。

基金运作分析

2009年一季度，易方达科瑞基金对经济的运行仍存在不少担心，所以组合偏防御，一是仓位不高，二是配置了不少防御类的股票，净值表现不太理想。进入二季度，该基金意识到经济已进入强力复苏阶段，增加了股票仓位，并增加了煤炭、工程机械等周期性股票的配置，净值在二季度表现不错。三季度，虽然已经意识到政府开始收紧流动性，市场格局会发生变化，但由于思维惯性的原因，仍持有较多周期性的股票，导致净值损失较多。到四季度后期，易方达科瑞基金加大了科技、医药类股票的配置，取得不错效果。

展望2010年，易方达科瑞基金首先要根据宏观经济的变化前瞻性地做好相应的资产配置工作，以趋利避险；其次，要顺应经济调整和结构转型的方向，寻找未来受益于经济结构调整的行业和企业；第三，要力争看得更远一些，忽略掉A　股市场短期搏弈行为达到了极致所带来的影响；最后，努力挖掘拥有核心竞争力、业务简单、持续、独特的优质上市公司。

季度投资组合一览

项目＼季度	第一季度		第二季度		第三季度		第四季度	
基金资产净值	3,412,432,590.34元		4,044,688,C79.66元		3,833,032,560.12元		4,502,970,690.87元	
基金份额净值	1.1375元		1.3482元		1.2777元		1.5010元	
基金资产组合	市值(元)	占总资产比(%)	市值(元)	占总资产比(%)	市值(元)	占总资产比(%)	市值(元)	占总资产比(%)
股票投资	2,678,269,359.48	77.51	3,088,698,502.52	76.05	2,840,942,839.35	73.83	3,570,004,777.12	78.54
债券投资	692,210,000.00	20.03	816,636,000.00	20.11	842,574,759.00	21.90	914,306,150.40	20.12
金融衍生品投资	——	——	——	——	——	——	——	——
买入返售金融资产	——	——	——	——	——	——	——	——
银行存款和结算备付金	73,764,459.66	2.13	30,231,986.01	0.74	118,426,559.39	3.08	44,266,927.36	0.97
其他资产	10,944,191.96	0.32	125,833,069.71	3.10	46,023,999.11	1.20	16,613,712.45	0.37

投资前五名股票明细	股票名称	公允价值(元)	占净值比(%)	股票名称	公允价值(元)	占净值比(%)	股票名称	公允价值(元)	占净值比(%)	股票名称	公允价值(元)	占净值比(%)
	浦发银行	259,795,927.68	7.61	浦发银行	278,336,661.60	6.88	国阳新能	325,208,355.94	8.48	国阳新能	389,469,338.86	8.65
	苏宁电器	216,600,000.00	6.35	万　科A	199,768,530.00	4.94	中国平安	264,806,100.00	6.91	中兴通讯	220,063,209.94	4.89
	保利地产	176,080,000.00	5.16	平煤股份	150,332,000.00	3.72	浦发银行	216,151,965.00	5.64	兴业银行	147,124,687.61	3.27
	海通证券	140,900,000.00	4.13	兴业银行	133,589,617.08	3.30	大同煤业	211,658,126.25	5.52	辽宁成大	145,506,809.11	3.23
	南方航空	109,266,410.00	3.20	三一重工	128,348,091.06	3.17	平煤股份	204,565,706.40	5.34	山煤国际	125,550,702.49	2.79

投资前五名债券明细	债券名称	公允价值(元)	占净值比(%)	债券名称	公允价值(元)	占净值比(%)	债券名称	公允价值(元)	占净值比(%)	债券名称	公允价值(元)	占净值比(%)
	09央行票据08	299,280,000.00	8.77	08央票106	222,456,000.00	5.50	09央行票据41	538,218,000.00	14.04	09央行票据63	498,350,000.00	11.07
	09央行票据09	199,520,000.00	5.85	08央票104	144,975,000.00	3.58	09央行票据39	229,241,000.00	5.98	09央行票据59	269,109,000.00	5.98
	08央行票据84	97,010,000.00	2.84	09央行票据15	119,700,000.00	2.96	09央行票据43	69,769,000.00	1.82	09央行票据61	119,604,000.00	2.66
	08央行票据52	96,400,000.00	2.82	08央行票据98	106,194,000.00	2.63	龙盛转债	5,346,759.00	0.14	21国债(12)	20,510,000.00	0.46
	——			08央行票据84	96,280,000.00	2.38	——			龙盛转债	6,733,150.40	0.15

易方达平稳增长证券投资基金

基本资料					
基金简称	易方达平稳增长混合	交易代码	110001		
风险收益特征	该基金属于证券投资基金中的低风险品种。				
业绩比较基准	上证A股指数				
合同生效日	2002年8月23日	首募份额	46.78亿份	认购户数	93,670户
基金管理人	易方达基金管理有限公司	基金托管人	中国银行		
注册登记人	易方达基金管理有限公司				

财务指标　　单位：人民币（元）；%

项目 \ 年度	2009年	2008年	2007年
本期利润	1,033,518,640.67	−2,725,066,182.46	6,842,162,129.57
本期加权平均净值利润率	25.30	−48.88	85.38
期末基金资产净值	3,784,744,752.44	4,097,690,464.45	8,013,907,230.98
期末基金份额净值	1.534	1.215	1.945
本期份额净值增长率	27.95	−36.74	92.03
累计份额净值增长率	280.94	197.72	370.61
基金收益分配	10派0.200	10派0.200	10派1.000

成立来累计净值增长率与同期基准收益率历史走势对比图（%）

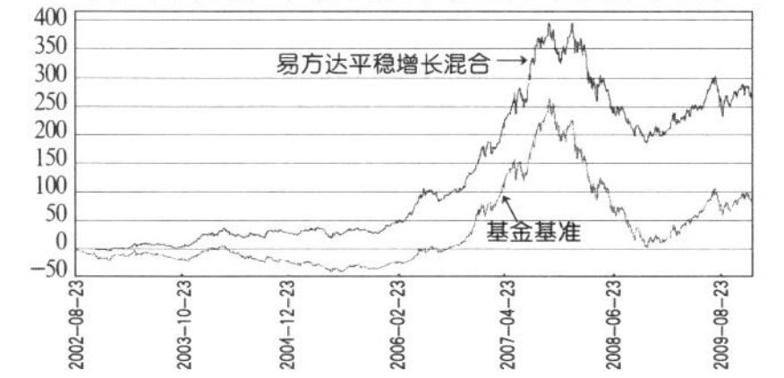

近三年净值增长率与同期基准收益率对比图（%）

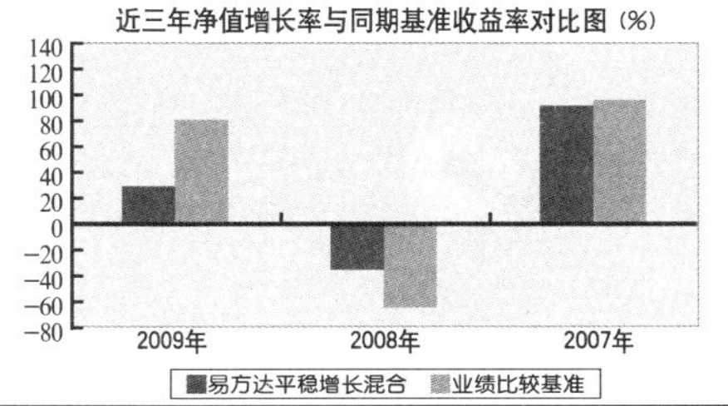

期末基金份额持有人户数	基金份额持有人户数为118,205户，平均每户持有20,868.46份。（期末截至2009年12月31日）
期末基金份额持有人结构	机构投资者持有份额246,192,949.80份，占总份额9.98%；个人投资者持有份额2,220,562,935.55份，占总份额90.02%。

基金业绩表现

2009年易方达平稳增长混合基金全年净值增长率为27.95%；同期业绩基准收益率为79.80%。

基金管理团队

侯清濯先生：基金经理、基金投资部总经理助理，硕士，8年证券从业经历。曾任易方达基金管理公司行业研究员，2007年7月起任易方达平稳增长混合基金经理。

基金运作分析

2009年易方达平稳增长混合基金业绩大幅跑输基准，主要是熊市思维过重，对信贷投放规模和流动性过剩对市场估值的提升作用估计不足，股票仓位过低，持股结构过于防御，错过市场上涨最快的阶段。

2009年债券市场全年出现震荡下跌的走势。虽然期间由于流动性过剩出现几次资金推动行情，但是年末收益率曲线还是较年初明显向上平移，易方达平稳增长混合基金采取防御性的投资策略，保持相对较短的债券久期，以配置短期央票为主，少量配置收益率较高的信用债，使得仓位调整灵活性明显加强。

2010年，易方达平稳增长混合基金将注重实现阶段性绝对收益，避免长期持有累计涨幅大、估值高的小盘股，重点关注估值水平低，增长明确，流动性好的银行板块以及其他业绩确定、估值水平低、流动性良好的周期类板块。在市场剧烈波动过程中，力争保持冷静的心态，在下跌过程中寻找机会增持估值合理、具有持续成长能力的股票，构建具有长期投资价值的股票组合，并寻找机会增加可转债配置比例；该基金债券组合仍将保持相对较低的久期，将重点关注信用债的投资机会。

季度投资组合一览

项目 \ 季度	第一季度			第二季度			第三季度			第四季度		
基金资产净值	4,088,827,412.46元			4,227,937,485.84元			3,786,976,946.17元			3,784,744,752.44元		
基金份额	3,044,311,797.85份			2,832,970,685.67份			2,637,143,184.71份			2,466,755,885.35份		
基金份额净值	1.343元			1.492元			1.436元			1.534元		
基金资产组合	市值(元)	占总资产比(%)		市值(元)	占总资产比(%)		市值(元)	占总资产比(%)		市值(元)	占总资产比(%)	
股票投资	2,204,764,566.06	53.40		2,716,210,748.81	63.53		1,975,032,951.61	51.93		2,448,457,887.40	64.40	
债券投资	1,799,969,000.00	43.60		1,291,337,330.96	30.20		1,445,490,826.40	38.01		1,231,168,442.80	32.38	
金融衍生品投资	——	——		——	——		——	——		——	——	
买入返售金融资产	——	——		——	——		——	——		——	——	
银行存款和结算备付金	99,434,082.13	2.41		173,828,349.19	4.07		374,244,653.74	9.84		100,437,032.75	2.64	
其他资产	24,463,878.57	0.59		94,159,716.89	2.20		8,516,630.91	0.22		22,029,891.90	0.58	
投资前五名股票明细	股票名称	公允价值(元)	占净值比(%)	股票名称	公允价值(元)	占净值比(%)	股票名称	公允价值(元)	占净值比(%)	股票名称	公允价值(元)	占净值比(%)
	海螺水泥	316,422,371.76	7.74	浦发银行	299,261,035.90	7.08	海螺水泥	258,180,000.00	6.82	海螺水泥	214,398,000.00	5.66
	中国石化	195,800,000.00	4.79	海螺水泥	294,980,000.00	6.98	万　科A	208,400,000.00	5.50	中国重汽	191,660,000.00	5.06
	中国重汽	175,920,000.00	4.30	万　科A	255,000,535.50	6.03	浦发银行	196,500,000.00	5.19	兴业银行	161,229,600.02	4.26
	格力电器	104,040,000.00	2.54	工商银行	249,319,176.16	5.90	中国重汽	169,350,000.00	4.47	上海汽车	156,780,548.73	4.14
	中国人寿	91,960,000.00	2.25	交通银行	180,200,000.00	4.26	兴业银行	135,151,282.18	3.57	柳　工	130,381,064.77	3.44
投资前五名债券明细	债券名称	公允价值(元)	占净值比(%)	债券名称	公允价值(元)	占净值比(%)	债券名称	公允价值(元)	占净值比(%)	债券名称	公允价值(元)	占净值比(%)
	09央行票据08	768,152,000.00	18.79	08央票101	453,973,000.00	10.74	09央行票据39	916,964,000.00	24.21	09央行票据61	767,459,000.00	20.28
	09央行票据09	299,280,000.00	7.32	08央行票据92	308,608,000.00	7.30	09央行票据41	229,241,000.00	6.05	09央行票据63	229,241,000.00	6.06
	08央行票据55	192,920,000.00	4.72	09央行票据12	99,760,000.00	2.36	09央行票据47	199,340,000.00	5.26	09央行票据65	199,340,000.00	5.27
	08央行票据84	126,113,000.00	3.08	08央票104	96,650,000.00	2.29	02国开19	30,045,000.00	0.79	09名流债	27,675,000.00	0.73
	08进出04	97,030,000.00	2.37	08央行票据95	96,490,000.00	2.28	99国开08	20,038,000.00	0.53	09富力债	5,165,000.00	0.14

易方达策略成长证券投资基金

基本资料					
基金简称	易方达策略成长混合	交易代码	110002		
风险收益特征	该基金属于中等风险水平的基金品种，力争通过主动投资获取较高的资本增值和一定的当期收益。				
业绩比较基准	上证A指收益率×75%+上证国债指数收益率×25%				
合同生效日	2003年12月9日	首募份额	20.35亿份	认购户数	28,471户
基金管理人	易方达基金管理有限公司	基金托管人	中国银行		
注册登记人	易方达基金管理有限公司				

财务指标　单位：人民币(元)；%

项目 \ 年度	2009年	2008年	2007年
本期利润	2,989,115,522.33	-6,446,671,905.56	6,672,369,889.42
本期加权平均净值利润率	46.82	-75.13	64.58
期末基金资产净值	6,431,774,016.51	5,223,364,800.44	15,262,673,726.87
期末基金份额净值	4.281	2.684	5.239
本期份额净值增长率	62.06	-48.17	133.88
累计份额净值增长率	519.84	282.49	637.93
基金收益分配	10派0.600	10派0.400	10派3.800

成立来累计净值增长率与同期基准收益率历史走势对比图 (%)

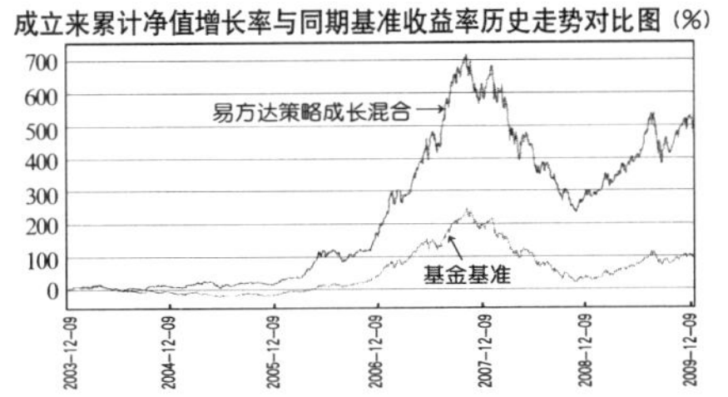

近三年净值增长率与同期基准收益率对比图 (%)

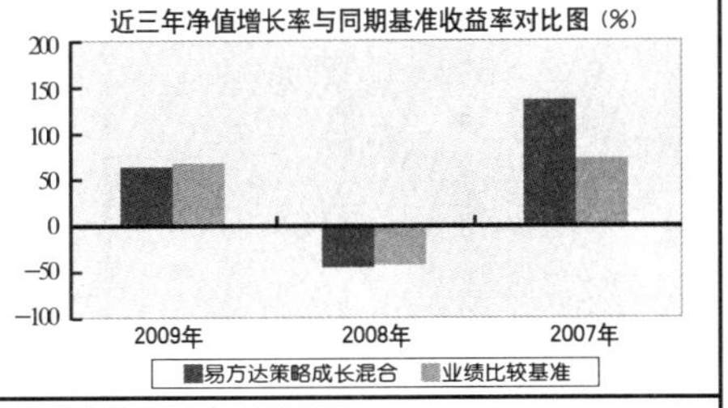

期末基金份额持有人户数	基金份额持有人户数为256,178户，平均每户持有5,864.61份。(期末截至2009年12月31日)
期末基金份额持有人结构	机构投资者持有份额67,925,493.97份，占总份额4.52%；个人投资者持有份额1,434,459,102.60份，占总份额95.48%。

基金业绩表现

截至2009年12月31日，易方达策略成长混合基金份额净值为4.281元，全年净值增长率为62.06%；同期业绩基准收益率为60.07%。

基金管理团队

刘志奇先生：基金经理，硕士，5年证券从业经历。历任易方达基金管理公司行业研究员、易方达策略成长二号混合基金经理助理、易方达策略成长混合基金经理(2007年7月至2010年1月)。

基金运作分析

2009年易方达策略成长混合基金组合在年初仓位较轻，结构偏防御，后在二季度经济确定转暖后增加了组合攻击性，增持了与宏观经济密切相关的金融、地产、煤炭等周期性行业股票，并保持较高仓位。其后在三季度减持了部分周期类股票并增持了部分医药、IT等防御类股票。该基金管理人认为每次大的经济危机后，全球都会有较大的可能性出现新技术的应用和替代，而我国政府也大力推进经济结构转型，做了大量的支持工作，如加大医疗体制改革力度、推进3G的应用建设、发展新能源等等。针对以上领域，易方达策略成长混合基金做了较深入的研究并进行了配置。

2010年，在投资策略上易方达策略成长混合基金将关注两大方面的机会：首先是在经济结构转型中政府重点支持的行业，包括泛消费大板块，医疗体制改革中受益的医药行业，三网融合背景下的传媒、IT、通讯设备类行业等等；其次，也将关注周期性行业被错杀的估值回补机会。

季度投资组合一览

项目 \ 季度	第一季度		第二季度		第三季度		第四季度	
基金资产净值	5,871,087,500.19元		6,674,645,575.87元		6,266,391,882.76元		6,431,774,016.51元	
基金份额	1,861,474,411.90份		1,767,356,507.44份		1,741,622,173.19份		1,502,384,596.57份	
基金份额净值	3.154元		3.777元		3.598元		4.281元	
基金资产组合	市值(元)	占总资产比(%)	市值(元)	占总资产比(%)	市值(元)	占总资产比(%)	市值(元)	占总资产比(%)
股票投资	4,272,164,404.49	70.82	6,190,134,369.34	92.11	4,997,171,955.74	79.21	5,674,017,494.55	86.48
债券投资	1,525,328,923.80	25.29	327,862,766.00	4.88	310,029,927.00	4.91	322,683,321.40	4.92
金融衍生品投资	——	——	——	——	——	——	——	——
买入返售金融资产	——	——	——	——	——	——	——	——
银行存款和结算备付金	156,635,928.23	2.60	188,500,417.37	2.80	987,953,237.01	15.66	490,359,111.54	7.47
其他资产	78,029,665.39	1.29	13,839,037.98	0.21	13,754,518.36	0.22	73,773,264.39	1.12

投资前五名股票明细	股票名称	公允价值(元)	占净值比(%)	股票名称	公允价值(元)	占净值比(%)	股票名称	公允价值(元)	占净值比(%)	股票名称	公允价值(元)	占净值比(%)
	特变电工	311,470,227.12	5.31	金牛能源	485,903,516.30	7.28	中国平安	299,972,127.00	4.79	招商银行	451,703,650.65	7.02
	海油工程	309,308,764.86	5.27	工商银行	468,856,588.08	7.02	保利地产	293,368,809.26	4.68	山煤国际	335,507,808.30	5.22
	中国平安	303,869,486.21	5.18	交通银行	433,616,755.66	6.50	浦发银行	278,099,906.55	4.44	五 粮 液	320,152,948.52	4.98
	苏宁电器	269,767,177.50	4.59	浦发银行	328,157,466.40	4.92	兴业银行	243,280,633.78	3.88	兴业银行	249,913,212.42	3.89
	中联重科	201,238,119.96	3.43	平煤股份	307,654,553.64	4.61	平煤股份	214,218,667.92	3.42	中国平安	220,173,244.90	3.42

投资前五名债券明细	债券名称	公允价值(元)	占净值比(%)	债券名称	公允价值(元)	占净值比(%)	债券名称	公允价值(元)	占净值比(%)	债券名称	公允价值(元)	占净值比(%)
	08进出04	388,120,000.00	6.61	09央行票据18	299,220.000.00	4.48	09央行票据37	299,010,000.00	4.77	09央行票据59	199,340,000.00	3.10
	08央行票据40	384,680,000.00	6.55	08央行票据81	19,244.000.00	0.29	龙盛转债	7,017,087.00	0.11	09央行票据65	99,670,000.00	1.55
	08央行票据55	289,380,000.00	4.93	恒源转债	9,398.766.00	0.14	博汇转债	4,002,840.00	0.06	王府转债	9,896,254.20	0.15
	08央行票据49	255,327,500.00	4.35							龙盛转债	8,836,587.20	0.14
	08央行票据84	97,010,000.00	1.65							博汇转债	4,772,880.00	0.07

易方达50指数证券投资基金

基本资料			
基金简称	易方达上证50指数	交易代码	110003
风险收益特征	该基金属于中等风险的基金品种，基金控制与基准的偏离风险，同时力争获得超越基准的收益。		
业绩比较基准	上证50指数		
合同生效日	2004年3月22日	首募份额 50.49亿份	认购户数 70,192户
基金管理人	易方达基金管理有限公司	基金托管人	交通银行
注册登记人	易方达基金管理有限公司		

成立来累计净值增长率与同期基准收益率历史走势对比图（%）

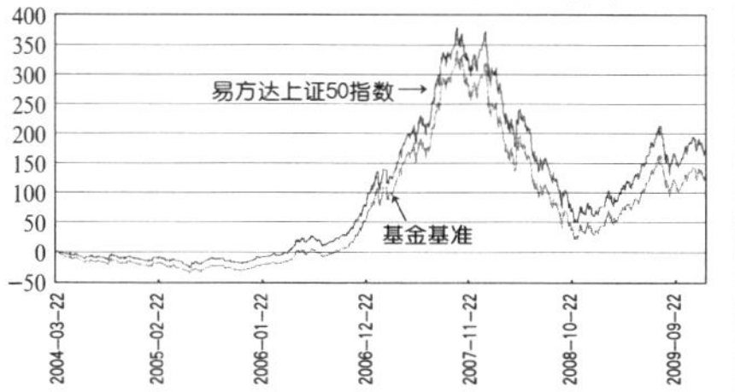

财务指标　单位：人民币（元）；%

项目＼年度	2009年	2008年	2007年
本期利润	11,061,790,905.04	-22,115,552,505.53	4,606,876,692.91
本期加权平均净值利润率	48.97	-103.60	36.97
期末基金资产净值	26,283,653,623.89	14,291,762,018.11	32,999,660,123.55
期末基金份额净值	0.9370	0.5283	1.4651
本期份额净值增长率	77.36	-63.94	123.25
累计份额净值增长率	182.66	59.37	341.99
基金收益分配	——	——	10派17.300

近三年净值增长率与同期基准收益率对比图（%）

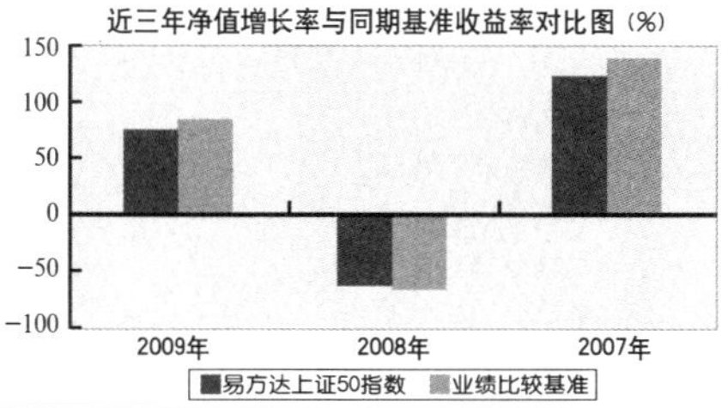

期末基金份额持有人户数	基金份额持有人户数为1,518,520户，平均每户持有18,473.31份。（期末截至2009年12月31日）
期末基金份额持有人结构	机构投资者持有份额3,014,455,943.77份，占总份额10.75%；个人投资者持有份额25,037,633,884.79份，占总份额89.25%。

基金业绩表现

截至2009年12月31日，易方达上证50指数基金份额净值为0.9370元，全年净值增长率为77.36%；同期业绩基准收益率为84.40%，年化跟踪误差2.78%。

基金管理团队

林　飞先生：基金经理，博士，6年证券从业经历。历任融通基金管理公司基金经理助理，易方达基金管理公司易方达深证100基金经理助理；现任易方达上证50指数基金经理、易方达深证100指数基金经理、易方达沪深300指数基金经理、易方达深证100指数联接基金经理。

基金运作分析

2009年年初以来，国内经济在较短时间内走出了增长的低谷，A股市场在经济转好预期和流动性充裕相互强化的过程中，呈现出单边上涨的格局。随着下半年政策重心由保增长向调结构逐步转移，在消费稳步增长的同时投资增速在高位开始逐步回落，经济增长的结构更趋均衡。与此同时，在内需复苏的背景下，物价指数环比上升的压力在四季度有所显现。下半年，A股市场在盈利复苏与政策退出的预期之间不断寻找新的平衡点，市场最终呈现宽幅震荡的格局。全年来看，围绕经济复苏预期和超跌反弹两条主线，市场表现出较为明显的板块轮动和结构分化的特征，不同风格资产风险溢价的差距在2009年逐步扩大，对不同类型指数产品产生了较为不同的影响。上证指数最终年度涨幅79.98%，50指数涨幅84.40%，作为增强型指数基金，易方达上证50指数基金2009年净值跟随基准指数出现了较大幅度的上涨。

季度投资组合一览

项目＼季度	第一季度		第二季度		第三季度		第四季度	
基金资产净值	17,341,875,882.95元		25,798,746,900.06元		24,041,491,182.26元		26,283,653,623.89元	
基金份额	25,324,915,838.53份		28,956,631,091.52份		29,249,928,975.80份		28,052,089,828.56份	
基金份额净值	0.6848元		0.8909元		0.8219元		0.9370元	
基金资产组合	市值(元)	占总资产比(%)	市值(元)	占总资产比(%)	市值(元)	占总资产比(%)	市值(元)	占总资产比(%)
股票投资	16,405,354,067.60	94.00	24,239,417,744.67	93.24	22,382,237,151.90	92.56	24,798,930,679.71	93.07
债券投资	——	——	——	——	996,700,000.00	4.12	1,096,370,000.00	4.11
金融衍生品投资	——	——	——	——	——	——	——	——
买入返售金融资产	——	——	——	——	——	——	——	——
银行存款和结算备付金	988,073,127.15	5.66	1,526,249,661.44	5.87	739,437,551.90	3.06	404,006,765.98	1.52
其他资产	59,637,360.51	0.34	230,247,953.17	0.89	63,278,508.09	0.26	345,574,578.51	1.30

投资前五名股票明细

股票名称	公允价值(元)	占净值比(%)	股票名称	公允价值(元)	占净值比(%)	股票名称	公允价值(元)	占净值比(%)	股票名称	公允价值(元)	占净值比(%)
浦发银行	1,665,920,000.00	9.61	浦发银行	2,300,155,154.18	8.92	中国平安	1,964,625,000.00	8.17	招商银行	2,204,266,848.35	8.39
中国平安	1,525,290,000.00	8.80	民生银行	2,037,852,899.28	7.90	浦发银行	1,914,300,229.35	7.96	中国平安	2,189,826,122.75	8.33
招商银行	1,371,572,139.78	7.91	招商银行	2,026,926,749.43	7.86	民生银行	1,902,732,249.12	7.91	浦发银行	2,004,586,741.71	7.63
中信证券	1,090,351,673.91	6.29	中国平安	1,941,305,000.00	7.52	招商银行	1,790,154,294.66	7.45	民生银行	1,974,227,838.66	7.51
中国神华	906,891,984.90	5.23	兴业银行	1,748,847,938.16	6.78	工商银行	1,688,616,533.43	7.02	兴业银行	1,935,930,317.36	7.37

投资前五名债券明细

债券名称	公允价值(元)	占净值比(%)	债券名称	公允价值(元)	占净值比(%)	债券名称	公允价值(元)	占净值比(%)	债券名称	公允价值(元)	占净值比(%)
						09央行票据45	996,700,000.00	4.15	09央行票据65	1,096,370,000.00	4.17

易方达积极成长证券投资基金

基本资料

基金简称	易方达积极成长混合	交易代码	110005		
风险收益特征	该基金属于中等偏高风险水平的基金品种。				
业绩比较基准	上证A股指数				
合同生效日	2004年9月9日	首募份额	11.58亿份	认购户数	15,522户
基金管理人	易方达基金管理有限公司	基金托管人	中国银行		
注册登记人	易方达基金管理有限公司				

成立来累计净值增长率与同期基准收益率历史走势对比图（%）

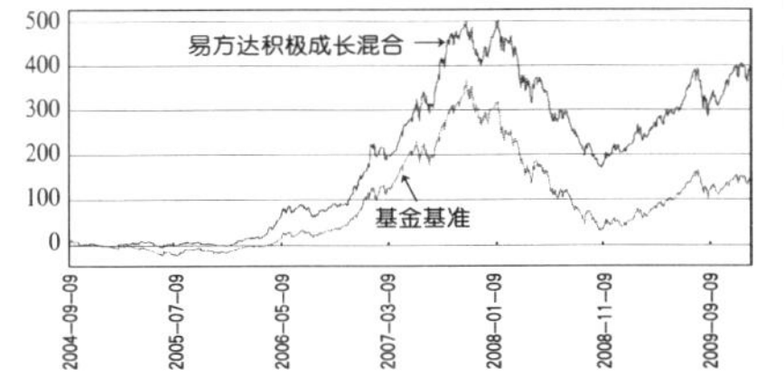

财务指标 单位：人民币(元)；%

项目 \ 年度	2009年	2008年	2007年
本期利润	4,001,313,035.85	-7,111,936,680.92	12,142,900,266.60
本期加权平均净值利润率	48.75	-65.61	71.46
期末基金资产净值	8,315,725,477.50	7,134,786,112.81	18,016,363,126.11
期末基金份额净值	1.3308	0.8606	1.7133
本期份额净值增长率	63.29	-45.86	113.17
累计份额净值增长率	398.44	205.25	463.79
基金收益分配	10派0.700	10派1.000	10派1.500

近三年净值增长率与同期基准收益率对比图（%）

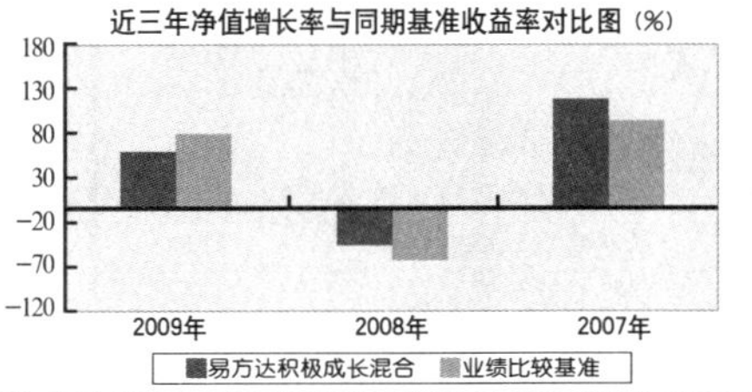

期末基金份额持有人户数	基金份额持有人户数为318,814户，平均每户持有19,599.79份。(期末截至2009年12月31日)
期末基金份额持有人结构	机构投资者持有份额165,634,579.59份，占总份额2.65%；个人投资者持有份额6,083,053,190.70份，占总份额97.35%。

基金业绩表现

截至2009年12月31日，易方达积极成长混合基金份额净值为1.3308元，全年净值增长率为63.29%；同期业绩基准收益率为79.80%。

基金管理团队

陈志民先生：基金经理、总裁助理、基金投资总监、基金投资部总经理，硕士研究生，16年证券从业经历。历任厦门国际信托投资公司信托部经理助理，南方基金管理公司研究员、基金经理助理、投资部副总经理，易方达基金公司基金投资部副总经理、机构理财部总经理、科翔基金经理、科瑞基金经理、科汇基金经理、机构理财部投资经理；2009年4月起任易方达积极成长基金经理。曾公派美国哥伦比亚大学国际关系学院学习，获公共管理硕士学位，并曾在美国Evergreen Investments基金公司国际股票投资部工作。

何云峰先生：基金经理，博士研究生，5年证券从业经历。曾任易方达基金管理公司行业研究员兼易方达积极成长混合基金经理助理；现任易方达积极成长混合基金经理，兼易方达中小盘股票基金经理。

基金运作分析

2009年，由于对市场上涨幅度估计不足，易方达积极成长混合基金在一季度总体仓位偏低，组合弹性不足，影响了全年的业绩表现。二季度开始该基金基本采取高股票仓位的投资策略，同时对股票结构进行一定调整。在行业配置上，重点增加受益于经济复苏和通胀影响的煤炭、银行、地产、化工、机械等板块个股，以提高组合弹性。对具备防御性的电力设备、电力等板块个股进行适当减持。从实际效果来看，取得一定的效果。但在股票仓位和结构的调整速度上需要反思。

季度投资组合一览

项目 \ 季度	第一季度			第二季度			第三季度			第四季度		
基金资产净值	8,160,590,775.42元			8,468,434,490.93元			7,594,387,955.24元			3,784,744,752.44元		
基金份额	7,985,142,792.23份			7,020,062,403.50份			6,515,444,565.78份			6,248,687,770.29份		
基金份额净值	1.0220元			1.2063元			1.1656元			1.3308元		
基金资产组合	市值(元)		占总资产比(%)	市值(元)		占总资产比(%)	市值(元)		占总资产比(%)	市值(元)		占总资产比(%)
股票投资	5,827,635,580.35		70.83	7,714,192,574.17		90.45	5,988,749,110.22		78.55	7,409,892,492.75		88.48
债券投资	242,220,000.00		2.94	192,560,000.00		2.26	1,317,459.00		0.02	1,659,070.40		0.02
金融衍生品投资	——		——	——		——	——		——	——		——
买入返售金融资产	——		——	——		——	——		——	——		——
银行存款和结算备付金	2,142,343,781.58		26.04	583,983,942.80		6.85	1,589,135,535.78		20.84	931,536,476.39		11.12
其他资产	15,029,972.36		0.18	38,095,488.67		0.45	44,664,949.28		0.59	31,651,466.52		0.38
投资前五名股票明细	股票名称	公允价值(元)	占净值比(%)	股票名称	公允价值(元)	占净值比(%)	股票名称	公允价值(元)	占净值比(%)	股票名称	公允价值(元)	占净值比(%)
	中国平安	430,210,000.00	5.27	浦发银行	575,496,639.08	6.80	中国平安	562,769,493.00	7.41	招商银行	451,248,285.25	5.43
	特变电工	333,099,000.00	4.08	工商银行	544,779,630.70	6.43	招商银行	422,478,082.32	5.56	中国平安	396,648,000.00	4.77
	浦发银行	295,920,000.00	3.63	中国平安	519,330,000.00	6.13	民生银行	384,180,000.00	5.06	天地科技	278,000,000.00	3.34
	格力电器	286,115,800.23	3.51	民生银行	443,562,855.12	5.24	浦发银行	360,979,715.85	4.75	兴业银行	270,077,000.00	3.25
	万　科A	281,520,000.00	3.45	华发股份	300,447,000.00	3.55	特变电工	212,298,598.82	2.80	民生银行	264,985,000.00	3.19
投资前五名债券明细	债券名称	公允价值(元)	占净值比(%)	债券名称	公允价值(元)	占净值比(%)	债券名称	公允价值(元)	占净值比(%)	债券名称	公允价值(元)	占净值比(%)
	08央行票据84	194,020,000.00	2.38	08央行票据84	192,560,000.00	2.27	龙盛转债	1,317,459.00	0.02	龙盛转债	1,659,070.40	0.02
	08央行票据52	48,200,000.00	0.59									

易方达货币市场基金

基本资料

基金简称	易方达货币	交易代码	110006 110016		
风险收益特征	该基金属于高流动性、低风险的基金品种，其预期风险和预期收益率低于股票基金、债券基金和混合基金。				
业绩比较基准	一年期银行定期储蓄存款的税后利率：(1-利息税率)×一年期银行定期储蓄存款利率				
合同生效日	2005年2月2日	首募份额	36.22亿份	认购户数	23,390户
基金管理人	易方达基金管理有限公司	基金托管人	中国银行		
注册登记人	易方达基金管理有限公司				

成立来累计净值收益率与同期基准收益率历史走势对比图（%）

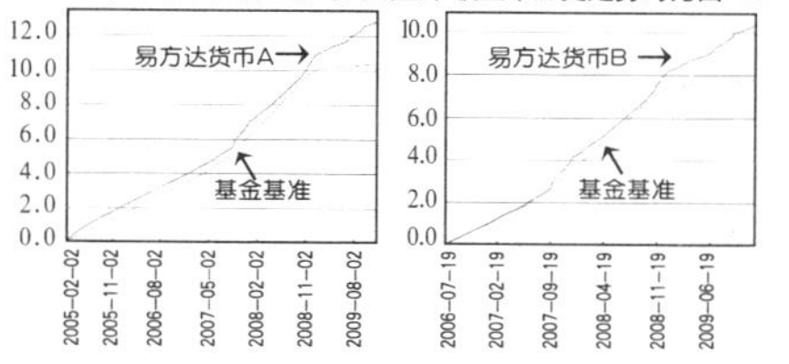

财务指标 单位：人民币（亿元）；%

项目 \ 年度	2009年 A	2009年 B	2008年 A	2008年 B	2007年 A	2007年 B
本期利润	0.6630	0.5070	0.9500	1.4070	0.4356	0.1881
期末基金资产净值	26.6634	24.4651	45.8617	61.5741	14.8829	9.5033
期末基金份额净值	1.000元	1.000元	1.000元	1.000元	1.000元	1.000元
本期份额净值收益率	1.8550	2.0997	3.5532	3.8006	3.0121	3.2589
累计份额净值收益率	12.9848	10.4520	10.9273	8.1807	7.1211	4.2199
基金收益分配	0.6630	0.5070	0.9500	1.4070	0.4356	0.1881

近三年净值收益率与同期基准收益率对比图（%）

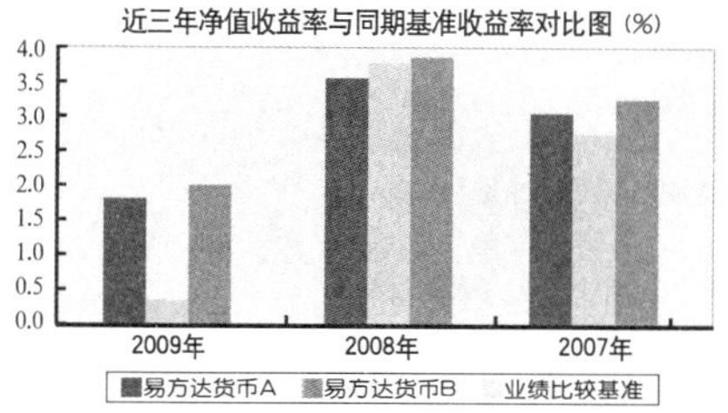

期末基金份额持有人户数	A：基金份额持有人户数为40,904户，平均每户持有65,185.29份。 B：基金份额持有人户数为55户，平均每户持有44,482,045.69份。（期末截至2009年12月31日）
期末基金份额持有人结构	A：机构投资者持有份额127,531,214.58份，占总份额4.78%；个人投资者持有份额2,538,8C7,685.07份，占总份额95.22%。 B：机构投资者持有份额2,187,747,780.32份，占总份额89.42%；个人投资者持有份额258,764,732.65份，占总份额10.58%。

基金业绩表现

2009年易方达货币基金A级净值收益率为1.8550%，B级净值收益率为2.0997%；同期业绩基准收益率为0.3600%。

基金管理团队

马喜德先生：基金经理，固定收益部投资经理，博士研究生，5年证券从业经历。历任中国工商银行总行资金营运部人民币交易处投资经理、金融市场部固定收益处高级投资经理；2008年7月起任易方达货币基金经理，兼易方达稳健收益债券基金经理。

基金运作分析

2009年债券市场全年出现了震荡下跌的走势。虽然期间由于流动性过剩出现过几次资金推动行情，但是年末收益率曲线还是较年初明显上移。

易方达货币基金在2009年维持相对较短的平均剩余期限，较好地回避了债券价格下跌的损失，均衡投资短期存款、逆回购、央票和短期融资券，力求在保持较高流动性的同时为投资者提供满意的投资收益。

展望未来，易方达货币基金将坚持货币市场基金作为流动性管理工具的定位，继续保持投资组合较好的流动性和较短的组合期限。基金投资类属配置将以存款、回购、央行票据和信用相对较好的短期融资券为主，追求相对稳定的投资收益。

季度投资组合一览

项目 \ 季度	第一季度 A	第一季度 B	第二季度 A	第二季度 B	第三季度 A	第三季度 B	第四季度 A	第四季度 B
基金资产净值	47.2233亿元	31.9748亿元	30.2584亿元	17.5291亿元	30.3239亿元	10.8837亿元	26.6634亿元	24.4651亿元
基金份额	47.2233亿份	31.9748亿份	30.2584亿份	17.5291亿份	30.3239亿份	10.8837亿份	26.6634亿份	24.4651亿份
基金份额净值	1.0000元	1.0000元	1.0000元	1.0000元	1.0000元	1.0000元	1.0000元	1.0000元
基金资产组合	市值(元)	占总资产比(%)	市值(元)	占总资产比(%)	市值(元)	占总资产比(%)	市值(元)	占总资产比(%)
股票投资	——	——	——	——	——	——	——	——
债券投资	5,520,372,568.54	59.18	2,934,069,203.32	53.36	1,658,773,481.19	39.26	1,201,005,898.29	22.89
金融衍生品投资	——	——	——	——	——	——	——	——
买入返售金融资产	3,370,000,000.00	36.13	980,000,000.00	17.82	1,334,303,201.45	31.58	1,829,476,784.21	34.86
银行存款和结算备付金	117,443,795.55	1.26	1,423,405,351.34	25.89	1,221,843,746.45	28.92	1,500,923,964.92	28.60
其他资产	319,666,557.75	3.43	161,268,052.33	2.93	9,979,724.44	0.24	716,174,819.05	13.65

投资前五名债券明细	债券名称	成本(元)	占净值比(%)	债券名称	成本(元)	占净值比(%)	债券名称	成本(元)	占净值比(%)	债券名称	成本(元)	占净值比(%)
	08央行票据46	609,566,573.56	7.70	08同盛CP01	300,319,853.07	6.28	09央行票据43	458,813,791.27	11.13	09央行票据63	199,543,260.42	3.90
	09央行票据10	598,640,874.18	7.56	08央行票据81	299,880,868.68	6.28	09央行票据39	199,586,726.99	4.84	09湘华菱CP01	120,235,947.29	2.35
	08央行票据40	549,869,779.99	6.94	08武钢CP01	200,310,985.26	4.19	05农发06	79,490,513.38	1.93	09湘华菱CP02	120,209,616.38	2.35
	09光明CP01	300,904,464.62	3.80	08苏国信CP03	200,166,445.91	4.19	09公控CP01	70,084,180.78	1.70	09南玻CP02	100,195,294.50	1.96
	08同盛CP01	300,614,298.36	3.80	09央行票据15	199,826,236.61	4.18	09万向CP01	70,001,155.68	1.70	09央行票据71	99,677,632.27	1.95

投资组合平均剩余期限	平均剩余期限	占净值比(%)	平均剩余期限	占净值比(%)	平均剩余期限	占净值比(%)	平均剩余期限	占净值比(%)
	30天以内	62.13	30天以内	65.79	30天以内	63.24	30天以内	64.63
	30天(含)—60天	4.95	30天(含)—60天	20.12	30天(含)—60天	4.84	30天(含)—60天	0.00
	60天(含)—90天	13.36	60天(含)—90天	8.16	60天(含)—90天	13.06	60天(含)—90天	3.90
	90天(含)—180天	20.66	90天(含)—180天	10.28	90天(含)—180天	1.95	90天(含)—180天	10.56
	180天(含)—397天(含)	14.84	180天(含)—397天(含)	7.34	180天(含)—397天(含)	19.19	180天(含)—397天(含)	16.85

易方达深证100交易型开放式指数基金

基本资料					
基金简称	易方达深证100ETF	交易代码	159901		
风险收益特征	该基金属于股票基金，其预期风险与收益水平高于混合基金、债券基金与货币市场基金。				
业绩比较基准	深证100价格指数				
合同生效日	2006年3月24日	首募份额	51.58亿份	认购户数	35,503户
基金管理人	易方达基金管理有限公司	基金托管人	中国银行		
注册登记人	中国证券登记结算有限责任公司深圳分公司				

成立来累计净值增长率与同期基准收益率历史走势对比图（%）

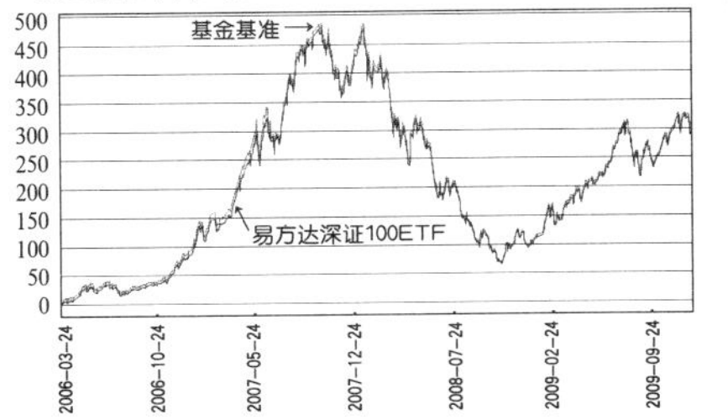

财务指标　单位：人民币（元）；%

项目 \ 年度	2009年	2008年	2007年
本期利润	3,611,629,227.25	−4,530,455,980.34	4,589,294,463.35
本期加权平均净值利润率	59.25	−104.47	97.54
期末基金资产净值	12,147,474,956.48	2,418,573,490.58	6,256,385,033.40
期末基金份额净值	4.228	1.979	5.411
本期份额净值增长率	113.64	−63.43	185.35
累计份额净值增长率	313.67	93.63	429.41
基金收益分配	——	——	10派1.200

近三年净值增长率与同期基准收益率对比图（%）

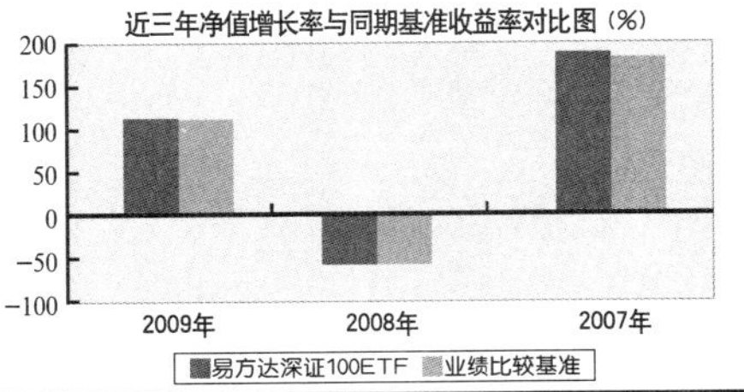

期末基金份额持有人户数	基金份额持有人户数为87,263户，平均每户持有32,925.37份。（期末截至2009年12月31日）
期末基金份额持有人结构	机构投资者持有份额1,746,268,844份，占总份额60.78%；个人投资者持有份额1,126,897,790份，占总份额39.22%。

基金业绩表现

截至2009年12月31日，易方达深证100ETF基金份额净值为4.228元，全年份额净值增长率为113.64%，同期业绩基准收益率为113.42%，日跟踪偏离度的均值为0.0173%，日跟踪误差为0.0255%，年化跟踪误差0.3949%，在合同规定的目标控制范围之内。

基金管理团队

林　飞先生：基金经理，博士，6年证券从业经历。历任融通基金管理公司基金经理助理，易方达基金管理公司易方达深证100基金经理助理；现任易方达上证50指数基金经理、易方达深证100指数基金经理、易方达沪深300指数基金经理、易方达深证100指数联接基金经理。

基金运作分析

2009年，宏观经济企稳恢复的趋势逐步形成和确立，微观企业盈利逐步好转并增长，市场总体也一改2008年的颓势，出现大幅度上涨。上证指数全年涨幅为79.98%，深证100价格指数全年涨幅为113.42%。作为被动型指数基金，易方达深证100ETF基金在2009年跟随市场出现了大幅度的上涨。

2010年，鉴于内外需结构的调整、优化以及国内经济的弹性和潜在的内生增长力，易方达深证100ETF基金对中国经济中长期的前景持乐观的判断，该基金将继续坚持既定的指数化投资策略，以严格控制基金相对目标指数的跟踪偏离为投资目标，追求跟踪偏离度及跟踪误差的最小化。

季度投资组合一览

项目 \ 季度	第一季度		第二季度		第三季度		第四季度	
基金资产净值	3,464,744,226.33元		5,699,759,589.17元		7,364,808,258.90元		12,147,474,956.48元	
基金份额	1,243,166,634.00份		1,631,166,634.00份		2,140,166,634.00份		2,873,166,634.00份	
基金份额净值	2.787元		3.494元		3.441元		4.228元	
基金资产组合	市值(元)	占总资产比(%)	市值(元)	占总资产比(%)	市值(元)	占总资产比(%)	市值(元)	占总资产比(%)
股票投资	3,428,664,343.15	98.65	5,683,014,432.50	99.27	7,307,116,574.33	99.00	12,100,255,891.65	99.48
债券投资	1,835,970.24	0.05	——	——	3,742,578.06	0.05	——	——
金融衍生品投资	——	——	——	——	——	——	——	——
买入返售金融资产	——	——	——	——	——	——	——	——
银行存款和结算备付金	11,370,509.71	0.33	40,803,268.85	0.71	64,088,291.07	0.87	47,372,409.66	0.39
其他资产	33,846,122.43	0.97	1,031,088.38	0.02	6,303,820.34	0.09	15,709,987.90	0.13

投资前五名股票明细	股票名称	公允价值(元)	占净值比(%)	股票名称	公允价值(元)	占净值比(%)	股票名称	公允价值(元)	占净值比(%)	股票名称	公允价值(元)	占净值比(%)
	万科A	274,138,595.28	7.91	万　科A	552,891,331.50	9.70	万　科A	582,896,696.44	7.91	万　科A	800,294,373.42	6.59
	深发展A	168,844,816.62	4.87	深发展A	303,116,981.28	5.32	深发展A	358,617,098.94	4.87	深发展A	580,320,957.88	4.78
	五粮液	108,430,785.68	3.13	苏宁电器	204,070,808.76	3.58	苏宁电器	286,125,818.99	3.89	五粮液	486,610,812.38	4.01
	苏宁电器	102,688,543.80	2.96	西山煤电	183,859,794.30	3.23	西山煤电	240,307,537.55	3.26	苏宁电器	481,469,462.22	3.96
	中兴通讯	92,911,510.50	2.68	五粮液	176,484,435.67	3.10	中兴通讯	220,664,288.04	3.00	西山煤电	406,197,197.37	3.34

投资前五名债券明细	债券名称	公允价值(元)	占净值比(%)	债券名称	公允价值(元)	占净值比(%)	债券名称	公允价值(元)	占净值比(%)	债券名称	公允价值(元)	占净值比(%)
	柳工转债	1,835,970.24	0.05				安泰转债	3,742,578.06	0.05			

易方达价值精选股票型证券投资基金

基本资料					
基金简称	易方达价值精选股票	交易代码	110009		
风险收益特征	该基金是主动型股票基金，属于中高风险的基金品种，其预期风险收益水平高于混合型基金、债券基金、货币市场基金。				
业绩比较基准	80%×沪深300指数+20%×上证国债指数				
合同生效日	2006年6月13日	首募份额	117.91亿份	认购户数	249,704户
基金管理人	易方达基金管理有限公司	基金托管人	中国工商银行		
注册登记人	易方达基金管理有限公司				

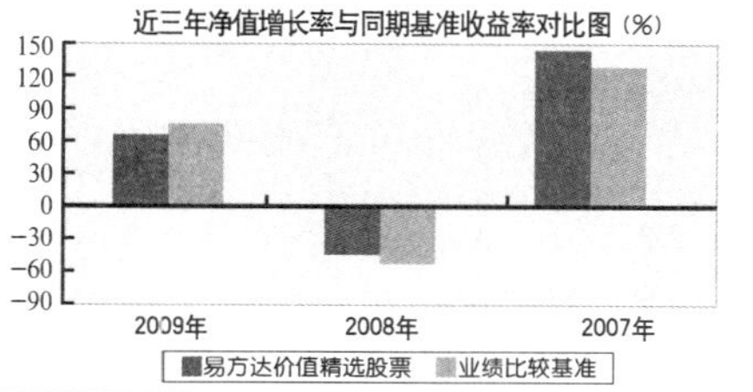

财务指标　单位：人民币（元）；%

项目＼年度	2009年	2008年	2007年
本期利润	3,863,531,108.44	-7,461,564,230.91	10,820,090,791.77
本期加权平均净值利润率	48.42	-67.29	80.47
期末基金资产净值	8,302,191,302.43	6,870,237,539.07	16,143,808,044.02
期末基金份额净值	1.5002	0.9559	3.1680
本期份额净值增长率	63.50	-46.12	143.10
累计份额净值增长率	212.42	91.08	254.64
基金收益分配	10派0.600	10派8.700	10派1.800

期末基金份额持有人户数	基金份额持有人户数为220,217户，平均每户持有25,130.05份。（期末截至2009年12月31日）
期末基金份额持有人结构	机构投资者持有份额463,720,399.30份，占总份额8.38%；个人投资者持有份额5,070,344,369.95份，占总份额91.62%。

基金业绩表现

截至2009年12月31日，易方达价值精选股票基金份额净值为1.5002元，全年净值增长率为63.50%；同期业绩基准收益率为77.54%。

基金管理团队

吴欣荣先生：基金经理、研究部总经理，硕士研究生，8年证券从业经历。曾任易方达基金管理公司研究员、投资管理部经理、基金投资部副总经理、研究部副总经理、科瑞基金经理；2006年6月起任易方达价值精选股票基金经理。

基金运作分析

2009年初易方达价值精选股票基金对经济复苏和流动性过剩已有一定预期，但对经济复苏的力度和市场流动性充裕程度的判断仍显保守，组合仓位较低，弹性不足，导致基金净值涨幅相对落后。下半年，易方达价值精选股票基金在行业配置上相对均衡，适当增加了食品饮料、新能源以及3G 产业链的股票配置，取得较好效果。

展望2010年，该基金管理人认为，中国经济的结构转型将被置于更加重要的位置。传统的周期性行业尽管盈利能力可能继续提升，但投资者对于调控的担忧将抑制这些行业的估值提升。而受益于经济结构转型的企业可能面临战略性的发展机遇。因此，从中长期的角度来看，那些代表或受益于经济转型方向的企业将成为该基金管理人研究和投资的重点，并将主要精力投入于对这类企业的深入研究和精挑细选上，着眼于找出那些能持续成长或者成长超出预期的优质企业，努力为投资者带来更好的回报。

季度投资组合一览

项目＼季度	第一季度		第二季度		第三季度		第四季度	
基金资产净值	7,703,674,576.18元		8,383,147,479.05元		7,307,098,279.42元		8,302,191,302.43元	
基金份额	6,582,958,663.86份		6,097,080,884.51份		5,495,959,440.60份		5,534,064,769.25份	
基金份额净值	1.1702元		1.3749元		1.3295元		1.5002元	
基金资产组合	市值(元)	占总资产比(%)	市值(元)	占总资产比(%)	市值(元)	占总资产比(%)	市值(元)	占总资产比(%)
股票投资	5,160,057,678.07	66.17	7,672,825,631.13	90.24	6,087,676,696.94	83.02	7,040,018,207.77	84.32
债券投资	779,140,000.00	9.99	——	——	2,318,169.00	0.03	2,852,290.40	0.03
金融衍生品投资	——	——	——	——	1,067,035.44	0.01	——	——
买入返售金融资产	——	——	——	——	——	——	——	——
银行存款和结算备付金	1,789,588,780.38	22.95	814,231,974.71	9.58	1,231,950,939.71	16.80	1,294,632,286.91	15.51
其他资产	69,662,827.91	0.89	15,482,969.70	0.18	10,034,717.17	0.14	11,887,868.08	0.14

投资前五名股票明细	股票名称	公允价值(元)	占净值比(%)	股票名称	公允价值(元)	占净值比(%)	股票名称	公允价值(元)	占净值比(%)	股票名称	公允价值(元)	占净值比(%)
	金融街	299,970,000.00	3.89	浦发银行	688,837,289.54	8.22	民生银行	458,384,690.52	6.27	民生银行	617,055,920.18	7.43
	苏宁电器	279,955,481.95	3.63	兴业银行	520,204,528.77	6.21	中国平安	406,101,321.60	5.56	中国平安	509,729,314.85	6.14
	中信证券	216,495,000.00	2.81	民生银行	384,196,016.16	4.58	浦发银行	373,350,000.00	5.11	中兴通讯	384,214,182.10	4.63
	华发股份	213,070,000.00	2.77	金融街	302,719,642.24	3.61	中国人寿	332,160,000.00	4.55	中国建筑	325,718,973.04	3.92
	特变电工	199,750,075.20	2.59	中国平安	296,760,000.00	3.54	兴业银行	293,324,232.00	4.01	浦发银行	227,745,000.00	2.74

投资前五名债券明细	债券名称	公允价值(元)	占净值比(%)	债券名称	公允价值(元)	占净值比(%)	债券名称	公允价值(元)	占净值比(%)	债券名称	公允价值(元)	占净值比(%)
	08央行票据81	484,800,000.00	6.29				龙盛转债	1,317,459.00	0.02	龙盛转债	1,659,070.40	0.02
	08央行票据47	106,070,000.00	1.38				博汇转债	1,000,710.00	0.01	博汇转债	1,193,220.00	0.01
	08国开13	54,725,000.00	0.71	——								
	08央行票据44	53,015,000.00	0.69				——			——		
	08央行票据84	48,505,000.00	0.63									

易方达策略成长二号混合型证券投资基金

基本资料					
基金简称	易方达策略成长二号混合	交易代码	112002		
风险收益特征	该基金属于中等风险水平的基金品种；力争通过主动投资获取较高的资本增值和一定的当期收益。				
业绩比较基准	上证A指收益率×75%+上证国债指数收益率×25%				
合同生效日	2006年8月16日	首募份额	36.57亿份	认购户数	63,237户
基金管理人	易方达基金管理有限公司	基金托管人	中国银行		
注册登记人	易方达基金管理有限公司				

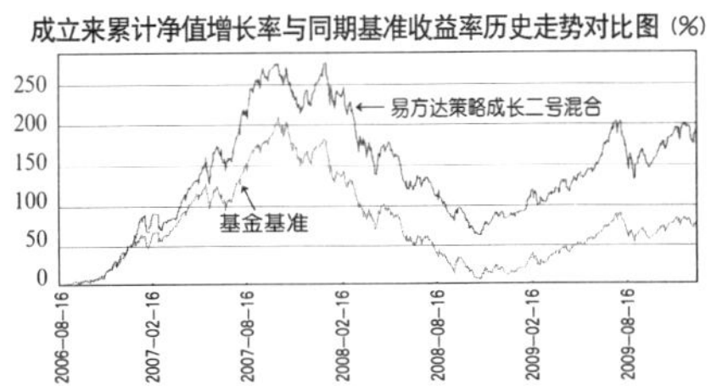

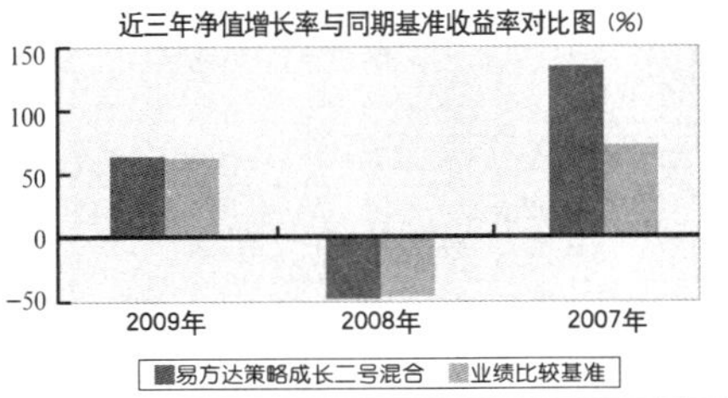

财务指标　　单位：人民币（元）；%

项目＼年度	2009年	2008年	2007年
本期利润	3,055,632,068.75	−5,868,784,211.24	6,642,090,170.91
本期加权平均净值利润率	46.36	−72.45	68.73
期末基金资产净值	7,060,169,382.30	5,265,457,408.95	13,493,315,622.23
期末基金份额净值	1.578	0.979	1.900
本期份额净值增长率	61.18	−47.77	134.46
累计份额净值增长率	196.47	83.93	252.16
基金收益分配	——	10派0.200	10派14.900

期末基金份额持有人户数	基金份额持有人户数为193,150户，平均每户持有23,166.41份。（期末截至2009年12月31日）
期末基金份额持有人结构	机构投资者持有份额516,156,106.60份，占总份额11.54%；个人投资者持有份额3,958,436,274.58份，占总份额88.46%。

基金业绩表现

截至2009年12月31日，易方达策略成长二号混合基金份额净值为1.578元，全年净值增长率为61.18%；同期业绩基准收益率为60.07%。

基金管理团队

刘志奇先生：基金经理，硕士研究生，5年证券从业经历。历任易方达基金管理公司行业研究员、易方达策略成长二号混合基金经理助理；2007年7月起任易方达策略成长二号混合基金经理，兼易方达策略成长混合基金经理。

基金运作分析

2009年易方达策略成长二号混合基金组合在年初仓位较轻，结构偏防御，在二季度经济确定转暖后增加了组合攻击性，增持了与宏观经济密切相关的金融、地产、煤炭等周期性行业股票，并保持较高仓位。其后在三季度减持了部分周期类股票并增持了部分医药、IT等防御类股票。该基金管理人认为每次大的经济危机后，全球都会有较大的可能性出现新技术的应用和替代，而我国政府也大力推进经济结构转型，做了大量的支持工作，如加大医疗体制改革力度、推进3G的应用建设、发展新能源等等。针对以上领域，易方达策略成长二号混合基金做了较深入的研究并进行了配置。

2010年，在投资策略上，易方达策略成长二号混合基金将关注两方面的机会：首先是在经济结构转型中政府重点支持的行业，包括泛消费大板块，医疗体制改革中受益的医药行业，三网融合背景下的传媒、IT、通讯设备类行业等等；其次，也将关注周期性行业被错杀的估值回补机会。

季度投资组合一览

项目＼季度	第一季度		第二季度		第三季度		第四季度	
基金资产净值	6,082,704,734.43元		6,986,497,664.58元		6,350,782,413.50元		7,060,169,382.30元	
基金份额	5,271,749,737.73份		5,043,229,889.67份		4,812,539,826.29份		4,474,592,381.18份	
基金份额净值	1.154元		1.385元		1.320元		1.578元	
基金资产组合	市值(元)	占总资产比(%)	市值(元)	占总资产比(%)	市值(元)	占总资产比(%)	市值(元)	占总资产比(%)
股票投资	4,371,532,061.39	69.67	6,450,317,946.33	91.50	5,097,513,348.28	79.73	6,078,808,087.25	84.77
债券投资	1,677,620,337.80	26.74	329,505,900.50	4.67	312,992,666.50	4.90	372,416,172.40	5.19
金融衍生品投资	——	——	——	——	——	——	——	——
买入返售金融资产	——	——	——	——	——	——	——	——
银行存款和结算备付金	182,946,317.62	2.92	257,806,970.06	3.66	946,445,170.92	14.80	644,298,575.55	8.98
其他资产	42,761,811.18	0.68	12,141,228.97	0.17	36,816,303.04	0.58	75,523,746.20	1.05

投资前五名股票明细	股票名称	公允价值(元)	占净值比(%)	股票名称	公允价值(元)	占净值比(%)	股票名称	公允价值(元)	占净值比(%)	股票名称	公允价值(元)	占净值比(%)
	特变电工	336,723,629.58	5.54	工商银行	604,328,173.46	8.65	中国平安	307,659,311.70	4.84	招商银行	514,321,356.90	7.28
	海油工程	314,749,996.44	5.17	金牛能源	504,262,354.50	7.22	浦发银行	283,850,105.70	4.47	山煤国际	359,344,136.32	5.09
	中国平安	307,751,857.69	5.06	交通银行	444,888,761.21	6.37	保利地产	268,704,512.60	4.23	五 粮 液	352,217,151.74	4.99
	苏宁电器	261,480,729.35	4.30	浦发银行	336,907,253.30	4.82	兴业银行	226,378,875.78	3.56	兴业银行	270,060,150.42	3.83
	中联重科	199,328,123.96	3.28	平煤股份	325,745,593.25	4.66	平煤股份	217,747,154.88	3.43	中国平安	243,900,783.35	3.45

投资前五名债券明细	债券名称	公允价值(元)	占净值比(%)	债券名称	公允价值(元)	占净值比(%)	债券名称	公允价值(元)	占净值比(%)	债券名称	公允价值(元)	占净值比(%)
	08央行票据84	582,060,000.00	9.57	09央行票据18	299,220,000.00	4.28	09央行票据37	299,010,000.00	4.71	09央行票据59	199,340,000.00	2.82
	09央行票据09	548,680,000.00	9.02	04国开11	20,020,000.00	0.29	龙盛转债	7,930,395.00	0.12	09央行票据65	149,505,000.00	2.12
	08进出04	291,090,000.00	4.79	恒源转债	7,283,295.00	0.10	山鹰转债	3,050,141.50	0.05	龙盛转债	9,986,712.00	0.14
	08央行票据46	96,290,000.00	1.58	山鹰转债	2,982,605.50	0.04	博汇转债	3,002,130.00	0.05	王府转债	9,811,400.40	0.14
	08央行票据43	96,230,000.00	1.58	——			——			博汇转债	3,579,660.00	0.05

易方达价值成长混合型证券投资基金

基本资料			
基金简称	易方达价值成长混合	交易代码	110010
风险收益特征	该基金为混合型基金，中等风险收益水平，其预期风险及收益水平理论上低于股票型基金，高于债券基金及货币市场基金。		
业绩比较基准	沪深300指数收益率×70%+上证国债指数收益率×30%		
合同生效日	2007年4月2日	首募份额	108.75亿份 认购户数 456,028户
基金管理人	易方达基金管理有限公司	基金托管人	中国工商银行
注册登记人	易方达基金管理有限公司		

成立来累计净值增长率与同期基准收益率历史走势对比图（%）

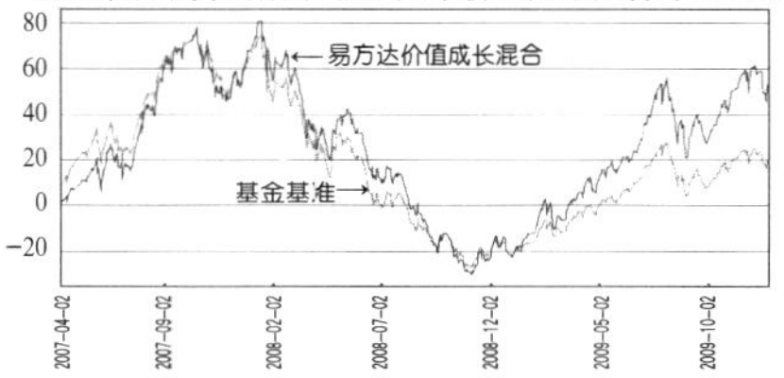

近三年净值增长率与同期基准收益率对比图（%）

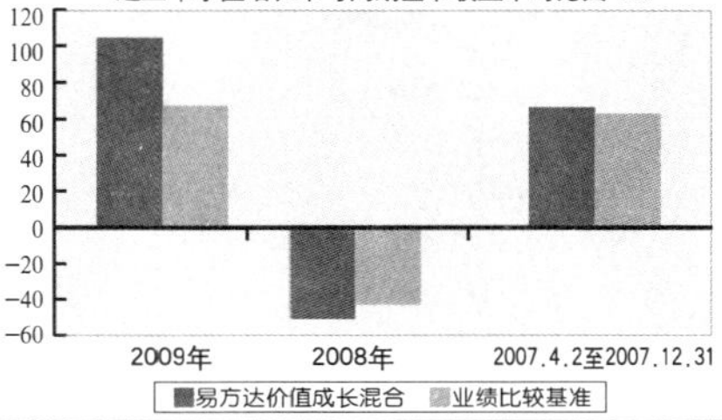

财务指标　单位：人民币（元）；%

项目＼年度	2009年	2008年	2007.4.2至2007.12.31
本期利润	15,531,840,189.07	−18,851,174,797.00	13,186,168,004.63
本期加权平均净值利润率	62.13	−78.72	43.73
期末基金资产净值	32,566,446,461.57	14,628,441,318.96	37,042,757,576.60
期末基金份额净值	1.5138	0.7461	1.6086
本期份额净值增长率	102.90	−53.62	67.15
累计份额净值增长率	57.30	−22.47	67.15
基金收益分配	——	——	10派0.600

期末基金份额持有人户数	基金份额持有人户数为905,966户，平均每户持有23,745.19份。（期末截至2009年12月31日）
期末基金份额持有人结构	机构投资者持有份额2,152,893,707.85份，占总份额10.01%；个人投资者持有份额19,359,441,258.98份，占总份额89.99%。

基金业绩表现

截至2009年12月31日，易方达价值成长混合基金份额净值为1.5138元，全年净值增长率为102.90%；同期业绩基准收益率为67.96%。

基金管理团队

潘　峰先生：基金经理、基金投资部副总经理，博士研究生，7年证券从业经历。曾任易方达基金管理公司行业研究员、基金经理助理、机构理财部投资经理；2007年4月起任易方达价值成长混合基金经理。

基金运作分析

2009年沪深300指数大幅反弹，全年涨幅为96.7%。易方达价值成长混合基金出于对2009年市场的看好，从年初开始逐步提高股票投资比例，降低固定收益类资产权重，四季度开始注重结构调整，减持了金融、地产及采掘等行业，增加了消费类、化工、医药及TMT等行业的投资比例，同时坚持中小盘风格，至报告期末，股票资产配置比例达到93.6%。行业及板块配置方面，该基金秉承以往风格，超配采掘、化工、商业贸易等行业，以及以优势制造业、品牌消费品、医药为代表的成长类资产，主要选择各细分行业龙头个股进行配置。

2010年，该管理人对未来市场持谨慎乐观态度，认为整体性机会弱于2009年，但主题性机会以及个股行情仍将延续精彩。在此背景下，该基金计划维持相对积极、注重攻守平衡的投资策略，在维持稳健的资产配置基础上注重板块切换和个股选择，重点投资受益于再平衡过程的优势企业，具体方向包括以移动互联网为代表的新兴产业以及价值被低估的传统产业，同时注重防范过于乐观带来的风险。

季度投资组合一览

项目＼季度	第一季度		第二季度		第三季度		第四季度	
基金资产净值	19,935,642,493.38元		24,548,509,098.24元		27,277,699,129.97元		32,566,446,461.57元	
基金份额	20,151,930,860.73份		19,808,142,752.89份		21,973,905,143.18份		21,512,334,966.83份	
基金份额净值	0.9893元		1.2393元		1.2414元		1.5138元	
基金资产组合	市值(元)	占总资产比(%)	市值(元)	占总资产比(%)	市值(元)	占总资产比(%)	市值(元)	占总资产比(%)
股票投资	15,536,051,092.17	76.47	23,297,096,607.87	94.32	23,961,550,851.09	87.49	30,484,898,806.20	92.73
债券投资	920,082,408.94	4.53	766,332,092.00	3.10	714,549,260.00	2.61	988,993,980.00	3.01
金融衍生品投资	——	——	——	——	——	——	——	——
买入返售金融资产	——	——	——	——	——	——	——	——
银行存款和结算备付金	3,769,027,491.98	18.55	511,538,162.84	2.07	2,506,110,265.87	9.15	1,287,217,079.11	3.92
其他资产	91,599,718.52	0.45	124,005,032.02	0.50	204,451,295.50	0.75	112,165,424.74	0.34

投资前五名股票明细	股票名称	公允价值(元)	占净值比(%)	股票名称	公允价值(元)	占净值比(%)	股票名称	公允价值(元)	占净值比(%)	股票名称	公允价值(元)	占净值比(%)
	西山煤电	731,334,098.10	3.67	西山煤电	1,252,907,324.50	5.10	西山煤电	1,311,990,444.40	4.81	西山煤电	1,582,137,125.00	4.86
	万　科A	563,745,770.64	2.83	万　科A	919,086,159.75	3.74	招商银行	842,530,057.20	3.09	招商银行	992,835,557.00	3.05
	中联重科	502,268,217.24	2.52	招商银行	868,906,986.21	3.54	万　科A	751,127,669.38	2.75	神火股份	962,537,758.40	2.96
	中国平安	496,824,498.60	2.49	中国平安	670,344,239.60	2.73	中国平安	720,096,967.20	2.64	潞安环能	789,645,000.00	2.42
	招商银行	474,287,378.67	2.38	潞安环能	655,901,967.82	2.67	潞安环能	608,472,000.00	2.23	格力电器	693,117,225.24	2.13

投资前五名债券明细	债券名称	公允价值(元)	占净值比(%)	债券名称	公允价值(元)	占净值比(%)	债券名称	公允价值(元)	占净值比(%)	债券名称	公允价值(元)	占净值比(%)
	08央行票据84	485,050,000.00	2.43	08央行票据84	481,400,000.00	1.96	08央票119	166,464,000.00	0.61	09央行票据36	294,870,000.00	0.91
	08央票106	194,920,000.00	0.98	08央票106	193,440,000.00	0.79	08央票117	155,312,000.00	0.57	09央行票据42	196,520,000.00	0.60
	08央行票据52	96,400,000.00	0.48	08央行票据89	57,828,000.00	0.24	09农发04	99,770,000.00	0.37	09农发04	99,890,000.00	0.31
	08央行票据89	58,272,000.00	0.29	恒源转债	12,224,385.00	0.05	09央行票据43	99,670,000.00	0.37	09央行票据63	99,670,000.00	0.31
	08央行票据46	48,145,000.00	0.24	08国电债	8,420,000.00	0.03	08央票114	96,740,000.00	0.35	09央行票据30	98,340,000.00	0.30

易方达科讯股票型证券投资基金

基本资料

基金简称	易方达科讯股票	交易代码	110029		
风险收益特征	该基金是主动股票型基金，属于中高风险的基金品种，理论上其风险收益水平高于混合型基金和债券基金。				
业绩比较基准	沪深300指数收益率×80%+中债总指数收益率×20%				
合同生效日	2007年12月18日	募集规模	118.33亿份	申购户数	327,220户
基金管理人	易方达基金管理有限公司	基金托管人	交通银行		
注册登记人	易方达基金管理有限公司				

财务指标 单位：人民币(元)；%

项目 \ 年度	2009年	2008年	2007.12.18至2007.12.31
本期利润	2,658,093,433.74	−5,482,312,067.31	215,876,306.02
本期加权平均净值利润率	34.91	−59.09	10.18
期末基金资产净值	7,395,046,344.01	6,531,701,436.39	2,218,583,927.21
期末基金份额净值	0.8033	0.5716	2.7732
本期份额净值增长率	42.36	−41.77	10.78
累计份额净值增长率	−8.17	−35.49	10.78
基金收益分配	10派0.100	——	——

成立来累计净值增长率与同期基准收益率历史走势对比图（%）

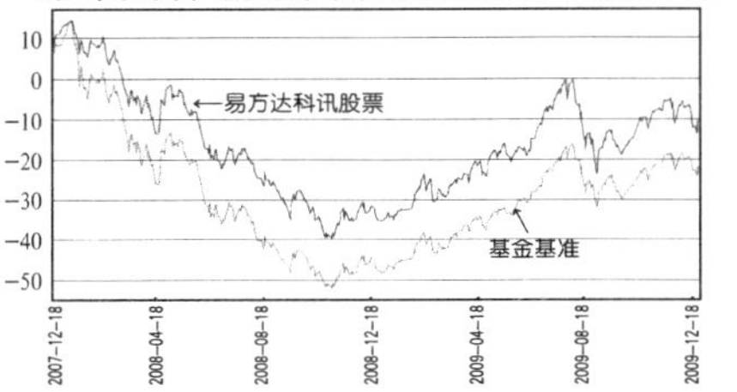

近三年净值增长率与同期基准收益率对比图（%）

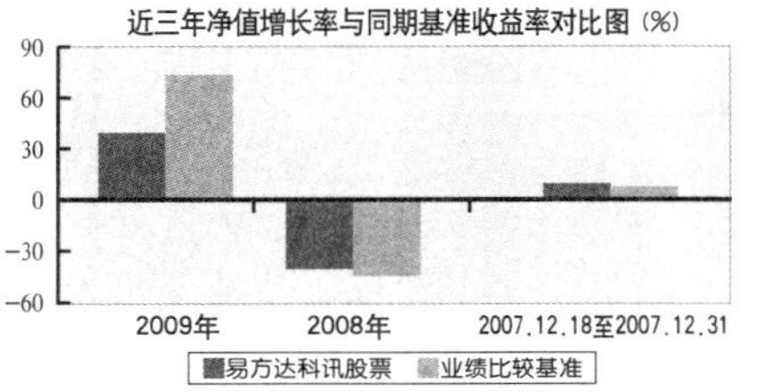

期末基金份额持有人户数	基金份额持有人户数为297,808户，平均每户持有30,910.88份。（期末截至2009年12月31日）
期末基金份额持有人结构	机构投资者持有份额228,679,654.77份，占总份额2.48%；个人投资者持有份额8,976,827,793.95份，占总份额97.52%。

基金业绩表现

截至2009年12月31日，易方达科讯股票基金份额净值为0.8033元，全年净值增长率为42.36%；同期业绩基准收益率为76.48%。

基金管理团队

侯清濯先生：基金经理、基金投资部总经理助理，硕士研究生，8年证券从业经历。曾任易方达基金管理公司行业研究员；2006年1月起任易方达科讯股票基金经理、易方达平稳增长混合基金经理。

基金运作分析

易方达科讯股票基金2009年业绩大幅跑输基准，究其原因主要是上下半年各有一次较大的判断失误。年初熊市思维过重，对信贷投放规模和流动性过剩对市场估值的提升作用估计不足，股票仓位过低，持股结构过于防御，错过了市场上涨最快的阶段；四季度对国家调控地产的决心和力度估计不足，在地产调控措施出台后，重仓股出现了较大幅度的下跌。

2010年，该基金管理人认为，主题概念的过度炒作、小盘股相对于大盘股的过高溢价都是投资者对后市缺乏信心的表现，股指期货等创新品种未必能成功引导市场完成风格转换。在国家经济政策趋于收缩、未来经济走势尚未明朗的阶段，仓位相对于组合结构可能对基金业绩表现起更重要的作用。未来易方达科讯股票基金将注重实现阶段性绝对收益，避免长期持有累计涨幅大、估值高的小盘股，重点关注估值水平低，增长明确，流动性好的银行板块以及其他周期类板块。在市场剧烈波动过程中，力争保持冷静的态度，在市场下跌过程中果断增持估值合理、具有持续成长能力的股票。

季度投资组合一览

项目 \ 季度	第一季度		第二季度		第三季度		第四季度	
基金资产净值	7,383,415,065.00元		8,234,860,606.35元		7,172,291,707.07元		7,395,046,344.01元	
基金份额	11,117,492,234.44份		10,519,096,571.42份		9,844,936,137.49份		9,205,507,448.72份	
基金份额净值	0.6641元		0.7828元		0.7285元		0.8033元	
基金资产组合	市值(元)	占总资产比(%)	市值(元)	占总资产比(%)	市值(元)	占总资产比(%)	市值(元)	占总资产比(%)
股票投资	5,180,508,345.20	69.68	7,612,156,968.03	91.70	5,240,554,945.75	72.82	6,308,273,625.99	84.76
债券投资	1,569,803,000.00	21.11	502,887,000.00	6.06	380,610,826.40	5.29	430,869,442.80	5.79
金融衍生品投资	——	——	——	——	——	——	——	——
买入返售金融资产	——	——	——	——	——	——	——	——
银行存款和结算备付金	649,149,593.25	8.73	163,317,250.15	1.97	1,566,477,351.80	21.77	699,747,701.56	9.40
其他资产	35,367,274.77	0.48	22,830,587.67	0.28	8,723,352.57	0.12	3,912,928.19	0.05

项目	第一季度			第二季度			第三季度			第四季度		
投资前五名股票明细	股票名称	公允价值(元)	占净值比(%)	股票名称	公允价值(元)	占净值比(%)	股票名称	公允价值(元)	占净值比(%)	股票名称	公允价值(元)	占净值比(%)
	海螺水泥	535,893,516.08	7.26	工商银行	737,118,346.90	8.95	浦发银行	589,500,000.00	8.22	海螺水泥	498,600,000.00	6.74
	浦发银行	372,640,000.00	5.05	浦发银行	690,600,000.00	8.39	海螺水泥	559,390,000.00	7.80	兴业银行	403,101,531.78	5.45
	中国石化	356,000,000.00	4.82	海螺水泥	633,107,567.40	7.69	万　科A	416,800,000.00	5.81	浦发银行	368,730,000.00	4.99
	金 融 街	299,970,000.00	4.06	万　科A	471,758,797.50	5.73	兴业银行	337,901,284.02	4.71	上海汽车	313,560,000.00	4.24
	中国重汽	260,160,281.55	3.52	招商银行	403,541,396.82	4.90	格力电器	327,000,000.00	4.56	中国重汽	310,763,000.00	4.20
投资前五名债券明细	债券名称	公允价值(元)	占净值比(%)	债券名称	公允价值(元)	占净值比(%)	债券名称	公允价值(元)	占净值比(%)	债券名称	公允价值(元)	占净值比(%)
	09央行票据09	498,800,000.00	6.76	09央行票据18	199,480,000.00	2.42	09央行票据37	259,142,000.00	3.61	09央行票据65	348,845,000.00	4.72
	08央行票据67	232,032,000.00	3.14	08央行票据98	164,118,000.00	1.99	09央行票据43	69,769,000.00	0.97	09央行票据53	79,736,000.00	1.08
	08央行票据78	193,800,000.00	2.62	08央行票据95	48,245,000.00	0.59	09央行票据39	49,835,000.00	0.69	龙盛转债	1,659,070.40	0.02
	08央行票据46	192,580,000.00	2.61	09哈城投债	32,184,000.00	0.39	龙盛转债	1,317,459.00	0.02	西洋转债	629,372.40	0.01
	09光明CP01	100,390,000.00	1.36	09央行票据11	29,928,000.00	0.36	西洋转债	547,367.40	0.01	——		

易方达稳健收益债券型证券投资基金

基本资料					
基金简称	易方达稳健收益债券		交易代码	110007 110008	
风险收益特征	该基金为债券型基金，属于低风险的基金品种，其长期平均风险和预期收益率低于混合型基金、股票型基金，高于货币市场基金。				
业绩比较基准	二年期银行定期储蓄存款的税后利率：(1－利息税率)×二年期银行定期储蓄存款利率				
合同生效日	2008年1月29日	首募规模	118.33亿份	认购户数	327,220户
基金管理人	易方达基金管理有限公司		基金托管人	中国银行	
注册登记人	易方达基金管理有限公司				

成立来累计净值增长率与同期基准收益率历史走势对比图 (%)

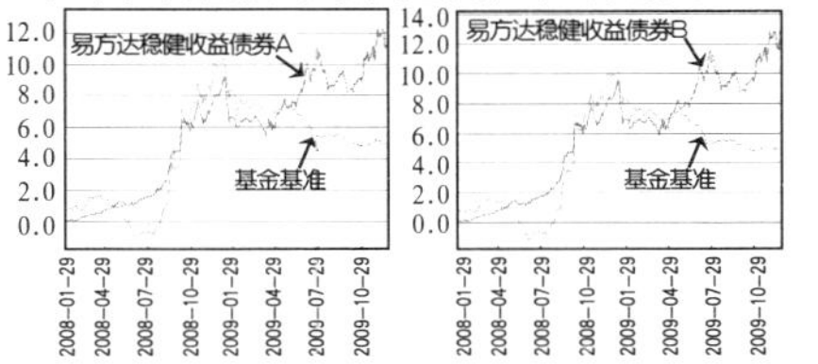

财务指标	单位：人民币(亿元)；%			
年度 / 项目	2009年		2008.1.29至2008.12.31	
	A	B	A	B
本期利润	0.0617	－0.0263	0.8102	0.9368
本期加权平均净值利润率	1.03	－0.57	9.15	8.72
期末基金资产净值	3.4850	2.2811	12.7227	14.2336
期末基金份额净值	1.0799	1.0838	1.0537	1.0553
本期份额净值增长率	4.58	4.90	8.09	8.40
累计份额净值增长率	13.04	13.71	8.09	8.40
基金收益分配	10派0.210元	10派0.220元	10派0.410元	10派0.430元

近两年净值增长率与同期基准收益率对比图 (%)

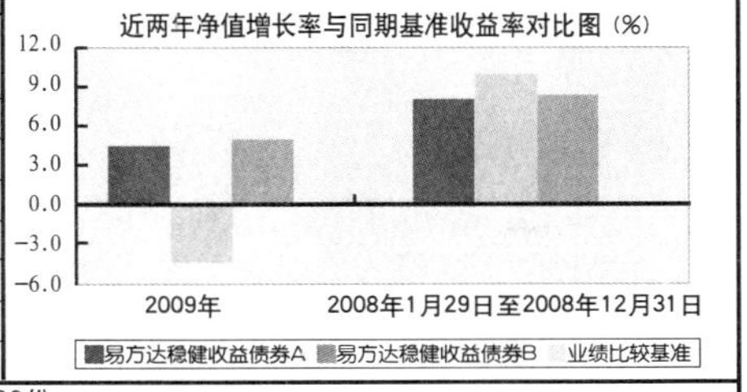

期末基金份额持有人户数	A：基金份额持有人户数为11,920户，平均每户持有27,073.29份。 B：基金份额持有人户数为2,667户，平均每户持有78,916.57份。(期末截至2009年12月31日)
期末基金份额持有人结构	A：机构投资者持有份额28,030,924.60份，占总份额8.69%；个人投资者持有份额294,682,683.23份，占总份额91.31%。 B：机构投资者持有份额127,932,085.43份，占总份额60.78%；个人投资者持有份额82,538,414.03份，占总份额39.22%。

基金业绩表现

2009年易方达稳健收益债券基金A类净值增长率为4.58%，B类净值增长率为4.90%；同期业绩基准收益率为-4.44%。

基金管理团队

马喜德先生：基金经理、固定收益部投资经理，博士研究生，5年证券从业经历。历任中国工商银行总行资金营运部人民币交易处投资经理、金融市场部固定收益处高级投资经理。2008年7月起任易方达稳健收益债券基金经理，兼任易方达货币基金经理。

基金运作分析

2009年，易方达稳健收益债券基金根据市场变化及时调整投资策略，适当降低了债券的投资比例，加大了股票的投资比例。在债券投资方面采取了相对谨慎的态度，保持相对较低的久期，以投资短期央票和信用级别相对较好的高收益公司债为主，在股票投资方面则相对比较稳健，有选择地参与新股申购。

季度投资组合一览

季度 / 项目	第一季度		第二季度		第三季度		第四季度	
	A	B	A	B	A	B	A	B
基金资产净值	7.4696亿元	6.9466亿元	5.3440亿元	3.5867亿元	3.9347亿元	1.8484亿元	3.4850亿元	2.2811亿元
基金份额	7.3282亿份	6.8057亿份	5.1218亿份	3.4304亿份	3.7887亿份	1.7748亿份	3.2271亿份	2.1047亿份
基金份额净值	1.0193元	1.0207元	1.0434元	1.0456元	1.0385元	1.0415元	1.0799元	1.0838元
基金资产组合	市值(元)	占总资产比(%)	市值(元)	占总资产比(%)	市值(元)	占总资产比(%)	市值(元)	占总资产比(%)
股票投资	2,856,018.88	0.19	158,090,000.00	15.97	34,864,470.54	5.93	103,029,014.04	15.09
债券投资	1,321,426,694.66	88.00	721,699,610.82	72.93	461,113,677.50	78.43	480,231,318.52	70.36
金融衍生品投资	——	——	——	——	993,045.86	0.17	——	——
买入返售金融资产	——	——	——	——	——	——	——	——
银行存款和结算备付金	137,695,379.72	9.17	24,291,940.12	2.45	71,883,063.44	12.23	14,377,841.74	2.11
其他资产	39,653,712.00	2.64	85,544,537.59	8.64	19,083,524.47	3.25	84,919,449.54	12.44

投资前五名股票明细	股票名称	公允价值(元)	占净值比(%)	股票名称	公允价值(元)	占净值比(%)	股票名称	公允价值(元)	占净值比(%)	股票名称	公允价值(元)	占净值比(%)
	九阳股份	2,856,018.88	0.20	工商银行	81,300,000.00	9.10	中国建筑	9,671,667.04	1.67	盐湖钾肥	17,097,056.99	2.97
				万　科A	38,250,000.00	4.28	中国中冶	6,567,927.92	1.14	上海汽车	11,298,481.35	1.96
				交通银行	27,030,000.00	3.03	星　期　六	1,776,836.32	0.31	中大股份	7,968,000.00	1.38
				浦发银行	11,510,000.00	1.29	四川成渝	1,720,859.49	0.30	一汽富维	6,162,284.03	1.07
							信　立　泰	1,589,144.00	0.27	龙溪股份	5,915,000.00	1.03

投资前五名债券明细	债券名称	公允价值(元)	占净值比(%)	债券名称	公允价值(元)	占净值比(%)	债券名称	公允价值(元)	占净值比(%)	债券名称	公允价值(元)	占净值比(%)
	08农发18	360,792,000.00	25.03	09央行票据12	149,640,000.00	16.76	09央行票据37	229,241,000.00	39.64	09央行票据53	179,406,000.00	31.11
	08进出10	168,249,000.00	11.67	09央行票据15	99,750,000.00	11.17	09龙湖债	40,348,000.00	6.98	02国债(3)	65,596,988.80	11.38
	08农发20	156,896,000.00	10.88	08常城建	59,367,000.00	6.65	21国债(12)	39,037,658.40	6.75	09华发债	25,986,792.00	4.51
	09央行票据10	99,760,000.00	6.92	09春华债	52,154,050.00	5.84	09春华债	32,141,718.00	5.56	国安债1	25,647,218.22	4.45
	08央行票据52	96,400,000.00	6.69	08央行票据81	48,110,000.00	5.39	09赣州债	29,340,220.00	5.07	龙盛转债	22,957,905.60	3.98

易方达增强回报债券型证券投资基金

基本资料			
基金简称	易方达增强回报债券	交易代码	110017／110018
风险收益特征	该基金为债券型基金，属于低风险的基金品种，其长期平均风险和预期收益率低于混合型基金、股票型基金，高于货币市场基金。		
业绩比较基准	中债总指数(全价)		
合同生效日	2008年3月19日	首募规模	29.97亿份
认购户数	22,785户		
基金管理人	易方达基金管理有限公司	基金托管人	建设银行
注册登记人	易方达基金管理有限公司		

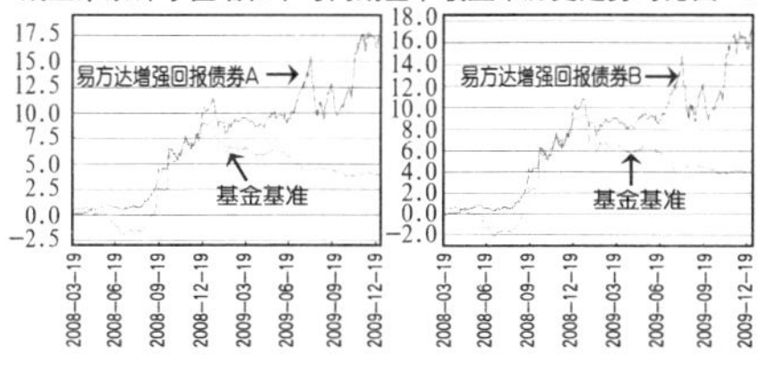

财务指标　　单位：人民币(亿元)；%

项目＼年度	2009年		2008.3.19至2008.12.31	
	A	B	A	B
本期利润	0.3687	0.0767	1.6551	0.5643
本期加权平均净值利润率	4.28	2.11	8.68	9.43
期末基金资产净值	6.1509	2.3649	12.5836	6.9841
期末基金份额净值	1.120元	1.111元	1.104元	1.099元
本期份额净值增长率	7.36	7.02	10.40	9.90
累计份额净值增长率	18.53	17.61	10.40	9.90
基金收益分配	10派0.600元	——	——	——

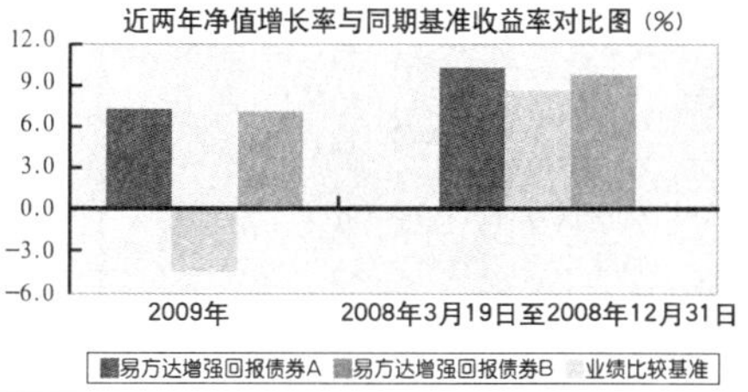

期末基金份额持有人户数	A：基金份额持有人户数为8,448户，平均每户持有64,987.18份。 B：基金份额持有人户数为6,210户，平均每户持有34,280.91份。（期末截至2009年12月31日）
期末基金份额持有人结构	A：机构投资者持有份额303,277,762.90份，占总份额55.24%，个人投资者持有份额245,733,968.11份，占总份额44.76%。 B：机构投资者持有份额548,630.91份，占总份额0.26%，个人投资者持有份额212,335,790.46份，占总份额99.74%。

基金业绩表现

2009年易方达增强回报债券基金A类净值增长率为7.36%，B类净值增长率为7.02%；同期业绩基准收益率为-4.44%。

基金管理团队

钟鸣远先生：基金经理、固定收益部副总经理、投资经理，硕士研究生，9年证券从业经历。历任国家开发银行深圳分行资金计划部职员，联合证券公司固定收益部投资经理，泰康人寿保险公司固定收益部研究员，新华资产管理公司固定收益部高级投资经理，易方达基金公司固定收益部经理、固定收益部总经理助理；2008年3月起任易方达增强回报债券基金经理。

基金运作分析

2009年，易方达增强回报债券基金把握宏观经济形势变化，在债券仓位保持总体偏低的原则下适当开展了波段操作。上半年，该基金及时降低债券仓位，收缩组合久期，减持中长期国债和金融债，配置品种以短期央行票据和中期具有较高收益率的企业债、公司债等信用产品为主，有效回避了债券市场所面临的利率风险。下半年，易方达增强回报债券基金积极参与可转换债券的投资，并通过可转换债券的转股、新股申购、公开增发等途径间接增持了部分股票资产，取得良好投资回报。

季度投资组合一览

项目＼季度	第一季度		第二季度		第三季度		第四季度	
	A	B	A	B	A	B	A	B
基金资产净值	9.5211亿元	4.2201亿元	8.2520亿元	2.8546亿元	6.4085亿元	2.3518亿元	6.1509亿元	2.3649亿元
基金份额	9.2291亿份	4.1119亿份	7.9400亿份	2.7639亿份	6.1712亿份	2.2815亿份	5.4901亿份	2.1288亿份
基金份额净值	1.032元	1.026元	1.039元	1.033元	1.038元	1.031元	1.120元	1.111元
基金资产组合	市值(元)	占总资产比(%)	市值(元)	占总资产比(%)	市值(元)	占总资产比(%)	市值(元)	占总资产比(%)
股票投资	1,177,105.36	0.08	128,058,592.62	10.47	120,642,175.96	13.67	134,863,988.00	10.42
债券投资	1,397,007,602.91	95.17	931,879,425.16	76.21	740,992,241.82	83.95	758,526,162.84	58.61
金融衍生品投资	——	——	——	——	——	——	——	——
买入返售金融资产	——	——	——	——	——	——	——	——
银行存款和结算备付金	41,372,463.72	2.82	140,746,401.21	11.51	10,915,270.74	1.24	235,408,854.54	18.19
其他资产	28,394,922.98	1.93	22,061,029.41	1.80	10,120,058.24	1.15	165,287,751.59	12.77

项目	股票名称	公允价值(元)	占净值比(%)	股票名称	公允价值(元)	占净值比(%)	股票名称	公允价值(元)	占净值比(%)	股票名称	公允价值(元)	占净值比(%)
投资前五名股票明细	烟台氨纶	1,177,105.36	0.09	柳工	61,810,045.44	5.57	柳工	57,353,418.00	6.55	海正药业	65,151,000.00	7.65
				赤天化	26,488,661.76	2.38	赤天化	15,289,228.00	1.75	柳工	32,595,000.00	3.83
				五洲交通	23,866,599.00	2.15	中国建筑	14,870,193.12	1.70	吉峰农机	4,478,307.75	0.53
				海马股份	14,706,014.82	1.32	五洲交通	6,615,648.00	0.76	中国北车	3,945,930.04	0.46
				烟台氨纶	1,187,271.60	0.11	中国中冶	5,582,734.84	0.64	同花顺	2,781,396.72	0.33
	债券名称	公允价值(元)	占净值比(%)	债券名称	公允价值(元)	占净值比(%)	债券名称	公允价值(元)	占净值比(%)	债券名称	公允价值(元)	占净值比(%)
投资前五名债券明细	08国开15	217,940,000.00	15.86	08农发19	99,020,000.00	8.92	09央行票据39	119,604,000.00	13.65	09央行票据53	109,637,000.00	12.87
	08国开18	153,510,000.00	11.17	08央票104	96,650,000.00	8.70	09农发04	99,770,000.00	11.39	09农发04	99,890,000.00	11.73
	08进出09	152,775,000.00	11.12	08央行票据92	67,508,000.00	6.08	09央行票据37	79,736,000.00	9.10	龙盛转债	74,330,659.20	8.73
	08国开13	109,450,000.00	7.97	06中化债	58,799,586.00	5.29	09央行票据41	69,769,000.00	7.96	09泛海债	40,392,000.00	4.74
	08进出12	88,821,000.00	6.46	08国开18	50,200,000.00	4.52	08国开18	49,325,000.00	5.63	09金丰债	39,974,136.99	4.69

易方达中小盘股票型证券投资基金

基本资料

基金简称	易方达中小盘股票	交易代码	110011		
风险收益特征	该基金是主动股票型基金，属于高风险的基金品种，其风险收益水平高于混合型基金和债券基金。				
业绩比较基准	45%X天相中盘指数收益率+35%X天相小盘指数收益率+20%X中债总指数收益率				
合同生效日	2008年6月19日	首募规模	12.27亿份	认购户数	12,556户
基金管理人	易方达基金管理有限公司	基金托管人	中国银行		
注册登记人	易方达基金管理有限公司				

财务指标 单位：人民币（元）；%

项目＼年度	2009年	2008年6月19日至2008年12月31日
本期利润	522,237,383.60	-27,253,104.12
本期加权平均净值利润率	51.99	-2.64
期末基金资产净值	1,534,442,851.88	753,405,267.67
期末基金份额净值	1.6855	0.9959
本期份额净值增长率	74.72	-0.41
累计份额净值增长率	74.00	-0.41
基金收益分配	10派0.400	——

成立来累计净值增长率与同期基准收益率历史走势对比图（%）

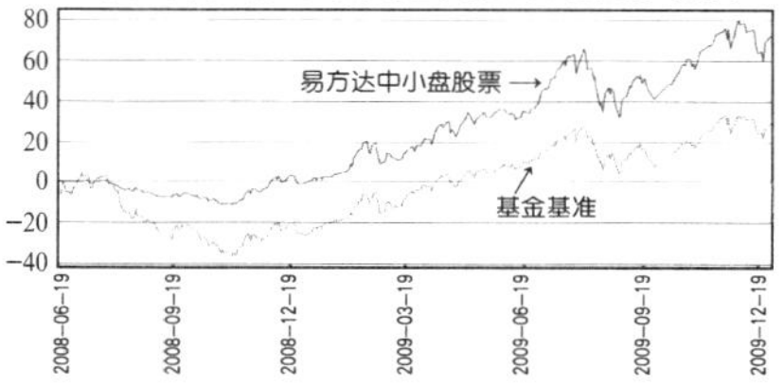

近两年净值增长率与同期基准收益率对比图（%）

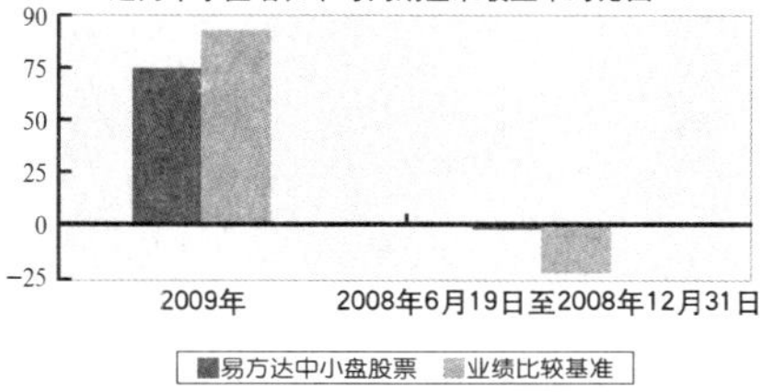

期末基金份额持有人户数	基金份额持有人户数为67,107户，平均每户持有13,565.95份。（期末截至2009年12月31日）
期末基金份额持有人结构	机构投资者持有份额186,365,093.38份，占总份额20.47%；个人投资者持有份额724,004,894.58份，占总份额79.53%。

基金业绩表现

截至2009年12月31日，易方达中小盘股票基金份额净值为1.6855元，全年净值增长率为74.72%；同期业绩基准收益率为87.62%。

基金管理团队

何云峰先生：基金经理，博士研究生，5年证券从业经历。历任易方达基金公司行业研究员、易方达积极成长混合基金经理助理；2008年6月起任易方达中小盘股票基金经理，兼任易方达积极成长混合基金经理。

基金运作分析

2009年，易方达中小盘股票基金从年初开始采取了逐步增加股票仓位的投资策略，二季度开始由于对未来经济的乐观判断，该基金基本采取了高股票仓位的投资策略，同时对股票结构进行了一定调整：在行业配置上，重点增加了受益于经济复苏和通胀影响的煤炭、化工、机械等板块个股，以提高组合弹性。对具备防御性的电力设备、电力、商业零售和医药板块个股进行了适当减持。从实际效果来看，取得了一定的效果。但由于对市场上涨力度估计不足，一季度总体仓位仍偏低，且组合中防御板块配置比例过大，高弹性股票配置比重不高。该基金在股票仓位和结构的调整速度上需要反思。

展望2010年，易方达中小盘股票基金将适时调整投资策略，做好进攻和防御的有效转换。采取自下而上的投资策略，重点挖掘和投资质地优良、行业发展空间较大、管理层优秀、相对其他企业有明显竞争优势的中小盘公司。投资策略上仍将以业绩弹性和成长空间较大的中小盘优质个股作为构建组合的首选品种，提高操作效率，争取为投资者带来更为丰厚的回报。

季度投资组合一览

项目＼季度	第一季度			第二季度			第三季度			第四季度		
基金资产净值	826,516,984.74元			669,771,845.60元			1,092,434,499.21元			1,534,442,851.88元		
基金份额	694,285,998.93份			498,398,480.39份			792,233,644.90份			910,369,987.96份		
基金份额净值	1.1905元			1.3438元			1.3789元			1.6855元		
基金资产组合	市值(元)		占总资产比(%)	市值(元)		占总资产比(%)	市值(元)		占总资产比(%)	市值(元)		占总资产比(%)
股票投资	647,809,796.27		74.72	620,257,444.74		90.96	890,974,578.96		80.35	1,438,644,521.51		91.62
债券投资	48,480,000.00		5.59	35,004,000.00		5.13	——		——	——		——
金融衍生品投资	——		——	——		——	——		——	——		——
买入返售金融资产	——		——	——		——	——		——	——		——
银行存款和结算备付金	159,708,923.42		18.42	11,602,079.81		1.70	182,132,188.33		16.42	92,085,827.86		5.86
其他资产	11,030,485.78		1.27	15,058,038.71		2.21	35,765,839.94		3.23	39,493,991.89		2.52
投资前五名股票明细	股票名称	公允价值(元)	占净值比(%)	股票名称	公允价值(元)	占净值比(%)	股票名称	公允价值(元)	占净值比(%)	股票名称	公允价值(元)	占净值比(%)
	特变电工	77,001,470.91	9.32	民生银行	31,680,000.00	4.73	特变电工	54,173,249.13	4.96	特变电工	97,621,507.20	6.36
	国电南瑞	38,982,753.16	4.72	西山煤电	26,910,000.00	4.02	天地科技	42,551,000.00	3.90	天地科技	66,028,475.00	4.30
	格力电器	37,714,500.00	4.56	天地科技	26,715,000.00	3.99	西山煤电	31,310,000.00	2.87	山煤国际	48,381,949.79	3.15
	天地科技	23,968,000.00	2.90	特变电工	25,256,000.00	3.77	格力电器	28,340,000.00	2.59	中国平安	46,826,500.00	3.05
	华发股份	23,109,096.89	2.80	盘江股份	24,399,000.00	3.64	民生银行	26,960,000.00	2.47	西山煤电	43,877,364.51	2.86
投资前五名债券明细	债券名称	公允价值(元)	占净值比(%)	债券名称	公允价值(元)	占净值比(%)	债券名称	公允价值(元)	占净值比(%)	债券名称	公允价值(元)	占净值比(%)
	08央行票据81	48,480,000.00	5.87	08央行票据98	28,962,000.00	4.32						
				99国债(8)	6,042,000.00	0.90						

易方达科汇灵活配置混合型证券投资基金（原科汇证券投资基金转型）

基本资料					
基金简称	易方达科汇灵活配置混合	交易代码	110012		
风险收益特征	该基金是混合型基金，属于证券投资基金中的中高风险品种，理论上其风险收益水平低于股票型基金，高于债券型基金和货币市场基金。				
业绩比较基准	沪深300价值指数收益率×60%+中债总指数收益率×40%				
合同生效日	2008年10月9日	集中申购份额	4.64亿份	申购户数	1,763户
基金管理人	易方达基金管理有限公司	基金托管人	交通银行		
注册登记人	易方达基金管理有限公司				

成立来累计净值增长率与同期基准收益率历史走势对比图（%）

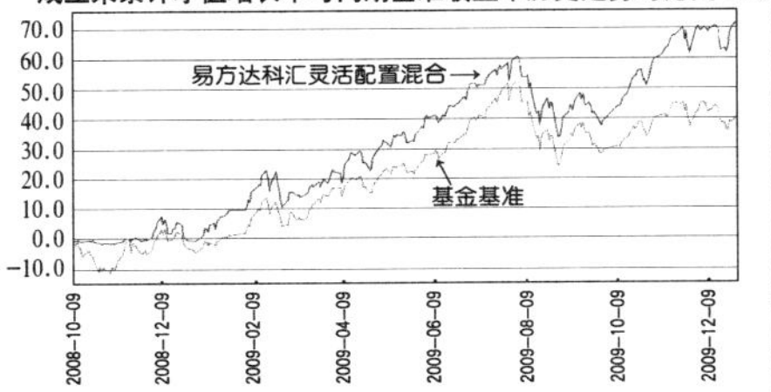

财务指标（单位 人民币（元）；%）

项目 \ 年度	2009年	2008年10月9日至2008年12月31日
本期利润	555,984,513.04	10,820,029.46
本期加权平均净值利润率	51.29	1.18
期末基金资产净值	1,155,469,191.18	759,785,061.10
期末基金份额净值	1.533	1.006
本期份额净值增长率	73.39	-0.65
累计份额净值增长率	72.27	-0.65
基金收益分配	10派1.500	——

近两年净值增长率与同期基准收益率对比图（%）

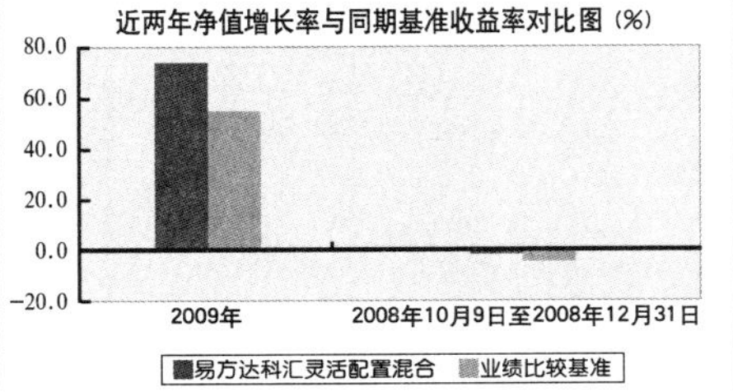

期末基金份额持有人户数	基金份额持有人户数为31,737户，平均每户持有23,752.21份。（期末截至2009年12月31日）
期末基金份额持有人结构	机构投资者持有份额458,427,183.91份，占总份额60.81%；个人投资者持有份额295,396,591.97份，占总份额39.19%。

基金业绩表现

截至2009年12月31日，易方达科汇灵活配置混合基金份额净值为1.533元，全年净值增长率为73.39%；同期业绩基准收益率为55.79%。

基金管理团队

伍卫先生：基金经理、研究部副总经理，硕士研究生，10年证券从业经历。历任香港康瑞投资公司经理，广发证券公司投资银行部资深高级经理、投资银行销售与客户服务副总经理，中国人保资产管理公司投资经理，易方达基金管理公司行业研究员、研究部总经理助理、易方达积极成长混合基金经理；现任易方达科汇灵活配置混合基金经理、易方达行业领先股票基金经理、研究部副总经理。

基金运作分析

2009年，易方达科汇灵活配置混合基金在年初对市场反转的力度估计不足，曾一度进行仓位的波段操作。其后在货币信贷持续超预期以及国内经济逐步明朗的情况下，及时调整投资思路，加大股票仓位，并着重配置了与经济形势密切相关的银行和地产板块。下半年基于国家调整经济结构和政策退出的预期，增加了商业、医药及3G相关产业链等受政策退出影响较小的行业配置，取得了较好的效果。在债券配置方面，出于防范风险和提高组合流动性的考虑，2009年该基金保持相对较短的投资久期，主要配置短期央票，少量配置信用较好的高收益企业债。

季度投资组合一览

项目 \ 季度	第一季度		第二季度		第三季度		第四季度	
基金资产净值	932,998,735.22元		1,367,620,696.49元		978,630,570.39元		1,155,469,191.18元	
基金份额	768,254,700.81份		1,052,154,257.39份		791,549,174.98份		753,823,775.88份	
基金份额净值	1.214元		1.300元		1.236元		1.533元	
基金资产组合	市值(元)	占总资产比(%)	市值(元)	占总资产比(%)	市值(元)	占总资产比(%)	市值(元)	占总资产比(%)
股票投资	709,497,865.20	74.93	1,039,589,733.50	75.36	666,172,774.43	67.45	918,548,270.82	77.14
债券投资	108,449,542.30	11.45	249,836,714.96	18.11	31,472,933.90	3.19	10,460,125.00	0.88
金融衍生品投资	——	——	——	——	——	——	——	——
买入返售金融资产	——	——	——	——	——	——	——	——
银行存款和结算备付金	126,757,322.03	13.39	49,407,718.97	3.58	267,423,494.90	27.08	239,295,086.56	20.10
其他资产	2,225,035.08	0.23	40,667,228.29	2.95	22,574,790.74	2.29	22,431,172.24	1.88

投资前五名股票明细	股票名称	公允价值(元)	占净值比(%)	股票名称	公允价值(元)	占净值比(%)	股票名称	公允价值(元)	占净值比(%)	股票名称	公允价值(元)	占净值比(%)
	保利地产	66,030,000.00	7.08	浦发银行	126,610,000.00	9.26	浦发银行	90,390,000.00	9.24	ST鲁置业	97,239,069.62	8.42
	特变电工	56,962,975.29	6.11	工商银行	124,660,000.00	9.12	民生银行	80,880,000.00	8.26	中兴通讯	67,296,160.61	5.82
	华发股份	49,170,000.00	5.27	民生银行	118,800,000.00	8.69	合肥百货	71,352,574.78	7.29	丽珠集团	65,885,559.23	5.70
	中国联通	40,390,000.00	4.33	建设银行	84,420,000.00	6.17	信达地产	50,874,000.00	5.20	国阳新能	62,968,307.85	5.45
	苏宁电器	36,100,000.00	3.87	信达地产	79,045,200.00	5.78	丽珠集团	41,913,700.00	4.28	瑞贝卡	61,435,690.40	5.32

投资前五名债券明细	债券名称	公允价值(元)	占净值比(%)	债券名称	公允价值(元)	占净值比(%)	债券名称	公允价值(元)	占净值比(%)	债券名称	公允价值(元)	占净值比(%)
	09央行票据09	99,760,000.00	10.69	09央行票据15	99,750,000.00	7.29	09常投债	19,398,969.90	1.98	09名流债	10,460,125.00	0.91
	08常城建	8,689,542.30	0.93	09央行票据18	99,740,000.00	7.29	09赣州债	9,800,000.00	1.00			
				08央行票据81	28,866,000.00	2.11	09春华债	2,273,964.00	0.23			
				09赣州债	9,996,330.96	0.73						
				08常城建	9,059,764.00	0.66						

易方达科翔股票型证券投资基金

基本资料					
基金简称	易方达科翔股票	交易代码	110013		
风险收益特征	该基金为股票型基金，属于证券投资基金中的中高风险品种，理论上其风险收益水平高于混合型基金、债券基金和货币市场基金。				
业绩比较基准	80%×中证红利指数收益率＋中债总指数收益率×20%				
合同生效日	2008年11月13日	集中申购份额	3.60亿份	申购户数	4,092户
基金管理人	易方达基金管理有限公司	基金托管人	中国工商银行		
注册登记人	易方达基金管理有限公司				

成立来累计净值增长率与同期基准收益率历史走势对比图（%）

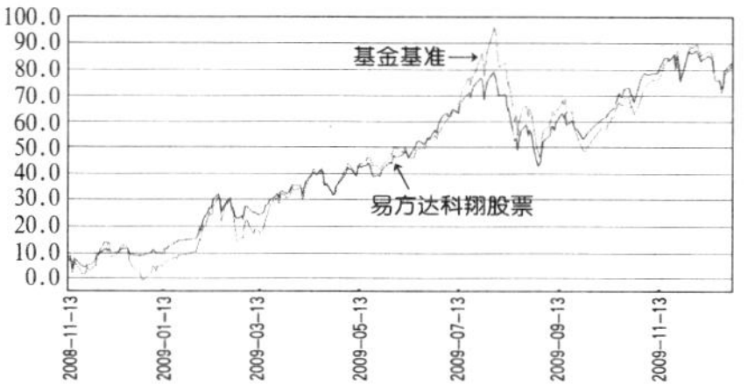

近两年净值增长率与同期基准收益率对比图（%）

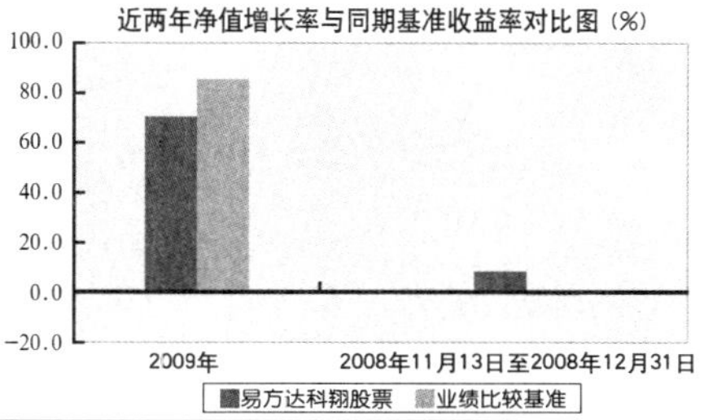

财务指标　单位：人民币（元）；%

项目＼年度	2009年	2008年11月13日至2008年12月31日
本期利润	423,537,653.13	85,755,282.73
本期加权平均净值利润率	57.45	7.27
期末基金资产净值	614,960,833.73	1,424,626,318.86
期末基金份额净值	1.481	0.994
本期份额净值增长率	70.14	8.97
累计份额净值增长率	85.40	8.97
基金收益分配	10派1.500	——
期末基金份额持有人户数	基金份额持有人户数为23,997户，平均每户持有17,302.87份。（期末截至2009年12月31日）	
期末基金份额持有人结构	机构投资者持有份额206,788,804.17份，占总份额49.80%；个人投资者持有份额208,428,051.43份，占总份额50.20%。	

基金业绩表现

截至2009年12月31日，易方达科翔股票基金份额净值为1.481元，全年净值增长率为70.14%；同期业绩基准收益率为85.85%。

基金管理团队

刘芳洁先生：基金经理，硕士研究生，5年证券从业经历。曾任易方达基金管理公司行业研究员兼科翔基金经理助理；2007年7月起任易方达科翔股票基金经理。

基金运作分析

易方达科翔股票基金于2009年初开始建仓，由于该基金管理人在经济复苏的力度和节奏判断上出现偏差，建仓速度偏慢，行业配置较保守，导致该基金一季度表现大幅度落后市场。下半年开始，随着市场风格的转换，易方达科翔股票基金重点配置的医药、消费等行业有较好表现，同时该基金着眼于中国经济结构的转型方向，适当增持了科技、传媒和新能源等行业的个别企业，获得较好的超额收益。

展望2010年，该基金管理人认为，在宏观经济背景下，股票市场在2010年可能难以产生趋势性的投资机会，自下而上的精细化投资成为获取超额收益的重要来源。

季度投资组合一览

项目＼季度	第一季度		第二季度		第三季度		第四季度	
基金资产净值	780,163,290.22元		677,977,366.33元		584,345,986.03元		614,960,833.73元	
基金份额	642,818,869.50份		546,373,027.98份		470,909,337.31份		415,216,855.60份	
基金份额净值	1.214元		1.241元		1.241元		1.481元	
基金资产组合	市值(元)	占总资产比(%)	市值(元)	占总资产比(%)	市值(元)	占总资产比(%)	市值(元)	占总资产比(%)
股票投资	517,442,922.08	64.70	595,672,457.32	86.90	472,558,301.23	80.18	554,292,073.19	88.98
债券投资	49,880,000.00	6.24	——	——	——	——	——	——
金融衍生品投资	——	——	——	——	——	——	——	——
买入返售金融资产	——	——	——	——	——	——	——	——
银行存款和结算备付金	223,201,232.30	27.91	52,884,816.94	7.72	112,634,606.97	19.11	67,243,306.09	10.79
其他资产	9,193,336.77	1.15	36,879,111.33	5.38	4,191,528.68	0.71	1,405,891.91	0.23

投资前五名股票明细

股票名称	公允价值(元)	占净值比(%)	股票名称	公允价值(元)	占净值比(%)	股票名称	公允价值(元)	占净值比(%)	股票名称	公允价值(元)	占净值比(%)
招商银行	35,043,801.66	4.49	民生银行	63,360,000.00	9.35	民生银行	53,920,000.00	9.23	丽珠集团	49,447,910.00	8.04
大商股份	31,255,371.00	4.01	浦发银行	55,245,882.16	8.15	浦发银行	45,193,192.20	7.73	民生银行	47,460,000.00	7.72
特变电工	28,470,000.00	3.65	建设银行	40,400,939.70	5.96	丽珠集团	37,627,334.99	6.44	中国平安	33,054,000.00	5.37
中国平安	27,377,000.00	3.51	招商银行	33,615,000.00	4.96	中国平安	37,007,805.90	6.33	招商银行	31,587,500.00	5.14
欧亚集团	21,857,007.35	2.80	交通银行	32,755,855.00	4.83	特变电工	25,369,850.00	4.34	五粮液	28,494,000.00	4.63

投资前五名债券明细

债券名称	公允价值(元)	占净值比(%)	债券名称	公允价值(元)	占净值比(%)	债券名称	公允价值(元)	占净值比(%)	债券名称	公允价值(元)	占净值比(%)
09央行票据09	49,880,000.00	6.39									

易方达行业领先企业股票型证券投资基金

基本资料					
基金简称	易方达行业领先股票	交易代码	110015		
风险收益特征	该基金是主动股票型基金，属于证券投资基金中的高风险高收益品种，理论上其风险收益水平高于混合型基金和债券基金。				
业绩比较基准	沪深300指数收益率X80%+中债总指数收益率X20%				
合同生效日	2009年3月26日	首募份额	40.92亿份	认购户数	42,338户
基金管理人	易方达基金管理有限公司	基金托管人	中国工商银行		
注册登记人	易方达基金管理有限公司				

财务指标　单位：人民币(元)；%

项目＼年度	2009年3月26日至2009年12月31日
本期利润	881,139,443.22
本期加权平均净值利润率	31.53
期末基金资产净值	2,251,673,157.70
期末基金份额净值	1.363
本期份额净值增长率	36.30
累计份额净值增长率	36.30
基金收益分配	——

2009年累计净值增长率与同期基准收益率历史走势对比图（%）

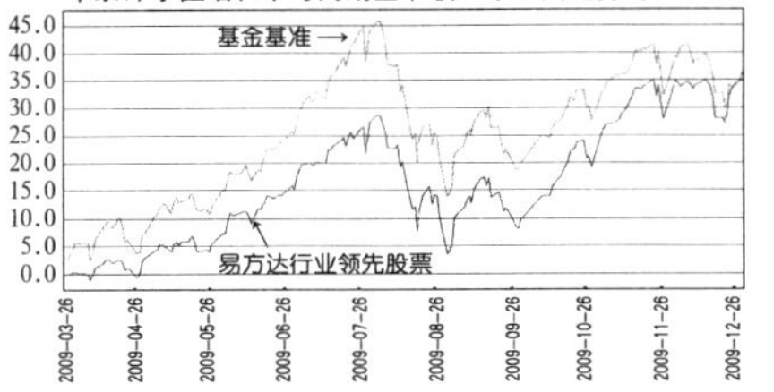

2009年净值增长率与同期基准收益率对比图（%）

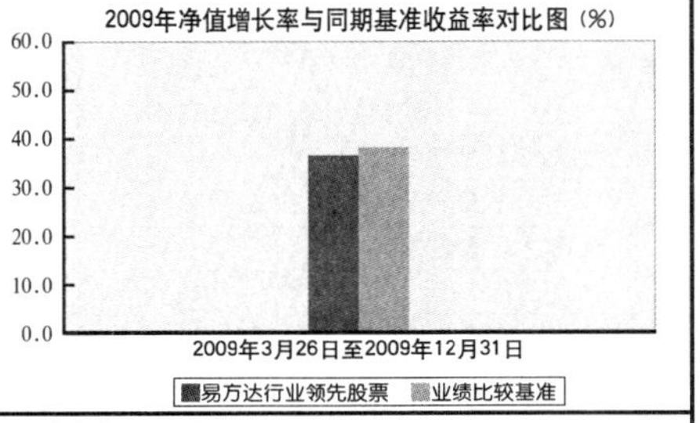

期末基金份额持有人户数	基金份额持有人户数为30,096户，平均每户持有54,887.54份。（期末截至2009年12月31日）
期末基金份额持有人结构	机构投资者持有份额562,098,096.79份，占总份额34.03%；个人投资者持有份额1,089,797,441.04份，占总份额65.97%。

基金业绩表现

易方达行业领先股票基金合同生效于2009年3月26日，截至2009年12月31日，该基金净值增长36.30%。

基金管理团队

伍　卫先生：基金经理、研究部副总经理，硕士研究生，10年证券从业经历。历任香港康瑞投资公司经理，广发证券公司投资银行部资深高级经理、投资银行销售与客户服务副总经理，中国人保资产管理公司投资经理，易方达基金管理公司行业研究员、研究部总经理助理、易方达积极成长混合基金经理。2009年3月起任易方达行业领先股票基金，兼易方达科汇灵活配置混合基金经理。

基金运作分析

2009年股票市场行情主要分为两个阶段：上半年宏观经济见底复苏，提升了投资者的信心，市场在估值回升和盈利反转的双重影响下出现普涨；同时，各国政府宽松的货币政策和财政政策，使市场产生强烈的通货膨胀预期，推动相关资源类行业表现强劲。下半年随着全球经济好转和国内实体经济的快速回升，政府“双松”政策开始调整。

易方达行业领先股票基金于2009年一季度成立，基于对市场的乐观判断，迅速建仓，较好地把握住二季度银行股的投资机会；下半年基于国家调整经济结构和政策退出的预期，该基金增加商业、医药及3G相关产业链等受政策退出影响较小的行业配置，取得较好的效果。

季度投资组合一览

项目＼季度	第二季度			第三季度			第四季度		
基金资产净值	3,049,288,289.53元			2,004,158,647.12元			2,251,673,157.70元		
基金份额	2,644,821,294.16份			1,830,815,896.50份			1,651,895,537.83份		
基金份额净值	1.153元			1.095元			1.363元		
基金资产组合	市值(元)		占总资产比(%)	市值(元)		占总资产比(%)	市值(元)		占总资产比(%)
股票投资	2,429,867,598.40		77.95	1,620,652,023.19		79.92	2,066,584,729.03		88.76
债券投资	——		——	——		——	——		——
资产支持证券投资	——		——	——		——	——		——
金融衍生品投资	——		——	——		——	——		——
买入返售金融资产	——		——	——		——	——		——
银行存款和结算备付金	631,013,778.98		20.24	394,064,746.62		19.43	226,686,561.19		9.74
其他资产	56,355,630.00		1.81	13,134,065.61		0.65	34,916,011.18		1.50
投资前五名股票明细	股票名称	公允价值(元)	占净值比(%)	股票名称	公允价值(元)	占净值比(%)	股票名称	公允价值(元)	占净值比(%)
	浦发银行	294,656,000.00	9.66	浦发银行	196,500,000.00	9.80	ST鲁置业	198,504,278.39	8.82
	民生银行	285,120,000.00	9.35	民生银行	168,500,000.00	8.41	丽珠集团	169,060,147.66	7.51
	建设银行	192,959,819.10	6.33	合肥百货	135,672,458.60	6.77	民生银行	158,200,000.00	7.03
	信达地产	148,632,000.00	4.87	信达地产	108,420,000.00	5.41	合肥百货	158,193,387.54	7.03
	兴业银行	141,589,382.67	4.64	丽珠集团	95,352,261.00	4.76	国阳新能	137,800,906.04	6.12
投资前五名债券明细	债券名称	公允价值(元)	占净值比(%)	债券名称	公允价值(元)	占净值比(%)	债券名称	公允价值(元)	占净值比(%)
	——			——			——		

易方达沪深300指数证券投资基金

基本资料					
基金简称	易方达沪深300指数	交易代码	110020		
风险收益特征	该基金是指数型股票基金，属于证券投资基金中的高风险、高收益品种，理论上其风险收益水平高于混合基金、债券基金和货币市场基金。				
业绩比较基准	沪深300指数收益率X95%+活期存款利率(税后)X5%				
合同生效日	2009年8月26日	首募份额	167.46亿份	认购户数	271,444户
基金管理人	易方达基金管理有限公司	基金托管人	中国建设银行		
注册登记人	易方达基金管理有限公司				

财务指标　单位：人民币(元)；%

项目＼年度	2009年8月26日至2009年12月31日
本期利润	1,068,114,010.52
本期加权平均净值利润率	7.42
期末基金资产净值	11,690,699,331.44
期末基金份额净值	1.072
本期份额净值增长率	7.20
累计份额净值增长率	7.20
基金收益分配	——

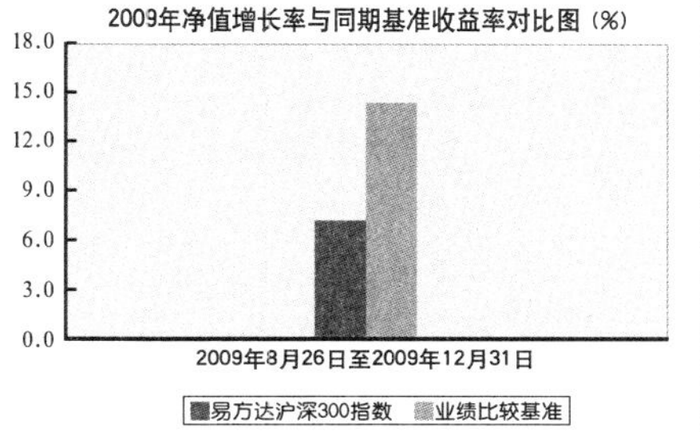

期末基金份额持有人户数	基金份额持有人户数为226,657户，平均每户持有48,127.81份。(期末截至2009年12月31日)
期末基金份额持有人结构	机构投资者持有份额392,976,658.56份，占总份额3.60%；个人投资者持有份额10,515,529,490.77份，占总份额96.40%。

基金业绩表现

易方达沪深300指数基金合同生效于2009年8月26日，截至2009年12月31日，该基金份额净值为1.072元，成立以来净值增长率为7.20%；同期业绩基准收益率为14.28%。

基金管理团队

林　飞先生：基金经理，博士研究生，6年证券从业经历。历任融通基金管理公司基金经理助理，易方达基金管理公司深证100ETF基金经理助理；现任易方达沪深300指数基金经理、易方达深证100ETF基金经理、易方达50指数基金经理、易方达深证100ETF联接基金经理。

基金运作分析

纵观2009年全年，宏观经济企稳恢复的趋势逐步形成和确立，微观企业盈利逐步好转并增长，市场总体也一改2008年的颓势，出现大幅度上涨，上证指数全年涨幅为79.98%，沪深300指数全年涨幅为96.71%。

作为被动型指数基金，易方达沪深300指数基金于2009年8月26日基金合同生效，该基金从建仓开始，跟随业绩基准出现了一定幅度的上涨。

2010年，鉴于内外需结构的调整、优化以及国内经济的弹性和潜在的内生增长力，易方达沪深300指数基金对中国经济中长期的前景持乐观的判断。作为被动投资的基金，易方达沪深300指数基金将继续坚持既定的指数化投资策略，以严格控制基金相对业绩基准的跟踪偏离为投资目标，追求跟踪偏离度及跟踪误差的最小化。

季度投资组合一览

项目＼季度	第四季度	
基金资产净值	11,690,699,331.44元	
基金份额	10,908,506,149.33份	
基金份额净值	1.072元	
基金资产组合	金额(元)	占总资产比例(%)
股票投资	11,040,878,544.33	93.53
债券投资	398,680,000.00	3.38
金融衍生品投资	——	——
买入返售金融资产	——	——
银行存款和结算备付金	210,505,115.39	1.78
其他资产	154,365,946.13	1.31

指数投资前五名股票明细

股票名称	公允价值(元)	占净值比例(%)
招商银行	386,298,194.10	3.30
交通银行	332,572,992.40	2.84
中国平安	301,766,823.54	2.58
民生银行	284,940,506.20	2.44
中信证券	282,906,766.80	2.42

投资前五名债券明细

债券名称	公允价值(元)	占净值比例(%)
09央行票据65	398,680,000.00	3.41

易方达深证100交易型开放式指数证券投资基金联接基金

基本资料					
基金简称	易方达深证100ETF联接		交易代码	110019	
投资目标	紧密跟踪业绩比较基准，追求跟踪偏离度及跟踪误差的最小化。				
投资比例	正常情况下，该基金资产中投资于深证100ETF的比例不低于基金资产净值的90%；现金或者到期日在一年以内的政府债券不低于基金资产净值的5%。				
业绩比较基准	深证100价格指数收益率X95%+活期存款利率(税后)X5%				
风险收益特征	该基金为深证100ETF的联接基金，主要通过投资于深证100ETF实现对业绩比较基准的紧密跟踪。因此，该基金的业绩表现与深证100价格指数的表现密切相关。理论上该基金预期风险与收益水平高于混合型基金、债券型基金与货币市场基金。				
合同生效日	2009年12月1日	上市日期	——	上市地点	——
募集概况	首募份额	认购户数	募集日期		
	189.25亿份	259,291户	2009年10月28日至2009年11月27日		
基金费率	认购费率	认购金额(M) M<100万元 100万元≤M<500万元 500万元≤M<1,000万元 M≥1,000万元	认购费率 1.00% 0.30% 0.10% 1,000元/笔		
	申购费率	申购金额(M) M<100万元 100万元≤M<500万元 500万元≤M<1,000万元 M≥1,000万元	申购费率 1.20% 0.50% 0.10% 1,000元/笔		
	赎回费率	持有时间(天) 0—90 91—729 730及以上	赎回费率 0.5% 0.25% 0.00		
	管理费率	0.50%			
	托管费率	0.10%			
基金管理人	易方达基金管理有限公司		基金托管人	中国银行股份有限公司	
审计机构	普华永道中天会计师事务所		注册登记人	易方达基金管理有限公司	

基金管理团队

林　飞先生：基金经理，经济学博士。曾任融通基金管理有限公司基金经理助理。2006年3月进入易方达基金管理有限公司工作，曾任易方达深证100ETF基金经理助理，现任指数与量化投资部总经理助理、易方达深证100ETF基金经理(2006年7月起任)、易方达50指数基金经理(2007年2月起任)、易方达沪深300指数基金经理(2009年8月起任)和易方达深证100ETF联接基金经理(2009年12月起任)。

宝盈基金管理有限公司

法定名称	宝盈基金管理有限公司	**英文名称**	BaoYing Fund Management Co.,Ltd.		
成立时间	2001年5月18日	**注册资本**	1亿元人民币	**公司属性**	中 资
法人代表	李建生	**总 经 理**	汪 钦	**督 察 长**	孙胜华
公司网址	www.byfunds.com	**客服电话**	400-8888-300		
联系电话	0755-8327 6688	**传真号码**	0755-8351 5599		
注册地址	深圳市深南路6008号特区报业大厦1501	**办公地址**	深圳市深南路6008号特区报业大厦15层		

公司简介

宝盈基金管理有限公司（以下简称“宝盈基金”）经中国证监会证监基金字[2001]9号文批准发起设立，现有股东包括中铁信托有限责任公司、成都工业投资集团有限公司、中国对外经济贸易信托有限公司。其中，中铁信托有限责任公司持有公司49%的股权，成都工业投资集团有限公司持有26%的股权，中国对外经济贸易信托有限公司持有25%的股权。

宝盈基金下设投资部、海外投资部、特定客户资产管理部、研究部、金融工程部、集中交易室、市场部、华北营销中心、华东营销中心、华南营销中心、电子商务部、基金运营部、监察稽核部、公司财务部、总经理办公室等15个部室和北京办事处、上海办事处；此外，还设立了投资决策委员会、风险控制委员会和信息技术治理委员会。

2009年以来，宝盈基金募集设立了3只新产品，包括1只股票型基金，1只混合型基金和1只货币市场基金；截至2010年6月30日，宝盈基金旗下共管理1只封闭式基金和8只开放式基金。

2009年旗下开放式基金业绩表现

截至日期：2009年12月31日

（单位：元；%）

基金类型	基金简称	设立日期	基金份额净值	净值增长率①	累计净值增长率②
股票型	宝盈泛沿海增长股票	2005-03-08	0.6510	35.43	161.17
	宝盈策略增长股票	2007-01-19	1.1323	66.06	49.32
	宝盈资源优选股票	2008-04-15	1.2745	77.53	18.02
混合型	宝盈鸿利收益混合	2002-10-08	0.5790	9.37	162.05
	宝盈核心优势混合	2009-03-17	1.0001	20.44	20.44
债券型	宝盈增强收益债券A/B	2008-05-15	1.1442	9.49	18.28
	宝盈增强收益债券C	2008-05-15	1.1387	9.07	12.95
货币型	宝盈货币A	2009-08-05	1.000	0.40	0.40
	宝盈货币B	2009-08-05	1.000	0.50	0.50

注：①净值增长率指该基金2009年度的份额净值增长率；②累计净值增长率指该基金设立以来的份额净值增长率。

2009年管理公募基金概况

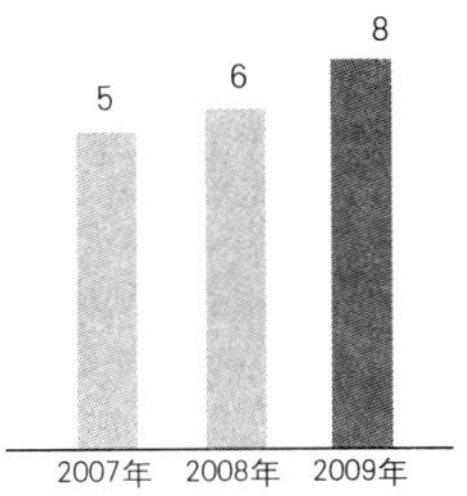

基金数量（只）

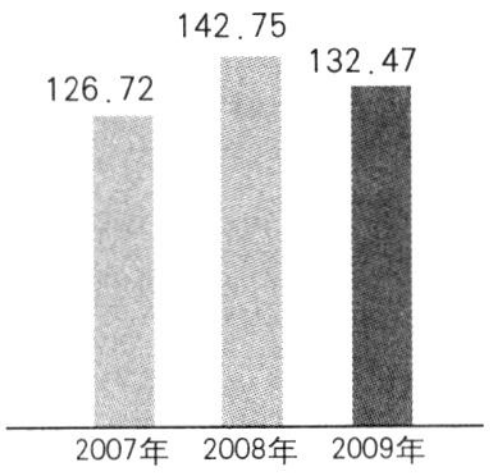

基金份额规模（亿份）

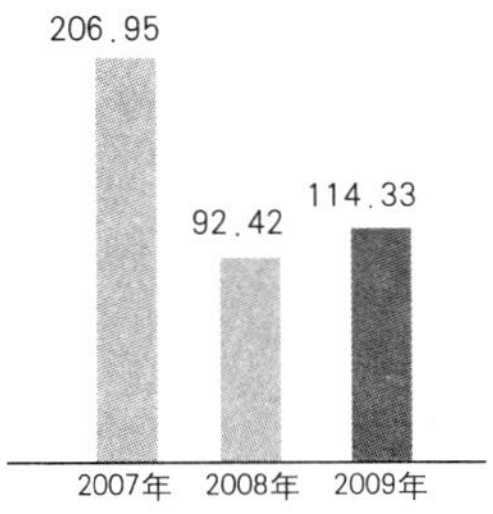

基金资产规模（亿元）

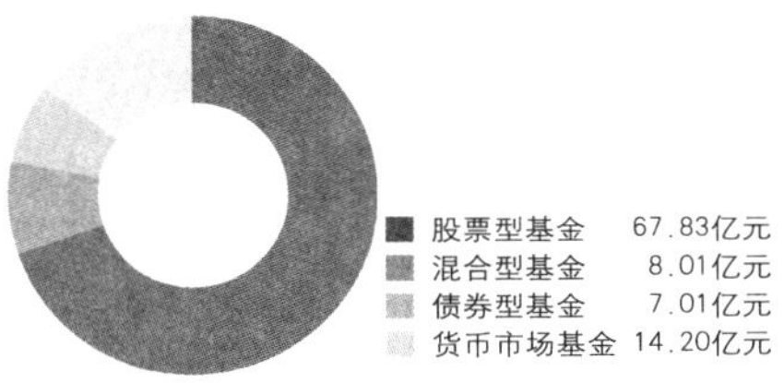

2009年基金资产规模构成（不含封闭式基金）

鸿阳证券投资基金

基本资料			
基金简称	宝盈鸿阳封闭	交易代码	184728
风险收益特征	风险水平和期望收益适中	业绩比较基准	——
合同生效日	2001年12月10日	基金总份额	20亿
上市日期	2001年12月18日　地点　深交所	存续期	15年
基金管理人	宝盈基金管理有限公司	基金托管人	中国农业银行
注册登记人	宝盈基金管理有限公司		

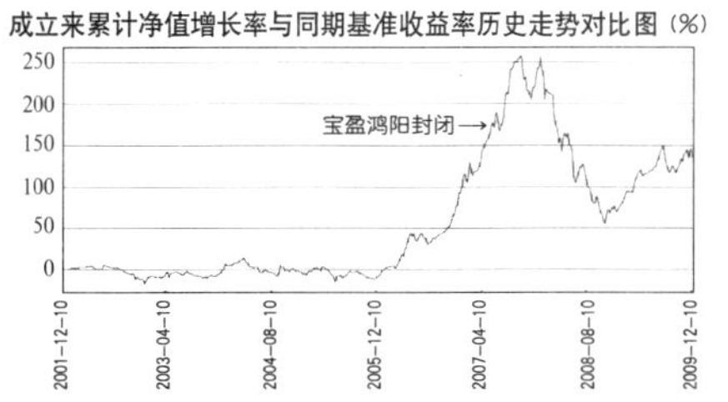

财务指标　单位：人民币（元）；%

项目＼年度	2009年	2008年	2007年
本期利润	520,025,879.83	−1,907,989,303.61	2,488,507,076.81
本期加权平均净值利润率	33.37	−78.94	54.70
期末基金资产净值	1,728,899,896.34	1,208,874,016.51	5,096,863,320.12
期末基金份额净值	0.8644	0.6044	2.5484
本期份额净值增长率	43.02	−50.29	77.75
累计份额净值增长率	143.31	70.02	242.02
基金收益分配	——	10派9.900	10派4.600

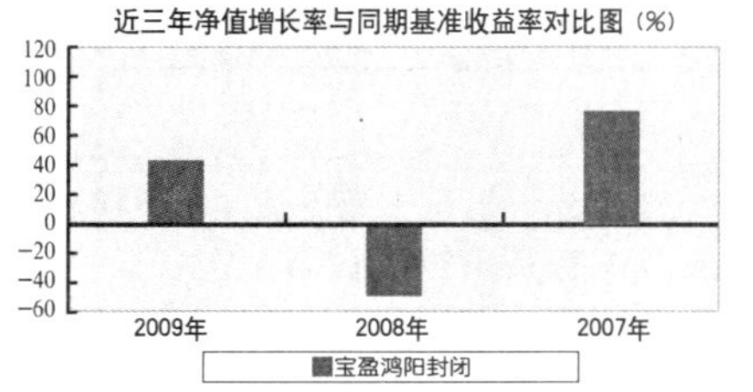

期末基金份额持有人户数	基金份额持有人户数为59,877户，平均每户持有33,401.81份。（期末截至2009年12月31日）
期末基金份额持有人结构	机构投资者持有份额548,574,017份，占总份额27.43%；个人投资者持有份额1,451,425,983份，占总份额72.57%。

基金业绩表现

截至2009年12月31日，宝盈鸿阳基金份额净值为0.8644元，全年净值增长率为43.02%。

基金管理团队

陈茂仁先生：基金经理，医学博士，9年证券从业经历。曾在平安证券综合研究所工作，2000年11月加入宝盈基金管理有限公司，历任行业研究员、宝盈鸿飞基金经理助理，基金经理、投研系统风险控制执行官。2007年11月起任宝盈鸿阳基金经理。

基金运作分析

2009年年初，公司投资决策委员会提出了2009年争取“绝对收益”的投资思路，虽然管理人在年初无论是资产配置还是投资组合结构都较好地抓住了市场的节奏，并取得了很好的投资收益，但是4月下旬，按照公司投委会的要求，宝盈鸿阳基金在上证指数2300点附近大幅降低仓位至50%左右，随着指数的不断抬高，始终采取较为谨慎的资产配置，并力争优化组合结构，尽管如此，该基金投资收益在年底仍落后于比较基准以及大部分可比基金。

展望2010年，宝盈鸿阳基金在基本配置上强调自下而上精选个股，注重把握企业的确定性增长，更加关注结构性机会。关注显著地具有自主创新、核心竞争力以及国际比较优势的制造类企业；关注估值合理成长性确定的消费、服务、医药等行业；关注及受益于政策扶持的低碳、新能源、环保等行业和公司的投资机会。同时审慎把握诸如股指期货、央企并构等政策性机会。

季度投资组合一览

项目＼季度	第一季度		第二季度		第三季度		第四季度	
基金资产净值	1,511,510,104.72元		1,591,646,147.40元		1,533,118,738.51元		1,728,899,896.34元	
基金份额净值	0.7558元		0.7958元		0.7666元		0.8644元	
基金资产组合	市值(元)	占总资产比(%)	市值(元)	占总资产比(%)	市值(元)	占总资产比(%)	市值(元)	占总资产比(%)
股票投资	724,944,769.29	46.70	986,674,156.72	57.46	1,006,605,924.40	65.41	1,340,207,492.13	77.25
债券投资	571,649,476.60	36.82	555,574,062.00	32.35	335,699,142.00	21.81	361,040,575.50	20.81
金融衍生品投资	——	——	——	——	——	——	——	——
买入返售金融资产	——	——	——	——	——	——	——	——
银行存款和结算备付金	242,204,055.50	15.60	160,151,639.48	9.33	192,201,639.39	12.49	21,501,131.08	1.24
其他资产	13,557,145.76	0.87	14,730,567.48	0.86	4,430,704.48	0.29	12,136,125.27	0.70

项目	第一季度			第二季度			第三季度			第四季度		
投资前五名股票明细	股票名称	公允价值(元)	占净值比(%)	股票名称	公允价值(元)	占净值比(%)	股票名称	公允价值(元)	占净值比(%)	股票名称	公允价值(元)	占净值比(%)
	南　玻A	103,614,335.44	6.86	中信证券	70,648,756.56	4.44	中国平安	77,023,794.90	5.02	中国人寿	95,067,369.73	5.50
	中国人寿	68,969,494.22	4.56	南　玻A	65,775,404.79	4.13	南　玻A	60,696,385.02	3.96	中国联通	87,479,839.62	5.06
	中国平安	66,455,985.77	4.40	浦发银行	64,454,388.60	4.05	中国人寿	55,360,000.00	3.61	海通证券	84,435,424.30	4.88
	长江电力	57,558,653.04	3.81	中国人寿	55,100,000.00	3.46	浦发银行	55,018,624.50	3.59	中国平安	83,693,113.63	4.84
	中信证券	50,938,879.32	3.37	深发展A	54,549,258.12	3.43	万　科A	52,100,000.00	3.40	中国石化	83,260,839.35	4.82
投资前五名债券明细	债券名称	公允价值(元)	占净值比(%)	债券名称	公允价值(元)	占净值比(%)	债券名称	公允价值(元)	占净值比(%)	债券名称	公允价值(元)	占净值比(%)
	02国债(10)	146,680,338.00	9.70	02国债(10)	116,248,534.00	7.30	20国债(4)	111,749,000.00	7.29	20国债(4)	113,904,000.00	6.59
	21国债(10)	104,326,926.00	6.90	07央票82	102,460,000.00	6.44	07央票82	101,660,000.00	6.63	07央票82	101,170,000.00	5.85
	07央票82	103,300,000.00	6.83	20国债(4)	101,800,000.00	6.40	09央票44	49,135,000.00	3.20	09央票44	49,125,000.00	2.84
	04国开14	81,128,000.00	5.37	99国债(8)	100,701,007.00	6.33	00国债02	30,225,000.00	1.97	00国债02	30,135,000.00	1.74
	99国债(8)	81,009,012.60	5.36	04国开14	80,416,000.00	5.05	01国债09	20,396,000.00	1.33	21国债(10)	26,692,575.50	1.54

宝盈鸿利收益证券投资基金

基本资料			
基金简称	宝盈鸿利收益混合	交易代码	213001
风险收益特征	风险水平和期望收益适中。		
业绩比较基准	以中信综合指数×80%+上证国债指数×20%(国内A股统一指数推出后则变更为国内A股统一指数×80%+国债指数×20%)为投资的参照基准		
合同生效日	2002年10月8日 首募份额 14.46亿份	认购户数	37,892户
基金管理人	宝盈基金管理有限公司	基金托管人	中国农业银行
注册登记人	宝盈基金管理有限公司		

成立来累计净值增长率与同期基准收益率历史走势对比图 (%)

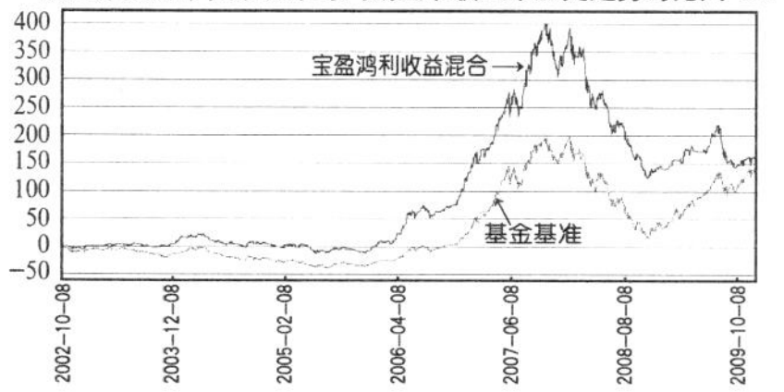

财务指标		单位:人民币(元);%	
项目 \ 年度	2009年	2008年	2007年
本期利润	78,184,045.18	−750,806,354.54	652,245,023.32
本期加权平均净值利润率	11.07	−66.99	53.69
期末基金资产净值	603,495,770.22	710,096,739.17	1,617,278,410.89
期末基金份额净值	0.5790	0.5294	1.3759
本期份额净值增长率	9.37	−47.47	93.91
累计份额净值增长率	162.05	139.61	355.80
基金收益分配	——	——	10派14.500

近三年净值增长率与同期基准收益率对比图 (%)

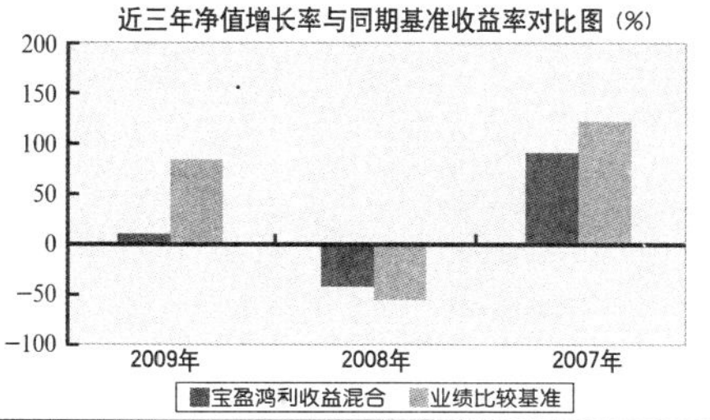

期末基金份额持有人户数	基金份额持有人户数为51,749户,平均每户持有20,142.49份。(期末截至2009年12月31日)
期末基金份额持有人结构	机构投资者持有份额19,711,503.07份,占总份额1.89%;个人投资者持有份额1,022,642,216.60份,占总份额98.11%。

基金业绩表现

截至2009年12月31日,宝盈鸿利收益混合基金份额净值为0.5790元,全年份额净值增长率为9.37%;同期业绩基准收益率为80.19%。

基金管理团队

陆万山先生:基金经理,投资执行总监,工商管理硕士,11年证券从业经历。曾就职于深圳金地集团股份有限公司、亚洲控股有限公司、深圳市永泰投资有限公司。2006年2月至2008年1月任职于诺安基金管理公司,历任行业研究员,诺安平衡基金经理。2008年3月加入宝盈基金管理公司,担任特定客户资产管理部投资经理;2008年12月起任宝盈鸿利收益混合基金经理,兼宝盈泛沿海增长股票基金经理。

基金运作分析

2009年年初,宝盈鸿利收益混合基金积极参与一季度的市场上涨,但由于担心国际经济存在二次探底的可能,在二季度和三季度对市场的判断出现失误,导致基金全年业绩表现较大幅度落后于比较基准。对此,管理人将认真吸取教训,不把对市场短期走势的判断作为资产配置的决定因素,要更注重上市公司的长期投资价值的挖掘。

展望2010年,宝盈鸿利收益混合基金在对上市公司基本面进行深入研究的基础上,将更多地依据股票的估值水平进行投资操作,持有估值水平合理的股票,买入相对估值水平便宜的股票,减持相对估值水平昂贵的股票。该基金将通过长期持有估值水平处于合理区间的股票,并根据相对估值水平对投资组合进行动态调整,为持有人获取相对低风险的、长期稳定的回报。

季度投资组合一览

项目 \ 季度	第一季度		第二季度		第三季度		第四季度	
基金资产净值	840,871,046.24元		740,627,348.82元		589,058,764.89元		603,495,770.22元	
基金份额	1,380,979,765.13份		1,164,747,829.60份		1,095,126,662.83份		1,042,353,719.67份	
基金份额净值	0.6089元		0.6359元		0.5379元		0.5790元	
基金资产组合	市值(元)	占总资产比(%)	市值(元)	占总资产比(%)	市值(元)	占总资产比(%)	市值(元)	占总资产比(%)
股票投资	33,793,722.69	3.99	552,490,187.38	73.67	242,845,453.63	38.58	426,398,639.07	69.91
债券投资	662,454,344.50	78.24	165,350,528.80	22.05	271,329,437.40	43.11	131,042,924.60	21.48
金融衍生品投资	——	——	——	——	——	——	——	——
买入返售金融资产	——	——	——	——	——	——	——	——
银行存款和结算备付金	136,205,850.08	16.09	22,717,554.07	3.03	108,944,578.86	17.31	50,022,123.64	8.20
其他资产	14,280,676.62	1.69	9,345,802.47	1.25	6,291,687.12	1.00	2,474,369.10	0.41

投资前五名股票明细	股票名称	公允价值(元)	占净值比(%)	股票名称	公允价值(元)	占净值比(%)	股票名称	公允价值(元)	占净值比(%)	股票名称	公允价值(元)	占净值比(%)
	冠农股份	25,708,266.00	3.06	建设银行	25,929,000.00	3.50	中国联通	29,210,000.00	4.96	中国联通	27,868,941.00	4.62
	盐湖钾肥	8,085,456.69	0.96	兴业银行	25,841,511.39	3.49	格力电器	24,595,501.20	4.18	长江电力	26,720,000.00	4.43
				金地集团	25,616,711.12	3.46	青岛啤酒	24,069,590.54	4.09	建设银行	16,016,006.00	2.65
	——	——	——	保利地产	25,048,009.00	3.38	中国神华	17,302,497.96	2.94	中信证券	15,249,600.00	2.53
				民生银行	23,396,472.00	3.16	浦发银行	16,701,792.60	2.84	民生银行	15,238,678.28	2.53

投资前五名债券明细	债券名称	公允价值(元)	占净值比(%)	债券名称	公允价值(元)	占净值比(%)	债券名称	公允价值(元)	占净值比(%)	债券名称	公允价值(元)	占净值比(%)
	02国债(10)	160,944,000.00	19.14	02国债15	60,516,000.00	8.17	21国债(10)	69,278,736.80	11.76	21国债(12)	46,147,500.00	7.65
	99国债(8)	152,021,638.00	18.08	08国开22	45,045,000.00	6.08	02国债15	60,180,000.00	10.22	08国开22	44,572,500.00	7.39
	20国债(4)	102,150,000.00	12.15	08央票110	29,088,000.00	3.93	08国开22	44,689,500.00	7.59	07央票82	20,234,000.00	3.35
	02国债15	60,816,000.00	7.23	07央票82	20,492,000.00	2.77	21国债(12)	35,020,408.60	5.95	21国债(10)	19,817,664.60	3.28
	21国债(12)	51,565,000.00	6.13	04国开14	10,052,000.00	1.36	08央票110	28,887,000.00	4.90	07云化债	271,260.00	0.04

宝盈泛沿海区域增长股票证券投资基金

基本资料					
基金简称	宝盈泛沿海增长股票		交易代码	213002	
风险收益特征	该基金属于区域类增长型股票基金，风险介于价值型股票基金与积极成长型股票基金之间，适于能承担一定风险，追求较高收益和长期资本增值的投资人投资。				
业绩比较基准	上证A股指数×80%+上证国债指数×20%，当市场出现合适的全市场统一指数时，该基金股票部分的业绩比较基准将适时调整为全市场统一指数。				
合同生效日	2005年3月8日	首募份额	4.02亿份	认购户数	4,062户
基金管理人	宝盈基金管理有限公司		基金托管人	中国工商银行	
注册登记人	宝盈基金管理有限公司				

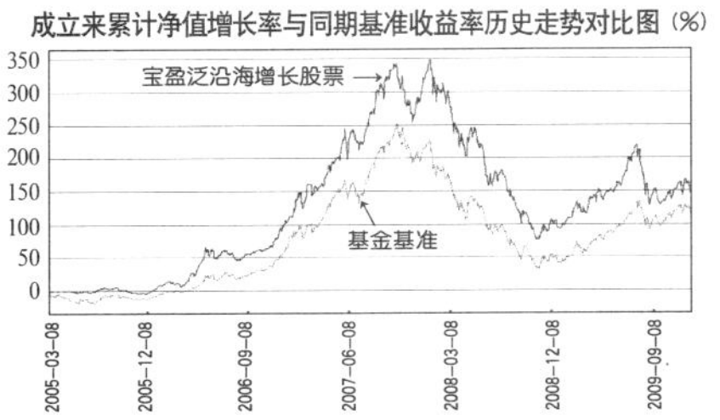

财务指标　单位：人民币(元)；%

项目 \ 年度	2009年	2008年	2007年
本期利润	957,167,358.95	-3,396,616,191.16	988,769,552.06
本期加权平均净值利润率	29.59	-82.33	48.01
期末基金资产净值	3,080,074,384.92	2,715,976,669.94	4,527,350,279.98
期末基金份额净值	0.6510	0.4807	1.0465
本期份额净值增长率	35.43	-54.07	97.67
累计份额净值增长率	161.17	92.85	319.84
基金收益分配	——	——	10派2.000

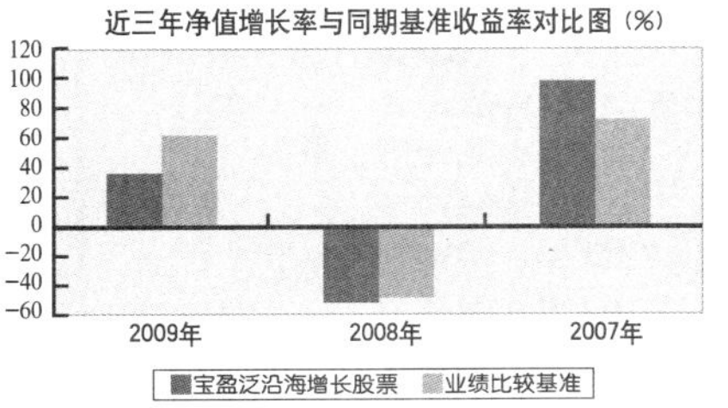

期末基金份额持有人户数	基金份额持有人户数为236,167户，平均每户持有20,032.75份。（期末截至2009年12月31日）
期末基金份额持有人结构	机构投资者持有份额23,155,715.90份，占总份额0.49%；个人投资者持有份额4,707,919,324.62份，占总份额99.51%。

基金业绩表现

截至2009年12月31日，宝盈泛沿海增长股票基金份额净值为0.6510元，全年份额净值增长率为35.43%；同期业绩基准收益率为61.36%。

基金管理团队

陆万山先生：基金经理，投资执行总监，工商管理硕士，11年证券从业经历。曾就职于深圳金地集团股份有限公司、亚洲控股有限公司、深圳市永泰投资有限公司。2006年2月至2008年1月任职于诺安基金管理公司，历任行业研究员，诺安平衡基金经理。2008年3月加入宝盈基金管理公司，担任特定客户资产管理部投资经理；2008年12月起任宝盈鸿利收益混合基金经理；2009年3月起任宝盈泛沿海增长股票基金经理。

夏和平先生：基金经理，清华大学管理学博士，11年证券从业经历，曾就职于湖北省鄂南啤酒厂、广发证券股份公司和广东粤财信托公司，先后担任广发证券公司固定收益部总经理、广东粤财信托公司副总裁。2009年9月加入宝盈基金管理公司，负责投资管理、风险管理与绩效评价等工作，2009年9月起任宝盈泛沿海增长基金经理。

基金运作分析

受益于市场整体上涨，宝盈泛沿海增长股票基金2009年度获得了一定的投资收益，但没有超越比较基准和市场。其主要原因在于，本着一贯稳健的作风，该基金年初以来对行情的发展持相对保守的态度，因此无论是在仓位策略还是组合策略上都缺乏足够的进取力度。

季度投资组合一览

项目 \ 季度	第一季度			第二季度			第三季度			第四季度		
基金资产净值	3,308,209,757.99元			3,584,770,167.78元			2,826,020,909.36元			3,080,074,384.92元		
基金份额	5,530,855,973.05份			5,165,616,690.12份			4,949,478,789.94份			4,731,075,040.52份		
基金份额净值	0.5981元			0.6940元			0.5710元			0.6510元		
基金资产组合	市值(元)	占总资产比(%)		市值(元)	占总资产比(%)		市值(元)	占总资产比(%)		市值(元)	占总资产比(%)	
股票投资	2,034,917,702.50	61.17		3,396,051,551.57	93.98		1,772,647,863.30	62.27		2,923,931,687.22	93.89	
债券投资	——	——		——	——		——	——		——	——	
金融衍生品投资	——	——		——	——					——	——	
买入返售金融资产	——	——		——	——		——	——		——	——	
银行存款和结算备付金	1,289,215,342.72	38.76		196,251,183.82	5.43		981,406,711.80	34.48		164,298,862.21	5.28	
其他资产	2,413,073.58	0.07		21,347,969.94	0.59		92,527,037.68	3.25		25,982,825.11	0.83	
投资前五名股票明细	股票名称	公允价值(元)	占净值比(%)	股票名称	公允价值(元)	占净值比(%)	股票名称	公允价值(元)	占净值比(%)	股票名称	公允价值(元)	占净值比(%)
	长江电力	168,882,753.20	5.11	招商银行	196,107,624.18	5.47	中国石化	167,948,758.60	5.94	中国石化	234,538,702.04	7.61
	中信证券	121,411,618.56	3.67	万　科A	191,249,043.75	5.34	长江电力	167,122,767.21	5.91	中国联通	233,765,054.73	7.59
	中国平安	114,189,388.78	3.45	中国银行	183,448,253.28	5.12	中国建筑	115,999,503.52	4.10	中国人寿	223,265,430.24	7.25
	中兴通讯	101,457,570.66	3.07	建设银行	179,693,451.27	5.01	武钢股份	115,525,109.70	4.09	海通证券	220,048,410.13	7.14
	兴业银行	70,801,380.00	2.14	中国平安	139,039,479.00	3.88	大秦铁路	111,239,239.86	3.94	中信证券	184,591,578.96	5.99
投资前五名债券明细	债券名称	公允价值(元)	占净值比(%)	债券名称	公允价值(元)	占净值比(%)	债券名称	公允价值(元)	占净值比(%)	债券名称	公允价值(元)	占净值比(%)
	——			——			——			——		

宝盈策略增长股票型证券投资基金

基本资料

基金简称	宝盈策略增长股票		交易代码	213003	
风险收益特征	较高期望收益和风险水平。				
业绩比较基准	上证A股指数×75%+上证国债指数×20%+同期银行一年定期存款利率×5%				
合同生效日	2007年1月19日	首募份额	95.68亿份	认购户数	345,713户
基金管理人	宝盈基金管理有限公司		基金托管人	中国农业银行	
注册登记人	宝盈基金管理有限公司				

财务指标 单位：人民币(元)，%

项目 \ 年度	2009年	2008年	2007年
本期利润	1,779,642,296.71	-3,414,530,021.69	4,902,627,054.81
本期加权平均净值利润率	50.39	-75.64	58.59
期末基金资产净值	3,428,850,179.81	2,872,443,017.34	7,667,815,581.70
期末基金份额净值	1.1323	0.8043	1.6418
本期份额净值增长率	66.06	-51.01	83.55
累计份额净值增长率	49.32	-10.08	83.55
基金收益分配	10派2.000	——	10派2.000

成立来累计净值增长率与同期基准收益率历史走势对比图（%）

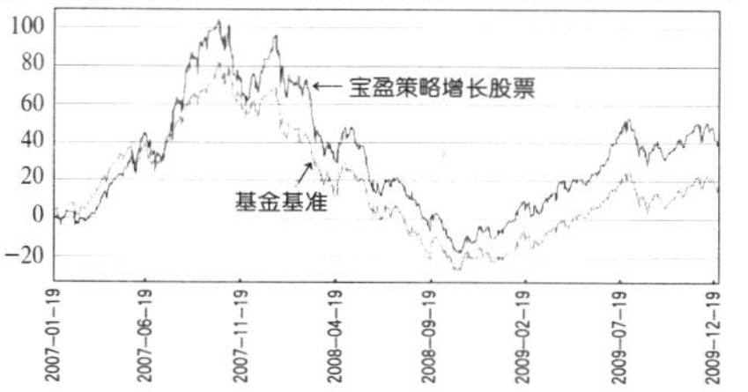

近三年净值增长率与同期基准收益率对比图（%）

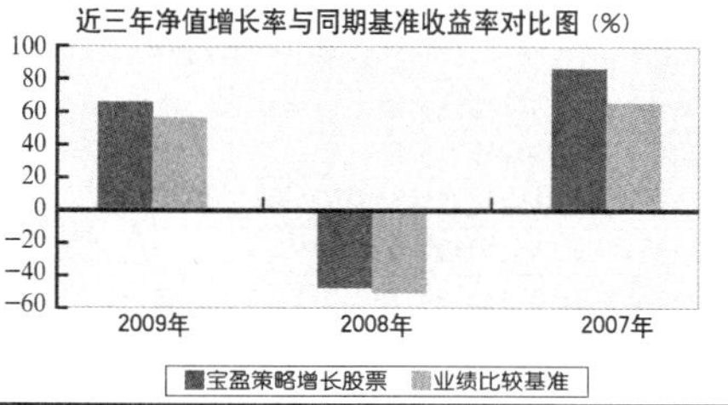

期末基金份额持有人户数	基金份额持有人户数为144,164户，平均每户持有21,006.00份。（期末截至2009年12月31日）
期末基金份额持有人结构	机构投资者持有份额111,449,298.74份，占总份额3.68%；个人投资者持有份额2,916,859,305.65份，占总份额96.32%。

基金业绩表现

截至2009年12月31日，宝盈策略增长股票基金份额为1.1323元，全年份额净值增长率为66.06%；同期业绩基准收益率为57.06%。

基金管理团队

余述胜先生：基金经理兼研究部总监，金融学博士，11年证券从业经历。曾就职于南方基金管理公司，历任研究员、投资部副总监、交通运输行业首席分析师。2007年11月加入宝盈基金管理公司，历任投资部副总监、研究部总监；2009年7月起担任宝盈策略增长股票基金经理。

盛军锋先生：基金经理，经济学博士，3年证券从业经历。曾就职于中国人民银行深圳市中心支行货币信贷管理处。2006年6月加入宝盈基金管理公司，从事宏观策略研究工作；2009年7月起任宝盈策略增长股票基金经理。

基金运作分析

2009年，宝盈策略增长股票基金主要结合宏观经济情况、政策态势和市场估情况动态调整投资策略。一季度，该基金逐步提高仓位，并加大周期性行业的配置比例；二季度开始，密切跟踪产业复苏的轮动脉络，动态布置行业投资重点，分别对钢铁、化工等做出积极布局；三、四季度该基金及时采取自上而下和自下而上结合的策略，布局景气上升的行业板块，尤其是中下游板块，精选个股，动态调整仓位，力求取得较好的投资效果。

展望2010年，宝盈策略增长股票基金仍将保持积极灵活的投资策略，采取自上而下配置策略和自下而上选股策略，做好结构调整，提升投资效果。

季度投资组合一览

项目 \ 季度	第一季度		第二季度		第三季度		第四季度	
基金资产净值	3,545,778,201.60元		3,772,511,635.56元		3,321,421,511.37元		3,428,850,179.81元	
基金份额	3,524,747,010.34份		3,215,793,214.04份		3,310,566,808.90份		3,028,308,604.39份	
基金份额净值	1.0060元		1.1731元		1.0033元		1.1323元	
基金资产组合	市值(元)	占总资产比(%)	市值(元)	占总资产比(%)	市值(元)	占总资产比(%)	市值(元)	占总资产比(%)
股票投资	2,301,564,193.64	64.43	3,334,432,397.24	87.89	2,374,742,495.00	71.15	2,890,279,650.70	83.64
债券投资	——	——	——	——	——	——	——	——
金融衍生品投资	——	——	——	——	——	——	——	——
买入返售金融资产	——	——	——	——	——	——	——	——
银行存款和结算备付金	1,266,953,712.54	35.47	426,986,772.64	11.26	956,738,481.49	28.67	364,577,322.31	10.55
其他资产	3,408,288.31	0.10	32,293,817.01	0.85	6,075,018.18	0.18	200,951,758.43	5.81

投资前五名股票明细	股票名称	公允价值(元)	占净值比(%)	股票名称	公允价值(元)	占净值比(%)	股票名称	公允价值(元)	占净值比(%)	股票名称	公允价值(元)	占净值比(%)
	南 玻A	151,975,205.58	4.29	万 科A	247,350,000.00	6.56	中国联通	193,095,638.70	5.81	中国联通	277,069,572.00	8.08
	中信证券	118,868,464.53	3.35	招商银行	242,249,029.83	6.42	中兴通讯	190,900,000.00	5.75	海通证券	249,659,213.40	7.28
	驰宏锌锗	103,145,721.77	2.91	工商银行	229,888,703.80	6.09	交通银行	133,280,000.00	4.01	中国人寿	209,299,266.96	6.10
	中国平安	94,466,059.34	2.66	中国神华	194,411,679.99	5.15	新安股份	115,622,000.00	3.48	中国神华	198,474,000.00	5.79
	招商银行	79,807,786.65	2.25	新安股份	178,504,050.14	4.73	青岛啤酒	100,028,000.00	3.01	中国石化	182,158,774.79	5.31

投资前五名债券明细	债券名称	公允价值(元)	占净值比(%)	债券名称	公允价值(元)	占净值比(%)	债券名称	公允价值(元)	占净值比(%)	债券名称	公允价值(元)	占净值比(%)

宝盈资源优选股票型证券投资基金

基本资料			
基金简称	宝盈资源优选股票	交易代码	213008 213908
风险收益特征	风险水平和期望收益相对较高		
业绩比较基准	沪深300指数×75%＋上证国债指数×25%		
合同生效日	2008年4月15日 集中申购份额 0.53亿份	申购户数	2,764户
基金管理人	宝盈基金管理有限公司	基金托管人	中国建设银行
注册登记人	中国证券登记结算有限责任公司深圳分公司		

财务指标　　单位：人民币（元）；%

项目 \ 年度	2009年	2008年4月15日至2008年12月31日
本期利润	150,827,169.18	−163,201,424.98
本期加权平均净值利润率	56.80	−40.75
期末基金资产净值	273,730,666.46	227,586,981.63
期末基金份额净值	1.2745	0.7179
本期份额净值增长率	77.53	−33.52
累计份额净值增长率	18.02	−33.52
基金收益分配	——	——

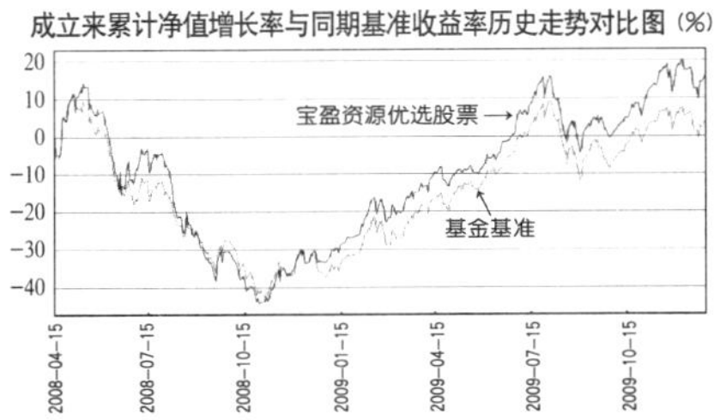

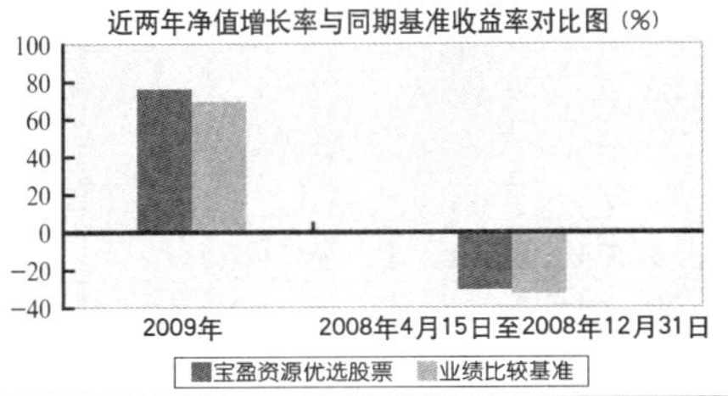

期末基金份额持有人户数	基金份额持有人户数为13,504户，平均每户持有15,903.93份。（期末截至2009年12月31日）
期末基金份额持有人结构	机构投资者持有份额95,289,276.77份，占总份额44.37%；个人投资者持有份额119,477,404.54份，占总份额55.63%。

基金业绩表现

截至2009年12月31日，宝盈资源优选股票基金份额为1.2745元，全年份额净值增长率为77.53%；同期业绩基准收益率为68.15%。

基金管理团队

杨宏亮先生：基金经理，经济学博士，6年证券从业经历。曾就职于国家开发银行综合计划局、深圳国信证券综合研究所和中再资产管理股份公司从事统计模型与方法研究、宏观研究、证券市场投资策略构建、产品设计和风险管理等工作。2007年10月加入宝盈基金管理公司，现任宝盈资源优选股票基金经理、宝盈核心优势混合基金经理兼金融工程部总监。

基金运作分析

2009年，市场在全球注入流动性、预期经济复苏的情况下走出一轮牛市，后在国家货币政策开始收紧后，进入调整期。宝盈资源优选股票基金2009年根据市场变动，进行了一些仓位管理，有成功的地方也有失败的地方。

展望2010年，该基金管理人认为市场存在多种不确定性，一方面表现为经济是否能够恢复到正常水平，另一方面则是政府的退出政策时机是否恰当，因此对于2010年，并没有明确的方向判断，而是在抓住中国当前发展阶段的主线的同时，关注经济基本面与政策的变化所带来的机会与风险。城镇化、消费升级、低碳经济是中国当前发展阶段的主线，也将是2010年投资的重点。

季度投资组合一览

项目 \ 季度	第一季度		第二季度		第三季度		第四季度	
基金资产净值	292,062,917.43元		247,909,548.12元		236,329,393.93元		273,730,666.46元	
基金份额	313,948,203.02份		228,820,615.85份		219,199,553.73份		214,766,681.31份	
基金份额净值	0.9303元		1.0834元		1.0781元		1.2745元	
基金资产组合	市值(元)	占总资产比(%)	市值(元)	占总资产比(%)	市值(元)	占总资产比(%)	市值(元)	占总资产比(%)
股票投资	186,508,504.53	63.34	232,824,649 63	92.66	182,537,625.71	76.10	255,996,830.29	90.59
债券投资	——	——	——	——	——	——	——	——
金融衍生品投资	3,865,563.59	1.31	——	——	——	——	——	——
买入返售金融资产	——	——	——	——	——	——	——	——
银行存款和结算备付金	103,551,156.61	35.17	15,355,957 64	6.11	56,521,596.51	23.56	25,469,374.77	9.01
其他资产	544,026.25	0.18	3,078,631 59	1.23	799,075.91	0.33	1,137,776.49	0.40

	股票名称	公允价值(元)	占净值比(%)	股票名称	公允价值(元)	占净值比(%)	股票名称	公允价值(元)	占净值比(%)	股票名称	公允价值(元)	占净值比(%)
投资前五名股票明细	重庆啤酒	22,825,000.00	7.82	深发展A	15,274,000.00	6.16	中国联通	15,743,796.30	6.66	中国联通	21,573,574.02	7.88
	南 玻A	17,767,945.91	6.08	中兴通讯	13,516,100.00	5.45	中国平安	10,388,734.20	4.40	中国人寿	19,423,529.87	7.10
	东阿阿胶	14,104,000.00	4.83	中信证券	12,717,000.00	5.13	中兴通讯	8,383,258.96	3.55	中国石油	18,242,400.00	6.66
	亨通光电	13,600,000.00	4.66	招商银行	12,325,500.00	4.97	哈药股份	7,960,076.98	3.37	中国石化	16,556,947.65	6.05
	科达机电	13,385,500.00	4.58	中国联通	11,662,000.00	4.70	特变电工	7,240,151.82	3.06	海通证券	14,484,612.00	5.29
投资前五名债券明细	债券名称	公允价值(元)	占净值比(%)	债券名称	公允价值(元)	占净值比(%)	债券名称	公允价值(元)	占净值比(%)	债券名称	公允价值(元)	占净值比(%)

宝盈增强收益债券型证券投资基金

基本资料			
基金简称	宝盈增强收益债券	交易代码	213007 2139177
风险收益特征	该基金是一只债券型基金，属于证券投资基金中较低风险较低收益的品种，该基金的风险与预期收益都要低于股票型和混合型基金，高于货币市场基金。		
业绩比较基准	中信标普全债指数		
合同生效日	2008年5月15日	首募份额	10.74亿份
认购户数	5,085户		
基金管理人	宝盈基金管理有限公司	基金托管人	中国建设银行
注册登记人	宝盈基金管理有限公司		

成立来累计净值增长率与同期基准收益率历史走势对比图（%）

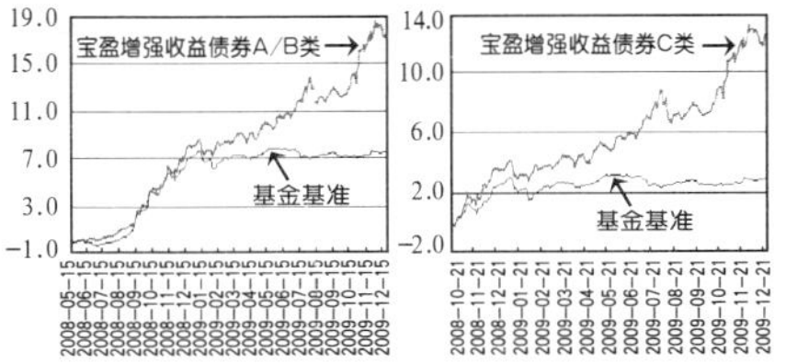

近两年净值增长率与同期基准收益率对比图（%）

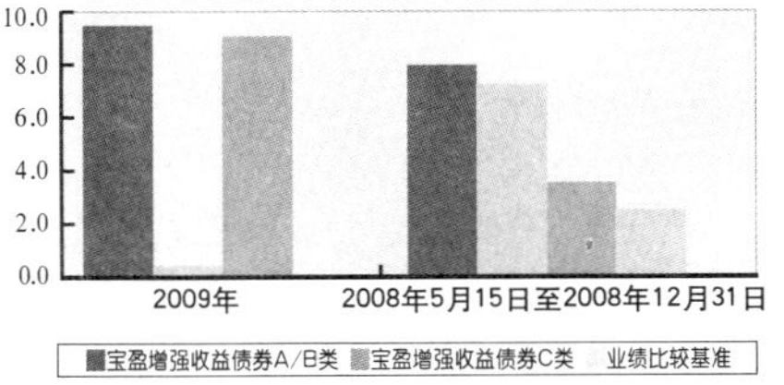

财务指标　　单位：人民币（亿元）；%

项目 \ 年度	2009年		2008年5月15日至2008年12月31日	
	A/B	C	A/B	C
本期利润	0.6477	0.0562	0.7702	0.1471
本期加权平均净值利润率	8.36	4.72	7.49	3.64
期末基金资产净值	6.2994	0.7071	10.8173	4.2497
期末基金份额净值	1.1442元	1.1387元	1.0804元	1.0795元
本期份额净值增长率	9.49	9.07	8.04	3.56
累计份额净值增长率	18.28	12.95	8.04	3.56
基金收益分配	10派0.380元	10派0.380元	——	——

期末基金份额持有人户数	A/B类：基金份额持有人户数为2,663户，平均每户持有206,740.28份。 C类：基金份额持有人户数为1,314户，平均每户持有47,260.71份。（期末截至2009年12月31日）
期末基金份额持有人结构	A/B类：机构投资者持有份额499,073,380.13份，占总份额90.65%；个人投资者持有份额51,475,974.70份，占总份额9.35%。 C类：机构投资者持有份额34,313,819.30份，占总份额55.26%；个人投资者持有份额27,786,760.08份，占总份额44.74%。

基金业绩表现

2009年宝盈增强收益债券基金A/B类全年净值增长率为9.49%；C类全年净值增长率为9.07%。

基金管理团队

陈若劲女士：基金经理，香港中文大学金融MBA，6年证券从业经历。曾在第一创业证券有限责任公司固定收益部从事债券投资、研究及交易等工作。2008年4月加入宝盈基金公司任债券组合研究员，2008年9月起任宝盈增强收益债券基金经理。

基金运作分析

2009年，在债券类资产的配置上，宝盈增强收益债券基金年内始终保持较高比例浮息债券和较低的组合久期，在保证资产组合流动性的同时缓解收益率上行的风险，四季度初，该基金在一级市场配置了部分中短期公司债提高组合整体收益；在权益类资产的配置上，管理人在做好风险管理的前提下积极参与，提高基金整体的收益水平。上半年该基金重点参与了部分基本面较好的股票的投资；下半年重点择优参加了上市公司的IPO网下申购和公开增发。

2009年，宝盈增强收益债券基金通过主动的风险管理控制收益率上行风险，并通过权益类一二级的投资提高基金的收益水平，全年整体业绩大幅跑赢业绩基准。

季度投资组合一览

项目 \ 季度	第一季度		第二季度		第三季度		第四季度	
	A/B	C	A/B	C	A/B	C	A/B	C
基金资产净值	8.4495亿元	1.5451亿元	6.9564亿元	0.6851亿元	6.7111亿元	0.4681亿元	6.2994亿元	0.7071亿元
基金份额	7.7472亿份	1.4193亿份	6.3411亿份	0.6263亿份	6.0260亿份	0.4219亿份	5.5055亿份	0.6210亿份
基金份额净值	1.0907元	1.0887元	1.0970元	1.0939元	1.1137元	1.1095元	1.1442元	1.1387元
基金资产组合	市值(元)	占总资产比(%)	市值(元)	占总资产比(%)	市值(元)	占总资产比(%)	市值(元)	占总资产比(%)
股票投资	9,116,575.10	0.77	109,647,295.86	11.57	42,606,106.13	4.47	101,197,345.74	14.38
债券投资	1,094,339,653.10	92.91	633,227,779.19	66.81	582,610,560.70	61.17	583,660,669.20	82.93
金融衍生品投资	——	——	——	——	——	——	——	——
买入返售金融资产	——	——	——	——	——	——	——	——
银行存款和结算备付金	51,886,706.53	4.41	13,057,906.33	1.38	322,841,400.30	33.90	11,923,771.50	1.69
其他资产	22,498,815.38	1.91	191,899,712.54	20.25	4,374,498.98	0.46	7,055,311.78	1.00

投资前五名股票明细	股票名称	公允价值(元)	占净值比(%)	股票名称	公允价值(元)	占净值比(%)	股票名称	公允价值(元)	占净值比(%)	股票名称	公允价值(元)	占净值比(%)
	ST 盐 湖	9,051,145.10	0.91	长江电力	33,072,000.00	4.33	海鸥卫浴	12,852,510.00	1.79	双鹭药业	6,216,000.00	0.89
	立立电子	65,430.00	0.01	新安股份	22,185,744.22	2.90	中国建筑	8,680,321.76	1.21	工商银行	5,440,000.00	0.78
				泸 天 化	21,260,000.00	2.78	神州泰岳	2,312,054.00	0.32	万 科A	5,405,000.00	0.77
				安徽合力	20,379,551.64	2.67	光大证券	1,768,693.10	0.25	中国石油	5,231,630.10	0.75
				万 科A	12,750,000.00	1.67	信 立 泰	1,589,144.00	0.22	招商证券	4,816,109.91	0.69

投资前五名债券明细	债券名称	公允价值(元)	占净值比(%)	债券名称	公允价值(元)	占净值比(%)	债券名称	公允价值(元)	占净值比(%)	债券名称	公允价值(元)	占净值比(%)
	08央行票据62	180,676,000.00	18.08	08央行票据41	104,910,000.00	13.73	08央行票据41	103,630,000.00	14.43	09农发07	100,100,000.00	14.29
	08央行票据112	151,605,500.00	15.17	09农发07	99,720,000.00	13.05	09农发07	99,910,000.00	13.92	09央行票据59	99,670,000.00	14.23
	08央行票据41	105,990,000.00	10.60	08央行票据112	97,150,000.00	12.71	09央行票据42	98,280,000.00	13.69	09农发11	50,135,000.00	7.16
	08央行票据17	105,680,000.00	10.57	08央行票据62	52,595,000.00	6.88	09农发11	50,050,000.00	6.97	09农发08	49,475,000.00	7.06
	09进出01	89,901,000.00	9.00	09农发08	49,655,000.00	6.50	05工行03	49,980,000.00	6.96	09国开04	49,330,000.00	7.04

宝盈核心优势灵活配置混合型证券投资基金

基本资料

基金简称	宝盈核心优势混合	交易代码	213006		
风险收益特征	该基金是一只灵活配置混合型基金，属于证券投资基金中的较高风险较高收益品种，该基金的风险与预期收益都要低于股票型基金，高于保本基金和债券型基金。				
业绩比较基准	沪深300指数×65%＋上证国债指数×35%				
合同生效日	2009年3月17日	首募份额	7.76亿份	认购户数	10,410户
基金管理人	宝盈基金管理有限公司	基金托管人	中国银行		
注册登记人	宝盈基金管理有限公司				

财务指标 单位：人民币(元)；%

项目 \ 年度	2009年3月17日至2009年12月31日
本期利润	58,589,410.63
本期加权平均净值利润率	16.57
期末基金资产净值	197,104,523.58
期末基金份额净值	1.0001
本期份额净值增长率	20.44
累计份额净值增长率	20.44
基金收益分配	10派2.000

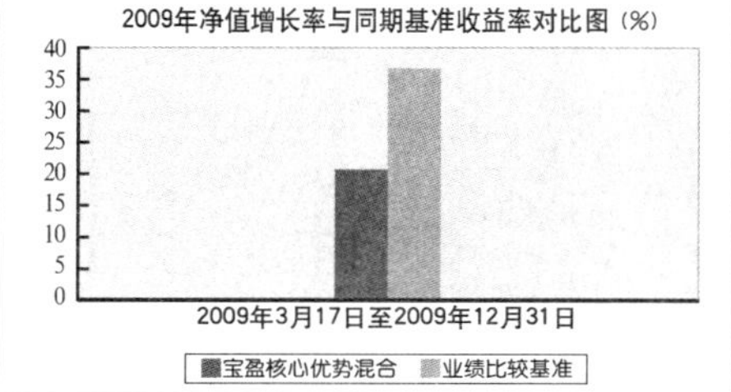

期末基金份额持有人户数	基金份额持有人户数为5,134户，平均每户持有38,387.26份。(期末截至2009年12月31日)
期末基金份额持有人结构	机构投资者持有份额2,521,866.73份，占总份额1.28%；个人投资者持有份额194,558,325.75份，占总份额98.72%。

基金业绩表现

宝盈核心优势混合基金合同生效于2009年3月17日，截至2009年12月31日，该基金份额为1.0001元，成立以来净值增长率为20.44%。

基金管理团队

王　琼先生：基金经理兼投资部副总监，管理系工学硕士，15年证券从业经历。曾就职于万国证券公司，招商证券公司银行部，融通基金管理公司。2009年7月加入宝盈基金管理公司，2009年9月起任宝盈核心优势混合基金经理。

杨宏亮先生：基金经理兼金融工程部总监，经济学博士，15年证券从业经历。曾就职于国家开发银行综合计划局、深圳国信证券综合研究所和中再资产管理公司。2007年10月加入宝盈基金管理公司，现任金融工程部总监，2009年3月起任宝盈核心优势混合基金经理。

基金运作分析

宝盈核心优势混合基金成立之初保持较低仓位；二季度重配大盘股，选择以大金融为基础仓位；三季度，逐渐增加酿酒食品、家电、商业零售、汽车等消费类品种；四季度一直保持较高仓位，行业选择上配置银行、地产、有色、煤炭、低碳、资源等板块。

季度投资组合一览

项目 \ 季度	第二季度		第三季度		第四季度	
基金资产净值	357,491,290.90元		181,992,407.10元		197,104,523.58元	
基金份额	334,247,363.71份		187,487,353.38份		197,080,192.48份	
基金份额净值	1.0695元		0.9707元		1.0001元	
基金资产组合	市值(元)	占总资产比(%)	市值(元)	占总资产比(%)	市值(元)	占总资产比(%)
股票投资	284,142,526.40	74.98	122,777,767.96	49.20	154,779,918.38	75.12
债券投资	——	——	31,188,100.00	12.50	33,495,771.00	16.26
资产支持证券投资	——	——	——	——	——	——
金融衍生品投资	——	——	——	——	——	——
买入返售金融资产	——	——	——	——	——	——
银行存款和结算备付金	92,021,481.21	24.28	94,634,535.91	37.92	15,255,346.54	7.40
其他资产	2,783,607.23	0.73	931,483.95	0.37	2,511,163.64	1.22

投资前五名股票明细	股票名称	公允价值(元)	占净值比(%)	股票名称	公允价值(元)	占净值比(%)	股票名称	公允价值(元)	占净值比(%)
	中国平安	19,289,400.00	5.40	哈药股份	8,045,000.00	4.42	中国联通	15,309,000.00	7.77
	招商银行	18,823,481.19	5.27	浦发银行	7,859,214.00	4.32	盐湖钾肥	14,817,400.00	7.52
	中信证券	15,543,000.00	4.35	中信证券	7,503,000.00	4.12	中国石油	12,437,447.20	6.31
	浦发银行	14,270,788.60	3.99	中煤能源	6,840,000.00	3.76	中国人寿	11,408,400.00	5.79
	交通银行	14,145,700.00	3.96	青岛海尔	6,236,000.00	3.43	中国石化	9,863,000.00	5.00

投资前五名债券明细	债券名称	公允价值(元)	占净值比(%)	债券名称	公允价值(元)	占净值比(%)	债券名称	公允价值(元)	占净值比(%)
	——			07央行票据82	10,166,000.00	5.59	07央行票据82	10,117,000.00	5.13
				09安琪CP01	10,014,000.00	5.50	09安琪CP01	10,031,000.00	5.09
				21国债(10)	6,165,600.00	3.39	21国债(10)	7,160,300.00	3.63
				08上港债	4,842,500.00	2.66	08上港债	4,875,000.00	2.47
				——			02国债(3)	810,640.00	0.41

宝盈货币市场证券投资基金

基本资料					
基金简称	宝盈货币	交易代码	213009 213909		
风险收益特征	该基金为货币市场基金，属于证券投资基金中的高流动性、低风险品种，其预期收益和风险均低于债券型基金、混合型基金及股票型基金。				
业绩比较基准	活期存款利率(税后)				
合同生效日	2009年8月5日	首募份额	14.55亿份	认购户数	1,922户
基金管理人	宝盈基金管理有限公司	基金托管人	中国建设银行		
注册登记人	宝盈基金管理有限公司				

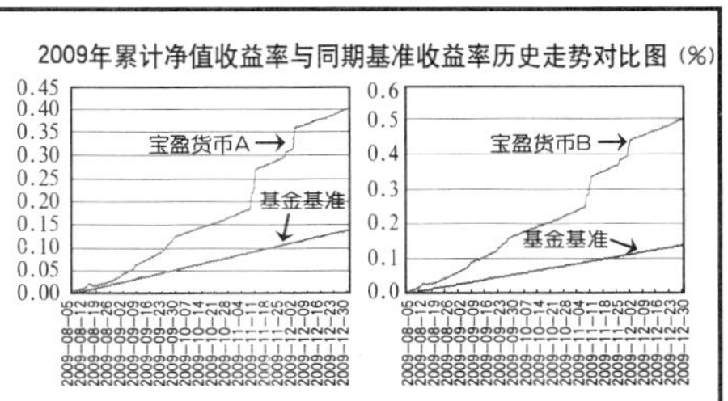

财务指标　　单位：人民币(元)；%

项目＼年度	2009年8月5日至2009年12月31日	
	A	B
本期利润	520,637.25	783,323.49
期末基金资产净值	151,132,620.84	1,269,149,125.33
期末基金份额净值	1.0000	1.0000
本期份额净值收益率	0.4013	0.4998
累计份额净值收益率	0.4013	0.4998
基金收益分配	520,637.25	783,323.49
期末基金份额持有人户数	A：基金份额持有人户数为834户，平均每户持有181,214.17份。 B：基金份额持有人户数为28户，平均每户持有45,326,754.48份。（期末截至2009年12月31日）	
期末基金份额持有人结构	A：机构投资者持有份额4,920,180.17份，占总份额3.26%；个人投资者持有份额146,212 440.67份，占总份额96.74%。 B：机构投资者持有份额1,192,744,547.81份，占总份额93.98%；个人投资者持有份额76,404,577.52份，占总份额6.02%。	

基金业绩表现

宝盈货币市场基金合同生效于2009年8月5日，截至2009年12月31日，该基金A级净值收益率为0.4013%，B级净值收益率为0.4998%；同期业绩基准收益率为0.1396%。

基金管理团队

陈若劲女士：基金经理，香港中文大学金融MBA，6年证券从业经历。曾在第一创业证券公司固定收益部从事债券投资、研究及交易等工作。2008年4月加入宝盈基金管理公司任债券组合研究员；现任宝盈增强收益债券基金经理、宝盈货币市场基金经理(2009年8月起)。

基金运作分析

2009年，宏观经济持续回升，流动性充裕，市场利率报告期内都呈逐渐走高之势，尤其是下半年一年期央票重启及三个月央票发行利率上调之后趋势更为明显。

宝盈货币市场基金自2009年8月初成立以后，配置以三个月以内的央票为主，同时配置了部分浮息债和评级适中短融券以提高组合的收益，在基金规模波动较大的阶段通过适当进行逆回购提高资金使用效率。

展望2010年，管理人将重点关注货币政策的变化情况，尤其是央票发行利率上行的幅度和节奏，在经济复苏阶段存在较强的通货膨胀预期，同时，对于资产价格的调控力度可能持续较强，将保持谨慎的配置策略，在保持较低的组合久期的基础上通过优选短融券和浮息债券为持有人争取更高的收益。

季度投资组合一览

项目＼季度	第四季度	
	A	B
基金资产净值	151,132,620.84亿元	1,269,149,125.33亿元
基金份额	151,132,620.84亿份	1,269,149,125.33亿份
基金份额净值	1.000元	1.000元
基金资产组合	金额(元)	占总资产比例(%)
股票投资	129,882,646.03	9.14
债券投资	——	——
资产支持证券投资	——	——
买入返售金融资产	560,361,040.54	39.45
银行存款和结算备付金	33,084,222.75	2.33
其他资产	697,231,299.46	49.08

投资前五名债券明细			投资组合平均剩余期限	
债券名称	公允价值(元)	占净值比例(%)	平均剩余期限	占净值比(%)
09央行票据67	59,832,672.93	4.21	30天以内	41.78
05工行03	19,961,211.55	1.41	30天(含)—60天	0.00
09北建工CP02	10,046,472.97	0.71	60天(含)—90天	6.33
09新水电CP02	10,020,577.22	0.71	90天(含)—180天	2.12
09汉江CP01	10,012,839.50	0.70	180天(含)—397天(含)	0.70

融通基金管理有限公司

法定名称	融通基金管理有限公司	英文名称	RongTong Fund Management Co.,Ltd.		
成立时间	2001年5月22日	注册资本	1.25亿元人民币	公司属性	中外合资
法人代表	田德军	董事长	田德军	督察长	吴治平
公司网址	www.rtfund.com	客服电话	400-883-8088　0755-2694 8088		
联系电话	0755-2694 8666	传真号码	0755-2693 5005		
注册地址	深圳市南山区华侨城汉唐大厦13、14层	办公地址	深圳市南山区华侨城汉唐大厦13、14层		

公司简介

融通基金管理有限公司(以下简称“公司”)经中国证监会证监基字[2001]8号文批准，于2001年5月22日成立，公司注册资本12,500万元人民币。公司的股东及其出资比例为：新时代证券有限责任公司60%、日兴资产管理有限公司（Nikko Asset Management Co.,Ltd.）40%。

截至2009年12月31日，公司管理的基金共有11只，包括1只封闭式基金和10只开放式基金，管理基金资产规模595.33亿元人民币。

2009年旗下开放式基金业绩表现

截至日期：2009年12月31日

（单位：元；%）

基金类型	基金简称	设立日期	基金份额净值	净值增长率①	累计净值增长率②
股票型	融通深证100指数	2003-09-30	1.392	103.78	307.22
	融通巨潮100指数(LOF)	2005-05-12	1.104	84.92	267.68
	融通动力先锋股票	2006-11-15	1.406	49.76	96.04
	融通领先成长股票(LOF)	2007-04-30	1.163	75.41	34.71
	融通内需驱动股票	2009-04-22	1.083	18.21	18.21
混合型	融通新蓝筹混合	2002-09-13	0.8855	48.92	360.13
	融通蓝筹成长混合	2003-09-30	1.314	50.59	234.55
	融通行业景气混合	2004-04-29	1.056	91.30	256.73
债券型	融通债券	2003-09-30	1.136	1.75	52.82
货币型	融通易支付货币	2006-01-19	1.000	1.6362	10.4482

注：①净值增长率指该基金2009年度的份额净值增长率；②累计净值增长率指该基金设立以来的份额净值增长率。

2009年管理公募基金概况

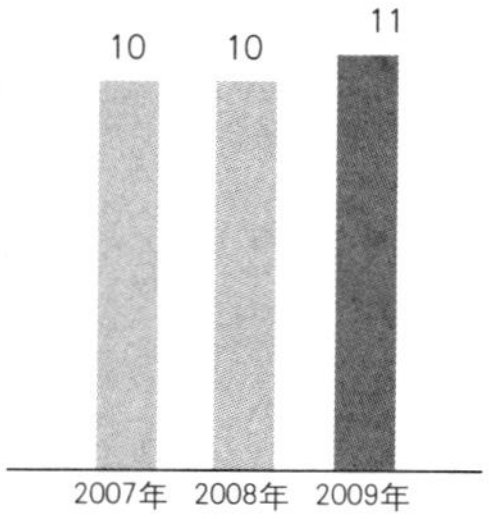

基金数量(只)

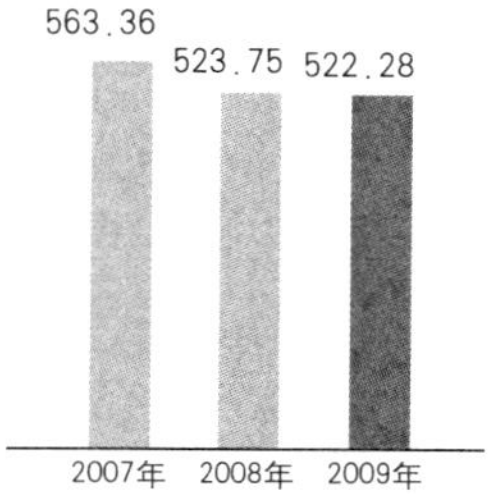

基金份额规模(亿份)

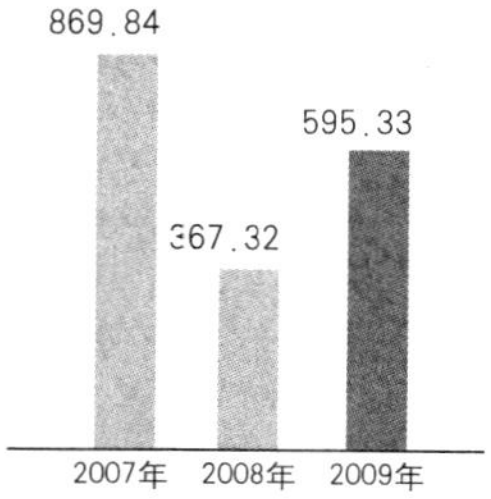

基金资产规模(亿元)

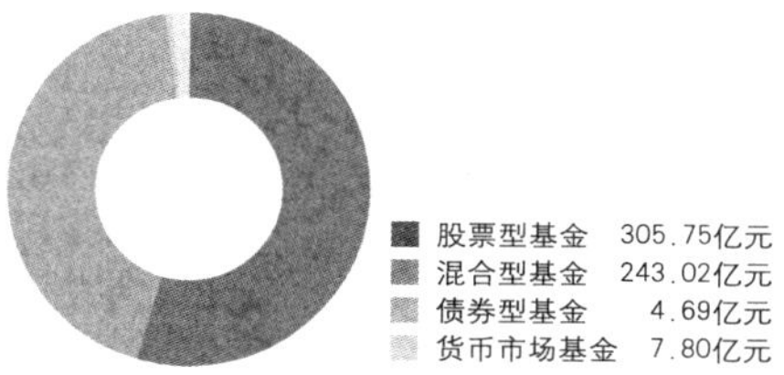

2009年基金资产规模构成(不含封闭式基金)

通乾证券投资基金

基本资料

基金简称	融通通乾封闭	交易代码	500038
风险收益特征	——	业绩比较基准	——
合同生效日	2001年8月29日	基金总份额	20亿份
上市日期	2001年9月21日　地点　上交所	存续期	至2016年8月28日
基金管理人	融通基金管理有限公司	基金托管人	中国建设银行
注册登记人	中国证券登记结算有限责任公司上海分公司		

财务指标　　单位：人民币（元）；%

项目＼年度	2009年	2008年	2007年
本期利润	1,438,747,672.52	-2,336,805,688.49	3,952,224,059.92
本期加权平均净值利润率	49.87	-65.83	74.47
期末基金资产净值	3,407,899,018.40	2,169,151,345.88	6,505,957,034.37
期末基金份额净值	1.7039	1.0846	3.2530
本期份额净值增长率	69.14	-45.53	122.86
累计份额净值增长率	307.57	140.97	342.38
基金收益分配	10派1.000	10派10.000	10派4.600
期末基金份额持有人户数	基金份额持有人户数为45,964户，平均每户持有43,512.31份。（期末截至2009年12月31日）		
期末基金份额持有人结构	机构投资者持有份额1,201,187,810份，占总份额60.06%；个人投资者持有份额798,812,190份，占总份额39.94%。		

成立来累计净值增长率与同期基准收益率历史走势对比图（%）

近三年净值增长率与同期基准收益率对比图（%）

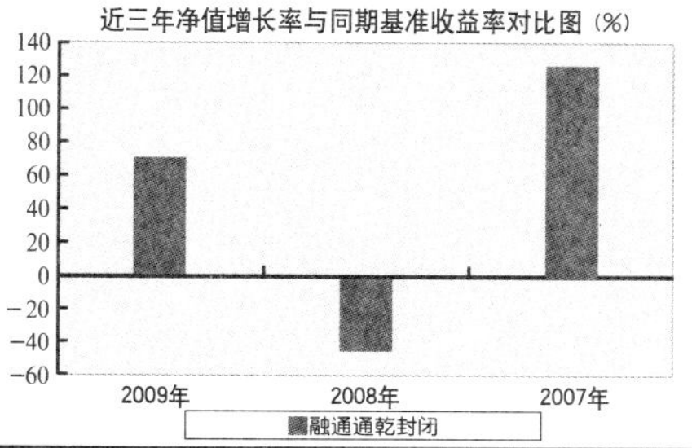

基金业绩表现

截至2009年12月31日，融通通乾基金份额净值为1.7039元，全年净值增长率为69.14%。

基金管理团队

刘泽兵先生：基金经理，管理学硕士，10年证券从业经历。2001年至今就职于融通基金管理公司，历任市场部总监助理、研究员、研究部总监助理等职务；2007年9月起任融通通乾基金经理。

郝继伦先生：基金经理、基金管理部总监，金融学博士，12年证券从业经历。曾就职于鹏华基金管理公司，2000年10月加入融通基金管理公司，历任基金管理部总监、通宝基金经理、研究部总监等职务；2007年3月起任融通通乾基金经理。

基金运作分析

2009年年初，全球经济以及金融市场均处于次贷危机所引发的恐慌之中。融通通乾基金通过细致分析我国政府逆周期政策措施的力度以及对相关产业、区域振兴的规划，认为宏观经济以及证券市场将在这些强有力的经济、金融、产业政策下出现止跌、反弹。

基于此，该基金管理人在仓位上积极应对，全面提高股票持仓水平；在行业选择上，以金融、医药构建了组合资产的稳健部分，同时紧跟行业数据，加大了对周期性行业如煤炭、地产、有色、家电等的配置和操作力度。

展望2010年，该基金管理人认为在未来的投资中，洞察力以及持股耐心仍将决定收益水平。在这样的判断下，融通通乾基金将放宽投资的时间视野，寻求能够在未来1-2年内保持较高的确定增长，从而能够在中长期跑赢大盘的品种予以重点持有。

季度投资组合一览

项目＼季度	第一季度		第二季度		第三季度		第四季度	
基金资产净值	2,770,800,211.54元		2,925,435,423.19元		2,933,725,831.02元		3,407,899,018.40元	
基金份额净值	1.3854元		1.4627元		1.4669元		1.7039元	
基金资产组合	市值(元)	占总资产比(%)	市值(元)	占总资产比(%)	市值(元)	占总资产比(%)	市值(元)	占总资产比(%)
股票投资	1,872,341,890.95	67.21	2,098,802,358.87	71.51	1,751,074,554.81	58.34	2,531,199,606.48	73.64
债券投资	604,757,528.00	21.71	588,161,646.00	20.04	661,781,260.00	22.05	700,757,550.00	20.39
资产支持证券投资	30,032,281.31	1.08	30,032,281.31	1.02	30,032,281.31	1.00	30,032,281.31	0.87
买入返售金融资产	——	——	——	——	——	——	——	——
银行存款和结算备付金	237,571,019.99	8.53	156,104,960.36	5.32	550,275,091.75	18.33	156,793,548.43	4.56
其他资产	41,214,888.33	1.48	61,680,421.92	2.10	8,146,499.88	0.27	18,256,468.47	0.53

	第一季度			第二季度			第三季度			第四季度		
投资前五名股票明细	股票名称	公允价值(元)	占净值比(%)	股票名称	公允价值(元)	占净值比(%)	股票名称	公允价值(元)	占净值比(%)	股票名称	公允价值(元)	占净值比(%)
	深发展A	270,980,000.00	9.78	深发展A	261,840,000.00	8.95	云南白药	285,180,000.00	9.72	云南白药	338,107,180.40	9.92
	太原重工	236,152,000.00	8.52	云南白药	214,058,775.00	7.32	深发展A	260,130,000.00	8.87	深发展A	292,440,000.00	8.58
	云南白药	223,232,722.50	8.06	招商银行	147,905,798.31	5.06	人福科技	193,040,000.00	6.58	人福科技	236,700,000.00	6.95
	山东黄金	120,390,000.00	4.34	工商银行	135,500,000.00	4.63	康美药业	172,208,000.00	5.87	康美药业	199,844,000.00	5.86
	怡 亚 通	114,686,947.00	4.14	人福科技	128,249,298.90	4.38	东阿阿胶	91,461,182.68	3.12	东阿阿胶	185,661,312.85	5.45
投资前五名债券明细	债券名称	公允价值(元)	占净值比(%)	债券名称	公允价值(元)	占净值比(%)	债券名称	公允价值(元)	占净值比(%)	债券名称	公允价值(元)	占净值比(%)
	06国开01	196,340,000.00	7.09	06国开01	196,400,000.00	6.71	06国开01	193,140,000.00	6.58	06国开01	191,320,000.00	5.61
	08央行票据92	97,170,000.00	3.51	08农发15	100,490,000.00	3.44	09央票39	99,670,000.00	3.40	09央票61	99,670,000.00	2.92
	08央票40	96,170,000.00	3.47	08央行票据92	96,440,000.00	3.30	09央票34	98,310,000.00	3.35	09央票34	98,300,000.00	2.88
	21国债(10)	61,710,000.00	2.23	21国债(10)	61,428,000.00	2.10	09央票42	98,280,000.00	3.35	09央票42	98,260,000.00	2.88
	08央票52	48,200,000.00	1.74	08央行票据81	57,732,000.00	1.97	21国债(10)	61,656,000.00	2.10	21国债(10)	61,374,000.00	1.80

融通新蓝筹证券投资基金

基本资料			
基金简称	融通新蓝筹混合	交易代码	161601
风险收益特征	在适度风险下追求较高收益。		
业绩比较基准	该基金股票投资部分的比较基准是“国泰君安指数”		
合同生效日	2002年9月13日	首募份额	22.19亿份
认购户数	46,806户		
基金管理人	融通基金管理有限公司	基金托管人	中国建设银行
注册登记人	融通基金管理有限公司		

成立来累计净值增长率与同期基准收益率历史走势对比图（%）

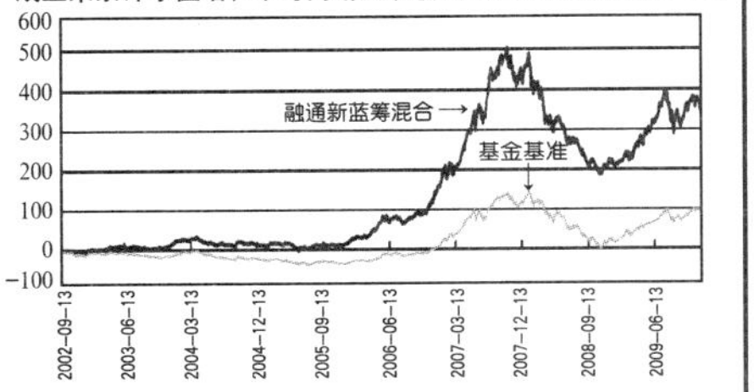

财务指标　　单位：人民币（元）；%

项目 \ 年度	2009年	2008年	2007年
本期利润	6,103,791,621.04	-10,891,226,708.04	1,929,390,308.88
本期加权平均净值利润率	38.06	-65.12	18.63
期末基金资产净值	16,761,554,420.49	12,702,680,970.95	26,323,984,813.49
期末基金份额净值	0.8855	0.5946	1.0782
本期份额净值增长率	48.92	-44.85	116.27
累计份额净值增长率	360.13	208.97	460.27
基金收益分配	——	——	10派18.800

近三年净值增长率与同期基准收益率对比图（%）

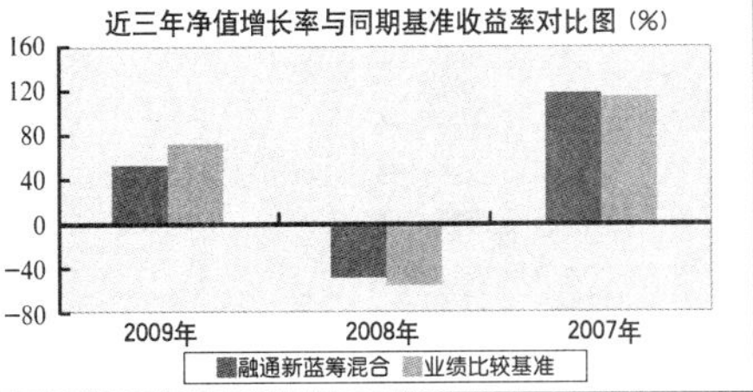

期末基金份额持有人户数	基金份额持有人户数为915,999户，平均每户持有20,665.51份。（期末截至2009年12月31日）
期末基金份额持有人结构	机构投资者持有份额94,532,996.70份，占总份额0.50%；个人投资者持有份额18,835,052,076.41份，占总份额99.50%。

基金业绩表现

截至2009年12月31日，融通新蓝筹混合基金份额净值为0.8855元，全年净值增长率为48.92%，同期业绩比较基准收益率为74.03%。

基金管理团队

刘模林先生：基金经理、公司副总经理，机械工程硕士，16年证券从业经历。曾任武汉市信托投资公司证券总部研究部经理、花桥证券营业部经理；融通基金管理公司研究部策略和行业研究员、总监、机构理财部总监，基金管理部总监；融通新蓝筹混合基金经理、融通领先成长股票基金经理。

张　敏先生：基金经理，南开大学金融工程学院研究生，6年证券从业经历。曾就职于中国国际期货公司行业研究员、摩根士丹利华鑫基金（原巨田基金）管理公司；2006年12月至今，历任融通基金管理公司研究员、基金经理助理；2009年8月起任融通新蓝筹混合基金经理。

戴春平先生：基金经理，博士研究生，10年证券从业经历。曾就职于泰康保险资产管理中心、鹏华基金管理公司、中国人寿资产管理公司。2007年初进入融通基金管理公司，2007年9月至2009年7月任融通新蓝筹混合基金经理。

基金运作分析

2009年，融通新蓝筹混合基金在年初开始全面做多，大幅增仓的同时，对煤炭资源、金融地产和汽车等行业进行超配。在7月份以前，组合取得明显的超额收益。6月底该基金开始采取控制仓位的策略，但是对8月份紧缩政策的认识和应对力度不足，基金净值的表现受到一定的拖累。四季度以来，基金组合大幅增加医药和消费板块的配置，减持了地产和资源类行业。

季度投资组合一览

项目 \ 季度	第一季度		第二季度		第三季度		第四季度	
基金资产净值	14,510,740,130.10元		17,388,709,851.43元		15,692,307,900.61元		16,761,554,420.49元	
基金份额	21,052,887,678.68份		20,578,243,716.93份		19,804,532,184.25份		18,929,585,073.11份	
基金份额净值	0.6893元		0.8450元		0.7924元		0.8855元	
基金资产组合	市值(元)	占总资产比(%)	市值(元)	占总资产比(%)	市值(元)	占总资产比(%)	市值(元)	占总资产比(%)
股票投资	10,427,578,498.50	70.02	10,847,699,491.07	61.72	10,259,317,235.62	65.19	11,317,017,880.94	67.24
债券投资	3,030,888,446.00	20.35	4,553,631,517.20	25.91	3,283,046,000.00	20.86	3,602,624,000.00	21.40
金融衍生品投资	44,534,751.70	0.30	——	——	——	——	——	——
买入返售金融资产	——	——	——	——	——	——	——	——
银行存款和结算备付金	1,290,430,286.11	8.66	2,055,015,921.60	11.69	2,159,640,975.13	13.72	1,875,931,162.46	11.15
其他资产	99,043,550.85	0.67	118,287,062.22	0.67	34,517,106.56	0.22	35,686,123.74	0.21

投资前五名股票明细	股票名称	公允价值(元)	占净值比(%)	股票名称	公允价值(元)	占净值比(%)	股票名称	公允价值(元)	占净值比(%)	股票名称	公允价值(元)	占净值比(%)
	浦发银行	1,332,976,352.80	9.19	金地集团	1,046,006,956.28	6.02	西山煤电	1,116,579,724.80	7.12	西山煤电	1,349,992,084.30	8.05
	深发展A	1,113,461,490.42	7.67	西山煤电	991,338,446.80	5.70	深发展A	1,002,572,975.97	6.39	深发展A	1,129,305,873.11	6.74
	中国平安	969,623,254.88	6.68	深发展A	983,036,014.66	5.65	中国平安	973,791,705.90	6.21	兰花科创	1,041,012,000.00	6.21
	三一重工	762,309,389.43	5.25	兰花科创	943,706,128.48	5.43	华侨城A	934,553,437.00	5.96	中国平安	1,008,147,000.00	6.01
	盐湖钾肥	555,598,723.42	3.83	华侨城A	749,915,366.20	4.31	兰花科创	882,327,718.48	5.62	兴业银行	822,101,085.70	4.90

投资前五名债券明细	债券名称	公允价值(元)	占净值比(%)	债券名称	公允价值(元)	占净值比(%)	债券名称	公允价值(元)	占净值比(%)	债券名称	公允价值(元)	占净值比(%)
	08央票108	487,600,000.00	3.36	09央票21	598,320,000.00	3.44	09央行票据45	598,020,000.00	3.81	09央行票据44	491,250,000.00	2.93
	01国开15	367,640,000.00	2.53	08央票108	483,950,000.00	2.78	09央行票据46	491,300,000.00	3.13	09央行票据46	491,200,000.00	2.93
	08农发15	354,305,000.00	2.44	08央票101	453,973,000.00	2.61	09央行票据44	393,080,000.00	2.50	01国开15	357,595,000.00	2.13
	02国债(10)	350,853,896.40	2.42	08央票106	435,240,000.00	2.50	01国开15	359,940,000.00	2.29	09国开18	349,965,000.00	2.09
	08央票106	292,380,000.00	2.01	01国开15	363,895,000.00	2.09	09央行票据39	249,175,000.00	1.59	09国开23	299,760,000.00	1.79

融通通利系列证券投资基金

（该系列基金由融通债券基金、融通深证100指数基金和融通蓝筹成长基金三只子基金构成）

融通债券投资基金

基本资料

基金简称	融通债券		交易代码	161603	
风险收益特征	该基金属于相对低风险的基金品种。				
业绩比较基准	全国银行间同业拆借中心编制的银行间债券综合指数				
合同生效日	2003年9月30日	首募份额	8.73亿份	认购户数	40,752户
基金管理人	融通基金管理有限公司		基金托管人	中国工商银行	
注册登记人	融通基金管理有限公司				

财务指标　　单位：人民币(元)；%

项目 \ 年度	2009年	2008年	2007年
本期利润	8,516,653.15	46,353,924.18	23,305,029.03
本期加权平均净值利润率	1.49	8.43	7.90
期末基金资产净值	468,557,569.70	703,114,636.62	233,694,310.81
期末基金份额净值	1.136	1.217	1.163
本期份额净值增长率	1.75	9.22	9.20
累计份额净值增长率	52.82	50.20	37.52
基金收益分配	10派1.000	10派0.500	——

成立来累计净值增长率与同期基准收益率历史走势对比图（%）

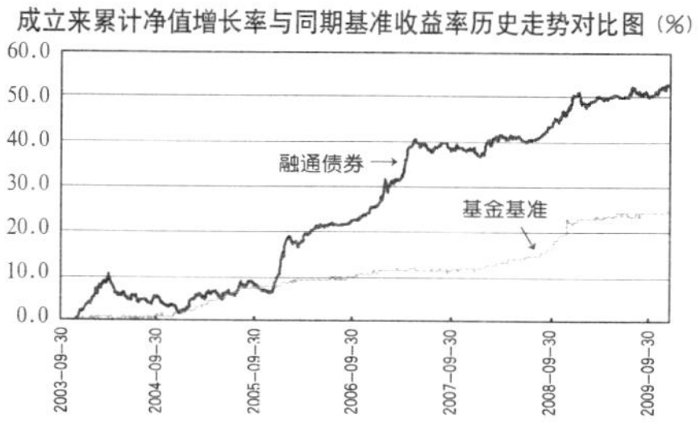

近三年净值增长率与同期基准收益率对比图（%）

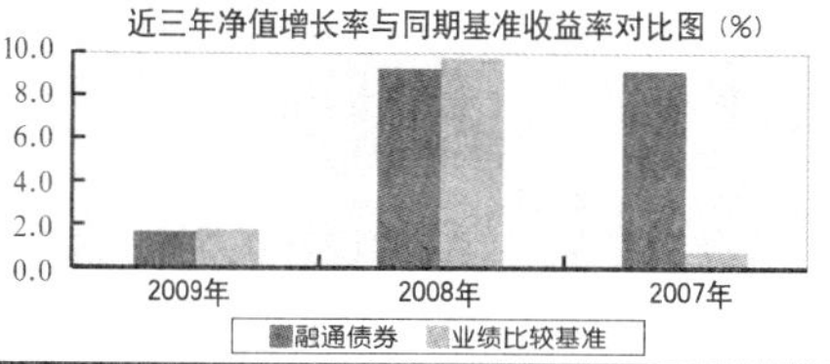

期末基金份额持有人户数	基金份额持有人户数为19,383户，平均每户持有21,271.35份。（期末截至2009年12月31日）
期末基金份额持有人结构	机构投资者持有份额2,356,711.22份，占总份额0.57%；个人投资者持有份额409,945,942.17份，占总份额99.43%。

基金业绩表现

2009年融通债券基金全年净值增长率为1.75%，同期业绩比较基准收益率为1.86%。

基金管理团队

乔羽夫先生：基金经理，经济学硕士，6年证券从业经历。曾就职于深圳远永盛投资公司，从事证券交易工作；2004年9月至今就职于融通基金管理公司，先后从事债券交易、债券研究以及债券投资等工作，2008年3月起任融通债券基金经理。

基金运作分析

2009年债券收益率曲线领先于经济基本面的复苏而全面回升。在密切关注宏观经济走势，把握货币政策走向的投资原则指导下，融通债券基金在2009年大幅缩短债券组合的久期，减持长期债券配置，增加短期限债券品种和高收益的信用债品种，较成功地回避了利率风险。而不足之处在于该基金对宏观经济的快速反弹预期不足，投资可转换债券品种不够果断。

展望2010年，债券市场一方面在通涨预期上升、宽松货币政策退出的宏观背景下仍存在一定风险，另一方面，在经历了2009年债券收益率曲线大幅上升后，债券收益率水平对投资者而言已经具有吸引力，债券市场风险与机会并存。融通债券基金将关注以下两个政策时点债券市场可能存在的机会。一是央行票据发行利率企稳之后，央行票据利率的企稳将有助于稳定债券投资者的信心；二是在加息政策出台后，此时债券市场利空出尽，透支加息预期的收益率曲线有向下修正的需要。

季度投资组合一览

项目 \ 季度	第一季度		第二季度		第三季度		第四季度	
基金资产净值	595,323,144.58元		575,605,826.67元		511,865,103.44元		468,557,569.70元	
基金份额	534,687,784.38份		516,824,733.66份		458,960,418.05份		412,302,653.39份	
基金份额净值	1.113元		1.114元		1.115元		1.136元	
基金资产组合	市值(元)	占总资产比(%)	市值(元)	占总资产比(%)	市值(元)	占总资产比(%)	市值(元)	占总资产比(%)
股票投资	——	——	——	——	——	——	——	——
债券投资	528,321,681.70	82.94	529,954,015.70	87.58	445,603,995.35	83.39	405,301,835.31	80.23
资产支持证券投资	19,980,999.35	3.14	19,980,999.35	3.30	19,980,999.35	3.74	19,980,999.35	3.96
买入返售金融资产	——	——	——	——	——	——	——	——
银行存款和结算备付金	52,492,956.61	8.24	31,625,556.71	5.23	26,771,190.21	5.01	38,164,205.92	7.55
其他资产	36,206,263.07	5.68	23,567,716.54	3.89	42,014,380.35	7.86	41,715,249.74	8.26

	第一季度			第二季度			第三季度			第四季度		
投资前五名股票明细	股票名称	公允价值(元)	占净值比(%)	股票名称	公允价值(元)	占净值比(%)	股票名称	公允价值(元)	占净值比(%)	股票名称	公允价值(元)	占净值比(%)
	——			——			——			——		
投资前五名债券明细	债券名称	公允价值(元)	占净值比(%)	债券名称	公允价值(元)	占净值比(%)	债券名称	公允价值(元)	占净值比(%)	债券名称	公允价值(元)	占净值比(%)
	08央行票据47	53,035,000.00	8.91	08央行票据81	96,220,000.00	16.72	08央行票据47	51,840,000.00	10.13	09农发02	49,705,000.00	10.61
	08国开18	51,170,000.00	8.60	08央行票据47	52,495,000.00	9.12	09农发02	49,675,000.00	9.70	08国开23	49,285,000.00	10.52
	09农发02	50,165,000.00	8.43	08国开18	50,200,000.00	8.72	08国开23	49,260,000.00	9.62	06中化债	40,745,636.80	8.70
	08进出14	48,600,000.00	8.16	09农发02	49,980,000.00	8.68	06中化债	40,413,326.80	7.90	新钢转债	38,789,305.20	8.28
	08央行票据49	48,175,000.00	8.09	06中化债	40,701,328.80	7.07	21国债(12)	30,894,000.00	6.04	21国债(12)	35,892,500.00	7.66

融通深证100指数证券投资基金

基本资料					
基金简称	融通深证100指数			交易代码	161604
风险收益特征	风险和预期收益率接近市场平均水平。				
业绩比较基准	深证100指数收益率×95%+银行同业存款利率×5%				
合同生效日	2003年9月30日	首募份额	4.78亿份	认购户数	34,216户
基金管理人	融通基金管理有限公司		基金托管人	中国工商银行	
注册登记人	融通基金管理有限公司				

成立来累计净值增长率与同期基准收益率历史走势对比图（%）

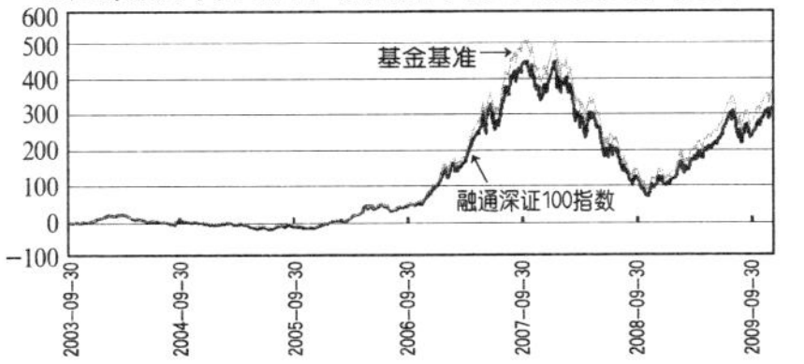

财务指标　　单位：人民币（元）；%

项目　　年度	2009年	2008年	2007年
本期利润	7,795,015,526.97	−8,761,175,288.35	5,740,789,914.25
本期加权平均净值利润率	60.92	−96.98	63.44
期末基金资产净值	17,258,104,416.79	6,434,252,259.89	12,369,878,042.75
期末基金份额净值	1.392	0.770	1.955
本期份额净值增长率	103.78	−60.61	151.54
累计份额净值增长率	307.22	99.83	407.37
基金收益分配	10派1.800	——	10派7.100

近三年净值增长率与同期基准收益率对比图（%）

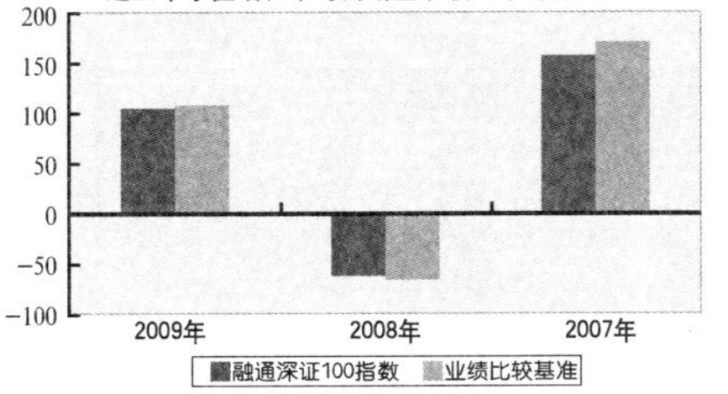

期末基金份额持有人户数	基金份额持有人户数为942,113户，平均每户持有13,155.77份。（期末截至2009年12月31日）
期末基金份额持有人结构	机构投资者持有份额682,607,622.26份，占总份额5.51%；个人投资者持有份额11,711,616,206.13份，占总份额94.49%。

基金业绩表现

2009年融通深证100指数基金全年净值增长率为103.78%，同期业绩基准收益率为107.59%。

基金管理团队

郑　毅先生：基金经理，研究生学历，18年证券从业经历。曾任职于中国银行深圳国际信托咨询公司、中银国际（香港）公司投资银行部、特区证券投资银行总部、鹏华基金管理公司。2008年加入融通基金管理公司，曾任固定收益小组副组长；现任融通深证100指数基金经理（2009年5月起）、融通巨潮100指数基金经理。

王建强先生：基金经理，本科学历，6年证券从业经历。曾任职于上海市万得信息技术股份公司；2004年加入融通基金管理公司，历任金融工程研究员、基金经理助理职务；现任融通深证100指数基金经理（2009年5月起）、融通巨潮100指数基金经理。

张野先生：基金经理，工商管理硕士，14年证券从业经历。历任杭州新希望证券投资顾问公司董事长、总经理，融通基金管理公司研究员，2003年9月至2009年5月任融通巨潮100指数基金经理。

基金运作分析

融通深证100指数基金运用指数化投资方式，竭力通过控制股票投资权重与深证100指数成份股自然权重的偏离，减少基金相对深证100指数的跟踪误差，力求最终实现对深证100指数的有效跟踪。2009年A股证券市场出现了较大幅度的单边上涨，深证100指数在2009年上涨115.02%。从组成指数的各行业类指数表现来看：交运设备、有色金属、采掘、家用电器、电子元器件、餐饮旅游、信息设备等指数明显超越深证100指数；而建筑建材、公用事业、交通运输等行业指数表现弱于深证100指数。

季度投资组合一览

项目　　季度	第一季度		第二季度		第三季度		第四季度	
基金资产净值	9,908,855,684.17元		12,752,136,618.74元		14,376,695,511.25元		17,258,104,416.79元	
基金份额	9,331,476,065.45份		9,684,504,574.1份		11,087,166,319.55份		12,394,223,828.39份	
基金份额净值	1.062元		1.317元		1.297元		1.392元	
基金资产组合	市值(元)	占总资产比(%)	市值(元)	占总资产比(%)	市值(元)	占总资产比(%)	市值(元)	占总资产比(%)
股票投资	9,337,036,847.34	93.18	12,059,902,288.21	93.84	13,479,102,414.49	93.10	16,386,513,950.88	94.15
债券投资	292,310,000.00	2.92	290,090,00C.00	2.26	294,820,000.00	2.04	593,770,000.00	3.41
金融衍生品投资	——	——	——	——	——	——	——	——
买入返售金融资产	——	——	——	——	——	——	——	——
银行存款和结算备付金	259,442,889.93	2.59	373,176,067.36	2.90	609,227,694.79	4.21	291,970,761.29	1.68
其他资产	132,027,122.95	1.32	128,224,322.22	1.00	94,706,144.65	0.65	132,965,311.46	0.76

投资前五名股票明细

股票名称	公允价值(元)	占净值比(%)	股票名称	公允价值(元)	占净值比(%)	股票名称	公允价值(元)	占净值比(%)	股票名称	公允价值(元)	占净值比(%)
万　科A	762,323,511.96	7.69	万　科A	1,167,666,343.50	9.16	万　科A	1,064,276,949.26	7.40	万　科A	1,076,406,982.34	6.24
深发展A	448,311,703.00	4.52	深发展A	665,097,361.98	5.22	深发展A	672,421,522.74	4.68	深发展A	776,127,596.05	4.50
苏宁电器	319,502,364.10	3.22	苏宁电器	447,502,784.51	3.51	苏宁电器	531,909,816.46	3.70	五 粮 液	653,325,723.78	3.79
五 粮 液	293,766,267.60	2.96	西山煤电	390,901,447.30	3.07	西山煤电	434,027,454.53	3.02	苏宁电器	646,068,985.12	3.74
中兴通讯	260,835,987.72	2.63	五 粮 液	381,516,780.51	2.99	五 粮 液	433,623,738.75	3.02	西山煤电	546,226,056.12	3.17

投资前五名债券明细

债券名称	公允价值(元)	占净值比(%)	债券名称	公允价值(元)	占净值比(%)	债券名称	公允价值(元)	占净值比(%)	债券名称	公允价值(元)	占净值比(%)
08央行票据106	194,920,000.00	1.97	08央行票据106	193,440,000.00	1.52	09央行票据44	196,540,000.00	1.37	09央行票据61	299,010,000.00	1.73
08央行票据104	97,390,000.00	0.98	08央行票据104	96,650,000.00	0.76	09央行票据42	98,280,000.00	0.68	09央行票据44	196,500,000.00	1.14
									09央行票据42	98,260,000.00	0.57

融通蓝筹成长证券投资基金

基本资料					
基金简称	融通蓝筹成长混合	交易代码	161605		
风险收益特征	力求获得超过市场平均水平的收益，承担相应的风险。				
业绩比较基准	75%×国泰君安指数+25%×银行间债券综合指数				
合同生效日	2003年9月30日	首募份额	7.66亿份	认购户数	32,034户
基金管理人	融通基金管理有限公司	基金托管人	中国工商银行		
注册登记人	融通基金管理有限公司				

成立来累计净值增长率与同期基准收益率历史走势对比图（%）

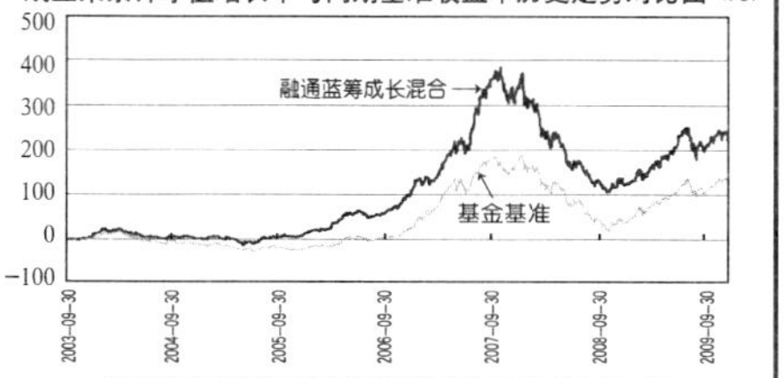

财务指标　单位：人民币(元)；%

项目＼年度	2009年	2008年	2007年
本期利润	1,338,201,930.99	−3,231,983,490.51	4,547,798,410.69
本期加权平均净值利润率	41.14	−76.69	63.76
期末基金资产净值	3,030,041,232.94	2,820,564,643.90	7,598,160,890.39
期末基金份额净值	1.314	0.955	1.895
本期份额净值增长率	50.59	−49.60	111.95
累计份额净值增长率	234.55	122.16	340.80
基金收益分配	10派1.200	——	10派8.700

近三年净值增长率与同期基准收益率对比图（%）

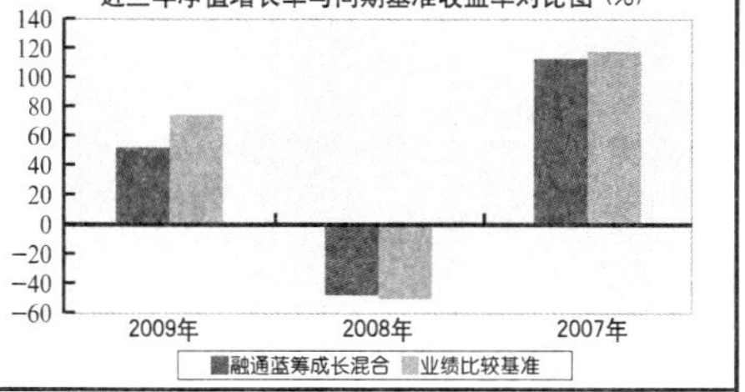

期末基金份额持有人户数	基金份额持有人户数为147,339户，平均每户持有15,648.00份。（期末截至2009年12月31日）
期末基金份额持有人结构	机构投资者持有份额20,572,031.45份，占总份额0.89%；个人投资者持有份额2,284,989,173.81份，占总份额99.11%。

基金业绩表现

截至2009年12月31日，融通蓝筹成长混合基金份额净值为1.314元，全年净值增长率为50.59%；同期业绩基准收益率为74.03%。

基金管理团队

陈晓生先生：基金经理、公司总经理助理，经济学硕士，15年证券从业经历。曾就职于中信集团中大投资管理有限公司。2003年2月加入融通基金管理公司，历任融通新蓝筹混合基金经理助理、机构理财部投资经理、副总监；现任融通蓝筹成长混合基金经理、融通动力先锋股票基金经理、融通内需驱动股票基金经理和日兴黄河基金融通模拟组合的组合经理。

严　菲女士：基金经理，经济学硕士，7年证券从业经历。曾就职于日盛嘉富证券国际上海代表处、红塔证券。2006年7月加入融通基金管理公司，任行业研究员；2007年3月起任融通蓝筹成长混合基金经理。

基金运作分析

2009年，在宽松货币政策和诸多经济产业刺激政策的双重推动下，资本市场呈现强力上涨态势，上证指数涨幅79.98%，沪深300指数涨幅96.71%。其中资产资源类行业受流动性推动的通胀预期影响，在上半年表现出色，而在下半年随着经济数据好转、市场对政策收紧预期增强，利率敏感型行业表现一般，业绩明显超预期的家电、汽车表现较好。

2009年，融通蓝筹成长混合基金重点配置了金融、地产、煤炭、医药、家电等行业。

展望2010年，基于市场分析与判断，融通蓝筹成长混合基金将重点关注内需型、创新技术型、具有独特经营模式等公司的投资机会。

季度投资组合一览

项目＼季度	第一季度			第二季度			第三季度			第四季度		
基金资产净值	3,223,663,864.15元			3,555,026,476.31元			3,039,716,030.91元			3,030,041,232.94元		
基金份额	2,854,951,449.46份			2,629,524,270.75份			2,363,044,988.45份			2,305,561,205.26份		
基金份额净值	1.129元			1.352元			1.286元			1.314元		
基金资产组合	市值(元)		占总资产比(%)	市值(元)		占总资产比(%)	市值(元)		占总资产比(%)	市值(元)		占总资产比(%)
股票投资	2,278,314,487.34		70.00	2,547,357,007.00		71.20	2,095,567,196.67		68.65	2,262,179,003.58		73.63
债券投资	690,120,000.00		21.20	782,750,000.00		21.88	717,103,000.00		23.49	670,587,000.00		21.83
金融衍生品投资	——		——	——		——	——		——	——		——
买入返售金融资产	——		——	——		——	——		——	——		——
银行存款和结算备付金	267,337,009.41		8.21	218,393,467.56		6.10	225,451,915.27		7.39	87,516,503.29		2.85
其他资产	18,945,945.19		0.58	29,239,915.96		0.82	14,249,720.34		0.47	51,876,522.06		1.69
投资前五名股票明细	股票名称	公允价值(元)	占净值比(%)	股票名称	公允价值(元)	占净值比(%)	股票名称	公允价值(元)	占净值比(%)	股票名称	公允价值(元)	占净值比(%)
	中国平安	191,639,000.00	5.94	中国平安	187,948,000.00	5.29	中国平安	141,960,000.00	4.67	中国平安	132,216,000.00	4.36
	深发展A	127,518,406.00	3.96	兴业银行	163,284,000.00	4.59	金地集团	102,960,000.00	3.39	康美药业	127,560,000.00	4.21
	中信证券	114,615,000.00	3.56	深发展A	152,740,000.00	4.30	康美药业	100,760,000.00	3.31	云南白药	120,800,000.00	3.99
	贵州茅台	92,446,935.92	2.87	金地集团	149,246,133.40	4.20	云南白药	95,060,000.00	3.13	中兴通讯	98,711,801.37	3.26
	浦发银行	87,680,000.00	2.72	浦发银行	128,912,000.00	3.63	华侨城A	92,500,000.00	3.04	青岛海尔	96,676,413.85	3.19
投资前五名债券明细	债券名称	公允价值(元)	占净值比(%)	债券名称	公允价值(元)	占净值比(%)	债券名称	公允价值(元)	占净值比(%)	债券名称	公允价值(元)	占净值比(%)
	08央行票据98	194,560,000.00	6.04	08央行票据98	193,080,000.00	5.43	09央行票据38	196,580,000.00	6.47	09央行票据38	196,560,000.00	6.49
	08央行票据55	192,920,000.00	5.98	08央行票据87	192,660,000.00	5.42	08央行票据114	116,088,000.00	3.82	07进出10	121,512,000.00	4.01
	08央行票据17	105,680,000.00	3.28	08央行票据17	104,590,000.00	2.94	08央行票据17	103,410,000.00	3.40	08央行票据17	102,650,000.00	3.39
	08央行票据78	96,900,000.00	3.01	08央行票据95	96,490,000.00	2.71	08国开01	101,100,000.00	3.33	07央行票据35	100,540,000.00	3.32
	02国债(10)	80,472,000.00	2.50	08央行票据78	96,170,000.00	2.71	07央行票据35	100,940,000.00	3.32	08国开01	50,185,000.00	1.66

融通行业景气证券投资基金

基本资料					
基金简称	融通行业景气混合	交易代码	161606		
风险收益特征	在锁定可承受风险的基础上，追求较高收益。				
业绩比较基准	70%×上证综合指数+30%×银行间债券综合指数				
合同生效日	2004年4月29日	首募份额	25.47亿份	认购户数	18,420户
基金管理人	融通基金管理有限公司	基金托管人	交通银行		
注册登记人	融通基金管理有限公司				

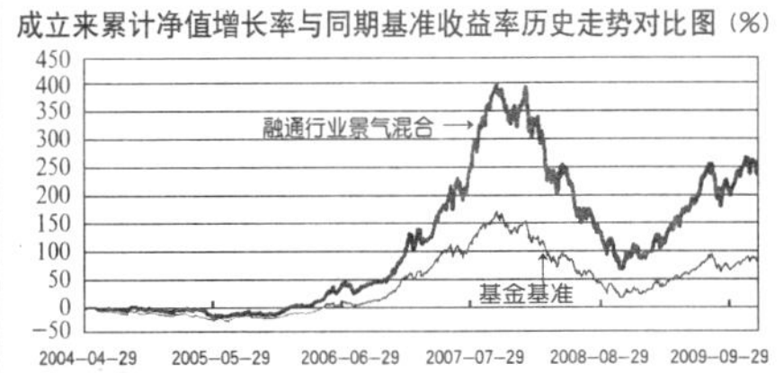

财务指标　　单位：人民币（元）；%

项目＼年度	2009年	2008年	2007年
本期利润	2,355,704,600.58	−4,501,157,523.68	299,287,643.17
本期加权平均净值利润率	59.93	−96.50	14.62
期末基金资产净值	4,509,950,360.98	2,686,054,262.53	8,011,708,335.24
期末基金份额净值	1.056	0.552	1.361
本期份额净值增长率	91.30	−59.44	143.97
累计份额净值增长率	256.73	86.47	359.77
基金收益分配	——	——	10派18.800

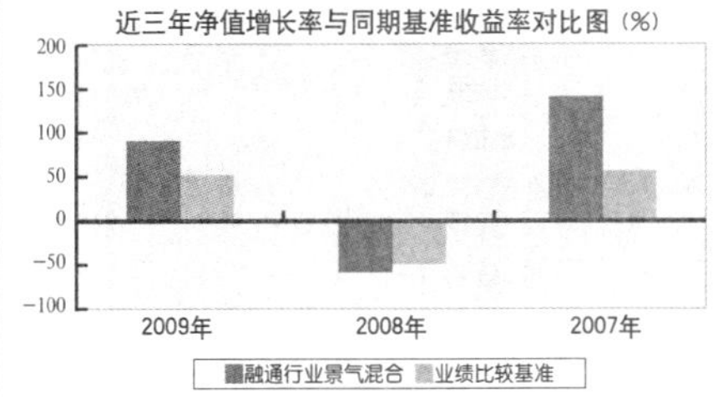

期末基金份额持有人户数	基金份额持有人户数为225,920户，平均每户持有18,903.28份。（期末截至2009年12月31日）
期末基金份额持有人结构	机构投资者持有份额38,033,306.22份，占总份额0.89%；个人投资者持有份额4,232,596,498.30份，占总份额99.11%。

基金业绩表现

截至2009年12月31日，融通行业景气混合基金份额净值为1.056元，全年净值增长率为91.30%；同期业绩基准收益率为53.16%。

基金管理团队

邹　曦先生：基金经理，中国人民银行研究生部金融学硕士，10年证券从业经历。曾就职于中国航空技术进出口总公司福建分公司。2001年加入融通基金管理公司，历任市场拓展部总监助理、机构理财部总监助理、行业分析师、宏观策略分析师等职务；现任融通行业景气混合基金经理（2007年6月起）、融通内需驱动股票基金经理。

基金运作分析

2009年全年A股市场大幅上涨，沪深300指数涨幅96.71%。融通行业景气混合基金全年操作比较顺利。上半年将配置重点转移到以房地产为主的资产板块，适度配置资源板块，并一直保持较高仓位，获得较高超额收益；从7月下旬开始，在仓位进行合理波段调整的同时，该基金将配置重点转移到增加汽车、家电、3G等盈利增速较高的行业，既在一定程度上规避了系统性风险，又获得了较大的超额收益。

展望2010年，该基金管理人认为投资机会需要从两方面着手：一方面，从结构性增长中寻找α，以具有结构性增长机会的行业和个股作为基本配置，主要包括3G为代表的中国制造板块和航空、汽车、家电、医药为代表的中国消费板块；另一方面，基于大盘震荡的状况，抓住阶段性的β机会。

季度投资组合一览

项目＼季度	第一季度		第二季度		第三季度		第四季度	
基金资产净值	3,365,482,068.80元		4,212,659,711.17元		4,054,648,795.90元		4,509,950,360.98元	
基金份额	4,703,715,430.74份		4,602,964,230.93份		4,504,110,574.85份		4,270,629,804.52份	
基金份额净值	0.715元		0.915元		0.900元		1.056元	
基金资产组合	市值(元)	占总资产比(%)	市值(元)	占总资产比(%)	市值(元)	占总资产比(%)	市值(元)	占总资产比(%)
股票投资	3,041,524,972.90	89.61	3,825,146,205.66	90.36	3,713,441,813.05	91.16	4,238,172,119.25	92.93
债券投资	97,170,000.00	2.86	96,440,000.00	2.28	98,310,000.00	2.41	98,300,000.00	2.16
金融衍生品投资	——	——	——	——	——	——	——	——
买入返售金融资产	——	——	——	——	——	——	——	——
银行存款和结算备付金	247,895,961.74	7.30	298,071,834.08	7.04	257,284,409.56	6.32	216,837,620.77	4.75
其他资产	7,835,628.06	0.23	13,794,928.97	0.33	4,499,241.48	0.11	7,203,674.96	0.16

	第一季度			第二季度			第三季度			第四季度		
投资前五名股票明细	股票名称	公允价值(元)	占净值比(%)	股票名称	公允价值(元)	占净值比(%)	股票名称	公允价值(元)	占净值比(%)	股票名称	公允价值(元)	占净值比(%)
	中国平安	170,128,500.00	5.06	保利地产	248,221,000.00	5.89	保利地产	287,266,000.00	7.08	中兴通讯	318,522,707.30	7.06
	保利地产	167,899,675.36	4.99	泛海建设	214,123,204.00	5.08	中兴通讯	249,222,240.80	6.15	格力电器	309,071,270.44	6.85
	格力电器	155,300,664.06	4.61	金地集团	202,224,336.08	4.80	格力电器	232,818,026.80	5.74	中国国航	253,831,867.64	5.63
	招商银行	148,149,000.00	4.40	中国平安	192,894,000.00	4.58	万　科A	184,434,000.00	4.55	上海汽车	246,407,546.19	5.46
	招商地产	118,560,977.63	3.52	招商地产	168,274,968.25	3.99	上海汽车	155,631,244.25	3.84	青岛海尔	225,799,888.53	5.01
投资前五名债券明细	债券名称	公允价值(元)	占净值比(%)	债券名称	公允价值(元)	占净值比(%)	债券名称	公允价值(元)	占净值比(%)	债券名称	公允价值(元)	占净值比(%)
	08央票92	97,170,000.00	2.89	08央票92	96,440,000.00	2.29	09央行票据34	98,310,000.00	2.42	09央行票据34	98,300,000.00	2.18

融通巨潮100指数证券投资基金(LOF)

基本资料						
基金简称	融通巨潮100指数(LOF)		交易代码	161607		
风险收益特征	预期收益率接近市场平均水平。					
业绩比较基准	巨潮100指数收益率×95%+银行同业存款利率×5%					
合同生效日	2005年5月12日	首募份额	5.14亿份		认购户数	7,340户
上市日期	2005年6月16日		上市地点	深交所		
基金管理人	融通基金管理有限公司		基金托管人	中国工商银行		
注册登记人	中国证券登记结算有限责任公司					

成立来累计净值增长率与同期基准收益率历史走势对比图(%)

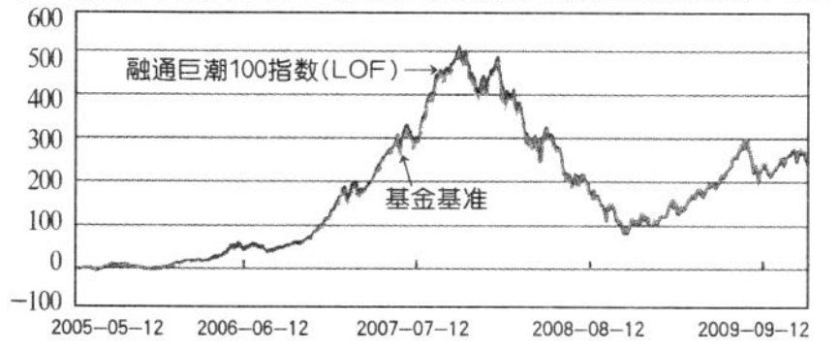

近三年净值增长率与同期基准收益率对比图(%)

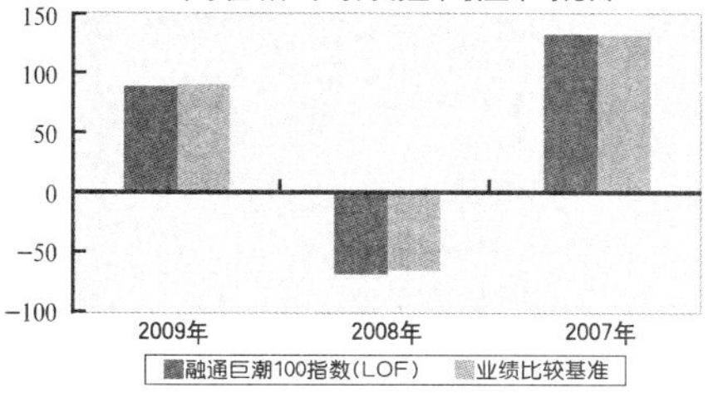

财务指标　　单位：人民币(元)：%

项目＼年度	2009年	2008年	2007年
本期利润	1,680,379,324.97	−3,328,550,589.30	2,396,429,617.44
本期加权平均净值利润率	52.99	−106.65	65.42
期末基金资产净值	3,674,701,305.50	1,956,059,886.61	5,291,547,564.49
期末基金份额净值	1.104	0.597	1.790
本期份额净值增长率	84.92	−63.96	136.63
累计份额净值增长率	267.68	98.84	451.67
基金收益分配	——	10派0.840	10派7.700

期末基金份额持有人户数	基金份额持有人户数为234,803户，平均每户持有14,174.80份。(期末截至2009年12月31日)
期末基金份额持有人结构	机构投资者持有份额98,291,086.87份，占总份额2.95%；个人投资者持有份额3,229,994,432.60份，占总份额97.05%。

基金业绩表现

截至2009年12月31日，融通巨潮100指数基金份额净值为1.104元，全年净值增长率为84.92%；同期业绩比较基准收益率为85.62%。

基金管理团队

郑　毅先生：基金经理，研究生学历，18年证券从业经历。曾任职于中国银行深圳国际信托咨询公司、中银国际(香港)公司投资银行部、特区证券投资银行总部、鹏华基金公司。2008年加入融通基金公司，曾任固定收益小组副组长；现任融通巨潮100指数基金经理(2009年5月起)、融通深证100指数基金经理。

王建强先生：基金经理，本科学历，6年证券从业经历。曾任职于上海市万得信息技术公司；2004年加入融通基金管理公司，历任金融工程研究员、基金经理助理职务；现任融通巨潮100指数基金经理(2009年5月起)、融通深证100指数基金经理。

张　野先生：基金经理，工商管理硕士，14年证券从业经历。历任杭州新希望证券投资顾问公司董事长、总经理，融通基金管理公司研究员；融通巨潮100指数基金经理、融通深证100指数基金经理。

基金运作分析

融通巨潮100指数基金运用指数化投资方式，竭力通过控制股票投资权重与巨潮100指数成份股自然权重的偏离，减少基金相对巨潮100指数的跟踪误差，力求最终实现对巨潮100指数的有效跟踪。2009年巨潮100指数上涨91.19%。从组成指数的各行业类指数表现来看，由于巨潮100指数中公用事业、交通运输等表现欠佳的行业占比较大，巨潮100指数表现弱于沪深300指数。

季度投资组合一览

项目＼季度	第一季度		第二季度		第三季度		第四季度	
基金资产净值	2,608,110,446.05元		3,430,042,355.35元		3,311,984,313.41元		3,674,701,305.50元	
基金份额	3,291,200,365.99份		3,382,695,673.76份		3,478,265,189.67份		3,328,285,519.47份	
基金份额净值	0.792元		1.014元		0.952元		1.104元	
基金资产组合	市值(元)	占总资产比(%)	市值(元)	占总资产比(%)	市值(元)	占总资产比(%)	市值(元)	占总资产比(%)
股票投资	2,474,897,972.37	94.28	3,246,812,781.03	94.03	3,112,281,754.62	93.7	3,497,504,367.35	94.72
债券投资	97,460,000.00	3.71	96,720,000.00	2.80	98,270,000.00	2.96	98,250,000.00	2.66
金融衍生品投资	——	——	——	——	——	——	——	——
买入返售金融资产	——	——	——	——	——	——	——	——
银行存款和结算备付金	41,726,922.59	1.59	91,727,518.46	2.66	105,639,537.67	3.18	94,457,755.98	2.56
其他资产	10,892,082.93	0.41	17,826,855.82	0.52	5,241,892.45	0.16	2,166,317.40	0.06

	第一季度			第二季度			第三季度			第四季度		
投资前五名股票明细	股票名称	公允价值(元)	占净值比(%)	股票名称	公允价值(元)	占净值比(%)	股票名称	公允价值(元)	占净值比(%)	股票名称	公允价值(元)	占净值比(%)
	招商银行	121,898,924.73	4.67	招商银行	184,351,427.82	5.37	中国平安	160,974,730.80	4.86	招商银行	197,317,888.95	5.37
	中国平安	121,789,752.41	4.67	交通银行	152,881,157.42	4.46	招商银行	159,746,984.38	4.82	中国平安	168,113,084.72	4.57
	中信证券	119,681,492.40	4.59	中国平安	152,355,792.64	4.44	交通银行	139,457,877.86	4.21	交通银行	150,928,569.55	4.11
	交通银行	106,712,189.98	4.09	浦发银行	138,200,754.16	4.03	兴业银行	119,610,788.12	3.61	兴业银行	138,110,525.10	3.76
	浦发银行	105,979,254.40	4.06	民生银行	134,779,344.48	3.93	民生银行	115,243,957.40	3.48	中信证券	135,046,327.50	3.68
投资前五名债券明细	债券名称	公允价值(元)	占净值比(%)	债券名称	公允价值(元)	占净值比(%)	债券名称	公允价值(元)	占净值比(%)	债券名称	公允价值(元)	占净值比(%)
	08央票106	97,460,000.00	3.74	08央票106	96,720,000.00	2.82	09央票44	98,270,000.00	2.97	09央票44	98,250,000.00	2.67

融通易支付货币市场证券投资基金

基本资料					
基金简称	融通易支付货币	交易代码	161608		
风险收益特征	该基金属于高流动性、低风险的基金品种，其预期风险和预期收益率低于股票、债券和混合性基金。				
业绩比较基准	银行一年期定期存款税后利率				
合同生效日	2006年1月19日	首募份额	28.23亿份	认购户数	4,277户
基金管理人	融通基金管理有限公司	基金托管人	中国民生银行		
注册登记人	融通基金管理有限公司				

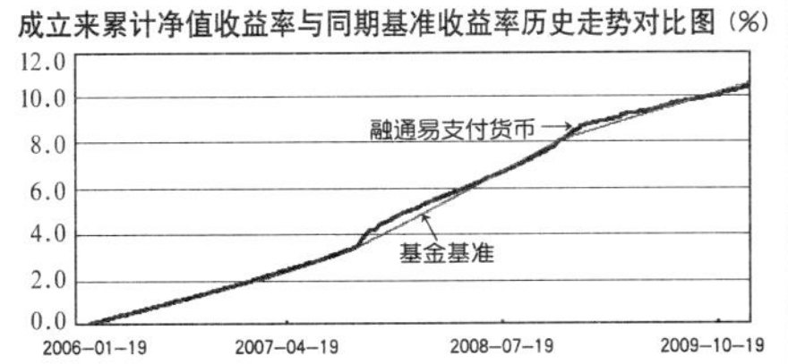

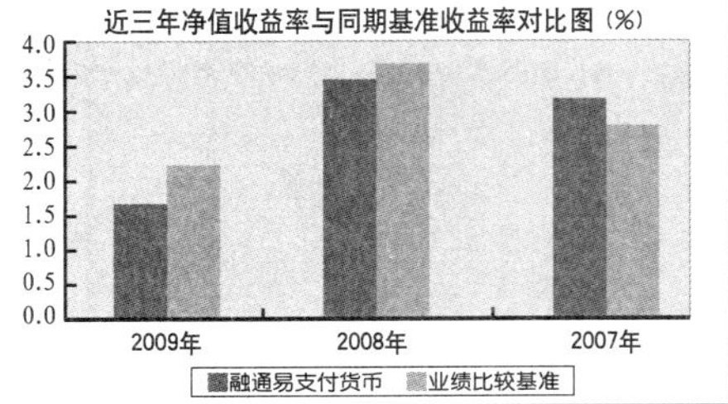

财务指标　　单位：人民币（元）；%

项目＼年度	2009年	2008年	2007年
本期利润	8,808,695.64	7,665,128.70	7,036,500.49
期末基金资产净值	779,958,226.26	378,855,700.23	360,156,695.48
期末基金份额净值	1.00	1.00	1.00
本期份额净值收益率	1.64	3.46	3.14
累计份额净值收益率	10.45	8.67	5.04
基金收益分配	8,808,695.64	7,665,128.70	7,036,500.49
期末基金份额持有人户数	基金份额持有人户数为5,165户，平均每户持有151,008.37份。（期末截至2009年12月31日）		
期末基金份额持有人结构	机构投资者持有份额488,976,008.67份，占总份额62.69%；个人投资者持有份额290,982,217.59份，占总份额37.31%。		

基金业绩表现

2009年融通易支付货币市场基金净值收益率为1.6362%，同期业绩基准收益率为2.2470%。

基金管理团队

乔羽夫先生：基金经理，经济学硕士，6年证券从业经历。曾就职于深圳远永盛投资公司，从事证券交易工作；2004年9月加入融通基金管理公司，先后从事债券交易、债券研究以及债券投资等工作。2005年通过基金从业人员资格考试，2006年获得全国银行间同业拆借中心交易员资格、债券托管结算业务资格；现任融通易支付货币基金经理（2008年3月起）、融通债券基金经理。

基金运作分析

2009年，我国政府及时调整了宏观经济政策，大规模的政府投资和信贷投放拉动了经济的快速反弹，债券收益率曲线领先于经济基本面的复苏而全面回升，全年各期限债券收益率平均上升100bp左右。

2009年，在密切关注宏观经济走势，把握货币政策走向的投资原则指导下，融通易支付货币基金始终关注基金债券组合的流动性，控制组合久期和预防利率风险。在投资方面重点配置了浮息债品种以回避利率风险，把握市场利率波动而对利率产品进行波段操作。

展望2010年，该基金管理人将关注以下两个政策时点债券市场可能存在的机会：一是央行票据发行利率企稳之后，央行票据利率的企稳将有助于稳定债券投资者的信心；二是在加息政策出台后，此时债券市场利空出尽，透支加息预期的收益率曲线有向下修正的需要。

季度投资组合一览

项目＼季度	第一季度		第二季度		第三季度		第四季度	
基金资产净值	598,243,702.06元		486,948,615.75元		236,989,959.44元		779,958,226.26元	
基金份额	598,243,702.06份		486,948,615.75份		236,989,959.44份		779,958,226.26份	
基金份额净值	1.000元		1.000元		1.000元		1.000元	
基金资产组合	市值(元)	占总资产比(%)	市值(元)	占总资产比(%)	市值(元)	占总资产比(%)	市值(元)	占总资产比(%)
股票投资	——	——	——	——	——	——	——	——
债券投资	481,127,151.41	69.76	300,786,209 25	61.62	149,771,677.40	63.04	209,899,432.19	26.89
金融衍生品投资	——	——	——	——	——	——	——	——
买入返售金融资产	——	——	——	——	——	——	120,000,345.00	15.37
银行存款和结算备付金	149,702,018.31	21.7	180,505,742 32	36.98	86,734,773.11	36.51	74,258,034.80	9.51
其他资产	58,883,416.45	8.54	6,840,031	1.40	1,062,892.75	0.45	376,481,891.39	48.23

投资前五名债券明细	债券名称	成本(元)	占净值比(%)	债券名称	成本(元)	占净值比(%)	债券名称	成本(元)	占净值比(%)	债券名称	成本(元)	占净值比(%)
	08央行票据64	99,755,553.30	16.67	08农发15	100,459,077.04	20.63	07农发13	50,002,216.97	21.10	07农发13	50,003,930.29	6.41
	09京热电CP01	40,263,579.66	6.73	07农发13	50,133,011.36	10.30	08进出03	29,896,715.34	12.62	09国开23	49,941,899.97	6.40
	09武水务CP01	30,231,315.81	5.05	07进出09	30,011,665.49	6.16	08天医药CP01	20,000,598.60	8.44	08进出03	29,911,229.41	3.83
	09包钢集CP01	30,220,533.24	5.05	09甘电投CP01	20,047,173.38	4.12	09公控CP01	19,924,022.39	8.41	07农发20	20,076,289.34	2.57
	07农发13	30,123,021.45	5.04	08莱钢CP01	20,041,742.78	4.12	09中牧CP01	19,900,093.23	8.40	09甬海运CP01	20,000,000.00	2.56

投资组合平均剩余期限	平均剩余期限	占净值比(%)	平均剩余期限	占净值比(%)	平均剩余期限	占净值比(%)	平均剩余期限	占净值比(%)
	30天以内	33.38	30天以内	37.07	30天以内	36.60	30天以内	28.75
	30天(含)—60天	10.06	30天(含)—60天	16.46	30天(含)—60天	25.34	30天(含)—60天	8.99
	60天(含)—90天	21.70	60天(含)—90天	20.63	60天(含)—90天	21.05	60天(含)—90天	3.83
	90天(含)—180天	0.00	90天(含)—180天	8.22	90天(含)—180天	0.00	90天(含)—180天	0.00
	180天(含)—397天(含)	40.31	180天(含)—397天(含)	16.46	180天(含)—397天(含)	16.80	180天(含)—397天(含)	14.09

融通动力先锋股票型证券投资基金

基本资料			
基金简称	融通动力先锋股票	交易代码	161609
风险收益特征	该基金属于高风险高收益的基金品种。		
业绩比较基准	新华富时A600指数收益率×80%＋新华巴克莱资本中国全债指数收益率×20%		
合同生效日	2006年11月15日	首募份额	33.64亿份
认购户数	91,847户		
基金管理人	融通基金管理有限公司	基金托管人	中国工商银行
注册登记人	融通基金管理有限公司		

财务指标　单位：人民币（元）；%

项目＼年度	2009年	2008年	2007年
本期利润	1,588,712,777.95	−5,293,685,480.72	4,860,325,513.52
本期加权平均净值利润率	40.30	−91.88	52.05
期末基金资产净值	3,675,437,788.72	3,380,514,283.47	10,701,271,599.77
期末基金份额净值	1.406	1.020	2.770
本期份额净值增长率	49.76	−56.10	141.05
累计份额净值增长率	96.04	30.90	198.18
基金收益分配	10派1.200	10派3.000	10派1.000

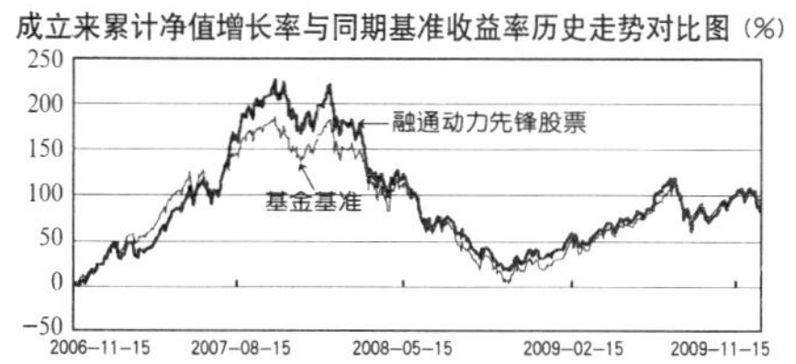

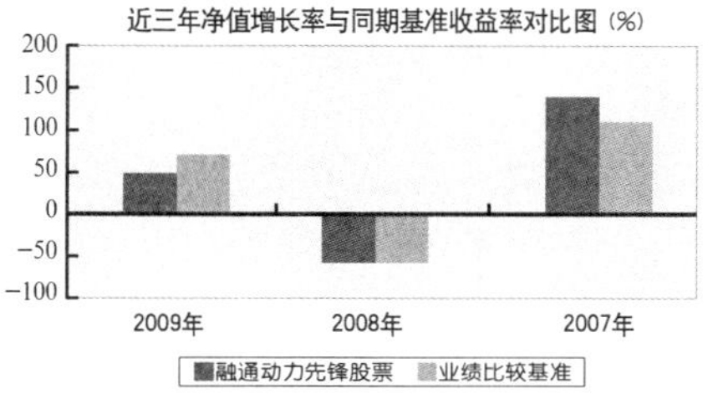

期末基金份额持有人户数	基金份额持有人户数为143,881户，平均每户持有18,167.96份。（期末截至2009年12月31日）
期末基金份额持有人结构	机构投资者持有份额33,858,102.15份，占总份额1.30%；个人投资者持有份额2,580,166,208.97份，占总份额98.70%。

基金业绩表现

截至2009年12月31日，融通动力先锋股票基金份额净值为1.406元，全年净值增长率为49.76%；同期业绩基准收益率为73.43%。

基金管理团队

陈晓生先生：基金经理、公司总经理助理，经济学硕士，15年证券从业经历。曾就职于中信集团中大投资管理有限公司。2003年2月加入融通基金管理公司，历任融通新蓝筹混合基金经理助理、机构理财部投资经理、副总监；现任融通动力先锋股票基金经理（2006年11月起）、融通蓝筹成长混合基金经理、融通内需驱动股票基金经理和日兴黄河基金融通模拟组合的组合经理。

鲁万峰先生：基金经理，经济学硕士，14年证券从业经历。曾就职于中国银行深圳国际信托咨询公司、北京华融投资管理公司和中国人保资产管理公司。2006年6月加入融通基金管理公司，任职基金管理部总监助理；现任融通动力先锋股票基金经理（2007年9月起）、融通内需驱动股票基金经理。

基金运作分析

2009年市场热点经历了从超跌反弹到行业轮动再到主题投资的转化，基于经济复苏的行业轮动策略在2009年获得良好收益，组合中的行业配置结构成为影响组合收益表现的关键要素。

融通动力先锋股票基金在2009年度的运作过程中，一季度的低仓防守策略以及在第二季度对新能源产业的超配、三季度对地产行业的超配均没有达到预期效果，无论是在仓位选择还是行业配置结构上均出现较大失误，导致组合表现不理想。

季度投资组合一览

项目＼季度	第一季度		第二季度		第三季度		第四季度	
基金资产净值	3,934,836,033.97元		4,289,345,672.11元		3,534,408,794.37元		3,675,437,788.72元	
基金份额	3,125,828,089.44份		2,885,004,213.73份		2,625,673,410.88份		2,614,024,311.12份	
基金份额净值	1.259元		1.487元		1.346元		1.406元	
基金资产组合	市值(元)	占总资产比(%)	市值(元)	占总资产比(%)	市值(元)	占总资产比(%)	市值(元)	占总资产比(%)
股票投资	2,899,825,642.13	73.30	3,688,035,594.11	85.47	2,843,487,822.21	80.09	3,428,232,342.97	92.89
债券投资	——	——	——	——	147,465,000.00	4.15	147,450,000.00	4.00
金融衍生品投资	——	——	——	——	——	——	——	——
买入返售金融资产	——	——	——	——	——	——	——	——
银行存款和结算备付金	1,053,893,100.09	26.64	624,359,543.87	14.47	528,997,450.07	14.9	109,118,009.49	2.96
其他资产	2,168,404.59	0.05	2,575,801.91	0.06	30,232,647.94	0.85	5,830,265.82	0.16

投资前五名股票明细	股票名称	公允价值(元)	占净值比(%)	股票名称	公允价值(元)	占净值比(%)	股票名称	公允价值(元)	占净值比(%)	股票名称	公允价值(元)	占净值比(%)
	中国平安	273,770,000.00	6.96	辽宁成大	275,172,253.92	6.42	华发股份	212,273,706.58	6.01	贵州茅台	207,591,873.86	5.65
	天威保变	207,021,028.50	5.26	吉林敖东	250,552,683.84	5.84	贵州茅台	196,943,404.60	5.57	华发股份	200,454,152.82	5.45
	招商银行	159,300,000.00	4.05	华发股份	239,335,650.99	5.58	金地集团	173,744,742.60	4.92	辽宁成大	183,629,566.51	5.00
	云南白药	149,744,863.50	3.81	浦发银行	225,594,849.00	5.26	建发股份	161,524,971.30	4.57	建发股份	181,401,016.32	4.94
	贵州茅台	149,162,000.00	3.79	深发展A	206,075,978.84	4.80	深发展A	158,079,000.00	4.47	吉林敖东	180,004,164.35	4.90

投资前五名债券明细	债券名称	公允价值(元)	占净值比(%)	债券名称	公允价值(元)	占净值比(%)	债券名称	公允价值(元)	占净值比(%)	债券名称	公允价值(元)	占净值比(%)
							09央行票据34	147,465,000.00	4.17	09央行票据34	147,450,000.00	4.01

融通领先成长股票型证券投资基金(LOF)

基本资料					
基金简称	融通领先成长股票(LOF)	交易代码	161610		
风险收益特征	该基金属于较高预期收益较高预期风险的基金品种，其预期收益与风险高于混合基金、债券基金与货币市场基金。				
业绩比较基准	沪深300指数收益率×80%+中信标普全债指数收益率×20%				
合同生效日	2007年4月30日	募集规模	17.72亿份	申购户数	72,804户
上市日期	2007年7月18日	上市地点	深交所		
基金管理人	融通基金管理有限公司	基金托管人	中国建设银行		
注册登记人	中国证券登记结算有限责任公司				

成立来累计净值增长率与同期基准收益率历史走势对比图（%）

财务指标　　单位：人民币（元）；%

项目 \ 年度	2009年	2008年	2007年
本期利润	2,530,344,105.75	-4,743,643,587.94	2,136,772,182.60
本期加权平均净值利润率	53.25	-83.95	34.27
期末基金资产净值	4,992,526,187.25	3,500,777,186.09	9,587,548,170.20
期末基金份额净值	1.163	0.663	1.517
本期份额净值增长率	75.41	-55.01	70.71
累计份额净值增长率	34.71	-23.20	70.71
基金收益分配	——	10派0.300	——

近三年净值增长率与同期基准收益率对比图（%）

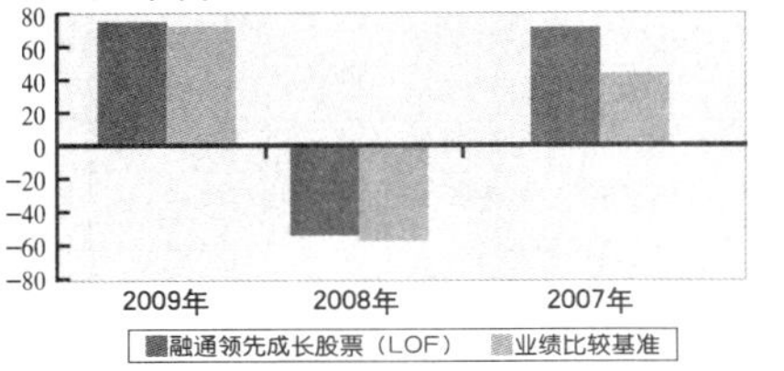

期末基金份额持有人户数	基金份额持有人户数为242,372户，平均每户持有17,716.92份。(期末截至2009年12月31日)
期末基金份额持有人结构	机构投资者持有份额67,095,707.93份，占总份额1.56%；个人投资者持有份额4,226,989,455.37份，占总份额98.44%。

基金业绩表现

2009年融通领先成长股票基金全年净值增长率为75.41%；同期业绩基准收益率为73.37%。

基金管理团队

陈文涛先生：基金经理，生物医药学士，12年证券从业经历。历任武汉生物制品研究所项目工程师；深圳新鹏投资发展公司项目工程师；招商证券研究发展中心高级研究员、部门副总经理；招商证券投资管理部副总经理；招商基金管理公司股票投资部高级经理；融通基金管理公司研究部总监，融通领先成长基金经理(2007年4月起)。

刘模林先生：基金经理、公司副总经理，机械工程硕士，16年证券从业经历。历任武汉市信托投资公司证券总部研究部经理、花桥证券营业部经理；融通基金管理有限公司研究部策略和行业研究员、总监、机构理财部总监、基金管理部总监；2007年4月起任融通领先成长股票基金、融通新蓝筹混合基金经理。

基金运作分析

2009年在宽松的货币政策和积极的财政政策刺激下，经济数据开始回升，证券市场出现大幅上涨。融通领先成长股票基金全年净值增长75.41%，跑赢比较基准。从组合结构看，该基金长期持有的消费品类公司、食品饮料、家电贡献了稳定的收益，而在上半年增持的周期品行业煤炭、有色金属贡献了较好的超额收益。

展望2010年，融通领先成长股票基金在前景不确定的环境下，将继续持有业绩增长前景稳定的公司，同时买入部分景气向上的行业，争取为持有人取得更好的超额收益。

季度投资组合一览

项目 \ 季度	第一季度		第二季度		第三季度		第四季度	
基金资产净值	4,338,200,409.43元		5,092,494,600.34元		4,804,185,277.75元		4,992,526,187.25元	
基金份额	5,146,568,063.78份		4,836,938,235.16份		4,762,207,403.95份		4,294,085,163.30份	
基金份额净值	0.843元		1.053元		1.009元		1.163元	
基金资产组合	市值(元)	占总资产比(%)	市值(元)	占总资产比(%)	市值(元)	占总资产比(%)	市值(元)	占总资产比(%)
股票投资	3,497,661,681.23	78.97	4,664,897,421.06	89.77	4,043,817,531.52	83.90	4,664,177,141.47	91.29
债券投资	193,130,000.00	4.36	96,280,000.00	1.85	201,880,000.00	4.19	201,080,000.00	3.94
金融衍生品投资	——	——	——	——	——	——	——	——
买入返售金融资产	——	——	——	——	——	——	——	——
银行存款和结算备付金	712,260,590.64	16.08	426,108,392.57	8.20	568,643,759.63	11.80	238,845,035.11	4.67
其他资产	26,027,916.15	0.59	9,394,045.26	0.18	5,504,338.53	0.11	4,986,245.19	0.10

投资前五名股票明细	股票名称	公允价值(元)	占净值比(%)	股票名称	公允价值(元)	占净值比(%)	股票名称	公允价值(元)	占净值比(%)	股票名称	公允价值(元)	占净值比(%)
	中国平安	234,660,000.00	5.41	兴业银行	297,249,430.05	5.84	中国平安	344,760,000.00	7.18	中国平安	358,085,000.00	7.17
	深发展A	205,504,999.46	4.74	华侨城A	271,700,000.00	5.34	贵州茅台	297,813,160.46	6.20	格力电器	341,492,000.00	6.84
	格力电器	182,070,000.00	4.20	中国平安	247,300,000.00	4.86	格力电器	244,160,000.00	5.08	贵州茅台	306,773,207.02	6.14
	宏达股份	164,272,397.76	3.79	贵州茅台	238,294,619.90	4.68	华侨城A	212,750,000.00	4.43	泸州老窖	242,043,002.88	4.85
	贵州茅台	149,160,852.60	3.44	格力电器	219,450,000.00	4.31	浦发银行	196,500,000.00	4.09	苏宁电器	207,796,176.48	4.16

投资前五名债券明细	债券名称	公允价值(元)	占净值比(%)	债券名称	公允价值(元)	占净值比(%)	债券名称	公允价值(元)	占净值比(%)	债券名称	公允价值(元)	占净值比(%)
	08央行票据84	97,010,000.00	2.24	08央行票据84	96,280,000.00	1.89	07央票35	201,880,000.00	4.20	07央票35	201,080,000.00	4.03
	08央行票据37	96,120,000.00	2.22									

融通内需驱动股票型证券投资基金

基本资料					
基金简称	融通内需驱动股票	交易代码	161611(前) 161661(后)		
风险收益特征	该基金为股票型基金，属于高风险高收益的基金品种，其收益和风险高于混合型基金、债券型基金和货币市场基金。				
业绩比较基准	沪深300指数收益率×80%+中信标普全债指数收益率×20%				
合同生效日	2009年4月22日	首募份额	29.55亿份	认购户数	41,102户
基金管理人	融通基金管理有限公司	基金托管人	中国工商银行		
注册登记人	融通基金管理有限公司				

成立来累计净值收益率与同期基准收益率历史走势对比图（%）

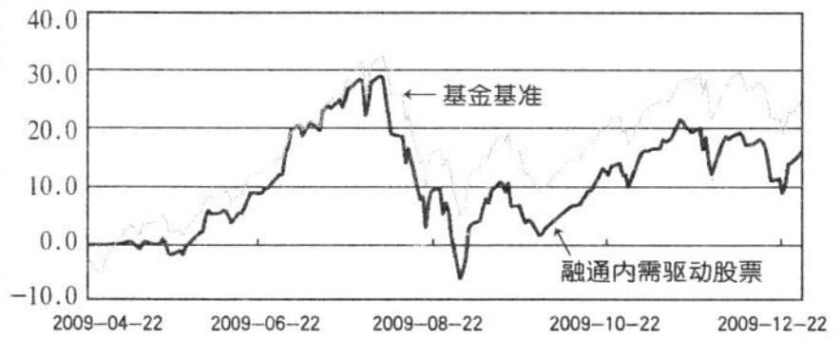

2009年净值收益率与同期基准收益率对比图（%）

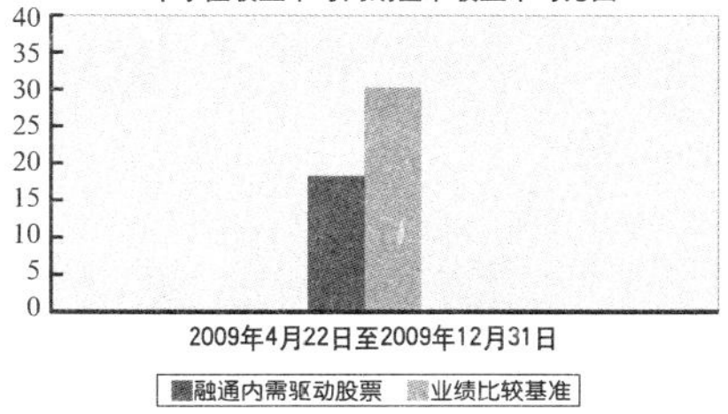

财务指标　项目 \ 年度	2009年4月22日至2009年12月31日（单位：人民币(元)；%）
本期利润	443,679,477.60
本期加权平均净值利润率	24.46
期末基金资产净值	974,024,747.21
期末基金份额净值	1.083
本期份额净值增长率	18.21
累计份额净值增长率	18.21
基金收益分配	10派1.000
期末基金份额持有人户数	基金份额持有人户数为20,364户，平均每户持有44,171.41份。（期末截至2009年12月31日）
期末基金份额持有人结构	机构投资者持有份额2,079,230.04份，占总份额0.23%；个人投资者持有份额897,427,296.77份，占总份额99.77%。

基金业绩表现

融通内需驱动股票基金合同生效于2009年4月22日，截至2009年12月31日，该基金成立以来净值增长率为18.21%；同期业绩基准收益率为30.79%。

基金管理团队

陈晓生先生：基金经理、公司总经理助理，经济学硕士，15年证券从业经历。曾就职于中信集团中大投资管理公司，2003年2月加入融通基金管理公司，历任融通新蓝筹基金经理助理、机构理财部投资经理、副总监；现任融通内需驱动基金经理（2009年4月起）、融通蓝筹成长混合基金经理、融通动力先锋股票基金经理、日兴黄河基金融通模拟组合的组合经理。

鲁万峰先生：基金经理，经济学硕士，14年证券从业经历。曾就职于中国银行深圳国际信托咨询公司、北京华融投资管理公司和中国人保资产管理公司；2006年6月加入融通基金管理公司，任职基金管理部总监助理；现任融通内需驱动股票基金经理（2009年4月起）、融通动力先锋股票基金经理。

邹曦先生：基金经理，中国人民银行研究生部金融学硕士，10年证券从业经历。曾就职于中国航空技术进出口总公司福建分公司。2001年加入融通基金管理公司，历任市场拓展部总监助理、机构理财部总监助理、行业分析师、宏观策略分析师等职务；现任融通内需驱动股票基金经理（2009年4月起）、融通行业景气混合基金经理。

基金运作分析

2009年，融通内需驱动股票基金在建仓期内采取相对谨慎、强调绝对收益的投资策略，建仓初期抓住金融地产的投资机会，取得较好的投资收益，但在8月份的市场调整中钢铁、有色等周期类资产给投资组合造成了较大损失。

季度投资组合一览

项目 \ 季度	第二季度		第三季度		第四季度	
基金资产净值	2,345,145,021.11元		1,216,711,466.32元		974,024,747.21元	
基金份额	2,091,924,658.82份		1,182,633,068.69份		899,506,526.81份	
基金份额净值	1.121元		1.029元		1.083元	
基金资产组合	市值(元)	占总资产比(%)	市值(元)	占总资产比(%)	市值(元)	占总资产比(%)
股票投资	1,751,038,739.84	72.30	903,924,064.85	73.59	912,654,706.51	91.30
债券投资	392,360,000.00	16.20	49,155,000.00	4.00	39,320,000.00	3.93
资产支持证券投资	——	——	——	——	——	——
金融衍生品投资	——	——	——	——	——	——
买入返售金融资产	——	——	——	——	——	——
银行存款和结算备付金	267,997,263.40	11.07	271,380,090.58	22.09	30,311,149.76	3.03
其他资产	10,357,265.17	0.43	3,921,547.70	0.32	17,343,189.77	1.73

投资前五名股票明细	股票名称	公允价值(元)	占净值比(%)	股票名称	公允价值(元)	占净值比(%)	股票名称	公允价值(元)	占净值比(%)
	兴业银行	197,781,456.00	8.43	中国平安	83,655,000.00	6.88	宝钢股份	50,715,000.00	5.21
	金地集团	162,380,709.40	6.92	兴业银行	67,580,000.00	5.55	中国平安	44,072,000.00	4.52
	深发展A	152,739,345.40	6.51	华侨城A	66,712,850.00	5.48	西山煤电	42,279,012.10	4.34
	中国平安	133,542,000.00	5.69	中国人寿	65,324,800.00	5.37	华侨城A	41,106,576.81	4.22
	浦发银行	126,610,000.00	5.40	福田汽车	61,544,500.00	5.06	兴业银行	40,310,000.00	4.14

投资前五名债券明细	债券名称	公允价值(元)	占净值比(%)	债券名称	公允价值(元)	占净值比(%)	债券名称	公允价值(元)	占净值比(%)
	09央行票据17	199,480,000.00	8.51	09央行票据34	49,155,000.00	4.04	09央行票据34	39,320,000.00	4.04
	08央行票据92	192,880,000.00	8.22						

2010年银华基金所获殊荣

2010年6月21日	银华基金管理有限公司在由《上海证券报》主办，中国银河证券研究所基金研究中心和晨星资讯(深圳)有限公司提供技术支持的第七届中国“金基金奖”评选中荣获“金基金·投资回报公司奖”，旗下基金银华核心价值优选股票型证券投资基金获得“金基金·主动型股票基金奖”，银华增强收益债券型证券投资基金获得“金基金·债券基金奖”。
2010年6月21日	银华富裕主题股票型基金在晨星(中国)2009年度基金奖评选中荣获“股票型基金奖”，成为业内唯一获此殊荣的股票型基金。
2010年5月	银华基金管理有限公司在由《中国证券报》主办，中国银河证券、天相投资顾问、招商证券、海通证券联合协办的第七届金牛奖评选中荣获“2009年度十大金牛基金管理公司”称号，旗下基金银华价值优选股票基金和银华富裕主题股票基金也同时荣膺“2009年度开放式股票型金牛基金”。
2010年5月19日	在由《证券时报》主办、晨星资讯(深圳)有限公司提供数据支持的2009年度“中国基金业明星基金奖”中，凭借2009年的优异表现，银华基金管理有限公司获得“2009年度十大明星基金公司”称号，银华核心价值优选股票基金、银华富裕主题股票基金、银华领先策略股票基金荣获“2009年度股票型明星基金奖”，银华增强收益债券基金荣获“2009年度积极债券型明星基金奖”。

银华基金管理有限公司

法定名称	银华基金管理有限公司	英文名称	Yinhua Fund Management Co.,Ltd.		
成立时间	2001年5月28日	注册资本	2亿元人民币	公司属性	中 资
法人代表	彭 越	总 经 理	王立新	督 察 长	凌宇翔
公司网址	www.yhfund.com.cn	客服电话	400-678-3333		
联系电话	010-5816 3000	传真号码	010-5816 2888		
注册地址	深圳市深南大道6008号报业大厦19层	办公地址	北京市东长安街1号东方广场东方经贸城C2办公楼15层		

公司简介

银华基金管理有限公司(以下简称“银华基金”)成立于2001年5月28日，是经中国证监会批准设立的全国性基金管理公司。公司注册资本2亿元人民币，公司股权结构为：西南证券股份有限公司占29%、第一创业证券有限责任公司占29%、东北证券股份有限公司占21%、山西海鑫实业股份有限公司占21%。

成立九年来，凭借诚信、规范、稳健、务实的运作风格，银华基金逐步发展为一家具有大资金管理能力的综合性资产管理公司，公司各项业务发展迅速。2005年2月，银华基金正式通过ISO9001质量管理体系认证，成为基金业内首家通过此项权威质量认证的基金管理公司；同年8月，银华基金获得企业年金基金管理人资格，成为国内9家首批获此资格的基金管理公司之一。2007年10月底，银华基金正式获得QDII资格，获准开展境外证券投资管理业务。2008年2月，银华基金获得特定客户资产管理业务资格。至此，银华基金成为业内为数不多的同时拥有企业年金资产管理业务资格、境外证券投资管理业务资格和特定客户资产管理业务资格的基金管理公司。公司建立了覆盖股票型、配置型、债券型、货币型、保本型和QDII基金的较为完善的产品线，为数百万不同风险收益特征和理财需求的客户提供专业的资产管理服务。

年度经营

截至2010年6月30日，银华基金共管理14只开放式基金和1只创新型封闭基金。

投资业绩方面，2009年银华旗下基金投资业绩全面开花，银华核心价值优选股票基金全年净值增长116.08%，远远超出A股全年79.98%的累计涨幅；银华领先策略股票、银华富裕主题股票、银华保本增值混合和银华增强收益债券也分别位列同类型基金业绩前列，为持有人带来了可观的投资回报。

产品发行方面，2009年以来公司先后募集设立银华和谐主题混合、银华内需精选股票、银华沪深300指数、银华深证100指数和银华信用债券封闭5只新基金。其中，银华内需精选股票由原封闭式基金天华基金转型而来；银华沪深300指数是公司旗下首只分级基金；银华信用债券封闭是公司旗下创新型封闭式基金。

凭借长期稳健的经营风格、出色的业绩表现和管理能力，银华基金在业内获得多项大奖。在《中国证券报》颁发的“2009年度中国基金业金牛奖”评选中，因为整体业绩表现突出，银华基金再度加冕，荣获2009年度“金牛基金公司”称号；旗下银华价值优选股票和银华富裕主题股票两只基金同时荣膺2009年度“开放式股票型金牛基金”。

客户服务

2009年以来，银华基金不断推出电子化客服升级举措，推出了“享受电子服务，节约创造财富”活动，该活动得到了广大持有人的积极支持，开展仅一个月，就有10万名客户取消纸质对账单，改为订制电子账单或下载使用“银华小精灵”电子服务插件。

社会责任

成立九年来，银华基金始终坚持企业价值与社会价值的统一，积极参加各类社会公益活动。2010年4月，青海玉树发生地震，银华基金第一时间捐出善款50万元，支持灾区重建。此前，四川汶川大地震，公司及员工共捐款260万元援助地震灾区重建；2008年2月南方暴雪冰冻灾害，公司捐款150万元。此外，公司还通过各种形式，开展多种形式的公益活动，河南太阳村特殊儿童救助研究中心(简称“太阳村”)收留了许多因父母长年服刑而无人抚养的未成年孩子，2009年春节前公司发动全体员工为“太阳村”儿童捐款近20万元，用于资助建造河南太阳村“银华爱心小屋”以及“太阳村—银华爱心林”。

2009年管理公募基金概况

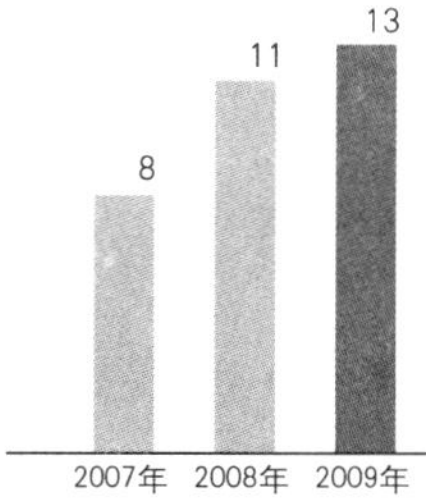

基金数量(只)

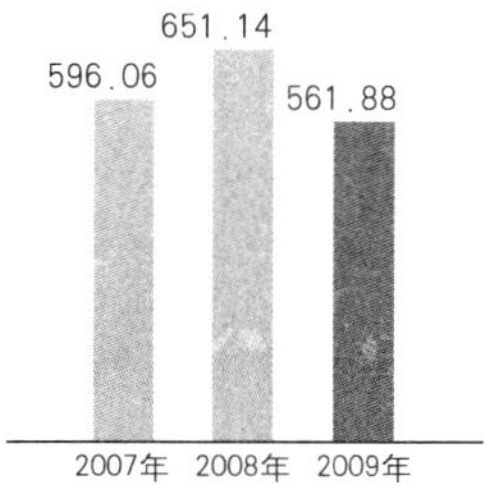

基金份额规模(亿份)

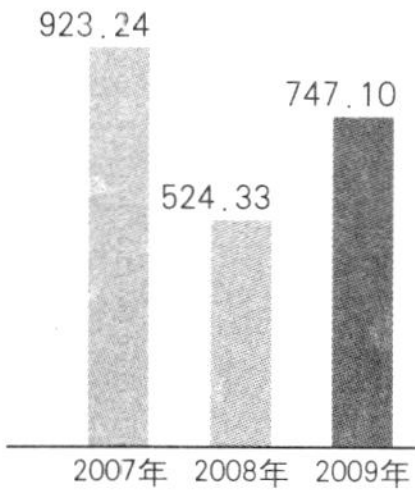

基金资产规模(亿元)

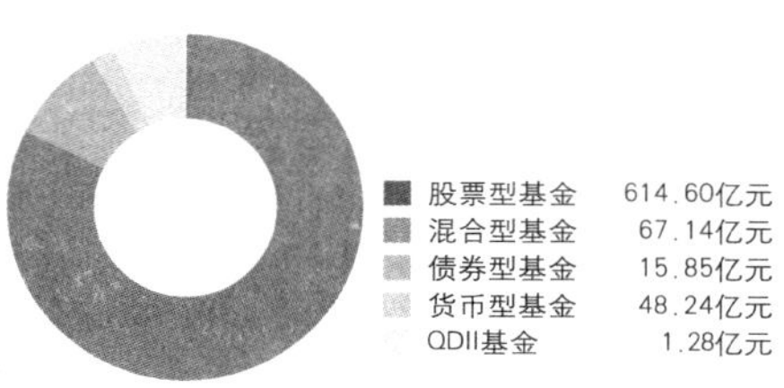

2009年基金资产规模构成

银华优势企业证券投资基金

基本资料

基金简称	银华优势企业混合	交易代码	180001(前端) 180011(后端)		
风险收益特征	注重收益与风险的平衡，通过控制股票、债券的投资比重来获取中低风险下的中等收益。				
业绩比较基准	中信标普300指数×70%+中信全债指数×20%+同业活期存款利率×10%				
合同生效日	2002年11月13日	首募份额	16.82亿份	认购户数	13,096户
基金管理人	银华基金管理有限公司	基金托管人	中国银行		
注册登记人	银华基金管理有限公司				

财务指标　　单位：人民币(元)；%

项目 \ 年度	2009年	2008年	2007年
本期利润	1,783,966,619.74	−3,690,179,753.89	4,862,519,499.53
本期加权平均净值利润率	41.09	−64.89	59.25
期末基金资产净值	4,310,019,558.44	3,745,269,404.81	9,725,605,658.73
期末基金份额净值	1.1470	0.7615	1.3965
本期份额净值增长率	50.62	−45.47	101.85
累计份额净值增长率	304.16	168.32	392.07
基金收益分配	——	——	10派6.300
期末基金份额持有人户数	基金份额持有人户数为193,440户，平均每户持有19,424.69份。(期末截至2009年12月31日)		
期末基金份额持有人结构	机构投资者持有份额35,100,640.15份，占总份额0.93%；个人投资者持有份额3,722,412,023.70份，占总份额99.07%。		

成立来累计净值增长率与同期基准收益率历史走势对比图(%)

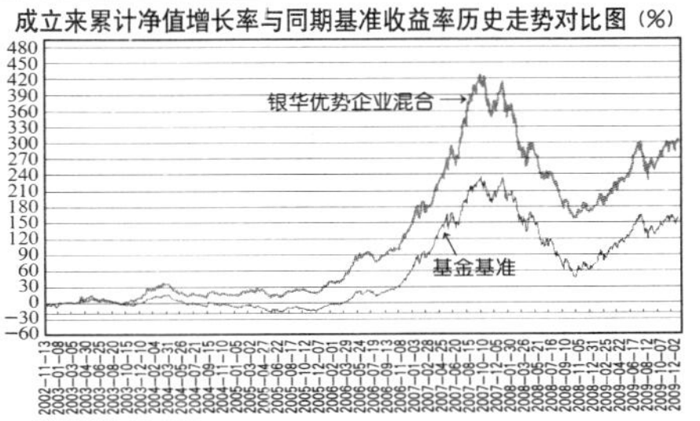

近三年净值增长率与同期基准收益率对比图(%)

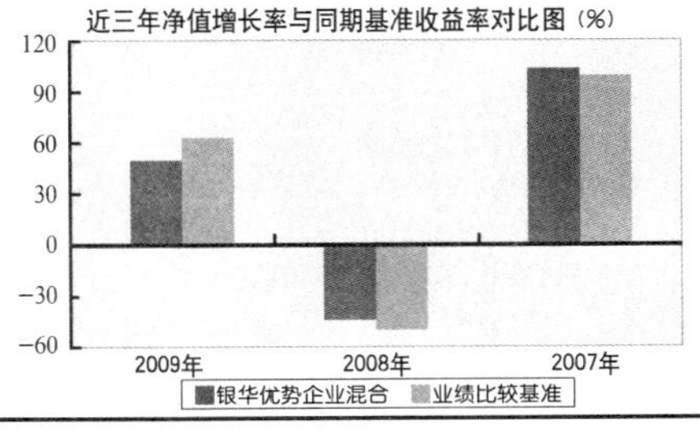

基金业绩表现

截至2009年12月31日，银华优势企业混合基金份额净值为1.1470元，全年净值增长率为50.62%；同期业绩基准收益率为61.54%。

基金管理团队

金　斌先生：基金经理、研究部总监、A股基金投资决策委员会委员，硕士，7年证券从业经历。曾在国泰君安证券公司从事行业研究工作。2004年8月加入银华基金公司，历任行业研究员、基金经理助理、研究主管等职；2009年2月起任银华优势企业混合基金经理。

基金运作分析

银华优势企业混合基金2009年上半年以资产资源及长期发展前景良好的企业为重点投资标的；下半年该基金逐渐增加消费类股票的配置比重，降低资源资产类股票的配置。

季度投资组合一览

项目 \ 季度	第一季度		第二季度		第三季度		第四季度	
基金资产净值	4,192,485,957.74元		4,690,928,807.53元		4,195,023,077.15元		4,310,019,558.44元	
基金份额	4,824,533,801.96份		4,617,431,990.21份		4,202,905,060.79份		3,757,512,663.85份	
基金份额净值	0.869元		1.0159元		0.9981元		1.1470元	
基金资产组合	市值(元)	占总资产比(%)	市值(元)	占总资产比(%)	市值(元)	占总资产比(%)	市值(元)	占总资产比(%)
股票投资	2,894,685,246.03	68.30	3,244,337,431.60	68.85	2,804,865,046.21	66.65	2,931,976,021.83	67.16
债券投资	996,866,332.40	23.52	992,205,095.60	21.06	1,039,734,191.00	24.71	1,035,897,604.70	23.73
金融衍生品投资	——	——	——	——	——	——	——	——
买入返售金融资产	——	——	——	——	——	——	——	——
银行存款和结算备付金	316,186,634.74	7.46	443,501,336.52	9.41	351,148,923.82	8.34	370,293,976.37	8.48
其他资产	30,227,456.20	0.71	32,279,786.90	0.69	12,495,798.01	0.30	27,529,844.23	0.63

项目	第一季度			第二季度			第三季度			第四季度		
投资前五名股票明细	股票名称	公允价值(元)	占净值比(%)	股票名称	公允价值(元)	占净值比(%)	股票名称	公允价值(元)	占净值比(%)	股票名称	公允价值(元)	占净值比(%)
	中国平安	243,264,903.98	5.80	华侨城A	259,687,913.10	5.54	徐工机械	321,008,057.10	7.65	中兴通讯	358,960,044.87	8.33
	徐工科技	164,446,384.70	3.92	徐工科技	241,097,882.46	5.14	中兴通讯	305,440,038.18	7.28	徐工机械	193,068,336.80	4.48
	华侨城A	163,764,913.62	3.91	兴业银行	222,660,000.00	4.75	中国太保	222,700,712.64	5.31	苏宁电器	163,590,425.32	3.80
	中兴通讯	159,024,946.38	3.79	中兴通讯	219,180,955.40	4.67	中国平安	218,010,000.00	5.20	青岛软控	134,702,200.10	3.13
	中信证券	127,350,000.00	3.04	民生银行	199,584,000.00	4.25	兴业银行	168,950,000.00	4.03	上海汽车	130,649,634.18	3.03
投资前五名债券明细	债券名称	公允价值(元)	占净值比(%)	债券名称	公允价值(元)	占净值比(%)	债券名称	公允价值(元)	占净值比(%)	债券名称	公允价值(元)	占净值比(%)
	20国债(4)	420,200,154.00	10.02	20国债(4)	418,760,408.00	8.93	20国债(4)	314,929,000.00	7.51	20国债(4)	312,480,000.00	7.25
	99国债(8)	290,554,431.40	6.93	99国债(8)	288,947,573.00	6.16	21国债(10)	285,223,738.80	6.80	21国债(10)	283,919,192.70	6.59
	08央票108	146,280,000.00	3.49	08央票108	145,185,000.00	3.10	21国债(12)	193,215,195.20	4.61	21国债(12)	192,408,412.00	4.46
	21国债(10)	114,026,709.50	2.72	21国债(10)	113,505,634.60	2.42	09央票38	147,435,000.00	3.51	09央票38	147,420,000.00	3.42
	21国债(12)	20,626,000.00	0.49	21国债(12)	20,540,000.00	0.44	09央票36	98,300,000.00	2.34	09央行票据65	99,670,000.00	2.31

银华保本增值证券投资基金

基本资料			
基金简称	银华保本增值混合	交易代码	180002
风险收益特征	该基金属于低风险的基金品种，其风险收益配比关系为低风险、稳定收益。		
业绩比较基准	以保本周期同期限的3年期银行定期存款税后收益率		
合同生效日	2004年3月2日	首募份额	60.72亿份
		认购户数	170,336户
基金管理人	银华基金管理有限公司	基金托管人	中国建设银行
注册登记人	银华基金管理有限公司		

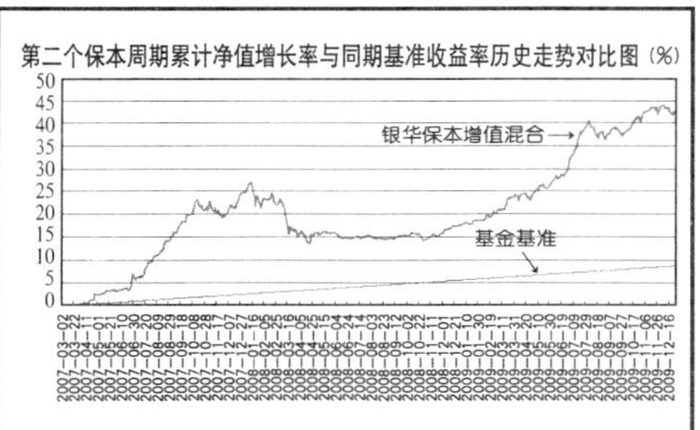

财务指标　　单位：人民币（元）；%

项目＼年度	2009年	2008年	2007年
本期利润	239,401,027.81	−92,338,470.16	408,674,242.24
本期加权平均净值利润率	19.01	−6.95	22.35
期末基金资产净值	1,307,345,125.12	1,191,326,126.83	1,607,376,577.60
期末基金份额净值	1.1986	1.0328	1.2464
本期份额净值增长率	21.42	−5.66	26.91
累计份额净值增长率	76.49	45.34	54.05
基金收益分配	10派0.500	10派1.400	——

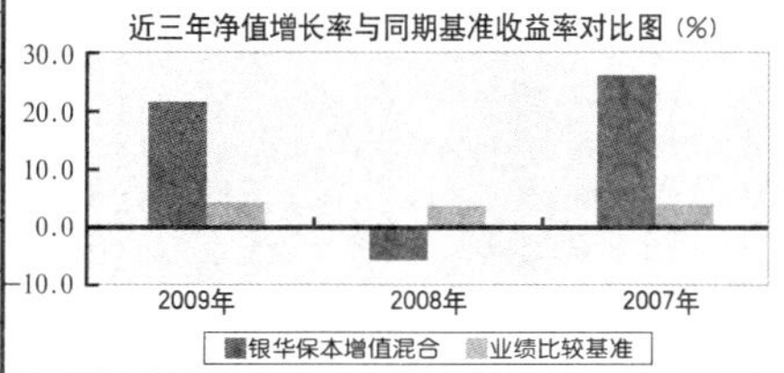

期末基金份额持有人户数	基金份额持有人户数为31,430户，平均每户持有34,702.61份。（期末截至2009年12月31日）
期末基金份额持有人结构	机构投资者持有份额104,932,561.17份，占总份额9.62%；个人投资者持有份额985,770,341.93份，占总份额90.38%。

基金业绩表现

截至2009年12月31日，银华保本增值混合基金份额净值为1.1986元，全年净值增长率为21.42%；同期业绩基准收益率为2.99%。

基金管理团队

姜永康先生：基金经理、公司固定收益部总监、A股基金投资决策委员会委员，硕士学位，8年证券从业经历。曾就职于中国平安保险公司，历任研究员、组合经理等职。2005年9月加入银华基金管理公司，曾任养老金管理部投资经理职务；自2007年1月起任银华保本增值基金经理；2008年1月至2009年2月任银华货币基金经理；2008年12月起兼任银华增强收益债券基金经理。

基金运作分析

2009年银华保本增值混合基金在操作方面，基于内需推升经济增长的判断，按照恒定比例投资组合保险策略（CPPI），逐渐增持并维持较高的股票投资仓位；可转债方面，根据债性保护程度和估值溢价进行增减操作；债券方面，始终保持较低的组合久期。在降低债市负面影响的同时，充分分享了股票市场上涨带来的收益。

季度投资组合一览

项目＼季度	第一季度		第二季度		第三季度		第四季度	
基金资产净值	1,181,038,257.34元		1,201,278,709.75元		1,326,652,086.57元		1,307,345,125.12元	
基金份额	1,087,910,737.92份		1,100,391,989.08份		1,148,758,932.86份		1,090,702,903.10份	
基金份额净值	1.0856元		1.0917元		1.1549元		1.1986元	
基金资产组合	市值(元)	占总资产比(%)	市值(元)	占总资产比(%)	市值(元)	占总资产比(%)	市值(元)	占总资产比(%)
股票投资	108,596,365.57	9.17	176,595,749	14.63	194,552,787.31	14.62	92,139,632.55	7.03
债券投资	959,088,364.20	80.95	992,573,322.40	82.24	850,611,864.20	63.93	808,319,000.00	61.67
金融衍生品投资	——	——	——	——	——	——	——	——
买入返售金融资产	——	——	——	——	——	——	——	——
银行存款和结算备付金	98,771,172.44	8.34	21,381,292.93	1.77	275,523,672.39	20.71	397,577,854.56	30.33
其他资产	18,302,340.11	1.54	16,423,101.19	1.36	9,925,709.11	0.75	12,677,450.47	0.97

投资前五名股票明细	股票名称	公允价值(元)	占净值比(%)	股票名称	公允价值(元)	占净值比(%)	股票名称	公允价值(元)	占净值比(%)	股票名称	公允价值(元)	占净值比(%)
	万 科A	13,247,519.76	1.12	万 科A	19,125,000.00	1.59	中国平安	25,855,986.00	1.95	上海汽车	32,902,817.61	2.52
	华侨城A	10,630,988.00	0.90	华侨城A	14,767,940.00	1.23	上海汽车	25,461,640.75	1.92	西山煤电	10,371,400.00	0.79
	格力电器	10,402,751.52	0.88	徐工科技	13,191,769.14	1.10	中国建筑	20,552,295.36	1.55	民生银行	8,701,000.00	0.67
	中信证券	10,187,465.13	0.86	招商银行	12,997,575.90	1.08	西山煤电	15,865,246.65	1.20	中国平安	8,263,500.00	0.63
	徐工科技	8,345,805.26	0.71	民生银行	8,711,897.04	0.73	民生银行	14,828,000.00	1.12	徐工机械	7,375,200.00	0.56

投资前五名债券明细	债券名称	公允价值(元)	占净值比(%)	债券名称	公允价值(元)	占净值比(%)	债券名称	公允价值(元)	占净值比(%)	债券名称	公允价值(元)	占净值比(%)
	99国债(8)	203,855,619.40	17.26	99国债(8)	212,552,525.00	17.69	09央票45	249,175,000.00	18.78	09央行票据59	199,340,000.00	15.25
	07央票16	162,928,000.00	13.80	20国债(4)	202,725,538.00	16.88	20国债(4)	203,180,000.00	15.32	07央行票据16	160,464,000.00	12.27
	南山转债	114,961,300.00	9.73	07央票16	161,984,000.00	13.48	07央票16	161,104,000.00	12.14	09央行票据51	99,670,000.00	7.62
	新钢转债	108,351,699.50	9.17	新钢转债	111,527,073.70	9.28	05农发06	100,490,000.00	7.57	09央行票据55	99,670,000.00	7.62
	05农发06	100,610,000.00	8.52	05农发06	100,510,000.00	8.37	09央票35	99,670,000.00	7.51	09央行票据57	99,670,000.00	7.62

银华—道琼斯88精选证券投资基金

基本资料			
基金简称	银华—道琼斯88指数	交易代码	180003
风险收益特征	——		
业绩比较基准	道琼斯中国88指数		
合同生效日	2004年8月11日	首募份额	10.86亿份
		认购户数	19,834户
基金管理人	银华基金管理有限公司	基金托管人	中国建设银行
注册登记人	银华基金管理有限公司		

财务指标 单位：人民币(元)；%

项目 \ 年度	2009年	2008年	2007年
本期利润	6,882,054,869.49	−9,787,316,099.25	5,163,206,477.11
本期加权平均净值利润率	55.29	−82.11	48.58
期末基金资产净值	13,763,901,486.18	7,877,350,901.79	19,819,097,885.82
期末基金份额净值	1.1402	0.6249	1.3590
本期份额净值增长率	82.46	−54.02	118.86
累计份额净值增长率	378.39	162.19	470.19
基金收益分配	——	——	10派9.100

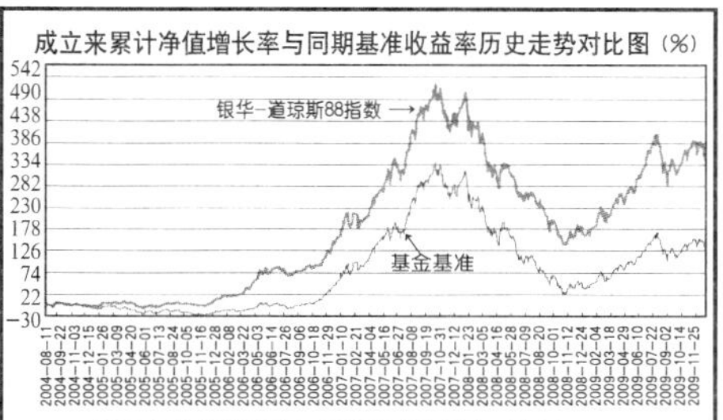

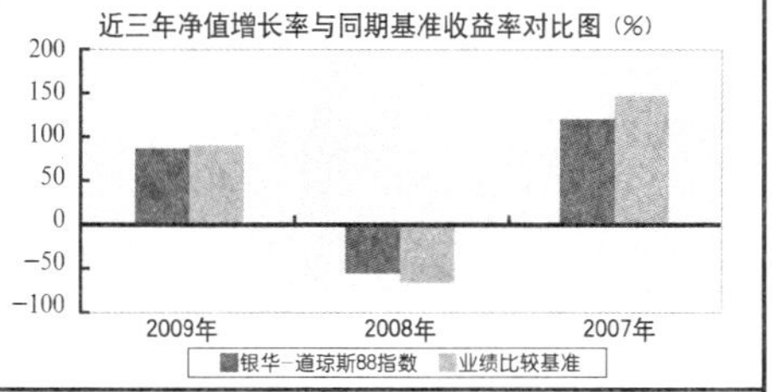

期末基金份额持有人户数	基金份额持有人户数为718,299户，平均每户持有16,805.62份。（期末截至2009年12月31日）
期末基金份额持有人结构	机构投资者持有份额786,604,242.73份，占总份额6.52%；个人投资者持有份额11,284,854,334.19份，占总份额93.48%。

基金业绩表现

2009年银华—道琼斯88指数基金全年净值增长率为82.46%；同期业绩基准收益率为84.25%。

基金管理团队

陈秀峰先生：基金经理，经济学硕士、EMBA。曾先后任职于中国民族国际信托投资公司、中国信息信托投资公司。2002年8月加入银华基金管理有限公司，历任基金经理助理、投资部总监助理、投资部执行总监、机构理财部负责人、企业年金与机构理财部总监、特定资产管理部总监。

基金运作分析

2009年，银华—道琼斯88指数基金在年初迅速提高股票仓位，并基本按照道琼斯88指数成分股配置，全年大部分时间采取持股策略。从11月中旬开始，逐步降低金融地产行业的配置，提高消费类股票的配置。

季度投资组合一览

项目 \ 季度	第一季度		第二季度		第三季度		第四季度	
基金资产净值	10,193,331,360.07元		15,222,980,563.21元		12,724,560,758.38元		13,763,901,486.18元	
基金份额	12,522,424,260.07份		14,605,973,459.17份		12,812,279,090.81份		12,071,458,576.92份	
基金份额净值	0.8140元		1.0422元		0.9932元		1.1402元	
基金资产组合	市值(元)	占总资产比(%)	市值(元)	占总资产比(%)	市值(元)	占总资产比(%)	市值(元)	占总资产比(%)
股票投资	9,634,865,502.10	94.25	14,395,317,903.25	94.21	11,931,945,723.16	93.36	12,584,165,166.19	89.88
债券投资	——	——	——	——	98,290,000.00	0.77	98,275,000.00	0.70
金融衍生品投资	——	——	——	——	——	——	——	——
买入返售金融资产	——	——	——	——	——	——	——	——
银行存款和结算备付金	578,575,705.34	5.66	832,436,998.88	5.45	721,824,362.01	5.65	717,936,523.92	5.13
其他资产	9,583,791.20	0.09	52,810,155.37	0.35	28,970,698.49	0.23	600,227,101.51	4.29

	第一季度			第二季度			第三季度			第四季度		
指数投资前五名股票明细	股票名称	公允价值(元)	占净值比(%)	股票名称	公允价值(元)	占净值比(%)	股票名称	公允价值(元)	占净值比(%)	股票名称	公允价值(元)	占净值比(%)
	浦发银行	878,634,835.52	8.62	浦发银行	1,256,892,000.00	8.26	中国平安	1,140,750,000.00	8.96	招商银行	667,850,000.00	4.85
	中国平安	871,246,117.32	8.55	中国平安	1,250,178,360.84	8.21	浦发银行	793,860,000.00	6.24	浦发银行	650,700,000.00	4.73
	招商银行	732,779,936.28	7.19	招商银行	1,083,524,217.12	7.12	招商银行	761,170,000.00	5.98	苏宁电器	590,408,238.18	4.29
	中信证券	509,401,604.61	5.00	民生银行	752,403,960.00	4.94	中国神华	683,100,000.00	5.37	民生银行	553,700,000.00	4.02
	民生银行	482,602,540.00	4.73	中国神华	643,072,447.59	4.22	民生银行	545,940,000.00	4.29	中国平安	550,900,000.00	4.00
投资前五名债券明细	债券名称	公允价值(元)	占净值比(%)	债券名称	公允价值(元)	占净值比(%)	债券名称	公允价值(元)	占净值比(%)	债券名称	公允价值(元)	占净值比(%)
							09央行票据	49,145,000.00	0.39	09央行票据38	49,140,000.00	0.36
							09央行票据	49,145,000.00	0.39	09央行票据40	49,135,000.00	0.36

银华货币市场证券投资基金

基本资料					
基金简称	银华货币				
交易代码	A级：180008　　B级：180009				
风险收益特征	该基金属于高流动性、低风险的基金品种，其预期风险和预期收益率都低于股票、债券和混合型基金。				
业绩比较基准	银行一年期定期存款的税后利率				
合同生效日	2005年1月31日	首募份额	5.91亿份	认购户数	7,618户
基金管理人	银华基金管理有限公司	基金托管人	交通银行		
注册登记人	银华基金管理有限公司				

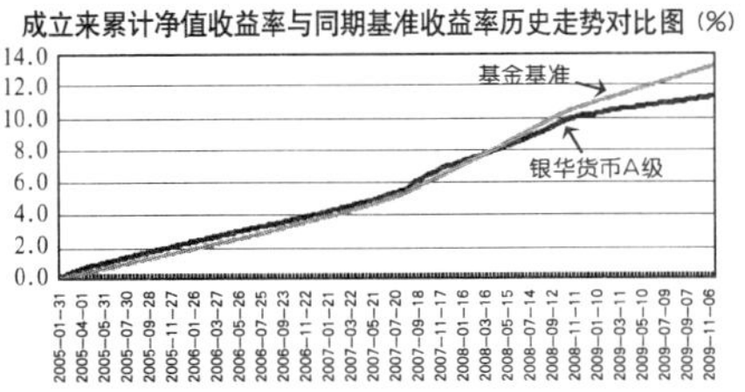

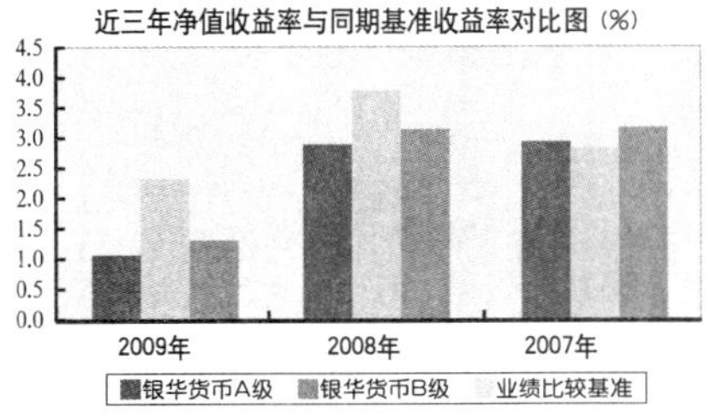

财务指标　　单位：人民币（亿元）；%

项目 \ 年度	2009年 A	2009年 B	2008年 A	2008年 B	2007年 A	2007年 B
本期利润	0.0682	0.3058	0.1332	0.1780	0.0327	0.0239
期末基金资产净值	3.8942	44.3442	25.9328	121.5815	2.3050	3.1514
期末基金份额净值	1.0000元	1.0000元	1.0000元	1.0000元	1.0000元	1.0000元
本期份额净值收益率	1.0870	1.3313	2.8949	3.1404	2.8993	3.1460
累计份额净值收益率	11.3080	12.6294	10.1111	11.1496	7.0131	7.7653
基金收益分配	0.0682	0.3058	0.1332	0.1780	0.0327	0.0239
期末基金份额持有人户数	A级：基金份额持有人户数为15,631户，平均每户持有19,899.61份。 B级：基金份额持有人户数为70户，平均每户持有86,949,488.05份。（期末截至2009年12月31日）					
期末基金份额持有人结构	A级：机构投资者持有份额25,776,466.47份，占总份额6.62%；个人投资者持有份额363,638,913.49份，占总份额93.38%。 B级：机构投资者持有份额4,202,703,645.04份，占总份额94.77%；个人投资者持有份额231,720,245.64份，占总份额5.23%。					

基金业绩表现

2009年银华货币基金A级净值收益率为1.0870%，B级净值收益率为1.3313%；同期业绩基准收益率为2.2754%。

基金管理团队

孙　健先生：基金经理，硕士学位，8年证券从业经历。曾在湘财证券有限责任公司、太平人寿保险有限公司、摩根士丹利华鑫基金管理有限公司从事行业研究和投资管理工作。2008年11月加入银华基金管理有限公司。现任"银华货币市场证券投资基金"、"银华信用债券型证券投资基金"基金经理。

基金运作分析

2009年货币市场基金管理面临短期流动性充裕和长期收益率偏低的矛盾。上半年在货币市场收益率平稳情况下，银华货币基金把握阶段性投资机会进行债券波段操作；下半年该基金重点防范市场利率回升的风险，合理配置现金流，保持足够比例的浮动利率债券。随着收益率回升逐步增强高收益率债券的投资力度。

季度投资组合一览

项目 \ 季度	第一季度 A	第一季度 B	第二季度 A	第二季度 B	第三季度 A	第三季度 B	第四季度 A	第四季度 B
基金资产净值	9.4365亿元	48.2135亿元	3.8463亿元	14.7997亿元	2.1831亿元	5.7045亿元	3.8942亿元	44.3442亿元
基金份额	9.4365亿份	48.2135亿份	3.8463亿份	14.7997亿份	2.1831亿份	5.7045亿份	3.8942亿份	44.3442亿份
基金份额净值	1.0000元	1.0000元	1.0000元	1.0000元	1.0000元	1.0000元	1.0000元	1.0000元
基金资产组合	市值(元)	占总资产比(%)	市值(元)	占总资产比(%)	市值(元)	占总资产比(%)	市值(元)	占总资产比(%)
股票投资	——	——	——	——	——	——	——	——
债券投资	2,239,392,547.77	38.82	761,495,406.97	40.81	420,736,902.60	53.29	659,949,798.14	12.05
金融衍生品投资	——	——	——	——	——	——	——	——
买入返售金融资产	——	——	——	——	——	——	600,000,000.00	10.96
银行存款和结算备付金	3,405,092,546.57	59.03	958,039,267.57	51.35	366,772,079.75	46.46	1,312,213,585.27	23.97
其他资产	123,979,972.26	2.15	146,348,975.65	7.84	1,968,089.18	0.25	2,903,292,368.72	53.02

投资前五名债券明细	第一季度 债券名称	成本(元)	占净值比(%)	第二季度 债券名称	成本(元)	占净值比(%)	第三季度 债券名称	成本(元)	占净值比(%)	第四季度 债券名称	成本(元)	占净值比(%)
	08央票92	418,237,237.15	7.25	09京投CP01	100,077,112.80	5.37	07农发13	80,068,575.89	10.15	07农发13	80,052,731.62	1.66
	08央票104	297,837,467.09	5.17	07农发13	90,095,496.44	4.83	07国开11	60,663,205.46	7.69	07央票82	50,547,265.43	1.05
	09京投CP01	200,208,109.53	3.47	07国开11	80,964,271.64	4.34	09横店CP01	50,046,786.47	6.34	09葛洲坝CP01	50,128,062.68	1.04
	08中石化CP01	200,000,000.00	3.47	09保利CP01	70,120,788.26	3.76	09云铜CP01	50,001,068.95	6.34	09横店CP01	50,021,371.79	1.04
	07国开11	192,477,534.69	3.34	09海化CP01	60,037,477.87	3.22	09海化CP01	40,017,420.29	5.07	09云铜CP01	50,000,766.17	1.04

投资组合平均剩余期限	第一季度 平均剩余期限	占净值比(%)	第二季度 平均剩余期限	占净值比(%)	第三季度 平均剩余期限	占净值比(%)	第四季度 平均剩余期限	占净值比(%)
	30天以内	55.96	30天以内	53.03	30天以内	33.82	30天以内	37.57
	30天(含)—60天	6.77	30天(含)—60天	4.83	30天(含)—60天	12.68	30天(含)—60天	2.07
	60天(含)—90天	6.81	60天(含)—90天	5.36	60天(含)—90天	20.37	60天(含)—90天	4.15
	90天(含)—180天	14.14	90天(含)—180天	9.15	90天(含)—180天	8.88	90天(含)—180天	0.83
	180天(含)—397天(含)	15.81	180天(含)—397天(含)	26.86	180天(含)—397天(含)	24.09	180天(含)—397天(含)	8.70

银华核心价值优选股票型证券投资基金

基本资料

基金简称	银华核心价值优选股票	交易代码	519001		
风险收益特征	该基金属于较高风险、较高收益的基金产品，其预期风险与预期收益高于混合基金、债券基金与货币市场基金。该基金将力求在严格控制风险的前提下实现较高的投资收益。				
业绩比较基准	新华富时A200指数×80%＋新华巴克莱资本中国全债指数×20%				
合同生效日	2005年9月27日	首募份额	5.19亿份	认购户数	5,134户
基金管理人	银华基金管理有限公司	基金托管人	中国建设银行		
注册登记人	中国证券登记结算有限责任公司				

财务指标　　单位：人民币(元)；%

项目＼年度	2009年	2008年	2007年
本期利润	11,013,899,746.42	−11,501,353,498.10	8,499,495,413.52
本期加权平均净值利润率	71.87	−79.40	51.49
期末基金资产净值	25,880,392,870.28	9,137,852,781.32	25,877,841,510.51
期末基金份额净值	1.5975	0.7393	1.5779
本期份额净值增长率	116.08	−53.15	121.66
累计份额净值增长率	514.54	184.40	507.00
基金收益分配	——	——	——

成立来累计净值增长率与同期基准收益率历史走势对比图（%）

近三年净值增长率与同期基准收益率对比图（%）

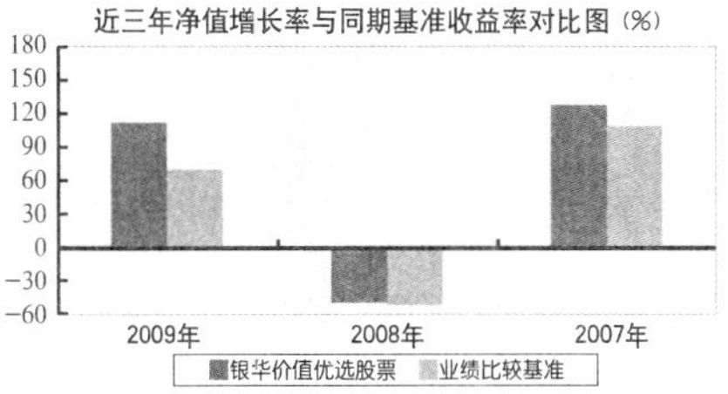

期末基金份额持有人户数	基金份额持有人户数为673,561户，平均每户持有24,052.65份。（期末截至2009年12月31日）
期末基金份额持有人结构	机构投资者持有份额3,367,188,409.40份，占总份额20.78%；个人投资者持有份额12,833,737,804.06份，占总份额79.22%。

基金业绩表现

2009年银华价值优选股票基金全年净值增长率为116.08%；同期业绩基准收益率为68.71%，业绩表现优于基准。

基金管理团队

陆文俊先生：基金经理，兼任A股基金投资决策委员会副主席、A股基金投资总监，9年证券从业经历，曾任职于君安证券有限责任公司、上海华创创投管理事务所、富国基金管理有限公司、东吴证券有限责任公司和长信基金管理有限公司从事行业研究和投资管理工作。2008年6月加入银华基金管理有限公司，任职于投资管理部，现任"银华核心价值优选股票型证券投资基金"、"银华和谐主题灵活配置混合型证券投资基金"、"银华成长先锋混合型证券投资基金"基金经理。

基金运作分析

2009年A股市场全年震荡向上，表现优异。煤炭、交运设备等行业及成长股表现突出。受益于大部分时段的高仓位的操作策略和重仓交运设备板块和内需板块，银华核心价值优选股票基金2009年度收益率优于业绩比较基准。

季度投资组合一览

项目＼季度	第一季度		第二季度		第三季度		第四季度	
基金资产净值	11,640,403,062.81元		15,332,356,546.27元		16,460,741,702.62元		25,880,392,870.28元	
基金份额	12,135,998,659.87份		12,740,407,720.9份		12,984,562,006.77份		16,200,926,213.46份	
基金份额净值	0.9592元		1.2034元		1.2677元		1.5975元	
基金资产组合	市值(元)	占总资产比(%)	市值(元)	占总资产比(%)	市值(元)	占总资产比(%)	市值(元)	占总资产比(%)
股票投资	10,668,237,358.47	91.35	14,094,244,572.67	89.90	15,134,413,881.00	89.59	23,233,830,645.94	87.81
债券投资	17,610,354.00	0.15	——	——	——	——	21,860,640.00	0.08
金融衍生品投资	12,685,000.00	0.11	——	——	——	——	——	——
买入返售金融资产	——	——	——	——	——	——	——	——
银行存款和结算备付金	891,707,599.63	7.64	1,574,208,479.67	10.04	1,737,963,535.66	10.29	2,722,552,487.62	10.29
其他资产	87,811,829.61	0.75	9,774,388.15	0.06	20,934,335.70	0.12	481,752,295.49	1.82

投资前五名股票明细	股票名称	公允价值(元)	占净值比(%)	股票名称	公允价值(元)	占净值比(%)	股票名称	公允价值(元)	占净值比(%)	股票名称	公允价值(元)	占净值比(%)
	招商银行	569,692,977.03	4.89	上海汽车	971,846,218.20	6.34	上海汽车	1,461,593,812.50	8.88	上海汽车	2,005,858,762.83	7.75
	苏宁电器	564,431,929.35	4.85	万　科A	949,154,969.25	6.19	苏宁电器	879,087,746.24	5.34	苏宁电器	1,314,741,311.34	5.08
	万　科A	496,798,252.92	4.27	DR招商银	784,350,000.00	5.12	徐工机械	544,909,665.90	3.31	宝钢股份	1,310,376,961.74	5.06
	中信证券	478,304,823.15	4.11	苏宁电器	779,486,615.07	5.08	烟台万华	517,200,672.36	3.14	烟台万华	997,558,932.44	3.85
	民生银行	406,400,000.00	3.49	中国石化	640,776,235.06	4.18	一汽轿车	510,923,722.79	3.10	一汽轿车	780,636,245.86	3.02

投资前五名债券明细	债券名称	公允价值(元)	占净值比(%)	债券名称	公允价值(元)	占净值比(%)	债券名称	公允价值(元)	占净值比(%)	债券名称	公允价值(元)	占净值比(%)
	08江铜债	17,610,354.00	0.15							王府转债	21,860,640.00	0.08

银华优质增长股票型证券投资基金

基本资料					
基金简称	银华优质增长股票	交易代码	180010		
风险收益特征	该基金属于较高风险、较高收益的基金产品，其预期收益高于混合基金、债券基金与货币市场基金。该基金力求在严格控制风险的前提下实现较高的投资收益。				
业绩比较基准	新华富时A200指数×80%+新华巴克莱资本中国全债指数×20%				
合同生效日	2006年6月9日	首募份额	98.35亿份	认购户数	211,897户
基金管理人	银华基金管理有限公司	基金托管人	中国银行		
注册登记人	银华基金管理有限公司				

成立来累计净值增长率与同期基准收益率历史走势对比图（%）

财务指标　　单位：人民币（元）：%

项目 \ 年度	2009年	2008年	2007年
本期利润	4,058,351,916.63	-6,719,318,784.09	7,370,180,891.95
本期加权平均净值利润率	59.94	-78.46	66.94
期末基金资产净值	7,703,343,686.81	5,313,954,431.64	14,393,957,964.84
期末基金份额净值	2.0267	1.0991	2.3106
本期份额净值增长率	84.40	-52.43	125.18
累计份额净值增长率	210.88	68.60	254.43
基金收益分配	——	——	10派12.000

近三年净值增长率与同期基准收益率对比图（%）

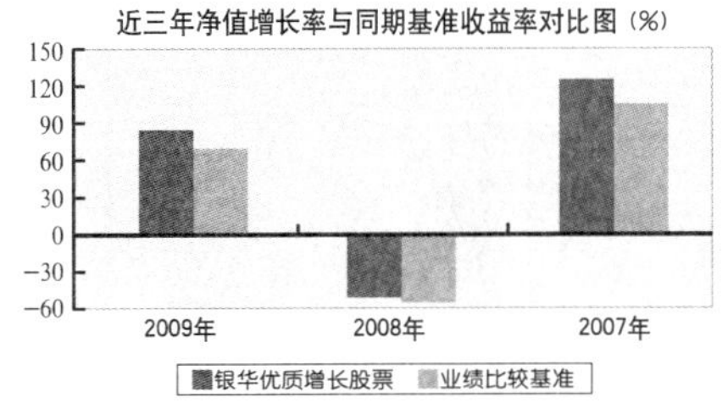

期末基金份额持有人户数	基金份额持有人户数为166,460户，平均每户持有22,833.44份。（期末截至2009年12月31日）
期末基金份额持有人结构	机构投资者持有份额186,420,393.19份，占总份额4.90%；个人投资者持有份额3,614,434,531.27份，占总份额95.10%。

基金业绩表现

截至2009年12月31日，银华优质增长股票基金份额为2.0267元，全年净值增长率为84.40%；同期业绩基准收益率为68.71%，业绩表现优于基准。

基金管理团队

况群峰先生：基金经理，经济学硕士，9年证券从业经历。曾任职于招商证券公司，任资本市场策划部项目经理及战略部高级研究员；2004年4月加入银华基金公司，历任行业研究员、基金经理助理；自2006年9月起任银华优质增长基金经理；2006年9月至2008年10月兼任银华核心价值优选股票基金经理；2008年8月至2009年9月兼任银华领先策略股票基金经理。

基金运作分析

2009年银华优质增长基金采取维持高仓位的投资策略，并根据市场环境的变化积极调整结构，8月份之前该基金重点配置金融、地产、汽车、零售，8月份之后适度减持金融、地产，增持食品饮料、电子等行业。

2010年，该基金在下一阶段中，将淡化宏观经济和指数，更多依靠"自下而上"精选个股的策略，来把握结构性机会。2010年银华优质增长基金将重点在消费服务、TMT（电信、媒体和科技）、节能环保、汽车、新能源、新经济、先进制造业等经济结构转型受益行业中寻找优质个股。

季度投资组合一览

项目 \ 季度	第一季度			第二季度			第三季度			第四季度		
基金资产净值	6,401,807,075.56元			6,962,393,233.50元			6,456,740,577.01元			7,703,343,686.81元		
基金份额	4,678,266,922.96份			4,176,328,891.10份			3,894,993,979.47份			3,800,854,924.46份		
基金份额净值	1.3684元			1.667´元			1.6577元			2.0267元		
基金资产组合	市值(元)		占总资产比(%)	市值(元)		占总资产比(%)	市值(元)		占总资产比(%)	市值(元)		占总资产比(%)
股票投资	5,523,303,420.87		85.68	6,415,080,073.17		91.67	5,760,611,907.59		88.92	6,991,304,706.17		89.92
债券投资	——		——	——		——	——		——	——		——
金融衍生品投资	——		——	——		——	——		——	——		——
买入返售金融资产	——		——	——		——	——		——	——		——
银行存款和结算备付金	681,338,775.42		10.57	577,220,497.00		8.25	713,214,413.97		11.01	565,355,571.66		7.27
其他资产	241,973,686.04		3.75	5,705,460.46		0.08	4,779,479.64		0.07	218,352,587.86		2.81
投资前五名股票明细	股票名称	公允价值(元)	占净值比(%)	股票名称	公允价值(元)	占净值比(%)	股票名称	公允价值(元)	占净值比(%)	股票名称	公允价值(元)	占净值比(%)
	中信证券	457,914,101.49	7.15	华侨城A	445,775,431.20	6.40	华侨城A	385,484,500.00	5.97	上海汽车	435,405,261.33	5.65
	中国平安	334,497,700.51	5.23	招商银行	389,797,523.10	5.60	上海汽车	329,095,059.75	5.10	招商银行	360,999,133.60	4.69
	浦发银行	313,380,419.84	4.90	浦发银行	357,159,282.46	5.13	苏宁电器	320,841,527.16	4.97	苏宁电器	353,260,000.00	4.59
	华侨城A	281,115,798.24	4.39	苏宁电器	314,577,385.08	4.52	中兴通讯	209,989,618.20	3.25	一汽轿车	329,281,174.52	4.27
	苏宁电器	235,557,842.80	3.68	招商地产	296,004,170.50	4.25	招商银行	206,920,000.00	3.20	华侨城A	281,588,000.00	3.66
投资前五名债券明细	债券名称	公允价值(元)	占净值比(%)	债券名称	公允价值(元)	占净值比(%)	债券名称	公允价值(元)	占净值比(%)	债券名称	公允价值(元)	占净值比(%)

银华富裕主题股票型证券投资基金

基本资料					
基金简称	银华富裕主题股票		交易代码	180012	
风险收益特征	该基金属于主动式行业股票型基金，属于证券投资中较高风险、较高收益的基金产品。				
业绩比较基准	新华富时A200指数×80%＋新华巴克莱资本中国全债指数×20%				
合同生效日	2006年11月16日	首募份额	50.71亿份	认购户数	147,171户
基金管理人	银华基金管理有限公司		基金托管人	中国建设银行	
注册登记人	银华基金管理有限公司				

成立来累计净值增长率与同期基准收益率历史走势对比图（%）

近三年净值增长率与同期基准收益率对比图（%）

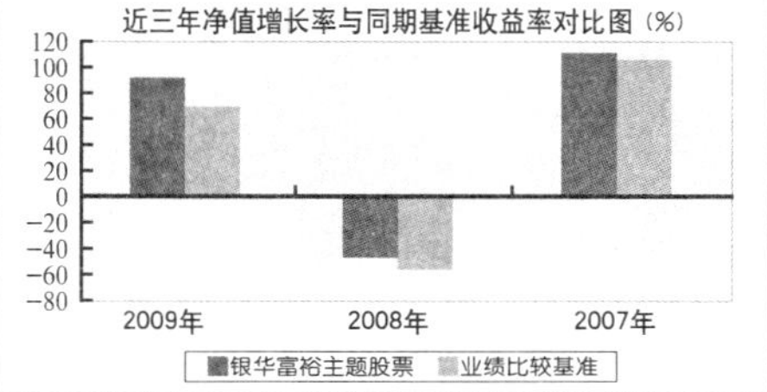

财务指标　　单位：人民币（元）；%

项目＼年度	2009年	2008年	2007年
本期利润	4,879,042,990.82	−6,311,692,766.26	6,144,840,283.72
本期加权平均净值利润率	63.34	−75.06	58.30
期末基金资产净值	9,028,582,092.92	5,661,429,253.47	13,908,240,767.04
期末基金份额净值	1.1914	0.6209	1.2537
本期份额净值增长率	91.88	−50.47	110.27
累计份额净值增长率	140.13	25.15	152.69
基金收益分配	——	——	10派9.100
期末基金份额持有人户数	基金份额持有人户数为366,471户，平均每户持有20,678.75份。（期末截至2009年12月31日）		
期末基金份额持有人结构	机构投资者持有份额205,358,054.51份，占总份额2.71%；个人投资者持有份额7,372,802,872.03份，占总份额97.29%。		

基金业绩表现

截至2009年12月31日，银华富裕主题股票基金份额净值为1.1914元，全年净值增长率为91.88%；同期业绩基准收益率为68.71%，业绩表现优于基准。

基金管理团队

王　华先生：基金经理、投资管理部总监、A股基金投资决策委员会委员，经济学硕士，中国注册会计师协会非执业会员，10年证券从业经历。曾在西南证券公司任职。2000年10月加入银华基金管理公司，先后在研究策划部、基金经理部工作。2004年3月至2007年1月任银华保本增值混合基金经理；2005年6月至2006年9月任银华货币基金经理；2006年11月起任银华富裕主题股票基金经理。

基金运作分析

2009年银华富裕主题股票基金获得较好的业绩。其业绩主要来源于以下几方面：一是对市场风险的准确判断，管理人在年初就对市场保持了乐观的态度，所以在大多数时间都保持了较高仓位；二是在行业配置上，该基金在年中转向适度均衡配置，并且超配了全年涨幅最大的汽车行业。

2010年，银华富裕主题股票基金的主要操作方法是“控制整体仓位，重点配置消费类股票和新经济类股票”。总体来说，2010年的市场走势会比较复杂，经济走势也比较复杂，这也增加了2010年基金投资操作难度，对基金经理将是更大的挑战。

季度投资组合一览

项目＼季度	第一季度		第二季度		第三季度		第四季度	
基金资产净值	6,992,913,525.74元		8,023,302,540.08元		7,571,744,136.93元		9,028,582,092.92元	
基金份额	8,982,312,431.11份		8,492,022,340.80份		7,993,686,657.94份		7,578,160,926.54份	
基金份额净值	0.7785元		0.9448元		0.9472元		1.1914元	
基金资产组合	市值(元)	占总资产比(%)	市值(元)	占总资产比(%)	市值(元)	占总资产比(%)	市值(元)	占总资产比(%)
股票投资	5,958,299,037.33	84.08	7,529,424,849.92	93.01	6,834,279,586.04	90.00	7,875,278,055.26	85.62
债券投资	194,180,000.00	2.74	339,080,000.00	4.19	293,167,659.00	3.86	314,438,000.00	3.42
金融衍生品投资	——	——	——	——	——	——	——	——
买入返售金融资产	——	——	——	——	——	——	——	——
银行存款和结算备付金	924,076,037.13	13.04	90,627,159.22	1.12	449,765,171.08	5.92	945,967,824.86	10.28
其他资产	10,142,281.03	0.14	136,396,010.22	1.68	16,280,120.73	0.21	62,750,017.49	0.68

投资前五名股票明细	股票名称	公允价值(元)	占净值比(%)	股票名称	公允价值(元)	占净值比(%)	股票名称	公允价值(元)	占净值比(%)	股票名称	公允价值(元)	占净值比(%)
	中国平安	534,443,820.95	7.64	招商银行	570,386,379.15	7.11	中国平安	410,118,384.00	5.42	上海汽车	444,380,942.46	4.92
	中信证券	352,531,085.04	5.04	中国平安	445,394,471.70	5.55	招商银行	384,280,147.80	5.08	美的电器	330,496,597.60	3.66
	招商银行	270,052,225.83	3.86	万　科A	388,461,951.00	4.84	上海汽车	296,367,552.00	3.91	徐工机械	280,960,280.96	3.11
	保利地产	207,638,664.33	2.97	上海汽车	261,714,146.85	3.26	徐工机械	244,926,145.80	3.23	五 粮 液	259,858,029.86	2.88
	徐工科技	196,972,443.72	2.82	徐工科技	247,355,540.64	3.08	美的电器	190,090,531.60	2.51	福耀玻璃	243,746,353.98	2.70

投资前五名债券明细	债券名称	公允价值(元)	占净值比(%)	债券名称	公允价值(元)	占净值比(%)	债券名称	公允价值(元)	占净值比(%)	债券名称	公允价值(元)	占净值比(%)
	08央票98	97,280,000.00	1.39	08央票117	146,370,000.00	1.82	08央票117	145,605,000.00	1.92	09央行票据46	117,888,000.00	1.31
	08央票78	96,900,000.00	1.39	08央票98	96,540,000.00	1.20	08央票112	144,780,000.00	1.91	09央行票据38	98,280,000.00	1.09
				08央票78	96,170,000.00	1.20	龙盛转债	2,782,659.00	0.04	09央行票据40	98,270,000.00	1.09

银华全球核心优选证券投资基金

基本资料			
基金简称	银华全球优选(QDII-FOF)	交易代码	183001
风险收益特征	该基金为基金中基金，其预期风险与收益水平高于债券基金与货币市场基金，低于全球股票型基金，属于中等偏高预期风险和预期收益的基金品种。		
业绩比较基准	标准普尔/花旗全球市场指数(S&P/Citigroup BMI Global)×60%＋香港恒生指数(Hang Seng Index)×40%		
合同生效日	2008年5月26日	首募份额	4.17亿份
认购户数	5,665户		
基金管理人	银华基金管理有限公司	基金托管人	中国银行
境外投资顾问	摩根士丹利投资管理有限公司	境外托管人	中国银行(香港)有限公司
	信怡泰投资(欧洲)有限公司	注册登记人	银华基金管理有限公司

成立来累计净值增长率与同期基准收益率历史走势对比图（%）

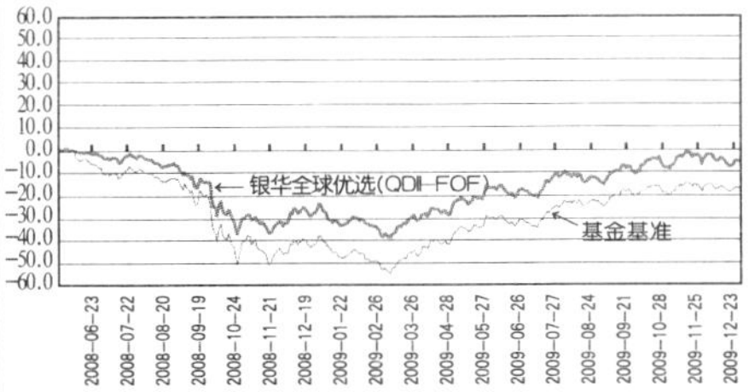

财务指标　单位：人民币（元）；%

项目＼年度	2009年	2008年5月26日至2008年12月31日
本期利润	30,776,190.68	-82,693,807.26
本期加权平均净值利润率	26.68	-30.54
期末基金资产净值	128,269,693.28	106,036,625.63
期末基金份额净值	0.955	0.735
本期份额净值增长率	29.93	-26.50
累计份额净值增长率	-4.50	-26.50
基金收益分配	——	——

近两年净值增长率与同期基准收益率对比图（%）

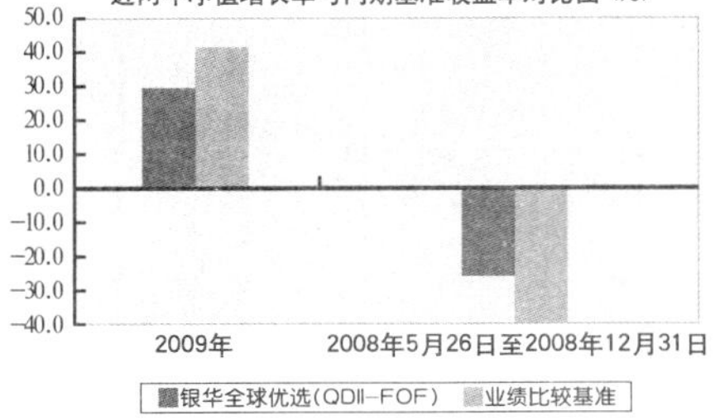

期末基金份额持有人户数	基金份额持有人户数为5,635户，平均每户持有23,847.89份。（期末截至2009年12月31日）
期末基金份额持有人结构	机构投资者持有份额58,196,474.88份，占总份额43.31%；个人投资者持有份额76,186,387.05份，占总份额56.69%。

基金业绩表现

截至2009年12月31日，银华全球优选基金份额净值为0.955元，全年净值增长29.93%。

基金管理团队

周　毅先生：基金经理，CFA，硕士学位。毕业于北京大学，美国南卡罗莱纳大学，美国约翰霍普金斯大学；12年证券从业经历。历任美国普华永道金融服务部部门经理，巴克莱银行量化分析部副总裁，巴克莱亚太有限公司副董事。2009年9月加入银华基金管理有限公司，现任量化投资部总监，境外投资部总监，并担任"银华沪深300指数证券投资基金(LOF)"、"银华深证100指数分级证券投资基金"、"银华全球核心优选证券投资基金"、"银华抗通胀主题证券投资基金(LOF)"基金经理。

黄瑞麒先生：基金经理助理，香港科技大学硕士，特许金融分析师(CFA)，7年证券从业经历。曾先后担任恒生投资管理公司投资经理，法国兴业资产管理公司副总裁、基金经理等职务。2008年8月加入银华基金管理公司，2008年9月起任银华全球优选基金经理助理。

基金运作分析

2009年银华全球优选基金重配全球新兴市场，尤其是以香港为主的亚太区域股票基金，低配美、欧、日等主要区域市场。期间该基金在港股配置方面着重结构性调整，重配周期性行业，如能源及消费品等。四季度，该基金提高了科技行业的仓位。为保持整体稳健的作风，银华全球优选基金在上半年一直维持比较高的现金水平。

季度投资组合一览

项目＼季度	第一季度		第二季度		第三季度		第四季度	
基金资产净值	98,342,759.38元		117,173,495.82元		125,222,826.66元		128,269,693.28元	
基金份额	142,154,424.68份		142,594,658.91份		139,038,583.50份		134,382,861.93份	
基金份额净值	0.692元		0.822元		0.901元		0.955元	
基金资产组合	市值(元)	占总资产比(%)	市值(元)	占总资产比(%)	市值(元)	占总资产比(%)	市值(元)	占总资产比(%)
权益类投资—普通股	29,384,661.87	29.36	39,248,369.00	33.08	42,729,227.75	33.69	44,418,635.54	34.46
基金投资	60,939,917.33	60.89	72,668,835.21	61.25	77,728,112.59	61.29	78,217,648.49	60.68
金融衍生品投资	——	——	——	——	——	——	——	——
银行存款和结算备付金	8,716,333.20	8.71	2,817,800.18	2.38	6,077,097.42	4.79	6,053,426.12	4.70
其他资产	1,033,043.38	1.03	3,899,539.99	3.29	284,667.74	0.22	220,240.03	0.17

投资前五名股票及存托凭证投资明细	公司名称	公允价值(元)	占净值比(%)	公司名称	公允价值(元)	占净值比(%)	公司名称	公允价值(元)	占净值比(%)	公司名称	公允价值(元)	占净值比(%)
	中国人寿	3,966,929.93	4.03	工商银行	4,027,181.65	3.44	建设银行	3,130,743.29	2.50	人寿保险	3,376,640.80	2.63
	工商银行	3,007,175.44	3.06	建设银行	3,941,708.50	3.36	人寿保险	2,973,847.50	2.37	建设银行	3,370,988.12	2.63
	中国移动	2,976,851.25	3.03	人寿保险	3,718,293.54	3.17	海洋石油	2,919,710.26	2.33	海洋石油	3,082,912.67	2.40
	建设银行	1,668,800.76	1.70	中国移动	3,488,743.13	2.98	渣打集团	2,822,961.09	2.25	工商银行	2,959,892.01	2.31
	海洋石油	1,463,181.93	1.49	石油天然气	2,198,535.82	1.88	石油化工	2,566,566.97	2.05	新鸿基地产	2,867,195.07	2.24

投资前五名基金明细	基金名称	公允价值占净值比(%)	基金名称	公允价值占净值比(%)	基金名称	公允价值占净值比(%)	基金名称	公允价值占净值比(%)
	HANG SENG H-SHARE ID	14.79	HANG SENG H-SHARE INDEX ETF	17.49	HANG SENG H-SHARE INDEX ETF	16.79	HANG SENG H-SHARE INDEX ETF	17.60
	MFS MERIDIAN FUNDS	14.25	MFS MERIDIAN FUNDS U.S. RESEARCH FUND	14.07	MFS MERIDIAN FUNDS U.S. RESEARCH FUND MFS	15.19	ISHARES S&P EUROPE 350 INDEX FUND	10.85
	SPDR BARCLAYS CAPITAL 1-3 MTH T-BILL ETF	8.44	SPDR S&P EMERGING ASIA PACIFIC ETF	6.42	ISHARES S&P EUROPE 350 INDEX FUND	6.60	MFS MERIDIAN FUNDS U.S. RESEARCH FUND	9.90
	MARKET VECTORS GOLD MINERS	5.41	SPDR BARCLAYS CAPITAL 1-3 MONTH T-BILL ETF	5.11	SPDR S&P EMERGING ASIA PACIFIC ETF	5.50	SPDR S&P EMERGING ASIA PACIFIC ETF	4.70
	ISHARES S&P GLBL HEALTHCARE	5.22	ISHARES MSCI TAIWAN INDEX FUND	4.72	SPDR S&P EMERGING LATIN AMERICA ETF	5.34	TRACKER FUND OF HONG KONG	4.67

银华领先策略股票型证券投资基金

基本资料					
基金简称	银华领先策略股票	交易代码	180013		
风险收益特征	该基金为股票型证券投资基金，其预期风险与收益水平高于混合型基金、债券基金与货币市场基金，属于较高风险、较高收益的基金品种。该基金力争在控制风险的前提之下，使基金的长期收益水平高于业绩比较基准。				
业绩比较基准	沪深300指数收益率×70%＋上证国债指数收益率×30%				
合同生效日	2008年8月20日	首募份额	3.58亿份	认购户数	7,617户
基金管理人	银华基金管理有限公司	基金托管人	中国银行		
注册登记人	银华基金管理有限公司				

成立来累计净值增长率与同期基准收益率历史走势对比图（%）

财务指标 单位：人民币（元）；%

项目 \ 年度	2009年	2008年8月20日至2008年12月31日
本期利润	234,151,537.80	5,485,270.74
本期加权平均净值利润率	60.84	1.93
期末基金资产净值	695,511,144.64	178,776,215.49
期末基金份额净值	1.8963	1.0166
本期份额净值增长率	102.71	1.66
累计份额净值增长率	106.08	1.66
基金收益分配	10派1.000	——

近两年净值增长率与同期基准收益率对比图（%）

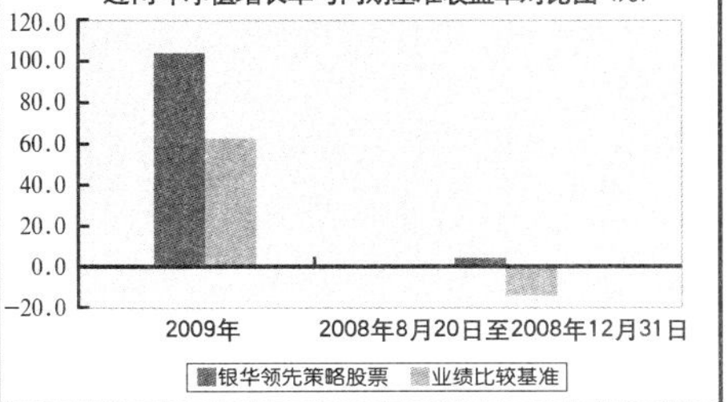

期末基金份额持有人户数	基金份额持有人户数为29,216户，平均每户持有12,554.09份。（期末截至2009年12月31日）
期末基金份额持有人结构	机构投资者持有份额91,558,615.27份，占总份额24.96%；个人投资者持有份额275,221,590.42份，占总份额75.04%。

基金业绩表现

2009年银华领先策略股票基金全年净值增长率为102.71%；同期业绩基准收益率为62.82%，业绩表现优于基准。

基金管理团队

杨 靖先生：基金经理，经济学硕士，6年证券从业经历。曾任职于中信证券公司、工银瑞信基金管理公司。2007年11月加入银华基金管理公司，曾任银华领先策略股票基金经理助理；2009年9月起任银华领先策略股票基金经理。

基金运作分析

2009年银华领先策略股票基金在操作上，一季度，增加仓位至较高水平，在行业配置上主要超配了地产板块；二季度重配汽车行业；三季度该基金进行减仓操作，将总体仓位降至七成左右，之后基本保持仓位稳定，一直持续到三季度末；基于对节后行情的看好，银华领先策略股票基金将仓位逐步加到八成的水平并持续到年底。

季度投资组合一览

项目 \ 季度	第一季度			第二季度			第三季度			第四季度		
基金资产净值	357,951,395.53元			334,785,621.31元			385,138,885.55元			695,511,144.64元		
基金份额	288,740,926.81份			243,166,160.38份			265,401,237.19份			366,780,205.69份		
基金份额净值	1.2397元			1.3768元			1.4512元			1.8963元		
基金资产组合	市值(元)		占总资产比(%)	市值(元)		占总资产比(%)	市值(元)		占总资产比(%)	市值(元)		占总资产比(%)
股票投资	275,423,590.14		75.77	312,114,824.08		89.03	310,517,745.55		77.86	587,212,512.37		81.20
债券投资	——		——	——		——	——		——	——		——
金融衍生品投资	——		——	——		——	——		——	——		——
银行存款和结算备付金	57,427,829.28		15.80	29,213,854.82		8.33	86,253,317.34		21.63	96,141,582.08		13.29
其他资产	30,666,785.71		8.44	9,237,705.27		2.64	2,028,091.32		0.51	39,790,907.37		5.50
投资前五名股票明细	股票名称	公允价值(元)	占净值比(%)	股票名称	公允价值(元)	占净值比(%)	股票名称	公允价值(元)	占净值比(%)	股票名称	公允价值(元)	占净值比(%)
	徐工科技	15,860,182.00	4.43	上海汽车	26,562,651.70	7.93	上海汽车	35,550,000.00	9.23	一汽轿车	55,957,571.20	8.05
	中国平安	15,644,000.00	4.37	华域汽车	23,504,847.30	7.02	一汽轿车	31,014,695.40	8.05	上海汽车	45,204,900.00	6.50
	兴业银行	15,487,371.00	4.33	一汽富维	22,264,510.84	6.65	江淮汽车	24,035,484.20	6.24	一汽夏利	43,650,187.70	6.28
	浦发银行	15,192,752.00	4.24	一汽夏利	21,981,550.86	6.57	福田汽车	23,645,693.50	6.14	南 玻A	24,954,720.00	3.59
	荣盛发展	14,488,626.50	4.05	一汽轿车	21,760,132.40	6.50	长安汽车	23,039,263.04	5.98	广州友谊	15,341,532.00	2.21
投资前五名债券明细	债券名称	公允价值(元)	占净值比(%)	债券名称	公允价值(元)	占净值比(%)	债券名称	公允价值(元)	占净值比(%)	债券名称	公允价值(元)	占净值比(%)

银华增强收益债券型证券投资基金

基本资料			
基金简称	银华增强收益债券	交易代码	180015
风险收益特征	该基金为债券型基金，属于证券投资基金中的较低风险品种，其预期风险与收益高于货币市场基金，低于混合型基金和股票型基金。		
业绩比较基准	中国债券总指数收益率		
合同生效日	2008年12月3日	首募份额	24.66亿份
认购户数	18,177户		
基金管理人	银华基金管理有限公司	基金托管人	中国建设银行
注册登记人	银华基金管理有限公司		

财务指标　　单位：人民币(元)；%

项目 \ 年度	2009年	2008年12月3日至2008年12月31日
本期利润	129,625,118.05	26,026,409.80
本期加权平均净值利润率	10.48	1.04
期末基金资产净值	1,584,685,054.69	2,579,081,053.04
期末基金份额净值	1.193	1.010
本期份额净值增长率	18.12	1.00
累计份额净值增长率	19.30	1.00
基金收益分配	——	——

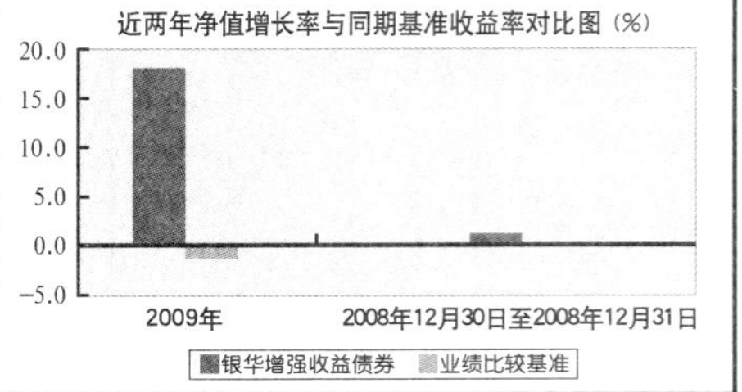

期末基金份额持有人户数	基金份额持有人户数为12,071户，平均每户持有110,001.61份。（期末截至2009年12月31日）
期末基金份额持有人结构	机构投资者持有份额852,065,338.42份，占总份额64.17%；个人投资者持有份额475,764,152.61份，占总份额35.83%。

基金业绩表现

2009年银华增强收益债券基金全年净值增长率为18.12%，同期业绩基准收益率为-1.24%。

基金管理团队

姜永康先生：基金经理、固定收益部总监、A股基金投资决策委员会委员，硕士学位，8年证券从业经历。曾就职于中国平安保险公司，历任研究员、组合经理等职。2005年9月加入银华基金管理公司，曾任养老金管理部投资经理。2007年1月至今任银华保本增值混合基金经理；2008年1月至2009年2月任银华货币基金经理；2008年12月起任银华增强收益债券基金经理。

基金运作分析

2009年银华增强收益债券基金在操作方面，基于内需推升经济增长的判断，逐渐增持并维持较高的股票投资仓位；可转债方面，根据债性保护程度和估值溢价进行增减操作；债券方面，维持较低的组合久期，并利用供需失衡的时机增配了中短期高收益信用债。在降低债市负面影响的同时，充分分享了股票市场上涨带来的收益。

季度投资组合一览

项目 \ 季度	第一季度		第二季度		第三季度		第四季度	
基金资产净值	1,364,386,258.15元		759,399,906.10元		839,788,377.48元		1,584,685,054.69元	
基金份额	1,348,030,256.06份		708,728,274.92份		746,283,276.91份		1,327,829,491.03份	
基金份额净值	1.012元		1.071元		1.125元		1.193元	
基金资产组合	市值(元)	占总资产比(%)	市值(元)	占总资产比(%)	市值(元)	占总资产比(%)	市值(元)	占总资产比(%)
股票投资	112,781,147.34	8.07	147,442,587.09	18.33	163,388,651.19	18.23	212,647,382.15	12.91
债券投资	904,133,372.70	64.71	611,606,667.90	76.05	674,289,472.10	75.23	1,282,432,697.90	77.84
金融衍生品投资	——	——	——	——	——	——	——	——
买入返售金融资产	——	——	——	——	——	——	——	——
银行存款和结算备付金	352,495,694.78	25.23	4,529,423.30	0.56	32,792,585.77	3.66	123,272,721.20	7.48
其他资产	27,767,298.47	1.99	40,608,522.32	5.05	25,841,797.29	2.88	29,142,663.08	1.77

投资前五名股票明细	股票名称	公允价值(元)	占净值比(%)	股票名称	公允价值(元)	占净值比(%)	股票名称	公允价值(元)	占净值比(%)	股票名称	公允价值(元)	占净值比(%)
	华侨城A	16,131,621.46	1.18	华侨城A	16,720,000.00	2.20	上海汽车	23,816,564.50	2.84	上海汽车	31,510,219.26	1.99
	兴业银行	11,487,770.94	0.84	徐工科技	15,167,534.98	2.00	中国平安	16,724,966.70	1.99	中国平安	22,029,444.29	1.39
	徐工科技	11,125,245.82	0.82	万 科A	12,750,000.00	1.68	民生银行	16,175,501.24	1.93	西山煤电	19,945,000.00	1.26
	万 科A	9,936,000.00	0.73	工商银行	9,756,000.00	1.28	徐工机械	13,876,862.10	1.65	南 玻A	16,854,196.80	1.06
	中国石化	8,900,000.00	0.65	招商银行	8,962,207.20	1.18	西山煤电	13,521,160.88	1.61	中国人寿	16,478,800.00	1.04

投资前五名债券明细	债券名称	公允价值(元)	占净值比(%)	债券名称	公允价值(元)	占净值比(%)	债券名称	公允价值(元)	占净值比(%)	债券名称	公允价值(元)	占净值比(%)
	02国债(3)	142,880,205.00	10.47	20国债(4)	291,310,880.00	38.36	20国债(4)	367,707,036.80	43.79	09央行票据63	229,241,000.00	14.47
	08进出11	99,710,000.00	7.31	02国债(3)	94,312,140.00	12.42	02国债(3)	108,506,587.50	12.92	20国债(4)	178,167,024.00	11.24
	07国开08	99,140,000.00	7.27	新钢转债	63,665,000.00	8.38	09附息国债18	50,130,000.00	5.97	07央行票据07	150,165,000.00	9.48
	08央票110	97,670,000.00	7.16	08央行票据110	48,480,000.00	6.38	09央行票据45	49,835,000.00	5.93	09央行票据61	149,505,000.00	9.43
	04国开02	82,872,000.00	6.07	08江铜债	34,286,580.90	4.51	龙盛转债	23,661,759.00	2.82	02国债(3)	108,592,321.10	6.85

银华和谐主题灵活配置混合型证券投资基金

基本资料

基金简称	银华和谐主题混合		交易代码	180018	
风险收益特征	该基金为混合型基金，属于证券投资基金中的中高风险品种，其预期风险与预期收益水平高于债券型基金和货币市场基金，低于股票型基金。				
业绩比较基准	沪深300指数收益率×55%+中国债券总指数收益率×45%				
合同生效日	2009年4月27日	首募份额	26.73亿份	认购户数	32,480户
基金管理人	银华基金管理有限公司		基金托管人	中国工商银行	
注册登记人	银华基金管理有限公司				

2009年累计净值增长率与同期基准收益率历史走势对比图（%）

财务指标 单位：人民币（元）；%

项目 \ 年度	2009年4月27日至2009年12月31日
本期利润	458,107,877.21
本期加权平均净值利润率	24.05
期末基金资产净值	1,096,195,519.41
期末基金份额净值	1.154
本期份额净值增长率	24.20
累计份额净值增长率	24.20
基金收益分配	10派0.800

2009年净值增长率与同期基准收益率对比图（%）

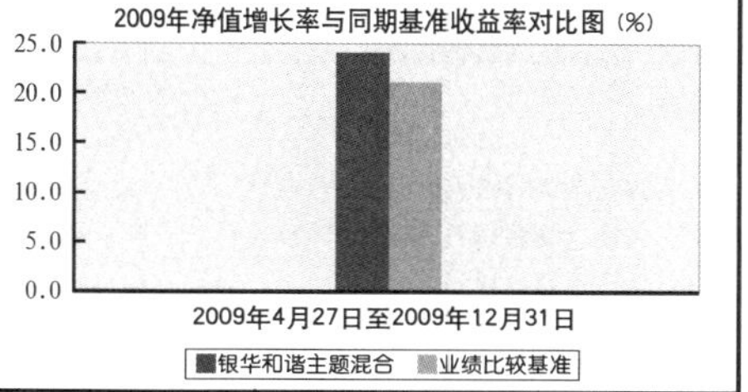

期末基金份额持有人户数	基金份额持有人户数为15,746户，平均每户持有60,338.14份。（期末截至2009年12月31日）
期末基金份额持有人结构	机构投资者持有份额116,689,684.39份，占总份额12.28%；个人投资者持有份额833,394,644.26份，占总份额87.72%。

基金业绩表现

2009年银华和谐主题混合基金全年净值增长率为24.20%；同期业绩基准收益率为21.07%，业绩表现优于基准。

基金管理团队

陆文俊先生：基金经理，兼任A股基金投资决策委员会副主席、A股基金投资总监，9年证券从业经历，曾任职于君安证券有限责任公司、上海华创创投管理事务所、富国基金管理有限公司、东吴证券有限责任公司和长信基金管理有限公司从事行业研究和投资管理工作。2008年6月加入银华基金管理有限公司，任职于投资管理部，现任"银华核心价值优选股票型证券投资基金"、"银华和谐主题灵活配置混合型证券投资基金"、"银华成长先锋混合型证券投资基金"基金经理。

基金运作分析

2009年A股市场全年震荡向上，煤炭、交运设备等行业及成长股表现突出。这一年，银华和谐主题基金按照稳健操作的思路，重点配置景气提升、估值较低的行业，前期主要配置地产、金融、机械、汽车、钢铁、医药、消费、科技；后期主要配置机械、汽车、钢铁、医药、消费、科技等。

季度投资组合一览

项目 \ 季度	第二季度			第三季度			第四季度		
基金资产净值	2,935,204,692.20元			1,416,667,124.23元			1,096,195,519.41元		
基金份额	2,708,947,010.00份			1,401,416,675.33份			950,084,328.65份		
基金份额净值	1.084元			1.011元			1.154元		
基金资产组合	市值(元)		占总资产比(%)	市值(元)		占总资产比(%)	市值(元)		占总资产比(%)
股票投资	1,180,649,345.35		40.14	885,981,082.64		61.85	816,956,996.19		73.43
债券投资	——		——	196,580,000.00		13.72	207,430,000.00		18.64
资产支持证券投资	——		——	——		——	——		——
金融衍生品投资	——		——	——		——	——		——
买入返售金融资产	——		——	——		——	——		——
银行存款和结算备付金	1,685,467,169.14		57.30	348,098,601.91		24.30	81,297,857.51		7.31
其他资产	75,204,480.37		2.56	1,896,041.02		0.13	6,845,700.33		0.62
投资前五名股票明细	股票名称	公允价值(元)	占净值比(%)	股票名称	公允价值(元)	占净值比(%)	股票名称	公允价值(元)	占净值比(%)
	徐工科技	161,568,294.44	5.50	徐工机械	127,758,000.00	9.02	苏宁电器	40,358,230.26	3.68
	万 科A	112,200,000.00	3.82	中联重科	47,800,000.00	3.37	三一重工	39,018,452.76	3.56
	招商银行	89,640,000.00	3.05	上海汽车	39,500,000.00	2.79	上海汽车	37,365,900.00	3.41
	中国石化	85,280,000.00	2.91	海螺水泥	34,851,761.23	2.46	一汽轿车	32,785,200.00	2.99
	中国铁建	63,797,073.90	2.17	一汽轿车	34,060,000.00	2.40	张 裕A	29,301,528.90	2.67
投资前五名债券明细	债券名称	公允价值(元)	占净值比(%)	债券名称	公允价值(元)	占净值比(%)	债券名称	公允价值(元)	占净值比(%)
				09央票40	196,580,000.00	13.88	09央票40	147,405,000.00	13.45
							王府转债	28,764,000.00	2.62
							唐钢转债	24,382,000.00	2.22
							新钢转债	6,879,000.00	0.63

银华内需精选股票型证券投资基金(LOF)(原天华证券投资基金转型)

基本资料

基金简称	银华内需精选股票(LOF)	交易代码	161810
风险收益特征	该基金为股票型基金，预期风险与收益水平高于混合型基金、债券基金与货币市场基金，在证券投资基金中属于较高风险、较高预期收益的基金品种。		
业绩比较基准	沪深300指数收益率×80%+上证国债指数收益率×20%		
合同生效日	2009年7月1日	募集份额	44.37亿份
申购户数	109,366户		
上市日期	2009年10月16日	上市地点	深圳证券交易所
基金管理人	银华基金管理有限公司	基金托管人	中国农业银行
注册登记人	中国证券登记结算有限责任公司		

财务指标　单位：人民币(元)；%

项目 \ 年度	2009年7月1日至2009年12月31日
本期利润	348,046,822.14
本期加权平均净值利润率	7.31
期末基金资产净值	3,760,516,074.85
期末基金份额净值	1.073
本期份额净值增长率	9.53
累计份额净值增长率	9.53
基金收益分配	——
期末基金份额持有人户数	基金份额持有人户数为19,337户，平均每户持有129,285.83份。(期末截至2009年12月31日)
期末基金份额持有人结构	机构投资者持有份额1,917,584,128份，占总份额76.70%；个人投资者持有份额582,415,872份，占总份额23.30%。

2009年累计净值增长率与同期基准收益率历史走势对比图 (%)

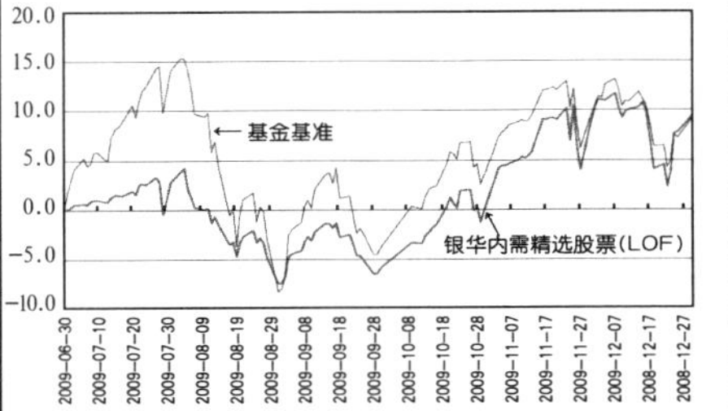

2009年净值增长率与同期基准收益率对比图 (%)

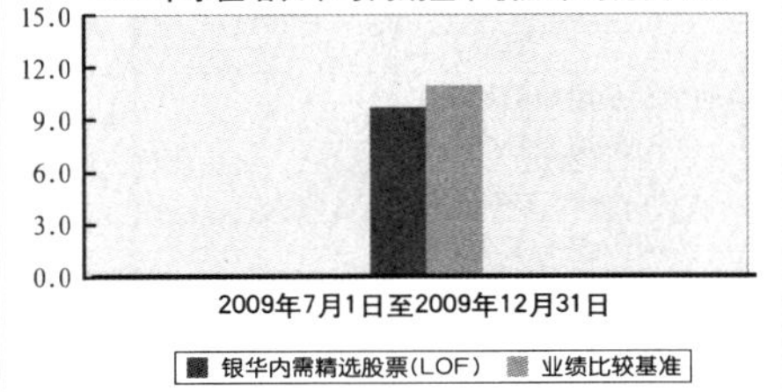

基金业绩表现

银华内需精选股票基金于2009年7月1日由原天华基金转型而来，截至2009年12月31日，该基金份额净值为1.073元，转型以来实现净值增长9.53%，表现优于基准。

基金管理团队

徐子涵先生：基金经理，金融学硕士；毕业于清华大学、英国帝国理工大学；9年证券从业经验。曾就职于英国保诚集团M&G基金管理(国际)公司，任商业拓展分析师；2010年1月加入银华基金管理有限公司。2010年6月起任银华内需精选股票(LOF)基金经理。

季度投资组合一览

项目 \ 季度	第三季度			第四季度		
基金资产净值	6,282,813,688.93元			3,760,516,074.85元		
基金份额	6,813,888,596.20份			3,504,466,955.77份		
基金份额净值	0.922元			1.073元		
基金资产组合	市值(元)		占总资产比(%)	市值(元)		占总资产比(%)
股票投资	2,924,208,267.66		46.44	3,316,223,679.36		86.66
债券投资	48,410,859.00		0.77	50,494,110.40		1.32
资产支持证券投资	——		——	——		——
金融衍生品投资	——		——	——		——
买入返售金融资产	——		——	——		——
银行存款和结算备付金	3,322,236,025.27		52.76	410,224,281.84		10.72
其他资产	2,098,452.16		0.03	49,818,802.45		1.30
投资前五名股票明细	股票名称	公允价值(元)	占净值比(%)	股票名称	公允价值(元)	占净值比(%)
	徐工机械	160,485,394.50	2.55	上海汽车	193,881,542.79	5.16
	中国平安	152,086,767.30	2.42	五粮液	177,293,372.22	4.71
	国阳新能	135,168,282.60	2.15	国阳新能	171,214,079.75	4.55
	上海汽车	126,792,689.25	2.02	福耀玻璃	134,934,524.28	3.59
	福耀玻璃	102,424,290.02	1.63	一汽轿车	128,796,085.76	3.42
投资前五名债券明细	债券名称	公允价值(元)	占净值比(%)	债券名称	公允价值(元)	占净值比(%)
	02国债(3)	40,500,000.00	0.64	02国债(3)	40,532,000.00	1.08
	龙盛转债	7,910,859.00	0.13	龙盛转债	9,962,110.40	0.26

基金运作分析

2009年，在流动性充沛、投资者信心恢复、宏观数据持续改善、上市公司基本面好转的共同作用下，A股市场出现了大幅的上涨。

2009年7月份，银华内需精选股票基金处于转型后的集中申购期，8月初在市场的下跌过程中，该基金逐渐加仓，配置的行业主要是资产资源型行业、业绩增长确定性强的工程机械和以汽车为代表的可选消费品。10月份，银华内需精选股票基金打开申购赎回，随着赎回，该基金股票仓位自然上升，至2009年底，该基金仓位升至较高水平。

银华沪深300指数证券投资基金（LOF）

基本资料						
基金简称	银华沪深300指数(LOF)		交易代码	161811		
风险收益特征	该基金为复制指数的股票型基金，具有较高风险、较高预期收益的特征，其风险和预期收益高于混合型基金、债券型基金和货币市场基金。					
业绩比较基准	95%×沪深300指数收益率+5%×商业银行活期存款利率(税后)					
合同生效日	2009年10月14日	首募份额	6.70亿份	认购户数	10,560户	
基金管理人	银华基金管理有限公司		基金托管人	中国建设银行		
注册登记人	银华基金管理有限公司					

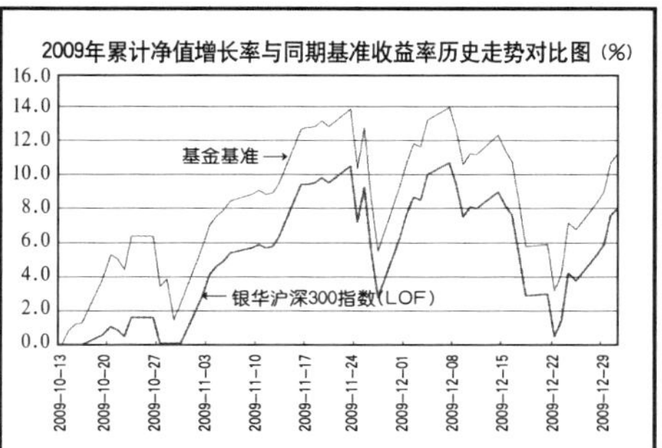

财务指标　　单位：人民币(元)；%

项目＼年度	2009年10月14日至2009年12月31日
本期利润	43,189,093.93
本期加权平均净值利润率	0.0718
期末基金资产净值	627,312,361.40
期末基金份额净值	1.080
本期份额净值增长率	8.00
累计份额净值增长率	8.00
基金收益分配	——

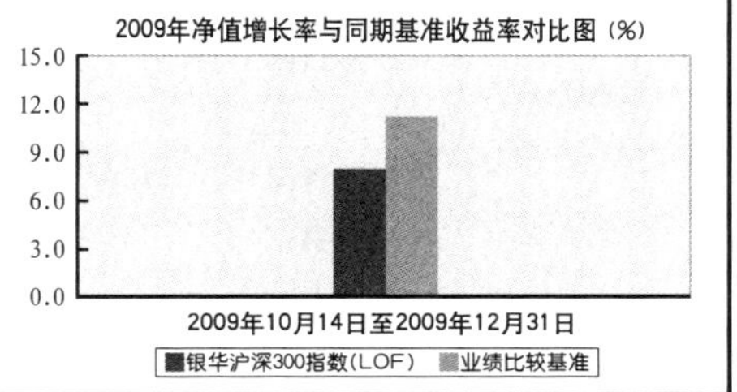

期末基金份额持有人户数	基金份额持有人户数为13,597 户，平均每户持有42,703.54份。(期末截至2009年12月31日)
期末基金份额持有人结构	机构投资者持有份额145,473,081.69份，占总份额25.05%；个人投资者持有份额435,166,899.88份，占总份额74.95%。

基金业绩表现

银华沪深300指数基金合同生效于2009年10月14日，截至2009年12月31日，该基金份额净值为1.080元，成立以来净值增长率为8.00%；同期业绩基准收益率为11.22%。

基金管理团队

周　毅先生：基金经理，CFA，硕士学位。毕业于北京大学，美国南卡罗莱纳大学，美国约翰霍普金斯大学；12年证券从业经历。历任美国普华永道金融服务部部门经理，巴克莱银行量化分析部副总裁，巴克莱亚太有限公司副董事。2009年9月加入银华基金管理有限公司，现任量化投资部总监，境外投资部总监，并担任"银华沪深300指数证券投资基金(LOF)"、"银华深证100指数分级证券投资基金"、"银华全球核心优选证券投资基金"、"银华抗通胀主题证券投资基金(LOF)"基金经理。

基金运作分析

2009年，市场经历了上半年的大幅攀升和三季度的大幅震荡后，迎来了四季度的震荡走高。市场依靠流动性过剩推升估值的阶段正在过去，复苏是大概率事件，企业盈利转好的可能性较大，政府会针对经济出现的状况适时调整政策。银华沪深300指数基金自2009年10月份成立以来，根据市场情况及时建仓，适时分享了市场的增长。

继2009年中国经济实现V型反转之后，2010年的经济增长更为均衡，从投资拉动过渡到投资、消费、出口的平衡增长。2010年股权融资压力大大高于2009年，同时流动性供应方面相对收紧，市场估值很难有大幅扩张的空间。该基金管理人对2010年市场持谨慎乐观的态度，更为关注结构性机会。同时，2010年企业之间的业绩差异将会拉大，因此自下而上的个股选择的重要性上升。

季度投资组合一览

项目＼季度	第四季度	
基金资产净值	627,312,361.40元	
基金份额	580,639,981.57份	
基金份额净值	1.080元	
基金资产组合	金额(元)	占总资产比例(%)
股票投资	579,819,367.68	91.68
存托凭证	——	——
债券投资	——	——
金融衍生品投资	——	——
买入返售金融资产	——	——
银行存款和结算备付金	48,937,802.41	7.74
其他资产	3,655,962.08	0.58

投资前五名股票明细	股票名称	公允价值(元)	占净值比例(%)	投资前五名债券明细	债券名称	公允价值(元)	占净值比例(%)
	招商银行	20,862,298.30	3.33		——		
	交通银行	17,817,827.50	2.84				
	中国平安	16,365,531.21	2.61				
	民生银行	15,543,980.55	2.48				
	中信证券	15,414,327.45	2.46				

银华深证100指数分级证券投资基金

<table>
<tr><th>基本资料</th><th colspan="7"></th></tr>
<tr><td>基金简称</td><td colspan="2">银华深证100指数分级</td><td>交易代码</td><td colspan="4">161812</td></tr>
<tr><td>投资目标</td><td colspan="7">该基金运用指数化投资方式，力争将该基金的净值增长率与业绩比较基准之间的日均跟踪偏离度的绝对值控制在0.35%以内，年跟踪误差控制在4%以内，以实现对深证100指数的有效跟踪，分享中国经济的持续、稳定增长的成果，实现基金资产的长期增值。</td></tr>
<tr><td>业绩比较基准</td><td colspan="7">95%×深证100价格指数收益率＋5%×商业银行活期存款利率(税后)。</td></tr>
<tr><td>风险收益特征</td><td colspan="7">该基金为完全复制指数的股票型基金，具有较高风险、较高预期收益的特征，其预期风险和预期收益高于货币市场基金、债券型基金和混合型基金。从该基金所分离的两类基金份额来看，银华稳进份额具有低风险、收益相对稳定的特征；银华锐进份额具有高风险、高预期收益的特征。</td></tr>
<tr><td>合同生效日</td><td>2010年5月7日</td><td>上市日期</td><td colspan="2">2010年6月7日</td><td colspan="2">上市地点</td><td>深交所</td></tr>
<tr><td rowspan="2">募集概况</td><td>首募份额</td><td>认购户数</td><td colspan="5">募集日期</td></tr>
<tr><td>22.04亿份</td><td>27,615户</td><td colspan="5">2010年4月1日至2010年4月30日</td></tr>
<tr><td rowspan="3">基金费率</td><td>认购费率</td><td colspan="2">场外认购费率不超过0.60%</td><td colspan="2">申购费率</td><td colspan="2">场外申购费率不超过1.20%</td></tr>
<tr><td>赎回费率</td><td colspan="6">场外赎回费率不高于0.50%，场内赎回费率为0.50%</td></tr>
<tr><td>管理费率</td><td colspan="2">1.00%</td><td colspan="2">托管费率</td><td colspan="2">0.20%</td></tr>
<tr><td>基金管理人</td><td colspan="2">银华基金管理有限公司</td><td colspan="2">基金托管人</td><td colspan="3">中国民生银行股份有限公司</td></tr>
<tr><td>审计机构</td><td colspan="2">安永华明会计师事务所</td><td colspan="2">注册登记人</td><td colspan="3">中国证券登记结算有限责任公司</td></tr>
</table>

基金管理团队

周　毅先生：基金经理，CFA，硕士学位。毕业于北京大学，美国南卡罗莱纳大学，美国约翰霍普金斯大学；12年证券从业经历。历任美国普华永道金融服务部部门经理，巴克莱银行量化分析部副总裁，巴克莱亚太有限公司副董事。2009年9月加入银华基金管理有限公司，现任量化投资部总监，境外投资部总监，并担任"银华沪深300指数证券投资基金(LOF)"、"银华深证100指数分级证券投资基金"、"银华全球核心优选证券投资基金"、"银华抗通胀主题证券投资基金(LOF)"基金经理。

银华信用债券型证券投资基金

<table>
<tr><th>基本资料</th><th colspan="7"></th></tr>
<tr><td>基金简称</td><td colspan="2">银华信用债券封闭</td><td>交易代码</td><td colspan="4">161813</td></tr>
<tr><td>投资目标</td><td colspan="7">在合理控制信用风险、谨慎投资的基础上，追求基金资产的长期稳定增值。</td></tr>
<tr><td>业绩比较基准</td><td colspan="7">中债企业债总全价指数收益率×80%+中债国债总全价指数收益率×20%。</td></tr>
<tr><td>风险收益特征</td><td colspan="7">该基金为债券型基金，属于证券投资基金中的较低风险品种，该基金的预期收益和预期风险高于货币市场基金，低于混合型基金和股票型基金。</td></tr>
<tr><td>合同生效日</td><td>2010年6月29日</td><td>上市日期</td><td colspan="2">2010年7月9日</td><td colspan="2">上市地点</td><td>深交所</td></tr>
<tr><td rowspan="2">募集概况</td><td>首募份额</td><td>认购户数</td><td colspan="5">募集日期</td></tr>
<tr><td>22.96亿份</td><td>12,271户</td><td colspan="5">2010年5月24日至6月23日</td></tr>
<tr><td rowspan="3">基金费率</td><td>认购费率</td><td colspan="2">场外认购不超过0.60%</td><td colspan="2">申购费率</td><td colspan="2">不超过0.80%</td></tr>
<tr><td>赎回费率</td><td colspan="6">场外不超过0.10%，场内固定0.10%</td></tr>
<tr><td>管理费率</td><td colspan="2">0.65%</td><td colspan="2">托管费率</td><td colspan="2">0.20%</td></tr>
<tr><td>基金管理人</td><td colspan="2">银华基金管理有限公司</td><td colspan="2">基金托管人</td><td colspan="3">中国建设银行股份有限公司</td></tr>
<tr><td>审计机构</td><td colspan="2">安永华明会计师事务所</td><td colspan="2">注册登记人</td><td colspan="3">中国证券登记结算有限责任公司</td></tr>
</table>

基金管理团队

孙　健先生：基金经理，硕士学位，8年证券从业经历。曾在湘财证券有限责任公司、太平人寿保险有限公司、摩根士丹利华鑫基金管理有限公司从事行业研究和投资管理工作。2008年11月加入银华基金管理有限公司。现任"银华货币市场证券投资基金"、"银华信用债券型证券投资基金"基金经理。

银华成长先锋混合型证券投资基金

基本资料					
基金简称	银华成长先锋混合		交易代码	180020	
投资目标	在有效控制投资组合风险的前提下，力争获取超越业绩比较基准的收益。				
业绩比较基准	沪深300指数收益率×60%+中国债券总指数收益率×40%				
风险收益特征	该基金属混合型基金，预期风险与预期收益水平高于债券基金与货币市场基金，低于股票型基金。				
合同生效日	2010年10月8日	上市日期	——	上市地点	——
募集概况	首募份额	认购户数	募集日期		
	31.40亿份	30,328户	2010年8月26日至2010年9月21日		
基金费率	认购费率	不超过1.20%	申购费率	不超过1.50%	
	赎回费率	不超过0.50%			
	管理费率	1.50%	托管费率	0.25%	
基金管理人	银华基金管理有限公司		基金托管人	中国工商银行股份有限公司	
审计机构	安永华明会计师事务所		注册登记人	银华基金管理有限公司	

基金管理团队

陆文俊先生：基金经理，兼任A股基金投资决策委员会副主席、A股基金投资总监，9年证券从业经历，曾任职于君安证券有限责任公司、上海华创创投管理事务所、富国基金管理有限公司、东吴证券有限责任公司和长信基金管理有限公司从事行业研究和投资管理工作。2008年6月加入银华基金管理有限公司，任职于投资管理部，现任"银华核心价值优选股票型证券投资基金"、"银华和谐主题灵活配置混合型证券投资基金"、"银华成长先锋混合型证券投资基金"基金经理。

李宇家先生：基金经理，经济学硕士。曾任招商证券有限责任公司资本市场策划部项目经理、战略部研究员、投资部债券投资经理。2006年10月加入银华基金管理有限公司，历任行业研究员、基金经理助理，2010年10月起任银华成长先锋混合基金经理。

银华信用双利债券型证券投资基金

基本资料					
基金简称	银华信用双利债券		交易代码	180025(A级基金份额) 180026(C级基金份额)	
投资目标	该基金在严格控制风险的前提下，通过积极主动地投资管理，力争使投资者当期收益最大化，并保持长期稳定的投资回报。				
业绩比较基准	中债企业债总全价指数收益率60%+中债国债总全价指数收益率40%				
风险收益特征	该基金为债券型基金，属于证券投资基金中的较低风险品种，其预期风险与预期收益高于货币市场基金，低于混合型基金和股票型基金。				
合同生效日	2010年12月3日	上市日期	——	上市地点	——
募集概况	首募份额	认购户数	募集日期		
	30.61亿份	23,781户	2010年11月1日至11月30日		
基金费率	认购费率	A类不超过0.60%，C类为0.00			
	申购费率	A类前端申购费率不超过0.80%，C类前端申购费率为0.00			
	赎回费率	A类不超过0.10%， C类不超过0.75%			
	管理费率	0.70%	托管费率	0.20%	
基金管理人	银华基金管理有限公司		基金托管人	中国建设银行股份有限公司	
审计机构	安永华明会计师事务所		注册登记人	银华基金管理有限公司	

基金管理团队

王怀震先生：基金经理，硕士学位。曾在新疆证券研究所、浙商银行、招商证券从事行业研究、债券研究、债券交易投资等工作，历任研究员、债券交易员、投资经理等职位。2008年4月加入银华基金管理有限公司，历任债券研究员、银华保本增值基金经理助理、银华增强收益债券基金经理助理，2010年12月起任银华信用双利债券基金经理。

银华抗通胀主题证券投资基金(LOF)

基本资料						
基金简称	银华抗通胀主题(QDII—FOF—LOF)			交易代码	161815	
投资目标	在有效控制组合风险的前提下，通过在全球范围内精选抗通胀主题的基金，力争为投资者实现基金资产的长期稳定增值。					
业绩比较基准	标普高盛商品总指数收益率(S&P GSCI Commodity TotalReturn Index)					
风险收益特征	该基金为投资全球抗通胀主题基金的基金中基金，在证券投资基金中属于较高预期风险和预期收益的基金品种。					
合同生效日	2010年12月6日	上市日期	2010年12月20日		上市地点	深交所
募集概况	首募份额	认购户数	募集日期			
	6.91亿份	12,925户	2010年11月1日至2010年11月30日			
基金费率	认购费率	不超过1.50%		申购费率	不超过1.60%	
	赎回费率	场内赎回费率为固定赎回费率0.50%，场外不超过0.50%				
	管理费率	1.80%		托管费率	0.35%	
基金管理人	银华基金管理有限公司		基金托管人		中国建设银行股份有限公司	
			境外托管人		纽约梅隆银行股份有限公司	
审计机构	安永华明会计师事务所		注册登记人		中国证券登记结算有限责任公司	

基金管理团队

周　毅先生：基金经理，CFA，硕士学位。毕业于北京大学，美国南卡罗莱纳大学，美国约翰霍普金斯大学；12年证券从业经历。历任美国普华永道金融服务部部门经理，巴克莱银行量化分析部副总裁，巴克莱亚太有限公司副董事。2009年9月加入银华基金管理有限公司，现任量化投资部总监，境外投资部总监，并担任"银华沪深300指数证券投资基金(LOF)"、"银华深证100指数分级证券投资基金"、"银华全球核心优选证券投资基金"、"银华抗通胀主题证券投资基金(LOF)"基金经理。

长城基金管理有限公司 | 大事记

Great Wall Fund Management Co.,Ltd. | MAJOR EVENTS

2009年1月15日

长城双动力股票型证券投资基金正式成立。

2009年6月1日

公司管理的第十一只基金——长城景气行业龙头灵活配置混合型证券投资基金公开发行。

2009年6月30日

长城景气行业龙头灵活配置混合型证券投资基金正式成立。

2010年3月12日

长城基金管理有限公司深圳分公司正式成立。

2010年5月12日

长城基金管理有限公司上海分公司正式成立。

2010年10月14日

长城基金与法国OFI资产管理公司签订战略合作意向书。

长城基金所获殊荣

公司荣誉

中国金融企业慈善榜基金业突出贡献奖

2009年4月，金融界网站联合中国社会工作协会共同主办的"2008中国金融企业慈善榜"揭晓，长城基金荣获"2008中国金融企业慈善榜基金业突出贡献奖"。

最佳服务基金公司

2009年3月，中国主流媒体理财联盟主办、《钱经》杂志社承办的"2008—2009年度第二届中国理财总评榜"揭晓，长城基金荣获"最佳服务基金公司"奖项。

十大品牌基金公司

2009年1月8日，和讯网"2008年度第六届中国财经风云榜"揭晓，长城基金荣获"2008年度十大品牌基金公司"奖项。

最有影响力客户服务奖

2008年12月18日，"2008搜狐金融理财网络盛典"揭晓，长城基金再次荣获"2008年最有影响力客户服务奖"。

十大明星基金公司

2008年1月11日，由《证券时报》主办、安信证券协办的"2007年度中国明星基金暨最佳托管银行评选"结果揭晓，长城基金荣膺"十大明星基金公司"奖项。

最具成长性的基金公司

2008年1月20日，和讯网主办的第五届财经风云榜揭晓，长城基金荣获"最具成长性的基金公司"奖项。

最佳基金客户服务奖

2007年12月20日，"2007搜狐金融理财网络调查报告"暨年底评选揭晓，长城基金获得"2007年最佳基金客户服务奖"。

山东百姓最信赖的基金公司

2007年9月20日，齐鲁晚报启动的"山东百姓最信赖的基金公司"理财评选揭晓，长城基金喜获"山东百姓最信赖的基金公司"奖项。

产品荣誉

金牛基金

2010年5月，由《中国证券报》主办的第七届中国基金业金牛奖评选结果在京揭晓，长城消费增值股票型基金荣获"2009年度开放式股票型金牛基金"。

积极配置型金基金奖

2009年3月27日，由《上海证券报》主办的第六届中国基金业"金基金"揭晓，长城久恒平衡型基金荣获2008年度积极配置型基金"金基金"奖。

三年持续回报封闭式明星基金奖

2009年1月14日，由《证券时报》主办、安信证券协办的"2008年度中国明星基金暨最佳托管银行评选"揭晓，长城基金旗下基金久嘉荣获"三年持续回报封闭式明星基金奖"。

人物荣誉

金牌基金经理

2008年5月18日，由《国际金融报》评选的"金牌基金和金牌基金经理双年奖"揭晓，长城久泰基金经理杨建华同时荣获"金牌基金经理"称号。

晨星中国基金经理奖提名

2007年3月13日，长城久富基金经理荣获国际权威评级机构晨星（中国）2006年度中国基金经理奖提名。

最受欢迎基金经理

2006年4月，由《上海证券报》主办的"第三届中国最佳基金公司暨最受投资者欢迎的基金经理评选"揭晓，基金久富基金经理荣获"最受投资者欢迎的封闭式基金经理奖"

长城基金管理有限公司

法定名称	长城基金管理有限公司	英文名称	Great Wall Fund Management Co.,Ltd.		
成立时间	2001年12月27日	注册资本	1.5亿元人民币	公司属性	中 资
法人代表	杨光裕	总 经 理	关林戈	督 察 长	彭洪波
公司网址	www.ccfund.com.cn	客服电话	400-8868-666		
联系电话	0755-2398 2338	传真号码	0755-2398 2328		
注册地址	深圳市福田区益田路6009号新世界商务中心41层	办公地址	深圳市福田区益田路6009号新世界商务中心41层		

公司简介

长城基金管理有限公司（以下简称"长城基金"）成立于2001年12月27日，是经中国证监会批准设立的第15家基金管理公司，由长城证券有限责任公司、东方证券股份有限公司、北方国际信托股份有限公司、中原信托有限公司共同出资设立。

2007年5月21日，公司完成股权结构调整，现有股东为长城证券有限责任公司（47.059%）、东方证券股份有限公司（17.647%）、北方国际信托股份有限公司（17.647%）和中原信托有限公司（17.647%）。2007年10月12日，公司将注册资本增加至1.5亿元。

公司成立以来，一直秉承"诚信、规范、专业、创新"的经营理念，坚持基金持有人利益优先的经营原则，凭借完善的公司治理结构、严格的风险控制、规范的业务流程、高效专业的员工团队、开放与学习的文化氛围，努力打造一流的基金管理公司品牌，竭诚为客户提供优质的投资理财产品和服务。

年度经营

截至2010年6月30日，长城基金发行并管理了1只封闭式基金和10只开放式基金，包括5只股票型基金、3只混合型基金、1只债券型基金和1只货币市场基金；产品线覆盖股票、指数、债券、货币等不同类型的基金产品，能够适应客户的多样化需求。

产品发行方面，2009年以来公司除募集设立了长城双动力股票和长城景气行业混合两只新基金外，还获批三只"一对多"专户理财产品。

投资管理方面，长城基金注重投资策略的研究工作，遵循"分级管理、明确授权、规范操作、严格监督"的原则，采取"自上而下"的资产配置策略与"自下而上"的个股选择思路进行投资组合构建，谋求基金资产收益的最大化，旗下基金业绩表现稳健。其中，长城消费增值股票基金2009年度净值增长87.94%，超越同期业绩基准15.58%，在同类可比基金排名中处于较前的位置；该基金自成立以来累计净值增长204.89%，超越同期业绩基准26.31%。凭借出色的业绩表现，长城消费增值股票基金荣获"2009年度开放式股票型金牛基金"奖，受到了投资者和业界的广泛关注。

客户服务

长城基金客户服务中心拥有30条中继线，由专门客服人员为投资者提供全面业务咨询，包括公司信息、基金信息和开放式基金投资指南等，并提供24小时不间断自动语音应答服务，投资者可以通过IVR自助语音系统实现基金净值查询、基金账户查询、基金信息查询等功能。同时，公司大力发展网上交易服务，投资者可以通过公司网站浏览财经新闻、行业动态、公司旗下基金介绍、公司研究报告等信息，进行网上交易，受到了投资者的好评。2009年3月，中国主流媒体理财联盟主办、《钱经》杂志社承办的"2008—2009年度第二届中国理财总评榜"揭晓，长城基金荣获"最佳服务基金公司"奖。

社会责任

一直以来，长城基金积极参与各项社会公益事业。2010年青海玉树地震后，长城基金通过中国证券业协会向灾区捐款30万元，全力支援灾区人民抗震救灾、重建家园。2008年1月，长城基金公司员工组织捐助活动，向雪灾严重的江西省红十字会和贵州省红十字会分别捐赠10万元，用于两省救助工作。2008年5月，四川汶川发生地震，公司第一时间向灾区捐款100余万元，随后发起寻找灾区持有人的公益活动，主动联系灾区基金持有人，帮助其办理相关业务。鉴于长城基金在社会公益方面的突出表现，2009年4月，长城基金荣获"2008中国金融企业慈善榜基金业突出贡献奖"。

2009年管理公募基金概况

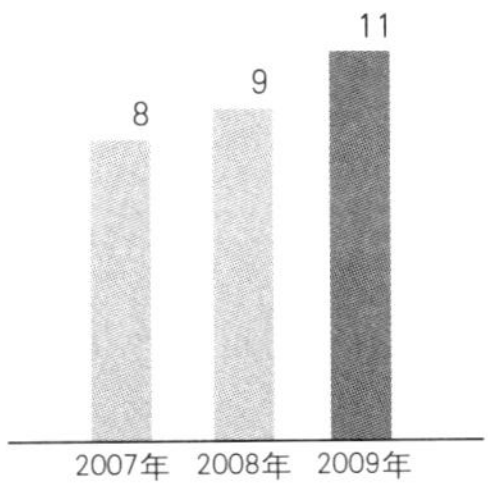

基金数量（只）

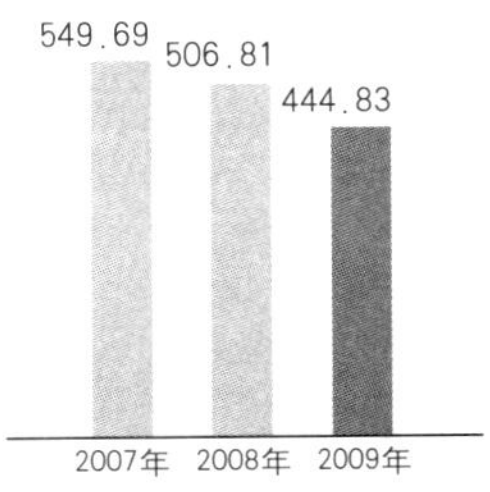

基金份额规模（亿份）

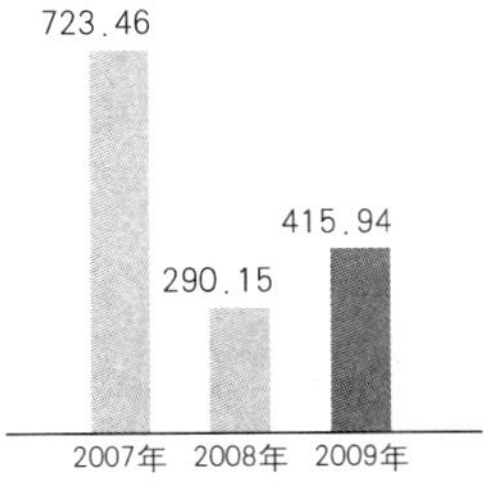

基金资产规模（亿元）

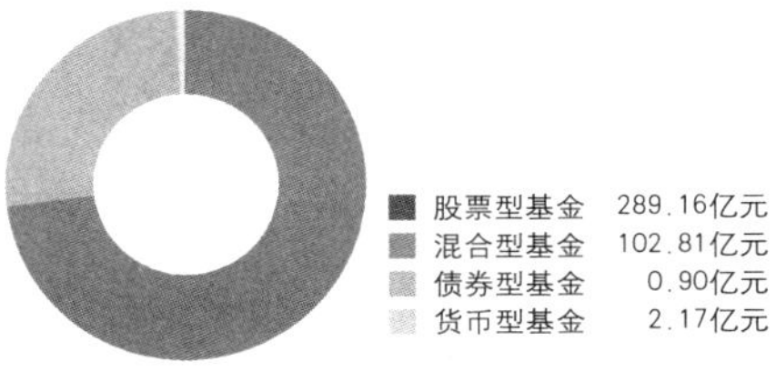

2009年基金资产规模构成（不含封闭式基金）

久嘉证券投资基金

基本资料			
基金简称	长城久嘉封闭	交易代码	184722
风险收益特征	中性的风险偏好，力争实现年度内基金份额资产净值在市场下跌时跌幅不高于比较基准的60%，在市场上涨时增幅不低于比较基准的70%。		
业绩比较基准	上证A股指数		
合同生效日	2002年7月5日	基金总份额	20亿份
上市日期	2002年8月27日　地点　深交所	存续期	15年
基金管理人	长城基金管理有限公司	基金托管人	中国农业银行
注册登记人	中国证券登记结算公司深圳分公司		

财务指标　　单位：人民币（元）；%

项目＼年度	2009年	2008年	2007年
本期利润	750,342,528.02	−2,622,924,448.83	4,730,604,281.39
本期加权平均净值利润率	41.02	−79.24	73.96
期末基金资产净值	2,090,102,100.29	1,339,759,572.27	8,142,684,021.10
期末基金份额净值	1.0451	0.6699	4.0713
本期份额净值增长率	56.01	−44.74	125.96
累计份额净值增长率	360.85	195.39	434.56
基金收益分配	——	10派20.900	10派6.200

期末基金份额持有人户数	基金份额持有人户数为39,832户，平均每户持有50,210.89份。（期末截至2009年12月31日）
期末基金份额持有人结构	机构投资者持有份额923,844,188.00份，占总份额46.19%；个人投资者持有份额1,076,155,812.00份，占总份额53.81%。

成立来累计净值增长率与同期基准收益率历史走势对比图（%）

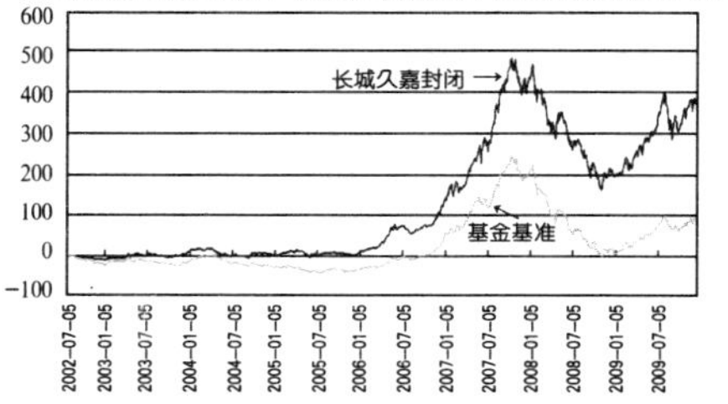

近三年净值增长率与同期基准收益率对比图（%）

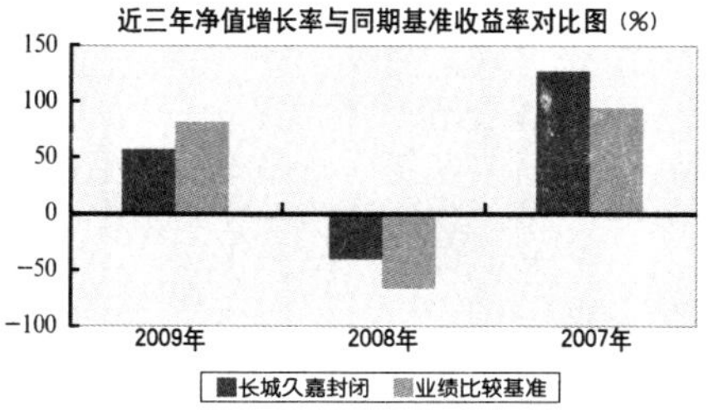

基金业绩表现

截至2009年12月31日，长城久嘉基金份额净值为1.0451元，全年净值增长率为56.01%。

基金管理团队

陈　硕先生：特许金融分析师（CFA），南开大学生物化学学士、美国乔治敦大学生物化学及分子生物学硕士、美国马里兰大学应用计算机硕士、宾西法尼亚大学沃顿商学院工商管理硕士。具有6年证券从业经历。曾就职于美国巴克莱资本公司，从事全球公司债券及衍生物交易管理，历任经理、副董事。2008年进入长城基金管理有限公司，曾任国际业务部高级研究员，从事宏观策略、行业及上市公司研究工作。自2009年5月至今任"久嘉证券投资基金"基金经理。

基金运作分析

2009年年初，在海外金融风暴依旧猛烈的情势下，长城久嘉封闭基金采取了较为保守的策略，仓位较低。随着1月份信贷与房地产数据出炉，及中国经济见底信号日益明显，该基金迅速提高了仓位，重点配置了地产、原材料等周期先导复苏行业；二季度，该基金增加了有色、煤炭等资源品的配置，并取得较好的回报；三季度，在9月份市场低迷时，该基金保持相对乐观，增持了一些被市场错杀的大盘蓝筹股；四季度，基于政策导向与未来大消费崛起之势，该基金适当减持周期类股票，增加了零售、传媒及食品饮料中有估值优势及持续发展力的个股。

季度投资组合一览

项目＼季度	第一季度			第二季度			第三季度			第四季度		
基金资产净值	1,601,246,716.37元			1,906,338,886.53元			1,834,802,037.39元			2,090,102,100.29元		
基金份额净值	0.8006元			0.9532元			0.9174元			1.0451元		
基金资产组合		市值(元)	占总资产比(%)		市值(元)	占总资产比(%)		市值(元)	占总资产比(%)		市值(元)	占总资产比(%)
股票投资		1,203,500,062.35	74.46		1,428,935,839.26	74.25		1,433,373,150.82	77.89		1,546,505,082.28	73.81
债券投资		322,162,858.24	19.93		390,480,024.10	20.29		391,450,271.90	21.27		435,508,181.70	20.78
金融衍生品投资		——	——		——	——		——	——		——	——
买入返售金融资产		——	——		——	——		——	——		——	——
银行存款和结算备付金		72,106,005.68	4.46		96,457,028.97	5.01		11,134,521.48	0.61		77,394,817.00	3.69
其他资产		18,536,349.99	1.15		8,518,659.77	0.44		4,307,484.97	0.23		35,978,221.70	1.72
投资前五名股票明细	股票名称	公允价值(元)	占净值比(%)	股票名称	公允价值(元)	占净值比(%)	股票名称	公允价值(元)	占净值比(%)	股票名称	公允价值(元)	占净值比(%)
	浦发银行	73,200,130.24	4.57	华侨城A	76,591,456.70	4.02	中国平安	111,067,273.20	6.05	中国人寿	117,897,764.74	5.64
	华侨城A	69,451,785.94	4.34	浦发银行	69,217,710.02	3.63	中国人寿	108,515,177.28	5.91	中国平安	115,175,340.84	5.51
	中信证券	62,956,363.95	3.93	中信证券	54,867,016.08	2.88	华侨城A	67,796,265.50	3.70	浦发银行	73,894,598.19	3.54
	贵州茅台	42,572,211.68	2.66	中国平安	46,936,451.88	2.46	浦发银行	59,084,622.15	3.22	华侨城A	62,922,263.71	3.01
	中国人寿	41,382,000.00	2.58	中国人寿	40,508,032.30	2.12	西山煤电	57,629,186.00	3.14	中信证券	61,681,709.16	2.95
投资前五名债券明细	债券名称	公允价值(元)	占净值比(%)	债券名称	公允价值(元)	占净值比(%)	债券名称	公允价值(元)	占净值比(%)	债券名称	公允价值(元)	占净值比(%)
	05农发06	80,488,000.00	5.03	99国债(8)	86,828,575.00	4.55	09央行票据44	98,270,000.00	5.36	09央行票据44	98,250,000.00	4.70
	03国债02	51,485,000.00	3.22	05农发06	80,408,000.00	4.22	05农发06	80,392,000.00	4.38	05农发06	80,280,000.00	3.84
	06国债（4）	50,200,000.00	3.14	20国债(4)	65,983,706.00	3.46	20国债(4)	65,847,590.30	3.59	21国债(10)	69,991,932.50	3.35
	08央票106	48,730,000.00	3.04	03国债02	51,240,000.00	2.69	03国债02	50,435,000.00	2.75	20国债(4)	65,335,536.00	3.13
	99国债（8）	31,532,364.00	1.97	08央票106	48,360,000.00	2.54	21国债(10)	40,228,484.80	2.19	21国债(12)	50,638,164.50	2.42

长城久恒平衡型证券投资基金

基本资料					
基金简称	长城久恒平衡混合	交易代码	前端200001 后端201001		
风险收益特征	该基金的风险水平力求控制在市场风险的50%-60%左右。				
业绩比较基准	70%×中信综指+30%×中信国债指数				
合同生效日	2003年10月31日	首募份额	12.84亿份	认购户数	32,675户
基金管理人	长城基金管理有限公司	基金托管人	中国建设银行		
注册登记人	长城基金管理有限公司				

成立来累计净值增长率与同期基准收益率历史走势对比图（%）

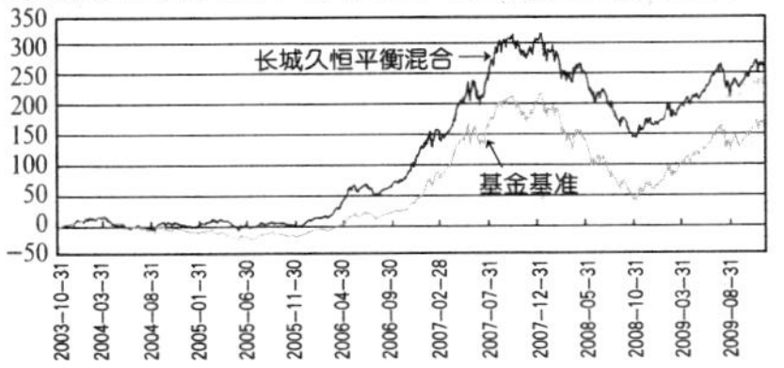

财务指标　单位：人民币（元）；%

项目＼年度	2009年	2008年	2007年
本期利润	116,181,820.42	-220,705,145.63	614,051,331.87
本期加权平均净值利润率	32.78	-45.21	60.47
期末基金资产净值	284,399,801.75	331,091,961.17	745,696,626.12
期末基金份额净值	1.523	1.105	1.699
本期份额净值增长率	37.83	-34.96	76.88
累计份额净值增长率	262.87	163.28	304.80
基金收益分配	——	——	10派7.500

近三年净值增长率与同期基准收益率对比图（%）

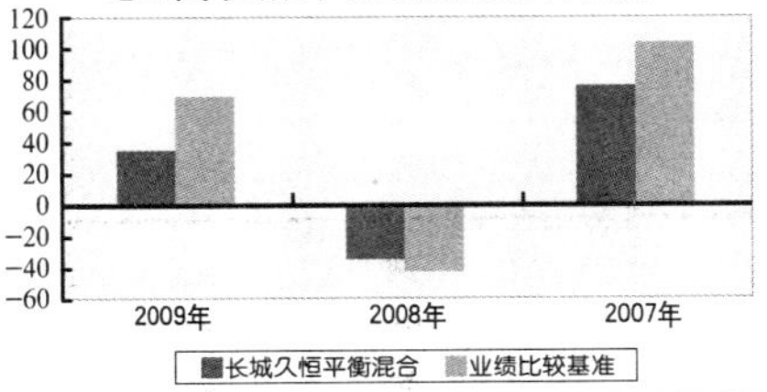

期末基金份额持有人户数	基金份额持有人户数为13,360户，平均每户持有13,977.71份。（期末截至2009年12月31日）
期末基金份额持有人结构	机构投资者持有份额8,428,107.36份，占总份额4.51%；个人投资者持有份额178,314,055.52份，占总份额95.49%。

基金业绩表现

截至2009年12月31日，长城久恒平衡混合基金份额净值为1.523元，全年净值增长率为37.83%。

基金管理团队

阮　涛先生：南京航空航天大学工学学士、华中科技大学经济学硕士。具有10年证券从业经历。曾就职于东风汽车公司、长城证券有限责任公司。2002年进入长城基金管理有限公司，曾任基金久嘉基金助理、行业研究员。自2007年4月至2007年11月任"长城久恒平衡型证券投资基金"基金经理，自2010年2月至今任"长城久恒平衡型证券投资基金"基金经理，自2010年2月至今任"长城双动力股票型证券投资基金"基金经理。

基金运作分析

长城久恒平衡混合基金以极度保守、防御的姿态告别2008年进入2009年。但"谨慎"不能适应快速转变之后的市场风格；其次，面对市场如此强劲的上涨，该基金没有能够迅速理解并采取行动；第三，该基金一贯的理念和风格不能适应这一阶段的市场状况。长城久恒平衡混合基金相当程度上秉承"自下而上"方式进行个股选择的价值型投资理念，该基金管理人认为价值低估股票的价值回归或者公司成长带来的股价上涨是投资回报的主要来源。所以虽然在一季度后期已经非常激进地放宽选股的标准并在相当程度上更主要地从行业、板块低估以及轮动的角度来配置基金资产，将资金更集中地投入到银行、保险、地产行业，将股票持仓提高到前所未有的接近上限70%的水平，但仍然力不从心，未能及时判断和充分预期。

季度投资组合一览

项目＼季度	第一季度		第二季度		第三季度		第四季度	
基金资产净值	363,267,504.79元		385,572,137.06元		347,893,831.59元		284,399,801.75元	
基金份额	292,634,792.28份		276,011,551.47份		253,838,557.11份		186,742,162.88份	
基金份额净值	1.241元		1.397元		1.371元		1.523元	
基金资产组合	市值(元)	占总资产比(%)	市值(元)	占总资产比(%)	市值(元)	占总资产比(%)	市值(元)	占总资产比(%)
股票投资	235,042,325.91	62.62	263,966,111.91	66.84	223,054,910.00	63.76	184,013,322.61	64.25
债券投资	103,540,670.00	27.59	98,160,100.00	24.86	81,093,240.00	23.18	92,879,450.00	32.43
金融衍生品投资	——	——	——	——	——	——	——	——
买入返售金融资产	——	——	——	——	——	——	——	——
银行存款和结算备付金	33,933,190.05	9.04	30,920,686.32	7.83	43,456,450.92	12.42	7,350,473.16	2.57
其他资产	2,814,932.61	0.75	1,855,194.59	0.47	2,256,053.33	0.64	2,147,318.12	0.75

投资前五名股票明细	股票名称	公允价值(元)	占净值比(%)	股票名称	公允价值(元)	占净值比(%)	股票名称	公允价值(元)	占净值比(%)	股票名称	公允价值(元)	占净值比(%)
	双鹭药业	23,246,530.20	6.40	招商银行	29,133,000.00	7.56	双鹭药业	23,530,000.00	6.76	招商银行	21,662,906.05	7.62
	招商银行	20,709,000.00	5.70	双鹭药业	21,027,500.00	5.45	招商银行	22,170,000.00	6.37	民生银行	14,238,000.00	5.01
	康缘药业	18,740,000.00	5.16	民生银行	15,467,720.40	4.01	贵州茅台	16,486,000.00	4.74	贵州茅台	13,587,468.02	4.78
	泸州老窖	12,888,000.00	3.55	XD贵州茅	14,801,000.00	3.84	中国联通	12,700,000.00	3.65	康缘药业	13,409,801.70	4.72
	莫高股份	12,429,900.00	3.42	中国联通	13,720,000.00	3.56	康缘药业	12,352,000.00	3.55	泸州老窖	12,494,478.72	4.39

投资前五名债券明细	债券名称	公允价值(元)	占净值比(%)	债券名称	公允价值(元)	占净值比(%)	债券名称	公允价值(元)	占净值比(%)	债券名称	公允价值(元)	占净值比(%)
	21国债(12)	57,649,670.00	15.87	20国债(4)	40,720,000.00	10.56	20国债(4)	41,651,900.00	11.97	20国债(4)	41,328,000.00	14.53
	20国债（4）	40,860,000.00	11.25	21国债(12)	38,307,100.00	9.94	21国债(12)	39,441,340.00	11.34	21国债(12)	39,276,650.00	13.81
	05国开07	5,031,000.00	1.38	99国债(8)	19,133,000.00	4.96				21国债(10)	12,274,800.00	4.32

长城久泰中信标普300指数证券投资基金

基本资料

基金简称	长城久泰中信标普300指数	交易代码	前端200002 后端201002		
风险收益特征	承担市场平均风险，获取市场平均收益。				
业绩比较基准	95%×中信标普300指数收益率+5%×银行同业存款利率				
合同生效日	2004年5月21日	首募份额	15.12亿份	认购户数	14,519户
基金管理人	长城基金管理有限公司	基金托管人	招商银行		
注册登记人	长城基金管理有限公司				

财务指标 单位：人民币（元）；%

项目 \ 年度	2009年	2008年	2007年
本期利润	1,306,292,493.39	−2,419,301,949.29	983,072,741.84
本期加权平均净值利润率	58.01	−106.77	50.20
期末基金资产净值	2,611,909,761.42	1,258,047,726.53	3,681,272,900.56
期末基金份额净值	1.3730	0.7136	1.9518
本期份额净值增长率	92.40	−63.44	145.02
累计份额净值增长率	255.22	84.62	404.96
基金收益分配	——	——	10派28.300

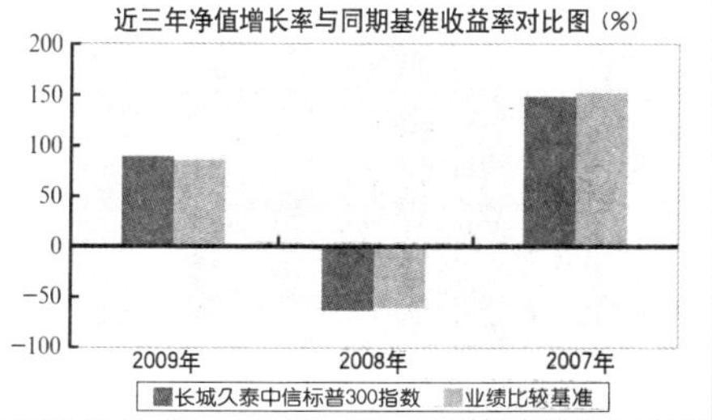

期末基金份额持有人户数	基金份额持有人户数为110,851户，平均每户持有17,161.02份。（期末截至2009年12月31日）
期末基金份额持有人结构	机构投资者持有份额199,496,020.25份，占总份额10.49%；个人投资者持有份额1,702,819,838.07份，占总份额89.51%。

基金业绩表现

2009年长城久泰中信标普300指数基金全年净值增长率为92.40%，同期业绩基准涨幅为89.12%，该基金表现领先基准3.28%；该基金累计日均跟踪误差为0.0730%，年化跟踪误差为1.1302%。

基金管理团队

杨建华先生：基金经理，北京大学力学系理学学士，北京大学光华管理学院经济学硕士，注册会计师，9年证券从业经历。曾就职于华为技术有限公司财务部、长城证券有限责任公司投资银行部。2001年10月进入长城基金管理公司，曾任基金经理助理、长城安心回报混合基金经理；2004年5月起任长城久泰中信标普300指数基金经理。

基金运作分析

2009年，长城久泰中信标普300指数基金严格遵守基金合同，在市场处于相对低位时侧重于密切跟踪目标指数的投资目标，在市场快速反弹过程中则适度把握市场的风格轮动和热点转换，谨慎寻求超额收益，操作策略基本得当。

2010年，基于对市场的分析，长城久泰中信标普300指数基金将更加重视对政策的预期和研判，总体上看好国家政策支持的大消费类、低碳经济、节能减排、技术创新等领域的投资机会，并且认为投资机会将从行业板块转向个股选择，在平稳增长的宏观和行业环境下，真正有核心竞争优势的个股将获得超过行业平均增速的快速成长。同时该基金也将密切关注政策驱动带来的主题投资机会，如世博、区域经济发展和股指期货等。

季度投资组合一览

项目 \ 季度	第一季度		第二季度		第三季度		第四季度	
基金资产净值	1,818,479,663.77元		2,542,230,632.23元		2,393,462,966.17元		2,611,909,761.42元	
基金份额	1,869,204,810.64份		2,089,266,671.10份		2,052,972,864.10份		1,902,315,858.32份	
基金份额净值	0.9729元		1.2168元		1.1659元		1.3730元	
基金资产组合	市值(元)	占总资产比(%)	市值(元)	占总资产比(%)	市值(元)	占总资产比(%)	市值(元)	占总资产比(%)
股票投资	1,695,999,936.26	88.95	2,412,492,468.93	93.85	2,271,110,281.07	94.28	2,479,887,298.13	94.55
债券投资	——	——	——	——	286,090.50	0.01	——	——
金融衍生品投资	——	——	——	——	——	——	——	——
买入返售金融资产	——	——	——	——	——	——	——	——
银行存款和结算备付金	89,830,922.55	4.71	131,842,755.67	5.13	127,482,178.99	5.29	129,380,167.70	4.93
其他资产	120,799,021.36	6.34	26,116,248.44	1.02	10,013,381.54	0.42	13,524,047.83	0.52

投资前五名股票明细	股票名称	公允价值(元)	占净值比(%)	股票名称	公允价值(元)	占净值比(%)	股票名称	公允价值(元)	占净值比(%)	股票名称	公允价值(元)	占净值比(%)
	中国平安	76,843,249.78	4.23	中国平安	103,301,414.10	4.06	中国平安	99,917,684.10	4.17	中国平安	89,603,609.55	3.43
	浦发银行	61,777,355.20	3.40	浦发银行	100,394,824.00	3.95	浦发银行	81,197,867.55	3.39	民生银行	75,044,693.29	2.87
	交通银行	57,035,816.81	3.14	交通银行	79,660,968.95	3.13	交通银行	72,883,293.35	3.05	兴业银行	74,095,060.61	2.84
	中信证券	55,001,879.19	3.02	兴业银行	78,480,450.66	3.09	兴业银行	67,693,568.19	2.83	交通银行	73,985,082.05	2.83
	兴业银行	45,307,299.06	2.49	中信证券	70,100,682.12	2.76	民生银行	66,319,099.46	2.77	中信证券	72,932,069.79	2.79

投资前五名债券明细	债券名称	公允价值(元)	占净值比(%)	债券名称	公允价值(元)	占净值比(%)	债券名称	公允价值(元)	占净值比(%)	债券名称	公允价值(元)	占净值比(%)
							安泰转债	286,090.50	0.01			

长城货币市场证券投资基金

基本资料

基金简称	长城货币	**交易代码**	200003		
风险收益特征	该基金属于高流动性、低风险的基金品种，其预期风险和预期收益率都低于股票、债券和混合型基金。				
业绩比较基准	税后一年期银行定期存款利率				
合同生效日	2005年5月30日	**首募份额**	29.35亿份	**认购户数**	19,425户
基金管理人	长城基金管理有限公司	**基金托管人**	华夏银行		
注册登记人	长城基金管理有限公司				

成立来累计净值收益率与同期基准收益率历史走势对比图（%）

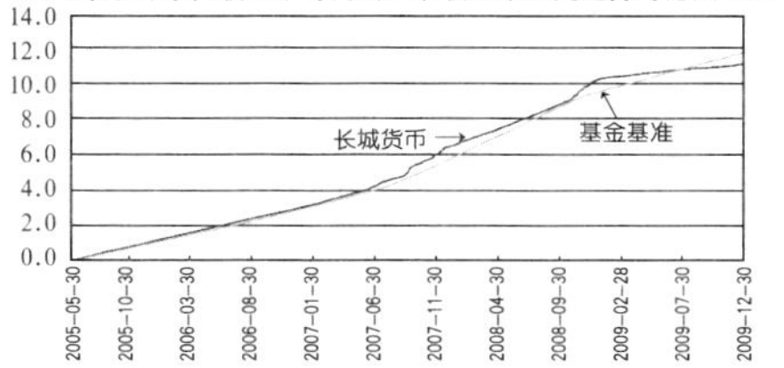

财务指标　　单位：人民币（元）；%

项目 \ 年度	2009年	2008年	2007年
本期利润	6,963,450.89	26,323,166.97	14,090,985.50
期末基金资产净值	216,760,624.71	2,202,913,869.06	1,203,305,216.85
期末基金份额净值	1.0000	1.0000	1.0000
本期份额净值收益率	0.8435	3.5389	3.2799
累计份额净值收益率	11.1346	10.2050	6.4382
基金收益分配	6,963,450.89	26,323,166.97	14,090,985.50

近三年净值收益率与同期基准收益率对比图（%）

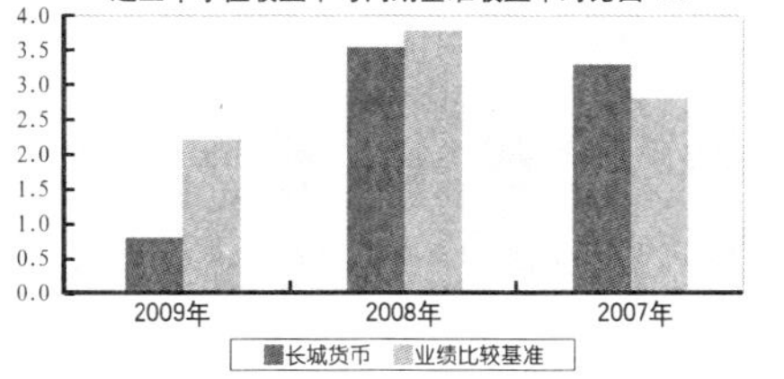

期末基金份额持有人户数	基金份额持有人户数为9,024户，平均每户持有24,020.46份。（期末截至2009年12月31日）
期末基金份额持有人结构	机构投资者持有份额41,783,187.36份，占总份额19.28%；个人投资者持有份额174,977,437.35份，占总份额80.72%。

基金业绩表现

2009年，长城货币市场基金全年净值收益率为0.8435%，同期业绩基准收益率为2.2500%。

基金管理团队

钟光正先生：经济学硕士。曾就职于安徽安凯汽车股份有限公司，2004年7月至2007年7月在广发银行总行资金部从事宏观及债券研究、资金管理、债券交易等工作，2007年8月至2009年10月在招商银行资金交易部从事人民币理财产品的投资管理工作，2009年11月进入长城基金管理有限公司，任债券研究员。自2010年2月至今任"长城货币市场证券投资基金"基金经理，自2010年2月至今任"长城稳健增利债券型证券投资基金"基金经理。

基金运作分析

2009年初，长城货币市场基金采取较为保守和稳健的投资策略，对信用债保持高度警惕，将资金投资于央票、金融债等具备高度安全性和流动性的资产上；二季度开始将资产投资范围扩大到AAA级高信用级别短期融资券上；三季度加大在交易所回购市场的波段操作，进行频繁的套利交易；四季度，将组合信用债投资范围予以延伸，卖出组合中缺乏利率保护的高等级信用债，适度配置中间等级的信用债。经过调整组合结构，进一步降低投资的利率风险，提高了收益率。

全年来看，长城货币市场基金适度平衡了货币基金的安全性、流动性和收益性。

季度投资组合一览

项目 \ 季度	第一季度			第二季度			第三季度			第四季度		
基金资产净值	938,516,756.27元			628,348,589.95元			229,831,181.79元			216,760,624.71元		
基金份额	938,516,756.27份			628,348,589.95份			229,831,181.79份			216,760,624.71份		
基金份额净值	1.000元			1.000元			1.000元			1.000元		
基金资产组合	市值(元)		占总资产比(%)	市值(元)		占总资产比(%)	市值(元)		占总资产比(%)	市值(元)		占总资产比(%)
股票投资	——		——	——		——	——		——	——		——
债券投资	706,620,229.35		63.61	539,494,487.97		71.85	40,038,968.81		17.26	80,017,377.85		35.04
金融衍生品投资	——		——	——		——	——		——	——		——
买入返售金融资产	——		——	——		——	10,000,000.00		4.31	——		——
银行存款和结算备付金	401,672,334.50		36.16	207,629,523.17		27.65	181,442,336.80		78.20	57,354,520.37		25.11
其他资产	2,577,353.51		0.23	3,690,812.08		0.49	541,704.50		0.23	90,999,098.02		39.85
投资前五名债券明细	债券名称	成本(元)	占净值比(%)	债券名称	成本(元)	占净值比(%)	债券名称	成本(元)	占净值比(%)	债券名称	成本(元)	占净值比(%)
	08央行票据106	327,337,500.09	34.88	08央行票据106	249,067,025.36	39.64	09粤交通CP01	20,046,903.31	8.72	09国开05	29,966,915.85	13.82
	07进出09	170,302,182.65	18.15	07进出09	120,067,308.33	19.11	09中铁股CP01	10,000,107.47	4.35	09渝建工CP01	10,020,228.04	4.62
	08央行票据81	99,673,478.49	10.62	08电网CP03	50,315,467.27	8.01	09铁道CP01	9,991,958.03	4.35	09汉江CP01	10,015,902.44	4.62
	08央行票据104	89,428,916.42	9.53	09铁道CP01	50,025,742.03	7.96	——			09公控CP01	10,008,750.65	4.62
	08央行票据114	19,878,151.70	2.12	09中铁股CP01	30,000,447.57	4.77				09天业CP01	10,007,092.18	4.62
投资组合平均剩余期限	平均剩余期限		占净值比(%)	平均剩余期限		占净值比(%)	平均剩余期限		占净值比(%)	平均剩余期限		占净值比(%)
	30天以内		42.83	30天以内		33.08	30天以内		83.41	30天以内		45.04
	30天(含)—60天		18.15	30天(含)—60天		19.11	30天(含)—60天		0.00	30天(含)—60天		0.00
	60天(含)—90天		0.00	60天(含)—90天		39.64	60天(含)—90天		0.00	60天(含)—90天		13.82
	90天(含)—180天		55.03	90天(含)—180天		8.01	90天(含)—180天		4.35	90天(含)—180天		9.23
	180天(含)—397天(含)		2.12	180天(含)—397天(含)		19.10	180天(含)—397天(含)		13.07	180天(含)—397天(含)		13.86

长城消费增值股票型证券投资基金

基本资料

基金简称	长城消费增值股票	交易代码	200006		
风险收益特征	该基金属于较高预期收益，较高预期风险的产品，其预期收益与风险高于混合基金、债券基金与货币市场基金。				
业绩比较基准	80%×中信标普300指数收益率+15%×中信国债指数收益率+5%×同业存款利率				
合同生效日	2006年4月6日	首募份额	9.16亿份	认购户数	22,095户
基金管理人	长城基金管理有限公司	基金托管人	中国建设银行		
注册登记人	长城基金管理有限公司				

成立来累计净值增长率与同期基准收益率历史走势对比图（%）

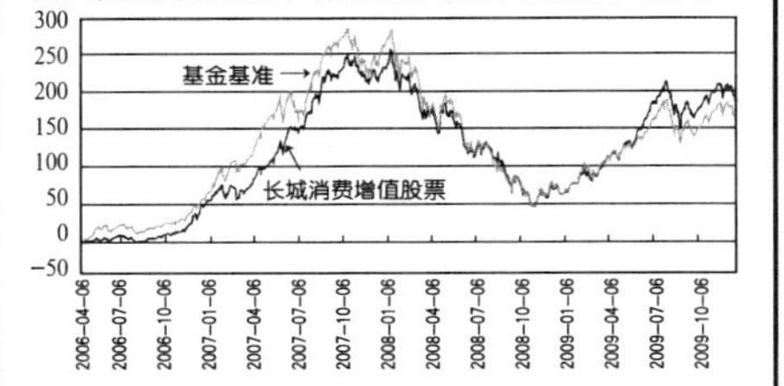

财务指标 单位：人民币（元）；%

项目 \ 年度	2009年	2008年	2007年
本期利润	3,318,765,943.25	−3,618,855,622.46	2,031,470,331.54
本期加权平均净值利润率	54.51	−73.62	53.24
期末基金资产净值	7,219,539,848.96	3,435,795,328.54	6,922,300,376.83
期末基金份额净值	0.9884	0.5259	1.0748
本期份额净值增长率	87.94	−51.07	113.68
累计份额净值增长率	204.89	62.22	231.54
基金收益分配	——	——	10派14.400

近三年净值增长率与同期基准收益率对比图（%）

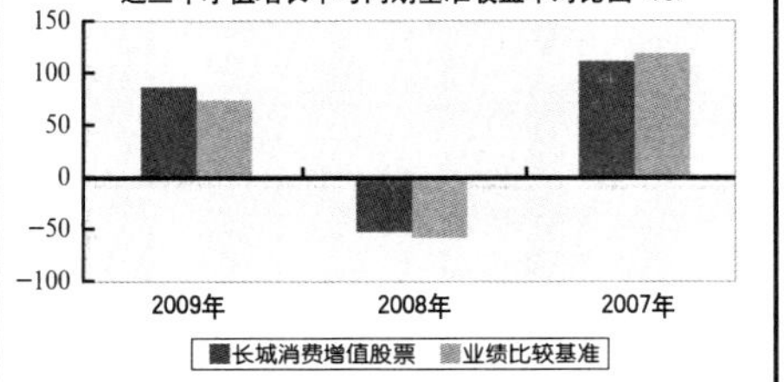

期末基金份额持有人户数	基金份额持有人户数为289,477户，平均每户持有25,233.51份。（期末截至2009年12月31日）
期末基金份额持有人结构	机构投资者持有份额624,672,737.92份，占总份额8.55%；个人投资者持有份额6,679,849,374.00份，占总份额91.45%。

基金业绩表现

2009年长城消费增值股票基金全年净值增长率为87.94%；同期业绩基准收益率为72.36%，业绩表现优于基准表现。

基金管理团队

刘颖芳女士：特许金融分析师（CFA），湘潭大学工学学士、清华大学MBA。6年证券从业经历。曾就职于西风信息科技产业集团、德维森实业（深圳）有限公司。2004年进入长城基金管理有限公司，曾任研究部行业研究员，自2010年1月至今任"长城消费增值股票型证券投资基金"基金经理。

蒋劲刚先生：天津大学材料系工学学士、天津大学管理学院工学硕士。12年证券从业经历。曾就职于深圳市华为技术有限公司、海南富岛资产管理有限公司。2001年10月进入长城基金管理有限公司，历任运行保障部交易室交易员、交易主管、研究部行业研究员、机构理财部投资经理。其中2005年3月至2008年12月兼任长城基金管理有限公司投资决策委员会秘书。自2010年1月至今任"长城消费增值股票型证券投资基金"基金经理。自2010年11月至今任"长城景气行业龙头灵活配置混合型证券投资基金"基金经理

基金运作分析

2009年，长城消费增值股票基金采取以防御中进攻为主的投资策略，重点配置未来几年业绩增长比较确定或者估值比较便宜的行业与股票，在股票资产配置上，该基金重点配置了金融服务、食品饮料、医药生物、零售、信息技术、采掘、金属非金属等行业。

在基金运作中，由于该基金在年初时及时有效地提高股票仓位，为全年的净值增长奠定了良好的基础，在前三季度的投资中，该管理人在股票的选择与仓位的变化上把握得比较好，但在四季度投资中，因为该基金在小市值股票上的配置比例较低，导致了四季度业绩表现不佳。2009年长城消费增值股票基金净值增长率为87.94%，业绩基准上涨72.36%，在同类可比基金排名中处于较前的位置。

季度投资组合一览

项目 \ 季度	第一季度		第二季度		第三季度		第四季度	
基金资产净值	4,224,761,640.21元		7,362,689,865.95元		7,427,113,640.32元		7,219,539,848.96元	
基金份额	6,315,893,939.35份		8,352,378,118.59份		8,567,727,127.38份		7,304,522,111.92份	
基金份额净值	0.6689元		0.8815元		0.8669元		0.9884元	
基金资产组合	市值(元)	占总资产比(%)	市值(元)	占总资产比(%)	市值(元)	占总资产比(%)	市值(元)	占总资产比(%)
股票投资	3,426,982,900.24	78.29	5,503,000,292.47	73.90	5,998,330,347.42	80.33	6,238,064,577.33	84.98
债券投资	3,463,486.44	0.08	3,446,493.30	0.05	3,377,632.80	0.05	3,381,904.54	0.05
金融衍生品投资	——	——	——	——	——	——	——	——
买入返售金融资产	——	——	——	——	——	——	——	——
银行存款和结算备付金	905,129,214.43	20.68	1,746,155,926.39	23.45	1,449,890,140.71	19.42	993,119,190.47	13.53
其他资产	41,487,128.75	0.95	193,624,808.08	2.60	15,737,232.49	0.21	106,043,059.20	1.44

投资前五名股票明细	股票名称	公允价值(元)	占净值比(%)	股票名称	公允价值(元)	占净值比(%)	股票名称	公允价值(元)	占净值比(%)	股票名称	公允价值(元)	占净值比(%)
	浦发银行	413,656,134.08	9.79	兴业银行	598,247,266.98	8.13	贵州茅台	577,982,344.28	7.78	兴业银行	649,834,204.58	9.00
	兴业银行	411,822,695.64	9.75	浦发银行	554,842,864.88	7.54	兴业银行	544,725,819.22	7.33	浦发银行	522,786,348.36	7.24
	招商银行	314,943,220.71	7.45	贵州茅台	449,343,262.98	6.10	浦发银行	473,616,954.60	6.38	贵州茅台	518,103,498.36	7.18
	贵州茅台	224,159,620.94	5.31	招商银行	443,055,717.27	6.02	招商银行	379,869,367.18	5.11	招商银行	507,633,290.40	7.03
	中兴通讯	183,416,154.96	4.34	中国人寿	234,673,655.00	3.19	民生银行	294,188,288.36	3.96	民生银行	405,759,341.19	5.62

投资前五名债券明细	债券名称	公允价值(元)	占净值比(%)	债券名称	公允价值(元)	占净值比(%)	债券名称	公允价值(元)	占净值比(%)	债券名称	公允价值(元)	占净值比(%)
	08石化债	2,837,824.10	0.07	08石化债	2,821,864.80	0.04	08石化债	2,768,450.00	0.04	08石化债	2,771,707.00	0.04
	08万科G1	354,723.10	0.01	08万科G1	353,388.30	0.00	08万科G1	343,711.00	0.00	08万科G1	346,180.38	0.00
	08万科G2	270,939.24	0.01	08万科G2	271,240.20	0.00	08万科G2	265,471.80	0.00	08万科G2	264,017.16	0.00

长城安心回报混合型证券投资基金

基本资料			
基金简称	长城安心回报混合	交易代码	200007
风险收益特征	该基金是绝对回报产品，其预期收益与风险低于股票型基金，高于债券基金与货币市场基金。		
业绩比较基准	银行一年期定期存款(税前)利率的2倍		
合同生效日	2006年8月22日	首募份额	14.17亿份
认购户数	43,699户		
基金管理人	长城基金管理有限公司	基金托管人	中国农业银行
注册登记人	长城基金管理有限公司		

成立来累计净值增长率与同期基准收益率历史走势对比图（%）

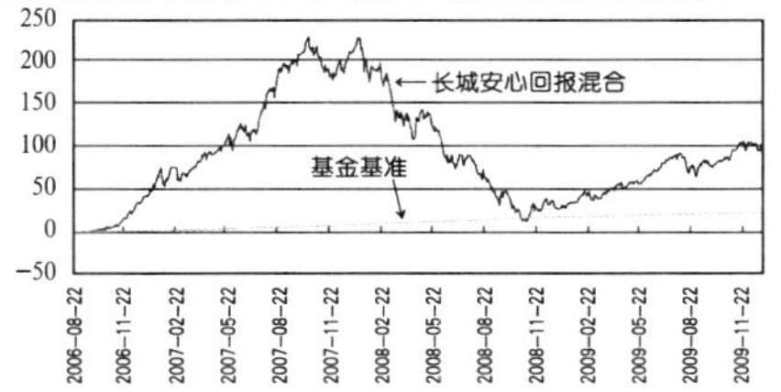

财务指标　　单位：人民币(元)；%

项目 \ 年度	2009年	2008年	2007年
本期利润	3,929,821,958.79	−10,130,854,273.72	1,696,520,774.26
本期加权平均净值利润率	46.94	−92.41	29.14
期末基金资产净值	9,287,865,626.81	6,770,463,602.43	18,069,774,827.86
期末基金份额净值	0.6977	0.4325	1.0522
本期份额净值增长率	61.32	−58.90	117.87
累计份额净值增长率	103.94	26.42	207.56
基金收益分配	——	——	10派0.500

近三年净值增长率与同期基准收益率对比图（%）

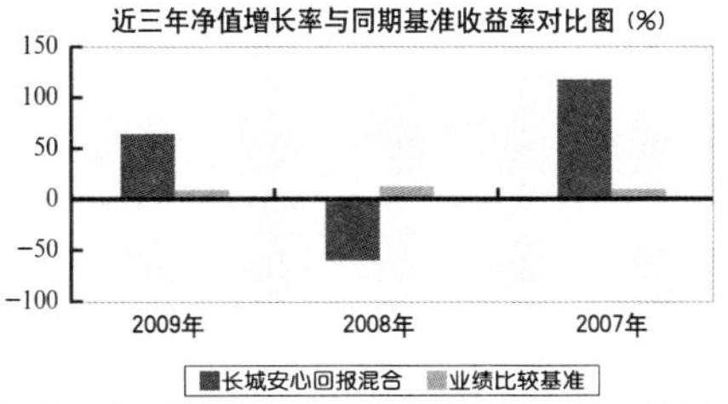

期末基金份额持有人户数	基金份额持有人户数为741,552户，平均每户持有17,950.79份。（期末截至2009年12月31日）
期末基金份额持有人结构	机构投资者持有份额120,324,463.68份，占总份额0.90%；个人投资者持有份额13,191,120,757.18份，占总份额99.10%。

基金业绩表现

2009年长城安心回报混合基金全年净值增长率为61.32%；同期业绩基准收益率为4.50%，业绩表现优于基准。

基金管理团队

徐九龙先生：兰州大学理学学士、中山大学理学硕士。7年证券从业经历。曾就职于江西省林科所、深圳市沙头角保税区管理局、深圳市经济贸易局。2002年3月进入长城基金管理有限公司，曾任研究员，从事行业及上市公司研究。自2008年2月至2009年3月曾任“长城久富核心成长股票型证券投资基金”基金经理，自2009年6月至2010年11月曾任“长城景气行业龙头灵活配置混合型证券投资基金”，自2009年1月至今任“长城安心回报混合”基金经理。

基金运作分析

2009年，长城安心回报混合基金在投资品种的选择上非常注意公司的质地和核心竞争力，试图选择那些具有品牌优势、渠道优势、核心技术以及行业发展空间广阔的公司作为投资标的，以此来度过此次百年不遇的金融危机。该基金管理人认为，这种思路和策略不仅符合长城安心回报混合基金的投资合同，而且从较长时间来看，该思路也符合国家经济结构转型的大趋势。但由于对政府流动性释放未能及时判断和充分预期，年初仓位一直较低，中后期才逐步提高仓位水平，并且对周期股配置相对较少，上半年丧失了不少投资机会，导致基金投资绩效受到一定影响。

季度投资组合一览

项目 \ 季度	第一季度		第二季度		第三季度		第四季度	
基金资产净值	7,835,442,085.63元		8,823,848,099.02元		8,353,189,469.53元		9,287,865,626.81元	
基金份额	15,394,034,026.08份		14,784,999,042.76份		13,878,079,946.97份		13,311,445,220.86份	
基金份额净值	0.5090元		0.5968元		0.6019元		0.6977元	
基金资产组合	市值(元)	占总资产比(%)	市值(元)	占总资产比(%)	市值(元)	占总资产比(%)	市值(元)	占总资产比(%)
股票投资	5,259,048,230.06	66.90	6,973,663,570.14	78.40	6,556,461,601.13	78.30	7,823,391,700.85	83.92
债券投资	815,814,935.60	10.38	893,502,942.00	10.05	916,403,000.00	10.94	982,391,745.70	10.54
金融衍生品投资	——	——	——	——	——	——	——	——
买入返售金融资产	——	——	——	——	——	——	——	——
银行存款和结算备付金	1,729,157,086.24	22.00	1,005,488,262.45	11.30	881,556,066.83	10.53	506,226,328.42	5.43
其他资产	56,691,044.23	0.72	22,057,815.19	0.25	18,973,834.75	0.23	10,866,607.66	0.12

投资前五名股票明细	股票名称	公允价值(元)	占净值比(%)	股票名称	公允价值(元)	占净值比(%)	股票名称	公允价值(元)	占净值比(%)	股票名称	公允价值(元)	占净值比(%)
	招商银行	537,877,899.63	6.86	浦发银行	644,560,000.00	7.30	贵州茅台	671,124,122.78	8.03	泸州老窖	848,423,682.56	9.13
	浦发银行	484,244,934.72	6.18	招商银行	627,480,000.00	7.11	泸州老窖	638,925,621.60	7.65	贵州茅台	698,617,912.86	7.52
	泸州老窖	464,226,511.80	5.92	泸州老窖	623,713,106.80	7.07	浦发银行	491,250,000.00	5.88	招商银行	541,500,000.00	5.83
	贵州茅台	427,911,470.74	5.46	贵州茅台	582,844,582.73	6.61	招商银行	487,740,000.00	5.84	浦发银行	472,104,540.00	5.08
	中信证券	263,937,918.06	3.37	中国平安	323,357,164.46	3.66	中国平安	405,600,000.00	4.86	中国平安	446,229,000.00	4.80

投资前五名债券明细	债券名称	公允价值(元)	占净值比(%)	债券名称	公允价值(元)	占净值比(%)	债券名称	公允价值(元)	占净值比(%)	债券名称	公允价值(元)	占净值比(%)
	20国债(4)	224,730,000.00	2.87	20国债(4)	223,960,000.00	2.54	21国债(10)	235,320,400.00	2.82	21国债(10)	289,049,036.20	3.11
	07央票128	210,160,000.00	2.68	07央行票据128	208,020,000.00	2.36	20国债(4)	223,498,000.00	2.68	20国债(4)	221,760,000.00	2.39
	08央票112	146,715,000.00	1.87	21国债(10)	173,022,200.00	1.96	07央行票据128	205,920,000.00	2.47	21国债(12)	214,297,709.50	2.31
	21国债(10)	122,391,500.00	1.56	08央票112	145,725,000.00	1.65	08央票112	144,780,000.00	1.73	07央行票据128	204,500,000.00	2.20
	08国开13	54,725,000.00	0.70	08国开13	54,140,000.00	0.61	21国债(12)	53,549,600.00	0.64	08国开13	52,785,000.00	0.57

长城久富核心成长股票型证券投资基金(LOF)

基本资料

基金简称	长城久富股票(LOF)		交易代码	162006	
风险收益特征	该基金是较高预期收益较高预期风险的产品，其预期收益与风险高于混合基金、债券基金与货币市场基金。				
业绩比较基准	75%×沪深300指数收益率+25%×中信全债指数收益率				
合同生效日	2007年2月12日	集中申购规模	79.35亿份	申购户数	237,127户
上市日期	2007年5月18日		上市地点	深交所	
基金管理人	长城基金管理有限公司		基金托管人	交通银行	
注册登记人	中国证券登记结算公司深圳分公司				

财务指标 单位：人民币(元)；%

项目 \ 年度	2009年	2008年	2007年
本期利润	2,251,056,619.27	-3,261,132,143.23	5,574,673,698.81
本期加权平均净值利润率	55.13	-64.09	61.36
期末基金资产净值	3,488,909,567.20	3,253,281,925.86	8,573,579,367.51
期末基金份额净值	1.7117	0.9939	1.8194
本期份额净值增长率	74.35	-44.82	97.03
累计份额净值增长率	89.54	8.71	97.03
基金收益分配	10派0.200	10派0.100	10派9.102

成立来累计净值增长率与同期基准收益率历史走势对比图(%)

近三年净值增长率与同期基准收益率对比图(%)

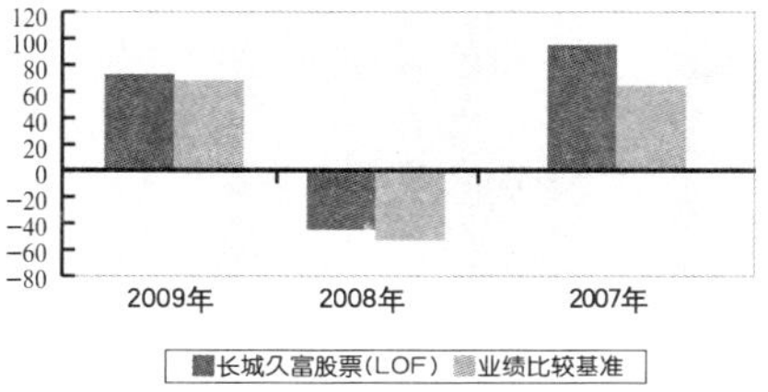

期末基金份额持有人户数	基金份额持有人户数为87,791户，平均每户持有23,217.02份。(期末截至2009年12月31日)
期末基金份额持有人结构	机构投资者持有份额56,514,456.44份，占总份额2.77%；个人投资者持有份额1,981,731,006.16份，占总份额97.23%。

基金业绩表现

截至2009年12月31日，长城久富股票基金份额净值为1.7117元，全年净值增长率为74.35%；同期业绩基准收益率为67.87%，业绩表现优于基准。

基金管理团队

杨建华先生：北京大学力学系理学学士、北京大学光华管理学院经济学硕士，注册会计师。10年证券从业经历。曾就职于大庆石油管理局、华为技术有限公司、深圳市和君创业投资公司、长城证券有限责任公司。2001年进入长城基金管理有限公司，曾任基金经理助理，自2007年9月25日至2009年1月5日任"长城安心回报混合型证券投资基金"基金经理，自2004年5月21日起任"长城久泰中信标普300指数证券投资基金"基金经理，自2009年9月至今任"长城久富核心成长股票型证券投资基金(LOF)"基金经理。

基金运作分析

2009年，长城久富股票基金上半年积极参与经济振兴规划带来的周期行业的投资机会，下半年积极参与内需相关的汽车、家电、医药、食品饮料等行业的投资机会，积极把握市场的风格轮动和热点转换，操作策略基本得当。

季度投资组合一览

项目 \ 季度	第一季度		第二季度		第三季度		第四季度	
基金资产净值	3,985,017,051.25元		4,691,443,831.67元		3,757,601,762.61元		3,488,909,567.20元	
基金份额	3,265,539,712.34份		3,182,847,587.22份		2,617,377,150.05份		2,038,245,462.60份	
基金份额净值	1.2203元		1.4740元		1.4356元		1.7117元	
基金资产组合	市值(元)	占总资产比(%)	市值(元)	占总资产比(%)	市值(元)	占总资产比(%)	市值(元)	占总资产比(%)
股票投资	3,258,761,746.01	80.95	3,817,983,952.49	80.70	3,101,820,396.39	82.25	3,232,094,569.18	91.93
债券投资	——	——	——	——	——	——	——	——
金融衍生品投资	——	——	——	——	——	——	——	——
买入返售金融资产	——	——	——	——	——	——	——	——
银行存款和结算备付金	748,419,082.19	18.59	902,552,731.03	19.08	630,982,139.06	16.73	281,300,779.20	8.00
其他资产	18,489,677.12	0.46	10,654,969.07	0.23	38,434,883.77	1.02	2,421,724.26	0.07

投资前五名股票明细	股票名称	公允价值(元)	占净值比(%)	股票名称	公允价值(元)	占净值比(%)	股票名称	公允价值(元)	占净值比(%)	股票名称	公允价值(元)	占净值比(%)
	招商银行	261,565,725.42	6.56	招商银行	358,560,000.00	7.64	招商银行	295,600,000.00	7.87	招商银行	186,613,932.10	5.35
	浦发银行	237,568,960.00	5.96	浦发银行	299,720,400.00	6.39	浦发银行	246,018,000.00	6.55	丽珠集团	186,137,769.24	5.34
	万 科A	165,611,542.32	4.16	万 科A	255,017,773.50	5.44	中信证券	185,086,555.02	4.93	泸州老窖	156,386,666.24	4.48
	贵州茅台	159,488,600.00	4.00	中信证券	209,138,186.52	4.46	丽珠集团	148,075,841.79	3.94	浦发银行	151,830,000.00	4.35
	中信证券	138,569,585.94	3.48	丽珠集团	140,716,460.34	3.00	华域汽车	113,758,352.00	3.03	华域汽车	142,253,815.20	4.08

投资前五名债券明细	债券名称	公允价值(元)	占净值比(%)	债券名称	公允价值(元)	占净值比(%)	债券名称	公允价值(元)	占净值比(%)	债券名称	公允价值(元)	占净值比(%)

长城品牌优选股票型证券投资基金

基本资料

基金简称	长城品牌优选股票		交易代码	200008	
风险收益特征	该基金为成长型股票基金，主要投资于具有超额盈利能力的品牌优势上市公司，风险高于混合型基金、债券基金和货币市场基金，低于积极成长型股票基金，属于较高风险的基金产品。				
业绩比较基准	75%×中信标普300指数收益率+25%×同业存款利率				
合同生效日	2007年8月6日	首募份额	113.85亿份	认购户数	347,049户
基金管理人	长城基金管理有限公司		基金托管人	中国建设银行	
注册登记人	长城基金管理有限公司				

财务指标　　单位：人民币（元）；%

项目＼年度	2009年	2008年	2007年
本期利润	7,126,592,008.17	−12,309,027,959.45	2,731,639,332.45
本期加权平均净值利润率	50.69	−79.18	12.08
期末基金资产净值	15,525,507,520.61	9,791,998,157.15	25,007,380,219.51
期末基金份额净值	0.9269	0.5329	1.1844
本期份额净值增长率	73.94	−55.01	18.44
累计份额净值增长率	−7.31	−46.71	18.44
基金收益分配	——	——	——

成立来累计净值增长率与同期基准收益率历史走势对比图（%）

近三年净值增长率与同期基准收益率对比图（%）

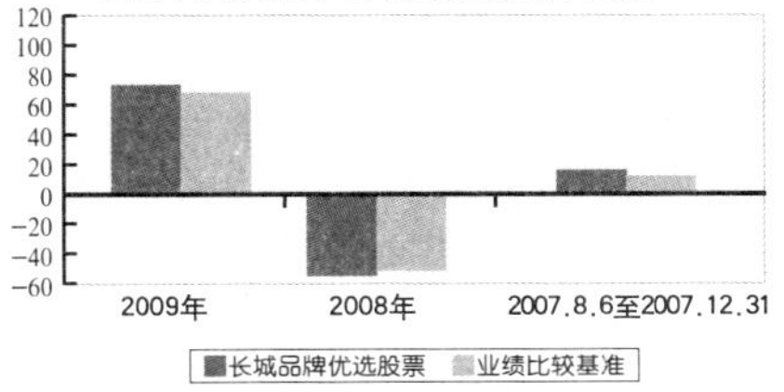

期末基金份额持有人户数	基金份额持有人户数为772,677户，平均每户持有21,677.85份。　（期末截至2009年12月31日）
期末基金份额持有人结构	机构投资者持有份额261,299,299.31份，占总份额1.56%；个人投资者持有份额16,488,674,604.53份，占总份额98.44%。

基金业绩表现

截至2009年12月31日，长城品牌优选股票基金份额净值为0.9269元，全年净值增长率为73.94%；同期业绩基准收益率为66.92%，业绩表现优于基准。

基金管理团队

杨毅平先生：基金经理，中国人民大学区域经济专业，经济学硕士，16年证券从业经历。曾任职于太平洋保险深圳分公司证券营业部、君安资产管理公司投资部、太平洋保险深圳分公司资金运用部、嘉实基金公司投资部（任副总监，基金经理）、鹏华基金公司基金管理部（任总监，基金经理）。2006年1月进入长城基金管理公司，任职首席策略分析师；2006年2月至2007年4月任长城久恒平衡混合基金经理；2006年8月日至2008年5月任长城安心回报混合基金经理；2007年8月起任长城品牌优选股票基金经理。

基金运作分析

2009年沪深300指数上涨95.03%，长城品牌优选股票基金净值上涨了73.94%。在同类可比基金中，处于中上水平。

2009年长城品牌优选股票基金重点配置了业绩预期向好，估值较低的大市值股票，并且大部分时间都保持较高的股票持仓，坚定持股，只是在2月中旬少量减仓，2月下旬回补，在7月底减仓，8月中下旬回补，股票换手率维持在较低水平，获得相对较好的投资回报，但在行业配置及对市场风格类资产转换的把握上，还有许多值得改进之处。

季度投资组合一览

项目＼季度	第一季度		第二季度		第三季度		第四季度	
基金资产净值	12,459,867,764.98元		15,788,260,921.97元		13,985,053,643.24元		15,525,507,520.61元	
基金份额	18,140,489,192.35份		18,330,747,032.47份		17,533,170,262.31份		16,749,973,903.84份	
基金份额净值	0.6869元		0.8613元		0.7976元		0.9269元	
基金资产组合	市值(元)	占总资产比(%)	市值(元)	占总资产比(%)	市值(元)	占总资产比(%)	市值(元)	占总资产比(%)
股票投资	10,255,548,549.01	82.06	12,481,960,234.57	78.86	12,717,170,800.30	90.69	14,230,105,428.89	91.35
债券投资	——	——	——	——	——	——	——	——
金融衍生品投资	——	——	——	——	——	——	——	——
买入返售金融资产	——	——	——	——	——	——	——	——
银行存款和结算备付金	2,226,276,351.03	17.81	3,320,484,082.43	20.98	1,296,861,392.90	9.25	1,070,689,187.01	6.87
其他资产	16,255,691.76	0.13	26,531,218.12	0.17	7,978,052.86	0.06	276,006,705.58	1.77

投资前五名股票明细	股票名称	公允价值(元)	占净值比(%)	股票名称	公允价值(元)	占净值比(%)	股票名称	公允价值(元)	占净值比(%)	股票名称	公允价值(元)	占净值比(%)
	兴业银行	1,194,725,902.74	9.59	兴业银行	1,563,301,426.50	9.90	兴业银行	1,357,708,488.62	9.71	兴业银行	1,454,490,130.03	9.37
	浦发银行	1,014,520,861.12	8.14	浦发银行	1,480,969,600.80	9.38	浦发银行	1,264,163,886.00	9.04	浦发银行	1,395,405,327.60	8.99
	招商银行	861,314,072.40	6.91	招商银行	1,211,679,118.80	7.67	招商银行	1,038,875,617.52	7.43	招商银行	1,031,777,728.05	6.65
	武钢股份	853,190,954.70	6.85	武钢股份	914,713,567.76	5.79	工商银行	923,841,450.81	6.61	工商银行	1,024,864,431.68	6.60
	工商银行	742,193,426.04	5.96	宝钢股份	881,129,779.20	5.58	民生银行	844,373,490.84	6.04	民生银行	990,948,711.06	6.38

投资前五名债券明细	债券名称	公允价值(元)	占净值比(%)	债券名称	公允价值(元)	占净值比(%)	债券名称	公允价值(元)	占净值比(%)	债券名称	公允价值(元)	占净值比(%)

长城稳健增利债券型证券投资基金

基本资料

基金简称	长城稳健增利债券		交易代码	200009	
风险收益特征	该基金为债券型基金，其长期平均风险和与其收益率低于股票型基金，高于货币市场基金。该基金为中等风险、中等收益的基金产品。				
业绩比较基准	中国债券总指数				
合同生效日	2008年8月27日	首募份额	12.90亿份	认购户数	11,556户
基金管理人	长城基金管理有限公司		基金托管人	中国建设银行	
注册登记人	长城基金管理有限公司				

财务指标 单位：人民币（元）；%

项 目 / 年 度	2009年	2008年8月27日至2008年12月31日
本期利润	8,008,228.05	89,603,771.10
本期加权平均净值利润率	3.36	7.98
期末基金资产净值	89,869,940.28	631,960,520.86
期末基金份额净值	1.118	1.084
本期份额净值增长率	5.56	8.40
累计份额净值增长率	14.43	8.40
基金收益分配	10派0.250	——

成立来累计净值增长率与同期基准收益率历史走势对比图（%）

近两年净值增长率与同期基准收益率对比图（%）

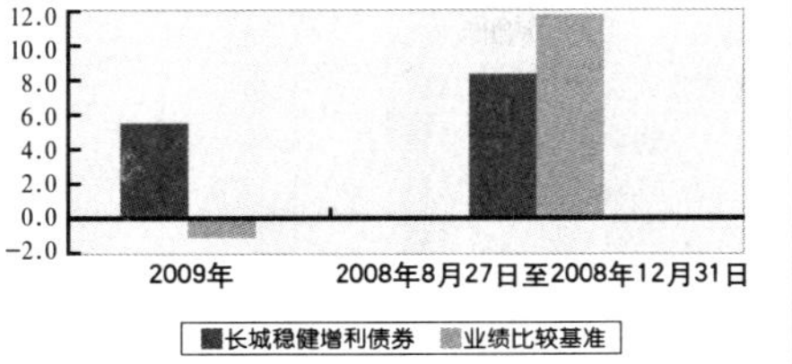

期末基金份额持有人户数	基金份额持有人户数为4,026户，平均每户持有19,959.90份。（期末截至2009年12月31日）
期末基金份额持有人结构	机构投资者持有份额2,809,608.09份，占总份额3.50%；个人投资者持有份额77,548,944.21份，占总份额96.50%。

基金业绩表现

2009年长城稳健增利债券基金净值增长5.56%，同期业绩基准收益率为-1.24%；业绩表现优于基准。

基金管理团队

钟光正先生：经济学硕士。曾就职于安徽安凯汽车股份有限公司，2004年7月至2007年7月在广发银行总行资金部从事宏观及债券研究、资金管理、债券交易等工作，2007年8月至2009年10月在招商银行资金交易部从事人民币理财产品的投资管理工作，2009年11月进入长城基金管理有限公司，任债券研究员。自2010年2月至今任"长城货币市场证券投资基金"基金经理，自2010年2月至今任"长城稳健增利债券型证券投资基金"基金经理。

基金运作分析

2009年年初，长城稳健增利债券基金在操作上，果断地大幅降低组合中的债券久期，以规避利率风险，并及时增加对可转债的配置，另外也灵活配置少量股票资产；同时开始参与可转债市场，并在之后大幅度加大股票投资比重，这部分投资为资产组合在前三季度取得了较高的投资收益；三季度中期后，该基金调整权益类投资策略，及时在高位清仓，转为以一级市场申购新股为主，基本没有参与二级市场的股票投资，而将这部分资产转换到固定收益类投资品种上。通过调整，在一定程度上规避了短端利率上行的风险，并利用信用债为投资组合取得了正收益。

季度投资组合一览

项 目 / 季 度	第一季度		第二季度		第三季度		第四季度	
基金资产净值	325,982,128.46元		182,540,085.64元		145,932,964.69元		89,869,940.28元	
基金份额	300,303,175.36份		165,576,380.70份		130,697,453.32份		80,358,552.30份	
基金份额净值	1.086元		1.102元		1.117元		1.118元	
基金资产组合	市值(元)	占总资产比(%)	市值(元)	占总资产比(%)	市值(元)	占总资产比(%)	市值(元)	占总资产比(%)
股票投资	23,626,790.00	7.17	30,664,990.00	14.17	40,445.00	0.03	21,050.00	0.02
债券投资	287,435,079.80	87.25	177,240,800.00	81.92	143,093,327.80	91.72	71,978,587.00	70.21
金融衍生品投资	——	——	——	——	——	——	——	——
买入返售金融资产	——	——	——	——	——	——	——	——
银行存款和结算备付金	11,772,207.62	3.57	3,817,695.59	1.76	6,621,943.04	4.24	18,168,199.74	17.72
其他资产	6,601,326.25	2.00	4,628,919.22	2.14	6,250,749.29	4.01	12,352,457.05	12.05

投资前五名股票明细

股票名称	公允价值(元)	占净值比(%)	股票名称	公允价值(元)	占净值比(%)	股票名称	公允价值(元)	占净值比(%)	股票名称	公允价值(元)	占净值比(%)
中国国航	6,425,100.00	1.97	中国太保	4,476,000.00	2.45	神州泰岳	29,000.00	0.02	罗普斯金	11,000.00	0.01
云南铜业	6,305,910.00	1.93	中国人寿	4,408,000.00	2.41	南风股份	11,445.00	0.01	皇氏乳业	10,050.00	0.01
南山铝业	5,947,500.00	1.82	中国平安	4,352,480.00	2.38						
东百集团	2,585,480.00	0.79	山东黄金	3,786,300.00	2.07	——			——		
泸州老窖	2,362,800.00	0.72	上海汽车	2,735,850.00	1.50						

投资前五名债券明细

债券名称	公允价值(元)	占净值比(%)	债券名称	公允价值(元)	占净值比(%)	债券名称	公允价值(元)	占净值比(%)	债券名称	公允价值(元)	占净值比(%)
08央行票据35	105,910,000.00	32.49	08央行票据35	73,381,000.00	40.20	08央行票据35	72,499,000.00	49.68	08央行票据35	30,840,000.00	34.32
20国债(4)	101,246,994.00	31.06	09国开05	49,825,000.00	27.30	20国债(4)	23,814,727.80	16.32	09国开20	20,114,000.00	22.38
08央行票据61	48,285,000.00	14.81	20国债(4)	39,956,500.00	21.89	09国开05	19,962,000.00	13.68	09国开05	9,989,000.00	11.11
08国开18	20,468,000.00	6.28	08央行票据44	10,495,000.00	5.75	21国债(10)	11,303,600.00	7.75	09青国投	5,000,000.00	5.56
08江铜债	8,728,800.00	2.68	21国债(10)	3,583,300.00	1.96	08央行票据44	10,365,000.00	7.10	20国债(4)	4,455,360.00	4.96

长城双动力股票型证券投资基金

基本资料			
基金简称	长城双动力股票	交易代码	200010
风险收益特征	该基金为股票型基金，主要投资于具有内生性增长潜力或外延式扩张潜质的优势上市公司。属于预期风险收益较高的基金品种，其预期风险和预期收益高于债券型基金和混合型基金。		
业绩比较基准	75%×中信标普300指数收益率+25%×中信标普全债指数收益率		
合同生效日	2009年1月15日	首募份额	4.86亿份
认购户数	2,298户		
基金管理人	长城基金管理有限公司	基金托管人	中国建设银行
注册登记人	长城基金管理有限公司		

2009年累计净值增长率与同期基准收益率历史走势对比图（%）

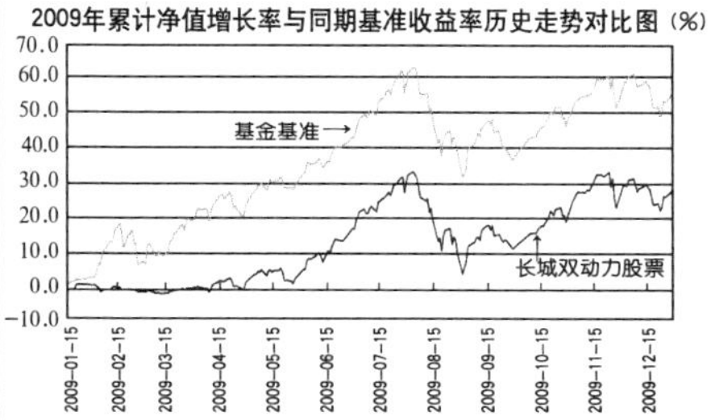

财务指标　单位：人民币（元）；%	
项目 \ 年度	2009年1月15日至2009年12月31日
本期利润	34,100,951.26
本期加权平均净值利润率	24.32
期末基金资产净值	69,997,268.16
期末基金份额净值	1.3017
本期份额净值增长率	30.17
累计份额净值增长率	30.17
基金收益分配	——
期末基金份额持有人户数	基金份额持有人户数为3,433户，平均每户持有15,663.37份。（期末截至2009年12月31日）
期末基金份额持有人结构	机构投资者持有份额18,135,515.38份，占总份额33.73%；个人投资者持有份额35,636,826.43份，占总份额66.27%。

2009年净值增长率与同期基准收益率对比图（%）

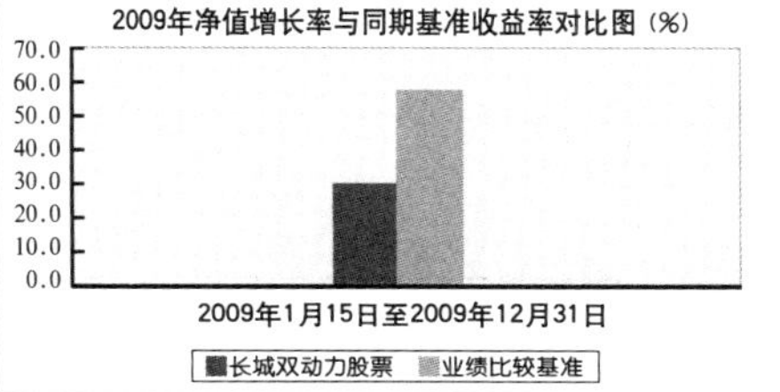

基金业绩表现

长城双动力股票基金合同生效于2009年1月15日，截至2009年12月31日，该基金份额净值为1.3017元，成立以来净值增长率为30.17%。

基金管理团队

阮　涛先生：南京航空航天大学工学学士、华中科技大学经济学硕士。10年证券从业经历。曾就职于东风汽车公司、长城证券有限责任公司。2002年进入长城基金管理有限公司，曾任基金久嘉基金助理、行业研究员。自2007年4月至2007年11月任"长城久恒平衡型证券投资基金"基金经理；自2010年2月至今任"长城久恒平衡型证券投资基金"基金经理；自2010年2月至今任"长城双动力股票型证券投资基金"基金经理。

基金运作分析

长城双动力股票基金于2009年1月中旬发行设立，该基金采取谨慎的投资策略，建仓速度迟缓，对于上游板块的配置力度不足导致上半年的周期股上涨参与力度不足。在2009年8月份上证指数达到年内高点之后，市场开始大幅回调，该基金由于配置并未鲜明偏向下游板块，净值波动幅度相对指数并不突出。

首先，该基金主要配置同市场热点有偏差，没有能够主动积极地跟随市场的变化调整结构，造成了基金表现不如市场；其次，由于该基金规模比较小，持有人的申购、赎回对于基金仓位变化的影响比较大，这使得基金仓位上下波动比较频繁，在一定程度上增加了基金操作的难度，对净值表现也造成了较大的影响。

季度投资组合一览

项目 \ 季度	第一季度		第二季度		第三季度		第四季度	
基金资产净值	150,106,256.66元		82,276,352.33元		199,462,657.80元		69,997,268.16元	
基金份额	149,463,883.76份		70,325,536.86份		177,798,477.07份		53,772,341.81份	
基金份额净值	1.0043元		1.1699元		1.1218元		1.3017元	
基金资产组合	市值(元)	占总资产比(%)	市值(元)	占总资产比(%)	市值(元)	占总资产比(%)	市值(元)	占总资产比(%)
股票投资	32,907,080.00	19.79	64,611,870.77	75.59	145,796,489.59	69.39	64,353,921.48	91.07
债券投资	——	——	——	——	——	——	——	——
金融衍生品投资	——	——	——	——	——	——	——	——
买入返售金融资产	——	——	——	——	——	——	——	——
银行存款和结算备付金	133,261,749.06	80.14	13,758,367.40	16.10	49,920,164.60	23.76	4,002,560.83	5.66
其他资产	112,873.85	0.07	7,110,046.21	8.32	14,380,580.68	6.84	2,310,275.79	3.27

投资前五名股票明细	股票名称	公允价值(元)	占净值比(%)	股票名称	公允价值(元)	占净值比(%)	股票名称	公允价值(元)	占净值比(%)	股票名称	公允价值(元)	占净值比(%)
	招商银行	3,982,500.00	2.65	浦发银行	6,301,932.18	7.66	浦发银行	12,515,085.00	6.27	泸州老窖	4,955,425.28	7.08
	格力电器	3,901,500.00	2.60	招商银行	4,759,346.16	5.78	深发展A	10,177,086.00	5.10	深发展A	3,655,500.00	5.22
	贵州茅台	3,442,200.00	2.29	民生银行	4,737,482.64	5.76	招商银行	9,799,140.00	4.91	招商银行	3,610,000.00	5.16
	海螺水泥	3,402,760.00	2.27	深发展A	4,489,312.26	5.46	中国平安	9,007,007.10	4.52	格力电器	3,601,727.70	5.15
	金风科技	3,212,000.00	2.14	保利地产	4,250,659.12	5.17	民生银行	8,602,936.00	4.31	浦发银行	3,253,500.00	4.65

投资前五名债券明细	债券名称	公允价值(元)	占净值比(%)	债券名称	公允价值(元)	占净值比(%)	债券名称	公允价值(元)	占净值比(%)	债券名称	公允价值(元)	占净值比(%)

长城景气行业龙头灵活配置混合型证券投资基金

基本资料

基金简称	长城景气行业龙头混合	交易代码	200011		
风险收益特征	该基金为混合型基金，长期平均风险和预期收益率高于债券型基金、货币市场基金，低于股票型基金，为中高风险、中高收益产品。				
业绩比较基准	55%×沪深300指数收益率+45%×中债总财富指数收益率				
合同生效日	2009年6月30日	首募份额	19.64亿份	认购户数	24,997户
基金管理人	长城基金管理有限公司	基金托管人	中国建设银行		
注册登记人	长城基金管理有限公司				

2009年累计净值增长率与同期基准收益率历史走势对比图（%）

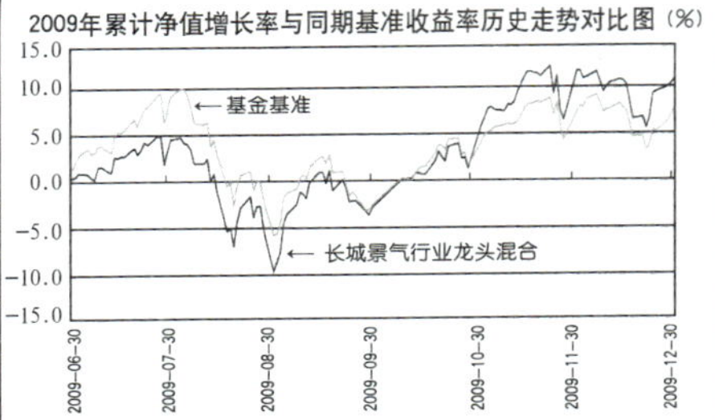

财务指标 单位：人民币（元）：%

项目 \ 年度	2009年6月30日至2009年12月31日
本期利润	145,020,768.87
本期加权平均净值利润率	10.21
期末基金资产净值	709,165,505.20
期末基金份额净值	1.110
本期份额净值增长率	11.00
累计份额净值增长率	11.00
基金收益分配	——

2009年净值增长率与同期基准收益率对比图（%）

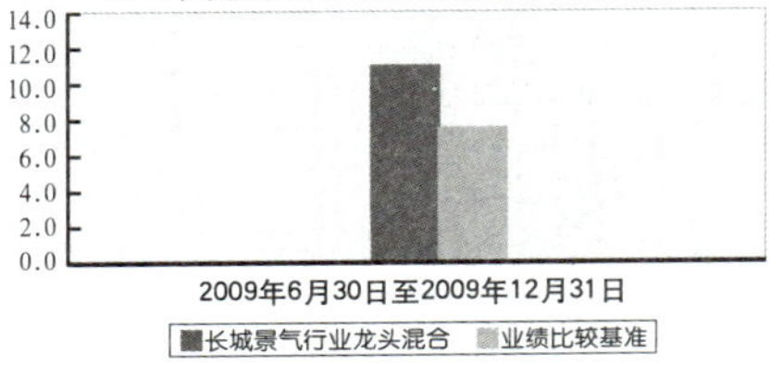

期末基金份额持有人户数	基金份额持有人户数为13,380户，平均每户持有47,768.90份。（期末截至2009年12月31日）
期末基金份额持有人结构	机构投资者持有份额17,963,413.31份，占总份额2.81%；个人投资者持有份额621,184,421.81份，占总份额97.19%。

基金业绩表现

长城景气行业龙头混合基金合同生效于2009年6月30日，截至2009年12月31日，该基金份额净值为1.110元，成立以来净值增长率为11.00%，在同期发行的基金中排名位居前列。

基金管理团队

蒋劲刚先生：天津大学材料系工学学士、天津大学管理学院工学硕士。12年证券从业经历。曾就职于深圳市华为技术有限公司、海南富岛资产管理有限公司。2001年10月进入长城基金管理有限公司，历任运行保障部交易室交易员、交易主管、研究部行业研究员、机构理财部投资经理。其中2005年3月至2008年12月兼任长城基金管理有限公司投资决策委员会秘书。自2010年1月至今任"长城消费增值股票型证券投资基金"基金经理。自2010年11月至今任"长城景气行业龙头灵活配置混合型证券投资基金"基金经理。

季度投资组合一览

项目 \ 季度	第三季度		第四季度	
基金资产净值	1,452,969,551.99元		709,165,505.20元	
基金份额	1,496,076,482.30份		639,147,835.12份	
基金份额净值	0.971元		1.110元	
基金资产组合	市值(元)	占总资产比(%)	市值(元)	占总资产比(%)
股票投资	1,113,686,050.56	75.81	555,462,766.29	76.93
债券投资	——	——	——	——
资产支持证券投资	——	——	——	——
金融衍生品投资	——	——	——	——
买入返售金融资产	——	——	——	——
银行存款和结算备付金	355,083,480.47	24.17	164,841,872.38	22.83
其他资产	195,211.16	0.01	1,751,531.79	0.24

投资前五名股票明细	股票名称	公允价值(元)	占净值比(%)	股票名称	公允价值(元)	占净值比(%)
	贵州茅台	107,159,000.00	7.38	贵州茅台	59,844,568.00	8.44
	招商银行	70,944,000.00	4.88	泸州老窖	59,492,704.64	8.39
	浦发银行	68,775,000.00	4.73	浦发银行	36,409,875.12	5.13
	泸州老窖	57,970,920.00	3.99	中国平安	35,808,500.00	5.05
	中国平安	57,554,538.60	3.96	招商银行	34,382,777.15	4.85
投资前五名债券明细	债券名称	公允价值(元)	占净值比(%)	债券名称	公允价值(元)	占净值比(%)
	——			——		

基金运作分析

长城景气行业龙头混合基金于2009年6月底发行设立，7月份开始投资运作。根据当时的市场环境，该基金采取快速建仓的投资策略，同时也考虑到市场可能出现的风险，兼顾配置了相当比重的下游板块。在8月份上证指数达到年内高点之后，市场开始大幅回调，长城景气行业龙头混合基金由于下游板块比重较高，净值波动幅度相对较小。在其后的市场反弹中该基金迅速回到面值以上，赎回一直不断，对投资运作造成较大影响，基本上以卖出为主来应对赎回，仓位以及结构调整受到较大影响。

2010年，证券市场可能继续维持震荡格局。长城景气行业龙头混合基金将维持一定仓位的核心资产，中长线布局，自下而上精选个股，避免重大个股投资风险，竭力给持有人带来长期稳定的回报。

南方基金
CHINA SOUTHERN FUND

纵横市场，“指”为您所想

- ✓ 深证成份ETF
- ✓ 中证南方小康ETF
- ✓ 南方深成ETF联接基金
- ✓ 中证南方小康ETF联接基金

市场有风险，投资需谨慎

起航
我的财富人生
财智分享 合赢人生

公司介绍

泰达宏利基金管理有限公司(原泰达荷银基金管理有限公司)，成立于2002年6月，是中国首批合资基金管理公司之一，注册资本1.8亿元人民币。在吸取外方股东全球投资智慧以及深刻认知中国资本市场的基础上，公司建立并拥有了一整套科学严谨的投资管理流程、先进的研究方法，并且在八年多的实践中积累了丰富的投资管理经验，取得了良好的长期投资业绩，赢得了投资者的信任。目前公司旗下共管理13只开放型基金，具有较为完善的产品线可供选择。

财智分享 合赢人生——泰达宏利矢志成为具有良好声誉、受人尊敬的基金管理公司，通过分享我们的专业经验、努力创造优异的投资业绩，提供高品质的客户服务，力求给予我们的客户持续的价值回报，共创富足、健康的和谐社会。

拥有强大的股东背景

中方股东：天津泰达控股旗下的北方国际信托股份有限公司

天津泰达投资控股有限公司成立于2001年12月，其企业规模和实力位居天津市首位，总资产超过1300亿，经营范围涉及银行、经纪业务、保险、证券及其他多种行业。目前拥有11家全资公司、30家控股公司和24家参股公司，其中6家为上市公司。旗下的北方信托是经国务院、中国人民银行批准成立的大型国有股份制金融机构，是全国首家引入外资股份的信托投资公司。

外方股东：加拿大宏利金融旗下的宏利资产管理(香港)有限公司

宏利金融(Manulife Financial)成立于1887年，总部位于加拿大多伦多，具有超过120年的发展历史，其业务遍布全球19个国家；具有良好的风控文化、经营稳健，获得多个业内财务实力最高评级。宏利金融的主要业务范围为共同基金、个人保险及财富管理、团体福利及退休金、团体寿险及医疗保险等。目前，宏利金融在亚洲10个国家和地区开展业务，已经拥有9家资产管理公司。中国首家合资人寿保险公司——中宏保险，就是宏利金融与中国中化集团合资成立。

中银基金业务范围涵盖公募基金、专户理财、QDII、投资顾问等多个领域。建立了完备的产品体系，涵盖货币、债券、混合、股票等不同风险收益特征的基金产品。

目前，中银基金旗下共有11只基金产品，3只股票型、5只混合型、2只债券型、1只货币型，具有相对完备的产品线，从不同风险偏好客户的理财需求出发，为客户提供多样化的选择。

股票型基金

中银增长
163803

中银策略
163805

中银中证100
163808

混合型基金

中银中国
163801

中银收益
163804

中银优选
163807

中银蓝筹
163809

中银价值
163810

债券型基金

中银增利
163806

中银双利
A类:163811
B类:163812

货币市场基金

中银货币
163802

当初它还是一块石头的时候，没有人相信它里面蕴藏着白玉，我看到了它的价值；后来，行内的朋友说它很难琢成大器。历经5年，我终于发掘了它连城的身价。
---刘先生 著名玉石投资专家

建信

建信

建信基金管理公司

CCB Principal Asset Management Co.,Ltd.

秉承摩根百年用心
真诚对待信任托付

卓越品牌

★ 交银施罗德基金管理有限公司（以下简称“交银施罗德”）成立于2005年8月，由交通银行股份有限公司、施罗德投资管理有限公司和中国国际集装箱海运(集团)股份有限公司共同发起设立，是中国首批试点的银行号基金管理公司之一。

★ 交银施罗德成立五年以来，始终以“诚信百年，专业理财”为经营宗旨，以“诚信、专业、投资者利益至上”为共同理念，通过构建严谨的公司治理结构、建立高素质的员工团队和引入先进的国际经验，全力打造一家诚信、专业的基金管理公司，全心全意为投资者服务，与投资者共同成长。

★ 作为交银施罗德的核心价值主张，“稳健源自前瞻”的口号在过去五年的时间里一直是公司努力的方向与目标，即通过专业前瞻的投资和研究，为投资人带来持续稳健的业绩和回报。同时，公司先后取得了QDII资格及特定资产管理业务（专户理财）资格，为投资人提供更多全球视野、专业独具的理财产品和投资服务。

精选中小盘
奏享大成长
信达澳银中小盘
股票型证券投资基金 基金代码：610004
First State Investments
信达澳银基金
诚者信达
☆ 精选中小盘股 分享中国增长
☆ 细分风险收益 丰富您的选择
晨星开放式基金业绩排行榜显示，
截至2010年9月30日，信达澳银中小盘基金2010年前三季度的总回报率在286只股票型基金中排名第8。
基金管理人：First State Investments 信达澳银基金
基金托管及主代销银行：中国建设银行 China Construction Bank
客服电话：400-8888-118 0755-83160160 网址：www.fscinda.com
客服电话：95533 网址：www.ccb.com
风险提示：本资料仅作为宣传用品，不作为任何法律文件。投资有风险，决策需谨慎，基金过往业绩并不预示其未来表现，基金管理人管理的其他基金的业绩并不构成新基金业绩表现的保证。投资者投资本基金前，应认真阅读本基金《基金合同》、《招募说明书》和《基金份额发售公告》。

skandia
global funds
skandia
CITROËN
skandia
Team GBR
Team GBR RYA
skandia

紧握亚洲市场脉搏　为你创造传奇

KPMG
cutting through complexity™
商机满溢
携手共拓
中国市场充满无数的机遇，但我们必须懂得发掘有潜力的领域。1992年，毕马威成为首家获准在国内合资开业的国际会计师事务所。目前，毕马威中国在北京、上海、沈阳、南京、杭州、福州、厦门、青岛、广州、深圳、成都、香港特别行政区和澳门特别行政区共设有13家机构。无论客户在何处经营业务，我们各家办事处均能为客户提供贯彻如一的优质专业服务，协助客户把握商机，实现业务目标。
kpmg.com/cn
©2010毕马威企业咨询(中国)有限公司 — 中国外商独资企业及毕马威华振会计师事务所 — 中国中外合作经营企业，均是与瑞士实体 — 毕马威国际合作组织（"毕马威国际"）相关联的独立成员所网络中的成员。版权所有，不得转载。
©2010毕马威会计师事务所 — 香港合伙制事务所，是与瑞士实体 — 毕马威国际合作组织（"毕马威国际"）相关联的独立成员所网络中的成员。版权所有，不得转载。

安永是全球领先的审计、税务、财务交易和咨询服务机构之一。拥有共同的信念以及对优质服务坚定不移的承诺把我们全球各地141,000名员工联系在一起。亦因安永能协助员工、客户和社会各界发挥潜能，我们在行业中别树一帜。
在中国市场上，安永为大约30%的基金管理公司提供各类专业服务。截至2009年12月31日，我们为151只基金提供法定审计服务。安永服务的基金种类涉及股票型基金、债券型基金、货币市场基金、保本型基金、LOF基金、ETF基金、QDII基金。我们不仅为基金管理公司和基金提供传统的审计和验资服务，还向多家托管行和基金管理公司提供SAS70内部控制审计、GIPS全球投资业绩标准鉴证等一系列国际标准的专业服务。
贵公司下一步将如何拓展业务？
ey.com/china
ERNST & YOUNG
安 永
© 2010 安永（中国）版权所有 EEA no. 03000776

自主研发
稳定
安全
高效
100%
50%
YSSTECH
深圳市赢时胜信息技术股份有限公司
SHENZHEN YSSTECH INFO-TECH CO.,LTD
深圳总部
电话：0755-88265110 传真：0755-88265113
地址：深圳市福田区深南大道6033号金运世纪大厦13F
邮编：518040

久嘉证券投资基金

长城久富核心成长股票型证券投资基金

长城久恒平衡型证券投资基金、

长城久泰中信标普300指数证券投资基金

长城货币市场证券投资基金

长城消费增值股票型证券投资基金

长城安心回报混合型证券投资基金

长城品牌优选股票型证券投资基金

长城稳健增利债券型证券投资基金

长城双动力股票型证券投资基金

长城景气行业龙头灵活配置混合型证券投资基金

长城中小盘成长股票型证券投资基金

公司电话：0755 -23982338　公司传真：0755-23982328　客服热线：400-8868-666

您的梦想，让我们一起实现

2010

中国证券投资基金年鉴

ALMANAC OF CHINA'S SECURITIES INVESTMENT FUNDS

下册（总第八卷）

国务院发展研究中心金融研究所　主办

中国证券投资基金年鉴编辑委员会　编

中国经济出版社
CHINA ECONOMIC PUBLISHING HOUSE
北　京

目 录 CONTENTS

第二部分　市场发展综述 Overview of Market Development

第三部分　综合数据统计 Composite Data Statistics

目录 CONTENTS

目 录 CONTENTS

第五部分 基金市场体系 Fund Market System

第一章 基金管理人及旗下产品 Fund Managers and Their Products

目录 CONTENTS

第二章　基金托管人及托管业务　Custodians and Their Businesses

第三章　其他服务机构　Other Fund Service Providers

基金代销机构　Distributors

审计机构　Auditors

法律顾问　Law Firms

目 录 CONTENTS

泰达宏利基金管理有限公司

法定名称	泰达宏利基金管理有限公司	英文名称	MANULIFE TEDA FUND MANAGEMENT CO., LTD.		
成立时间	2002年6月6日	注册资本	1.8亿元人民币	公司属性	中外合资
董事长	刘惠文	总经理	缪钧伟	督察长	张萍
公司网址	www.mfcteda.com	客服电话	400-698-8888　010-6655 5662		
联系电话	010-6657 7777	传真号码	010-6657 7666		
注册地址	北京市西城区金融大街7号英蓝国际金融中心南楼三层	办公地址	北京市西城区金融大街7号英蓝国际金融中心南楼三层		

公司简介

泰达宏利基金管理有限公司(原泰达荷银基金管理有限公司),成立于2002年6月,是中国首批合资基金管理公司之一,注册资本1.8亿元人民币。

公司拥有强大的股东背景。

中方股东为天津泰达控股旗下的北方国际信托股份有限公司。天津泰达投资控股有限公司成立于2001年12月,其企业规模和实力位居天津市首位,总资产超过1300亿,经营范围涉及银行、经纪业务、保险、证券及其他多种行业。目前拥有11家全资公司、30家控股公司和24家参股公司,其中6家为上市公司。旗下的北方信托是经国务院、中国人民银行批准成立的大型国有股份制金融机构,是全国首家引入外资股份的信托投资公司。

外方股东为加拿大宏利金融旗下的宏利资产管理(香港)有限公司。宏利金融(Manulife Financial)成立于1887年,总部位于加拿大多伦多,具有超过120年的发展历史,其业务遍布全球19个国家;具有良好的风控文化、经营稳健,获得多个业内财务实力最高评级。宏利金融的主要业务范围为共同基金、个人保险及财富管理、团体福利及退休金、团体寿险及医疗保险等。目前,宏利金融在亚洲10个国家和地区开展业务,已经拥有9家资产管理公司。中国首家合资人寿保险公司——中宏保险,就是宏利金融与中国中化集团合资成立。

年度经营

截至2010年6月30日,公司发行并管理了包括股票型、指数型、混合型、货币型在内的13只公募基金,具有较为完善的基金产品线供客户选择。

在产品发行方面,2009年公司先后募集设立了泰达宏利品质生活混合基金和泰达宏利红利先锋股票基金,两只新基金共募集资金26.91亿元,投资者有效认购户数为25,842户。2010年3月,公司更名后的首只基金——泰达宏利中证财富大盘指数基金发行,这是国内第一只以关注上市公司财富创造能力为选股标准的指数产品,也是目前国内唯一一只跟踪创新指数的基金产品,该基金于2010年4月23日正式成立,共募集资金11.65亿元,有效认购总户数为11,891户。作为国内首只自定义指数基金,该基金的成立开创了基金公司定制指数产品的新时代。

在投资管理中,泰达宏利投研团队始终坚持在对国内行业及企业的深刻理解的基础上,在严格风险管理以及积极主动的投资理念指引下,运用国际化的行业分析方法,坚持价值与成长相结合的投资理念、深入分析行业长期趋势、注重对上市公司内在品质的考量。这种全球投资智慧和本土市场管理经验的良好结合,为投资者创造了较好的投资收益。

客户服务

在客户服务方面,公司坚持为投资人提供高效、专业、不间断、全方位的优质服务,以及多元、个性、互动的服务平台。主动向客户提供丰富的投资资讯和专业的理财知识,同时及时解答客户来电或来信咨询问题,为客户提供顾问式服务。通过热心电话服务、尽心在线服务、安心网上交易、称心网络查询、用心电子资讯、贴心服务短信、精心邮寄服务、虚心意见与建议服务等方式服务于客户。以诚心对待客户,以专心服务客户,以贴心关怀客户,以信心感染客户。

社会责任

公司自成立以来,积极投身社会公益活动。

在2008年5月的汶川地震中,公司第一时间捐助善款60万元,并随即开展持有人关爱A计划,提供寻找持有人、帮助持有人解决资产问题、提供后续帮助三阶段的服务。2010年4月,青海玉树地震,公司向震区捐款20万元,同时,泰达宏利基金"有爱有未来——向生命致敬,为玉树祈福"的网页也正式上线,通过相关活动为震区同胞祈福。

2009年5月,公司开展"有爱有未来"公益系列活动,重回四川绵阳,为安县茶坪乡小学的老师们购买办公桌椅,同时募集图书,为学校建造图书馆。

2010年12月7日,泰达宏利再次回到四川安县茶坪小学,满载着泰达宏利所有员工及社会各界的爱——8,000册图书和6个乒乓球桌,在茶坪小学举办了"泰达宏利图书室"挂牌暨捐赠仪式。

此外,公司还投身于推荐持有人使用绿色环保电子对账单、参与"仁者基金"助学计划资助贫困学生及捐赠电脑、学习用品等一系列公益活动。

公司荣誉

泰达宏利旗下基金凭借持续稳定的业绩回报,屡次荣获晨星(Morning Star)等权威基金评级机构的专业肯定,旗下泰达宏利成长股票基金分别在2004年、2008年获得年度股票型基金排名第一,成为业内唯一曾经两度摘取总回报率桂冠的基金。

泰达宏利价值优化型系列行业类别证券投资基金

（该系列基金包括泰达宏利价值优化型成长类行业证券投资基金、泰达宏利价值优化型周期类行业证券投资基金、泰达宏利价值优化型稳定类行业证券投资基金）

泰达宏利价值优化型成长类行业证券投资基金

基本资料					
基金简称	泰达宏利成长股票	交易代码	162201		
风险收益特征	该基金在证券投资基金中属于较高风险的基金品种。				
业绩比较基准	65%×新华富时A600成长行业指数＋35%×上证国债指数				
合同生效日	2003年4月25日	首募份额	10.22亿份	认购户数	105,797户
基金管理人	泰达宏利基金管理有限公司	基金托管人	交通银行		
注册登记人	泰达宏利基金管理有限公司				

财务指标　　单位：人民币(元)；%

项目＼年度	2009年	2008年	2007年
本期利润	475,573,001.79	−610,864,800.68	969,377,480.05
本期加权平均净值利润率	42.95	−46.84	72.08
期末基金资产净值	986,741,330.53	1,083,697,692.68	1,182,234,884.46
期末基金份额净值	1.1852	0.7791	2.2033
本期份额净值增长率	52.12	−31.61	110.40
累计份额净值增长率	411.73	236.39	391.84
基金收益分配	——	10派6.300	10派8.500

成立来累计净值增长率与同期基准收益率历史走势对比图（%）

近三年净值增长率与同期基准收益率对比图（%）

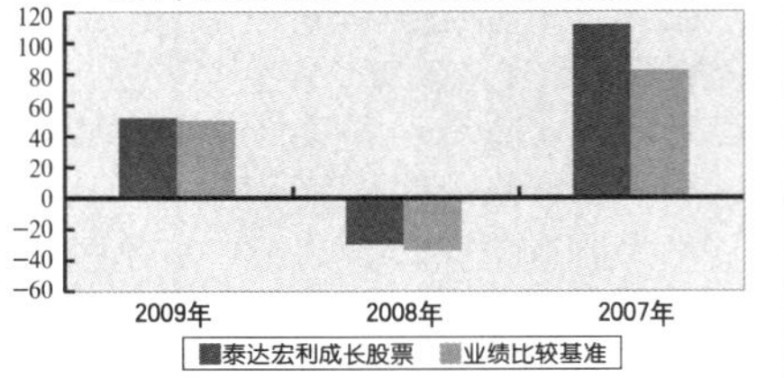

期末基金份额持有人户数	基金份额持有人户数为45,758户，平均每户持有18,195.00份。　（期末截至2009年12月31日）
期末基金份额持有人结构	机构投资者持有223,948,745.18份，占总份额26.90%；个人投资者持有608,618,180.03份，占总份额73.10%。

基金业绩表现

2009年泰达宏利成长股票基金全年份额净值增长率为52.12%；同期业绩基准收益率为51.26%。

基金管理团队

王　勇先生：基金经理，硕士学位，10年证券从业经历。1999年8月至2001年11月就职于中国投资咨询公司，任投资顾问；2001年11月至2004年2月就职于北京海问投资咨询公司，任研究员；2004年2月至2004年11月就职于航空证券公司，任研究员。2004年11月加入泰达宏利基金管理公司，先后担任研究员、基金经理助理、研究主管；2008年8月起任泰达宏利成长股票基金经理。

基金运作分析

证券市场在2009年上半年经历了一轮快速单边上涨，有色、煤炭、水泥等直接受益于政府投资的周期性行业表现大幅超越市场。8月开始，市场进入窄幅波动阶段，持续成长的消费类行业和复苏较慢的外需型行业的表现良好。

作为行业基金，泰达宏利成长股票基金主要配置医药、通信、科技、传媒等成长类行业。从2009年的行业表现上看，除了通信和传媒之外，大部分成长类行业表现优于沪深300指数。但由于年初对于政府推动的经济复苏信心不足，以及基金仓位的限制，基金的全年表现弱于沪深300指数。

季度投资组合一览

项目＼季度	第一季度		第二季度		第三季度		第四季度	
基金资产净值	1,202,970,662.89元		1,084,241,903.81元		1,007,149,078.60元		986,741,330.53元	
基金份额	1,349,546,611.51份		1,116,044,294.64份		994,911,254.30份		832,566,925.21份	
基金份额净值	0.8914元		0.9715元		1.0123元		1.1852元	
基金资产组合	市值(元)	占总资产比(%)	市值(元)	占总资产比(%)	市值(元)	占总资产比(%)	市值(元)	占总资产比(%)
股票投资	928,779,876.86	73.97	817,198,707.99	73.27	604,964,028.13	59.37	751,050,484.36	74.58
债券投资	240,588,707.14	19.16	240,065,257.40	21.52	217,928,651.40	21.39	202,670,195.80	20.13
金融衍生品投资	——	——	——	——	——	——	——	——
买入返售金融资产	——	——	——	——	——	——	——	——
银行存款和结算备付金	80,899,582.55	6.44	44,299,029.88	3.97	189,443,467.41	18.59	34,469,858.14	3.42
其他资产	5,294,594.06	0.42	13,801,789.56	1.24	6,709,719.55	0.66	18,857,584.47	1.87

投资前五名股票明细	股票名称	公允价值(元)	占净值比(%)	股票名称	公允价值(元)	占净值比(%)	股票名称	公允价值(元)	占净值比(%)	股票名称	公允价值(元)	占净值比(%)
	中兴通讯	74,626,735.86	6.20	华东医药	56,530,535.49	5.21	潍柴动力	40,820,481.40	4.05	双鹭药业	63,201,046.80	6.41
	远望谷	64,877,857.20	5.39	中兴通讯	53,666,869.30	4.95	中兴通讯	38,151,441.36	3.79	美的电器	45,238,376.00	4.58
	华锐铸钢	59,906,559.24	4.98	复星医药	46,366,942.23	4.28	诺普信	36,230,672.80	3.60	莱宝高科	45,125,018.40	4.57
	武汉凡谷	50,986,623.80	4.24	国药股份	40,621,407.50	3.75	北纬通信	35,162,794.95	3.49	浙江医药	42,789,038.21	4.34
	华东医药	48,490,069.54	4.03	远望谷	39,139,298.00	3.61	天地科技	34,024,605.59	3.38	太钢不锈	37,682,608.86	3.82

投资前五名债券明细	债券名称	公允价值(元)	占净值比(%)	债券名称	公允价值(元)	占净值比(%)	债券名称	公允价值(元)	占净值比(%)	债券名称	公允价值(元)	占净值比(%)
	08进出11	49,855,000.00	4.14	08央票95	67,543,000.00	6.23	09央票36	49,150,000.00	4.88	08进出11	48,530,000.00	4.92
	08央票95	48,615,000.00	4.04	08进出11	49,580,000.00	4.57	08进出11	48,795,000.00	4.84	08央票47	20,582,000.00	2.09
	09农发01	29,010,000.00	2.41	09农发01	28,920,000.00	2.67	08央票47	20,736,000.00	2.06	08央票35	20,560,000.00	2.08
	21国债(12)	22,688,600.00	1.89	21国债(10)	23,642,613.40	2.18	08央票35	20,714,000.00	2.06	09国开18	19,998,000.00	2.03
	99国债(8)	22,627,559.60	1.88	21国债(12)	22,594,000.00	2.08	08国开25	19,956,000.00	1.98	08国开25	19,948,000.00	2.02

泰达宏利价值优化型周期类行业证券投资基金

基本资料			
基金简称	泰达宏利周期股票	交易代码	162202
风险收益特征	该基金在证券投资基金中属于中等风险的基金品种。		
业绩比较基准	65%×新华富时A600周期行业指数+35%×上证国债指数		
合同生效日	2003年4月25日	首募份额	6.27亿份
		认购户数	17,162户
基金管理人	泰达宏利基金管理有限公司	基金托管人	交通银行
注册登记人	泰达宏利基金管理有限公司		

成立来累计净值增长率与同期基准收益率历史走势对比图（%）

财务指标　单位：人民币（元）；%

项目＼年度	2009年	2008年	2007年
本期利润	310,533,751.33	−401,762,445.64	790,901,823.69
本期加权平均净值利润率	47.67	−56.70	59.76
期末基金资产净值	790,881,845.20	446,255,589.99	1,275,242,797.35
期末基金份额净值	1.1286	0.6581	1.9539
本期份额净值增长率	71.49	−40.52	81.77
累计份额净值增长率	428.79	208.35	418.44
基金收益分配	——	10派4.500	10派12.400

近三年净值增长率与同期基准收益率对比图（%）

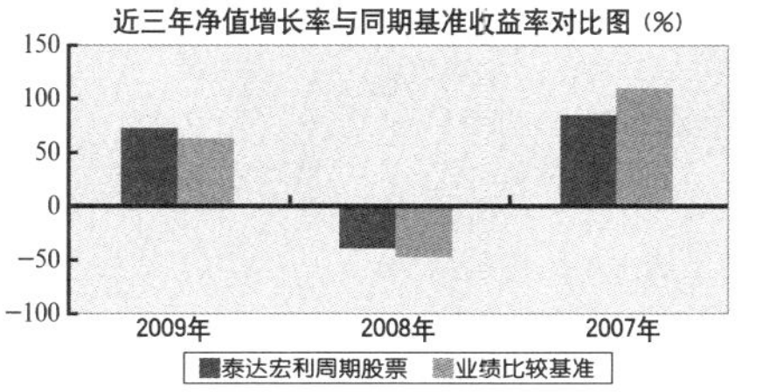

期末基金份额持有人户数	基金份额持有人户数为35,088户，平均每户持有19,971.81份。　（期末截至2009年12月31日）
期末基金份额持有人结构	机构投资者持有份额26,371,166.24份，占总份额3.76%；个人投资者持有份额674,399,622.78份，占总份额96.24%。

基金业绩表现

截至2009年12月31日，泰达宏利周期股票基金份额净值为1.1286元，全年净值增长率为71.49%；同期业绩基准收益率为66.62%，业绩表现优于基准。

基金管理团队

梁　辉先生：基金经理、投资部总经理，硕士，7年证券从业经历。2002年3月起任职于泰达宏利基金管理公司，曾担任公司研究部行业研究员、基金经理助理、研究部总监；2007年11月至2009年5月任泰达宏利周期股票基金经理。

吴俊峰先生：基金经理，硕士，4年证券从业经历。2005年5月至2005年8月就职于国信证券经济研究所，任研究员。2005年8月加入泰达宏利基金管理公司，先后担任研究员、研究主管等职务；2009年3月起任泰达宏利周期股票基金经理。

基金运作分析

2009年，泰达宏利周期股票基金在年初时大幅增加股票资产的配置，并重点投资于跟基建、能源、资源相关的领域，以及景气不断超预期的可选消费品行业，基本上抓住了周期性行业中的主要机会。在8月份的市场调整中，周期性行业跌幅远远超过市场平均水平，导致基金净值受到较大损失，但9月份之后该基金通过精选个股的策略，投资了一批具备持续高成长能力的个股，获取了阶段性的超额收益，有效弥补了前期的净值损失。

展望2010年，泰达宏利周期股票基金投资策略将重点转向精选个股。主要从两条思路进行选股：①估值可能会比较高，但能够保持高速增长且有一定持续性的公司；②成长性虽然不高，但是业绩增长的持续性和确定性相对较强的低估值的公司。从行业上来看，倾向于重点配置机械、区域性的建材、钢铁、化工以及食品饮料等行业。

季度投资组合一览

项目＼季度	第一季度		第二季度		第三季度		第四季度	
基金资产净值	613,717,228.02元		572,827,888.35元		724,179,899.74元		790,881,845.20元	
基金份额	756,023,425.20份		603,554,194.20份		752,872,355.84份		700,770,789.02份	
基金份额净值	0.8118元		0.9491元		0.9619元		1.1286元	
基金资产组合	市值(元)	占总资产比(%)	市值(元)	占总资产比(%)	市值(元)	占总资产比(%)	市值(元)	占总资产比(%)
股票投资	462,443,774.68	72.74	449,985,642.30	77.36	563,034,173.53	77.03	616,118,637.53	68.30
债券投资	126,529,453.76	19.90	116,162,086.00	19.97	152,065,924.00	20.81	162,930,059.40	18.06
金融衍生品投资	——	——	——	——	——	——	——	——
买入返售金融资产	——	——	——	——	——	——	——	——
银行存款和结算备付金	31,176,167.30	4.90	8,759,435.64	1.51	12,096,067.42	1.65	95,267,281.51	10.56
其他资产	15,619,973.72	2.46	6,802,865.12	1.17	3,692,837.81	0.51	27,698,712.44	3.07

投资前五名股票明细	股票名称	公允价值(元)	占净值比(%)	股票名称	公允价值(元)	占净值比(%)	股票名称	公允价值(元)	占净值比(%)	股票名称	公允价值(元)	占净值比(%)
	中国平安	35,198,413.35	5.74	保利地产	48,528,600.00	8.47	中联重科	37,762,000.00	5.21	中国石化	38,041,929.16	4.81
	潞安环能	31,718,706.80	5.17	中国平安	33,484,420.00	5.85	荣盛发展	36,539,366.64	5.05	宝钢股份	36,708,000.00	4.64
	徐工科技	26,411,362.12	4.30	兴业银行	29,387,780.10	5.13	徐工机械	35,308,330.80	4.88	招商银行	36,099,097.50	4.56
	凌钢股份	26,319,967.10	4.29	中联重科	28,877,915.22	5.04	红 宝 丽	35,261,595.60	4.87	凌钢股份	34,688,144.40	4.39
	马钢股份	21,910,414.11	3.57	三钢闽光	28,405,835.10	4.96	潍柴动力	35,138,192.80	4.85	北京银行	32,489,594.78	4.11

投资前五名债券明细	债券名称	公允价值(元)	占净值比(%)	债券名称	公允价值(元)	占净值比(%)	债券名称	公允价值(元)	占净值比(%)	债券名称	公允价值(元)	占净值比(%)
	08央票47	31,821,000.00	5.19	08央票106	29,016,000.00	5.07	09央票38	58,974,000.00	8.14	09央票38	58,968,000.00	7.46
	03国债02	20,594,000.00	3.36	08央票47	20,998,000.00	3.67	08央票47	31,104,000.00	4.30	08央票47	41,164,000.00	5.20
	09央票01	19,952,000.00	3.25	03国债02	20,496,000.00	3.58	08央票35	20,714,000.00	2.86	08央票35	20,560,000.00	2.60
	21国债(10)	18,513,000.00	3.02	21国债(10)	19,452,200.00	3.40	03国债02	20,174,000.00	2.79	03国债02	20,154,000.00	2.55
	08央票35	10,591,000.00	1.73	08国开21	10,025,000.00	1.75	08国开21	9,946,000.00	1.37	08国开21	9,918,000.00	1.25

泰达宏利价值优化型稳定类行业证券投资基金

基本资料					
基金简称	泰达宏利稳定股票	交易代码	162203		
风险收益特征	该基金在证券投资基金中属于高风险的基金品种。				
业绩比较基准	65%×新华富时A600稳定行业指数+35%×上证国债指数				
合同生效日	2003年4月25日	首募份额	9.81亿份	认购户数	58,166户
基金管理人	泰达宏利基金管理有限公司	基金托管人	交通银行		
注册登记人	泰达宏利基金管理有限公司				

财务指标　　单位：人民币（元）；%

项目＼年度	2009年	2008年	2007年
本期利润	109,409,486.52	−292,248,736.98	772,551,821.91
本期加权平均净值利润率	38.07	−62.05	65.65
期末基金资产净值	251,795,847.69	328,386,679.02	727,845,385.24
期末基金份额净值	0.6928	0.4878	1.6840
本期份额净值增长率	42.03	−46.00	74.10
累计份额净值增长率	258.20	152.21	367.04
基金收益分配	——	10派4.400	10派13.400

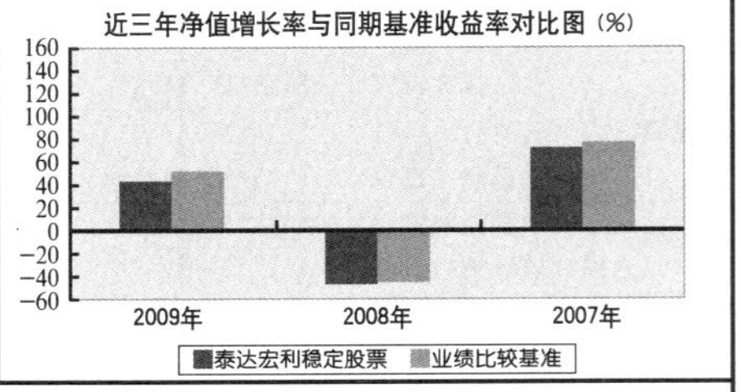

期末基金份额持有人户数	基金份额持有人户数为20,117户，平均每户持有18,066.39份。（期末截至2009年12月31日）
期末基金份额持有人结构	机构投资者持有份额12,467,650.98份，占总份额3.43%；个人投资者持有份额350,974,017.07份，占总份额96.57%。

基金业绩表现

截至2009年12月31日，泰达宏利稳定股票基金份额净值为0.6928元，全年净值增长率为42.03%。

基金管理团队

李泽刚先生：基金经理，硕士，8年证券从业经历。2002年初加入泰达宏利基金管理公司，曾担任研究部行业研究员；2005年9月至2009年6月任泰达宏利稳定股票基金经理。

胡　涛先生：基金经理，美国印第安纳大学凯利商学院MBA，CFA，7年证券从业经历。曾就职于北京证券公司、中国国际金融公司、长盛基金公司和友邦华泰基金公司。2007年4月加入泰达宏利基金管理公司，先后担任专户投资部副总经理、研究部研究主管等职务；2009年6月起任泰达宏利稳定股票基金经理。

焦　云女士：基金经理，北京大学金融学硕士，6年证券从业经历。曾就职于大成基金公司。2007年4月加入泰达宏利基金管理公司，先后担任研究员、研究主管等职务；2009年12月起任泰达宏利稳定股票基金经理。

基金运作分析

2009年，泰达宏利稳定股票基金从一季度末开始仓位加到上限；二季度开始增持受益流动性释放弹性较大的行业如保险、证券、地产、银行等，同时减持弹性较小的电力和饮料行业；三季度基金仓位开始降低，并在行业结构上作较大调整：8月份大幅减持金融股、周期类的煤炭，大幅增持食品饮料（白酒，啤酒）、商业零售、医药和电力设备，取得较好的防御效果，规避了受到流动性减少负面作用敏感性最大的金融地产行业，同时增加表现出较好抗跌性的防御性股票；四季度该基金又维持较高仓位的操作，在行业方面增持了保险、银行、零售、食品、家电、汽车等受益于通胀和加息预期上升的行业及受到国家政策继续大力支持的行业。

季度投资组合一览

项目＼季度	第一季度		第二季度		第三季度		第四季度	
基金资产净值	302,570,659.66元		283,926,316.37元		252,778,639.93元		251,795,847.69元	
基金份额	543,499,910.90份		432,823,762.35份		394,908,551.86份		363,441,668.05份	
基金份额净值	0.5567元		0.6560元		0.6401元		0.6928元	
基金资产组合	市值(元)	占总资产比(%)	市值(元)	占总资产比(%)	市值(元)	占总资产比(%)	市值(元)	占总资产比(%)
股票投资	237,674,917.75	71.88	224,415,979.83	76.84	184,755,126.03	71.78	175,135,354.86	62.02
债券投资	73,048,762.10	22.09	57,582,522.00	19.72	52,666,212.00	20.46	53,543,032.20	18.96
金融衍生品投资	——	——	——	——	——	——	——	——
买入返售金融资产	——	——	——	——	——	——	——	——
银行存款和结算备付金	11,443,478.23	3.46	2,024,033.21	0.69	18,303,371.58	7.11	51,743,441.83	18.32
其他资产	8,482,688.29	2.57	8,023,318.10	2.75	1,670,057.99	0.65	1,966,132.02	0.70

投资前五名股票明细	股票名称	公允价值(元)	占净值比(%)	股票名称	公允价值(元)	占净值比(%)	股票名称	公允价值(元)	占净值比(%)	股票名称	公允价值(元)	占净值比(%)
	苏宁电器	24,370,261.65	8.05	兴业银行	21,052,688.55	7.41	张　裕A	11,302,900.50	4.47	中国平安	22,334,587.80	8.87
	中国平安	23,857,100.00	7.88	浦发银行	15,324,805.34	5.40	南京银行	11,024,982.36	4.36	招商银行	19,366,765.55	7.69
	南方航空	22,274,994.50	7.36	北京银行	14,170,590.00	4.99	山西汾酒	10,975,707.35	4.34	民生银行	17,402,000.00	6.91
	兴业银行	22,060,800.00	7.29	中国平安	12,547,408.48	4.42	新华百货	10,792,313.06	4.27	中国太保	16,242,567.60	6.45
	辽宁成大	21,882,299.42	7.23	山西汾酒	11,488,445.67	4.05	苏宁电器	10,586,743.53	4.19	南京银行	12,093,730.65	4.80

投资前五名债券明细	债券名称	公允价值(元)	占净值比(%)	债券名称	公允价值(元)	占净值比(%)	债券名称	公允价值(元)	占净值比(%)	债券名称	公允价值(元)	占净值比(%)
	08央票35	21,182,000.00	7.00	08央票35	20,966,000.00	7.38	08央票35	20,714,000.00	8.19	08央票35	20,560,000.00	8.17
	21国债(10)	14,399,000.00	4.76	21国债(10)	14,845,100.00	5.23	09央票44	19,654,000.00	7.78	09央票44	19,650,000.00	7.80
	08央票47	10,607,000.00	3.51	08央票95	9,649,000.00	3.40	03国债(8)	8,185,612.00	3.24	03国债(8)	8,213,332.20	3.26
	03国债(1)	10,135,000.00	3.35	03国债(8)	7,435,662.00	2.62	21国债(10)	3,082,800.00	1.22	21国债(10)	3,068,700.00	1.22
	08央票95	9,723,000.00	3.21	02国债(3)	2,144,610.00	0.76	21国债(12)	1,029,800.00	0.41	21国债(12)	2,051,000.00	0.81

泰达宏利行业精选证券投资基金

基本资料					
基金简称	泰达宏利精选股票		交易代码	162204	
风险收益特征	该基金在证券投资基金中属于风险较高的基金品种。				
业绩比较基准	70%×新华富时中国A600指数收益率+30%×中债国债总指数财富				
合同生效日	2004年7月9日	首募份额	20.16亿份	认购户数	19,086户
基金管理人	泰达宏利基金管理有限公司		基金托管人	中国银行	
注册登记人	泰达宏利基金管理有限公司				

成立来累计净值增长率与同期基准收益率历史走势对比图（%）

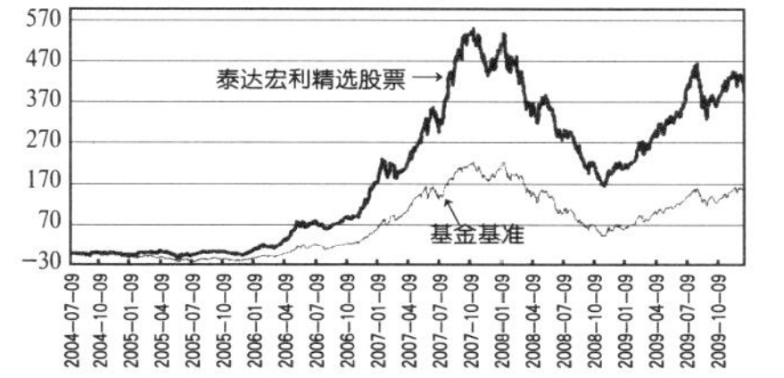

财务指标　　单位：人民币（元）；%

项目＼年度	2009年	2008年	2007年
本期利润	2,471,504,986.38	−3,073,541,421.41	2,775,239,381.65
本期加权平均净值利润率	43.25	−72.16	59.49
期末基金资产净值	7,219,090,305.44	3,007,524,931.65	6,948,847,332.79
期末基金份额净值	4.8077	2.8100	5.5777
本期份额净值增长率	71.09	−48.44	119.06
累计份额净值增长率	424.91	206.80	494.98
基金收益分配	——	10派1.000	——

近三年净值增长率与同期基准收益率对比图（%）

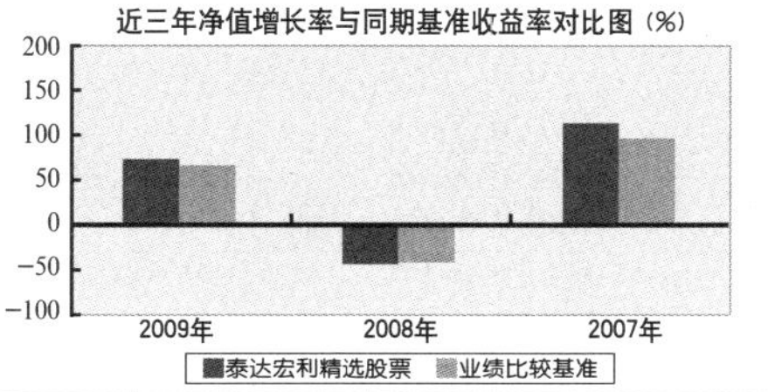

期末基金份额持有人户数	基金份额持有人户数为80,725户，平均每户持有18,600.88份。　（期末截至2009年12月31日）
期末基金份额持有人结构	机构投资者持有1,009,786,059.91份，占总份额67.25%；个人投资者持有491,769,834.06份，占总份额32.75%。

基金业绩表现

截至2009年12月31日，泰达宏利精选股票基金份额净值为4.8077元，全年份额净值增长率为71.09%；同期业绩基准收益率为62.24%，业绩表现优于基准。

基金管理团队

刘青山先生：基金经理、公司副总经理兼投资总监，硕士，13年证券从业经历。1997年加入华夏证券基金管理部，参与华夏基金管理公司的筹建，先后在研究部和投资管理部从事行业研究及投资管理工作，并分别担任业务经理和高级经理。2001年加入湘财证券公司，参与筹建泰达宏利基金管理公司；2004年7月起任泰达宏利精选股票基金经理。

基金运作分析

2009年，泰达宏利精选股票基金在年初大幅增加股票资产配置，行业配置方面重点投资机械、水泥等与固定资产投资相关的行业；二季度重点投资煤炭、银行等受益于流动性推动从而估值有提升空间的板块。7—8月份是2009年行情的转折点，在充裕的流动性推动下，几乎所有的周期类行业估值都被推升至高于历史均值的位置，然而企业盈利却还在负增长，市场结构性高估的迹象已经比较明显，但维系这一高估值的流动性却出现了问题，7月份的信贷低于预期导致周期类行业大幅调整。泰达宏利精选股票基金在7月底已经意识到周期类行业存在的结构性高估的现象，并开始逐步减持钢铁、煤炭等行业，但由于整体仓位偏高，依然在市场下跌中受到了损失。9月份后市场逐渐企稳，投资机会逐渐转向业绩增长超预期，且能够持续的行业和公司上。泰达宏利精选股票基金在9月份重点增持了汽车、家电等内需型行业，取得了不错的投资收益。

季度投资组合一览

项目＼季度	第一季度		第二季度		第三季度		第四季度	
基金资产净值	4,241,978,754.02元		5,930,388,625.39元		6,494,127,040.93元		7,219,090,305.44元	
基金份额	1,198,132,478.79份		1,369,746,796.64份		1,524,237,283.98份		1,501,555,893.97份	
基金份额净值	3.5405元		4.3296元		4.2606元		4.8077元	
基金资产组合	市值(元)	占总资产比(%)	市值(元)	占总资产比(%)	市值(元)	占总资产比(%)	市值(元)	占总资产比(%)
股票投资	3,610,269,183.03	84.72	5,507,434,456.82	90.80	5,165,809,891.74	79.10	6,268,760,074.41	86.15
债券投资	——	——	——	——	4,370,955.40	0.07	5,229,779.10	0.07
金融衍生品投资	——	——	——	——	——	——	——	——
买入返售金融资产	——	——	——	——	——	——	——	——
银行存款和结算备付金	596,650,469.78	14.00	539,324,109.61	8.89	1,353,030,232.44	20.72	544,142,400.11	7.48
其他资产	54,478,323.89	1.28	18,621,336.05	0.31	7,578,207.74	0.12	458,723,653.58	6.30

投资前五名股票明细	股票名称	公允价值(元)	占净值比(%)	股票名称	公允价值(元)	占净值比(%)	股票名称	公允价值(元)	占净值比(%)	股票名称	公允价值(元)	占净值比(%)
	中国平安	196,103,171.84	4.62	中国平安	494,592,877.76	8.34	中国平安	363,639,615.30	5.60	苏宁电器	303,372,934.50	4.20
	辽宁成大	190,076,000.00	4.48	招商银行	313,740,000.00	5.29	潍柴动力	326,286,295.40	5.02	招商银行	285,099,750.00	3.95
	华侨城A	152,783,258.54	3.60	万　科A	293,249,566.50	4.94	中国神华	305,033,052.72	4.70	五 粮 液	243,783,677.98	3.38
	徐工科技	140,150,455.38	3.30	中国人寿	247,981,682.50	4.18	大商股份	265,623,058.90	4.09	民生银行	237,299,438.39	3.29
	中兴通讯	134,364,835.74	3.17	兴业银行	241,215,000.00	4.07	贵州茅台	229,070,002.52	3.53	宝钢股份	222,178,367.46	3.08

投资前五名债券明细	债券名称	公允价值(元)	占净值比(%)	债券名称	公允价值(元)	占净值比(%)	债券名称	公允价值(元)	占净值比(%)	债券名称	公允价值(元)	占净值比(%)
	——			——			安泰转债	1,701,113.40	0.03	安泰转债	1,981,457.10	0.03
							龙盛转债	1,317,459.00	0.02	龙盛转债	1,659,070.40	0.02
							博汇转债	805,015.60	0.01	博汇转债	959,879.20	0.01
							西洋转债	547,367.40	0.01	西洋转债	629,372.40	0.01

泰达宏利风险预算混合型证券投资基金

基本资料			
基金简称	泰达宏利预算混合	交易代码	162205
风险收益特征	该基金属于风险中低的基金品种。		
业绩比较基准	5%×新华巴克莱资本中国国债指数+15%×新华巴克莱资本中国政府机构债指数+10%×新华巴克莱资本中国企业债指数+20%×新华富时A200指数+50%×税后一年期银行定期存款利率		
合同生效日	2005年4月5日	首募份额	5.46亿份 ｜ 认购户数 6,821户
基金管理人	泰达宏利基金管理有限公司	基金托管人	交通银行
注册登记人	泰达宏利基金管理有限公司		

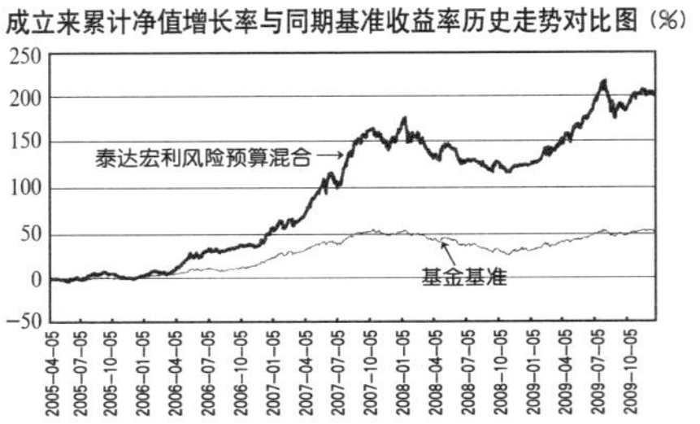

财务指标　　单位：人民币（元）；%

项目＼年度	2009年	2008年	2007年
本期利润	63,975,121.39	−35,123,984.26	164,247,949.45
本期加权平均净值利润率	28.83	−17.57	54.75
期末基金资产净值	246,483,805.00	162,517,907.92	238,635,520.00
期末基金份额净值	1.5392	1.2557	1.7724
本期份额净值增长率	36.27	−14.74	68.81
累计份额净值增长率	204.72	123.61	162.28
基金收益分配	10派1.550	10派2.750	10派4.100

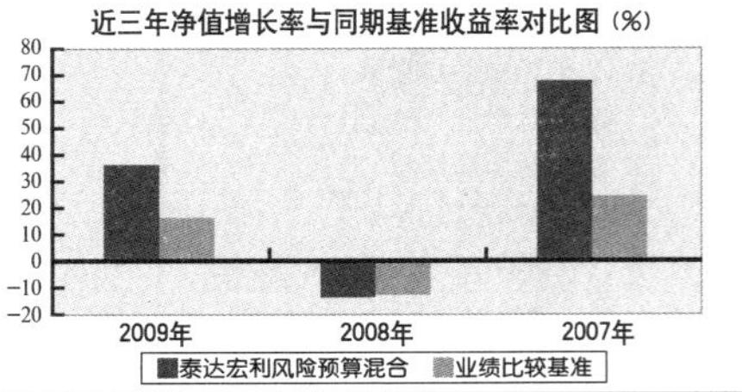

期末基金份额持有人户数	基金份额持有人户数为12,265户，平均每户持有13,056.62份。　（期末截至2009年12月31日）
期末基金份额持有人结构	机构投资者持有份额6,924,806.58份，占总份额4.32%；个人投资者持有份额153,214,639.11份，占总份额95.68%。

基金业绩表现

2009年泰达宏利风险预算混合基金全年净值增长率为36.27%；同期业绩基准收益率为17.40%，业绩表现优于基准。

基金管理团队

许　杰先生：基金经理，8年证券从业经历，美国Pepperdine University MBA。在校期间，任Pepperdine University Student Investment Fund助理基金经理职位。毕业后在Walt Disney公司任金融分析师。2002年3月加入泰达宏利基金管理公司，2006年12月起任泰达宏利风险预算混合基金经理。

沈　毅先生：基金经理、固定收益部总经理，8年证券从业经历，工商管理硕士、计量金融硕士。曾任职于嘉实基金投资部，任固定收益投资经理及社保基金投资组合经理；光大保德信基金公司，任高级组合经理及资产配置经理、货币基金经理、投资副总监、代理投资总监、固定收益投资总监；长江养老保险公司，任投资部总经理。2008年2月加入泰达宏利基金管理公司，担任固定收益部总经理；2008年3月起任泰达宏利风险预算混合基金经理。

基金运作分析

泰达宏利风险预算混合基金在2009年的大部分时间里，股票仓位保持40%以上的较高水平，较大程度上分享了股市上涨带来的收益；由于判断流动性和业绩都处于上升期，该基金大部分时间保持较高的股票配置比例；在行业配置上，配置比例较高的房地产、汽车、煤炭等行业的市场表现突出。

债券方面，2009年该基金债券的总体投资比例和债券久期均维持在较低的水平，并持有部分息票收益相对较高的安全品种，较好回避了市场调整风险。

季度投资组合一览

项目＼季度	第一季度		第二季度		第三季度		第四季度	
基金资产净值	179,286,389.83元		217,200,881.89元		235,929,565.89元		246,483,805.00元	
基金份额	128,847,610.65份		151,411,529.40份		164,395,545.29份		160,139,445.69份	
基金份额净值	1.3915元		1.4345元		1.4351元		1.5392元	
基金资产组合	市值(元)	占总资产比(%)	市值(元)	占总资产比(%)	市值(元)	占总资产比(%)	市值(元)	占总资产比(%)
股票投资	75,424,671.32	41.05	96,524,319.39	41.52	92,924,988.51	36.52	87,609,498.21	35.24
债券投资	90,551,986.50	49.28	90,004,742.00	38.72	51,549,461.70	20.26	52,583,850.00	21.15
金融衍生品投资	——	——	——	——	——	——	——	——
买入返售金融资产	——	——	——	——	——	——	——	——
银行存款和结算备付金	14,859,066.40	8.09	41,628,377.27	17.91	108,293,895.00	42.57	106,408,433.01	42.80
其他资产	2,914,484.84	1.59	4,304,881.52	1.85	1,648,910.17	0.65	2,009,097.31	0.81

	第一季度			第二季度			第三季度			第四季度		
投资前五名股票明细	股票名称	公允价值(元)	占净值比(%)	股票名称	公允价值(元)	占净值比(%)	股票名称	公允价值(元)	占净值比(%)	股票名称	公允价值(元)	占净值比(%)
	中国平安	9,188,307.85	5.12	中国平安	11,148,828.06	5.13	潍柴动力	11,992,227.80	5.08	中国平安	12,688,549.16	5.15
	潞安环能	7,637,200.00	4.26	兴业银行	10,205,250.00	4.70	中国平安	11,883,623.70	5.04	贵州茅台	8,743,352.52	3.55
	中信证券	6,545,790.00	3.65	凌钢股份	9,318,517.53	4.29	西山煤电	6,575,100.00	2.79	宝钢股份	8,403,765.30	3.41
	兴业银行	6,434,400.00	3.59	中国中铁	7,333,200.00	3.38	一汽轿车	6,076,917.08	2.58	西山煤电	7,577,185.28	3.07
	兰花科创	5,724,750.00	3.19	中信证券	6,209,852.40	2.86	中国中铁	3,944,000.00	1.67	建设银行	5,261,500.00	2.13
投资前五名债券明细	债券名称	公允价值(元)	占净值比(%)	债券名称	公允价值(元)	占净值比(%)	债券名称	公允价值(元)	占净值比(%)	债券名称	公允价值(元)	占净值比(%)
	08央票106	19,492,000.00	10.87	08央票106	19,344,000.00	8.91	08央票65	20,766,000.00	8.80	08央票65	20,614,000.00	8.36
	21国债(10)	18,513,000.00	10.33	21国债(10)	18,428,400.00	8.48	20国债(4)	15,543,270.00	6.59	20国债(4)	15,422,400.00	6.26
	08进出11	9,971,000.00	5.56	08进出11	9,916,000.00	4.57	08进出11	9,759,000.00	4.14	08进出11	9,706,000.00	3.94
	08央票101	9,734,000.00	5.43	08央票101	9,659,000.00	4.45	21国债(12)	2,368,540.00	1.00	21国债(12)	4,819,850.00	1.96
	08央票95	9,723,000.00	5.42	08央票95	9,649,000.00	4.44	06石油债	2,037,200.00	0.86	06石油债	2,021,600.00	0.82

泰达宏利货币市场基金

基本资料					
基金简称	泰达宏利货币	交易代码	162206		
风险收益特征	该基金属于中高流动性、低风险的品种，其预期收益率和预期风险均低于股票型、混合型和债券型基金。				
业绩比较基准	税后一年期银行定期存款利率				
合同生效日	2005年11月10日	首募份额	46.43亿份	认购户数	32,976户
基金管理人	泰达宏利基金管理有限公司	基金托管人	中国农业银行		
注册登记人	泰达宏利基金管理有限公司				

成立来累计净值收益率与同期基准收益率历史走势对比图（%）

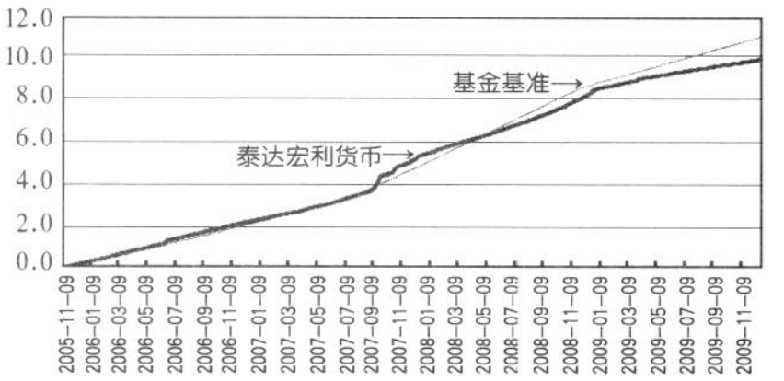

近三年净值收益率与同期基准收益率对比图（%）

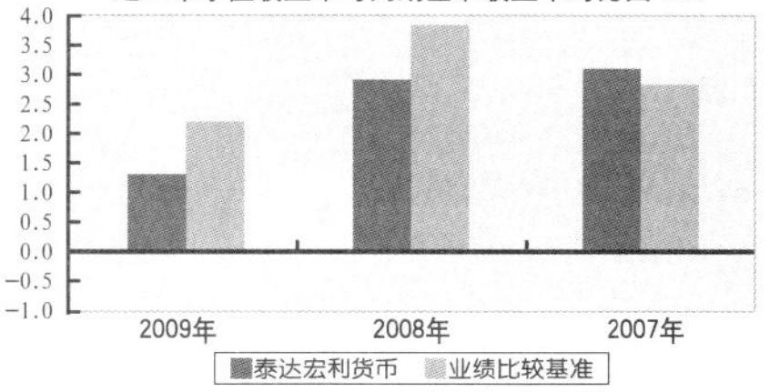

财务指标　单位：人民币（元）；%

项目＼年度	2009年	2008年	2007年
本期利润	23,378,726.26	21,834,135.45	11,808,260.17
期末基金资产净值	2,862,765,943.23	3,929,025,549.03	472,743,676.12
期末基金份额净值	1.0000	1.0000	1.0000
本期份额净值收益率	1.3487	2.9010	3.0564
累计份额净值收益率	9.8834	8.4215	5.3650
基金收益分配	23,378,726.26	21,834,135.45	11,808,260.17
期末基金份额持有人户数	基金份额持有人户数为14,531户，平均每户持有197,010.94份。　（期末截至2009年12月31日）		
期末基金份额持有人结构	机构投资者持有份额2,642,035,929.71份，占总份额92.29%；个人投资者持有份额220,730,013.52份，占总份额7.71%。		

基金业绩表现

2009年泰达宏利货币基金全年净值收益率为1.3487%，同期业绩基准收益率为2.2500%。

基金管理团队

胡振仓先生：基金经理，硕士，7年证券从业经历。曾就职于乌鲁木齐市商业银行、国联证券公司；2006年7月至2008年3月就职于益民基金管理公司，先后担任益民货币基金经理助理、益民货币基金经理。2008年4月加入泰达宏利基金管理公司，2008年8月起任泰达宏利货币基金经理。

沈　毅先生：基金经理、固定收益部总经理，8年证券从业经历，工商管理硕士、计量金融硕士。曾任职于嘉实基金投资部，任固定收益投资经理及社保基金投资组合经理；光大保德信基金管理公司，任高级组合经理及资产配置经理、货币基金经理、投资副总监、代理投资总监、固定收益投资总监；长江养老保险公司，任投资部总经理。2008年2月加入泰达宏利基金管理公司，担任固定收益部总经理；2008年3月至2009年5月任泰达宏利货币基金经理。

基金运作分析

2009年，泰达宏利货币基金在缺乏明显投资机会的市场状况下，基本维持较为谨慎的操作策略，维持较低的组合久期和较低的持债比例，在短端利率大幅上升的下半年规避了较大的利率风险。同时在符合法规和内部规定的前提下，该基金在年初和四季度有选择地大幅增加信用类产品的配置，取得了较好的持有期收益和资本利得，对提高组合收益有非常积极的作用。

季度投资组合一览

项目＼季度	第一季度		第二季度		第三季度		第四季度	
基金资产净值	1,420,103,198.43元		2,218,403,182.13元		2,124,480,831.50元		2,862,765,943.23元	
基金份额	1,420,103,198.43份		2,218,403,182.13份		2,124,480,831.50份		2,862,765,943.23份	
基金份额净值	1.000元		1.000元		1.000元		1.000元	
基金资产组合	市值(元)	占总资产比(%)	市值(元)	占总资产比(%)	市值(元)	占总资产比(%)	市值(元)	占总资产比(%)
股票投资	——	——	——	——	——	——	——	——
债券投资	988,587,732.92	69.52	340,301,966.25	15.32	1,118,604,627.13	52.60	657,293,954.87	22.94
金融衍生品投资	——	——	——	——	——	——	——	——
买入返售金融资产	——	——	——	——	850,000,650.00	39.97	795,702,033.55	27.77
银行存款和结算备付金	397,723,514.40	27.97	1,771,542,035.43	79.78	155,419,180.57	7.31	1,398,005,931.91	48.80
其他资产	35,801,375.59	2.51	108,755,821.03	4.90	2,516,320.71	0.12	13,979,193.20	0.49

投资前五名债券明细	债券名称	成本(元)	占净值比(%)	债券名称	成本(元)	占净值比(%)	债券名称	成本(元)	占净值比(%)	债券名称	成本(元)	占净值比(%)
	08央票52	149,779,035.63	10.55	08央票95	79,553,922.38	3.59	09央票38	443,003,408.95	20.85	09央票38	197,755,054.48	6.91
	08央票92	149,314,583.33	10.51	09本钢CP01	50,233,161.57	2.26	09央票36	147,713,544.42	6.95	09铁道CP02	100,048,426.90	3.49
	08央票49	99,896,313.27	7.03	09沪建工CP01	40,166,236.14	1.81	09央票40	98,406,857.69	4.63	09央票36	49,454,412.54	1.73
	08央票87	98,734,957.02	6.95	09京热电CP01	30,128,139.03	1.36	09华能CP02	50,002,638.53	2.35	09永煤CP03	40,000,000.00	1.40
	08央票95	78,748,434.27	5.55	09龙矿CP01	30,118,756.68	1.36	09陕延油CP01	50,000,000.00	2.35	09豫投资CP02	30,000,565.22	1.05

投资组合平均剩余期限	平均剩余期限	占净值比(%)	平均剩余期限	占净值比(%)	平均剩余期限	占净值比(%)	平均剩余期限	占净值比(%)
	30天以内	28.01	30天以内	79.86	30天以内	47.33	30天以内	76.99
	30天(含)—60天	17.58	30天(含)—60天	3.59	30天(含)—60天	0.00	30天(含)—60天	0.00
	60天(含)—90天	2.82	60天(含)—90天	0.45	60天(含)—90天	0.00	60天(含)—90天	3.84
	90天(含)—180天	23.72	90天(含)—180天	1.80	90天(含)—180天	2.36	90天(含)—180天	1.40
	180天(含)—397天(含)	25.49	180天(含)—397天(含)	9.50	180天(含)—397天(含)	50.29	180天(含)—397天(含)	17.72

泰达宏利效率优选混合型证券投资基金(LOF)

基本资料			
基金简称	泰达宏利效率优选混合(LOF)	交易代码	162207
风险收益特征	该基金的投资目标和投资范围决定了该基金属于较高风险的混合型证券投资基金。		
业绩比较基准	60%×新华富时A600指数收益率+35%×新华巴克莱资本中国国债指数收益率+5%×同业存款利率		
合同生效日	2006年5月12日	首募份额	43.35亿份
认购户数	92,452户		
基金管理人	泰达宏利基金管理有限公司	基金托管人	中国建设银行
注册登记人	中国证券登记结算有限责任公司		

财务指标　单位：人民币(元)；%

项目 \ 年度	2009年	2008年	2007年
本期利润	1,589,333,282.85	−3,413,381,386.76	1,760,298,875.66
本期加权平均净值利润率	35.95	−65.03	36.64
期末基金资产净值	4,473,466,154.42	3,732,525,999.65	8,398,495,780.70
期末基金份额净值	0.7955	0.5502	1.0225
本期份额净值增长率	44.58	−46.19	78.55
累计份额净值增长率	91.33	32.34	145.93
基金收益分配	——	——	——

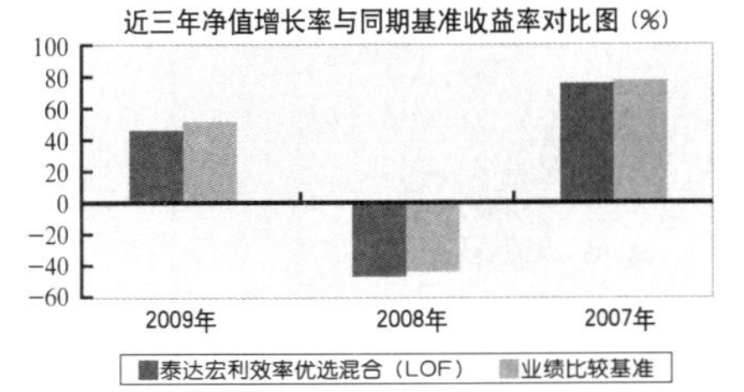

期末基金份额持有人户数	基金份额持有人户数为421,475户，平均每户持有13,342.06份。（期末截至2009年12月31日）
期末基金份额持有人结构	机构投资者持有份额101,075,000.31份，占总份额1.80%；个人投资者持有份额5,522,267,900.09份，占总份额98.20%。

基金业绩表现

截至2009年12月31日，泰达宏利效率优选混合基金份额净值为0.7955元，全年净值增长率为44.58%。

基金管理团队

梁　辉先生：基金经理、投资部总经理，硕士，8年证券从业经历。2002年3月起就职于泰达宏利基金管理公司，曾任公司研究部行业研究员、基金经理助理、研究部总监、金融工程部总经理；现任投资部总经理，泰达宏利效率优选基金经理(2006年8月至2009年5月)。

陈少平女士：基金经理，硕士，8年证券从业经历。曾任职于海问投资咨询公司研究员；2003年10月起就职于泰达宏利基金管理公司，历任研究员，泰达宏利精选股票基金经理助理，高级研究员、研究部副总经理；2007年11月起任泰达宏利效率优选混合基金经理。

胡　涛先生：基金经理，8年证券从业经历，MBA，CFA。曾就职于北京证券公司、中国国际金融公司、长盛基金管理公司和友邦华泰基金管理公司。2007年4月加入泰达宏利基金管理公司，先后担任专户投资部副总经理、研究部研究主管等职务；2009年12月起任泰达宏利效率优选混合基金经理。

基金运作分析

2009年泰达宏利效率优选混合基金一季度及时从防御转向进攻，增加了地产、机械、水泥、汽车等行业的配置，但对流动性驱动的主题投资机会把握一般；3月后加大煤炭的配置，4月底开始加仓地产，7月份加大了钢铁的配置，对基金业绩产生较好的贡献。总体来看，2009年该基金仓位的选择和行业轮动成为表现的最关键因素，部分阶段把握了行业轮动对基金贡献较大。

季度投资组合一览

项目 \ 季度	第一季度		第二季度		第三季度		第四季度	
基金资产净值	4,319,317,126.05元		4,515,581,883.82元		4,218,879,758.21元		4,473,466,154.42元	
基金份额	6,669,955,530.21份		6,097,703,052.46份		5,867,259,994.32份		5,623,342,900.40份	
基金份额净值	0.6476元		0.7405元		0.7191元		0.7955元	
基金资产组合	市值(元)	占总资产比(%)	市值(元)	占总资产比(%)	市值(元)	占总资产比(%)	市值(元)	占总资产比(%)
股票投资	2,940,259,952.14	67.26	3,008,424,278.45	66.30	2,962,679,565.76	66.10	3,054,485,106.23	67.95
债券投资	1,194,259,500.00	27.32	1,179,680,000.00	26.00	1,156,813,167.80	25.81	1,175,066,800.54	26.14
金融衍生品投资	——	——	——	——	2,133,542.39	0.05	1,649,527.95	0.04
买入返售金融资产	——	——	——	——	——	——	——	——
银行存款和结算备付金	212,055,344.55	4.85	143,985,613.79	3.17	341,676,532.87	7.62	223,776,333.97	4.98
其他资产	24,616,288.10	0.56	205,433,218.49	4.53	18,724,815.73	0.42	40,329,420.64	0.90

投资前五名股票明细	股票名称	公允价值(元)	占净值比(%)	股票名称	公允价值(元)	占净值比(%)	股票名称	公允价值(元)	占净值比(%)	股票名称	公允价值(元)	占净值比(%)
	中国平安	309,365,027.86	7.16	招商银行	268,344,219.87	5.94	贵州茅台	159,605,087.50	3.78	招商银行	270,517,714.55	6.05
	潞安环能	195,197,999.20	4.52	中国平安	228,013,073.00	5.05	保利地产	120,698,817.14	2.86	江中药业	126,391,453.44	2.83
	兴业银行	183,838,299.48	4.26	保利地产	198,019,000.00	4.39	中国神华	108,584,513.40	2.57	宝钢股份	115,918,811.82	2.59
	中兴通讯	159,027,066.78	3.68	中国人寿	137,749,531.65	3.05	大商股份	106,916,123.50	2.53	新和成	112,719,292.20	2.52
	保利地产	154,070,000.00	3.57	招商地产	134,159,752.00	2.97	荣信股份	106,196,920.20	2.52	冀东水泥	102,282,357.20	2.29

投资前五名债券明细	债券名称	公允价值(元)	占净值比(%)	债券名称	公允价值(元)	占净值比(%)	债券名称	公允价值(元)	占净值比(%)	债券名称	公允价值(元)	占净值比(%)
	08央行票据65	212,640,000.00	4.92	08央行票据65	210,460,000.00	4.66	08央行票据65	207,660,000.00	4.92	08央行票据65	206,140,000.00	4.61
	07央行票据92	207,080,000.00	4.79	07央行票据92	205,320,000.00	4.55	07央行票据92	203,680,000.00	4.83	新钢转债	171,287,100.00	3.83
	08央行票据26	158,685,000.00	3.67	08央行票据26	157,065,000.00	3.48	08央行票据26	155,235,000.00	3.68	08央行票据26	154,080,000.00	3.44
	08央行票据95	145,845,000.00	3.38	08国债17	137,384,000.00	3.04	08国债17	134,745,000.00	3.19	07央行票据92	151,980,000.00	3.40
	08国债17	138,021,000.00	3.20	08央行票据95	115,788,000.00	2.56	07进出10	101,840,000.00	2.41	08国债17	134,446,000.00	3.01

泰达宏利首选企业股票型证券投资基金

基本资料

基金简称	泰达宏利首选企业股票	交易代码	162208		
风险收益特征	该基金属于高风险的证券投资基金，预期收益和风险高于混合型、债券型和货币市场基金。				
业绩比较基准	90%×新华富时A200指数收益率+10%×同业存款利率				
合同生效日	2006年12月1日	首募份额	85.40亿份	认购户数	251,814户
基金管理人	泰达宏利基金管理有限公司	基金托管人	中国农业银行		
注册登记人	泰达宏利基金管理有限公司				

成立来累计净值增长率与同期基准收益率历史走势对比图（%）

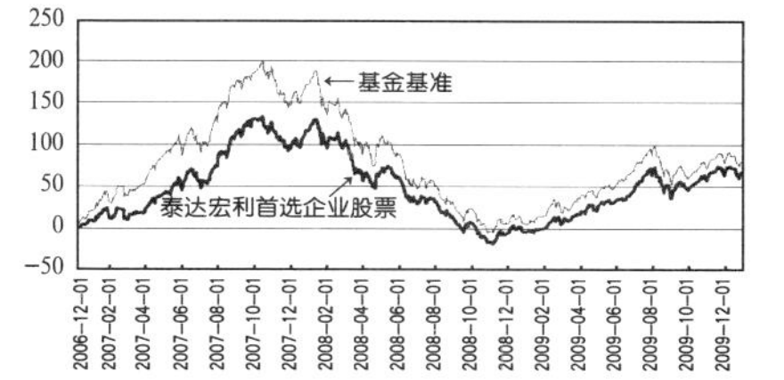

财务指标　单位：人民币(元)；%

项目＼年度	2009年	2008年	2007年
本期利润	1,219,189,156.99	−2,131,570,355.78	3,459,318,457.79
本期加权平均净值利润率	53.54	−86.12	62.81
期末基金资产净值	3,045,127,067.35	1,537,220,903.67	4,192,882,216.72
期末基金份额净值	1.6335	0.9091	2.0587
本期份额净值增长率	79.68	−55.84	97.51
累计份额净值增长率	70.58	−5.06	114.99
基金收益分配	——	——	10派0.500

近三年净值增长率与同期基准收益率对比图（%）

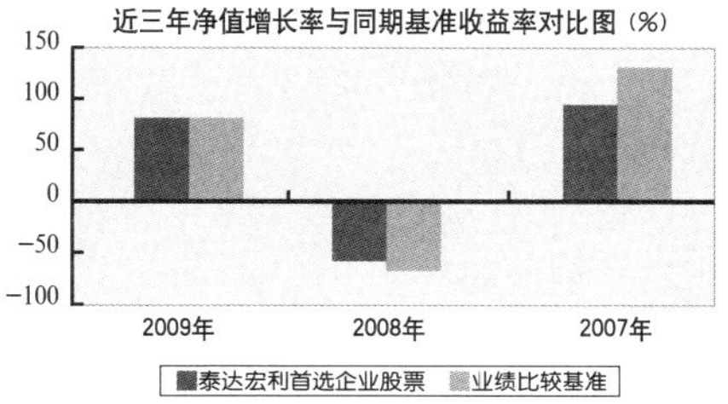

期末基金份额持有人户数	基金份额持有人户数为62,046户，平均每户持有30,045.12份。（期末截至2009年12月31日）
期末基金份额持有人结构	机构投资者持有份额791,745,764.77份，占总份额42.47%；个人投资者持有份额1,072,433,917.34份，占总份额57.53%。

基金业绩表现

2009年泰达宏利首选企业股票基金全年净值增长率为79.68%；同期业绩基准收益率为79.31%。

基金管理团队

梁　辉先生：基金经理、投资部总经理，硕士，8年证券从业经历。2002年3月起就职于泰达宏利基金管理公司，曾任公司研究部行业研究员、基金经理助理、研究部总监；现任投资部总经理、泰达宏利首选企业股票基金经理(2008年8月起)。

史　博先生：基金经理、研究部总监、投资副总监，金融学硕士，特许金融分析师(CFA)，12年证券从业经历。曾任职于博时基金公司研究部以及市场部，期间曾在Dryden Wealth Management Co.Ltd.(London)从事研究工作。2002年6月加入泰达宏利基金管理公司，曾任研究部总经理、首席策略分析师、泰达宏利周期股票基金经理；2005年2月至2007年6月任职于中国人寿资产管理公司股票投资部，任高级投资经理。2007年6月重新加入泰达宏利基金管理公司，担任投资副总监；2007年9月至2009年5月任泰达宏利首选企业股票基金经理。

基金运作分析

2009年市场呈现出上涨态势。泰达宏利首选企业股票基金全年发挥公司的总体研究和投资优势，集中配置于与经济增长密切相关的周期类股票，包括汽车、房地产、煤炭、机械等，获得了比较好的收益。

2010年，泰达宏利首选企业股票基金将更多地采用自下而上的投资方法，精选具备长期增长潜力的个股，作为未来投资的方向。

季度投资组合一览

项目＼季度	第一季度		第二季度		第三季度		第四季度	
基金资产净值	1,642,306,590.34元		2,489,161,794.45元		2,561,293,798.91元		3,045,127,067.35元	
基金份额	1,473,170,158.07份		1,794,100,450.86份		1,816,532,379.92份		1,864,179,682.11份	
基金份额净值	1.1148元		1.3874元		1.4100元		1.6335元	
基金资产组合	市值(元)	占总资产比(%)	市值(元)	占总资产比(%)	市值(元)	占总资产比(%)	市值(元)	占总资产比(%)
股票投资	1,438,300,070.99	85.21	2,198,376,383.02	87.91	2,179,783,305.20	84.77	2,614,472,794.51	82.86
债券投资	90,340,286.00	5.35	129,387,810.00	5.17	135,603,773.20	5.27	164,740,829.20	5.22
金融衍生品投资	——	——	——	——	——	——	——	——
买入返售金融资产	——	——	——	——	——	——	——	——
银行存款和结算备付金	154,207,842.38	9.14	103,634,151.27	4.14	249,868,822.45	9.72	346,073,585.33	10.97
其他资产	5,014,779.84	0.30	69,380,595.14	2.77	6,040,171.94	0.23	30,060,183.30	0.95

投资前五名股票明细	股票名称	公允价值(元)	占净值比(%)	股票名称	公允价值(元)	占净值比(%)	股票名称	公允价值(元)	占净值比(%)	股票名称	公允价值(元)	占净值比(%)
	格力电器	131,107,488.57	7.98	兴业银行	211,639,665.96	8.50	兴业银行	189,323,883.24	7.39	中国平安	179,153,836.89	5.88
	兴业银行	122,816,311.26	7.48	中国平安	126,000,537.04	5.06	中国平安	125,840,999.70	4.91	招商银行	149,779,712.25	4.92
	中信证券	83,323,856.97	5.07	万　科A	120,868,291.50	4.86	中联重科	103,761,467.60	4.05	宝钢股份	147,505,195.74	4.84
	中国平安	82,319,079.99	5.01	中联重科	88,132,133.32	3.54	潍柴动力	95,295,162.00	3.72	交通银行	134,711,190.90	4.42
	中兴通讯	81,202,909.08	4.94	西山煤电	87,986,042.30	3.53	贵州茅台	89,621,358.06	3.50	潍柴动力	122,403,028.80	4.02

投资前五名债券明细	债券名称	公允价值(元)	占净值比(%)	债券名称	公允价值(元)	占净值比(%)	债券名称	公允价值(元)	占净值比(%)	债券名称	公允价值(元)	占净值比(%)
	08央票40	57,702,000.00	3.51	08央票106	58,032,000.00	2.33	08央票50	51,850,000.00	2.02	09央票44	68,775,000.00	2.26
	08国开15	21,794,000.00	1.33	08国开15	21,562,000.00	0.87	08央票47	51,840,000.00	2.02	07央票95	50,675,000.00	1.66
	99国债(8)	8,100,800.00	0.49	08央票29	10,475,000.00	0.42	08央票110	19,258,000.00	0.75	09央票30	19,668,000.00	0.65
	08青啤债	2,743,486.00	0.17	21国债(12)	10,270,000.00	0.41	20国债(4)	8,127,200.00	0.32	20国债(4)	10,785,600.00	0.35
	——			21国债(10)	10,238,000.00	0.41	08青啤债	2,663,746.80	0.10	09央票28	9,837,000.00	0.32

泰达宏利市值优选股票型证券投资基金

基本资料					
基金简称	泰达宏利市值优选股票	交易代码	162209		
风险收益特征	该基金属于高风险、高收益的基金产品，其预期收益和风险高于混合型、债券型和货币市场基金。				
业绩比较基准	75%×沪深300指数收益率+25%×上证国债指数收益率				
合同生效日	2007年8月3日	首募份额	118.69亿份	认购户数	386,248户
基金管理人	泰达宏利基金管理有限公司	基金托管人	中国建设银行		
注册登记人	中国证券登记结算有限责任公司				

财务指标　单位：人民币(元)；%

项目 \ 年度	2009年	2008年	2007.8.3至2007.12.31
本期利润	3,527,839,293.79	-6,593,300,403.55	841,429,268.84
本期加权平均净值利润率	50.50	-91.47	6.61
期末基金资产净值	7,911,380,612.06	4,795,476,436.87	12,293,136,731.39
期末基金份额净值	0.7910	0.4531	1.0755
本期份额净值增长率	74.58	-57.87	7.55
累计份额净值增长率	-20.90	-54.69	7.55
基金收益分配	——	——	——

成立来累计净值增长率与同期基准收益率历史走势对比图（%）

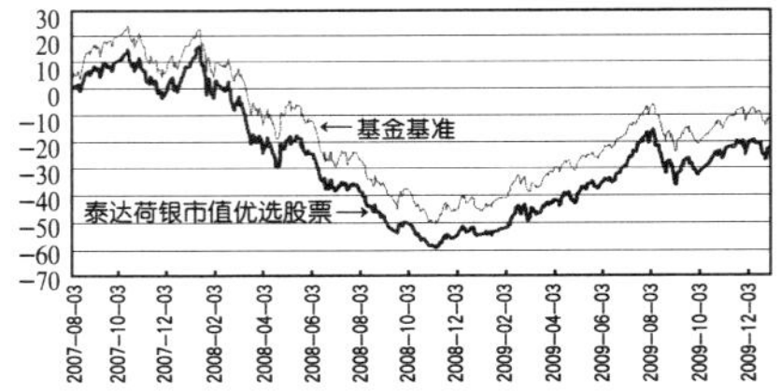

近三年净值增长率与同期基准收益率对比图（%）

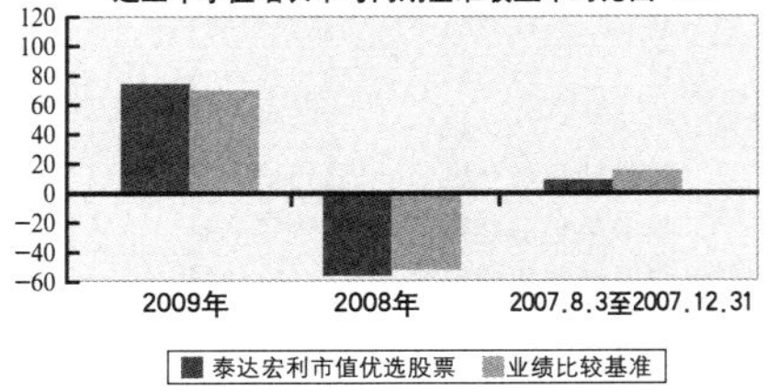

期末基金份额持有人户数	基金份额持有人户数为367,036户，平均每户持有27,251.47份。（期末截至2009年12月31日）
期末基金份额持有人结构	机构投资者持有份额683,408,007.43份，占总份额6.83%；个人投资者持有份额9,318,861,032.58份，占总份额93.17%。

基金业绩表现

2009年泰达宏利市值优选股票基金全年净值增长74.58%；同期业绩基准上涨68.15%，优于基准表现。

基金管理团队

史　博先生：基金经理、研究部总监、投资副总监，金融学硕士，特许金融分析师(CFA)，12年证券从业经历。曾任职于博时基金公司研究部以及市场部。2002年6月加入泰达宏利基金管理公司，曾任研究部总经理、首席策略分析师、泰达宏利周期基金经理；2005年2月至2007年6月任职于中国人寿资产管理公司股票投资部，任高级投资经理；2007年6月重新加入泰达宏利基金公司，任投资副总监，2008年8月至2009年9月任泰达宏利市值优选股票基金经理。

李泽刚先生：基金经理，硕士，8年证券从业经历。2002年初加入泰达宏利基金管理公司，曾任研究部行业研究员；2007年8月至2009年6月任泰达宏利市值优选股票基金经理。

吴俊峰先生：基金经理，硕士，5年证券从业经历。曾就职于国信证券经济研究所。2005年8月加入泰达宏利基金管理公司，先后担任研究员、研究主管等职务；2009年8月起任泰达宏利市值优选股票基金经理。

基金运作分析

2009年，泰达宏利市值优选股票基金在年初大幅增加股票资产的配置，并以自上而下的策略为主，更多选择了估值弹性较高，且受益于投资拉动的行业，如机械、水泥、有色等，以及受政府政策鼓励的房地产、汽车等行业；二季度重点配置当时涨幅落后的银行、保险、煤炭等板块；8月份市场下跌中该基金减仓较慢，组合中周期性行业配置偏多，导致净值受损较大，9月份积极结构调整，减持强周期行业，重点增持业绩增长强劲的行业，弥补了净值损失。

季度投资组合一览

项目 \ 季度	第一季度			第二季度			第三季度			第四季度		
基金资产净值	6,105,720,802.99元			7,181,264,675.61元			7,206,470,968.81元			7,911,380,612.06元		
基金份额	10,615,648,138.59份			10,251,630,587.35份			10,608,244,353.94份			10,002,269,040.01份		
基金份额净值	0.5752元			0.7005元			0.6793元			0.7910元		
基金资产组合	市值(元)		占总资产比(%)	市值(元)		占总资产比(%)	市值(元)		占总资产比(%)	市值(元)		占总资产比(%)
股票投资	5,446,576,642.25		88.63	6,563,180,927.90		86.28	5,817,993,383.14		80.41	7,359,899,606.39		92.63
债券投资	321,652,000.00		5.23	328,959,000.00		4.32	33,009,917.60		0.46	4,569,293.40		0.06
金融衍生品投资	——		——	——		——	——		——	——		——
买入返售金融资产	——		——	——		——	——		——	——		——
银行存款和结算备付金	357,326,798.01		5.81	691,771,692.69		9.09	1,318,067,569.86		18.22	548,466,730.01		6.90
其他资产	19,443,136.55		0.32	22,575,003.75		0.30	66,272,536.69		0.92	32,940,780.43		0.41
投资前五名股票明细	股票名称	公允价值(元)	占净值比(%)	股票名称	公允价值(元)	占净值比(%)	股票名称	公允价值(元)	占净值比(%)	股票名称	公允价值(元)	占净值比(%)
	辽宁成大	349,522,778.21	5.72	辽宁成大	462,862,631.52	6.45	中国平安	405,600,000.00	5.63	泸州老窖	409,920,000.00	5.18
	徐工科技	335,094,904.56	5.49	中国平安	458,639,464.02	6.39	三一重工	301,605,835.02	4.19	宝钢股份	405,717,807.18	5.13
	中国平安	325,355,972.67	5.33	兴业银行	392,049,448.53	5.46	上海汽车	296,250,000.00	4.11	苏宁电器	374,034,638.76	4.73
	海通证券	267,709,084.15	4.38	民生银行	364,320,000.00	5.07	中国神华	273,282,504.00	3.79	中国平安	358,067,426.29	4.53
	兴业银行	248,288,673.90	4.07	徐工科技	348,639,627.12	4.85	徐工科技	272,850,000.00	3.79	鞍钢股份	339,129,856.00	4.29
投资前五名债券明细	债券名称	公允价值(元)	占净值比(%)	债券名称	公允价值(元)	占净值比(%)	债券名称	公允价值(元)	占净值比(%)	债券名称	公允价值(元)	占净值比(%)
	08央票104	292,170,000.00	4.79	08央票104	289,950,000.00	4.04	08央票117	19,414,000.00	0.27	龙盛转债	1,659,070.40	0.02
	08央票117	19,628,000.00	0.32	08央票117	19,516,000.00	0.27	08央票119	9,792,000.00	0.14	安泰转债	1,320,971.40	0.02
	08央票119	9,854,000.00	0.16	08央票119	9,821,000.00	0.14	龙盛转债	1,317,459.00	0.02	博汇转债	959,879.20	0.01
	——			08央票106	9,672,000.00	0.13	安泰转债	1,134,075.60	0.02	西洋转债	629,372.40	0.01
				——			博汇转债	805,015.60	0.01	——		

泰达宏利集利债券基金证券投资基金

基本资料

基金简称	泰达宏利集利债券	交易代码	A：162210 C：162299
风险收益特征	该基金是债券型基金，属于具有较低风险收益特征的基金品种，其长期平均风险和预期收益率低于股票基金、混合基金，高于货币市场基金。		
业绩比较基准	90%×上证国债指数收益率+10%×中证红利指数收益率		
合同生效日	2008年9月26日	首募份额	22.94亿份
认购户数	5,433户		
基金管理人	泰达宏利基金管理有限公司	基金托管人	中国银行
注册登记人	泰达宏利基金管理有限公司		

财务指标　单位：人民币（亿元）；%

项目 \ 年度	2009年		2008.9.26至2008.12.31	
	A	C	A	C
本期利润	−0.1125	−0.0507	0.5322	0.2022
本期加权平均净值利润率	−3.94	−3.07	3.68	3.40
期末基金资产净值	0.6254	0.5033	11.2828	6.5472
期末基金份额净值	1.0245元	1.0191元	1.0394元	1.0386元
本期份额净值增长率	0.31	−0.13	3.94	3.86
累计份额净值增长率	4.27	3.72	3.94	3.86
基金收益分配	10派0.180元	10派0.180元	——	——

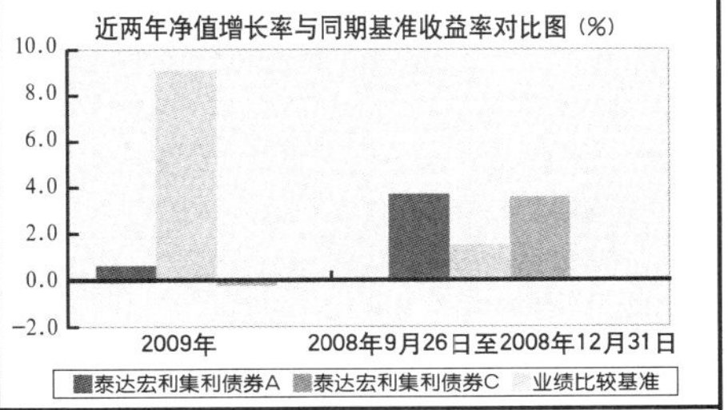

期末基金份额持有人户数	A类：基金份额持有人户数为1,580户，平均每户持有38,636.50份。 C类：基金份额持有人户数为1,621户，平均每户持有30,467.16份。（期末截至2009年12月31日）
期末基金份额持有人结构	A类：机构投资者持有份额39,998,550.00份，占总份额65.52%；个人投资者持有份额21,047,118.11份，占总份额34.48%。 C类：机构投资者持有份额19,978,912.39份，占总份额40.45%；个人投资者持有份额29,408,362.00份，占总份额59.55%。

基金业绩表现

截至2009年12月31日，泰达宏利集利债券基金A类份额净值为1.0245元，全年净值增长率为0.31%；C类份额净值为1.0191元，全年净值增长率为−0.13%。

基金管理团队

许杰先生：基金经理，8年证券从业经历，美国Pepperdine University MBA。在校期间，任Pepperdine University Student Investment Fund助理基金经理职位。毕业后在Walt Disney公司任金融分析师。2002年3月加入泰达宏利基金管理公司，2008年9月起任泰达宏利集利债券基金经理。

沈　毅先生：基金经理、固定收益部总经理，工商管理硕士、计量金融硕士，8年证券从业经历。曾就职于嘉实基金管理公司、光大保德信基金管理公司、长江养老保险公司。2008年2月起任职于泰达宏利基金管理公司，任固定收益部总经理；2008年9月起任泰达宏利集利债券基金经理。

基金运作分析

2009年上半年债券市场走势整体上可以分为两个阶段性下跌。1月中旬，中债指数达到了阶段性的高点，之后一路快速下跌并在2月初见底反弹，此后一路振荡向上，在5月底6月初再次见顶回落下行。

2009年，泰达宏利集利债券基金在年初减持了长期限的债券，缩短久期，并在年中逐渐增加信用类债券的持有比例.

季度投资组合一览

项目 \ 季度	第一季度		第二季度		第三季度		第四季度	
	A	C	A	C	A	C	A	C
基金资产净值	4.9713亿元	2.1551亿元	1.6669亿元	1.0776亿元	0.8769亿元	1.1271亿元	0.6254亿元	0.5033亿元
基金份额	4.9303亿份	2.1411亿份	1.6439亿份	1.0658亿份	0.8726亿份	1.1263亿份	0.6105亿份	0.4939亿份
基金份额净值	1.0083元	1.0065元	1.0140元	1.0110元	1.0048元	1.0007元	1.0245元	1.0191元
基金资产组合	市值(元)	占总资产比(%)	市值(元)	占总资产比(%)	市值(元)	占总资产比(%)	市值(元)	占总资产比(%)
股票投资	69,588,758.04	9.20	10,278,458.64	3.70	——	——	4,178,770.00	3.63
债券投资	578,056,874.96	76.43	239,581,560.18	86.2	213,658,107.60	92.38	98,077,030.33	85.18
金融衍生品投资	——	——	——	——	——	——	——	——
买入返售金融资产	——	——	——	——	——	——	——	——
银行存款和结算备付金	98,772,969.16	13.06	19,526,692.30	7.03	14,387,567.03	6.22	11,240,248.07	9.76
其他资产	9,889,228.00	1.31	8,559,059.72	3.08	3,236,192.01	1.40	1,643,184.19	1.43

投资前五名股票明细	股票名称	公允价值(元)	占净值比(%)	股票名称	公允价值(元)	占净值比(%)	股票名称	公允价值(元)	占净值比(%)	股票名称	公允价值(元)	占净值比(%)
	凌钢股份	27,850,758.04	3.91	冠农股份	2,483,503.20	0.90				中国平安	1,707,790.00	1.51
	马钢股份	23,016,000.00	3.23	中国人寿	2,340,262.30	0.85				建设银行	1,151,340.00	1.02
	中海集运	18,722,000.00	2.63	中国中铁	1,493,800.00	0.54	——			西山煤电	1,116,920.00	0.99
	——			煤 气 化	1,399,762.08	0.51				中国北车	122,600.00	0.11
				中国平安	1,284,031.06	0.47				中国化学	76,020.00	0.07

投资前五名债券明细	债券名称	公允价值(元)	占净值比(%)	债券名称	公允价值(元)	占净值比(%)	债券名称	公允价值(元)	占净值比(%)	债券名称	公允价值(元)	占净值比(%)
	03国债(3)	67,507,077.20	9.47	03国债(8)	30,605,562.00	11.15	08国债26	38,396,000.00	19.16	02国债(13)	13,936,500.00	12.35
	08国开10	54,560,000.00	7.66	03国债(3)	28,867,632.40	10.52	09央票38	29,487,000.00	14.71	03国债(8)	12,088,800.00	10.71
	21国债(7)	49,763,076.00	6.98	02国债(13)	28,341,000.00	10.33	02国债(13)	25,550,250.00	12.75	09昆创控债	9,671,000.00	8.57
	08铁道05	49,620,000.00	6.96	21国债(7)	23,203,400.00	8.45	03国债(8)	19,195,476.00	9.58	08中远债	7,798,471.50	6.91
	08联想债	42,524,000.00	5.97	09昆创控债	19,646,000.00	7.16	02国债(3)	14,681,250.00	7.33	08葛洲债	7,533,926.40	6.67

泰达宏利品质生活灵活配置混合型证券投资基金

基本资料					
基金简称	泰达宏利品质生活混合	交易代码	162211		
风险收益特征	该基金属于较高风险的混合型证券投资基金。				
业绩比较基准	60%×沪深300指数收益率+40%×上证国债指数收益率				
合同生效日	2009年4月9日	首募份额	12.95亿份	认购户数	10,514户
基金管理人	泰达宏利基金管理有限公司	基金托管人	中国建设银行		
注册登记人	泰达宏利基金管理有限公司				

2009年累计净值增长率与同期基准收益率历史走势对比图（%）

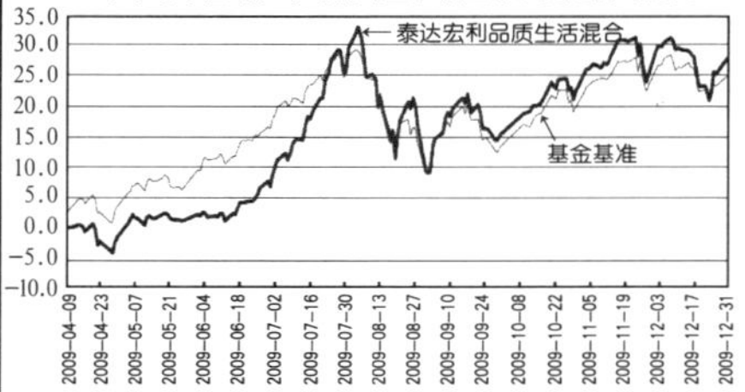

财务指标	单位：人民币（元）；%
项目 \ 年度	2009年4月9日至2009年12月31日
本期利润	262,443,211.11
本期加权平均净值利润率	24.10
期末基金资产净值	906,615,830.81
期末基金份额净值	1.188
本期份额净值增长率	28.55
累计份额净值增长率	28.55
基金收益分配	10派1.000

2009年净值增长率与同期基准收益率对比图（%）

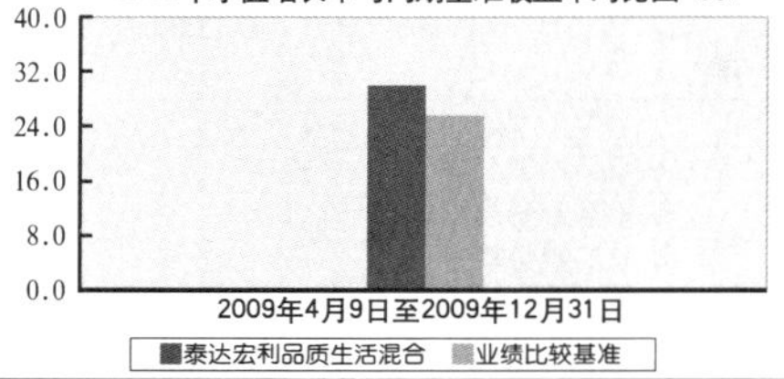

期末基金份额持有人户数	基金份额持有人户数为8,434户，平均每户持有90,455.94份。（期末截至2009年12月31日）
期末基金份额持有人结构	机构投资者持有份额506,051,778.49份，占总份额66.33%；个人投资者持有份额256,853,595.49份，占总份额33.67%。

基金业绩表现

泰达宏利品质生活混合基金合同生效于2009年4月9日，截至2009年12月，该基金净值增长率为28.55%，同期业绩基准收益率为26.26%，业绩表现优于基准。

基金管理团队

梁　辉先生：基金经理、投资部总经理，硕士，7年证券从业经历。2002年3月起，任职于泰达宏利基金公司，曾担任公司研究部行业研究员、基金经理助理、研究部总监；现任基金投资部总经理，2009年9月起任泰达宏利品质生活混合基金经理。

史　博先生：基金经理、研究部总监、投资副总监，金融学硕士，特许金融分析师（CFA），12年证券从业经历。曾任职于博时基金管理公司研究部以及市场部。期间在Dryden Wealth Management Co.Ltd.(London)从事研究工作。2002年6月加入泰达宏利基金管理公司，曾担任研究部总经理、首席策略分析师、泰达宏利周期基金经理；2005年2月至2007年6月任职于中国人寿资产管理公司股票投资部，任高级投资经理。2007年6月重新加入泰达宏利基金管理公司，任投资副总监；2009年4月至2009年9月任泰达宏利品质生活混合基金经理。

李泽刚先生：基金经理，硕士，8年证券从业经历。2002年初加入泰达宏利基金管理公司，曾任研究部行业研究员、泰达宏利稳定基金经理、泰达宏利市值优选基金经理、泰达宏利品质生活混合基金经理（2009年4月至2009年6月）。

基金运作分析

泰达宏利品质生活混合基金合同生效于2009年4月9日，自运作以来，该基金充分发挥公司的总体研究和投资优势，集中配置于与经济增长密切相关的周期类股票，包括汽车、房地产、煤炭、机械等，取得了比较好的收益。

季度投资组合一览

项目 \ 季度	第二季度		第三季度		第四季度	
基金资产净值	1,133,861,351.92元		931,164,510.94元		906,615,830.81元	
基金份额	1,060,913,121.34份		875,270,037.89份		762,905,373.98份	
基金份额净值	1.069元		1.064元		1.188元	
基金资产组合	市值(元)	占总资产比(%)	市值(元)	占总资产比(%)	市值(元)	占总资产比(%)
股票投资	762,384,517.64	66.49	590,634,287.10	63.07	675,531,793.67	74.15
债券投资	60,563,500.00	5.28	177,941,311.40	19.00	177,400,958.80	19.47
资产支持证券投资	——	——	——	——	——	——
金融衍生品投资	——	——	——	——	——	——
买入返售金融资产	——	——	——	——	——	——
银行存款和结算备付金	321,723,808.00	28.06	164,232,391.80	17.54	51,360,457.19	5.64
其他资产	1,935,963.51	0.17	3,685,671.52	0.39	6,768,551.12	0.74

投资前五名股票明细	股票名称	公允价值(元)	占净值比(%)	股票名称	公允价值(元)	占净值比(%)	股票名称	公允价值(元)	占净值比(%)
	中国平安	113,756,516.20	10.03	保利地产	48,279,782.74	5.18	招商银行	62,306,415.95	6.87
	西部资源	67,029,241.76	5.91	招商银行	44,339,689.62	4.76	国阳新能	58,039,259.74	6.40
	三一重工	57,539,741.07	5.07	国阳新能	44,165,950.40	4.74	苏宁电器	41,560,000.00	4.58
	潍柴动力	56,059,941.20	4.94	三一重工	36,498,000.00	3.92	思源电气	37,625,091.84	4.15
	莱钢股份	45,043,077.06	3.97	福田汽车	33,069,268.70	3.55	武汉凡谷	32,699,825.60	3.61

投资前五名债券明细	债券名称	公允价值(元)	占净值比(%)	债券名称	公允价值(元)	占净值比(%)	债券名称	公允价值(元)	占净值比(%)
	21国债(10)	20,476,000.00	1.81	08央票47	51,840,000.00	5.57	08央票47	51,455,000.00	5.68
	03国债(8)	20,280,000.00	1.79	08央票44	51,825,000.00	5.57	08央票44	51,440,000.00	5.67
	21国债(12)	10,270,000.00	0.91	21国债(10)	30,828,000.00	3.31	21国债(10)	30,687,000.00	3.38
	03国债(3)	4,814,000.00	0.42	03国债(8)	20,080,000.00	2.16	03国债(8)	20,148,000.00	2.22
	02国债(13)	4,723,500.00	0.42	21国债(12)	10,298,000.00	1.11	21国债(12)	10,255,000.00	1.13

泰达宏利红利先锋股票型证券投资基金

基本资料						
基金简称	泰达宏利红利先锋股票		交易代码	162212		
投资目标	力争实现基金资产的长期稳定增值和基金的持续稳定分红。					
业绩比较基准	75%×中信标普中国A股红利机会指数收益率+25%×上证国债指数收益率					
风险收益特征	该基金为股票型基金，属于高风险、高收益的基金品种，其预期风险和预期收益高于混合型基金、债券型基金和货币市场基金。					
合同生效日	2009年12月3日	上市日期	——	上市地点	——	
募集概况	首募份额	认购户数	募集日期			
	13.96亿份	15,328户	2009年11月2日至2009年11月30日			
基金费率	认购费率	不高于1.20%	申购费率	不高于1.50%	赎回费率	不高于0.50%
	管理费率	1.50%				
	托管费率	0.25%				
基金管理人	泰达宏利基金管理有限公司		基金托管人	中国建设银行股份有限公司		
审计机构	普华永道中天会计师事务所		注册登记人	泰达宏利基金管理有限公司		

基金管理团队

梁　辉先生：基金经理，基金投资部总经理，硕士，8年基金从业经历。2002年3月起任职于泰达宏利基金管理有限公司，曾担任公司研究部行业研究员、基金经理助理、研究部总监、金融工程部总经理，现担任基金投资部总经理，2009年12月起任泰达宏利红利先锋股票基金经理。

泰达宏利中证财富大盘指数证券投资基金

基本资料						
基金简称	泰达宏利财富大盘指数		交易代码	162213		
投资目标	采用指数化投资策略，紧密跟踪中证财富大盘指数，力争获取与标的指数相似的投资收益，并力争将基金的日跟踪偏离度绝对值控制在0.35%以内，年化跟踪误差不超过4%。					
业绩比较基准	95%×中证财富大盘指数收益率+5%×同业存款利率					
风险收益特征	该基金为股票型指数基金，属于高风险、高收益的基金品种，其预期风险和预期收益高于混合型基金、债券型基金和货币市场基金。					
合同生效日	2010年4月23日	上市日期	——	上市地点	——	
募集概况	首募份额	认购户数	募集日期			
	11.65亿份	11,891户	2010年3月15日至2010年4月20日			
基金费率	认购费率	不高于1.00%	申购费率	不高于1.20%	赎回费率	不高于0.50%
	管理费率	0.65%				
	指数使用费率	0.02%	托管费率	0.12%		
基金管理人	泰达宏利基金管理有限公司		基金托管人	中国银行股份有限公司		
审计机构	普华永道中天会计师事务所		注册登记人	泰达宏利基金管理有限公司		

基金管理团队

王咏辉先生：基金经理，11年证券从业经历，英国牛津大学工程和计算机专业，硕士学历。1998年9月至2001年7月就职于伦敦摩根大通(JP Morgan)投资基金管理公司任分析员、高级分析师；2001年7月至2002年3月就职于伦敦汇丰(HSBC)投资基金管理公司任高级分析师；2002年3月至2004年1月就职于伦敦巴克国际投资基金管理公司任ETF亚洲部门经理；2004年2月至2008年3月就职于巴克莱资本(Barclays Capital)担任部门经理；2008年4月加入泰达荷银基金管理有限公司(现泰达宏利基金管理公司)，任金融工程部副总经理；2010年4月起任泰达宏利财富大盘指数基金经理。

国投瑞银 UBS SDIC | 大事记 MAJOR EVENTS

2010年12月

2010年12月16日，以产业链系列布局为契机所研发的境内首只全市场消费行业指数基金——国投瑞银中证下游消费服务指数基金(LOF)成立。

2010年11月

2010年11月，国投瑞银推出一款以股指期货套利为主的多重套利策略专户产品。该专户产品是一款一对多专户产品，也是目前国内基金业首个主打套利策略的一对多专户。

2010年11月18日，历时5个月的国投瑞银大学生"调研三农、创富家乡"公益扶持计划圆满落下帷幕。颁奖仪式在中国农业大学举行，来自全国各大高校的29个团队分获一、二、三等奖。

2010年9月

三种收费模式的债券基金——国投瑞银优化增强债券型证券投资基金于9月8日成立。

2010年9月，首只基金股指编码诞生，国投瑞银拔得头筹。

2010年6月

2010年6月8日，国投瑞银基金管理公司迎来合资5周岁生日。5年来，国投瑞银坚持创新，为持有人赚取实在回报，旗下基金累计分红达99.3亿元。在5周年到来之际，公司借此契机展开公司品牌宣传活动，推出系列客户感恩回馈活动，切实回馈基金持有人，与持有人共同分享5年来成长历程。

2010年4月

境内首只行业指数基金——国投瑞银沪深300金融地产指数基金4月9日成立。

2010年4月27日，由国投瑞银瑞和300指数分级基金首创的"配对转换"业务正式开通，投资者可在深圳证券交易所交易时间内按照相关规定通过份额配对转换业务办理机构提交分拆或合并转换业务申请。这一业务开通后，能起到平复分级基金场内份额折溢价、提供双向套利机会的作用，为国内基金公司今后开发和运作分级基金提供经验借鉴，开创了中国基金业又一全新交易模式。

境内首只上市型QDII基金——国投瑞银全球新兴市场股票基金于6月10日成立。

2010年度国投瑞银基金所获奖项

公司奖项

时 间	公司奖项	评选活动	主办单位
2010年1月	年度最佳投资者教育奖	2009年度第七届财经风云榜	和讯网
	2009年度金牛创新奖	中国证券报 第七届中国基金业金牛奖评选活动	中国证券报
2010年6月	中国最佳服务特色奖	2009—2010第五届中国最佳客户服务评选活动	中国信息协会 中国服务贸易协会
	2009年度金基金创新公司奖	上海证券报 第七届中国基金业金基金奖评选活动	上海证券报
2010年11月	最佳公司治理基金公司	理财周报2010中国基金业领袖峰会	理财周报
2010年12月	卓越服务大奖	南方都市报2011赢销盛典	南方都市报
	2010年度最具成长性基金公司	"东方财富风云榜"年度评选活动	东方财富网
	最有影响力基金客户服务奖	2010搜狐金融理财网络盛典	搜狐网
	优秀风险控制力基金公司	第五届中国基金峰会暨 "大众证券杯"颁奖典礼	大众证券报

产品奖项

时 间	公司奖项	评选活动	主办单位
2010年1月	年度最佳产品创新奖 国投瑞银瑞和分级指数基金	2009年度第七届财经风云榜	和讯网
2010年2月	2009年度最佳基金(债券型) 国投瑞银融华债券	影响中国·2009腾讯网络评选大奖	腾讯网等
2010年5月	2009年度开放式混合基金金牛奖 国投瑞银景气行业混合基金	中国证券报 第七届中国基金业金牛奖评选活动	中国证券报
2010年12月	2010年最具影响力基金新产品奖	凤凰网主办的2010金凤凰理财盛典	凤凰网

国投瑞银基金管理有限公司

法定名称	国投瑞银基金管理有限公司	英文名称	UBS SDIC Fund Management Co., Ltd.		
成立时间	2002年6月13日	注册资本	1亿元人民币	公司属性	中外合资
法人代表	钱 蒙	总 经 理	尚 健	督 察 长	包爱丽
公司网址	www.ubssdic.com	客服电话	400-880-6868		
联系电话	0755-8357 5999	传真号码	0755-8290 4048		
注册地址	深圳市福田区金田路4028号荣超经贸中心46层	办公地址	深圳市福田区金田路4028号荣超经贸中心46层		

公司简介

国投瑞银基金管理有限公司（以下简称“国投瑞银基金”）是中国第一家外方持股比例达到最高上限的合资基金管理公司，股东为国投信托有限公司和瑞银集团，分别持有公司51%和49%的股权。自2005年6月8日合资以来，国投瑞银展现出快速发展的蓬勃朝气和勇于创新的开拓精神，迅速成长为一家具备较强综合实力的基金公司。公司的目标是建立品牌认知、资产规模、投资业绩、产品创新、诚信声誉均达一流的资产管理公司。

目前国投瑞银基金已建立起覆盖高、中、低风险等级的较为完整的产品线，共管理着12只开放式基金和2只创新型分级基金。获得了QDII资格，并为QFII和信托计划提供投资咨询服务；自2008年获得特定客户资产管理业务资格以来，公司专户业务发展迅猛，凭借出色的专户管理策略和服务，在2009年第四届中国证券投资基金业年会上，国投瑞银摘得“最佳专户理财管理奖”。

年度经营

2009年以来，国投瑞银先后募集设立了4只基金。2009年1月份国投瑞银货币基金成立，进一步补充完善了公司产品线的低风险端，在短短10天的发行期，募集规模超过38亿元。在产品创新上，国投瑞银继续领先的步伐：2009年9月，推出境内首只分级指数基金——国投瑞银瑞和沪深300指数分级基金，该基金引入“人性化”杠杆设计，被业界誉为2009年度创新程度最高的基金产品，首发规模超过32亿元；2010年3月，推出境内首只行业指数基金——国投瑞银沪深300金融地产指数基金，该基金既填补了境内行业指数基金的空白，也引领了指数基金创新的重要方向。在满足普通投资者、机构投资者多样化理财和资产配置需求的同时，使投资人通过被动投资方式实现主动的行业轮动跟踪；同年5月，国投瑞银推出境内首只上市型QDII基金——国投瑞银全球新兴市场股票基金，大大提升QDII基金产品的交易效率。

投资管理方面，2009年，国投瑞银基金把握证券市场率先回暖的机遇，实现了业绩的快速增长。据天相投顾发布的基金管理公司评价报告显示，截至2009年底，在同期可比56家基金公司中，国投瑞银投资管理能力位列前1/4。凭借优良的业绩表现和创新能力，国投瑞银基金的社会影响力也进一步扩大。在《中国证券报》颁布的“2009年度中国基金业金牛奖”评选中，公司获得“2009年度金牛创新奖”，旗下国投瑞银景气基金则摘得“2009年度开放式混合型金牛基金”；在《上海证券报》举办的第七届中国基金业金基金奖评选中，公司获得“2009年度金基金创新公司奖”。

客户服务

国投瑞银基金坚持客户关注的服务理念，视声誉为最宝贵的财产，建立了多层次服务体系，为客户提供标准化服务、个性化服务和增值服务。针对投资人需求，国投瑞银基金成立国投瑞银财富学院，该学院是公司携手合作伙伴搭建的融投资人教育、专业理财知识传播和客户服务于一体的立体平台。

2010年，国投瑞银基金客户服务再次升级，公司与《中国证券投资基金年鉴》及多家银行、券商渠道合作，在全国范围内启动“国投瑞银‘安心投资·健康生活’暨2010年度中国基金投资者服务巡讲大型公益活动”，该活动陆续在深圳、宁波、西安、青岛、天津等多个城市举办，受到广大投资者的关注与好评。

社会责任

自合资以来，国投瑞银基金一直恪守受托责任，在努力创造持续稳健的投资业绩的同时，也一直不忘履行企业公民的社会责任。2010年4月青海玉树地震，国投瑞银基金第一时间通过中国证券业协会向玉树灾区捐款50万元，以帮助灾区群众渡过难关、重建家园。近年来公司先后向南方雪灾、四川汶川大地震等灾区累计捐款近260万元。2010年6月，国投瑞银基金携手中国光华科技基金会、中国青年报社共同发起大学生‘调研三农 创富家乡’公益基金扶持计划，将服务“三农”、扶持大学生就业创业两大现实问题有机地结合了起来，10所高校的60个大学生团队踊跃参与其中。公司员工还自发捐款成立了国投瑞银“爱心基金”，由员工自己管理、积极寻找有切实困难的救助对象，实施精准援助。

国投瑞银融华债券型证券投资基金

基本资料					
基金简称	国投瑞银融华债券	交易代码	121001		
风险收益特征	该基金属于预期风险相对可控、预期收益相对稳定的低风险基金品种，具有风险低、收益稳的特征，预期长期风险回报高于单纯的债券基金品种，低于以股票为主要投资对象的基金品种。				
业绩比较基准	80%×中信标普全债指数＋20%×中信标普300指数				
合同生效日	2003年4月16日	首募份额	25.88亿份	认购户数	17,611户
基金管理人	国投瑞银基金管理有限公司	基金托管人	中国光大银行		
注册登记人	国投瑞银基金管理有限公司				

成立来累计净值增长率与同期基准收益率历史走势对比图（%）

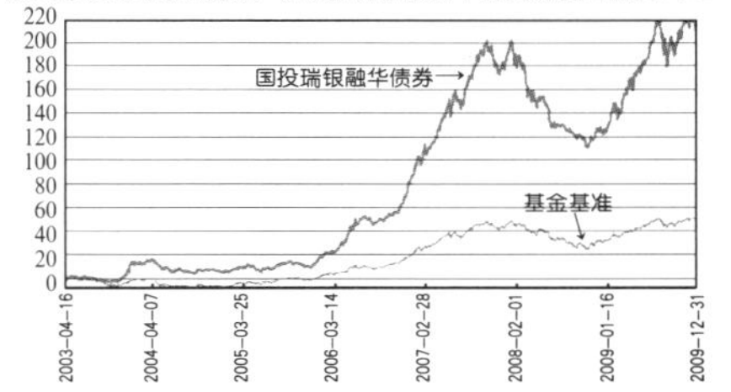

财务指标　单位：人民币（元）；%

项目＼年度	2009年	2008年	2007年
本期利润	195,238,781.62	−171,320,349.90	227,595,790.43
本期加权平均净值利润率	19.37	−34.19	39.61
期末基金资产净值	1,313,548,117.86	307,011,431.29	748,019,827.75
期末基金份额净值	1.3784	1.0463	1.4884
本期份额净值增长率	42.73	−23.63	55.81
累计份额净值增长率	217.22	122.25	191.02
基金收益分配	10派1.000	10派1.000	10派6.720

近三年净值增长率与同期基准收益率对比图（%）

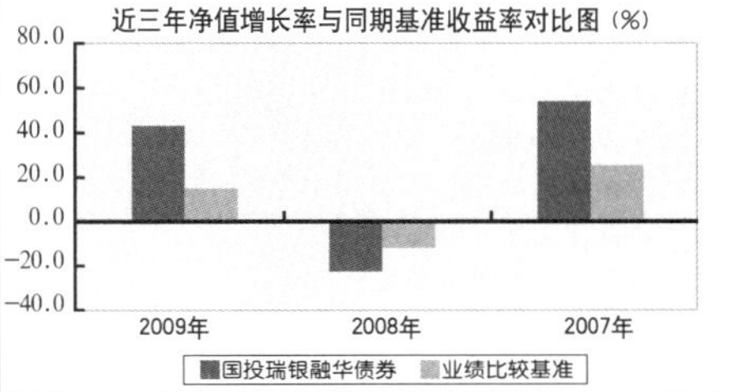

期末基金份额持有人户数	基金份额持有人户数为21,041户，平均每户持有45,349.76份。（期末截至2009年12月31日）
期末基金份额持有人结构	机构投资者持有份额405,975,585.39份，占总份额42.60%；个人投资者持有份额547,004,345.91份，占总份额57.40%。

基金业绩表现

截至2009年12月31日，国投瑞银融华债券基金份额净值为1.3784元，全年净值增长率为42.73%；同期业绩基准收益率为15.48%，业绩表现远远优于基准。

基金管理团队

徐炜哲先生：基金经理，伦敦政治经济学院金融学硕士，9年证券从业经历。曾任美国纽约Davis Polk &Wardwell资本市场部分析员，国信证券研究部高级分析师，中信基金管理公司研究部高级经理，CLSA Limited（里昂证券）中国研究部分析师。2006年8月加入国投瑞银基金管理公司，曾任研究部高级组合经理；2008年4月起任国投瑞银融华债券基金经理。

基金运作分析

2009年，国投瑞银融华债券基金在操作策略上，年初大幅增加了股票配置，并且全年基本维持在可投资比率的上限，同时增加了股性较强的转债配置。在股票结构方面，从年初到三季度超配了周期类行业如有色、煤炭、银行、地产等，同时自下而上地选择了新能源、医药、建材等行业的个股；四季度末，该基金减少了股票配置，在结构方面，该基金减少周期类行业的配置，加大医药、消费等防御性行业的配置，同时加大自下而上的个股选择并且减少了转债配置。此外，降低了利率产品占整个债券投资组合的比例并增持部分收益率较高、质地较好的信用产品，债券组合久期全年保持在较低水平以有效控制利率风险。

2010年，国投瑞银融华债券基金将以风险控制为主，主要配置在医药、消费、新能源、IT、新型建材等行业中成长性较好的公司，而回避周期性较强的行业。债券方面，对债券市场仍维持相对谨慎的看法。

季度投资组合一览

项目＼季度	第一季度		第二季度		第三季度		第四季度	
基金资产净值	415,249,726.80元		858,020,821.00元		1,461,877,118.22元		1,313,548,117.86元	
基金份额	343,548,874.66份		677,341,328.41份		1,156,393,314.07份		952,979,931.30份	
基金份额净值	1.2087元		1.2667元		1.2642元		1.3784元	
基金资产组合	市值(元)	占总资产比(%)	市值(元)	占总资产比(%)	市值(元)	占总资产比(%)	市值(元)	占总资产比(%)
股票投资	163,716,346.61	39.07	330,227,425.54	37.43	580,154,911.19	39.37	503,018,693.93	38.16
债券投资	210,299,849.50	50.18	386,709,301.92	43.83	676,354,459.26	45.90	654,765,173.42	49.68
金融衍生品投资	——	——	——	——	——	——	——	——
买入返售金融资产	——	——	30,000,000.00	3.40	——	——	——	——
银行存款和结算备付金	39,248,360.03	9.37	107,191,641.80	12.15	193,265,369.77	13.12	144,424,125.27	10.96
其他资产	5,799,114.29	1.38	28,102,866.74	3.19	23,783,043.63	1.61	15,838,505.86	1.20

投资前五名股票明细	股票名称	公允价值(元)	占净值比(%)	股票名称	公允价值(元)	占净值比(%)	股票名称	公允价值(元)	占净值比(%)	股票名称	公允价值(元)	占净值比(%)
	浦发银行	9,778,292.80	2.35	招商银行	22,331,654.64	2.60	南京医药	33,617,009.92	2.30	南京医药	39,031,287.96	2.97
	兴业银行	8,693,081.22	2.09	兴业银行	20,875,822.29	2.43	兴业银行	31,664,710.37	2.17	北新建材	32,626,777.52	2.48
	中国平安	6,193,068.50	1.49	浦发银行	19,465,389.72	2.27	中国平安	31,502,546.40	2.15	江苏国泰	31,953,771.18	2.43
	江苏国泰	5,350,155.85	1.29	交通银行	18,748,881.97	2.19	北新建材	30,287,421.01	2.07	格力电器	24,178,501.80	1.84
	盐湖钾肥	5,027,672.21	1.21	中国平安	13,772,137.00	1.61	招商银行	26,755,568.90	1.83	凯迪电力	20,965,515.00	1.60

投资前五名债券明细	债券名称	公允价值(元)	占净值比(%)	债券名称	公允价值(元)	占净值比(%)	债券名称	公允价值(元)	占净值比(%)	债券名称	公允价值(元)	占净值比(%)
	99国债(8)	31,876,648.00	7.68	南山转债	43,870,462.00	5.11	08央行票据47	93,312,000.00	6.38	09央行票据36	147,435,000.00	11.22
	08央行票据47	31,821,000.00	7.66	08央行票据47	41,996,000.00	4.89	09央行票据41	69,769,000.00	4.77	09央行票据38	98,280,000.00	7.48
	南山转债	30,154,736.50	7.26	08央行票据84	38,512,000.00	4.49	唐钢转债	66,610,013.90	4.56	08央行票据47	92,619,000.00	7.05
	07进出13	20,438,000.00	4.92	99国债(8)	35,725,339.00	4.16	新钢转债	58,589,321.40	4.01	唐钢转债	70,704,630.34	5.38
	08石化债	17,426,000.00	4.20	新钢转债	29,042,699.70	3.38	09央行票据37	49,835,000.00	3.41	新钢转债	67,748,519.40	5.16

国投瑞银景气行业证券投资基金

基本资料

基金简称	国投瑞银景气行业混合	交易代码	121002		
风险收益特征	该基金采取积极型投资策略，主要投资于景气行业先锋股票，具有适度风险回报特征，其风险收益高于平衡型基金，低于纯股票基金。				
业绩比较基准	5%×同业存款利率+20%×中信标普全债指数+75%×中信标普300指数				
合同生效日	2004年4月29日	首募份额	21.97亿份	认购户数	21,189户
基金管理人	国投瑞银基金管理有限公司	基金托管人	中国光大银行		
注册登记人	国投瑞银基金管理有限公司				

财务指标 单位：人民币(元)；%

项目＼年度	2009年	2008年	2007年
本期利润	1,496,284,364.50	-1,898,069,675.00	1,704,734,118.97
本期加权平均净值利润率	44.51	-52.96	48.52
期末基金资产净值	3,696,794,882.55	2,754,327,156.91	5,326,857,855.92
期末基金份额净值	0.9597	0.6089	1.0037
本期份额净值增长率	57.61	-39.33	95.17
累计份额净值增长率	310.25	160.29	329.06
基金收益分配	——	——	10派18.590

成立来累计净值增长率与同期基准收益率历史走势对比图（%）

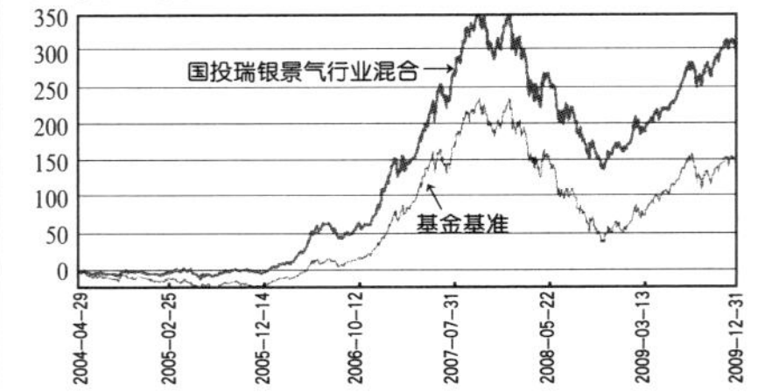

近三年净值增长率与同期基准收益率对比图（%）

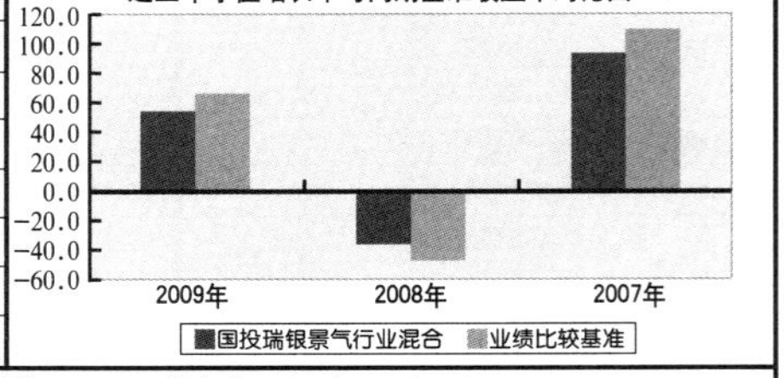

期末基金份额持有人户数	基金份额持有人户数为165,891户，平均每户持有23,219.34份。（期末截至2009年12月31日）
期末基金份额持有人结构	机构投资者持有份额70,740,669.38份，占总份额1.84%；个人投资者持有份额3,781,138,044.82份，占总份额98.16%。

基金业绩表现

截至2009年12月31日，国投瑞银景气行业混合基金份额净值为0.9597元，全年净值增长率为57.61%。

基金管理团队

袁 野先生：基金经理、投资部副总监，工商管理硕士，13年证券从业经历。曾任深圳投资基金管理公司天骥基金经理、国信证券基金债券部投资经理。2002年加入国投瑞银基金管理公司，曾任基金经理助理；2007年3月起任国投瑞银景气行业混合基金经理。

基金运作分析

2009年的A股市场走出了让人久违了的牛市行情，全年上证指数从1821点上涨到3277点，涨幅近80%；债券方面，债券市场收益率整体上行，收益率曲线熊陡、熊平交替进行，全年债市呈现熊市格局。

国投瑞银景气行业混合基金在2009年的操作策略上，上半年主动增加了股票的投资仓位，在基金组合中突出银行、保险等金融类资产、房地产、煤炭和钢铁等周期类股票，同时保持了消费、零售和基建等行业在组合的配比。债券方面，降低了投资组合中的债券资产比例，债券组合久期也保持在较低水平以有效控制利率风险。整体而言，行业配置有较好表现，而风格转换相对谨慎以及股票加仓速度滞后，对组合全年的表现造成了一定的负面影响。

展望2010年，预计GDP增速会逐季下降，上市公司的盈利也会呈现“前高后低”的走势，A股估值水平难有大的提升。此外，通胀逐步回升对债市也将造成一定的压力。在利空尚未完全释放、债券收益率未调整到位前，该基金对债券市场仍维持相对谨慎的看法。

季度投资组合一览

项目＼季度	第一季度		第二季度		第三季度		第四季度	
基金资产净值	3,139,159,022.80元		3,403,382,438.60元		3,432,822,405.80元		3,696,794,882.55元	
基金份额	4,432,975,620.58份		4,230,686,481.83份		4,041,964,901.62份		3,851,878,714.20份	
基金份额净值	0.7081元		0.8045元		0.8493元		0.9597元	
基金资产组合	市值(元)	占总资产比(%)	市值(元)	占总资产比(%)	市值(元)	占总资产比(%)	市值(元)	占总资产比(%)
股票投资	1,758,980,637.03	55.83	1,962,182,355.86	55.23	1,888,865,343.21	54.41	2,171,785,268.47	58.46
债券投资	1,030,516,658.24	32.71	1,057,368,257.25	29.76	1,150,766,213.75	33.15	836,421,954.05	22.51
金融衍生品投资	6,357,266.56	0.20	——	——	——	——	——	——
买入返售金融资产	——	——	——	——	——	——	——	——
银行存款和结算备付金	315,930,805.26	10.03	371,444,744.15	10.46	414,242,048.99	11.93	675,820,213.43	18.19
其他资产	39,008,594.57	1.24	161,488,499.60	4.55	17,681,646.25	0.51	31,009,149.18	0.83

投资前五名股票明细	股票名称	公允价值(元)	占净值比(%)	股票名称	公允价值(元)	占净值比(%)	股票名称	公允价值(元)	占净值比(%)	股票名称	公允价值(元)	占净值比(%)
	中国铁建	83,314,089.40	2.65	北京银行	119,384,659.80	3.51	民生银行	180,007,963.62	5.24	招商银行	235,882,742.80	6.38
	农产品	80,332,206.12	2.56	美的电器	104,599,523.60	3.07	招商银行	126,726,572.54	3.69	中国建筑	165,224,194.72	4.47
	王府井	71,060,929.38	2.26	中联重科	103,817,484.54	3.05	苏宁环球	104,662,321.98	3.05	建设银行	111,535,208.28	3.02
	海油工程	54,559,994.92	1.74	中国银行	95,177,614.63	2.80	*ST伊利	74,927,436.08	2.18	科华生物	111,260,915.92	3.01
	中国太保	52,182,427.22	1.66	海油工程	91,939,199.17	2.70	兖州煤业	73,666,282.44	2.15	兴业银行	96,742,710.08	2.62

投资前五名债券明细	债券名称	公允价值(元)	占净值比(%)	债券名称	公允价值(元)	占净值比(%)	债券名称	公允价值(元)	占净值比(%)	债券名称	公允价值(元)	占净值比(%)
	99国债(8)	126,575,000.00	4.03	99国债(8)	176,100,132.00	5.17	09央行票据43	189,373,000.00	5.52	09央行票据38	167,076,000.00	4.52
	08进出04	126,139,000.00	4.02	09央行票据11	129,688,000.00	3.81	07进出13	101,570,000.00	2.96	08央行票据17	102,650,000.00	2.78
	08央行票据50	106,100,000.00	3.38	08央行票据50	105,020,000.00	3.09	09央行票据38	98,290,000.00	2.86	07进出13	101,080,000.00	2.73
	08央行票据47	106,070,000.00	3.38	07进出13	102,090,000.00	3.00	21国债(12)	81,374,796.00	2.37	08央行票据50	51,465,000.00	1.39
	07进出13	102,190,000.00	3.26	09央行票据15	99,750,000.00	2.93	09农发09	78,912,000.00	2.30	08农发04	50,075,000.00	1.35

国投瑞银核心企业股票型证券投资基金

基本资料

基金简称	国投瑞银核心企业股票		交易代码	121003	
风险收益特征	该基金为股票型基金，属于预期风险收益较高的基金品种，其预期风险和预期收益高于债券型基金和混合型基金。				
业绩比较基准	5%×金融同业存款利率+95%×中信标普300指数收益率				
合同生效日	2006年4月19日	首募份额	26.59亿份	认购户数	61,517户
基金管理人	国投瑞银基金管理有限公司		基金托管人	中国工商银行	
注册登记人	国投瑞银基金管理有限公司				

成立来累计净值增长率与同期基准收益率历史走势对比图（%）

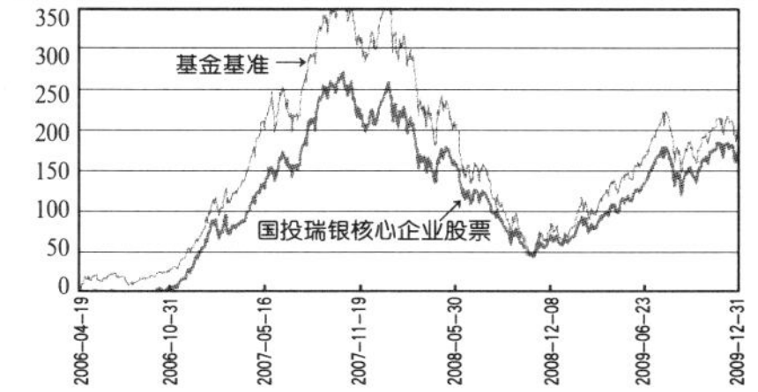

财务指标　　单位：人民币（元）；%

项目＼年度	2009年	2008年	2007年
本期利润	4,165,268,770.47	−6,822,421,101.20	3,746,909,381.96
本期加权平均净值利润率	54.11	−75.65	51.43
期末基金资产净值	7,963,311,724.39	5,788,489,031.16	15,713,231,197.10
期末基金份额净值	1.1035	0.6325	1.3200
本期份额净值增长率	74.47	−52.08	114.88
累计份额净值增长率	179.01	59.92	233.75
基金收益分配	——	——	10派14.400

近三年净值增长率与同期基准收益率对比图（%）

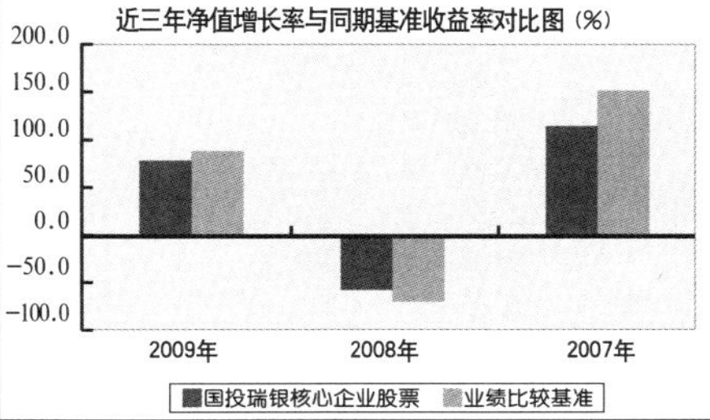

期末基金份额持有人户数	基金份额持有人户数为362,729户，平均每户持有19,895.6份。（期末截至2009年12月31日）
期末基金份额持有人结构	机构投资者持有份额5,465,802.35份，占总份额0.08%；个人投资者持有份额7,211,245,395.14份，占总份额99.92%。

基金业绩表现

截至2009年12月31日，国投瑞银核心企业股票基金份额净值为1.1035元，全年净值增长率为74.47%。

基金管理团队

康晓云先生：基金经理，工学硕士，7年证券从业经历。曾在昆仑证券公司、国海证券公司从事证券投资与研究工作。2004年加入国投瑞银基金管理有限公司，曾任公司研究部高级研究员、高级组合经理；2006年4月起任国投瑞银核心企业股票基金经理。

基金运作分析

2009年上证综指全年大涨79.98%，沪深300指数全年涨幅高达96.71%；从行业表现看，有色金属、煤炭等资源类行业及交运设备（汽车）、家电、房地产等内需主导行业表现远超大盘。

由于年初对市场判断相对谨慎，国投瑞银核心企业股票基金在2009年开年时间段采取谨慎投资的策略，股票仓位适中，行业配置较为均衡。自第二季度开始，该基金比较积极地提高了股票仓位。在行业配置上，围绕内需和新产业主题加大了对金融、地产、煤炭、化工等周期性行业的配置，同时加强了对家电、食品饮料、医药等消费类行业的配置，获得了较好收益。年底则减持了房地产、煤炭、有色等涨幅偏大的行业，适当增持了商业、医药、TMT等行业配置，增强了组合防御性。

展望2010年，该基金管理人认为，从投资机会看，政策支持力度大的三网融合、区域经济、低碳经济等主题投资将贯穿全年；而大幅调整后的周期性行业也将具有较好的阶段性机会；受益于内需驱动、业绩增长确定性强的银行、医药、食品饮料、零售等行业也具有较好的个股投资机会。

季度投资组合一览

项目＼季度	第一季度		第二季度		第三季度		第四季度	
基金资产净值	7,028,204,690.59元		8,433,424,330.76元		7,659,862,183.96元		7,963,311,724.39元	
基金份额	9,043,597,798.69份		8,807,081,756.49份		8,100,458,890.72份		7,216,711,197.49份	
基金份额净值	0.7771元		0.9576元		0.9456元		1.1035元	
基金资产组合	市值(元)	占总资产比(%)	市值(元)	占总资产比(%)	市值(元)	占总资产比(%)	市值(元)	占总资产比(%)
股票投资	5,841,455,028.72	82.89	7,462,507,946.42	88.10	6,279,281,983.05	81.77	6,679,910 154.93	83.52
债券投资	637,571,715.07	9.05	154,812,048.50	1.83	100,738,331.50	1.31	49,135 000.00	0.61
金融衍生品投资	——	——	——	——	——	——	——	——
买入返售金融资产	——	——	——	——	——	——	——	——
银行存款和结算备付金	550,928,481.35	7.82	813,075,340.83	9.60	1,264,215,794.52	16.46	1,157,517 224.75	14.47
其他资产	17,099,246.58	0.24	40,047,460.55	0.47	34,619,948.02	0.45	111,320 248.88	1.39

投资前五名股票明细

第一季度股票名称	公允价值(元)	占净值比(%)	第二季度股票名称	公允价值(元)	占净值比(%)	第三季度股票名称	公允价值(元)	占净值比(%)	第四季度股票名称	公允价值(元)	占净值比(%)
浦发银行	298,107,616.00	4.24	招商银行	462,099,690.45	5.48	招商银行	458,866,752.70	5.99	招商银行	560,930,193.25	7.04
中信证券	247,786,295.85	3.53	浦发银行	438,294,354.40	5.20	中国平安	360,978,777.90	4.71	泸州老窖	405,076,151.04	5.09
盐湖钾肥	233,988,473.76	3.33	中国平安	320,004,221.60	3.79	浦发银行	338,759,240.40	4.42	深发展A	274,226,836.80	3.44
招商银行	216,597,087.72	3.08	泸州老窖	305,208,571.50	3.62	格力电器	282,310,000.00	3.69	格力电器	257,565,971.06	3.23
格力电器	210,681,000.00	3.00	深发展A	278,262,604.80	3.30	深发展A	225,165,326.40	2.94	中兴通讯	257,363,057.63	3.23

投资前五名债券明细

第一季度债券名称	公允价值(元)	占净值比(%)	第二季度债券名称	公允价值(元)	占净值比(%)	第三季度债券名称	公允价值(元)	占净值比(%)	第四季度债券名称	公允价值(元)	占净值比(%)
08央票101	233,616,000.00	3.32	08央行票据92	96,440,000.00	1.14	09央行票据47	49,835,000.00	0.65	09央行票据40	49,135,000.00	0.62
08央行票据98	97,280,000.00	1.38	08央行票据95	57,894,000.00	0.69	09央行票据40	49,145,000.00	0.64			
08央行票据92	97,170,000.00	1.38	09铜城投	478,048.50	0.01	安泰转债	1,758,331.50	0.02			
08央行票据46	96,290,000.00	1.37									
08央行票据95	58,338,000.00	0.83									

国投瑞银创新动力股票型证券投资基金

基本资料					
基金简称	国投瑞银创新动力股票	交易代码	121005		
风险收益特征	该基金为股票型基金，属于预期风险收益较高的基金品种，其预期风险和预期收益高于债券型基金和混合型基金。				
业绩比较基准	中信标普300指数×80%+中信标普全债指数×20%				
合同生效日	2006年11月15日	首募份额	14.97亿份	认购户数	16,864户
基金管理人	国投瑞银基金管理有限公司	基金托管人	中国光大银行		
注册登记人	国投瑞银基金管理有限公司				

成立来累计净值增长率与同期基准收益率历史走势对比图（%）

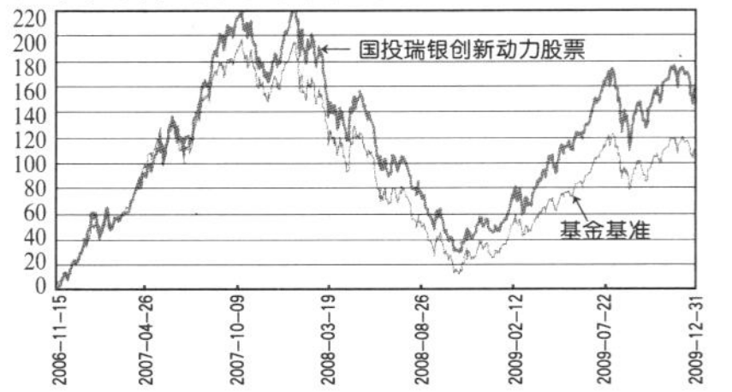

财务指标　　单位：人民币（元）；%

项目＼年度	2009年	2008年	2006.11.15至2007.12.31
本期利润	2,047,727,129.15	−2,835,787,095.17	4,452,113,433.88
本期加权平均净值利润率	50.01	−75.43	90.47
期末基金资产净值	5,127,517,137.58	2,334,350,874.37	6,153,852,670.76
期末基金份额净值	1.1457	0.7759	1.6069
本期份额净值增长率	80.52	−51.72	199.17
累计份额净值增长率	160.77	44.46	199.17
基金收益分配	10派2.500	——	10派1.800

近三年净值增长率与同期基准收益率对比图（%）

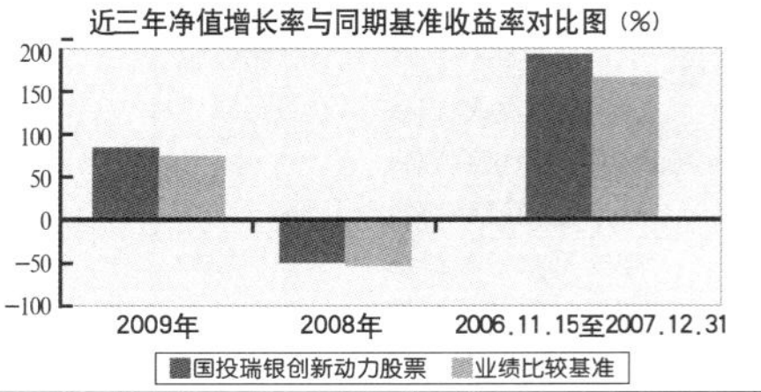

期末基金份额持有人户数	基金份额持有人户数为102,090户，平均每户持有43,838.89份。（期末截至2009年12月31日）
期末基金份额持有人结构	机构投资者持有份额1,459,488,356.19份，占总份额32.61%；个人投资者持有份额3,016,024,096.27份，占总份额67.39%。

基金业绩表现

2009年国投瑞银创新动力股票基金全年净值增长率为80.52%，同期业绩基准收益率为72.12%；业绩表现优于基准。

基金管理团队

徐炜哲先生：基金经理，伦敦政治经济学院金融学硕士，9年证券从业经历。曾任美国纽约Davis Polk &Wardwell资本市场部分析员，国信证券研究部高级分析师，中信基金管理公司研究部高级经理，CLSA Limited(里昂证券)中国研究部分析师。2006年8月加入国投瑞银基金管理公司，曾任研究部高级组合经理；2008年11月起任国投瑞银创新动力股票基金经理。

Jin Yi(靳奕)女士：基金经理、研究部总监，新南威尔士大学工商管理硕士，美国投资管理研究协会(CFA Institute)会员，美国特许金融分析师(CFA)，11年证券从业经历。曾任职于华晨中国控股公司、澳大利亚西太平洋银行、BT资产管理集团和招商基金管理公司。2006年10月加入国投瑞银基金管理公司，担任研究部总监；2007年2月至2009年1月任国投瑞银创新动力股票基金经理。

基金运作分析

2009年，国投瑞银创新动力股票基金在操作策略上，在年初大幅增加股票配置，并且在全年基本维持在可投资比率的上限。在股票结构方面，从年初到三季度超配了周期类行业如有色、煤炭、银行、地产等，同时自下而上地选择了新能源、医药、建材等行业的个股。四季度末，该基金减少了股票配置；在结构方面，国投瑞银创新动力股票基金减少周期类行业的配置，而加大医药，消费等防御性行业的配置，同时加了大自下而上的个股选择。

季度投资组合一览

项目＼季度	第一季度		第二季度		第三季度		第四季度	
基金资产净值	2,978,155,099.49元		4,635,877,366.88元		4,487,130,885.54元		5,127,517,137.58元	
基金份额	2,967,913,713.17份		3,821,382,971.15份		3,811,422,707.21份		4,475,512,452.46份	
基金份额净值	1.0035元		1.2131元		1.1773元		1.1457元	
基金资产组合	市值(元)	占总资产比(%)	市值(元)	占总资产比(%)	市值(元)	占总资产比(%)	市值(元)	占总资产比(%)
股票投资	2,815,262,192.63	94.26	4,224,045,220.94	88.77	4,231,272,179.82	94.07	4,233,508,263.05	81.58
债券投资	78,540,981.28	2.63	77,814,000.00	1.64	77,337,000.00	1.72	——	——
金融衍生品投资	——	——	——	——	——	——	——	——
买入返售金融资产	——	——	——	——	——	——	——	——
银行存款和结算备付金	88,278,171.23	2.96	346,337,923.40	7.28	179,064,894.47	3.98	850,337,352.64	16.39
其他资产	4,483,411.09	0.15	110,421,715.80	2.32	10,507,902.74	0.23	105,557,186.06	2.03

投资前五名股票明细	股票名称	公允价值(元)	占净值比(%)	股票名称	公允价值(元)	占净值比(%)	股票名称	公允价值(元)	占净值比(%)	股票名称	公允价值(元)	占净值比(%)
	浦发银行	178,297,082.72	5.99	兴业银行	320,469,194.16	6.91	兴业银行	284,584,921.56	6.34	招商银行	222,787,124.85	4.34
	兴业银行	151,575,344.64	5.09	浦发银行	291,956,997.08	6.30	中国平安	248,797,777.80	5.54	兴业银行	221,056,815.20	4.31
	中国平安	125,253,686.00	4.21	招商银行	243,289,839.87	5.25	浦发银行	235,674,829.50	5.25	江苏国泰	199,737,555.62	3.90
	招商银行	111,972,447.90	3.76	中国平安	224,510,216.88	4.84	招商银行	200,671,740.22	4.47	北新建材	193,983,677.84	3.78
	中联重科	101,495,451.08	3.41	交通银行	205,138,346.52	4.43	交通银行	176,626,554.44	3.94	贵州茅台	156,032,823.66	3.04

投资前五名债券明细	债券名称	公允价值(元)	占净值比(%)	债券名称	公允价值(元)	占净值比(%)	债券名称	公允价值(元)	占净值比(%)	债券名称	公允价值(元)	占净值比(%)
	08央票112	39,124,000.00	1.31	08央票112	38,860,000.00	0.84	08央票112	38,608,000.00	0.86			
	08央票114	29,382,000.00	0.99	08央票114	29,196,000.00	0.63	08央票114	29,022,000.00	0.65			
	08央票117	9,814,000.00	0.33	08央票117	9,758,000.00	0.21	08央票117	9,707,000.00	0.22			
	柳工转债	220,981.28	0.01									

国投瑞银瑞福分级股票型证券投资基金

基本资料					
基金简称	国投瑞银瑞福分级封闭	交易代码	121099		
基金分级	通过基金收益分配的安排，将基金份额分成预期收益与风险不同的两个级别，即优先级基金份额和普通级基金份额：瑞福优先基金代码121007，瑞福进取深交所上市代码150001。				
风险收益特征	瑞福优先：低风险、低收益，其预期收益和预期风险要低于普通的股票型基金；瑞福进取：高风险、高收益，其预期收益和预期风险要高于普通的股票型基金。				
业绩比较基准	沪深300指数×80%+中信标普全债指数×20%				
合同生效日	2007年7月17日	首募份额	60亿份	认购户数	128,039户
合同存续期	5年（至2012年7月16日）				
瑞福进取上市日期	2007年9月21日	上市地点	深圳证券交易所		
基金管理人	国投瑞银基金管理有限公司	基金托管人	中国工商银行		
注册登记人	国投瑞银基金管理有限公司 中国证券登记结算有限责任公司深圳分公司				

成立来累计净值增长率与同期基准收益率历史走势对比图（%）

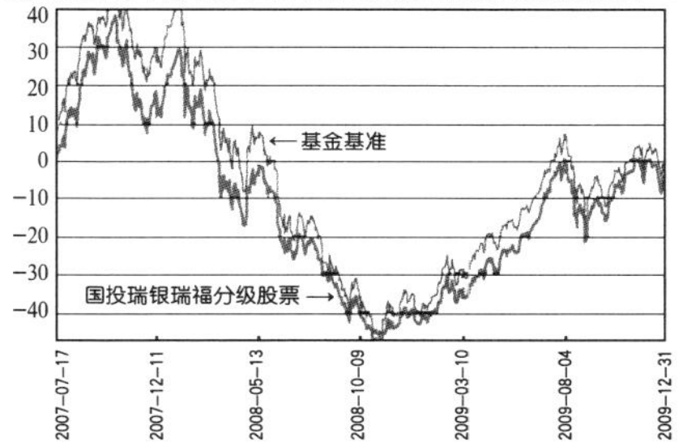

近三年净值增长率与同期基准收益率对比图（%）

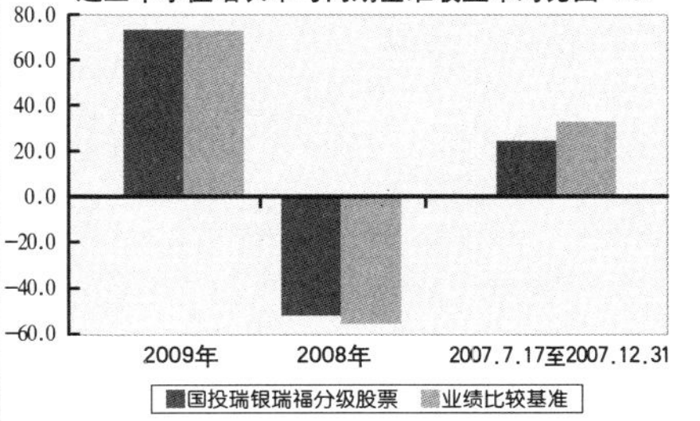

财务指标　　单位：人民币（元）；%

项目＼年度	2009年	2008年	2007.7.17至2007.12.31
本期利润	2,230,704,568.75	−3,450,623,927.65	1,324,893,738.92
本期加权平均净值利润率	50.92	−78.94	18.54
期末基金资产净值	5,266,786,005.58	3,036,081,397.96	7,325,226,688.92
期末基金份额净值	0.8780	0.506	1.221
本期份额净值增长率	73.52	−53.36	22.10
累计份额净值增长率	−1.18	−43.05	22.10
基金收益分配	——	10派2.788	——

期末基金份额持有人户数	基金份额持有人户数为170,343户，平均每户持有35,225.00份。（期末截至2009年12月31日）
期末基金份额持有人结构	机构投资者持有份额1,314,466,263.00份，占总份额21.91%；个人投资者持有份额4,685,866,667.45份，占总份额78.09%。

基金业绩表现

截至2009年12月30日，国投瑞银瑞福分级股票基金份额净值为0.8780元，全年净值增长率为73.52%。

基金管理团队

康晓云先生：基金经理，工学硕士，7年证券从业经历。曾在昆仑证券公司、国海证券公司从事证券投资与研究工作。2004年加入国投瑞银基金管理公司，曾任公司研究部高级研究员、高级组合经理；2007年7月起任国投瑞银瑞福分级股票基金经理。

黄顺祥先生：基金经理，经济学硕士，10年证券从业经历。曾先后任职于招商证券公司、招商基金公司。2009年6月加入国投瑞银基金管理公司；2009年11月起任国投瑞银瑞福分级股票基金经理。

基金运作分析

由于年初对市场判断相对谨慎，国投瑞银瑞福分级股票基金上半年策略相对偏保守，股票仓位适中，行业配置较为均衡。下半年，该基金适当提高了股票仓位，其中9–11月份曾将股票仓位提高至90%以上；在行业配置上，下半年该基金加大对金融、地产、煤炭、化工等周期性行业的配置，同时加强对家电、食品饮料、医药等消费类行业配置，获得较好的收益。年底则减持了房地产、家电、有色等涨幅偏大的行业，适当增持了商业、医药、TMT等行业配置，增强了组合的防御性。

季度投资组合一览

项目＼季度	第一季度			第二季度			第三季度			第四季度		
基金资产净值	3,726,408,277.54元			4,581,737,649.16元			4,540,482,744.38元			5,266,786,005.58元		
基金份额	6,000,332,934.31份			6,000,332,934.31份			6,000,332,930.45份			6,000,332,930.45份		
基金份额净值	0.621元			0.764元			0.757元			0.878元		
基金资产组合	市值(元)		占总资产比(%)	市值(元)		占总资产比(%)	市值(元)		占总资产比(%)	市值(元)		占总资产比(%)
股票投资	3,046,404,962.51		81.56	4,207,516,796.88		91.63	3,535,810,217.34		77.65	4,692,044,757.23		87.44
债券投资	293,110,000.00		7.85	77,257,000.00		1.68	99,502,252.24		2.19	99,692,031.56		1.86
金融衍生品投资	——		——	——		——	——		——	——		——
买入返售金融资产	——		——	——		——	——		——	——		——
银行存款和结算备付金	388,941,601.29		10.41	281,700,758.54		6.13	905,506,693.58		19.89	569,892,473.50		10.62
其他资产	6,604,514.74		0.18	25,414,348.46		0.55	12,689,602.44		0.28	4,460,493.54		0.08
投资前五名股票明细	股票名称	公允价值(元)	占净值比(%)	股票名称	公允价值(元)	占净值比(%)	股票名称	公允价值(元)	占净值比(%)	股票名称	公允价值(元)	占净值比(%)
	浦发银行	169,311,504.80	4.54	招商银行	265,473,722.97	5.79	中国平安	281,883,482.40	6.21	兴业银行	366,863,003.02	6.97
	中信证券	133,930,149.03	3.59	浦发银行	248,931,166.82	5.43	招商银行	245,573,867.96	5.41	招商银行	360,372,473.70	6.84
	招商银行	133,720,529.94	3.59	中国平安	185,964,654.00	4.06	兴业银行	155,472,892.29	3.42	金牛能源	178,942,483.20	3.40
	盐湖钾肥	126,740,115.85	3.40	深发展A	176,704,316.86	3.86	平煤股份	142,654,168.56	3.14	美的电器	173,519,760.00	3.29
	深发展A	118,725,902.00	3.19	泸州老窖	161,049,160.30	3.52	北京银行	141,567,796.65	3.12	泸州老窖	165,915,705.60	3.15
投资前五名债券明细	债券名称	公允价值(元)	占净值比(%)	债券名称	公允价值(元)	占净值比(%)	债券名称	公允价值(元)	占净值比(%)	债券名称	公允价值(元)	占净值比(%)
	08央行票据98	194,560,000.00	5.22	08央票101	48,295,000.00	1.05	09央行票据38	98,290,000.00	2.16	09央行票据38	98,280,000.00	1.87
	09央行票据09	49,880,000.00	1.34	08央行票据98	28,962,000.00	0.63	安泰转债	1,212,252.24	0.03	安泰转债	1,412,031.56	0.03
	08央票101	48,670,000.00	1.31									

国投瑞银成长优选股票型证券投资基金

基本资料			
基金简称	国投瑞银成长优选股票	交易代码	121008
风险收益特征	该基金为股票型基金，属于高风险、高收益的基金品种，其预期风险和预期收益高于货币市场基金、债券型基金和混合型基金。		
业绩比较基准	中信标普300指数×80%+中信标普全债指数×20%		
合同生效日	2008年1月10日	集中申购份额	28.72亿份
申购户数	100,023户		
基金管理人	国投瑞银基金管理有限公司	基金托管人	中国工商银行
注册登记人	国投瑞银基金管理有限公司		

财务指标　　单位：人民币（元）；%

项目 \ 年度	2009年	2008年1月10日至2008年12月31日
本期利润	1,564,510,515.53	−1,788,630,554.71
本期加权平均净值利润率	51.91	−97.39
期末基金资产净值	3,688,851,150.08	1,836,418,690.25
期末基金份额净值	1.0466	0.5705
本期份额净值增长率	83.45	−46.82
累计份额净值增长率	−1.78	−46.82
基金收益分配	——	——

成立来累计净值增长率与同期基准收益率历史走势对比图（%）

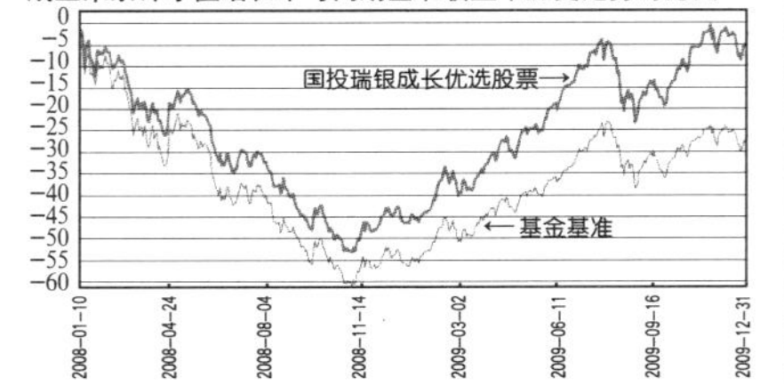

近两年净值增长率与同期基准收益率对比图（%）

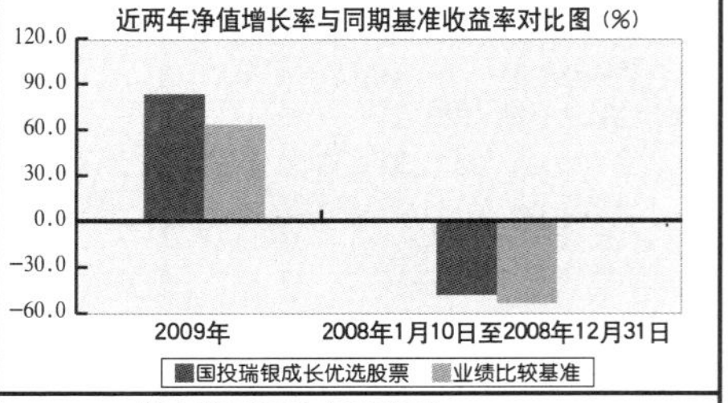

期末基金份额持有人户数	基金份额持有人户数为93,655户，平均每户持有37,635.37份。（期末截至2009年12月31日）
期末基金份额持有人结构	机构投资者持有份额1,290,427,631.89份，占总份额36.61%；个人投资者持有份额2,234,312,882.28份，占总份额63.39%。

基金业绩表现

截至2009年12月31日，国投瑞银成长优选股票基金份额净值为1.0466元，全年净值增长率为83.45%，同期业绩基准收益率为72.12%；业绩表现优于基准。

基金管理团队

唐咸德先生：基金经理，硕士，8年证券从业经历。曾任职于南方证券、融通基金管理公司、安信证券公司。2008年5月加入国投瑞银基金管理公司，2008年9月起任国投瑞银成长优选股票基金经理。

Jin Yi(靳奕)女士：基金经理，新南威尔士大学工商管理硕士，美国投资管理研究协会(CFA Institute)会员，美国特许金融分析师(CFA)，11年证券从业经历。曾任职于华晨中国控股公司、澳大利亚西太平洋银行、BT资产管理集团和招商基金公司。2006年10月加入国投瑞银基金公司，任研究部总监；2007年2月至2009年1月任国投瑞银成长优选股票基金经理。

基金运作分析

2009年，基于流动性增加和宏观经济触底回升的判断，国投瑞银成长优选股票基金在年初迅速将仓位增至85%−90%的水平，全年除大盘剧烈调整的少数时间外，基本保持较高的股票仓位水平。在采取仓位控制策略的同时，重视个股选择的策略也为基金收益带来了正贡献，尤其在8月份市场大跌后，及时调整股票配置并重点选择医药、消费、电子类等个股，表现较好。

2010年，管理人分析认为，2010年将是政策制定者相机决策的一年，证券市场博弈的重点是盈利回升与政策退出，牛熊搏击，谁胜谁负存在较大的不确定性。由于盈利回升相对确定，不确定性政策的消除成为市场关注的重点。

季度投资组合一览

项目 \ 季度	第一季度		第二季度		第三季度		第四季度	
基金资产净值	2,263,543,746.91元		3,455,847,640.50元		3,446,890,533.49元		3,688,851,150.08元	
基金份额	3,138,882,703.75份		3,770,938,045.57份		3,961,834,051.57份		3,524,740,514.17份	
基金份额净值	0.7211元		0.9164元		0.8700元		1.0466元	
基金资产组合	市值(元)	占总资产比(%)	市值(元)	占总资产比(%)	市值(元)	占总资产比(%)	市值(元)	占总资产比(%)
股票投资	2,078,304,811.01	91.44	3,163,066,405.90	89.79	3,011,422,000.79	87.08	3,112,399,464.68	83.50
债券投资	108,951,603.20	4.79	28,995,000.00	0.82	358,974.00	0.01	452,054.40	0.01
金融衍生品投资	——	——	——	——	——	——	——	——
买入返售金融资产	——	——	——	——	——	——	——	——
银行存款和结算备付金	81,289,338.38	3.58	292,148,141.61	8.29	438,553,725.18	12.68	610,358,388.61	16.38
其他资产	4,353,405.43	0.19	38,441,468.03	1.09	8,034,170.43	0.23	4,113,629.03	0.11

投资前五名股票明细	股票名称	公允价值(元)	占净值比(%)	股票名称	公允价值(元)	占净值比(%)	股票名称	公允价值(元)	占净值比(%)	股票名称	公允价值(元)	占净值比(%)
	交通银行	151,709,664.34	6.70	交通银行	212,582,282.38	6.15	招商银行	266,364,893.96	7.73	招商银行	306,850,000.00	8.32
	浦发银行	132,940,328.32	5.87	浦发银行	206,966,236.28	5.99	交通银行	248,184,336.54	7.20	交通银行	224,400,000.00	6.08
	鹏博士	113,940,200.65	5.03	民生银行	193,262,786.64	5.59	浦发银行	166,632,000.00	4.83	美的电器	173,999,744.80	4.72
	民生银行	83,321,956.80	3.68	招商银行	179,277,198.75	5.19	民生银行	141,572,803.58	4.11	国电南瑞	171,360,000.00	4.65
	招商银行	79,650,000.00	3.52	建设银行	168,791,398.20	4.88	承德露露	139,667,505.60	4.05	鹏博士	157,261,636.00	4.26

投资前五名债券明细	债券名称	公允价值(元)	占净值比(%)	债券名称	公允价值(元)	占净值比(%)	债券名称	公允价值(元)	占净值比(%)	债券名称	公允价值(元)	占净值比(%)
	08央票104	58,434,000.00	2.58	08央票104	28,995,000.00	0.84	龙盛转债	358,974.00	0.01	龙盛转债	452,054.40	0.01
	09央行票据09	49,880,000.00	2.20									
	柳工转债	637,603.20	0.03									

国投瑞银稳定增利债券型证券投资基金

基本资料					
基金简称	国投瑞银稳定增利债券	交易代码	121009		
风险收益特征	该基金为债券型基金，属于证券投资基金中的低风险品种，其预期风险与收益高于货币市场基金，低于混合型基金和股票型基金。				
业绩比较基准	中信标普全债指数收益率				
合同生效日	2008年1月11日	首募份额	41.96亿份	认购户数	57,912户
基金管理人	国投瑞银基金管理有限公司	基金托管人	中国银行		
注册登记人	国投瑞银基金管理有限公司				

财务指标　单位：人民币（元）；%

项目 \ 年度	2009年	2008年1月11日至2008年12月31日
本期利润	67,101,856.83	320,505,085.96
本期加权平均净值利润率	3.02	8.32
期末基金资产净值	1,639,175,335.19	4,158,165,179.48
期末基金份额净值	1.0836	1.0656
本期份额净值增长率	4.12	9.67
累计份额净值增长率	14.19	9.67
基金收益分配	10派0.250	10派0.300

期末基金份额持有人户数	基金份额持有人户数为30,875户，平均每户持有48,994.17份。（期末截至2009年12月31日）
期末基金份额持有人结构	机构投资者持有份额775,076,720.67份，占总份额51.24%；个人投资者持有份额737,618,286.09份，占总份额48.76%。

成立来累计净值增长率与同期基准收益率历史走势对比图（%）

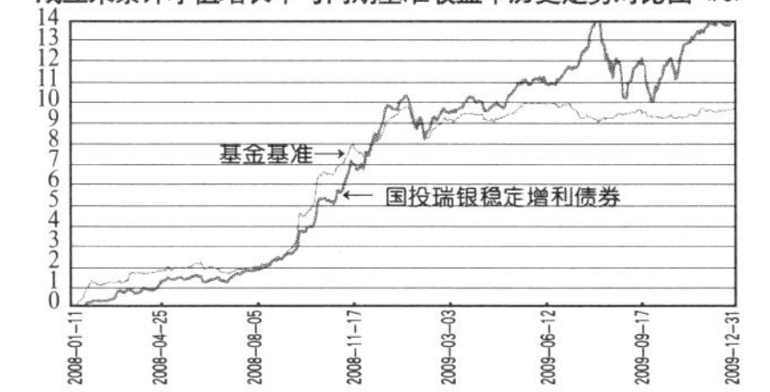

近两年净值增长率与同期基准收益率对比图（%）

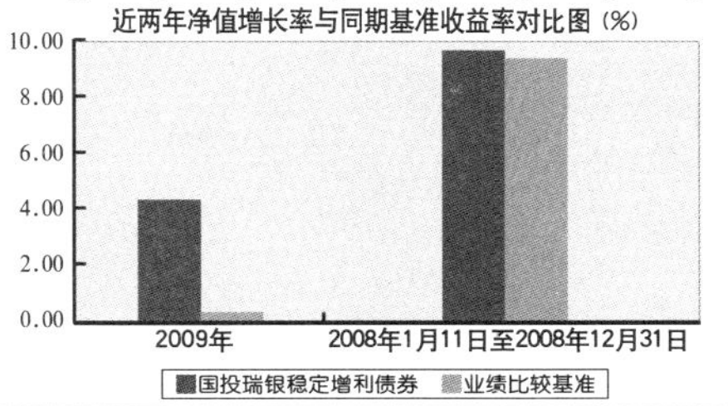

基金业绩表现

截至2009年12月31日，国投瑞银稳定增利债券基金份额净值为1.0836元，全年净值增长率为4.12%，同期业绩基准收益率为0.27%；业绩表现优于基准。

基金管理团队

韩海平先生：基金经理，经济学硕士，管理科学和计算机科学与技术双学士，美国投资管理研究协会(CFA Institute)和全球风险协会(GARP)会员，金融风险管理师(FRM)，6年证券从业经历。曾任职于招商基金管理公司，2007年5月加入国投瑞银基金管理公司；2008年4月起任国投瑞银稳定增利债券基金经理。

基金运作分析

2009年，央行的货币政策在上半年极为宽松，下半年虽有所调整，但货币政策仍较为宽松：2009年中国信贷投放达到创记录的9.6万亿元，广义货币供应量M2增速达到27.7%，为1996年以来的最高水平。

2009年债券市场走熊——经济回暖和信贷猛增等因素推动债券收益率整体上行；国投瑞银稳定增利债券基金全年采取了低久期的投资策略，在一季度减持了长期债券，在前三季度维持了较高的转债配置，并在四季度大幅减持，取得较好的投资收益；管理人基于对信用产品的乐观看法，在四季度国投瑞银稳定增利债券基金较大幅度增加了信用产品的配置。

2010年，该基金管理人分析认为，政策的不确定性将导致股权类资产波动幅度较大，而转债估值已经明显偏贵，因此为降低基金净值大幅波动，国投瑞银稳定增利债券基金会保持较低的股权类资产配置。利率产品投资仍将继续维持防御策略，并保持较高的信用产品配置。

季度投资组合一览

项目 \ 季度	第一季度		第二季度		第三季度		第四季度	
基金资产净值	2,703,357,411.59元		1,948,544,951.26元		1,816,745,337.01元		1,639,175,335.19元	
基金份额	2,589,362,473.65份		1,845,087,614.25份		1,738,606,750.08份		1,512,695,006.76份	
基金份额净值	1.0440元		1.0561元		1.0449元		1.0836元	
基金资产组合	市值(元)	占总资产比(%)	市值(元)	占总资产比(%)	市值(元)	占总资产比(%)	市值(元)	占总资产比(%)
股票投资	——	——	18,852,809.28	0.91	105,386,532.31	5.79	36,712,437.59	2.22
债券投资	2,594,243,029.15	95.39	1,623,431,013.30	78.47	1,516,871,094.35	83.33	1,345,357,787.72	81.51
金融衍生品投资	——	——	——	——	——	——	——	——
买入返售金融资产	——	——	——	——	——	——	——	——
银行存款和结算备付金	67,163,990.00	2.47	204,630,686.99	9.89	179,800,739.86	9.88	233,033,533.69	14.12
其他资产	58,075,798.24	2.14	221,818,171.53	10.72	18,318,208.04	1.01	35,460,313.80	2.15

投资前五名股票明细	股票名称	公允价值(元)	占净值比(%)	股票名称	公允价值(元)	占净值比(%)	股票名称	公允价值(元)	占净值比(%)	股票名称	公允价值(元)	占净值比(%)
	——			柳　工	16,640,000.00	0.85	南山铝业	36,824,207.90	2.03	洋河股份	3,808,063.93	0.23
				赤天化	2,212,809.28	0.11	中国建筑	29,015,010.40	1.60	同花顺	3,059,522.22	0.19
				——			中国中冶	11,493,871.08	0.63	中利科技	2,776,852.86	0.17
							光大证券	9,727,888.84	0.54	中国国旅	2,744,396.40	0.17
							四川成渝	2,868,106.06	0.16	久立特材	1,995,022.34	0.12

投资前五名债券明细	债券名称	公允价值(元)	占净值比(%)	债券名称	公允价值(元)	占净值比(%)	债券名称	公允价值(元)	占净值比(%)	债券名称	公允价值(元)	占净值比(%)
	08央行票据47	424,280,000.00	15.69	08央行票据47	419,960,000.00	21.55	08央行票据47	362,880,000.00	19.97	08央行票据47	308,730,000.00	18.83
	08央行票据56	318,600,000.00	11.79	08农发06	209,400,000.00	10.75	08农发06	206,680,000.00	11.38	08农发06	205,400,000.00	12.53
	08央行票据35	211,820,000.00	7.84	08央行票据56	105,110,000.00	5.39	08央行票据35	103,570,000.00	5.70	08青啤债	76,105,936.80	4.64
	08农发06	211,600,000.00	7.83	08央行票据35	104,830,000.00	5.38	09央行票据44	98,270,000.00	5.41	08万科G2	60,262,443.12	3.68
	08农发17	104,450,000.00	3.86	09央行票据15	99,750,000.00	5.12	08青啤债	74,742,224.70	4.11	07农发17	60,162,000.00	3.67

国投瑞银稳健增长灵活配置混合型证券投资基金

基本资料			
基金简称	国投瑞银稳健增长混合	交易代码	121006
风险收益特征	该基金为灵活配置混合型基金，属于中高风险、中高收益的基金品种，其预期风险和预期收益高于债券型基金和货币市场基金，但低于股票型基金。		
业绩比较基准	中信标普300指数×60%＋中信标普全债指数×40%		
合同生效日	2008年6月11日	首募份额	4.69亿份
认购户数	4,743户		
基金管理人	国投瑞银基金管理有限公司	基金托管人	中国工商银行
注册登记人	国投瑞银基金管理有限公司		

财务指标　　单位：人民币（元）；%

项目 \ 年度	2009年	2008年6月11日至2008年12月31日
本期利润	99,618,488.07	−25,236,718.01
本期加权平均净值利润率	47.05	−6.71
期末基金资产净值	176,636,558.50	267,009,655.40
期末基金份额净值	1.404	0.939
本期份额净值增长率	55.18	−6.10
累计份额净值增长率	45.72	−6.10
基金收益分配	10派0.400	——

成立来累计净值增长率与同期基准收益率历史走势对比图（%）

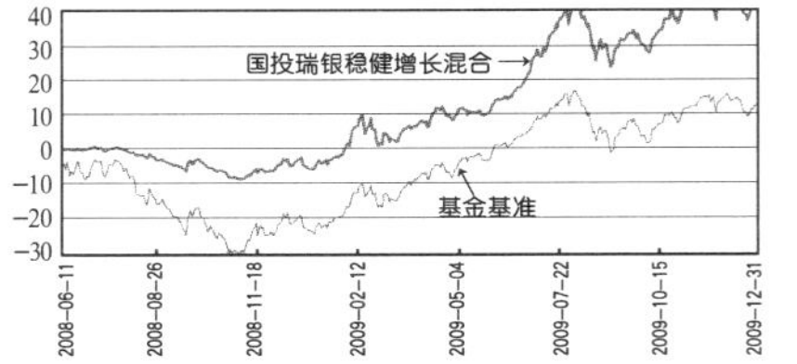

近两年净值增长率与同期基准收益率对比图（%）

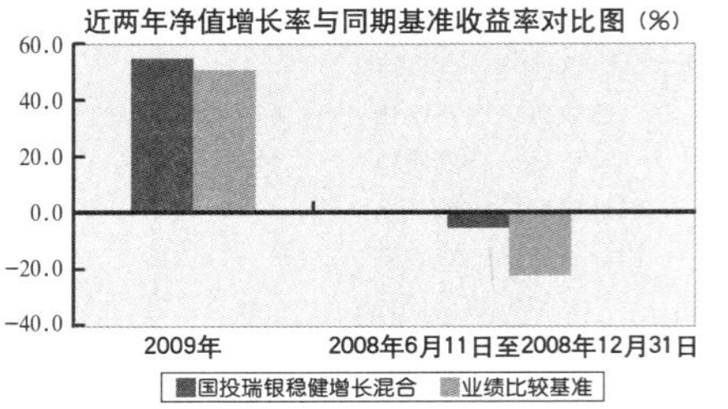

期末基金份额持有人户数	基金份额持有人户数为6,264户，平均每户持有20,079.61份。（期末截至2009年12月31日）
期末基金份额持有人结构	机构投资者持有份额75,798,058.85份，占总份额60.26%；个人投资者持有份额49,980,606.89份，占总份额39.74%。

基金业绩表现

截至2009年12月31日，国投瑞银稳健增长混合基金份额净值为1.404元，全年份额净值增长率为55.18%，同期业绩比较基准收益率为51.31%；业绩表现优于基准。

基金管理团队

袁 野先生：基金经理、投资部副总监，工商管理硕士，13年证券从业经历。曾任深圳投资基金公司天骥基金经理、国信证券基金债券部投资经理。2002年加入国投瑞银基金管理公司，曾任基金经理助理；2008年6月起任国投瑞银稳健增长混合基金经理。

马少章先生：基金经理，硕士研究生，12年证券从业经历。曾先后任职于金信证券、东吴基金及红塔证券。2008年4月加入国投瑞银基金管理有限公司任研究部高级研究员，2009年4月起任国投瑞银稳健增长混合基金经理。

基金运作分析

2009年国投瑞银稳健增长混合基金在操作策略上，由于对经济复苏的强度和持续性看法偏于谨慎，高估了产能过剩和出口持续低迷对企业盈利复苏的不利影响，相对于市场的强劲上涨，2009年前期该基金操作偏向谨慎，5月下旬调整策略，较好地把握了6—7月份地产、煤炭股的上涨机会，并在三季度初大幅降低仓位规避了8月份的市场调整。债券方面，该基金降低了投资组合中债券资产比例，组合久期也保持在较低水平以有效控制利率风险。

季度投资组合一览

项目 \ 季度	第一季度		第二季度		第三季度		第四季度	
基金资产净值	262,037,580.64元		189,750,582.91元		167,836,943.70元		176,636,558.50元	
基金份额	245,441,214.84份		161,070,514.27份		135,647,063.74份		125,778,665.74份	
基金份额净值	1.068元		1.178元		1.237元		1.404元	
基金资产组合	市值(元)	占总资产比(%)	市值(元)	占总资产比(%)	市值(元)	占总资产比(%)	市值(元)	占总资产比(%)
股票投资	140,767,744.43	53.33	141,861,694.22	68.67	86,661,386.75	50.59	114,065,974.36	64.02
债券投资	46,378,851.59	17.57	36,369,692.35	17.60	26,921,545.00	15.72	26,834,500.00	15.06
金融衍生品投资	——	——	——	——	——	——	——	——
买入返售金融资产	——	——	5,000,000.00	2.42	——	——	——	——
银行存款和结算备付金	75,542,416.71	28.62	18,572,791.93	8.99	51,734,871.12	30.20	33,094,451.56	18.57
其他资产	1,284,361.61	0.49	4,786,264.37	2.32	5,978,202.15	3.49	4,178,153.43	2.34

投资前五名股票明细

股票名称	公允价值(元)	占净值比(%)	股票名称	公允价值(元)	占净值比(%)	股票名称	公允价值(元)	占净值比(%)	股票名称	公允价值(元)	占净值比(%)
国电电力	6,594,631.20	2.52	北京银行	15,071,605.38	7.94	兴业银行	8,659,363.30	5.16	招商银行	14,440,000.00	8.17
王府井	5,418,467.46	2.07	兴业银行	10,758,931.20	5.67	招商银行	8,523,626.00	5.08	兴业银行	11,689,900.00	6.62
东百集团	5,360,838.60	2.05	交通银行	9,670,117.65	5.10	双鹭药业	6,494,280.00	3.87	长园集团	8,109,068.37	4.59
盐湖钾肥	4,861,930.49	1.86	滨江集团	9,644,346.00	5.08	鹏博士	6,325,445.00	3.77	北京银行	7,467,174.00	4.23
中国铁建	4,479,118.80	1.71	中国太保	8,280,600.00	4.36	长园集团	4,957,273.46	2.95	中国石化	7,328,913.50	4.15

投资前五名债券明细

债券名称	公允价值(元)	占净值比(%)	债券名称	公允价值(元)	占净值比(%)	债券名称	公允价值(元)	占净值比(%)	债券名称	公允价值(元)	占净值比(%)
08央票112	39,124,000.00	14.93	08央票112	29,145,000.00	15.36	09央行票据38	19,658,000.00	11.71	09央行票据38	19,656,000.00	11.13
21国债(12)	7,219,100.00	2.75	21国债(12)	7,189,000.00	3.79	21国债(12)	7,208,600.00	4.30	21国债(12)	7,178,500.00	4.06
08万科G1	20,303.30	0.01	08万科G1	20,226.90	0.01	龙盛转债	54,945.00	0.03			
08万科G2	15,448.29	0.01	08万科G2	15,465.45	0.01						

国投瑞银货币市场基金

基本资料					
基金简称	国投瑞银货币	交易代码	A:121011 B:128011		
风险收益特征	该基金属于证券投资基金中高流动性、低风险的品种，其预期风险和预期收益率都低于股票基金、债券基金和混合基金。				
业绩比较基准	七天通知存款的税后利率:(1－利息税率)×七天通知存款利率				
合同生效日	2009年1月19日	首募份额	38.33亿份	认购户数	8,336户
基金管理人	国投瑞银基金管理有限公司	基金托管人	中国工商银行		
注册登记人	国投瑞银基金管理有限公司				

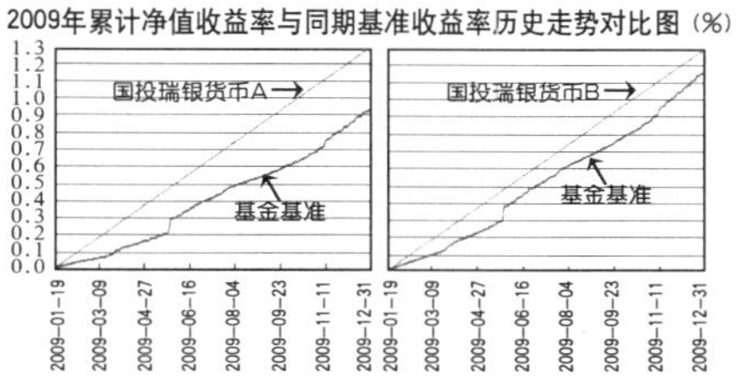

财务指标	单位：人民币(元)；%	
项目 \ 年度	2009年1月19日至2009年12月31日	
	A级	B级
本期利润	2,157,598.40	10,036,732.72
期末基金资产净值	360,051,998.02	5,889,054,467.78
期末基金份额净值	1.0000	1.0000
本期份额净值收益率	0.9336	1.1647
累计份额净值收益率	0.9336	1.1647
基金收益分配	2,157,598.40	10,036,732.72

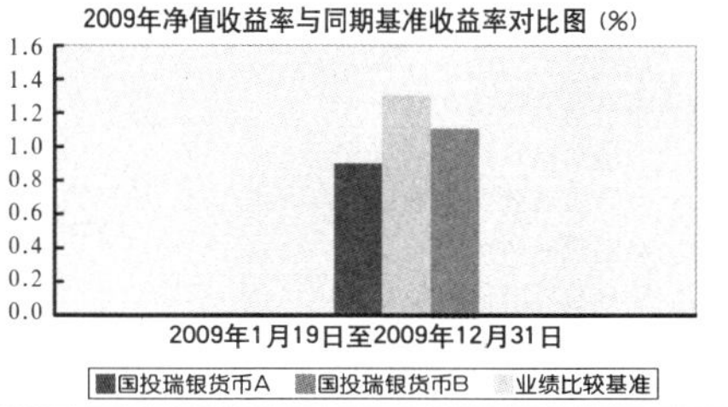

期末基金份额持有人户数	A:基金份额持有人户数为3,121户，平均每户持有115,364.31份。 B:基金份额持有人户数为106户，平均每户持有55,557,117.62份。（期末截至2009年12月31日）
期末基金份额持有人结构	A:机构投资者持有份额65,523,700.18份，占总份额18.20%；个人投资者持有份额294,528,297.84份，占总份额81.80%。 B:机构投资者持有份额5,521,620,863.27份，占总份额93.76%；个人投资者持有份额367,433,604.51份，占总份额6.24%。

基金业绩表现

2009年国投瑞银货币基金A级净值收益率为0.9336%，B级净值收益率为1.1647%；同期业绩基准收益率为1.3097%。

基金管理团队

韩海平先生：基金经理，经济学硕士，管理科学和计算机科学与技术双学士。美国投资管理研究协会(CFA Institute)和全球风险协会(GARP)会员，金融风险管理师(FRM)，6年证券从业经历。曾任职于招商基金管理公司，2007年5月加入国投瑞银基金管理公司，2009年1月起任国投瑞银货币基金经理。

基金运作分析

2009年上半年货币市场资金面非常宽裕，央行公开市场操作保持净投放，7天回购利率在1%附近盘整。下半年，央行货币政策有所微调，并受新股发行冲击，7天回购利率上行至1.5%附近宽幅震荡。2009年，国投瑞银货币基金主要增加浮息债和短融的配置，并保持了较低的组合久期。

季度投资组合一览

项目 \ 季度	第一季度		第二季度		第三季度		第四季度	
	A	B	A	B	A	B	A	B
基金资产净值	3.2896亿元	7.6221亿元	1.6857亿元	11.2385亿元	0.7957亿元	8.0353亿元	3.6005亿元	58.8905亿元
基金份额	3.2896亿份	7.6221亿份	1.6857亿份	11.2385亿份	0.7957亿份	8.0353亿份	3.6005亿份	58.8905亿份
基金份额净值	1.0000元	1.0000元	1.0000元	1.0000元	1.0000元	1.0000元	1.0000元	1.0000元
基金资产组合	市值(元)	占总资产比(%)	市值(元)	占总资产比(%)	市值(元)	占总资产比(%)	市值(元)	占总资产比(%)
股票投资	——	——	——	——	——	——	——	——
债券投资	1,008,667,035.73	92.36	669,213,749.00	45.43	519,907,213.68	58.82	719,073,934.03	11.51
金融衍生品投资	——	——	——	——	——	——	——	——
买入返售金融资产	——	——	210,000,000.00	14.26	321,300,498.50	36.35	2,717,252,212.73	43.48
银行存款和结算备付金	30,056,134.32	2.75	228,092,418.54	15.48	39,864,041.28	4.51	818,272,948.13	13.09
其他资产	53,384,355.61	4.89	365,787,861.61	24.83	2,789,524.86	0.32	1,995,455,968.76	31.93

投资前五名债券明细	债券名称	成本(元)	占净值比(%)	债券名称	成本(元)	占净值比(%)	债券名称	成本(元)	占净值比(%)	债券名称	成本(元)	占净值比(%)
	08央行票据64	199,616,625.41	18.29	08央行票据92	199,739,148.45	15.45	08进出13	90,117,568.06	10.20	09央行票据38	98,851,838.79	1.58
	08央行票据92	199,144,096.96	18.25	08进出13	90,219,276.87	6.98	07国开19	89,207,559.69	10.10	08进出13	90,003,577.30	1.44
	08央行票据58	149,767,319.11	13.73	07进出09	90,036,356.01	6.97	07农发13	80,191,348.59	9.08	07国开19	89,956,071.78	1.44
	08中石化CP01	100,209,860.24	9.18	07国开19	68,877,869.09	5.33	07农发20	40,247,302.63	4.56	07农发13	80,264,741.39	1.28
	09中粮CP01	100,062,283.63	9.17	07农发13	60,179,928.14	4.66	09鲁高速CP01	30,110,702.14	3.41	09中石油CP02	50,000,900.15	0.80

投资组合平均剩余期限	平均剩余期限	占净值比(%)	平均剩余期限	占净值比(%)	平均剩余期限	占净值比(%)	平均剩余期限	占净值比(%)
	30天以内	4.04	30天以内	37.76	30天以内	40.90	30天以内	84.81
	30天(含)—60天	21.06	30天(含)—60天	27.08	30天(含)—60天	13.64	30天(含)—60天	1.93
	60天(含)—90天	27.48	60天(含)—90天	7.65	60天(含)—90天	10.10	60天(含)—90天	1.44
	90天(含)—180天	39.29	90天(含)—180天	0.00	90天(含)—180天	22.67	90天(含)—180天	2.72
	180天(含)—397天（含）	4.61	180天(含)—397天（含）	13.19	180天(含)—397天（含）	12.46	180天(含)—397天（含）	3.98

国投瑞银瑞和沪深300指数分级证券投资基金

基本资料			
基金简称	国投瑞银沪深300指数分级	交易代码	161207
风险收益特征	该基金为股票型指数基金，属于高风险、高收益的基金品种，其预期收益和预期风险高于混合型基金、债券型基金和货币市场基金。其中瑞和300份额、瑞和小康份额与瑞和远见份额均体现高风险、高收益的特征。		
业绩比较基准	95%×沪深300指数收益率＋5%×银行同业存款利率		
合同生效日	2009年10月14日	首募份额	32.16亿份
认购户数	19,241户		
基金管理人	国投瑞银基金管理有限公司	基金托管人	中国工商银行
注册登记人	中国证券登记结算有限责任公司		

2009年累计净值增长率与同期基准收益率历史走势对比图（%）

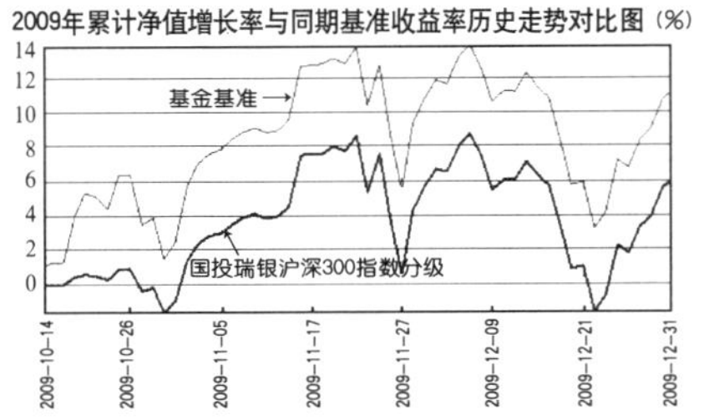

2009年净值增长率与同期基准收益率对比图（%）

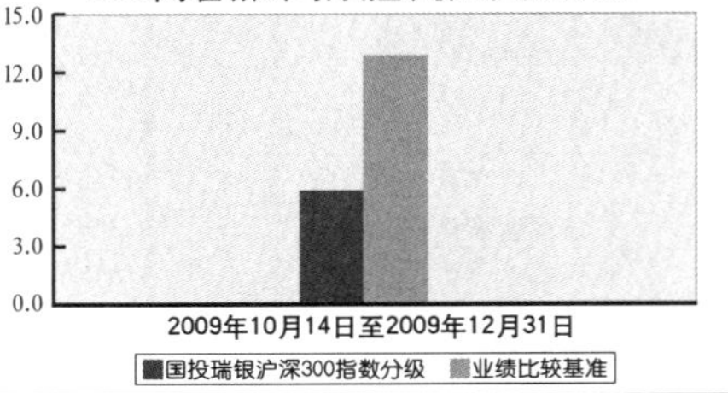

财务指标　单位：人民币（元）；%

项目 \ 年度	2009年10月14日至2009年12月31日
本期利润	193,132,231.87
本期加权平均净值利润率	5.84
期末基金资产净值	3,327,256,173.46
期末基金份额净值	1.060
本期份额净值增长率	6.00
累计份额净值增长率	6.00
基金收益分配	——
期末基金份额持有人户数	基金份额持有人户数为29,514户，平均每户持有276,698.59份。（期末截至2009年12月31日）
期末基金份额持有人结构	机构投资者持有份额1,879,929,064.65份，占总份额59.89%；个人投资者持有份额1,258,852,125.11份，占总份额40.11%。

基金业绩表现

国投瑞银沪深300指数分级基金合同生效于2009年10月14日，截至2009年12月31日，该基金份额净值为1.060元，成立以来实现净值增长6.00%。

基金管理团队

LU RONG QIANG先生：基金经理，澳大利亚新南威尔士大学基金管理专业硕士，10年证券从业经历。曾在澳大利亚先后任康联首域投资基金管理公司投资经理、投资分析师；联邦基金管理公司数量分析员、投资绩效分析员；美世投资管理顾问公司投资分析师。2008年2月加入国投瑞银基金管理公司，2009年10月起任国投瑞银沪深300指数分级基金经理。

基金运作分析

国投瑞银瑞和沪深300指数分级基金于2009年10月14日成立，开始建仓，于11月19日打开申购赎回，同时该基金在深圳交易所上市。基于对市场总体上震荡上行的判断，国投瑞银瑞和沪深300指数分级基金在公司集体智慧的基础上采取了“相对匀速建仓，越跌越买”的建仓策略，尽可能防范市场震荡带来的投资损失，同时减少市场上行时的踏空风险。该基金实际于11月中上旬基本完成建仓，进入典型的指数基金跟踪误差管理阶段。

展望2010年，作为国内首只创新型分级指数基金，国投瑞银瑞和沪深300指数分级基金将恪守基金合同，继续系统化、科学化地采取指数化投资策略，做好跟踪误差管理。积极应对成份股调整、基金申购赎回、自身费用计提等因素对指数跟踪效果带来的冲击，进一步降低基金的跟踪误差，力争为市场提供一个清晰透明、可靠可信的资产配置型的创新型指数投资工具。

季度投资组合一览

项目 \ 季度	第四季度	
基金资产净值	3,327,256,173.46元	
基金份额	3,138,781,189.76份	
基金份额净值	1.0600元	
基金资产组合	金额(元)	占总资产比例(%)
股票投资	3,156,771,988.95	94.30
债券投资	——	——
金融衍生品投资	——	——
买入返售金融资产	——	——
银行存款和结算备付金	176,573,608.72	5.27
其他资产	14,328,922.07	0.43

投资前五名股票明细

股票名称	公允价值(元)	占净值比例(%)
招商银行	112,599,257.30	3.38
交通银行	96,993,496.60	2.92
中国平安	90,576,223.50	2.72
民生银行	85,263,108.14	2.56
中信证券	84,529,041.12	2.54

投资前五名债券明细

债券名称	公允价值(元)	占净值比例(%)
——		

国投瑞银沪深300金融地产指数证券投资基金(LOF)

基本资料					
基金简称	国投瑞银沪深300金融地产指数(LOF)		交易代码	前端161211　后端161212	
投资目标	该基金通过被动的指数化投资管理，实现对沪深300金融地产指数的有效跟踪。				
业绩比较基准	95%×沪深300金融地产指数收益率+5%×银行活期存款利率(税后)				
风险收益特征	该基金为股票型基金，属于较高风险、较高预期收益的基金品种，其风险和预期收益高于货币市场基金、债券型基金和混合型基金。				
合同生效日	2010年4月9日	上市日期	2010年6月8日	上市地点	深交所
募集概况	首募份额	认购户数	募集日期		
	17.23亿份	13,467户	2010年3月8日至2010年4月2日		
基金费率	认购费率	场外前端不超过1.00%，场外后端不超过1.20%			
	申购费率	场外前端不超过1.20%，场外后端不超过1.40%			
	赎回费率	场外不超过0.50%			
	管理费率	0.60%			
	托管费率	0.13%			
基金管理人	国投瑞银基金管理有限公司		基金托管人	中国工商银行股份有限公司	
审计机构	普华永道中天会计师事务所		注册登记人	中国证券登记结算有限责任公司	

基金管理团队

马少章先生：基金经理，硕士学历，12年证券从业经历。曾任职于金信证券、东吴基金及红塔证券。2008年4月加入国投瑞银基金管理有限公司。现兼任国投瑞银稳健增长基金经理，2010年4月起任国投瑞银沪深300金融地产指数基金经理。

国投瑞银全球新兴市场精选股票型证券投资基金(LOF)

基本资料					
基金简称	国投瑞银新兴市场股票(QDII-LOF)		交易代码	161210	
投资目标	该基金主要投资于全球新兴市场国家或者地区，通过对投资对象的精选和组合投资，分散投资风险，力求实现基金资产的中长期稳定增值。				
业绩比较基准	摩根士丹利资本国际新兴市场指数(MSCI Emerging Markets Index(Net Total Return))MSCI Emerging Markets Index(Net Total Return)，即摩根士丹利资本国际新兴市场指数，是按照自由流通市值调整方法并考虑净红利再投资的全回报(Total return)因素编制的跟踪全球新兴市场的全球性投资指数，是适合作为全球新兴市场投资业绩比较基准的指数。				
风险收益特征	该基金为全球投资股票型证券投资基金，属于较高预期风险和预期收益的证券投资基金品种，其预期风险与收益水平高于债券型基金和混合型基金。由于投资国家与地区市场的分散，风险低于投资单一市场的股票型基金。但是，该基金主要投资于全球新兴市场的证券，因此具有较大的新兴市场投资所面临的特定风险。				
合同生效日	2010年6月10日	上市日期	2010年7月1日	上市地点	深交所
募集概况	首募份额	认购户数	募集日期		
	4.43亿份	3,002户	2010年5月6日至2010年6月4日		
基金费率	认购费率	不超过1.50%		申购费率	不超过1.60%
	赎回费率	不超过0.50%			
	管理费率	1.80%		托管费率	0.35%
基金管理人	国投瑞银基金管理有限公司		基金托管人	中国工商银行股份有限公司	
审计机构	普华永道中天会计师事务所		注册登记人	中国证券登记结算有限责任公司	

基金管理团队

LU RONGQIANG先生：基金经理，10年证券从业经历。澳大利亚新南威尔士大学基金管理专业硕士。曾任康联首域投资基金公司投资经理、投资分析师；联邦基金公司数量分析员、投资绩效分析员；美世投资管理顾问公司投资分析师。2008年2月加入国投瑞银基金管理有限公司。现兼任国投瑞银瑞和沪深300指数分级基金经理，2010年6月起任国投瑞银新兴市场股票基金经理。

国投瑞银优化增强债券型证券投资基金

基本资料					
基金简称	国投瑞银优化增强债券		交易代码	A/B类121012(128012)　C类128112	
投资目标	在追求基金资产稳定增值、有效控制风险和保持资金流动性的基础上，通过积极主动的投资管理，力求获得高于业绩比较基准的投资收益。				
业绩比较基准	中债总指数收益率×90%＋沪深300指数收益率×10%				
风险收益特征	该基金为债券型基金，属证券投资基金中的较低风险品种，风险与预期收益高于货币市场基金，低于混合型基金和股票型基金。				
合同生效日	2010年9月8日	上市日期	——	上市地点	——
募集概况	首募份额	认购户数	募集日期		
	39.86亿份	19,061户	2010年8月3日至2010年9月3日		
基金费率	认购费率	A类不超过0.60%；B类不超过0.70%；C类无认购费，但会从其基金财产中计提销售服务费，按前一日C类基金资产净值的0.40%年费率计提。			
	申购费率	A类不超过0.80%；B类不超过0.90%；C类无申购费，但会从其基金财产中计提销售服务费，按前一日C类基金资产净值的0.40%年费率计提。			
	赎回费率	A、B类为0.10%　C类为0%			
	管理费率	0.75%			
	托管费率	0.20%			
基金管理人	国投瑞银基金管理有限公司		基金托管人	中国建设银行股份有限公司	
审计机构	普华永道中天会计师事务所		注册登记人	国投瑞银基金管理有限公司	

基金管理团队

李怡文女士：基金经理，芝加哥大学工商管理硕士，9年证券行业从业经历，曾任Froley Revy Investment Company分析师、中国建设银行(香港)资产组合经理。2008年6月加入国投瑞银基金管理公司基金投资部任高级研究员，2010年9月起任国投瑞银优化增强债券基金经理。

国投瑞银中证下游消费与服务产业指数证券投资基金(LOF)

基本资料					
基金简称	国投瑞银中证消费服务指数(LOF)		交易代码	前端161213　后端161215	
投资目标	该基金通过被动的指数化投资管理，实现对中证下游消费与服务产业指数的有效跟踪。				
业绩比较基准	95%×中证下游消费与服务产业指数收益率＋5%×银行活期存款利率(税后)				
风险收益特征	该基金为股票型基金，属于较高风险、较高预期收益的基金品种，其风险和预期收益高于货币市场基金、债券型基金和混合型基金。				
合同生效日	2010年12月16日	上市日期	——	上市地点	深交所
募集概况	首募份额	认购户数	募集日期		
	12.47亿份	7,605户	2010年11月15日至2010年12月10日		
基金费率	认购费率	前端不超过1.00%，后端不超过1.20%			
	申购费率	前端不超过1.20%，后端不超过1.40%			
	赎回费率	不超过0.50%			
	管理费率	0.60%			
	托管费率	0.13%			
基金管理人	国投瑞银基金管理有限公司		基金托管人	中国工商银行股份有限公司	
审计机构	普华永道中天会计师事务所		注册登记人	中国证券登记结算有限责任公司	

基金管理团队

孟　亮先生：基金经理。上海交通大学管理学博士，5年证券从业经历。2006年1月至2010年4月期间，任职于上投摩根基金管理有限公司研究部，担任研究员，研究机械、汽车、电力设备、家电、农业等行业。2010年4月加入国投瑞银基金管理有限公司，任研究员，主要研究汽车行业。2010年12月起任国投瑞银中证消费服务指数基金经理。

银河基金管理有限公司

法定名称	银河基金管理有限公司	英文名称	Galaxy Asset Management Co.,Ltd.		
成立时间	2002年6月14日	注册资本	1.5亿元人民币	公司属性	中 资
法人代表	李锡奎	总 经 理	熊科金	督察长	李 昇
公司网址	www.galaxyasset.com	客服电话	400-820-0860		
联系电话	021-3856 8888	传真号码	021-3856 8800		
注册地址	上海市浦东新区世纪大道1568号中建大厦15楼	办公地址	上海市浦东新区世纪大道1568号中建大厦15楼		

公司简介

银河基金管理有限公司(以下简称"公司")成立于2002年6月14日，是经中国证监会按照市场化机制批准成立的首家基金管理公司，公司注册资本1.5亿元人民币，注册地中国上海。公司股东分别为：中国银河金融控股有限责任公司(控股股东)、中国石油天然气集团公司、首都机场集团公司、上海市城市建设投资开发总公司和湖南电广传媒股份有限公司。

截至2009年12月31日，银河基金管理有限公司旗下管理1只封闭式基金和8只开放式基金；管理基金资产规模130.12亿元人民币。

2009年旗下开放式基金业绩表现

截至日期：2009年12月31日

(单位：元；%)

基金类型	基金简称	设立日期	基金份额净值	净值增长率①	累计净值增长率②
股票型	银河成长股票	2008-05-26	1.5447	73.98	65.03
	银河行业股票	2009-04-24	1.242	24.20	24.20
	银河沪深300价值指数	2009-12-28	1.000	——	——
混合型	银河稳健混合	2003-08-04	1.0057	60.32	380.06
	银河理财分红混合	2004-03-30	0.9263	51.60	242.02
债券型	银河收益债券	2003-08-04	1.5516	9.72	122.92
	银河银信添利债券A	2007-03-14	1.0512	6.34	28.99
	银河银信添利债券B	2007-03-14	1.0438	5.87	28.14
货币型	银河银富货币A	2004-12-20	1.0000	0.9191	13.1854
	银河银富货币B	2004-12-20	1.0000	1.1633	14.0516

注：①净值增长率指该基金2009年度的份额净值增长率；②累计净值增长率指该基金设立以来的份额净值增长率。

2009年管理公募基金概况

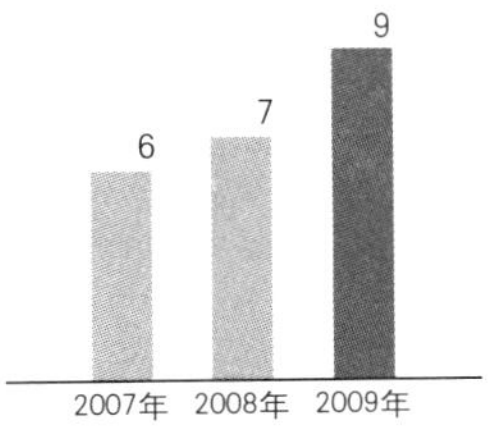

基金数量(只)

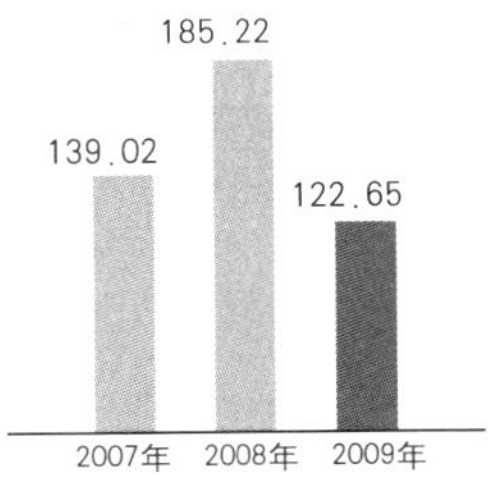

基金份额规模(亿份)

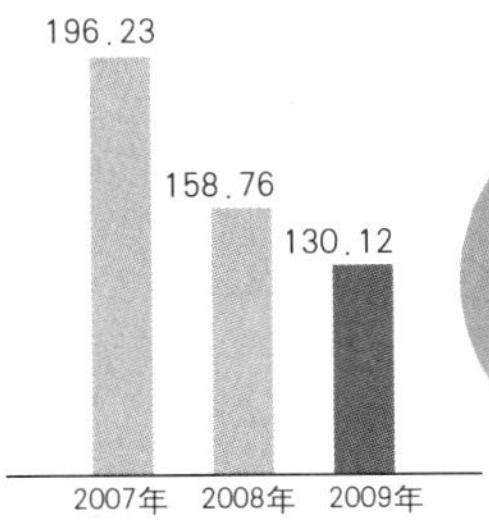

基金资产规模(亿元)

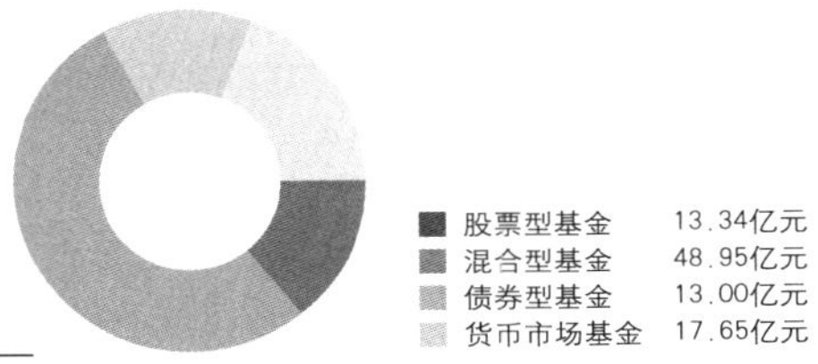

2009年基金资产规模构成(不含封闭式基金)

银丰证券投资基金

基本资料

项目	内容		
基金简称	银河银丰封闭	交易代码	500058
风险收益特征	该基金为封闭式平衡型基金，属于风险相对较低的基金品种，其风险与收益特征从长期平均及预期来看介于单纯的股票型组合与单纯的债券型组合之间，或介于单纯的成长型组合与单纯的价值型组合之间，力争使基金的单位风险收益值从长期平均来看大于比较基准的单位风险收益值。		
业绩比较基准	上证A股指数涨跌幅×75%＋同期国债收益率×25%		
合同生效日	2002年8月15日	基金总份额	30亿份
上市日期	2002年9月10日　地点　上交所	存续期	15年
基金管理人	银河基金管理有限公司	基金托管人	中国建设银行
注册登记人	中国证券登记结算有限公司上海分公司		

财务指标　　单位：人民币(元)；%

项目＼年度	2009年	2008年	2007年
本期利润	1,697,580,099.17	−2,448,573,846.23	5,470,096,652.77
本期加权平均净值利润率	50.69	−66.25	80.00
期末基金资产净值	3,718,448,725.78	2,413,868,633.17	6,662,442,479.40
期末基金份额净值	1.239	0.805	2.221
本期份额净值增长率	70.66	−44.59	120.29
累计份额净值增长率	326.97	150.18	351.55
基金收益分配	10派1.310	10派6.000	10派14.200

成立来累计净值增长率与同期基准收益率历史走势对比图（%）

近三年净值增长率与同期基准收益率对比图（%）

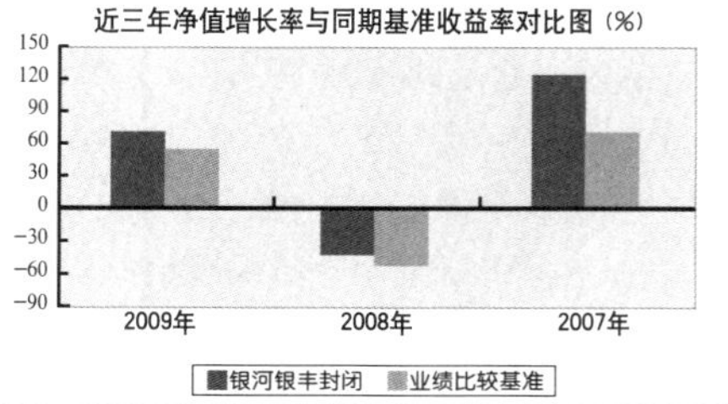

期末基金份额持有人户数	基金份额持有人户数为82,211户，平均每户持有36,491.47份。　（期末截至2009年12月31日）
期末基金份额持有人结构	机构投资者持有份额1,482,417,255份，占总份额49.41%；个人投资者持有份额1,517,582,745份，占总份额50.59%。

基金业绩表现

2009年银河银丰封闭基金全年份额净值增长率为70.66%，同期业绩基准收益率为56.99%。

基金管理团队

李　昇先生：基金经理、股票投资部总监，硕士研究生，16年证券从业经历。曾在君安证券公司工作，先后担任研究所研究员、公司二级市场风险控制员和证券投资部一级投资经理。2002年2月加入银河基金管理公司，曾任基金管理部副总监、银河银泰理财分红基金经理等职；2007年1月至2009年2月任银河银丰封闭基金经理、银河成长股票基金经理。

尚鹏岳先生：基金经理，硕士研究生，7年证券从业经历。曾在汉唐证券公司研究所工作，从事策略研究和数量分析工作。2004年2月加入银河基金管理公司，历任策略研究员、行业研究员、银河理财分红混合基金经理助理；2007年12月起任银河银丰封闭基金经理。

基金运作分析

2009年银河银丰封闭基金在股票投资维持高仓位，主要投资策略为在宏观经济复苏的背景下，按照产业景气的轮动，寻找具有相对安全边际的重点投资品种。行业配置方面，制造业是基金配置的重点，信息技术、机械、部分食品和药品制造、房地产以及交运运输行业是银河银丰基金配置的重点，同时该基金阶段性地参与了黄金采掘、金融保险等行业的投资。2009年该基金分红两次，每10份累计派现1.31元。

季度投资组合一览

项目＼季度	第一季度		第二季度		第三季度		第四季度	
基金资产净值	2,949,742,736.20元		3,497,036,792.40元		3,498,003,733.80元		3,718,448,725.78元	
基金份额净值	0.983元		1.166元		1.166元		1.239元	
基金资产组合	市值(元)	占总资产比(%)	市值(元)	占总资产比(%)	市值(元)	占总资产比(%)	市值(元)	占总资产比(%)
股票投资	2,155,587,944	71.18	2,599,795,371.12	73.66	2,580,322,068.25	70.03	2,776,954,049.96	71.70
债券投资	783,576,988.80	25.87	889,492,241.02	25.20	1,067,617,990.00	28.98	1,034,570,965.76	26.71
金融衍生品投资	——	——	——	——	——	——	——	——
买入返售金融资产	——	——	——	——	——	——	——	——
银行存款和结算备付金	65,448,862.66	2.16	11,148,041.18	0.32	15,754,027.99	0.43	16,941,305.46	0.44
其他资产	23,732,664.53	0.78	28,798,398.12	0.82	20,846,491.87	0.57	44,560,753.52	1.15

投资前五名股票明细	股票名称	公允价值(元)	占净值比(%)	股票名称	公允价值(元)	占净值比(%)	股票名称	公允价值(元)	占净值比(%)	股票名称	公允价值(元)	占净值比(%)
	中国联通	166,175,197.97	5.63	招商银行	262,424,595.96	7.50	中兴通讯	198,535,427.30	5.68	中兴通讯	291,655,000.00	7.84
	浦发银行	122,848,141.12	4.16	民生银行	154,439,992.08	4.42	中联重科	177,028,734.00	5.06	烟台万华	259,935,885.51	6.99
	上海机场	117,296,445.00	3.98	中国平安	137,768,999.98	3.94	烟台万华	163,713,643.24	4.68	中联重科	207,688,497.48	5.59
	浦东金桥	101,762,203.95	3.45	上海机场	134,929,920.00	3.86	民生银行	131,429,993.26	3.76	上海机场	166,961,990.00	4.49
	华夏银行	99,150,092.08	3.36	金地集团	116,237,128.80	3.32	三一重工	129,092,795.58	3.69	青岛啤酒	161,610,207.61	4.35

投资前五名债券明细	债券名称	公允价值(元)	占净值比(%)	债券名称	公允价值(元)	占净值比(%)	债券名称	公允价值(元)	占净值比(%)	债券名称	公允价值(元)	占净值比(%)
	02国债(15)	134,665,674.00	4.57	02国债(15)	134,186,910.00	3.84	09央票45	149,505,000.00	4.27	08央票17	102,650,000.00	2.76
	08央票17	105,680,000.00	3.58	08央票17	104,590,000.00	2.99	02国债(15)	134,120,415.00	3.83	02国债(3)	89,682,116.50	2.41
	南山转债	64,585,000.00	2.19	08央票92	96,440,000.00	2.76	08央票17	103,410,000.00	2.96	21国债(12)	87,772,545.00	2.36
	08央票41	52,995,000.00	1.80	02国债(3)	89,744,070.00	2.57	02国债(3)	89,611,312.50	2.56	21国债(10)	59,509,253.30	1.60
	99国债(8)	48,699,984.40	1.65	南山转债	69,980,000.00	2.00	21国债(12)	88,140,582.00	2.52	08央票65	51,535,000.00	1.39

银河银联系列证券投资基金

该系列基金为契约型开放式基金，由两只基金构成，包括银河稳健证券投资基金和银河收益证券投资基金，每只基金彼此独立运作，并通过基金间相互转换构成一个统一的基金体系。

银河稳健证券投资基金

基本资料

基金简称	银河稳健混合	交易代码	前端151001 后端151101		
风险收益特征	该基金属于风险中度的基金品种(在股票型基金中属风险中度偏低)，力争使长期的平均单位风险收益超越业绩比较基准。				
业绩比较基准	上证A股指数涨跌幅×75%+中信国债指数涨跌幅×25%				
合同生效日	2003年8月4日	首募份额	11.87亿份	认购户数	22,060户
基金管理人	银河基金管理有限公司	基金托管人	中国农业银行		
注册登记人	银河基金管理有限公司				

成立来累计净值增长率与同期基准收益率历史走势对比图（%）

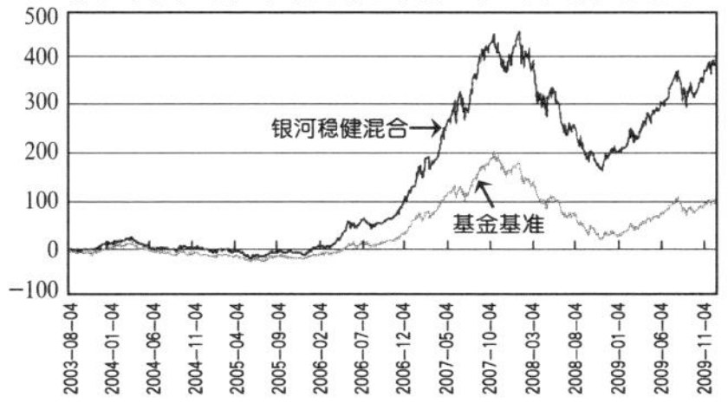

财务指标 单位：人民币(元)；%

项目 \ 年度	2009年	2008年	2007年
本期利润	643,127,778.50	−866,452,599.81	938,857,948.52
本期加权平均净值利润率	46.37	−59.65	54.16
期末基金资产净值	1,434,657,838.38	1,120,563,400.70	2,122,990,383.69
期末基金份额净值	1.0057	0.6273	1.4932
本期份额净值增长率	60.32	−42.22	124.36
累计份额净值增长率	380.06	199.43	418.24
基金收益分配	——	——	10派16.20

近三年净值增长率与同期基准收益率对比图（%）

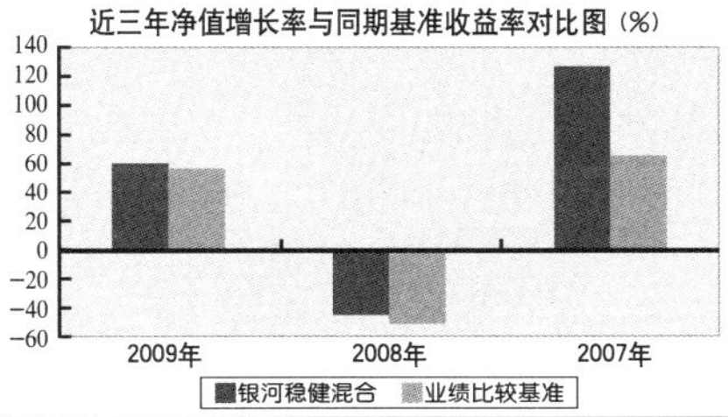

期末基金份额持有人户数	基金份额持有人户数为76,162户，平均每户持有18,730.48份。（期末截至2009年12月31日）
期末基金份额持有人结构	机构投资者持有份额32,260,877.81份，占总份额2.26%；个人投资者持有份额1,394,289,801.22份，占总份额97.74%。

基金业绩表现

2009年银河稳健混合基金全年份额净值增长率为60.32%；同期业绩基准收益率为56.99%。

基金管理团队

钱睿南先生：基金经理、股票投资部总监，硕士研究生，9年证券从业经历。2002年6月加入银河基金管理公司，历任交易主管、银河银泰理财分红基金经理助理；2008年2月起任银河稳健混合基金经理。

王忠波先生：基金经理，研究部总监，博士，高级会计师，14年证券从业经历。2002年6月加入银河基金管理公司，历任研究部宏观策略与行业研究员、副总监、总监等职务，任银河稳健混合基金经理；2009年4月起兼任银河行业股票基金经理。

成 胜先生：基金经理助理，硕士研究生，5年证券从业经历。2007年5月加入银河基金管理公司，担任研究员；2009年12月起任银河稳健混合基金经理助理。

基金运作分析

2009年初，银河稳健混合基金在认识到经济复苏的趋势后，快速提高了股票仓位，同时对于金融、地产以及投资品等行业进行相对较高比例的配置，取得了较好的效果；年中市场进入调整之后及时降低了地产以及钢铁、水泥等投资品的比重，部分回避了此类股票大幅调整的风险。但全年来看，银河稳健混合基金对于汽车、家电等可选消费品配置比重偏低，也未能很好把握信息技术类股票的机会，存在不少遗憾。

季度投资组合一览

项目 \ 季度	第一季度		第二季度		第三季度		第四季度	
基金资产净值	1,314,432,138.17元		1,468,173,162.36元		1,357,195,358.50元		1,434,657,838.38元	
基金份额	1,750,466,286.86份		1,696,553,624.76份		1,553,126,396.53份		1,426,550,679.03份	
基金份额净值	0.7509元		0.8654元		0.8738元		1.0057元	
基金资产组合	市值(元)	占总资产比(%)	市值(元)	占总资产比(%)	市值(元)	占总资产比(%)	市值(元)	占总资产比(%)
股票投资	897,025,284.96	67.87	1,007,880,324.22	68.11	841,607,475.89	59.94	1,017,944,011.37	61.55
债券投资	297,651,964.90	22.52	309,695,233.40	20.93	371,817,076.20	26.48	370,409,226.00	22.40
金融衍生品投资	——	——	——	——	——	——	——	——
买入返售金融资产	——	——	——	——	——	——	——	——
银行存款和结算备付金	111,664,060.28	8.45	88,115,932.94	5.95	181,450,587.32	12.92	234,668,025.91	14.19
其他资产	15,387,998.49	1.16	74,112,382.19	5.01	9,246,799.92	0.66	30,813,131.48	1.86

投资前五名股票明细

第一季度 股票名称	公允价值(元)	占净值比(%)	第二季度 股票名称	公允价值(元)	占净值比(%)	第三季度 股票名称	公允价值(元)	占净值比(%)	第四季度 股票名称	公允价值(元)	占净值比(%)
中国平安	46,932,000.00	3.57	金地集团	62,868,000.00	4.28	兴业银行	54,064,000.00	3.98	兴业银行	56,713,267.68	3.95
招商银行	43,011,000.00	3.27	浦发银行	57,550,000.00	3.92	中联重科	47,800,000.00	3.52	中联重科	52,020,000.00	3.63
浦发银行	32,878,092.96	2.50	招商银行	56,025,000.00	3.82	江铃汽车	39,930,000.00	2.94	中兴通讯	49,353,500.14	3.44
苏宁电器	32,490,000.00	2.47	中联重科	51,355,739.82	3.50	中华企业	35,073,877.60	2.58	恒生电子	48,323,000.00	3.37
浦东金桥	30,613,000.00	2.33	交通银行	43,248,000.00	2.95	中国太保	33,405,000.00	2.46	江铃汽车	42,968,004.00	3.00

投资前五名债券明细

第一季度 债券名称	公允价值(元)	占净值比(%)	第二季度 债券名称	公允价值(元)	占净值比(%)	第三季度 债券名称	公允价值(元)	占净值比(%)	第四季度 债券名称	公允价值(元)	占净值比(%)
08央行票据	52,875,000.00	4.02	08央行票据23	52,335,000.00	3.56	08央行票据23	82,768,000.00	6.10	08央行票据23	82,160,000.00	5.73
08央行票据98	48,640,000.00	3.70	08央行票据98	48,270,000.00	3.29	08进出13	70,028,000.00	5.16	08进出13	70,014,000.00	4.88
21国债(10)	35,997,500.00	2.74	21国债(10)	39,928,200.00	2.72	09央票39	49,835,000.00	3.67	21国债(10)	39,893,100.00	2.78
21国债(12)	35,579,850.00	2.71	21国债(12)	35,431,500.00	2.41	21国债(10)	40,076,400.00	2.95	21国债(12)	35,379,750.00	2.47
20国债(4)	33,891,327.00	2.58	20国债(4)	33,775,204.00	2.30	21国债(12)	35,528,100.00	2.62	20国债(4)	33,443,424.00	2.33

银河收益证券投资基金

基本资料					
基金简称	银河收益债券	交易代码	前端151002 后端151102		
风险收益特征	该基金属于低风险的基金品种，其中长期平均的预期收益和风险低于指数型基金、平衡型基金、价值型基金及收益型基金，高于纯债券基金。				
业绩比较基准	债券指数涨跌幅×85%＋上证A股指数涨跌幅×15%，其中债券指数为中信国债指数涨跌幅×51%＋中信银债指数涨跌幅×49%				
合同生效日	2003年8月4日	首募份额	18.02亿份	认购户数	22,479户
基金管理人	银河基金管理有限公司	基金托管人	中国农业银行		
注册登记人	银河基金管理有限公司				

成立来累计净值增长率与同期基准收益率历史走势对比图（%）

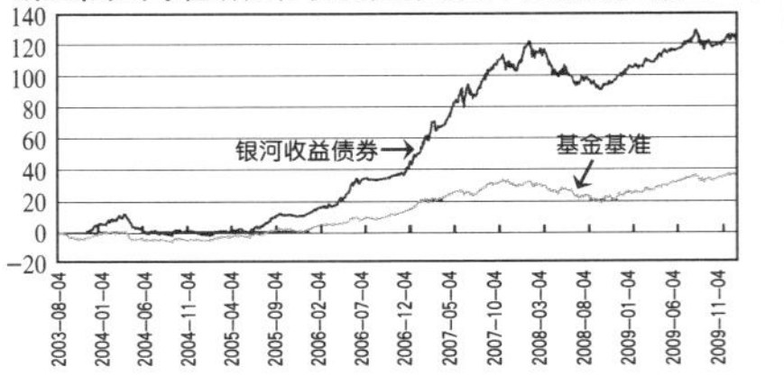

财务指标		单位：人民币（元）；%	
项目＼年度	2009年	2008年	2007年
本期利润	40,939,574.31	−89,507,217.74	191,903,834.15
本期加权平均净值利润率	9.59	−12.59	35.43
期末基金资产净值	337,118,394.44	412,718,846.02	772,180,845.98
期末基金份额净值	1.5516	1.5065	1.6920
本期份额净值增长率	9.72	−6.00	44.92
累计份额净值增长率	122.92	103.18	116.14
基金收益分配	10派1.00	10派0.80	10派1.50

近三年净值增长率与同期基准收益率对比图（%）

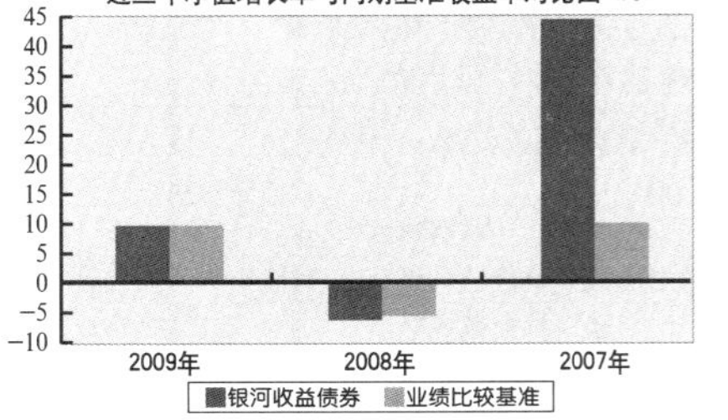

期末基金份额持有人户数	基金份额持有人户数为15,787户，平均每户持有13,762.85份。（期末截至2009年12月31日）
期末基金份额持有人结构	机构投资者持有份额70,911,247.66份，占总份额32.64%；个人投资者持有份额146,362,845.17份，占总份额67.36%。

基金业绩表现

2009年银河收益债券基金全年份额净值增长率为9.72%；同期业绩基准收益率为9.75%。

基金管理团队

索　峰先生：基金经理、固定收益部总监，本科学历，15年证券从业经历。曾先后就职于润庆期货公司、申银万国证券公司、原君安证券和中国银河证券公司，期间主要从事国际商品期货交易，营业部债券自营业务和证券投资咨询工作。2004年6月加入银河基金管理公司，从事固定收益产品投资工作，历任固定收益部总监、银河银富货币基金经理等职务；2006年3月起任银河收益债券基金经理。

基金运作分析

2009年银河收益债券基金在债券投资总体上采取防御策略，失误在于过早卖出可转债，错失了可转债第二阶段的丰厚回报。股票投资方面，银河收益债券基金上半年较早意识到流动性因素对市场的驱动力，积极提升了股票资产的配置，但下半年高估了业绩驱动力量，重强周期轻防御行业，配置效果不佳，全年表现略逊于比较基准。

季度投资组合一览

项目＼季度	第一季度		第二季度		第三季度		第四季度	
基金资产净值	447,338,001.77元		460,766,242.87元		405,732,788.83元		337,118,394.44元	
基金份额	285,545,397.92份		285,267,873.60份		252,639,543.10份		217,274,092.83份	
基金份额净值	1.5666元		1.6152元		1.6060元		1.5516元	
基金资产组合	市值(元)	占总资产比(%)	市值(元)	占总资产比(%)	市值(元)	占总资产比(%)	市值(元)	占总资产比(%)
股票投资	66,795,086.54	14.16	86,064,235.24	18.31	42,949,409.44	10.50	62,197,053.46	17.71
债券投资	356,203,301.00	75.50	336,528,514.40	71.61	298,075,412.30	72.89	254,845,133.70	72.55
金融衍生品投资	——	——	——	——	569,191.27	0.14	628,640.59	0.18
买入返售金融资产	——	——	——	——	——	——	——	——
银行存款和结算备付金	35,598,426.62	7.55	39,853,246.04	8.48	61,300,191.84	14.99	25,707,482.34	7.32
其他资产	13,197,350.40	2.79	7,500,882.13	1.60	6,071,025.59	1.48	7,911,214.64	2.25

	第一季度			第二季度			第三季度			第四季度		
投资前五名股票明细	股票名称	公允价值(元)	占净值比(%)	股票名称	公允价值(元)	占净值比(%)	股票名称	公允价值(元)	占净值比(%)	股票名称	公允价值(元)	占净值比(%)
	招商银行	8,761,500.00	1.96	建设银行	10,251,000.00	2.22	建设银行	9,486,000.00	2.34	建设银行	7,428,000.00	2.20
	中信证券	7,641,000.00	1.71	振华重工	7,436,000.00	1.61	中国建筑	6,818,526.40	1.68	中国建筑	6,936,087.20	2.06
	南　玻A	5,790,631.00	1.29	中国南车	6,877,000.00	1.49	中国银行	6,240,000.00	1.54	卧龙电气	5,098,800.00	1.51
	东方电气	5,628,000.00	1.26	万　科A	6,375,000.00	1.38	中信证券	5,002,000.00	1.23	蓝星新材	4,751,927.18	1.41
	横店东磁	4,644,000.00	1.04	国电电力	6,273,000.00	1.36	华北制药	4,788,000.00	1.18	大族激光	4,328,000.00	1.28
投资前五名债券明细	债券名称	公允价值(元)	占净值比(%)	债券名称	公允价值(元)	占净值比(%)	债券名称	公允价值(元)	占净值比(%)	债券名称	公允价值(元)	占净值比(%)
	08央行票据47	84,856,000.00	18.97	08央行票据47	83,992,000.00	18.23	08央行票据47	82,944,000.00	20.44	08央行票据41	61,710,000.00	18.31
	08央行票据41	74,193,000.00	16.59	08央行票据41	73,437,000.00	15.94	08央行票据41	72,541,000.00	17.88	08央行票据47	51,455,000.00	15.26
	08国开15	32,691,000.00	7.31	02国债(10)	47,173,900.00	10.24	02国债(3)	35,010,225.00	8.63	02国债(3)	27,236,490.70	8.08
	08央行票据92	29,151,000.00	6.52	99国债(8)	42,543,736.00	9.23	07红豆债	21,582,000.00	5.32	21国债(10)	23,526,700.00	6.98
	99国债(8)	27,591,324.80	6.17	07红豆债	22,354,000.00	4.85	08国网债02	20,574,000.00	5.07	07红豆债	21,380,000.00	6.34

银河银泰理财分红证券投资基金

基本资料			
基金简称	银河银泰混合	交易代码	150103
风险收益特征	该基金属于风险较低的投资品种，风险-收益水平介于债券基金与股票基金间。		
业绩比较基准	上证A股指数×40%+中信全债指数×55%+金融同业存款利率×5%		
合同生效日	2004年3月30日	首募份额	60.13亿份
认购户数	130,731户		
基金管理人	银河基金管理有限公司	基金托管人	中国工商银行
注册登记人	银河基金管理有限公司		

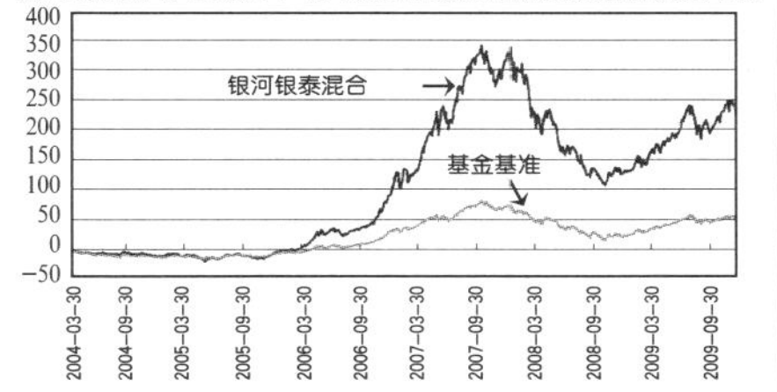

财务指标　　单位：人民币(元)；%

项目 \ 年度	2009年	2008年	2007年
本期利润	1,274,800,561.91	-2,277,178,748.51	968,610,448.41
本期加权平均净值利润率	40.46	-65.82	39.19
期末基金资产净值	3,459,907,821.91	2,558,369,108.11	5,363,711,974.15
期末基金份额净值	0.9263	0.6110	1.1226
本期份额净值增长率	51.60	-45.57	118.78
累计份额净值增长率	242.02	125.60	314.50
基金收益分配	——	——	10派25.100

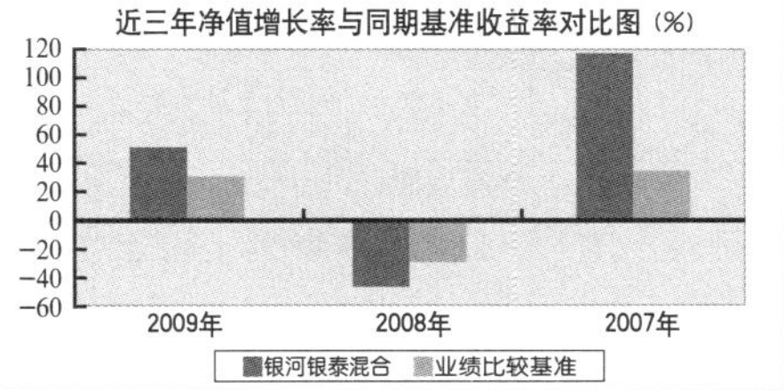

期末基金份额持有人户数	基金份额持有人户数为185,770户，平均每户持有20,106.63份。（期末截至2009年12月31日）
期末基金份额持有人结构	机构投资者持有16,136,076.75份，占总份额0.43%；个人投资者持有3,719,072,872.69份，占总份额99.57%。

基金业绩表现

截至2009年12月31日，银河银泰混合基金份额净值为0.9263元，全年份额净值增长率为51.60%；同期业绩基准收益率为28.03%。

基金管理团队

刘风华先生：基金经理，硕士研究生学历，10年证券从业经历。曾先后在中国信达信托投资公司、中国银河证券公司工作。2002年6月加入银河基金管理公司，历任行业研究员、银河银丰封闭基金经理助理；2007年1月起任银河银泰混合基金经理。

徐小勇先生：基金经理，硕士研究生学历，15年证券从业经历。曾先后在中国信达信托投资公司、中国银河证券公司工作。2002年6月加入银河基金管理公司，历任行业研究员、高级行业研究员、银河银泰混合基金经理助理；2008年8月起任银河银泰混合基金经理。

黄　流先生：基金经理助理，硕士研究生学历，12年证券从业经历。1998年进入上海立人投资管理公司，从事资产管理工作。2004年4月进入银河基金管理公司，2004年6月至2009年11月任银河银泰混合基金经理助理。

基金运作分析

2009年，银河银泰混合基金在年初出于对宏观经济的谨慎而保持了较低的股票仓位配置比例，组合偏向于防御；在该管理人认识到刺激政策将延续并对经济有明显促进作用后，开始提高股票仓位的配置比例，加大对周期性行业的投资力度，增加组合的弹性，下半年基金业绩有所回升。

季度投资组合一览

项目 \ 季度	第一季度		第二季度		第三季度		第四季度	
基金资产净值	2,965,342,480.14元		3,271,143,968.18元		3,102,150,883.68元		3,459,907,821.91元	
基金份额	4,126,289,021.37份		4,017,417,711.49份		3,878,872,270.62份		3,735,208,949.44份	
基金份额净值	0.7186元		0.8142元		0.7998元		0.9263元	
基金资产组合	市值(元)	占总资产比(%)	市值(元)	占总资产比(%)	市值(元)	占总资产比(%)	市值(元)	占总资产比(%)
股票投资	2,030,831,242.11	64.70	2,401,405,718.66	71.83	2,090,395,436.94	66.68	2,726,324,844.72	65.60
债券投资	718,567,680.50	22.89	685,063,206.80	20.49	861,995,844.00	27.50	831,826,921.40	20.02
金融衍生品投资	——	——	——	——	——	——	——	——
买入返售金融资产	——	——	——	——	——	——	——	——
银行存款和结算备付金	370,090,207.68	11.79	64,457,953.92	1.93	165,742,421.03	5.29	576,792,861.33	13.88
其他资产	19,488,911.58	0.62	192,257,836.85	5.75	16,717,486.73	0.53	20,924,639.78	0.50

投资前五名股票明细	股票名称	公允价值(元)	占净值比(%)	股票名称	公允价值(元)	占净值比(%)	股票名称	公允价值(元)	占净值比(%)	股票名称	公允价值(元)	占净值比(%)
	浦发银行	143,573,961.44	4.84	华发股份	210,714,098.40	6.44	中联重科	144,676,857.50	4.66	泸州老窖	238,153,916.16	6.88
	华发股份	107,681,628.01	3.63	浦发银行	128,912,000.00	3.94	新湖中宝	106,200,000.00	3.42	中联重科	166,043,288.25	4.80
	葛 洲 坝	105,083,074.14	3.54	民生银行	118,800,000.00	3.63	中国平安	101,400,000.00	3.27	中金岭南	147,864,113.10	4.27
	中联重科	91,656,942.44	3.09	紫金矿业	112,299,552.00	3.43	中国神华	91,080,000.00	2.94	焦作万方	112,174,440.00	3.24
	浦东金桥	87,013,113.44	2.93	招商银行	112,047,131.52	3.43	华发股份	85,700,000.00	2.76	恒生电子	106,062,261.80	3.07

投资前五名债券明细	债券名称	公允价值(元)	占净值比(%)	债券名称	公允价值(元)	占净值比(%)	债券名称	公允价值(元)	占净值比(%)	债券名称	公允价值(元)	占净值比(%)
	08央票62	286,956,000.00	9.68	08央票62	284,013,000.00	8.68	08央票62	238,763,000.00	7.70	08央票62	236,992,000.00	6.85
	08央票23	52,875,000.00	1.78	08央票23	52,335,000.00	1.60	21国债(10)	52,407,600.00	1.69	21国债(10)	52,167,900.00	1.51
	08央票17	52,840,000.00	1.78	08央票17	52,295,000.00	1.60	08央票47	51,840,000.00	1.67	08央票47	51,455,000.00	1.49
	21国债(10)	52,453,500.00	1.77	21国债(10)	52,213,800.00	1.60	08央票44	51,825,000.00	1.67	08央票44	51,440,000.00	1.49
	08国债04	52,275,000.00	1.76	08国债04	52,100,500.00	1.59	20国债(4)	51,810,900.00	1.67	20国债(4)	51,408,000.00	1.49

银河银富货币市场基金

基本资料

基金简称	银河银富货币		交易代码	A：150005 B：150015	
风险收益特征	该基金面临的风险与其他开放式基金相同（如市场风险、流动性风险、管理风险、技术风险等），但由于该基金主要投资短期流动性金融工具，上述风险在该基金中存在一定的特殊性，投资本金损失的可能性很小。				
业绩比较基准	银行半年期定期存款利率（税后）				
合同生效日	2004年12月20日	首募份额	19.38亿份	认购户数	7,843户
基金管理人	银河基金管理有限公司		基金托管人	交通银行	
注册登记人	银河基金管理有限公司				

成立来累计净值收益率与同期基准收益率历史走势对比图（%）

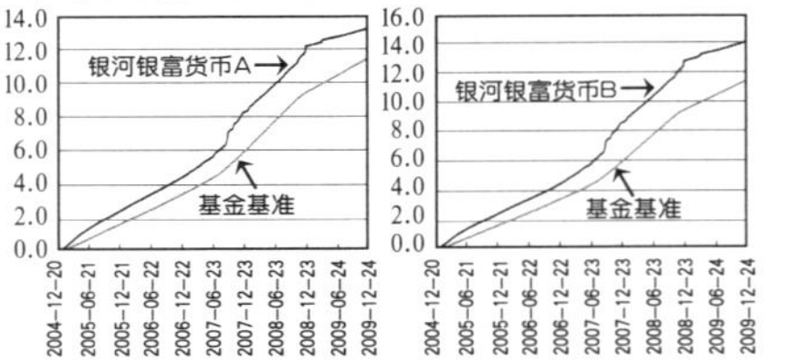

财务指标 单位：人民币（亿元）；%

项目 \ 年度	2009年 A	2009年 B	2008年 A	2008年 B	2007年 A	2007年 B
本期利润	0.0174	0.3029	0.0869	1.0456	0.0299	0.0555
期末基金资产净值	0.4231	17.2241	4.4579	72.4322	1.4257	3.1254
期末基金份额净值	1.0000元	1.0000元	1.0000元	1.0000元	1.0000元	1.0000元
本期份额净值收益率	0.9191	1.1633	3.5956	3.8442	3.6476	3.8973
累计份额净值收益率	13.1854	14.0516	12.1546	12.7401	8.2619	8.5666
基金收益分配	0.0174	0.3029	0.0869	1.0456	0.0299	0.0555

近三年净值收益率与同期基准收益率对比图（%）

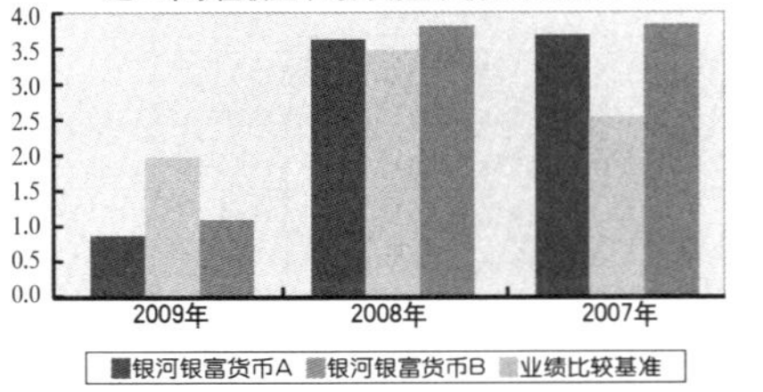

期末基金份额持有人户数	A：基金份额持有人户数为4,052户，平均每户持有10,442.97 份。 B：基金份额持有人户数为14户，平均每户持有123,029,026.22份。（期末截至2009年12月31日）
期末基金份额持有人结构	A：机构投资者持有份额13,364,434.75份，占总份额31.58%；个人投资者持有份额28,950,495.60份，占总份额68.42%。 B：机构投资者持有份额1,722,406,367.12份，占总份额100.00%；个人投资者持有份额0份，占总份额0.00%。

基金业绩表现

2009年银河银富货币基金A级份额净值收益率为0.9191%，B级份额净值收益率为1.1633%；同期业绩基准收益率为2.0075%。

基金管理团队

位　健先生：基金经理，本科学历，9年证券从业经历。曾就职于青岛市商业银行，从事债券投资工作。2005年3月加入银河基金管理公司，历任债券交易员、银河银富货币基金经理助理；2008年4月起任银河银富货币基金经理。

基金运作分析

2009年以来，银河银富货币基金在兼顾收益性的同时，通过保留高现金比例和低久期组合突出了基金组合管理中的安全性和流动性控制，得益于此，银河银富货币基金资产规模相对保持稳定，并且在充分满足基金资金管理需要之余组合中依然富裕了相当比例的现金，在资金回购利率与金融债券收益率存在明显比较优势时期，银河银富货币选择短期逆回购期限品种适度进行滚动操作，为投资者赢得了稳健的投资回报。

在信用类证券的投资管理中，鉴于企业短期融资券信用风险逐步显现，银河银富货币基金在企业短期融资券投资过程中依然坚持偏于保守的投资策略。

季度投资组合一览

项目 \ 季度	第一季度 A	第一季度 B	第二季度 A	第二季度 B	第三季度 A	第三季度 B	第四季度 A	第四季度 B
基金资产净值	2.3418亿元	30.2076亿元	1.2254亿元	19.9604亿元	0.5521亿元	17.4295亿元	0.4231亿元	17.2241亿元
基金份额	2.3418亿份	30.2076亿份	1.2254亿份	19.9604亿份	0.5521亿份	17.4295亿份	0.4231亿份	17.2241亿份
基金份额净值	1.0000元	1.0000元	1.0000元	1.0000元	1.0000元	1.0000元	1.0000元	1.0000元
基金资产组合	市值(元)	占总资产比(%)	市值(元)	占总资产比(%)	市值(元)	占总资产比(%)	市值(元)	占总资产比(%)
股票投资	——	——	——	——	——	——	——	——
债券投资	199,877,449.44	6.13	120,277,753.79	5.67	991,347,320.80	55.11	467,660,218.45	26.49
金融衍生品投资	——	——	——	——	——	——	——	——
买入返售金融资产	30,000,000.00	0.92	——	——	321,600,143.75	17.88	184,100,000.00	10.43
银行存款和结算备付金	2,272,359,080.53	69.70	1,997,870,184.70	94.26	473,368,597.82	26.31	800,976,257.61	45.37
其他资产	757,870,180.11	23.25	1,409,421.49	0.07	12,668,284.96	0.70	312,735,770.91	17.71

投资前五名债券明细	第一季度 债券名称	成本(元)	占净值比(%)	第二季度 债券名称	成本(元)	占净值比(%)	第三季度 债券名称	成本(元)	占净值比(%)	第四季度 债券名称	成本(元)	占净值比(%)
	07国开11	70,332,510.16	2.16	07国开11	70,307,300.43	3.32	09央票38	492,198,300.32	27.37	09央票36	98,906,791.42	5.60
	07华夏02浮	49,968,407.12	1.54	07华夏02浮	49,970,453.36	2.36	07央票26	100,810,732.05	5.61	09央票38	98,873,517.49	5.60
	08央票64	49,671,214.90	1.53				09央票36	98,472,861.65	5.48	07国开11	50,182,933.35	2.84
	08央票49	29,905,317.26	0.92				07国开11	70,281,719.85	3.91	05工行03	50,006,657.33	2.83
							09进出06	69,925,319.25	3.89	07华夏02浮	49,974,527.03	2.83

投资组合平均剩余期限	第一季度 平均剩余期限	占净值比(%)	第二季度 平均剩余期限	占净值比(%)	第三季度 平均剩余期限	占净值比(%)	第四季度 平均剩余期限	占净值比(%)
	30天以内	93.97	30天以内	94.30	30天以内	44.77	30天以内	55.82
	30天(含)—60天	2.45	30天(含)—60天	2.36	30天(含)—60天	9.44	30天(含)—60天	4.53
	60天(含)—90天	3.69	60天(含)—90天	0.00	60天(含)—90天	3.91	60天(含)—90天	5.68
	90天(含)—180天	0.00	90天(含)—180天	3.32	90天(含)—180天	5.61	90天(含)—180天	1.71
	180天(含)—397天(含)	0.00	180天(含)—397天(含)	0.00	180天(含)—397天(含)	36.17	180天(含)—397天(含)	14.59

银河银信添利债券型证券投资基金

基本资料					
基金简称	银河银信添利债券	交易代码	A：519667　B：519666		
风险收益特征	该基金为债券型基金，属于中低风险的基金品种，其预期风险和收益水平高于货币市场基金和中短期债券基金，低于混合型基金和股票型基金。				
业绩比较基准	新华巴克莱资本中国全债指数涨跌幅×80%+税后一年期定期存款利率×20%				
合同生效日	2007年3月14日	首募份额	24.51亿份	认购户数	19,133户
基金管理人	银河基金管理有限公司	基金托管人	中信银行		
注册登记人	中国证券登记结算有限责任公司				

成立来累计净值收益率与同期基准收益率历史走势对比图（%）

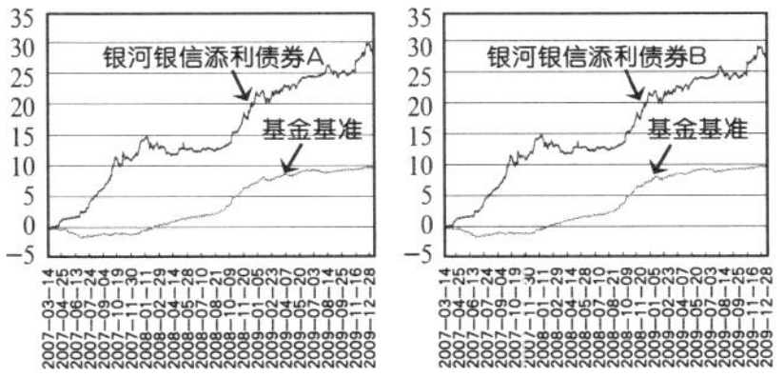

财务指标　单位：人民币（亿元）；%

项目＼年度	2009年 A	2009年 B	2008年 A	2008年 B	2007.3.14至2007.12.31
本期利润	0.2804	0.2555	0.7733	−0.1138	4.9285
本期加权平均净值利润率	4.30	5.42	5.88	−0.68	14.60
期末基金资产净值	5.5476	4.0824	9.6950	4.6589	42.4678
期末基金份额净值	1.0512元	1.0438元	1.0829元	1.0805元	1.1204元
本期份额净值增长率	6.34	5.87	6.27	6.04	14.15
累计份额净值增长率	28.99	28.14	21.30	21.04	14.15
基金收益分配	10派0.970元		10派1.010元		10派0.200元

近三年净值增长率与同期基准收益率对比图（%）

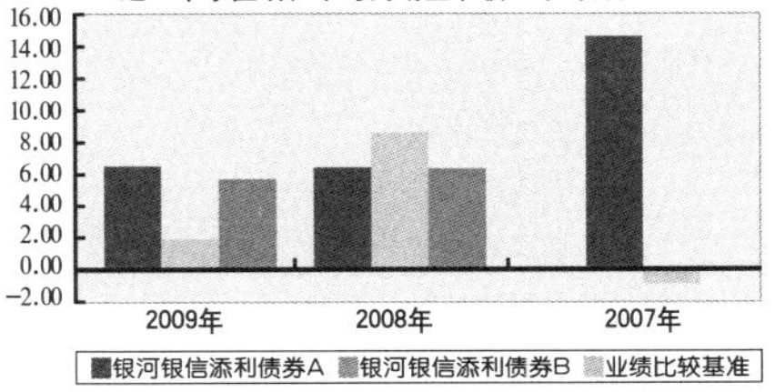

期末基金份额持有人户数	A：基金份额持有人户数为341户，平均每户持有1,547,615.79份。 B：基金份额持有人户数为6,157户，平均每户持有63,519.85份。（期末截至2009年12月31日）
期末基金份额持有人结构	A：机构投资者持有份额525,306,700.74份，占总份额99.54%；个人投资者持有份额2,430,283.45份，占总份额0.46%。 B：机构投资者持有份额159,298,825.63份，占总份额40.73%；个人投资者持有份额231,792,871.94份，占总份额59.27%。

基金业绩表现

2009年银河银信添利债券基金A类份额净值增长率为6.34%，B类基金份额净值增长率为5.87%；同期业绩基准收益率为1.98%。

基金管理团队

陆栋梁先生：基金经理，本科学历，14年证券从业经历。曾先后就职于中国信达信托投资公司、宏源证券公司和上海永嘉投资管理公司，期间主要从事固定收益投资及相应的管理工作。2004年9月加入银河基金管理公司，历任研究员、基金经理助理；2007年3月起任银河银信添利债券基金经理。

基金运作分析

2009年随着国家经济刺激政策的推出，实体经济开始缓慢复苏，股票市场全年表现强劲，出乎市场投资者的预料，而债券市场则表现相对疲弱，因此在整个2009年度，银河银信添利债券基金在债券市场的投资策略总体上采取防御的态势，以低久期、低配置的策略应对债券市场的调整，同时在可转债的投资方面，由于较早地介入，取得了较好的收益。进入下半年，随着新股发行的重新恢复，该基金积极参与新股申购，对基金净值的增长也作出了一定的贡献。

季度投资组合一览

项目＼季度	第一季度 A	第一季度 B	第二季度 A	第二季度 B	第三季度 A	第三季度 B	第四季度 A	第四季度 B
基金资产净值	4.5821亿元	4.7100亿元	3.6475亿元	4.2620亿元	9.1391亿元	5.1614亿元	5.5476亿元	4.0824亿元
基金份额	4.2669亿份	4.4003亿份	3.4428亿份	4.0405亿份	8.8625亿份	5.0349亿份	5.2774亿份	3.9109亿份
基金份额净值	1.0739元	1.0704元	1.0595元	1.0548元	1.0312元	1.0251元	1.0512元	1.0438元
基金资产组合	市值(元)	占总资产比(%)	市值(元)	占总资产比(%)	市值(元)	占总资产比(%)	市值(元)	占总资产比(%)
股票投资	479,536.47	0.05	——	——	63,598,705.57	4.39	84,592,090.33	5.81
债券投资	854,395,344.74	91.70	807,930,083.50	80.16	1,126,745,400.60	77.76	858,728,496.23	58.97
金融衍生品投资	——	——	——	——	——	——	——	——
买入返售金融资产	——	——	——	——	——	——	——	——
银行存款和结算备付金	61,050,217.09	6.55	1,564,126.55	0.16	156,453,639.84	10.80	148,286,130.06	10.18
其他资产	15,809,539.03	1.70	198,445,444.52	19.69	102,209,995.39	7.05	364,499,282.14	25.03

投资前五名股票明细	股票名称	公允价值(元)	占净值比(%)	股票名称	公允价值(元)	占净值比(%)	股票名称	公允价值(元)	占净值比(%)	股票名称	公允价值(元)	占净值比(%)
	立立电子	479,536.47	0.05				中国建筑	25,871,716.64	1.81	中国北车	6,412,145.51	0.67
							中国中冶	12,150,662.76	0.85	金亚科技	5,639,377.84	0.59
							光大证券	4,598,624.00	0.32	吉峰农机	4,478,307.75	0.47
							特 锐 德	2,132,051.60	0.15	海大集团	4,426,979.58	0.46
							南风股份	1,870,158.78	0.13	洋河股份	3,808,063.93	0.40

投资前五名债券明细	债券名称	公允价值(元)	占净值比(%)	债券名称	公允价值(元)	占净值比(%)	债券名称	公允价值(元)	占净值比(%)	债券名称	公允价值(元)	占净值比(%)
	08央票62	106,280,000.00	11.44	08央票62	05,190,000.00	13.30	21国债(12)	115,572,394.40	8.08	02国债(3)	104,937,348.00	10.90
	07国开22	102,690,000.00	11.05	07国开22	101,810,000.00	12.87	02国债(3)	114,906,600.00	8.04	21国债(12)	104,834,814.00	10.89
	08国开13	54,725,000.00	5.89	21国债(10)	62,472,276.00	7.90	21国债(10)	98,740,028.80	6.90	21国债(10)	103,402,915.20	10.74
	08兵器装备债	53,335,000.00	5.74	08国开13	54,140,000.00	6.84	08央票47	82,944,000.00	5.80	08央票62	72,128,000.00	7.49
	08央票47	53,035,000.00	5.71	08兵器装备债	53,190,000.00	6.72	08央票62	72,667,000.00	5.08	08央票53	51,480,000.00	5.35

银河竞争优势成长股票型证券投资基金

基本资料

基金简称	银河成长股票	交易代码	519668		
风险收益特征	该基金是股票型基金，其预期收益及风险水平高于货币市场基金、债券型基金与混合型基金，属于风险水平相对较高的基金。				
业绩比较基准	沪深300指数收益率×80%+上证国债指数收益率×20%				
合同生效日	2008年5月26日	首募份额	3.70亿份	认购户数	8,359户
基金管理人	银河基金管理有限公司	基金托管人	中国银行		
注册登记人	中国证券登记结算有限责任公司				

财务指标 单位：人民币（元）；%

项目 \ 年度	2009年	2008年5月26日至2008年12月31日
本期利润	125,134,194.25	−21,523,197.47
本期加权平均净值利润率	56.56	−7.11
期末基金资产净值	256,947,660.75	246,211,855.03
期末基金份额净值	1.5447	0.9486
本期份额净值增长率	73.98	−5.15
累计份额净值增长率	65.03	−5.15
基金收益分配	10派0.800	——

成立来累计净值增长率与同期基准收益率历史走势对比图（%）

近两年净值增长率与同期基准收益率对比图（%）

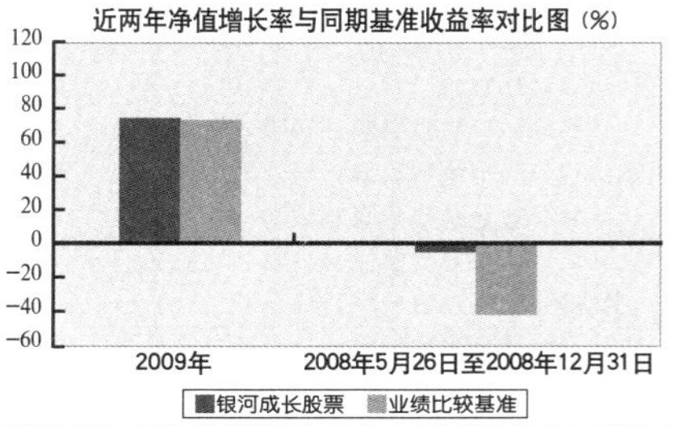

期末基金份额持有人户数	基金份额持有人户数为4,108户，平均每户持有40,491.02份。（期末截至2009年12月31日）
期末基金份额持有人结构	机构投资者持有份额89,742,278.52份，占总份额53.95%；个人投资者持有份额76,594,832.29份，占总份额46.05%。

基金业绩表现

2009年银河成长股票基金全年份额净值增长率为73.98%；同期业绩基准收益率为73.60%。

基金管理团队

李　昇先生：基金经理、股票投资部总监，硕士研究生学历，16年证券从业经历。曾任职于君安证券公司。2002年2月加入银河基金管理公司，历任基金管理部副总监兼银河银丰基金经理、银河理财分红混合基金经理等职务；2008年5月至2009年8月任银河成长股票基金经理。

孙振峰先生：基金经理，博士研究生学历，8年证券从业经历。曾在中信证券从事证券发行工作；2004年3月加入银河基金公司，历任研究员、基金经理助理等职务；2009年7月任银河成长股票基金经理。

基金运作分析

2009年，银河成长股票基金全年保持较高的股票仓位并阶段性有所调整，在行业配置上该基金较好地把握了金融、地产、医药、家电等行业的投资机会，但也在部分涨幅较大行业上因配置偏轻而丧失一些机会。

2010年，基于市场判断，银河成长股票基金在资产配置上将进一步淡化行业配置的概念，强化自下而上挖掘成长性公司的意义。在由保增长转向调结构的背景下，产能过剩抑制、低碳经济、技术创新、发展新兴产业、服务为主导的消费升级等围绕经济结构调整和改善的行业将是寻找成长股的重要方向。同时也将密切关注估值合理的蓝筹股投资价值，积极把握世博会、股指期货、区域经济发展以及调结构的主题投资机会。

季度投资组合一览

项目 \ 季度	第一季度		第二季度		第三季度		第四季度	
基金资产净值	189,553,390.37元		200,296,732.69元		204,265,194.99元		256,947,660.75元	
基金份额	163,328,767.71份		153,159,931.08份		153,378,656.68份		166,337,110.81份	
基金份额净值	1.1606元		1.3078元		1.3318元		1.5447元	
基金资产组合	市值(元)	占总资产比(%)	市值(元)	占总资产比(%)	市值(元)	占总资产比(%)	市值(元)	占总资产比(%)
股票投资	143,717,200.16	72.26	154,864,150.59	76.34	160,354,252.99	77.54	207,051,091.23	75.30
债券投资	2,345,347.60	1.18	2,344,052.00	1.16	2,368,184.20	1.15	2,425,900.40	0.88
金融衍生品投资	——	——	——	——	——	——	——	——
买入返售金融资产	——	——	——	——	——	——	——	——
银行存款和结算备付金	43,633,820.96	21.94	20,991,727.14	10.35	41,265,178.66	19.95	60,082,388.14	21.85
其他资产	9,200,398.25	4.63	24,650,085.14	12.15	2,809,912.35	1.36	5,402,984.09	1.96

投资前五名股票明细	股票名称	公允价值(元)	占净值比(%)	股票名称	公允价值(元)	占净值比(%)	股票名称	公允价值(元)	占净值比(%)	股票名称	公允价值(元)	占净值比(%)
	浦发银行	14,467,200.00	7.63	美的电器	11,297,000.00	5.64	中联重科	9,560,000.00	4.68	招商银行	14,440,000.00	5.62
	中国平安	13,663,352.27	7.21	DR招商银	11,205,000.00	5.59	复星医药	9,382,770.00	4.59	苏宁电器	10,130,042.20	3.94
	工商银行	10,958,455.96	5.78	工商银行	9,654,830.28	4.82	卧龙电气	8,835,000.00	4.33	兴业银行	10,077,419.38	3.92
	葛洲坝	9,345,011.80	4.93	金地集团	7,753,720.00	3.87	三一重工	8,625,141.00	4.22	三一重工	9,568,759.50	3.72
	苏宁电器	7,761,500.00	4.09	中联重科	7,145,600.00	3.57	海螺水泥	8,175,700.00	4.00	中兴通讯	8,931,373.50	3.48

投资前五名债券明细	债券名称	公允价值(元)	占净值比(%)	债券名称	公允价值(元)	占净值比(%)	债券名称	公允价值(元)	占净值比(%)	债券名称	公允价值(元)	占净值比(%)
	08宝钢债	1,829,697.60	0.97	08宝钢债	1,830,552.00	0.91	08宝钢债	1,769,035.20	0.87	08宝钢债	1,807,056.00	0.70
	21国债(12)	515,650.00	0.27	21国债(12)	513,500.00	0.26	21国债(12)	514,900.00	0.25	21国债(12)	512,750.00	0.20
							龙盛转债	84,249.00	0.04	龙盛转债	106,094.40	0.04

银河行业优选股票型证券投资基金

基本资料

基金简称	银河行业股票	交易代码	519670		
风险收益特征	该基金是股票型基金，其预期收益及风险水平高于货币市场基金、债券型基金与混合型基金，在证券投资基金中属于风险较高、预期收益较高的基金产品。				
业绩比较基准	沪深300指数收益率×80%＋上证国债指数收益率×20				
合同生效日	2009年4月24日	首募份额	6.93亿份	认购户数	11,248户
基金管理人	银华基金管理有限公司	基金托管人	中国建设银行		
注册登记人	中国证券登记结算有限责任公司				

财务指标　　单位：人民币（元）；%

项目 \ 年度	2009年4月24日至2009年12月31日
本期利润	97,511,560.73
本期加权平均净值利润率	23.06
期末基金资产净值	205,292,491.95
期末基金份额净值	1.242
本期份额净值增长率	24.20
累计份额净值增长率	24.20
基金收益分配	——

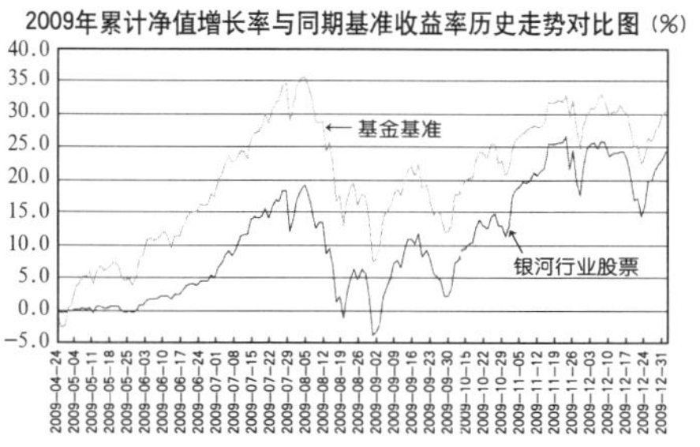

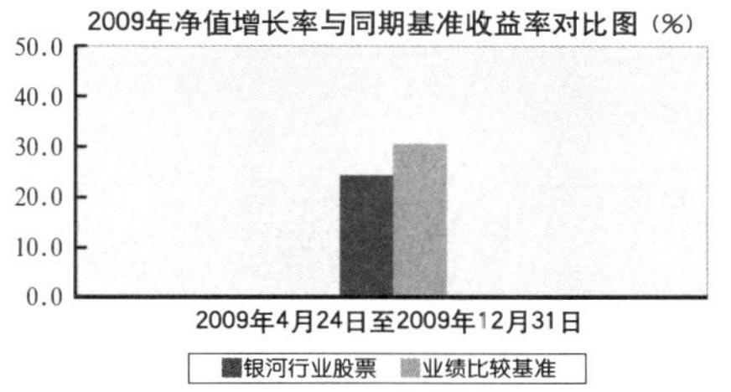

期末基金份额持有人户数	基金份额持有人户数为4,356户，平均每户持有37,949.26份。（期末截至2009年12月31日）
期末基金份额持有人结构	机构投资者持有份额11,297,079.61份，占总份额6.83%；个人投资者持有份额154,009,900.41份，占总份额93.17%。

基金业绩表现

银河行业股票基金合同生效于2009年4月24日，截至2009年12月31日，该基金净值增长率为24.20%。

基金管理团队

王忠波先生：基金经理、研究部总监，博士研究生、高级会计师，14年证券从业经历。2002年6月加入银河基金管理公司，历任研究部宏观策略与行业研究员、副总监、总监、基金经理；2009年4月起任银河行业股票基金经理。

陈　欣女士：基金经理，硕士研究生学历，10年证券从业经历。2002年10月加入银河基金管理公司，历任研究员、基金经理助理；2009年12月起任银河行业股票基金经理。

基金运作分析

银河行业股票基金自2009年4月24日合同生效，建仓初期，恰逢全球性甲型H1N1流感爆发，由于对该疫情的影响广度与深度难以判断，该基金采取相对谨慎的建仓策略，但之后正确认识到经济复苏的趋势和流感仅为短期影响，并迅速提升股票仓位，对于金融、地产、资源品等行业进行相对较高比例的配置，较好把握了复苏行情；从下半年起，银河行业股票基金开始重点布局中游制造、大消费和代表新经济的信息技术产业，并坚持“自下而上”的择股策略，通过重点投资取得了较好的收益水平。从全年的操作风格来看，该基金体现了把握行业性机会的能力，选准行业、优选个股是该基金获取良好收益的关键。

季度投资组合一览

项目 \ 季度	第二季度		第三季度		第四季度	
基金资产净值	592,090,992.62元		278,876,889.90元		205,292,491.95元	
基金份额	563,542,647.09份		269,744,818.82份		165,306,980.02份	
基金份额净值	1.051元		1.034元		1.242元	
基金资产组合	市值(元)	占总资产比(%)	市值(元)	占总资产比(%)	市值(元)	占总资产比(%)
股票投资	387,527,824.63	63.68	224,648,356.39	79.52	185,589,672.53	86.49
债券投资	——	——	157,509.00	0.06	——	——
资产支持证券投资	——	——	——	——	——	——
金融衍生品投资	——	——	——	——	——	——
买入返售金融资产	——	——	——	——	——	——
银行存款和结算备付金	220,687,397.89	36.26	54,607,199.01	19.33	19,786,194.13	9.22
其他资产	348,294.66	0.06	3,076,152.27	1.09	9,197,206.27	4.29

投资前五名股票明细	股票名称	公允价值(元)	占净值比(%)	股票名称	公允价值(元)	占净值比(%)	股票名称	公允价值(元)	占净值比(%)
	中信证券	25,999,200.00	4.39	中联重科	14,338,924.50	5.14	中联重科	13,263,929.55	6.46
	招商银行	22,410,000.00	3.78	兴业银行	13,852,210.50	4.97	兴业银行	12,093,000.00	5.89
	中联重科	20,097,000.00	3.39	上海汽车	13,627,500.00	4.89	五粮液	9,811,434.00	4.78
	中国平安	19,784,000.00	3.34	鄂武商A	12,040,000.00	4.32	华域汽车	8,685,000.00	4.23
	康美药业	16,200,000.00	2.74	保利地产	10,863,000.00	3.90	鄂武商A	7,430,000.00	3.62

投资前五名债券明细	债券名称	公允价值(元)	占净值比(%)	债券名称	公允价值(元)	占净值比(%)	债券名称	公允价值(元)	占净值比(%)
				龙盛转债	157,509.00	0.06			

银河沪深300价值指数证券投资基金

基本资料					
基金简称	银河沪深300价值指数		交易代码	519671	
投资目标	通过严格的投资程序约束、数学模型优化和跟踪误差控制模型等数量化风险管理手段，追求指数投资相对于业绩比较基准的跟踪误差的最小化。				
投资策略	该基金采用被动式指数投资策略，原则上采取以完全复制为目标的指数跟踪方法，按照成分股在沪深300价值指数中的基准权重构建股票投资组合，并原则上根据标的指数成分股的变化或其权重的变动而进行相应调整。该基金将利用数量化模型，对跟踪误差及其相关指标进行动态管理，根据结果对基金投资组合进行相应调整；并将定期或不定期对数量化模型进行优化改善，力求减少跟踪误差，期望改进指数跟踪效果。该基金跟踪误差的风险控制目标为：力争使日均跟踪偏离度的绝对值不超过0.35%，年平均跟踪误差不超过4%。				
业绩比较基准	沪深300价值指数收益率×95%+银行活期存款收益率(税后)×5%				
风险收益特征	该基金为股票型指数基金，属于证券投资基金中高风险高收益的品种，其预期风险大于货币型基金、债券型基金、混合型基金。				
合同生效日	2009年12月28日	上市日期	——	上市地点	——
募集概况	首募份额	认购户数	募集日期		
	8.71亿份	11,907户	2009年11月16日至2009年12月18日		
基金费率	认购费率	认购金额(M) M<50万元 50万元≤M<200万元 200万元≤M<500万元 500万元≤M	认购费率 1.00% 0.60% 0.20% 1,000元/笔		
	申购费率	申购金额(M) M<50万元 50万元≤M<200万元 200万元≤M<500万元 500万元≤M	申购费率 1.20% 0.80% 0.40% 1,000元/笔		
	赎回费率	持有时间 1年以内 1年(含)-2年 2年(含)-3年 3年(含)以上	赎回费率 0.50% 0.40% 0.20% 0.00		
	管理费率	0.50%			
	托管费率	0.15%			
基金管理人	银河基金管理有限公司		基金托管人	中国建设银行股份有限公司	
审计机构	安永华明会计师事务所		注册登记人	中国证券登记结算有限责任公司	

基金管理团队

罗　博先生：基金经理，中共党员，博士研究生学历，5年证券从业经历。曾就职于华夏银行、中信万通证券有限管理公司。期间从事企业金融、投资银行业务及上市公司购并等工作。2006年2月加入银河基金管理有限公司，历任产品设计经理、衍生品数量化投资研究员、行业研究员等职务。2009年12月起任银河沪深300价值指数基金经理。

万家基金管理有限公司

法定名称	万家基金管理有限公司	英文名称	Wanjia Asset Managemnet Co.,Ltd.		
成立时间	2002年8月23日	注册资本	1亿元人民币	公司属性	中 资
法人代表	孙国茂	总 经 理	李振伟	督 察 长	甘世雄
公司网址	www.wjasset.com	客服电话	400-888-0800		
联系电话	021-3861 9999	传真号码	021-3861 9888		
注册地址	上海市浦东新区福山路450号新天国际大厦23楼	办公地址	上海市浦东新区福山路450号新天国际大厦23楼		

公司简介

万家基金管理有限公司(以下简称"公司")经中国证监会证监基金字[2002]44号文批准设立。公司目前股东为齐鲁证券有限公司、上海久事公司、深圳市中航投资管理有限公司和山东省国有资产投资控股有限公司，住所地及办公地点均为上海市浦东新区福山路450号，注册资本1亿元人民币。

截至2009年12月31日，万家基金管理有限公司管理8只开放式基金。

2009年旗下开放式基金业绩表现

截至日期：2009年12月31日

（单位：元；%）

基金类型	基金简称	设立日期	基金份额净值	净值增长率[①]	累计净值增长率[②]
股票型	万家180指数	2003-03-17	0.7961	83.81	218.64
	万家公用事业行业股票(LOF)	2005-07-15	0.8556	66.52	172.50
	万家精选股票	2009-05-18	1.1458	14.58	14.58
混合型	万家和谐增长混合	2006-11-30	0.6889	48.47	42.42
	万家双引擎灵活配置混合	2008-06-27	1.0494	49.35	55.60
债券型	万家增强收益债券	2004-09-28	1.1227	8.50	75.72
	万家稳健增利债券A	2009-08-12	1.0201	2.01	2.01
	万家稳健增利债券B	2009-08-12	1.0185	1.85	1.85
货币型	万家货币	2006-05-24	1.0000	1.7029	11.5292

注：①净值增长率指该基金2009年度的份额净值增长率；②累计净值增长率指该基金设立以来的份额净值增长率。

2009年管理公募基金概况

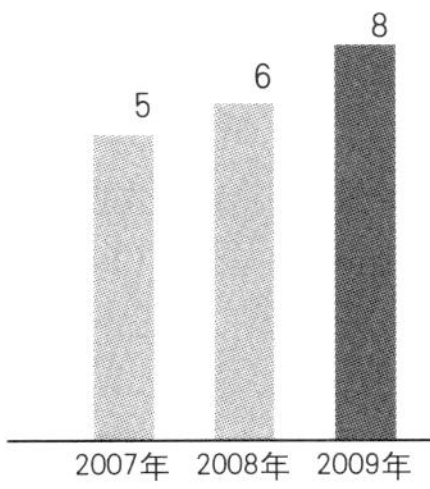

基金数量(只)

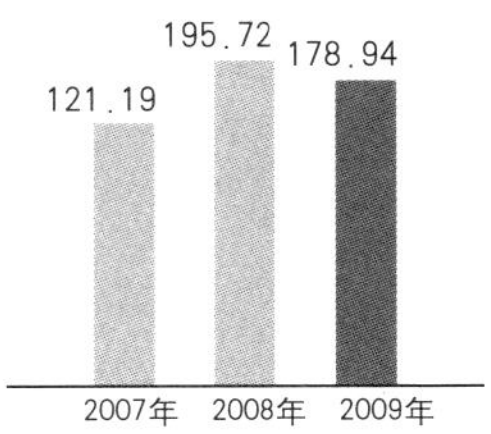

基金份额规模(亿份)

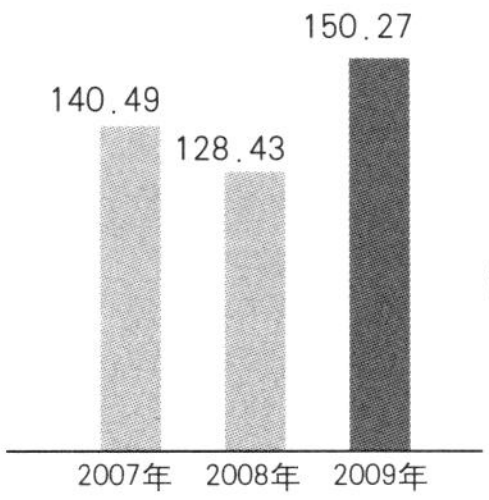

基金资产规模(亿元)

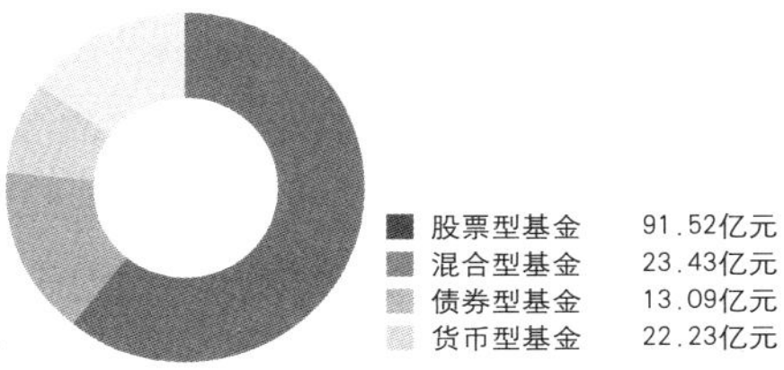

2009年基金资产规模构成

万家180指数证券投资基金

基本资料					
基金简称	万家180指数		交易代码	519180	
风险收益特征	该基金追踪上证180指数，是一种风险适中、长期资本收益稳健的投资产品，并具有长期稳定的投资风格。				
业绩比较基准	95%×上证180指数收益率＋5%×银行同业存款利率				
合同生效日	2003年3月17日	首募份额	19.30亿份	认购户数	50,555户
基金管理人	万家基金管理有限公司		基金托管人	中国银行	
注册登记人	中国证券登记结算有限责任公司				

成立来累计净值增长率与同期基准收益率历史走势对比图（%）

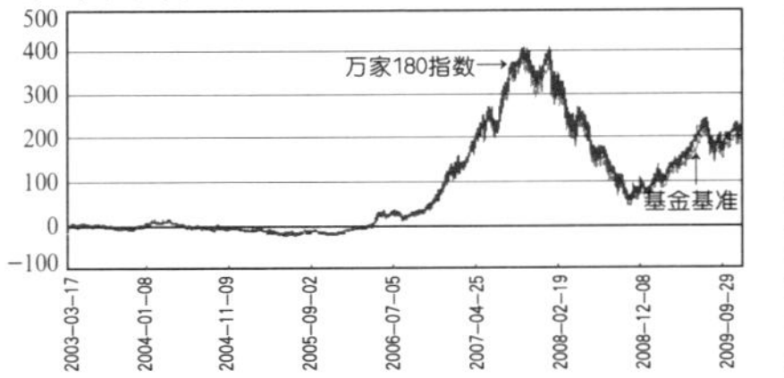

财务指标　单位：人民币（元）；%

项目 \ 年度	2009年	2008年	2007年
本期利润	2,995,282,497.37	−5,670,235,087.02	270,728,421.51
本期加权平均净值利润率	49.96	−103.99	13.94
期末基金资产净值	7,567,258,300.24	3,420,473,874.23	7,833,355,215.33
期末基金份额净值	0.7961	0.4331	1.2308
本期份额净值增长率	83.81	−63.32	142.57
累计份额净值增长率	218.64	73.26	372.37
基金收益分配	——	10派0.500	10派21.600
期末基金份额持有人户数	基金份额持有人户数为429,890户，平均每户持有22,112.57份。　（期末截至2009年12月31日）		
期末基金份额持有人结构	机构投资者持有2,161,542,668.96份，占总份额22.74%；个人投资者持有7,344,429,301.78份，占总份额77.26%。		

近三年净值增长率与同期基准收益率对比图（%）

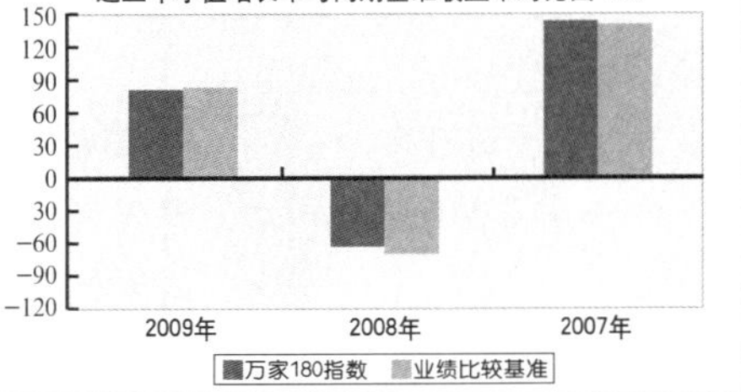

基金业绩表现

2009年万家180指数基金全年净值增长率为83.81%；同期业绩基准收益率为86.16%。

基金管理团队

欧庆铃先生：基金经理、基金管理部总监，理学博士，10年证券从业经历。曾任华南理工大学应用数学系副教授、广州证券公司研究中心常务副总经理、金鹰基金管理公司研究副总监、万家公用事业基金经理、万家双引擎基金经理等职；2007年5月起任万家180指数基金经理。

基金运作分析

2009年在政府“保增长、促就业、惠民生”的政策方针指引下，中国经济从金融危机中逐步复苏。A股市场在超宽松的流动性支持下，随着经济复苏走出震荡向上的行情，下半年在央行回收流动性和股票融资压力加大的影响下，市场呈现窄幅震荡格局。

万家180指数基金是标准指数型基金，全年的投资运作均按照基金合同规定采取复制上证180指数的投资策略，在获取市场系统性上涨产生的投资收益的同时，进行适度的优化配置，主要目的是覆盖基金交易成本和管理费用后，使基金获得业绩基准的投资收益，但优化服从于基金合同规定的跟踪误差限制。全年该基金的跟踪误差都控制在较低范围内，在同类型指数基金中位于底端。

作为指数基金，2009年万家180指数基金严格按照基金合同规定，执行复制指数的投资操作，采取完全复制方法，在较低的跟踪误差基础上尽可能地运用优化方法增加基金的投资收益，取得了较好的业绩。

季度投资组合一览

项目 \ 季度	第一季度		第二季度		第三季度		第四季度	
基金资产净值	4,663,548,105.13元		6,240,874,461.31元		6,490,714,035.71元		7,567,258,300.24元	
基金份额	8,003,530,847.46份		8,484,765,242.62份		9,447,226,821.97份		9,505,971,970.74份	
基金份额净值	0.5827元		0.7355元		0.6870元		0.7961元	
基金资产组合	市值(元)	占总资产比(%)	市值(元)	占总资产比(%)	市值(元)	占总资产比(%)	市值(元)	占总资产比(%)
股票投资	4,315,086,369.94	92.10	5,630,667,568.07	89.48	6,003,735,469.85	92.31	7,049,309,599.29	92.93
债券投资	——	——	——	——	1,517,852.00	0.02	1,547,448.00	0.02
金融衍生品投资	——	——	——	——	1,117,242.66	0.02	1,233,933.34	0.02
买入返售金融资产	——	——	——	——	——	——	——	——
银行存款和结算备付金	360,849,513.27	7.70	643,414,521.95	10.23	440,944,221.37	6.78	472,053,896.20	6.22
其他资产	9,040,531.76	0.20	18,369,533.15	0.29	56,800,228.35	0.87	61,508,579.73	0.81

投资前五名股票明细	股票名称	公允价值(元)	占净值比(%)	股票名称	公允价值(元)	占净值比(%)	股票名称	公允价值(元)	占净值比(%)	股票名称	公允价值(元)	占净值比(%)
	招商银行	244,874,637.81	5.25	招商银行	322,074,659.97	5.16	招商银行	298,450,943.76	4.60	招商银行	384,336,538.15	5.08
	中信证券	237,730,663.44	5.10	民生银行	256,597,553.52	4.11	交通银行	273,316,662.92	4.21	交通银行	308,186,509.40	4.07
	中国平安	187,362,829.93	4.02	中国平安	251,784,191.98	4.03	中国平安	260,136,630.00	4.01	中国平安	298,637,381.00	3.95
	交通银行	171,886,914.32	3.69	交通银行	249,865,536.24	4.00	民生银行	227,803,109.94	3.51	民生银行	287,913,313.59	3.80
	民生银行	159,505,299.48	3.42	中信证券	241,163,831.52	3.86	中信证券	217,587,000.00	3.35	兴业银行	263,930,369.96	3.49

投资前五名债券明细	债券名称	公允价值(元)	占净值比(%)	债券名称	公允价值(元)	占净值比(%)	债券名称	公允价值(元)	占净值比(%)	债券名称	公允价值(元)	占净值比(%)
							09长虹债	1,517,852.00	0.02	09长虹债	1,547,448.00	0.02

万家增强收益债券型证券投资基金

基本资料			
基金简称	万家增强收益债券	交易代码	161902
风险收益特征	该基金为债券型基金，其长期平均风险和预期收益率低于股票型和混合型基金，高于货币市场基金。		
业绩比较基准	新华巴克莱资本中国综合债券指数		
合同生效日	2004年9月28日（原万家保本基金成立日）		
基金管理人	万家基金管理有限公司	基金托管人	中国农业银行
注册登记人	中国证券登记结算有限责任公司		

成立来累计净值增长率与同期基准收益率历史走势对比图（%）

近三年净值增长率与同期基准收益率对比图（%）

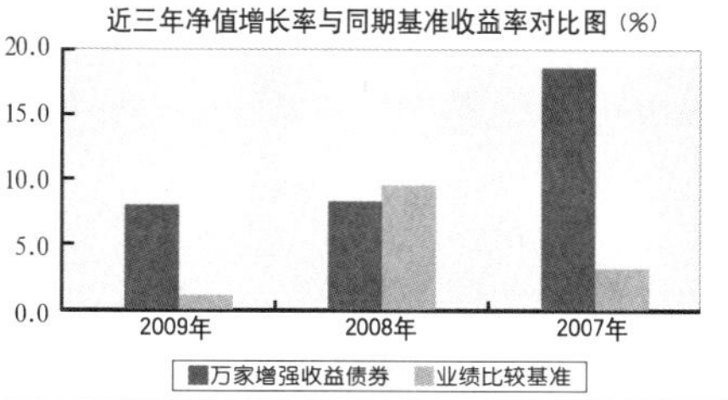

财务指标　　单位：人民币（元）；%

项目＼年度	2009年	2008年	2007年
本期利润	57,958,690.34	53,155,387.35	146,860,717.50
本期加权平均净值利润率	7.65	7.32	17.82
期末基金资产净值	791,004,841.81	758,953,762.26	876,618,383.51
期末基金份额净值	1.1227	1.0347	1.015
本期份额净值增长率	8.50	7.86	18.90
累计份额净值增长率	75.72	62.01	50.20
基金收益分配	——	10派0.600	10派2.760

期末基金份额持有人户数	基金份额持有人户数为18,889户，平均每户持有37,300.30份。　（期末截至2009年12月31日）
期末基金份额持有人结构	机构投资者持有375,358,524.60份，占总份额53.28%；个人投资者持有329,206,790.76份，占总份额46.72%。

基金业绩表现

2009年万家增强收益债券基金全年净值增长率为8.50%；同期业绩基准收益率为0.75%。

基金管理团队

张旭伟先生：基金经理、基金管理部副总监，复旦大学经济学硕士，7年证券从业经历。曾在招商证券公司从事投资管理、东方证券公司从事固定收益投资工作，东吴基金管理公司担任基金经理助理，曾任万家货币基金经理；2007年5月起任万家增强收益债券基金经理、万家稳健增利债券基金经理。

基金运作分析

2009年万家增强收益债券基金在大类资产配置上取得了成功，在债券资产上的操作重点主要在于规避利率风险，但在信用债券投资上遭受了一定损失。具体总结如下：一是始终保持了股票资产的配置。年初判断，从大类资产的风险收益比来看，股票资产相对于债券资产更有吸引力；二是及时确立了现券资产的防御策略。一季度债市大幅下跌，超出此前判断。不过，由于修正及时，该基金在一季度结束前就确立了转为保守投资的策略，在投资比例和久期上控制了利率风险。在信用类债券上遭受了一定的损失，不过从全价收益来看，所有信用类债券均实现正收益；三是在估值畸高阶段选择不投资可转债。该基金在二季度加大了可转债投资比例，但季度末进行了大量减持。

分季度来看，万家增强收益债券基金一季度减持了长期债券而增持了可转债和股票资产，二季度增持了信用债券和可转债。下半年，该基金在债券投资上总体上采取了防御策略，但在结构上增持了信用债券。基于现金选择权和权证行权因素，加大了套利交易的股票投资的力度。

季度投资组合一览

项目＼季度	第一季度		第二季度		第三季度		第四季度	
基金资产净值	712,156,058.10元		717,690,811.20元		857,089,294.85元		791,004,841.81元	
基金份额	675,819,963.55份		670,120,056.90份		796,266,014.90份		704,565,315.36份	
基金份额净值	1.0538元		1.0710元		1.0764元		1.1227元	
基金资产组合	市值(元)	占总资产比(%)	市值(元)	占总资产比(%)	市值(元)	占总资产比(%)	市值(元)	占总资产比(%)
股票投资	86,868,610.57	11.21	111,575,164.56	14.13	147,933,199.07	16.23	130,560,689.05	15.25
债券投资	603,534,172.40	77.86	600,296,321.74	76.00	699,285,133.45	76.70	647,517,353.20	75.65
金融衍生品投资	——	——	——	——	——	——	——	——
买入返售金融资产	——	——	——	——	——	——	——	——
银行存款和结算备付金	56,511,581.34	7.29	60,447,293.21	7.65	32,745,086.71	3.59	62,780,727.60	7.33
其他资产	28,276,042.86	3.65	17,582,707.23	2.23	31,738,131.64	3.48	15,071,311.40	1.76

投资前五名股票明细	股票名称	公允价值(元)	占净值比(%)	股票名称	公允价值(元)	占净值比(%)	股票名称	公允价值(元)	占净值比(%)	股票名称	公允价值(元)	占净值比(%)
	新钢钒	23,900,000.00	3.36	攀钢钢钒	30,436,011.46	4.24	百利电气	37,871,255.16	4.42	中兴通讯	26,922,000.00	3.40
	新湖创业	23,896,600.00	3.36	国电电力	26,348,691.00	3.67	盐湖集团	22,645,319.06	2.64	中国石化	15,499,000.00	1.96
	广州冷机	14,153,430.65	1.99	青岛啤酒	19,399,798.10	2.70	广州冷机	21,719,300.00	2.53	宝钢股份	15,455,362.44	1.95
	海南航空	12,584,000.00	1.77	中信国安	19,014,600.00	2.65	攀钢钢钒	17,403,106.56	2.03	苏宁电器	12,465,942.78	1.58
	徐工科技	7,427,077.58	1.04	广州冷机	12,995,388.00	1.81	中兴通讯	17,177,792.88	2.00	远光软件	11,385,000.00	1.44

投资前五名债券明细	债券名称	公允价值(元)	占净值比(%)	债券名称	公允价值(元)	占净值比(%)	债券名称	公允价值(元)	占净值比(%)	债券名称	公允价值(元)	占净值比(%)
	08国开18	163,744,000.00	22.99	08央行票据29	104,750,000.00	14.60	08央行票据65	103,830,000.00	12.11	08央行票据65	103,070,000.00	13.03
	08央行票据29	105,830,000.00	14.86	21国债(10)	61,428,000.00	8.56	08央行票据29	103,520,000.00	12.08	08央行票据29	102,750,000.00	12.99
	08国开15	54,485,000.00	7.65	08国开15	53,905,000.00	7.51	21国债(10)	67,744,530.00	7.90	08央行票据44	51,440,000.00	6.50
	08央行票据56	53,100,000.00	7.46	08国开23	49,750,000.00	6.93	08央行票据44	51,825,000.00	6.05	09华能cp02	50,065,000.00	6.33
	08国开23	50,300,000.00	7.06	21国债(12)	46,215,000.00	6.44	09华能cp02	50,060,000.00	5.84	08国开23	49,285,000.00	6.23

万家公用事业行业股票型证券投资基金

基本资料			
基金简称	万家公用事业行业股票(LOF)	交易代码	161903
风险收益特征	该基金是一只指数增强股票型基金，主要投资于国内与居民日常生活息息相关的公用事业上市公司股票，长期平均的预期风险和收益高于混合型基金或债券型基金。		
业绩比较基准	80%×巨潮公用事业指数收益率+20%×同业存款利率		
合同生效日	2005年7月15日	首募份额	3.10亿份
		认购户数	2,387户
上市日期	2005年8月15日	上市地点	深交所
基金管理人	万家基金管理有限公司	基金托管人	交通银行
注册登记人	中国证券登记结算有限责任公司		

成立来累计净值增长率与同期基准收益率历史走势对比图（%）

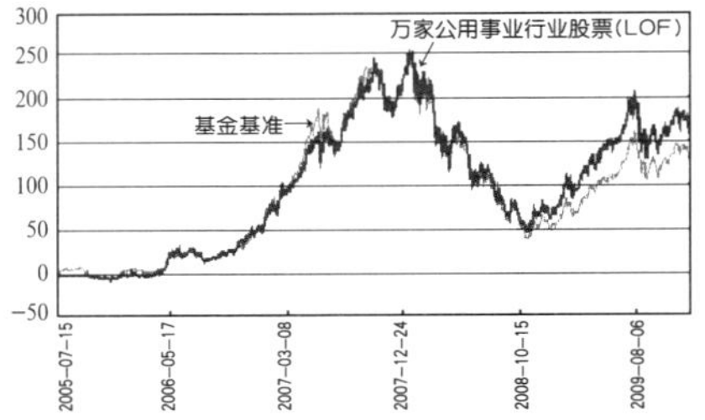

近三年净值增长率与同期基准收益率对比图（%）

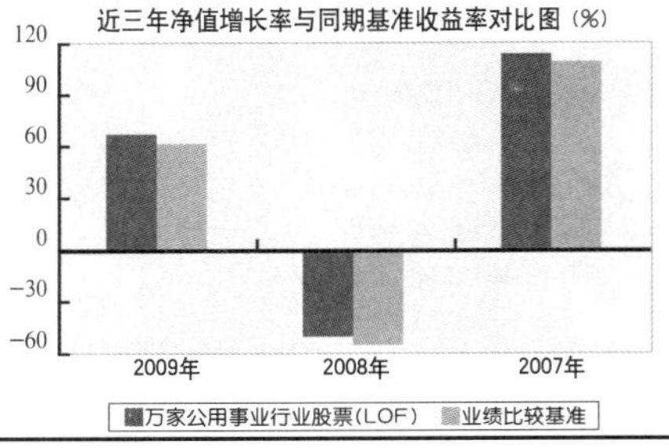

财务指标　　单位：人民币(元)；%

项目 \ 年度	2009年	2008年	2007年
本期利润	174,276,686.87	−310,660,540.59	143,943,683.50
本期加权平均净值利润率	32.29	−77.28	61.43
期末基金资产净值	763,389,203.47	276,413,069.33	458,713,062.78
期末基金份额净值	0.8556	0.5138	1.8385
本期份额净值增长率	66.52	−50.42	116.80
累计份额净值增长率	172.50	63.64	230.05
基金收益分配	——	——	10派2.700

期末基金份额持有人户数	基金份额持有人户数为40,420户，平均每户持有22,073.57份。（期末截至2009年12月31日）
期末基金份额持有人结构	机构投资者持有198,336,672.21份，占总份额22.23%；个人投资者持有693,876,879.26份，占总份额77.77%。

基金业绩表现

2009年万家公用事业行业股票基金全年净值增长率为66.52%；同期业绩基准收益率为61.55%。

基金管理团队

鞠英利先生：基金经理，博士学位，10年证券从业经历。曾任汕头证券上海总部研究中心投资主管、渤海证券上海资产管理部投资主管、华林证券公司投资经理、上海鑫地投资管理公司证券投资部总经理；2008年9月起任万家公用事业行业股票基金经理、万家双引擎灵活配置混合基金经理。

基金运作分析

万家公用事业行业股票基金是两市唯一的以巨潮公共服务指数成份股为主要投资标的基金，在巨潮公共服务指数成份股的投资方面，年初煤炭方面配置比例较大，有一定的超额收益，第四季开始加大了稳定类的配置比例。在非成份股的投资方面，该基金主要采取自下而上的策略，选择行业景气向上、政策长期支持，业绩成长性明确并且深入研究的个股进行长期战略性投资，下半年策略有所微调，非成份股投资方面，股票个数有所增加。

在2009年的投资过程中，该基金管理人在基金合同规定的范围内积极投资，基本上把握了市场的运行脉络，在持有人利益最大化的原则指导下，为基金业绩的增长而努力工作。

季度投资组合一览

项目 \ 季度	第一季度		第二季度		第三季度		第四季度	
基金资产净值	348,363,864.15元		543,832,045.14元		653,265,436.57元		763,389,203.47元	
基金份额	513,716,966.72份		687,965,747.66份		876,670,170.31份		892,213,551.47份	
基金份额净值	0.6781元		0.7905元		0.7452元		0.8556元	
基金资产组合	市值(元)	占总资产比(%)	市值(元)	占总资产比(%)	市值(元)	占总资产比(%)	市值(元)	占总资产比(%)
股票投资	284,540,401.20	80.91	474,778,830.80	85.41	567,492,188.48	85.60	621,807,665.58	80.67
债券投资	——	——	——	——	——	——	——	——
金融衍生品投资	——	——	——	——	——	——	——	——
买入返售金融资产	——	——	——	——	——	——	——	——
银行存款和结算备付金	53,335,589.06	15.17	68,181,132.36	12.27	93,999,893.00	14.18	143,400,299.15	18.60
其他资产	13,789,244.18	3.92	12,905,987.50	2.32	1,481,285.88	0.22	5,577,194.79	0.72

指数投资前五名股票明细	股票名称	公允价值(元)	占净值比(%)	股票名称	公允价值(元)	占净值比(%)	股票名称	公允价值(元)	占净值比(%)	股票名称	公允价值(元)	占净值比(%)
	海南航空	14,035,303.04	4.03	城投控股	16,895,590.74	3.11	申能股份	26,050,000.00	3.99	西山煤电	23,934,000.00	3.14
	华闻传媒	10,439,913.00	3.00	中煤能源	16,040,914.08	2.95	大秦铁路	19,467,000.00	2.98	广汇股份	22,899,106.90	3.00
	通宝能源	9,866,313.60	2.83	中信国安	15,475,010.10	2.85	西山煤电	18,786,000.00	2.88	天富热电	22,728,000.00	2.98
	中国石化	9,790,000.00	2.81	中视传媒	15,068,040.95	2.77	中国中期	18,279,798.92	2.80	中国联通	21,870,000.00	2.86
	西山煤电	9,689,460.00	2.78	西山煤电	14,950,000.00	2.75	中国石油	17,779,085.60	2.72	兖州煤业	20,736,000.00	2.72

投资前五名债券明细	债券名称	公允价值(元)	占净值比(%)	债券名称	公允价值(元)	占净值比(%)	债券名称	公允价值(元)	占净值比(%)	债券名称	公允价值(元)	占净值比(%)

万家货币市场证券投资基金

基本资料					
基金简称	万家货币	交易代码	519508		
风险收益特征	该基金属于中低风险、高流动性的基金品种，其预期风险和预期收益率都低于股票、债券和混合型基金。				
业绩比较基准	一年期银行定期存款税后利率				
合同生效日	2006年5月24日	首募份额	24.37亿份	认购户数	7,569户
基金管理人	万家基金管理有限公司	基金托管人	华夏银行		
注册登记人	中国证券登记结算有限责任公司				

财务指标　　单位：人民币(元)；%

项目＼年度	2009年	2008年	2007年
本期利润	59,247,434.25	72,619,193.21	6,589,171.30
期末基金资产净值	2,223,061,232.51	6,584,935,074.83	427,836,515.26
期末基金份额净值	1.0000	1.0000	1.0000
本期份额净值收益率	1.7029	4.2845	3.9653
累计份额净值收益率	11.5292	9.6619	5.1567
基金收益分配	59,247,434.25	72,619,193.21	6,589,171.30

期末基金份额持有人户数	基金份额持有人户数为14,046户，平均每户持有158,270.06份。　（期末截至2009年12月31日）
期末基金份额持有人结构	机构投资者持有1,337,651,450.78份，占总份额60.17%；个人投资者持有885,409,781.73份，占总份额39.83%。

成立来累计净值收益率与同期基准收益率历史走势对比图（%）

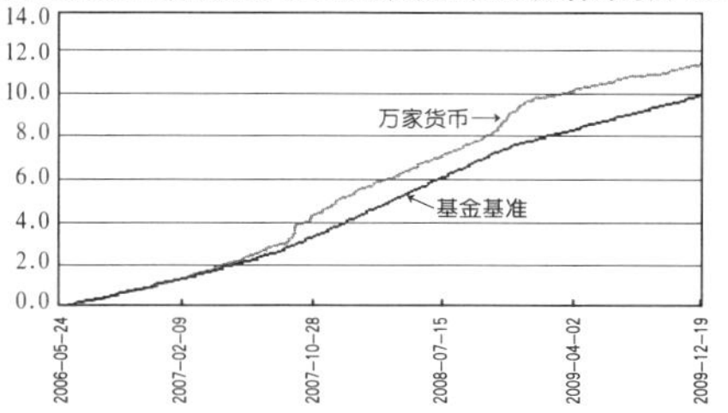

近三年净值收益率与同期基准收益率对比图（%）

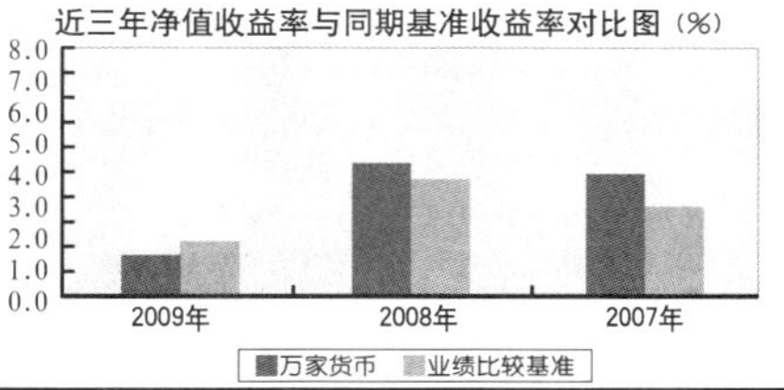

基金业绩表现

2009年万家货币基金净值收益率为1.7029%，同期业绩基准收益率为2.2500%。

基金管理团队

邹　昱先生：基金经理，复旦大学硕士，3年证券从业经历。曾在南京银行从事固定收益研究。2008年4月进入万家基金管理公司，从事固定收益投资研究工作；2009年8月起任万家货币基金经理。

张旭伟先生：基金经理、基金管理部副总监，复旦大学经济学硕士，7年证券从业经历。曾在招商证券公司从事投资管理，在东方证券公司从事固定收益投资工作，在东吴基金管理公司担任基金经理助理；2006年8月至2009年8月任万家货币基金经理、万家增强收益债券基金和万家稳健增利债券基金经理。

基金运作分析

2009年万家货币基金的操作分为四个阶段：首先1—2月，在判断未来资金面将维持充裕的情况下该基金增持短期融资券，积累了较多收益；第二阶段是3—5月，基于对市场的判断后，该基金迅速增持浮息金融债，再次积累了较大收益。期间趁收益率低点基金还减持了部分短期融资券来实现收益；第三阶段为6—9月，该阶段操作出现较大失误，未及时减持固息债券，导致资产组合出现较大价差损失，偏离度也一度为负；8、9月份基金逐步把组合中亏损的低票息固息债置换为高票息的信用债，使得资产组合的静态收益稳步上升，并且使偏离度也由负转正；第四阶段为10—12月，该基金保持对信用债较高的配置比例。

总体来看，2009年万家货币基金的判断与操作基本符合市场走势，为投资者实现了较好的收益。

季度投资组合一览

项目＼季度	第一季度		第二季度		第三季度		第四季度	
基金资产净值	4,636,715,395.52元		3,698,291,798.76元		1,684,238,305.94元		2,223,061,232.51元	
基金份额	4,636,715,395.52份		3,698,291,798.76份		1,684,238,305.94份		2,223,061,232.51份	
基金份额净值	0.000元		0.000元		0.000元		0.000元	
基金资产组合	市值(元)	占总资产比(%)	市值(元)	占总资产比(%)	市值(元)	占总资产比(%)	市值(元)	占总资产比(%)
股票投资	——	——	——	——	——	——	——	——
债券投资	3,542,021,906.61	64.66	2,636,370,308.11	64.05	1,722,177,547.59	95.66	1,541,652,965.19	69.24
金融衍生品投资	——	——	——	——	——	——	——	——
买入返售金融资产	——	——	——	——	——	——	——	——
银行存款和结算备付金	1,816,171,268.55	33.16	1,324,484,754.83	32.18	72,104,944.48	4.01	174,175,831.56	7.82
其他资产	119,395,574.63	2.18	155,526,917.91	3.78	6,062,911.09	0.34	510,682,853.06	22.94

投资前五名债券明细	债券名称	成本(元)	占净值比(%)	债券名称	成本(元)	占净值比(%)	债券名称	成本(元)	占净值比(%)	债券名称	成本(元)	占净值比(%)
	07进出09	391,353,955.80	8.44	07进出09	390,434,103.53	10.56	05农发06	260,750,225.52	15.48	05国开07	300,713,782.75	13.53
	08央行票据64	199,529,118.80	4.30	08央票112	199,416,150.78	5.39	08央票112	199,998,320.41	11.87	05农发06	260,482,249.61	11.72
	08央行票据98	199,113,624.89	4.29	07央行票据32	152,382,056.74	4.12	07农发13	150,355,937.40	8.93	07兴业01	150,563,265.65	6.77
	06民生01	160,096,232.71	3.45	09云天化CP01	150,432,691.66	4.07	07央行票据32	101,205,316.09	6.01	05中行02浮	100,128,947.95	4.50
	09云天化CP01	150,639,495.33	3.25	06国开02	149,878,350.96	4.05	05国开07	100,268,504.02	5.95	05工行03	99,954,741.54	4.50

投资组合平均剩余期限	平均剩余期限	占净值比(%)	平均剩余期限	占净值比(%)	平均剩余期限	占净值比(%)	平均剩余期限	占净值比(%)
	30天以内	46.72	30天以内	31.50	30天以内	16.74	30天以内	14.21
	30天(含)—60天	17.30	30天(含)—60天	13.80	30天(含)—60天	8.93	30天(含)—60天	2.70
	60天(含)—90天	9.97	60天(含)—90天	8.12	60天(含)—90天	26.80	60天(含)—90天	41.02
	90天(含)—180天	16.62	90天(含)—180天	22.71	90天(含)—180天	14.23	90天(含)—180天	0.44
	180天(含)—397天(含)	24.95	180天(含)—397天(含)	30.97	180天(含)—397天(含)	39.84	180天(含)—397天(含)	25.19

万家和谐增长混合型证券投资基金

基本资料					
基金简称	万家和谐增长混合	交易代码	519181		
风险收益特征	该基金是混合型基金，其预期收益及风险水平介于股票型基金与债券型基金之间，属于中等风险收益水平的基金品种。				
业绩比较基准	65%×新华富时A600指数+30%×新华巴克莱资本中国全债指数+5%×同业存款利率				
合同生效日	2006年11月30日	首募份额	4.92亿份	认购户数	8,635户
基金管理人	万家基金管理有限公司	基金托管人	兴业银行		
注册登记人	中国证券登记结算有限责任公司				

财务指标　　单位：人民币(元)；%

项目 \ 年度	2009年	2008年	2007年
本期利润	821,287,824.79	−2,353,379,023.28	661,512,454.05
本期加权平均净值利润率	38.22	−87.99	26.28
期末基金资产净值	2,226,803,225.64	1,746,021,973.04	4,452,777,644.96
期末基金份额净值	0.6889	0.4640	1.0567
本期份额净值增长率	48.47	−56.09	99.82
累计份额净值增长率	42.42	−4.07	118.46
基金收益分配	——	——	10派2.000

成立来累计净值增长率与同期基准收益率历史走势对比图（%）

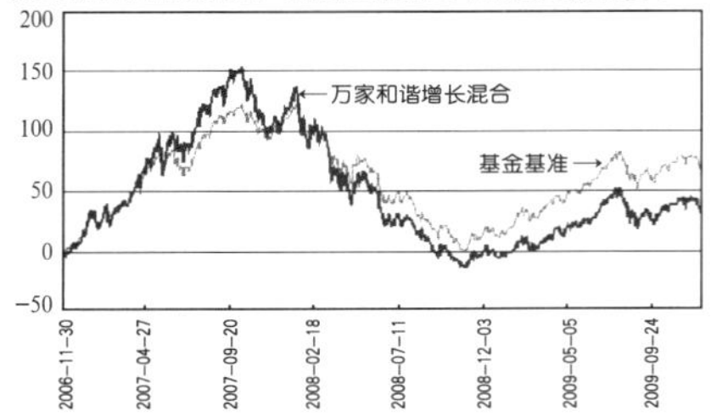

近三年净值增长率与同期基准收益率对比图（%）

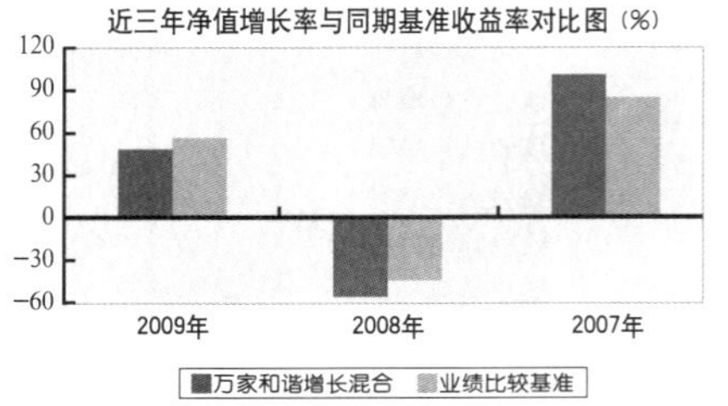

期末基金份额持有人户数	基金份额持有人户数为170,919户，平均每户持有18,912.94份。（期末截至2009年12月31日）
期末基金份额持有人结构	机构投资者持有26,135,027.51份，占总份额0.81%；个人投资者持有3,206,445,430.83份，占总份额99.19%。

基金业绩表现

截至2009年12月31日，万家和谐增长混合基金份额净值为0.6889元，全年净值增长率为48.47%，同期业绩比较基准收益率为58.33%。

基金管理团队

李洪雨先生：基金经理，复旦大学经济学硕士，CFA，5年证券从业经历。曾任东北证券研究员、高级研究员、国联安基金管理公司高级研究员、基金经理助理；2008年9月起任万家和谐增长混合基金经理。

基金运作分析

2009年A股市场在宏观政策的驱动下，上下半年走势迥异。上半年，上证综指从年初1849点开盘上涨至高点3478点，涨幅近90%；下半年，A股市场开始宽幅震荡，上证综指最终收于3277点，年涨幅79.98%。

2009年，万家和谐增长混合基金在操作上显著增加包括煤炭、房地产等周期性行业持股比例，而后来随着政策的退出，该基金管理人把注意力转移到了控制风险、优化结构上面，在降低仓位的同时增持了通讯设备、商业、医药等有望继续保持盈利增长的行业。

2010年，在策略方面，万家和谐增长混合基金将主线布局：第一、经济内生增长带来的投资机会，如：商业零售、软件、品牌服装等；第二、政策带来的结构性投资机会，其中包括区域经济、低碳/新能源等、节能减排、医疗保健等；第三、通过并购重组实现外延式增长的投资机会。

季度投资组合一览

项目 \ 季度	第一季度		第二季度		第三季度		第四季度	
基金资产净值	2,016,443,064.53元		2,295,874,775.89元		2,060,541,260.14元		2,226,803,225.64元	
基金份额	3,698,576,116.29份		3,561,113,426.48份		3,413,951,493.43份		3,232,580,458.34份	
基金份额净值	0.5452元		0.6447元		0.6036元		0.6889元	
基金资产组合	市值(元)	占总资产比(%)	市值(元)	占总资产比(%)	市值(元)	占总资产比(%)	市值(元)	占总资产比(%)
股票投资	1,221,379,780.45	60.28	1,604,251,485.59	69.56	1,394,270,747.10	66.93	1,546,410,315.73	66.03
债券投资	346,097,413.40	17.08	449,630,517.44	19.50	337,829,439.80	16.22	388,811,141.72	16.60
金融衍生品投资	——	——	——	——	——	——	——	——
买入返售金融资产	——	——	42,000,183.00	1.82	——	——	——	——
银行存款和结算备付金	415,096,404.14	20.49	129,126,760.07	5.60	344,631,220.29	16.54	307,873,451.92	13.15
其他资产	43,470,106.82	2.15	81,205,012.16	3.52	6,468,538.58	0.31	98,849,268.08	4.22

项目	第一季度			第二季度			第三季度			第四季度		
投资前五名股票明细	股票名称	公允价值(元)	占净值比(%)	股票名称	公允价值(元)	占净值比(%)	股票名称	公允价值(元)	占净值比(%)	股票名称	公允价值(元)	占净值比(%)
	张江高科	68,132,919.46	3.38	工商银行	71,543,517.62	3.12	特变电工	59,444,000.00	2.88	中兴通讯	97,052,015.20	4.36
	吉林敖东	64,309,486.50	3.19	民生银行	71,532,727.20	3.12	大龙地产	57,861,327.42	2.81	中国平安	60,043,141.90	2.70
	特变电工	57,092,399.91	2.83	吉林敖东	70,702,506.45	3.08	中兴通讯	54,168,447.70	2.63	民生银行	58,533,549.13	2.63
	国阳新能	55,495,206.10	2.75	浦发银行	70,284,525.88	3.06	武汉中百	50,698,915.02	2.46	福耀玻璃	54,816,742.44	2.46
	中国太保	55,071,624.40	2.73	中国平安	69,239,548.60	3.02	三九医药	48,976,857.18	2.38	交通银行	54,773,235.00	2.46
投资前五名债券明细	债券名称	公允价值(元)	占净值比(%)	债券名称	公允价值(元)	占净值比(%)	债券名称	公允价值(元)	占净值比(%)	债券名称	公允价值(元)	占净值比(%)
	07农发13	100,080,000.00	4.96	07农发13	100,200,000.00	4.36	21国债⑽	92,484,000.00	4.49	08央行票据41	102,850,000.00	4.62
	07央票07	81,232,000.00	4.03	21国债⑽	92,142,000.00	4.01	07央票07	80,400,000.00	3.90	07央行票据07	80,088,000.00	3.60
	21国债⑽	51,603,959.00	2.56	07央票07	80,800,000.00	3.52	21国债⑿	72,806,860.00	3.53	21国债⑽	61,374,000.00	2.76
	08国开18	51,170,000.00	2.54	21国债⑿	71,890,000.00	3.13	08央票47	51,840,000.00	2.52	08央行票据47	51,455,000.00	2.31
	唐钢转债	25,469,203.34	1.26	08央票47	52,495,000.00	2.29	国安债1	27,496,120.80	1.33	21国债⑿	51,275,000.00	2.30

万家双引擎灵活配置混合型证券投资基金

基本资料

基金简称	万家双引擎灵活配置混合	交易代码	519183
风险收益特征	该基金是混合型基金，风险高于货币市场基金和债券型基金，属于中高风险、中高预期收益的证券投资基金。		
业绩比较基准	60%×沪深300指数收益率+40%×上证国债指数收益率		
合同生效日	2008年6月27日	首募份额	3.54亿份
认购户数	1,737户		
基金管理人	万家基金管理有限公司	基金托管人	兴业银行
注册登记人	中国证券登记结算有限责任公司		

财务指标　　单位：人民币(元)；%

项目＼年度	2009年	2008年6月27日至2008年12月31日
本期利润	31,974,943.68	4,843,326.04
本期加权平均净值利润率	26.45	2.31
期末基金资产净值	116,280,613.74	55,907,047.98
期末基金份额净值	1.0494	1.0219
本期份额净值增长率	49.35	4.19
累计份额净值增长率	55.60	4.19
基金收益分配	10派4.700	10派0.200

成立来累计净值增长率与同期基准收益率历史走势对比图（%）

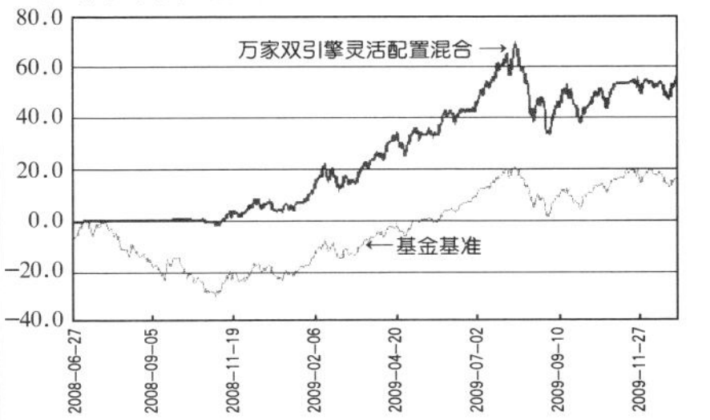

近两年净值增长率与同期基准收益率对比图（%）

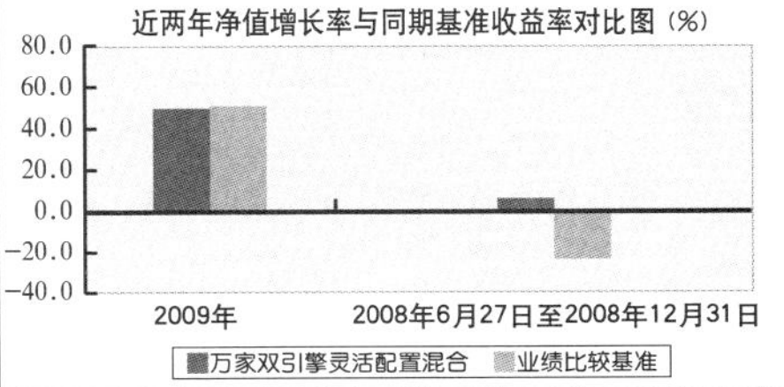

期末基金份额持有人户数	基金份额持有人户数为1,889户，平均每户持有58,656.64份。（期末截至2009年12月31日）
期末基金份额持有人结构	机构投资者持有82,190,306.93份，占总份额74.18%；个人投资者持有28,612,094.76份，占总份额25.82%。

基金业绩表现

截至2009年12月31日，万家双引擎灵活配置混合基金份额净值为1.0494元，全年净值增长率为49.35%；同期业绩基准收益率为52.55%。

基金管理团队

鞠英利先生：基金经理，博士，10年证券从业经历。曾任汕头证券上海总部研究中心投资主管、渤海证券上海资产管理部投资主管、华林证券公司投资经理、上海鑫地投资管理公司证券投资部总经理；2009年3月起任万家双引擎灵活配置混合基金经理、万家公用事业行业股票基金经理。

欧庆铃先生：基金经理、基金管理部总监，理学博士，10年证券从业经历。曾任华南理工大学应用数学系副教授、广州证券公司研究中心常务副总经理、金鹰基金管理公司研究副总监、万家公用事业行业股票基金经理；2008年6月至2009年8月任万家双引擎灵活配置混合基金经理、万家180指数基金经理和万家精选股票基金经理。

基金运作分析

万家双引擎灵活配置混合基金自2008年上半年成立以来，一直持谨慎投资的理念，在2008年保持正收益的情况下，2009年第四季度进行了较大比例的分红，基金份额下半年波动较大。上半年该基金以地产、银行等作为重点投资品种，下半年转向区域经济、医药及重组方面，取得了一定的效果。

季度投资组合一览

项目＼季度	第一季度		第二季度		第三季度		第四季度	
基金资产净值	96,322,220.26元		102,367,468.19元		67,256,055.01元		116,280,613.74元	
基金份额	78,581,981.49份		73,067,711.90份		49,335,818.01份		110,802,401.69份	
基金份额净值	1.2258元		1.4010元		1.3632元		1.0494元	
基金资产组合	市值(元)	占总资产比(%)	市值(元)	占总资产比(%)	市值(元)	占总资产比(%)	市值(元)	占总资产比(%)
股票投资	57,757,911.18	58.21	48,847,136.68	45.11	48,228,241.62	67.42	89,147,748.46	69.28
债券投资	1,759,360.00	1.77	——	——	——	——	——	——
金融衍生品投资	——	——	——	——	——	——	——	——
买入返售金融资产	——	——	——	——	——	——	——	——
银行存款和结算备付金	34,966,691.67	35.24	58,412,078.23	53.94	22,966,949.55	32.11	14,924,626.57	11.60
其他资产	4,738,601.25	4.78	1,032,618.90	0.95	339,223.11	0.47	24,597,480.45	19.12

投资前五名股票明细

股票名称	公允价值(元)	占净值比(%)	股票名称	公允价值(元)	占净值比(%)	股票名称	公允价值(元)	占净值比(%)	股票名称	公允价值(元)	占净值比(%)
广州冷机	5,451,000.00	5.66	广州冷机	3,007,694.88	2.94	百利电气	5,539,057.86	8.24	百利电气	10,410,000.00	8.95
海南航空	4,113,995.16	4.27	天保基建	2,365,408.50	2.31	广州冷机	4,515,000.00	6.71	福耀玻璃	5,974,685.28	5.14
新湖创业	3,675,743.50	3.82	重庆百货	2,271,977.28	2.22	恒瑞医药	3,345,600.00	4.97	贵航股份	4,923,363.18	4.23
新湖中宝	2,967,800.00	3.08	中粮地产	2,228,000.00	2.18	中国联通	2,540,000.00	3.78	江南化工	4,799,000.00	4.13
招商银行	2,866,173.39	2.98	太原刚玉	2,166,500.00	2.12	山推股份	2,025,412.46	3.01	宝钢股份	3,864,000.00	3.32

投资前五名债券明细

债券名称	公允价值(元)	占净值比(%)	债券名称	公允价值(元)	占净值比(%)	债券名称	公允价值(元)	占净值比(%)	债券名称	公允价值(元)	占净值比(%)
大荒转债	716,950.00	0.74									
山鹰转债	602,100.00	0.63									
恒源转债	440,310.00	0.46									

万家精选股票型证券投资基金

基本资料						
基金简称	万家精选股票				交易代码	519185
风险收益特征	该基金是股票型基金、长期预期风险与收益高于货币市场基金、债券型基金，属于风险较高、预期收益较高的证券投资基金。					
业绩比较基准	80%×沪深300指数收益率+20%×上证国债指数收益率					
合同生效日	2009年5月18日	首募份额	16.39亿份		认购户数	26,970户
基金管理人	万家基金管理有限公司		基金托管人	中国建设银行		
注册登记人	中国登记结算有限责任公司					

2009年累计净值增长率与同期基准收益率历史走势对比图（%）

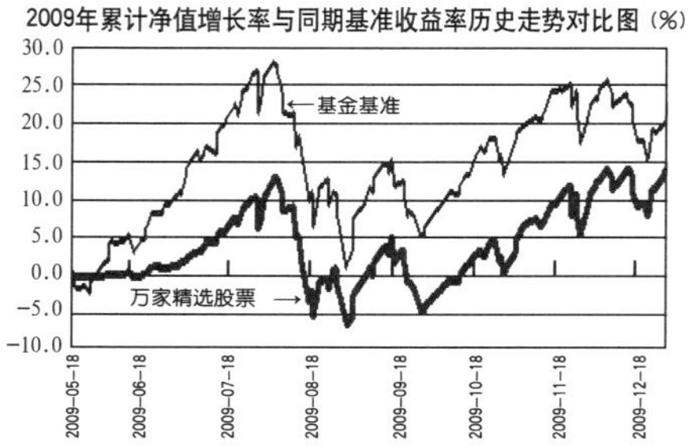

财务指标	单位：人民币（元）；%
项目 \ 年度	2009年5月18日至2009年12月31日
本期利润	138,562,404.73
本期加权平均净值利润率	10.43
期末基金资产净值	821,673,403.32
期末基金份额净值	1.1458
本期份额净值增长率	14.58
累计份额净值增长率	14.58
基金收益分配	——

2009年净值增长率与同期基准收益率对比图（%）

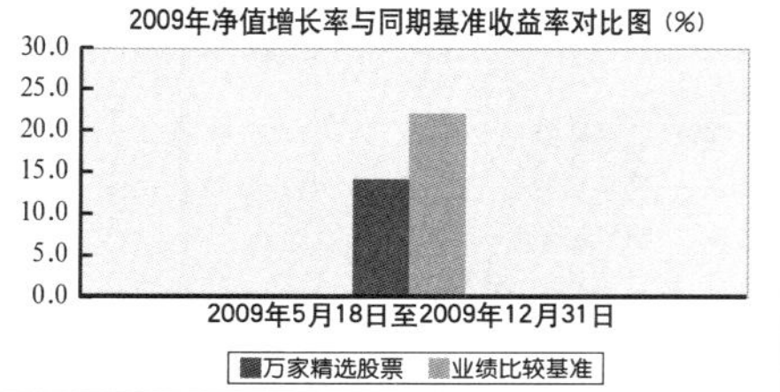

期末基金份额持有人户数	基金份额持有人户数为12,855户，平均每户持有55,782.91份。（期末截至2009年12月31日）
期末基金份额持有人结构	机构投资者持有221,425,789.57份，占总份额30.88%；个人投资者持有495,663,474.73份，占总份额69.12%。

基金业绩表现

万家精选股票基金合同生效于2009年5月18日，截至2009年12月31日，该基金份额净值为1.1458元，成立以来净值增长率为14.58%，同期业绩基准收益率为22.56%。

基金管理团队

欧庆铃先生：基金经理、基金管理部总监，理学博士，10年证券从业经历。曾任华南理工大学应用数学系副教授、广州证券公司研究中心常务副总经理、金鹰基金管理公司研究副总监、万家公用事业行业股票基金、万家双引擎灵活配置混合基金经理；2009年5月起任万家精选股票基金经理、万家180指数基金经理。

季度投资组合一览

项目 \ 季度	第三季度		第四季度	
基金资产净值	1,153,482,102.98元		821,673,403.32元	
基金份额	1,199,110,889.54份		717,089,264.30份	
基金份额净值	0.9619元		1.1458元	
基金资产组合	市值(元)	占总资产比(%)	市值(元)	占总资产比(%)
股票投资	884,381,012.11	75.57	654,284,127.30	76.94
债券投资	60,792,904.60	5.19	32,113,209.60	3.78
资产支持证券投资	——	——	——	——
金融衍生品投资	——	——	——	——
买入返售金融资产	——	——	——	——
银行存款和结算备付金	223,649,278.06	19.11	161,496,034.38	18.99
其他资产	1,457,333.26	0.12	2,462,232.38	0.29

投资前五名股票明细	股票名称	公允价值(元)	占净值比(%)	股票名称	公允价值(元)	占净值比(%)
	百利电气	81,060,777.66	7.03	百利电气	52,050,000.00	6.33
	广州冷机	72,251,481.00	6.26	东凌粮油	51,930,000.00	6.32
	柳化股份	43,647,209.64	3.78	民生银行	31,640,000.00	3.85
	山推股份	42,544,105.69	3.69	招商银行	30,685,000.00	3.73
	特变电工	38,214,000.00	3.31	中信证券	28,593,000.00	3.48

投资前五名债券明细	债券名称	公允价值(元)	占净值比(%)	债券名称	公允价值(元)	占净值比(%)
	09津临港债	59,004,000.00	5.12	09赣州发展债	29,892,000.00	3.64
	龙盛转债	1,317,459.00	0.11	龙盛转债	1,659,070.40	0.20
	博汇转债	471,445.60	0.04	博汇转债	562,139.20	0.07

基金运作分析

万家精选股票基金是2009年新发设立的股票型基金，下半年较长时间内处于建仓期。建仓初期，由于判断市场整体系统性风险处于高位，该基金采取了谨慎的投资操作，获取投资收益较少。在8月份市场见顶时进行了较大减仓操作，使基金净值减少了一定的损失，但总体仍出现了投资亏损，此后正确把握了市场投资环境，进行积极投资操作。由于判断市场处于震荡格局，在资产配置操作上该基金采取了灵活的策略，反向市场进行加减仓位操作，幅度控制在适度范围内，为基金净值增长赢得了一定的超额收益。在行业配置方面，万家精选股票基金坚持配置稳健增长的防御性行业，后期在经济复苏趋势愈发明显后，逐步加大周期性行业的配置， 取得得了较好的投资收益。

万家稳健增利债券型证券投资基金

基本资料						
基金简称	万家稳健增利债券		交易代码	A：519186　C：519187		
风险收益特征	该基金是债券型基金，属于具有中低风险收益特征的基金品种，其长期平均风险和预期收益率低于股票型基金、混合型基金，高于货币市场基金。					
业绩比较基准	中债总全价指数					
合同生效日	2009年8月12日	首募份额	12.82亿份	认购户数	4，479户	
基金管理人	银河基金管理有限公司		基金托管人	中国银行		
注册登记人	中国证券登记结算有限责任公司					

2009年累计净值收益率与同期基准收益率历史走势对比图（%）

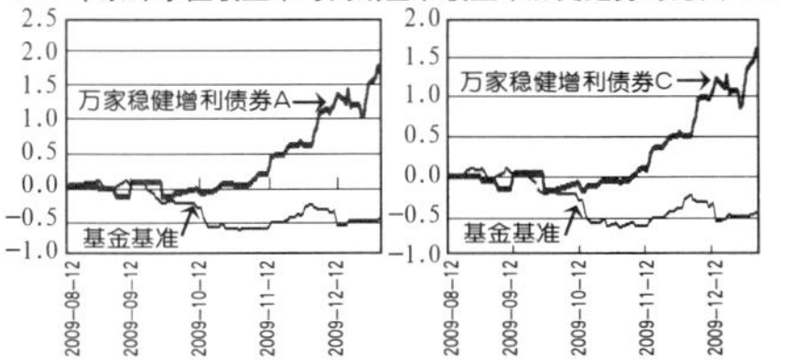

财务指标　单位：人民币（元）；%

项 目 \ 年 度	2009年8月12日至2009年12月31日	
	A	C
本期利润	10，334，306.96	3，939，893.33
本期加权平均净值利润率	1.53	1.09
期末基金资产净值	341，844，896.52	175，967，078.78
期末基金份额净值	1.0201	1.0185
本期份额净值增长率	2.01	1.85
累计份额净值增长率	2.01	1.85
基金收益分配	——	

2009年净值增长率与同期基准收益率对比图（%）

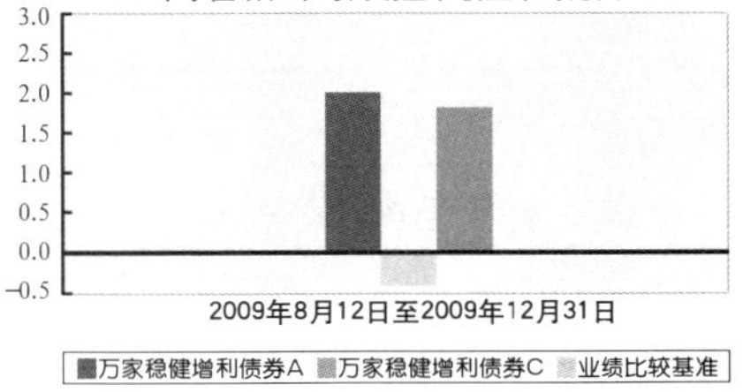

期末基金份额持有人户数	A：基金份额持有人户数为1195户，平均每户持有280，425.82份。 C：基金份额持有人户数为1615户，平均每户持有106，975.76份。（期末截至2009年12月31日）
期末基金份额持有人结构	A：机构投资者持有268，011，325.97份，占总份额79.98%；个人投资者持有67，097，525.99份，占总份额20.02%。 C：机构投资者持有28，687，161.00份，占总份额16.60%；个人投资者持有144，078，686.03份，占总份额83.40%。

基金业绩表现

万家稳健增利债券基金合同生效于2009年8月12日，截至2009年12月31日，该基金A类净值增长率为2.01%，C类净值增长率为1.85%；同期业绩基准收益率为－0.44%。

基金管理团队

张旭伟先生：基金经理、基金管理部副总监，复旦大学经济学硕士，8年证券从业经历。曾在招商证券公司从事投资管理，在东方证券公司从事固定收益投资工作，在东吴基金管理公司担任基金经理助理；2009年8月起任万家稳健增利债券基金经理、万家增强收益债券基金经理。

基金运作分析

2009年，中国证券市场股票涨、债券跌的幅度均超出年初的预期。央行仍然执行了宽松的货币政策，全年货币供应量增速和商业银行信贷投放量均创出历史新高。

万家稳健增利债券基金从2009年三季度成立至年末仍处于建仓期，期间基金获得了正收益。截至目前，基金资产配置达到债券基金的标准。在2009年的投资操作上，该基金首先配置了公司债、城投债和利率债券，在债券资产上侧重于配置收益较高的债券；其次避免了急于创造收益而买入可转债。万家稳健增利债券基金成立于8月12日，当时可转债仍然高估，因此并未急于建仓，较好地规避了大幅下跌的风险；第三是进行了网下申购新股。尽管新股发行价估值已经较高，但管理人采取了有选择地申购的策略，重点申购的大盘股估值水平仍未显著高于二级市场。

季度投资组合一览

项 目 \ 季 度	第四季度	
	A	C
基金资产净值	341，844，896.52亿元	175，967，078.78亿元
基金份额	335，108，851.96亿份	172，765，847.03亿份
基金份额净值	1.0201元	1.0185元
基金资产组合	金额(元)	占总资产比例(%)
股票投资	52，402，337.25	8.48
债券投资	419，631，430.00	67.92
资产支持证券投资	——	——
买入返售金融资产	——	——
银行存款和结算备付金	99，655，964.54	16.13
其他资产	46，163，874.16	7.47

投资前五名股票明细	股票名称	公允价值(元)	占净值比例(%)	投资前五名债券明细	债券名称	公允价值(元)	占净值比(%)
	中国重工	15,143,418.18	2.92		08央票65	103,070,000.00	19.90
	中国化学	11,678,333.58	2.26		09央票38	98,280,000.00	18.98
	中国北车	8,868,485.55	1.71		09国开09	59,238,000.00	11.44
	天龙光电	4,655,243.40	0.90		09哈城投债	41,596,000.00	8.03
	众生药业	1,895,362.14	0.37		09富力债	30,990,000.00	5.98

金鹰基金管理有限公司

法定名称	金鹰基金管理有限公司	**英文名称**	Golden Eagle Asset Management Co. Ltd.		
成立时间	2002年12月25日	**注册资本**	1亿元人民币	**公司属性**	中 资
法人代表	刘 东	**总 经 理**	殷克胜	**督 察 长**	苏文锋
公司网址	www.gefund.com.cn	**客服电话**	400-135-888		
联系电话	020-8328 2855	**传真号码**	020-8328 2856		
注册地址	广东省珠海市吉大九洲大道东段商业银行大厦7楼16单元				
办公地址	广东省广州市沿江中路298号江湾商业大厦22层				

公司简介

金鹰基金管理有限公司经中国证监会证监基字[2002]97号文批准，于2002年12月25日成立，是自律制度下中国证监会批准设立的首批基金管理公司之一。公司注册资本1亿元人民币，股东包括广州证券有限责任公司、四川南方希望实业有限公司、广州药业股份有限公司、广东美的电器股份有限公司，分别持有40%、20%、20%和20%的股份。

金鹰基金管理有限公司设立了投资决策委员会、风险控制委员会、资产估值委员会等专业委员会。公司目前下设八个部门，分别是：投资管理部、研究发展部、金融工程部、市场拓展部、机构客户部、运作保障部、监察稽核部、综合管理部。

截至2009年12月31日，金鹰基金管理有限公司共管理四只开放式基金。

2009年旗下开放式基金业绩表现

截至日期：2009年12月31日

（单位：元；%）

基金类型	基金简称	设立日期	基金份额净值	净值增长率[①]	累计净值增长率[②]
股票型	金鹰行业优势股票	2009-07-01	1.0302	3.02	3.02
混合型	金鹰成份优选混合	2003-06-16	0.8087	62.19	84.88
	金鹰中小盘精选混合	2004-05-27	1.5013	80.48	202.22
	金鹰红利价值混合	2008-12-04	1.2002	48.77	48.70

注：①净值增长率指该基金2009年度的份额净值增长率；②累计净值增长率指该基金设立以来的份额净值增长率。

2009年管理公募基金概况

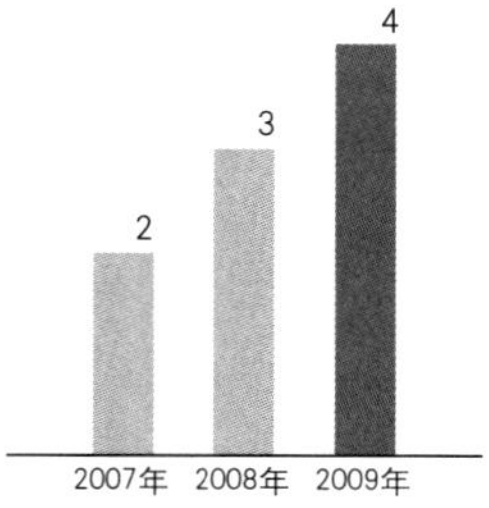

基金数量（只）

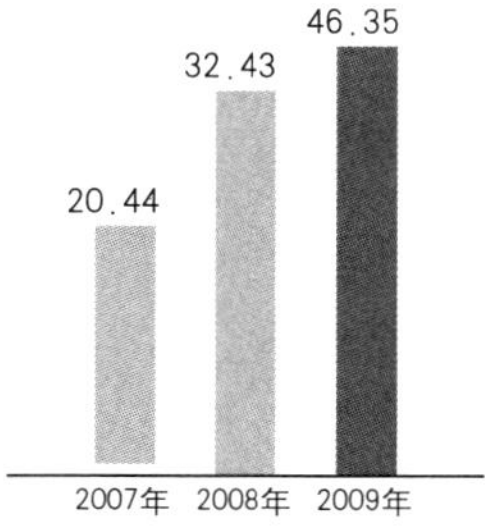

基金份额规模（亿份）

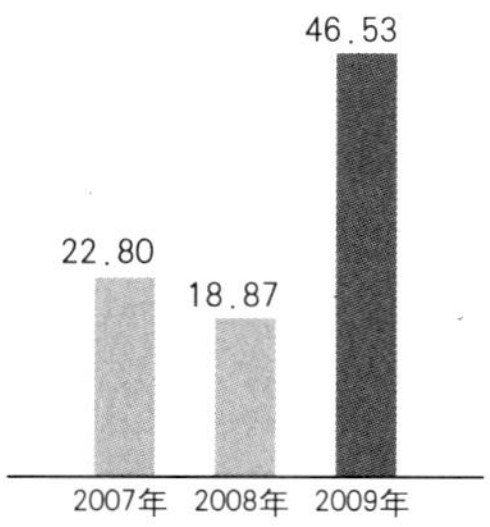

基金资产规模（亿元）

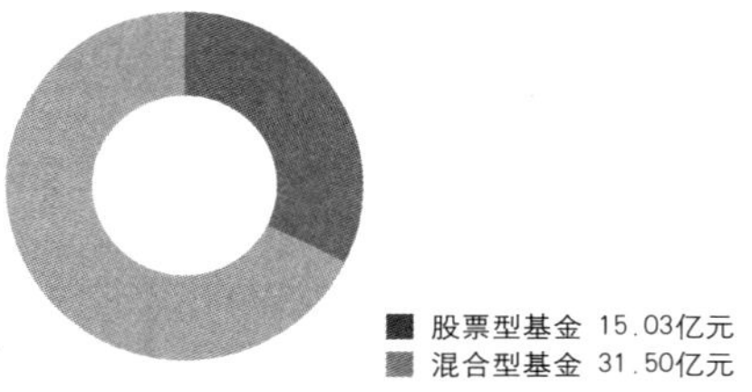

2009年基金资产规模构成

金鹰成份股优选证券投资基金

基本资料					
基金简称	金鹰成份优选混合	交易代码	210001		
风险收益特征	该基金为风险水平中等偏下、收益水平适中的证券投资基金，基金的收益目标设为α值大于零，风险目标为β值的目标区间为[0.75，1.1]。				
业绩比较基准	75%×成份股加权指数的收益率＋25%×中信国债指数的收益率				
合同生效日	2003年6月16日	首募份额	15.17亿份	认购户数	23,495户
基金管理人	金鹰基金管理有限公司	基金托管人	中国银行		
注册登记人	金鹰基金管理有限公司				

财务指标　　单位：人民币（元）；%

项目＼年度	2009年	2008年	2007年
本期利润	799,258,254.33	−1,537,030,746.98	850,917,144.83
本期加权平均净值利润率	46.89	−77.29	61.57
期末基金资产净值	1,823,824,757.77	1,347,319,514.68	2,203,062,712.95
期末基金份额净值	0.8087	0.4986	1.1040
本期份额净值增长率	62.19	−51.43	132.39
累计份额净值增长率	184.88	75.64	261.60
基金收益分配	——	10派0.800	10派10.300

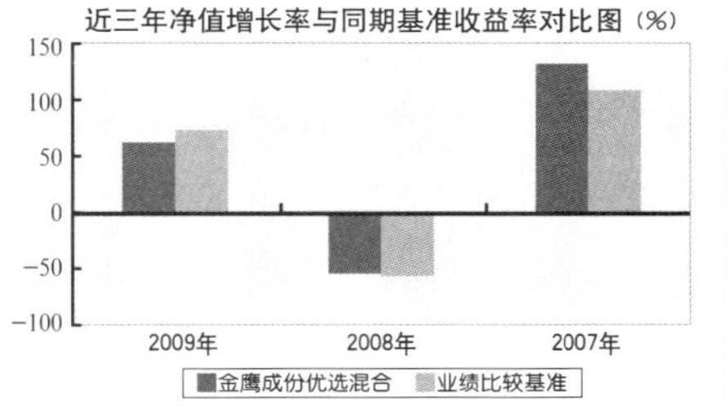

期末基金份额持有人户数	基金份额持有人户数为81,288户，平均每户持有27,743.60份。（期末截至2009年12月31日）
期末基金份额持有人结构	机构投资者持有9,175,845.80份，占总份额0.41%；个人投资者持有2,246,045,605.07份，占总份额99.59%。

基金业绩表现

2009年金鹰成份优选混合基金全年净值增长率为62.19%；同期业绩基准收益率为67.92%。

基金管理团队

杨绍基先生：基金经理、投研总监，经济学博士，5年证券从业经历。曾任职于广东发展银行资产管理部，2007年8月加入金鹰基金管理公司，先后担任行业研究员、基金经理助理、基金经理、研究发展部副总监等职，现任公司投资管理部总监、金鹰中小盘精选混合基金经理；2008年12月起任金鹰成份优选混合基金经理。

基金运作分析

2009年上半年，在经济增长与指数处于低位，中央四万亿投资与银行月均万亿信贷支持经济增长复苏背景下，金鹰成份优选混合基金总体上采取积极策略，重点配置金融地产与制造业。下半年，银行信贷增长面临瓶颈且风险日益显现，银行资本充足率下降，市场融资压力增大，房价泡沫和通胀压力日益滋生引发宏观调控担忧的背景及基于经济复苏预期向消费深化，该基金重点配置医药、食品饮料、商业零售等消费与科技等板块股票，较好契合了市场热点。

2010年，在投资策略上，该基金顺应经济复苏脉络判断，看好尚未明显反映经济复苏的强周期和出口板块，也从经济增长转型和政策鼓励导向中，寻找新能源、新技术和新材料等适合中国经济可持续发展和代表长期科技竞争力趋势的个股，继续看好代表内需增长的消费和医药等板块。

季度投资组合一览

项目＼季度	第一季度		第二季度		第三季度		第四季度	
基金资产净值	1,598,439,094.57元		1,788,651,355.80元		1,619,824,950.47元		1,823,824,757.77元	
基金份额	2,645,424,862.20份		2,537,675,846.49份		2,397,838,679.57份		2,255,221,450.87份	
基金份额净值	0.6042元		0.7048元		0.6755元		0.8087元	
基金资产组合	市值(元)	占总资产比(%)	市值(元)	占总资产比(%)	市值(元)	占总资产比(%)	市值(元)	占总资产比(%)
股票投资	1,108,041,794.67	68.79	1,386,407,480.94	76.28	1,197,711,138.27	73.32	1,397,311,073.21	75.91
债券投资	323,880,366.40	20.11	361,828,609.90	19.91	360,986,701.90	22.10	379,776,129.40	20.63
金融衍生品投资	——	——	——	——	——	——	——	——
买入返售金融资产	——	——	——	——	——	——	——	——
银行存款和结算备付金	97,925,488.25	6.08	28,404,204.88	1.56	66,948,620.03	4.10	55,452,840.69	3.01
其他资产	80,987,936.53	5.02	40,790,462.62	2.24	7,819,354.14	0.48	8,171,110.28	0.44

投资前五名股票明细	股票名称	公允价值(元)	占净值比(%)	股票名称	公允价值(元)	占净值比(%)	股票名称	公允价值(元)	占净值比(%)	股票名称	公允价值(元)	占净值比(%)
	诚志股份	114,543,138.50	7.17	诚志股份	138,314,543.40	7.73	中国宝安	103,897,112.28	6.41	泸州老窖	77,861,415.04	4.27
	中信证券	76,784,205.24	4.80	中国宝安	123,983,858.86	6.93	大秦铁路	81,564,032.43	5.04	葛洲坝	74,275,241.90	4.07
	中国石化	70,739,718.70	4.43	中炬高新	80,065,531.60	4.48	诚志股份	69,736,670.40	4.31	同方股份	73,899,383.57	4.05
	招商银行	61,330,500.00	3.84	中粮地产	61,269,342.74	3.43	招商银行	66,620,436.16	4.11	百联股份	71,491,556.90	3.92
	中国联通	57,700,000.00	3.61	深发展A	61,095,803.62	3.42	洪都航空	59,126,832.00	3.65	中国宝安	71,370,000.00	3.91

投资前五名债券明细	债券名称	公允价值(元)	占净值比(%)	债券名称	公允价值(元)	占净值比(%)	债券名称	公允价值(元)	占净值比(%)	债券名称	公允价值(元)	占净值比(%)
	02国债(10)	130,466,235.90	8.16	02国债(10)	169,335,230.70	9.47	20国债(4)	205,029,953.90	12.66	20国债(4)	243,731,376.00	13.36
	20国债(4)	70,825,702.50	4.43	20国债(4)	70,583,030.00	3.95	21国债(10)	106,516,905.60	6.58	21国债(10)	130,978,253.40	7.18
	99国债(8)	67,933,308.80	4.25	99国债(8)	67,557,616.00	3.78	02国债(15)	27,477,591.00	1.70	02国债(3)	5,066,500.00	0.28
	02国债(15)	27,589,299.60	1.73	02国债(15)	27,491,214.00	1.54	04国债(8)	16,899,751.40	1.04			
	04国债(8)	17,114,970.60	1.07	04国债(8)	16,965,326.00	0.95	02国债(3)	5,062,500.00	0.31			

金鹰中小盘精选证券投资基金

基本资料					
基金简称	金鹰中小盘精选混合	交易代码	162102		
风险收益特征	该基金属于风险水平适中、收益较高的基金品种。				
业绩比较基准	75%×股票投资比较基准＋25%×债券投资比较基准				
合同生效日	2004年5月27日	首募份额	5.46亿份	认购户数	6,072户
基金管理人	金鹰基金管理有限公司	基金托管人	交通银行		
注册登记人	中国证券登记结算有限责任公司				

财务指标　　单位：人民币（元）；%

项目　　年度	2009年	2008年	2007
本期利润	362,829,670.69	−81,146,150.88	76,204,195.01
本期加权平均净值利润率	42.37	−57.48	57.23
期末基金资产净值	1,101,938,898.61	172,586,314.12	76,874,084.40
期末基金份额净值	1.5013	0.9929	1.5966
本期份额净值增长率	80.48	−35.03	54.47
累计份额净值增长率	202.22	67.45	157.74
基金收益分配	10派2.300	10派0.600	——

成立来累计净值增长率与同期基准收益率历史走势对比图（%）

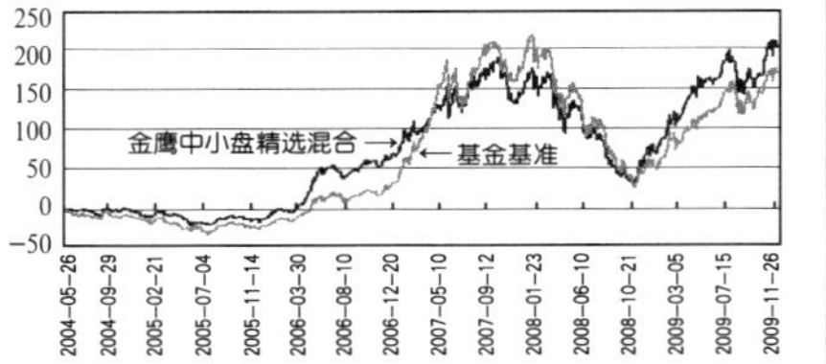

近三年净值增长率与同期基准收益率对比图（%）

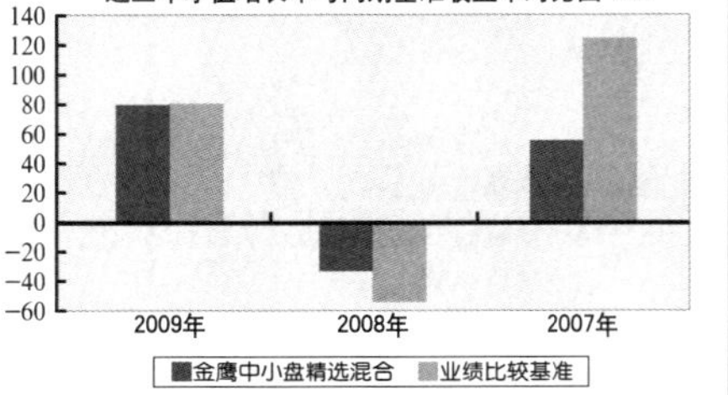

期末基金份额持有人户数	基金份额持有人户数为33,895户，平均每户持有21,654.82份。　（期末截至2009年12月31日）
期末基金份额持有人结构	机构投资者持有8,616,951.90份，占总份额1.17%；个人投资者持有725,373,038.69份，占总份额98.83%。

基金业绩表现

2009年金鹰中小盘精选混合基金全年净值增长率为80.48%；同期业绩基准收益率为80.89%。

基金管理团队

龙苏云先生：基金经理、副总经理，投研总监，16年证券从业经历，历任南方诚信证券评估公司投资银行部经理，原南方证券广州分公司营业部交易主管，广东强世投资管理公司资产管理部经理，深圳兰光集团公司投资部经理；2008年1月至2009年9月任金鹰中小盘精选混合基金经理。

杨绍基先生：基金经理、投研总监，经济学博士，5年证券从业经历。曾任职于广东发展银行资产管理部，2007年8月加入金鹰基金管理公司，先后担任行业研究员、基金经理助理、基金经理、研究发展部副总监等职；2009年9月起任金鹰中小盘精选混合基金经理。

基金运作分析

2009年一季度，金鹰中小盘精选混合基金采取较为积极的投资策略，精选2008年整体经济下滑背景下仍取得超预期的个股以及受益于产业振兴计划等的行业进行积极投资；二、三季度该基金采取相对保守的防御策略；自三季度末开始直至年末，根据市场节奏变化，并本着为2010年布局的思想，该基金积极投资，加重非周期类、新能源类、新技术类个股的配置，降低周期类个股的配置，全年取得了较好的投资业绩。

2010年，金鹰中小盘精选混合基金将保持一贯的投资策略，继续坚持成长、价值的投资理念，在专业化研究的基础上，通过定量与定性相结合的选股方法，草根调研、深度挖掘、前瞻性地选择具有良好基本面、较高成长性的中小盘股票，在控制风险的前提下，采取主动的投资策略，不断从市场中寻找可能存在的超额收益，为持有人获得更好的收益。

季度投资组合一览

项目　　季度	第一季度		第二季度		第三季度		第四季度	
基金资产净值	754,247,115.17元		1,151,356,800.69元		697,244,120.98元		1,101,938,898.61元	
基金份额	583,743,576.59份		793,123,757.91份		502,043,153.97份		733,989,990.59份	
基金份额净值	1.2921元		1.4517元		1.3888元		1.5013元	
基金资产组合	市值(元)	占总资产比(%)	市值(元)	占总资产比(%)	市值(元)	占总资产比(%)	市值(元)	占总资产比(%)
股票投资	459,595,531.87	54.47	882,383,720.33	72.59	482,999,674.29	67.79	840,208,002.36	75.15
债券投资	234,347,351.80	27.78	254,303,318.00	20.92	181,649,358.40	25.49	233,879,095.90	20.92
金融衍生品投资	——	——	——	——	——	——	——	——
买入返售金融资产	——	——	——	——	——	——	——	——
银行存款和结算备付金	79,873,209.49	9.47	39,089,019.97	3.22	42,340,704.10	5.94	11,914,388.91	1.07
其他资产	69,863,853.42	8.28	39,778,480.09	3.27	5,511,105.95	0.77	32,103,218.56	2.87

投资前五名股票明细	股票名称	公允价值(元)	占净值比(%)	股票名称	公允价值(元)	占净值比(%)	股票名称	公允价值(元)	占净值比(%)	股票名称	公允价值(元)	占净值比(%)
	诚志股份	62,679,644.65	8.31	杉杉股份	83,280,000.00	7.23	洪都航空	45,779,738.40	6.57	中国医药	88,530,666.15	8.03
	德豪润达	47,885,826.30	6.35	诚志股份	82,800,000.00	7.19	杉杉股份	31,698,835.00	4.55	中国国旅	50,731,338.00	4.60
	张江高科	42,870,000.00	5.68	中炬高新	76,297,200.00	6.63	华海药业	30,750,000.00	4.41	健 康 元	48,830,202.24	4.43
	厦门钨业	41,615,177.76	5.52	德豪润达	72,313,659.21	6.28	小商品城	28,595,160.00	4.10	上海莱士	41,715,185.40	3.79
	中国平安	39,110,000.00	5.19	湘电股份	62,128,038.60	5.4	龙净环保	27,863,513.46	4.00	中国联通	41,125,806.00	3.73

投资前五名债券明细	债券名称	公允价值(元)	占净值比(%)	债券名称	公允价值(元)	占净值比(%)	债券名称	公允价值(元)	占净值比(%)	债券名称	公允价值(元)	占净值比(%)
	02国债(10)	153,802,110.00	20.39	02国债(10)	128,463,563.00	11.16	20国债(4)	161,097,358.40	23.10	20国债（4）	195,202,224.00	17.71
	99国债(8)	80,545,241.80	10.68	99国债(8)	125,839,755.00	10.93	21国债(10)	20,552,000.00	2.95	21国债（10）	38,676,871.90	3.51

金鹰红利价值灵活配置混合型证券投资基金

基本资料					
基金简称	金鹰红利价值混合		交易代码	210002	
风险收益特征	该基金风险收益特征从长期来看，其风险与预期收益高于债券型基金，低于股票型基金。				
业绩比较基准	新华富时红利150指数收益率×60%+上证国债指数收益率×40%				
合同生效日	2008年12月4日	首募份额	3.67亿份	认购户数	4,402户
基金管理人	金鹰基金管理有限公司		基金托管人	交通银行	
注册登记人	金鹰基金管理有限公司				

成立来累计净值增长率与同期基准收益率历史走势对比图（%）

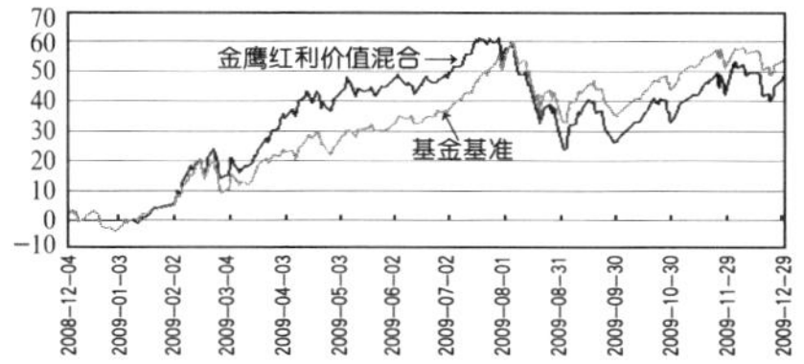

财务指标	单位：人民币（元）；%	
项 目 ＼ 年 度	2009年	2008年12月4日至2008年12月31日
本期利润	110,006,717.80	−168,854.73
本期加权平均净值利润率	29.25	−0.05
期末基金资产净值	224,263,804.03	366,849,692.66
期末基金份额净值	1.2002	0.9995
本期份额净值增长率	48.77	−0.05
累计份额净值增长率	48.70	−0.05
基金收益分配	10派2.880	——

近两年净值增长率与同期基准收益率对比图（%）

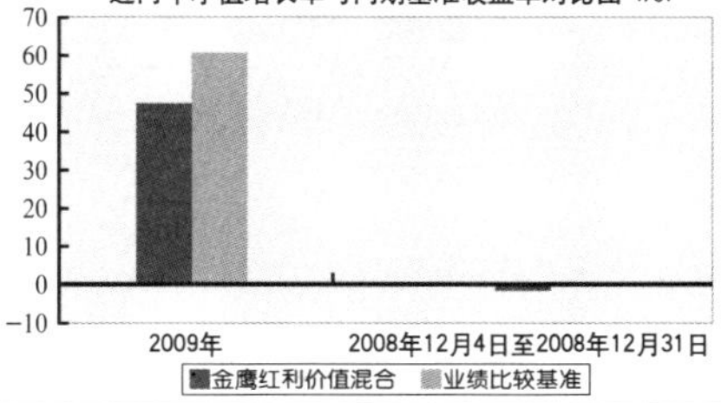

期末基金份额持有人户数	基金份额持有人户数为10,197户，平均每户持有18,323.99份。　（期末截至2009年12月31日）
期末基金份额持有人结构	机构投资者持有6,042,352.52份，占总份额3.23%；个人投资者持有180,807,350.09份，占总份额96.77%。

基金业绩表现

截至2009年12月31日，金鹰红利价值混合基金份额净值为12.002元，全年净值增长率为48.77%；同期业绩基准收益率为60.69%。

基金管理团队

龙苏云先生：基金经理、副总经理，投研总监，16年证券从业经历。历任南方诚信证券评估公司投资银行部经理，原南方证券广州分公司营业部交易主管，广东强世投资管理公司资产管理部经理，深圳兰光集团公司投资部经理；2008年1月至2009年9月任金鹰红利价值混合基金经理。

蔡飞鸣先生：基金经理，管理学硕士、国际金融硕士，4年证券从业经历。曾任职于广州越秀集团公司、香港越秀财务公司资本经营部，香港越秀证券公司。2008年5月加入金鹰基金管理公司，先后担任研究员、交易主管、金鹰中小盘精选混合基金经理助理；2009年7月起任金鹰红利价值混合基金经理。

基金运作分析

2009年上半年，金鹰红利价值混合基金总体上采取积极策略，重点配置复苏更为明显的中小股票。下半年，银行信贷增长面临瓶颈且风险日益显现，银行资本充足率下降，市场融资压力增大，房价泡沫和通胀压力日益滋生引发宏观调控担忧的背景及基于经济复苏预期向消费深化，该基金重点配置医药、食品饮料、商业零售等消费与科技等非周期性板块股票，较好契合了市场热点。

季度投资组合一览

项 目 ＼ 季 度	第一季度		第二季度		第三季度		第四季度	
基金资产净值	149,647,954.55元		545,690,682.41元		296,174,363.92元		224,263,804.03元	
基金份额	111,833,452.16份		395,686,371.58份		287,740,165.50份		186,849,702.61份	
基金份额净值	1.3381元		1.3791元		1.0293元		1.2002元	
基金资产组合	市值(元)	占总资产比(%)	市值(元)	占总资产比(%)	市值(元)	占总资产比(%)	市值(元)	占总资产比(%)
股票投资	91,089,271.23	54.82	381,182,931.07	66.66	227,896,964.60	75.24	177,227,777.45	77.28
债券投资	——	——	——	——	——	——	——	——
金融衍生品投资	——	——	——	——	——	——	——	——
买入返售金融资产	——	——	——	——	——	——	——	——
银行存款和结算备付金	53,759,943.89	32.35	133,524,111.51	23.35	63,737,881.50	21.04	47,704,977.82	20.80
其他资产	21,309,102.11	12.82	57,106,152.02	9.99	11,253,140.66	3.72	4,408,097.57	1.92

投资前五名股票明细	股票名称	公允价值(元)	占净值比(%)	股票名称	公允价值(元)	占净值比(%)	股票名称	公允价值(元)	占净值比(%)	股票名称	公允价值(元)	占净值比(%)
	中国平安	14,470,700.00	9.67	诚志股份	53,130,000.00	9.74	保利地产	24,939,130.56	8.42	海通证券	13,442,595.00	5.99
	中国太保	13,424,000.00	8.97	万科A	38,250,000.00	7.01	浦发银行	24,823,019.70	8.38	柳化股份	13,436,253.00	5.99
	诚志股份	11,498,628.75	7.68	招商银行	38,097,000.00	6.98	平高电气	15,043,109.54	5.08	中国国旅	12,938,281.56	5.77
	科力远	11,167,200.00	7.46	中炬高新	35,160,000.00	6.44	兴业银行	11,995,450.00	4.05	中国石化	11,819,692.39	5.27
	三一重工	10,791,071.10	7.21	中金岭南	32,235,000.00	5.91	招商地产	11,725,000.00	3.96	苏宁电器	11,037,359.34	4.92

投资前五名债券明细	债券名称	公允价值(元)	占净值比(%)	债券名称	公允价值(元)	占净值比(%)	债券名称	公允价值(元)	占净值比(%)	债券名称	公允价值(元)	占净值比(%)

金鹰行业优势股票型证券投资基金

基本资料					
基金简称	金鹰行业优势股票	交易代码	210003		
风险收益特征	基金为主动管理的股票型证券投资基金，属于证券投资基金中的风险和预期收益较高的品种。一般情形下，其预期风险和收益均高于货币型基金、债券型基金和混合型基金。				
业绩比较基准	沪深300 指数收益率×75%＋中信标普国债指数收益率×25%				
合同生效日	2009年7月1日	首募份额	21.67亿份	认购户数	34,095户
基金管理人	金鹰基金管理有限公司	基金托管人	中国银行		
注册登记人	金鹰基金管理有限公司				

财务指标　　单位：人民币（元）；%

项目 \ 年度	2009年7月1日至2009年12月31日
本期利润	51,415,749.09
本期加权平均净值利润率	2.67
期末基金资产净值	1,503,231,898.82
期末基金份额净值	1.0302
本期份额净值增长率	3.02
累计份额净值增长率	3.02
基金收益分配	——
期末基金份额持有人户数	基金份额持有人户数为25,358户，平均每户持有57,542.47份。（期末截至2009年12月31日）
期末基金份额持有人结构	机构投资者持有23,418,072.93份，占总份额1.60%；个人投资者持有1,435,743,757.49份，占总份额98.40%。

2009年累计净值增长率与同期基准收益率历史走势对比图（%）

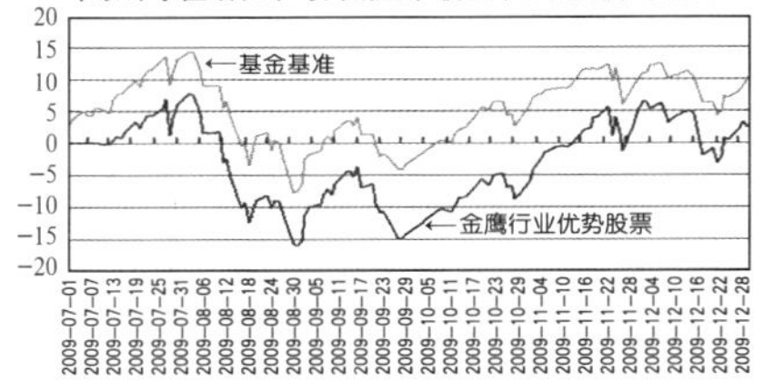

2009年净值增长率与同期基准收益率对比图（%）

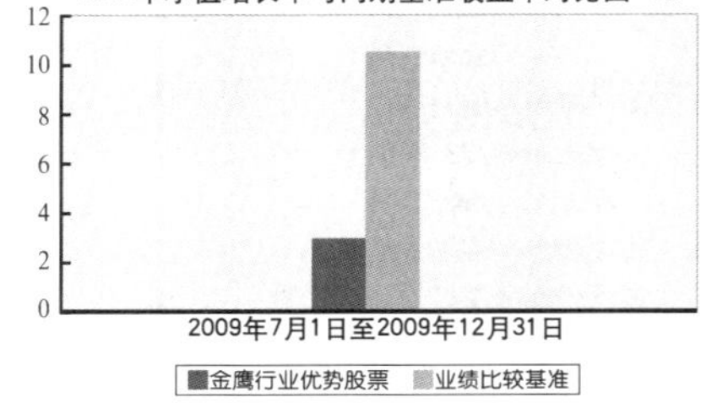

基金业绩表现

金鹰行业优势股票基金合同生效于2009年7月1日，截至2009年12月31日，该基金份额净值为1.0302元，成立以来净值增长3.02%；同期业绩基准收益率为10.39%。

基金管理团队

彭培祥先生：基金经理、投资部副总监，MBA，16年证券从业经历。1993年进入广州证券工作，2007年加入金鹰基金公司，担任研究发展部副总监、高级策略分析师、基金经理助理；现任投资部副总监、投资决策委员会委员、金鹰行业优势股票基金经理。

季度投资组合一览

项目 \ 季度	第三季度			第四季度		
基金资产净值	1,770,730,814.53元			1,503,231,898.82元		
基金份额	2,064,691,625.18份			1,459,161,830.42份		
基金份额净值	0.8576元			1.0302元		
基金资产组合	市值(元)	占总资产比(%)		市值(元)	占总资产比(%)	
股票投资	1,486,499,714.21	82.53		1,246,723,420.86	76.86	
债券投资	——	——		——	——	
资产支持证券投资	——	——		——	——	
金融衍生品投资	——	——		1,246,723,420.86	76.86	
买入返售金融资产	——	——		——	——	
银行存款和结算备付金	313,663,770.80	17.41		351,540,660.63	21.67	
其他资产	964,290.55	0.05		2,721,372.74	0.17	
投资前五名股票明细	股票名称	公允价值(元)	占净值比(%)	股票名称	公允价值(元)	占净值比(%)
	洪都航空	111,179,005.92	6.28	中信证券	126,267,005.70	8.40
	大秦铁路	93,163,231.17	5.26	中国医药	115,749,000.30	7.70
	北京银行	76,707,787.70	4.33	中国石油	107,753,531.14	7.17
	兴业银行	70,301,311.44	3.97	洪都航空	104,387,077.86	6.94
	浦发银行	68,774,017.50	3.88	中国国旅	101,026,349.22	6.72
投资前五名债券明细	债券名称	公允价值(元)	占净值比(%)	债券名称	公允价值(元)	占净值比(%)
	——			——		

基金运作分析

金鹰行业优势股票基金于2009年7月份成立，A股市场在2009年3季度开始出现调整，为该基金带来了较好的建仓机会。下半年，政府为出台系列房地产行业的调控政策以及收紧银根，使得A股房地产板块出现大幅度下调，继而权重板块也出现调整，上证指数最大下跌幅度达到24.1%。经历大幅度下跌以后，A股又出现反弹，年底收盘比下跌低位反弹幅度为24.14%，其中中小板在反弹阶段的表现更加突出。

金鹰行业优势股票基金在2009年对于权重板块的调整作出准确的判断，降低了房地产行业以及周期类行业的配置，重点配置医药、新能源等板块，而且在下跌过程中加大中小板股票的配置，抓住一些主题性和区域性的投资机会，取得了较好的投资业绩。

招商基金 CHINA MERCHANTS FUND | 大事记 MAJOR EVENTS

2009年4月20日
招商基金于4月20日推出"感恩母亲节——为母亲送上最温情的'绿色'祝福"活动，提供母亲节送祝福服务。该活动提出了"绿色祝福"的概念，即以网络和手机短信为载体，通过"无纸化"的环保方式为母亲送上祝福。

2009年7月
招商基金旗下第九只开放式基金——招商行业领先股票基金合同生效成立。

2009年9月15日
招商基金旗下第一只一对多产品：招商基金-招商银行-瑞泰灵活配置1号成立。
2009年招商基金共成立五只一对多专户，一对一专户三只。

2009年12月
招商基金风险合规管理系统正式上线，风险信息管理实现系统化。

2009年12月13日至12月21日
招商基金特邀郎朗的父亲郎国任先生12月13日在广州远洋宾馆和12月21日在深圳招商银行大厦现场分享郎朗成功之道，并会同北京师范大学心理学教授陈会昌先生，为"如何培养下一个郎朗"献计献策。"定投宝宝"大型财商教育公益讲座已在武汉、广州、深圳、天津、济南、重庆等各大中城市举办近40场，与会的家长累计近两万人。

2009年12月25日
招商中小盘精选股票基金合同生效成立。

2010年3月25日
随着全球经济特别是新兴经济体的日渐复苏，全球资源品需求出现新一轮的快速增长，年内中国首只全球资源类主题投资基金——招商全球资源首募规模超过5亿，获得国内投资者和机构的广泛关注和认同。

2010年4月11日
业内儿童教育定投和财商教育的先行发起者招商基金管理公司，以"如何培养下一个郎朗"为题，在上海浦东为投资者奉上了一堂以郎朗的成功案例、结合教育专家分析的教育成长论坛。会上，郎朗的父亲郎国任先生、儿童教育专家北京师范大学陈会昌教授从名人个案和心理发展的角度解读了郎朗成功背后的原因，并为在座的各位父母投资者提供了如何成功培养孩子提供了实际可行的操作性意见。

2010年4月19日
招商基金积极响应中国证券业协会号召，以公司名义向青海玉树灾区捐款15万元，用于灾区救助和重建。同时，招商基金在地震发生初期，就向全体员工发起为玉树地震灾区捐款倡议，截至4月19日，员工捐款合计71,720元。招商基金的全部爱心捐款22万多元，已于4月20日捐至中国证券业协会。

2010年6月22日
招商基金旗下首只指数基金——招商深证100指数基金首发募集于6月11日结束，并于6月22日正式成立。

2010年6月25日
招商信用添利债券基金于6月21日提前结束募集，并于6月25日正式成立。据悉，由于看好信用债的投资机会和招商基金的投资能力，招商信用添利债券基金受到了很多机构投资者的青睐。

2010年8月5日
公司在北京首站启动招商基金"中国行"系列活动之"枕戈待旦　顺势出击"——招商基金2010下半年度投资策略研讨会，邀请业内知名专家学者和机构投资者共同探讨当前经济形势下的投资机会及投资策略，全面展示招商基金2010年开局良好，中局稳健，后势可期的良好发展势头，有效提升公司品牌的美誉度和影响力。

2010年9月11日
招商基金组织员工赴广东省贫困县和平县合水镇丰洋村两所贫困小学进行捐资助学活动。在短短一周时间内，公司员工捐款近8万元。活动当日，招商基金在这两所学校设立了"招商基金图书室"，捐赠了部分体育用品和一批电脑，并给每位学生发放了含书包在内的一套学习文具用品。为了鼓励基层的教师和成绩优异的学生，招商基金还在现场发放了学校在职教师的慰问金和"三好学生"奖金。

招商基金所获殊荣

2009年度

2009年01月 在《中国证券报》金牛基金评选中，招商安泰股票基金荣获第6届"中国基金业金牛奖"——2008年度同业领先开放式股票型基金。

在和讯财经风云榜的评选中，招商基金获得"2008年度第六届中国财经风云榜最具成长性基金公司"，基金易网上交易平台荣获2008年度第六届中国财经风云榜最佳基金网上交易平台称号。

2009年02月 在由中国金融品牌主流媒体宣传联盟主办的年度十佳基金公司评选中，招商基金获得"2008年度十佳投资基金公司"荣誉。

2009年03月 在由《21世纪经济报道》主办的"21世纪2008年中国赢基金奖"评选中，招商基金以"定投宝宝"主题定投营销及服务的创新获得"中国基金管理公司创新奖"，招商安泰平衡型基金获得"2008开放式平衡混合型基金最佳表现奖"。

2009年09月 由《理财周报》主办的"2009最受尊敬基金公司评选"中，招商基金获得"2009最佳风险控制基金公司"和"2009最佳品牌塑造基金公司"两个奖项。

在"2009中国最受尊敬基金公司评选"中，招商基金荣获"最佳风险控制基金公司"奖。

2009年11月 在《时代周报》时代营销盛典活动中，招商基金定投宝宝获得"2009年度特别贡献奖"。

在《证券日报》主办的第五届中国证券市场年会中，招商大盘蓝筹股票基金荣获"金算盘奖"。

2010年度

2010年05月29日 "中国证券市场20年回顾与展望暨第四届中国上市公司市值管理高峰论坛"在北京举办。招商基金获得"最具影响力基金公司"荣誉。

2010年11月08日 在由《理财周报》举办的2010中国基金业领袖峰会暨三千万持有人最受尊敬基金公司调查活动中，招商基金获得"2010中国最受尊敬基金公司"和"2010最佳产品设计基金公司"双项荣誉。

2010年11月12日 在《证券日报》主办的第五届中国证券市场年会2010年度金奖总评榜中，招商基金凭借招商安本利基金的良好业绩表现再度荣获"金算盘奖"。

招商基金管理有限公司

法定名称	招商基金管理有限公司	英文名称	China Merchants Fund(CMF) Management Co.,Ltd.		
成立时间	2002年12月27日	注册资本	2.1亿元人民币	公司属性	中外合资
法人代表	马蔚华	总 经 理	成保良	督 察 长	吴武泽
公司网址	www.cmfchina.com	客服电话	400-887-9555		
联系电话	0755-8319 6666	传真号码	0755-8319 6405		
注册地址	深圳市深南大道7088号招商银行大厦28楼	办公地址	深圳市深南大道7088号招商银行大厦28楼		

公司简介

招商基金管理有限公司(以下简称“招商基金”)是由中国证监会批准设立的第一家中外合资基金管理公司。公司成立于2002年12月27日，目前注册资本为2.1亿元人民币。公司股东为招商银行股份有限公司、招商证券股份有限公司和ING Asset Management B.V.(荷兰投资)。作为中国首家中外合资基金管理公司，招商基金始终坚持“为客户带来价值”的理念，致力于为客户提供优质的专业理财服务，并以良好的投资业绩和完美的客户服务赢得了投资者的信任，树立了良好的市场形象和公司品牌。

经过8年发展，招商基金在共同基金、社保基金、企业年金、QFII、QDII、专户资产管理等各个资产管理业务领域均取得了长足进展，已成长为国内业务资质覆盖范围较广、产品风险梯度较明显、产品风格较齐全的基金管理公司之一。

年度经营

截至2010年6月30日，招商基金共管理15只开放式基金，包括6只股票型基金、3只混合型基金、4只债券型基金、1只货币市场基金和1只QDII基金。

在公募基金产品发行方面，2009年以来，招商基金旗下产品线得到了进一步的完善，相继募集设立了包括股票型(指数)、债券型、QDII在内的5只新产品，分别是招商行业领先股票、招商中小盘股票、招商全球资源股票、招商深证100指数和招商信用添利债券。

在专户资产管理方面，招商基金凭借稳健的投资风格和良好的业绩表现，获得了社保理事会的高度评价。在企业年金方面，招商基金目前管理着数十家企业年金基金，累积了各种规模、各种风险收益偏好、各种形式的年金专户投资经验。截至2009年底，招商基金专户团队管理资产规模超过170亿元人民币。

客户服务

作为中国首家中外合资基金管理公司，招商基金始终坚持“为客户带来价值”的理念，致力于为客户提供优质的专业理财服务，并以良好的投资业绩和完美的客户服务赢得了投资者的信任。

招商基金通过专业的客户服务，倡导正确的投资观念，为客户创造价值。目前客户服务中心的服务对象涵盖共同基金、专户及直销机构客户。

招商基金全国统一热线4008879555提供高效专业的座席服务，客服中心定期为客户寄送对账单、理财导报、投资策略报告等资料，并通过短信、电子邮件为客户发送定制信息。公司开辟了社区论坛、在线客服、会员俱乐部等平台，旨在打造个性、丰富、沟通无障碍的服务体系。

社会责任

自成立至今，招商基金积极履行企业公民责任。2010年4月青海玉树地震后，公司积极响应中国证券业协会号召，第一时间捐款22万多元，用于灾区救助和重建。近年来，招商基金已向东南亚海啸、广东洪水、南方雪灾地区、四川汶川灾区等多处机构和地区现金捐赠达220多万元，此外还通过客户服务中心主动呼出寻找灾区投资者、捐赠救灾帐篷等各种形式践行社会责任。

2009年管理公募基金概况

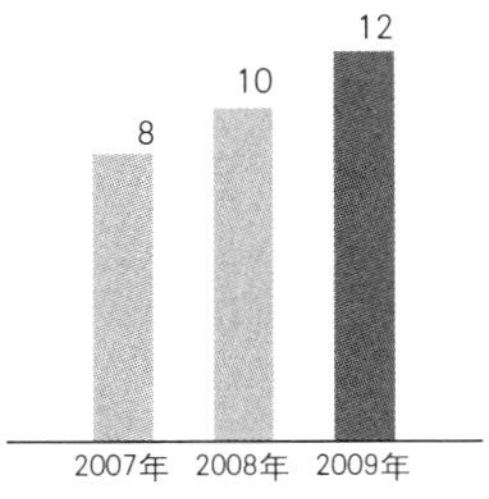

基金数量(只)

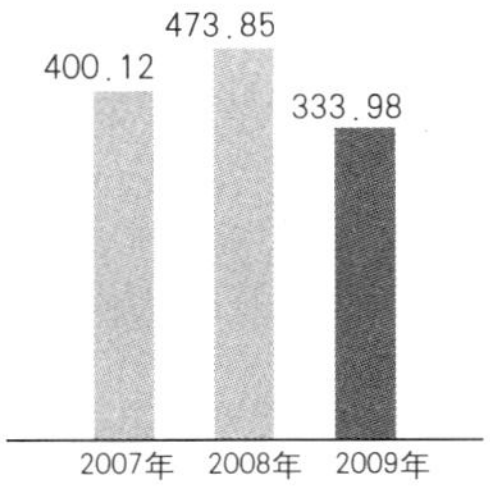

基金份额规模(亿份)

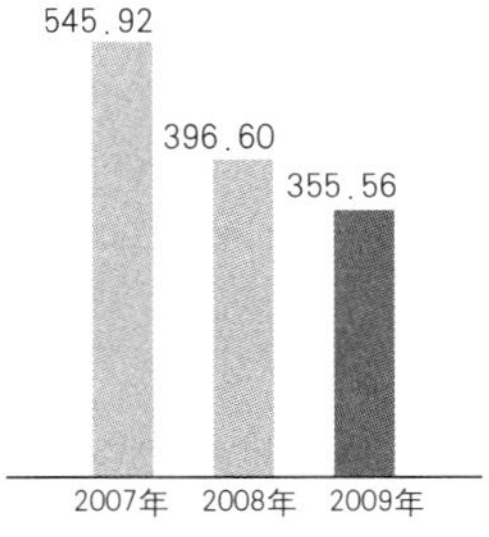

基金资产规模(亿元)

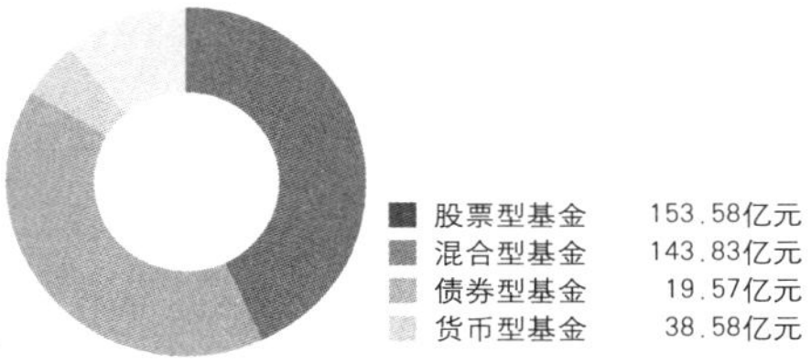

2009年基金资产规模构成

招商安泰系列开放式证券投资基金（包括招商安泰股票基金、招商安泰平衡型基金和招商安泰债券基金）

招商安泰股票证券投资基金

基本资料

基金简称	招商安泰股票	交易代码	217001		
风险收益特征	短期本金安全性低，当期收益不稳定，长期资本增值总体投资风险高。				
业绩比较基准	75%×上证180 指数+20%×中信国债指数+5%×同业存款利率				
合同生效日	2003年4月28日	首募份额	10.29亿份	认购户数	10,604户
基金管理人	招商基金管理有限公司	基金托管人	招商银行		
注册登记人	招商基金管理有限公司				

成立来累计净值增长率与同期基准收益率历史走势对比图（%）

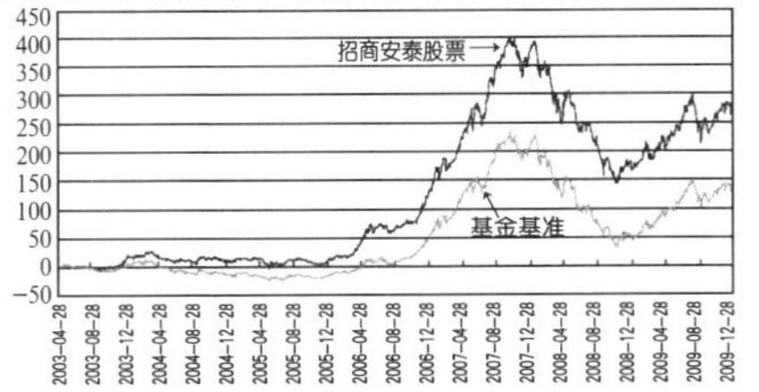

财务指标 单位：人民币（元）；%

项目 \ 年度	2009年	2008年	2007年
本期利润	427,316,634.63	−901,009,017.00	1,055,168,734.72
本期加权平均净值利润率	38.94	−61.06	70.20
期末基金资产净值	1,048,415,197.05	1,054,109,691.52	2,027,577,307.49
期末基金份额净值	0.8666	0.5963	1.0703
本期份额净值增长率	45.33	−44.29	105.33
累计份额净值增长率	287.26	166.47	378.29
基金收益分配	——	——	10派6.000

近三年净值增长率与同期基准收益率对比图（%）

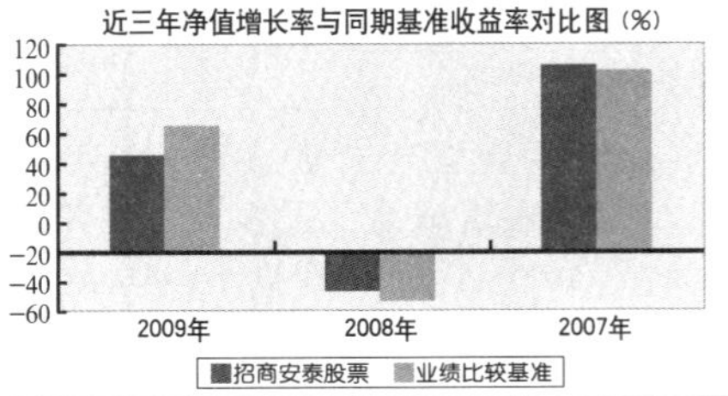

期末基金份额持有人户数	基金份额持有人户数为49,430户，平均每户持有24,474.15份。（期末截至2009年12月31日）
期末基金份额持有人结构	机构投资者持有204,867,404.43份，占总份额16.93%；个人投资者持有1,004,889,950.59份，占总份额83.07%。

基金业绩表现

截至2009年12月31日，招商安泰股票基金份额净值为0.8666元，全年份额净值增长率为45.33%。

基金管理团队

邓良毅先生：基金经理，经济学硕士，15年证券从业经历。2009年加入招商基金公司，现任招商安泰系列基金经理。

汪 仪先生：基金经理，经济学硕士，5年证券从业经历。2007年加入招商基金公司，曾任固定收益投资部高级研究员，后任招商安泰系列基金及招商安本增利基金经理。

游 海先生：基金经理，8年证券从业经历，工商管理硕士。2006年加入招商基金公司股票投资部，曾任公用事业及能源行业研究员，招商安泰系列基金经理。

郝建国先生：基金经理，经济学硕士，9年证券从业经历。2008年4月加入招商基金公司，曾任专户资产投资部投资经理，招商安泰系列基金经理。

基金运作分析

2009年年初招商安泰股票基金股票组合的持仓结构主要是电力设备、医药、传媒等防守型股票，周期性行业配置不足，致使一季度收益率低于基准；二季度，该基金转变思路，在资产配置上坚持高仓位运作，并在4月份提前布局煤炭板块，在5月中下旬逐步调整组合结构，逐步减持中小盘、题材股，向银行、地产、钢铁等大盘蓝筹股集中，取得较好效果；三季度，在行情转折前期减持了银行、地产，增持中游行业及一些防御性行业，在一定程度上规避了强周期行业的下跌，但由于整体仓位较高，影响了当期收益；四季度继续减持银行、地产，超配了汽车、IT（特别是3G相关）、农业等行业板块，保持整体配置向消费类倾斜。

季度投资组合一览

项目 \ 季度	第一季度		第二季度		第三季度		第四季度	
基金资产净值	1,197,108,422.92元		1,052,456,969.39元		935,064,566.32元		1,048,415,197.05元	
基金份额	1,736,161,754.63份		1,316,533,555.37份		1,266,574,526.09份		1,209,757,355.02份	
基金份额净值	0.6895元		0.7994元		0.7383元		0.8666元	
基金资产组合	市值(元)	占总资产比(%)	市值(元)	占总资产比(%)	市值(元)	占总资产比(%)	市值(元)	占总资产比(%)
股票投资	926,027,650.95	75.21	706,848,145.08	66.53	612,984,028.55	64.75	814,710,389.30	71.56
债券投资	252,716,985.40	20.53	217,399,470.00	20.46	244,002,869.10	25.78	265,449,664.62	23.32
金融衍生品投资	——	——	——	——	——	——	——	——
买入返售金融资产	——	——	——	——	——	——	——	——
银行存款和结算备付金	43,779,953.84	3.56	118,084,341.84	11.12	85,718,534.37	9.06	36,986,783.50	3.25
其他资产	8,668,795.39	0.70	20,053,844.78	1.89	3,918,966.33	0.41	21,323,108.69	1.87

投资前五名股票明细

股票名称	市值(元)	占净值比(%)	股票名称	市值(元)	占净值比(%)	股票名称	公允价值(元)	占净值比(%)	股票名称	公允价值(元)	占净值比(%)
浦发银行	59,184,000.00	4.94	浦发银行	92,091,809.26	8.75	兴业银行	27,798,492.36	2.97	九 芝 堂	38,266,630.08	3.65
中国太保	55,897,536.00	4.67	保利地产	65,643,521.62	6.24	中国太保	25,670,139.06	2.75	一汽富维	35,455,870.29	3.38
华发股份	47,609,672.00	3.98	万 科A	57,413,250.00	5.46	鞍钢股份	22,037,985.90	2.36	上海汽车	30,677,665.20	2.93
长江电力	41,887,286.00	3.50	兴业银行	46,311,387.39	4.40	华夏银行	21,023,362.80	2.25	宝钢股份	28,980,000.00	2.76
双汇发展	32,704,710.50	2.73	华发股份	40,092,732.00	3.81	万 科A	20,734,070.28	2.22	东凌粮油	28,848,384.40	2.75

投资前五名债券明细

债券名称	市值(元)	占净值比(%)	债券名称	市值(元)	占净值比(%)	债券名称	市值(元)	占净值比(%)	债券名称	市值(元)	占净值比(%)
08央行票据65	53,160,000.00	4.44	08央行票据65	52,615,000.00	5.00	20国债(4)	129,216,384.60	13.82	20国债(4)	133,471,296.00	12.73
08央票101	48,670,000.00	4.07	08央票101	48,295,000.00	4.59	唐钢转债	47,662,750.00	5.10	21国债(10)	59,328,200.00	5.66
08国开04	32,919,000.00	2.75	08央行票据44	31,485,000.00	2.99	21国债(10)	45,214,400.00	4.84	唐钢转债	51,114,668.62	4.88
08央行票据47	31,821,000.00	2.66	20国债(4)	29,047,612.00	2.76	21国债(12)	21,625,800.00	2.31	21国债(12)	21,535,500.00	2.05
08央行票据44	31,809,000.00	2.66	08央票106	29,016,000.00	2.76	博汇转债	283,534.50	0.03	——		

招商安泰平衡型证券投资基金

基本资料			
基金简称	招商安泰平衡混合	交易代码	217002
风险收益特征	短期本金安全性适中，当期收益适中，长期资本增值适中，总体投资风险适中。		
业绩比较基准	45%×上证180指数+50%×中信国债指数+5%×同业存款利率		
合同生效日	2003年4月28日　首募份额　8.99亿份	认购户数	11,315户
基金管理人	招商基金管理有限公司	基金托管人	招商银行
注册登记人	招商基金管理有限公司		

财务指标　　单位：人民币（元）；%

项目＼年度	2009年	2008年	2007年
本期利润	43,482,901.59	-85,501,070.79	165,156,127.88
本期加权平均净值利润率	25.65	-33.18	52.22
期末基金资产净值	157,628,854.17	157,421,621.56	308,907,156.55
期末基金份额净值	2.0463	1.5873	2.1823
本期份额净值增长率	28.92	-27.26	70.17
累计份额净值增长率	208.30	139.15	228.79
基金收益分配	——	——	10派4.200

成立来累计净值增长率与同期基准收益率历史走势对比图（%）

近三年净值增长率与同期基准收益率对比图（%）

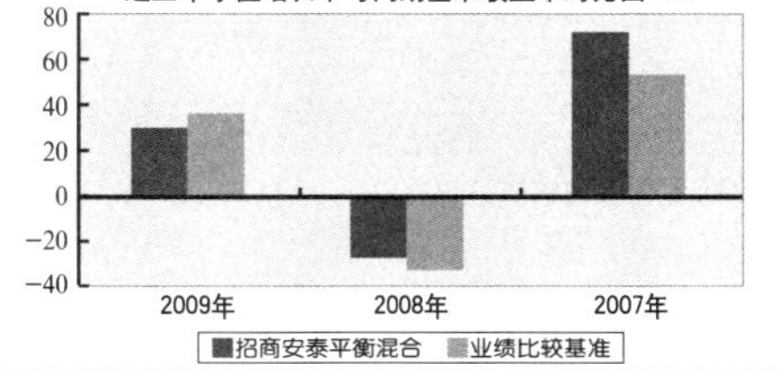

期末基金份额持有人户数	基金份额持有人户数为10,319户，平均每户持有7,464.83份。（期末截至2009年12月31日）
期末基金份额持有人结构	机构投资者持有12,039,889.16份，占总份额15.63%；个人投资者持有64,989,717.90份，占总份额84.37%。

基金业绩表现

截至2009年12月31日，招商安泰平衡混合基金份额净值为2.0463元，全年净值增长率为28.92%。

基金管理团队

邓良毅先生：基金经理，经济学硕士，15年证券从业经历。曾任职于中国人民银行深圳分行、深圳证券监督管理办公室（现深圳证监局）；华林证券公司、中国建银投资证券及泰信基金公司。2009年加入招商基金公司，现任招商安泰系列基金经理。

汪　仪先生：基金经理，经济学硕士，5年证券从业经历。曾任职于广州市商业银行、国投瑞银基金公司。2007年加入招商基金管理公司，曾任固定收益投资部高级研究员，后任招商安泰系列基金及招商安本增利债券基金经理。

游海先生：基金经理，8年证券从业经历，工商管理硕士。2006年加入招商基金公司股票投资部，曾任公用事业及能源行业研究员，招商安泰系列基金经理。

郝建国先生：基金经理，经济学硕士，9年证券从业经历。曾任职于长城证券、平安证券及摩根士丹利华鑫基金公司。2008年4月加入招商基金管理公司，曾任专户资产投资部投资经理，招商安泰系列基金经理。

基金运作分析

2009年年初招商安泰平衡基金股票组合的持仓结构主要是电力设备、医药、传媒等防守型股票，周期性行业配置不足，致使一季度收益率低于基准；二季度，该基金转变思路，在资产配置上坚持高仓位运作，并在4月份提前布局煤炭板块，在5月中下旬逐步调整组合结构，逐步减持中小盘、题材股，向银行、地产、钢铁等大盘蓝筹股集中，取得较好效果；三季度，在行情转折前期减持了银行、地产，增持中游行业及一些防御性行业，在一定程度上规避了强周期行业的下跌，但由于整体仓位较高，影响了当期收益；四季度继续减持银行、地产，超配了汽车、IT（特别是3G相关）、农业等行业板块，保持整体配置向消费类倾斜。

季度投资组合一览

项目＼季度	第一季度		第二季度		第三季度		第四季度	
基金资产净值	172,937,276.11元		187,883,082.26元		153,656,284.16元		157,628,854.17元	
基金份额	98,727,383.94份		95,736,739.94份		86,662,999.79份		77,029,607.06份	
基金份额净值	1.7517元		1.9625元		1.7730元		2.0463元	
基金资产组合	市值(元)	占总资产比(%)	市值(元)	占总资产比(%)	市值(元)	占总资产比(%)	市值(元)	占总资产比(%)
股票投资	84,506,399.68	48.58	88,045,514.39	46.62	71,921,105.78	45.47	84,514,234.76	51.44
债券投资	72,757,033.70	41.83	93,074,465.00	49.28	64,680,529.40	40.89	63,814,713.08	38.84
金融衍生品投资	——	——	——	——	——	——	——	——
买入返售金融资产	——	——	——	——	——	——	——	——
银行存款和结算备付金	8,795,631.00	5.06	1,914,818.42	1.01	15,423,861.83	9.75	13,449,544.94	8.19
其他资产	7,877,978.90	4.53	5,818,377.69	3.08	6,148,417.83	3.89	2,531,961.35	1.54

投资前五名股票明细	股票名称	市值(元)	占净值比(%)	股票名称	市值(元)	占净值比(%)	股票名称	公允价值(元)	占净值比(%)	股票名称	公允价值(元)	占净值比(%)
	浦发银行	8,110,400.00	4.69	浦发银行	11,602,080.00	6.18	兴业银行	3,270,635.47	2.13	一汽富维	3,983,694.24	2.53
	中国太保	7,227,146.00	4.18	保利地产	9,982,946.60	5.31	中国太保	3,019,901.08	1.97	九 芝 堂	3,712,800.00	2.36
	长江电力	6,045,200.00	3.50	万　科A	7,012,002.75	3.73	鞍钢股份	2,592,618.84	1.69	上海汽车	2,976,964.77	1.89
	华发股份	5,508,679.00	3.19	兴业银行	4,824,300.00	2.57	华夏银行	2,473,112.40	1.61	宝钢股份	2,812,026.00	1.78
	盘江股份	5,369,000.00	3.10	鞍钢股份	4,365,890.00	2.32	万　科A	2,439,467.88	1.59	东凌粮油	2,798,450.00	1.78

投资前五名债券明细	债券名称	市值(元)	占净值比(%)	债券名称	市值(元)	占净值比(%)	债券名称	市值(元)	占净值比(%)	债券名称	市值(元)	占净值比(%)
	08国债04	20,934,000.00	12.10	08国债04	20,844,000.00	11.09	20国债(4)	34,540,600.00	22.48	20国债(4)	41,328,000.00	26.22
	08央票101	19,468,000.00	11.26	09央行票据12	19,952,000.00	10.62	02国债(3)	20,270,250.00	13.19	02国债(3)	20,286,266.00	12.87
	21国债(12)	15,469,500.00	8.95	08央票101	19,318,000.00	10.28	21国债(10)	8,556,825.20	5.57	唐钢转债	1,256,648.28	0.80
	08央行票据44	10,603,000.00	6.13	21国债(12)	15,405,000.00	8.20	唐钢转债	1,183,873.80	0.77	新钢转债	943,798.80	0.60
	国债(10)	3,599,750.00	2.08	08央行票据44	10,495,000.00	5.59	博汇转债	128,980.40	0.08	——		

招商安泰债券投资基金

基本资料					
基金简称	招商安泰债券A类　招商安泰债券B类				
交易代码	A类：217003　B类：217203				
风险收益特征	短期本金安全性很高，当期收益最好，长期资本增值低，总体投资风险低。				
业绩比较基准	95%×中信国债指数+5%×同业存款利率				
合同生效日	2003年4月28日	首募份额	25.86亿份	认购户数	15,245户
基金管理人	招商基金管理有限公司	基金托管人	招商银行		
注册登记人	招商基金管理有限公司				

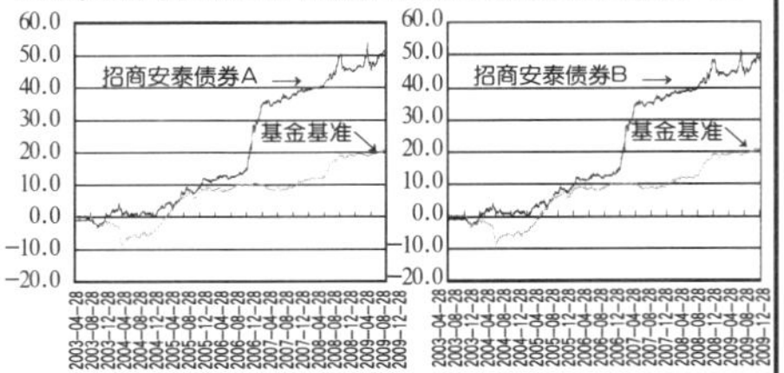

财务指标　单位：人民币（亿元）；%

项目＼年度	2009年		2008年		2007年	
	A类	B类	A类	B类	A类	B类
本期利润	-0.0513	-0.3824	0.4570	0.2824	0.4470	0.3164
本期加权平均净值利润率	-1.29	-6.15	10.61	10.47	17.10	17.42
期末基金资产净值	3.1288	1.8708	9.7311	22.8756	2.0485	0.9508
期末基金份额净值	1.1571元	1.1378元	1.1353元	1.1215元	1.1245元	1.117元
本期份额净值增长率	1.92	1.45	8.27	7.76	20.55	20.10
累计份额净值增长率	54.21	51.83	51.31	49.66	39.75	38.88
基金收益分配	——		10派0.800元		10派1.250元	

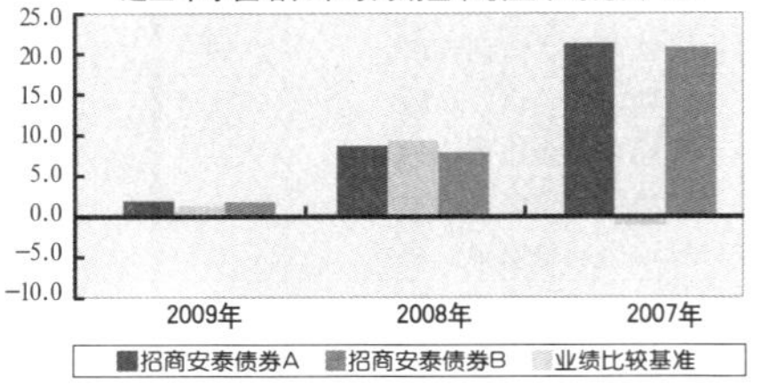

期末基金份额持有人户数	A：基金份额持有人户数为6,681户，平均每户持有40,473.68份。 B：基金份额持有人户数为4,964户，平均每户持有33,124.32份。　（期末截至2009年12月31日）
期末基金份额持有人结构	A：机构投资者持有181,266,987.03份，占总份额67.04%；个人投资者持有89,137,687.53份，占总份额32.96%。 B：机构投资者持有55,668,681.08份，占总份额33.86%；个人投资者持有108,760,448.43份，占总份额66.14%。

基金业绩表现

2009年招商安泰债券基金A类净值增长率为1.92%，B类净值增长率为1.45%。

基金管理团队

邓良毅先生：基金经理，经济学硕士，15年证券从业经历。2009年加入招商基金管理公司，现任招商安泰系列基金经理。

汪　仪先生：基金经理，经济学硕士，5年证券从业经历。2007年加入招商基金管理公司，曾任固定收益投资部高级研究员，后任招商安泰系列基金及招商安本增利基金经理。

游　海先生：基金经理，8年证券从业经历，工商管理硕士。2006年加入招商基金管理公司股票投资部，曾任公用事业及能源行业研究员，招商安泰系列基金经理。

郝建国先生：基金经理，经济学硕士，9年证券从业经历。2008年4月加入招商基金公司，曾任专户资产投资部投资经理，招商安泰系列基金经理。

基金运作分析

回顾2009年基金操作，该基金管理人严格遵照基金合同的相关约定，按照既定的投资流程进行了规范运作。在债券投资上，由于经济的复苏，债券市场风险大于机会，招商安泰债券基金对中长期利率品种进行逐步减持，增持了信用债和流动性较好的央票，参与了可转债的波段操作。

季度投资组合一览

项目＼季度	第一季度		第二季度		第三季度		第四季度	
	A	B	A	B	A	B	A	B
基金资产净值	3.9967亿份	9.2718亿元	3.0958亿份	4.5317亿元	3.2303亿份	2.4716亿元	3.1288亿份	1.8708亿元
基金份额	3.6169亿份	8.5063亿份	2.7844亿份	4.1366亿份	2.8990亿份	2.2537亿份	2.7040亿份	1.6443亿份
基金份额净值	1.1050元	1.0900元	1.1119元	1.0955元	1.1143元	1.0967元	1.1571元	1.1378元
基金资产组合	市值(元)	占总资产比(%)	市值(元)	占总资产比(%)	市值(元)	占总资产比(%)	市值(元)	占总资产比(%)
股票投资	——	——	——	——	——	——	——	——
债券投资	1,150,393,969.90	85.81	692,810,711.80	89.81	582,121,940.65	94.32	461,296,907.62	91.30
资产支持证券投资	30,010,988.81	2.24	20,008,160.92	2.59	20,008,160.92	3.24	20,008,160.92	3.96
买入返售金融资产	——	——	——	——	——	——	——	——
银行存款和结算备付金	133,439,699.29	9.95	51,959,429.25	6.74	6,577,628.84	1.07	19,930,500.29	3.94
其他资产	26,774,367.50	2.00	6,611,635.79	0.86	8,472,231.26	1.37	4,009,816.86	0.79

投资前五名股票明细	股票名称	公允价值(元)	占净值比(%)	股票名称	公允价值(元)	占净值比(%)	股票名称	公允价值(元)	占净值比(%)	股票名称	公允价值(元)	占净值比(%)
	——			——			——			——		

投资前五名债券明细	债券名称	市值(元)	占净值比(%)	债券名称	市值(元)	占净值比(%)	债券名称	公允价值(元)	占净值比(%)	债券名称	公允价值(元)	占净值比(%)
	08央票106	243,650,000.00	18.36	08央行票据44	125,940,000.00	16.51	09央行票据35	69,769,000.00	12.24	20国债(4)	65,288,160.00	13.06
	08国债26	155,968,000.00	11.75	09央行票据17	99,740,000.00	13.08	09央行票据37	59,802,000.00	10.49	09央行票据67	49,835,000.00	9.97
	08国开08	152,250,000.00	11.47	08央行票据47	83,992,000.00	11.01	20国债(4)	58,994,328.90	10.35	09央行票据69	49,835,000.00	9.97
	08央行票据44	127,236,00.00	9.59	09镇城投债	50,055,000.00	6.56	09进出07	49,905,000.00	8.75	09宜城债	40,360,000.00	8.07
	08国债18	94,257,000.00	7.10	08央票106	48,360,000.00	6.34	09央行票据43	49,835,000.00	8.74	王府转债	34,056,576.00	6.81

招商现金增值开放式证券投资基金

基本资料

基金简称	招商现金增值货币	交易代码	A:217004 B:217014
风险收益特征	该基金流动性好、安全性高、收益稳定。		
业绩比较基准	一年期银行定期储蓄存款的税后利率:(1-利息税率)×一年期银行定期储蓄存款利率		

合同生效日	2004年1月14日	首募份额	46.45亿份	认购户数	26,731户
基金管理人	招商基金管理有限公司	基金托管人	招商银行		
注册登记人	招商基金管理有限公司				

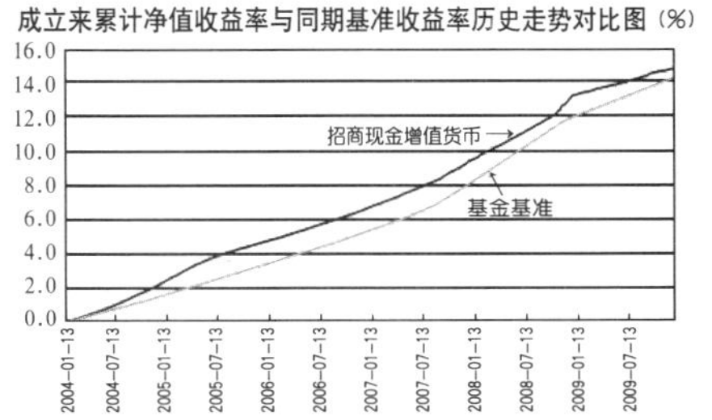

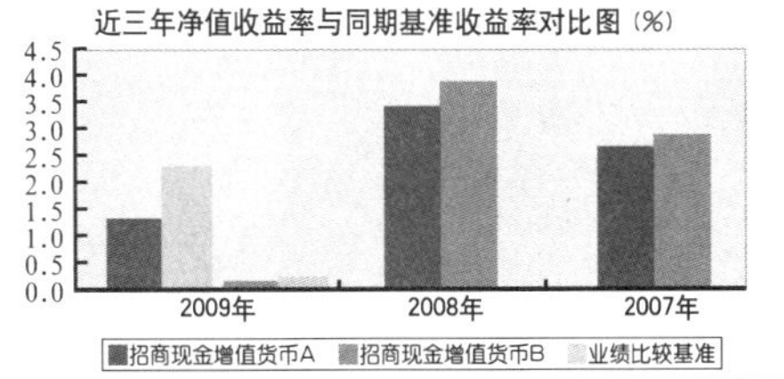

财务指标 单位:人民币(亿元):%

项目 \ 年度	2009年		2008年	2007年
	A	B	A	A
本期利润	0.8143	0.0210	2.1478	0.8768
期末基金资产净值	23.6550	14.9281	110.5208	48.9603
期末基金份额净值	1.0000元	1.0000元	1.0000元	1.0000元
本期份额净值收益率	1.3671	0.1357	3.4380	2.6033
累计份额净值收益率	14.7535	0.1357	13.2058	9.4432
基金收益分配	0.8143	0.0210	2.1478	0.8768

期末基金份额持有人户数	A:基金份额持有人户数为25,614户,平均每户持有92,351.97份。 B:基金份额持有人户数为18户,平均每户持有82,934,064.58份。 (期末截至2009年12月31日)
期末基金份额持有人结构	A:机构投资者持有1,467,206,762.29份,占总份额62.03%;个人投资者持有898,296,571.20份,占总份额37.97%。 B:机构投资者持有1,492,812,982.45份,占总份额100.00%;个人投资者持有0份,占总份额0.00%。

基金业绩表现

2009年招商现金增值货币基金A级净值收益率为1.3671%,B级净值收益率为0.1357%。

基金管理团队

佘春宁先生:基金经理,经济学硕士,10年证券从业经历。曾任职于中国人民银行深圳特区分行、国家外汇管理局深圳分局深圳外汇经纪中心、大鹏证券公司资金结算部,一直从事资金交易和投资管理等相关工作;2005年10月加入招商基金管理公司固定收益投资部,曾任宏观经济分析师,现任招商现金增值基金经理和招商安心收益基金经理。

基金运作分析

2009年,央行通过公开市场净投放资金,同时货币市场利率逐步上行。①公开市场操作净投放资金:2009年央行共投放资金40,295.45亿元,回笼资金36,866.28亿元,合计净投放资金3,429.17亿元,与2008年净投放相比,2009年央行是净投放资金。②短期货币市场利率逐步上行,主要有两个原因,一是央行2009年上半年加大了净投放的力度,而下半年这种情况有所变化,尤其是第四季央行采取了净回笼操作,这使得货币利率呈现逐步攀升的态势;二是管理层在年中重启IPO,且IPO融资数量逐步加大,直接导致下半年短期货币市场利率上行。

季度投资组合一览

项目 \ 季度	第一季度		第二季度		第三季度		第四季度	
							A	B
基金资产净值	8,137,203,218.30元		5,923,484,548.97元		3,806,501,478.17元		23.6550亿元	14.9281亿元
基金份额	8,137,203,218.30份		5,923,484,548.97份		3,806,501,478.17份		23.6550亿份	14.9281亿份
基金份额净值	1.000元		1.000元		1.000元		1.000元	
基金资产组合	市值(元)	占总资产比(%)	市值(元)	占总资产比(%)	市值(元)	占总资产比(%)	市值(元)	占总资产比(%)
股票投资	——	——	——	——	——	——	——	——
债券投资	7,891,189,942.14	96.91	5,121,589,286.64	72.26	3,298,977,133.46	86.59	3,723,189,968.39	96.42
金融衍生品投资	——	——	——	——	——	——	——	——
买入返售金融资产	——	——	——	——	450,000,845.00	11.81	——	——
银行存款和结算备付金	208,073,921.37	2.56	1,913,482,747.62	27.00	46,392,112.35	1.22	127,080,782.16	3.29
其他资产	43,840,308.97	0.53	52,748,274.28	0.74	14,315,265.07	0.38	11,134,773.21	0.29

投资前五名债券明细

第一季度 债券名称	成本(元)	占净值比(%)	第二季度 债券名称	成本(元)	占净值比(%)	第三季度 债券名称	成本(元)	占净值比(%)	第四季度 债券名称	成本(元)	占净值比(%)
08央票104	695,889,057.22	8.55	08央票104	658,298,434.67	11.11	09央行票据47	657,974,211.66	17.29	09央行票据67	997,207,956.15	25.85
08央票108	615,648,031.29	7.57	08央票108	617,894,369.36	10.43	09央行票据39	399,174,525.54	10.49	09央行票据63	498,872,986.06	12.93
08央行票据95	457,758,744.09	5.63	08央行票据95	459,203,975.53	7.75	09央行票据37	349,365,558.63	9.18	09央行票据57	399,390,828.09	10.35
08中石化CP01	400,582,680.53	4.92	08央行票据92	249,607,134.89	4.21	09央行票据43	349,099,436.34	9.17	07农发13	159,976,614.14	4.15
08央行票据61	299,139,246.40	3.68	08中航集CP01	240,640,379.23	4.06	08中航集CP01	240,281,767.09	6.31	09央行票据53	149,849,421.58	3.88

投资组合平均剩余期限

平均剩余期限	第一季度 占净值比(%)	第二季度 占净值比(%)	第三季度 占净值比(%)	第四季度 占净值比(%)
30天以内	10.79	39.74	18.82	4.59
30天(含)—60天	13.87	20.91	26.37	19.17
60天(含)—90天	18.37	39.08	41.39	50.66
90天(含)—180天	45.98	13.27	2.62	6.21
180天(含)—397天(含)	10.54	5.77	10.50	19.16

招商先锋证券投资基金

基本资料					
基金简称	招商先锋混合	交易代码	217005		
风险收益特征	该基金股票资产集中投资于管理人认为具有较高相对投资价值的股票。债券投资采用主动的投资管理，获得与风险相匹配的收益率，同时保证组合的流动性满足正常的现金流的需要。				
业绩比较基准	65%×上证180指数+35%×中信国债指数				
合同生效日	2004年6月1日	首募份额	16.05亿份	认购户数	26,381户
基金管理人	招商基金管理有限公司	基金托管人	中国银行		
注册登记人	招商基金管理有限公司				

成立来累计净值增长率与同期基准收益率历史走势对比图（%）

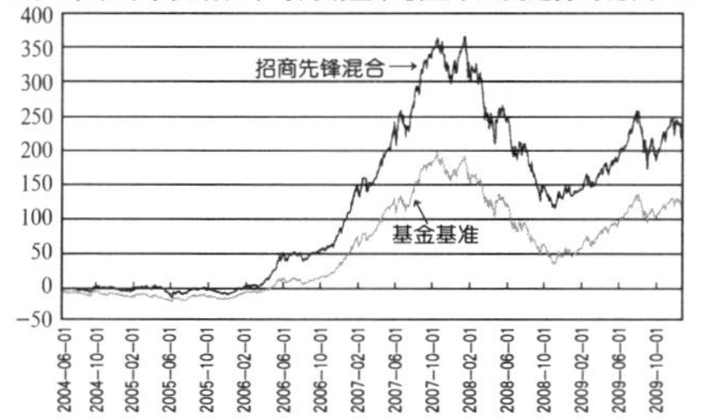

财务指标　　单位：人民币（元）；%

项 目 ＼ 年 度	2009年	2008年	2007年
本期利润	2,680,908,213.04	−6,313,475,679.97	2,649,675,210.05
本期加权平均净值利润率	34.72	−67.67	44.16
期末基金资产净值	7,897,634,216.46	6,617,840,182.26	13,444,820,503.09
期末基金份额净值	0.7847	0.5520	1.0446
本期份额净值增长率	42.16	−47.16	111.37
累计份额净值增长率	232.01	133.56	341.98
基金收益分配	——	——	10派12.850

近三年净值增长率与同期基准收益率对比图（%）

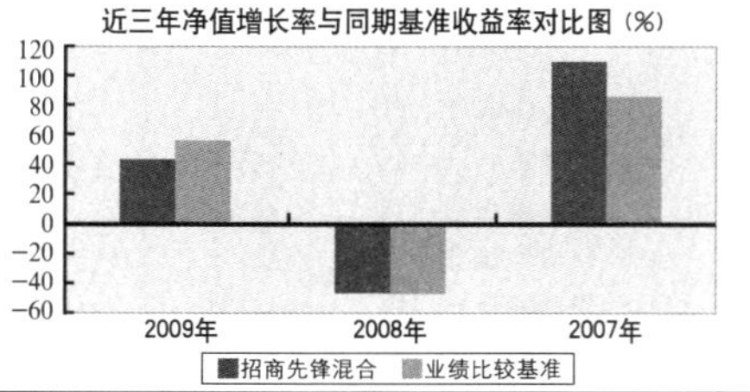

期末基金份额持有人户数	基金份额持有人户数为426,172户，平均每户持有23,614.99份。　（期末截至2009年12月31日）
期末基金份额持有人结构	机构投资者持有211,651,085.12份，占总份额2.10%；个人投资者持有9,852,395,059.01份，占总份额97.90%。

基金业绩表现

截至2009年12月31日，招商先锋混合基金份额净值为0.7847元，全年净值增长率为42.16%。

基金管理团队

涂冰云先生：基金经理，工商管理硕士，11年证券从业经历。曾就职于深圳投资基金公司、大连证券深圳管理总部；2002年10月加入招商基金公司，曾任交易部交易员，股票投资部行业研究员，助理基金经理，现任招商行业领先股票基金经理和招商先锋混合基金经理。

郝联峰先生：基金经理、研究部总监，经济学硕士，9年证券从业经历。曾任职于海通证券公司、国都证券公司、中国人民银行金融研究所、中国再保险（集团）公司及中再资产管理公司。2009年加入招商基金公司；2009年8月起任招商先锋混合基金经理。

张　冰先生：基金经理、总经理助理、股票投资部总监、管理工程硕士，16年证券从业经历。曾任职于招商证券公司。2002年加入招商基金公司，曾任招商先锋基金经理，现任总经理助理兼股票投资部总监兼招商优质成长股票及招商核心价值混合的基金经理；2004年6月至2009年8月任招商先锋混合基金经理。

基金运作分析

股票市场：2009年招商先锋混合基金始终坚持价值投资理念，在个股选择上重点把握风险收益配比好的品种，在仓位调整上保持适度的灵活性，在行业配置上关注行业轮动。

债券市场：2009年，受经济强劲复苏和通胀预期的影响，债券收益率呈现整体上行趋势，收益率曲线呈现陡峭化特征。

季度投资组合一览

项 目 ＼ 季 度	第一季度		第二季度		第三季度		第四季度	
基金资产净值	7,421,138,743.14元		8,181,685,223.64元		7,127,546,936.13元		7,897,634,216.46元	
基金份额	11,727,242,532.28份		11,025,972,620.01份		10,436,542,672.08份		10,064,046,144.13份	
基金份额净值	0.6328元		0.7420元		0.6829元		0.7847元	
基金资产组合	市值(元)	占总资产比(%)	市值(元)	占总资产比(%)	市值(元)	占总资产比(%)	市值(元)	占总资产比(%)
股票投资	5,150,832,803.96	68.70	6,322,933,764.08	76.94	5,661,243,895.22	77.52	5,406,648,555.28	68.03
债券投资	1,861,508,573.08	24.83	1,719,839,939.70	20.93	1,512,668,838.00	20.71	1,700,276,103.51	21.40
金融衍生品投资	1,203,129.72	0.02	1,008,722.52	0.01	——	——	——	——
买入返售金融资产	——	——	——	——	——	——	——	——
银行存款和结算备付金	441,836,039.55	5.89	133,725,211.13	1.63	89,062,113.98	1.22	751,716,938.36	9.46
其他资产	42,104,258.92	0.56	40,395,721.33	0.49	40,338,737.01	0.55	88,341,941.92	1.11

投资前五名股票明细	股票名称	市值(元)	占净值比(%)	股票名称	市值(元)	占净值比(%)	股票名称	公允价值(元)	占净值比(%)	股票名称	公允价值(元)	占净值比(%)
	中国平安	312,879,335.13	4.22	深发展A	360,026,225.14	4.40	兴业银行	371,690,000.00	5.21	中国人寿	399,291,052.83	5.06
	特变电工	254,933,703.96	3.44	浦发银行	305,732,625.48	3.74	深发展A	340,170,000.00	4.77	海通证券	345,420,000.00	4.37
	中国太保	199,493,443.14	2.69	中国平安	296,759,159.18	3.63	浦发银行	334,050,000.00	4.69	中信证券	330,403,742.82	4.18
	盘江股份	185,075,674.56	2.49	中国太保	266,070,515.94	3.25	西山煤电	286,170,456.86	4.02	兴业银行	257,647,653.36	3.26
	浦发银行	164,105,241.76	2.21	中信证券	247,726,396.98	3.03	保利地产	240,572,166.98	3.38	西山煤电	239,336,250.34	3.03

投资前五名债券明细	债券名称	市值(元)	占净值比(%)	债券名称	市值(元)	占净值比(%)	债券名称	市值(元)	占净值比(%)	债券名称	市值(元)	占净值比(%)
	08央行票据47	296,996,000.00	4.00	08央行票据47	314,970,000.00	3.85	09央行票据35	229,241,000.00	3.22	09央行票据57	279,076,000.00	3.53
	08央行票据23	222,075,000.00	2.99	08央行票据23	219,807,000.00	2.69	08央行票据23	217,266,000.00	3.05	08央行票据23	215,670,000.00	2.73
	06国开02	199,760,000.00	2.69	08国开15	161,715,000.00	1.98	09央行票据43	169,439,000.00	2.38	09央行票据51	179,406,000.00	2.27
	08国开15	163,455,000.00	2.20	08农发16	104,250,000.00	1.27	09央行票据37	149,505,000.00	2.10	08农发16	102,410,000.00	1.30
	07进出05	100,310,000.00	1.35	06国债16	99,750,000.00	1.22	08农发16	103,120,000.00	1.45	05农发13	100,540,000.00	1.27

招商优质成长股票型证券投资基金(LOF)

基本资料					
基金简称	招商优质成长股票(LOF)	交易代码	161706(前端)　161707(后端)		
风险收益特征	该基金属于主动管理的股票型基金，精选价值被低估的具有优质成长性的个股进行积极投资，属于预期风险和预期收益相对较高的基金品种，力争在严格控制风险的前提下谋求实现基金资产长期稳定增值。				
业绩比较基准	95%×沪深300指数＋5%×同业存款利率				
合同生效日	2005年11月17日	首募份额	6.53亿份	认购户数	8,203户
基金管理人	招商基金管理有限公司	基金托管人	中信银行		
注册登记人	中国证券登记结算有限责任公司				

财务指标　　单位：人民币(元)；%

项目＼年度	2009年	2008年	2007年
本期利润	3,242,180,555.70	−6,541,302,041.28	6,887,861,847.73
本期加权平均净值利润率	51.47	−84.48	72.08
期末基金资产净值	6,926,441,951.26	4,604,127,404.25	12,830,594,616.51
期末基金份额净值	1.4267	0.8212	1.8747
本期份额净值增长率	73.73	−56.20	134.97
累计份额净值增长率	383.18	178.12	534.90
基金收益分配	——	——	10派2.000

成立来累计净值增长率与同期基准收益率历史走势对比图 (%)

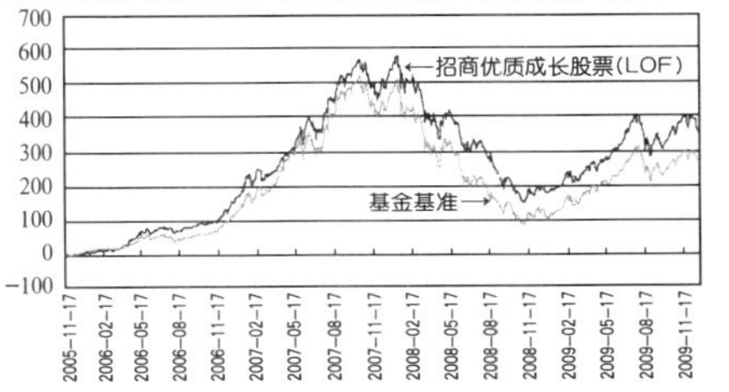

近三年净值增长率与同期基准收益率对比图 (%)

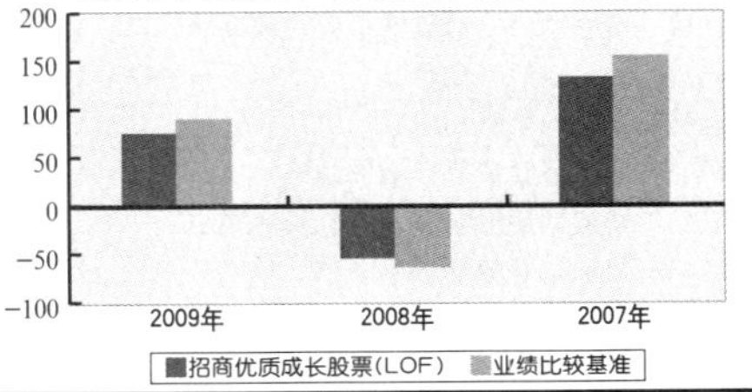

期末基金份额持有人户数	基金份额持有人户数为183,338户，平均每户持有26,480.52份。　(期末截至2009年12月31日)
期末基金份额持有人结构	机构投资者持有929,054,485.43份，占总份额19.14%；个人投资者持有3,925,831,543.94份，占总份额80.86%。

基金业绩表现

截至2009年12月31日，招商优质成长股票基金份额净值为1.4267元，全年净值增长率为73.73%。

基金管理团队

张　冰先生：基金经理、总经理助理、股票投资部总监、管理工程硕士，16年证券从业经历。曾任职于招商证券公司，先后任研究发展中心高级研究员、资产管理部投资经理；2002年加入招商基金管理公司，曾任招商先锋基金经理，现任总经理助理兼股票投资部总监兼招商核心价值混合基金经理；2005年11月起任招商优质成长股票基金经理。

基金运作分析

回顾2009年全年操作，招商优质成长股票基金在资产配置上始终坚持了高仓位的策略，同时根据市场状况动态调整组合结构。一季度，在组合结构上更偏向于防御，持仓结构主要是电力设备、医药、传媒等防守型股票；二季度，该基金对经济复苏预期和流动性充裕背景下的市场有更为乐观的判断，进一步提高了股票仓位，并逐步调整组合结构，增持银行、地产、煤炭和有色等大盘蓝筹股，取得了较好效果；三季度市场出现了较大幅度的调整，该基金适当增持了一些防守性个股，并在季末增持了保险股；四季度，针对货币政策预期的变化，主要降低了地产股的配置，适当增加了证券股和汽车零部件股的配置。

2010年，在投资策略上，该基金将采取相对灵活的仓位策略，把研究与投资的重点放在能稳定成长的行业和个股上，持续发掘一些受政府扶持发展的新兴行业的投资机会。

季度投资组合一览

项目＼季度	第一季度		第二季度		第三季度		第四季度	
基金资产净值	5,539,699,629.90元		6,655,882,440.77元		6,209,340,217.97元		6,926,441,951.26元	
基金份额	5,409,873,544.30份		5,209,928,183.44份		5,113,452,507.97份		4,854,886,029.37份	
基金份额净值	1.0240元		1.2775元		1.2143元		1.4267元	
基金资产组合	市值(元)	占总资产比(%)	市值(元)	占总资产比(%)	市值(元)	占总资产比(%)	市值(元)	占总资产比(%)
股票投资	4,990,971,449.03	88.74	6,276,084,235.80	90.76	5,732,081,188.41	91.94	6,494,217,611.05	93.19
债券投资	204,645,000.00	3.64	203,105,000.00	2.94	9,978,000.00	0.16	9,979,752.80	0.14
金融衍生品投资	——	——	——	——	——	——	——	——
买入返售金融资产	——	——	——	——	——	——	——	——
银行存款和结算备付金	239,697,647.26	4.26	154,662,200.45	2.24	487,137,621.53	7.81	429,554,736.38	6.16
其他资产	189,241,290.54	3.36	281,303,699.83	4.07	5,602,603.59	0.09	34,696,146.15	0.50

投资前五名股票明细

第一季度 股票名称	市值(元)	占净值比(%)	第二季度 股票名称	市值(元)	占净值比(%)	第三季度 股票名称	公允价值(元)	占净值比(%)	第四季度 股票名称	公允价值(元)	占净值比(%)
浦发银行	302,648,870.08	5.46	浦发银行	412,743,167.28	6.20	中国平安	505,081,461.30	8.13	兴业银行	378,861,597.00	5.47
中国太保	269,870,071.98	4.87	中国太保	359,933,981.58	5.41	中国太保	443,910,404.24	7.15	浦发银行	323,826,581.16	4.68
贵州茅台	252,666,659.20	4.56	兴业银行	348,785,757.00	5.24	浦发银行	352,319,862.60	5.67	中国人寿	253,516,894.38	3.66
长江电力	236,422,326.56	4.27	中国平安	336,120,713.14	5.05	兴业银行	317,582,073.00	5.11	深发展A	248,056,356.83	3.58
兴业银行	206,820,000.00	3.73	贵州茅台	325,929,860.80	4.90	贵州茅台	264,118,908.80	4.25	星湖科技	246,315,035.76	3.56

投资前五名债券明细

第一季度 债券名称	市值(元)	占净值比(%)	第二季度 债券名称	市值(元)	占净值比(%)	第三季度 债券名称	市值(元)	占净值比(%)	第四季度 债券名称	市值(元)	占净值比(%)
08央票104	97,390,000.00	1.76	08央票104	96,650,000.00	1.45	08国开25	9,978,000.00	0.16	08国开25	9,974,000.00	0.14
08央行票据92	97,170,000.00	1.75	08央行票据92	96,440,000.00	1.45				王府转债	5,752.80	0.00
08国开25	10,085,000.00	0.18	08国开25	10,015,000.00	0.15						

招商安本增利债券型证券投资基金

基本资料			
基金简称	招商安本增利债券	交易代码	217008
风险收益特征	该基金为流动性好、低风险、稳健收益类产品，可以满足追求本金安全基础上持续稳健收益的个人和机构投资者的投资需求。		
业绩比较基准	三年期银行定期存款税后利率＋20bp		
合同生效日	2006年7月11日　首募份额　30.98亿份	认购户数	19,932户
基金管理人	招商基金管理有限公司	基金托管人	中国光大银行
注册登记人	招商基金管理有限公司		

财务指标　　单位：人民币(元)；%

项目＼年度	2009年	2008年	2007年
本期利润	45,053,705.47	−131,493,066.58	758,436,962.02
本期加权平均净值利润率	3.74	−3.73	17.79
期末基金资产净值	835,021,972.88	2,057,797,943.24	4,589,851,234.85
期末基金份额净值	1.2256	1.1482	1.2095
本期份额净值增长率	6.74	−0.31	20.13
累计份额净值增长率	34.12	25.65	26.04
基金收益分配	——	10派0.550	10派0.450

成立来累计净值增长率与同期基准收益率历史走势对比图（%）

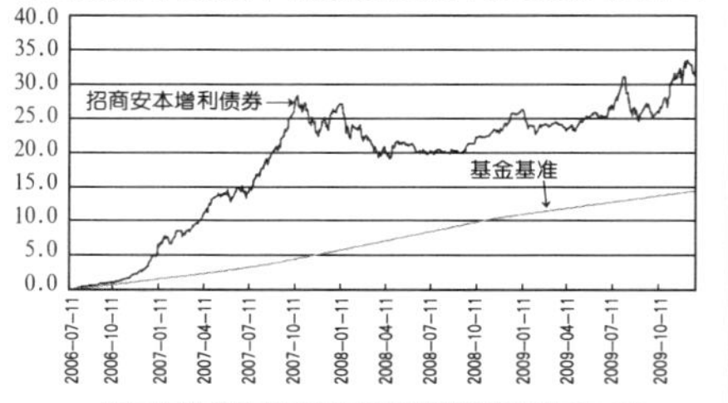

近三年净值增长率与同期基准收益率对比图（%）

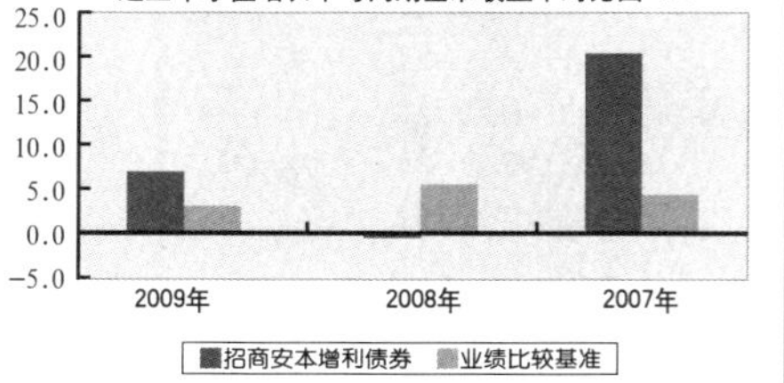

期末基金份额持有人户数	基金份额持有人户数为9,700户，平均每户持有70,236.04份。（期末截至2009年12月31日）
期末基金份额持有人结构	机构投资者持有377,164,310.53份，占总份额55.36%；个人投资者持有304,125,234.81份，占总份额44.64%。

基金业绩表现

2009年12月31日，招商安本增利债券基金份额净值为1.2256元，全年净值增长率为6.74%，同期业绩基准收益率为3.58%；业绩表现优于基准。

基金管理团队

张国强先生：基金经理、固定收益投资部总监，经济学硕士，8年证券从业经历。曾任中信证券公司研究咨询部分析师、债券销售交易部经理、产品设计主管、总监；中信基金公司投资管理部总监、基金经理。2009年加入招商基金管理公司；2009年8月起任招商安本增利债券基金经理。

汪　仪先生：基金经理，经济学硕士，5年证券从业经历。曾任职于广州市商业银行公司金融同业部、国投瑞银基金公司；2007年加入招商基金管理公司，曾任固定收益投资部高级研究员，后任招商安泰系列基金及招商安本增利债券基金经理。

基金运作分析

回顾2009年的基金操作，招商安本增利债券基金严格遵照基金合同的相关约定，按照既定的投资流程进行了规范运作。在债券投资上，该基金在第一、二季度对中长期利率品种进行了减持，增加了信用产品和可转债的配置。从二季度开始，考虑到股票市场持续走强，增加了股票资产的配置。

展望2010年的债券市场，一方面看到宽松货币政策有逐步退出的趋势，银行的资金运用压力有所增大，加上保险公司的保费增长较快，债券市场的长期配置资金有望得到增加；但另一方面，注意到随着通货膨胀压力增加，要求长期债券收益率进行合理的回归。而货币政策的相机选择也增加了债券市场投资的不确定性。在权益市场上，新股发行以及股票和可转债市场的波动机会，将为基金的运作带来长期的投资机会。

季度投资组合一览

项目＼季度	第一季度		第二季度		第三季度		第四季度	
基金资产净值	1,348,890,410.53元		1,183,340,198.18元		873,711,524.73元		835,021,972.88元	
基金份额	1,188,836,402.13份		1,034,047,871.21份		763,658,190.30份		681,289,545.34份	
基金份额净值	1.1346元		1.1444元		1.1441元		1.2256元	
基金资产组合	市值(元)	占总资产比(%)	市值(元)	占总资产比(%)	市值(元)	占总资产比(%)	市值(元)	占总资产比(%)
股票投资	81,577,581.05	5.09	149,727,581.75	12.13	90,594,665.97	9.01	160,635,776.53	15.59
债券投资	1,136,102,110.90	70.94	991,133,074.28	80.28	859,359,048.53	85.49	699,716,508.30	67.91
资产支持证券投资	14,186,000.00	0.89	10,318,000.00	0.84	342,000.00	0.03	——	——
银行存款和结算备付金	343,477,870.47	21.45	75,261,132.78	6.10	25,473,555.92	2.53	161,657,725.76	15.69
其他资产	26,097,832.65	1.63	8,158,519.92	0.66	29,405,690.74	2.93	8,333,970.84	0.81

投资前五名股票明细	股票名称	市值(元)	占净值比(%)	股票名称	市值(元)	占净值比(%)	股票名称	公允价值(元)	占净值比(%)	股票名称	公允价值(元)	占净值比(%)
	中国联通	63,470,000.00	4.71	深发展A	21,820,000.00	1.84	中国建筑	22,269,016.48	2.55	一汽富维	43,851,475.65	5.25
	巴士股份	17,549,518.05	1.30	长江证券	20,652,134.48	1.75	*ST伊利	11,243,352.33	1.29	九 芝 堂	21,957,499.20	2.63
	拓维信息	558,063.00	0.04	浦发银行	19,567,000.00	1.65	赣能股份	10,979,557.68	1.26	青岛软控	15,715,000.00	1.88
				电广传媒	15,368,847.25	1.30	中国中冶	8,866,698.80	1.01	星湖科技	12,838,831.56	1.54
				长江电力	13,780,000.00	1.16	中国联通	6,350,000.00	0.73	铁龙物流	12,110,086.17	1.45

投资前五名债券明细	债券名称	市值(元)	占净值比(%)	债券名称	市值(元)	占净值比(%)	债券名称	市值(元)	占净值比(%)	债券名称	市值(元)	占净值比(%)
	08国债22	199,260,000.00	14.77	08央行票据35	199,177,000.00	16.83	20国债(4)	206,922,575.60	23.68	21国债(10)	84,389,250.00	10.11
	08进出09	152,775,000.00	11.33	08央行票据47	157,485,000.00	13.31	09央行票据37	99,670,000.00	11.41	09进出07	69,671,000.00	8.34
	08国债18	115,203,000.00	8.54	08央行票据50	105,020,000.00	8.87	21国债(10)	79,639,000.00	9.12	20国债(4)	66,209,472.00	7.93
	08国债26	107,228,000.00	7.95	08央行票据56	73,577,000.00	6.22	09进出07	69,867,000.00	8.00	09鹤城投	61,014,000.00	7.31
	08央行票据47	106,070,000.00	7.86	08上港债	57,876,000.00	4.89	21国债(12)	68,867,875.00	7.88	21国债(12)	54,736,062.50	6.56

招商核心价值混合型证券投资基金

基本资料					
基金简称	招商核心价值混合	交易代码	217009		
风险收益特征	该基金为主动管理的混合型基金，属于中等风险的基金品种，其预期风险收益水平低于股票型基金，高于债券基金及货币市场基金。力争在严格控制风险的前提下为投资人谋求资本的长期稳定增值。				
业绩比较基准	65%×沪深300指数＋35%×中信标普国债指数				
合同生效日	2007年3月30日	首募份额	96.08亿份	认购户数	265,681户
基金管理人	招商基金管理有限公司	基金托管人	中国工商银行		
注册登记人	招商基金管理有限公司				

财务指标 项目 \ 年度	2009年	2008年	2007.3.30至2007.12.31
（单位：人民币（元）；%）			
本期利润	2,725,135,506.47	−7,802,239,812.49	7,322,355,671.59
本期加权平均净值利润率	41.77	−83.97	50.01
期末基金资产净值	6,327,365,045.82	5,650,062,796.59	16,193,962,750.82
期末基金份额净值	1.1962	0.7918	1.7408
本期份额净值增长率	51.07	−54.52	74.08
累计份额净值增长率	19.62	−20.82	74.08
基金收益分配	——	——	——

成立来累计净值增长率与同期基准收益率历史走势对比图（%）

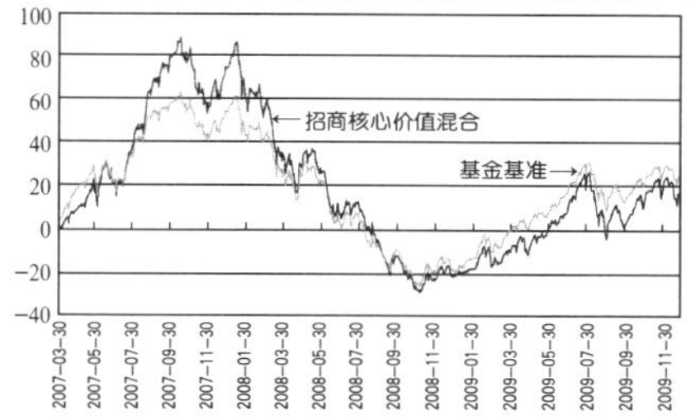

近三年净值增长率与同期基准收益率对比图（%）

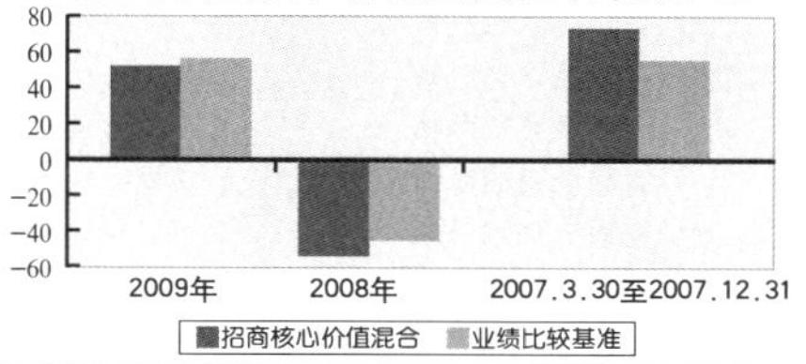

期末基金份额持有人户数	基金份额持有人户数为229,747户，平均每户持有23,023.37份。（期末截至2009年12月31日）
期末基金份额持有人结构	机构投资者持有38,249,246.01份，占总份额0.72%；个人投资者持有5,251,300,217.28份，占总份额99.28%。

基金业绩表现

截至2009年12月31日，招商核心价值混合基金份额净值为1.1962元，全年净值增长率为51.07%。

基金管理团队

张　冰先生：基金经理、总经理助理、股票投资部总监，管理工程硕士，16年证券从业经历。曾任职于招商证券公司。2002年加入招商基金公司，曾任招商先锋基金经理，现任总经理助理兼股票投资部总监兼招商优质成长股票基金经理及招商核心价值混合基金经理。

张　力先生：基金经理，4年证券从业经历，医学硕士。硕士毕业后即加入广发证券公司。2007年加入招商基金管理公司，曾任研究部研究员，高级研究员，助理基金经理，现任招商中小盘精选基金经理、招商核心价值混合基金经理。

黄顺祥先生：基金经理，武汉大学经济学硕士，9年证券从业经历。2006年3月加入招商基金管理公司，历任股票投资部策略分析师，机构投资部投资经理，后任招商大盘蓝筹股票基金经理、招商核心价值混合基金经理，现已离职。

基金运作分析

2009年，招商核心价值混合基金在股票方面的操作，年初时由于对经济形势判断偏悲观，仓位偏低，因此上半年的整体收益率偏低，整体跑输业绩基准。对此，管理人根据市场的情况及时调整了策略，下半年增加了商业零售、通信、医药等板块的权重，取得了较好的收益。下半年该基金整体跑赢业绩基准。债券市场：受经济强劲复苏和通胀预期的影响，2009年债券收益率呈现整体上行趋势，收益率曲线呈现陡峭化特征。

季度投资组合一览

项目 \ 季度	第一季度		第二季度		第三季度		第四季度	
基金资产净值	6,381,927,769.47元		7,037,635,659.12元		5,975,993,981.36元		6,327,365,045.82元	
基金份额	6,955,018,710.00份		6,487,998,515.49份		5,843,858,558.48份		5,289,549,463.29份	
基金份额净值	0.9176元		1.0847元		1.0226元		1.1962元	
基金资产组合	市值(元)	占总资产比(%)	市值(元)	占总资产比(%)	市值(元)	占总资产比(%)	市值(元)	占总资产比(%)
股票投资	5,675,745,430.55	87.10	6,081,598,685.14	84.75	5,497,717,987.54	91.59	5,673,272,005.73	87.57
债券投资	297,003,000.00	4.56	294,776,000.00	4.11	96,290,000.00	1.60	——	——
金融衍生品投资	——	——	——	——	——	——	——	——
买入返售金融资产	——	——	——	——	——	——	——	——
银行存款和结算备付金	525,852,500.77	8.07	505,293,169.17	7.04	398,397,481.59	6.64	679,972,514.81	10.50
其他资产	17,843,690.31	0.27	294,604,616.64	4.11	10,256,014.59	0.17	125,338,824.40	1.93

投资前五名股票明细	股票名称	市值(元)	占净值比(%)	股票名称	市值(元)	占净值比(%)	股票名称	公允价值(元)	占净值比(%)	股票名称	公允价值(元)	占净值比(%)
	中国平安	414,489,931.05	6.49	中信证券	573,675,795.72	8.15	中国平安	385,281,214.50	6.45	兴业银行	259,729,140.83	4.10
	浦发银行	321,704,298.72	5.04	浦发银行	380,907,520.16	5.41	兴业银行	225,354,734.67	3.77	中国平安	242,205,774.23	3.83
	中国太保	231,039,406.86	3.62	中国平安	326,339,800.30	4.64	金地集团	222,650,523.81	3.73	深发展A	214,881,134.65	3.40
	兴业银行	222,905,425.50	3.49	深发展A	305,475,046.86	4.34	远兴能源	173,682,427.45	2.91	三一重工	175,446,987.66	2.77
	盘江股份	184,863,541.24	2.90	万　科A	229,500,000.00	3.26	交通银行	169,098,433.56	2.83	中信证券	171,870,362.64	2.72

投资前五名债券明细	债券名称	市值(元)	占净值比(%)	债券名称	市值(元)	占净值比(%)	债券名称	市值(元)	占净值比(%)	债券名称	市值(元)	占净值比(%)
	08央行票据95	194,460,000.00	3.05	08央行票据95	192,980,000.00	2.74	08央票110	96,290,000.00	1.61			
	08央行票据110	97,670,000.00	1.53	08央票110	96,960,000.00	1.38						
	08央行票据106	4,873,000.00	0.08	08央票106	4,836,000.00	0.07						

招商大盘蓝筹股票型证券投资基金

基本资料					
基金简称	招商大盘蓝筹股票	交易代码	217010		
风险收益特征	该基金是一只进行主动投资的股票型基金，其风险和预期收益均高于混合型基金，属于风险较高、预期收益较高的基金品种。				
业绩比较基准	75%×沪深300指数+25%×中信标普国债指数				
合同生效日	2008年6月19日	首募份额	8.61亿份	认购户数	8,979户
基金管理人	招商基金管理有限公司	基金托管人	中国工商银行		
注册登记人	招商基金管理有限公司				

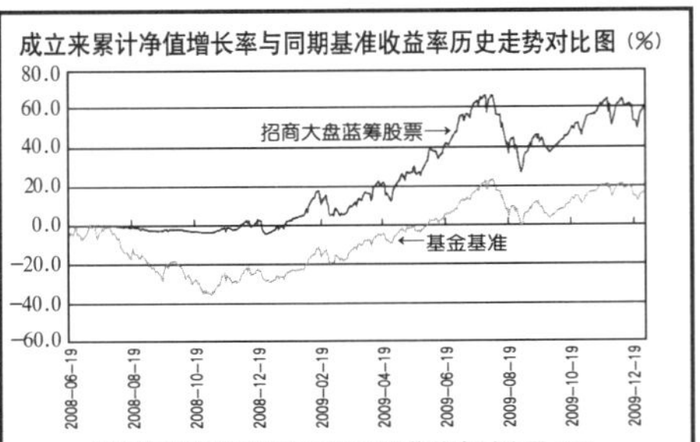

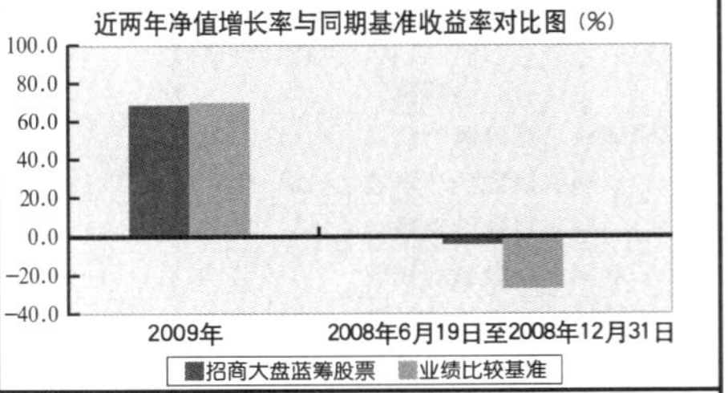

财务指标　　单位：人民币（元）；%

项目＼年度	2009年	2008年6月19日至2008年12月31日
本期利润	468,539,174.75	−31,388,220.12
本期加权平均净值利润率	39.19	4.23
期末基金资产净值	1,736,583,151.94	675,412,794.44
期末基金份额净值	1.609	0.964
本期份额净值增长率	66.91	−3.60
累计份额净值增长率	60.90	−3.60
基金收益分配	10派0.200	——

期末基金份额持有人户数	基金份额持有人户数为29,447户，平均每户持有36,645.27份。（期末截至2009年12月31日）
期末基金份额持有人结构	机构投资者持有776,572,907.55份，占总份额71.97%；个人投资者持有302,520,442.82份，占总份额28.03%。

基金业绩表现

截至2009年12月31日，招商大盘蓝筹股票基金份额净值为1.609元，全年净值增长率为66.91%。

基金管理团队

游　海先生：基金经理，工商管理硕士，8年证券从业经历。2006年加入招商基金管理公司股票投资部，曾任公用事业及能源行业研究员，招商安泰系列基金经理，2008年6月任招商大盘蓝筹股票基金经理。

基金运作分析

回顾2009年基金操作，招商大盘蓝筹股票基金严格遵照基金合同的相关约定，按照既定的投资流程，进行了规范的运作。在投资过程中，坚持成长和价值相结合的投资理念，在投资对象的选择上以业绩优良、治理结构较好的公司为主。始终强调按照既定的投资流程进行投资，避免决策的随意性，并尽量降低组合收益的波动性。在具体操作上，管理人较准确地判断出市场可能走出趋势性的上涨行情，在3月份该基金开始采取了进攻策略，果断地维持较高的仓位，并一直维持到年底。在行业和个股的投资机会方面，仍然坚持投资有持续盈利能力的个股，行业上一直超配金融、地产、医药、消费品，同时阶段性超配了有色金属等进攻型品种的配置，提高了组合的抗风险能力，对基金业绩的稳定起到了重要作用。

2010年，招商大盘蓝筹股票基金将继续采取自下而上的方法，以深入基本面研究为基础，围绕业绩持续成长、政府政策扶持、资产注入和兼并重组等主线进行，精选价值被低估、具备长期稳定增长能力的大盘蓝筹企业，构建投资组合，寻求超越业绩基准的超额收益。

季度投资组合一览

项目＼季度	第一季度		第二季度		第三季度		第四季度	
基金资产净值	774,791,188.45元		1,322,282,040.61元		1,452,099,474.55元		1,736,583,151.94元	
基金份额	675,898,594.34份		897,118,647.80份		1,052,655,936.97份		1,079,093,350.37份	
基金份额净值	1.146元		1.474元		1.379元		1.609元	
基金资产组合	市值(元)	占总资产比(%)	市值(元)	占总资产比(%)	市值(元)	占总资产比(%)	市值(元)	占总资产比(%)
股票投资	698,920,349.54	89.13	1,245,493,830.36	93.59	1,100,452,414.10	74.14	1,647,304,312.90	93.06
债券投资	43,149,923.80	5.50	10,070,000.00	0.76	43,442,435.60	2.93	40,320,000.00	2.28
金融衍生品投资	——	——	——	——	——	——	——	——
买入返售金融资产	——	——	——	——	——	——	——	——
银行存款和结算备付金	40,242,124.36	5.13	50,147,775.06	3.77	336,362,823.90	22.66	58,332,241.06	3.30
其他资产	1,874,515.56	0.24	25,099,559.97	1.89	4,089,865.33	0.28	24,279,945.00	1.37

	第一季度			第二季度			第三季度			第四季度		
投资前五名股票明细	股票名称	市值(元)	占净值比(%)	股票名称	市值(元)	占净值比(%)	股票名称	公允价值(元)	占净值比(%)	股票名称	公允价值(元)	占净值比(%)
	中国平安	42,389,764.60	5.47	浦发银行	110,329,657.48	8.34	兴业银行	86,161,763.01	5.93	兴业银行	155,187,816.29	8.94
	浦发银行	35,538,896.00	4.59	金地集团	105,099,143.76	7.95	中国平安	58,304,493.00	4.02	星湖科技	135,622,987.92	7.81
	沈阳化工	33,921,574.05	4.38	兴业银行	100,193,994.09	7.58	星湖科技	57,613,839.35	3.97	中金岭南	92,068,158.60	5.30
	远兴能源	33,555,100.00	4.33	保利地产	63,582,617.96	4.81	中兴通讯	49,632,320.08	3.42	海通证券	80,598,000.00	4.64
	中国太保	31,294,918.14	4.04	华发股份	51,713,547.57	3.91	许继电气	45,597,788.40	3.14	天音控股	70,629,679.12	4.07
投资前五名债券明细	债券名称	市值(元)	占净值比(%)	债券名称	市值(元)	占净值比(%)	债券名称	市值(元)	占净值比(%)	债券名称	市值(元)	占净值比(%)
	99国债(8)	43,149,923.80	5.57	99国债(8)	10,070,000.00	0.76	20国债(4)	40,636,000.00	2.80	20国债(4)	40,320,000.00	2.32
							博汇转债	2,806,435.60	0.19			

招商安心收益债券型证券投资基金

基本资料

基金简称	招商安心收益债券	交易代码	217011		
风险收益特征	该基金为主动管理的债券型基金，在证券投资基金中属于中低等风险品种，其预期风险收益水平低于股票基金及混合基金，高于货币市场基金。				
业绩比较基准	中信标普全债指数				
合同生效日	2008年10月22日	首募份额	54.40亿份	认购户数	17,894户
基金管理人	招商基金管理有限公司	基金托管人	中国工商银行		
注册登记人	招商基金管理有限公司				

成立来累计净值增长率与同期基准收益率历史走势对比图（%）

财务指标 单位：人民币（元）；%

项目 \ 年度	2009年	2008年10月22日至2008年12月31日
本期利润	13,623,931.25	186,446,560.76
本期加权平均净值利润率	0.89	4.00
期末基金资产净值	622,085,139.81	4,530,457,473.80
期末基金份额净值	1.130	1.043
本期份额净值增长率	8.34	4.30
累计份额净值增长率	13.00	4.30
基金收益分配	——	——

近两年净值增长率与同期基准收益率对比图（%）

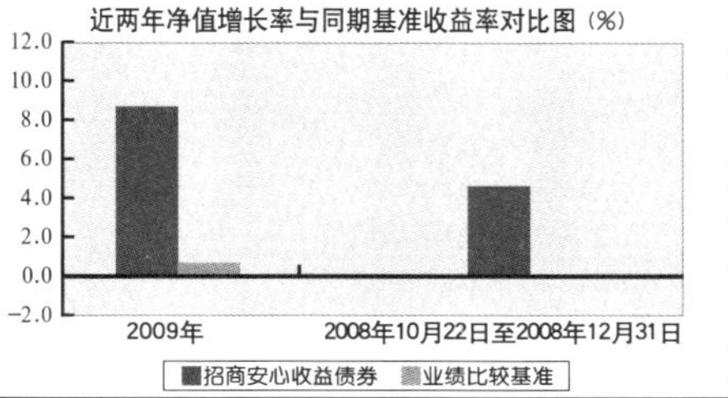

期末基金份额持有人户数	基金份额持有人户数为8,119户，平均每户持有67,797.69份。（期末截至2009年12月31日）
期末基金份额持有人结构	机构投资者持有224,521,988.54份，占总份额40.79%；个人投资者持有325,927,493.86份，占总份额59.21%。

基金业绩表现

截至2009年12月31日，招商安心收益债券基金份额净值为1.130元，全年净值增长率为8.34%，同期业绩基准收益率为0.27%；业绩表现优于基准。

基金管理团队

佘春宁先生：基金经理，经济学硕士，10年证券从业经历。曾任职于中国人民银行深圳特区分行、国家外汇管理局深圳分局深圳外汇经纪中心、大鹏证券公司资金结算部，从事资金交易和投资管理等相关工作；2005年10月加入招商基金管理公司固定收益投资部，曾任宏观经济分析师，现任招商现金增值货币基金经理及招商安心收益债券基金经理。

基金运作分析

从债券市场来看，2009年央行实行适度宽松的货币政策，市场流动性总体较为宽裕，但债券市场收益率与2008年相比整体呈现逐步上行的态势；从股票市场来看，在宏观经济逐季攀升并呈现V型反转的情况下，2009年股票市场单边上行，全年上证综合指数上涨79.98%，成为2009年全球表现最好的市场之一。

基于宏观经济的逐步改善，招商安心收益债券基金2009年在债券投资上保持了相对保守的久期策略，同时相对增加了权益类资产的配置比例。

展望2010年，该基金管理人对债券走势保持谨慎，并认为，逐步改善的宏观经济、宽松但波动加大的资金面、不断变化的通胀预期以及政策面的变化等都会对整个证券市场带来影响。基于此，该基金将密切跟踪相关数据并及时对组合进行灵活调整。

季度投资组合一览

项目 \ 季度	第一季度		第二季度		第三季度		第四季度	
基金资产净值	2,097,241,819.79元		1,001,958,482.06元		624,546,259.71元		622,085,139.81元	
基金份额	2,027,797,160.33份		958,942,896.13份		592,185,201.10份		550,449,482.40份	
基金份额净值	1.034元		1.045元		1.055元		1.130元	
基金资产组合	市值(元)	占总资产比(%)	市值(元)	占总资产比(%)	市值(元)	占总资产比(%)	市值(元)	占总资产比(%)
股票投资	——	——	52,425,972.26	4.67	88,830,768.65	12.31	100,588,972.67	12.33
债券投资	1,782,867,373.07	84.29	1,018,024,031.40	90.77	584,443,410.00	81.01	596,627,758.15	73.15
金融衍生品投资	——	——	——	——	——	——	——	——
买入返售金融资产	——	——	——	——	——	——	——	——
银行存款和结算备付金	110,137,150.51	5.21	34,210,409.43	3.05	32,793,900.39	4.55	40,056,995.57	4.91
其他资产	222,055,603.18	10.50	16,884,679.75	1.51	15,421,208.86	2.14	78,312,481.52	9.6

投资前五名股票明细	股票名称	市值(元)	占净值比(%)	股票名称	市值(元)	占净值比(%)	股票名称	公允价值(元)	占净值比(%)	股票名称	公允价值(元)	占净值比(%)
	——			柳 工	28,166,677.76	2.81	美的电器	26,110,751.60	4.18	国元证券	31,965,000.00	5.14
				五洲交通	24,259,294.50	2.42	中国建筑	23,707,680.96	3.80	福建高速	9,900,000.00	1.59
				——			华泰股份	12,040,000.00	1.93	华泰股份	9,891,000.00	1.59
							光大证券	5,872,109.36	0.94	中国重工	6,237,831.38	1.00
							中国中冶	4,137,790.92	0.66	云维股份	4,266,000.00	0.69

投资前五名债券明细	债券名称	市值(元)	占净值比(%)	债券名称	市值(元)	占净值比(%)	债券名称	市值(元)	占净值比(%)	债券名称	市值(元)	占净值比(%)
	08南网债01	411,160,000.00	19.60	08央行票据17	251,016,000.00	25.05	08央行票据17	113,751,000.00	18.21	08央行票据17	112,915,000.00	18.15
	08国开15	217,940,000.00	10.39	南山转债	117,243,092.40	11.70	08常城建	79,112,000.00	12.67	08常城建	87,282,792.80	14.03
	08国开18	204,680,000.00	9.76	08央行票据29	104,750,000.00	10.45	21国债(12)	65,433,492.00	10.48	21国债(12)	65,150,015.00	10.47
	08央行票据17	158,520,000.00	7.56	08常城建	82,340,744.00	8.22	08闽高速债	51,605,000.00	8.26	09宜城债	60,540,000.00	9.73
	08央票114	117,528,000.00	5.60	21国债(12)	79,643,850.00	7.95	08央行票据114	48,370,000.00	7.74	09央行票据51	59,802,000.00	9.61

招商行业领先股票型证券投资基金

基本资料			
基金简称	招商行业领先股票	交易代码	217012
风险收益特征	该基金是一只进行主动投资的股票型基金，其风险和预期收益均高于混合型基金，属于风险较高、预期收益较高的基金品种。		
业绩比较基准	75%×沪深300指数＋25%×中信标普国债指数		
合同生效日	2009年6月19日	首募份额	44.75亿份 认购户数 43,991户
基金管理人	招商基金管理有限公司	基金托管人	中国银行
注册登记人	招商基金管理有限公司		

财务指标　　单位：人民币（元）；%

项目 \ 年度	2009年6月19日至2009年12月31日
本期利润	503,110,136.41
本期加权平均净值利润率	13.41
期末基金资产净值	3,007,447,591.15
期末基金份额净值	1.126
本期份额净值增长率	12.60
累计份额净值增长率	12.60
基金收益分配	——
期末基金份额持有人户数	基金份额持有人户数为38,629户，平均每户持有69,163.24份。（期末截至2009年12月31日）
期末基金份额持有人结构	机构投资者持有682,571,401.84份，占总份额25.55%；个人投资者持有1,989,135,317.85份，占总份额74.45%。

2009年累计净值增长率与同期基准收益率历史走势对比图（%）

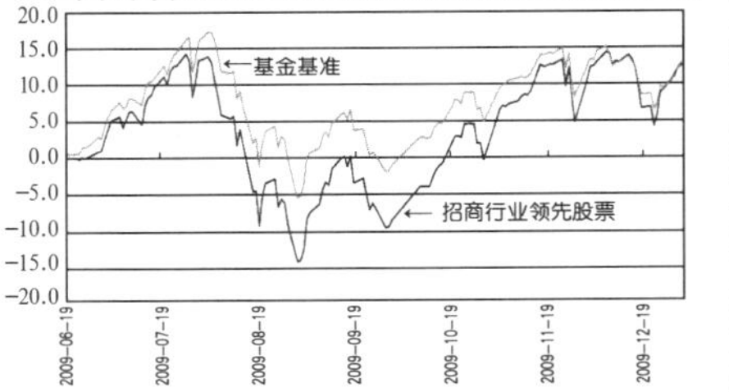

2009年净值增长率与同期基准收益率对比图（%）

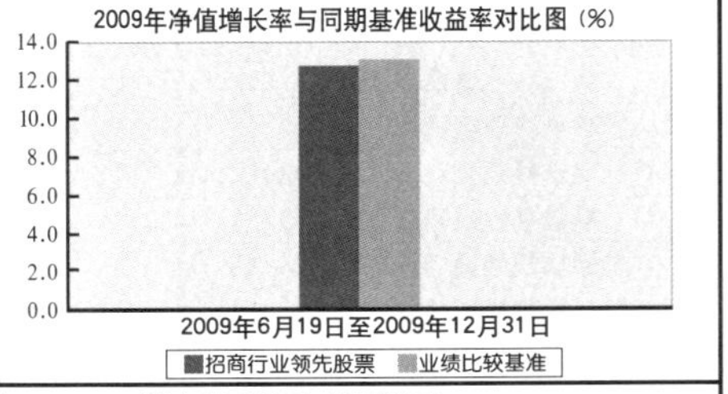

基金业绩表现

招商行业领先股票基金合同生效于2009年6月19日，截至2009年12月31日，该基金份额净值为1.126元，成立以来净值增长率为12.60%。

基金管理团队

涂冰云先生：基金经理，工商管理硕士，11年证券从业经历。曾就职于深圳投资基金管理公司，历任研究员、交易员等职；大连证券深圳管理总部项目经理；2002年加入招商基金管理公司，曾任交易部交易员，股票投资部行业研究员，助理基金经理，现任招商先锋混合基金经理、招商行业领先股票基金经理。

基金运作分析

招商行业领先股票基金成立于2009年年中，由于执行了快速建仓及行业轮动的有效策略，短期获取了一定的收益，全年基金净值表现基本同步于基准指数。

2010年的A股市场将面临企业盈利上升的支撑和市场估值水平可能回落的挑战，预计市场可能将保持箱体震荡格局，市场行情的表现以结构性机会为主。管理人认为市场与政策的博弈和投资者之间的博弈行为将成为影响市场行情的重要因素。

在投资策略上，2010年招商行业领先股票基金将更关注自下而上的研究，以发掘更好的投资标的；在仓位调整和行业配置上将保持适当的灵活性，以应付可能出现的各种复杂多变情形。此外，将更多关注风格类投资机会研究，关注经济结构调整带来的相关投资机会，如区域规划、节能减排、提振消费和技术创新、商业模式创新等。

季度投资组合一览

项目 \ 季度	第三季度			第四季度		
基金资产净值	3,396,250,682.02元			3,007,447,591.15元		
基金份额	3,713,263,279.81份			2,671,706,719.69份		
基金份额净值	0.915元			1.126元		
基金资产组合	市值(元)		占总资产比(%)	市值(元)		占总资产比(%)
股票投资	2,932,633,209.41		85.36	2,815,268,224.78		91.38
债券投资	——		——	——		——
资产支持证券投资	——		——	——		——
金融衍生品投资	——		——	——		——
买入返售金融资产	——		——	——		——
银行存款和结算备付金	479,085,590.71		13.94	259,058,467.04		8.41
其他资产	24,070,945.89		0.70	6,586,070.34		0.21
投资前五名股票明细	股票名称	市值(元)	占净值比(%)	股票名称	市值(元)	占净值比(%)
	中国平安	297,848,202.60	8.77	中兴通讯	235,928,658.63	7.84
	深发展A	177,742,546.86	5.23	深发展A	234,178,226.71	7.79
	中国太保	149,042,375.86	4.39	兴业银行	186,001,868.66	6.18
	兴业银行	122,129,697.46	3.60	星湖科技	145,166,433.48	4.83
	中兴通讯	114,135,024.74	3.36	辽宁成大	125,697,000.00	4.18
投资前五名债券明细	债券名称	市值(元)	占净值比(%)	债券名称	市值(元)	占净值比(%)
	——			——		

招商中小盘精选股票型证券投资基金

基本资料					
基金简称	招商中小盘股票		交易代码	217013	
投资目标	精选受益于中国经济增长的中小企业，通过积极主动的投资管理，在控制风险的前提下为基金持有人谋求长期资本增值。				
业绩比较基准	40%×天相中盘指数收益率+40%×天相小盘指数收益率+ 20%×中信标普全债指数收益率				
风险收益特征	该基金是一只主动管理的股票型基金，在证券投资基金中属于预期风险和收益都相对较高的基金产品。				
合同生效日	2009年12月25日	上市日期	——	上市地点	——
募集概况	首募份额	认购户数	募集日期		
	26.27亿份	25,926户	2009年11月24日至2009年12月22日		
基金费率	认购费率	不超过1.20%		申购费率	不超过1.50%
	赎回费率	不超过0.50%			
	管理费率	1.50%		托管费率	0.25%
基金管理人	招商基金管理有限公司		基金托管人	中国工商银行股份有限公司	
审计机构	德勤华永会计师事务所		注册登记人	招商基金管理有限公司	

基金管理团队

周德昕先生：基金经理，财务管理硕士，9年证券从业经历。曾任职于哈里投资股份有限公司、新疆证券有限责任公司及广发证券股份有限公司。2007年加入招商基金管理有限公司，从事钢铁及有色金属行业的研究工作，历任研究员、高级研究员、助理基金经理，现任招商中小盘精选股票经理。

张　力先生：基金经理，医学硕士。4年证券从业经历。硕士毕业后即加入广发证券股份有限公司。2007年加入招商基金管理有限公司，曾任研究部研究员，高级研究员，助理基金经理，现任招商核心价值混合及招商中小盘精选股票基金经理。

招商全球资源股票型证券投资基金

基本资料					
基金简称	招商全球资源股票(QDII)		交易代码	217015	
投资目标	该基金在全球范围内精选优质的资源类公司进行投资，通过积极主动的资产配置和组合管理，追求有效风险控制下的长期资本增值。				
业绩比较基准	25%×摩根斯坦利世界能源指数+75%×摩根斯坦利世界材料指数				
风险收益特征	该基金为主动管理的全球配置型股票基金，主要投资方向为能源和材料等资源相关行业，属于具有较高风险和较高收益预期的证券投资基金品种，该基金力争在严格控制风险的前提下为投资人谋求资本的长期增值。				
合同生效日	2010年3月25日	上市日期	——	上市地点	——
募集概况	首募份额	认购户数	募集日期		
	5.53亿份	6,739户	2010年3月1日至2010年3月19日		
基金费率	认购费率	1.50%		申购费率	1.60%
	赎回费率	0.50%			
	管理费率	1.80%		托管费率	0.35%
基金管理人	招商基金管理有限公司		基金托管人	中国工商银行股份有限公司	
审计机构	德勤华永会计师事务所		注册登记人	招商基金管理有限公司	

基金管理团队

章宜斌先生：基金经理，9年证券从业经历，金融经济学博士。曾任职穆迪KMV、惠誉评级和UBS全球信用交易(自营部)，担任投资分析师和组合经理；2009年加入招商基金管理有限公司，现任国际业务部总监及招商全球资源股票基金经理。

张国天先生：基金经理，8年证券从业经历，MBA。曾任职于天津经济开发总公司、中美史克、荷兰银行等公司，从事财务分析和企业银行等工作；于2002年起加入证券行业，曾于招商证券股份有限公司、银华基金管理有限公司任职，从事行业研究员工作；2006年加入招商基金管理有限公司，曾任行业研究员、助理基金经理，现任招商全球资源股票基金经理。

Niu Ruolei(牛若磊)先生：基金经理，6年证券从业经历，商科硕士。2004年9月加入ING资产管理公司，于悉尼及香港两地从事行业资产管理和投资研究工作，曾任行业研究员、基金经理；2010年加入招商基金管理有限公司，现任招商全球资源股票基金经理。

招商深证100指数证券投资基金

基本资料					
基金简称	招商深证100指数		交易代码	217016	
投资目标	通过严格的投资纪律约束和数量化的风险管理手段，实现对标的指数的有效跟踪，获得与标的指数收益相似的回报。该基金的风险控制目标是追求日均跟踪偏离度的绝对值不超过0.35%，年跟踪误差不超过4%。				
业绩比较基准	深证100指数收益率×95%＋商业银行活期存款利率（税后）×5%				
风险收益特征	该基金属于股票型指数基金，在证券投资基金中属于较高风险、较高收益的品种，该基金主要采用指数复制法跟踪标的指数的表现，具有与标的指数相似的风险收益特征。				
合同生效日	2010年6月22日	上市日期	——	上市地点	——
募集概况	首募份额	认购户数	募集日期		
	6.62亿份	9,361户	2010年5月17日至2010年6月11日		
基金费率	认购费率	1.00%		申购费率	1.20%
	赎回费率	0.50%			
	管理费率	0.70%		托管费率	0.15%
基金管理人	招商基金管理有限公司		基金托管人	中国工商银行股份有限公司	
审计机构	德勤华永会计师事务所		注册登记人	招商基金管理有限公司	

基金管理团队

王　平先生：基金经理。4年证券从业经历。中南大学管理科学与工程专业硕士。2006年加入招商基金管理有限公司，历任投资风险管理部助理数量分析师、风险管理部数量分析师、高级风控经理、副总监，主要从事投资风险管理、金融工程与数量化投资策略研究、股指期货投资策略研究等工作。2010年6月任招商深证100指数基金基金经理。

招商信用添利债券型证券投资基金

基本资料					
基金简称	招商信用添利债券封闭		交易代码	161713	
投资目标	该基金通过投资于高信用等级的固定收益品种，合理安排组合期限结构，在追求长期本金安全的基础上，通过积极主动的管理，力争为投资者创造较高的当期收益。				
业绩比较基准	中债综合指数				
风险收益特征	该基金属于证券市场中的较低风险品种，预期收益和预期风险高于货币市场基金，低于混合型基金和股票型基金。				
合同生效日	2010年6月25日	上市日期	2010年7月30日	上市地点	深交所
募集概况	首募份额	认购户数	募集日期		
	21.16亿份	1,661户	2010年6月1日至2010年6月21日		
基金费率	认购费率	0.60%		申购费率	0.80%
	赎回费率	0.10%			
	管理费率	0.70%		托管费率	0.20%
基金管理人	招商基金管理有限公司		基金托管人	中国农业银行股份有限公司	
审计机构	德勤华永会计师事务所		注册登记人	中国证券登记结算有限责任公司	

基金管理团队

张国强先生：基金经理。经济学硕士。9年证券从业经历。曾任中信证券股份有限公司研究咨询部分析师、债券销售交易部经理、产品设计主管、总监；中信基金管理有限责任公司投资管理部总监、基金经理。2009年加入招商基金管理有限公司，现任固定收益投资部总监、招商安本增利债券基金经理及招商信用添利债券基金经理。

上证消费80交易型开放式指数证券投资基金

基本资料					
基金简称	招商上证消费80ETF		交易代码	510150	
投资目标	紧密跟踪标的指数，追求跟踪偏离度和跟踪误差最小化。				
业绩比较基准	该基金业绩比较基准为标的指数。该基金标的指数为上证消费80指数。				
风险收益特征	该基金属于股票型基金，预期风险与收益水平高于混合基金、债券基金与货币市场基金，在证券投资基金中属于较高风险、较高收益的投资品种；并且本基金为被动式投资的指数基金，采用完全复制法紧密跟踪上证消费80指数，具有与标的指数以及标的指数所代表的股票市场相似的风险收益特征。				
合同生效日	2010年12月8日	上市日期	——	上市地点	——
募集概况	首募份额	认购户数	募集日期		
	6.86亿份	4,221户	2010年11月4日至2010年12月2日		
基金费率	认购费率	不超过1.00%		申购费率	不超过0.50%
	赎回费率	不超过0.50%			
	管理费率	0.50%		托管费率	0.10%
基金管理人	招商基金管理有限公司		基金托管人	中国工商银行股份有限公司	
审计机构	德勤华永会计师事务所		注册登记人	中国证券登记结算有限责任公司	

招商上证消费80交易型开放式指数证券投资基金联接基金

基本资料					
基金简称	招商上证消费80ETF联接		交易代码	217017	
投资目标	该基金通过主要投资于上证消费80交易型开放式指数证券投资基金，密切跟踪标的指数，追求跟踪偏离度和跟踪误差最小化。				
业绩比较基准	该基金业绩比较基准：上证消费80指数收益率×95%+商业银行活期存款利率(税后)×5%。				
风险收益特征	该基金为上证消费80ETF的联接基金，属于股票型基金，预期风险与收益水平高于混合基金、债券基金与货币市场基金，在证券投资基金中属于较高风险、较高收益的投资品种；并且该基金为被动式投资的指数基金，跟踪上证消费80指数，具有与标的指数以及标的指数所代表的股票市场相似的风险收益特征。				
合同生效日	2010年12月8日	上市日期	——	上市地点	——
募集概况	首募份额	认购户数	募集日期		
	24.02亿份	19,914户	2010年11月4日到2010年12月2日		
基金费率	认购费率	1.00%		申购费率	1.50%
	赎回费率	0.50%			
	管理费率	0.50%			
	托管费率	0.10%			
基金管理人	招商基金管理有限公司		基金托管人	中国工商银行股份有限公司	
审计机构	德勤华永会计师事务所		注册登记人	招商基金管理有限公司	

基金管理团队

王 平先生：基金经理，管理学硕士，FRM(金融风险管理师)。2006年加入招商基金管理有限公司，历任投资风险管理部助理数量分析师、风险管理部数量分析师、高级风控经理、副总监，主要负责公司投资风险管理、金融工程研究等工作，现任招商深证100指数基金、上证消费80交易型开放式指数基金及招商上证消费80交易型开放式指数基金联接基金基金经理。

华宝兴业基金管理有限公司
Fortune SGAM Fund Management Co., Ltd

大事记
MAJOR EVENTS

2009年2月17日

华宝兴业增强收益债券型证券投资基金正式成立。

2009年3月27日

中国国际金融有限公司开始代理华宝兴业旗下全部基金的销售业务。

深圳发展银行开始代理华宝兴业旗下全部基金的销售业务。

2009年4月2日

中国农业银行开始代理华宝兴业旗下部分基金的销售业务。

华宝证券开始代理华宝兴业旗下部分基金的销售业务。

2009年4月22日

华宝兴业对旗下宝康债券投资基金进行第12次分红，每10份基金份额派发红利0.30元。

华宝兴业对旗下宝康灵活配置证券投资基金进行第8次分红，每10份基金份额派发红利0.50元。

华宝兴业对旗下宝康消费品证券投资基金进行第9次分红，每10份基金份额派发红利0.50元。

2009年4月30日

齐鲁证券开始代理华宝兴业旗下全部基金的销售业务。

2009年5月12日

华宝兴业联合四川绵阳红十字会共同推出“情暖灾区、爱在延续”慈善系列活动，公司派出专人向四川绵阳市瓦子小学捐赠了书籍以及文具用品，并在当地慰问了部分在“5·12”地震中受灾的持有人。

2009年7月5日

由《大众证券报》、新浪网、民生银行南京分行联合主办，南京大学商学院、江苏省20家商业银行协办的“第四届中国基金峰会及十佳基金公司颁奖典礼”在中国南京隆重举行，此次峰会主题为“寻找财富增长新引擎”。公司被评为“十佳基金公司”之“2008–2009年最重持续回报基金公司”，与此同时，华宝兴业多策略增长基金入选“十佳领跑基金”，被评为“2008–2009年股基最佳防守王”。

2009年8月12日

华宝兴业“2009年度秋季全国巡回投资策略报告会”暨中证100指数基金推介会首场报告会在上海成功举办，该报告会将在全国24个基金持有人集中的城市举行。

2009年8月25日

华宝兴业将此前实行的“核心投研人员持基激励计划”升级为“核心员工全面持基激励计划”。华宝兴业根据核心员工申购金额按1:1的比例以公司固有资金申购了旗下基金，其投资收益则归“持基”员工所有。“核心员工全面持基激励计划”的“持基”份额锁定期为一年半。

2009年9月15日

上海浦东发展银行开始代理华宝兴业旗下全部基金的销售业务。

2009年9月22日

“2009福布斯中国基金排行榜”近日揭晓，共60只开放式基金和5只封闭式基金上榜。其中华宝兴业旗下多策略增长、收益增长、动力组合、宝康消费品和宝康债券5只开放式基金“榜上有名”，入选基金数量在所有基金公司中位居第二。

2009年9月29日

华宝兴业中证100指数证券投资基金正式成立。

2009年12月2日

广发华福证券开始代理华宝兴业旗下全部基金的销售业务。

2009年12月24日

信达证券开始代理华宝兴业旗下全部基金的销售业务。

2009年12月29日

广东发展银行开始代理华宝兴业旗下部分基金的销售业务。

2010年1月14日

华宝兴业对旗下宝康消费品证券投资基金进行第10次分红，每10份基金份额派发红利0.50元。

华宝兴业对旗下宝康灵活配置证券投资基金进行第9次分红，按每10份基金份额派发红利0.50元。

华宝兴业对旗下宝康债券投资基金进行第13次分红，每10份基金份额派发红利0.40元。

华宝兴业对旗下大盘精选股票型证券投资基金进行首次分红，每10份基金份额派发红利0.80元。

华宝兴业对旗下增强收益债券型证券投资基金进行首次分红，A类每10份基金份额派发红利0.10元，B类每10份基金份额派发红利0.10元。

2010年1月15日

华宝兴业对旗下多策略增长开放式证券投资基金进行第4次分红，每10份基金单位派发红利0.53元。

2010年3月1日

华宝兴业基金管理有限公司解除与法兴资产管理（日本）有限公司（Societe Generale Asset Management（Japan）Co.,Ltd）签署的投资顾问协议，自该日起法兴资产管理（日本）有限公司不再担任该基金的投资顾问。

2010年3月3日

江海证券开始代理华宝兴业旗下全部基金的销售业务。

2010年3月12日

兴业银行开始代理华宝兴业旗下部分基金的销售业务。

2010年3月22日

国都证券开始代理华宝兴业旗下部分基金的销售业务。

华夏银行开始代理华宝兴业旗下部分基金的销售业务。

江苏银行开始代理华宝兴业旗下部分基金的销售业务。

2010年3月23日

渤海银行开始代理华宝兴业旗下部分基金的销售业务。

2010年4月19日

华宝兴业宣布公司向青海省玉树地震灾区捐款30万元，并在全公司发起员工向玉树灾区捐款倡议，获得了员工的积极响应，最后公司员工捐款总额达到14.45万元。

2010年4月23日

华宝兴业上证180价值交易型开放式指数证券投资基金及联接基金正式成立。

2010年4月30日

东兴证券开始代理华宝兴业旗下部分基金的销售业务。

2010年5月27日

德邦证券开始代理华宝兴业旗下部分基金的销售业务。

2010年6月3日

华安证券开始代理华宝兴业旗下部分基金的销售业务。

2010年6月8日

东北证券开始代理华宝兴业旗下部分基金的销售业务。

2010年6月10日

上海证券开始代理华宝兴业旗下部分基金的销售业务。

华宝兴业基金所获殊荣

2009年度“金基金投资回报公司奖”

2010年6月21日，在由《上海证券报》主办的第七届中国“金基金奖”评选中，华宝兴业基金管理有限公司荣获2009年度“金基金投资回报公司奖”。

2009年度十大金牛基金管理公司

2010年5月23日，在由《中国证券报》主办的“第七届中国基金业金牛奖”评选中，华宝兴业基金管理有限公司获评“2009年度十大金牛基金管理公司”。

2009年度五年期开放式股票型持续优胜金牛基金

2010年5月23日，在由《中国证券报》主办的“第七届中国基金业金牛奖”评选中，华宝兴业多策略增长基金获评“2009年度五年期开放式股票型持续优胜金牛基金”。

2009年度开放式混合型金牛基金

2010年5月23日，在由《中国证券报》主办的“第七届中国基金业金牛奖”评选中，华宝兴业宝康消费品基金获评“2009年度开放式混合型金牛基金”。

2009年度开放式混合型金牛基金

2010年5月23日，在由《中国证券报》主办的“第七届中国基金业金牛奖”评选中，华宝兴业收益增长基金获评“2009年度开放式混合型金牛基金”。

2009年度三年持续回报股票型明星基金奖

2010年5月19日，在由《证券时报》主办的“2009年度中国基金业明星基金奖”评选中，华宝兴业先进成长基金获评“2009年度三年持续回报股票型明星基金奖”。

2009年度平衡混合型明星基金奖

2010年5月19日，在由《证券时报》主办的“2009年度中国基金业明星基金奖”评选中，华宝兴业宝康灵活配置基金获评“2009年度平衡混合型明星基金奖”。

2008年度“金基金－最具潜力奖”

2009年3月27日，在由《上海证券报》主办的第六届中国基金业“金基金”奖评选中，华宝兴业基金管理有限公司荣获2008年度“金基金－最具潜力奖”。

2008年度“金基金－股票型基金奖”

2009年3月27日，在由《上海证券报》主办的第六届中国基金业“金基金”奖评选中，华宝兴业多策略增长基金荣获2008年度“金基金－股票型基金奖”。

2008年度开放式股票型持续优胜金牛基金

2009年1月12日，在由《中国证券报》主办的“第六届中国基金业金牛奖”评选中，华宝兴业多策略增长基金荣获“2008年度开放式股票型持续优胜金牛基金”。

2008年度同业领先开放式股票型基金

2009年1月12日，在由《中国证券报》主办的“第六届中国基金业金牛奖”评选中，华宝兴业宝康消费品基金荣获“2008年度同业领先开放式股票型基金”。

华宝兴业基金管理有限公司

法定名称	华宝兴业基金管理有限公司	英文名称	Fortune SGAM Fund Management Co., Ltd.		
成立时间	2003年3月7日	注册资本	1.5亿元人民币	公司属性	中外合资
法人代表	郑安国	总　　裁	裴长江	督 察 长	刘月华
公司网址	www.fsfund.com	客服电话	400-700-5588　021-3892 4558		
联系电话	021-3850 5888	传真号码	021-3850 5777		
注册地址	上海市世纪大道88号金茂大厦48层	办公地址	上海市世纪大道88号金茂大厦48层		

公司简介

华宝兴业基金管理有限公司（以下简称“华宝兴业基金”）于2003年2月12日获准开业，是国内首批中外合资基金管理公司，也是国内首家由信托公司和外方资产管理公司发起设立的中外合资基金管理公司，公司注册资本1.5亿元人民币，注册地在上海。公司股东背景强大，股权结构稳定，其中，中方股东华宝信托有限责任公司持有51%的股份，外方股东法国兴业资产管理有限公司持有49%的股份。

2007年8月，华宝兴业基金获得QDII资格；2008年3月，华宝兴业基金获得特定客户资产管理业务资格。目前，华宝兴业基金已经成为一家向客户提供国内公募基金产品，海外投资基金产品和专户理财服务的综合性资产管理公司。

年度经营

截至2009年12月31日，华宝兴业基金共管理13只开放式基金，管理基金资产规模约619.54亿元，在60家基金公司中位居前列。2010年上半年，公司募集设立了上证180价值ETF和上证180价值ETF联接基金两只新产品，其中，上证180价值ETF是国内首只A股风格指数ETF。至此，华宝兴业基金共管理了包括指数型、股票型、混合型、债券型和货币型以及QDII等不同类型的15只基金。

在投资管理方面，凭借出色的投资管理能力，多年来公司管理的基金整体业绩保持前列。根据天相投顾发布的2009年度基金公司积极偏股型基金整体投资业绩排名结果显示，华宝兴业基金旗下的积极偏股型基金2009年加权收益率高达79.28%，在资产规模超过600亿元的14家基金公司中排名第二位。

2010年5月，在由《中国证券报》主办的“2009年度中国基金业金牛奖”评选中，华宝兴业基金凭借过硬的综合实力摘得4项大奖。数据显示，2005—2009年，华宝兴业多策略增长基金的累计回报率高达404.2%，超越其业绩基准196.41个百分点；而双双荣获“2009年度开放式混合型金牛基金”的华宝兴业宝康消费品混合基金和收益增长混合基金在2009年度分别取得了83.29%和91.39%的年度回报率，在同类型基金中排名前列。

专户理财

华宝兴业基金长期致力于专户产品的创新研发，其推出的封基组合产品是业内首批“一对多”产品中具有创新力的类型之一。2009年，华宝兴业先后发行了两只封闭式基金FOF“一对多”产品，并取得了较好的投资回报。2010年3月，根据对A股市场将继续维持“震荡市”走势的判断，华宝兴业基金适时推出三只“一对多”灵活配置产品，力图通过时机选择和灵活配置策略，相机把握股市的投资机会，为投资者提供更优质的回报。

社会责任

自成立以来，坚持企业社会责任的履行，成为对社会对公众具备高度责任感、在关注民生回报社会的行动中率先垂范的企业公民，是华宝兴业基金始终不懈追求的目标。

2008年3月，公司及员工向南方雪灾灾区捐款78.16万元；2008年5月，公司及员工向“5.12地震”灾区捐款126.27万元；2010年4月，公司及员工向青海玉树震区捐款44.45万元，支援灾区同胞重建家园。此外，2009年4月，华宝兴业基金启动“情暖汶川、爱在延续——汶川地震公益周年活动”。活动期间，按照华宝兴业网上直销e网金中交易笔数，每笔交易将用公司自有资金捐款两元，活动结束后有关捐款将全部捐助中国儿童基金会，用于灾区“抗震春蕾爱心学校”建设，为灾区重建继续发挥一份绵薄之力。

2009年管理公募基金概况

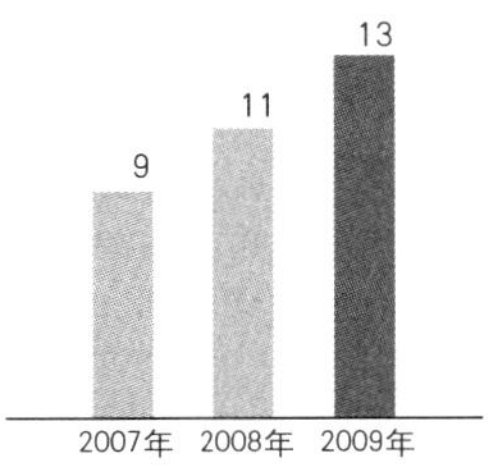

基金数量（只）

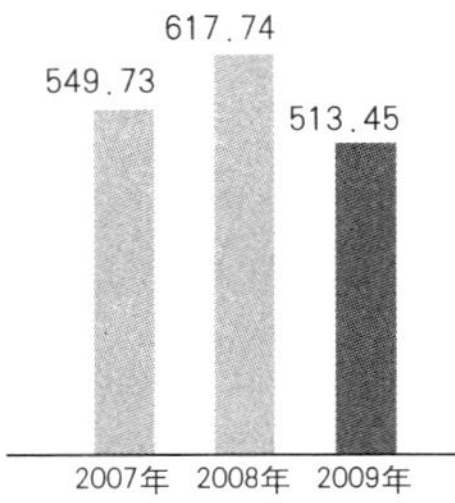

基金份额规模（亿份）

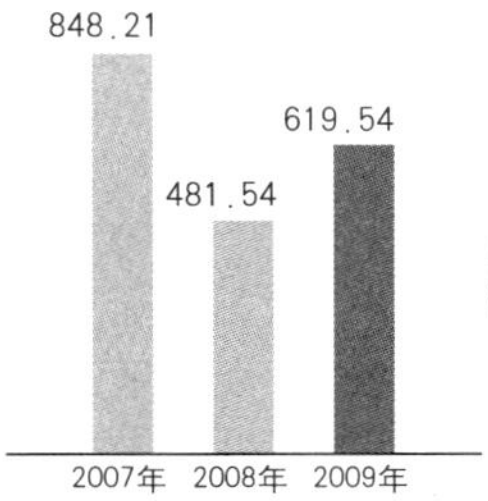

基金资产规模（亿元）

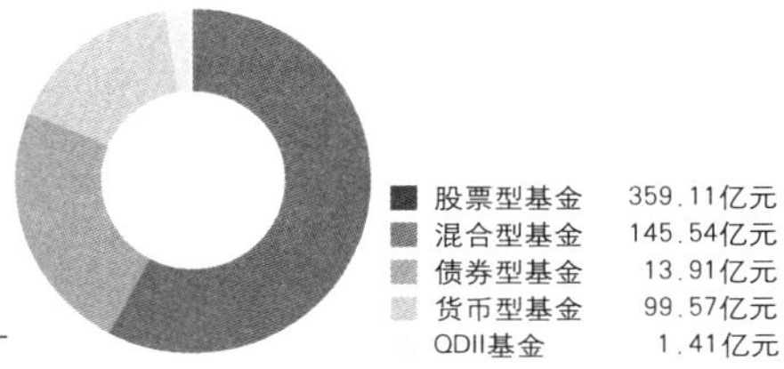

2009年基金资产规模构成

华宝兴业宝康系列开放式证券投资基金

（该基金目前由风险收益特征不同、投资策略和目标不同的宝康消费品基金、宝康灵活配置基金和宝康债券投资基金等三只基金构成，每只基金彼此独立，通过低费率且高效率的相互转换构成一个有机的基金体系）

华宝兴业宝康消费品证券投资基金

基本资料			
基金简称	华宝兴业宝康消费品混合	交易代码	240001
风险收益特征	——		
业绩比较基准	上证180指数和深证100指数的复合指数×80%+中信全债指数×20%		
合同生效日	2003年7月15日	首募份额	15.41亿份
认购户数	51,785户		
基金管理人	华宝兴业基金管理有限公司	基金托管人	中国建设银行
注册登记人	华宝兴业基金管理有限公司		

财务指标　　单位：人民币（元）；%

项目 \ 年度	2009年	2008年	2007年
本期利润	1,656,480,053.46	−1,575,414,218.22	2,930,005,158.12
本期加权平均净值利润率	59.37	−56.50	70.08
期末基金资产净值	3,797,107,221.66	2,108,025,433.34	3,910,458,895.30
期末基金份额净值	1.5911	0.9055	1.6130
本期份额净值增长率	83.29	−41.78	96.45
累计份额净值增长率	430.75	189.56	397.36
基金收益分配	10派0.500	10派0.500	10派1.000

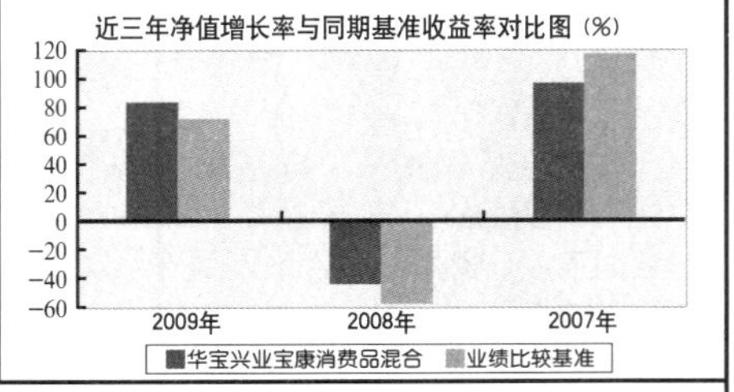

期末基金份额持有人户数	基金份额持有人户数为73,357户，平均每户持有32,533.23份。（期末截至2009年12月31日）
期末基金份额持有人结构	机构投资者持有1,007,417,478.03份，占总份额42.21%；个人投资者持有1,379,122,494.62份，占总份额57.79%。

基金业绩表现

2009年华宝兴业宝康消费品混合基金全年净值增长率为83.29%，同期业绩基准收益率为73.02%；业绩表现优于基准。

基金管理团队

闫　旭女士：基金经理，硕士，9年证券从业经历。曾在富国基金管理公司从事证券研究、交易和投资工作，2004年10月进入华宝兴业基金管理公司，先后任多策略增长基金经理助理、宝康消费品基金经理助理。2007年6月至2008年9月任行业精选基金经理。2008年4月起任华宝兴业宝康消费品基金经理。

朱　亮先生：基金经理助理，硕士，4年证券从业经历。曾在国金证券研究所从事行业研究工作。2008年6月加入华宝兴业基金管理公司任研究部高级分析师，2009年11月起任华宝兴业宝康消费品混合基金经理助理。

基金运作分析

2009年上半年，华宝兴业宝康消费品混合基金重点配置在汽车、家电、地产等先导性行业，以及金融行业，并且基于上游行业的资产价值低估配置了有色、钢铁行业，提高了组合的进攻性。下半年在销售数据持续向好的过程中减持了地产，同时也减持了有色、钢铁等行业，同时增加了医药、食品饮料、商业、传媒、农业等行业的配置，增加了组合的防御性。在全年保持了汽车、家电行业的重配，并坚持了长期持有的策略，取得了较好的收益。

季度投资组合一览

项目 \ 季度	第一季度		第二季度		第三季度		第四季度	
基金资产净值	2,734,097,468.51元		2,629,207,972.04元		2,684,300,730.87元		3,797,107,221.66元	
基金份额	2,392,186,707.90份		2,014,499,674.80份		2,052,278,343.17份		2,386,539,972.65份	
基金份额净值	1.1429元		1.3051元		1.3080元		1.5911元	
基金资产组合	市值(元)	占总资产比(%)	市值(元)	占总资产比(%)	市值(元)	占总资产比(%)	市值(元)	占总资产比(%)
股票投资	1,820,300,495.25	65.13	1,813,106,863.16	68.25	1,866,058,157.14	66.60	2,512,126,419.91	63.87
债券投资	614,136,000.00	21.97	640,270,000.00	24.10	585,710,000.00	20.90	812,969,000.00	20.67
金融衍生品投资	——	——	——	——	——	——	——	——
买入返售金融资产	——	——	——	——	——	——	——	——
银行存款和结算备付金	338,903,277.40	12.13	136,834,153.65	5.15	137,215,625.13	4.90	581,944,128.31	14.79
其他资产	21,688,945.85	0.78	66,381,091.98	2.50	212,863,753.83	7.60	26,430,438.72	0.67

投资前五名股票明细	股票名称	公允价值(元)	占净值比(%)	股票名称	公允价值(元)	占净值比(%)	股票名称	公允价值(元)	占净值比(%)	股票名称	公允价值(元)	占净值比(%)
	一汽轿车	136,335,479.22	4.99	一汽轿车	151,312,000.00	5.76	一汽轿车	137,843,357.47	5.14	一汽轿车	200,354,000.00	5.28
	浦发银行	70,141,150.40	2.57	中国国航	108,808,118.64	4.14	上海汽车	130,350,000.00	4.86	上海汽车	172,458,000.00	4.54
	兴业银行	67,530,636.60	2.47	上海汽车	95,214,501.85	3.62	华侨城A	83,373,635.50	3.11	福耀玻璃	151,692,049.98	3.99
	中国国航	66,686,807.33	2.44	万　科A	90,525,000.00	3.44	美的电器	72,064,758.90	2.68	中国国航	141,765,019.29	3.73
	保利地产	64,049,100.00	2.34	中国联通	82,320,000.00	3.13	天威保变	70,769,641.59	2.64	青岛海尔	100,575,360.26	2.65

投资前五名债券明细	债券名称	公允价值(元)	占净值比(%)	债券名称	公允价值(元)	占净值比(%)	债券名称	公允价值(元)	占净值比(%)	债券名称	公允价值(元)	占净值比(%)
	08央行票据41	158,985,000.00	5.81	08央行票据41	157,365,000.00	5.99	08央行票据41	155,445,000.00	5.79	08央行票据41	154,275,000.00	4.06
	04国开(20)	80,424,000.00	2.94	04国开20	80,288,000.00	3.05	04国开20	80,200,000.00	2.99	05国开08	90,693,000.00	2.39
	08央行票据98	77,824,000.00	2.85	08央行票据98	77,232,000.00	2.94	08央行票据47	62,208,000.00	2.32	08央行票据47	61,746,000.00	1.63
	08央行票据47	63,642,000.00	2.33	08央行票据47	62,994,000.00	2.40	08国开15	53,080,000.00	1.98	09央行票据61	59,802,000.00	1.57
	08国开15	54,485,000.00	1.99	08国开15	53,905,000.00	2.05	08央行票据53	51,865,000.00	1.93	08国开15	52,540,000.00	1.38

华宝兴业宝康灵活配置证券投资基金

基本资料					
基金简称	华宝兴业宝康灵活配置混合	交易代码	240002		
风险收益特征	——				
业绩比较基准	上证180指数和深证100指数的复合指数×35%+中信全债指数×65%				
合同生效日	2003年7月15日	首募份额	10.67亿份	认购户数	29,058户
基金管理人	华宝兴业基金管理有限公司	基金托管人	中国建设银行		
注册登记人	华宝兴业基金管理有限公司				

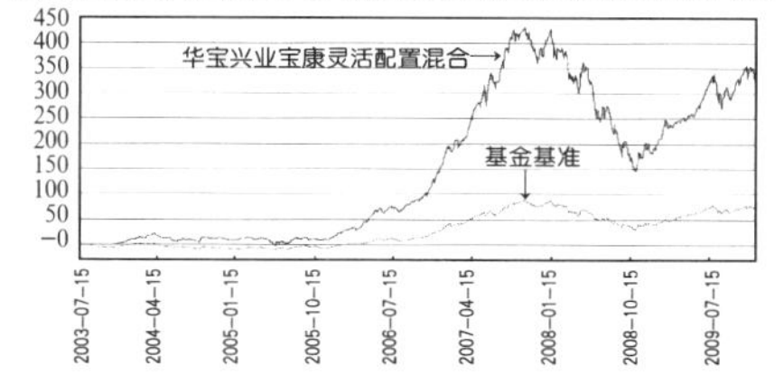

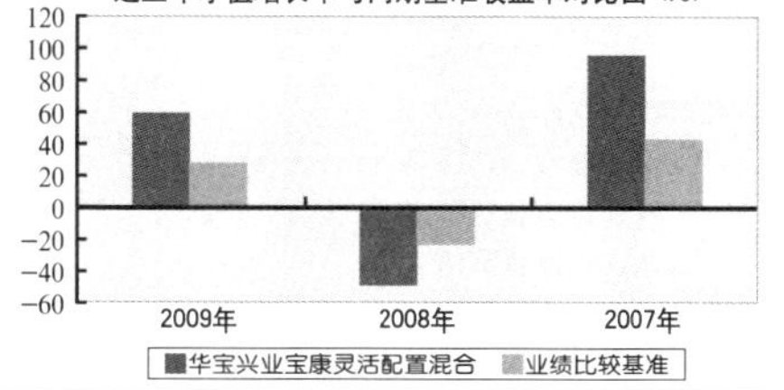

财务指标　　单位：人民币（元）；%

项目 \ 年度	2009年	2008年	2007年
本期利润	958,561,903.28	−1,544,769,402.76	3,084,442,498.57
本期加权平均净值利润率	46.18	−61.32	66.16
期末基金资产净值	1,827,356,817.47	1,660,076,806.73	3,888,154,495.26
期末基金份额净值	1.5964	1.0345	1.9322
本期份额净值增长率	60.45	−44.78	97.86
累计份额净值增长率	348.04	179.24	405.72
基金收益分配	10派0.500	10派0.500	10派13.900
期末基金份额持有人户数	基金份额持有人户数为45,524户，平均每户持有25,145.15份。　（期末截至2009年12月31日）		
期末基金份额持有人结构	机构投资者持有338,096,865.10份，占总份额29.54%；个人投资者持有806,611,055.55份，占总份额70.46%。		

基金业绩表现

2009年华宝兴业宝康灵活配置混合基金全年净值增长60.45%，同期业绩基准收益率为28.37%；业绩表现优于基准。

基金管理团队

胡戈游先生：基金经理，硕士，CFA，5年证券从业经历。2005年2月加入华宝兴业基金管理公司，曾任金融工程部数量分析师、华宝兴业宝康灵活配置基金经理助理，2009年5月起任华宝兴业宝康灵活配置混合基金经理。

魏 东先生：基金经理、投资副总监，国内投资部总经理，硕士，12年证券从业经历。曾在平安证券公司、国信证券公司和深圳市深投科技创业投资公司从事证券研究工作和资产管理等工作。2003年初加入华宝兴业基金管理公司，曾任交易部总经理。2004年5月至2009年5月任华宝兴业宝康灵活配置混合基金经理，2006年11月至2009年5月任华宝兴业先进成长股票基金经理。

基金运作分析

回顾2009年基金操作：年初管理人对形势判断较乐观，及时调高仓位，基金表现较好。2月中旬，大盘创短期新高时，华宝兴业宝康灵活配置混合基金主动降低仓位，进入3月份，该管理人在这阶段对市场看法相对谨慎，配置上以防御为主，净值涨幅较少；二季度初，该基金保持低仓位。5月份加高仓位，主要增持地产、银行等行业，获得较好收益，另外一直坚定持有食品饮料等消费股，在后期获得较高回报；三季度市场出现较大回调，该基金操作比较谨慎，由于对市场前期预期过高的风险认识不足，导致仓位变化幅度不大，但因超配了家电、品牌服饰、工程机械等行业，表现较为抗跌；四季度市场走势震荡，该基金在选时上做了几个小波段，但幅度不大，仓位总体上维持较高。

季度投资组合一览

项目 \ 季度	第一季度		第二季度		第三季度		第四季度	
基金资产净值	2,500,657,200.62元		2,005,369,882.23元		1,853,846,041.57元		1,827,356,817.47元	
基金份额	1,961,556,778.24份		1,420,607,999.89份		1,328,068,733.80份		1,144,707,920.65份	
基金份额净值	1.2748元		1.4116元		1.3959元		1.5964元	
基金资产组合	市值(元)	占总资产比(%)	市值(元)	占总资产比(%)	市值(元)	占总资产比(%)	市值(元)	占总资产比(%)
股票投资	969,671,024.28	38.60	1,307,490,041.98	64.20	1,261,996,571.63	67.70	1,277,114,976.05	69.54
债券投资	1,214,183,935.00	48.34	471,013,802.70	23.13	389,847,000.00	20.91	398,008,000.00	21.67
金融衍生品投资	——	——	——	——	——	——	——	——
买入返售金融资产	——	——	——	——	——	——	——	——
银行存款和结算备付金	284,362,668.75	11.32	233,437,488.62	11.46	206,118,922.82	11.06	153,098,037.19	8.34
其他资产	43,730,579.67	1.74	24,767,274.49	1.22	6,242,593.07	0.33	8,400,299.69	0.46

投资前五名股票明细	股票名称	公允价值(元)	占净值比(%)	股票名称	公允价值(元)	占净值比(%)	股票名称	公允价值(元)	占净值比(%)	股票名称	公允价值(元)	占净值比(%)
	工商银行	98,571,660.72	3.94	工商银行	108,400,000.00	5.41	兴业银行	77,718,723.29	4.19	北京银行	53,522,869.80	2.93
	泸州老窖	77,328,000.00	3.09	浦发银行	62,154,000.00	3.10	潍柴动力	55,220,000.00	2.98	兴业银行	53,471,215.00	2.93
	中国铁建	70,500,000.00	2.82	万　科A	59,925,000.00	2.99	中信证券	50,020,000.00	2.70	交通银行	53,068,720.65	2.90
	美的电器	51,659,410.63	2.07	贵州茅台	59,204,000.00	2.95	美的电器	43,250,000.00	2.33	民生银行	50,510,096.00	2.76
	山东黄金	51,366,400.00	2.05	中信证券	53,694,000.00	2.68	海螺水泥	40,878,500.00	2.21	浦发银行	49,591,820.79	2.71

投资前五名债券明细	债券名称	公允价值(元)	占净值比(%)	债券名称	公允价值(元)	占净值比(%)	债券名称	公允价值(元)	占净值比(%)	债券名称	公允价值(元)	占净值比(%)
	08央行票据44	265,075,000.00	10.60	08央行票据44	104,950,000.00	5.23	08央行票据44	103,650,000.00	5.59	08央行票据44	102,880,000.00	5.63
	21国债(12)	165,012,125.20	6.60	02国债(10)	88,322,588.90	4.40	21国债(10)	61,656,000.00	3.33	21国债(10)	71,603,000.00	3.92
	02国债(10)	150,885,000.00	6.03	21国债(10)	81,956,213.80	4.09	08国开15	53,080,000.00	2.86	08国开15	52,540,000.00	2.88
	03国债(8)	149,916,455.50	6.00	08国开15	53,905,000.00	2.69	08央行票据56	51,880,000.00	2.80	08央行票据56	51,495,000.00	2.82
	08央行票据106	97,460,000.00	3.90	08央行票据56	52,555,000.00	2.62	09央行票据35	49,835,000.00	2.69	09央行票据53	49,835,000.00	2.73

华宝兴业宝康债券投资基金

基本资料					
基金简称	华宝兴业宝康债券	交易代码	240003		
风险收益特征	——				
业绩比较基准	中信全债指数				
合同生效日	2003年7月15日	首募份额	12.88亿份	认购户数	19,194户
基金管理人	华宝兴业基金管理有限公司	基金托管人	中国建设银行		
注册登记人	华宝兴业基金管理有限公司				

成立来累计净值增长率与同期基准收益率历史走势对比图 (%)

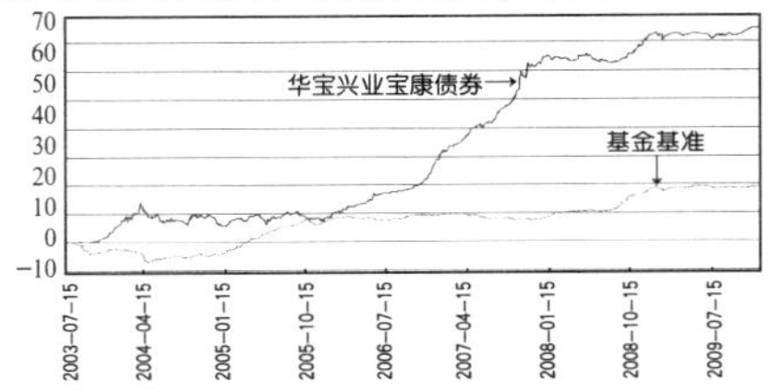

财务指标　单位：人民币(元)；%

项目 \ 年度	2009年	2008年	2007年
本期利润	7,058,815.21	149,344,842.93	1,313,281,164.95
本期加权平均净值利润率	0.53	1.86	26.87
期末基金资产净值	888,791,154.01	4,347,998,433.62	13,397,121,546.76
期末基金份额净值	1.1806	1.1896	1.2856
本期份额净值增长率	1.81	4.75	27.60
累计份额净值增长率	75.41	72.28	64.48
基金收益分配	10派0.300	10派1.500	10派1.000

近三年净值增长率与同期基准收益率对比图 (%)

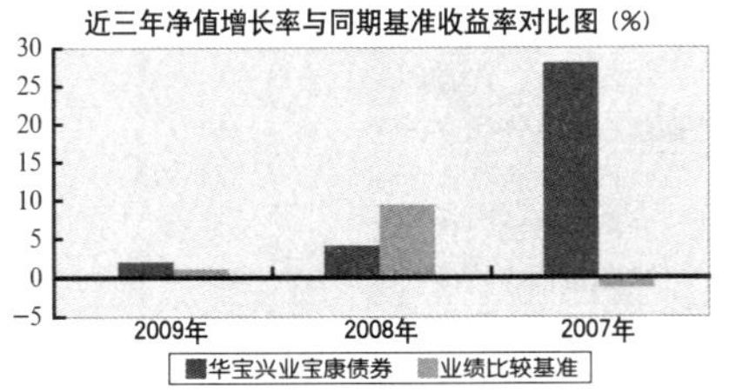

期末基金份额持有人户数	基金份额持有人户数为9,713户，平均每户持有77,505.38份。　(期末截至2009年12月31日)
期末基金份额持有人结构	机构投资者持有531,622,777.20份，占总份额70.62%；个人投资者持有221,187,019.78份，占总份额29.38%。

基金业绩表现

2009年华宝兴业宝康债券基金全年净值增长率为1.81%，同期业绩基准收益率为0.27%；业绩表现优于基准。

基金管理团队

Tan Weisi先生：基金经理、固定收益部总经理，纽约大学理学博士，CFA，14年证券从业经历。曾就职于平资产管理公司、塞克资产管理公司、美国汇丰银行、彭博公司、普天寿证券公司、美林公司。2009年2月加入华宝兴业基金管理公司，任固定收益部总经理，2009年3月起任宝康债券基金经理。

王旭巍先生：基金经理，硕士，16年证券从业经历。曾就职于中国(深圳)物资工贸集团公司、宏达期货经纪公司、中信证券公司。2003年初加入华宝兴业基金管理公司，2003年7月至2009年3月任华宝兴业宝康债券基金经理；2005年3月到2007年2月任华宝兴业现金宝货币基金经理；

余海燕女士：基金经理助理，硕士，3年证券从业经历。曾就职于汇丰银行。2006年12月加入华宝兴业基金管理公司任分析师，2008年1月至2009年11月任华宝兴业宝康债券基金经理助理。

基金运作分析

2009年华宝兴业宝康债券基金贯彻的策略是防御性为主，抓交易机会。尤其在四季度，基金的投资组合久期缩短到1.5年以下。6月份左右，当时信用债成交出现年中高点时，及时清空所有的公司债仓位，完成一个交易波段。出于对通货膨胀的预期，该基金年中配置了主要以3个月Shibor为基准利率的浮息债。

2009年该基金在大类资产配置上不尽如人意，拖累了业绩。年初时超配2年期的央票，错过建仓信用债的大好时机；10月份，市场受到信用债供给压力，收益率大幅提升，在这一期间把公司债仓位提升到内部投资比例上限。

季度投资组合一览

项目 \ 季度	第一季度		第二季度		第三季度		第四季度	
基金资产净值	1,475,902,989.27元		1,079,270,055.43元		1,080,795,747.85元		888,791,154.01元	
基金份额	1,238,001,616.00份		930,183,332.20份		933,499,022.02份		752,809,796.98份	
基金份额净值	1.1922元		1.1603元		1.1578元		1.1806元	
基金资产组合	市值(元)	占总资产比(%)	市值(元)	占总资产比(%)	市值(元)	占总资产比(%)	市值(元)	占总资产比(%)
股票投资	272,625.00	0.01	——	——	22,406,276.30	2.06	27,968,527.66	3.13
债券投资	1,829,629,221.40	95.61	1,032,752,598.88	94.44	873,390,586.80	80.47	741,161,914.62	82.89
金融衍生品投资	——	——	——	——	——	——	——	——
银行存款和结算备付金	21,519,266.09	1.12	21,871,422.88	2.00	140,421,032.82	12.94	60,586,451.90	6.78
其他资产	62,152,294.45	3.25	38,896,526.72	3.56	49,105,627.67	4.52	64,474,500.68	7.21

投资前五名股票明细	股票名称	公允价值(元)	占净值比(%)	股票名称	公允价值(元)	占净值比(%)	股票名称	公允价值(元)	占净值比(%)	股票名称	公允价值(元)	占净值比(%)
	立立电子	272,625.00	0.02	——			中国建筑	9,067,186.40	0.84	中国北车	3,354,041.76	0.38
	——						光大证券	1,768,693.10	0.16	莱美药业	2,787,092.53	0.31
							莱美药业	1,375,621.50	0.13	中国化学	2,645,148.48	0.30
							四川成渝	956,033.05	0.09	华英农业	2,185,984.89	0.25
							神开股份	904,481.30	0.08	金龙机电	1,753,372.40	0.20

投资前五名债券明细	债券名称	公允价值(元)	占净值比(%)	债券名称	公允价值(元)	占净值比(%)	债券名称	公允价值(元)	占净值比(%)	债券名称	公允价值(元)	占净值比(%)
	08央行票据47	742,490,000.00	50.31	08央行票据47	388,463,000.00	35.99	08央行票据47	196,992,000.00	18.23	08央行票据47	123,492,000.00	13.89
	08央行票据65	478,440,000.00	32.42	08央行票据65	157,845,000.00	14.63	07国开15	62,370,000.00	5.77	07国开15	61,848,000.00	6.96
	08央行票据104	87,651,000.00	5.94	08央行票据104	86,985,000.00	8.06	08央行票据38	62,166,000.00	5.75	09央行票据67	49,835,000.00	5.61
	07国开15	63,852,000.00	4.33	07国开15	63,264,000.00	5.86	09央行票据43	49,835,000.00	4.61	08央行票据38	41,136,000.00	4.63
	04国开02	51,795,000.00	3.51	08央行票据38	52,445,000.00	4.86	08央行票据65	41,532,000.00	3.84	07农发20	40,240,000.00	4.53

华宝兴业多策略增长开放式证券投资基金

基本资料					
基金简称	华宝兴业多策略股票	交易代码	240005		
风险收益特征	该基金属于较高风险、较高收益的基金品种。				
业绩比较基准	上证180指数和深证100指数的复合指数×80%+上证国债指数×20%				
合同生效日	2004年5月11日	首募份额	52.33亿份	认购户数	115,318户
基金管理人	华宝兴业基金管理有限公司	基金托管人	中国建设银行		
注册登记人	华宝兴业基金管理有限公司				

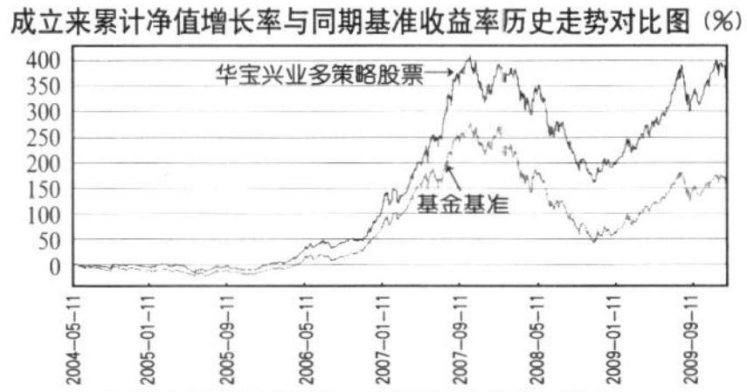

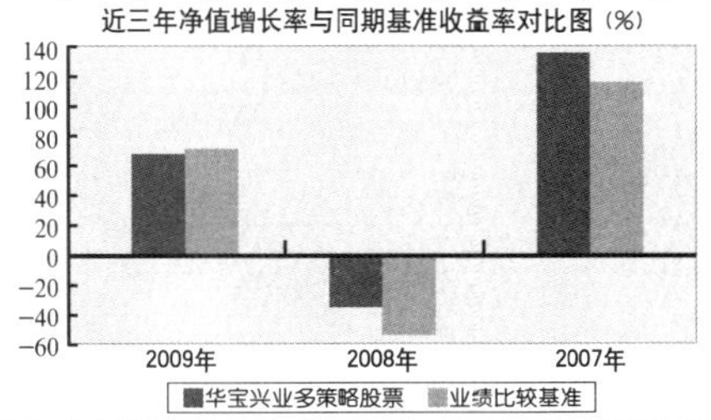

财务指标　　单位：人民币（元）；%

项目＼年度	2009年	2008年	2007年
本期利润	4,101,872,798.08	−4,151,593,081.18	1,568,078,697.91
本期加权平均净值利润率	50.09	−54.57	68.88
期末基金资产净值	8,885,711,296.24	6,470,226,495.20	3,198,192,617.33
期末基金份额净值	0.7629	0.4545	2.2228
本期份额净值增长率	67.85	−37.79	138.71
累计份额净值增长率	387.82	190.62	367.17
基金收益分配	——	10派2.200	10派20.000

期末基金份额持有人户数	基金份额持有人户数为310,584户，平均每户持有37,499.69份。　（期末截至2009年12月31日）
期末基金份额持有人结构	机构投资者持有1,153,993,712.39份，占总份额9.91%；个人投资者持有10,492,808,584.84份，占总份额90.09%。

基金业绩表现

截至2009年12月31日，华宝兴业多策略股票基金份额为0.7629元，全年净值增长率为67.85%。

基金管理团队

牟旭东先生：基金经理，12年证券从业经历，硕士。1997年9月至2003年1月在南方证券公司从事证券研究工作，2003年1月加入华宝兴业基金管理公司，任高级分析师，2004年9月起任研究部副总经理；2007年9月起任研究部总经理；2007年10月起任华宝兴业多策略股票基金经理；2009年2月起兼任华宝兴业增强收益债券基金经理。

基金运作分析

华宝兴业多策略股票基金主要采用在各风格板块间的资产配置及在各板块内精选个股的策略进行投资，隶属于风格轮动基金。

2009年，市场呈现出典型单边向上行情，沪深300指数在这一年度上涨了79.98%，沪深300指数上涨96.71%，该基金的净值增长率为67.85%，落后比较基准。其主要原因是：华宝兴业多策略股票基金在第一季度较为谨慎，仓位较低，大幅度偏离行业平均。2009年各行业的结构化差异仍然异常明显，周期类例如有色金属、采掘行业指数分别上涨180%和168%，消费类行业如家电、汽车等分别上涨187%和153%。而从风格角度看，中小盘和成长股出现了强劲的上涨。

2010年，华宝兴业多策略股票基金将适当着重于低端消费、低碳经济、科技创新以及少数民族地域振兴等方向，并将继续依据风格轮动的脉络，在合适的风格板块中依据企业的成长性和业绩的确定性进行优化。该基金将继续采用风格轮动的策略，把握市场风格板块的变化，不断为持有人创造回报。

季度投资组合一览

项目＼季度	第一季度		第二季度		第三季度		第四季度	
基金资产净值	7,525,693,945.07元		8,382,578,344.60元		8,045,773,741.54元		8,885,711,296.24元	
基金份额	13,705,492,371.53份		12,886,794,630.60份		12,346,114,109.89份		11,646,802,297.23份	
基金份额净值	0.5491元		0.6505元		0.6517元		0.7629元	
基金资产组合	市值(元)	占总资产比(%)	市值(元)	占总资产比(%)	市值(元)	占总资产比(%)	市值(元)	占总资产比(%)
股票投资	5,317,280,183.44	70.25	7,270,887,810.50	86.25	6,197,167,437.47	76.66	7,375,145,894.03	82.27
债券投资	997,734,423.30	13.18	443,059,229.50	5.26	951,984,000.00	11.78	449,115,000.00	5.01
金融衍生品投资	——	——	——	——	——	——	——	——
买入返售金融资产	——	——	——	——	——	——	——	——
银行存款和结算备付金	1,187,413,451.17	15.69	686,463,586.48	8.14	920,459,979.80	11.39	1,124,008,937.58	12.54
其他资产	67,059,018.02	0.89	29,406,919.77	0.35	14,094,184.31	0.17	16,781,193.27	0.19

投资前五名股票明细

股票名称	公允价值(元)	占净值比(%)	股票名称	公允价值(元)	占净值比(%)	股票名称	公允价值(元)	占净值比(%)	股票名称	公允价值(元)	占净值比(%)
中国石化	276,469,048.20	3.67	招商银行	580,190,350.77	6.92	招商银行	469,512,358.08	5.84	招商银行	573,389,584.80	6.45
新 和 成	271,510,962.73	3.61	浦发银行	389,954,771.50	4.65	新 和 成	383,633,493.56	4.77	新 和 成	532,744,473.00	6.00
用友软件	267,789,758.73	3.56	兴业银行	374,804,691.30	4.47	长江电力	251,402,821.74	3.12	兴业银行	285,041,281.30	3.21
长江电力	188,529,339.04	2.51	大同煤业	341,231,848.90	4.07	用友软件	248,653,558.00	3.09	中国石化	268,609,519.69	3.02
招商银行	173,475,899.91	2.31	中国石化	331,141,579.08	3.95	兴业银行	205,146,861.70	2.55	长江电力	251,214,786.72	2.83

投资前五名债券明细

债券名称	公允价值(元)	占净值比(%)	债券名称	市值(元)	占净值比(%)	债券名称	公允价值(元)	占净值比(%)	债券名称	公允价值(元)	占净值比(%)
08央行票据35	317,730,000.00	4.22	08央行票据35	209,660,000.00	2.50	09央行票据39	398,680,000.00	4.96	09央行票据55	299,010,000.00	3.37
08央行票据98	194,560,000.00	2.59	08央行票据53	105,070,000.00	1.25	09央行票据33	149,520,000.00	1.86	07农发01	120,084,000.00	1.35
08国开13	131,340,000.00	1.75	08国开13	75,796,000.00	0.90	09央行票据35	149,505,000.00	1.86	08国开19	30,021,000.00	0.34
08央行票据53	106,150,000.00	1.41	08国开19	30,375,000.00	0.36	07农发01	120,492,000.00	1.50			
08央行票据106	97,460,000.00	1.30	08上港债	8,967,886.20	0.11	08央行票据53	103,730,000.00	1.29			

华宝兴业现金宝货币市场基金

基本资料					
基金简称	华宝兴业现金宝货币	交易代码	A：240006 B：240007		
风险收益特征	该基金属于高流动性、低风险的基金品种，其预期风险和预期收益率都低于股票、债券和混合型基金。				
业绩比较基准	同期7天通知存款利率(税后)				
合同生效日	2005年3月31日	首募份额	23.14亿份	认购户数	23,839户
基金管理人	华宝兴业基金管理有限公司	基金托管人	中国建设银行		
注册登记人	华宝兴业基金管理有限公司				

成立来累计净值收益率与同期基准收益率历史走势对比图（%）

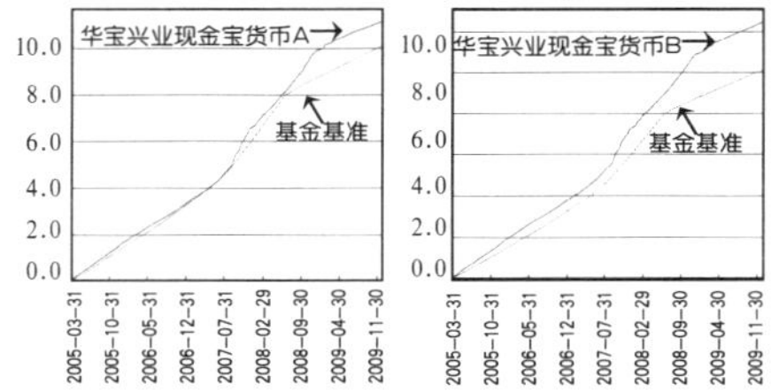

近三年净值收益率与同期基准收益率对比图（%）

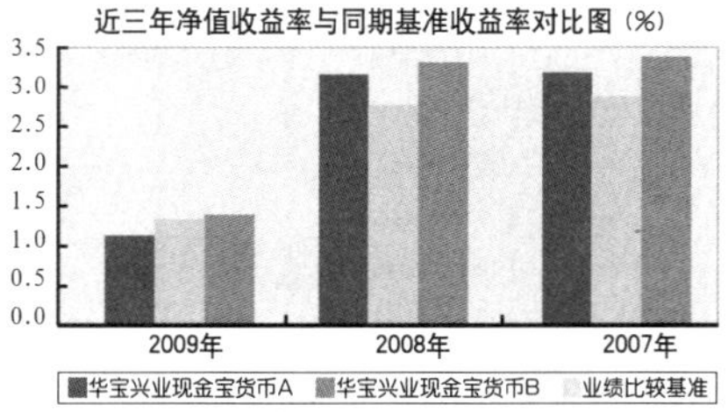

财务指标　单位：人民币(亿元)；%

项目 ＼ 年度	2009年		2008年		2007年	
	A	B	A	B	A	B
本期利润	0.0705	0.2515	0.1643	0.3653	0.0717	0.1050
期末基金资产净值	6.4282	93.1449	12.6824	99.6887	5.2115	83.2413
期末基金份额净值	1.0000元	1.0000元	1.0000元	1.0000元	1.0000元	1.0000元
本期份额净值收益率	1.1660	1.4096	3.1333	3.3805	3.1651	3.4128
累计份额净值收益率	11.2115	12.4886	9.9297	10.9250	6.5900	7.2978
基金收益分配	0.0705	0.2515	0.1643	0.3653	0.07172	0.1050

期末基金份额持有人户数	A：基金份额持有人户数为5,563户，平均每户持有115,553.23份。 B：基金份额持有人户数为103户，平均每户持有90,431,951.94份。　（期末截至2009年12月31日）
期末基金份额持有人结构	A：机构投资者持有19,546,799.48份，占总份额3.04%；个人投资者持有623,275,794.84份，占总份额96.96%。 B：机构投资者持有8,935,908,627.43份，占总份额95.94%；个人投资者持有378,582,422.71份，占总份额4.06%。

基金业绩表现

2009年华宝兴业现金宝货币基金A级份额净值收益率为1.1660%，B级份额净值收益率为1.4096%；同期业绩基准收益率为1.3500%。

基金管理团队

曾丽琼女士：基金经理，本科，8年证券从业经历。曾在杭州市商业银行总行资金营运部从事流动性管理及债券交易，2004年9月加入华宝兴业基金管理公司，任宝康债券基金、现金宝货币基金经理助理，2007年2月起任华宝兴业现金宝货币基金经理；2009年2月兼任华宝兴业增强收益债券基金经理。

刘兴旺先生：基金经理助理，硕士，5年证券从业经历。曾在申银万国任固定收益部研究员。2008年5月加入华宝兴业基金管理公司，2008年8月起任华宝兴业现金宝货币基金经理助理。

基金运作分析

2009年，管理人针对现金宝基金作为现金管理工具的特点，在日常运作中，坚持"在流动性管理中创造价值"理念，力求跟随市场步伐，作出前瞻判断，突破货币基金"买入并持有到期"的基本投资策略，比如在一季度末，短端收益最低时果断降低了债券投资比例；而在"十一"节前判断公开市场操作将持续维稳情况下，迅速加大1年期品种的投资比例，其结果是华宝兴业现金宝基金的流动性与安全性放在收益的前边，在收益率曲线震荡走高的行情下，基金组合偏离度基本保持正值，但组合静态收益作出一定让度，业绩欠佳。

季度投资组合一览

项目 ＼ 季度	第一季度		第二季度		第三季度		第四季度	
	A	B	A	B	A	B	A	B
基金资产净值	8.1898亿元	18.9630亿元	4.5445亿元	11.5194亿元	2.9340亿元	5.8740亿元	6.4282亿元	93.1449亿元
基金份额	8.1898亿份	18.9630亿份	4.5445亿份	11.5194亿份	2.9340亿份	5.8740亿份	6.4282亿份	93.1449亿份
基金份额净值	1.0000元	1.0000元	1.0000元	1.0000元	1.0000元	1.0000元	1.0000元	1.0000元
基金资产组合	市值(元)	占总资产比(%)	市值(元)	占总资产比(%)	市值(元)	占总资产比(%)	市值(元)	占总资产比(%)
股票投资	——	——	——	——	——	——	——	——
债券投资	1,573,194,009.37	57.89	928,428,835.26	55.44	514,601,859.16	58.39	487,885,852.71	4.90
金融衍生品投资	——	——	——	——	——	——	——	——
买入返售金融资产	237,000,000.00	8.72	250,000,000.00	14.93	270,000,765.00	30.63	6,245,254,930.88	62.71
银行存款和结算备付金	749,049,600.44	27.56	409,824,987.81	24.47	34,560,706.53	3.92	3,219,406,651.05	32.33
其他资产	158,514,836.21	5.83	86,335,545.41	5.16	62,208,904.39	7.06	6,096,153.88	0.06

投资前五名债券明细	债券名称	成本(元)	占净值比(%)	债券名称	成本(元)	占净值比(%)	债券名称	成本(元)	占净值比(%)	债券名称	成本(元)	占净值比(%)
	08央行票据92	397,534,290.88	14.64	08央行票据104	249,408,744.22	15.53	09央行票据42	147,560,625.59	16.75	09华侨城CP01	100,218,826.96	1.01
	08央行票据104	298,308,350.74	10.99	08央行票据98	229,300,956.87	14.27	09央行票据40	98,406,719.42	11.17	09央行票据40	98,840,433.81	0.99
	08央行票据98	228,189,341.55	8.40	08央行票据92	199,603,551.57	12.43	09央行票据38	78,749,517.03	8.94	09央行票据42	49,403,666.07	0.50
	08进出04	150,000,000.00	5.52	07农发16	50,357,607.46	3.13	07农发16	50,028,659.98	5.68	09中普天CP02	30,086,340.54	0.30
	08央行票据40	99,919,344.45	3.68	02国开08	49,972,469.29	3.11	09中牧CP01	40,037,248.16	4.55	09邮科院CP01	30,006,836.64	0.30

投资组合平均剩余期限	平均剩余期限	占净值比(%)	平均剩余期限	占净值比(%)	平均剩余期限	占净值比(%)	平均剩余期限	占净值比(%)
	30天以内	29.29	30天以内	36.41	30天以内	46.92	30天以内	93.34
	30天(含)—60天	3.67	30天(含)—60天	26.70	30天(含)—60天	0.00	30天(含)—60天	2.01
	60天(含)—90天	23.94	60天(含)—90天	19.24	60天(含)—90天	0.00	60天(含)—90天	0.30
	90天(含)—180天	40.25	90天(含)—180天	3.13	90天(含)—180天	3.39	90天(含)—180天	1.41
	180天(含)—397天(含)	1.87	180天(含)—397天(含)	18.07	180天(含)—397天(含)	49.36	180天(含)—397天(含)	2.89

华宝兴业动力组合股票型证券投资基金

基本资料

基金简称	华宝兴业动力组合股票	交易代码	240004		
风险收益特征	该基金是积极型的股票基金，属于中高风险的基金品种。				
业绩比较基准	上证180指数收益率与深证100指数收益率的流通市值加权平均×80%+上证国债指数收益率×20%				
合同生效日	2005年11月17日	首募份额	5.35亿份	认购户数	3,397户
基金管理人	华宝兴业基金管理有限公司	基金托管人	中国银行		
注册登记人	华宝兴业基金管理有限公司				

财务指标　　单位：人民币(元)；%

项目　年度	2009年	2008年	2007年
本期利润	1,428,326,783.85	−2,291,012,377.56	3,151,603,038.27
本期加权平均净值利润率	53.26	−69.80	73.13
期末基金资产净值	2,815,182,190.25	2,097,232,506.83	4,829,645,509.62
期末基金份额净值	0.9947	0.5731	2.5721
本期份额净值增长率	73.56	−47.54	129.41
累计份额净值增长率	366.78	168.93	412.68
基金收益分配	——	10派14.300	10派10.400

成立来累计净值增长率与同期基准收益率历史走势对比图（%）

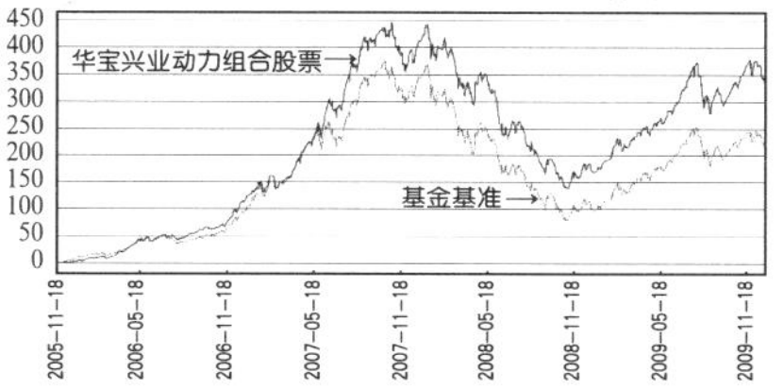

近三年净值增长率与同期基准收益率对比图（%）

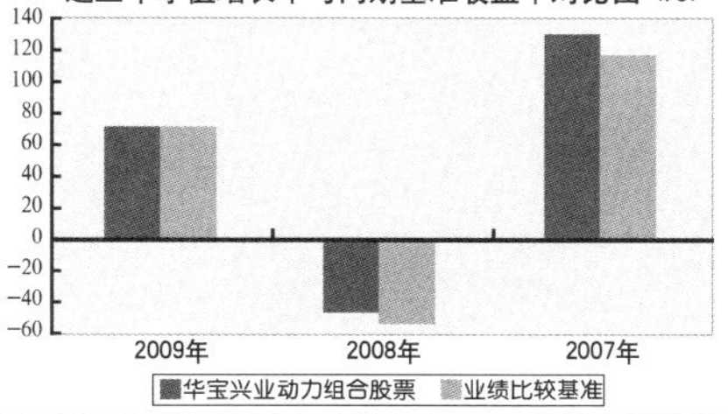

期末基金份额持有人户数	基金份额持有人户数为83,575户，平均每户持有33,862.71份。　（期末截至2009年12月31日）
期末基金份额持有人结构	机构投资者持有44,956,832.04份，占总份额1.59%；个人投资者持有2,785,119,526.96份，占总份额98.41%。

基金业绩表现

截至2009年12月31日，华宝兴业动力组合股票基金份额净值为0.9947元，全年净值增长率为73.56%；同期业绩基准收益率为73.25%。

基金管理团队

刘自强先生：基金经理，硕士，8年证券从业经历。曾在天同证券任研究员、中原证券任研究员、上海融昌资产管理公司任研究总监；2006年5月加入华宝兴业基金管理公司，历任高级分析师、研究部总经理助理、基金经理助理；2008年3月起任华宝兴业动力组合股票基金经理。

基金运作分析

在2009年的操作中，华宝兴业动力组合股票基金在年初依然保持谨慎态度，仓位继续控制在较低水平。而在春节前，确认反弹后，积极增加仓位。在2月市场回调出现之前，又比较及时地获利了结，因此业绩在市场中表现较为突出。但出于对实体经济复苏情况并不乐观的考虑，该基金在3、4月份采取了低仓位的防守策略。尽管对实体经济的判断并没有太大偏差，却忽视了流动性的威力，导致业绩出现大幅度下滑。5月份开始，该基金调整了思路，着重增加了地产、金融、资源品等行业的配置，使业绩逐步得到了恢复，至2009年底，华宝兴业动力组合股票基金全年的业绩依然保持在了中游以上的水平。

展望2010年，基于市场分析，管理人认为仓位选择将变得次要，而行业和个股的选择将成为2010年最有效的策略。华宝兴业动力组合股票基金在未来将更加注重投资的安全性，重点通过自下而上的选股模式，选取可靠的投资品种，适时调整仓位与行业配置，为持有人进一步创造回报。

季度投资组合一览

项目　季度	第一季度		第二季度		第三季度		第四季度	
基金资产净值	2,586,457,403.55元		2,782,048,092.83元		2,569,621,486.00元		2,815,182,190.25元	
基金份额	3,589,915,694.05份		3,239,600,409.58份		3,043,167,227.06份		2,830,076,359.00份	
基金份额净值	0.7205元		0.8588元		0.8444元		0.9947元	
基金资产组合	市值(元)	占总资产比(%)	市值(元)	占总资产比(%)	市值(元)	占总资产比(%)	市值(元)	占总资产比(%)
股票投资	1,751,501,900.77	67.13	2,413,250,709.02	85.81	1,897,784,359.56	73.16	2,524,379,921.49	89.03
债券投资	105,680,000.00	4.05	104,590,000.00	3.72	——	——	——	——
金融衍生品投资	——	——	——	——	——	——	——	——
买入返售金融资产	——	——	——	——	——	——	——	——
银行存款和结算备付金	749,263,052.98	28.72	262,202,342.10	9.32	663,283,268.13	25.57	308,349,936.99	10.87
其他资产	2,671,907.16	0.10	32,334,560.70	1.15	32,906,537.64	1.27	2,685,386.78	0.09

投资前五名股票明细	股票名称	公允价值(元)	占净值比(%)	股票名称	公允价值(元)	占净值比(%)	股票名称	公允价值(元)	占净值比(%)	股票名称	公允价值(元)	占净值比(%)
	深发展A	96,594,168.40	3.73	民生银行	120,587,464.80	4.33	民生银行	107,840,000.00	4.20	兴业银行	137,048,719.39	4.87
	博瑞传播	82,476,553.40	3.19	兴业银行	117,727,058.91	4.23	山东黄金	76,694,336.00	2.98	民生银行	126,560,000.00	4.50
	民生银行	77,346,505.20	2.99	中国平安	82,359,506.04	2.96	兴业银行	74,336,986.30	2.89	深发展A	109,654,057.87	3.90
	大秦铁路	76,376,777.48	2.95	万　科A	78,850,003.50	2.83	海螺水泥	62,376,374.06	2.43	中国人寿	85,556,503.55	3.04
	兴业银行	65,708,575.38	2.54	中信证券	68,106,260.88	2.45	美的电器	60,543,754.70	2.36	山东黄金	64,240,000.00	2.28

投资前五名债券明细	债券名称	公允价值(元)	占净值比(%)	债券名称	公允价值(元)	占净值比(%)	债券名称	公允价值(元)	占净值比(%)	债券名称	公允价值(元)	占净值比(%)
	08央票17	105,680,000.00	4.09	08央票17	104,590,000.00	3.76						

华宝兴业收益增长混合型证券投资基金

基本资料					
基金简称	华宝兴业收益增长混合		交易代码	240008	
风险收益特征	该基金是混合型基金，其风险高于债券基金，低于股票型基金，属于中等风险的基金品种。				
业绩比较基准	上证红利指数收益率×65%+上证国债指数收益率×35%				
合同生效日	2006年6月15日	首募份额	23.40亿份	认购户数	44,653户
基金管理人	华宝兴业基金管理有限公司		基金托管人	中国建设银行	
注册登记人	华宝兴业基金管理有限公司				

成立来累计净值增长率与同期基准收益率历史走势对比图（%）

财务指标　单位：人民币(元)；%

项目＼年度	2009年	2008年	2007年
本期利润	3,759,356,691.30	−5,677,105,220.75	3,154,033,923.44
本期加权平均净值利润率	60.09	−81.52	65.97
期末基金资产净值	8,929,487,751.71	4,100,117,876.83	8,584,346,971.03
期末基金份额净值	3.4674	1.8117	3.9119
本期份额净值增长率	91.39	−53.69	167.63
累计份额净值增长率	246.74	81.17	291.19
基金收益分配	——	——	——

近三年净值增长率与同期基准收益率对比图（%）

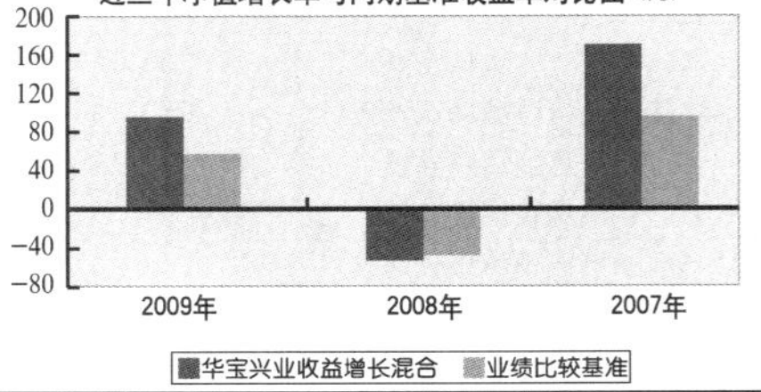

期末基金份额持有人户数	基金份额持有人户数为103,249户，平均每户持有24,942.59份。（期末截至2009年12月31日）
期末基金份额持有人结构	机构投资者持有1,170,643,853.48份，占总份额45.46%；个人投资者持有1,404,653,861.26份，占总份额54.54%。

基金业绩表现

2009年华宝兴业收益增长混合基金全年净值增长率为91.39%，同期业绩基准收益率为56.59%，业绩表现优于基准。

基金管理团队

冯　刚先生：基金经理、国内投资部总经理，硕士，9年证券从业经历。曾就职于联合证券公司、华安基金管理公司、长城证券公司。2004年3月加入华宝兴业基金管理公司，任高级研究员、基金经理助理。2006年6月起任华宝兴业收益增长混合基金经理，2008年10月起兼任华宝兴业大盘精选股票基金经理。

邵　阳先生：基金经理助理，硕士，CFA，3年证券从业经历。曾任安永会计师事务所审计员。2006年12月加入华宝兴业基金管理公司任分析师，2008年5月起任华宝兴业收益增长混合基金经理助理，2008年10月起兼任华宝兴业大盘精选股票基金经理助理。

基金运作分析

在2009年操作上，华宝兴业收益增长混合基金始终坚持在经济复苏中寻找机会，在政府扩大内需调整经济结构中寻找投资标的，取得了很好的投资业绩。

上半年，华宝兴业收益增长混合基金重点投资了国家4万亿经济刺激计划受益的相关行业个股，建材、煤炭、金融、地产等行业投资占比较多。进入下半年后，该管理人判断经济全面复苏后，政府前期刺激计划有逐步退出的可能，同时政府更多的政策会作用在扩大内需，调整经济结构，平衡区域发展等方面，所以该基金围绕上述几个主题进行重点布局，在家电、医药、食品饮料、区域地产、TMT等板块加大投资比例，使得该基金在全年看业绩保持持续领先。

季度投资组合一览

项目＼季度	第一季度		第二季度		第三季度		第四季度	
基金资产净值	5,105,397,857.66元		6,225,088,687.10元		6,162,289,740.32元		8,929,487,751.71元	
基金份额	2,152,174,258.81份		2,162,053,147.06份		2,184,260,308.33份		2,575,297,714.74份	
基金份额净值	2.3722元		2.8792元		2.8212元		3.4674元	
基金资产组合	市值(元)	占总资产比(%)	市值(元)	占总资产比(%)	市值(元)	占总资产比(%)	市值(元)	占总资产比(%)
股票投资	3,625,258,546.83	70.50	5,092,856,023.12	78.72	5,436,249,800.05	87.76	7,336,269,031.99	81.63
债券投资	547,728,000.00	10.65	446,939,000.00	6.91	249,200,000.00	4.02	498,350,000.00	5.55
金融衍生品投资	——	——	——	——	——	——	——	——
买入返售金融资产	——	——	——	——	——	——	——	——
银行存款和结算备付金	948,790,965.62	18.45	867,816,814.43	13.41	370,741,976.52	5.99	1,116,956,909.43	12.43
其他资产	20,393,403.63	0.40	61,907,260.44	0.96	138,205,724.27	2.23	35,657,558.76	0.40

投资前五名股票明细	股票名称	公允价值(元)	占净值比(%)	股票名称	公允价值(元)	占净值比(%)	股票名称	公允价值(元)	占净值比(%)	股票名称	公允价值(元)	占净值比(%)
	兴业银行	233,247,000.00	4.57	浦发银行	351,055,000.00	5.64	兴业银行	297,473,001.99	4.83	兴业银行	457,533,455.01	5.12
	中信证券	215,221,500.00	4.22	兴业银行	287,602,500.00	4.62	浙江医药	224,498,106.00	3.64	中信证券	320,419,257.84	3.59
	浦发银行	188,512,000.00	3.69	大秦铁路	212,859,000.00	3.42	大秦铁路	202,086,000.00	3.28	大秦铁路	286,134,000.00	3.20
	深康佳A	143,696,547.54	2.81	万　科A	206,550,000.00	3.32	工商银行	197,001,000.00	3.20	民生银行	275,344,552.98	3.08
	中国联通	134,441,000.00	2.63	建发股份	184,008,000.00	2.96	中国平安	190,125,000.00	3.09	工商银行	268,192,000.00	3.00

投资前五名债券明细	债券名称	公允价值(元)	占净值比(%)	债券名称	公允价值(元)	占净值比(%)	债券名称	公允价值(元)	占净值比(%)	债券名称	公允价值(元)	占净值比(%)
	08央行票据47	106,070,000.00	2.08	08央行票据47	104,990,000.00	1.69	09央行票据33	249,200,000.00	4.04	09央行票据53	299,010,000.00	3.35
	08央行票据23	105,750,000.00	2.07	08央行票据23	104,670,000.00	1.68				09央行票据65	199,340,000.00	2.23
	07央行票据95	103,580,000.00	2.03	07央行票据95	102,700,000.00	1.65						
	08央行票据61	96,570,000.00	1.89	08央行票据35	83,864,000.00	1.35						
	08央行票据35	84,728,000.00	1.66	05农发13	50,715,000.00	0.81						

华宝兴业先进成长股票型证券投资基金

基本资料						
基金简称	华宝兴业先进成长股票				交易代码	240009
风险收益特征	该基金是一只积极型的股票投资基金，属于证券投资基金中的较高风险的品种。					
业绩比较基准	新上证综指收益率					
合同生效日	2006年11月7日	首募份额	61.14亿份		认购户数	137,361户
基金管理人	华宝兴业基金管理有限公司	基金托管人	中国银行			
注册登记人	华宝兴业基金管理有限公司					

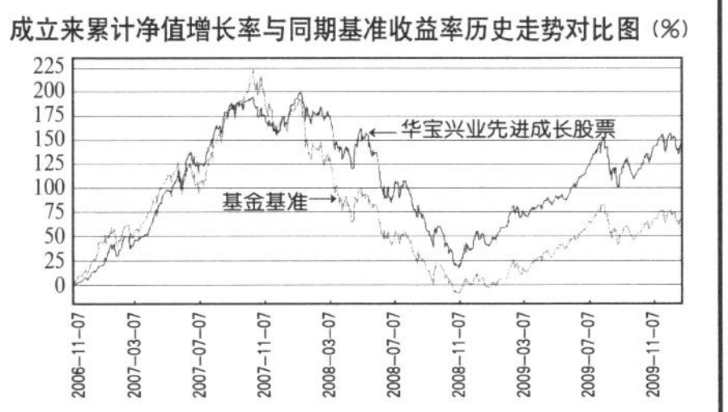

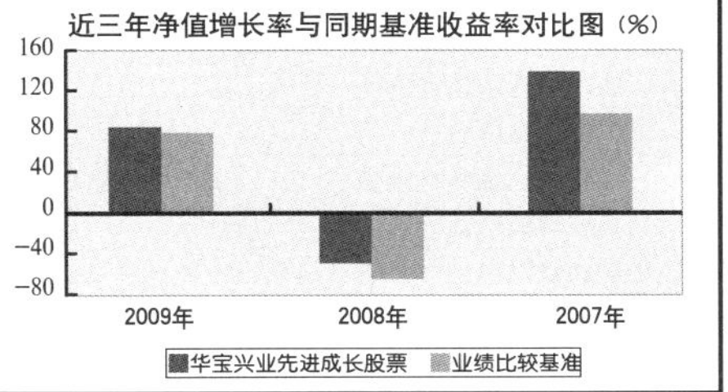

财务指标　单位：人民币（元）；%

项目＼年度	2009年	2008年	2007年
本期利润	2,548,951,812.00	-4,244,474,835.29	5,630,211,022.98
本期加权平均净值利润率	59.22	-72.58	80.53
期末基金资产净值	3,682,803,291.52	3,849,989,473.80	7,817,570,589.76
期末基金份额净值	2.5225	1.3961	2.8614
本期份额净值增长率	80.68	-51.21	139.51
累计份额净值增长率	152.25	39.61	186.14
基金收益分配	——	——	——

期末基金份额持有人户数	基金份额持有人户数为56,553户，平均每户持有25,816.03份。（期末截至2009年12月31日）
期末基金份额持有人结构	机构投资者持有280,671,618.82份，占总份额19.22%；个人投资者持有1,179,302,543.07份，占总份额80.78%。

基金业绩表现

截至2009年12月31日，华宝兴业先进成长股票基金份额净值为2.5225元，全年净值增长率为80.68%；同期业绩比较基准收益率为79.57%。

基金管理团队

吴丰树先生：基金经理，硕士，CFA，6年证券从业经历。曾任中国国际金融公司研究部副总经理级研究员。2008年5月加入华宝兴业基金管理公司，同年9月至2009年12月任华宝兴业行业精选股票基金经理；2009年5月起任华宝兴业先进成长股票基金经理。

魏　东先生：基金经理、投资副总监、国内投资部总经理，硕士，12年证券从业经历。曾在平安证券公司、国信证券公司和深圳市深投科技创业投资公司从事证券研究工作和资产管理等工作。2003年初加入华宝兴业基金公司，曾任交易部总经理。2004年5月至2009年5月任华宝兴业宝康灵活配置混合基金经理；2006年11月至2009年5月任华宝兴业先进成长股票基金经理。

基金运作分析

2009年，该基金管理人及时调整对市场的判断，加入看多者的行列，果断调整了股票仓位。全年来看，华宝兴业先进成长股票基金的平均股票仓位保持相对市场较高的水平，这是令投资回报率相对而言表现较好的最主要原因。行业配置上，部分时段对汽车、家电、食品饮料、商业等消费品板块的大额超配也令基金受益匪浅。遗憾的是，在8月份没有及时地降低股票仓位，以及三季度逆市增加对强周期性板块的配置，给基金的净值表现带来了负面影响。

季度投资组合一览

项目＼季度	第一季度		第二季度		第三季度		第四季度	
基金资产净值	5,363,680,280.11元		3,602,112,095.43元		3,556,876,066.45元		3,682,803,291.52元	
基金份额	2,990,355,859.38份		1,681,627,744.35份		1,690,296,376.46份		1,459,974,161.89份	
基金份额净值	1.7937元		2.1420元		2.1043元		2.5225元	
基金资产组合	市值(元)	占总资产比(%)	市值(元)	占总资产比(%)	市值(元)	占总资产比(%)	市值(元)	占总资产比(%)
股票投资	3,895,169,191.31	71.72	3,020,999,521.88	80.52	3,261,649,909.62	91.07	3,371,583,130.50	90.91
债券投资	530,244,000.00	9.76	——	——	——	——	99,670,000.00	2.69
金融衍生品投资	——	——	——	——	——	——	——	——
买入返售金融资产	——	——	——	——	——	——	——	——
银行存款和结算备付金	919,434,028.85	16.93	615,793,127.30	16.41	290,656,780.96	8.12	226,176,000.54	6.10
其他资产	86,354,091.02	1.59	114,971,023.52	3.06	29,161,484.85	0.81	11,411,356.97	0.31

投资前五名股票明细

第一季度 股票名称	公允价值(元)	占净值比(%)	第二季度 股票名称	公允价值(元)	占净值比(%)	第三季度 股票名称	公允价值(元)	占净值比(%)	第四季度 股票名称	公允价值(元)	占净值比(%)
工商银行	295,500,000.00	5.51	工商银行	146,340,000.00	4.06	中国联通	180,975,000.00	5.09	中国联通	189,540,000.00	5.15
中国铁建	282,000,000.00	5.26	苏宁电器	142,034,759.28	3.94	中国平安	144,495,000.00	4.06	中国平安	143,234,000.00	3.89
泸州老窖	264,204,000.00	4.93	华侨城A	129,600,900.00	3.60	交通银行	133,276,434.76	3.75	建设银行	123,799,424.33	3.36
建设银行	258,001,427.60	4.81	中国联通	118,716,381.70	3.30	中国远洋	130,139,987.95	3.66	中信证券	120,721,965.21	3.28
美的电器	206,606,631.86	3.85	美的电器	114,400,000.00	3.18	张江高科	106,681,986.99	3.00	招商银行	117,324,909.75	3.19

投资前五名债券明细

第一季度 债券名称	公允价值(元)	占净值比(%)	第二季度 债券名称	公允价值(元)	占净值比(%)	第三季度 债券名称	公允价值(元)	占净值比(%)	第四季度 债券名称	公允价值(元)	占净值比(%)
08央行票据38	127,164,000.00	2.37							09央行票据57	99,670,000.00	2.71
08央行票据50	106,100,000.00	1.98									
08央行票据44	106,030,000.00	1.98									
08央行票据41	105,990,000.00	1.98									
08央行票据56	84,960,000.00	1.58									

华宝兴业行业精选股票型证券投资基金

基本资料

基金简称	华宝兴业行业精选股票			交易代码	240010
风险收益特征	该基金属于较高风险、较高收益的基金品种。				
业绩比较基准	沪深300指数收益率				
合同生效日	2007年6月14日	首募份额	99.99亿份	认购户数	366,637户
基金管理人	华宝兴业基金管理有限公司			基金托管人	中国建设银行
注册登记人	华宝兴业基金管理有限公司				

财务指标 单位：人民币(元)；%

项目 / 年度	2009年	2008年	2007.6.14至2007.12.31
本期利润	9,191,270,552.21	−14,848,727,816.31	5,904,714,185.53
本期加权平均净值利润率	56.60	−79.86	24.12
期末基金资产净值	17,448,979,011.50	11,731,709,619.25	30,349,887,299.90
期末基金份额净值	1.0954	0.6036	1.3180
本期份额净值增长率	81.48	−54.20	31.80
累计份额净值增长率	9.54	−39.64	31.80
基金收益分配	——	——	——

成立来累计净值增长率与同期基准收益率历史走势对比图（%）

近三年净值增长率与同期基准收益率对比图（%）

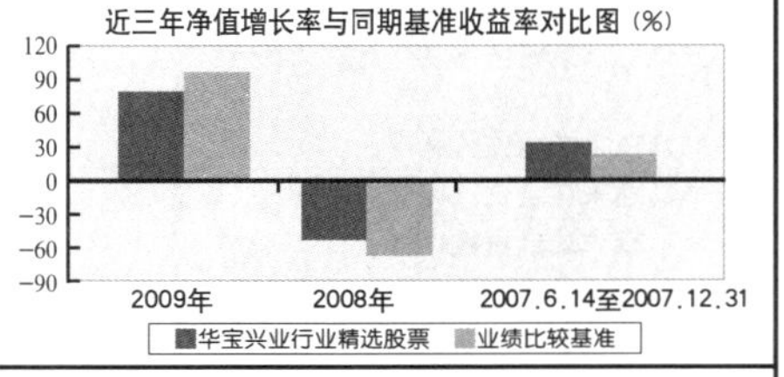

期末基金份额持有人户数	基金份额持有人户数为667,027户，平均每户持有23,881.41份。（期末截至2009年12月31日）
期末基金份额持有人结构	机构投资者持有110,191,166.15份，占总份额0.69%；个人投资者持有15,819,352,990.07份，占总份额99.31%。

基金业绩表现

截至2009年12月31日，华宝兴业行业精选股票基金份额净值为1.0954元，全年净值增长率为81.48%。

基金管理团队

任志强先生：基金经理、公司副总经理、投资总监，硕士，12年证券从业经历。曾就职于上海市外高桥保税区开发（控股）公司、中国南方证券公司、华宝信托投资公司和华宝证券经纪公司。2007年8月加入华宝兴业基金管理公司，任投资总监；2007年9月起兼任华宝兴业行业精选股票基金经理。

范红兵先生：基金经理，硕士，9年证券从业经历。曾就职于南方证券公司、中新苏州工业园创业投资公司和平安证券公司。2007年7月加入华宝兴业基金管理公司，先后任高级分析师、基金经理助理；2009年2月起任华宝兴业行业精选股票基金经理。

吴丰树先生：基金经理，硕士，CFA，6年证券从业经历。曾就职于中国国际金融公司研究部。2008年5月加入华宝兴业基金管理公司，曾任华宝兴业行业精选基金经理；2009年5月起任先进成长股票基金经理。

沈梦圆女士：基金经理助理，硕士，2年证券从业经历。2008年加入华宝兴业基金公司任研究部分析师；2009年11月起任华宝兴业行业精选基金经理助理。

基金运作分析

2009年，华宝兴业行业精选股票基金上半年在资产配置、行业配置和个股选择方面均取得明显成效，对全年基金较高收益率奠定了基础。主要包括：年初开始保持较高股票仓位；对金融板块、煤炭板块、化工、地产、交运设备、医药板块等行业进行重点配置；另外对部分行业重点股票的前瞻性布局以及仓位的阶段性调整等等均对该基金全年收益做出贡献。

季度投资组合一览

项目 / 季度	第一季度		第二季度		第三季度		第四季度	
基金资产净值	14,624,369,668.08元		17,833,311,945.40元		16,161,391,895.99元		17,448,979,011.50元	
基金份额	19,059,149,326.52份		18,777,420,956.51份		17,359,321,170.17份		15,929,544,156.22份	
基金份额净值	0.7673元		0.9497元		0.9310元		1.0954元	
基金资产组合	市值(元)	占总资产比(%)	市值(元)	占总资产比(%)	市值(元)	占总资产比(%)	市值(元)	占总资产比(%)
股票投资	10,803,492,967.11	73.63	14,281,474,409.97	79.33	14,062,506,975.51	86.78	15,253,380,036.35	86.71
债券投资	679,320,000.00	4.63	482,700,000.00	2.68	——	——	——	——
金融衍生品投资	——	——	——	——	——	——	——	——
买入返售金融资产	——	——	——	——	——	——	——	——
银行存款和结算备付金	3,117,394,274.48	21.25	2,919,217,690.52	16.22	2,105,605,262.14	12.99	2,250,034,813.73	12.79
其他资产	71,738,937.71	0.49	318,124,686.62	1.77	37,467,535.72	0.23	87,596,372.78	0.50

投资前五名股票明细

第一季度 股票名称	公允价值(元)	占净值比(%)	第二季度 股票名称	公允价值(元)	占净值比(%)	第三季度 股票名称	公允价值(元)	占净值比(%)	第四季度 股票名称	公允价值(元)	占净值比(%)
浦发银行	764,992,195.68	5.23	浦发银行	974,873,703.76	5.47	工商银行	1,189,776,454.02	7.36	工商银行	1,371,317,767.68	7.86
工商银行	523,518,713.80	3.58	招商银行	890,442,637.65	4.99	交通银行	835,175,437.81	5.17	交通银行	657,718,812.30	3.77
招商银行	507,649,959.99	3.47	工商银行	825,602,508.12	4.63	招商银行	756,062,253.70	4.68	招商银行	624,165,985.65	3.58
中信证券	376,330,227.57	2.57	中信证券	753,843,780.18	4.23	中国平安	485,190,583.80	3.00	中国平安	563,855,460.21	3.23
中国平安	374,279,571.20	2.56	金地集团	615,576,390.52	3.45	金地集团	464,351,813.64	2.87	中国石化	508,508,776.32	2.91

投资前五名债券明细

第一季度 债券名称	公允价值(元)	占净值比(%)	第二季度 债券名称	公允价值(元)	占净值比(%)	第三季度 债券名称	公允价值(元)	占净值比(%)	第四季度 债券名称	公允价值(元)	占净值比(%)
08央行票据98	486,400,000.00	3.33	08央行票据98	482,700,000.00	2.71						
08央行票据55	192,920,000.00	1.32									

华宝兴业海外中国成长股票型证券投资基金

基本资料

基金简称	华宝兴业海外中国股票(QDII)	交易代码	241001
风险收益特征	该基金为股票型基金，属于风险和收益水平都较高的基金品种。		
业绩比较基准	MSCI China Free指数(以人民币计算)		
合同生效日	2008年5月7日	首募份额	4.63亿份
		认购户数	15,421户
基金管理人	华宝兴业基金管理有限公司	基金托管人	中国建设银行
境外投资顾问	法国兴业银行资产管理(日本)有限公司	境外托管人	纽约梅隆银行
注册登记人	华宝兴业基金管理有限公司		

财务指标　　单位：人民币(元)；%

项目 \ 年度	2009年	2008年5月7日至2008年12月31日
本期利润	69,875,472.63	−97,288,201.92
本期加权平均净值利润率	45.23	−33.37
期末基金资产净值	140,740,445.93	136,370,359.31
期末基金份额净值	1.134	0.736
本期份额净值增长率	54.08	−26.40
累计份额净值增长率	13.40	−26.40
基金收益分配	——	——

成立来累计净值增长率与同期基准收益率历史走势对比图（%）

近两年净值增长率与同期基准收益率对比图（%）

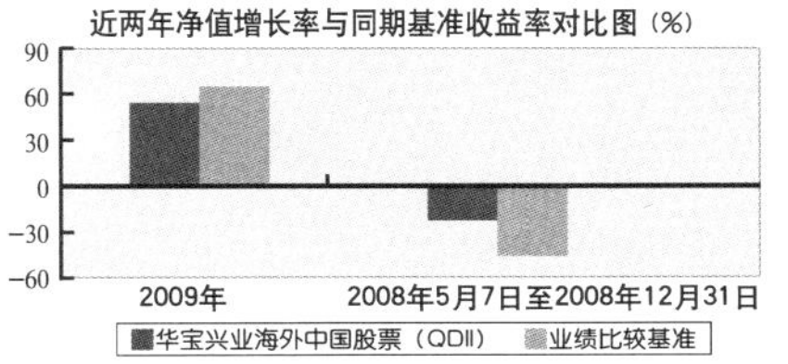

期末基金份额持有人户数	基金份额持有人户数为6,853户，平均每户持有18,154.63份。（期末截至2009年12月31日）
期末基金份额持有人结构	机构投资者持有9,191,275.02份，占总份额7.39%；个人投资者持有115,222,421.15份，占总份额92.61%。

基金业绩表现

截至2009年12月31日，华宝兴业海外中国股票基金份额净值为1.134元，全年净值增长率为54.08%。

基金管理团队

周　欣先生：基金经理、海外投资管理部总经理，北京大学经济学硕士、耶鲁大学商学院工商管理硕士，10年证券从业经历。曾就职于德意志银行亚洲证券、法国巴黎银行亚洲证券、东方证券资产管理部。2009年12月加入华宝兴业基金公司任海外投资管理部总经理。2009年12月起兼任华宝兴业海外中国股票基金经理。

Gabriel Gondard先生：基金经理、公司投资副总监，资产管理学硕士学位，8年证券从业经历。曾就职于法国兴业资产管理公司；2006年1月加入华宝兴业基金管理公司任公司投资副总监。2008年5月至2009年12月兼任华宝兴业海外中国股票基金经理。

雷　勇先生：基金经理、海外投资管理部总经理，工商管理硕士，12年证券从业经历。曾就职于美林亚特兰大、美林芝加哥、美国APE咨询交易服务公司。2005年4月加入华宝兴业基金公司，曾任公司研究部总经理、金融工程部总经理和海外投资管理部总经理，兼任华宝兴业海外中国股票基金经理。

尤柏年先生：基金经理助理，博士，6年证券从业经历。曾就职于澳大利亚BConnect公司Apex投资咨询团队。2007年6月任华宝兴业基金公司金融工程部高级数量分析师，2008年8月起任海外投资部高级分析师；2009年3月起任华宝兴业海外中国股票基金经理助理。

基金运作分析

2009年，华宝兴业海外中国股票基金在年初时采取非积极的资产配置策略，以80—10—10的比例投资于股票、债券和现金。在第三季度卖出2年期美国国债，规避美元贬值风险，把债券投资转移至股票投资，使股票配置的比例增至90%；第三季度，组合超配消费品、互联网、低估值香港金融与地产股，低配H股银行、保险、交通运输与电信行业；第四季度，继续超配可选消费品和低配电信业。这些行业配置策略和个股的选择成效良好，提高了组合的收益。

季度投资组合一览

项目 \ 季度	第一季度		第二季度		第三季度		第四季度	
基金资产净值	142,791,155.23元		172,104,475.08元		153,191,566.96元		140,740,445.93元	
基金份额	188,359,496.07份		181,233,914.93份		150,967,738.75份		124,063,573.06份	
基金份额净值	0.758元		0.950元		1.015元		1.134元	
基金资产组合	市值(元)	占总资产比(%)	市值(元)	占总资产比(%)	市值(元)	占总资产比(%)	市值(元)	占总资产比(%)
权益类投资–普通股	114,654,525.61	78.41	137,198,588.60	78.48	133,651,373.22	85.65	127,869,581.81	90.02
权益类投资–存托凭证	——	——	——	——	1,404,150.30	0.90	1,222,787.63	0.86
债券投资	17,636,489.74	12.06	13,998,783.07	8.01	——	——	——	——
银行存款和结算备付金	12,340,363.54	8.44	22,656,894.34	12.96	20,615,027.57	13.21	12,700,130.48	8.94
其他资产	1,586,823.49	1.09	954,637.73	0.55	373,306.99	0.24	250,262.93	0.18

投资前五名股票及存托凭证投资明细	股票名称	公允价值(元)	占净值比(%)	股票名称	公允价值(元)	占净值比(%)	股票名称	公允价值(元)	占净值比(%)	股票名称	公允价值(元)	占净值比(%)
	中国移动	7,978,017.21	5.59	中国移动	10,124,081.54	5.88	中国海洋石油	7,455,410.46	4.87	中国海洋石油	6,950,649.16	4.94
	工商银行	7,038,119.46	4.93	工商银行	8,473,170.78	4.92	中国人寿	7,404,929.62	4.83	中国石化	6,936,560.13	4.93
	中国人寿	6,755,162.25	4.73	中国银行(香港)	8,132,022.52	4.73	中国石化	7,374,574.14	4.81	工商银行	6,929,762.17	4.92
	中国电信	6,209,534.68	4.35	中国人寿	7,486,749.84	4.35	中国银行	7,078,702.98	4.62	中国银行	6,867,876.09	4.88
	中国海洋石油	5,500,518.72	3.85	中国海洋石油	6,878,783.09	4.00	中国移动	6,594,848.16	4.30	中国人寿	6,686,391.71	4.75

投资前五名债券明细	债券名称	公允价值(元)	占净值比(%)	债券名称	公允价值(元)	占净值比(%)	债券名称	公允价值(元)	占净值比(%)	债券名称	公允价值(元)	占净值比(%)
	HKTB 0 0609	17,636,489.74	12.35	T 5.125 0611	13,998,783.07	8.13						

华宝兴业大盘精选股票型证券投资基金

基本资料					
基金简称	华宝兴业大盘精选股票			交易代码	240011
风险收益特征	该基金属于较高风险、较高收益的品种。				
业绩比较基准	沪深300指数收益率×80%＋上证国债指数收益率×20%				
合同生效日	2008年10月7日	首募份额	4.90亿份	认购户数	3,473户
基金管理人	华宝兴业基金管理有限公司	基金托管人	中国银行		
注册登记人	华宝兴业基金管理有限公司				

财务指标　　单位：人民币（元）；%

项目 \ 年度	2009年	2008年10月7日至2008年12月31日
本期利润	544,752,967.43	5,411,318.09
本期加权平均净值利润率	55.44	1.12
期末基金资产净值	2,002,848,552.80	415,073,696.14
期末基金份额净值	1.9316	1.0098
本期份额净值增长率	91.29	0.98
累计份额净值增长率	93.16	0.98
基金收益分配	——	——

成立来累计净值增长率与同期基准收益率历史走势对比图（%）

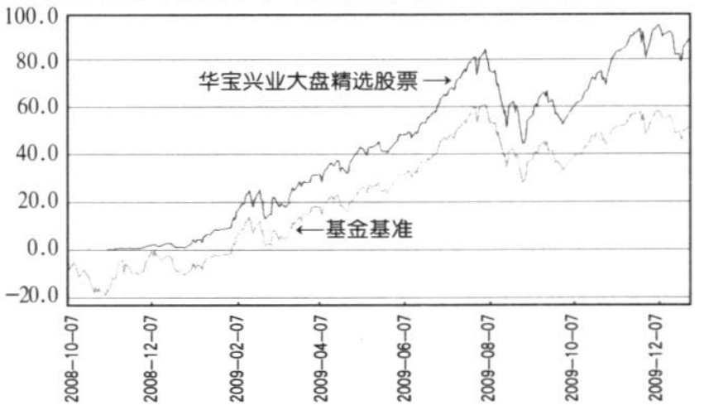

近两年净值增长率与同期基准收益率对比图（%）

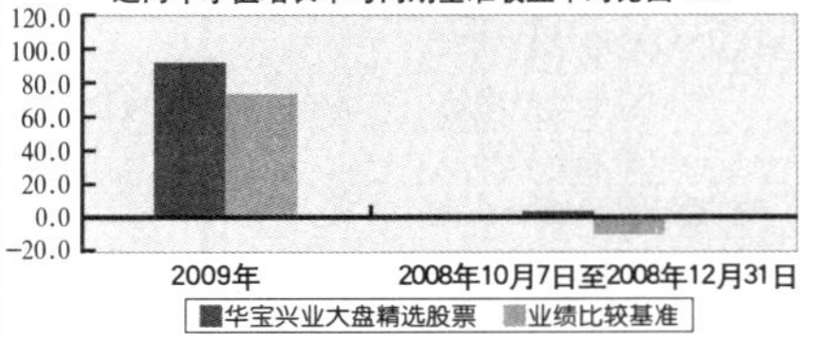

期末基金份额持有人户数	基金份额持有人户数为20,474户，平均每户持有50,643.03份。　（期末截至2009年12月31日）
期末基金份额持有人结构	机构投资者持有564,909,083.59份，占总份额54.48%；个人投资者持有471,956,263.68份，占总份额45.52%。

基金业绩表现

截至2009年12月31日，华宝兴业大盘精选股票基金份额净值为1.9316元，全年净值增长率为91.29%，业绩表现优于基准。

基金管理团队

冯　刚先生：基金经理、国内投资部总经理，硕士，9年证券从业经历。曾就职于联合证券公司、华安基金公司和长城证券。2004年3月加入华宝兴业基金管理公司，任高级研究员、基金经理助理。2006年6月至今任华宝兴业收益增长混合基金经理；2008年10月起任华宝兴业大盘精选股票基金经理。

邵　阳先生：基金经理助理、硕士，CFA，3年证券从业经历。曾任安永会计师事务所审计员。2006年12月加入华宝兴业基金管理公司，任分析师；2008年5月起任华宝兴业收益增长混合基金经理助理；2008年10月起任华宝兴业大盘精选股票基金经理助理。

基金运作分析

华宝兴业大盘精选股票基金在2009年始终坚持在经济复苏中寻找机会，在政府扩大内需和调整经济结构中寻找投资标的，取得较好的投资业绩。全年看，该基金前几个月处于建仓期，是股票仓位逐渐加高的过程。

上半年，华宝兴业大盘精选股票基金重点投资了国家4万亿经济刺激计划受益的相关行业个股，建材、煤炭、金融、地产等行业投资占比较多。进入下半年后，管理人判断经济全面复苏后，政府前期刺激计划有逐步退出的可能，同时政府更多的政策会作用在扩大内需，调整经济结构，平衡区域发展等方面，所以下半年后该基金围绕上述几个主题进行重点布局，在家电、医药、食品饮料、区域地产、TMT等板块加大了投资比例，使得该基金在全年看业绩保持持续领先。

季度投资组合一览

项目 \ 季度	第一季度			第二季度			第三季度			第四季度		
基金资产净值	403,225,023.12元			1,150,708,575.81元			1,079,401,175.04元			2,002,848,552.80元		
基金份额	313,715,627.47份			730,245,634.01份			698,674,904.86份			1,036,865,347.27份		
基金份额净值	1.2853元			1.5758元			1.5449元			1.9316元		
基金资产组合	市值(元)		占总资产比(%)	市值(元)		占总资产比(%)	市值(元)		占总资产比(%)	市值(元)		占总资产比(%)
股票投资	277,884,249.07		66.79	947,257,233.51		80.63	1,003,237,849.44		90.83	1,799,214,507.51		88.28
债券投资	20,366,000.00		4.90	20,248,000.00		1.72	30,308,000.00		2.74	60,385,000.00		2.96
金融衍生品投资	——		——	——		——	——		——	——		——
买入返售金融资产	——		——	——		——	——		——	——		——
银行存款和结算备付金	114,586,975.40		27.54	186,175,282.50		15.85	49,308,977.13		4.46	160,442,448.55		7.87
其他资产	3,215,098.18		0.77	21,198,226.77		1.80	21,695,498.00		1.96	17,978,907.23		0.88
投资前五名股票明细	股票名称	公允价值(元)	占净值比(%)	股票名称	公允价值(元)	占净值比(%)	股票名称	公允价值(元)	占净值比(%)	股票名称	公允价值(元)	占净值比(%)
	深康佳A	19,706,776.74	4.89	浦发银行	56,053,700.00	4.87	兴业银行	56,429,300.00	5.23	兴业银行	103,793,936.83	5.18
	兴业银行	17,464,800.00	4.33	兴业银行	51,952,998.03	4.51	浙江医药	40,572,000.00	3.76	中信证券	71,482,500.00	3.57
	中信证券	14,263,200.00	3.54	大秦铁路	39,183,000.00	3.41	工商银行	36,490,500.00	3.38	民生银行	62,916,140.00	3.14
	浦发银行	13,371,200.00	3.32	万　科A	37,612,500.00	3.27	大秦铁路	35,226,000.00	3.26	福耀玻璃	60,507,000.00	3.02
	天山股份	10,845,000.00	2.69	浙江医药	32,900,400.00	2.86	中国平安	34,476,000.00	3.19	大秦铁路	54,384,000.00	2.72
投资前五名债券明细	债券名称	公允价值(元)	占净值比(%)	债券名称	公允价值(元)	占净值比(%)	债券名称	公允价值(元)	占净值比(%)	债券名称	公允价值(元)	占净值比(%)
	07央行票据16	20,366,000.00	5.05	07央行票据16	20,248,000.00	1.76	07央行票据51	20,236,000.00	1.87	07央行票据44	30,198,000.00	1.51
							07央行票据19	10,072,000.00	0.93	07央行票据51	20,154,000.00	1.01
										07央行票据19	10,033,000.00	0.50

华宝兴业增强收益债券型证券投资基金

基本资料					
基金简称	华宝兴业增强收益债券	交易代码	A:240012　B:240013		
风险收益特征	该基金为债券型基金，其长期平均风险和预期收益率低于混合型基金和股票型基金，高于货币市场基金。在债券型基金产品中，其长期平均风险程度和预期收益率高于纯债券基金。				
业绩比较基准	中国债券总指数收益率				
合同生效日	2009年2月17日	首募份额	22.58亿份	认购户数	18,453户
基金管理人	华宝兴业基金管理有限公司	基金托管人	中国工商银行		
注册登记人	华宝兴业基金管理有限公司				

2009年累计净值收益率与同期基准收益率历史走势对比图（%）

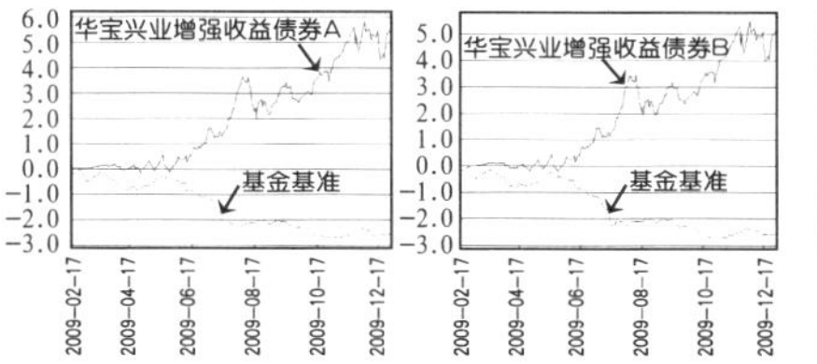

财务指标　单位：人民币（元）；%

项目 \ 年度	2009年2月17日至2009年12月31日	
	A	B
本期利润	15,605,433.25	20,870,006.03
本期加权平均净值利润率	4.29	2.96
期末基金资产净值	270,720,040.58	231,443,784.12
期末基金份额净值	1.0580	1.0543
本期份额净值增长率	5.80	5.43
累计份额净值增长率	5.80	5.43
基金收益分配	10派0.100	10派0.100

2009年净值增长率与同期基准收益率对比图（%）

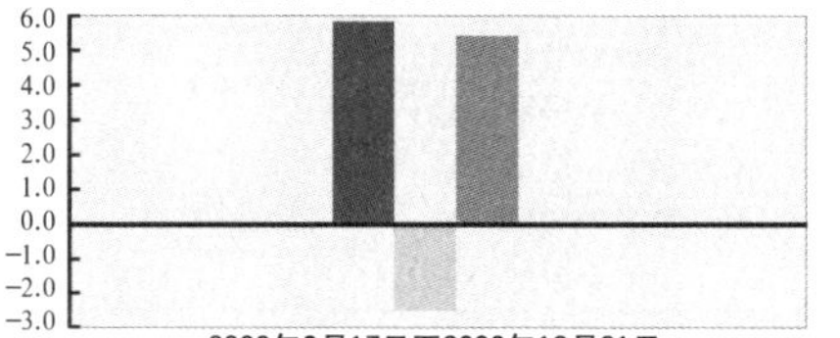

期末基金份额持有人户数	A:基金份额持有人户数为2,976户，平均每户持有85,981.62份。 B:基金份额持有人户数为3,157户，平均每户持有69,532.50份。（期末截至2009年12月31日）
期末基金份额持有人结构	A:机构投资者持有119,151,338.22份，占总份额46.57%；个人投资者持有136,729,968.84份，占总份额53.43%。 B:机构投资者持有40,134,806.14份，占总份额18.28%；个人投资者持有179,379,288.81份，占总份额81.72%。

基金业绩表现

华宝兴业增强收益债券基金合同生效于2009年2月17日，截至2009年12月31日，该基金A类净值增长率为5.80%，B类净值增长率为5.43%；同期业绩基准收益率为−2.54%，业绩表现均优于基准。

基金管理团队

曾丽琼女士：基金经理，本科，6年证券从业经历。曾就职于杭州市商业银行总行，2004年9月加入华宝兴业基金管理公司，任基金经理助理，2007年2月起任华宝兴业现金宝货币基金经理；2009年2月起兼任华宝兴业增强收益债券基金经理。

牟旭东先生：基金经理，硕士，12年证券从业经历。曾在南方证券公司从事证券研究工作，2003年1月加入华宝兴业基金管理公司，任高级分析师，2004年9月起任研究部副总经理；2007年9月起任研究部总经理；2007年10月起任华宝兴业多策略股票基金经理；2009年2月起兼任华宝兴业增强收益债券基金经理。

基金运作分析

2009年华宝兴业增强收益债券基金的整体投资思路以利率产品防御、权益添利为主，适时增加高收益信用产品投资，同时在IPO重启之后，积极参与“打新”，博取差价。

季度投资组合一览

项目 \ 季度	第二季度		第三季度		第四季度	
	A	B	A	B	A	B
基金资产净值	6.1663亿元	16.4413亿元	2.1717亿元	3.1932亿元	2.7072亿元	2.3144亿元
基金份额	3.8822亿份	5.3527亿份	2.1138亿份	3.1157亿份	2.5588亿份	2.1951亿份
基金份额净值	1.0015元	1.0010元	1.0274元	1.0249元	1.0580元	1.0543元
基金资产组合	市值(元)	占总资产比(%)	市值(元)	占总资产比(%)	市值(元)	占总资产比(%)
股票投资	100,182,037.19	10.49	55,538,163.22	10.30	65,457,554.76	10.98
债券投资	768,239,850.80	80.41	434,430,231.00	80.56	403,587,728.20	67.71
金融衍生品投资	——	——	——	——	——	——
买入返售金融资产	——	——	——	——	——	——
银行存款和结算备付金	56,080,709.31	5.87	41,520,491.34	7.70	114,694,193.56	19.24
其他资产	30,955,903.01	3.24	7,750,793.52	1.44	12,330,945.78	2.07

投资前五名股票明细	股票名称	公允价值(元)	占净值比(%)	股票名称	公允价值(元)	占净值比(%)	股票名称	公允价值(元)	占净值比(%)
	招商银行	16,806,939.75	1.80	中国建筑	9,792,562.24	1.83	新和成	5,867,951.10	1.17
	烟台万华	15,386,583.99	1.65	烟台万华	7,153,513.88	1.33	宝胜股份	4,973,527.40	0.99
	敦煌种业	15,047,973.84	1.61	新和成	6,581,956.12	1.23	浙江医药	4,624,100.00	0.92
	浦发银行	14,502,600.00	1.56	*ST亚华	5,557,603.00	1.04	小天鹅A	3,938,396.00	0.78
	大同煤业	10,914,000.00	1.17	浙江医药	5,292,000.00	0.99	中国国航	3,884,000.00	0.77

投资前五名债券明细	债券名称	公允价值(元)	占净值比(%)	债券名称	公允价值(元)	占净值比(%)	债券名称	公允价值(元)	占净值比(%)
	08央行票据35	178,211,000.00	19.12	08央行票据08	103,290,000.00	19.25	08央行票据08	102,550,000.00	20.42
	08央行票据44	104,950,000.00	11.26	08央行票据38	72,527,000.00	13.52	21国债(10)	50,044,359.60	9.97
	08央行票据38	104,890,000.00	11.25	21国债(10)	64,660,702.40	12.05	09央行票据63	49,835,000.00	9.92
	08央行票据17	104,590,000.00	11.22	08上港债	31,710,627.00	5.91	08央行票据38	41,136,000.00	8.19
	08央行票据08	104,430,000.00	11.20	08央行票据17	31,023,000.00	5.78	08上港债	25,350,000.00	5.05

华宝兴业中证100指数证券投资基金

基本资料						
基金简称	华宝兴业中证100指数		交易代码	240014 240015		
风险收益特征	该基金具有较高风险、较高预期收益的特征。					
业绩比较基准	中证100指数收益率×95%＋银行同业存款收益率×5%					
合同生效日	2009年9月29日	首募份额	20.09亿份	认购户数	16,509户	
基金管理人	华宝兴业基金管理有限公司		基金托管人	中国建设银行		
注册登记人	华宝兴业基金管理有限公司					

2009年累计净值增长率与同期基准收益率历史走势对比图（%）

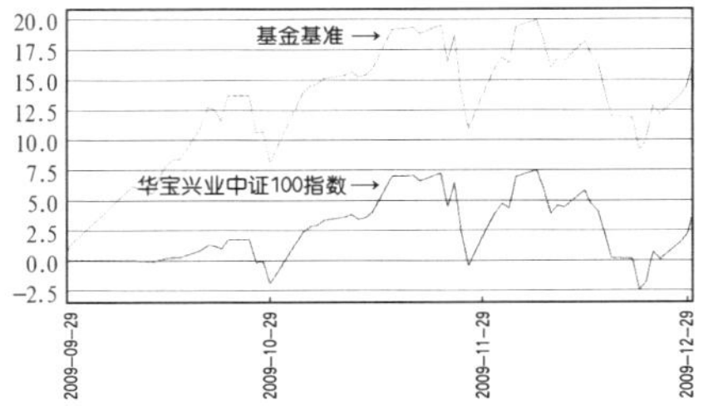

2009年净值增长率与同期基准收益率对比图（%）

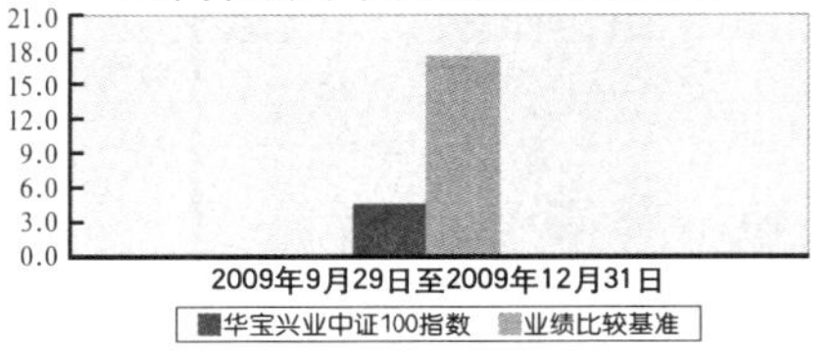

财务指标　单位：人民币（元）；%

项目＼年度	2009年9月29日至2009年12月31日
本期利润	73,813,730.38
本期加权平均净值利润率	5.46
期末基金资产净值	1,075,972,855.98
期末基金份额净值	1.0486
本期份额净值增长率	4.86
累计份额净值增长率	4.86
基金收益分配	——
期末基金份额持有人户数	基金份额持有人户数为16,300户，平均每户持有62,951.10份。（期末截至2009年12月31日）
期末基金份额持有人结构	机构投资者持有307,575,250.62份，占总份额29.98%；个人投资者持有718,527,611.93份，占总份额70.02%。

基金业绩表现

华宝兴业中证100指数基金合同生效于2009年9月29日，截至2009年12月31日，该基金份额净值为1.0486元，成立以来净值增长率为4.86%。

基金管理团队

徐林明先生：基金经理、金融工程部副总经理，复旦大学经济学硕士，FRM，7年证券从业经历。曾在兴业证券、凯龙财经（上海）公司、中原证券从事金融工程研究工作。2005年8月加入华宝兴业基金管理公司，任金融工程部数量分析师，2008年2月起任金融工程部副总经理，2009年9月起兼任华宝兴业中证100指数基金经理。

基金运作分析

华宝兴业中证100指数基金成立于2009年9月29日，2009年四季度处于建仓期，基于对四季度市场震荡上行的判断，该管理人制定了稳步建仓的策略，并且基于华宝兴业中证100指数基金的契约，采用完全复制法建仓。10月初市场超预期的上涨给该基金建仓带来了不利的条件，但在宏观经济超预期明确的背景下，及时加快了建仓的节奏，华宝兴业中证100指数基金于10月22日打开日常申购赎回，并于11月初基本完成建仓，股票仓位和跟踪偏离度开始符合基金合同的要求。

2010年，该基金管理人将继续严格遵守基金合同，坚持既定的指数化投资策略，积极应对成分股调整和基金申购赎回，优化成分股替代方法，严格控制基金相对目标指数的跟踪误差，实现对中证100指数的有效跟踪。

季度投资组合一览

项目＼季度	第四季度	
基金资产净值	1,075,972,855.98元	
基金份额	1,026,102,862.55份	
基金份额净值	1.0486元	
基金资产组合	金额（元）	占总资产比例（%）
股票投资	1,020,890,642.63	93.36
债券投资	25,238,304.00	2.31
金融衍生品投资	——	——
买入返售金融资产	——	——
银行存款和结算备付金	38,822,769.29	3.55
其他资产	8,596,235.75	0.79

投资前五名股票明细

股票名称	公允价值（元）	占净值比例（%）
招商银行	51,769,241.10	4.81
中国平安	51,633,983.94	4.80
民生银行	46,181,601.62	4.29
交通银行	44,318,420.30	4.12
中信证券	38,576,944.89	3.59

投资前五名债券明细

债券名称	公允价值（元）	占净值比例（%）
20 国债(4)	25,238,304.00	2.35

华宝兴业上证180价值交易型开放式指数证券投资基金

基本资料					
基金简称	华宝兴业上证180价值ETF		交易代码	510030/510031	
投资目标	紧密跟踪标的指数，追求跟踪偏离度和跟踪误差的最小化。				
业绩比较基准	该基金业绩比较基准为标的指数。该基金标的指数变更的，业绩比较基准随之变更并公告。				
风险收益特征	该基金为股票基金，其风险和预期收益均高于货币市场基金、债券型基金和混合基金。该基金在股票基金中属于指数基金，紧密跟踪标的指数，属于股票基金中风险较高、收益与标的指数所代表的股票市场水平大致相近的产品。				
合同生效日	2010年4月23日	上市日期	2010年5月28日	上市地点	上交所
募集概况	首募份额	认购户数	募集日期		
	21.09亿份	5,312户	2010年3月22日至2010年4月16日		
基金费率	认购费率	不超过0.80%	申购费率	——	
	赎回费率	——			
	管理费率	0.50%	托管费率	0.10%	
基金管理人	华宝兴业基金管理有限公司		基金托管人	中国工商银行股份有限公司	
审计机构	安永华明会计师事务所		注册登记人	中国证券登记结算有限责任公司	

华宝兴业上证180价值交易型开放式指数证券投资基金联接基金

基本资料					
基金简称	华宝兴业上证180价值ETF联接		交易代码	240016	
投资目标	紧密跟踪标的指数，追求跟踪偏离度和跟踪误差的最小化。				
业绩比较基准	95%×上证180价值指数收益率+5%×银行同业存款利率。				
风险收益特征	该基金为ETF联接基金，其风险和预期收益均高于货币市场基金、债券型基金和混合基金。该基金在股票基金中属于指数基金，紧密跟踪标的指数，属于股票基金中风险较高、收益与标的指数所代表的股票市场水平大致相近的产品。				
合同生效日	2010年4月23日	上市日期	2010年5月28日	上市地点	上交所
募集概况	首募份额	认购户数	募集日期		
	5．87亿份	8,272户	2010年3月22日至2010年4月20日		
基金费率	认购费率	不超过1.20%	申购费率	不超过1.50%	
	赎回费率	不超过0.50%			
	管理费率	0.50%	托管费率	0.10%	
基金管理人	华宝兴业基金管理有限公司		基金托管人	中国工商银行股份有限公司	
审计机构	安永华明会计师事务所		注册登记人	华宝兴业基金管理有限公司	

基金管理团队

徐林明先生：基金经理，量化投资部总经理，复旦大学经济学硕士，FRM，8年证券从业经历，曾在兴业证券、凯龙财经（上海）有限公司、中原证券从事金融工程研究工作。2005年8月加入华宝兴业基金管理有限公司，任金融工程部数量分析师，2008年2月起任金融工程部副总经理。2009年9月起任华宝兴业中证100指数基金经理，2010年2月起任量化投资部总经理，2010年4月兼任华宝兴业上证180价值交易型开放式指数基金、华宝兴业上证180价值交易型开放式指数基金联接基金经理。

华宝兴业新兴产业股票型证券投资基金

基本资料					
基金简称	华宝兴业新兴产业股票		交易代码	240017	
投资目标	分享新兴产业所带来的投资机会，力争在长期内为基金份额持有人获取超额回报。				
业绩比较基准	75%中证新兴产业指数+25%上证国债指数。				
风险收益特征	该基金属于主题投资型股票基金，存在主题轮动风险，即集中投资于目标主题股票的业绩表现不一定领先于市场平均水平。				
合同生效日	2010年12月7日	上市日期	——	上市地点	——
募集概况	首募份额	认购户数	募集日期		
	36.33亿份	32,154户	2010年11月10日至2010年12月3日		
基金费率	认购费率	不超过1.20%	申购费率	不超过1.50%	
	赎回费率	不超过1.50%			
	管理费率	1.50%	托管费率	0.25%	
基金管理人	华宝兴业基金管理有限公司		基金托管人	中国建设银行股份有限公司	
审计机构	安永华明会计师事务所		注册登记人	华宝兴业基金管理有限公司	

基金管理团队

郭鹏飞先生：基金经理，博士，拥有CFA资格。2004年2月加入华宝兴业基金管理有限公司任研究部行业分析师，2007年9月任公司研究部副总经理，2009年3月至2010年6月任公司研究部总经理，2010年6月至今任华宝兴业宝康灵活配置混合基金经理，2010年12月起任华宝兴业新兴产业基金经理。

摩根士丹利华鑫基金管理有限公司

法定名称	摩根士丹利华鑫基金管理有限公司	英文名称	Morgan Stanley Huaxin Fund Management Co.,Ltd.		
成立时间	2003年3月14日	注册资本	1亿元人民币	公司属性	中外合资
法人代表	王文学	总 经 理	于 华	督 察 长	李 锦
公司网址	www.msfunds.com.cn	客服电话	400-8888-668		
联系电话	0755-8299 3636	传真号码	0755-8299 0384		
注册地址	深圳市福田区中心四路1号嘉里建设广场第二座第17层01-04室				
办公地址	深圳市福田区中心四路1号嘉里建设广场第二座第17层01-04室				

公司简介

摩根士丹利华鑫基金管理有限公司是一家中外合资基金管理公司，公司前身为经中国证监会证监基金字[2003]33号文批准设立并于2003年3月14日成立的巨田基金管理有限公司。

截至2009年12月31日，摩根士丹利华鑫基金管理有限公司旗下共管理五只开放式基金，即摩根士丹利华鑫基础行业基金、摩根士丹利华鑫资源优选混合型基金(LOF)、摩根士丹利华鑫货币市场基金、摩根士丹利华鑫强收益债券型基金和摩根士丹利华鑫领先优势股票型基金。

2009年旗下开放式基金业绩表现

截至日期：2009年12月31日

（单位：元；%）

基金类型	基金简称	设立日期	基金份额净值	净值增长率①	累计净值增长率②
股票型	大摩领先优势股票	2009-09-22	1.1116	11.16	11.16
混合型	大摩基础行业混合	2004-03-26	0.5837	39.04	54.25
	大摩资源优选混合(LOF)	2005-09-27	1.9854	76.75	425.97
货币型	大摩货币	2006-08-17	1.0000	1.81	9.97

注：①净值增长率指该基金2009年度的份额净值增长率；②累计净值增长率指该基金设立以来的份额净值增长率。

2009年管理公募基金概况

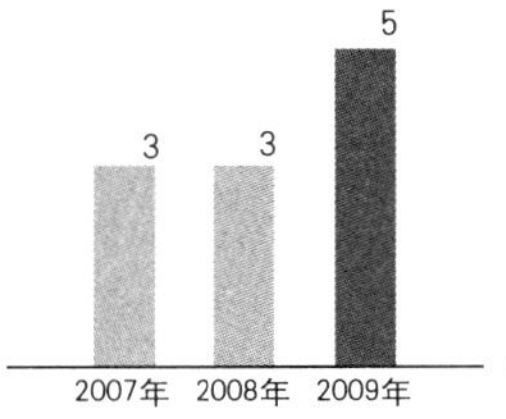

基金数量(只)

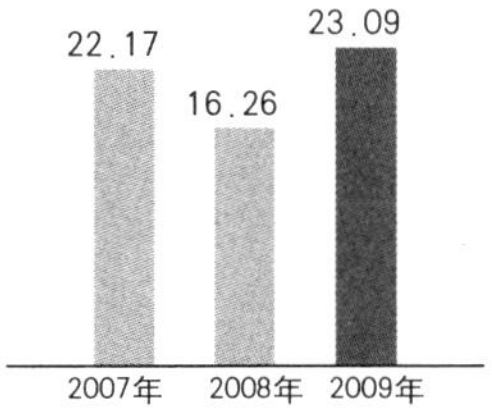

基金份额规模(亿份)

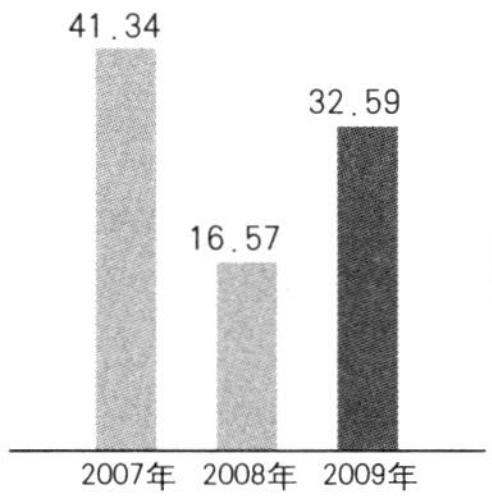

基金资产规模(亿元)

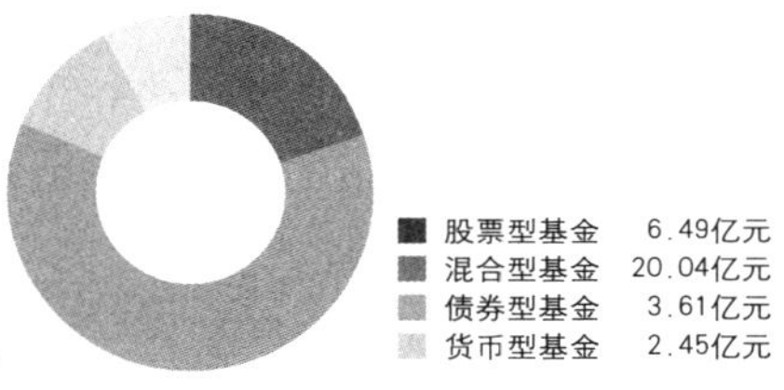

2009年基金资产规模构成

摩根士丹利华鑫基础行业证券投资基金

基本资料					
基金简称	大摩基础行业混合	交易代码	233001		
风险收益特征	追求基金资产长期稳定增值，风险属于中低水平。				
业绩比较基准	上证综指与深证综指的复合指数×75%+中信全债指数×20%+同业存款利率×5%				
合同生效日	2004年3月26日	首募份额	18.55亿份	认购户数	17,274户
基金管理人	摩根士丹利华鑫基金管理有限公司	基金托管人	中国光大银行		
注册登记人	摩根士丹利华鑫基金管理有限公司				

财务指标　　单位：人民币（元）；%

项目 \ 年度	2009年	2008年	2007年
本期利润	30,842,522.10	-189,037,585.25	166,080,561.32
本期加权平均净值利润率	33.79	-109.77	75.56
期末基金资产净值	90,613,526.76	85,805,974.09	236,902,814.87
期末基金份额净值	0.5837	0.4198	1.2500
本期份额净值增长率	39.04	-66.42	128.02
累计份额净值增长率	54.25	10.93	230.31
基金收益分配	——	——	10派12.850

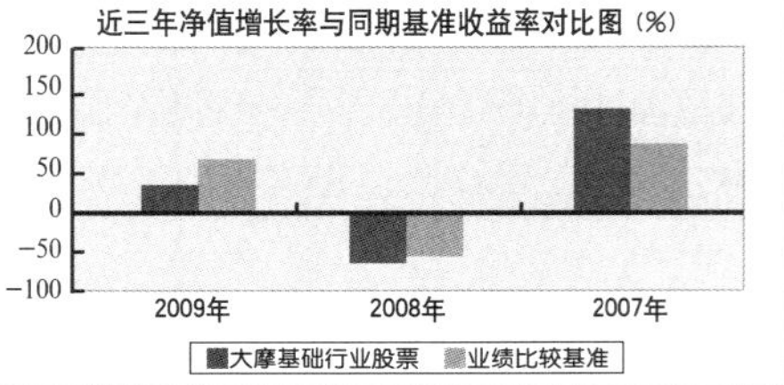

期末基金份额持有人户数	基金份额持有人户数为5,977户，平均每户持有25,973.06份。（期末截至2009年12月31日）
期末基金份额持有人结构	机构投资者持有13,127,790.82份，占总份额8.46%；个人投资者持有142,113,171.11份，占总份额91.54%。

基金业绩表现

2009年大摩基础行业混合基金全年净值增长率为39.04%；同期业绩基准收益率为62.78%。

基金管理团队

廖京胜先生：基金经理，硕士学历，9年证券从业经历。曾就职于巨田证券公司；2006年1月加入摩根士丹利华鑫基金管理公司，曾任市场发展部副总监、金融工程部副总监、投资管理部副总监、研究发展部总监；2007年11月至2009年7月任大摩基础行业混合基金经理。

李　君先生：基金经理，东北财经大学工商管理硕士，10年证券从业经历。曾就职于大连证券深圳投资研究中心、巨田证券公司；2007年1月加入摩根士丹利华鑫基金管理公司，历任首席策略师、投资管理部研究员；2009年7月起任大摩基础行业混合基金经理。

基金运作分析

2009年上半年，大摩基础行业混合基金采取高仓位结合波段操作的投资策略，在建立相对均衡的核心投资组合的基础上，积极参与市场热点轮动。由于在投资组合构建的灵活性方面不够完善，在急剧变化的市场环境下实际操作过程中反应不够灵敏，投资组合缺乏一定的进攻性，致使上半年基金业绩落后于业绩基准。

8月初新任基金经理开始接管该基金，市场出现较大幅度调整，该基金所持有的有色金属、煤炭等上游资源类品种遭到重创，由于减仓不够及时造成了基金净值损失。9—10月，市场处于震荡走势，以家电、医药为主的防御型品种成为市场规避风险的热点，该基金由于投资受限只能以低仓位应对市场的变化，但是效果不佳。11—12月，该基金重点增持交运设备、信息设备等行业个股，并保持较高仓位，业绩有所上升，基金净值创出年内新高。

季度投资组合一览

项目 \ 季度	第一季度		第二季度		第三季度		第四季度	
基金资产净值	99,267,686.34元		93,318,920.32元		77,670,438.53元		90,613,526.76元	
基金份额	198,320,962.56份		176,909,352.24份		157,803,296.44份		155,240,961.93份	
基金份额净值	0.5005元		0.5275元		0.4922元		0.5837元	
基金资产组合	市值(元)	占总资产比(%)	市值(元)	占总资产比(%)	市值(元)	占总资产比(%)	市值(元)	占总资产比(%)
股票投资	59,559,527.48	59.10	66,159,739.03	69.35	46,984,680.50	58.21	66,000,365.28	71.31
债券投资	22,129,800.00	21.96	20,475,480.00	21.46	17,234,743.50	21.35	19,000,067.00	20.53
金融衍生品投资	——	——	——	——	——	——	——	——
买入返售金融资产	——	——	——	——	——	——	——	——
银行存款和结算备付金	17,277,608.12	17.15	6,682,812.22	7.00	14,611,722.02	18.10	5,870,775.26	6.34
其他资产	1,805,730.20	1.79	2,086,100.58	2.19	1,886,203.94	2.34	1,685,462.29	1.82

投资前五名股票明细	股票名称	公允价值(元)	占净值比(%)	股票名称	公允价值(元)	占净值比(%)	股票名称	公允价值(元)	占净值比(%)	股票名称	公允价值(元)	占净值比(%)
	长江电力	5,712,000.00	5.75	中国联通	6,174,000.00	6.62	亨通光电	3,122,000.00	4.02	亨通光电	5,433,200.00	6.00
	中国联通	4,046,899.13	4.08	博瑞传播	5,296,906.68	5.68	新 海 宜	3,105,200.00	4.00	新 海 宜	4,710,000.00	5.20
	桂冠电力	3,985,000.00	4.01	龙净环保	3,741,472.35	4.01	华光股份	2,590,000.00	3.33	威孚高科	3,581,500.00	3.95
	龙净环保	3,741,472.35	3.77	北新建材	3,462,000.00	3.71	天坛生物	1,557,600.00	2.01	银轮股份	3,211,155.50	3.54
	川投能源	3,402,000.00	3.43	新 海 宜	2,802,240.00	3.00	平高电气	1,542,600.00	1.99	北京银行	3,094,400.00	3.41

投资前五名债券明细	债券名称	公允价值(元)	占净值比(%)	债券名称	公允价值(元)	占净值比(%)	债券名称	公允价值(元)	占净值比(%)	债券名称	公允价值(元)	占净值比(%)
	02国债(10)	22,129,800.00	22.29	02国债(10)	20,475,480.00	21.94	20国债(4)	17,234,743.50	22.19	20国债(4)	16,128,000.00	17.80
										锡业转债	2,872,067.00	3.17

摩根士丹利华鑫资源优选混合型证券投资基金(LOF)

基本资料					
基金简称	大摩资源优选混合(LOF)			交易代码	163302
风险收益特征	该基金为混合型基金，风险介于股票型和债券型基金之间，属于中低风险的基金品种，适于能承担一定风险、追求较高收益和长期资本增值的投资人投资。				
业绩比较基准	70％×中信标普300指数+30％×中信标普全债指数				
合同生效日	2005年9月27日	首募份额	3.10亿份	认购户数	1,644户
上市日期	2007年7月5日		上市地点	深交所	
基金管理人	摩根士丹利华鑫基金管理有限公司		基金托管人	中国光大银行	
注册登记人	中国证券登记结算有限责任公司				

成立来累计净值增长率与同期基准收益率历史走势对比图（%）

财务指标　单位：人民币(元)；%

项 目 \ 年 度	2009年	2008年	2007年
本期利润	954,655,324.95	−1,498,903,202.77	626,265,396.93
本期加权平均净值利润率	55.84	−73.89	41.86
期末基金资产净值	1,913,810,684.24	1,355,909,381.20	3,502,017,485.95
期末基金份额净值	1.9854	1.1233	2.1444
本期份额净值增长率	76.75	−47.62	159.00
累计份额净值增长率	425.97	197.58	468.09
基金收益分配	——	——	10派5.100

近三年净值增长率与同期基准收益率对比图（%）

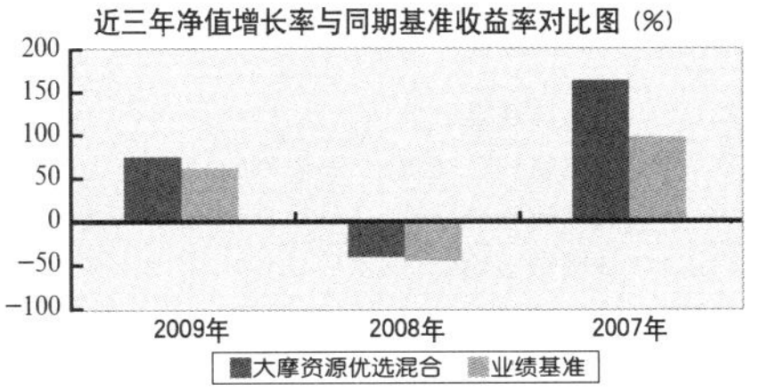

期末基金份额持有人户数	基金份额持有人户数为64,133户，平均每户持有15,030.37份。(期末截至2009年12月31日)
期末基金份额持有人结构	机构投资者持有99,323,908.41份，占总份额10.30％；个人投资者持有864,618,879.20份，占总份额89.70％。

基金业绩表现

截至2009年12月31日，大摩资源优选混合基金份额净值为1.9854元，全年净值增长率为76.75％；同期业绩基准收益率为61.47％。

基金管理团队

何　滨先生：基金经理，本科，12年证券从业经历。曾任珠海鑫光集团公司职员、巨田证券公司投资管理部副经理。2007年5月加入摩根士丹利华鑫基金管理公司，曾任高级研究员、投资管理部总监助理；2008年4月起任大摩资源优选混合基金经理。

基金运作分析

在股票投资方面，大摩资源优选混合基金年初股票仓位较轻，1—7月基本上是持续加仓的过程，9月减仓幅度较大，10月开始增加股票持仓直到年底。而市场在8月前基本呈现小幅波动持续上涨的走势，8月大幅回调后振荡小幅回升。总体来说，上半年增加股票持仓的力度略显不足，超额收益基本来源于个股选择。8月份市场回调早于管理人预期，没有提前规避风险，不过9月后的持仓结构调整比较有成效，使得整体绩效在年末2个月内有所提升。

在债券投资方面，大摩资源优选混合基金的债券配置一直维持较低的水平，仅持有少量企业债，下阶段计划提高固定收益类资产的配置比例。经济复苏过程中，资金利率水平上抬，收益率曲线呈平坦化略微上行的态势，债券整体收益不佳；在行业配置方面，大摩资源优选混合基金2009年度在房地产、煤炭、医药行业上的配置获得了较高的超额收益，在有色金属板块减仓过早，错失了提前布局本该获得的超额收益。整体股票资产超额收益的主要来源是个股选择。

季度投资组合一览

项 目 \ 季 度	第一季度		第二季度		第三季度		第四季度	
基金资产净值	1,640,835,306.86元		1,732,486,901.88元		1,557,971,402.62元		1,913,810,684.24元	
基金份额	1,156,331,124.86份		1,022,026,626.28份		960,451,498.98份		963,942,787.61份	
基金份额净值	1.4190元		1.6951元		1.6221元		1.9854元	
基金资产组合	市值(元)	占总资产比(%)	市值(元)	占总资产比(%)	市值(元)	占总资产比(%)	市值(元)	占总资产比(%)
股票投资	1,155,068,844.55	70.00	1,508,083,454.57	85.50	1,020,738,445.43	65.28	1,659,776,797.48	86.10
债券投资	30,941,099.90	1.88	61,198,385.20	3.47	29,532,000.00	1.89	20,030,000.00	1.04
金融衍生品投资	——	——	——	——	——	——	——	——
买入返售金融资产	——	——	60,000,150.00	3.40	40,000,180.00	2.56	——	——
银行存款和结算备付金	446,948,058.75	27.09	116,463,622.27	6.60	460,798,542.11	29.47	241,205,054.20	12.51
其他资产	16,967,510.37	1.03	18,185,550.46	1.03	12,582,896.65	0.80	6,709,865.57	0.35

投资前五名股票明细	股票名称	公允价值(元)	占净值比(%)	股票名称	公允价值(元)	占净值比(%)	股票名称	公允价值(元)	占净值比(%)	股票名称	公允价值(元)	占净值比(%)
	上实医药	59,312,628.24	3.61	山东黄金	76,928,000.00	4.44	山东黄金	74,340,000.00	4.77	中恒集团	106,313,800.32	5.56
	中恒集团	55,243,758.94	3.37	华发股份	65,125,727.55	3.76	新 中 基	70,483,360.41	4.52	亨通光电	104,049,327.56	5.44
	山东黄金	53,316,477.22	3.25	城投控股	62,818,276.50	3.63	中恒集团	69,673,222.08	4.47	山东黄金	77,891,000.00	4.07
	广汇股份	52,565,840.00	3.20	通化东宝	62,629,280.21	3.61	国阳新能	53,430,000.00	3.43	国阳新能	72,555,000.00	3.79
	中信证券	51,021,835.11	3.11	金地集团	61,256,000.00	3.54	华侨城A	51,961,320.00	3.34	广汇股份	69,626,373.70	3.64

投资前五名债券明细	债券名称	公允价值(元)	占净值比(%)	债券名称	公允价值(元)	占净值比(%)	债券名称	公允价值(元)	占净值比(%)	债券名称	公允价值(元)	占净值比(%)
	08央票108	29,256,000.00	1.78	09滇投债	30,501,000.00	1.76	09滇投债	29,532,000.00	1.90	09蒙电CP01	20,030,000.00	1.05
	08青啤债	1,651,296.50	0.10	08央票108	29,037,000.00	1.68						
	08万科G1	33,803.40	0.00	08青啤债	1,626,709.00	0.09						
				08万科G1	33,676.20	0.00						

摩根士丹利华鑫货币市场基金

基本资料					
基金简称	大摩货币		交易代码	163303	
风险收益特征	该基金属于高流动性、低风险的基金品种，其预期风险和预期收益都低于债券基金、混合基金和股票基金。				
业绩比较基准	一年期银行定期储蓄存款的税后利率=(1−利息税率)×一年期银行定期储蓄存款利率				
合同生效日	2006年8月17日	首募份额	13.32亿份	认购户数	2,660户
基金管理人	摩根士丹利华鑫基金管理有限公司		基金托管人	交通银行	
注册登记人	中国证券登记结算有限责任公司				

成立来累计净值收益率与同期基准收益率历史走势对比图（%）

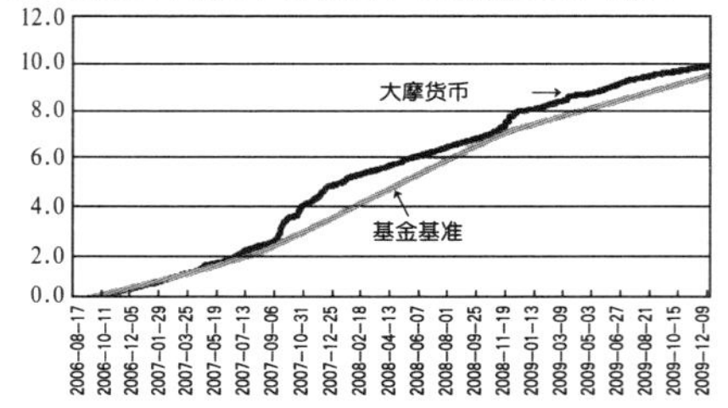

财务指标　单位：人民币(元)；%

项目 \ 年度	2009年	2008年	2007年
本期利润	5,924,181.72	4,158,536.19	6,634,367.99
期末基金资产净值	244,768,156.97	214,960,157.68	394,841,016.96
期末基金份额净值	1.0000	1.0000	1.0000
本期份额净值收益率	1.8123	3.0089	4.1213
累计份额净值收益率	9.9715	8.0140	4.8590
基金收益分配	5,924,181.72	4,158,536.19	6,634,367.99

近三年净值收益率与同期基准收益率对比图（%）

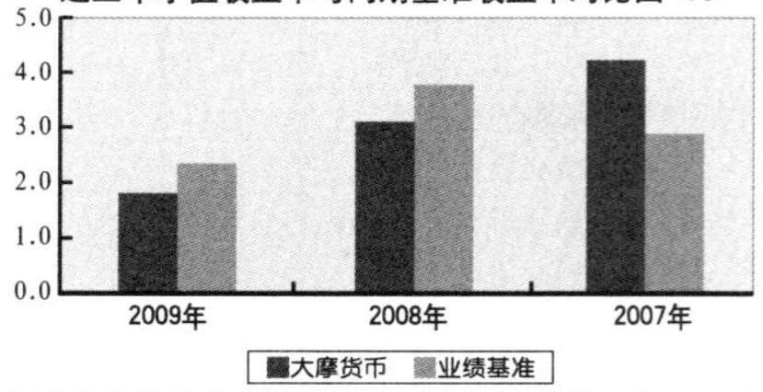

期末基金份额持有人户数	基金份额持有人户数为2,852户，平均每户持有85,823.34份。（期末截至2009年12月31日）
期末基金份额持有人结构	机构投资者持有121,717,359.62份，占总份额49.73%；个人投资者持有123,050,797.35份，占总份额50.27%。

基金业绩表现

2009年大摩货币市场基金全年净值收益率为1.8123%，同期业绩基准收益率为2.2500%。

基金管理团队

李　轶先生：基金经理，硕士，4年证券从业经历。2005年7月加入摩根士丹利华鑫基金管理公司，从事固定收益研究，曾任债券研究员，大摩货币基金经理助理；2008年11月起任大摩货币基金经理。

基金运作分析

2009年度大摩货币基金保持适当的组合债券投资比例，同时注重信用债和浮动金融债的投资。在对债券市场下跌预期明确及市场资金面持续宽松的情况下，兼顾保持流动性和收益性均衡，重点减持了部分收益率较低的央票，同时增加了对浮动金融债的投资比例，以增加组合抵御利率上行风险的防御能力。在加强对企业短期融资券等信用产品研究分析的基础上，继续持有部分优质短期融资券以保持较高票息，有效增加了债券利息收入。考虑到持有人未来投资期内的申购赎回状况，该基金对组合各类品种到期期限结构做了合理安排以保证基金的流动性。

2010年，在具体投资品种上，大摩货币基金投资仍将以央票、短期融资券和浮动利率债券为主。从投资策略看，将把控制利率风险应放在首位，密切跟踪经济形势的变化，灵活调整配置策略，同时继续充分利用市场机会进行利差套利，在力争本金安全和保证资产高流动性的前提下，为基金份额持有人带来稳定的收益。

季度投资组合一览

项目 \ 季度	第一季度		第二季度		第三季度		第四季度	
基金资产净值	371,579,073.37元		301,276,878.88元		235,884,816.06元		244,768,156.97元	
基金份额	371,579,073.37份		301,276,878.88份		235,884,816.06份		244,768,156.97份	
基金份额净值	0.000元		0.000元		0.000元		0.000元	
基金资产组合	市值(元)	占总资产比(%)	市值(元)	占总资产比(%)	市值(元)	占总资产比(%)	市值(元)	占总资产比(%)
股票投资	——	——	——	——	——	——	——	——
债券投资	185,707,428.11	49.13	155,385,220.83	50.43	125,193,215.58	52.79	115,029,457.80	46.89
金融衍生品投资	——	——	——	——	——	——	——	——
买入返售金融资产	——	——	——	——	30,000,245.00	12.65	——	——
银行存款和结算备付金	159,947,050.92	42.32	146,802,293.13	47.64	81,171,184.80	34.22	114,273,537.83	46.58
其他资产	32,315,160.86	8.55	5,952,210.90	1.93	807,474.39	0.34	16,009,913.83	6.53

投资前五名债券明细	债券名称	成本(元)	占净值比(%)	债券名称	成本(元)	占净值比(%)	债券名称	成本(元)	占净值比(%)	债券名称	成本(元)	占净值比(%)
	08京煤CP01	20,134,148.43	5.42	09新矿CP01	20,084,338.09	6.67	09津药CP01	20,060,435.87	8.50	09津药CP01	20,036,387.18	8.19
	09新矿CP01	20,122,462.61	5.42	09津药CP01	20,082,436.17	6.67	09汉江CP01	20,037,290.23	8.49	09汉江CP01	20,031,970.50	8.18
	08太不锈CP01	20,107,394.08	5.41	08太不锈CP01	20,070,285.68	6.66	07农发13	20,020,077.74	8.49	07农发13	20,015,277.90	8.18
	09武水务CP01	20,068,223.98	5.40	09新水电CP02	20,068,762.65	6.66	09海化CP01	20,004,633.52	8.48	09川水电CP01	19,986,823.48	8.17
	08蒙电力CP01	20,053,385.88	5.40	09汉江CP01	20,052,073.80	6.66	09浙物产CP01	20,003,387.46	8.48	09蒙电CP01	19,968,947.64	8.16

投资组合平均剩余期限	平均剩余期限	占净值比(%)	平均剩余期限	占净值比(%)	平均剩余期限	占净值比(%)	平均剩余期限	占净值比(%)
	30天以内	43.05	30天以内	52.04	30天以内	47.13	30天以内	46.69
	30天(含)—60天	5.39	30天(含)—60天	6.65	30天(含)—60天	12.75	30天(含)—60天	8.18
	60天(含)—90天	1.35	60天(含)—90天	1.66	60天(含)—90天	2.12	60天(含)—90天	2.04
	90天(含)—180天	10.82	90天(含)—180天	6.66	90天(含)—180天	4.25	90天(含)—180天	16.37
	180天(含)—397天(含)	32.43	180天(含)—397天(含)	33.30	180天(含)—397天(含)	33.96	180天(含)—397天(含)	20.41

摩根士丹利华鑫领先优势股票型证券投资基金

基本资料					
基金简称	大摩领先优势股票	交易代码	233006		
风险收益特征	该基金为股票型基金，属于证券投资基金中较高预期风险、较高预期收益的基金产品；理论上适合于通过基金投资上市公司股票，追求长期资本增值的投资人作为权益类资产配置。				
业绩比较基准	沪深300指数收益率×80%＋中债综合指数收益率×20%				
合同生效日	2009年9月22日	首募份额	7.04亿份	认购户数	9,223户
基金管理人	摩根士丹利华鑫基金管理有限公司	基金托管人	中国建设银行		
注册登记人	摩根士丹利华鑫基金管理有限公司				

财务指标　　单位：人民币(元)；%

项目＼年度	2009年9月22日至2009年12月31日
本期利润	73,544,164.20
本期加权平均净值利润率	10.11
期末基金资产净值	648,721,294.44
期末基金份额净值	1.1116
本期份额净值增长率	11.16
累计份额净值增长率	11.16
基金收益分配	——

2009年累计净值增长率与同期基准收益率历史走势对比图（%）

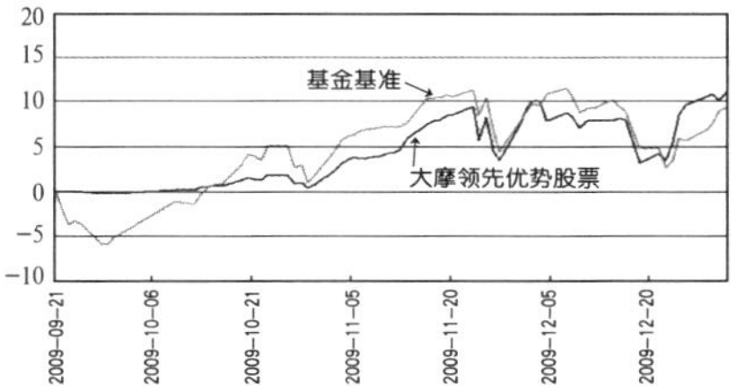

2009年净值增长率与同期基准收益率对比图（%）

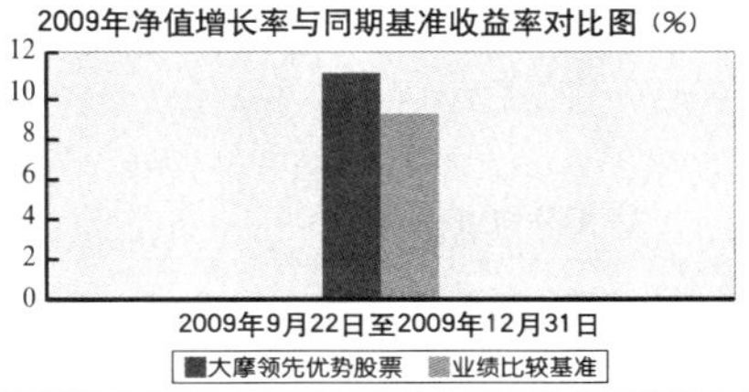

期末基金份额持有人户数	基金份额持有人户数为7,801户，平均每户持有74,808.58份。（期末截至2009年12月31日）
期末基金份额持有人结构	机构投资者持有121,666,882.50份，占总份额20.85%；个人投资者持有461,914,850.60份，占总份额79.15%。

基金业绩表现

大摩领先优势股票基金合同生效于2009年9月22日，截至2009年12月31日，该基金份额净值为1.1116元，成立以来净值增长率为11.16%；同期业绩基准收益率为9.34%。

基金管理团队

项志群先生：基金经理、投资管理部总监，哈尔滨工业大学计算机工程及应用系工学学士，11年证券从业经历。曾任职于航天CAD工程公司、经易期货公司、海南证券公司等；2001年11月加入长城基金管理公司，历任交易主管、基金经理；2008年2月至2008年5月加入大成基金管理公司，任委托投资部投资经理。2008年11月起任摩根士丹利华鑫基金管理公司投资管理部总监，2009年9月起任大摩领先优势股票基金经理。

季度投资组合一览

项目＼季度	第四季度	
基金资产净值	648,721,294.44元	
基金份额	583,581,733.10份	
基金份额净值	1.1116元	
基金资产组合	金额(元)	占总资产比例(%)
股票投资	594,452,465.59	87.27
存托凭证	——	——
债券投资	33,532,100.00	4.92
金融衍生品投资	——	——
买入返售金融资产	——	——
银行存款和结算备付金	44,064,125.55	6.47
其他资产	9,128,115.74	1.34

投资前五名股票明细

股票名称	公允价值(元)	占净值比例(%)
亨通光电	39,016,640.16	6.01
诺普信	35,639,150.79	5.49
马应龙	30,362,097.78	4.68
中恒集团	22,977,988.80	3.54
三安光电	22,155,000.00	3.42

投资前五名债券明细

债券名称	公允价值(元)	占净值比例(%)
09衡城投债	20,510,000.00	3.16
09津滨债	13,022,100.00	2.01

基金运作分析

大摩领先优势股票基金于2009年9月22日开始正式运作。大类资产配置策略中的股票配置策略按照合同界定的自下而上精选股票策略进行建仓操作，核心策略在于选择具有可持续性、高成长性、具有估值优势的企业进行投资，组合具有一定的特异性。对于依赖于政府投资、产能扩张非理性的行业与企业持审慎态度，同时强调要能清晰评估投资目标的资产安全性，因此在行业配置上与比较基准存在一定差异；在债券配置方面，该基金到2009年底维持较低水平，但2010年对该类资产将会增强配置；在行业资产配置上，大摩领先优势股票基金选取未来空间巨大且无较大估值下行风险的行业作为精选个股的基础，重点关注医药、食品饮料、公用事业、旅游、家电、汽车及零配件、新能源(含核能)、节能环保、高速网建设、电网改造、高端制造、文化娱乐、农业及服务、电信及服务等行业。

海富通基金
持之以恒 稳中有胜

大事记
MAJOR EVENTS

2009年度

2009年3月

海富通旗下第四只股票型基金海富通领先成长股票基金开始发售。

2009年5月

公司搬迁新址(上海市浦东新区花园石桥路66号东亚银行金融大厦36层、37层)。

2009年6月

海富通中国海外精选股票基金第二次分红。

2009年9月

海富通首只"一对多"产品、与中信建投合作发行的"创新成长资产管理计划"在9月16日提前结束募集。

2009年10月

海富通首只指数基金——海富通中证100指数基金(LOF)成立。

2009年12月

海富通基金年金管理规模突破百亿。

2010年度

2010年1月

海富通中小盘股票型证券投资基金获得中国证监会核准募集。

2010年2月

海富通获授权开发相关ETF产品，A股首现行业配置指数。

海富通基金获准设立香港子公司——海富通资产管理(香港)有限公司。

公司获国家外汇管理局批复，境外投资额度调升至10亿美元。

2010年3月

公司外方股东名称及股权变更：3月29日，"富通基金管理公司"变更为"法国巴黎投资管理BE控股公司"，法国巴黎投资管理公司通过全资控股巴黎投资管理BE持有本公司49%的股权。

2010年4月

香港全资子公司——海富通资产管理(香港)有限公司完成公司注册及商业登记。

海富通中小盘股票型证券投资基金募集成立。

2010年5月

在由《中国证券报》主办的"第七届中国基金业金牛奖"评选中，海富通基金荣获"海外投资金牛基金公司"大奖。

海富通基金管理有限公司

法定名称	海富通基金管理有限公司	英文名称	HFT Investment Management Co., Ltd.		
成立时间	2003年4月18日	注册资本	1.5亿元人民币	公司属性	中外合资
法人代表	邵国有	总 经 理	田仁灿	督 察 长	章 明
公司网址	www.hftfund.com	客服电话	40088-40099		
联系电话	021-3865 0999	传真号码	021-5047 9997		
注册地址	上海浦东新区花园石桥路66号东亚银行金融大厦36，37层	办公地址	上海浦东新区花园石桥路66号东亚银行金融大厦36，37层		

公司简介

海富通基金管理有限公司（以下简称“海富通基金”）是我国首批获准成立的中外合资基金管理公司。经中国证监会证监基金字[2003]48号文批准，由海通证券股份有限公司和富通基金管理公司于2003年4月1日共同发起设立。海富通基金的中方股东海通证券股份有限公司是目前国内综合实力较强的创新类券商之一。外方股东富通基金成立于1999年，是欧洲最大的基金管理公司之一。

海富通基金于2004年9月在我国基金业内率先聘请全球著名资产管理人评估机构惠誉评级公司（Fitch Ratings），为公司进行资产管理业务的评级，于2005年、2006年和2007年均获得“惠誉M2（中国）”资产管理人优秀评级，在2008年的复评中获得“惠誉M2+（中国）”资产管理人优秀评级。

2005年8月，海富通基金首批获得企业年金投资管理人资格，2007年8月，海富通基金获得合格境内机构投资者（QDII）资格，2008年3月，海富通基金获得特点客户资产管理业务资格，2009年9月，海富通基金获批发行首只“一对多”产品，为公司多元化业务发展奠定了基础。

年度经营

截至2010年11月30日，海富通基金先后募集设立了15只开放式基金，构建了不同风险收益的基金产品线，可以充分满足投资人的需求。

在产品发行方面，2009年以来，公司先后募集设立了6只新基金，其中，4只股票型基金、1只债券型基金和1只ETF基金；6只新基金共募集市场资金103.86亿元，投资者认购户数合计7.63万户。

此外，作为国家人力资源和社会保障部首批企业年金基金投资管理人，截至2010年三季度末，海富通基金为50多家企业超过130亿元的企业年金基金担任了投资管理人，处于行业的领先地位。

除了公募基金和企业年金业务外，海富通基金还积极拓展海外投资咨询业务。截至2010年三季度末，海富通基金的投资咨询业务规模已经超过230亿元人民币。此外，海富通基金在获得专户理财资格后，也为国内客户提供和开展了QDII专户理财业务，拓展了投资者投资境外市场的渠道，海富通基金投资咨询业务成为其颇具特色的业务之一，凭借其在海外投资咨询方面的突出表现，在由《中国证券报》主办的“2009年度中国基金业金牛奖”评选中，海富通基金荣获“海外投资金牛基金公司”大奖。

社会责任

作为国内首批中外合资基金管理公司之一，海富通基金从成立之日起就认识到追求企业的商业目标，与承担保护基金持有人权益、推进社会可持续发展等社会责任，是相辅相成、和谐共生的。2010年4月，青海玉树发生7.1级地震，海富通基金迅速启动了救助行动，第一时间将50万元人民币通过中国民政部捐至震区，用于玉树地区抗震救灾及灾后重建工作。海富通基金在履行社会责任上，不仅表现在实物和资金上的捐赠上，更体现在身体力行的实际行动中，在2009年和2010年，海富通基金多次邀请基金持有人一起参与安徽杨山村小学支教、民工小学帮困以及内蒙古库伦旗环保植树项目，通过发动基金持有人一起进行公益活动，让更多公众有机会参与进来，努力承担更多的社会责任。

2009年管理公募基金概况

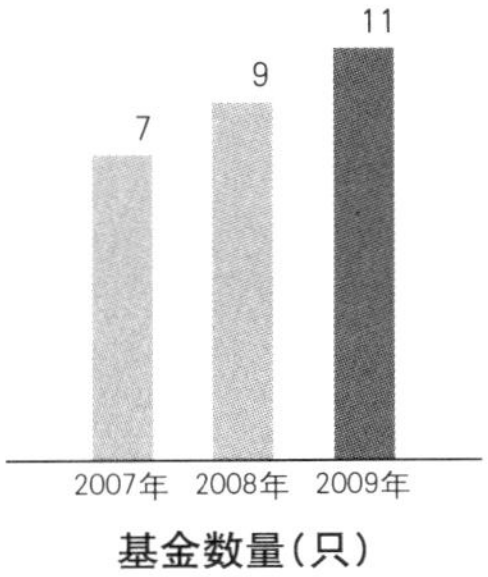

基金数量（只）

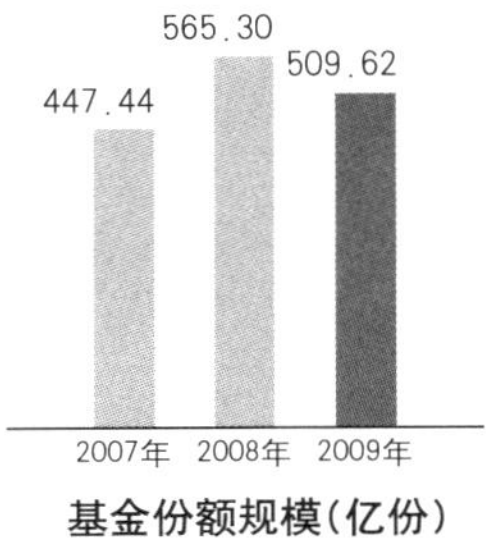

基金份额规模（亿份）

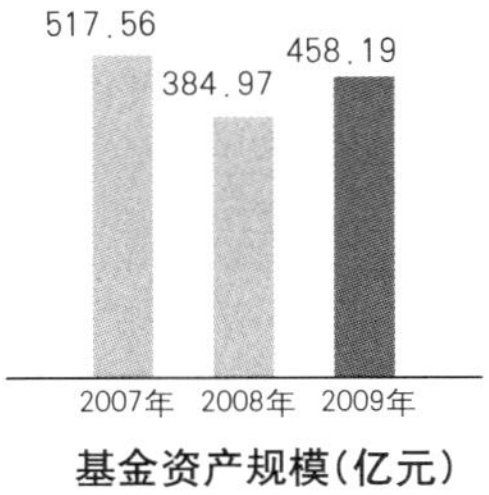

基金资产规模（亿元）

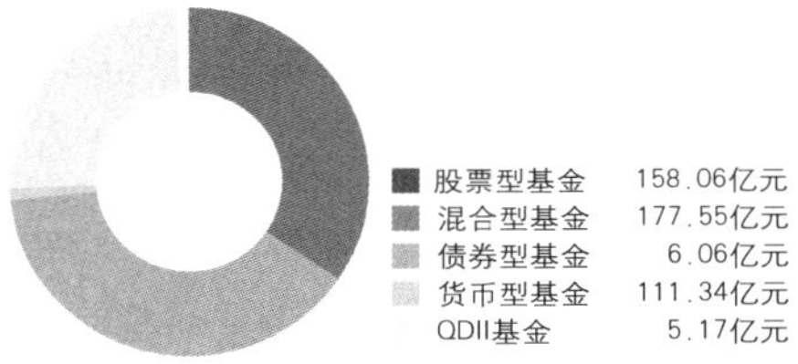

2009年基金资产规模构成

海富通精选证券投资基金

基本资料			
基金简称	海富通精选混合	交易代码	519011
风险收益特征	该基金属于风险程度适中的品种：力争通过适度主动的资产配置和积极主动的精选证券，识别和控制风险，实现风险限度内的超额回报。		
业绩比较基准	65％×MSCI China A＋35％×上证国债		
合同生效日	2003年8月22日 首募份额 36.98亿份	认购户数	26,568户
基金管理人	海富通基金管理有限公司	基金托管人	交通银行
注册登记人	中国证券登记结算有限责任公司		

财务指标　　单位：人民币(元)；％

项 目 ＼ 年 度	2009年	2008年	2007年
本期利润	3,528,605,819.32	－5,897,110,912.89	3,609,620,003.82
本期加权平均净值利润率	42.09	－64.73	41.30
期末基金资产净值	8,626,271,090.28	6,403,280,635.77	14,351,773,552.23
期末基金份额净值	0.8740	0.5602	1.0493
本期份额净值增长率	56.02	－46.61	96.45
累计份额净值增长率	353.13	190.44	444.02
基金收益分配	——	——	10派0.507

成立来累计净值增长率与同期基准收益率历史走势对比图（％）

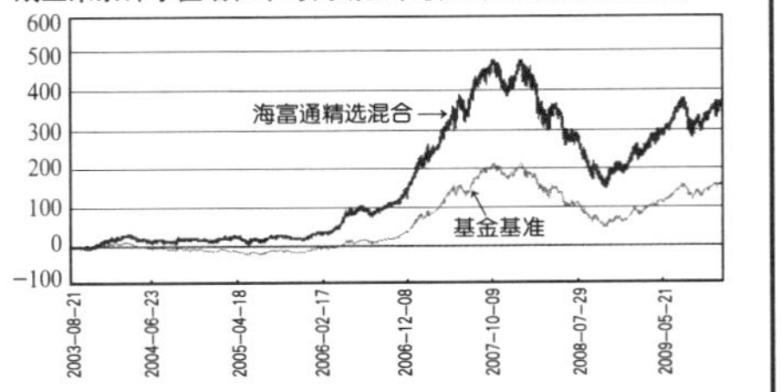

近三年净值增长率与同期基准收益率对比图（％）

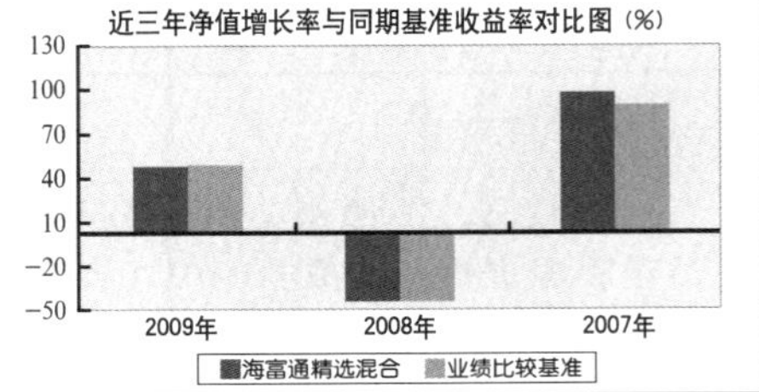

期末基金份额持有人户数	基金份额持有人户数为388,753户；平均每户持有25,389.68份。（期末截至2009年12月31日）
期末基金份额持有人结构	机构投资者持有1,187,935,606.11份，占总份额12.04％；个人投资者持有8,682,378,820.31份，占总份额87.96％。

基金业绩表现

2009年海富通精选混合基金全年净值增长率为56.02％；同期业绩基准收益率为57.89％。

基金管理团队

陈　洪先生：基金经理、副总经理，投资总监，硕士，18年证券从业经历。历任君安证券公司投资经理、广东发展银行深圳分行业务经理、富通基金管理亚洲公司基金经理。曾任海富通基金管理公司副总经理、海富通股票基金经理、海富通收益增长混合基金经理、海富通风格优势股票基金经理、海富通精选贰号混合基金经理；2003年4月至今任公司投资总监兼海富通精选混合基金经理，2008年6月起兼任海富通中国海外股票基金经理。

丁　俊先生：基金经理，硕士，8年证券从业经历。曾就职于平安资产管理公司。2006年4月加入海富通基金管理公司，任海富通精选混合基金和海富通风格优势股票基金的基金经理助理；2007年8月至今任海富通精选混合基金和海富通精选贰号混合基金的基金经理。

基金运作分析

2009年，海富通精选混合基金在大类资产配置上保持了较高的股票仓位，且基于政府经济刺激计划的实施，年初行业配置上向投资拉动型的周期类倾斜，此后基于挖掘价值洼地的考虑大幅加仓银行等低估值板块。随着市场上涨日益反映宏观经济复苏，该基金对地产和周期类资产进行了减持，同时增加了医药等消费类资产的配置。但由于继续保持了金融行业的超配，且在四季度对部分新兴业务公司配置比例不足，对净值增长形成一定拖累。

从债市来看，面对债券市场的下跌，海富通精选混合基金债券投资采取了谨慎投资的策略，缩短组合剩余期限，全年投资变动较小。

季度投资组合一览

项 目 ＼ 季 度	第一季度		第二季度		第三季度		第四季度	
基金资产净值	7,847,891,550.06元		9,104,739,772.34元		8,103,102,094.42元		8,626,271,090.28元	
基金份额	11,315,352,840.98份		11,112,477,031.09份		10,476,679,309.56份		9,870,314,426.42份	
基金份额净值	0.6936元		0.8193元		0.7734元		0.8740元	
基金资产组合	市值(元)	占总资产比(%)	市值(元)	占总资产比(%)	市值(元)	占总资产比(%)	市值(元)	占总资产比(%)
股票投资	5,421,344,315.95	67.60	6,308,329,866.82	68.89	5,570,404,189.85	68.54	5,994,063,492.83	69.25
债券投资	1,731,958,000.00	21.60	1,876,766,854.00	20.50	1,813,866,010.90	22.32	1,824,333,773.70	21.08
金融衍生品投资	——	——	——	——	——	——	——	——
买入返售金融资产	——	——	500,000,450.00	5.46	——	——	——	——
银行存款和结算备付金	830,906,745.83	10.36	422,866,971.14	4.62	691,260,626.21	8.50	657,617,331.41	7.60
其他资产	35,415,047.52	0.44	48,688,539.80	0.53	52,257,096.77	0.64	179,808,083.90	2.08

	第一季度			第二季度			第三季度			第四季度		
投资前五名股票明细	股票名称	公允价值(元)	占净值比(%)	股票名称	公允价值(元)	占净值比(%)	股票名称	公允价值(元)	占净值比(%)	股票名称	公允价值(元)	占净值比(%)
	三一重工	352,350,000.00	4.49	浦发银行	609,094,881.56	6.69	小商品城	237,600,000.00	2.93	小商品城	268,380,000.00	3.11
	中信证券	254,700,000.00	3.25	民生银行	514,807,310.16	5.65	中兴通讯	229,109,245.88	2.83	南京银行	193,500,000.00	2.24
	兴业银行	229,800,000.00	2.93	招商银行	448,201,815.21	4.92	中国石化	226,000,000.00	2.79	北京银行	193,401,489.18	2.24
	浦发银行	219,200,000.00	2.79	中信证券	282,600,000.00	3.10	中国人寿	221,440,000.00	2.73	豫园商城	186,388,932.87	2.16
	特变电工	199,290,000.00	2.54	小商品城	246,840,000.00	2.71	中国平安	202,800,000.00	2.50	中兴通讯	179,480,000.00	2.08
投资前五名债券明细	债券名称	公允价值(元)	占净值比(%)	债券名称	公允价值(元)	占净值比(%)	债券名称	公允价值(元)	占净值比(%)	债券名称	公允价值(元)	占净值比(%)
	03国开01	361,970,000.00	4.61	03国开01	359,380,000.00	3.95	03国开01	355,775,000.00	4.39	03国开01	353,430,000.00	4.10
	08农发15	303,690,000.00	3.87	08农发15	301,470,000.00	3.31	08央票23	258,650,000.00	3.19	08央票23	256,750,000.00	2.98
	08央票23	211,500,000.00	2.70	08央票23	261,675,000.00	2.87	07央票98	203,800,000.00	2.52	07央票98	202,740,000.00	2.35
	08央票17	211,360,000.00	2.69	07央票98	205,460,000.00	2.26	07农发10	201,660,000.00	2.49	07农发21	201,700,000.00	2.34
	07央票98	207,240,000.00	2.64	07农发10	202,840,000.00	2.23	09央票42	196,560,000.00	2.43	07农发10	201,080,000.00	2.33

海富通收益增长证券投资基金

基本资料			
基金简称	海富通收益增长混合	交易代码	519003
风险收益特征	该基金属于风险较低的基金产品，追求在风险预算目标下基金资产增值的最大化。		
业绩比较基准	40%×MSCI China A+60%×上证国债		
合同生效日	2004年3月12日	首募份额	130.74亿份
认购户数	225,936户		
基金管理人	海富通基金管理有限公司	基金托管人	中国银行
注册登记人	中国证券登记结算有限责任公司		

成立来累计净值增长率与同期基准收益率历史走势对比图（%）

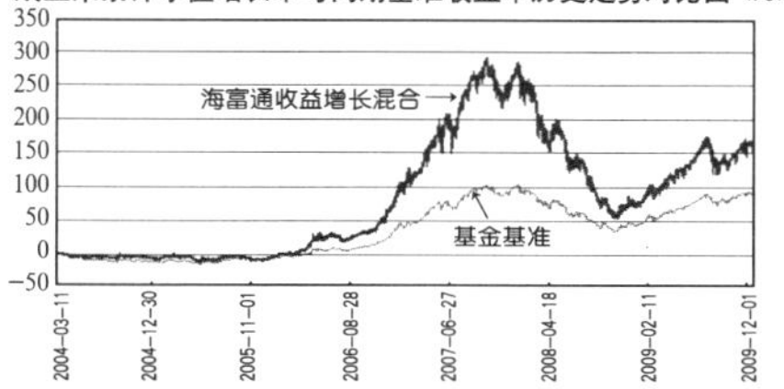

近三年净值增长率与同期基准收益率对比图（%）

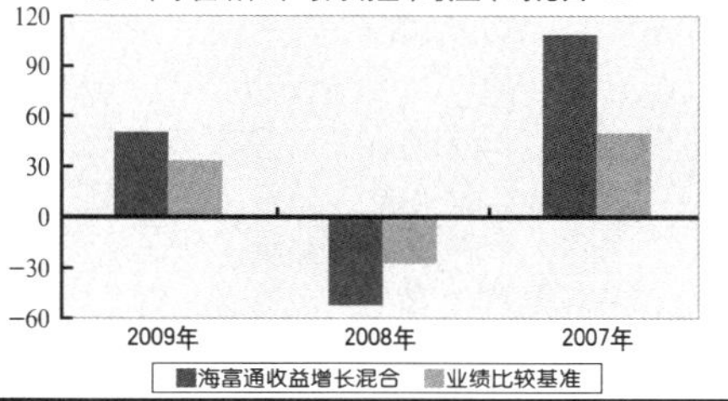

财务指标　单位：人民币（元）；%

项目＼年度	2009年	2008年	2007年
本期利润	1,657,455,058.37	−3,750,742,399.45	2,359,002,086.18
本期加权平均净值利润率	40.85	−75.73	45.90
期末基金资产净值	4,258,042,155.47	3,319,273,808.87	8,246,951,163.74
期末基金份额净值	0.783	0.515	1.073
本期份额净值增长率	52.04	−52.00	109.04
累计份额净值增长率	162.60	72.72	259.85
基金收益分配	——	——	10派15.550

期末基金份额持有人户数	基金份额持有人户数为262,339户；平均每户持有20,720.47份。　（期末截至2009年12月31日）
期末基金份额持有人结构	机构投资者持有117,601,237.38份，占总份额2.16%；个人投资者持有5,318,186,167.79份，占总份额97.84%。

基金业绩表现

2009年海富通收益增长混合基金全年净值增长率为52.04%，同期业绩基准收益率为34.03%。

基金管理团队

蒋　征先生：基金经理、股票组合管理部总监，工商管理硕士，13年证券从业经历。曾就职于中国保险信托投资公司、嘉实基金公司、华夏基金管理公司。2006年6月加入海富通基金公司，历任海富通股票基金经理；海富通强化回报基金经理；股票组合管理部总监；2009年1月起兼任海富通收益增长混合基金经理。

牟永宁先生：基金经理，硕士，14年证券从业经历。曾就职于申银万国证券公司、申万巴黎基金管理公司。2004年8月加入海富通基金管理公司，任策略分析师、研究总监；2009年1月起任海富通收益增长混合基金经理；兼海富通中证100指数基金经理。

陈绍胜先生：基金经理，博士，19年证券从业经历。曾就职于香港英皇金融集团、上海万国证券公司和海通证券。2003年4月至2004年2月任海富通基金公司股票分析师、策略分析师，2009年1月起任海富通股票基金经理；2004年3月至2009年1月任海富通收益增长混合基金经理；兼任海富通领先成长股票基金经理；

基金运作分析

2009年上半年海富通收益增长混合基金采取比较积极的投资方式，提高股票组合的贝塔值，大幅减持估值较高的防御性资产，增持直接受益于宏观经济反弹的周期类股票和房地产类股票，以及估值相对低于市场平均水平的金融类股票；下半年该基金采取比较灵活的方式进行资产切换，逐步减少对金融、地产和上游资源类行业的配置，主要增加交运、医药和科技产业相关的股票配置。

季度投资组合一览

项目＼季度	第一季度		第二季度		第三季度		第四季度	
基金资产净值	3,892,993,353.81元		4,223,574,518.69元		3,854,501,209.33元		4,258,042,155.47元	
基金份额	6,326,871,472.65份		5,865,561,165.14份		5,642,371,856.96份		5,435,787,405.17份	
基金份额净值	0.615元		0.720元		0.683元		0.783元	
基金资产组合	市值(元)	占总资产比(%)	市值(元)	占总资产比(%)	市值(元)	占总资产比(%)	市值(元)	占总资产比(%)
股票投资	2,678,719,490.00	67.87	2,860,058,107.94	65.73	2,661,269,128.17	68.58	2,962,500,569.83	69.18
债券投资	860,082,000.00	21.79	898,379,800.00	20.65	892,769,000.00	23.01	878,143,000.00	20.51
金融衍生品投资	——	——	——	——	——	——	——	——
买入返售金融资产	——	——	——	——	——	——	——	——
银行存款和结算备付金	392,925,758.50	9.96	564,994,868.03	12.99	294,968,320.90	7.60	344,177,849.12	8.04
其他资产	14,843,866.80	0.38	27,534,961.78	0.63	31,568,501.67	0.81	97,254,874.39	2.27

投资前五名股票明细	股票名称	公允价值(元)	占净值比(%)	股票名称	公允价值(元)	占净值比(%)	股票名称	公允价值(元)	占净值比(%)	股票名称	公允价值(元)	占净值比(%)
	中国平安	154,817,599.87	3.98	浦发银行	234,572,418.80	5.55	小商品城	107,429,889.60	2.79	兴业银行	153,178,000.00	3.60
	浦发银行	117,489,314.88	3.02	民生银行	201,182,707.44	4.76	中国平安	96,325,437.00	2.50	小商品城	133,871,343.48	3.14
	三一重工	110,958,890.85	2.85	小商品城	133,368,145.68	3.16	兴业银行	91,223,099.53	2.37	宝钢股份	117,852,270.48	2.77
	中信证券	97,224,899.04	2.50	兴业银行	129,876,279.15	3.08	中国人寿	83,036,290.88	2.15	中南建设	115,861,398.66	2.72
	小商品城	94,017,637.82	2.42	金地集团	120,900,000.00	2.86	中兴通讯	76,427,578.60	1.98	中信证券	91,901,079.00	2.16

投资前五名债券明细	债券名称	公允价值(元)	占净值比(%)	债券名称	公允价值(元)	占净值比(%)	债券名称	公允价值(元)	占净值比(%)	债券名称	公允价值(元)	占净值比(%)
	08央票17	211,360,000.00	5.43	08央票17	209,180,000.00	4.95	08央票17	155,115,000.00	4.02	08央票17	153,975,000.00	3.62
	02国开12	113,058,000.00	2.90	02国开12	112,761,000.00	2.67	02国开12	111,969,000.00	2.90	02国开12	111,551,000.00	2.62
	08国开15	108,970,000.00	2.80	08国开15	107,810,000.00	2.55	08国开15	106,160,000.00	2.75	08国开15	105,080,000.00	2.47
	08进出08	105,260,000.00	2.70	08进出08	104,320,000.00	2.47	08进出08	102,800,000.00	2.67	08进出08	101,930,000.00	2.39
	08农发04	100,920,000.00	2.59	08农发04	100,710,000.00	2.38	08农发04	100,360,000.00	2.60	08农发04	100,150,000.00	2.35

海富通货币市场证券投资基金

基本资料

基金简称	海富通货币
交易代码	A级：519505　　B级：519506
风险收益特征	该货币市场基金是具有较低风险、流动性强的基金品种。
业绩比较基准	税后一年期银行定期存款利率
合同生效日	2005年1月4日　首募份额：9.65亿份　认购户数：6,401户
基金管理人	海富通基金管理有限公司　基金托管人：中国银行
注册登记人	中国证券登记结算有限责任公司

成立来累计净值收益率与同期基准收益率历史走势对比图（%）

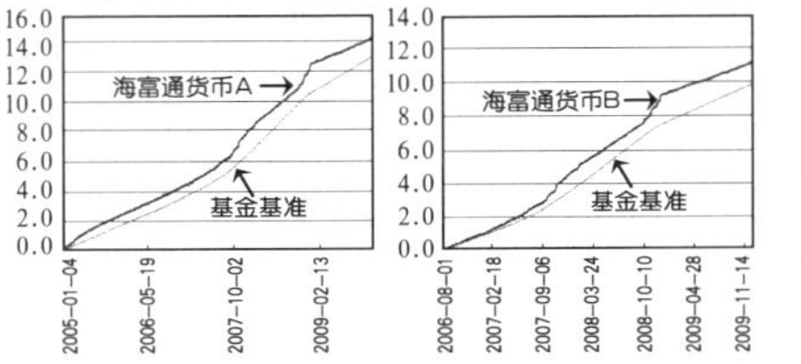

近三年净值收益率与同期基准收益率对比图（%）

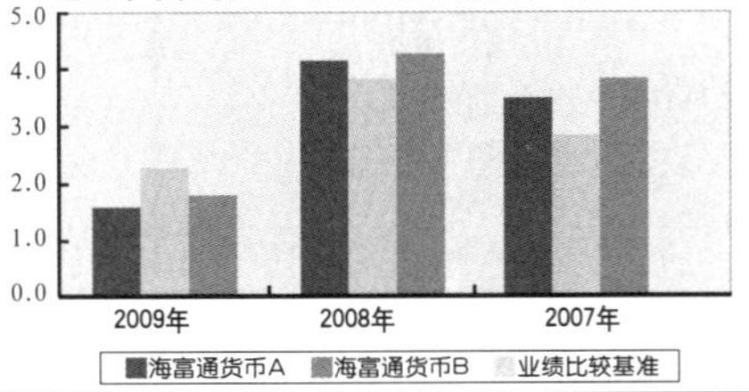

财务指标　　单位：人民币(亿元)；%

项目＼年度	2009年度		2008年度		2007年度	
	A	B	A	B	A	B
本期利润	0.3385	1.1033	0.6827	2.4556	0.1455	0.3209
期末基金资产净值	15.9628	95.3822	57.3819	101.0067	4.6457	10.1529
期末基金份额净值	1.0000元	1.0000元	1.0000元	1.0000元	1.0000元	1.0000元
本期份额净值收益率	1.6104	1.8551	4.1075	4.3553	3.4972	3.7454
累计份额净值收益率	14.3676	11.3027	12.5549	9.2755	8.1141	4.7148
基金收益分配	0.3385	1.1033	0.6827	2.4556	0.1455	0.3209

期末基金份额持有人户数	A：基金份额持有人户数为15,701户，平均每户持有101,667.30份。 B：基金份额持有人户数为242户，平均每户持有39,414,126.99份。（期末截至2009年12月31日）
期末基金份额持有人结构	A：机构投资者持有130,404,730.40份，占总份额8.17%；个人投资者持有1,465,873,590.65份，占总份额91.83%。 B：机构投资者持有8,517,691,937.93份，占总份额89.30%；个人投资者持有1,020,526,794.56份，占总份额10.70%。

基金业绩表现

2009年海富通货币基金A级净值收益率为1.6104%，B级净值收益率为1.8551%；同期业绩基准收益率为2.2500%。

基金管理团队

张丽洁女士：基金经理，经济学学士学位，7年证券从业经历。2002年7月至2004年7月就职于南京银行，从事债券交易工作。2004年8月加入海富通基金管理公司，任助理固定收益分析师、组合经理；2008年1月起任海富通货币基金经理。

基金运作分析

2009年，面对债券市场的下跌，海富通货币基金采取缩短组合剩余期限，降低利率产品仓位的投资策略。全年基金规模变动较大，货币基金及时跟踪份额变动，调整仓位，积极投资信用类债券增强收益。同时稳健管理流动性资产，增加了协议存款的投资，以提高基金收益。

展望2010年，该基金管理人认为，2010年经济的乐观预期和通胀预期仍然存在，加息的传言也不绝于耳，债券市场整体仍不容乐观，但市场在下跌后的投资机会显现，债券机会应多于2009年。基于对市场的分析，海富通货币基金将更多关注短期利率的变动，无论是短期市场资金利率变动还是央票发行利率变动都会引起关注，寻找适当的机会介入利率产品。信用债券将保持较高仓位，信用债的高票面仍具有相对的投资价值。

季度投资组合一览

项目＼季度	第一季度		第二季度		第三季度		第四季度	
	A	B	A	B	A	B	A	B
基金资产净值	31.9036亿元	65.5156亿元	15.6897亿元	98.4796亿元	9.7303亿元	42.2523亿元	15.9628亿元	95.3822亿元
基金份额	31.9036亿份	65.5156亿份	15.6897亿份	98.4796亿份	9.7303亿份	42.2523亿份	15.9628亿份	95.3822亿份
基金份额净值	1.0000元	1.0000元	1.0000元	1.0000元	1.0000元	1.0000元	1.0000元	1.0000元
基金资产组合	市值(元)	占总资产比(%)	市值(元)	占总资产比(%)	市值(元)	占总资产比(%)	市值(元)	占总资产比(%)
股票投资	——	——	——	——	——	——	——	——
债券投资	5,851,870,763.57	59.33	4,498,304,174.54	39.19	3,074,942,155.59	58.94	3,388,287,104.28	30.33
金融衍生品投资	——	——	——	——	——	——	——	——
买入返售金融资产	——	——	——	——	1,557,674,216.51	29.86	1,316,002,894.00	11.78
银行存款和结算备付金	3,887,564,146.28	39.41	5,021,924,443.15	43.76	569,366,113.09	10.91	6,449,507,120.45	57.74
其他资产	124,592,652.29	1.26	1,957,045,619.02	17.05	15,020,244.47	0.29	16,975,986.42	0.15

投资前五名债券明细	第一季度			第二季度			第三季度			第四季度		
	债券名称	成本(元)	占净值比(%)	债券名称	成本(元)	占净值比(%)	债券名称	成本(元)	占净值比(%)	债券名称	成本(元)	占净值比(%)
	08央行票据84	687,538,027.29	7.06	09光明CP01	390,899,322.63	3.42	05农发06	551,857,601.26	10.62	05农发06	601,334,611.71	5.40
	08央行票据98	507,358,244.61	5.21	05工行03	389,926,456.24	3.42	09光明CP01	300,456,669.17	5.78	09振华CP01	330,064,903.86	2.96
	09光明CP01	391,229,951.94	4.02	08苏交通CP01	361,484,848.36	3.17	05工行03	295,410,003.32	5.68	09央行票据44	296,226,097.77	2.66
	08苏交通CP01	362,199,162.57	3.72	05农发06	351,683,449.76	3.08	09酒钢CP01	249,320,608.47	4.80	09酒钢CP01	249,542,570.59	2.24
	05工行03	292,146,756.77	3.00	04建行03浮	241,921,836.80	2.12	07农发17	200,175,136.00	3.85	07农发17	200,140,731.70	1.80

投资组合平均剩余期限	第一季度		第二季度		第三季度		第四季度	
	平均剩余期限	占净值比(%)	平均剩余期限	占净值比(%)	平均剩余期限	占净值比(%)	平均剩余期限	占净值比(%)
	30天以内	39.91	30天以内	43.99	30天以内	46.07	30天以内	65.70
	30天(含)—60天	0.00	30天(含)—60天	1.05	30天(含)—60天	0.00	30天(含)—60天	2.95
	60天(含)—90天	2.48	60天(含)—90天	10.35	60天(含)—90天	17.26	60天(含)—90天	9.44
	90天(含)—180天	32.56	90天(含)—180天	6.93	90天(含)—180天	15.85	90天(含)—180天	3.89
	180天(含)—397天(含)	25.02	180天(含)—397天（含）	21.07	180天(含)—397天（含）	20.89	180天(含)—397天（含）	18.19

海富通股票证券投资基金

基本资料						
基金简称	海富通股票			交易代码	519005	
风险收益特征	该基金属于较高风险、较高收益的股票型基金。					
业绩比较基准	80%×MSCI China A+20%×上证国债					
合同生效日	2005年7月29日	首募份额	4.20亿份	认购户数	3,457户	
基金管理人	海富通基金管理有限公司			基金托管人	中国银行	
注册登记人	中国证券登记结算有限责任公司					

成立来累计净值增长率与同期基准收益率历史走势对比图（%）

财务指标　单位：人民币（元）；%

项目 \ 年度	2009年	2008年	2007年
本期利润	2,527,990,920.60	−4,769,223,262.97	2,810,351,426.05
本期加权平均净值利润率	50.85	−90.94	47.50
期末基金资产净值	5,246,907,741.07	3,366,270,757.75	9,046,844,255.56
期末基金份额净值	0.729	0.421	1.021
本期份额净值增长率	73.16	−58.77	97.02
累计份额净值增长率	223.91	87.06	353.65
基金收益分配	——	——	10派9.190

近三年净值增长率与同期基准收益率对比图（%）

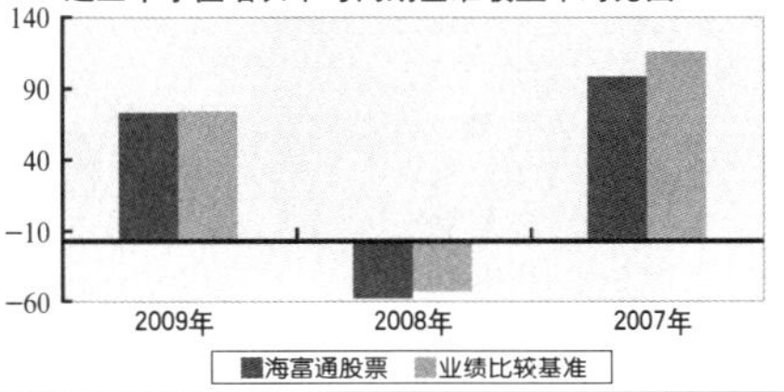

期末基金份额持有人户数	基金份额持有人户数为305,721户，平均每户持有23,535.61份。（期末截至2009年12月31日）
期末基金份额持有人结构	机构投资者持有635,901,591.80份，占总份额8.84%；个人投资者持有6,559,427,946.68份，占总份额91.16%。

基金业绩表现

2009年海富通股票基金全年净值增长率为73.16%，同期业绩基准收益率为73.29%。

基金管理团队

蒋 征先生：基金经理、股票组合管理部总监，工商管理硕士，13年证券从业经历。曾就职于中国保险信托投资公司、嘉实基金管理公司、华夏基金管理公司。2006年6月加入海富通基金公司，2006年9月起任海富通强化回报基金经理；2007年1月至2009年1月任海富通股票基金经理；2007年10月起任股票组合管理部总监；2009年1月起兼任海富通收益增长混合基金经理。

陈绍胜先生：基金经理，博士，19年证券从业经历。曾就职于香港英皇金融集团、上海万国证券公司、海通证券。2003年4月至2004年2月任海富通基金公司股票分析师、策略分析师；2004年3月至2009年1月任海富通收益增长基金经理；2009年1月起任海富通股票基金经理；2009年4月起兼任海富通领先成长基金经理。

徐子涵先生：基金经理助理，硕士，10年证券从业经历。曾就职于英国保诚集团M&G 基金管理公司。2003年4月加入海富通基金管理公司，历任交易员、股票分析师，2008年1月至2009年1月任海富通股票和海富通强化回报基金经理助理；2009年1月至2010年1月任海富通风格优势基金经理助理。

基金运作分析

2009年海富通股票基金总体上维持了相对较高的股票仓位，但在结构上全年出现很大的差异：一季度重点超配低碳板块；二季度超配地产和金融；三季度在市场大幅回调的过程中相对来说没有降低仓位，给基金净值带来很大的波动；四季度大部分时间相对维持较低的股票仓位；并且超配医药。

季度投资组合一览

项目 \ 季度	第一季度		第二季度		第三季度		第四季度	
基金资产净值	4,384,344,314.56元		5,585,751,212.13元		4,998,775,679.72元		5,246,907,741.07元	
基金份额	7,986,083,086.93份		8,513,261,859.78份		7,881,421,369.93份		7,195,329,538.48份	
基金份额净值	0.549元		0.656元		0.634元		0.729元	
基金资产组合	市值(元)	占总资产比(%)	市值(元)	占总资产比(%)	市值(元)	占总资产比(%)	市值(元)	占总资产比(%)
股票投资	3,927,597,784.25	88.88	5,156,787,486.19	87.59	4,037,320,227.55	80.38	4,789,305,490.33	87.33
债券投资	——	——	——	——	17,022,219.90	0.34	9,606,924.80	0.18
金融衍生品投资	——	——	——	——	——	——	——	——
买入返售金融资产	——	——	——	——	——	——	——	——
银行存款和结算备付金	467,493,587.84	10.58	694,444,614.34	11.80	747,901,469.52	14.89	678,303,278.57	12.37
其他资产	23,864,599.20	0.54	35,859,148.07	0.61	220,766,327.96	4.40	6,967,982.95	0.13

投资前五名股票明细	股票名称	公允价值(元)	占净值比(%)	股票名称	公允价值(元)	占净值比(%)	股票名称	公允价值(元)	占净值比(%)	股票名称	公允价值(元)	占净值比(%)
	中国平安	156,434,524.60	3.57	浦发银行	276,240,000.00	4.95	小商品城	247,466,023.20	4.95	小商品城	279,524,121.66	5.33
	浦发银行	155,628,207.84	3.55	小商品城	257,089,701.88	4.60	中兴通讯	122,176,000.00	2.44	恒瑞医药	208,737,532.50	3.98
	小商品城	152,091,548.24	3.47	万 科A	210,657,540.00	3.77	中国太保	111,350,000.00	2.23	贵州茅台	177,211,755.14	3.38
	三一重工	117,450,000.00	2.68	招商银行	199,446,624.54	3.57	华兰生物	107,038,360.00	2.14	中南建设	164,278,900.45	3.13
	兴业银行	114,900,000.00	2.62	金地集团	182,148,891.08	3.26	中国平安	106,460,468.40	2.13	云南白药	161,785,869.60	3.08

投资前五名债券明细	债券名称	公允价值(元)	占净值比(%)	债券名称	公允价值(元)	占净值比(%)	债券名称	公允价值(元)	占净值比(%)	债券名称	公允价值(元)	占净值比(%)
							安泰转债	9,393,411.90	0.19	龙盛转债	9,606,924.80	0.18
							龙盛转债	7,628,808.00	0.15			

海富通强化回报混合型证券投资基金

基本资料					
基金简称	海富通强化回报混合		交易代码	519007	
风险收益特征	追求每年高于一定正回报的投资品种。该基金属于适度风险、适中收益的混合型基金，其长期的预期收益和风险高于债券基金，低于股票基金。				
业绩比较基准	三年期银行定期存款(税前)加权平均收益率				
合同生效日	2006年5月25日	首募份额	25.64亿份	认购户数	25,147户
基金管理人	海富通基金管理有限公司	基金托管人	招商银行		
注册登记人	中国证券登记结算有限责任公司				

成立来累计净值增长率与同期基准收益率历史走势对比图（%）

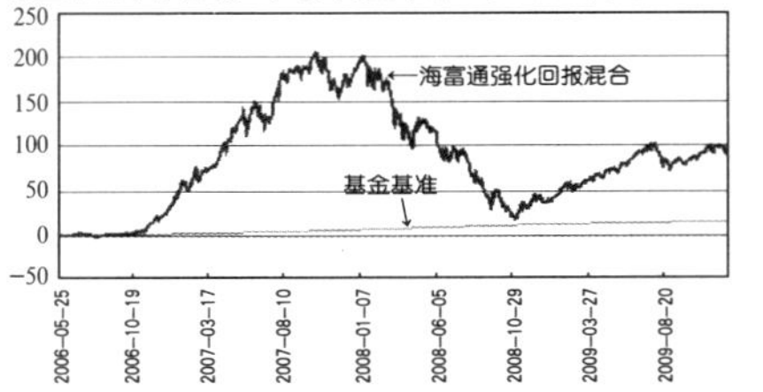

财务指标　　单位：人民币(元)；%

项目＼年度	2009年	2008年	2007年
本期利润	885,782,129.31	−2,344,639,437.73	1,559,001,551.14
本期加权平均净值利润率	38.25	−75.83	51.18
期末基金资产净值	2,224,284,208.24	2,064,213,060.63	4,983,199,137.68
期末基金份额净值	0.706	0.484	1.014
本期份额净值增长率	45.87	−52.27	112.73
累计份额净值增长率	99.01	36.43	185.82
基金收益分配	——	——	10派13.030

近三年净值增长率与同期基准收益率对比图（%）

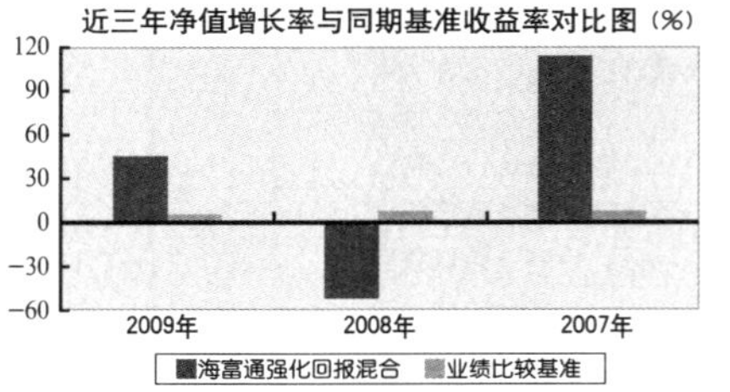

期末基金份额持有人户数	基金份额持有人户数为143,774户，平均每户持有21,905.96份。　　(期末截至2009年12月31日)
期末基金份额持有人结构	机构投资者持有15,741,830.67份，占总份额0.50%；个人投资者持有3,133,765,897.66份，占总份额99.50%。

基金业绩表现

2009年海富通强化回报混合基金全年净值增长率为45.87%，同期业绩基准收益率为3.33%。

基金管理团队

蒋　征先生：基金经理、股票组合管理部总监，工商管理硕士，13年证券从业经历。曾就职于中国保险信托投资公司、嘉实基金公司、华夏基金公司。2006年6月加入海富通基金公司，曾任海富通股票基金经理；现任海富通强化回报混合基金经理、股票组合管理部总监、海富通收益增长混合基金经理。

邵佳民先生：基金经理，固定收益组合管理部总监，硕士，13年证券从业经历。曾就职于海通证券公司。2003年4月任海富通基金管理公司固定收益分析师；曾任海富通货币基金经理；现任海富通强化回报基金经理、固定收益组合管理部总监、海富通稳健添利债券基金经理。

徐子涵先生：基金经理助理，硕士，10年证券从业经历。曾就职于英国保诚集团M&G基金管理公司。2003年4月加入海富通基金管理公司，历任交易员、股票分析师、海富通股票基金经理助理、海富通强化回报基金经理助理、海富通风格优势基金经理助理。

基金运作分析

2009年上半年海富通强化回报混合基金采取较积极的投资方式，提高股票组合的贝塔值，大幅减持估值较高的防御性资产，增持直接受益于宏观经济反弹的周期类股票和房地产类股票，以及估值相对低于市场平均水平的金融类股票；下半年采取灵活方式进行资产切换，股票仓位的变化也比较灵活。逐步减少对金融、地产和上游资源类行业的配置，主要增加食品、医药和科技产业相关的股票配置。

2009年，面对债市下跌，该基金采取缩短组合剩余期限的投资策略，以提高持有期收益为目标。

季度投资组合一览

项目＼季度	第一季度		第二季度		第三季度		第四季度	
基金资产净值	2,374,036,740.04元		2,412,276,919.65元		2,139,532,456.89元		2,224,284,208.24元	
基金份额	4,117,342,646.14份		3,607,388,207.74份		3,346,453,537.06份		3,149,507,728.33份	
基金份额净值	0.577元		0.669元		0.639元		0.706元	
基金资产组合	市值(元)	占总资产比(%)	市值(元)	占总资产比(%)	市值(元)	占总资产比(%)	市值(元)	占总资产比(%)
股票投资	1,072,074,450.11	44.93	1,123,393,576.06	46.07	904,702,734.55	41.98	1,065,115,685.73	45.63
债券投资	1,221,177,000.00	51.18	1,235,745,454.79	50.68	1,159,396,464.40	53.79	1,131,179,580.80	48.46
金融衍生品投资	——	——	——	——	——	——	——	——
银行存款和结算备付金	48,617,957.29	2.04	46,248,717.85	1.90	63,558,896.64	2.95	72,600,586.28	3.11
其他资产	44,392,471.17	1.86	33,090,110.28	1.36	27,596,585.64	1.28	65,132,461.41	2.79

投资前五名股票明细	股票名称	公允价值(元)	占净值比(%)	股票名称	公允价值(元)	占净值比(%)	股票名称	公允价值(元)	占净值比(%)	股票名称	公允价值(元)	占净值比(%)
	中国平安	78,220,000.00	3.29	金地集团	93,496,000.00	3.88	小商品城	67,316,673.60	3.15	建设银行	92,850,000.00	4.17
	浦发银行	72,424,907.52	3.05	浦发银行	92,080,000.00	3.82	海油工程	44,955,000.00	2.10	小商品城	67,095,000.00	3.02
	三一重工	61,063,077.15	2.57	民生银行	87,120,000.00	3.61	中兴通讯	40,089,000.00	1.87	海油工程	51,300,000.00	2.31
	小商品城	57,740,000.00	2.43	建设银行	78,390,000.00	3.25	工商银行	33,390,000.00	1.56	乐凯胶片	45,226,971.28	2.03
	华夏银行	51,294,970.83	2.16	小商品城	74,052,000.00	3.07	兴业银行	31,904,315.26	1.49	北京银行	44,482,000.00	2.00

投资前五名债券明细	债券名称	公允价值(元)	占净值比(%)	债券名称	公允价值(元)	占净值比(%)	债券名称	公允价值(元)	占净值比(%)	债券名称	公允价值(元)	占净值比(%)
	21国债(12)	206,260,000.00	8.69	99国债(8)	332,310,000.00	13.78	07农发20	302,130,000.00	14.12	09中广核CP01	199,880,000.00	8.99
	21国债(10)	205,700,000.00	8.66	08央票81	259,794,000.00	10.77	09鲁高速CP01	110,550,000.00	5.17	09华谊CP01	199,840,000.00	8.98
	08央票55	192,920,000.00	8.13	21国债(12)	154,050,000.00	6.39	21国债(10)	102,760,000.00	4.80	08进出05	171,309,000.00	7.70
	08江铜债	116,384,000.00	4.90	21国债(10)	153,570,000.00	6.37	09央票35	99,670,000.00	4.66	21国债(10)	102,290,000.00	4.60
	07央票10	101,630,000.00	4.28	07央票10	101,070,000.00	4.19	09晋煤CP01	97,910,000.00	4.58	09浦发CP01	100,020,000.00	4.50

海富通风格优势股票型证券投资基金

基本资料					
基金简称	海富通风格优势股票			交易代码	519013
风险收益特征	该基金是股票型基金，属于较高风险、较高收益的基金品种。				
业绩比较基准	75%×MSCI China A＋25%×上证国债				
合同生效日	2006年10月19日	首募份额	22.18亿份	认购户数	46,513户
基金管理人	海富通基金管理有限公司		基金托管人	中国建设银行	
注册登记人	中国证券登记结算有限责任公司				

成立来累计净值增长率与同期基准收益率历史走势对比图（%）

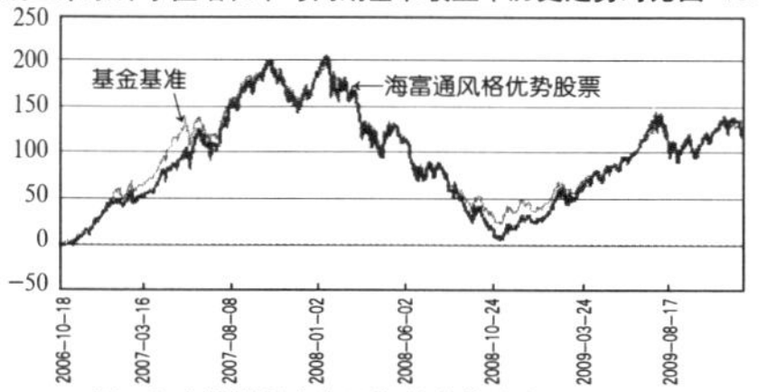

财务指标		单位：人民币（元）；%	
项目 \ 年度	2009年	2008年	2007年
本期利润	2,655,315,758.59	−3,769,490,381.52	6,875,178,311.35
本期加权平均净值利润率	50.28	−87.03	73.84
期末基金资产净值	7,322,710,157.41	2,303,120,174.47	7,846,698,189.14
期末基金份额净值	1.120	0.703	1.977
本期份额净值增长率	87.67	−56.27	111.65
累计份额净值增长率	134.16	24.78	185.31
基金收益分配	10派2.000	10派3.000	10派4.560

近三年净值增长率与同期基准收益率对比图（%）

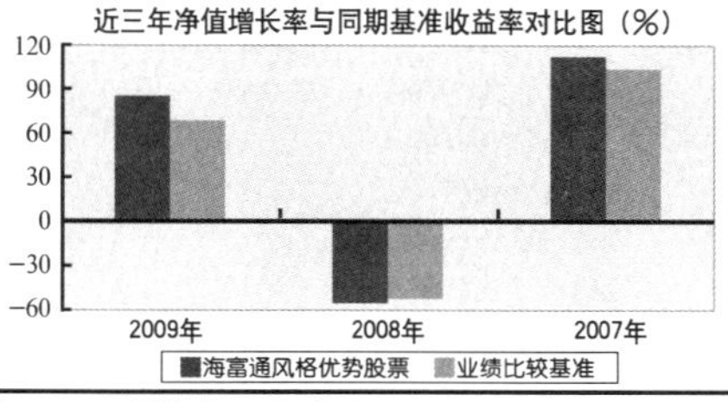

期末基金份额持有人户数	基金份额持有人户数为112,477户，平均每户持有58,113.96份。（期末截至2009年12月31日）
期末基金份额持有人结构	机构投资者持有3,306,095,557.33份，占总份额50.58%；个人投资者持有3,230,388,282.96份，占总份额49.42%。

基金业绩表现

截至2009年12月31日，海富通风格优势股票基金份额净值为1.120元，全年净值增长率为87.67%；同期业绩基准收益率为68.07%。

基金管理团队

康赛波先生：基金经理，金融学士，13年证券从业经历。曾就职于湘财证券公司，主要从事投资管理业务；大成基金管理有限公司，从事研发及投资管理业务；湘财合丰基金管理有限公司筹备组，历任泰达荷银合丰稳定基金经理、泰达荷银风险预算股票基金经理、泰达荷银效率基金经理。2007年5月加入海富通基金管理公司，2007年8月起任海富通风格优势股票基金经理。

徐子涵先生：基金经理助理，硕士，10年证券从业经历。曾就职于英国保诚集团M&G基金管理公司。2003年4月加入海富通基金管理公司，历任交易员、股票分析师，2008年1月至2009年1月任海富通股票和海富通强化回报基金经理助理；2009年1月至2010年1月任海富通风格优势股票基金经理助理。

基金运作分析

2009年，海富通风格优势股票基金总体上维持了相对较高的股票仓位，同时一季度对新能源、低碳及军工板块等高贝塔资产进行重点投资；后期基于行情会扩散的判断更加专注于个股的选择，在行业及板块上没有明显的偏离；全年对个股适度进行波段操作，积累了一定的超额收益。

季度投资组合一览

项目 \ 季度	第一季度		第二季度		第三季度		第四季度	
基金资产净值	3,252,666,918.57元		6,048,078,354.02元		6,136,344,184.37元		7,322,710,157.41元	
基金份额	3,435,726,213.26份		5,260,394,136.78份		5,555,470,839.28份		6,536,483,840.29份	
基金份额净值	0.947元		1.150元		1.105元		1.120元	
基金资产组合	市值(元)	占总资产比(%)	市值(元)	占总资产比(%)	市值(元)	占总资产比(%)	市值(元)	占总资产比(%)
股票投资	2,917,829,249.61	88.09	5,238,243,753.58	84.94	5,011,748,319.38	79.75	6,727,212,122.10	91.41
债券投资	——	——	——	——	——	——	——	——
金融衍生品投资	——	——	——	——	——	——	——	——
买入返售金融资产	——	——	——	——	——	——	——	——
银行存款和结算备付金	311,317,755.76	9.40	882,892,841.41	14.32	1,065,496,765.55	16.95	532,346,857.71	7.23
其他资产	83,021,796.30	2.51	46,212,223.88	0.75	207,387,779.60	3.30	99,607,614.83	1.35

投资前五名股票明细	股票名称	公允价值(元)	占净值比(%)	股票名称	公允价值(元)	占净值比(%)	股票名称	公允价值(元)	占净值比(%)	股票名称	公允价值(元)	占净值比(%)
	中信证券	165,551,383.26	5.09	金地集团	207,949,853.80	3.44	中国石化	158,200,000.00	2.58	小商品城	183,194,085.69	2.50
	浦发银行	109,600,000.00	3.37	紫金矿业	187,679,581.80	3.10	中国平安	152,098,479.00	2.48	兴业银行	168,464,882.23	2.30
	中国人寿	105,751,448.11	3.25	华夏银行	174,274,457.28	2.88	金地集团	141,569,806.95	2.31	金发科技	154,783,655.32	2.11
	兴业银行	89,622,000.00	2.76	浦发银行	158,838,000.00	2.63	浦发银行	137,549,548.05	2.24	浦发银行	149,661,000.00	2.04
	中国石化	71,199,127.80	2.19	DR招商银	154,629,000.00	2.56	岳阳纸业	124,973,017.81	2.04	海螺水泥	149,580,000.00	2.04
投资前五名债券明细	债券名称	公允价值(元)	占净值比(%)	债券名称	公允价值(元)	占净值比(%)	债券名称	公允价值(元)	占净值比(%)	债券名称	公允价值(元)	占净值比(%)
	——			——			——			——		

海富通精选贰号混合型证券投资基金

基本资料					
基金简称	海富通精选贰号混合	交易代码	519015		
风险收益特征	该基金属于中风险度适中的基金品种				
业绩比较基准	MSCI China A指数×65%＋上证国债指数×35%				
合同生效日	2007年4月9日	首募份额	86.00亿份	认购户数	282,734户
基金管理人	海富通基金管理有限公司	基金托管人	中国银行		
注册登记人	中国证券登记结算有限责任公司				

财务指标　单位：人民币(元)；%

项目＼年度	2009年	2008年	2007年
本期利润	889,843,854.04	−2,018,261,140.30	3,215,818,564.01
本期加权平均净值利润率	34.95	−58.63	37.97
期末基金资产净值	2,646,483,814.00	2,048,835,847.10	5,800,789,219.93
期末基金份额净值	0.703	0.486	1.396
本期份额净值增长率	44.65	−42.36	39.60
累计份额净值增长率	16.40	−19.53	39.60
基金收益分配	——	10派3.200	——

成立来累计净值增长率与同期基准收益率历史走势对比图（%）

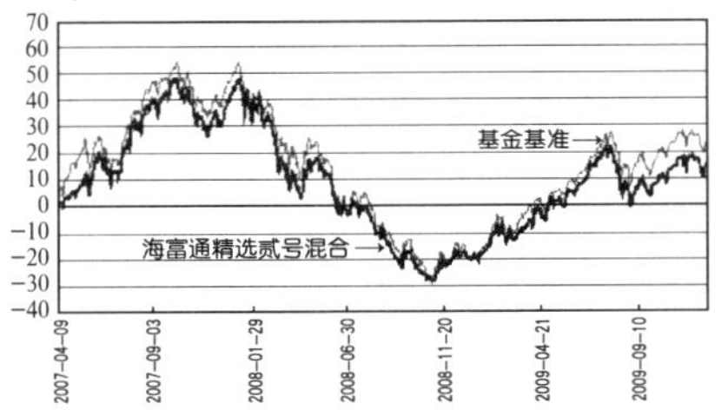

近两年净值增长率与同期基准收益率对比图（%）

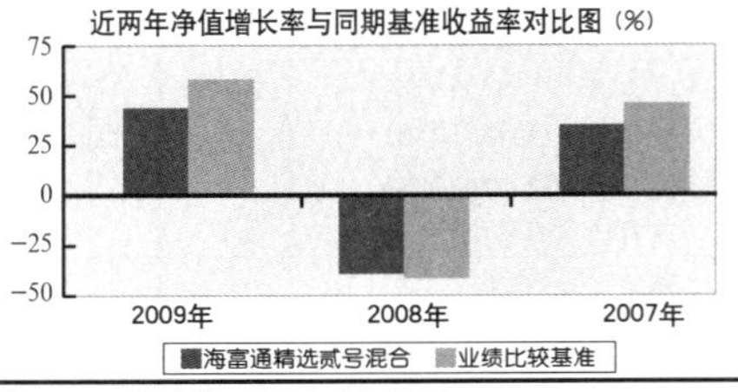

期末基金份额持有人户数	基金份额持有人户数为100,893户，平均每户持有37,321.93份。（期末截至2009年12月31日）
期末基金份额持有人结构	机构投资者持有826,197,545.29份，占总份额21.94%；个人投资者持有2,939,324,124.21份，占总份额78.06%。

基金业绩表现

截至2009年12月31日，海富通精选贰号混合基金份额净值为0.703元，全年净值增长率为44.65%；同期业绩基准收益率为57.89%。

基金管理团队

丁　俊先生：基金经理，硕士，8年证券从业经历。2002年7月至2006年4月就职于平安资产管理公司，曾任权益投资部研究主管，2006年4月加入海富通基金管理公司，曾任海富通精选混合和海富通风格优势股票基金经理助理；2007年8月起任海富通精选混合和海富通精选贰号混合基金经理。

基金运作分析

2009年海富通精选贰号混合基金在大类资产配置上保持了较高的股票仓位，且基于政府经济刺激计划的实施，年初行业配置上向投资拉动型的周期类倾斜，此后基于挖掘价值洼地的考虑大幅加仓银行等低估值板块。随着市场上涨日益反映宏观经济复苏，该基金对地产和周期类资产进行了减持，同时增加了医药等消费类资产的配置。但由于继续保持了金融行业的超配，且在四季度对部分新兴业务公司配置比例不足，对净值增长形成一定拖累。从债市来看，面对债市的下跌，海富通精选贰号混合基金债券投资采取了谨慎投资的策略，缩短组合剩余期限，全年投资变动较小。

展望2010年，基于市场判断，在行业选择上，海富通精选贰号混合基金将尽量回避受到政策调控的行业，而偏向于国家经济转型政策扶持的新兴行业以及受益于消费升级和农村消费而具备持续增长力的消费领域；并认为2010年债券市场整体仍不容乐观，但市场机会应多于2009年，该基金将在2010年逐步拉长债券久期，积极投资。

季度投资组合一览

项目＼季度	第一季度			第二季度			第三季度			第四季度		
基金资产净值	2,268,589,321.38元			3,102,205,388.47元			2,635,110,960.00元			2,646,483,814.00元		
基金份额	4,035,969,223.02份			4,685,060,069.48份			4,186,115,692.27份			3,765,521,669.50份		
基金份额净值	0.562元			0.662元			0.629元			0.703元		
基金资产组合	市值(元)	占总资产比(%)		市值(元)	占总资产比(%)		市值(元)	占总资产比(%)		市值(元)	占总资产比(%)	
股票投资	1,570,036,509.05	68.12		2,147,735,482.93	68.38		1,708,799,271.89	64.46		1,824,623,129.93	68.59	
债券投资	480,068,000.00	20.83		649,781,400.00	20.69		572,202,000.00	21.58		549,044,000.00	20.64	
金融衍生品投资	——	——		——	——		——	——		——	——	
买入返售金融资产	——	——		——	——		——	——		——	——	
银行存款和结算备付金	237,363,637.90	10.30		306,803,368.96	9.77		360,016,335.03	13.58		243,569,180.29	9.16	
其他资产	17,256,555.45	0.75		36,662,987.91	1.17		10,122,995.46	0.38		43,024,991.02	1.62	
投资前五名股票明细	股票名称	公允价值(元)	占净值比(%)	股票名称	公允价值(元)	占净值比(%)	股票名称	公允价值(元)	占净值比(%)	股票名称	公允价值(元)	占净值比(%)
	三一重工	98,658,657.72	4.35	浦发银行	161,140,000.00	5.19	中兴通讯	93,410,958.92	3.54	小商品城	80,514,000.00	3.04
	浦发银行	78,912,131.52	3.48	民生银行	158,400,514.80	5.11	北京银行	93,045,583.84	3.53	北京银行	67,690,000.00	2.56
	中信证券	63,675,203.76	2.81	招商银行	116,533,053.27	3.76	小商品城	79,200,000.00	3.01	中兴通讯	67,305,000.00	2.54
	兴业银行	62,068,060.80	2.74	中信证券	96,084,000.00	3.10	中国平安	60,840,000.00	2.31	云南白药	64,056,978.40	2.42
	中国平安	58,664,256.91	2.59	万　科A	89,250,000.00	2.88	南京银行	56,095,200.00	2.13	南京银行	58,050,000.00	2.19
投资前五名债券明细	债券名称	公允价值(元)	占净值比(%)	债券名称	公允价值(元)	占净值比(%)	债券名称	公允价值(元)	占净值比(%)	债券名称	公允价值(元)	占净值比(%)
	08央票47	212,140,000.00	9.35	08央票47	209,980,000.00	6.77	08央票47	207,360,000.00	7.87	08央票47	205,820,000.00	7.78
	08国开13	109,450,000.00	4.82	08国开13	108,280,000.00	3.49	08国开13	106,670,000.00	4.05	08国开13	105,570,000.00	3.99
	08央票98	97,280,000.00	4.29	08农发04	100,710,000.00	3.25	08农发04	100,360,000.00	3.81	08农发04	100,150,000.00	3.78
	08国开18	40,936,000.00	1.80	08央票98	96,540,000.00	3.11	09央票38	98,290,000.00	3.73	09央票38	98,280,000.00	3.71
	06农发17	20,262,000.00	0.89	21国债(10)	44,023,400.00	1.42	08国开18	39,460,000.00	1.50	08国开18	39,224,000.00	1.48

海富通中国海外精选股票型证券投资基金

基本资料					
基金简称	海富通中国海外股票(QDII)			交易代码	519601
风险收益特征	该基金是股票型基金，其风险和收益高于货币基金、债券基金和混合型基金，属于较高风险、较高收益的基金品种。				
业绩比较基准	MSCI中国指数(以美元计价)				
合同生效日	2008年6月27日	首募份额	5.09亿份	认购户数	4,412户
基金管理人	海富通基金管理有限公司	基金托管人	中国建设银行		
境外投资顾问	富通基金管理公司	境外托管人	纽约梅隆银行		
注册登记人	中国证券登记结算有限责任公司				

成立来累计净值增长率与同期基准收益率历史走势对比图（%）

财务指标　单位：人民币(元)；%

项目 \ 年度	2009年	2008年6月27日至2008年12月31日
本期利润	227,855,705.79	−7,029,801.44
本期加权平均净值利润率	51.22	−3.86
期末基金资产净值	517,379,300.13	80,743,785.42
期末基金份额净值	1.475	0.988
本期份额净值增长率	83.47	−1.20
累计份额净值增长率	81.27	−1.20
基金收益分配	10派2.700	——

近两年净值增长率与同期基准收益率对比图（%）

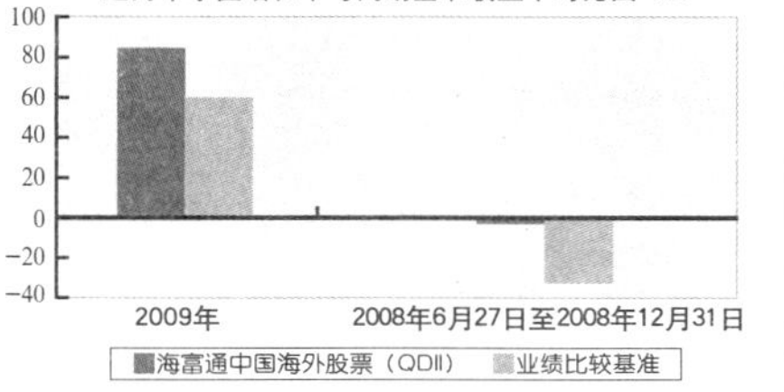

期末基金份额持有人户数	基金份额持有人户数为11,390户，平均每户持有30,804.70份。（期末截至2009年12月31日）
期末基金份额持有人结构	机构投资者持有81,217,854.44份，占总份额23.15%；个人投资者持有269,647,632.13份，占总份额76.85%。

基金业绩表现

2009年海富通中国海外股票基金全年净值增长率为83.47%，同期业绩基准收益率为58.90%。

基金管理团队

陈　洪先生：基金经理、副总经理，投资总监，硕士，18年证券从业经历。历任君安证券公司投资经理、广东发展银行深圳分行业务经理、富通基金管理亚洲公司基金经理。曾任海富通基金管理公司副总经理、海富通股票基金经理、海富通收益增长混合基金经理、海富通风格优势股票基金经理、海富通精选贰号混合基金经理；2003年4月至今任公司投资总监兼海富通精选混合基金经理，2008年6月起兼任海富通中国海外股票基金经理。

杨　铭先生：基金经理助理，特许金融分析师(CFA)，经济学学士，12年证券从业经历。先后任职于香港东亚银行上海分行、上海瀚蓝投资顾问公司，2004年4月加入海富通基金公司，任股票分析师，2008年6月起任海富通中国海外股票基金经理助理。

基金运作分析

2009年，该管理人坚定执行年初制定的谨慎乐观的投资策略。基于全球股市将要探明一个大底部的判断，随着股票价格的不断走低和申购资金的持续流入，海富通中国海外股票基金不断逢低增加股票仓位，全球股市探明底部之后，该基金一直维持较高股票仓位。配置重点一直是受益于中国内需的金融行业和受益于全球经济企稳的能源行业，但在金融和能源的子行业和公司中较积极地把握时机进行了动态调整；同时灵活投资了其他估值较低、基本面好转的多个行业和公司，包括原材料、运输、新能源、互联网、资本货物、医药等行业和公司；下半年该基金逐渐降低了行业和股票的集中度，使得整个组合不断趋于均衡。

季度投资组合一览

项目 \ 季度	第一季度			第二季度			第三季度			第四季度		
基金资产净值	113,248,201.02元			901,429,372.57元			556,772,876.64元			517,379,300.13元		
基金份额	107,721,601.03份			736,510,281.84份			419,750,969.22份			350,865,486.57份		
基金份额净值	1.051元			1.224元			1.326元			1.475元		
基金资产组合	市值(元)		占总资产比(%)	市值(元)		占总资产比(%)	市值(元)		占总资产比(%)	市值(元)		占总资产比(%)
权益类投资–普通股	89,766,338.70		70.50	805,229,624.39		79.35	418,992,030.72		68.67	400,699,242.95		75.97
权益类投资–存托凭证	245,067.01		0.19	28,290,078.05		2.79	33,445,710.44		5.48	25,890,076.18		4.91
基金投资	——		——	——		——	——		——	——		——
金融衍生品投资–权证	——		——	——		——	——		——	——		——
银行存款和结算备付金	32,135,835.71		25.24	116,636,177.70		11.49	99,703,535.58		16.34	96,485,162.57		18.29
其他资产	5,186,142.09		4.07	64,669,769.48		6.37	57,971,272.57		9.50	4,336,352.61		0.82
投资前五名股票及存托凭证投资明细	公司名称	公允价值(元)	占净值比(%)	公司名称	公允价值(元)	占净值比(%)	公司名称	公允价值(元)	占净值比(%)	公司名称	公允价值(元)	占净值比(%)
	中国银行	10,699,451.62	9.45	中国银行	87,012,640.95	9.65	中国银行	48,533,514.59	8.72	中国移动	48,111,852.14	9.30
	工商银行	10,663,817.36	9.42	交通银行	86,179,604.50	9.56	腾讯控股	33,333,748.31	5.99	中国银行	44,380,459.35	8.58
	中国石油	10,499,758.63	9.27	工商银行	80,923,541.16	8.98	中国人寿	29,738,673.15	5.34	中国人寿	33,769,655.08	6.53
	交通银行	10,439,780.17	9.22	神华能源	72,482,105.10	8.04	中信银行	27,015,932.41	4.85	腾讯控股	26,707,526.43	5.16
	中国石油	10,084,319.60	8.90	中国移动	61,565,360.73	6.83	中国石油	27,015,932.41	4.85	尚德太阳能	25,890,076.18	5.00
投资前五名基金明细	基金名称	公允价值(元)	占净值比(%)	基金名称	公允价值(元)	占净值比(%)	基金名称	公允价值(元)	占净值比(%)	基金名称	公允价值(元)	占净值比(%)

海富通稳健添利债券型证券投资基金

基本资料			
基金简称	海富通稳健添利债券	交易代码	A:519024 C:519023
风险收益特征	该基金为债券型基金，属于中低风险品种。其预期收益和风险水平高于货币市场基金，低于混合型基金和股票型基金。		
业绩比较基准	中证全债指数		
合同生效日	2008年10月24日	首募份额	31.80亿份
		认购户数	11,953户
基金管理人	海富通基金管理有限公司	基金托管人	中国工商银行
注册登记人	中国证券登记结算有限责任公司		

财务指标　　单位：人民币（元）；%

年度 项目	2009年 A	2009年 C	2008年10月24日至2008年12月31日
本期利润	1,935,366.59	16,465,502.96	98,531,505.26
本期加权平均净值利润率	5.22	1.38	3.05
期末基金资产净值	71,528,039.24	534,203,769.66	3,072,717,263.94
期末基金份额净值	1.077	1.078	1.031
本期份额净值增长率	4.26	4.56	3.10
累计份额净值增长率	4.26	7.80	3.10
基金收益分配	——		——

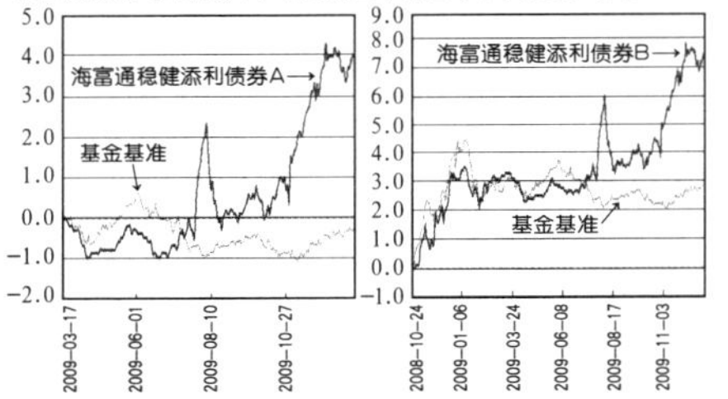

成立来累计净值增长率与同期基准收益率历史走势对比图（%）

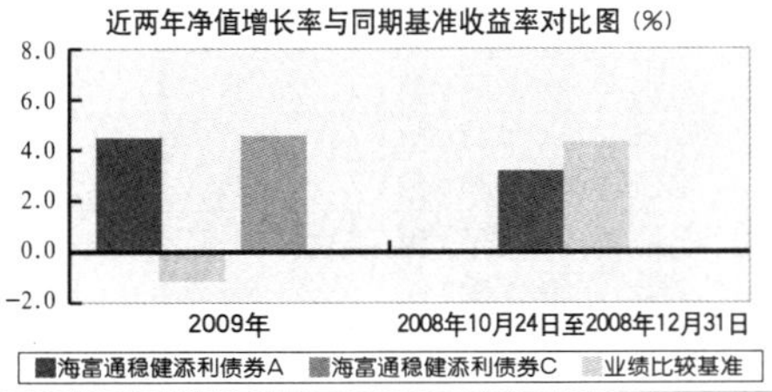

近两年净值增长率与同期基准收益率对比图（%）

期末基金份额持有人户数	A:基金份额持有人户数为57户，平均每户持有1,165,167.93份。 C:基金份额持有人户数为2,392户，平均每户持有207,152.88份。（期末截至2009年12月31日）
期末基金份额持有人结构	A:机构投资者持有64,789,759.82份，占总份额97.55%；个人投资者持有1,624,812.32份，占总份额2.45%。 C:机构投资者持有377,329,698.49份，占总份额76.15%；个人投资者持有118,179,985.12份，占总份额23.85%。

基金业绩表现

2009年海富通稳健添利债券基金A类全年净值增长率为4.26%，C类全年净值增长率为4.56%；同期业绩基准收益率为-1.40%。

基金管理团队

邵佳民先生：基金经理，固定收益组合管理部总监，硕士，13年证券从业经历。历任海通证券公司固定收益部债券业务助理、债券销售主管、债券分析师、债券投资部经理。2003年4月任海富通基金管理公司固定收益分析师；曾任海富通货币基金经理；2006年5月起任海富通强化回报基金经理；2007年10月起任固定收益组合管理部总监；2008年10月起兼任海富通稳健添利债券基金经理。

基金运作分析

面对债券市场的下跌，海富通稳健添利债券基金采取了缩短组合剩余期限的投资策略。基金规模同时出现大幅度缩水，需要卖出债券。管理人有所准备，剩余期限在年初保持在低水平，提高资产的流动性，所以投资组合的调整对基金净值没有产生大的冲击。管理人同时加强对可转换债券的投资，来增强收益。由于2009年可转换债券的供给远远小于需求，导致溢价水平非常高，该基金采取相对保守的投资策略。

下半年新股发行开始后，该基金在开始阶段积极参与，而当新股发行价格水平逐渐上升、风险加大后，选择谨慎参与。2009年该基金在新股和可转换债券投资方面都取得良好的收益。随着信用债券的投资价值逐渐显现，年底开始增加配置信用债券。

季度投资组合一览

季度 项目	第一季度 A	第一季度 C	第二季度 A	第二季度 C	第三季度 A	第三季度 C	第四季度 A	第四季度 C
基金资产净值	0.0007亿元	17.3630亿元	0.0182亿元	8.4159亿元	0.3402亿元	6.6959亿元	0.7153亿元	5.3420亿元
基金份额	0.0007亿份	16.8580亿份	0.0177亿份	8.2008亿份	0.3289亿份	6.4618亿份	0.6641亿份	4.9551亿份
基金份额净值	1.030元	1.030元	1.023元	1.026元	1.034元	1.036元	1.077元	1.078元
基金资产组合	市值(元)	占总资产比(%)	市值(元)	占总资产比(%)	市值(元)	占总资产比(%)	市值(元)	占总资产比(%)
股票投资	——	——	20,539,291.59	2.40	31,494,669.16	4.46	53,885,975.23	8.68
债券投资	1,521,518,289.40	86.35	712,817,018.08	83.35	591,522,728.00	83.74	514,577,484.06	82.84
金融衍生品投资	——	——	——	——	——	——	——	——
银行存款和结算备付金	214,318,721.74	12.16	77,065,916.57	9.01	78,424,636.13	11.10	30,697,039.46	4.94
其他资产	26,184,095.27	1.49	44,772,162.67	5.24	4,938,884.57	0.70	21,986,659.39	3.54

	股票名称	公允价值(元)	占净值比(%)	股票名称	公允价值(元)	占净值比(%)	股票名称	公允价值(元)	占净值比(%)	股票名称	公允价值(元)	占净值比(%)
投资前五名股票明细	——			柳　工	10,481,286.40	1.24	中国建筑	9,671,667.04	1.37	中国重工	5,884,741.28	0.97
				五洲交通	10,058,005.19	1.19	中国中冶	5,911,130.68	0.84	招商证券	4,013,410.23	0.66
				——			乐普医疗	2,047,835.00	0.29	乐普医疗	3,615,488.00	0.60
							四川成渝	1,720,859.49	0.24	中国北车	2,959,447.53	0.49
							万马电缆	1,367,597.70	0.19	海大集团	2,371,589.50	0.39
	债券名称	公允价值(元)	占净值比(%)	债券名称	公允价值(元)	占净值比(%)	债券名称	公允价值(元)	占净值比(%)	债券名称	公允价值(元)	占净值比(%)
投资前五名债券明细	21国债(10)	205,700,000.00	11.85	99国债(8)	161,120,000.00	19.10	02国债(3)	162,000,000.00	23.02	09贴债17	119,220,000.00	19.68
	02国债(3)	173,485,000.00	9.99	08央行票据84	134,792,000.00	15.98	09贴债17	119,184,000.00	16.94	09贴债26	99,372,684.06	16.41
	08江铜债	145,474,180.80	8.38	08央行票据81	96,220,000.00	11.41	21国债(10)	82,208,000.00	11.68	02国债(3)	55,731,500.00	9.20
	08广发债固2	139,802,000.00	8.05	09华西债	61,404,000.00	7.28	09央行票据40	49,145,000.00	6.98	09央行票据40	49,135,000.00	8.11
	08同盛CP01	102,030,000.00	5.88	08农发15	50,245,000.00	5.96	08上港债	38,740,000.00	5.51	08上港债	39,000,000.00	6.44

海富通领先成长股票型证券投资基金

基本资料					
基金简称	海富通领先成长股票	交易代码	519025		
风险收益特征	该基金是股票型基金，属于较高风险、较高收益的投资品种。				
业绩比较基准	MSCI China A指数×80%＋上证国债指数×20%				
合同生效日	2009年4月30日	首募份额	26.65亿份	认购户数	23,125户
基金管理人	海富通基金管理有限公司	基金托管人	中国建设银行		
注册登记人	中国证券登记结算有限责任公司				

2009年累计净值增长率与同期基准收益率历史走势对比图（%）

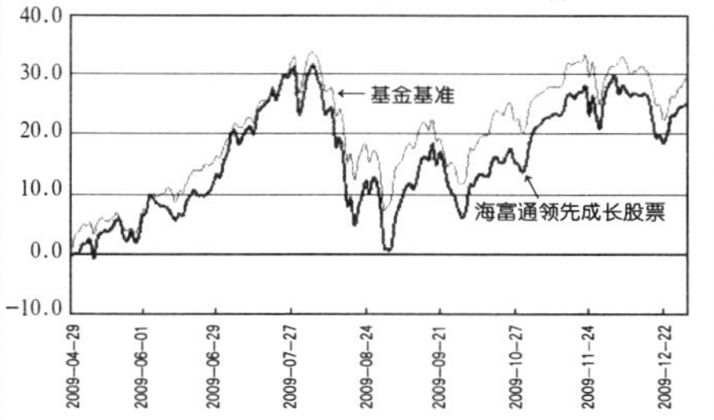

财务指标　单位：人民币（元）；%

项目　年度	2009年4月30日至2009年12月31日
本期利润	442,236,992.56
本期加权平均净值利润率	27.04
期末基金资产净值	1,096,819,004.81
期末基金份额净值	1.254
本期份额净值增长率	25.40
累计份额净值增长率	25.40
基金收益分配	——

2009年净值增长率与同期基准收益率对比图（%）

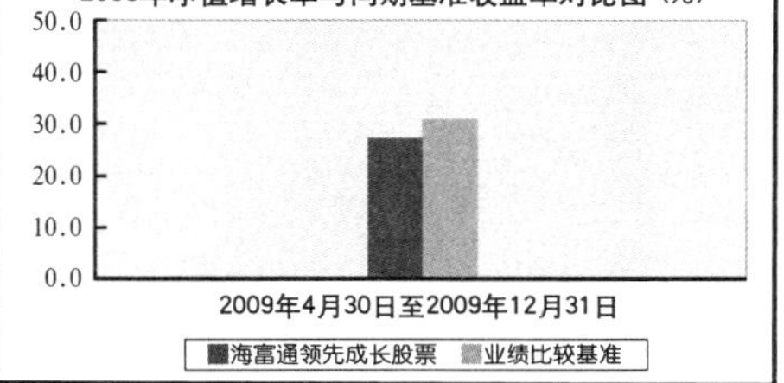

期末基金份额持有人户数	基金份额持有人户数为11,540户，平均每户持有75,814.47份。（期末截至2009年12月31日）
期末基金份额持有人结构	机构投资者持有439,145,770.20份，占总份额50.19%；个人投资者持有435,753,241.80份，占总份额49.81%。

基金业绩表现

海富通领先成长股票基金合同生效于2009年4月30日，截至2009年12月31日，该基金份额净值为1.254元，成立以来净值增长率为25.40%；同期业绩基准收益率为30.16%。

基金管理团队

陈绍胜先生：基金经理，博士，19年证券从业经历。历任香港英皇金融集团外汇投资经理、原上海万国证券公司证券分析师、海通证券交易总部投资经理。2003年4月至2004年2月任海富通基金公司股票分析师、策略分析师；2004年3月至2009年1月任海富通收益增长基金经理；2009年1月起任海富通股票基金经理；2009年4月起兼任海富通领先成长股票基金经理。

基金运作分析

海富通领先成长股票基金成立于2009年4月底。建仓完成之后，该基金总体上维持了相对较高的股票仓位，但是在结构上全年出现了很大的差异：第二季度超配了地产和金融；第三季度在市场大幅回调的过程中相对来说没有降低仓位，给基金净值带来了很大的波动；第四季度大部分时间相对维持较低的股票仓位，并且超配了医药。结构上的季节性调整，主要是基于市场处在恢复期，各个板块轮流表现，并且会随着宏观政策的调整而表现各异。

季度投资组合一览

项目　季度	第二季度		第三季度		第四季度	
基金资产净值	1,868,930,924.06元		1,102,768,042.24元		1,096,819,004.81元	
基金份额	1,655,920,220.07份		1,023,941,380.65份		874,899,012.00份	
基金份额净值	1.129元		1.077元		1.254元	
基金资产组合	市值(元)	占总资产比(%)	市值(元)	占总资产比(%)	市值(元)	占总资产比(%)
股票投资	1,537,631,964.66	70.41	934,598,223.30	83.69	992,878,131.34	86.51
债券投资	——	——	2,193,831.96	0.20	——	——
资产支持证券投资	——	——	——	——	——	——
金融衍生品投资	——	——	——	——	——	——
买入返售金融资产	297,000,348.50	13.60	——	——	——	——
银行存款和结算备付金	346,337,389.37	15.86	100,250,369.12	8.98	152,474,553.39	13.29
其他资产	2,859,023.15	0.13	79,698,967.60	7.14	2,366,253.14	0.21

投资前五名股票明细	股票名称	公允价值(元)	占净值比(%)	股票名称	公允价值(元)	占净值比(%)	股票名称	公允价值(元)	占净值比(%)
	金地集团	120,136,411.72	6.43	江苏国泰	37,000,000.00	3.36	云南白药	48,905,094.80	4.46
	浦发银行	115,100,000.00	6.16	中南建设	36,130,278.17	3.28	中南建设	44,780,000.00	4.08
	兴业银行	96,484,144.50	5.16	中国平安	35,487,718.50	3.22	贵州茅台	40,474,219.52	3.69
	万 科A	89,250,000.00	4.78	海南海药	34,652,877.40	3.14	小商品城	39,805,361.19	3.63
	民生银行	79,199,984.16	4.24	长城开发	33,660,000.00	3.05	恒瑞医药	39,427,867.50	3.59
投资前五名债券明细	债券名称	公允价值(元)	占净值比(%)	债券名称	公允价值(元)	占净值比(%)	债券名称	公允价值(元)	占净值比(%)
				安泰转债	2,193,831.96	0.20			

海富通中证100指数证券投资基金(LOF)

基本资料

基金简称	海富通中证100指数(LOF)	交易代码	162307		
风险收益特征	该基金是股票型基金，属于较高风险、较高收益的投资品种。				
业绩比较基准	中证100指数×95%+活期存款利率(税后)×5%				
合同生效日	2009年10月30日	首募份额	20.87亿份	认购户数	21,475户
上市日期	2010年1月8日	上市地点	深交所		
基金管理人	海富通基金管理有限公司	基金托管人	中国银行		
注册登记人	中国证券登记结算有限责任公司				

财务指标

项目 \ 年度	2009年10月30日至2009年12月31日
本期利润	52,584,670.30
本期加权平均净值利润率	2.49
期末基金资产净值	2,139,733,545.60
期末基金份额净值	1.025
本期份额净值增长率	2.50
累计份额净值增长率	2.50
基金收益分配	——

2009年累计净值增长率与同期基准收益率历史走势对比图 (%)

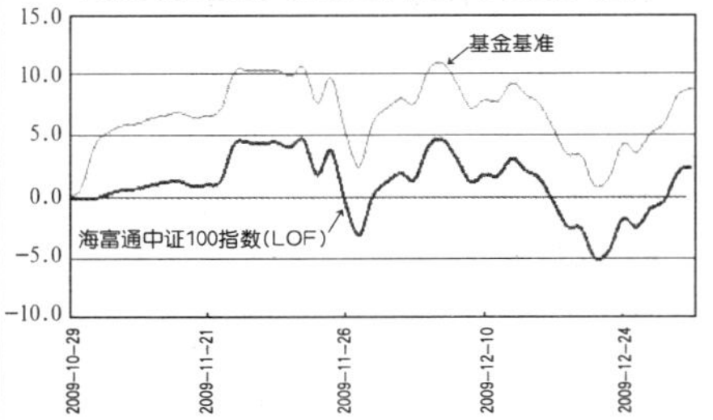

2009年净值增长率与同期基准收益率对比图 (%)

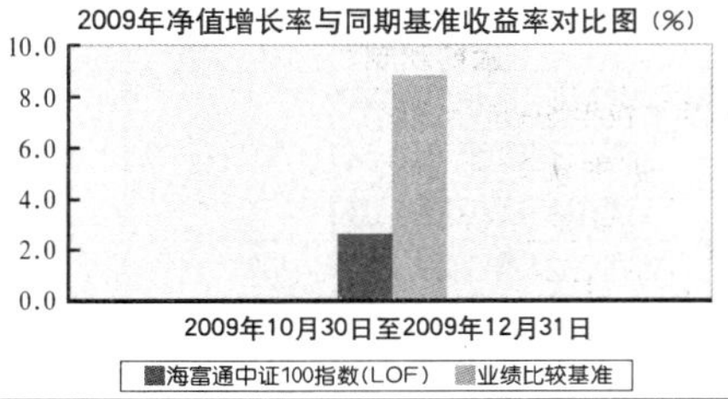

期末基金份额持有人户数	基金份额持有人户数为21,475户，平均每户持有97,189.70份。 (期末截至2009年12月31日)
期末基金份额持有人结构	机构投资者持有707,501,745.49份，占总份额33.90%；个人投资者持有1,379,647,129.81份，占总份额66.10%。

基金业绩表现

海富通中证100指数基金合同生效于2009年10月30日，截至2009年12月31日，该基金份额净值为1.025元，成立以来实现净值增长2.50%；同期业绩基准收益率为8.76%。

基金管理团队

牟永宁先生：基金经理，硕士，CFA，15年证券从业经历。历任申银万国证券公司分析师，申万巴黎基金管理公司股票分析师，2004年8月加入海富通基金管理公司，任策略分析师、研究总监；2009年1月起任海富通收益增长基金经理；2009年10月起兼任海富通中证100指数基金经理。

季度投资组合一览

项目 \ 季度	第四季度	
基金资产净值	2,139,733,545.60元	
基金份额	2,087,148,875.30份	
基金份额净值	1.025元	
基金资产组合	金额(元)	占总资产比例(%)
股票投资	2,022,780,346.57	94.18
债券投资	——	——
金融衍生品投资	——	——
买入返售金融资产	——	——
银行存款和结算备付金	121,100,751.27	5.64
其他资产	3,991,332.31	0.19

投资前五名股票明细	股票名称	公允价值(元)	占净值比例(%)	投资前五名债券明细	债券名称	公允价值(元)	占净值比例(%)
	招商银行	108,333,879.85	5.06				
	交通银行	89,106,435.00	4.16				
	中信证券	88,956,000.00	4.16		——		
	兴业银行	85,780,204.03	4.01				
	中国平安	85,055,599.51	3.98				

基金运作分析

2009年，中国股市成为宏观经济回升向好的先行指标，一路震荡上行。上半年，股市在经济刺激计划、充裕流动性驱动下单边上涨，消费、金融、地产、基础建设等受益板块轮番表现。虽然下半年市场有所震荡，但整体依然维持强势。2009年新股发行重启以及创业板开闸也使股市交投活跃。上证综指全年上涨近80%，涨幅在全球市场位居前列。

基于对国内经济景气持续向上的判断，海富通中证100指数基金于2009年10月30日正式成立后采取了快速建仓的策略。但是，由于在该基金成立之初，市场快速上扬，该基金在建仓期内仍然大幅落后于业绩比较基准。

海富通中小盘股票型证券投资基金

基本资料					
基金简称	海富通中小盘股票		交易代码	519026	
投资目标	该基金通过积极主动的投资策略，捕捉部分中小企业未来的高成长性，分享中国经济高速增长的成果。				
业绩比较基准	中证700指数×80%+上证国债指数×20%				
风险收益特征	该基金是股票型基金，属于高风险、高预期收益的投资品种。其预期收益、预期高风险高于货币型基金和债券型基金。				
合同生效日	2010年4月14日	上市日期	——	上市地点	——
募集概况	首募份额	认购户数	募集日期		
	12.37亿份	11,522户	2010年3月10日至2010年4月8日		
基金费率	认购费率	不高于1.20%		申购费率	不高于1.50%
	赎回费率	不高于0.50%			
	管理费率	1.50%		托管费率	0.25%
基金管理人	海富通基金管理有限公司		基金托管人	中国工商银行	
审计机构	普华永道中天会计师事务所		注册登记人	中国证券登记结算有限责任公司	

基金管理团队

程 岽先生：基金经理，7年证券从业经历，硕士，特许金融分析师（CFA）。历任金信管理研究公司研究所研究员，国金证券研究所研究员，曾当选《新财富》2005年度最佳行业分析师。2006年7月加入海富通基金管理公司，历任股票分析师、非公募股票组合投资经理。2010年4月起任海富通中小盘股票基金经理。

上证周期行业50交易型开放式指数证券投资基金

基本资料					
基金简称	海富通上证周期ETF		交易代码	510110	
投资目标	紧密跟踪上证周期行业50指数，追求跟踪偏离度与跟踪误差最小化。				
业绩比较基准	上证周期行业50指数				
风险收益特征	该基金属股票型基金，风险与收益高于混合基金、债券基金与货币市场基金。该基金为指数型基金，主要采用完全复制法跟踪标的指数的表现，具有与标的指数、以及标的指数所代表的股票市场相似的风险收益特征。				
合同生效日	2010年9月19日	上市日期	2010年11月15日	上市地点	上交所
募集概况	首募份额	认购户数	募集日期		
	9.67亿份	7,297户	2010年8月19日至2010年9月10日		
基金费率	认购费率	不高于1.00%		申购费率	不高于0.50%
	赎回费率	不高于0.50%			
	管理费率	0.50%		托管费率	0.10%
基金管理人	海富通基金管理有限公司		基金托管人	中国工商银行	
审计机构	普华永道中天会计师事务所		注册登记人	中国证券登记结算有限责任公司	

基金管理团队

蒋 征先生：基金经理、股票组合管理部总监，硕士。历任中国保险信托投资公司业务经理，嘉实基金管理公司丰和基金经理助理，泰和基金经理；华夏基金管理公司华夏大盘精选基金经理，兴安基金经理。2006年9月起任海富通强化回报基金经理，2007年2月起至2009年1月，兼任海富通股票基金经理；2007年10月起任股票组合管理部总监。现任海富通收益增长混合基金、海富通强化回报混合基金经理。

刘 璎女士：基金经理，管理学硕士，9年证券从业经历。先后任职于交通银行、华安基金管理公司，曾任华安上证180ETF基金经理助理；2007年3月至2010年6月担任华安上证180ETF基金经理，2008年4月至2010年6月担任华安中国A股增强指数基金经理。2010年6月加入海富通基金管理公司，2010年11月起任海富通上证周期ETF基金经理。

海富通上证周期行业50交易型开放式指数证券投资基金联接基金

基本资料					
基金简称	海富通上证周期ETF联接		交易代码	519027	
投资目标	通过投资于上证周期行业50ETF，紧密跟踪标的指数，追求跟踪偏离度与跟踪误差最小化。				
业绩比较基准	上证周期行业50指数收益率×95%＋活期存款利率（税后）×5%				
风险收益特征	该基金属于股票型基金，预期风险与收益水平高于混合基金、债券基金与货币市场基金。同时该基金为上证周期行业50交易型开放式指数证券投资基金的联接基金，具有与上证周期行业50指数相似的风险收益特征。				
合同生效日	2010年9月28日	上市日期	——	上市地点	——
募集概况	首募份额	认购户数	募集日期		
	7.33亿份	5,826户	2010年8月19日至2010年9月17日		
基金费率	认购费率	不高于1.00%		申购费率	不高于1.20%
	赎回费率	不高于0.50%			
	管理费率	0.50%		托管费率	0.10%
基金管理人	海富通基金管理有限公司		基金托管人	中国工商银行	
审计机构	普华永道中天会计师事务所		注册登记人	中国证券登记结算有限责任公司	

基金管理团队

蒋　征先生：基金经理、股票组合管理部总监，硕士。历任中国保险信托投资公司业务经理，嘉实基金管理公司丰和基金经理助理，泰和基金经理；华夏基金管理公司华夏大盘精选基金经理，兴安基金经理。2006年9月起任海富通强化回报基金经理，2007年2月起至2009年1月，兼任海富通股票基金经理；2007年10月起任股票组合管理部总监。现任海富通收益增长混合基金、海富通强化回报混合基金经理。2010年9月起任海富通上证周期ETF基金经理。

刘　璎女士：基金经理，管理学硕士，9年证券从业经历。先后任职于交通银行、华安基金管理公司，曾任华安上证180ETF基金经理助理；2007年3月至2010年6月担任华安上证180ETF基金经理，2008年4月至2010年6月担任华安中国A股增强指数基金经理。2010年6月加入海富通基金管理公司，2010年11月起任海富通上证周期ETF基金经理。

海富通稳固收益债券型证券投资基金

基本资料					
基金简称	海富通稳固收益债券		交易代码	519030	
投资目标	通过合理运用投资组合优化策略，力争实现基金收益随着时间增长的逐步提升。				
业绩比较基准	三年期定期存款利率（税后）				
风险收益特征	该基金为债券型基金，属于中低风险品种。其预期收益和风险水平高于货币市场基金，低于混合型基金和股票型基金。				
合同生效日	2010年11月23日	上市日期	——	上市地点	——
募集概况	首募份额	认购户数	募集日期		
	26.96亿份	18,556户	2010年10月20日至2010年11月17日		
基金费率	认购费率	0.00		申购费率	0.00
	赎回费率	不高于0.75%			
	管理费率	0.70%		托管费率	0.20%
基金管理人	海富通基金管理有限公司		基金托管人	中国工商银行	
审计机构	普华永道中天会计师事务所		注册登记人	中国证券登记结算有限责任公司	

基金管理团队

邵佳民先生：基金经理、固定收益组合管理部总监，硕士。历任海通证券公司固定收益部债券业务助理、债券销售主管、债券分析师、债券投资部经理。2003年4月任海富通基金管理公司固定收益分析师，2005年1月至2008年2月担任海富通货币基金经理；2006年5月起任海富通强化回报混合基金经理；2007年10月起任固定收益组合管理部总监；2008年10月起任海富通稳健添利债券基金经理；2010年11月起任海富通稳固收益债券基金经理。

国联安基金管理有限公司

法定名称	国联安基金管理有限公司	英文名称	Guotai Junan Allianz fund Management Co.,Ltd.		
成立时间	2003年4月3日	注册资本	1.5亿元人民币	公司属性	中外合资
法人代表	符学东	总 经 理	许小松	督 察 长	谢荣兴
公司网址	www.gtja-allianz.com	客服电话	400-700-0365 021-3878 4766		
联系电话	021-3899 2888	传真号码	021-5015 1880		
注册地址	上海市浦东新区世纪大道88号金茂大厦46楼	办公地址	上海市浦东新区世纪大道88号金茂大厦46楼		

公司简介

国联安基金管理有限公司(以下简称"公司")是中国首家获准筹建的中外合资基金管理公司，由国泰君安证券股份有限公司与德国安联集团(Allianz AG)共同发起设立。公司注册资本为1.5亿元人民币，注册地在中国上海。

国联安基金管理有限公司拥有国际化的基金管理团队，借鉴外方股东先进的公司治理和风险管理经验，结合本地投资研究与客户服务的成功实践，秉持"稳健、专业、卓越、信赖"的经营理念，力争成为中国基金业最佳基金管理公司之一。

截至2009年12月31日，公司旗下共管理着8只开放式基金，管理基金资产规模52.21亿元人民币。

2009年旗下开放式基金业绩表现

截至日期：2009年12月31日

(单位：元；%)

基金类型	基金简称	设立日期	基金份额净值	净值增长率[①]	累计净值增长率[②]
股票型	国联安精选股票	2005-12-28	0.997	80.94	280.03
	国联安优势股票	2007-01-24	1.258	56.08	36.63
	国联安红利股票	2008-10-22	1.322	56.70	58.26
	国联安主题驱动股票	2009-08-26	1.046	4.60	4.60
混合型	国联安稳健混合	2003-08-08	1.812	51.40	184.03
	国联安小盘精选混合	2004-04-12	0.855	47.16	182.65
	国联安安心成长混合	2005-07-13	0.982	28.87	129.19
债券型	国联安增利债券A	2009-03-11	1.045	6.51	6.51
	国联安增利债券B	2009-03-11	1.046	6.11	6.11

注：①净值增长率指该基金2009年度的份额净值增长率；②累计净值增长率指该基金设立以来的份额净值增长率。

2009年管理公募基金概况

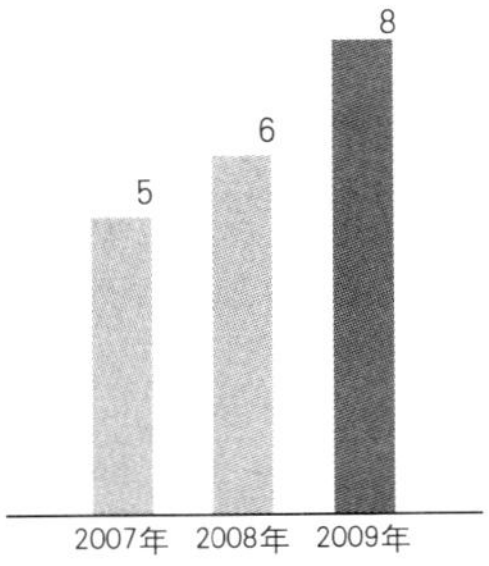

基金数量(只)

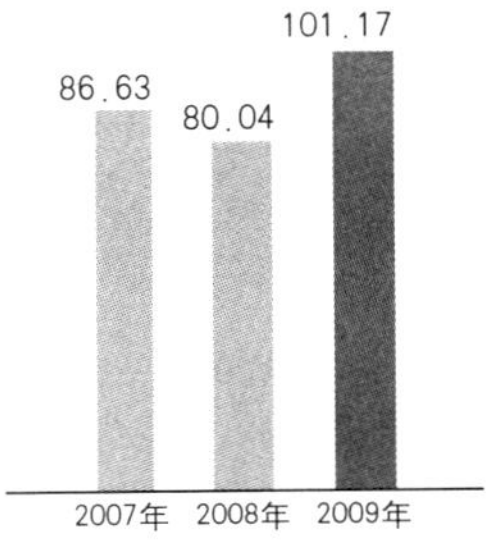

基金份额规模(亿份)

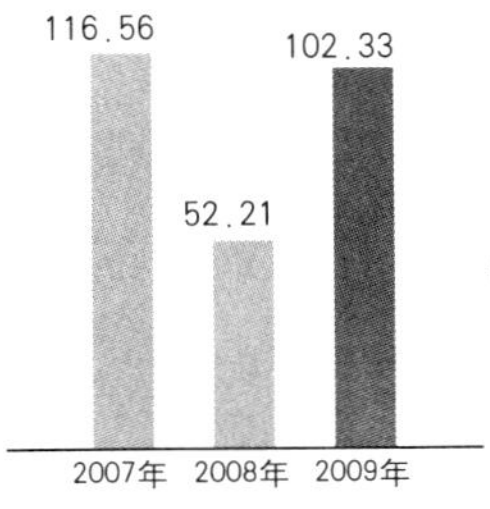

基金资产规模(亿元)

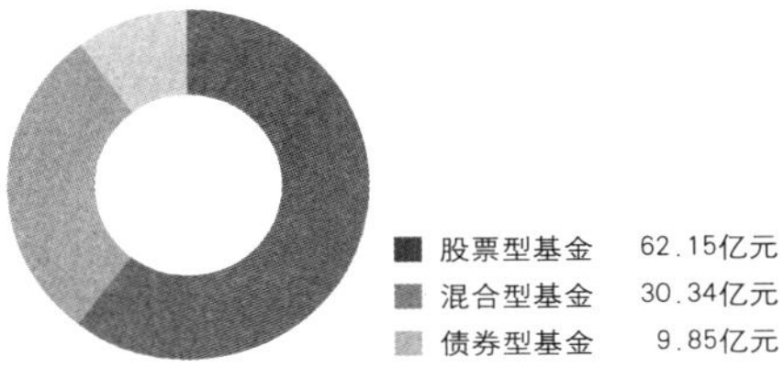

2009年基金资产规模构成

国联安德盛稳健证券投资基金

基本资料					
基金简称	国联安稳健混合	交易代码	255010		
风险收益特征	该基金属于中低风险的基金品种，其风险收益特征从长期平均及预期来看，介于单纯的股票型组合与单纯的债券型组合之间，也介于单纯的成长型组合与单纯的价值型组合之间。				
业绩比较基准	国泰君安指数×65%+上证国债指数×35%				
合同生效日	2003年8月8日	首募份额	36.66亿份	认购户数	83,509户
基金管理人	国联安基金管理有限公司	基金托管人	中国工商银行		
注册登记人	国联安基金管理有限公司				

成立来累计净值增长率与同期基准收益率历史走势对比图（%）

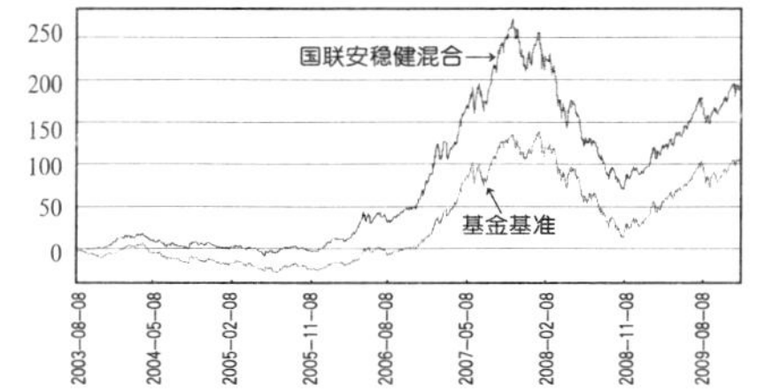

财务指标 单位：人民币（元）；%

项目 \ 年度	2009年	2008年	2007年
本期利润	102,231,246.49	−171,147,735.14	282,338,660.58
本期加权平均净值利润率	39.13	−65.02	58.57
期末基金资产净值	328,445,766.22	193,972,946.28	415,574,152.73
期末基金份额净值	1.812	1.330	3.072
本期份额净值增长率	51.40	−44.86	80.81
累计份额净值增长率	184.03	87.59	240.20
基金收益分配	10派1.600	10派5.000	——

近三年净值增长率与同期基准收益率对比图（%）

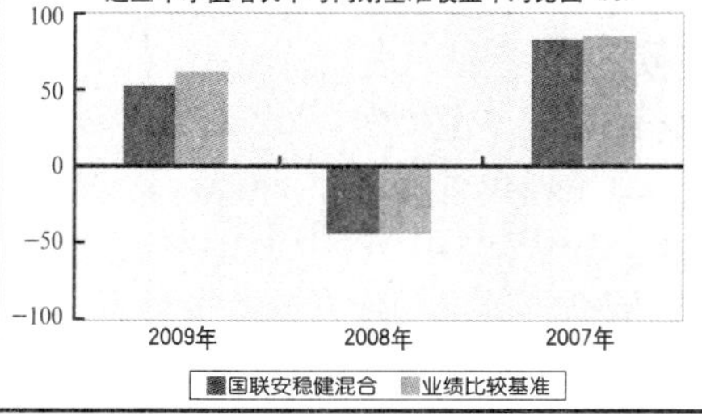

期末基金份额持有人户数	基金份额持有人户数为7,607户，平均每户持有23,831.04份。（期末截至2009年12月31日）
期末基金份额持有人结构	机构投资者持有62,177,642.45份，占总份额34.30%；个人投资者持有119,105,100.76份，占总份额65.70%。

基金业绩表现

2009年国联安稳健混合基金全年净值增长率为51.40%，同期业绩基准收益率为62.05%。

基金管理团队

傅明笑先生：基金经理，硕士研究生，6年证券从业经历。2005年12月加入国联安基金公司，历任研究员、高级研究员兼基金经理助理；2008年8月起任国联安稳健混合基金经理。

冯天戈先生：基金经理、副投资总监，理学硕士，15年证券从业经历。2007年10月加入国联安基金管理公司，任副投资总监；2008年3月至2009年9月兼任国联安稳健混合基金经理；2008年6月起兼任国联安安心成长混合基金经理；2008年10月起兼任国联安红利股票基金经理。

邹新进先生：基金经理助理，硕士，6年证券从业经历。2009年2月至2009年11月任国联安稳健混合基金经理助理、兼国联安小盘精选混合、国联安优势股票和国联安主题驱动股票基金经理助理。

基金运作分析

2009年一季度，国联安稳健混合基金通过提前布局有色金属、工程机械和房地产行业，准确把握市场拐点，获得较大收益。但在6−7月份，该基金对于政策微调的谨慎态度导致了基金提前减仓，未能享受到7月份市场最大的一波上涨；三季度，该基金得益于提前减仓，成功躲避市场的大幅下跌，并通过积极布局消费板块，获得绝对正收益；四季度，该基金大幅增加估值较低的银行和地产，但未能充分估计房地产政策变化带来的影响，造成较大损失。

季度投资组合一览

项目 \ 季度	第一季度		第二季度		第三季度		第四季度	
基金资产净值	225,945,779.27元		248,446,140.05元		308,227,102.08元		328,445,766.22元	
基金份额	143,339,935.94份		151,989,651.95份		183,901,661.50份		181,282,743.21份	
基金份额净值	1.576元		1.635元		1.676元		1.812元	
基金资产组合	市值(元)	占总资产比(%)	市值(元)	占总资产比(%)	市值(元)	占总资产比(%)	市值(元)	占总资产比(%)
股票投资	141,341,478.73	61.01	149,089,052.38	59.39	172,389,331.65	54.99	224,028,460.87	67.20
债券投资	69,192,654.10	29.87	78,311,070.93	31.19	91,044,269.20	29.04	85,086,778.80	25.52
金融衍生品投资	——	——	——	——	284,331.39	0.09	314,028.45	0.09
买入返售金融资产	——	——	——	——	——	——	——	——
银行存款和结算备付金	13,817,673.70	5.96	15,504,441.97	6.18	21,798,768.52	6.95	22,483,592.09	6.74
其他资产	7,319,006.03	3.16	8,139,900.63	3.24	27,987,666.87	8.93	1,464,752.56	0.44

投资前五名股票明细	股票名称	公允价值(元)	占净值比(%)	股票名称	公允价值(元)	占净值比(%)	股票名称	公允价值(元)	占净值比(%)	股票名称	公允价值(元)	占净值比(%)
	中国宝安	6,057,400.00	2.68	民生银行	11,880,000.00	4.78	报喜鸟	13,444,623.36	4.36	中国人寿	17,109,557.76	5.21
	华茂股份	5,899,000.00	2.61	康缘药业	10,851,327.93	4.37	康缘药业	10,034,100.88	3.26	民生银行	12,656,000.00	3.85
	民生银行	5,842,000.00	2.59	万科A	10,200,000.00	4.11	美的电器	9,861,000.00	3.20	保利地产	11,648,000.00	3.55
	康缘药业	5,805,689.48	2.57	中兴通讯	8,570,500.00	3.45	中金黄金	9,765,000.00	3.17	华侨城A	10,473,700.00	3.19
	吉林敖东	5,763,000.00	2.55	西山煤电	7,774,000.00	3.13	民生银行	9,436,000.00	3.06	中国平安	10,463,794.60	3.19

投资前五名债券明细	债券名称	公允价值(元)	占净值比(%)	债券名称	公允价值(元)	占净值比(%)	债券名称	公允价值(元)	占净值比(%)	债券名称	公允价值(元)	占净值比(%)
	08央票23	21,150,000.00	9.36	21国债(12)	27,366,469.00	11.02	21国债(12)	38,768,880.60	12.58	21国债(12)	30,402,998.50	9.26
	99国债(8)	11,045,440.80	4.89	21国债(10)	21,521,299.80	8.66	21国债(10)	26,739,179.60	8.68	21国债(10)	25,082,530.90	7.64
	07央票131	10,512,000.00	4.65	09农发03	19,826,000.00	7.98	09农发03	19,648,000.00	6.37	09农发03	19,598,000.00	5.97
	20国债(4)	8,682,750.00	3.84	20国债(4)	6,580,352.00	2.65	新钢转债	2,617,560.00	0.85	20国债(4)	3,539,088.00	1.08
	02国债(10)	5,421,801.00	2.40	新钢转债	2,801,260.00	1.13	澄星转债	1,945,280.00	0.63	新钢转债	3,026,760.00	0.92

国联安德盛小盘精选证券投资基金

基本资料			
基金简称	国联安小盘精选混合	交易代码	257010
风险收益特征	该基金是一只积极成长型的股票基金，由于其股票投资组合以小盘股为主，该基金的风险与预期收益都要高于平衡型基金，属于中高风险的基金品种。		
业绩比较基准	(天相小盘股指数×60%＋天相中盘股指数×40%)×60%＋上证国债指数×40%		
合同生效日	2004年4月12日	首募份额	83.25亿份
认购户数	231,431户		
基金管理人	国联安基金管理有限公司	基金托管人	中国工商银行
注册登记人	国联安基金管理有限公司		

成立来累计净值增长率与同期基准收益率历史走势对比图（%）

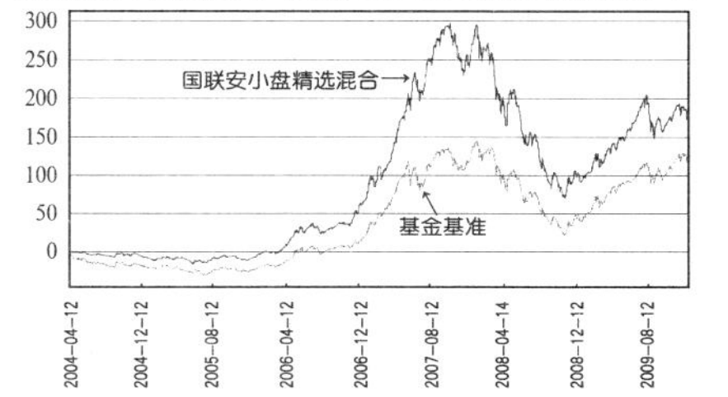

财务指标　　单位：人民币(元)；%

项目＼年度	2009年	2008年	2007年
本期利润	891,791,741.89	−1,871,515,030.12	1,461,066,843.66
本期加权平均净值利润率	36.99	−67.59	42.45
期末基金资产净值	2,449,418,286.98	1,923,004,415.18	4,446,797,566.00
期末基金份额净值	0.855	0.581	1.117
本期份额净值增长率	47.16	−47.99	121.91
累计份额净值增长率	182.65	92.07	269.25
基金收益分配	——	——	10派19.800
期末基金份额持有人户数	基金份额持有人户数为103,730户，平均每户持有27,603.95份。(期末截至2009年12月31日)		
期末基金份额持有人结构	机构投资者持有5,390,121.95份，占总份额0.19%；个人投资者持有2,857,967,957.53份，占总份额99.81%。		

近三年净值增长率与同期基准收益率对比图（%）

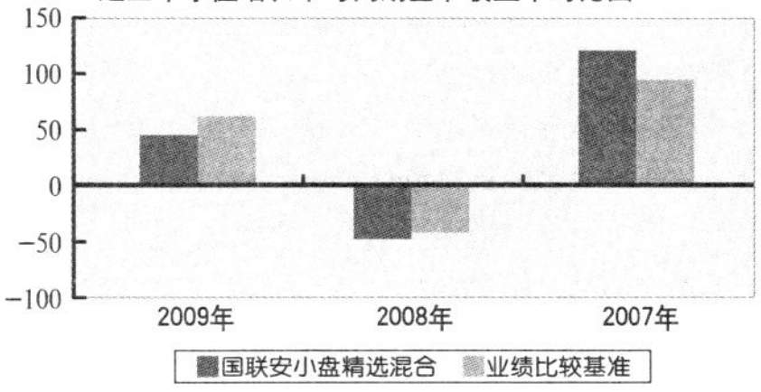

基金业绩表现

截至2009年12月31日，国联安小盘精选混合基金份额净值为0.855元，全年份额净值增长率为47.16%；同期业绩基准收益率为61.74%。

基金管理团队

吴　鹏先生：基金经理，经济学硕士，10年证券从业经历。曾任职于洛阳热电厂、东北证券、亚洲证券、湘财证券，2004年加入天治基金管理公司从事证券研究和基金管理工作。2007年6月加入国联安基金管理公司；2007年9月起任国联安小盘精选混合基金经理；2009年1月起任国联安红利股票基金经理。

邹新进先生：基金经理助理，硕士，6年证券从业经历。2009年11月起任国联安稳健混合基金经理助理，兼任国联安小盘精选混合、国联安优势股票与国联安主题驱动股票基金经理助理。

陈德义先生：基金经理助理，硕士，6年证券从业经历。2009年2月至2009年8月任国联安小盘精选混合基金经理助理。

基金运作分析

国联安小盘精选混合基金在2009年年初积极参与股市反弹，但随着指数上移，做多不够坚决，超额收益不大；在7−8月份调整之际，该基金预先降低一些仓位，并重点配置医药、商业等防守性行业，获得良好效果；但在年度末对房地产行业的超配却收效欠佳，处在积极配置型基金中游水平。

季度投资组合一览

项目＼季度	第一季度		第二季度		第三季度		第四季度	
基金资产净值	2,309,237,327.08元		2,570,842,954.88元		2,331,433,332.47元		2,449,418,286.98元	
基金份额	3,265,604,412.17份		3,154,717,352.82份		3,001,218,749.64份		2,863,358,079.48份	
基金份额净值	0.707元		0.815元		0.777元		0.855元	
基金资产组合	市值(元)	占总资产比(%)	市值(元)	占总资产比(%)	市值(元)	占总资产比(%)	市值(元)	占总资产比(%)
股票投资	1,548,369,094.84	66.76	1,539,902,825.86	59.53	1,523,788,170.25	64.95	1,693,899,882.70	68.64
债券投资	530,140,668.20	22.86	723,892,736.83	27.98	654,086,368.35	27.88	615,235,376.51	24.93
金融衍生品投资	——	——	——	——	2,133,542.39	0.09	2,356,380.75	0.10
买入返售金融资产	——	——	——	——	——	——	——	——
银行存款和结算备付金	104,471,712.78	4.50	147,476,629.84	5.70	146,564,392.72	6.25	77,565,619.85	3.14
其他资产	136,203,811.94	5.87	175,607,371.83	6.79	19,562,115.18	0.83	78,817,990.64	3.19

投资前五名股票明细	股票名称	公允价值(元)	占净值比(%)	股票名称	公允价值(元)	占净值比(%)	股票名称	公允价值(元)	占净值比(%)	股票名称	公允价值(元)	占净值比(%)
	小商品城	57,740,000.00	2.50	小商品城	69,937,300.62	2.72	小商品城	71,011,947.60	3.05	南京银行	77,400,000.00	3.16
	三一重工	56,374,825.50	2.44	上实发展	58,271,633.28	2.27	南京银行	65,272,639.32	2.80	光大证券	68,904,000.00	2.81
	兴业银行	45,960,000.00	1.99	海螺水泥	56,874,925.24	2.21	三一重工	62,482,286.58	2.68	深发展A	61,315,431.77	2.50
	张江高科	45,566,351.52	1.97	中国宝安	51,892,742.12	2.02	天威保变	56,809,864.29	2.44	金枫酒业	59,135,552.00	2.41
	金晶科技	45,381,959.93	1.97	上海机场	50,906,880.00	1.98	上海机场	55,983,907.08	2.40	小商品城	58,149,000.00	2.37

投资前五名债券明细	债券名称	公允价值(元)	占净值比(%)	债券名称	公允价值(元)	占净值比(%)	债券名称	公允价值(元)	占净值比(%)	债券名称	公允价值(元)	占净值比(%)
	06国开12	103,180,000.00	4.47	06国开12	102,340,000.00	3.98	08央票47	103,680,000.00	4.45	08央票35	113,080,000.00	4.62
	05国债09	62,058,000.00	2.69	08央票35	83,864,000.00	3.26	06国开12	101,430,000.00	4.35	08央票47	102,910,000.00	4.20
	07央票26	51,035,000.00	2.21	08央票14	83,608,000.00	3.25	08央票35	82,856,000.00	3.55	06国开12	100,980,000.00	4.12
	07央行票据92	41,416,000.00	1.79	02国债(3)	61,908,756.00	2.41	05国债09	60,936,000.00	2.61	05国债09	60,846,000.00	2.48
	21国债(12)	39,189,400.00	1.70	05国债09	61,728,000.00	2.40	02国债(3)	58,218,750.00	2.50	07央票26	50,210,000.00	2.05

国联安德盛安心成长混合型证券投资基金

基本资料			
基金简称	国联安安心成长混合	交易代码	253010
风险收益特征	该基金属于中低风险的基金品种，追求长期的稳定的收益。		
业绩比较基准	"德盛安心成长线"。"德盛安心成长线"的确定方式为在基金合同生效时的值为0.90元，随着时间推移每天上涨，在任意一天的斜率为同时期一年期银行存款税后利率除以365。		
合同生效日	2005年7月13日	首募份额	4.09亿份
		认购户数	4,166户
基金管理人	国联安基金管理有限公司	基金托管人	中国工商银行
注册登记人	国联安基金管理有限公司		

成立来累计净值增长率与同期基准收益率历史走势对比图（%）

财务指标　单位：人民币（元）；%

项目＼年度	2009年	2008年	2007年
本期利润	72,862,071.86	−57,943,411.67	35,141,745.69
本期加权平均净值利润率	26.62	−30.12	43.60
期末基金资产净值	255,662,449.78	126,526,973.84	160,857,923.84
期末基金份额净值	0.982	0.762	1.923
本期份额净值增长率	28.87	−27.06	74.18
累计份额净值增长率	129.19	77.84	143.82
基金收益分配	——	——	——

近三年净值增长率与同期基准收益率对比图（%）

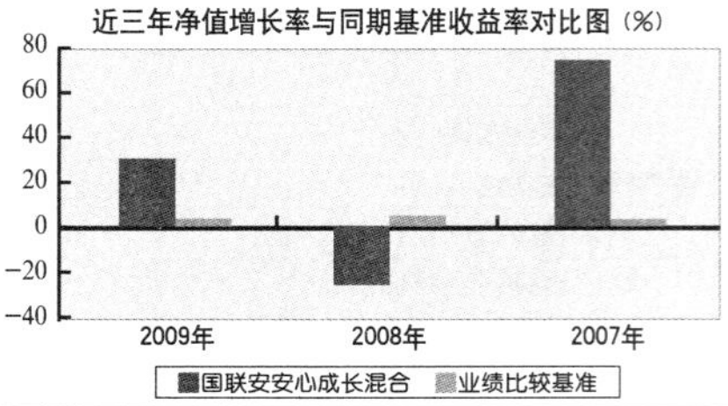

期末基金份额持有人户数	基金份额持有人户数为2,632户，平均每户持有98,902.73份。（期末截至2009年12月31日）
期末基金份额持有人结构	机构投资者持有210,495,174.56份，占总份额80.86%；个人投资者持有49,816,822.89份，占总份额19.14%。

基金业绩表现

2009年国联安安心成长混合基金全年净值增长率为28.87%；同期业绩基准收益率为2.27%。

基金管理团队

冯天戈先生：基金经理、副投资总监，理学硕士，15年证券从业经历。曾就职于海南富岛资产管理公司、长城基金管理公司、国泰基金管理公司、工银瑞信基金管理公司。2007年10月加入国联安基金管理公司，任副投资总监；2008年3月至2009年9月兼任国联安稳健混合基金经理；2008年6月起兼任国联安安心成长混合基金经理；2008年10月起兼任国联安红利股票基金经理。

黄　欣先生：基金经理助理，硕士，8年证券从业经历。2009年2月起任国联安安心成长混合基金经理助理，兼国联安精选股票基金经理。

基金运作分析

2009年，国联安安心成长混合基金基于对宏观经济的判断，保持较高的股票仓位，并根据货币政策、财政政策的变化以及市场热点的变化适当调整仓位。在行业配置上，该基金上半年增加了弹性较大的板块配置，如金融、地产、有色等；并随着股市环境的变化，同时选择时机，适当配置保持一些前期涨幅较低，存在补涨可能的板块，如医药等；下半年考虑到国家对消费的刺激择机增加了消费板块的配置，如食品、地产、农业等，并根据产品价格的变化预期，增加了化工、钢铁板块的配置；考虑到新会计政策可能带来的影响，该基金减少了保险板块的配置。并保持一些前期涨幅较低，盈利稳定的板块的配置如银行等。

季度投资组合一览

项目＼季度	第一季度		第二季度		第三季度		第四季度	
基金资产净值	455,386,435.22元		308,022,220.70元		245,993,745.00元		255,662,449.78元	
基金份额	543,361,241.92份		321,368,028.68份		268,571,657.64份		260,311,997.45份	
基金份额净值	0.838元		0.958元		0.916元		0.982元	
基金资产组合	市值(元)	占总资产比(%)	市值(元)	占总资产比(%)	市值(元)	占总资产比(%)	市值(元)	占总资产比(%)
股票投资	245,628,058.58	51.55	182,565,696.76	58.94	118,081,223.46	47.69	158,113,036.63	61.47
债券投资	170,286,222.52	35.74	101,405,660.35	32.74	100,789,514.22	40.70	68,575,513.88	26.66
金融衍生品投资	——	——	——	——	——	——	——	——
买入返售金融资产	——	——	——	——	——	——	——	——
银行存款和结算备付金	56,879,815.57	11.94	20,245,029.69	6.54	27,696,397.19	11.19	26,590,776.95	10.34
其他资产	3,687,065.53	0.77	5,539,655.00	1.79	1,048,981.22	0.42	3,957,066.32	1.54

投资前五名股票明细	股票名称	公允价值(元)	占净值比(%)	股票名称	公允价值(元)	占净值比(%)	股票名称	公允价值(元)	占净值比(%)	股票名称	公允价值(元)	占净值比(%)
	兴业银行	22,750,200.00	5.00	兴业银行	19,676,909.52	6.39	中兴通讯	16,225,698.22	6.60	西山煤电	13,562,600.00	5.30
	宏达股份	15,668,240.64	3.44	中国银行	16,164,000.00	5.25	北京银行	15,937,767.23	6.48	北京银行	13,441,319.34	5.26
	北京银行	13,673,500.00	3.00	保利地产	13,057,456.53	4.24	兴业银行	14,875,439.28	6.05	华鲁恒升	11,275,200.00	4.41
	中国石化	13,527,323.60	2.97	中国神华	12,263,100.00	3.98	中国神华	9,948,972.00	4.04	中兴通讯	10,768,800.00	4.21
	华茂股份	13,463,600.00	2.96	万　科A	11,475,000.00	3.73	建设银行	9,486,000.00	3.86	神火股份	10,693,540.40	4.18

投资前五名债券明细	债券名称	公允价值(元)	占净值比(%)	债券名称	公允价值(元)	占净值比(%)	债券名称	公允价值(元)	占净值比(%)	债券名称	公允价值(元)	占净值比(%)
	20国债(4)	46,989,000.00	10.32	21国债(10)	38,517,403.60	12.50	21国债(10)	22,218,767.20	9.03	锡业转债	19,664,035.27	7.69
	21国债(10)	39,083,000.00	8.58	唐钢转债	14,451,600.00	4.69	锡业转债	17,074,769.47	6.94	唐钢转债	16,746,898.61	6.55
	02国债(10)	20,118,000.00	4.42	锡业转债	13,431,238.20	4.36	唐钢转债	15,777,059.35	6.41	20国债(4)	12,592,944.00	4.93
	唐钢转债	13,288,800.00	2.92	07日照债	8,135,750.00	2.64	02国债(3)	15,187,500.00	6.17	07日照债	7,204,323.60	2.82
	锡业转债	12,357,538.92	2.71	新钢转债	8,024,336.60	2.61	20国债(4)	12,691,638.70	5.16	21国债(10)	5,750,743.80	2.25

国联安德盛精选股票证券投资基金

基本资料					
基金简称	国联安精选股票	交易代码	257020（前端） 257021（后端）		
风险收益特征	中高风险，较高的预期收益。				
业绩比较基准	沪深300指数×85%＋上证国债指数×15%				
合同生效日	2005年12月28日	首募份额	5.79亿份	认购户数	5,983户
基金管理人	国联安基金管理有限公司	基金托管人	华夏银行		
注册登记人	国联安基金管理有限公司				

成立来累计净值增长率与同期基准收益率历史走势对比图（%）

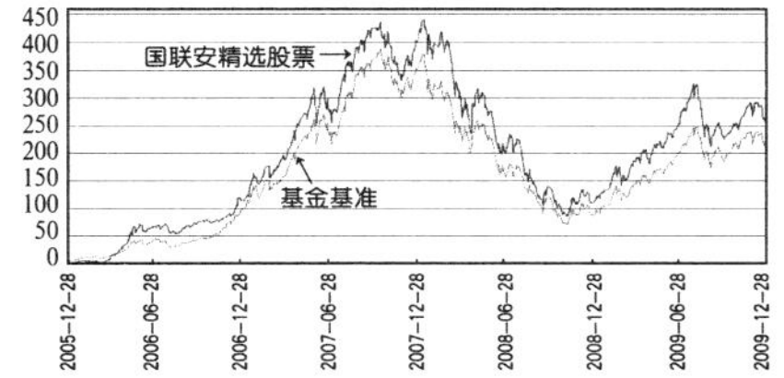

财务指标　单位：人民币（元）；%

项目＼年度	2009年	2008年	2007年
本期利润	1,278,138,418.32	−2,163,201,167.30	1,477,878,197.04
本期加权平均净值利润率	41.98	−91.29	61.25
期末基金资产净值	4,107,777,308.15	1,385,456,065.77	3,460,835,534.12
期末基金份额净值	0.997	0.551	1.315
本期份额净值增长率	80.94	−58.10	133.07
累计份额净值增长率	280.03	110.03	401.26
基金收益分配	——	——	10派10.400

近三年净值增长率与同期基准收益率对比图（%）

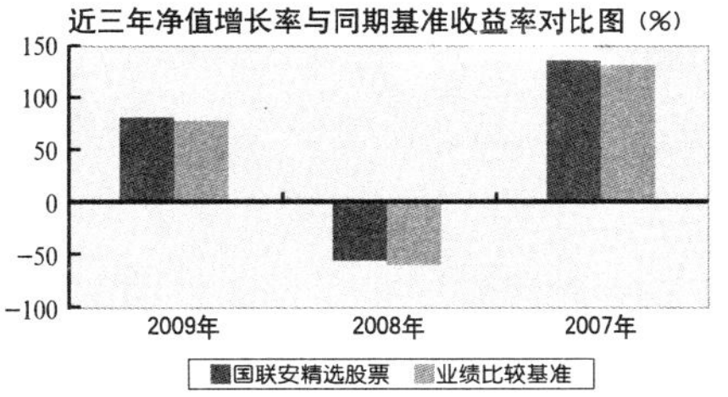

期末基金份额持有人户数	基金份额持有人户数为72,698户，平均每户持有56,649.34份。（期末截至2009年12月31日）
期末基金份额持有人结构	机构投资者持有1,832,061,623.55份，占总份额44.49%；个人投资者持有2,286,232,237.49份，占总份额55.51%。

基金业绩表现

截至2009年12月31日，国联安精选股票基金份额净值为0.997元，全年净值增长率为80.94%；同期业绩基准收益率为79.18%。

基金管理团队

魏　东先生：基金经理、总经理助理、投资总监，复旦大学经济学硕士，13年证券从业经历。曾就职于平安证券公司和国信证券公司；2003年1月加入华宝兴业基金管理公司，先后担任交易部总经理、基金经理、投资副总监及国内投资部总经理职务；2009年6月加入国联安基金管理公司，现任公司总经理助理及投资总监、2009年9月起兼任国联安精选股票基金经理，2009年12月起兼任国联安主题驱动股票基金经理。

李洪波先生：基金经理，北京大学经济学硕士，16年证券从业经历。曾就职于申银万国证券公司、华夏证券公司上海分公司和大通证券公司。2004年10月加入国联安基金公司，从事投资组合管理工作，2005年12月至2009年10月任国联安精选股票基金经理，2007年1月至2009年1月兼任国联安优势股票基金经理。

黄　欣先生：基金经理助理，硕士，8年证券从业经历。2009年2月起任国联安精选股票基金经理助理，兼国联安安心混合基金经理助理。

基金运作分析

2009年在政策的强力刺激下，无论实体经济还是证券市场都走出了一波强劲的V型反弹行情。国联安精选股票基金始终采用较为激进的投资策略，基本把握了各阶段的市场机会，获得了较好的收益。

季度投资组合一览

项目＼季度	第一季度		第二季度		第三季度		第四季度	
基金资产净值	1,887,784,874.67元		3,611,640,560.46元		3,391,742,768.05元		4,107,777,308.15元	
基金份额	2,506,253,628.45份		3,898,831,039.04份		3,970,634,047.98份		4,118,293,861.04份	
基金份额净值	0.753元		0.926元		0.854元		0.997元	
基金资产组合	市值(元)	占总资产比(%)	市值(元)	占总资产比(%)	市值(元)	占总资产比(%)	市值(元)	占总资产比(%)
股票投资	1,625,632,534.68	85.41	3,187,259,558.13	87.41	2,408,028,175.01	70.33	3,833,003,331.81	92.24
债券投资	9,794,000.00	0.51	——	——	——	——	——	——
金融衍生品投资	——	——	——	——	——	——	——	——
买入返售金融资产	——	——	——	——	——	——	——	——
银行存款和结算备付金	251,573,448.01	13.22	253,851,225.17	6.96	959,778,230.56	28.03	314,359,176.34	7.57
其他资产	16,292,661.68	0.86	205,213,738.42	5.63	56,113,255.97	1.64	7,944,342.93	0.19

投资前五名股票明细	股票名称	公允价值(元)	占净值比(%)	股票名称	公允价值(元)	占净值比(%)	股票名称	公允价值(元)	占净值比(%)	股票名称	公允价值(元)	占净值比(%)
	兴业银行	94,523,243.34	5.01	中国平安	184,626,810.46	5.11	中国石化	118,660,848.00	3.50	中国人寿	186,971,000.00	4.55
	中国石油	75,305,326.81	3.99	万科A	182,322,692.25	5.05	五粮液	115,023,108.06	3.39	兴业银行	173,333,000.00	4.22
	中国平安	71,685,892.30	3.80	中国石油	159,786,655.20	4.42	鞍钢股份	105,462,000.00	3.11	保利地产	161,280,000.00	3.93
	招商地产	63,181,179.27	3.35	XD中国远	120,903,964.07	3.35	宝钢股份	96,899,244.18	2.86	苏宁电器	132,992,000.00	3.24
	西部矿业	59,726,335.35	3.16	中国太保	110,651,822.64	3.06	浙江广厦	96,070,000.00	2.83	建设银行	123,800,000.00	3.01

投资前五名债券明细	债券名称	公允价值(元)	占净值比(%)	债券名称	公允价值(元)	占净值比(%)	债券名称	公允价值(元)	占净值比(%)	债券名称	公允价值(元)	占净值比(%)
	08央票114	9,794,000.00	0.52									

国联安德盛优势股票证券投资基金

基本资料			
基金简称	国联安优势股票	交易代码	257030（前端） 257031（后端）
风险收益特征	该基金属于较高预期收益和风险的基金品种。		
业绩比较基准	沪深300指数×70%+上证国债指数×30%		
合同生效日	2007年1月24日	首募份额	44.63亿份
认购户数	79,231户		
基金管理人	国联安基金管理有限公司	基金托管人	招商银行
注册登记人	国联安基金管理有限公司		

成立来累计净值增长率与同期基准收益率历史走势对比图（%）

财务指标　单位：人民币（元）；%

项目 \ 年度	2009年	2008年	2007年
本期利润	600,918,573.25	-1,330,611,772.11	2,444,666,839.15
本期加权平均净值利润率	43.44	-74.70	60.04
期末基金资产净值	1,367,247,607.14	1,148,067,342.65	3,171,901,116.83
期末基金份额净值	1.258	0.806	1.730
本期份额净值增长率	56.08	-49.40	73.00
累计份额净值增长率	36.63	-12.46	73.00
基金收益分配	——	10派1.00	——

近两年净值增长率与同期基准收益率对比图（%）

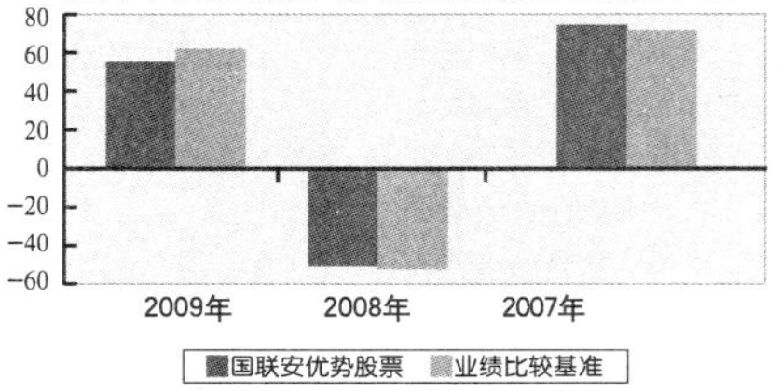

期末基金份额持有人户数	基金份额持有人户数为24,183户，平均每户持有44,935.51份。（期末截至2009年12月31日）
期末基金份额持有人结构	机构投资者持有206,541,154.43份，占总份额19.01%；个人投资者持有880,134,197.08份，占总份额80.99%。

基金业绩表现

2009年国联安优势股票基金全年净值增长率为56.08%；同期业绩基准收益率为62.82%。

基金管理团队

陈苏桥先生：基金经理、研究部总监，清华大学经济学硕士，11年证券从业经历。曾任职于上海瑞士达国际贸易公司，1999年5月加入华安基金管理公司从事投资、研究工作。2003年9月至2005年5月曾任安瑞基金经理。2007年1月加入华宝兴业基金管理公司，现任研究部总监；2009年8月起任国联安主题驱动基金经理；2007年8月起任国联安优势股票基金经理。

李洪波先生：基金经理，北京大学经济学硕士，16年证券从业经历。曾就职于申银万国证券公司、华夏证券公司上海分公司和大通证券公司。2004年10月加入国联安基金管理公司，从事投资组合管理工作，2005年12月至2009年10月任国联安精选股票基金经理，2007年1月至2009年1月兼任国联安优势股票基金经理。

邹新进先生：基金经理助理，硕士，6年证券从业经历。2008年9月至2009年11月任国联安优势股票基金经理，兼国联安稳健、国联安小盘精选和国联安主题驱动基金经理助理。

基金运作分析

国联安优势股票基金在2009年初迅速调整思路，从防御转向进攻，大举减持2008年重配的商业、医药、食品等稳定增长品种，增持地产、煤炭、有色等强周期性品种，一度获得良好收益。但是由于对经济复苏的力度和流动性影响力度估计不足，导致获利了结较早，在后来的上涨中比较保守。此后在四季度的宏观调控中该基金在地产和煤炭上的布局有一定损失。

季度投资组合一览

项目 \ 季度	第一季度		第二季度		第三季度		第四季度	
基金资产净值	1,342,707,377.70元		1,441,652,089.88元		1,337,414,085.48元		1,367,247,607.14元	
基金份额	1,398,158,186.65份		1,249,608,095.94份		1,188,634,077.33份		1,086,675,351.51份	
基金份额净值	0.960元		1.154元		1.125元		1.258元	
基金资产组合	市值(元)	占总资产比(%)	市值(元)	占总资产比(%)	市值(元)	占总资产比(%)	市值(元)	占总资产比(%)
股票投资	1,083,417,082.66	79.68	1,237,068,604.99	83.43	1,144,446,160.41	84.66	1,213,728,688.71	86.14
债券投资	100,891,000.00	7.42	27,337,255.40	1.84	8,300,333.50	0.61	37,047,660.50	2.63
金融衍生品投资	——	——	——	——	——	——	——	——
买入返售金融资产	——	——	——	——	——	——	——	——
银行存款和结算备付金	150,802,076.37	11.09	163,495,682.31	11.03	171,450,593.48	12.68	142,221,398.30	10.09
其他资产	24,602,490.23	1.81	54,930,034.74	3.70	27,555,467.81	2.04	16,038,394.87	1.14

投资前五名股票明细

股票名称	公允价值(元)	占净值比(%)	股票名称	公允价值(元)	占净值比(%)	股票名称	公允价值(元)	占净值比(%)	股票名称	公允价值(元)	占净值比(%)
中信证券	58,071,600.00	4.32	万　科A	73,695,000.00	5.11	大商股份	86,447,200.00	6.46	大商股份	112,540,300.00	8.23
小商品城	47,168,960.80	3.51	兴业银行	62,344,800.00	4.32	中兴通讯	83,996,000.00	6.28	金牛能源	74,880,000.00	5.48
康缘药业	43,555,695.40	3.24	*ST伊利	58,001,884.00	4.02	民生银行	68,747,582.12	5.14	兴业银行	72,556,024.81	5.31
伊利股份	40,623,000.00	3.03	中兴通讯	56,508,622.30	3.92	浦发银行	66,589,920.00	4.98	中国平安	68,862,500.00	5.04
金晶科技	40,117,984.57	2.99	大商股份	56,400,275.55	3.91	福耀玻璃	66,365,000.00	4.96	吉林敖东	59,028,000.00	4.32

投资前五名债券明细

债券名称	公允价值(元)	占净值比(%)	债券名称	公允价值(元)	占净值比(%)	债券名称	公允价值(元)	占净值比(%)	债券名称	公允价值(元)	占净值比(%)
21国债(10)	64,795,500.00	4.83	21国债(10)	21,175,255.40	1.47	博汇转债	8,300,333.50	0.62	锡业转债	16,268,530.30	1.19
21国债(12)	36,095,500.00	2.69	21国债(12)	6,162,000.00	0.43				博汇转债	9,943,500.00	0.73
									龙盛转债	8,359,931.20	0.61
									厦工转债	2,475,699.00	0.18

国联安德盛红利股票证券投资基金

基本资料			
基金简称	国联安红利股票	交易代码	257040（前端） 257041（后端）
风险收益特征	该基金是股票型基金，属于较高预期收益和较高风险的基金品种，该基金的风险与预期收益高于混合型基金和债券型基金。		
业绩比较基准	沪深300指数×80%+上证国债指数×20%		
合同生效日	2008年10月22日　首募份额　7.30亿份　认购户数　5,944户		
基金管理人	国联安基金管理有限公司	基金托管人	招商银行
注册登记人	国联安基金管理有限公司		

财务指标　　单位：人民币（元）；%

项目＼年度	2009年	2008年10月22日至2008年12月31日
本期利润	122,190,047.65	6,220,154.93
本期加权平均净值利润率	49.37	1.01
期末基金资产净值	211,250,097.90	443,500,098.78
期末基金份额净值	1.322	1.010
本期份额净值增长率	56.70	1.00
累计份额净值增长率	58.26	1.00
基金收益分配	10派2.100	——

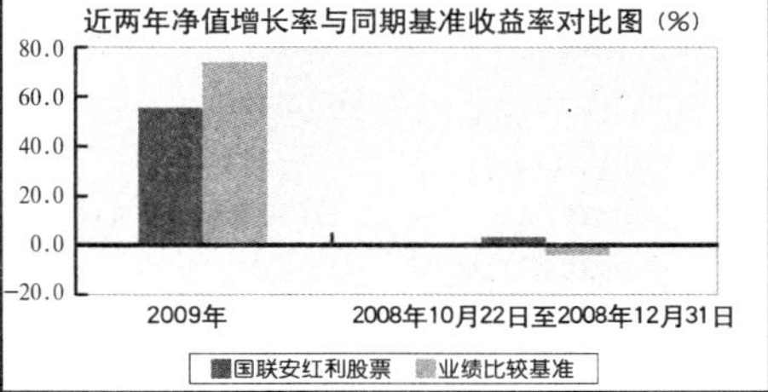

期末基金份额持有人户数	基金份额持有人户数为1,551户，平均每户持有102,991.42份。　（期末截至2009年12月31日）
期末基金份额持有人结构	机构投资者持有111,997,214.58份，占总份额70.11%；个人投资者持有47,742,471.07份，占总份额29.89%。

基金业绩表现

2009年国联安红利股票基金全年净值增长率为56.70%，同期业绩基准收益率为73.60%。

基金管理团队

冯天戈先生：基金经理、副投资总监，理学硕士，15年证券从业经历。曾就职于海南富岛资产管理公司、长城基金公司、国泰基金公司和工银瑞信基金公司。2007年10月加入国联安基金公司，任副投资总监；曾任国联安稳健混合基金经理；2008年6月起兼任国联安安心成长混合基金经理；2008年10月起兼任国联安红利股票基金经理。

吴　鹏先生：基金经理，经济学硕士，10年证券从业经历。曾任职于洛阳热电厂、东北证券、亚洲证券、湘财证券，2004年加入天治基金管理公司从事证券研究和基金管理工作。2007年6月加入国联安基金管理公司，2007年9月起任国联安小盘精选混合基金经理；2009年1月起兼任国联安红利股票基金经理。

陈德义先生：基金经理助理，5年证券从业经历，硕士。2009年2月至2009年8月任国联安红利股票基金经理助理。

基金运作分析

2009年上证指数上涨了79.98%。上半年，汽车、煤炭、有色、家电等板块表现较好，铁路运输、建筑、电力等行业表现较差；下半年汽车、家电、医药等板块涨幅领先，房地产、铁路运输等板块涨幅落后。

国联安红利股票基金在年初的建仓过程中，净值增长落后于基准；下半年考虑到国家对消费的刺激政策，该基金利用大盘调整的机会，成功配置了消费类的股票。

季度投资组合一览

项目＼季度	第一季度		第二季度		第三季度		第四季度	
基金资产净值	235,976,980.42元		250,587,423.33元		205,586,470.91元		211,250,097.90元	
基金份额	196,868,191.59份		216,807,680.06份		175,407,662.89份		159,739,685.65份	
基金份额净值	1.199元		1.156元		1.172元		1.322元	
基金资产组合	市值(元)	占总资产比(%)	市值(元)	占总资产比(%)	市值(元)	占总资产比(%)	市值(元)	占总资产比(%)
股票投资	204,331,182.25	84.58	213,601,668.11	80.73	153,895,934.12	74.12	190,986,282.17	85.28
债券投资	——	——	——	——	——	——	6,014,800.00	2.69
金融衍生品投资	——	——	——	——	——	——	——	——
买入返售金融资产	——	——	——	——	——	——	——	——
银行存款和结算备付金	28,869,054.63	11.95	27,820,047.82	10.51	42,914,637.30	20.67	13,233,653.91	5.91
其他资产	8,376,457.24	3.47	23,159,458.98	8.75	10,817,892.84	5.21	13,716,855.86	6.12

投资前五名股票明细	股票名称	公允价值(元)	占净值比(%)	股票名称	公允价值(元)	占净值比(%)	股票名称	公允价值(元)	占净值比(%)	股票名称	公允价值(元)	占净值比(%)
	民生银行	8,636,000.00	3.66	中国银行	12,347,185.70	4.93	报 喜 鸟	10,751,385.60	5.23	苏宁电器	10,390,000.00	4.92
	金晶科技	8,486,500.00	3.60	贵州茅台	11,100,750.00	4.43	贵州茅台	10,386,180.00	5.05	中国人寿	10,140,800.00	4.80
	中国宝安	7,815,237.94	3.31	建设银行	10,854,000.00	4.33	双汇发展	10,046,400.00	4.89	金 融 街	9,704,000.00	4.59
	中信证券	7,641,000.00	3.24	长江电力	10,335,000.00	4.12	中国中铁	9,280,000.00	4.51	华侨城A	8,602,032.64	4.07
	中国太保	7,551,000.00	3.20	浦发银行	9,208,000.00	3.67	浦发银行	9,235,500.00	4.49	宁波银行	8,395,200.00	3.97

投资前五名债券明细	债券名称	公允价值(元)	占净值比(%)	债券名称	公允价值(元)	占净值比(%)	债券名称	公允价值(元)	占净值比(%)	债券名称	公允价值(元)	占净值比(%)
										锡业转债	6,014,800.00	2.85

国联安德盛增利债券证券投资基金

基本资料					
基金简称	国联安增利债券	交易代码	A:253020 B:253021		
风险收益特征	该基金属于债券型基金，属于证券市场中低风险品种，预期收益和风险高于货币市场基金，低于股票型基金。				
业绩比较基准	中信标普全债指数				
合同生效日	2009年3月11日	首募份额	30.72亿份	认购户数	11,086户
基金管理人	国联安基金管理有限公司	基金托管人	中国工商银行		
注册登记人	国联安基金管理有限公司				

2009年累计净值收益率与同期基准收益率历史走势对比图（%）

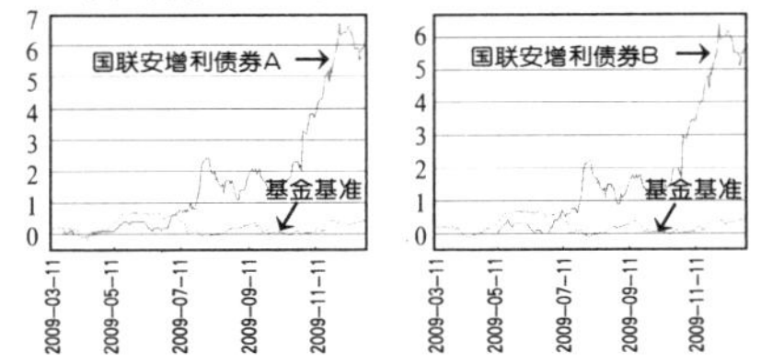

财务指标　　单位：人民币（元）；%

项目 \ 年度	2009年3月11日至2009年12月31日 A	2009年3月11日至2009年12月31日 B
本期利润	17,927,901.70	27,849,463.78
本期加权平均净值利润率	4.75	3.93
期末基金资产净值	403,895,199.41	580,792,337.12
期末基金份额净值	1.045	1.046
本期份额净值增长率	6.51	6.11
累计份额净值增长率	6.51	6.11
基金收益分配	10派0.200	10派0.150

2009年净值增长率与同期基准收益率对比图（%）

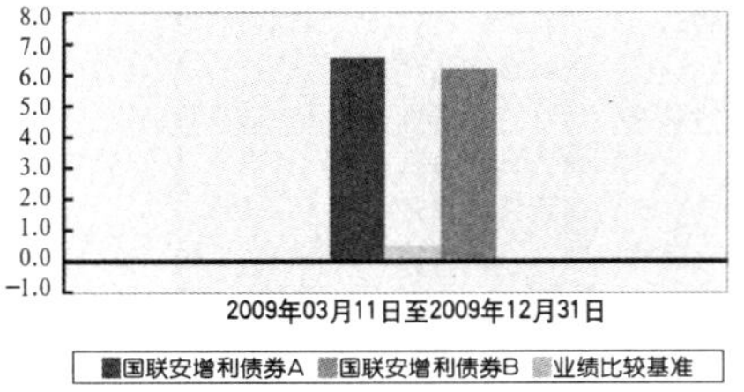

期末基金份额持有人户数	A:基金份额持有人户数为1,170户，平均每户持有330,310.35份。 B:基金份额持有人户数为1,644户，平均每户持有337,743.68份。（期末截至2009年12月31日）
期末基金份额持有人结构	A:机构投资者持有329,522,078.59份，占总份额85.27%；个人投资者持有56,941,029.01份，占总份额14.73%。 B:机构投资者持有449,276,711.54份，占总份额80.91%；个人投资者持有105,973,901.82份，占总份额19.09%。

基金业绩表现

国联安增利债券基金合同生效于2009年3月11日，截至2009年12月31日，国联安增利债券基金A类净值增长率为6.51%，B类净值增长率为6.11%。

基金管理团队

冯　俊先生：基金经理、固定收益负责人，复旦大学经济学博士，9年证券从业经历。曾就职于上海证券公司，光大保德信基金公司，长盛基金公司，泰信基金公司。2008年10月加入国联安基金管理公司，2009年3月起任国联安增利债券基金经理。

苏玉平女士：基金经理，上海财经大学经济学硕士，CFA，11年证券从业经历。2007年8月加入国联安基金管理公司，任债券投资经理；2009年3月起任国联安增利债券基金经理。

基金运作分析

2009年国联安增利债券基金成立之初操作比较保守，没有把握转债带来的机会，在第三季度有效回避高估值的信用品种，第四季度积极参与城投债券、企业债券和公司债券信用品种；该基金对利率类品种操作比较谨慎，主要维持短久期策略，保持高流动性组合，避免利率风险造成基金资产的损失；股票方面，国联安增利债券基金有效把握新股特别是创业板开闸带来的机会，保持债券资产的高回购融资能力，积极参与新股申购。不轻易涉及权益性转债品种，避免权益性资产比重上升对债券净值的影响。

季度投资组合一览

项目 \ 季度	第二季度 A	第二季度 B	第三季度 A	第三季度 B	第四季度 A	第四季度 B
基金资产净值	3.2678亿元	4.3297亿元	2.7185亿元	5.1916亿元	4.0390亿元	5.8079亿元
基金份额	3.2567亿份	4.3214亿份	2.6799亿份	5.1314亿份	3.8646亿份	5.5525亿份
基金份额净值	1.003元	1.002元	1.014元	1.012元	1.045元	1.046元
基金资产组合	市值(元)	占总资产比(%)	市值(元)	占总资产比(%)	市值(元)	占总资产比(%)
股票投资	2,260,377.60	0.27	40,448,813.05	3.88	73,073,115.20	7.23
债券投资	664,743,867.56	79.45	658,424,601.59	63.16	675,648,241.85	66.83
金融衍生品投资	——	——	——	——	——	——
银行存款和结算备付金	45,206,890.64	5.40	32,796,516.51	3.15	240,101,064.09	23.75
其他资产	124,504,279.80	14.88	310,762,115.85	29.81	22,102,266.38	2.19

	第二季度			第三季度			第四季度		
投资前五名股票明细	股票名称	公允价值(元)	占净值比(%)	股票名称	公允价值(元)	占净值比(%)	股票名称	市值(元)	占净值比(%)
	柳工	2,260,377.60	0.30	中国建筑	12,694,065.60	1.60	大禹节水	4,540,404.80	0.46
				中国中冶	5,254,339.00	0.66	吉峰农机	4,478,307.75	0.45
				光大证券	2,971,421.96	0.38	海大集团	4,426,979.58	0.45
				四川成渝	2,275,359.35	0.29	新朋股份	3,544,292.25	0.36
				信立泰	1,589,144.00	0.20	华谊兄弟	2,342,471.80	0.24
投资前五名债券明细	债券名称	公允价值(元)	占净值比(%)	债券名称	公允价值(元)	占净值比(%)	债券名称	公允价值(元)	占净值比(%)
	21国债(10)	121,658,154.00	16.01	21国债(10)	92,634,029.60	11.71	21国债(10)	129,165,674.60	13.12
	21国债(12)	82,165,135.00	10.81	09央票37	49,835,000.00	6.30	09央票49	59,802,000.00	6.07
	09闽交控	50,615,000.00	6.66	09央票39	49,835,000.00	6.30	09央票63	49,835,000.00	5.06
	08央票17	41,836,000.00	5.51	08上港债	38,668,331.00	4.89	08上港债	44,130,450.00	4.48
	03国债(8)	35,155,380.00	4.63	03国债(8)	31,214,360.00	3.95	09央票53	39,868,000.00	4.05

国联安主题驱动股票型证券投资基金

基本资料					
基金简称	国联安主题驱动股票	交易代码	257050		
风险收益特征	该基金是股票型基金，在证券投资基金中属于较高风险品种，其预期收益水平和风险高于混合型基金和债券型基金。				
业绩比较基准	沪深300指数×80%＋上证国债指数×20%				
合同生效日	2009年8月26日	首募份额	8.44亿份	认购户数	9,244户
基金管理人	国联安基金管理有限公司	基金托管人	中国建设银行		
注册登记人	国联安基金管理有限公司				

2009年累计净值增长率与同期基准收益率历史走势对比图（%）

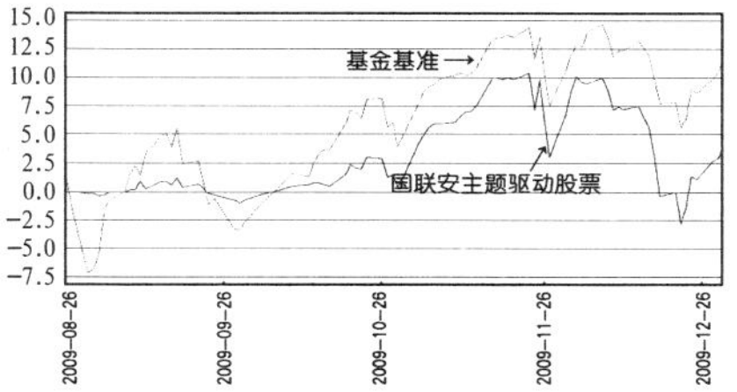

财务指标	单位：人民币(元)；%
项目＼年度	2009年8月26日至2009年12月31日
本期利润	52,990,189.83
本期加权平均净值利润率	6.82
期末基金资产净值	528,470,820.98
期末基金份额净值	1.046
本期份额净值增长率	4.60
累计份额净值增长率	4.60
基金收益分配	——

2009年净值增长率与同期基准收益率对比图（%）

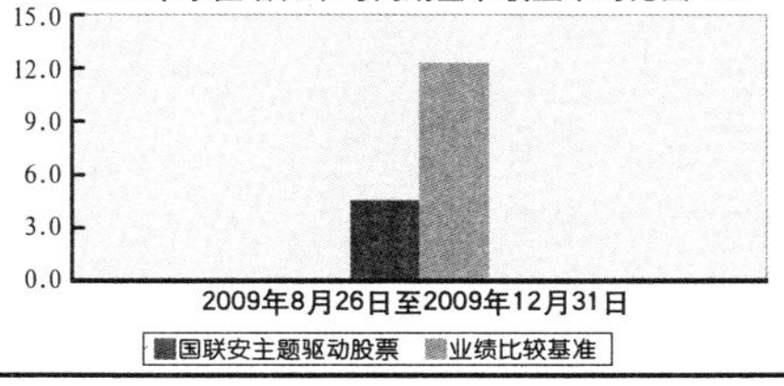

期末基金份额持有人户数	基金份额持有人户数为6,622户，平均每户持有76,290.32份。（期末截至2009年12月31日）
期末基金份额持有人结构	机构投资者持有135,358,841.22份，占总份额26.79%；个人投资者持有369,835,663.20份，占总份额73.21%。

基金业绩表现

国联安主题驱动股票基金合同生效于2009年8月26日，截至2009年12月31日，该基金份额净值为1.046元，成立以来净值增长率为4.60%；同期业绩基准收益率为12.34%，基金业绩表现优于基准。

基金管理团队

陈苏桥先生：基金经理、研究部总监，清华大学经济学硕士，11年证券从业经历。曾任职于上海瑞士达国际贸易公司，1999年5月加入华安基金管理公司从事投资、研究工作，曾任安瑞证券基金经理。2007年1月加入华宝兴业基金管理公司，现任研究部总监。2007年8月起任国联安优势股票基金经理；2009年8月起任国联安主题驱动基金经理。

魏　东先生：基金经理、总经理助理、投资总监，复旦大学经济学硕士，13年证券从业经历。曾就职于平安证券公司和国信证券公司；2003年1月加入华宝兴业基金管理公司，先后担任交易部总经理、基金经理、投资副总监及国内投资部总经理职务；2009年6月加入国联安基金管理公司，现任公司总经理助理及投资总监；2009年9月起兼任国联安精选股票基金经理，2009年12月起兼任国联安主题驱动股票基金经理。

邹新进先生：基金经理助理，硕士，6年证券从业经历。2008年9月至2009年11月任国联安优势股票基金经理，兼任国联安稳健混合、国联安小盘精选混合和国联安主题驱动股票基金经理助理。

基金运作分析

2009年在政策的强力刺激下，无论实体经济还是证券市场都走出了一波强劲的V型反弹行情。国联安主题驱动股票基金在8月底成立后，采用较为积极的投资策略，配置了较多的周期类公司，在初期表现尚可，但随着地产、金融、煤炭类公司的回落，基金净值表现不佳。

季度投资组合一览

项目＼季度	第四季度	
基金资产净值	528,470,820.98元	
基金份额	505,194,504.42份	
基金份额净值	1.046元	
基金资产组合	金额(元)	占总资产比例(%)
股票投资	492,949,584.39	91.92
债券投资	——	——
金融衍生品投资	——	——
买入返售金融资产	——	——
银行存款和结算备付金	39,509,669.80	7.37
其他资产	3,850,047.93	0.72

投资前五名股票明细	股票名称	公允价值(元)	占净值比例(%)	投资前五名债券明细	债券名称	公允价值(元)	占净值比例(%)
	华侨城A	30,906,000.00	5.85		——		
	中国平安	30,850,400.00	5.84				
	中国人寿	30,422,400.00	5.76				
	民生银行	26,894,000.00	5.09				
	保利地产	26,880,000.00	5.09				

长信基金管理有限责任公司

法定名称	长信基金管理有限责任公司	英文名称	Chang Xin Asset Management Co.,Ltd.		
成立时间	2003年5月9日	注册资本	1.5亿元人民币	公司属性	中 资
法人代表	田 丹	总 经 理	蒋学杰	督 察 长	周永刚
公司网址	www.cxfund.com.cn	客服电话	400-700-5566		
联系电话	021-6100 9999	传真号码	021-6100 9800		
注册地址	上海浦东新区银城中路68号时代金融中心9楼	办公地址	上海浦东新区银城中路68号时代金融中心9楼		

公司简介

长信基金管理有限责任公司(以下简称“公司”)是经中国证监会证监基金字[2003]63号文批准，由长江证券股份有限公司、上海海欣集团股份有限公司、武汉钢铁股份有限公司共同发起设立。公司注册资本1.5亿元人民币。目前股权结构为：长江证券股份有限公司占49%、上海海欣集团股份有限公司占34.33%、武汉钢铁股份有限公司占16.67%。

截至2009年12月31日，长信基金管理有限责任公司共管理7只开放式基金、1只一对多产品(长信价值量化资产管理计划)，管理公募基金资产规模274.72亿元人民币。

2009年旗下开放式基金业绩表现

截至日期：2009年12月31日

(单位：元；%)

基金类型	基金简称	设立日期	基金份额净值	净值增长率①	累计净值增长率②
股票型	长信银利精选股票	2005-01-17	0.8313	70.59	261.36
	长信金利趋势股票	2006-04-30	0.7976	65.99	139.81
	长信增利动态策略股票	2006-11-09	0.8962	42.98	114.98
	长信恒利优势股票	2009-07-30	0.978	-2.20	-2.20
混合型	长信双利优选混合	2008-06-19	0.963	43.94	37.82
债券型	长信利丰债券	2008-12-29	1.017	3.74	3.74
货币型	长信利息收益货币	2004-03-19	1.0000	1.62	16.31

注：①净值增长率指该基金2009年度的份额净值增长率；②累计净值增长率指该基金设立以来的份额净值增长率。

2009年管理公募基金概况

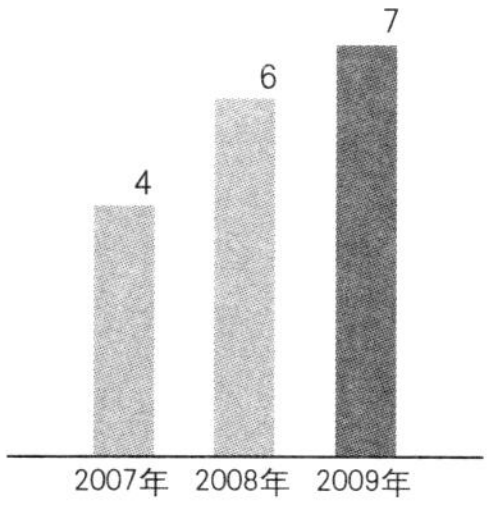

基金数量(只)

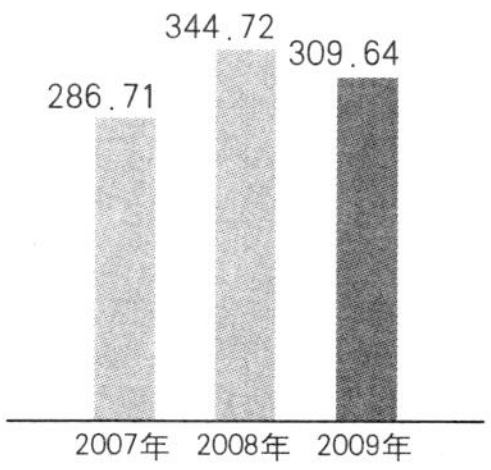

基金份额规模(亿份)

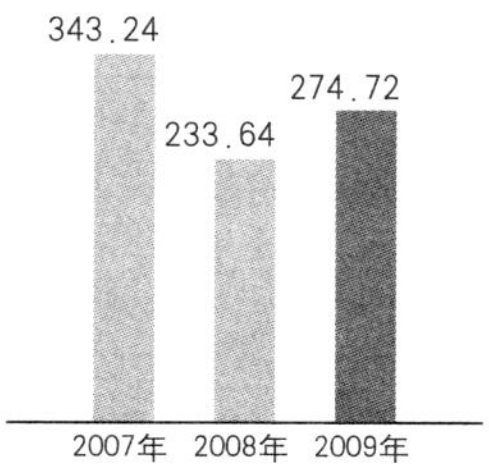

基金资产规模(亿元)

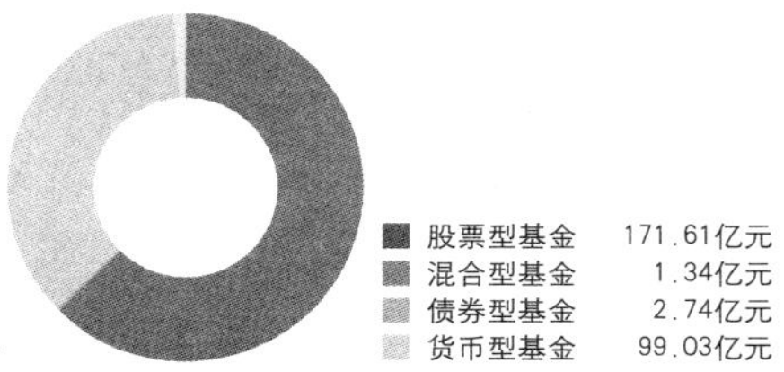

2009年基金资产规模构成

长信利息收益开放式证券投资基金

基本资料						
基金简称	长信利息收益货币		交易代码	519999(前端)　519998(后端)		
风险收益特征	该基金为货币市场基金，其预期收益和风险水平低于债券型、混合型和股票型基金，属于证券投资基金产品中低风险的投资品种。					
业绩比较基准	一年期存款税后利息率					
合同生效日	2004年3月19日	首募份额	70.43亿份	认购户数	168,162户	
基金管理人	长信基金管理有限责任公司		基金托管人	中国农业银行		
注册登记人	中国证券登记结算有限责任公司					

成立来累计净值收益率与同期基准收益率历史走势对比图（%）

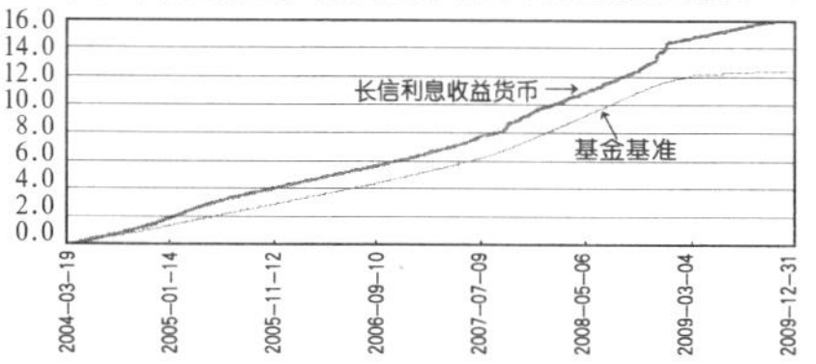

财务指标　　单位：人民币（元）；%

项目 \ 年度	2009年	2008年	2007年
本期利润	86,815,679.11	206,063,050.48	86,302,624.73
期末基金资产净值	9,902,746,179.49	10,463,867,119.32	4,056,276,077.36
期末基金份额净值	1.0000	1.0000	1.0000
本期份额净值收益率	1.62	4.28	3.24
累计份额净值收益率	16.31	14.45	9.76
基金收益分配	86,815,679.11	206,063,050.48	86,302,624.73

近三年净值收益率与同期基准收益率对比图（%）

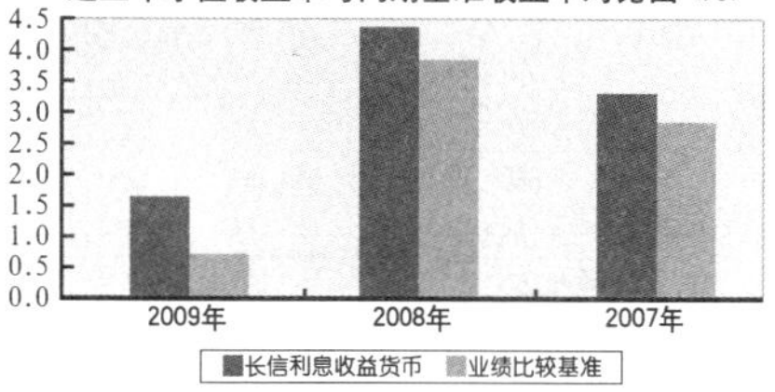

期末基金份额持有人户数	基金份额持有人户数为23,493户，平均每户持有421,519.01份。　（期末截至2009年12月31日）
期末基金份额持有人结构	机构投资者持有7,732,064,216.95份，占总份额78.08%；个人投资者持有2,170,681,962.54份，占总份额21.92%。

基金业绩表现

2009年长信利息收益货币基金净值收益率为1.6201%，同期业绩基准收益率为0.7587%。

基金管理团队

张文琍女士：基金经理，金融专业本科，15年证券从业经历。曾任湖北证券公司交易一部交易员、长江证券公司资产管理事业部主管、债券事业总部投资部经理、固定收益总部交易部经理；2004年9月加入长信基金管理公司，历任长信利息收益基金交易员、基金经理助理职务。现任长信利息收益货币基金经理。

基金运作分析

2009年的债券市场震荡频繁。上半年，长信利息收益基金缩减组合久期，积极置换了期限较长、利率较低的债券品种；下半年，在保障基金流动性、安全性前提下，该基金适当增长了久期，加强了波段操作频率，力图提高资金使用效率。全年有效规避了组合所面临的利率风险，保证了收益的实现。

展望2010年，基于市场分析与判断，该基金管理人将采取谨慎的态度进行投资，积极防范流动性风险，密切关注国内外经济局势的变化，努力规避利率风险；在基金的日常投资管理中，将继续秉承诚信、专业、负责的精神，密切跟踪关注政策拐点的可能性及触发因素，更好地把握投资机会，争取为基金份额持有人谋求最大利益。

季度投资组合一览

项目 \ 季度	第一季度		第二季度		第三季度		第四季度	
基金资产净值	6,557,772,317.15元		5,164,304,042.94元		6,025,711,154.95元		9,902,746,179.49元	
基金份额	6,557,772,317.15份		5,164,304,042.94份		6,025,711,154.95份		9,902,746,179.49份	
基金份额净值	1.000元		1.000元		1.000元		1.000元	
基金资产组合	市值(元)	占总资产比(%)	市值(元)	占总资产比(%)	市值(元)	占总资产比(%)	市值(元)	占总资产比(%)
股票投资	——	——	——	——	——	——	——	——
债券投资	3,720,868,930.82	47.65	2,094,970,004.18	35.04	2,584,780,363.76	42.81	2,300,237,245.14	22.08
金融衍生品投资	——	——	——	——	——	——	——	——
买入返售金融资产	——	——	198,200,497.30	3.31	2,403,255,444.88	39.80	3,411,388,837.07	32.75
银行存款和结算备付金	3,688,636,280.00	47.24	3,498,758,246.89	58.52	943,671,462.15	15.63	4,505,576,985.33	43.26
其他资产	398,955,429.12	5.11	187,273,006.36	3.13	106,366,496.26	1.76	198,868,973.92	1.91

投资前五名债券明细	债券名称	成本(元)	占净值比(%)	债券名称	成本(元)	占净值比(%)	债券名称	成本(元)	占净值比(%)	债券名称	成本(元)	占净值比(%)
	08首钢CP02	444,570,281.21	6.78	08邯钢CP01	280,645,117.79	5.43	09央行票据36	344,684,022.59	5.72	09央行票据36	543,872,559.17	5.49
	08邯钢CP01	280,964,364.25	4.28	04建行03浮	210,945,894.19	4.08	09央行票据38	295,344,717.92	4.90	05工行03	199,577,130.00	2.02
	08央行票据49	259,705,878.36	3.96	08陕有色CP02	200,473,655.69	3.88	08邯钢CP01	280,320,123.41	4.65	09央行票据27	198,109,760.36	2.00
	04建行03浮	211,431,915.40	3.22	05工行03	199,293,573.91	3.86	04建行03浮	210,460,934.84	3.49	09央行票据30	197,951,040.80	2.00
	09光明CP01	210,673,183.82	3.21	08中电子CP02	130,410,826.75	2.53	07央行票据23	201,461,751.71	3.34	09鲁西CP01	90,001,741.65	0.91

投资组合平均剩余期限	平均剩余期限	占净值比(%)	平均剩余期限	占净值比(%)	平均剩余期限	占净值比(%)	平均剩余期限	占净值比(%)
	30天以内	47.77	30天以内	75.73	30天以内	55.55	30天以内	70.26
	30天(含)—60天	5.48	30天(含)—60天	0.00	30天(含)—60天	2.18	30天(含)—60天	0.81
	60天(含)—90天	13.13	60天(含)—90天	4.83	60天(含)—90天	6.82	60天(含)—90天	7.17
	90天(含)—180天	13.74	90天(含)—180天	8.35	90天(含)—180天	19.29	90天(含)—180天	1.92
	180天(含)—397天(含)	36.58	180天(含)—397天(含)	24.87	180天(含)—397天(含)	14.61	180天(含)—397天(含)	15.96

长信银利精选开放式证券投资基金

基本资料					
基金简称	长信银利精选股票	交易代码	519997(前端)　519996(后端)		
风险收益特征	该基金为股票型基金，其预期收益和风险水平高于混合型基金，属于证券投资基金产品中风险收益程度偏高的投资品种。				
业绩比较基准	中信大盘价值指数×80%+中信国债指数×20%				
合同生效日	2005年1月17日	首募份额	11.83亿份	认购户数	34,608户
基金管理人	长信基金管理有限责任公司	基金托管人	中国农业银行		
注册登记人	中国证券登记结算有限责任公司				

财务指标　　单位：人民币(元)；%

项目 \ 年度	2009年	2008年	2007年
本期利润	1,452,208,408.09	-2,630,879,468.09	464,349,373.27
本期加权平均净值利润率	50.40	-82.41	21.16
期末基金资产净值	3,256,818,701.20	2,115,894,547.39	5,236,725,210.04
期末基金份额净值	0.8313	0.4873	1.0708
本期份额净值增长率	70.59	-54.49	114.37
累计份额净值增长率	261.36	111.82	365.46
基金收益分配	——	——	10派15.400

期末基金份额持有人户数	基金份额持有人户数为204,028户，平均每户持有19,201.99份。　(期末截至2009年12月31日)
期末基金份额持有人结构	机构投资者持有7,051,937.82份，占总份额0.18%；个人投资者持有3,910,691,296.85份，占总份额99.82%。

成立来累计净值增长率与同期基准收益率历史走势对比图（%）

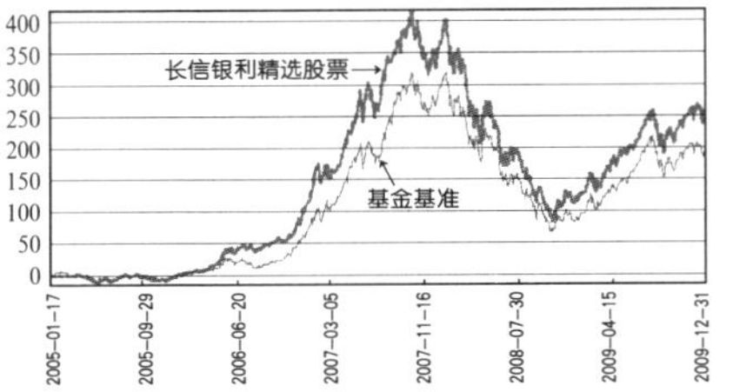

近三年净值增长率与同期基准收益率对比图（%）

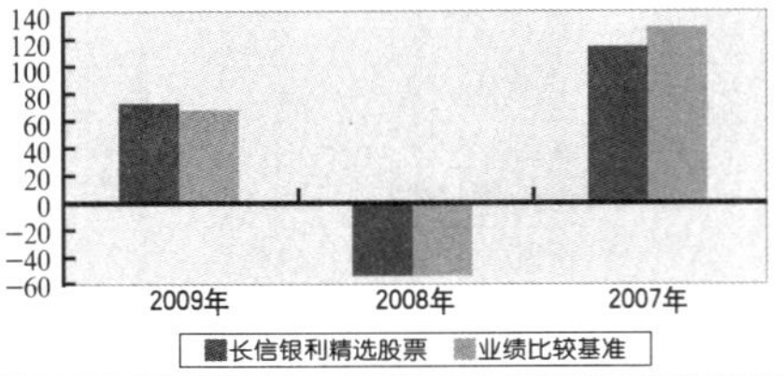

基金业绩表现

2009年长信银利精选股票基金全年净值增长率为70.59%；同期业绩基准收益率为66.75%。

基金管理团队

胡志宝先生：基金经理，经济学硕士，12年证券从业经历。曾先后任职于国泰君安证券公司资产管理部投资经理、国海证券公司资产管理部副总经理、民生证券公司资产管理部总经理。2006年5月加入长信基金公司投资管理部，从事投资策略研究工作。2006年12月起任长信银利精选股票基金经理；2008年6月起任长信双利优选混合基金经理。

基金运作分析

2009年长信银利精选股票基金在投资策略上仍坚持"行业地位+成长性+估值符合买入条件"选股思路。自2008年四季度政府出台四万亿投资计划后，该基金在配置上逐渐增加受益投资和经济回升类资产配置，特别是在2009年一季度市场逐渐活跃后，逐步增加组合的进攻性，增加煤炭、有色、地产、钢铁等强周期性行业配置。全年看，长信银利精选基金在煤炭、机械、汽车、家电、3G等行业的配置给基金全年净值增长带来积极贡献，而金融、地产、钢铁、有色等行业虽然介入时机较好，但未能把握好波段操作机会，未能给基金净值带来超额收益。

在2010年的投资上，该基金一方面关注受益经济由复苏走向扩张的资产，另一方面也将关注转变增长方式中的新兴产业机会，如低碳经济、移动互联、生物医药等新兴成长型产业机会；并将努力提高波段操作能力，提高周期股对基金净值的贡献。

季度投资组合一览

项目 \ 季度	第一季度		第二季度		第三季度		第四季度	
基金资产净值	2,627,238,812.65元		3,038,274,702.61元		2,875,219,501.87元		3,256,818,701.20元	
基金份额	4,284,014,517.53份		4,184,035,417.94份		4,038,476,956.95份		3,917,743,234.67份	
基金份额净值	0.6133元		0.7262元		0.7120元		0.8313元	
基金资产组合	市值(元)	占总资产比(%)	市值(元)	占总资产比(%)	市值(元)	占总资产比(%)	市值(元)	占总资产比(%)
股票投资	1,987,619,331.25	75.41	2,366,455,727.79	77.07	2,247,536,271.03	77.56	2,580,215,935.52	74.12
债券投资	426,780,475.85	16.19	461,088,794.00	15.02	445,721,683.35	15.38	503,261,450.21	14.46
金融衍生品投资	——	——	——	——	——	——	——	——
买入返售金融资产	——	——	——	——	——	——	——	——
银行存款和结算备付金	207,313,451.18	7.87	222,168,545.28	7.24	192,007,049.42	6.63	378,965,026.05	10.89
其他资产	13,901,764.96	0.53	20,987,874.55	0.68	12,596,684.77	0.43	18,688,127.47	0.54

投资前五名股票明细	股票名称	公允价值(元)	占净值比(%)	股票名称	公允价值(元)	占净值比(%)	股票名称	公允价值(元)	占净值比(%)	股票名称	公允价值(元)	占净值比(%)
	天威保变	166,077,896.40	6.32	浦发银行	183,010,887.64	6.02	保利地产	149,367,625.98	5.19	浦发银行	139,902,278.58	4.30
	浦发银行	124,475,569.60	4.74	保利地产	172,570,964.73	5.68	天威保变	137,887,819.08	4.80	保利地产	138,601,276.80	4.26
	保利地产	104,760,094.59	3.99	天威保变	156,334,203.52	5.15	浦发银行	126,744,111.30	4.41	宝钢股份	105,493,759.14	3.24
	中信证券	98,307,323.10	3.74	金融街	95,136,268.48	3.13	中国平安	91,260,000.00	3.17	吉林敖东	103,294,572.90	3.17
	五粮液	90,425,600.00	3.44	招商银行	83,599,160.40	2.75	吉林敖东	83,681,413.50	2.91	中国平安	99,162,000.00	3.04

投资前五名债券明细	债券名称	公允价值(元)	占净值比(%)	债券名称	公允价值(元)	占净值比(%)	债券名称	公允价值(元)	占净值比(%)	债券名称	公允价值(元)	占净值比(%)
	08央行票据29	211,660,000.00	8.06	08央行票据29	209,500,000.00	6.90	08央行票据29	207,040,000.00	7.20	08央行票据29	205,500,000.00	6.31
	08央行票据26	84,632,000.00	3.22	08央行票据26	104,710,000.00	3.45	08央行票据26	103,490,000.00	3.60	08央行票据26	102,720,000.00	3.15
	08央票110	58,602,000.00	2.23	08央票110	101,808,000.00	3.35	08央票110	52,959,500.00	1.84	09央行票据59	79,736,000.00	2.45
	海马转债	24,987,086.05	0.95	南山转债	19,968,093.20	0.66	唐钢转债	30,190,734.35	1.05	09央行票据49	59,802,000.00	1.84
	南山转债	18,428,683.90	0.70	07央行票据26	10,144,000.00	0.33	09央行票据41	29,901,000.00	1.04	唐钢转债	32,046,603.61	0.98

长信金利趋势股票型证券投资基金

基本资料					
基金简称	长信金利趋势股票	交易代码	519995(前端) 519994(后端)		
风险收益特征	该基金属于较高风险、较高收益的基金产品。				
业绩比较基准	上证A股指数×70%＋中信国债指数×30%				
合同生效日	2006年4月30日	首募份额	6.13亿份	认购户数	6,606户
基金管理人	长信基金管理有限责任公司	基金托管人	上海浦东发展银行		
注册登记人	中国证券登记结算有限责任公司				

财务指标		单位：人民币(元)；%	
项目 \ 年度	2009年	2008年	2007年
本期利润	4,014,310,567.85	−9,654,963,088.53	1,252,129,705.86
本期加权平均净值利润率	47.89	−92.51	21.30
期末基金资产净值	9,280,403,995.66	6,280,723,710.47	16,394,987,074.19
期末基金份额净值	0.7976	0.4805	1.2411
本期份额净值增长率	65.99	−58.68	151.23
累计份额净值增长率	139.81	44.47	249.65
基金收益分配	——	10派0.330	10派1.100

期末基金份额持有人户数	基金份额持有人户数为641,079户，平均每户持有18,149.00份。 (期末截至2009年12月31日)
期末基金份额持有人结构	机构投资者持有157,071,734.80份，占总份额1.35%；个人投资者持有11,477,871,584.06份，占总份额98.65%。

成立来累计净值增长率与同期基准收益率历史走势对比图（%）

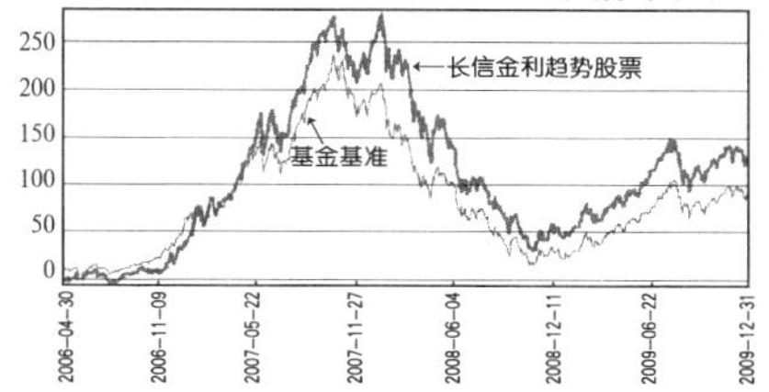

近三年净值增长率与同期基准收益率对比图（%）

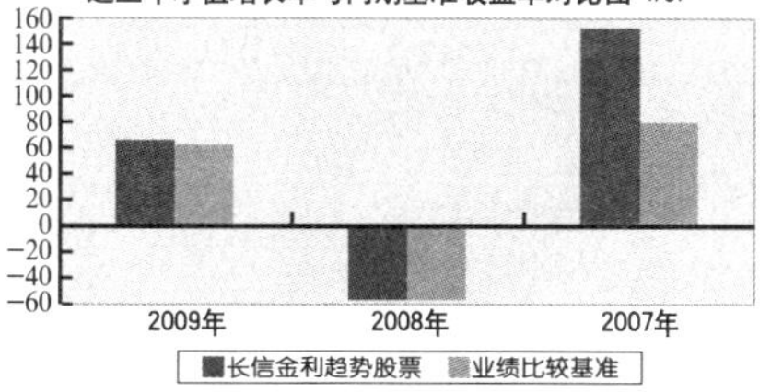

基金业绩表现

截至2009年12月31日，长信金利趋势股票基金份额净值为0.7976元，全年净值增长率为65.99%，同期业绩基准收益率为60.98%。

基金管理团队

许万国先生：基金经理，经济学硕士，12年证券从业经历。曾任蔚深证券研究部研究员、深圳市恒宝鼎投资有限公司证券投资部负责人、融通基金管理公司策略研究员、融通蓝筹成长基金经理助理。先后从事上市公司行业研究、策略研究、投资管理等工作。2007年9月加入长信基金管理公司投资管理部，担任基金经理助理；2008年6月起担任长信金利趋势股票基金经理。

基金运作分析

回顾2009年的操作，长信金利趋势股票基金在2008年底、2009年初对市场即将迎来"纠错性反弹"的判断基本正确，在操作上采用高股票仓位、自上而下按行业均配复制指数，自下而上精选股票的策略，应该说年初收到了较好的效果。但在如此短暂的时间内，特别是在经过2008年世纪性熊市折磨之后市场能够如此快地忘记心灵的创伤对小市值股票上演绎巨大泡沫估计不足，过早地改变了年初的策略，将组合改变为以大市值特别是银行股为主的防御性结构，基本错过了2009年5月和6月小市值股票上涨的黄金时期。

2010年，长信金利趋势股票基金在投资策略上仍然坚持一如既往地寻找战略性资产"买入—持有"；提高对政策的反应能力，处理好潜在的交易性机会。投资的重点方向是内需导向、消费导向、产业结构升级导向、区域经济导向，特别是它们的交集。

季度投资组合一览

项目 \ 季度	第一季度		第二季度		第三季度		第四季度	
基金资产净值	7,584,778,769.41元		9,099,971,466.38元		8,294,217,868.95元		9,280,403,995.66元	
基金份额	12,866,786,941.95份		12,483,802,259.53份		12,054,047,881.74份		11,634,943,318.86份	
基金份额净值	0.5895元		0.7289元		0.6881元		0.7976元	
基金资产组合	市值(元)	占总资产比(%)	市值(元)	占总资产比(%)	市值(元)	占总资产比(%)	市值(元)	占总资产比(%)
股票投资	6,126,645,626.25	80.47	8,360,460,938.13	89.36	7,113,038,596.38	85.52	8,475,669,893.41	91.05
债券投资	744,346,341.70	9.78	209,580,000.00	2.24	414,645,000.00	4.99	——	——
金融衍生品投资	——	——	——	——	——	——	——	——
买入返售金融资产	——	——	——	——	——	——	——	——
银行存款和结算备付金	501,317,493.47	6.58	776,801,735.64	8.30	755,279,203.18	9.08	770,819,420.40	8.28
其他资产	241,095,815.36	3.17	8,710,998.34	0.09	34,228,761.00	0.41	62,222,937.38	0.67

投资前五名股票明细	股票名称	公允价值(元)	占净值比(%)	股票名称	公允价值(元)	占净值比(%)	股票名称	公允价值(元)	占净值比(%)	股票名称	公允价值(元)	占净值比(%)
	招商银行	371,414,863.62	4.90	招商银行	522,498,875.94	5.74	交通银行	474,807,792.55	5.72	招商银行	547,096,655.20	5.90
	盐湖钾肥	346,733,469.73	4.57	交通银行	513,567,612.35	5.64	招商银行	447,982,745.92	5.40	交通银行	532,947,522.25	5.74
	华夏银行	305,664,536.38	4.03	民生银行	435,659,360.40	4.79	民生银行	370,750,516.30	4.47	恒生电子	467,516,642.01	5.04
	民生银行	279,438,074.60	3.68	中国神华	358,934,805.45	3.94	中国神华	364,335,028.20	4.39	中信证券	454,303,851.75	4.90
	工商银行	276,164,044.18	3.64	华夏银行	358,276,580.06	3.94	中信证券	357,637,372.75	4.31	民生银行	435,109,285.45	4.69

投资前五名债券明细	债券名称	公允价值(元)	占净值比(%)	债券名称	公允价值(元)	占净值比(%)	债券名称	公允价值(元)	占净值比(%)	债券名称	公允价值(元)	占净值比(%)
	08央行票据32	635,220,000.00	8.37	08央行票据32	209,580,000.00	2.30	08央行票据44	259,125,000.00	3.12			
	08央行票据14	52,800,000.00	0.70				08央行票据47	155,520,000.00	1.88			
	21国债(12)	30,984,377.20	0.41									
	08宝钢债	9,148,488.00	0.12									
	08石化债	5,615,528.50	0.07									

长信增利动态策略股票型证券投资基金

基本资料						
基金简称	长信增利动态策略股票		交易代码	前端519993　后端519992		
风险收益特征	该基金属于较高风险、较高收益的基金产品。					
业绩比较基准	沪深300指数收益率×70%＋上证国债指数收益率×30%					
合同生效日	2006年11月9日	首募份额	5.81亿份	认购户数	6,507户	
基金管理人	长信基金管理有限责任公司		基金托管人	中国民生银行		
注册登记人	中国证券登记结算有限责任公司					

财务指标		单位：人民币(元)；%	
项目＼年度	2009年	2008年	2007年
本期利润	1,411,416,875.36	−4,233,585,312.77	1,735,148,943.69
本期加权平均净值利润率	35.23	−77.18	42.38
期末基金资产净值	3,984,660,672.80	3,464,430,740.99	8,635,830,262.67
期末基金份额净值	0.8962	0.6268	1.3257
本期份额净值增长率	42.98	−52.72	152.23
累计份额净值增长率	114.98	50.36	218.01
基金收益分配	——	——	10派11.390

成立来累计净值增长率与同期基准收益率历史走势对比图（%）

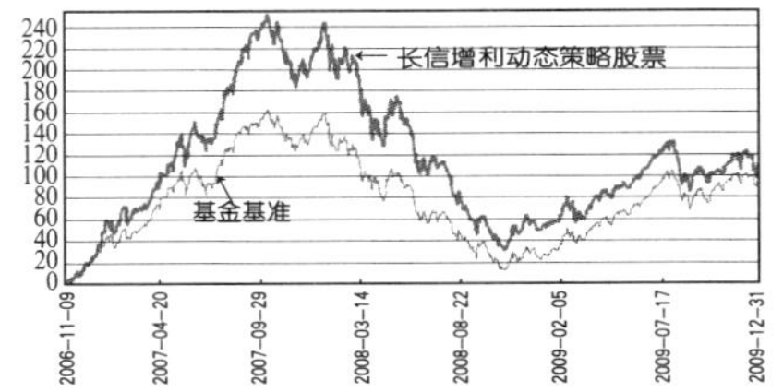

近三年净值增长率与同期基准收益率对比图（%）

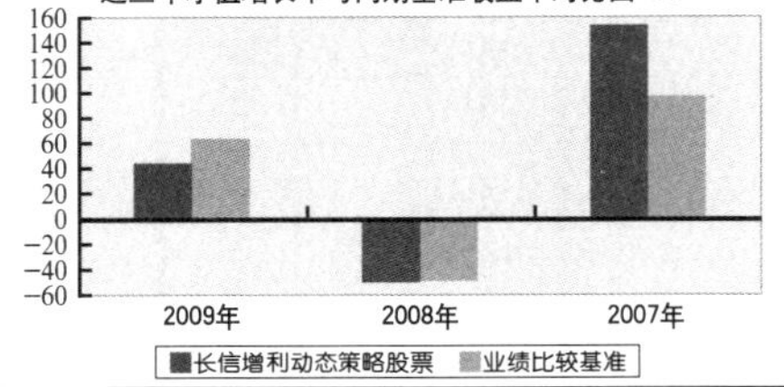

期末基金份额持有人户数	基金份额持有人户数为196,419户，平均每户持有22,636.30份。（期末截至2009年12月31日）
期末基金份额持有人结构	机构投资者持有69,805,318.29份，占总份额1.57%；个人投资者持有4,376,393,299.14份，占总份额98.43%。

基金业绩表现

截至2009年12月31日，长信增利动态策略股票基金份额为0.8962元，全年净值增长率为42.98%，同期业绩基准收益率为62.82%。

基金管理团队

曾　芒先生：基金经理、投资管理部投资总监，经济学博士，17年证券从业经历。曾就职于上海海通证券公司武汉营业部、上海智盛企业管理咨询有限公司、南京智昊投资管理有限公司、武汉华正投资顾问有限公司，先后从事自营、证券投资管理、企业研究等工作。2005年7月进入长信基金公司投资管理部，担任高级研究员；2006年11月起任长信增利动态策略股票基金经理；2007年12月起担任投资管理部投资总监。

基金运作分析

在全球金融危机爆发后，我国政府积极应对，及时推出了“4万亿”的建设，并采取了“汽车补贴、家电下乡”等措施，2009年的行情确实体现了“信心比黄金重要”，强周期的行业在上半年得到了淋漓尽致的发挥，7月底以后，随着经济强劲复苏后，政策出现了一些微调，市场热点进行了大切换，强周期的行业在高位震荡，泛消费类的行业得到了比较充分的表现。

长信增利动态策略股票基金在2009年的操作中，对市场节奏的把握出现了一些失误，没有能够为基金持有人获取满意的回报。

2010年，长信增利动态策略股票基金在操作上将更多地重视自下而上，看好各项新兴战略产业及区域振兴等调结构范畴的投资机会。同时针对各项不确定性，操作上也会更加灵活。

季度投资组合一览

项目＼季度	第一季度		第二季度		第三季度		第四季度	
基金资产净值	3,947,797,092.67元		4,379,506,689.75元		3,790,310,796.27元		3,984,660,672.80元	
基金份额	5,278,024,734.85份		5,011,568,133.77份		4,681,598,083.57份		4,446,198,617.43份	
基金份额净值	0.7480元		0.8739元		0.8096元		0.8962元	
基金资产组合	市值(元)	占总资产比(%)	市值(元)	占总资产比(%)	市值(元)	占总资产比(%)	市值(元)	占总资产比(%)
股票投资	3,181,924,242.35	80.13	3,920,681,999.49	89.00	3,452,367,549.60	90.72	2,841,331,146.27	70.98
债券投资	4,561,274.20	0.11	4,555,917.60	0.10	4,433,322.00	0.12	——	——
金融衍生品投资	231,320.50	0.01	——	——	——	——	——	——
买入返售金融资产	——	——	——	——	——	——	——	——
银行存款和结算备付金	710,304,239.61	17.89	470,517,150.97	10.68	299,710,503.35	7.88	1,158,863,225.08	28.95
其他资产	73,763,580.52	1.86	9,553,593.64	0.22	49,032,547.58	1.29	2,963,059.99	0.07

投资前五名股票明细	股票名称	公允价值(元)	占净值比(%)	股票名称	公允价值(元)	占净值比(%)	股票名称	公允价值(元)	占净值比(%)	股票名称	公允价值(元)	占净值比(%)
	天威保变	308,880,000.00	7.82	中国联通	222,169,242.82	5.07	工商银行	307,363,450.14	8.11	湖北宜化	211,360,986.20	5.30
	冠农股份	236,475,369.00	5.99	工商银行	221,877,569.82	5.07	贵州茅台	301,471,074.14	7.95	天地科技	208,500,000.00	5.23
	中信证券	203,757,707.70	5.16	中信证券	211,948,587.00	4.84	建设银行	298,927,307.16	7.89	辽通化工	173,134,269.98	4.35
	中国石化	195,585,189.60	4.95	冠农股份	209,612,265.48	4.79	中国银行	278,584,382.70	7.35	五 粮 液	166,215,000.00	4.17
	中国铁建	169,200,000.00	4.29	贵州茅台	209,336,463.40	4.78	泸州老窖	212,462,069.40	5.61	冀东水泥	131,240,000.00	3.29

投资前五名债券明细	债券名称	公允价值(元)	占净值比(%)	债券名称	公允价值(元)	占净值比(%)	债券名称	公允价值(元)	占净值比(%)	债券名称	公允价值(元)	占净值比(%)
	08宝钢债	3,049,496.00	0.08	08宝钢债	3,050,920.00	0.07	08宝钢债	2,948,392.00	0.08			
	08石化债	1,144,888.20	0.03	08石化债	1,138,449.60	0.03	08石化债	1,116,900.00	0.03			
	08上港债	366,890.00	0.01	08上港债	366,548.00	0.01	08上港债	368,030.00	0.01			

长信双利优选灵活配置混合型证券投资基金

基本资料					
基金简称	长信双利优选混合	交易代码	519991		
风险收益特征	该基金为混合型证券投资基金，其风险和收益高于债券基金和货币市场基金，属于证券投资基金产品中风险收益程度中等偏高的投资品种。				
业绩比较基准	中证800指数×60%＋上证国债指数×40%				
合同生效日	2008年6月19日	首募份额	5.11亿份	认购户数	18,061户
基金管理人	长信基金管理有限责任公司	基金托管人	中国农业银行		
注册登记人	中国证券登记结算有限责任公司				

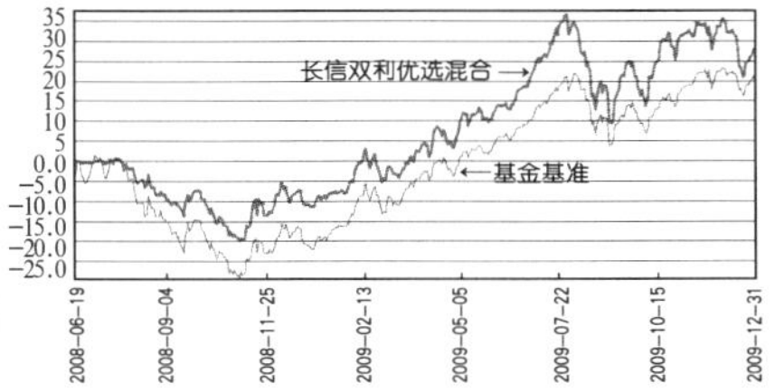

财务指标　　单位：人民币（元）：%

项目＼年度	2009年	2008年6月19日至2008年12月31日
本期利润	67,186,769.28	−40,086,596.23
本期加权平均净值利润率	42.89	−12.96
期末基金资产净值	134,056,472.82	220,072,248.39
期末基金份额净值	0.963	0.8880
本期份额净值增长率	43.94	−11.20
累计份额净值增长率	27.82	−11.20
基金收益分配	10派3.000	——

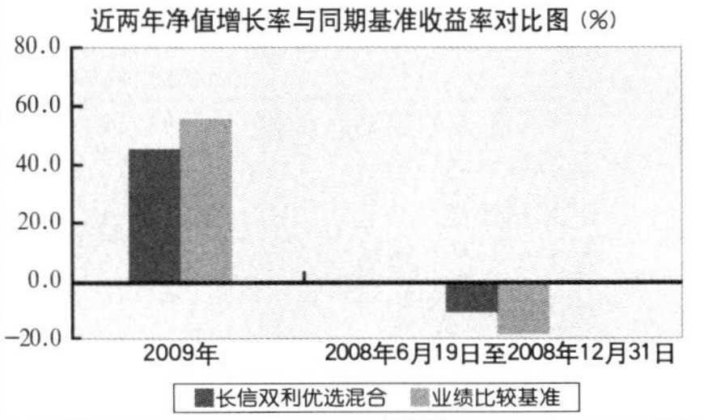

期末基金份额持有人户数	基金份额持有人户数为9,815户，平均每户持有14,177.64份。（期末截至2009年12月31日）
期末基金份额持有人结构	机构投资者持有29,695,354.88份，占总份额21.34%；个人投资者持有109,458,135.64份，占总份额78.66%。

基金业绩表现

2009年长信双利优选混合基金全年净值增长率为43.94%，同期业绩基准收益率为55.78%。

基金管理团队

胡志宝先生：基金经理、经济学硕士，12年证券从业经历。曾先后就职于国泰君安证券公司资产管理部、国海证券公司资产管理部、民生证券公司资产管理部。2006年5月加入长信基金公司投资管理部，从事投资策略研究工作；2008年6月起任长信双利优选混合基金经理。

张　伟先生：基金经理，工商管理硕士，13年证券从业经历。曾就职于东吴证券公司、东吴基金管理公司。2006年10月加入长信基金管理公司；2008年7月起任长信双利优选混合基金经理。

基金运作分析

2009年初，长信双利优选混合基金在操作上的谨慎和保守加大了后续操作的难度。一季度，该基金表现得比较谨慎，既有2月下旬的成功“逃顶”，也有3月初的踏空。谨慎操作的结果造成业绩基数小，加大了后续追赶排名的难度。尽管如此，并不轻言放弃，在二、三季度的操作中取得了几次阶段性领先机会。四季度初，长信双利优选混合基金把握住了周期品种反弹的机会，基金排名大幅跃升。遗憾的是，该基金对房地产调控政策的掉以轻心以及在地产股的重仓配置导致上述努力功亏一篑，尤其12月份，地产股的暴跌给基金净值带来了较大损失。

全年长信双利优选混合基金实现4次分红，及时回馈投资者。

季度投资组合一览

项目＼季度	第一季度		第二季度		第三季度		第四季度	
基金资产净值	140,918,593.25元		212,251,261.68元		144,115,365.63元		134,056,472.82元	
基金份额	136,576,404.24份		197,087,017.93份		164,944,608.30份		139,153,490.52份	
基金份额净值	1.032元		1.077元		0.874元		0.963元	
基金资产组合	市值(元)	占总资产比(%)	市值(元)	占总资产比(%)	市值(元)	占总资产比(%)	市值(元)	占总资产比(%)
股票投资	98,618,954.50	66.59	112,678,042.21	51.40	105,446,600.00	71.96	96,619,961.45	71.26
债券投资	29,217,000.00	19.73	35,277,452.40	16.09	30,207,000.00	20.61	30,087,000.00	22.19
金融衍生品投资	——	——	——	——	——	——	——	——
买入返售金融资产	——	——	——	——	——	——	——	——
银行存款和结算备付金	14,317,213.45	9.67	28,059,481.47	12.80	9,882,674.80	6.74	7,832,927.43	5.78
其他资产	5,944,293.82	4.01	43,205,776.57	19.71	1,003,305.37	0.68	1,045,356.95	0.77

投资前五名股票明细	股票名称	公允价值(元)	占净值比(%)	股票名称	公允价值(元)	占净值比(%)	股票名称	公允价值(元)	占净值比(%)	股票名称	公允价值(元)	占净值比(%)
	中信证券	7,641,000.00	5.42	大秦铁路	8,472,000.00	3.99	兴业银行	6,082,200.00	4.22	兴业银行	6,046,500.00	4.51
	中国石化	7,120,000.00	5.05	华兰生物	7,346,000.00	3.46	保利地产	6,035,000.00	4.19	西山煤电	5,983,500.00	4.46
	浦发银行	6,576,000.00	4.67	五 粮 液	6,905,500.00	3.25	中国太保	5,567,500.00	3.86	中金岭南	5,580,000.00	4.16
	金风科技	6,022,500.00	4.27	中国银行	6,735,000.00	3.17	招商地产	5,000,000.00	3.47	华兰生物	5,542,000.00	4.13
	华夏银行	5,345,000.00	3.79	神火股份	6,600,000.00	3.11	交通银行	4,998,000.00	3.47	神火股份	5,532,000.00	4.13
投资前五名债券明细	债券名称	公允价值(元)	占净值比(%)	债券名称	公允价值(元)	占净值比(%)	债券名称	公允价值(元)	占净值比(%)	债券名称	公允价值(元)	占净值比(%)
	08央票104	29,217,000.00	20.73	08央票104	28,995,000.00	13.66	07央行票据16	30,207,000.00	20.96	07央行票据16	30,087,000.00	22.44
				08葛洲债	2,422,952.40	1.14						
				08康美债	2,400,900.00	1.13						
				08江铜债	1,458,600.00	0.69						

长信利丰债券型证券投资基金

基本资料					
基金简称	长信利丰债券	交易代码	519989		
风险收益特征	该基金为债券型基金，其风险和收益低于股票型基金和混合型基金，高于货币市场基金，属于证券投资基金产品中风险收益程度中等偏低的投资品种。				
业绩比较基准	中证全债指数×90%+中证800指数×10%				
合同生效日	2008年12月29日	首募份额	8.19亿份	认购户数	6,266户
基金管理人	长信基金管理有限责任公司	基金托管人	中国农业银行		
注册登记人	中国证券登记结算有限责任公司				

成立来累计净值增长率与同期基准收益率历史走势对比图（%）

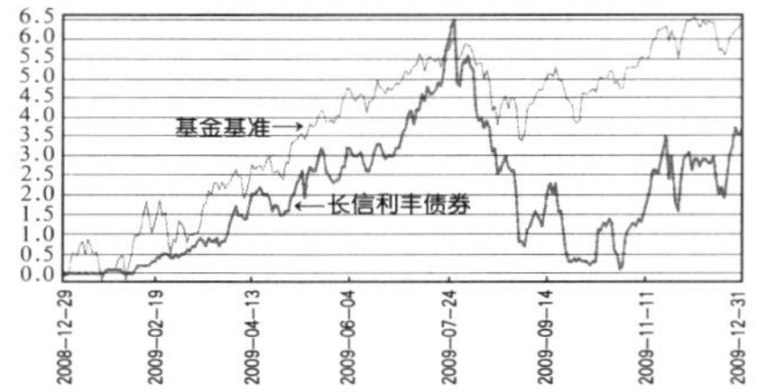

财务指标　　单位：人民币（元）；%

项目＼年度	2009年	2008年12月29日至2008年12月31日
本期利润	10,453,993.60	22,948.16
本期加权平均净值利润率	2.17	0.00
期末基金资产净值	273,702,221.81	819,379,777.62
期末基金份额净值	1.017	1.000
本期份额净值增长率	3.74	——
累计份额净值增长率	3.74	——
基金收益分配	10派0.200	——

2009年净值增长率与同期基准收益率对比图（%）

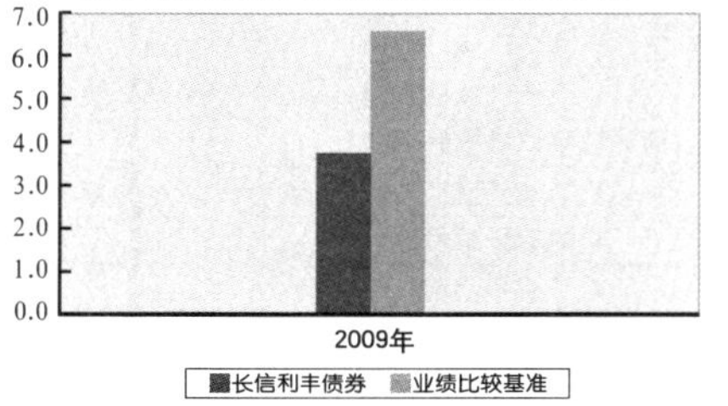

期末基金份额持有人户数	基金份额持有人户数为2,275户，平均每户持有118,331.67份。（期末截至2009年12月31日）
期末基金份额持有人结构	机构投资者持有197,811,499.50份，占总份额73.48%；个人投资者持有71,393,045.27份，占总份额26.52%。

基金业绩表现

截至2009年12月31日，长信利丰债券基金份额净值为1.017元，全年净值增长率为3.74%；同期业绩基准收益率为6.53%。

基金管理团队

李小羽先生：基金经理，固定收益总监，上海交通大学工学学士，华南理工大学管理硕士，加拿大特许投资经理（CIM），11年证券从业经历。曾任长城证券公司证券分析师、加拿大Investors Group Financial Services Co.Ltd投资经理和投资顾问。2002年10月加入长信基金管理公司，先后任长信利息收益货币基金经理助理、交易管理部总监。现任固定收益部总监，2008年12月至今任长信利丰债券基金经理。

基金运作分析

2009年初，长信利丰债券基金管理人判断，随经济回暖，超常规的货币政策将回归常态，虽然退出的节奏和力度难以判断，但退出政策的方向已经显现；虽然央行加息尚早，但市场利率水平将逐步抬高，利率风险加大；信用债信用风险降低，信用利差较大，是主要的投资方向。因此在投资策略方面，长信利丰债券基金在严格甄别信用风险的前提下，重点配置了信用债。同时根据股票市场的形势，适度参与了股票市场的投资，以增强收益。

季度投资组合一览

项目＼季度	第一季度		第二季度		第三季度		第四季度	
基金资产净值	482,120,366.77元		431,209,856.70元		400,337,559.05元		273,702,221.81元	
基金份额	476,132,452.58份		418,023,541.53份		398,918,077.44份		269,204,544.77份	
基金份额净值	1.013元		1.032元		1.004元		1.017元	
基金资产组合	市值(元)	占总资产比(%)	市值(元)	占总资产比(%)	市值(元)	占总资产比(%)	市值(元)	占总资产比(%)
股票投资	32,981,865.00	6.76	44,575,618.31	10.16	3,305,414.76	0.82	51,895,516.88	16.95
债券投资	388,553,432.52	79.69	356,233,454.72	81.21	369,946,835.40	91.77	227,561,877.96	74.33
金融衍生品投资	——	——	——	——	——	——	——	——
买入返售金融资产	——	——	——	——	——	——	——	——
银行存款和结算备付金	57,792,913.24	11.85	21,607,088.73	4.93	25,996,899.53	6.45	23,589,453.81	7.71
其他资产	8,281,827.42	1.70	16,243,509.05	3.70	3,875,220.20	0.96	3,093,023.94	1.01

投资前五名股票明细	股票名称	公允价值(元)	占净值比(%)	股票名称	公允价值(元)	占净值比(%)	股票名称	公允价值(元)	占净值比(%)	股票名称	公允价值(元)	占净值比(%)
	中信证券	17,829,000.00	3.70	万科A	6,928,745.25	1.61	五粮液	1,672,800.00	0.42	航天信息	5,730,479.04	2.09
	宏源证券	13,430,165.00	2.79	金融街	6,880,000.00	1.60	光大证券	1,591,834.76	0.40	瑞贝卡	5,498,827.20	2.01
	金丰投资	1,722,700.00	0.36	华夏银行	5,137,300.00	1.19	乐普医疗	29,000.00	0.01	新疆天业	4,837,056.00	1.77
				金地集团	5,011,724.12	1.16	中国国旅	11,780.00	0.00	宏源证券	4,745,148.80	1.73
				交通银行	4,505,000.00	1.04				华胜天成	4,637,781.36	1.69

投资前五名债券明细	债券名称	公允价值(元)	占净值比(%)	债券名称	公允价值(元)	占净值比(%)	债券名称	公允价值(元)	占净值比(%)	债券名称	公允价值(元)	占净值比(%)
	08央票104	38,956,000.00	8.08	08央行票据98	67,578,000.00	15.67	09央行票据41	69,769,000.00	17.43	09央行票据59	29,901,000.00	10.92
	08央行票据98	38,912,000.00	8.07	08央票104	48,325,000.00	11.21	09央行票据37	59,802,000.00	14.94	08金发债	20,346,300.00	7.43
	08云投债	34,065,895.50	7.07	08央票101	48,295,000.00	11.20	09央行票据39	39,868,000.00	9.96	09华发债	20,280,000.00	7.41
	08央行票据95	29,169,000.00	6.05	08云投债	30,292,502.50	7.03	08云投债	29,487,000.00	7.37	09复地债	20,280,000.00	7.41
	08金发债	26,328,813.00	5.46	08金发债	21,995,228.70	5.10	08金发债	28,087,010.70	7.02	08云投债	17,539,200.00	6.41

长信恒利优势股票型证券投资基金

基本资料					
基金简称	长信恒利优势股票	交易代码	519987		
风险收益特征	该基金属于股票型证券投资基金，属于证券投资基金中较高预期风险和预期收益的证券投资基金产品，其预期风险和收益水平高于混合型基金、债券基金及货币市场基金。				
业绩比较基准	沪深300指数×70%+上证国债指数×30%				
合同生效日	2009年7月30日	首募份额	9.84亿份	认购户数	11,241户
基金管理人	长信基金管理有限责任公司	基金托管人	中国建设银行		
注册登记人	中国证券登记结算有限责任公司				

2009年累计净值增长率与同期基准收益率历史走势对比图（%）

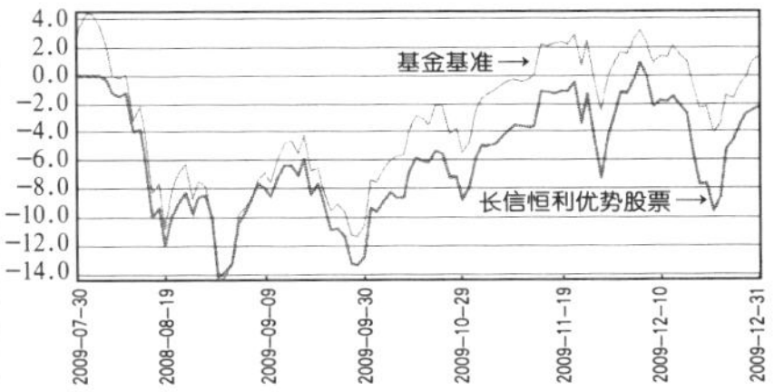

财务指标	单位：人民币（元）；%
项目 \ 年度	2009年7月30日至2009年12月31日
本期利润	−26,897,323.55
本期加权平均净值利润率	−3.21
期末基金资产净值	639,478,182.84
期末基金份额净值	0.978
本期份额净值增长率	−2.20
累计份额净值增长率	−2.20
基金收益分配	——

2009年净值增长率与同期基准收益率对比图（%）

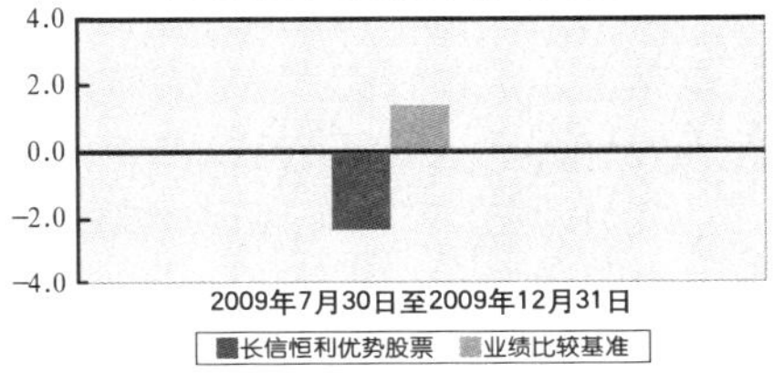

期末基金份额持有人户数	基金份额持有人户数为9,399户，平均每户持有69,588.07份。（期末截至2009年12月31日）
期末基金份额持有人结构	机构投资者持有78,225,368.06份，占总份额11.96%；个人投资者持有575,832,893.28份，占总份额88.04%。

基金业绩表现

长信恒利优势股票基金合同生效于2009年7月30日，截至2009年12月31日，该基金份额净值为0.978元，成立以来净值增长率为−2.20%；同期业绩基准收益率为1.30%。

基金管理团队

曾　芒先生：基金经理、投资管理部投资总监，经济学博士，17年证券从业经历。曾就职于上海海通证券公司武汉营业部、上海智盛企业管理咨询有限公司、南京智昊投资管理有限公司、武汉华正投资顾问有限公司。2005年7月进入长信基金管理公司投资管理部，担任高级研究员；2006年11月起任长信增利动态股票基金经理；2009年7月起任长信恒利优势股票基金经理。

季度投资组合一览

项目 \ 季度	第三季度		第四季度	
基金资产净值	858,317,406.37元		639,478,182.84元	
基金份额	984,485,380.44份		654,058,261.34份	
基金份额净值	0.872元		0.978元	
基金资产组合	市值(元)	占总资产比(%)	市值(元)	占总资产比(%)
股票投资	725,532,134.51	83.17	542,055,083.08	84.15
债券投资	——	——	——	——
资产支持证券投资	——	——	——	——
金融衍生品投资	——	——	——	——
买入返售金融资产	——	——	——	——
银行存款和结算备付金	146,605,767.57	16.81	101,300,234.37	15.73
其他资产	220,383.56	0.03	822,265.82	0.13

投资前五名股票明细	股票名称	公允价值(元)	占净值比(%)	股票名称	公允价值(元)	占净值比(%)
	贵州茅台	47,795,716.62	5.57	中国太保	38,430,000.00	6.01
	五粮液	40,355,463.60	4.70	天地科技	35,454,625.75	5.54
	天地科技	38,796,500.00	4.52	神火股份	29,504,000.00	4.61
	中国石化	33,900,000.00	3.95	中国平安	27,540,372.44	4.31
	工商银行	33,390,000.00	3.89	贵州茅台	25,473,000.00	3.98

投资前五名债券明细	债券名称	公允价值(元)	占净值比(%)	债券名称	公允价值(元)	占净值比(%)

李枝蓬先生：基金经理，应用化学博士，10年证券从业经历。曾就职于湘财证券公司研究发展中心，从事石油及化工行业研究和相关板块上市公司研究。2006年7月加入长信基金管理公司，担任高级研究员；2009年7月起任长信恒利优势股票基金经理。

基金运作分析

长信恒利优势股票基金成立于2009年7月30日。A股市场在8月初见顶后出现了快速下跌，然后接下来的4个月都是在震荡回升通道中。长信恒利优势股票基金在8月下跌途中开始建仓操作，最初选择的是食品饮料、银行等相对估值低的板块，表现得相对抗跌，但在随后的9月、10月的反弹中，这些板块涨幅亦落后较多。随后，该基金增加了煤炭、钢铁、机械、化工等强周期行业的配置。

展望2010年，在板块选择方面，长信恒利优势股票基金将侧重于受宏观政策控制不敏感的行业，以及在政府调整经济结构大背景下，那些符合产业发展方向的行业。

泰信基金管理有限公司

法定名称	泰信基金管理有限公司	英文名称	First-Trust Fund Management Co.,Ltd.		
成立时间	2003年5月8日	注册资本	2亿元人民币	公司属性	中 资
法人代表	孟凡利	总 经 理	高清海	督 察 长	吴胜光
公司网址	www.ftfund.com	客服电话	400-888-5988		
联系电话	021-5037 2168	传真号码	021-5037 2197		
注册地址	上海市浦东新区银城中路200号中银大厦42层	办公地址	上海市浦东新区银城中路200号中银大厦42层		

公司简介

泰信基金管理有限公司(以下简称“公司”)是山东省国际信托投资有限公司(现更名为山东省国际信托有限公司)联合江苏省投资管理有限责任公司、青岛国信实业有限公司共同发起设立的基金管理公司。公司于2002年9月24日经中国证监会批准正式筹建，2003年5月8日获准开业，是以信托投资公司为主发起人而发起设立的基金管理公司。

公司目前下设市场部、营销部(分华东、华北、华南三大营销中心和电子商务部)、客服中心、基金投资部、研究部、理财顾问部、清算会计部、信息技术部、风险管理部、监察稽核部、综合管理部及北京分公司、深圳分公司。

截至2010年6月30日，公司共管理泰信天天收益货币、泰信先行策略混合、泰信双息双利债券、泰信优质生活股票、泰信优势增长混合、泰信蓝筹精选股票、泰信债券增强收益等7只开放式基金，基金资产规模93.88亿元。

2009年旗下开放式基金业绩表现

截至日期：2009年12月31日

(单位：元；%)

基金类型	基金简称	设立日期	基金份额净值	净值增长率①	累计净值增长率②
股票型	泰信优质生活股票	2006-12-15	1.2058	65.11	69.74
	泰信蓝筹精选股票	2009-04-22	1.0861	24.06	24.06
混合型	泰信先行策略混合	2004-06-28	0.7267	44.62	229.30
	泰信优势增长混合	2008-06-25	1.239	39.47	38.07
债券型	泰信双息双利债券	2007-10-31	1.0402	5.05	14.45
	泰信债券增强收益A	2009-07-29	0.9887	-1.13	-1.13
	泰信债券增强收益C	2009-07-29	0.9869	-1.31	-1.31
货币型	泰信天天收益货币	2004-02-10	1.0000	1.5308	15.0373

注：①净值增长率指该基金2009年度的份额净值增长率；②累计净值增长率指该基金设立以来的份额净值增长率。

2009年管理公募基金概况

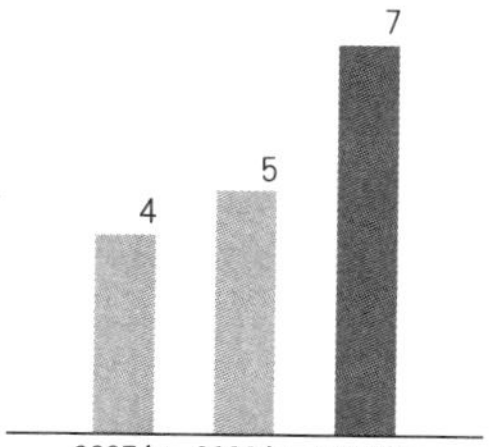

基金数量(只)

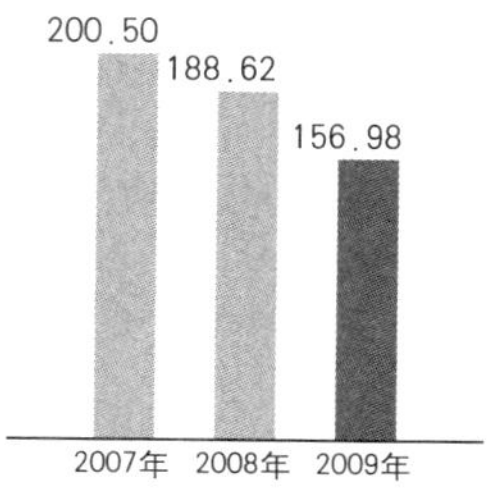

基金份额规模(亿份)

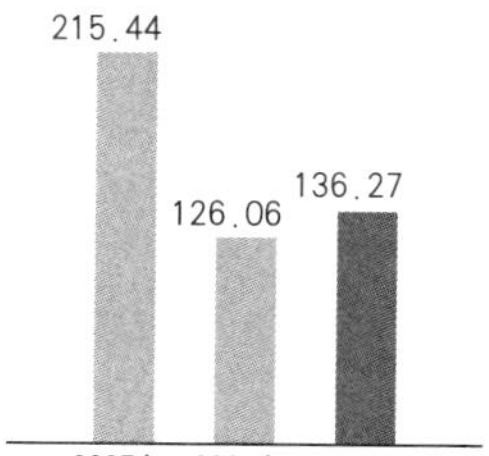

基金资产规模(亿元)

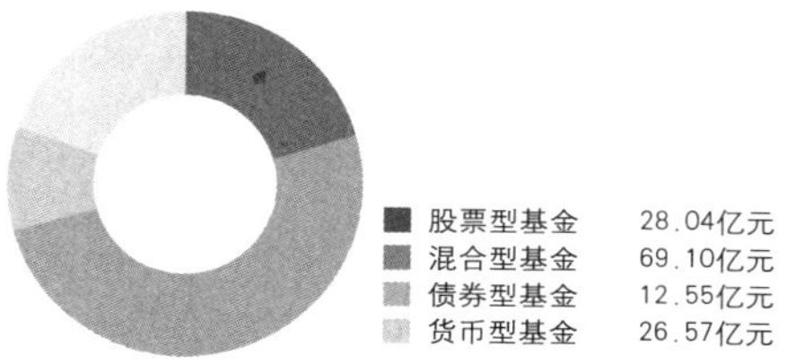

2009年基金资产规模构成

泰信天天收益开放式证券投资基金

基本资料					
基金简称	泰信天天收益货币		交易代码	290001	
风险收益特征	该基金属于风险较低、预期收益率较低、流动性较强的基金品种。				
业绩比较基准	半年期银行定期存款税后利率：（1－利息税率）×半年期银行定期存款利率				
合同生效日	2004年2月10日	首募份额	60.23亿份	认购户数	49,034户
基金管理人	泰信基金管理有限公司		基金托管人	中国银行	
注册登记人	泰信基金管理有限公司				

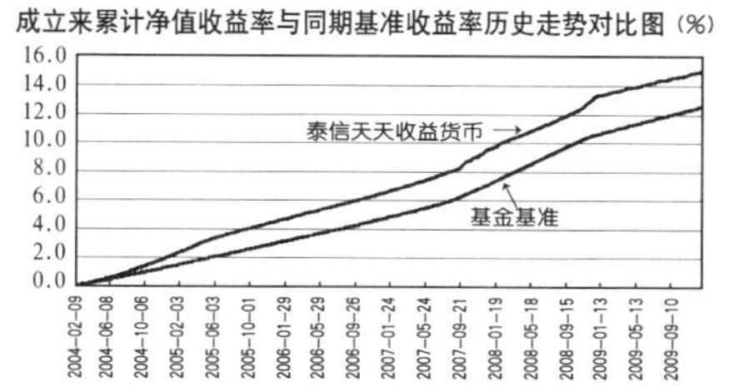

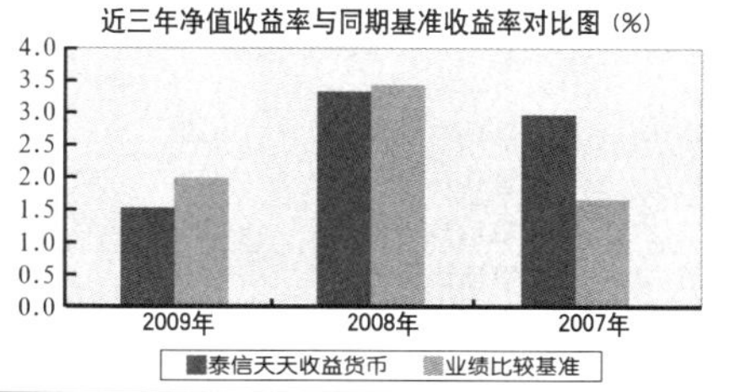

财务指标　　单位：人民币（元）；%

项目＼年度	2009年	2008年	2007年
本期利润	31,624,867.29	80,994,665.43	49,417,372.58
期末基金资产净值	2,657,384,657.07	4,318,213,730.83	3,669,627,758.73
期末基金份额净值	1.0000	1.0000	1.0000
本期份额净值收益率	1.5308	3.3593	2.9256
累计份额净值收益率	15.0373	13.3030	9.6207
基金收益分配	31,624,867.29	80,994,665.43	49,417,372.58
期末基金份额持有人户数	基金份额持有人户数为8,230户，平均每户持有322,889.99份。　（期末截至2009年12月31日）		
期末基金份额持有人结构	机构投资者持有2,152,929,225.53份，占总份额81.02%；个人投资者持有504,455,431.54份，占总份额18.98%。		

基金业绩表现

2009年泰信天天收益货币基金全年净值收益率为1.5308%，同期业绩比较基准收益率为1.9800%。

基金管理团队

马　成先生：基金经理，经济学硕士，7年证券从业经历。2003年7月加入泰信基金管理公司，先后担任理财顾问部高级经理、投资管理部经理助理、交易室交易主管、泰信双息双利债券基金经理助理；2008年10月起任泰信天天收益货币基金经理。

何俊春先生：基金经理，工商管理硕士，12年证券从业经历。曾任职于上海鸿安投资咨询公司、齐鲁证券公司。2002年12月加入泰信基金管理公司，先后担任基金交易员、交易主管，基金经理助理；2007年2月至2009年4月任泰信天天收益货币基金经理兼泰信双息双利债券、泰信债券增强收益债券基金经理。

基金运作分析

2009年全年，债券总体表现为价格下跌、收益率抬升的态势，收益率曲线平坦上移。随着宏观经济形势逐步好转，信用债价格上涨，信用利差明显缩小。

上半年，泰信天天收益货币基金投资小组基本维持短久期策略，较好地降低了利率风险。三季度开始主要宏观经济数据显示经济形势继续好转。虽然央行继续维持适度宽松的货币政策，但7月份新增信贷规模出现明显拐点，受此影响，A股市场出现近30%的调整，债券收益率在经历7月份的上升后，随之企稳，并小幅下行，一年央票的发行利率也在8月11日企稳，达到1.76%。该投资小组抓住有力时机，适当延长组合久期，有效提高了基金的收益水平。

2009年全年基准利率和存款准备金率没有调整，市场流动性依然充裕。该基金规模总体保持稳定，适时适当调整组合久期策略，降低利率风险，保证了基金的流动性。

季度投资组合一览

项目＼季度	第一季度		第二季度		第三季度		第四季度	
基金资产净值	2,433,616,457.51元		2,423,452,594.08元		1,668,008,177.67元		2,657,384,657.07元	
基金份额	2,433,616,457.51份		2,423,452,594.08份		1,668,008,177.67份		2,657,384,657.07份	
基金份额净值	1.000元		1.000元		1.000元		1.000元	
基金资产组合	市值(元)	占总资产比(%)	市值(元)	占总资产比(%)	市值(元)	占总资产比(%)	市值(元)	占总资产比(%)
股票投资	——	——	——	——	——	——	——	——
债券投资	1,977,672,814.17	78.01	1,329,735,503.69	51.02	882,493,789.04	52.83	793,516,689.40	27.74
金融衍生品投资	——	——	——	——	——	——	——	——
买入返售金融资产	400,000,000.00	15.78	790,000,000.00	30.31	650,000,000.00	38.91	1,270,000,000.00	44.40
银行存款和结算备付金	140,917,458.55	5.56	333,358,826.33	12.79	134,920,954.78	8.08	679,467,099.09	23.76
其他资产	16,648,893.25	0.65	153,460,962.29	5.89	2,905,691.46	0.17	117,133,662.82	4.10

投资前五名债券明细	债券名称	成本(元)	占净值比(%)	债券名称	成本(元)	占净值比(%)	债券名称	成本(元)	占净值比(%)	债券名称	成本(元)	占净值比(%)
	08央票46	339,726,120.74	13.96	08央行票据92	289,335,480.91	11.94	09央票42	196,757,259.43	11.80	09央票36	247,130,349.26	9.30
	08央票40	299,897,012.02	12.32	08央票104	199,602,703.78	8.24	04建行03浮	131,688,999.25	7.89	09央票27	148,582,351.72	5.59
	08央行票据92	286,914,432.64	11.79	04建行03浮	182,227,180.58	7.52	08央票112	99,961,555.45	5.99	09新奥CP01	50,043,674.90	1.88
	04建行03浮	231,042,731.62	9.49	04国开14	100,511,976.97	4.15	09央票38	98,274,320.52	5.89	09华侨城CP01	50,028,718.96	1.88
	08央票64	209,611,037.8	8.61	09央票12	99,977,472.82	4.13	09连云港CP01	70,086,914.12	4.20	09华新CP01	49,957,553.59	1.88

投资组合平均剩余期限	平均剩余期限	占净值比(%)	平均剩余期限	占净值比(%)	平均剩余期限	占净值比(%)	平均剩余期限	占净值比(%)
	30天以内	48.51	30天以内	52.54	30天以内	53.05	30天以内	73.36
	30天(含)—60天	4.10	30天(含)—60天	19.41	30天(含)—60天	0.00	30天(含)—60天	0.00
	60天(含)—90天	19.27	60天(含)—90天	13.64	60天(含)—90天	11.27	60天(含)—90天	1.50
	90天(含)—180天	26.70	90天(含)—180天	6.05	90天(含)—180天	2.39	90天(含)—180天	4.42
	180天(含)—397天(含)	4.91	180天(含)—397天(含)	9.58	180天(含)—397天(含)	33.25	180天(含)—397天(含)	23.94

泰信先行策略开放式证券投资基金

基本资料

基金简称	泰信先行策略混合	交易代码	290002		
风险收益特征	该基金属于风险适度的基金品种，其长期平均的预期收益和风险高于债券基金，低于纯股票基金。				
业绩比较基准	65%×新华富时A600指数+35%×新华富时中国国债指数				
合同生效日	2004年6月28日	首募份额	7.49亿份	认购户数	4,214户
基金管理人	泰信基金管理有限公司	基金托管人	中国光大银行		
注册登记人	泰信基金管理有限公司				

财务指标 单位：人民币(元)；%

项目 \ 年度	2009年	2008年	2007年
本期利润	2,505,855,944.33	-5,882,138,670.54	466,111,374.05
本期加权平均净值利润率	36.48	-71.02	10.89
期末基金资产净值	6,777,285,112.49	5,746,088,639.51	10,996,941,175.13
期末基金份额净值	0.7267	0.5025	0.9691
本期份额净值增长率	44.62	-48.15	126.73
累计份额净值增长率	229.30	127.70	339.14
基金收益分配	——	——	10派2.600

成立来累计净值增长率与同期基准收益率历史走势对比图（%）

近三年净值增长率与同期基准收益率对比图（%）

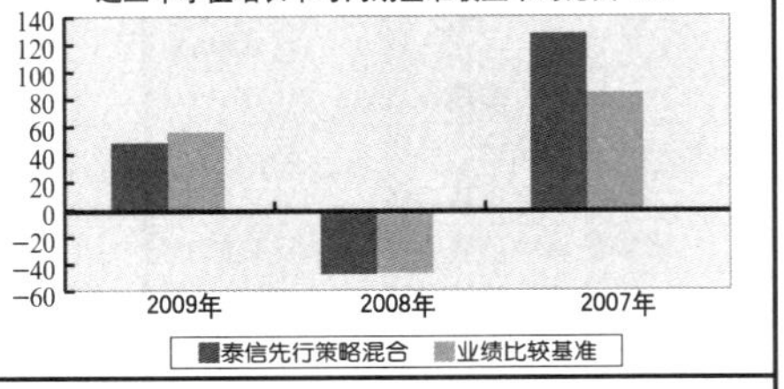

期末基金份额持有人户数	基金份额持有人户数为323,088户，平均每户持有28,865.50份。（期末截至2009年12月31日）
期末基金份额持有人结构	机构投资者持有83,589,666.68份，占总份额0.90%；个人投资者持有9,242,505,778.43份，占总份额99.10%。

基金业绩表现

截至2009年12月31日，泰信先行策略混合基金份额净值为0.7267元，全年净值增长率为44.62%；同期业绩基准收益率为55.03%。

基金管理团队

梁　剑先生：基金经理、研究副总监，金融学硕士，11年证券从业经历。曾任职于上海久联证券公司。2004年6月加入泰信基金管理公司，先后担任金融工程部经理、研究部经理；2009年4月起任泰信先行策略混合基金经理。

朱君荣先生：基金经理助理，经济学硕士，10年证券从业经历。曾任职于安信投资公司、大鹏证券公司研究所、海富通基金管理公司、上海市世城投资公司。2009年2月加入泰信基金管理公司；2009年4月起任泰信先行策略混合基金经理助理。

王　鹏先生：基金经理、基金投资总监，经济学博士。9年证券从业经历。曾任职于海通证券公司。2002年12月进入泰信基金管理公司，历任投资管理部经理、固定收益投资总监，先后任泰信天天收益货币基金经理、泰信双息双利债券基金经理、泰信优势增长混合基金经理；2008年6月至2009年7月任泰信先行策略混合基金经理。

基金运作分析

2009年，A股市场上整体呈现出“上半年主题加周期类，下半年消费加科技”的特点。虽然一季度基于宏观指标的研究，该基金投资小组迅速提高股票仓位，但对新能源、军工等主题把握不够，三季度对下跌风险缺乏警惕，使得泰信先行策略混合基金2009年总体表现不令人满意。

季度投资组合一览

项目 \ 季度	第一季度		第二季度		第三季度		第四季度	
基金资产净值	6,791,792,663.14元		7,295,278,615.64元		6,370,772,696.30元		6,777,285,112.49元	
基金份额	11,192,840,341.13份		10,602,039,669.67份		9,966,864,190.73份		9,326,095,445.11份	
基金份额净值	0.6068元		0.6881元		0.6392元		0.7267元	
基金资产组合	市值(元)	占总资产比(%)	市值(元)	占总资产比(%)	市值(元)	占总资产比(%)	市值(元)	占总资产比(%)
股票投资	5,396,941,399.05	79.15	6,486,071,920.98	88.47	4,664,407,418.19	72.03	6,316,113,402.13	91.57
债券投资	1,026,090,000.00	15.05	338,785,000.00	4.62	737,404,862.20	11.39	941,183.80	0.01
金融衍生品投资	——	——	——	——	——	——	——	——
买入返售金融资产	——	——	——	——	——	——	——	——
银行存款和结算备付金	297,157,854.08	4.36	369,085,819.47	5.03	1,062,150,834.84	16.40	550,312,505.11	7.98
其他资产	98,838,684.69	1.45	137,623,318.78	1.88	12,040,951.03	0.19	30,368,225.75	0.44

项目	第一季度			第二季度			第三季度			第四季度		
投资前五名股票明细	股票名称	公允价值(元)	占净值比(%)	股票名称	公允价值(元)	占净值比(%)	股票名称	公允价值(元)	占净值比(%)	股票名称	公允价值(元)	占净值比(%)
	中国平安	244,352,396.64	3.60	招商地产	189,575,948.00	2.60	中国平安	155,313,670.20	2.44	金岭矿业	166,932,579.84	2.46
	康美药业	210,700,087.00	3.10	张江高科	182,007,500.00	2.49	潍柴动力	150,600,000.00	2.36	广汇股份	155,718,145.10	2.30
	上海家化	177,919,613.17	2.62	民生银行	166,320,000.00	2.28	三一重工	132,720,000.00	2.08	深康佳A	143,748,347.17	2.12
	张江高科	159,229,297.32	2.34	万　科A	165,748,839.75	2.27	苏宁电器	114,730,000.00	1.80	中国远洋	138,998,512.70	2.05
	天威保变	145,629,900.00	2.14	保利地产	163,156,500.00	2.24	金风科技	113,377,362.98	1.78	万　科A	130,271,299.19	1.92
投资前五名债券明细	债券名称	公允价值(元)	占净值比(%)	债券名称	公允价值(元)	占净值比(%)	债券名称	公允价值(元)	占净值比(%)	债券名称	公允价值(元)	占净值比(%)
	08央票95	291,690,000.00	4.29	08央票104	96,650,000.00	1.32	09央票37	249,175,000.00	3.91	安泰转债	530,185.80	0.01
	08央票106	194,920,000.00	2.87	08央票101	96,590,000.00	1.32	09央票39	149,505,000.00	2.35	博汇转债	410,998.00	0.01
	08国债09	100,500,000.00	1.48	08央票92	96,440,000.00	1.32	07央票13	140,840,000.00	2.21			
	08央票112	97,810,000.00	1.44	08央票119	49,105,000.00	0.67	09央票38	98,290,000.00	1.54			
	08央票104	97,390,000.00	1.43				09央票41	49,835,000.00	0.78			

泰信双息双利债券型证券投资基金

基本资料

基金简称	泰信双息双利债券		交易代码	290003	
风险收益特征	该基金为债券型基金，属于低风险的基金品种，其预期收益高于货币市场基金，低于混合型基金和股票型基金。				
业绩比较基准	上证国债指数		合同生效日	2007年10月31日	
原合同生效日	2006年6月15日	首募份额	7.43亿份	认购户数	13,851户
基金管理人	泰信基金管理有限公司		基金托管人	中国工商银行	
注册登记人	泰信基金管理有限公司				

成立来累计净值增长率与同期基准收益率历史走势对比图（%）

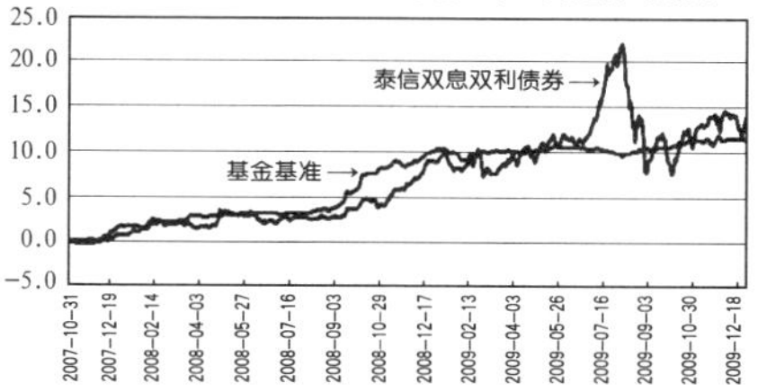

财务指标　　单位：人民币（元）；%

项目　　年度	2009年	2008年	2007年
本期利润	9,461,231.65	65,534,918.58	32,736,627.49
本期加权平均净值利润率	1.46	4.00	9.06
期末基金资产净值	544,384,665.83	668,205,458.56	2,212,016,403.75
期末基金份额净值	1.0402	1.0680	1.0263
本期份额净值增长率	5.05	7.11	4.05
累计份额净值增长率	14.45	12.62	5.15
基金收益分配	10派0.800	10派0.300	——

近三年净值增长率与同期基准收益率对比图（%）

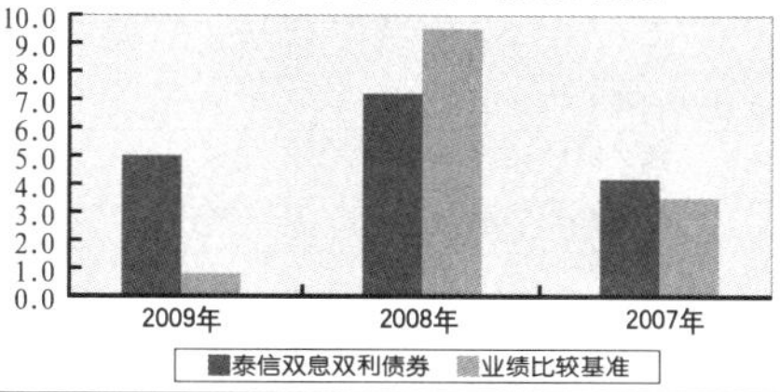

期末基金份额持有人户数	基金份额持有人户数为8,010户，平均每户持有65,337.68份。（期末截至2009年12月31日）
期末基金份额持有人结构	机构投资者持有256,584,407.68份，占总份额49.03%；个人投资者持有266,770,419.26份，占总份额50.97%。

基金业绩表现

2009年泰信双息双利债券基金全年净值增长率为5.05%，同期业绩基准收益率为0.87%。

基金管理团队

何俊春女士：基金经理，管理学硕士，12年证券从业经历。曾任职于上海鸿安投资咨询公司、齐鲁证券公司。2002年12月加入泰信基金管理公司，先后担任泰信天天收益基金交易员、交易主管，泰信天天收益基金经理；2008年10月起任泰信双息双利债券基金经理，兼泰信增强收益债券基金经理。

侯燕琳女士：基金经理，管理学硕士，11年证券从业经历。曾任职于中国农村发展新信托投资公司、中国华融信托投资公司、京华山一国际香港公司。2006年6月进入泰信基金管理公司，先后担任研究部研究员、投资部基金经理助理；2009年4月起任泰信双息双利债券基金经理。

基金运作分析

2009年初，泰信双息双利债券基金根据宏观经济形势及未来利率走势判断，一月大幅降低久期，规避债市下跌的风险，锁定收益，同时增加权益类资产配置，积极参与新股申购，分享股市上涨带来的收益，但在8月份的股市调整过程中未能及时降低权益类仓位，造成净值较大波动及损失。四季度震荡行情中，基金投资加强仓位灵活性管理及板块轮动效应，为持有人创造稳建收益。

2010年，泰信双息双利债券基金继续坚持稳健投资策略，以短久期规避债券价格下跌风险，把握中长期债券交易性机会，增加信用债配置提高票息收入，新股申购将对上市公司进行优选，把握股票二级市场行业热点和年报中超预期的个股投资机会。

季度投资组合一览

项目　　季度	第一季度		第二季度		第三季度		第四季度	
基金资产净值	633,946,194.47元		660,959,044.98元		604,855,285.09元		544,384,665.83元	
基金份额	622,284,485.03份		632,094,454.60份		616,275,976.56份		523,354,826.94份	
基金份额净值	1.0187元		1.0457元		0.9815元		1.0402元	
基金资产组合	市值(元)	占总资产比(%)	市值(元)	占总资产比(%)	市值(元)	占总资产比(%)	市值(元)	占总资产比(%)
股票投资	74,875,452.62	10.50	113,865,905.75	12.42	107,129,818.97	17.11	94,657,212.41	15.89
债券投资	595,753,669.96	83.56	533,859,275.96	58.25	502,918,262.43	80.31	452,665,842.45	75.99
金融衍生品投资	——	——	——	——	——	——	——	——
买入返售金融资产	——	——	——	——	——	——	——	——
银行存款和结算备付金	17,952,153.32	2.52	22,051,319.70	2.41	3,197,513.56	0.51	40,468,854.49	6.79
其他资产	24,350,206.13	3.42	246,696,906.70	26.92	13,014,302.76	2.08	7,900,453.75	1.33

投资前五名股票明细	股票名称	公允价值(元)	占净值比(%)	股票名称	公允价值(元)	占净值比(%)	股票名称	公允价值(元)	占净值比(%)	股票名称	公允价值(元)	占净值比(%)
	安泰科技	12,992,000.00	2.05	天威保变	10,704,000.00	1.62	浦发银行	6,877,500.00	1.14	国药股份	6,400,000.00	1.18
	中联重科	10,459,560.68	1.65	招商银行	8,964,000.00	1.36	中国建筑	6,649,273.12	1.10	招商银行	6,317,500.00	1.16
	置信电气	8,880,000.00	1.40	龙净环保	8,314,752.60	1.26	新 华 光	5,550,000.00	0.92	宁波银行	5,421,900.00	1.00
	XD龙净环	8,314,752.60	1.31	中国平安	7,418,010.80	1.12	老 凤 祥	4,559,794.80	0.75	福耀玻璃	4,930,200.00	0.91
	成发科技	7,888,000.00	1.24	浦发银行	6,906,000.00	1.04	中航地产	4,485,600.00	0.74	国阳新能	4,837,000.00	0.89

投资前五名债券明细	债券名称	公允价值(元)	占净值比(%)	债券名称	公允价值(元)	占净值比(%)	债券名称	公允价值(元)	占净值比(%)	债券名称	公允价值(元)	占净值比(%)
	02国债(10)	162,275,811.60	25.60	02国债(10)	129,986,175.90	19.67	09贴债15	149,535,000.00	24.72	09央票53	149,505,000.00	27.46
	08国债26	58,488,000.00	9.23	09央票21	129,636,000.00	19.61	09贴现国债15	99,690,000.00	16.48	09贴债22	149,040,000.00	27.38
	08央票47	53,035,000.00	8.37	08央票104	48,325,000.00	7.31	唐钢转债	53,600,609.85	8.86	09保利集	29,910,000.00	5.49
	08江铜债	52,966,358.40	8.36	08央票84	48,140,000.00	7.28	09央票41	49,835,000.00	8.24	安泰转债	25,799,230.43	4.74
	08央票23	52,875,000.00	8.34	04建行03浮	40,316,000.00	6.10	新钢转债	32,130,549.00	5.31	08江铜债	20,162,493.00	3.70

泰信优质生活股票型证券投资基金

基本资料

基金简称	泰信优质生活股票	交易代码	290004
风险收益特征	该基金为股票型基金，属于中高风险的基金品种，其预期风险收益水平高于混合型基金、债券基金及货币市场基金。适合于能够承担一定股市风险，追求资本长期增值的个人和机构投资者。		
业绩比较基准	75%×新华富时A600指数+25%×新华富时国债指数		
合同生效日	2006年12月15日 首募份额 15.92亿份	认购户数	37,089户
基金管理人	泰信基金管理有限公司	基金托管人	中国银行
注册登记人	泰信基金管理有限公司		

成立来累计净值增长率与同期基准收益率历史走势对比图（%）

近三年净值增长率与同期基准收益率对比图（%）

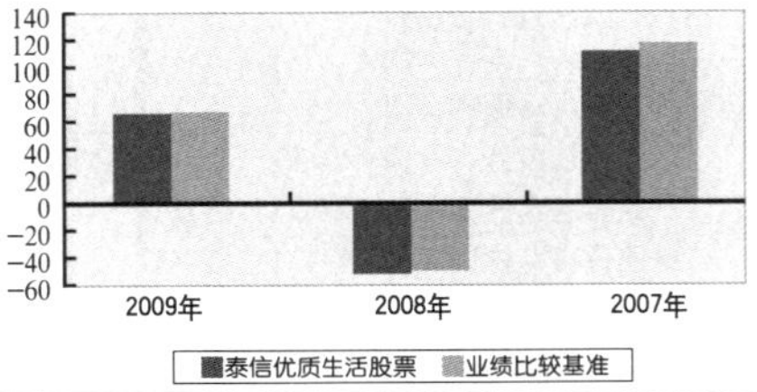

财务指标 单位：人民币（元）；%

项目 \ 年度	2009年	2008年	2007年
本期利润	1,056,868,579.29	−2,227,682,450.00	3,288,357,087.20
本期加权平均净值利润率	47.34	−85.83	63.50
期末基金资产净值	2,380,408,231.25	1,643,925,592.91	4,665,043,750.04
期末基金份额净值	1.2058	0.7303	1.6231
本期份额净值增长率	65.11	−55.01	111.00
累计份额净值增长率	69.74	2.81	128.49
基金收益分配	——	——	10派5.000

期末基金份额持有人户数	基金份额持有人户数为83,753户，平均每户持有23,571.40份。（期末截至2009年12月31日）
期末基金份额持有人结构	机构投资者持有149,870,219.12份，占总份额7.59%，个人投资者持有1,824,305,104.34份，占总份额92.41%。

基金业绩表现

2009年泰信优质生活股票基金全年净值增长率为65.11%；同期业绩基准收益率为66.03%。

基金管理团队

刘　强先生：基金经理、基金投资副总监，工商管理硕士，7年证券从业经历。2002年10月进入泰信基金管理公司，先后担任交易员、研究员、泰信先行策略基金经理助理，泰信优质生活基金经理助理；2007年2月起任泰信优质生活股票基金经理。

朱志权先生：基金经理，经济学硕士，13年证券从业经历。曾任职于中信证券、长盛基金管理公司、富国基金公司、中海信托、银河基金公司。2008年6月加入泰信基金管理公司；2008年6月起任泰信优质生活股票基金经理。

崔　健先生：基金经理助理，金融学硕士，3年证券从业经历。曾任职于平安资产管理公司。2007年6月进入泰信基金公司，先后担任研究部研究员、高级研究员；2009年5月起任泰信优质生活股票基金经理助理。

基金运作分析

2009年，泰信优质生活股票基金坚持全年高仓位运作，主要资产配置适当。在2月份和8月中旬部分投资者预期的经济"二次探底"期间，均保持了较高的仓位水平，这一策略在2009年大幅上涨的A股市场较为成功。在资产配置上重点配置了地产、医药、零售、煤炭、电力设备、有色金属等，对家用电器、交运设备等行业研究不深刻，配置较少。另外，对市场风格变化研究不足，在大小盘的切换过程中效果不理想，也在一定程度上加剧了净值的波动和损失。

季度投资组合一览

项目 \ 季度	第一季度		第二季度		第三季度		第四季度	
基金资产净值	2,201,830,285.77元		2,416,705,205.74元		2,009,144,908.89元		2,380,408,231.25元	
基金份额	2,250,835,880.48份		2,209,880,616.35份		1,997,664,643.45份		1,974,175,323.46份	
基金份额净值	0.9782元		1.0936元		1.0057元		1.2058元	
基金资产组合	市值(元)	占总资产比(%)	市值(元)	占总资产比(%)	市值(元)	占总资产比(%)	市值(元)	占总资产比(%)
股票投资	1,972,809,528.40	89.15	2,260,609,315.02	91.62	1,719,384,888.93	84.97	2,235,743,515.24	93.37
债券投资	97,670,000.00	4.41	96,960,000.00	3.93	151,104,972.35	7.47	——	——
金融衍生品投资	——	——	——	——	——	——	——	——
买入返售金融资产	——	——	——	——	——	——	——	——
银行存款和结算备付金	131,029,254.67	5.92	96,899,154.60	3.93	141,539,716.76	6.99	123,628,884.62	5.16
其他资产	11,457,916.28	0.52	12,985,327.57	0.53	11,591,775.65	0.57	35,011,682.79	1.46

	第一季度			第二季度			第三季度			第四季度		
投资前五名股票明细	股票名称	公允价值(元)	占净值比(%)	股票名称	公允价值(元)	占净值比(%)	股票名称	公允价值(元)	占净值比(%)	股票名称	公允价值(元)	占净值比(%)
	中国宝安	95,306,350.00	4.33	豫园商城	86,400,000.00	3.58	中航光电	82,860,757.11	4.12	中国宝安	104,310,000.00	4.38
	天威保变	91,260,000.00	4.14	神火股份	79,800,000.00	3.30	中牧股份	70,263,000.00	3.50	长电科技	102,375,000.00	4.30
	张江高科	85,740,000.00	3.89	中国宝安	78,987,600.00	3.27	辰州矿业	69,728,000.00	3.47	中航光电	99,029,000.00	4.16
	孚日股份	74,951,524.31	3.40	中华企业	74,326,087.08	3.08	贵州茅台	67,216,884.06	3.35	健康元	96,593,600.00	4.06
	中航光电	73,983,966.00	3.36	一汽轿车	74,112,000.00	3.07	神火股份	65,205,000.00	3.25	豫园商城	95,928,300.00	4.03
投资前五名债券明细	债券名称	公允价值(元)	占净值比(%)	债券名称	公允价值(元)	占净值比(%)	债券名称	公允价值(元)	占净值比(%)	债券名称	公允价值(元)	占净值比(%)
	08央票110	97,670,000.00	4.44	08央票110	96,960,000.00	4.01	08央票110	96,290,000.00	4.79			
							唐钢转债	53,919,892.85	2.68			
							博汇转债	895,079.50	0.04			

泰信优势增长灵活配置混合型证券投资基金

基本资料					
基金简称	泰信优势增长混合	交易代码	290005		
风险收益特征	该基金的预期风险收益水平低于股票型基金，高于偏债型基金、债券基金及货币市场基金。该基金适合于能够承担一定股市风险，追求资本长期增值的个人和机构投资者。				
业绩比较基准	55%×沪深300指数+45%×中证全债指数				
合同生效日	2008年6月25日	首募份额	4.97亿份	认购户数	7,447户
基金管理人	泰信基金管理有限公司	基金托管人	中国工商银行		
注册登记人	泰信基金管理有限公司				

财务指标　单位：人民币（元）；%

项目＼年度	2009年	2008年6月25日至2008年12月31日
本期利润	64,429,614.68	−1,253,362.74
本期加权平均净值利润率	37.61	−0.33
期末基金资产净值	132,958,912.98	229,459,973.45
期末基金份额净值	1.239	0.990
本期份额净值增长率	39.47	−1.00
累计份额净值增长率	38.07	−1.00
基金收益分配	10派1.300	——

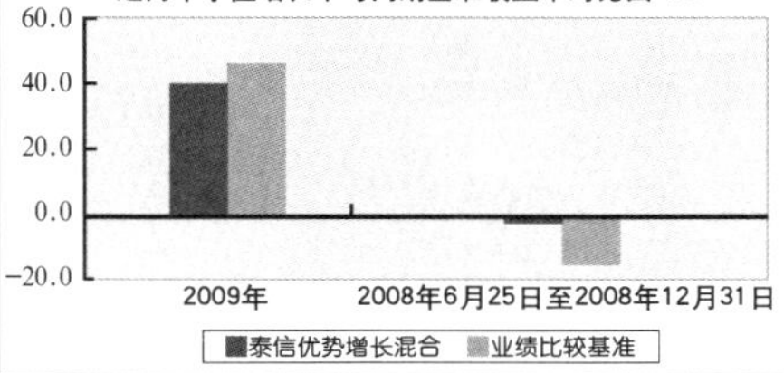

期末基金份额持有人户数	基金份额持有人户数为3,485户，平均每户持有30,803.12份。（期末截至2009年12月31日）
期末基金份额持有人结构	机构投资者持有61,828,675.31份，占总份额57.60%；个人投资者持有45,520,213.56份，占总份额42.40%。

基金业绩表现

2009年泰信优势增长混合基金全年净值增长率为39.47%；同期业绩基准收益率为48.06%。

基金管理团队

崔海鸿先生：基金经理、公司总经理助理，清华大学工学硕士，10年证券从业经历。曾就职于大鹏证券公司综合研究所、金鹰基金管理公司。2007年初加入泰信基金管理公司，曾任泰信优质生活股票基金经理；2008年6月起任泰信优势增长混合基金经理。

董山青先生：基金经理助理，本科，CFA，5年证券从业经历。曾就职于中国银行上海分行。2004年8月加入泰信基金管理公司，先后任清算会计部TA、交易员，研究部研究员、高级研究员；2009年5月起任泰信优势增长混合基金经理助理。

王　鹏先生：基金经理、基金投资总监，经济学博士，9年证券从业经历。曾就职于海通证券公司。2002年12月进入泰信基金管理公司，先后任债券分析师、泰信天天收益基金经理助理、基金经理，泰信双息双利债券基金经理；2008年6月至2009年7月任泰信优势增长混合基金经理，兼泰信先行策略混合基金经理。

基金运作分析

2009年泰信优势增长混合基金较好地把握地产行业在复苏的大背景下，热销带来的业绩增长而导致的投资机遇，以及交运设备、采掘、钢铁、家电、电子元器件、生物医药、零售、食品饮料等行业的优势企业带来的投资机会。该基金一直试图把握板块轮动的行情，提高基金的收益水平，例如，三季度，对地产股从超配调整为低配，同时超配了证券、交运设备、食品饮料等行业，在大盘上涨阶段获得了超额收益。

季度投资组合一览

项目＼季度	第一季度		第二季度		第三季度		第四季度	
基金资产净值	152,254,492.00元		220,250,800.57元		135,517,471.01元		132,958,912.98元	
基金份额	131,312,103.52份		170,748,183.36份		116,203,692.73份		107,348,888.87份	
基金份额净值	1.159元		1.290元		1.166元		1.239元	
基金资产组合	市值(元)	占总资产比(%)	市值(元)	占总资产比(%)	市值(元)	占总资产比(%)	市值(元)	占总资产比(%)
股票投资	105,505,655.17	68.03	152,710,255.76	53.33	93,629,734.77	68.07	100,672,584.65	74.00
债券投资	19,478,000.00	12.56	32,077,081.53	11.20	19,924,530.05	14.49	8,725,952.07	6.41
金融衍生品投资	——	——	——	——	——	——	——	——
买入返售金融资产	——	——	——	——	——	——	——	——
银行存款和结算备付金	13,507,886.64	8.71	80,482,221.56	28.10	14,699,955.28	10.69	25,934,481.18	19.06
其他资产	16,603,655.00	10.71	21,095,586.14	7.37	9,286,919.99	6.75	702,698.35	0.52

投资前五名股票明细	股票名称	公允价值(元)	占净值比(%)	股票名称	公允价值(元)	占净值比(%)	股票名称	公允价值(元)	占净值比(%)	股票名称	公允价值(元)	占净值比(%)
	东方明珠	7,504,000.00	4.93	航空动力	9,982,656.80	4.53	新华光	6,688,127.40	4.94	华侨城A	5,151,000.00	3.87
	航空动力	7,314,898.80	4.80	葛洲坝	9,241,600.00	4.20	天坛生物	6,489,714.44	4.79	一汽轿车	4,683,600.00	3.52
	广电运通	7,175,260.00	4.71	万科A	8,925,000.00	4.05	徐工机械	6,420,000.00	4.74	交通银行	4,675,000.00	3.52
	陆家嘴	6,437,500.00	4.23	广钢股份	8,750,000.00	3.97	中联重科	5,972,753.40	4.41	一汽夏利	4,522,000.00	3.40
	中航光电	6,066,144.00	3.98	中航光电	7,409,014.80	3.36	中航光电	5,587,256.07	4.12	中国平安	4,407,200.00	3.31

投资前五名债券明细	债券名称	公允价值(元)	占净值比(%)	债券名称	公允价值(元)	占净值比(%)	债券名称	公允价值(元)	占净值比(%)	债券名称	公允价值(元)	占净值比(%)
	08央票104	19,478,000.00	12.79	唐钢转债	17,108,406.23	7.77	唐钢转债	12,870,205.85	9.50	唐钢转债	8,725,952.07	6.56
				新钢转债	7,549,395.70	3.43	新钢转债	7,054,324.20	5.21			
				南山转债	7,419,279.60	3.37						

泰信蓝筹精选股票型证券投资基金

基本资料					
基金简称	泰信蓝筹精选股票	交易代码	290006		
风险收益特征	该基金为股票型基金，其预期风险收益水平高于混合型基金、债券基金及货币市场基金。适合于能够承担一定股市风险，追求资本长期增值的个人和机构投资者。				
业绩比较基准	75%×沪深300指数+25%上证国债指数				
合同生效日	2009年4月22日	首募份额	10.75亿份	认购户数	11,516户
基金管理人	泰信基金管理有限公司	基金托管人	中国银行		
注册登记人	泰信基金管理有限公司				

财务指标	单位：人民币（元）；%
项目 \ 年度	2009年4月22日至2009年12月31日
本期利润	188,530,821.40
本期加权平均净值利润率	26.40
期末基金资产净值	423,944,979.33
期末基金份额净值	1.0861
本期份额净值增长率	24.06
累计份额净值增长率	24.06
基金收益分配	10派1.500

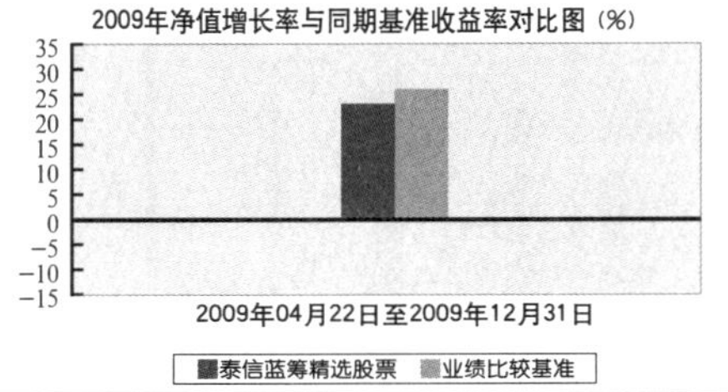

期末基金份额持有人户数	基金份额持有人户数为5,757户，平均每户持有67,801.03份。（期末截至2009年12月31日）
期末基金份额持有人结构	机构投资者持有85,096,074.30份，占总份额21.80%，个人投资者持有305,234,457.43份，占总份额78.20%。

基金业绩表现

泰信蓝筹精选股票基金合同生效于2009年4月22日，截至2009年12月31日，该基金成立以来净值增长24.06%，同期业绩基准收益率为25.48%。

基金管理团队

柳 菁女士：基金经理，工商管理硕士，14年证券从业经历。2005年加入泰信基金公司，先后任交易员、研究部高级研究员，曾任泰信先行策略混合基金经理助理；2009年4月起任泰信蓝筹精选股票基金经理。

刘 毅先生：基金经理助理，金融学硕士、技术经济及管理学博士，7年证券从业经历。2008年5月加入泰信基金公司，曾任理财顾问部投资经理；2009年4月起任泰信蓝筹精选股票基金经理助理。

基金运作分析

泰信蓝筹精选股票基金在2009年4月下旬开始建仓，建仓初期采取稳步加仓的策略，自下而上精选个股，重点配置房地产、节能减排、资源品和医药等行业，后期随着市场上行和基金净值的上升，逐渐提高仓位。总体来看，在行业和个股的选择和配置上取得了良好的效果。7月份，该基金仓位提高至较高水平，8月初果断降低仓位，对钢铁、有色、煤炭、地产等周期类行业进行大比例减持，有效地规避了系统性风险。四季度，泰信蓝筹精选股票基金重点增持业绩预期明确、估值水平处于历史低位的行业如金融服务行业，并对高端白酒行业、医药行业以及农林牧渔行业的部分公司进行重点增持，对地产行业进行波段操作，11月底成功减持。

季度投资组合一览

项目 \ 季度	第二季度			第三季度			第四季度		
基金资产净值	1,178,961,128.57元			494,482,804.40元			423,944,979.33元		
基金份额	1,111,637,788.50份			495,627,154.74份			390,330,531.73份		
基金份额净值	1.0606元			0.9977元			1.0861元		
基金资产组合	市值(元)		占总资产比(%)	市值(元)		占总资产比(%)	市值(元)		占总资产比(%)
股票投资	897,108,061.81		75.82	351,865,590.07		68.52	352,939,837.00		80.76
债券投资	——		——	218,457.42		0.04	——		——
资产支持证券投资	——		——	——		——	——		——
金融衍生品投资	——		——	——		——	——		——
买入返售金融资产	——		——	——		——	——		——
银行存款和结算备付金	262,238,031.56		22.16	161,146,801.62		31.38	83,044,924.19		19.00
其他资产	23,929,172.72		2.02	327,586.91		0.06	1,039,894.88		0.24
投资前五名股票明细	股票名称	公允价值(元)	占净值比(%)	股票名称	公允价值(元)	占净值比(%)	股票名称	公允价值(元)	占净值比(%)
	中国太保	41,401,187.22	3.51	北京银行	17,230,000.00	3.48	哈空调	17,771,772.00	4.19
	民生银行	36,432,000.00	3.09	招商银行	14,484,400.00	2.93	中国平安	16,527,000.00	3.90
	嘉宝集团	34,470,000.00	2.92	浦东建设	13,875,276.45	2.81	五粮液	16,146,600.00	3.81
	海通证券	33,722,500.00	2.86	民生银行	13,480,000.00	2.73	华北制药	16,146,000.00	3.81
	交通银行	30,859,250.00	2.62	中信证券	12,505,000.00	2.53	兴业银行	15,498,590.35	3.66
投资前五名债券明细	债券名称	公允价值(元)	占净值比(%)	债券名称	公允价值(元)	占净值比(%)	债券名称	公允价值(元)	占净值比(%)
				安泰转债	218,457.42	0.04			

泰信增强收益债券型证券投资基金

基本资料						
基金简称	泰信增强收益债券		交易代码	A:290007　C:291007		
风险收益特征	该基金为债券型基金，属证券投资基金中的低风险、低收益品种，其长期平均风险和预期收益率低于混合型基金和股票型基金，高于货币市场基金。					
业绩比较基准	80%×上证企业债指数+20%×上证国债指数					
合同生效日	2009年7月29日	首募份额	11.76亿份	认购户数	4,567户	
基金管理人	泰信基金管理有限公司		基金托管人	中国银行		
注册登记人	泰信基金管理有限公司					

2009年累计净值收益率与同期基准收益率历史走势对比图（%）

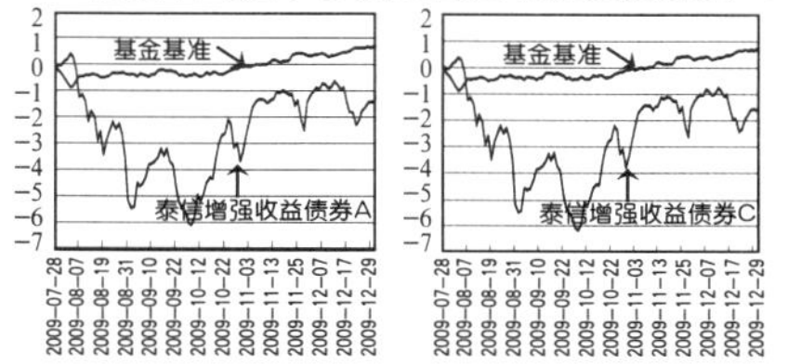

财务指标　单位：人民币（元）；%

项目 \ 年度	2009年7月29日至2009年12月31日	
	A	C
本期利润	−10,399,567.71	−5,719,754.66
本期加权平均净值利润率	−1.50	−1.40
期末基金资产净值	433,378,571.89	277,633,007.02
期末基金份额净值	0.9887	0.9869
本期份额净值增长率	−1.13	−1.31
累计份额净值增长率	−1.13	−1.31
基金收益分配	——	——

2009年净值增长率与同期基准收益率对比图（%）

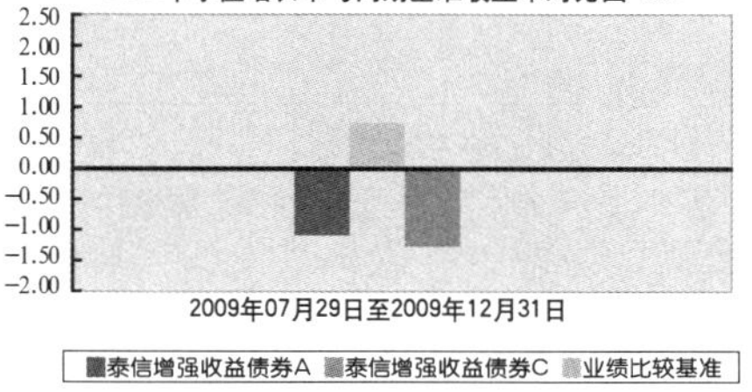

期末基金份额持有人户数	A:基金份额持有人户数为1,696户，平均每户持有258,457.86份。 C:基金份额持有人户数为2,000户，平均每户持有140,658.90份。（期末截至2009年12月31日）
期末基金份额持有人结构	A:机构投资者持有320,088,201.94份，占总份额73.02%；个人投资者持有118,256,328.23份，占总份额26.98%。 C:机构投资者持有33,033,406.40份，占总份额11.74%；个人投资者持有248,284,392.57份，占总份额88.26%。

基金业绩表现

泰信增强收益债券基金合同生效于2009年7月29日，截至2009年12月31日，该基金A类净值增长率为−1.13%，C类净值增长率为−1.31%；同期业绩基准收益率为0.72%。

基金管理团队

何俊春女士：基金经理，工商管理硕士，12年证券从业经历。2002年12月加入泰信基金管理公司，先后担任泰信天天收益基金交易员、交易主管，泰信天天收益货币基金经理；2009年7月起任泰信债券增强收益债券基金经理。

马成先生：基金经理，经济学硕士，7年证券从业经历。2003年7月加入泰信基金管理公司，先后担任理财顾问部高级经理、投资管理部经理助理、交易室交易主管、泰信双息双利债券基金经理助理；2009年7月起任泰信增强收益债券基金经理，兼泰信天天收益货币基金经理。

季度投资组合一览

项目 \ 季度	第三季度				第四季度			
	A		C		A		C	
基金资产净值	6.8514亿元		4.2821亿元		4.3338亿元		2.7763亿元	
基金份额	7.2766亿份		4.5511亿份		4.3834亿份		2.8132亿份	
基金份额净值	0.9416元		0.9409元		0.9887元		0.9869元	
基金资产组合	市值(元)		占总资产比(%)		市值(元)		占总资产比(%)	
股票投资	57,573,708.15		5.17		84,175,267.75		11.4	
债券投资	179,696,284.98		16.13		187,730,058.86		25.43	
资产支持证券投资	——		——		——		——	
买入返售金融资产	——		——		——		——	
银行存款和结算备付金	698,810,381.92		62.71		445,899,576.82		60.39	
其他资产	178,294,267.33		16.00		20,502,101.55		2.78	
投资前五名股票明细	股票名称	公允价值(元)	占净值比(%)		股票名称	公允价值(元)	占净值比(%)	
	南山铝业	57,396,388.15	5.16		恒源煤电	20,349,819.36	2.86	
	中国中冶	133,440.00	0.01		南山铝业	12,900,030.57	1.81	
	光大证券	43,880.00	0.00		中国重工	9,807,907.34	1.38	
					中国北车	6,905,383.70	0.97	
					招商证券	6,020,130.04	0.85	
投资前五名债券明细	债券名称	公允价值(元)	占净值比(%)		债券名称	公允价值(元)	占净值比(%)	
	唐钢转债	72,658,359.45	6.53		唐钢转债	42,998,632.28	6.05	
	新钢转债	44,554,440.60	4.00		09蓉希望CP01	30,192,000.00	4.25	
	恒源转债	27,632,598.50	2.48		龙盛转债	23,529,892.80	3.31	
	大荒转债	17,060,623.20	1.53		博汇转债	22,994,675.20	3.23	
	锡业转债	4,893,633.03	0.44		新钢转债	21,062,122.20	2.96	

基金运作分析

泰信增强收益债券基金合同生效于2009年7月29日。基金建仓期根据宏观经济形势及未来利率走势判断，采取短久期策略，规避债市下跌的风险，但由于权益类资产配置过高，给基金净值造成较大波动。四季度震荡行情中，该基金对权益类资产进行结构性调整，并积极参与新股申购，分享股市上涨带来的收益。

2010年，泰信增强收益债券基金继续坚持稳健投资策略，以短久期规避债券价格下跌风险，把握中长期债券交易性机会，增加信用债配置提高票息收入，新股申购将对上市公司进行优选，积极为持有人创造收益。

天治基金管理有限公司

法定名称	天治基金管理有限公司	英文名称	China Nature Asset Management Co.,Ltd.		
成立时间	2003年5月27日	注册资本	1.3亿元人民币	公司属性	中 资
法人代表	赵玉彪	董 事 长	赵玉彪	督 察 长	刘 伟
公司网址	www.chinanature.com.cn	客服电话	400-886-4800　021-3406 4800		
联系电话	021-6437 1155	传真号码	021-6471 3758		
注册地址	上海市浦东新区花园石桥路66号31023室	办公地址	上海市复兴西路159号		

公司简介

天治基金管理有限公司(以下简称"天治基金")于2003年5月成立,由吉林省信托投资有限责任公司、中国吉林森林工业集团有限责任公司、吉林市国有资产经营有限责任公司三家股东共同出资发起设立,各股东出资比例分别为46.16%、38.46%、15.3%。公司注册资本1.3亿元人民币,注册地为上海。 目前在北京设立了分公司。

天治基金秉承"以诚感人,以信立业,顺天而治,顺势而为,以智慧发现规律,依规律共享财富增长"的经营理念,力争为投资者提供优质的基金理财服务,与投资者共同分享中国经济发展的成果,回报投资者的信任。经过七年的积累,天治基金形成了一支精干、团结、自信的人才队伍,逐渐摸索出适合的投资模式,目前公司已逐步发展成为国内基金行业新锐。

年度经营

截至2010年6月30日,天治基金旗下共管理了7只开放式基金,包括2只股票型基金、3只混合型基金、1只债券型基金和1只货币市场基金。公司构建了较为完善的产品线,覆盖了积极型、稳健型以及保守型基金产品,可帮助投资者构建不同时期契合需要的投资组合。

在产品发行方面,2009年以来,天治基金募集发行了天治趋势精选灵活配置混合型基金,该基金成立于2009年7月15日,共募集市场资金5.26亿元,有效认购总户数为6,436户。

在投资管理方面,2009年以来,公司加强投研团队建设的成效显著,一方面引进人才作为团队的领军核心,另一方面强化内部建设,搭建公平竞争的工作平台,营造良好的团队氛围。整个投研团队提倡专业化的工作态度,追求专业化的投资结果,投资、研究两大条线无缝对接,通力协作,更注重团队的建设与充实,形成一支精锐之师,为整体业绩的稳定提升奠定坚实基础。得益于公司投研团队的建设与加强,天治旗下基金齐头并进,整体业绩表现持续良好,进一步提升了公司的投资管理能力。据海通证券统计显示,2010年3季度,天治基金公司以23.7%的净值增长率位居股票投资基金公司第二名。

客户服务

天治基金历来将投资者的信任视为宝贵财富,并希望简单的信托关系中有亲朋般的友谊。为加强同投资者的沟通,公司加大对客服平台的投入,进一步优化客服体系的机构和功能,服务品质持续升级。天治基金于2009年举办了"走进天治·持有人家庭日"活动。20多位持有人受邀来到天治基金上海总部,与投资总监、基金经理"零距离"接触,分享其对未来行情的展望。此外,天治基金以MSN群的方式,开通了"小天理财有问必答群"专区服务,任何拥有MSN账号的投资者,均可加入。此项服务是天治基金对客户利益的深度维护,旨在打造多样化、个性化的客服体系,为广大持有人提供更好的服务。

社会责任

天治基金在为投资者创造财富的同时,也尽能力积极参与社会公益活动。2010年4月,青海玉树发生地震,公司积极响应中国证券业协会号召,以公司名义向灾区捐款10万元,用于救灾和灾后重建工作,同时,天治基金向全体员工发起捐款倡议,得到各部门员工的积极响应,所有善款都将用于帮助灾区群众渡过难关、重建家园。此前,2008年5月12日四川汶川发生重大地震灾害后,天治基金亦第一时间向地震灾区捐款10万元。天治基金认为,作为一家基金管理公司,善尽社会责任是公司对自身的要求,只要有条件,公司就将努力、持续地回报社会。

2009年管理公募基金概况

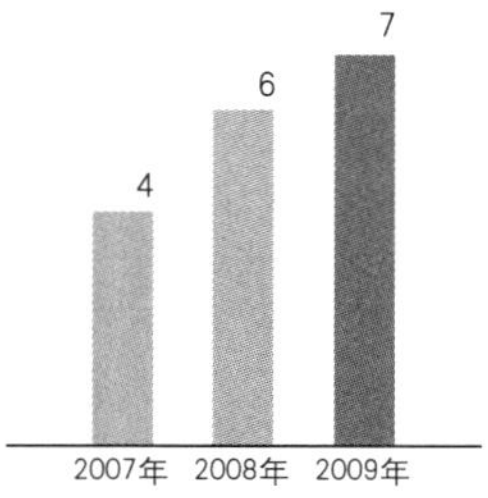

基金数量(只)

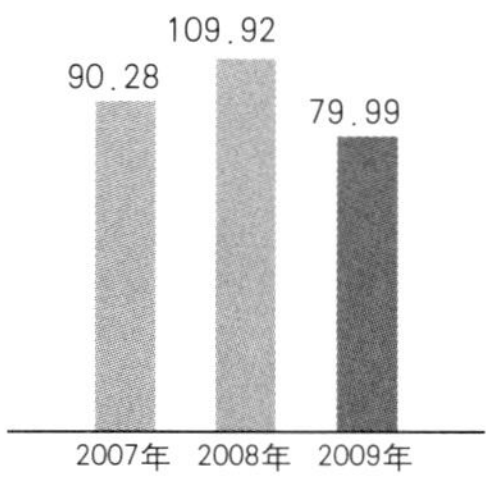

基金份额规模(亿份)

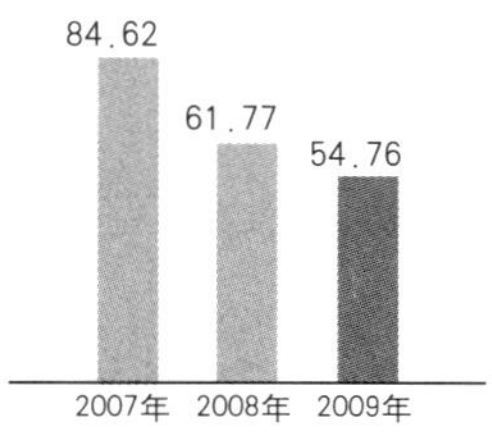

基金资产规模(亿元)

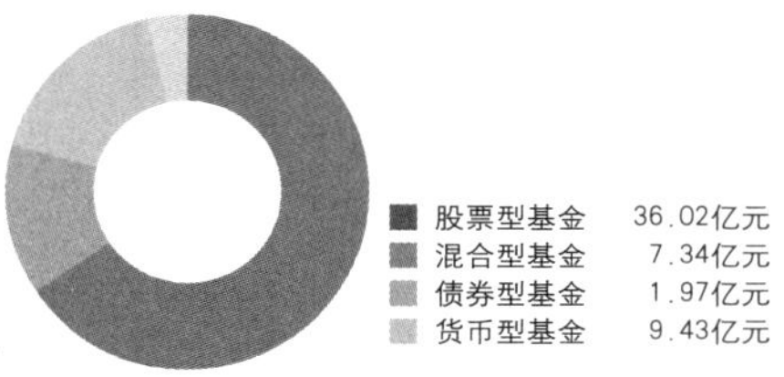

2009年基金资产规模构成

天治财富增长证券投资基金

基本资料			
基金简称	天治财富增长混合	交易代码	350001
风险收益特征	该基金属于风险较低、收益稳健的基金品种。		
业绩比较基准	中信标普300指数×40%+中信标普全债指数×60%		
合同生效日	2004年6月29日　首募份额　9.52亿份	认购户数	7,078户
基金管理人	天治基金管理有限公司	基金托管人	上海浦东发展银行
注册登记人	天治基金管理有限公司		

成立来累计净值增长率与同期基准收益率历史走势对比图（%）

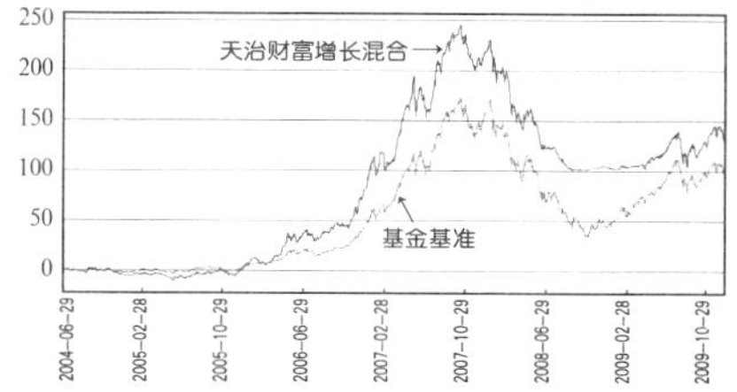

财务指标　单位：人民币（元）；%

项目 \ 年度	2009年	2008年	2007年
本期利润	48,535,664.84	-178,271,314.81	71,002,963.13
本期加权平均净值利润率	16.72	-49.07	25.90
期末基金资产净值	297,573,185.34	288,559,375.80	500,341,369.80
期末基金份额净值	0.7580	0.6424	1.0034
本期份额净值增长率	18.00	-35.98	76.33
累计份额净值增长率	140.55	103.86	218.42
基金收益分配	——	——	10派14.653

近三年净值增长率与同期基准收益率对比图（%）

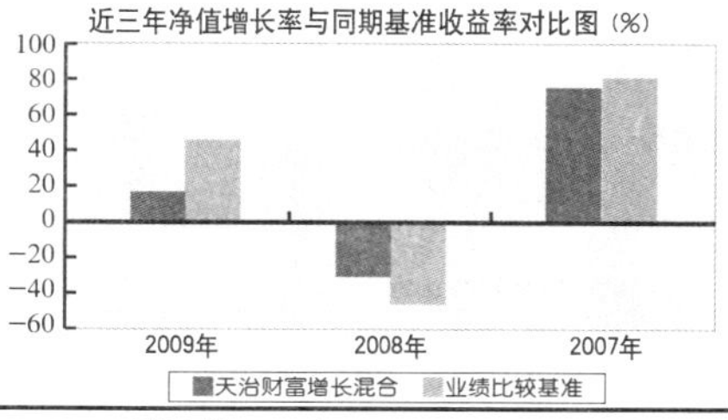

期末基金份额持有人户数	基金份额持有人户数为16,802户，平均每户持有23,363.87份。（期末截至2009年12月31日）
期末基金份额持有人结构	机构投资者持有35,479,787.94份，占总份额9.04%；个人投资者持有357,079,890.61份，占总份额90.96%。

基金业绩表现

截至2009年12月31日，天治财富增长混合基金份额净值为0.7580元，全年净值增长率为18.00%。

基金管理团队

谢　京先生：经济学硕士，投资管理部副总监、投资决策委员会成员、天治财富增长基金基金经理。15年证券投资从业经验，曾先后在国泰证券有限公司、中利投资有限责任公司、上海金路达投资管理有限公司任职，期间主要从事证券分析、研究和投资管理工作。2003年初加入天治基金，曾任天治财富增长基金和天治品质优选混合型基金基金经理助理。

基金运作分析

天治财富增长混合基金作为低风险、收益稳健型的平衡型基金品种，一直以来谋求在风险可控的基础上，最大限度地实现基金资产的稳定增值。年初对经济刺激政策和充裕流动性推动的市场行情估计不足，投资策略上比较谨慎，股票仓位较低，影响了基金收益。二季度该基金大幅度增加了权益类资产的投资比例，同时加强了对组合结构的动态调整。先是基于政策刺激下的经济复苏和流动性推动下的通胀预期两条主线，集中配置了地产、金融和煤炭等行业以及新能源、军工和3G板块中具有核心创新技术的优质公司，8月份以后则降低了周期类行业的配置比例，增配了医药、食品饮料和商业零售等业绩稳定、预期明确的行业板块，取得了较好的效果。

2010年，天治财富增长混合基金在投资方向的选择上，将选择新能源、智能电网、高端装备制造业、生物医药、商业零售和TMT等与内需消费及科技创新相关的行业板块。同时，对于区域经济、出口与升值、世博会所带来的板块主题投资机会予以关注。

季度投资组合一览

项目 \ 季度	第一季度		第二季度		第三季度		第四季度	
基金资产净值	284,729,566.09元		293,473,613.78元		275,438,767.67元		297,573,185.34元	
基金份额	439,912,161.43份		421,670,852.54份		405,906,593.26份		392,559,678.55份	
基金份额净值	0.6472元		0.6960元		0.6786元		0.7580元	
基金资产组合	市值(元)	占总资产比(%)	市值(元)	占总资产比(%)	市值(元)	占总资产比(%)	市值(元)	占总资产比(%)
股票投资	6,673,261.18	2.33	150,661,567.46	50.88	177,347,993.68	63.25	205,560,172.18	68.60
债券投资	229,169,792.30	80.08	124,583,650.00	42.07	72,294,607.60	25.79	81,856,088.60	27.32
金融衍生品投资	——	——	——	——	——	——	——	——
买入返售金融资产	——	——	——	——	——	——	——	——
银行存款和结算备付金	46,115,275.20	16.11	16,819,996.87	5.68	27,862,315.75	9.94	8,306,737.13	2.77
其他资产	4,215,399.62	1.47	4,040,919.46	1.36	2,865,393.80	1.02	3,906,644.04	1.30

	第一季度			第二季度			第三季度			第四季度		
投资前五名股票明细	股票名称	公允价值(元)	占净值比(%)	股票名称	公允价值(元)	占净值比(%)	股票名称	公允价值(元)	占净值比(%)	股票名称	公允价值(元)	占净值比(%)
	一致药业	2,681,660.28	0.94	大商股份	16,390,704.51	5.59	深发展A	11,974,764.39	4.35	深发展A	13,365,458.43	4.49
	海油工程	2,467,600.90	0.87	华光股份	14,039,824.50	4.78	大商股份	8,965,989.10	3.26	北京银行	9,670,000.00	3.25
	民生银行	1,524,000.00	0.54	航天晨光	13,574,330.30	4.63	北京银行	8,615,000.00	3.13	招商银行	9,025,000.00	3.03
	——			大族激光	13,039,706.60	4.44	华夏银行	8,160,000.00	2.96	三一重工	7,362,000.00	2.47
				华夏银行	12,530,000.00	4.27	航空动力	7,832,000.00	2.84	恒生电子	6,933,089.90	2.33
投资前五名债券明细	债券名称	公允价值(元)	占净值比(%)	债券名称	公允价值(元)	占净值比(%)	债券名称	公允价值(元)	占净值比(%)	债券名称	公允价值(元)	占净值比(%)
	07央票23	50,975,000.00	17.90	07央行票据23	50,670,000.00	17.27	07央行票据23	50,385,000.00	18.29	07央行票据23	50,185,000.00	16.86
	02国债(10)	24,141,600.00	8.48	21国债(7)	21,094,000.00	7.19	21国债(7)	12,492,000.00	4.54	21国债(7)	15,543,000.00	5.22
	99国债(8)	23,059,939.80	8.10	唐钢转债	12,043,000.00	4.10	唐钢转债	8,039,500.00	2.92	唐钢转债	9,752,800.00	3.28
	21国债(7)	21,264,000.00	7.47	21国债(10)	10,238,000.00	3.49	大荒转债	1,378,107.60	0.50	大荒转债	4,837,688.60	1.63
	21国债(12)	20,626,000.00	7.24	21国债(12)	10,218,650.00	3.48	——			龙盛转债	1,537,600.00	0.52

天治品质优选混合型证券投资基金

基本资料			
基金简称	天治品质优选混合	交易代码	350002
风险收益特征	该基金属于风险水平适中的品种，在投资管理过程中严格实施风险预算管理，在明确的风险预算目标范围内追求稳定的超额收益率。		
业绩比较基准	中信标普300指数×70%＋中信标普国债指数×30%		
合同生效日	2005年1月12日	首募份额	12.13亿份
认购户数	4,385户		
基金管理人	天治基金管理有限公司	基金托管人	中国民生银行
注册登记人	天治基金管理有限公司		

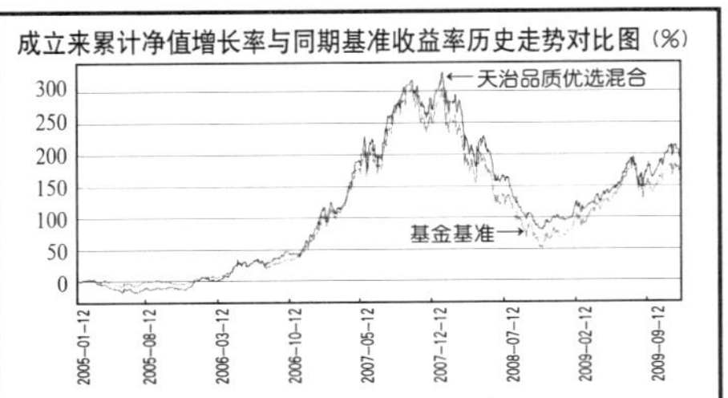

财务指标　单位：人民币（元）；%

项目＼年度	2009年	2008年	2007年
本期利润	64,143,741.27	−173,148,499.90	60,316,312.42
本期加权平均净值利润率	45.82	−84.98	68.85
期末基金资产净值	151,734,609.02	122,375,098.02	107,203,887.28
期末基金份额净值	0.8932	0.5631	3.1738
本期份额净值增长率	58.62	−50.86	120.65
累计份额净值增长率	211.77	96.55	300.00
基金收益分配	——	10派21.500	10派2.000

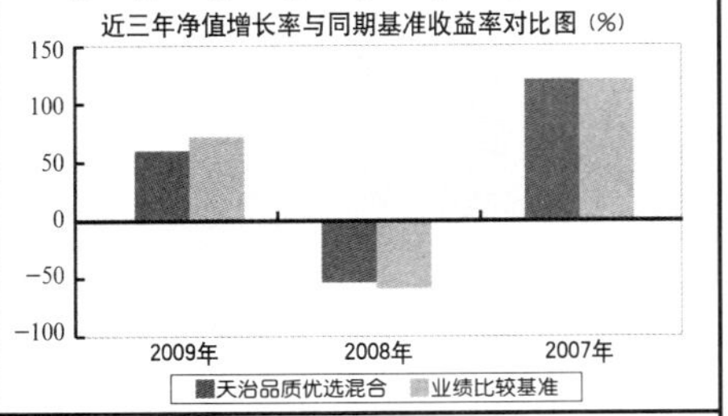

期末基金份额持有人户数	基金份额持有人户数为6,961户，平均每户持有24,405.05份。（期末截至2009年12月31日）
期末基金份额持有人结构	机构投资者持有35,773,715.92份，占总份额21.06%；个人投资者持有134,109,814.82份，占总份额78.94%。

基金业绩表现

截至2009年12月31日，天治品质优选混合基金份额净值为0.8932元，全年净值增长率为58.62%。

基金管理团队

秦海燕女士：理学硕士研究生，4年证券从业经验。2006年6月加入天治基金管理有限公司，历任行业研究员、天治品质优选混合型证券投资基金基金经理助理。

基金运作分析

天治品质优选混合基金在2009年把加大对经济结构调整所带来投资机会的研究作为投资工作的基础，该基金在一季度投资策略偏于保守，净值表现不甚理想。基于市场分析，该管理人在二季度后逐步加大股票投资部分的比例，并随着股指的逐步上扬逐步调整资产配置的结构，适当增加了投资的防御性，主要增持医药、信息技术、商业零售等行业的配置，降低了周期性行业的投资比重，并对航天军工、新能源等未来具有巨大产业空间的行业做了适当配置，同时在8月初市场上升到阶段高点时适当减仓，而在9月初市场下跌到阶段低点时适当增加股票仓位，较好地把握了下半年的股市投资机会。

展望2010年，天治品质优选混合基金将结合行业配置和主题投资，通过观测和预期油价、物价指数、房价、钢价等的变化，适当调整各行业板块的配置，对市场一致预期有可能上调的行业保持关注择机增加配置，主要是能源、金融和出口相关行业等。对于主题投资如世博主题、区域振兴等自下而上选择优秀个股。

季度投资组合一览

项目＼季度	第一季度		第二季度		第三季度		第四季度	
基金资产净值	129,938,255.66元		140,791,611.67元		148,205,187.70元		151,734,609.02元	
基金份额	203,845,176.82份		189,715,285.37份		195,740,426.56份		169,883,530.74份	
基金份额净值	0.6374元		0.7421元		0.7572元		0.8932元	
基金资产组合	市值(元)	占总资产比(%)	市值(元)	占总资产比(%)	市值(元)	占总资产比(%)	市值(元)	占总资产比(%)
股票投资	74,079,779.84	56.27	110,832,797.64	77.61	114,208,467.74	76.38	141,026,945.33	92.00
债券投资	——	——	——	——	——	——	——	——
金融衍生品投资	——	——	——	——	——	——	——	——
买入返售金融资产	——	——	——	——	——	——	——	——
银行存款和结算备付金	54,779,331.12	41.61	28,449,287.57	19.92	29,290,215.21	19.59	10,991,597.21	7.17
其他资产	2,791,771.23	2.12	3,528,277.00	2.47	6,031,418.11	4.03	1,278,844.42	0.83

投资前五名股票明细	股票名称	公允价值(元)	占净值比(%)	股票名称	公允价值(元)	占净值比(%)	股票名称	公允价值(元)	占净值比(%)	股票名称	公允价值(元)	占净值比(%)
	中信证券	3,820,500.00	2.94	保利地产	6,128,074.47	4.35	大族激光	6,867,000.00	4.63	招商银行	7,220,000.00	4.76
	国电电力	3,240,000.00	2.49	中国平安	5,935,200.00	4.22	航空动力	6,853,939.84	4.62	浦发银行	6,507,000.00	4.29
	华夏银行	3,207,000.00	2.47	大商股份	5,902,200.00	4.19	中材科技	5,519,563.50	3.72	用友软件	5,529,565.92	3.64
	恒瑞医药	3,189,600.00	2.45	中国神华	4,486,500.00	3.19	中国平安	5,070,000.00	3.42	中大股份	5,312,000.00	3.50
	中国铁建	2,820,000.00	2.17	万　科A	4,462,500.00	3.17	深发展A	5,002,500.00	3.38	航空动力	5,198,000.00	3.43

投资前五名债券明细	债券名称	公允价值(元)	占净值比(%)	债券名称	公允价值(元)	占净值比(%)	债券名称	公允价值(元)	占净值比(%)	债券名称	公允价值(元)	占净值比(%)

天治核心成长股票型证券投资基金(LOF)

基本资料					
基金简称	天治核心成长股票(LOF)		交易代码	163503	
风险收益特征	该基金为具有中等风险、中高收益的股票型基金，风险收益特征介于大盘平衡型基金和小盘成长型基金之间。				
业绩比较基准	新华富时中国A全指×75%+新华富时中国国债指数×25%				
合同生效日	2006年1月20日	首募份额	3.13亿份	认购户数	4,095户
上市日期	2007年7月30日	上市地点	深交所		
基金管理人	天治基金管理有限公司	基金托管人	交通银行		
注册登记人	中国证券登记结算有限责任公司				

成立来累计净值增长率与同期基准收益率历史走势对比图（%）

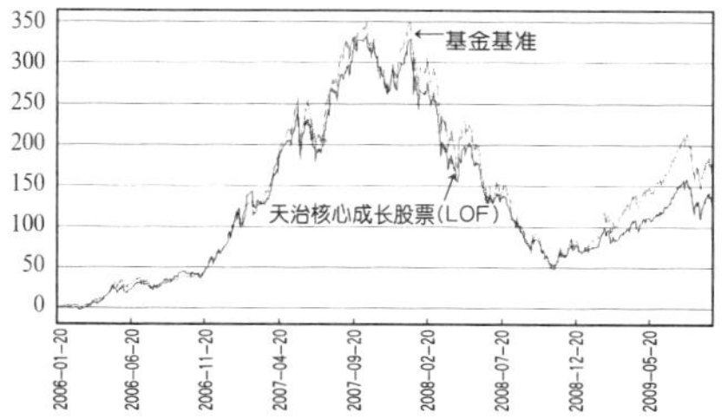

财务指标　　单位：人民币(元)；%

项目＼年度	2009年	2008年	2007年
本期利润	1,398,089,925.52	−4,242,270,980.92	505,467,868.45
本期加权平均净值利润率	40.52	−91.63	23.79
期末基金资产净值	3,550,169,991.40	2,969,092,089.82	7,798,379,303.19
期末基金份额净值	0.5941	0.3945	0.9241
本期份额净值增长率	50.60	−57.31	126.33
累计份额净值增长率	155.78	69.84	297.85
基金收益分配	——	——	10派4.500

近三年净值增长率与同期基准收益率对比图（%）

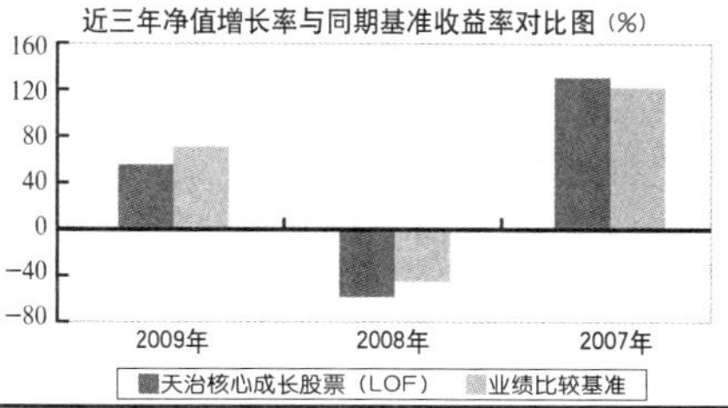

期末基金份额持有人户数	基金份额持有人户数为253,230户，平均每户持有23,596.88份。　（期末截至2009年12月31日）
期末基金份额持有人结构	机构投资者持有68,577,571.91份，占总份额1.15%；个人投资者持有5,906,860,382.93份，占总份额98.85%。

基金业绩表现

截至2009年12月31日，天治核心成长股票基金份额净值为0.5941元，全年净值增长率为50.60%。

基金管理团队

吴　涛先生：华东理工大学毕业，10年证券从业经验。曾任职于上海世基投资顾问有限公司、世华国际金融信息有限公司证券研究部，2007年5月加入天治基金管理有限公司从事证券研究和基金投资管理工作，现任天治核心成长股票型证券投资基金(LOF)、天治趋势精选灵活配置混合型基金基金经理。

基金运作分析

2009年上半年天治核心成长股票基金出于对经济恢复阶段相对谨慎的考虑，采取对周期行业低配的策略，然而由于市场投资者基于对未来通货膨胀的预期以及对房地产、汽车、家电等行业未来前景的看好，因此偏好于周期性行业的投资，上述行业在上半年表现突出，因此上半年该基金的净值增长率低于业绩基准。对此该管理人认真总结经验教训，在三季度初国内信贷数据和房地产销售量出现明显的回落时，及时调整投资策略，从8月份开始大规模降低证券、采掘、房地产等行业的配置比重。在整体仓位下降的同时，适当提高组合中近两年业绩增长明确的银行、电力设备、家电、生物医药和电子通讯等行业的配置比重，起到了较好的行业配置效果，下半年该基金的净值表现明显优于上半年。

2010年，在投资选择上，该基金上半年会重点关注周期性股票随市场下跌而低估所带来的机会，如银行、汽车、煤炭、钢铁等；下半年会重点关注医药、食品饮料等稳定成长行业。

季度投资组合一览

项目＼季度	第一季度		第二季度		第三季度		第四季度	
基金资产净值	3,288,381,227.66元		3,586,906,473.52元		3,310,443,169.22元		3,550,169,991.40元	
基金份额	7,240,239,103.84份		6,767,389,185.70份		6,355,725,245.73份		5,975,437,954.84份	
基金份额净值	0.4542元		0.5300元		0.5209元		0.5941元	
基金资产组合	市值(元)	占总资产比(%)	市值(元)	占总资产比(%)	市值(元)	占总资产比(%)	市值(元)	占总资产比(%)
股票投资	2,211,495,967.27	66.80	2,874,821,297.50	79.68	2,737,177,867.54	82.38	3,269,644,712.79	91.10
债券投资	174,506,221.50	5.27	10,550,000.00	0.29	10,400,000.00	0.31	10,351,000.00	0.29
金融衍生品投资	——	——	——	——	——	——	——	——
买入返售金融资产	——	——	——	——	——	——	——	——
银行存款和结算备付金	901,415,372.01	27.23	718,598,552.77	19.92	507,806,032.61	15.28	276,158,260.59	7.69
其他资产	23,134,103.74	0.70	3,798,972.58	0.11	67,043,333.80	2.02	32,863,145.09	0.92

投资前五名股票明细	股票名称	公允价值(元)	占净值比(%)	股票名称	公允价值(元)	占净值比(%)	股票名称	公允价值(元)	占净值比(%)	股票名称	公允价值(元)	占净值比(%)
	中国人寿	104,213,670.00	3.17	保利地产	177,657,013.02	4.95	大商股份	136,323,070.00	4.12	深发展A	114,539,000.00	3.23
	北京银行	86,518,476.75	2.63	大商股份	176,307,600.09	4.92	华光股份	129,500,000.00	3.91	兴业银行	112,863,646.52	3.18
	中国铁建	84,090,520.00	2.56	中材科技	128,640,848.70	3.59	中材科技	124,683,593.25	3.77	中国人寿	111,960,770.00	3.15
	中国神华	82,798,861.50	2.52	辽宁成大	125,028,000.00	3.49	北京银行	98,034,323.58	2.96	大商股份	109,475,000.00	3.08
	中材科技	79,075,394.84	2.40	华光股份	121,710,513.60	3.39	中国人寿	97,793,440.00	2.95	潞安环能	103,556,375.40	2.92

投资前五名债券明细	债券名称	公允价值(元)	占净值比(%)	债券名称	公允价值(元)	占净值比(%)	债券名称	公允价值(元)	占净值比(%)	债券名称	公允价值(元)	占净值比(%)
	08南网债(1)	51,395,000.00	1.56	08宁沪债	10,550,000.00	0.29	08宁沪债	10,400,000.00	0.31	08宁沪债	10,351,000.00	0.29
	08上港债	38,620,000.00	1.17									
	08忠旺CP01	30,603,000.00	0.93									
	04建行03浮	30,267,000.00	0.92									
	08宁沪债	15,967,500.00	0.49									

天治天得利货币市场基金

基本资料					
基金简称	天治天得利货币	交易代码	350004		
风险收益特征	货币市场基金投资于短期金融工具。由于短期国债、金融债、央行票据等主要投资品种信用等级高，利率风险小，因而该基金安全性高，流动性强，收益稳健。该基金属于风险较低的基金品种，其长期看风险和预期收益低于股票基金、混合基金、债券基金。				
业绩比较基准	银行6个月定期储蓄存款利率(税后)				
合同生效日	2006年7月5日	首募份额	10.96亿份	认购户数	977户
基金管理人	天治基金管理有限公司	基金托管人	中国民生银行		
注册登记人	天治基金管理有限公司				

成立来累计净值收益率与同期基准收益率历史走势对比图（%）

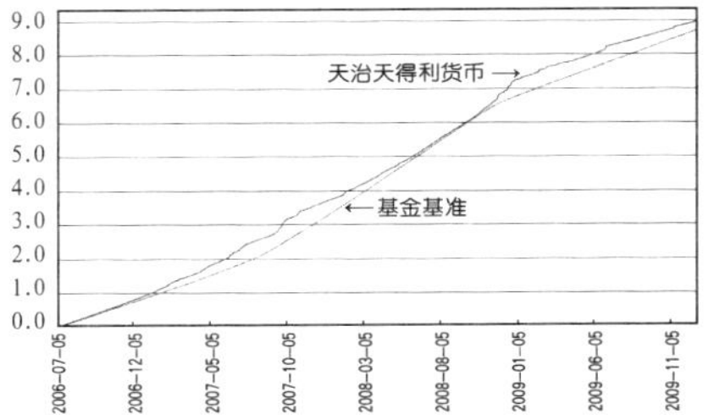

财务指标　　单位：人民币(元)；%

项目＼年度	2009年	2008年	2007年
本期利润	14,788,292.84	17,469,884.54	2,769,337.12
期末基金资产净值	943,400,863.94	1,833,741,949.41	56,302,908.69
期末基金份额净值	1.0000	1.0000	1.0000
本期份额净值收益率	1.6628	3.3773	2.7535
累计份额净值收益率	9.0074	7.2341	3.7308
基金收益分配	14,788,292.84	17,469,884.54	2,769,337.12

近三年净值收益率与同期基准收益率对比图（%）

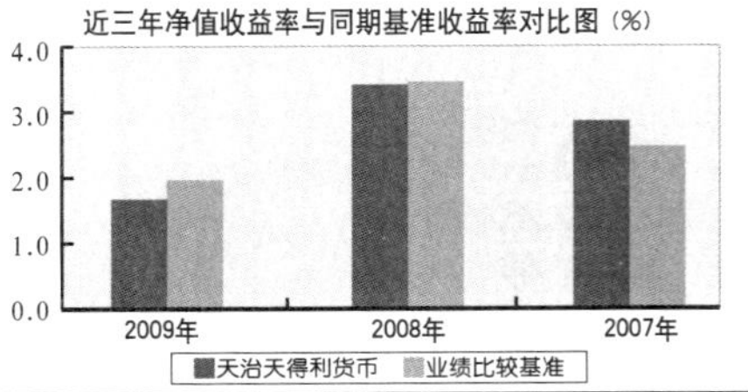

期末基金份额持有人户数	基金份额持有人户数为1,829户，平均每户持有515,801.46份。　（期末截至2009年12月31日）
期末基金份额持有人结构	机构投资者持有312,793,081.93份，占总份额33.16%；个人投资者持有630,607,782.01份，占总份额66.84%。

基金业绩表现

2009年天治天得利货币基金全年净值收益率为1.6628%，同期业绩基准收益率为1.9800%。

基金管理团队

秦　娟女士：固定收益部副总监，经济学硕士研究生，5年证券从业经验，历任广东证券股份有限公司债券分析师、东莞银行股份有限公司债券分析师、长信基金管理有限责任公司债券研究员。2010年2月加入天治基金管理有限公司，任天治天得利货币市场基金、天治稳健双盈债券型证券投资基金基金经理助理。

基金运作分析

2009年，在股票市场大幅上涨和IPO重启的影响下，天治天得利货币基金的赎回压力加大，该管理人增强了基金组合的流动性管理，缩短了组合久期，提高了现金比例。该基金另一投资品种浮息债则表现良好，货币市场利率走高以及对中期通胀预期的上升均提高了浮息债的吸引力

展望2010年，基于对市场的分析判断，天治天得利货币基金在一季度的操作仍然是控制短融的比例，保持浮息债的占比。继续维持较短的久期，规避货币市场利率上行所带来的风险；保持一定的现金比例，用于应对赎回和捕捉市场上波段性的操作机会。在宏观经济走暖的大环境下，信用债存在利差交易机会，适度挖掘定价有所偏离的信用产品。

季度投资组合一览

项目＼季度	第一季度		第二季度		第三季度		第四季度	
基金资产净值	1,273,501,983.75元		795,167,075.62元		613,786,096.63元		943,400,863.94元	
基金份额	1,273,501,983.75份		795,167,075.62份		613,786,096.63份		943,400,863.94份	
基金份额净值	1.000元		1.000元		1.000元		1.000元	
基金资产组合	市值(元)	占总资产比(%)	市值(元)	占总资产比(%)	市值(元)	占总资产比(%)	市值(元)	占总资产比(%)
股票投资	——	——	——	——	——	——	——	——
债券投资	865,500,449.99	67.92	641,312,356.65	80.56	451,703,590.41	68.00	370,953,376.24	39.31
金融衍生品投资	——	——	——	——	——	——	——	——
买入返售金融资产	——	——	41,200,181.80	5.18	——	——	——	——
银行存款和结算备付金	386,375,923.10	30.32	102,026,628.93	12.82	207,256,840.71	31.20	400,774,056.76	42.47
其他资产	22,425,629.48	1.76	11,563,768.51	1.45	5,324,754.37	0.80	172,006,132.56	18.23

投资前五名股票明细	债券名称	成本(元)	占净值比(%)	债券名称	成本(元)	占净值比(%)	债券名称	成本(元)	占净值比(%)	债券名称	成本(元)	占净值比(%)
	04国开11	100,849,630.10	7.92	04国开11	100,091,758.73	12.59	05进出01	151,900,282.62	24.75	05进出01	151,010,548.95	16.01
	08央票114	99,282,232.74	7.80	08央票114	99,601,774.49	12.53	09华联CP01	49,978,609.44	8.14	09农发04	49,942,421.40	5.29
	04建行03浮	80,198,612.35	6.30	04建行03浮	79,701,941.07	10.02	09农发04	49,880,338.60	8.13	09公控CP01	39,960,932.09	4.24
	08明珠CP01	70,934,903.54	5.57	08中普天CP01	50,506,402.27	6.35	09稀土CP01	40,028,849.61	6.52	09天药集CP01	30,113,458.50	3.19
	09蒙高路CP01	50,691,475.79	3.98	08农六师CP01	50,146,224.91	6.31	09公控CP01	39,889,893.92	6.50	09稀土CP01	30,034,146.03	3.18

投资前五名债券明细	平均剩余期限	占净值比(%)	平均剩余期限	占净值比(%)	平均剩余期限	占净值比(%)	平均剩余期限	占净值比(%)
	30天以内	33.48	30天以内	30.60	30天以内	33.77	30天以内	45.64
	30天(含)—60天	2.36	30天(含)—60天	1.24	30天(含)—60天	1.61	30天(含)—60天	0.00
	60天(含)—90天	9.45	60天(含)—90天	20.23	60天(含)—90天	6.47	60天(含)—90天	10.61
	90天(含)—180天	34.90	90天(含)—180天	13.78	90天(含)—180天	19.60	90天(含)—180天	21.31
	180天(含)—397天(含)	18.12	180天(含)—397天(含)	32.80	180天(含)—397天(含)	45.91	180天(含)—397天(含)	4.24

天治创新先锋股票型证券投资基金

基本资料					
基金简称	天治创新先锋股票		交易代码	350005	
风险收益特征	该基金为具有较高收益、较高风险的股票型基金。				
业绩比较基准	中信标普300指数×70%＋中信标普国债指数×30%				
合同生效日	2008年5月8日	首募份额	2.48亿份	认购户数	3,919户
基金管理人	天治基金管理有限公司	基金托管人	交通银行		
注册登记人	天治基金管理有限公司				

财务指标　　单位：人民币（元）；%

项目 ＼ 年度	2009年	2008年5月8日至2008年12月31日
本期利润	42,416,138.57	−30,525,741.16
本期加权平均净值利润率	42.56	−17.17
期末基金资产净值	52,255,664.71	146,287,861.55
期末基金份额净值	1.2345	0.9145
本期份额净值增长率	34.99	−8.55
累计份额净值增长率	23.45	−8.55
基金收益分配	——	——

成立来累计净值增长率与同期基准收益率历史走势对比图（%）

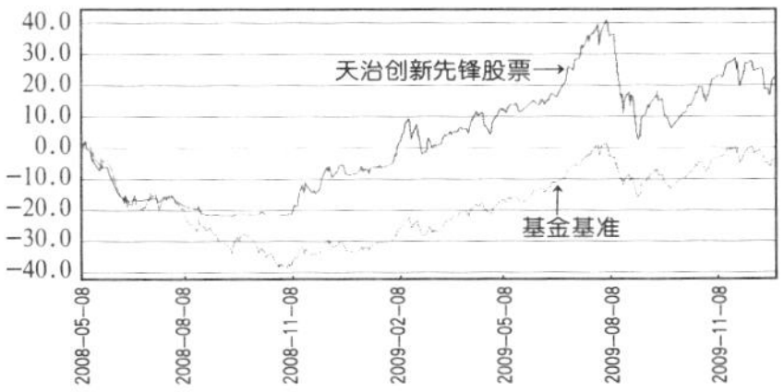

近两年净值增长率与同期基准收益率对比图（%）

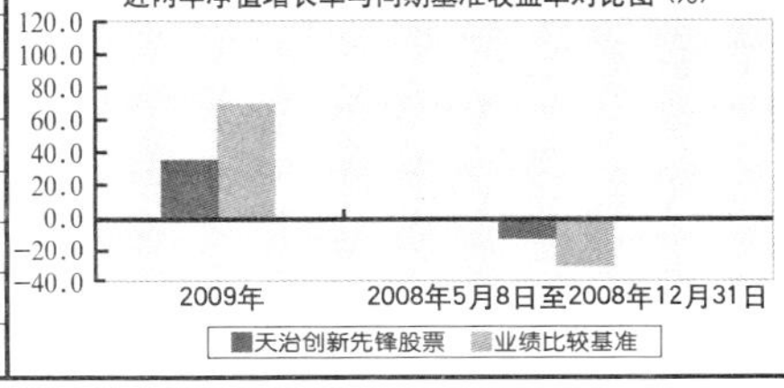

期末基金份额持有人户数	基金份额持有人户数为1,635户，平均每户持有25,889.12份。　（期末截至2009年12月31日）
期末基金份额持有人结构	机构投资者持有16,623,864.10份，占总份额39.27%；个人投资者持有25,704,844.45份，占总份额60.73%。

基金业绩表现

截至2009年12月31日，天治创新先锋股票基金份额净值为1.2345元，全年净值增长率为34.99%，同期业绩基准收益率为66.78%；业绩表现优于基准。

基金管理团队

龚　炜先生：投资管理部总监，金融专业硕士研究生，5年证券从业经验。曾任湘财证券有限责任公司行业研究员、中国证监会安徽监管局科员。2008年3月加入天治基金管理有限公司，任行业研究员，2009年6月起任天治创新先锋股票型证券投资基金基金经理助理。

基金运作分析

2009年初天治创新先锋股票基金在策略上相对保守，导致前期基金净值的表现差强人意。但随后及时调整策略，在二季度适当增加了股票仓位，并对组合结构进行了积极的调整，增加了金融、地产、煤炭、钢铁、化工等行业的配置比例，取得了一定的效果，但由于总体仓位和权重行业配置比例的不足，上半年净值增长率落后基准较多。三季度初该基金沿着经济复苏的主线，按照行业轮动的策略重点超配一些周期性的中游行业，取得很好的业绩。但由于在8月中旬到9月上旬，在市场高位存在不确定性的时段，该基金没有积极地从仓位和行业配置上主动降低组合风险，最终导致2009年该基金业绩先扬后抑的走势。四季度以来，围绕着"通胀预期、人民币升值预期、股指期货等投资主题"，按照行业轮动的策略阶段性地重点超配了一些周期性的上游行业以及权重板块，取得非常不错的业绩。另外，对于信息服务、信息设备等涉及信息消费（涵盖在泛消费板块内）范畴的行业和个股该基金也有成功把握，对于净值的贡献比较明显。

季度投资组合一览

项目 ＼ 季度	第一季度		第二季度		第三季度		第四季度	
基金资产净值	155,153,862.11元		95,195,060.70元		52,424,196.00元		52,255,664.71元	
基金份额	146,741,836.02份		78,943,140.73份		49,068,183.22份		42,328,708.55份	
基金份额净值	1.0573元		1.2059元		1.0684元		1.2345元	
基金资产组合	市值(元)	占总资产比(%)	市值(元)	占总资产比(%)	市值(元)	占总资产比(%)	市值(元)	占总资产比(%)
股票投资	96,043,063.94	61.06	79,454,607.99	81.71	41,106,689.45	75.25	49,102,587.62	92.08
债券投资	7,186,700.00	4.57	——	——	——	——	——	——
金融衍生品投资	——	——	——	——	——	——	——	——
买入返售金融资产	——	——	——	——	——	——	——	——
银行存款和结算备付金	52,626,873.21	33.46	13,640,998.98	14.03	10,334,769.85	18.92	3,712,395.34	6.96
其他资产	1,428,531.28	0.91	4,140,562.19	4.26	3,182,302.59	5.83	513,006.87	0.96

投资前五名股票明细	股票名称	公允价值(元)	占净值比(%)	股票名称	公允价值(元)	占净值比(%)	股票名称	公允价值(元)	占净值比(%)	股票名称	公允价值(元)	占净值比(%)
	中国铁建	7,520,000.00	4.85	华光股份	4,738,500.00	4.98	民生银行	3,033,000.00	5.79	航空动力	3,378,700.00	6.47
	特变电工	5,124,600.00	3.30	辽宁成大	4,636,800.00	4.87	航空动力	2,545,400.00	4.86	民生银行	2,373,000.00	4.54
	国电电力	4,536,000.00	2.92	思源电气	4,386,000.00	4.61	华夏银行	2,346,000.00	4.48	安琪酵母	1,623,570.00	3.11
	贵州茅台	4,360,120.00	2.81	航天晨光	4,318,831.95	4.54	招商银行	2,217,000.00	4.23	国电南瑞	1,587,038.40	3.04
	双汇发展	4,249,700.00	2.74	信达地产	4,029,436.04	4.23	中国联通	1,778,000.00	3.39	南京银行	1,586,700.00	3.04

投资前五名债券明细	债券名称	公允价值(元)	占净值比(%)	债券名称	公允价值(元)	占净值比(%)	债券名称	公允价值(元)	占净值比(%)	债券名称	公允价值(元)	占净值比(%)
	21国债(12)	4,125,200.00	2.66									
	02国债(3)	3,061,500.00	1.97									

天治稳健双盈债券型证券投资基金

基本资料					
基金简称	天治稳健双盈债券		交易代码	350006	
风险收益特征	该基金属于主动管理的债券型基金，为证券投资基金中较低风险、较低收益品种，其预期风险和收益水平低于股票型基金、混合型基金，高于货币市场基金。				
业绩比较基准	中证全债指数收益率				
合同生效日	2008年11月5日	首募份额	7.88亿份	认购户数	6,239户
基金管理人	天治基金管理有限公司		基金托管人	中国农业银行	
注册登记人	天治基金管理有限公司				

成立来累计净值增长率与同期基准收益率历史走势对比图（%）

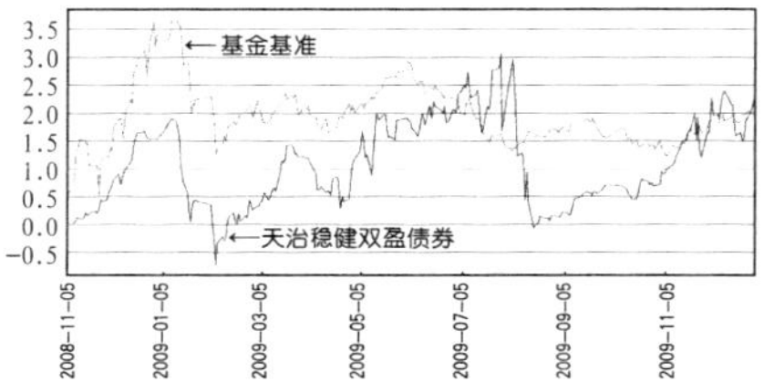

财务指标　　单位：人民币（元）；%

项目 \ 年度	2009年	2008年11月5日至2008年12月31日
本期利润	−12,649.05	12,178,701.58
本期加权平均净值利润率	−0.01	1.53
期末基金资产净值	196,874,184.99	817,139,963.07
期末基金份额净值	1.0232	1.0154
本期份额净值增长率	0.77	1.54
累计份额净值增长率	2.32	1.54
基金收益分配	——	——

近两年净值增长率与同期基准收益率对比图（%）

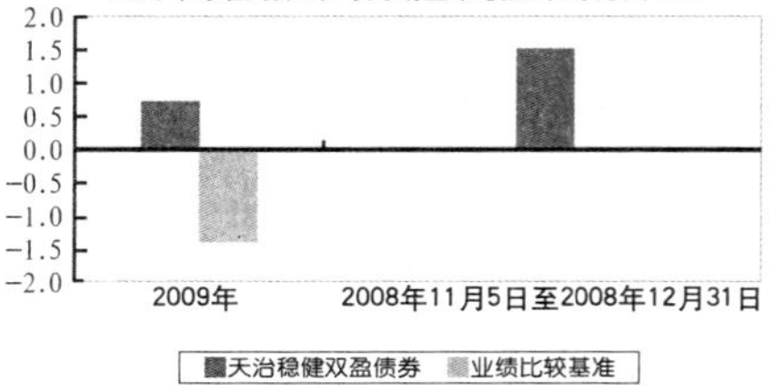

期末基金份额持有人户数	基金份额持有人户数为1,034户，平均每户持有186,082.28份。（期末截至2009年12月31日）
期末基金份额持有人结构	机构投资者持有149,558,460.61份，占总份额77.73%；个人投资者持有42,850,621.67份，占总份额22.27%。

基金业绩表现

截至2009年12月31日，天治稳健双盈债券基金份额净值为1.0232元，全年净值增长率为0.77%，同期业绩基准收益率为−1.40%；业绩表现优于基准。

基金管理团队

秦　娟女士：固定收益部副总监，经济学硕士研究生，5年证券从业经验，历任广东证券股份有限公司债券分析师、东莞银行股份有限公司债券分析师、长信基金管理有限责任公司债券研究员。2010年2月加入天治基金管理有限公司，任天治天得利货币市场基金、天治稳健双盈债券型证券投资基金基金经理助理。

基金运作分析

2009年上半年银行间债券市场收益率呈现振荡上行走势，除中短期限品种收益率大幅上行外，长期品种收益率也明显上行；信用利差呈现逐步缩小趋势。下半年，央行引导央票利率逐步走高。年末，在配置型机构的需求下，长期品种的收益率反而有所下滑。从信用债看，信用利差是先扩大后缩小；信用类产品的收益率在三季度大幅度上升；四季度后期，信贷受到明显压缩，信用利差在机构的年度配置需求下又大幅度下降。

2009年上半年，天治稳健双盈债券基金根据市场的变化，及时调整资产组合，卖出久期较长的中长期品种，缩短组合久期，减少了中长期债大幅度调整所带来的损失，同时，增加了一部分信用债品种。下半年该基金继续压缩了组合久期，保持一定信用债比例，主要通过参与新股申购为基金增加收益。

季度投资组合一览

项目 \ 季度	第一季度		第二季度		第三季度		第四季度	
基金资产净值	219,781,353.96元		124,226,494.15元		141,640,543.56元		196,874,184.99元	
基金份额	217,209,140.81份		121,736,821.56份		140,645,240.44份		192,409,082.28份	
基金份额净值	1.0118元		1.0205元		1.0071元		1.0232元	
基金资产组合	市值(元)	占总资产比(%)	市值(元)	占总资产比(%)	市值(元)	占总资产比(%)	市值(元)	占总资产比(%)
股票投资	——	——	9,825,250.00	7.74	1,842,970.27	0.74	14,685,706.84	5.29
债券投资	221,894,655.50	88.04	99,617,000.00	78.51	115,690,655.60	46.54	190,079,088.00	68.42
金融衍生品投资	——	——	——	——	——	——	——	——
买入返售金融资产	——	——	——	——	——	——	——	——
银行存款和结算备付金	24,482,768.58	9.71	3,564,675.51	2.81	128,826,617.10	51.82	70,906,492.53	25.52
其他资产	5,663,809.46	2.25	13,885,344.63	10.94	2,247,240.85	0.90	2,131,264.15	0.77

投资前五名股票明细	股票名称	公允价值(元)	占净值比(%)	股票名称	公允价值(元)	占净值比(%)	股票名称	公允价值(元)	占净值比(%)	股票名称	公允价值(元)	占净值比(%)
	——			航天晨光	4,389,250.00	3.53	博云新材	390,360.96	0.28	招商证券	2,769,243.36	1.41
				中国神华	2,991,000.00	2.41	信立泰	334,541.20	0.24	美盈森	1,385,622.00	0.70
				大族激光	2,445,000.00	1.97	辉煌科技	305,381.96	0.22	海峡股份	1,361,234.46	0.69
				——			中国国旅	301,756.48	0.21	湘鄂情	1,353,615.36	0.69
							奥飞动漫	266,721.00	0.19	威创股份	1,187,449.98	0.60

投资前五名债券明细	债券名称	公允价值(元)	占净值比(%)	债券名称	公允价值(元)	占净值比(%)	债券名称	公允价值(元)	占净值比(%)	债券名称	公允价值(元)	占净值比(%)
	08国开18	81,872,000.00	37.25	08国开18	40,160,000.00	32.33	08国开18	39,460,000.00	27.86	20国债(4)	44,119,152.00	22.41
	06国开29	30,711,000.00	13.97	06国开29	30,495,000.00	24.55	21国债(10)	25,690,000.00	18.14	08国开18	39,224,000.00	19.92
	09国债02	29,895,000.00	13.60	08央票98	28,962,000.00	23.31	21国债(12)	25,465,924.20	17.98	09农发07	30,030,000.00	15.25
	08铁道05	19,848,000.00	9.03	——			02国债(13)	15,277,191.30	10.79	21国债(10)	25,572,500.00	12.99
	08国电债	17,270,739.00	7.86				09豫园债	9,709,700.00	6.86	21国债(12)	25,359,589.50	12.88

天治趋势精选灵活配置混合型证券投资基金

基本资料					
基金简称	天治趋势精选混合	交易代码	350007		
风险收益特征	该基金为混合型基金，其预期收益和风险高于货币型基金、债券型基金，而低于股票型基金，属于证券投资基金中的中高风险、中高收益品种。				
业绩比较基准	沪深300指数收益率×55%＋中证全债指数收益率×45%				
合同生效日	2009年7月15日	首募份额	5.26亿份	认购户数	6,436户
基金管理人	天治基金管理有限公司	基金托管人	中国建设银行		
注册登记人	天治基金管理有限公司				

2009年累计净值增长率与同期基准收益率历史走势对比图（%）

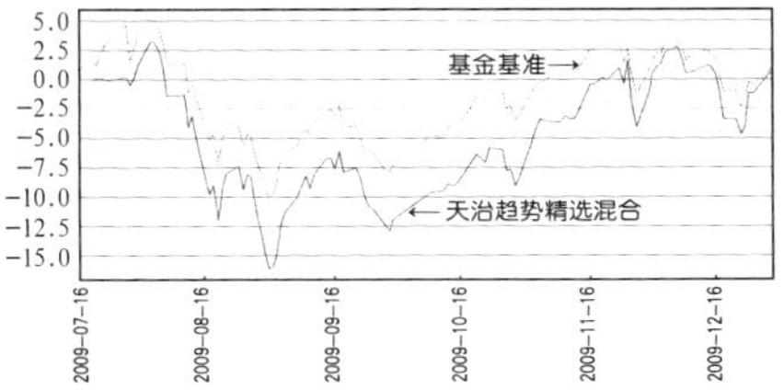

财务指标　单位：人民币（元）；%

项目＼年度	2009年7月15日至2009年12月31日
本期利润	−3,637,155.23
本期加权平均净值利润率	−0.83
期末基金资产净值	284,240,103.56
期末基金份额净值	1.006
本期份额净值增长率	0.60
累计份额净值增长率	0.60
基金收益分配	——

2009年净值增长率与同期基准收益率对比图（%）

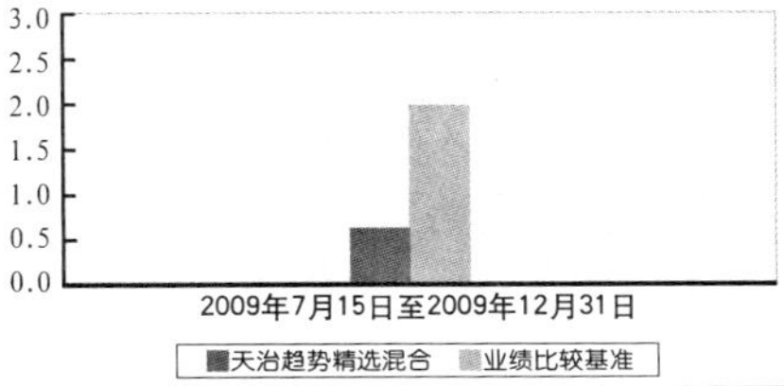

期末基金份额持有人户数	基金份额持有人户数为5,045户，平均每户持有56,027.82份。　（期末截至2009年12月31日）
期末基金份额持有人结构	机构投资者持有65,284,556.42份，占总份额23.10%；个人投资者持有217,375,770.95份，占总份额76.90%。

基金业绩表现

天治趋势精选混合基金合同生效于2009年7月15日，截至2009年12月31日，该基金份额净值为1.006元，成立以来该基金实现净值增长0.60%。

基金管理团队

吴　涛先生：华东理工大学毕业，10年证券从业经验。曾任职于上海世基投资顾问有限公司、世华国际金融信息有限公司证券研究部，2007年5月加入天治基金管理有限公司从事证券研究和基金投资管理工作，现任天治核心成长股票型证券投资基金（LOF）、天治趋势精选灵活配置混合型基金基金经理。

基金运作分析

天治趋势精选混合基金于2009年7月15日成立，正逢A股市场冲顶阶段，该管理人也没有急于建仓，而是根据之前的建仓计划，等待市场回落至3200点区域后，逐步完成建仓。根据该基金优选受益于重大人口趋势的优势行业中的领先企业的选股策略，重点配置受益于国内宏观经济稳步复苏以及人民币升值的保险、房地产、采掘行业，并对汽车、通讯设备、生物医药、食品饮料等泛消费行业和受益于3G技术推广的软件应用及电子元器件行业维持超配，下半年天治趋势精选混合基金净值表现良好，年末基金净值保持在面值之上。

展望未来，该基金管理人认为2010年将会有许多主题性投资机会，如世博会、亚运会所带来的相关公司的投资机会，国家发展区域经济所带来的区域投资机会，3G大规模应用所带来的3G主题，节能减排带来的低碳经济、新能源主题等等，这些也将会成为天治趋势精选混合基金获取超额收益的主要来源。

季度投资组合一览

项目＼季度	第三季度			第四季度		
基金资产净值	463,430,271.89元			284,240,103.56元		
基金份额	526,012,330.61份			282,660,327.37份		
基金份额净值	0.881元			1.006元		
基金资产组合	市值(元)		占总资产比(%)	市值(元)		占总资产比(%)
股票投资	274,322,544.61		58.95	220,391,527.17		76.00
债券投资	522,350.40		0.11	20,560,223.80		7.09
资产支持证券投资	——		——	——		——
金融衍生品投资	——		——	——		——
买入返售金融资产	——		——	——		——
银行存款和结算备付金	165,535,251.92		35.57	43,430,632.21		14.98
其他资产	24,943,054.16		5.36	5,614,129.50		1.94
投资前五名股票明细	股票名称	公允价值(元)	占净值比(%)	股票名称	公允价值(元)	占净值比(%)
	中兴通讯	16,417,400.00	3.54	兴业银行	13,275,735.71	4.67
	贵州茅台	14,837,400.00	3.20	东华科技	12,748,749.20	4.49
	安琪酵母	14,520,488.19	3.13	滨江集团	11,804,452.36	4.15
	徐工机械	14,430,972.30	3.11	泸州老窖	11,712,000.00	4.12
	泸州老窖	14,411,880.00	3.11	用友软件	11,617,200.00	4.09
投资前五名债券明细	债券名称	公允价值(元)	占净值比(%)	债券名称	公允价值(元)	占净值比(%)
	安泰转债	226,300.80	0.05	09国开13	19,958,000.00	7.02
	西洋转债	185,025.60	0.04	安泰转债	263,595.20	0.09
	厦工转债	111,024.00	0.02	西洋转债	212,745.60	0.07
				厦工转债	125,883.00	0.04

景顺长城基金管理有限公司

法定名称	景顺长城基金管理有限公司	英文名称	Invesco Great Wall Fund Mangement Co.,Ltd.		
成立时间	2003年6月12日	注册资本	1.3亿元人民币	公司属性	中外合资
法人代表	徐 英	董 事 长	徐 英	督 察 长	刘焕喜
公司网址	www.invescogreatwall.com	客服电话	400-8888-606		
联系电话	0755-8237 0388	传真号码	0755-2598 7356		
注册地址	深圳市深南中路1093号中信城市广场中信大厦16层				
办公地址	深圳市深南中路1093号中信城市广场中信大厦16层				

公司简介

景顺长城基金管理有限公司（以下简称"公司"）是经中国证监会证监基金字[2003]76号文批准设立的国内首家中美合资的基金管理公司，由全球五大独立资产管理公司之一的美国景顺集团与长城证券有限责任公司联合开滦（集团）有限责任公司和大连实德集团有限公司共同发起设立，其中美国景顺集团和长城证券有限责任公司各持有49%的公司股份。公司成立于2003年6月12日，注册资本1.3亿元人民币，总部设在深圳，在北京、上海、广州设有分公司。

截至2009年12月31日，公司旗下已管理了11只开放式基金，管理基金资产规模536.80亿元人民币。

2009年旗下开放式基金业绩表现

截至日期：2009年12月31日

（单位：元；%）

基金类型	基金简称	设立日期	基金份额净值	净值增长率[①]	累计净值增长率[②]
股票型	景顺长城优选股票	2003-10-24	1.1619	53.25	295.61
	景顺长城内需增长股票	2004-06-25	3.913	89.68	441.07
	景顺长城鼎益股票(LOF)	2005-03-16	1.134	57.50	349.33
	景顺长城资源垄断股票(LOF)	2006-01-26	0.897	73.13	236.53
	景顺长城新兴成长股票	2006-06-28	1.013	35.61	129.41
	景顺长城内需贰号股票	2006-10-11	1.247	99.63	172.69
	景顺长城精选蓝筹股票	2007-06-18	1.000	65.02	0.00
	景顺长城公司治理股票	2008-10-22	1.487	47.67	48.70
	景顺长城能源基建股票	2009-10-20	1.030	3.00	3.00
混合型	景顺长城动力平衡混合	2003-10-24	0.8003	41.27	278.86
货币型	景顺长城货币	2005-07-14	1.0000	1.1973	10.9272

注：①净值增长率指该基金2009年度的份额净值增长率；②累计净值增长率指该基金设立以来的份额净值增长率。

2009年管理公募基金概况

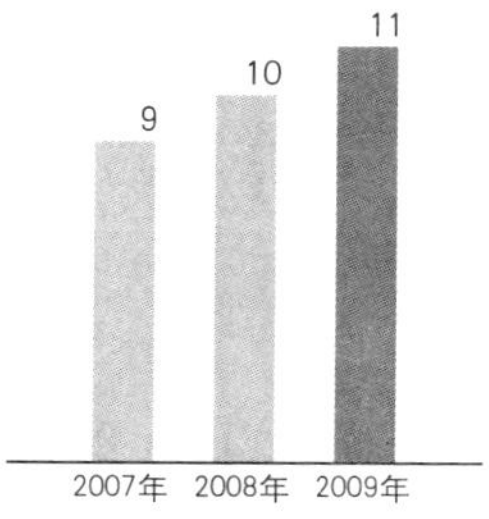

基金数量（只）

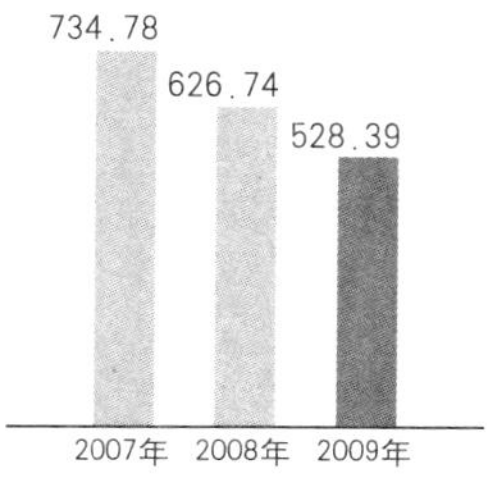

基金份额规模（亿份）

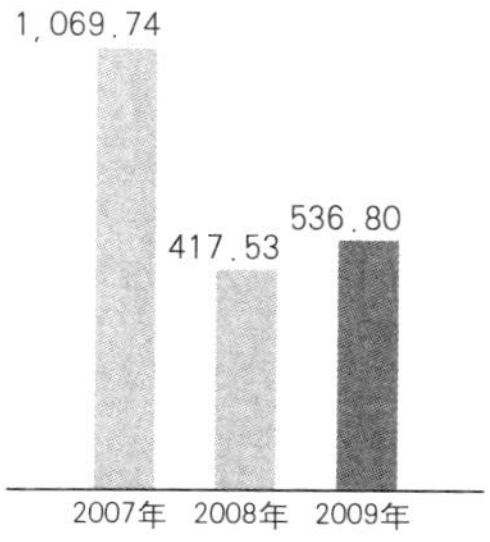

基金资产规模（亿元）

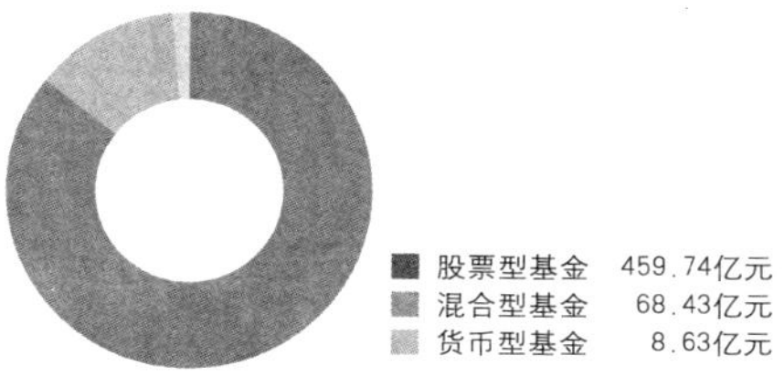

2009年基金资产规模构成

景顺长城景系列开放式证券投资基金

该系列基金下设景顺长城优选股票证券投资基金、景顺长城货币市场证券投资基金、景顺长城动力平衡证券投资基金三只基金。

景顺长城优选股票证券投资基金

基本资料					
基金简称	景顺长城优选股票	交易代码	260101		
风险收益特征	该基金是一种具有较高波动性和较高风险的投资工具。适合风险承受能力强、追求高投资回报的投资群体。				
业绩比较基准	上证综合指数和深证综合指数的加权复合指数×80%+中国债券总指数×20%				
合同生效日	2003年10月24日	首募份额	8.21亿份	认购户数	15,425户
基金管理人	景顺长城基金管理有限公司	基金托管人	中国银行		
注册登记人	景顺长城基金管理有限公司				

财务指标		单位：人民币(元)；%	
项目 \ 年度	2009年	2008年	2007年
本期利润	1,164,222,499.22	−2,781,752,164.57	4,550,366,556.54
本期加权平均净值利润率	42.81	−76.44	70.29
期末基金资产净值	2,299,987,818.36	2,380,520,466.32	6,264,538,461.07
期末基金份额净值	1.1619	0.7715	1.7063
本期份额净值增长率	53.25	−51.92	96.12
累计份额净值增长率	295.61	158.14	436.82
基金收益分配	10派0.200	10派0.800	10派5.000
期末基金份额持有人户数	基金份额持有人户数为89,824户，平均每户持有22,037.30份。　（期末截至2009年12月31日）		
期末基金份额持有人结构	机构投资者持有44,452,752.87份，占总份额2.25%；个人投资者持有1,935,025,865.80份，占总份额97.75%。		

成立来累计净值增长率与同期基准收益率历史走势对比图（%）

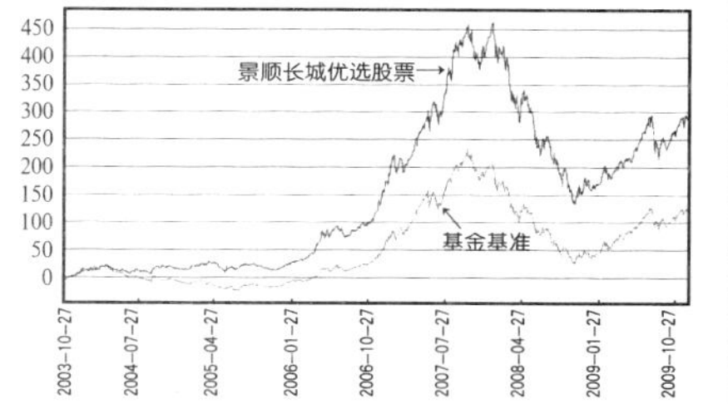

近三年净值增长率与同期基准收益率对比图（%）

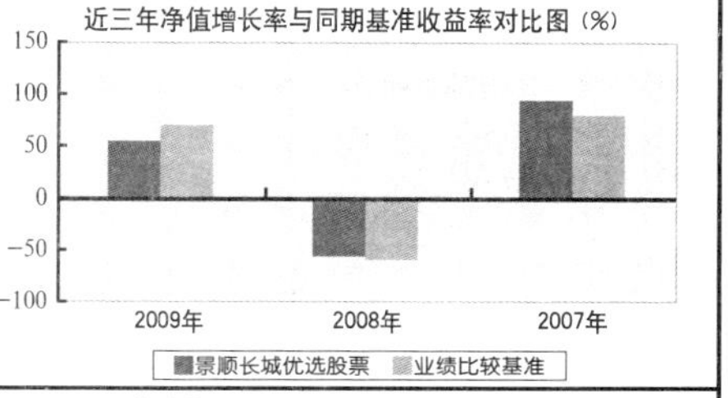

基金业绩表现

2009年景顺长城优选股票基金全年净值增长率为53.25%；同期业绩基准收益率为64.78%。

基金管理团队

毛从容女士：基金经理，华中理工大学经济学硕士，10年证券从业经历。2003年3月加入景顺长城基金公司，曾任研究员，2005年4月至今担任景系列基金经理。

张继荣先生：基金经理，清华大学化学工程博士，10年证券从业经历。2009年3月加入景顺长城基金管理公司；2009年7月起担任景系列基金经理。

涂　强先生：基金经理，南京大学经济学硕士，12年证券从业经历。曾任职于长城证券公司。2005年3月起加入景顺长城基金管理公司；2006年9月至2009年7月担任景系列基金经理。

邓春鸣先生：基金经理，复旦大学国际金融学硕士，CFA，9年证券从业经历。2007年3月加入景顺长城基金管理公司，2007年9月至2009年6月任景系列基金经理；2008年10月起任景顺长城公司治理基金经理。

基金运作分析

2009年沪深300指数年度上涨96.7%。虽然该基金管理人对2009年资本市场走强有一定预期，但景顺长城优选股票基金一季度操作较为谨慎，仓位较低，组合过分强调了防御型。下半年相对比较积极，结构上进行调整，增持了医药、消费品、电子等行业。

季度投资组合一览

项目 \ 季度	第一季度		第二季度		第三季度		第四季度	
基金资产净值	2,694,418,362.79元		3,033,830,561.63元		2,646,003,946.32元		2,299,987,818.36元	
基金份额	3,030,879,990.79份		2,877,647,279.48份		2,651,410,615.86份		1,979,478,618.67份	
基金份额净值	0.8890元		1.0543元		0.9980元		1.1619元	
基金资产组合	市值(元)	占总资产比(%)	市值(元)	占总资产比(%)	市值(元)	占总资产比(%)	市值(元)	占总资产比(%)
股票投资	1,954,505,783.26	72.05	2,237,593,162.13	73.29	2,019,154,027.59	75.16	1,776,578,324.21	75.90
债券投资	547,776,059.54	20.19	632,038,347.30	20.70	586,592,397.60	21.84	474,055,500.00	20.25
金融衍生品投资	——	——	——	——	——	——	——	——
买入返售金融资产	——	——	——	——	——	——	——	——
银行存款和结算备付金	196,244,757.44	7.23	166,126,118.16	5.44	75,363,762.01	2.81	82,184,058.84	3.51
其他资产	14,105,780.44	0.52	17,157,060.07	0.56	5,211,279.81	0.19	7,853,273.31	0.34

	第一季度			第二季度			第三季度			第四季度		
投资前五名股票明细	股票名称	公允价值(元)	占净值比(%)	股票名称	公允价值(元)	占净值比(%)	股票名称	公允价值(元)	占净值比(%)	股票名称	公允价值(元)	占净值比(%)
	贵州茅台	136,390,749.56	5.06	贵州茅台	175,938,598.94	5.80	中国平安	111,416,951.10	4.21	苏宁电器	103,285,348.38	4.49
	攀钢钢钒	132,884,057.36	4.93	招商银行	167,471,274.60	5.52	浦发银行	104,870,674.50	3.96	三安光电	96,858,811.50	4.21
	葛洲坝	118,972,492.98	4.42	交通银行	144,159,351.28	4.75	招商地产	93,024,525.00	3.52	兴业银行	91,230,720.68	3.97
	交通银行	102,879,537.04	3.82	浦发银行	131,121,920.00	4.32	深发展A	87,667,111.65	3.31	西山煤电	80,207,142.12	3.49
	中国中铁	92,480,000.00	3.43	民生银行	111,136,219.92	3.66	徐工机械	70,638,232.80	2.67	三一重工	80,075,222.46	3.48
投资前五名债券明细	债券名称	公允价值(元)	占净值比(%)	债券名称	公允价值(元)	占净值比(%)	债券名称	公允价值(元)	占净值比(%)	债券名称	公允价值(元)	占净值比(%)
	08央行票据64	144,945,000.00	5.38	08央行票据92	144,660,000.00	4.77	09央行票据47	149,505,000.00	5.65	05国开08	100,770,000.00	4.38
	08央行票据95	136,122,000.00	5.05	08央行票据95	135,086,000.00	4.45	09央行票据37	139,538,000.00	5.27	05国开07	95,313,500.00	4.14
	05国开08	102,790,000.00	3.81	08央行票据84	115,536,000.00	3.81	05国开08	101,280,000.00	3.83	09央行票据59	79,736,000.00	3.47
	05国开07	95,589,000.00	3.55	05国开08	102,010,000.00	3.36	05国开07	95,437,000.00	3.61	09央行票据36	78,632,000.00	3.42
	08央行票据92	48,585,000.00	1.80	05国开07	95,494,000.00	3.15	09央行票据45	39,868,000.00	1.51	09央行票据63	39,868,000.00	1.73

景顺长城货币市场证券投资基金

基本资料			
基金简称	景顺长城货币	交易代码	260102
风险收益特征	货币市场基金具有低风险和收益稳定的特点，投资目标是在保持本金的高流动性和安全性的前提下，获得高于基准的投资回报。		
业绩比较基准	税后一年期定期存款利率		
合同生效日	2005年7月14日（由原景顺长城恒丰债券基金转型而来）		
基金管理人	景顺长城基金管理有限公司	基金托管人	中国银行
注册登记人	景顺长城基金管理有限公司		

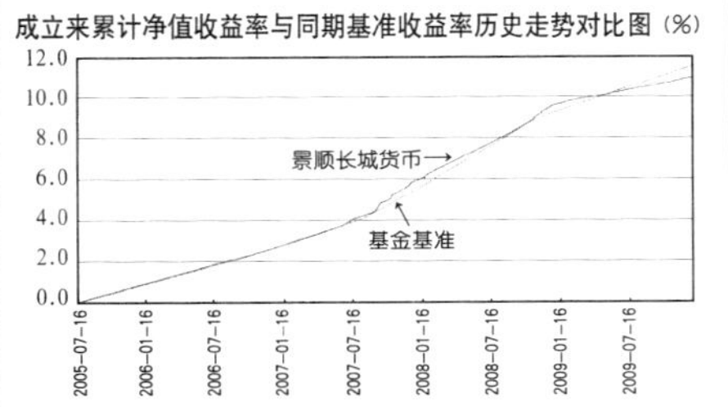

财务指标　　单位：人民币（元）；%

项目 \ 年度	2009年	2008年	2007年
本期利润	11,440,841.06	44,598,047.00	9,076,548.87
期末基金资产净值	863,343,825.38	2,202,668,032.61	541,091,705.44
期末基金份额净值	1.0000	1.0000	1.0000
本期份额净值收益率	1.1973	3.4738	3.1186
累计份额净值收益率	10.9272	9.6149	5.9351
基金收益分配	11,440,841.06	44,598,047.00	9,076,548.87

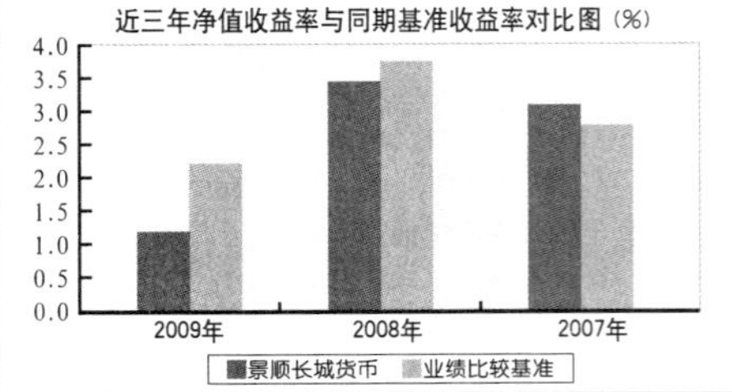

期末基金份额持有人户数	基金份额持有人户数为13,677户，平均每户持有63,123.77份。　（期末截至2009年12月31日）
期末基金份额持有人结构	机构投资者持有436,716,039.72份，占总份额50.58%；个人投资者持有426,627,785.66份，占总份额49.42%。

基金业绩表现

2009年景顺长城货币市场基金净值收益率为1.1973%，同期业绩基准收益率为2.2500%。

基金管理团队

毛从容女士：基金经理，华中理工大学经济学硕士，10年证券从业经历。2003年3月加入景顺长城基金公司，曾任研究员，2005年4月至今担任景系列基金经理。

张继荣先生：基金经理，清华大学化学工程博士，10年证券从业经历。2009年3月加入景顺长城基金管理公司；2009年7月起担任景系列基金经理。

涂　强先生：基金经理，南京大学经济学硕士，12年证券从业经历。2005年3月起加入景顺长城基金管理公司；2006年9月至2009年7月担任景系列基金经理。

邓春鸣先生：基金经理，复旦大学国际金融学硕士，CFA，9年证券从业经历。2007年3月加入景顺长城基金管理公司，2007年9月至2009年6月任景系列基金经理；2008年10月起任景顺长城公司治理基金经理。

基金运作分析

在经历2008年短暂的大牛市后，2009年债市来了个大转弯，无论利率产品或信用产品各期限收益率均大幅上行。景顺长城货币基金在操作上一直比较谨慎，组合剩余期限持续下降。

2010年，由于短端利率在预期通涨的背景下会继续上行，该基金策略上组合的剩余期限仍进行严格控制，同时，保持高流动性的央票和金融债配置，适当增加AAA的短融配置比例，考虑到回购利率的波动周期和特点，安排好回购的配置比例和期限。

季度投资组合一览

项目 \ 季度	第一季度		第二季度		第三季度		第四季度	
基金资产净值	1,005,060,361.56元		482,117,116.99元		423,993,728.97元		863,343,825.38元	
基金份额	1,005,060,361.56份		482,117,116.99份		423,993,728.97份		863,343,825.38份	
基金份额净值	1.000元		1.000元		1.000元		1.000元	
基金资产组合	市值(元)	占总资产比(%)	市值(元)	占总资产比(%)	市值(元)	占总资产比(%)	市值(元)	占总资产比(%)
股票投资	——	——	——	——	——	——	——	——
债券投资	992,494,286.08	98.57	423,980,107.95	87.75	370,073,831.30	87.08	429,181,998.94	43.16
金融衍生品投资	——	——	——	——	——	——	——	——
买入返售金融资产	——	——	30,000,000.00	6.21	——	——	340,000,000.00	34.19
银行存款和结算备付金	5,453,635.82	0.54	24,052,963.27	4.98	33,649,067.20	7.92	223,654,662.66	22.49
其他资产	8,898,540.92	0.88	5,130,782.90	1.06	21,258,365.76	5.00	1,477,809.13	0.15

投资前五名债券明细	债券名称	成本(元)	占净值比(%)	债券名称	成本(元)	占净值比(%)	债券名称	成本(元)	占净值比(%)	债券名称	成本(元)	占净值比(%)
	04国开20	200,136,402.07	19.91	04国开20	150,066,230.52	31.13	04国开20	150,029,597.80	35.38	09央行票据71	149,517,427.89	17.32
	08央行票据49	139,812,026.59	13.91	08央行票据112	119,138,064.89	24.71	08央行票据112	119,885,803.00	28.28	09央行票据61	99,799,002.52	11.56
	07进出09	135,176,229.59	13.45	08央行票据84	99,943,726.97	20.73	09央行票据43	29,923,963.86	7.06	09央行票据69	89,728,038.69	10.39
	08央行票据112	118,403,042.48	11.78	08央行票据106	29,752,033.68	6.17	08中广核CP01	20,100,033.01	4.74	07央行票据16	20,057,151.92	2.32
	08央行票据61	99,833,499.99	9.93	07进出09	15,006,103.53	3.11	08电网CP03	20,081,942.60	4.74	09铁道CP01	20,012,741.81	2.32

投资组合平均剩余期限	平均剩余期限	占净值比(%)	平均剩余期限	占净值比(%)	平均剩余期限	占净值比(%)	平均剩余期限	占净值比(%)
	30天以内	5.53	30天以内	31.94	30天以内	40.93	30天以内	66.45
	30天(含)—60天	40.30	30天(含)—60天	5.20	30天(含)—60天	2.37	30天(含)—60天	16.20
	60天(含)—90天	29.84	60天(含)—90天	37.30	60天(含)—90天	51.92	60天(含)—90天	13.88
	90天(含)—180天	11.84	90天(含)—180天	24.71	90天(含)—180天	4.72	90天(含)—180天	18.48
	180天(含)—397天(含)	11.78	180天(含)—397天(含)	0.00	180天(含)—397天(含)	0.00	180天(含)—397天(含)	0.00

景顺长城动力平衡证券投资基金

基本资料					
基金简称	景顺长城动力平衡混合	交易代码	260103		
风险收益特征	该基金是一种具有中等风险的投资工具，除了结合景顺长城股票及债券投资的风险管理程序以外，为达到平稳回报的目的，该基金还将独立地对风险来源进行评估，并设立额外的风险控制管理手段。				
业绩比较基准	一年期银行定期存款年利率的2倍				
合同生效日	2003年10月24日	首募份额	5.41亿份	认购户数	9,071户
基金管理人	景顺长城基金管理有限公司	基金托管人	中国银行		
注册登记人	景顺长城基金管理有限公司				

财务指标　　单位：人民币（元）；%

项目＼年度	2009年	2008年	2007年
本期利润	2,239,044,438.82	−4,836,852,598.22	1,009,484,279.03
本期加权平均净值利润率	34.19	−59.88	26.17
期末基金资产净值	6,843,485,452.74	5,707,630,418.97	11,438,620,796.39
期末基金份额净值	0.8003	0.5665	1.0070
本期份额净值增长率	41.27	−43.74	93.99
累计份额净值增长率	278.86	168.18	376.73
基金收益分配	——	——	10派14.500

成立来累计净值增长率与同期基准收益率历史走势对比图（%）

近三年净值增长率与同期基准收益率对比图（%）

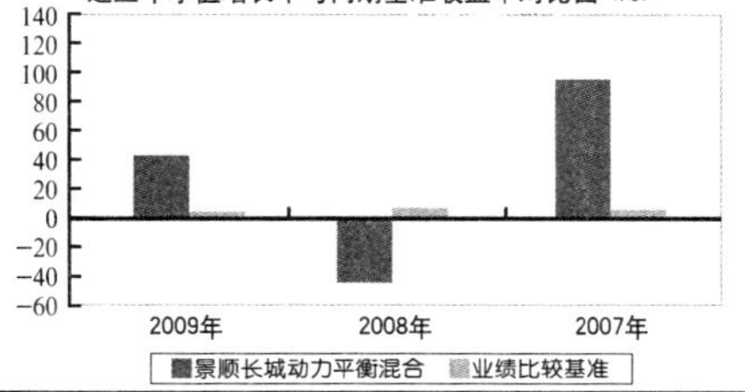

期末基金份额持有人户数	基金份额持有人户数为440,430户，平均每户持有19,416.54份。（期末截至2009年12月31日）
期末基金份额持有人结构	机构投资者持有20,400,564.08份，占总份额0.24%；个人投资者持有8,531,226,019.62份，占总份额99.76%。

基金业绩表现

截至2009年12月31日，景顺长城动力平衡混合基金份额净值为0.8003元，全年净值增长率为41.27%；同期业绩基准收益率为3.51%。

基金管理团队

毛从容女士：基金经理，华中理工大学经济学硕士，10年证券从业经历。曾就职于交通银行、长城证券金融研究所。2003年3月加入景顺长城基金公司，曾任研究员，2005年4月至今担任景系列基金经理。

张继荣先生：基金经理，清华大学化学工程博士，10年证券从业经历。曾就职于大鹏证券、融通基金公司和银华基金公司。2009年3月加入景顺长城基金管理公司；2009年7月起担任景系列基金经理。

涂　强先生：基金经理，南京大学经济学硕士，12年证券从业经历。2005年3月起加入景顺长城基金管理公司；2006年9月至2009年7月担任景系列基金经理。

邓春鸣先生：基金经理，复旦大学国际金融学硕士，CFA，9年证券从业经历。2007年3月加入景顺长城基金管理公司，2007年9月至2009年6月任景系列基金经理；2008年10月起任景顺长城公司治理基金经理。

基金运作分析

2009年沪深300指数年度上涨96.7%。虽然该基金管理人对2009年资本市场走强有一定预期，但上半年景顺长城动力平衡混合基金操作较为谨慎，仓位较低，下半年相对比较积极，结构上进行调整，增持了医药、消费品等行业。

季度投资组合一览

项目＼季度	第一季度		第二季度		第三季度		第四季度	
基金资产净值	6,108,045,158.43元		6,863,386,748.19元		6,523,198,113.28元		6,843,485,452.74元	
基金份额	9,865,888,486.27份		9,494,660,747.33份		9,132,772,956.85份		8,551,626,583.70份	
基金份额净值	0.6191元		0.7229元		0.7143元		0.8003元	
基金资产组合	市值(元)	占总资产比(%)	市值(元)	占总资产比(%)	市值(元)	占总资产比(%)	市值(元)	占总资产比(%)
股票投资	2,945,683,628.44	47.46	5,353,454,412.52	77.27	3,593,493,033.21	54.94	4,738,752,472.27	68.68
债券投资	2,700,664,195.59	43.51	1,402,440,951.55	20.24	2,119,182,680.00	32.40	1,572,060,500.00	22.78
金融衍生品投资	——	——	——	——	——	——	——	——
买入返售金融资产	——	——	——	——	——	——	——	——
银行存款和结算备付金	503,580,393.12	8.11	114,760,319.26	1.66	811,900,828.35	12.41	562,941,920.46	8.16
其他资产	57,036,593.95	0.92	58,011,548.40	0.84	16,732,327.22	0.26	26,383,647.74	0.38

投资前五名股票明细	股票名称	公允价值(元)	占净值比(%)	股票名称	公允价值(元)	占净值比(%)	股票名称	公允价值(元)	占净值比(%)	股票名称	公允价值(元)	占净值比(%)
	贵州茅台	229,468,067.04	3.76	贵州茅台	384,805,426.61	5.61	中国平安	202,800,000.00	3.11	兴业银行	221,698,832.57	3.24
	浦发银行	208,240,000.00	3.41	浦发银行	352,204,595.78	5.13	贵州茅台	197,832,000.00	3.03	中国平安	220,360,000.00	3.22
	神火股份	162,760,000.00	2.66	兴业银行	278,319,322.17	4.06	兴业银行	185,839,830.13	2.85	贵州茅台	186,802,000.00	2.73
	中国铁建	138,510,673.20	2.27	中国平安	222,567,180.78	3.24	中国神华	166,980,000.00	2.56	苏宁电器	173,509,883.00	2.54
	招商银行	127,440,000.00	2.09	金地集团	209,560,000.00	3.05	交通银行	158,268,533.92	2.43	广州友谊	138,750,000.00	2.03

投资前五名债券明细	债券名称	公允价值(元)	占净值比(%)	债券名称	公允价值(元)	占净值比(%)	债券名称	公允价值(元)	占净值比(%)	债券名称	公允价值(元)	占净值比(%)
	08央行票据17	359,312,000.00	5.88	08央行票据95	357,013,000.00	5.20	09央行票据37	558,152,000.00	8.56	09央行票据63	358,812,000.00	5.24
	08央行票据95	330,582,000.00	5.41	08央行票据104	338,275,000.00	4.93	09央行票据41	398,680,000.00	6.11	09央行票据55	299,010,000.00	4.37
	08央行票据104	292,170,000.00	4.78	08央行票据98	222,042,000.00	3.24	09央行票据43	398,680,000.00	6.11	09央行票据61	299,010,000.00	4.37
	08央行票据47	212,140,000.00	3.47	08央票117	185,402,000.00	2.70	09央行票据39	199,340,000.00	3.06	07农发15	162,112,000.00	2.37
	08央行票据14	211,200,000.00	3.46	07农发15	164,400,000.00	2.40	08央行票据117	184,433,000.00	2.83	09央行票据65	149,505,000.00	2.18

景顺长城内需增长开放式证券投资基金

基本资料						
基金简称	景顺长城内需增长股票				交易代码	260104
风险收益特征	该基金在风险较高的股票型基金中属于中低风险基金，依据该基金投资组合管理方法的特征对投资组合风险进行控制，力争使该基金的平均单位风险收益值高于业绩比较基准的平均单位风险收益值。					
业绩比较基准	沪深综合指数总市值加权指数×80%＋中国债券总指数×20%					
合同生效日	2004年6月25日	首募份额	25.21亿份	认购户数	78,574户	
基金管理人	景顺长城基金管理有限公司		基金托管人	中国农业银行		
注册登记人	景顺长城基金管理有限公司					

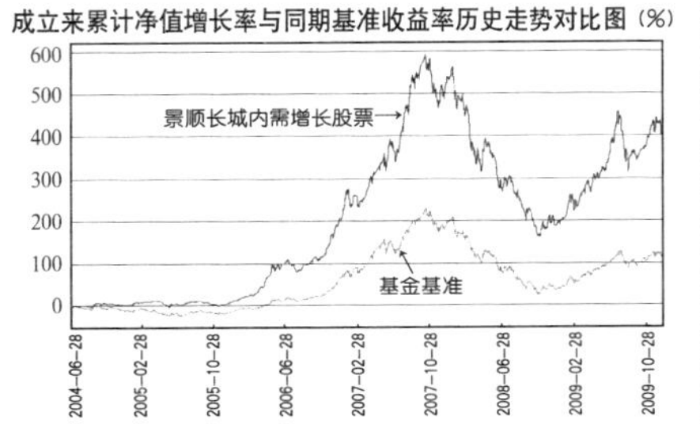

财务指标　　单位：人民币（元）；%

项目＼年度	2009年	2008年	2007年
本期利润	949,008,732.81	−3,176,257,333.71	4,691,858,272.86
本期加权平均净值利润率	58.08	−88.95	66.97
期末基金资产净值	1,861,969,950.83	1,385,771,495.95	8,622,511,966.02
期末基金份额净值	3.913	2.063	4.842
本期份额净值增长率	89.68	−55.13	106.97
累计份额净值增长率	441.07	185.26	535.70
基金收益分配	——	10派1.800	10派6.000

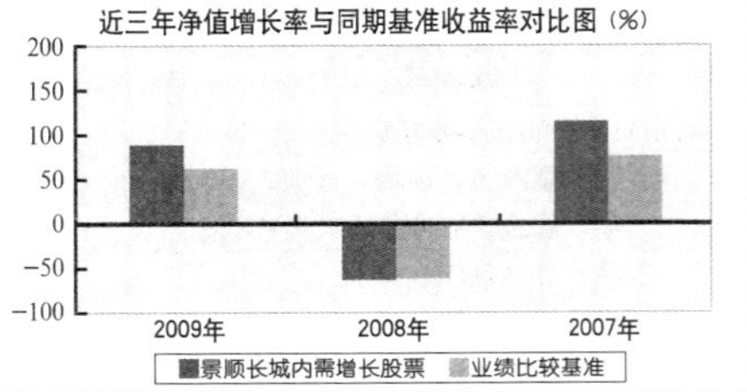

期末基金份额持有人户数	基金份额持有人户数为70,143户，平均每户持有6,784.09份。（期末截至2009年12月31日）
期末基金份额持有人结构	机构投资者持有42,767,221.19份，占总份额8.99%；个人投资者持有433,089,522.84份，占总份额91.01%。

基金业绩表现

截至2009年12月31日，景顺长城内需增长股票基金份额净值为3.913元，全年净值增长率为89.68%；同期业绩基准收益率为64.78%。

基金管理团队

王鹏辉先生：基金经理，华中理工大学经济学硕士，9年证券从业经历。2003年1月加入融通基金管理公司，任行业研究员；2007年3月加入景顺长城基金管理公司，2007年8月起任景顺长城内需增长股票基金经理及景顺长城内需贰号股票基金经理。

基金运作分析

景顺长城内需增长股票基金在2009年保持了较高的仓位，同时根据宏观经济趋势以及政策作出适当的行业调整，取得了较好的业绩。8月份之前，该基金重点配置了金融、地产、煤炭、有色、电力设备等行业，之后重点配置了医药、食品饮料、服装、商业、家电等消费类行业。

2010年，该管理人认为虽然经济是最复杂的一年，但总体处于一个平稳的状态，考虑到目前市场的估值水平大致合理，因此，证券市场也许会在调结构的过程中表现出明显的结构分化；2010年是调结构的关键一年，也是加快调整结构的一年。在结构调整过程中明显受益的行业有TMT、医药、旅游、节能环保新能源等行业，这些行业在居民收入提升和政策引导下具有巨大的长期增长空间。而传统的钢铁、水泥、有色煤炭等周期性行业则面临一定的压力。金融、地产稳定但增长速度有限。

季度投资组合一览

项目＼季度	第一季度		第二季度		第三季度		第四季度	
基金资产净值	1,666,973,850.16元		1,438,271,569.50元		1,660,002,595.53元		1,861,969,950.83元	
基金份额	624,350,292.77份		433,759,350.80份		514,281,949.04份		475,856,744.03份	
基金份额净值	2.670元		3.316元		3.228元		3.913元	
基金资产组合	市值(元)	占总资产比(%)	市值(元)	占总资产比(%)	市值(元)	占总资产比(%)	市值(元)	占总资产比(%)
股票投资	1,229,463,911.73	73.45	1,273,315,575.84	87.45	1,223,208,726.67	73.06	1,488,337,663.92	77.84
债券投资	146,176,000.00	8.73	——	——	209,307,000.00	12.50	99,670,000.00	5.21
金融衍生品投资	——	——	——	——	——	——	——	——
买入返售金融资产	——	——	——	——	——	——	——	——
银行存款和结算备付金	293,644,555.28	17.54	115,771,086.43	7.95	236,425,994.91	14.12	215,867,820.38	11.29
其他资产	4,706,604.80	0.28	66,928,435.22	4.60	5,308,103.26	0.32	108,049,083.12	5.65

	第一季度			第二季度			第三季度			第四季度		
投资前五名股票明细	股票名称	公允价值(元)	占净值比(%)	股票名称	公允价值(元)	占净值比(%)	股票名称	公允价值(元)	占净值比(%)	股票名称	公允价值(元)	占净值比(%)
	东方电气	85,392,743.52	5.12	兴业银行	139,198,756.47	9.68	美邦服饰	68,578,960.50	4.13	博瑞传播	94,647,100.80	5.08
	金风科技	77,374,068.75	4.64	交通银行	119,022,568.52	8.28	云南白药	63,685,827.24	3.84	泸州老窖	91,266,111.36	4.90
	华夏银行	54,692,520.08	3.28	中国平安	74,190,000.00	5.16	美的电器	58,627,156.90	3.53	格力电器	89,604,519.98	4.81
	海螺水泥	53,727,019.56	3.22	盘江股份	69,192,039.70	4.81	格力电器	46,105,277.80	2.78	云南白药	86,109,320.40	4.62
	神火股份	53,128,494.80	3.19	兰花科创	69,123,521.53	4.81	泸州老窖	43,943,739.00	2.65	苏宁电器	81,214,640.24	4.36
投资前五名债券明细	债券名称	公允价值(元)	占净值比(%)	债券名称	公允价值(元)	占净值比(%)	债券名称	公允价值(元)	占净值比(%)	债券名称	公允价值(元)	占净值比(%)
	08央行票据104	77,912,000.00	4.67				09央行票据39	169,439,000.00	10.21	09央行票据67	99,670,000.00	5.35
	08央行票据108	68,264,000.00	4.10				09央行票据45	39,868,000.00	2.40			

景顺长城鼎益股票型证券投资基金(LOF)

基本资料					
基金简称	景顺长城鼎益股票(LOF)	交易代码	162605(前端) 162606(后端)		
风险收益特征	该基金严格控制证券市场中的非系统性风险，是风险程度适中的投资品种。				
业绩比较基准	新华富时A200指数×80%＋同业存款利率×20%				
合同生效日	2005年3月16日	首募份额	4.46亿份	认购户数	7,467户
上市日期	2005年5月25日	上市地点	深交所		
基金管理人	景顺长城基金管理有限公司	基金托管人	中国银行		
注册登记人	中国证券登记结算有限责任公司				

成立来累计净值增长率与同期基准收益率历史走势对比图（%）

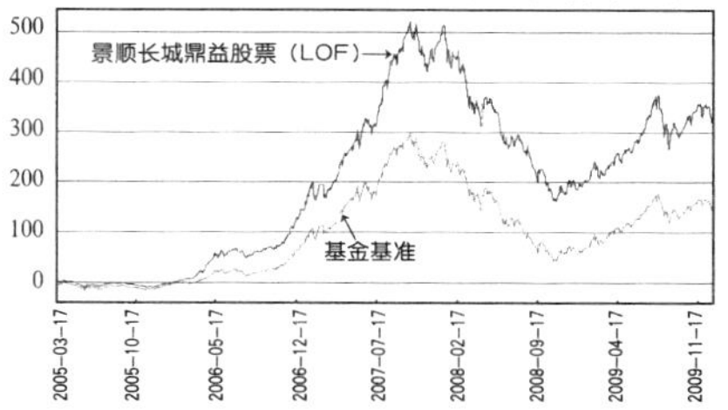

近三年净值增长率与同期基准收益率对比图（%）

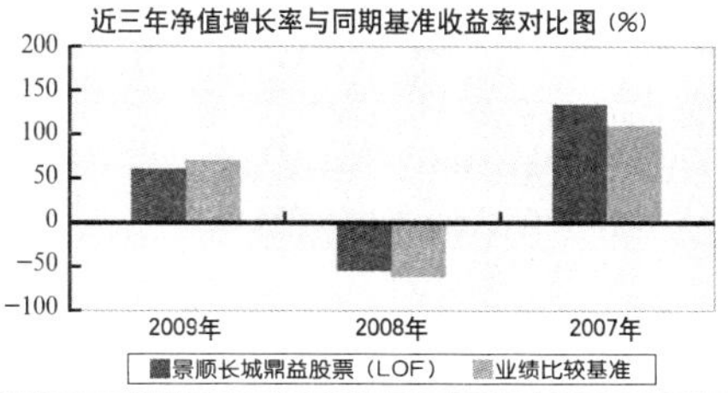

财务指标　　单位：人民币(元)；%

项目＼年度	2009年	2008年	2007年
本期利润	3,761,057,933.46	−8,264,987,386.97	6,047,436,069.81
本期加权平均净值利润率	45.10	−73.91	57.29
期末基金资产净值	8,303,913,218.45	7,050,392,345.88	19,053,144,724.91
期末基金份额净值	1.134	0.720	1.602
本期份额净值增长率	57.50	−50.74	135.81
累计份额净值增长率	349.33	185.29	479.16
基金收益分配	——	10派1.100	10派10.700

期末基金份额持有人户数	基金份额持有人户数为347,821户，平均每户持有21,054.00份。　（期末截至2009年12月31日）
期末基金份额持有人结构	机构投资者持有22,196,343.90份，占总份额0.30%；个人投资者持有7,300,825,751.99份，占总份额99.70%。

基金业绩表现

2009年景顺长城鼎益股票基金全年净值增长率为57.50%；同期业绩基准收益率为68.32%。

基金管理团队

张继荣先生：基金经理，清华大学化学工程博士，10年证券从业经历。曾就职于大鹏证券、融通基金管理公司和银华基金管理公司。2009年3月加入景顺长城基金管理公司；2009年9月起任景顺长城鼎益股票基金经理及景系列基金经理。

涂　强先生：基金经理，南京大学经济学硕士，12年证券从业经历。曾就职于长城证券公司。2005年3月起加入景顺长城基金管理公司；2009年3月至2009年9月任景顺长城鼎益股票基金经理及景系列基金经理。

王新艳女士：基金经理，原投资总监。中国人民银行总行研究生部硕士研究生，12年证券从业经历。1998年进入长盛基金公司，历任公司分析师、基金经理助理，基金经理；2005年3月至2009年3月任景顺长城鼎益股票基金经理、景顺长城精选股票基金经理。

基金运作分析

景顺长城鼎益股票基金在2009年一季度较为谨慎，仓位中等，组合防御性较大；二季度大幅提升股票仓位，增持了金融、煤炭和钢铁等周期性行业；三、四季度降低了周期性行业的比重，增持了医药、消费品、电子等行业。

2010年，该基金管理人策略上更看好符合国家经济结构转型战略的消费、科技创新以及节能减排等相关行业。

季度投资组合一览

项目＼季度	第一季度		第二季度		第三季度		第四季度	
基金资产净值	7,977,845,409.35元		8,734,538,940.85元		7,913,795,136.45元		8,303,913,218.45元	
基金份额	9,391,634,024.41份		8,462,343,569.32份		7,936,376,398.92份		7,323,022,095.89份	
基金份额净值	0.849元		1.032元		0.997元		1.134元	
基金资产组合	市值(元)	占总资产比(%)	市值(元)	占总资产比(%)	市值(元)	占总资产比(%)	市值(元)	占总资产比(%)
股票投资	6,022,930,789.11	75.01	8,219,385,904.75	93.49	6,237,625,601.76	78.18	7,159,160,491.42	85.05
债券投资	1,230,585,809.80	15.33	254,627,489.60	2.90	4,293,002.40	0.05	657,408.00	0.01
金融衍生品投资	191,200.51	0.00	158,280.96	0.00	——	——	——	——
买入返售金融资产	——	——	——	——	——	——	——	——
银行存款和结算备付金	541,281,978.96	6.74	284,983,135.91	3.24	1,728,718,921.37	21.67	1,254,311,631.92	14.90
其他资产	234,508,276.29	2.92	32,565,300.74	0.37	7,665,990.78	0.10	3,670,820.83	0.04

投资前五名股票明细	股票名称	公允价值(元)	占净值比(%)	股票名称	公允价值(元)	占净值比(%)	股票名称	公允价值(元)	占净值比(%)	股票名称	公允价值(元)	占净值比(%)
	贵州茅台	453,571,465.38	5.69	兴业银行	488,872,407.33	5.60	兴业银行	405,480,000.00	5.12	兴业银行	483,720,000.00	5.83
	招商银行	414,180,000.00	5.19	贵州茅台	473,632,000.00	5.42	浦发银行	396,157,951.50	5.01	招商银行	434,281,664.30	5.23
	海油工程	382,365,240.36	4.79	浦发银行	464,099,544.20	5.31	中国平安	317,338,043.10	4.01	苏宁电器	373,588,596.06	4.50
	中国平安	351,990,000.00	4.41	招商银行	403,380,000.00	4.62	贵州茅台	314,833,142.00	3.98	西山煤电	370,331,898.92	4.46
	中信证券	254,700,000.00	3.19	中国平安	395,680,000.00	4.53	招商银行	280,820,000.00	3.55	三一重工	305,051,832.00	3.67

投资前五名债券明细	债券名称	公允价值(元)	占净值比(%)	债券名称	公允价值(元)	占净值比(%)	债券名称	公允价值(元)	占净值比(%)	债券名称	公允价值(元)	占净值比(%)
	08央行票据35	423,640,000.00	5.31	04国开11	250,250,000.00	2.87	08石化债	3,646,500.00	0.05	08赣粤债	657,408.00	0.01
	08央行票据17	317,040,000.00	3.97	08石化债	3,716,856.00	0.04	08赣粤债	646,502.40	0.01			
	04国开11	252,150,000.00	3.16	08赣粤债	660,633.60	0.01						
	08央行票据95	233,352,000.00	2.93									
	08石化债	3,737,877.00	0.05									

景顺长城资源垄断股票型证券投资基金(LOF)

基本资料			
基金简称	景顺长城资源垄断股票(LOF)	交易代码	162607
风险收益特征	该基金是风险程度较高的投资品种。		
业绩比较基准	新华富时200指数×80%+中国债券总指数×20%		
合同生效日	2006年1月26日 首募份额 11.55亿份	认购户数	35,345户
上市日期	2006年4月7日	上市地点	深交所
基金管理人	景顺长城基金管理有限公司	基金托管人	中国农业银行
注册登记人	中国证券登记结算有限责任公司		

成立来累计净值增长率与同期基准收益率历史走势对比图(%)

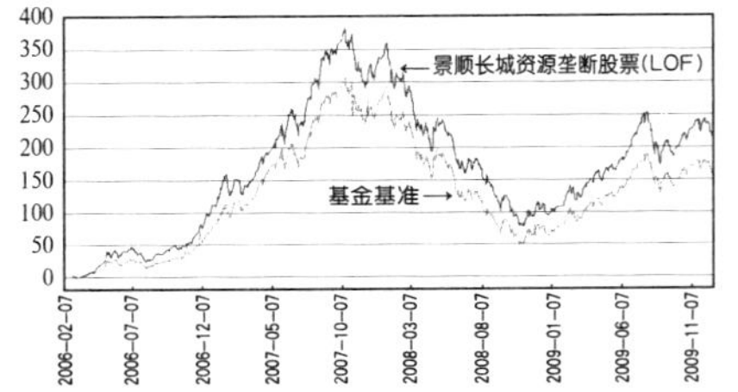

财务指标　单位：人民币(元)；%

项目 \ 年度	2009年	2008年	2007年
本期利润	4,562,724,183.16	-8,299,973,940.75	2,679,410,137.68
本期加权平均净值利润率	51.26	-83.59	33.14
期末基金资产净值	9,860,185,347.78	6,452,657,214.72	16,756,158,079.49
期末基金份额净值	0.897	0.518	1.161
本期份额净值增长率	73.17	-55.38	105.68
累计份额净值增长率	236.53	94.34	335.57
基金收益分配	—	—	—

近三年净值增长率与同期基准收益率对比图(%)

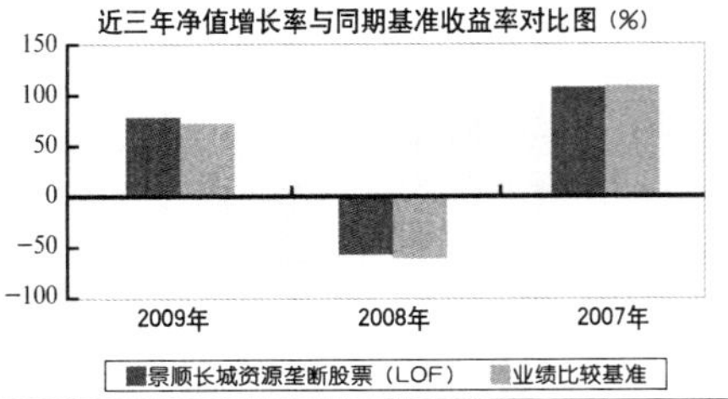

期末基金份额持有人户数	基金份额持有人户数为471,751户，平均每户持有23,307.23份。（期末截至2009年12月31日）
期末基金份额持有人结构	机构投资者持有27,319,138.55份，占总份额0.25%；个人投资者持有10,967,888,794.72份，占总份额99.75%。

基金业绩表现

截至2009年12月31日，景顺长城资源垄断股票基金份额净值为0.897元，全年净值增长率为73.17%；同期业绩基准收益率为67.66%。

基金管理团队

陈　晖先生：基金经理，英国爱丁堡大学工商管理硕士，8年证券从业经历。曾任职于国信证券公司，担任理财部投资经理。2005年1月加入景顺长城基金管理公司，历任研究员，助理基金经理，2006年11月起任景顺长城资源垄断股票基金经理，景顺长城精选蓝筹股票代理基金经理。

基金运作分析

该基金管理人在年初对2009年资本市场恢复走强有较好预期，年初采取相对激进的投资策略，取得相对较好的收益，但是，下半年由于对市场未来的紧缩预期估计不足，三、四季度股票组合结构调整把握不尽如人意。

2010年，该基金管理人认为投资重点机会在于出口复苏、国家支持的新兴产业、区域经济振兴，以及一些稳定增长的传统行业价值被低估的买入机会。在操作上，景顺长城资源垄断股票基金将继续坚持“自下而上”的投资原则，加强个股研究和公司调研，努力把握不同的机会，在复杂的市场中，增加操作的前瞻性和灵活性，争取更好的收益。

季度投资组合一览

项目 \ 季度	第一季度		第二季度		第三季度		第四季度	
基金资产净值	8,045,845,373.94元		9,382,237,287.42元		8,853,112,076.30元		9,860,185,347.78元	
基金份额	12,273,085,901.52份		11,731,812,986.86份		11,503,279,778.78份		10,995,207,933.27份	
基金份额净值	0.656元		0.800元		0.770元		0.897元	
基金资产组合	市值(元)	占总资产比(%)	市值(元)	占总资产比(%)	市值(元)	占总资产比(%)	市值(元)	占总资产比(%)
股票投资	6,300,467,521.60	77.52	8,307,049,983.24	88.22	7,328,447,549.57	82.46	8,588,391,808.38	86.68
债券投资	632,745,057.53	7.78	417,349,360.75	4.43	6,656,930.35	0.07	—	—
金融衍生品投资	—	—	—	—	—	—	—	—
买入返售金融资产	—	—	—	—	—	—	—	—
银行存款和结算备付金	1,151,555,314.89	14.17	672,380,909.18	7.14	1,541,939,915.51	17.35	1,306,478,206.21	13.19
其他资产	43,253,419.80	0.53	19,829,895.27	0.21	9,874,896.67	0.11	12,988,232.77	0.13

投资前五名股票明细	股票名称	公允价值(元)	占净值比(%)	股票名称	公允价值(元)	占净值比(%)	股票名称	公允价值(元)	占净值比(%)	股票名称	公允价值(元)	占净值比(%)
	招商银行	407,759,270.13	5.07	招商银行	587,073,447.81	6.26	招商银行	466,785,108.14	5.27	中国平安	475,333,047.00	4.82
	浦发银行	306,880,000.00	3.81	浦发银行	467,306,000.00	4.98	浦发银行	353,698,093.95	4.00	浦发银行	347,037,896.07	3.52
	贵州茅台	250,135,380.06	3.11	贵州茅台	278,261,612.19	2.97	中国平安	286,683,150.00	3.24	招商银行	326,245,049.90	3.31
	中国平安	242,482,000.00	3.01	中国平安	272,524,600.00	2.90	贵州茅台	250,590,332.34	2.83	中信证券	309,075,175.71	3.13
	中国中铁	206,719,026.24	2.57	中国神华	247,442,917.56	2.64	兴业银行	247,221,493.90	2.79	中国神华	291,544,935.12	2.96

投资前五名债券明细	债券名称	公允价值(元)	占净值比(%)	债券名称	公允价值(元)	占净值比(%)	债券名称	公允价值(元)	占净值比(%)	债券名称	公允价值(元)	占净值比(%)
	08央行票据17	528,400,000.00	6.57	08央行票据17	313,770,000.00	3.34	08石化债	5,998,450.00	0.07			
	08央行票据108	97,520,000.00	1.21	08央行票据108	96,790,000.00	1.03	08万科G1	371,521.00	0.00			
	08石化债	6,148,764.10	0.08	08石化债	6,114,184.80	0.07	08万科G2	286,959.35	0.00			
	08万科G1	383,424.10	0.00	08万科G1	381,981.30	0.00						
	08万科G2	292,869.33	0.00	08万科G2	293,194.65	0.00						

景顺长城新兴成长股票型证券投资基金

基本资料					
基金简称	景顺长城新兴成长股票			交易代码	260108
风险收益特征	该基金属于风险程度较高的投资品种。				
业绩比较基准	新华富时600成长指数×80%＋同业存款利率×20%				
合同生效日	2006年6月28日	首募份额	59.23亿份	认购户数	147,102户
基金管理人	景顺长城基金管理有限公司	基金托管人	中国工商银行		
注册登记人	景顺长城基金管理有限公司				

成立来累计净值增长率与同期基准收益率历史走势对比图（%）

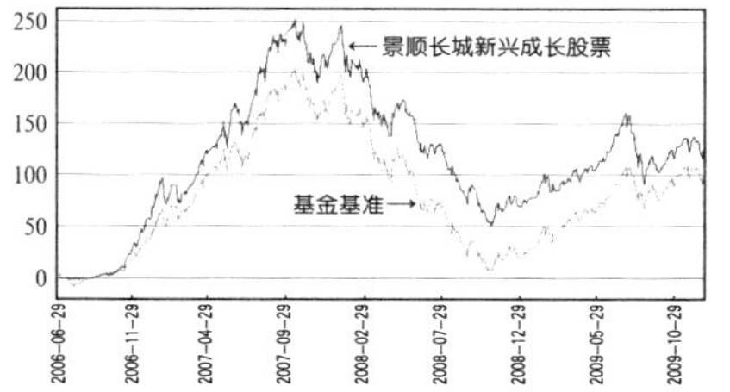

财务指标　　单位：人民币（元）；%

项 目 ＼ 年 度	2009年	2008年	2007年
本期利润	1,479,328,286.81	−4,273,382,161.61	5,005,829,197.28
本期加权平均净值利润率	30.67	−69.32	61.45
期末基金资产净值	4,235,096,041.30	4,232,812,959.05	10,044,716,414.33
期末基金份额净值	1.013	0.747	1.447
本期份额净值增长率	35.61	−48.38	109.12
累计份额净值增长率	129.41	69.17	227.69
基金收益分配	——	——	10派13.500

近三年净值增长率与同期基准收益率对比图（%）

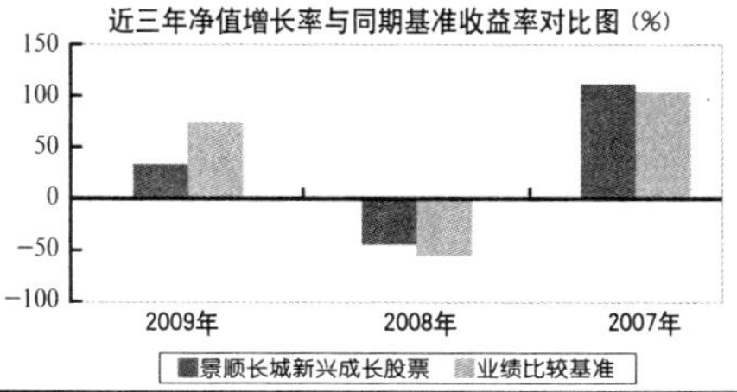

期末基金份额持有人户数	基金份额持有人户数为197,616户，平均每户持有21,151.40份。　（期末截至2009年12月31日）
期末基金份额持有人结构	机构投资者持有10,258,899.73份，占总份额0.25%；个人投资者持有4,169,596,774.72份，占总份额99.75%。

基金业绩表现

截至2009年12月31日，景顺长城新兴成长股票基金份额净值为1.013元，全年净值增长率为35.61%；同期业绩比较基准收益率为72.06%，业绩表现优于基准。

基金管理团队

李志嘉先生：基金经理、投资副总监，首都经济贸易大学经济学硕士学位，CFA，13年证券从业经历。1999年3月加入长盛基金管理公司，历任交易员、研究员、基金经理助理、集中交易室主管等职。2002年11月进入招商基金管理公司，历任研究员、基金经理、投资副总监等职。2005年8月加入景顺长城基金管理公司；2006年6月起任景顺长城新兴成长股票基金经理及景顺长城能源基建基金经理。

基金运作分析

该管理人在2009年度对宏观经济恢复增长保持较为谨慎的态度，认为经济结构调整之路仍然漫长，因此投资策略相对保守，基金股票仓位及持仓结构调整不够及时，对于市场热点把握不足，导致基金业绩表现滞后。

2010年，基于对市场环境的分析，该基金管理人主要关注的是受内需持续拉动、国际竞争力持续增强、处于技术领先地位或技术突破阶段的制造业、新能源及节能环保等行业，比如城市必需消费及消费升级相关行业，受益于金融危机洗牌的半导体产业，与内需相关的医药、服装、食品、家电等行业，技术升级进程中的机械及化工新材料等等。

季度投资组合一览

项 目 ＼ 季 度	第一季度		第二季度		第三季度		第四季度	
基金资产净值	4,743,275,128.93元		5,334,609,507.80元		4,484,840,571.14元		4,235,096,041.30元	
基金份额	5,564,826,997.29份		5,286,676,196.32份		4,986,542,817.12份		4,179,855,674.45份	
基金份额净值	0.852元		1.009元		0.899元		1.013元	
基金资产组合	市值(元)	占总资产比(%)	市值(元)	占总资产比(%)	市值(元)	占总资产比(%)	市值(元)	占总资产比(%)
股票投资	3,532,968,732.46	73.92	4,856,850,616.79	90.64	3,101,467,879.96	68.80	3,542,057,144.23	83.22
债券投资	219,318,000.00	4.59	——	——	——	——	——	——
金融衍生品投资	——	——	——	——	——	——	——	——
买入返售金融资产	——	——	——	——	——	——	——	——
银行存款和结算备付金	985,431,035.82	20.62	499,861,079.47	9.33	1,394,596,440.66	30.93	681,628,035.44	16.01
其他资产	41,753,049.85	0.87	1,734,864.67	0.03	12,143,992.58	0.27	32,516,131.27	0.76

投资前五名股票明细

股票名称	公允价值(元)	占净值比(%)	股票名称	公允价值(元)	占净值比(%)	股票名称	公允价值(元)	占净值比(%)	股票名称	公允价值(元)	占净值比(%)
贵州茅台	286,850,000.00	6.05	贵州茅台	296,020,000.00	5.55	华侨城A	182,837,257.50	4.08	中信证券	200,151,000.00	4.73
海油工程	244,809,793.98	5.16	交通银行	225,249,801.78	4.22	贵州茅台	181,346,000.00	4.04	贵州茅台	169,820,000.00	4.01
中联重科	188,280,000.00	3.97	民生银行	213,839,611.92	4.01	中国平安	177,450,050.70	3.96	中国平安	166,922,755.09	3.94
中国南车	176,368,984.00	3.72	兴业银行	186,275,686.05	3.49	中信证券	175,070,000.00	3.90	深发展A	158,951,570.36	3.75
中国中铁	147,323,196.80	3.11	海油工程	177,450,000.00	3.33	兴业银行	168,950,000.00	3.77	兴业银行	156,695,007.19	3.70

投资前五名债券明细

债券名称	公允价值(元)	占净值比(%)	债券名称	公允价值(元)	占净值比(%)	债券名称	公允价值(元)	占净值比(%)	债券名称	公允价值(元)	占净值比(%)
08国开17	219,318,000.00	4.62									

景顺长城内需增长贰号股票型证券投资基金

基本资料					
基金简称	景顺长城内需贰号股票	交易代码	260109		
风险收益特征	该基金属于风险程度较高的投资品种。				
业绩比较基准	沪深综合指数总市值加权指数×80%+中国债券总指数×20%				
合同生效日	2006年10月11日	首募份额	55.28亿份	认购户数	142,647户
基金管理人	景顺长城基金管理有限公司	基金托管人	中国农业银行		
注册登记人	景顺长城基金管理有限公司				

财务指标　　单位：人民币(元)；%

项目＼年度	2009年	2008年	2007年
本期利润	2,076,335,152.03	-4,086,388,620.75	5,358,530,908.01
本期加权平均净值利润率	57.45	-87.26	68.61
期末基金资产净值	4,505,918,684.27	2,384,353,159.74	8,630,998,254.99
期末基金份额净值	1.247	0.996	3.030
本期份额净值增长率	99.63	-54.92	114.59
累计份额净值增长率	172.69	36.60	203.00
基金收益分配	10派6.200	10派4.400	——

成立来累计净值增长率与同期基准收益率历史走势对比图（%）

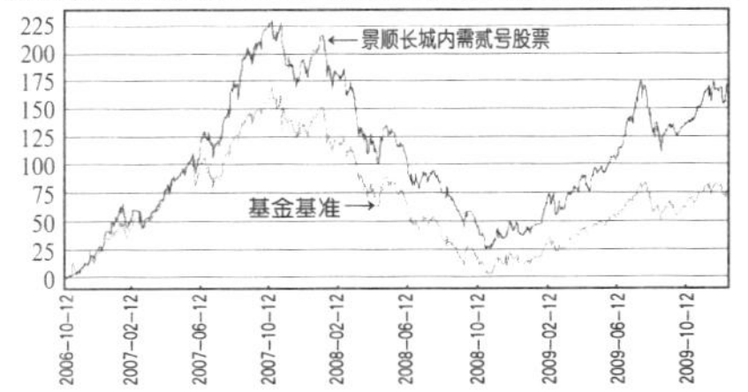

近三年净值增长率与同期基准收益率对比图（%）

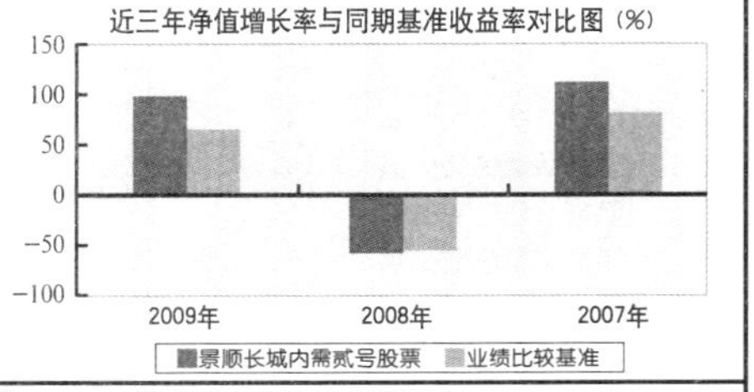

期末基金份额持有人户数	基金份额持有人户数为136,939户，平均每户持有26,377.93份。（期末截至2009年12月31日）
期末基金份额持有人结构	机构投资者持有100,328,735.43份，占总份额2.78%；个人投资者持有3,511,837,952.01份，占总份额97.22%。

基金业绩表现

截至2009年12月31日，景顺长城内需贰号股票基金份额净值为1.247元，全年净值增长率为99.63%；同期业绩比较基准收益率为64.78%。

基金管理团队

王鹏辉先生：基金经理，华中理工大学经济学硕士，9年证券从业经历。曾任职于长城证券研究部，2003年1月加入融通基金管理公司，任行业研究员。2007年3月加入景顺长城基金管理公司；2007年8月起任景顺长城内需贰号股票基金经理及景顺长城内需增长股票基金经理。

基金运作分析

景顺长城内需贰号股票基金在2009年保持了较高的仓位，同时根据宏观经济趋势以及政策作出适当的行业调整，取得较好的业绩。2009年8月份之前，该基金重点配置了金融、地产、煤炭、有色、电力设备等行业，之后重点配置了医药、食品饮料、服装、商业、家电等消费类行业。

展望2010年，虽然经济是最复杂的一年，但总体处于一个平稳的状态，考虑到目前市场的估值水平大致合理，因此，证券市场也许会在调结构的过程中表现出明显的结构分化。

该管理人认为2010年是调结构的关键一年，也是加快调整结构的一年。在结构调整过程中明显受益的行业有TMT、医药、旅游、节能环保新能源等行业，这些行业在居民收入提升和政策引导下具有巨大的长期增长空间。而传统的钢铁、水泥、有色煤炭等周期性行业则面临一定的压力。金融、地产稳定但增长速度有限。

季度投资组合一览

项目＼季度	第一季度		第二季度		第三季度		第四季度	
基金资产净值	3,044,201,746.48元		3,449,069,221.76元		3,891,337,434.45元		4,505,918,684.27元	
基金份额	2,341,082,212.36份		2,105,918,424.90份		3,754,127,432.39份		3,612,166,687.44份	
基金份额净值	1.300元		1.638元		1.037元		1.247元	
基金资产组合	市值(元)	占总资产比(%)	市值(元)	占总资产比(%)	市值(元)	占总资产比(%)	市值(元)	占总资产比(%)
股票投资	2,228,695,637.47	72.91	3,067,469,714.32	88.13	2,847,853,278.47	72.63	3,625,184,361.58	79.71
债券投资	276,932,000.00	9.06	——	——	468,449,000.00	11.95	249,175,000.00	5.48
金融衍生品投资	——	——	——	——	——	——	——	——
买入返售金融资产	——	——	——	——	——	——	——	——
银行存款和结算备付金	541,705,249.16	17.72	238,027,552.46	6.84	584,312,532.92	14.90	609,968,035.56	13.41
其他资产	9,581,448.50	0.31	175,308,941.43	5.04	20,629,877.83	0.53	63,380,853.70	1.39

投资前五名股票明细	股票名称	公允价值(元)	占净值比(%)	股票名称	公允价值(元)	占净值比(%)	股票名称	公允价值(元)	占净值比(%)	股票名称	公允价值(元)	占净值比(%)
	金风科技	161,564,844.65	5.31	兴业银行	337,189,735.53	9.78	美邦服饰	161,601,415.20	4.15	博瑞传播	228,727,262.00	5.08
	东方电气	152,920,601.68	5.02	交通银行	305,238,013.93	8.85	云南白药	149,272,242.70	3.84	泸州老窖	220,713,772.16	4.90
	华夏银行	98,720,845.82	3.24	深发展A	195,622,955.10	5.67	美的电器	136,787,986.00	3.52	格力电器	216,352,372.36	4.80
	海螺水泥	98,506,709.72	3.24	盘江股份	184,404,226.14	5.35	格力电器	107,216,585.60	2.76	云南白药	209,388,015.60	4.65
	神火股份	93,568,220.00	3.07	中国平安	182,992,108.00	5.31	泸州老窖	102,632,607.00	2.64	苏宁电器	196,475,107.80	4.36

投资前五名债券明细	债券名称	公允价值(元)	占净值比(%)	债券名称	公允价值(元)	占净值比(%)	债券名称	公允价值(元)	占净值比(%)	债券名称	公允价值(元)	占净值比(%)
	08央行票据114	137,116,000.00	4.50				09央票39	388,713,000.00	9.99	09央行票据67	249,175,000.00	5.53
	04国开11	100,860,000.00	3.31				09央票43	59,802,000.00	1.54			
	08央行票据104	38,956,000.00	1.28				09央票45	19,934,000.00	0.51			

景顺长城精选蓝筹股票型证券投资基金

基本资料					
基金简称	景顺长城精选蓝筹股票	交易代码	260110		
风险收益特征	该基金属于高风险、高收益的基金品种。				
业绩比较基准	沪深300指数×80%＋中国债券总指数×20%				
合同生效日	2007年6月18日	首募份额	147.22亿份	认购户数	1,042,927户
基金管理人	景顺长城基金管理有限公司	基金托管人	中国工商银行		
注册登记人	景顺长城基金管理有限公司				

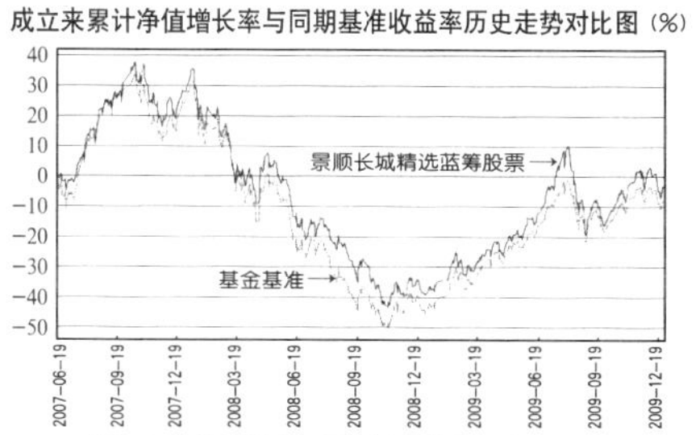

财务指标　　单位：人民币（元）；%

项目＼年度	2009年	2008年	2007.6.18至2007.12.31
本期利润	6,286,577,519.59	−11,722,044,877.76	4,097,409,006.31
本期加权平均净值利润率	46.61	−76.43	18.48
期末基金资产净值	14,204,913,983.90	9,828,675,042.66	25,621,766,730.72
期末基金份额净值	1.000	0.606	1.28
本期份额净值增长率	65.02	−52.66	28.00
累计份额净值增长率	0.00	−39.40	28.00
基金收益分配	——	——	——

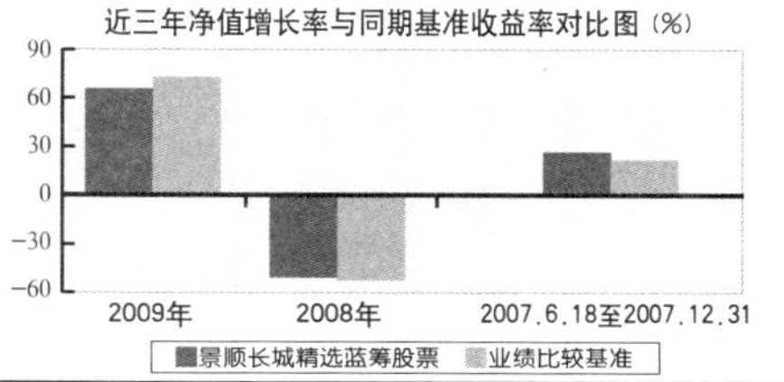

期末基金份额持有人户数	基金份额持有人户数为910,698户，平均每户持有15,602.71份。（期末截至2009年12月31日）
期末基金份额持有人结构	机构投资者持有240,059,852.24份，占总份额1.69%；个人投资者持有13,969,301,451.70份，占总份额98.31%。

基金业绩表现

2009年，景顺长城精选蓝筹股票基金全年份额净值增长率为65.02%，同期业绩基准收益率为72.85%。

基金管理团队

王新艳女士：基金经理、原投资总监，中国人民银行总行研究生部硕士研究生，12年证券从业经历。1998年进入长盛基金公司，历任长盛基金公司分析师、基金经理助理，基金经理；2006年12月至2009年3月任景顺长城精选蓝筹股票基金经理、景顺长城鼎益基金经理，

蔡宝美女士：基金经理、公司副总经理，投资总监，英国克兰非尔德大学，商学硕士，13年证券从业经历。曾任香港涌金资产管理公司投资经理，汇丰银行资产管理公司台湾分公司国际投资部副总裁、兼任基金经理，摩根富林明投资信托公司研究员等职务。2008年加入景顺长城基金公司；2009年3月起任景顺长城精选蓝筹股票基金经理。

陈　晖先生：代理基金经理，英国爱丁堡大学工商管理硕士，8年证券从业经历。曾任职于国信证券公司，担任理财部投资经理。2005年1月加入景顺长城基金管理公司，历任研究员，助理基金经理；2009年9月起任景顺长城精选蓝筹股票代理基金经理，景顺长城资源垄断基金经理。

基金运作分析

景顺长城精选蓝筹股票基金2009年一季度较为谨慎，仓位中等，组合防御性较大；二季度大幅提升股票仓位，增持了金融、煤炭和钢铁等周期性行业；三、四季度降低了周期性行业的比重，增持医药、消费品、电子等行业。

季度投资组合一览

项目＼季度	第一季度			第二季度			第三季度			第四季度		
基金资产净值	11,838,776,533.95元			14,900,843,412.58元			13,373,568,147.24元			14,204,913,983.90元		
基金份额	15,962,658,663.08份			16,364,906,717.50份			15,790,994,105.32份			14,209,361,303.94份		
基金份额净值	0.742元			0.911元			0.847元			1.000元		
基金资产组合	市值(元)	占总资产比(%)		市值(元)	占总资产比(%)		市值(元)	占总资产比(%)		市值(元)	占总资产比(%)	
股票投资	10,377,012,495.87	87.42		13,685,696,830.34	90.15		11,863,750,067.06	88.35		12,980,960,176.67	90.66	
债券投资	478,587,455.31	4.03		8,887,198.05	0.06		11,614,550.75	0.09		——	——	
金融衍生品投资	——	——		——	——		——	——		——	——	
买入返售金融资产	——	——		——	——		——	——		——	——	
银行存款和结算备付金	830,665,923.87	7.00		1,424,677,867.59	9.38		1,533,331,969.10	11.42		1,322,915,113.64	9.24	
其他资产	183,414,468.57	1.55		62,406,202.24	0.41		19,225,122.57	0.14		14,591,857.92	0.10	
投资前五名股票明细	股票名称	公允价值(元)	占净值比(%)	股票名称	公允价值(元)	占净值比(%)	股票名称	公允价值(元)	占净值比(%)	股票名称	公允价值(元)	占净值比(%)
	招商银行	823,899,600.00	6.96	中国平安	635,347,382.26	4.26	中国平安	463,398,000.00	3.47	中国平安	558,612,600.00	3.93
	中信证券	620,667,274.14	5.24	浦发银行	568,340,710.94	3.81	兴业银行	445,895,678.36	3.33	兴业银行	491,624,146.04	3.46
	浦发银行	595,148,626.72	5.03	民生银行	529,706,936.88	3.55	交通银行	368,581,699.99	2.76	交通银行	413,714,153.05	2.91
	中国平安	465,507,126.99	3.93	兴业银行	484,221,967.68	3.25	北京银行	282,530,923.68	2.11	中国神华	321,986,494.22	2.27
	贵州茅台	372,049,842.78	3.14	太钢不锈	437,822,184.96	2.94	中国神华	280,744,111.56	2.10	招商银行	319,029,905.35	2.25
投资前五名债券明细	债券名称	公允价值(元)	占净值比(%)	债券名称	公允价值(元)	占净值比(%)	债券名称	公允价值(元)	占净值比(%)	债券名称	公允价值(元)	占净值比(%)
	08央行票据95	311,136,000.00	2.63	08石化债	7,386,060.00	0.05	08石化债	7,246,250.00	0.05			
	08央行票据17	158,520,000.00	1.34	08万科G1	849,318.00	0.01	博汇转债	2,904,282.80	0.02			
	08石化债	7,427,832.50	0.06	08万科G2	651,820.05	0.00	08万科G1	826,060.00	0.01	——		
	08万科G1	852,526.00	0.01	——			08万科G2	637,957.95	0.00			
	08万科G2	651,096.81	0.01				——					

景顺长城公司治理股票型证券投资基金

基本资料					
基金简称	景顺长城公司治理股票	交易代码	260111		
风险收益特征	该基金属于风险程度高的投资品种。				
业绩比较基准	沪深300指数×80%+中证全债指数×20%				
合同生效日	2008年10月22日	首募份额	2.73亿份	认购户数	3,286户
基金管理人	景顺长城基金管理有限公司	基金托管人	中国工商银行		
注册登记人	景顺长城基金管理有限公司				

成立来累计净值增长率与同期基准收益率历史走势对比图（%）

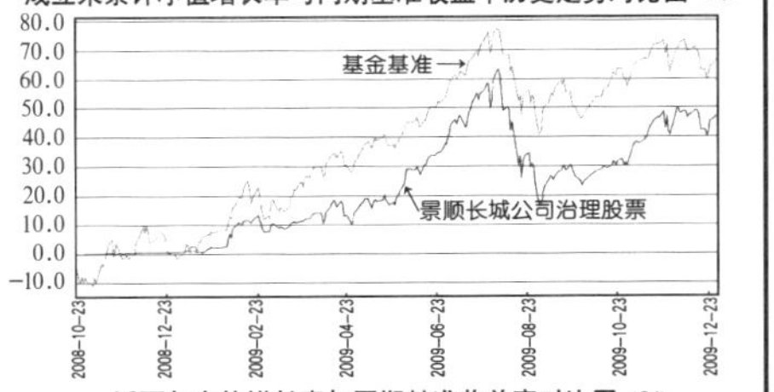

财务指标　　单位：人民币（元）；%

项目＼年度	2009年	2008年10月22日至2008年12月31日
本期利润	35,865,551.23	1,721,260.40
本期加权平均净值利润率	34.34	0.76
期末基金资产净值	109,576,966.67	127,940,224.23
期末基金份额净值	1.487	1.007
本期份额净值增长率	47.67	0.70
累计份额净值增长率	48.70	0.70
基金收益分配	——	——

近两年净值增长率与同期基准收益率对比图（%）

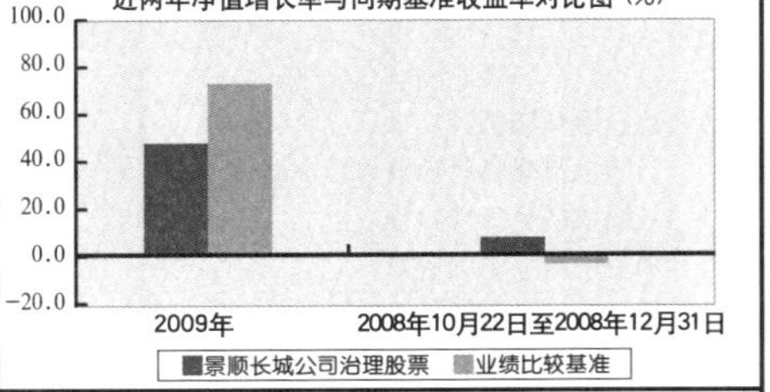

期末基金份额持有人户数	基金份额持有人户数为3,814户，平均每户持有19,316.61份。　（期末截至2009年12月31日）
期末基金份额持有人结构	机构投资者持有28,839,220.72份，占总份额39.14%；个人投资者持有44,834,317.18份，占总份额60.86%。

基金业绩表现

截至2009年12月31日，景顺长城公司治理股票基金份额净值为1.487元，全年净值增长率为47.67%；同期业绩基准收益率为72.79%，业绩表现优于基准。

基金管理团队

邓春鸣先生：基金经理，复旦大学国际金融学硕士，CFA，9年证券从业经历。曾任职于招商证券、宝盈基金，历任投资经理、研究员、基金经理助理。2007年3月加入景顺长城基金管理公司，2007年9月至2009年6月任景顺长城景系列基金经理；2008年10月起任景顺长城公司治理股票基金经理。

基金运作分析

2009年，景顺长城公司治理股票基金在建仓期间采取了较为保守的逐步建仓的策略，因此在1—4月基金净值表现明显落后基准。此后基金操作逐步向积极方向调整，业绩表现有所改善。

2010年，基于对市场的分析与判断，景顺长城公司治理股票基金主要关注的是受内需持续拉动、国际竞争力持续增强、处于技术领先地位或技术突破阶段的制造业、新能源及节能环保等行业，比如城市必需消费及消费升级相关行业，受益于金融危机洗牌的半导体产业，与内需相关的医药、服装、食品、家电等行业，技术升级进程中的机械及化工新材料等等。

季度投资组合一览

项目＼季度	第一季度		第二季度		第三季度		第四季度	
基金资产净值	77,734,982.24元		116,542,050.03元		116,365,373.58元		109,576,966.67元	
基金份额	68,958,066.20份		84,985,105.42份		93,422,886.47份		73,673,537.90份	
基金份额净值	1.127元		1.371元		1.246元		1.487元	
基金资产组合	市值(元)	占总资产比(%)	市值(元)	占总资产比(%)	市值(元)	占总资产比(%)	市值(元)	占总资产比(%)
股票投资	52,705,383.59	48.40	92,518,645.23	75.30	82,635,934.40	68.93	86,251,487.51	77.38
债券投资	——	——	——	——	——	——	——	——
金融衍生品投资	——	——	——	——	——	——	——	——
买入返售金融资产	——	——	——	——	——	——	——	——
银行存款和结算备付金	55,816,250.10	51.26	8,318,810.81	6.77	33,645,057.27	28.06	24,561,044.18	22.03
其他资产	375,715.71	0.35	22,023,698.28	17.93	3,609,594.31	3.01	659,446.63	0.59

投资前五名股票明细	股票名称	公允价值(元)	占净值比(%)	股票名称	公允价值(元)	占净值比(%)	股票名称	公允价值(元)	占净值比(%)	股票名称	公允价值(元)	占净值比(%)
	小商品城	2,887,000.00	3.71	中国神华	5,084,700.00	4.36	武汉中百	5,982,204.54	5.14	泸州老窖	4,684,800.00	4.28
	张　裕A	2,575,100.00	3.31	中煤能源	4,997,700.00	4.29	恒瑞医药	5,854,800.00	5.03	苏宁电器	4,571,600.00	4.17
	兴业银行	2,314,315.80	2.98	招商银行	4,706,100.00	4.04	国药股份	5,382,000.00	4.63	兴业银行	3,386,040.00	3.09
	国投电力	2,288,328.00	2.94	兴业银行	4,553,768.10	3.91	银座股份	4,269,813.48	3.67	北京银行	3,191,100.00	2.91
	浦发银行	2,224,880.00	2.86	塔牌集团	4,505,034.00	3.87	云南白药	3,800,688.92	3.27	国药股份	3,072,000.00	2.80

投资前五名债券明细	债券名称	公允价值(元)	占净值比(%)	债券名称	公允价值(元)	占净值比(%)	债券名称	公允价值(元)	占净值比(%)	债券名称	公允价值(元)	占净值比(%)

景顺长城能源基建股票型证券投资基金

基本资料					
基金简称	景顺长城能源基建股票	交易代码	260112		
风险收益特征	该基金属于高风险的投资品种。				
业绩比较基准	沪深300指数×80%+中证全债指数×20%				
合同生效日	2009年10月20日	首募份额	9.34亿份	认购户数	17,676户
基金管理人	景顺长城基金管理有限公司	基金托管人	中国农业银行		
注册登记人	景顺长城基金管理有限公司				

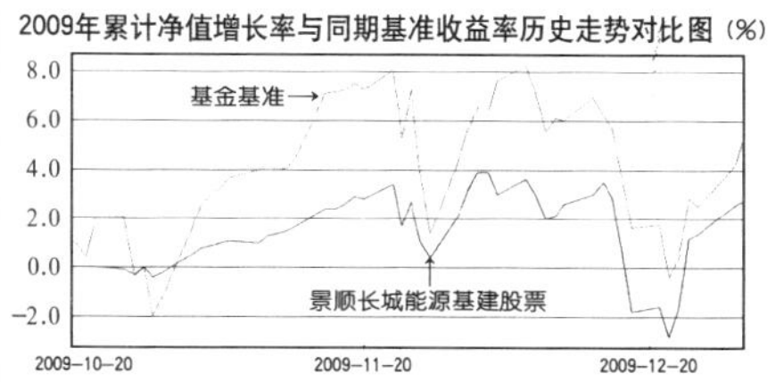

财务指标　单位：人民币(元)；%

项目＼年度	2009年10月20日至2009年12月31日
本期利润	27,367,022.35
本期加权平均净值利润率	3.27
期末基金资产净值	592,076,759.43
期末基金份额净值	1.030
本期份额净值增长率	3.00
累计份额净值增长率	3.00
基金收益分配	——

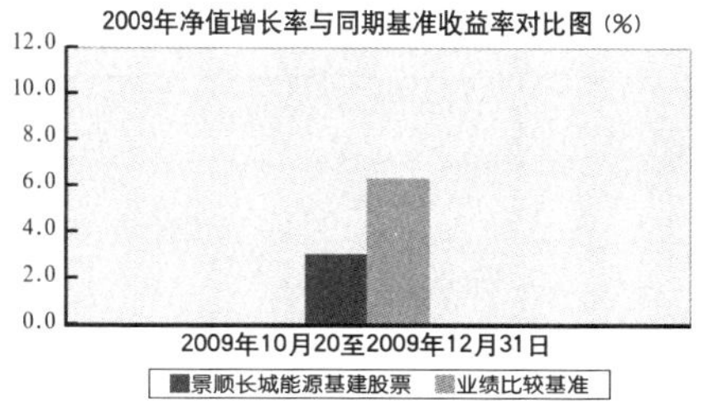

期末基金份额持有人户数	基金份额持有人户数为14,850户，平均每户持有38,717.30份。　（期末截至2009年12月31日）
期末基金份额持有人结构	机构投资者持有95,736,574.23份，占总份额16.65%；个人投资者持有479,215,266.63份，占总份额83.35%。

基金业绩表现

景顺长城能源基建股票基金合同生效于2009年10月20日，截至2009年12月31日，该基金份额净值为1.030元，成立以来净值增长率为3.00%；同期业绩基准收益率为6.11%。

基金管理团队

李志嘉先生：基金经理、投资副总监，首都经济贸易大学经济学硕士学位，CFA，13年证券从业经历。1999年3月加入长盛基金管理公司，历任交易员、研究员、基金经理助理、集中交易室主管等职。2002年11月进入招商基金管理公司，历任研究员、基金经理、投资副总监等职。2005年8月加入景顺长城基金管理公司，2009年10月起任景顺长城能源基建股票基金经理、景顺长城新兴成长股票基金经理。

季度投资组合一览

项目＼季度	第四季度	
基金资产净值	592,076,759.43元	
基金份额	574,951,840.86份	
基金份额净值	1.030元	
基金资产组合	金额(元)	占总资产比例(%)
股票投资	548,327,031.43	90.36
债券投资	——	——
金融衍生品投资	——	——
买入返售金融资产	——	——
银行存款和结算备付金	44,333,765.78	7.31
其他资产	14,154,170.07	2.33

投资前五名股票明细

股票名称	公允价值(元)	占净值比例(%)
青松建化	22,560,000.00	3.81
海螺水泥	19,944,000.00	3.37
歌尔声学	19,355,608.30	3.27
北京银行	19,340,000.00	3.27
中国平安	19,281,500.00	3.26

投资前五名债券明细

债券名称	公允价值(元)	占净值比例(%)
——		

基金运作分析

景顺长城能源基建股票基金成立于2009年10月20日，2009年处于建仓期。结合管理人对于中国宏观经济长期增长的乐观态度及基金的投资主题，该基金重点布局于与经济增长密切相关的能源及基础设施建设相关行业，尤其是拥有较强技术优势及资源优势的公司；同时，随着国内经济增长模式及国家宏观政策的转变，重点配置与民生相关的医疗卫生行业。

展望2010年，该基金将主要关注受内需持续拉动、国际竞争力持续增强、处于技术领先地位或技术突破阶段的制造业、新能源及节能环保等行业，比如城市必需消费及消费升级相关行业，受益于金融危机洗牌的半导体产业，与内需相关的医药、服装、食品、家电等行业，技术升级进程中的机械及化工新材料等等。

广发基金管理有限公司

法定名称	广发基金管理有限公司	**英文名称**	GF Fund Management Co.,Ltd.		
成立时间	2003年8月5日	**注册资本**	1.2亿元人民币	**公司属性**	中 资
法人代表	马庆泉	**总 经 理**	林传辉	**督 察 长**	段西军
公司网址	www.gffunds.com.cn	**客服电话**	95105828　　020-8393 6999		
联系电话	020-8989 9117	**传真号码**	020-8989 9158		
注册地址	广东省珠海市凤凰北路19号农行商业大厦1208室				
办公地址	广州市海珠区琶洲大道东1号保利国际广场南塔31-33楼				

公司简介

广发基金管理有限公司（以下简称“公司”）经中国证监会证监基金字[2003]91号文批准，于2003年8月5日成立，注册资本1.2亿元。公司股东为广发证券股份有限公司、烽火通信科技股份有限公司、香江投资有限公司、康美药业股份有限公司和广州科技风险投资有限公司。公司具有企业年金投资管理人、QDII和特定资产管理业务资格。

截至2009年12月31日，公司管理12只开放式基金，同时，还管理着多个企业年金基金和特定客户资产管理投资组合。

2009年旗下开放式基金业绩表现

截至日期：2009年12月31日　　　　（单位：元；%）

基金类型	基金简称	设立日期	基金份额净值	净值增长率①	累计净值增长率②
股票型	广发小盘成长股票(LOF)	2005-02-02	2.1623	87.59	361.93
	广发聚丰股票	2005-12-23	0.8125	75.64	390.28
	广发核心精选股票	2008-07-16	1.593	82.25	76.96
	广发沪深300指数	2008-12-30	1.678	85.05	84.86
	广发聚瑞股票	2009-06-16	1.074	7.40	7.40
混合型	广发聚富混合	2003-12-03	1.3031	59.48	398.20
	广发稳健增长混合	2004-07-26	1.6057	68.90	383.54
	广发策略优选混合	2006-05-17	1.8880	70.75	183.56
	广发大盘成长混合	2007-06-13	6.9403	70.93	-5.97
债券型	广发增强债券	2008-03-27	1.104	1.78	13.48
货币型	广发货币A	2005-05-20	1.0000	1.2827	11.3281
	广发货币B	2005-05-20	1.0000	1.0555	1.0555

注：①净值增长率指该基金2009年度的份额净值增长率；②累计净值增长率指该基金设立以来的份额净值增长率。

2009年管理公募基金概况

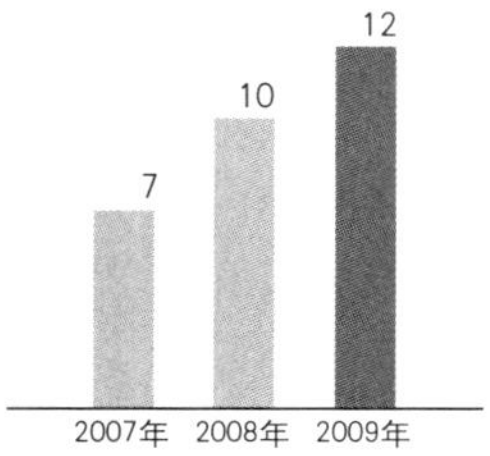

基金数量（只）

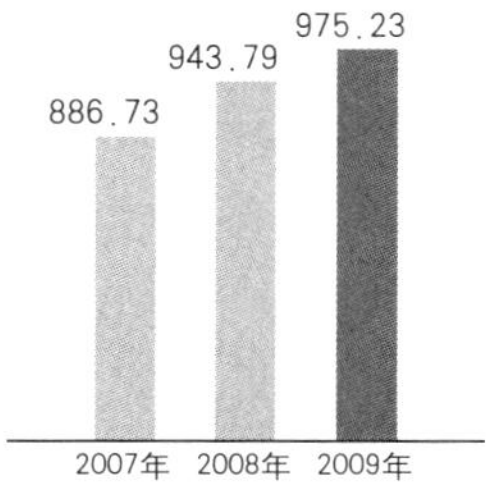

基金份额规模（亿份）

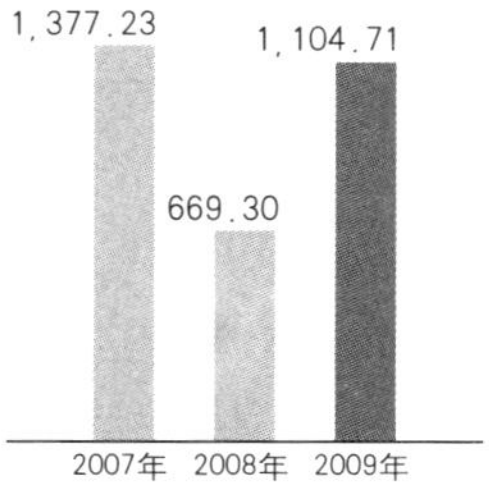

基金资产规模（亿元）

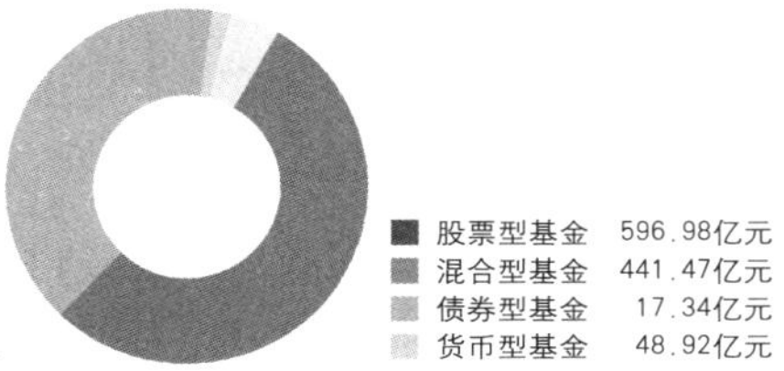

2009年基金资产规模构成

广发聚富开放式证券投资基金

基本资料			
基金简称	广发聚富混合	交易代码	270001
风险收益特征	该基金风险收益特征介于成长基金与价值基金之间：适度风险、较高收益。		
业绩比较基准	80%×中信标普300指数收益+20%×中信标普全债指数收益		
合同生效日	2003年12月3日　首募份额 31.32亿份	认购户数	62,564户
基金管理人	广发基金管理有限公司	基金托管人	中国工商银行
注册登记人	广发基金管理有限公司		

财务指标　单位：人民币（元）；%

项目 \ 年度	2009年	2008年	2007年
本期利润	3,233,549,082.85	−5,313,677,991.98	4,371,321,785.28
本期加权平均净值利润率	45.05	−70.34	58.40
期末基金资产净值	7,787,031,634.06	5,493,823,815.03	10,666,002,872.76
期末基金份额净值	1.3031	0.8171	1.6181
本期份额净值增长率	59.48	−49.50	117.01
累计份额净值增长率	398.20	212.39	518.60
基金收益分配	——	——	10派18.500
期末基金份额持有人户数	基金份额持有人户数为467,792户，平均每户持有12,774.85份。（期末截至2009年12月31日）		
期末基金份额持有人结构	机构投资者持有143,259,586.73份，占总份额2.40%；个人投资者持有5,832,714,579.80份，占总份额97.60%。		

成立来累计净值增长率与同期基准收益率历史走势对比图（%）

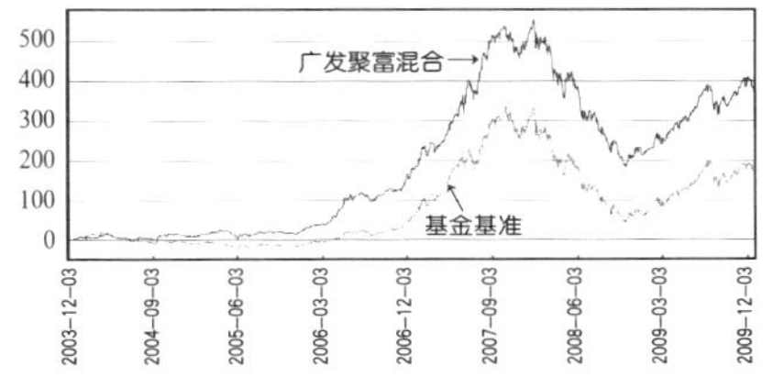

近三年净值增长率与同期基准收益率对比图（%）

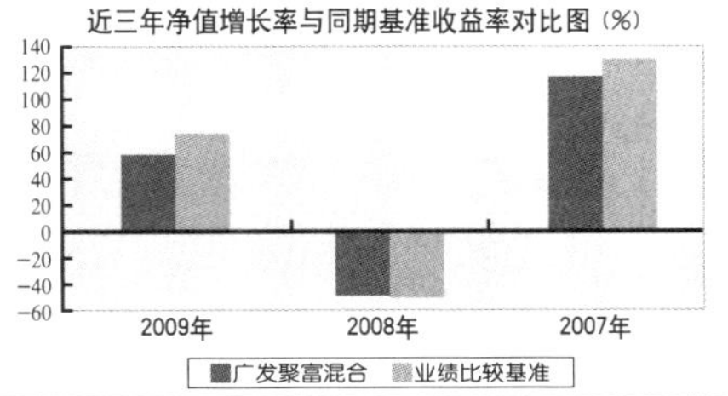

基金业绩表现

截至2009年12月31日，广发聚富混合基金份额净值为1.3031元，全年净值增长率为59.48%；同期业绩基准收益率为76.05%。

基金管理团队

王国强先生：基金经理，经济学硕士，7年证券从业经历。2002年7月至2004年5月任职于华夏基金管理公司；2004年5月至2007年8月任职于天弘基金管理公司，曾任天弘精选基金经理；2007年9月至2009年3月任职于大成基金公司；2009年4月至今任职于广发基金管理公司，2009年9月起任广发聚富混合基金经理。

江　湧先生：基金经理，经济学、法学双学士，10年证券从业经历。1999年7月至2002年8月任职于广发证券公司；2002年8月至2009年9月在广发基金管理公司工作，曾任公司研究发展部行业研究员；2005年2月至2006年5月任广发小盘成长基金经理；2006年5月至2009年9月任广发聚富混合基金经理。

基金运作分析

在经过2008年的金融危机后，2009年全球经济逐渐复苏，A股市场围绕经济复苏的投资主线，展开了趋势明显的上升行情。广发聚富混合基金在2009年年初相对谨慎，随着经济复苏趋势的明朗，大幅提高股票仓位，在二季度将股票的投资比例提升到契约规定的上限，在结构上，也逐渐加大了受益经济复苏的周期类股票的投资比例。

广发聚富混合基金全年净值增长59.48%，同期比较基准增长76.05%。年初在经济趋势不明朗时该基金的股票仓位较低以及周期类股票配置较低是基金净值增长低于比较基准的主要原因。

季度投资组合一览

项目 \ 季度	第一季度		第二季度		第三季度		第四季度	
基金资产净值	6,559,767,833.61元		7,718,439,269.06元		7,156,647,980.91元		7,787,031,634.06元	
基金份额	6,745,176,517.11份		6,593,307,959.69份		6,243,440,421.93份		5,975,974,166.53份	
基金份额净值	0.9725元		1.1706元		1.1463元		1.3031元	
基金资产组合	市值(元)	占总资产比(%)	市值(元)	占总资产比(%)	市值(元)	占总资产比(%)	市值(元)	占总资产比(%)
股票投资	4,413,370,678.76	66.83	5,754,309,566.99	74.23	5,345,724,265.16	74.50	5,612,557,348.20	71.53
债券投资	1,319,469,367.30	19.98	1,593,481,641.80	20.55	1,498,065,458.00	20.88	1,587,295,567.20	20.23
金融衍生品投资	——	——	——	——	——	——	——	——
买入返售金融资产	——	——	——	——	——	——	——	——
银行存款和结算备付金	849,380,188.83	12.86	332,803,659.96	4.29	280,376,594.61	3.91	581,686,639.31	7.41
其他资产	21,743,912.23	0.33	71,709,367.69	0.93	51,446,599.16	0.72	65,249,067.29	0.83

投资前五名股票明细	股票名称	公允价值(元)	占净值比(%)	股票名称	公允价值(元)	占净值比(%)	股票名称	公允价值(元)	占净值比(%)	股票名称	公允价值(元)	占净值比(%)
	浦发银行	350,720,000.00	5.35	浦发银行	515,648,000.00	6.68	贵州茅台	481,799,063.64	6.73	贵州茅台	496,294,534.68	6.37
	贵州茅台	307,793,262.72	4.69	保利地产	446,240,000.00	5.78	浦发银行	440,160,000.00	6.15	浦发银行	485,856,000.00	6.24
	保利地产	286,137,087.22	4.36	贵州茅台	432,555,376.74	5.60	中国平安	344,760,000.00	4.82	中国平安	302,995,000.00	3.89
	中国平安	234,457,292.87	3.57	中国平安	375,637,175.82	4.87	保利地产	287,947,882.58	4.02	王 府 井	296,738,069.18	3.81
	中信证券	185,931,000.00	2.83	中信证券	282,600,000.00	3.66	王 府 井	256,920,952.28	3.59	民生银行	286,963,654.81	3.69

投资前五名债券明细	债券名称	公允价值(元)	占净值比(%)	债券名称	公允价值(元)	占净值比(%)	债券名称	公允价值(元)	占净值比(%)	债券名称	公允价值(元)	占净值比(%)
	09央票10	299,280,000.00	4.56	02国债(10)	378,158,026.80	4.90	08央票17	258,525,000.00	3.61	08央票17	256,625,000.00	3.30
	02国债(10)	298,595,379.60	4.55	08央票41	209,820,000.00	2.72	08央票41	207,260,000.00	2.90	09央票44	245,625,000.00	3.15
	08央票17	105,680,000.00	1.61	21国债(12)	159,185,000.00	2.06	02国债(3)	172,125,000.00	2.41	08央票41	205,700,000.00	2.64
	21国债(12)	97,973,500.00	1.49	02国债(3)	131,820,000.00	1.71	21国债(12)	144,172,000.00	2.01	08央票47	102,910,000.00	1.32
	21国债(10)	97,707,500.00	1.49	21国债(10)	127,975,000.00	1.66	21国债(10)	123,312,000.00	1.72	09央票49	99,670,000.00	1.28

广发稳健增长开放式证券投资基金

基本资料			
基金简称	广发稳健增长混合	交易代码	270002
风险收益特征	适度风险基础上的基金资产稳健增长。		
业绩比较基准	65%×中信标普300指数收益+35%×中信标普国债指数收益		
合同生效日	2004年7月26日	首募份额 22.97亿份	认购户数 34,499户
基金管理人	广发基金管理有限公司	基金托管人	中国工商银行
注册登记人	广发基金管理有限公司		

财务指标　单位：人民币（元）；%

项目＼年度	2009年	2008年	2007年
本期利润	4,322,519,370.07	−7,421,090,192.93	5,985,921,381.24
本期加权平均净值利润率	47.11	−78.20	62.18
期末基金资产净值	9,717,429,390.59	6,114,606,679.02	14,729,535,436.67
期末基金份额净值	1.6057	0.9507	2.3483
本期份额净值增长率	68.90	−51.68	126.97
累计份额净值增长率	383.54	186.29	492.51
基金收益分配	——	10派3.000	10派2.000
期末基金份额持有人户数	基金份额持有人户数为511,613户，平均每户持有11,829.15份。（期末截至2009年12月31日）		
期末基金份额持有人结构	机构投资者持有256,053,738.58份，占总份额4.23%；个人投资者持有5,795,891,073.23份，占总份额95.77%。		

成立来累计净值增长率与同期基准收益率历史走势对比图（%）

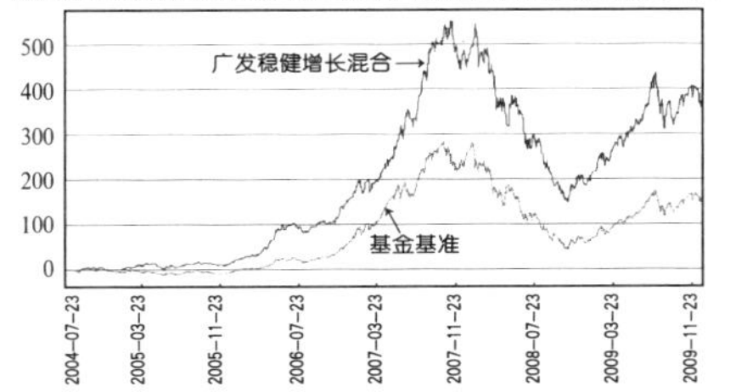

近三年净值增长率与同期基准收益率对比图（%）

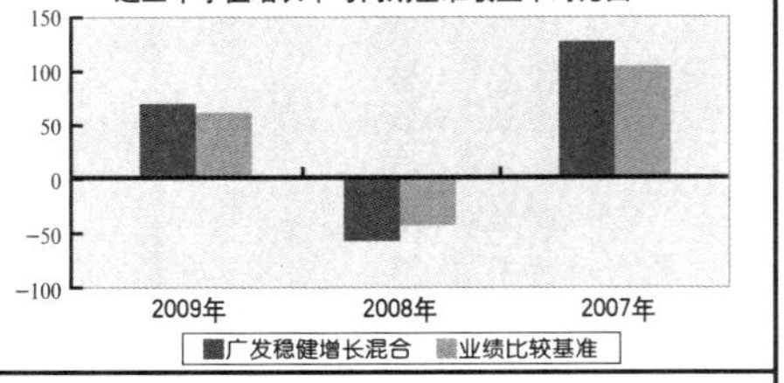

基金业绩表现

2009年广发稳健增长混合基金全年净值增长率为68.90%；同期业绩基准收益率为62.08%。

基金管理团队

许雪梅女士：基金经理、投资管理部副总经理，管理学硕士，10年证券从业经历。曾任职于广发证券公司，2002年8月至2008年2月先后任广发基金公司筹建人员、研究发展部副总经理及总经理；2008年2月14日起任广发稳健增长混合基金经理；2008年7月起任广发核心精选股票基金经理；2010年1月起任投资管理部副总经理。

冯永欢先生：基金经理，经济学硕士，6年证券从业经历。2004年2月至2007年3月先后任广发基金公司研究发展部行业研究员、研究发展部总经理助理、广发稳健增长基金经理助理；2007年3月起任广发稳健增长混合基金经理；2008年2月起任广发策略优选混合基金经理。

基金运作分析

2009年初伊始，广发稳健增长混合基金就基于复苏判断而提高了组合中权益类资产的比重和降低了固定收益类品种的比重。具体来说，一季度重点配置了房地产、机械、建材、新能源、黄金等行业和股票。4月份之后在金融、地产、煤炭、有色等领域进行了重点布局和龙头品种投资。8月份之后，由于信贷缩紧和调控预期的浮现，受流动性影响的行业表现都出现了转折。四季度鉴于对房地产调控政策的认识和复苏顺序的判断，主要减持房地产、金融、采掘等品种，增持消费品和中游制造业。

综合来看，该基金上半年准确抓住了市场脉搏，取得很好的超额收益，但下半年对调控认识不足，没能依据经济结构调整的思路将投资重点转移到消费上来，影响了基金业绩。

季度投资组合一览

项目＼季度	第一季度		第二季度		第三季度		第四季度	
基金资产净值	8,151,319,243.84元		9,809,551,349.62元		9,105,889,395.91元		9,717,429,390.59元	
基金份额	6,545,553,331.65份		6,616,733,965.20份		6,421,724,115.26份		6,051,944,811.81份	
基金份额净值	1.2453元		1.4825元		1.4180元		1.6057元	
基金资产组合	市值(元)	占总资产比(%)	市值(元)	占总资产比(%)	市值(元)	占总资产比(%)	市值(元)	占总资产比(%)
股票投资	5,289,378,576.28	64.65	6,828,906,757.29	64.15	6,349,211,415.83	62.04	6,295,804,150.01	64.49
债券投资	2,119,278,610.88	25.90	2,390,158,666.88	22.45	2,419,670,479.60	23.64	2,579,379,569.84	26.42
金融衍生品投资	——	——	——	——	——	——	——	——
买入返售金融资产	——	——	——	——	——	——	——	——
银行存款和结算备付金	589,709,664.95	7.21	1,297,362,796.07	12.19	1,180,140,372.73	11.53	720,169,941.23	7.38
其他资产	183,124,721.43	2.24	128,866,771.73	1.21	285,826,963.71	2.79	167,338,752.53	1.71

投资前五名股票明细

股票名称	公允价值(元)	占净值比(%)	股票名称	公允价值(元)	占净值比(%)	股票名称	公允价值(元)	占净值比(%)	股票名称	公允价值(元)	占净值比(%)
盐湖钾肥	404,530,000.00	4.96	浦发银行	483,420,000.00	4.93	建设银行	418,558,908.06	4.60	锡业股份	348,489,594.48	3.59
浦发银行	350,720,000.00	4.30	保利地产	453,212,500.00	4.62	保利地产	410,377,658.42	4.51	国阳新能	343,429,708.72	3.53
保利地产	330,150,000.00	4.05	金地集团	377,208,000.00	3.85	浦发银行	334,050,000.00	3.67	北京银行	317,529,129.06	3.27
潍柴动力	251,840,000.00	3.09	潞安环能	315,912,220.47	3.22	西山煤电	297,442,620.44	3.27	盐湖钾肥	284,950,000.00	2.93
招商银行	235,764,000.00	2.89	西山煤电	293,152,756.00	2.99	国阳新能	293,536,832.94	3.22	潞安环能	258,900,000.00	2.66

投资前五名债券明细

债券名称	公允价值(元)	占净值比(%)	债券名称	公允价值(元)	占净值比(%)	债券名称	公允价值(元)	占净值比(%)	债券名称	公允价值(元)	占净值比(%)
09央票10	598,560,000.00	7.34	08央票104	434,925,000.00	4.43	08央票47	311,040,000.00	3.42	09央票44	343,875,000.00	3.54
08央票104	292,170,000.00	3.58	08央票47	314,970,000.00	3.21	09央票44	294,810,000.00	3.24	08央票47	308,730,000.00	3.18
03国开02	212,400,000.00	2.61	03国开02	210,580,000.00	2.15	03国开02	208,180,000.00	2.29	03国开02	206,440,000.00	2.12
08国开22	201,460,000.00	2.47	08央票44	209,900,000.00	2.14	08央票44	207,300,000.00	2.28	08央票44	205,760,000.00	2.12
08央票106	194,920,000.00	2.39	08国开22	200,200,000.00	2.04	08国开22	198,620,000.00	2.18	08国开22	198,100,000.00	2.04

广发小盘成长股票型证券投资基金(LOF)

基本资料					
基金简称	广发小盘成长股票(LOF)		交易代码	162703	
风险收益特征	该基金属于较高风险，较高收益的基金品种。				
业绩比较基准	天相小市值指数				
合同生效日	2005年2月2日	首募份额	11.75亿份	认购户数	12,393户
上市日期	2005年4月29日		上市地点	深交所	
基金管理人	广发基金管理有限公司		基金托管人	上海浦东发展银行	
注册登记人	中国证券登记结算有限责任公司				

成立来累计净值增长率与同期基准收益率历史走势对比图（%）

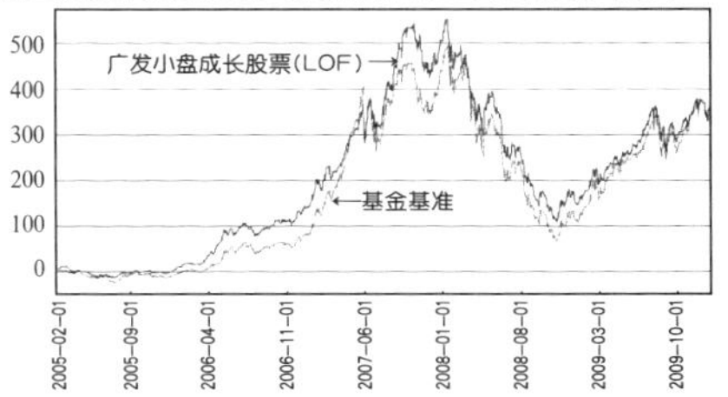

财务指标　单位：人民币(元)；%

项目＼年度	2009年	2008年	2007年
本期利润	6,126,346,590.76	-12,216,892,922.31	5,372,925,421.72
本期加权平均净值利润率	57.95	-96.00	57.54
期末基金资产净值	12,691,186,046.22	6,978,012,693.15	17,851,826,908.58
期末基金份额净值	2.1623	1.1527	3.0281
本期份额净值增长率	87.59	-59.25	148.19
累计份额净值增长率	361.93	146.26	504.31
基金收益分配	——	10派1.500	10派2.000

近三年净值增长率与同期基准收益率对比图（%）

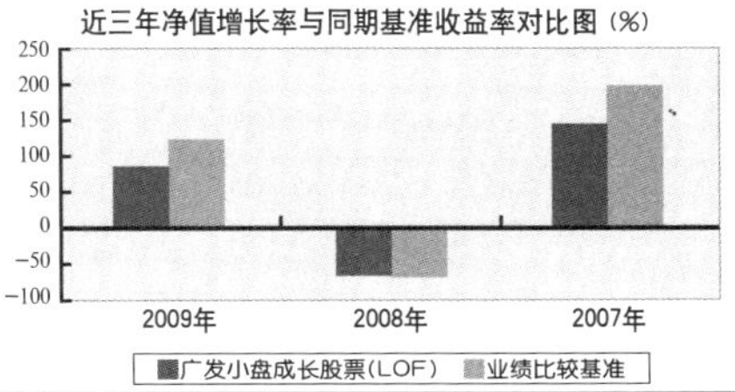

期末基金份额持有人户数	基金份额持有人户数为465,335户，平均每户持有12,613.18份。　（期末截至2009年12月31日）
期末基金份额持有人结构	机构投资者持有1,092,826,286.97份，占总份额18.62%；个人投资者持有4,776,529,596.40份，占总份额81.38%。

基金业绩表现

截至2009年12月31日，广发小盘成长股票基金份额净值为2.1623元，全年净值增长率为87.59%；同期业绩基准收益率为122.76%。

基金管理团队

陈仕德先生：基金经理、投资管理部副总经理，经济学硕士，16年证券从业经历。曾任职于广发证券公司；2001年至2003年8月参与筹建广发基金管理公司；2003年8月起任广发基金管理公司投资管理部副总经理，2005年2月至今任广发小盘成长基金经理。

基金运作分析

2009年，在投资组合的结构调整上，广发小盘成长股票基金上半年重配了强周期行业有色、煤炭和地产，下半年则加大了下游消费类行业的配置比例。具体到投资方向的取舍上，该基金配置的重点主要有食品饮料、机械制造、中医药、煤炭、有色金属、白色家电和商业贸易等行业及板块。

对于2010年的市场趋势，该基金管理人认为，全年呈现震荡上升趋势的可能性较大。原因在于：好的方面有宏观经济重回快速增长轨道，企业盈利持续改善，市场动态估值处于历史偏低水平等因素；负面的有经济会否过热，通胀会否超预期，全球各主要经济体经济刺激政策的退出时机和担忧经济会否二次探底等因素。全年来看，经济增长的波动性和政策预期的不确定相互交错，使得市场的波动加大。

季度投资组合一览

项目＼季度	第一季度		第二季度		第三季度		第四季度	
基金资产净值	9,502,347,564.35元		11,164,524,663.58元		10,459,280,507.20元		12,691,186,046.22元	
基金份额	6,114,663,300.57份		5,997,634,009.55份		5,767,504,702.07份		5,869,355,883.37份	
基金份额净值	1.5540元		1.8615元		1.8135元		2.1623元	
基金资产组合	市值(元)	占总资产比(%)	市值(元)	占总资产比(%)	市值(元)	占总资产比(%)	市值(元)	占总资产比(%)
股票投资	7,760,965,145.89	80.77	8,723,226,426.37	77.48	9,248,537,299.32	87.82	11,176,862,208.99	87.00
债券投资	——	——	——	——	——	——	——	——
金融衍生品投资	——	——	——	——	——	——	——	——
买入返售金融资产	——	——	——	——	——	——	——	——
银行存款和结算备付金	1,800,516,613.81	18.74	2,469,075,699.56	21.93	1,018,267,030.15	9.67	1,495,054,883.41	·11.64
其他资产	47,516,269.06	0.49	66,380,253.42	0.59	264,151,122.26	2.51	175,713,327.37	1.37

投资前五名股票明细	股票名称	公允价值(元)	占净值比(%)	股票名称	公允价值(元)	占净值比(%)	股票名称	公允价值(元)	占净值比(%)	股票名称	公允价值(元)	占净值比(%)
	万 科A	563,040,000.00	5.93	苏宁电器	503,123,384.66	4.51	苏宁电器	431,057,000.00	4.12	苏宁电器	633,787,963.56	4.99
	苏宁电器	369,522,469.95	3.89	西山煤电	484,587,745.20	4.34	国阳新能	409,906,874.26	3.92	国阳新能	573,560,480.01	4.52
	中联重科	334,720,000.00	3.52	华侨城A	397,100,000.00	3.56	深发展A	364,783,920.81	3.49	深发展A	549,098,308.84	4.33
	海螺水泥	280,640,000.00	2.95	中联重科	336,869,955.73	3.02	中联重科	358,500,000.00	3.43	泸州老窖	449,132,205.44	3.54
	华侨城A	263,913,077.72	2.78	格力电器	292,706,443.70	2.62	中国平安	354,432,292.50	3.39	潞安环能	433,402,121.04	3.41

投资前五名债券明细	债券名称	公允价值(元)	占净值比(%)	债券名称	公允价值(元)	占净值比(%)	债券名称	公允价值(元)	占净值比(%)	债券名称	公允价值(元)	占净值比(%)

广发货币市场基金

基本资料					
基金简称	广发货币	交易代码	270004		
风险收益特征	该基金具有高安全性、高流动性和稳定的收益，力争获取稳定的超过同期银行定期存款利率（税后）的收益率。				
业绩比较基准	一年期银行定期存款的税后利率：（1−利息税率）×一年期银行定期储蓄存款利率				
合同生效日	2005年5月20日	首募份额	26.37亿份	认购户数	19,930户
基金管理人	广发基金管理有限公司	基金托管人	中国工商银行		
注册登记人	广发基金管理有限公司				

财务指标　　单位：人民币（亿元）；%

项目 \ 年度	2009年 A	2009年 B	2008年	2007年
本期利润	0.2903	0.1195	0.7927	0.4766
期末基金资产净值	8.9464	39.9693	43.4848	17.4219
期末基金份额净值	1.0000元	1.0000元	1.0000元	1.0000元
本期份额净值收益率	1.2827	1.0555	3.3637	3.3134
累计份额净值收益率	11.3281	1.0555	9.9185	6.3416
基金收益分配	0.2903	0.1195	0.7927	0.4766

成立来累计净值收益率与同期基准收益率历史走势对比图（%）

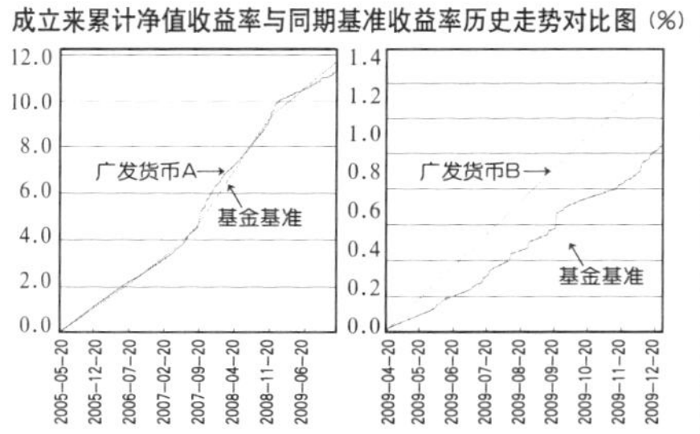

近三年净值收益率与同期基准收益率对比图（%）

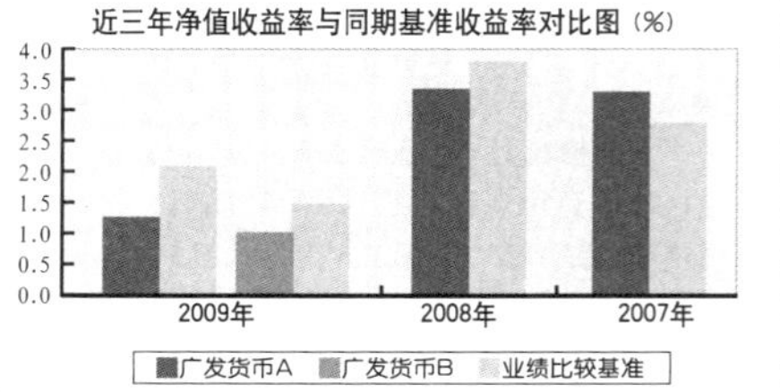

期末基金份额持有人户数	A：基金份额持有人户数为37,075户，平均每户持有24,130.58份。 B：基金份额持有人户数为43户，平均每户持有92,951,934.66份。（期末截至2009年12月31日）
期末基金份额持有人结构	A：机构投资者持有24,977,384.33份，占总份额2.79%；个人投资者持有869,663,839.66份，占总份额97.21%。 B：机构投资者持有3,851,896,023.80份，占总份额96.37%；个人投资者持有145,037,166.77份，占总份额3.63%。

基金业绩表现

2009年广发货币基金A级全年净值收益率为1.2827%，B级全年净值收益率为1.0555%。

基金管理团队

谢 军先生：基金经理、固定收益部副总经理，金融学硕士，CFA，6年证券从业经历。2003年7月至2006年9月先后任广发基金公司研究发展部产品设计人员、企业年金和债券研究员；2006年9月起任广发货币基金经理；2008年3月起任广发增强债券基金经理；2008年4月至2009年2月任广发基金公司固定收益部总经理助理；2009年2月起任广发基金公司固定收益部副总经理。

基金运作分析

2009年债券市场总体背景表现为：经济处于衰退之后的复苏阶段，总体特征为快速的通货再膨胀，信贷和财政刺激巨大，伴随国际金融危机影响的消除和微观经济活动的增强，国内外的中长期通缩预期都大幅修正，基础利率品种收益率也相应快速反弹。

伴随经济复苏，短期基础利率也逐步上升，一年期央票利率由不到1%上升到2%附近。广发货币基金上半年保持了极低的久期，下半年随着利率上升逐步提升了久期，并增配了部分短久期的短融。另外，该基金积极利用新股带来的交易所回购利率上升进行融券交易，在保持组合流动性的基础上，提高了组合收益。

季度投资组合一览

项目 \ 季度	第一季度		第二季度 A	第二季度 B	第三季度 A	第三季度 B	第四季度 A	第四季度 B
基金资产净值	38.7089亿元		11.9785亿元	11.5953亿元	12.7371亿元	10.3234亿元	8.9464亿元	39.9693亿元
基金份额	38.7089亿份		11.9785亿份	11.5953亿份	12.7371亿份	10.3234亿份	8.9464亿份	39.9693亿份
基金份额净值	1.0000元		1.0000元	1.0000元	1.0000元	1.0000元	1.0000元	1.0000元
基金资产组合	市值(元)	占总资产比(%)	市值(元)	占总资产比(%)	市值(元)	占总资产比(%)	市值(元)	占总资产比(%)
股票投资	——	——	——	——	——	——	——	——
债券投资	3,420,136,777.90	87.55	1,341,722,050.32	56.39	1,150,235,566.25	49.79	1,197,950,842.66	22.42
金融衍生品投资	——	——	——	——	——	——	——	——
买入返售金融资产	396,001,034.00	10.14	530,000,000.00	22.28	1,114,801,597.15	48.25	2,102,003,500.35	39.33
银行存款和结算备付金	45,216,078.92	1.16	5,816,684.95	0.24	36,402,320.66	1.58	2,037,707,614.48	38.13
其他资产	44,989,267.94	1.15	501,780,373.56	21.09	8,807,707.25	0.38	6,557,920.45	0.12

投资前五名债券明细	债券名称	成本(元)	占净值比(%)	债券名称	成本(元)	占净值比(%)	债券名称	成本(元)	占净值比(%)	债券名称	成本(元)	占净值比(%)
	08央票52	299,573,991.64	7.74	07进出09	190,224,967.79	8.07	07农发20	160,889,684.50	6.98	07农发20	160,697,949.48	3.29
	08央票70	299,246,762.46	7.73	08大唐CP01	150,136,542.03	6.37	09央票36	147,715,964.23	6.41	09央票36	148,364,973.70	3.03
	08央票64	299,152,418.18	7.73	08央票106	129,441,151.08	5.49	08电网CP03	80,185,185.65	3.48	09中石油CP02	100,001,651.14	2.04
	08央票46	209,861,658.61	5.42	07农发20	100,690,343.39	4.27	08陕有色CP02	70,625,232.83	3.06	09浙能源CP01	69,263,851.32	1.42
	08央票84	209,092,810.87	5.40	08央票112	99,710,839.48	4.23	04国开20	70,043,209.63	3.04	07农发13	50,105,621.49	1.02

投资组合平均剩余期限	平均剩余期限	占净值比(%)	平均剩余期限	占净值比(%)	平均剩余期限	占净值比(%)	平均剩余期限	占净值比(%)
	30天以内	20.95	30天以内	44.34	30天以内	49.93	30天以内	85.04
	30天(含)—60天	16.82	30天(含)—60天	17.45	30天(含)—60天	9.15	30天(含)—60天	5.13
	60天(含)—90天	28.12	60天(含)—90天	12.72	60天(含)—90天	15.25	60天(含)—90天	1.02
	90天(含)—180天	22.98	90天(含)—180天	18.23	90天(含)—180天	6.96	90天(含)—180天	8.16
	180天(含)—397天（含）	10.89	180天(含)—397天（含）	6.81	180天(含)—397天（含）	18.52	180天(含)—397天（含）	9.77

广发聚丰股票型证券投资基金

基本资料			
基金简称	广发聚丰股票	交易代码	270005
风险收益特征	该基金属于较高风险，较高收益的基金品种。		
业绩比较基准	80%×新华富时A600指数+20%×新华巴克莱资本中国全债指数		
合同生效日	2005年12月23日 首募份额 13.16亿份	认购户数	15,026户
基金管理人	广发基金管理有限公司	基金托管人	中国工商银行
注册登记人	广发基金管理有限公司		

财务指标　单位：人民币（元）；%

项目 \ 年度	2009年	2008年	2007年
本期利润	13,381,175,807.32	−22,346,076,401.41	4,533,028,079.62
本期加权平均净值利润率	52.47	−86.48	34.02
期末基金资产净值	29,083,845,390.00	17,762,141,332.39	40,018,323,286.18
期末基金份额净值	0.8125	0.4626	1.0420
本期份额净值增长率	75.64	−55.60	157.68
累计份额净值增长率	390.28	179.14	528.68
基金收益分配	——	——	10派4.500

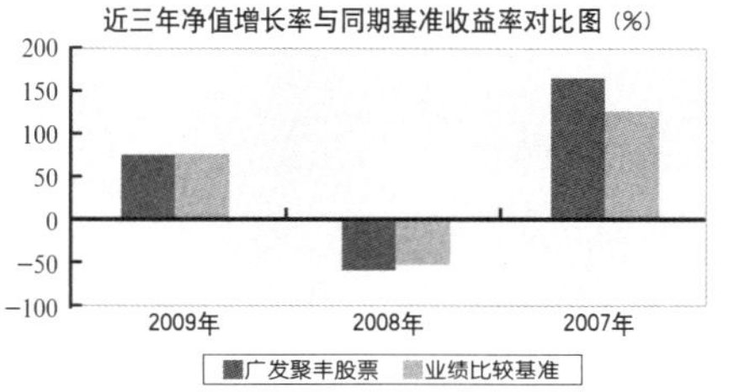

期末基金份额持有人户数	基金份额持有人户数为2,880,377户，平均每户持有12,426.77份。（期末截至2009年12月31日）
期末基金份额持有人结构	机构投资者持有87,857,145.17份，占总份额0.25%；个人投资者持有35,705,923,820.94份，占总份额99.75%。

基金业绩表现

截至2009年12月31日，广发聚丰股票基金份额净值为0.8125元，全年净值增长率为75.64%；同期业绩比较基准收益率为77.21%。

基金管理团队

易阳方先生：基金经理、投资总监、投资管理部总经理，经济学硕士，13年证券从业经历。曾任职于广发证券公司。2002年11月至2003年11月先后任广发基金管理公司筹建人员、投资管理部人员；2003年12月至2007年3月任广发聚富基金经理；2005年5月起任广发基金管理公司投资管理部总经理；2005年12月起任广发聚丰股票基金经理；2006年9月至2008年4月任广发基金管理公司总经理助理；2008年4月起任广发货币基金公司投资总监。

傅友兴先生：基金经理助理、研究发展部副总经理，金融学硕士，8年证券从业经历。曾任职于天同基金管理公司。2006年4月至今在广发基金管理公司工作，曾任研究发展部研究员、规划发展部副总经理；2007年7月起任研究发展部副总经理；2008年10月起任广发聚丰股票基金经理助理。

基金运作分析

2009年，广发聚丰股票基金在年初坚信全球经济走向复苏，开始加大权益类配置比重，且重点投向受益于经济复苏最大的上游原材料行业和中游的制造业以及金融服务业和房地产业。三季度，全国房地产价格叠创新高，开始出现泡沫，该基金认为政府肯定会干预市场，于是果断减持了房地产行业的配置。基于对政府救经济政策逐步退出的预期，结合估值情况，该基金减持了上游周期性的配置，增加下游消费品行业的持仓。

季度投资组合一览

项目 \ 季度	第一季度		第二季度		第三季度		第四季度	
基金资产净值	22,473,372,618.25元		27,324,133,171.50元		25,997,311,672.69元		29,083,845,390.00元	
基金份额	38,611,953,543.12份		37,896,485,147.65份		36,866,755,024.89份		35,793,780,966.11份	
基金份额净值	0.5820元		0.7210元		0.7052元		0.8125元	
基金资产组合	市值(元)	占总资产比(%)	市值(元)	占总资产比(%)	市值(元)	占总资产比(%)	市值(元)	占总资产比(%)
股票投资	17,095,358,456.32	75.85	22,974,959,352.69	83.81	23,246,118,392.99	88.76	26,342,571,893.65	90.27
债券投资	1,523,504,562.33	6.76	——	——	43,160,479.80	0.16	——	——
金融衍生品投资	——	——	——	——	——	——	——	——
买入返售金融资产	——	——	——	——	——	——	——	——
银行存款和结算备付金	3,704,947,374.14	16.44	4,370,763,905.58	15.94	2,875,293,650.31	10.98	2,799,434,104.64	9.59
其他资产	214,966,360.48	0.95	67,398,254.94	0.25	23,863,786.48	0.09	41,428,887.04	0.14

投资前五名股票明细	股票名称	公允价值(元)	占净值比(%)	股票名称	公允价值(元)	占净值比(%)	股票名称	公允价值(元)	占净值比(%)	股票名称	公允价值(元)	占净值比(%)
	盐湖钾肥	1,616,356,422.57	7.19	兴业银行	2,339,056,288.50	8.56	贵州茅台	2,463,190,405.44	9.47	兴业银行	2,620,150,000.00	9.01
	兴业银行	1,291,864,844.58	5.75	贵州茅台	2,035,932,609.72	7.45	兴业银行	2,027,400,000.00	7.80	贵州茅台	2,538,809,000.00	8.73
	贵州茅台	1,240,948,210.44	5.52	苏宁电器	1,534,525,424.90	5.62	苏宁电器	1,717,514,279.03	6.61	苏宁电器	2,408,402,000.00	8.28
	浦发银行	1,126,687,956.16	5.01	浦发银行	1,496,300,000.00	5.48	中兴通讯	1,356,210,182.76	5.22	盐湖钾肥	1,492,088,700.12	5.13
	苏宁电器	1,083,492,728.90	4.82	平煤股份	1,311,903,044.97	4.80	盐湖钾肥	1,160,643,705.90	4.46	中兴通讯	1,480,710,000.00	5.09

投资前五名债券明细	债券名称	公允价值(元)	占净值比(%)	债券名称	公允价值(元)	占净值比(%)	债券名称	公允价值(元)	占净值比(%)	债券名称	公允价值(元)	占净值比(%)
	08央票44	455,929,000.00	2.03	——			博汇转债	41,843,020.80	0.16	——		
	08国债19	309,150,000.00	1.38				龙盛转债	1,317,459.00	0.01			
	08万科G2	225,075,211.53	1.00									
	08央票35	211,820,000.00	0.94									
	08央票47	190,926,000.00	0.85									

广发策略优选混合型证券投资基金

基本资料			
基金简称	广发策略优选混合	交易代码	270006
风险收益特征	该基金属于较高风险、较高收益的基金品种。		
业绩比较基准	75%×新华富时A600指数+25%×新华巴克莱资本中国全债指数		
合同生效日	2006年5月17日	首募份额	184.18亿份
认购户数	296,219户		
基金管理人	广发基金管理有限公司	基金托管人	中国工商银行
注册登记人	广发基金管理有限公司		

成立来累计净值增长率与同期基准收益率历史走势对比图（%）

财务指标　　单位：人民币（元）；%

项目＼年度	2009年	2008年	2007年
本期利润	5,744,737,179.78	−13,529,133,290.34	13,578,232,046.28
本期加权平均净值利润率	50.51	−85.96	71.53
期末基金资产净值	12,489,595,639.64	8,530,453,007.88	27,544,784,766.96
期末基金份额净值	1.8880	1.1057	3.0588
本期份额净值增长率	70.75	−53.27	144.03
累计份额净值增长率	183.56	66.05	255.34
基金收益分配	——	10派3.500	10派3.300

近三年净值增长率与同期基准收益率对比图（%）

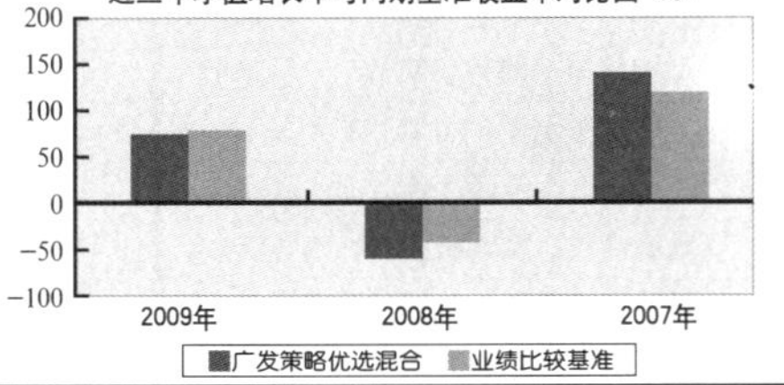

期末基金份额持有人户数	基金份额持有人户数为292,935户，平均每户持有22,582.59份。（期末截至2009年12月31日）
期末基金份额持有人结构	机构投资者持有486,329,741.67份，占总份额7.35%；个人投资者持有6,128,901,750.60份，占总份额92.65%。

基金业绩表现

截至2009年12月31日，广发策略优选混合基金份额净值为1.8880元，全年净值增长率为70.75%；同期业绩基准收益率为72.50%。

基金管理团队

冯永欢先生：基金经理，经济学硕士，6年证券从业经历。2004年2月至2007年3月先后任广发基金公司研究发展部行业研究员、研究发展部总经理助理、广发稳健增长基金经理助理；2007年3月起任广发稳健增长混合基金经理；2008年2月起任广发策略优选混合基金经理。

杨　冬先生：基金经理助理，硕士研究生，3年证券从业经历。2006年9月至2009年9月先后任广发基金公司研究发展部行业研究员、研究小组组长，2009年9月至今在广发基金管理公司机构投资部工作；2008年10月至2009年9月任广发策略优选混合基金经理助理。

基金运作分析

2009年是充满机会的一年，在异常宽松的货币政策和积极财政政策的刺激下，经济触底反弹，大盘强劲回升，上半年煤炭、有色等周期性行业表现突出，下半年消费和小盘股等表现较优。

广发策略优选混合基金在2009年上半年逐步加仓，并且以周期性行业为主，这为全年的收益奠定了基础，尤其是煤炭、金融、地产、机械、有色等周期性行业成为盈利最多的板块。但全年来看，错失了很多机会：首先是年初的加仓速度过慢，错过了第一波上涨；其次是下半年该基金没有及时把周期性行业调仓到消费类，或者说是调仓节奏比较慢。

季度投资组合一览

项目＼季度	第一季度		第二季度		第三季度		第四季度	
基金资产净值	9,908,260,651.21元		12,633,071,363.00元		11,043,496,058.27元		12,489,595,639.64元	
基金份额	7,375,302,915.13份		7,428,769,478.73份		6,833,860,735.58份		6,615,231,492.27份	
基金份额净值	1.3434元		1.7006元		1.6160元		1.8880元	
基金资产组合	市值(元)	占总资产比(%)	市值(元)	占总资产比(%)	市值(元)	占总资产比(%)	市值(元)	占总资产比(%)
股票投资	7,603,416,612.93	76.33	11,324,258,394.81	89.22	10,113,114,678.64	91.14	10,603,774,308.41	84.51
债券投资	1,288,098,000.00	12.93	——	——	——	——	——	——
金融衍生品投资	——	——	——	——	——	——	——	——
买入返售金融资产	——	——	——	——	——	——	——	——
银行存款和结算备付金	1,035,983,704.40	10.40	1,342,726,980.77	10.58	973,880,437.30	8.78	1,875,906,015.14	14.95
其他资产	33,397,991.40	0.34	26,126,380.88	0.21	8,943,860.94	0.08	67,386,154.80	0.54

投资前五名股票明细	股票名称	公允价值(元)	占净值比(%)	股票名称	公允价值(元)	占净值比(%)	股票名称	公允价值(元)	占净值比(%)	股票名称	公允价值(元)	占净值比(%)
	保利地产	661,410,184.40	6.68	保利地产	1,061,648,803.08	8.40	保利地产	706,764,426.34	6.40	保利地产	655,821,174.40	5.25
	浦发银行	515,237,820.00	5.20	浦发银行	709,189,225.50	5.61	浦发银行	605,367,866.25	5.48	贵州茅台	591,034,735.20	4.73
	金地集团	344,051,852.14	3.47	金地集团	634,129,269.28	5.02	中国平安	471,576,619.80	4.27	苏宁电器	579,107,949.50	4.64
	贵州茅台	307,563,209.02	3.10	中国平安	535,993,222.38	4.24	贵州茅台	441,911,021.78	4.00	北京银行	461,118,475.56	3.69
	中联重科	260,540,776.16	2.63	贵州茅台	396,744,209.23	3.14	苏宁电器	389,566,321.43	3.53	中国平安	409,823,048.95	3.28

投资前五名债券明细	债券名称	公允价值(元)	占净值比(%)	债券名称	公允价值(元)	占净值比(%)	债券名称	公允价值(元)	占净值比(%)	债券名称	公允价值(元)	占净值比(%)
	08央行票据98	486,400,000.00	4.91	——			——			——		
	07农发15	207,320,000.00	2.09									
	08央票106	194,920,000.00	1.97									
	08进出06	106,750,000.00	1.08									
	08央行票据114	97,940,000.00	0.99									

广发大盘成长混合型证券投资基金

基本资料			
基金简称	广发大盘成长混合	交易代码	270017
风险收益特征	较高风险，较高收益。		
业绩比较基准	75%×沪深300指数+25%×上证国债指数		
合同生效日	2007年6月13日	首募份额	148.52亿份
认购户数	608,933户		
基金管理人	广发基金管理有限公司	基金托管人	中国工商银行
注册登记人	广发基金管理有限公司		

成立来累计净值增长率与同期基准收益率历史走势对比图（%）

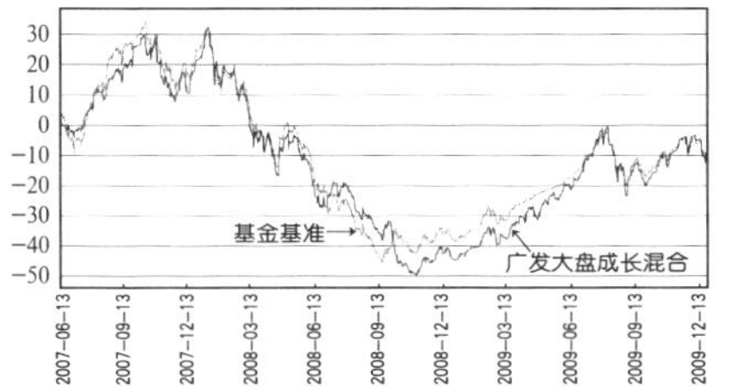

近三年净值增长率与同期基准收益率对比图（%）

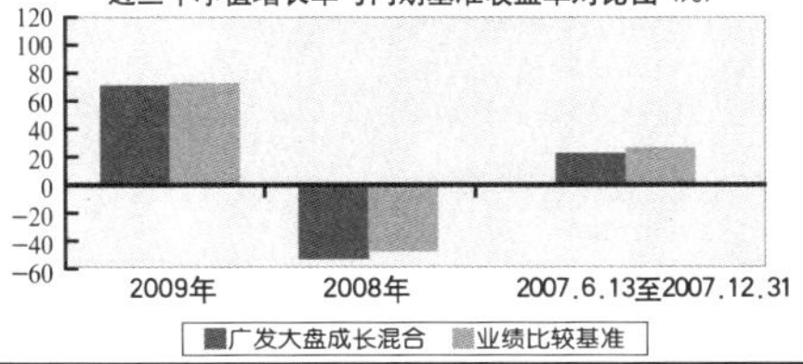

财务指标　　单位：人民币（元）；%

项目＼年度	2009年	2008年	2007.6.13至2007.12.31
本期利润	6,479,638,404.47	−11,982,717,026.64	4,561,655,243.07
本期加权平均净值利润率	50.33	−82.41	19.16
期末基金资产净值	14,153,202,073.04	9,388,701,656.04	25,170,505,093.51
期末基金份额净值	0.9403	0.5501	1.2125
本期份额净值增长率	70.93	−54.63	21.25
累计份额净值增长率	−5.97	−44.99	21.25
基金收益分配	——	——	——

期末基金份额持有人户数	基金份额持有人户数为694,700户，平均每户持有21,666.01份。（期末截至2009年12月31日）
期末基金份额持有人结构	机构投资者持有231,942,708.29份，占总份额1.54%；个人投资者持有14,819,433,193.07份，占总份额98.46%。

基金业绩表现

2009年广发大盘成长混合基金全年份额净值增长率为70.93%，同期业绩基准收益率为72.75%。

基金管理团队

李琛女士：基金经理，经济学学士，9年证券从业经历。曾任职于广发证券公司。2002年8月至2007年6月先后任广发基金公司筹建人员、投资管理部中央交易室主管；2007年6月起任广发大盘成长混合基金经理。

朱纪刚先生：基金经理助理、研究发展部副总经理，理学硕士，3年证券从业经历。曾职于招商证券公司。2006年12月至2009年7月先后任广发基金管理公司研究发展部研究员、研究小组组长、研究发展部副总经理；2008年10月至2009年7月任广发大盘成长基金经理助理；2009年7月起在公司投资管理部工作；2009年9月起任广发核心精选股票基金经理。

基金运作分析

2009年初，2月底开始广发大盘成长混合基金逐步加仓，果断地迅速把煤炭行业仓位大幅提升，在一季度末开始逐步加仓有色行业，并且始终保持煤炭、有色、地产的高仓位。这一策略在前三季度取得了较好的成效也让基金净值排名保持在全部基金的前三分之一。但该基金忽视了消费、医药等内需类行业的快速增长事实，偏重上游行业的复苏弹性，在基金的配置方向中缺乏对稳定增长类行业以及新兴产业的重视；三季度末市场开始发生变化，该基金对于配置较重的地产行业调仓不够果断，并没有较大程度地避免地产行业下跌调整带来的基金净值的损失； 四季度该基金虽然也开始朝消费、新兴产业等经济产业升级转型方向调整，但由于调整步伐太慢，上游资源品配置过重，基金表现不如前三季度。

季度投资组合一览

项目＼季度	第一季度			第二季度			第三季度			第四季度		
基金资产净值	11,446,992,097.25元			13,851,940,986.94元			12,680,798,117.89元			14,153,202,073.04元		
基金份额	16,804,024,000.29份			16,352,607,429.17份			15,702,240,100.57份			15,051,375,901.36份		
基金份额净值	0.6812元			0.8471元			0.8076元			0.9403元		
基金资产组合	市值(元)		占总资产比(%)	市值(元)		占总资产比(%)	市值(元)		占总资产比(%)	市值(元)		占总资产比(%)
股票投资	8,657,291,055.17		75.42	12,159,350,578.19		87.14	10,638,310,129.25		83.42	12,753,964,252.23		89.45
债券投资	1,700,765,506.00		14.82	18,170,106.00		0.13	17,726,650.00		0.14	17,744,355.60		0.12
金融衍生品投资	——		——	——		——	——		——	——		——
买入返售金融资产	——		——	——		——	——		——	——		——
银行存款和结算备付金	1,037,376,862.90		9.04	1,732,911,487.74		12.42	2,078,107,189.25		16.30	1,410,683,737.72		9.89
其他资产	83,093,235.08		0.72	43,257,797.56		0.31	18,854,763.83		0.15	75,639,281.07		0.53
投资前五名股票明细	股票名称	公允价值(元)	占净值比(%)	股票名称	公允价值(元)	占净值比(%)	股票名称	公允价值(元)	占净值比(%)	股票名称	公允价值(元)	占净值比(%)
	浦发银行	559,248,094.56	4.89	浦发银行	776,197,568.00	5.60	兴业银行	563,983,652.55	4.45	兴业银行	672,807,961.95	4.75
	金地集团	432,452,358.04	3.78	兴业银行	683,226,457.95	4.93	苏宁电器	515,084,858.64	4.06	苏宁电器	653,048,405.28	4.61
	苏宁电器	431,670,118.10	3.77	金地集团	677,040,000.00	4.89	贵州茅台	503,593,225.92	3.97	贵州茅台	518,744,399.04	3.67
	保利地产	406,259,193.37	3.55	保利地产	669,229,419.02	4.83	保利地产	480,386,000.00	3.79	浦发银行	498,870,000.00	3.52
	兴业银行	398,112,023.34	3.48	苏宁电器	630,400,741.54	4.55	浦发银行	451,950,000.00	3.56	青岛海尔	346,227,353.48	2.45
投资前五名债券明细	债券名称	公允价值(元)	占净值比(%)	债券名称	公允价值(元)	占净值比(%)	债券名称	公允价值(元)	占净值比(%)	债券名称	公允价值(元)	占净值比(%)
	08央票98	875,520,000.00	7.65	08万科G1	9,323,436.00	0.07	08万科G1	9,068,120.00	0.07	08万科G1	9,133,269.60	0.06
	08国债19	257,625,000.00	2.25	08万科G2	8,846,670.00	0.06	08万科G2	8,658,530.00	0.07	08万科G2	8,611,086.00	0.06
	08央票47	106,070,000.00	0.93									
	08农发16	105,370,000.00	0.92									
	07农发15	103,660,000.00	0.91									

广发增强债券型证券投资基金

基本资料					
基金简称	广发增强债券	交易代码	270009		
风险收益特征	该基金为债券型基金，具有低风险、低预期收益的特征，其风险和预期收益低于股票型基金和混合型基金，高于货币市场基金。				
业绩比较基准	中证全债指数收益率				
合同生效日	2008年3月27日	首募份额	48.28亿份	认购户数	68,073户
基金管理人	广发基金管理有限公司	基金托管人	中国工商银行		
注册登记人	广发基金管理有限公司				

财务指标　单位：人民币（元）；%

项目 \ 年度	2009年	2008年3月27日至2008年12月31日
本期利润	20,381,637.59	554,852,255.00
本期加权平均净值利润率	0.61	10.91
期末基金资产净值	1,734,212,029.19	6,792,477,079.00
期末基金份额净值	1.104	1.115
本期份额净值增长率	1.78	11.50
累计份额净值增长率	13.48	11.50
基金收益分配	10派0.300	——

成立来累计净值增长率与同期基准收益率历史走势对比图（%）

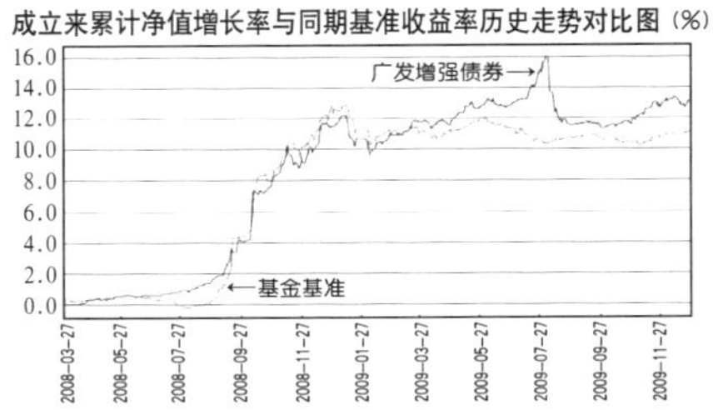

近两年净值增长率与同期基准收益率对比图（%）

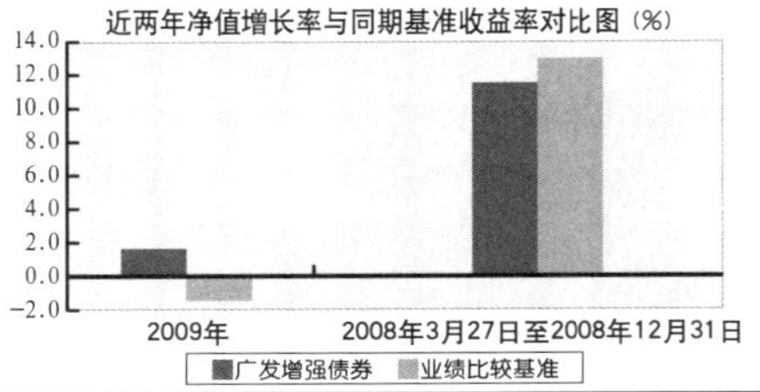

期末基金份额持有人户数	基金份额持有人户数为35,377户，平均每户持有44,421.48份。（期末截至2009年12月31日）
期末基金份额持有人结构	机构投资者持有405,904,313.05份，占总份额25.83%；个人投资者持有1,165,594,454.06份，占总份额74.17%。

基金业绩表现

截至2009年12月31日，广发增强债券基金份额净值为1.104元，全年净值增长率为1.78%；同期业绩基准收益率为-1.40%。

基金管理团队

谢　军先生：基金经理、固定收益部副总经理，硕士研究生学历，CFA，6年证券从业经历。2003年7月至2006年9月先后任广发基金管理公司研究发展部产品设计人员、企业年金和债券研究员；2006年9月起任广发货币市场基金经理；2008年3月起任广发增强债券基金经理；2008年4月至2009年2月任广发基金管理公司固定收益部总经理助理；2009年2月起任广发基金管理公司固定收益部副总经理。

基金运作分析

2009年债券市场总体背景表现为：经济处于衰退之后的复苏阶段，总体特征为快速的通货再膨胀，信贷和财政刺激巨大，伴随国际金融危机影响的消除和微观经济活动的增强，国内外的中长期通缩预期都大幅修正，基础利率品种收益率也相应快速反弹。

应对市场变化，广发增强债券基金降低了组合中固定收益品种久期，增配了部分资质较好的高收益债，并增持了部分能分享复苏道路中的转债品种。

2010年，广发增强债券基金基本策略为：转债保持一定的仓位，主要配置低久期利率品种，适度参与部分质地较好的高收益债。在研究的基础上适当参加新股认购。具体而言，该基金管理人将紧密跟踪市场数据，判断经济周期阶段，把握好大类资产配置，优化广发增强债券基金的风险收益特征，为投资者带来较低风险的稳健收益。

季度投资组合一览

项目 \ 季度	第一季度			第二季度			第三季度			第四季度		
基金资产净值	4,234,995,537.26元			3,070,805,369.64元			2,234,936,063.62元			1,734,212,029.19元		
基金份额	3,897,662,977.84份			2,795,278,461.46份			2,064,297,581.71份			1,571,498,767.11份		
基金份额净值	1.087元			1.099元			1.083元			1.104元		
基金资产组合		市值(元)	占总资产比(%)		市值(元)	占总资产比(%)		市值(元)	占总资产比(%)		市值(元)	占总资产比(%)
股票投资		——	——		——	——		116,167,961.92	5.16		70,652,841.68	3.01
债券投资		4,045,985,652.36	93.83		2,850,529,094.58	90.82		1,891,881,690.25	84.04		1,481,793,944.20	63.17
金融衍生品投资		——	——		——	——		——	——		——	——
买入返售金融资产		——	——		——	——		——	——		——	——
银行存款和结算备付金		162,506,143.30	3.77		179,108,481.88	5.71		201,520,163.02	8.95		755,365,793.80	32.20
其他资产		103,354,531.68	2.40		108,970,503.28	3.47		41,599,518.16	1.85		38,065,689.42	1.62
投资前五名股票明细	股票名称	公允价值(元)	占净值比(%)	股票名称	公允价值(元)	占净值比(%)	股票名称	公允价值(元)	占净值比(%)	股票名称	公允价值(元)	占净值比(%)
	——			——			华泰股份	72,240,000.00	3.23	招商证券	10,033,569.66	0.58
							中国建筑	24,179,174.56	1.08	天龙光电	4,655,243.40	0.27
							鑫富药业	7,809,740.80	0.35	雅致股份	3,906,986.03	0.23
							光大证券	4,952,362.62	0.22	中国北车	3,452,691.85	0.20
							四川成渝	2,868,106.06	0.13	同 花 顺	3,059,522.22	0.18
投资前五名债券明细	债券名称	公允价值(元)	占净值比(%)	债券名称	公允价值(元)	占净值比(%)	债券名称	公允价值(元)	占净值比(%)	债券名称	公允价值(元)	占净值比(%)
	08央票47	424,280,000.00	10.02	08央票112	286,592,500.00	9.33	08央票17	310,230,000.00	13.88	08央票17	307,950,000.00	17.76
	08国开19	307,620,000.00	7.26	08央票62	273,494,000.00	8.91	08央票26	258,725,000.00	11.58	08央票26	205,440,000.00	11.85
	08国开15	305,116,000.00	7.20	08央票53	210,140,000.00	6.84	08央票53	155,595,000.00	6.96	02国债(3)	108,490,991.10	6.26
	08央票112	288,539,500.00	6.81	08央票108	193,580,000.00	6.30	08央票35	103,570,000.00	4.63	08上港债	105,768,975.00	6.10
	08央票62	276,328,000.00	6.52	08央票110	145,440,000.00	4.74	07央票23	100,770,000.00	4.51	09央票38	98,280,000.00	5.67

广发核心精选股票型证券投资基金

基本资料			
基金简称	广发核心精选股票	交易代码	270008
风险收益特征	该基金为股票型基金，具有较高风险、较高预期收益的特征，其风险和预期收益均高于货币市场基金和债券型基金。		
业绩比较基准	80%×沪深300指数+20%×上证国债指数		
合同生效日	2008年7月16日	首募份额	12.43亿份
认购户数	13,584户		
基金管理人	广发基金管理有限公司	基金托管人	中国工商银行
注册登记人	广发基金管理有限公司		

财务指标　　单位：人民币(元)；%

项目＼年度	2009年	2008年7月16日至2008年12月31日
本期利润	709,784,656.43	−31,415,962.02
本期加权平均净值利润率	46.16	−2.86
期末基金资产净值	2,087,171,457.88	868,159,635.89
期末基金份额净值	1.593	0.971
本期份额净值增长率	82.25	−2.90
累计份额净值增长率	76.96	−2.90
基金收益分配	10派1.600	——

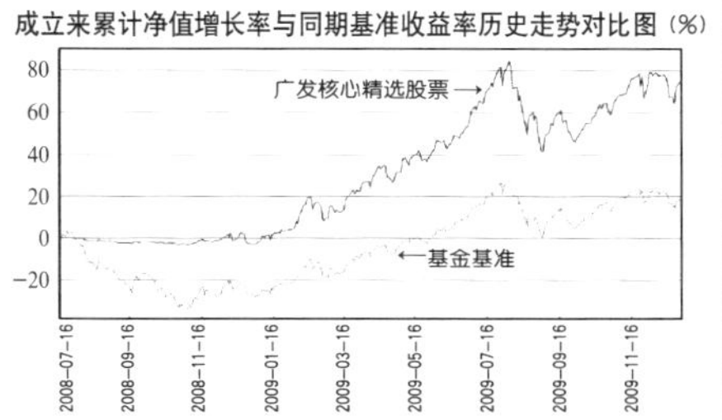

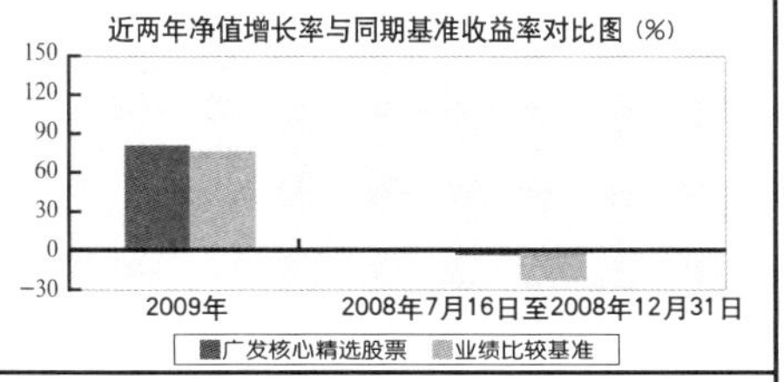

期末基金份额持有人户数	基金份额持有人户数为31,933户，平均每户持有41,025.53份。（期末截至2009年12月31日）
期末基金份额持有人结构	机构投资者持有714,110,881.66份，占总份额54.51%；个人投资者持有595,957,520.70份，占总份额45.49%。

基金业绩表现

2009年广发核心精选股票基金全年净值增长率为82.25%；同期业绩基准收益率为77.54%。

基金管理团队

许雪梅女士：基金经理、投资管理部副总经理，管理学硕士，10年证券从业经历。曾任职于广发证券公司。2002年8月至2008年2月先后任广发基金公司筹建人员、研究发展部副总经理及总经理；2008年2月起任广发稳健增长混合基金经理；2008年7月起任广发核心精选股票基金经理；2010年1月起任公司投资管理部副总经理。

朱纪刚先生：基金经理，理学硕士，3年证券从业经历。曾任职于招商证券公司。2006年12月至2009年7月先后任广发基金管理公司研究发展部研究员、研究小组组长、研究发展部副总经理；2008年10月至2009年7月任广发大盘成长混合基金经理助理；2009年7月在公司投资管理部工作；2009年9月起任广发核心精选股票基金经理。

基金运作分析

2009年，广发核心精选股票基金全年以较高仓位运行。一季度，该基金重点投资了部分能够抗周期成长的中小盘类股票和受益于国家政策拉动的基建类股票；随后根据市场变化，该基金提高了仓位，并重点买入了充分受益于经济复苏的周期类行业，主要是地产，煤炭和金融，取得较好收益。7月份开始，市场展开了较大调整，但由于对复苏前景充满信心，该基金下半年仓位并未进行大幅调整，主要以结构调整为主，卖出部分强周期类行业，买入内需消费类行业，主要包括汽车、家电、食品饮料、零售和医药。

季度投资组合一览

项目＼季度	第一季度		第二季度		第三季度		第四季度	
基金资产净值	871,746,711.30元		1,381,033,829.27元		1,832,419,055.01元		2,087,171,457.88元	
基金份额	706,642,564.56份		943,500,853.95份		1,381,073,591.94份		1,310,068,402.36份	
基金份额净值	1.234元		1.464元		1.327元		1.593元	
基金资产组合	市值(元)	占总资产比(%)	市值(元)	占总资产比(%)	市值(元)	占总资产比(%)	市值(元)	占总资产比(%)
股票投资	713,544,816.88	72.59	1,259,656,122.35	90.65	1,623,952,488.74	88.11	1,872,943,879.40	89.30
债券投资	7,981,535.50	0.81	——	——	125,763.00	0.01	——	——
金融衍生品投资	——	——	——	——	——	——	——	——
买入返售金融资产	——	——	——	——	——	——	——	——
银行存款和结算备付金	255,151,132.17	25.96	97,915,856.69	7.05	213,749,583.77	11.60	167,599,243.10	7.99
其他资产	6,322,258.30	0.64	32,007,989.22	2.30	5,295,028.40	0.29	56,715,945.36	2.70

	第一季度			第二季度			第三季度			第四季度		
投资前五名股票明细	股票名称	公允价值(元)	占净值比(%)	股票名称	公允价值(元)	占净值比(%)	股票名称	公允价值(元)	占净值比(%)	股票名称	公允价值(元)	占净值比(%)
	兴业银行	32,355,840.00	3.71	贵州茅台	66,959,724.00	4.85	苏宁电器	99,680,095.57	5.44	国阳新能	109,064,143.93	5.23
	苏宁电器	32,030,555.30	3.67	兴业银行	63,012,780.00	4.56	国阳新能	80,315,584.18	4.38	苏宁电器	103,481,324.56	4.96
	浦发银行	30,008,480.00	3.44	浦发银行	61,431,172.00	4.45	浦发银行	78,959,595.00	4.31	兴业银行	90,616,880.00	4.34
	鹏博士	28,684,880.00	3.29	苏宁电器	51,131,831.33	3.70	兴业银行	77,649,420.00	4.24	青岛海尔	65,690,500.41	3.15
	苏宁环球	26,167,000.00	3.00	中联重科	48,500,335.73	3.51	贵州茅台	66,009,944.00	3.60	山西汾酒	62,479,806.84	2.99
投资前五名债券明细	债券名称	公允价值(元)	占净值比(%)	债券名称	公允价值(元)	占净值比(%)	债券名称	公允价值(元)	占净值比(%)	债券名称	公允价值(元)	占净值比(%)
	08万科G1	7,981,535.50	0.92				龙盛转债	125,763.00	0.01			

广发沪深300指数证券投资基金

基本资料			
基金简称	广发沪深300指数	交易代码	270010
风险收益特征	该基金为股票型指数基金，具有较高风险、较高预期收益的特征，其风险和预期收益均高于货币市场基金和债券型基金。		
业绩比较基准	95%×沪深300指数收益率+5%×银行同业存款收益率		
合同生效日	2008年12月30日 首募份额 6.54亿份	认购户数	12,912户
基金管理人	广发基金管理有限公司	基金托管人	中国工商银行
注册登记人	广发基金管理有限公司		

财务指标　单位：人民币(元)；%

项目＼年度	2009年	2008年12月30日至2008年12月31日
本期利润	741,376,076.08	-786,260.23
本期加权平均净值利润率	43.13	-0.12
期末基金资产净值	2,603,348,479.84	652,907,728.08
期末基金份额净值	1.678	0.999
本期份额净值增长率	85.05	-0.10
累计份额净值增长率	84.86	-0.10
基金收益分配	10派1.400	——

成立来累计净值增长率与同期基准收益率历史走势对比图（%）

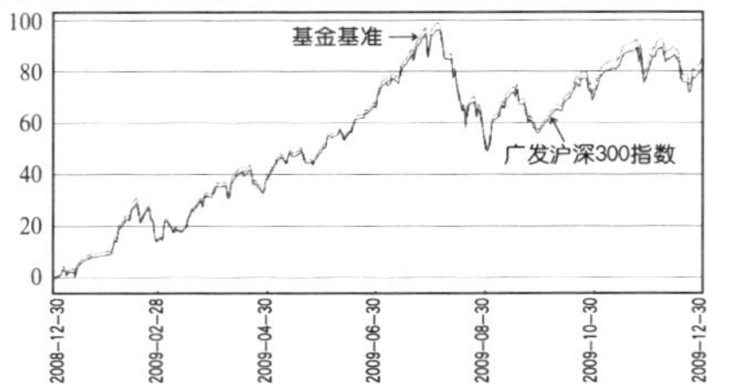

近两年净值增长率与同期基准收益率对比图（%）

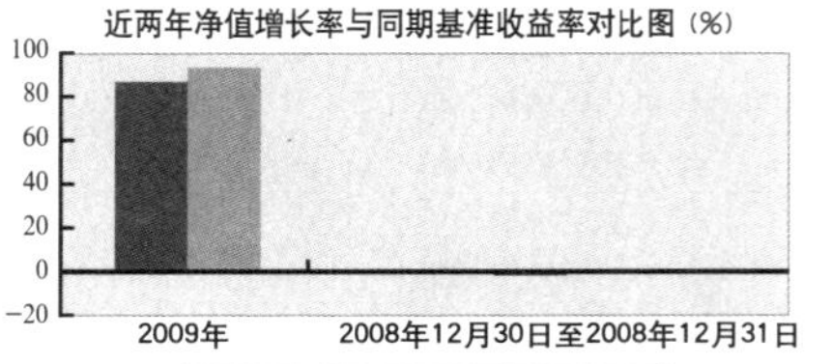

期末基金份额持有人户数	基金份额持有人户数为112,741户，平均每户持有13,764.54份。（期末截至2009年12月31日）
期末基金份额持有人结构	机构投资者持有399,471,940.60份，占总份额25.74%；个人投资者持有1,152,356,097.63份，占总份额74.26%。

基金业绩表现

2009年广发沪深300指数基金全年净值增长率为85.05%；同期业绩比较基准收益率为91.90%。

基金管理团队

邱春杨先生：基金经理、金融工程部总经理，金融学硕士，8年证券从业经历。2001年3月至2002年10月任职于南方证券资产管理部；2002年11月至2008年1月先后任广发基金管理公司筹建人员、研究发展部产品设计小组组长、机构理财部副总经理、金融工程部副总经理；2008年2月起任公司金融工程部总经理；2008年12月起任广发沪深300指数基金经理；2009年11月起任广发中证500指数基金经理。

基金运作分析

广发沪深300指数基金于2008年12月30日正式成立，2009年该基金投资运作可分为两个阶段。首先是建仓期，该基金在较短时间内完成了建仓工作，较好地把握住了市场大幅上涨的机会。其次是平稳运行期，该基金自2009年2月初进入平稳运行期。平稳运行期内，日均跟踪误差为0.092%，符合基金合同约定的日均跟踪误差不超过0.35%的限制。

对于2010年的市场趋势，广发沪深300指数基金认为，全年呈现震荡上升趋势的可能性较大。首先，国内经济正在向全面复苏过渡，市场动态估值、尤其是大市值股票的估值处于历史偏低水平；其次，对经济过热、通胀超预期和经济二次探底等的担忧会加大市场波动。

在新的一年，管理人将继续按合同精神，执行严格的指数化操作策略，以控制跟踪误差为指引，规范、科学地运作该基金，为投资者提供一个清晰、透明、可信任的资产配置工具，回报基金份额持有人的信任。

季度投资组合一览

项目＼季度	第一季度		第二季度		第三季度		第四季度	
基金资产净值	954,724,687.55元		1,779,779,747.72元		2,049,030,250.17元		2,603,348,479.84元	
基金份额	722,430,508.92份		1,105,921,006.74份		1,433,902,116.25份		1,551,828,038.23份	
基金份额净值	1.322元		1.609元		1.429元		1.678元	
基金资产组合	市值(元)	占总资产比(%)	市值(元)	占总资产比(%)	市值(元)	占总资产比(%)	市值(元)	占总资产比(%)
股票投资	878,103,545.69	84.68	1,662,642,669.06	91.59	1,931,506,874.77	93.44	2,467,182,348.92	94.07
债券投资	——	——	——	——	225,272.16	0.01	——	——
金融衍生品投资	——	——	——	——	——	——	——	——
买入返售金融资产	——	——	——	——	——	——	——	——
银行存款和结算备付金	123,908,712.37	11.95	109,592,840.32	6.04	113,678,093.69	5.50	142,161,383.80	5.42
其他资产	34,926,126.51	3.37	43,163,168.43	2.38	21,808,962.12	1.05	13,423,190.92	0.51

	第一季度			第二季度			第三季度			第四季度		
投资前五名股票明细	股票名称	公允价值(元)	占净值比(%)	股票名称	公允价值(元)	占净值比(%)	股票名称	公允价值(元)	占净值比(%)	股票名称	公允价值(元)	占净值比(%)
	中信证券	34,041,801.15	3.57	招商银行	67,376,090.79	3.79	中信证券	69,108,107.19	3.37	中信证券	94,970,664.63	3.65
	招商银行	32,697,424.17	3.42	中信证券	57,050,948.88	3.21	招商银行	66,927,313.30	3.27	招商银行	87,806,661.75	3.37
	中国平安	27,338,124.66	2.86	民生银行	53,158,010.40	2.99	交通银行	62,209,214.69	3.04	交通银行	75,403,009.55	2.90
	交通银行	24,352,075.37	2.55	中国平安	50,650,601.12	2.85	中国平安	59,639,018.40	2.91	中国平安	70,466,445.35	2.71
	建设银行	23,778,217.40	2.49	交通银行	49,984,128.28	2.81	民生银行	52,828,726.60	2.58	民生银行	65,968,529.90	2.53
投资前五名债券明细	债券名称	公允价值(元)	占净值比(%)	债券名称	公允价值(元)	占净值比(%)	债券名称	公允价值(元)	占净值比(%)	债券名称	公允价值(元)	占净值比(%)
							安泰转债	225,272.16	0.01			

广发聚瑞股票型证券投资基金

基本资料						
基金简称	广发聚瑞股票		交易代码	270021		
风险收益特征	该基金为股票型基金，具有较高风险、较高预期收益的特征，其风险和预期收益均高于货币市场基金和债券型基金。					
业绩比较基准	80%×沪深300指数＋20%×中证全债指数					
合同生效日	2009年6月16日	首募份额	70.70亿份	认购户数	101,082户	
基金管理人	广发基金管理有限公司		基金托管人	中国工商银行		
注册登记人	广发基金管理有限公司					

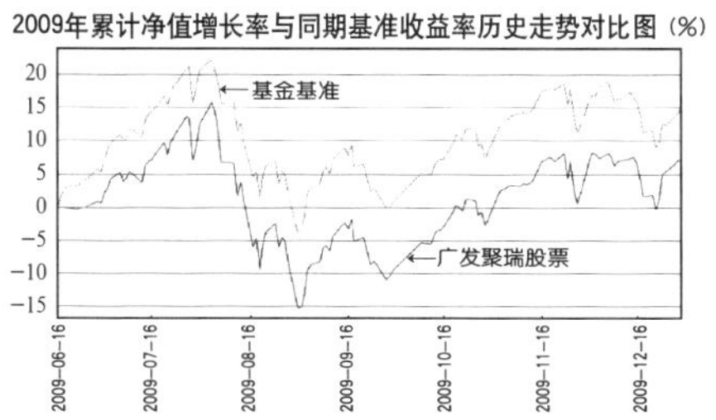

财务指标　单位：人民币（元）；%

项目＼年度	2009年6月16日至2009年12月31日
本期利润	431,741,972.56
本期加权平均净值利润率	6.66
期末基金资产净值	4,517,941,583.28
期末基金份额净值	1.074
本期份额净值增长率	7.40
累计份额净值增长率	7.40
基金收益分配	——

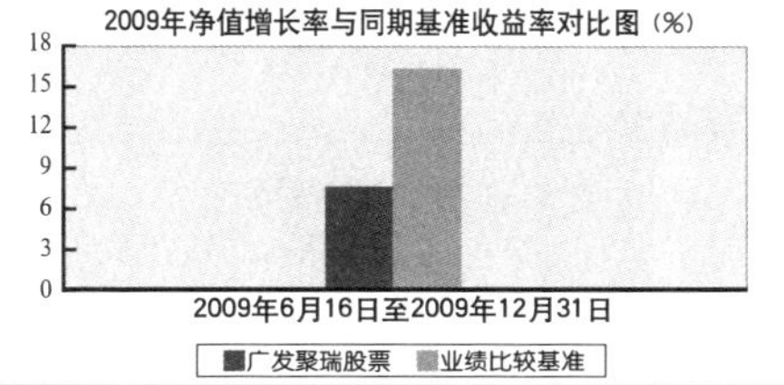

期末基金份额持有人户数	基金份额持有人户数为69,823户，平均每户持有60,220.87份。（期末截至2009年12月31日）
期末基金份额持有人结构	机构投资者持有50,616,019.69份，占总份额1.20%；个人投资者持有4,154,186,074.77份，占总份额98.80%。

基金业绩表现

广发聚瑞股票基金合同生效于2009年6月16日，截至2009年12月31日，该基金份额净值为1.074元，成立以来净值增长率为7.40%；同期业绩基准收益率为16.35%，业绩表现落后于基准。

基金管理团队

刘明月先生：基金经理，金融学硕士，5年证券从业经历。2004年7月至2007年2月任广发基金管理公司研究发展部研究员；2007年2月至2009年5月先后任公司研究发展部副总经理、机构投资部总经理；2009年6月起任广发聚瑞股票基金经理。

基金运作分析

广发聚瑞股票基金成立于2009年6月16日，在建仓期间，该基金配置主要集中在大金融、大周期类行业：煤炭、有色、钢铁、交运、化工、银行、保险、地产、通讯等。主要基于如下判断：国内经济企稳并开始复苏，刺激经济的一系列政策在逐步落实，同时预期下半年房地产投资增速将上升，因财富积累房地产、汽车、家电消费增速将会持续，国外经济可能已经见底但还未完全复苏。

随着国内经济形势不断好转、市场环境变化，该基金组合在第四季度也发生了较大的变化，从大金融、大周期转向银行和大消费上，到2009年底主要配置了银行、保险、医药、通讯、电子元器件、电力设备、商业、食品饮料等行业。

2010年，该基金管理人判断大盘将维持震荡向上的格局，但上涨幅度有限。结构性机会将比较突出，广发聚瑞股票基金将从宏观政策的变化、产业政策的调控方向以及具体受益的子行业子公司、估值水平等方面来配置子行业和精选个股。该基金相对比较看好大消费、自主创新技术和新兴战略性产业。

季度投资组合一览

项目＼季度	第三季度			第四季度		
基金资产净值	6,211,757,446.17元			4,517,941,583.28元		
基金份额	6,863,335,157.27份			4,204,802,094.46份		
基金份额净值	0.905元			1.074元		
基金资产组合	市值(元)		占总资产比(%)	市值(元)		占总资产比(%)
股票投资	5,758,775,122.35		91.78	4,243,894,414.64		91.84
债券投资	——		——	——		——
资产支持证券投资	——		——	——		——
金融衍生品投资	——		——	——		——
买入返售金融资产	——		——	——		——
银行存款和结算备付金	490,796,548.38		7.82	300,730,295.71		6.51
其他资产	25,156,846.60		0.40	76,235,855.80		1.65
投资前五名股票明细	股票名称	公允价值(元)	占净值比(%)	股票名称	公允价值(元)	占净值比(%)
	潞安环能	295,678,404.72	4.76	青岛海尔	318,210,240.86	7.04
	中国平安	278,833,471.80	4.49	中兴通讯	271,895,687.84	6.02
	中兴通讯	277,936,349.76	4.47	苏宁电器	238,263,272.20	5.27
	兴业银行	275,745,761.67	4.44	兴业银行	195,929,697.63	4.34
	浦发银行	219,189,658.50	3.53	天地科技	170,079,114.25	3.76
投资前五名债券明细	债券名称	公允价值(元)	占净值比(%)	债券名称	公允价值(元)	占净值比(%)

兴业全球基金管理有限公司

法定名称	兴业全球基金管理有限公司	**英文名称**	AEGON-INDUSTRIAL Fund Management Co., Ltd.		
成立时间	2003年9月30日	**注册资本**	1.5亿元人民币	**公司属性**	中外合资
法人代表	兰 荣	**总 经 理**	杨 东	**督 察 长**	杜建新
公司网址	www.xyfunds.com.cn	**客服电话**	400-678-0099　021-3882 4536		
联系电话	021-5836 8998	**传真号码**	021-5836 8858		
注册地址	上海市黄浦区金陵东路368号	**办公地址**	上海市浦东张杨路500号时代广场20楼		

公司简介

兴业全球基金管理有限公司(原名"兴业基金管理有限公司",以下简称"兴业全球基金")经证监基金字[2003]100号文批准于2003年9月30日成立。2008年1月,经中国证监会批准,全球人寿保险国际公司(AEGON International N.V)受让公司股权并成为公司股东。2008年4月9日,公司完成股权转让、变更注册资本等相关手续后,公司注册资本为人民币1.2亿元,其中,兴业证券股份有限公司的出资占注册资本的51%,全球人寿保险国际公司的出资占注册资本的 49%。2008年7月,经中国证监会批准(证监许可[2008]888号),公司于2008年8月25日完成变更公司名称、注册资本等相关手续后,公司名称变更为"兴业全球基金管理有限公司",注册资本增加为1.5亿元人民币,其中两股东出资比例不变。

截至2009年12月31日,兴业全球基金旗下管理着七只基金,管理基金资产规模为426.95亿元人民币。

2009年旗下开放式基金业绩表现

截至日期：2009年12月31日

(单位：元;%)

基金类型	基金简称	设立日期	基金份额净值	净值增长率①	累计净值增长率②
股票型	兴业全球视野股票	2006-09-20	3.5521	77.08	255.21
	兴业社会责任股票	2008-04-30	1.424	108.57	62.26
混合型	兴业可转债混合	2004-05-11	1.2601	35.21	315.30
	兴业趋势投资混合(LOF)	2005-11-03	1.1762	69.32	573.41
	兴业有机增长混合	2009-03-25	1.1661	16.61	16.61
债券型	兴业磐稳增利债券	2009-07-23	1.0105	1.05	1.05
货币型	兴业货币	2006-04-27	1.0000	1.00	9.06

注:①净值增长率指该基金2009年度的份额净值增长率;②累计净值增长率指该基金设立以来的份额净值增长率。

2009年管理公募基金概况

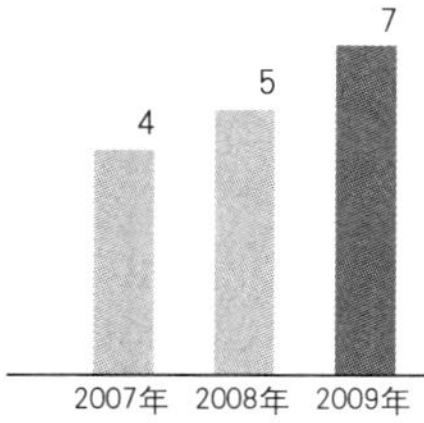

基金数量(只)

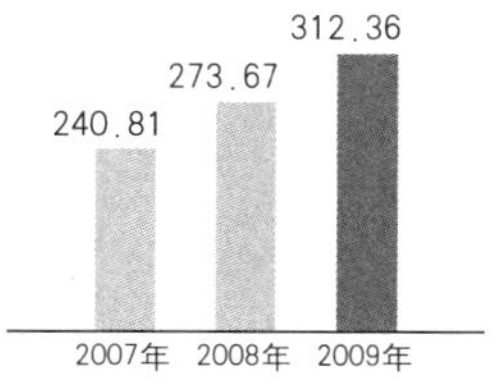

基金份额规模(亿份)

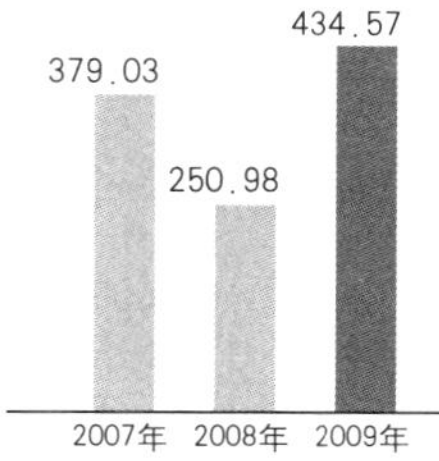

基金资产规模(亿元)

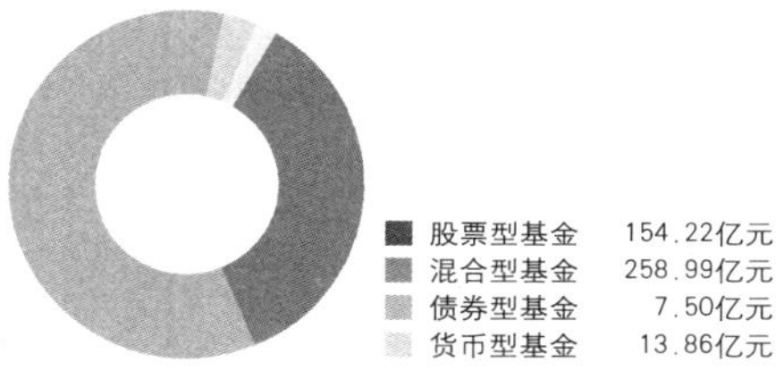

2009年基金资产规模构成

兴业可转债混合型证券投资基金

基本资料			
基金简称	兴业可转债混合	交易代码	340001
风险收益特征	该基金的风险水平处于市场低端，收益水平处于市场中高端。		
业绩比较基准	80%×天相可转债指数+15%×中信标普300指数+5%×同业存款利率		
合同生效日	2004年5月11日	首募份额 32.82亿份	认购户数 70,846户
基金管理人	兴业全球基金管理有限公司	基金托管人	中国工商银行
注册登记人	兴业全球基金管理有限公司		

财务指标　单位：人民币(元)；%

项目　年度	2009年	2008年	2007年
本期利润	822,146,983.33	−496,666,066.49	1,878,458,039.83
本期加权平均净值利润率	28.11	−22.83	69.47
期末基金资产净值	3,052,404,840.02	2,014,888,384.18	2,730,601,874.70
期末基金份额净值	1.2601	1.0169	1.4889
本期份额净值增长率	35.21	−19.65	113.44
累计份额净值增长率	315.30	207.14	282.26
基金收益分配	10派1.120	10派2.220	10派8.360

成立来累计净值增长率与同期基准收益率历史走势对比图（%）

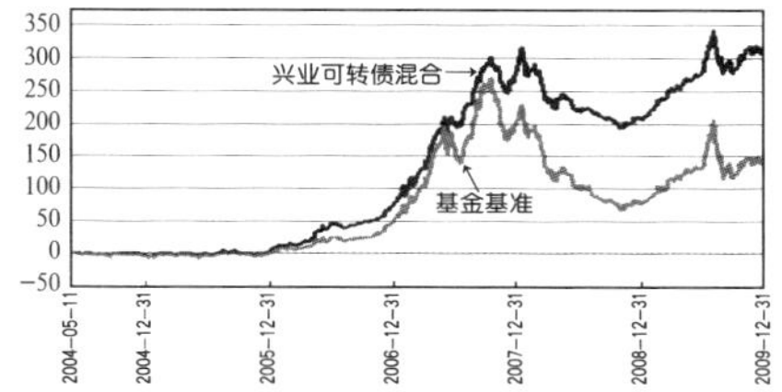

近三年净值增长率与同期基准收益率对比图（%）

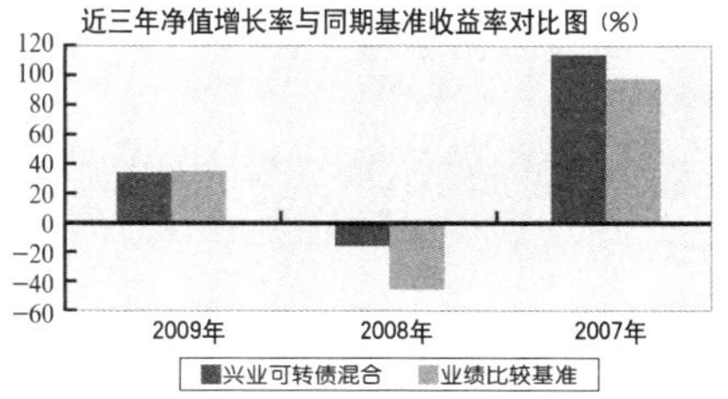

期末基金份额持有人户数	基金份额持有人户数为60,207户，平均每户持有40,233.24份。（期末截至2009年12月31日）
期末基金份额持有人结构	机构投资者持有346,037,454.96份，占总份额14.29%；个人投资者持有2,076,285,032.53份，占总份额85.71%。

基金业绩表现

截至2009年12月31日，兴业可转债混合基金份额为1.2601元，全年净值增长率为35.21%，同期业绩基准收益率为37.37%，业绩表现落后基准。

基金管理团队

杨　云先生：基金经理，理学硕士，6年证券从业经历。历任申银万国证券研究所金融工程部、策略部研究员，主要从事可转债研究；兴业可转债基金经理助理；2007年2月起任兴业可转债混合基金经理。

基金运作分析

2009年兴业可转债混合基金收益相对不高的主要原因有：①年初可转债处在相对便宜的水平，该基金转债仓位虽然有所提高，但受制于市场规模和流动性等因素的影响，仓位提升不够明显，或者说市场很好的建仓时间段不是很长，因此在上半年可转债的主要上涨阶段，该基金明显跟不上市场涨幅；②2009年市场的大波段操作机会较为明显，比如在8月份初的见顶回调，虽然该基金有所行动，但仓位的控制和调整不够显著。

转债操作上，该基金主要是在年初增仓不够积极，但在7月份见顶随后的下跌中，对转债仓位的把握相对较好；债券操作上，兴业可转债混合基金在年初即认识到经过2008年的大幅上涨后，债券绝对收益率水平已不具有吸引力，因此在操作上较为谨慎，持仓主要以短期央票为主。

季度投资组合一览

项目　季度	第一季度		第二季度		第三季度		第四季度	
基金资产净值	2,819,110,481.57元		3,024,409,964.47元		2,956,980,019.33元		3,052,404,840.02元	
基金份额	2,429,624,903.61份		2,445,136,357.82份		2,570,411,184.19份		2,422,322,487.49份	
基金份额净值	1.1603元		1.2369元		1.1504元		1.2601元	
基金资产组合	市值(元)	占总资产比(%)	市值(元)	占总资产比(%)	市值(元)	占总资产比(%)	市值(元)	占总资产比(%)
股票投资	452,395,758.34	15.99	718,180,838.36	23.62	564,199,617.26	18.99	818,457,985.90	26.69
债券投资	1,872,742,764.54	66.19	1,957,604,651.61	64.39	1,700,290,588.75	57.23	1,974,589,552.04	64.39
金融衍生品投资	——	——	——	——	——	——	——	——
买入返售金融资产	100,000,000.00	3.53	——	——	——	——	——	——
银行存款和结算备付金	326,019,536.49	11.52	313,860,684.04	10.32	687,775,413.84	23.15	204,818,018.19	6.68
其他资产	78,174,603.25	2.76	50,439,190.44	1.66	18,957,011.69	0.64	68,591,707.69	2.24

投资前五名股票明细	股票名称	公允价值(元)	占净值比(%)	股票名称	公允价值(元)	占净值比(%)	股票名称	公允价值(元)	占净值比(%)	股票名称	公允价值(元)	占净值比(%)
	攀钢钢钒	144,179,140.00	5.11	民生银行	79,200,000.00	2.62	复星医药	91,018,826.82	3.08	浦发银行	89,500,000.00	2.93
	中兴通讯	38,399,843.22	1.36	万　科A	63,749,502.75	2.11	浦发银行	83,050,000.00	2.81	中国平安	76,982,766.00	2.52
	中国石化	26,699,928.80	0.95	大同煤业	54,570,000.00	1.80	潞安环能	41,316,000.00	1.40	中国人寿	63,380,000.00	2.08
	三安光电	25,404,198.84	0.90	复星医药	45,129,076.02	1.49	小商品城	34,445,268.00	1.16	中兴通讯	61,643,527.75	2.02
	大同煤业	17,570,000.00	0.62	中兴通讯	36,134,042.90	1.19	交通银行	33,320,000.00	1.13	双汇发展	53,608,220.10	1.76

投资前五名债券明细	债券名称	公允价值(元)	占净值比(%)	债券名称	公允价值(元)	占净值比(%)	债券名称	公允价值(元)	占净值比(%)	债券名称	公允价值(元)	占净值比(%)
	08央行票据104	389,560,000.00	13.82	08央票104	386,600,000.00	12.78	唐钢转债	334,570,109.25	11.31	09央行票据63	398,680,000.00	13.06
	新钢转债	295,269,807.50	10.47	新钢转债	334,578,674.50	11.06	新钢转债	323,555,401.80	10.94	新钢转债	304,317,329.40	9.97
	南山转债	285,142,775.00	10.11	南山转债	277,500,091.60	9.18	09央行票据37	199,340,000.00	6.74	唐钢转债	248,649,708.47	8.15
	08央行票据112	146,715,000.00	5.20	唐钢转债	184,990,957.41	6.12	08央行票据112	144,780,000.00	4.90	09央行票据28	196,740,000.00	6.45
	08江铜债	105,017,647.60	3.73	08央票112	145,725,000.00	4.82	龙盛转债	121,009,647.00	4.09	龙盛转债	149,147,200.00	4.89

兴业趋势投资混合型证券投资基金(LOF)

基本资料

基金简称	兴业趋势投资混合(LOF)	交易代码	163402(前端)163403(后端)		
风险收益特征	该基金在混合型基金大类中属于强调控制风险，中高风险、中高回报的基金产品。				
业绩比较基准	中标300指数×50%+中信国债指数×45%+同业存款利率×5%				
合同生效日	2005年11月3日	首募份额	9.28亿份	认购户数	6,783户
上市日期	2005年11月3日	上市地点	深交所		
基金管理人	兴业全球基金管理有限公司	基金托管人	兴业银行		
注册登记人	中国证券登记结算有限责任公司				

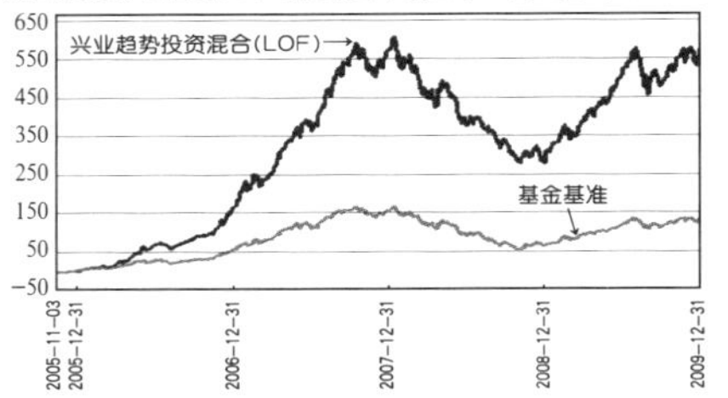

财务指标 单位：人民币(元)；%

项目 \ 年度	2009年	2008年	2007年
本期利润	9,958,571,377.83	−11,301,975,983.28	7,762,188,304.37
本期加权平均净值利润率	51.01	−54.22	60.53
期末基金资产净值	21,347,906,786.48	15,281,833,307.84	26,506,985,239.03
期末基金份额净值	1.1762	0.7591	1.347
本期份额净值增长率	69.32	−40.68	153.24
累计份额净值增长率	573.41	297.71	570.40
基金收益分配	10派1.000	10派0.420	10派1.3000

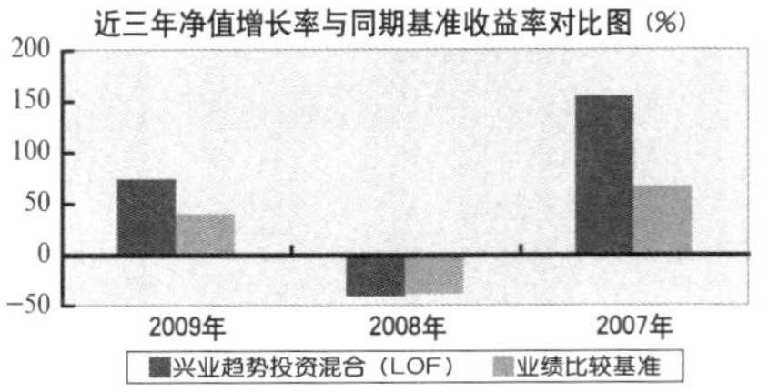

期末基金份额持有人户数	基金份额持有人户数为669,141户，平均每户持有27,123.54份。（期末截至2009年12月31日）
期末基金份额持有人结构	机构投资者持有2,362,196,463.23份，占总份额13.02%；个人投资者持有15,787,272,959.74份，占总份额86.98%。

基金业绩表现

2009年兴业趋势投资混合基金全年份额净值增长率为69.32%；同期业绩比较基准收益率为42.14%。

基金管理团队

王晓明先生：基金经理、投资总监，经济学硕士，8年证券从业经历。历任上海中技投资顾问公司研究员、投资部经理、公司副总经理，兴业可转债混合基金经理助理、兴业可转债混合基金经理、兴业全球视野股票基金经理。2005年11月起任兴业趋势投资混合基金经理。

张惠萍女士：基金经理，经济学硕士，7年证券从业经历。2002年6月加入兴业基金公司(筹)，历任公司研究策划部行业研究员、兴业趋势投资混合基金经理助理；2008年1月起任兴业趋势投资混合基金经理。

基金运作分析

2009年，兴业趋势投资混合基金在投资中，由于基金经理小组对经济复苏的力度预估不足以及对长期经济增长的担心，同时对估值因素考虑得相对较多，造成上半年对在经济复苏的大背景下的有色、房地产、汽车等先导行业配置比例不够，使得组合的进攻性不足；该基金在年初对煤炭板块的重仓持有，投资方向的决策是正确的，但在涨幅翻番之后即选择了部分减仓，忽视了煤炭行业景气度提升的势头和资本市场对煤炭板块估值提升的趋势并未改变，从而部分错失了煤炭股后续更为疯狂的上涨。

2010年，兴业趋势投资混合基金将在经济结构转型的大背景下，追逐政策的脚步，寻找行业和个股的投资机会。

季度投资组合一览

项目 \ 季度	第一季度		第二季度		第三季度		第四季度	
基金资产净值	17,504,261,455.38元		21,338,944,037.55元		19,513,958,465.87元		21,347,906,786.48元	
基金份额	18,920,025,829.38份		18,613,704,858.90份		19,312,252,805.25份		18,149,469,422.97份	
基金份额净值	0.9252元		1.1464元		1.0104元		1.1762元	
基金资产组合	市值(元)	占总资产比(%)	市值(元)	占总资产比(%)	市值(元)	占总资产比(%)	市值(元)	占总资产比(%)
股票投资	13,160,469,633.69	74.14	16,877,908,887.64	78.72	16,652,508,937.82	84.90	18,928,779,498.32	87.09
债券投资	3,346,902,044.30	18.86	2,615,228,628.73	12.20	1,630,480,240.72	8.31	1,207,443,178.40	5.56
金融衍生品投资	——	——	——	——	——	——	——	——
买入返售金融资产	——	——	——	——	——	——	——	——
银行存款和结算备付金	1,103,604,249.61	6.22	1,730,579,064.84	8.07	1,196,677,728.29	6.10	1,154,484,777.35	5.31
其他资产	139,026,684.96	0.78	217,790,307.39	1.02	134,354,012.88	0.68	442,866,340.67	2.04

项目	第一季度			第二季度			第三季度			第四季度		
投资前五名股票明细	股票名称	公允价值(元)	占净值比(%)	股票名称	公允价值(元)	占净值比(%)	股票名称	公允价值(元)	占净值比(%)	股票名称	公允价值(元)	占净值比(%)
	招商银行	1,425,735,000.00	8.15	招商银行	1,783,395,979.65	8.36	招商银行	1,155,352,600.00	5.92	招商银行	1,572,605,889.00	7.37
	民生银行	1,031,237,998.48	5.89	民生银行	1,631,520,000.00	7.65	民生银行	1,118,840,000.00	5.73	交通银行	979,302,095.20	4.59
	浦发银行	915,160,000.00	5.23	万 科A	727,618,746.75	3.41	浦发银行	925,703,650.40	4.74	浦发银行	934,069,256.00	4.38
	攀钢钢钒	775,468,004.00	4.43	中国中铁	715,908,301.15	3.35	烟台万华	544,551,311.72	2.79	中兴通讯	921,016,920.67	4.31
	中兴通讯	437,286,628.68	2.50	浦发银行	598,520,000.00	2.80	中兴通讯	529,356,536.80	2.71	中国平安	826,334,795.16	3.87
投资前五名债券明细	债券名称	公允价值(元)	占净值比(%)	债券名称	公允价值(元)	占净值比(%)	债券名称	公允价值(元)	占净值比(%)	债券名称	公允价值(元)	占净值比(%)
	08央票92	971,700,000.00	5.55	08央票92	964,400,000.00	4.52	09央票37	498,350,000.00	2.55	08江铜债	282,313,161.00	1.32
	08央票84	485,050,000.00	2.77	08央票84	481,400,000.00	2.26	08江铜债	279,563,745.60	1.43	09央票34	196,600,000.00	0.92
	08央票49	481,750,000.00	2.75	08江铜债	290,601,253.80	1.36	09央票34	196,620,000.00	1.01	09央票36	186,751,000.00	0.87
	08央票78	290,700,000.00	1.66	08央票78	288,510,000.00	1.35	09央票36	186,770,000.00	0.96	08石化债	177,360,314.00	0.83
	08江铜债	289,844,168.40	1.66	08石化债	180,569,889.60	0.85	08石化债	177,151,900.00	0.91	08宝钢债	92,274,066.00	0.43

兴业货币市场证券投资基金

基本资料

基金简称	兴业货币	**交易代码**	340005		
风险收益特征	该基金属于高流动性、低风险的基金品种，其预期风险和预期收益率低于股票型、债券型和混合型基金。				
业绩比较基准	税后6个月银行定期存款利率				
合同生效日	2006年4月27日	**首募份额**	17.30亿份	**认购户数**	3,202户
基金管理人	兴业全球基金管理有限公司	**基金托管人**	兴业银行		
注册登记人	兴业全球基金管理有限公司				

财务指标　　单位：人民币(元)；%

项目＼年度	2009年	2008年	2007年
本期利润	8,169,608.46	19,230,946.66	5,934,843.80
期末基金资产净值	1,385,821,777.40	1,334,606,893.70	215,957,766.38
期末基金份额净值	1.0000	1.0000	1.0000
本期份额净值收益率	1.00	3.25	3.39
累计份额净值收益率	9.06	7.98	4.58
基金收益分配	8,169,608.46	19,230,946.66	5,934,843.80

成立来累计净值收益率与同期基准收益率历史走势对比图（%）

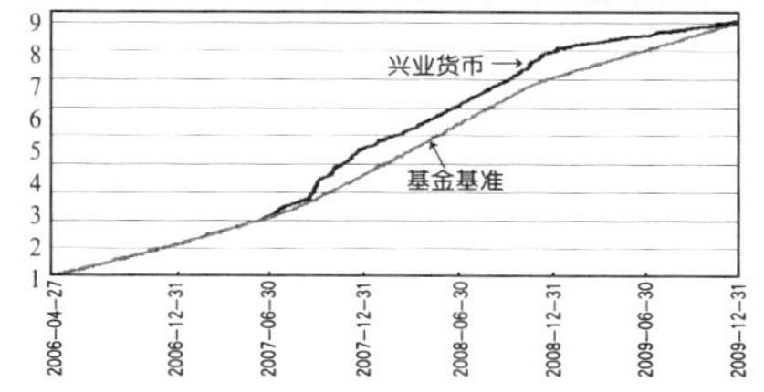

近三年净值收益率与同期基准收益率对比图（%）

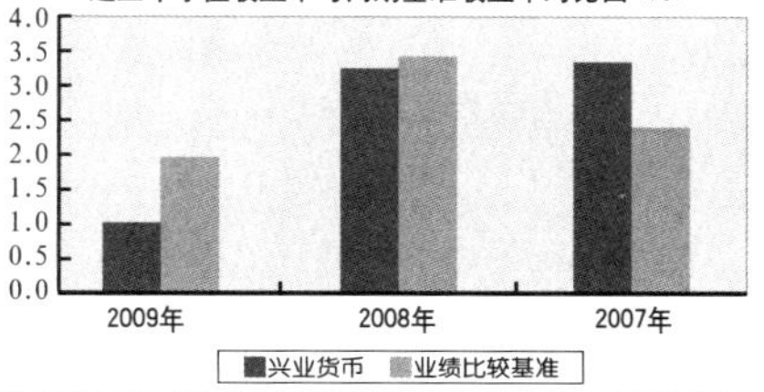

期末基金份额持有人户数	基金份额持有人户数为5,906户，平均每户持有234,646.42份。　（期末截至2009年12月31日）
期末基金份额持有人结构	机构投资者持有1,195,298,363.71份，占总份额86.25%；个人投资者持有190,523,413.69份，占总份额13.75%。

基金业绩表现

2009年兴业货币基金全年净值收益率为1.00%，同期业绩基准收益率为1.9800%，业绩表现落后基准。

基金管理团队

李友超先生：基金经理，理学硕士，7年证券从业经历。历任安徽农师院助教、建设银行滁州分行支行行长、建设银行监察室监察员、平安资产管理公司交易员、华富货币基金经理；2007年4月起任兴业货币基金经理、兴业磐稳增利债券基金经理。

基金运作分析

回顾2009年兴业货币基金操作，面对债市大环境，该基金首先控制风险的思路基本正确，但谨慎有余，进取不足，全年收益不理想。

货币基金主要投资短期品种，重点关注资金利率和央票利率变化，当前货币调控以数量为主，当数量调控累积到一定程度，资金面可能收紧，资金利率可能上升，同时为了提高一年期以上央票发行量，央票利率也可能多次提高，因此，2010年兴业货币基金主要跟随调控节奏控制久期。

季度投资组合一览

项目＼季度	第一季度		第二季度		第三季度		第四季度	
基金资产净值	801,871,155.12元		541,893,996.95元		693,836,913.91元		1,385,821,777.40元	
基金份额	801,871,155.12份		541,893,996.95份		693,836,913.91份		1,385,821,777.40份	
基金份额净值	1.000元		1.000元		1.000元		1.000元	
基金资产组合	**市值(元)**	**占总资产比(%)**	**市值(元)**	**占总资产比(%)**	**市值(元)**	**占总资产比(%)**	**市值(元)**	**占总资产比(%)**
股票投资	——	——	——	——	——	——	——	——
债券投资	328,958,236.91	40.93	209,585,541.92	38.61	338,508,075.50	48.73	280,761,543.11	20.25
金融衍生品投资	——	——	——	——	——	——	——	——
买入返售金融资产	——	——	——	——	219,080,538.62	31.54	235,200,792.80	16.96
银行存款和结算备付金	464,364,183.11	57.78	327,484,562.73	60.33	135,737,433.23	19.54	851,722,601.59	61.42
其他资产	10,313,388.80	1.28	5,779,056.63	1.06	1,338,168.51	0.19	18,942,196.46	1.37

投资前五名债券明细	债券名称	成本(元)	占净值比(%)	债券名称	成本(元)	占净值比(%)	债券名称	成本(元)	占净值比(%)	债券名称	成本(元)	占净值比(%)
	08央票106	108,856,029.40	13.58	08央票106	109,470,527.29	20.20	09央票39	99,793,419.95	14.38	07国开22	90,208,321.86	6.51
	08央票52	69,855,952.70	8.71	04国开20	60,151,354.64	11.10	09央票44	98,340,886.45	14.17	05国开08	50,400,946.48	3.64
	04国开20	60,235,548.41	7.51	05农发06	30,099,550.85	5.55	04国开20	60,067,599.91	8.66	07央票16	50,141,192.78	3.62
	06民生01	50,028,574.90	6.24	05中行02浮	9,864,109.14	1.82	07国开22	40,361,792.31	5.82	09农发04	39,964,030.55	2.88
	05农发06	30,124,018.81	3.76	——			05农发06	30,074,512.94	4.33	05农发06	30,047,857.58	2.17

投资组合平均剩余期限	平均剩余期限	占净值比(%)	平均剩余期限	占净值比(%)	平均剩余期限	占净值比(%)	平均剩余期限	占净值比(%)
	30天以内	57.91	30天以内	60.43	30天以内	51.14	30天以内	78.43
	30天(含)—60天	14.95	30天(含)—60天	0.00	30天(含)—60天	14.38	30天(含)—60天	6.51
	60天(含)—90天	11.27	60天(含)—90天	38.68	60天(含)—90天	12.99	60天(含)—90天	10.11
	90天(含)—180天	14.80	90天(含)—180天	0.00	90天(含)—180天	7.24	90天(含)—180天	3.64
	180天(含)—397天（含）	0.00	180天(含)—397天（含）	0.00	180天(含)—397天（含）	14.17	180天(含)—397天（含）	0.00

兴业全球视野股票型证券投资基金

基本资料			
基金简称	兴业全球视野股票	交易代码	340006
风险收益特征	该基金属于较高风险、较高收益的基金品种。		
业绩比较基准	80%×中信标普300指数+15%×中信标普国债指数+5%×同业存款利率		
合同生效日	2006年9月20日	首募份额	32.90亿份
认购户数	32,397户		
基金管理人	兴业全球基金管理有限公司	基金托管人	兴业银行
注册登记人	中国证券登记结算有限责任公司		

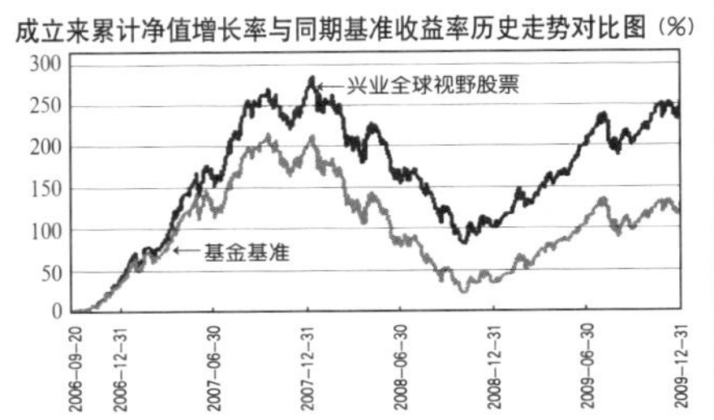

财务指标　单位：人民币（元）；%

项目 \ 年度	2009年	2008年	2007年
本期利润	3,901,645,140.62	−4,534,870,434.06	4,764,042,096.23
本期加权平均净值利润率	55.16	−60.89	79.08
期末基金资产净值	8,507,120,673.98	5,582,183,629.10	8,449,286,492.75
期末基金份额净值	3.5521	2.0059	3.5922
本期份额净值增长率	77.08	−44.16	152.46
累计份额净值增长率	255.21	100.59	259.22
基金收益分配	——	——	——

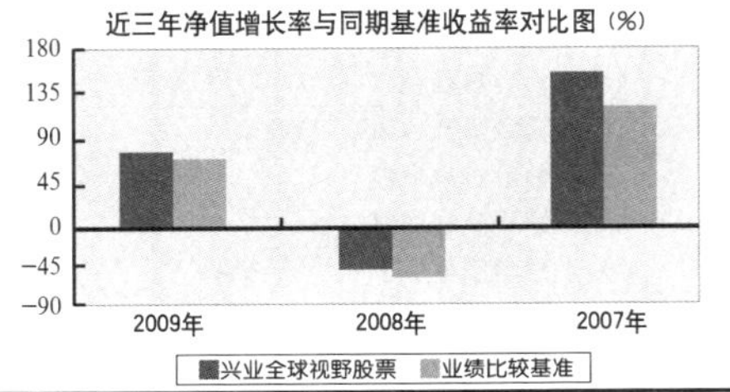

期末基金份额持有人户数	基金份额持有人户数为53,197户，平均每户持有45,020.46份。（期末截至2009年12月31日）
期末基金份额持有人结构	机构投资者持有1,458,377,818.46份，占总份额60.89%；个人投资者持有936,575,346.10份，占总份额39.11%。

基金业绩表现

截至2009年12月31日，兴业全球视野股票基金份额净值为3.5521元，全年净值增长率为77.08%，同期业绩比较基准收益率为72.36%。

基金管理团队

董承非先生：基金经理，理学硕士，5年证券从业经历。历任兴业全球基金管理公司研究策划部行业研究员、兴业趋势投资混合基金经理助理；2007年2月起任兴业全球视野股票基金经理。

基金运作分析

2009年兴业全球视野股票基金全年净值收益率为77.08%，低于指数的涨幅。

从操作层面看，兴业全球视野股票基金最大的不足之处在于过早悲观：2月份接近2400点左右的时候该基金压缩仓位进行防守。这种保守的投资策略导致在后来一段时间该基金非常被动。直到8月份市场调整，兴业全球视野股票基金的相对表现才迎来转机。所幸的是，兴业全球视野股票基金在8月份的调整行情中没有犯大错误，保住大部分的胜利果实。而该基金一直持有的消费品股票也在第四季度得到了收获。

季度投资组合一览

项目 \ 季度	第一季度		第二季度		第三季度		第四季度	
基金资产净值	6,689,049,254.68元		6,901,271,216.17元		7,181,754,165.80元		8,507,120,673.98元	
基金份额	2,732,781,166.89份		2,304,036,185.74份		2,369,057,426.73份		2,394,953,164.56份	
基金份额净值	2.4477元		2.9953元		3.0315元		3.5521元	
基金资产组合	市值(元)	占总资产比(%)	市值(元)	占总资产比(%)	市值(元)	占总资产比(%)	市值(元)	占总资产比(%)
股票投资	5,374,435,102.31	79.99	5,613,497,762.39	81.00	5,405,332,458.64	74.85	7,697,791,186.04	87.80
债券投资	678,735,000.00	10.10	338,165,000.00	4.88	400,947,331.00	5.55	498,350,000.00	5.68
金融衍生品投资	——	——	——	——	——	——	——	——
买入返售金融资产	——	——	——	——	——	——	——	——
银行存款和结算备付金	528,473,655.07	7.87	818,751,104.74	11.81	1,268,518,914.68	17.57	373,277,906.75	4.26
其他资产	137,347,137.38	2.04	159,916,399.37	2.31	146,794,860.69	2.03	198,046,369.77	2.26

投资前五名股票明细	股票名称	公允价值(元)	占净值比(%)	股票名称	公允价值(元)	占净值比(%)	股票名称	公允价值(元)	占净值比(%)	股票名称	公允价值(元)	占净值比(%)
	招商银行	529,978,005.54	7.92	招商银行	532,667,278.98	7.72	双汇发展	355,211,360.14	4.95	双汇发展	570,742,164.00	6.71
	民生银行	428,999,248.68	6.41	民生银行	399,440,242.08	5.79	招商银行	353,240,994.96	4.92	中兴通讯	493,234,103.18	5.80
	攀钢钢钒	402,229,208.60	6.01	青岛啤酒	306,389,284.34	4.44	浦发银行	298,980,000.00	4.16	招商银行	485,541,281.70	5.71
	双汇发展	262,893,960.70	3.93	双汇发展	287,486,280.00	4.17	中国神华	289,389,273.36	4.03	交通银行	418,692,784.95	4.92
	青岛啤酒	237,252,928.34	3.55	万 科A	248,842,910.25	3.61	中兴通讯	233,069,695.46	3.25	中国平安	407,281,526.89	4.79

投资前五名债券明细	债券名称	公允价值(元)	占净值比(%)	债券名称	公允价值(元)	占净值比(%)	债券名称	公允价值(元)	占净值比(%)	债券名称	公允价值(元)	占净值比(%)
	08央票61	337,995,000.00	5.05	08央票95	192,980,000.00	2.80	09央票37	398,680,000.00	5.55	09央票61	498,350,000.00	5.86
	08央票95	194,460,000.00	2.91	08央票108	145,185,000.00	2.10	龙盛转债	1,317,459.00	0.02			
	08央票108	146,280,000.00	2.19				厦工转债	949,872.00	0.01			

兴业社会责任股票型证券投资基金

基本资料					
基金简称	兴业社会责任股票	交易代码	340007		
风险收益特征	较高风险，较高收益				
业绩比较基准	80%×中信标普300指数+20%×中信标普国债指数				
合同生效日	2008年4月30日	首募份额	13.89亿份	认购户数	11,827户
基金管理人	兴业全球基金管理有限公司	基金托管人	中国建设银行		
注册登记人	兴业全球基金管理有限公司				

财务指标　　单位：人民币(元)；%

项目＼年度	2009年	2008年4月30日至2008年12月31日
本期利润	2,278,435,459.31	−311,106,325.85
本期加权平均净值利润率	59.29	−29.38
期末基金资产净值	6,914,729,081.76	884,956,982.34
期末基金份额净值	1.424	0.778
本期份额净值增长率	108.57	−22.20
累计份额净值增长率	62.26	−22.20
基金收益分配	10派1.900	——

成立来累计净值增长率与同期基准收益率历史走势对比图（%）

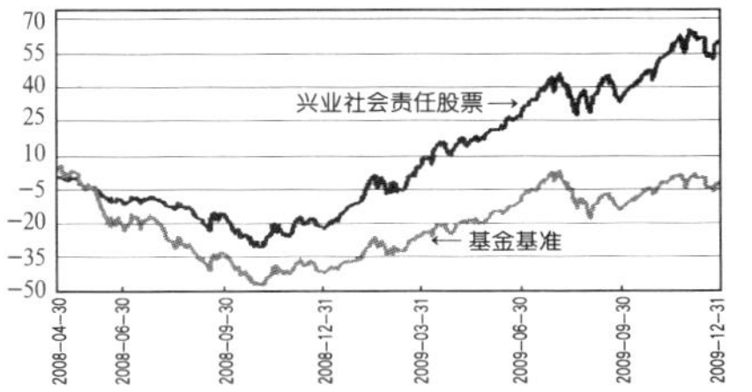

近两年净值增长率与同期基准收益率对比图（%）

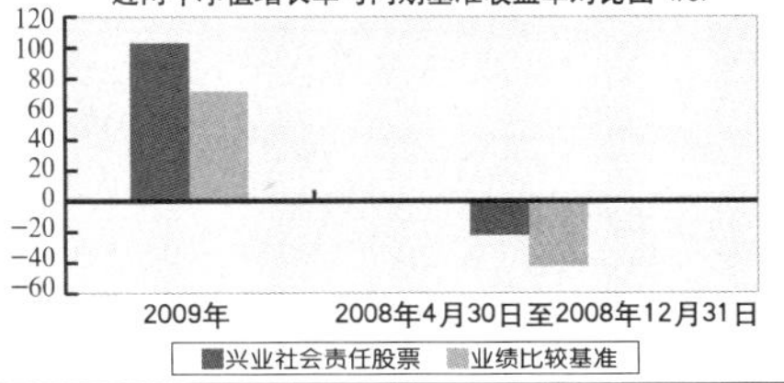

期末基金份额持有人户数	基金份额持有人户数为176,661户，平均每户持有27,485.08份。　（期末截至2009年12月31日）
期末基金份额持有人结构	机构投资者持有1,480,454,946.28份，占总份额30.49%；个人投资者持有3,375,086,221.33份，占总份额69.51%。

基金业绩表现

截至2009年12月31日，兴业社会责任股票基金份额净值为1.424元，全年净值增长率为108.57%；同期业绩基准收益率为72.39%，业绩表现落后基准。

基金管理团队

傅鹏博先生：基金经理、基金管理部副总监，经济学硕士，7年证券从业经历。历任上海财经大学经济管理系讲师，申银万国证券公司企业融资部经理，东方证券公司资产管理部负责人、研究所首席策略师；汇添富基金管理公司首席策略师；2009年1月起任兴业社会责任股票基金经理。

刘兆洋先生：基金经理，硕士，9年证券从业经历。2008年4月至2009年8月任兴业社会责任股票基金经理。

基金运作分析

在2009年上半年的强力反弹中，传统周期性行业的表现抢眼。该管理人对传统周期性行业的态度一直比较谨慎，仅在有明显趋势的情况下适当参与。

受益于政策扶持，新能源、家电、汽车等行业在2009年表现较好。年初管理人比较重视新能源、十大产业振兴计划带来的"危中之机"，成功挖掘一些投资标的。在7—8月的大跌中，兴业社会责任股票基金及时调整行业配置，重配非周期品种，避免了持有人利益的重大损失。医药生物、食品饮料、精细化工等行业的技术复杂、形态丰富，个股的内在同质性较低，投资者通过对其子行业、公司管理、业务和财务层面进行深入研究，更容易获得选股超额收益。下半年以来，得益于强有力的公司投研团队支持，兴业社会责任股票基金在这些行业的投资上获得了较好的回报。

季度投资组合一览

项目＼季度	第一季度		第二季度		第三季度		第四季度	
基金资产净值	2,565,939,279.35元		3,914,460,768.86元		4,651,383,223.42元		6,914,729,081.76元	
基金份额	2,417,340,352.21份		3,083,916,146.28份		3,442,254,854.91份		4,855,541,167.61份	
基金份额净值	1.061元		1.269元		1.351元		1.424元	
基金资产组合	市值(元)	占总资产比(%)	市值(元)	占总资产比(%)	市值(元)	占总资产比(%)	市值(元)	占总资产比(%)
股票投资	2,280,628,794.72	84.99	3,455,490,040.47	84.52	4,118,484,834.32	87.45	6,142,601,111.39	88.23
债券投资	52,704,106.00	1.96	289,915,000.00	7.09	49,065,015.60	1.04	——	——
金融衍生品投资	——	——	——	——	——	——	——	——
买入返售金融资产	——	——	——	——	——	——	——	——
银行存款和结算备付金	209,585,912.11	7.81	57,750,090.06	1.41	475,388,436.29	10.09	667,606,545.97	9.59
其他资产	140,354,744.22	5.23	285,211,034.56	6.98	66,684,630.67	1.42	151,556,812.85	2.18

投资前五名股票明细	股票名称	公允价值(元)	占净值比(%)	股票名称	公允价值(元)	占净值比(%)	股票名称	公允价值(元)	占净值比(%)	股票名称	公允价值(元)	占净值比(%)
	攀钢钢钒	158,167,341.56	6.16	恒瑞医药	252,161,981.82	6.44	恒瑞医药	352,656,852.24	7.58	恒瑞医药	487,879,980.00	7.06
	招商银行	118,104,924.42	4.60	双鹭药业	153,048,885.20	3.91	浦发银行	199,320,000.00	4.29	双鹭药业	237,922,772.40	3.44
	中国平安	80,253,720.00	3.13	神火股份	152,996,660.00	3.91	双鹭药业	193,982,080.20	4.17	中国平安	233,029,488.02	3.37
	综艺股份	79,692,951.78	3.11	综艺股份	143,169,513.50	3.66	新和成	158,991,895.92	3.42	洪都航空	224,828,976.14	3.25
	恒瑞医药	79,440,735.78	3.10	招商银行	139,815,855.54	3.57	上海家化	156,479,081.85	3.36	招商银行	220,206,588.55	3.18

投资前五名债券明细	债券名称	公允价值(元)	占净值比(%)	债券名称	公允价值(元)	占净值比(%)	债券名称	公允价值(元)	占净值比(%)	债券名称	公允价值(元)	占净值比(%)
	08央票52	48,200,000.00	1.88	08央票92	96,440,000.00	2.46	08央票112	48,260,000.00	1.04	——		
	新钢转债	4,504,106.00	0.18	08央票112	48,575,000.00	1.24	博汇转债	805,015.60	0.02			
	——			08央票106	48,360,000.00	1.24	——					
				08央票101	48,295,000.00	1.23						
				08央票95	48,245,000.00	1.23						

兴业有机增长灵活配置混合型证券投资基金

基本资料					
基金简称	兴业有机增长混合	交易代码	340008		
风险收益特征	该基金是混合型证券投资基金，预计长期平均风险与收益低于股票型证券投资基金，高于可转债、债券型、货币型证券投资基金，属于中高风险、中高收益的证券投资基金品种。				
业绩比较基准	中信标普300指数×50%+中信国债指数×45%+同业存款利率×5%				
合同生效日	2009年3月25日	首募份额	19.80亿份	认购户数	21,993户
基金管理人	兴业全球基金管理有限公司	基金托管人	兴业银行		
注册登记人	兴业全球基金管理有限公司				

2009年累计净值增长率与同期基准收益率历史走势对比图（%）

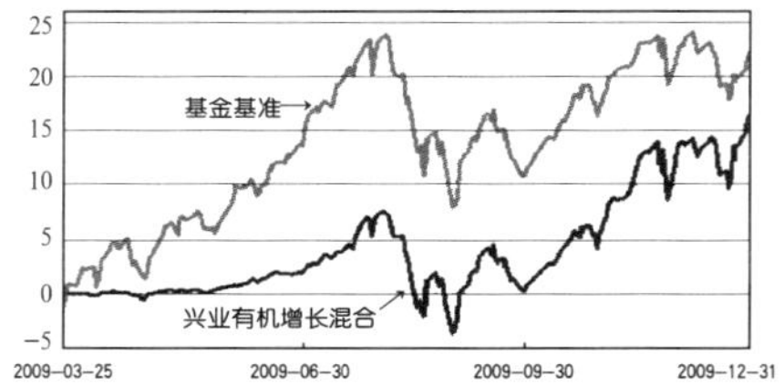

财务指标	单位：人民币（元）；%
项目 / 年度	2009年3月25日至2009年12月31日
本期利润	249,032,217.50
本期加权平均净值利润率	14.30
期末基金资产净值	1,499,166,847.94
期末基金份额净值	1.1661
本期份额净值增长率	16.61
累计份额净值增长率	16.61
基金收益分配	——
期末基金份额持有人户数	基金份额持有人户数为15,066户，平均每户持有85,334.75份。（期末截至2009年12月31日）
期末基金份额持有人结构	机构投资者持有536,138,000.78份，占总份额41.70%；个人投资者持有749,515,328.99份，占总份额58.30%。

2009年净值增长率与同期基准收益率对比图（%）

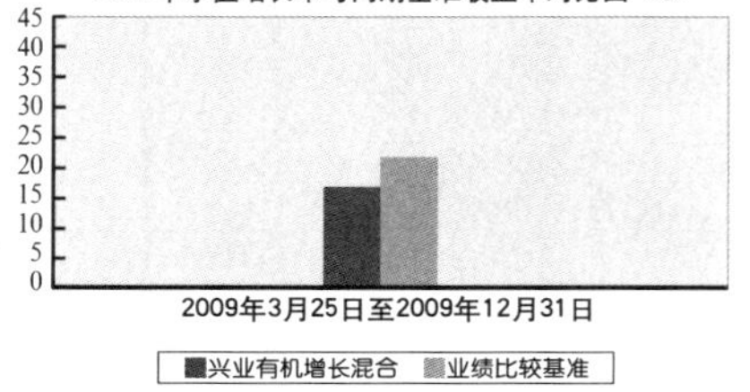

基金业绩表现

兴业有机增长混合基金合同生效于2009年3月25日，截至2009年12月31日，该基金成立以来净值增长率为16.61%；同期业绩基准收益率为22.46%。

基金管理团队

张光成先生：基金经理，工商管理硕士，CFA，4年证券从业经历。历任易保网络技术公司项目经理，欧洲货币（中国）公司研究总监，兴业全球基金管理公司兴业可转债基金经理助理；2009年3月起任兴业有机增长混合基金经理。

陈扬帆先生：基金经理，工商管理硕士，7年证券从业经历。历任北京宏基兴业技术公司副总经理，上海奥盛投资公司总经理，兴业全球基金管理公司兴业全球视野股票基金经理助理；2009年3月起任兴业有机增长混合基金经理。

基金运作分析

兴业有机增长混合基金于2009年3月底成立，6个月的建仓期。由于该基金是灵活配置型基金，基金仓位下限为30%，仓位上限为80%，属于风险偏好较低的品种。同时由于对经济的快速恢复以及极度充裕的流动性估计不足，因此该基金采取了比较稳健的逐步建仓方法进行建仓。在建仓期的前3个月因为内仓位比较低，错过了抓住指数上涨的最佳机会，建仓期的后3个月内，该基金配置较多的消费和医药股，基本躲过了8、9月份市场的剧烈调整，基金净值下跌较少；在四季度的股市上涨中，兴业有机增长混合基金精选个股，取得较好的收益。

季度投资组合一览

项目 / 季度	第二季度		第三季度		第四季度	
基金资产净值	1,988,903,081.15元		1,475,132,537.24元		1,499,166,847.94元	
基金份额	1,952,170,779.16份		1,463,755,042.54份		1,285,653,329.77份	
基金份额净值	1.0188元		1.0078元		1.1661元	
基金资产组合	市值(元)	占总资产比(%)	市值(元)	占总资产比(%)	市值(元)	占总资产比(%)
股票投资	388,416,284.67	19.22	766,950,472.52	51.25	1,148,853,880.30	72.05
债券投资	173,712,000.00	8.59	790,767.00	0.05	68,775,000.00	4.31
资产支持证券投资	——	——	——	——	——	——
金融衍生品投资	——	——	——	——	——	——
买入返售金融资产	1,000,000,000.00	49.48	——	——	——	——
银行存款和结算备付金	262,168,273.28	12.97	685,630,968.22	45.82	282,522,157.73	17.72
其他资产	196,881,889.53	9.74	43,104,886.03	2.88	94,391,086.70	5.92

投资前五名股票明细	股票名称	公允价值(元)	占净值比(%)	股票名称	公允价值(元)	占净值比(%)	股票名称	公允价值(元)	占净值比(%)
	复星医药	57,960,000.00	2.91	浦发银行	66,440,000.00	4.50	中信证券	95,307,998.49	6.36
	中国中铁	40,739,626.55	2.05	烟台万华	51,718,396.68	3.51	交通银行	74,798,896.70	4.99
	冠农股份	34,773,987.96	1.75	交通银行	41,649,858.39	2.82	浦发银行	71,600,000.00	4.78
	中国神华	22,839,754.56	1.15	中国人寿	41,520,000.00	2.81	中国平安	66,823,123.29	4.46
	招商银行	22,410,000.00	1.13	民生银行	40,440,000.00	2.74	招商银行	59,563,574.05	3.97

投资前五名债券明细	债券名称	公允价值(元)	占净值比(%)	债券名称	公允价值(元)	占净值比(%)	债券名称	公允价值(元)	占净值比(%)
	08央票92	96,440,000.00	4.85	安泰转债	790,767.00	0.05	09央票44	68,775,000.00	4.59
	08央票101	77,272,000.00	3.89						

兴业磐稳增利债券型证券投资基金

基本资料						
基金简称	兴业磐稳增利债券		交易代码	340009		
风险收益特征	该基金是债券型证券投资基金，预计长期平均风险与收益低于股票型、混合型以及可转债证券投资基金，高于货币市场基金。					
业绩比较基准	中信标普全债指数×95%+同业存款利率×5%					
合同生效日	2009年7月23日	首募份额	14.18亿份	认购户数	10,897户	
基金管理人	兴业全球基金管理有限公司		基金托管人	交通银行		
注册登记人	兴业全球基金管理有限公司					

2009年累计净值增长率与同期基准收益率历史走势对比图（%）

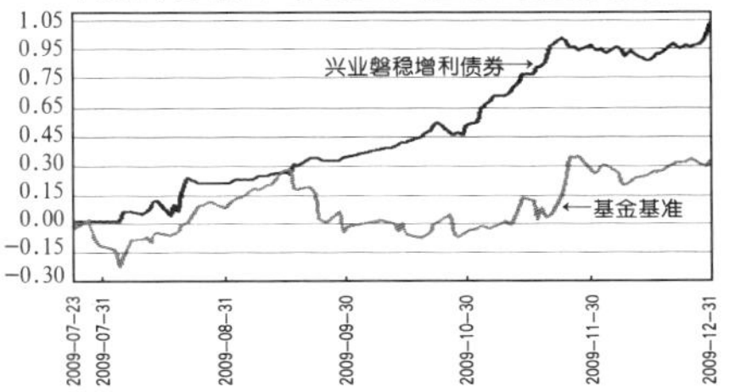

财务指标	单位：人民币（元）；%
项目 \ 年度	2009年7月23日至2009年12月31日
本期利润	10,448,349.95
本期加权平均净值利润率	0.10
期末基金资产净值	749,986,001.73
期末基金份额净值	1.0105
本期份额净值增长率	1.05
累计份额净值增长率	1.05
基金收益分配	——

2009年净值增长率与同期基准收益率对比图（%）

期末基金份额持有人户数	基金份额持有人户数为15,066户，平均每户持有85,334.75份。（期末截至2009年12月31日）
期末基金份额持有人结构	机构投资者持有536,138,000.78份，占总份额41.70%；个人投资者持有749,515,328.99份，占总份额58.30%。

基金业绩表现

兴业磐稳增利债券基金合同生效于2009年7月23日，截至2009年12月31日，该基金份额净值为1.0105元，成立以来净值增长率为1.05%；同期业绩基准收益率为0.34%。

基金管理团队

李友超先生：基金经理，理学硕士，7年证券从业经历。历任安徽农师院助教、建设银行滁州分行支行行长、建设银行监察室监察员、平安资产管理公司交易员、华富货币基金经理；2007年4月起任兴业磐稳增利债券基金经理，兴业货币基金经理。

季度投资组合一览

项目 \ 季度	第三季度		第四季度	
基金资产净值	1,074,492,500.68元		749,986,001.73元	
基金份额	1,070,746,166.26份		742,216,927.20份	
基金份额净值	1.0035元		1.0105元	
基金资产组合	市值(元)	占总资产比(%)	市值(元)	占总资产比(%)
股票投资	722,873.46	0.07	77,180.00	0.01
债券投资	328,189,502.16	30.47	652,677,563.50	85.80
资产支持证券投资	——	——	——	——
金融衍生品投资	——	——	——	——
买入返售金融资产	498,000,987.00	46.24	39,600,259.40	5.21
银行存款和结算备付金	237,796,289.70	22.08	61,543,853.56	8.09
其他资产	12,305,774.40	1.14	6,763,374.79	0.89

投资前五名股票明细

股票名称	公允价值(元)	占净值比(%)	股票名称	公允价值(元)	占净值比(%)
三维通信	722,873.46	0.07	中国化学	70,590.00	0.01
			得利斯	6,590.00	0.00

投资前五名债券明细

债券名称	公允价值(元)	占净值比(%)	债券名称	公允价值(元)	占净值比(%)
05招行02	100,540,000.00	9.36	05招行02	100,080,000.00	13.34
09央票37	99,670,000.00	9.28	09央票53	99,670,000.00	13.29
09铁道CP02	49,930,000.00	4.65	09复地债	54,684,006.00	7.29
09复地债	40,000,000.00	3.72	07央票16	50,145,000.00	6.69
08农发04	30,108,000.00	2.80	09银基债	46,006,529.40	6.10

基金运作分析

兴业磐稳增利债券基金于2009年7月底成立，由于该基金是一只纯债券型基金，无法享受股市上涨收益，因此建仓期内，该基金选择了低仓位、短久期运作，成功规避了2009年的债券下跌，在10月份公司债收益率达到7%以上后，及时调整组合配置，增加了信用债比例。虽然该基金2009年的5个月运作收益不高，但做到了规避市场风险，尽力保护基金持有人投资安全，在体现了纯债基金低风险的同时取得了一定的正收益。回顾2009年兴业磐稳增利债券基金的操作，面对债市大环境，其控制风险的思路基本正确。

2010年，基于市场判断，兴业磐稳增利债券基金上半年计划短期限品种与一定量的信用债搭配，下半年提高中期利率债持仓比例，具体比例根据市场预期和调控节奏灵活掌握。

诺安基金管理有限公司

法定名称	诺安基金管理有限公司	英文名称	LION Fund Management Co.,Ltd.		
成立时间	2003年12月9日	注册资本	1.5亿元人民币	公司属性	中 资
法人代表	秦维舟	总 经 理	奥成文	督 察 长	陈 勇
公司网址	www.lionfund.com.cn	客服电话	400-888-8998 0755-8302 6888		
联系电话	0755-8302 6688	传真号码	0755-8302 6677		
注册地址	深圳市深南大道4013号兴业银行大厦19-20层	办公地址	深圳市深南大道4013号兴业银行大厦19-20层		

公司简介

诺安基金管理有限公司(以下简称"公司")经中国证监会证监基金字[2003]132号文批准，公司股东为中国对外经济贸易信托有限公司、深圳市捷隆投资有限公司、北京中关村科学城建设股份有限公司，公司注册资本为1.5亿元人民币。公司建立了完善的内部风险控制制度、投资管理制度、监察稽核制度、财务管理制度、人力资源管理制度、信息披露制度、信息技术管理制度、基金会计核算制度、基金销售管理制度、保密制度、紧急应变制度、授权管理制度、资料档案管理制度等公司管理制度体系。

截至2009年12月31日，诺安基金管理有限公司共管理9只开放式基金，管理资产规模511.57亿元人民币。

2009年旗下开放式基金业绩表现

截至日期：2009年12月31日

(单位：元；%)

基金类型	基金简称	设立日期	基金份额净值	净值增长率①	累计净值增长率②
股票型	诺安股票	2005-12-29	1.1216	69.63	323.23
	诺安价值增长股票	2006-11-21	0.9669	78.89	96.18
	诺安成长股票	2009-03-10	1.152	30.25	30.25
	诺安中证100指数	2009-10-27	1.001	0.10	0.10
混合型	诺安平衡混合	2004-05-21	0.8221	51.04	295.98
	诺安灵活配置混合	2008-05-20	1.068	73.72	56.00
债券型	诺安优化收益债券	2007-08-29	1.0840	2.95	11.98
	诺安增利债券A	2009-05-27	1.015	1.50	1.50
	诺安增利债券B	2009-05-27	1.013	1.30	1.30
货币型	诺安货币	2004-12-06	1.0000	1.20	12.55

注：①净值增长率指该基金2009年度的份额净值增长率；②累计净值增长率指该基金设立以来的份额净值增长率。

2009年管理公募基金概况

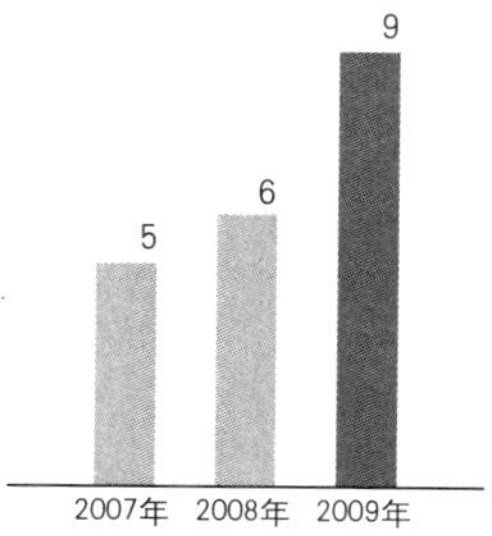

基金数量(只)

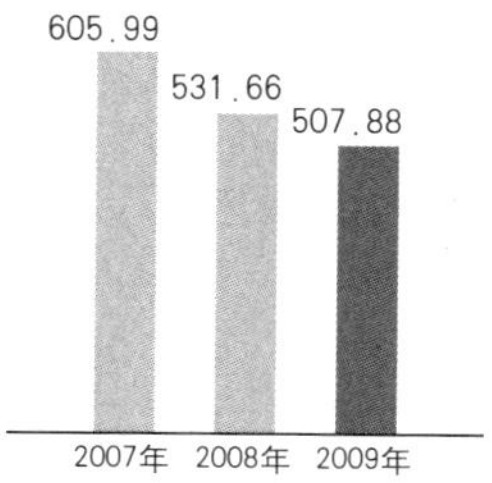

基金份额规模(亿份)

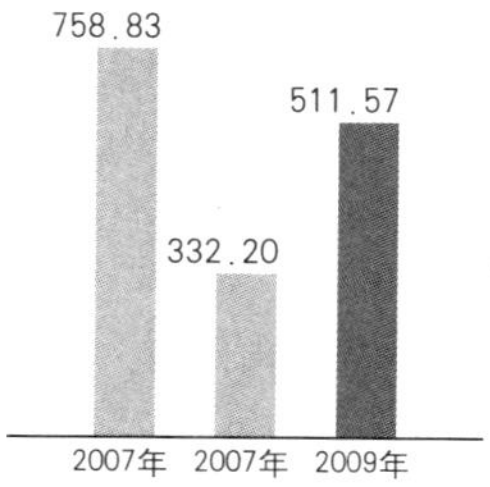

基金资产规模(亿元)

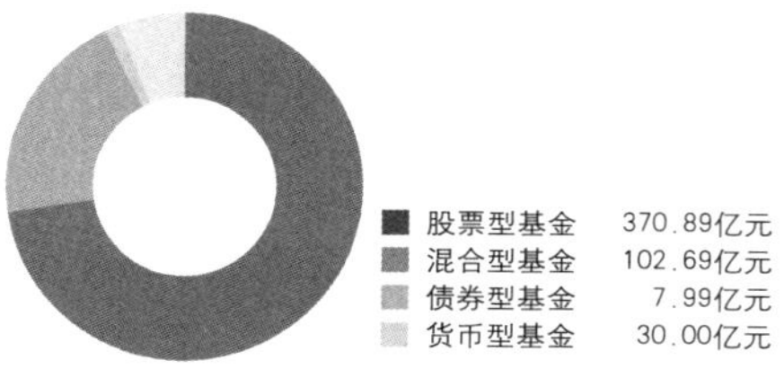

2009年基金资产规模构成

诺安平衡证券投资基金

基本资料

基金简称	诺安平衡混合	**交易代码**	320001		
风险收益特征	该基金属于混合型基金，风险低于股票型基金，收益水平高于债券型基金。				
业绩比较基准	65%×中信指数＋35%×上证国债指数				
合同生效日	2004年5月21日	**首募份额**	22.07亿份	**认购户数**	37,235户
基金管理人	诺安基金管理有限公司	**基金托管人**	中国工商银行		
注册登记人	诺安基金管理有限公司				

财务指标　　单位：人民币（元）；%

项目　　年度	2009年	2008年	2007年
本期利润	3,417,782,507.27	–5,320,045,592.40	2,654,171,710.25
本期加权平均净值利润率	39.79	–59.07	35.50
期末基金资产净值	9,316,250,503.21	6,697,913,276.19	13,129,991,148.42
期末基金份额净值	0.8221	0.5443	0.9508
本期份额净值增长率	51.04	–42.75	86.30
累计份额净值增长率	295.98	162.17	357.93
基金收益分配	——	——	10派19.750

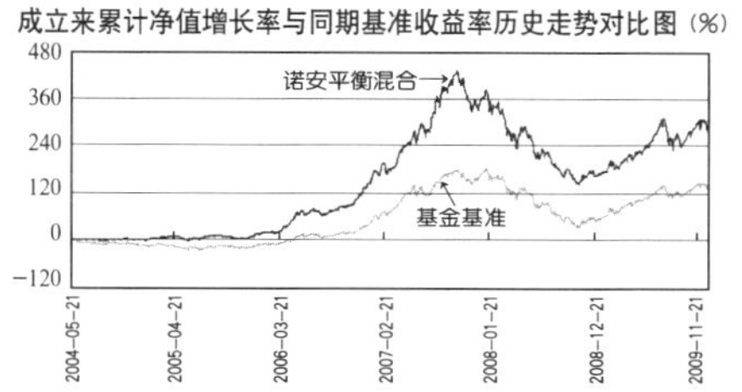

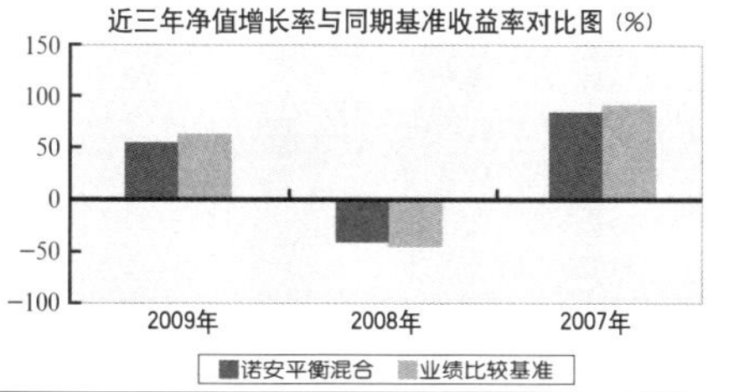

期末基金份额持有人户数	基金份额持有人户数为541,399户，平均每户持有20,930.42份。　（期末截至2009年12月31日）
期末基金份额持有人结构	机构投资者持有1,054,267,249.50份，占总份额9.30%；个人投资者持有10,277,438,900.79份，占总份额90.70%。

基金业绩表现

截至2009年12月31日，诺安平衡混合基金份额净值为0.8221元，全年净值增长率为51.04%；同期业绩比较基准收益率为62.46%。

基金管理团队

林健标先生：基金经理，MBA，6年证券从业经历。曾任职于广东移动通信公司、博时基金管理公司、华西证券公司；2006年7月加入诺安基金管理公司，历任研究员、基金经理助理；2008年1月起任诺安平衡混合基金经理；2008年5月起任诺安灵活配置混合基金经理。

基金运作分析

诺安平衡混合基金在2009年二季前一直保持较低仓位，之后快速提高了仓位，但鉴于宏观经济走势的不确定性，该基金行业配置有较大的偏离，配置存在一些不尽人意的地方。在2009年后期诺安平衡混合基金侧重于个股的选择，并取得了良好效果。

2010年，面对现实环境的影响因素，诺安平衡混合基金认为，2010年个股的选择将能获得比基于自上而下的行业配置更大的收益。个股的机会可能来自于经济结构的调整、区域发展模式的变化、新兴行业的发展、产业转移和资产重组等。该基金将以开放、敏锐的心态面对市场的变化，力求为基金持有人带来更好的回报。

季度投资组合一览

项目　　季度	第一季度			第二季度			第三季度			第四季度		
基金资产净值	7,811,842,073.28元			9,131,186,863.25元			8,399,458,430.86元			9,316,250,503.21元		
基金份额	12,392,660,043.83份			12,325,091,284.48份			11,872,957,697.45份			11,331,706,150.29份		
基金份额净值	0.6304元			0.7409元			0.7074元			0.8221元		
基金资产组合	市值(元)		占总资产比(%)	市值(元)		占总资产比(%)	市值(元)		占总资产比(%)	市值(元)		占总资产比(%)
股票投资	4,733,832,759.67		59.54	6,589,785,726.22		69.24	6,122,351,341.61		69.40	6,911,597,467.52		70.90
债券投资	2,803,393,214.20		35.26	2,345,558,105.80		24.65	2,105,361,705.50		23.87	2,129,213,391.50		21.84
金融衍生品投资	——		——	——		——	——		——	——		——
买入返售金融资产	——		——	——		——	——		——	——		——
银行存款和结算备付金	362,842,546.58		4.56	527,714,796.35		5.54	554,081,997.43		6.28	640,669,394.53		6.57
其他资产	50,550,723.39		0.64	54,025,962.27		0.57	39,484,496.95		0.45	67,358,754.08		0.69
投资前五名股票明细	股票名称	公允价值(元)	占净值比(%)	股票名称	公允价值(元)	占净值比(%)	股票名称	公允价值(元)	占净值比(%)	股票名称	公允价值(元)	占净值比(%)
	金融街	397,277,350.11	5.09	金融街	601,379,135.04	6.59	金融街	490,805,791.17	5.84	金融街	489,383,382.27	5.25
	华侨城A	153,373,168.98	1.96	招商银行	274,180,344.12	3.00	中国神华	307,801,125.72	3.66	柳工	355,037,908.38	3.81
	招商银行	139,543,964.46	1.79	中国铝业	252,102,304.54	2.76	紫金矿业	292,752,663.93	3.49	中国神华	327,947,887.14	3.52
	中金黄金	127,563,151.68	1.63	华侨城A	234,849,349.90	2.57	华侨城A	252,281,003.50	3.00	招商银行	283,477,993.60	3.04
	万科A	126,886,802.04	1.62	万科A	231,087,285.75	2.53	招商银行	235,078,146.56	2.80	中粮屯河	282,084,773.50	3.03
投资前五名债券明细	债券名称	公允价值(元)	占净值比(%)	债券名称	公允价值(元)	占净值比(%)	债券名称	公允价值(元)	占净值比(%)	债券名称	公允价值(元)	占净值比(%)
	08进出09	325,920,000.00	4.17	08进出09	325,088,000.00	3.56	09农发04	299,310,000.00	3.56	09农发04	299,670,000.00	3.22
	09农发04	299,850,000.00	3.84	09农发04	299,580,000.00	3.28	08进出09	269,460,000.00	3.21	09国开23	259,792,000.00	2.79
	05中行02浮	227,976,000.00	2.92	05中行02浮	230,713,000.00	2.53	05中行02浮	230,644,000.00	2.75	05中行02浮	230,368,000.00	2.47
	06农发03	200,220,000.00	2.56	08央行票据112	194,300,000.00	2.13	08央行票据112	193,040,000.00	2.30	09央行票据61	199,340,000.00	2.14
	08央行票据112	195,620,000.00	2.50	08央行票据98	154,464,000.00	1.69	08央行票据14	175,695,000.00	2.09	08央行票据14	174,420,000.00	1.87

诺安货币市场基金

基本资料					
基金简称	诺安货币	交易代码	320002		
风险收益特征	流动性高，风险低并且收益稳定。				
业绩比较基准	当期银行个人活期储蓄利率(税后)				
合同生效日	2004年12月6日	首募份额	15.74亿份	认购户数	20,054户
基金管理人	诺安基金管理有限公司	基金托管人	中国工商银行		
注册登记人	诺安基金管理有限公司				

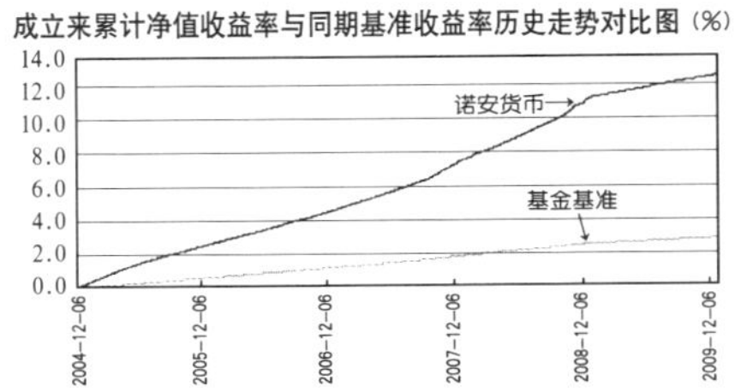

财务指标　　单位：人民币(元)；%

项目＼年度	2009年	2008年	2007年
本期利润	17,350,409.42	34,152,975.55	35,122,054.55
期末基金资产净值	3,000,062,352.43	2,160,482,400.61	914,814,398.84
期末基金份额净值	1.0000	1.0000	1.0000
本期份额净值收益率	1.20	3.40	2.79
累计份额净值收益率	12.55	11.22	7.56
基金收益分配	17,350,409.42	34,152,975.55	35,122,054.55

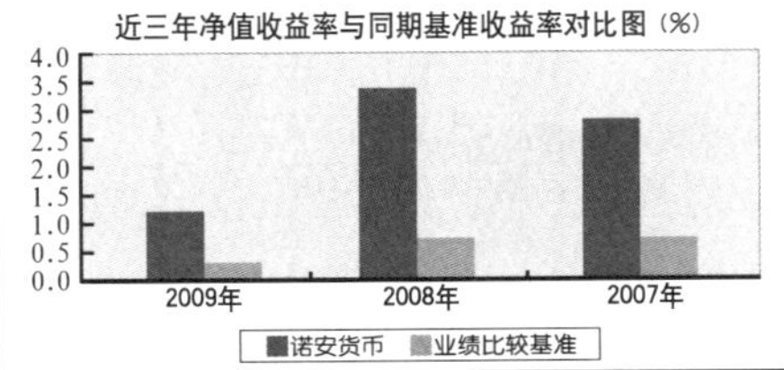

期末基金份额持有人户数	基金份额持有人户数为7,685户，平均每户持有390,378.97份。　（期末截至2009年12月31日）
期末基金份额持有人结构	机构投资者持有2,554,457,525.20份，占总份额85.15%；个人投资者持有445,604,827.23份，占总份额14.85%。

基金业绩表现

2009年诺安货币市场基金全年份额净值收益率为1.20%，同期业绩基准收益率为0.36%。

基金管理团队

张乐赛先生：基金经理，毕业于南京财经大学金融学院，5年证券从业经历。曾就职于南京商业银行资金运营中心。2004年12月加入诺安基金管理公司，2006年8月起任诺安货币基金经理；2009年8月起任诺安优化收益债券基金经理。

基金运作分析

2009年，诺安货币基金保持较强的流动性，保障了投资者随时申购、赎回的需求，突出体现了诺安货币市场基金作为投资者"现金管理工具"的本色。诺安货币基金2009年的投资回报，超越同期业绩比较基准。

2009年，面对市场环境，诺安货币基金继续坚持"确保本金的安全性、资产的流动性，力争为投资者提供高于投资基准的稳定收益"的投资目标，始终将投资安全性与资产的流动性放在首位，在投资管理过程中严格控制投资与交易风险，注重资产的流动性管理，对基金资产进行了合理配置。在投资组合方面，诺安货币基金依旧以中央银行票据、短期金融债，以及高评级短期融资券为主要投资对象，并坚持对各投资品种进行分散投资。

2010年，诺安货币基金将继续注重跟踪分析宏观经济变化与货币政策趋向，根据短期债券市场形势的变化，积极研究投资品种与投资机会，在保证基金投资安全、保障基金资产流动性的前提下，为持有人争取较好的投资回报，实现其"现金管理工具"的职能。

季度投资组合一览

项目＼季度	第一季度		第二季度		第三季度		第四季度	
基金资产净值	1,962,024,888.32元		1,362,814,363.07元		943,843,806.33元		3,000,062,352.43元	
基金份额	1,962,024,888.32份		1,362,814,363.07份		943,843,806.33份		3,000,062,352.43份	
基金份额净值	1.000元		1.000元		1.000元		1.000元	
基金资产组合	市值(元)	占总资产比(%)	市值(元)	占总资产比(%)	市值(元)	占总资产比(%)	市值(元)	占总资产比(%)
股票投资	—	—	—	—	—	—	—	—
债券投资	1,448,647,016.91	62.66	969,869,123.55	61.97	349,467,016.27	36.97	519,004,679.46	17.29
金融衍生品投资	—	—	—	—	—	—	—	—
买入返售金融资产	430,001,565.00	18.60	180,000,390	11.5	377,501,206.25	39.94	1,692,724,696.96	56.39
银行存款和结算备付金	417,013,873.83	18.04	352,536,763.29	22.52	216,450,675.32	22.90	785,599,183.58	26.17
其他资产	16,162,398.77	0.70	62,726,264.47	4.01	1,801,280.03	0.19	4,334,614.79	0.14

投资前五名债券明细	债券名称	成本(元)	占净值比(%)	债券名称	成本(元)	占净值比(%)	债券名称	成本(元)	占净值比(%)	债券名称	成本(元)	占净值比(%)
	09农发04	199,861,906.95	10.19	09农发04	199,896,665.96	14.67	09中水CP01(总价)	50,000,507.06	5.30	05中行02浮	80,105,254.93	2.67
	08央行票据92	179,168,869.13	9.13	08央行票据92	179,732,874.58	13.19	09鲁商CP01(总价)	49,958,658.10	5.29	09华侨城CP01	50,064,464.88	1.67
	08央行票据43	169,926,864.01	8.66	08南玻CP01	50,287,569.62	3.69	05农发06(总价)	49,850,280.01	5.28	09中水CP01	50,000,292.72	1.67
	07农发04	120,111,208.43	6.12	09中水CP01	50,000,720.50	3.67	05国开07(总价)	49,796,900.54	5.28	09鲁商CP01	49,970,958.48	1.67
	08央行票据37	99,996,995.18	5.10	05农发06	49,795,620.64	3.65	09格力CP01(总价)	30,000,877.74	3.18	05农发06	49,902,602.85	1.66

投资组合平均剩余期限	平均剩余期限	占净值比(%)	平均剩余期限	占净值比(%)	平均剩余期限	占净值比(%)	平均剩余期限	占净值比(%)
	30天以内	44.19	30天以内	15.59	30天以内	62.93	30天以内	62.61
	30天(含)—60天	20.39	30天(含)—60天	38.87	30天(含)—60天	0.00	30天(含)—60天	20.00
	60天(含)—90天	11.20	60天(含)—90天	13.93	60天(含)—90天	10.56	60天(含)—90天	7.33
	90天(含)—180天	21.86	90天(含)—180天	5.14	90天(含)—180天	4.22	90天(含)—180天	6.33
	180天(含)—397天（含）	19.37	180天(含)—397天（含）	36.71	180天(含)—397天（含）	22.25	180天(含)—397天（含）	3.65

诺安股票证券投资基金

基本资料					
基金简称	诺安股票	交易代码	320003		
风险收益特征	该基金属于中高风险的股票型基金，通过合理的资产配置和投资组合的建立，有效地规避风险并相应地获得较高的投资收益。				
业绩比较基准	80%×新华富时A600指数+20%×新华富时中国国债指数				
合同生效日	2005年12月19日	首募份额	3.79亿份	认购户数	4,261户
基金管理人	诺安基金管理有限公司	基金托管人	中国工商银行		
注册登记人	诺安基金管理有限公司				

成立来累计净值增长率与同期基准收益率历史走势对比图（%）

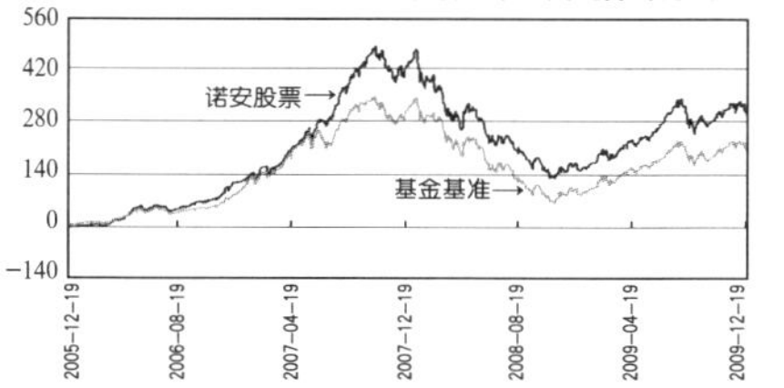

财务指标　单位：人民币（元）；%

项目 \ 年度	2009年	2008年	2007年
本期利润	11,197,984,326.79	−20,427,283,916.69	11,439,208,789.37
本期加权平均净值利润率	50.39	−81.95	55.04
期末基金资产净值	23,862,515,626.09	16,538,859,126.20	41,435,309,267.44
期末基金份额净值	1.1216	0.6612	1.4174
本期份额净值增长率	69.63	−53.35	145.27
累计份额净值增长率	323.23	149.50	434.84
基金收益分配	——	——	10派8.100

近三年净值增长率与同期基准收益率对比图（%）

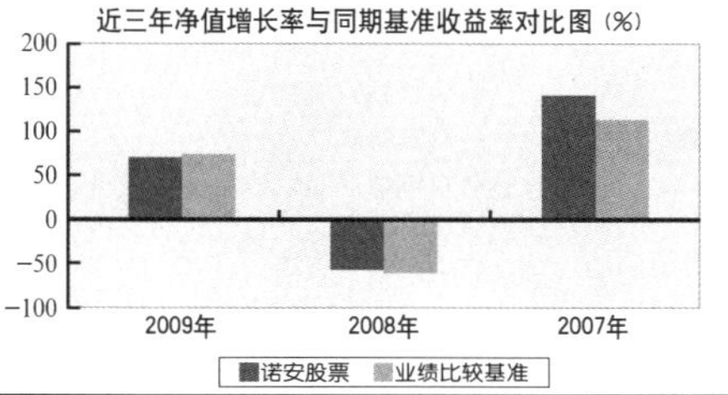

期末基金份额持有人户数	基金份额持有人户数为1,071,999户，平均每户持有19,846.97份。（期末截至2009年12月31日）
期末基金份额持有人结构	机构投资者持有999,345,913.64份，占总份额4.70%；个人投资者持有20,276,591,368.42份，占总份额95.30%。

基金业绩表现

截至2009年12月31日，诺安股票基金份额净值为1.1216元，全年净值增长率为69.63%；同期业绩基准收益率为72.91%。

基金管理团队

杨　谷先生：副总经理、投资总监、基金经理，经济学硕士，CFA，11年证券从业经历。曾任职于平安证券公司综合研究所、西北证券公司资产管理部。2003年10月加入诺安基金管理公司，现任公司副总经理、投资总监。2006年11月至2007年11月任诺安价值增长股票基金经理；2006年6月至今任诺安股票基金经理。

基金运作分析

2009年上半年，市场见底上涨，诺安股票基金仓位低于基准水平，由于组合中配置的周期类股票高于基准配置，业绩表现基本达到基准的水平。下半年，由于非周期股票表现较好，诺安股票基金表现弱于基准。从全年来看，诺安股票基金落后业绩基准3.28%，其中仓位因素落后3.95%。

展望2010年，宏观经济尽管存在通胀超预期、经济二次探底的风险，但管理人估计宏观经济并不是市场主要的压制因素。尽管发达国家经济不排除出现第二次回落的可能，但中国的内需市场足以支持经济稳定。市场的主要压制因素在于宏观政策退出带来的流动性紧缩、再融资以及大小非减持压力带来的估值中枢下降。市场需要经过一个业绩修复以及消化流动性压力的时间，经历了这段时间之后，市场可能迎来一轮新的上涨。

季度投资组合一览

项目 \ 季度	第一季度			第二季度			第三季度			第四季度		
基金资产净值	20,325,287,986.16元			24,451,958,532.18元			22,054,501,749.76元			23,862,515,626.09元		
基金份额	24,600,460,741.30份			24,060,807,098.90份			22,547,296,803.82份			21,275,937,282.06份		
基金份额净值	0.8262元			1.0163元			0.9781元			1.1216元		
基金资产组合	市值(元)		占总资产比(%)	市值(元)		占总资产比(%)	市值(元)		占总资产比(%)	市值(元)		占总资产比(%)
股票投资	15,677,602,162.08		76.89	21,409,674,234.19		87.24	19,214,837,967.63		86.38	21,576,765,064.95		89.70
债券投资	2,153,954.40		0.01	——		——	2,101,491.00		0.01	——		——
金融衍生品投资	——		——	——		——	——		——	——		——
买入返售金融资产	——		——	——		——	——		——	——		——
银行存款和结算备付金	4,701,487,333.65		23.06	3,024,810,929.74		12.33	2,768,492,669.72		12.45	2,421,839,741.94		10.07
其他资产	9,503,335.18		0.05	105,965,484.39		0.43	259,708,931.42		1.17	55,589,972.50		0.23
投资前五名股票明细	股票名称	公允价值(元)	占净值比(%)	股票名称	公允价值(元)	占净值比(%)	股票名称	公允价值(元)	占净值比(%)	股票名称	公允价值(元)	占净值比(%)
	浦发银行	839,536,000.00	4.13	建设银行	1,336,649,839.20	5.47	贵州茅台	1,397,395,564.16	6.34	建设银行	1,129,946,963.84	4.74
	贵州茅台	745,704,209.72	3.67	招商银行	1,258,817,052.33	5.15	建设银行	1,131,424,794.00	5.13	贵州茅台	1,108,783,989.04	4.65
	招商银行	740,974,758.39	3.65	中国中铁	1,160,132,053.22	4.74	中国中铁	988,661,724.40	4.48	中国中铁	964,303,924.50	4.04
	中国人寿	683,147,850.00	3.36	贵州茅台	1,151,188,181.73	4.71	中国人寿	814,357,225.60	3.69	招商银行	927,829,131.80	3.89
	华侨城A	477,906,800.00	2.35	中国石油	986,458,021.92	4.03	招商银行	801,430,424.40	3.63	山东黄金	794,843,527.50	3.33
投资前五名债券明细	债券名称	公允价值(元)	占净值比(%)	债券名称	公允价值(元)	占净值比(%)	债券名称	公允价值(元)	占净值比(%)	债券名称	公允价值(元)	占净值比(%)
	柳工转债	2,153,954.40	0.01				博汇转债	2,101,491.00	0.01			

诺安优化收益债券型证券投资基金

基本资料			
基金简称	诺安优化收益债券	交易代码	320004
风险收益特征	该基金为债券型基金，其长期平均风险和预期收益低于混合型基金、股票型基金，高于货币市场基金。		
业绩比较基准	中信标普全债指数		
合同生效日	2007年8月29日（原诺安中短期债券投资基金设立于2006年7月17日）		
基金管理人	诺安基金管理有限公司	基金托管人	华夏银行
注册登记人	诺安基金管理有限公司		

财务指标　　单位：人民币（元）；%

项目＼年度	2009年	2008年	2007.8.29至2007.12.31
本期利润	16,729,910.08	12,444,913.27	35,158,987.21
本期加权平均净值利润率	3.51	1.43	6.08
期末基金资产净值	506,099,979.77	495,246,967.45	1,696,530,689.47
期末基金份额净值	1.0840	1.0631	1.0565
本期份额净值增长率	2.95	2.57	6.05
累计份额净值增长率	11.98	8.77	6.05
基金收益分配	10派0.100	10派0.200	10派0.150

成立来累计净值增长率与同期基准收益率历史走势对比图（%）

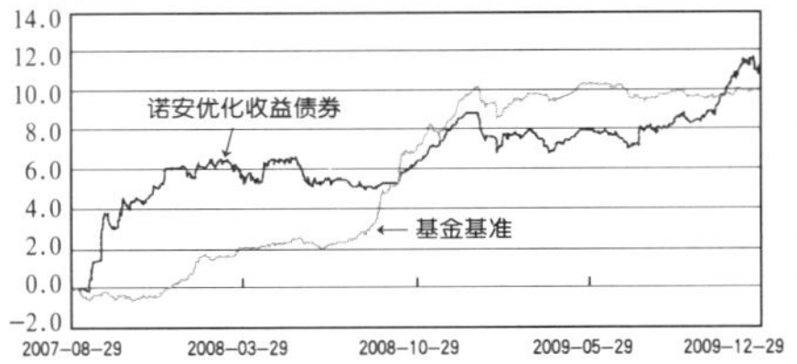

近三年净值增长率与同期基准收益率对比图（%）

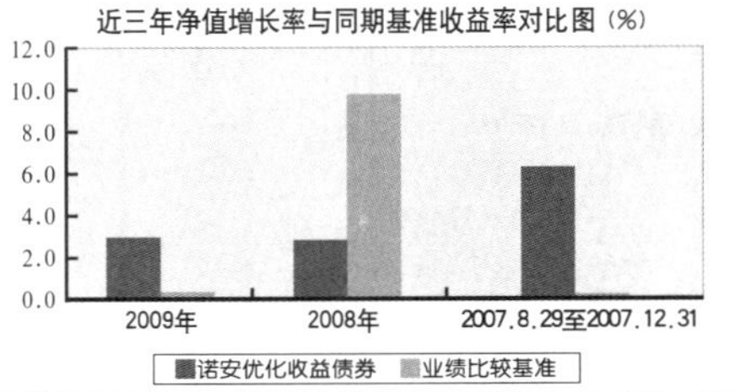

期末基金份额持有人户数	基金份额持有人户数为4,588.00户，平均每户持有101,758.85份。（期末截至2009年12月31日）
期末基金份额持有人结构	机构投资者持有341,285,437.32份，占总份额73.10%；个人投资者持有125,584,175.19份，占总份额26.90%。

基金业绩表现

截至2009年12月31日，诺安优化收益债券基金份额净值为1.0840元，全年净值增长率为2.95%；同期业绩基准收益率为0.27%。

基金管理团队

张乐赛先生：基金经理，毕业于南京财经大学金融学院，5年证券从业经历。曾就职于南京商业银行资金运营中心；2004年12月加入诺安基金管理公司，2006年8月起任诺安货币基金经理；2009年8月起任诺安优化收益债券基金经理。

钟志伟先生：基金经理，毕业于中南财经政法大学金融专业，9年证券从业经历。曾任职于深圳平安人寿保险公司、平安证券公司资产管理部、东海证券公司；2006年2月加入诺安基金管理公司，曾任诺安货币基金经理、诺安中短期债券（现诺安优化收益）基金经理、诺安增利债券基金经理；2007年8月至2009年8月任诺安优化收益债券基金经理。

基金运作分析

2009年，诺安优化收益债券基金采取稳健的投资策略，适度进行波段操作，使资产保持了较强的流动性，保障了投资者随时申购、赎回的需求，突出体现了该基金"收益稳定，流动性强"的本色。

在投资组合方面，诺安优化收益债券基金以中央银行票据、金融债和国债，以及高评级短期融资券、企业债为主要投资对象，并坚持对各投资品种进行分散投资。同时积极参与新股网下申购，为投资者获取了一定的回报。

季度投资组合一览

项目＼季度	第一季度		第二季度		第三季度		第四季度	
基金资产净值	423,632,691.56元		369,752,768.08元		525,663,125.03元		506,099,979.77元	
基金份额	407,048,508.77份		354,103,721.40份		501,604,213.85份		466,869,612.51份	
基金份额净值	1.0407元		1.0442元		1.0480元		1.0840元	
基金资产组合	市值(元)	占总资产比(%)	市值(元)	占总资产比(%)	市值(元)	占总资产比(%)	市值(元)	占总资产比(%)
股票投资	——	——	——	——	22,138,729.37	4.20	58,720,851.90	7.99
债券投资	415,291,000.00	83.25	264,813,000.00	71.30	395,278,612.50	74.93	463,438,897.00	63.04
金融衍生品投资	——	——	——	——	——	——	——	——
买入返售金融资产	——	——	45,000,187.50	12.12	——	——	——	——
银行存款和结算备付金	2,201,442.03	0.44	12,455,470.56	3.35	55,905,699.07	10.60	146,572,078.95	19.94
其他资产	7,652,278.39	1.53	5,377,482.08	1.45	10,474,010.03	1.99	22,637,670.00	3.08

项目	股票名称	公允价值(元)	占净值比(%)	股票名称	公允价值(元)	占净值比(%)	股票名称	公允价值(元)	占净值比(%)	股票名称	公允价值(元)	占净值比(%)
投资前五名股票明细	——			——			中国建筑	7,253,749.12	1.38	招商证券	5,217,430.36	1.03
							中国中冶	4,925,943.16	0.94	中国建筑	4,074,813.76	0.81
							信立泰	1,282,456.80	0.24	中国中冶	3,175,908.62	0.63
							中国国旅	1,052,649.02	0.20	海大集团	2,964,496.26	0.59
							博深工具	938,915.64	0.18	海峡股份	2,552,295.42	0.50
	债券名称	公允价值(元)	占净值比(%)	债券名称	公允价值(元)	占净值比(%)	债券名称	公允价值(元)	占净值比(%)	债券名称	公允价值(元)	占净值比(%)
投资前五名债券明细	07国债04	91,674,000.00	21.64	08农发19	79,216,000.00	21.42	08央行票据114	77,392,000.00	14.72	09央行票据44	117,900,000.00	23.30
	08农发19	79,344,000.00	18.73	08进出12	59,142,000.00	16.00	08进出12	58,164,000.00	11.06	08央行票据14	51,300,000.00	10.14
	08进出12	59,214,000.00	13.98	07国债04	40,656,000.00	11.00	08央行票据14	51,675,000.00	9.83	08央行票据17	41,060,000.00	8.11
	08农发18	50,110,000.00	11.83	07央行票据26	30,432,000.00	8.23	08央行票据17	41,364,000.00	7.87	07国债04	40,656,000.00	8.03
	08国开20	48,750,000.00	11.51	08央行票据117	24,395,000.00	6.60	07国债04	40,656,000.00	7.73	07央行票据26	30,126,000.00	5.95

诺安价值增长股票证券投资基金

基本资料			
基金简称	诺安价值增长股票	交易代码	320005
风险收益特征	该基金属于中高风险的股票型基金，其预期风险收益水平高于混合型基金、债券基金、货币市场基金。		
业绩比较基准	80%×新华富时中国A600指数+20%×新华富时中国国债指数		
合同生效日	2006年11月21日　首募份额　59.59亿份	认购户数	177,914户
基金管理人	诺安基金管理有限公司	基金托管人	中国工商银行
注册登记人	诺安基金管理有限公司		

成立来累计净值增长率与同期基准收益率历史走势对比图（%）

财务指标　　单位：人民币（元）；%

项目＼年度	2009年	2008年	2007年
本期利润	5,145,723,380.07	−9,632,055,333.25	6,654,051,247.85
本期加权平均净值利润率	56.01	−89.37	54.64
期末基金资产净值	10,682,135,143.83	6,873,027,858.74	18,705,855,193.21
期末基金份额净值	0.9669	0.5405	1.2441
本期份额净值增长率	78.89	−56.55	119.34
累计份额净值增长率	96.18	9.67	152.39
基金收益分配	——	——	10派9.450

近三年净值增长率与同期基准收益率对比图（%）

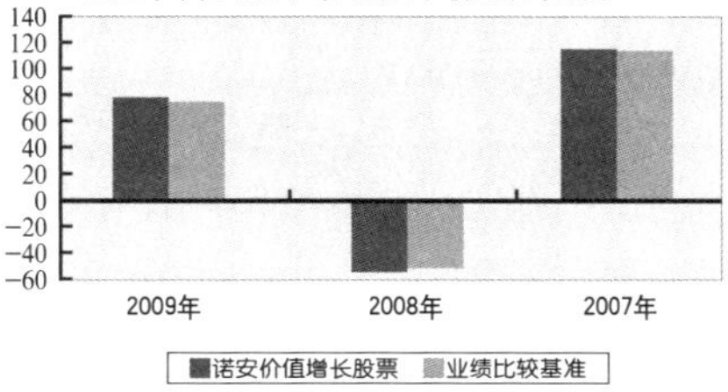

期末基金份额持有人户数	基金份额持有人户数为484,007户，平均每户持有22,826.05份。　（期末截至2009年12月31日）
期末基金份额持有人结构	机构投资者持有441,227,674.64份，占总份额3.99%；个人投资者持有10,606,739,397.21份，占总份额96.01%。

基金业绩表现

截至2009年12月31日，诺安价值增长股票基金份额净值为0.9669元，全年净值增长率为78.89%；同期业绩基准收益率为72.91%。

基金管理团队

王　鹏先生：投资副总监、基金经理，硕士，6年证券从业经历。曾任职于瑞银集团(UBS)中国研究部；嘉实基金管理公司，曾任社保组合基金经理、丰和价值基金经理。2009年6月加入诺安基金管理公司，2009年10月起任诺安价值增长股票基金经理。

梅律吾先生：基金经理，硕士，11年证券从业经历。曾任职于长城证券公司和鹏华基金管理公司。2005年3月加入诺安基金管理公司，历任研究员、基金经理助理，2007年11月至2009年10月任诺安价值增长股票基金经理；2009年3月起任诺安成长股票基金经理。

基金运作分析

2009年，诺安价值增长股票基金在全年保持了股票投资仓位的基本稳定，除一季度股票仓位在75%左右外，其余时间股票仓位一直保持在80%−90%之间，较好地分享了全年市场的上涨。由于年初对于全年市场走势估计略有不足，导致组合行业结构相对较为保守。二季度开始，对组合结构进行持续调整；三季度后，进一步加大调整力度，通过积极换手，增强组合的偏离度与进攻性，取得较好的投资效果。

2010年诺安价值增长股票基金将重点做好以下工作：①加强组合仓位与配置的灵活性。将密切跟踪宏观经济数据，密切跟踪组合中重仓的行业与个股，密切跟踪出口的相关情况，根据实际情况动态调整组合；②坚持从基本面出发研究公司，加大对业绩超出市场预期的个股和行业的研究，加大对出口复苏等行业的研究，力争发现更多新的投资机会，为组合带来更多的贡献。

季度投资组合一览

项目＼季度	第一季度		第二季度		第三季度		第四季度	
基金资产净值	8,239,173,722.16元		9,718,696,709.15元		9,260,729,228.26元		10,682,135,143.83元	
基金份额	12,407,033,778.26份		12,239,268,196.82份		11,424,944,127.25份		11,047,967,071.85份	
基金份额净值	0.6641元		0.7941元		0.8106元		0.9669元	
基金资产组合	市值(元)	占总资产比(%)	市值(元)	占总资产比(%)	市值(元)	占总资产比(%)	市值(元)	占总资产比(%)
股票投资	6,218,968,004.62	74.80	8,466,597,696.17	85.66	7,712,057,340.83	83.00	9,548,345,156.99	89.02
债券投资	——	——	——	——	——	——	——	——
金融衍生品投资	——	——	——	——	——	——	——	——
买入返售金融资产	——	——	——	——	——	——	——	——
银行存款和结算备付金	2,019,417,002.52	24.29	1,334,968,679.65	13.51	1,498,076,082.18	16.12	1,097,671,068.59	10.23
其他资产	3,434,759.53	0.04	10,477,982.16	0.11	9,414,806.45	0.10	8,097,011.21	0.08

投资前五名股票明细	股票名称	公允价值(元)	占净值比(%)	股票名称	公允价值(元)	占净值比(%)	股票名称	公允价值(元)	占净值比(%)	股票名称	公允价值(元)	占净值比(%)
	中兴通讯	479,387,100.00	5.82	中兴通讯	449,598,876.00	4.63	双汇发展	465,143,924.70	5.02	双汇发展	530,999,946.90	4.97
	万 科A	390,402,000.00	4.74	中国太保	447,696,480.18	4.61	中兴通讯	444,033,400.00	4.79	海螺水泥	482,132,787.66	4.51
	泸州老窖	304,370,697.84	3.69	中国平安	439,655,875.20	4.52	苏宁电器	426,152,063.04	4.60	金牛能源	415,997,920.00	3.89
	中国太保	302,193,050.38	3.67	双汇发展	432,134,100.00	4.45	招商银行	413,840,000.00	4.47	张 裕A	380,100,000.00	3.56
	中联重科	279,700,400.00	3.39	宝钢股份	422,628,384.64	4.35	华侨城A	370,008,972.50	4.00	中兴通讯	358,962,467.85	3.36

投资前五名债券明细	债券名称	公允价值(元)	占净值比(%)	债券名称	公允价值(元)	占净值比(%)	债券名称	公允价值(元)	占净值比(%)	债券名称	公允价值(元)	占净值比(%)

诺安灵活配置混合型证券投资基金

基本资料

基金简称	诺安灵活配置混合		交易代码	320006	
风险收益特征	该基金属于较高风险、较高收益的基金品种。				
业绩比较基准	60%×沪深300指数+40%×上证国债指数				
合同生效日	2008年5月20日	首募份额	8.57亿份	认购户数	10,557户
基金管理人	诺安基金管理有限公司		基金托管人	中国工商银行	
注册登记人	诺安基金管理有限公司				

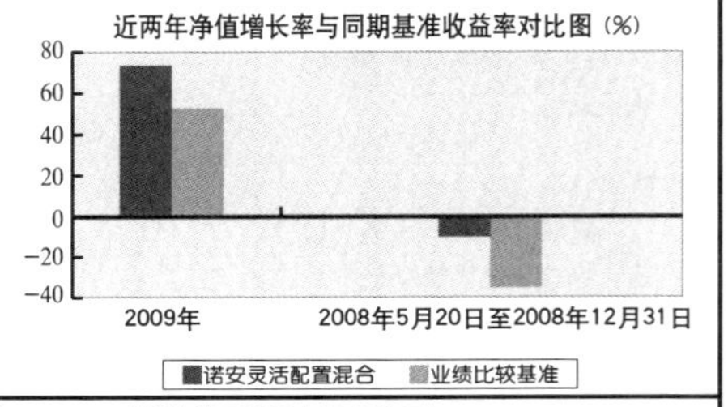

财务指标 单位：人民币（元）；%

项目 \ 年度	2009年	2008年5月20日至2008年12月31日
本期利润	279,491,874.07	-77,156,544.33
本期加权平均净值利润率	51.65	-12.00
期末基金资产净值	952,265,537.64	454,173,145.52
期末基金份额净值	1.068	0.8980
本期份额净值增长率	73.72	-10.20
累计份额净值增长率	56.00	-10.20
基金收益分配	10派4.200	——

期末基金份额持有人户数	基金份额持有人户数为14,624户，平均每户持有60,985.78份。（期末截至2009年12月31日）
期末基金份额持有人结构	机构投资者持有372,878,172.67份，占总份额41.81%；个人投资者持有518,977,815.95份，占总份额58.19%。

基金业绩表现

截至2009年12月31日，诺安灵活配置混合基金份额净值为1.068元，全年净值增长率为73.72%；同期业绩基准收益率为52.55%。

基金管理团队

林健标先生：基金经理，MBA，6年证券从业经历。曾任职于广东移动通信公司、博时基金管理公司、华西证券公司；2006年7月加入诺安基金管理公司，历任研究员、基金经理助理；2008年1月起任诺安平衡混合基金经理；2008年5月起任诺安灵活配置混合基金经理。

基金运作分析

2009年证券市场经历了明显的上下半场，上半场，即前7个月，随着中国经济逐步摆脱危机的阴霾，复苏得到各方参与者逐步的确认，以致市场对流动性和宏观基本面出现过度乐观情绪，市场基本上处于单边上涨的态势，诺安灵活配置混合基金在此阶段表现一般，主要原因在于对流动性推动的主题投资以及板块轮动参与较少；而市场从8月开始即进入了下半场，在此期间，经济复苏确认与政策收紧预期展开了激烈的"博弈"，与此对应，下半场市场整体表现为震荡行情，成长股逐步受到青睐，走出了较为独立的行情，而诺安灵活配置混合基金在此期间表现较好，主要得益于精选个股的成功。

2009年诺安灵活配置混合基金严格进行风险控制，在结构和仓位上一直保持着稳健的风格。

季度投资组合一览

项目 \ 季度	第一季度		第二季度		第三季度		第四季度	
基金资产净值	481,651,135.99元		338,175,764.57元		475,447,590.10元		952,265,537.64元	
基金份额	468,638,183.73份		308,278,042.26份		453,978,315.30份		891,855,988.62份	
基金份额净值	1.028元		1.097元		1.047元		1.068元	
基金资产组合	市值(元)	占总资产比(%)	市值(元)	占总资产比(%)	市值(元)	占总资产比(%)	市值(元)	占总资产比(%)
股票投资	251,558,502.16	51.03	206,857,755.73	60.13	352,218,351.98	67.97	708,066,803.22	71.97
债券投资	96,790,000.00	19.63	——	——	——	——	——	——
金融衍生品投资	——	——	——	——	——	——	——	——
买入返售金融资产	——	——	50,000,000.00	14.53	——	——	——	——
银行存款和结算备付金	135,421,205.86	27.47	45,499,706.45	13.23	162,192,584.25	31.30	240,061,635.28	24.40
其他资产	9,184,991.47	1.86	41,647,127.46	12.11	3,747,874.10	0.72	35,690,912.40	3.63

投资前五名股票明细	股票名称	公允价值(元)	占净值比(%)	股票名称	公允价值(元)	占净值比(%)	股票名称	公允价值(元)	占净值比(%)	股票名称	公允价值(元)	占净值比(%)
	亨通光电	25,649,532.00	5.33	亨通光电	26,667,835.74	7.89	重庆百货	38,533,140.00	8.10	亨通光电	59,051,085.76	6.20
	东百集团	23,835,279.20	4.95	中国中铁	16,975,000.00	5.02	中储股份	31,395,782.43	6.60	烟台万华	48,691,559.70	5.11
	威孚高科	20,560,000.00	4.27	冠农股份	12,916,800.00	3.82	亨通光电	31,189,783.50	6.56	建设银行	47,597,478.85	5.00
	海星科技	18,354,578.70	3.81	中兴通讯	12,361,471.00	3.66	招商银行	26,604,000.00	5.60	贵州茅台	43,790,124.84	4.60
	海南航空	17,908,000.00	3.72	中国人寿	11,708,750.00	3.46	民生银行	26,286,000.00	5.53	仁和药业	34,089,091.30	3.58

投资前五名债券明细	债券名称	公允价值(元)	占净值比(%)	债券名称	公允价值(元)	占净值比(%)	债券名称	公允价值(元)	占净值比(%)	债券名称	公允价值(元)	占净值比(%)
	08央行票据73	96,790,000.00	20.10									

诺安成长股票型证券投资基金

基本资料					
基金简称	诺安成长股票	交易代码	320007		
风险收益特征	该基金为股票型基金，投资风格偏于成长性投资，属于具有较高预期风险和预期收益的证券投资基金品种。				
业绩比较基准	80%×中标综指+20%×上证国债指数				
合同生效日	2009年3月10日	首募份额	11.68亿份	认购户数	14,435户
基金管理人	诺安基金管理有限公司	基金托管人	中国工商银行		
注册登记人	诺安基金管理有限公司				

2009年累计净值增长率与同期基准收益率历史走势对比图（%）

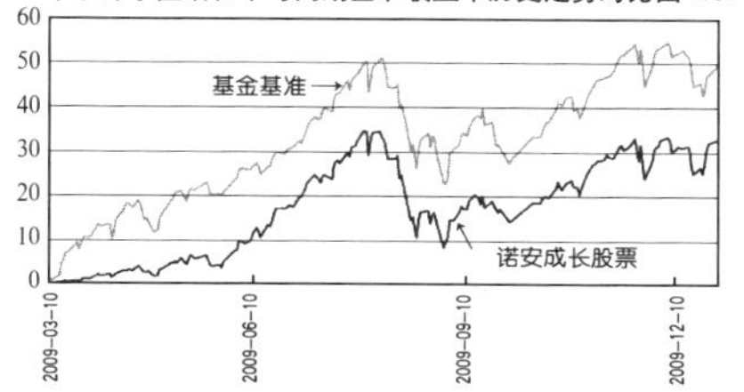

2009年净值增长率与同期基准收益率对比图（%）

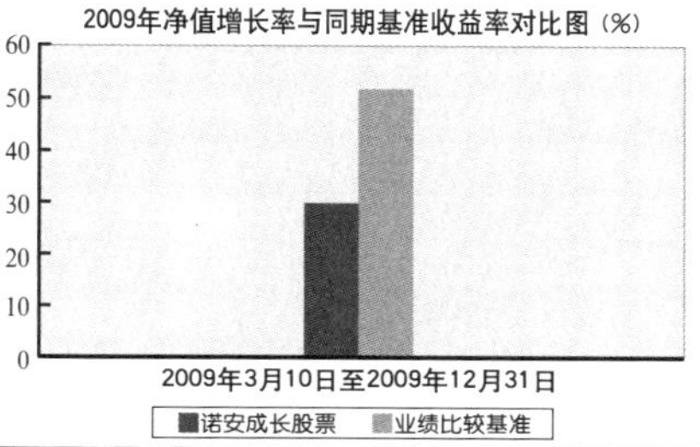

财务指标　　单位：人民币（元）；%

项目 \ 年度	2009年3月10日至2009年12月31日
本期利润	223,256,713.59
本期加权平均净值利润率	28.44
期末基金资产净值	431,888,973.06
期末基金份额净值	1.152
本期份额净值增长率	30.25
累计份额净值增长率	30.25
基金收益分配	10派1.400
期末基金份额持有人户数	基金份额持有人户数为4,767户，平均每户持有78,623.64份。（期末截至2009年12月31日）
期末基金份额持有人结构	机构投资者持有223,245,227.51份，占总份额59.56%；个人投资者持有151,553,644.39份，占总份额40.44%。

基金业绩表现

诺安成长股票基金合同生效于2009年3月10日，截至2009年12月31日，该基金份额净值为1.152元，成立以来净值增长率为30.25%。

基金管理团队

梅律吾先生：基金经理，硕士，12年证券从业经历。曾任职于长城证券公司、鹏华基金管理公司；2005年3月加入诺安基金管理公司，历任研究员、基金经理助理；2007年11月至2009年10月任诺安价值增长基金经理；2009年3月起任诺安成长股票基金经理。

基金运作分析

诺安成长股票基金于2009年3月10日成立，由于对当时的宏观经济判断准确，在仓位和结构上把握较好，因此，上半年该基金取得了较好的业绩，但下半年由于在仓位和结构上调整不够灵活，表现则不够理想。

2010年，估计中国经济仍将保持继续向好的态势，市场关注点将逐步从“是否复苏”转向“是否过热”，因此，2010年的市场将在很大程度上展现后复苏时代的特性，即大幅分化。如何在分化中把握正确的方向将是重中之重，而从政策导向来看，经济结构调整将是2010年政策的主旋律，政府会更多考虑引导中国经济从依赖投资和出口逐步转向更加偏重内需和消费，因此，诺安成长股票基金在资产配置上也将顺应这一趋势，把部分新兴行业内的优势公司作为组合的核心配置。

季度投资组合一览

项目 \ 季度	第二季度			第三季度			第四季度		
基金资产净值	803,625,686.82元			535,121,881.15元			431,888,973.06元		
基金份额	709,002,414.54份			492,151,526.76份			374,798,871.90份		
基金份额净值	1.133元			1.087元			1.152元		
基金资产组合	市值(元)		占总资产比(%)	市值(元)		占总资产比(%)	市值(元)		占总资产比(%)
股票投资	690,608,044.36		84.38	409,394,256.87		73.43	395,360,353.30		77.26
债券投资	——		——	——		——	——		——
资产支持证券投资	——		——	——		——	——		——
金融衍生品投资	——		——	——		——	——		——
买入返售金融资产	——		——	——		——	——		——
银行存款和结算备付金	115,405,996.88		14.10	114,186,950.27		20.48	57,354,943.35		11.21
其他资产	12,431,169.27		1.52	33,924,503.20		6.09	59,013,631.00		11.53
投资前五名股票明细	股票名称	公允价值(元)	占净值比(%)	股票名称	公允价值(元)	占净值比(%)	股票名称	公允价值(元)	占净值比(%)
	贵州茅台	78,117,161.83	9.72	中国中铁	52,780,000.00	9.86	中信证券	28,593,000.00	6.62
	建设银行	77,184,000.00	9.60	贵州茅台	52,755,200.00	9.86	济南钢铁	28,400,000.00	6.58
	中国中铁	63,147,000.00	7.86	中国太保	36,745,500.00	6.87	中国平安	27,545,000.00	6.38
	中国人寿	62,050,038.50	7.72	建设银行	33,480,000.00	6.26	招商银行	27,075,000.00	6.27
	中国石油	57,920,000.00	7.21	金融街	32,727,061.19	6.12	海通证券	24,947,000.00	5.78
投资前五名债券明细	债券名称	公允价值(元)	占净值比(%)	债券名称	公允价值(元)	占净值比(%)	债券名称	公允价值(元)	占净值比(%)

诺安增利债券型证券投资基金

基本资料

基金简称	诺安增利债券	交易代码	A:320008 B:320009
风险收益特征	该基金为债券型基金，其长期平均风险和预期收益低于混合型基金、股票型基金，高于货币市场基金。		
业绩比较基准	中信标普全债指数		
合同生效日	2009年5月27日	首募份额 16.13亿份	认购户数 10,109户
基金管理人	诺安基金管理有限公司	基金托管人	中国工商银行
注册登记人	诺安基金管理有限公司		

财务指标 单位：人民币(元)；%

项目 \ 年度	2009年5月27日至2009年12月31日	
	A	B
本期利润	6,355,455.30	592,927.29
本期加权平均净值利润率	0.89	5.96
期末基金资产净值	245,671,352.12	47,335,957.98
期末基金份额净值	1.015	1.013
本期份额净值增长率	1.50	1.30
累计份额净值增长率	1.50	1.30
基金收益分配	——	——

2009年累计净值增长率与同期基准收益率历史走势对比图（%）

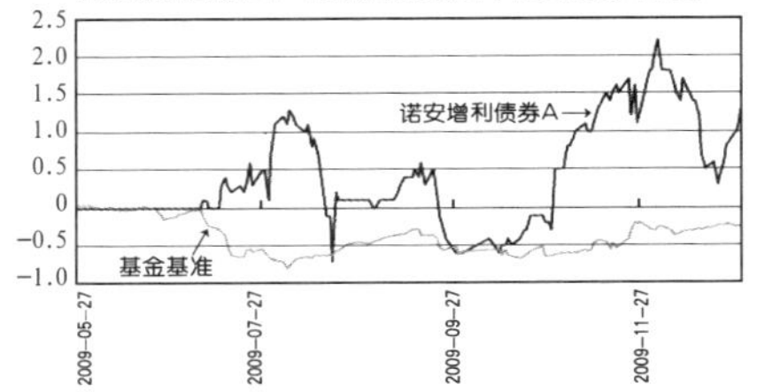

2009年净值增长率与同期基准收益率对比图（%）

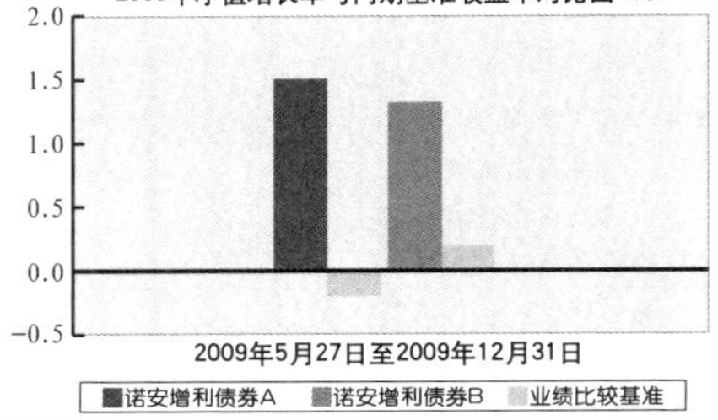

期末基金份额持有人户数	A:基金份额持有人户数为3,715户，平均每户持有65,142.46份。 B:基金份额持有人户数为32户，平均每户持有1,460,662.59份。（期末截至2009年12月31日）
期末基金份额持有人结构	A:机构投资者持有54,594,442.34份，占总份额22.56%；个人投资者持有187,409,795.59份，占总份额77.44%。 B:机构投资者持有160,320.64份，占总份额0.34%；个人投资者持有46,580,882.08份，占总份额99.66%。

基金业绩表现

诺安增利债券基金合同生效于2009年5月27日，截至2009年12月31日，该基金A级净值增长率为1.50%，同期业绩基准收益率为−0.22%；B级基金净值增长率为1.60%，同期业绩基准收益率为0.23%。

基金管理团队

卓若伟先生：基金经理，经济学硕士，3年证券从业经历。曾任职于厦门市商业银行、建信基金管理公司。2009年5月加入诺安基金管理公司，任基金经理助理；2009年9月起任诺安增利债券基金经理。

钟志伟先生：基金经理，毕业于中南财经大学金融专业，9年证券从业经历。曾任职于深圳平安人寿保险公司、平安证券公司资产管理部、东海证券公司。2006年2月加入诺安基金公司，曾任诺安货币基金经理、诺安中短期债券（现诺安优化收益债券）基金经理；2009年5月至2009年9月任诺安增利债券基金经理。

基金运作分析

诺安增利债券基金于2009年5月27日成立。自成立以来，该基金始终坚持稳健投资策略，在资产配置上，维持组合较低的债券仓位和久期，以抗利率风险能力较强的浮息债、短期融资券和企业债提高组合收益率，自下而上精选个股，适度投资二级市场股票，在认真研究基础上积极参与一级市场新股申购。总体看来该基金基本克服了债市的不利环境，准确把握了利率产品之外的投资机会。

季度投资组合一览

项目 \ 季度	第三季度			第四季度		
	A		B	A		B
基金资产净值	4.2723亿元		0.0130亿元	2.4567亿元		0.4734亿元
基金份额	4.2962亿份		0.0130亿份	2.4200亿份		0.4674亿份
基金份额净值	0.994元		0.994元	1.015元		1.013元
基金资产组合	金额(元)		占总资产比例(%)	金额(元)		占总资产比例(%)
股票投资	11,590,590.12		2.63	30,727,415.97		6.76
债券投资	191,836,663.60		43.48	250,099,608.00		55.03
金融衍生品投资	——		——	——		——
买入返售金融资产	——		——	——		——
银行存款和结算备付金	235,861,688.81		53.46	132,985,628.69		29.26
其他资产	1,899,350.58		0.43	40,660,902.86		8.95
投资前五名股票明细	股票名称	公允价值(元)	占净值比例(%)	股票名称	公允价值(元)	占净值比例(%)
	中国中冶	3,940,755.64	0.92	中国中冶	3,841,527.98	1.31
	神州泰岳	1,321,124.00	0.31	神州泰岳	2,396,245.60	0.82
	中国中旅	947,382.94	0.22	海大集团	1,778,682.74	0.61
	三维通信	903,582.18	0.21	中国国旅	1,684,057.62	0.57
	信立泰	836,353.00	0.20	美盈森	1,619,572.50	0.55
投资前五名债券明细	债券名称	公允价值(元)	占净值比例(%)	债券名称	公允价值(元)	占净值比例(%)
	09常州投资债	38,788,000.00	9.05	20国债(4)	91,547,568.00	31.24
	09鲁商CP01	20,020,000.00	4.67	09央行票据59	39,868,000.00	13.61
	09鄂绒CP01	20,012,000.00	4.67	07农发20	30,180,000.00	10.30
	09中牧CP01	20,000,000.00	4.67	09农发17	30,000,000.00	10.24
	09上海港CP02	19,946,000.00	4.65	09鄂绒CP01	20,046,000.00	6.84

诺安中证100指数证券投资基金

基本资料			
基金简称	诺安中证100指数	交易代码	320010
风险收益特征	该基金为股票型指数基金，可获取资本市场平均收益率，其风险和预期收益均高于债券型基金和货币市场基金。		
业绩比较基准	中证100指数收益率×95%+一年期银行储蓄存款利率（税后）×5%		
合同生效日	2009年10月27日	首募份额	21.10亿份
认购户数	19,552户		
基金管理人	诺安基金管理有限公司	基金托管人	中国工商银行
注册登记人	诺安基金管理有限公司		

2009年累计净值增长率与同期基准收益率历史走势对比图（%）

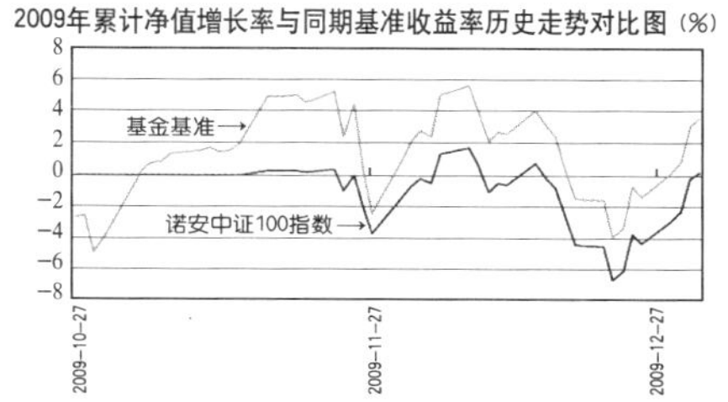

财务指标 项目＼年度	2009年10月27日至2009年12月31日（单位：人民币（元）；%）
本期利润	3,112,026.30
本期加权平均净值利润率	0.15
期末基金资产净值	2,112,847,652.63
期末基金份额净值	1.001
本期份额净值增长率	0.10
累计份额净值增长率	0.10
基金收益分配	——

2009年净值增长率与同期基准收益率对比图（%）

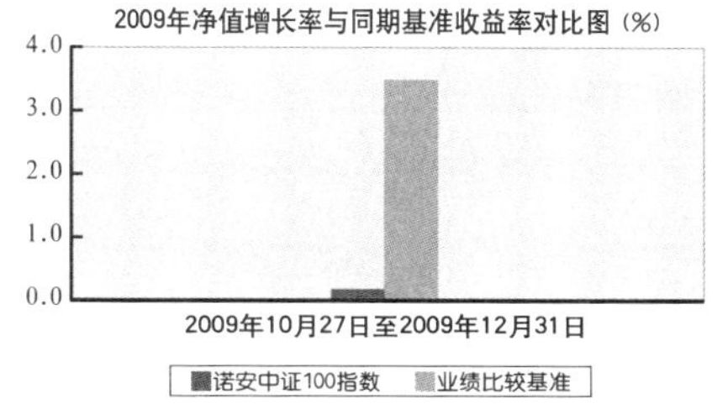

期末基金份额持有人户数	基金份额持有人户数为19,552户，平均每户持有107,903.83份。（期末截至2009年12月31日）
期末基金份额持有人结构	机构投资者持有801,117,700.16份，占总份额37.97%；个人投资者持有1,308,617,926.17份，占总份额62.03%。

基金业绩表现

诺安中证100指数基金合同生效于2009年10月27日，截至2009年12月31日，该基金份额净值为1.001元，成立以来净值增长率为0.10%；同期业绩基准收益率为3.52%。

基金管理团队

王　坚先生：基金经理，清华大学会计学专业，CFA，6年证券从业经历。曾任长城证券研究所研究员、太平资产管理公司投资经理。2008年3月加入诺安基金管理公司，历任诺安基金管理公司研究员、基金经理助理；2009年10月起任诺安中证100指数基金经理。

基金运作分析

诺安中证100指数基金于2009年10月27日成立，之后中证100指数实际处于宽幅震荡的格局之中，开于3355.01（10月27日），最低3240.87（12月22日），最高3578.53（12月7日），收于3506.17（12月31日）。涨幅为4.5%，振幅为10.4%；

在市场的宽幅震荡中，诺安中证100指数基金匀速建仓，在12月中旬将仓位加到90%，基本完成了建仓操作。随着建仓的完成，控制跟踪误差在尽量小的范围将是基金投资管理的目标。该管理人将采用合理的指数交易策略和恰当的现金管理，来弥补成分股调整、申购赎回冲击以及管理成本等带来的负偏离。

季度投资组合一览

项目＼季度	第四季度	
基金资产净值	2,112,847,652.63元	
基金份额	2,109,735,626.33份	
基金份额净值	1.001元	
基金资产组合	金额（元）	占总资产比例（%）
股票投资	1,896,653,814.99	89.63
债券投资	——	——
金融衍生品投资	——	——
买入返售金融资产	——	——
银行存款和结算备付金	219,345,658.61	10.37
其他资产	74,156.75	0.00

投资前五名股票明细	股票名称	公允价值（元）	占净值比例（%）	投资前五名债券明细	债券名称	公允价值（元）	占净值比例（%）
	招商银行	99,221,355.40	4.70				
	交通银行	84,899,346.40	4.02				
	中国平安	79,537,289.30	3.76		——		
	民生银行	74,491,823.84	3.53				
	中信证券	74,162,585.43	3.51				

申万巴黎基金管理有限公司

法定名称	申万巴黎基金管理有限公司	英文名称	SYWG BNP PARIBAS Asset Management Co.,Ltd.		
成立时间	2004年1月15日	注册资本	1.5亿元人民币	公司属性	中外合资
法人代表	姜国芳	总经理	毛剑鸣	督察长	来肖贤
公司网址	www.swbnpp.com	客服电话	400-880-8588		
联系电话	021-2326 1188	传真号码	021-2326 1199		
注册地址	上海市淮海中路300号香港新世界大厦40层	办公地址	上海市淮海中路300号香港新世界大厦40层		

公司简介

申万巴黎基金管理有限公司(以下简称"申万巴黎基金")是由国内大型综合类券商申银万国证券股份有限公司和法国巴黎资产管理有限公司共同发起设立的一家中法合资基金管理公司。公司成立于2004年1月15日，注册地在中国上海，注册资本金为1.5亿元人民币。其中，申银万国证券股份有限公司持有67%的股份，法国巴黎资产管理有限公司持有33%的股份。

作为中法两国金融领域合作的结晶，申万巴黎基金立足于"以客为先，创新求变，专业管理，业绩至上"的经营理念，以负责的态度、高效的管理、专业的服务，全力为投资者提供丰厚的投资回报。成立以来，公司业务增长迅速，在北京、上海、广州先后建立理财中心，通过自身努力，公司逐渐形成了规范、诚信、专业、稳健的运作风格。

在业务发展上，公司努力开拓新业务，争取企业年金、专户理财、QDII资格，为投资者量身定做产品，提供个性化、多样化的全新服务。

年度经营

截至2009年12月31日，申万巴黎基金旗下管理了包括股票型、混合型、债券型和货币型在内的8只开放式基金。公司旗下基金管理资产规模超过230亿元，客户数超过170万户。

产品发行方面，从2009年到2010年上半年，申万巴黎基金先后募集成立了申万巴黎消费增长股票、申万巴黎沪深300指数两只新基金，其中，申万巴黎沪深300价值基金是旗下首只指数基金。两只新基金共募集市场资金约23.97亿元，投资者认购户数合计3.8069万户。

在投资管理方面，申万巴黎基金凭借其稳定的投研团队，旗下基金的整体业绩稳步提高。

客户服务

申万巴黎基金在坚持"专业化、人性化、便捷化"的服务理念下，结合客户需求和业务发展需要，积极增加和改善服务内容，优化服务流程，缩短响应时间，竭力为投资者提供完善、高效、优质的多元化服务，2009年以来，申万巴黎基金客服团队除了接听、解答客户咨询、定制个性化的基础服务之外，基于不同的客户群体，陆续开展"女性理财SPA馆"、"风雨同舟五年行"、"父亲节爱心1+1"、"亲子理财调研报告"、"E问E答基金课堂"等专项客服活动，竭尽全力为投资者提供专业的理财服务。

社会责任

申万巴黎基金自成立以来，在致力于为投资者提供稳健资产管理服务的同时，持续重视社会公益活动和慈善事业，切实履行一个负责任企业公民应尽的社会义务。2010年4月，青海玉树发生地震以后，公司第一时间启动"心系玉树"慈善捐助活动，公司及员工捐款共计70余万元，用于受灾地区援助。"一方有难、八方支援"，申万巴黎基金曾在2008年初的雪灾中捐助30万元；2007年向上海青少年发展基金会捐款20万元，成为上海青年造血干细胞捐献志愿者行动发展基金的第一批启动资金。申万巴黎基金希望通过持续系统的社会公益事业，为共建和谐社会贡献作为企业公民的绵薄之力。

2009年管理公募基金概况

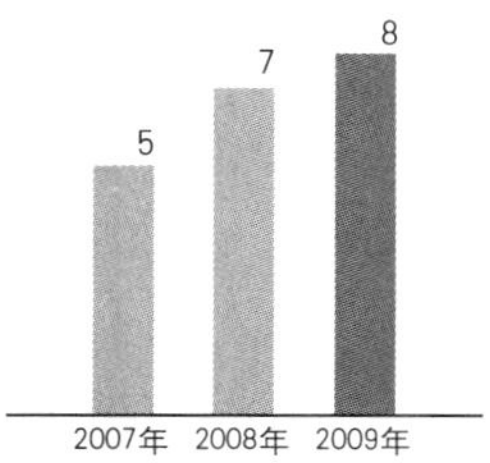

基金数量(只)

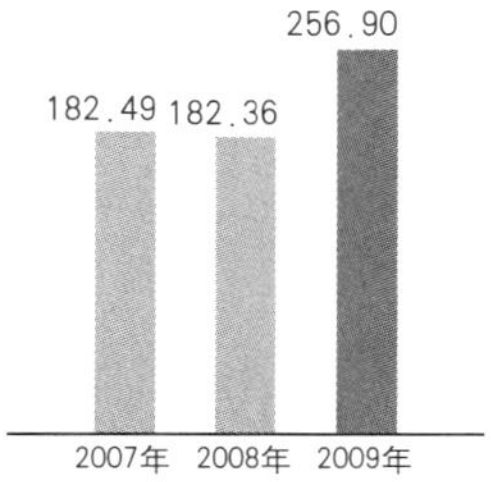

基金份额规模(亿份)

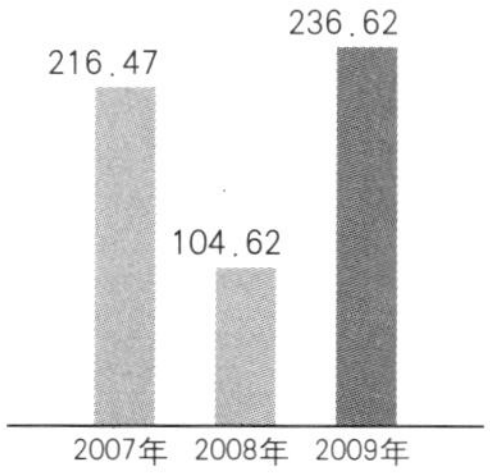

基金资产规模(亿元)

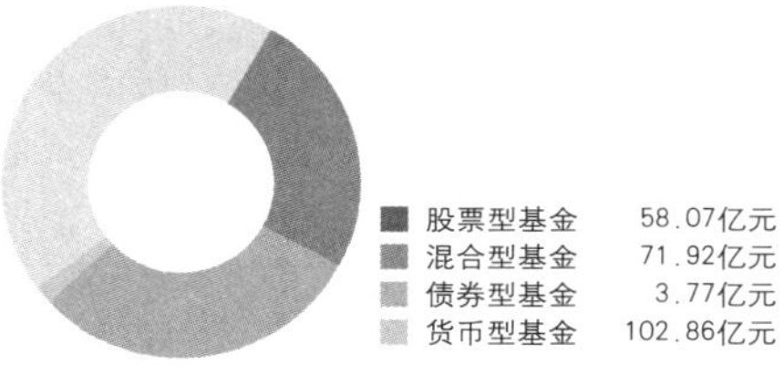

2009年基金资产规模构成

申万巴黎盛利精选证券投资基金

基本资料					
基金简称	申万巴黎盛利精选混合	交易代码	310308		
风险收益特征	该基金是一只偏股型基金，股票资产的配置一般情况下在50%–75%的比例（建仓期以后）。从资产配置的特性分类，该基金属于相对收益高、风险偏高的基金品种。				
业绩比较基准	申万300指数×75%+中信标普国债指数×20%+1年定期存款利率×5%				
合同生效日	2004年4月9日	首募份额	68.09亿份	认购户数	145,111户
基金管理人	申万巴黎基金管理有限公司	基金托管人	中国工商银行		
注册登记人	申万巴黎基金管理有限公司				

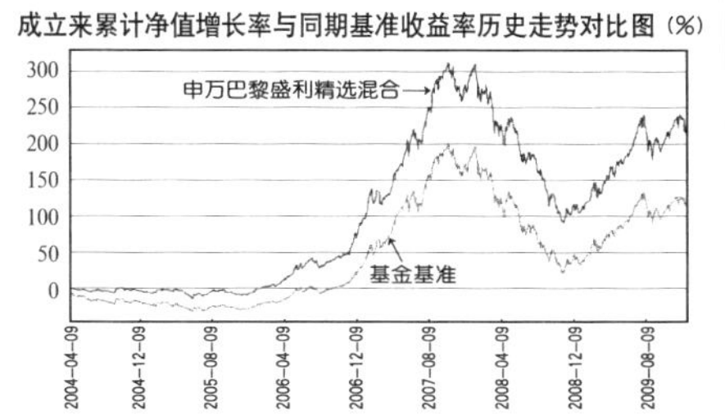

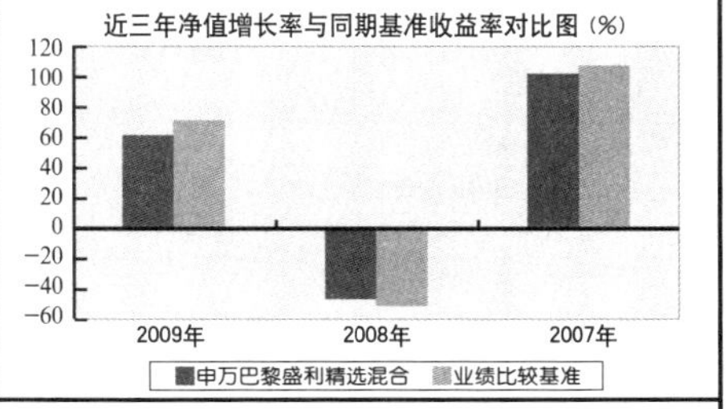

财务指标　　单位：人民币（元）；%

项目＼年度	2009年	2008年	2007年
本期利润	726,243,696.92	−1,230,357,710.65	1,643,387,217.23
本期加权平均净值利润率	45.34	−66.78	65.29
期末基金资产净值	1,820,034,157.37	1,175,449,967.57	2,871,272,257.32
期末基金份额净值	0.9977	0.6154	1.1880
本期份额净值增长率	62.12	−48.20	100.30
累计份额净值增长率	231.60	104.54	294.86
基金收益分配	——	——	10派13.720

期末基金份额持有人户数	基金份额持有人户数为55,570户，平均每户持有32,826.94份。　（期末截至2009年12月31日）
期末基金份额持有人结构	机构投资者持有227,615,167.17份，占总份额12.48%；个人投资者持有1,596,577,768.76份，占总份额87.52%。

基金业绩表现

2009年申万巴黎盛利精选混合基金全年净值增长率为62.12%；同期业绩基准收益率为70.46%。

基金管理团队

徐　爽先生：基金经理，复旦大学世界经济系经济学学士，5年证券从业经历。2002年起从事金融工作，曾任上海融昌资产管理公司研究部行业分析师。 2005年12月加入申万巴黎基金管理公司，任投资管理总部高级分析师，2006年12月至2008年1月任申万巴黎盛利精选混合基金经理助理；2008年1月起任申万巴黎盛利精选混合基金经理。

基金运作分析

2009年，股票市场走出了单边上涨的行情，中国经济率先走出谷底。本年度，市场可分为四个阶段，其一是延续2008年底到2009年一季度，新能源、军工等主题投资活跃，小盘股轮番表现；其二是4月到8月初蓝筹行情启动，银行地产稀缺资源主线品种异军突起，并带领大盘创出年内高点；其三是8月份深幅调整，当月指数下跌20%；其四是9到12月份，市场恢复性上涨。申万巴黎盛利精选混合基金在第一和第二阶段较好地把握了市场主线，奠定了全年的上涨，8月份虽有损失，但在第四阶段尽力进行了修正。

展望2010年，基于对市场的研判，申万巴黎盛利精选混合基金将着力依据价值精选个股，同时对于群体性的贪婪与恐惧进行深入思考，提高逆向操作频率，并保持对政策预期的高度敏感，跨国界、跨市场进行分析，寻找不确定性中的确定，同时加强对于区域板块的投资。

季度投资组合一览

项目＼季度	第一季度		第二季度		第三季度		第四季度	
基金资产净值	1,429,347,177.44元		1,698,793,467.20元		1,633,037,372.21元		1,820,034,157.37元	
基金份额	1,886,429,474.05份		1,895,038,661.29份		1,861,977,791.89份		1,824,192,935.93份	
基金份额净值	0.7577元		0.8964元		0.8770元		0.9977元	
基金资产组合	市值(元)	占总资产比(%)	市值(元)	占总资产比(%)	市值(元)	占总资产比(%)	市值(元)	占总资产比(%)
股票投资	982,016,271.20	68.34	1,228,933,066.43	71.57	1,094,639,999.37	66.51	1,359,326,865.17	73.12
债券投资	284,651,231.60	19.81	343,830,382.00	20.02	382,677,000.00	23.25	364,471,024.30	19.60
金融衍生品投资	——	——	——	——	——	——	——	——
买入返售金融资产	——	——	——	——	——	——	——	——
银行存款和结算备付金	144,883,196.53	10.08	126,000,121.84	7.34	161,862,961.47	9.84	126,952,244.81	6.83
其他资产	25,430,047.22	1.77	18,247,207.45	1.06	6,604,780.49	0.40	8,323,631.11	0.45

项目	股票名称	公允价值(元)	占净值比(%)	股票名称	公允价值(元)	占净值比(%)	股票名称	公允价值(元)	占净值比(%)	股票名称	公允价值(元)	占净值比(%)
投资前五名股票明细	浦发银行	49,210,180.80	3.44	泸州老窖	71,874,816.30	4.23	泸州老窖	77,142,660.00	4.72	中国医药	91,386,043.10	5.02
	中国平安	39,110,000.00	2.74	万　科A	63,295,500.75	3.73	金钼股份	59,310,700.00	3.63	泸州老窖	88,710,318.72	4.87
	中信证券	35,148,600.00	2.46	浦发银行	52,946,000.00	3.12	国阳新能	59,278,804.00	3.63	四创电子	87,515,783.92	4.81
	泸州老窖	34,368,000.00	2.40	海通证券	47,374,437.25	2.79	招商银行	53,502,255.02	3.28	国阳新能	72,554,080.97	3.99
	苏宁电器	25,999,743.45	1.82	民生银行	43,623,296.64	2.57	贵州茅台	48,323,928.06	2.96	黑猫股份	59,910,907.25	3.29
投资前五名债券明细	债券名称	公允价值(元)	占净值比(%)	债券名称	公允价值(元)	占净值比(%)	债券名称	公允价值(元)	占净值比(%)	债券名称	公允价值(元)	占净值比(%)
	04国开06	104,220,000.00	7.29	04国开06	104,430,000.00	6.15	04国开06	103,900,000.00	6.36	04国开06	103,850,000.00	5.71
	08央票104	68,173,000.00	4.77	08央票104	67,655,000.00	3.98	09央票43	99,670,000.00	6.10	09央票38	78,624,000.00	4.32
	07央票29	51,075,000.00	3.57	07央票29	50,750,000.00	2.99	09央票38	78,632,000.00	4.82	09央票67	69,769,000.00	3.83
	07农发16	50,755,000.00	3.55	07农发16	50,385,000.00	2.97	07央票29	50,440,000.00	3.09	07央票29	50,235,000.00	2.76
	99国债(8)	8,607,100.00	0.60	99国债(8)	49,544,400.00	2.92	07农发16	50,035,000.00	3.06	20国债(4)	38,860,416.00	2.14

申万巴黎盛利强化配置混合型证券投资基金

基本资料					
基金简称	申万巴黎盛利强化配置混合	交易代码	310318		
风险收益特征	该基金是一只进行主动投资的混合型基金，其风险和预期收益均高于保本基金而低于平衡型基金，属于偏低风险的品种。				
业绩比较基准	银行一年期定期存款利率				
合同生效日	2004年11月29日	首募份额	6.90亿份	认购户数	15,611户
基金管理人	申万巴黎基金管理有限公司	基金托管人	中国工商银行		
注册登记人	申万巴黎基金管理有限公司				

成立来累计净值增长率与同期基准收益率历史走势对比图（%）

财务指标　单位：人民币（元）；%

项目 \ 年度	2009年	2008年	2007年
加权平均份额本期利润	9,731,070.36	−10,306,694.43	37,932,421.30
期末可供分配份额收益	11.07	−10.28	42.22
期末基金份额净值	75,279,828.87	86,972,620.20	105,824,145.77
加权平均净值利润率	1.0602	0.9729	1.1036
本期份额净值增长率	11.00	−8.80	57.53
累计份额净值增长率	100.54	80.67	98.10
基金收益分配	10派0.200	10派0.360	10派5.400

近三年净值增长率与同期基准收益率对比图（%）

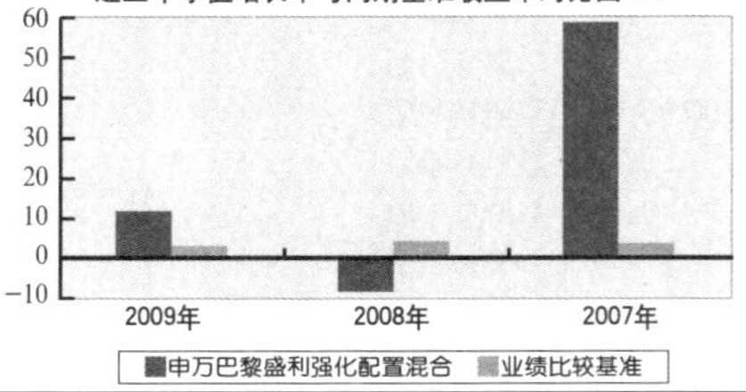

期末基金份额持有人户数	基金份额持有人户数为4,820户，平均每户持有14,731.18份。（期末截至2009年12月31日）
期末基金份额持有人结构	机构投资者持有13,052,249.97份，占总份额18.38%；个人投资者持有57,952,023.06份，占总份额81.62%。

基金业绩表现

2009年申万巴黎盛利强化配置混合基金全年净值增长率为11.00%；同期业绩基准收益率为2.25%。

基金管理团队

张维维先生：基金经理，英国华威大学经济与金融学硕士，5年证券从业经历。2005年起从事金融工作，曾任北京天相投资顾问公司分析师。2007年3月加入申万巴黎基金管理公司投资管理总部任行业分析师，2009年6月至2009年9月任申万巴黎盛利精选混合基金经理助理；2009年9月起任申万巴黎盛利强化配置混合基金经理。

李源海先生：基金经理，武汉大学经济学硕士，9年证券从业经历。1999年起从事金融工作；2001年起从事证券行业，历任湘财证券公司投资银行部项目经理、证券投资部投资经理；2002年起从事基金行业，历任万家基金公司研究部高级经理、基金管理部基金经理，万家增强收益债券基金经理、申万巴黎盛利强化配置混合基金经理、申万巴黎收益宝货币基金经理、申万巴黎竞争优势股票基金经理。

基金运作分析

2009年申万巴黎盛利强化配置混合基金组合在权益操作上，从二季度逐渐增加权益的投资比重，根据信贷的投放力度和美元走势以及经济复苏的力度，分别择时重点投资了房地产、有色、钢铁、化工、汽车等直接受益的行业板块，获得较为稳定、理想的收益；同时也进行一定程度的主题投资。在固定收益操作上，该基金全年坚持短久期、无风险债券为主的策略，债券部分估值在收益率曲线大幅上行的背景下保持基本稳定。

季度投资组合一览

项目 \ 季度	第一季度		第二季度		第三季度		第四季度	
基金资产净值	85,011,826.50元		97,084,856.63元		80,582,508.04元		75,279,828.87元	
基金份额	85,666,740.44份		92,110,385.28份		81,570,756.74份		71,004,273.03份	
基金份额净值	0.9924元		1.0540元		0.9879元		1.0602元	
基金资产组合	市值(元)	占总资产比(%)	市值(元)	占总资产比(%)	市值(元)	占总资产比(%)	市值(元)	占总资产比(%)
股票投资	11,045,911.20	12.83	24,426,800.00	24.82	12,906,112.40	15.80	26,935,406.30	34.49
债券投资	60,219,000.00	69.94	58,584,000.00	59.53	49,835,000.00	61.02	41,884,000.00	53.63
金融衍生品投资	——	——	——	——	——	——	——	——
买入返售金融资产	——	——	——	——	——	——	——	——
银行存款和结算备付金	13,654,208.51	15.86	13,211,758.27	13.42	18,279,316.61	22.38	8,372,960.65	10.72
其他资产	1,185,173.10	1.38	2,194,483.74	2.23	644,467.19	0.79	908,658.66	1.16

	第一季度			第二季度			第三季度			第四季度		
投资前五名股票明细	股票名称	公允价值(元)	占净值比(%)	股票名称	公允价值(元)	占净值比(%)	股票名称	公允价值(元)	占净值比(%)	股票名称	公允价值(元)	占净值比(%)
	兰花科创	2,245,000.00	2.64	万 科A	2,550,000.00	2.63	黑猫股份	2,852,598.40	3.54	中国医药	5,096,550.00	6.77
	中海发展	1,174,000.00	1.38	金牛能源	2,322,000.00	2.39	上海汽车	2,765,000.00	3.43	黑猫股份	5,008,660.30	6.65
	武汉凡谷	1,085,000.00	1.28	中国太保	2,238,000.00	2.31	新 华 都	1,370,000.00	1.70	信雅达	3,932,000.00	5.22
	华发股份	983,400.00	1.16	保利地产	2,231,200.00	2.30	中金岭南	1,363,200.00	1.69	中南建设	3,470,450.00	4.61
	广电运通	930,000.00	1.09	青岛软控	1,996,000.00	2.06	山东海龙	1,095,000.00	1.36	四创电子	3,380,641.00	4.49
投资前五名债券明细	债券名称	公允价值(元)	占净值比(%)	债券名称	公允价值(元)	占净值比(%)	债券名称	公允价值(元)	占净值比(%)	债券名称	公允价值(元)	占净值比(%)
	09央票08	19,952,000.00	23.47	99国债(8)	29,203,000.00	30.08	09央票47	49,835,000.00	61.84	09央票63	39,868,000.00	52.96
	08央票106	19,492,000.00	22.93	08央票106	19,344,000.00	19.92				20国债(4)	2,016,000.00	2.68
	08央票14	10,560,000.00	12.42	02国债(10)	10,037,000.00	10.34						
	07央票29	10,215,000.00	12.02									

申万巴黎新动力股票型证券投资基金

基本资料						
基金简称	申万巴黎新动力股票			交易代码	310328	
风险收益特征	该基金是一只进行主动投资的股票型基金，其风险和预期收益均高于平衡型基金，属于中高风险的品种。					
业绩比较基准	天相成长100指数收益率×80%+中信标普国债指数收益率×20%					
合同生效日	2005年11月10日	首募份额	6.70亿份	认购户数	4,662户	
基金管理人	申万巴黎基金管理有限公司			基金托管人	中国工商银行	
注册登记人	申万巴黎基金管理有限公司					

成立来累计净值增长率与同期基准收益率历史走势对比图（%）

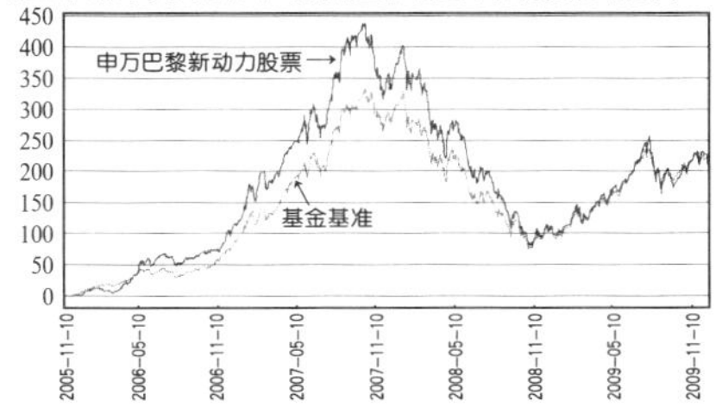

财务指标	单位：人民币（元）；%		
项目 \ 年度	2009年	2008年	2007年
本期利润	1,903,805,504.41	-4,481,785,935.46	4,066,234,992.92
本期加权平均净值利润率	47.17	-87.93	50.42
期末基金资产净值	4,311,714,689.81	2,976,530,330.78	9,126,692,093.61
期末基金份额净值	0.8521	0.5159	1.4247
本期份额净值增长率	65.17	-58.63	114.28
累计份额净值增长率	223.28	95.73	373.11
基金收益分配	——	10派1.800	——

近三年净值增长率与同期基准收益率对比图（%）

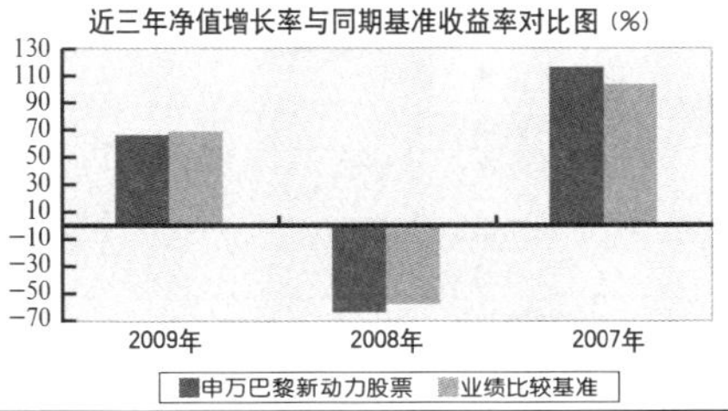

期末基金份额持有人户数	基金份额持有人户数为264,741户，平均每户持有19,113.89份。（期末截至2009年12月31日）
期末基金份额持有人结构	机构投资者持有213,848,871.49份，占总份额4.23%；个人投资者持有4,846,382,425.92份，占总份额95.77%。

基金业绩表现

截至2009年12月31日，申万巴黎新动力股票基金份额净值为0.8521元，全年净值增长率为65.17%。

基金管理团队

张　鹏先生：基金经理，上海财经大学经济学博士，7年证券从业经历。2003年起从事金融工作，先后就职于东吴证券公司、鹏华基金管理公司。2005年5月加入申万巴黎基金管理公司，任投资管理总部高级分析师；2007年9月至2008年12月任申万巴黎新动力基金经理助理；2008年12月起任申万巴黎新动力股票基金经理；2009年7月起兼任申万巴黎竞争优势股票基金经理。

梅文斌先生：基金经理，清华大学工学硕士，CFA，8年证券从业经历。2002年起从事金融工作，2002年11月至2004年8月任北京天相投资顾问公司投资分析师。2004年8月加入申万巴黎基金管理公司，任投资管理总部高级分析师；2006年12月至2008年1月任申万巴黎新经济混合基金经理助理；2008年7月至2009年8月任申万巴黎竞争优势股票基金经理；2008年1月至2009年8月任申万巴黎新动力股票基金经理。

基金运作分析

2009年，申万巴黎新动力股票基金在上半年重点布局了周期性行业，例如房地产、水泥、化工、钢铁等行业，同时积极配置行业和区域振兴规划带来的投资机会。在下半年，则主要是配置了家电、食品饮料、汽车、医药等消费品行业。基于2010年的行业前景和估值的考量，该基金在四季度末逐步增加了钢铁、化工等周期行业的配置比例。

季度投资组合一览

项目 \ 季度	第一季度		第二季度		第三季度		第四季度	
基金资产净值	3,673,226,525.25元		4,369,500,228.08元		3,868,759,905.81元		4,311,714,689.81元	
基金份额	5,704,283,193.03份		5,516,924,198.13份		5,309,692,180.58份		5,060,231,297.41份	
基金份额净值	0.6439元		0.7920元		0.7286元		0.8521元	
基金资产组合	市值(元)	占总资产比(%)	市值(元)	占总资产比(%)	市值(元)	占总资产比(%)	市值(元)	占总资产比(%)
股票投资	2,796,948,038.01	75.36	3,879,964,727.74	87.01	3,284,930,035.15	84.59	4,033,168,962.27	92.77
债券投资	172,063,554.10	4.64	164,008,088.50	3.68	——	——	——	——
金融衍生品投资	——	——	——	——	——	——	——	——
买入返售金融资产	——	——	——	——	——	——	——	——
银行存款和结算备付金	739,194,113.67	19.92	379,414,921.95	8.51	593,597,557.12	15.29	298,835,465.44	6.87
其他资产	3,137,536.76	0.08	35,694,702.76	0.80	4,848,840.63	0.12	15,482,621.27	0.36

	股票名称	公允价值(元)	占净值比(%)	股票名称	公允价值(元)	占净值比(%)	股票名称	公允价值(元)	占净值比(%)	股票名称	公允价值(元)	占净值比(%)
投资前五名股票明细	中信证券	178,290,000.00	4.85	民生银行	236,811,762.00	5.42	泸州老窖	197,350,293.00	5.10	海通证券	175,970,572.90	4.08
	格力电器	130,297,277.07	3.55	保利地产	200,926,588.28	4.60	兴业银行	147,996,821.00	3.83	泸州老窖	152,715,383.68	3.54
	招商银行	111,510,000.00	3.04	招商银行	184,434,098.31	4.22	三一重工	145,954,407.06	3.77	上海汽车	150,498,269.61	3.49
	西部矿业	106,432,061.12	2.90	万　科A	165,707,925.00	3.79	美的电器	117,719,943.30	3.04	招商银行	138,966,733.40	3.22
	民生银行	95,504,000.00	2.60	兴业银行	162,538,089.00	3.72	贵州茅台	115,017,216.76	2.97	西山煤电	134,176,277.73	3.11
投资前五名债券明细	债券名称	公允价值(元)	占净值比(%)	债券名称	公允价值(元)	占净值比(%)	债券名称	公允价值(元)	占净值比(%)	债券名称	公允价值(元)	占净值比(%)
	08农发04	100,920,000.00	2.75	08农发04	100,710,000.00	2.30	——			——		
	08央票112	39,124,000.00	1.07	08央票112	38,860,000.00	0.89						
	08宝钢债	17,703,352.20	0.48	08宝钢债	17,711,619.00	0.41						
	柳工转债	7,509,003.84	0.20	08国电债	4,311,040.00	0.10						
	08国电债	4,396,032.00	0.12	08康美债	2,115,993.20	0.05						

申万巴黎收益宝货币市场基金

基本资料

基金简称	申万巴黎收益宝货币	交易代码	310338		
风险收益特征	该基金属于低风险、高流动性和持续稳定收益的基金品种。				
业绩比较基准	同期银行半年期定期存款利率（税后）				
合同生效日	2006年7月7日	首募份额	12.60亿份	认购户数	5,755户
基金管理人	申万巴黎基金管理有限公司	基金托管人	中国工商银行		
注册登记人	申万巴黎基金管理有限公司				

财务指标 单位：人民币（元）；%

项目 \ 年度	2009年	2008年	2007年
本期利润	3,205,939.58	6,924,053.26	12,740,792.62
期末基金资产净值	10,286,015,133.30	277,358,454.57	332,098,877.71
期末基金份额净值	1.0000	1.0000	1.0000
本期份额净值收益率	0.8559	2.8694	2.7128
累计份额净值收益率	7.5605	6.6478	3.6730
基金收益分配	3,205,939.58	6,924,053.26	12,740,792.62

成立来累计净值收益率与同期基准收益率历史走势对比图（%）

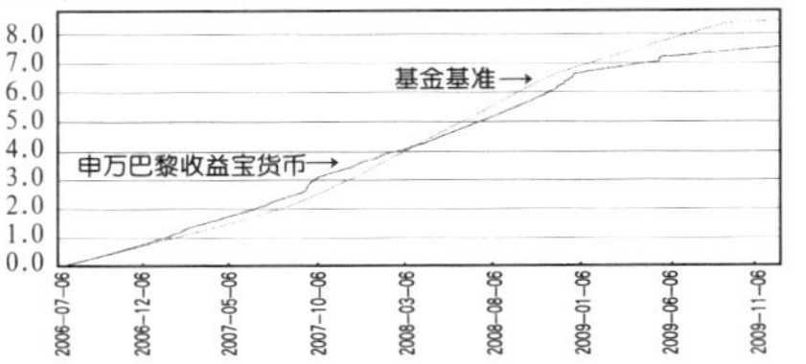

近三年净值收益率与同期基准收益率对比图（%）

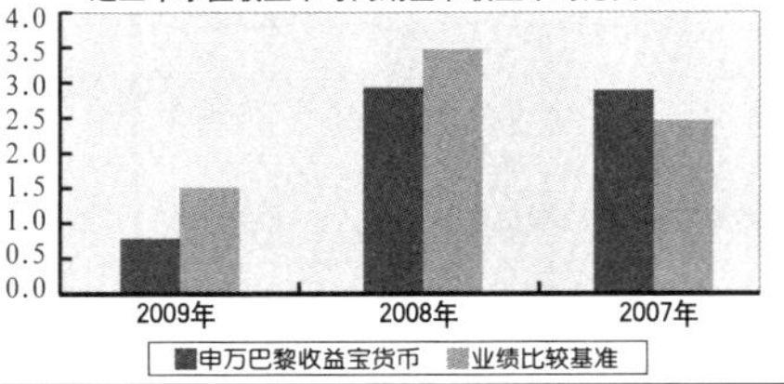

期末基金份额持有人户数	基金份额持有人户数为5,833户，平均每户持有1,763,417.65份。（期末截至2009年12月31日）
期末基金份额持有人结构	机构投资者持有7,880,681,079.96份，占总份额76.62%；个人投资者持有2,405,334,053.34份，占总份额23.38%。

基金业绩表现

2009年申万巴黎收益宝货币基金全年净值收益率为0.8559%；同期业绩收益率为1.5007%。

基金管理团队

周　鸣先生：基金经理，清华大学工商管理硕士，9年证券从业经历。2001年起从事金融工作，曾任职于天相投资顾问公司、太平人寿保险公司、太平养老保险公司，从事基金投资、企业年金投资等工作。2009年5月加入申万巴黎基金管理公司，2009年6月起任申万巴黎收益宝货币基金经理及申万巴黎添益宝债券基金经理。

王　成先生：基金经理，北京大学经济学学士，6年证券从业经历。2001年起从事金融工作，2004年起从事基金行业，历任长信基金管理公司交易部交易主管，固定收益部债券投资基金经理，2005年11月至2006年9月任长信利息（原利息收益）基金经理。2008年12月起任申万巴黎添益宝债券基金经理；2007年7月至2009年6月任申万巴黎收益宝货币基金经理。

基金运作分析

2009年申万巴黎收益宝货币基金的操作策略以保持组合流动性为首要目标，积极把握新股重启带来的回购利率脉冲式冲高机会。央行货币政策委员会四季度例会对2010年的定调与中央经济工作会议一致，但特别强调了政策的“针对性和灵活性”，并强调“把握好货币信贷增长速度”和“引导金融机构均衡放款”。截至年底，央行公开市场操作已经连续12周净回笼。

在目前的货币市场收益率水平和基金规模波动较大的情况下，申万巴黎收益宝货币基金在2010年一季度仍将以流动性管理为主，保持组合相对较短的久期，适时把握回购市场脉冲式的投资机会，以及短端利率上行后的配置性机会。

季度投资组合一览

项目 \ 季度	第一季度		第二季度		第三季度		第四季度	
基金资产净值	169,819,012.60元		133,532,475.06元		111,492,072.74元		10,286,015,133.30元	
基金份额	169,819,012.60份		133,532,475.06份		111,492,072.74份		10,286,015,133.30份	
基金份额净值	1.000元		1.000元		1.000元		1.000元	
基金资产组合	市值(元)	占总资产比(%)	市值(元)	占总资产比(%)	市值(元)	占总资产比(%)	市值(元)	占总资产比(%)
股票投资	——	——	——	——	——	——	——	——
债券投资	159,072,735.02	93.23	99,895,821.20	69.24	45,054,185.58	30.61	185,154,117.39	1.80
金融衍生品投资	——	——	——	——	——	——	——	——
买入返售金融资产	——	——	30,000,000.00	20.79	53,000,000.00	36.01	4,254,806,491.25	41.36
银行存款和结算备付金	9,538,276.49	5.59	11,193,933.69	7.76	48,859,265.90	33.20	5,395,857,505.27	52.45
其他资产	2,010,277.31	1.18	3,194,611.77	2.21	254,471.76	0.17	452,394,868.24	4.40

投资前五名债券明细	债券名称	成本(元)	占净值比(%)	债券名称	成本(元)	占净值比(%)	债券名称	成本(元)	占净值比(%)	债券名称	成本(元)	占净值比(%)
	08央票49	39,967,376.41	23.54	08央票106	29,932,708.44	22.42	09东安CP01	10,022,628.44	8.99	09央票38	29,652,972.17	0.29
	08央票112	39,703,019.63	23.38	08央票101	19,958,871.09	14.95	04建行03浮	10,015,951.30	8.98	07央票85	20,224,899.01	0.20
	08央票95	39,472,108.01	23.24	08央票112	19,919,964.21	14.92	09中牧CP01	10,015,123.62	8.98	09新矿CP01	20,058,586.66	0.20
	08央票101	19,900,536.48	11.72	04建行03浮	10,032,723.61	7.51	08央票112	9,994,705.42	8.96	09保利CP01	20,056,047.22	0.19
	04建行03浮	10,049,649.66	5.92	09东安CP01	10,030,982.00	7.51	09公控CP01	5,005,776.80	4.49	07央票13	20,037,401.72	0.19

投资组合平均剩余期限	平均剩余期限	占净值比(%)	平均剩余期限	占净值比(%)	平均剩余期限	占净值比(%)	平均剩余期限	占净值比(%)
	30天以内	11.49	30天以内	30.85	30天以内	100.32	30天以内	96.70
	30天(含)—60天	23.54	30天(含)—60天	0.00	30天(含)—60天	0.00	30天(含)—60天	0.39
	60天(含)—90天	5.92	60天(含)—90天	37.36	60天(含)—90天	8.98	60天(含)—90天	0.00
	90天(含)—180天	34.96	90天(含)—180天	14.92	90天(含)—180天	0.00	90天(含)—180天	0.19
	180天(含)—397天（含）	23.38	180天(含)—397天（含）	22.53	180天(含)—397天（含）	22.46	180天(含)—397天（含）	0.68

申万巴黎新经济混合型证券投资基金

基本资料			
基金简称	申万巴黎新经济混合	交易代码	310358
风险收益特征	该基金是一只进行主动投资的混合型基金，其风险和预期收益均高于平衡型基金，属于较高风险、较高收益的基金品种。		
业绩比较基准	新华富时A200指数收益率×85%+金融同业存款利率×15%		
合同生效日	2006年12月6日	首募份额	31.07亿份
认购户数	60,675户		
基金管理人	申万巴黎基金管理有限公司	基金托管人	中国工商银行
注册登记人	申万巴黎基金管理有限公司		

成立来累计净值增长率与同期基准收益率历史走势对比图（%）

财务指标　单位：人民币（元）；%

项目 \ 年度	2009年	2008年	2007年
本期利润	2,401,758,857.56	−4,911,767,326.03	3,143,961,382.12
本期加权平均净值利润率	48.35	−79.02	63.96
期末基金资产净值	5,296,908,869.04	3,750,738,584.89	9,210,930,953.01
期末基金份额净值	0.7748	0.4684	1.0237
本期份额净值增长率	65.41	−54.24	125.72
累计份额净值增长率	80.67	9.22	138.69
基金收益分配	——	——	10派13.319

近三年净值增长率与同期基准收益率对比图（%）

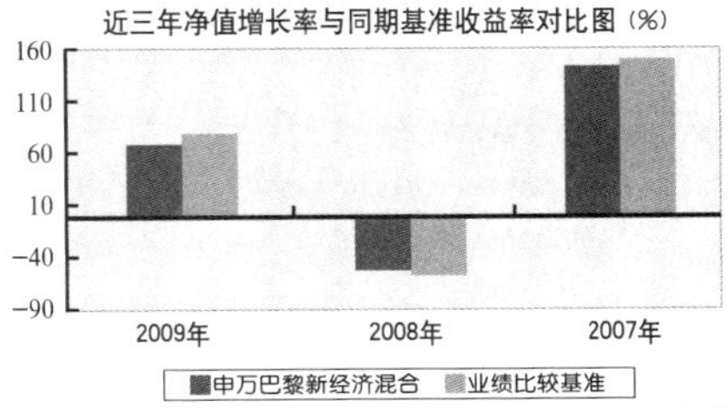

期末基金份额持有人户数	基金份额持有人户数为270,288户，平均每户持有25,293.13份。（期末截至2009年12月31日）
期末基金份额持有人结构	机构投资者持有507,159,495.29份，占总份额7.42%；个人投资者持有6,329,270,047.03份，占总份额92.58%。

基金业绩表现

2009年申万巴黎新经济混合基金全年份额净值增长率为65.41%，同期业绩基准收益率为73.42%。

基金管理团队

魏　立先生：基金经理，英国帝国理工大学管理学硕士，CFA，6年证券从业经历。曾任职于东方证券公司研究所、富国基金管理公司。2006年7月加入申万巴黎基金管理公司，任投资管理总部高级分析师，2007年9月至2009年6月任申万巴黎新经济混合基金经理助理；2009年6月起任申万巴黎消费增长股票基金经理；2009年9月起任申万巴黎新经济混合基金经理。

常永涛先生：基金经理，澳门国际大学工商管理硕士，18年证券从业经历。曾任四川省信托投资公司上海证券管理总部副总经理。2001年至2004年任职大成基金公司交易部、基金经理部基金经理，期间曾任大成景福基金经理。2004年12月加入申万巴黎基金管理公司，2005年11月至2008年12月任申万巴黎新动力股票基金经理；2006年7月至2009年9月任申万巴黎新经济混合基金经理。

基金运作分析

2009年，申万巴黎新经济混合基金在捕捉行业轮动机会的同时，重点超配了机械设备、家用电器、食品饮料和交运设备，主要是基于对投资和消费的看好，而对金融服务、交通运输和化工的配置比例较低。基金经理在三季度接手该基金后，适逢阶段性的行情剧烈调整，没有及时调整已有的持仓结构和品种，在操作上不尽如人意，导致后续较为被动。随后按照既定思路进行结构调整，虽然11月份单月表现居市场前列，但总体上业绩起色不大。

季度投资组合一览

项目 \ 季度	第一季度		第二季度		第三季度		第四季度	
基金资产净值	4,819,336,838.74元		5,492,478,166.39元		4,495,190,882.33元		5,296,908,869.04元	
基金份额	8,132,056,016.36份		7,800,245,989.69份		6,917,344,446.90份		6,836,429,542.32份	
基金份额净值	0.5926元		0.7041元		0.6498元		0.7748元	
基金资产组合	市值(元)	占总资产比(%)	市值(元)	占总资产比(%)	市值(元)	占总资产比(%)	市值(元)	占总资产比(%)
股票投资	3,904,890,365.83	79.99	4,788,949,885.02	84.83	3,805,916,802.15	84.36	4,858,210,175.27	91.11
债券投资	76,567,525.36	1.57	74,082,233.20	1.31	41,981,868.00	0.93	——	——
金融衍生品投资	——	——	——	——	——	——	——	——
买入返售金融资产	——	——	——	——	——	——	——	——
银行存款和结算备付金	895,667,155.52	18.35	764,534,027.55	13.54	415,656,963.47	9.21	448,121,589.67	8.40
其他资产	4,764,851.73	0.10	17,855,851.09	0.32	248,219,766.98	5.50	25,907,969.29	0.49

投资前五名股票明细	股票名称	公允价值(元)	占净值比(%)	股票名称	公允价值(元)	占净值比(%)	股票名称	公允价值(元)	占净值比(%)	股票名称	公允价值(元)	占净值比(%)
	浦发银行	172,072,000.00	3.57	浦发银行	326,884,000.00	5.95	泸州老窖	225,464,248.80	5.02	泸州老窖	276,804,726.40	5.23
	招商银行	95,580,000.00	1.98	招商银行	224,100,000.00	4.08	浦发银行	157,200,000.00	3.50	上海汽车	208,868,456.55	3.94
	华发股份	83,238,598.19	1.73	兴业银行	204,926,615.40	3.73	三一重工	152,266,105.74	3.39	招商银行	180,500,000.00	3.41
	保利地产	81,437,000.00	1.69	泸州老窖	182,786,052.40	3.33	招商银行	147,800,000.00	3.29	西山煤电	169,967,340.89	3.21
	招商地产	78,295,000.00	1.62	万 科A	165,872,655.00	3.02	上海汽车	115,572,398.25	2.57	国阳新能	164,451,615.16	3.10

投资前五名债券明细	债券名称	公允价值(元)	占净值比(%)	债券名称	公允价值(元)	占净值比(%)	债券名称	公允价值(元)	占净值比(%)	债券名称	公允价值(元)	占净值比(%)
	08央票112	39,124,000.00	0.81	08央票112	38,860,000.00	0.71	08央票112	38,608,000.00	0.86			
	08宝钢债	28,781,760.00	0.60	08宝钢债	28,795,200.00	0.52	08国电债	3,373,868.00	0.08			
	08国电债	4,396,032.00	0.09	08国电债	4,311,040.00	0.08						
	柳工转债	2,154,499.36	0.04	08康美债	2,115,993.20	0.04						
	08康美债	2,111,234.00	0.04									

申万巴黎竞争优势股票型证券投资基金

基本资料

基金简称	申万巴黎竞争优势股票	交易代码	310368		
风险收益特征	该基金为股票型基金，其风险收益特征表现为较高预期风险和较高预期收益。其预期风险高于货币市场基金和债券型基金。				
业绩比较基准	80%×沪深300股票指数收益率+20%×中信标普国债指数收益率				
合同生效日	2008年7月4日	首募份额	3.83亿份	认购户数	14,301户
基金管理人	申万巴黎基金管理有限公司	基金托管人	中国农业银行		
注册登记人	申万巴黎基金管理有限公司				

成立来累计净值增长率与同期基准收益率历史走势对比图（%）

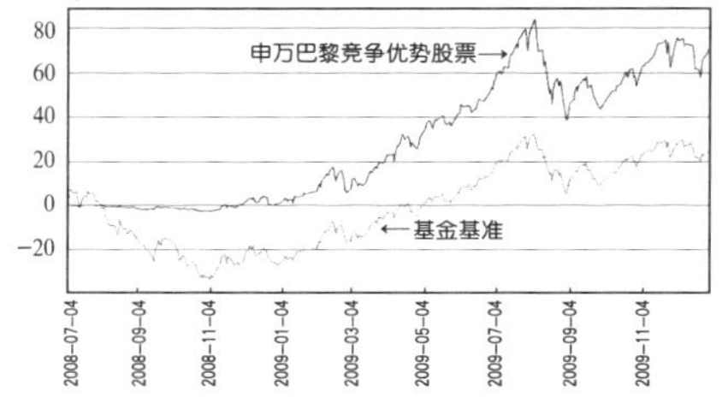

近两年净值增长率与同期基准收益率对比图（%）

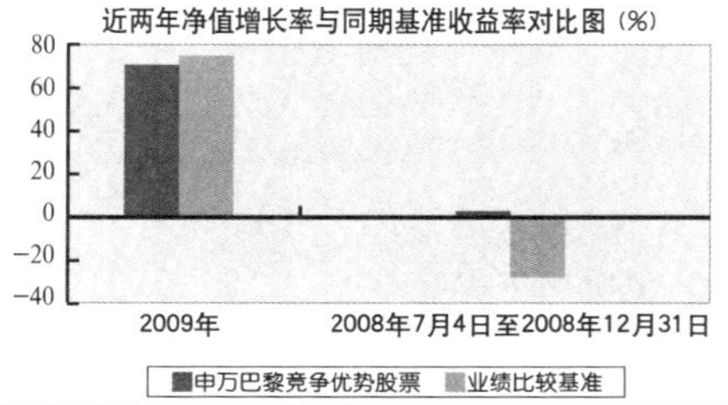

财务指标 单位：人民币（元）；%

项目 \ 年度	2009年	2008年7月4日至2008年12月31日
本期利润	69,958,729.48	1,191,806.36
本期加权平均净值利润率	44.45	0.49
期末基金资产净值	173,487,082.09	121,278,875.06
期末基金份额净值	1.6025	1.0069
本期份额净值增长率	70.51	0.68
累计份额净值增长率	71.67	0.68
基金收益分配	10派1.000	——

期末基金份额持有人户数	基金份额持有人户数为5,849户，平均每户持有18,509.11份。（期末截至2009年12月31日）
期末基金份额持有人结构	机构投资者持有44,440,715.02份，占总份额41.05%；个人投资者持有63,819,041.58份，占总份额58.95%。

基金业绩表现

2009年申万巴黎竞争优势股票基金全年净值增长率为70.51%，同期业绩基准收益率为73.63%。

基金管理团队

张　鹏先生：基金经理，上海财经大学经济学博士，7年证券从业经历。曾就职于东吴证券、鹏华基金公司。2005年5月加入申万巴黎基金管理公司，任投资管理总部高级分析师，2007年9月至2008年12月任申万巴黎新动力股票基金经理助理；2008年12月起任申万巴黎新动力股票基金经理；2009年7月起任申万巴黎竞争优势股票基金经理。

李源海先生：基金经理，武汉大学经济学硕士，9年证券从业经历。2002年起从事基金行业，历任万家基金公司研究部高级经理、基金管理部基金经理。曾任申万巴黎盛利强化配置混合基金经理、申万巴黎收益宝货币基金经理；2008年7月至2009 年8月任申万巴黎竞争优势股票基金经理。

梅文斌先生：基金经理，清华大学工学硕士，CFA，8年证券从业经历。曾任天相投资顾问公司投资分析师。2004年8月加入申万巴黎基金管理公司，任投资管理总部高级分析师，曾任申万巴黎新经济基金经理助理、申万巴黎新动力股票基金经理；2008年7月至2009年8月任申万巴黎竞争优势股票基金经理。

基金运作分析

2009年，申万巴黎竞争优势股票基金在上半年重点布局周期性行业，同时积极配置行业和区域振兴规划带来的投资机会；下半年，该基金主要配置家电、食品饮料、汽车、医药等消费品行业。同时加强自下而上选择个股的配置思路。

季度投资组合一览

项目 \ 季度	第一季度		第二季度		第三季度		第四季度	
基金资产净值	91,497,615.64元		163,051,018.76元		180,611,245.72元		173,487,082.09元	
基金份额	76,280,695.79份		111,196,127.70份		133,574,116.95份		108,259,756.60份	
基金份额净值	1.1995元		1.4663元		1.3521元		1.6025元	
基金资产组合	市值(元)	占总资产比(%)	市值(元)	占总资产比(%)	市值(元)	占总资产比(%)	市值(元)	占总资产比(%)
股票投资	65,286,575.50	69.98	142,187,833.46	86.01	155,072,312.19	85.28	158,845,441.92	90.68
债券投资	——	——	——	——	——	——	——	——
金融衍生品投资	——	——	——	——	——	——	——	——
买入返售金融资产	——	——	——	——	——	——	——	——
银行存款和结算备付金	24,553,637.65	26.32	22,447,175.29	13.58	26,360,360.14	14.50	11,564,764.01	6.60
其他资产	3,450,277.05	3.70	681,900.17	0.41	411,074.69	0.23	4,753,622.02	2.71

投资前五名股票明细	股票名称	公允价值(元)	占净值比(%)	股票名称	公允价值(元)	占净值比(%)	股票名称	公允价值(元)	占净值比(%)	股票名称	公允价值(元)	占净值比(%)
	浦发银行	4,603,200.00	5.03	招商银行	6,723,000.00	4.12	泸州老窖	7,938,000.00	4.40	金牛能源	6,240,000.00	3.60
	兰花科创	4,041,000.00	4.42	北京银行	6,504,000.00	3.99	新华百货	5,110,745.00	2.83	海通证券	6,236,750.00	3.59
	青岛软控	2,724,800.00	2.98	民生银行	6,336,000.00	3.89	北京银行	4,824,400.00	2.67	上海汽车	6,038,956.56	3.48
	武汉凡谷	2,604,000.00	2.85	交通银行	5,406,000.00	3.32	山东海龙	4,201,485.80	2.33	中国太保	5,892,600.00	3.40
	中国平安	2,346,600.00	2.56	万　科A	5,355,000.00	3.28	大龙地产	4,184,700.00	2.32	海信电器	5,668,642.00	3.27

投资前五名债券明细	债券名称	公允价值(元)	占净值比(%)	债券名称	公允价值(元)	占净值比(%)	债券名称	公允价值(元)	占净值比(%)	债券名称	公允价值(元)	占净值比(%)
	——			——			——			——		

申万巴黎添益宝债券型证券投资基金

基本资料

基金简称	申万巴黎添益宝债券		交易代码	A:310378 B:310379	
风险收益特征	该基金为债券型基金，其长期平均风险和预期收益率低于股票型基金、混合型基金，高于货币市场基金。				
业绩比较基准	中债总指数(全价)				
合同生效日	2008年12月4日	首募份额	23.79亿份	认购户数	16,987户
基金管理人	申万巴黎基金管理有限公司		基金托管人	中国工商银行	
注册登记人	申万巴黎基金管理有限公司				

成立来累计净值收益率与同期基准收益率历史走势对比图(%)

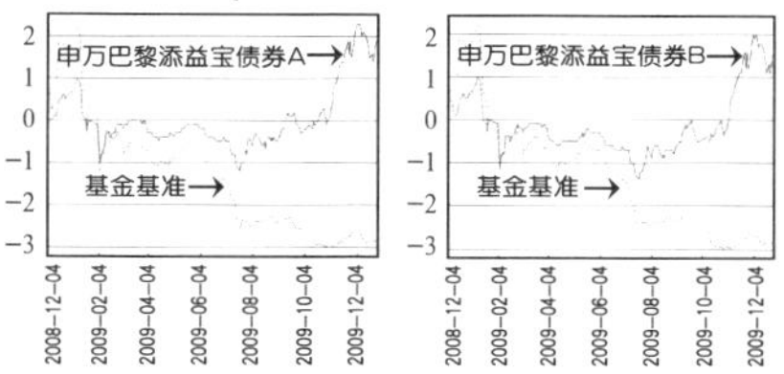

财务指标 单位：人民币(亿元)；%

项目 \ 年度	2009年		2008年12月4日至2008年12月31日	
	A	B	A	B
本期利润	-0.0093	-0.0710	0.0386	0.0973
本期加权平均净值利润率	-0.39	-1.12	0.60	0.58
期末基金资产净值	1.2811	2.4847	5.9228	14.8170
期末基金份额净值	1.024元	1.021元	1.006元	1.006元
本期份额净值增长率	1.79	1.49	0.60	0.60
累计份额净值增长率	2.40	2.10	0.60	0.60
基金收益分配	——	——	——	——

近两年净值增长率与同期基准收益率对比图(%)

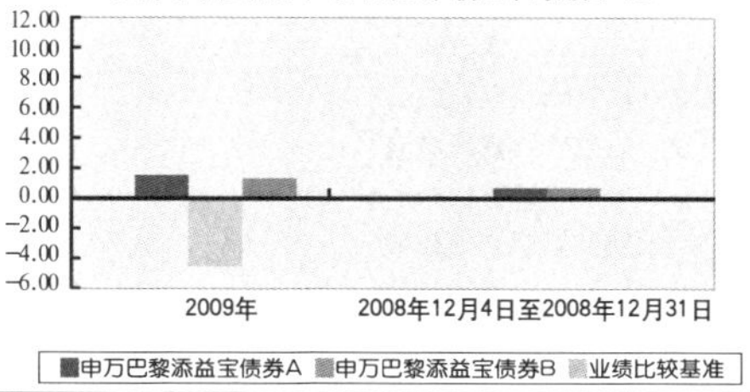

期末基金份额持有人户数	A:基金份额持有人户数为1,672户，平均每户持有74,805.87份。 B:基金份额持有人户数为2,419户，平均每户持有100,626.15份。(期末截至2009年12月31日)
期末基金份额持有人结构	A:机构投资者持有65,407,660.06份，占总份额52.29%；个人投资者持有59,667,761.87份，占总份额47.71%。 B:机构投资者持有109,478,531.32份，占总份额44.98%；个人投资者持有133,936,133.20份，占总份额55.02%。

基金业绩表现

2009年申万巴黎添益宝债券基金A级全年净值增长率为1.79%，B级全年净值增长率为1.49%。

基金管理团队

周 鸣先生：基金经理，清华大学工商管理硕士，9年证券从业经历。2009年5月加入申万巴黎基金管理公司投资管理总部，2009年6月起任申万巴黎收益宝货币基金经理及申万巴黎添益宝债券基金经理。

王 成先生：基金经理，北京大学经济学学士，6年证券从业经历，2004年起从事基金行业，历任长信基金管理公司交易部交易主管，固定收益部债券投资基金经理，长信利息(原利息收益)基金经理；曾任申万巴黎收益宝货币基金经理；申万巴黎添益宝债券基金经理。

基金运作分析

2009年1月份以来，申万巴黎添益宝债券基金组合紧密跟踪包括PMI在内的各项经济领先指标，较早确定了以防御为主的利率产品策略，较快减持长久期的品种，增持融资能力较强的短期品种，并在全年贯彻这一大方向。年中，该基金主动增加对高票息信用债配置，同时抓住10月份开始的可转债的波动行情。除此外，该基金在重新开放新股IPO的政策下，组合积极安排资金调度，充分利用组合的融资功能有选择地进行新股申购，获得较好的收益。

季度投资组合一览

项目 \ 季度	第一季度		第二季度		第三季度		第四季度	
	A	B	A	B	A	B	A	B
基金资产净值	3.0335亿元	9.4008亿元	1.6176亿元	5.1265亿元	1.4615亿元	3.6043亿元	1.2811亿元	2.4847亿元
基金份额	3.0353亿份	9.4179亿份	1.6245亿份	5.1586亿份	1.4652亿份	3.6234亿份	1.2508亿份	2.4341亿份
基金份额净值	0.999元	0.998元	0.996元	0.994元	0.997元	0.995元	1.024元	1.021元
基金资产组合	市值(元)	占总资产比(%)	市值(元)	占总资产比(%)	市值(元)	占总资产比(%)	市值(元)	占总资产比(%)
股票投资	——	——	——	——	17,844,477.75	3.51	25,743,509.82	5.58
债券投资	1,285,661,653.70	96.06	560,051,048.20	79.66	413,146,409.00	81.29	311,240,425.10	67.48
资产支持证券投资	——	——	——	——	——	——	——	——
买入返售金融资产	——	——	100,000,000.00	14.22	——	——	——	——
银行存款和结算备付金	35,460,433.82	2.65	27,946,615.38	3.98	71,295,653.61	14.03	29,880,523.21	6.48
其他资产	17,320,504.25	1.29	15,044,459.15	2.14	5,932,118.21	1.17	94,394,425.05	20.46

投资前五名股票明细	股票名称	公允价值(元)	占净值比(%)	股票名称	公允价值(元)	占净值比(%)	股票名称	公允价值(元)	占净值比(%)	股票名称	公允价值(元)	占净值比(%)
	——			——			中国建筑	6,044,792.48	1.19	中国建筑	6,149,013.04	1.63
							中国中冶	2,955,562.56	0.58	光大证券	2,263,037.04	0.60
							光大证券	1,945,573.38	0.38	海大集团	1,778,682.74	0.47
							四川成渝	1,147,239.66	0.23	海峡股份	1,633,460.88	0.43
							中国国旅	821,066.00	0.16	湘鄂情	1,555,877.04	0.41

投资前五名债券明细	债券名称	公允价值(元)	占净值比(%)	债券名称	公允价值(元)	占净值比(%)	债券名称	公允价值(元)	占净值比(%)	债券名称	公允价值(元)	占净值比(%)
	02国债(3)	327,894,814.00	26.37	02国债(3)	94,512,912.00	14.01	08央票23	51,730,000.00	10.21	08央票23	51,350,000.00	13.64
	08国开23	251,500,000.00	20.23	21国债(10)	73,036,868.20	10.83	08央票17	51,705,000.00	10.21	08央票17	51,325,000.00	13.63
	08国开22	151,095,000.00	12.15	99国债(8)	72,509,035.00	10.75	09央票33	49,840,000.00	9.84	07央票26	40,168,000.00	10.67
	21国债(10)	143,840,867.50	11.57	08央票23	52,335,000.00	7.76	08万科G2	31,651,267.00	6.25	08上港债	25,179,375.00	6.69
	03国债(8)	121,208,355.00	9.75	08央票17	52,295,000.00	7.75	21国债(10)	30,828,000.00	6.09	09龙湖债	22,087,689.00	5.87

申万巴黎消费增长股票型证券投资基金

基本资料

基金简称	申万巴黎消费增长股票		交易代码	310388	
风险收益特征	该基金是一只进行主动投资的股票型证券投资基金，属于证券投资基金中的较高风险、较高收益品种基金。				
业绩比较基准	沪深300指数收益率×80%+中信标普国债指数收益率×20%				
合同生效日	2009年6月12日	首募份额	14.64亿份	认购户数	25,086户
基金管理人	申万巴黎基金管理有限公司	基金托管人	中国工商银行		
注册登记人	申万巴黎基金管理有限公司				

财务指标　　单位：人民币(元)；%

项目 \ 年度	2009年6月12日至2009年12月31日
本期利润	212,960,704.47
本期加权平均净值利润率	14.79
期末基金资产净值	1,322,034,353.38
期末基金份额净值	1.164
本期份额净值增长率	17.91
累计份额净值增长率	17.91
基金收益分配	10派0.015
期末基金份额持有人户数	基金份额持有人户数为19,918户，平均每户持有57,025.20份。　(期末截至2009年12月31日)
期末基金份额持有人结构	机构投资者持有367,631,315.79份，占总份额32.37%；个人投资者持有768,196,666.67份，占总份额67.63%。

2009年累计净值增长率与同期基准收益率历史走势对比图（%）

2009年净值增长率与同期基准收益率对比图（%）

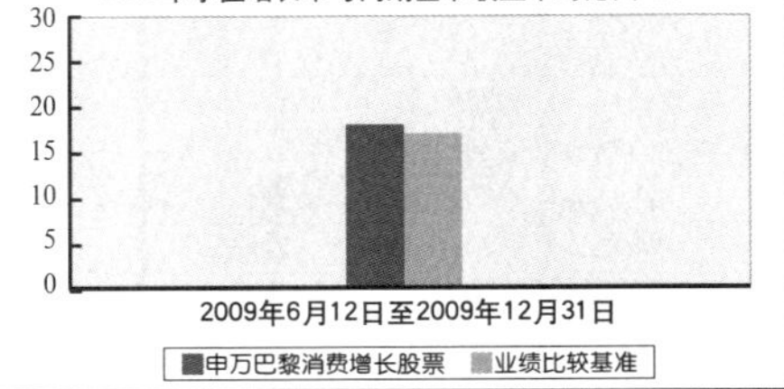

基金业绩表现

申万巴黎消费增长股票基金合同生效于2009年6月12日，截至2009年12月31日，该基金份额净值为1.164元，成立以来净值增长率为17.91%，同期业绩基准收益率为17.01%。

基金管理团队

魏　立先生：基金经理，英国帝国理工大学管理学硕士，CFA，6年证券从业经历。2006年7月加入申万巴黎基金管理公司，任投资管理总部高级分析师；2007年9月至2009年6月任申万巴黎新经济基金经理助理；2009年6月起任申万巴黎消费增长基金经理，2009年9月担起任申万巴黎新经济基金经理。

季度投资组合一览

项目 \ 季度	第三季度		第四季度	
基金资产净值	1,404,920,384.14元		1,322,034,353.38元	
基金份额	1,476,248,673.40份		1,135,827,982.46份	
基金份额净值	0.952元		1.164元	
基金资产组合	市值(元)	占总资产比(%)	市值(元)	占总资产比(%)
股票投资	1,175,422,387.16	82.93	1,152,943,906.16	83.36
债券投资	——	——	——	——
资产支持证券投资	——	——	——	——
金融衍生品投资	——	——	——	——
买入返售金融资产	——	——	——	——
银行存款和结算备付金	158,408,761.30	11.18	226,162,575.89	16.35
其他资产	83,556,641.90	5.90	3,921,560.59	0.28

投资前五名股票明细	股票名称	公允价值(元)	占净值比(%)	股票名称	公允价值(元)	占净值比(%)
	开滦股份	64,825,553.70	4.61	开滦股份	67,430,321.45	5.10
	沧州大化	63,579,808.10	4.53	泸州老窖	65,581,070.72	4.96
	泸州老窖	52,915,384.20	3.77	国阳新能	56,214,598.23	4.25
	天保基建	49,822,653.87	3.55	天保基建	56,200,312.50	4.25
	上海汽车	49,214,847.25	3.50	上海汽车	54,506,082.54	4.12

投资前五名债券明细	债券名称	公允价值(元)	占净值比(%)	债券名称	公允价值(元)	占净值比(%)
	——			——		

基金运作分析

申万巴黎消费增长股票基金自2009年6月12日成立以来，市场走势急涨急跌，基金经理遭遇较大的考验，但同时在很短时间内和很大程度上增加了投资经验。

作为一只侧重于投资消费范畴的基金，申万巴黎消费增长股票基金对家用电器、食品饮料、交运设备的配置比例较高，并且阶段性地对房地产保持较高配置，同时也不忽略非消费范畴行业的机会，对采掘的配置比例一直较高。配置较低的行业主要是金融服务和交通运输。

2010年，申万巴黎消费增长股票基金重点关注的行业为：①区域经济：对安徽、重庆和天津尤为关注，注重在投资拉动区域发展过程中对消费类和服务类公司的推动作用；②新兴产业；③金融：关注受益于加息和通胀预期的保险，以及受益于创新业务的券商；④低端消费品；⑤受益于通胀预期的食品饮料和农业。

中海基金管理有限公司

法定名称	中海基金管理有限公司	英文名称	ZhongHai Fund Management Co.,Ltd.		
成立时间	2004年3月18日	注册资本	1.3亿元人民币	公司属性	中外合资
法人代表	陈浩鸣	总经理	陈浩鸣	督察长	宋宇
公司网址	www.zhfund.com	客服电话	400-888-9788 021-3878 9788		
联系电话	021-3842 9808	传真号码	021-6841 9525		
注册地址	上海市浦东新区银城中路68号2905-2908室及30层	办公地址	上海市浦东新区银城中路68号2905-2908室及30层		

公司简介

中海基金管理有限公司(以下简称"公司")经中国证监会批准,于2003年9月获准筹建,并于2004年3月18日正式成立,公司注册资本1.3亿元人民币,注册地设在上海浦东,并设立了北京分公司。

中海基金前身为国联基金管理有限公司,2006年7月,中国海洋石油总公司旗下中海信托股份有限公司入主成为公司第一大股东,公司相应更名为"中海基金管理有限公司"。2008年11月24日,中海基金管理有限公司完成股权变更,法国爱德蒙得洛希尔银行股份有限公司受让云南烟草兴云投资股份有限公司所持有的公司15.385%股权。股权转让完成后,公司股东及其持股比例分别为:中海信托股份有限公司占46.923%、国联证券股份有限公司占37.692%、法国爱德蒙得洛希尔银行股份有限公司占15.385%。

截至2009年12月31日,中海基金管理有限公司旗下共管理6只开放式基金;管理基金资产规模204.77亿元人民币。

2009年旗下开放式基金业绩表现

截至日期:2009年12月31日

(单位:元;%)

基金类型	基金简称	设立日期	基金份额净值	净值增长率[①]	累计净值增长率[②]
股票型	中海量化策略股票	2009-06-24	1.041	4.10	4.10
混合型	中海优质成长混合	2004-09-28	6.8139	57.49	293.45
	中海分红增利混合	2005-06-16	0.8172	66.98	191.84
	中海能源策略混合	2007-03-13	0.9532	61.42	39.91
	中海蓝筹混合	2008-12-03	1.0816	34.37	34.78
债券型	中海稳健收益债券	2008-04-10	1.126	6.56	19.13

注:①净值增长率指该基金2009年度的份额净值增长率;②累计净值增长率指该基金设立以来的份额净值增长率。

2009年管理公募基金概况

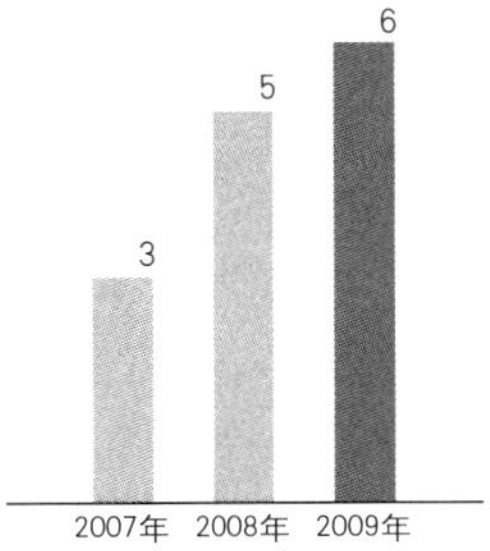

基金数量(只)

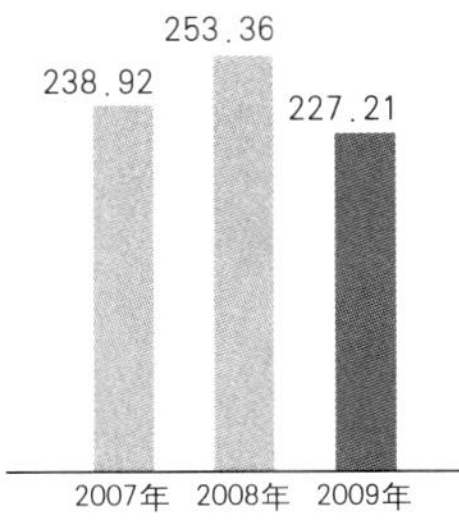

基金份额规模(亿份)

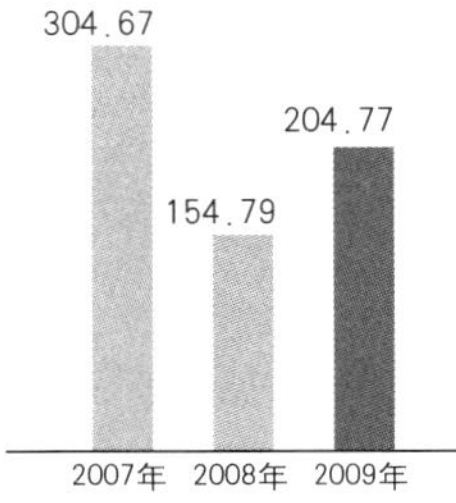

基金资产规模(亿元)

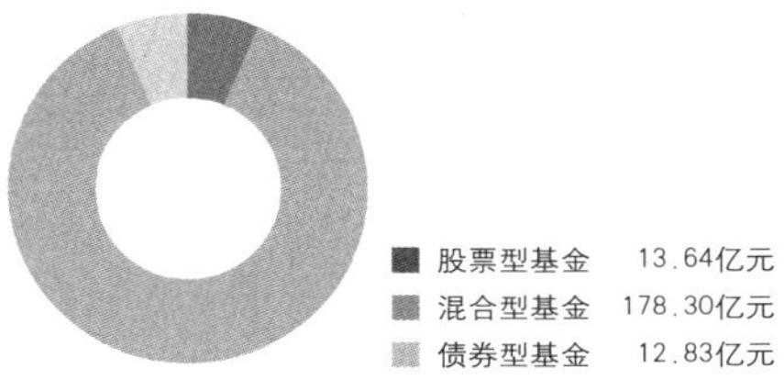

2009年基金资产规模构成

中海优质成长证券投资基金

基本资料

基金简称	中海优质成长混合	交易代码	398001(前端)　398002(后端)		
风险收益特征	该基金是一只主动型的股票基金，在证券投资基金中属于中等风险品种。该基金力争在严格控制风险的前提下谋求实现基金资产的长期稳定增长。				
业绩比较基准	沪深300指数×75%+上证国债指数×25%				
合同生效日	2004年9月28日	首募份额	10.18亿份	认购户数	10,483户
基金管理人	中海基金管理有限公司	基金托管人	交通银行		
注册登记人	中海基金管理有限公司				

成立来累计净值增长率与同期基准收益率历史走势对比图（%）

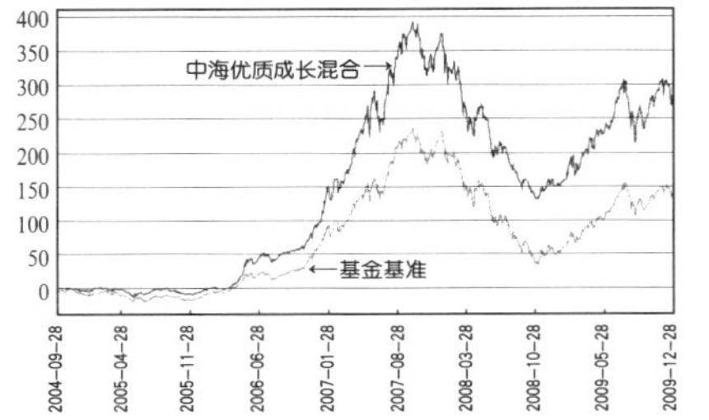

财务指标　　单位：人民币(元)；%

项目 \ 年度	2009年	2008年	2007年
本期利润	2,232,041,375.54	−3,272,824,762.63	55,204,361.36
本期加权平均净值利润率	43.75	−63.04	2.55
期末基金资产净值	5,511,957,382.91	4,051,125,932.52	7,729,485,749.78
期末基金份额净值	0.8139	0.5168	0.9398
本期份额净值增长率	57.49	−44.70	129.27
累计份额净值增长率	293.45	149.83	351.79
基金收益分配	——	10派0.030	10派0.800

近三年净值增长率与同期基准收益率对比图（%）

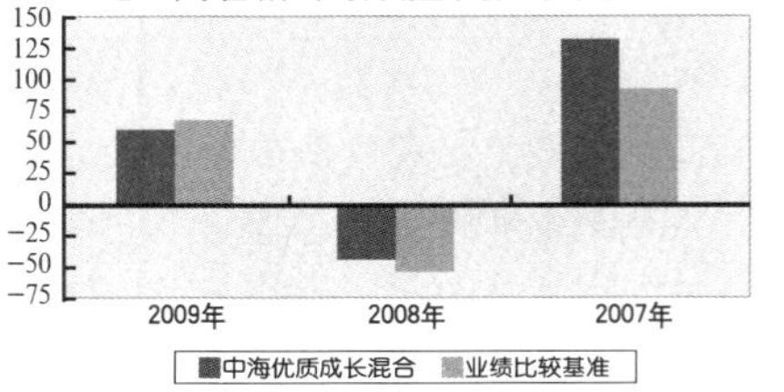

期末基金份额持有人户数	基金份额持有人户数为262,116户，平均每户持有25,837.02份。（期末截至2009年12月31日）
期末基金份额持有人结构	机构投资者持有755,806,712.53份，占总份额11.16%；个人投资者持有6,016,490,325.01份，占总份额88.84%。

基金业绩表现

2009年中海优质成长混合基金全年净值增长率为57.49%，同期业绩比较基准收益率为68.15%。

基金管理团队

杨济如女士：基金经理，华东师范大学经济学硕士、哥伦比亚大学公共管理硕士，11年证券从业经历。历任国泰君安证券公司投资银行部高级经理、机构客户部(上海)总经理、资产管理部基金经理、上海乐丰投资管理公司投资经理。2008年4月加入中海基金管理公司，曾任投研中心分析师；2009年6月起任中海优质成长混合基金经理。

朱晓明先生：基金经理、投研中心副总经理、投资总监，上海交通大学硕士，10年证券从业经历。历任上海上实资产经营公司资产管理部投资经理、高级投资经理，上实集团下属盛通投资管理顾问公司副总经理、董事副总经理。2006年7月加入中海基金管理公司，任投资管理部副总经理，曾兼任中海能源策略混合基金经理；2008年1月至2009年6月任中海优质成长混合基金经理。

基金运作分析

2009年中海优质成长混合基金整体上采取了高仓位运作的投资策略，并在三季度初做到了及时调整仓位，四季度初又恢复到高仓位。行业配置上，上半年该基金增持金融、地产、煤炭等周期性品种，下半年增持了商业，家电等消费类行业。回顾得失，二季度的新能源以及四季度的银行板块没有阶段性地战胜基准，成为该基金业绩的拖累。

季度投资组合一览

项目 \ 季度	第一季度		第二季度		第三季度		第四季度	
基金资产净值	4,941,792,606.44元		5,348,210,825.14元		4,803,051,757.24元		5,511,957,382.91元	
基金份额	7,916,635,674.62份		7,277,127,812.11份		6,846,220,626.76份		6,772,297,037.54份	
基金份额净值	0.6242元		0.7349元		0.7016元		0.8139元	
基金资产组合	市值(元)	占总资产比(%)	市值(元)	占总资产比(%)	市值(元)	占总资产比(%)	市值(元)	占总资产比(%)
股票投资	3,509,602,278.37	70.17	4,539,337,162.44	84.56	4,262,965,345.00	88.05	4,616,776,803.97	81.66
债券投资	194,340,000.00	3.89	249,775,000.00	4.65	249,425,000.00	5.15	249,650,000.00	4.42
金融衍生品投资	——	——	——	——	——	——	——	——
买入返售金融资产	——	——	——	——	——	——	——	——
银行存款和结算备付金	1,273,683,826.34	25.46	534,907,072.60	9.96	299,241,087.14	6.18	593,942,970.04	10.51
其他资产	24,099,624.92	0.48	44,226,056.83	0.82	29,675,474.66	0.61	193,196,351.92	3.42

投资前五名股票明细	股票名称	公允价值(元)	占净值比(%)	股票名称	公允价值(元)	占净值比(%)	股票名称	公允价值(元)	占净值比(%)	股票名称	公允价值(元)	占净值比(%)
	中兴通讯	177,048,593.76	3.58	中国平安	257,560,477.00	4.82	三一重工	261,633,092.70	5.45	中国平安	245,219,582.86	4.45
	山东黄金	137,080,067.00	2.77	东方电气	253,462,558.30	4.74	兴业银行	240,834,203.99	5.01	兴业银行	201,169,392.98	3.65
	东方电气	135,072,000.00	2.73	吉林敖东	237,506,896.05	4.44	中国平安	235,793,988.30	4.91	北京银行	177,649,600.70	3.22
	中国平安	116,547,800.00	2.36	浦发银行	225,116,677.56	4.21	西山煤电	160,610,813.07	3.34	西山煤电	153,165,513.33	2.78
	复星医药	97,440,000.00	1.97	兴业银行	205,920,940.74	3.85	北京银行	160,256,712.44	3.34	中信证券	137,725,396.29	2.50

投资前五名债券明细	债券名称	公允价值(元)	占净值比(%)	债券名称	公允价值(元)	占净值比(%)	债券名称	公允价值(元)	占净值比(%)	债券名称	公允价值(元)	占净值比(%)
	08央行票据92	194,340,000.00	3.93	09农发06	249,775,000.00	4.67	09农发06	249,425,000.00	5.19	09农发06	249,650,000.00	4.53

中海分红增利混合型证券投资基金

基本资料					
基金简称	中海分红增利混合	交易代码	398011(前端) 398012(后端)		
风险收益特征	该基金属于中等风险的混合型基金，其风险收益特征从长期平均来看，低于单纯的股票型基金，高于单纯的债券型基金。				
业绩比较基准	上证红利指数×70%+上证国债指数×25%+银行一年期定期存款利率×5%				
合同生效日	2005年6月16日	首募份额	6.03亿份	认购户数	21,227户
基金管理人	中海基金管理有限公司	基金托管人	中国农业银行		
注册登记人	中海基金管理有限公司				

成立来累计净值增长率与同期基准收益率历史走势对比图（%）

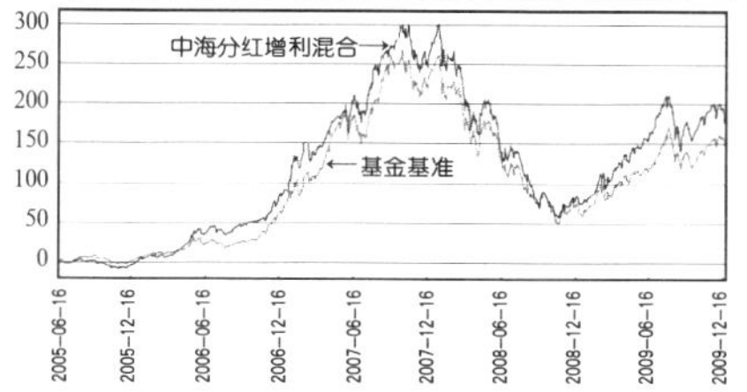

财务指标 单位：人民币(元)；%

项目 \ 年度	2009年	2008年	2007年
本期利润	1,377,015,126.55	−2,266,505,970.70	2,075,966,518.48
本期加权平均净值利润率	44.04	−80.15	55.04
期末基金资产净值	3,549,360,230.69	1,910,059,105.61	4,566,961,240.36
期末基金份额净值	0.8172	0.4894	1.0547
本期份额净值增长率	66.98	−53.60	95.01
累计份额净值增长率	191.84	74.78	274.32
基金收益分配	——	——	10派7.500

近三年净值增长率与同期基准收益率对比图（%）

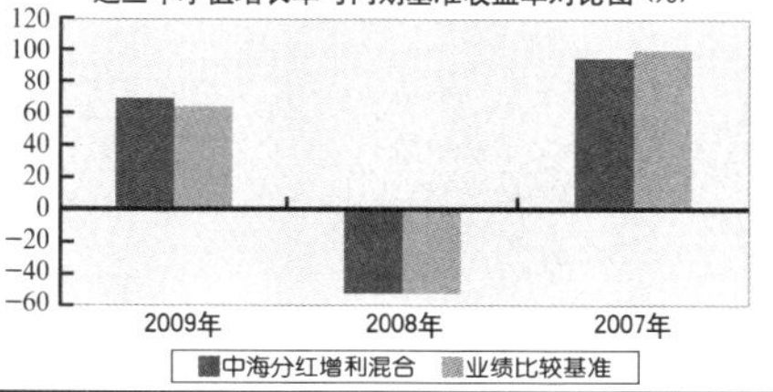

期末基金份额持有人户数	基金份额持有人户数为166,247户，平均每户持有26,126.64份。（期末截至2009年12月31日）
期末基金份额持有人结构	机构投资者持有1,024,914,708.42份，占总份额23.60%；个人投资者持有3,318,560,433.08份，占总份额76.40%。

基金业绩表现

2009年中海分红增利混合基金全年净值增长率为66.98%，同期业绩基准收益率为61.71%。

基金管理团队

陶林健先生：基金经理，上海交通大学硕士，8年证券从业经历。曾就职于长江证券、中企东方资产管理公司、上海钜鸿投资管理公司、西部证券。2007年3月加入中海基金管理公司，任分析师兼基金经理助理；2009年6月起任中海分红增利混合基金经理。

李延刚先生：基金经理、副总经理，投研中心总经理，南京大学学士，加拿大西蒙弗雷泽大学硕士，CFA，9年证券从业经历。曾就职于中储发展公司。2007年7月加入中海基金管理公司，先后任投资管理部副总经理、投研中心总经理。曾任中海分红增利混合基金经理，兼任中海能源策略混合基金经理。

刘文超先生：基金经理，吉林大学经济学硕士，14年证券从业经历。2007年3月加入中海基金管理公司，曾任投研中心高级分析师、中海能源策略混合基金经理助理，中海分红增利混合基金经理。

基金运作分析

2009年中海分红增利混合基金全年执行自上而下、行业配置的投资策略。上半年以“流动性”为核心因素，下半年以“通货膨胀预期”为核心因素进行投资决策。1月初判断宽松货币政策所带来的巨额流动性将是决定全年市场的核心因素，依据同比大幅增长的货币供应量数据及时大幅加仓，重点配置黄金、有色等行业，取得明显超额收益；下半年看好经济复苏进程，基于通货膨胀预期重点配置了房地产、采掘和有色等行业，组合收益弱于同期指数表现。

季度投资组合一览

项目 \ 季度	第一季度		第二季度		第三季度		第四季度	
基金资产净值	2,506,526,218.47元		3,504,964,455.89元		3,331,218,340.50元		3,549,360,230.69元	
基金份额	3,981,113,960.62份		4,609,145,341.42份		4,614,799,804.90份		4,343,475,141.50份	
基金份额净值	0.6296元		0.7604元		0.7219元		0.8172元	
基金资产组合	市值(元)	占总资产比(%)	市值(元)	占总资产比(%)	市值(元)	占总资产比(%)	市值(元)	占总资产比(%)
股票投资	2,065,981,107.66	81.93	2,729,200,635.92	77.55	2,748,761,386.95	82.21	3,192,853,648.85	89.63
债券投资	97,460,000.00	3.87	149,865,000.00	4.26	149,655,000.00	4.48	199,625,000.00	5.60
金融衍生品投资	——	——	——	——	——	——	——	——
买入返售金融资产	——	——	——	——	——	——	——	——
银行存款和结算备付金	332,264,507.60	13.18	635,220,303.99	18.05	439,400,014.72	13.14	164,841,046.88	4.63
其他资产	25,876,433.90	1.03	5,001,050.53	0.14	5,724,706.26	0.17	5,116,335.04	0.14

投资前五名股票明细	股票名称	公允价值(元)	占净值比(%)	股票名称	公允价值(元)	占净值比(%)	股票名称	公允价值(元)	占净值比(%)	股票名称	公允价值(元)	占净值比(%)
	中兴通讯	119,740,366.26	4.78	金地集团	183,417,873.60	5.23	三一重工	181,115,385.78	5.44	西山煤电	187,483,000.00	5.28
	中国平安	107,003,708.48	4.27	招商银行	177,413,157.36	5.06	西山煤电	157,641,842.32	4.73	三一重工	147,240,000.00	4.15
	中信证券	95,810,116.95	3.82	保利地产	121,081,422.88	3.45	中兴通讯	137,447,541.84	4.13	中兴通讯	130,123,000.00	3.67
	中金黄金	89,267,108.80	3.56	中信证券	118,692,000.00	3.39	保利地产	120,700,000.00	3.62	中国太保	121,731,021.72	3.43
	安信信托	86,140,039.68	3.44	三一重工	115,080,000.00	3.28	苏宁电器	110,338,332.28	3.31	招商银行	81,225,000.00	2.29

投资前五名债券明细	债券名称	公允价值(元)	占净值比(%)	债券名称	公允价值(元)	占净值比(%)	债券名称	公允价值(元)	占净值比(%)	债券名称	公允价值(元)	占净值比(%)
	08央票106	97,460,000.00	3.89	09农发06	149,865,000.00	4.28	09农发06	149,655,000.00	4.49	09农发06	149,790,000.00	4.22
										09央票71	49,835,000.00	1.40

中海能源策略混合型证券投资基金

基本资料					
基金简称	中海能源策略混合		交易代码	398021	
风险收益特征	该基金属于混合型基金，为中高风险的基金品种。				
业绩比较基准	沪深300指数涨跌幅×65%＋上证国债指数涨跌幅×35%				
合同生效日	2007年3月13日	首募份额	97.45亿份	认购户数	278,398户
基金管理人	中海基金管理有限公司		基金托管人	中国工商银行	
注册登记人	中海基金管理有限公司				

成立来累计净值增长率与同期基准收益率历史走势对比图（%）

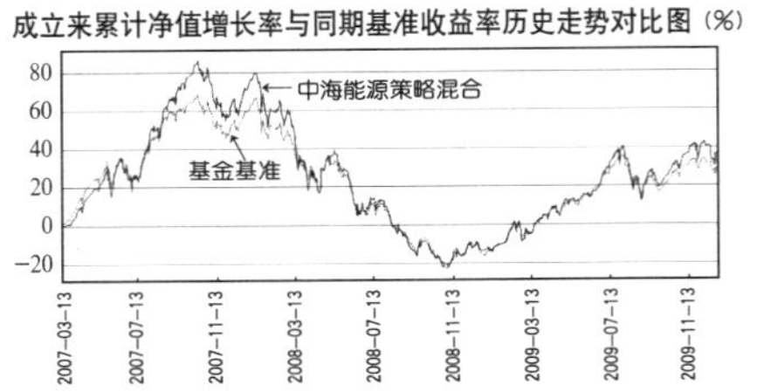

财务指标　　单位：人民币（元）；%

项目 ＼ 年度	2009年	2008年	2007.3.13至2007.12.31
本期利润	3,645,377,833.09	−7,657,470,171.28	9,329,239,142.67
本期加权平均净值利润率	46.26	−73.93	50.72
期末基金资产净值	8,419,578,465.89	6,181,112,367.08	18,170,098,915.77
期末基金份额净值	0.9532	0.5905	1.6027
本期份额净值增长率	61.42	−49.30	70.94
累计份额净值增长率	39.91	−13.33	70.94
基金收益分配	——	10派2.300	10派0.800

近三年净值增长率与同期基准收益率对比图（%）

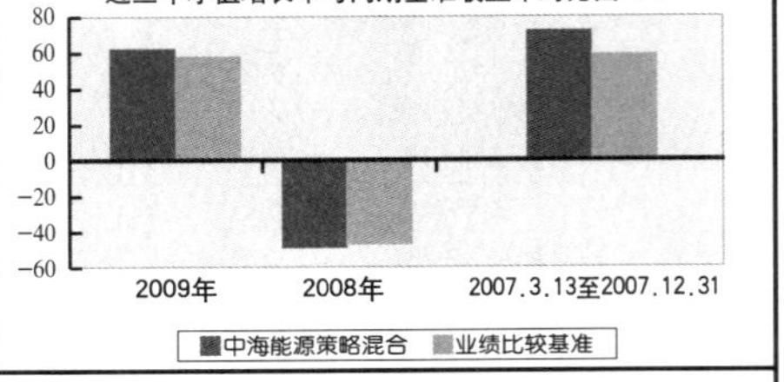

期末基金份额持有人户数	基金份额持有人户数为277,316户，平均每户持有31,851.82份。（期末截至2009年12月31日）
期末基金份额持有人结构	机构投资者持有691,076,280.74份，占总份额7.82%；个人投资者持有8,141,942,442.07份，占总份额92.18%。

基金业绩表现

截至2009年12月31日，中海能源策略混合基金份额净值为0.9532元，全年净值增长率为61.42%；同期业绩基准收益率为57.62%。

基金管理团队

施恒新先生：基金经理，10年证券从业经历，上海财经大学硕士。曾先后在国元证券公司、申银万国证券研究所公司从事策略分析工作。2006年7月起加入中海基金管理公司，历任首席策略分析师、研究总监。2008年11月起任中海能源策略混合基金经理。

李延刚先生：基金经理、副总经理，投研中心总经理，南京大学学士，加拿大西蒙弗雷泽大学硕士，CFA，9年证券从业经历。历任中储发展公司海外业务发展助理、业务发展经理、战略发展总监，伦敦资产管理公司投资顾问、基金经理。2007年7月加入中海基金管理公司，先后任投资管理部副总经理、投研中心总经理；2008年4月至2009年6月任中海分红增利混合基金经理；2008年1月至2009年6月任中海能源策略混合基金经理。

基金运作分析

中海能源策略混合基金2008年末组合以能源进攻配置为主，煤炭、新能源等进攻行业配置较多，尤其是在油价处于较低水平的时候，对这两个方向进行了重配，随着油价回升，该基金逐步增加了化工等受益行业的配置比例，同时减持电力等防御性行业。

2010年，基于市场分析，中海能源策略混合基金大部分选择坚持能源偏进攻的均衡配置；该基金依然看好包括战略性新兴产业、区域主题等投资方向；并将结合自下而上和自上而下的策略，为基金份额持有人创造更好的回报。

季度投资组合一览

项目 ＼ 季度	第一季度			第二季度			第三季度			第四季度		
基金资产净值	7,295,722,231.93元			8,182,031,422.63元			7,889,046,120.81元			8,419,578,465.89元		
基金份额	10,315,341,521.67份			9,962,113,442.38份			9,629,707,346.85份			8,833,018,722.81份		
基金份额净值	0.7073元			0.8213元			0.8192元			0.9532元		
基金资产组合	市值(元)		占总资产比(%)	市值(元)		占总资产比(%)	市值(元)		占总资产比(%)	市值(元)		占总资产比(%)
股票投资	4,745,770,022.84		64.30	6,818,439,217.56		81.88	6,157,226,680.03		76.67	7,423,623,611.22		85.49
债券投资	301,510,000.00		4.08	481,049,000.00		5.78	486,040,949.60		6.05	573,153,722.30		6.60
金融衍生品投资	——		——	——		——	——		——	——		——
买入返售金融资产	——		——	300,000,350.00		3.60	——		——	——		——
银行存款和结算备付金	2,321,939,445.95		31.46	531,680,163.18		6.38	1,374,191,684.70		17.11	658,060,465.67		7.58
其他资产	11,982,006.91		0.16	196,637,493.88		2.36	13,789,630.59		0.17	28,819,068.15		0.33
投资前五名股票明细	股票名称	公允价值(元)	占净值比(%)	股票名称	公允价值(元)	占净值比(%)	股票名称	公允价值(元)	占净值比(%)	股票名称	公允价值(元)	占净值比(%)
	东方电气	215,627,852.72	2.96	西山煤电	321,293,709.10	3.93	西山煤电	321,892,442.89	4.08	西山煤电	362,233,869.91	4.30
	中信证券	186,229,890.45	2.55	中国平安	247,899,257.36	3.03	东方电气	276,109,621.77	3.50	东方电气	264,945,368.07	3.15
	西山煤电	183,579,883.02	2.52	东方电气	244,032,264.70	2.98	三一重工	249,590,643.96	3.16	三一重工	258,491,672.82	3.07
	中国平安	114,143,551.86	1.56	民生银行	201,652,157.52	2.46	中国平安	201,162,288.60	2.55	国阳新能	184,769,191.81	2.19
	天威保变	101,255,181.30	1.39	招商地产	166,350,664.25	2.03	兴业银行	186,451,327.76	2.36	山煤国际	169,985,574.42	2.02
投资前五名债券明细	债券名称	公允价值(元)	占净值比(%)	债券名称	公允价值(元)	占净值比(%)	债券名称	公允价值(元)	占净值比(%)	债券名称	公允价值(元)	占净值比(%)
	08央票92	291,510,000.00	4.00	09农发06	399,640,000.00	4.88	09农发06	399,080,000.00	5.06	09农发06	399,440,000.00	4.74
	09铜城投	10,000,000.00	0.14	08国开17	49,705,000.00	0.61	08国开17	49,380,000.00	0.63	09央票71	49,835,000.00	0.59
				08联想债	31,704,000.00	0.39	08联想债	30,729,000.00	0.39	08联想债	30,492,000.00	0.36
							09常投债	4,882,476.60	0.06	09紫江债	30,000,000.00	0.36
							龙盛转债	1,969,473.00	0.02	09瑞贝卡	30,000,000.00	0.36

中海稳健收益债券型证券投资基金

基本资料					
基金简称	中海稳健收益债券	交易代码	395001		
风险收益特征	该基金属于债券型基金，为较低风险的基金品种。				
业绩比较基准	中国债券总指数收益率×100%				
合同生效日	2008年4月10日	首募份额	25.93亿份	认购户数	7,226户
基金管理人	中海基金管理有限公司	基金托管人	中国工商银行		
注册登记人	中海基金管理有限公司				

财务指标 单位：人民币(元)；%

项目 \ 年度	2009年	2008年4月10日至2008年12月31日
本期利润	30,596,087.47	321,306,678.82
本期加权平均净值利润率	2.50	11.69
期末基金资产净值	1,283,202,503.16	2,588,015,024.07
期末基金份额净值	1.126	1.087
本期份额净值增长率	6.56	11.79
累计份额净值增长率	19.13	11.79
基金收益分配	10派0.300	10派0.300
期末基金份额持有人户数	基金份额持有人户数为3,838户，平均每户持有296,847.94份。(期末截至2009年12月31日)	
期末基金份额持有人结构	机构投资者持有967,137,686.20份，占总份额84.89%；个人投资者持有172,164,697.26份，占总份额15.11%。	

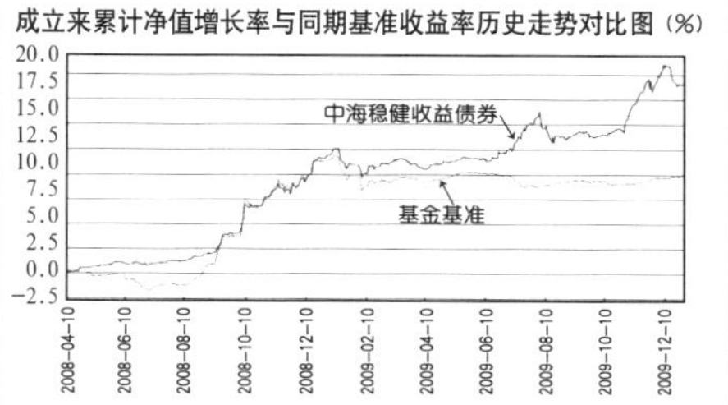

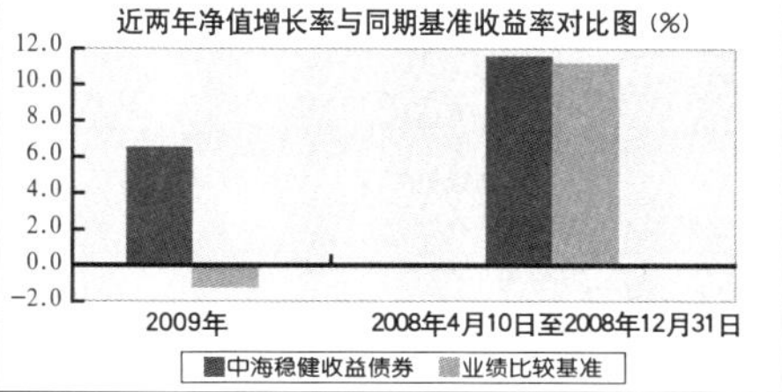

基金业绩表现

截至2009年12月31日，中海稳健收益债券基金份额净值为1.126元，全年净值增长率为6.56%；同期业绩基准收益率为-1.24%。

基金管理团队

欧阳凯先生：基金经理，复旦大学经济学硕士，8年证券从业经历。曾在国泰君安证券固定收益总部从事债券研究、投资工作。2006年5月加入中海基金管理公司，历任固定收益部分析师，中海稳健收益债券基金助理；2008年9月起任中海稳健收益债券基金经理。

张顺太先生：基金经理，西南交通大学管理学硕士，8年证券从业经历。曾先后在申银万国证券公司研究所，国泰基金管理公司，中海信托公司从事债券研究、投资工作。2006年2月起加入中海基金管理公司，2008年4月至2009年5月任中海稳健收益债券基金经理。

基金运作分析

2009年债券市场整体出现震荡下行，债券指数呈现逐渐下跌趋势。债券发行利率大幅上扬，浮动利率债券表现好于固定利率债券，短期融资券表现优于中期票据。四季度利率品种依然低迷，信用品种明显恢复，转债市场继续振荡。

对于未来半年的债券市场，中海稳健收益债券基金保持谨慎的态度。虽然近期央行发行的3个月期央票和1年央票利率有所稳定，但仍然没有上调到位。因此未来的货币政策走向仍然是最为重要的影响因素，同时物价水平的变化也将深刻影响市场，对此该基金管理人要保持实时跟踪。

季度投资组合一览

项目 \ 季度	第一季度		第二季度		第三季度		第四季度	
基金资产净值	1,717,577,665.82元		1,171,838,247.54元		681,326,251.44元		1,283,202,503.16元	
基金份额	1,590,982,985.90份		1,105,213,448.50份		633,231,135.06份		1,139,302,383.46份	
基金份额净值	1.080元		1.060元		1.076元		1.126元	
基金资产组合	市值(元)	占总资产比(%)	市值(元)	占总资产比(%)	市值(元)	占总资产比(%)	市值(元)	占总资产比(%)
股票投资	959,072.94	0.05	80,495,914.68	6.41	37,979,186.90	4.85	20,978,937.94	1.55
债券投资	1,650,937,517.62	88.88	1,006,632,783.84	80.15	646,497,937.60	82.57	1,160,073,195.37	85.50
金融衍生品投资	——	——	——	——	——	——	——	——
买入返售金融资产	——	——	——	——	——	——	——	——
银行存款和结算备付金	166,960,166.99	8.99	101,331,649.20	8.07	90,456,141.69	11.55	120,138,331.02	8.85
其他资产	38,710,439.04	2.08	67,403,975.73	5.37	8,023,697.37	1.02	55,636,956.42	4.10

	股票名称	公允价值(元)	占净值比(%)	股票名称	公允价值(元)	占净值比(%)	股票名称	公允价值(元)	占净值比(%)	股票名称	公允价值(元)	占净值比(%)
投资前五名股票明细	立立电子	959,072.94	0.06	柳 工	68,050,394.88	5.81	中国建筑	14,265,712.48	2.09	上海凯宝	2,902,022.00	0.23
				五洲交通	12,445,519.80	1.06	中国中冶	5,622,144.12	0.83	鼎汉技术	2,108,400.00	0.16
	——						光大证券	2,706,123.48	0.40	机器人	1,819,649.00	0.14
				——			美的电器	2,595,000.00	0.38	华测检测	1,718,179.92	0.13
							四川成渝	1,720,859.49	0.25	北新路桥	1,646,904.40	0.13
	债券名称	公允价值(元)	占净值比(%)	债券名称	公允价值(元)	占净值比(%)	债券名称	公允价值(元)	占净值比(%)	债券名称	公允价值(元)	占净值比(%)
投资前五名债券明细	08国开17	209,349,000.00	12.19	08央票17	135,967,000.00	11.60	08央票17	103,410,000.00	15.18	09央票71	697,690,000.00	54.37
	08农发20	166,702,000.00	9.71	09进出01	99,560,000.00	8.50	09央票39	99,670,000.00	14.63	09央票61	99,670,000.00	7.77
	08国开20	156,000,000.00	9.08	08央票98	96,540,000.00	8.24	09浦发债	99,520,000.00	14.61	21国债(10)	51,145,000.00	3.99
	08兵器装备债	106,670,000.00	6.21	08农发19	69,314,000.00	5.91	09央票44	98,270,000.00	14.42	09富力债	30,990,000.00	2.42
	09进出01	99,890,000.00	5.82	08农发20	68,467,000.00	5.84	08国债07	61,549,200.00	9.03	09吉安债	20,700,000.00	1.61

中海蓝筹灵活配置混合型证券投资基金

基本资料					
基金简称	中海蓝筹混合		交易代码	398031	
风险收益特征	该基金属混合型基金，为证券投资基金中的较高风险品种。该基金长期平均的风险和预期收益低于股票型基金，高于债券型基金、货币市场基金。				
业绩比较基准	沪深300指数×60%＋中债国债指数×40%				
合同生效日	2008年12月3日	首募份额	97.45亿份	认购户数	278,398户
基金管理人	中海基金管理有限公司		基金托管人	中国农业银行	
注册登记人	中海基金管理有限公司				

财务指标　　单位：人民币（元）；%

项目 \ 年度	2009年	2008年12月3日至2008年12月31日
本期利润	82,919,587.25	2,220,240.22
本期加权平均净值利润率	20.23	0.30
期末基金资产净值	4,076,909.42	123,678.16
期末基金份额净值	1.0816	1.0030
本期份额净值增长率	34.37	0.30
累计份额净值增长率	34.78	0.30
基金收益分配	10派2.600	——

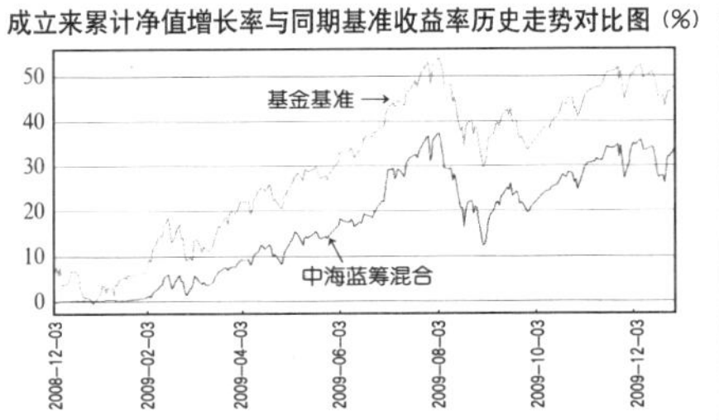

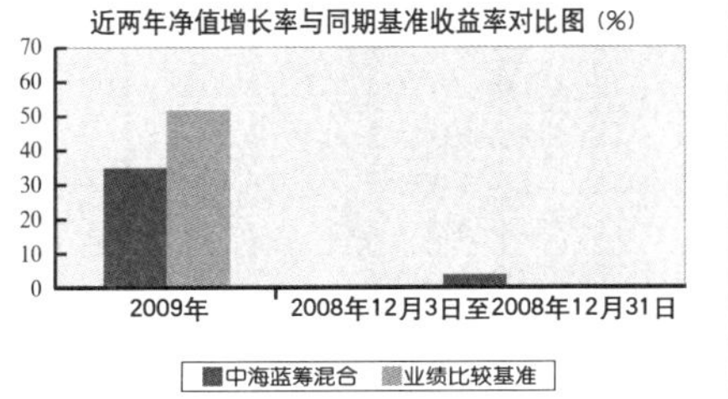

期末基金份额持有人户数	基金份额持有人户数为9,278户，平均每户持有34,765.21份。（期末截至2009年12月31日）
期末基金份额持有人结构	机构投资者持有100,983,371.53份，占总份额31.31%；个人投资者持有221,568,233.05份，占总份额68.69%。

基金业绩表现

截至2009年12月31日，中海蓝筹混合基金份额净值为1.0816元，全年净值增长率为34.37%；同期业绩基准收益率为50.69%。

基金管理团队

杨大力先生：基金经理，上海财经大学经济学硕士，7年证券从业经历。历任申银万国证券研究所宏观部及股票研究部高级分析师、中国国际金融公司资产管理部高级经理。2007年7月加入中海基金管理公司，曾先后担任投资管理部基金经理助理、专户资产管理部副总监兼专户投资经理；2008年12月起任中海蓝筹混合基金经理。

基金运作分析

中海蓝筹混合基金在2009年上半年处于建仓期，由于追求绝对收益，该基金采用了逐步加仓的策略，导致了基金平均运行仓位不高，影响了业绩表现。下半年，该基金积极应对市场风格转换，进行了较为及时的调整。但从全年来看，基金的净值表现不理想。

2010年，落实到操作层面，管理人认为要注重两个方面：一是注意控制风险。尽管目前CPI还不算很高，政府也还没有加息，但应该承认，在2010年下半年，这些情况就有可能发生。从投资时钟的历史经验来看，当CPI和利率高企的情况下，股票投资的风险会比较大；二是注意把握主题投资。主题投资历来是A股市场的热点，而且在2010年国家要紧缩的情况下，主题投资会变得更加重要。

季度投资组合一览

项目 \ 季度	第一季度		第二季度		第三季度		第四季度	
基金资产净值	454,928,789.23元		133,940,226.85元		502,368,875.44元		348,865,973.39元	
基金份额	419,576,352.59份		109,754,155.80份		518,274,960.27份		322,551,604.58份	
基金份额净值	1.0843元		1.2204元		0.9693元		1.0816元	
基金资产组合	市值(元)	占总资产比(%)	市值(元)	占总资产比(%)	市值(元)	占总资产比(%)	市值(元)	占总资产比(%)
股票投资	110,402,585.84	23.02	100,858,008.02	53.77	313,505,789.11	59.75	264,371,537.80	74.94
债券投资	83,193,000.00	17.35	29,594,758.40	15.78	112,342,575.40	21.41	70,209,728.10	19.90
金融衍生品投资	——	——	——	——	——	——	——	——
买入返售金融资产	——	——	——	——	——	——	——	——
银行存款和结算备付金	273,842,576.96	57.11	45,017,084.48	24.00	97,806,526.21	18.64	12,370,807.76	3.51
其他资产	12,082,231.07	2.52	12,106,845.44	6.45	1,071,464.05	0.20	5,808,658.20	1.65

	第一季度			第二季度			第三季度			第四季度		
投资前五名股票明细	股票名称	公允价值(元)	占净值比(%)	股票名称	公允价值(元)	占净值比(%)	股票名称	公允价值(元)	占净值比(%)	股票名称	公允价值(元)	占净值比(%)
	青岛软控	12,426,314.16	2.73	中国平安	6,541,629.06	4.88	北京银行	20,022,431.64	3.99	宝钢股份	20,043,534.00	5.75
	中国太保	6,071,792.66	1.33	美的电器	5,586,409.40	4.17	南京银行	18,926,344.08	3.77	中兴通讯	17,612,776.23	5.05
	交通银行	6,013,979.00	1.32	民生银行	5,386,392.00	4.02	中兴通讯	17,151,715.94	3.41	五 粮 液	13,996,062.84	4.01
	中兴通讯	5,765,614.98	1.27	交通银行	4,610,624.23	3.44	兴业银行	16,215,652.05	3.23	中国太保	12,594,023.40	3.61
	中国重汽	4,578,318.00	1.01	中国太保	3,913,814.40	2.92	中国平安	13,671,812.70	2.72	大商股份	10,241,123.51	2.94
投资前五名债券明细	债券名称	公允价值(元)	占净值比(%)	债券名称	公允价值(元)	占净值比(%)	债券名称	公允价值(元)	占净值比(%)	债券名称	公允价值(元)	占净值比(%)
	08联想债	31,893,000.00	7.01	08中冶美利债	10,666,000.00	7.96	09央行票据44	49,135,000.00	9.78	09央行票据44	49,125,000.00	14.08
	08农发15	30,369,000.00	6.68	99国债(8)	9,501,045.00	7.09	21国债(12)	33,996,787.40	6.77	09富力债	10,330,000.00	2.96
	08中冶美利债	10,805,000.00	2.38	21国债(10)	7,517,763.40	5.61	21国债(10)	16,097,354.00	3.20	澄星转债	4,597,949.30	1.32
	99国债(8)	10,126,000.00	2.23	新钢转债	1,909,950.00	1.43	09长虹债	8,050,934.00	1.60	新钢转债	4,280,113.80	1.23
	——			——			02国债(3)	5,062,500.00	1.01	21国债(12)	1,876,665.00	0.54

中海量化策略股票型证券投资基金

基本资料					
基金简称	中海量化策略股票	交易代码	398041		
风险收益特征	该基金属股票型基金，为证券投资基金中的较高风险品种。该基金长期平均的风险和预期收益高于混合型基金、债券型基金、货币市场基金。				
业绩比较基准	沪深300指数涨跌幅×80%＋中国债券总指数涨跌幅×20%				
合同生效日	2009年6月24日	首募份额	16.46亿份	认购户数	20,162户
基金管理人	中海基金管理有限公司	基金托管人	中国工商银行		
注册登记人	中海基金管理有限公司				

财务指标　　单位：人民币（元）；%

项目＼年度	2009年6月24日至2009年12月31日
本期利润	102,260,807.74
本期加权平均净值利润率	6.47
期末基金资产净值	1,364,176,522.55
期末基金份额净值	1.041
本期份额净值增长率	4.10
累计份额净值增长率	4.10
基金收益分配	——

成立来累计净值增长率与同期基准收益率历史走势对比图（%）

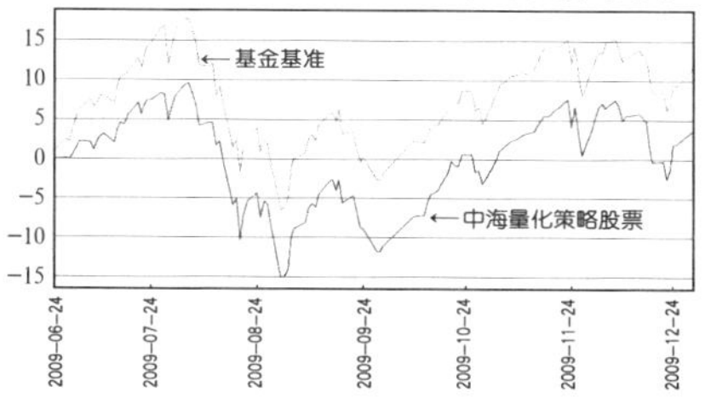

近两年净值增长率与同期基准收益率对比图（%）

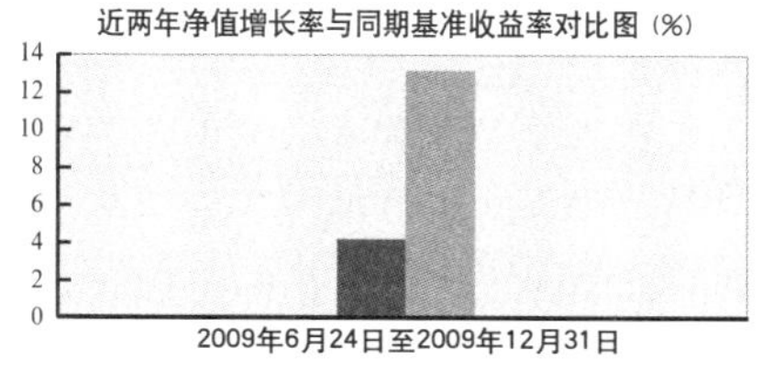

期末基金份额持有人户数	基金份额持有人户数为11,847户，平均每户持有110,564.96份。（期末截至2009年12月31日）
期末基金份额持有人结构	机构投资者持有684,194,560.52份，占总份额52.23%；个人投资者持有625,668,538.99份，占总份额47.77%。

基金业绩表现

中海量化策略股票基金合同生效于2009年6月24日，截至2009年12月31日，该基金份额净值为1.041元，成立以来净值增长率为4.10%；同期业绩基准收益率为13.08%。

基金管理团队

李延刚先生：基金经理、公司副总经理，南京大学学士，加拿大西蒙弗雷泽大学硕士，CFA，9年证券从业经历。历任中储发展公司海外业务发展助理、业务发展经理、战略发展总监，伦敦资产管理公司投资顾问、基金经理。2007年7月进入中海基金管理公司，先后任投资管理部副总经理、投研中心总经理。2008年1月至2009年6月任中海能源策略混合基金经理；2008年4月至2009年6月任中海分红增利混合基金经理；2009年6月起任中海量化策略股票基金经理。

季度投资组合一览

项目＼季度	第三季度		第四季度	
基金资产净值	1,400,923,944.54元		1,364,176,522.55元	
基金份额	1,577,295,214.52份		1,309,863,099.51份	
基金份额净值	0.888元		1.041元	
基金资产组合	市值(元)	占总资产比(%)	市值(元)	占总资产比(%)
股票投资	1,208,488,392.59	85.38	1,161,542,293.08	83.38
债券投资	——	——	——	——
资产支持证券投资	——	——	——	——
金融衍生品投资	——	——	——	——
买入返售金融资产	——	——	——	——
银行存款和结算备付金	206,636,795.45	14.60	202,336,640.39	14.52
其他资产	314,587.54	0.02	29,204,117.44	2.10

投资前五名股票明细	股票名称	公允价值(元)	占净值比(%)	股票名称	公允价值(元)	占净值比(%)
	中国平安	61,448,400.00	4.39	中国平安	55,090,000.00	4.04
	保利地产	38,623,517.20	2.76	招商银行	43,301,246.05	3.17
	浦发银行	34,387,205.25	2.45	中信证券	40,310,538.48	2.95
	沱牌曲酒	34,248,958.80	2.44	西山煤电	38,965,389.69	2.86
	南京银行	30,622,934.16	2.19	五粮液	31,660,000.00	2.32

投资前五名债券明细	债券名称	公允价值(元)	占净值比(%)	债券名称	公允价值(元)	占净值比(%)
	——			——		

基金运作分析

中海量化策略股票基金自2009年6月24日成立后，于三季度逐步完成建仓，建仓期总体上采取了相对谨慎的建仓策略，建仓初期较为准确地把握了采掘、地产、有色三大行业的机会，采取了较大的超配策略。8月份，该基金根据模型信号进行了较大幅度的减仓，有效地规避了期间大盘的下跌。9月份，依照选股模型的结果，侧重自下而上进行配置。

在完成建仓后，四季度该基金开始积极运作。10月份，市场走出了一波强劲的单边反弹行情，中海量化策略股票基金重点买入了一定的采掘、有色、化工、保险类股票，在市场接近反弹顶部时，按照模型给出的信号进行了适度的主动仓位调整；11月份，该基金重点配置了小盘股与中盘股，适度配置了部分大盘股，重点增加了有色、信息设备、电子元器件、家电等行业的配置，在月末量化模型给出大盘见顶的信号后，进行了适度减仓；12月份，该基金重点增加了建筑建材、交通运输、机械、医药生物等行业的配置，重点减持了地产、有色行业的配置，适度减持了采掘行业的配置。

华富基金管理有限公司

法定名称	华富基金管理有限公司	英文名称	Harfor Fund Management Co.,Ltd.		
成立时间	2004年4月19日	注册资本	1.2亿元人民币	公司属性	中 资
法人代表	姚怀然	董 事 长	姚怀然	督 察 长	满志弘
公司网址	www.hffund.com	客服电话	400-700-8001		
联系电话	021-6888 6996	传真号码	021-6888 7997		
注册地址	上海市陆家嘴环路1000号汇丰大厦31楼	办公地址	上海市陆家嘴环路1000号汇丰大厦31楼		

公司简介

华富基金管理有限公司于2004年3月29日经中国证监会证监基金字[2004]47号文核准开业，2004年4月19日在上海正式注册成立，注册资本1.2亿元人民币。股东包括华安证券有限责任公司、安徽省信用担保集团有限公司和合肥兴泰控股集团有限公司，出资比例分别为：49%、27%、24%。

截至2009年12月31日，华富基金管理有限公司旗下共管理6只开放式基金；管理基金资产规模55.97亿元人民币。

2009年旗下开放式基金业绩表现

截至日期：2009年12月31日

（单位：元；%）

基金类型	基金简称	设立日期	基金份额净值	净值增长率①	累计净值增长率②
股票型	华富成长趋势股票	2007-03-19	0.7391	57.22	-5.54
混合型	华富竞争力优选混合	2005-03-02	0.8285	47.79	184.51
	华富策略精选混合	2008-12-24	1.2107	21.07	21.07
	华富价值增长混合	2009-07-15	0.9896	-1.04	-1.04
债券型	华富收益增强债券A	2008-05-28	1.1123	11.90	20.91
	华富收益增强债券B	2008-05-28	1.1045	11.43	20.10
货币型	华富货币	2006-06-21	1.0000	1.6279	10.0783

注：①净值增长率指该基金2009年度的份额净值增长率；②累计净值增长率指该基金设立以来的份额净值增长率。

2009年管理公募基金概况

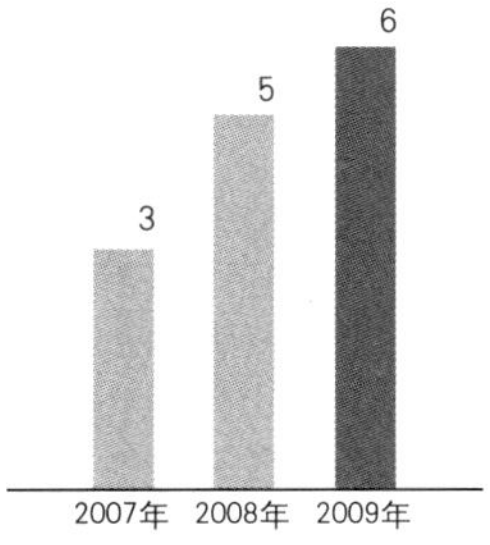

基金数量（只）

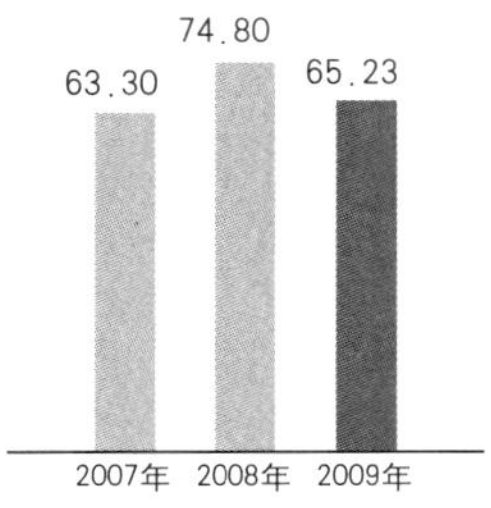

基金份额规模（亿份）

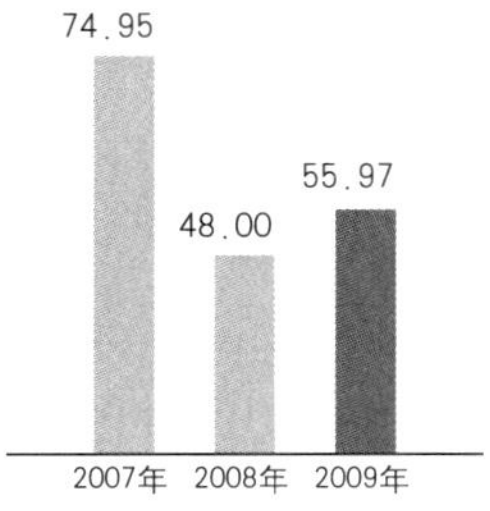

基金资产规模（亿元）

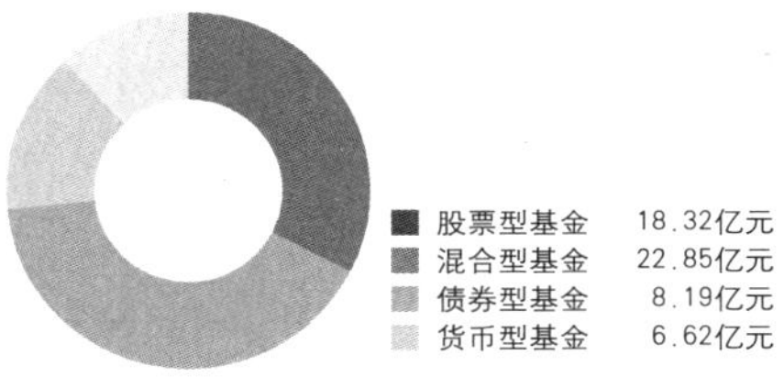

2009年基金资产规模构成

华富竞争力优选混合型证券投资基金

基本资料			
基金简称	华富竞争力优选混合	交易代码	410001
风险收益特征	该基金属于中等风险的混合型基金，其风险收益特征从长期平均来看，介于单纯的股票型组合与单纯的债券型组合之间。		
业绩比较基准	60%×中信标普300指数+35%×中信全债指数+5%×同业存款利率		
合同生效日	2005年3月2日 首募份额 6.01亿份	认购户数	8,157户
基金管理人	华富基金管理有限公司	基金托管人	中国建设银行
注册登记人	华富基金管理有限公司		

财务指标　单位：人民币（元）；%

项目 \ 年度	2009年	2008年	2007年
本期利润	671,149,672.07	-2,009,254,007.81	1,206,308,476.85
本期加权平均净值利润率	38.40	-84.18	48.64
期末基金资产净值	1,780,484,316.59	1,499,969,254.98	3,010,207,433.06
期末基金份额净值	0.8285	0.5606	1.2376
本期份额净值增长率	47.79	-54.70	122.22
累计份额净值增长率	184.51	92.50	324.96
基金收益分配	——	——	10派1.000

成立来累计净值增长率与同期基准收益率历史走势对比图（%）

近三年净值增长率与同期基准收益率对比图（%）

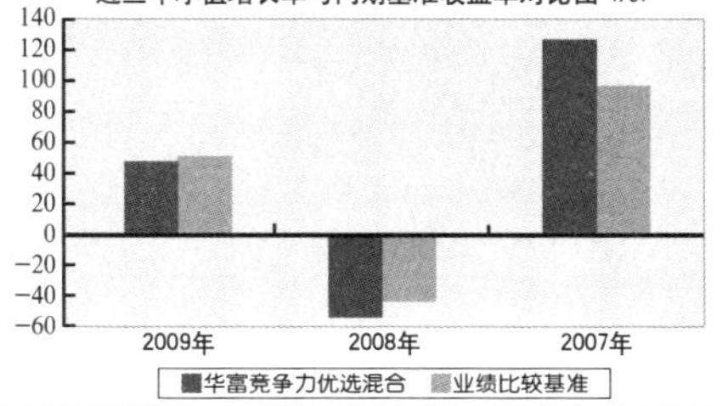

期末基金份额持有人户数	基金份额持有人户数为111,964.00户，平均每户持有19,194.69份。（期末截至2009年12月31日）
期末基金份额持有人结构	机构投资者持有64,536,157.45份，占总份额3.00%；个人投资者持有2,084,577,658.35份，占总份额97.00%。

基金业绩表现

2009年华富竞争力优选混合基金全年净值增长率为47.79%；同期业绩基准收益率为51.34%。

基金管理团队

鞠柏辉先生：基金经理、公司投资部副总监，浙江大学工商管理硕士，8年证券从业经历。曾任天相投资顾问公司高级分析师、华夏基金管理公司高级研究员。2006年7月加入华富基金管理公司，历任研究主管、华富竞争力优选混合基金经理助理；2007年10月起任华富竞争力优选混合基金经理。

基金运作分析

2009年初以来，宏观经济增速逐季回升，企业盈利状况也在持续好转。在盈利预期不断提高的情况下，股市屡创反弹以来新高。上半年，与投资相关的强周期行业表现良好；下半年，与消费相关的稳定增长的行业或公司涨幅较大。

华富竞争力优选混合基金在2009年继续坚持价值投资的基本理念，在深入细致研究的基础上把握行业和公司的投资机会，适当进行风险控制。资产配置上，该基金全年大部分时间在股票仓位保持适中水平。行业配置上，上半年在有色、工程机械等行业取得了较好收益；下半年在食品饮料、通讯等行业取得较好收益。但由于过于保守，在煤炭等行业错失了投资机会。

2010年，华富竞争力优选混合基金将对抗周期、低PE的大蓝筹品种进行阶段性投资，在深入研究的基础上，挖掘成长性确定具有长期核心竞争力的小市值公司进行投资。

季度投资组合一览

项目 \ 季度	第一季度		第二季度		第三季度		第四季度	
基金资产净值	1,787,785,900.54元		1,793,619,436.57元		1,573,494,771.93元		1,780,484,316.59元	
基金份额	2,606,049,884.19份		2,406,704,758.01份		2,250,754,424.63份		2,149,113,815.80份	
基金份额净值	0.6860元		0.7453元		0.6991元		0.8285元	
基金资产组合	市值(元)	占总资产比(%)	市值(元)	占总资产比(%)	市值(元)	占总资产比(%)	市值(元)	占总资产比(%)
股票投资	1,325,125,703.08	71.63	1,540,302,627.63	84.62	1,393,571,201.15	88.02	1,524,455,480.38	84.00
债券投资	247,835,087.48	13.40	143,578,941.69	7.89	95,783,996.00	6.05	100,859,607.12	5.56
金融衍生品投资	——	——	——	——	——	——	——	——
买入返售金融资产	50,000,145.00	2.70	——	——	——	——	——	——
银行存款和结算备付金	220,806,738.95	11.93	132,707,499.03	7.29	90,146,134.30	5.69	148,478,532.35	8.18
其他资产	6,312,301.03	0.34	3,629,590.53	0.20	3,703,752.87	0.23	41,039,462.50	2.26

	股票名称	公允价值(元)	占净值比(%)	股票名称	公允价值(元)	占净值比(%)	股票名称	公允价值(元)	占净值比(%)	股票名称	公允价值(元)	占净值比(%)
投资前五名股票明细	海油工程	86,747,492.00	4.85	中国联通	175,616,000.00	9.79	中国联通	104,066,079.65	6.61	中国建筑	121,689,000.96	6.83
	华能国际	86,654,228.85	4.85	宝钢股份	85,888,000.00	4.79	中国建筑	73,226,791.04	4.65	海正药业	107,095,406.84	6.01
	燕京啤酒	85,865,713.44	4.80	传化股份	85,445,403.72	4.76	宝钢股份	71,058,843.66	4.52	工商银行	92,479,597.44	5.19
	上海机场	85,343,469.54	4.77	邯郸钢铁	85,221,000.00	4.75	万 科A	66,782,571.92	4.24	招商银行	88,714,053.30	4.98
	国药股份	83,344,619.48	4.66	烟台万华	78,850,000.00	4.40	中信证券	57,449,770.72	3.65	长江电力	87,623,777.76	4.92
	债券名称	公允价值(元)	占净值比(%)	债券名称	公允价值(元)	占净值比(%)	债券名称	公允价值(元)	占净值比(%)	债券名称	公允价值(元)	占净值比(%)
投资前五名债券明细	南山转债	88,019,021.40	4.92	南山转债	83,024,272.00	4.63	国安债1	36,835,211.80	2.34	国安债1	37,371,476.22	2.10
	大荒转债	35,995,191.70	2.01	08上港债	26,219,757.20	1.46	08上港债	20,101,217.50	1.28	09长虹债	22,945,272.00	1.29
	柳工转债	28,231,107.84	1.58	国安债1	21,000,048.09	1.17	09长虹债	15,326,428.00	0.97	08上港债	10,486,125.00	0.59
	08上港债	26,244,221.00	1.47	08上汽债	5,711,622.00	0.32	08青啤债	7,820,069.40	0.50	08青啤债	7,961,101.20	0.45
	赤化转债	24,883,450.20	1.39	08青啤债	3,925,769.00	0.22	08上汽债	5,675,485.20	0.36	08上汽债	5,795,272.00	0.33

华富货币市场基金

基本资料					
基金简称	华富货币	交易代码	410002		
风险收益特征	该基金属于高流动性、低风险品种，其预期风险和预期收益率均低于股票型、债券型和混合型基金。				
业绩比较基准	人民币税后一年期银行定期储蓄存款利率				
合同生效日	2006年6月21日	首募份额	8.52亿份	认购户数	6,408户
基金管理人	华富基金管理有限公司	基金托管人	中国建设银行		
注册登记人	华富基金管理有限公司				

成立来累计净值收益率与同期基准收益率历史走势对比图（%）

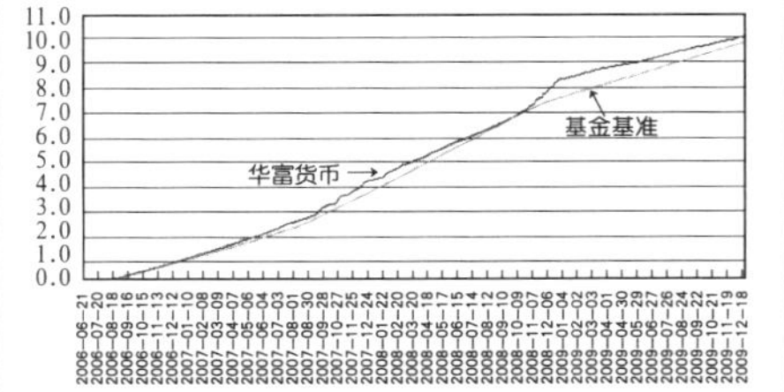

财务指标　　单位：人民币（元）；%

项目 \ 年度	2009年	2008年	2007年
本期利润	12,532,473.15	17,691,237.27	12,370,807.87
期末基金资产净值	661,713,544.73	1,253,103,462.41	409,862,382.13
期末基金份额净值	1.0000	1.0000	1.0000
本期份额净值收益率	1.6279	3.8805	3.1688
累计份额净值收益率	10.0783	8.3151	4.2690
基金收益分配	12,532,473.15	17,691,237.27	12,370,807.87

近三年净值收益率与同期基准收益率对比图（%）

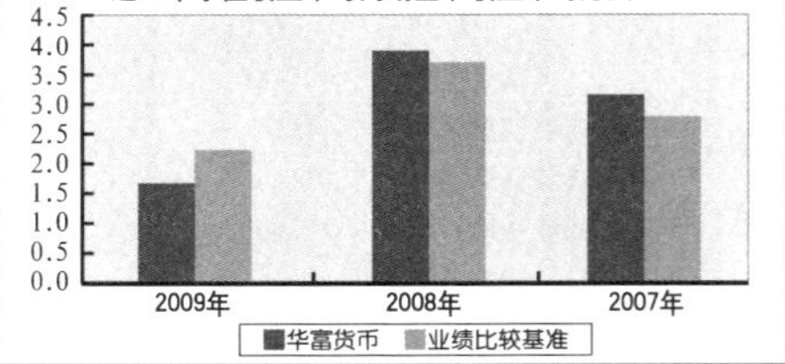

期末基金份额持有人户数	基金份额持有人户数为2,760.00户，平均每户持有239,751.28份。（期末截至2009年12月31日）
期末基金份额持有人结构	机构投资者持有425,677,965.04份，占总份额64.33%；个人投资者持有236,035,579.69份，占总份额35.67%。

基金业绩表现

2009年华富货币市场基金全年净值收益率为1.6279%，同期业绩基准收益率为2.2500%。

基金管理团队

胡　伟先生：基金经理，中南财经政法大学经济学学士，5年证券从业经历。曾在珠海市商业银行资金营运部从事债券研究及债券交易工作，2006年11月加入华富基金管理公司，任债券交易员、华富货币市场基金经理助理；2009年10月起任华富货币基金经理。

曾　刚先生：基金经理，中国科技大学学士，清华大学MBA，9年证券从业经历。先后在红塔证券自营业务总部、汉唐证券债券业务总部、华宝兴业基金研究部负责宏观经济和债券的研究；2005年7月任上海电气财务公司资产管理部经理助理，负责固定收益投资；2008年5月起任华富货币市场基金经理。

基金运作分析

2009年，华富货币市场基金根据宏观经济、货币政策以及财政政策的变化，及时调整组合期限和投资品种，投资上依旧保持积极稳健的风格，严格控制流动性风险、信用风险和利率风险。在债券利率上升阶段，增加了浮息债的投资比例，并合理配置了部分高信用等级的短期融资券，维持较低的组合久期，为基金持有人实现了较为稳定的投资收益。

2010年，华富货币市场基金将坚持把流动性管理和风险控制放在首位，密切关注货币政策、财政政策的变化，及时调整组合期限和投资品种，严格控制流动性风险、信用风险和利率风险，力争为基金持有人获取合理的投资收益。

季度投资组合一览

项目 \ 季度	第一季度		第二季度		第三季度		第四季度	
基金资产净值	1,284,023,804.13元		685,056,169.90元		436,874,483.22元		661,713,544.73元	
基金份额	1,284,023,804.13份		685,056,169.90份		436,874,483.22份		661,713,544.73份	
基金份额净值	1.000元		1.000元		1.000元		1.000元	
基金资产组合	市值(元)	占总资产比(%)	市值(元)	占总资产比(%)	市值(元)	占总资产比(%)	市值(元)	占总资产比(%)
股票投资	——	——	——	——	——	——	——	——
债券投资	1,333,677,492.81	94.91	632,905,638.65	92.27	352,757,592.20	78.96	404,985,263.28	61.16
金融衍生品投资	——	——	——	——	——	——	——	——
买入返售金融资产	——	——	45,000,142.50	6.56	76,000,000.00	17.01	178,200,627.30	26.91
银行存款和结算备付金	9,775,302.58	0.70	3,452,104.40	0.50	16,649,155.26	3.73	65,222,761.03	9.85
其他资产	61,728,082.88	4.39	4,581,988.55	0.67	1,331,299.07	0.30	13,773,673.63	2.08

投资前五名债券明细	债券名称	成本(元)	占净值比(%)	债券名称	成本(元)	占净值比(%)	债券名称	成本(元)	占净值比(%)	债券名称	成本(元)	占净值比(%)
	08央票52	189,827,312.50	14.78	08央票104	89,783,061.84	13.11	09央票43	59,847,755.90	13.7	07农发13	50,044,377.23	7.56
	07进出09	140,489,953.39	10.94	08央票92	69,911,097.76	10.21	04国开20	50,070,703.49	11.46	09农发06	49,885,597.40	7.54
	06民生01	100,204,933.19	7.80	08央票106	69,799,273.24	10.19	07农发13	50,058,852.54	11.46	07国开19	44,880,167.75	6.78
	08央票104	89,505,778.81	6.97	09农发07	59,951,321.78	8.75	07农发17	39,967,716.56	9.15	07农发17	39,976,967.48	6.04
	08央票92	69,723,327.94	5.43	04国开20	50,158,331.73	7.32	07国开19	24,872,138.03	5.69	09农六师CP02	30,023,610.21	4.54

投资组合平均剩余期限	平均剩余期限	占净值比(%)	平均剩余期限	占净值比(%)	平均剩余期限	占净值比(%)	平均剩余期限	占净值比(%)
	30天以内	10.11	30天以内	7.07	30天以内	31.04	30天以内	44.34
	30天(含)—60天	37.43	30天(含)—60天	13.15	30天(含)—60天	16.06	30天(含)—60天	13.62
	60天(含)—90天	1.94	60天(含)—90天	42.99	60天(含)—90天	30.85	60天(含)—90天	8.30
	90天(含)—180天	30.29	90天(含)—180天	4.83	90天(含)—180天	3.43	90天(含)—180天	15.10
	180天(含)—397天（含）	24.86	180天(含)—397天（含）	31.42	180天(含)—397天（含）	20.56	180天(含)—397天（含）	16.63

华富成长趋势股票型证券投资基金

基本资料					
基金简称	华富成长趋势股票		交易代码	410003	
风险收益特征	该基金是股票型证券投资基金，属于较高风险、较高收益的基金产品。				
业绩比较基准	80%×中信标普300指数＋20%×中信全债指数				
合同生效日	2007年3月19日	首募份额	67.78亿份	认购户数	253,242户
基金管理人	华富基金管理有限公司		基金托管人	招商银行	
注册登记人	华富基金管理有限公司				

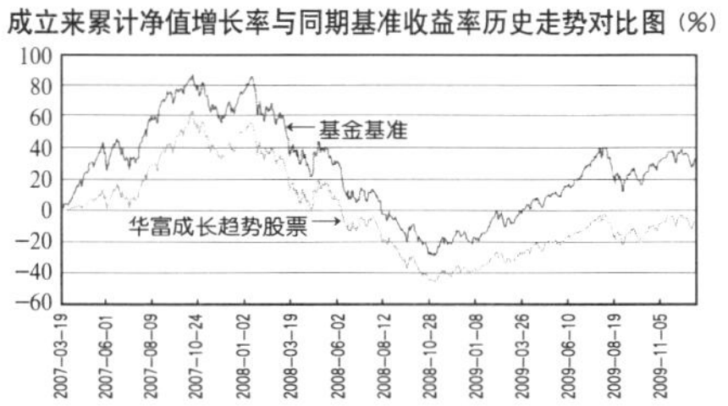

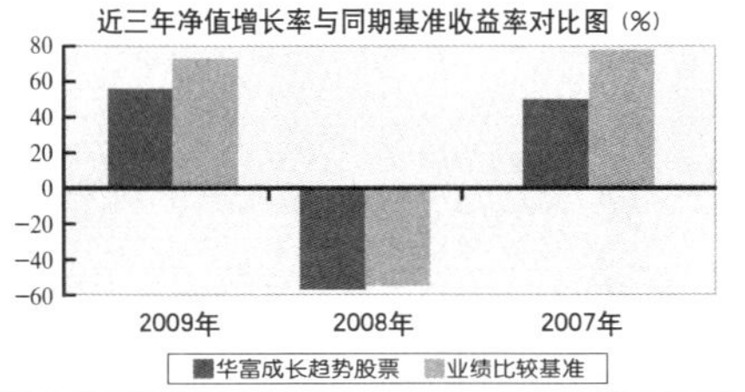

财务指标　　单位：人民币（元）；%

项目　　年度	2009年	2008年	2007年
本期利润	754,887,234.85	−2,139,752,386.22	1,975,043,265.84
本期加权平均净值利润率	43.41	−93.79	37.11
期末基金资产净值	1,831,633,213.32	1,355,505,551.06	4,074,514,403.97
期末基金份额净值	0.7391	0.4701	1.1684
本期份额净值增长率	57.22	−59.77	49.33
累计份额净值增长率	−5.54	−39.92	49.33
基金收益分配	——	——	10派2.900

期末基金份额持有人户数	基金份额持有人户数为113,323.00户，平均每户持有21,867.50份。（期末截至2009年12月31日）
期末基金份额持有人结构	机构投资者持有4,856,449.94份，占总份额0.20%；个人投资者持有2,473,234,521.42份，占总份额99.80%。

基金业绩表现

截至2009年12月31日，华富成长趋势股票基金份额净值为0.7391元，全年净值增长率为57.22%。

基金管理团队

陈德义先生：基金经理，清华大学工商管理硕士，5年证券从业经历。历任中企东方资产管理公司研究员、上海丰润投资顾问公司投资咨询经理、国元证券公司投资研究中心高级研究员、国联安基金管理公司高级研究员、基金经理助理；2009年9月起任华富成长趋势股票基金经理。

吴圣涛先生：基金经理，武汉大学商学院硕士，8年证券从业经历。历任汉唐证券公司研究所高级研究员、资产管理部投资经理，国泰人寿保险公司投资部副主任、投资部经理；2008年3月至2009年9月任华富成长趋势股票基金经理。

杨玉山先生：基金经理助理，中央财经大学经济学学士，7年证券从业经历。曾任中原证券研究所研究员；2008年4月至2009年11月任华富成长趋势股票基金经理助理。

基金运作分析

2009年华富成长趋势股票基金净值增长57.2%，业绩表现落后于业绩基准14.9个百分点。导致业绩不佳的主要原因是：上半年该基金对A股行情的判断偏保守，仓位偏低；对早周期的资源和可选消费行业投资力度偏小；下半年配置的钢铁、地产表现不佳，对业绩有一定拖累。

第四季度开始华富成长趋势股票基金积极向科技、消费类板块调整，结构总体上保持均衡。投资策略更注重“自下而上”，重点挖掘估值合适、业绩确定性强、成长性突出的公司。

季度投资组合一览

项目　　季度	第一季度		第二季度		第三季度		第四季度	
基金资产净值	1,634,201,812.37元		1,867,872,436.57元		1,641,893,125.06元		1,831,633,213.32元	
基金份额	2,845,312,434.35份		2,762,441,207.50份		2,601,574,989.89份		2,478,090,971.36份	
基金份额净值	0.5743元		0.6762元		0.6311元		0.7391元	
基金资产组合	市值(元)	占总资产比(%)	市值(元)	占总资产比(%)	市值(元)	占总资产比(%)	市值(元)	占总资产比(%)
股票投资	1,210,490,108.15	73.72	1,482,741,430.81	76.92	1,481,255,555.57	89.80	1,716,053,097.81	92.24
债券投资	368,192,340.00	22.42	177,789,749.60	9.22	49,835,000.00	3.02	——	——
金融衍生品投资	——	——	——	——	——	——	——	——
买入返售金融资产	——	——	——	——	——	——	——	——
银行存款和结算备付金	49,796,010.99	3.03	65,794,392.39	3.41	90,563,427.82	5.49	106,714,378.16	5.74
其他资产	13,588,253.53	0.83	201,370,746.66	10.45	27,817,439.34	1.69	37,716,210.80	2.03

投资前五名股票明细	股票名称	公允价值(元)	占净值比(%)	股票名称	公允价值(元)	占净值比(%)	股票名称	公允价值(元)	占净值比(%)	股票名称	公允价值(元)	占净值比(%)
	青岛啤酒	102,950,000.00	6.30	青岛啤酒	119,123,200.00	6.38	中国人寿	83,040,000.00	5.06	兴业银行	74,167,618.61	4.05
	浦发银行	87,680,000.00	5.37	浦发银行	116,020,800.00	6.21	兴业银行	64,538,900.00	3.93	交通银行	67,344,665.30	3.68
	三一重工	78,924,685.23	4.83	兴业银行	103,908,000.00	5.56	中国神华	54,646,603.44	3.33	三一重工	63,195,003.09	3.45
	海油工程	74,149,798.08	4.54	中国人寿	99,180,000.00	5.31	招商地产	52,096,100.00	3.17	五 粮 液	58,564,351.40	3.20
	双鹭药业	70,929,000.00	4.34	银座股份	97,036,805.97	5.20	三一重工	49,770,000.00	3.03	西山煤电	53,702,072.06	2.93

投资前五名债券明细	债券名称	公允价值(元)	占净值比(%)	债券名称	公允价值(元)	占净值比(%)	债券名称	公允价值(元)	占净值比(%)	债券名称	公允价值(元)	占净值比(%)
	南山转债	143,378,700.00	8.77	08央票98	96,540,000.00	5.17	09央票39	49,835,000.00	3.04			
	柳工转债	77,912,250.00	4.77	08国开18	50,200,000.00	2.69						
	08央票98	68,096,000.00	4.17	南山转债	16,271,749.60	0.87						
	大荒转债	57,499,390.00	3.52	大荒转债	14,778,000.00	0.79						
	08国开16	21,306,000.00	1.30									

华富收益增强债券型证券投资基金

基本资料			
基金简称	华富收益增强债券	交易代码	A：410004　B：410005
风险收益特征	该基金属于债券型基金，其预期长期平均风险和收益高于货币市场基金，低于混合型基金、股票型基金。		
业绩比较基准	中信全债指数		
合同生效日	2008年5月28日	募集规模	7.57亿份
申购户数	2,747户		
基金管理人	华富基金管理有限公司	基金托管人	中国建设银行
注册登记人	华富基金管理有限公司		

成立来累计净值增长率与同期基准收益率历史走势对比图（%）

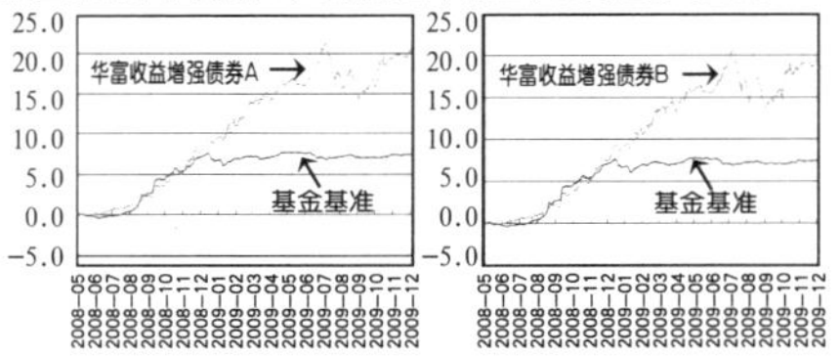

近两年净值增长率与同期基准收益率对比图（%）

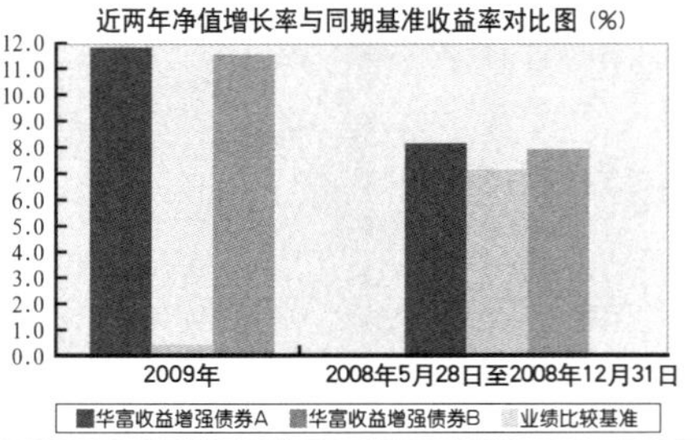

财务指标　单位：人民币(亿元)；%

项目＼年度	2009年		2008年5月28日至2008年12月31日	
	A	B	A	B
本期利润	0.6114	0.2149	0.2896	0.0592
本期加权平均净值利润率	9.24	8.50	6.81	6.01
期末基金资产净值	5.8351	2.3534	3.2552	1.0684
期末基金份额净值	1.1123元	1.1045元	1.0599元	1.0573元
本期份额净值增长率	11.90	11.43	8.05	7.79
累计份额净值增长率	20.91	20.10	8.05	7.79
基金收益分配	10派0.700元		10派0.200元	

期末基金份额持有人户数	A：基金份额持有人户数为1,686.00户，平均每户持有311,144.87份。 B：基金份额持有人户数为2,152.00户，平均每户持有99,011.17份。（期末截至2009年12月31日）
期末基金份额持有人结构	A：机构投资者持有442,149,283.18份，占总份额84.28%；个人投资者持有82,440,975.67份，占总份额15.72%。 B：机构投资者持有86,645,151.38份，占总份额40.66%；个人投资者持有126,426,884.08份，占总份额59.34%。

基金业绩表现

2009年华富收益增强债券基金A类净值增长率为11.90%，B类净值增长率为11.43%。

基金管理团队

曾　刚先生：基金经理，中国科技大学学士，清华大学MBA，9年证券从业经历。曾就职于红塔证券自营业务总部、汉唐证券债券业务总部、华宝兴业基金研究部、上海电气财务公司资产管理部。2008年5月起任华富收益增强债券基金经理。

吴圣涛先生：基金经理，武汉大学商学院硕士，8年证券从业经历。曾就职于汉唐证券公司研究所资产管理部、国泰人寿保险公司投资部；2008年5月至2009年9月任华富收益增强债券基金经理。

基金运作分析

2009年初华富收益增强债券基金适度降低组合的久期，维持相对较高的信用债比例，取得较好的效果。

可转债是华富收益增强债券基金2009年收益的重要来源，上半年可转债比例较高，在品种选择上相对均衡，但三季度未能及时止盈，导致净值下跌。四季度股市宽幅震荡，略有上升，择机兑现了这部分的收益。在询价制度市场化改革的环境下，打新股的收益率出现波动，前期收益较高，中期收益率明显下降，年底打新风险增加。该基金在前期较为积极，后期逐步调低了打新预期，开始择优询价，并在年底直接放弃大多数大盘股的网下询价，规避了风险。

季度投资组合一览

项目＼季度	第一季度		第二季度		第三季度		第四季度	
	A	B	A	B	A	B	A	B
基金资产净值	6.1479亿元	2.9557亿元	7.1457亿元	2.9830亿元	7.3447亿元	3.0034亿元	5.8351亿元	2.3534亿元
基金份额	5.6324亿份	2.7179亿份	6.4985亿份	2.7258亿份	6.7784亿份	2.7879亿份	5.2459亿份	2.1307亿份
基金份额净值	1.0915元	1.0875元	1.0996元	1.0943元	1.0835元	1.0773元	1.1123元	1.1045元
基金资产组合	市值(元)	占总资产比(%)	市值(元)	占总资产比(%)	市值(元)	占总资产比(%)	市值(元)	占总资产比(%)
股票投资	52,964,250.98	5.08	55,312,965.00	4.26	146,163,914.82	11.33	87,081,803.91	8.98
债券投资	922,438,809.75	88.42	1,017,476,182.70	78.34	922,214,924.50	71.49	808,899,155.10	83.43
资产支持证券投资	——	——	——	——	——	——	——	——
买入返售金融资产	——	——	——	——	——	——	——	——
银行存款和结算备付金	28,028,261.57	2.69	16,435,590.03	1.27	8,362,388.11	0.65	17,295,149.13	1.78
其他资产	39,761,019.22	3.81	209,640,478.96	16.14	213,300,560.29	16.53	27,598,105.32	2.85

投资前五名股票明细	股票名称	公允价值(元)	占净值比(%)	股票名称	公允价值(元)	占净值比(%)	股票名称	公允价值(元)	占净值比(%)	股票名称	公允价值(元)	占净值比(%)
	赤天化	20,284,964.91	2.23	赤天化	20,618,400.00	2.04	南山铝业	66,210,150.00	6.40	中国重工	7,846,324.31	0.96
	北大荒	13,710,000.00	1.51	海马股份	9,583,000.00	0.95	中国建筑	16,200,044.96	1.57	光大证券	5,451,863.12	0.67
	东方电气	7,128,800.00	0.78	东方电气	7,002,000.00	0.69	赤天化	12,300,000.00	1.19	新朋股份	4,188,687.30	0.51
	鲁 泰A	3,807,000.00	0.42	北大荒	6,365,000.00	0.63	东方电气	8,458,200.00	0.82	吉峰农机	4,071,161.25	0.50
	中国南车	3,181,789.60	0.35	金鹰股份	4,921,000.00	0.49	新兴铸管	6,048,000.00	0.58	洋河股份	2,961,802.17	0.36

投资前五名债券明细	债券名称	公允价值(元)	占净值比(%)	债券名称	公允价值(元)	占净值比(%)	债券名称	公允价值(元)	占净值比(%)	债券名称	公允价值(元)	占净值比(%)
	02国开06	93,600,000.00	10.28	02国开06	92,871,000.00	9.17	02国开06	91,656,000.00	8.86	02国开06	91,053,000	11.12
	08国开21	80,720,000.00	8.87	南山转债	86,495,280.00	8.54	09央票35	79,736,000.00	7.71	09央票49	79,736,000	9.74
	南山转债	69,838,343.90	7.67	08国开21	80,200,000.00	7.92	08国开21	79,568,000.00	7.69	08国开21	79,344,000	9.69
	08央票95	58,338,000.00	6.41	08央票95	77,192,000.00	7.62	08央票112	48,260,000.00	4.66	02国开18	41,796,000	5.10
	08常城建	36,513,036.90	4.01	09绵阳投控债	41,472,000.00	4.09	02国开18	42,180,000.00	4.08	09绵阳投控债	40,468,000	4.94

华富策略精选灵活配置混合型证券投资基金

基本资料			
基金简称	华富策略精选混合	交易代码	410006
风险收益特征	该基金属于灵活配置混合型证券投资基金，一般情况下其风险和收益高于货币市场基金和债券型基金，低于股票型基金。		
业绩比较基准	沪深300指数×60%＋上证国债指数×40%		
合同生效日	2008年12月24日	首募份额	2.59亿份
认购户数	3,742户		
基金管理人	华富基金管理有限公司	基金托管人	中国建设银行
注册登记人	华富基金管理有限公司		

财务指标　　单位：人民币(元)；%

项目　　　年度	2009年	2008年12月24日至2008年12月31日
本期利润	12,875,193.95	−2,334.71
本期加权平均净值利润率	16.99	0.00
期末基金资产净值	72,406,602.46	259,526,839.85
期末基金份额净值	1.2107	1.0000
本期份额净值增长率	21.07	0.00
累计份额净值增长率	21.07	0.00
基金收益分配	——	——

成立来累计净值增长率与同期基准收益率历史走势对比图（%）

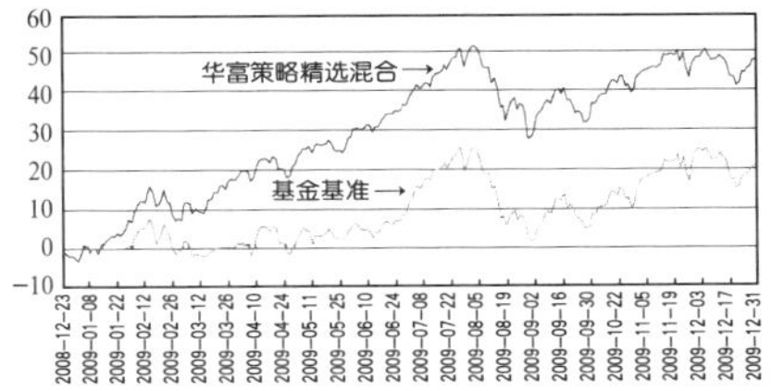

近两年净值增长率与同期基准收益率对比图（%）

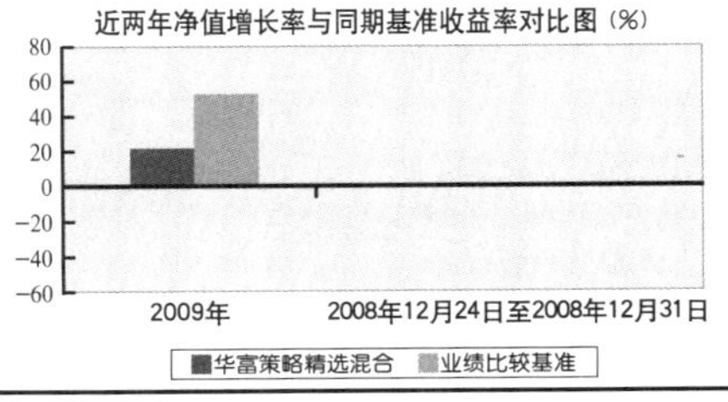

期末基金份额持有人户数	基金份额持有人户数为1,483.00户，平均每户持有40,329.07份。（期末截至2009年12月31日）
期末基金份额持有人结构	机构投资者持有35,717,759.32份，占总份额59.72%；个人投资者持有24,090,258.66份，占总份额40.28%。

基金业绩表现

2009年华富策略精选混合基金全年净值增长率为21.07%；同期业绩基准收益率为52.55%。

基金管理团队

鞠柏辉先生：基金经理、公司投资部副总监，浙江大学工商管理硕士，8年证券从业经历。曾任天相投资顾问公司高级分析师、华夏基金管理公司高级研究员。2006年7月加入华富基金管理公司，历任研究主管、华富竞争力基金经理助理；2008年12月起任华富策略精选混合基金经理。

季　雷先生：基金经理，工商管理硕士，物理学学士，9年证券从业经历。历任东北证券金融与产业研究所行业公司部经理、金融工程部经理，投资策划部经理兼首席策略师；东方基金研究部副经理、基金经理助理、研究部经理，2007年3月至2008年9月担任东方龙混合基金经理兼金融工程部经理、投资决策委员会委员；2008年12月起任华富策略精选混合基金经理。

基金运作分析

华富策略精选混合基金2009年上半年主要处于建仓期，上半年投资策略方面较为谨慎，提升仓位不够及时，品种选择也以估值低具备潜力为主，整体业绩表现滞后。下半年市场在8月发生中级调整，该基金在此轮中级调整中处于较为被动的局面，虽然在后期的反弹和探底过程中调整好仓位和组合结构，但仍造成一定的净值损失。该基金在确认了9月份市场中级调整基本结束的前提下，迅速调整资产配置，保持75%以上高仓位，调整行业配置，在不能完全确认市场热点的前提下，采用类指数化行业配置，与沪深300指数一致，适度提高高β值的行业配置，以增强组合的进攻性；投资中较为有效的是对汽车行业、电力设备行业的超高配置，取得较为明显的投资收益。

季度投资组合一览

项目　　季度	第一季度		第二季度		第三季度		第四季度	
基金资产净值	71,541,866.48元		50,669,835.20元		59,889,120.45元		72,406,602.46元	
基金份额	70,710,565.06份		46,597,492.04份		56,858,303.47份		59,808,017.98份	
基金份额净值	1.0118元		1.0874元		1.0533元		1.2107元	
基金资产组合	市值(元)	占总资产比(%)	市值(元)	占总资产比(%)	市值(元)	占总资产比(%)	市值(元)	占总资产比(%)
股票投资	16,424,770.84	15.51	38,808,838.25	74.91	39,816,683.36	63.97	57,788,193.25	74.98
债券投资	9,817,763.20	9.27	2,006,360.00	3.87	815,409.60	1.31	7,299,099.00	9.47
金融衍生品投资	——	——	——	——	——	——	——	——
买入返售金融资产	——	——	——	——	——	——	——	——
银行存款和结算备付金	68,735,360.83	64.90	7,802,574.67	15.06	21,321,951.52	34.26	8,905,558.65	11.56
其他资产	10,935,520.45	10.32	3,186,755.52	6.15	286,055.72	0.46	3,074,347.38	3.99

投资前五名股票明细	股票名称	公允价值(元)	占净值比(%)	股票名称	公允价值(元)	占净值比(%)	股票名称	公允价值(元)	占净值比(%)	股票名称	公允价值(元)	占净值比(%)
	科大讯飞	1,927,741.44	2.69	中信证券	1,723,860.00	3.40	中国联通	4,768,850.00	7.96	中信证券	3,653,550.00	5.05
	金晶科技	1,882,460.00	2.63	中兴通讯	1,584,840.00	3.13	特变电工	1,698,400.00	2.84	海通证券	3,156,755.00	4.36
	中信证券	1,298,970.00	1.82	宁波华翔	1,564,000.00	3.09	民生银行	1,590,640.00	2.66	中国石化	2,902,540.00	4.01
	山东黄金	1,043,380.00	1.46	中国石油	1,448,000.00	2.86	平高电气	1,542,600.00	2.58	上海汽车	2,038,140.00	2.81
	东北证券	1,020,000.00	1.43	中国联通	1,378,860.00	2.72	中兴通讯	1,542,472.00	2.58	交通银行	1,870,000.00	2.58

投资前五名债券明细	债券名称	公允价值(元)	占净值比(%)	债券名称	公允价值(元)	占净值比(%)	债券名称	公允价值(元)	占净值比(%)	债券名称	公允价值(元)	占净值比(%)
	08央行票据61	9,657,000.00	13.50	南山转债	1,119,680.00	2.21	厦工转债	815,409.60	1.36	王府转债	3,739,320.00	5.16
	柳工转债	160,763.20	0.22	大荒转债	886,680.00	1.75				厦工转债	2,517,660.00	3.48
										龙盛转债	768,800.00	1.06
										西洋转债	273,319.00	0.38

华富价值增长灵活配置混合型证券投资基金

基本资料

基金简称	华富价值增长混合	交易代码	410007		
风险收益特征	该基金属于灵活配置混合型基金，一般情况下其风险和收益高于货币市场基金和债券型基金，低于股票型基金。				
业绩比较基准	沪深300指数收益率×60%+中证全债指数收益率×40%				
合同生效日	2009年7月15日	首募份额	6.79亿份	认购户数	8,452户
基金管理人	华富基金管理有限公司	基金托管人	深圳发展银行		
注册登记人	华富基金管理有限公司				

财务指标　　单位：人民币（元）；%

项目 \ 年度	2009年7月15日至2009年12月31日
本期利润	-15,457,479.53
本期加权平均净值利润率	-2.81
期末基金资产净值	432,118,554.13
期末基金份额净值	0.9896
本期份额净值增长率	-1.04
累计份额净值增长率	-1.04
基金收益分配	——

2009年累计净值增长率与同期基准收益率历史走势对比图（%）

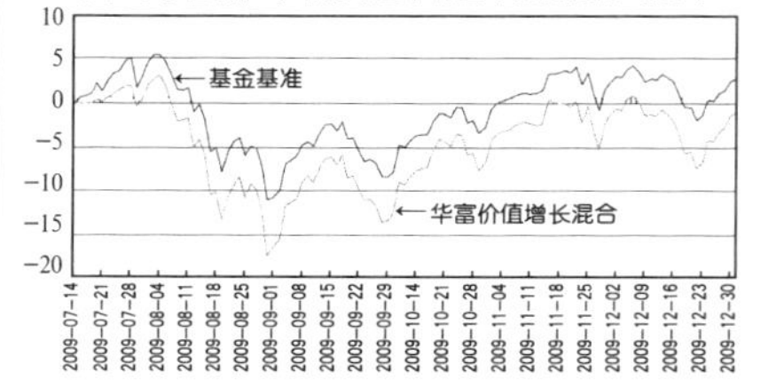

2009年净值增长率与同期基准收益率对比图（%）

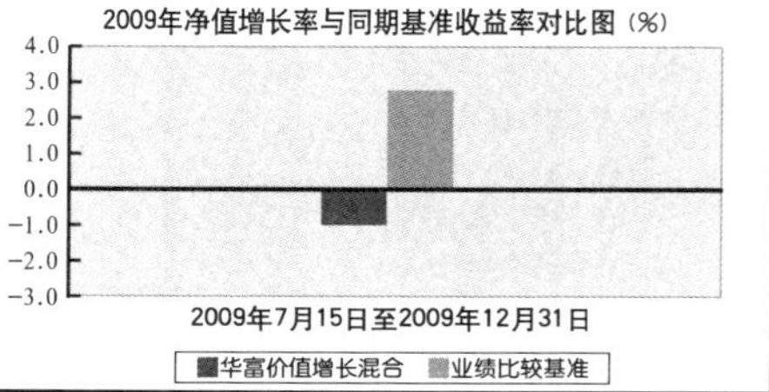

期末基金份额持有人户数	基金份额持有人户数为6,394.00户，平均每户持有68,291.42份。（期末截至2009年12月31日）
期末基金份额持有人结构	机构投资者持有126,742,080.75份，占总份额29.03%；个人投资者持有309,913,272.22份，占总份额70.97%。

基金业绩表现

华富价值增长混合基金合同生效于2009年7月15日，截至2009年12月31日，该基金份额净值为0.9896元，成立以来净值增长率为-1.04%；同期业绩基准收益率为2.79%。

基金管理团队

季　雷先生：基金经理，工商管理硕士、物理学士，9年证券从业经历。先后担任东北证券金融与产业研究所行业公司部经理、金融工程部经理，投资策划部经理兼首席策略师；东方基金研究部副经理、东方龙基金经理助理、研究部经理、东方龙基金经理兼金融工程部经理，投资决策委员会委员；2009年7月起任华富价值增长混合基金经理。

韩　玮先生：基金经理、公司投资部总监，清华大学工商管理硕士，9年证券从业经历。历任五洋期货经纪公司交易部经理、总经理助理，银河证券公司资产管理总部研究员、研究开发部副经理、投资管理部经理、投资副总监、总监；2009年8月起任华富价值增长混合基金经理。

基金运作分析

华富价值增长混合基金于2009年下半年开始运作，主要处于建仓期。重点投资于价值相对低估且能为股东创造持续稳定回报的公司。起初由于建仓速度较快，致使净值随大盘下跌。随后，该基金趁市场极度悲观之机果断提高了基金仓位，并超配了汽车行业，增持了家电行业，减持了房地产行业，在市场反弹过程中取得了较好的效果。

2010年，华富价值增长混合基金将强化自下而上的选股策略，精选具备良好的公司治理、行业成长明确、核心竞争力持续提升、价格相对合理的上市公司，深入发掘收入分配调节、医疗改革、节能减排、金融创新以及扶植新兴产业等政策调整带来的结构性机会。

季度投资组合一览

项目 \ 季度	第三季度		第四季度	
基金资产净值	517,748,930.15元		432,118,554.13元	
基金份额	591,952,419.88份		436,655,352.97份	
基金份额净值	0.8746元		0.9896元	
基金资产组合	市值(元)	占总资产比(%)	市值(元)	占总资产比(%)
股票投资	409,131,996.81	78.71	343,586,817.36	79.07
债券投资	2,906,917.40	0.56	14,841,444.70	3.42
资产支持证券投资	——	——	——	——
金融衍生品投资	——	——	——	——
买入返售金融资产	——	——	——	——
银行存款和结算备付金	102,999,472.19	19.81	73,206,919.05	16.85
其他资产	4,783,305.67	0.92	2,882,393.22	0.66

投资前五名股票明细	股票名称	公允价值(元)	占净值比(%)	股票名称	公允价值(元)	占净值比(%)
	中国人寿	25,419,512.80	4.91	中国人寿	19,595,036.15	4.53
	招商银行	24,803,130.90	4.79	中信证券	19,465,479.00	4.50
	华侨城A	24,303,172.50	4.69	中国神华	19,368,625.00	4.48
	中信证券	23,126,747.00	4.47	招商银行	19,244,097.75	4.45
	万科A	23,002,962.76	4.44	西山煤电	18,972,521.69	4.39

投资前五名债券明细	债券名称	公允价值(元)	占净值比(%)	债券名称	公允价值(元)	占净值比(%)
	09长虹债	1,304,606.00	0.25	09哈城投	3,248,529.20	0.75
	龙盛转债	1,054,944.00	0.20	09锡交债	2,782,500.00	0.64
	西洋转债	547,367.40	0.11	龙盛转债	2,767,680.00	0.64
				西洋转债	2,548,515.00	0.59
				安泰转债	2,164,176.50	0.50

华富中证100指数证券投资基金

基本资料					
基金简称	华富中证100指数		交易代码	410008	
投资目标	该基金进行被动式指数化投资，通过严格的投资约束和数量化风险控制，力争控制净值增长率与业绩比较基准之间的日均跟踪偏离度的绝对值不超过0.35%和年跟踪误差不超过4%，以实现对中证100指数的有效跟踪。				
投资策略	该基金为被动式指数基金，该基金的标的指数为中证100指数。该基金原则上采用完全复制指数的投资策略，即按照标的指数成份股及其权重构建股票组合，并根据标的指数成份股及其权重的变动进行相应调整，力争净值增长率与业绩比较基准之间的跟踪误差最小化。				
业绩比较基准	中证100指数收益率×95%+1年期银行定期存款收益率（税后）×5%				
风险收益特征	该基金属于股票型基金，属于较高风险、较高收益的投资品种。一般情况下，其风险和收益高于混合型基金、债券型基金和货币市场基金。				
合同生效日	2009年12月30日	上市日期	——	上市地点	——
募集概况	首募份额	认购户数	募集日期		
	3.37亿份	3,911户	2009年11月23日至2009年12月25日		
基金费率	认购费率	认购金额（M） M<50万元 50万元≤M<200万元 200万元≤M<500万元 M≥500万元	认购费率 1.00% 0.60% 0.20% 1,000元/笔		
	申购费率	申购金额（M） M<50万元 50万元≤M<200万元 200万元≤M<500万元 M≥500万元	申购费率 1.20% 0.80% 0.30% 1,000元/笔		
	赎回费率	持有期限（天） 不满1年 1—2年（含1年） 2年以上（含2年）	赎回费率 0.50% 0.25% 0.00		
	管理费率	0.50%			
	托管费率	0.15%			
基金管理人	华富基金管理有限公司		基金托管人	交通银行	
审计机构	天健正信会计师事务所		注册登记人	华富基金管理有限公司	

基金管理团队

韩　玮先生：基金经理，清华大学工商管理硕士，10年证券从业经历。历任五洋期货经纪有限公司交易部经理、总经理助理；中国银河证券股份有限公司资产管理总部研究员、研究开发部副经理、投资管理部经理、投资副总监、总监。2009年7月加入华富基金管理有限公司，现任公司投资部总监兼华富价值增长混合基金经理；2009年12月起任华富中证100指数基金经理。

郭　晨先生：基金经理助理，四川大学管理学硕士，2年证券从业经历。历任平安资产管理公司运营管理部绩效分析师，东吴基金管理有限公司研究部、产品策略部金融工程研究员。2009年11月加入华富基金管理公司，2009年12月起任华富中证100指数基金经理助理。

光大保德信基金管理有限公司

法定名称	光大保德信基金管理有限公司	英文名称	Everbright Pramerica Fund Management Co.,Ltd.		
成立时间	2004年4月22日	注册资本	1.6亿元人民币	公司属性	中外合资
法人代表	林 昌	总 经 理	傅德修	督 察 长	盛 松
公司网址	www.epf.com.cn	客服电话	400-820-2888　021-5352 4620		
联系电话	021-3307 4700	传真号码	021-6335 1152		
注册地址	上海市延安东路222号外滩中心46层	办公地址	上海市延安东路222号外滩中心46层		

公司简介

光大保德信基金管理有限公司（以下简称"公司"）成立于2004年4月，由中国光大集团控股的光大证券股份有限公司和美国保德信金融集团旗下的保德信投资管理有限公司共同发起设立，公司总部设在上海，注册资本为人民币1.6亿元人民币，两家股东分别持有67%和33%的股份。

截至2009年12月31日，光大保德信基金管理有限公司旗下共管理8只开放式基金；管理基金资产规模398.26亿元人民币。

2009年旗下开放式基金业绩表现

截至日期：2009年12月31日

（单位：元；%）

基金类型	基金简称	设立日期	基金份额净值	净值增长率[①]	累计净值增长率[②]
股票型	光大保德信量化股票	2004-08-27	1.0074	90.61	235.51
	光大保德信红利股票	2006-03-24	2.5890	83.01	237.32
	光大保德信新增长股票	2006-09-14	1.3435	89.52	189.42
	光大保德信优势配置股票	2007-08-24	0.8401	79.32	-15.99
	光大保德信均衡精选股票	2009-03-04	1.2295	36.54	36.54
混合型	光大保德信动态优选混合	2009-10-28	1.041	4.10	4.10
债券型	光大保德信增利收益债券A	2008-10-29	1.039	1.86	3.90
	光大保德信增利收益债券C	2008-10-29	1.035	1.57	3.50
货币型	光大保德信货币	2005-06-09	1.0000	1.48	11.20

注：①净值增长率指该基金2009年度的份额净值增长率；②累计净值增长率指该基金设立以来的份额净值增长率。

2009年管理公募基金概况

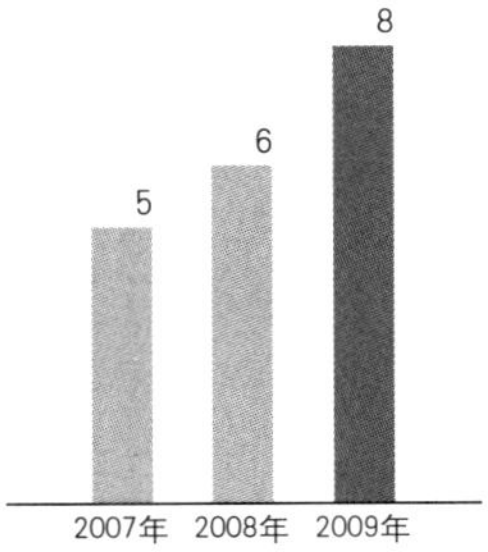

基金数量（只）

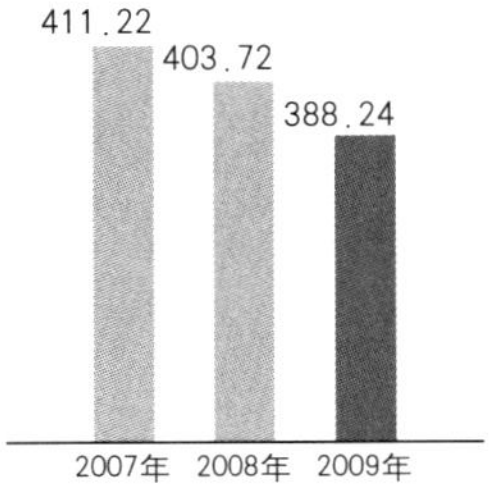

基金份额规模（亿份）

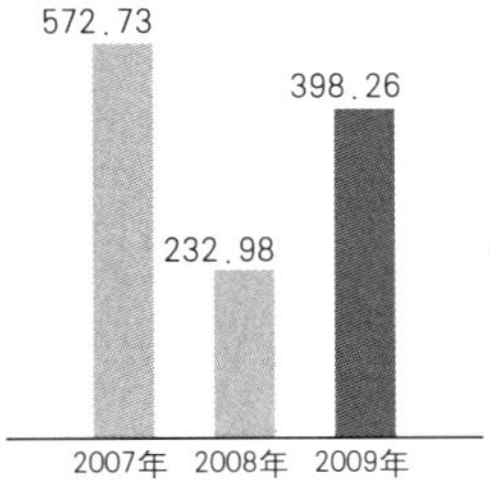

基金资产规模（亿元）

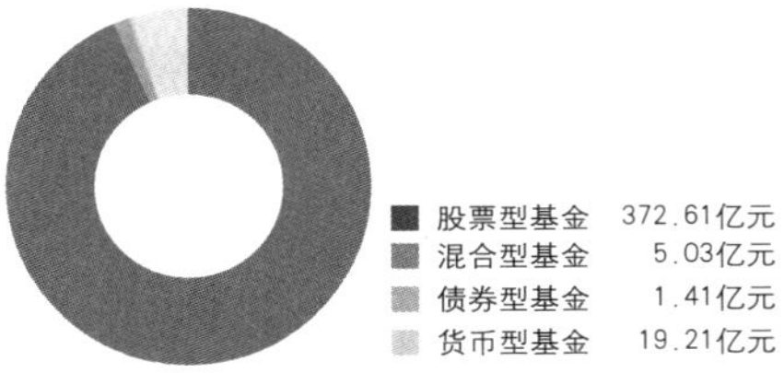

2009年基金资产规模构成

光大保德信量化核心证券投资基金

基本资料					
基金简称	光大保德信量化股票	交易代码	360001		
风险收益特征	该基金属于风险程度中等偏高的基金品种，按照风险收益配比原则对投资组合进行严格的风险管理，在风险限制范围内追求收益最大化。				
业绩比较基准	90%×新华富时中国A200指数+10%×同业存款利率				
合同生效日	2004年8月27日	首募份额	25.44亿份	认购户数	10,835户
基金管理人	光大保德信基金管理有限公司	基金托管人	中国光大银行		
注册登记人	光大保德信基金管理有限公司				

成立来累计净值增长率与同期基准收益率历史走势对比图（%）

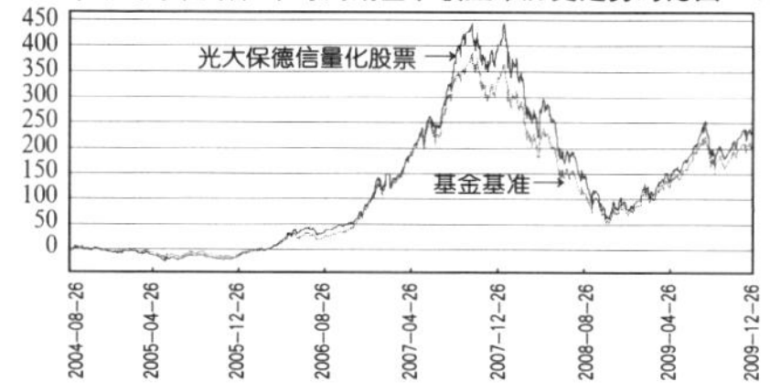

财务指标　单位：人民币（元）；%

项目＼年度	2009年	2008年	2007年
本期利润	7,798,666,505.60	−15,762,281,481.39	2,738,794,735.60
本期加权平均净值利润率	58.38	−104.21	25.48
期末基金资产净值	15,357,148,200.93	8,336,445,706.27	28,478,945,161.14
期末基金份额净值	1.0074	0.5285	1.4993
本期份额净值增长率	90.61	−64.75	155.61
累计份额净值增长率	235.51	76.02	399.29
基金收益分配	——	——	10派1.000

近三年净值增长率与同期基准收益率对比图（%）

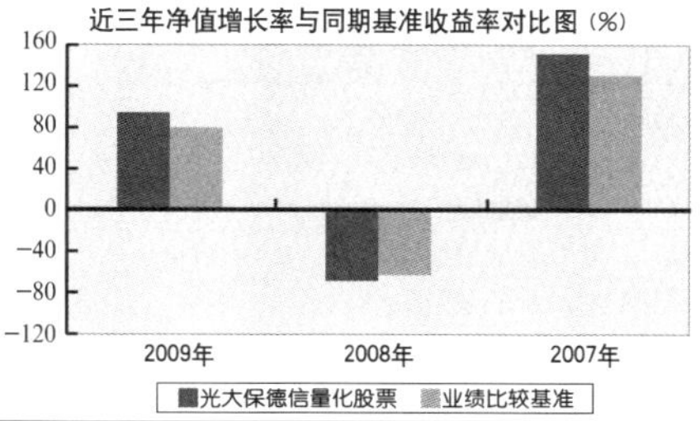

期末基金份额持有人户数	基金份额持有人户数为772,743户，平均每户持有19，726.77份。　（期末截至2009年12月31日）
期末基金份额持有人结构	机构投资者持有1,522,811,438.17份，占总份额9.99%；个人投资者持有13,720,911，683.38份，占总份额90.01%。

基金业绩表现

截至2009年12月31日，光大保德信量化股票基金份额净值为1.0074元，全年净值增长率为90.61%；同期业绩基准收益率为80.20%。

基金管理团队

袁宏隆先生：基金经理、副总经理、首席投资总监，美国南卡罗莱纳大学国际商业研究硕士、台北淡江大学国际贸易学系学士，CFA，24年证券从业经历。曾任国际证券投资信托公司投资研究部经理，台湾获多利詹金宝投资顾问公司总经理，加拿大伦敦人寿保险公司权益证券投资部资深副总经理、常务董事，台北荷银证券投资信托公司执行副总裁、首席投资总监；2007年6月起任光大保德信量化股票基金经理。

基金运作分析

2009年，中国股市出现了领先全球的复苏走势，上证综指全年上涨幅度达到79.98%。

纵观2009年全年，光大保德信量化股票基金在2008 年末准确判断了宏观政策转向对经济和资本市场的刺激和推动作用，也抓住了主要宏观变量的分析脉络，该基金在仓位配置和行业配置节奏上取得较好效果，全年获得较好的收益。

2010年，基于市场分析，总体而言，光大保德信量化股票基金在投资上需要特别关注外需的复苏程度，以应对市场新的动力、宏观上新的变量和政策变化，投资操作上需要谨慎。

季度投资组合一览

项目＼季度	第一季度		第二季度		第三季度		第四季度	
基金资产净值	11,627,373,744.11元		14,599,469,841.56元		13,502,784,837.29元		15,357,148,200.93元	
基金份额	16,414,073,829.35份		16,590,436,028.70份		15,977,040,277.58份		15,243,723,121.55份	
基金份额净值	0.7084元		0.8800元		0.8451元		1.0074元	
基金资产组合	市值(元)	占总资产比(%)	市值(元)	占总资产比(%)	市值(元)	占总资产比(%)	市值(元)	占总资产比(%)
股票投资	10,418,400,853.82	89.24	13,662,038,603.11	91.05	12,746,502,612.16	94.06	14,194,701,305.61	92.11
债券投资	——	——	——	——	——	——	——	——
金融衍生品投资	——	——	——	——	——	——	——	——
买入返售金融资产	——	——	——	——	——	——	——	——
银行存款和结算备付金	1,248,282,880.79	10.70	1,115,654,893.84	7.43	791,893,484.53	5.84	1,029,404,703.41	6.68
其他资产	7,561,772.88	0.06	227,943,373.61	1.52	12,515,760.46	0.09	187,266,649.69	1.22

投资前五名股票明细	股票名称	公允价值(元)	占净值比(%)	股票名称	公允价值(元)	占净值比(%)	股票名称	公允价值(元)	占净值比(%)	股票名称	公允价值(元)	占净值比(%)
	中国联通	547,643,953.69	4.71	中金岭南	639,543,861.32	4.38	中国太保	693,154,128.59	5.13	中国太保	667,784,505.78	4.35
	中国人寿	523,698,934.77	4.50	中国太保	581,871,450.84	3.99	中信证券	548,552,208.15	4.06	中金岭南	643,811,946.30	4.19
	中国太保	453,054,697.52	3.90	深发展A	565,713,611.60	3.87	中国平安	544,980,485.40	4.04	民生银行	621,932,775.31	4.05
	工商银行	446,485,449.20	3.84	工商银行	543,198,156.04	3.72	中金岭南	501,560,971.84	3.71	驰宏锌锗	528,847,648.00	3.44
	深发展A	420,460,442.36	3.62	招商银行	497,388,560.58	3.41	中国联通	479,023,946.70	3.55	上海机场	476,367,250.32	3.10
投资前五名债券明细	债券名称	公允价值(元)	占净值比(%)	债券名称	公允价值(元)	占净值比(%)	债券名称	公允价值(元)	占净值比(%)	债券名称	公允价值(元)	占净值比(%)
	——			——			——			——		

光大保德信货币市场基金

基本资料					
基金简称	光大保德信货币	交易代码	360003		
风险收益特征	从长期平均值来看，该基金属于低风险的基金品种，风险程度低于其他类型的基金品种。该基金按照风险收益配比原则对投资组合进行严格的风险管理，将风险水平控制在既定目标之内，在风险限制范围内追求收益最大化。				
业绩比较基准	一年期银行定期储蓄存款的税后利率				
合同生效日	2005年6月9日	首募份额	14.40亿份	认购户数	3,604户
基金管理人	光大保德信基金管理有限公司	基金托管人	招商银行		
注册登记人	光大保德信基金管理有限公司				

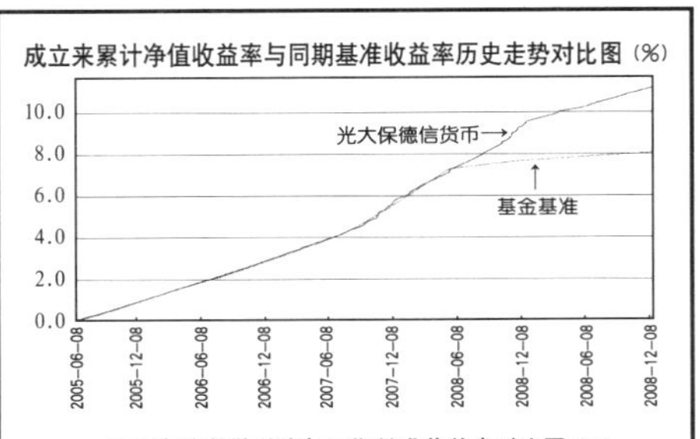

财务指标　单位：人民币（元）；%

项目 \ 年度	2009年	2008年	2007年
本期利润	8,218,338.55	19,705,019.29	15,739,972.05
期末基金资产净值	1,921,016,080.68	813,709,832.13	472,768,054.08
期末基金份额净值	1.0000	1.0000	1.0000
本期份额净值收益率	1.48	3.47	2.84
累计份额净值收益率	11.20	9.58	5.90
基金收益分配	8,218，338.55	19,705,019.29	15,739,972.05

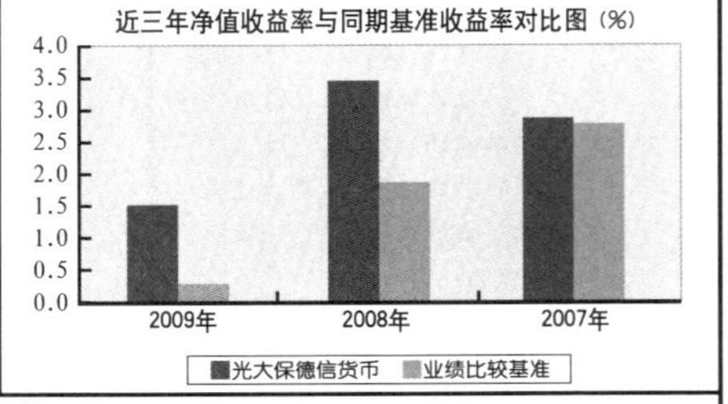

期末基金份额持有人户数	基金份额持有人户数为10,251户，平均每户持有187，376.58份。　（期末截至2009年12月31日）
期末基金份额持有人结构	机构投资者持有1，465,716，745.73份，占总份额76.31%；个人投资者持有455,080，550.45份，占总份额23.69%。

基金业绩表现

2009年光大保德信货币基金全年净值增长率为1.48%，同期业绩基准收益率为0.34%。

基金管理团队

于海颖女士：基金经理，硕士，7年证券从业经历。2004年4月至2006年4月在北方国际信托投资公司从事固定收益工作。2006年5月加入光大保德信基金管理公司，先后担任债券交易员和货币基金经理助理；2007年11月起担任光大保德信货币基金经理；2008年10月起任光大保德信增利债券基金经理。

基金运作分析

2009年，货币市场基本是在流动性充裕的背景下运行，虽然新股的发行对短期利率有一定的冲击，但是在适度宽松的货币政策下，回购利率长期在低位维持。

在光大保德信货币基金的日常操作中，该基金管理人根据宏观经济和市场利率水平采取了不同的操作策略。根据基金规模的动态变化，对组合内的持券进行动态调整。在兼顾收益性、流动性的前提下，配置了流动性相对良好的短期融资券和央行票据品种，以期在整体收益率曲线陡峭化的背景下，提高基金投资收益水平。

2010年，该基金管理人分析货币市场将从2009年的宽松状态回归正常，短期利率也将会逐步上行。在组合的操作方面，将会关注市场短期流动性变动趋势，维持此前的稳健操作手法，努力继续保持组合的良好流动性和收益水平。

季度投资组合一览

项目 \ 季度	第一季度		第二季度		第三季度		第四季度	
基金资产净值	707,011,667.51元		498,133,536.25元		308,194,159.28元		1,921,016,080.68元	
基金份额	707,011,667.51份		498,133,536.25份		308,194,159.28份		1,921,016,080.68份	
基金份额净值	1.000元		1.000元		1.000元		1.000元	
基金资产组合	市值(元)	占总资产比(%)	市值(元)	占总资产比(%)	市值(元)	占总资产比(%)	市值(元)	占总资产比(%)
股票投资	——	——	——	——	——	——	——	——
债券投资	599,385,184.38	71.63	378,739,018.52	75.95	269,185,336.36	87.21	190,144,144.46	9.90
金融衍生品投资	——	——	——	——	——	——	——	——
买入返售金融资产	——	——	——	——	——	——	180,007,590.01	9.37
银行存款和结算备付金	201,741,297.21	24.11	115,111,069.61	23.08	39,243,121.40	12.71	1,207,717,898.06	62.85
其他资产	35,705,052.06	4.27	4,800,287.15	0.96	224,488.16	0.07	343,628,989.48	17.88

投资前五名债券明细	债券名称	成本(元)	占净值比(%)	债券名称	成本(元)	占净值比(%)	债券名称	成本(元)	占净值比(%)	债券名称	成本(元)	占净值比(%)
	08央行票据46	99,917,051.79	14.13	08央行票据95	99,843,148.75	20.04	08央票112	99,882,015.37	32.41	09央行票据49	39,980,452.96	2.08
	08央行票据95	99,558,310.51	14.08	08央票112	99,662,289.21	20.01	09央行票据39	29,938,091.84	9.71	09农发04	29,966,119.69	1.56
	08央票112	99,373,277.65	14.06	08央票108	49,872,684.86	10.01	09央行票据37	29,852,369.85	9.69	09央行票据61	29,939,176.85	1.56
	08农发10	50,231,190.12	7.10	09日照港CP01	30,265,472.65	6.08	09浙物产CP01	20,003,174.47	6.49	07农发15	20,232,089.05	1.05
	08央票108	49,736,742.07	7.03	09招金CP01	29,869,310.82	6.00	09厦钨CP02	20,001,206.34	6.49	09浙物产CP01	20,002,299.94	1.04

投资组合平均剩余期限	平均剩余期限	占净值比(%)	平均剩余期限	占净值比(%)	平均剩余期限	占净值比(%)	平均剩余期限	占净值比(%)
	30天以内	42.67	30天以内	23.11	30天以内	45.14	30天以内	74.32
	30天(含)—60天	0.00	30天(含)—60天	20.04	30天(含)—60天	25.88	30天(含)—60天	1.56
	60天(含)—90天	11.37	60天(含)—90天	10.01	60天(含)—90天	0.00	60天(含)—90天	1.56
	90天(含)—180天	23.95	90天(含)—180天	20.01	90天(含)—180天	0.00	90天(含)—180天	0.00
	180天(含)—397天（含）	35.33	180天(含)—397天（含）	25.97	180天(含)—397天（含）	29.05	180天(含)—397天（含）	4.70

光大保德信红利股票型证券投资基金

基本资料					
基金简称	光大保德信红利股票		交易代码	360005	
风险收益特征	该基金为主动操作的股票型基金，属于中高风险的基金品种。该基金力争在科学的风险管理的前提下，谋求实现基金财产的安全和增值。				
业绩比较基准	75%×上证红利指数+20%×天相国债全价指数+5%×银行活期存款利率				
合同生效日	2006年3月24日	首募份额	5.32亿份	认购户数	4,061户
基金管理人	光大保德信基金管理有限公司			基金托管人	兴业银行
注册登记人	光大保德信基金管理有限公司				

财务指标			单位：人民币（元）；%
项目／年度	2009年	2008年	2007年
本期利润	2,305,916,361.11	−5,234,253,926.74	1,493,417,514.89
本期加权平均净值利润率	56.70	−91.68	59.36
期末基金资产净值	4,442,002,087.80	2,771,264,317.46	6,534,154,205.82
期末基金份额净值	2.5890	1.4147	4.0204
本期份额净值增长率	83.01	−58.10	175.07
累计份额净值增长率	237.32	84.32	339.86
基金收益分配	——	10派5.180	10派1.000

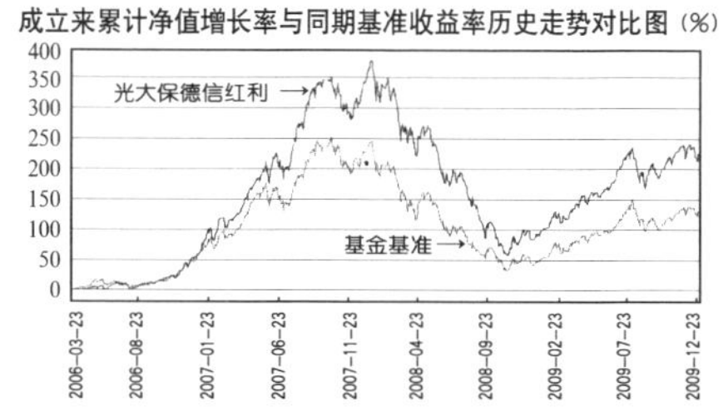

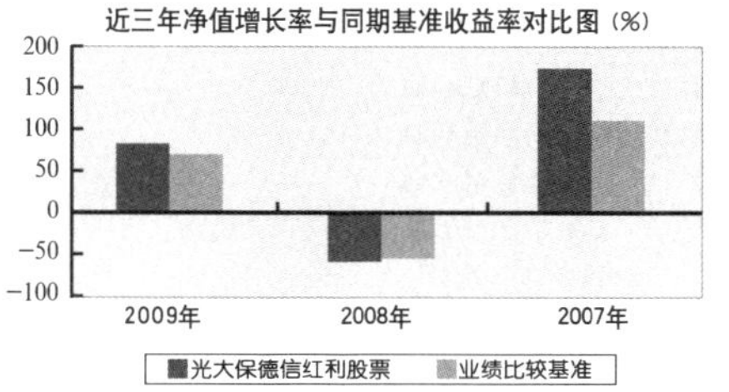

期末基金份额持有人户数	基金份额持有人户数为110,310户，平均每户持有15,553.61份。（期末截至2009年12月31日）
期末基金份额持有人结构	机构投资者持有400,509，153.29份，占总份额23.34%；个人投资者持有1,315，209，810.97份，占总份额76.66%。

基金业绩表现

截至2009年12月31日，光大保德信红利股票基金份额净值为2.5890元，全年净值增长率为83.01%；同期业绩基准收益率为66.77%。

基金管理团队

许春茂先生：基金经理、投资总监，英国兰卡斯特大学金融学硕士，10年证券从业经历。曾任北京华融资产管理公司高级投资经理，泰信基金管理公司基金经理助理、高级研究员。2005年加入光大保德信基金管理公司，担任光大保德信红利股票基金经理助理；现任公司投资总监兼光大保德信红利股票基金经理、光大保德信均衡精选股票基金经理。

基金运作分析

2009年初，光大保德信红利股票基金对贷款超常规释放带来的流动性推升资产价格的局面有所预判，二季度，该基金通过对房市和车市等微观市场的实地调研和紧密跟踪，确认了经济回升的态势，在前两个季度，光大保德信红利股票基金保持较高仓位操作，为全年基金取得较好收益奠定了基础；三季度，该基金积极调整了部分持仓组合，个别持股的超额收益提升了基金总体收益水平。全年来看，光大保德信红利股票基金年收益率为83.01%，超越比较基准16.24%，在所有股票型基金中收益率排名前四分之一。

2010年，管理人认为投资管理不仅需要降低收益率预期，更要回到投资的本源，通过对行业的紧密跟踪和个股的精耕细作，去发掘真正的高成长股票，并通过分享这些股票的成长，来提升整体基金的收益率水平。

季度投资组合一览

项目／季度	第一季度		第二季度		第三季度		第四季度	
基金资产净值	3,595,479,753.14元		4,361,114,684.17元		4,223,156,577.52元		4,442,002,087.80元	
基金份额	1,955,449,470.23份		1,987,875,349.87份		1,909,617,828.50份		1,715,718,964.26份	
基金份额净值	1.8387元		2.1939元		2.2115元		2.5890元	
基金资产组合	市值(元)	占总资产比(%)	市值(元)	占总资产比(%)	市值(元)	占总资产比(%)	市值(元)	占总资产比(%)
股票投资	2,989,711,521.05	82.58	3,895,957,152.02	88.26	3,763,533,840.36	88.80	3,954,836,045.92	88.72
债券投资	——	——	——	——	13,012,565.70	0.31	——	——
金融衍生品投资	——	——	——	——	——	——	——	——
买入返售金融资产	——	——	——	——	——	——	——	——
银行存款和结算备付金	628,734,197.81	17.37	477,418,836.13	10.82	455,185,434.43	10.74	474,864,664.47	10.65
其他资产	1,728,936.63	0.05	40,790,391.92	0.92	6,628,916.64	0.16	27,732,412.47	0.62

投资前五名股票明细	股票名称	公允价值(元)	占净值比(%)	股票名称	公允价值(元)	占净值比(%)	股票名称	公允价值(元)	占净值比(%)	股票名称	公允价值(元)	占净值比(%)
	浦发银行	138,096,000.00	3.84	浦发银行	184,160,000.00	4.22	建设银行	183,888,900.00	4.35	建设银行	210,017,854.49	4.73
	交通银行	135,030,000.00	3.76	中国平安	178,056,000.00	4.08	东方电气	174,567,850.00	4.13	招商银行	183,206,814.10	4.12
	特变电工	125,571,433.26	3.49	交通银行	151,368,000.00	3.47	浦发银行	172,918,919.25	4.09	中信证券	177,911,682.30	4.01
	中信证券	114,615,000.00	3.19	中信证券	135,648,000.00	3.11	中国平安	148,379,127.00	3.51	北京银行	151,620,977.74	3.41
	招商地产	114,087,000.00	3.17	北京银行	130,076,113.86	2.98	中信证券	140,055,749.90	3.32	东方电气	144,378,585.81	3.25

投资前五名债券明细	债券名称	公允价值(元)	占净值比(%)	债券名称	公允价值(元)	占净值比(%)	债券名称	公允价值(元)	占净值比(%)	债券名称	公允价值(元)	占净值比(%)
							博汇转债	13,012,565.70	0.31			

光大保德信新增长股票型证券投资基金

基本资料					
基金简称	光大保德信新增长股票	交易代码	360006		
风险收益特征	该基金为主动操作的股票型基金，属于高风险的基金品种。该基金力争在科学的风险管理的前提下，谋求实现基金财产的安全和增值。				
业绩比较基准	75%×新华富时A200成长指数＋20%×天相国债全价指数＋5%×银行同业存款利率				
合同生效日	2006年9月14日	首募份额	4.10亿份	认购户数	6,095户
基金管理人	光大保德信基金管理有限公司	基金托管人	招商银行		
注册登记人	光大保德信基金管理有限公司				

成立来累计净值增长率与同期基准收益率历史走势对比图（%）

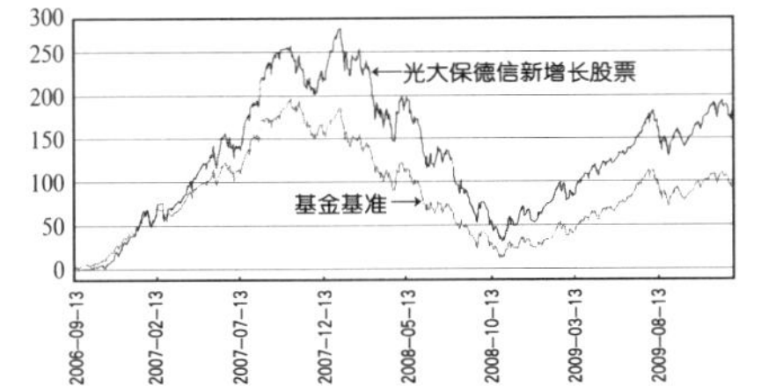

财务指标 单位：人民币（元）；%

项目 \ 年度	2009年	2008年	2007年
本期利润	1,246,864,706.77	−1,738,205,453.50	588,589,341.43
本期加权平均净值利润率	56.16	−90.80	66.65
期末基金资产净值	2,802,697,063.69	1,192,874,787.39	1,808,231,506.98
期末基金份额净值	1.3435	0.7089	1.6299
本期份额净值增长率	89.52	−56.51	153.96
累计份额净值增长率	189.42	52.71	251.15
基金收益分配	——	——	10派12.800

近三年净值增长率与同期基准收益率对比图（%）

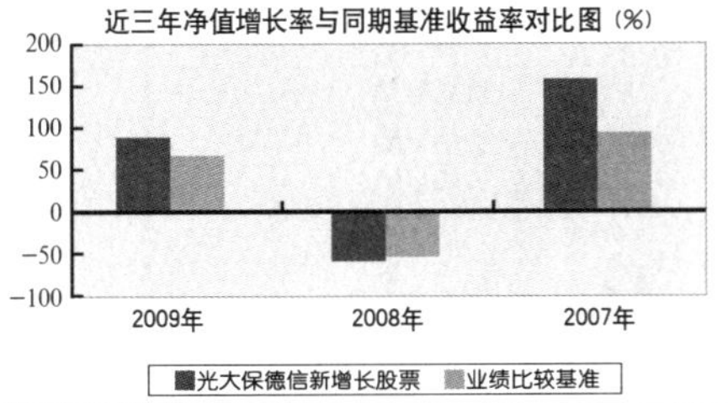

期末基金份额持有人户数	基金份额持有人户数为56,040户，平均每户持有37,225.44份。（期末截至2009年12月31日）
期末基金份额持有人结构	机构投资者持有888，933，474.68份，占总份额42.61%；个人投资者持有1，197，180，175.39份，占总份额57.39%。

基金业绩表现

截至2009年12月31日，光大保德信新增长股票基金份额净值为1.3435元，全年净值增长率为89.52%；同期业绩基准收益率为65.83%。

基金管理团队

钱 钧先生：基金经理，南京大学工商管理硕士，11年证券从业经历。曾在联合证券及西部证券担任高级研究员，2007年1月加入光大保德信基金管理公司，先后担任高级研究员和光大保德信新增长股票基金经理助理；2007年9月起任光大保德信新增长股票基金经理。

基金运作分析

出于对中国经济的长期看好，光大保德信新增长股票基金在2009年坚持超配的投资策略，这一整体战略在2009年取得较大的成功，全年净值增长率达到89.52%，业绩表现好于基准。

2010年，基于市场分析，光大保德信新增长股票基金将在适度高仓位的情况下，采取两腿走路的方式：一方面对处于泡沫中的房地产以及与其相关的周期品努力争取绝对收益；另一方面，则是通过自下而上的方式在大消费、大能源、大军工、大TMT以及国家主导的区域经济发展规划中寻找合适的投资素材，为广大投资者争取更大回报。

季度投资组合一览

项目 \ 季度	第一季度		第二季度		第三季度		第四季度	
基金资产净值	1,936,979,079.24元		2,293,552,188.93元		2,312,156,458.95元		2,802,697,063.69元	
基金份额	2,033,391,832.02份		2,051,475,032.54份		2,062,274,307.45份		2,086,113,650.07份	
基金份额净值	0.9526元		1.1180元		1.1212元		1.3435元	
基金资产组合	市值(元)	占总资产比(%)	市值(元)	占总资产比(%)	市值(元)	占总资产比(%)	市值(元)	占总资产比(%)
股票投资	1,551,316,612.41	78.49	1,906,833,869.59	80.20	1,906,592,370.65	82.22	2,448,651,187.57	87.04
债券投资	——	——	——	——	13,258,295.60	0.57	——	——
金融衍生品投资	——	——	——	——	——	——	——	——
买入返售金融资产	——	——	——	——	——	——	——	——
银行存款和结算备付金	393,011,455.04	19.88	287,222,780.20	12.08	397,103,126.44	17.13	335,715,086.66	11.93
其他资产	32,160,157.18	1.63	183,420,580.81	7.71	1,857,253.30	0.08	29,024,997.51	1.03

投资前五名股票明细	股票名称	公允价值(元)	占净值比(%)	股票名称	公允价值(元)	占净值比(%)	股票名称	公允价值(元)	占净值比(%)	股票名称	公允价值(元)	占净值比(%)
	哈空调	83,748,152.94	4.32	浦发银行	118,971,250.38	5.19	浦发银行	121,204,520.85	5.24	浦发银行	133,787,585.61	4.77
	中信证券	75,383,151.48	3.89	兴业银行	82,286,489.37	3.59	兴业银行	81,682,830.93	3.53	兴业银行	110,512,565.77	3.94
	浦发银行	73,308,349.28	3.78	中信证券	69,510,669.84	3.03	中国平安	78,585,000.00	3.40	中国平安	104,671,000.00	3.73
	方大炭素	68,993,910.02	3.56	哈空调	67,903,784.10	2.96	博汇纸业	54,986,636.80	2.38	航天电器	98,139,125.04	3.50
	兴业银行	61,296,093.66	3.16	航天电器	65,638,372.34	2.86	新华百货	54,943,822.45	2.38	中信证券	63,847,660.68	2.28

投资前五名债券明细	债券名称	公允价值(元)	占净值比(%)	债券名称	公允价值(元)	占净值比(%)	债券名称	公允价值(元)	占净值比(%)	债券名称	公允价值(元)	占净值比(%)
							博汇转债	13,258,295.60	0.57			

光大保德信优势配置股票型证券投资基金

基本资料

基金简称	光大保德信优势配置股票	交易代码	360007		
风险收益特征	该基金为主动操作的股票型基金，属于较高风险的基金品种。该基金力争在科学的风险管理的前提下，谋求实现基金财产的安全和增值。				
业绩比较基准	75%×沪深300指数+25%×天相国债全价指数				
合同生效日	2007年8月24日	首募份额	99.06亿份	认购户数	439,926户
基金管理人	光大保德信基金管理有限公司	基金托管人	招商银行		
注册登记人	光大保德信基金管理有限公司				

成立来累计净值增长率与同期基准收益率历史走势对比图（%）

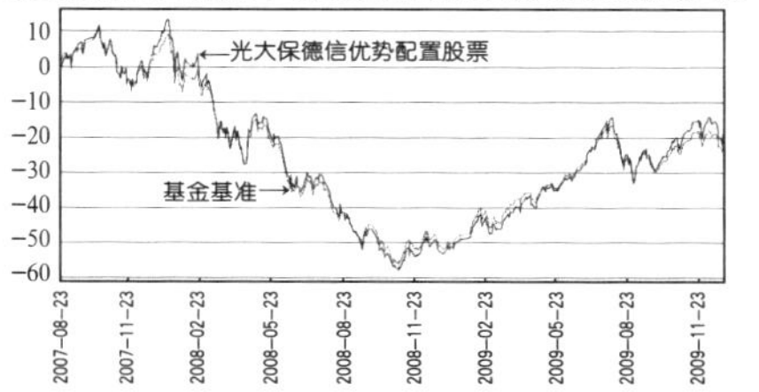

财务指标　　单位：人民币（元）；%

项目＼年度	2009年	2008年	2007.8.24至2007.12.31
本期利润	6,771,139,223.05	−11,454,624,718.74	468,070,712.31
本期加权平均净值利润率	54.54	−83.95	2.97
期末基金资产净值	14,099,356,744.50	8,803,440,022.61	19,978,811,825.51
期末基金份额净值	0.8401	0.4685	1.056
本期份额净值增长率	79.32	−55.63	5.60
累计份额净值增长率	−15.99	−53.15	5.60
基金收益分配	——	——	——

近三年净值增长率与同期基准收益率对比图（%）

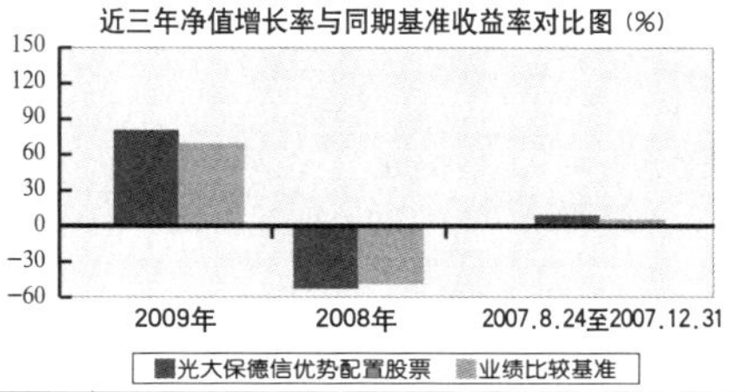

期末基金份额持有人户数	基金份额持有人户数为814,234户，平均每户持有20，611.59份。　（期末截至2009年12月31日）
期末基金份额持有人结构	机构投资者持有112,140，784.49份，占总份额0.67%；个人投资者持有16,670,246，224.58份，占总份额99.33%。

基金业绩表现

截至2009年12月31日，光大保德信优势配置股票基金份额净值为0.8401元，全年净值增长率为79.32%；同期业绩基准收益率为68.17%。

基金管理团队

高宏华女士：基金经理，法国格勒诺布尔大学商学院工商管理硕士，17年证券从业经历。曾在鞍山证券上海总部任行业研究员；鞍山证券任投资经理；上海成久投资发展公司任投资部经理；2004年7月至2006年7月在长信基金管理公司任高级研究员及基金经理助理；2006年8月至2007年8月任光大保德信基金管理公司投资部高级研究员；2007年8月起任光大保德信优势配置股票基金经理。

基金运作分析

2009年，光大保德信优势配置股票基金考虑当时整体市场同时处于底部，估值具备非常强的吸引力，选择了部分优秀的二线蓝筹股票进行重点配置并全年保持高仓，并在一季度增加组合的进攻性，增加煤炭、汽车、地产、钢铁等强周期性行业配置。全年看，该基金在煤炭、机械、汽车、3G等行业的配置给基金全年净值增长带来积极贡献，而金融、地产、钢铁、有色等行业虽然介入时机较好，但未能把握好波段操作机会，虽然这些资产阶段性表现良好，但从全年的角度未能给基金净值带来超额收益。

2010年，面对复杂的市场环境，光大保德信优势配置股票基金将重点关注在政府结构转型中受益行业。另一方面，重点观察经济向好从而造成资产价格上涨的投资机会，努力提高周期型行业的波段操作能力，为基金创造超额收益。

季度投资组合一览

项目＼季度	第一季度		第二季度		第三季度		第四季度	
基金资产净值	10,976,421,796.78元		13,019,168,450.51元		12,509,619,948.32元		14,099,356,744.50元	
基金份额	18,481,550,061.48份		18,011,186,361.15份		17,458,398,369.28份		16,782,657,009.07份	
基金份额净值	0.5939元		0.7228元		0.7165元		0.8401元	
基金资产组合	市值(元)	占总资产比(%)	市值(元)	占总资产比(%)	市值(元)	占总资产比(%)	市值(元)	占总资产比(%)
股票投资	8,494,930,401.64	77.00	11,293,522,499.04	86.05	10,479,844,499.27	83.59	12,188,418,104.99	86.18
债券投资	846,132,000.00	7.67	20,050,000.00	0.15	7,605,396.00	0.06	——	——
金融衍生品投资	——	——	——	——	——	——	——	——
买入返售金融资产	779,800,569.70	7.07	——	——	——	——	——	——
银行存款和结算备付金	829,702,011.38	7.52	1,479,828,842.94	11.28	2,042,443,916.34	16.29	1,420,174,127.70	10.04
其他资产	81,115,275.31	0.74	330,818,530.92	2.52	7,949,559.74	0.06	533,898,756.83	3.78

	股票名称	公允价值(元)	占净值比(%)	股票名称	公允价值(元)	占净值比(%)	股票名称	公允价值(元)	占净值比(%)	股票名称	公允价值(元)	占净值比(%)
投资前五名股票明细	浦发银行	482,155,892.96	4.39	兴业银行	705,691,553.10	5.42	兴业银行	616,667,500.00	4.93	兴业银行	685,270,000.00	4.86
	兴业银行	400,900,554.42	3.65	浦发银行	680,010,800.00	5.22	浦发银行	580,461,000.00	4.64	浦发银行	640,939,500.00	4.55
	中信证券	378,000,244.53	3.44	中国平安	440,782,969.68	3.39	中国平安	527,874,812.40	4.22	中国平安	572,936,000.00	4.06
	交通银行	201,590,762.28	1.84	中信证券	409,509,979.74	3.15	民生银行	357,142,638.28	2.85	中信证券	425,718,000.00	3.02
	中国平安	197,319,610.17	1.80	民生银行	334,191,828.96	2.57	中信证券	335,134,000.00	2.68	民生银行	419,139,209.02	2.97

	债券名称	公允价值(元)	占净值比(%)	债券名称	公允价值(元)	占净值比(%)	债券名称	公允价值(元)	占净值比(%)	债券名称	公允价值(元)	占净值比(%)
投资前五名债券明细	08央行票据92	242,925,000.00	2.21	09远洋地产债	20,050,000.00	0.15	博汇转债	7,605,396.00	0.06			
	08央票44	212,060,000.00	1.93									
	08央行票据49	125,255,000.00	1.14									
	08央行票据35	105,910,000.00	0.96									
	08央行票据52	96,400,000.00	0.88									

光大保德信增利收益债券型证券投资基金

基本资料					
基金简称	光大保德信增利收益债券	交易代码	A：360008 C：360009		
风险收益特征	该基金为债券型基金，属于低风险的基金品种，其预期收益和风险高于货币市场基金，低于混合型基金和股票型基金。				
业绩比较基准	中信标普全债指数				
合同生效日	2008年10月29日	募集规模	13.66亿份	申购户数	10,867户
基金管理人	光大保德信基金管理有限公司	基金托管人	中国建设银行		
注册登记人	光大保德信基金管理有限公司				

财务指标　　单位：人民币(亿元)；%

项目 \ 年度	2009年		2008年10月29日至2008年12月31日	
	A	C	A	C
本期利润	0.0059	−0.0783	0.1034	0.1776
本期加权平均净值利润率	0.27	−2.97	2.02	1.96
期末基金资产净值	0.8650	0.5463	4.4322	9.3684
期末基金份额净值	1.039元	1.035元	1.020元	1.019元
本期份额净值增长率	1.86	1.57	2.00	1.90
累计份额净值增长率	3.90	3.50	2.00	1.90
基金收益分配	——	——	——	——

期末基金份额持有人户数	A：基金份额持有人户数为2,230户，平均每户持有37,342.10份。 C：基金份额持有人户数为2,158户，平均每户持有24,468.52份。（期末截至2009年12月31日）
期末基金份额持有人结构	A：机构投资者持有56,698,643.62份，占总份额41.67%；个人投资者持有26,574,228.67份，占总份额19.53%。 C：机构投资者持有0份，占总份额0.00%；个人投资者持有52,803,072.34份，占总份额38.80%。

成立来累计净值增长率与同期基准收益率历史走势对比图（%）

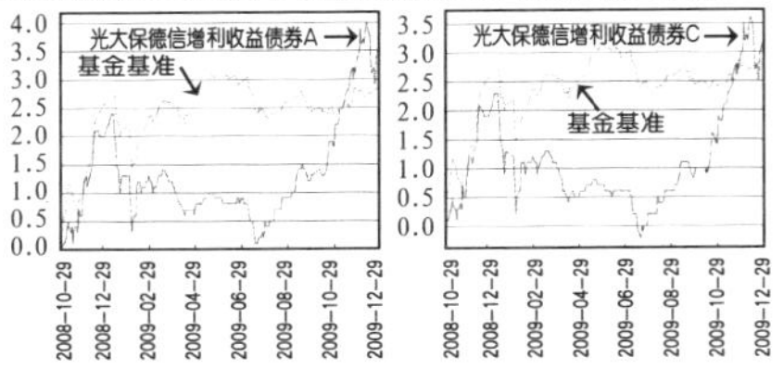

近两年净值增长率与同期基准收益率对比图（%）

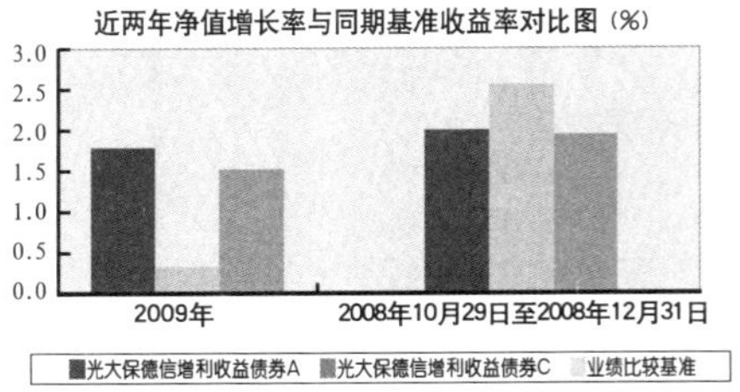

基金业绩表现

2009年光大保德信增利收益债券基金A类净值增长率为1.86%，C类净值增长率为1.57%；同期业绩基准收益率为0.27%。

基金管理团队

陆　欣先生：基金经理，复旦大学数量经济学硕士，4年证券从业经历。曾任中国银行全球金融市场部上海交易中心债券分析员，光大保德信基金管理公司高级债券研究员、宏观分析师，光大保德信增利收益债券基金经理助理；2009年12月起任光大保德信增利收益债券基金经理。

于海颖女士：基金经理，天津大学数量经济学硕士，7年证券从业经历。2006年5月加入光大保德信基金公司，先后任债券交易员和货币基金经理助理；2007年11月起任光大保德信货币基金经理；2008年10月起任光大保德信增利收益债券基金经理。

基金运作分析

2009年，在债券市场的运行方面，债券收益率曲线走势整体呈现陡峭化上行，其中长端的收益率水平较上年年末大幅上行，而短端在宽松的货币政策下，持续在低位维持。

2009年，在光大保德信增利收益债券基金的日常操作中，该基金管理人根据宏观经济的走势，全年采取短久期的操作策略，卖出了组合内部分长期品种，并增持部分高票息的信用产品，以期在整体收益率曲线上行的压力下，能够获得一定的票息保护。同时结合新股发行节奏的加快，也适度参与新股的申购，给组合带来了正贡献。

季度投资组合一览

项目 \ 季度	第一季度		第二季度		第三季度		第四季度	
	A	C	A	C	A	C	A	C
基金资产净值	1.7221亿元	4.0065亿元	1.1108亿元	1.8567亿元	1.3774亿元	0.8364亿元	0.8650亿元	0.5463亿元
基金份额	1.7026亿份	3.9665亿份	1.1013亿份	1.8451亿份	1.3598亿份	0.8284亿份	0.8327亿份	0.5280亿份
基金份额净值	1.011元	1.010元	1.009元	1.006元	1.013元	1.010元	1.039元	1.035元
基金资产组合	市值(元)	占总资产比(%)	市值(元)	占总资产比(%)	市值(元)	占总资产比(%)	市值(元)	占总资产比(%)
股票投资	——	——	——	——	5,038,860.42	2.24	16,654,486.93	11.67
债券投资	513,133,158.00	74.08	256,935,000.00	83.80	181,667,330.40	80.67	113,482,780.40	79.55
资产支持证券投资	——	——	——	——	——	——	——	——
银行存款和结算备付金	116,682,479.56	16.84	45,907,030.51	14.97	35,214,665.84	15.64	9,242,956.82	6.48
其他资产	62,898,116.93	9.08	3,760,776.01	1.23	3,272,135.25	1.45	3,276,927.59	2.30

	第一季度			第二季度			第三季度			第四季度		
投资前五名股票明细	股票名称	公允价值(元)	占净值比(%)	股票名称	公允价值(元)	占净值比(%)	股票名称	公允价值(元)	占净值比(%)	股票名称	公允价值(元)	占净值比(%)
	——			——			久其软件	558,983.94	0.25	招商证券	1,605,369.97	1.14
							神开股份	442,405.10	0.20	湘鄂情	1,555,877.04	1.10
							超华科技	423,577.68	0.19	南国置业	1,086,506.83	0.77
							博云新材	361,442.64	0.16	钢研高纳	973,400.70	0.69
							世联地产	314,105.40	0.14	洋河股份	846,147.77	0.60
投资前五名债券明细	债券名称	公允价值(元)	占净值比(%)	债券名称	公允价值(元)	占净值比(%)	债券名称	公允价值(元)	占净值比(%)	债券名称	公允价值(元)	占净值比(%)
	08央票53	212,300,000.00	37.06	08央票26	104,710,000.00	35.29	08央票53	51,865,000.00	23.43	08央票53	51,480,000.00	36.48
	08央票26	105,790,000.00	18.47	08央票53	73,549,000.00	24.79	08央票26	31,047,000.00	14.02	08央票26	30,816,000.00	21.84
	08国开04	54,865,000.00	9.58	09远洋地产债	30,075,000.00	10.13	08国债26	28,797,000.00	13.01	09鞍钢CP01	10,001,000.00	7.09
	08央票17	52,840,000.00	9.22	08国债26	29,283,000.00	9.87	09鞍钢CP01	19,998,000.00	9.03	09首发CP02	9,999,000.00	7.08
	08农发08	32,736,000.00	5.71	08央票101	19,318,000.00	6.51	09央票37	19,934,000.00	9.00	09远洋地产债	9,952,000.00	7.05

光大保德信均衡精选股票型证券投资基金

基本资料						
基金简称	光大保德信均衡精选股票		交易代码	360010		
风险收益特征	该基金为主动操作的股票型基金，属于证券投资基金中预期收益和风险均较高的基金品种。					
业绩比较基准	75%×沪深300指数+25%×天相国债全价指数收益率					
合同生效日	2009年3月4日	首募份额	10.41亿份	认购户数	14,757户	
基金管理人	光大保德信基金管理有限公司			基金托管人	中国建设银行	
注册登记人	光大保德信基金管理有限公司					

2009年累计净值增长率与同期基准收益率历史走势对比图（%）

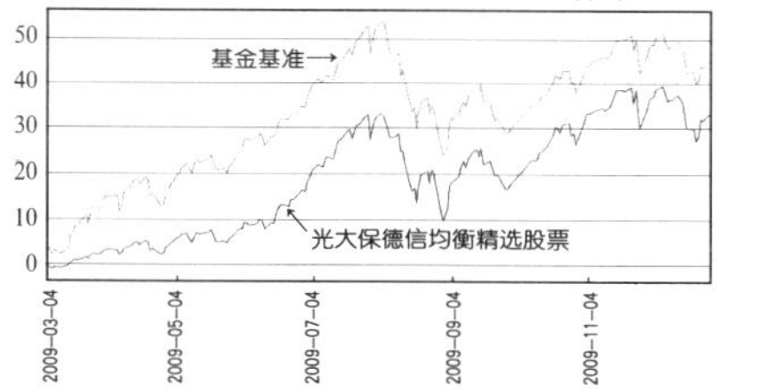

2009年净值增长率与同期基准收益率对比图（%）

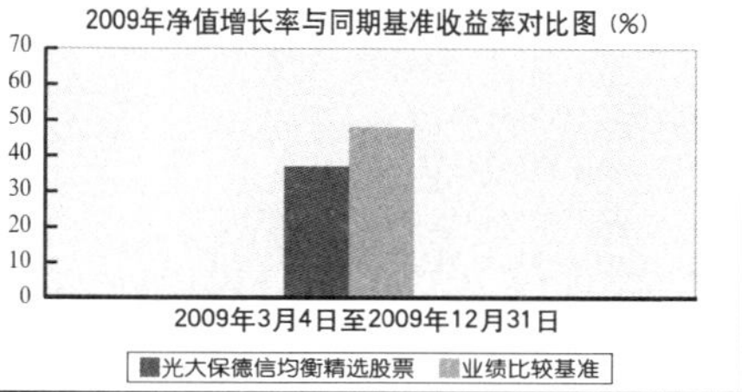

财务指标	单位：人民币（元）；%
项目 ＼ 年度	2009年3月4日至2009年12月31日
本期利润	266,456,562.73
本期加权平均净值利润率	32.49
期末基金资产净值	559,954,231.16
期末基金份额净值	1.2295
本期份额净值增长率	36.54
累计份额净值增长率	36.54
基金收益分配	10派1.200
期末基金份额持有人户数	基金份额持有人户数为8,581户，平均每户持有53,074.81份。（期末截至2009年12月31日）
期末基金份额持有人结构	机构投资者持有219,010,978.23份，占总份额48.09%；个人投资者持有236，423，936.50份，占总份额51.91%。

基金业绩表现

光大保德信均衡精选股票基金合同生效于2009年3月4日，截至2009年12月31日，该基金份额净值为1.2295元，成立以来净值增长率为36.54%；同期业绩基准收益率为48.46%。

基金管理团队

许春茂先生：基金经理、投资总监，英国兰卡斯特大学金融学硕士，10年证券从业经历。曾任北京华融资产管理公司高级投资经理，泰信基金管理公司基金经理助理、高级研究员。2005年加入光大保德信基金管理公司，担任光大保德信红利股票基金经理助理；现任公司投资总监兼光大保德信红利股票基金经理、光大保德信均衡精选股票基金经理。

基金运作分析

光大保德信均衡精选股票基金成立于2009年3月初，在成立初的建仓期，该基金通过对房市和车市等微观市场的实地调研和紧密跟踪，确认了经济回升的态势，并逐步提高了基金的股票仓位，为到年底基金取得较好收益奠定了基础。三季度，该基金积极调整了部分持仓组合，个别持股的超额收益提升了基金总体收益水平。总的来看，从成立之日到年底，光大保德信均衡精选股票基金收益率为36.54%。

2010年，该基金管理人认为投资管理不仅需要降低收益率预期，更要回到投资的本源，通过对行业的紧密跟踪和个股的精耕细作，去发掘真正的高成长股票，并通过分享这些股票的成长，来提升整体基金的收益率水平。

季度投资组合一览

项目 ＼ 季度	第二季度		第三季度		第四季度	
基金资产净值	978,745,708.17元		550,515,010.13元		559,954,231.16元	
基金份额	843,970,978.77份		518,886,993.67份		455,434,914.73份	
基金份额净值	1.1597元		1.0610元		1.2295元	
基金资产组合	市值(元)	占总资产比(%)	市值(元)	占总资产比(%)	市值(元)	占总资产比(%)
股票投资	876,036,967.35	88.56	490,166,497.54	88.31	491,002,130.90	87.25
债券投资	——	——	2,400,592.10	0.43	835,254.00	0.15
资产支持证券投资	——	——	——	——	——	——
金融衍生品投资	——	——	——	——	——	——
买入返售金融资产	——	——	——	——	——	——
银行存款和结算备付金	111,296,305.06	11.25	57,127,261.58	10.29	70,419,169.04	12.51
其他资产	1,844,521.13	0.19	5,378,578.91	0.97	520,866.18	0.09

	股票名称	公允价值(元)	占净值比(%)	股票名称	公允价值(元)	占净值比(%)	股票名称	公允价值(元)	占净值比(%)
投资前五名股票明细	交通银行	43,788,482.87	4.47	东方电气	28,194,000.00	5.12	民生银行	25,628,400.00	4.58
	北京银行	42,924,887.82	4.39	北京银行	24,122,000.00	4.38	东方电气	24,799,500.00	4.43
	金牛能源	42,570,000.00	4.35	徐工机械	19,133,012.40	3.48	中国神华	23,328,076.84	4.17
	万 科A	38,250,000.00	3.91	中国太保	18,927,161.65	3.44	金 融 街	19,407,987.87	3.47
	金 融 街	33,572,336.00	3.43	中国平安	18,759,000.00	3.41	中信证券	19,060,316.19	3.40
投资前五名债券明细	债券名称	公允价值(元)	占净值比(%)	债券名称	公允价值(元)	占净值比(%)	债券名称	公允价值(元)	占净值比(%)
				博汇转债	2,400,592.10	0.44	博汇转债	835,254.00	0.15

光大保德信动态优选灵活配置混合型证券投资基金

基本资料					
基金简称	光大保德信动态优选混合	交易代码	360011		
风险收益特征	该基金为混合型基金，属于证券投资基金中风险中高的品种，其预期收益和风险高于货币市场基金及债券基金，但低于股票型基金。				
业绩比较基准	55%×沪深300指数收益率+45%×中信标普国债指数收益率				
合同生效日	2009年10月28日	首募份额	7.33亿份	认购户数	6,998户
基金管理人	光大保德信基金管理有限公司	基金托管人	中国建设银行		
注册登记人	光大保德信基金管理有限公司				

2009年累计净值增长率与同期基准收益率历史走势对比图（%）

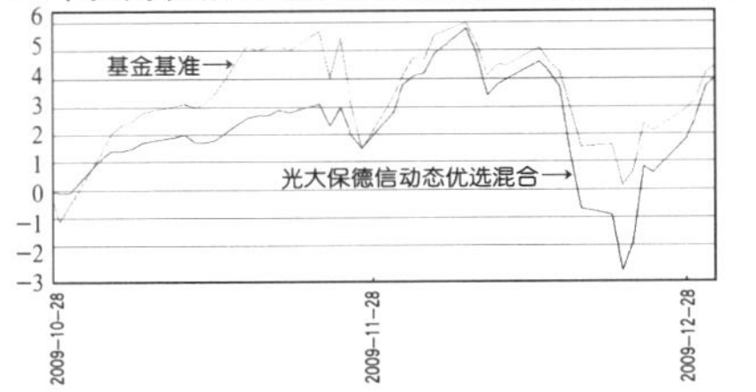

财务指标　单位：人民币（元）；%

项目 \ 年度	2009年10月28日至2009年12月31日
本期利润	27,882,201.86
本期加权平均净值利润率	4.28
期末基金资产净值	502,758,403.52
期末基金份额净值	1.041
本期份额净值增长率	4.10
累计份额净值增长率	4.10
基金收益分配	——

2009年净值增长率与同期基准收益率对比图（%）

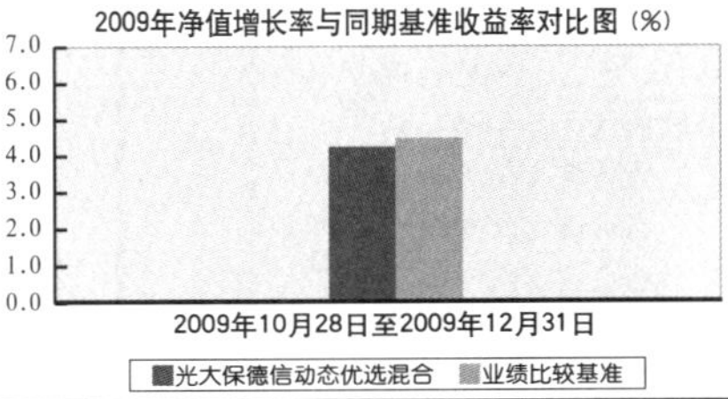

期末基金份额持有人户数	基金份额持有人户数为6,077户，平均每户持有79,499.26份。（期末截至2009年12月31日）
期末基金份额持有人结构	机构投资者持有137，674，882.10份，占总份额28.50%；个人投资者持有345，442，130.31份，占总份额71.50%。

基金业绩表现

光大保德信动态优选混合基金合同生效于2009年10月28日，截至2009年12月31日，该基金份额净值为1.041元，成立以来净值增长率为4.10%；同期业绩基准收益率为4.49%。

基金管理团队

王　健女士：基金经理，浙江大学生物物理学硕士，8年证券从业经历。2001年7月至2002年1月任上海转基因研究中心项目经理；2002年2月至2003年3月任上海联科科技投资公司项目经理；2003年7月至2007年8月任红塔证券研发中心医药研究员。2007年8月加入光大保德信基金管理公司，历任投资部高级研究员，光大保德信特定客户资产管理部投资经理；2009年10月起任光大保德信动态优选混合基金经理。

于进杰先生：基金经理，经济学硕士，CFA，7年证券从业经历。2004年7月至2006年6月任职于友邦华泰基金管理公司，任研究员；2006年6月加入光大保德信基金管理公司，历任投资部研究员，高级研究员，光大保德信红利股票基金经理助理；2009年10月起任光大保德信动态优选混合基金经理。

基金运作分析

光大保德信动态优选混合基金自2009年10月28日成立以来。由于三季度企业盈利基本符合预期，同时各项经济数据显示了强劲的复苏状态，但物价指标从底部开始反弹，市场对未来的通胀担忧开始抬升，市场步入震荡阶段。该基金整体上采取了较为稳健的建仓策略，出于对本金安全以及对未来震荡市场格局判断的考虑，结合企业盈利以及估值情况，予以稳步配置和调整，截至年底实现收益4.1%。

2010年，基于市场分析，管理人认为更需要关注投资标的真实盈利能力和成长潜能，风物长宜放眼量，在坚持把握风险的前提下努力为投资者创造更好的回报。

季度投资组合一览

项目 \ 季度	第四季度	
基金资产净值	502,758,403.52元	
基金份额	483,117,012.41份	
基金份额净值	1.041元	
基金资产组合	金额(元)	占总资产比例(%)
股票投资	399,806,461.01	77.71
存托凭证	——	——
债券投资	——	——
金融衍生品投资	——	——
买入返售金融资产	——	——
银行存款和结算备付金	113,046,333.44	21.97
其他资产	1,610,223.79	0.31

投资前五名股票明细

股票名称	公允价值(元)	占净值比例(%)
兴业银行	24,992,200.00	4.97
招商银行	23,465,000.00	4.67
民生银行	17,402,000.00	3.46
工商银行	14,144,000.00	2.81
鞍钢股份	13,919,168.00	2.77

投资前五名债券明细

债券名称	公允价值(元)	占净值比例(%)
——		

上投摩根基金所获荣誉

公司奖项

年度	所获荣誉	颁发单位
2010年	中国最受尊敬基金公司	理财周报
	中国最佳品牌建设案例	21世纪经济报道
	中国最佳服务特色奖	中国信息协会、中国服务贸易协会
2009年	年度基金理财品牌大奖	2009第一财经金融价值榜
	中国最佳品牌建设案例	21世纪经济报道
2008年	中国基金业十年杰出贡献奖	上海证券报
	中国最佳基金营销奖	21世纪经济报道
	年度最佳合资基金公司	亚洲资产管理杂志
	最佳品牌建设奖	21世纪经济报道
2007年	整体业绩优异奖	网易财经
	十大品牌基金公司	和讯网
	最有影响力基金投资教育奖	搜狐财经
2006年	明星基金管理人	搜狐理财
	金牛基金公司	中国证券报
	最佳营销服务奖	上海证券报
	最佳品牌建设奖	21世纪经济报道
2005年	客户服务明星奖	证券时报
	最佳品牌建设奖	21世纪经济报道

产品奖项

年度	所获荣誉		颁发单位
2010年	上投摩根内需动力基金	五星级基金	银河证券基金研究中心
	上投摩根阿尔法基金	四星级基金	银河证券基金研究中心
2009年	上投摩根中国优势基金	开放式混合型金牛基金	中国证券报
	上投摩根内需动力基金	五星级基金	晨星(Morningstar)
2008年	上投摩根阿尔法基金	三年优胜基金奖	上海证券报
	上投摩根阿尔法基金	五星级基金	银河证券基金研究中心
	上投摩根成长先锋基金	四星级基金	银河证券基金研究中心
	上投摩根双息平衡基金	四星级基金	银河证券基金研究中心

上投摩根基金管理有限公司

法定名称	上投摩根基金管理有限公司	英文名称	China International Fund Management Co.,Ltd.		
成立时间	2004年5月12日	注册资本	2.5亿元人民币	公司属性	中外合资
法人代表	陈开元	总 经 理	章硕麟	督 察 长	陈星德
公司网址	www.51fund.com	客服电话	400-889-4888　021-3879 4888		
联系电话	021-3879 4999	传真号码	021-6888 1170		
注册地址	上海市浦东富城路99号震旦国际大楼20层	办公地址	上海市浦东富城路99号震旦国际大楼20层		

公司简介

上投摩根基金管理有限公司成立于2004年5月，由上海国际信托有限公司（持股51%）和JP摩根资产管理（英国）有限公司（持股49%）共同组建。目前注册资本2.5亿元，为国内注册资本最大的基金公司。

借鉴摩根富林明资产管理150余年享誉全球的专业资产管理经验，结合上海国际信托丰富的本地金融运作经验，上投摩根将全力打造中国基金业的旗舰品牌，奉献给国内投资者先进的资产管理理念和国际化的投资管理服务。

成立六年来，无论投资环境多空变幻，上投摩根均不负重托，为客户争取主动管理回报。凭借旗下基金业绩表现，上投摩根在业内脱颖而出，赢得独立专业机构高度评价，并迅速跻身国内基金业领先行列。

年度经营

截至2010年6月底，上投摩根基金管理了11只开放式基金，包括5只股票型基金、3只混合型基金、1只债券型基金、1只货币市场基金和1只QDII基金。

在产品发行方面，自2009年以来，公司先后募集设立了上投摩根中小盘、上投摩根纯债、上投摩根行业轮动三只新基金，共募集资金约52.44亿元，认购总户数为6.3443万户。此外，公司于2010年1月份在台湾“证交所”登记投资账户，成为国内第二家取得入台投资资格的QDII机构。

在投资管理方面，上投摩根基金于2009年推出“投研群星计划”，公司的投研力量得到不断增强，业绩也得到明显提升，特别是在2010年市场波动加剧的市场环境下，多只基金业绩排名不断上升，公司权益类资产业绩排名在规模较大的基金公司中排名靠前。在《中国证券报》主办的“2009年度中国基金业金牛奖”评选活动中，上投摩根中国优势混合基金再度荣获“2009年度开放式混合型金牛基金”大奖。

客户服务

“始终站在第一线与投资人进行面对面沟通，更好地为客户提供服务”，是上投摩根基金公司一直以来真诚推进和坚持的准则。2009年，上投摩根基金积极举办各种现场讲座、参与现场咨询活动，并通过报纸、主流媒体、网站等形式，力求以视、听、阅多方面加强客户服务活动的广度和深度。2009年，“上投摩根博客圈”内容更加丰富，通过Blog，上投摩根投研团队、市场团队的专业人士将日常的投资心得、理财随想等内容及时与投资人互动沟通，传达正确的投资理念。同时，公司也通过网站与投资人定期沟通，2009年以来其网站推出了15场在线交流活动，共有6万多人次在线浏览。

社会责任

上投摩根基金历来重视社会公益事业，并希望通过持续的有系统的社会公益事业，回馈社会。2010年4月，青海玉树发生地震，公司第一时间向地震灾区捐款50万元，积极支持灾区重建。2008年，面对雪灾、地震等突如其来的天灾，公司及员工捐款共计150万元，其中的50万元赠予红十字基金会作为地震第一时间的捐助，100万元用于援建地震灾区的希望小学，所捐建的希望小学已于2009年建成并投入使用。2009年，在民政部、全国总工会、共青团中央、全国妇联等单位联合支持的“2008中国金融企业慈善榜”中，上投摩根基金公司获得了“基金业突出贡献奖”的殊荣。

2009年管理公募基金概况

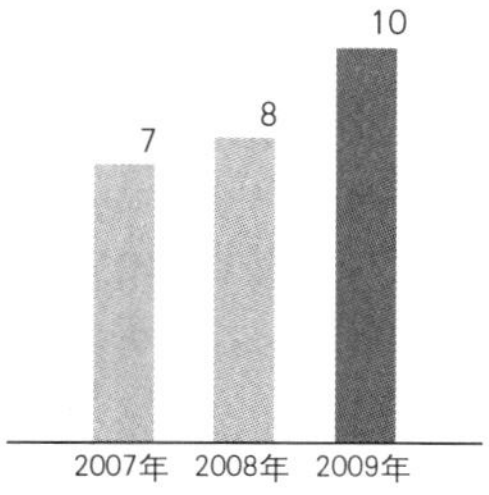

基金数量（只）

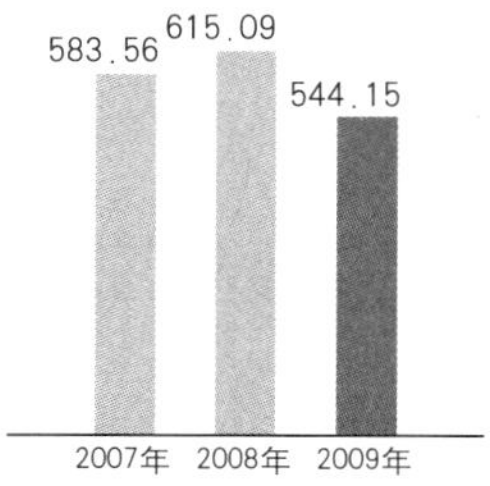

基金份额规模（亿份）

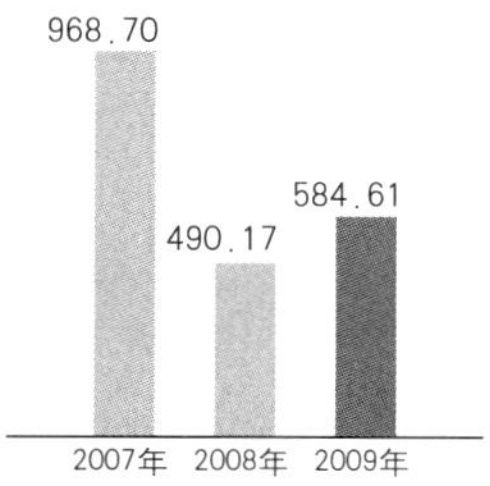

基金资产规模（亿元）

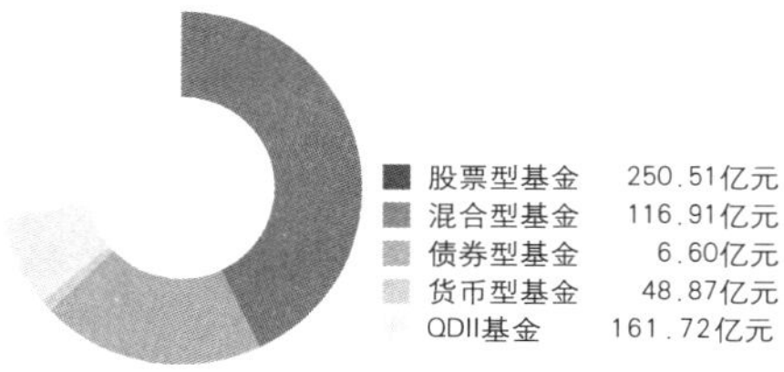

2009年基金资产规模构成

上投摩根中国优势证券投资基金

基本资料					
基金简称	上投摩根中国优势混合	交易代码	375010		
风险收益特征	该基金努力追求资产配置的动态平衡，在风险预算目标下使基金收益最大化，属于中等风险的基金品种。				
业绩比较基准	70%×新华富时中国A600指数收益率+25%×上证国债指数收益率+5%×同业存款利率				
合同生效日	2004年9月15日	首募份额	16.69亿份	认购户数	22,812户
基金管理人	上投摩根基金管理有限公司	基金托管人	中国建设银行		
注册登记人	上投摩根基金管理有限公司				

成立来累计净值增长率与同期基准收益率历史走势对比图（%）

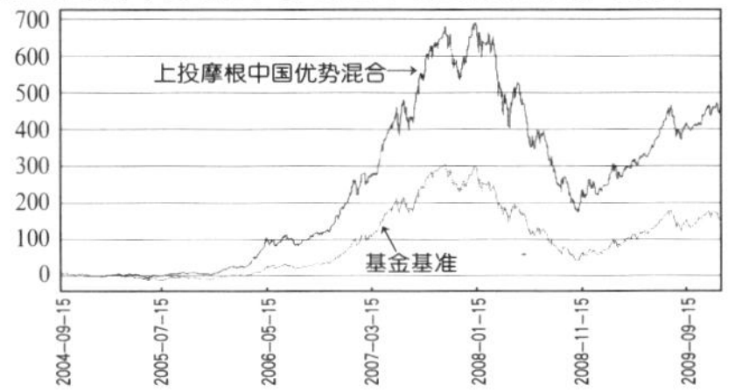

财务指标　单位：人民币（元）；%

项目 \ 年度	2009年	2008年	2007年
本期利润	3,643,609,135.52	−8,472,003,005.24	8,899,476,407.61
本期加权平均净值利润率	58.32	−90.71	87.20
期末基金资产净值	6,363,412,401.72	5,414,750,584.03	12,315,464,323.16
期末基金份额净值	2.8262	1.5632	5.7212
本期份额净值增长率	80.80	−57.24	150.25
累计份额净值增长率	480.21	220.92	650.58
基金收益分配	——	10派20.700	10派1.000

近三年净值增长率与同期基准收益率对比图（%）

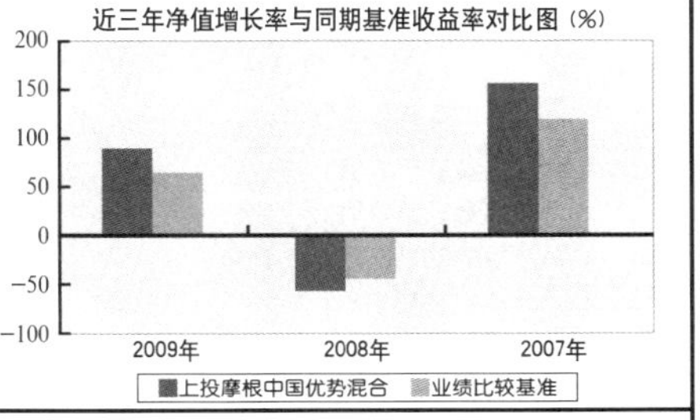

期末基金份额持有人户数	基金份额持有人户数为195,902户，平均每户持有11,493.29份。（期末截至2009年12月31日）
期末基金份额持有人结构	机构投资者持有143,469,813.34份，占总份额6.37%；个人投资者持有2,108,087,724.01份，占总份额93.63%。

基金业绩表现

2009年上投摩根中国优势混合基金全年净值增长率为80.80%，同期业绩基准收益率为67.48%；业绩表现优于基准。

基金管理团队

杨安乐先生：基金经理，上海交通大学博士，9年证券从业经历。曾就职于兴业证券研究发展中心、大成基金管理公司。2004年加入上投摩根基金管理公司，担任研究部总监助理、行业专家。曾任上投摩根中国优势混合基金经理助理、上投摩根成长先锋股票基金经理助理；2007年8月起任上投摩根中国优势混合基金经理。

王振州先生：基金经理，中原大学电子电机学士，企业管理硕士，8年证券从业经历。曾就职于宝来证券国际金融集团、日盛证券投资信托公司和元大证券投资信托公司。2007年9月加入上投摩根基金管理公司。曾任上投摩根成长先锋股票基金经理；2008年11月起任上投摩根中国优势混合基金经理；2009年1月起任上投摩根中小盘股票基金经理；2009年10月起任上投摩根双息平衡混合基金经理。

基金运作分析

基于流动性等特征，上投摩根中国优势混合基金在上半年采取高仓位运做，组合集中于与“4万亿”相关的钢铁、水泥、化工等行业以及金融、消费品行业。在8月份则将投资品全部转为消费品，并且大幅下降仓位。其后在四季度则增加了大盘蓝筹股以及部分消费个股的比重。

季度投资组合一览

项目 \ 季度	第一季度		第二季度		第三季度		第四季度	
基金资产净值	6,439,549,481.88元		6,340,843,463.37元		6,040,148,984.75元		6,363,412,401.72元	
基金份额	3,345,718,038.30份		2,710,868,070.35份		2,479,742,952.20份		2,251,557,537.35份	
基金份额净值	1.9247元		2.3390元		2.4358元		2.8262元	
基金资产组合	市值(元)	占总资产比(%)	市值(元)	占总资产比(%)	市值(元)	占总资产比(%)	市值(元)	占总资产比(%)
股票投资	5,556,004,862.04	85.50	5,855,873,227.95	91.47	4,178,375,096.88	68.12	5,360,788,486.73	83.54
债券投资	170,584,249.40	2.63	111,877,918.00	1.75	233,556,523.10	3.81	319,825,766.10	4.98
金融衍生品投资	——	——	——	——	——	——	——	——
买入返售金融资产	——	——	——	——	——	——	——	——
银行存款和结算备付金	756,139,936.91	11.64	412,489,442.51	6.44	1,649,531,176.72	26.89	718,048,630.83	11.19
其他资产	15,189,713.00	0.23	21,503,930.89	0.34	72,289,722.03	1.18	18,123,165.00	0.28

投资前五名股票明细

股票名称	公允价值(元)	占净值比(%)	股票名称	公允价值(元)	占净值比(%)	股票名称	公允价值(元)	占净值比(%)	股票名称	公允价值(元)	占净值比(%)
中国石化	320,123,040.90	4.97	中国石油	399,002,771.20	6.29	双汇发展	499,930,296.32	8.28	招商银行	622,685,073.40	9.79
工商银行	301,843,155.72	4.69	中国石化	388,103,992.64	6.12	华兰生物	360,689,056.00	5.97	中国石化	619,960,000.00	9.74
双汇发展	285,430,642.84	4.43	中国人寿	364,627,390.70	5.75	苏宁电器	294,472,442.88	4.88	工商银行	612,906,848.00	9.63
中国石油	282,727,283.23	4.39	马钢股份	351,987,175.32	5.55	燕京啤酒	293,612,169.90	4.86	双汇发展	612,075,310.20	9.62
S上石化	254,193,473.93	3.95	双汇发展	335,341,548.00	5.29	招商银行	260,153,820.66	4.31	燕京啤酒	606,841,157.52	9.54

投资前五名债券明细

债券名称	公允价值(元)	占净值比(%)	债券名称	公允价值(元)	占净值比(%)	债券名称	公允价值(元)	占净值比(%)	债券名称	公允价值(元)	占净值比(%)
08央票101	77,872,000.00	1.21	08央行票据101	77,272,000.00	1.22	09央行票据41	199,340,000.00	3.30	09央行票据46	137,536,000.00	2.16
08央票46	48,145,000.00	0.75	06国开05	30,582,000.00	0.48	06国开05	30,303,000.00	0.50	09央行票据44	98,250,000.00	1.54
06国开05	30,801,000.00	0.48	08国电债	4,023,918.00	0.06	08国电债	3,913,523.10	0.06	09央行票据51	49,835,000.00	0.78
08央票64	9,663,000.00	0.15							06国开05	30,210,000.00	0.47
08国电债	4,103,249.40	0.06							08国电债	3,994,766.10	0.06

上投摩根货币市场基金

基本资料			
基金简称	上投摩根货币	交易代码	A:370010　B:370010
风险收益特征	该基金属于中高流动性、低风险的基金品种，其预期风险和预期收益率都低于股票基金、债券基金和混合基金。		
业绩比较基准	同期七天通知存款利率(税后)		
合同生效日	2005年4月13日　首募份额　9.91亿份	认购户数	7,491户
基金管理人	上投摩根基金管理有限公司	基金托管人	中国建设银行
注册登记人	上投摩根基金管理有限公司		

成立来累计净值收益率与同期基准收益率历史走势对比图 (%)

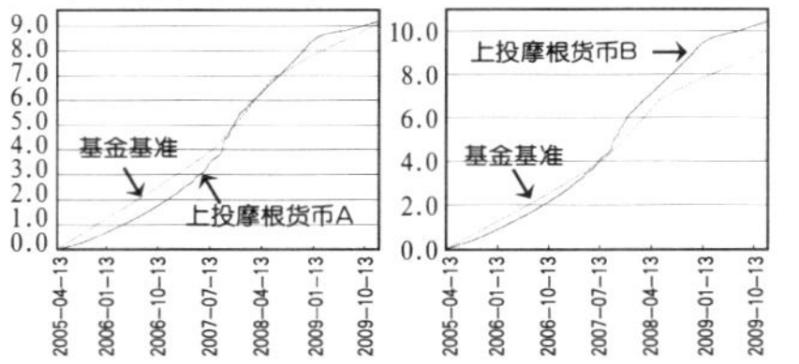

财务指标　　单位：人民币(亿元)；%

项目 \ 年度	2009年 A	2009年 B	2008年 A	2008年 B	2007年 A	2007年 B
本期利润	0.0423	0.4841	0.1852	1.6941	0.1966	0.9452
期末基金资产净值	2.6468	46.2242	6.5889	54.3925	5.5730	45.4279
期末基金份额净值	1.0000元	1.0000元	1.0000元	1.0000元	1.0000元	1.0000元
本期份额净值收益率	0.7748	1.0174	2.6698	2.9159	3.3267	3.5741
累计份额净值收益率	9.2055	10.4479	8.3660	9.3356	5.5481	6.2379
基金收益分配	0.0423	0.4841	0.1852	1.6941	0.1966	0.9452

近三年净值收益率与同期基准收益率对比图 (%)

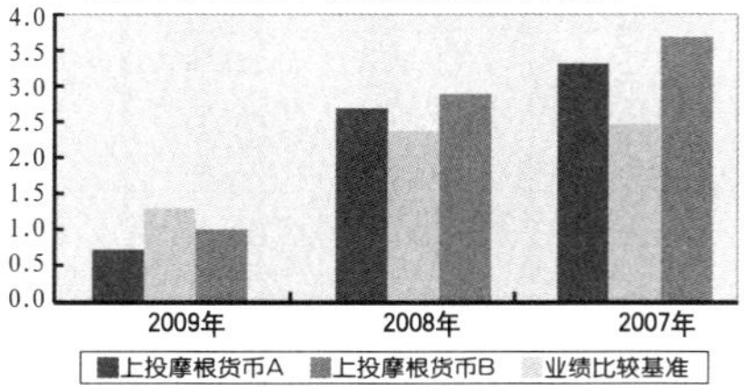

期末基金份额持有人户数	基金份额持有人户数为5,482户，平均每户持有891,480.65份。(期末截至2009年12月31日)
期末基金份额持有人结构	机构投资者持有4,598,876,108.78份，占总份额94.10%；个人投资者持有288,220,798.03份，占总份额5.90%。

基金业绩表现

2009年上投摩根货币基金A级净值收益率为0.7748%，B级净值收益率为1.0174%；同期业绩基准收益率为1.3500%。

基金管理团队

王亚南先生：基金经理，复旦大学金融工程专业硕士，7年证券从业经历。曾任职于海通证券公司研究所固定收益研究员、国泰基金公司国泰金鹿保本基金经理助理。2008年6月加入上投摩根基金管理公司，2008年11月起任上投摩根货币基金经理，2009年6月起任上投摩根纯债债券基金经理。

孟晨波先生：基金经理、固定收益部总监，经济学硕士，15年证券从业经历。历任荷兰银行上海分行资金部高级交易员、星展银行上海分行资金部经理、比利时富通银行上海分行资金部联席董事、花旗银行(中国)公司金融市场部副总监。2009年5月加入上投摩根基金管理公司，担任固定收益部总监；2009年9月起任上投摩根货币基金经理。

基金运作分析

借鉴国际市场的经验，上投摩根货币基金将组合久期限制在75天以内，远低于目前国内通行的120天组合久期限制。上投摩根货币基金也不进行正回购放大操作。在以市场利率为基准的浮动利率债券投资上，也仅投资实际存续期在3年以内的浮动利率债券。在对短期融资券的投资及逆回购交易对手方面也有非常严格的规定和限制。

2009年鉴于货币市场收益率面临的上升压力，上投摩根货币基金逐步降低了债券资产配置，维持了相对较高的回购比例，以加快再投资的速度。在组合久期允许的范围内(75天以内)尽可能维持了相对较低的组合久期。

季度投资组合一览

项目 \ 季度	第一季度 A	第一季度 B	第二季度 A	第二季度 B	第三季度 A	第三季度 B	第四季度 A	第四季度 B
基金资产净值	6.8747亿元	63.0972亿元	4.8329亿元	35.8982亿元	3.7849亿元	35.2280亿元	2.6468亿元	46.2242亿元
基金份额	6.8747亿份	63.0972亿份	4.8329亿份	35.8982亿份	3.7849亿份	35.2280亿份	2.6468亿份	46.2242亿份
基金份额净值	1.0000元	1.0000元	1.0000元	1.0000元	1.0000元	1.0000元	1.0000元	1.0000元
基金资产组合	市值(元)	占总资产比(%)	市值(元)	占总资产比(%)	市值(元)	占总资产比(%)	市值(元)	占总资产比(%)
股票投资	——	——	——	——	——	——	——	——
债券投资	4,279,035,862.64	60.66	2,578,409,595.62	60.56	2,743,048,737.24	68.50	1,719,829,065.75	34.18
金融衍生品投资	——	——	——	——	——	——	——	——
买入返售金融资产	2,397,700,000.00	33.99	1,040,000,000.00	24.43	1,029,100,000.00	25.70	3,001,600,000.00	59.66
银行存款和结算备付金	152,699,479.34	2.16	607,938,595.87	14.28	214,500,095.34	5.36	289,413,240.32	5.75
其他资产	225,189,909.14	3.19	31,286,419.54	0.73	17,824,435.03	0.45	20,408,230.19	0.41

投资前五名债券明细	债券名称	成本(元)	占净值比(%)	债券名称	成本(元)	占净值比(%)	债券名称	成本(元)	占净值比(%)	债券名称	成本(元)	占净值比(%)
	08央行票据49	349,579,450.91	5.00	04国开20	260,259,630.95	6.39	04国开20	260,116,008.68	6.67	07央行票据16	200,624,824.39	4.11
	08央行票据52	279,723,511.01	4.00	07央行票据16	202,533,300.33	4.97	07央行票据16	201,580,502.63	5.17	07农发13	180,397,413.99	3.69
	08央行票据55	279,476,289.29	3.99	08央行票据84	199,875,670.29	4.91	09央行票据35	199,688,167.66	5.12	09国开18	169,951,747.98	3.48
	04国开20	260,401,094.54	3.72	08央行票据92	199,757,315.07	4.90	09央行票据37	199,637,450.29	5.12	09国开23	169,901,941.51	3.48
	08央行票据46	259,666,369.93	3.71	08央行票据98	199,674,025.36	4.90	09央行票据39	199,586,745.80	5.12	09央行票据36	138,428,473.22	2.83

投资组合平均剩余期限	平均剩余期限	占净值比(%)	平均剩余期限	占净值比(%)	平均剩余期限	占净值比(%)	平均剩余期限	占净值比(%)
	30天以内	49.17	30天以内	50.78	30天以内	39.06	30天以内	68.78
	30天(含)—60天	22.00	30天(含)—60天	20.39	30天(含)—60天	21.26	30天(含)—60天	9.84
	60天(含)—90天	9.57	60天(含)—90天	15.24	60天(含)—90天	24.57	60天(含)—90天	5.54
	90天(含)—180天	16.96	90天(含)—180天	3.20	90天(含)—180天	14.71	90天(含)—180天	2.06
	180天(含)—397天（含)	2.76	180天(含)—397天（含)	14.16	180天(含)—397天（含)	2.59	180天(含)—397天（含)	16.32

上投摩根阿尔法股票型证券投资基金

基本资料			
基金简称	上投摩根阿尔法股票	交易代码	377010
风险收益特征	该基金是股票型基金，属于较高风险、较高收益的基金产品。		
业绩比较基准	80%×新华富时A全指+20%×同业存款利率		
合同生效日	2005年10月11日　首募份额　7.68亿份	认购户数	8,537户
基金管理人	上投摩根基金管理有限公司	基金托管人	中国建设银行
注册登记人	上投摩根基金管理有限公司		

成立来累计净值增长率与同期基准收益率历史走势对比图（%）

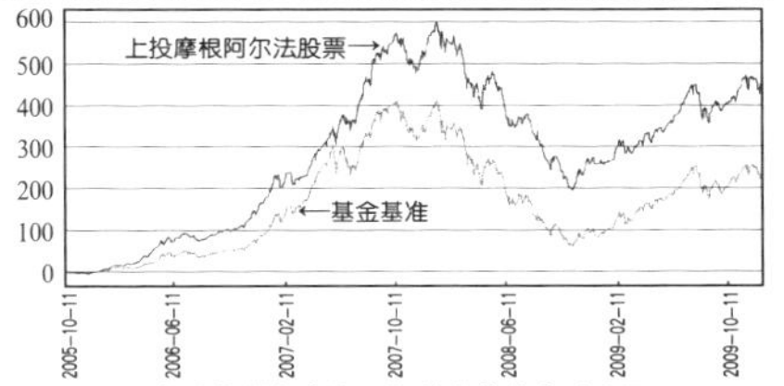

财务指标　单位：人民币（元）；%

项目＼年度	2009年	2008年	2007年
本期利润	2,964,804,342.26	−6,727,233,583.02	7,445,204,592.58
本期加权平均净值利润率	47.37	−67.63	80.84
期末基金资产净值	5,766,027,344.05	7,226,414,025.63	13,337,891,687.80
期末基金份额净值	5.4498	3.4587	6.4794
本期份额净值增长率	57.57	−46.62	139.91
累计份额净值增长率	462.01	256.68	568.19
基金收益分配	——	——	——

近三年净值增长率与同期基准收益率对比图（%）

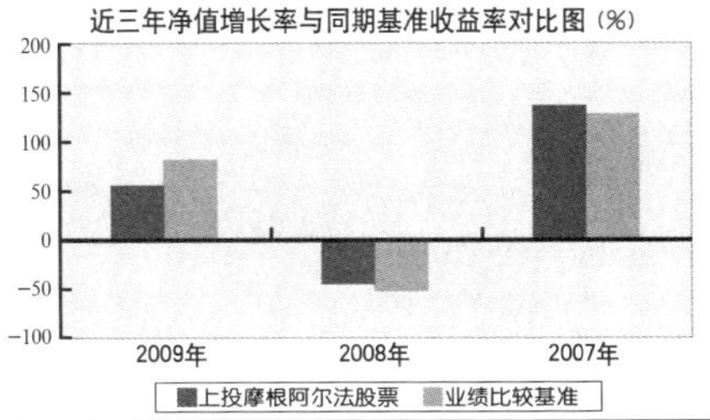

期末基金份额持有人户数	基金份额持有人户数为157,241户，平均每户持有6,728.70份。（期末截至2009年12月31日）
期末基金份额持有人结构	机构投资者持有169,169,353.85份，占总份额15.99%；个人投资者持有888,857,992.29份，占总份额84.01%。

基金业绩表现

截至2009年12月31日，上投摩根阿尔法股票基金份额净值为5.4498元，全年净值增长率为57.57%。

基金管理团队

王孝德先生：基金经理，11年证券从业经历。曾就职于（国泰）君安证券研究所、德邦证券、银河基金公司和华宝兴业基金公司。2008年5月加入上投摩根基金管理公司，2008年9月起任上投摩根内需动力股票基金经理；2009年4月起任上投摩根阿尔法股票基金经理。

许运凯先生：基金经理、投资副总监，复旦大学经济学博士，9年证券从业经历。曾就职于国泰君安证券研究所。2006年4月加入上投摩根基金公司，历任投资经理、基金经理助理、投资副总监；2008年12月起任上投摩根成长先锋基金经理，2009年9月起任上投摩根阿尔法基金经理。

孙延群先生：基金经理、投资总监，硕士，12年证券从业经历。曾就职于哈尔滨飞机制造公司、中兴信托投资公司、平安证券公司和景顺长城基金公司。2005年6月加入上投摩根基金公司投资管理部，曾任上投摩根阿尔法股票基金经理、上投摩根内需动力股票基金经理。

周晓文先生：基金经理，同济大学硕士，普渡大学德国分校MBA，8年证券从业经历。曾就职于安达信咨询公司和上海证券公司。2004年加入上投摩根基金公司，任投资管理部资深研究员、基金经理助理；2007年8月至2009年9月任上投摩根阿尔法股票基金经理。

基金运作分析

2009年年初，上投摩根阿尔法股票基金加大受益于经济振兴计划的行业，如汽车、家电等行业的配置。下半年开始，减持了部分可能受到宏观调控影响的行业板块配置，重点转向以消费为主和受益于国家产业政策扶持而盈利进入上升周期的行业。

季度投资组合一览

项目＼季度	第一季度		第二季度		第三季度		第四季度	
基金资产净值	6,708,192,462.36元		6,355,367,149.34元		5,385,865,956.15元		5,766,027,344.05元	
基金份额	1,689,161,060.31份		1,352,046,240.64份		1,136,466,981.77份		1,058,027,346.14份	
基金份额净值	3.9713元		4.7006元		4.7391元		5.4498元	
基金资产组合	市值(元)	占总资产比(%)	市值(元)	占总资产比(%)	市值(元)	占总资产比(%)	市值(元)	占总资产比(%)
股票投资	5,683,950,551.29	84.15	5,427,861,083.74	84.89	4,244,843,164.27	78.40	4,961,710,138.87	84.13
债券投资	688,747,000.00	10.20	126,695,000.00	1.98	249,175,000.00	4.60	252,225,000.00	4.28
金融衍生品投资	——	——	——	——	——	——	——	——
买入返售金融资产	——	——	——	——	——	——	——	——
银行存款和结算备付金	323,786,742.00	4.79	808,139,775.72	12.64	900,122,899.55	16.62	672,990,197.32	11.41
其他资产	57,708,610.42	0.85	31,185,287.19	0.49	20,187,718.14	0.37	10,667,140.69	0.18

投资前五名股票明细	股票名称	公允价值(元)	占净值比(%)	股票名称	公允价值(元)	占净值比(%)	股票名称	公允价值(元)	占净值比(%)	股票名称	公允价值(元)	占净值比(%)
	特变电工	559,144,650.48	8.34	特变电工	433,413,886.40	6.82	贵州茅台	339,089,488.38	6.30	招商银行	393,503,537.50	6.82
	招商银行	489,423,188.52	7.30	中国平安	363,869,207.48	5.73	招商银行	329,976,063.00	6.13	美的电器	361,418,833.60	6.27
	贵州茅台	413,928,336.42	6.17	招商银行	355,723,655.94	5.60	特变电工	235,520,524.80	4.37	贵州茅台	344,137,343.06	5.97
	置信电气	263,881,809.60	3.93	贵州茅台	348,938,459.33	5.49	置信电气	218,214,640.96	4.05	三一重工	270,905,256.36	4.70
	中国平安	250,390,198.44	3.73	工商银行	226,559,951.18	3.56	中国平安	216,922,180.80	4.03	置信电气	229,071,385.20	3.97

投资前五名债券明细	债券名称	公允价值(元)	占净值比(%)	债券名称	公允价值(元)	占净值比(%)	债券名称	公允价值(元)	占净值比(%)	债券名称	公允价值(元)	占净值比(%)
	08央行票据84	164,917,000.00	2.46	08央行票据104	96,650,000.00	1.52	09央行票据47	149,505,000.00	2.78	08央行票据17	153,975,000.00	2.67
	08央行票据104	97,390,000.00	1.45	08国开25	30,045,000.00	0.47	09央行票据41	99,670,000.00	1.85	09央行票据44	98,250,000.00	1.70
	08央行票据95	97,230,000.00	1.45									
	08央行票据73	96,790,000.00	1.44	——			——			——		
	08农发17	52,225,000.00	0.78									

上投摩根双息平衡混合型证券投资基金

基本资料			
基金简称	上投摩根双息平衡混合	交易代码	373010
风险收益特征	该基金是混合型基金，主要投资于红利股及相似条件下到期收益率较高的优良债券品种，风险高于债券基金和货币市场基金，低于股票基金，属于中低风险的基金品种。		
业绩比较基准	新华富时150红利指数收益率×45%+新华富时中国国债指数收益率×45%+同业存款利率×10%		
合同生效日	2006年4月26日	首募份额	64.36亿份
认购户数	114,825户		
基金管理人	上投摩根基金管理有限公司	基金托管人	中国建设银行
注册登记人	上投摩根基金管理有限公司		

成立来累计净值增长率与同期基准收益率历史走势对比图（%）

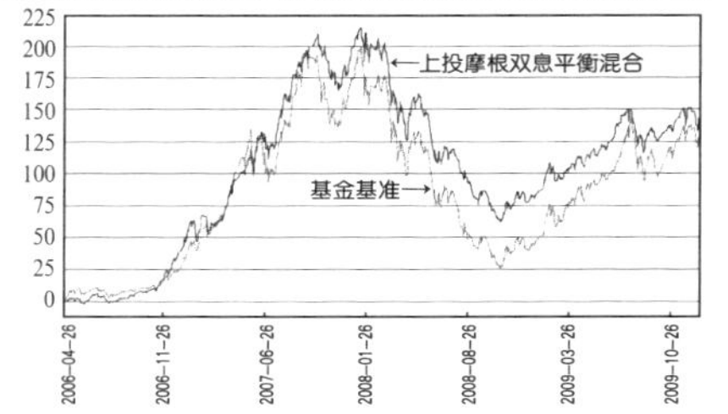

财务指标　单位：人民币（元）；%

项目＼年度	2009年	2008年	2007年
本期利润	1,329,706,133.21	−3,016,126,166.56	5,050,780,109.22
本期加权平均净值利润率	31.63	−58.49	73.95
期末基金资产净值	4,258,223,280.42	3,516,979,144.67	7,352,075,343.56
期末基金份额净值	0.9635	0.6944	2.2783
本期份额净值增长率	38.75	−40.45	115.81
累计份额净值增长率	147.12	78.10	199.06
基金收益分配	——	10派10.712	10派3.380

近三年净值增长率与同期基准收益率对比图（%）

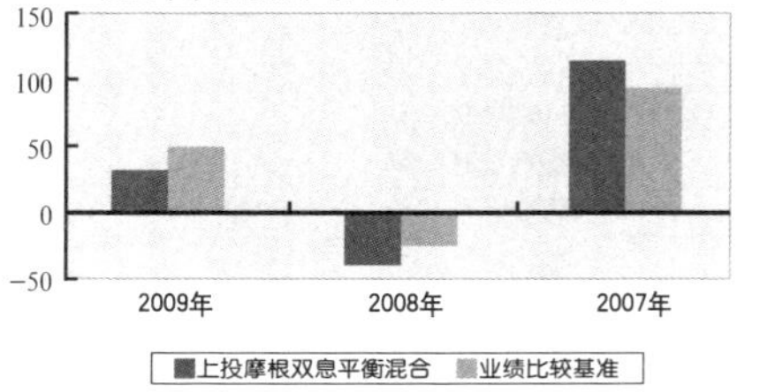

期末基金份额持有人户数	基金份额持有人户数为116,025户，平均每户持有38,091.60份。（期末截至2009年12月31日）
期末基金份额持有人结构	机构投资者持有968,912,545.63份，占总份额21.92%；个人投资者持有3,450,665,757.22份，占总份额78.08%。

基金业绩表现

2009年上投摩根双息平衡混合基金全年净值增长率为38.75%；同期业绩基准收益率为49.65%。

基金管理团队

王振州先生：基金经理，中原大学电子电机学士，企业管理硕士，8年证券从业经历。曾任宝来证券国际金融集团高级研究员；日盛证券投资信托公司日盛美亚高科技基金及日盛小而美基金经理；元大证券投资信托公司元大双盈基金经理。2007年9月加入上投摩根基金管理公司。曾任上投摩根成长先锋股票基金经理；2008年11月起任上投摩根中国优势基金经理；2009年1月起任上投摩根中小盘股票基金经理；2009年10月起任上投摩根双息平衡基金经理。

芮　昆先生：基金经理，上海财经大学经济学硕士，8年证券从业经历。曾就职于东北证券金融与产业研究所、湘财证券研发中心。2004年加入上投摩根基金管理公司，任基金经理助理；2006年4月至2009年10月任上投摩根双息平衡基金经理；2008年5月至2009年10月任上投摩根双核平衡混合基金经理。

基金运作分析

2009年上投摩根双息平衡混合基金以追求稳定报酬为目的，同时把握资本利得机会以争取完全收益。年初，该基金仍延续较保守的策略，后续虽有加仓，但以金融及地产为主，房地产后续确实价量齐扬是较正确的投资，但金融只有阶段性表现较好。下半年预期政府的货币政策微调对股市会有所影响，将仓位维持在相对较低的水平。

季度投资组合一览

项目＼季度	第一季度		第二季度		第三季度		第四季度	
基金资产净值	4,043,579,005.57元		4,500,974,628.01元		4,210,171,013.24元		4,258,223,280.42元	
基金份额	5,034,853,536.27份		5,049,654,256.10份		4,784,436,905.88份		4,419,578,302.85份	
基金份额净值	0.8031元		0.8913元		0.8800元		0.9635元	
基金资产组合	市值(元)	占总资产比(%)	市值(元)	占总资产比(%)	市值(元)	占总资产比(%)	市值(元)	占总资产比(%)
股票投资	2,298,513,049.51	56.51	3,119,088,953.69	68.13	2,364,127,902.84	55.85	3,130,861,952.87	72.00
债券投资	1,020,195,934.04	25.08	970,298,567.90	21.19	977,595,186.04	23.09	903,612,445.42	20.78
金融衍生品投资	——	——	——	——	——	——	——	——
买入返售金融资产	——	——	——	——	——	——	——	——
银行存款和结算备付金	684,178,534.61	16.82	461,978,290.54	10.09	846,621,380.57	20.00	297,507,540.56	6.84
其他资产	64,202,849.15	1.59	26,957,570.23	0.59	44,883,943.62	1.06	16,436,959.92	0.38

投资前五名股票明细	股票名称	公允价值(元)	占净值比(%)	股票名称	公允价值(元)	占净值比(%)	股票名称	公允价值(元)	占净值比(%)	股票名称	公允价值(元)	占净值比(%)
	南京银行	119,400,790.20	2.95	招商银行	188,465,746.95	4.19	北京银行	125,652,135.51	2.98	天地科技	160,591,460.75	3.77
	城投控股	110,598,329.94	2.74	中国平安	162,223,062.64	3.60	南京银行	121,943,361.96	2.90	贵州茅台	135,450,130.20	3.18
	深发展A	109,713,776.68	2.71	上海建工	110,711,697.60	2.46	中国平安	116,971,085.40	2.78	南京银行	133,764,402.15	3.14
	中国平安	107,552,500.00	2.66	南京银行	101,360,859.11	2.25	天地科技	116,054,123.03	2.76	中恒集团	133,620,038.76	3.14
	中信证券	89,042,203.08	2.20	保利地产	101,157,336.79	2.25	置信电气	115,992,352.72	2.76	苏宁电器	126,888,332.16	2.98

投资前五名债券明细	债券名称	公允价值(元)	占净值比(%)	债券名称	公允价值(元)	占净值比(%)	债券名称	公允价值(元)	占净值比(%)	债券名称	公允价值(元)	占净值比(%)
	08央行票据104	97,390,000.00	2.41	08央行票据47	115,489,000.00	2.57	09央行票据41	189,373,000.00	4.50	08央行票据47	113,201,000.00	2.66
	08央行票据47	63,642,000.00	1.57	08央行票据104	96,650,000.00	2.15	08央行票据47	114,048,000.00	2.71	09央行票据44	98,250,000.00	2.31
	08国开16	58,591,500.00	1.45	08国开16	58,344,000.00	1.30	09央行票据43	99,670,000.00	2.37	08农发12	72,387,000.00	1.70
	08央行票据65	53,160,000.00	1.31	08央行票据65	52,615,000.00	1.17	08国开16	57,711,500.00	1.37	08国开16	57,249,500.00	1.34
	08农发17	52,225,000.00	1.29	08进出09	50,795,000.00	1.13	08央行票据65	51,915,000.00	1.23	08央行票据65	51,535,000.00	1.21

上投摩根成长先锋股票型证券投资基金

基本资料					
基金简称	上投摩根成长先锋股票	交易代码	378010		
风险收益特征	该基金是主动型股票基金，属于高风险的基金品种，预期风险收益水平高于混合型基金、债券基金和货币市场基金。				
业绩比较基准	新华富时A600成长指数×80%＋同业存款利率×20%				
合同生效日	2006年9月20日	首募份额	54.81亿份	认购户数	110,569户
基金管理人	上投摩根基金管理有限公司	基金托管人	中国建设银行		
注册登记人	上投摩根基金管理有限公司				

财务指标　　单位：人民币(元)；%

项目 \ 年度	2009年	2008年	2007年
本期利润	2,895,688,949.18	−8,388,997,061.92	11,073,966,961.57
本期加权平均净值利润率	42.42	−79.66	86.36
期末基金资产净值	5,987,419,605.18	6,506,015,318.93	14,781,286,809.67
期末基金份额净值	1.7507	1.6188	3.2908
本期份额净值增长率	51.09	−50.81	156.73
累计份额净值增长率	144.58	61.88	229.08
基金收益分配	10派6.800	——	——

成立来累计净值增长率与同期基准收益率历史走势对比图 (%)

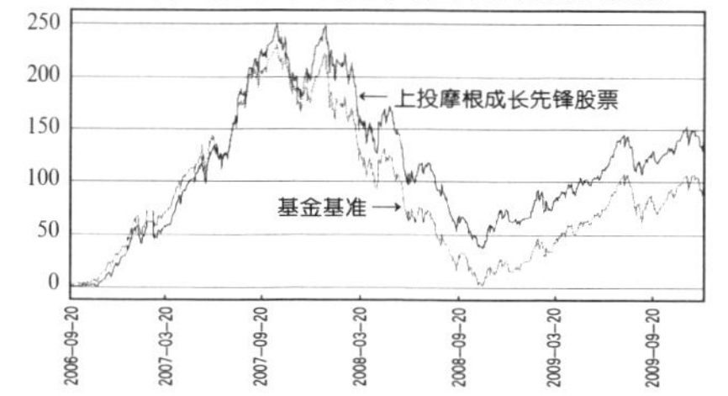

近三年净值增长率与同期基准收益率对比图 (%)

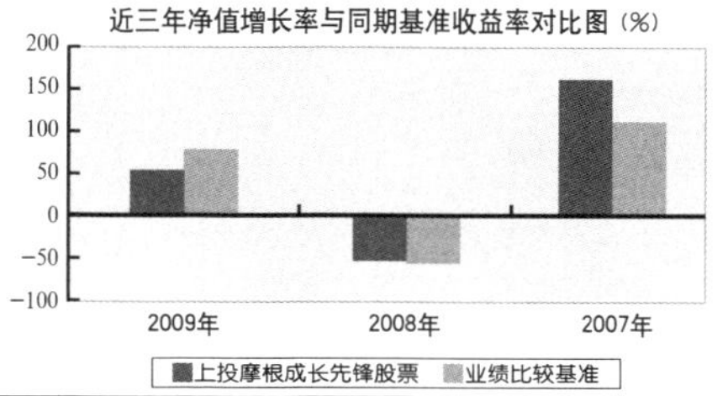

期末基金份额持有人户数	基金份额持有人户数为134,140.00户，平均每户持有25,496.15份。（期末截至2009年12月31日）
期末基金份额持有人结构	机构投资者持有243,414,162.55份，占总份额7.12%；个人投资者持有3,176,639,357.97份，占总份额92.88%。

基金业绩表现

截至2009年12月31日，上投摩根成长先锋股票基金份额净值为1.7507元，全年净值增长率为51.09%。

基金管理团队

赵梓峰先生：基金经理，16年证券从业经历，上海交通大学工学学士。曾就职于渣打证券上海代表处、法国兴业证券上海代表处、元富证券上海代表处、凯基(北京)管理咨询公司。2005年加入上投摩根基金管理公司；2007年3月起任上投摩根成长先锋股票基金经理。

许运凯先生：基金经理、投资副总监，复旦大学经济学博士，9年证券从业经历。曾任国泰君安证券研究所机械行业资深研究员，2006年4月加入上投摩根基金管理公司，历任投资经理、中国优势基金经理助理、投资副总监。2009年9月起任上投摩根阿尔法股票基金经理。

基金运作分析

2009年，上投摩根成长先锋股票基金虽然在一季度开始就预测到了当年的反弹行情而保持了较高的仓位，但由于长期持有的重仓股大多属于电力设备、医药、建筑和食品饮料等弱周期行业，因而跑输了市场。对于成长性确定的弱周期行业的重点配置是跑输市场的最大原因。

2010年，A股市场将面临着确定的经济增长和可预见的系列退出政策的互相影响，因此可能是震荡的一年，相对来说，货币政策的收缩程度可能对市场的影响更大一些。在这样的形势下，上投摩根成长先锋股票基金将继续看好成长性比较明确，受信贷政策变化影响比较小的稳定性行业，如医药、商业、通信和消费电子等。

季度投资组合一览

项目 \ 季度	第一季度			第二季度			第三季度			第四季度		
基金资产净值	7,170,951,604.02元			7,159,565,835.44元			6,250,662,767.94元			5,987,419,605.18元		
基金份额	3,806,535,381.18份			3,312,848,082.01份			2,845,278,484.15份			3,420,053,520.52份		
基金份额净值	1.8839元			2.1612元			2.1969元			1.7507元		
基金资产组合		市值(元)	占总资产比(%)		市值(元)	占总资产比(%)		市值(元)	占总资产比(%)		市值(元)	占总资产比(%)
股票投资		5,789,878,110.50	80.17		6,702,962,982.91	92.87		4,456,239,278.44	70.94		4,990,408,832.84	82.16
债券投资		389,843,000.00	5.40		289,890,000.00	4.02		646,555,000.00	10.29		299,160,000.00	4.93
金融衍生品投资		——	——		——	——		——	——		——	——
买入返售金融资产		——	——		——	——		——	——		——	——
银行存款和结算备付金		989,799,365.71	13.71		159,680,411.77	2.21		1,173,329,754.04	18.68		731,901,422.09	12.05
其他资产		52,538,203.66	0.73		64,891,859.36	0.90		5,363,311.52	0.09		52,231,122.55	0.86
投资前五名股票明细	股票名称	公允价值(元)	占净值比(%)	股票名称	公允价值(元)	占净值比(%)	股票名称	公允价值(元)	占净值比(%)	股票名称	公允价值(元)	占净值比(%)
	特变电工	677,578,512.39	9.45	特变电工	573,664,892.24	8.01	特变电工	590,192,513.90	9.44	康美药业	565,936,150.75	9.45
	三九医药	435,038,534.32	6.07	五 粮 液	479,631,604.26	6.70	康美药业	565,912,540.20	9.05	三一重工	310,105,734.57	5.18
	三一重工	420,047,968.59	5.86	三一重工	459,368,173.32	6.42	三一重工	502,564,884.78	8.04	特变电工	254,978,134.60	4.26
	五 粮 液	387,011,411.04	5.40	格力电器	376,970,374.00	5.27	隧道股份	348,566,447.90	5.58	中国石化	250,465,587.16	4.18
	格力电器	329,569,016.58	4.60	招商银行	373,668,306.57	5.22	置信电气	217,937,137.28	3.49	隧道股份	248,019,256.62	4.14
投资前五名债券明细	债券名称	公允价值(元)	占净值比(%)	债券名称	公允价值(元)	占净值比(%)	债券名称	公允价值(元)	占净值比(%)	债券名称	公允价值(元)	占净值比(%)
	08央票104	223,997,000.00	3.12	08央行票据104	193,300,000.00	2.70	09央行票据39	299,010,000.00	4.78	07央行票据82	151,755,000.00	2.53
	08央票101	97,340,000.00	1.36	08央行票据101	96,590,000.00	1.35	09央行票据43	199,340,000.00	3.19	09央行票据40	147,405,000.00	2.46
	08央票112	39,124,000.00	0.55				09央行票据41	99,670,000.00	1.59			
	08央票114	29,382,000.00	0.41				08央行票据117	48,535,000.0	0.78			

上投摩根内需动力证券投资基金

基本资料

基金简称	上投摩根内需动力股票	交易代码	377020
风险收益特征	该基金是股票型基金，属于证券投资基金中较高风险、较高收益的基金产品。		
业绩比较基准	沪深300指数收益率×80%＋上证国债指数收益率×20%		
合同生效日	2007年4月13日	首募份额 98.85亿份	认购户数 1,791,811户
基金管理人	上投摩根基金管理有限公司	基金托管人	中国工商银行
注册登记人	上投摩根基金管理有限公司		

财务指标 单位：人民币（元）；%

项目 \ 年度	2009年	2008年	2007年
本期利润	6,132,083,768.32	−7,922,935,350.33	6,880,365,552.30
本期加权平均净值利润率	52.37	−68.08	43.77
期末基金资产净值	11,815,638,590.93	8,403,741,512.98	17,025,115,846.51
期末基金份额净值	1.2760	0.7392	1.5207
本期份额净值增长率	72.62	−47.00	52.07
累计份额净值增长率	39.13	−19.40	52.07
基金收益分配	——	10派1.000	——

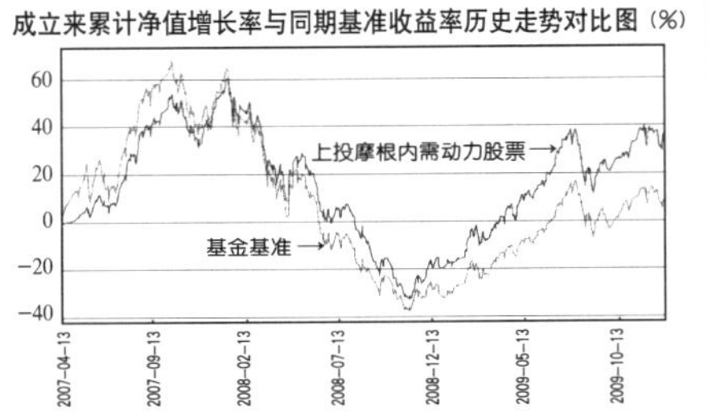

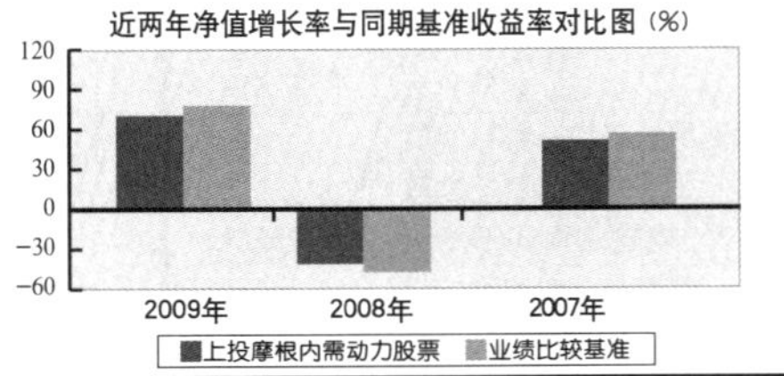

期末基金份额持有人户数	基金份额持有人户数为931,841户，平均每户持有9,937.00份。（期末截至2009年12月31日）
期末基金份额持有人结构	机构投资者持有1,131,507,879.48份，占总份额12.22%；个人投资者持有8,128,194,894.69份，占总份额87.78%。

基金业绩表现

截至2009年12月31日，上投摩根内需动力股票基金份额净值为1.2760元，全年净值增长率为72.62%。

基金管理团队

王孝德先生：基金经理，毕业于浙江农业大学，11年证券从业经历。历任（国泰）君安证券研究所研究员、德邦证券证券投资部副总经理、银河银泰理财分红基金经理助理。2007年4月至2008年4月任宝康消费品基金经理，2008年5月加入上投摩根基金管理公司，2009年4月起任上投摩根阿尔法股票基金经理；2008年9月起任上投摩根内需动力股票基金经理。

孙延群先生：基金经理、投资总监，硕士，12年证券从业经历。曾就职于哈尔滨飞机制造公司、中兴信托投资公司上海证券管理总部、平安证券公司。2003年3月进入景顺长城基金管理公司，任景顺长城内需增长基金经理；2005年6月加入上投摩根基金管理公司投资管理部，2005年11月起担任上投摩根阿尔法股票基金经理，2007年4月起同时担任上投摩根内需动力股票基金经理。

基金运作分析

2009年，从中国A股市场来看，前7个月处于单边上涨行情，后5个月则处于震荡格局。从行业表现来看，上半年金融、地产和煤炭等行业表现出色，下半年以大消费类行业表现出色，而家电、汽车则贯穿全年表现出色。

上投摩根内需动力股票基金在上半年主要减持了在2008年表现出色的医药、电力设备和食品饮料等防御性行业，增持了金融、地产和部分新能源公司；下半年则逐步降低金融、地产持有比例，相应增加了大消费中的医药、零售和食品饮料等行业的配置。

季度投资组合一览

项目 \ 季度	第一季度		第二季度		第三季度		第四季度	
基金资产净值	10,971,010,783.52元		13,375,336,703.00元		12,023,122,989.52元		11,815,638,590.93元	
基金份额	11,929,449,010.58份		11,858,755,286.65份		10,758,309,473.75份		9,259,702,774.17份	
基金份额净值	0.9197元		1.1279元		1.1176元		1.2760元	
基金资产组合	市值(元)	占总资产比(%)	市值(元)	占总资产比(%)	市值(元)	占总资产比(%)	市值(元)	占总资产比(%)
股票投资	9,493,019,331.20	85.96	12,150,381,087.04	89.52	10,182,079,768.28	82.32	10,650,716,190.33	87.25
债券投资	496,046,000.00	4.49	323,555,000.00	2.38	548,185,000.00	4.43	398,190,000.00	3.26
金融衍生品投资	——	——	——	——	——	——	——	——
买入返售金融资产	——	——	——	——	——	——	——	——
银行存款和结算备付金	975,646,418.92	8.83	965,144,724.11	7.11	1,573,151,914.59	12.72	1,029,914,821.92	8.44
其他资产	79,378,383.37	0.72	134,214,868.67	0.99	64,972,281.10	0.53	128,778,943.17	1.05

投资前五名股票明细	股票名称	公允价值(元)	占净值比(%)	股票名称	公允价值(元)	占净值比(%)	股票名称	公允价值(元)	占净值比(%)	股票名称	公允价值(元)	占净值比(%)
	中信证券	657,161,810.82	5.99	兴业银行	1,093,276,371.75	8.17	贵州茅台	737,407,239.80	6.13	福耀玻璃	986,051,787.66	8.35
	中国平安	657,076,628.52	5.99	招商银行	1,049,008,155.84	7.84	康美药业	622,906,051.04	5.18	格力电器	955,245,211.08	8.08
	兴业银行	643,987,176.78	5.87	中国平安	989,200,000.00	7.40	兴业银行	608,220,000.00	5.06	兴业银行	854,877,388.56	7.24
	特变电工	569,400,000.00	5.19	苏宁电器	907,243,018.65	6.78	格力电器	563,716,019.40	4.69	康美药业	654,881,655.27	5.54
	金风科技	543,006,828.10	4.95	民生银行	787,364,067.60	5.89	浙江医药	529,204,086.60	4.40	王府井	479,087,405.02	4.05

投资前五名债券明细	债券名称	公允价值(元)	占净值比(%)	债券名称	公允价值(元)	占净值比(%)	债券名称	公允价值(元)	占净值比(%)	债券名称	公允价值(元)	占净值比(%)
	08国开21	121,080,000.00	1.10	08国开21	120,300,000.00	0.90	09央行票据41	249,175,000.00	2.07	09央行票据36	147,435,000.00	1.25
	08央票104	97,390,000.00	0.89	08央票104	96,650,000.00	0.72	09央行票据39	199,340,000.00	1.66	08央行票据20	102,680,000.00	0.87
	08央票101	97,340,000.00	0.89	08央票101	96,590,000.00	0.72	09央行票据47	99,670,000.00	0.83	09央行票据46	98,240,000.00	0.83
	08央票64	86,967,000.00	0.79	08国开25	10,015,000.00	0.07				09央行票据51	49,835,000.00	0.42
	08央票112	48,905,000.00	0.45									

上投摩根亚太优势证券投资基金

基本资料			
基金简称	上投摩根亚太优势股票(QDII)	交易代码	377016
风险收益特征	该基金为区域性股票型基金，基金投资风险收益水平高于债券型基金和平衡型基金。由于投资国家与地区市场的分散，风险低于投资单一市场的股票型基金。		
业绩比较基准	摩根士丹利综合亚太指数(不含日本)		
合同生效日	2007年10月22日	首募份额	295.72亿份	认购户数	1,994,190户
基金管理人	上投摩根基金管理有限公司	基金托管人	中国工商银行
境外投资顾问	JF资产管理有限公司	境外托管人	纽约梅隆银行
注册登记人	上投摩根基金管理有限公司		

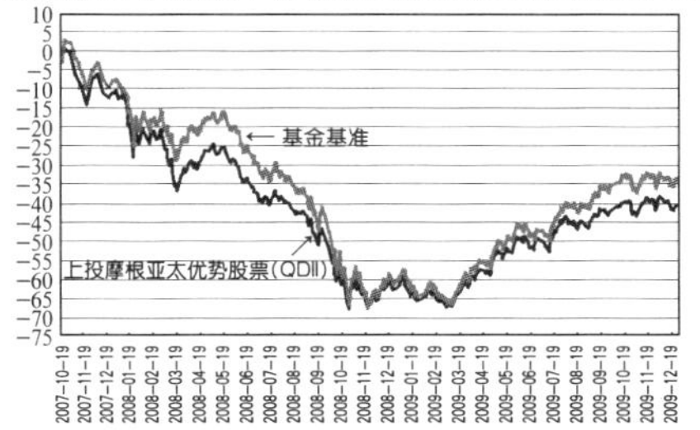

成立来累计净值增长率与同期基准收益率历史走势对比图（%）

财务指标　单位：人民币(元)；%

项目＼年度	2009年	2008年	2007.10.22至2007.12.31
本期利润	6,295,386,031	−15,270,565,082	−3,111,162,856
本期加权平均净值利润率	45.83	−84.26	−11.35
期末基金资产净值	16,171,684,000	10,852,049,689	26,957,773,082
期末基金份额净值	0.607	0.383	0.895
本期份额净值增长率	58.49	−57.21	−10.50
累计份额净值增长率	−39.30	−61.70	−10.50
基金收益分配	——	——	——

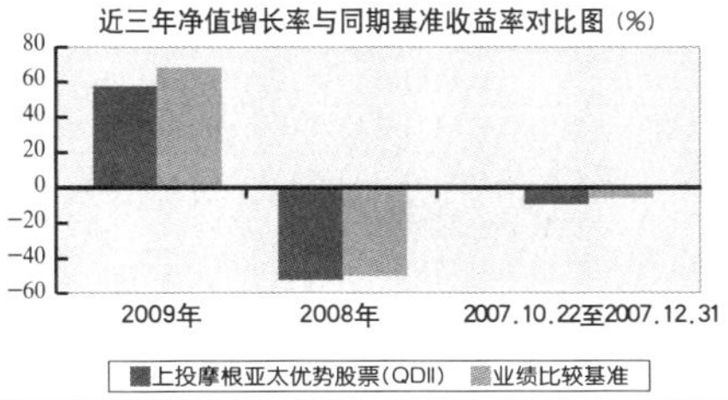

近三年净值增长率与同期基准收益率对比图（%）

期末基金份额持有人户数	基金份额持有人户数为1,741,206户，平均每户持有15,294份。（期末截至2009年12月31日）
期末基金份额持有人结构	机构投资者持有320,880,574份，占总份额1.20%；个人投资者持有26,308,286,020份，占总份额98.80%。

基金业绩表现

截至2009年12月31日，上投摩根亚太优势股票基金份额净值为0.607元，全年净值增长率为58.49%。

基金管理团队

杨逸枫女士：基金经理、投资副总监，台湾新竹清华大学经济学学士，台湾政治大学EMBA财管组硕士，16年证券从业经历。曾就职于台湾南山人寿保险公司，担任资深投资经理，负责管理公司自有资金在台湾股票市场的投资；1993年加入台湾摩根富林明证券投资信托公司，先后担任JF亚洲基金、JF台湾增长、JF台湾基金经理；2007年7月加入上投摩根基金管理公司，任投资副总监；2007年10月起任上投摩根亚太优势基金经理。

张　军先生：基金经理，毕业于复旦大学，5年证券从业经历。曾担任上海国际信托公司国际业务部经理，交易部经理。2004年6月加入上投摩根基金管理公司，担任交易总监，2007年10月起任投资经理。2008年3月起任上投摩根亚太优势股票基金经理。

基金运作分析

2009年一季度，上投摩根亚太优势股票基金在市场配置上，超配在亚太市场中经济成长稳定度最高的中国，与出口型经济体的新加坡(受惠欧美经济衰退程度减缓现象)；在韩元汇率稳定后也逐步提高韩国股市的持股比重；二季度该基金维持对中国市场(H股)的持续看好，并增加了对印度和印尼的投资比重；进入三季度后，该基金在看好股市后市的前提下，也逐步提高对澳大利亚与韩国股市的投资比重；第四季度，尽管基本面仍然向好，但上升动能减弱，投资者开始担心过快上涨的资产价格将导致通胀，进而促使政府采取收紧流动性的措施，尤其关注于中美两国货币政策动向。

季度投资组合一览

项目＼季度	第一季度		第二季度		第三季度		第四季度	
基金资产净值	10,893,687,200.00元		14,336,426,578.00元		15,982,920,264.00元		16,171,684,000.00元	
基金份额	28,471,255,615.03份		28,427,364,505.84份		27,571,314,757.12份		26,629,166,593.83份	
基金份额净值	0.383元		0.504元		0.580元		0.607元	
基金资产组合	市值(元)	占总资产比(%)	市值(元)	占总资产比(%)	市值(元)	占总资产比(%)	市值(元)	占总资产比(%)
权益类投资-普通股	8,931,015,391.00	80.92	12,437,864,903.00	85.45	14,137,398,811.00	87.60	14,209,150,341.00	87.25
权益类投资-存托凭证	360,642,306.00	3.27	257,450,621.00	1.77	107,008,201.00	0.66	284,851,713.00	1.75
基金投资	——	——	237,821,855.00	1.63	468,701,586.00	2.90	301,109,964.00	1.85
金融衍生品投资-权证	——	——	17,332,993.00	0.12	——	——	——	——
银行存款和结算备付金	1,374,960,199.00	12.46	70,362,238.00	0.48	1,313,346,134.00	8.14	1,310,280,256.00	8.05
其他资产	369,770,971.00	3.35	14,556,006,179.00	100.00	111,566,541.00	0.69	180,759,431.00	1.11

投资前五名股票及存托凭证投资明细	公司名称	公允价值(元)	占净值比(%)	公司名称	公允价值(元)	占净值比(%)	公司名称	公允价值(元)	占净值比(%)	公司名称	公允价值(元)	占净值比(%)
	建设银行	464,365,157.00	4.26	交通银行	651,142,135.00	4.54	建设银行	558,106,807.00	3.49	建设银行	715,454,055.00	4.42
	三星电子	433,140,692.00	3.98	建设银行	601,322,467.00	4.19	三星电子	493,181,628.00	3.09	三星电子	528,985,432.00	3.27
	中国人寿	339,229,179.00	3.11	三星电子	407,343,861.00	2.84	交通银行	450,833,519.00	2.82	腾讯控股	464,028,324.00	2.87
	神华能源	259,001,300.00	2.38	星展银行	389,282,592.00	2.72	必和必拓	363,833,949.00	2.28	神华能源	450,615,576.00	2.79
	DBS Group Holdings Ltd	252,263,461.00	2.32	华润置地	372,316,946.00	2.60	神华能源	356,964,617.00	2.23	雨润食品	409,314,020.00	2.53

投资前五名基金明细	基金名称	公允价值占净值比(%)	基金名称	公允价值占净值比(%)	基金名称	公允价值占净值比(%)	基金名称	公允价值占净值比(%)
			iShares MSCI Taiwan Webs Index	1.66	iShares MSCI Taiwan Webs Index Units	2.93	iShares MSCI Taiwan Webs Index Units	1.86

上投摩根双核平衡混合型证券投资基金

基本资料			
基金简称	上投摩根双核平衡混合	交易代码	373020
风险收益特征	该基金是混合型基金，属于中高风险的基金品种，其预期风险收益水平低于股票型基金，高于债券型基金与货币市场基金。		
业绩比较基准	沪深300指数收益率×50%＋上证国债指数收益率×50%		
合同生效日	2008年5月21日	首募份额	14.23亿份
认购户数	29,677户		
基金管理人	上投摩根基金管理有限公司	基金托管人	中国工商银行
注册登记人	上投摩根基金管理有限公司		

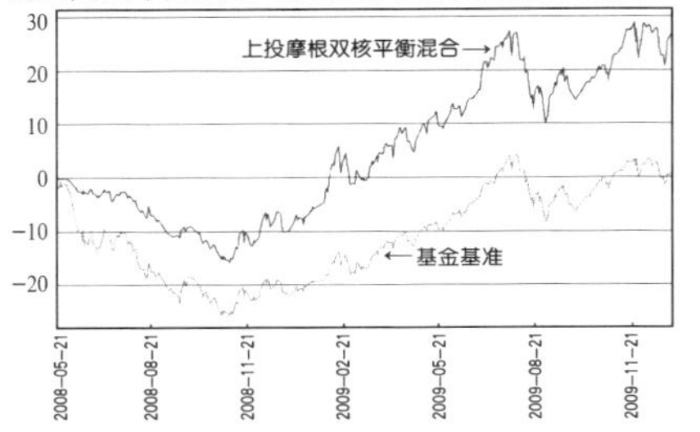

财务指标　单位：人民币（元）；%

项目＼年度	2009年	2008年5月21日至2008年12月31日
本期利润	374,515,172.83	−136,637,303.60
本期加权平均净值利润率	35.86	−11.44
期末基金资产净值	1,069,630,159.87	998,436,704.71
期末基金份额净值	1.2322	0.9029
本期份额净值增长率	42.03	−9.71
累计份额净值增长率	28.24	−9.71
基金收益分配	10派0.500	——

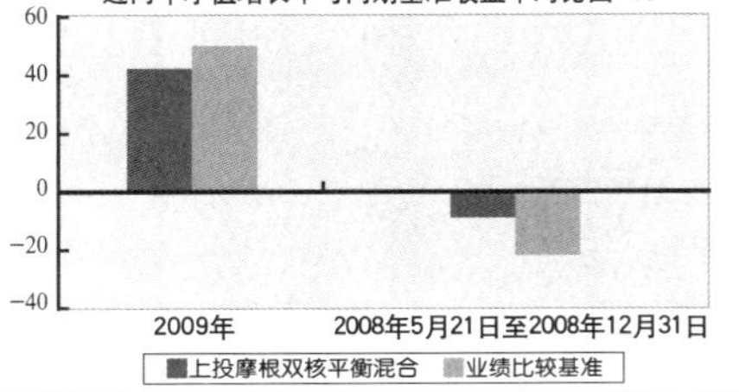

期末基金份额持有人户数	基金份额持有人户数为17,388户，平均每户持有49,921.84份。（期末截至2009年12月31日）
期末基金份额持有人结构	机构投资者持有410,109,678.09份，占总份额47.25%；个人投资者持有457,931,300.02份，占总份额52.75%。

基金业绩表现

截至2009年12月31日，上投摩根双核平衡混合基金份额净值为1.2322元，全年净值增长率为42.03%。

基金管理团队

罗建辉先生：基金经理，南京大学管理学硕士，11年证券从业经历。曾在东方证券公司资产管理部从事投资研究工作；金鹰基金管理公司从事投资研究工作；平安资产管理公司从事成长股票组合的管理工作。2009年7月加入上投摩根基金管理公司，2009年10月起任上投摩根双核平衡混合基金经理。

芮　昆先生：基金经理，上海财经大学经济学硕士，8年证券从业经历。曾任职于东北证券金融与产业研究所高级研究员、湘财证券研发中心首席分析师等岗位。2004年加入上投摩根基金管理公司，任基金经理助理，2006年4月至2009年10月任上投摩根双息平衡混合基金经理，2008年5月至2009年10月任上投摩根双核平衡混合基金经理。

梁　钧先生：基金经理，上海交通大学企业管理博士，9年证券从业经历。曾就职于湘财证券研发中心投资策略部、中国太平洋保险公司资金运用中心。2004年5月就职于泰达宏利基金管理公司，历任基金经理和固定收益部总经理；2007年3月加入上投摩根基金管理公司；2008年5月至2009年6月任上投摩根双核平衡混合基金经理。

基金运作分析

2009年，上投摩根双核平衡混合基金以追求稳定报酬为目的，在年初延续较保守的策略，后期逐步加仓。下半年该基金操作转向积极防御，在均衡配置基础上先后重点投资了家电、零售、食品饮料、医药等行业。

季度投资组合一览

项目＼季度	第一季度			第二季度			第三季度			第四季度		
基金资产净值	981,846,391.62元			1,137,381,013.59元			1,006,130,750.43元			1,069,630,159.87元		
基金份额	934,225,758.68份			977,330,038.31份			876,695,788.21份			868,040,978.11份		
基金份额净值	1.0510元			1.1638元			1.1476元			1.2322元		
基金资产组合		市值(元)	占总资产比(%)		市值(元)	占总资产比(%)		市值(元)	占总资产比(%)		市值(元)	占总资产比(%)
股票投资		559,080,803.64	56.29		750,381,091.22	64.46		563,830,394.87	55.62		758,760,545.83	67.59
债券投资		291,536,620.24	29.35		315,468,000.00	27.10		301,844,875.70	29.78		291,503,725.14	25.97
金融衍生品投资		——	——		——	——		——	——		——	——
银行存款和结算备付金		122,735,260.76	12.36		90,290,935.95	7.76		135,546,211.42	13.37		67,177,670.78	5.98
其他资产		19,809,677.55	1.99		8,049,762.09	0.69		12,470,455.58	1.23		5,207,089.52	0.46
投资前五名股票明细	股票名称	公允价值(元)	占净值比(%)	股票名称	公允价值(元)	占净值比(%)	股票名称	公允价值(元)	占净值比(%)	股票名称	公允价值(元)	占净值比(%)
	南京银行	30,433,715.65	3.10	招商银行	41,906,431.08	3.68	南京银行	30,603,177.36	3.04	苏宁电器	35,766,473.66	3.34
	城投控股	29,860,982.48	3.04	中国平安	41,052,541.90	3.61	北京银行	30,119,728.54	2.99	兴业银行	33,474,512.37	3.13
	深发展A	29,437,003.72	3.00	上海建工	25,871,496.00	2.27	天地科技	28,291,409.00	2.81	深发展A	30,860,096.55	2.89
	中国平安	28,553,428.80	2.91	南京银行	25,728,830.26	2.26	中兴通讯	25,737,328.90	2.56	天地科技	28,852,925.00	2.70
	申能股份	26,655,400.24	2.71	兴业银行	24,946,343.97	2.19	中国平安	22,568,800.80	2.24	鞍钢股份	27,199,312.00	2.54
投资前五名债券明细	债券名称	公允价值(元)	占净值比(%)	债券名称	公允价值(元)	占净值比(%)	债券名称	公允价值(元)	占净值比(%)	债券名称	公允价值(元)	占净值比(%)
	08央行票据46	57,774,000.00	5.88	08央行票据65	52,615,000.00	4.63	09央行票据34	58,986,000.00	5.86	09央行票据34	58,980,000.00	5.51
	08央行票据65	53,160,000.00	5.41	08央行票据47	52,495,000.00	4.62	08央行票据65	51,915,000.00	5.16	08央行票据65	51,535,000.00	4.82
	08央票101	48,670,000.00	4.96	08央行票据101	48,295,000.00	4.25	08央行票据47	51,840,000.00	5.15	08央行票据47	51,455,000.00	4.81
	08央行票据92	48,585,000.00	4.95	08央行票据92	48,220,000.00	4.24	08央票112	28,956,000.00	2.88	09央行票据36	29,487,000.00	2.76
	08央行票据95	29,169,000.00	2.97	08央行票据112	29,145,000.00	2.56	04国开20	20,050,000.00	1.99	09二滩CP02	20,058,000.00	1.88

上投摩根中小盘股票型证券投资基金

基本资料

基金简称	上投摩根中小盘股票	交易代码	379010		
风险收益特征	该基金是股票型基金，在证券投资基金中属于较高风险品种，其预期收益水平和风险高于混合型基金和债券型基金。				
业绩比较基准	40%×天相中盘指数收益率+40%×天相小盘指数收益率+20%×上证国债指数收益率				
合同生效日	2009年1月21日	首募份额	8.26亿份	认购户数	13,167户
基金管理人	上投摩根基金管理有限公司	基金托管人	中国建设银行		
注册登记人	上投摩根基金管理有限公司				

财务指标 单位：人民币(元)；%

项目 \ 年度	2009年1月21日至2009年12月31日
本期利润	383,719,999.43
本期加权平均净值利润率	30.85
期末基金资产净值	1,482,027,795.03
期末基金份额净值	1.530
本期份额净值增长率	53.00
累计份额净值增长率	53.00
基金收益分配	——

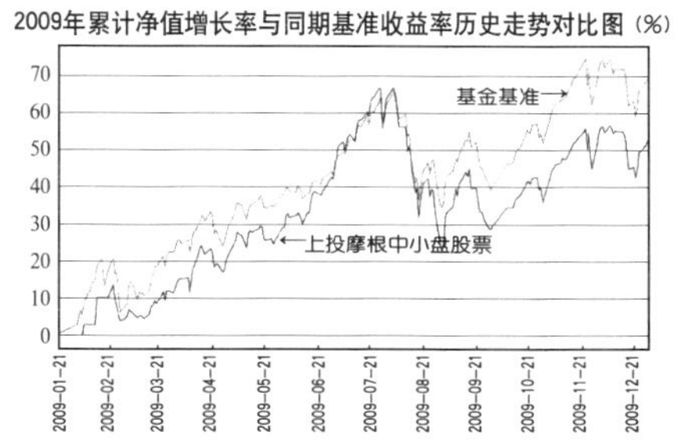

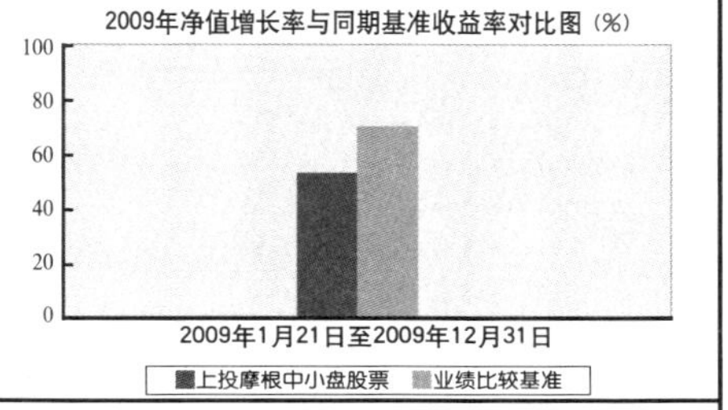

期末基金份额持有人户数	基金份额持有人户数为55,938户，平均每户持有17,320.67份。（期末截至2009年12月31日）
期末基金份额持有人结构	机构投资者持有42,312,551.12份，占总份额4.37%；个人投资者持有926,571,273.52份，占总份额95.63%。

基金业绩表现

上投摩根中小盘股票基金合同生效于2009年1月21日，截至2009年12月31日，该基金净值增长53.00%。

基金管理团队

董红波先生：基金经理，管理学硕士，7年证券从业经历。曾任职于中华全国供销合作总社监察局及办公厅、中国平安人寿上海分公司战略发展部，2004年加入泰信基金公司，曾先后担任研究部副经理、基金经理助理、基金经理。2008年7月加入上投摩根基金管理公司，2009年1月起任上投摩根中小盘股票基金经理。

王振州先生：基金经理，中原大学电子电机学士，企业管理硕士，8年证券从业经历。曾任宝来证券国际金融集团高级研究员；日盛证券投资信托公司日盛美亚高科技基金及日盛小而美基金经理；元大证券投资信托公司元大双盈基金经理。2007年9月加入上投摩根基金管理公司。曾任上投摩根成长先锋股票基金经理；2008年11月起任上投摩根中国优势股票基金经理；2009年1月起任上投摩根中小盘股票基金经理；2009年10月起同时任上投摩根双息平衡混合基金经理。

基金运作分析

2009年中国证券市场整体出现了较大幅度的上升，国家大力度的经济刺激政策、宏观经济的逐步回复以及充足的流动性是市场上升的主要原因。

上投摩根中小盘股票基金在2009年1月21日成立后，实行了快速建仓的策略，重点对受益于国家政策及复苏程度较好的行业进行了布局，基金业绩取得了较快增长，三季度后由于对市场调整程度及方向判断的不足，导致基金净值出现一定幅度的下滑，业绩表现落后于上半年。

季度投资组合一览

项目 \ 季度	第一季度		第二季度		第三季度		第四季度	
基金资产净值	672,150,663.99元		1,173,395,701.65元		1,509,692,880.66元		1,482,027,795.03元	
基金份额	595,877,738.48份		825,163,911.56份		1,163,883,007.73份		968,883,824.64份	
基金份额净值	1.128元		1.422元		1.297元		1.530元	
基金资产组合	市值(元)	占总资产比(%)	市值(元)	占总资产比(%)	市值(元)	占总资产比(%)	市值(元)	占总资产比(%)
股票投资	620,730,453.46	87.89	1,102,427,304.86	91.33	1,081,692,270.56	70.97	1,383,694,426.45	91.68
债券投资	——	——	——	——	31,294,278.00	2.05	29,490,000.00	1.95
金融衍生品投资	——	——	——	——	——	——	——	——
买入返售金融资产	——	——	——	——	——	——	——	——
银行存款和结算备付金	72,001,880.95	10.19	89,889,927.63	7.45	402,526,060.17	26.41	90,187,062.32	5.98
其他资产	13,549,944.60	1.92	14,808,135.58	1.23	8,665,704.53	0.57	5,953,057.83	0.39

投资前五名股票明细

股票名称	公允价值(元)	占净值比(%)	股票名称	公允价值(元)	占净值比(%)	股票名称	公允价值(元)	占净值比(%)	股票名称	公允价值(元)	占净值比(%)
中信证券	40,241,428.38	5.99	民生银行	72,230,209.92	6.16	兴业银行	89,413,509.87	5.92	兴业银行	98,604,427.43	6.65
康美药业	34,935,498.00	5.20	金牛能源	71,480,293.20	6.09	三一重工	66,363,284.82	4.40	北京银行	62,659,569.30	4.23
北京银行	33,288,325.99	4.95	中国平安	68,742,426.14	5.86	北京银行	47,899,038.17	3.17	金牛能源	56,530,780.80	3.81
徐工科技	28,375,342.84	4.22	华夏银行	67,162,053.00	5.72	北京城建	45,625,256.88	3.02	双鹭药业	48,663,954.00	3.28
特变电工	21,343,418.07	3.18	中信证券	51,991,476.30	4.43	金钼股份	42,094,974.15	2.79	海通集团	46,908,747.96	3.17

投资前五名债券明细

债券名称	公允价值(元)	占净值比(%)	债券名称	公允价值(元)	占净值比(%)	债券名称	公允价值(元)	占净值比(%)	债券名称	公允价值(元)	占净值比(%)
						09央行票据34	29,493,000.00	1.95	09央票34	29,490,000.00	1.99
						博汇转债	1,801,278.00	0.12			

上投摩根纯债债券型证券投资基金

基本资料					
基金简称	上投摩根纯债债券	交易代码	A:371020　B:371120		
风险收益特征	该基金是债券型基金，在证券投资基金中属于较低风险品种，其预期风险收益水平低于股票型基金，高于货币市场基金。				
业绩比较基准	中国债券总指数				
合同生效日	2009年6月24日	募集规模	18.01亿份	申购户数	16,994户
基金管理人	上投摩根基金管理有限公司	基金托管人	中国工商银行		
注册登记人	上投摩根基金管理有限公司				

2009年累计净值增长率与同期基准收益率历史走势对比图（%）

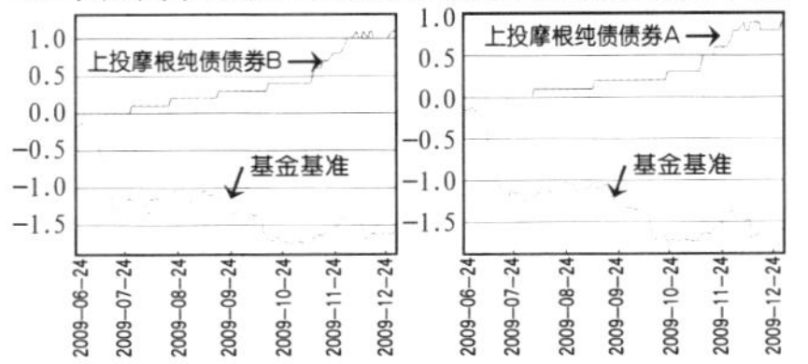

2009年净值增长率与同期基准收益率对比图（%）

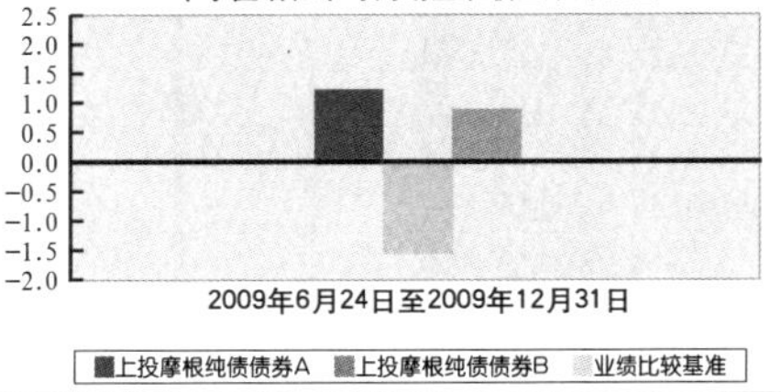

财务指标　　单位：人民币（元）；%

项目 \ 年度	2009年6月24日至2009年12月31日	
	A	B
本期利润	3,621,748.72	5,772,379.41
本期加权平均净值利润率	1.04	0.69
期末基金资产净值	226,996,378.46	432,670,710.88
期末基金份额净值	1.012	1.009
本期份额净值增长率	1.20	0.90
累计份额净值增长率	1.20	0.90
基金收益分配	——	

期末基金份额持有人户数	A:基金份额持有人户数为3,953户，平均每户持有56,766.31份。 B:基金份额持有人户数为6,452户，平均每户持有66,432.15份。（期末截至2009年12月31日）
期末基金份额持有人结构	A:机构投资者持有24,984,883.50份，占总份额11.13％；个人投资者持有199,412,358.57份，占总份额88.87%。 B:机构投资者持有89,435,725.94份，占总份额20.87%；个人投资者持有339,184,479.53份，占总份额79.13%。

基金业绩表现

上投摩根纯债债券基金合同生效于2009年6月24日，截至2009年12月31日，该基金A类净值增长率为1.20%，B类净值增长率为0.90%；同期业绩基准收益率为−1.58%，业绩表现优于基准。

基金管理团队

王亚南先生：基金经理，复旦大学金融工程专业硕士，7年证券从业经历。2003年至2007年，就职于海通证券公司研究所，任固定收益研究员；2007年4月加入国泰基金管理公司，任国泰金鹿保本混合基金经理助理；2008年6月加入上投摩根基金管理公司，2008年11月起任上投摩根货币基金经理，2009年6月起任上投摩根纯债债券基金经理。

季度投资组合一览

项目 \ 季度	第三季度		第四季度	
	A	B	A	B
基金资产净值	3.6883元	7.5337元	2.2700元	4.3267元
基金份额	3.6770份	7.5181份	2.2440份	4.2862份
基金份额净值	1.003元	1.002元	1.012元	1.009元
基金资产组合	金额(元)	占总资产比例(%)	金额(元)	占总资产比例(%)
股票投资	——	——	——	——
债券投资	325,930,162.80	21.91	570,894,750.44	85.95
金融衍生品投资	——	——	——	——
买入返售金融资产	764,300,000.00	51.39	20,000,000.00	3.01
银行存款和结算备付金	356,538,303.85	23.97	31,127,988.65	4.69
其他资产	40,503,262.77	2.72	42,219,933.39	6.36

投资前五名股票明细	股票名称	公允价值(元)	占净值比例(%)	股票名称	公允价值(元)	占净值比例(%)
	——			——		

投资前五名债券明细	债券名称	公允价值(元)	占净值比例(%)	债券名称	公允价值(元)	占净值比例(%)
	09央行票据45	199,340,000.00	17.76	09央行票据36	88,461,000.00	13.41
	00国开01	30,231,000.00	2.69	08农发16	51,205,000.00	7.76
	09沙钢CP01	20,090,000.00	1.79	05农发13	50,270,000.00	7.62
	09京城建	20,000,000.00	1.78	09央行票据40	49,135,000.00	7.45
	00国开02	10,079,000.00	0.90	07农发15	30,396,000.00	4.61

基金运作分析

上投摩根纯债债券基金成立于2009年6月底，恰逢债券市场利率开始从年初的极低水平向正常化水平过渡，债券市场利率逐步上升。因此，该基金根据市场利率变化状况相应控制节奏，将利率品种的久期控制在较短范围内，而对收益较高的信用品种则在评估其风险的基础上适当参与，整体上债券组合的久期维持在较低水平。

展望2010年，基于对市场的分析，该基金管理人对利率品种的投资仍然保持相对谨慎的态度，跟踪其利率变化水平，动态评估其投资价值，择机增加期限较长品种的投资力度，适当提高组合的久期；而基于对未来宏观经济持续好转的乐观预期，信用债的抗利率风险能力相对较强，对信用品种保持相对乐观的态度，将在行业分散的基础上挖掘信用债的投资价值并增加其投资比例。

上投摩根行业轮动股票型证券投资基金

<table>
<tr><th colspan="7">基本资料</th></tr>
<tr><td>基金简称</td><td colspan="2">上投摩根行业轮动股票</td><td>交易代码</td><td colspan="3">377530</td></tr>
<tr><td>投资目标</td><td colspan="6">该基金通过把握资产轮动、产业策略与经济周期相联系的规律，挖掘经济周期波动中强势行业中具有核心竞争优势的上市公司，力求在景气的多空变化中把握行业轮动挖掘投资机会。</td></tr>
<tr><td>业绩比较基准</td><td colspan="6">沪深300指数收益率×80%+上证国债指数收益率×20%</td></tr>
<tr><td>风险收益特征</td><td colspan="6">该基金是主动管理的股票型证券投资基金，属于证券投资基金的较高风险品种，预期风险收益水平高于混合型基金、债券型基金和货币市场基金。</td></tr>
<tr><td>合同生效日</td><td>2010年1月28日</td><td>上市日期</td><td>——</td><td>上市地点</td><td colspan="2">——</td></tr>
<tr><td rowspan="2">募集概况</td><td>首募份额</td><td>认购户数</td><td colspan="4">募集日期</td></tr>
<tr><td>36.17亿份</td><td>33,482户</td><td colspan="4">2010年1月6日至2010年1月22日</td></tr>
<tr><td rowspan="3">基金费率</td><td>认购费率</td><td colspan="2">不超过1.20%</td><td>申购费率</td><td colspan="2">不超过1.50%</td></tr>
<tr><td>赎回费率</td><td colspan="5">不超过0.50%</td></tr>
<tr><td>管理费率</td><td colspan="2">1.50%</td><td>托管费率</td><td colspan="2">0.25%</td></tr>
<tr><td>基金管理人</td><td colspan="2">上投摩根基金管理有限公司</td><td>基金托管人</td><td colspan="3">招商银行股份有限公司</td></tr>
<tr><td>审计机构</td><td colspan="2">普华永道中天会计师事务所有限公司</td><td>注册登记人</td><td colspan="3">上投摩根基金管理有限公司</td></tr>
</table>

基金管理团队

许运凯先生：基金经理、投资副总监复旦大学经济学博士，2001至200年任国泰君安证券研究所机械行业资深研究员，2006年4月加入上投摩根基金管理有限公司，历任投资经理、中国优势基金经理助理、投资副总监。2008年12月起任上投摩根成长先锋股票基金经理，2009年9月起同时任上投摩根阿尔法股票基金经理，2010年1月起至今任上投摩根行业轮动股票基金经理。

东方基金管理有限责任公司

法定名称	东方基金管理有限责任公司	英文名称	Orient Fund Management Co.,Ltd.		
成立时间	2004年6月11日	注册资本	1亿元人民币	公司属性	中 资
法人代表	李维雄	总 经 理	单 宇	督 察 长	吕 日
公司网址	www.orient-fund.com	客服电话	010-6657 8578		
联系电话	010-6629 5888	传真号码	010-6629 5999		
注册地址	北京市西城区金融大街28号盈泰商务中心2号楼16层				
办公地址	北京市西城区金融大街28号盈泰商务中心2号楼16层				

公司简介

东方基金管理有限责任公司（以下简称“公司”）经中国证监会批准（证监基金字[2004]80号）于2004年6月11日成立，是《中华人民共和国证券投资基金法》施行后成立的第一家基金管理公司。公司注册资本1亿元人民币。公司股东为东北证券股份有限公司，持有股份46%；中辉国华实业（集团）有限公司，持有股份18%；上海城投控股股份有限公司，持有股份18%；河北省国有资产控股运营有限公司，持有股份18%。

截至2009年12月31日，公司管理6只开放式证券投资基金，管理基金资产规模103.82亿元人民币。

2009年旗下开放式基金业绩表现

截至日期：2009年12月31日

（单位：元；%）

基金类型	基金简称	设立日期	基金份额净值	净值增长率①	累计净值增长率②
股票型	东方策略成长股票	2008-06-03	1.4316	67.65	43.16
	东方核心动力股票	2009-06-24	1.0283	2.83	2.83
混合型	东方龙混合	2004-11-25	0.6562	40.12	165.48
	东方精选混合	2006-01-11	1.0669	100.81	375.47
债券型	东方稳健回报债券	2008-12-10	0.991	-1.69	0.90
货币型	东方金账簿货币	2006-08-02	1.0000	1.64	9.19

注：①净值增长率指该基金2009年度的份额净值增长率；②累计净值增长率指该基金设立以来的份额净值增长率。

2009年管理公募基金概况

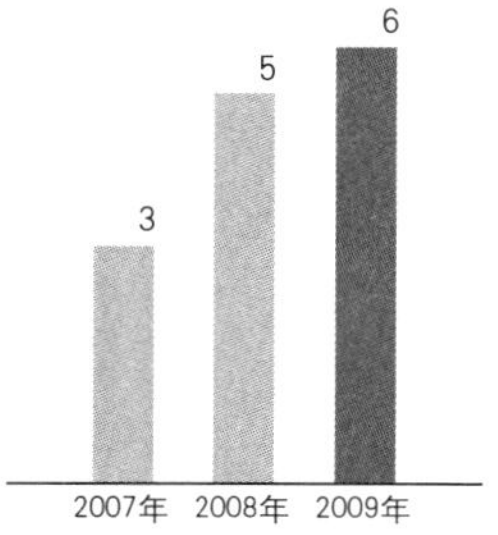

基金数量（只）

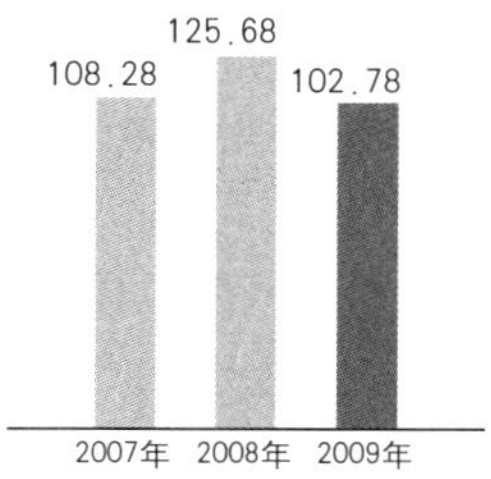

基金份额规模（亿份）

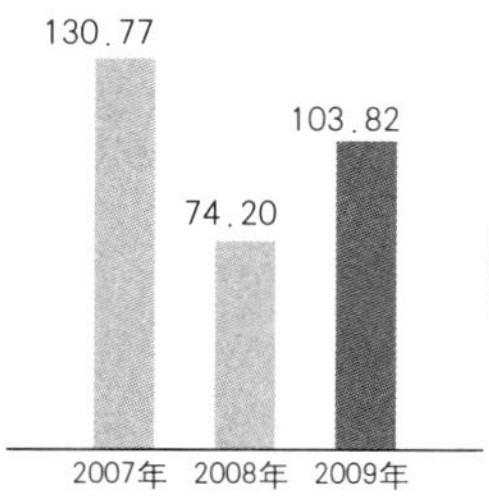

基金资产规模（亿元）

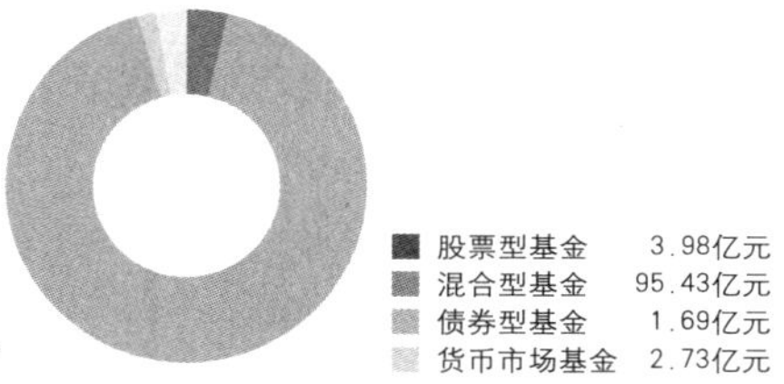

2009年基金资产规模构成

东方龙混合型开放式证券投资基金

基本资料					
基金简称	东方龙混合	交易代码	400001		
风险收益特征	该基金属于中等风险的基金品种，其风险收益特征介于单纯的股票型基金、单纯的债券型基金与单纯的货币市场基金之间，同时其股票组合部分的风险收益特征也介于完全成长型股票组合与完全价值型股票组合之间。				
业绩比较基准	新华富时A600成长指数×30%+新华富时A600价值指数×45%+新华巴克莱资本中国债券指数×25%				
合同生效日	2004年11月25日	首募份额	11.31亿份	认购户数	17,966户
基金管理人	东方基金管理有限责任公司	基金托管人	中国建设银行		
注册登记人	东方基金管理有限责任公司				

成立来累计净值增长率与同期基准收益率历史走势对比图（%）

近三年净值增长率与同期基准收益率对比图（%）

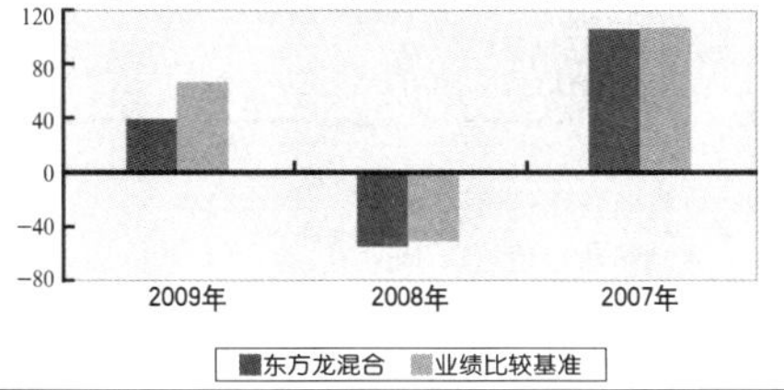

财务指标　单位：人民币（元）；%

项目＼年度	2009年	2008年	2007年
本期利润	312,380,593.61	−1,186,054,850.52	902,293,815.59
本期加权平均净值利润率	34.19	−90.76	63.31
期末基金资产净值	898,229,578.48	877,280,408.28	1,668,070,202.84
期末基金份额净值	0.6562	0.4683	1.0945
本期份额净值增长率	40.12	−57.21	107.31
累计份额净值增长率	165.48	89.46	342.81
基金收益分配	——	——	10派11.815
期末基金份额持有人户数	基金份额持有人户数为76,069户，平均每户持有17,994.93份。（期末截至2009年12月31日）		
期末基金份额持有人结构	机构投资者持有41,553,552.71份，占总份额3.04%；个人投资者持有1,327,302,524.04份，占总份额96.96%。		

基金业绩表现

2009年东方龙混合基金全年净值增长率为40.12%，同期业绩基准收益率为66.45%。

基金管理团队

于　鑫先生：基金经理、投资决策委员会委员，清华大学MBA，CFA，8年证券从业经历。曾任世纪证券公司资产管理部投资经理；2005年至今在东方基金管理公司工作，曾任东方精选混合基金经理助理；2006年8月至2006年12月、2007年8月至今任东方金账簿货币基金经理；2007年7月至2008年9月任东方精选混合基金经理；2008年6月起任东方策略成长股票基金经理；2008年9月起任东方龙混合基金经理。

基金运作分析

2009年东方龙混合基金对市场的走势判断出现失误，认为市场将以震荡为主，投资品种上以业绩明确、估值较低的行业为主，股票仓位较低。下半年适当增加了股票仓位，并进行了波段操作。

东方龙混合基金从审慎的角度出发，主要选择了银行、保险、商业、地产、食品饮料、港口等业绩明确、有确定增长空间的行业。在上半年大盘上涨过程中，该基金适当降低仓位。进入三季度后，该基金在大盘回调过程中适当增加股票仓位，并积极参与网下新股的发行，对持仓品种也进行了调整，卖出部分估值较高的品种，增持钢铁、化工等业绩复苏的行业。

季度投资组合一览

项目＼季度	第一季度		第二季度		第三季度		第四季度	
基金资产净值	939,964,055.67元		957,414,303.46元		838,280,658.39元		898,229,578.48元	
基金份额	1,790,795,613.97份		1,652,311,077.44份		1,458,496,867.41份		1,368,856,076.75份	
基金份额净值	0.5249元		0.5794元		0.5748元		0.6562元	
基金资产组合	市值(元)	占总资产比(%)	市值(元)	占总资产比(%)	市值(元)	占总资产比(%)	市值(元)	占总资产比(%)
股票投资	405,914,210.28	42.94	358,829,468.72	37.21	431,437,746.15	51.22	442,960,824.93	49.03
债券投资	29,238,000.00	3.09	29,016,000.00	3.01	39,868,000.00	4.73	45,848,200.00	5.07
金融衍生品投资	——	——	——	——	——	——	——	——
买入返售金融资产	——	——	——	——	——	——	——	——
银行存款和结算备付金	506,632,775.61	53.59	572,690,665.84	59.39	364,946,864.79	43.33	412,003,483.08	45.60
其他资产	3,572,321.17	0.38	3,795,195.18	0.39	6,040,599.65	0.72	2,673,357.38	0.30

投资前五名股票明细

股票名称	公允价值(元)	占净值比(%)	股票名称	公允价值(元)	占净值比(%)	股票名称	公允价值(元)	占净值比(%)	股票名称	公允价值(元)	占净值比(%)
攀钢钢钒	43,067,800.00	4.58	泸州老窖	34,440,000.00	3.60	泸州老窖	26,460,000.00	3.16	招商银行	27,075,000.00	3.01
招商银行	31,860,000.00	3.39	中国平安	27,203,000.00	2.84	深赤湾A	26,334,000.00	3.14	深赤湾A	25,721,000.00	2.86
泸州老窖	28,092,639.48	2.99	招商银行	26,892,000.00	2.81	盐田港	19,656,000.00	2.34	泸州老窖	23,424,000.00	2.61
中国平安	25,421,500.00	2.70	首钢股份	20,468,000.00	2.14	招商银行	17,736,000.00	2.12	民生银行	18,193,000.00	2.03
金融街	18,180,000.00	1.93	深赤湾A	18,329,647.50	1.91	中国平安	15,717,000.00	1.87	盐田港	17,451,000.00	1.94

投资前五名债券明细

债券名称	公允价值(元)	占净值比(%)	债券名称	公允价值(元)	占净值比(%)	债券名称	公允价值(元)	占净值比(%)	债券名称	公允价值(元)	占净值比(%)
08央行票据106	29,238,000.00	3.11	08央行票据106	29,016,000.00	3.03	09央行票据45	39,868,000.00	4.76	09央行票据67	39,868,000.00	4.44
									09央行票据51	5,980,200.00	0.67

东方精选混合型开放式证券投资基金

基本资料					
基金简称	东方精选混合	交易代码	400003		
风险收益特征	该基金属于中高风险、中高收益的基金品种，其风险收益特征介于单纯的股票型组合与单纯的债券型组合之间。该基金力争使基金的单位风险收益值从长期平均来看高于业绩比较基准的单位风险收益值。				
业绩比较基准	新华富时A600 成长指数×60%＋新华富时中国国债指数×40%				
合同生效日	2006年1月11日	首募份额	3.46亿份	认购户数	4,076户
基金管理人	东方基金管理有限责任公司	基金托管人	中国民生银行		
注册登记人	东方基金管理有限责任公司				

财务指标　　单位：人民币(元)；%

项目 \ 年度	2009年	2008年	2007年
本期利润	4,676,572,400.71	−6,550,039,114.79	3,469,110,600.02
本期加权平均净值利润率	64.52	−90.61	51.00
期末基金资产净值	8,644,560,349.66	4,690,752,055.23	11,182,493,397.01
期末基金份额净值	1.0669	0.5313	1.2318
本期份额净值增长率	100.81	−56.87	168.81
累计份额净值增长率	375.47	136.76	448.94
基金收益分配	——	——	——

成立来累计净值增长率与同期基准收益率历史走势对比图（%）

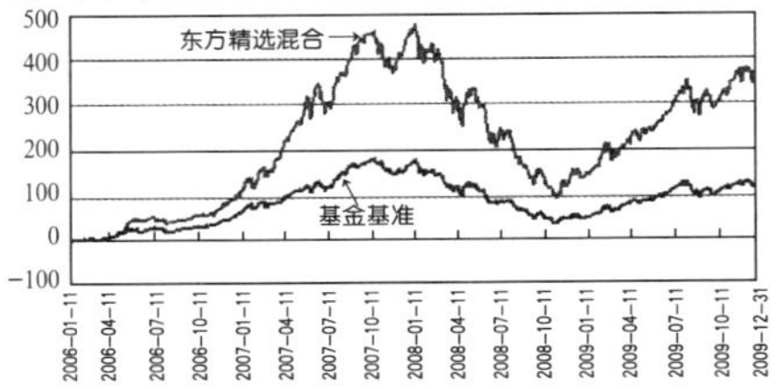

近三年净值增长率与同期基准收益率对比图（%）

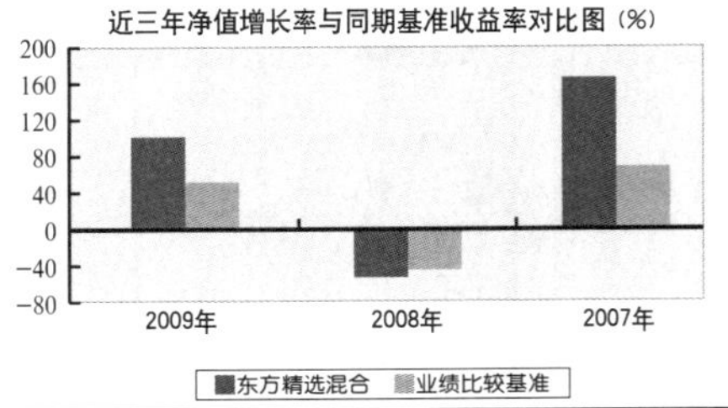

期末基金份额持有人户数	基金份额持有人户数为349,625户，平均每户持有23,175.39份。(期末截至2009年12月31日)
期末基金份额持有人结构	机构投资者持有20,503,023.60份，占总份额0.25%；个人投资者持有8,082,193,265.49份，占总份额99.75%。

基金业绩表现

2009年东方精选混合基金全年净值增长率为100.81%，同期业绩基准收益率为54.39%。

基金管理团队

李　骥先生：基金经理、投资决策委员会委员，北京大学经济学博士，8年证券从业经历。曾就职于嘉实基金公司、长盛基金公司。2007年9月加入东方基金公司，任研究部经理，投资决策委员会委员；2010年2月起任东方精选混合基金经理。

王　瑞先生：基金经理助理，北京大学理学硕士，7年证券从业经历。曾就职于中国林业科学院、华泰证券公司和民生证券公司。2007年4月加入东方基金公司任研究员；2009年5月起任东方精选混合基金经理助理。

付　勇先生：基金经理、副总经理、投资决策委员会主任委员，北京大学金融学博士，会计学硕士，数学学士，10年证券从业经历。曾就职于建设银行总行、华龙证券、东北证券。2004年加入东方基金公司，曾任东方策略基金经理；2006年1月至2010年2月任东方精选混合基金经理。

郑军恒先生：基金经理助理，北京大学生物分子学硕士，10年证券从业经历。曾就职于天津氨基酸公司、北京涌金财经顾问公司、博时基金公司和江南证券基金筹备组。2005年加入东方基金公司，曾任研究部副经理、基金经理助理。2008年12月起任东方稳健债券基金经理；2009年6月起任东方核心股票基金经理。

基金运作分析

2009年东方精选混合基金的运作主要有两点成功之处：一是年初时市场估值整体处于低位，投资策略较为积极，保持较高仓位的股票资产；二是在年中政策出现微调迹象时心态趋于谨慎，采取积极防御的策略，在行业配置基本均衡的同时，适当超配食品饮料、品牌服装、医药生物、旅游等消费类板块。

季度投资组合一览

项目 \ 季度	第一季度		第二季度		第三季度		第四季度	
基金资产净值	6,275,862,146.57元		7,419,902,224.24元		7,718,304,706.94元		8,644,560,349.66元	
基金份额	9,014,686,977.10份		8,690,910,826.88份		8,770,601,563.42份		8,102,696,289.09份	
基金份额净值	0.6962元		0.8538元		0.8800元		1.0669元	
基金资产组合	市值(元)	占总资产比(%)	市值(元)	占总资产比(%)	市值(元)	占总资产比(%)	市值(元)	占总资产比(%)
股票投资	5,815,714,188.89	92.08	6,903,003,450.40	92.55	7,179,470,673.26	92.52	8,057,896,674.92	92.10
债券投资	292,725,000.00	4.63	319,725,000.00	4.29	363,419,000.00	4.68	398,680,000.00	4.56
金融衍生品投资	——	——	——	——	——	——	——	——
银行存款和结算备付金	181,547,823.94	2.87	190,501,791.15	2.55	185,382,653.00	2.39	212,194,213.55	2.43
其他资产	25,912,910.46	0.42	45,156,409.80	0.61	31,436,363.68	0.41	80,559,448.92	0.92

投资前五名股票明细	股票名称	公允价值(元)	占净值比(%)	股票名称	公允价值(元)	占净值比(%)	股票名称	公允价值(元)	占净值比(%)	股票名称	公允价值(元)	占净值比(%)
	S上石化	516,926,648.13	8.24	首钢股份	692,300,000.00	9.33	S上石化	600,542,000.00	7.78	S上石化	601,156,000.00	6.95
	首钢股份	454,910,582.56	7.25	S上石化	684,578,534.01	9.23	首钢股份	462,246,400.00	5.99	泸州老窖	569,974,981.76	6.59
	泸州老窖	292,705,897.92	4.66	泸州老窖	419,013,370.30	5.65	泸州老窖	429,233,208.60	5.56	首钢股份	568,305,600.00	6.57
	中兴通讯	115,250,878.68	1.84	贵州茅台	139,468,194.89	1.88	哈投股份	192,385,851.52	2.49	哈投股份	227,007,012.30	2.63
	神火股份	102,155,562.80	1.63	轻纺城	125,198,585.63	1.69	中兴通讯	143,540,115.34	1.86	中兴通讯	150,672,293.38	1.74

投资前五名债券明细	债券名称	公允价值(元)	占净值比(%)	债券名称	公允价值(元)	占净值比(%)	债券名称	公允价值(元)	占净值比(%)	债券名称	公允价值(元)	占净值比(%)
	08央票106	194,920,000.00	3.11	08央票106	193,440,000.00	2.61	09央行票据45	199,340,000.00	2.58	09央行票据67	398,680,000.00	4.61
	08央行票据114	48,970,000.00	0.78	08央行票据114	48,660,000.00	0.66	08央行票据112	67,564,000.00	0.88			
	08央票110	48,835,000.00	0.78	08央票110	48,480,000.00	0.65	08央行票据114	48,370,000.00	0.63			
				08央行票据112	29,145,000.00	0.39	08央票110	48,145,000.00	0.62			

东方金账簿货币市场证券投资基金

基本资料					
基金简称	东方金账簿货币	交易代码	400005		
风险收益特征	该基金属于高流动性、低风险的基金品种，其预期风险和预期收益率均低于股票型基金、混合型基金和债券型基金。				
业绩比较基准	银行6个月定期存款税后收益率				
合同生效日	2006年8月2日	首募份额	4.90亿份	认购户数	2,749户
基金管理人	东方基金管理有限责任公司	基金托管人	中国民生银行		
注册登记人	东方基金管理有限责任公司				

财务指标　　单位：人民币(元)；%

项目＼年度	2009年	2008年	2007年
本期利润	4,430,384.25	4,072,277.27	5,190,042.59
期末基金资产净值	273,042,426.58	744,089,157.49	226,093,959.26
期末基金份额净值	1.0000	1.0000	1.0000
本期份额净值收益率	1.64	3.29	3.19
累计份额净值收益率	9.19	7.42	4.00
基金收益分配	4,430,384.25	4,072,277.27	5,190,042.59

成立来累计净值收益率与同期基准收益率历史走势对比图（%）

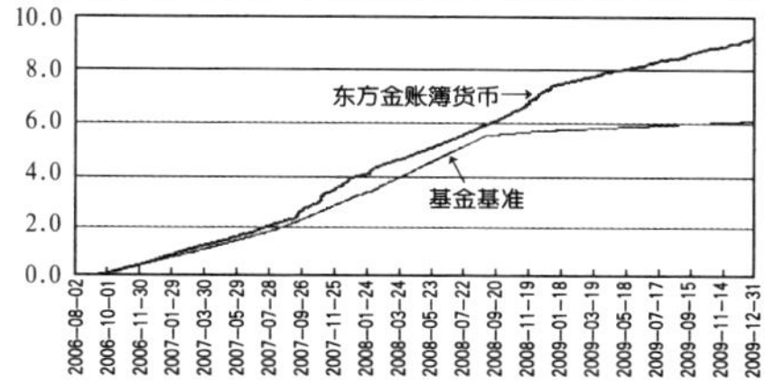

近三年净值收益率与同期基准收益率对比图（%）

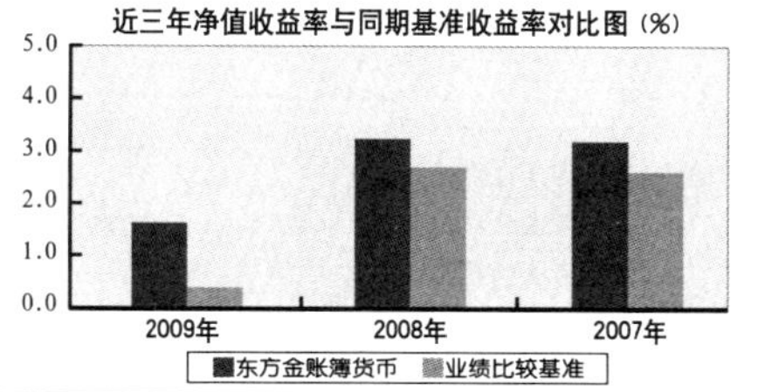

期末基金份额持有人户数	基金份额持有人户数为7,881户，平均每户持有34,645.66份。（期末截至2009年12月31日）
期末基金份额持有人结构	机构投资者持有58,202,961.55份，占总份额21.32%；个人投资者持有214,839,465.03份，占总份额78.68%。

基金业绩表现

2009年东方金账簿货币基金全年净值收益率为1.64%，同期业绩基准收益率为0.36%。

基金管理团队

于　鑫先生：基金经理、投资决策委员会委员，清华大学MBA，CFA，8年证券从业经历。曾任世纪证券公司资产管理部投资经理；2005年至今在东方基金管理公司工作，曾任东方精选混合基金经理助理；2006年8月至2006年12月、2007年8月至今任东方金账簿货币基金经理；2007年7月至2008年9月任东方精选混合基金经理；2008年6月起任东方策略成长股票基金经理；2008年9月起任东方龙混合基金经理。

王丹丹女士：基金经理助理，中国人民银行研究生部金融学硕士，2年证券从业经历。2006年加入东方基金管理公司，曾任债券研究员、债券交易员；2007年5月起任东方金账簿货币基金经理助理。

基金运作分析

2009年东方金账簿货币基金基本把握了债市变动的基本脉络，上半年增加短期融资券的配置，待其利率下行至历史低位后，降低投资比例，锁定盈利，并利用一、二级市场定价混乱的时期，择机进行波段操作，获得了一定的收益。下半年，1年期央票恢复发行，利率水平也大幅提高，该基金逐渐提高仓位，配置了半年期的央票及部分shibor浮息债。12月份，随着短融发行利率的再次提高，东方金账簿货币基金置换了组合中的大部分短融，在获得资本利得的同时，再投资收益也有所提高。

季度投资组合一览

项目＼季度	第一季度		第二季度		第三季度		第四季度	
基金资产净值	331,865,912.73元		234,328,757.02元		168,921,808.20元		273,042,426.58元	
基金份额	331,865,912.73份		234,328,757.02份		168,921,808.20份		273,042,426.58份	
基金份额净值	1.000元		1.000元		1.000元		1.000元	
基金资产组合	市值(元)	占总资产比(%)	市值(元)	占总资产比(%)	市值(元)	占总资产比(%)	市值(元)	占总资产比(%)
股票投资	——	——	——	——	——	——	——	——
债券投资	230,683,660.94	58.00	80,145,965.76	34.06	120,581,757.80	71.12	140,089,962.93	51.18
金融衍生品投资	——	——	——	——	——	——	——	——
买入返售金融资产	——	——	——	——	30,000,000.00	17.69	81,000,158.00	29.59
银行存款和结算备付金	88,911,323.00	22.35	135,377,953.99	57.54	14,851,487.46	8.76	31,165,445.04	11.39
其他资产	78,154,823.99	19.65	19,756,601.82	8.40	4,107,057.22	2.42	21,443,299.89	7.83

投资前五名债券明细	债券名称	成本(元)	占净值比(%)	债券名称	成本(元)	占净值比(%)	债券名称	成本(元)	占净值比(%)	债券名称	成本(元)	占净值比(%)
	07进出09	80,172,446.97	24.16	08陕有色CP02	20,071,264.44	8.57	07国开22	40,369,177.11	23.90	07国开22	40,090,964.52	14.68
	09集通CP01	20,141,166.03	6.07	08央行票据106	19,921,968.84	8.50	07央行票据16	20,093,349.43	11.90	07农发13	20,051,589.99	7.34
	08苏交通CP01	20,078,116.68	6.05	08哈药CP01	10,056,533.59	4.29	07农发13	20,070,947.90	11.88	07央行票据16	20,036,940.18	7.34
	09攀钢集CP01	20,072,500.07	6.05	08日照港CP01	10,045,189.84	4.29	09攀钢集CP01	10,031,356.16	5.94	09国开18	19,916,930.40	7.29
	09招金CP01	20,055,482.74	6.04	08苏交通CP01	10,026,381.20	4.28	08陕有色CP02	10,016,284.44	5.93	09汉江CP02	10,029,118.99	3.67

投资组合平均剩余期限	平均剩余期限	占净值比(%)	平均剩余期限	占净值比(%)	平均剩余期限	占净值比(%)	平均剩余期限	占净值比(%)
	30天以内	48.21	30天以内	62.14	30天以内	27.74	30天以内	44.74
	30天(含)—60天	24.16	30天(含)—60天	-	30天(含)—60天	11.88	30天(含)—60天	22.03
	60天(含)—90天	0.00	60天(含)—90天	8.50	60天(含)—90天	5.93	60天(含)—90天	7.34
	90天(含)—180天	5.98	90天(含)—180天	17.14	90天(含)—180天	41.73	90天(含)—180天	-
	180天(含)—397天（含）	36.37	180天(含)—397天（含）	8.56	180天(含)—397天（含）	11.84	180天(含)—397天（含）	21.94

东方策略成长股票型开放式证券投资基金

基本资料					
基金简称	东方策略成长股票	交易代码	400007 400008		
风险收益特征	该基金属于成长型股票基金，为证券投资基金中的高风险品种。其长期平均的风险和预期收益高于混合型基金、债券型基金和货币市场基金。				
业绩比较基准	中信标普300指数收益率×70%+中信标普全债指数收益率×30%				
合同生效日	2008年6月3日	首募份额	3.29亿份	认购户数	7,660户
基金管理人	东方基金管理有限责任公司	基金托管人	中国建设银行		
注册登记人	东方基金管理有限责任公司				

财务指标　单位：人民币（元）；%

项目 \ 年度	2009年	2008年6月3日至2008年12月31日
本期利润	57,863,852.68	−26,524,883.05
本期加权平均净值利润率	55.59	−14.69
期末基金资产净值	85,243,820.18	127,893,310.22
期末基金份额净值	1.4316	0.8539
本期份额净值增长率	67.65	−14.61
累计份额净值增长率	43.16	−14.61
基金收益分配	——	——

成立来累计净值增长率与同期基准收益率历史走势对比图（%）

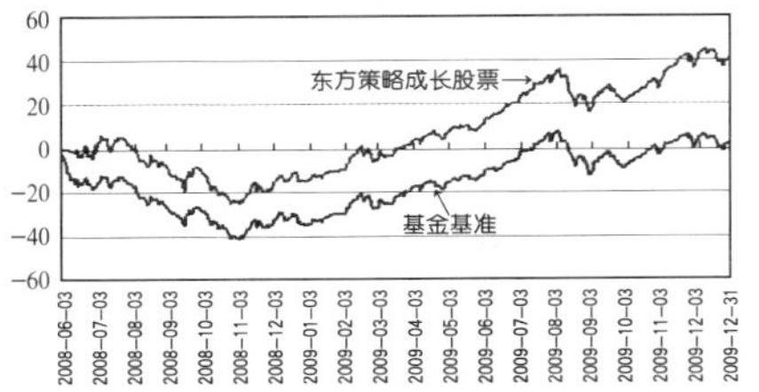

近两年净值增长率与同期基准收益率对比图（%）

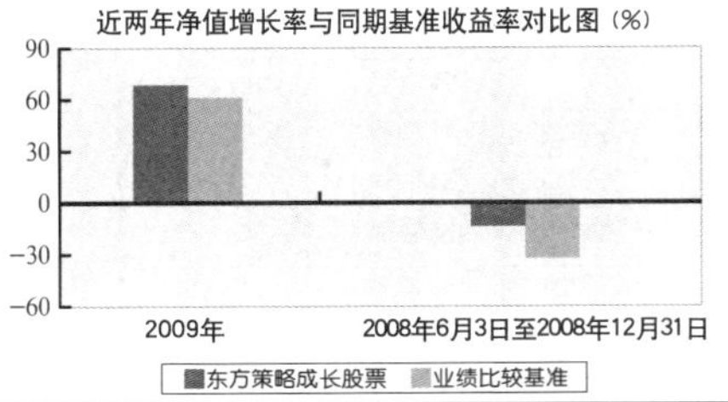

期末基金份额持有人户数	基金份额持有人户数为3,463户，平均每户持有17,193.95份。（期末截至2009年12月31日）
期末基金份额持有人结构	机构投资者持有9,080,815.15份，占总份额15.25%；个人投资者持有50,461,826.17份，占总份额84.75%。

基金业绩表现

2009年东方策略成长股票基金全年净值增长率为67.65%，同期业绩基准收益率为61.47%。

基金管理团队

于　鑫先生：基金经理、投资决策委员会委员，清华大学MBA，CFA，8年证券从业经历。曾任世纪证券公司资产管理部投资经理；2005年加入东方基金公司，曾任东方精选混合基金经理助理；2007年8月至今任东方金账簿货币基金经理；2007年7月至2008年9月任东方精选混合基金经理；2008年6月起任东方策略成长股票基金经理；2008年9月起任东方龙混合基金经理。

付　勇先生：基金经理、公司副总经理、投资决策委员会主任委员，北京大学金融学博士，会计学硕士，数学学士，10年证券从业经历。曾在建设银行总行、华龙证券、东北证券工作；2004年加入东方基金公司，曾任发展规划部经理、投资总监助理、基金经理助理、总经理助理、副总经理，2006年1月至2010年2月任东方精选混合基金经理；2008年6月至2010年2月任东方策略成长股票基金经理。

基金运作分析

2009年，东方策略成长股票基金的投资主要以业绩明确、估值较低的行业为主，没有参与主题投资。下半年适当参与了优质新股的网下发行，并适当进行了波段操作。

上半年，该基金主要选择了银行、保险、食品饮料、医药、地产等业绩明确、有确定增长空间的行业。随着市场上涨，该基金降低了在地产、医药等行业的投资比例，增持了港口、制造业等受益于出口复苏的行业。进入三季度后，该基金积极参与网下优质新股的发行，对持仓品种进行调整，增持了钢铁、化工等业绩复苏的行业，并适当进行波段操作。

季度投资组合一览

项目 \ 季度	第一季度		第二季度		第三季度		第四季度	
基金资产净值	130,423,952.34元		98,180,994.24元		79,823,515.02元		85,243,820.18元	
基金份额	126,965,295.00份		81,542,870.39份		65,682,959.49份		59,542,641.32份	
基金份额净值	1.0272元		1.2040元		1.2153元		1.4316元	
基金资产组合	市值(元)	占总资产比(%)	市值(元)	占总资产比(%)	市值(元)	占总资产比(%)	市值(元)	占总资产比(%)
股票投资	80,328,400.00	60.38	62,043,500.00	61.63	57,464,993.91	70.87	55,214,055.55	63.63
债券投资	——	——	——	——	57,818.80	0.07	3,986,800.00	4.59
金融衍生品投资	——	——	——	——	——	——	——	——
买入返售金融资产	——	——	——	——	——	——	——	——
银行存款和结算备付金	51,054,964.57	38.38	37,736,327.65	37.48	22,029,355.01	27.17	26,535,754.20	30.58
其他资产	1,648,152.52	1.24	898,233.14	0.89	1,529,068.41	1.89	1,038,285.52	1.20

投资前五名股票明细	股票名称	公允价值(元)	占净值比(%)	股票名称	公允价值(元)	占净值比(%)	股票名称	公允价值(元)	占净值比(%)	股票名称	公允价值(元)	占净值比(%)
	交通银行	6,430,000.00	4.93	中国平安	5,440,600.00	5.54	交通银行	3,831,800.00	4.80	交通银行	4,301,000.00	5.05
	招商银行	6,372,000.00	4.89	交通银行	4,505,000.00	4.59	中国平安	3,396,900.00	4.26	招商银行	3,249,000.00	3.81
	中国平安	5,866,500.00	4.50	招商银行	4,482,000.00	4.57	中国太保	2,895,100.00	3.63	深赤湾A	3,026,000.00	3.55
	赣粤高速	4,975,000.00	3.81	首钢股份	3,913,000.00	3.99	深赤湾A	2,758,800.00	3.46	民生银行	2,768,500.00	3.25
	哈药股份	4,912,000.00	3.77	赣粤高速	3,829,000.00	3.90	攀钢钢钒	2,744,000.00	3.44	攀钢钢钒	2,688,000.00	3.15

投资前五名债券明细	债券名称	公允价值(元)	占净值比(%)	债券名称	公允价值(元)	占净值比(%)	债券名称	公允价值(元)	占净值比(%)	债券名称	公允价值(元)	占净值比(%)
							博汇转债	57,818.80	0.07	09央行票据51	3,986,800.00	4.68

东方稳健回报债券型证券投资基金

基本资料					
基金简称	东方稳健回报债券	交易代码	400009		
风险收益特征	该基金为债券型基金，属证券投资基金中的低风险品种，其长期平均风险和预期收益率低于股票型基金和混合型基金，高于货币市场基金。在债券型基金产品中，其长期平均风险和预期收益率低于直接参与二级市场股票、权证投资的债券型基金，高于纯债券型基金。				
业绩比较基准	中债总指数				
合同生效日	2008年12月10日	首募份额	10.19亿份	认购户数	12,608户
基金管理人	东方基金管理有限责任公司	基金托管人	中国建设银行		
注册登记人	东方基金管理有限责任公司				

成立来累计净值增长率与同期基准收益率历史走势对比图（%）

财务指标		单位：人民币（元）；%
项目 / 年度	2009年	2008年12月10日至2008年12月31日
本期利润	−16,668,659.66	7,693,795.27
本期加权平均净值利润率	−3.42	0.76
期末基金资产净值	168,728,019.01	979,707,495.97
期末基金份额净值	0.991	1.008
本期份额净值增长率	−1.69	0.80
累计份额净值增长率	−0.90	0.80
基金收益分配	——	——

近两年净值增长率与同期基准收益率对比图（%）

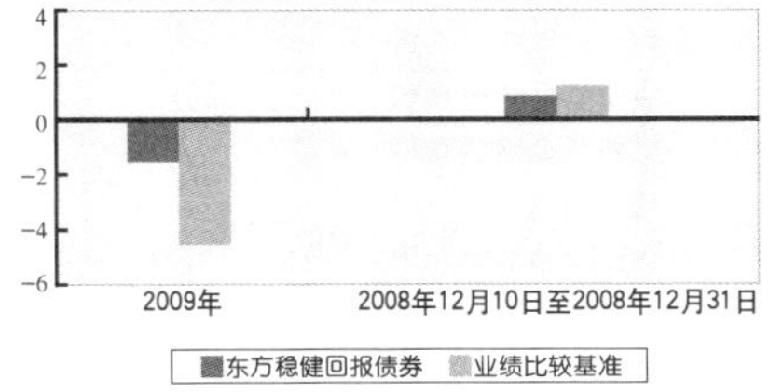

期末基金份额持有人户数	基金份额持有人户数为4,254户，平均每户持有40,031.47份。（期末截至2009年12月31日）
期末基金份额持有人结构	机构投资者持有806,088.51份，占总份额0.47%；个人投资者持有169,487,764.28份，占总份额99.53%。

基金业绩表现

截至2009年12月31日，东方稳健回报债券基金份额净值为0.991元，全年净值增长率为−1.69%；同期业绩比较基准收益率为−4.44%。

基金管理团队

杨林耘女士：基金经理，北京大学经济学院金融硕士，16年证券从业经历。曾先后在武汉融利期货任首席交易员和高级分析师，在泰康人寿保险资产管理公司任高级项目经理，在中国对外经济贸易信托公司任融资业务部总经理助理、交易部总经理助理、证券业务部高级投资经理。2008年11月加入东方基金管理公司，2008年12月起任东方稳健回报债券基金经理。

郑军恒先生：基金经理，北京大学分子生物学硕士，10年证券从业经历。曾任天津氨基酸公司助理工程师，先后在北京涌金财经顾问公司、博时基金管理公司、江南证券基金筹备组任分析师、研究员。2005年加入东方基金公司，曾任研究部副经理、东方精选混合基金经理助理；2008年12月起任东方稳健回报债券基金经理；2009年6月起任东方核心动力股票基金经理。

基金运作分析

东方稳健回报债券基金成立于2008年底，2009年初的下跌给该基金带来较大的损失，其后虽然进行了减持，但已有部分亏损，全年来看主要是信用债的收益弥补了部分利率产品的亏损；因为对转债的投资较为保守，所以全年的收益不够理想。后期该基金精选了部分新发可转债和新股增发，这部分投资在年底给组合带来了正收益。

季度投资组合一览

项目 / 季度	第一季度		第二季度		第三季度		第四季度	
基金资产净值	757,589,021.24元		425,681,858.84元		247,837,031.66元		168,728,019.01元	
基金份额	763,846,284.84份		425,959,656.93份		255,098,720.37份		170,293,852.79份	
基金份额净值	0.992元		0.999元		0.972元		0.991元	
基金资产组合	市值(元)	占总资产比(%)	市值(元)	占总资产比(%)	市值(元)	占总资产比(%)	市值(元)	占总资产比(%)
股票投资	——	——	——	——	23,661,974.45	8.40	31,108,658.26	13.44
债券投资	712,332,612.20	92.64	487,627,309.30	97.55	236,761,244.31	84.02	187,709,865.60	81.10
金融衍生品投资	——	——	——	——	——	——	——	——
买入返售金融资产	——	——	——	——	——	——	——	——
银行存款和结算备付金	29,930,510.02	3.89	4,686,121.41	0.94	12,405,891.33	4.40	9,499,401.12	4.10
其他资产	26,667,501.53	3.47	7,551,069.29	1.51	8,972,117.41	3.18	3,148,962.51	1.36

投资前五名股票明细	股票名称	公允价值(元)	占净值比(%)	股票名称	公允价值(元)	占净值比(%)	股票名称	公允价值(元)	占净值比(%)	股票名称	公允价值(元)	占净值比(%)
	——			——			美的电器	11,665,320.80	4.71	国元证券	15,122,641.50	8.96
							新安股份	5,380,870.00	2.17	海正药业	6,273,800.00	3.72
							南山铝业	3,402,607.70	1.37	福建高速	3,696,000.00	2.19
							新兴铸管	1,637,596.80	0.66	报 喜 鸟	2,130,228.00	1.26
							中国建筑	918,720.00	0.37	平高电气	2,101,677.44	1.25

投资前五名债券明细	债券名称	公允价值(元)	占净值比(%)	债券名称	公允价值(元)	占净值比(%)	债券名称	公允价值(元)	占净值比(%)	债券名称	公允价值(元)	占净值比(%)
	08国开25	221,870,000.00	29.29	08国债26	87,849,000.00	20.64	09农发01	37,912,000.00	15.30	09央行票据51	49,835,000.00	29.54
	08国债26	87,732,000.00	11.58	08国开25	40,060,000.00	9.41	08国债23	29,040,000.00	11.72	08国债23	28,941,000.00	17.15
	09农发01	67,690,000.00	8.93	09农发01	38,560,000.00	9.06	08国债26	28,797,000.00	11.62	08国债26	28,854,000.00	17.10
	08国开17	49,845,000.00	6.58	08农发15	30,147,000.00	7.08	09绵投控	24,754,950.00	9.99	09春华债	16,072,339.40	9.53
	08央行票据49	38,540,000.00	5.09	08国开20	29,181,000.00	6.86	09春华债	20,669,502.00	8.34	09绵投控	15,991,188.00	9.48

东方核心动力股票型开放式证券投资基金

基本资料			
基金简称	东方核心动力股票	交易代码	400011(前)400012(后)
风险收益特征	该基金属于股票型基金，为证券投资基金中的高风险品种。长期平均的风险和预期收益高于混合型基金、债券型基金和货币市场基金。		
业绩比较基准	沪深300指数收益率×80%+中证全债指数收益率×20%		
合同生效日	2009年6月24日	首募份额	7.72亿份
认购户数	17,585户		
基金管理人	东方基金管理有限责任公司	基金托管人	中国银行
注册登记人	东方基金管理有限责任公司		

2009年累计净值增长率与同期基准收益率历史走势对比图（%）

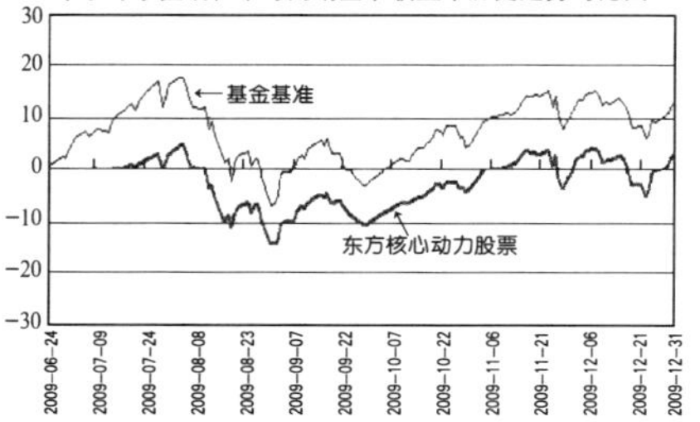

2009年净值增长率与同期基准收益率对比图（%）

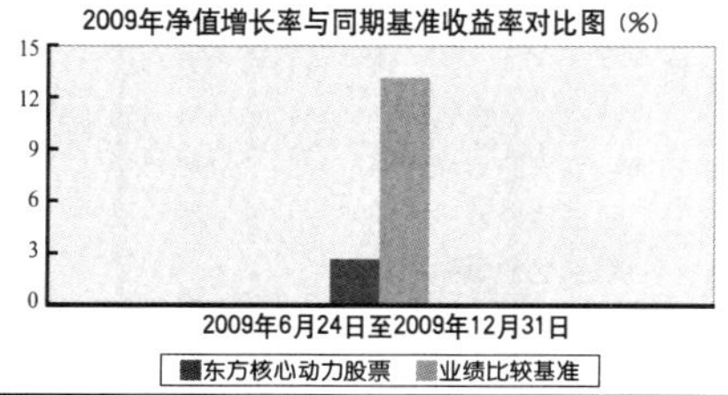

财务指标　单位：人民币（元）；%

项目＼年度	2009年6月24日至2009年12月31日
本期利润	13,905,020.13
本期加权平均净值利润率	2.93
期末基金资产净值	312,404,463.57
期末基金份额净值	1.0283
本期份额净值增长率	2.83
累计份额净值增长率	2.83
基金收益分配	——

期末基金份额持有人户数	基金份额持有人户数为9,046户，平均每户持有33,584.16份。（期末截至2009年12月31日）
期末基金份额持有人结构	机构投资者持有13,048,070.65份，占总份额4.29%；个人投资者持有290,754,279.67份，占总份额95.71%。

基金业绩表现

东方核心动力股票基金合同生效于2009年6月24日，截至2009年12月31日，该基金份额净值为1.0283元，成立以来净值增长率为2.83%；同期业绩基准收益率为13.03%。

基金管理团队

郑军恒先生：基金经理，10年证券从业经历，北京大学分子生物学硕士。曾任天津氨基酸公司助理工程师，先后在北京涌金财经顾问公司、博时基金管理公司、江南证券基金筹备组任分析师、研究员。2005加入东方基金公司，曾任研究部副经理、东方精选混合基金经理助理。2008年12月起任东方稳健回报基金经理；2009年6月起任东方核心动力股票基金经理。

季度投资组合一览

项目＼季度	第三季度		第四季度	
基金资产净值	434,493,996.71元		312,404,463.57元	
基金份额	480,007,561.75份		303,802,350.32份	
基金份额净值	0.9052元		1.0283元	
基金资产组合	市值(元)	占总资产比(%)	市值(元)	占总资产比(%)
股票投资	340,750,421.67	77.83	295,226,431.36	93.47
债券投资	44,143,264.90	10.08	——	——
资产支持证券投资	——	——	——	——
金融衍生品投资	——	——	——	——
买入返售金融资产	——	——	——	——
银行存款和结算备付金	51,092,629.02	11.67	20,125,454.38	6.37
其他资产	1,820,534.88	0.42	503,861.08	0.16

投资前五名股票明细

股票名称	公允价值(元)	占净值比(%)	股票名称	公允价值(元)	占净值比(%)
贵州茅台	12,644,762.00	2.91	上海汽车	14,722,582.68	4.71
格力电器	11,298,678.40	2.60	中国平安	11,221,833.00	3.59
中兴通讯	9,510,638.00	2.19	中信证券	10,538,109.00	3.37
三一重工	9,238,738.74	2.13	招商银行	10,324,600.00	3.30
中国平安	8,563,230.00	1.97	交通银行	10,214,977.85	3.27

投资前五名债券明细

债券名称	公允价值(元)	占净值比(%)	债券名称	公允价值(元)	占净值比(%)
08央票112	19,304,000.00	4.44	——		
08新湖债	18,657,647.20	4.29			
08北辰债	6,133,806.00	1.41			
博汇转债	47,811.70	0.01			

基金运作分析

东方核心动力股票基金成立于2009年6月24日，三季度为建仓期。建仓期间，市场大幅波动，并创出全年高点，随后大幅回调。该基金采用缓步建仓的策略，以防范股市大幅波动给基金净值带来过大冲击。四季度，基于对市场偏乐观的预期，在大类资产配置方面保持了较高的股票仓位，在行业配置方面，侧重于市盈率较低，业绩增长明确的绩优蓝筹股，包括汽车、家电、工程机械等，从结果看，整个配置表现偏差。市场分析表明，2009年四季度，代表大盘股表现的中证100指数涨幅16.9%，沪深300指数涨幅19%，代表小盘股表现的中证500指数涨幅31.9%，显示市场热点集中在小盘股上，投机气氛浓重。小盘股大多市盈率过高，概念性炒作特征明显，不符合该基金的投资理念，因此大多没有进入基金的投资组合。

理念　团队　流程　业绩

中银基金管理有限公司 Bank of China Investment Management | 大事记 MAJOR EVENTS

2009年2月9日

中银基金管理有限公司经中国证监会批准，获得合格境内机构投资者从事境外证券投资管理（QDII）业务资格。

2009年3月23日

中银基金管理有限公司北京分公司正式成立。

2009年4月4日

公司旗下第七只基金产品——中银行业优选灵活配置混合型基金合同生效成立。

2009年6月17日

由中银基金和上海汇之星共同主办的"中银基金·汇之星　名人理财启示录"投资者教育系列活动在上海成功举行。

2009年9月2日

中银基金管理有限公司正式获得中国证监会核准，成为首批开展专户理财"一对多"业务的基金公司。

公司旗下第一只"一对多"专户产品——"中银专户主题1号"首发当日售罄，成为国内第一只成功募集的基金公司专户理财"一对多"产品。

2009年9月4日

首只一对多专户理财产品——"中银专户主题1号"备案成立。

公司旗下第八只基金产品——中银中证100指数增强型基金合同生效成立。

2009年9月11日

中国银行总行李早航副行长莅临公司视察指导工作。

2010年2月11日

公司旗下第九只基金产品——中银蓝筹精选灵活配置混合型基金合同生效成立。

2010年3月5日

中国银行总行金融市场总部岳毅总裁莅临公司视察指导工作。

2010年4月22日

公司旗下最新三只专户理财"一对多"产品已结束募集并完成相关备案程序，正式成立。至此，中银基金专户理财"一对多"已有8只产品，成为国内同类业务中产品数量最多的基金公司之一。

2010年8月25日

公司旗下第十只基金产品——中银价值精选灵活配置混合型基金合同生效成立。

2010年11月12日

中国银行总行李早航副行长莅临公司视察指导工作。

2010年11月25日

公司旗下第十一只基金产品——中银稳健双利债券型基金合同生效成立。

中银基金管理有限公司所获荣誉

2010年6月，在《上海证券报》主办的第七届中国“金基金奖”评选中，中银中国基金荣获2009年度“金基金三年期偏股型混合基金奖”。

2010年5月，在《中国证券报》主办的“第七届中国基金业金牛奖”评选中，中银中国基金荣获“三年期开放式混合型持续优胜金牛基金”。

2010年5月，在《中国证券报》主办的“第七届中国基金业金牛奖”评选中，中银基金管理公司荣获“2009年度金牛创新奖”。

2009年1月，中银基金管理有限公司在由《中国证券报》主办的第六届中国基金业金牛奖评选中荣获2008年度新秀奖。

2009年3月，在由《上海证券报》主办的第六届中国基金业“金基金”奖评选中，中银中国基金荣获三年优胜“金基金－积极配置型基金奖”。

2009年3月，在由《上海证券报》主办的第六届中国基金业“金基金”奖评选中，中银基金荣获“金基金－最快进步奖”入围奖。

中银基金管理有限公司

法定名称	中银基金管理有限公司	英文名称	Bank of China Investment Management		
成立时间	2004年8月12日	注册资本	1亿元人民币	公司属性	中外合资
法人代表	贾建平	总 经 理	陈 儒	督 察 长	欧阳向军
公司网址	www.bocim.com	客服电话	021-3883 4788　　400-888-5566		
联系电话	021-3883 4999	传真号码	021-6887 2488		
注册地址	上海市浦东新区银城中路200号中银大厦45层	办公地址	上海市浦东新区银城中路200号中银大厦45层		

公司简介

中银基金管理有限公司(以下简称“中银基金”)是由中国银行和贝莱德两大全球著名金融品牌联合打造的中外合资基金管理公司。其中，中国银行作为中国金融行业的百年品牌，创造了国内银行业的许多第一。外方股东贝莱德，截至2009年12月31日，旗下资产规模已达3.35万亿美元，是全球最大的资产管理公司。

中银基金前身为中银国际基金管理有限公司，于2004年7月29日正式开业，由中银国际和美林投资管理合资组建(2006年9月29日美林投资管理有限公司与贝莱德投资管理有限公司合并，合并后新公司名称为“贝莱德投资管理有限公司”)。2007年12月25日，经中国证监会批复，同意中国银行股份有限公司直接控股中银基金。公司注册资本1亿元人民币，其中中国银行拥有83.5%的股权，贝莱德投资管理拥有16.5%的股权。

年度经营

截至2010年11月30日，中银基金共管理11只开放式证券投资基金，同时管理着多个特定客户资产管理投资组合，业务范围涵盖公募基金、QDII、专户理财、投资咨询等多个领域，建立了较为完备的产品体系，致力于为投资者提供丰富的投资产品和专业化的投资管理服务，创造稳定的投资回报。

产品发行方面，2009年至2010年11月，公司先后募集设立了5只基金产品。其中，中银中证100指数基金是公司旗下首只指数基金。5只新基金合计募集市场资金178.05亿元，投资者认购户数达29.22万户。2009年，公司新推出的特定客户资产管理业务中，中银专户主题1号等5只“一对多”专户理财产品正式获得证监会备案登记，中银基金成为首批开展专户理财“一对多”业务的基金公司，并创造了当日获批、当日募集、当日结束销售的佳绩。2010年4月，公司旗下最新三只专户理财“一对多”产品募集成立。至此，中银基金专户理财“一对多”已有8只产品(其中专户2号、3号、4号产品已运作结束)，成为国内同类业务中产品数量最多的基金公司之一。

在投资管理方面，自成立以来，公司稳健经营，基金业绩有了长足进步：

- 在中国证券报主办的“第七届中国基金业金牛奖”评选中，中银基金管理公司荣获“2009年度金牛创新奖”、中银中国基金荣获“三年期开放式混合型持续优胜金牛基金”。
- 在上海证券报主办的第七届中国“金基金奖”评选中，中银中国基金荣获“金基金·偏股型混合基金奖”。
- 在证券时报主办的2009年度“中国基金业明星基金奖”评选中，中银中国基金荣获“2009年度三年持续回报积极混合型明星基金奖”，中银增利基金荣获“2009年度普通债券型明星基金奖”。
- 在中国证券报主办的“第六届中国基金业金牛奖”评选中，中银基金管理公司荣获“基金业金牛奖2008年度新秀奖”、中银中国基金荣获“2008年度同业领先开放式混合型基金”。
- 在上海证券报主办的第六届中国基金业“金基金”奖评选中，中银基金荣获“金基金——最快进步奖”入围奖，中银中国基金荣获三年优胜“金基金——积极配置型基金奖”。

中银基金秉承百年中行稳健经营理念和“客户至上、追求卓越”的价值理念，充分发挥中外股东的全球经验和资源优势，汇集海内外具有丰富经验和良好职业道德，具备团队精神和创新意识的资深投资管理人才，组成了国际化与本土化相结合的中西合璧的专业化团队，致力于为投资者提供丰富的投资产品和专业化的投资管理服务，创造持续稳定的投资回报。

社会责任

作为中银集团的一员，中银基金一直以来非常重视参加社会公益活动，积极参与各类公益事业和赈灾捐款。公司成立以来，先后参与了东南亚海啸捐助、香港乐施会慈善捐助等社会公益活动。2010年4月，青海玉树发生地震，中银基金分两批共向灾区捐款22万元，支持灾区重建；2008年汶川地震后，该公司员工紧急捐款捐物，开辟绿色服务专区，为灾区持有人提供一系列赈灾特别服务。2009年，该公司员工赴四川地震灾区开展为期半个月的“5.12”周年纪念活动，并对都江堰地区的几十名受灾客户进行逐一家访，了解一年来他们的生活、工作状况以及灾区的重建情况，对基金持有人生活中遇到的困难，以及在家庭资产配置、证券投资方面存在的困惑等给予积极帮助。

中银中国精选混合型开放式证券投资基金(LOF)

基本资料

基金简称	中银中国混合(LOF)	交易代码	163801		
风险收益特征	该基金属于中等偏上风险的基金。				
业绩比较基准	中信标普300指数×70%+中信国债指数×20%+1年期银行存款利率×10%				
合同生效日	2005年1月4日	首募份额	10.63亿份	认购户数	17,146户
上市日期	2005年2月23日	上市地点	深圳证券交易所		
基金管理人	中银基金管理有限公司	基金托管人	中国工商银行		
注册登记人	中国证券登记结算有限责任公司				

财务指标 单位：人民币(元)：%

项目 \ 年度	2009年	2008年	2007年
本期利润	914,878,332.62	−971,257,218.38	1,836,802,466.35
本期加权平均净值利润率	51.35	−56.28	76.16
期末基金资产净值	2,097,815,432.62	1,274,753,888.67	2,612,050,114.11
期末基金份额净值	1.8717	1.1150	2.1732
本期份额净值增长率	73.73	−39.79	128.98
累计份额净值增长率	377.47	174.84	356.45
基金收益分配	10派0.500	10派2.600	10派11.200

成立来累计净值增长率与同期基准收益率历史走势对比图(%)

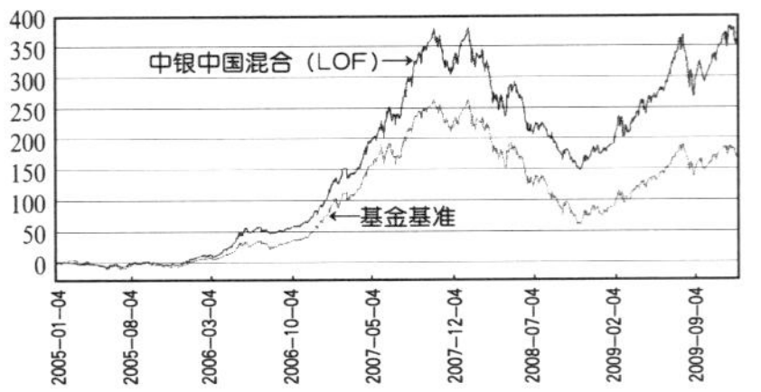

近三年净值增长率与同期基准收益率对比图(%)

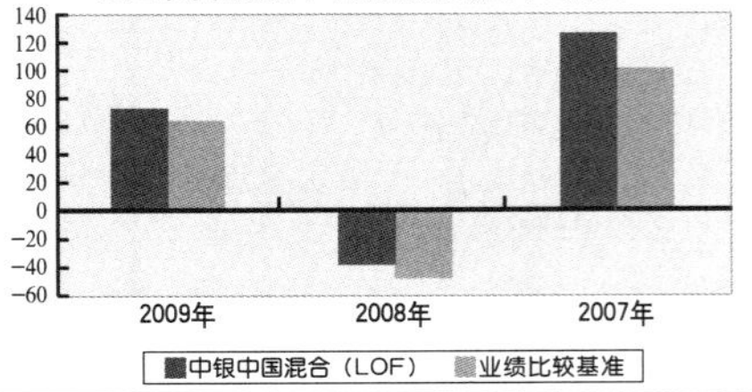

期末基金份额持有人户数	基金份额持有人户数为62,788户，平均每户持有17,850.23份。(期末截至2009年12月31日)
期末基金份额持有人结构	机构投资者持有456,840,693.39份，占总份额40.76%；个人投资者持有663,939,422.38份，占总份额59.24%。

基金业绩表现

截至2009年12月31日，中银中国混合基金份额净值为1.8717元，全年净值增长率为73.73%，同期业绩基准收益率为62.04%，业绩表现优于基准。

基金管理团队

孙庆瑞女士：中银基金管理有限公司投资管理部权益投资副总监，副总裁(VP)，管理学硕士。9年证券从业经历。曾任长盛基金管理有限公司全国社保组合债券基金经理、基金经理助理、债券研究员，联合证券股份有限公司债券研究员。2006年加入中银基金管理有限公司，2006年7月至2010年5月任中银货币基金经理，2007年8月至今任中银中国基金经理，2006年10月至2008年4月任中银收益基金经理，2010年2月至今任中银蓝筹基金经理。

基金运作分析

2009年，经济中的先导行业表现较好，汽车、家电、房地产都有较好的表现。下半年，股市出现调整，周期性行业出现了较大的回调，尤其是管理层对房地产市场的调控使市场对房地产行业的预期发生变化。此外，市场对我国的消费行业有了重新的认识，认为中国未来在经济结构中消费贡献会上升，投资贡献会下降，未来几年很有可能会是消费拉动的经济增长，投资的高增长难于持续，再加上政府在调结构上的努力，消费行业在下半年表现明显好于市场。中银中国混合基金全年保持了较高的仓位，以及行业结构的转变较为及时，为该基金贡献了较好的业绩。

季度投资组合一览

项目 \ 季度	第一季度		第二季度		第三季度		第四季度	
基金资产净值	1,578,994,692.55元		1,975,764,014.74元		1,723,563,181.59元		2,097,815,432.62元	
基金份额	1,155,134,920.89份		1,251,058,277.99份		1,117,087,788.26份		1,120,780,115.77份	
基金份额净值	1.3669元		1.5793元		1.5429元		1.8717元	
基金资产组合	市值(元)	占总资产比(%)	市值(元)	占总资产比(%)	市值(元)	占总资产比(%)	市值(元)	占总资产比(%)
股票投资	1,347,556,745.02	81.55	1,752,217,629.96	87.26	1,346,140,445.00	69.93	1,471,243,292.91	68.87
债券投资	97,460,000.00	5.90	96,720,000.00	4.82	101,028,741.80	5.25	101,170,000.00	4.74
金融衍生品投资	——	——	——	——	——	——	——	——
买入返售金融资产	50,000,000.00	3.03	——	——	200,000,000.00	10.39	369,400,000.00	17.29
银行存款和结算备付金	153,369,790.71	9.28	149,026,557.27	7.42	274,825,096.68	14.28	183,698,054.89	8.60
其他资产	3,972,455.67	0.24	10,107,765.41	0.50	2,969,111.68	0.15	10,792,952.32	0.51

投资前五名股票明细	股票名称	公允价值(元)	占净值比(%)	股票名称	公允价值(元)	占净值比(%)	股票名称	公允价值(元)	占净值比(%)	股票名称	公允价值(元)	占净值比(%)
	中国平安	62,576,000.00	3.96	中国平安	97,049,917.40	4.91	中国平安	70,980,000.00	4.12	青岛海尔	151,854,045.43	7.24
	天威保变	56,007,104.40	3.55	建设银行	84,420,000.00	4.27	北京银行	59,746,179.41	3.47	贵州茅台	64,531,600.00	3.08
	建设银行	53,240,880.00	3.37	金融街	73,267,073.92	3.71	青岛海尔	54,426,467.26	3.16	威孚高科	57,111,107.95	2.72
	天马股份	46,431,033.00	2.94	保利地产	55,780,000.00	2.82	贵州茅台	47,264,702.56	2.74	西山煤电	47,868,000.00	2.28
	保利地产	46,221,000.00	2.93	招商银行	54,590,491.08	2.76	西山煤电	45,100,426.88	2.62	海信电器	44,139,662.37	2.10

投资前五名债券明细	债券名称	公允价值(元)	占净值比(%)	债券名称	公允价值(元)	占净值比(%)	债券名称	公允价值(元)	占净值比(%)	债券名称	公允价值(元)	占净值比(%)
	08央票106	97,460,000.00	6.17	08央票106	96,720,000.00	4.90	09央票43	99,670,000.00	5.78	07央票82	101,170,000.00	4.82
							博汇转债	1,358,741.80	0.08			

中银货币市场证券投资基金

基本资料					
基金简称	中银货币		交易代码	163802	
风险收益特征	该基金属于证券投资基金中高流动性、低风险的品种，其预期风险和预期收益率都低于股票、债券和混合型基金。				
业绩比较基准	税后活期存款利率：（1－利息税）×活期存款利率				
合同生效日	2005年6月7日	首募份额	12.49亿份	认购户数	11,688户
基金管理人	中银基金管理有限公司		基金托管人	中国工商银行	
注册登记人	中国证券登记结算有限责任公司				

财务指标　　单位：人民币（元）；%

项目 \ 年度	2009年	2008年	2007年
本期利润	26,211,451.78	61,983,100.96	21,509,882.89
期末基金资产净值	4,211,142,020.81	3,126,514,394.76	1,020,750,012.80
期末基金份额净值	1.0000	1.0000	1.0000
本期份额净值收益率	1.4994	3.8426	3.3696
累计份额净值收益率	12.0016	10.3471	6.2638
基金收益分配	26,211,451.78	61,983,100.96	21,509,882.89

成立来累计净值收益率与同期基准收益率历史走势对比图（%）

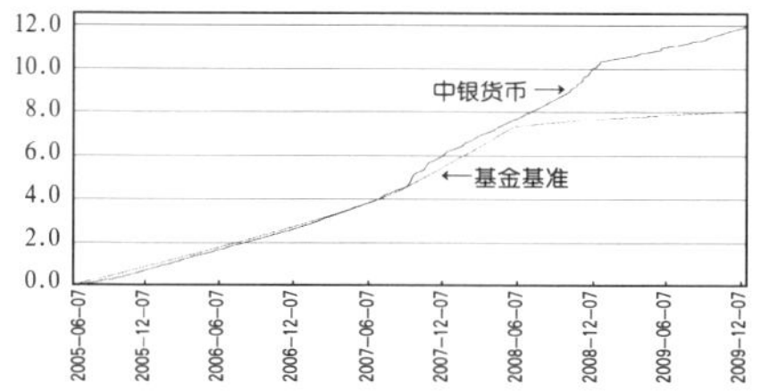

近三年净值收益率与同期基准收益率对比图（%）

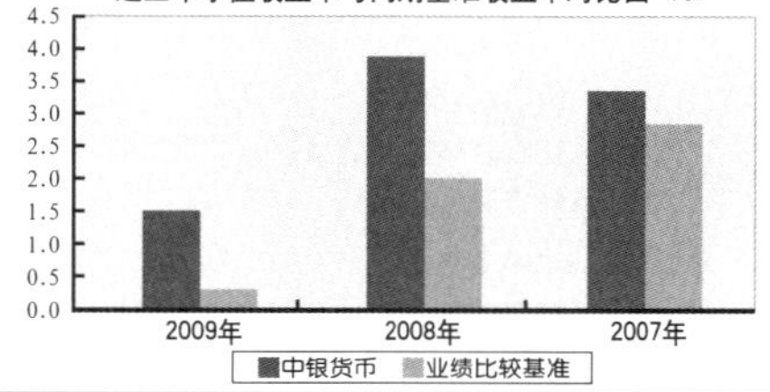

期末基金份额持有人户数	基金份额持有人户数为15,470户，平均每户持有272,213.45份。（期末截至2009年12月31日）
期末基金份额持有人结构	机构投资者持有3,055,012,887.06份，占总份额72.55%；个人投资者持有1,156,129,133.75份，占总份额27.45%。

基金业绩表现

2009年中银货币市场基金全年净值收益率为1.4994%，同期业绩基准收益率为0.3650%；业绩表现优于基准。

基金管理团队

奚鹏洲先生：公司固定收益投资总监、副总裁（VP），理学硕士。10年证券从业经历。曾任中国银行总行全球金融市场部债券高级交易员。2009年加入中银基金管理有限公司，现任固定收益投资总监，2010年5月至今任中银货币基金经理，2010年6月至今任中银增利基金经理，2010年11月至今任中银双利基金经理。

李　建先生：中银基金管理有限公司助理副总裁（AVP），经济学硕士研究生。12年证券从业经历。曾任联合证券有限责任公司固定收益研究员，恒泰证券有限责任公司固定收益研究员。2005年加入中银基金管理有限公司，2007年8月至今任中银货币基金经理，2008年11月至今任中银增利基金经理，2010年11月至今任中银双利基金经理。

基金运作分析

2009年前三季度，由于股市转暖债市回调，货币市场基金规模整体上出现一些赎回；四季度，由于债券市场小幅回暖，货币基金业绩有所提升，吸引了部分资金申购，中银货币基金也不例外，但总体规模较稳定。该基金通过对久期的有效管理，以及较为均衡的剩余期限安排，有效地控制了流动性风险，保证了货币基金在低风险状况下的较好回报。

2010年，基于市场分析，从中银货币基金的操作上来看，合理控制久期和回购比例，既不过于激进，又不过于保守，稳健配置可能是较好的投资策略。同时，积极把握大盘新股发行引发的回购利率上行机会也是该基金的重要投资策略。

季度投资组合一览

项目 \ 季度	第一季度		第二季度		第三季度		第四季度	
基金资产净值	1,588,125,838.46元		1,220,943,423.26元		1,391,888,745.67元		4,211,142,020.81元	
基金份额	1,588,125,838.46份		1,220,943,423.26份		1,391,888,745.67份		4,211,142,020.81份	
基金份额净值	1.000元		1.000元		1.000元		1.000元	
基金资产组合	市值(元)	占总资产比(%)	市值(元)	占总资产比(%)	市值(元)	占总资产比(%)	市值(元)	占总资产比(%)
股票投资	——	——	——	——	——	——	——	——
债券投资	1,755,834,109.95	97.33	821,153,603.29	65.81	1,246,940,412.10	85.37	3,194,024,215.38	75.75
金融衍生品投资	——	——	——	——	——	——	——	——
买入返售金融资产	——	——	363,900,000.00	29.16	119,500,000.00	8.18	402,500,000.00	9.55
银行存款和结算备付金	1,986,438.60	0.11	26,286,039.13	2.11	89,953,582.22	6.16	514,307,139.81	12.20
其他资产	46,271,215.55	2.56	36,483,633.08	2.92	4,295,379.92	0.29	105,669,638.81	2.51

投资前五名债券明细	债券名称	成本(元)	占净值比(%)	债券名称	成本(元)	占净值比(%)	债券名称	成本(元)	占净值比(%)	债券名称	成本(元)	占净值比(%)
	08央票112	255,443,823.06	16.08	07农发20	100,555,009.38	8.24	09央票28	197,299,948.34	14.17	09央票63	309,307,009.82	7.34
	08央票70	199,468,574.36	12.56	04国开11	100,088,513.78	8.20	07农发13	120,309,128.13	8.64	06国开02	190,150,332.11	4.52
	08央票95	149,378,060.56	9.41	04国开20	80,262,461.75	6.57	07农发20	100,450,254.32	7.22	08进出03	170,568,188.06	4.05
	08央票58	110,816,041.20	6.98	08农发15	50,186,254.80	4.11	05国开07	100,298,687.92	7.21	05国开08	161,248,037.75	3.83
	04国开11	100,819,473.71	6.35	07农发14	50,167,209.70	4.11	07农发17	100,179,592.27	7.20	07农发20	160,813,634.51	3.82

投资组合平均剩余期限	平均剩余期限	占净值比(%)	平均剩余期限	占净值比(%)	平均剩余期限	占净值比(%)	平均剩余期限	占净值比(%)
	30天以内	7.68	30天以内	42.61	30天以内	24.38	30天以内	18.91
	30天(含)—60天	22.74	30天(含)—60天	17.28	30天(含)—60天	15.86	30天(含)—60天	7.63
	60天(含)—90天	16.98	60天(含)—90天	13.15	60天(含)—90天	23.76	60天(含)—90天	34.23
	90天(含)—180天	30.24	90天(含)—180天	17.16	90天(含)—180天	6.47	90天(含)—180天	11.43
	180天(含)—397天（含）	33.05	180天(含)—397天（含）	9.02	180天(含)—397天（含）	34.16	180天(含)—397天（含）	27.53

中银持续增长股票型证券投资基金

基本资料

基金简称	中银增长股票	交易代码	163803		
风险收益特征	该基金是主动型的股票基金，属于风险偏上的基金品种。				
业绩比较基准	MSCI中国A股指数×85%+上证国债指数×15%				
合同生效日	2006年3月17日	首募份额	24.59亿份	认购户数	56,179户
基金管理人	中银基金管理有限公司	基金托管人	中国工商银行		
注册登记人	中国证券登记结算有限责任公司				

财务指标　　单位：人民币(元)；%

项目 \ 年度	2009年	2008年	2007年
本期利润	5,438,975,859.19	-8,881,275,613.98	4,066,220,706.99
本期加权平均净值利润率	46.42	-67.21	56.78
期末基金资产净值	11,878,596,640.95	9,210,833,434.46	15,335,856,128.36
期末基金份额净值	0.8514	0.6199	1.1705
本期份额净值增长率	62.42	-47.04	143.05
累计份额净值增长率	239.82	109.22	295.05
基金收益分配	10派1.500	——	10派0.700
期末基金份额持有人户数	基金份额持有人户数为511,947户，平均每户持有27,253.65份。(期末截至2009年12月31日)		
期末基金份额持有人结构	机构投资者持有1,020,488,949.82份，占总份额7.31%；个人投资者持有12,931,933,447.06份，占总份额92.69%。		

成立来累计净值增长率与同期基准收益率历史走势对比图（%）

近三年净值增长率与同期基准收益率对比图（%）

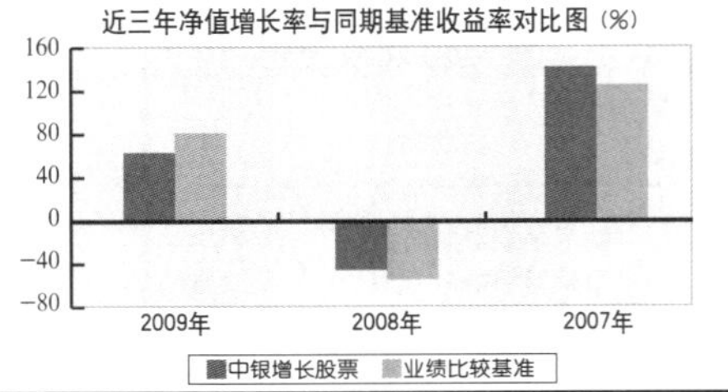

基金业绩表现

截至2009年12月31日，中银增长股票基金份额净值为0.8514元，全年净值增长率为62.42%。

基金管理团队

俞岱曦先生：公司副总经理，经济学硕士。12年证券从业经历。曾任嘉实基金管理有限公司全国社保基金106组合基金经理、基金丰和基金经理助理，鹏华基金管理有限公司基金普润基金经理助理、行业分析师。2007年加入中银基金管理有限公司，2008年4月至今任中银增长基金经理，2009年4月起至今任中银优选基金经理。

张　琦先生：中银基金管理有限公司助理副总裁(AVP)，经济学硕士，5年证券从业经历。2005年加入中银基金管理有限公司，先后担任研究员、中银增长基金经理助理等职。2010年7月起担任中银增长基金基金经理。

基金运作分析

2009年贯穿全年的是政策对经济和市场的影响，充裕的流动性，以及全方位的政策刺激使中国经济在2009年率先复苏。

2009年，基于对宏观经济复苏的前瞻性判断，中银增长股票基金在资产配置上，加大对权益类资产的配置比例，在行业选择上，该基金加大对进攻性行业的持仓比例，通过对"自上而下"的行业配置和"自下而上"的个股选择的有效结合，总体上取得了较好的效果。

2010年，基于市场分析，在具体的投资策略上，中银增长股票基金将坚持以下原则：一是自上而下选择结构性机会，二是自下而上挖掘优质个股，三是期望能够把握一些阶段性的投资机会。

季度投资组合一览

项目 \ 季度	第一季度		第二季度		第三季度		第四季度	
基金资产净值	10,806,397,015.77元		12,752,369,424.27元		10,989,714,772.56元		11,878,596,640.95元	
基金份额	14,288,553,616.28份		14,028,079,030.43份		13,262,367,330.24份		13,952,422,396.88份	
基金份额净值	0.7563元		0.9091元		0.8286元		0.8514元	
基金资产组合	市值(元)	占总资产比(%)	市值(元)	占总资产比(%)	市值(元)	占总资产比(%)	市值(元)	占总资产比(%)
股票投资	9,438,055,860.03	87.06	10,981,826,477.29	85.82	10,239,718,460.44	92.90	9,622,887,266.32	80.73
债券投资	919,908,486.90	8.49	953,031,000.00	7.45	593,940,000.00	5.39	594,660,000.00	4.99
金融衍生品投资	——	——	——	——	——	——	——	——
买入返售金融资产	——	——	——	——	——	——	——	——
银行存款和结算备付金	409,455,352.22	3.78	728,659,603.02	5.69	105,357,648.52	0.96	1,491,662,829.87	12.51
其他资产	72,924,040.57	0.67	132,556,031.26	1.04	82,738,248.27	0.75	210,945,302.41	1.77

	股票名称	公允价值(元)	占净值比(%)	股票名称	公允价值(元)	占净值比(%)	股票名称	公允价值(元)	占净值比(%)	股票名称	公允价值(元)	占净值比(%)
投资前五名股票明细	中信证券	859,134,962.97	7.95	中信证券	901,427,023.80	7.07	中国平安	743,378,914.20	6.76	中国平安	857,923,235.89	7.22
	民生银行	502,938,719.80	4.65	金地集团	702,379,946.84	5.51	中信证券	733,954,114.26	6.68	中信证券	670,023,359.01	5.64
	招商银行	302,903,374.50	2.80	民生银行	656,189,043.84	5.15	民生银行	483,241,305.02	4.40	青岛海尔	648,706,009.08	5.46
	上海家化	281,098,802.79	2.60	万 科A	457,284,105.00	3.59	金地集团	432,551,884.05	3.94	海南航空	515,222,236.20	4.34
	青岛海尔	279,506,800.02	2.59	天威保变	347,870,544.80	2.73	万 科A	368,848,202.00	3.36	国药股份	415,828,531.20	3.50
投资前五名债券明细	债券名称	公允价值(元)	占净值比(%)	债券名称	公允价值(元)	占净值比(%)	债券名称	公允价值(元)	占净值比(%)	债券名称	公允价值(元)	占净值比(%)
	08央票49	481,750,000.00	4.46	08央票108	193,580,000.00	1.52	09央票43	299,010,000.00	2.72	09国开23	299,760,000.00	2.52
	08央票55	154,336,000.00	1.43	08央票101	193,180,000.00	1.51	09央票34	294,930,000.00	2.68	09央票34	294,900,000.00	2.48
	08央票81	126,048,000.00	1.17	08央票98	193,080,000.00	1.51						
	08央票73	96,790,000.00	0.90	08央票81	125,086,000.00	0.98						
	08央票37	48,060,000.00	0.44	07进出09	100,040,000.00	0.78						

中银收益混合型证券投资基金

基本资料					
基金简称	中银收益混合		交易代码	163804	
风险收益特征	该基金是主动型的混合基金，由于投资对象包括上市公司证券及其他有价债券，该基金属于中等风险的基金品种。				
业绩比较基准	富时中国A股红利150指数×60% ＋ 中信标普国债指数×30% +同业存款利率×10%				
合同生效日	2006年10月11日	首募份额	24.11亿份	认购户数	63,299户
基金管理人	中银基金管理有限公司		基金托管人	中国工商银行	
注册登记人	中国证券登记结算有限责任公司				

成立来累计净值增长率与同期基准收益率历史走势对比图（%）

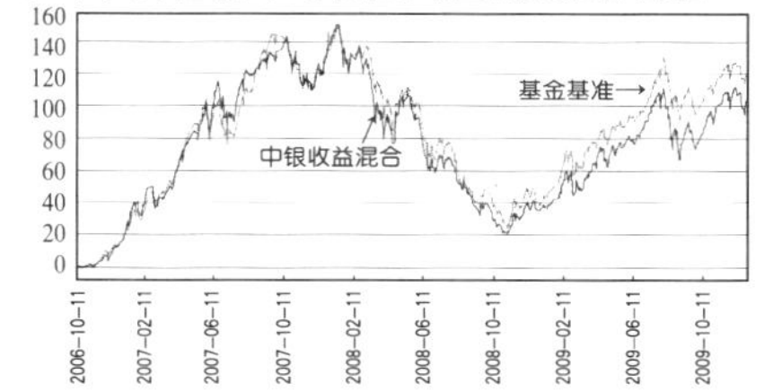

财务指标　单位：人民币（元）；%

项目 \ 年度	2009年	2008年	2007年
本期利润	1,630,268,045.92	−2,403,719,343.33	1,913,268,846.93
本期加权平均净值利润率	41.03	−58.25	49.97
期末基金资产净值	4,276,034,296.76	3,241,687,616.24	6,057,346,310.05
期末基金份额净值	0.9363	0.6121	1.0771
本期份额净值增长率	52.97	−43.17	105.80
累计份额净值增长率	107.11	35.40	138.25
基金收益分配	——	——	10派11.700

近三年净值增长率与同期基准收益率对比图（%）

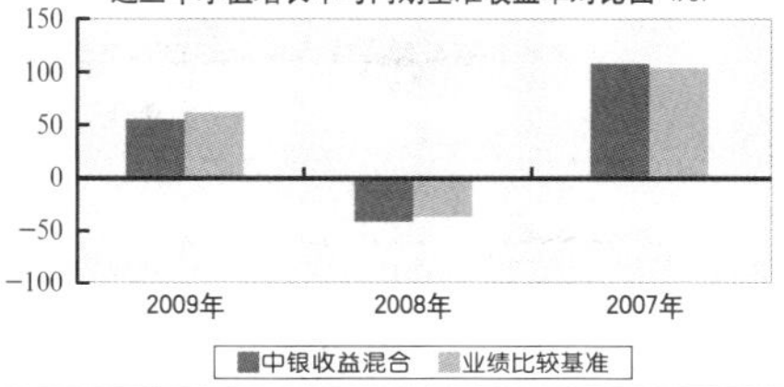

期末基金份额持有人户数	基金份额持有人户数为205,068户，平均每户持有22,270.74份。（期末截至2009年12月31日）
期末基金份额持有人结构	机构投资者持有443,897,582.60份，占总份额9.72%；个人投资者持有4,123,119,216.60份，占总份额90.28%。

基金业绩表现

截至2009年12月31日，中银收益混合基金份额净值为0.9363元，全年净值增长率为52.97%。

基金管理团队

陈　军先生：公司投资管理部权益投资总监，副总裁(VP)，金融学硕士，12年证券从业经历。曾任中信证券股份有限责任公司资产管理部项目经理。2004年加入中银基金管理有限公司，2006年10月至今任中银收益基金经理，2009年9月至今任中银中证100指数基金经理。特许金融分析师(CFA)，香港财经分析师学会会员。

甘　霖先生：公司投资管理部权益投资助理总监、副总裁(VP)，工商管理硕士。16年证券从业经历。曾任武汉证券公司交易员、出市代表、交易部经理。2004年加入中银基金管理有限公司，2007年8月至今任中银收益基金经理，2010年2月至今任中银蓝筹基金经理。

基金运作分析

2009年年初，中银收益混合基金采取高仓位，均衡配置的策略，在四季度主动降低了投资相关行业的配置，同时择机增加与消费相关的信息技术、传媒、家电等行业的配置。四季度对股票资产采取低配策略。

2010年，基于对市场的分析与判断，中银收益混合基金将保持稍高于基准的股票仓位和相对均衡的结构，重点将放在行业和个股的选择上。将在低碳经济、智能电网、中低端消费政策导向中寻找能真正受益的优势公司，追随传媒改革、消费升级、盈利超预期的方向寻找基本面超预期改善的公司，在区域经济、股指期货、特定事件中寻找交易性机会。

季度投资组合一览

项目 \ 季度	第一季度			第二季度			第三季度			第四季度		
基金资产净值	3,723,184,661.13元			4,144,804,174.49元			3,786,767,451.65元			4,276,034,296.76元		
基金份额	5,085,418,182.56份			4,942,213,603.02份			4,782,197,022.56份			4,567,016,799.20份		
基金份额净值	0.7321元			0.8387元			0.7918元			0.9363元		
基金资产组合	市值(元)		占总资产比(%)	市值(元)		占总资产比(%)	市值(元)		占总资产比(%)	市值(元)		占总资产比(%)
股票投资	3,169,847,310.09		84.86	3,424,299,943.47		82.33	3,304,927,294.01		87.00	3,223,502,424.34		75.10
债券投资	351,790,000.00		9.42	541,763,000.00		13.03	205,744,000.00		5.42	230,270,000.00		5.36
金融衍生品投资	——		——	——		——	——		——	——		——
买入返售金融资产	——		——	——		——	——		——	——		——
银行存款和结算备付金	205,317,499.40		5.50	73,649,002.63		1.77	280,629,102.98		7.39	834,293,407.00		19.44
其他资产	8,300,272.89		0.22	119,379,265.83		2.87	7,477,397.56		0.20	4,114,378.96		0.10
投资前五名股票明细	股票名称	公允价值(元)	占净值比(%)	股票名称	公允价值(元)	占净值比(%)	股票名称	公允价值(元)	占净值比(%)	股票名称	公允价值(元)	占净值比(%)
	天威保变	144,530,497.80	3.88	青松建化	143,522,122.21	3.46	中国平安	152,959,770.60	4.04	中国平安	191,625,827.26	4.48
	青松建化	130,453,249.72	3.50	天威保变	141,594,081.92	3.42	中国太保	140,270,000.16	3.70	中国太保	147,335,598.48	3.45
	中信证券	122,522,365.26	3.29	兴业银行	129,428,138.79	3.12	万科A	140,165,984.60	3.70	西山煤电	131,662,090.81	3.08
	中国平安	119,890,179.71	3.22	中国平安	126,522,043.28	3.05	兴业银行	127,446,722.91	3.37	中油化建	119,763,587.68	2.80
	建设银行	110,688,333.90	2.97	科陆电子	115,499,552.00	2.79	西山煤电	118,201,825.10	3.12	金发科技	100,138,330.25	2.34
投资前五名债券明细	债券名称	公允价值(元)	占净值比(%)	债券名称	公允价值(元)	占净值比(%)	债券名称	公允价值(元)	占净值比(%)	债券名称	公允价值(元)	占净值比(%)
	08央票101	126,542,000.00	3.40	08央票84	192,560,000.00	4.65	08央票112	115,824,000.00	3.06	05农发13	100,540,000.00	2.35
	08央票112	117,372,000.00	3.15	08央票101	125,567,000.00	3.03	09央票43	79,736,000.00	2.11	09央票49	89,703,000.00	2.10
	08央票108	97,520,000.00	2.62	08央票112	116,580,000.00	2.81	07进出10	10,184,000.00	0.27	09央票51	29,901,000.00	0.70
	07进出10	10,356,000.00	0.28	08央票108	96,790,000.00	2.34				07进出10	10,126,000.00	0.24
				07进出10	10,266,000.00	0.25						

中银动态策略股票型证券投资基金

基本资料					
基金简称	中银策略股票	交易代码	163805		
风险收益特征	较高风险、较高收益				
业绩比较基准	该基金股票投资部分的业绩基准为沪深300指数；债券投资部分的业绩基准为中信标普国债指数。整体业绩基准为沪深300指数×75%＋中信标普国债指数×25%				
合同生效日	2008年4月3日	首募份额	46.52亿份	认购户数	112,861户
基金管理人	中银基金管理有限公司	基金托管人	中国工商银行		
注册登记人	中国证券登记结算有限责任公司				

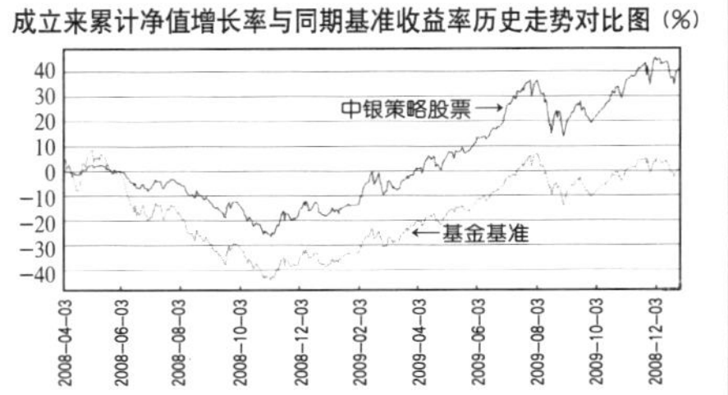

财务指标　　单位：人民币（元）；%

项目＼年度	2009年	2008年4月3日至2008年12月31日
本期利润	1,588,771,134.65	−754,782,906.52
本期加权平均净值利润率	59.83	−20.14
期末基金资产净值	2,260,407,234.07	3,005,711,853.85
期末基金份额净值	1.4303	0.8194
本期份额净值增长率	74.5546	−18.06
累计份额净值增长率	43.03	−18.06
基金收益分配	——	——

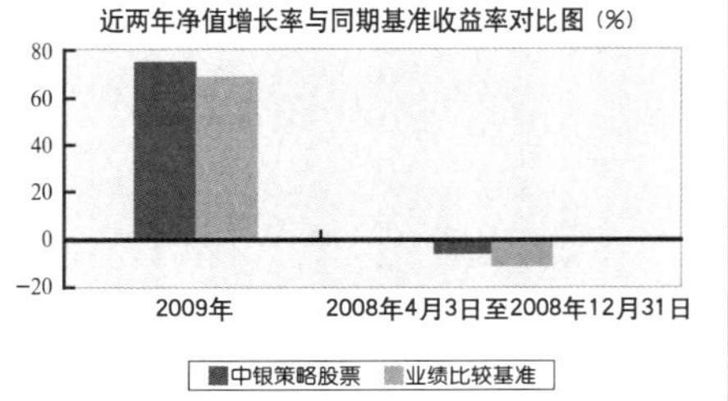

期末基金份额持有人户数	基金份额持有人户数为52,682户，平均每户持有29,998.99份。（期末截至2009年12月31日）
期末基金份额持有人结构	机构投资者持有377,979,892.39份，占总份额23.92%；个人投资者持有1,202,426,749.97份，占总份额76.08%。

基金业绩表现

截至2009年12月31日，中银策略股票基金份额净值为1.4303元，全年净值增长率为74.55%；同期业绩基准收益率为68.20%，业绩表现优于基准。

基金管理团队

彭　砚先生：南开大学金融学硕士。4年证券从业经历。曾任联合证券并购私募融资总部研究员。2006年8月加入中银基金管理有限公司，先后担任研究员、中银优选基金基金经理助理等职，2010年6月至今担任中银策略基金基金经理，2010年8月至今担任中银价值基金基金经理。

李志磊先生：中银基金管理有限公司助理副总裁（AVP），工商管理硕士。13年证券从业经历。曾任长江证券研究所研究员，云南国际信托资产管理部副总经理，光大证券投资部高级投资经理。2007年加入中银基金管理有限公司，2008年4月至今任中银策略基金经理，2009年4月至今任中银优选基金经理。

基金运作分析

2009年，中银策略股票基金在操作上保持相对较高的仓位，上半年，重点持仓了煤炭、地产、金融板块；三季度该基金对持仓结构进行适当的调整，对科技类、消费类板块进行增持；四季度中银策略股票基金在继续保持消费类、科技类板块配置的同时，对黄金、新疆等板块进行了阶段性的配置。

2010年，中银策略股票基金将主要关注和投资于以下的主题和行业：①受益于中国经济转型的行业，如科技、节能减排、医药和消费；②受益于通胀和加息预期的行业和板块；③受益于经济复苏和企业利润恢复的部分中游行业；④受到国家区域性政策支持的公司；⑤相对确定性的资产注入和重组类公司；⑥政策性的投资机会，如：股指期货和融资融券等。

季度投资组合一览

项目＼季度	第一季度		第二季度		第三季度		第四季度	
基金资产净值	3,423,196,435.61元		2,511,781,517.19元		2,165,947,232.94元		2,260,407,234.07元	
基金份额	3,437,478,758.58份		2,105,195,575.00份		1,802,415,858.04份		1,580,406,642.36份	
基金份额净值	0.9958元		1.1931元		1.2017元		1.4303元	
基金资产组合	市值(元)	占总资产比(%)	市值(元)	占总资产比(%)	市值(元)	占总资产比(%)	市值(元)	占总资产比(%)
股票投资	2,585,552,399.97	74.57	2,011,693,268.42	78.95	1,627,546,805.14	74.00	1,885,618,366.83	82.79
债券投资	145,605,000.00	4.20	77,376,000.00	3.04	59,802,000.00	2.72	119,604,000.00	5.25
金融衍生品投资	——	——	——	——	——	——	——	——
买入返售金融资产	——	——	——	——	——	——	——	——
银行存款和结算备付金	627,917,589.33	18.11	334,260,578.35	13.12	507,035,191.85	23.05	234,973,773.58	10.32
其他资产	108,436,322.80	3.13	124,862,205.71	4.90	5,149,468.65	0.23	37,260,606.29	1.64

投资前五名股票明细	股票名称	公允价值(元)	占净值比(%)	股票名称	公允价值(元)	占净值比(%)	股票名称	公允价值(元)	占净值比(%)	股票名称	公允价值(元)	占净值比(%)
	招商银行	232,829,789.58	6.80	招商银行	170,734,103.37	6.80	青岛海尔	140,596,325.94	6.49	青岛海尔	218,381,530.61	9.66
	中国平安	139,210,206.83	4.07	中国平安	135,103,155.44	5.38	中国平安	108,721,688.40	5.02	宝钢股份	101,475,073.56	4.49
	天威保变	120,926,520.00	3.53	万 科A	124,566,429.00	4.96	中国太保	82,169,752.62	3.79	中国平安	91,792,886.15	4.06
	特变电工	97,695,431.34	2.85	中国联通	93,137,012.64	3.71	成发科技	80,406,502.00	3.71	山煤国际	86,945,210.68	3.85
	成商集团	97,469,434.86	2.85	青岛海尔	84,563,302.98	3.37	浙江医药	77,512,129.80	3.58	大秦铁路	85,706,083.70	3.79

投资前五名债券明细	债券名称	公允价值(元)	占净值比(%)	债券名称	公允价值(元)	占净值比(%)	债券名称	公允价值(元)	占净值比(%)	债券名称	公允价值(元)	占净值比(%)
	08央票106	97,460,000.00	2.85	08央票106	77,376,000.00	3.08	09央票43	59,802,000.00	2.76	09央票51	59,802,000.00	2.65
	08央票46	48,145,000.00	1.41							09央票65	59,802,000.00	2.65

中银稳健增利债券型证券投资基金

基本资料			
基金简称	中银增利债券	交易代码	163806
风险收益特征	该基金属于债券型基金，其风险收益低于股票型基金和混合型基金，高于货币市场基金。		
业绩比较基准	中国债券总指数		
合同生效日	2008年11月13日	首募份额	22.50亿份
认购户数	14,154户		
基金管理人	中银基金管理有限公司	基金托管人	中国工商银行
注册登记人	中国证券登记结算有限责任公司		

财务指标　　单位：人民币(元)；%

项目 / 年度	2009年	2008年11月13日至2008年12月31日
本期利润	6,562,339.26	25,921,797.29
本期加权平均净值利润率	0.90	1.13
期末基金资产净值	546,910,384.40	2,401,486,646.84
期末基金份额净值	1.054	1.011
本期份额净值增长率	4.25	1.10
累计份额净值增长率	5.40	1.10
基金收益分配	——	——

期末基金份额持有人户数	基金份额持有人户数为2,578户，平均每户持有201,218.40份。（期末截至2009年12月31日）
期末基金份额持有人结构	机构投资者持有393,951,849.39份，占总份额75.94%；个人投资者持有124,789,180.75份，占总份额24.06%。

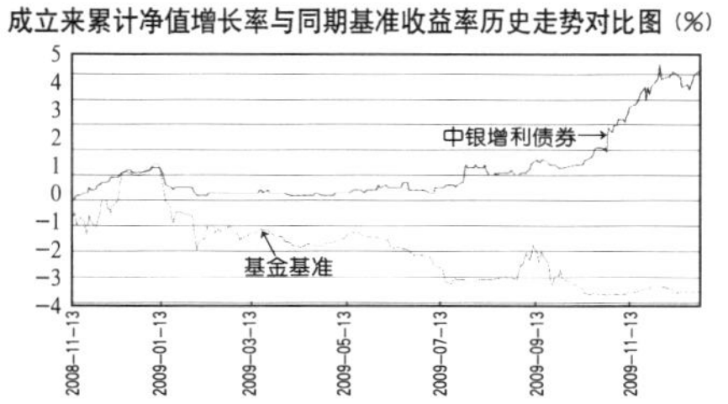

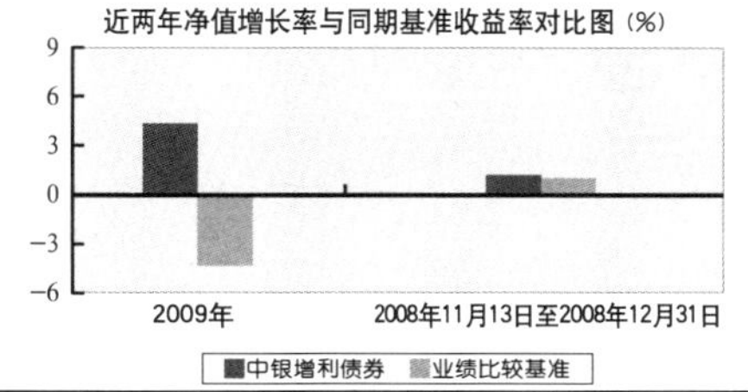

基金业绩表现

截至2009年12月31日，中银增利债券基金份额净值为1.054元，全年净值增长率为4.25%，同期业绩基准收益率为-4.44%；业绩表现优于基准。

基金管理团队

奚鹏洲先生：公司固定收益投资总监、副总裁(VP)，理学硕士。10年证券从业经历。曾任中国银行总行全球金融市场部债券高级交易员。2009年加入中银基金管理有限公司，现任固定收益投资总监，2010年5月至今任中银货币基金经理，2010年6月至今任中银增利基金经理，2010年11月至今任中银双利基金经理。

李　建先生：公司助理副总裁(AVP)，经济学硕士研究生。12年证券从业经历。曾任联合证券有限责任公司固定收益研究员，恒泰证券有限责任公司固定收益研究员。2005年加入中银基金管理有限公司，2007年8月至今任中银货币基金经理，2008年11月至今任中银增利基金经理，2010年11月至今任中银双利基金经理。

基金运作分析

该管理人曾在2009年一季报对后三个季度债券市场走势持谨慎看法，2009年债市持续震荡向下的实际表现也印证了管理人的看法。由于中银增利债券基金坚持控制组合久期、积极申购新股、适度增配信用债的投资策略，这使得基金的业绩表现优于基金业绩比较基准，新股申购对基金业绩提升的贡献显著。

2010年，管理人对一季度的债券市场并不过分悲观，信用类债券存在结构性投资机会，因此，会考虑一季度超配信用债。进入2010年，出于对股市走势谨慎预期的考虑，2010年1季度该基金将继续在认真研究公司基本面的基础上，结合股票投研团队的智慧，精挑细选新股，谨慎进行申购，借此提升基金的业绩表现。

季度投资组合一览

项目 / 季度	第一季度		第二季度		第三季度		第四季度	
基金资产净值	770,709,390.54元		337,798,894.84元		586,521,928.73元		546,910,384.40元	
基金份额	768,022,487.33份		336,549,101.34份		579,195,124.74份		518,741,030.14份	
基金份额净值	1.0030元		1.004元		1.013元		1.054元	
基金资产组合	市值(元)	占总资产比(%)	市值(元)	占总资产比(%)	市值(元)	占总资产比(%)	市值(元)	占总资产比(%)
股票投资	——	——	——	——	19,558,831.97	2.41	48,742,549.20	8.20
债券投资	445,851,583.65	55.28	285,228,203.60	68.34	473,515,232.20	58.24	448,391,494.20	75.45
金融衍生品投资	——	——	——	——	——	——	——	——
买入返售金融资产	——	——	——	——	——	——	——	——
银行存款和结算备付金	146,757,598.91	18.19	25,654,434.36	6.15	131,635,742.15	16.19	92,571,227.82	15.58
其他资产	213,977,734.06	26.53	106,474,794.44	25.51	188,328,902.07	23.16	4,582,227.29	0.77

投资前五名股票明细	股票名称	公允价值(元)	占净值比(%)	股票名称	公允价值(元)	占净值比(%)	股票名称	公允价值(元)	占净值比(%)	股票名称	公允价值(元)	占净值比(%)
	——			——			中国建筑	5,319,416.64	0.91	乐普医疗	3,615,488.00	0.66
							乐普医疗	2,047,835.00	0.35	华谊兄弟	3,074,535.81	0.56
							光大证券	1,910,184.16	0.33	海峡股份	2,348,087.22	0.43
							信立泰	1,393,946.10	0.24	中国北车	1,972,965.02	0.36
							中国国旅	1,052,649.02	0.18	洋河股份	1,903,974.97	0.35

投资前五名债券明细	债券名称	公允价值(元)	占净值比(%)	债券名称	公允价值(元)	占净值比(%)	债券名称	公允价值(元)	占净值比(%)	债券名称	公允价值(元)	占净值比(%)
	08央票41	52,995,000.00	6.88	08央票106	106,392,000.00	31.50	09央票39	139,538,000.00	23.79	20国债(4)	70,163,856.00	12.83
	08央票35	52,955,000.00	6.87	09央票15	29,925,000.00	8.86	20国债(4)	91,031,751.30	15.52	09贴债19	69,293,000.00	12.67
	08央票26	52,895,000.00	6.86	09杭城投	20,296,000.00	6.01	09贴债19	69,286,000.00	11.81	07农发20	40,240,000.00	7.36
	08央票23	52,875,000.00	6.86	09百联债	20,293,970.40	6.01	09央票43	39,868,000.00	6.80	09央票61	39,868,000.00	7.29
	08央票20	52,860,000.00	6.86	08浦发CP01	20,242,000.00	5.99	06农发13	30,048,000.00	5.12	09宏润债	26,226,200.00	4.80

中银行业优选灵活配置混合型证券投资基金

基本资料

基金简称	中银优选混合		交易代码	163807	
风险收益特征	该基金是混合型基金，其预期收益和风险水平低于股票型基金，高于债券型基金。				
业绩比较基准	沪深300指数×65%＋中信标普国债指数×35%				
合同生效日	2009年4月3日	首募份额	19.97亿份	认购户数	43,538户
基金管理人	中银基金管理有限公司		基金托管人	中国工商银行	
注册登记人	中国证券登记结算有限责任公司				

2009年累计净值增长率与同期基准收益率历史走势对比图（%）

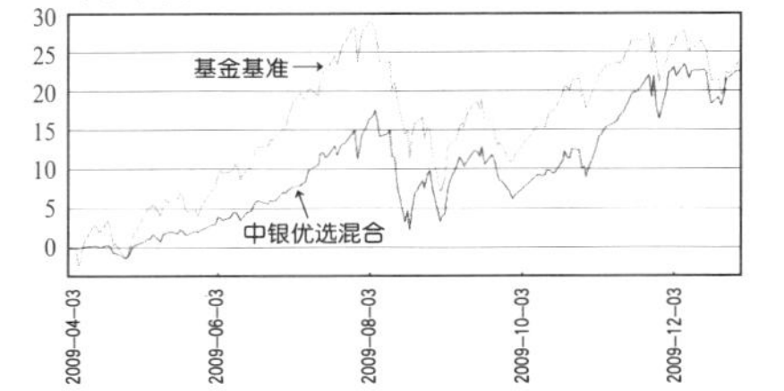

财务指标　　单位：人民币（元）；%

项目 \ 年度	2009年4月3日至2009年12月31日
本期利润	297,264,477.39
本期加权平均净值利润率	20.79
期末基金资产净值	1,088,831,147.43
期末基金份额净值	1.1996
本期份额净值增长率	23.38
累计份额净值增长率	23.38
基金收益分配	10派0.300

2009年净值增长率与同期基准收益率对比图（%）

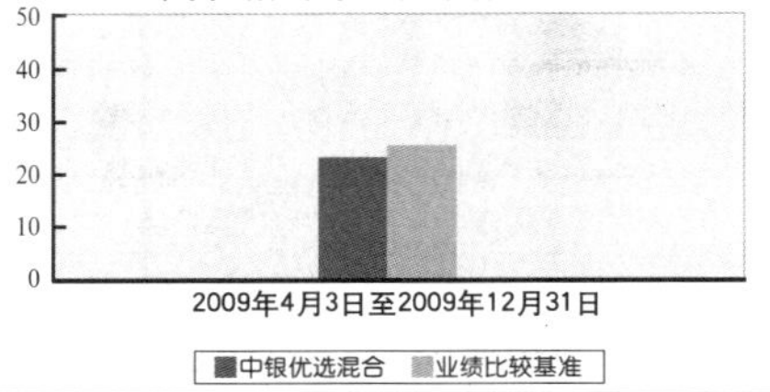

期末基金份额持有人户数	基金份额持有人户数为23,489户，平均每户持有38,641.12份。（期末截至2009年12月31日）
期末基金份额持有人结构	机构投资者持有401,206,147.41份，占总份额44.20%；个人投资者持有506,435,021.48份，占总份额55.80%。

基金业绩表现

中银优选混合基金合同生效于2009年4月3日，截至2009年12月31日，该基金份额净值为1.1996元，成立以来净值增长率为23.38%。

基金管理团队

俞岱曦先生：公司副总经理，经济学硕士。12年证券从业经历。曾任嘉实基金管理有限公司全国社保基金106组合基金经理、基金丰和基金经理助理，鹏华基金管理有限公司基金普润基金经理助理、行业分析师。2007年加入中银基金管理有限公司，2008年4月至今任中银增长基金经理，2009年4月至今任中银优选基金经理。

李志磊先生：公司助理副总裁（AVP），工商管理硕士。13年证券从业经历。曾任长江证券研究所研究员，云南国际信托资产管理部副总经理，光大证券投资部高级投资经理。2007年加入中银基金管理有限公司，2008年4月至今任中银策略基金经理，2009年4月至今任中银优选基金经理。

基金运作分析

中银优选混合基金自2009年4月3日成立以来，采取了相对稳健的投资策略，根据经济复苏阶段的行业发展特征和企业素质情况对持有的行业和公司进行了动态的调整，并坚持持有了部分稳定增长类的行业。截至2009年12月31日，基金组合中持有的股票市值占资产净值比例为66.01%，持有的债券市值比例为20.33%。

季度投资组合一览

项目 \ 季度	第二季度		第三季度		第四季度	
基金资产净值	1,653,964,140.83元		1,109,248,109.11元		1,088,831,147.43元	
基金份额	1,546,570,697.66份		1,071,194,955.87份		907,641,168.89份	
基金份额净值	1.0694元		1.0355元		1.1996元	
基金资产组合	市值(元)	占总资产比(%)	市值(元)	占总资产比(%)	市值(元)	占总资产比(%)
股票投资	830,298,615.19	48.79	730,288,373.02	65.38	718,727,571.72	65.05
债券投资	107,209,100.00	6.30	240,948,070.00	21.57	221,305,180.00	20.03
资产支持证券投资	——	——	——	——	——	——
金融衍生品投资	——	——	——	——	——	——
买入返售金融资产	——	——	——	——	——	——
银行存款和结算备付金	260,446,688.83	15.30	60,254,736.46	5.39	163,182,097.95	14.77
其他资产	503,876,988.50	29.61	85,448,823.68	7.65	1,671,196.50	0.15

投资前五名股票明细

股票名称	公允价值(元)	占净值比(%)	股票名称	公允价值(元)	占净值比(%)	股票名称	公允价值(元)	占净值比(%)
贵州茅台	88,535,881.75	5.35	贵州茅台	98,615,130.50	8.89	贵州茅台	101,582,078.50	9.33
五粮液	78,485,861.08	4.75	水井坊	60,396,377.49	5.44	水井坊	76,052,998.22	6.98
水井坊	57,888,081.36	3.50	海螺水泥	57,382,312.26	5.17	中粮屯河	59,830,531.00	5.49
金融街	46,903,161.60	2.84	招商银行	47,733,473.22	4.30	海螺水泥	56,518,404.12	5.19
中国联通	46,485,418.00	2.81	东方电气	44,549,668.33	4.02	东方电气	51,407,424.63	4.72

投资前五名债券明细

债券名称	公允价值(元)	占净值比(%)	债券名称	公允价值(元)	占净值比(%)	债券名称	公允价值(元)	占净值比(%)
08央票95	56,929,100.00	3.44	09央票41	89,703,000.00	8.09	09国电集CP02	50,055,000.00	4.60
08浦发CP01	20,242,000.00	1.22	08国开25	49,890,000.00	4.50	08国开25	49,870,000.00	4.58
09格力CP01	20,030,000.00	1.21	09央票38	39,316,000.00	3.54	09央票38	39,312,000.00	3.61
09宁交通CP01	10,008,000.00	0.61	09格力CP01	19,988,000.00	1.80	09央票57	29,901,000.00	2.75
——			09央票32	19,664,000.00	1.77	09格力CP01	20,020,000.00	1.84

中银中证100指数增强型证券投资基金

基本资料					
基金简称	中银中证100指数增强	交易代码	163808		
风险收益特征	该基金属于股票型基金，风险与收益高于混合型基金、债券型基金及货币市场基金。				
业绩比较基准	中证100指数收益率×90%+银行同业存款利率×10%				
合同生效日	2009年9月4日	首募份额	35.58亿份	认购户数	58,359户
基金管理人	中银基金管理有限公司	基金托管人	中国建设银行		
注册登记人	中国证券登记结算有限责任公司				

2009年累计净值增长率与同期基准收益率历史走势对比图（%）

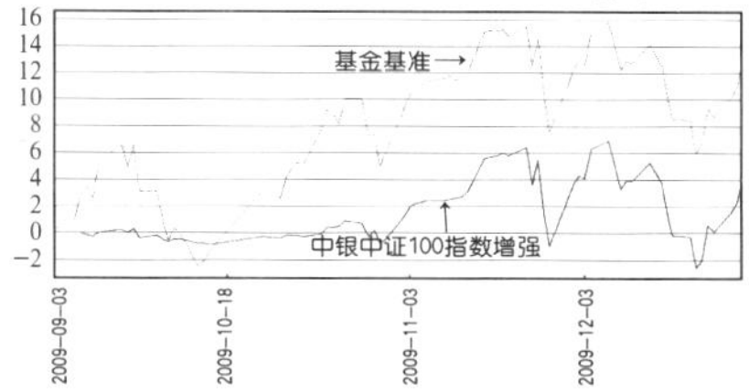

财务指标　单位：人民币（元）；%

项目＼年度	2009年9月4日至2009年12月31日
本期利润	153,028,316.05
本期加权平均净值利润率	4.95
期末基金资产净值	2,638,678,168.51
期末基金份额净值	1.048
本期份额净值增长率	4.80
累计份额净值增长率	4.80
基金收益分配	——

2009年净值增长率与同期基准收益率对比图（%）

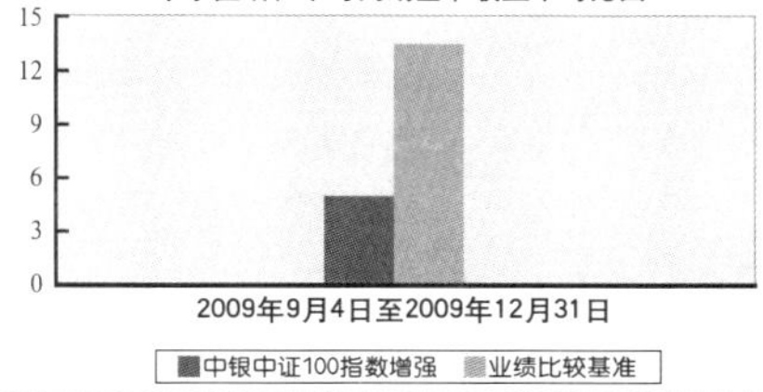

期末基金份额持有人户数	基金份额持有人户数为44,515户，平均每户持有56,567.96份。（期末截至2009年12月31日）
期末基金份额持有人结构	机构投资者持有350,133,118.77份，占总份额13.90%；个人投资者持有2,167,989,744.07份，占总份额86.10%。

基金业绩表现

中银中证100指数增强基金合同生效于2009年9月4日，截至2009年12月31日，该基金份额净值为1.048元，成立以来净值增长率为4.80%。

基金管理团队

陈　军先生：公司投资管理部权益投资总监，副总裁(VP)，金融学硕士。12年证券从业经历。曾任中信证券股份有限责任公司资产管理部项目经理。2004年加入中银基金管理有限公司，2006年10月至今任中银收益基金经理，2009年9月至今任中银中证100指数基金经理。特许金融分析师(CFA)，香港财经分析师学会会员。

周小丹先生：香港城市大学金融数学硕士。3年证券从业经历。2007年6月加入中银基金管理有限公司，先后担任数量研究员、中银中证100指数基金经理助理、中银蓝筹基金经理助理等职。2010年11月起担任中银中证100指数基金经理。

基金运作分析

中银中证100指数增强基金成立于2009年4月，处于建仓期，到2009年末，该基金已经提前完成指数化建仓，整体仓位保持在92%－95%之间，其中中证100成份股之外的主动投资仓位暂时控制在5%以内。

自成立以来至2009年末，中银中证100指数增强基金净值增长率与业绩比较基准之间的日平均跟踪误差为0.12%，年化跟踪误差为1.95%，达到了基金合同中关于标的指数的跟踪目标。

2010年，中银中证100指数增强基金将严格按照契约规定，被动投资为主，主动投资为辅，保持跟踪误差在较小范围内；同时，该基金的主动投资部分将严控仓位，采取自下而上策略，精选个股，中长期投资，力求超额收益，不以追逐市场热点的短期策略作为超越指数的投资手段。

季度投资组合一览

项目＼季度	第四季度	
基金资产净值	2,638,678,168.51元	
基金份额	2,518,122,862.84份	
基金份额净值	1.048元	
基金资产组合	金额(元)	占总资产比例(%)
股票投资	2,388,683,230.50	89.73
存托凭证	147,390,000.00	5.54
债券投资	——	——
金融衍生品投资	——	——
买入返售金融资产	——	——
银行存款和结算备付金	49,454,082.42	1.86
其他资产	76,657,077.55	2.88

指数投资前五名股票明细

股票名称	公允价值(元)	占净值比例(%)
招商银行	119,450,116.75	4.53
交通银行	101,061,541.35	3.83
烟台万华	98,130,070.50	3.72
中国平安	94,315,677.61	3.57
民生银行	89,032,310.15	3.37

投资前五名债券明细

债券名称	公允价值(元)	占净值比例(%)
09央票42	147,390,000.00	5.59

中银蓝筹精选灵活配置混合型证券投资基金

基本资料					
基金简称	中银蓝筹混合		交易代码	163809	
投资目标	在优化资产配置的基础上，精选价值相对低估的优质蓝筹上市公司股票，力求获得基金资产的长期稳健增值				
业绩比较基准	沪深300指数收益率×60%+上证国债指数收益率×40%				
风险收益特征	该基金是混合型基金，风险收益水平低于股票型基金，高于债券型基金和货币市场基金。				
合同生效日	2010年2月11日	上市日期	——	上市地点	——
募集概况	首募份额	认购户数	募集日期		
	61.84亿份	88,701户	2010年1月6日至2010年2月5日		
基金费率	认购费率	不超过1.20%		申购费率	不超过1.50%
	赎回费率	不超过0.50%			
	管理费率	1.50%		托管费率	0.25%
基金管理人	中银基金管理有限公司		基金托管人	招商银行股份有限公司	
审计机构	普华永道中天会计师事务所有限公司		注册登记人	中国证券登记结算有限责任公司	

基金管理团队

甘 霖先生：基金经理、投资管理部权益投资助理总监、副总裁(VP)，工商管理硕士，16年证券从业经历。曾任武汉证券公司交员、出市代表、交易部经理。2004年加入中银基金管理有限公司，2007年8月至今任中银收益混合基金经理，2010年2月至今任中银蓝筹混合基金经理。

孙庆瑞先生：基金经理、投资管理部权益投资副总监，副总裁(VP)，管理学硕士，9年证券从业经历。曾任长盛基金管理有限公司全国社保组合债券基金经理、基金经理助理、债券研究员，联合证券股份有限公司债券研究员。2006年加入中银基金管理有限公司，2006年7月至2010年5月任中银货币基金经理，2007年8月至今任中银中国混合基金经理，2006年10月至2008年4月任中银收益混合基金经理，2010年2月至今任中银蓝筹混合基金经理。

中银价值精选灵活配置混合型证券投资基金

基本资料					
基金简称	中银价值混合		交易代码	163810	
投资目标	在主动灵活的资产配置和动态行业配置基础上，精选价值相对低估的优质上市公司股票，力求获得基金资产的长期稳健增值。				
业绩比较基准	沪深300指数收益率×60%+上证国债指数收益率×40%				
风险收益特征	该基金是混合型基金，预期风险收益水平低于股票型基金，高于债券型基金和货币市场基金。				
合同生效日	2010年8月25日	上市日期	——	上市地点	——
募集概况	首募份额	认购户数	募集日期		
	40.93亿份	63,115户	2010年7月19日至2010年8月19日		
基金费率	认购费率	不超过1.20%		申购费率	不超过1.50%
	赎回费率	不超过0.50%			
	管理费率	1.50%		托管费率	0.25%
基金管理人	中银基金管理有限公司		基金托管人	招商银行股份有限公司	
审计机构	普华永道中天会计师事务所有限公司		注册登记人	中国证券登记结算有限责任公司	

基金管理团队

张发余先生：基金经理，公司投资管理部研究总监，副总裁(VP)，经济学博士，9年证券从业经历。曾任长江证券研究员、长江证券研究所投资策略分析师。2006年9月加入中银基金管理有限公司，现任研究总监，2010年8月起任中银价值混合基金经理。

彭 砚先生：南开大学金融学硕士，4年证券从业经历。曾任联合证券并购私募融资总部研究员。2006年8月加入中银基金管理有限公司，先后担任研究员、中银优选基金基金经理助理等职，2010年6月至今任中银策略基金经理，2010年8月至今任中银价值混合基金经理。

中银稳健双利债券型证券投资基金

基本资料					
基金简称	中银双利债券		交易代码	163811	
投资目标	在控制风险和保持资产流动性的前提下，对核心固定收益类资产辅以权益类资产增强性配置，优化资产结构，追求基金资产的长期稳健增值。				
业绩比较基准	中国债券综合全价指数				
风险收益特征	该基金属于债券型基金，其预期风险收益低于股票型基金和混合型基金，高于货币市场基金。				
合同生效日	2010年9月1日	上市日期	——	上市地点	——
募集概况	首募份额	认购户数	募集日期		
	55.30亿份	38,459户	2010年10月18日至2010年11月19日		
基金费率	认购费率	不超过0.60%	申购费率	不超过0.80%	
	赎回费率	不超过0.10%			
	管理费率	0.70%	托管费率	0.20%	
基金管理人	中银基金管理有限公司		基金托管人	招商银行股份有限公司	
审计机构	普华永道中天会计师事务所有限公司		注册登记人	中国证券登记结算有限责任公司	

基金管理团队

李　建先生：基金经理，公司助理副总裁(AVP)，经济学硕士研究生，12年证券从业经历。曾任联合证券有限责任公司固定收益研究员，恒泰证券固定收益研究员。2005年加入中银基金管理有限公司，2007年8月至今任中银货币基金经理，2008年11月至今任中银增利基金经理，2010年11月至今任中银双利债券基金经理。

奚鹏洲先生：基金经理，公司固定收益投资总监、副总裁(VP)，理学硕士，10年证券从业经历。曾任中国银行总行全球金融市场部债券高级交易员。2009年加入中银基金管理有限公司，现任固定收益投资总监，2010年5月至今任中银货币基金经理，2010年6月至今任中银增利基金经理，2010年11月至今任中银双利债券基金经理。

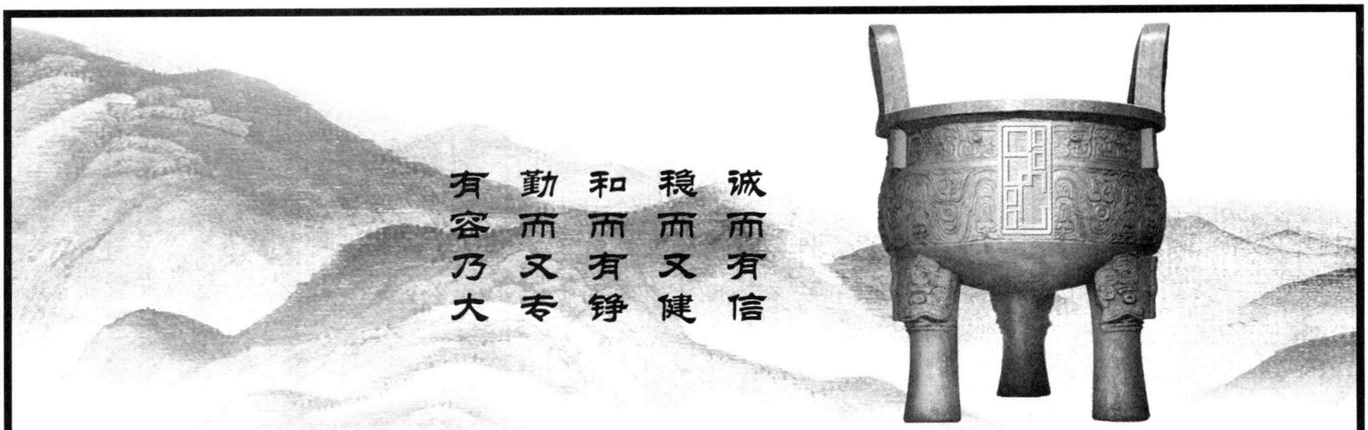

东吴基金管理有限公司 | 大事记
Soochow Asset Management Co., Ltd. | MAJOR EVENTS

2009年1月

第六届中国基金行业金牛奖获评"2008年度同业领先开放式股票基金"奖。

在《证券时报》主办的"2008年度中国明星基金评选"中，公司获"2008年度资产配置明星基金公司"奖。

2009年3月

在《21世纪经济报道》主办的赢基金评选中，公司获"2008中国基金管理公司最快成长奖"。

《上海证券报》主办的金基金评选中入围"最快进步奖"基金公司。

2009年5月6日

公司第5只基金产品——东吴进取策略灵活配置混合型基金正式成立，首发募集达10.48亿份。

2009年9月17日

捐款举办"阳光育人计划——东吴基金专期"公益活动，资助11名品学兼优的少数民族大学生完成学业。

2009年10月15日

公司与《上海证券报》联合举办东吴新经济财富论坛，引起业内广泛关注。

2009年12月30日

公司第6只基金产品——东吴新经济股票型基金正式成立，首发募集达8.01亿份。

2010年5月11日

公司第7只基金产品——东吴货币市场证券投资基金正式成立，首发募集达44.33亿份。

2010年6月29日

公司第8只基金产品——东吴新创业股票型基金正式成立，首发募集达4.3亿份。

东吴基金管理有限公司

法定名称	东吴基金管理有限公司	英文名称	Soochow Asset Management Co.,Ltd.		
成立时间	2004年9月2日	注册资本	1亿元人民币	公司属性	中资
董事长	吴永敏	总经理	徐建平	督察长	吴威
公司网址	www.scfund.com.cn	客服电话	021-5050 9666		
联系电话	021-5050 9888	传真号码	021-5050 9884		
注册地址	上海市浦东新区源深路279号	办公地址	上海市浦东新区源深路279号		

公司简介

东吴基金管理有限公司(以下简称"东吴基金")是经中国证监会证监基金字[2003]82号批准设立的证券投资基金管理公司，于2004年9月正式成立，注册资本人民币1亿元，由东吴证券股份有限公司、上海兰生(集团)有限公司、江阴澄星实业集团有限公司共同发起设立，分别持有49%、30%、21%的股份。

东吴基金拥有一支经验丰富的专业团队，平均年龄31.2岁，其中硕士以上学历占66%；具有5年以上基金、证券从业经历的占71%；公司高管和主要投资管理人员的平均金融从业年限为10年，具有丰富的实践操作经验和管理经验。

作为传统吴文化与前沿经济理念的有机结合，东吴基金崇尚"以人为本，以市场为导向，以客户为中心，以价值创造为根本出发点"的经营理念；遵循"诚而有信、稳而又健、和而有铮、勤而又专、有容乃大"的企业格言；树立了"做价值的创造者、市场的创新者和行业的思想者"的远大理想，创造性地树立公司独特的文化体系，树立了自己鲜明的企业形象。

年度经营

截至2010年6月30日，东吴基金共管理8只开放式证券投资基金，包括4只股票型基金、2只混合型基金、1只债券型基金和1只货币基金。在产品发行方面，2010年4月，公司发行了旗下首只货币市场基金——东吴货币基金，旗下基金产品线得到了进一步的完善。该基金共募集资金约44.33亿元人民币，有效认购总户数为9,327户。

在投资业绩方面，2010年上半年，公司旗下基金业绩表现位居同业前列，这是继2007年、2008年之后，公司基金业绩再次脱颖而出。根据中国银河证券基金研究中心统计，截至2010年6月30日，在166只股票型基金中，东吴双动力股票基金净值增长率排名第2、东吴行业轮动股票排名第9；在40只灵活配置型基金中，东吴进取策略混合2010年上半年基金净值增长率排名第2；在同期发行的33只新基金中，东吴新经济股票基金排名第2名；在43只偏股型基金中，东吴嘉禾优势精选混合2010年上半年基金净值增长率排名第14。

社会责任

东吴基金自成立以来，一直非常热心和积极从事各项公益活动，面对2010年西南的严重旱灾，东吴基金积极行动，前往受灾严重的四川攀枝花仁和区大龙潭彝族乡，翻山越岭为该乡迤资村等数个偏远村庄捐送灾民急需的纯净饮用水，同时东吴基金在实地了解当地灾情后，与当地政府商讨达成修建"东吴思源"水窖、蓄水池等计划。2009年9月17日，东吴基金与相关部门合作，举办"阳光育人计划——东吴基金专期"公益捐款仪式及学生导师签约仪式，一次性捐出10余万元帮助品学兼优的少数民族学生完成学业。2010年上半年与上海交通大学安泰管理学院签订协议，成为安泰学院的实习教育基地，给予安泰管理学院在校学生实践教育平台，帮助他们尽快适应社会需求。

高管介绍

吴永敏先生：董事长。硕士研究生，高级审计师、高级经济师，中共党员。历任无锡县长征企业会计，苏州市财政局科员、苏州市税务局副科长、苏州市税务局三分局局长、苏州市税务局科长、苏州市审计局副局长。现任东吴证券有限责任公司党委书记、董事长。

徐建平先生：董事，总裁。硕士研究生学历，会计师，中共党员。历任张家港市财政局科长兼市房改办副主任，苏州证券有限责任公司张家港杨舍证券营业部总经理、公司总裁助理兼资产管理总部总经理，东吴证券有限责任公司副总裁。现任东吴基金管理有限公司总裁。

2009年管理公募基金概况

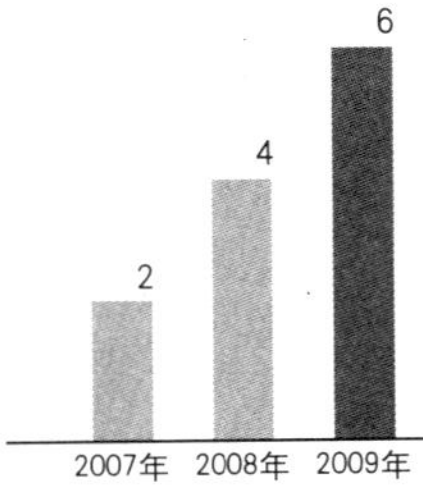

基金数量(只)

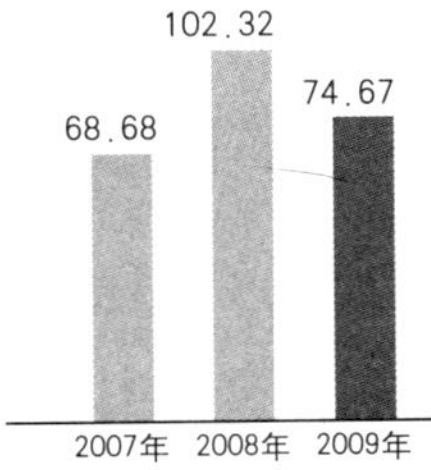

基金份额规模(亿份)

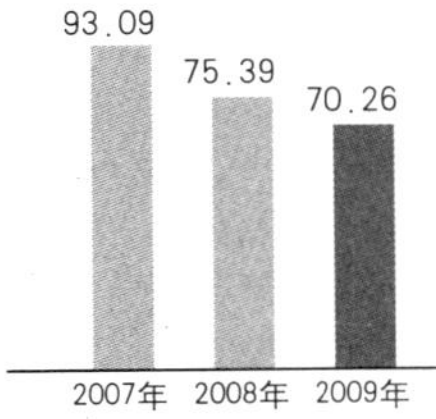

基金资产规模(亿元)

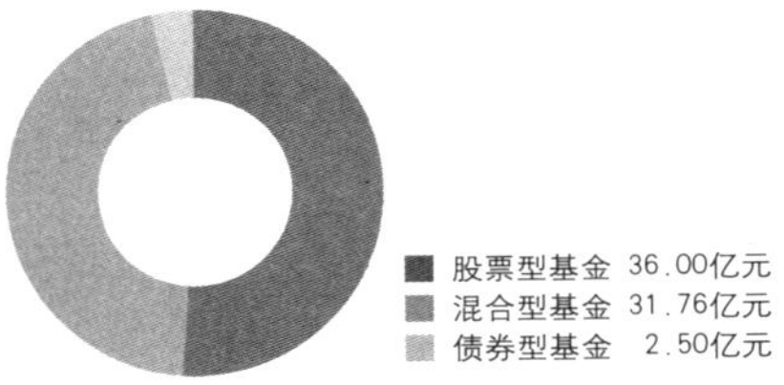

2009年基金资产规模构成

东吴嘉禾优势精选混合型开放式证券投资基金

基本资料					
基金简称	东吴嘉禾优势精选混合		交易代码	580001	
风险收益特征	该基金定位于中低风险水平，力求通过选股方法、投资策略等，谋求中长期较高收益。				
业绩比较基准	65%×(60%×上证180指数+40%×深证100指数)+35%×中信标普全债指数				
合同生效日	2005年2月1日	首募份额	10.29亿份	认购户数	6,388户
基金管理人	东吴基金管理有限公司		基金托管人	中国工商银行	
注册登记人	东吴基金管理有限公司				

财务指标　　单位：人民币(元)；%

项目＼年度	2009年	2008年	2007年
本期利润	900,382,428.09	−2,237,598,056.78	1,093,362,934.96
本期加权平均净值利润率	32.56	−70.62	40.14
期末基金资产净值	2,806,194,493.80	2,375,057,679.39	5,176,097,061.62
期末基金份额净值	0.7745	0.5572	1.0483
本期份额净值增长率	39.00	−46.85	99.33
累计份额净值增长率	210.93	123.69	320.85
基金收益分配	——	——	10派10.600

成立来累计净值增长率与同期基准收益率历史走势对比图 (%)

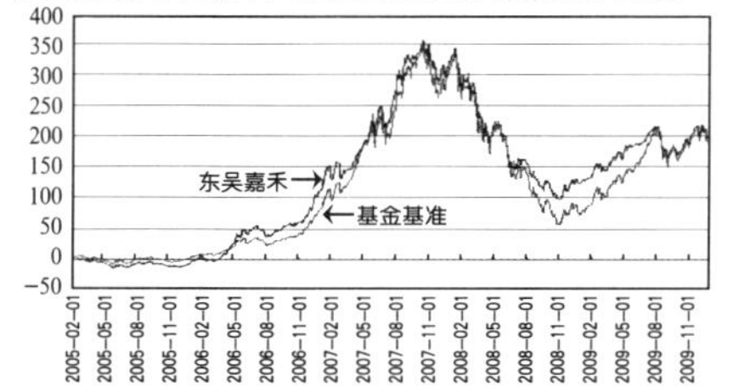

近三年净值增长率与同期基准收益率对比图 (%)

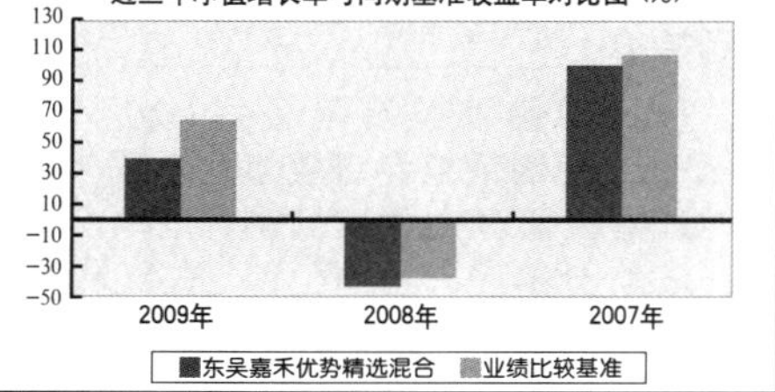

期末基金份额持有人户数	基金份额持有人户数为226,612户，平均每户持有15,988.97份。　(期末截至2009年12月31日)
期末基金份额持有人结构	机构投资者持有4,088,103.62份，占总份额0.11%；个人投资者持有3,619,203,999.74份，占总份额99.89%。

基金业绩表现

截至2009年12月31日，东吴嘉禾优势精选混合基金份额净值为0.7745元，全年净值增长率为39.00%；同期业绩基准收益率为65.79%。

基金管理团队

唐祝益先生：基金经理，12年证券从业经历，南京大学硕士。曾担任上海证券综合研究公司证券分析师、华鑫证券投资经理、海通证券投资经理；2009年12月起任东方嘉禾优势精选混合基金经理。

基金运作分析

2009年以来东吴嘉禾优势精选混合基金一直稳健的投资策略，清醒地保持对基金复苏程度的谨慎预期。

2010年以来，东吴嘉禾优势精选混合基金采取稳健的资产配置策略，以消费与科技创新是经济增长方式转变为政策落脚点，不断捕捉在消费、科技等领域寻找超额收益的机会，取得了良好的投资业绩。

季度投资组合一览

项目＼季度	第一季度		第二季度		第三季度		第四季度	
基金资产净值	2,763,576,472.08元		2,910,759,205.33元		2,548,885,350.98元		2,806,194,493.80元	
基金份额	4,224,436,626.77份		4,007,151,194.26份		3,780,356,397.60份		3,623,292,103.36份	
基金份额净值	0.6542元		0.7264元		0.6742元		0.7745元	
基金资产组合	市值(元)	占总资产比(%)	市值(元)	占总资产比(%)	市值(元)	占总资产比(%)	市值(元)	占总资产比(%)
股票投资	2,156,174,930.55	76.35	1,572,990,653.30	53.70	1,583,294,643.98	61.80	2,347,635,540.99	82.16
债券投资	——	——	144,957,000.00	4.95	136,562,757.40	5.33	7,710,159.60	0.27
金融衍生品投资	——	——	——	——	——	——	——	——
买入返售金融资产	——	——	——	——	——	——	——	——
银行存款和结算备付金	627,315,330.17	22.21	1,201,240,440.10	41.01	836,605,724.21	32.66	459,595,404.44	16.08
其他资产	40,547,912.99	1.44	10,212,872.17	0.35	5,411,434.47	0.21	42,361,770.37	1.48

	股票名称	公允价值(元)	占净值比(%)	股票名称	公允价值(元)	占净值比(%)	股票名称	公允价值(元)	占净值比(%)	股票名称	公允价值(元)	占净值比(%)
投资前五名股票明细	中信证券	111,855,045.33	4.05	浦发银行	80,249,745.76	2.76	招商地产	68,887,300.00	2.70	苏宁电器	118,260,663.18	4.21
	海通证券	87,358,000.00	3.16	保利地产	75,339,452.23	2.59	安泰科技	66,599,509.90	2.61	五 粮 液	88,646,100.40	3.16
	万 科A	86,789,966.40	3.14	中国平安	74,190,000.00	2.55	中国石化	65,607,800.00	2.57	中国平安	82,631,529.33	2.94
	国阳新能	81,884,000.00	2.96	招商地产	60,961,460.50	2.09	中国建筑	65,547,502.88	2.57	小天鹅A	80,444,839.86	2.87
	兴业银行	78,744,968.52	2.85	特变电工	57,816,594.44	1.99	招商银行	63,246,989.84	2.48	安泰科技	80,355,732.60	2.86
投资前五名债券明细	债券名称	公允价值(元)	占净值比(%)	债券名称	公允价值(元)	占净值比(%)	债券名称	公允价值(元)	占净值比(%)	债券名称	公允价值(元)	占净值比(%)
	——			08央票92	77,152,000.00	2.65	09央票43	69,769,000.00	2.74	安泰转债	7,710,159.60	0.27
				08央票104	38,660,000.00	1.33	09央票47	29,901,000.00	1.17	——		
				08央票112	29,145,000.00	1.00	08央票112	28,956,000.00	1.14			
				——			安泰转债	6,619,298.40	0.26			
							龙盛转债	1,317,459.00	0.05			

东吴价值成长双动力股票型证券投资基金

基本资料

基金简称	东吴双动力股票	交易代码	580002(前端)　581002(后端)		
风险收益特征	该基金是一只进行主动投资的股票型基金，其风险和预期收益均高于混合型基金，在证券投资基金中属于风险较高、收益较高的基金产品。				
业绩比较基准	75%×新华富时A600指数+25%×中信标普全债指数				
合同生效日	2006年12月15日	首募份额	21.44亿份	认购户数	74,280户
基金管理人	东吴基金管理有限公司	基金托管人	中国农业银行		
注册登记人	东吴基金管理有限公司				

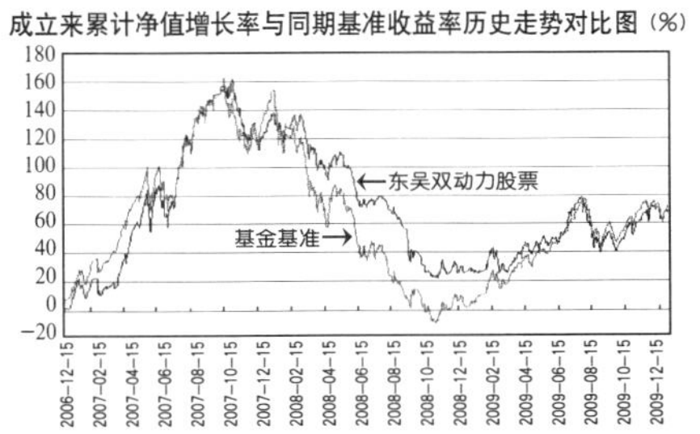

财务指标　单位：人民币（元）；%

项目＼年度	2009年	2008年	2007年
本期利润	498,751,599.41	-1,610,048,462.96	1,984,263,323.28
本期加权平均净值利润率	28.41	-54.53	56.25
期末基金资产净值	1,789,238,743.90	1,699,373,616.64	4,133,040,133.22
期末基金份额净值	1.2055	0.9050	2.1406
本期份额净值增长率	33.20	-43.47	120.03
累计份额净值增长率	69.00	26.87	124.43
基金收益分配	——	10派4.200	10派1.000

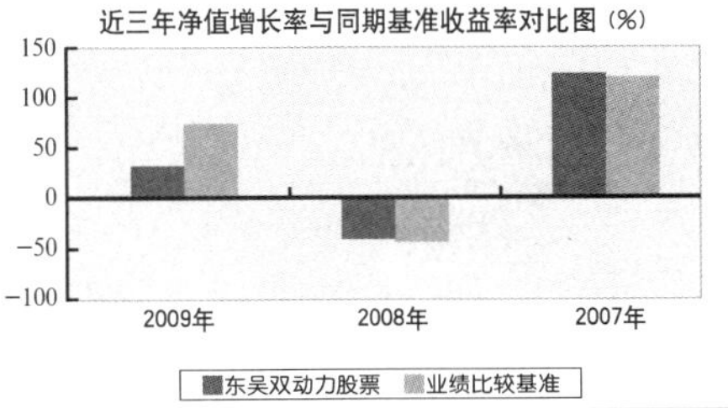

期末基金份额持有人户数	基金份额持有人户数为85,295户，平均每户持有17,401.32份。（期末截至2009年12月31日）
期末基金份额持有人结构	机构投资者持有190,656,943.74份，占总份额12.85%；个人投资者持有1,293,588,552.75份，占总份额87.15%。

基金业绩表现

截至2009年12月31日，东吴双动力股票基金份额净值为1.2055元，全年净值增长率为33.20%。

基金管理团队

王　炯女士：基金经理、投资总监，12年证券从业经历，毕业于武汉大学，获硕士学位。曾在大鹏证券研究所和投资部担任研究员、首席分析师助理等职务，2004年加入东吴基金管理公司；2006年12月起任东吴双动力股票基金经理。

基金运作分析

从2009年整个宏观经济政策来看，全年基本上坚持着在"保八，促增长"这样的市场环境中运行。随着上市公司业绩出现回暖，自2009年至2010年，东吴双动力在投资上始终秉承价值与成长双轮驱动的投资理念，迅速捕捉新兴产业的发展势头，长期看好新能源、新技术、新消费等新兴产业板块，注重自下而上挖掘个股。该基金自2009年末起至2010年，在市场环境不佳的氛围下体现出价值与成长的投资价值，成为同类基金中的佼佼者。

季度投资组合一览

项目＼季度	第一季度		第二季度		第三季度		第四季度	
基金资产净值	1,693,402,000.91元		1,793,623,582.70元		1,612,012,198.65元		1,789,238,743.90元	
基金份额	1,736,439,995.17份		1,609,867,350.46份		1,584,626,149.51份		1,484,245,496.49份	
基金份额净值	0.9752元		1.1141元		1.0173元		1.2055元	
基金资产组合	市值(元)	占总资产比(%)	市值(元)	占总资产比(%)	市值(元)	占总资产比(%)	市值(元)	占总资产比(%)
股票投资	1,515,105,653.26	85.56	1,550,114,878.22	85.36	1,265,513,828.49	77.82	1,301,773,477.64	72.20
债券投资	87,177,000.00	4.92	106,312,000.00	5.85	102,933,655.56	6.33	52,475,744.64	2.91
金融衍生品投资	——	——	——	——	——	——	——	——
买入返售金融资产	——	——	——	——	——	——	——	——
银行存款和结算备付金	162,379,664.96	9.17	78,722,238.75	4.34	249,415,225.73	15.34	434,759,440.28	24.11
其他资产	6,083,798.61	0.34	80,722,575.51	4.45	8,437,318.47	0.52	13,906,797.03	0.77

投资前五名股票明细

股票名称	公允价值(元)	占净值比(%)	股票名称	公允价值(元)	占净值比(%)	股票名称	公允价值(元)	占净值比(%)	股票名称	公允价值(元)	占净值比(%)
中铁二局	118,956,523.04	7.02	中国平安	138,484,339.96	7.72	盐湖钾肥	93,992,817.73	5.83	古井贡酒	135,698,888.82	7.58
中信证券	101,871,493.02	6.02	中信证券	110,212,219.62	6.14	兴业银行	80,899,308.41	5.02	盐湖钾肥	107,931,708.29	6.03
中国平安	86,898,900.10	5.13	招商银行	95,862,808.80	5.34	青岛啤酒	80,598,678.96	5.00	海信电器	83,851,645.96	4.69
吉林敖东	51,842,117.40	3.06	保利地产	85,033,402.65	4.74	中国平安	73,512,414.30	4.56	双鹭药业	82,325,458.80	4.60
海通证券	51,428,500.00	3.04	中国太保	83,782,081.32	4.67	中国太保	69,037,000.00	4.28	青岛啤酒	51,687,234.95	2.89

投资前五名债券明细

债券名称	公允价值(元)	占净值比(%)	债券名称	公允价值(元)	占净值比(%)	债券名称	公允价值(元)	占净值比(%)	债券名称	公允价值(元)	占净值比(%)
08央票46	48,145,000.00	2.84	08央票106	48,360,000.00	2.70	09央票43	49,835,000.00	3.09	09央票65	49,835,000.00	2.79
08央票106	29,238,000.00	1.73	08央票92	48,220,000.00	2.69	09央票47	19,934,000.00	1.24	安泰转债	2,640,744.64	0.15
08央票114	9,794,000.00	0.58	08央票114	9,732,000.00	0.54	08央票114	9,674,000.00	0.60			
						03国债(8)	8,963,712.00	0.56			
						03国债(3)	4,575,893.70	0.28			

东吴行业轮动股票型证券投资基金

基本资料					
基金简称	东吴行业轮动股票			交易代码	580003
风险收益特征	该基金是一只进行主动投资的股票型基金，其风险和预期收益均高于混合型基金，在证券投资基金中属于风险较高、预期收益较高的基金产品。				
业绩比较基准	75%×沪深300指数+25%×中信标普全债指数				
合同生效日	2008年4月23日	首募份额	31.73亿份	认购户数	25,180户
基金管理人	东吴基金管理有限公司		基金托管人	华夏银行	
注册登记人	东吴基金管理有限公司				

财务指标　　单位：人民币(元)；%

项目 \ 年度	2009年	2008年4月23日至2008年12月31日
本期利润	703,868,491.21	-815,377,945.22
本期加权平均净值利润率	42.20	-34.39
期末基金资产净值	1,009,149,497.12	1,840,356,098.91
期末基金份额净值	1.0436	0.7344
本期份额净值增长率	42.10	-26.56
累计份额净值增长率	4.36	-26.56
基金收益分配	——	——

成立来累计净值增长率与同期基准收益率历史走势对比图（%）

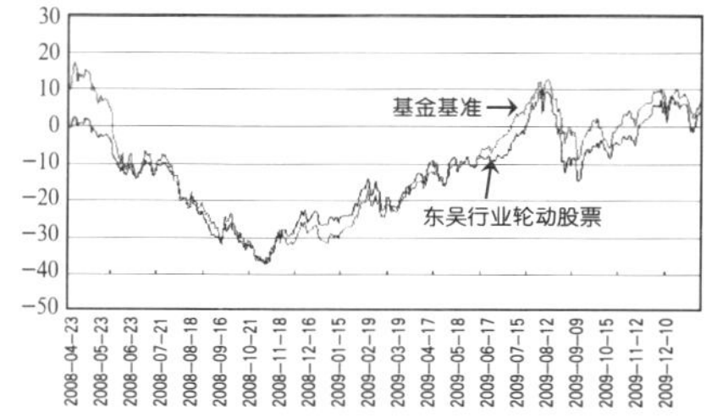

近两年净值增长率与同期基准收益率对比图（%）

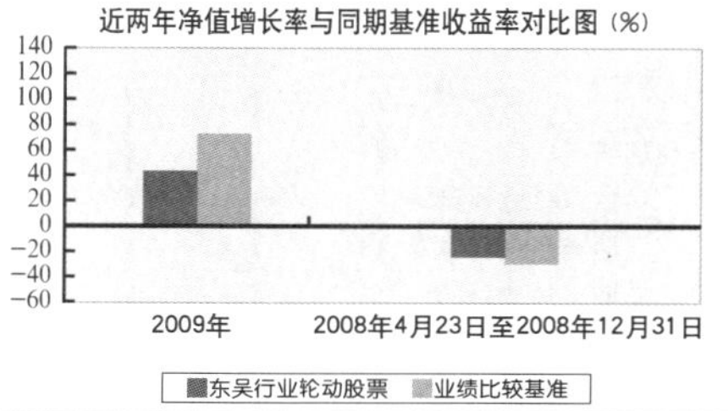

期末基金份额持有人户数	基金份额持有人户数为16,193户，平均每户持有59,717.82份。（期末截至2009年12月31日）
期末基金份额持有人结构	机构投资者持有239,006,383.90份，占总份额24.72%；个人投资者持有728,004,261.93份，占总份额75.28%。

基金业绩表现

截至2009年12月31日，东吴行业轮动股票基金份额净值为1.0436元，全年净值增长率为42.10%。

基金管理团队

任 壮先生：基金经理、公司部门总助，管理学博士，5年证券从业经历。曾任兴业证券上海总部研发中心高级研究员。2007年9月加入东吴基金管理公司，任公司部门总助，东吴新经济基金经理；2009年1月起任东吴行业轮动股票基金经理。

基金运作分析

2009年上半年，东吴行业轮动股票基金适时重点配置银行、保险、房地产、有色金属、工程机械、化工等品种。下半年，在央行适度收紧流动性的情况下，主要受流动性充裕提升估值的行业受到拟制。该基金从以下投资思路寻找投资机会：一是重点配置业绩增长确定以及具有相对估值优势的品种，如电力设备、高档白酒、汽车、医药等；二是行业景气度复苏明确的品种，如化工；三是在经济“结构调整”的背景下，配置了清洁燃煤、智能建筑、智能电网、新能源等品种。

自2009年第四季度起，东吴行业轮动基金逐步发力，并于2009年年末2010年年初在同类基金中崭露头角，此后该基金在2010年长期处于开放式基金的第一梯队，成为业内备受关注的基金。

季度投资组合一览

项目 \ 季度	第一季度		第二季度		第三季度		第四季度	
基金资产净值	2,029,401,069.32元		1,944,205,980.63元		1,283,261,315.45元		1,009,149,497.12元	
基金份额	2,354,144,607.02份		2,076,311,309.84份		1,388,852,706.40份		967,010,645.83份	
基金份额净值	0.8621元		0.9364元		0.9240元		1.0436元	
基金资产组合	市值(元)	占总资产比(%)	市值(元)	占总资产比(%)	市值(元)	占总资产比(%)	市值(元)	占总资产比(%)
股票投资	1,733,338,908.29	81.74	1,712,716,352.77	86.84	931,618,313.06	71.25	857,138,134.10	74.71
债券投资	173,739,000.00	8.19	77,236,000.00	3.92	73,262,141.70	5.60	32,445,592.30	2.83
金融衍生品投资	——	——	——	——	——	——	——	——
买入返售金融资产	——	——	——	——	——	——	——	——
银行存款和结算备付金	204,146,695.10	9.63	176,877,406.13	8.97	296,198,412.28	22.65	254,505,418.53	22.18
其他资产	9,391,760.31	0.44	5,333,891.85	0.27	6,520,487.65	0.50	3,149,110.52	0.27

投资前五名股票明细	股票名称	公允价值(元)	占净值比(%)	股票名称	公允价值(元)	占净值比(%)	股票名称	公允价值(元)	占净值比(%)	股票名称	公允价值(元)	占净值比(%)
	万 科A	95,902,661.16	4.73	中国平安	98,920,000.00	5.09	贵州茅台	53,033,318.82	4.13	国电南瑞	48,514,464.00	4.81
	中信证券	76,482,334.80	3.77	海螺水泥	92,708,000.00	4.77	泸州老窖	52,094,742.00	4.06	博瑞传播	38,860,205.44	3.85
	中色股份	62,357,900.56	3.07	招商银行	76,759,695.63	3.95	包钢稀土	41,385,465.00	3.23	苏宁电器	37,404,000.00	3.71
	中国联通	57,700,000.00	2.84	中色股份	64,306,731.98	3.31	云南白药	38,024,000.00	2.96	综艺股份	34,479,551.76	3.42
	中国南车	57,200,000.00	2.82	北京银行	63,739,200.00	3.28	国电南瑞	37,410,000.00	2.92	三普药业	34,081,045.04	3.38

投资前五名债券明细	债券名称	公允价值(元)	占净值比(%)	债券名称	公允价值(元)	占净值比(%)	债券名称	公允价值(元)	占净值比(%)	债券名称	公允价值(元)	占净值比(%)
	08央票46	86,661,000.00	4.27	08央票92	48,220,000.00	2.48	09央票43	29,901,000.00	2.33	09央票61	9,967,000.00	0.99
	08央票52	57,840,000.00	2.85	08央票106	29,016,000.00	1.49	09央票47	29,901,000.00	2.33	09央票63	9,967,000.00	0.99
	08央票106	29,238,000.00	1.44				03国债(8)	7,028,000.00	0.55	09央票65	9,967,000.00	0.99
							安泰转债	2,184,574.20	0.17	安泰转债	2,544,592.30	0.25
							21国债(12)	1,781,554.00	0.14			

东吴优信稳健债券型证券投资基金

基本资料			
基金简称	东吴优信稳健债券	交易代码	582001
风险收益特征	该基金主要投资于高信用级别、投资价值高的债券资产，属于低风险的基金品种，长期平均风险和预期收益率低于混合型基金、股票型基金，高于货币市场基金。		
业绩比较基准	中信标普全债指数		
合同生效日	2008年11月5日　首募份额　14.82亿份	认购户数	8,722户
基金管理人	东吴基金管理有限公司	基金托管人	中国建设银行
注册登记人	东吴基金管理有限公司		

成立来累计净值增长率与同期基准收益率历史走势对比图（%）

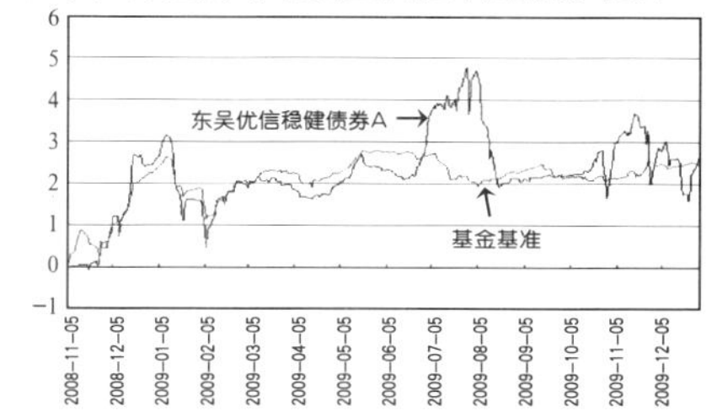

近两年净值增长率与同期基准收益率对比图（%）

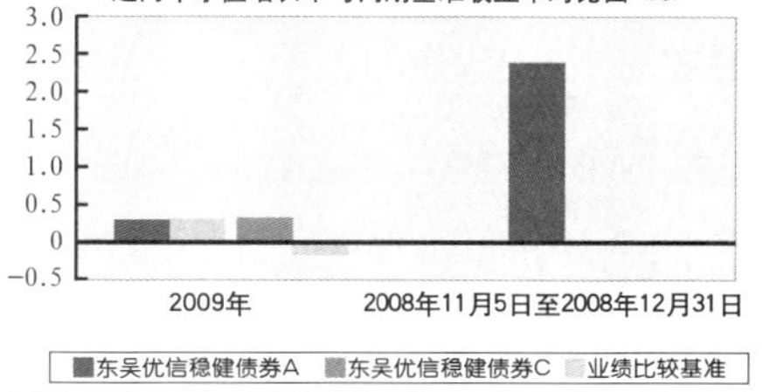

财务指标　　单位：人民币(元)；%

项目＼年度	2009年 A	2009年 C	2008.11.5至2008.12.31
本期利润	−5,653,287.93	183,993.44	37,318,820.18
本期加权平均净值利润率	−1.08	0.26	2.44
期末基金资产净值	117,678,960.69	132,246,571.54	1,624,447,060.09
期末基金份额净值	1.0151	1.0126	1.0244
本期份额净值增长率	0.27	0.28	2.44
累计份额净值增长率	2.71	0.28	2.44
基金收益分配	10派0.120	10派0.120	——

期末基金份额持有人户数	A:基金份额持有人户数为2,669户，平均每户持有43,434.07份。 B:基金份额持有人户数为36户，平均每户持有3,627,863.42份。　（期末截至2009年12月31日）
期末基金份额持有人结构	A:机构投资者持有63,679,611.00份，占总份额54.93%；个人投资者持有52,245,924.33份，占总份额45.07%。 B:机构投资者持有127,940,900.81份，占总份额97.96%；个人投资者持有2,662,182.19份，占总份额2.04%。

基金业绩表现

2009年东吴优信稳健债券基金A类净值增长率为0.27%，同期业绩基准收益率为0.27%；C类净值增长率为0.28%，同期业绩基准收益率为−0.19%。

基金管理团队

徐　嵩先生：基金经理，本科，5年证券从业经历。历任平安信托投资公司资产管理部交易员，平安保险资产营运中心银行间交易员，上投摩根基金公司基金经理助理，2008年3月加入东吴基金管理公司，负责债券研究及交易；2008年11月起任东吴优信基金经理。

韦　勇先生：基金经理，MBA，14年证券从业经历。曾就职于贵州证券公司、汉唐证券公司、恒泰证券公司。2009年12月起任东吴优信稳健债券基金经理。

基金运作分析

2009年债券市场受宏观经济持续向好以及CPI逐步转正等因素影响，收益率缓步震荡向上。东吴优信稳健债券基金主要参与的投资品种为央票、浮动债等，保持短久期策略规避风险，同时在下半年积极参与信用债市场，以期获取高票息收益，在一定程度上分享了信用债市场上涨所带来的收益。

季度投资组合一览

项目＼季度	第一季度		第二季度 A	第二季度 C	第三季度 A	第三季度 C	第四季度 A	第四季度 C
基金资产净值	7.3280亿元		3.3358亿元	0.8312亿元	3.2233亿元	0.6376亿元	1.1768亿元	1.3225亿元
基金份额	7.1872亿份		3.2857亿份	0.8188亿份	3.1915亿份	0.6321亿份	1.1593亿份	1.3060亿份
基金份额净值	1.0196元		1.0152元	1.0150元	1.0100元	1.0088元	1.0151元	1.0126元
基金资产组合	市值(元)	占总资产比(%)	市值(元)	占总资产比(%)	市值(元)	占总资产比(%)	市值(元)	占总资产比(%)
股票投资	——	——	21,082,000.00	4.99	2,457,725.00	0.63	38,284,513.04	12.96
债券投资	644,196,056.64	74.86	349,184,720.13	82.70	328,403,052.30	84.66	204,133,253.80	69.09
资产支持证券投资	——	——	——	——	——	——	——	——
银行存款和结算备付金	134,765,774.39	15.66	20,087,145.33	4.76	52,239,797.79	13.47	41,980,038.53	14.21
其他资产	81,595,916.05	9.48	31,893,275.25	7.55	4,809,412.30	1.24	11,068,545.96	3.75

投资前五名股票明细

股票名称	公允价值(元)	占净值比(%)	股票名称	公允价值(元)	占净值比(%)	股票名称	公允价值(元)	占净值比(%)	股票名称	公允价值(元)	占净值比(%)
			中国太保	11,190,000.00	2.69	盐湖集团	2,353,000.00	0.61	哈药股份	6,649,200.00	2.66
			中国平安	9,892,000.00	2.37	神州泰岳	58,000.00	0.02	苏宁电器	6,234,000.00	2.49
——						乐普医疗	14,500.00	0.00	中国平安	5,509,000.00	2.20
			——			中国国旅	11,780.00	0.00	盐湖钾肥	5,129,100.00	2.05
						南风股份	11,445.00	0.00	三普药业	3,991,160.00	1.60

投资前五名债券明细

债券名称	公允价值(元)	占净值比(%)	债券名称	公允价值(元)	占净值比(%)	债券名称	公允价值(元)	占净值比(%)	债券名称	公允价值(元)	占净值比(%)
07国开10	84,816,000.00	11.57	07农发16	30,231,000.00	7.25	07农发13	30,087,000.00	7.79	06国开08	20,070,000.00	8.03
08央票38	74,179,000.00	10.12	07农发15	30,147,000.00	7.23	06国开02	30,027,000.00	7.78	07农发13	20,048,000.00	8.02
08国开18	61,404,000.00	8.38	08国开18	30,120,000.00	7.23	07农发16	30,021,000.00	7.78	06国开02	20,022,000.00	8.01
08央票47	53,035,000.00	7.24	07农发13	30,060,000.00	7.21	08国开25	29,934,000.00	7.75	09农发07	20,020,000.00	8.01
08央票44	53,015,000.00	7.23	08国开25	30,045,000.00	7.21	09央票43	29,901,000.00	7.74	08国开25	14,961,000.00	5.99

东吴进取策略灵活配置混合型开放式证券投资基金

基本资料					
基金简称	东吴进取策略混合	交易代码	580005		
风险收益特征	该基金是一只进行主动投资的混合型基金，其风险和预期收益要低于股票型基金，高于货币市场基金和债券型基金，属于风险较高、预期收益也较高的基金产品。				
业绩比较基准	65%×沪深300指数+35%×中信标普全债指数				
合同生效日	2009年5月6日	首募份额	10.49亿份	认购户数	25,557户
基金管理人	东吴基金管理有限公司	基金托管人	中国农业银行		
注册登记人	东吴基金管理有限公司				

财务指标　　单位：人民币(元)；%

项目＼年度	2009年5月6日至2009年12月31日
本期利润	57,076,583.06
本期加权平均净值利润率	7.18
期末基金资产净值	369,517,179.35
期末基金份额净值	1.0694
本期份额净值增长率	6.94
累计份额净值增长率	6.94
基金收益分配	——

2009年累计净值增长率与同期基准收益率历史走势对比图（%）

2009年净值增长率与同期基准收益率对比图（%）

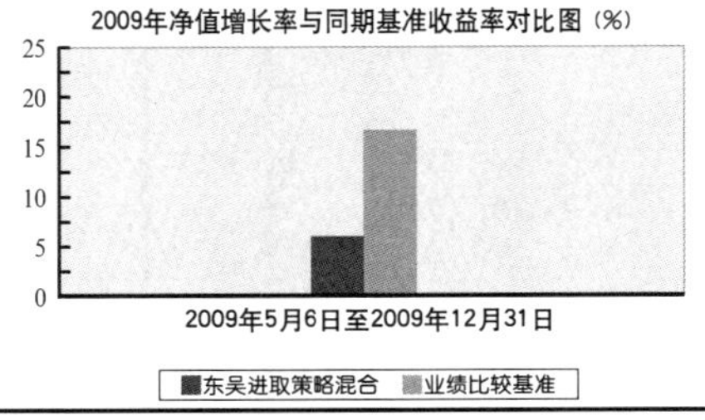

期末基金份额持有人户数	基金份额持有人户数为12,565户，平均每户持有27,500.05份。（期末截至2009年12月31日）
期末基金份额持有人结构	机构投资者持有44,140,949.37份，占总份额12.77%；个人投资者持有301,397,131.67份，占总份额87.23%。

基金业绩表现

东吴进取策略混合基金合同生效于2009年5月6日，截至2009年12月31日，该基金份额净值为1.0694元，成立以来净值增长率为6.94%；同期业绩基准收益率为20.31%。

基金管理团队

王　炯女士：基金经理、投资总监，毕业于武汉大学，硕士，12年证券从业经历。曾在大鹏证券研究所和投资部担任研究员、首席分析师助理等职，2004年加入东吴基金管理有限公司。现任公司投资总监，东吴双动力股票基金经理；2008年5月起任东吴进取策略混合基金经理。

朱昆鹏先生：基金经理，中国人民大学经济学硕士，8年证券从业经历。曾担任云南国际信托投资公司研究员、资产管理部副总经理，国金证券高级投资经理，云南国际信托公司信托经理；2009年12月起任东吴进取策略混合基金经理。

基金运作分析

2009年，东吴进取策略混合基金的配置重点放在可持续增长的食品饮料、医药等行业，并投资了钢铁、煤炭、汽车、家电、电子信息等多个行业和公司。该基金自2009年5月6日成立以来，一直保持主动进取的风格，业绩自2009年下半年开始异军突起，此后一直在同类基金中稳列三甲。

季度投资组合一览

项目＼季度	第三季度			第四季度		
基金资产净值	665,808,115.56元			369,517,179.35元		
基金份额	709,886,618.99份			345,538,081.04份		
基金份额净值	0.9379元			1.0694元		
基金资产组合	市值(元)		占总资产比(%)	市值(元)		占总资产比(%)
股票投资	397,244,046.93		58.38	279,404,387.23		74.51
债券投资	55,190,069.90		8.11	——		——
资产支持证券投资	——		——	——		——
金融衍生品投资	——		——	——		——
买入返售金融资产	——		——	——		——
银行存款和结算备付金	225,867,299.48		33.19	95,466,893.22		25.46
其他资产	2,195,227.10		0.32	108,800.46		0.03
投资前五名股票明细	股票名称	公允价值(元)	占净值比(%)	股票名称	公允价值(元)	占净值比(%)
	盐湖钾肥	42,529,783.31	6.39	古井贡酒	33,018,055.95	8.94
	中国太保	39,435,960.97	5.92	长安汽车	22,446,961.78	6.07
	中国平安	39,163,722.00	5.88	云维股份	20,903,400.00	5.66
	兴业银行	31,375,704.50	4.71	中国太保	18,446,400.00	4.99
	古井贡酒	28,046,933.25	4.21	金牛能源	17,025,049.60	4.61
投资前五名债券明细	债券名称	公允价值(元)	占净值比(%)	债券名称	公允价值(元)	占净值比(%)
	09央票43	19,934,000.00	2.99	——		
	09央票47	19,934,000.00	2.99			
	03国债(8)	8,032,000.00	1.21			
	03国债(3)	1,885,800.00	0.28			
	21国债(7)	1,561,500.00	0.23			

东吴新经济股票型证券投资基金

基本资料					
基金简称	东吴新经济股票		交易代码	580006	
投资目标	该基金为股票型基金，通过投资于引领经济发展未来方向的新兴行业的上市公司，享受新经济发展带来的高成长和高收益。重点投资其中具有成长优势和竞争优势的上市公司股票，追求超额收益。				
业绩比较基准	75%×沪深300指数+25%×中信标普全债指数				
风险收益特征	该基金是一只进行主动投资的股票型基金，其风险和预期收益高于货币市场基金、债券型基金和混合型基金，在证券投资基金中属于风险较高、预期收益也比较高的基金产品。				
合同生效日	2009年12月30日	上市日期	——	上市地点	——
募集概况	首募份额	认购户数	募集日期		
	8.01亿份	8,445户	2009年11月12日至2009年12月25日		
基金费率	认购费率	不高于1.20%		申购费率	不高于1.50%
	赎回费率	不高于0.50%			
	管理费率	1.50%		托管费率	0.25%
基金管理人	东吴基金管理有限公司		基金托管人	中国建设银行股份有限公司	
审计机构	江苏公证天业会计师事务所		注册登记人	东吴基金管理有限公司	

基金管理团队

任　壮先生：基金经理，管理学博士，中国社科院金融所博士后，副研究员，6年证券从业经历。曾任兴业证券研发中心高级研究员；2007年9月加入东吴基金管理公司，曾任公司基金经理助理、研究策划部总经理助理等职，现任研究策划部副总经理，东吴行业轮动股票基金经理、东吴新经济股票基金经理。

吴圣涛先生：基金经理，经济学硕士，8年证券从业经历。曾任汉唐证券公司研究员、投资经理，国泰人寿保险公司投资经理，华富基金管理公司基金经理等职。2009年9月加入东吴基金管理公司，现任东吴新经济股票基金经理、东吴新创业基金经理。

东吴货币市场证券投资基金

基本资料					
基金简称	东吴货币		交易代码	583001	
投资目标	在控制风险和保证流动性的前提下，通过主动式管理及量化分析，为投资者提供稳定的收益。				
业绩比较基准	同期7天通知存款利率（税后）				
风险收益特征	该基金为货币市场基金，属于风险相对较低的基金产品。在一般情况下，其风险与预期收益均低于一般债券基金，也低于混合型基金与股票型基金。				
合同生效日	2010年5月11日	上市日期	——	上市地点	——
募集概况	首募份额	认购户数	募集日期		
	44.33亿份	9,327户	2010年4月22日至2010年5月6日		
基金费率	认购费率	0.00			
	申购费率	0.00			
	赎回费率	0.00			
	管理费率	0.33%			
	托管费率	0.10%			
基金管理人	东吴基金管理有限公司		基金托管人	中国农业银行股份有限公司	
审计机构	江苏公证天业会计师事务		注册登记人	东吴基金管理有限公司	

基金管理团队

韦　勇先生：基金经理，香港公开大学MBA毕业，15年证券从业经历。曾任贵州证券有限责任公司交易经理、汉唐证券有限责任公司投资经理、恒泰证券股份有限公司投资经理等职。2009年6月加入东吴基金管理公司，现任东吴优信债券、东吴货币基金经理。

东吴新创业股票型证券投资基金

基本资料					
基金简称	东吴新创业股票		交易代码	580007	
投资目标	该基金为股票型基金，主要投资于市场中的创业型股票，包括创业板股票、中小板股票和主板中的中小盘股票。通过精选具有合理价值的高成长创业型股票，追求超越市场的收益。				
业绩比较基准	（中信标普200指数×50%+中信标普小盘指数×50%）×75%+中信标普全债指数×25%				
风险收益特征	该基金是一只进行主动投资的股票型基金，其预期风险和预期收益均高于货币市场基金、债券型基金和混合型基金，在证券投资基金中属于预期风险较高、预期收益较高的基金产品。该基金力争通过资产配置、精选个股等投资策略的实施和积极的风险管理而追求较高收益。				
合同生效日	2010年6月29日	上市日期	——	上市地点	——
募集概况	首募份额	认购户数	募集日期		
	4.34亿份	7,135户	2010年5月24日至2010年6月24日		
基金费率	认购费率	不高于1.20%		申购费率	不高于1.50%
	赎回费率	不高于0.50%			
	管理费率	1.50%		托管费率	0.25%
基金管理人	东吴基金管理有限公司		基金托管人	中国工商银行股份有限公司	
审计机构	江苏公证天业会计师事务所		注册登记人	东吴基金管理有限公司	

基金管理团队

吴圣涛先生：基金经理，经济学硕士，武汉大学毕业。8年证券从业经历。曾担任汉唐证券有限责任公司研究员、投资经理，国泰人寿保险有限责任公司投资经理，华富基金管理有限公司基金经理等职。2009年9月加入东吴基金管理公司，现任东吴新经济股票、东吴新创业股票基金经理。

王少成先生：基金经理，复旦大学硕士毕业，7年证券从业经历。历任上海融昌资产管理公司研究员、中原证券自营部投资经理、信诚基金管理有限公司研究员和研究总监助理等职。2009年6月加入东吴基金管理公司，曾任公司基金经理助理等职；2010年9月起任东吴新创业股票基金经理。

天弘基金管理有限公司

法定名称	天弘基金管理有限公司	英文名称	TianHong Asset Management Co.,Ltd.		
成立时间	2004年11月8日	注册资本	1亿元人民币	公司属性	中 资
法人代表	李 琦	总 经 理	胡 敏	督 察 长	吕传红
公司网址	www.thfund.com.cn	客服电话	400-710-9999　　022-8331 0988		
联系电话	022-8331 0208	传真号码	022-8386 5569		
注册地址	天津市河西区马场道59号天津国际经济贸易中心A座16层				
办公地址	天津市河西区马场道59号天津国际经济贸易中心A座16层				

公司简介

天弘基金管理有限公司经中国证监会证监基金字[2004]164号文批准，于2004年11月8日正式成立。公司注册资本1亿元人民币，注册地为天津。2008年5月24日，经公司股东会决议通过，并经中国证监会核准，乌海市君正能源化工有限责任公司受让公司原股东山西漳泽电力股份有限公司所持有公司26%股权。公司股权结构变更为：天津信托投资有限责任公司出资比例为48%；兵器财务有限责任公司出资比例为26%；乌海市君正能源化工有限责任公司出资比例为26%。

截至2009年12月31日，天弘基金管理有限公司旗下管理着天弘精选混合、天弘永利债券和天弘永定价值成长股票3只开放式基金；管理基金资产规模37.98亿元人民币。

2009年旗下开放式基金业绩表现

截至日期：2009年12月31日

（单位：元；%）

基金类型	基金简称	设立日期	基金份额净值	净值增长率①	累计净值增长率②
股票型	天弘永定价值成长股票	2008-12-02	1.1171	31.27	31.71
混合型	天弘精选混合	2005-10-08	0.6237	34.85	95.09
债券型	天弘永利债券A类	2008-04-18	1.0060	0.57	7.97
	天弘永利债券B类	2008-04-18	1.0602	7.36	7.36

注：①净值增长率指该基金2009年度的份额净值增长率；②累计净值增长率指该基金设立以来的份额净值增长率。

2009年管理公募基金概况

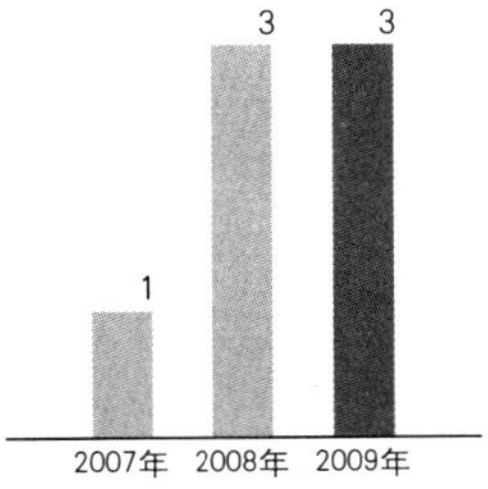

基金数量(只)

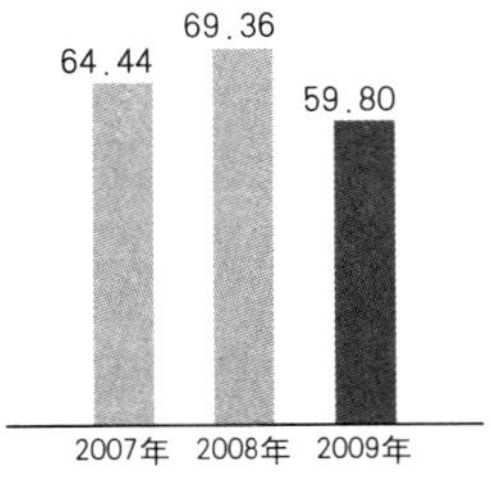

基金份额规模(亿份)

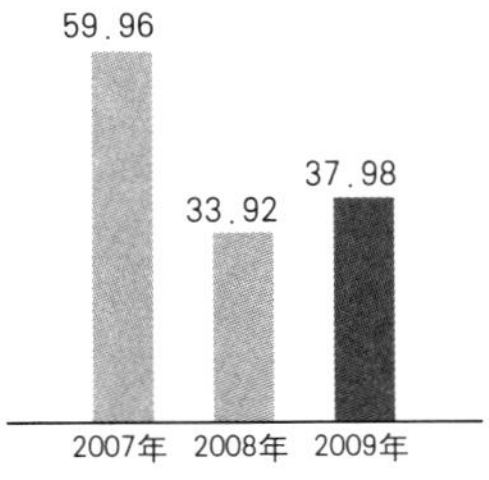

基金资产规模(亿元)

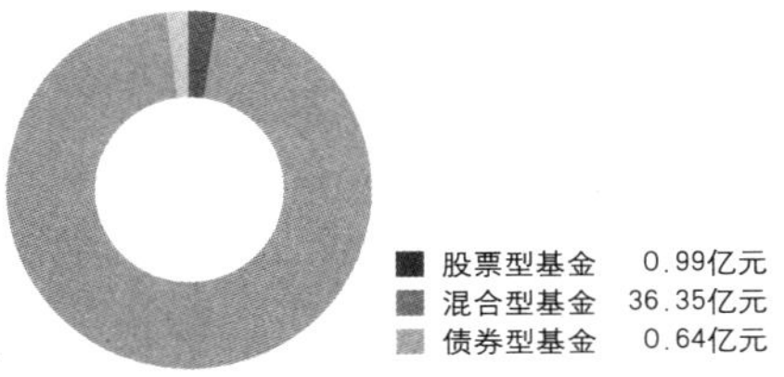

2009年基金资产规模构成

天弘精选混合型证券投资基金

基本资料			
基金简称	天弘精选混合	交易代码	420001
风险收益特征	该基金为主动管理的混合型基金，其长期平均风险程度低于股票型基金，高于货币市场型基金。该基金力争在严格控制风险的前提下，谋求基金资产的长期稳定增长。		
业绩比较基准	上证180指数收益率×55％＋上证国债指数收益率×45％		
合同生效日	2005年10月8日	首募份额	3.39亿份
		认购户数	4,761户
基金管理人	天弘基金管理有限公司	基金托管人	中国工商银行
注册登记人	天弘基金管理有限公司		

财务指标　　单位：人民币（元）；％

项目 ＼ 年度	2009年	2008年	2007年
本期利润	1,044,781,447.51	−3,278,477,077.40	−313,980,122.68
本期加权平均净值利润率	29.11	−77.08	−22.04
期末基金资产净值	3,634,812,121.67	3,061,777,943.39	5,996,471,302.85
期末基金份额净值	0.6237	0.4625	0.9305
本期份额净值增长率	34.85	−50.30	93.62
累计份额净值增长率	95.09	44.67	191.06
基金收益分配	——	——	10派2.600
期末基金份额持有人户数	基金份额持有人户数为353，620户，平均每户持有16,479.54份。（期末截至2009年12月31日）		
期末基金份额持有人结构	机构投资者持有27，207，724.45份，占总份额0.47％；个人投资者持有5,800，286，506.09份，占总份额99.53％。		

成立来累计净值增长率与同期基准收益率历史走势对比图（%）

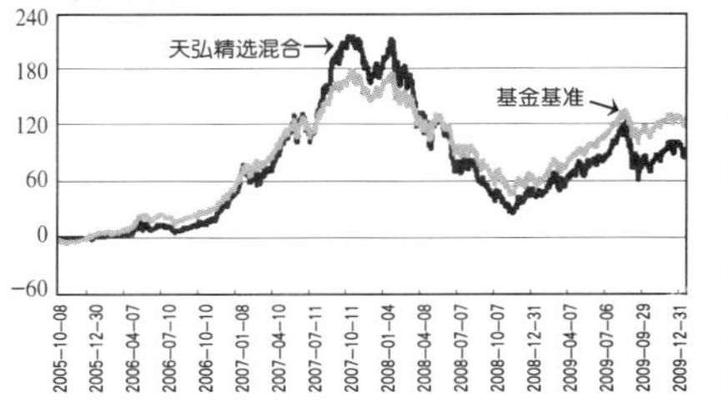

近三年净值增长率与同期基准收益率对比图（%）

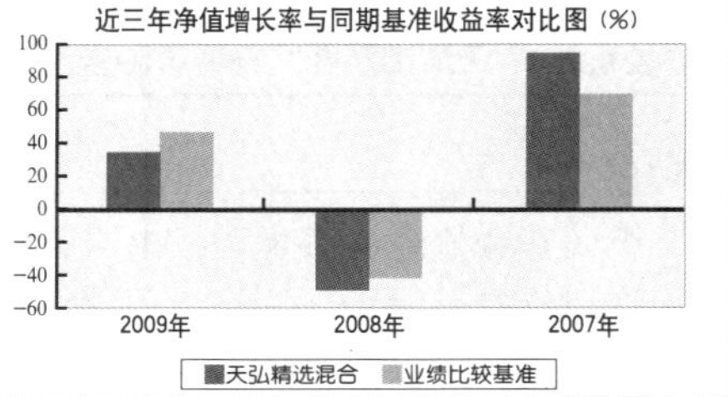

基金业绩表现

截至2009年12月31日，天弘精选混合基金份额净值为0.6237元，全年净值增长率为34.85％；同期业绩基准收益率为45.55％。

基金管理团队

吕宜振先生：基金经理、投资总监，工学博士，9年证券从业经历。历任易方达基金管理公司研究主管、信诚基金管理公司研究总监、信诚精萃成长股票基金经理；2008年10月任天弘基金管理公司投资总监，2009年3月起任天弘精选混合基金经理。

徐正国先生：基金经理，管理学硕士，6年证券从业经历。2004年加入天弘基金管理公司。历任公司交易员、行业研究员、高级研究员、天弘精选混合基金经理助理；2009年3月起任天弘精选混合基金经理。

许利明先生：基金经理、投资部副总经理，经济学硕士，10年证券从业经历。历任北京国际信托投资公司投资银行总部项目经理；湘财证券公司资产管理总部总经理助理；北京鹿苑天闻投资顾问公司首席投资顾问。2007年6月加入天弘基金管理公司，历任投资部研究总监、天弘精选混合基金经理助理；2007年7月至2009年3月任天弘精选混合基金经理。

基金运作分析

2009年，天弘精选混合基金立足于宏观分析，通过资产配置来获取超额收益。由于判断宏观经济能够在宽松的货币政策带动下进入强劲复苏阶段，对证券市场保持相对乐观态度，采取了高仓位的策略，并积极通过行业轮动的配置方法抓住市场的投资机会，在行业配置上由2008年底的防御性行业转换。

季度投资组合一览

项目 ＼ 季度	第一季度		第二季度		第三季度		第四季度	
基金资产净值	3,484,942,431.64元		3,816,295,175.37元		3,311,909,178.88元		3,634,812,121.67元	
基金份额	6,483,361,744.00份		6,253,764,030.46份		6,057,284,065.98份		5,827,494,230.54份	
基金份额净值	0.5375元		0.6102元		0.5468元		0.6237元	
基金资产组合	市值(元)	占总资产比(%)	市值(元)	占总资产比(%)	市值(元)	占总资产比(%)	市值(元)	占总资产比(%)
股票投资	2,650,962,475.57	72.18	3,148,081,230.60	80.51	2,504,656,608.87	75.10	2,828,847,077.18	70.16
债券投资	661,716,000.00	18.02	568,118,000.00	14.53	590,509,136.10	17.70	531,369,000.00	13.18
金融衍生品投资	——	——	——	——	——	——	——	——
买入返售金融资产	——	——	——	——	——	——	——	——
银行存款和结算备付金	342,629,138.84	9.33	175,071,894.37	4.48	147,378,962.85	4.42	657,507,765.02	16.31
其他资产	17,367,007.83	0.47	18,896,569.89	0.48	92,723,605.95	2.78	14,114,503.49	0.35

	第一季度			第二季度			第三季度			第四季度		
投资前五名股票明细	股票名称	公允价值(元)	占净值比(%)	股票名称	公允价值(元)	占净值比(%)	股票名称	公允价值(元)	占净值比(%)	股票名称	公允价值(元)	占净值比(%)
	辽宁成大	98,153,070.53	2.82	深发展A	150,134,604.72	3.93	兴业银行	116,770,907.57	3.53	山西汾酒	160,473,370.32	4.41
	三一重工	90,451,181.25	2.60	浦发银行	129,880,313.28	3.40	北京银行	114,813,914.15	3.47	招商银行	144,400,000.00	3.97
	深发展A	89,278,824.20	2.56	招商银行	114,741,441.00	3.01	山西汾酒	112,178,100.24	3.39	北京银行	116,040,000.00	3.19
	浦发银行	88,338,608.32	2.53	胜利股份	114,594,362.10	3.00	中联重科	100,617,566.00	3.04	中联重科	109,500,539.40	3.01
	兴业银行	84,912,042.18	2.44	金融街	106,881,212.80	2.80	青岛海尔	88,127,245.54	2.66	凌钢股份	104,156,120.04	2.87
投资前五名债券明细	债券名称	公允价值(元)	占净值比(%)	债券名称	公允价值(元)	占净值比(%)	债券名称	公允价值(元)	占净值比(%)	债券名称	公允价值(元)	占净值比(%)
	08央行票据47	106,070,000.00	3.04	08农发13	101,870,000.00	2.67	08农发13	100,820,000.00	3.04	08农发13	100,730,000.00	2.77
	08农发13	101,520,000.00	2.91	09农发04	99,860,000.00	2.62	09农发04	99,770,000.00	3.01	09央行票据44	88,425,000.00	2.43
	09农发04	99,950,000.00	2.87	08央行票据81	96,220,000.00	2.52	09央行票据38	98,290,000.00	2.97	09央行票据38	58,968,000.00	1.62
	08央行票据81	96,960,000.00	2.78	08央行票据95	57,894,000.00	1.52	09央行票据44	78,616,000.00	2.37	08央行票据44	51,440,000.00	1.42
	08兵器装备债	85,336,000.00	2.45	08兵器装备债	42,552,000.00	1.12	08兵器装备债	40,944,000.00	1.24	09农发04	49,945,000.00	1.37

天弘永利债券型证券投资基金

基本资料			
基金简称	天弘永利债券	交易代码	A：420002　B：420102
风险收益特征	该基金为债券型基金，属于较低风险的基金品种，其长期平均风险和预期收益率低于混合型基金，高于货币市场基金。		
业绩比较基准	中信标普全债指数		
合同生效日	2008年4月18日　首募份额　6.85亿份	申购户数	3,874户
基金管理人	天弘基金管理有限公司	基金托管人	兴业银行
注册登记人	天弘基金管理有限公司		

成立来累计净值收益率与同期基准收益率历史走势对比图（%）

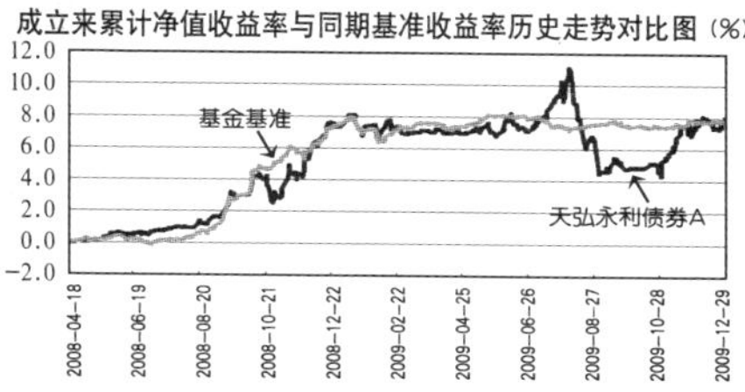

财务指标　单位：人民币（亿元）；%

项目＼年度	2009年		2008年4月18日至2008年12月31日	
	A	B	A	B
本期利润	0.0032	0.1028	0.1028	0.2571
本期加权平均净值利润率	0.40	5.28	5.28	6.69
期末基金资产净值	0.3857	1.4797	1.4797	0.9771
期末基金份额净值	1.0060元	1.0062元	1.0602元	1.0636元
本期份额净值增长率	0.57	7.36	7.36	7.70
累计份额净值增长率	7.97	7.36	7.36	7.70
基金收益分配	10派0.598元	10派0.674元	10派0.130元	10派0.130元

近两年净值增长率与同期基准收益率对比图（%）

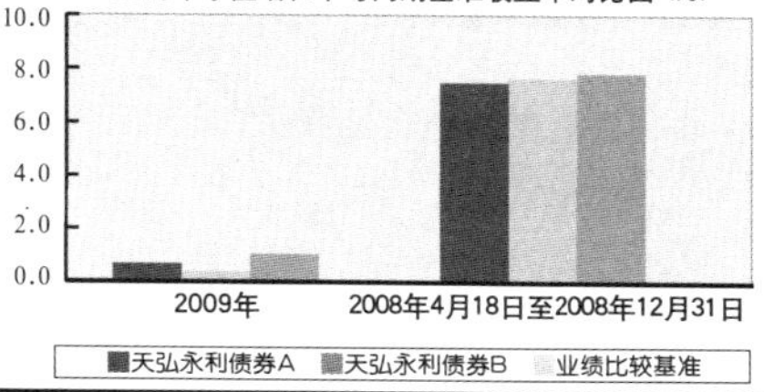

期末基金份额持有人户数	A：基金份额持有人户数为953户，平均每户持有40,231.48份。 B：基金份额持有人户数为163户，平均每户持有154,902.65份。（期末截至2009年12月31日）
期末基金份额持有人结构	A：机构投资者持有5,650,383.63份，占总份额8.89%；个人投资者持有32,690,214.06份，占总份额51.41%。 B：机构投资者持有20,028,416.72份，占总份额31.50%；个人投资者持有5,220,715.09份，占总份额8.21%。

基金业绩表现

2009年天弘永利债券基金A类全年净值增长率为0.57%，B类全年净值增长率为1.01%。

基金管理团队

姚　锦女士：基金经理、研究部主管，管理学博士，6年证券从业经历。2004年加入天弘基金管理公司，历任行业研究员、高级研究员、研究部副主管兼金融工程部副主管、主管；2009年3月起任天弘永利债券基金经理。

朱　虹女士：基金经理助理，经济学硕士，4年证券从业经历。曾任长城人寿保险公司投资管理部债券投资助理。2009年4月加入天弘基金管理公司，2009年7月起任天弘永利债券基金经理。

刘　冬先生：基金经理助理，经济学硕士，4年证券从业经历。曾任长江证券公司宏观策略研究分析师。2008年11月加入天弘基金管理公司，2009年3月起任天弘永利债券基金经理助理。

袁　方女士：基金经理、固定收益部主管，工学硕士，9年证券从业经历。曾就职于湘财证券公司、泰康资产管理公司和北京湍流投资公司。2008年2月加入天弘基金管理公司，2008年4月至2009年6月任天弘永利债券基金经理。

基金运作分析

天弘永利债券基金2009年全年采用低于业绩基准久期的策略，在此基础上重视信用债配置，以保持组合的风险收益平衡。但遗憾的是年初并未参与可转债的确定性行情，未为全年投资打下较好的基础。

季度投资组合一览

项目＼季度	第一季度		第二季度		第三季度		第四季度	
	A	B	A	B	A	B	A	B
基金资产净值	1.0358亿元	0.3212亿元	0.7334亿元	0.2871亿元	0.4975亿元	0.2571亿元	0.3857亿元	0.2541亿元
基金份额	1.0256亿份	0.3178亿份	0.7313亿份	0.2862亿份	0.5075亿份	0.2620亿份	0.3834亿份	0.2525亿份
基金份额净值	1.0099元	1.0107元	1.0029元	1.0031元	0.9803元	0.9814元	1.0060元	1.0062元
基金资产组合	市值(元)	占总资产比(%)	市值(元)	占总资产比(%)	市值(元)	占总资产比(%)	市值(元)	占总资产比(%)
股票投资	——	——	3,212,562.24	3.11	1,160,189.00	1.52	2,192,277.63	3.37
债券投资	106,158,600.00	76.63	83,950,506.97	81.20	61,058,299.16	79.98	53,123,446.00	81.75
资产支持证券投资	——	——	——	——	——	——	——	——
买入返售金融资产	——	——	——	——	——	——	——	——
银行存款和结算备付金	17,855,223.62	12.89	8,732,866.97	8.45	13,651,230.06	17.88	9,170,881.98	14.11
其他资产	14,523,980.07	10.48	7,490,354.61	7.25	474,470.68	0.62	499,626.37	0.77

投资前五名股票明细

股票名称	公允价值(元)	占净值比(%)	股票名称	公允价值(元)	占净值比(%)	股票名称	公允价值(元)	占净值比(%)	股票名称	公允价值(元)	占净值比(%)
			酒钢宏兴	599,319.00	0.59	中联重科	375,230.00	0.50	金龙机电	789,014.60	1.23
			中国国航	596,700.00	0.58	国电电力	360,360.00	0.48	华谊兄弟	366,004.29	0.57
——			五粮液	587,954.00	0.58	东华软件	192,921.00	0.26	众生药业	331,628.22	0.52
			酒鬼酒	551,329.60	0.54	三维通信	71,373.00	0.09	理工监测	281,182.72	0.44
			交通银行	274,480.64	0.27	许继电气	70,680.00	0.09	爱尔眼科	280,892.80	0.44

投资前五名债券明细

债券名称	公允价值(元)	占净值比(%)	债券名称	公允价值(元)	占净值比(%)	债券名称	公允价值(元)	占净值比(%)	债券名称	公允价值(元)	占净值比(%)
08央行票据47	84,856,000.00	62.54	08央行票据92	38,576,000.00	37.8	09农发04	19,954,000.00	26.44	09央行票据40	19,654,000.00	30.72
08兵器装备债	10,667,000.00	7.86	08央票106	19,344,000.00	18.95	09央行票据40	19,658,000.00	26.05	21国债(12)	16,910,495.00	26.43
08央行票据43	9,623,000.00	7.09	09新水电CP01	10,165,000.00	9.96	20国债(4)	5,468,589.70	7.25	20国债(4)	11,480,1[illegible]2.00	17.94
02国债15	1,012,600.00	0.75	08西城投	2,811,112.67	2.75	09长虹债	3,791,758.00	5.03	06马钢债	2,167,713.00	3.39
——			08铁岭债	2,706,500.00	2.65	08康美债	3,350,816.00	4.44	08上港债	2,083,575.00	3.26

天弘永定价值成长股票型证券投资基金

基本资料

基金简称	天弘永定价值成长股票		交易代码	420003	
风险收益特征	该基金为主动投资的股票型基金，属于风险较高，收益较高的证券投资基金产品。该基金的风险与预期收益都高于混合型基金、债券型基金和货币市场基金。				
业绩比较基准	沪深300指数收益率×80%＋上证国债指数收益率×20%				
合同生效日	2008年12月2日	首募份额	2.91亿份	认购户数	12,879户
基金管理人	天弘基金管理有限公司		基金托管人	兴业银行	
注册登记人	天弘基金管理有限公司				

成立来累计净值增长率与同期基准收益率历史走势对比图（%）

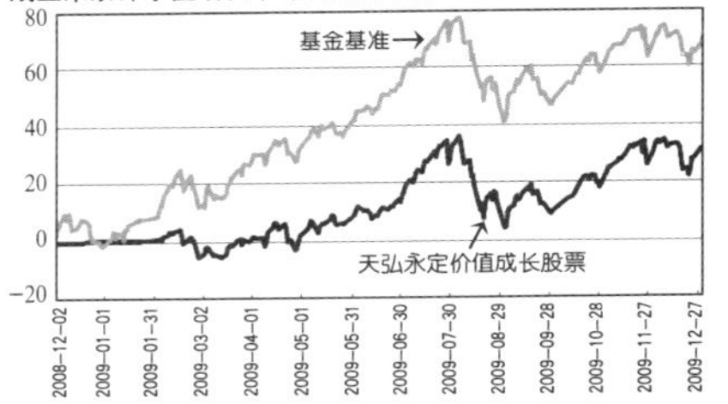

财务指标 单位：人民币（元）；%

项目 \ 年度	2009年	2008年12月2日至2008年12月31日
本期利润	24,004,789.19	412,164.24
本期加权平均净值利润率	21.06	0.17
期末基金资产净值	98,879,194.00	84,638,264.53
期末基金份额净值	1.1171	1.0034
本期份额净值增长率	31.27	0.34
累计份额净值增长率	31.71	0.34
基金收益分配	10派1.900	——

近三年净值增长率与同期基准收益率对比图（%）

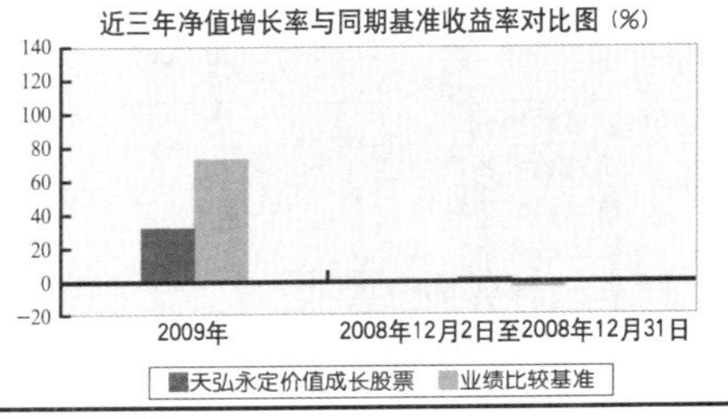

期末基金份额持有人户数	基金份额持有人户数为3,419户，平均每户持有25,888.16份。（期末截至2009年12月31日）
期末基金份额持有人结构	机构投资者持有35,123，298.88份，占总份额39.68%；个人投资者持有53,388，326.27份，占总份额60.32%。

基金业绩表现

2009年天弘永定价值成长股票基金全年净值增长率为31.27%，同期业绩比较基准收益率为73.60%。

基金管理团队

吕宜振先生：基金经理、投资总监，工学博士，9年证券从业经历。历任易方达基金管理公司研究主管；信诚基金管理公司研究总监；信诚精萃成长股票基金经理。2008年10月起任天弘基金管理公司投资总监，2009年4月起任天弘永定价值成长股票基金经理。

马志强先生：基金经理，经济学博士，9年证券从业经历。曾就职于东北证券、北京蓝巢投资管理公司。2004年11月加入天弘基金管理公司，历任研究员、研究主管助理、天弘永利债券基金经理助理；2008年12月起任天弘永定价值成长股票基金经理。

基金运作分析

中国经济在2009年处于从经济危机中快速复苏的周期，一批具有良好成长性的公司脱颖而出。天弘永定价值成长股票基金通过自上而下的行业选择和自下而上的个股分析投资了一些符合投资要求的标的。上半年，该基金主要投资于具有政策取向的行业和个股，年中在宏观经济复苏态势基本确立的前提下，选择了金融、地产、钢铁、资源等板块的轮动投资；四季度则重点投资“消费+中游”的行业和个股。2009年没有进行债券投资。

天弘永定价值成长股票基金在2009年前5个月尚处建仓期内。由于上半年规模不稳定和操作过于谨慎，股票仓位一直较低，基本错失了上半年行情。建仓期结束后该基金规模趋于稳定，操作也更加积极主动，使得下半年基金业绩较大程度地超过业绩基准。

季度投资组合一览

项目 \ 季度	第一季度		第二季度		第三季度		第四季度	
基金资产净值	65,852,719.35元		108,562,332.77元		174,384,199.90元		98,879,194.00元	
基金份额	65,696,928.91份		102,070,220.91份		169,144,555.86份		88,511,625.15份	
基金份额净值	1.0024元		1.0636元		1.0310元		1.1171元	
基金资产组合	市值(元)	占总资产比(%)	市值(元)	占总资产比(%)	市值(元)	占总资产比(%)	市值(元)	占总资产比(%)
股票投资	39,286,787.25	50.83	79,886,213.03	70.45	131,574,462.00	74.28	87,899,487.66	87.73
债券投资	——	——	——	——	518,778.10	0.29	——	——
金融衍生品投资	——	——	——	——	——	——	——	——
买入返售金融资产	——	——	——	——	——	——	——	——
银行存款和结算备付金	27,017,108.08	34.96	32,820,744.98	28.94	41,875,253.05	23.64	9,473,693.08	9.46
其他资产	10,982,997.19	14.21	686,165.10	0.61	3,162,804.73	1.79	2,814,936.83	2.81

投资前五名股票明细	股票名称	公允价值(元)	占净值比(%)	股票名称	公允价值(元)	占净值比(%)	股票名称	公允价值(元)	占净值比(%)	股票名称	公允价值(元)	占净值比(%)
	金风科技	2,606,899.35	3.96	中国石化	2,984,800.00	2.75	青岛海尔	4,394,665.10	2.52	深发展A	3,013,862.27	3.05
	深发展A	2,262,412.02	3.44	酒钢宏兴	2,582,100.00	2.38	中国平安	4,309,500.00	2.47	北京银行	2,966,756.00	3.00
	招商银行	2,230,200.00	3.39	中储股份	2,511,000.00	2.31	南京银行	4,303,895.40	2.47	中国平安	2,945,331.76	2.98
	北京银行	1,545,700.00	2.35	北京银行	2,439,000.00	2.25	宁波银行	4,104,930.48	2.35	宁波银行	2,942,342.70	2.98
	深振业A	1,377,000.00	2.09	民生银行	2,376,000.00	2.19	北京银行	3,824,749.86	2.19	泸州老窖	2,919,020.80	2.95

投资前五名债券明细	债券名称	公允价值(元)	占净值比(%)	债券名称	公允价值(元)	占净值比(%)	债券名称	公允价值(元)	占净值比(%)	债券名称	公允价值(元)	占净值比(%)
							安泰转债	460,959.30	0.26			
							博汇转债	57,818.80	0.03			

天弘周期策略股票型证券投资基金

基本资料					
基金简称	天弘周期策略股票			交易代码	420005
投资目标	该基金通过各类资产的策略性配置和有效的风险管理，追求基金资产的长期稳健增值。				
投资范围	该基金股票投资占基金资产的比例为60%–95%；除股票资产以外的其他资产投资占基金资产的比例为5%–40%，其中，权证投资占基金资产净值的比例为0–3%；现金及到期日在一年以内的政府债券不低于基金资产净值的5%。如法律法规或监管机构以后允许基金投资其他品种，基金管理人在履行适当程序后，可以将其纳入投资范围。				
业绩比较基准	沪深300指数收益率×75% ＋ 中债总全价指数收益率×25%				
风险收益特征	该基金为主动投资的股票型基金，属于证券投资基金产品中高风险、高收益的基金品种，其风险收益预期高于货币市场基金、债券型基金和混合型基金。				
合同生效日	2009年12月17日	上市日期	——	上市地点	——
募集概况	首募份额	认购户数	募集日期		
	6.99亿份	7,454户	2009年11月16日至2009年12月15日		
基金费率	认购费率	认购金额 100万元以下 100万元–500万元 500万元–1,000万元 1,000万元以上	认购费率 1.20% 0.80% 0.20% 每笔1,000元		
	申购费率	申购金额 100万元以下 100万元–500万元 500万元–1000万元 1,000万元以上	申购费率 1.50% 1.00% 0.30% 每笔1,000元		
	赎回费率	持有期限 持有一年以内 持有一年以上，两年以内 持有两年以上	赎回费率 0.50% 0.25% 0.00		
	管理费率	1.50%			
	托管费率	0.25%			
基金管理人	天弘基金管理有限公司		基金托管人	中国工商银行	
审计机构	普华永道中天会计师事务所		注册登记人	天弘基金管理有限公司	

基金管理团队

吕宜振先生：基金经理，公司投资总监，工学博士，9年证券从业经历。历任易方达基金管理公司研究主管；信诚基金管理公司研究总监；信诚精粹成长股票基金经理。2008年加入天弘基金管理有限公司，历任天弘永定价值成长股票经理；2010年4月起任天弘周期策略股票基金经理。

姚　锦女士：基金经理，公司研究部主管，管理学博士，6年证券从业经历。2004年加入天弘基金管理有限公司，历任公司行业研究员、高级研究员、研究部副主管兼金融工程部副主管、金融工程部主管。2009年12月起任天弘周期策略股票基金经理。

国海富兰克林基金管理有限公司

法定名称	国海富兰克林基金管理有限公司	英文名称	Franklin Templeton Sealand Fund Management Co.,Ltd.		
成立时间	2004年11月15日	注册资本	2.2亿元人民币	公司属性	中外合资
法人代表	吴显玲	总 经 理	金哲非	督 察 长	李 彪
公司网址	www.ftsfund.com	客服电话	400-700-4518		
联系电话	021-3855 5555	传真号码	021-6888 3050		
注册地址	广西南宁市琅东滨湖路46号	办公地址	上海浦东富城路99号震旦国际大楼18层		

公司简介

国海富兰克林基金管理有限公司（以下简称"公司"）成立于2004年11月，由国海证券有限责任公司和富兰克林邓普顿基金集团全资子公司邓普顿国际股份有限公司共同出资组建，注册资本为人民币1亿元。2005 年底，经中国证监会批准，股东出资在现有股东之间进行了转让，转让后国海证券有限责任公司出资比例为51%，邓普顿国际股份有限公司为49%，公司注册资本保持不变。2006年8月，经公司股东会2006年第二次临时会议决议，公司注册资本由人民币1亿元增加至人民币1.5亿元。该项增资扩股申请已于2006年11月获中国证监会批准，增资后双方股东出资比例保持不变，相关工商注册变更手续已于2007年1月初办理完毕并公告。2007年12月，经国海富兰克林基金管理有限公司股东会审议通过，国海富兰克林基金管理有限公司的注册资本由人民币1.5亿元增加至人民币2.2亿元，增资后原股东持股比例保持不变，已经中国证监会批准，相关工商注册变更登记手续已完成。

截至2009年12月31日，国海富兰克林基金管理有限公司共管理7只开放式基金。

2009年旗下开放式基金业绩表现

截至日期：2009年12月31日

（单位：元；%）

基金类型	基金简称	设立日期	基金份额净值	净值增长率①	累计净值增长率②
股票型	国富弹性市值股票	2006-06-14	1.5075	65.43	269.67
	国富潜力组合股票	2007-03-22	1.2454	62.40	54.56
	国富深化价值股票	2008-07-03	1.4406	80.13	66.01
	国富成长动力股票	2009-03-25	1.2307	23.07	23.07
	国富沪深300指数增强	2009-09-03	1.155	15.50	15.50
混合型	国富中国收益混合	2005-06-01	0.8209	53.38	144.58
债券型	国富强化收益债券A类	2008-10-24	1.0453	2.23	5.55
	国富强化收益债券C类	2008-10-24	1.0432	2.02	2.15

注：①净值增长率指该基金2009年度的份额净值增长率；②累计净值增长率指该基金设立以来的份额净值增长率。

2009年管理公募基金概况

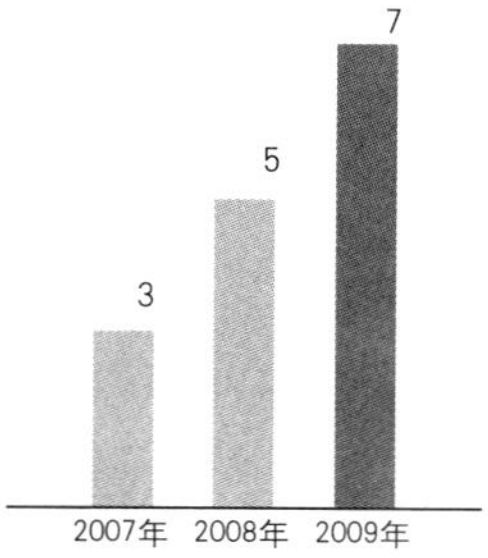

基金数量（只）

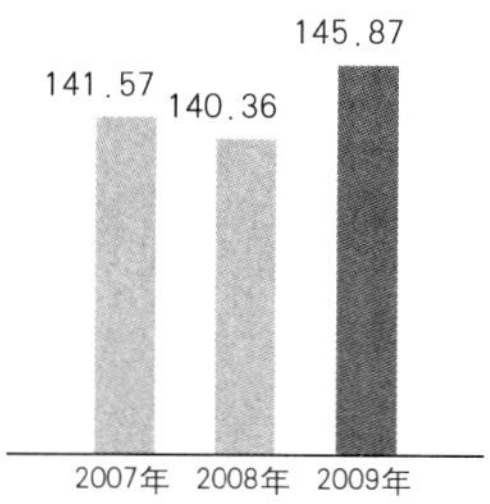

基金份额规模（亿份）

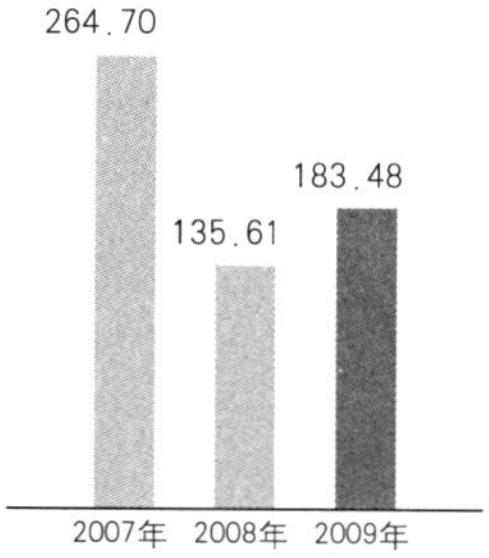

基金资产规模（亿元）

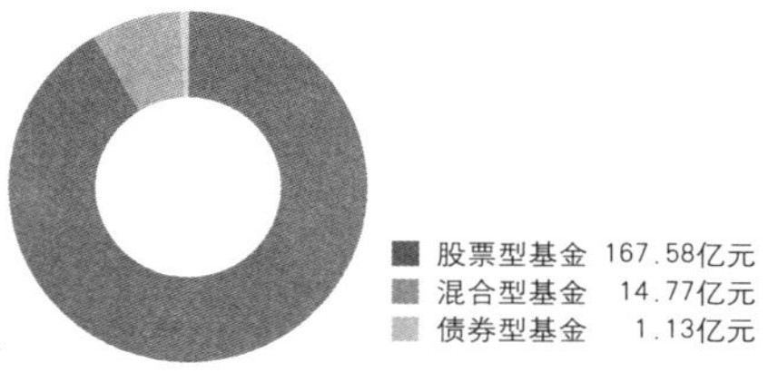

2009年基金资产规模构成

富兰克林国海中国收益证券投资基金

基本资料						
基金简称	国富中国收益混合		交易代码	450001		
风险收益特征	该基金属于收益稳定、风险较低的基金品种，风险系数介于股票和债券之间。					
业绩比较基准	40%×新华富时A200指数+55%×汇丰中国国债指数+5%×同业存款息率					
合同生效日	2005年6月1日	首募份额	6.72亿份	认购户数	11,391户	
基金管理人	国海富兰克林基金管理有限公司		基金托管人	中国工商银行		
注册登记人	国海富兰克林基金管理有限公司					

成立来累计净值增长率与同期基准收益率历史走势对比图（%）

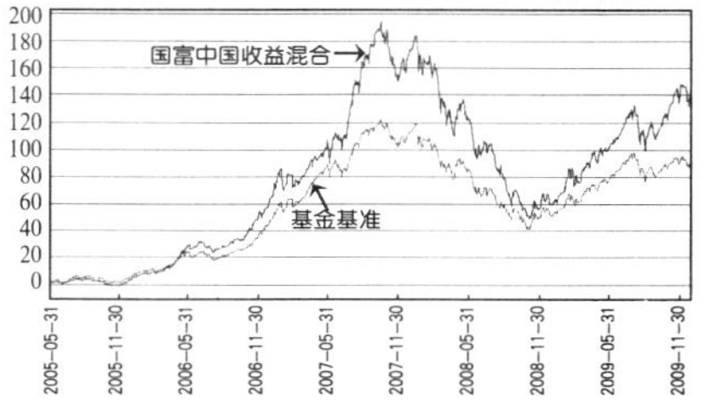

近三年净值增长率与同期基准收益率对比图（%）

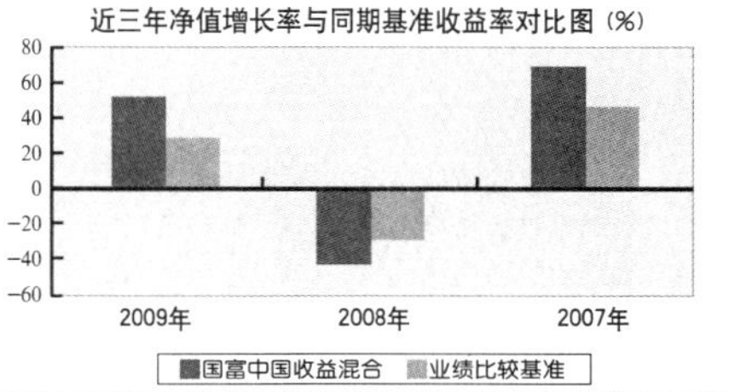

财务指标　单位：人民币（元）；%

项目 ＼ 年度	2009年	2008年	2007年
本期利润	544,159,112.82	−807,232,460.44	963,769,168.13
本期加权平均净值利润率	41.46	−53.78	52.98
期末基金资产净值	1,477,161,093.08	1,083,250,621.25	2,300,939,076.07
期末基金份额净值	0.8209	0.6580	1.2955
本期份额净值增长率	53.38	−41.58	66.02
累计份额净值增长率	144.58	59.46	172.96
基金收益分配	10派1.500	10派1.000	10派1.000

期末基金份额持有人户数	基金份额持有人户数为52,144户，平均每户持有34,507.66份。（期末截至2009年12月31日）
期末基金份额持有人结构	机构投资者持有657,854,889.01份，占总份额36.56%；个人投资者持有1,141,512,493.80份，占总份额63.44%。

基金业绩表现

截至2009年12月31日，国富中国收益混合基金份额净值为0.8209元，全年净值增长率为53.38%；同期业绩基准收益率为28.12%。

基金管理团队

黄　林先生：基金经理，中国人民大学国际企业管理专业学士，中央财经大学金融学硕士，6年证券从业经历。历任湘财荷银基金研究部行业研究员，国海富兰克林基金研究部行业研究员，从事石化、钢铁、有色、建材、地产、纺织服装以及造纸等行业的研究工作；2007年3月起任国富中国收益混合基金经理。

基金运作分析

2009年在全球经济体共同的经济刺激计划的强劲推动下，股市强劲反弹。国富中国收益混合基金基本上在全年内坚持高股票仓位的策略。在行业配置的选择上，采用哑铃式的投资策略，更多地配置在上游周期性行业和下游消费品行业中。从全年来看，虽然该基金的最高可配置股票仓位水平在同业中偏低，但整体基金的表现仍稳定在前二分之一的水平。

总体来看，2009年债券市场全年呈震荡下行的格局。从持有收益来看，利率产品全年投资收益为负，受益于高票息对收益率曲线上升的保护作用，大量信用产品仍提供了正的持有收益。2009年初，债市快速下跌。国富中国收益混合基金判断市场趋势转变后，减持了中长期债券，降低久期，使基金在全年债市弱势中避免了更大的损失。一季度开始，该基金增持了信用债券和可转换债券，取得较好的投资收益。

季度投资组合一览

项目 ＼ 季度	第一季度			第二季度			第三季度			第四季度		
基金资产净值	1,273,494,055.02元			1,402,448,969.75元			1,319,720,670.75元			1,477,161,093.08元		
基金份额	1,630,175,367.60份			1,971,384,938.01份			1,880,744,422.35份			1,799,367,382.81份		
基金份额净值	0.7812元			0.7114元			0.7017元			0.8209元		
基金资产组合	市值(元)		占总资产比(%)	市值(元)		占总资产比(%)	市值(元)		占总资产比(%)	市值(元)		占总资产比(%)
股票投资	753,300,774.61		58.87	772,818,881.50		54.77	804,120,950.31		60.70	958,626,144.49		63.77
债券投资	460,886,685.75		36.02	516,490,370.00		36.60	476,824,143.50		36.00	517,328,066.92		34.41
金融衍生品投资	——		——	——		——	——		——	——		——
买入返售金融资产	——		——	——		——	——		——	——		——
银行存款和结算备付金	55,127,832.64		4.31	108,794,953.72		7.71	34,653,761.16		2.62	5,129,478.58		0.34
其他资产	10,194,689.74		0.80	12,960,051.20		0.92	9,094,847.68		0.69	22,158,964.43		1.47
投资前五名股票明细	股票名称	公允价值(元)	占净值比(%)	股票名称	公允价值(元)	占净值比(%)	股票名称	公允价值(元)	占净值比(%)	股票名称	公允价值(元)	占净值比(%)
	广电运通	29,562,840.00	2.32	华侨城A	37,620,000.00	2.68	双汇发展	33,488,000.00	2.54	西山煤电	53,934,909.99	3.65
	横店东磁	27,973,134.00	2.20	格力电器	31,350,000.00	2.24	西山煤电	31,310,000.00	2.37	泸州老窖	38,867,989.76	2.63
	合加资源	27,672,244.55	2.17	西山煤电	29,900,000.00	2.13	中国神华	30,360,000.00	2.30	中国神华	34,820,000.00	2.36
	华侨城A	26,360,000.00	2.07	泸州老窖	28,573,547.80	2.04	泸州老窖	29,270,463.60	2.22	天地科技	34,750,000.00	2.35
	格力电器	26,010,000.00	2.04	双汇发展	26,562,312.00	1.89	中国银行	27,218,829.30	2.06	山东黄金	32,120,000.00	2.17
投资前五名债券明细	债券名称	公允价值(元)	占净值比(%)	债券名称	公允价值(元)	占净值比(%)	债券名称	公允价值(元)	占净值比(%)	债券名称	公允价值(元)	占净值比(%)
	08国开15	76,279,000.00	5.99	07进出10	61,596,000.00	4.39	08央票110	67,403,000.00	5.11	09央票65	104,653,500.00	7.08
	07进出10	62,136,000.00	4.88	08央票14	52,255,000.00	3.73	07进出10	61,104,000.00	4.63	07进出10	60,756,000.00	4.11
	08进出09	50,925,000.00	4.00	08进出08	52,160,000.00	3.72	08央票47	51,840,000.00	3.93	08央票47	51,455,000.00	3.48
	08央票110	39,068,000.00	3.07	08央票110	38,784,000.00	2.77	08央票14	51,675,000.00	3.92	08央票14	51,300,000.00	3.47
	08万科G1	32,042,009.00	2.52	08万科G1	31,921,437.00	2.28	08万科G1	31,047,290.00	2.35	09央票61	39,868,000.00	2.70

富兰克林国海弹性市值股票型证券投资基金

基本资料					
基金简称	国富弹性市值股票	交易代码	450002		
风险收益特征	该基金属于中高风险的基金品种，其风险与预期收益都高于混合型基金。				
业绩比较基准	70%×MSCI中国A股指数+25%×新华巴克莱资本中国国债指数+5%×同业存款利率				
合同生效日	2006年6月14日	首募份额	29.13亿份	认购户数	93,747户
基金管理人	国海富兰克林基金管理有限公司	基金托管人	中国农业银行		
注册登记人	国海富兰克林基金管理有限公司				

成立来累计净值增长率与同期基准收益率历史走势对比图（%）

财务指标　单位：人民币（元）；%

项目 \ 年度	2009年	2008年	2007年
本期利润	2,584,688,921.95	-4,475,645,467.99	5,032,962,193.06
本期加权平均净值利润率	49.20	-60.34	79.54
期末基金资产净值	5,481,521,886.87	4,586,270,742.28	9,602,439,444.20
期末基金份额净值	1.5075	1.1111	2.3185
本期份额净值增长率	65.43	-43.68	164.34
累计份额净值增长率	269.67	123.46	296.73
基金收益分配	10派2.500	10派2.000	10派7.100

近三年净值增长率与同期基准收益率对比图（%）

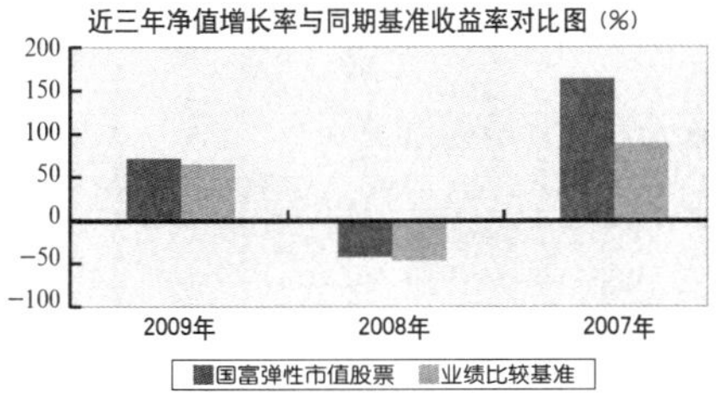

期末基金份额持有人户数	基金份额持有人户数为161,555户，平均每户持有22,506.61份。（期末截至2009年12月31日）
期末基金份额持有人结构	机构投资者持有297,710,428.31份，占总份额8.19%；个人投资者持有3,338,345,371.42份，占总份额91.81%。

基金业绩表现

截至2009年12月31日，国富弹性市值股票基金份额净值为1.5075元，全年净值增长率为65.43%；同期业绩基准收益率为60.24%。

基金管理团队

张晓东先生：基金经理，美国多米尼克学院亚太政治及经济分析硕士和上海交通大学应用数学学士，17年证券从业经历。曾就职于美国旧金山纽堡(Newport)太平洋投资管理公司；曾在香港中信资本资产管理部任董事期间创立并管理中信资本大中华基金。2004年10月加入国海富兰克林基金公司，现任国富弹性市值股票与国富深化价值股票的基金经理。

刘伟亭先生：基金经理助理，复旦大学工学硕士，4年证券从业经历。曾任长江巴黎百富勤证券公司分析员、交易员；2009年5月起任国富弹性市值股票基金经理助理。

杨　锋先生：基金经理助理，硕士，6年证券从业经历。曾就职于海通证券研究所、中信基金公司、华泰柏瑞基金公司；2007年11月至2009年5月任国富弹性市值股票基金经理助理。

基金运作分析

国富弹性市值股票基金在2009年上半年的仓位与同行相比偏低，且在银行，煤炭，汽车，地产和有色这些强周期行业的配置偏低；三季度开始，市场在估值偏高和银监会提高各银行资本充足率的要求下向下调整，国富弹性市值股票基金因向来注重估值风险的控制而业绩反弹。在未来的投资中，基金经理将考虑流动性对股市估值的影响，力求抓住政策导向或基本面推动导致流动性大增的整体投资机会。

季度投资组合一览

项目 \ 季度	第一季度		第二季度		第三季度		第四季度	
基金资产净值	5,262,754,835.38元		5,391,132,359.44元		5,080,326,084.05元		5,481,521,886.87元	
基金份额	3,934,038,036.45份		4,333,307,939.42份		3,998,969,896.77份		3,636,055,799.73份	
基金份额净值	1.3377元		1.2441元		1.2704元		1.5075元	
基金资产组合	市值(元)	占总资产比(%)	市值(元)	占总资产比(%)	市值(元)	占总资产比(%)	市值(元)	占总资产比(%)
股票投资	3,495,666,369.93	65.94	4,873,333,414.92	89.54	4,291,587,692.55	84.20	4,825,838,949.86	87.59
债券投资	706,161,500.00	13.32	319,223,986.00	5.87	72,378,274.50	1.42	80,289,726.00	1.46
金融衍生品投资	——	——	——	——	——	——	——	——
买入返售金融资产	——	——	——	——	——	——	——	——
银行存款和结算备付金	1,057,078,138.16	19.94	236,302,450.38	4.34	727,048,074.74	14.26	539,737,026.09	9.80
其他资产	42,277,502.84	0.80	13,728,024.76	0.25	5,928,534.83	0.12	63,587,340.88	1.15

投资前五名股票明细	股票名称	公允价值(元)	占净值比(%)	股票名称	公允价值(元)	占净值比(%)	股票名称	公允价值(元)	占净值比(%)	股票名称	公允价值(元)	占净值比(%)
	长江电力	367,453,674.00	6.98	大商股份	338,846,285.70	6.29	华东医药	325,052,651.00	6.40	华东医药	363,439,412.80	6.63
	盐湖钾肥	355,338,574.10	6.75	盐湖钾肥	290,489,540.52	5.39	盐湖钾肥	261,461,659.34	5.15	大商股份	311,898,435.05	5.69
	东软集团	292,689,082.32	5.56	振华重工	280,004,608.00	5.19	中信证券	241,039,852.39	4.74	盐湖钾肥	300,235,743.82	5.48
	振华港机	224,547,286.32	4.27	中信证券	272,362,504.14	5.05	福耀玻璃	230,285,028.71	4.53	福星股份	291,963,380.67	5.33
	中信证券	222,295,512.33	4.22	华东医药	271,651,144.05	5.04	东软集团	226,661,671.83	4.46	恒瑞医药	278,768,437.50	5.09

投资前五名债券明细	债券名称	公允价值(元)	占净值比(%)	债券名称	公允价值(元)	占净值比(%)	债券名称	公允价值(元)	占净值比(%)	债券名称	公允价值(元)	占净值比(%)
	08国开19	102,540,000.00	1.95	08央行票据104	96,650,000.00	1.79	07国开22	50,470,000.00	0.99	07国开22	50,130,000.00	0.91
	08国开17	99,690,000.00	1.89	08联想债	52,840,000.00	0.98	09宇通债	14,787,000.00	0.29	09南钢联	14,255,272.50	0.26
	08央行票据104	97,390,000.00	1.85	07国开22	50,905,000.00	0.94	21国债(10)	6,078,254.00	0.12	09宇通债	9,854,000.00	0.18
	08联想债	53,155,000.00	1.01	04国开14	50,260,000.00	0.93	博汇转债	590,418.90	0.01	21国债(10)	6,050,453.50	0.11
	07国开22	51,345,000.00	0.98	08国开23	29,850,000.00	0.55	安泰转债	452,601.60	0.01	——		

富兰克林国海潜力组合股票型证券投资基金

基本资料					
基金简称	国富潜力组合股票	交易代码	450003		
风险收益特征	该基金是一只主动型投资的股票型基金，属于中高等级风险的基金品种，其风险与预期收益都高于混合型基金。				
业绩比较基准	85%×MSCI中国A股指数+10%×新华巴克莱资本中国国债指数+5%×同业存款息率				
合同生效日	2007年3月22日	首募份额	87.57亿份	认购户数	251,360户
基金管理人	国海富兰克林基金管理有限公司	基金托管人	中国银行		
注册登记人	国海富兰克林基金管理有限公司				

成立来累计净值增长率与同期基准收益率历史走势对比图（%）

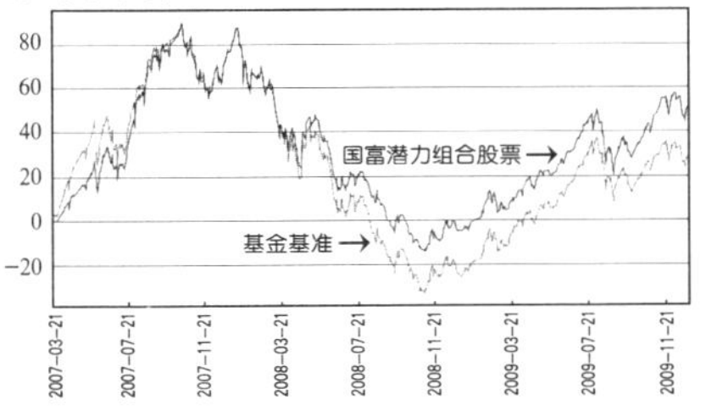

财务指标　　单位：人民币（元）；%

项目 \ 年度	2009年	2008年	2007.3.22至2007.12.31
本期利润	3,388,448,170.74	−5,954,649,350.06	7,080,178,884.67
本期加权平均净值利润率	48.40	−66.96	52.27
期末基金资产净值	7,371,921,795.68	6,105,793,394.43	14,566,821,861.01
期末基金份额净值	1.2454	0.9517	1.7679
本期份额净值增长率	62.40	−46.17	76.79
累计份额净值增长率	54.56	−4.83	76.79
基金收益分配	10派2.500	——	——

近三年净值增长率与同期基准收益率对比图（%）

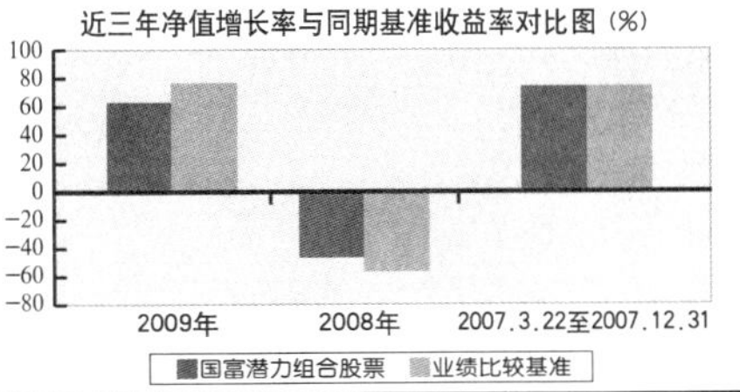

期末基金份额持有人户数	基金份额持有人户数为217,171户，平均每户持有27,256.78份。（期末截至2009年12月31日）
期末基金份额持有人结构	机构投资者持有673,336,736.92份，占总份额11.38%；个人投资者持有5,246,046,456.38份，占总份额88.62%。

基金业绩表现

2009年国富潜力组合股票基金全年净值增长率为62.40%；同期业绩基准收益率为77.11%。

基金管理团队

朱国庆先生：基金经理，权益类投资团队负责人；CFA，注册会计师，复旦大学应用数学学士，复旦大学应用经济学硕士；11年证券从业务经历。曾任上海浦发银行社会保险基金部投资经理，大鹏证券投资银行部项目经理，平安证券销售交易部门负责人，国海富兰克林基金管理公司筹备组成员及行业研究员。2007年3月起任国富潜力组合股票基金经理。

王晓宁先生：基金经理助理，中央财经大学学士学位，6年证券从业务经历。曾任万家基金管理公司研究员、研究总监助理、基金经理助理；2009年7月起任国富潜力组合股票基金经理助理。

欧宝林先生：基金经理助理，新加坡国立大学理学硕士学位，中国科技大学经济学学士，5年证券从业经历。曾任新加坡管理大学Wharton–SMU研究中心研究员，中德安联人寿保险有限公司投资科经理。2008年3月至2009年7月任国富潜力组合股票基金经理助理。

基金运作分析

2009年，国富潜力组合股票基金一贯坚持个股基本面、注重估值和投资风险的稳健型投资风格，但由于低估了政府应对金融危机而采取的高强度经济刺激政策对于股票市场流动性和投资者预期的巨大影响力，该基金在强周期行业的配置比例较低，这是导致基金业绩在2009年度低于业绩基准的主要原因。不过，该基金在业绩压力下仍然坚持自己的投资风格，在8月份以来大盘震荡调整中业绩表现明显好于市场。

季度投资组合一览

项目 \ 季度	第一季度		第二季度		第三季度		第四季度	
基金资产净值	6,764,910,190.18元		7,592,723,571.73元		6,466,231,327.00元		7,371,921,795.68元	
基金份额	6,078,313,056.68份		6,286,254,836.89份		6,214,318,865.07份		5,919,383,193.30份	
基金份额净值	1.1130元		1.2078元		1.0405元		1.2454元	
基金资产组合	市值(元)	占总资产比(%)	市值(元)	占总资产比(%)	市值(元)	占总资产比(%)	市值(元)	占总资产比(%)
股票投资	5,331,757,278.16	78.41	6,544,084,277.84	85.72	5,866,632,360.26	90.39	6,430,544,384.83	86.89
债券投资	844,866,854.20	12.42	367,963,127.80	4.82	348,092,374.30	5.36	357,200,900.00	4.83
金融衍生品投资	——	——	——	——	——	——	——	——
买入返售金融资产	——	——	——	——	——	——	——	——
银行存款和结算备付金	598,144,912.93	8.80	425,386,295.08	5.57	260,152,563.20	4.01	609,262,764.74	8.23
其他资产	25,391,848.07	0.37	296,461,008.03	3.88	15,679,591.30	0.24	3,616,993.54	0.05

投资前五名股票明细	股票名称	公允价值(元)	占净值比(%)	股票名称	公允价值(元)	占净值比(%)	股票名称	公允价值(元)	占净值比(%)	股票名称	公允价值(元)	占净值比(%)
	民生银行	297,353,075.60	4.40	民生银行	463,589,834.40	6.11	民生银行	394,519,631.80	6.10	民生银行	463,004,493.70	6.28
	中信证券	251,195,073.30	3.71	招商银行	347,776,195.95	4.58	恒瑞医药	347,462,139.12	5.37	恒瑞医药	436,197,090.00	5.92
	建设银行	247,988,963.60	3.67	华侨城A	320,359,003.80	4.22	招商银行	315,961,430.52	4.89	招商银行	385,866,293.70	5.23
	双汇发展	244,517,179.13	3.61	恒瑞医药	290,050,293.56	3.82	中国平安	289,835,169.00	4.48	双汇发展	322,017,250.50	4.37
	张江高科	228,500,472.44	3.38	双汇发展	269,275,572.00	3.55	双汇发展	253,853,900.30	3.93	中国平安	314,931,350.30	4.27
投资前五名债券明细	债券名称	公允价值(元)	占净值比(%)	债券名称	公允价值(元)	占净值比(%)	债券名称	公允价值(元)	占净值比(%)	债券名称	公允价值(元)	占净值比(%)
	08央行票据101	292,020,000.00	4.32	99国债(8)	172,672,304.00	2.27	09央行票据43	308,977,000.00	4.78	09央行票据67	318,944,000.00	4.33
	99国债(8)	173,632,547.20	2.57	08央行票据101	144,885,000.00	1.91	09国药债	28,758,000.00	0.44	09国药债	28,941,000.00	0.39
	08国开14	110,100,000.00	1.63	09国药债	29,616,000.00	0.39	08宁沪债	9,360,000.00	0.14	08宁沪债	9,315,900.00	0.13
	21国债(10)	41,140,000.00	0.61	21国债(12)	10,270,000.00	0.14	博汇转债	997,374.30	0.02			
	08合肥建投债	38,720,000.00	0.57	08宁沪债	9,495,000.00	0.13						

富兰克林国海深化价值股票型证券投资基金

基本资料					
基金简称	国富深化价值股票	交易代码	450004		
风险收益特征	该基金为价值型股票基金，具有较高风险和较高收益的特征，其预期的收益和风险都高于混合型基金、债券基金和货币市场基金。				
业绩比较基准	85%×沪深300指数+15%×中债国债总指数（全价）				
合同生效日	2008年7月3日	首募份额	7.59亿份	认购户数	21,735户
基金管理人	国海富兰克林基金管理有限公司	基金托管人	中国农业银行		
注册登记人	国海富兰克林基金管理有限公司				

成立来累计净值增长率与同期基准收益率历史走势对比图（%）

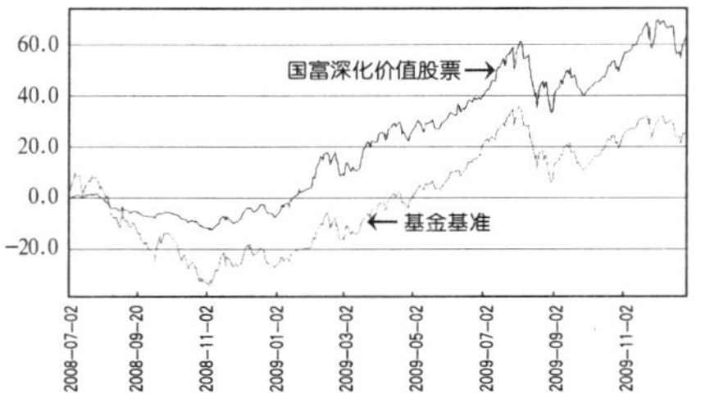

财务指标　　单位：人民币（元）；%

项目＼年度	2009年	2008年7月3日至2008年12月31日
本期利润	732,791,701.86	-74,258,204.78
本期加权平均净值利润率	56.08	-8.15
期末基金资产净值	1,327,308,855.04	1,006,765,177.63
期末基金份额净值	1.4406	0.9216
本期份额净值增长率	80.13	-7.84
累计份额净值增长率	66.01	-7.84
基金收益分配	10派2.000	——

近两年净值增长率与同期基准收益率对比图（%）

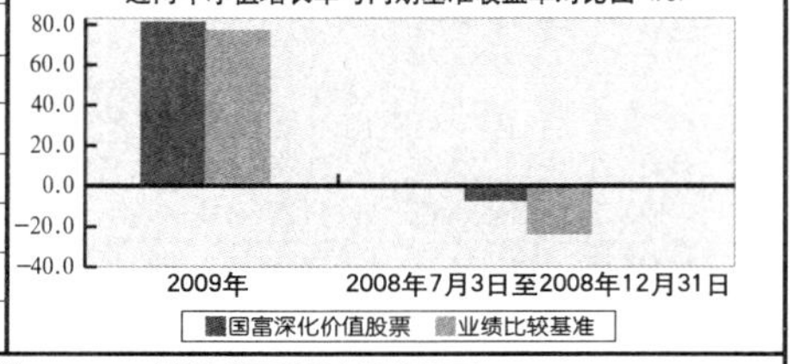

期末基金份额持有人户数	基金份额持有人户数为14,362户，平均每户持有64,150.69份。（期末截至2009年12月31日）
期末基金份额持有人结构	机构投资者持有713,883,752.82份，占总份额77.48%；个人投资者持有207,448,390.38份，占总份额22.52%。

基金业绩表现

2009年国富深化价值股票基金全年净值增长率为56.08%；同期业绩基准收益率为78.18%。

基金管理团队

张晓东先生：基金经理，美国多米尼克学院亚太政治及经济分析硕士和上海交通大学应用数学学士，17年证券从业经历。曾就职于美国旧金山纽堡(Newport)太平洋投资管理公司；曾在香港中信资本资产管理部任董事期间创立并管理中信资本大中华基金。2004年10月加入国海富兰克林基金公司，现任国富弹性市值股票与国富深化价值股票的基金经理。

刘伟亭先生：基金经理助理，复旦大学工学硕士，4年证券从业经历。2009年5月起任国富深化价值股票基金经理助理。

杨　锋先生：基金经理助理，硕士，6年证券从业经历。曾就职于海通证券研究所、中信基金公司、华泰柏瑞基金公司；2008年7月至2009年5月任国富深化价值股票基金经理助理。

基金运作分析

2009年股市不俗的表现主要靠国内基建投资和房地产及汽车消费拉动。国富深化价值股票基金在年初时较多配置了强周期行业的股票而获益。三季度开始，市场在估值偏高和银监会提高各银行资本充足率的要求下向下调整，国富深化价值股票基金因其较为防御的配置在同类股票型基金中下跌较少。

季度投资组合一览

项目＼季度	第一季度		第二季度		第三季度		第四季度	
基金资产净值	1,425,243,227.18元		1,099,509,557.60元		1,312,960,325.61元		1,327,308,855.04元	
基金份额	1,165,009,979.83份		793,422,538.25份		932,180,842.63份		921,332,143.20份	
基金份额净值	1.2234元		1.3858元		1.4085元		1.4406元	
基金资产组合	市值(元)	占总资产比(%)	市值(元)	占总资产比(%)	市值(元)	占总资产比(%)	市值(元)	占总资产比(%)
股票投资	1,091,016,873.00	70.14	1,018,005,060.61	91.74	1,027,659,108.09	71.05	1,164,618,702.40	87.47
债券投资	192,336,220.00	12.36	15,852,000.00	1.43	——	——	15,246,000.00	1.15
金融衍生品投资	——	——	——	——	——	——	——	——
买入返售金融资产	——	——	——	——	——	——	——	——
银行存款和结算备付金	242,787,629.59	15.61	73,688,891.04	6.64	208,135,379.03	14.39	134,696,349.95	10.12
其他资产	29,379,157.77	1.89	2,072,745.72	0.19	210,634,766.93	14.56	16,876,475.83	1.27

投资前五名股票明细	股票名称	公允价值(元)	占净值比(%)	股票名称	公允价值(元)	占净值比(%)	股票名称	公允价值(元)	占净值比(%)	股票名称	公允价值(元)	占净值比(%)
	南山铝业	89,347,469.25	6.27	大商股份	71,740,519.62	6.52	盐湖钾肥	65,810,918.53	5.01	华东医药	72,263,700.00	5.44
	盐湖钾肥	79,747,946.19	5.60	盐湖钾肥	69,808,949.34	6.35	华东医药	64,612,455.60	4.92	东软集团	71,251,526.08	5.37
	东软集团	79,265,543.58	5.56	华侨城A	67,983,854.40	6.18	中信证券	58,738,486.00	4.47	中国神华	65,798,030.84	4.96
	华侨城A	74,784,242.60	5.25	工商银行	60,464,436.00	5.50	东软集团	58,050,153.48	4.42	大商股份	65,320,929.94	4.92
	岳阳纸业	74,051,548.23	5.20	中信证券	56,197,836.00	5.11	中国神华	57,370,138.32	4.37	盐湖钾肥	63,544,020.97	4.79

投资前五名债券明细	债券名称	公允价值(元)	占净值比(%)	债券名称	公允价值(元)	占净值比(%)	债券名称	公允价值(元)	占净值比(%)	债券名称	公允价值(元)	占净值比(%)
	07进出05	50,155,000.00	3.52	08联想债	15,852,000.00	1.44				08联想债	15,246,000.00	1.15
	08兵器装备债	42,668,000.00	2.99									
	08进出02	30,063,000.00	2.11									
	08国开20	19,500,000.00	1.37									
	08联想债	15,946,500.00	1.12									

富兰克林国海强化收益债券型证券投资基金

基本资料					
基金简称	国富强化收益债券	交易代码	A:450005 C:450006		
风险收益特征	该基金属债券型证券投资基金，属于证券投资基金中的低风险品种。该基金长期平均的风险和预期收益低于混合型基金，高于货币市场基金。				
业绩比较基准	中债总指数（全价）				
合同生效日	2008年10月24日	首募份额	10.75亿份	认购户数	2,766户
基金管理人	国海富兰克林基金管理有限公司	基金托管人	中国银行		
注册登记人	国海富兰克林基金管理有限公司				

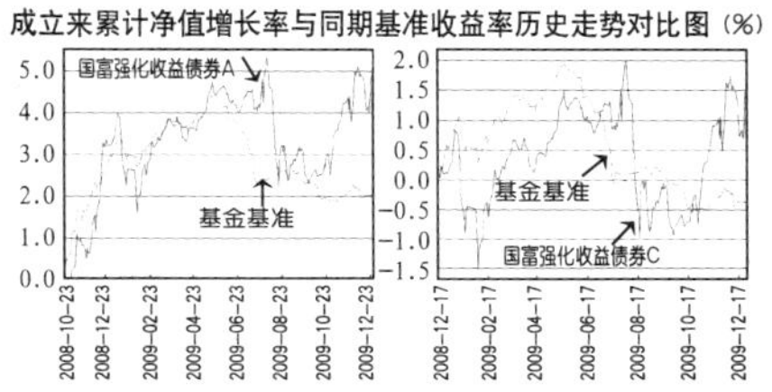

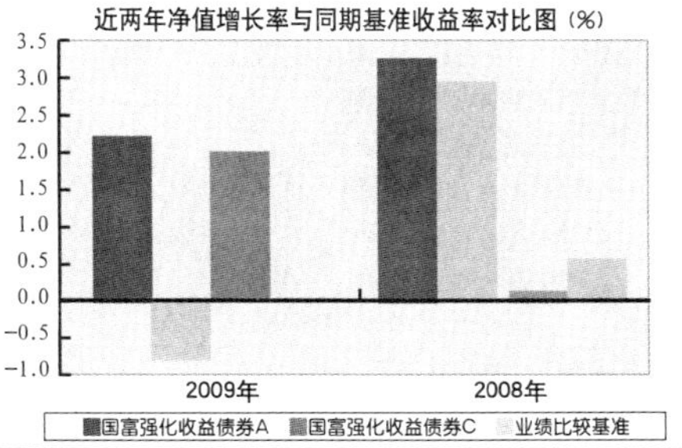

财务指标　单位：人民币（亿元）；%

项目 \ 年度	2009年		2008年	
	A	C	A	C
本期利润	0.0217	0.0053	0.2023	0.0007
本期加权平均净值利润率	0.77	1.73	2.78	0.05
期末基金资产净值	1.0323	0.0958	5.7290	2.0597
期末基金份额净值	1.0453元	1.0432元	1.0325元	1.0325元
本期份额净值增长率	2.23	2.02	3.25	0.13
累计份额净值增长率	5.55	2.15	3.25	0.13
基金收益分配	10派0.100	10派0.100	——	——

期末基金份额持有人户数	A:基金份额持有人户数为1,636户，平均每户持有60,362.33份。 C:基金份额持有人户数为87户，平均每户持有105,529.43份。（期末截至2009年12月31日）
期末基金份额持有人结构	A:机构投资者持有68,243,261.70份，占总份额69.11%；个人投资者持有30,509,506.88份，占总份额30.89%。 C:机构投资者持有96,413.42份，占总份额1.05%；个人投资者持有9,084,647.29份，占总份额98.95%。

基金业绩表现

2009年国富强化收益债券基金A类净值增长率为2.23%，C类净值增长率为2.02%；同期业绩基准收益率为-0.84%。

基金管理团队

刘怡敏女士：基金经理，四川大学金融学硕士，6年证券从业经历。曾任西南证券研究发展中心债券研究员，并曾在富国基金管理公司从事债券投资及研究工作。2008年10月起任国富强化收益债券基金经理。

基金运作分析

2009年初，受债市快速下跌的影响，基金净值出现快速下跌。在判断市场趋势转变后，国富强化收益债券基金减持了中长期债券，降低久期，使基金在全年债市弱势中避免了更大的损失。一季度开始，该基金增持了信用债券。从全年来看，重点持有信用债的操作策略使基金大幅度跑赢了比较基准。8月，受到股票市场快速下跌的影响，基金净值大幅回落。国富强化收益债券基金通过精选个股，在四季度股市反弹中取得较好的投资收益。

季度投资组合一览

项目 \ 季度	第一季度		第二季度		第三季度		第四季度	
	A	C	A	C	A	C	A	C
基金资产净值	4.0945亿元	0.4018亿元	2.6971亿元	0.1275亿元	1.9495亿元	0.0682亿元	1.0323亿元	0.0958亿元
基金份额	3.9830亿份	0.3911亿份	2.6144亿份	0.1237亿份	1.9224亿份	0.0673亿份	0.9875亿份	0.0918亿份
基金份额净值	1.0280元	1.0275元	1.0316元	1.0308元	1.0141元	1.0127元	1.0453元	1.0432元
基金资产组合	市值(元)	占总资产比(%)	市值(元)	占总资产比(%)	市值(元)	占总资产比(%)	市值(元)	占总资产比(%)
股票投资	——	——	7,680,200.00	2.63	15,216,401.30	7.51	15,977,571.58	13.66
债券投资	383,974,022.92	84.53	258,832,302.87	88.50	160,061,559.90	78.98	90,372,995.31	77.29
资产支持证券投资	——	——	——	——	——	——	——	——
买入返售金融资产	——	——	——	——	——	——	——	——
银行存款和结算备付金	63,567,868.16	14.00	18,048,299.96	6.17	24,217,853.69	11.95	8,641,558.63	7.39
其他资产	6,666,282.18	1.47	7,910,518.74	2.70	3,167,138.65	1.56	1,931,914.18	1.65

投资前五名股票明细	股票名称	公允价值(元)	占净值比(%)	股票名称	公允价值(元)	占净值比(%)	股票名称	公允价值(元)	占净值比(%)	股票名称	公允价值(元)	占净值比(%)
				恒瑞医药	7,680,200.00	2.72	恒瑞医药	3,345,600.00	1.66	贵州茅台	3,396,400.00	3.01
							浙富股份	2,347,200.00	1.16	海螺水泥	2,393,280.00	2.12
							盐湖钾肥	2,233,350.00	1.11	招商银行	2,166,000.00	1.92
							岳阳纸业	1,872,200.00	0.93	华菱钢铁	1,917,500.00	1.70
							烟台万华	1,724,000.00	0.85	浙富股份	1,785,420.00	1.58

投资前五名债券明细	债券名称	公允价值(元)	占净值比(%)	债券名称	公允价值(元)	占净值比(%)	债券名称	公允价值(元)	占净值比(%)	债券名称	公允价值(元)	占净值比(%)
	08国开19	61,524,000.00	13.68	08国开19	60,750,000.00	21.51	09附息国债19	29,766,000.00	14.75	09央行票据57	19,934,000.00	17.67
	08国开15	54,485,000.00	12.12	08国开18	40,160,000.00	14.22	08国开18	19,730,000.00	9.78	09央行票据65	14,950,500.00	13.25
	08农发19	29,754,000.00	6.62	99国债(8)	23,439,939.00	8.30	08央行票据110	19,258,000.00	9.54	09宇通债	9,854,000.00	8.74
	99国债(8)	23,570,290.20	5.24	09长城开	20,414,000.00	7.23	09长城开	16,371,000.00	8.11	08青啤债	8,298,000.00	7.36
	08苏交通债	20,720,000.00	4.61	09南钢联	17,790,618.30	6.30	09宇通债	14,787,000.00	7.33	09亿城债	7,880,000.00	6.99

富兰克林国海成长动力股票型证券投资基金

基本资料			
基金简称	国富成长动力股票	交易代码	450007
风险收益特征	该基金是股票型基金，属于较高收益，较高风险的投资品种。		
业绩比较基准	85%×沪深300指数+10%×中债国债总指数(全价)+5%×同业存款息率		
合同生效日	2009年3月25日	首募份额	11.10亿份
认购户数	11,104户		
基金管理人	国海富兰克林基金管理有限公司	基金托管人	中国银行
注册登记人	国海富兰克林基金管理有限公司		

2009年累计净值增长率与同期基准收益率历史走势对比图（%）

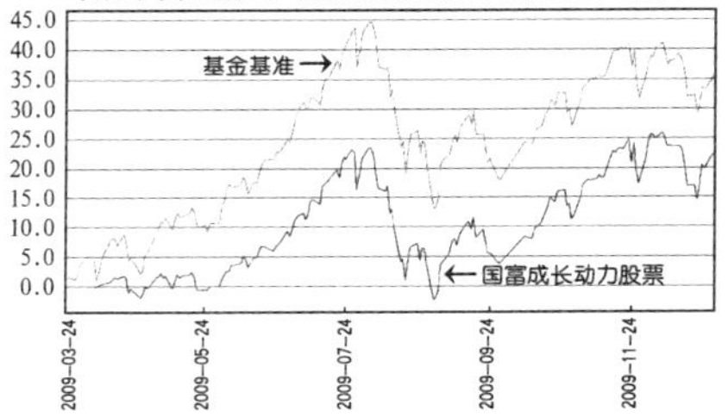

财务指标　单位：人民币（元）；%

项目 \ 年度	2009年3月25日至2009年12月31日
本期利润	209,354,428.32
本期加权平均净值利润率	22.11
期末基金资产净值	537,559,888.78
期末基金份额净值	1.2307
本期份额净值增长率	23.07
累计份额净值增长率	23.07
基金收益分配	——

2009年净值增长率与同期基准收益率对比图（%）

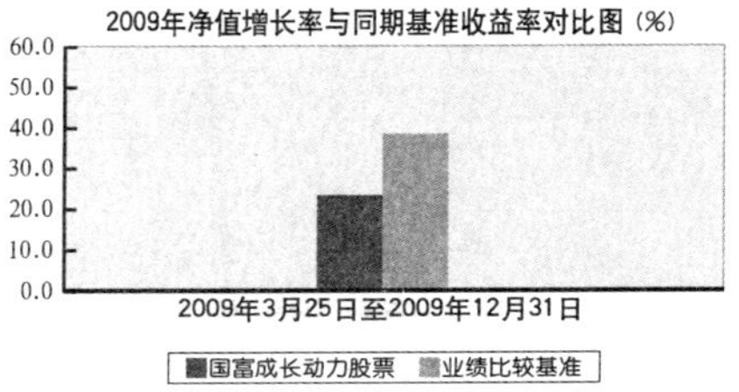

期末基金份额持有人户数	基金份额持有人户数为7,083户，平均每户持有61,666.62份。（期末截至2009年12月31日）
期末基金份额持有人结构	机构投资者持有245,050,744.06份，占总份额56.10%；个人投资者持有191,733,916.46份，占总份额43.90%。

基金业绩表现

国富成长动力股票基金合同生效于2009年3月25日，截至2009年12月31日，该基金份额净值为1.2307元，成立以来净值增长率为23.07%。

基金管理团队

潘　江先生：基金经理，中国科学技术大学电子学专业学士，耶鲁大学管理学院金融学硕士，9年证券从业经历。曾任国泰基金公司研究部经理，万家基金公司研究总监、首席策略师、基金经理和投资决策委员会委员；2009年3月起任国富成长动力股票基金经理。

王晓宁先生：基金经理助理，中央财经大学学士学位，6年证券从业经历。曾任万家基金管理公司研究员、研究总监助理、基金经理助理；2009年7月起任国富成长动力股票基金经理助理。

基金运作分析

国富成长动力股票基金于2009年3月底成立，二季度主要为建仓期。在建仓初期，该基金基于稳健的原则首先在医药、消费、煤炭、银行等行业建立了仓位，并投资了一些具备良好安全边际的公司。

建仓期间，股票市场正处于急速上涨时期，而该基金仓位和个股投资均未达到最终的配置状态，导致基金业绩表现弱于比较基准。

进入下半年后，国富成长动力股票基金在建仓基本完成的基础上，逐步加大了食品饮料、汽车、煤炭、电力设备、零售、旅游等行业投资比重，在市场调整中，这类股票表现出较强的防御性，取得了超越市场的正收益。同时适度降低了金融行业、房地产行业的比重，避免了一定的下跌损失。下半年该基金业绩表现逐步改善，并领先业绩比较基准。

季度投资组合一览

项目 \ 季度	第二季度		第三季度		第四季度	
基金资产净值	1,249,536,862.98元		715,746,408.71元		537,559,888.78元	
基金份额	1,152,266,569.61份		684,819,912.34份		436,784,660.52份	
基金份额净值	1.0844元		1.0452元		1.2307元	
基金资产组合	市值(元)	占总资产比(%)	市值(元)	占总资产比(%)	市值(元)	占总资产比(%)
股票投资	1,173,763,852.56	89.40	539,640,846.42	73.18	478,578,312.20	88.56
债券投资	48,325,000.00	3.68	30,169,041.70	4.09	——	——
资产支持证券投资	——	——	——	——	——	——
金融衍生品投资	——	——	——	——	——	——
银行存款和结算备付金	49,611,727.82	3.78	167,138,593.92	22.67	61,406,402.19	11.36
其他资产	41,270,894.58	3.14	465,044.10	0.06	445,309.40	0.08

投资前五名股票明细

股票名称	公允价值(元)	占净值比(%)	股票名称	公允价值(元)	占净值比(%)	股票名称	公允价值(元)	占净值比(%)
浦发银行	72,510,997.26	5.80	江淮汽车	34,707,544.82	4.85	江淮汽车	29,139,965.55	5.42
民生银行	71,277,972.48	5.70	泸州老窖	34,101,618.60	4.76	科华生物	28,345,689.35	5.27
盐湖钾肥	61,340,272.44	4.91	中国平安	32,955,000.00	4.60	峨眉山A	25,310,540.80	4.71
航天信息	54,978,446.60	4.40	贵州茅台	29,003,819.80	4.05	一致药业	24,222,380.48	4.51
*ST伊利	51,091,123.32	4.09	置信电气	25,893,478.72	3.62	置信电气	22,345,236.40	4.16

投资前五名债券明细

债券名称	公允价值(元)	占净值比(%)	债券名称	公允价值(元)	占净值比(%)	债券名称	公允价值(元)	占净值比(%)
08央行票据104	48,325,000.00	3.87	09央行票据45	29,901,000.00	4.18			
			博汇转债	234,610.90	0.03			
			安泰转债	33,430.80	0.00			

富兰克林国海沪深300指数增强型证券投资基金

基本资料

基金简称	国富沪深300指数增强	交易代码	450008		
风险收益特征	该基金是股票指数增强型基金，属于较高风险、较高预期收益的证券投资基金。				
业绩比较基准	95%X沪深300指数+5%X银行同业存款利率				
合同生效日	2009年9月3日	首募份额	24.24亿份	认购户数	56,862户
基金管理人	国海富兰克林基金管理有限公司	基金托管人	中国农业银行		
注册登记人	国海富兰克林基金管理有限公司				

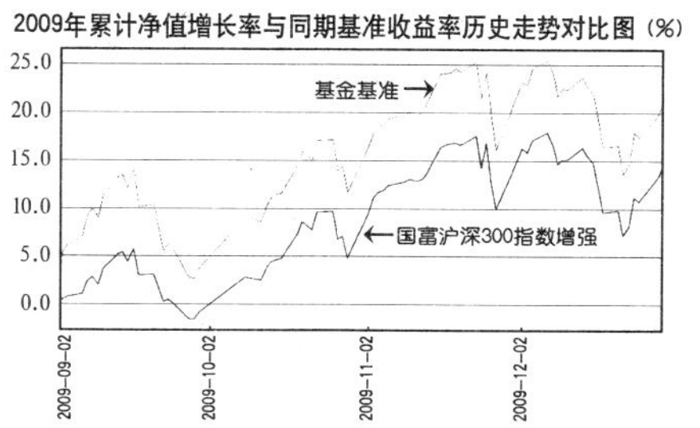

财务指标　　单位：人民币(元)；%

项目＼年度	2009年9月3日至2009年12月31日
本期利润	370,162,771.34
本期加权平均净值利润率	15.04
期末基金资产净值	2,039,900,498.04
期末基金份额净值	1.155
本期份额净值增长率	15.50
累计份额净值增长率	15.50
基金收益分配	——

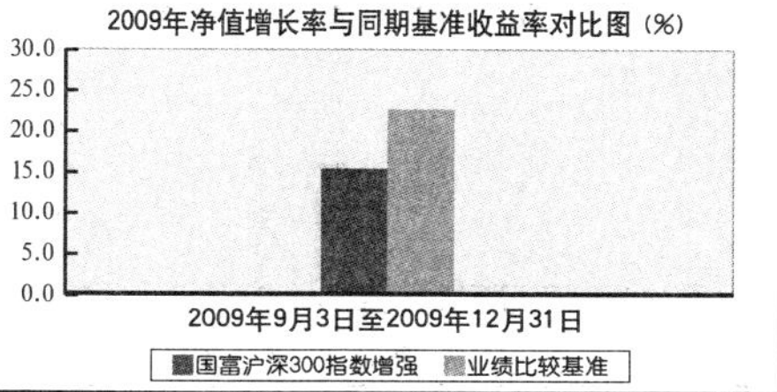

期末基金份额持有人户数	基金份额持有人户数为46,693户，平均每户持有37,828.72份。（期末截至2009年12月31日）
期末基金份额持有人结构	机构投资者持有211,707,498.03份，占总份额11.99%；个人投资者持有1,554,628,823.52份，占总份额88.01%。

基金业绩表现

国富沪深300指数增强基金合同生效于2009年9月3日，截至2009年12月31日，该基金份额净值为1.155元，成立以来净值增长率为15.50%；同期业绩基准收益率为22.47%。

基金管理团队

赵晓东先生：基金经理，辽宁工程技术大学投资经济专业学士，香港大学工商管理学硕士，6年证券从业经历。曾任淄博矿业集团项目经理，上海交大高新高级投资经理，国海证券高级研究员。2009年9月起任国富沪深300指数增强基金经理。

基金运作分析

国富沪深300指数增强基金合同生效日于2009年9月3日，正处于A股市场快速下跌末期，指数成份股估值水平具有一定的吸引力。该基金采取了快速建仓策略，采用分层抽样的数量方法，对标的指数行进行了模拟和加强，加强重点集中在个股和行业，特别是消费类行业。此外，国富沪深300指数增强基金于11月底开放了基金赎回业务，为持有人提供流动性。

展望2010年，国内外经济形势仍将维持复苏态势，流动性虽有收紧但仍比较充裕。管理人认为国家政策将向消费倾斜，投资保持平稳，外贸出口出现增长，宏观经济增长平稳。证券市场维持震荡格局的可能性较大。沪深300指数目前动态估值水平相对合理。预计成分股公司盈利会有较大幅度的增长，将会对目前的估值水平提供有效支撑。

季度投资组合一览

项目＼季度	第四季度	
基金资产净值	2,039,900,498.04元	
基金份额	1,766,336,321.55份	
基金份额净值	1.155元	
基金资产组合	金额(元)	占总资产比例(%)
股票投资	1,937,923,512.79	93.11
存托凭证	——	——
债券投资	20,600.00	0.00
金融衍生品投资	——	——
买入返售金融资产	——	——
银行存款和结算备付金	131,495,447.04	6.32
其他资产	11,882,989.33	0.57

投资前五名股票明细

股票名称	公允价值(元)	占净值比例(%)
大商股份	91,041,818.45	4.46
招商银行	45,123,628.20	2.21
东方电气	31,612,463.73	1.55
长江证券	28,934,093.37	1.42
燕京啤酒	28,152,447.28	1.38

投资前五名债券明细

债券名称	公允价值(元)	占净值比例(%)
09宜化债	20,600.00	0.00

华泰柏瑞基金管理有限公司

法定名称	华泰柏瑞基金管理有限公司	英文名称	Huatai-PineBridge Fund Management Co.,Ltd.		
成立时间	2004年11月18日	注册资本	2亿元人民币	公司属性	中外合资
法人代表	齐 亮	总 经 理	陈国杰	督 察 长	陈 晖
公司网址	www.huatai-pb.com	客服电话	400-888-0001		
联系电话	021-3860 1777	传真号码	021-3860 1799		
注册地址	上海浦东新区民生路1199弄上海证大五道口广场1号楼17层	办公地址	上海浦东新区民生路1199弄上海证大五道口广场1号楼17层		

公司简介

华泰柏瑞基金管理有限公司（以下简称“公司”）是一家中外合资基金管理公司（原友邦华泰基金管理有限公司），公司股东为华泰证券股份有限公司、柏瑞投资有限责任公司、苏州新区高新技术产业股份有限公司。公司于2004年11月18日正式成立，现注册资本人民币2亿元，总部位于上海，下设北京和深圳分公司。公司经营范围包括基金管理业务、发起设立基金及中国证监会批准的其他业务。

截至2009年12月31日，华泰柏瑞基金管理有限公司共管理7只基金，全部为开放式基金，管理基金资产规模220.28亿元人民币。

2009年旗下开放式基金业绩表现

截至日期：2009年12月31日

（单位：元；%）

基金类型	基金简称	设立日期	基金份额净值	净值增长率①	累计净值增长率②
股票型	华泰柏瑞盛世中国股票	2005-04-27	0.6574	56.45	288.83
	华泰柏瑞价值增长股票	2008-07-16	1.2838	75.36	61.94
	华泰柏瑞行业领先股票	2009-08-03	0.8340	-16.60	-16.60
混合型	华泰柏瑞积极成长混合	2007-05-29	1.0538	43.16	5.38
债券型	华泰柏瑞稳本增利债券A	2006-12-03	1.0823	5.98	19.97
	华泰柏瑞稳本增利债券B	2006-12-03	1.0754	5.64	19.25
货币型	华泰柏瑞货币A	2009-05-06	1.0000	0.2630	0.2630
	华泰柏瑞货币B	2009-05-06	1.0000	0.4225	0.4225
ETF	华泰柏瑞上证红利ETF	2006-11-17	2.817	95.58	88.56

注：①净值增长率指该基金2009年度的份额净值增长率；②累计净值增长率指该基金设立以来的份额净值增长率。

2009年管理公募基金概况

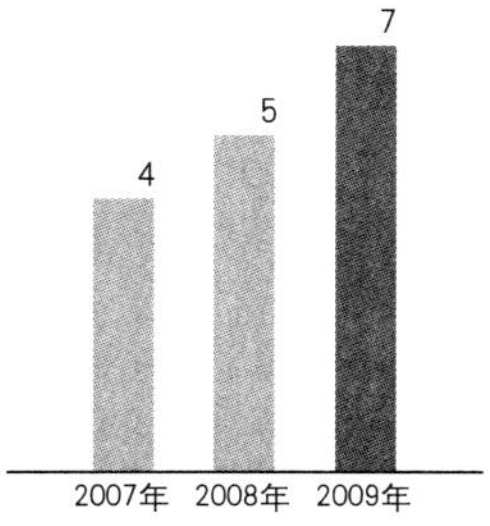

基金数量（只）

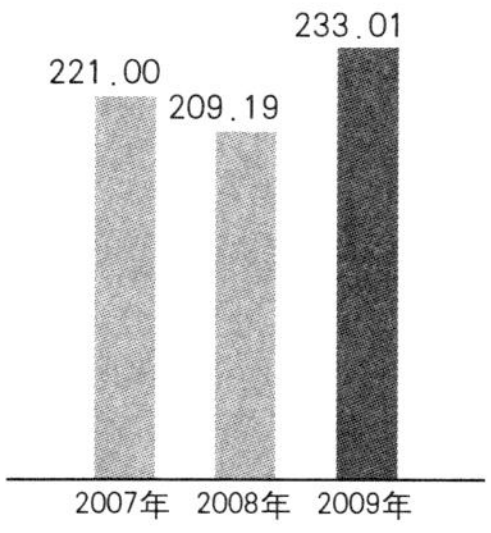

基金份额规模（亿份）

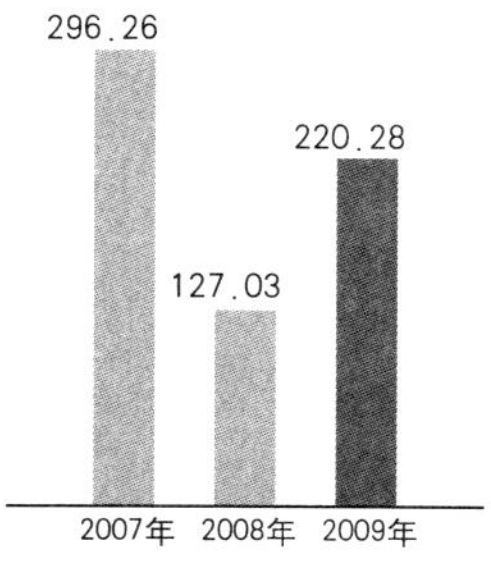

基金资产规模（亿元）

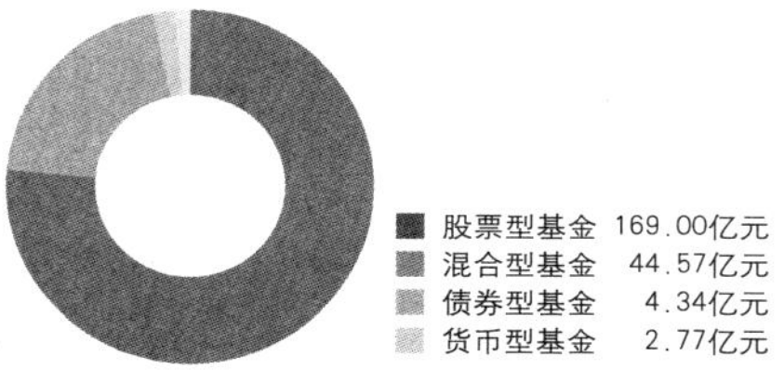

2009年基金资产规模构成

华泰柏瑞盛世中国股票型证券投资基金

基本资料					
基金简称	华泰柏瑞盛世中国股票	交易代码	460001		
风险收益特征	该基金属于较高风险、较高收益的基金品种。				
业绩比较基准	中信标普300指数×70%+中信国债指数×30%				
合同生效日	2005年4月27日	首募份额	9.01亿份	认购户数	9,288户
基金管理人	华泰柏瑞基金管理有限公司	基金托管人	中国银行		
注册登记人	华泰柏瑞基金管理有限公司				

成立来累计净值增长率与同期基准收益率历史走势对比图（%）

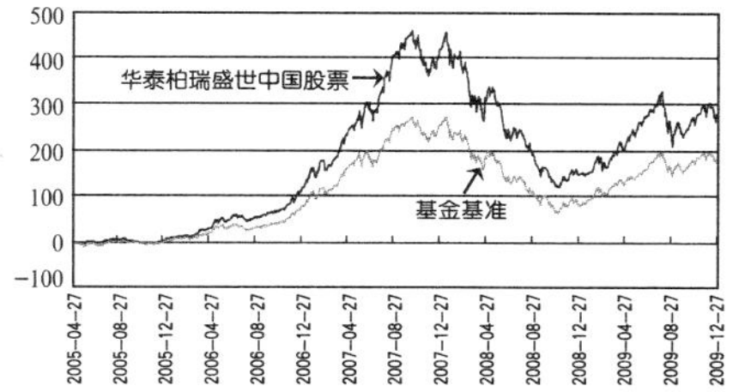

近三年净值增长率与同期基准收益率对比图（%）

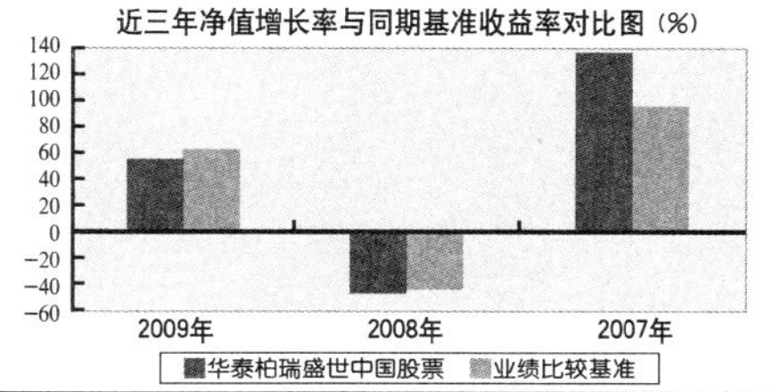

财务指标　单位：人民币(元)；%

项目＼年度	2009年	2008年	2007年
本期利润	3,127,984,910.25	−6,999,171,826.17	1,184,298,719.46
本期加权平均净值利润率	40.05	−77.17	25.80
期末基金资产净值	9,265,787,473.04	5,499,105,977.45	13,403,111,697.76
期末基金份额净值	0.6574	0.4202	1.0117
本期份额净值增长率	56.45	−51.94	137.79
累计份额净值增长率	288.83	148.54	417.17
基金收益分配	——	10派0.660	10派6.000

期末基金份额持有人户数	基金份额持有人户数为668,627户，平均每户持有21,078.91份。（期末截至2009年12月31日）
期末基金份额持有人结构	机构投资者持有2,599,899,202.03份，占总份额18.45%；个人投资者持有11,494,028,114.07份，占总份额81.55%。

基金业绩表现

2009年华泰柏瑞盛世中国股票基金全年净值增长率为56.45%，同期业绩基准收益率为61.82%。

基金管理团队

梁　丰先生：基金经理，16年证券从业经历，经济学硕士。曾就职于中信集团中大投资管理公司；2007年4月加入华泰柏瑞基金管理公司，2007年7月至2009年11月任盛世中国股票基金经理，2009年8月起任华泰柏瑞行业领先股票基金经理。

汪　晖先生：基金经理、投资部总监，16年证券从业经历，硕士。曾就职于华泰证券、华宝信托投资公司。2004年7月加入华泰柏瑞基金管理公司，2008年7月起任价值增长股票基金经理；2009年8月任公司投资部副总监；2009年11月起任华泰柏瑞盛世中国股票基金经理；2009年12月起任公司投资部总监。

郭楷泽先生：基金经理，13年证券从业经历，复旦大学工商管理硕士。曾就职于中信集团深圳中大投资公司、中信基金公司。2008年6月加入华泰柏瑞基金公司，2008年9月起任华泰柏瑞盛世中国股票基金经理。

吕慧建先生：基金经理助理，12年证券从业经历，MBA。2007年6月加入华泰柏瑞基金公司任高级研究员，2007年11月至2009年11月任华泰柏瑞盛世中国股票基金经理助理。

基金运作分析

2009年，盛世中国股票基金净值表现未能超越业绩基准，原因如下：年初对行情准备不足，仓位过低，结构上以蓝筹股和防御型行业为主；虽然在一季度末及二季度抓住了通胀主线，但在三季度市场在信贷政策调整所造成的市场下跌中受损较大；三季度末市场在“经济调结构”下，小盘股表现开始远好于大盘股，而该基金持仓却偏重于大盘股。

季度投资组合一览

项目＼季度	第一季度		第二季度		第三季度		第四季度	
基金资产净值	6,337,420,698.88元		8,818,434,336.08元		7,999,742,308.83元		9,265,787,473.04元	
基金份额	12,889,257,138.65份		13,877,475,062.33份		14,191,126,061.66份		14,093,927,316.10份	
基金份额净值	0.4917元		0.6354元		0.5637元		0.6574元	
基金资产组合	市值(元)	占总资产比(%)	市值(元)	占总资产比(%)	市值(元)	占总资产比(%)	市值(元)	占总资产比(%)
股票投资	4,016,049,190.10	62.88	6,414,139,219.88	71.98	5,629,902,523.12	70.07	7,963,123,412.77	85.70
债券投资	295,048,597.00	4.62	163,301,290.20	1.83	468,101,351.00	5.83	471,096,434.60	5.07
金融衍生品投资	——	——	——	——	——	——	——	——
买入返售金融资产	——	——	100,000,000.00	1.12	——	——	——	——
银行存款和结算备付金	2,054,389,246.35	32.17	1,982,857,086.10	22.25	1,918,667,828.42	23.88	623,398,638.47	6.71
其他资产	21,479,010.87	0.34	250,734,620.43	2.81	17,581,063.05	0.22	234,380,953.91	2.52

投资前五名股票明细	股票名称	公允价值(元)	占净值比(%)	股票名称	公允价值(元)	占净值比(%)	股票名称	公允价值(元)	占净值比(%)	股票名称	公允价值(元)	占净值比(%)
	潞安环能	195,197,584.40	3.08	兴业银行	657,049,583.49	7.45	中国平安	499,386,482.40	6.24	中国平安	477,125,234.88	5.15
	招商地产	189,294,514.97	2.99	浦发银行	535,809,560.56	6.08	西山煤电	262,507,172.92	3.28	潞安环能	338,683,452.48	3.66
	兰花科创	168,373,204.00	2.66	交通银行	535,118,063.72	6.07	潞安环能	245,673,048.96	3.07	西山煤电	335,540,000.48	3.62
	用友软件	151,126,987.83	2.38	长江电力	522,396,465.24	5.92	交通银行	244,038,728.78	3.05	金牛能源	270,803,936.00	2.92
	国阳新能	144,050,016.43	2.27	招商银行	267,278,803.65	3.03	金牛能源	195,161,105.80	2.44	中国神华	212,396,498.44	2.29

投资前五名债券明细	债券名称	公允价值(元)	占净值比(%)	债券名称	公允价值(元)	占净值比(%)	债券名称	公允价值(元)	占净值比(%)	债券名称	公允价值(元)	占净值比(%)
	08央行票据37	182,628,000.00	2.88	06农发07	90,063,000.00	1.02	08进出13	210,084,000.00	2.63	08进出13	210,042,000.00	2.27
	大荒转债	35,919,195.00	0.57	大荒转债	73,238,290.20	0.83	08农发04	150,540,000.00	1.88	08农发04	150,225,000.00	1.62
	恒源转债	31,979,715.30	0.50				大荒转债	72,043,918.30	0.90	大荒转债	80,751,434.60	0.87
	赤化转债	22,729,368.60	0.36				07国开22	30,282,000.00	0.38	07国开22	30,078,000.00	0.32
	21国债(7)	9,573,052.80	0.15				博汇转债	5,151,432.70	0.06			

华泰柏瑞金字塔稳本增利债券型证券投资基金

基本资料			
基金简称	华泰柏瑞稳本增利债券	交易代码	A：519519　B：460003
风险收益特征	该基金属于主动管理的债券型基金，较低风险，较低收益。		
业绩比较基准	中信全债指数×80%+ 一年期银行定期存款税后收益率×20%		
合同生效日	2006年4月13日，于2007年12月3日转型。		
基金管理人	华泰柏瑞基金管理有限公司	基金托管人	招商银行
注册登记人	华泰柏瑞基金管理有限公司		

转型以来累计净值增长率与同期基准收益率历史走势对比图（%）

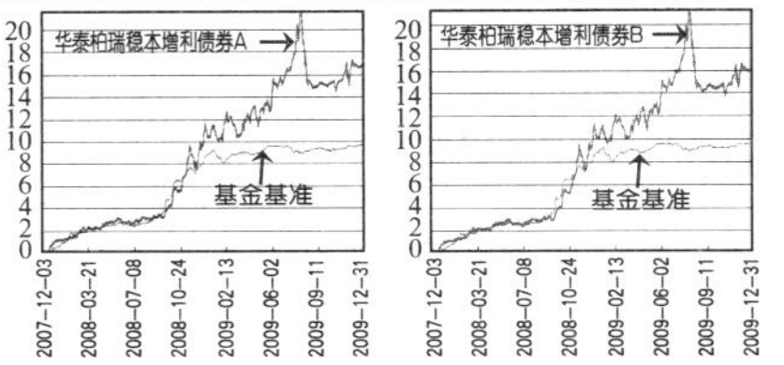

财务指标　　单位：人民币（亿元）；%

项目＼年度	2009年		2008年		2007年
	A	B	A	B	
本期利润	0.1125	0.1254	0.5864	0.3268	12.6619
本期加权平均净值利润率	5.34	5.31	6.89	7.20	0.96
期末基金资产净值	2.6048	1.7365	3.4784	3.2021	1.3159
期末基金份额净值	1.0823元	1.0754元	1.0955元	1.0924元	1.0176元
本期份额净值增长率	5.98	5.64	9.37	9.06	0.98
累计份额净值增长率	19.97	19.25	13.20	12.88	0.98
基金收益分配	10派0.770		10派0.160	——	10派0.130

转型以来净值增长率与同期基准收益率对比图（%）

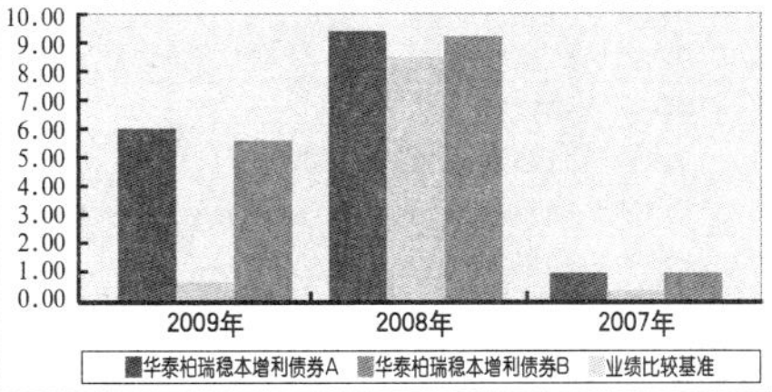

期末基金份额持有人户数	A：基金份额持有人户数为1,290户，平均每户持有186,561.28份。 B：基金份额持有人户数为6,018户，平均每户持有26,830.92份。（期末截至2009年12月31日）
期末基金份额持有人结构	A：机构投资者持有204,736,665.51份，占总份额85.07%；个人投资者持有35,927,383.60份，占总份额14.93%。 B：机构投资者持有31,127,874.41份，占总份额19.28%；个人投资者持有130,340,620.44份，占总份额80.72%。

基金业绩表现

2009年华泰柏瑞稳本增利债券基金A类全年净值增长率为5.98%，B类全年净值增长率为5.64%；同期业绩基准收益率为0.67%。

基金管理团队

沈　涛先生：基金经理，经济学博士，16年证券从业经历。2005年9月至2007年11月任易方达基金公司月月收益中短期债券基金经理。2007年11月加入华泰柏瑞基金公司，2008年3月起任华泰柏瑞稳本增利债券基金经理；2009年5月起任华泰柏瑞货币基金经理。

基金运作分析

2009年，A股震荡向上，反映中国经济率先从金融危机中复苏的良好预期。上半年，随着多项政策——落实，经济V型反转的趋势越来越明朗，投资者信心也越来越得到加强；而下半年开始，随着复苏的状态被越来越多地反映到上市公司的报表上，宏观政策也逐渐表示出紧缩的倾向。市场在信心和业绩的震荡中不断走强，充裕的流动性提升整体市场的估值水平，展现了精彩的板块及个股行情，全年看平均涨幅近1倍。

相对而言全年债券市场在相信经济复苏的前提下震荡走低，尽管全年看CPI仍是负值，但由于经济环比增速较快，市场已经开始反映由于大量的新增信贷引起的通胀预期，随着紧缩政策的开始，部分投资者积极进入高息票的信用债市场以得到可观的持有期收益。

2009年，华泰柏瑞稳本增利债券基金抓住市场的波动，阶段性加大对权益类投资的比重，获得较好的正收益。除了认购新股以外，该基金也进行了部分高收益债券的投资。

季度投资组合一览

项目＼季度	第一季度		第二季度		第三季度		第四季度	
	A	B	A	B	A	B	A	B
基金资产净值	2.0107亿元	2.7133亿元	2.1936亿元	2.3386亿元	0.9733亿元	2.1121亿元	2.6048亿元	1.7365亿元
基金份额	1.8079亿份	2.4486亿份	1.9934亿份	2.1349亿份	0.8901亿份	1.9420亿份	2.4066亿份	1.6147亿份
基金份额净值	1.1122元	1.1081元	1.1004元	1.0954元	1.0935元	1.0876元	1.0823元	1.0754元
基金资产组合	市值(元)	占总资产比(%)	市值(元)	占总资产比(%)	市值(元)	占总资产比(%)	市值(元)	占总资产比(%)
股票投资	41,906,874.44	8.28	70,132,155.30	15.34	6,546,435.51	2.11	10,097,148.89	2.12
债券投资	372,192,500.00	73.55	358,640,220.28	78.44	246,073,476.40	79.27	351,083,446.28	73.69
资产支持证券投资	14,440,666.79	2.85	11,269,935.59	2.46	11,269,935.59	3.63	11,269,935.59	2.37
银行存款和结算备付金	31,984,716.69	6.32	5,166,215.25	1.13	41,270,509.95	13.29	100,551,471.13	21.10
其他资产	45,496,477.61	8.99	12,007,197.37	2.63	5,265,213.36	1.70	3,436,394.88	0.72

投资前五名股票明细	股票名称	公允价值(元)	占净值比(%)	股票名称	公允价值(元)	占净值比(%)	股票名称	公允价值(元)	占净值比(%)	股票名称	公允价值(元)	占净值比(%)
	潞安环能	9,760,000.00	2.07	平煤股份	13,786,832.08	3.04	中国建筑	3,626,874.56	1.18	新朋股份	2,577,659.85	0.59
	伊利股份	9,374,065.00	1.98	中金岭南	8,730,763.79	1.93	四川成渝	669,219.68	0.22	华谊兄弟	1,647,047.02	0.38
	中国石化	8,900,000.00	1.88	泸州老窖	8,610,000.00	1.90	奥飞动漫	555,717.60	0.18	北新路桥	1,646,904.40	0.38
	南玻A	6,907,136.50	1.46	金融街	6,793,903.68	1.50	亚太股份	533,826.10	0.17	威创股份	1,017,827.91	0.23
	海通证券	4,227,000.00	0.89	云南铜业	6,474,000.00	1.43	新世纪	338,326.74	0.11	永太科技	883,252.42	0.20

投资前五名债券明细	债券名称	公允价值(元)	占净值比(%)	债券名称	公允价值(元)	占净值比(%)	债券名称	公允价值(元)	占净值比(%)	债券名称	公允价值(元)	占净值比(%)
	06国开01	88,353,000.00	18.70	08央票101	96,590,000.00	21.31	08央票112	48,260,000.00	15.64	08农发04	50,075,000.00	11.53
	09央行票据09	49,880,000.00	10.56	08央票112	48,575,000.00	10.72	02国债(3)	37,613,362.50	12.19	09央行票据49	49,835,000.00	11.48
	08央行票据98	48,640,000.00	10.30	08央行票据98	48,270,000.00	10.65	09央行票据37	29,901,000.00	9.69	02国债(3)	39,669,681.70	9.14
	08央行票据110	29,301,000.00	6.20	02国债(3)	39,951,600.00	8.82	08央票110	28,887,000.00	9.36	08进出12	38,416,000.00	8.85
	08央行票据108	29,256,000.00	6.19	08央票110	29,088,000.00	6.42	21国债(12)	21,934,740.00	7.11	21国债(12)	38,251,150.00	8.81

上证红利交易型开放式指数证券投资基金

基本资料					
基金简称	华泰柏瑞上证红利ETF	交易代码	510880(二级市场)　510881(申购赎回)		
风险收益特征	该基金属于股票基金，其风险与收益高于混合基金、债券基金与货币市场基金；该基金为指数型基金，采用完全复制策略，跟踪上证红利指数，是股票基金中风险较低、收益中等的基金产品。				
业绩比较基准	上证红利指数				
合同生效日	2006年11月17日	首募份额	22.23亿份	认购户数	29,193户
基金管理人	华泰柏瑞基金管理有限公司	基金托管人	招商银行		
注册登记人	中国证券登记结算有限责任公司				

财务指标		单位：人民币(元)；%	
项目 \ 年度	2009年	2008年	2007年
本期利润	2,108,032,277.73	−5,247,109,110.09	3,293,949,012.86
本期加权平均净值利润率	53.01	−117.64	80.76
期末基金资产净值	5,399,799,733.31	2,337,498,230.43	6,659,448,348.62
期末基金份额净值	2.817	1.471	4.639
本期份额净值增长率	95.58	−68.29	154.82
累计份额净值增长率	88.56	−3.60	204.00
基金收益分配	10派0.470	——	——

成立来累计净值增长率与同期基准收益率历史走势对比图（%）

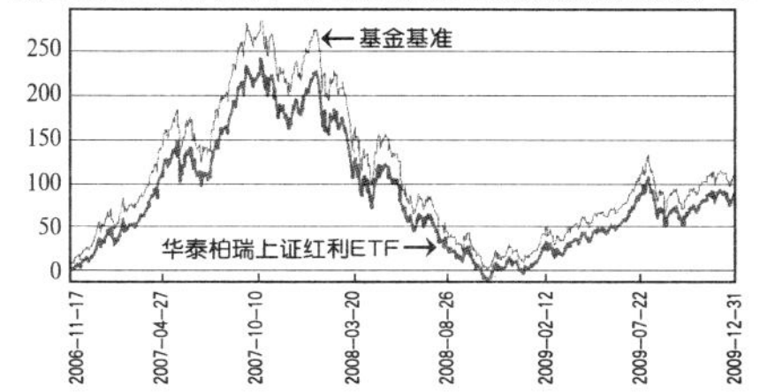

近三年净值增长率与同期基准收益率对比图（%）

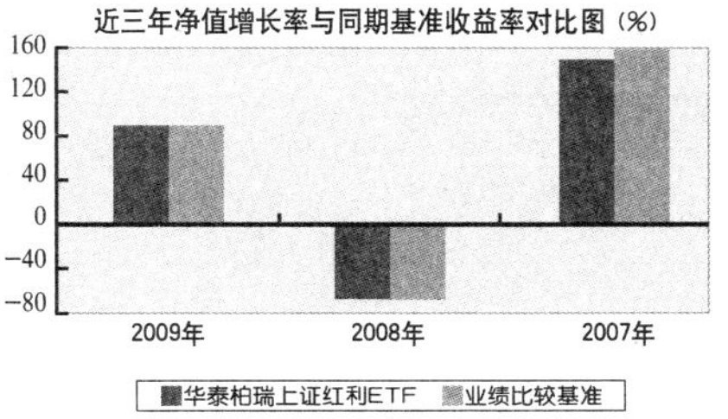

期末基金份额持有人户数	基金份额持有人户数为71,402.00户，平均每户持有26,850.45份。　（期末截至2009年12月31日）
期末基金份额持有人结构	机构投资者持有1,038,821,643.00份，占总份额54.18%；个人投资者持有878,354,060.00份，占总份额45.82%。

基金业绩表现

截至2009年12月31日，华泰柏瑞上证红利ETF基金份额净值为2.817元，全年净值增长率为95.58%。

基金管理团队

张　娅女士：基金经理，美国俄亥俄州肯特州立大学金融工程硕士、MBA，5年证券从业经历。曾在芝加哥期货交易所、Danzas—AEI公司、SunGardEnergy和联合证券工作，2004年初加入华泰柏瑞基金管理公司，从事投资研究和金融工程工作；2006年11月起任华泰柏瑞上证红利ETF基金经理。

柳　军先生：基金经理，复旦大学财务管理硕士，5年证券从业经历。曾在上海汽车集团财务公司、华安基金管理公司工作，2004年7月起加入华泰柏瑞基金管理公司，2005年12月起担任研究员兼基金事务部总监，主要从事ETF产品研究开发及基金事务管理工作；2009年6月起任华泰柏瑞上证红利ETF基金经理。

基金运作分析

2009年证券市场与流动性呈现极大的同步性。从市场风格特征来看，在流动性初步释放和流动性收紧的阶段，中小盘股总体表现突出，而在流动性大量释放的阶段，大盘股较中小盘股具有明显的相对收益；年末，随着中央经济工作会议确定的“调结构”基调，以房地产为主拉动经济增长的投资板块，受到针对抑制高房价政策的密集出台影响，市场呈现震荡走势。

2009年华泰柏瑞上证红利ETF基金严格按照基金合同的规定，紧密跟踪标的指数，跟踪偏离最小化的投资策略进行被动投资。本年度该基金的累计跟踪偏离为1.25%，日均跟踪偏离度的绝对值为0.02%，期间日跟踪误差为0.04%，较好地实现了该基金的投资目标。

季度投资组合一览

项目 \ 季度	第一季度		第二季度		第三季度		第四季度	
基金资产净值	2,881,339,944.97元		3,877,244,714.53元		4,436,941,740.34元		5,399,799,733.31元	
基金份额	1,451,175,703.00份		1,639,675,703.00份		1,917,175,703.00份		1,917,175,703.00份	
基金份额净值	1.9860元		2.365元		2.314元		2.817元	
基金资产组合	市值(元)	占总资产比(%)	市值(元)	占总资产比(%)	市值(元)	占总资产比(%)	市值(元)	占总资产比(%)
股票投资	2,853,681,111.01	98.90	3,841,743,082.20	98.84	4,391,007,100.35	98.88	5,016,562,918.77	92.13
债券投资	——	——	——	——	——	——	——	——
金融衍生品投资	——	——	——	——	——	——	——	——
买入返售金融资产	——	——	——	——	——	——	——	——
银行存款和结算备付金	27,615,883.22	0.96	44,158,712.17	1.14	47,381,480.09	1.07	428,482,194.05	7.87
其他资产	4,199,290.89	0.15	890,336.01	0.02	2,501,529.58	0.06	54,827.89	—

投资前五名股票明细	股票名称	公允价值(元)	占净值比(%)	股票名称	公允价值(元)	占净值比(%)	股票名称	公允价值(元)	占净值比(%)	股票名称	公允价值(元)	占净值比(%)
	中国石化	256,721,541.30	8.91	中国石化	351,068,061.24	9.05	中国石化	435,049,536.70	9.81	交通银行	823,827,293.85	15.26
	大秦铁路	241,833,233.08	8.39	大秦铁路	327,878,356.11	8.46	大秦铁路	333,763,318.71	7.52	工商银行	386,586,685.76	7.16
	宝钢股份	209,753,955.74	7.28	宝钢股份	292,448,154.24	7.54	宝钢股份	314,415,008.84	7.09	中国石化	341,952,112.15	6.33
	武钢股份	160,742,655.15	5.58	华夏银行	197,458,428.09	5.09	上海汽车	240,143,943.25	5.41	宝钢股份	295,779,675.24	5.48
	华能国际	150,017,112.15	5.21	武钢股份	196,509,777.32	5.07	武钢股份	202,142,271.87	4.56	建设银行	270,434,049.59	5.01

投资前五名债券明细	债券名称	公允价值(元)	占净值比(%)	债券名称	公允价值(元)	占净值比(%)	债券名称	公允价值(元)	占净值比(%)	债券名称	公允价值(元)	占净值比(%)
	——			——			——			——		

华泰柏瑞积极成长混合型证券投资基金

基本资料					
基金简称	华泰柏瑞积极成长混合	交易代码	460002		
风险收益特征	该基金属于较高收益，较高风险的基金品种。				
业绩比较基准	沪深300指数×60%+中信标普国债指数×40%				
合同生效日	2007年5月29日	首募份额	89.21亿份	认购户数	228,310户
基金管理人	华泰柏瑞基金管理有限公司	基金托管人	中国银行		
注册登记人	华泰柏瑞基金管理有限公司				

财务指标　　单位：人民币(元)；%

项目＼年度	2009年	2008年	2007.5.29至2007.12.31
本期利润	1,721,767,238.10	-3,275,993,711.26	2,689,683,744.25
本期加权平均净值利润率	35.61	-58.43	25.94
期末基金资产净值	4,456,666,313.44	3,944,670,299.81	9,432,163,984.44
期末基金份额净值	1.0538	0.7361	1.2946
本期份额净值增长率	43.16	-43.14	29.46
累计份额净值增长率	5.38	-26.39	29.46
基金收益分配	10派0.300	——	——

成立来累计净值增长率与同期基准收益率历史走势对比图（%）

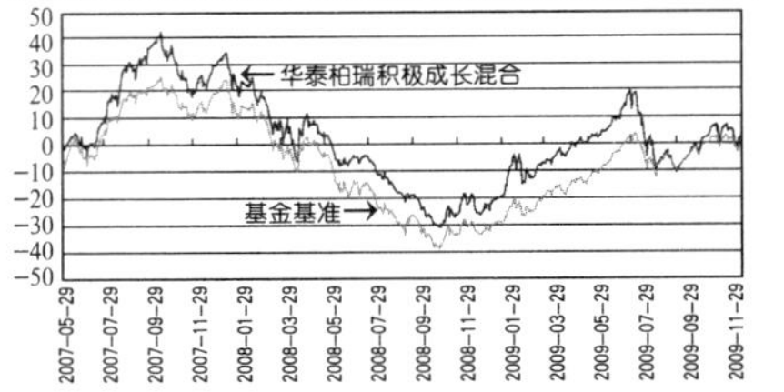

近三年净值增长率与同期基准收益率对比图（%）

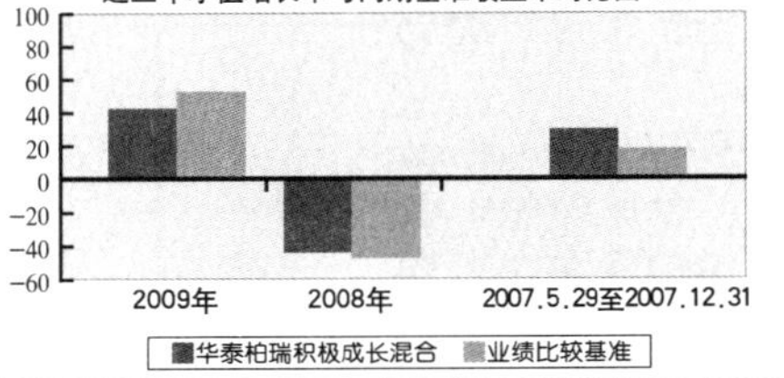

期末基金份额持有人户数	基金份额持有人户数为148,439户，平均每户持有28,491.71份。　（期末截至2009年12月31日）
期末基金份额持有人结构	机构投资者持有422,358,736.60份，占总份额9.99%；个人投资者持有3,806,922,099.51份，占总份额90.01%。

基金业绩表现

2009年华泰柏瑞积极成长混合基金全年净值增长率为43.16%；同期业绩基准收益率为52.60%。

基金管理团队

秦岭松先生：基金经理，美国南加州大学会计学硕士、霍夫斯塔大学MBA，8年证券从业经历。2002年9月至2005年10月在海通证券担任交易员及产品开发工作。2005年11月加入华泰柏瑞基金管理公司，历任研究部高级研究员、华泰柏瑞盛世中国股票基金经理助理；2007年5月起任华泰柏瑞积极成长混合基金经理。

卞亚军先生：基金经理助理，中国社会科学院研究生院金融学硕士，5年证券从业经历。2004年7月至2006年7月在红塔证券资产管理部，任行业研究员、投资经理助理。2006年7月加入华泰柏瑞基金管理公司，历任宏观及债券研究员、行业研究员；2009年11月起任华泰柏瑞积极成长混合基金经理助理。

基金运作分析

在2009年的基金管理中，二季度由于管理人对信贷刺激和市场估值修复的持续性估计不足，导致股票配置比例低于业绩基准；此后投资风格在不恰当的时机发生漂移，并没有按照一致的投资逻辑对资产和行业配置进行调整，导致2009年华泰柏瑞积极成长混合基金的运作未达到预期的结果。

2010年，华泰柏瑞积极成长混合基金将沿着经济复苏的路径，按照系统性的筛选标准，从企业商业模式、盈利持续性和估值等方面精心筛选优势行业中的龙头企业，配置方向上继续突出内需拉动的消费行业（医药、食品、零售等）和通胀受益类行业（煤炭、有色、地产、金融），努力为投资人创造优异的回报。

季度投资组合一览

项目＼季度	第一季度		第二季度		第三季度		第四季度	
基金资产净值	5,025,571,727.55元		5,432,512,173.26元		4,131,944,597.34元		4,456,666,313.44元	
基金份额	5,419,098,285.65份		5,124,007,778.74份		4,586,012,977.04份		4,229,280,836.11份	
基金份额净值	0.9274元		1.0602元		0.9010元		1.0538元	
基金资产组合	市值(元)	占总资产比(%)	市值(元)	占总资产比(%)	市值(元)	占总资产比(%)	市值(元)	占总资产比(%)
股票投资	2,592,134,147.49	51.23	4,273,725,321.50	77.78	3,187,702,569.87	76.80	4,017,146,913.66	89.63
债券投资	886,832,884.80	17.53	277,718,120.10	5.05	19,348,000.00	0.47	199,340,000.00	4.45
金融衍生品投资	——	——	——	——	——	——	——	——
买入返售金融资产	——	——	——	——	——	——	——	——
银行存款和结算备付金	1,528,076,605.13	30.20	906,444,938.62	16.5	939,201,700.93	22.63	237,595,635.25	5.30
其他资产	52,709,613.53	1.04	36,863,075.92	0.67	4,172,018.74	0.10	27,853,211.27	0.62

	股票名称	公允价值(元)	占净值比(%)	股票名称	公允价值(元)	占净值比(%)	股票名称	公允价值(元)	占净值比(%)	股票名称	公允价值(元)	占净值比(%)
投资前五名股票明细	伊利股份	273,913,663.03	5.45	*ST伊利	267,791,650.53	4.93	中国联通	170,445,677.65	4.13	招商银行	161,307,904.30	3.62
	大商股份	193,154,781.72	3.84	华夏银行	246,893,776.36	4.54	贵州茅台	131,349,567.24	3.18	北京银行	156,231,807.80	3.51
	桂冠电力	172,389,609.61	3.43	大商股份	214,766,007.39	3.95	北京银行	129,640,811.59	3.14	兴业银行	145,922,724.03	3.27
	安泰科技	167,351,993.60	3.33	招商银行	195,961,600.62	3.61	*ST伊利	116,507,652.38	2.82	深发展A	120,154,871.54	2.70
	贵州茅台	157,613,404.18	3.14	北京银行	190,200,455.70	3.5	兴业银行	113,213,868.06	2.74	大商股份	86,098,847.04	1.93
投资前五名债券明细	债券名称	公允价值(元)	占净值比(%)	债券名称	公允价值(元)	占净值比(%)	债券名称	公允价值(元)	占净值比(%)	债券名称	公允价值(元)	占净值比(%)
	08国债25	333,574,000.00	6.64	08国债25	156,240,000.00	2.88	08央票114	19,348,000.00	0.47	09央票55	199,340,000.00	4.47
	08国债18	261,825,000.00	5.21	09国债03	49,335,000.00	0.91						
	08央行票据64	115,956,000.00	2.31	06农发07	30,021,000.00	0.55						
	21国债(7)	106,334,884.80	2.12	21国债(7)	22,658,120.10	0.42						
	09国债03	49,555,000.00	0.99	08央票114	19,464,000.00	0.36						

华泰柏瑞价值增长股票型证券投资基金

基本资料					
基金简称	华泰柏瑞价值增长股票	交易代码	460005		
风险收益特征	该基金属于较高收益、较高风险的基金品种。				
业绩比较基准	沪深300指数×80%+上证国债指数×20%				
合同生效日	2008年7月16日	首募份额	4.06亿份	认购户数	6,197户
基金管理人	华泰柏瑞基金管理有限公司	基金托管人	中国银行		
注册登记人	华泰柏瑞基金管理有限公司				

成立来累计净值增长率与同期基准收益率历史走势对比图（%）

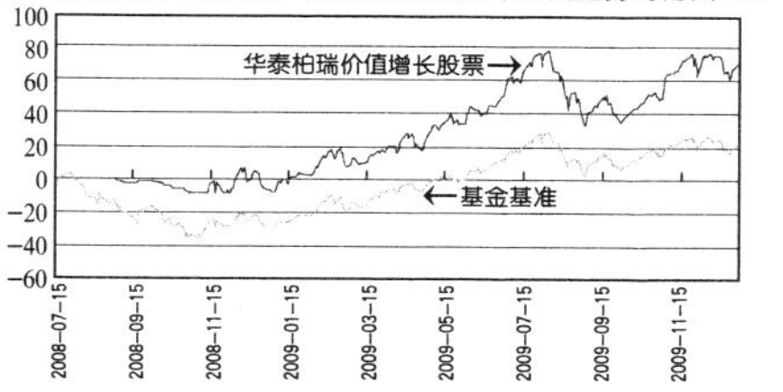

财务指标		单位：人民币（元）；%
项目 \ 年度	2009年	2008年7月16日至2008年12月31日
本期利润	188,351,071.78	−26,235,753.16
本期加权平均净值利润率	45.30	−7.44
期末基金资产净值	706,659,426.99	253,402,879.67
期末基金份额净值	1.2838	0.9235
本期份额净值增长率	75.36	−7.65
累计份额净值增长率	61.94	−7.65
基金收益分配	10派3.100	——

近两年净值增长率与同期基准收益率对比图（%）

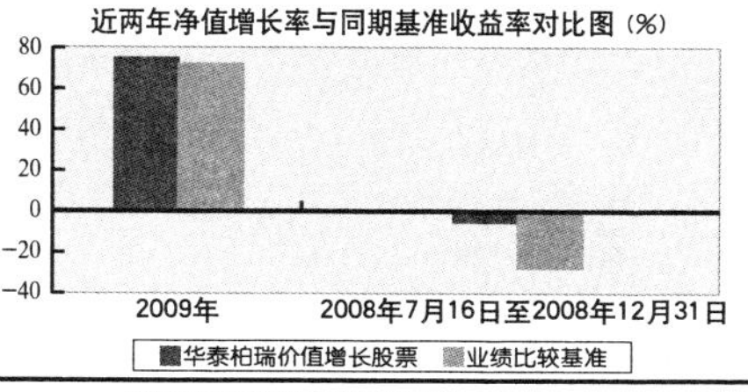

期末基金份额持有人户数	基金份额持有人户数为7,693户，平均每户持有71,550.11份。（期末截至2009年12月31日）
期末基金份额持有人结构	机构投资者持有423,646,959.05份，占总份额76.97%；个人投资者持有126,788,053.25份，占总份额23.03%。

基金业绩表现

截至2009年12月31日，华泰柏瑞价值增长股票基金份额净值为1.2838元，全年净值增长率为75.36%；同期业绩基准收益率为73.60%。

基金管理团队

汪　晖先生：基金经理、投资总监，硕士，16年证券从业经历。历任华泰证券高级经理、华宝信托投资公司信托基金经理、华泰证券投资经理。2004年7月加入华泰柏瑞基金管理公司，历任华泰柏瑞盛世中国股票基金经理助理、华泰柏瑞稳本增利债券基金经理、华泰柏瑞盛世中国股票基金经理；2008年7月起任华泰柏瑞价值增长基金经理；2009年8月起任华泰柏瑞投资部副总监；2009年11月起兼任华泰柏瑞盛世基金经理；2009年12月起任公司投资部总监。

基金运作分析

2009年，经济强劲复苏，全年GDP增速达到8.7%。在市场流动性和经济复苏超预期的刺激下，股票市场呈现牛市行情，沪深300指数涨幅达到96.71%。

上半年宽松的货币政策为市场提供了充裕的流动性，特别是信贷增速强化了投资者对流动性的预期，周期性行业表现出色。华泰柏瑞价值增长股票基金较准确地把握了股票市场的拐点，大幅度提高股票资产配置，获得较高收益。三季度，央行和银监会从管理通胀的角度考虑，逐步回收流动性、控制信贷规模。市场预期变化导致股市大幅度调整，特别是周期性行业。

该基金对政策变化和行业轮动估计不足，遭受一定损失。四季度该基金调整行业配置，增加小市值、防御性行业配置比例，取得较好收益。2009年华泰柏瑞价值增长股票基金净值增长率75.36%，超越业绩基准1.76个百分点，每份分红0.31元。

季度投资组合一览

项目 \ 季度	第一季度		第二季度		第三季度		第四季度	
基金资产净值	247,380,220.18元		292,126,715.87元		366,891,727.43元		706,659,426.99元	
基金份额	210,185,046.98份		194,090,058.56份		268,353,431.92份		550,435,012.30份	
基金份额净值	1.1770元		1.5051元		1.3672元		1.2838元	
基金资产组合	市值(元)	占总资产比(%)	市值(元)	占总资产比(%)	市值(元)	占总资产比(%)	市值(元)	占总资产比(%)
股票投资	193,727,725.13	77.39	270,072,428.83	91.41	330,567,517.14	89.39	617,471,855.80	86.92
债券投资	9,355,096.80	3.74	——	——	300,213.00	0.08	——	——
金融衍生品投资	——	——	——	——	——	——	——	——
买入返售金融资产	——	——	——	——	——	——	——	——
银行存款和结算备付金	26,049,484.64	10.41	18,636,548.75	6.31	38,051,441.64	10.29	91,260,798.26	12.85
其他资产	21,180,783.79	8.46	6,734,052.24	2.28	880,118.92	0.24	1,691,540.37	0.24

	第一季度			第二季度			第三季度			第四季度		
投资前五名股票明细	股票名称	公允价值(元)	占净值比(%)	股票名称	公允价值(元)	占净值比(%)	股票名称	公允价值(元)	占净值比(%)	股票名称	公允价值(元)	占净值比(%)
	深发展A	7,173,000.00	2.90	兴业银行	17,441,700.00	5.97	中国平安	15,334,722.00	4.18	深发展A	27,493,746.60	3.89
	神火股份	6,260,000.00	2.53	浦发银行	14,519,220.44	4.97	兴业银行	12,502,300.00	3.41	浦发银行	25,417,491.57	3.60
	上实医药	5,832,148.38	2.36	大同煤业	13,460,563.62	4.61	浦发银行	10,428,687.30	2.84	兴业银行	23,869,042.47	3.38
	紫金矿业	4,891,500.00	1.98	金地集团	10,872,940.00	3.72	北京银行	10,336,087.47	2.82	民生银行	14,563,836.63	2.06
	中国平安	4,711,581.70	1.90	西山煤电	10,763,970.10	3.68	上海汽车	10,007,404.00	2.73	辽宁成大	11,746,956.00	1.66
投资前五名债券明细	债券名称	公允价值(元)	占净值比(%)	债券名称	公允价值(元)	占净值比(%)	债券名称	公允价值(元)	占净值比(%)	债券名称	公允价值(元)	占净值比(%)
	21国债(7)	9,355,096.80	3.78				博汇转债	300,213.00	0.08			

华泰柏瑞货币市场证券投资基金

基本资料

基金简称	华泰柏瑞货币	交易代码	460006		
风险收益特征	该基金属于证券投资基金较高流动性、低风险的品种，其预期风险和预期收益率都低于股票型基金、混合型基金和债券型基金。				
业绩比较基准	当期银行活期存款税后收益率				
合同生效日	2009年5月6日	首募份额	23.40亿份	认购户数	39,708户
基金管理人	华泰柏瑞基金管理有限公司	基金托管人	中国银行		
注册登记人	华泰柏瑞基金管理有限公司				

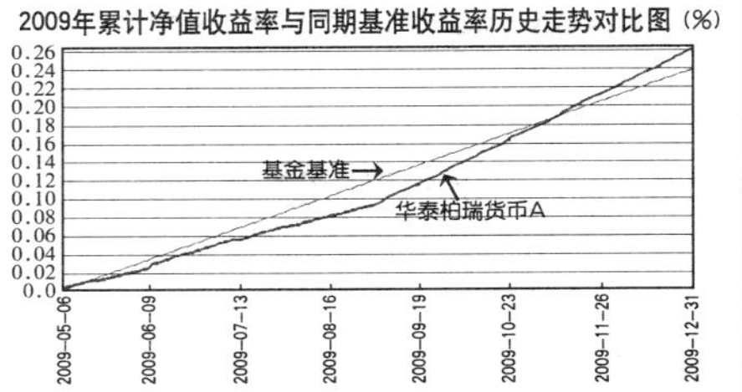

财务指标　　单位：人民币（元）；%

项目＼年度	2009年5月6日至2009年12月31日	
	A	B
本期利润	394,758.76	1,048,531.42
期末基金资产净值	39,573,658.29	237,841,111.33
期末基金份额净值	1.0000	1.0000
本期份额净值收益率	0.2630	0.4225
累计份额净值收益率	0.2630	0.4225
基金收益分配	394,758.76	1,048,531.42

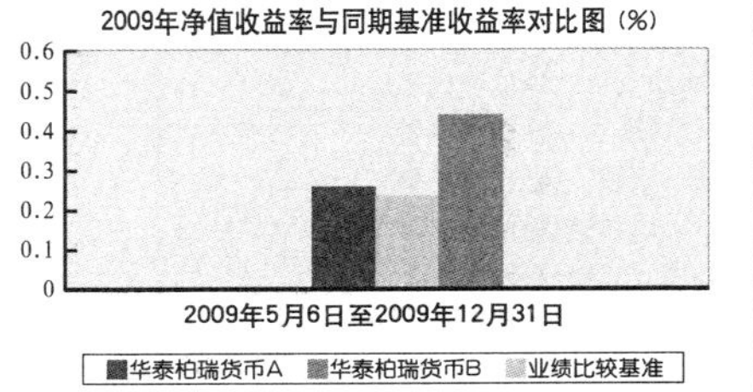

期末基金份额持有人户数	A：基金份额持有人户数为3,300.00户，平均每户持有11,992.02份。 B：基金份额持有人户数为9.00户，平均每户持有26,426,790.15份。（期末截至2009年12月31日）
期末基金份额持有人结构	A：机构投资者持有4,336,837.58份，占总份额1.56%；个人投资者持有35,236,820.71份，占总份额12.70%。 B：机构投资者持有237,841,111.33份，占总份额85.74%；个人投资者持有0份，占总份额0.00%。

基金业绩表现

华泰柏瑞货币基金合同生效于2009年5月6日，截至2009年12月31日，该基金A级全年净值收益率为0.2630%，B级全年净值收益率为0.4225%；同期业绩基准收益率为0.2400%。

基金管理团队

沈 涛先生：基金经理，经济学博士，16年证券从业经历。2005年9月至2007年11月任易方达基金管理公司月月收益中短期债券基金经理。2007年11月加入华泰柏瑞基金管理公司，2008年3月起任华泰柏瑞稳本增利债券基金经理；2009年5月起任华泰柏瑞货币基金经理。

季度投资组合一览

项目＼季度	第三季度		第四季度	
	A	B	A	B
基金资产净值	0.5504亿元	2.5508亿元	0.3957亿元	2.3784亿元
基金份额	0.5504亿份	2.5508亿份	0.3957亿份	2.3784亿份
基金份额净值	1.0000元	1.0000元	1.0000元	1.0000元
基金资产组合	金额(元)	占总资产比例(%)	金额(元)	占总资产比例(%)
股票投资	——	——	——	——
债券投资	269,678,006.31	84.25	139,867,851.80	50.36
金融衍生品投资	——	——	——	——
买入返售金融资产	30,000,000.00	9.37	48,000,000.00	17.28
银行存款和结算备付金	10,000,591.54	3.12	63,859,719.99	22.99
其他资产	10,415,173.96	3.25	26,006,349.61	9.36

投资前五名债券明细	债券名称	成本(元)	占净值比例(%)	债券名称	成本(元)	占净值比例(%)
	08央票112	129,936,865.53	41.90	09央行票据65	49,875,915.95	17.98
	09央行票据39	69,856,865.43	22.53	08农发04	30,040,303.42	10.83
	09央行票据45	39,887,044.83	12.86	09央行票据53	29,970,961.43	10.80
	02国开19	10,015,172.80	3.23	09央行票据51	19,985,004.35	7.20
	09华能集CP01	9,993,463.88	3.22	09华能集CP01	9,995,666.65	3.60

投资组合平均剩余期限	平均剩余期限	占净值比(%)	平均剩余期限	占净值比(%)
	30天以内	61.25	30天以内	58.33
	30天(含)—60天	25.75	30天(含)—60天	10.83
	60天(含)—90天	12.86	60天(含)—90天	17.98
	90天(含)—180天	-	90天(含)—180天	-
	180天(含)—397天（含）	3.22	180天(含)—397天（含）	3.60

基金运作分析

从2009年全年来看，货币市场利率是一个逐渐上升的过程。上半年大部分时间由于宽松的货币政策导致的流动性泛滥使回购利率和央票利率都保持在极低的水平；在二季度后半段由于经济复苏的良好预期和股市的财富效应逐渐提升了债券市场整体收益率，在恢复IPO以后，央票利率迅速回升至一年期定存附近的水平；在三季度以后，尽管紧缩政策逐渐开始实施，但由于银行间资金充沛，央行在公开市场操作也较为平稳，货币市场收益率也保持相对稳定。

华泰柏瑞货币基金从2009年5月6日成立开始就以流动性和安全性作为基金的主要指标，在运作过程中始终坚持了低久期、低风险的组合配置。

2010年，华泰柏瑞货币基金仍将以流动性和安全性作为最重要指标，尽可能为持有人争取回报。

华泰柏瑞行业领先股票型证券投资基金

基本资料			
基金简称	华泰柏瑞行业领先股票	交易代码	460007
风险收益特征	较高风险、较高收益。		
业绩比较基准	沪深300指数×80%+上证国债指数×15%+同业存款利率×5%		
合同生效日	2009年8月3日　首募份额 22.50亿份	认购户数	34,657户
基金管理人	华泰柏瑞基金管理有限公司	基金托管人	中国工商银行
注册登记人	华泰柏瑞基金管理有限公司		

2009年累计净值增长率与同期基准收益率历史走势对比图（%）

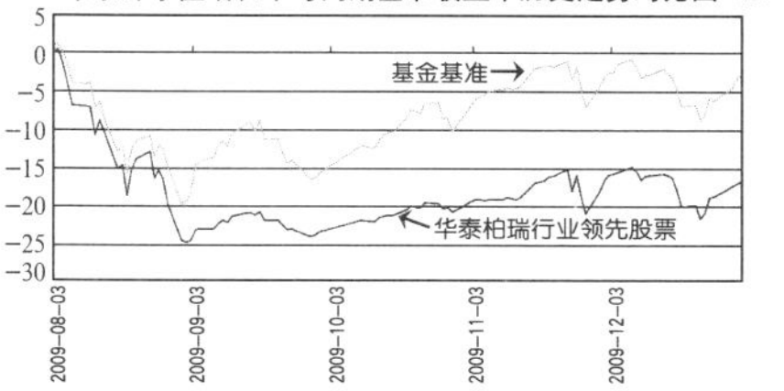

财务指标	单位：人民币（元）；%
项目＼年度	2009年8月3日至2009年12月31日
本期利润	−383,257,490.33
本期加权平均净值利润率	−22.26
期末基金资产净值	1,527,307,459.66
期末基金份额净值	0.8340
本期份额净值增长率	−16.60
累计份额净值增长率	−16.60
基金收益分配	——

2009年净值增长率与同期基准收益率对比图（%）

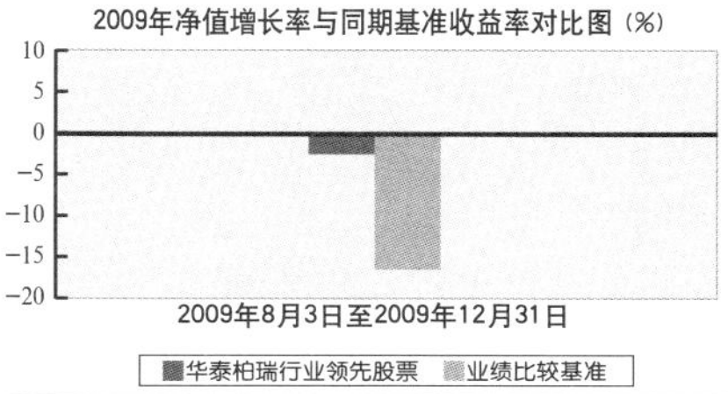

期末基金份额持有人户数	基金份额持有人户数为30,167.00户，平均每户持有60,697.77份。（期末截至2009年12月31日）
期末基金份额持有人结构	机构投资者持有146,425,803.19份，占总份额8.00%；个人投资者持有1,684,643,733.43份，占总份额92.00%。

基金业绩表现

华泰柏瑞行业领先股票基金合同生效于2009年8月3日，截至2009年12月31日，该基金份额净值为0.8340元，成立以来净值增长率为−16.60%；同期业绩基准收益率为−2.82%。

基金管理团队

梁　丰先生：基金经理，经济学硕士，16年证券从业经历。历任中信集团中大投资管理公司证券投资部总经理、总经理助理、中信基金股权投资部总监，2004年3月至2006年1月任中信经典配置基金经理，2005年11月至2007年4月任中信红利精选股票基金经理。2007年4月加入华泰柏瑞基金管理公司，2007年7月至2009年11月任华泰柏瑞盛世基金经理；2009年8月起任华泰柏瑞行业领先股票基金经理。

吕慧建先生：基金经理，MBA，12年证券从业经历。曾就职于深圳发展银行、中信集团中大投资管理公司；2003年2月至2007年6月在中信基金公司分别担任营销总监及行业研究员；2007年6月加入华泰柏瑞基金公司，任高级研究员，2007年11月起任基金经理助理；2009年11月起任华泰柏瑞行业领先基金经理。

基金运作分析

华泰柏瑞行业领先股票基金成立于2009年8月3日，沪深300前收盘价为3735点。成立初期受股市上涨的惯性思维影响，建仓速度较快，造成较大净值损失。在检讨市场判断、操作策略的基础上，该基金充分利用公司投研团队支持，重新调整了投资策略，并在11月份对仓位和持股结构进行调整，净值表现有所改善。

2010年，从全年跨度看，华泰柏瑞行业领先股票基金相对看好消费品行业的盈利增长机会，关注新产业、新技术、新的商业模式带来的投资机会。对于周期性行业，该基金管理人认为仍有可能具有良好的阶段性机会。

季度投资组合一览

项目＼季度	第四季度	
基金资产净值	1,527,307,459.66元	
基金份额	1,831,069,536.62份	
基金份额净值	0.834元	
基金资产组合	金额(元)	占总资产比例(%)
股票投资	1,242,173,462.63	80.45
债券投资	——	——
金融衍生品投资	——	——
买入返售金融资产	——	——
银行存款和结算备付金	300,420,852.51	19.46
其他资产	1,457,562.24	0.09

投资前五名股票明细	股票名称	公允价值(元)	占净值比例(%)	投资前五名债券明细	债券名称	公允价值(元)	占净值比例(%)
	民生银行	40,550,227.41	2.66				
	深发展A	34,051,153.09	2.23				
	北京银行	31,423,632.00	2.06		——		
	兴业银行	29,926,587.41	1.96				
	潞安环能	26,884,176.00	1.76				

新华基金管理有限公司

法定名称	新华基金管理有限公司	英文名称	New China Fund Management Co., Ltd.		
成立时间	2004年12月9日	注册资本	1亿元人民币	公司属性	中 资
董 事 长	陈 重	总 经 理	孙枝来	督 察 长	齐 岩
公司网址	www.ncfund.com.cn	客服电话	400-819-8866　010-6873 0888		
联系电话	010-6872 6666	传真号码	023-6371 3073		
注册地址	重庆市江北区建新东路85号附1号1层1-1				
办公地址	北京海淀区西三环北路11号海通时代商务中心C1座；重庆市渝中区较场口88号A座7-2				

公司简介

新华基金管理有限公司(原新世纪基金管理有限公司)经中国证监会批准，于2004年12月9日注册成立。公司注册资本为1亿元人民币，注册地为重庆市，是我国西部首家基金管理公司。公司股东包括：新华信托股份有限公司出资人民币4,800万元，占注册资本的48%；陕西蓝潼电子投资有限公司出资人民币3,000万元，占注册资本的30%；上海大众环境产业有限公司出资人民币2,200万元，占注册资本的22%。

截至2009年12月31日，新华基金管理有限公司旗下共管理着3只开放式基金；管理基金资产规模71.40亿元人民币。

2009年旗下开放式基金业绩表现

截至日期：2009年12月31日

(单位：元；%)

基金类型	基金简称	设立日期	基金份额净值	净值增长率①	累计净值增长率②
股票型	新华优选成长股票	2008-07-25	2.0444	115.21	113.77
混合型	新华优选分红混合	2005-09-16	0.8754	99.73	268.33
	新华泛资源优势混合	2009-07-13	1.026	2.60	2.60

注：①净值增长率指该基金2009年度的份额净值增长率；②累计净值增长率指该基金设立以来的份额净值增长率。

2009年管理公募基金概况

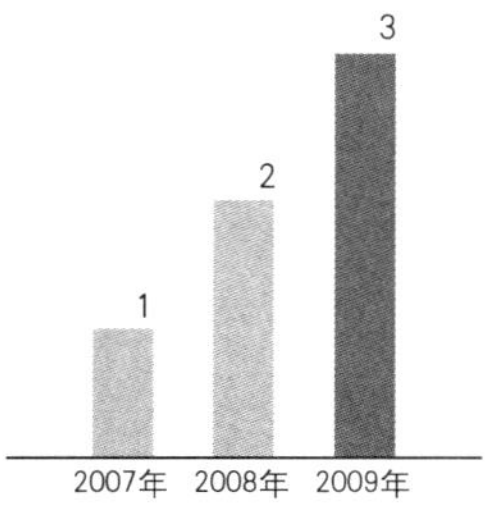

基金数量(只)

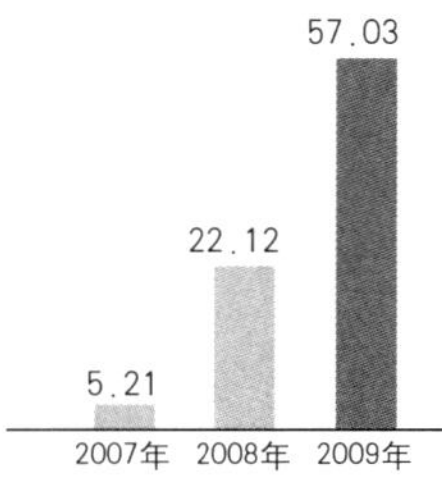

基金份额规模(亿份)

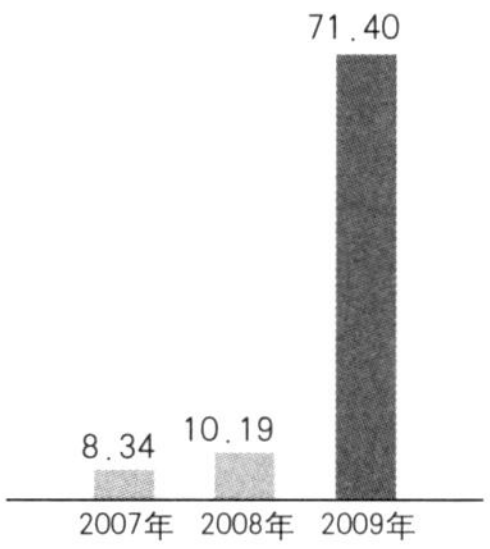

基金资产规模(亿元)

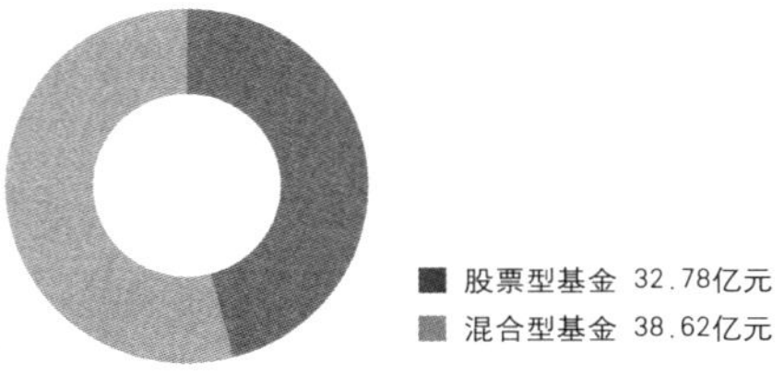

2009年基金资产规模构成

新华优选分红混合型证券投资基金

基本资料					
基金简称	新华优选分红混合	交易代码	519087(前端) 519088(后端)		
风险收益特征	该基金属于中等风险的混合型基金，其风险收益特征从长期平均来看，介于股票基金与债券基金之间。				
业绩比较基准	60%×中信标普300指数+40%×中信全债指数				
合同生效日	2005年9月16日	首募份额	6.19亿份	认购户数	25,262户
基金管理人	新华基金管理有限公司	基金托管人	中国农业银行		
注册登记人	中国证券登记结算有限责任公司				

财务指标　　单位：人民币(元)；%

项目＼年度	2009年	2008年	2007年
本期利润	904,554,298.56	－1,252,481,796.78	750,809,008.07
本期加权平均净值利润率	65.58	－94.61	68.74
期末基金资产净值	2,000,470,970.44	930,532,633.30	833,548,388.82
期末基金份额净值	0.8754	0.4383	1.6008
本期份额净值增长率	99.73	－55.96	99.48
累计份额净值增长率	268.33	84.42	318.72
基金收益分配	——	——	10派8.87

成立来累计净值增长率与同期基准收益率历史走势对比图（%）

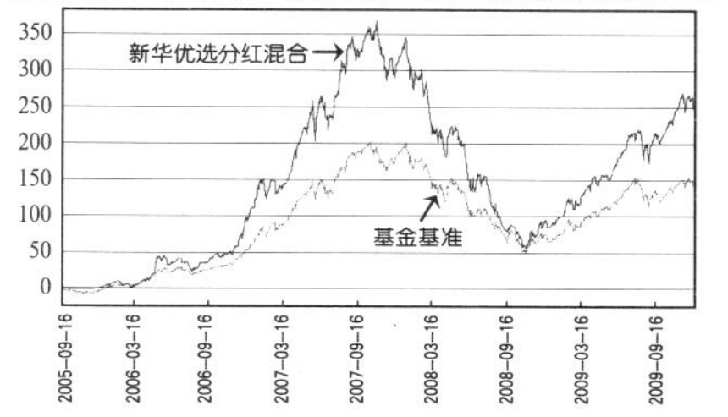

近三年净值增长率与同期基准收益率对比图（%）

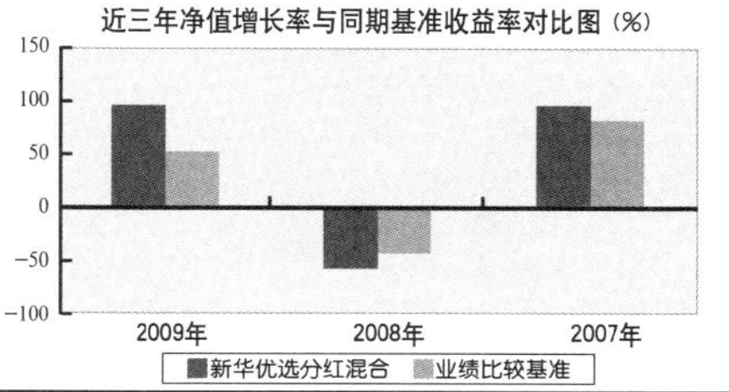

期末基金份额持有人户数	基金份额持有人户数为76,516户，平均每户持有29,866.79份。（期末截至2009年12月31日）
期末基金份额持有人结构	机构投资者持有126,157,757.98份，占总份额5.52%；个人投资者持有2,159,129,821.77份，占总份额94.48%。

基金业绩表现

截至2009年12月31日，新华优选分红混合基金份额净值为0.8754元，全年净值增长率为99.73%；同期业绩基准收益率为51.31%。

基金管理团队

曹名长先生：基金经理、投资管理部副总监，经济学硕士，12年证券从业经历。历任君安证券公司研究员、红塔证券公司资产管理部投资经理、百瑞信托公司投资经理、新华基金管理公司策略分析师。现任投资管理部副总监，新华优选分红混合基金经理。

向朝勇先生：基金经理、副总经理，管理学博士，12年证券从业经历。先后供职于宝钢集团公司、平安证券资产管理事业部及投资管理部、东吴证券投资总部、东吴基金管理公司投资管理部，2005年2月至2006年7月任东吴嘉禾优势精选基金经理。2007年6月至2009年9月任新华优选分红混合基金经理。

基金运作分析

2009年中国股市呈现牛市特征，上证综合指数全年上涨80.05%。影响股指上扬的原因主要是全球各国纷纷出台了一系列的刺激经济的政策和经济本身从底部开始走向复苏。

从具体操作来看，新华优选分红混合基金2009年全年都保持了较高的股票仓位，只是在不同的阶段进行了结构调整和反市场操作。

2010年，基于对市场的判断，对于整个大类资产配置，该基金将会采取比2009年更灵活的策略，在整体风险较大时适当降低股票仓位，而在风险相对较低时加大股票配置。当然，也会关注对有价值的中小盘股的挖掘。

季度投资组合一览

项目＼季度	第一季度		第二季度		第三季度		第四季度	
基金资产净值	1,171,643,927.58元		1,398,761,022.47元		1,436,920,904.04元		2,000,470,970.44元	
基金份额	2,073,585,442.73份		2,044,705,867.88份		1,985,772,633.77份		2,285,287,579.75份	
基金份额净值	0.5650元		0.6841元		0.7236元		0.8754元	
基金资产组合	市值(元)	占总资产比(%)	市值(元)	占总资产比(%)	市值(元)	占总资产比(%)	市值(元)	占总资产比(%)
股票投资	1,050,827,085.14	89.07	1,251,520,837.63	88.79	1,290,392,904.44	89.30	1,783,406,274.65	87.99
债券投资	61,199,334.20	5.19	61,077,621.50	4.33	12,841,226.40	0.89	14,218,918.20	0.70
金融衍生品投资	——	——	——	——	——	——	——	——
买入返售金融资产	——	——	——	——	——	——	——	——
银行存款和结算备付金	60,223,673.00	5.10	90,992,377.89	6.46	134,632,593.65	9.32	194,665,975.78	9.60
其他资产	7,588,386.33	0.64	5,904,516.69	0.42	7,168,182.41	0.50	34,518,544.60	1.70

投资前五名股票明细	股票名称	公允价值(元)	占净值比(%)	股票名称	公允价值(元)	占净值比(%)	股票名称	公允价值(元)	占净值比(%)	股票名称	公允价值(元)	占净值比(%)
	南京银行	73,343,730.50	6.26	南京银行	77,713,723.71	5.56	招商银行	109,038,548.42	7.59	招商银行	135,870,273.95	6.79
	招商银行	59,105,429.46	5.04	中国平安	53,416,800.00	3.82	新和成	91,049,595.84	6.34	新和成	112,223,935.20	5.61
	武钢股份	54,978,000.00	4.69	贵州茅台	52,855,851.10	3.78	南京银行	83,948,336.64	5.84	贵州茅台	106,978,278.82	5.35
	中国平安	54,362,900.00	4.64	青岛啤酒	49,431,075.90	3.53	兴业银行	58,795,613.70	4.09	南京银行	105,244,185.60	5.26
	中国国贸	44,140,403.52	3.77	新和成	48,495,052.80	3.47	大厦股份	52,926,735.54	3.68	中国平安	100,814,700.00	5.04

投资前五名债券明细	债券名称	公允价值(元)	占净值比(%)	债券名称	公允价值(元)	占净值比(%)	债券名称	公允价值(元)	占净值比(%)	债券名称	公允价值(元)	占净值比(%)
	08北辰债	61,199,334.20	5.22	08北辰债	61,077,621.50	4.37	08北辰债	11,681,276.40	0.81	08北辰债	11,622,967.20	0.58
							龙盛转债	1,159,950.00	0.08	王府转债	2,595,951.00	0.13

新华优选成长股票型证券投资基金

基本资料					
基金简称	新华优选成长股票		交易代码	519089	
风险收益特征	高风险高收益品种，预期风险和收益均高于混合型基金、债券型基金。				
业绩比较基准	80%×沪深300指数+ 20%×上证国债指数				
合同生效日	2008年7月25日	首募份额	2.78亿份	认购户数	13,455户
基金管理人	新华基金管理有限公司		基金托管人	中国农业银行	
注册登记人	中国证券登记结算有限公司				

2009年累计净值增长率与同期基准收益率历史走势对比图（%）

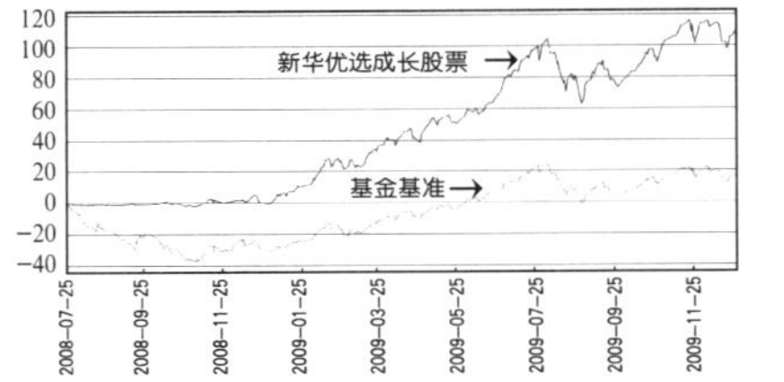

财务指标　　单位：人民币（元）；%

项目 \ 年度	2009年	2008年7月25日至2008年12月31日
本期利润	422,813,523.48	−888,845.96
本期加权平均净值利润率	46.47	−0.50
期末基金资产净值	3,277,858,926.85	88,323,250.41
期末基金份额净值	2.0444	0.9933
本期份额净值增长率	115.21	−0.67
累计份额净值增长率	113.77	−0.67
基金收益分配	10派0.500	——

2009年净值增长率与同期基准收益率对比图（%）

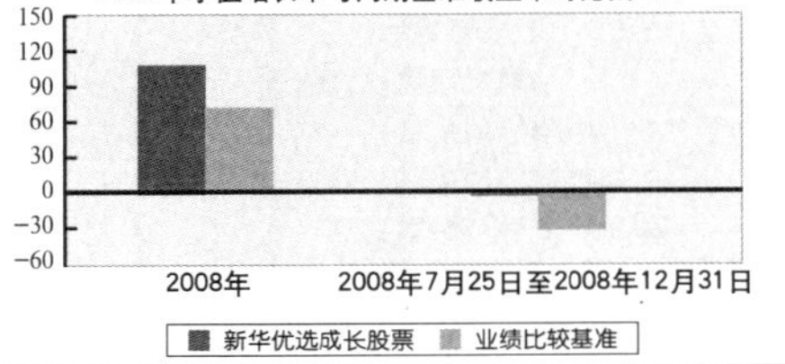

期末基金份额持有人户数	基金份额持有人户数为62,305户，平均每户持有25,734.28份。（期末截至2009年12月31日）
期末基金份额持有人结构	机构投资者持有79,808,179.07份，占总份额4.98%；个人投资者持有1,523,566,394.46份，占总份额95.02%。

基金业绩表现

截至2009年12月31日，新华优选成长股票基金份额净值为2.0444元，全年净值增长率为115.21%；同期业绩基准收益率为73.60%，业绩表现优于基准。

基金管理团队

王卫东先生：基金经理、投资总监、总经理助理，硕士，16年证券从业经历。先后供职于广东发展银行海南证券业务部，任经理；广发证券海口海甸岛营业部，负责营业部管理并从事投资银行工作；广发证券投资理财部和自营部，任经理；华龙证券投资理财总部，任总经理；青岛海东清置业公司，任总经理。现任新华基金管理公司投资总监，总经理助理；2008年7月起任新华优选成长股票基金经理。

基金运作分析

2008年底新华优选成长股票基金将仓位提高到74%，重点配置了医药、机械设备、通讯、农化、新能源等行业，在一季度取得了较好的投资收益。二季度管理人及时提出了"谨防主题投资泡沫"的核心观点，减持了新能源等主题投资的股票，加大对地产、煤炭、金融、化工板块的配置力度，取得较好的投资效果。三季度，该基金适时减持部分涨幅较大的周期性股票，增持商业、医药等防御性品种，并适当降低仓位。四季度市场一定程度上涨，新华优选成长股票基金适度增加商业、医药、食品饮料、信息技术类的持仓比例，减持部分受政策调控影响的房地产品种，取得了一定的投资效果。

总体上看，2009年新华优选成长股票基金对行业的前瞻性配置及对市场大的波段和风格切换上都把握较好，取得了较好的投资业绩。

季度投资组合一览

项目 \ 季度	第一季度		第二季度		第三季度		第四季度	
基金资产净值	199,050,011.01元		363,708,490.04元		1,447,569,140.11元		3,277,858,926.85元	
基金份额	150,139,213.21份		223,069,947.97份		864,842,089.72份		1,603,374,573.53份	
基金份额净值	1.3258元		1.6305元		1.6738元		2.0444元	
基金资产组合	市值(元)	占总资产比(%)	市值(元)	占总资产比(%)	市值(元)	占总资产比(%)	市值(元)	占总资产比(%)
股票投资	175,304,455.40	83.95	341,386,400.75	90.06	1,271,024,688.27	86.25	3,064,059,501.18	91.86
债券投资	——	——	——	——	——	——	——	——
金融衍生品投资	——	——	——	——	——	——	——	——
买入返售金融资产	——	——	——	——	——	——	——	——
银行存款和结算备付金	21,584,882.84	10.34	25,696,273.75	6.78	176,562,701.49	11.98	184,199,917.16	5.52
其他资产	11,939,935.26	5.72	11,972,027.29	3.16	26,117,661.50	1.77	87,258,239.61	2.62

投资前五名股票明细	股票名称	公允价值(元)	占净值比(%)	股票名称	公允价值(元)	占净值比(%)	股票名称	公允价值(元)	占净值比(%)	股票名称	公允价值(元)	占净值比(%)
	辽宁成大	7,953,180.00	4.00	浦发银行	18,416,000.00	5.06	中国平安	62,876,720.40	4.34	浦发银行	182,829,977.01	5.58
	中信证券	7,641,000.00	3.84	中信证券	16,956,000.00	4.66	浦发银行	49,935,503.55	3.45	中国平安	181,971,745.48	5.55
	方大炭素	6,717,136.30	3.37	兴业银行	14,844,000.00	4.08	南京银行	48,783,420.00	3.37	云维股份	97,641,210.51	2.98
	名流置业	6,357,000.00	3.19	中国平安	13,926,551.12	3.83	北京银行	48,168,188.00	3.33	长征电气	96,614,979.72	2.95
	三一重工	4,698,000.00	2.36	建发股份	13,556,302.32	3.73	中国石化	43,253,608.90	2.99	闽闽东	95,697,281.00	2.92

投资前五名债券明细	债券名称	公允价值(元)	占净值比(%)	债券名称	公允价值(元)	占净值比(%)	债券名称	公允价值(元)	占净值比(%)	债券名称	公允价值(元)	占净值比(%)
	——			——			——			——		

新华泛资源优势灵活配置混合型证券投资基金

基本资料					
基金简称	新华泛资源优势混合	交易代码	519091		
风险收益特征	该基金为混合型基金，属于证券投资基金中的中高等风险品种，预期风险和收益高于债券型、货币型基金，低于股票型基金。				
业绩比较基准	60%×沪深300指数+40%×上证国债指数				
合同生效日	2009年7月13日	首募份额	31.32亿份	认购户数	33,392户
基金管理人	新华基金管理有限公司	基金托管人	中国工商银行		
注册登记人	中国证券登记结算有限责任公司				

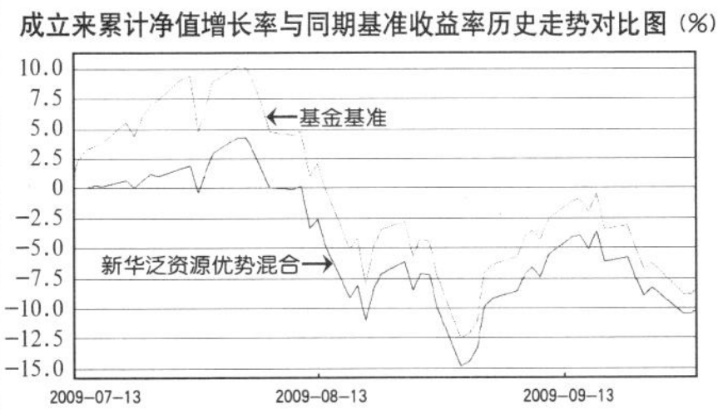

财务指标　单位：人民币（元）；%

项目 \ 年度	2009年7月13日至2009年12月31日
本期利润	64,800,690.58
本期加权平均净值利润率	2.44
期末基金资产净值	1,861,694,794.02
期末基金份额净值	1.026
本期份额净值增长率	2.60
累计份额净值增长率	2.60
基金收益分配	——

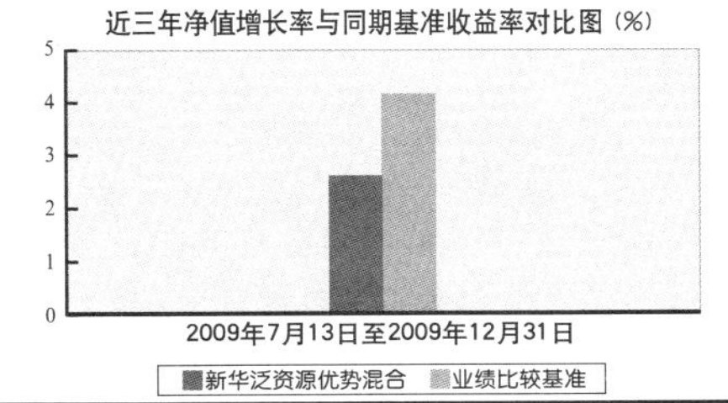

期末基金份额持有人户数	基金份额持有人户数为25,010户，平均每户持有72,535.99份。（期末截至2009年12月31日）
期末基金份额持有人结构	机构投资者持有14,568,494.76份，占总份额0.80%；个人投资者持有1,799,556,635.54份，占总份额99.20%。

基金业绩表现

新华泛资源优势混合基金合同生效于2009年7月13日，截至2009年12月31日，该基金份额净值为1.026元，成立以来净值增长率为2.60%；同期业绩基准收益率为4.16%。

基金管理团队

王卫东先生：基金经理、投资总监、总经理助理，硕士，16年证券从业经历。先后供职于广东发展银行海南证券业务部，任经理；广发证券海口海甸岛营业部，负责营业部管理并从事投资银行工作；广发证券投资理财部和自营部，任经理；华龙证券投资理财总部，任总经理；青岛海东清置业公司，任总经理。现任新华基金管理公司投资总监，总经理助理；2009年7月起任新华泛资源优势混合基金经理。

基金运作分析

新华泛资源优势混合基金成立于2009年7月中旬。当时市场处于筑顶阶段，既面临股指大幅回调的风险，又面临因短期股指继续大幅推高而踏空的风险，操作难度较大。在这种两难局面下，新华泛资源优势混合基金未能克服急躁心理，和大多数同期成立的基金一样进行了快速建仓。虽然在建仓品种上，选择了低估值的银行和涨幅较小的消费品行业，并适当控制了仓位，但在8月的市场调整中基金净值遭受了一定损失。在这种不利背景下，该基金认为在经济复苏的背景下，市场不具备大幅下跌空间，因此，选择了继续加仓，越跌越买的策略，到三季度末该基金股票仓位已接近上限，在四季度的反弹行情中，新华泛资源优势混合基金净值快速增长，取得了良好的业绩。

季度投资组合一览

项目 \ 季度	第三季度			第四季度		
基金资产净值	2,602,827,117.10元			1,861,694,794.02元		
基金份额	2,886,443,621.03份			1,814,125,130.30份		
基金份额净值	0.902元			1.026元		
基金资产组合	市值(元)		占总资产比(%)	市值(元)		占总资产比(%)
股票投资	1,980,040,017.59		75.76	1,460,278,683.11		77.97
债券投资	103,648,207.60		3.97	177,843,836.00		9.50
资产支持证券投资	——		——	——		——
金融衍生品投资	——		——	——		——
买入返售金融资产	——		——	——		——
银行存款和结算备付金	520,159,860.25		19.90	217,333,888.37		11.60
其他资产	9,747,794.87		0.37	17,512,744.07		0.94
投资前五名股票明细	股票名称	公允价值(元)	占净值比(%)	股票名称	公允价值(元)	占净值比(%)
	中国平安	126,750,000.00	4.87	中国平安	132,216,000.00	7.10
	中国石化	112,774,000.00	4.33	浦发银行	114,822,522.00	6.17
	招商银行	88,679,275.78	3.41	益佰制药	112,614,526.59	6.05
	兴业银行	84,123,719.16	3.23	兴业银行	92,713,000.00	4.98
	北京银行	75,125,625.72	2.89	招商银行	81,224,115.55	4.36
投资前五名债券明细	债券名称	公允价值(元)	占净值比(%)	债券名称	公允价值(元)	占净值比(%)
	09豫园债	80,080,000.00	3.08	09豫园债	80,792,000.00	4.34
	09伊城投债	20,256,000.00	0.78	08新湖债	24,197,426.00	1.30
	博汇转债	1,994,748.60	0.08	09临海债	20,446,000.00	1.10
	龙盛转债	1,317,459.00	0.05	09伊城投债	20,300,000.00	1.09
	——			09爱使债	20,000,000.00	1.07

汇添富基金管理有限公司

法定名称	汇添富基金管理有限公司	英文名称	China Universal Asset Management Co.,Ltd.		
成立时间	2005年2月3日	注册资本	1亿元人民币	公司属性	中 资
法人代表	桂水发	总 经 理	林利军	督 察 长	李 文
公司网址	www.99fund.com	客服电话	400-888-9918		
联系电话	021-2893 2888	传真号码	021-2893 2998		
注册地址	上海市黄浦区大沽路288号6幢538室	办公地址	上海市富城路99号震旦国际大楼21楼		

公司简介

汇添富基金管理有限公司(以下简称"汇添富基金")成立于2005年2月，由东方证券股份有限公司、文汇新民联合报业集团、东方航空集团三家实力雄厚、声誉卓越的集团联合发起设立。公司总部设在上海陆家嘴，目前已经设立北京分公司、广州分公司和汇添富资产管理(香港)有限公司。

作为一家高起点、国际化、充满活力的基金管理公司，汇添富基金始终秉持长期稳健的经营理念，构建清晰规范的公司治理结构，坚守诚信公正的经营行为。

年度经营

截至2009年12月31日，汇添富基金管理的9只证券投资基金合计规模达到615亿元，基金份额持有人户数超过300万，基金产品涵盖股票型、指数型、混合型、债券型以及货币市场基金，不同风险收益特征的多层次产品线基本完善。

在投资管理方面，2009年以来，汇添富基金进一步大力加强投资研究团队建设，同时，汇添富基金坚持秉承"以企业基本分析为立足点，选取高质量证券，把握市场脉络，作中长期投资布局，以获得持续稳定增长的较高投资收益"的投资理念，为广大投资者创造持续良好的投资回报。

2009年，汇添富基金在国际业务方面，迈出了关键的步伐，2009年6月，汇添富香港全资子公司获批在香港设立；同年11月，公司获批10亿美元外汇额度；2010年上半年，公司旗下第一只QDII基金汇添富亚洲澳洲成熟市场(除日本外)优势精选股票基金获准发行。此外，汇添富资产管理(香港)有限公司完成注册登记手续并于2010年2月获得香港证券及期货事务监察委员会颁发的第4类和第9类牌照。

客户服务

在公司各项业务全面快速发展的同时，汇添富高度重视投资者服务和教育工作，始终坚持"客户第一"的价值理念与原则，充分利用电话、网络、电视、广播、刊物等媒体渠道开展多样化的投资者服务和教育活动。2009年，汇添富继续积极开展"添富之约"投资者巡讲系列活动，成功举办了1,150多场投资者教育宣讲会以及小型交流会，直接受众达到9万多人。在2009年第六届"金基金"评选活动中，汇添富基金荣获"投资者关系奖"。

社会责任

在塑造资产管理专业品牌的同时，汇添富基金也努力践行企业公民的社会责任，感恩回馈社会。2010年，汇添富基金捐资800万元发起的"上海汇添富公益基金会"获民政部门批准，此举标志着上海基金业首家非公募综合性公益基金会正式设立。2010年4月青海玉树地震，公司向上海汇添富公益基金会捐款20万元，并与中国儿童少年基金会合作，将该款项用于玉树灾区为受灾儿童新建教育设施。同年5月，汇添富基金援助青海玉树地震灾区公益活动再度升级，公司联合中国人口福利基金会发起"添富幸福书屋"活动，向中国人口福利基金会捐赠汇添富公司和员工的捐款30万元，用于在青海省的100所学校内设立图书馆，其中位于玉树藏族自治州的图书室不少于20所。2009年，公司在安徽设立"添富之爱"奖学金，在云南怒江全资捐建的"添富小学"正式挂牌并投入使用，同时还启动"河流与孩子——金沙江流域助学计划2009"。在2009年上海基金业"传承责任，共谱未来"投资者教育活动中，汇添富的"河流与孩子公益助学"项目获得"最受网民关注的社会责任事件"第二名。

2009年管理公募基金概况

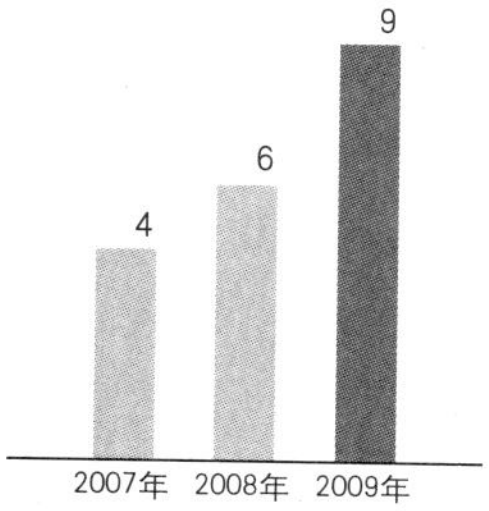

基金数量(只)

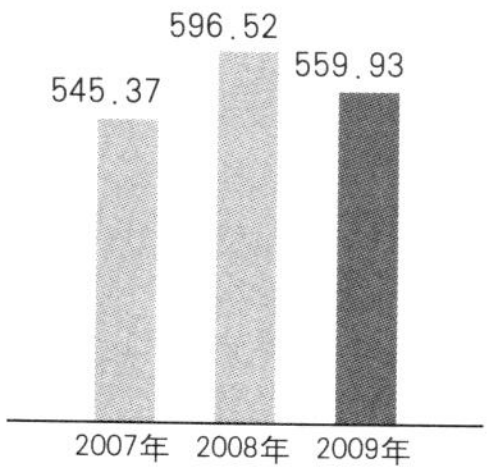

基金份额规模(亿份)

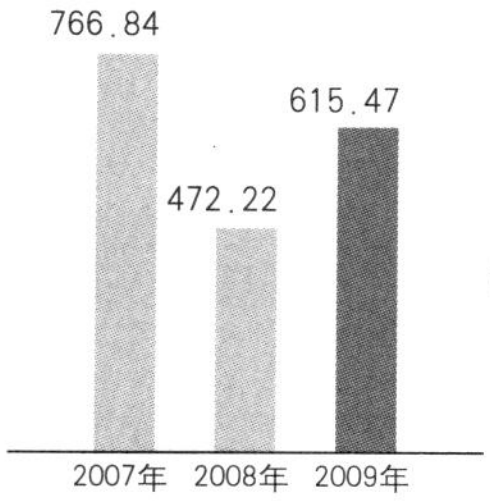

基金资产规模(亿元)

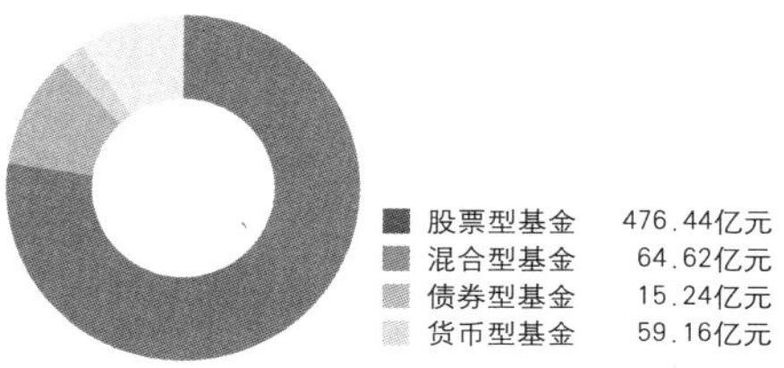

2009年基金资产规模构成

汇添富优势精选混合型证券投资基金

基本资料					
基金简称	汇添富优势精选混合	交易代码	519008		
风险收益特征	该基金是精选股票、并且进行积极风险控制的混合型基金，其风险和预期收益比较均衡，属于风险适中的基金品种。				
业绩比较基准	70%×沪深300指数收益率+30%×上证国债指数收益率				
合同生效日	2005年8月25日	首募份额	10.25亿份	认购户数	8,533户
基金管理人	汇添富基金管理有限公司	基金托管人	中国工商银行		
注册登记人	中国证券登记结算有限责任公司				

成立来累计净值增长率与同期基准收益率历史走势对比图（%）

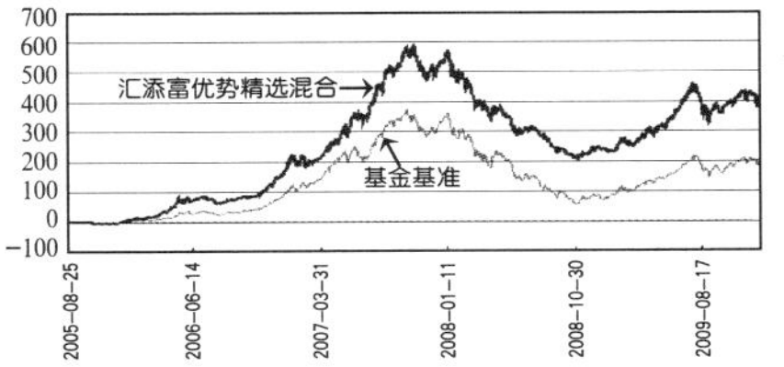

近三年净值增长率与同期基准收益率对比图（%）

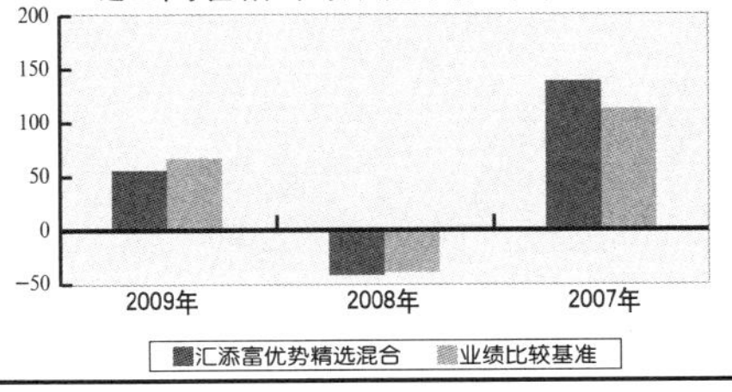

财务指标　　单位：人民币（元）；%

项目＼年度	2009年	2008年	2007年
本期利润	2,028,188,222.08	−4,448,136,802.07	3,407,615,232.51
本期加权平均净值利润率	39.89	−73.90	60.36
期末基金资产净值	5,777,075,321.59	4,015,234,132.63	11,021,504,435.93
期末基金份额净值	3.0123	1.9808	5.2766
本期份额净值增长率	52.07	−46.13	144.52
累计份额净值增长率	418.97	241.26	533.44
基金收益分配	——	10派11.300	10派3.800

期末基金份额持有人户数	基金份额持有人户数为202,938户，平均每户持有9,450.27份。　（期末截至2009年12月31日）
期末基金份额持有人结构	机构投资者持有692,823,838.65份，占总份额36.13%；个人投资者持有1,224,995,928.06份，占总份额63.87%。

基金业绩表现

截至2009年12月31日，汇添富优势精选混合基金份额净值为3.0123元，全年净值增长率为52.07%。

基金管理团队

庞　飒先生：基金经理、投资研究总部基金投资部副总监，硕士，9年证券从业经历。曾就职于申银万国证券研究所、富国基金管理公司。2005年4月加入汇添富基金管理公司，2005年8月至2010年2月任汇添富优势精选混合基金经理；2006年8月至2010年1月任汇添富均衡增长基金经理；2009年12月任投资研究总部基金投资部副总监。

苏　竞先生：基金经理，经济学硕士，6年证券从业经历。曾就职于上海申银万国证券研究所、上投摩根基金公司、博时基金管理公司。2006年9月加入汇添富基金公司，曾任汇添富优势精选混合基金经理助理；2007年10月起任汇添富优势精选混合基金经理；2007年12月起任汇添富均衡增长基金经理，2008年7月起任汇添富蓝筹稳健混合基金经理。

王　栩先生：基金经理助理，管理学硕士，7年证券从业经历。曾就职于上海永嘉投资管理公司。2004年11月加入汇添富基金管理公司，曾任汇添富优势精选混合基金经理助理；2010年2月起任汇添富优势精选混合基金经理。

基金运作分析

2009年汇添富优势精选混合基金在资产和行业配置上有得有失。该基金年初策略相对谨慎，错失一些投资机会。3月份后调整整体投资策略，积极提高股票仓位，重点配置于金融、地产、采掘等强周期性行业。三季度后该基金重新转回防御策略，减持受政策冲击较大的强周期性行业，增持食品饮料、商业贸易、医药生物等盈利增长比较确定的行业以及信息设备与服务、传媒等代表未来新需求的行业。

季度投资组合一览

项目＼季度	第一季度		第二季度		第三季度		第四季度	
基金资产净值	4,036,767,881.25元		6,284,279,983.15元		5,237,813,322.85元		5,777,075,321.59元	
基金份额	1,828,602,593.99份		2,274,433,131.39份		1,946,460,690.47份		1,917,819,766.71份	
基金份额净值	2.2076元		2.7630元		2.6909元		3.0123元	
基金资产组合	市值(元)	占总资产比(%)	市值(元)	占总资产比(%)	市值(元)	占总资产比(%)	市值(元)	占总资产比(%)
股票投资	3,582,086,181.46	88.36	5,899,169,007.32	90.37	4,087,015,771.51	77.75	5,374,027,893.58	92.62
债券投资	225,232,000.00	5.56	223,617,000.00	3.43	229,388,000.00	4.36	99,670,000.00	1.72
金融衍生品投资	——	——	——	——	——	——	——	——
买入返售金融资产	——	——	——	——	——	——	——	——
银行存款和结算备付金	150,613,294.82	3.72	348,369,541.97	5.34	924,798,207.37	17.59	304,585,873.45	5.25
其他资产	96,202,524.97	2.37	56,476,784.21	0.87	15,474,990.98	0.29	23,907,997.85	0.41

投资前五名股票明细	股票名称	公允价值(元)	占净值比(%)	股票名称	公允价值(元)	占净值比(%)	股票名称	公允价值(元)	占净值比(%)	股票名称	公允价值(元)	占净值比(%)
	中国联通	241,186,000.00	5.97	贵州茅台	385,886,047.62	6.14	兴业银行	297,352,000.00	5.68	兴业银行	354,728,000.00	6.14
	小商品城	230,960,000.00	5.72	中信证券	361,724,806.62	5.76	双汇发展	276,276,000.00	5.27	五粮液	269,107,403.88	4.66
	贵州茅台	218,006,000.00	5.40	金牛能源	313,704,831.60	4.99	中材国际	247,497,831.90	4.73	大同煤业	251,934,282.16	4.36
	浦发银行	175,486,675.68	4.35	民生银行	275,773,109.04	4.39	民生银行	202,200,000.00	3.86	中国太保	204,954,517.32	3.55
	苏宁电器	134,802,165.20	3.34	潞安环能	220,743,215.99	3.51	保利地产	197,513,528.28	3.77	深发展A	187,048,401.35	3.24

投资前五名债券明细	债券名称	公允价值(元)	占净值比(%)	债券名称	公允价值(元)	占净值比(%)	债券名称	公允价值(元)	占净值比(%)	债券名称	公允价值(元)	占净值比(%)
	08央票106	194,920,000.00	4.83	08央票106	193,440,000.00	3.08	09央票47	199,340,000.00	3.81	09央票65	99,670,000.00	1.73
	06农发13	30,312,000.00	0.75	06农发13	30,177,000.00	0.48	06农发13	30,048,000.00	0.57			

汇添富货币市场基金

基本资料

基金简称	汇添富货币	交易代码	A：519518　B：519517
风险收益特征	该基金是具有较低风险、中低收益、流动性强的证券投资基金品种。		
业绩比较基准	税后活期存款利率(即活期存款利率×(1－利息税率))		
合同生效日	2006年3月23日　首募份额　41.05亿份	认购户数	15,423户
基金管理人	汇添富基金管理有限公司	基金托管人	上海浦东发展银行
注册登记人	中国证券登记结算有限责任公司		

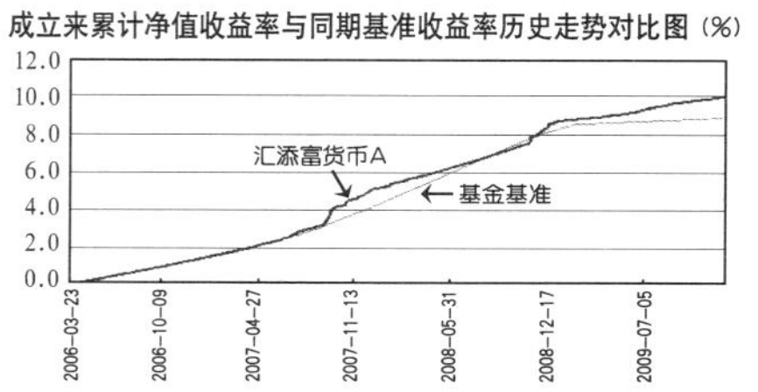

财务指标　单位：人民币(亿元)；%

项目＼年度	2009年		2008年		2007年	
	A	B	A	B	A	B
本期利润	0.0513	0.8392	0.1225	0.9211	0.1553	0.2442
期末基金资产净值	2.1549	57.0095	8.4260	98.6239	4.7204	10.2740
期末基金份额净值	1.0000元	1.0000元	1.0000元	1.0000元	1.0000元	1.0000元
本期份额净值收益率	1.31	1.55	3.27	3.52	3.68	2.97
累计份额净值收益率	10.03	8.25	8.62	6.59	5.18	2.97
基金收益分配	0.0644	0.8838	1.0436		0.3995	

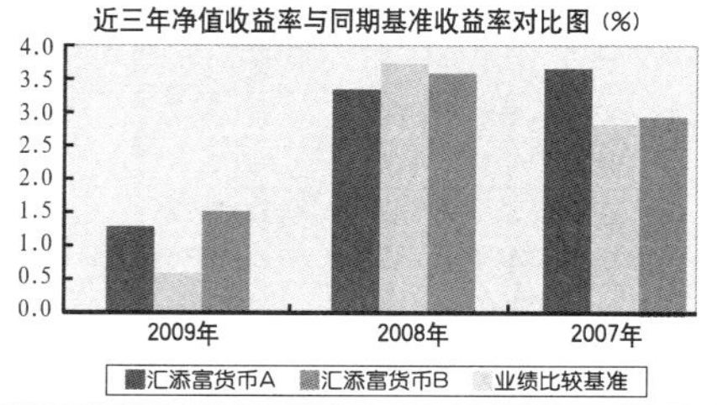

期末基金份额持有人户数	基金份额持有人户数为5,111户，平均每户持有1,157,591.02户。（期末截至2009年12月31日）
期末基金份额持有人结构	机构投资者持有5,744,426,868.20份，占总份额97.09%；个人投资者持有172,020,826.78份，占总份额2.91%；

基金业绩表现

2009年汇添富货币基金A级净值收益率为1.31%，B级净值收益率为1.55%；业绩表现均优于基准。

基金管理团队

王珏池先生：基金经理，管理学硕士，15年证券从业经历。曾就职于申银万国证券公司。2005年4月加入汇添富基金管理公司任交易主管，2008年3月起任汇添富增强收益债券基金经理；2006年3月起任汇添富货币基金经理。

陆文磊先生：基金经理，金融学硕士，7年证券从业经历。曾就职于申银万国证券研究所。2007年8月加入汇添富基金管理公司，任固定收益高级经理；2008年3月起任汇添富增强收益债券基金经理；2009年1月起任汇添富货币基金经理。

基金运作分析

2009年汇添富货币基金在承担适当投资风险的基础上积极投资，主要致力于根据市场的变化及时调整投资策略，增加对于高流动性的短期债券的投资，以及通过完善的信用评估体系增加高收益率的企业短期融资券的投资。前三季度以短期金融债券和央行票据作为主要投资标的，投资组合的剩余期限紧随利率的波动积极调整，期间最长剩余期限在152天，最低为28天；临近年底，适当调低了组合的剩余期限，投资策略转向防守，尽可能维护投资组合稳定，降低由于市场波动对于投资人收益的影响。

季度投资组合一览

项目＼季度	第一季度		第二季度		第三季度		第四季度	
	A	B	A	B	A	B	A	B
基金资产净值	4.2587亿元	63.7696亿元	3.1920亿元	44.8533亿元	2.5266亿元	57.4546亿元	2.1549亿元	57.0095亿元
基金份额	4.2587亿份	63.7696亿份	3.1920亿份	44.8533亿份	2.5266亿份	57.4546亿份	2.1549亿份	57.0095亿份
基金份额净值	1.0000元	1.0000元	1.0000元	1.0000元	1.0000元	1.0000元	1.0000元	1.0000元
基金资产组合	市值(元)	占总资产比(%)	市值(元)	占总资产比(%)	市值(元)	占总资产比(%)	市值(元)	占总资产比(%)
股票投资	——	——	——	——	——	——	——	——
债券投资	5,608,393,977.48	69.94	1,926,359,222.30	40.01	2,259,424,838.16	37.63	1,457,242,004.01	24.60
金融衍生品投资	——	——	——	——	——	——	——	——
买入返售金融资产	——	——	——	——	2,130,904,276.35	35.49	1,766,502,659.00	29.82
银行存款和结算备付金	2,345,022,038.84	29.24	2,764,739,033.87	57.42	1,599,362,012.58	26.63	1,945,936,797.14	32.85
其他资产	65,348,814.41	0.81	124,097,767.10	2.58	15,080,372.62	0.25	753,646,759.35	12.72

投资前五名债券明细	债券名称	成本(元)	占净值比(%)	债券名称	成本(元)	占净值比(%)	债券名称	成本(元)	占净值比(%)	债券名称	成本(元)	占净值比(%)
	08央票104	983,911,314.32	14.46	08央票117	271,744,727.01	5.66	09央票44	688,385,245.55	11.48	09华侨城CP01	100,007,173.77	1.69
	08央票117	270,140,168.71	3.97	08农发15	220,865,745.60	4.60	09华侨城CP01	200,026,276.84	3.33	09国开13	99,465,063.09	1.68
	08国电集CP02	254,389,610.64	3.74	08电网CP02	201,451,580.81	4.19	09陕延油CP01	149,922,615.59	2.50	09浙物产CP01	90,093,248.75	1.52
	08鞍钢CP01	232,444,993.21	3.42	08国电集CP02	151,385,851.02	3.15	09城控CP01	119,956,218.99	2.00	09光明CP01	90,046,678.07	1.52
	08央票49	229,335,726.20	3.37	08中电信CP01	150,514,130.00	3.13	09华能CP02	99,908,932.40	1.67	09方正CP02	90,004,405.91	1.52

投资组合平均剩余期限	平均剩余期限	占净值比(%)	平均剩余期限	占净值比(%)	平均剩余期限	占净值比(%)	平均剩余期限	占净值比(%)
	30天以内	37.83	30天以内	61.30	30天以内	60.66	30天以内	69.85
	30天(含)—60天	6.02	30天(含)—60天	6.47	30天(含)—60天	1.40	30天(含)—60天	2.71
	60天(含)—90天	11.65	60天(含)—90天	9.18	60天(含)—90天	5.34	60天(含)—90天	4.06
	90天(含)—180天	36.11	90天(含)—180天	17.77	90天(含)—180天	5.52	90天(含)—180天	4.37
	180天(含)—397天（含）	25.31	180天(含)—397天（含）	2.92	180天(含)—397天（含）	26.94	180天(含)—397天（含）	11.48

汇添富均衡增长股票型证券投资基金

基本资料

基金简称	汇添富均衡增长股票	交易代码	519018		
风险收益特征	该基金是主动型的股票基金，属于风险偏上的基金品种。				
业绩比较基准	沪深300指数收益率×80%+上证国债指数收益率×20%				
合同生效日	2006年8月7日	首募份额	49.36亿份	认购户数	116,903户
基金管理人	汇添富基金管理有限公司	基金托管人	中国工商银行		
注册登记人	中国证券登记结算有限责任公司				

成立来累计净值增长率与同期基准收益率历史走势对比图（%）

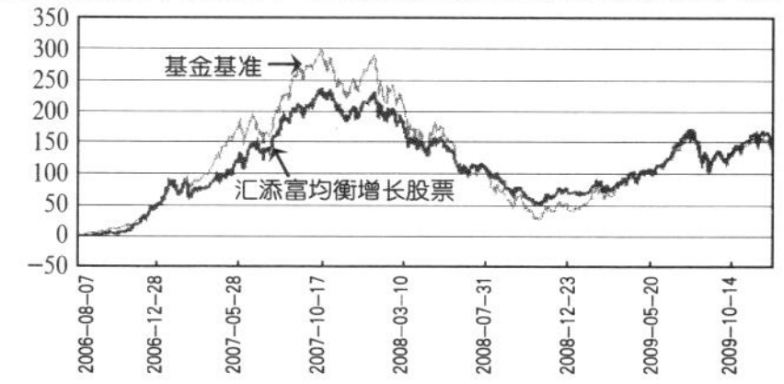

近三年净值增长率与同期基准收益率对比图（%）

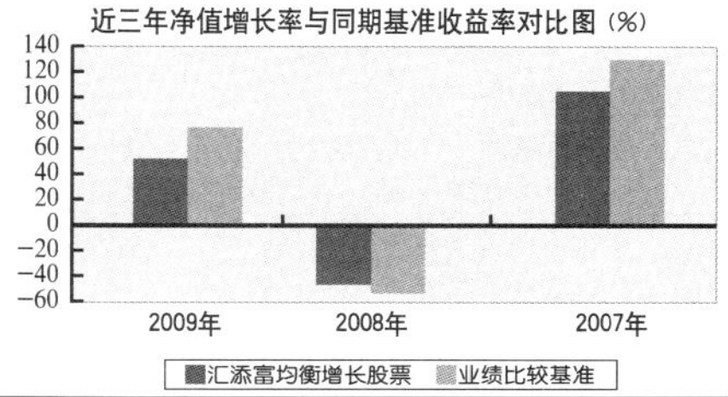

财务指标　　单位：人民币（元）；%

项目＼年度	2009年	2008年	2007年
本期利润	8,966,504,888.66	−15,955,084,354.81	4,581,938,030.74
本期加权平均净值利润率	42.19	−65.58	31.91
期末基金资产净值	23,418,787,856.55	17,657,198,928.90	37,063,417,816.56
期末基金份额净值	0.9103	0.5939	1.0912
本期份额净值增长率	53.27	−45.57	105.58
累计份额净值增长率	162.02	70.95	214.09
基金收益分配	——	——	10派2.000

期末基金份额持有人户数	基金份额持有人户数为1,247,213户，平均每户持有20,626.81份。（期末截至2009年12月31日）
期末基金份额持有人结构	机构投资者持有146,349,472.15份，占总份额0.57%；个人投资者持有25,579,679,123.81份，占总份额99.43%。

基金业绩表现

2009年汇添富均衡增长股票基金全年净值增长率为53.27%；同期业绩基准收益率为77.54%。

基金管理团队

庞　飒先生：基金经理、投资研究总部基金投资部副总监，硕士，9年证券从业经历。曾就职于申银万国证券研究所、富国基金公司。2005年4月加入汇添富基金公司，2005年8月至2010年2月任汇添富优势精选基金经理；2006年8月至2010年1月任汇添富均衡增长基金经理；2009年12月任投资研究总部基金投资部副总监。

欧阳沁春先生：基金经理，医学硕士、工商管理硕士，8年证券从业经历。曾就职于中国网络（百慕大）公司、大成基金公司、国联安基金公司。2006年9月加入汇添富基金管理公司，任高级行业分析师，曾任汇添富均衡增长基金经理助理；2007年6月起任汇添富均衡增长基金经理。

苏　竞先生：基金经理，经济学硕士，6年证券从业经历。曾就职于上海申银万国证券研究所、上投摩根基金公司、博时基金公司。2006年9月加入汇添富基金公司，曾任汇添富优势精选基金经理助理；2007年10月起任汇添富优势精选基金经理；2007年12月起任汇添富均衡增长基金经理；2008年7月起任汇添富蓝筹稳健基金经理。

顾耀强先生：基金经理助理，清华大学管理学硕士，5年证券从业经历。曾就职于海通证券、中海基金公司。2009年3月加入汇添富基金公司，2009年12月起任汇添富策略回报基金经理；2009年7月起任汇添富均衡增长基金经理助理。

基金运作分析

2009年初，汇添富均衡增长股票基金采取比较防御的投资策略，开年比较被动；3月份后，加大金融、地产、煤炭等行业的配置；8月份，重点买入医药、汽车、科技、消费行业的公司，投资业绩有一定起色。

季度投资组合一览

项目＼季度	第一季度		第二季度		第三季度		第四季度	
基金资产净值	19,097,307,824.54元		22,814,227,309.70元		20,880,549,433.98元		23,418,787,856.55元	
基金份额	29,108,278,260.58份		28,128,790,956.04份		27,109,595,253.72份		25,726,028,595.96份	
基金份额净值	0.6561元		0.8111元		0.7702元		0.9103元	
基金资产组合	市值(元)	占总资产比(%)	市值(元)	占总资产比(%)	市值(元)	占总资产比(%)	市值(元)	占总资产比(%)
股票投资	16,817,177,785.89	87.67	21,414,606,487.14	93.37	17,953,684,402.02	85.37	21,612,407,833.57	91.33
债券投资	1,475,180,000.00	7.69	1,018,355,000.00	4.44	746,230,260.00	3.55	619,784,720.00	2.62
金融衍生品投资	——	——	——	——	——	——	——	——
银行存款和结算备付金	773,857,890.25	4.03	382,705,189.41	1.67	2,270,426,781.19	10.80	1,240,561,202.33	5.24
其他资产	117,068,467.88	0.61	120,633,485.15	0.53	60,135,157.11	0.29	190,123,647.29	0.80

投资前五名股票明细	股票名称	公允价值(元)	占净值比(%)	股票名称	公允价值(元)	占净值比(%)	股票名称	公允价值(元)	占净值比(%)	股票名称	公允价值(元)	占净值比(%)
	贵州茅台	1,059,744,950.70	5.55	贵州茅台	1,184,121,886.83	5.19	贵州茅台	1,105,444,825.30	5.29	兴业银行	1,100,970,785.07	4.70
	苏宁电器	650,600,264.80	3.41	兴业银行	1,062,782,045.67	4.66	兴业银行	945,233,924.83	4.53	贵州茅台	968,883,386.10	4.14
	浦发银行	600,252,041.12	3.14	浦发银行	916,085,296.82	4.02	中国平安	741,731,671.20	3.55	中国平安	888,587,376.60	3.79
	特变电工	515,305,861.20	2.70	民生银行	857,335,818.24	3.76	浦发银行	545,122,263.15	2.61	大同煤业	712,028,611.25	3.04
	中联重科	468,087,029.24	2.45	中国平安	783,935,559.40	3.44	苏宁电器	540,308,413.04	2.59	北京银行	685,919,634.48	2.93

投资前五名债券明细	债券名称	公允价值(元)	占净值比(%)	债券名称	公允价值(元)	占净值比(%)	债券名称	公允价值(元)	占净值比(%)	债券名称	公允价值(元)	占净值比(%)
	08央票92	437,265,000.00	2.29	08央票92	433,980,000.00	1.90	09央票37	199,340,000.00	0.95	09央票55	199,340,000.00	0.85
	08铁道05	198,480,000.00	1.04	08央票101	144,885,000.00	0.64	09央票47	199,340,000.00	0.95	09央票65	149,505,000.00	0.64
	08央票101	146,010,000.00	0.76	06农发13	130,767,000.00	0.57	06农发13	130,208,000.00	0.62	09农发04	99,890,000.00	0.43
	06农发13	131,352,000.00	0.69	09农发04	99,860,000.00	0.44	09农发04	99,770,000.00	0.48	07央票85	80,960,000.00	0.35
	09农发04	99,950,000.00	0.52	08央票95	96,490,000.00	0.42	07央票85	81,352,000.00	0.39	09中航集CP01	49,955,000.00	0.21

汇添富成长焦点股票型证券投资基金

基本资料					
基金简称	汇添富成长焦点股票	交易代码	519068		
风险收益特征	该基金为主动股票型基金，属于风险偏上的基金品种。				
业绩比较基准	沪深300指数收益率×80%+上证国债指数收益率×20%				
合同生效日	2007年3月12日	首募份额	99.99亿份	认购户数	179,520户
基金管理人	汇添富基金管理有限公司	基金托管人	中国工商银行		
注册登记人	中国证券登记结算有限责任公司				

财务指标　　单位：人民币（元）；%

项目 \ 年度	2009年	2008年	2007.3.12至2007.12.31
本期利润	5,721,528,829.17	−11,637,779,370.08	12,297,114,487.76
本期加权平均净值利润率	49.87	−77.55	51.41
期末基金资产净值	12,189,553,370.40	9,608,237,695.63	27,099,994,157.18
期末基金份额净值	1.2846	0.7843	1.5958
本期份额净值增长率	63.79	−50.85	75.34
累计份额净值增长率	41.15	−13.82	75.34
基金收益分配	——	——	10派1.500

成立来累计净值增长率与同期基准收益率历史走势对比图（%）

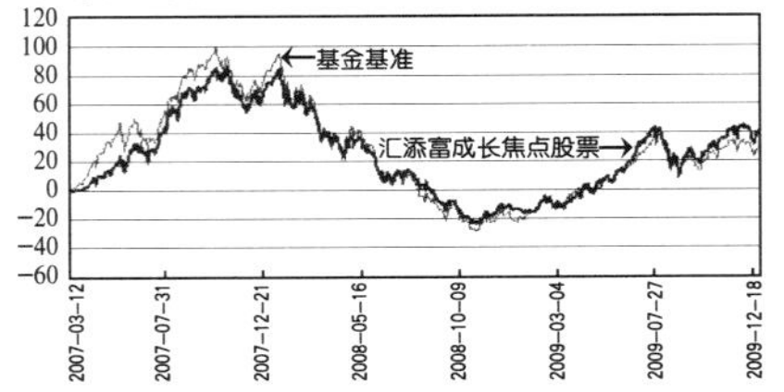

近两年净值增长率与同期基准收益率对比图（%）

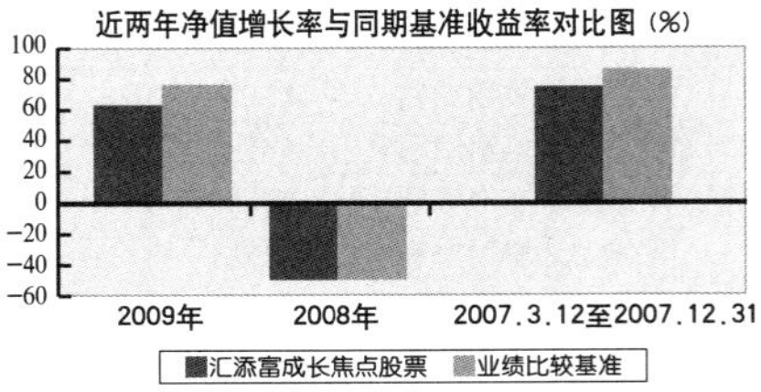

期末基金份额持有人户数	基金份额持有人户数为360,746户，平均每户持有26,303.80份。（期末截至2009年12月31日）
期末基金份额持有人结构	机构投资者持有369,760,591.01份，占总份额3.90%；个人投资者持有9,119,231,041.75份，占总份额96.10%。

基金业绩表现

截至2009年12月31日，汇添富成长焦点股票基金份额净值为1.2846元，全年净值增长率为63.79%。

基金管理团队

袁建军先生：基金经理，上海交通大学工学硕士，12年证券从业经历。曾就职于华夏证券研究所高级分析师。2005年4月加入汇添富基金管理有限公司，历任高级行业研究员、研究主管、投资决策委员会成员，2007年3月至2009年7月任汇添富成长焦点股票基金经理。

齐东超先生：基金经理，投资研究总部研究总监助理。清华大学工学硕士，5年证券从业经历。曾就职于海通证券研究所。2005年4月加入汇添富基金管理公司，任行业分析师、投资研究总部研究总监助理；2009年2月至2009年7月任汇添富成长焦点股票基金经理助理；2009年7月至今任汇添富成长焦点股票基金经理。

基金运作分析

回顾2009年的操作，汇添富成长焦点股票基金一季度面对外部政策环境的巨大改变应对不足，组合过度防御，业绩落后于基准。3月中旬深刻反思后理清思路，增持了一批资产和资源类资产。7月份以后，在流动性紧缩预期的背景下，系统性地降低了宏观相关度高的资产，增持了一批与宏观相对度低的中盘成长股。总体来看，3月份以来，该基金市场应对较为得当，取得了较好的阶段性收益。

2010年，管理人认为调结构将有望贯穿全年。在代表经济结构调整方向的细分子行业中，精选竞争优势突出，治理结构良好，有望在这一轮经济结构调整中发展壮大的优质公司，做中长期投资布局，是该基金2010年投资工作的主要指导方向。

季度投资组合一览

项目 \ 季度	第一季度		第二季度		第三季度		第四季度	
基金资产净值	10,336,276,781.57元		12,865,106,556.66元		11,149,496,836.31元		12,189,553,370.40元	
基金份额	11,992,628,651.17份		11,342,677,671.48份		10,269,007,900.35份		9,488,991,632.76份	
基金份额净值	0.8619元		1.1342元		1.0857元		1.2846元	
基金资产组合	市值(元)	占总资产比(%)	市值(元)	占总资产比(%)	市值(元)	占总资产比(%)	市值(元)	占总资产比(%)
股票投资	9,276,535,778.46	89.44	12,077,017,923.73	93.20	9,900,257,502.15	88.39	11,411,742,560.93	93.24
债券投资	581,852,000.00	5.61	435,110,000.00	3.36	199,340,000.00	1.78	99,670,000.00	0.81
金融衍生品投资	——	——	——	——	——	——	——	——
买入返售金融资产	——	——	——	——	——	——	——	——
银行存款和结算备付金	475,665,415.28	4.59	297,025,075.26	2.29	1,089,987,559.28	9.73	554,436,619.06	4.53
其他资产	37,919,132.70	0.37	148,559,382.18	1.15	10,911,931.29	0.10	172,917,873.92	1.41

投资前五名股票明细	股票名称	公允价值(元)	占净值比(%)	股票名称	公允价值(元)	占净值比(%)	股票名称	公允价值(元)	占净值比(%)	股票名称	公允价值(元)	占净值比(%)
	贵州茅台	708,703,084.00	6.86	贵州茅台	852,788,476.95	6.63	贵州茅台	847,626,041.40	7.60	贵州茅台	772,695,434.70	6.34
	苏宁电器	564,476,639.20	5.46	苏宁电器	663,376,783.29	5.16	苏宁电器	717,005,315.29	6.43	苏宁电器	667,902,177.86	5.48
	中国联通	530,838,118.98	5.14	浦发银行	611,493,680.66	4.75	中国平安	560,394,096.60	5.03	中国平安	576,865,018.80	4.73
	浦发银行	426,869,816.96	4.13	兴业银行	549,737,446.08	4.27	华兰生物	497,554,044.00	4.46	大同煤业	502,082,146.39	4.12
	小商品城	358,857,333.44	3.47	小商品城	508,912,002.72	3.96	兴业银行	456,628,869.12	4.10	华兰生物	477,939,419.84	3.92

投资前五名债券明细	债券名称	公允价值(元)	占净值比(%)	债券名称	公允价值(元)	占净值比(%)	债券名称	公允价值(元)	占净值比(%)	债券名称	公允价值(元)	占净值比(%)
	08央票106	341,110,000.00	3.30	08央票106	338,520,000.00	2.63	09央票47	199,340,000.00	1.79	09央票65	99,670,000.00	0.82
	07央票82	113,630,000.00	1.10	08央票101	96,590,000.00	0.75						
	08央票101	97,340,000.00	0.94									
	08铁道05	29,772,000.00	0.29									

汇添富增强收益债券型证券投资基金

基本资料

基金简称	汇添富增强收益债券		交易代码	A:519078 C:470078	
风险收益特征	该基金为债券型基金，其长期平均风险和预期收益率低于混合型基金，高于货币市场基金。				
业绩比较基准	中债总指数				
合同生效日	2008年3月6日	首募份额	50.50亿份	认购户数	56,048户
基金管理人	汇添富基金管理有限公司	基金托管人	中国工商银行		
注册登记人	中国证券登记结算有限责任公司				

财务指标　　单位：人民币(元)；%

年度 / 项目	2009年 A	2009年 C	2008年
本期利润	12,344,525.55	21,548.27	405,885,993.10
本期加权平均净值利润率	0.51	1.49	8.95
期末基金资产净值	1,522,185,981.70	2,106,433.84	4,564,675,602.21
期末基金份额净值	1.064	1.063	1.065
本期份额净值增长率	1.83	1.53	9.55
累计份额净值增长率	11.56	1.53	9.55
基金收益分配	10派0.200	——	10派0.300

成立来累计净值增长率与同期基准收益率历史走势对比图（%）

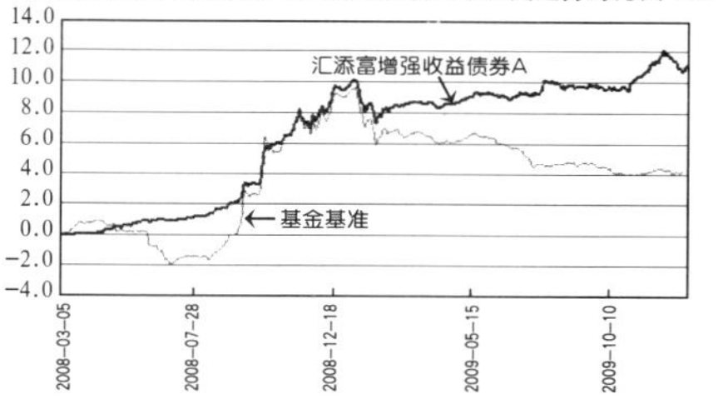

近两年净值增长率与同期基准收益率对比图（%）

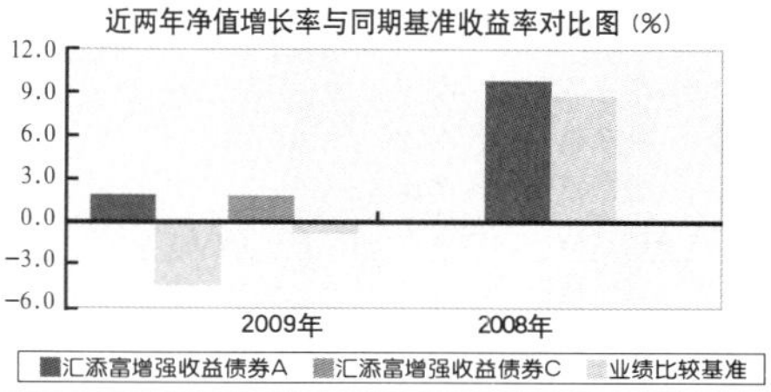

期末基金份额持有人户数	基金份额持有人户数为24,242户，平均每户持有59,081.15户。（期末截至2009年12月31日）
期末基金份额持有人结构	机构投资者持有857,607,532.98份，占总份额59.88%；个人投资者持有574,637,774.25份，占总份额40.12%；

基金业绩表现

2009年汇添富增强收益债券A类基金净值增长率为1.83%，C类基金净值增长率为1.53%。

基金管理团队

王珏池先生：基金经理，管理学硕士，15年证券从业经历。曾就职于申银万国证券公司。2005年4月加入汇添富基金管理公司，任交易主管，2006年3月起任汇添富货币基金经理；2008年3月起任汇添富增强收益债券基金经理。

陆文磊先生：基金经理，金融学硕士，7年证券从业经历。曾就职于申银万国证券研究所。2007年8月加入汇添富基金管理公司，任固定收益高级经理，2008年3月起任汇添富增强收益债券基金经理。2009年1月起任汇添富货币基金经理。

基金运作分析

汇添富增强收益债券基金在2009年大部分时间采取防御的操作策略。年初该基金迅速减持中长期国债和金融债，大幅降低债券组合的久期，同时在上半年维持较高的企业债和公司债配置比例，以获取较高的利息收益。此外，还通过增加对可转债的配置分享股票市场上涨的收益。下半年新股恢复发行以后，该基金大幅降低信用品种的配置比例，积极参与新股申购，较好获取了包括创业板在内的新股发行收益。四季度以来，重新提高对信用品种的配置比例，12月份大幅减持可转债，规避了风险。全年该基金净值实现平稳增长，并大幅跑赢基准。

季度投资组合一览

季度 / 项目	第一季度		第二季度		第三季度		第四季度	
					A	C	A	C
基金资产净值	23.5665亿元		16.7867亿元		26.7970亿元	0.0107亿元	15.2219亿元	0.0211亿元
基金份额	22.7352亿份		16.1393亿份		25.6451亿份	0.0102亿份	14.3026亿份	0.0198亿份
基金份额净值	1.037元		1.040元		1.045元	1.045元	1.064元	1.063元
基金资产组合	市值(元)	占总资产比(%)	市值(元)	占总资产比(%)	市值(元)	占总资产比(%)	市值(元)	占总资产比(%)
股票投资	——	——	——	——	57,797,108.77	1.86	137,472,690.46	7.69
债券投资	2,065,778,292.23	85.68	1,458,762,373.20	83.68	2,424,613,041.00	78.02	1,334,582,739.82	74.67
资产支持证券投资	——	——	——	——	——	——	——	——
买入返售金融资产	——	——	——	——	——	——	——	——
银行存款和结算备付金	205,088,493.23	8.51	245,166,474.52	14.06	580,763,435.87	18.69	208,291,124.51	11.65
其他资产	140,123,934.28	5.81	39,437,699.06	2.26	44,624,867.24	1.44	107,071,984.31	5.99

投资前五名股票明细	股票名称	公允价值(元)	占净值比(%)	股票名称	公允价值(元)	占净值比(%)	股票名称	公允价值(元)	占净值比(%)	股票名称	公允价值(元)	占净值比(%)
	——			——			中国建筑	30,223,967.04	1.13	中国建筑	30,745,069.92	2.02
							中国中冶	10,180,287.72	0.38	中国中冶	9,923,949.54	0.65
							神州泰岳	4,161,674.00	0.16	中国重工	9,807,907.34	0.64
							四川成渝	2,868,106.06	0.11	报 喜 鸟	9,682,819.68	0.64
							乐普医疗	2,047,835.00	0.08	中国北车	8,878,354.85	0.58

投资前五名债券明细	债券名称	公允价值(元)	占净值比(%)	债券名称	公允价值(元)	占净值比(%)	债券名称	公允价值(元)	占净值比(%)	债券名称	公允价值(元)	占净值比(%)
	08央票106	194,920,000.00	8.27	08央票95	241,225,000.00	14.37	21国债(10)	258,127,982.00	9.63	09国债14	199,640,000.00	13.1
	08国债26	165,716,000.00	7.03	08央票106	193,440,000.00	11.52	09央票37	249,175,000.00	9.29	07国债11	101,120,000.00	6.63
	08央票95	145,845,000.00	6.19	08常城建	104,585,636.00	6.23	09央票36	235,920,000.00	8.8	08常城建	100,129,555.40	6.57
	08常城建	145,808,100.00	6.19	09央票17	99,740,000.00	5.94	09附息国债14	199,500,000.00	7.44	09国开13	99,790,000.00	6.55
	08进出09	132,405,000.00	5.62	08天保投资债	76,209,000.00	4.54	09央票39	199,340,000.00	7.44	09央票49	99,670,000.00	6.54

汇添富蓝筹稳健灵活配置混合型证券投资基金

基本资料					
基金简称	汇添富蓝筹稳健混合	交易代码	519066		
风险收益特征	该基金为灵活配置混合型基金，属于证券投资基金中较高风险较高收益的品种。				
业绩比较基准	沪深300指数收益率×60%+上证国债指数收益率×40%				
合同生效日	2008年7月8日	首募份额	7.42亿份	认购户数	5,285户
基金管理人	汇添富基金管理有限公司	基金托管人	中国工商银行		
注册登记人	中国证券登记结算有限责任公司				

财务指标　单位：人民币(元)；%

项目 \ 年度	2009年	2008年7月8日至2008年12月31日
本期利润	311,762,047.74	18,290,726.66
本期加权平均净值利润率	41.64	2.75
期末基金资产净值	685,380,072.25	671,818,991.93
期末基金份额净值	1.548	1.030
本期份额净值增长率	54.16	3.00
累计份额净值增长率	58.79	3.00
基金收益分配	10派0.300	——

成立来累计净值增长率与同期基准收益率历史走势对比图（%）

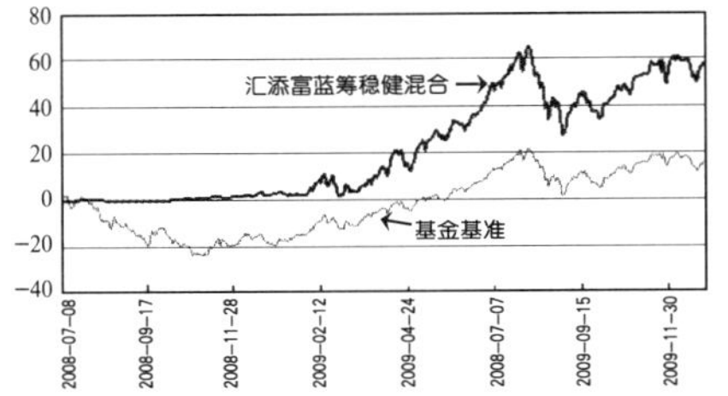

近两年净值增长率与同期基准收益率对比图（%）

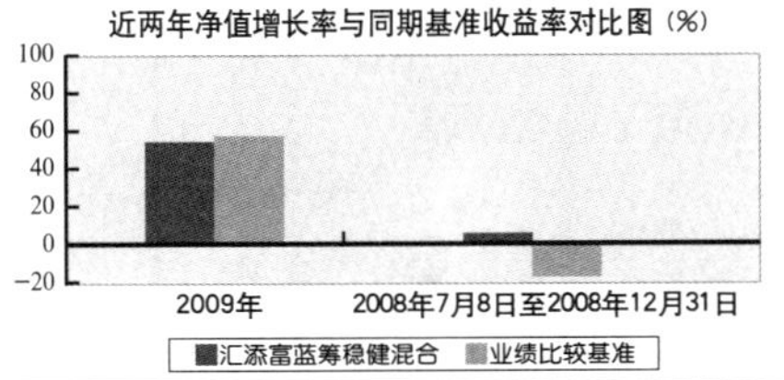

期末基金份额持有人户数	基金份额持有人户数为13,238户，平均每户持有33,447.73份。（期末截至2009年12月31日）
期末基金份额持有人结构	机构投资者持有327,955,617.67份，占总份额74.07%；个人投资者持有114,825,431.00份，占总份额25.93%。

基金业绩表现

截至2009年12月31日，汇添富蓝筹稳健混合基金份额净值为1.548元，全年净值增长率为54.16%；同期业绩基准收益率为58.37%。

基金管理团队

苏　竞先生：基金经理，6年证券从业经历，上海海事大学经济学硕士。曾任北京中国运载火箭技术研究院助理工程师、上海申银万国证券研究所高级研究员、上投摩根基金管理公司高级行业研究员、博时基金管理公司高级行业研究员。2006年9月加入汇添富基金管理公司，任高级行业分析师；2007年3月至2007年10月任汇添富优势精选混合基金经理助理；2007年10月起任汇添富优势精选基金经理；2007年12月起任汇添富均衡增长基金经理；2008年7月起任汇添富蓝筹稳健灵活配置基金经理。

基金运作分析

由于汇添富蓝筹稳健混合基金在2008年坚持防御为主的投资策略取得较好成效，在2009年初市场格局的迅速转变时，谨慎心态未能及时转变，策略调整滞后市场格局的转变，错过2009年初大幅上涨的行情，处于开局不利的被动局面。从3月开始，该基金调整投资策略，降低组合的防御资产配置权重，先后重点在地产、汽车、家电、煤炭和电子科技等板块中寻找有超额收益的投资标的，对后期业绩提升起到显著效果。

2010年，汇添富蓝筹稳健混合基金将立足于对市场机会的判断，自下而上精选个股，并根据市场环境的变化适时调整和优化组合结构，争取在有效控制风险的前提下取得较好的基金业绩。

季度投资组合一览

项目 \ 季度	第一季度		第二季度		第三季度		第四季度	
基金资产净值	560,404,915.79元		1,001,558,454.23元		684,139,077.19元		685,380,072.25元	
基金份额	505,578,147.26份		727,222,794.34份		516,579,431.65份		442,781,048.67份	
基金份额净值	1.108元		1.377元		1.324元		1.5480元	
基金资产组合	市值(元)	占总资产比(%)	市值(元)	占总资产比(%)	市值(元)	占总资产比(%)	市值(元)	占总资产比(%)
股票投资	434,975,839.94	77.03	794,227,689.55	76.46	485,376,060.11	69.99	543,182,366.46	78.59
债券投资	78,721,842.20	13.94	48,360,000.00	4.66	50,835,710.00	7.33	51,028,220.00	7.38
金融衍生品投资	——	——	——	——	——	——	——	——
买入返售金融资产	——	——	——	——	——	——	——	——
银行存款和结算备付金	36,396,317.97	6.45	180,283,557.14	17.36	152,113,088.21	21.94	89,150,077.79	12.90
其他资产	14,565,776.03	2.58	15,820,474.59	1.52	5,140,588.65	0.74	7,819,872.51	1.13

投资前五名股票明细

股票名称	公允价值(元)	占净值比(%)	股票名称	公允价值(元)	占净值比(%)	股票名称	公允价值(元)	占净值比(%)	股票名称	公允价值(元)	占净值比(%)
南玻A	31,086,000.00	5.55	兴业银行	48,245,263.71	4.82	上海汽车	27,650,000.00	4.04	兴业银行	36,279,403.10	5.29
中国联通	28,850,000.00	5.15	建设银行	42,210,000.00	4.21	北京银行	25,845,000.00	3.78	海通集团	34,242,000.00	5.00
浦发银行	21,920,000.00	3.91	民生银行	39,600,554.40	3.95	兴业银行	23,653,000.00	3.46	五粮液	25,330,849.40	3.70
中国平安	19,555,000.00	3.49	平煤股份	31,803,457.35	3.18	恒生电子	16,740,000.00	2.45	中国平安	22,039,966.48	3.22
苏宁电器	18,050,000.00	3.22	格力电器	31,350,000.00	3.13	新华百货	15,295,299.99	2.24	招商银行	19,855,180.50	2.90

投资前五名债券明细

债券名称	公允价值(元)	占净值比(%)	债券名称	公允价值(元)	占净值比(%)	债券名称	公允价值(元)	占净值比(%)	债券名称	公允价值(元)	占净值比(%)
08央票106	48,730,000.00	8.70	08央票106	48,360,000.00	4.83	09央票47	49,835,000.00	7.28	09央票65	49,835,000.00	7.27
08央票108	19,504,000.00	3.48				博汇转债	1,000,710.00	0.15	博汇转债	1,193,220.00	0.17
08常城建	10,487,842.20	1.87									

汇添富价值精选股票型证券投资基金

基本资料						
基金简称	汇添富价值精选股票		交易代码	519069		
风险收益特征	该基金为股票型基金，属于证券投资基金中较高风险较高收益的品种。					
业绩比较基准	沪深300指数收益率×80%+上证国债指数收益率×20%					
合同生效日	2009年1月23日	首募份额	15.13亿份	认购户数	11,964户	
基金管理人	汇添富基金管理有限公司		基金托管人	中国工商银行		
注册登记人	中国证券登记结算有限责任公司					

2009年累计净值增长率与同期基准收益率历史走势对比图（%）

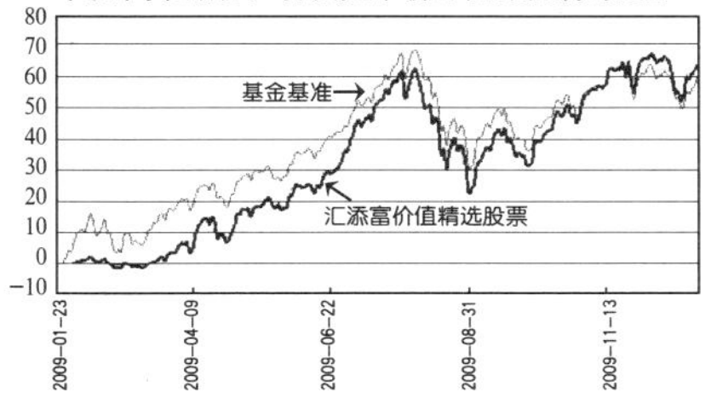

财务指标	单位：人民币（元）；%
项目 / 年度	2009年1月23日至2009年12月31日
本期利润	528,523,866.23
本期加权平均净值利润率	41.24
期末基金资产净值	1,466,835,629.77
期末基金份额净值	1.636
本期份额净值增长率	63.60
累计份额净值增长率	63.60
基金收益分配	——
期末基金份额持有人户数	基金份额持有人户数为21,776户，平均每户持有41,166.95份。（期末截至2009年12月31日）
期末基金份额持有人结构	机构投资者持有584,039,530.03份，占总份额65.15%；个人投资者持有312,411,938.27份，占总份额34.85%。

2009年净值增长率与同期基准收益率对比图（%）

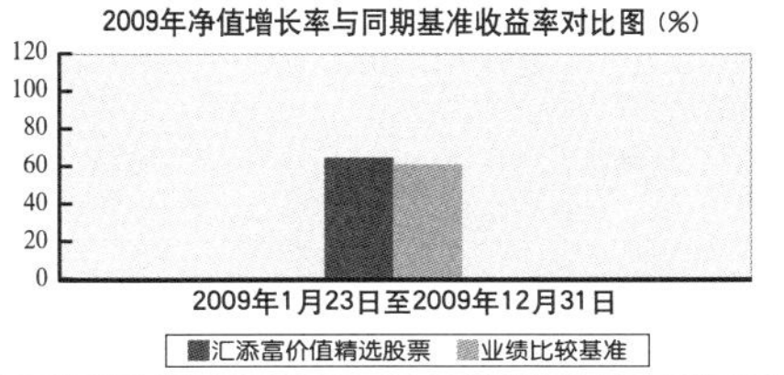

基金业绩表现

汇添富价值精选股票基金合同生效于2009年1月23日，截至2009年12月31日，该基金份额净值为1.636元，成立以来净值增长率为63.60%；同期业绩基准收益率为60.18%。

基金管理团队

陈晓翔先生：基金经理，8年证券从业经历，南京理工大学产业经济学硕士。曾任宁波中粮国际仓储运输公司业务员、华泰证券公司行业研究员、上海申银万国研究所公司行业研究员、建信基金管理公司行业研究员。2007年4月加入汇添富基金管理公司任行业研究员；2009年1月起任汇添富价值精选股票基金经理。

基金运作分析

汇添富价值精选股票基金于2009年1月23日募集成立。成立初期，由于对宏观经济前景的判断相对谨慎以及新基金抗风险能力较弱的原因，建仓速度较慢，错过了一季度市场快速反弹的机会。3月份中下旬开始，该基金管理人判断宏观经济复苏的趋势已经确立，从而迅速完成了新基金建仓。此后的三个季度汇添富价值精选股票基金都获得了较好的业绩表现，连续三个季度均显著战胜了比较基准和沪深300指数。

季度投资组合一览

项目 / 季度	第一季度		第二季度		第三季度		第四季度	
基金资产净值	1,145,428,953.89元		1,063,743,525.35元		1,231,218,769.75元		1,466,835,629.77元	
基金份额	1,097,865,341.27份		781,055,869.09份		924,772,812.14份		896,451,468.30份	
基金份额净值	1.043元		1.362元		1.331元		1.636元	
基金资产组合	市值(元)	占总资产比(%)	市值(元)	占总资产比(%)	市值(元)	占总资产比(%)	市值(元)	占总资产比(%)
股票投资	896,072,619.16	74.89	995,825,984.71	90.37	1,053,104,698.67	85.10	1,363,520,708.81	91.65
债券投资	97,035,000.00	8.11	48,085,000.00	4.36	49,960,763.00	4.04	49,835,000.00	3.35
金融衍生品投资	——	——	——	——	——	——	——	——
买入返售金融资产	——	——	——	——	——	——	——	——
银行存款和结算备付金	100,260,368.17	8.38	31,265,602.60	2.84	130,857,419.14	10.57	51,605,342.33	3.47
其他资产	103,079,825.84	8.62	26,805,499.47	2.43	3,611,583.78	0.29	22,866,317.29	1.54

投资前五名股票明细	股票名称	公允价值(元)	占净值比(%)	股票名称	公允价值(元)	占净值比(%)	股票名称	公允价值(元)	占净值比(%)	股票名称	公允价值(元)	占净值比(%)
	中国联通	80,779,982.69	7.05	兴业银行	48,243,000.00	4.54	招商银行	59,119,408.80	4.80	中国平安	82,635,000.00	5.63
	浦发银行	35,071,276.64	3.06	招商银行	46,611,791.55	4.38	中国平安	55,770,000.00	4.53	招商银行	75,810,000.00	5.17
	华兰生物	33,538,000.00	2.93	中国平安	42,041,000.00	3.95	兴业银行	50,685,000.00	4.12	贵州茅台	59,434,792.34	4.05
	兰花科创	26,940,000.00	2.35	西山煤电	41,860,000.00	3.94	恒生电子	41,848,870.05	3.40	兴业银行	56,434,000.00	3.85
	中信证券	25,467,580.35	2.22	民生银行	38,808,000.00	3.65	浦发银行	35,370,000.00	2.87	北京银行	54,151,825.94	3.69

投资前五名债券明细	债券名称	公允价值(元)	占净值比(%)	债券名称	公允价值(元)	占净值比(%)	债券名称	公允价值(元)	占净值比(%)	债券名称	公允价值(元)	占净值比(%)
	08央票92	48,585,000.00	4.24	08央票78	48,085,000.00	4.52	09央票47	49,835,000.00	4.05	09央票65	49,835,000.00	3.40
	08央票78	48,450,000.00	4.23				龙盛转债	125,763.00	0.01			

汇添富上证综合指数证券投资基金

基本资料					
基金简称	汇添富上证综合指数	交易代码	470007		
风险收益特征	该基金为股票型基金，属于证券投资基金中较高风险较高收益的品种。				
业绩比较基准	上证综合指数收益率×95%+银行活期存款利率(税后)×5%				
合同生效日	2009年7月1日	首募份额	90.98亿份	认购户数	121,511户
基金管理人	汇添富基金管理有限公司	基金托管人	中国工商银行		
注册登记人	中国证券登记结算有限责任公司				

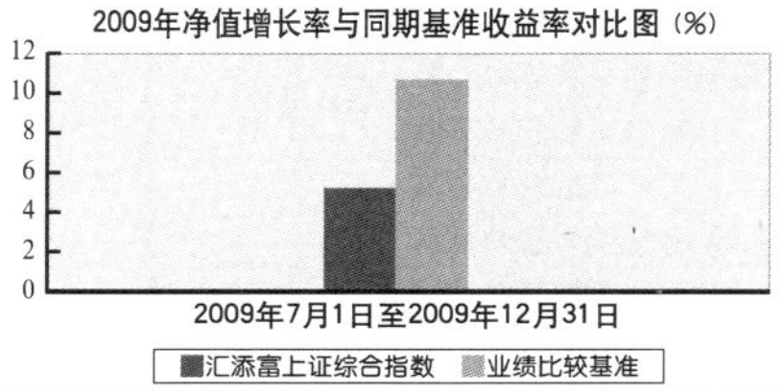

财务指标　单位：人民币(元)；%

项目 \ 年度	2009年7月1日至2009年12月31日
本期利润	459,360,518.60
本期加权平均净值利润率	5.34
期末基金资产净值	7,308,929,815.32
期末基金份额净值	1.051
本期份额净值增长率	5.10
累计份额净值增长率	5.10
基金收益分配	——

期末基金份额持有人户数	基金份额持有人户数为146,409户，平均每户持有47,514.56份。（期末截至2009年12月31日）
期末基金份额持有人结构	机构投资者持有372,229,626.78份，占总份额5.35%；个人投资者持有6,584,329,219.57份，占总份额94.65%。

基金业绩表现

汇添富上证综合指数基金合同生效于2009年7月1日，截至2009年12月31日，该基金份额净值为1.051元，成立以来净值增长率为5.10%；同期业绩基准收益率为10.21%。

基金管理团队

何仁科先生：基金经理、产品创新部总监，华中科技大学数量经济学硕士，8年证券从业经历。曾任东方证券公司研究所高级经理。2004年12月加入汇添富基金管理公司任产品与金融工程部副总监、产品创新部总监；2009年7月起任汇添富上证综指基金经理。

基金运作分析

汇添富上证综合指数基金合同于2009年7月1日生效。在建仓期，基于经济复苏和通胀预期的背景，同时考虑到指数基金的本质属性，该基金采取了相对快速建仓的策略，经过8个交易日后，仓位上升至90%附近。这种策略获取了随后市场上涨所带来的收益，最高实现了12.60%的收益率。2009年7月13日该基金开放申购和赎回后，一方面基于指数基金的本质属性，另一方面基于经济增长趋势明确、温和通胀预期和总体政策基调不变的背景，汇添富上证综合指数基金采取了高仓位的策略，希望有效实现跟踪上证综合指数的投资目的和为投资者带来较好回报的愿望。

季度投资组合一览

项目 \ 季度	第三季度		第四季度	
基金资产净值	8,233,194,764.08元		7,308,929,815.32元	
基金份额	9,062,355,203.07份		6,956,558,846.35份	
基金份额净值	0.909元		1.0510元	
基金资产组合	市值(元)	占总资产比(%)	市值(元)	占总资产比(%)
股票投资	7,740,290,776.03	93.55	6,886,035,279.90	93.15
债券投资	299,010,000.00	3.61	199,340,000.00	2.70
资产支持证券投资	——	——	——	——
金融衍生品投资	——	——	——	——
买入返售金融资产	——	——	——	——
银行存款和结算备付金	207,171,066.26	2.50	197,510,430.81	2.67
其他资产	27,262,955.77	0.33	109,520,282.21	1.48

投资前五名股票明细	股票名称	公允价值(元)	占净值比(%)	股票名称	公允价值(元)	占净值比(%)
	中国石油	1,042,383,234.00	12.66	中国石油	837,548,109.20	11.46
	中国银行	534,781,416.00	6.50	中国银行	441,283,684.03	6.04
	中国石化	400,513,945.60	4.86	中国石化	366,851,030.21	5.02
	中国人寿	291,341,189.76	3.54	中国人寿	246,985,046.65	3.38
	中国神华	253,064,444.16	3.07	中国神华	213,816,910.70	2.93

投资前五名债券明细	债券名称	公允价值(元)	占净值比(%)	债券名称	公允价值(元)	占净值比(%)
	09央票37	299,010,000.00	3.63	09央票61	199,340,000.00	2.73

汇添富策略回报股票型证券投资基金

基本资料					
基金简称	汇添富策略回报股票		交易代码	470008	
投资目标	该基金采用"自上而下"的投资方式，灵活运用资产配置策略、行业轮动策略和个股精选策略，构建有效的投资组合，并在科学严格的投资风险管理前提下，力求为基金份额持有人实现持续稳健的较高投资回报。				
业绩比较基准	沪深300指数×80%+上证国债指数×20%				
风险收益特征	该基金属于证券投资基金中较高风险较高预期收益的品种。				
合同生效日	2009年12月22日	上市日期	——	上市地点	——
募集概况	首募份额	认购户数	募集日期		
	32.16亿份	31,255户	2009年11月18日至2009年12月18日		
基金费率	认购费率	不高于1.20%		申购费率	不高于1.50%
	赎回费率	不高于0.50%			
	管理费率	1.50%			
	托管费率	0.25%			
基金管理人	汇添富基金管理有限公司		基金托管人	中国工商银行股份有限公司	
审计机构	安永华明会计师事务所		注册登记人	汇添富基金管理有限公司	

基金管理团队

顾耀强先生：基金经理，清华大学管理学硕士，6年证券从业经历。曾任杭州永磁集团公司技术员、海通证券行业分析师、中海基金管理公司高级分析师、中海优质成长基金经理助理、中海能源策略基金经理助理。2009年3月加入汇添富基金管理公司任高级行业分析师，2009年7月至今任汇添富均衡增长股票基金经理助理；2009年12月起任汇添富策略回报股票基金经理。

汇添富民营活力股票型证券投资基金

基本资料					
基金简称	汇添富民营活力股票		交易代码	470009	
投资目标	该基金采用自下而上的方法，精选与中国经济发展密切相关的优秀民营企业上市公司股票进行投资布局，在科学严格管理风险的前提下，力求基金资产的中长期增值。				
业绩比较基准	中证民营企业综合指数×80%+上证国债指数×20%				
风险收益特征	属于证券投资基金中较高预期风险、较高预期收益的品种				
合同生效日	2010年5月5日	上市日期	——	上市地点	——
募集概况	首募份额	认购户数	募集日期		
	14.08亿份	17,351户	2010年3月31日至2010年4月30日		
基金费率	认购费率	不超过1.20%		申购费率	不超过1.50%
	赎回费率	不超过0.50%			
	管理费率	1.50%			
	托管费率	0.25%			
基金管理人	汇添富基金管理有限公司		基金托管人	中国工商银行股份有限公司	
审计机构	普华永道中天会计师事务所		注册登记人	汇添富基金管理有限公司	

基金管理团队

齐东超先生：清华大学工学硕士，6年证券从业经历。现任汇添富成长焦点基金经理，曾任海通证券研究所证券分析师，2005年4月加入汇添富基金管理有限公司，任行业分析师、投资研究总部研究总监助理、汇添富成长焦点股票基金经理助理。现任汇添富成长焦点基金经理，2010年5起任汇添富民营活力股票基金经理。

汇添富亚洲澳洲成熟市场(除日本外)优势精选股票型证券投资基金

基本资料					
基金简称	汇添富亚澳成熟优选股票(QDII)		交易代码	470888	
投资目标	在亚洲澳洲成熟证券市场(除日本外)精选具有持续竞争优势且估值有吸引力的公司股票等证券，通过有效的资产配置和组合管理，进行中长期投资布局，在有效管理风险的前提下，追求持续稳健的较高投资回报。				
业绩比较基准	60%×MSCI太平洋(除日本)指数(MSCI Pacific ex Japan Index)+40%×MSCI中国指数(MSCI China Index)。				
风险收益特征	该基金为投资于亚洲澳洲地区成熟市场(除日本外)的主动股票型基金，属于证券投资基金中高收益高风险的品种。				
合同生效日	2010年6月25日	上市日期	——	上市地点	——
募集概况	首募份额	认购户数	募集日期		
	5.23亿份	3,789户	2010年5月20日至2010年6月23日		
基金费率	认购费率	不超过1.20%		申购费率	不超过1.50%
	赎回费率	不超过 0.50%			
	管理费率	1.80%		托管费率	0.35%
基金管理人	汇添富基金管理有限公司		基金托管人	中国工商银行股份有限公司	
审计机构	安永华明会计师事务所		注册登记人	汇添富基金管理有限公司	

基金管理团队

刘子龙先生：基金经理，英国剑桥大学工商管理硕士，CFA，12年海外金融市场工作经验。在花旗资产管理(香港)有限公司担任基金经理时，负责管理环球平衡组合，投资全球成熟证券市场的股票和债券，资产总值约四亿美元，管理的组合内亚太地区(包括香港)之股债约占组合的一半。之后任职汇丰投资管理(香港)有限公司上海代表处首席代表。

王致人先生：基金经理，美国波士顿学院(Boston College)财务硕士，台湾大学经济学学士，CFA，FRM，9年海外金融市场工作经验。担任美商AIG投资经理期间，管理全球不动产证券化基金、亚太策略基金与台湾基金，总管理资产规模为6亿美元。曾担任美商Financial Science Incorporated行业研究员、国票证券投资顾问行业研究员和定向客户储备投资经理等。

汇添富医药保健股票型证券投资基金

基本资料					
基金简称	汇添富医药保健股票		交易代码	470006	
投资目标	该基金采用自下而上的投资方法，精选医药保健行业的优质上市公司，在科学严格管理风险的前提下，谋求基金资产的中长期稳健增值。				
业绩比较基准	中证医药卫生指数×80%+上证国债指数×20%				
风险收益特征	该基金为股票型基金，属于证券投资基金中较高预期风险、较高预期收益的品种，其预期风险收益水平高于混合型基金、债券型基金及货币市场基金。				
合同生效日	2010年9月21日	上市日期	——	上市地点	——
募集概况	首募份额	认购户数	募集日期		
	40.85亿份	65,139户	2010年8月30日至2010年9月17日		
基金费率	认购费率	不超过1.20%		申购费率	不超过1.50%
	赎回费率	不超过0.50%			
	管理费率	1.50%		托管费率	0.25%
基金管理人	汇添富基金管理有限公司		基金托管人	中国工商银行股份有限公司	
审计机构	普华永道中天会计师事务所		注册登记人	汇添富基金管理有限公司	

基金管理团队

王　栩先生：基金经理，管理学硕士，8年证券从业经验。曾任上海永嘉投资管理有限公司研究员。2004年11月加入汇添富基金管理有限公司任高级行业研究员，具有扎实的公司研究及资产配置能力。

周　睿先生：基金经理，上海交通大学MBA，执业药师，本科毕业于沈阳药业大学，具有十一年医药行业工作经验，历任新药开发、市场营销、企业管理等关键岗位；并曾就职于海通证券研究所担任医药行业分析师，对医药行业有非常深刻的认识，具有极其广泛的行业人脉关系，善于领先于市场挖掘个股的投资机会。

叶从飞先生：基金经理，6年证券基金从业经验，生物化学学士、经济学硕士。曾任中原证券资产管理部交易员、投资经理助理、医药行业研究员。在汇添富基金管理有限公司历任交易员、交易主管，兼任投资决策委员会秘书，参与医药行业研究小组工作，对医药行业有着长期积累和丰富经验，对市场较敏锐并擅长把握投资时机，对于汇添富发掘的多只医药类优质股票具有较大贡献。

工银瑞信基金管理有限公司

法定名称	工银瑞信基金管理有限公司	英文名称	ICBC Credit Suisse Asset Management Co.,Ltd.		
成立时间	2005年6月21日	注册资本	2亿元人民币	公司属性	中外合资
法人代表	杨凯生	总 经 理	郭特华	督 察 长	朱碧艳
公司网址	www.icbccs.com.cn	客服电话	400-811-9999		
联系电话	010-6658 3333	传真号码	010-6658 3158		
注册地址	北京市西城区金融大街丙17号北京银行大厦8层	办公地址	北京市西城区金融大街丙17号北京银行大厦8层		

公司简介

工银瑞信基金管理有限公司(以下简称"公司")成立于2005年6月21日，是我国首家由银行直接发起设立并控股的合资基金管理公司，注册资本为2亿元人民币，注册地在北京。公司目前拥有共同基金募集和管理资格、境外证券投资管理业务资格、企业年金基金投资管理人资格、特定客户资产管理业务资格。

2009年，工银瑞信基金管理有限公司募集设立了2只新基金。截至2009年12月31日，工银瑞信基金管理有限公司旗下共管理11只开放式基金，管理基金资产规模626.76亿元人民币。

2009年旗下开放式基金业绩表现

截至日期：2009年12月31日

(单位：元；%)

基金类型	基金简称	设立日期	基金份额净值	净值增长率[①]	累计净值增长率[②]
股票型	工银核心价值股票	2005-08-31	0.4778	57.49	358.37
	工银稳健成长股票	2006-12-06	1.3785	62.32	68.29
	工银红利股票	2007-07-18	1.0509	70.30	8.89
	工银大盘蓝筹股票	2008-08-04	1.459	73.38	67.31
	工银沪深300指数	2009-03-05	1.288	42.79	72.79
混合型	工银精选平衡混合	2006-07-13	0.7653	50.3	103.53
债券型	工银增强收益债券A	2007-05-11	1.0842	3.95	29.12
	工银增强收益债券B	2007-05-11	1.0707	3.52	27.70
	工银添利债券A	2008-04-14	1.1320	8.10	20.48
	工银添利债券B	2008-04-14	1.1235	7.64	19.61
货币型	工银货币	2006-03-20	1.0000	1.2863	10.7013
ETF	工银上证央企ETF	2009-08-26	1.726	10.40	10.40
QDII	工银全球股票(QDII)	2008-02-14	0.917	64.93	-8.30

注：①净值增长率指该基金2009年度的份额净值增长率；②累计净值增长率指该基金设立以来的份额净值增长率。

2009年管理公募基金概况

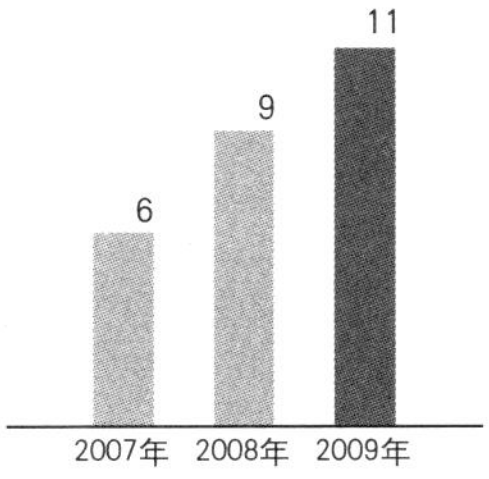

基金数量(只)

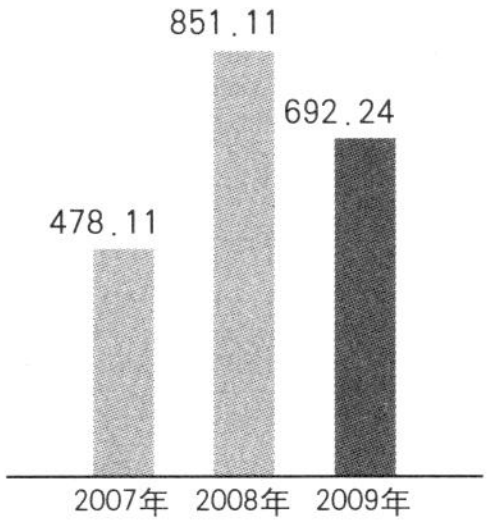

基金份额规模(亿份)

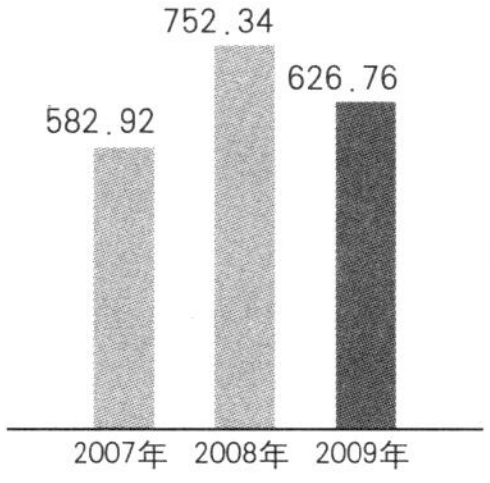

基金资产规模(亿元)

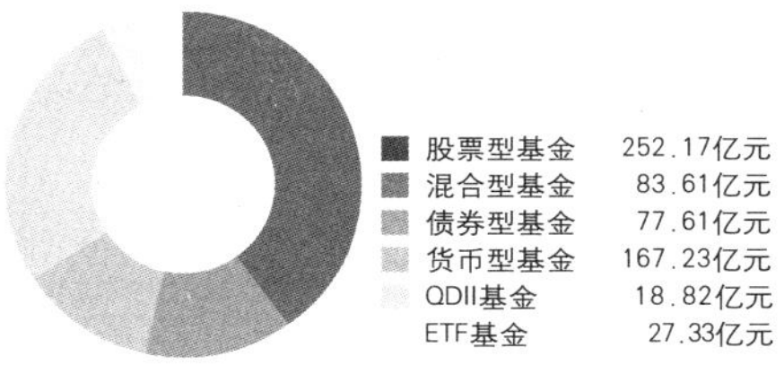

2009年基金资产规模构成

工银瑞信核心价值股票型证券投资基金

基本资料			
基金简称	工银核心价值股票	交易代码	481001
风险收益特征	该基金属于股票型基金中的大中盘价值型基金，一般情况下，其风险及预期收益高于货币市场基金、债券基金及混合型基金。		
业绩比较基准	75%×中信标普300指数收益率+25%×中信标普全债指数收益率		
合同生效日	2005年8月31日	首募份额	43.47亿份
认购户数	144,717户		
基金管理人	工银瑞信基金管理有限公司	基金托管人	中国银行
注册登记人	工银瑞信基金管理有限公司		

财务指标　单位：人民币（元）；%

项目＼年度	2009年	2008年	2007年
本期利润	3,234,724,496.95	−4,245,776,554.87	3,227,632,721.94
本期加权平均净值利润率	45.35	−56.60	68.23
期末基金资产净值	8,244,022,111.93	6,105,259,165.61	9,761,172,148.79
期末基金份额净值	0.4778	0.6460	1.0962
本期份额净值增长率	57.49	−41.07	100.39
累计份额净值增长率	358.37	191.06	393.90
基金收益分配	10派4.900	——	10派2.000

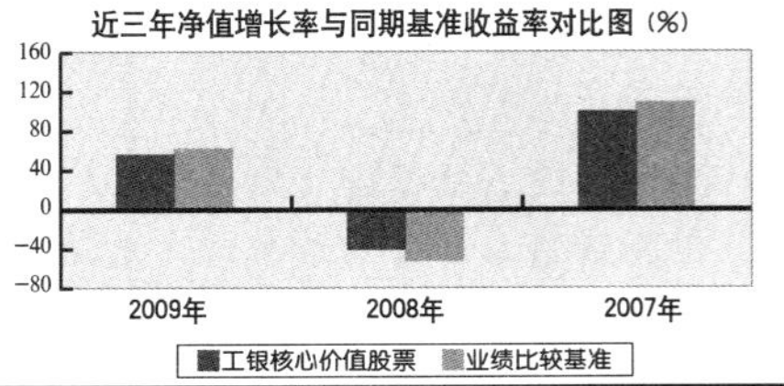

期末基金份额持有人户数	基金份额持有人户数为450,451户，平均每户持有38,306.75份。（期末截至2009年12月31日）
期末基金份额持有人结构	机构投资者持有1,114，957，477.64份，占总份额6.46%；个人投资者持有16,140，355，396.33份，占总份额93.54%。

基金业绩表现

截至2009年12月31日，工银核心价值股票基金份额净值为0.4778元，全年净值增长率为57.49%；同期业绩基准收益率为66.73%。

基金管理团队

张　翎先生：基金经理、权益投资部副总监，工商管理硕士，11年证券从业经历。曾就职于陆家嘴金融贸易区开发公司、中国平安保险公司投资管理中心、三林万业中国投资公司、泰信基金管理有限公司。2006年5月加入工银瑞信基金管理公司，2006年9月至2007年7月任工银瑞信精选平衡混合基金经理；2006年12月至2007年11月任工银瑞信稳健成长股票基金经理；2007年4月起任工银瑞信核心价值股票基金经理。

曹冠业先生：基金经理，上海交通大学材料科学和技术经济学双学士，8年证券从业经历。曾就职于中海信托、法国雷诺机车集团、法国东方汇理资产管理公司。2007年8月加入工银瑞信基金管理公司，2007年11月至2009年5月任工银瑞信核心价值基金经理；2008年2月至2009年12月任工银全球股票基金经理；2009年5月起任工银成长股票基金经理。

基金运作分析

工银核心价值股票基金在2009年年初维持了较低仓位并重点配置防御性行业，导致一季度净值增长率排名大幅落后。从全年看，行业配置与市场的偏离是导致净值增长率偏低的主要原因。根据对2010年市场走势的分析判断，年底开始对投资组合进行较大调整。

2010年，该基金在保持中性的大类资产配置以及相对均衡的行业配置基础上，将着重于自下而上地选择个股，重点布局具有核心竞争优势以及良好商业模式的成长性公司，争取为持有人获取较好的投资回报。

季度投资组合一览

项目＼季度	第一季度			第二季度			第三季度			第四季度		
基金资产净值	7,114,412,564.35元			7,336,954,221.49元			6,449,513,128.01元			8,244,022,111.93元		
基金份额	9,368,073,104.30份			9,207,207,548.86份			15,273,728,661.47份			17,255,312,873.97份		
基金份额净值	0.7594元			0.7969元			0.4223元			0.4778元		
基金资产组合	市值(元)	占总资产比(%)		市值(元)	占总资产比(%)		市值(元)	占总资产比(%)		市值(元)	占总资产比(%)	
股票投资	5,663,210,628.85	78.82		6,853,014,687.80	92.85		4,623,119,688.11	71.29		6,421,297,672.86	75.84	
债券投资	933,999,727.00	13.00		338,315,000.00	4.58		797,360,000.00	12.30		449,640,000.00	5.31	
金融衍生品投资	——	——		——	——		——	——		——	——	
买入返售金融资产	——	——		——	——		678,201,577.30	10.46		——	——	
银行存款和结算备付金	525,565,204.04	7.31		103,243,427.79	1.40		341,352,512.06	5.26		1,564,841,291.76	18.48	
其他资产	62,440,816.17	0.87		86,256,323.52	1.17		44,766,241.86	0.69		30,969,030.55	0.37	
投资前五名股票明细	股票名称	公允价值(元)	占净值比(%)	股票名称	公允价值(元)	占净值比(%)	股票名称	公允价值(元)	占净值比(%)	股票名称	公允价值(元)	占净值比(%)
	小商品城	601,300,144.98	8.45	小商品城	685,666,639.24	9.35	贵州茅台	626,468,000.00	9.71	小商品城	476,128,485.00	5.78
	贵州茅台	455,914,570.92	6.41	贵州茅台	593,587,888.58	8.09	小商品城	605,880,000.00	9.39	贵州茅台	383,283,740.00	4.65
	上海机场	355,528,757.57	5.00	农产品	367,187,080.00	5.00	农产品	308,375,200.00	4.78	盐湖钾肥	340,800,200.00	4.13
	农产品	304,410,562.20	4.28	中国平安	346,220,000.00	4.72	盐湖钾肥	291,824,400.00	4.52	农产品	296,199,200.00	3.59
	新华传媒	253,129,849.72	3.56	中国神华	299,100,000.00	4.08	宁波银行	223,178,400.00	3.46	上海家化	263,200,000.00	3.19
投资前五名债券明细	债券名称	公允价值(元)	占净值比(%)	债券名称	公允价值(元)	占净值比(%)	债券名称	公允价值(元)	占净值比(%)	债券名称	公允价值(元)	占净值比(%)
	08国开16	159,795,000.00	2.25	08央票108	145,185,000.00	1.98	09央行票据43	498,350,000.00	7.73	09国开23	449,640,000.00	5.45
	08央票108	146,280,000.00	2.06	08央票101	96,590,000.00	1.32	09央行票据47	199,340,000.00	3.09			
	08国开14	110,100,000.00	1.55	08央行票据98	96,540,000.00	1.32	09央行票据41	99,670,000.00	1.55			
	08央行票据44	106,030,000.00	1.49									
	08央行票据101	97,340,000.00	1.37									

工银瑞信货币市场证券投资基金

基本资料					
基金简称	工银货币	交易代码	482002		
风险收益特征	该基金为货币市场基金，属于风险相对较低的基金产品。在一般情况下，其风险与预期收益均低于一般债券基金，也低于混合型基金与股票型基金。				
业绩比较基准	税后6个月银行定期储蓄存款利率				
合同生效日	2006年3月20日	首募份额	88.40亿份	认购户数	137,729户
基金管理人	工银瑞信基金管理有限公司	基金托管人	中国建设银行		
注册登记人	工银瑞信基金管理有限公司				

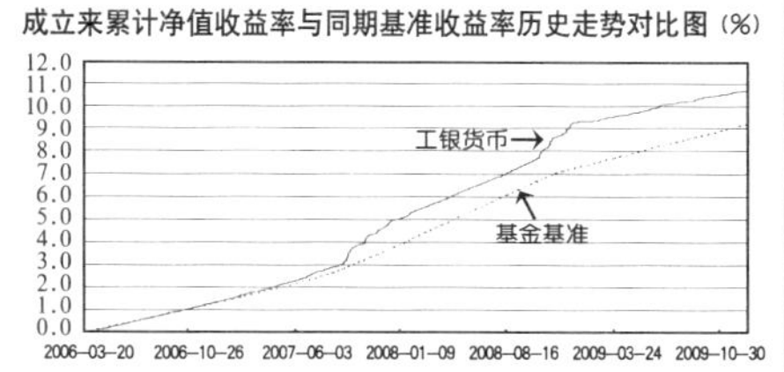

财务指标		单位：人民币（元）；%	
项目＼年度	2009年	2008年	2007年
本期利润	152,059,325.70	421,124,442.70	60,399,998.30
期末基金资产净值	16,722,904,052.29	37,584,799,562.40	6,173,175,596.46
期末基金份额净值	1.0000	1.0000	1.0000
本期份额净值收益率	1.2863	4.1048	3.5366
累计份额净值收益率	10.7013	9.2955	4.9860
基金收益分配	152,059,325.70	421,124,442.70	60,399,998.30

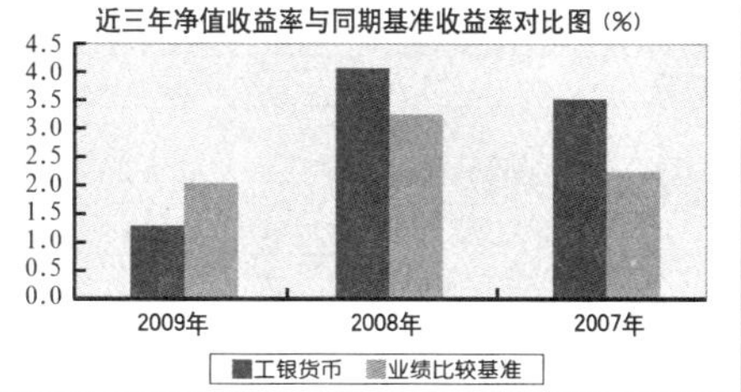

期末基金份额持有人户数	基金份额持有人户数为52,479户，平均每户持有318,658.97份。（期末截至2009年12月31日）
期末基金份额持有人结构	机构投资者持有8,567,864,946.87份，占总份额51.23%；个人投资者持有8,155,039,105.42份，占总份额48.77%。

基金业绩表现

2009年工银货币市场基金全年净值收益率为1.2863%，同期业绩基准收益率为1.9800%。

基金管理团队

杜海涛先生：基金经理、固定收益部总监，复旦大学工商管理硕士，12年证券从业经历。曾就职于长城证券公司、宝盈基金管理公司、招商基金管理公司。2006年9月起任工银货币基金经理；2007年5月起任工银增强收益债券基金经理。

基金运作分析

工银货币市场基金在2009年上半年始终保持非常低的久期策略，保持基金极好的流动性，同时在全年没有给组合带来浮亏。该基金的规模从2008年底的375亿，下降到一季度末的142亿、二季度末的81亿、三季末的62亿，四季末的167亿。虽然该基金管理人无法准确了解工银货币基金投资者赎回之后的资金用途，但看到在2009上半年工银货币基金被大量赎回的同时股票市场、房地产市场均出现了较好的上涨势头，尤其是一季度的时候工银货币赎回规模较大。

基金规模的较大波动，的确给投资管理人带来更大的挑战；但是管理人认为货币基金作为投资者现金管理工具的替代，作为基金管理公司股票、债券类基金投资者的避风港与蓄水池，这种规模波动又是一件好事。说明投资者在逐步成熟，而且在资产配置方面可以获取更大的投资收益。

季度投资组合一览

项目＼季度	第一季度		第二季度		第三季度		第四季度	
基金资产净值	14,256,951,195.45元		8,127,659,061.11元		6,240,815,845.26元		16,722,904,052.29元	
基金份额	14,256,951,195.45份		8,127,659,061.11份		6,240,815,845.26份		16,722,904,052.29份	
基金份额净值	1.000元		1.000元		1.000元		1.000元	
基金资产组合	市值(元)	占总资产比(%)	市值(元)	占总资产比(%)	市值(元)	占总资产比(%)	市值(元)	占总资产比(%)
股票投资	——	——	——	——	——	——	——	——
债券投资	15,779,718,535.54	95.90	7,220,768,844.96	77.81	5,700,245,462.15	77.60	8,823,110,373.25	52.29
金融衍生品投资	——	——	——	——	——	——	——	——
买入返售金融资产	——	——	——	——	480,000,840.00	6.53	6,751,013,180.80	40.01
银行存款和结算备付金	19,791,585.55	0.12	1,032,925,460.60	11.13	1,135,631,009.47	15.46	1,258,198,070.31	7.46
其他资产	655,679,207.82	3.98	1,026,051,977.70	11.06	29,920,345.12	0.41	41,549,795.18	0.25

投资前五名债券明细	债券名称	成本(元)	占净值比(%)	债券名称	成本(元)	占净值比(%)	债券名称	成本(元)	占净值比(%)	债券名称	成本(元)	占净值比(%)
	08央行票据92	1,689,229,516.97	11.85	08央行票据106	1,534,909,863.97	18.89	09央行票据37	848,458,976.67	13.60	09中石油CP02	999,615,900.46	5.98
	08央票106	1,528,992,632.06	10.72	08央行票据92	1,145,312,010.63	14.09	09央行票据45	797,738,838.46	12.78	09央行票据61	997,969,942.57	5.97
	08中石化CP01	1,327,955,047.55	9.31	08央行票据95	598,785,430.35	7.37	09央行票据36	738,543,876.67	11.83	09央行票据36	692,345,808.64	4.14
	08央行票据52	789,100,365.13	5.53	08网通CP01	501,197,716.43	6.17	09央行票据40	560,923,469.24	8.99	09铁道CP02	559,970,168.15	3.35
	09铁道CP01	773,213,764.91	5.42	04国开14	492,565,753.79	6.06	08电网CP03	479,529,625.46	7.68	09国电集CP01	499,550,278.11	2.99

投资组合平均剩余期限	平均剩余期限	占净值比(%)	平均剩余期限	占净值比(%)	平均剩余期限	占净值比(%)	平均剩余期限	占净值比(%)
	30天以内	4.76	30天以内	21.21	30天以内	22.20	30天以内	42.51
	30天(含)—60天	17.80	30天(含)—60天	36.15	30天(含)—60天	19.37	30天(含)—60天	8.18
	60天(含)—90天	17.81	60天(含)—90天	24.19	60天(含)—90天	28.33	60天(含)—90天	11.12
	90天(含)—180天	49.40	90天(含)—180天	16.39	90天(含)—180天	23.78	90天(含)—180天	11.12
	180天(含)—397天（含）	23.57	180天(含)—397天（含）	12.11	180天(含)—397天（含）	23.55	180天(含)—397天（含）	27.71

工银瑞信精选平衡混合型证券投资基金

基本资料

基金简称	工银精选平衡混合	交易代码	483003		
风险收益特征	该基金是混合型基金，其预期收益及风险水平介于股票型基金与债券型基金之间，属于中等风险水平的基金品种。				
业绩比较基准	60%×沪深300指数收益率+40%×新华巴克莱资本中国综合债券指数收益率				
合同生效日	2006年7月13日	首募份额	83.70亿份	认购户数	230,970户
基金管理人	工银瑞信基金管理有限公司	基金托管人	中国建设银行		
注册登记人	工银瑞信基金管理有限公司				

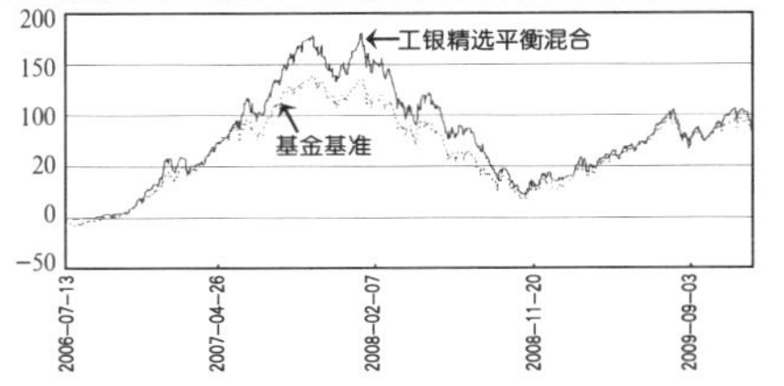

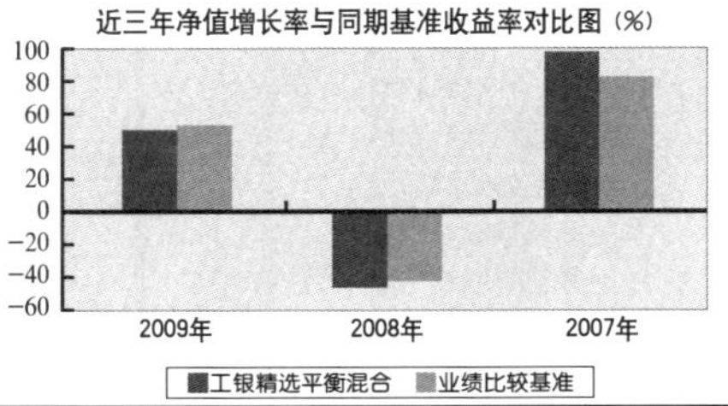

财务指标 单位：人民币（元）；%

项目 \ 年度	2009年	2008年	2007年
本期利润	3,281,071,606.69	−7,023,046,431.41	6,915,948,828.16
本期加权平均净值利润率	39.79	−68.41	57.44
期末基金资产净值	8,360,615,554.84	7,047,351,469.88	15,954,378,248.91
期末基金份额净值	0.7653	0.5898	1.1426
本期份额净值增长率	50.53	−48.38	96.75
累计份额净值增长率	103.53	35.21	161.93
基金收益分配	10派1.000	——	10派2.950

期末基金份额持有人户数	基金份额持有人户数为446,080户，平均每户持有24,491.53份。（期末截至2009年12月31日）
期末基金份额持有人结构	机构投资者持有383,125,159.05份，占总份额3.51%；个人投资者持有10,542，055，123.57份，占总份额96.49%。

基金业绩表现

截至2009年12月31日，工银精选平衡混合基金份额净值为0.7653元，全年净值增长率为50.53%；同期业绩基准收益率为53.13%。

基金管理团队

司晓晨先生：基金经理、研究部副总监，10年证券从业经历，毕业于中国人民银行研究生部，获经济学硕士。1999年7月至2005年7月任职于华夏基金管理公司，历任研发部高级经理；基金管理部分析师；基金经理助理。2005年7月加入工银瑞信基金管理公司，任高级研究员；2007年11月起任工银精选平衡混合基金经理。

曲　丽女士：基金经理，8年证券从业经历，毕业于清华大学经济管理学院技术经济专业，获经济学硕士学位。2001年5月至2006年12月任职于华夏证券研究发展部，2005年华夏证券公司重组更名为中信建投证券公司，任资深分析师。2007年1月加入工银瑞信基金公司，2007年1月至2009年11月任高级研究员；2007年11月至2009年11月任工银精选平衡混合基金经理。

基金运作分析

2009年，从工银精选平衡混合基金全年操作来看，总体一直保持了积极的思路，持续配置银行、保险、地产、汽车、钢铁等周期敏感性权重品种，对食品饮料等必须消费品和医药配置较少。应该说，积极的资产和行业配置带来的收益还是比较好的，但在8月份市场急剧调整前该基金未能及时减仓，遭受一定损失。同时，对下半年行业轮换后出现的医药股行情参与不足，收益较少。

季度投资组合一览

项目 \ 季度	第一季度		第二季度		第三季度		第四季度	
基金资产净值	8,175,643,561.14元		8,798,131,473.60元		7,569,363,035.30元		8,360,615,554.84元	
基金份额	11,781,303,334.13份		11,089,095,337.24份		11,462,195,230.32份		10,925,180,282.62份	
基金份额净值	0.6940元		0.7934元		0.6604元		0.7653元	
基金资产组合	市值(元)	占总资产比(%)	市值(元)	占总资产比(%)	市值(元)	占总资产比(%)	市值(元)	占总资产比(%)
股票投资	5,559,902,942.26	67.53	6,685,888,751.17	75.61	5,464,854,856.36	71.52	6,503,921,069.35	77.35
债券投资	2,090,420,631.80	25.39	1,762,912,564.49	19.94	1,618,494,023.30	21.18	1,711,668,063.74	20.36
金融衍生品投资	——	——	——	——	2,133,542.39	0.03	——	——
买入返售金融资产	——	——	——	——	——	——	——	——
银行存款和结算备付金	521,697,627.14	6.34	328,694,004.95	3.72	532,849,687.64	6.97	168,150,033.83	2.00
其他资产	60,605,384.83	0.74	65,566,638.89	0.74	22,698,160.01	0.30	24,324,003.34	0.29

投资前五名股票明细	股票名称	公允价值(元)	占净值比(%)	股票名称	公允价值(元)	占净值比(%)	股票名称	公允价值(元)	占净值比(%)	股票名称	公允价值(元)	占净值比(%)
	招商银行	313,749,044.19	3.84	招商银行	468,381,034.17	5.32	兴业银行	332,552,833.87	4.39	招商银行	411,011,098.90	4.92
	兴业银行	290,613,536.64	3.55	中国平安	362,839,351.36	4.12	招商银行	301,078,916.44	3.98	兴业银行	350,765,647.93	4.20
	中国联通	256,764,330.68	3.14	万 科A	352,463,996.25	4.01	中国平安	240,111,448.20	3.17	上海汽车	329,258,146.23	3.94
	中国人寿	235,909,241.15	2.89	中国人寿	337,011,160.50	3.83	中国联通	215,213,425.30	2.84	中国平安	271,925,121.44	3.25
	恒瑞医药	231,299,784.63	2.83	中国联通	307,958,283.08	3.50	上海汽车	203,421,366.00	2.69	格力电器	226,567,497.80	2.71

投资前五名债券明细	债券名称	公允价值(元)	占净值比(%)	债券名称	公允价值(元)	占净值比(%)	债券名称	公允价值(元)	占净值比(%)	债券名称	公允价值(元)	占净值比(%)
	08国开16	266,325,000.00	3.26	08国开16	265,200,000.00	3.01	08国开16	419,720,000.00	5.54	08国开16	416,360,000.00	4.98
	08国开17	219,318,000.00	2.68	08国开17	218,702,000.00	2.49	09央行票据34	196,620,000.00	2.60	09央行票据34	196,600,000.00	2.35
	07国债10	187,408,000.00	2.29	08央行票据98	144,810,000.00	1.65	09央行票据36	196,600,000.00	2.60	09央行票据36	196,580,000.00	2.35
	08铁道05	178,632,000.00	2.18	08国开14	143,299,000.00	1.63	08国开14	141,635,000.00	1.87	09国开23	149,880,000.00	1.79
	08央行票据98	145,920,000.00	1.78	08央行票据95	125,437,000.00	1.43	08央行票据47	103,680,000.00	1.37	08北辰债	82,308,002.40	0.98

工银瑞信稳健成长股票型证券投资基金

基本资料					
基金简称	工银稳健成长股票	交易代码	481004		
风险收益特征	该基金是成长型股票基金，其预期收益及风险水平高于债券型基金与混合型基金，属于风险水平相对较高的基金品种。				
业绩比较基准	80%×沪深300指数收益率+20%×上证国债指数收益率				
合同生效日	2006年12月6日	首募份额	122.29亿份	认购户数	405,050户
基金管理人	工银瑞信基金管理有限公司	基金托管人	中国建设银行		
注册登记人	工银瑞信基金管理有限公司				

财务指标　　单位：人民币（元）；%

项目＼年度	2009年	2008年	2007年
本期利润	2,579,969,155.60	−4,862,654,748.09	9,633,493,287.71
本期加权平均净值利润率	47.90	−67.88	67.57
期末基金资产净值	5,554,729,844.60	4,685,026,753.36	11,433,816,958.08
期末基金份额净值	1.3785	1.0368	1.9926
本期份额净值增长率	62.32	−47.97	95.05
累计份额净值增长率	68.29	3.68	99.26
基金收益分配	10派2.500	——	——

成立来累计净值增长率与同期基准收益率历史走势对比图（%）

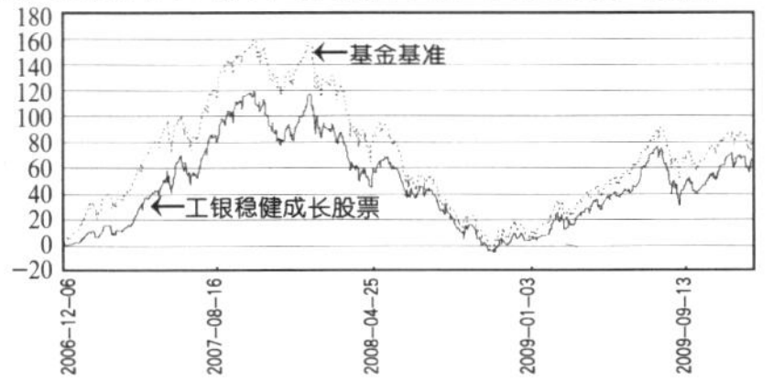

近三年净值增长率与同期基准收益率对比图（%）

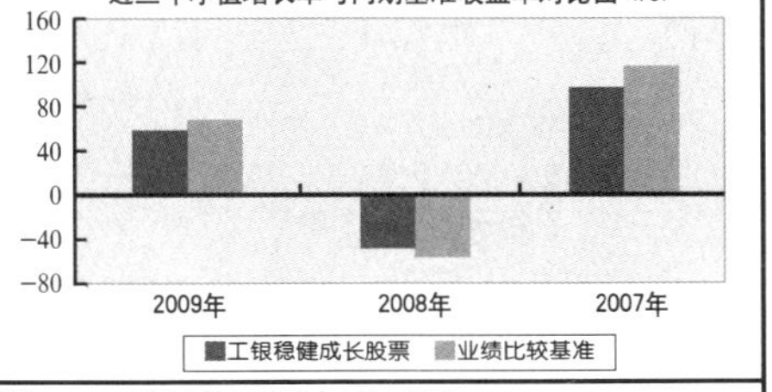

期末基金份额持有人户数	基金份额持有人户数为148,177户，平均每户持有27，194.49份。（期末截至2009年12月31日）
期末基金份额持有人结构	机构投资者持有573,607，091.96份，占总份额14.23%；个人投资者持有3，455，991，037.73份，占总份额85.77%。

基金业绩表现

2009年工银稳健成长股票基金全年净值增长率为62.32%，同期业绩基准收益率为73.60%。

基金管理团队

曹冠业先生：基金经理，8年证券从业经历，上海交通大学材料科学和技术经济双学士，法国马赛经济科技法律大学工商管理硕士和法学硕士。曾任职于中海信托、法国雷诺机车集团、法国东方汇理资产管理公司、香港恒生投资管理公司。2007年8月加入工银瑞信基金公司，2007年11月至2009年5月任工银核心价值基金经理；2008年2月至2009年12月任工银全球基金经理；2009年5月起任工银稳健成长股票基金经理。

杨建勋先生：基金经理，9年证券从业经历，北京大学经济学硕士。曾任职于沈阳财政局会计师事务所、鹏华基金管理公司。2007年3月至2007年11月任工银精选平衡混合基金经理；2007年3月至2009年5月任工银稳健成长基金经理；2007年7月起任工银红利股票基金经理。

温震宇先生：基金经理，11年证券从业经历，中国人民大学管理学硕士。曾任职于北京钢铁设计研究总院、华夏证券公司、大成基金管理公司、泰达荷银基金管理公司。2007年11月至2009年8月任工银稳健成长基金经理。

基金运作分析

2009年全年大盘上涨79.9%。一季度主要以新能源和其他中小盘题材股的上涨为投资主线，同时有色、汽车、建材、房地产、证券、煤炭等周期性行业表现突出。从5月开始，以金融、地产股为代表的大盘蓝筹股上升行情取代了前期热点。8月份在流动性紧缩的预期下，股指出现大幅调整，期后行情转化为电子信息，3G设备和家电等。

季度投资组合一览

项目＼季度	第一季度		第二季度		第三季度		第四季度	
基金资产净值	5,331,738,734.50元		5,640,098,939.69元		4,931,835,671.70元		5,554,729,844.60元	
基金份额	4,230,293,316.21份		4,573,418,992.27份		4,267,231,651.46份		4,029,598,129.69份	
基金份额净值	1.2604元		1.2332元		1.1557元		1.3785元	
基金资产组合	市值(元)	占总资产比(%)	市值(元)	占总资产比(%)	市值(元)	占总资产比(%)	市值(元)	占总资产比(%)
股票投资	4,114,972,299.07	76.77	5,294,234,321.69	91.81	3,787,601,144.31	75.07	5,266,514,684.42	94.18
债券投资	671,999,732.62	12.54	150,299,500.00	2.61	263,835,500.00	5.23	254,445,500.00	4.55
金融衍生品投资	——	——	——	——	——	——	——	——
买入返售金融资产	——	——	——	——	——	——	——	——
银行存款和结算备付金	536,871,249.12	10.02	314,109,601.48	5.45	987,487,438.13	19.57	62,529,269.62	1.12
其他资产	36,316,521.75	0.68	7,895,415.99	0.14	6,394,962.02	0.13	8,188,360.85	0.15

投资前五名股票明细

股票名称	公允价值(元)	占净值比(%)	股票名称	公允价值(元)	占净值比(%)	股票名称	公允价值(元)	占净值比(%)	股票名称	公允价值(元)	占净值比(%)
天地科技	183,019,699.36	3.43	中国平安	375,881,112.54	6.66	中铁二局	388,610,541.50	7.88	浦发银行	396,334,212.30	7.14
民生银行	159,589,927.20	2.99	招商银行	303,545,780.64	5.38	长城开发	250,256,916.36	5.07	盘江股份	357,761,504.00	6.44
中材国际	155,615,255.73	2.92	长城开发	256,355,545.60	4.55	*ST伊利	204,338,844.50	4.14	诚志股份	229,572,485.40	4.13
贵州茅台	137,690,409.54	2.58	中国太保	241,907,702.76	4.29	中国宝安	196,895,413.00	3.99	国电南瑞	220,320,000.00	3.97
新华传媒	133,400,300.84	2.50	中铁二局	221,270,119.16	3.92	民生银行	141,540,000.00	2.87	中国宝安	219,248,464.32	3.95

投资前五名债券明细

债券名称	公允价值(元)	占净值比(%)	债券名称	公允价值(元)	占净值比(%)	债券名称	公允价值(元)	占净值比(%)	债券名称	公允价值(元)	占净值比(%)
08央票108	195,040,000.00	3.66	08央行票据108	135,506,000.00	2.40	09央票41	249,175,000.00	5.05	09国开23	249,800,000.00	4.50
08央票35	105,910,000.00	1.99	02国开19	10,070,000.00	0.18	02国开19	10,015,000.00	0.20	02国债(13)	4,645,500.00	0.08
08进出02	100,210,000.00	1.88	02国债(13)	4,723,500.00	0.08	02国债(13)	4,645,500.00	0.09			
08国债25	98,110,000.00	1.84									
08国开16	85,224,000.00	1.60									

工银瑞信增强收益债券型证券投资基金

基本资料					
基金简称	工银增强收益债券	交易代码	A：485105 B：485005		
风险收益特征	该基金为债券型基金，其长期平均风险和预期收益率低于混合型基金，高于货币市场基金。				
业绩比较基准	新华巴克莱资本中国综合债券指数				
合同生效日	2007年5月11日	首募份额	36.81亿份	认购户数	121,873户
基金管理人	工银瑞信基金管理有限公司	基金托管人	中国建设银行		
注册登记人	工银瑞信基金管理有限公司				

财务指标　单位：人民币(亿元)；%

项目 \ 年度	2009年 A	2009年 B	2008年 A	2008年 B	2007年 A	2007年 B
本期利润	0.9123	0.3459	3.7605	1.8124	4.5981	2.9115
本期加权平均净值利润率	2.66	1.65	8.54	8.03	13.24	11.92
期末基金资产净值	23.5789	21.3412	46.5846	43.2642	51.4043	28.3700
期末基金份额净值	1.0842元	1.0707元	1.1360元	1.1277元	1.1105元	1.1075元
本期份额净值增长率	3.95	3.52	9.85	9.39	13.07	12.77
累计份额净值增长率	29.12	27.70	24.20	23.36	13.07	12.77
基金收益分配	10派0.950元		10派0.800元		10派0.200元	——

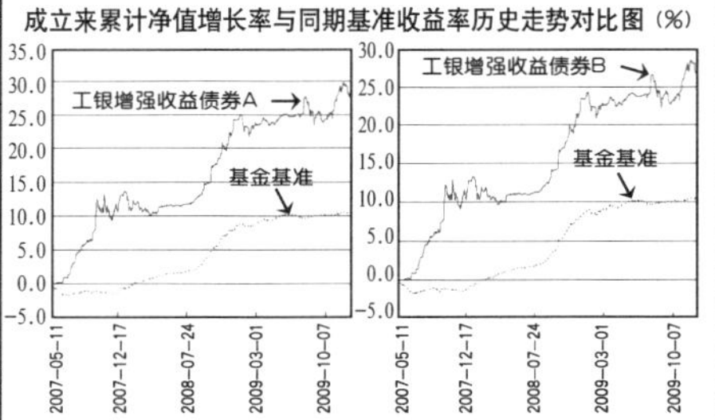

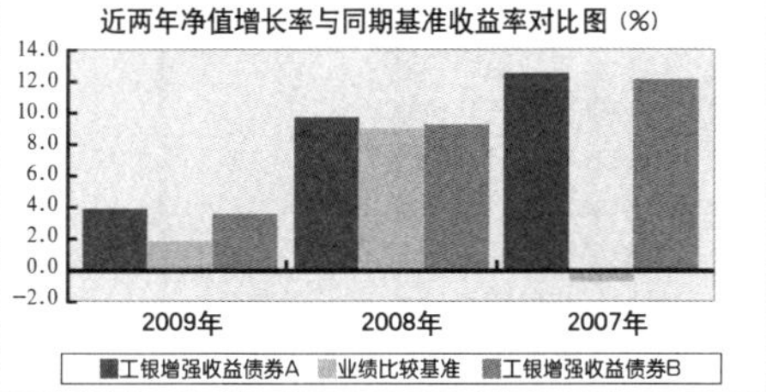

期末基金份额持有人户数	A：基金份额持有人户数为20,211户，平均每户持有107,606.40份。 B：基金份额持有人户数为28,178户，平均每户持有70,735.32份。（期末截至2009年12月31日）
期末基金份额持有人结构	A：机构投资者持有1,534，993,114.80份，占总份额70.58%；个人投资者持有639,839，852.89份，占总份额29.42%。 B：机构投资者持有697,877，748.73份，占总份额35.01%；个人投资者持有1，295,302，037.61份，占总份额64.99%。

基金业绩表现

2009年工银增强收益债券基金A类全年净值增长率为3.95%，B类全年净值增长率为3.52%；同期业绩基准收益率为1.90%。

基金管理团队

杜海涛先生：基金经理、固定收益部总监，复旦大学工商管理硕士，12年证券从业经历。曾任职于长城证券公司、宝盈基金管理公司、招商基金管理公司。2006年9月起任工银货币基金经理；2007年5月起任工银增强收益债券基金经理。

基金运作分析

2009年工银增强收益债券A累计净值增长率为3.95%，工银增强收益债券B累计净值增长率3.52%。期间业绩基准工银增强收益债券A和工银增强收益债券B都为1.90%。尽管工银增强收益债券A、B均超越业绩比较基准，但是从全年工银增强收益债券的投资策略看，业绩仍有提升的空间。首先，工银增强收益债券基金通过积极参与新股申购、审慎参与增发的股票投资策略获取了较好的收益；其次，该基金较好把握了9、10月份的信用债行情，而错失了年初至5月底的信用债行情；再有，转债方面该基金获利较少；最后，在利率产品方面年初调减久期不够果断、迅速，给组合业绩带来一定的负贡献。总体上来看，工银增强收益债券基金在利率策略和转债策略方面仍有进一步提升的空间。

季度投资组合一览

项目 \ 季度	第一季度 A	第一季度 B	第二季度 A	第二季度 B	第三季度 A	第三季度 B	第四季度 A	第四季度 B
基金资产净值	41.9805亿元	26.3949亿元	32.4814亿元	17.9251亿元	30.3365亿元	12.7466亿元	23.5789亿元	21.3412亿元
基金份额	36.9682亿份	23.4398亿份	28.4403亿份	15.8444亿份	26.7455亿份	11.3565亿份	21.7483亿份	19.9318亿份
基金份额净值	1.1356元	1.1261元	1.1421元	1.1313元	1.1343元	1.1224元	1.0842元	1.0707元
基金资产组合	市值(元)	占总资产比(%)	市值(元)	占总资产比(%)	市值(元)	占总资产比(%)	市值(元)	占总资产比(%)
股票投资	26,812,047.98	0.35	65,410,000.00	1.25	364,113,689.75	8.39	571,624,720.59	10.51
债券投资	7,301,345,683.12	96.46	4,319,600,936.83	82.52	3,917,420,910.20	90.27	4,479,751,287.49	82.35
资产支持证券投资	——	——	——	——	——	——	——	——
银行存款和结算备付金	101,909,994.40	1.35	544,584,654.62	10.40	27,406,491.47	0.63	309,485,054.29	5.69
其他资产	139,426,191.65	1.84	305,063,223.92	5.83	30,593,084.30	0.70	78,995,523.68	1.45

投资前五名股票明细

第一季度 股票名称	公允价值(元)	占净值比(%)	第二季度 股票名称	公允价值(元)	占净值比(%)	第三季度 股票名称	公允价值(元)	占净值比(%)	第四季度 股票名称	公允价值(元)	占净值比(%)
海马股份	26,812,047.98	0.39	海马股份	55,426,000.00	1.10	中国建筑	118,477,959.52	2.75	中国建筑	103,840,000.00	2.31
			柳工	9,984,000.00	0.20	中国中冶	43,676,719.00	1.01	海正药业	94,082,870.00	2.09
——			——			鑫富药业	36,044,966.40	0.84	中国化学	39,677,232.63	0.88
						南山铝业	32,710,449.90	0.76	中国北车	35,513,419.40	0.79
						新安股份	31,129,000.00	0.72	南山铝业	33,075,000.00	0.74

投资前五名债券明细

第一季度 债券名称	公允价值(元)	占净值比(%)	第二季度 债券名称	公允价值(元)	占净值比(%)	第三季度 债券名称	公允价值(元)	占净值比(%)	第四季度 债券名称	公允价值(元)	占净值比(%)
08国开16	1,565,991,000.00	22.90	08国开16	1,453,296,000.00	28.83	08国开16	1,311,625,000.00	30.44	08国开16	1,509,305,000.00	33.60
08国开14	715,650,000.00	10.47	08国开14	573,196,000.00	11.37	07国开22	302,820,000.00	7.03	09进出12	247,775,000.00	5.52
08国开18	685,678,000.00	10.03	08国开18	471,880,000.00	9.36	09央行票据44	294,810,000.00	6.84	08招行债01	206,760,000.00	4.60
08央行票据50	530,500,000.00	7.76	07国开22	305,430,000.00	6.06	08国开14	272,375,000.00	6.32	09央行票据44	196,500,000.00	4.37
08农发17	522,250,000.00	7.64	08招行债01	213,620,000.00	4.24	08招行债01	207,580,000.00	4.82	唐钢转债	187,741,400.00	4.18

工银瑞信红利股票型证券投资基金

基本资料			
基金简称	工银红利股票	交易代码	481006
风险收益特征	该基金属于股票型基金中的红利主题型基金，其风险与预期收益高于债券型基金以及混合型基金。		
业绩比较基准	新华富时150红利指数收益率		
合同生效日	2007年7月18日	首募份额 58.41亿份	认购户数 157,916户
基金管理人	工银瑞信基金管理有限公司	基金托管人	中国建设银行
注册登记人	工银瑞信基金管理有限公司		

财务指标　　单位：人民币（元）；%

项目 \ 年度	2009年	2008年	2007年
本期利润	2,332,193,816.81	−3,289,856,751.81	1,267,836,301.03
本期加权平均净值利润率	51.43	−65.37	18.68
期末基金资产净值	4,703,484,243.69	3,598,755,053.23	6,991,570,603.55
期末基金份额净值	1.0509	0.6171	1.1971
本期份额净值增长率	70.30	−47.49	21.76
累计份额净值增长率	8.89	−36.06	21.76
基金收益分配	——	10派0.200	10派0.200

成立来累计净值增长率与同期基准收益率历史走势对比图（%）

近三年净值增长率与同期基准收益率对比图（%）

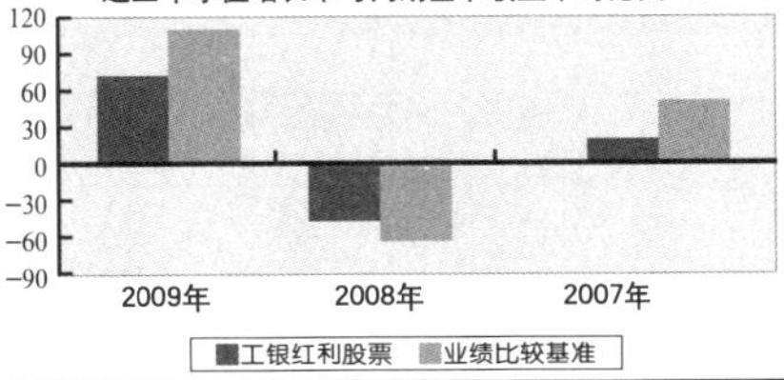

期末基金份额持有人户数	基金份额持有人户数为123,762户，平均每户持有36,162.58份。（期末截至2009年12月31日）
期末基金份额持有人结构	机构投资者持有633,556，625.97份，占总份额14.16%；个人投资者持有3，841，996,465.46份，占总份额85.84%。

基金业绩表现

截至2009年12月31日，工银红利股票基金份额净值为1.0509元，全年净值增长率为70.30%；同期业绩基准收益率为113.27%。

基金管理团队

杨建勋先生：基金经理、权益投资部总监，9年证券从业经历，北京大学经济学硕士。曾任职于沈阳财政局会计师事务所、鹏华基金管理公司。2007年3月至2007年11月任工银精选平衡混合基金经理；2007年3月至2009年5月任工银稳健成长股票基金经理；2007年7月起任工银红利股票基金经理。

章叶飞先生：基金经理助理，5年证券从业经历，中国人民大学经济学硕士。曾任职于红塔证券公司，历任研究员、投资经理助理。2006年8月加入工银瑞信基金管理公司，2006年8月至2007年10月任职于公司研究部，任研究员；2007年10月起任工银红利股票基金经理助理。

基金运作分析

工银红利股票基金在2009年初的投资组合相对偏防御，但随着对后来宏观经济形势和行情发展作出了更加积极的判断，通过对组合进行调整增加了组合的弹性。但在下半年该基金对以银行、保险、地产为主的金融板块的配置效果不好，拖累了整个基金的业绩。事实上整个市场在2009年下半年中小市值股票的表现远远好于大市值的蓝筹板块，而工银红利股票基金在风格上对中小市值成长股的重视和投资力度均不足。

整体上看，工银红利股票基金在2009年的业绩表现并不理想，该基金管理人将吸取过去的教训和经验，争取在2010年获得更好的业绩表现。

季度投资组合一览

项目 \ 季度	第一季度		第二季度		第三季度		第四季度	
基金资产净值	4,143,627,473.05元		5,098,886,030.72元		4,412,015,713.72元		4,703,484,243.69元	
基金份额	5,329,315,660.43份		5,430,279,953.03份		4,913,488,291.63份		4,475,553,091.43份	
基金份额净值	0.7775元		0.9390元		0.8979元		1.0509元	
基金资产组合	市值(元)	占总资产比(%)	市值(元)	占总资产比(%)	市值(元)	占总资产比(%)	市值(元)	占总资产比(%)
股票投资	3,205,588,835.63	76.82	4,391,236,900.67	84.89	3,433,793,500.26	77.49	4,359,472,594.35	91.63
债券投资	589,092,727.00	14.12	362,651,500.00	7.01	598,500,000.00	13.51	229,816,000.00	4.83
金融衍生品投资	——	——	——	——	——	——	——	——
买入返售金融资产	——	——	——	——	——	——	——	——
银行存款和结算备付金	361,775,472.12	8.67	222,016,074.18	4.29	386,432,551.50	8.72	153,704,503.52	3.23
其他资产	16,601,266.49	0.40	196,776,647.99	3.80	12,597,289.67	0.28	14,950,452.09	0.31

投资前五名股票明细	股票名称	公允价值(元)	占净值比(%)	股票名称	公允价值(元)	占净值比(%)	股票名称	公允价值(元)	占净值比(%)	股票名称	公允价值(元)	占净值比(%)
	民生银行	157,479,156.72	3.80	招商银行	240,726,091.05	4.72	贵州茅台	228,308,019.60	5.17	中国平安	191,012,565.38	4.06
	城投控股	120,982,663.48	2.92	中国太保	204,512,110.32	4.01	中铁二局	193,826,865.00	4.39	中铁二局	167,879,900.60	3.57
	交通银行	118,975,576.00	2.87	交通银行	200,904,529.50	3.94	招商银行	191,614,970.06	4.34	五 粮 液	166,110,047.10	3.53
	葛洲坝	112,056,792.12	2.70	中铁二局	172,507,699.64	3.38	民生银行	181,978,227.38	4.12	华夏银行	150,922,524.24	3.21
	亿城股份	102,340,922.88	2.47	万 科A	159,127,012.50	3.12	保利地产	178,031,027.46	4.04	北京银行	139,768,497.42	2.97

投资前五名债券明细	债券名称	公允价值(元)	占净值比(%)	债券名称	公允价值(元)	占净值比(%)	债券名称	公允价值(元)	占净值比(%)	债券名称	公允价值(元)	占净值比(%)
	08央行票据108	195,040,000.00	4.71	08央行票据108	193,580,000.00	3.80	09央行票据47	299,010,000.00	6.78	09国开23	229,816,000.00	4.89
	08国开16	170,448,000.00	4.11	02国开19	100,700,000.00	1.97	09央行票据41	199,340,000.00	4.52			
	08进出02	100,210,000.00	2.42	08国开16	63,648,000.00	1.25	02国开19	100,150,000.00	2.27			
	08央行票据47	53,035,000.00	1.28	02国债(13)	4,723,500.00	0.09						
	08央行票据35	52,955,000.00	1.28									

工银瑞信中国机会全球配置股票型证券投资基金

基本资料					
基金简称	工银全球股票(QDII)	交易代码	486001		
风险收益特征	该基金属于全球股票型基金，在一般情况下，其风险与预期收益高于债券型基金，亦高于混合型基金。				
业绩比较基准	40%×MSCI中国指数收益率+60%×MSCI全球股票指数收益率				
合同生效日	2008年2月14日	首募份额	31.56亿份	认购户数	142,898户
基金管理人	工银瑞信基金管理有限公司	基金托管人	中国银行		
注册登记人	工银瑞信基金管理有限公司	境外托管人	美国花旗银行		

成立来累计净值增长率与同期基准收益率历史走势对比图（%）

财务指标　单位：人民币（元）；%

项目 \ 年度	2009年	2008年2月14日至2008年12月31日
本期利润	812,373,180.51	−1,018,878,875.84
本期加权平均净值利润率	50.22	−46.71
期末基金资产净值	1,881,619,589.42	1,237,921,909.44
期末基金份额净值	0.917	0.556
本期份额净值增长率	64.93	−44.40
累计份额净值增长率	−8.30	−44.40
基金收益分配	——	——

近两年净值增长率与同期基准收益率对比图（%）

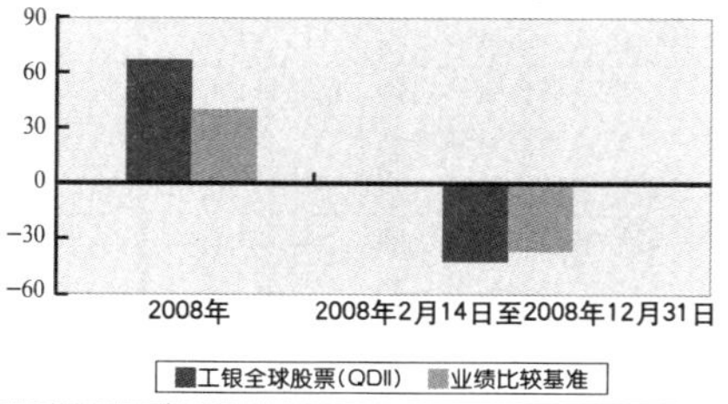

期末基金份额持有人户数	基金份额持有人户数为102,990户，平均每户持有19,927.91份。（期末截至2009年12月31日）
期末基金份额持有人结构	机构投资者持有124,608，345.52份，占总份额6.07%；个人投资者持有1,927，767，504,.30份，占总份额93.93%。

基金业绩表现

2009年工银全球股票基金全年净值增长率为64.93%；同期业绩基准收益率为43.48%。

基金管理团队

郝　康先生：基金经理，14年证券从业经历，博士。曾任职于美洲银行、首源投资管理公司、联和运通投资顾问管理公司、北京博动科技公司。2007年8月起任职于工银瑞信基金管理公司权益投资部；2008年2月起任工银全球股票基金经理。

游凛峰先生：基金经理，15年证券从业经历，斯坦福大学博士。曾任职于Johnson&Johnson Company、Vestek System of now Thomson−Reuters、Salomon Brothers、Merrill Lynch Investment Managers、Jasper Asset Management。2009年1月加入工银瑞信基金公司，2009年12月起任工银全球股票基金经理。

曹冠业先生：基金经理，8年证券从业经历，硕士学位。曾任职于中海信托、法国雷诺机车集团、法国东方汇理资产公司、香港恒生投资公司。2007年8月加入工银瑞信基金管理公司。曾任工银核心价值股票基金经理，工银全球股票基金经理；2009年5月起任工银成长股票基金经理。

基金运作分析

2009年工银全球股票基金比较及时地把握住了市场反转的机会，并积极调整投资组合。上半年，该基金果断加仓，并重点配置了前期超跌的房地产、原材料等行业的股票。在全球其他市场，该基金也是以能源、原材料类股票为主要投资标的；下半年，工银全球股票基金加大对消费、医疗和信息技术类股票的投资力度，获得了较高的收益。

季度投资组合一览

项目 \ 季度	第一季度		第二季度		第三季度		第四季度	
基金资产净值	1,302,222,972.40元		1,668,329,436.95元		1,812,649,757.80元		1,881,619,589.42元	
基金份额	2,305,192,855.32份		2,268,137,152.18份		2,168,899,789.97份		2,052,375,849.82份	
基金份额净值	0.565元		0.736元		0.836元		0.917元	
基金资产组合	市值(元)	占总资产比(%)	市值(元)	占总资产比(%)	市值(元)	占总资产比(%)	市值(元)	占总资产比(%)
股票及存托凭证投资	1,029,230,791.18*	76.58	1,552,278,948.59*	90.62	1,525,300,506.96*	82.53	1,742,331,479.51*	87.35
基金投资	——	——	——	——	——	——	——	——
债券投资	——	——	——	——	——	——	——	——
金融衍生品投资	——	——	344,582.77	0.02	——	——	340,595.72	0.02
买入返售金融资产	——	——	——	——	——	——	——	——
银行存款和结算备付金	292,999,473.74	21.80	130,595,194.48	7.62	304,356,631.57	16.47	109,589,510.58	5.49
其他资产	21,797,341.65	1.62	29,734,702.91	1.74	18,440,660.91	1.00	142,301,302.52	7.13

投资前五名股票与存托凭证明细	股票名称	公允价值(元)	占净值比(%)	股票名称	公允价值(元)	占净值比(%)	股票名称	公允价值(元)	占净值比(%)	股票名称	公允价值(元)	占净值比(%)
	建设银行	42,690,252.00	3.28	建设银行	73,112,335.14	4.38	建设银行	75,268,741.08	4.15	建设银行	81,631,942.24	4.34
	中国人寿	37,629,163.86	2.89	中国人寿	50,247,210.00	3.01	腾　讯	55,555,877.00	3.06	腾　讯	74,180,440.00	3.94
	中国移动	32,149,993.50	2.47	腾讯控股	39,867,194.25	2.39	中国人寿	53,529,255.00	2.95	中国人寿	47,948,299.36	2.55
	海洋石油	29,805,557.76	2.29	必和必拓集团	34,665,403.77	2.08	雀　巢	35,002,864.58	1.93	雀　巢	45,165,027.66	2.40
	腾讯控股	28,351,972.32	2.18	交通银行	29,109,883.66	1.74	巴西石油	34,898,238.70	1.93	罗　氏	39,914,324.57	2.12

投资前五名基金明细	基金名称	公允价值	占净值比(%)	基金名称	公允价值	占净值比(%)	基金名称	公允价值	占净值比(%)	基金名称	公允价值	占净值比(%)

注：*包括普通股与存托凭证投资。

工银瑞信信用添利债券型证券投资基金

基本资料

基金简称	工银添利债券	交易代码	485107(A)　485007(B)
风险收益特征	该基金为债券型基金，属于低风险的基金品种，其长期平均风险和预期收益率低于混合型基金，高于货币市场基金。		
业绩比较基准	80%×中债企业债总指数+20%×中债国债总指数		
合同生效日	2008年4月14日	募集规模	48.29亿份
申购户数	58,229户		
基金管理人	工银瑞信基金管理有限公司	基金托管人	中国建设银行
注册登记人	工银瑞信基金管理有限公司		

成立来累计净值增长率与同期基准收益率历史走势对比图（%）

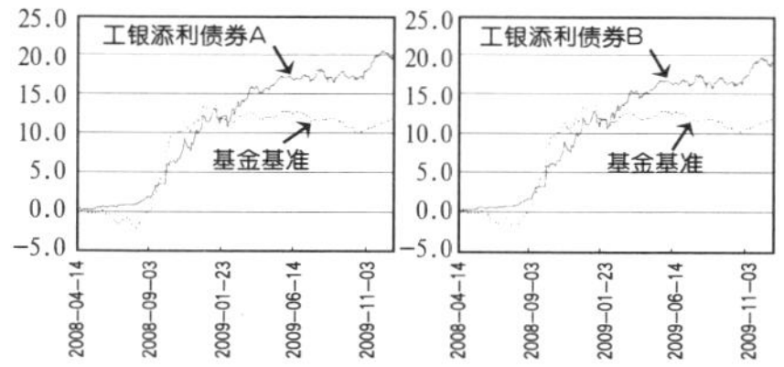

财务指标　　单位：人民币(亿元)；%

项目＼年度	2009年 A	2009年 B	2008年4月14日至2008年12月31日 A	2008年4月14日至2008年12月31日 B
本期利润	1.4418	1.2721	2.2571	1.9093
本期加权平均净值利润率	7.71	6.94	10.88	9.58
期末基金资产净值	18.9157	13.7734	23.5473	25.7733
期末基金份额净值	1.1320元	1.1235元	1.0943元	1.0910元
本期份额净值增长率	8.10	7.64	11.45	11.12
累计份额净值增长率	20.48	19.61	11.45	11.12
基金收益分配	10派0.500元		10派0.200元	

近两年净值增长率与同期基准收益率对比图（%）

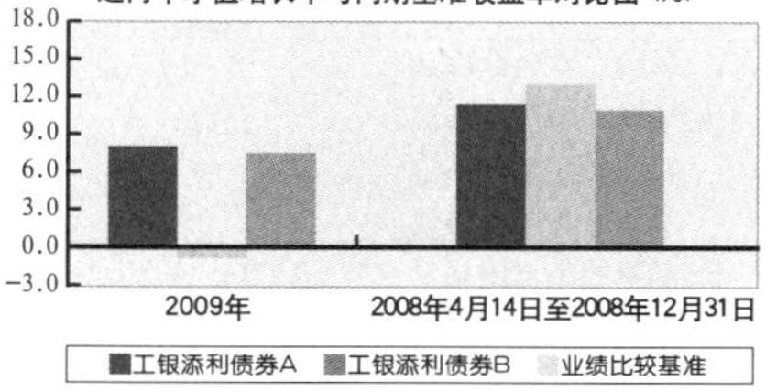

期末基金份额持有人户数	A：基金份额持有人户数为8,562户，平均每户持有195,161.24份。 B：基金份额持有人户数为15,755户，平均每户持有77,811.92份。（期末截至2009年12月31日）
期末基金份额持有人结构	A：机构投资者持有1,322,377,420.29份，占总份额79.14%；个人投资者持有348,593,149.31份，占总份额20.86%。 B：机构投资者持有475,626,321.04份，占总份额38.80%；个人投资者持有750,300,409.70份，占总份额61.20%。

基金业绩表现

2009年工银添利债券基金A类全年份额净值增长率为8.10%，B类全年份额净值增长率为7.64%；同期业绩基准收益率为−0.83%。

基金管理团队

江明波先生：基金经理、专户投资部固定收益总监，9年证券从业经历，复旦大学理学硕士。曾任职于长城证券公司，任研究员；任职于鹏华基金管理公司，任债券研究员、基金经理助理、普天债券基金经理、全国社保基金债券组合和回购组合基金经理、机构理财部总监助理、固定收益小组负责人。2008年4月起任工银添利债券基金经理。

基金运作分析

2009年中国经济成功实现V型反转，货币和信贷增长创下历史天量，债券市场在通缩的状态下产生了较强的通胀预期，债券市场利率产品收益率大幅上升。

2009年工银添利债券基金基本抓住了所有大的投资机会，年初通过配置大量可转债分享了股市的上涨机会，年初该基金配置的信用债也都实现了正收益，部分债券的年涨幅远超过10%，利率产品方面通过配置含权金融债，全年也有将近1%的正收益；6月份IPO重启以后，工银添利债券基金全力参与新股申购，取得了较好收益。

季度投资组合一览

项目＼季度	第一季度 A	第一季度 B	第二季度 A	第二季度 B	第三季度 A	第三季度 B	第四季度 A	第四季度 B
基金资产净值	20.9623亿元	23.0035亿元	18.9914亿元	19.7260亿元	13.3377亿元	12.8911亿元	18.9157亿元	13.7734亿元
基金份额	18.8071亿份	20.7242亿份	16.8129亿份	17.5549亿份	11.8176亿份	11.4945亿份	16.7097亿份	12.2593亿份
基金份额净值	1.1146元	1.1100元	1.1296元	1.1237元	1.1286元	1.1215元	1.1320元	1.1235元
基金资产组合	市值(元)	占总资产比(%)	市值(元)	占总资产比(%)	市值(元)	占总资产比(%)	市值(元)	占总资产比(%)
股票投资	7,352,754.56	0.13	7,945,450.24	0.16	184,426,759.48	5.61	439,996,801.53	9.81
债券投资	5,319,876,226.03	96.26	4,719,215,914.50	93.22	3,027,929,933.65	92.17	3,482,360,510.76	77.62
金融衍生品投资	——	——	——	——	2,133,542.39	0.06	——	——
买入返售金融资产	——	——	——	——	——	——	——	——
银行存款和结算备付金	87,282,481.68	1.58	17,235,856.21	0.34	48,636,600.48	1.48	119,186,629.30	2.66
其他资产	111,922,927.27	2.03	318,094,655.88	6.28	22,016,611.00	0.67	444,746,378.36	9.91

投资前五名股票明细	股票名称	公允价值(元)	占净值比(%)	股票名称	公允价值(元)	占净值比(%)	股票名称	公允价值(元)	占净值比(%)	股票名称	公允价值(元)	占净值比(%)
	海马股份	6,763,884.56	0.15	柳　工	7,945,450.24	0.21	中国建筑	61,656,895.36	2.35	中国建筑	62,719,945.28	1.92
	立立电子	588,870.00	0.01				中国中冶	23,644,539.40	0.90	福建高速	39,600,000.00	1.21
							新安股份	23,541,261.78	0.90	平高电气	39,228,836.34	1.20
							光大证券	12,734,678.08	0.49	中国重工	35,308,486.73	1.08
							华泰股份	12,040,000.00	0.46	中国北车	28,114,791.38	0.86

投资前五名债券明细	债券名称	公允价值(元)	占净值比(%)	债券名称	公允价值(元)	占净值比(%)	债券名称	公允价值(元)	占净值比(%)	债券名称	公允价值(元)	占净值比(%)
	08国开14	891,810,000.00	20.28	08国开14	1,091,277,000.00	28.19	08国开14	751,755,000.00	28.66	08国开16	520,450,000.00	15.92
	08国开16	798,975,000.00	18.17	08国开16	984,422,400.00	25.43	08国开16	734,510,000.00	28.00	08国开14	421,317,000.00	12.89
	04国开02	466,155,000.00	10.60	08进出08	271,232,000.00	7.01	08万科G2	248,371,732.50	9.47	08万科G2	247,010,791.50	7.56
	08进出08	326,306,000.00	7.42	04国开02	257,550,000.00	6.65	08江铜债	231,686,561.60	8.83	08江铜债	233,965,121.00	7.16
	08万科G2	253,486,993.50	5.77	08万科G2	253,768,567.50	6.55	08莱钢债	197,706,960.00	7.54	08莱钢债	194,797,310.40	5.96

工银瑞信大盘蓝筹股票型证券投资基金

基本资料			
基金简称	工银大盘蓝筹股票	交易代码	481008
风险收益特征	该基金是股票型基金，其预期收益及风险水平高于债券型基金与混合型基金，属于风险水平较高的基金。		
业绩比较基准	80%×沪深300指数收益率+20%×上证国债指数收益率		
合同生效日	2008年8月4日 首募份额 14.35亿份	认购户数	64,387户
基金管理人	工银瑞信基金管理有限公司	基金托管人	中国银行
注册登记人	工银瑞信基金管理有限公司		

财务指标　　单位：人民币(元)；%

项目＼年度	2009年	2008年8月4日至2008年12月31日
本期利润	477,731,249.82	−40,278,622.13
本期加权平均净值利润率	57.90	−3.04
期末基金资产净值	1,096,065,079.61	1,057,776,091.30
期末基金份额净值	1.459	0.965
本期份额净值增长率	73.38	−3.50
累计份额净值增长率	67.31	−3.50
基金收益分配	10派2.000	——

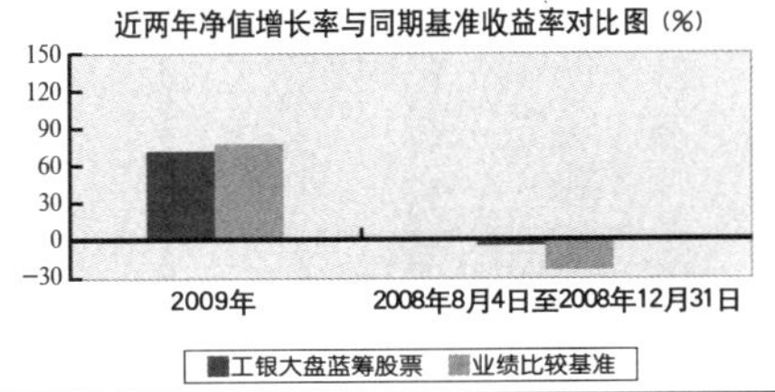

期末基金份额持有人户数	基金份额持有人户数为35,453户，平均每户持有21,194.61份。（期末截至2009年12月31日）
期末基金份额持有人结构	机构投资者持有127,352,512.73份，占总份额16.95%；个人投资者持有624,059,853.95份，占总份额83.05%。

基金业绩表现

截至2009年12月31日，工银大盘蓝筹股票基金份额净值为1.459元，全年净值增长率为73.38%；同期业绩基准收益率为73.60%。

基金管理团队

陈守红女士：基金经理，12年证券从业经历，中南财经政法大学博士。曾担任光大证券公司高级经理；平安证券公司研究所负责人；2003年8月至2005年2月任职于兴业基金管理公司，担任研究总监；2005年3月至2007年11月任职于巨田基金管理公司，担任投资副总监和基金经理。2007年12月起任职于工银瑞信基金管理公司权益投资部，2008年8月起任工银大盘蓝筹股票基金经理。

基金运作分析

2009年末工银大盘蓝筹股票基金的股票仓位为91.99%，重点投资方向主要集中在金融保险、金属非金属、采掘、零售等行业。

2009年证券市场表现超出意料，出现很多投资机会，尽管这里面很多机会并不太适合价值投资者参与和把握，但工银大盘蓝筹股票基金还是努力把握了其中的一些价值投资机会，比较深入地参与了汽车、煤炭、家电等行业的行情，但遗憾的是该基金相对谨慎的风格也导致错失了有色以及一些其他的投资机会。

2010年，在股票资产配置上，该基金将重点关注三类股票：长期具有稳定增长预期的公司、被市场低估的公司以及基本面出现重大改善的公司。在行业选择上，该基金主要关注食品饮料、医药、信息技术、零售、金融服务、采掘、机械设备、金属非金属等行业的投资机会。

季度投资组合一览

项目＼季度	第一季度		第二季度		第三季度		第四季度	
基金资产净值	802,101,743.09元		727,176,224.45元		710,881,145.82元		1,096,065,079.61元	
基金份额	671,664,505.03份		515,461,091.54份		575,329,553.41份		751,412,366.68份	
基金份额净值	1.194元		1.411元		1.236元		1.459元	
基金资产组合	市值(元)	占总资产比(%)	市值(元)	占总资产比(%)	市值(元)	占总资产比(%)	市值(元)	占总资产比(%)
股票投资	672,339,419.98	78.21	675,830,743.65	91.37	607,237,975.52	84.77	1,039,510,600.72	91.99
债券投资	48,585,000.00	5.65	28,932,000.00	3.91	39,460,000.00	5.51	49,139,000.00	4.35
金融衍生品投资	——	——	——	——	——	——	——	——
买入返售金融资产	——	——	——	——	——	——	——	——
银行存款和结算备付金	126,408,068.14	14.70	22,232,779.72	3.01	67,327,949.53	9.40	22,165,373.44	1.96
其他资产	12,304,413.90	1.43	12,674,367.32	1.71	2,271,898.09	0.32	19,171,422.38	1.70

投资前五名股票明细	股票名称	公允价值(元)	占净值比(%)	股票名称	公允价值(元)	占净值比(%)	股票名称	公允价值(元)	占净值比(%)	股票名称	公允价值(元)	占净值比(%)
	中国平安	70,398,000.00	8.78	招商银行	63,419,358.78	8.72	贵州茅台	55,877,483.54	7.86	中国平安	92,925,812.00	8.48
	小商品城	38,497,047.94	4.80	贵州茅台	54,587,272.08	7.51	小商品城	49,090,298.40	6.91	兴业银行	90,250,381.48	8.23
	中国太保	35,917,069.82	4.48	中国平安	49,456,389.42	6.8	招商银行	42,860,522.00	6.03	招商银行	79,219,428.40	7.23
	中国联通	33,568,105.92	4.19	万 科A	35,445,000.00	4.87	安琪酵母	36,732,568.72	5.17	广汇股份	43,501,916.30	3.97
	辰州矿业	27,980,745.57	3.49	招商地产	31,779,368.75	4.37	宁波银行	30,632,332.56	4.31	诚志股份	42,848,944.20	3.91
投资前五名债券明细	债券名称	公允价值(元)	占净值比(%)	债券名称	公允价值(元)	占净值比(%)	债券名称	公允价值(元)	占净值比(%)	债券名称	公允价值(元)	占净值比(%)
	08央行票据92	48,585,000.00	6.06	08央行票据92	28,932,000.00	3.98	09央行票据34	29,493,000.00	4.15	09央行票据34	39,320,000.00	3.59
							09央行票据41	9,967,000.00	1.40	09央行票据48	9,819,000.00	0.90

工银瑞信沪深300指数证券投资基金

基本资料			
基金简称	工银沪深300指数	交易代码	481009
风险收益特征	该基金属于股票型基金，风险与收益高于混合型基金、债券型与货币市场基金。该基金为指数型基金，跟踪标的指数市场表现，目标为获取市场平均收益，是股票基金中处于中等风险水平的基金产品。		
业绩比较基准	沪深300指数收益率×95%+商业银行税后活期存款利率×5%		
合同生效日	2009年3月5日 首募份额 36.06亿份	认购户数	77,085户
基金管理人	工银瑞信基金管理有限公司	基金托管人	中国建设银行
注册登记人	工银瑞信基金管理有限公司		

2009年累计净值增长率与同期基准收益率历史走势对比图（%）

2009年净值增长率与同期基准收益率对比图（%）

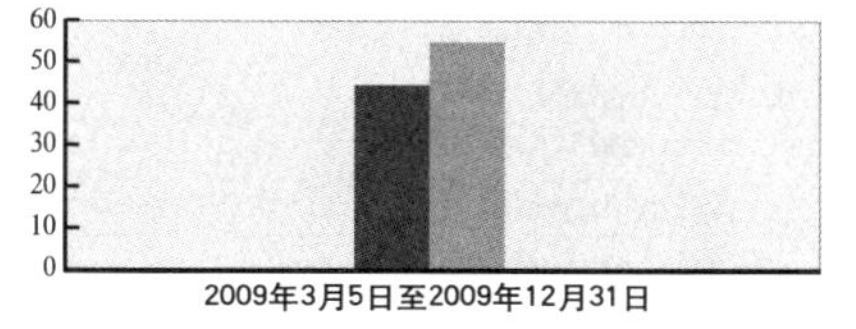

财务指标 单位：人民币（元）；%

项目 \ 年度	2009年3月5日至2009年12月31日
本期利润	1,127,291,460.24
本期加权平均净值利润率	32.19
期末基金资产净值	5,618,712,247.72
期末基金份额净值	1.288
本期份额净值增长率	42.79
累计份额净值增长率	42.79
基金收益分配	10派1.350

期末基金份额持有人户数	基金份额持有人户数为102,736户，平均每户持有42,461.96份。（期末截至2009年12月31日）
期末基金份额持有人结构	机构投资者持有810,261,220.92份，占总份额18.57%；个人投资者持有3,552,111,066.48份，占总份额81.43%。

基金业绩表现

工银沪深300指数基金合同生效于2009年3月5日，截至2009年12月31日，该基金份额净值为1.288元，成立以来净值增长率为42.79%；同期业绩基准收益率为53.32%。

基金管理团队

樊 智先生：基金经理，6年证券从业经历，天津大学博士。曾任职于中信证券公司研究部，任高级研究员。2005年7月加入工银瑞信基金管理公司市场营销部从事产品开发工作；2005年12月至2009年9月任职于风险管理部，历任业务主管、风险管理部副总监；2009年9月起任工银沪深300指数基金和工银上证央企ETF基金经理。

胡文彪先生：基金经理，8年证券从业经历，清华大学理学硕士学位。曾就职于国泰君安证券资产管理总部；华林证券资产管理部；海富通基金公司产品开发部。2006年7月加入工银瑞信基金管理公司，历任产品开发部高级经理和权益投资部高级经理、基金经理；2009年3月起任工银沪深300指数基金经理；2009年8月起任工银上证央企ETF基金经理。

基金运作分析

工银沪深300指数基金于2009年3月5日成立，自2009年4月3日开始办理申购赎回至2009年12月31日，该基金跟踪标的指数的日均偏离度为0.04%，偏离度年化标准差为0.76%，达到了基金合同中关于标的指数的跟踪目标。

季度投资组合一览

项目 \ 季度	第二季度			第三季度			第四季度		
基金资产净值	2,390,539,166.97元			3,619,997,635.48元			5,618,712,247.72元		
基金份额	1,881,829,667.11份			3,317,191,680.67份			4,362,372,287.40份		
基金份额净值	1.270元			1.091元			1.288元		
基金资产组合	市值(元)		占总资产比(%)	市值(元)		占总资产比(%)	市值(元)		占总资产比(%)
股票投资	2,253,038,799.94		92.29	3,433,149,715.70		93.46	5,336,925,249.60		90.65
债券投资	——		——	——		——	——		——
资产支持证券投资	——		——	——		——	——		——
金融衍生品投资	——		——	——		——	——		——
买入返售金融资产	——		——	——		——	——		——
银行存款和结算备付金	165,421,858.59		6.78	209,329,351.79		5.7	499,796,578.75		8.49
其他资产	22,835,155.12		0.94	31,055,874.83		0.85	50,582,519.41		0.86
投资前五名股票明细	股票名称	公允价值(元)	占净值比(%)	股票名称	公允价值(元)	占净值比(%)	股票名称	公允价值(元)	占净值比(%)
	招商银行	96,544,005.57	4.04	招商银行	132,302,164.96	3.65	招商银行	191,609,540.35	3.41
	交通银行	80,403,735.33	3.36	交通银行	126,307,106.94	3.49	交通银行	180,978,515.85	3.22
	民生银行	72,580,923.36	3.04	民生银行	108,882,334.26	3.01	民生银行	149,924,154.59	2.67
	中国平安	67,100,502.52	2.81	中国平安	106,640,250.60	2.95	中国平安	147,863,377.97	2.63
	兴业银行	61,352,664.15	2.57	兴业银行	86,602,857.67	2.39	中信证券	137,808,760.77	2.45
投资前五名债券明细	债券名称	公允价值(元)	占净值比(%)	债券名称	公允价值(元)	占净值比(%)	债券名称	公允价值(元)	占净值比(%)

上证中央企业50交易型开放式指数证券投资基金

基本资料			
基金简称	工银上证央企ETF	交易代码	510060
风险收益特征	该基金属于股票型基金，风险与收益高于混合型基金、债券型与货币市场基金。该基金为指数型基金，主要采用完全复制策略，跟踪上证中央企业50指数，是股票基金中风险中等、收益与市场平均水平大致相近的产品。		
业绩比较基准	上证中央企业50指数收益率		
合同生效日	2009年8月26日 首募份额 45.34亿份	认购户数	53,134户
基金管理人	工银瑞信基金管理有限公司	基金托管人	招商银行
注册登记人	工银瑞信基金管理有限公司		

财务指标	单位：人民币（元）；%
项目 \ 年度	2009年8月26日至2009年12月31日
本期利润	305,985,845.97
本期加权平均净值利润率	9.03
期末基金资产净值	2,733,300,386.83
期末基金份额净值	1.726
本期份额净值增长率	10.40
累计份额净值增长率	10.40
基金收益分配	——
期末基金份额持有人户数	基金份额持有人户数为31,062户，平均每户持有50,993.47份。（期末截至2009年12月31日）
期末基金份额持有人结构	机构投资者持有757,029,505.00份，占总份额47.79%；个人投资者持有826,929,714.00份，占总份额52.21%。

2009年累计净值增长率与同期基准收益率历史走势对比图（%）

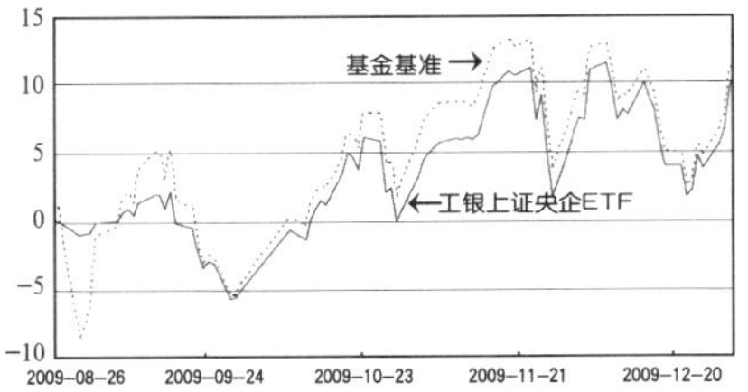

2009年净值增长率与同期基准收益率对比图（%）

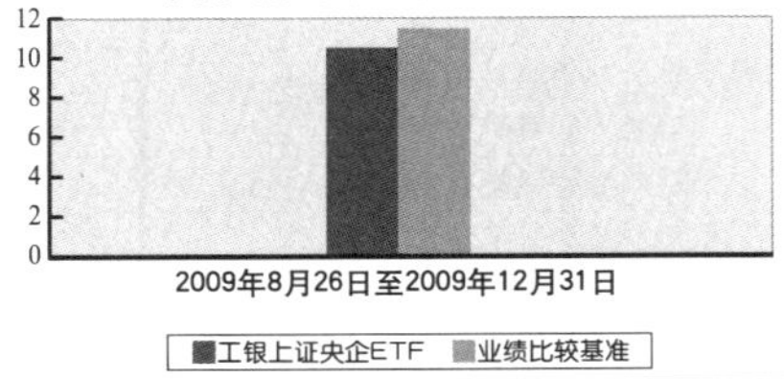

基金业绩表现

工银上证央企ETF基金合同生效于2009年8月26日，截至2009年12月31日，该基金份额净值为1.726元，成立以来净值增长率为10.40%；同期业绩基准收益率为11.41%。

基金管理团队

樊 智先生：基金经理，6年证券从业经历，天津大学博士。曾就职于中信证券公司研究部，任高级研究员。2005年7月加入工银瑞信基金管理公司市场营销部从事产品开发工作；2005年12月至2009年9月任职于风险管理部，历任业务主管、风险管理部副总监；2009年9月起任工银沪深300指数和工银上证央企ETF基金经理。

胡文彪先生：基金经理，8年证券从业经历，清华大学理学硕士。曾就职于国泰君安证券资产管理总部，任研究员；华林证券资产管理部，任研究员；海富通基金管理公司产品开发部，任产品经理。2006年7月加入工银瑞信基金管理公司，历任产品开发部高级经理和权益投资部高级经理、基金经理。2009年3月起任工银沪深300指数基金经理；2009年8月起任工银上证央企ETF基金经理。

基金运作分析

工银上证央企ETF基金于2009年8月26日成立，自2009年10月27日开始办理申购赎回。截至2009年12月31日，该基金跟踪标的指数的日均偏离度为0.11%，偏离度年化标准差为2.40%。工银上证央企ETF基金跟踪误差产生的主要来源是：①标的指数成份股中法律法规禁止该基金投资的股票的影响；②申购赎回的影响；③成份股票的停牌；④指数中成份股票的调整。

工银上证央企ETF基金为指数型基金，该基金管理人将继续按照基金合同的要求，坚持指数化投资策略，通过运用定量分析等技术，分析和应对导致基金跟踪误差的因素，继续努力将基金的跟踪误差控制在较低水平。

季度投资组合一览

项目 \ 季度	第四季度	
基金资产净值	2,733,300,386.83元	
基金份额	1,583,959,219.00份	
基金份额净值	1.726元	
基金资产组合	金额(元)	占总资产比例(%)
股票投资	2,716,702,522.93	99.00
存托凭证	——	——
债券投资	——	——
金融衍生品投资	——	——
买入返售金融资产	——	——
银行存款和结算备付金	27,422,488.11	1.00
其他资产	4,379.36	0.00

投资前五名股票明细	股票名称	公允价值(元)	占净值比例(%)	投资前五名债券明细	债券名称	公允价值(元)	占净值比例(%)
	交通银行	260,094,494.55	9.52		——		
	中信证券	250,377,050.79	9.16				
	建设银行	225,358,166.28	8.24				
	中国神华	182,029,663.06	6.66				
	中信银行	177,341,233.35	6.49				

交银施罗德基金管理有限公司
BANK OF COMMUNICATIONS Schroders

大事记
MAJOR EVENTS

2009年度

2009年1月12日
由《中国证券报》主办的"第六届中国基金业金牛奖"评选揭晓，公司荣获"2008年度金牛基金管理公司"。

2009年1月21日
公司旗下第8只基金、公司首只保本基金——交银施罗德保本混合型基金成立，并实现了全行业2009年基金销售末日比例配售的第一次。

2009年3月10日
公司获准开办专户境外资产管理业务

2009年3月27日
公司在由《上海证券报》举办的第六届中国基金业"金基金"评选中荣获"最具创新精神奖"。

2009年4月3日
在专户业务运行一年取得不俗业绩的同时，QDII专户第一单也落户交银施罗德。

2009年4月10日
公司旗下第9只基金、第4只股票型基金——交银施罗德先锋股票证券投资基金成立。

2009年6月1日
公司新版网站正式上线，除了拥有更快的浏览速度以及更好的使用体验外，新网站还新增了多项功能，方便投资者查询使用。

2009年6月30日
公司旗下基金资产净值达625.48亿元，在全国基金公司中位列第9，成为唯一一家进入前十的银行号基金公司，同时也是前十名中最年轻的基金公司。

2009年9月25日
公司旗下首只指数基金——上证180公司治理交易型开放式指数基金及其联接基金成立，首发募集共计超过80亿元。

2010年度

2010年4月
交银施罗德"爱·定投"系列定投活动正式推出

2010年5月12日
交银施罗德爱心基金会正式成立，基金会以"扶危救急，扶难助学，奉献爱心，共建和谐"为宗旨，在公司内招募志愿者，积极开展公益事业。

2010年5月19日
在由证券时报社主办、晨星资讯(深圳)有限公司提供数据支持的2009年度"中国基金业明星基金奖"评选中，交银成长基金获得"2009年度三年持续回报股票型明星基金奖"。

2010年6月30日
公司旗下第12只基金交银主题优选混合基金成立，总募集规模32.35亿元，成为同期发行基金中的佼佼者。

交银施罗德基金管理有限公司

法定名称	交银施罗德基金管理有限公司				
英文名称	Bank Of Communications Schroder Fund Management Co.,Ltd				
成立时间	2005年8月4日	注册资本	2亿元人民币	公司属性	中外合资
法人代表	钱文挥	董事长	钱文挥	督察长	吴建中
公司网址	www.jysld.com	客服电话	400-700-5000　021-6105 5000		
联系电话	021-6105 5050	传真号码	021-6105 5034		
注册地址	上海银城中路188号市交通银行大楼二层(裙)	办公地址	上海市浦东新区世纪大道201号渣打银行大厦10楼		

公司简介

交银施罗德基金管理有限公司于2005年8月4日成立，是由拥有百年历史的交通银行、二百年投资经验积累的施罗德投资管理有限公司，以及全球集装箱行业的佼佼者中国国际集装箱海运(集团)股份有限公司强强联合，共同发起设立的合资基金公司，三方持股比例分别为65%、30%、5%，注册资本为2亿元。总部设于上海，并在北京、广州设有分公司。

业务拓展方面，2007年11月，交银施罗德获得QDII资格，获准开展境外证券投资管理业务，并于2008年8月成功发行公司首只QDII基金——交银施罗德环球精选基金；2008年2月，交银施罗德获得特定客户资产管理业务资格，并成功签订国内专户理财业务第一单和国内QDII专户第一单；2009年9月，交银施罗德5只"一对多"专户资产管理业务全部获得中国证监会首批批复，并先后成功募集，目前公司专户理财各项业务运作顺利。

目前，交银施罗德有员工175人，其中56.6%的员工具有硕士以上学历。

年度经营

截至2010年6月30日，交银施罗德旗下共管理着12只开放式基金(包括4只股票型基金、1只指数型ETF基金、1只ETF联接基金、2只混合型基金、1只QDII基金、1只债券型基金、1只货币市场基金和1只保本基金)以及特定客户资产管理专户。

在产品发行方面，2009年以来，公司先后募集设立了交银保本混合、交银先锋股票、交银上证180公司治理ETF、交银上证180公司治理ETF联接基金和交银主题优选混合5只新产品，进一步完善了公司的产品线。

在投资业绩方面，2009年，交银施罗德旗下各基金在各类基金排名中稳定靠前。其中，交银稳健混合和交银环球QDII以85.46%和72.31%的业绩成为本年度年全部灵活配置型基金和QDII基金中的"优秀者"；交银成长股票和交银精选股票分别以83.03%和78.17%的年度回报率名列2009年全部股票型基金前1/4；此外，交银增利债券和交银货币表现稳健，为持有人创造了较好的投资回报。2010年5月，在由证券时报社主办的2009年度"中国基金业明星基金奖"评选中，凭借长期以来的出色表现，交银成长股票获得"2009年度三年持续回报股票型明星基金奖"。

客户服务

公司自成立以来，就一直注重营造"以客户为中心，客户利益第一"的文化；并注重把这种文化深入到每位员工的观念中，渗透到产品设计、投资管理、风险控制、客户服务等各个环节。2009年"3.15"消费者权益日，交银施罗德基金为了解客户满意度，开展"3.15客户满意度调查活动：我为交银施罗德添砖加瓦"活动，认真听取客户意见，更好地提升服务水平。

社会责任

交银施罗德在各项业务取得良好发展的同时，没有忘记肩负的社会责任。2008年初的南方雨雪灾害、5月汶川大地震发生后，公司和员工个人响应号召，积极捐助，其中，公司向地震灾区捐款60万元，员工募集善款16.52万元；2010年4月，青海玉树发生地震后，公司通过中国证券业协会捐出善款30万元，支援灾区重建；2010年5月，交银施罗德爱心基金会正式成立，基金会以"扶危救急，扶难助学，奉献爱心，共建和谐"为宗旨，在公司内部招募志愿者，积极开展公益事业。

2009年管理公募基金概况

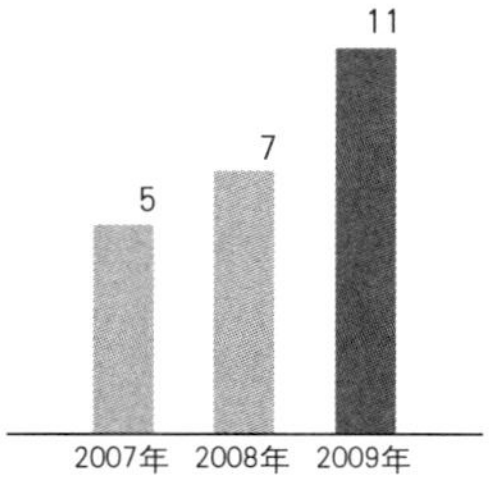

基金数量(只)

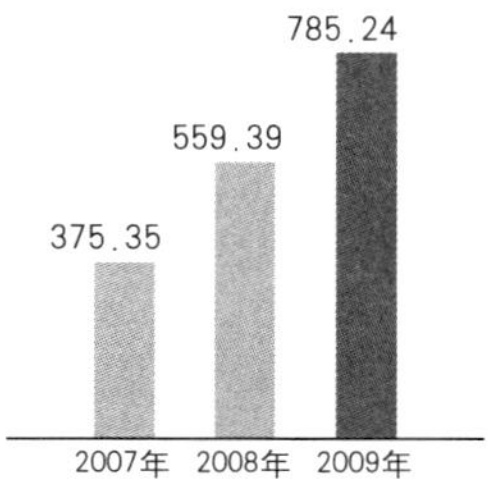

基金规模(亿份)

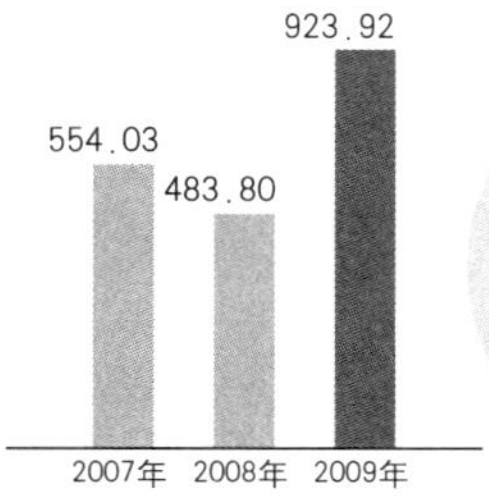

基金资产(亿元)

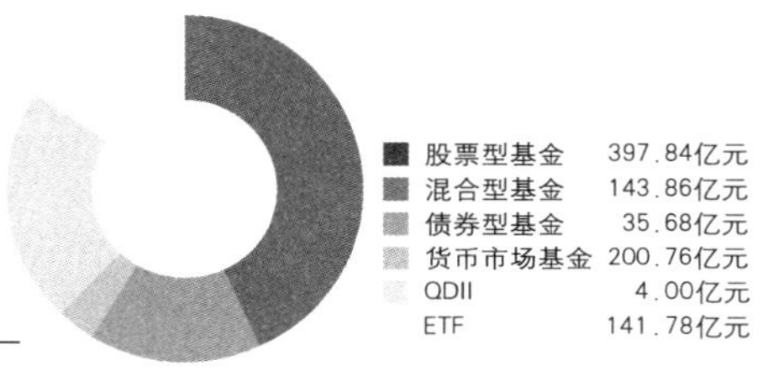

2009年基金资产构成

交银施罗德精选股票证券投资基金

基本资料					
基金简称	交银精选股票	交易代码	519688(前端)　519689(后端)		
风险收益特征	该基金是一只稳健型的股票型基金，属于中等风险的品种，其预期收益和风险都要高于混合型基金。该基金力争在严格控制风险的前提下谋求实现基金资产长期稳定增长。				
业绩比较基准	75%×沪深300指数+25%×中信全债指数				
合同生效日	2005年9月29日	首募份额	48.75亿份	认购户数	114,637户
基金管理人	交银施罗德基金管理有限公司	基金托管人	中国农业银行		
注册登记人	中国证券登记结算有限责任公司				

成立来累计净值增长率与同期基准收益率历史走势对比图（%）

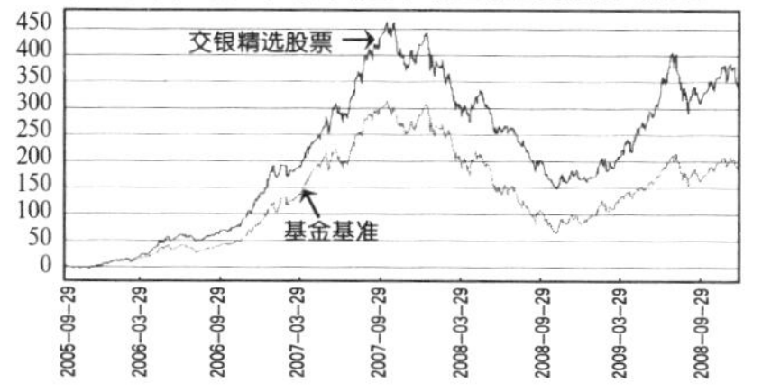

近三年净值增长率与同期基准收益率对比图（%）

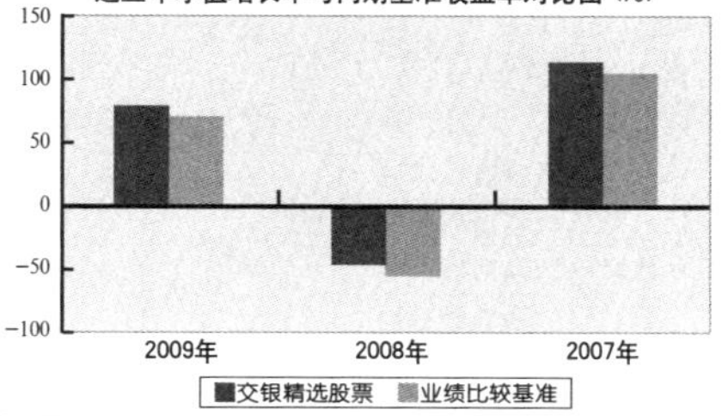

财务指标　　单位：人民币(元)；%

项目＼年度	2009年	2008年	2007年
本期利润	5,146,690,442.49	-7,148,321,514.23	11,752,074,386.31
本期加权平均净值利润率	47.86	-70.67	64.93
期末基金资产净值	12,816,811,510.83	6,668,365,681.89	17,091,119,769.66
期末基金份额净值	1.2274	0.6889	1.4284
本期份额净值增长率	78.17	-48.87	115.97
累计份额净值增长率	372.89	165.42	419.08
基金收益分配	——	10派0.600	10派2.800

期末基金份额持有人户数	基金份额持有人户数为343,304户，平均每户持有30,415.90份。　（期末截至2009年12月31日）
期末基金份额持有人结构	机构投资者持有1,513,395,273.80份，占总份额14.49%；个人投资者持有8,928,504,347.75份，占总份额85.51%。

基金业绩表现

截至2009年12月31日，交银精选股票基金份额净值为1.2274元，全年净值增长率为78.17%；同期业绩基准收益率为67.87%，业绩表现优于基准。

基金管理团队

李　立先生：基金经理、经济学硕士，12年银行、证券、基金从业经历。历任中国建设银行主任科员，原中国科技证券高级经理，招商基金管理有限公司股票投资高级经理。2006年加入交银施罗德基金管理有限公司，任投资研究部研究员和基金经理助理。2007年4月25日起担任交银施罗德精选股票证券投资基金基金经理至今。2009年8月21日起担任交银施罗德稳健配置混合型证券投资基金基金经理至今。

基金运作分析

2009年，交银精选股票基金从一季度开始增加了股票资产的配置，减少了债券和现金的持有量，在一年内较长时间内维持相对较高的股票资产持有比重。在一季度，该基金主要持有稳定增长类行业和公司，随着经济企稳的信号逐步明确，在二季度增加了周期性行业和公司的配置；三季度，跟随政策的微调，增加了稳定增长类公司的比重并持有至年末，取得了较好的收益。

在全球通力合作投放流动性避免经济大萧条的2009年过后，2010年宏观经济面临的一个主要问题是经济刺激政策如何退出的问题。可以预计，“稳增长、调结构”将是贯穿2010年的政策主基调。

交银精选股票基金将根据成长和估值的匹配，选择瓶颈行业、价值类公司及代表中国未来几年经济增长方向的行业和公司构建股票组合，力争为基金份额持有人谋求持续稳定的回报。

季度投资组合一览

项目＼季度	第一季度		第二季度		第三季度		第四季度	
基金资产净值	7,512,183,783.85元		11,042,352,461.90元		12,717,667,423.98元		12,816,811,510.83元	
基金份额	9,344,990,602.65份		9,978,209,086.46份		11,778,290,157.89份		10,441,899,621.55份	
基金份额净值	0.8039元		1.1066元		1.0798元		1.2274元	
基金资产组合	市值(元)	占总资产比(%)	市值(元)	占总资产比(%)	市值(元)	占总资产比(%)	市值(元)	占总资产比(%)
股票投资	6,555,418,553.98	85.45	10,342,677,359.84	92.92	10,496,842,646.73	82.06	12,009,479,622.70	93.144
债券投资	585,535,115.20	7.63	588,686,000.00	5.29	712,400,000.00	5.57	654,398,000.00	5.08
资产支持证券投资	——	——	——	——	——	——	——	——
金融衍生品投资	——	——	——	——	——	——	——	——
银行存款和结算备付金	444,328,212.24	5.79	151,151,708.13	1.36	1,550,266,915.96	12.12	148,137,374.67	1.15
其他资产	86,806,698.32	1.13	48,307,301.96	0.43	32,085,361.42	0.25	81,788,841.66	0.63

投资前五名股票明细	股票名称	公允价值(元)	占净值比(%)	股票名称	公允价值(元)	占净值比(%)	股票名称	公允价值(元)	占净值比(%)	股票名称	公允价值(元)	占净值比(%)
	浦发银行	355,552,439.36	4.73	招商银行	616,273,229.61	5.58	贵州茅台	648,687,995.66	5.10	兴业银行	636,898,000.00	4.97
	中国平安	351,988,983.14	4.69	万　科A	535,497,258.75	4.85	中兴通讯	633,409,445.30	4.98	潞安环能	602,765,802.00	4.70
	潞安环能	309,376,408.40	4.12	兴业银行	535,423,896.42	4.85	兴业银行	620,155,134.85	4.88	浦发银行	585,629,652.96	4.57
	深发展A	286,917,067.04	3.82	潞安环能	533,111,524.88	4.83	特变电工	612,738,646.52	4.82	泸州老窖	546,560,000.00	4.26
	西山煤电	249,298,404.48	3.32	浦发银行	529,460,000.00	4.79	中联重科	611,856,945.10	4.81	招商银行	541,500,000.00	4.22

投资前五名债券明细	债券名称	公允价值(元)	占净值比(%)	债券名称	公允价值(元)	占净值比(%)	债券名称	公允价值(元)	占净值比(%)	债券名称	公允价值(元)	占净值比(%)
	08央票64	144,945,000.00	1.93	08央行票据112	145,725,000.00	1.32	07央行票据26	161,344,000.00	1.27	09央行票据38	167,076,000.00	1.30
	21国债(12)	103,167,126.80	1.37	07央行票据26	111,584,000.00	1.01	08央行票据112	144,780,000.00	1.14	07央行票据26	160,672,000.00	1.25
	07国开11	99,340,000.00	1.32	08央行票据108	106,469,000.00	0.96	09央行票据38	98,290,000.00	0.77	09央行票据42	108,086,000.00	0.84
	08央行票据95	97,230,000.00	1.29	08央行票据95	96,490,000.00	0.87	09央行票据37	89,703,000.00	0.71	09央行票据46	98,240,000.00	0.77
	07农发16	71,057,000.00	0.95	07央行票据29	50,750,000.00	0.46	07央行票据29	50,440,000.00	0.40	07央行票据29	50,235,000.00	0.39

交银施罗德货币市场证券投资基金

基本资料					
基金简称	交银货币	交易代码	A级：519588　B级：519589		
风险收益特征	该货币市场基金属于具有较低风险、中低收益、流动性强的证券投资基金品种。				
业绩比较基准	6个月银行定期存款利率(税后)				
合同生效日	2006年1月20日	首募份额	47.41亿份	认购户数	38,343户
基金管理人	交银施罗德基金管理有限公司	基金托管人	中国农业银行		
注册登记人	中国证券登记结算有限责任公司				

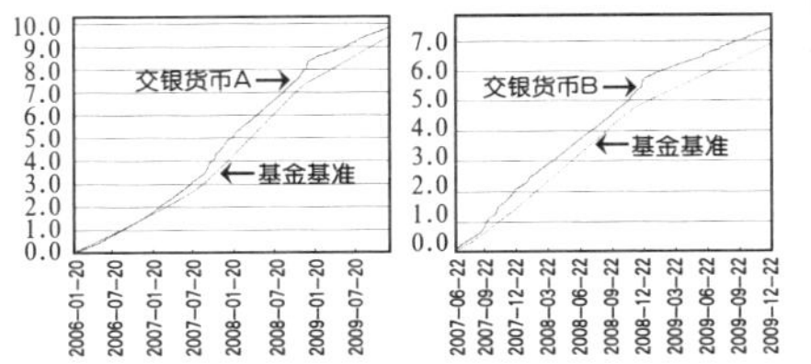

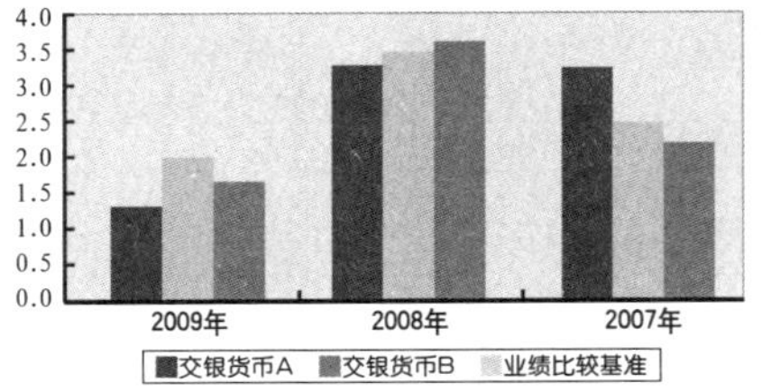

财务指标　单位：人民币(亿元)；%

项目＼年度	2009年		2008年		2007年	
	A	B	A	B	A	B
本期利润	0.1064	1.0618	0.1311	1.2180	0.1627	0.1371
期末基金资产净值	19.1503	181.6137	16.7529	108.3065	2.7118	8.5611
期末基金份额净值	1.0000元	1.0000元	1.0000元	1.0000元	1.0000元	1.0000元
本期份额净值收益率	1.34	1.58	3.32	3.56	3.22	2.16
累计份额净值收益率	9.88	7.47	8.43	5.80	4.95	2.16
基金收益分配	116,822,730.24元		134,907,482.89元		29,983,507.70元	
期末基金份额持有人户数	A：基金份额持有人户数为13,689户，平均每户持有139,895.66份。 B：基金份额持有人户数为337户，平均每户持有53,891,295.61份。（期末截至2009年12月31日）					
期末基金份额持有人结构	A：机构投资者持有128,268,985.76份，占总份额6.70%；个人投资者持有1,786,762,710.52份，占总份额93.30%。 B：机构投资者持有16,801,542,845.00份，占总份额92.51%；个人投资者持有1,359,823,775.92份，占总份额 7.49%。					

基金业绩表现

2009年交银货币基金A级净值收益率为1.34%，B级净值收益率为1.58%。

基金管理团队

李家春先生：基金经理，香港大学MBA。9年证券、基金从业经历。历任长江证券有限责任公司投资经理，汉唐证券有限责任公司高级经理、投资主管，泰信基金管理有限公司高级研究员。2006年加入交银施罗德基金管理有限公司。2006年12月27日起担任交银施罗德货币市场证券投资基金基金经理至今，并于2008年3月31日起担任交银施罗德增利债券证券投资基金基金经理至今。

基金运作分析

经济探底回升以及流动性的释放扭转了投资者的悲观情绪，2009年沪深股票市场大幅攀升；而通胀预期随着经济回暖重新降临，债券市场走势疲软，股票及信贷对资金的分流令债券市场雪上加霜。

2009年，交银货币基金及时把握宏观经济的变化，降低了利率产品的配置比例和平均剩余期限，大大降低了组合的利率风险和流动性风险。同时增加了回购以及银行存款的配置比例，保持了收益的稳定。

季度投资组合一览

项目＼季度	第一季度		第二季度		第三季度		第四季度	
	A	B	A	B	A	B	A	B
基金资产净值	8.5357亿元	80.9365亿元	6.6146亿元	54.8818亿元	5.5459亿元	40.2971亿元	19.1503亿元	181.6137亿元
基金份额	8.5357亿份	80.9365亿份	6.6146亿份	54.8818亿份	5.5459亿份	40.2971亿份	19.1503亿份	181.6137亿份
基金份额净值	1.0000元	1.0000元	1.0000元	1.0000元	1.0000元	1.0000元	1.0000元	1.0000元
基金资产组合	市值(元)	占总资产比(%)	市值(元)	占总资产比(%)	市值(元)	占总资产比(%)	市值(元)	占总资产比(%)
股票投资	——	——	——	——	——	——	——	——
债券投资	7,101,059,403.41	78.67	3,985,668,203.90	64.06	2,427,229,243.98	52.64	3,577,919,295.83	17.35
金融衍生品投资	——	——	——	——	——	——	——	——
买入返售金融资产	——	——	1,100,019,470.01	17.68	1,600,000,000.00	34.70	1,650,596,439.84	8.00
银行存款和结算备付金	1,688,713,363.75	18.71	1,003,441,585.13	16.13	424,127,838.80	9.20	14,152,511,583.17	68.61
其他资产	153,048,763.36	1.70	78,020,216.10	1.25	109,734,570.85	2.38	1,245,548,420.87	6.04

投资前五名债券明细	债券名称	成本(元)	占净值比(%)	债券名称	成本(元)	占净值比(%)	债券名称	成本(元)	占净值比(%)	债券名称	成本(元)	占净值比(%)
	08进出02	680,332,837.72	7.60	08首钢CP02	400,910,649.49	6.52	09央行票据38	393,758,203.40	8.59	09国开18	769,570,770.18	3.83
	08央行票据46	469,305,260.52	5.25	08央行票据84	379,759,842.29	6.18	08进出13	289,957,636.04	6.33	09国开23	649,452,757.22	3.23
	08电网CP02	423,844,016.09	4.74	08电网CP03	350,949,003.47	5.71	08中航集CP01	220,270,087.55	4.80	09央行票据38	395,493,753.90	1.97
	08首钢CP02	401,421,537.08	4.49	08进出13	289,921,036.55	4.71	09央行票据39	199,586,745.80	4.35	08进出13	289,994,392.74	1.44
	08央行票据84	378,768,073.85	4.23	08陕有色CP02	250,792,247.50	4.08	09本钢CP01	170,434,936.10	3.72	05工行03	250,236,560.51	1.25

投资组合平均剩余期限	平均剩余期限	占净值比(%)	平均剩余期限	占净值比(%)	平均剩余期限	占净值比(%)	平均剩余期限	占净值比(%)
	30天以内	39.75	30天以内	48.02	30天以内	47.47	30天以内	80.16
	30天(含)—60天	4.24	30天(含)—60天	1.52	30天(含)—60天	4.35	30天(含)—60天	0.37
	60天(含)—90天	5.92	60天(含)—90天	8.47	60天(含)—90天	18.77	60天(含)—90天	2.49
	90天(含)—180天	17.82	90天(含)—180天	29.17	90天(含)—180天	17.78	90天(含)—180天	0.79
	180天(含)—397天(含)	31.44	180天(含)—397天（含）	12.72	180天(含)—397天（含）	11.65	180天(含)—397天（含）	12.72

交银施罗德稳健配置混合型证券投资基金

基本资料					
基金简称	交银稳健配置混合	交易代码	519690(前端)　519691(后端)		
风险收益特征	该基金是一只混合型基金，属于证券投资基金产品中的中等风险品种，其风险与预期收益处于股票基金和债券基金之间。				
业绩比较基准	65%×MSCI中国A股指数+35%×新华巴克莱资本中国全债指数				
合同生效日	2006年6月14日	首募份额	70.16亿份	认购户数	168,858户
基金管理人	交银施罗德基金管理有限公司	基金托管人	中国建设银行		
注册登记人	中国证券登记结算有限责任公司				

成立来累计净值增长率与同期基准收益率历史走势对比图（%）

财务指标		单位：人民币（元）；%	
项目 \ 年度	2009年	2008年	2007年
本期利润	3,825,853,339.25	-3,171,042,866.81	4,917,261,040.86
本期加权平均净值利润率	42.37	-60.39	68.62
期末基金资产净值	10,846,268,794.78	3,684,902,954.62	7,762,168,485.45
期末基金份额净值	2.2411	1.2084	3.1356
本期份额净值增长率	85.46	-42.93	106.33
累计份额净值增长率	243.10	85.00	224.16
基金收益分配	——	10派7.800	——
期末基金份额持有人户数	基金份额持有人户数为228,156户，平均每户持有21,212.49份。　（期末截至2009年12月31日）		
期末基金份额持有人结构	机构投资者持有1,021,526,881.30份，占总份额21.11%；个人投资者持有3,818,230,943.02份，占总份额78.89%。		

近三年净值增长率与同期基准收益率对比图（%）

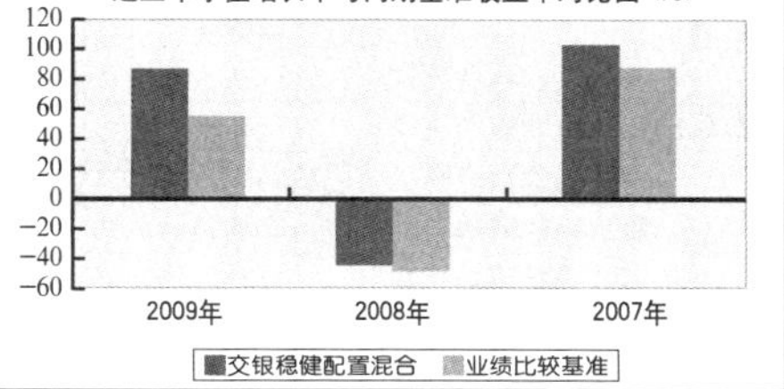

基金业绩表现

2009年交银稳健配置混合基金全年份额净值增长率为85.46%，同期业绩基准收益率为57.17%。

基金管理团队

李　立先生：基金经理、经济学硕士，12年银行、证券、基金从业经历。历任中国建设银行主任科员，原中国科技证券高级经理，招商基金管理有限公司股票投资高级经理。2006年加入交银施罗德基金管理有限公司，任投资研究部研究员和基金经理助理。2007年4月25日起担任交银施罗德精选股票证券投资基金基金经理至今。2009年8月21日起担任交银施罗德稳健配置混合型证券投资基金基金经理至今。

华　昕先生：基金经理、牛津大学商学院MBA，13年证券基金从业经历。1994年至1995年任职于北京房地产信托投资公司上海证券业务部，担任证券分析研究员，1995年至1998年担任日兴证券有限公司投资分析师，1999年至2002年担任和升国际有限公司中国研究主管，2004年至2006年担任大华继显有限公司中国研究部主管，2006年至2008年担任中银国际控股有限公司执行总经理。2008年2月加入交银施罗德基金管理有限公司，担任研究总监至今。2009年9月10日起担任交银施罗德稳健配置混合型证券投资基金基金经理至今。

基金运作分析

2009年，交银稳健配置混合基金在上半年准确判断经济复苏的大趋势，并相应调整了行业配置策略，重点持有能够最先受益于经济复苏的领先周期行业，取得良好业绩。三季度，该基金重点增加稳定性行业的配置比重，减少周期性行业比重，并增加现金持有比率，一定程度上回避了市场调整风险；在四季度市场调整结束时，该基金减少现金持有量、增加股票资产比重，在一定程度上分享了市场上行带来的收益。

季度投资组合一览

项目 \ 季度	第一季度		第二季度		第三季度		第四季度	
基金资产净值	4,821,092,769.22元		10,394,619,038.29元		10,988,926,061.43元		10,846,268,794.78元	
基金份额	3,298,232,695.40份		5,086,434,057.59份		5,713,840,284.00份		4,839,757,824.32份	
基金份额净值	1.4617元		2.0436元		1.9232元		2.2411元	
基金资产组合	市值(元)	占总资产比(%)	市值(元)	占总资产比(%)	市值(元)	占总资产比(%)	市值(元)	占总资产比(%)
股票投资	4,049,553,131.19	82.21	9,736,552,539.83	91.89	9,565,187,965.87	86.25	9,988,562,836.43	90.88
债券投资	224,021,839.65	4.55	548,964,000.00	5.18	640,902,000.00	5.78	560,251,000.00	5.10
资产支持证券投资	——	——	——	——	——	——	——	——
金融衍生品投资	——	——	——	——	——	——	——	——
银行存款和结算备付金	643,107,773.21	13.06	182,240,636.04	1.72	855,405,522.88	7.71	340,494,685.82	3.10
其他资产	8,894,179.16	0.18	127,745,774.97	1.21	28,983,957.64	0.26	101,623,615.72	0.92

投资前五名股票明细	股票名称	公允价值(元)	占净值比(%)	股票名称	公允价值(元)	占净值比(%)	股票名称	公允价值(元)	占净值比(%)	股票名称	公允价值(元)	占净值比(%)
	招商地产	249,403,622.14	5.17	招商银行	674,539,632.99	6.49	兴业银行	545,963,580.71	4.97	招商银行	514,418,465.90	4.74
	盐湖钾肥	231,156,705.97	4.79	大同煤业	521,477,686.68	5.02	特变电工	534,468,116.05	4.86	潞安环能	495,947,856.18	4.57
	西山煤电	222,706,454.34	4.62	浦发银行	507,886,231.50	4.89	中联重科	518,591,544.90	4.72	北京银行	465,309,182.80	4.29
	中煤能源	219,603,913.20	4.56	兴业银行	484,277,372.91	4.66	招商银行	493,647,166.94	4.49	兴业银行	461,853,800.19	4.26
	中国神华	219,419,586.00	4.55	民生银行	479,158,685.28	4.61	中兴通讯	489,793,771.74	4.46	宝钢股份	425,038,048.68	3.92

投资前五名债券明细	债券名称	公允价值(元)	占净值比(%)	债券名称	公允价值(元)	占净值比(%)	债券名称	公允价值(元)	占净值比(%)	债券名称	公允价值(元)	占净值比(%)
	08央行票据95	97,230,000.00	2.02	08央行票据112	145,725,000.00	1.40	07央行票据26	191,596,000.00	1.74	07央行票据26	190,798,000.00	1.76
	08央票46	96,290,000.00	2.00	07央票26	142,016,000.00	1.37	08央行票据112	144,780,000.00	1.32	09央行票据42	137,564,000.00	1.27
	08央行票据112	29,343,000.00	0.61	08央行票据95	96,490,000.00	0.93	09央行票据42	137,592,000.00	1.25	09央行票据46	117,888,000.00	1.09
	08万科G1	657,040.30	0.01	08央票106	77,376,000.00	0.74	09央行票据43	79,736,000.00	0.73	09央行票据55	49,835,000.00	0.46
	08万科G2	501,799.35	0.01	08央票104	48,325,000.00	0.46	08央行票据114	48,370,000.00	0.44	07央行票据85	44,528,000.00	0.41

交银施罗德成长股票证券投资基金

基本资料			
基金简称	交银成长股票	交易代码	519692(前端) 519693(后端)
风险收益特征	该基金是一只股票型基金，以具有良好成长性的公司为主要投资对象，追求超额收益，属于较高预期收益和较高风险的基金品种。		
业绩比较基准	75%×新华富时A600成长指数+25%×新华富时中国国债指数		
合同生效日	2006年10月23日 首募份额 69.36亿份	认购户数	159,613户
基金管理人	交银施罗德基金管理有限公司	基金托管人	中国农业银行
注册登记人	中国证券登记结算有限责任公司		

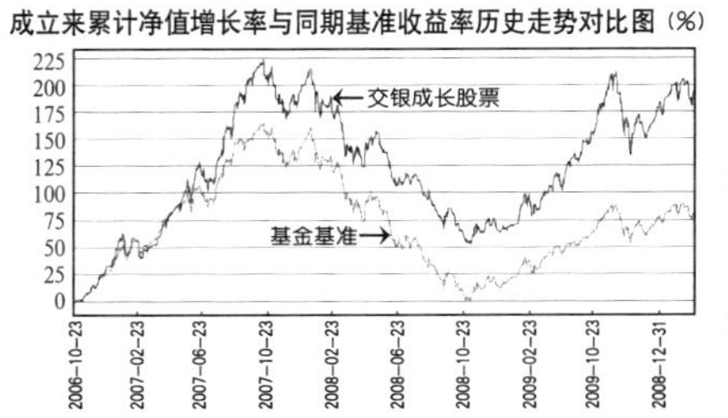

财务指标　单位：人民币(元)；%

项目 \ 年度	2009年	2008年	2007年
本期利润	3,603,678,734.90	−4,056,238,063.16	5,599,622,714.60
本期加权平均净值利润率	55.26	−63.41	73.70
期末基金资产净值	9,099,853,763.38	4,424,255,986.88	8,783,862,792.12
期末基金份额净值	2.8121	1.5364	2.7993
本期份额净值增长率	83.03	−45.11	124.76
累计份额净值增长率	200.55	64.20	199.18
基金收益分配	——	——	10派1.800

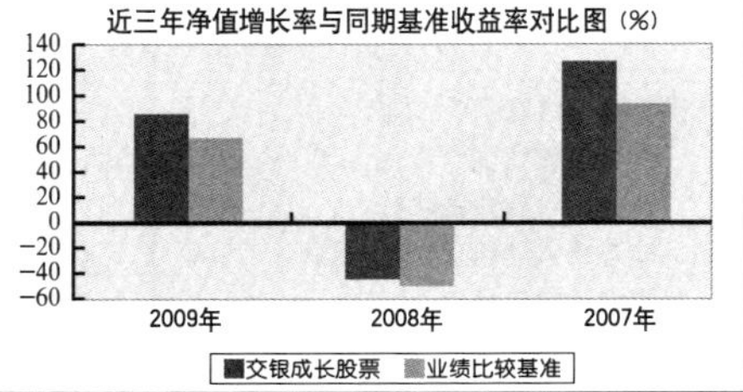

期末基金份额持有人户数	基金份额持有人户数为128,027户，平均每户持有25,275.41份。（期末截至2009年12月31日）
期末基金份额持有人结构	机构投资者持有1,378,448,136.30份，占总份额42.60%；个人投资者持有1,857,487,221.68份，占总份额57.40%。

基金业绩表现

截至2009年12月31日，交银成长股票基金份额净值为2.8121元，全年份额净值增长率为83.03%，同期业绩比较基准收益率为65.17%。

基金管理团队

管华雨先生：基金经理、复旦大学博士、CFA，8年证券、基金从业经验。2002年7月起先后在申银万国证券投资总部担任投资经理、投资策划部负责人，信诚基金管理有限公司担任研究员、基金经理助理、基金经理等职，目前担任交银施罗德权益投资部总经理助理。

基金运作分析

2009年初，交银成长股票基金判断该年度是投资股市非常好的时间窗口：股市估值比较合理，中国和全球宏观经济情况还会持续恢复，全球利率还会维持在较低的水平，而全球企业的盈利还会持续变好。基于此，该基金在全年维持较高的仓位，并且在行业配置上沿着经济复苏周期的轨迹，取得了较好的表现。

在2010年，交银成长股票基金将结合在未来经济结构调整中大类行业利润在GDP中的变迁趋势，在保持大盘价值股的合理权重的前提下，加大中观行业和微观个股的研究，加大由下而上发掘个股的力度，争取发现价值低估的成长性股票，从而力求取得超越指数的回报。当然，也会密切关注国内政策的变化、全球其他经济体的复苏和货币政策的变化等。

季度投资组合一览

项目 \ 季度	第一季度		第二季度		第三季度		第四季度	
基金资产净值	5,042,648,913.13元		7,208,416,397.76元		6,573,319,102.90元		9,099,853,763.38元	
基金份额	2,689,353,406.09份		2,917,539,266.58份		2,778,924,016.86份		3,235,935,357.98份	
基金份额净值	1.8750元		2.4707元		2.3654元		2.8121元	
基金资产组合	市值(元)	占总资产比(%)	市值(元)	占总资产比(%)	市值(元)	占总资产比(%)	市值(元)	占总资产比(%)
股票投资	4,193,212,712.25	82.81	6,758,976,214.75	91.93	5,986,643,279.06	90.69	8,331,753,208.42	90.91
债券投资	339,460,848.27	6.70	379,282,000.00	5.16	365,935,000.00	5.54	473,781,000.00	5.17
资产支持证券投资	——	——	——	——	——	——	——	——
金融衍生品投资	——	——	——	——	——	——	——	——
买入返售金融资产	——	——	——	——	——	——	——	——
银行存款和结算备付金	410,549,651.55	8.11	130,668,883.85	1.78	227,414,474.94	3.45	248,637,888.84	2.71
其他资产	120,578,461.20	2.38	83,091,943.19	1.13	20,918,938.70	0.32	110,399,651.55	1.20

投资前五名股票明细	股票名称	公允价值(元)	占净值比(%)	股票名称	公允价值(元)	占净值比(%)	股票名称	公允价值(元)	占净值比(%)	股票名称	公允价值(元)	占净值比(%)
	西山煤电	234,062,883.72	4.64	万 科A	405,450,000.00	5.62	兴业银行	294,141,950.00	4.47	兴业银行	322,480,000.00	3.54
	华侨城A	183,202,000.00	3.63	西山煤电	376,740,000.00	5.23	华侨城A	293,780,000.00	4.47	宝钢股份	318,780,000.00	3.50
	中国平安	175,995,000.00	3.49	兴业银行	315,435,000.00	4.38	中国平安	288,990,000.00	4.40	青岛海尔	285,085,000.00	3.13
	海螺水泥	147,336,000.00	2.92	华侨城A	305,140,000.00	4.23	招商银行	276,238,200.00	4.20	中国太保	271,572,000.00	2.98
	中国人寿	126,445,000.00	2.51	中国神华	254,235,000.00	3.53	万 科A	252,163,437.32	3.84	招商银行	270,750,000.00	2.98

投资前五名债券明细	债券名称	公允价值(元)	占净值比(%)	债券名称	公允价值(元)	占净值比(%)	债券名称	公允价值(元)	占净值比(%)	债券名称	公允价值(元)	占净值比(%)
	08央行票据64	241,575,000.00	4.79	08央行票据108	164,543,000.00	2.28	09央行票据47	99,670,000.00	1.52	09央行票据65	119,604,000.00	1.31
	08央行票据95	97,230,000.00	1.93	08央行票据95	96,490,000.00	1.34	09央行票据37	79,736,000.00	1.21	09央行票据38	68,796,000.00	0.76
	08万科G1	371,837.40	0.01	08央行票据112	48,575,000.00	0.67	08央行票据112	48,260,000.00	0.73	09央行票据42	68,782,000.00	0.76
	08万科G2	284,010.87	0.01	07央行票据07	40,400,000.00	0.56	07央行票据07	40,200,000.00	0.61	07央行票据85	56,672,000.00	0.62
	——			08央行票据117	29,274,000.00	0.41	08央行票据114	38,696,000.00	0.59	07央行票据23	50,185,000.00	0.55

交银施罗德蓝筹股票证券投资基金

基本资料					
基金简称	交银蓝筹股票	交易代码	519694(前端)　519695(后端)		
风险收益特征	该基金是一只股票型基金，以优质蓝筹股为主要投资对象，属于较高预期收益和较高风险的基金品种，其风险与预期收益都要高于混合型基金和债券型基金。				
业绩比较基准	75%×中证100指数+25%×中信全债指数				
合同生效日	2007年8月8日	首募份额	117.44亿份	认购户数	902,239户
基金管理人	交银施罗德基金管理有限公司	基金托管人	中国建设银行		
注册登记人	中国证券登记结算有限责任公司				

财务指标			单位：人民币(元)；%
项目 \ 年度	2009年	2008年	2007.8.8至2007.12.31
本期利润	6,391,002,701.54	−9,443,530,339.52	1,385,956,214.95
本期加权平均净值利润率	50.44	−72.11	7.17
期末基金资产净值	14,494,554,944.83	9,130,818,907.22	20,638,823,541.69
期末基金份额净值	0.9274	0.5404	1.0961
本期份额净值增长率	71.61	−50.01	9.61
累计份额净值增长率	−5.97	−45.20	9.61
基金收益分配	——	10派0.150	——

成立来累计净值增长率与同期基准收益率历史走势对比图（%）

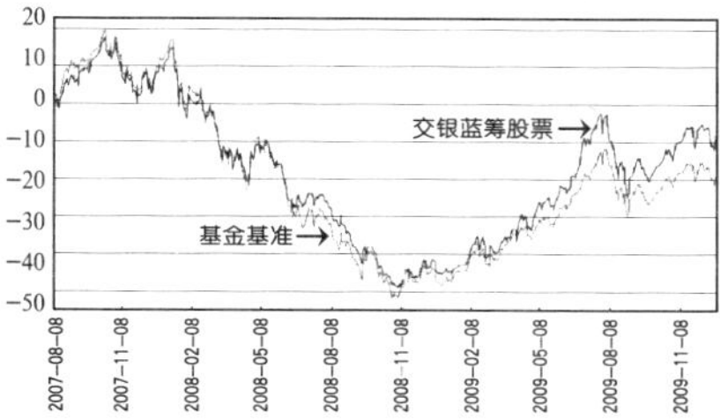

近两年净值增长率与同期基准收益率对比图（%）

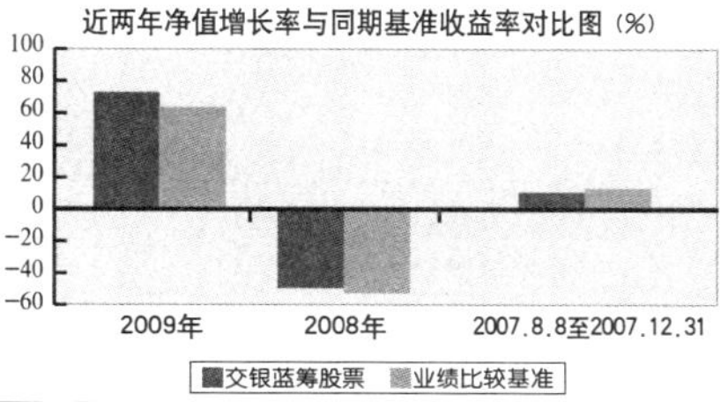

期末基金份额持有人户数	基金份额持有人户数为934,057户，平均每户持有16,732.57份。（期末截至2009年12月31日）
期末基金份额持有人结构	机构投资者持有508,699,271.08份，占总份额3.25%；个人投资者持有15,120,478,440.40份，占总份额96.75%。

基金业绩表现

2009年交银蓝筹股票基金全年份额净值增长率为71.61%，同期业绩比较基准收益率为61.89%。

基金管理团队

张媚钗女士：基金经理，浙江大学经济学硕士，8年证券、基金从业经验。2002年在国元证券研发中心任职研究员，2003年至2005年在申银万国证券研究所任职研究员，2005年9月加入交银施罗德基金管理有限公司，历任投资研究部研究员，交银施罗德精选股票证券投资基金经理助理，自2008年1月起至2010年5月担任专户投资经理。从未被监管机构予以行政处罚或采取行政监管措施。

基金运作分析

2009年，在A股市场整体震荡上行的格局下，交银蓝筹股票基金基本保持了比较高的权益仓位。在第一阶段，该基金修正了年初的保守策略，在主要的先导性行业和中上游行业上进行积极配置，且行业权重配置相对集中，获得了较好的收益。

季度投资组合一览

项目 \ 季度	第一季度		第二季度		第三季度		第四季度	
基金资产净值	10,636,875,538.29元		13,654,441,825.49元		13,079,146,562.71元		14,494,554,944.83元	
基金份额	16,544,026,001.66份		16,416,674,066.77份		16,464,588,435.18份		15,629,177,711.48份	
基金份额净值	0.6429元		0.8317元		0.7944元		0.9274元	
基金资产组合	市值(元)	占总资产比(%)	市值(元)	占总资产比(%)	市值(元)	占总资产比(%)	市值(元)	占总资产比(%)
股票投资	8,630,913,224.22	80.89	12,505,106,801.65	91.00	10,862,070,716.45	82.77	13,130,372,583.04	90.02
债券投资	751,407,941.68	7.04	744,181,000.00	5.42	761,935,000.00	5.81	774,406,000.00	5.31
资产支持证券投资	108,231,800.00	1.01	——	——	——	——	——	——
金融衍生品投资	——	——	——	——	——	——	——	——
买入返售金融资产	——	——	——	——	——	——	——	——
银行存款和结算备付金	1,123,122,188.20	10.53	430,745,381.36	3.13	1,444,205,604.97	11.01	647,750,877.61	4.44
其他资产	56,465,138.81	0.53	61,168,017.36	0.45	54,489,512.40	0.42	34,210,296.02	0.23

投资前五名股票明细	股票名称	公允价值(元)	占净值比(%)	股票名称	公允价值(元)	占净值比(%)	股票名称	公允价值(元)	占净值比(%)	股票名称	公允价值(元)	占净值比(%)
	万科A	372,600,000.00	3.50	万科A	764,999,949.00	5.60	中兴通讯	570,699,062.56	4.36	中兴通讯	630,176,715.00	4.35
	浦发银行	327,098,065.44	3.08	兴业银行	671,683,874.88	4.92	贵州茅台	545,999,998.86	4.17	兴业银行	612,828,899.00	4.23
	中国平安	326,701,786.88	3.07	西山煤电	636,867,039.90	4.66	万科A	542,973,362.56	4.15	浦发银行	576,671,292.54	3.98
	西山煤电	287,525,451.54	2.70	深发展A	589,140,000.00	4.31	兴业银行	540,640,000.00	4.13	宝钢股份	519,326,999.94	3.58
	深发展A	270,912,255.00	2.55	浦发银行	584,504,273.00	4.28	深发展A	526,780,258.50	4.03	青岛海尔	448,699,000.00	3.10

投资前五名债券明细	债券名称	公允价值(元)	占净值比(%)	债券名称	公允价值(元)	占净值比(%)	债券名称	公允价值(元)	占净值比(%)	债券名称	公允价值(元)	占净值比(%)
	08央票87	485,350,000.00	4.56	08央票87	481,650,000.00	3.53	08央行票据114	309,568,000.00	2.37	09央行票据65	169,439,000.00	1.17
	08央行票据95	243,075,000.00	2.29	08央行票据95	241,225,000.00	1.77	08央行票据112	221,996,000.00	1.70	09央行票据36	98,290,000.00	0.68
	08深发债（固）	21,552,000.00	0.20	08深发债	21,306,000.00	0.16	09央行票据47	99,670,000.00	0.76	09央行票据40	98,270,000.00	0.68
	08万科G1	811,281.60	0.01				07央行票据26	60,504,000.00	0.46	09央行票据44	98,250,000.00	0.68
	08万科G2	619,660.08	0.01				09央行票据37	29,901,000.00	0.23	07央行票据13	80,152,000.00	0.55

交银施罗德增利债券证券投资基金

基本资料					
基金简称	交银增利债券	交易代码	A/B：519680　C：519682		
风险收益特征	该基金是一只债券型基金，在证券投资基金中属于中等风险的品种，其长期平均风险和预期收益高于货币市场基金，低于股票型基金。				
业绩比较基准	中债企业债总指数				
合同生效日	2008年3月31日	募集规模	103.23亿份	申购户数	70,477户
基金管理人	交银施罗德基金管理有限公司	基金托管人	中国建设银行		
注册登记人	中国证券登记结算有限责任公司				

成立来累计净值增长率与同期基准收益率历史走势对比图（%）

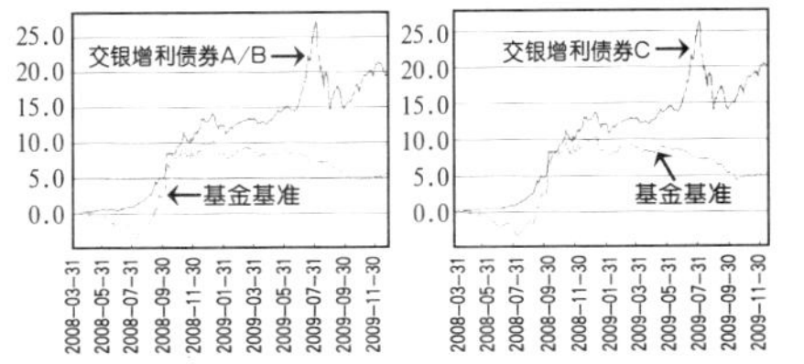

近两年净值增长率与同期基准收益率对比图（%）

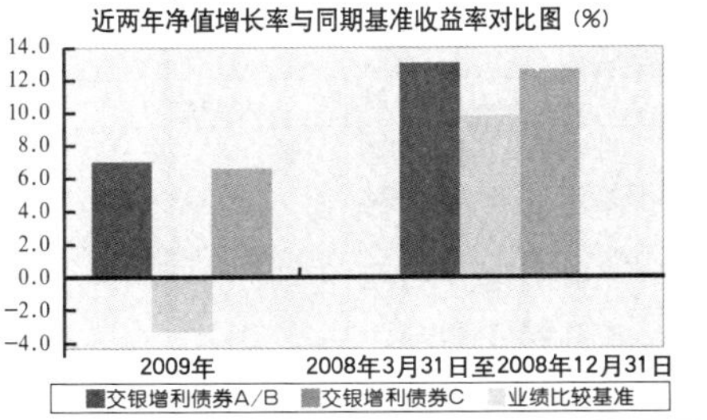

财务指标　　单位：人民币（亿元）；%

项目 \ 年度	2009年		2008年3月31日至2008年12月31日	
	A/B	C	A/B	C
本期利润	1.6667	0.3535	9.2398	4.2293
本期加权平均净值利润率	4.75	1.63	12.42	13.13
期末基金资产净值	24.3004	11.3815	70.5151	46.1726
期末基金份额净值	1.0821元	1.0784元	1.1000元	1.0962元
本期份额净值增长率	6.97	6.50	13.04	12.66
累计份额净值增长率	20.92	19.98	13.04	12.66
基金收益分配	10派0.910元	10派0.860元	10派0.300元	

期末基金份额持有人户数	A/B类：基金份额持有人户数为21,816户，平均每户持有102,934.80份。 C类：基金份额持有人户数为17,625户，平均每户持有59,880.45份。（期末截至2009年12月31日）
期末基金份额持有人结构	A/B类：机构投资者持有1,243,210,922.82份，占总份额55.36%；个人投资者持有1,002,414,567.82份，占总份额44.64%。 C类：机构投资者持有133,271,591.61份，占总份额12.63%；个人投资者持有922,121,317.71份，占总份额87.37%。

基金业绩表现

2009年交银增利债券基金A/B类净值增长率为6.97%，C类净值增长率为6.50%；同期业绩基准收益率为-3.45%；业绩表现优于基准。

基金管理团队

李家春先生：基金经理，香港大学MBA。9年证券、基金从业经历。历任长江证券有限责任公司投资经理，汉唐证券有限责任公司高级经理、投资主管，泰信基金管理有限公司高级研究员。2006年加入交银施罗德基金管理有限公司。2006年12月27日起担任交银施罗德货币市场证券投资基金基金经理至今，并于2008年3月31日起担任交银施罗德增利债券证券投资基金基金经理至今。

基金运作分析

2009年沪深股票市场大幅攀升，沪深300指数全年上升96.7%。2009年，交银增利债券基金及时把握宏观经济的变化，在一季度及时进行大类资产配置的调整，降低了利率产品的配置比例和久期，也大大降低了组合的利率风险。并增加了信用债券、可转换债券的配置比例，通过较高的票息收入、信用利差的收窄以及转股价值的上升取得了较好的收益，业绩表现超越了该基金的业绩比较基准。

季度投资组合一览

项目 \ 季度	第一季度		第二季度		第三季度		第四季度	
	A/B	C	A/B	C	A/B	C	A/B	C
基金资产净值	38.1867亿元	30.2513亿元	31.1386亿元	13.4412亿元	24.1734亿元	15.2701亿元	24.3004亿元	11.3815亿元
基金份额	35.9889亿份	28.5108亿份	28.8368亿份	12.4614亿份	22.4125亿份	14.1894亿份	22.4563亿份	10.5539亿份
基金份额净值	1.0611元	1.0610元	1.0798元	1.0786元	1.0786元	1.0762元	1.0821元	1.0784元
基金资产组合	市值(元)	占总资产比(%)	市值(元)	占总资产比(%)	市值(元)	占总资产比(%)	市值(元)	占总资产比(%)
股票投资	556,155.00	0.01	——	——	337,806,081.41	8.51	368,941,935.18	10.02
债券投资	7,046,240,783.68	86.00	3,830,776,069.87	84.49	3,429,564,588.40	86.36	3,056,017,044.28	82.97
资产支持证券投资	180,906,179.65	2.21	126,334,083.65	2.79	3,857,309.95	0.10	3,857,309.95	0.10
买入返售金融资产	——	——	200,000,420.00	4.41				
银行存款和结算备付金	716,116,922.99	8.74	269,322,469.45	5.94	155,417,453.56	3.91	150,617,691.07	4.09
其他资产	249,516,514.01	3.05	107,519,425.30	2.37	44,662,954.15	1.12	103,627,778.76	2.81

投资前五名股票明细	股票名称	公允价值(元)	占净值比(%)	股票名称	公允价值(元)	占净值比(%)	股票名称	公允价值(元)	占净值比(%)	股票名称	公允价值(元)	占净值比(%)
	立立电子	556,155.00	0.01	——			新安股份	116,664,109.98	2.96	中国建筑	70,800,000.00	1.98
	——						中国建筑	71,328,567.04	1.81	福建高速	52,800,000.00	1.48
							美的电器	66,658,958.70	1.69	招商证券	25,204,305.59	0.71
							中国中冶	24,629,726.92	0.62	中国中冶	24,009,553.94	0.67
							光大证券	17,687,062.64	0.45	光大证券	20,573,101.12	0.58

投资前五名债券明细	债券名称	公允价值(元)	占净值比(%)	债券名称	公允价值(元)	占净值比(%)	债券名称	公允价值(元)	占净值比(%)	债券名称	公允价值(元)	占净值比(%)
	08国开16	798,975,000.00	11.67	南山转债	370,605,682.40	8.31	08央行票据47	362,880,000.00	9.20	08央行票据47	360,185,000.00	10.09
	08央行票据44	689,195,000.00	10.07	08央行票据47	367,465,000.00	8.24	09央行票据43	348,845,000.00	8.84	新钢转债	318,665,547.60	8.93
	308央行票据47	371,245,000.00	5.42	唐钢转债	343,159,263.50	7.70	新钢转债	307,598,994.00	7.80	唐钢转债	306,646,440.41	8.59
	08国开18	327,488,000.00	4.79	新钢转债	329,186,249.00	7.38	08天保投资债	290,752,000.00	7.37	08国开16	208,180,000.00	5.83
	08天保投资债	302,288,000.00	4.42	08天保投资债	304,836,000.00	6.84	唐钢转债	288,900,695.85	7.32	08天保投资债	187,578,000.00	5.26

交银施罗德环球精选价值证券投资基金

基本资料					
基金简称	交银环球精选股票（QDII）	交易代码	519696		
风险收益特征	该基金属于较高预期风险和预期收益的基金品种，其预期风险和收益水平高于混合型基金和债券型基金。此外，该基金在全球范围内进行投资，除了需要承担国际市场的市场波动风险之外，还面临汇率风险、国别风险、新兴市场风险等海外市场投资所面临的特别投资风险。				
业绩比较基准	70%×标准普尔全球大盘指数(S&P Global LargeMidCap Index)+30%×恒生指数				
合同生效日	2008年8月22日	首募份额	5.08亿份	认购户数	13,842户
基金管理人	交银施罗德基金管理有限公司	基金托管人	中国建设银行		
境外投资顾问	施罗德投资管理有限公司	境外托管人	摩根大通银行		
注册登记人	中国证券登记结算有限责任公司				

成立来累计净值增长率与同期基准收益率历史走势对比图（%）

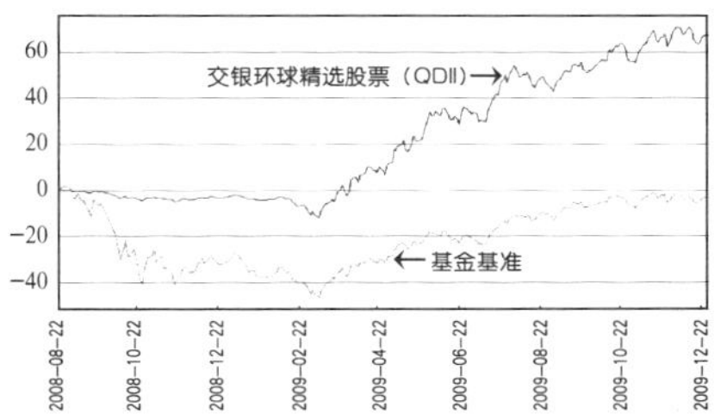

财务指标　　单位：人民币（元）；%

项目 \ 年度	2009年	2008年8月22日至2008年12月31日
本期利润	188,340,131.86	−15,603,179.12
本期加权平均净值利润率	50.49	−3.65
期末基金资产净值	400,363,770.72	297,326,188.57
期末基金份额净值	1.571	0.973
本期份额净值增长率	72.31	−2.70
累计份额净值增长率	67.65	−2.70
基金收益分配	10派0.800	——

近两年净值增长率与同期基准收益率对比图（%）

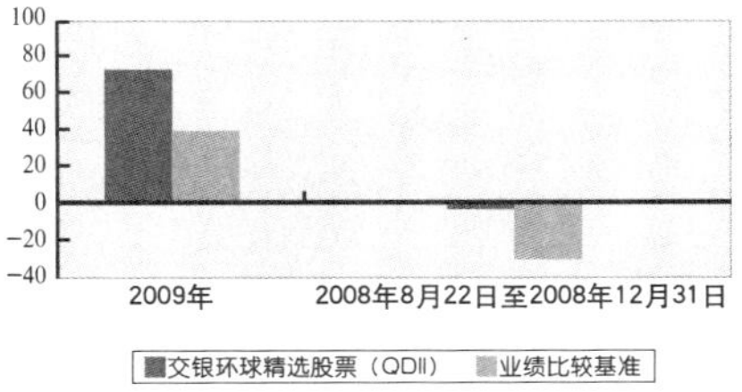

期末基金份额持有人户数	基金份额持有人户数为9,819户，平均每户持有25,957.63份。　（期末截至2009年12月31日）
期末基金份额持有人结构	机构投资者持有28,461,136.90份，占总份额11.17%；个人投资者持有226,416,851.64份，占总份额88.83%。

基金业绩表现

2009年交银环球精选股票基金全年净值增长72.31%，同期业绩基准收益率为39.14%；业绩表现优于基准。

基金管理团队

郑伟辉先生：基金经理，大专学历。33年基金从业经验。自1977年起任职于施罗德投资管理（香港）有限公司。其担任施罗德投资管理（香港）有限公司独立投资基金主管期间，负责管理香港机构客户、大型退休基金、慈善基金及私人客户基金，管理资产超过30亿美元，具备丰富的海外投资管理经验。2007年9月加入交银施罗德基金管理有限公司。2008年8月22日起担任交银施罗德环球精选价值证券投资基金基金经理至今。

基金运作分析

继2009年夏季股票市场大幅反弹之后，大部分市场在第四季度取得了较好的收益。然而收获之路并不平坦，股票市场在10月底和11月底时出现阶段性的回调，迪拜事件对亚洲和新兴市场的短期冲击较为明显。面对美元走强和对宽松货币政策的担忧，12月全球市场大幅波动。第四季度，美国市场各个板块表现迥异，科技板块和医药板块战胜金属和金融板块。虽然一些大银行不断有利好的盈利消息公布，但最终跑输指数。另一方面，科技板块由于强盈利周期的到来而获得良好盈利。除了美国，新兴市场在四季度表现抢眼，其中拉丁美洲表现尤为突出。

季度投资组合一览

项目 \ 季度	第一季度		第二季度		第三季度		第四季度	
基金资产净值	251,324,567.98元		437,621,967.31元		441,582,818.56元		400,363,770.72元	
基金份额	254,865,164.77份		335,715,218.75份		310,702,156.96份		254,877,988.54份	
基金份额净值	0.986元		1.304元		1.421元		1.571元	
基金资产组合	市值(元)	占总资产比(%)	市值(元)	占总资产比(%)	市值(元)	占总资产比(%)	市值(元)	占总资产比(%)
股票投资	152,930,545.37	58.46	316,304,158.88	68.85	326,110,904.32	69.50	320,540,352.84	79.14
债券投资	——	——	——	——	——	——	——	——
资产支持证券投资	——	——	——	——	——	——	——	——
金融衍生品投资	409,264.79	0.16	——	——	——	——	——	——
银行存款和结算备付金	41,888,787.76	16.01	43,230,835.24	9.41	50,402,109.34	10.74	30,006,617.09	7.41
其他资产	16,038,042.33	6.13	22,360,264.49	4.87	3,988,718.53	0.85	938,791.65	0.23

项目	股票名称	公允价值(元)	占净值比(%)	股票名称	公允价值(元)	占净值比(%)	股票名称	公允价值(元)	占净值比(%)	股票名称	公允价值(元)	占净值比(%)
投资前五名股票明细	汇丰控股	12,105,743.66	4.82	中国工商银行	19,040,833.23	4.35	保利(香港)投	19,891,868.02	4.50	保利(香港)投	16,091,086.59	4.02
	中国海洋石油	4,470,864.97	3.86	中国银行	13,661,797.84	3.12	中国工商银行	18,525,210.77	4.20	中国工商银行	11,908,756.62	2.97
	中国海洋石油	5,226,455.70	3.86	汇丰控股	11,331,296.82	3.06	腾讯控股	13,400,166.80	3.03	泰丰国际集团	11,227,199.57	2.80
	中国石油天然气	3,750,276.70	3.79	腾讯控股	11,609,196.02	2.65	中国人寿保险	12,787,629.44	2.90	中信银行	10,508,658.80	2.62
	中国石油天然气	5,775,105.04	3.79	中信银行	11,559,557.63	2.64	中国银行	10,785,225.45	2.44	腾讯控股	10,386,260.31	2.59
投资前五名债券明细	债券名称	公允价值(元)	占净值比(%)	债券名称	公允价值(元)	占净值比(%)	债券名称	公允价值(元)	占净值比(%)	债券名称	公允价值(元)	占净值比(%)
	——			——			——			——		

交银施罗德保本混合型证券投资基金

基本资料			
基金简称	交银保本混合	交易代码	519697
风险收益特征	该基金是一只保本混合型基金，在证券投资基金中属于低风险品种。		
业绩比较基准	三年期银行定期存款收益率		
合同生效日	2009年1月21日	首募份额 49.56亿份	认购户数 46,900户
基金管理人	交银施罗德基金管理有限公司	基金托管人	中国工商银行
注册登记人	中国证券登记结算有限责任公司		

财务指标	单位：人民币（元）；%
项目 \ 年度	2009年1月21日至2009年12月31日
本期利润	319,177,436.04
本期加权平均净值利润率	7.22
期末基金资产净值	3,539,273,215.90
期末基金份额净值	1.075
本期份额净值增长率	7.50
累计份额净值增长率	7.50
基金收益分配	——

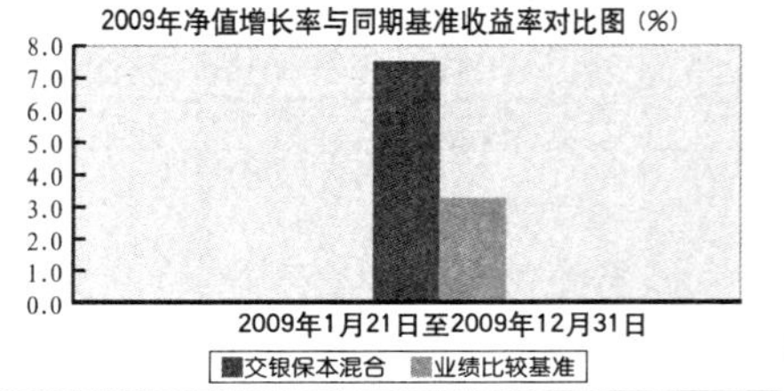

期末基金份额持有人户数	基金份额持有人户数为32,750户，平均每户持有100,501.90份。（期末截至2009年12月31日）
期末基金份额持有人结构	机构投资者持有160,899,576.20份，占总份额4.89%；个人投资者持有3,130,537,800.84份，占总份额95.11%。

基金业绩表现

交银保本混合基金合同生效于2009年1月21日，截至2009年12月31日，该基金净值增长率为7.50%，同期业绩基准收益率为3.19%；业绩表现优于基准。

基金管理团队

张迎军先生：基金经理，经济学硕士，8年证券从业经验。2000年7月至2003年3月任职于申银万国证券研究所，担任市场研究部、策略研究部研究员；2003年4月至2006年11月任职于中国太平洋保险（集团）股份有限公司，担任资金运用管理中心投资经理；2006年12月至2008年5月任职于太平洋资产管理有限公司，担任组合管理部组合经理。2008年8月加入交银施罗德基金管理有限公司。2009年1月21日起担任交银施罗德保本混合型证券投资基金基金经理至今。

基金运作分析

交银保本混合基金在2009年1月底成立开始投资运作。在建仓初期，该基金采取了非常稳健的投资策略。债券投资方面，该基金建仓时放弃了利率产品配置，从信用债券着手构建基金的债券组合，严格控制债券资产的久期配置，以防范未来利率上升的风险。由于债券投资久期控制得当，券种类别配置正确，该基金2009年债券投资实现了正回报；股票投资方面，严格遵循合同规定的CPPI运行机理，将风险控制放在重要位置，坚持在股票头寸取得正回报的基础上逐步增加股票仓位比重，使得交银保本混合基金净值在建仓初期一直在很小下行波动的基础上稳步增长。当该基金积累了一定的安全垫，并且判断沪深股市底部构筑完成上升趋势确立时，该基金4月下旬开始在合同约定的范围内相对大幅提高股票资产仓位。二季度到四季度，交银保本混合基金根据CPPI运行机理对股票仓位进行灵活管理，所构建的股票组合较好地符合了各阶段股票市场特征，基金净值稳健增长，每季度都能创出净值新高。

季度投资组合一览

项目 \ 季度	第一季度		第二季度		第三季度		第四季度	
基金资产净值	4,992,222,499.82元		4,630,461,173.17元		3,930,183,668.20元		3,539,273,215.90元	
基金份额	4,956,375,599.84份		4,460,290,131.33份		3,816,179,425.55份		3,291,437,377.04份	
基金份额净值	1.007元		1.038元		1.030元		1.075元	
基金资产组合	市值(元)	占总资产比(%)	市值(元)	占总资产比(%)	市值(元)	占总资产比(%)	市值(元)	占总资产比(%)
股票投资	179,803,599.50	3.60	727,630,314.76	14.25	279,870,615.57	7.10	832,287,418.25	22.99
债券投资	3,027,794,933.12	60.56	3,515,587,669.76	68.86	2,840,132,132.11	72.10	2,485,160,900.62	68.64
资产支持证券投资	152,310,000.00	3.05	118,230,000.00	2.32	115,125,000.00	2.92	79,335,000.00	2.19
金融衍生品投资	——	——	——	——	——	——	——	——
买入返售金融资产	1,000,000,000.00	20.00	——	——	400,000,195.00	10.15	——	——
银行存款和结算备付金	405,277,371.31	8.11	640,840,961.30	12.55	256,260,263.00	6.51	108,791,776.28	3.00
其他资产	234,071,279.58	4.68	102,786,514.72	2.01	47,929,237.34	1.22	115,029,343.29	3.18

投资前五名股票明细	股票名称	公允价值(元)	占净值比(%)	股票名称	公允价值(元)	占净值比(%)	股票名称	公允价值(元)	占净值比(%)	股票名称	公允价值(元)	占净值比(%)
	攀钢钢钒	100,083,305.40	2.00	万科A	74,081,337.75	1.60	中国建筑	53,194,184.96	1.35	福建高速	47,520,000.00	1.34
	建设银行	43,000,000.00	0.86	招商银行	56,025,000.00	1.21	海油工程	30,015,989.28	0.76	浦发银行	43,379,349.30	1.23
	中国石化	25,198,294.10	0.50	深发展A	54,548,036.20	1.18	东软集团	29,058,724.64	0.74	国药股份	42,238,720.00	1.19
	海油工程	11,522,000.00	0.23	紫金矿业	40,799,765.40	0.88	中信证券	17,506,624.85	0.45	东软集团	39,782,385.44	1.12
	——			双汇发展	40,249,836.00	0.87	盐田港	16,015,985.44	0.41	中国石化	39,450,731.90	1.11

投资前五名债券明细	债券名称	公允价值(元)	占净值比(%)	债券名称	公允价值(元)	占净值比(%)	债券名称	公允价值(元)	占净值比(%)	债券名称	公允价值(元)	占净值比(%)
	08央行票据112	489,050,000.00	9.80	08网通CP01	405,760,000.00	8.76	08央行票据112	241,300,000.00	6.14	09国开18	206,979,300.00	5.85
	08网通CP01	408,040,000.00	8.17	08央行票据112	291,450,000.00	6.29	08电网CP03	201,080,000.00	5.12	09央行票据38	196,560,000.00	5.55
	08中铝业CP01	162,368,000.00	3.25	08万科G2	197,331,247.05	4.26	09央行票据38	196,580,000.00	5.00	08渝城投债	161,568,000.00	4.57
	09浙能债	151,605,000.00	3.04	09杭城投债	173,502,000.00	3.75	08渝城投债	162,672,000.00	4.14	08央行票据17	153,975,000.00	4.35
	08国电集CP02	142,814,000.00	2.86	08渝城投债	167,808,000.00	3.62	09铁道CP01	150,030,000.00	3.82	08上港债	134,823,000.00	3.81

交银施罗德先锋股票证券投资基金

基本资料						
基金简称	交银先锋股票	交易代码	519698(前端) 519699(后端)			
风险收益特征	该基金是一只股票型基金，以具有持续成长潜力企业的股票，特别是处于快速成长过程中的中型及小型企业为主要投资对象，属于证券投资基金中较高预期收益和较高风险的品种。					
业绩比较基准	75%×中证700指数+25%×中信全债指数					
合同生效日	2009年4月10日	首募份额	44.71亿份	认购户数	57,582户	
基金管理人	交银施罗德基金管理有限公司	基金托管人	中国农业银行			
注册登记人	中国证券登记结算有限责任公司					

2009年累计净值增长率与同期基准收益率历史走势对比图(%)

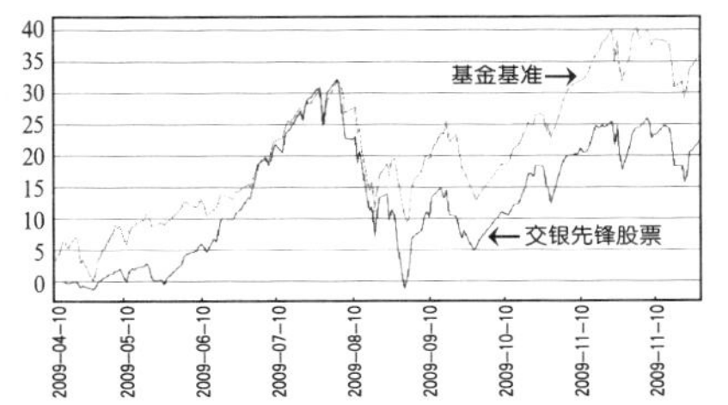

2009年净值增长率与同期基准收益率对比图(%)

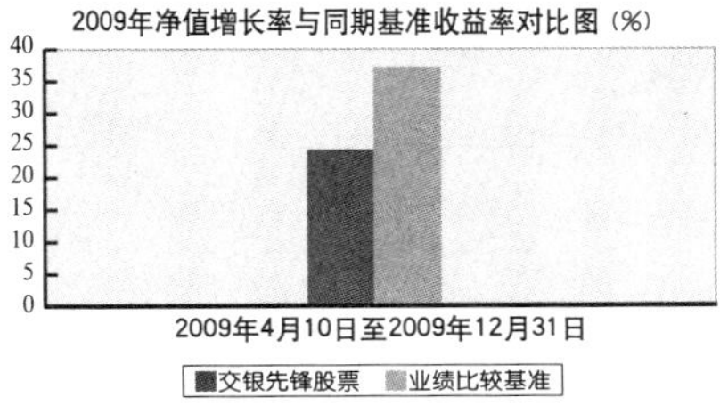

财务指标 单位：人民币(元)；%

项目 \ 年度	2009年4月10日至2009年12月31日
本期利润	970,191,410.64
本期加权平均净值利润率	23.39
期末基金资产净值	3,372,459,135.75
期末基金份额净值	1.2457
本期份额净值增长率	24.57
累计份额净值增长率	24.57
基金收益分配	——

期末基金份额持有人户数	基金份额持有人户数为49,989户，平均每户持有54,156.82份。(期末截至2009年12月31日)
期末基金份额持有人结构	机构投资者持有656,992,526.57份，占总份额24.27%；个人投资者持有2,050,252,662.72份，占总份额75.73%。

基金业绩表现

交银先锋股票基金合同生效于2009年4月10日，截至2009年12月31日，该基金份额净值为1.2457元，成立以来净值增长率为24.57%。

基金管理团队

史 伟先生：基金经理，英国雷丁大学经济学硕士，9年证券、基金从业经验。2001年至2002年在东方证券证券投资部从事行业研究；2003年至2008年在华宝兴业基金管理有限公司先后担任高级研究员、基金经理助理和基金经理。其中2005年11月至2008年3月担任华宝兴业动力组合股票型证券投资基金基金经理。2008年4月加入交银施罗德基金管理有限公司。2009年4月10日起担任交银施罗德先锋股票证券投资基金基金经理至今。

基金运作分析

交银先锋股票基金于2009年4月10日成立并正式进入投资运作。面对当时的市场环境，该基金管理人采取了非常谨慎的建仓思路。在控制风险的前提下，该管理人也反复思考了宏观经济形势，发现在宏观先行指标PMI、信贷等起步的基础上，先导产业出现了明显的积极变化。同时在同步指标的变化上，进一步验证了复苏的态势。在经济复苏益发明确的情况下，交银先锋股票基金在谨慎的基础上果断出手，重点布局与经济复苏密切相关的板块，5–7月份为基金持有人带来一定的回报。

7月份股市出现加速上涨，而8月份指数出现巨幅回调，由对宏观预期极度乐观迅速转为极度悲观，一度呈现非理性下跌局面；9月份市场有所企稳，投资人逐步接受调结构的政策转变，开始正视市场的调整；进入10月份后，市场震荡向上，交银先锋股票基金在适当坚持原有持仓的基础上，积极调整组合，尽可能使之与市场风向相匹配。虽然11月份市场对于大小盘股转换存在严重分歧，但该基金在坚持价值投资的基础上，适当分散了组合投资及风险。

季度投资组合一览

项目 \ 季度	第二季度		第三季度		第四季度	
基金资产净值	4,572,347,730.89元		3,626,730,227.87元		3,372,459,135.75元	
基金份额	4,042,876,946.83份		3,402,947,854.77份		2,707,245,189.29份	
基金份额净值	1.1310元		1.0658元		1.2457元	
基金资产组合	市值(元)	占总资产比(%)	市值(元)	占总资产比(%)	市值(元)	占总资产比(%)
股票投资	4,014,877,330.31	85.79	2,894,332,483.08	78.91	3,065,178,411.57	90.02
债券投资	——	——	——	——	——	——
资产支持证券投资	——	——	——	——	——	——
金融衍生品投资	——	——	——	——	——	——
买入返售金融资产	——	——	——	——	——	——
银行存款和结算备付金	647,101,229.35	13.83	750,896,460.77	20.47	290,398,143.60	8.53
其他资产	17,723,745.42	0.38	22,597,598.64	0.62	49,270,826.97	1.45

投资前五名股票明细	股票名称	公允价值(元)	占净值比(%)	股票名称	公允价值(元)	占净值比(%)	股票名称	公允价值(元)	占净值比(%)
	万 科A	273,779,921.25	5.99	上海家化	263,483,271.90	7.27	上海家化	254,596,255.20	7.55
	招商银行	263,496,847.23	5.76	招商银行	225,918,271.12	6.23	招商银行	184,288,442.30	5.46
	民生银行	224,711,807.76	4.91	兴业银行	183,183,665.81	5.05	三一重工	159,587,951.31	4.73
	中联重科	213,695,509.72	4.67	万 科A	181,931,970.44	5.02	海螺水泥	139,294,031.58	4.13
	贵州茅台	211,467,955.41	4.62	民生银行	180,376,998.84	4.97	兴业银行	131,976,068.68	3.91

投资前五名债券明细	债券名称	公允价值(元)	占净值比(%)	债券名称	公允价值(元)	占净值比(%)	债券名称	公允价值(元)	占净值比(%)
	——			——			——		

上证180公司治理交易型开放式指数证券投资基金

基本资料

基金简称	交银上证180公司治理ETF		交易代码	510010	
风险收益特征	该基金属股票基金，风险与收益高于混合基金、债券基金与货币市场基金。该基金为指数型基金，紧密跟踪标的指数，属于证券投资基金中风险较高、收益较高的品种。				
业绩比较基准	上证180公司治理指数				
合同生效日	2009年9月25日	首募份额	10.09亿份	认购户数	5,824户
上市日期	2009年12月15日		上市地点	上海证券交易所	
基金管理人	交银施罗德基金管理有限公司		基金托管人	中国农业银行	
注册登记人	中国证券登记结算有限责任公司				

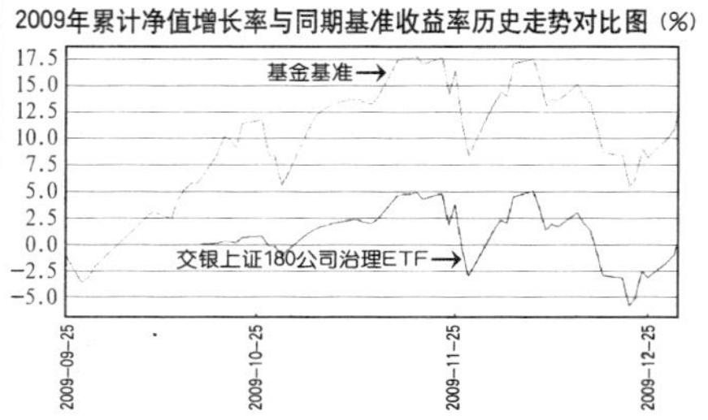

财务指标 单位：人民币(元)；%

项目 \ 年度	2009年9月25日至2009年12月31日
本期利润	178,698,253.62
本期加权平均净值利润率	15.51
期末基金资产净值	7,065,438,828.40
期末基金份额净值	0.913
本期份额净值增长率	1.61
累计份额净值增长率	1.61
基金收益分配	——

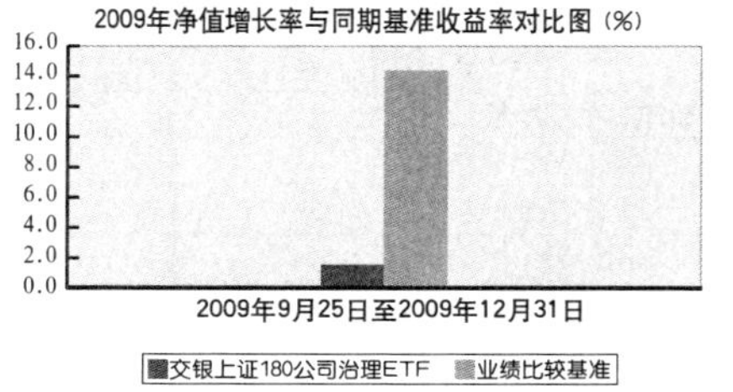

期末基金份额持有人户数	基金份额持有人户数为5,404户，平均每户持有1,431,629.23份。（期末截至2009年12月31日）
期末基金份额持有人结构	机构投资者持有118,929.00份，占总份额0.00%；个人投资者持有579,075,820.00份，占总份额7.49%。

基金业绩表现

交银上证180公司治理ETF基金合同生效于2009年9月25日，截至2009年12月31日，该基金份额净值为0.913元，成立以来净值增长率为1.61%。

基金管理团队

屈乐伟先生：基金经理，数理系硕士。13年证券投资从业经验。历任广发证券研发部经理、投资部经理；华夏基金管理有限公司风险控制评估小组成员以及上证50ETF基金经理助理。2006年6月加入交银施罗德基金管理有限公司。

基金运作分析

交银上证180公司治理ETF基金成立于2009年三季度末。当时国内国外经济形势较不明朗，A股经历了8月份的大幅调整后，又显露出疲态。在此种预期下，为避免市场下行风险，在9月份该基金成立后，管理人控制了建仓节奏，12月初完成建仓工作，并于12月4日对基金份额进行折算，自此基金净值开始跟踪标的指数。12月30日，由于交银上证180公司治理ETF基金申购赎回清单计算出现偏差，为保护投资者利益，当日日间临时紧急停牌，事后经过妥善处理，基金资产未遭受损失。

季度投资组合一览

项目 \ 季度	第四季度	
基金资产净值	7,065,438,828.40元	
基金份额	7,736,524,362.00份	
基金份额净值	0.913元	
基金资产组合	金额(元)	占总资产比例(%)
股票投资	6,955,304,466.82	98.37
债券投资	——	——
金融衍生品投资	——	——
买入返售金融资产	——	——
银行存款和结算备付金	89,526,349.58	1.27
其他资产	25,385,946.05	0.36

投资前五名股票明细

股票名称	公允价值(元)	占净值比例(%)
招商银行	492,457,103.10	6.97
中信证券	390,953,264.49	5.53
民生银行	372,920,256.38	5.28
中国平安	345,614,662.33	4.89
兴业银行	332,114,614.03	4.70

投资前五名债券明细

债券名称	公允价值(元)	占净值比例(%)
——		

交银施罗德上证180公司治理交易型开放式指数证券投资联接基金

基本资料					
基金简称	交银上证180公司治理ETF联接	交易代码	519686(前)519687(后)		
风险收益特征	该基金属ETF联接基金，风险与收益高于混合基金、债券基金与货币市场基金。该基金为指数型基金，紧密跟踪标的指数，属于证券投资基金中风险较高、收益较高的品种。				
业绩比较基准	上证180公司治理指数×95%＋银行活期存款税后收益率×5%				
合同生效日	2009年9月29日	首募份额	70.90亿份	认购户数	78,610户
基金管理人	交银施罗德基金管理有限公司	基金托管人	中国农业银行		
注册登记人	中国证券登记结算有限责任公司				

2009年累计净值增长率与同期基准收益率历史走势对比图（%）

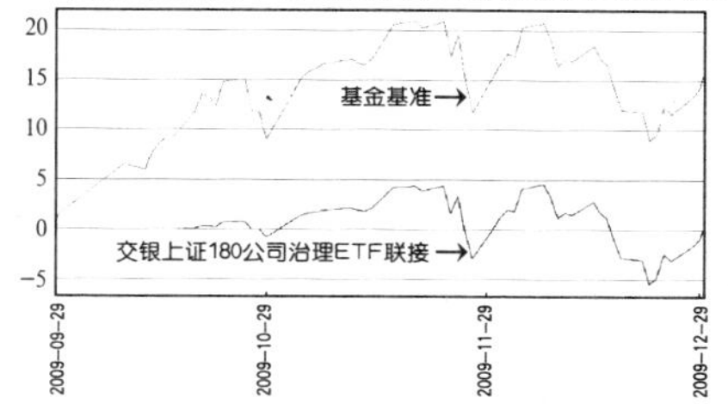

财务指标　单位：人民币（元）；%

项目＼年度	2009年9月29日至2009年12月31日
本期利润	103,495,850.34
本期加权平均净值利润率	1.45
期末基金资产净值	7,112,742,144.69
期末基金份额净值	1.015
本期份额净值增长率	1.50
累计份额净值增长率	1.50
基金收益分配	——

2009年净值增长率与同期基准收益率对比图（%）

期末基金份额持有人户数	基金份额持有人户数为78,043户，平均每户持有89,815.04份。（期末截至2009年12月31日）
期末基金份额持有人结构	机构投资者持有539,877,577.43份，占总份额7.70%；个人投资者持有6,469,557,726.01份，占总份额92.30%。

基金业绩表现

交银上证180公司治理ETF联接基金合同生效于2009年9月29日，截至2009年12月31日，该基金份额净值为1.015元，成立以来净值增长率为1.50%。

基金管理团队

屈乐伟先生：基金经理，数理系硕士。13年证券投资从业经验。历任广发证券研发部经理、投资部经理；华夏基金管理有限公司风险控制评估小组成员以及上证50ETF基金经理助理。2006年6月加入交银施罗德基金管理有限公司。

基金运作分析

交银上证180公司治理ETF联接基金成立于2009年三季度末。为避免市场下行风险，在9月份基金成立后，该管理人控制了建仓节奏，12月初基本完成建仓工作，继该基金目标ETF（治理ETF）于12月4日对基金份额进行折算后，该基金净值开始跟踪标的指数。

由于交银上证180公司治理ETF联接基金是ETF联接基金，该基金将以投资目标ETF为主，力争使投资人获得与指数表现相一致的收益。

季度投资组合一览

项目＼季度	第四季度	
基金资产净值	7,112,742,144.69元	
基金份额	7,009,435,303.44份	
基金份额净值	1.015元	
基金资产组合	金额(元)	占总资产比例(%)
股票投资	154,944,604.02	2.15
存托凭证	——	——
债券投资	299,900,000.00	4.16
金融衍生品投资	——	——
买入返售金融资产	——	——
银行存款和结算备付金	174,974,685.68	2.43
其他资产	48,970,106.62	0.68

投资前五名股票明细

股票名称	公允价值(元)	占净值比例(%)
唐钢股份	29,090,071.48	0.41
招商证券	16,053,699.70	0.23
葛洲坝	7,935,328.34	0.11
中国平安	7,008,770.16	0.10
福田汽车	6,426,727.05	0.09

投资前五名债券明细

债券名称	公允价值(元)	占净值比例(%)
09国开18	199,980,000.00	2.81
09国开23	99,920,000.00	1.40

交银施罗德主题优选灵活配置混合型证券投资基金

基本资料					
基金简称	交银主题优选混合		交易代码	519700	
投资目标	该基金力图通过前瞻性的主题优选，积极把握行业和个股投资机会，在控制风险并保持基金资产良好的流动性的前提下，力争实现基金资产的长期稳定增值。				
业绩比较基准	60%（沪深300指数收益率）+40%（中信标普全债指数收益率）				
风险收益特征	该基金是一只灵活配置的混合型基金，属于基金中的中高风险品种，该基金的风险与预期收益介于股票型基金和债券型基金之间。				
合同生效日	2010年6月30日	上市日期	——	上市地点	——
募集概况	首募份额	认购户数	募集日期		
	32.36亿份	47,822户	2010年5月24日至2010年6月24日		
基金费率	认购费率	前端不超过1.20%；后端不超过1.60%			
	申购费率	前端不超过1.50%；后端不超过1.80%			
	赎回费率	不超过 0.50%			
	管理费率	1.50%			
	托管费率	0.25%			
基金管理人	交银施罗德基金管理有限公司		基金托管人	中国建设银行股份有限公司	
审计机构	普华永道中天会计师事务所		注册登记人	中国证券登记结算有限责任公司	

基金管理团队

史　伟先生：基金经理，英国雷丁大学经济学硕士。9年证券从业经历。历任东方证券证券投资部行业研究员，华宝兴业基金管理有限公司高级研究员、基金经理助理、基金经理。2008年加入交银施罗德基金管理有限公司。2010年6月起至今任交银主题优选混合基金经理。

建信基金管理有限公司 | **大事记**

CCB Principal Asset Management Co.,Ltd. | MAJOR EVENTS

2009年1月

建信货币市场基金荣获《中国证券报》等机构评选的"2008年度开放式货币市场金牛基金"奖。同期，在《证券时报》主办的"2008年度中国明星基金暨最佳托管银行评选"中，公司荣获"2008年度投资者教育明星基金公司奖"，建信稳定增利债券型基金荣获"2008年度新基金明星奖"。

2009年

建信基金分别在深圳、成都、上海和北京设立四家分公司。

2009年9月至10月

公司旗下首批5个特定多个客户资产管理计划（俗称"一对多"专户理财产品）同时获批，募集规模总计12亿元。

2010年4月

公司推出上证社会责任交易型开放式指数证券投资基金及其联接基金，该产品是国内首只社会责任指数基金及其联接基金。

2010年5月

建信基金管理公司荣获由《中国证券报》等机构评选的"债券投资金牛基金公司"奖。5月23日，建信稳定增利债券基金荣获由《中国证券报》等机构评选的"2009年度开放式债券型金牛基金"奖。

2010年9月

公司旗下首只QDII基金建信全球机遇股票型基金募集成立。

建信基金管理有限责任公司

法定名称	建信基金管理有限责任公司	英文名称	CCB Principal Asset Management Co.,Ltd.		
成立时间	2005年9月19日	注册资本	2亿元人民币	公司属性	中外合资
法人代表	江先周	总 经 理	孙志晨	督 察 长	路彩营
公司网址	www.ccbfund.cn	客服电话	400-81-95533　010-6622 8000		
联系电话	010-6622 8888	传真号码	010-6622 8889		
注册地址	北京市西城区金融大街7号英蓝国际金融中心16层	办公地址	北京市西城区金融大街7号英蓝国际金融中心16层		

公司简介

建信基金管理公司（以下简称“公司”）成立于2005年9月，注册地在北京，注册资本金为2亿元人民币，由中国建设银行股份有限公司、美国信安金融集团、中国华电集团共同发起设立，持股比例分别为65%、25%及10%，是国内首批由商业银行发起设立的基金管理公司。

公司具有特定客户资产管理业务资格和合格境内机构投资者（QDII）资格。公司构建了较为完善的公募基金产品线，拥有多个特定客户资产管理计划，并为多家机构提供投资咨询服务，特定客户资产管理业务及投资顾问业务居业内前列。

自成立以来，良好的治理结构和健全的内部控制保证了公司合法规范经营，并逐步形成稳健、务实、规范、创新的经营风格。

年度经营

截至2010年6月30日，公司资产管理规模（含特定客户投资咨询业务规模）已经突破360亿元，其中公募基金管理资产规模超过320亿元，特定客户资产管理规模及投资咨询业务规模近40亿元；公司旗下拥有11只不同风险收益特征的基金产品，多个特定客户资产管理计划，为310万客户提供理财服务。

公司积极回馈基金持有人，截至2010年6月30日，公司旗下公募基金累计分红金额超过130亿元，位居行业第7名，得到了投资者的广泛认可。

2009年以来，公司在发展和完善产品线方面取得了长足的进步，截至2010年底先后募集成立了建信收益增强债券基金、建信沪深300指数基金、建信上证社会责任ETF及其联接基金、建信全球机遇股票型基金和建信内生动力股票基金6只新基金。

在投资管理方面，2009年公司旗下基金整体业绩优良，投资能力不断提升，管理水平稳步提高。2009年度公司旗下债券类基金业绩位居行业前1/5，股票和货币类基金业绩位居行业前1/2。其中，建信稳定增利债券基金业绩表现出色，先后荣获《证券时报》等机构评选的“2008年度新基金明星奖”、《中国证券报》等机构评选的“2009年度开放式债券型金牛基金”奖。凭借固定收益产品出色的业绩表现和管理能力，2010年建信基金荣获《中国证券报》等机构评选的“债券投资金牛基金公司”奖。

客户服务

在客户服务方面，建信基金目前已建立起了多样化、多层次的客户沟通渠道和客户服务方式。2009年以来，建信基金在多个城市举办了8场“建信·观察家季度资本市场高峰论坛”，并在广州、洛阳、潍坊等地举办了多场“建信快乐宝贝成长计划”儿童财商教育讲座，开展了良好的投资者教育工作；同时，建信基金不断提升客户服务的品质，定期举办“基金经理面对面”网上交流活动，新推出电子对账单和短信对账单服务，并加大了网上交易平台的建设。

社会责任

建信基金自成立以来，始终坚持“热心公益事业，做有社会责任的企业公民”的公司理念，开展了诸多社会公益活动，受到了投资者及社会各界的好评。2009年10月，“建信金色助学计划”走进新疆财经大学，向该校捐赠60万元；2010年10月，“建信金色助学计划”走进兰州，向西北师范大学捐赠50万元设立奖助学金，奖励资助成绩优异的大学生。此前，“建信金色助学计划”已先后资助了北京大学、吉林大学、长春理工大学、华南理工大学等多所高校的贫困大学生，设立“建信金色绩优奖学金”和“建信金色励勤助学金”；该计划实施以来，奖助学总资金已达到388万元。

2010年4月，建信基金在青海玉树发生强烈地震后，发扬“一方有难、八方支援”的精神，公司及全体员工向灾区人民捐款30余万元，积极支持灾区群众抗震救灾；当月，建信基金还在河北省滦平县巴克什营林场举办了“绿色中国——我们在行动”植树活动，在活动中，公司向中国绿化基金会捐赠“绿色公益基金”114,500元，可用于植树2万多棵、造林130余亩；8月，公司在甘肃舟曲发生泥石流灾害后，发动公司员工向灾区捐款表达爱心，捐款金额5万多元。

2009年管理公募基金概况

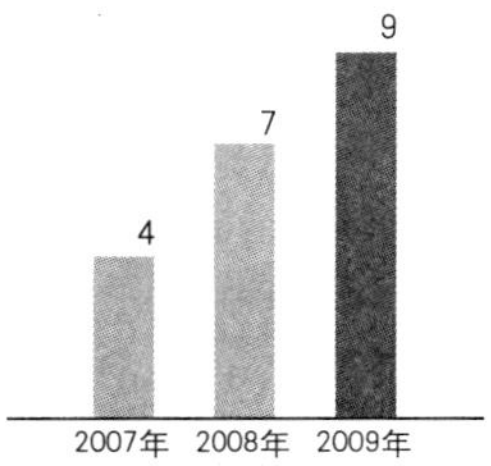

基金数量（只）

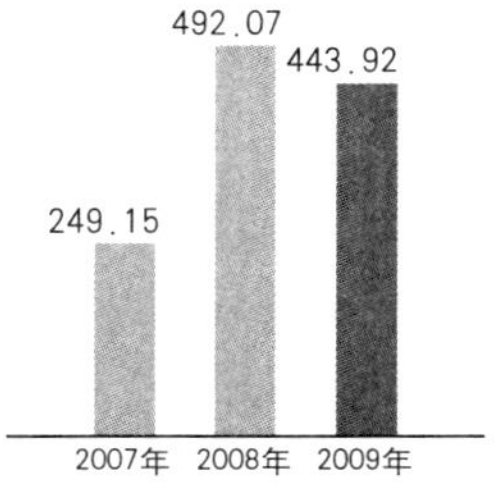

基金份额规模（亿份）

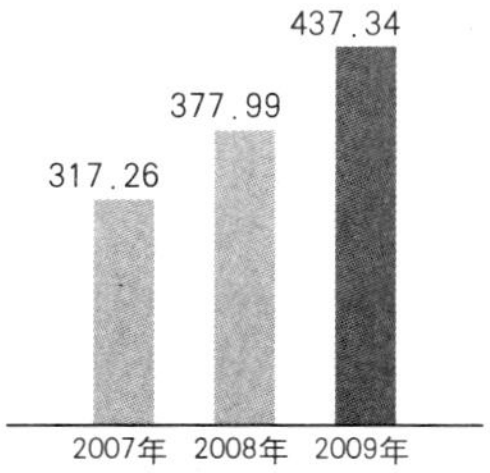

基金资产规模（亿元）

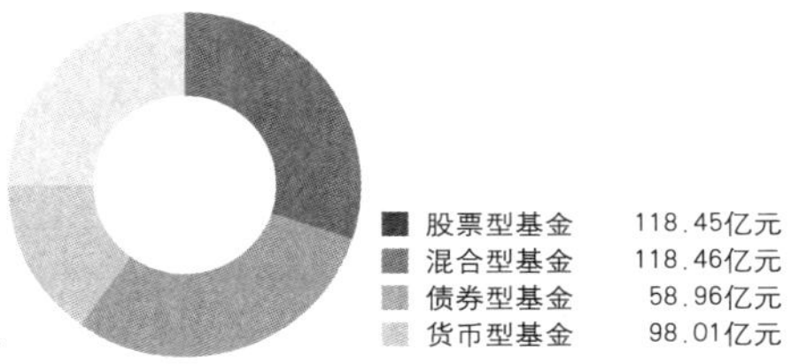

2009年基金资产规模构成（不含封闭式基金）

建信恒久价值股票型证券投资基金

基本资料					
基金简称	建信恒久价值股票	交易代码	530001		
风险收益特征	该基金属于股票型基金，一般情况下其风险和预期收益高于货币市场基金、债券型基金和混合型基金；在股票型基金中，该基金属于中等风险、中等收益的基金品种。				
业绩比较基准	75%×MSCI中国A股指数+20%×中信全债指数+5%×1年定期存款利率				
合同生效日	2005年12月1日	首募份额	62.02亿份	认购户数	141,595户
基金管理人	建信基金管理有限责任公司	基金托管人	中信银行		
注册登记人	建信基金管理有限责任公司				

成立来累计净值增长率与同期基准收益率历史走势对比图（%）

财务指标　单位：人民币（元）；%

项目 \ 年度	2009年	2008年	2007年
本期利润	1,343,321,350.33	−2,513,038,939.32	4,622,391,483.10
本期加权平均净值利润率	52.31	−72.46	65.44
期末基金资产净值	2,656,406,515.01	1,940,024,834.84	6,502,554,202.29
期末基金份额净值	0.8374	0.5251	1.6273
本期份额净值增长率	73.26	−49.94	102.72
累计份额净值增长率	208.06	77.80	255.17
基金收益分配	10派0.700	10派3.600	——

近三年净值增长率与同期基准收益率对比图（%）

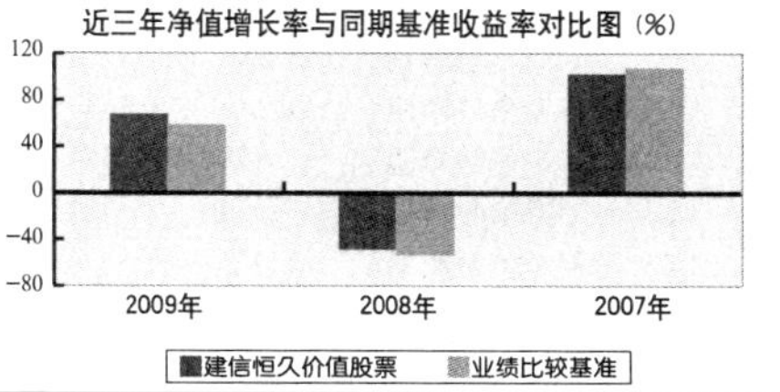

期末基金份额持有人户数	基金份额持有人户数为144,803户，平均每户持有21,908.21份。（期末截至2009年12月31日）
期末基金份额持有人结构	机构投资者持有69,201,580.42份，占总份额2.18%；个人投资者持有3,103,173,452.17份，占总份额97.82%。

基金业绩表现

截至2009年12月31日，建信恒久价值股票基金份额净值为0.8374元，全年净值增长率为73.26%；同期业绩基准收益率为66.86%，业绩表现优于基准。

基金管理团队

吴剑飞先生：基金经理，9年证券从业经历，硕士。历任长盛基金管理公司研究员；泰达荷银基金管理公司研究员、基金经理助理、基金经理。2005年8月进入建信基金管理公司；2005年12月至2009年11月任建信恒久价值股票基金经理。

王新艳女士：基金经理、总经理助理，11年证券从业经历，中国人民银行研究生部硕士。历任长盛基金管理公司研究员、基金经理助理、基金经理、景顺长城基金管理公司基金经理、投资副总监、投资总监。2009年3月加入建信基金管理公司；2009年12月起任建信恒久价值股票基金经理。

卓利伟先生：基金经理，4年证券从业经历，硕士。曾就职于杭州经济建设集团工商公司投资部、北京恒逸实业有限公司投资部、上海石油交易所筹备组、百荣投资控股集团有限公司投资部。2005年8月加入建信基金管理公司研究部，历任研究员、高级研究员，2008年3月起兼任基金经理助理；2009年3月起任建信恒久价值股票基金经理。

基金运作分析

2009年，建信恒久价值股票基金在全年贯彻了较为积极主动的投资策略，在上半年较好地把握了采掘、钢铁、有色等周期性行业的投资，下半年较好地把握了以内需为主的投资品种，全年为持有人获得尚好的业绩回报。但在三季度对市场震荡的认识不足，在市场风格轮动的变化中未能及时改变投资策略，在一定程度上影响了全年的收益率。

季度投资组合一览

项目 \ 季度	第一季度		第二季度		第三季度		第四季度	
基金资产净值	2,500,854,092.57元		2,639,720,702.62元		2,478,775,828.52元		2,656,406,515.01元	
基金份额	3,699,496,101.29份		3,323,295,156.45份		3,244,432,812.96份		3,172,375,032.59份	
基金份额净值	0.6760元		0.7943元		0.7640元		0.8374元	
基金资产组合	市值(元)	占总资产比(%)	市值(元)	占总资产比(%)	市值(元)	占总资产比(%)	市值(元)	占总资产比(%)
股票投资	1,920,774,326.39	75.64	2,339,532,020.72	87.38	2,064,770,455.53	82.65	2,371,633,692.86	88.50
债券投资	——	——	——	——	——	——	129,571,000.00	4.84
资产支持证券投资	——	——	——	——	——	——	——	——
金融衍生品投资	——	——	——	——	——	——	——	——
买入返售金融资产	——	——	——	——	——	——	——	——
银行存款和结算备付金	612,625,823.24	24.13	154,995,175.95	5.79	427,311,992.94	17.10	138,336,886.52	5.16
其他资产	5,868,387.98	0.23	182,788,471.85	6.83	6,278,434.86	0.25	40,228,893.08	1.50

投资前五名股票明细	股票名称	公允价值(元)	占净值比(%)	股票名称	公允价值(元)	占净值比(%)	股票名称	公允价值(元)	占净值比(%)	股票名称	公允价值(元)	占净值比(%)
	中国平安	132,972,044.50	5.32	中国平安	128,593,032.40	4.87	中国平安	126,750,000.00	5.11	招商银行	126,348,646.25	4.76
	中国人寿	75,866,379.27	3.03	西山煤电	111,216,010.10	4.21	西山煤电	65,749,403.19	2.65	民生银行	118,650,000.00	4.47
	大商股份	73,620,000.00	2.94	上实发展	105,672,591.36	4.00	天威保变	62,940,000.00	2.54	中国平安	93,653,000.00	3.53
	川投能源	72,570,647.52	2.90	科华生物	79,430,386.50	3.01	宁波银行	58,871,611.98	2.38	*ST伊利	74,140,875.36	2.79
	辽宁成大	72,529,000.00	2.90	大商股份	77,051,974.98	2.92	大商股份	53,848,205.00	2.17	合肥百货	66,902,725.71	2.52

投资前五名债券明细	债券名称	公允价值(元)	占净值比(%)	债券名称	公允价值(元)	占净值比(%)	债券名称	公允价值(元)	占净值比(%)	债券名称	公允价值(元)	占净值比(%)
										09央行票据69	129,571,000.00	4.88

建信货币市场基金

基本资料					
基金简称	建信货币	交易代码	530002		
风险收益特征	该基金为货币市场基金，属于证券投资基金中的低风险品种；预期收益和风险均低于债券基金、混合基金、股票基金。				
业绩比较基准	6个月银行定期存款税后收益率				
合同生效日	2006年4月25日	首募份额	76.61亿份	认购户数	93,396户
基金管理人	建信基金管理有限责任公司	基金托管人	中国工商银行		
注册登记人	建信基金管理有限责任公司				

成立来累计净值收益率与同期基准收益率历史走势对比图（%）

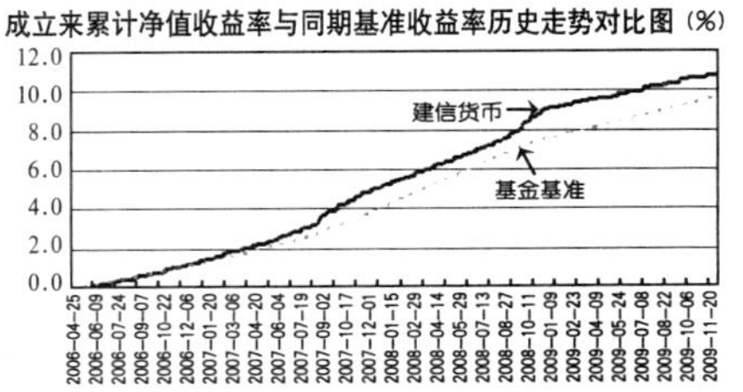

财务指标		单位：人民币（元）；%	
项目 \ 年度	2009年	2008年	2007年
本期利润	103,678,108.47	225,498,630.96	81,815,608.74
期末基金资产净值	9,801,275,775.62	14,342,517,506.83	2,807,998,938.35
期末基金份额净值	1.0000	1.0000	1.0000
本期份额净值收益率	1.62	3.94	3.52
累计份额净值收益率	10.78	9.02	4.88
基金收益分配	103,678,108.47	225,498,630.96	81,815,608.74

近三年净值收益率与同期基准收益率对比图（%）

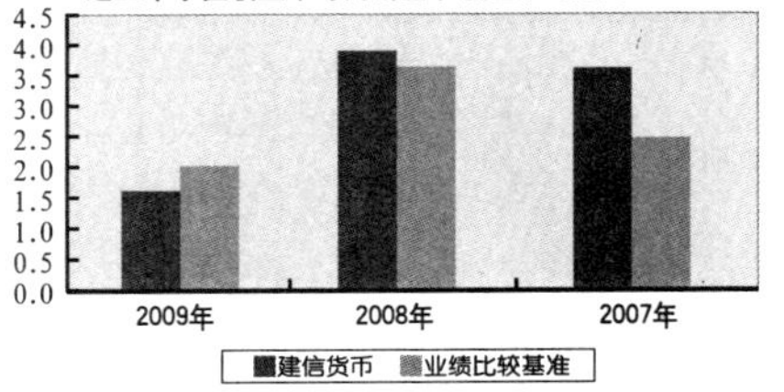

期末基金份额持有人户数	基金份额持有人户数为43,152.00户，平均每户持有227,133.75份。（期末截至2009年12月31日）
期末基金份额持有人结构	机构投资者持有2,398,225,839.59份，占总份额24.47%；个人投资者持有7,403,049,936.03份，占总份额76.53%。

基金业绩表现

2009年建信货币基金全年净值收益率为1.62%，同期业绩基准收益率为2.03%。

基金管理团队

汪　沛先生：基金经理、投资管理部总监，9年证券从业经历，硕士。历任中国农业银行总行资金营运中心债券交易员、富国基金管理公司宏观与债券研究员、固定收益主管、基金经理。2006年1月进入建信基金管理公司，2006年4月起任建信货币基金经理；2007年3月至今兼任建信优化配置混合基金经理；2008年6月至今兼任建信稳定增利债券基金经理。

李　菁女士：基金经理，4年证券从业经历，硕士。2002年7月进入建设银行基金托管部工作，从事基金托管业务，任主任科员。2005年9月加入建信基金管理公司，先后任债券研究员和基金经理助理，2007年11月起任建信货币基金经理；2009年6月至今兼任建信收益增强债券基金经理。

高　珊女士：基金经理助理，3年证券从业经历，硕士。曾任职于中信建投证券公司。2007年6月加入建信基金管理公司，历任初级交易员、交易员等职；2009年7月起任建信货币基金经理助理。

基金运作分析

2009年，建信货币基金从一季度开始，逐步缩短组合的平均剩余期限，并根据基金规模的变化和市场情况，不断动态优化调整组合，增强组合的流动性管理。四季度随着货币市场利率的逐步企稳以及信用利差变化的情况，该基金加大了高收益短融资产的配置比例，适度延长了组合的平均剩余期限。

2010年，该基金将继续保持稳健的操作风格，加强流动性风险管理和信用产品风险控制，适度根据基金申购赎回情况的变化，进行资产组合的动态优化调整。

季度投资组合一览

项目 \ 季度	第一季度		第二季度		第三季度		第四季度	
基金资产净值	8,163,621,602.46元		4,857,944,270.21元		3,362,558,651.28元		9,801,275,775.62元	
基金份额	8,163,621,602.46份		4,857,944,270.21份		3,362,558,651.28份		9,801,275,775.62份	
基金份额净值	1.000元		1.000元		1.000元		1.000元	
基金资产组合	市值(元)	占总资产比(%)	市值(元)	占总资产比(%)	市值(元)	占总资产比(%)	市值(元)	占总资产比(%)
股票投资	——	——	——	——	——	——	——	——
债券投资	5,669,680,321.63	63.76	2,596,326,737.55	53.40	1,367,697,498.30	40.07	3,181,366,667.43	25.27
金融衍生品投资	——	——	——	——	——	——	——	——
买入返售金融资产	2,810,000,485.00	31.60	1,910,000,870.00	39.28	1,366,103,014.15	40.02	6,248,665,347.99	49.64
银行存款和结算备付金	77,081,812.15	0.87	71,357,951.75	1.47	63,320,088.49	1.86	1,580,544,292.21	12.56
其他资产	335,698,410.50	3.78	284,665,866.00	5.85	616,078,583.23	18.05	1,577,439,096.83	12.53

投资前五名债券明细	债券名称	成本(元)	占净值比(%)	债券名称	成本(元)	占净值比(%)	债券名称	成本(元)	占净值比(%)	债券名称	成本(元)	占净值比(%)
	08央票106	447,217,879.96	5.48	08央票104	398,908,695.35	8.21	08大唐CP01	210,049,568.75	6.25	09央行票据71	797,420,177.85	8.14
	08央票104	397,514,333.30	4.87	08央票106	299,142,533.62	6.16	06国开08	209,183,645.75	6.22	09央行票据69	498,477,791.34	5.09
	08央票114	397,047,425.61	4.86	08央票114	298,771,352.37	6.15	09央行票据39	199,586,698.77	5.94	09央行票据27	297,185,660.80	3.03
	08电网CP03	261,202,825.55	3.20	08大唐CP01	210,807,272.67	4.34	08陕有色CP02	100,086,179.15	2.98	09陕有色CP02	210,008,440.11	2.14
	08大唐CP01	211,552,417.51	2.59	06国开08	209,061,082.72	4.30	09央行票据37	99,818,725.14	2.97	09国开23	199,815,734.29	2.04

投资组合平均剩余期限	平均剩余期限	占净值比(%)	平均剩余期限	占净值比(%)	平均剩余期限	占净值比(%)	平均剩余期限	占净值比(%)
	30天以内	41.51	30天以内	46.75	30天以内	68.99	30天以内	80.18
	30天(含)—60天	5.99	30天(含)—60天	6.57	30天(含)—60天	15.13	30天(含)—60天	0.10
	60天(含)—90天	5.63	60天(含)—90天	25.05	60天(含)—90天	10.38	60天(含)—90天	5.09
	90天(含)—180天	23.70	90天(含)—180天	16.47	90天(含)—180天	1.80	90天(含)—180天	9.16
	180天(含)—397天(含)	29.73	180天(含)—397天(含)	2.47	180天(含)—397天(含)	4.76	180天(含)—397天(含)	17.81

建信优选成长股票型证券投资基金

基本资料

基金简称	建信优选成长股票	交易代码	530003		
风险收益特征	该基金属于股票型基金，一般情况下其预期风险和预期收益高于货币市场基金、债券型基金和混合型基金。				
业绩比较基准	75%×新华富时600成长指数+20%×中国债券总指数+5%×1年定期存款利率				
合同生效日	2006年9月8日	首募份额	61.15亿份	认购户数	156,802户
基金管理人	建信基金管理有限责任公司	基金托管人	中国工商银行		
注册登记人	建信基金管理有限责任公司				

成立来累计净值增长率与同期基准收益率历史走势对比图（%）

近三年净值增长率与同期基准收益率对比图（%）

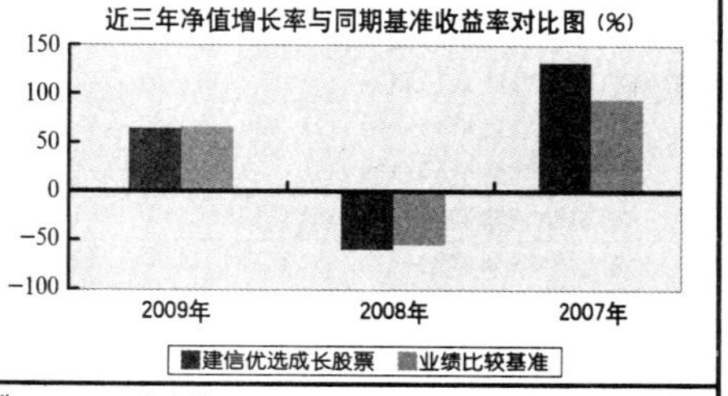

财务指标　　单位：人民币（元）；%

项目＼年度	2009年	2008年	2007年
本期利润	1,693,597,880.66	-3,889,563,461.81	5,241,471,041.09
本期加权平均净值利润率	47.68	-84.84	76.53
期末基金资产净值	3,807,104,942.73	2,767,191,050.62	7,532,846,165.24
期末基金份额净值	1.0161	0.6171	1.3782
本期份额净值增长率	64.66	-55.22	133.79
累计份额净值增长率	131.26	40.45	213.67
基金收益分配	——	——	10派14.500
期末基金份额持有人户数	基金份额持有人户数为166,181户，平均每户持有22,546.26份。　　（期末截至2009年12月31日）		
期末基金份额持有人结构	机构投资者持有256,619,741.43份，占总份额6.85%；个人投资者持有3,490,140,907.31份，占总份额93.15%。		

基金业绩表现

截至2009年12月31日，建信优选成长股票基金份额净值为1.0161元，全年净值增长率为64.66%。

基金管理团队

田　擎先生：基金经理，8年证券从业经历，硕士。2001年硕士毕业后就职于华夏基金管理公司，先后担任交易员、研究员、基金经理助理、基金经理。2006年8月加入建信基金管理公司，2007年10月起任建信优选成长股票基金经理，兼任建信核心精选基金经理。

李　涛先生：基金经理，12年证券从业经历，学士。曾就职于中国经济开发信托投资公司、西南证券、国泰君安证券公司、新时代证券、中海基金管理公司等单位，担任投资银行部经理、行业研究员、基金经理等职。2008年9月加入建信基金管理公司，2008年11月起任建信优选成长股票基金经理。

基金运作分析

为应对2008年百年一遇的金融危机，全球主要经济体采取了"开直升飞机撒钱"的对策，2009年也是很难遇到的"全球流动性大泛滥"的一年，在充沛的流动性下，以美国为主的发达国家避免了可能出现的"大萧条"，中国经济受益于更加及时的开闸放水和大规模的经济刺激措施，率先实现了经济复苏，呈现见底回升的反转走势。从股票市场看，在宏观经济和流动性双重提升下，市场出现了大幅度的回升。

在2010年的投资上，该基金管理人认为经济政策的调整仍将主导市场的波动，一方面大规模经济刺激政策将逐步退出，另一方面经济政策也将会着力于培育新的经济增长点，管理人认为后者可能会引发市场更为持续的关注，如消费服务、低碳经济、3G产业、生物医药等新兴行业。

季度投资组合一览

项目＼季度	第一季度		第二季度		第三季度		第四季度	
基金资产净值	3,344,383,457.50元		3,742,820,453.26元		3,418,819,606.48元		3,807,104,942.73元	
基金份额	4,376,723,814.59份		4,130,938,302.70份		3,991,934,907.46份		3,746,760,648.74份	
基金份额净值	0.7641元		0.9060元		0.8564元		1.0161元	
基金资产组合	市值(元)	占总资产比(%)	市值(元)	占总资产比(%)	市值(元)	占总资产比(%)	市值(元)	占总资产比(%)
股票投资	2,736,803,127.75	80.53	3,432,915,902.99	89.98	2,911,804,760.40	84.66	3,417,248,736.04	89.10
债券投资	156,448,593.60	4.60	107,226,128.00	2.81	105,882,552.00	3.08	204,770,302.40	5.34
资产支持证券投资	——	——	——	——	——	——	——	——
金融衍生品投资	——	——	——	——	——	——	——	——
银行存款和结算备付金	493,868,221.89	14.53	169,273,350.14	4.44	398,164,044.80	11.58	129,673,087.09	3.38
其他资产	11,283,244.12	0.33	105,741,635.08	2.77	23,475,717.13	0.68	83,457,808.50	2.18

投资前五名股票明细	股票名称	公允价值(元)	占净值比(%)	股票名称	公允价值(元)	占净值比(%)	股票名称	公允价值(元)	占净值比(%)	股票名称	公允价值(元)	占净值比(%)
	大商股份	130,761,021.90	3.91	万 科A	176,148,900.00	4.71	浦发银行	154,683,404.85	4.52	招商银行	226,527,463.90	5.95
	中信证券	114,357,498.30	3.42	浦发银行	144,381,440.00	3.86	中国平安	147,020,367.00	4.30	民生银行	189,918,071.70	4.99
	万 科A	83,757,168.00	2.50	中国平安	143,422,129.60	3.83	大商股份	100,780,095.50	2.95	大秦铁路	102,997,929.70	2.71
	浦发银行	82,857,600.00	2.48	大商股份	119,921,063.55	3.20	大秦铁路	92,698,136.73	2.71	中国平安	97,498,832.90	2.56
	中国平安	70,785,540.99	2.12	兴业银行	113,555,264.04	3.03	中国联通	88,899,479.30	2.60	美的电器	90,489,651.20	2.38
投资前五名债券明细	债券名称	公允价值(元)	占净值比(%)	债券名称	公允价值(元)	占净值比(%)	债券名称	公允价值(元)	占净值比(%)	债券名称	公允价值(元)	占净值比(%)
	08央行票据47	74,249,000.00	2.22	08央行票据47	73,493,000.00	1.96	08央行票据47	72,576,000.00	2.12	09央行票据69	99,670,000.00	2.62
	08央行票据46	48,145,000.00	1.44	08央行票据35	31,449,000.00	0.84	08央行票据35	31,071,000.00	0.91	08央行票据47	72,037,000.00	1.89
	08央行票据35	31,773,000.00	0.95	08万科G2	2,284,128.00	0.06	08万科G2	2,235,552.00	0.07	08央行票据35	30,840,000.00	0.81
	08万科G2	2,281,593.60	0.07							08万科G2	2,223,302.40	0.06

建信优化配置混合型证券投资基金

基本资料			
基金简称	建信优化配置混合	交易代码	530005
风险收益特征	该基金属于混合型基金，一般情况下其风险和收益高于货币市场基金和债券型基金，低于股票型基金。		
业绩比较基准	60%×新华富时A600指数+40%×中国债券总指数		
合同生效日	2007年3月1日	首募份额 96.59亿份	认购户数 263,235户
基金管理人	建信基金管理有限责任公司	基金托管人	中国工商银行
注册登记人	建信基金管理有限责任公司		

财务指标　　单位：人民币(元)；%

项目　年度	2009年	2008年	2007年
本期利润	5,843,362,896.18	-9,996,226,270.06	9,923,051,597.87
本期加权平均净值利润率	52.94	-81.59	57.82
期末基金资产净值	11,846,480,161.61	8,086,246,717.82	14,882,975,663.44
期末基金份额净值	0.9596	0.5481	1.1769
本期份额净值增长率	75.08	-53.43	73.89
累计份额净值增长率	41.79	-19.02	73.89
基金收益分配	——	——	10派5.500

成立来累计净值增长率与同期基准收益率历史走势对比图（%）

近两年净值增长率与同期基准收益率对比图（%）

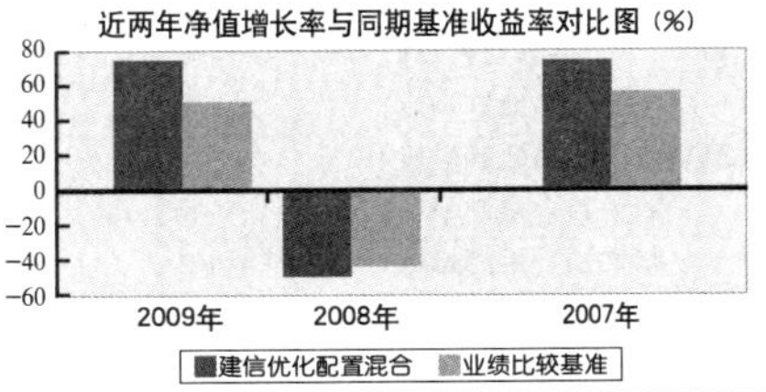

期末基金份额持有人户数	基金份额持有人户数为468,570户，平均每户持有26,347.50份。（期末截至2009年12月31日）
期末基金份额持有人结构	机构投资者持有45,173,404.13份，占总份额0.37%；个人投资者持有12,300,474,931.17份，占总份额99.63%。

基金业绩表现

截至2009年12月31日，建信优化配置混合基金份额净值为0.9596元，全年净值增长率为75.08%，同期业绩基准收益率为50.90%，业绩表现优于基准。

基金管理团队

陈　鹏先生：基金经理，10年证券从业经历，硕士。历任国泰君安证券研究所研究员；鹏华基金公司研究员、基金经理助理；华林证券公司资产管理部副总经理；宝盈基金公司基金经理。2006年8月加入建信基金管理公司，2007年3月至2009年8月任建信优化配置混合基金经理，兼任建信优势动力股票基金经理。

汪　沛先生：基金经理、投资管理部总监，9年证券从业经历，硕士。2000年进入中国农业银行总行资金营运中心，任债券交易员。2001年3月加入富国基金管理公司，历任宏观与债券研究员、固定收益主管、基金经理。2006年1月加入建信基金管理公司，2007年3月起任建信优化配置混合基金经理，兼任建信货币和建信稳定增利债券基金经理。

基金运作分析

2009年股票市场大幅上涨。其中，上半年市场在对经济预期由衰退转向复苏的转变过程中出现强劲的单边上涨行情，下半年市场开始出现明显的结构分化，周期性行业逐渐走弱，沪深300指数基本保持震荡格局。

建信优化配置混合基金在2009年初比较好地把握了经济开始复苏扩张的趋势，并结合行业景气复苏进程进行资产布局并取得了良好的效果。下半年基金资产配置趋于均衡化，并逐步对部分短期涨幅较大，估值偏高的行业进行了减持，回过头来看该基金的减持有所偏早。

季度投资组合一览

项目　季度	第一季度		第二季度		第三季度		第四季度	
基金资产净值	9,998,548,712.43元		11,795,444,889.27元		10,878,900,107.88元		11,846,480,161.61元	
基金份额	14,538,234,423.69份		13,841,575,921.71份		13,252,418,099.60份		12,345,648,335.30份	
基金份额净值	0.6877元		0.8522元		0.8209元		0.9596元	
基金资产组合	市值(元)	占总资产比(%)	市值(元)	占总资产比(%)	市值(元)	占总资产比(%)	市值(元)	占总资产比(%)
股票投资	7,032,974,007.71	69.77	10,505,603,162.33	88.52	9,022,627,973.07	82.53	10,505,875,454.06	88.02
债券投资	45,274,454.40	0.45	643,803,110.92	5.42	934,373,500.65	8.55	977,268,668.41	8.19
资产支持证券投资	——	——	——	——	——	——	——	——
金融衍生品投资	——	——	——	——	2,133,542.39	0.02	——	——
买入返售金融资产	——	——	——	——	——	——	——	——
银行存款和结算备付金	2,972,250,485.57	29.49	589,094,525.75	4.96	923,994,766.83	8.45	411,725,897.88	3.45
其他资产	29,151,793.81	0.29	129,009,456.20	1.09	48,897,990.90	0.45	41,069,930.84	0.34

投资前五名股票明细

股票名称	公允价值(元)	占净值比(%)	股票名称	公允价值(元)	占净值比(%)	股票名称	公允价值(元)	占净值比(%)	股票名称	公允价值(元)	占净值比(%)
中国平安	565,552,775.37	5.66	万 科A	968,743,954.50	8.21	中国平安	846,649,896.30	7.78	中国平安	919,958,101.65	7.77
浦发银行	534,015,588.00	5.34	中国平安	870,460,537.18	7.38	浦发银行	495,477,776.10	4.55	浦发银行	622,830,106.89	5.26
五 粮 液	273,467,439.76	2.74	浦发银行	718,384,081.08	6.09	万 科A	386,372,745.56	3.55	民生银行	529,968,536.65	4.47
招商银行	254,247,722.37	2.54	金地集团	516,506,739.32	4.38	武钢股份	383,226,200.28	3.52	武钢股份	474,440,654.88	4.00
华夏银行	252,282,834.79	2.52	保利地产	512,762,307.63	4.35	民生银行	330,259,326.00	3.04	招商银行	455,726,345.85	3.85

投资前五名债券明细

债券名称	公允价值(元)	占净值比(%)	债券名称	公允价值(元)	占净值比(%)	债券名称	公允价值(元)	占净值比(%)	债券名称	公允价值(元)	占净值比(%)
08央行票据43	19,246,000.00	0.19	08央票104	241,625,000.00	2.05	09央行票据35	199,340,000.00	1.83	09央行票据51	398,680,000.00	3.37
柳工转债	15,146,482.00	0.15	08央票106	193,440,000.00	1.64	09央行票据37	199,340,000.00	1.83	唐钢转债	200,067,842.01	1.69
08农发07	10,078,000.00	0.10	唐钢转债	150,350,110.92	1.27	09央行票据39	199,340,000.00	1.83	新钢转债	169,096,826.40	1.43
唐钢转债	803,972.40	0.01	08央票98	48,270,000.00	0.41	唐钢转债	177,006,705.15	1.63	09央行票据53	99,670,000.00	0.84
——			08农发07	10,118,000.00	0.09	新钢转债	146,235,938.40	1.34	09央行票据69	99,670,000.00	0.84

建信优势动力股票型证券投资基金

基本资料					
基金简称	建信优势动力封闭	交易代码	150003		
风险收益特征	该基金属于股票型基金，一般情况下其风险和收益高于货币市场基金、债券型基金和混合型基金。属于较高风险收益特征的基金品种。				
业绩比较基准	90%×沪深300指数收益率+10%×中国债券总指数收益率				
合同生效日	2008年3月19日	首募份额	46.43亿份	认购户数	114,266户
基金管理人	建信基金管理有限责任公司	基金托管人	交通银行		
注册登记人	中国证券登记结算有限责任公司				

财务指标　　单位：人民币(元)；%

项目＼年度	2009年	2008年3月19日至2008年12月31日
本期利润	1,690,836,651.17	-1,988,236,900.71
本期加权平均净值利润率	46.06	-57.58
期末基金资产净值	4,345,254,755.46	2,654,418,104.29
期末基金份额净值	0.936	0.572
本期份额净值增长率	63.64	-42.80
累计份额净值增长率	-6.40	-42.80
基金收益分配	——	——

成立来累计净值增长率与同期基准收益率历史走势对比图（%）

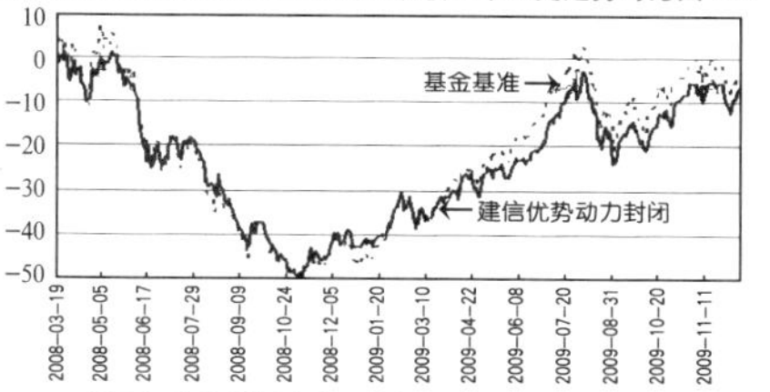

近两年净值增长率与同期基准收益率对比图（%）

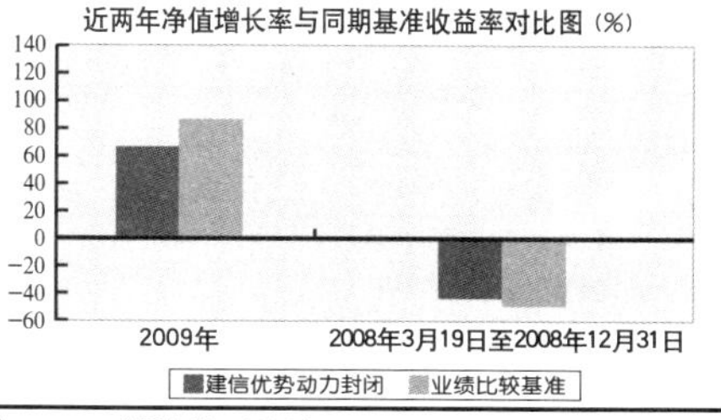

期末基金份额持有人户数	基金份额持有人户数为107,620户，平均每户持有43,139.33份。（期末截至2009年12月31日）
期末基金份额持有人结构	机构投资者持有1,211,659,381.00份，占总份额26.10%；个人投资者持有3,430,995,624.00份，占总份额73.90%。

基金业绩表现

截至2009年12月31日，建信优势动力封闭基金份额净值为0.936元，全年净值增长率为63.64%。

基金管理团队

陈　鹏先生：基金经理，11年证券从业经历，硕士。历任国泰君安证券研究所研究员；鹏华基金管理公司研究员、基金经理助理；华林证券公司资产管理部副总经理；宝盈基金管理公司基金经理。2006年8月加入建信基金管理公司，2007年3月至2009年8月兼任建信优化配置混合基金经理；2008年3月至2009月8月任建信优势动力封闭基金经理。

徐　杰女士：基金经理，6年证券从业经历，硕士。2003年7月加入首创证券研究部任研究员。2005年11月加入建信基金管理公司，历任金融与房地产行业研究员、高级研究员、建信优化配置基金经理助理；2008年3月起任建信优势动力封闭基金经理。

基金运作分析

受宏观刺激政策强烈拉动，2009年的资本市场再次体现了流动性推动的系统性上涨。2009年建信优势动力基金以经济复苏趋势为配置依据，在大类资产和行业配置上都采取了高贝塔策略。

与2009年对比，2010年市场面临经济复苏进一步明确和流动性弱于上年的两个关键因素影响，短期管理人侧重看重政策退出的节奏及其效果，中长期更加在意影响中国经济结构长期走势的政策方向，包括产业结构新调整，区域经济的新布局，改善民生和拉动内需的新举措，以及能源战略与节能环保的具体措施等内容。

季度投资组合一览

项目＼季度	第一季度		第二季度		第三季度		第四季度	
基金资产净值	3,202,108,968.79元		3,761,216,138.41元		3,701,858,117.97元		4,345,254,755.46元	
基金份额	4,642,655,005.00份		4,642,655,005.00份		4,642,655,005.00份		4,642,655,005.00份	
基金份额净值	0.690元		0.810元		0.797元		0.936元	
基金资产组合	市值(元)	占总资产比(%)	市值(元)	占总资产比(%)	市值(元)	占总资产比(%)	市值(元)	占总资产比(%)
股票投资	2,763,080,268.09	85.84	3,487,378,664.74	91.13	2,797,671,233.39	75.18	3,668,984,319.89	83.57
债券投资	——	——	——	——	——	——	——	——
资产支持证券投资	——	——	——	——	——	——	——	——
金融衍生品投资	——	——	——	——	——	——	——	——
买入返售金融资产	——	——	——	——	——	——	——	——
银行存款和结算备付金	420,715,869.42	13.07	277,220,998.56	7.24	913,330,845.66	24.54	715,793,916.19	16.30
其他资产	34,895,505.09	1.08	62,015,177.89	1.62	10,165,294.40	0.27	5,745,967.05	0.13

投资前五名股票明细	股票名称	公允价值(元)	占净值比(%)	股票名称	公允价值(元)	占净值比(%)	股票名称	公允价值(元)	占净值比(%)	股票名称	公允价值(元)	占净值比(%)
	中国平安	219,006,378.94	6.84	招商银行	201,688,857.09	5.36	招商银行	206,920,000.00	5.59	深发展A	233,948,368.87	5.38
	华夏银行	111,888,125.04	3.49	万 科A	165,750,000.00	4.41	中国平安	192,660,000.00	5.20	招商银行	218,044,000.00	5.02
	国脉科技	81,040,484.00	2.53	中国平安	148,380,000.00	3.95	浦发银行	174,884,017.50	4.72	中国平安	209,342,000.00	4.82
	中国联通	80,780,000.00	2.52	西山煤电	120,396,655.60	3.20	深发展A	174,084,018.51	4.70	中国重工	124,051,165.92	2.85
	浙江龙盛	79,706,028.18	2.49	浦发银行	115,100,000.00	3.06	西山煤电	87,668,000.00	2.37	*ST伊利	121,802,518.64	2.80

投资前五名债券明细	债券名称	公允价值(元)	占净值比(%)	债券名称	公允价值(元)	占净值比(%)	债券名称	公允价值(元)	占净值比(%)	债券名称	公允价值(元)	占净值比(%)
	——			——			——			——		

建信稳定增利债券型证券投资基金

基本资料

基金简称	建信稳定增利债券	交易代码	530008		
风险收益特征	该基金为债券型基金，其长期平均风险和预期收益率低于股票型基金、混合型基金，高于货币市场基金。				
业绩比较基准	中国债券总指数				
合同生效日	2008年6月25日	首募份额	59.69亿份	认购户数	55,444户
基金管理人	建信基金管理有限责任公司	基金托管人	中国工商银行		
注册登记人	建信基金管理有限责任公司				

财务指标 单位：人民币(元)；%

项目 \ 年度	2009年	2008年6月25日至2008年12月31日
本期利润	266,139,942.26	543,397,732.74
本期加权平均净值利润率	7.26	10.12
期末基金资产净值	2,859,730,082.68	7,730,199,440.08
期末基金份额净值	1.151	1.103
本期份额净值增长率	8.95	11.84
累计份额净值增长率	21.85	11.84
基金收益分配	10派0.500	10派0.150

成立来累计净值增长率与同期基准收益率历史走势对比图（%）

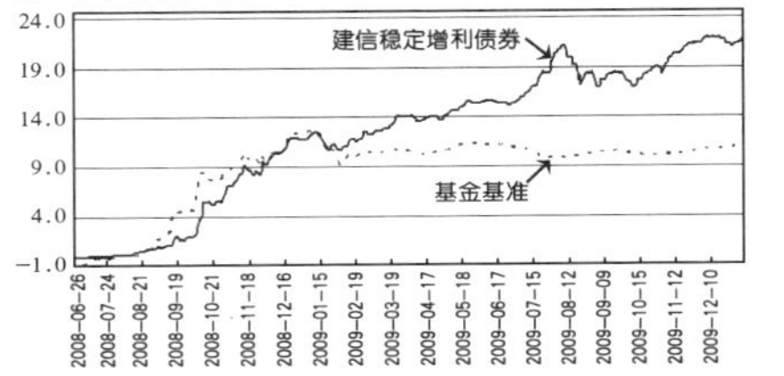

近两年净值增长率与同期基准收益率对比图（%）

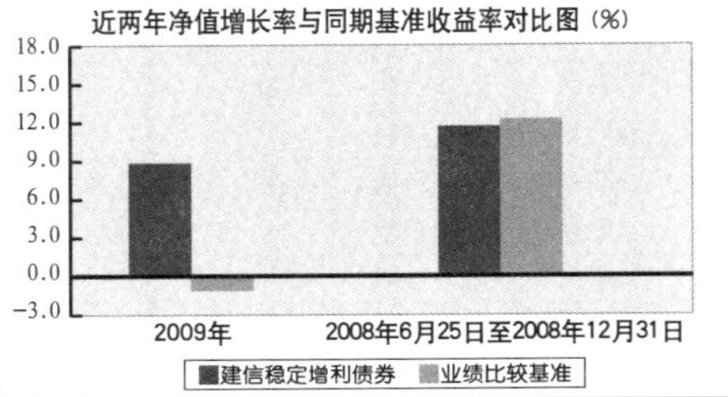

期末基金份额持有人户数	基金份额持有人户数为27,771户，平均每户持有89,442.22份。（期末截至2009年12月31日）
期末基金份额持有人结构	机构投资者持有907,242,264.42份，占总份额36.52%；个人投资者持有1,576,657,729.75份，占总份额63.48%。

基金业绩表现

2009年建信稳定增利债券基金全年净值增长率为8.95%，业绩表现优于基准。

基金管理团队

汪　沛先生：基金经理、投资管理部总监，9年证券从业经历，硕士。2000年进入中国农业银行总行资金营运中心，任债券交易员。2001年3月加入富国基金管理公司，历任宏观与债券研究员、固定收益主管、基金经理。2006年1月加入建信基金管理公司，兼任建信货币和建信优化配置混合基金经理；2008年6月起任建信稳定增利债券基金经理。

钟敬棣先生：基金经理，4年证券从业经历，南开大学经济学学士，加拿大不列颠哥伦比亚大学工商管理硕士，CFA。曾先后任职于广东发展银行珠海分行、深圳发展银行珠海分行、嘉实基金公司等。2008年5月加入建信基金管理公司，2008年8月起任建信稳定增利债券基金经理，兼任建信收益增强债券基金经理。

黎颖芳女士：基金经理，9年证券从业经历，硕士。2000年进入大成基金管理公司，在金融工程部、规划发展部任职。2005年11月加入建信基金管理公司，历任研究员、高级研究员，2008年4月起任基金经理助理；2009年2月起任建信稳定增利债券基金经理。

基金运作分析

回顾2009年证券市场的表现，无论债券市场和股票市场对宏观环境的解读均理性精准。建信稳定增利债券基金全年投资策略的制定和执行基本顺应了市场变化，全年对利率产品保持了低久期操作，年初加大了可转债和信用债的配置比例，并在三季度减持了部分高估值的转债，同时积极参与新股申购，基金整体业绩战胜了业绩基准。

季度投资组合一览

项目 \ 季度	第一季度		第二季度		第三季度		第四季度	
基金资产净值	4,349,696,998.00元		3,025,755,193.90元		2,619,648,641.56元		2,859,730,082.68元	
基金份额	3,866,802,672.21份		2,654,474,989.72份		2,366,941,873.80份		2,483,899,994.17份	
基金份额净值	1.125元		1.140元		1.107元		1.151元	
基金资产组合	市值(元)	占总资产比(%)	市值(元)	占总资产比(%)	市值(元)	占总资产比(%)	市值(元)	占总资产比(%)
股票投资	556,155.00	0.01	27,338,088.96	0.88	229,060,658.27	7.81	261,205,275.52	7.24
债券投资	4,003,288,657.39	90.45	2,599,339,130.04	83.74	2,301,791,171.60	78.52	2,429,229,161.97	67.38
资产支持证券投资	——	——	——	——	——	——	——	——
金融衍生品投资	——	——	——	——	——	——	——	——
买入返售金融资产	——	——	——	——	——	——	——	——
银行存款和结算备付金	197,846,636.38	4.47	220,983,070.72	7.12	70,844,354.71	2.42	218,680,444.98	6.07
其他资产	224,432,504.66	5.07	256,412,684.46	8.26	329,926,664.86	11.25	696,404,621.86	19.31

投资前五名股票明细

股票名称	公允价值(元)	占净值比(%)	股票名称	公允价值(元)	占净值比(%)	股票名称	公允价值(元)	占净值比(%)	股票名称	公允价值(元)	占净值比(%)
立立电子	556,155.00	0.01	柳工	27,338,088.96	0.90	中国建筑	59,238,977.44	2.26	中国建筑	55,540,339.12	1.94
						美的电器	52,137,356.00	1.99	中国重工	23,538,988.55	0.82
						南山铝业	45,234,319.90	1.73	中国中冶	21,768,660.36	0.76
						中国中冶	22,330,950.48	0.85	中国北车	19,729,674.72	0.69
						光大证券	14,149,654.50	0.54	报 喜 鸟	10,328,328.96	0.36

投资前五名债券明细

债券名称	公允价值(元)	占净值比(%)	债券名称	公允价值(元)	占净值比(%)	债券名称	公允价值(元)	占净值比(%)	债券名称	公允价值(元)	占净值比(%)
21国债(10)	484,182,831.00	11.13	21国债(10)	358,451,832.20	11.85	08常城建	220,228,030.00	8.41	08常城建	219,181,340.00	7.66
21国债(12)	334,141,200.00	7.68	08央行票据95	289,470,000.00	9.57	09央行票据39	199,340,000.00	7.61	20国债(4)	187,578,720.00	6.56
08央行票据95	291,690,000.00	6.71	21国债(12)	267,223,346.00	8.83	09央行票据43	179,406,000.00	6.85	09央行票据61	149,505,000.00	5.23
08进出口08	284,202,000.00	6.53	08常城建	236,440,000.00	7.81	21国债(12)	157,874,518.80	6.03	08国开25	119,688,000.00	4.19
08常城建	258,525,000.00	5.94	南山转债	219,311,721.60	7.25	02国债(3)	126,554,400.00	4.83	09贴债14	119,100,000.00	4.16

建信核心精选股票型证券投资基金

基本资料					
基金简称	建信核心精选股票	交易代码	530006		
风险收益特征	该基金通过对宏观经济环境、市场环境、行业特征和公司基本面的深入研究，精选具有良好成长性和价值性的上市公司股票，在有效控制风险的前提下力争实现基金资产的长期稳定增值。				
业绩比较基准	75%×沪深300指数+25%×中国债券总指数				
合同生效日	2008年11月25日	首募份额	5.10亿份	认购户数	9,522户
基金管理人	建信基金管理有限责任公司	基金托管人	中国工商银行		
注册登记人	建信基金管理有限责任公司				

成立来累计净值增长率与同期基准收益率历史走势对比图（%）

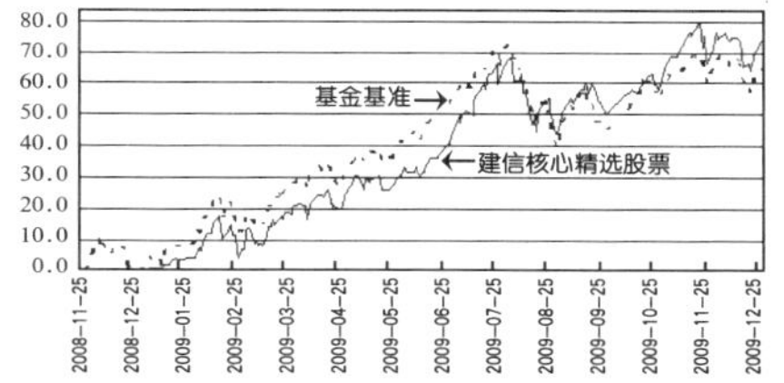

财务指标（单位：人民币（元）；%）

项目 \ 年度	2009年	2008年11月25日至2008年12月31日
本期利润	178,652,574.95	–621,077.26
本期加权平均净值利润率	46.39	–0.15
期末基金资产净值	724,940,687.30	278,069,667.16
期末基金份额净值	1.119	0.998
本期份额净值增长率	75.20	–0.20
累计份额净值增长率	74.85	–0.20
基金收益分配	10派5.800	——

近两年净值增长率与同期基准收益率对比图（%）

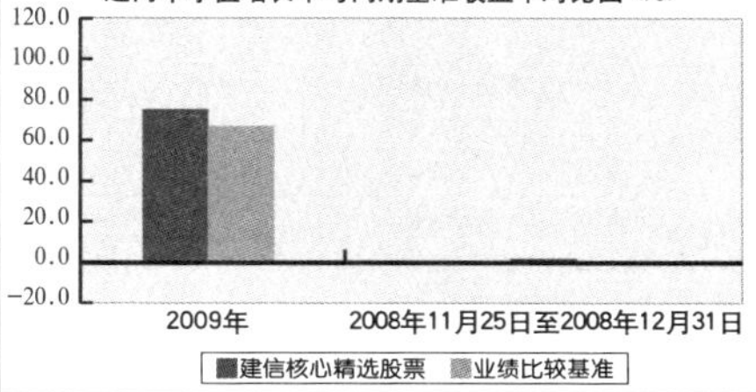

期末基金份额持有人户数	基金份额持有人户数为24,596户，平均每户持有26,346.89份。（期末截至2009年12月31日）
期末基金份额持有人结构	机构投资者持有94,647,269.69份，占总份额14.61%；个人投资者持有553,380,714.57份，占总份额85.39%。

基金业绩表现

截至2009年12月31日，建信核心精选股票基金份额净值为1.119元，全年净值增长率为75.20%，同期业绩基准收益率为67.24%；业绩表现优于基准。

基金管理团队

田　擎先生：基金经理，8年证券从业经历，硕士。2001年硕士毕业后就职于华夏基金管理公司，先后担任交易员、研究员、基金经理助理、基金经理。2006年8月加入建信基金管理公司，2007年10月至今兼任建信优选成长股票基金经理；2008年11月起任建信核心精选股票基金经理。

基金运作分析

建信核心精选股票基金在2008年底经济风暴最猛烈、投资者信心最低迷之际成立。在2009年初，该基金虽然处于建仓期，但是出于对宏观经济和市场状况比较乐观的预期，该基金采取了比较积极的投资策略，快速提高仓位。一季度重点配置了金融、商贸、房地产、建筑建材等行业；二季度则加大了煤炭、钢铁的权重；三季度，该基金实施了成立以来的首次大比例分红。在7月下旬判断市场会进入震荡整理时期，减低了股票仓位，并进行了较大力度的组合结构调整：对上半年表现较好的行业进行了全面减持，如钢铁、煤炭、银行、地产等；对消费服务类行业进行了较大力度的增持，如医药、商业、食品饮料、家电等；四季度的大部分时间里，建信核心精选股票基金基本延续了三季度的投资策略，着重于自下而上地挖掘个股投资机会，重点在消费服务领域寻找投资标的，超配了医药、商业、食品饮料等行业。从12月中旬开始，该基金大量增持了以金融行业为代表的相对估值较低、有可能在未来金融创新中受益的蓝筹股板块。

季度投资组合一览

项目 \ 季度	第一季度		第二季度		第三季度		第四季度	
基金资产净值	202,298,830.84元		182,428,668.22元		737,876,918.98元		724,940,687.30元	
基金份额	168,612,172.95份		130,021,082.71份		762,408,239.19份		648,027,984.26份	
基金份额净值	1.200元		1.403元		0.968元		1.119元	
基金资产组合	市值(元)	占总资产比(%)	市值(元)	占总资产比(%)	市值(元)	占总资产比(%)	市值(元)	占总资产比(%)
股票投资	164,940,783.08	78.89	167,052,092.31	89.50	576,042,370.69	75.21	652,224,834.17	85.52
债券投资	——	——	——	——	——	——	——	——
资产支持证券投资	——	——	——	——	——	——	——	——
金融衍生品投资	——	——	——	——	——	——	——	——
买入返售金融资产	——	——	——	——	——	——	——	——
银行存款和结算备付金	42,934,276.18	20.54	17,232,332.52	9.23	185,738,073.32	24.25	64,887,321.70	8.51
其他资产	1,189,848.04	0.57	2,368,570.78	1.27	4,140,802.05	0.54	45,583,132.19	5.98

投资前五名股票明细	股票名称	公允价值(元)	占净值比(%)	股票名称	公允价值(元)	占净值比(%)	股票名称	公允价值(元)	占净值比(%)	股票名称	公允价值(元)	占净值比(%)
	大商股份	9,079,800.00	4.49	浦发银行	11,510,000.00	6.31	中兴通讯	34,360,320.08	4.66	招商银行	64,978,249.15	8.96
	华夏银行	7,483,000.00	3.70	中国联通	9,261,000.00	5.08	中国联通	25,400,000.00	3.44	深发展A	46,303,000.00	6.39
	浦发银行	6,576,000.00	3.25	西山煤电	8,970,000.00	4.92	海正药业	21,030,489.52	2.85	民生银行	37,177,000.00	5.13
	中国平安	6,374,930.00	3.15	保利地产	8,366,721.10	4.59	北巴传媒	20,989,142.68	2.84	华夏银行	32,292,000.00	4.45
	中恒集团	6,007,505.50	2.97	中恒集团	6,792,000.00	3.72	五粮液	20,907,658.08	2.83	中信证券	31,770,000.00	4.38
投资前五名债券明细	债券名称	公允价值(元)	占净值比(%)	债券名称	公允价值(元)	占净值比(%)	债券名称	公允价值(元)	占净值比(%)	债券名称	公允价值(元)	占净值比(%)

建信收益增强债券型证券投资基金

基本资料

基金简称	建信收益增强债券	交易代码	A:530009 C:531009
风险收益特征	该基金为债券型基金，其长期平均风险和预期收益率低于混合型基金，但高于货币市场基金以及不涉及股票二级市场投资的债券型基金。		
业绩比较基准	30%×中债企业债总指数+70%×中债国债总指数		
合同生效日	2009年6月2日	首募规模	79.64亿份
认购户数	75,658户		
基金管理人	建信基金管理有限责任公司	基金托管人	中国农业银行
注册登记人	建信基金管理有限责任公司		

财务指标　单位：人民币(元)；%

项目＼年度	2009年6月2日至2009年12月31日	
	A	C
本期利润	58,650,278.74	113,966,509.14
本期加权平均净值利润率	3.21	2.98
期末基金资产净值	990,272,495.84	2,045,857,554.92
期末基金份额净值	1.034	1.032
本期份额净值增长率	3.40	3.20
累计份额净值增长率	3.40	3.20
基金收益分配	——	

2009年累计净值增长率与同期基准收益率历史走势对比图（%）

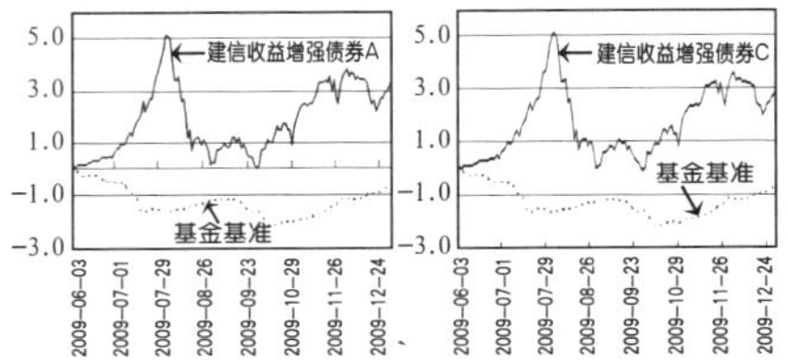

2009年净值增长率与同期基准收益率对比图（%）

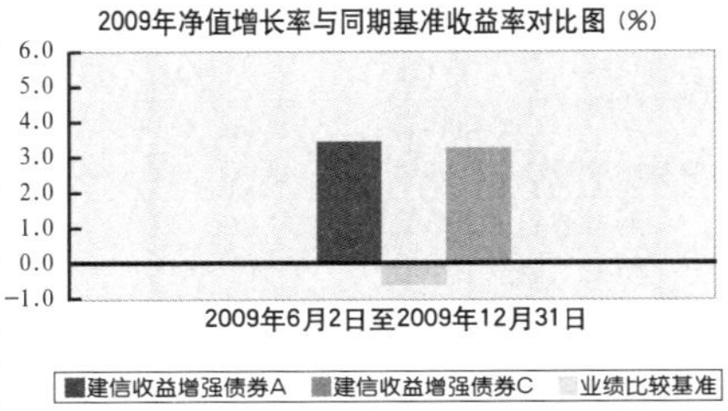

期末基金份额持有人户数	A:基金份额持有人户数为14,057户，平均每户持有68,121.82份。 C:基金份额持有人户数为25,449户，平均每户持有77,917.71份。(期末截至2009年12月31日)
期末基金份额持有人结构	A:机构投资者持有61,613,971.25份，占总份额6.43%；个人投资者持有895,974,413.74份，占总份额93.57%。 C:机构投资者持有43,301,399.23份，占总份额2.18%；个人投资者持有1,939,626,437.10份，占总份额97.82%。

基金业绩表现

建信收益增强债券基金合同生效于2009年6月2日，截至2009年12月31日，该基金A类净值增长率为3.40%；C类净值增长率为3.20%；业绩表现均优于同期基准。

基金管理团队

钟敬棣先生：基金经理，4年证券从业经历，南开大学经济学学士，加拿大不列颠哥伦比亚大学工商管理硕士，CFA。曾先后任职于广东发展银行珠海分行、深圳发展银行珠海分行、嘉实基金管理公司等，从事外汇交易、信贷、债券研究及投资组合管理等工作。2008年5月加入建信基金管理公司，2009年6月起任建信收益增强债券基金经理，兼任建信稳定增利债券基金经理。

李　菁女士：基金经理，4年证券从业经历，硕士。2002年7月进入中国建设银行公司基金托管部工作，从事基金托管业务，任主任科员。2005年9月加入建信基金公司，先后任债券研究员和基金经理助理，建信货币基金经理；2009年6月起任建信收益增强债券基金经理。

卓利伟先生：基金经理，4年证券从业经历，浙江大学工商管理硕士。曾就职于杭州经济建设集团工商公司投资部、北京恒逸实业公司投资部、上海石油交易所筹备组、百荣投资控股集团投资部等。2005年9月加入建信基金管理公司，先后任行业研究员、高级行业研究员、基金经理助理和基金经理；2009年6月起任建信收益增强债券基金经理。

季度投资组合一览

项目＼季度	第三季度				第四季度			
	A		C		A		C	
基金资产净值	15.3248亿元		37.0223亿元		9.9027亿元		20.4586亿元	
基金份额	15.3030亿份		37.0193亿份		9.5759亿份		19.8293亿份	
基金份额净值	1.001元		1.000元		1.034元		1.032元	
基金资产组合	市值(元)		占总资产比(%)		市值(元)		占总资产比(%)	
股票投资	607,316,352.11		11.46		496,412,832.80		12.19	
债券投资	467,513,267.90		8.82		2,589,402,965.23		63.61	
资产支持证券投资	——		——		——		——	
买入返售金融资产	699,800,949.70		13.21		——		——	
银行存款和结算备付金	3,517,363,497.87		66.38		962,798,964.12		23.65	
其他资产	7,197,455.32		0.14		22,105,337.14		0.54	
投资前五名股票明细	股票名称	公允价值(元)	占净值比(%)		股票名称	公允价值(元)	占净值比(%)	
	中国建筑	141,714,146.88	2.71		*ST伊利	65,350,442.16	2.15	
	招商银行	41,384,000.00	0.79		中国重工	58,665,236.74	1.93	
	贵州茅台	32,972,000.00	0.63		民生银行	55,370,000.00	1.82	
	大商股份	32,310,000.00	0.62		招商银行	54,150,000.00	1.78	
	恒生电子	27,885,310.65	0.53		南京银行	42,568,374.60	1.40	
投资前五名债券明细	债券名称	公允价值(元)	占净值比(%)		债券名称	公允价值(元)	占净值比(%)	
	09央行票据43	299,010,000.00	5.71		09央行票据61	448,515,000.00	14.77	
	新钢转债	61,869,600.00	1.18		07央行票据29	301,410,000.00	9.93	
	唐钢转债	45,940,000.00	0.88		09国开23	299,760,000.00	9.87	
	09潭城建债	38,492,000.00	0.74		09铁道CP01	200,400,000.00	6.60	
	龙盛转债	8,741,139.00	0.17		09央行票据53	199,340,000.00	6.57	

基金运作分析

建信收益增强债券基金成立于6月初，在建仓期内采取了低久期的配置策略，主要侧重于新股申购和流动性管理，年底该基金适度拉长了组合久期，并配置了部分信用产品。在权益品种方面，该基金从成立之初进行较为积极的投资，在消费品相关公司的投资上获得较好的收益。

建信沪深300指数证券投资基金（LOF）

基本资料						
基金简称	建信沪深300指数(LOF)		交易代码	165309		
投资目标	该基金采取指数化投资方式，通过严格的投资程序约束和数量化风险管理手段，力争实现跟踪偏离度和跟踪误差最小化。					
投资策略	该基金采用被动式指数化投资策略。原则上股票投资组合的构建主要按照标的指数的成份股组成及其权重来拟合、复制标的指数，并根据标的指数成份股及其权重的变动而进行相应调整。					
业绩比较基准	95%×沪深300指数收益率＋5%×商业银行税后活期存款利率					
风险收益特征	该基金属于采用指数化操作的股票型基金，其预期的风险和收益高于货币市场基金、债券基金、混合型基金，为证券投资基金中的较高风险、较高收益品种。					
合同生效日	2009年11月5日	上市日期	2009年11月30日		上市地点	深交所
募集概况	首募份额	认购户数	募集日期			
	53.26亿份	86,240户	2009年9月21日至2009年10月30日			
基金费率	认购费率	不高于1.00%		申购费率	不高于1.20%	
	赎回费率	不高于0.50%				
	管理费率	0.75%		托管费率	0.15%	
基金管理人	建信基金管理有限责任公司		基金托管人	中国工商银行股份有限公司		
审计机构	普华永道中天会计师事务所		注册登记人	中国证券登记结算有限责任公司		

基金管理团队

梁洪昀先生：CFA，7年证券从业经历，现任建信基金管理有限责任公司投资管理部副总监。2003年1月获清华大学经济学博士学位，2003年1月至2005年8月，就职于大成基金管理有限公司，历任金融工程部研究员、规划发展部产品设计师、机构理财部高级经理。2005年8月加入建信基金管理有限责任公司，历任研究部研究员、高级研究员、研究部总监助理、研究部副总监。2009年11月起任建信沪深300指数基金经理，2010年5月起任建信上证社会责任ETF基金经理，同时任建信上证社会责任ETF基金联接基金经理。

建信上证社会责任交易型开放式指数证券投资基金

基本资料						
基金简称	建信上证社会责任ETF		交易代码	510090/510091		
投资目标	紧密跟踪标的指数，追求跟踪偏离度和跟踪误差最小化，实现与标的指数表现相一致的长期投资收益。					
业绩比较基准	上证社会责任指数					
风险收益特征	该基金属于股票指数型基金，其预期的风险和收益高于货币市场基金、债券基金、混合型基金，并具有和标的指数所代表的股票市场相似的风险收益特征，属于证券投资基金中的较高预期风险、收益的品种。					
合同生效日	2010年5月28日	上市日期	——		上市地点	——
募集概况	首募份额	认购户数	募集日期			
	4.20亿份	3,775户	2010年4月21日至2010年5月21日			
基金费率	认购费率	不超过1.0%		申购费率	不超过0.50%	
	赎回费率	不超过0.50%				
	管理费率	0.50%		托管费率	0.10%	
基金管理人	建信基金管理有限责任公司		基金托管人	中国工商银行股份有限公司		
审计机构	普华永道中天会计师事务所		注册登记人	中国证券登记结算有限责任公司		

基金管理团队

梁洪昀先生：CFA，7年证券从业经历，现任建信基金管理有限责任公司投资管理部副总监。2003年1月获清华大学经济学博士学位，2003年1月至2005年8月，就职于大成基金管理有限公司，历任金融工程部研究员、规划发展部产品设计师、机构理财部高级经理。2005年8月加入建信基金管理有限责任公司，历任研究部研究员、高级研究员、研究部总监助理、研究部副总监。2009年11月起任建信沪深300指数基金经理，2010年5月起任建信上证社会责任ETF基金经理，同时任建信上证社会责任ETF基金联接基金经理。

建信上证社会责任交易型开放式指数证券投资基金联接基金

基本资料					
基金简称	建信上证社会责任ETF联接		交易代码	530010	
投资目标	通过将绝大部分基金财产投资于上证社会责任ETF，密切跟踪业绩比较基准，追求跟踪偏离度和跟踪误差最小化。				
业绩比较基准	95%×上证社会责任指数收益率+5%×商业银行税后活期存款利率				
风险收益特征	该基金为上证社会责任ETF的联接基金，预期风险与收益水平高于混合基金、债券基金与货币市场基金。同时，该基金为指数型基金，具有与标的指数、以及标的指数所代表的股票市场相似的风险收益特征，属于证券投资基金中较高风险、较高预期收益的品种。				
合同生效日	2010年5月28日	上市日期	2010年8月9日	上市地点	上交所
募集概况	首募份额	认购户数	募集日期		
	23.96亿份	50,283户	2010年4月21日至2010年5月21日		
基金费率	认购费率	不超过1.20%		申购费率	不超过1.50%
	赎回费率	不超过0.50%			
	管理费率	0.50%		托管费率	0.10%
基金管理人	建信基金管理有限责任公司		基金托管人	中国工商银行股份有限公司	
审计机构	普华永道中天会计师事务所		注册登记人	建信基金管理有限责任公司	

基金管理团队

梁洪昀先生：CFA，7年证券从业经历，现任建信基金管理有限责任公司投资管理部副总监。2003年1月获清华大学经济学博士学位，2003年1月至2005年8月，就职于大成基金管理有限公司，历任金融工程部研究员、规划发展部产品设计师、机构理财部高级经理。2005年8月加入建信基金管理有限责任公司，历任研究部研究员、高级研究员、研究部总监助理、研究部副总监。2009年11月起任建信沪深300指数基金经理，2010年5月起任建信上证社会责任ETF基金经理，同时任建信上证社会责任ETF基金联接基金经理。

建信全球机遇股票型证券投资基金

基本资料					
基金简称	建信全球机遇股票		交易代码	539001	
投资目标	该基金通过全球化的资产配置和组合管理，在分散和控制投资风险的同时追求基金资产长期增值。				
业绩比较基准	标准普尔全球BMI市场指数总收益率(S&P Global BMI)×70%＋标准普尔BMI中国(除A、B股)指数总收益率(S&P BMI China ex—A—B—Shares)×30%				
风险收益特征	该基金是全球股票型基金，其风险和收益高于货币基金、债券基金和混合型基金，属于较高风险、较高收益的投资品种。				
合同生效日	2010年9月14日	上市日期	——	上市地点	——
募集概况	首募份额	认购户数	募集日期		
	6.82亿份	30,205户	2010年8月11日至2010年9月10日		
基金费率	认购费率	不超过1.50%		申购费率	不超过1.60%
	赎回费率	不超过0.50%			
	管理费率	1.80%		托管费率	0.35%
基金管理人	建信基金管理有限责任公司		基金托管人	中国工商银行股份有限公司	
境外投资顾问	信安环球投资有限公司		境外托管人	布朗兄弟哈里曼银行	
审计机构	普华永道中天会计师事务所		注册登记人	建信基金管理有限责任公司	

基金管理团队

高　茜女士：基金经理，注册金融分析师(CFA)，获清华大学建筑学学士学位及美国俄亥俄州克利夫兰州立大学城市研究学硕士学位，具有12年的海外资本市场研究及投资管理经历。1997年6月至1998年6月，任职于美国美林证券(纽约)，担任证券研究员；1998年7月至2001年2月，任职于美国基石房地产投资管理公司，负责房地产证券基金的投资工作，担任研究总监；2002年8月至2003年6月，任职于英国阿特金斯顾问(北京)有限公司，担任首席投资顾问；2003年9月至2007年11月，任职于美国信安金融集团，担任助理基金经理，风险管理顾问；2007年12月加入建信基金管理有限责任公司，担任海外投资部副总监。2010年9月起任建信全球机遇股票基金经理。

建信内生动力股票型证券投资基金

基本资料						
基金简称	建信内生动力股票			交易代码	530011	
投资目标	在有效控制风险的前提下，追求基金资产的稳健增值，力争在中长期为投资者创造高于业绩比较基准的投资回报。					
业绩比较基准	75%×沪深300指数收益率+25%×中国债券总指数收益率					
风险收益特征	该基金属于股票证券投资基金，一般情况下其风险与预期收益水平高于混合基金债券基金，债券基金与货币市场基金，属于证券基金中较高预期收益的品种。					
合同生效日	2010年11月16日	上市日期	——		上市地点	——
募集概况	首募份额	认购户数	募集日期			
	53.88亿份	89,045户	2010年10月20日至2010年11月12日			
基金费率	认购费率	不超过1.20%		申购费率	不超过1.50%	
	赎回费率	不超过0.50%				
	管理费率	1.50%		托管费率	0.25%	
基金管理人	建信基金管理有限责任公司		基金托管人	中国工商银行股份有限公司		
审计机构	普华永道中天会计师事务所		注册登记人	建信基金管理有限责任公司		

基金管理团队

王新艳女士：基金经理，副总经理。注册金融分析师(CFA)，中国人民银行研究生部硕士。1998年10月加入长盛基金管理公司，历任研究员、基金经理助理，2002年10月至2004年5月担任长盛成长价值股票基金经理。2004年6月加入景顺长城基金管理公司，历任基金经理、投资副总监、投资总监等职，于2005年3月至2009年3月期间任景顺长城鼎益股票(LOF)基金经理，于2007年6月至2009年3月期间任景顺长城精选蓝筹股票基金经理。2009年3月加入建信基金管理有限责任公司，任总经理助理，2010年5月起任副总经理。2009年12月至今任建信恒久价值股票基金经理，2010年4月至今任建信核心精选股票基金经理。2010年11月至今任建信内生动力股票基金经理。

信诚基金管理有限公司

法定名称	信诚基金管理有限公司	英文名称	CITIC-Prudential Fund Management Co.,Ltd.		
成立时间	2005年9月30日	注册资本	2亿元人民币	公司属性	中外合资
法人代表	张翔燕	总 经 理	王俊锋	督 察 长	唐世春
公司网址	www.citicprufunds.com.cn	客服电话	400-666-0066　021-5108 5168		
联系电话	021-6864 9788	传真号码	021-5012 0888		
注册地址	上海市世纪大道8号上海国金中心汇丰银行大楼9层	办公地址	上海市世纪大道8号上海国金中心汇丰银行大楼9层		

公司简介

信诚基金管理有限公司（以下简称“公司”）经中国证监会批准，于2005年9月30日正式成立。公司注册资本2亿元人民币，注册地在上海。公司股东为中信信托有限责任公司、英国保诚集团股份有限公司和中新苏州工业园区创业投资有限公司，出资比例分别为49%、49%和2%。

2009年，信诚基金管理有限公司募集设立了2只新基金，募集基金份额39.20亿份；截至2009年12月31日，信诚基金管理有限公司旗下管理6只开放式基金，管理基金资产规模134.48亿元人民币。

2009年旗下开放式基金业绩表现

截至日期：2009年12月31日

（单位：元；%）

基金类型	基金简称	设立日期	基金份额净值	净值增长率①	累计净值增长率②
股票型	信诚精萃成长股票	2006-11-27	0.9650	73.16	133.65
	信诚盛世蓝筹股票	2008-06-04	1.736	71.03	73.60
	信诚优胜精选股票	2009-08-26	1.078	7.80	7.80
混合型	信诚四季红混合	2006-04-29	0.9937	61.03	160.47
债券型	信诚三得益债券A	2008-09-27	1.057	2.24	7.54
	信诚三得益债券B	2008-09-27	1.049	1.56	6.70
	信诚经典优债债券A	2009-03-11	1.027	2.70	2.70
	信诚经典优债债券B	2009-03-11	1.022	2.20	2.20

注：①净值增长率指该基金2009年度的份额净值增长率；②累计净值增长率指该基金设立以来的份额净值增长率。

2009年管理公募基金概况

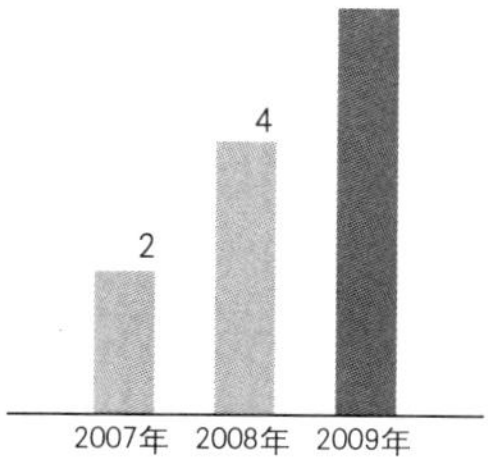

基金数量（只）

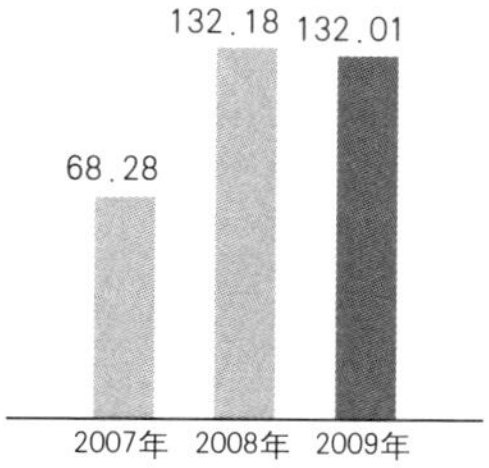

基金份额规模（亿份）

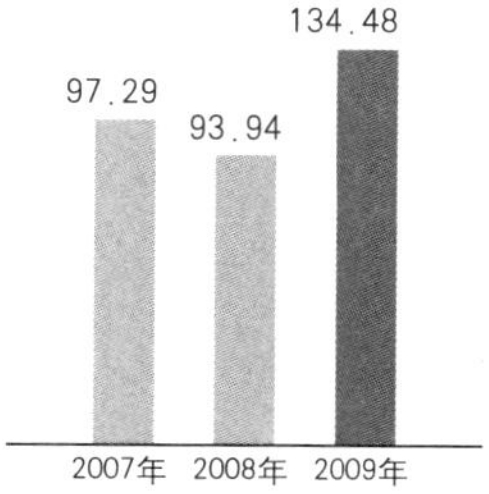

基金资产规模（亿元）

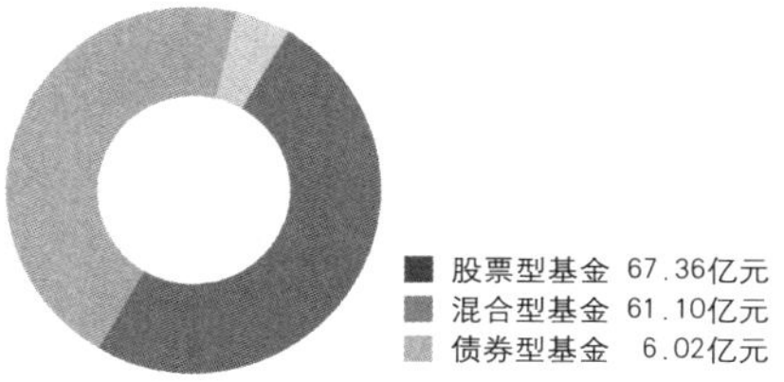

2009年基金资产规模构成

信诚四季红混合型证券投资基金

基本资料					
基金简称	信诚四季红混合		交易代码	550001	
风险收益特征	该基金为混合型基金，属于中等风险的基金品种。				
业绩比较基准	62.5%×新华富时全A指数收益率＋32.5%×中信国债指数收益率＋5%×金融同业存款利率				
合同生效日	2006年4月29日	首募份额	30.06亿份	认购户数	77,865户
基金管理人	信诚基金管理有限公司		基金托管人	中国农业银行	
注册登记人	信诚基金管理有限公司				

财务指标　　单位：人民币(元)；%

项目 \ 年度	2009年	2008年	2007年
本期利润	2,346,134,029.52	－3,057,284,396.96	1,952,895,141.65
本期加权平均净值利润率	44.35	－60.97	55.44
期末基金资产净值	6,110,468,824.04	3,910,525,874.09	6,378,515,515.18
期末基金份额净值	0.9937	0.6171	1.1781
本期份额净值增长率	61.03	－44.41	116.65
累计份额净值增长率	160.47	61.75	190.98
基金收益分配	——	10派0.680	10派10.700
期末基金份额持有人户数	基金份额持有人户数为199,814户，平均每户持有30,773.40份。		
期末基金份额持有人结构	机构投资者持有2,002,260,773.83份，占总份额32.56%；个人投资者持有4,146,694,870.99份，占总份额67.44%。		

成立来累计净值增长率与同期基准收益率历史走势对比图（%）

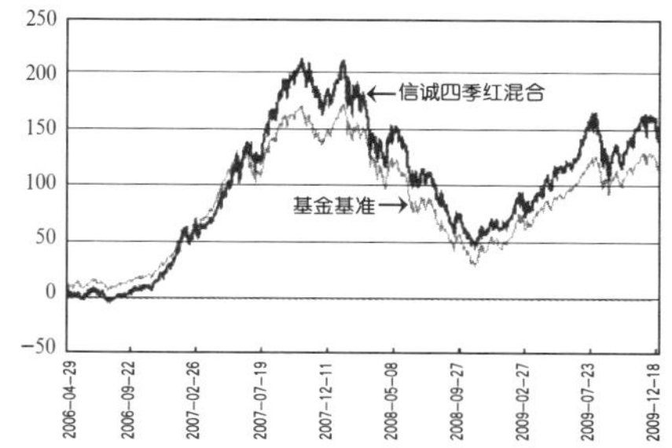

近三年净值增长率与同期基准收益率对比图（%）

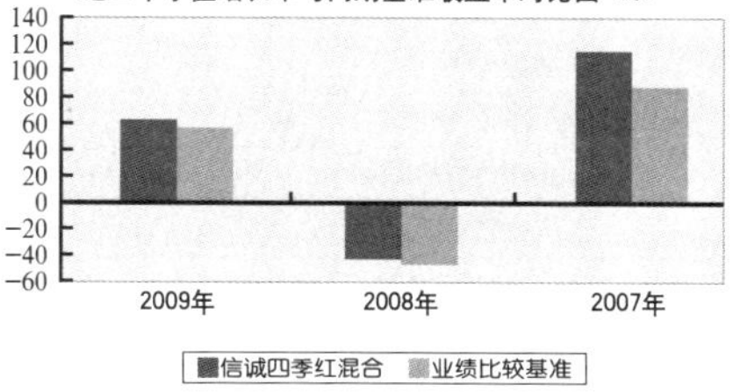

基金业绩表现

2009年信诚四季红混合基金全年净值增长率为61.03%，同期业绩基准收益率为57.48%。

基金管理团队

管华雨先生：基金经理，经济学博士，CFA，7年证券从业经历。曾任职于申银万国证券公司证券投资总部、信诚基金公司投资部，主要从事证券分析和证券投资等工作；2007年5月起任信诚四季红混合基金经理。

基金运作分析

2009年初信诚四季红混合基金延续2008年的防御思路，仓位偏低，持股结构以防御为主，周期性股票配置较少，未能充分享受到年初的系统性上升行情。二季度起，该基金迅速提高仓位，并显著增加组合的进攻性，大幅度增配金融、地产、煤炭等行业，减配工程建设和其他防御类股票，取得较好的收益。三季度起，该基金感觉市场估值虽然已经不太便宜，但是结构性机会较多，因此下半年一直保持较为积极的仓位，较好地享受了市场的结构性上涨行情。在行业配置上，三季度该基金对化工、钢铁作了力度较大的波段操作，取得一定的收益；四季度起行业配置大力度转向经济转型受益行业——主要是大消费(包括医药)、区域经济和以TMT为代表的新兴战略性行业，大量减持了金融、地产、机械等和宏观调控相关度较高的行业。

季度投资组合一览

项目 \ 季度	第一季度		第二季度		第三季度		第四季度	
基金资产净值	4,525,881,164.62元		5,665,007,213.71元		5,447,437,165.06元		6,110,468,824.04元	
基金份额	6,140,585,994.38份		6,513,331,622.64份		6,504,737,804.53份		6,148,955,644.82份	
基金份额净值	0.7370元		0.8698元		0.8375元		0.9937元	
基金资产组合	市值(元)	占总资产比(%)	市值(元)	占总资产比(%)	市值(元)	占总资产比(%)	市值(元)	占总资产比(%)
股票投资	3,153,681,292.05	69.08	4,807,833,978.24	83.74	4,444,771,642.23	81.08	5,250,152,292.10	85.13
债券投资	106,140,000.00	2.32	——	——	——	——	——	——
资产支持证券投资	——	——	——	——	——	——	——	——
金融衍生品投资	——	——	——	——	——	——	——	——
买入返售金融资产	——	——	——	——	——	——	——	——
银行存款和结算备付金	1,247,168,546.75	27.32	929,329,478.91	16.19	966,343,085.98	17.63	799,326,499.90	12.96
其他资产	58,324,340.41	1.28	4,482,883.57	0.08	70,865,036.56	1.29	117,378,979.16	1.90

投资前五名股票明细	股票名称	公允价值(元)	占净值比(%)	股票名称	公允价值(元)	占净值比(%)	股票名称	公允价值(元)	占净值比(%)	股票名称	公允价值(元)	占净值比(%)
	金风科技	230,451,123.10	5.09	中国平安	247,290,602.60	4.37	中兴通讯	240,741,470.12	4.42	招商银行	397,100,000.00	6.50
	浦发银行	219,200,000.00	4.84	招商银行	246,504,890.52	4.35	招商银行	221,699,852.20	4.07	兴业银行	282,168,468.22	4.62
	兴业银行	160,859,908.08	3.55	浦发银行	239,407,217.32	4.23	交通银行	216,578,475.61	3.98	中材国际	223,121,325.42	3.65
	一汽轿车	141,105,000.00	3.12	万 科A	219,773,611.50	3.88	中材国际	203,492,411.40	3.74	中国平安	220,360,000.00	3.61
	保利地产	135,363,921.10	2.99	民生银行	213,838,883.28	3.77	兴业银行	179,085,715.98	3.29	宝钢股份	193,199,439.72	3.16

投资前五名债券明细	债券名称	公允价值(元)	占净值比(%)	债券名称	公允价值(元)	占净值比(%)	债券名称	公允价值(元)	占净值比(%)	债券名称	公允价值(元)	占净值比(%)
	08国开16	53,265,000.00	1.18									
	08央行票据23	52,875,000.00	1.17									

信诚精萃成长股票型证券投资基金

基本资料					
基金简称	信诚精萃成长股票	交易代码	550002		
风险收益特征	作为一只股票型基金，该基金的资产配置确立了其较高回报、较高风险的产品特征。				
业绩比较基准	80%×中信标普300指数收益率+15%×中信国债指数收益率+5%×金融同业存款利率				
合同生效日	2006年11月27日	首募份额	32.71亿份	认购户数	96,805户
基金管理人	信诚基金管理有限公司	基金托管人	中国建设银行		
注册登记人	信诚基金管理有限公司				

财务指标　　单位：人民币(元)；%

项目＼年度	2009年	2008年	2007年
本期利润	1,646,987,667.26	−1,757,437,461.24	2,744,339,565.03
本期加权平均净值利润率	46.08	−67.25	78.50
期末基金资产净值	3,973,718,083.89	1,943,669,612.30	3,350,069,263.23
期末基金份额净值	0.9650	0.5573	2.3700
本期份额净值增长率	73.16	−48.03	125.41
累计份额净值增长率	133.65	34.94	159.63
基金收益分配	——	——	10派1.200
期末基金份额持有人户数	基金份额持有人户数为42,118户，平均每户持有97,765.35份。		
期末基金份额持有人结构	机构投资者持有2,342,005,919.79份，占总份额56.88%；个人投资者持有1,775,675,249.46份，占总份额43.12%。		

成立来累计净值增长率与同期基准收益率历史走势对比图（%）

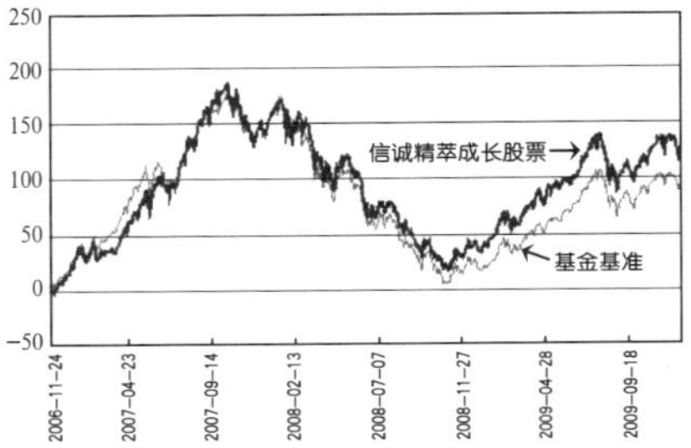

近三年净值增长率与同期基准收益率对比图（%）

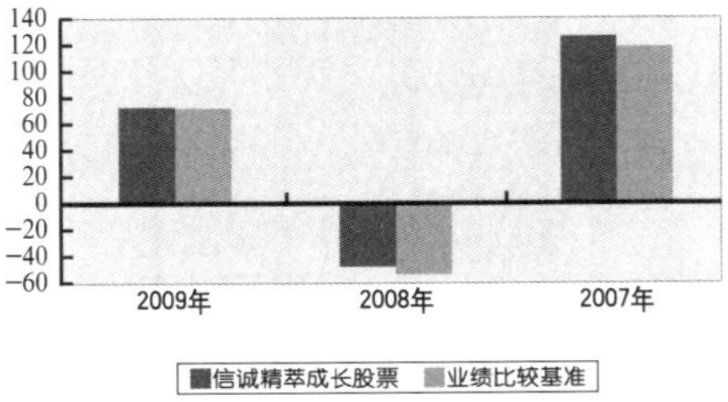

基金业绩表现

截至2009年12月31日，信诚精萃成长股票基金份额净值为0.9650元，全年净值增长率为73.16%；同期业绩基准收益率为72.36%。

基金管理团队

刘　浩先生：基金经理，复旦大学MBA，6年证券从业经历。曾任厦门华信地产投资建设公司职员，上海申银万国证券研究所公司行业研究员。2008年6月起任信诚精萃成长股票基金经理。

基金运作分析

2009年A股市场分为两个阶段：1—7月份，货币与投资刺激主导，有色金属、煤炭、石油、新能源、房地产、交运设备、钢铁、金融服务等资源类股和部分周期性行业表现出色。8月份之后，经济复苏迹象明显而货币政策出现微调，行业表现倾向于家电、医药、食品饮料、信息设备、汽车、商业零售等消费品行业。

信诚精萃成长股票基金2009年坚持基金合同的要求，积极寻找具有内生增长特征的行业和个股，从成长的角度去把握投资机会，取得了一定的成效。尽管如此，下半年，由于对货币政策微调缺乏明确的认识和判断，没能及早偏向消费品行业，导致了一些机会损失。但整体来看，该基金的投资严格贯彻了成长和估值两个方面，把握住了上半年资源类股和部分周期性行业的投资机会。

季度投资组合一览

项目＼季度	第一季度		第二季度		第三季度		第四季度	
基金资产净值	2,991,476,204.22元		3,809,660,839.72元		3,630,003,403.63元		3,973,718,083.89元	
基金份额	4,137,951,345.45份		4,483,036,863.03份		4,406,954,555.43份		4,117,681,169.25份	
基金份额净值	0.7229元		0.8498元		0.8237元		0.9650元	
基金资产组合	市值(元)	占总资产比(%)	市值(元)	占总资产比(%)	市值(元)	占总资产比(%)	市值(元)	占总资产比(%)
股票投资	2,275,417,586.80	75.72	3,464,904,098.03	89.65	2,788,831,137.05	76.46	3,548,639,700.43	87.87
债券投资	97,940,000.00	3.26	——	——	——	——	835,594.20	0.02
资产支持证券投资	——	——	——	——	——	——	——	——
金融衍生品投资	——	——	——	——	——	——	——	——
买入返售金融资产	——	——	——	——	——	——	——	——
银行存款和结算备付金	545,436,235.45	18.15	391,915,671.24	10.14	850,546,160.70	23.32	481,522,912.87	11.92
其他资产	86,306,123.68	2.87	8,141,324.90	0.21	7,946,928.62	0.22	7,397,042.72	0.18

投资前五名股票明细	股票名称	公允价值(元)	占净值比(%)	股票名称	公允价值(元)	占净值比(%)	股票名称	公允价值(元)	占净值比(%)	股票名称	公允价值(元)	占净值比(%)
	中信证券	96,786,000.00	3.24	兴业银行	167,354,707.23	4.39	兴业银行	152,062,095.90	4.19	招商银行	162,450,000.00	4.09
	兴业银行	91,920,000.00	3.07	浦发银行	161,140,000.00	4.23	保利地产	144,840,000.00	3.99	兴业银行	161,240,000.00	4.06
	中国平安	89,953,000.00	3.01	中国平安	158,267,944.28	4.15	泸州老窖	123,478,265.40	3.40	中国平安	154,252,000.00	3.88
	浦发银行	87,715,466.56	2.93	万　科A	153,000,000.00	4.02	中联重科	107,568,044.50	2.96	鞍钢股份	125,403,888.00	3.16
	工商银行	86,680,000.00	2.90	西山煤电	148,812,300.00	3.91	海油工程	107,199,571.20	2.95	太钢不锈	122,111,732.88	3.07

投资前五名债券明细	债券名称	公允价值(元)	占净值比(%)	债券名称	公允价值(元)	占净值比(%)	债券名称	公允价值(元)	占净值比(%)	债券名称	公允价值(元)	占净值比(%)
	08央行票据114	97,940,000.00	3.27							王府转债	835,594.2	0.02

信诚盛世蓝筹股票型证券投资基金

基本资料					
基金简称	信诚盛世蓝筹股票	交易代码	550003		
风险收益特征	该基金为主动投资的股票型基金，属于高风险、高收益的基金品种。				
业绩比较基准	80%×中信标普50指数收益率＋20%×中信全债指数收益率				
合同生效日	2008年6月4日	首募份额	4.56亿份	认购户数	10,396户
基金管理人	信诚基金管理有限公司	基金托管人	中国建设银行		
注册登记人	信诚基金管理有限公司				

财务指标		单位：人民币(元)；%
项目＼年度	2009年	2008年6月4日至2008年12月31日
本期利润	286,896,732.82	5,894,663.94
本期加权平均净值利润率	53.12	1.31
期末基金资产净值	599,402,103.34	539,397,584.46
期末基金份额净值	1.736	1.015
本期份额净值增长率	71.03	1.50
累计份额净值增长率	73.60	1.50
基金收益分配	——	——
期末基金份额持有人户数	基金份额持有人户数为4,934户，平均每户持有69,963.27份。	
期末基金份额持有人结构	机构投资者持有257,772,159.07份，占总份额74.67%； 个人投资者持有87,426,624.26份，占总份额25.33%。	

成立来累计净值增长率与同期基准收益率历史走势对比图（%）

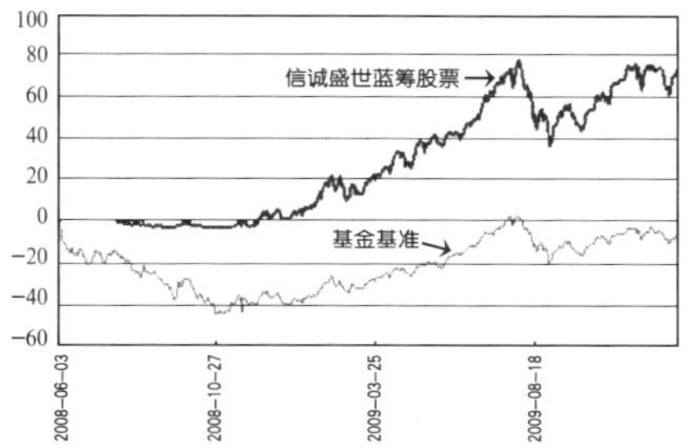

近两年净值增长率与同期基准收益率对比图（%）

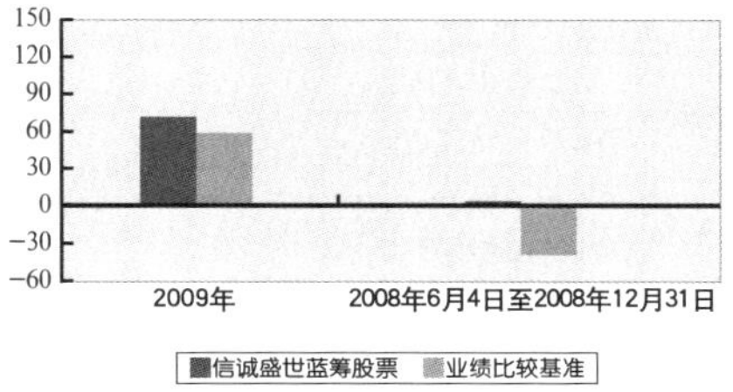

基金业绩表现

截至2009年12月31日，信诚盛世蓝筹股票基金份额净值为1.736元，全年净值增长率为71.03%；同期业绩基准收益率为59.31%。

基金管理团队

张　锋先生：基金经理，复旦大学经济学硕士，10年证券从业经历。历任上海证券公司行业研究员、兴业证券公司行业研究员、上海融昌资产管理公司行业研究员；2008年6月起任信诚盛世蓝筹股票基金经理。

岳爱民先生：基金经理、公司副总经理，经济学硕士，MBA，CFA，11年证券从业经历。历任美国大联资产管理(伦敦)公司研究员、基金经理、(新加坡)发展证券(香港)公司副总裁、中国国际金融(香港)公司高级证券分析员。2008年6月至2009年7月任信诚盛世蓝筹股票基金经理。

基金运作分析

2009年，在积极的财政政策和超宽松货币政策刺激下，中国经济出现超预期复苏，股市也出现大幅上涨。

信诚盛世蓝筹股票基金在2009年的投资基本分为两个阶段，一是在8月份以前，在股市震荡向上的过程中增加仓位，结构上过渡到以大市值周期性股票为主，重配了金融、房地产、钢铁、煤炭、机械等行业；二是在8月份信贷政策微调后，过渡到以自下而上投资成长股为主，在周期性行业中也以寻找阿尔法的思路投资细分子行业，重配了轿车、二线房地产、医药、食品、家电等行业，这些行业主要受益于劳动力成本上升和消费终端下沉，为组合带来较好的投资收益。

季度投资组合一览

项目＼季度	第一季度		第二季度		第三季度		第四季度	
基金资产净值	523,536,178.57元		588,788,222.400元		442,241,456.60元		599,402,103.34元	
基金份额	423,369,337.06份		393,340,316.52份		302,511,221.23份		345,198,783.33份	
基金份额净值	1.237元		1.497元		1.462元		1.736元	
基金资产组合	市值(元)	占总资产比(%)	市值(元)	占总资产比(%)	市值(元)	占总资产比(%)	市值(元)	占总资产比(%)
股票投资	391,675,226.28	73.46	533,476,618.97	87.13	344,059,601.50	77.13	526,963,001.12	86.59
债券投资	——	——	——	——	——	——	——	——
资产支持证券投资	——	——	——	——	——	——	——	——
金融衍生品投资	——	——	——	——	——	——	——	——
买入返售金融资产	——	——	——	——	——	——	——	——
银行存款和结算备付金	138,273,242.66	25.93	60,829,486.85	9.93	98,984,748.08	22.19	63,079,580.73	10.36
其他资产	3,210,885.08	0.60	17,987,182.53	2.94	3,023,477.96	0.68	18,546,706.32	3.05

项目	股票名称	公允价值(元)	占净值比(%)	股票名称	公允价值(元)	占净值比(%)	股票名称	公允价值(元)	占净值比(%)	股票名称	公允价值(元)	占净值比(%)
投资前五名股票明细	徐工科技	28,029,456.78	5.35	万 科A	29,197,245.00	4.96	保利地产	15,691,000.00	3.55	宗申动力	29,138,158.56	4.86
	浦发银行	24,988,778.08	4.77	浦发银行	28,913,096.98	4.91	招商银行	14,853,900.00	3.36	招商银行	28,970,250.00	4.83
	一汽轿车	24,317,532.63	4.64	招商银行	28,012,500.00	4.76	宇通客车	13,907,926.80	3.14	兴业银行	25,161,502.00	4.20
	兴业银行	19,531,391.40	3.73	中联重科	25,454,703.89	4.32	中兴通讯	11,450,983.78	2.59	中国平安	19,775,106.40	3.30
	华发股份	16,389,328.01	3.13	中国平安	23,689,361.60	4.02	王府井	11,179,000.00	2.53	美的电器	16,933,633.60	2.83
投资前五名债券明细	债券名称	公允价值(元)	占净值比(%)	债券名称	公允价值(元)	占净值比(%)	债券名称	公允价值(元)	占净值比(%)	债券名称	公允价值(元)	占净值比(%)

信诚三得益债券型证券投资基金

基本资料

基金简称	信诚三得益债券	交易代码	550004(A) 550005(B)		
风险收益特征	该基金为债券型基金，属于低风险的基金品种，其预期风险与收益高于货币市场基金，低于混合型基金和股票型基金。				
业绩比较基准	80%×中信标普全债指数+20%×一年期银行定期存款税后收益率				
合同生效日	2008年9月27日	首募份额	19.93亿份	认购户数	11,534户
基金管理人	信诚基金管理有限公司	基金托管人	中国建设银行		
注册登记人	信诚基金管理有限公司				

财务指标　　单位：人民币(亿元)；%

年度 / 项目	2009年		2008年9月27日至2008年12月31日	
	A	B	A	B
本期利润	-0.0422	-0.2092	0.2989	0.7210
本期加权平均净值利润率	-1.13	-2.08	5.03	4.70
期末基金资产净值	0.5130	1.7059	8.1679	21.8356
期末基金份额净值	1.057元	1.049元	1.049元	1.048元
本期份额净值增长率	2.24	1.56	5.19	5.09
累计份额净值增长率	7.54	6.73	5.19	5.09
基金收益分配	10派0.150元	10派0.150元	10派0.028元	10派0.028元

成立来累计净值增长率与同期基准收益率历史走势对比图(%)

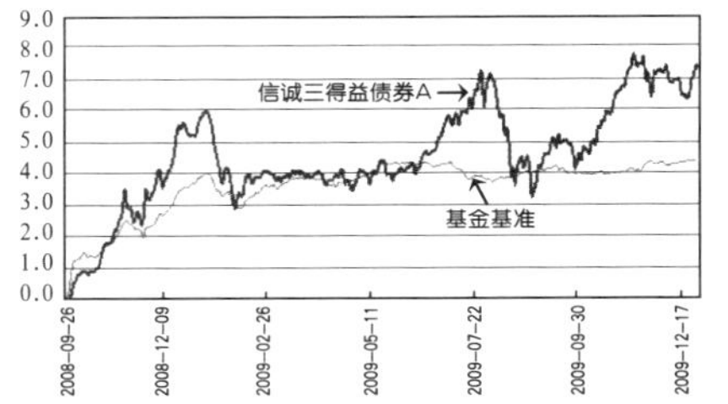

近两年净值增长率与同期基准收益率对比图(%)

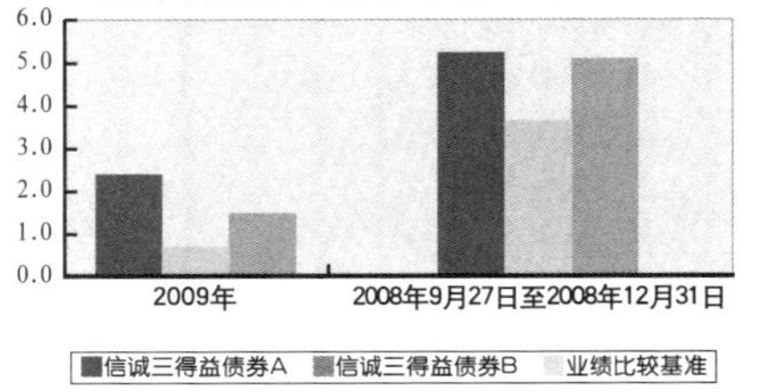

期末基金份额持有人户数	基金份额持有人户数为2,151户，平均每户持有98,164.74户。(期末截至2009年12月31日)
期末基金份额持有人结构	机构投资者持有130,419,078.67份，占总份额61.77%；个人投资者持有80,733,283.33份，占总份额38.23%。

基金业绩表现

2009年信诚三得益债券基金A类净值增长率为2.24%，B类净值增长率为1.56%。

基金管理团队

毛卫文女士：基金经理、副首席投资官、固定收益总监，经济学学士，14年证券从业经历。曾任职于中国建设银行总行、中国信达信托投资公司、中国银河证券公司、银河基金管理公司。2006年3月加入信诚基金管理公司，任固定收益总监、副首席投资官；2008年9月起任信诚三得益债券基金经理。

王国强先生：基金经理，管理学硕士，9年证券从业经历。曾任职于浙江国际信托投资公司、银河基金管理公司机构理财部。2006年8月加入信诚基金管理公司，任固定收益分析师；2008年9月起任信诚三得益债券基金经理。

基金运作分析

2009年信诚三得益债券基金控制债券组合久期，有效防范利率上行风险。从四个方面增强收益：一是配置较多仓位的浮息金融债；二是配置适当比例的企业债等信用品种；三是配置适当比例的可转换债券；四是谨慎参与新股网下申购。四季度管理人加强风险管理，减少基金净值波动，逐步形成收益稳定增长的投资风格。

季度投资组合一览

季度 / 项目	第一季度		第二季度		第三季度		第四季度	
	A	B	A	B	A	B	A	B
基金资产净值	5.4398亿元	14.7705亿元	3.0588亿元	9.6009亿元	1.4052亿元	2.2309亿元	0.5130亿元	1.7059亿元
基金份额	5.2477亿份	14.2826亿份	2.9610亿份	9.3301亿份	1.3711亿份	2.1887亿份	0.4854亿份	1.6261亿份
基金份额净值	1.037元	1.034元	1.033元	1.029元	1.025元	1.019元	1.057元	1.049元
基金资产组合	市值(元)	占总资产比(%)	市值(元)	占总资产比(%)	市值(元)	占总资产比(%)	市值(元)	占总资产比(%)
股票投资	149,302,411.02	6.90	171,003,654.11	13.00	38,823,754.21	7.97	22,680,995.15	10.13
债券投资	1,712,903,769.13	79.11	1,071,596,346.00	81.49	312,690,598.00	64.19	195,537,070.40	87.37
资产支持证券投资	——	——	——	——	——	——	——	——
买入返售金融资产	——	——	——	——	——	——	——	——
银行存款和结算备付金	265,513,223.67	12.26	26,638,339.54	2.03	132,245,766.09	27.15	4,584,954.29	2.05
其他资产	37,440,248.50	1.73	45,817,342.54	3.48	3,358,607.90	0.69	1,006,548.79	0.45

投资前五名股票明细	股票名称	公允价值(元)	占净值比(%)	股票名称	公允价值(元)	占净值比(%)	股票名称	公允价值(元)	占净值比(%)	股票名称	公允价值(元)	占净值比(%)
	攀钢钢钒	53,075,208.00	2.63	贵州茅台	31,585,334.00	2.49	小天鹅A	15,180,071.28	4.17	东华软件	6,970,512.64	3.14
	中信证券	15,282,000.00	0.76	招商银行	28,012,500.00	2.21	中国人寿	8,304,000.00	2.28	中国平安	5,509,000.00	2.48
	民生银行	12,700,000.00	0.63	上海机场	21,981,388.80	1.74	中国联通	6,350,000.00	1.75	青岛海尔	4,958,000.00	2.23
	工商银行	11,820,000.00	0.58	工商银行	18,970,000.00	1.50	东阿阿胶	5,838,000.00	1.61	歌华有线	4,257,000.00	1.92
	长航油运	11,720,000.00	0.58	万 科A	16,575,000.00	1.31	光大证券	1,768,693.10	0.49	中国北车	986,482.51	0.44

投资前五名债券明细	债券名称	公允价值(元)	占净值比(%)	债券名称	公允价值(元)	占净值比(%)	债券名称	公允价值(元)	占净值比(%)	债券名称	公允价值(元)	占净值比(%)
	09央行票据09	249,400,000.00	12.34	09农发07	199,440,000.00	15.75	09农发07	99,910,000.00	27.48	09农发07	50,050,000.00	22.56
	08央行票据114	186,086,000.00	9.21	08央行票据29	115,225,000.00	9.10	09央行票据41	59,802,000.00	16.45	09央行票据67	49,835,000.00	22.46
	08国开18	184,212,000.00	9.11	08央行票据108	106,469,000.00	8.41	09镇城投	29,244,000.00	8.04	09央行票据59	39,868,000.00	17.97
	09央行票据10	119,712,000.00	5.92	08央行票据114	97,320,000.00	7.69	09常高新	27,021,054.00	7.43	09央行票据53	29,901,000.00	13.48
	08央行票据29	116,413,000.00	5.76	21国债(10)	71,666,000.00	5.66	09央行票据37	19,934,000.00	5.48	09潭城建债	19,350,000.00	8.72

信诚经典优债债券型证券投资基金

基本资料					
基金简称	信诚经典优债债券	交易代码	550006(A) 550007(B)		
风险收益特征	该基金为债券型基金，属于证券投资基金中的较低风险品种，其预期风险与收益高于货币市场基金，低于混合型基金和股票型基金。				
业绩比较基准	90%×中信标普全债指数收益率＋10%×活期存款利率（税后）				
合同生效日	2009年3月11日	首募份额	15.64亿份	认购户数	8,897户
基金管理人	信诚基金管理有限公司	基金托管人	中国建设银行		
注册登记人	信诚基金管理有限公司				

财务指标　　单位：人民币(元)；%

项 目 ＼ 年 度	2009年3月11日至2009年12月31日 A	2009年3月11日至2009年12月31日 B
本期利润	5,644,943.73	14,935,113.25
本期加权平均净值利润率	2.92	2.64
期末基金资产净值	43,187,831.80	337,117,623.50
期末基金份额净值	1.027	1.022
本期份额净值增长率	2.70	2.20
累计份额净值增长率	2.70	2.20
基金收益分配	——	——

期末基金份额持有人户数	基金份额持有人户数为2,557户，平均每户持145,473.68户。(期末截至2009年12月31日)
期末基金份额持有人结构	机构投资者持有238,784,347.53份，占总份额64.19%；个人投资者持有133,191,861.50份，占总份额35.81%。

成立来累计净值增长率与同期基准收益率历史走势对比图（%）

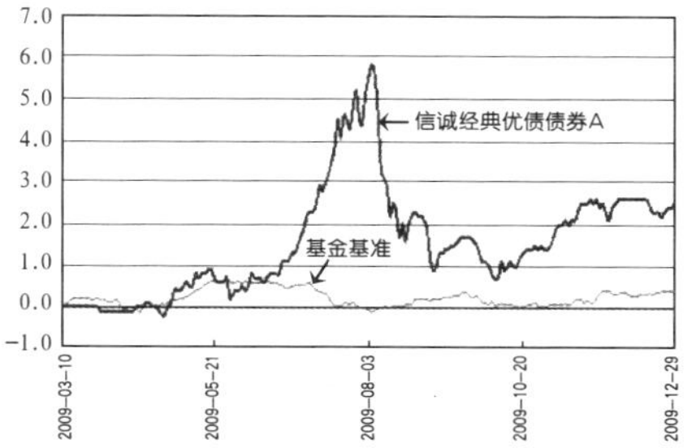

2009年净值增长率与同期基准收益率对比图（%）

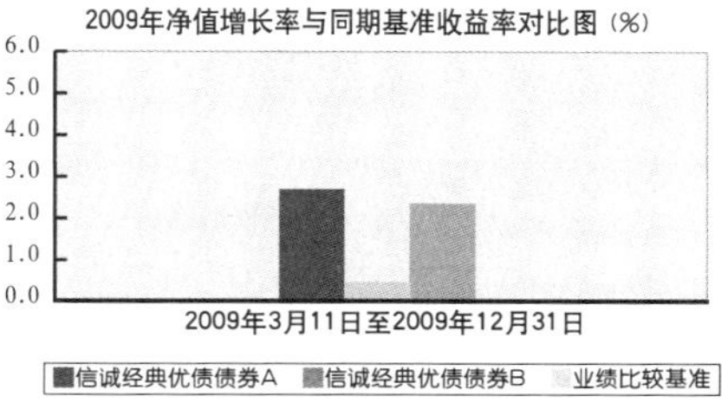

基金业绩表现

信诚经典优债债券基金合同生效于2009年3月11日，截至2009年12月31日，该基金A类净值增长率为2.70%，B类净值增长率为2.20%；同期业绩基准收益率为0.41%。

基金管理团队

王国强先生：基金经理，浙江大学工商管理硕士，10年证券从业经历。曾任职于浙江国际信托投资公司投行业务部、健桥证券公司债券业务部、银河基金公司机构理财部，长期从事固定收益证券分析和研究。2006年8月加入信诚基金管理公司，任固定收益分析师；2009年3月起任信诚经典优债债券基金经理。

基金运作分析

信诚经典优债债券基金于2009年一季度末成立，运作期间，债券市场利率大幅上行，基金控制债券组合久期，有效防范利率上行风险。从四个方面增强该基金的收益：一是配置较多仓位的浮息金融债，在短端利率大幅上行的趋势下，浮息债不仅能够规避利率上行风险，并且在利率上行过程中，票息得以提升，增强收益；二是配置适当比例的企业债等信用品种，管理人通过严格的信用风险评估，在控制风险的基础上，选择收益率相对较高的品种；三是配置适当比例的可转换债券，受益于经济复苏和权益市场持续上扬；四是谨慎参与新股网下申购，创业板的新股发行估值较高，该基金参与较少。四季度管理人加强风险管理，减少基金净值波动，逐步形成收益稳定增长的投资风格。

季度投资组合一览

项 目 ＼ 季 度	第二季度 A	第二季度 B	第三季度 A	第三季度 B	第四季度 A	第四季度 B
基金资产净值	2.4642亿元	4.5597亿元	0.9813亿元	3.9622亿元	0.4319亿元	3.3712亿元
基金份额	2.4327亿份	4.5078亿份	0.9740亿份	3.9470亿份	0.4205亿份	3.2993亿份
基金份额净值	1.013元	1.011元	1.007元	1.004元	1.027元	1.022元
基金资产组合	市值(元)	占总资产比(%)	市值(元)	占总资产比(%)	市值(元)	占总资产比(%)
股票投资	17,522,592.40	2.35	16,306,037.92	2.92	4,542,280.49	1.19
债券投资	633,576,391.43	85.15	404,694,677.70	72.46	319,021,217.20	83.49
金融衍生品投资	——	——	——	——	——	——
银行存款和结算备付金	88,411,370.41	11.88	14,337,693.58	2.57	55,832,659.81	14.61
其他资产	4,580,546.05	0.62	123,180,132.14	22.05	2,711,611.31	0.71

投资前五名股票明细

股票名称	公允价值(元)	占净值比(%)	股票名称	公允价值(元)	占净值比(%)	股票名称	公允价值(元)	占净值比(%)
柳 工	12,395,319.04	1.76	南山铝业	10,220,304.95	2.07	中国北车	2,367,559.25	0.62
赤天化	5,127,273.36	0.73	恒源煤电	3,099,237.30	0.63	中国国旅	935,578.26	0.25
			光大证券	1,768,693.10	0.36	超图软件	735,858.48	0.19
			中国国旅	526,318.62	0.11	焦点科技	503,284.50	0.13
			奥飞动漫	444,574.08	0.09			

投资前五名债券明细

债券名称	公允价值(元)	占净值比(%)	债券名称	公允价值(元)	占净值比(%)	债券名称	公允价值(元)	占净值比(%)
09农发07	199,440,000.00	28.39	09农发07	99,910,000.00	20.21	09农发07	100,100,000.00	26.32
08央行票据119	98,210,000.00	13.98	09央行票据44	58,962,000.00	11.93	09央行票据67	49,835,000.00	13.10
08央行票据104	48,325,000.00	6.88	07央行票据95	50,935,000.00	10.30	09央行票据53	29,901,000.00	7.86
09杭城投债	30,618,000.00	4.36	08央行票据119	48,960,000.00	9.90	09武进债	27,729,000.00	7.29
09淮南城投债	30,336,000.00	4.32	09武进债	28,230,000.00	5.71	09央行票据44	19,650,000.00	5.17

信诚优胜精选股票型证券投资基金

基本资料			
基金简称	信诚优胜精选股票	交易代码	550008
风险收益特征	该基金为股票型基金，属于证券投资基金中的高风险、高收益品种。		
业绩比较基准	80%×中信标普A股综合指数收益率+20%×中信全债指数收益率		
合同生效日	2009年8月26日 首募份额 23.56亿份	认购户数	25,810户
基金管理人	信诚基金管理有限公司	基金托管人	中国建设银行
注册登记人	信诚基金管理有限公司		

财务指标	单位：人民币(元)；%
项 目 / 年 度	2009年8月26日至2009年12月31日
本期利润	182,818,221.42
本期加权平均净值利润率	8.26
期末基金资产净值	2,162,587,117.01
期末基金份额净值	1.078
本期份额净值增长率	7.80
累计份额净值增长率	7.80
基金收益分配	——
期末基金份额持有人户数	基金份额持有人户数为19,200户，平均每户持有104,491.51份。
期末基金份额持有人结构	机构投资者持有748,105,413.36份，占总份额37.29%； 个人投资者持有1,258,131,610.33份，占总份额62.71%。

成立来累计净值增长率与同期基准收益率历史走势对比图（%）

2009年净值增长率与同期基准收益率对比图（%）

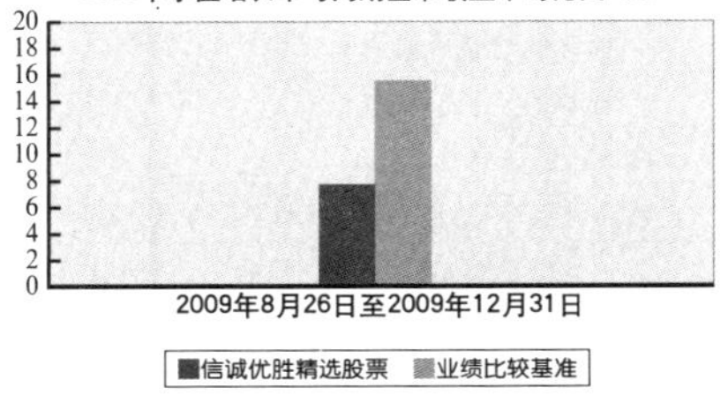

基金业绩表现

信诚优胜精选股票基金合同生效于2009年8月26日，截至2009年12月31日，该基金份额净值为1.078元，成立以来净值增长率为7.80%；同期业绩基准收益率为15.64%。

基金管理团队

黄小坚先生：基金经理、首席投资官、股票投资总监，9年证券从业经历，经济学硕士。历任申银万国证券公司研究所行业分析师；银华基金管理公司行业研究员、投资管理部组合经理，任多只基金的基金经理（银华道琼斯88精选基金，天华基金，银华优势企业基金）；华宝兴业基金管理公司基金经理（华宝兴业多策略股票基金）；2009年8月起任信诚优胜精选股票基金经理。

基金运作分析

信诚优胜精选股票基金于2009年8月26日成立，考虑到经济增长确定性的增强及市场流动性的充裕，该基金成立后开始建仓。受益于居民收入增长及消费升级，消费品行业经营状况明显好转，信诚优胜精选股票基金对消费品行业进行了重点配置，同时，考虑到政府未来经济政策的重点将放在结构调整上，该基金对受益于结构调整的电子信息行业、医药行业进行了重点配置，此外将部分资产配置在估值水平较低的金融和钢铁行业上，并对新疆、海南等国家重点支持的区域进行重点投资。

展望2010年，该基金管理人认为，A股市场总体将以震荡上升为主，在这种震荡上升的行情中如何优化结构、精选股票，将成为决定基金收益率的关键变量。

季度投资组合一览

项 目 / 季 度	第四季度	
基金资产净值	2,162,587,117.01元	
基金份额	2,006,237,023.69份	
基金份额净值	1.078元	
基金资产组合	金额(元)	占总资产比例(%)
股票投资	1,821,987,189.08	81.37
存托凭证	——	——
债券投资	——	——
金融衍生品投资	——	——
买入返售金融资产	——	——
银行存款和结算备付金	403,447,819.71	18.02
其他资产	13,791,163.01	0.62

投资前五名股票明细	股票名称	公允价值(元)	占净值比例(%)	投资前五名债券明细	债券名称	公允价值(元)	占净值比例(%)
	宝钢股份	107,801,243.34	4.98				
	招商银行	76,146,072.95	3.52				
	五 粮 液	66,479,446.38	3.07		——		
	千金药业	62,636,985.60	2.90				
	中国太保	61,485,463.62	2.84				

汇丰晋信基金管理有限公司

法定名称	汇丰晋信基金管理有限公司	英文名称	HSBC Jintrust Fund Management Co.,Ltd.		
成立时间	2005年11月16日	注册资本	2亿元人民币	公司属性	中外合资
法人代表	杨小勇	总经理	李选进	督察长	古韵
公司网址	www.hsbcjt.cn	客服电话	021-3878 9998		
联系电话	021-3878 9898	传真号码	021-3878 9898		
注册地址	上海市浦东新区富城路99号震旦大厦35楼	办公地址	上海市浦东新区富城路99号震旦大厦35楼		

公司简介

汇丰晋信基金管理有限公司(以下简称"公司")经中国证监会批准，于2005年11月16日正式成立。公司由山西信托有限责任公司与汇丰环球投资管理(英国)有限公司合资设立，注册资本为2亿元人民币，注册地在上海。

截至2009年12月31日，汇丰晋信基金管理有限公司旗下共管理了7只开放式基金；管理基金资产规模99.48亿元人民币。

2009年旗下开放式基金业绩表现

截至日期：2009年12月31日

(单位：元；%)

基金类型	基金简称	设立日期	基金份额净值	净值增长率①	累计净值增长率②
股票型	汇丰晋信龙腾股票	2006-09-27	1.8717	77.03	150.99
	汇丰晋信大盘股票	2009-06-24	1.1388	17.28	17.28
	汇丰晋信中小盘股票	2009-12-11	1.0179	1.79	1.79
混合型	汇丰晋信2016周期混合	2006-05-23	2.0646	22.25	120.86
	汇丰晋信动态策略混合	2007-04-09	1.2594	62.55	25.94
	汇丰晋信2026周期混合	2008-07-23	1.3255	69.80	65.89
债券型	汇丰晋信平稳增利债券	2008-12-03	0.9952	-1.47	-0.48

注：①净值增长率指该基金2009年度的份额净值增长率；②累计净值增长率指该基金设立以来的份额净值增长率。

2009年管理公募基金概况

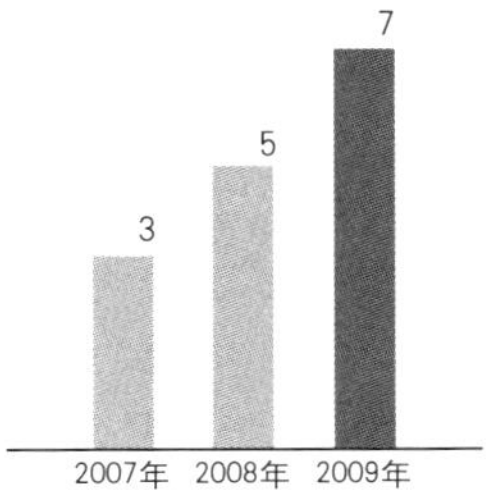

基金数量(只)

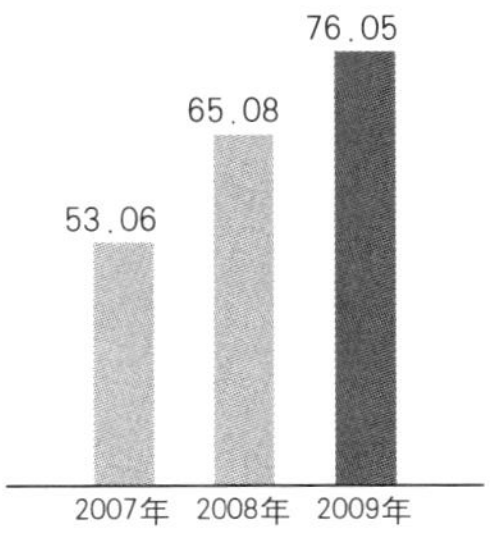

基金份额规模(亿份)

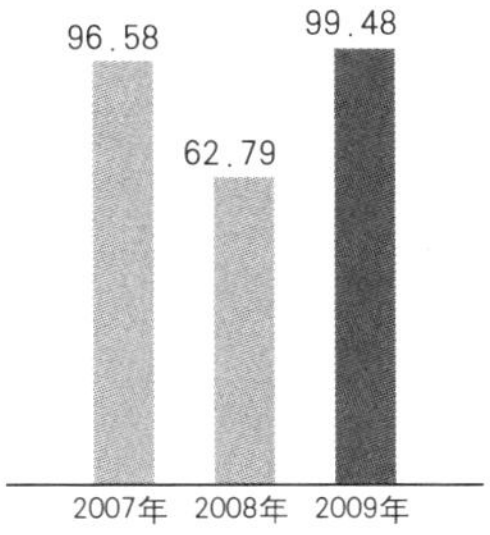

基金资产规模(亿元)

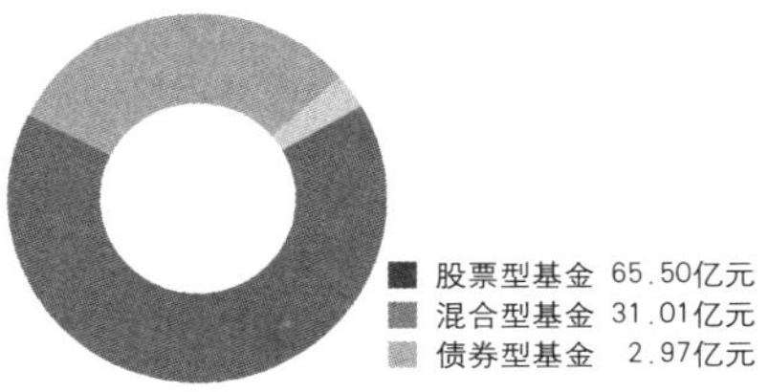

2009年基金资产规模构成

汇丰晋信2016生命周期开放式证券投资基金

基本资料

基金简称	汇丰晋信2016周期混合	交易代码	540001(前端)　541001(后端)		
风险收益特征	该基金是一只生命周期基金，风险与收益水平会随着投资者目标时间期限的接近而逐步降低。其预期风险与收益在投资初始阶段属于中等水平；随着目标投资期限的逐步接近，会逐步降低预期风险与收益水平，转变成为中低风险的基金；在临近目标期限和目标期限达到以后，该基金转变成为低风险的基金品种。				
业绩比较基准	2016年6月1日前：X×新华富时中国A全指+(1-X)×新华巴克莱资本中国全债指数；2016年6月1日起，为银行活期存款利率(税后)				
合同生效日	2006年5月23日	首募份额	29.22亿份	认购户数	59,258户
基金管理人	汇丰晋信基金管理有限公司	基金托管人	交通银行		
注册登记人	汇丰晋信基金管理有限公司				

成立来累计净值增长率与同期基准收益率历史走势对比图（%）

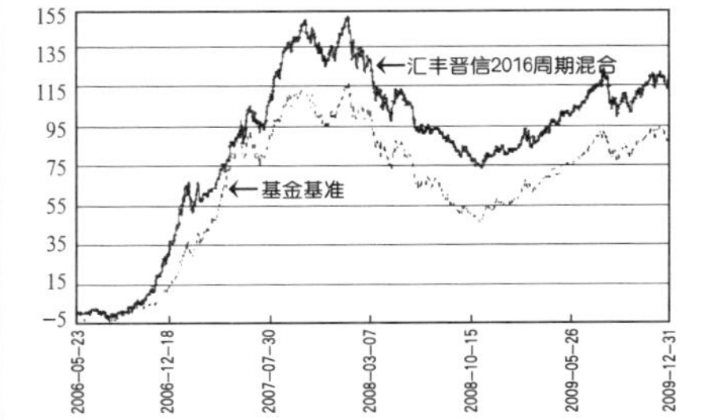

财务指标　　单位：人民币(元)；%

项目＼年度	2009年	2008年	2007年
本期利润	157,729,885.12	-330,156,442.13	900,758,526.01
本期加权平均净值利润率	20.56	-31.52	56.15
期末基金资产净值	682,676,455.82	776,742,303.69	1,317,710,785.24
期末基金份额净值	2.0646	1.6888	2.2566
本期份额净值增长率	22.25	-25.16	68.24
累计份额净值增长率	120.86	80.66	141.40
基金收益分配	——	——	10派1.000

近三年净值增长率与同期基准收益率对比图（%）

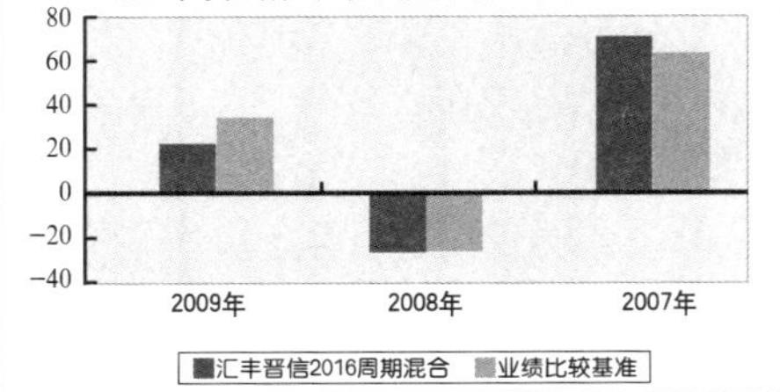

期末基金份额持有人户数	基金份额持有人户数为14,219户，平均每户持有23,254.58份。　（期末截至2009年12月31日）
期末基金份额持有人结构	机构投资者持有19,181,137.92份，占总份额5.80%；个人投资者持有311,475,742.62份，占总份额94.20%。

基金业绩表现

2009年汇丰晋信2016周期混合基金全年份额净值增长率为22.25%，同期业绩基准收益率为33.97%。

基金管理团队

冯　烜先生：基金经理，人民大学经济学硕士，加拿大多伦多大学MBA，CFA，6年证券从业经历。曾任第一创业证券公司研究员、中国国际金融公司实习研究员，2005年11月起任汇丰晋信基金公司研究员、高级研究员；2009年7月起任汇丰晋信2016周期混合基金经理。

贺　轶先生：基金经理，西南财经大学经济学学士，澳大利亚昆士兰大学应用金融学硕士，CFA，8年证券从业经历。曾任中国银行云南省分行国际业务部外汇交易分析员、中银国际证券公司资产管理部投资分析员、中银中国精选混合基金经理；2008年3月至2009年9月任汇丰晋信2016周期混合基金经理。

基金运作分析

2009年汇丰晋信2016周期混合基金的投资策略分成两个阶段。8月之前投资策略较为保守，行业选择偏向于防御。较保守的策略使得基金投资较为被动；8月市场出现2009年的最大调整，在调整早期该基金降低仓位，之后判断二次探底应当不会出现，因而选择了加仓，在一定程度上把握了市场的节奏。行业方面该基金较多配置了非周期性行业(主要是食品饮料、零售、TMT等)，自下而上选择的一些个股表现也较好，因此该段时间基金业绩的总体表现有一定改善。

季度投资组合一览

项目＼季度	第一季度		第二季度		第三季度		第四季度	
基金资产净值	820,215,043.58元		800,164,440.82元		687,538,742.25元		682,676,455.82元	
基金份额	455,245,053.21份		410,178,670.01份		363,213,635.76份		330,656,880.54份	
基金份额净值	1.8017元		1.9508元		1.8929元		2.0646元	
基金资产组合	市值(元)	占总资产比(%)	市值(元)	占总资产比(%)	市值(元)	占总资产比(%)	市值(元)	占总资产比(%)
股票投资	347,848,014.64	41.97	275,218,664.10	34.16	285,574,068.51	40.98	295,005,275.77	42.79
债券投资	400,809,057.50	48.36	125,670,231.00	15.60	13,482,256.00	1.93	585,162.00	0.08
资产支持证券投资	——	——	——	——	——	——	——	——
金融衍生品投资	——	——	——	——	——	——	——	——
银行存款和结算备付金	71,945,330.32	8.68	398,843,869.24	49.50	396,086,959.08	56.84	388,577,833.13	56.37
其他资产	8,218,073.14	0.99	5,935,431.74	0.74	1,709,833.98	0.25	5,200,520.34	0.75

投资前五名股票明细	股票名称	公允价值(元)	占净值比(%)	股票名称	公允价值(元)	占净值比(%)	股票名称	公允价值(元)	占净值比(%)	股票名称	公允价值(元)	占净值比(%)
	天马股份	26,333,214.25	3.21	浦发银行	34,739,643.14	4.34	天马股份	17,283,000.00	2.51	天马股份	19,971,000.00	2.93
	浦发银行	21,991,393.44	2.68	兴业银行	34,159,977.66	4.27	中信证券	16,984,341.02	2.47	民生银行	19,775,000.00	2.90
	兴业银行	17,530,293.00	2.14	天马股份	25,543,244.72	3.19	浦发银行	15,720,000.00	2.29	招商银行	18,050,000.00	2.64
	华发股份	16,988,497.24	2.07	中国平安	15,513,079.54	1.94	招商银行	14,780,000.00	2.15	中国太保	11,288,172.00	1.65
	哈药股份	15,260,577.04	1.86	万 科A	15,043,266.00	1.88	民生银行	12,132,000.00	1.76	辽宁成大	11,244,168.00	1.65

投资前五名债券明细	债券名称	公允价值(元)	占净值比(%)	债券名称	公允价值(元)	占净值比(%)	债券名称	公允价值(元)	占净值比(%)	债券名称	公允价值(元)	占净值比(%)
	08央行票据92	87,453,000.00	10.66	08国开25	60,090,000.00	7.51	08央行票据114	12,895,442.00	1.88	08国开21	585,162.00	0.09
	08央行票据101	77,872,000.00	9.49	08国开21	20,641,475.00	2.58	08国开21	586,814.00	0.09			
	08国开25	60,510,000.00	7.38	08央行票据114	12,972,756.00	1.62						
	08南网债(1)	41,116,000.00	5.01	08国开13	10,828,000.00	1.35						
	08央行票据112	39,124,000.00	4.77	08国开15	10,781,000.00	1.35						

汇丰晋信龙腾股票型开放式证券投资基金

基本资料

基金简称	汇丰晋信龙腾股票	交易代码	540002		
风险收益特征	该基金是一只股票型基金，属于证券投资基金中预期风险、收益较高的产品。				
业绩比较基准	75%×新华富时600成长指数收益率＋25%×1年期银行定期存款利率(税后)				
合同生效日	2006年9月27日	首募份额	14.36亿份	认购户数	24.287户
基金管理人	汇丰晋信基金管理有限公司	基金托管人	交通银行		
注册登记人	汇丰晋信基金管理有限公司				

成立来累计净值增长率与同期基准收益率历史走势对比图（%）

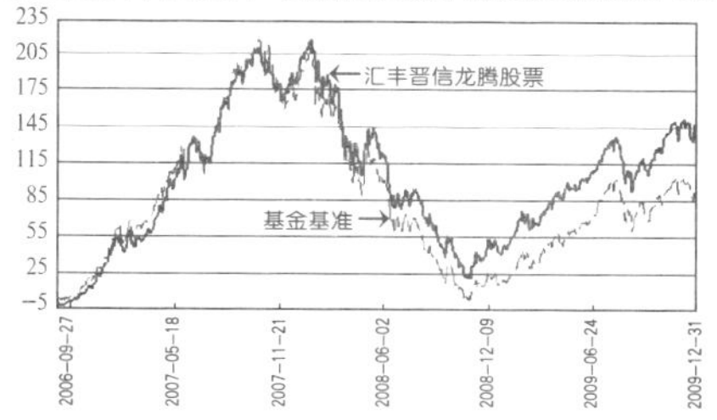

财务指标 单位：人民币（元）；%

项目＼年度	2009年	2008年	2007年
本期利润	980,639,067.39	−1,457,425,629.95	1,546,175,529.05
本期加权平均净值利润率	51.03	−81.49	77.02
期末基金资产净值	2,701,040,180.14	1,127,719,120.64	2,625,801,768.61
期末基金份额净值	1.8717	1.0573	3.0091
本期份额净值增长率	77.03	−52.88	128.36
累计份额净值增长率	150.99	41.78	200.91
基金收益分配	——	10派4.660	——

近三年净值增长率与同期基准收益率对比图（%）

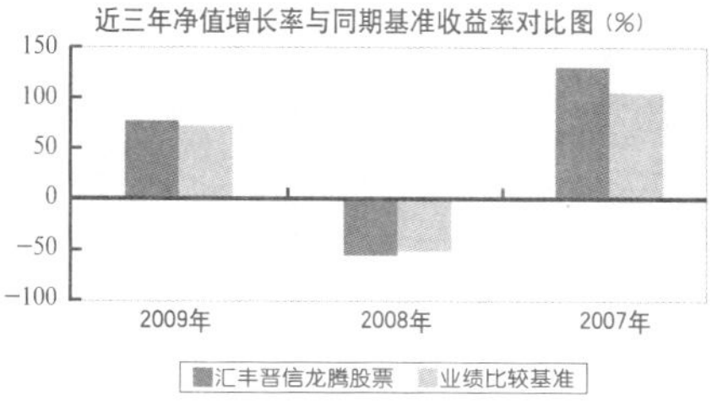

期末基金份额持有人户数	基金份额持有人户数为16,511户，平均每户持有87,400.18份。（期末截至2009年12月31日）
期末基金份额持有人结构	机构投资者持有1,012,020,292.18份，占总份额70.13%；个人投资者持有431,044,123.00份，占总份额29.87%。

基金业绩表现

2009年汇丰晋信龙腾股票基金全年份额净值增长率为77.03%，同期业绩比较基准收益率为71.49%。

基金管理团队

林彤彤先生：基金经理、首席投资官，12年证券从业经历，硕士。曾任华安基金公司研究发展部高级研究员，安信基金、安久基金、安顺基金及安瑞基金的基金经理，投资部总监助理；2006年9月起任汇丰晋信龙腾股票基金经理。

基金运作分析

回顾2009年的操作，汇丰晋信龙腾股票基金较好地把握了政策刺激下的宏观经济触底复苏的大背景，分享了市场上涨的丰硕果实。上半年该基金重点配置了景气度较高的汽车、新能源、节能环保等行业，取得了良好的效果，虽然5-6月份由于对有色金属、钢铁等上中游行业的低配对基金阶段业绩造成了一定的短期影响，但基金仍坚持了自己的投资理念和风格，较好地规避了三季度初上中游行业的大幅下跌。进入四季度，在判断宏观经济将表现平稳，市场波幅将有所缩窄，并可能出现结构性投资机会后，汇丰晋信龙腾股票基金在季度初适当增加了股票资产的投资比例，加大配置了科技、媒体、食品饮料、零售、新能源和节能环保等行业，这些行业的表现得到了市场的认同，配置取得了良好的效果，最终取得了较好的全年业绩表现。

季度投资组合一览

项目＼季度	第一季度		第二季度		第三季度		第四季度	
基金资产净值	1,437,553,751.14元		2,312,847,370.32元		1,888,955,556.14元		2,701,040,180.14元	
基金份额	1,068,760,936.51份		1,467,097,304.30份		1,216,744,270.68份		1,443,064,415.18份	
基金份额净值	1.3451元		1.5765元		1.5525元		1.8717元	
基金资产组合	市值(元)	占总资产比(%)	市值(元)	占总资产比(%)	市值(元)	占总资产比(%)	市值(元)	占总资产比(%)
股票投资	1,195,404,704.03	81.83	1,879,274,918.99	80.82	1,580,613,996.97	83.36	2,294,963,457.51	84.58
债券投资	——	——	——	——	——	——	——	——
资产支持证券投资	——	——	——	——	——	——	——	——
金融衍生品投资	——	——	——	——	——	——	——	——
买入返售金融资产	——	——	——	——	——	——	——	——
银行存款和结算备付金	252,271,933.86	17.27	425,573,100.12	18.30	312,575,548.81	16.49	392,390,601.58	14.46
其他资产	13,120,356.66	0.90	20,383,500.71	0.88	2,848,907.22	0.15	25,924,262.33	0.96

投资前五名股票明细	股票名称	公允价值(元)	占净值比(%)	股票名称	公允价值(元)	占净值比(%)	股票名称	公允价值(元)	占净值比(%)	股票名称	公允价值(元)	占净值比(%)
	天马股份	105,433,774.75	7.33	招商银行	128,117,947.59	5.54	浦发银行	110,371,849.20	5.84	招商银行	156,439,331.95	5.79
	浦发银行	77,092,618.08	5.36	浦发银行	123,154,421.76	5.32	招商银行	105,926,604.64	5.61	浦发银行	122,914,800.72	4.55
	中国平安	52,290,030.89	3.64	天马股份	121,863,164.52	5.27	中国平安	90,747,321.60	4.80	烟台万华	119,257,645.99	4.42
	烟台万华	49,545,628.55	3.45	中国平安	112,120,280.48	4.85	泰豪科技	83,811,662.64	4.44	泰豪科技	115,987,294.57	4.29
	潍柴动力	42,074,656.96	2.93	泰豪科技	81,998,817.62	3.55	天马股份	83,629,955.20	4.43	博瑞传播	113,025,183.07	4.18
投资前五名债券明细	债券名称	公允价值(元)	占净值比(%)	债券名称	公允价值(元)	占净值比(%)	债券名称	公允价值(元)	占净值比(%)	债券名称	公允价值(元)	占净值比(%)
	——			——			——			——		

汇丰晋信动态策略混合型证券投资基金

基本资料					
基金简称	汇丰晋信动态策略混合	交易代码	540003		
风险收益特征	该基金是一只混合型基金，其风险收益特征属于中预期风险、收益中等的基金产品。				
业绩比较基准	50%×MSCI中国A股指数收益率+50%×中信标普全债指数				
合同生效日	2007年4月9日	首募份额	52.66亿份	认购户数	111,506户
基金管理人	汇丰晋信基金管理有限公司	基金托管人	交通银行		
注册登记人	汇丰晋信基金管理有限公司				

财务指标　单位：人民币（元）；%

项目 \ 年度	2009年	2008年	2007.4.9至2007.12.31
本期利润	1,170,386,216.91	-2,326,767,358.91	2,471,887,280.48
本期加权平均净值利润率	48.88	-71.23	40.01
期末基金资产净值	2,295,689,229.15	2,133,932,358.39	5,714,873,351.91
期末基金份额净值	1.2594	0.7748	1.4845
本期份额净值增长率	62.55	-47.81	48.45
累计份额净值增长率	25.94	-22.52	48.45
基金收益分配	——	——	——

成立来累计净值增长率与同期基准收益率历史走势对比图（%）

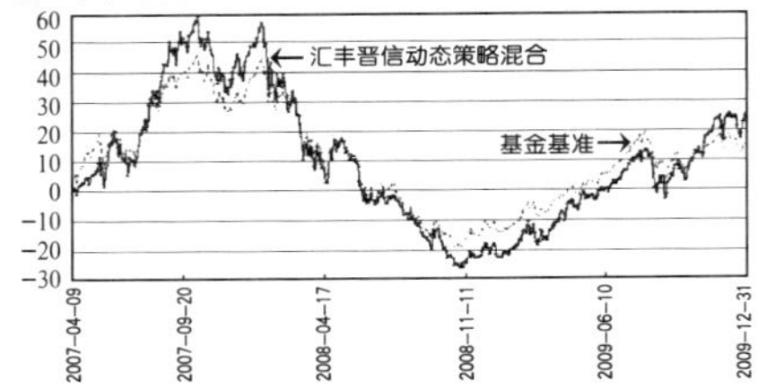

近三年净值增长率与同期基准收益率对比图（%）

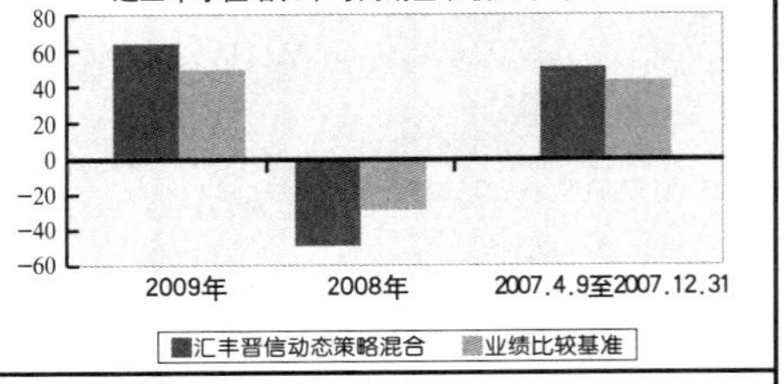

期末基金份额持有人户数	基金份额持有人户数为53,846户，平均每户持有33,852.93份。（期末截至2009年12月31日）
期末基金份额持有人结构	机构投资者持有102,487,136.82份，占总份额5.62%；个人投资者持有1,720,357,686.57份，占总份额94.38%。

基金业绩表现

截至2009年12月31日，汇丰晋信动态策略混合基金份额净值为1.2594元，全年份额净值增长率为62.55%；同期业绩比较基准收益率为48.64%。

基金管理团队

邵骥咏先生：基金经理，18年证券从业经历，上海交通大学会计学硕士。曾任华安基金管理公司交易员、汇丰晋信基金管理公司交易主管、投资经理；2009年5月起任汇丰晋信动态策略混合基金经理。

王　春先生：基金经理，9年证券从业经历，南京大学理学学士，复旦大学管理学硕士。曾任德恒证券公司研究员；兴业证券公司投资策略部经理；平安资产管理公司投资经理兼权益投资部研究主管；2007年4月至2009年9月任汇丰晋信动态策略混合基金经理。

基金运作分析

2009年，汇丰晋信动态策略混合基金投资策略坚持以精选个股集中投资，以及结合对市场的判断，加强波动操作的准确性和果断性为主。一方面，冀望通过个股的精挑细选来抵御系统性风险的波动，另一方面，结合自己对宏观经济、行业发展趋势，以及投资者心理波动趋势的判断，主动加强资产配置比例的调整力度，并果断执行之。纵观全年投资操作，最大的感概是，中国在经过了过去30年的经济发展之后，内在张力之强远超预期，对国际经济、社会的影响力也已经今非昔比。

展望2010年，汇丰晋信动态策略混合基金将着力于不断地深入研究、挖掘，并重点投资和把握关注的行业和公司的投资机会。

季度投资组合一览

项目 \ 季度	第一季度		第二季度		第三季度		第四季度	
基金资产净值	2,395,948,300.05元		2,702,043,919.07元		2,206,910,251.58元		2,295,689,229.15元	
基金份额	2,645,616,887.02份		2,621,580,588.75份		2,136,042,807.09份		1,822,844,823.39份	
基金份额净值	0.9056元		1.0307元		1.0332元		1.2594元	
基金资产组合	市值(元)	占总资产比(%)	市值(元)	占总资产比(%)	市值(元)	占总资产比(%)	市值(元)	占总资产比(%)
股票投资	2,092,209,282.26	86.88	1,932,157,698.14	70.78	1,782,639,480.92	80.36	2,023,863,204.09	87.46
债券投资	36,207,288.00	1.50	35,974,769.00	1.32	35,703,744.00	1.61	9,332,838.00	0.40
资产支持证券投资	——	——	——	——	——	——	——	——
金融衍生品投资	——	——	——	——	——	——	——	——
买入返售金融资产	——	——	——	——	——	——	——	——
银行存款和结算备付金	278,172,178.62	11.55	759,565,604.79	27.82	380,672,864.55	17.16	246,432,527.15	10.65
其他资产	1,633,995.01	0.07	2,256,700.54	0.08	19,278,483.56	0.87	34,498,603.58	1.49

投资前五名股票明细	股票名称	公允价值(元)	占净值比(%)	股票名称	公允价值(元)	占净值比(%)	股票名称	公允价值(元)	占净值比(%)	股票名称	公允价值(元)	占净值比(%)
	天马股份	176,503,217.25	7.37	浦发银行	151,241,400.00	5.60	浦发银行	111,415,500.00	5.05	泰豪科技	128,069,000.00	5.58
	浦发银行	116,395,200.00	4.86	天马股份	146,629,480.24	5.43	天马股份	101,662,058.00	4.61	招商银行	122,740,000.00	5.35
	中国平安	93,734,115.69	3.91	中国平安	104,196,343.34	3.86	中国平安	101,399,695.80	4.59	天马股份	106,761,600.00	4.65
	兴业银行	87,967,440.00	3.67	招商银行	100,620,900.00	3.72	泰豪科技	86,139,383.43	3.90	民生银行	101,880,800.00	4.44
	中信证券	85,815,205.02	3.58	哈药股份	94,175,793.32	3.49	招商银行	76,856,000.00	3.48	东百集团	88,540,000.00	3.86

投资前五名债券明细	债券名称	公允价值(元)	占净值比(%)	债券名称	公允价值(元)	占净值比(%)	债券名称	公允价值(元)	占净值比(%)	债券名称	公允价值(元)	占净值比(%)
	08国开21	29,674,690.00	1.24	08国开21	29,483,525.00	1.09	08国开21	29,251,186.00	1.33	08国开21	9,332,838.00	0.41
	08央行票据114	6,532,598.00	0.27	08央行票据114	6,491,244.00	0.24	08央行票据114	6,452,558.00	0.29			

汇丰晋信2026生命周期证券投资基金

基本资料					
基金简称	汇丰晋信2026周期混合	交易代码	540004		
风险收益特征	该基金是一只生命周期基金，风险与收益水平会随着投资者目标时间期限的接近而逐步降低。				
业绩比较基准	合同生效日至2026年8月31日（含）的业绩比较基准为：X×MSCI中国A股指数收益率+(1-X)×中信标普全债指数收益率				
合同生效日	2008年7月23日	首募份额	3.35亿份	认购户数	5,149户
基金管理人	汇丰晋信基金管理有限公司	基金托管人	中国建设银行		
注册登记人	汇丰晋信基金管理有限公司				

财务指标　　单位：人民币（元）；%

项目 \ 年度	2009年	2008年7月23日至2008年12月31日
本期利润	99,358,635.82	-7,111,928.71
本期加权平均净值利润率	57.93	-2.29%
期末基金资产净值	122,827,882.25	269,050,124.41
期末基金份额净值	1.3255	0.9770
本期份额净值增长率	69.80	-2.30%
累计份额净值增长率	65.89	-2.30%
基金收益分配	10派3.200	——

成立来累计净值增长率与同期基准收益率历史走势对比图（%）

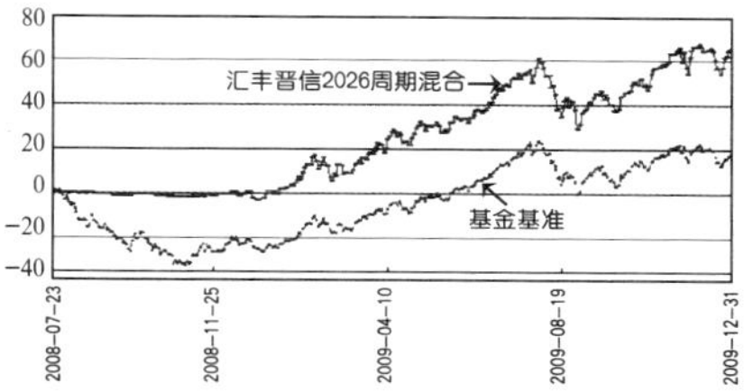

近两年净值增长率与同期基准收益率对比图（%）

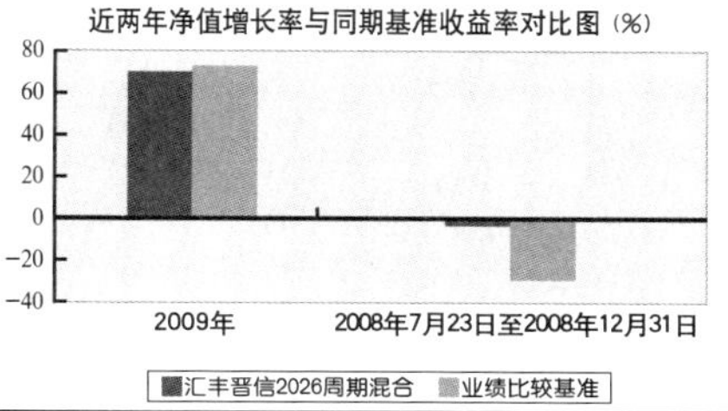

期末基金份额持有人户数	基金份额持有人户数为6,118户，平均每户持有15,145.84份。（期末截至2009年12月31日）
期末基金份额持有人结构	机构投资者持有925,839.01份，占总份额1.00%；个人投资者持有91,736,405.37份，占总份额99.00%。

基金业绩表现

截至2009年12月31日，汇丰晋信2026周期混合基金份额净值为1.3255元，全年份额净值增长率为69.80%；同期业绩比较基准收益率为72.83%。

基金管理团队

蔡立辉先生：基金经理，9年证券从业经历，武汉大学工商管理硕士。曾就职于湖北国际信托投资公司；国元证券公司；万家基金管理公司，曾任万家公用事业行业股票基金经理；2008年7月起任汇丰晋信2026周期混合基金经理。

基金运作分析

2009年汇丰晋信2026周期混合基金的投资策略分成两个阶段。2009年8月之前，该基金主要采用自上而下的资产配置策略，同时保持相对较高的股票仓位。具体而言，对上游资源品、中游投资品保持超配，对金融、地产行业基本保持标配，对下游消费品行业基本保持了低配。2009年8月之后，该基金投资策略逐渐转变为以自下而上精选个股为主，同时考虑到市场流动性依然充裕，股票仓位整体保持较高的水平。在行业配置上，重点投资于符合国家经济转型方向和产业政策大力扶持的行业，对依然属于传统经济模式的行业逐渐减持。具体而言，重点投资的行业有以医药、食品饮料、商业零售、餐饮旅游为代表的消费行业，以3G为代表的信息技术和信息服务行业，以及国家产业政策大力扶植的节能减排领域。

季度投资组合一览

项目 \ 季度	第一季度		第二季度		第三季度		第四季度	
基金资产净值	194,081,951.56元		136,209,580.77元		153,655,433.15元		122,827,882.25元	
基金份额	163,031,673.72份		96,909,334.86份		139,229,278.43份		92,662,244.38份	
基金份额净值	1.190元		1.406元		1.1036元		1.3255元	
基金资产组合	市值(元)	占总资产比(%)	市值(元)	占总资产比(%)	市值(元)	占总资产比(%)	市值(元)	占总资产比(%)
股票投资	160,297,971.97	80.62	116,612,282.10	83.52	123,781,306.17	79.50	113,362,222.93	79.91
债券投资	——	——	——	——	——	——	——	——
资产支持证券投资	——	——	——	——	——	——	——	——
金融衍生品投资	——	——	——	——	——	——	——	——
买入返售金融资产	——	——	——	——	——	——	——	——
银行存款和结算备付金	34,938,696.90	17.57	21,638,295.96	15.50	30,099,480.18	19.33	12,746,086.42	8.98
其他资产	3,603,016.97	1.81	1,370,617.44	0.98	1,827,357.23	1.17	15,751,714.19	11.10

投资前五名股票明细	股票名称	公允价值(元)	占净值比(%)	股票名称	公允价值(元)	占净值比(%)	股票名称	公允价值(元)	占净值比(%)	股票名称	公允价值(元)	占净值比(%)
	浦发银行	9,864,000.00	5.08	浦发银行	7,136,200.00	5.24	浦发银行	6,484,500.00	4.22	招商银行	8,483,500.00	6.91
	中国平安	6,648,700.00	3.43	兴业银行	5,566,500.00	4.09	兴业银行	5,068,500.00	3.30	中国平安	4,958,100.00	4.04
	兴业银行	6,434,400.00	3.32	深发展A	5,018,600.00	3.68	中国平安	4,563,000.00	2.97	兴业银行	4,837,200.00	3.94
	中信证券	6,367,500.00	3.28	招商银行	4,930,200.00	3.62	招商银行	4,434,000.00	2.89	东阿阿胶	4,707,000.00	3.83
	天马股份	6,029,100.00	3.11	中国平安	4,451,400.00	3.27	哈药股份	4,022,500.00	2.62	潞安环能	4,142,400.00	3.37

投资前五名债券明细	债券名称	公允价值(元)	占净值比(%)	债券名称	公允价值(元)	占净值比(%)	债券名称	公允价值(元)	占净值比(%)	债券名称	公允价值(元)	占净值比(%)

汇丰晋信平稳增利债券型证券投资基金

基本资料			
基金简称	汇丰晋信平稳增利债券	交易代码	540005
风险收益特征	该基金属于债券型基金产品，在开放式基金中，风险和收益水平低于股票型基金和混合型基金，高于货币基金和中短债基金，属于中低风险的产品。		
业绩比较基准	中信标普全债指数收益率		
合同生效日	2008年12月3日	首募份额 19.45亿份	认购户数 11,945户
基金管理人	汇丰晋信基金管理有限公司	基金托管人	交通银行
注册登记人	汇丰晋信基金管理有限公司		

财务指标　单位：人民币（元）；%

项目＼年度	2009年	2008年12月3日至2008年12月31日
本期利润	−22,003,211.01	19,443,463.38
本期加权平均净值利润率	−2.13	0.99
期末基金资产净值	297,079,209.58	1,971,293,639.93
期末基金份额净值	0.9952	1.0100
本期份额净值增长率	−1.47	1.00
累计份额净值增长率	−0.48	1.00
基金收益分配	——	——

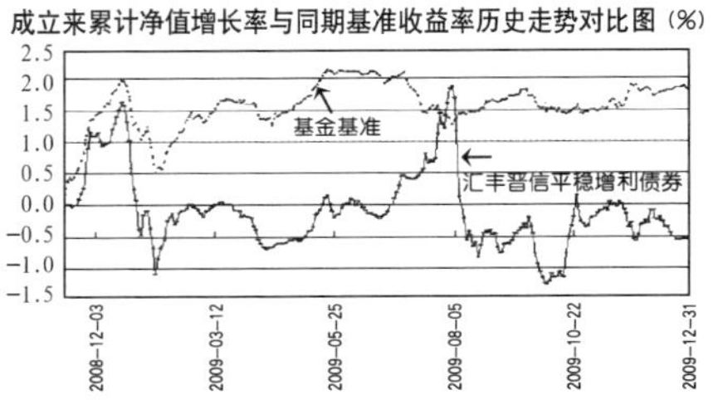

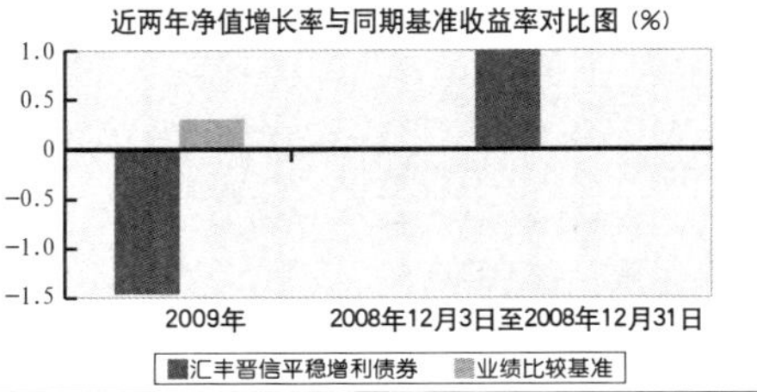

期末基金份额持有人户数	基金份额持有人户数为4,099户，平均每户持有72,825.16份。（期末截至2009年12月31日）
期末基金份额持有人结构	机构投资者持有51,621,217.31份，占总份额17.29%；个人投资者持有246,889,098.47份，占总份额 82.71 %。

基金业绩表现

截至2009年12月31日，汇丰晋信平稳增利债券基金份额净值为0.9952元，全年份额净值增长率为−1.47%；同期业绩比较基准收益率为0.27%。

基金管理团队

朱文辉先生：基金经理，8年证券从业经历，清华大学工商管理硕士，CFA。历任中国平安保险公司集团投资管理中心债券研究员、东方人寿保险公司投资部债券投资经理和生命人寿保险公司资产管理部助理总经理。2006年1月任汇丰晋信基金管理公司债券投资经理，现任汇丰晋信基金固定收益副总监；2008年12月起任汇丰晋信平稳增利债券基金经理。

基金运作分析

基于管理人对宏观经济和债券市场的判断，汇丰晋信债券平稳增利基金在操作上一直保持低于比较基准的久期配置，以降低利率风险。特别是在6月份经济复苏趋势明确之后，进一步缩短了组合久期，在配置上以短期央票为主，有效规避了债券市场的后续下跌。但是由于对可转债的参与程度不够，造成基金业绩表现差强人意。

2010年，管理人认为债券市场整体偏弱，但仍不乏投资机会：上半年，随着经济基本面转好趋势的确立，信用利差的结构性下降将带来明显的超额收益。同时，伴随着债券基准收益率的回升，利率产品的投资价值也会相应提高。如果下半年通胀水平出现回落，宏观调控有所放松，也将带来一定的获利空间。

季度投资组合一览

项目＼季度	第一季度		第二季度		第三季度		第四季度	
基金资产净值	1,707,246,589.20元		865,658,301.47元		421,874,062.61元		297,079,209.58元	
基金份额	1,710,073,079.46份		865,677,915.21份		427,076,285.00份		298,510,315.78份	
基金份额净值	0.9983元		1.0000元		0.9878元		0.9952元	
基金资产组合	市值(元)	占总资产比(%)	市值(元)	占总资产比(%)	市值(元)	占总资产比(%)	市值(元)	占总资产比(%)
股票投资	——	——	——	——	——	——	81,590.00	0.03
债券投资	1,502,662,910.70	86.64	780,100,103.40	87.59	386,575,566.30	90.70	248,304,288.80	77.82
资产支持证券投资	——	——	——	——	——	——	——	——
金融衍生品投资	——	——	——	——	——	——	——	——
买入返售金融资产	——	——	——	——	——	——	——	——
银行存款和结算备付金	208,625,312.68	12.03	86,900,537.76	9.76	35,651,905.28	8.36	34,515,591.78	10.82
其他资产	23,062,470.42	1.33	23,579,749.08	2.65	3,992,713.76	0.94	36,191,276.38	11.34

投资前五名股票明细	股票名称	公允价值(元)	占净值比(%)	股票名称	公允价值(元)	占净值比(%)	股票名称	公允价值(元)	占净值比(%)	股票名称	公允价值(元)	占净值比(%)
	——			——			——			中国化学	70,590.00	0.02
										罗普斯金	11,000.00	0.00

投资前五名债券明细	债券名称	公允价值(元)	占净值比(%)	债券名称	公允价值(元)	占净值比(%)	债券名称	公允价值(元)	占净值比(%)	债券名称	公允价值(元)	占净值比(%)
	08国开25	221,870,000.00	13.00	08国开25	130,195,000.00	15.04	08国开25	49,890,000.00	11.83	20国债(4)	30,240,000.00	10.18
	21国债(12)	107,153,101.30	6.28	08央票106	96,720,000.00	11.17	09央票37	29,901,000.00	7.09	09央票34	29,490,000.00	9.93
	08央票41	105,990,000.00	6.21	04国开11	50,050,000.00	5.78	09央票34	29,493,000.00	6.99	09央票53	19,934,000.00	6.71
	08进出08	105,260,000.00	6.17	08央票112	48,575,000.00	5.61	09央票40	29,487,000.00	6.99	09央票51	19,934,000.00	6.71
	21国债(10)	105,009,850.00	6.15	08央票92	48,220,000.00	5.57	09央票46	29,478,000.00	6.99	09央票40	19,654,000.00	6.62

汇丰晋信大盘股票型证券投资基金

基本资料					
基金简称	汇丰晋信大盘股票	交易代码	540006		
风险收益特征	该基金属于股票型基金产品，在开放式基金中，其预期风险和收益水平高于债券型基金和混合型基金，属于风险水平较高的基金产品。本基金主要投资于大盘蓝筹股票，在股票型基金中属于中等风险水平的投资产品。				
业绩比较基准	沪深300指数×90%+同业存款利率×10%				
合同生效日	2009年6月24日	首募份额	28.86亿份	认购户数	31,795户
基金管理人	汇丰晋信基金管理有限公司	基金托管人	交通银行		
注册登记人	汇丰晋信基金管理有限公司				

财务指标	单位：人民币（元）；%
项目 \ 年度	2009年6月24日至2009年12月31日
本期利润	357,215,833.47
本期加权平均净值利润率	14.31
期末基金资产净值	1,572,713,097.03
期末基金份额净值	1.1388
本期份额净值增长率	17.28
累计份额净值增长率	17.28
基金收益分配	10派0.300

成立来累计净值增长率与同期基准收益率历史走势对比图（%）

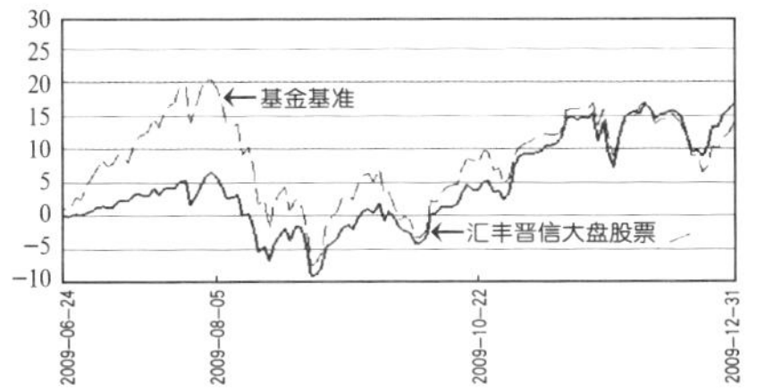

2009年净值增长率与同期基准收益率对比图（%）

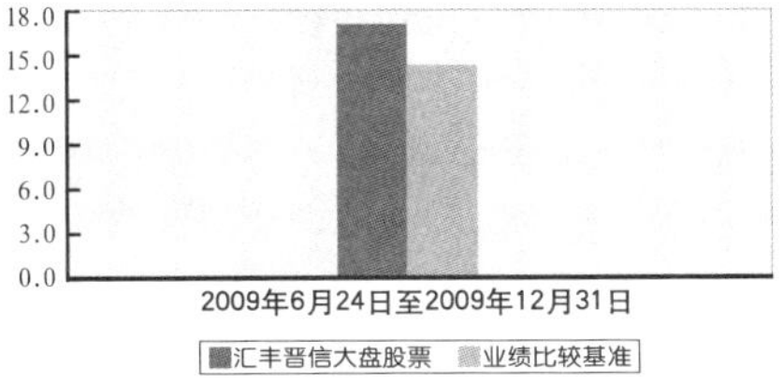

期末基金份额持有人户数	基金份额持有人户数为19,165户，平均每户持有72,057.87份。（期末截至2009年12月31日）
期末基金份额持有人结构	机构投资者持有174,382,231.99份，占总份额12.63%；个人投资者持有1,206,606,822.50份，占总份额87.37%。

基金业绩表现

汇丰晋信大盘股票基金合同生效于2009年6月24日，截至2009年12月31日，该基金份额净值为1.1388元，成立以来净值增长率为17.28%；同期业绩基准收益率为14.39%。

基金管理团队

林彤彤先生：基金经理、首席投资官，12年证券从业经历，硕士。曾任华安基金管理公司研究发展部高级研究员，安信基金、安久基金、安顺基金及安瑞基金的基金经理，投资部总监助理；2009年6月起任汇丰晋信大盘股票基金经理。

王　品女士：基金经理，10年证券从业经历，中国药科大学理学硕士。历任兴业证券公司医药行业研究员，中银国际基金管理公司中银中国基金经理助理、行业研究员，汇丰晋信基金管理公司高级研究员；2009年6月起任汇丰晋信大盘股票基金经理。

季度投资组合一览

项目 \ 季度	第三季度		第四季度	
基金资产净值	2,702,489,424.91元		1,572,713,097.03元	
基金份额	2,798,601,302.68份		1,380,989,054.49份	
基金份额净值	0.9657元		1.1388元	
基金资产组合	市值(元)	占总资产比(%)	市值(元)	占总资产比(%)
股票投资	2,185,889,642.77	79.46	1,405,320,961.98	87.73
债券投资	452,601.60	0.02	——	——
资产支持证券投资	——	——	——	——
金融衍生品投资	——	——	——	——
买入返售金融资产	——	——	——	——
银行存款和结算备付金	563,476,321.40	20.48	183,372,447.98	11.45
其他资产	1,122,682.92	0.04	13,264,119.06	0.83

投资前五名股票明细	股票名称	公允价值(元)	占净值比(%)	股票名称	公允价值(元)	占净值比(%)
	浦发银行	105,359,370.00	3.90	招商银行	73,526,241.80	4.68
	中国平安	94,269,805.50	3.49	天音控股	64,499,616.61	4.10
	兴业银行	88,174,227.83	3.26	民生银行	61,523,370.93	3.91
	招商银行	85,269,485.44	3.16	浦发银行	56,935,512.54	3.62
	中兴通讯	63,225,469.12	2.34	兴业银行	48,831,372.76	3.10

投资前五名债券明细	债券名称	公允价值(元)	占净值比(%)	债券名称	公允价值(元)	占净值比(%)
	安泰转债	452,601.60	0.02			

基金运作分析

该基金成立于2009年6月24日，至年末基金运作时间约为半年。在此期间，市场经历了较大的波动；市场风格也出现了较大的轮换，二季度周期性板块大行其道，而下半年消费类板块产生明显超额收益。该基金运作以来，在紧密观察经济走势的同时，坚持波段操作、精选个股的投资策略。

7月底管理人判断市场短期到达阶段性高点，进而果断地大幅度减仓，降低了8月份市场大幅度调整所带来的净值损失。自下半年以来，该基金在医药、汽车、食品饮料、信息设备、商贸等消费板块进行了大幅度的超配，获得了明显的超额收益。

在关注市场板块轮动的同时，该基金始终坚持精选个股的投资风格，根据国际通行的风险控制系统——BARRA对汇丰晋信大盘股票基金近半年的运作进行的归因分析结果显示，个股选择成为最为突出的业绩贡献因素。

汇丰晋信中小盘股票型证券投资基金

基本资料					
基金简称	汇丰晋信中小盘股票		交易代码	540007	
投资目标	该基金通过精选具有持续成长潜力的中小型优势企业，充分把握其在成长为行业龙头过程中所体现出的高成长性、可持续性以及市值高速扩张所带来的投资机会，以寻求资本的长期增值。				
业绩比较基准	中证700（中小盘）指数×90%+同业存款利率×10%				
风险收益特征	该基金是一只股票型基金，属于证券投资基金中预期风险和预计收益较高的基金产品，其预期风险和预期收益高于混合型基金、债券型基金和货币市场基金。				
合同生效日	2009年12月11日	上市日期	——	上市地点	——
募集概况	首募份额	认购户数	募集日期		
	22.34亿份	23,822户	2009年11月10日至2009年12月8日		
基金费率	认购费率	认购金额（M） M<50万元 50万元≤M<100万元 100万元≤M<500万元 M≥500万元	认购费率 1.20% 1.00% 0.60% 每笔1,000元		
	申购费率	申购金额（M） M<50万元 50万元≤M<100万元 100万元≤M<500万元 M≥500万元	申购费率 1.50% 1.20% 0.80% 每笔1,000元		
	赎回费率	0.50%			
	管理费率	1.50%			
	托管费率	0.25%			
基金管理人	汇丰晋信基金管理有限公司		基金托管人	中国建设银行股份有限公司	
审计机构	毕马威华振会计师事务所		注册登记人	汇丰晋信基金管理有限公司	

基金管理团队

蔡立辉先生：基金经理，武汉大学工商管理学硕士，9年证券从业经历。曾任湖北国际信托投资公司证券管理总部分析师；国元证券股份公司研发中心行业研究员、资产管理部投资经理；万家基金管理有限公司研究部行业研究员、基金管理部基金经理；2009年12月起任汇丰晋信中小盘股票基金经理，兼任汇丰晋信2026生命周期混合基金经理。

益民基金管理有限公司

法定名称	益民基金管理有限公司	英文名称	YiMin Asset Management Co.,Ltd.		
成立时间	2005年12月12日	注册资本	1亿元人民币	公司属性	中资
法人代表	翁振杰	董事长	翁振杰	督察长	刘伟
公司网址	www.ymfund.com	客服电话	400-650-8808　　010-6310 5559		
联系电话	010-6310 5556	传真号码	010-6310 0588		
注册地址	重庆市渝中区上清寺路110号				
办公地址	北京市宣武区宣武门外大街6号庄胜广场中央办公楼南翼13A				

公司简介

益民基金管理有限公司，是2005年12月1日经中国证监会批准成立。股东由重庆国际信托有限公司、中国新纪元有限公司和中山证券有限责任公司共三家公司构成，注册资本1亿元人民币。

公司注重以人为本的企业文化，"以人为本，章制为纲，自律勤勉"是我们秉承的管理思想。公司将本着诚实信用、勤勉尽责的职业操守，以优秀的人才、科学的管理，为基金投资者提供优秀的服务，为中国证券市场和基金业的繁荣发展做出应有的贡献。

客户服务

益民基金客户服务中心一贯秉承"客户至上"的服务理念，在提供电话服务的基础上，积极拓展其他形式的服务手段，以求为客户提供更便利、周到的服务。目前，益民基金客户服务中心已经开通400热线服务电话、网上在线客服、电子信函服务等等服务手段。

（一）呼叫中心

1、开通4006508808服务专线（免长途话费），为基金份额持有人提供自助查询服务、人工查询服务、业务咨询服务及客户投诉服务。

2、开通网上在线客户服务（www.ymfund.com），为基金份额持有人提供查询服务、投诉服务、咨询服务。

3、开通电子邮箱（severs@ymfund.com），为基金份额持有人提供查询服务、投诉服务、咨询服务。

4、基金份额持有人投诉处理中心。

5、除以上方式外，基金份额持有人还可以通过书信、传真等方式为客户提供服务。

（二）主动服务

1、根据基金持有人提供的信息，主动为基金持有人提供关怀服务。

2、为客户开通净值短信服务，向客户每工作日发送基金净值短信。

3、客服中心定期或不定期向基金份额持有人以书面或电子文件形式寄送对账单。

4、向预留个人电子邮箱的基金份额持有人定期或不定期发送基金相关资讯。

社会责任

2010年4月14日，青海省玉树县发生7.1级地震，造成重大人员伤亡和财产损失，益民基金组织员工向地震灾区捐款。

益民基金公司多年来积极履行"企业公民"责任。2008向南方雪灾地区捐款、向汶川地震灾区抗震救灾捐款、2009年向重庆人民警察英烈求助公益信托基金捐款、2010年向青海省玉树抗震救灾捐款。

2009年管理公募基金概况

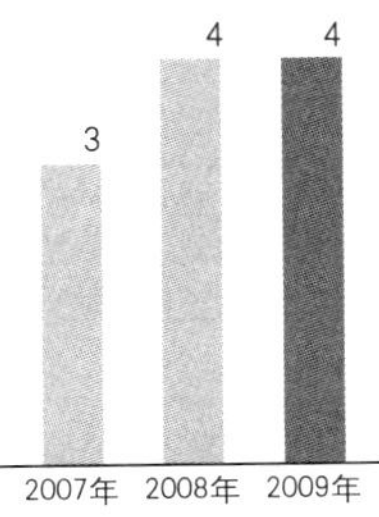

基金数量（只）

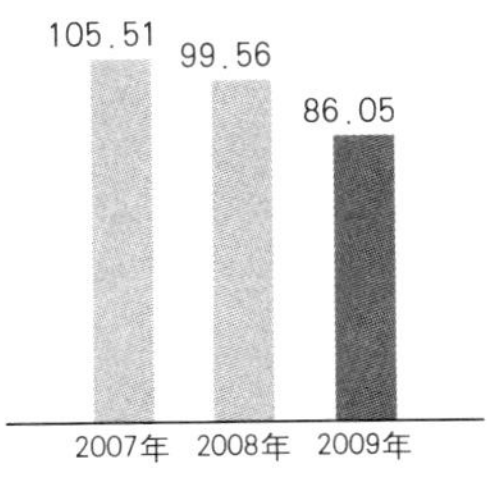

基金份额规模（亿份）

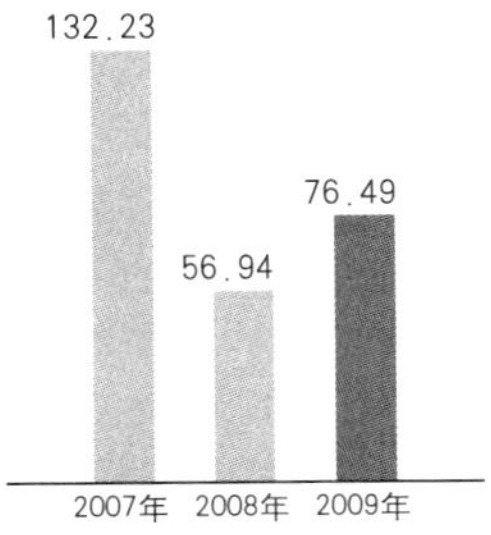

基金资产规模（亿元）

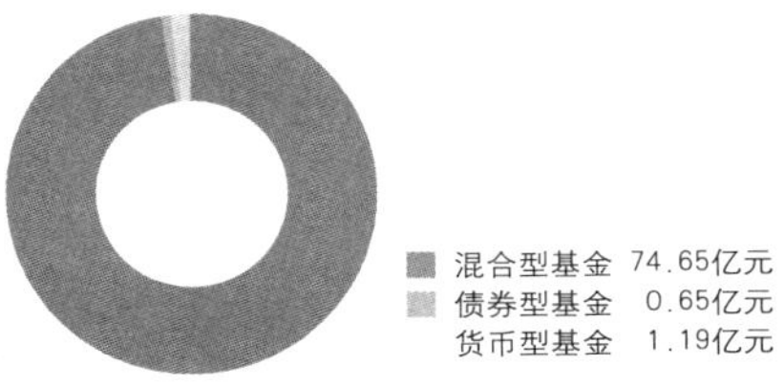

2009年基金资产规模构成

益民货币市场基金

基本资料					
基金简称	益民货币基金		交易代码	560001	
风险收益特征	该货币市场基金是具有较低风险、流动性强的基金品种。在一般情况下，其风险与预期收益低于一般债券型基金和股票型基金。				
业绩比较基准	6个月银行定期存款利率(税后)				
合同生效日	2006年7月17日	首募份额	17.15亿份	认购户数	24,127户
基金管理人	益民基金管理有限公司		基金托管人	中国农业银行	
注册登记人	益民基金管理有限公司				

成立来累计净值收益率与同期基准收益率历史走势对比图 (%)

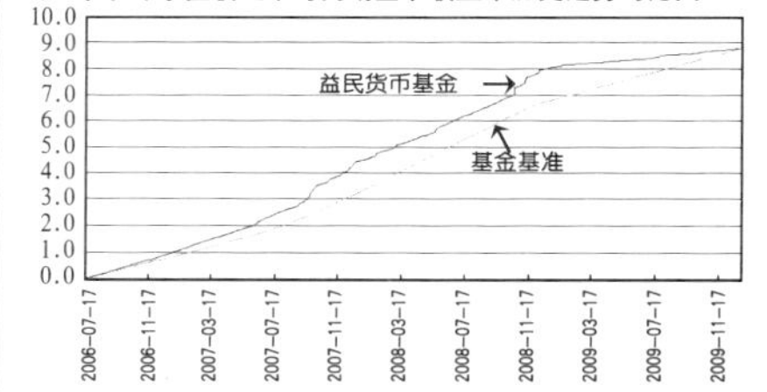

财务指标　　单位：人民币(元)；%

项目＼年度	2009年	2008年	2007年
本期利润	918,038.65	5,986,421.65	11,058,860.12
期末基金资产净值	118,777,416.74	166,775,174.62	317,865,761.54
期末基金份额净值	1.0000	1.0000	1.0000
本期份额净值收益率	0.6729	3.4719	3.4996
累计份额净值收益率	8.8709	8.1433	4.5147
基金收益分配	918,038.65	5,986,421.65	11,058,860.12

近三年净值收益率与同期基准收益率对比图 (%)

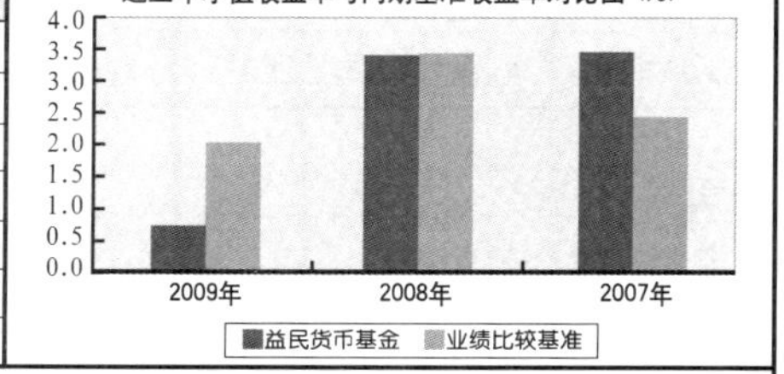

期末基金份额持有人户数	基金份额持有人户数为1,201户，平均每户持有98,898.76份。(期末截至2009年12月31日)
期末基金份额持有人结构	机构投资者持有53,761,334.05份，占总份额45.26%；个人投资者持有65,016,082.69份，占总份额54.74%。

基金业绩表现

2009年益民货币市场基金全年净值收益率为0.6729%，同期业绩基准收益率为2.0075%。

基金管理团队

田　敬先生，经济系管理学硕士，9年证券从业经历。历任华西证券有限责任公司固定收益总部交易主管，南京证券有限责任公司固定收益总部总经理助理兼投资总监。2008年4月加入益民基金管理有限公司，自2009年7月9日起任益民多利债券型证券投资基金及益民货币基金经理。

基金运作分析

回顾2009年的操作，在债券市场持续下跌，以及固定收益类基金普遍遭遇大规模赎回，规模急剧缩小的不利背景下，益民货币基金以持有人的利益为重，确保流动性，快递缩短久期，并且抓住三季度短期信用类品种的交易机会，为投资人实现了现金管理目的，但是由于该基金一直受到基金资产规模缩小及不稳定的困扰，失去了许多获取合理收益的机会，使得基金收益低于比较基准。

2010年，基于市场分析，该基金将密切关注政策面、宏观面和市场资金面的变化，及时调整组合久期，抓住可能出现的投资机会；力争在保证本基金流动性、安全性的前提下，为投资者实现良好的收益。

季度投资组合一览

项目＼季度	第一季度		第二季度		第三季度		第四季度	
基金资产净值	491,452,695.74元		132,919,936.59元		68,463,984.00元		118,777,416.74元	
基金份额	491,452,695.74份		132,919,936.59份		68,463,984.00份		118,777,416.74份	
基金份额净值	1.000元		1.000元		1.000元		1.000元	
基金资产组合	市值(元)	占总资产比(%)	市值(元)	占总资产比(%)	市值(元)	占总资产比(%)	市值(元)	占总资产比(%)
股票投资	——	——	——	——	——	——	——	——
债券投资	194,636,899.54	39.58	95,011,742.22	64.86	54,960,856.68	80.15	54,981,643.03	46.25
金融衍生品投资	——	——	——	——	——	——	——	——
买入返售金融资产	——	——	20,240,130.12	13.82	——	——	——	——
银行存款和结算备付金	171,801,969.89	34.94	11,203,777.32	7.65	13,524,970.17	19.72	58,397,845.49	49.13
其他资产	125,330,182.70	25.49	20,033,765.69	13.68	89,757.31	0.13	5,492,388.01	4.62

投资前五名债券明细	债券名称	成本(元)	占净值比(%)	债券名称	成本(元)	占净值比(%)	债券名称	成本(元)	占净值比(%)	债券名称	成本(元)	占净值比(%)
	08央行票据92	89,600,105.65	18.23	08央行票据92	39,942,880.70	30.05	09央行票据35	19,960,318.57	29.15	07农发17(总价)	10,009,227.97	8.43
	08央票114	24,782,902.10	5.04	08央票114	14,927,706.54	11.23	07农发17	10,011,639.61	14.62	09央行票据49(总价)	9,995,183.33	8.42
	09保利CP01	20,152,040.14	4.10	09保利CP01	10,055,205.20	7.56	08央票110	9,996,846.62	14.60	09央行票据51(总价)	9,992,738.61	8.41
	09蒙东CP01	20,051,058.58	4.08	09京机电CP01	10,053,122.83	7.56	09华侨城CP01	5,002,008.36	7.31	09央行票据53(总价)	9,990,439.79	8.41
	09京机电CP01	10,073,065.16	2.05	09蒙东CP01	10,018,646.66	7.54	09郑煤CP01	4,997,300.09	7.30	09华侨城CP01(总价)	5,001,096.53	4.21

投资组合平均剩余期限	平均剩余期限	占净值比(%)	平均剩余期限	占净值比(%)	平均剩余期限	占净值比(%)	平均剩余期限	占净值比(%)
	30天以内	39.03	30天以内	31.19	30天以内	48.98	30天以内	82.83
	30天(含)—60天	2.03	30天(含)—60天	30.05	30天(含)—60天	29.15	30天(含)—60天	0.00
	60天(含)—90天	0.00	60天(含)—90天	0.00	60天(含)—90天	0.00	60天(含)—90天	0.00
	90天(含)—180天	18.23	90天(含)—180天	11.23	90天(含)—180天	0.00	90天(含)—180天	4.21
	180天(含)—397天(含)	15.27	180天(含)—397天(含)	22.67	180天(含)—397天(含)	21.9	180天(含)—397天(含)	8.41

益民红利成长混合型证券投资基金

基本资料					
基金简称	益民红利成长混合		交易代码	560002	
风险收益特征	该基金产品定位于偏股型的混合型基金。风险和收益水平高于货币市场基金和债券型基金，低于股票型基金，属于风险和收益中等的证券投资基金品种。				
业绩比较基准	沪深300指数收益率×65%+中证全债指数收益率×35%				
合同生效日	2006年11月21日	首募份额	8.48亿份	认购户数	7,801户
基金管理人	益民基金管理有限公司		基金托管人	华夏银行	
注册登记人	益民基金管理有限公司				

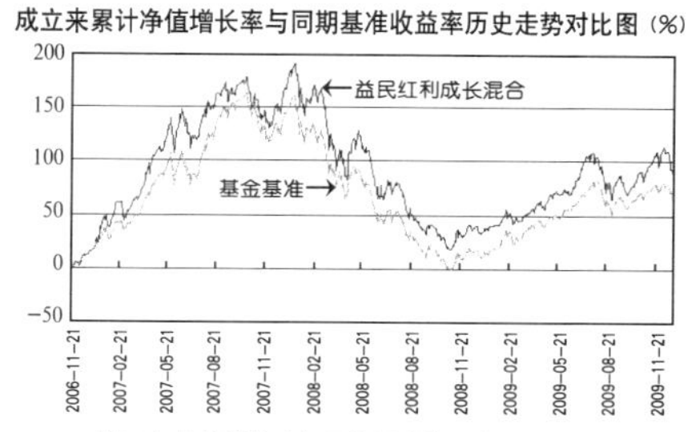

财务指标　单位：人民币（元）；%

项目＼年度	2009年	2008年	2007年
本期利润	704,620,550.21	−1,698,300,574.29	1,518,000,629.31
本期加权平均净值利润率	39.18	−74.96	64.08
期末基金资产净值	1,868,398,410.07	1,548,547,346.70	2,715,159,432.61
期末基金份额净值	0.7274	0.5449	1.2167
本期份额净值增长率	49.25	−49.98	132.33
累计份额净值增长率	99.13	33.42	166.74
基金收益分配	10派0.680	10派1.000	10派2.500

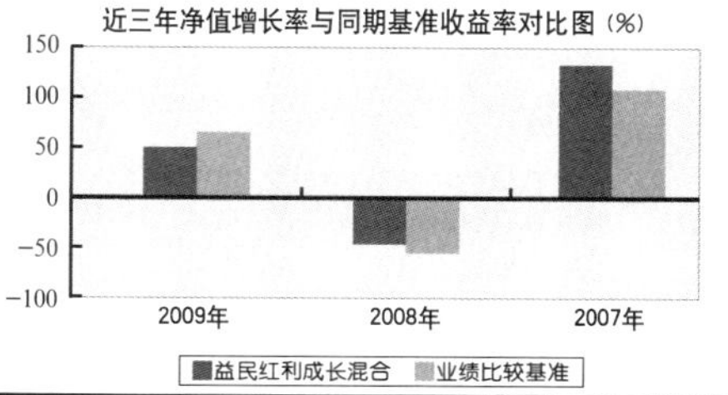

期末基金份额持有人户数	基金份额持有人户数为105,753户，平均每户持有24,287.47份。（期末截至2009年12月31日）
期末基金份额持有人结构	机构投资者持有75,604,846.36份，占总份额2.94%；个人投资者持有2,492,867,712.02份，占总份额 97.06%。

基金业绩表现

截至2009年12月31日，益民红利成长混合基金份额净值为0.7274元，全年净值增长率为49.25%。

基金管理团队

熊　伟先生，经济学硕士，11年证券从业经历。历任招商证券研发中心行业研究员，天相投资顾问有限公司研究部高级研究员，2005年9月加入新世纪基金管理有限公司，任投资管理部高级研究员。2006年10月加入益民基金管理有限公司，任研究部高级研究员，2007年10月20日起担任益民红利成长基金经理，投资决策委员会成员。

基金运作分析

2009年，股票市场在经济政策利好的刺激下大幅度上涨，全年上证指数从1820.81点起步，8月4日创下年内高点3478.01点，年底收于3277.14点，全年涨幅80.0%，深证成指全年涨幅111.2%。

益民红利成长混合基金在2009年的投资中，由于操作较为保守，一季度仓位较低，行业配置偏于防御，净值增长率落后于比较基准和指数。

展望2010年，宏观经济预期一致趋于乐观，经济刺激政策的退出正在酝酿之中，经济发展主基调定位于"调结构，促消费"。基于市场分析，2010年益民红利成长混合基金的投资组合将重点配置金融、食品饮料、医药等行业。

季度投资组合一览

项目＼季度	第一季度		第二季度		第三季度		第四季度	
基金资产净值	1,731,632,006.57元		1,871,574,325.05元		1,661,254,649.07元		1,868,398,410.07元	
基金份额	2,764,422,690.93份		2,791,361,696.22份		2,664,761,612.68份		2,568,472,558.38份	
基金份额净值	0.6264元		0.6705元		0.6234元		0.7274元	
基金资产组合	市值(元)	占总资产比(%)	市值(元)	占总资产比(%)	市值(元)	占总资产比(%)	市值(元)	占总资产比(%)
股票投资	1,022,867,308.88	58.81	1,588,026,322.69	84.48	1,309,497,666.21	78.51	1,555,149,261.50	81.99
债券投资	188,462,000.00	10.83	81,945,000.00	4.36	30,302,000.00	1.82	13,214,200.00	0.70
资产支持证券投资	9,915,723.76	0.57	9,915,723.76	0.53	——	——	——	——
金融衍生品投资	3,402,841.26	0.20	416,947.20	0.02	427,484.80	0.03	442,864.00	0.02
买入返售金融资产	——	——	——	——	——	——	——	——
银行存款和结算备付金	446,552,256.21	25.67	195,907,014.44	10.42	323,726,184.79	19.41	301,359,289.87	15.89
其他资产	68,186,247.89	3.92	3,625,761.56	0.19	3,991,511.80	0.24	26,613,568.50	1.40

投资前五名股票明细	股票名称	公允价值(元)	占净值比(%)	股票名称	公允价值(元)	占净值比(%)	股票名称	公允价值(元)	占净值比(%)	股票名称	公允价值(元)	占净值比(%)
	中国联通	66,289,222.00	3.83	上海汽车	165,719,494.20	8.85	五 粮 液	79,081,975.47	4.76	中信证券	84,095,190.00	4.50
	中国铁建	61,574,258.20	3.56	民生银行	130,622,049.36	6.98	华发股份	78,998,122.88	4.76	中国平安	83,224,022.28	4.45
	招商银行	55,380,645.00	3.20	金 融 街	108,703,188.16	5.81	信达地产	77,200,711.20	4.65	招商银行	81,225,000.00	4.35
	民生银行	51,287,893.36	2.96	华发股份	104,117,129.28	5.56	亿城股份	76,960,479.68	4.63	宝钢股份	67,620,000.00	3.62
	建设银行	49,574,768.80	2.86	信达地产	99,726,216.80	5.33	东阳光铝	63,552,364.80	3.83	五 粮 液	60,594,074.00	3.24

投资前五名债券明细	债券名称	公允价值(元)	占净值比(%)	债券名称	公允价值(元)	占净值比(%)	债券名称	公允价值(元)	占净值比(%)	债券名称	公允价值(元)	占净值比(%)
	08央行票据37	96,120,000.00	5.55	08央行票据47	52,495,000.00	2.80	09央行票据37	19,934,000.00	1.20	08央行票据47	10,291,000.00	0.55
	08央行票据47	53,035,000.00	3.06	08央行票据92	19,288,000.00	1.03	08央行票据47	10,368,000.00	0.62	09兴业01	2,923,200.00	0.16
	08央行票据92	19,434,000.00	1.12	08三房巷CP03	10,162,000.00	0.54						
	08三房巷CP03	10,216,000.00	0.59									
	08央行票据61	9,657,000.00	0.56									

益民创新优势混合型证券投资基金

基本资料					
基金简称	益民创新优势混合	交易代码	560003		
风险收益特征	该基金产品定位于偏股型的混合型基金。风险和收益水平高于货币市场基金和债券型基金，低于股票型基金，属于风险较高、收益较高的证券投资基金产品。				
业绩比较基准	沪深300指数收益率×75%+中证全债指数收益率×25%				
合同生效日	2007年7月11日	首募份额	72.38亿份	认购户数	232,420户
基金管理人	益民基金管理有限公司	基金托管人	中国农业银行		
注册登记人	益民基金管理有限公司				

财务指标		单位：人民币(元)；%	
项 目 \ 年 度	2009年	2008年	2007.7.11至2007.12.31
本期利润	2,615,305,849.63	−5,073,493,104.29	2,188,082,430.14
本期加权平均净值利润率	51.49	−86.92	22.31
期末基金资产净值	5,596,368,084.87	3,640,777,690.57	10,190,273,294.99
期末基金份额净值	0.9558	0.5498	1.2736
本期份额净值增长率	73.85	−56.83	29.32
累计份额净值增长率	−2.95	−44.17	29.32
基金收益分配	——	——	10派0.200

成立来累计净值增长率与同期基准收益率历史走势对比图（%）

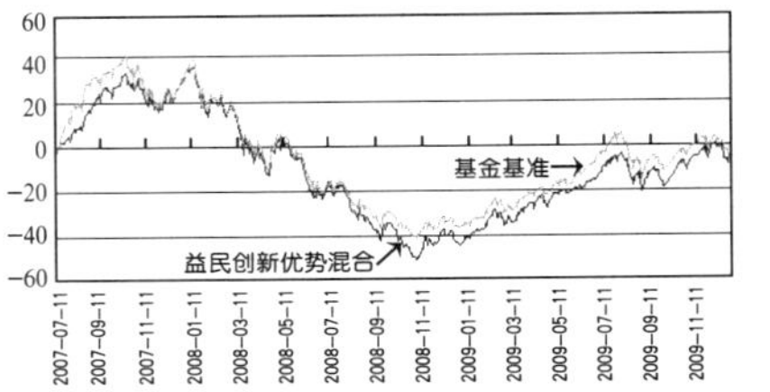

近三年净值增长率与同期基准收益率对比图（%）

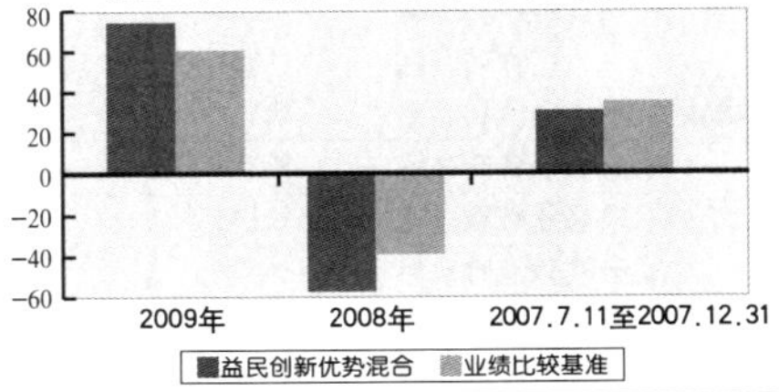

期末基金份额持有人户数	基金份额持有人户数为246,303户，平均每户持有23,771.33份。（期末截至2009年12月31日）
期末基金份额持有人结构	机构投资者持有53,798,625.56份，占总份额0.92%；个人投资者持有5,801,152,079.63份，占总份额99.08%。

基金业绩表现

2009年益民创新优势混合基金全年净值增长率为73.85%；同期业绩基准收益率为60.36%，业绩表现优于基准。

基金管理团队

高广新女士，硕士，12年证券从业经历。历任国泰君安证券研究所行业研究员，曾获新财富社会服务业和交通运输业最佳分析师。2006年10月进入益民基金管理有限公司，曾担任首席分析师及研究部总经理，2009年8月起担任益民创新优势基金经理，投资决策委员会成员。

基金运作分析

益民创新优势混合基金在2009年一季度较好地把握了市场的运行节奏，进入二季度5月下旬后调低仓位，尽管短期业绩不如人意，但也规避了8月份以后市场最大的一波下跌。三季度该基金由于对市场持续调整的幅度和时间估计不足，导致8月中旬后仓位提高较快，拖累三季度整体的业绩表现。由于对四季度特别是跨年度行情的相对乐观预期，该基金仓位维持在85%以上，较好地把握了汽车、家电、钢铁、旅游等板块的投资机会，但配置较重的地产和有色板块，由于年末的政策收紧超乎预期，加之对美元与金属价格的联动关系判断失误，拖累了业绩表现。

季度投资组合一览

项 目 \ 季 度	第一季度			第二季度			第三季度			第四季度		
基金资产净值	4,683,188,243.12元			5,276,878,919.75元			4,986,991,024.59元			5,596,368,084.87元		
基金份额	6,538,910,092.32份			6,372,220,837.87份			6,132,884,823.40份			5,854,950,705.19份		
基金份额净值	0.7162元			0.8281元			0.8132元			0.9558元		
基金资产组合	市值(元)		占总资产比(%)	市值(元)		占总资产比(%)	市值(元)		占总资产比(%)	市值(元)		占总资产比(%)
股票投资	4,103,218,664.61		87.06	3,950,372,865.39		74.64	4,097,419,566.19		81.92	4,682,991,119.61		80.96
债券投资	316,908,775.50		6.72	317,297,740.40		6.00	278,352,666.50		5.57	303,129,240.80		5.24
资产支持证券投资	——		——	——		——	——		——	——		——
金融衍生品投资	——		——	——		——	——		——	——		——
买入返售金融资产	——		——	——		——	250,200,575.30		5.00	——		——
银行存款和结算备付金	283,044,339.91		6.01	1,017,044,120.71		19.22	356,315,112.34		7.12	791,811,757.67		13.69
其他资产	9,750,423.77		0.21	7,766,477.42		0.15	19,328,813.79		0.39	6,682,599.38		0.12
投资前五名股票明细	股票名称	公允价值(元)	占净值比(%)	股票名称	公允价值(元)	占净值比(%)	股票名称	公允价值(元)	占净值比(%)	股票名称	公允价值(元)	占净值比(%)
	中信证券	150,527,700.00	3.21	上海汽车	293,370,338.30	5.56	上海汽车	287,588,894.25	5.77	上海汽车	380,491,028.19	6.80
	海通证券	141,039,984.15	3.01	一汽轿车	205,070,513.36	3.89	恒生电子	164,406,832.20	3.30	恒生电子	169,385,057.16	3.03
	招商银行	135,405,000.00	2.89	建设银行	186,958,829.43	3.54	保利地产	150,750,316.90	3.02	招商银行	161,870,252.05	2.89
	工商银行	133,960,000.00	2.86	青岛海尔	164,136,045.84	3.11	青岛海尔	146,207,447.56	2.93	中国神华	157,797,171.54	2.82
	建设银行	133,300,000.00	2.85	民生银行	160,717,708.80	3.05	中金岭南	123,356,763.20	2.47	鞍钢股份	150,926,784.00	2.70
投资前五名债券明细	债券名称	公允价值(元)	占净值比(%)	债券名称	公允价值(元)	占净值比(%)	债券名称	公允价值(元)	占净值比(%)	债券名称	公允价值(元)	占净值比(%)
	08央行票据92	58,302,000.00	1.24	08央行票据92	57,864,000.00	1.10	08央行票据50	51,850,000.00	1.04	08央行票据50	51,465,000.00	0.92
	08央行票据62	53,140,000.00	1.13	08央行票据62	52,595,000.00	1.00	09央行票据41	49,835,000.00	1.00	09央行票据65	49,835,000.00	0.89
	08央行票据50	53,050,000.00	1.13	08央行票据50	52,510,000.00	1.00	09进出01	49,480,000.00	0.99	09进出01	49,535,000.00	0.89
	09进出01	49,945,000.00	1.07	09进出01	49,780,000.00	0.94	06国开08	30,114,000.00	0.60	06国开08	30,105,000.00	0.54
	06国开08	30,081,000.00	0.64	06国开08	30,129,000.00	0.57	06京投债	29,037,000.00	0.58	06京投债	29,034,000.00	0.52

益民多利债券型证券投资基金

基本资料			
基金简称	益民多利债券	交易代码	560005
风险收益特征	该基金属于债券型基金产品，风险和收益水平低于股票型基金和混合型基金，高于货币基金和中短债基金，属于中低风险的产品。		
业绩比较基准	75%×中信全债指数+20%×沪深300指数+5%×活期存款利率		
合同生效日	2008年5月21日	首募份额	7.46亿份
		认购户数	3,549户
基金管理人	益民基金管理有限公司	基金托管人	招商银行
注册登记人	益民基金管理有限公司		

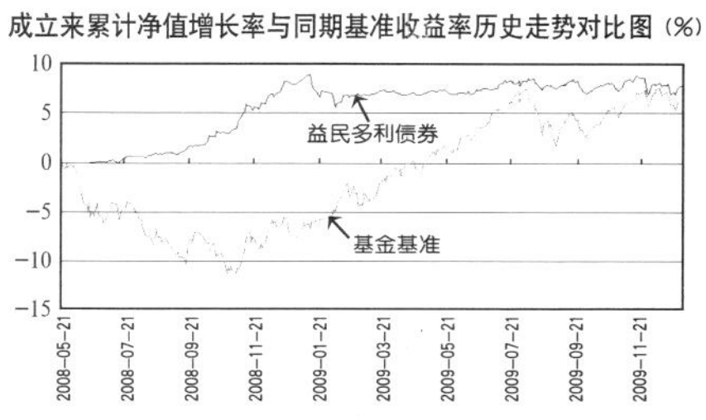

财务指标　单位：人民币（元）；%

项目 \ 年度	2009年	2008年5月21日至2008年12月31日
本期利润	−2,154,534.92	26,402,900.68
本期加权平均净值利润率	−1.61	6.20
期末基金资产净值	65,168,412.18	337,848,896.36
期末基金份额净值	1.0391	1.0390
本期份额净值增长率	0.01	8.00
累计份额净值增长率	8.01	8.00
基金收益分配	——	10派0.410

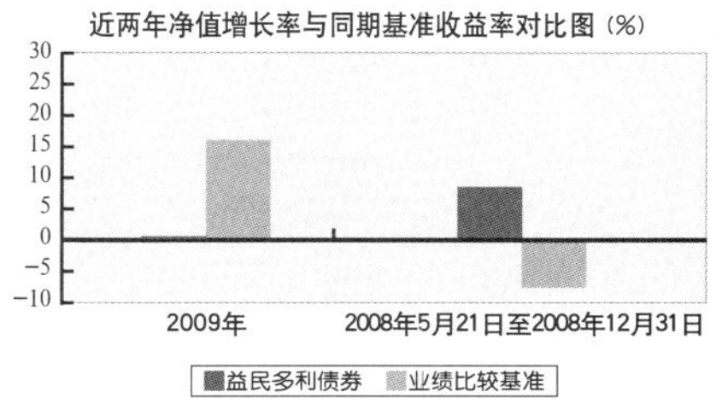

期末基金份额持有人户数	基金份额持有人户数为805 户，平均每户持有77,906.38份。（期末截至2009年12月31日）
期末基金份额持有人结构	机构投资者持有27,934,037.89份，占总份额44.54%；个人投资者持有34,780,595.96份，占总份额55.46%。

基金业绩表现

2009年益民多利债券基金全年净值增长率为0.01%；同期业绩基准收益率为15.71%。

基金管理团队

田　敬先生，经济系管理学硕士，9年证券从业经历。历任华西证券有限责任公司固定收益总部交易主管，南京证券有限责任公司固定收益总部总经理助理兼投资总监。2008年4月加入益民基金管理有限公司，自2009年7月9日起任益民多利债券型证券投资基金及益民货币基金经理。

基金运作分析

2009年，在债市持续下跌，以及固定收益类基金普遍遭遇大规模赎回，规模急剧缩小的不利背景下，益民多利债券基金以持有人的利益为重，确保流动性，快速减持长债，及时缩短久期，同时在三季度对于短期信用类品种进行建仓，确保基金核心收益。在权益类投资方面，由于年初仓位偏低，未能分享股票市场上扬收益。同时由于该基金2009年基金资产规模过小，甚至无法参与新股及新债申购，失去了许多获取合理收益的机会，使得基金收益低于业绩基准。

季度投资组合一览

项目 \ 季度	第一季度		第二季度		第三季度		第四季度	
基金资产净值	185,803,543.72元		108,939,246.07元		70,935,392.87元		65,168,412.18元	
基金份额	180,144,530.66份		105,475,734.42份		68,886,592.10份		62,714,633.85份	
基金份额净值	1.0314元		1.0328元		1.0297元		1.0391元	
基金资产组合	市值(元)	占总资产比(%)	市值(元)	占总资产比(%)	市值(元)	占总资产比(%)	市值(元)	占总资产比(%)
股票投资	3,554,555.94	1.63	6,197,486.50	4.74	8,208,532.00	9.11	10,399,330.60	14.88
债券投资	203,481,269.50	93.18	111,527,643.00	85.37	76,661,533	85.08	56,620,726.40	81.04
资产支持证券投资	——	——	——	——	——	——	——	——
金融衍生品投资	——	——	——	——	——	——	——	——
买入返售金融资产	——	——	——	——	——	——	——	——
银行存款和结算备付金	4,243,723.89	1.94	9,498,748.66	7.27	4,237,966.63	4.70	1,750,720.37	2.51
其他资产	7,100,902.06	3.25	3,418,374.96	2.62	996,840.22	1.11	1,097,414.45	1.57

投资前五名股票明细	股票名称	公允价值(元)	占净值比(%)	股票名称	公允价值(元)	占净值比(%)	股票名称	公允价值(元)	占净值比(%)	股票名称	公允价值(元)	占净值比(%)
	康缘药业	1,298,682.00	0.70	国药股份	2,662,500.00	2.44	浦发银行	1,965,000.00	2.77	歌华有线	3,558,000.60	5.46
	天茂集团	743,400.00	0.40	三一重工	2,084,386.50	1.91	龙净环保	1,429,800.00	2.02	五 粮 液	1,583,000.00	2.43
	陕天然气	684,473.94	0.37	太原重工	411,900.00	0.38	复星医药	955,800.00	1.35	中国联通	1,458,000.00	2.24
	辽通化工	417,000.00	0.22	东方电气	389,000.00	0.36	健康元	800,000.00	1.13	格力电器	1,447,000.00	2.22
	马钢股份	411,000.00	0.22	国电电力	348,500.00	0.32	国电南自	780,500.00	1.10	天坛生物	1,330,000.00	2.04
投资前五名债券明细	债券名称	公允价值(元)	占净值比(%)	债券名称	公允价值(元)	占净值比(%)	债券名称	公允价值(元)	占净值比(%)	债券名称	公允价值(元)	占净值比(%)
	08央行票据44	53,015,000	28.53	08央行票据95	48,245,000.00	44.29	09央行票据35	29,901,000.00	42.15	09农发03	19,598,000.00	30.07
	08央行票据62	42,512,000	22.88	09农发03	29,739,000.00	27.30	09农发03	29,472,000.00	41.55	09央行票据61	9,967,000.00	15.29
	08央行票据95	38,892,000	20.93	08央行票据92	28,932,000.00	26.56	09二滩CP02	5,011,500.00	7.06	21国债(12)	5,629,995.00	8.64
	08恒逸CP01	20,360,000	10.96	唐钢转债	3,624,943.00	3.33	09华侨城CP01	5,011,000.00	7.06	09二滩CP02	5,014,500.00	7.69
	08方正CP01	20,332,000	10.94	09国债03	986,700.00	0.91	09郑煤CP01	5,004,500.00	7.06	09郑煤CP01	5,014,500.00	7.69

华商基金管理有限公司

法定名称	华商基金管理有限公司	英文名称	Huashang Fund Management Co.,Ltd.		
成立时间	2005年12月20日	注册资本	1亿元人民币	公司属性	中 资
法人代表	李晓安	总 经 理	王 锋	督 察 长	程丹倩
公司网址	www.hsfund.com	客服电话	400-700-8880		
联系电话	010-5857 3600	传真号码	010-5857 3520		
注册地址	北京市西城区阜成门北大街6号国际投资大厦C座15层	办公地址	北京市西城区平安里西大街28号中海国际中心19层		

公司简介

华商基金管理有限公司(以下简称“公司”)由华龙证券有限责任公司、中国华电集团财务有限公司、济钢集团有限公司共同发起设立,经中国证监会证监基金字[2005]160号文批准设立,于2005年12月20日成立,注册资本金为1亿元人民币。

公司秉承“诚为本,智慧创造财富”的企业发展理念,坚持“以人为本”的发展战略,坚守“基金份额持有人利益至上”的价值准则,建立了完善的治理结构,管理科学,决策严谨,以“投资者实现最大资本增值”为自己的使命。

截至2009年12月31日,公司管理了4只开放式基金,管理基金资产规模133.84亿元人民币。

2009年旗下开放式基金业绩表现

截至日期:2009年12月31日

(单位:元;%)

基金类型	基金简称	设立日期	基金份额净值	净值增长率①	累计净值增长率②
股票型	华商盛世成长股票	2008-09-23	1.7174	106.80	109.38
混合型	华商领先策略混合	2007-05-15	1.0748	88.43	15.25
	华商动态阿尔法混合	2009-11-24	0.970	——	——
债券型	华商收益增强债券	2009-01-23	1.046	9.79	9.79

注:①净值增长率指该基金2009年度的份额净值增长率;②累计净值增长率指该基金设立以来的份额净值增长率。

2009年管理公募基金概况

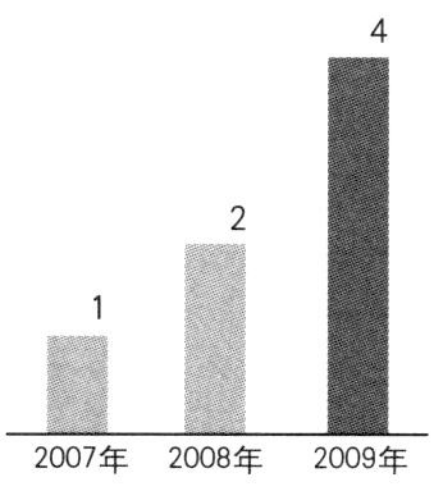

基金数量(只)

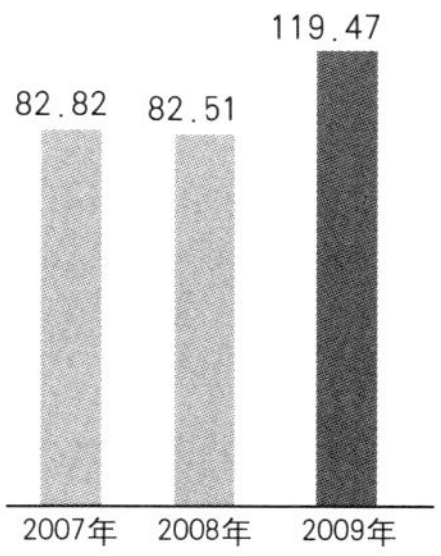

基金份额规模(亿份)

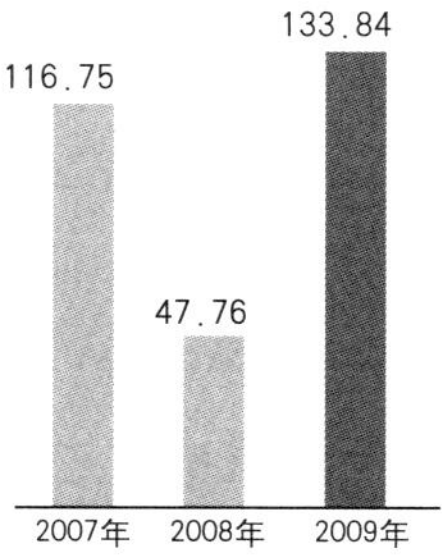

基金资产规模(亿元)

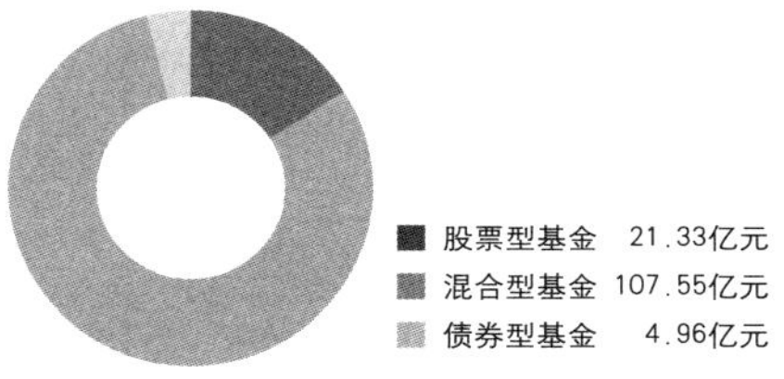

2009年基金资产规模构成

华商领先企业混合型证券投资基金

基本资料					
基金简称	华商领先企业混合	交易代码	630001		
风险收益特征	该基金是混合型基金，其预期收益和风险水平介于股票型基金和债券型基金之间，属于中高风险、中高收益的基金产品。				
业绩比较基准	中信标普300指数收益率×70%＋中信国债指数收益率×30%				
合同生效日	2007年5月15日	首募份额	30.34亿份	认购户数	106,597户
基金管理人	华商基金管理有限公司	基金托管人	中国民生银行		
注册登记人	华商基金管理有限公司				

财务指标　单位：人民币(元)；%

项目＼年度	2009年	2008年	2007.5.15至2007.12.31
本期利润	4,090,711,080.60	−7,252,040,689.68	2,053,558,188.24
本期加权平均净值利润率	55.94	−89.77	29.05
期末基金资产净值	8,543,264,106.25	4,616,139,431.61	11,675,080,928.80
期末基金份额净值	1.0748	0.5704	1.4098
本期份额净值增长率	88.43	−59.54	51.17
累计份额净值增长率	15.25	−38.84	51.17
基金收益分配	——	——	10派1.050

成立来累计净值增长率与同期基准收益率历史走势对比图（%）

近三年净值增长率与同期基准收益率对比图（%）

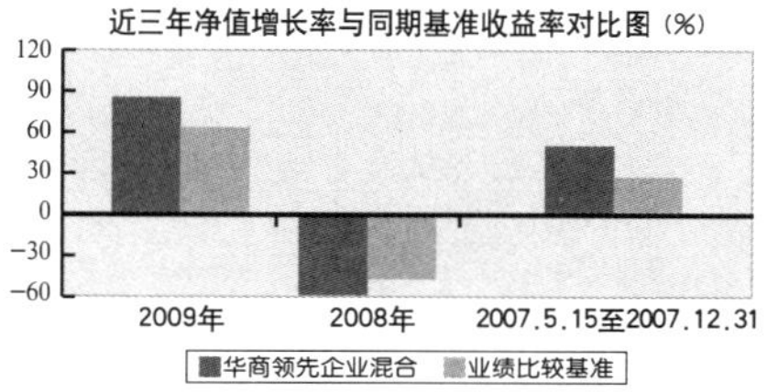

期末基金份额持有人户数	基金份额持有人户数为352,979户，平均每户持有22,531.25份。（期末截至2009年12月31日）
期末基金份额持有人结构	机构投资者持有447,966,026.20份，占总份额5.64%；个人投资者持有7,500,990,923.39份，占总份额94.36%。

基金业绩表现

2009年华商领先企业混合基金全年份额净值增长率为88.43%，同期业绩基准收益率为61.83%。

基金管理团队

王　锋先生：基金经理、公司总经理，投资决策委员会委员，工学学士、经济学硕士，11年证券从业经历。曾就职于博时基金公司、云南国际信托投资管理公司。2005年9月加入华商基金公司，历任投资管理部总经理、投资决策委员会委员、公司副总经理等职务；2007年5月至2009年12月任华商领先企业混合基金经理。

郭建兴先生：基金经理、投资决策委员会委员，经济学学士，12年证券从业经历。曾就职于山西信托投资公司、山西证券公司。2009年7月进入华商基金管理公司，任华商领先企业混合基金经理助理，2009年11月起任华商领先企业混合基金经理。

胡宇权先生：基金经理助理，经济学硕士，11年证券从业经历。曾就职于国泰君安证券公司、北京和君创业投资公司、东海证券公司。2006年4月加入华商基金管理公司，从事行业研究工作；2008年10月起任华商企业领先混合基金经理助理。

基金运作分析

基于对经济复苏进程和经济刺激政策的跟踪分析，华商领先企业混合基金在二季度增加了对金融与房地产行业的配置比例，增持了煤炭、黄金类等资源品股票；三季度增加了金融板块的配置比例，减持了采掘类股票；四季度增加了医药和食品饮料行业的配置比例，同时在房地产政策转向的背景下，降低了房地产行业的配置比例。通过行业配置的调整，该基金在2009年度取得了较好的投资收益。

季度投资组合一览

项目＼季度	第一季度			第二季度			第三季度			第四季度		
基金资产净值	6,075,380,944.95元			7,996,478,625.59元			7,657,883,466.56元			8,543,264,106.25元		
基金份额	8,014,885,687.86份			8,124,799,464.42份			8,249,879,466.91份			7,948,956,949.59份		
基金份额净值	0.7580元			0.9842元			0.9282元			1.0748元		
基金资产组合	市值(元)		占总资产比(%)	市值(元)		占总资产比(%)	市值(元)		占总资产比(%)	市值(元)		占总资产比(%)
股票投资	5,443,777,747.51		89.25	7,149,101,720.19		88.68	6,895,271,419.70		89.63	7,674,760,529.54		88.79
债券投资	4,830,498.20		0.08	4,820,532.80		0.06	2,831,152.50		0.04	2,846,497.50		0.03
资产支持证券投资	——		——	——		——	——		——	——		——
金融衍生品投资	——		——	——		——	——		——	——		——
买入返售金融资产	——		——	——		——	——		——	——		——
银行存款和结算备付金	637,635,872.34		10.45	801,724,583.69		9.95	760,188,736.76		9.88	859,263,137.78		9.94
其他资产	13,374,018.51		0.22	105,603,083.04		1.31	34,826,176.46		0.45	106,594,136.47		1.23
投资前五名股票明细	股票名称	公允价值(元)	占净值比(%)	股票名称	公允价值(元)	占净值比(%)	股票名称	公允价值(元)	占净值比(%)	股票名称	公允价值(元)	占净值比(%)
	中信证券	373,130,176.77	6.14	中金黄金	474,336,000.00	5.93	中国平安	456,800,611.80	5.97	山东黄金	476,962,406.80	5.58
	中金黄金	344,016,908.12	5.66	中信证券	443,682,000.00	5.55	中信证券	350,140,000.00	4.57	中国平安	415,929,500.00	4.87
	中国神华	303,724,124.10	5.00	中国神华	373,875,000.00	4.68	中国人寿	298,944,000.00	3.90	招商银行	332,120,000.00	3.89
	天威保变	228,150,000.00	3.76	徐工科技	316,630,261.50	3.96	工商银行	286,247,046.51	3.74	中国人寿	327,991,500.00	3.84
	中国平安	227,416,749.78	3.74	中国联通	308,696,089.80	3.86	中国神华	273,240,000.00	3.57	工商银行	299,200,000.00	3.50
投资前五名债券明细	债券名称	公允价值(元)	占净值比(%)	债券名称	公允价值(元)	占净值比(%)	债券名称	公允价值(元)	占净值比(%)	债券名称	公允价值(元)	占净值比(%)
	08国电债	2,484,788.40	0.04	08国电债	2,436,748.00	0.03	09锡交债	2,831,152.50	0.04	09锡交债	2,846,497.50	0.03
	06中化债	1,182,030.00	0.02	06中化债	1,167,540.60	0.01						
	新钢转债	510,893.00	0.01	新钢转债	567,891.80	0.01						
	08万科G1	418,396.80	0.01	08万科G1	416,822.40	0.01						
	07云化债	234,390.00	0.00	07云化债	231,530.00	0.00						

华商盛世成长股票型证券投资基金

基本资料

基金简称	华商盛世成长股票	交易代码	630002		
风险收益特征	该基金是股票型基金，其预期收益和风险水平较混合型基金和债券型基金高，属于高风险、高收益的基金产品。				
业绩比较基准	中信标普300成长指数×75%+中信国债指数×25%				
合同生效日	2008年9月23日	首募份额	3.85亿份	认购户数	2,846户
基金管理人	华商基金管理有限公司	基金托管人	中国建设银行		
注册登记人	华商基金管理有限公司				

财务指标 单位：人民币(元)；%

项目 \ 年度	2009年	2008年9月23日至2008年12月31日
本期利润	403,163,696.96	3,699,081.38
本期加权平均净值利润率	41.14	1.20
期末基金资产净值	2,132,675,442.55	159,605,892.24
期末基金份额净值	1.7174	1.0125
本期份额净值增长率	106.80	1.25
累计份额净值增长率	109.38	1.25
基金收益分配	10派2.650	——

成立来累计净值增长率与同期基准收益率历史走势对比图（%）

近两年净值增长率与同期基准收益率对比图（%）

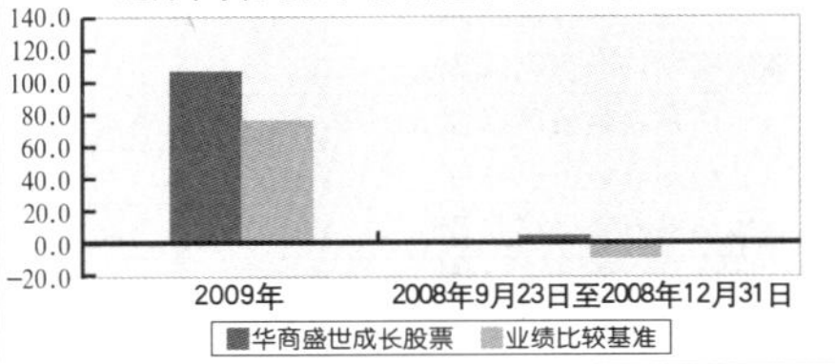

期末基金份额持有人户数	基金份额持有人户数为39,774户，平均每户持有31,220.81份。（期末截至2009年12月31日）
期末基金份额持有人结构	机构投资者持有255,327,388.31份，占总份额20.56%；个人投资者持有986,449,033.08份，占总份额79.44%。

基金业绩表现

2009年华商盛世成长股票基金全年净值增长率为106.80%，同期业绩基准收益率为77.32%。

基金管理团队

庄　涛先生：基金经理、公司投资管理部总经理，投资决策委员会委员，博士，10年证券从业经历。曾就职于中国经济开发信托投资公司北京证券营业部、长江证券资产管理事业部、航天科工集团财务公司。2006年4月加入华商基金管理公司，2007年5月至2008年9月任华商领先企业基金经理助理；2008年9月起任华商盛世成长股票基金经理。

梁永强先生：基金经理、公司投资管理部副总经理，投资决策委员会委员，博士，7年证券从业经历。曾就职于华龙证券公司投资银行部，华商基金管理公司筹备组成员；2007年5月至2008年9月任华商领先企业基金经理助理；2008年9月起任华商盛世成长股票基金经理。

孙建波先生：基金经理、公司投资管理部副总经理，投资决策委员会委员，硕士，11年证券从业经历。曾就职于中国人保信托投资公司、中国银河证券公司资产管理总部、中信基金管理公司、华夏基金管理公司。2009年8月加入华商基金管理公司，2009年11月起任华商盛世成长股票基金经理。

基金运作分析

2009年4—7月，华商盛世成长股票基金跟上市场节奏，巩固了优势。8月份的紧缩使周期品大跌，"调结构"成为投资主题。虽然也感到了市场风险，但仓位在那一轮调整中降低得比较犹豫，成为2009年投资的遗憾。之所以在调整中并没有大幅度降低仓位，是因为管理人判断四季度很难再出现大跌。因此，在大盘的底部区域，该基金逐渐将减掉的仓位加回，比较充分地做了最后一个季度的行情。

季度投资组合一览

项目 \ 季度	第一季度		第二季度		第三季度		第四季度	
基金资产净值	196,523,118.24元		777,620,333.52元		1,555,505,615.27元		2,132,675,442.55元	
基金份额	145,891,427.14份		550,890,769.73份		1,100,749,310.95份		1,241,776,421.39份	
基金份额净值	1.3471元		1.4116元		1.4131元		1.7174元	
基金资产组合	市值(元)	占总资产比(%)	市值(元)	占总资产比(%)	市值(元)	占总资产比(%)	市值(元)	占总资产比(%)
股票投资	170,331,868.05	81.51	684,834,893.86	84.87	1,305,794,232.97	80.18	1,854,463,601.71	83.07
债券投资	——	——	——	——	873,829.68	0.05	50,400,000.00	2.26
资产支持证券投资	——	——	——	——	——	——	——	——
金融衍生品投资	——	——	——	——	——	——	——	——
买入返售金融资产	——	——	——	——	——	——	——	——
银行存款和结算备付金	16,912,816.88	8.09	78,247,589.24	9.70	296,300,431.63	18.19	103,467,440.13	4.63
其他资产	21,724,538.26	10.40	43,796,545.82	5.43	25,606,672.33	1.57	224,020,068.11	10.04

投资前五名股票明细	股票名称	公允价值(元)	占净值比(%)	股票名称	公允价值(元)	占净值比(%)	股票名称	公允价值(元)	占净值比(%)	股票名称	公允价值(元)	占净值比(%)
	辽宁成大	9,753,900.00	4.96	中恒集团	45,032,275.95	5.79	中恒集团	74,684,779.84	4.80	苏宁电器	62,338,275.26	2.92
	保利地产	8,143,700.00	4.14	兴业银行	39,702,949.92	5.11	兴业银行	60,073,078.44	3.86	工商银行	59,839,559.36	2.81
	莫高股份	7,622,961.72	3.88	浦发银行	37,016,160.00	4.76	浦发银行	57,965,142.00	3.73	中信证券	57,183,077.16	2.68
	浦发银行	6,795,200.00	3.46	中国平安	32,264,686.94	4.15	上海汽车	53,322,807.75	3.43	威孚高科	55,714,077.90	2.61
	广宇发展	6,101,929.80	3.10	西山煤电	28,106,478.40	3.61	中国平安	52,279,203.60	3.36	中国人寿	44,363,781.70	2.08

投资前五名债券明细	债券名称	公允价值(元)	占净值比(%)	债券名称	公允价值(元)	占净值比(%)	债券名称	公允价值(元)	占净值比(%)	债券名称	公允价值(元)	占净值比(%)
							安泰转债	873,829.68	0.06	20国债(4)	50,400,000.00	2.36

华商收益增强债券型证券投资基金

基本资料

基金简称	华商收益增强债券	交易代码	A：630003　B：630103		
风险收益特征	该基金为债券型基金，在证券投资基金中属于中等风险的品种，其预期风险与收益高于货币市场基金，低于混合型基金和股票型基金。				
业绩比较基准	中信标普全债指数				
合同生效日	2009年1月23日	首募份额	12.45亿份	认购户数	12,160户
基金管理人	华商基金管理有限公司	基金托管人	中国建设银行		
注册登记人	华商基金管理有限公司				

财务指标　　单位：人民币（元）；%

项目＼年度	2009年1月23日至2009年12月31日	
	A	B
本期利润	18,700,541.59	47,572,871.93
本期加权平均净值利润率	7.57	7.14
期末基金资产净值	146,726,031.62	349,321,392.35
期末基金份额净值	1.046	1.044
本期份额净值增长率	9.79	9.27
累计份额净值增长率	9.79	9.27
基金收益分配	10派0.510	10派0.480

成立来累计净值增长率与同期基准收益率历史走势对比图（%）

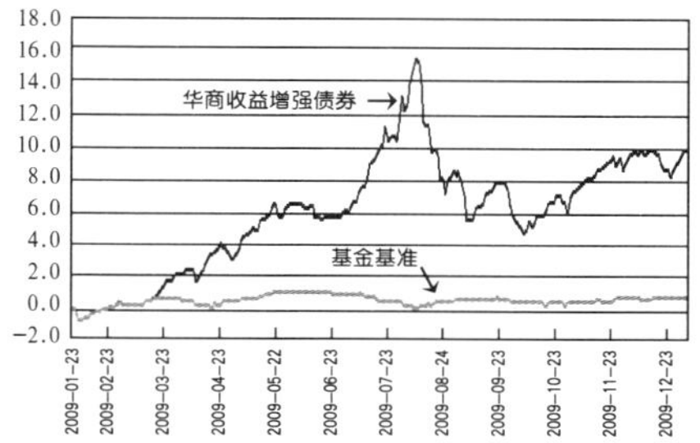

2009年净值增长率与同期基准收益率对比图（%）

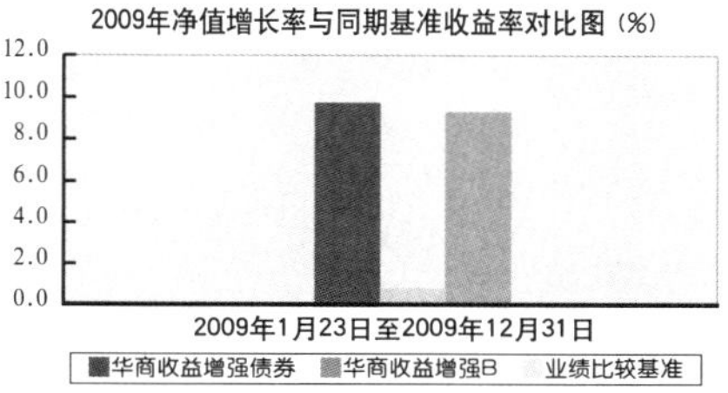

期末基金份额持有人户数	A：基金份额持有人户数为2,668户，平均每户持有52,595.52份。 B：基金份额持有人户数为5,090户，平均每户持有65,737.84份。（期末截至2009年12月31日）
期末基金份额持有人结构	A：机构投资者持有12,606,540.98份，占总份额8.98%；个人投资者持有127,718,299.27份，占总份额91.02%。 B：机构投资者持有43,541,170.07份，占总份额13.01%；个人投资者持有291,064,423.39份，占总份额86.99%。

基金业绩表现

华商收益增强债券基金合同生效于2009年1月23日，截至2009年12月31日，该基金A类净值增长率为9.79%，B类净值增长率为9.27%。

基金管理团队

毛水荣先生：基金经理、投资决策委员会委员，经济学硕士，6年证券从业经历。曾就职于上海博弘投资管理公司、平安资产管理公司。2007年5月加入华商基金管理公司，曾任华商领先企业混合基金经理助理；2009年1月起任华商收益增强债券基金经理。

张永志先生：基金经理，经济学硕士，3年证券从业经历。2007年5月加入华商基金管理公司，曾任交易员；2009年1月起任华商收益增强债券基金经理。

基金运作分析

华商收益增强债券基金成立于2009年1月23日，从基金操作来看，成立之初，基于市场分析，该基金坚持超配可转债和信用债的思路，在上半年为持有人创造了较好的回报，令人感到遗憾的是，在下半年，该管理人对通货膨胀预期导致的投资者避险情绪估计不足，未能在高位及时减持转债，因此给下半年的基金净值带来了一定的损失。

季度投资组合一览

项目＼季度	第一季度		第二季度		第三季度		第四季度	
	A	B	A	B	A	B	A	B
基金资产净值	2.5280亿元	7.9228亿元	2.1597亿元	6.8339亿元	2.4309亿元	4.9781亿元	1.4673亿元	3.4932亿元
基金份额	2.4791亿份	7.7754亿份	2.0666亿份	6.5451亿份	2.4298亿份	4.9774亿份	1.4032亿份	3.3461亿份
基金份额净值	1.0200元	1.0190元	1.0450元	1.0440元	1.0000元	1.0000元	1.0460元	1.0440元
基金资产组合	市值(元)	占总资产比(%)	市值(元)	占总资产比(%)	市值(元)	占总资产比(%)	市值(元)	占总资产比(%)
股票投资	——	——	100,933,067.52	10.01	39,724,176.28	4.35	66,443,124.51	10.60
债券投资	750,760,872.12	67.67	713,014,353.84	70.74	753,046,228.31	82.39	524,509,347.51	83.66
资产支持证券投资	——	——	——	——	——	——	——	——
买入返售金融资产	50,000,000.00	4.51	60,000,165.00	5.95	355,678.48	0.04	392,827.41	0.06
银行存款和结算备付金	279,152,453.37	25.16	105,637,056.25	10.48	98,438,579.51	10.77	15,523,282.93	2.48
其他资产	29,499,452.96	2.66	28,353,405.76	2.81	22,463,075.32	2.46	20,112,123.30	3.21

	第一季度			第二季度			第三季度			第四季度		
投资前五名股票明细	股票名称	公允价值(元)	占净值比(%)	股票名称	公允价值(元)	占净值比(%)	股票名称	公允价值(元)	占净值比(%)	股票名称	公允价值(元)	占净值比(%)
	——			五洲交通	40,300,303.34	4.48	中国建筑	10,155,252.48	1.37	中国建筑	7,970,343.04	1.61
				海马股份	39,618,168.10	4.41	南山铝业	7,939,421.15	1.07	山鹰纸业	7,075,470.00	1.43
				柳　工	11,181,697.28	1.24	五洲交通	4,380,529.92	0.59	南山铝业	4,251,500.19	0.86
				赤天化	4,953,207.60	0.55	中国中冶	3,612,359.80	0.49	恒源煤电	3,589,950.24	0.72
				金鹰股份	3,981,487.86	0.44	星期六	1,776,836.32	0.24	中国中冶	3,521,401.10	0.71
投资前五名债券明细	债券名称	公允价值(元)	占净值比(%)	债券名称	公允价值(元)	占净值比(%)	债券名称	公允价值(元)	占净值比(%)	债券名称	公允价值(元)	占净值比(%)
	09怀化城投债	82,048,000.00	7.85	08长兴债	67,157,885.22	7.47	08长兴债	63,287,500.00	8.54	09怀化债	42,011,329.40	8.47
	08长兴债	78,781,800.45	7.54	09怀化债	64,545,223.04	7.18	09渝隆债	60,576,217.20	8.18	09滁交基债	40,480,000.00	8.16
	09六城投	67,773,254.00	6.49	09渝隆债	56,361,981.20	6.27	09怀化债	60,143,380.80	8.12	09盐国资债	39,964,000.00	8.06
	南山转债	60,008,506.90	5.74	南山转债	53,627,073.60	5.96	20国债(4)	55,874,500.00	7.54	09六城投	38,757,416.00	7.81
	09渝隆债	59,393,335.00	5.68	09华西债	51,170,000.00	5.69	09六城投	50,597,152.20	6.83	09渝隆债	33,639,634.00	6.78

华商动态阿尔法灵活配置混合型证券投资基金

基本资料					
基金简称	华商动态阿尔法混合		交易代码	630005	
投资目标	该基金通过量化模型选股筛选具有高Alpha的股票，利用主动投资管理与数量化组合管理的有效结合，管理并提高组合的Alpha，在有效控制投资风险的同时，力争为投资者创造超越业绩基准的回报。				
投资范围	该基金的投资范围为具有良好流动性的金融工具，包括国内依法发行上市的股票、债券、货币市场工具、权证、资产支持证券以及法律法规或中国证监会允许基金投资的其他金融工具。如法律法规或监管机构以后允许基金投资其他品种，基金管理人在履行适当程序后，可以将其纳入投资范围。 该基金的投资组合比例为：股票投资比例为基金资产的30%—80%；债券投资比例为基金资产的15%—65%；权证投资比例为基金资产净值的0-3%；并保持不低于基金资产净值5%的现金或到期日在一年以内的政府债券。				
业绩比较基准	中信标普300指数收益率×55%＋中信国债指数收益率×45%				
风险收益特征	该基金是混合型基金，在资产配置中强调数量化配置，其预期收益和风险水平较股票型产品低、较债券型基金高，属于中高风险、中高预期收益的基金产品。				
合同生效日	2009年11月24日	上市日期	——	上市地点	——
募集概况	首募份额	认购户数	募集日期		
	22.99亿份	28,004户	2009年10月26日至2009年11月20日		
基金费率	认购费率	认购金额 50万元以下 50万元(含)-200万元 200万元(含)-500万元 500万元(含)以上	认购费率 1.20% 1.00% 0.50% 1,000元/笔		
	申购费率	申购金额 50万元以下 50万元(含)-200万元 200万元(含)-500万元 500万元(含)以上	申购费率 1.50% 1.20% 0.80% 1,000元/笔		
	赎回费率	持有期限 1年以内 1年(含)-2年 2年(含)以上	赎回费率 0.50% 0.25% 0.00		
	管理费率				
	托管费率				
基金管理人	华商基金管理有限公司		基金托管人	中国建设银行股份有限公司	
审计机构	普华永道中天会计师事务所		注册登记人	华商基金管理有限公司	

基金管理团队

梁永强先生：基金经理、公司投资管理部副总经理，投资决策委员会委员，博士，7年证券从业经历。曾就职于华龙证券公司投资银行部，华商基金管理公司筹备组成员；2007年5月至2008年9月任华商领先企业基金经理助理；2008年9月起任华商盛世成长股票基金经理。2009年11月起任华商动态阿尔法混合基金经理。

中邮创业基金管理有限公司

法定名称	中邮创业基金管理有限公司	英文名称	China Post & Capital Fund Management Co.,Ltd.		
成立时间	2006年5月8日	注册资本	1亿元人民币	公司属性	中 资
法人代表	俞昌建	总 经 理	周 克	督 察 长	郭建华
公司网址	www.postfund.com.cn	客服电话	400-880-1618		
联系电话	010-8229 5160	传真号码	010-8229 5160转121		
注册地址	北京市海淀区西直门北大街60号首钢国际大厦10层				
办公地址	北京市海淀区西直门北大街60号首钢国际大厦10层				

公司简介

经中国证监会批准，中邮创业基金管理有限公司（以下简称“公司”）于2006年5月8日在北京正式成立。公司注册资本1亿元人民币，注册地在北京。公司股东由首创证券有限责任公司、国家邮政局、北京长安投资有限公司和中泰信用担保有限公司组成，出资比例分别为28%、24%、24%和24%。

截至2009年12月31日，中邮创业基金管理有限公司旗下共管理3只开放式基金，管理基金资产规模482.67亿元人民币。

2009年旗下开放式基金业绩表现

截至日期：2009年12月31日

（单位：元；%）

基金类型	基金简称	设立日期	基金份额净值	净值增长率[①]	累计净值增长率[②]
股票型	中邮核心优选股票	2006-09-28	1.5878	105.09	223.43
	中邮核心成长股票	2007-08-17	0.8035	77.80	-19.64
混合型	中邮核心优势灵活配置混合	2009-10-28	1.040	9.02	9.02

注：①净值增长率指该基金2009年度的份额净值增长率；②累计净值增长率指该基金设立以来的份额净值增长率。

2009年管理公募基金概况

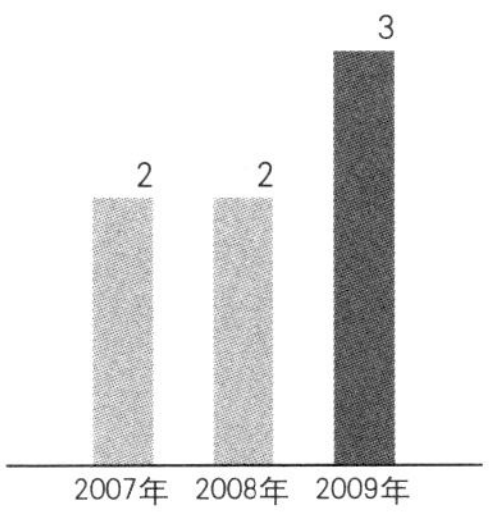

基金数量（只）

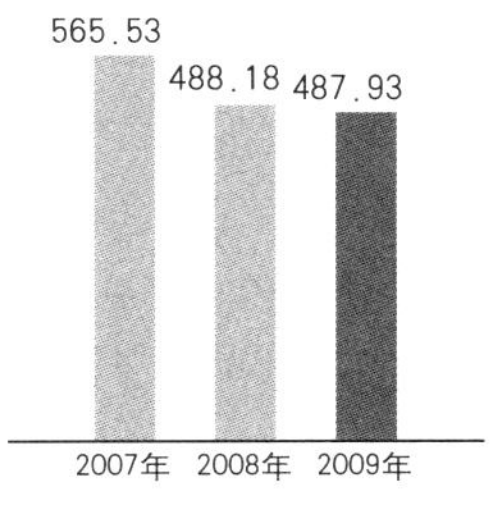

基金份额规模（亿份）

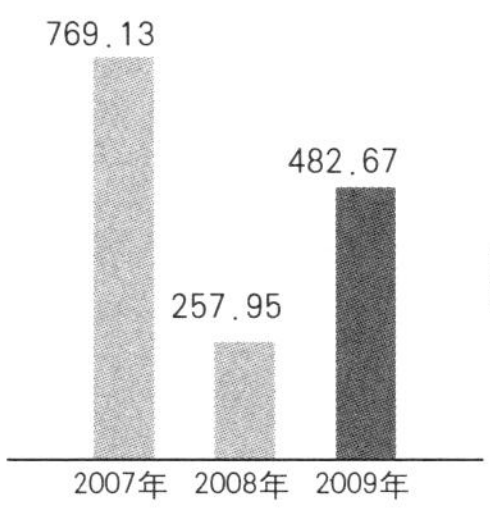

基金资产规模（亿元）

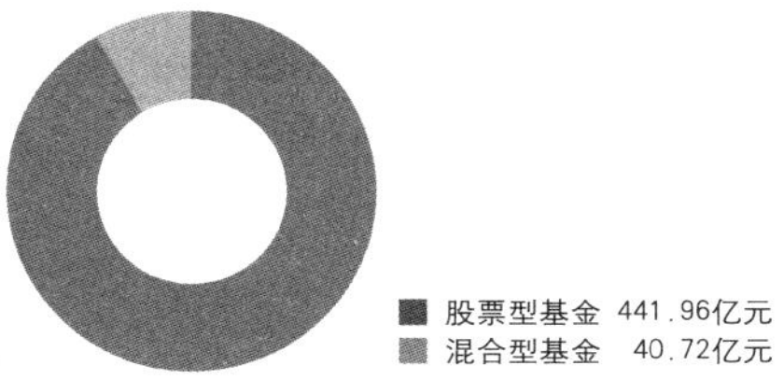

2009年基金资产规模构成

中邮核心优选股票型证券投资基金

基本资料

基金简称	中邮核心优选股票	交易代码	590001		
风险收益特征	该基金属于股票型基金，具有较高风险和较高收益的特征。一般情形下，其风险和收益均高于货币型基金、债券型基金和混合型基金。				
业绩比较基准	新华富时A200指数×80%＋中国债券总指数×20%				
合同生效日	2006年9月28日	首募份额	15.88亿份	认购户数	55,033户
基金管理人	中邮创业基金管理有限公司	基金托管人	中国农业银行		
注册登记人	中邮创业基金管理有限公司				

财务指标 单位：人民币(元)；%

项目 \ 年度	2009年	2008年	2007年
本期利润	9,314,536,776.60	−16,136,473,047.40	10,563,797,492.66
本期加权平均净值利润率	64.17	−101.21	58.93
期末基金资产净值	16,472,617,458.52	8,970,591,586.82	28,738,939,126.61
期末基金份额净值	1.5878	0.7742	2.0173
本期份额净值增长率	105.09	−61.62	194.02
累计份额净值增长率	223.43	57.70	310.89
基金收益分配	——	——	10派11.500

成立来累计净值增长率与同期基准收益率历史走势对比图（%）

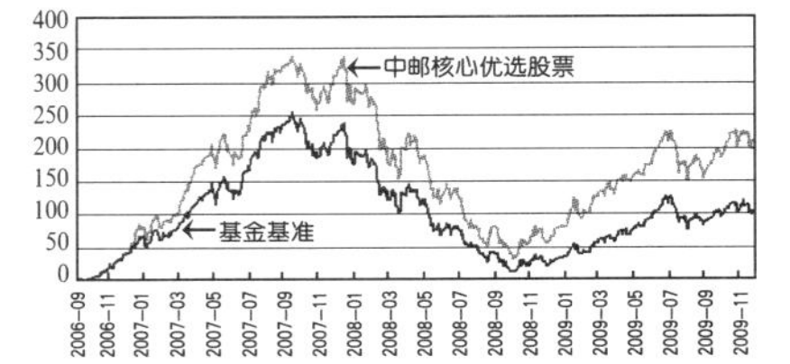

近三年净值增长率与同期基准收益率对比图（%）

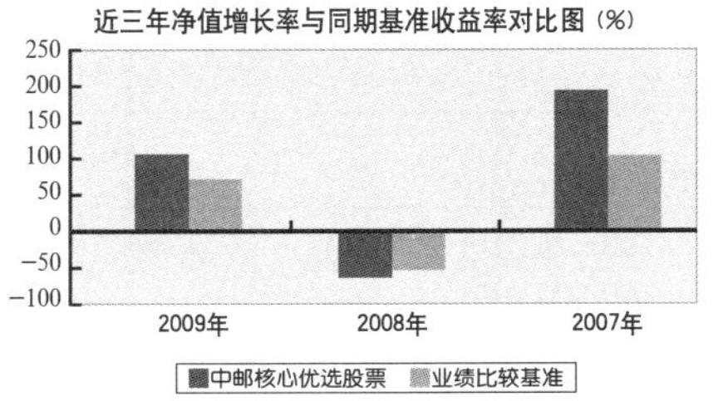

期末基金份额持有人户数	基金份额持有人户数为562,917户，平均每户持有18,429.80份。（期末截至2009年12月31日）
期末基金份额持有人结构	机构投资者持有68,408,119.24份，占总份额0.66%；个人投资者持有10,306,038,619.52份，占总份额99.34%。

基金业绩表现

2009年中邮核心优选股票基金全年净值增长率为105.09%，同期业绩基准收益率为67.66%。

基金管理团队

王海涛先生：基金经理，工商管理硕士，9年证券从业经历。曾任厦瑞医疗器械公司工程师；招商证券投资银行部高级经理、招商证券研究部行业分析师、招商局中国基金投资经理；中邮创业基金管理公司行业分析师、基金经理助理；2008年9月起任中邮核心优选股票基金经理。

许 伟先生：基金经理，国际金融学硕士，CFA，10年证券从业经历。曾任职于中银信托投资公司、中国国际金融公司、中信证券公司和银华基金管理公司；2006年9月至2008年9月任中邮核心优选股票基金经理。

李安心先生：基金经理助理，复旦大学金融学硕士，5年证券从业经历。2004年加入金元证券公司，任宏观经济和固定收益研究员。2005年加入中邮创业基金管理公司，任投资研究部研究员，先后从事宏观经济、固定收益、金融行业等研究工作；2008年9月起任中邮核心优选股票基金经理。

基金运作分析

2009年，管理人出于对政府经济刺激政策以及经济复苏的信心，同时在全年流动性始终处于宽松状态的判断下，中邮核心优选股票基金在运作中，保持相对较高的仓位。上半年积极配置地产、券商等周期性较强的行业；下半年大力度介入消费、零售、医药等板块。这一策略在全年取得了相对较好的投资业绩。

季度投资组合一览

项目 \ 季度	第一季度		第二季度		第三季度		第四季度	
基金资产净值	13,426,106,516.52元		15,610,703,774.68元		13,892,610,245.71元		16,472,617,458.52元	
基金份额	11,916,512,037.49份		11,439,770,721.31份		10,891,738,141.46份		10,374,446,738.76份	
基金份额净值	1.1267元		1.3646元		1.2755元		1.5878元	
基金资产组合	市值(元)	占总资产比(%)	市值(元)	占总资产比(%)	市值(元)	占总资产比(%)	市值(元)	占总资产比(%)
股票投资	12,040,255,727.21	88.83	14,669,322,610.65	93.44	12,825,827,839.16	92.06	15,648,942,904.46	94.20
债券投资	——	——	——	——	——	——	——	——
资产支持证券投资	——	——	——	——	——	——	——	——
金融衍生品投资	——	——	——	——	——	——	——	——
买入返售金融资产	——	——	——	——	——	——	——	——
银行存款和结算备付金	1,188,932,397.06	8.77	974,393,341.07	6.21	1,064,245,569.04	7.64	863,228,559.85	5.20
其他资产	324,704,714.27	2.40	55,730,232.55	0.35	41,384,179.33	0.30	99,474,502.70	0.60

	第一季度			第二季度			第三季度			第四季度		
投资前五名股票明细	股票名称	公允价值(元)	占净值比(%)	股票名称	公允价值(元)	占净值比(%)	股票名称	公允价值(元)	占净值比(%)	股票名称	公允价值(元)	占净值比(%)
	中信证券	647,464,312.08	4.82	中信证券	701,633,514.96	4.49	哈药股份	948,685,370.11	6.83	吉林敖东	950,218,296.98	5.77
	辽宁成大	450,180,000.00	3.35	辽宁成大	668,686,573.44	4.28	辽宁成大	827,388,202.68	5.96	哈药股份	921,837,700.00	5.60
	中粮屯河	437,695,553.71	3.26	中国铁建	643,622,675.85	4.12	吉林敖东	511,065,689.75	3.68	百联股份	837,625,750.32	5.08
	百联股份	397,537,238.64	2.96	哈药股份	534,419,805.16	3.42	豫园商城	498,376,771.02	3.59	豫园商城	819,900,000.00	4.98
	华夏银行	397,156,152.11	2.96	百联股份	485,182,852.70	3.11	中信证券	471,208,758.14	3.39	辽宁成大	708,480,000.00	4.30
投资前五名债券明细	债券名称	公允价值(元)	占净值比(%)	债券名称	公允价值(元)	占净值比(%)	债券名称	公允价值(元)	占净值比(%)	债券名称	公允价值(元)	占净值比(%)
	——			——			——			——		

中邮核心成长股票型证券投资基金

基本资料					
基金简称	中邮核心成长股票		交易代码	590002	
风险收益特征	该基金属于股票型基金，具有高风险和高收益的特征。一般情形下，其风险和收益均高于货币型基金、债券型基金和混合型基金。				
业绩比较基准	沪深300指数×80%＋中国债券总指数×20%				
合同生效日	2007年8月17日	首募份额	149.57亿份	认购户数	1,597,230户
基金管理人	中邮创业基金管理有限公司		基金托管人	中国农业银行	
注册登记人	中邮创业基金管理有限公司				

成立来累计净值增长率与同期基准收益率历史走势对比图（%）

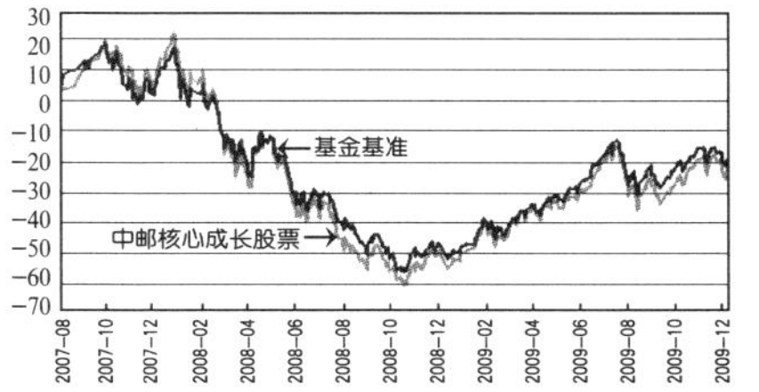

近三年净值增长率与同期基准收益率对比图（%）

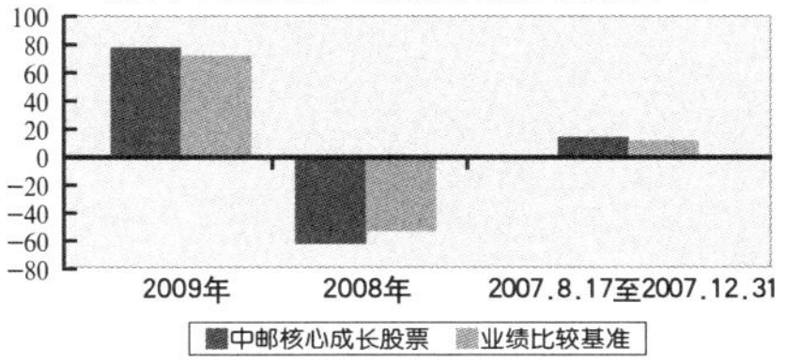

财务指标　　单位：人民币（元）；%

项目 / 年度	2009年	2008年	2007.8.17至2007.12.31
本期利润	12,871,625,522.05	－26,582,205,891.38	2,925,323,160.42
本期加权平均净值利润率	52.15	－97.56	7.25
期末基金资产净值	27,722,931,611.78	16,824,154,383.97	48,174,027,229.87
期末基金份额净值	0.8035	0.4519	1.1387
本期份额净值增长率	77.80	－60.31	13.87
累计份额净值增长率	－19.64	－54.81	13.87
基金收益分配	——	——	——
期末基金份额持有人户数	基金份额持有人户数为2,154,005户，平均每户持有16,018.34份。　（期末截至2009年12月31日）		
期末基金份额持有人结构	机构投资者持有170,853,480.53份，占总份额0.50%；个人投资者持有34,332,740,073.35份，占总份额99.50%。		

基金业绩表现

截至2009年12月31日，中邮核心成长股票基金份额净值为0.8035元，全年净值增长率为77.80%；同期业绩基准收益率为72.85%。

基金管理团队

盛　军先生：基金经理，本科学历，16年证券从业经历。曾任日本大和证券上海代表处首席交易员、华夏证券公司证券投资部高级投资经理、首创证券公司投资部策略及行业研究员、中邮创业基金管理公司策略研究员、中邮核心成长股票基金经理助理；2008年1月起任中邮核心成长股票基金经理。

刘勇燕女士：基金经理助理，金融学硕士，7年证券从业经历。曾任信泰投资公司资金部经理、中邮创业基金管理公司消费品行业研究员；现任中邮核心成长股票基金经理助理。

王丽萍女士：基金经理助理，金融学硕士，5年证券从业经历。曾任中邮创业基金管理公司金属行业研究员，原材料研究小组组长；现任中邮核心成长股票基金经理助理及金融行业研究员。

基金运作分析

2009年上半年中邮核心成长股票基金始终保持较高的仓位比例，以周期类板块为主，获得良好收益。8月后适度收缩货币政策担忧显现，市场从高位快速下调，跌幅达23%；应对市场变化，中邮核心成长股票基金首先下调持仓比例，其次调整持仓结构，由中上游周期类转向消费类和区域性板块。四季度仍然侧重服务性行业和政策扶持的新型产业，重点选择有业绩增长保证的个股，较好地把握了结构性调整机会，全年跑赢业绩基准。

季度投资组合一览

项目 / 季度	第一季度		第二季度		第三季度		第四季度	
基金资产净值	22,846,735,954.99元		26,052,876,491.50元		23,774,439,771.50元		27,722,931,611.78元	
基金份额	36,859,823,944.38份		36,211,724,383.63份		35,396,902,090.51份		34,503,593,553.88份	
基金份额净值	0.6198元		0.7195元		0.6717元		0.8035元	
基金资产组合	市值(元)	占总资产比(%)	市值(元)	占总资产比(%)	市值(元)	占总资产比(%)	市值(元)	占总资产比(%)
股票投资	18,131,416,738.71	78.44	23,394,220,981.95	89.32	20,023,901,932.02	84.01	26,335,164,617.17	94.72
债券投资	——	——	——	——	——	——	——	——
资产支持证券投资	——	——	——	——	——	——	——	——
金融衍生品投资	——	——	——	——	——	——	——	——
买入返售金融资产	——	——	——	——	——	——	——	——
银行存款和结算备付金	4,879,790,672.64	21.11	2,746,284,605.25	10.49	3,515,764,834.35	14.75	1,451,800,557.19	5.22
其他资产	104,595,829.46	0.45	50,000,657.41	0.19	296,799,422.36	1.25	17,657,867.51	0.06

投资前五名股票明细	股票名称	公允价值(元)	占净值比(%)	股票名称	公允价值(元)	占净值比(%)	股票名称	公允价值(元)	占净值比(%)	股票名称	公允价值(元)	占净值比(%)
	中信证券	1,798,010,688.78	7.87	中信证券	1,464,139,493.82	5.62	辽宁成大	1,172,082,016.32	4.93	海通证券	1,919,000,000.00	6.92
	辽宁成大	752,512,309.57	3.29	辽宁成大	1,160,652,312.00	4.45	吉林敖东	1,110,544,063.95	4.67	辽宁成大	1,704,388,446.72	6.15
	吉林敖东	556,124,415.00	2.43	吉林敖东	950,427,751.56	3.65	哈药股份	896,678,081.45	3.77	中信证券	1,403,491,249.17	5.06
	华夏银行	554,079,429.85	2.43	东方明珠	872,374,255.66	3.35	海通证券	887,959,518.59	3.73	吉林敖东	1,338,433,252.94	4.83
	华发股份	500,829,230.00	2.19	中国远洋	702,764,842.68	2.70	中信证券	679,060,765.70	2.86	哈药股份	1,085,157,603.74	3.91

投资前五名债券明细	债券名称	公允价值(元)	占净值比(%)	债券名称	公允价值(元)	占净值比(%)	债券名称	公允价值(元)	占净值比(%)	债券名称	公允价值(元)	占净值比(%)
	——			——			——			——		

中邮核心优势灵活配置混合型证券投资基金

基本资料						
基金简称	中邮核心优势灵活配置混合	交易代码	590003			
风险收益特征	该基金为混合型证券投资基金，其预期风险和预期收益高于债券型基金和货币市场基金，但低于股票型基金。					
业绩比较基准	沪深300指数×60%＋上证国债指数×40%					
合同生效日	2009年10月28日	首募份额	39.42亿份	认购户数	112,055户	
基金管理人	中邮创业基金管理有限公司	基金托管人	中国农业银行			
注册登记人	中邮创业基金管理有限公司					

财务指标	单位：人民币(元)；%
项目 \ 年度	2009年10月28日至2009年12月31日
本期利润	344,560,060.93
本期加权平均净值利润率	8.43
期末基金资产净值	4,071,617,905.53
期末基金份额净值	1.040
本期份额净值增长率	9.02
累计份额净值增长率	9.02
基金收益分配	10派0.500

成立来累计净值增长率与同期基准收益率历史走势对比图（%）

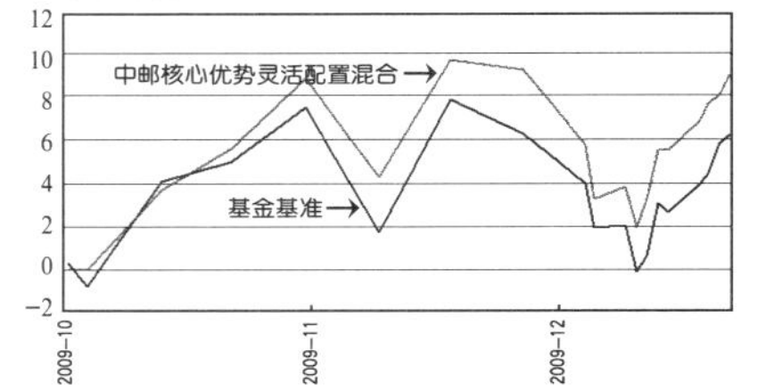

2009年净值增长率与同期基准收益率对比图（%）

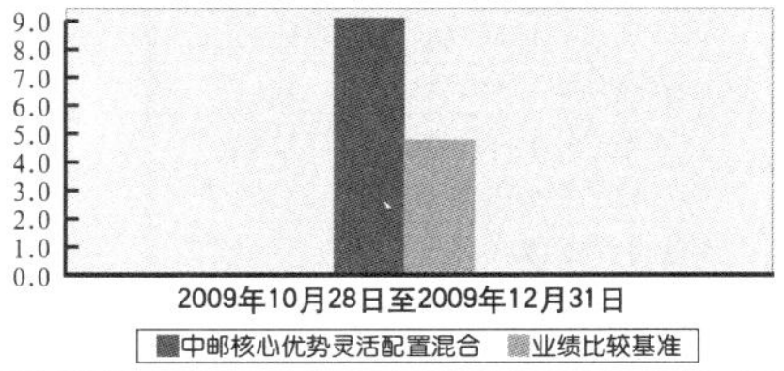

期末基金份额持有人户数	基金份额持有人户数为104,941户，平均每户持有37,301.56份。（期末截至2009年12月31日）
期末基金份额持有人结构	机构投资者持有564,774,924.57份，占总份额14.43%；个人投资者持有3,349,687,866.60份，占总份额85.57%。

基金业绩表现

中邮核心优势灵活配置混合基金合同生效于2009年10月28日，截至2009年12月31日，该基金份额净值为1.040元，成立以来净值增长率为9.02%；同期业绩基准收益率为4.87%。

基金管理团队

李安心先生：基金经理，复旦大学金融学硕士，6年证券从业经历。曾任金元证券公司研究员、中邮创业基金管理公司研究员、中邮核心优选基金经理助理；2009年10月起任中邮核心优势灵活配置混合基金经理。

基金运作分析

中邮核心优势灵活配置混合基金成立于2009年10月29日。自建仓以来，该基金根据对经济以及市场形势的判断，抓住市场时机，快速提高仓位。重点配置世博、金融创新相关个股以及汽车、家电等消费类行业。针对流动性紧缩以及通涨压力加大的宏观环境，对债券仍未做配置，以等待较好的时机。业绩结果显示，这一投资策略是有效的。

2010年，中邮核心优势灵活配置混合基金将重点关注节能减排环保、新能源、信息技术、物联网以及医药等新兴产业。同时，也将积极寻找世博会与西藏、新疆、海西等区域振兴政策相关的投资机会。

在基金操作中，管理人将根据市场情况保持灵活的股票仓位，在控制风险的基础上积极把握市场的结构性机会。在债券操作中将以规避利率风险为主，把握信用品种中的投资机会。

季度投资组合一览

项目 \ 季度	第四季度（2009年10月28日至2009年12月31日）	
基金资产净值	4,071,617,905.53元	
基金份额	3,914,462,791.17份	
基金份额净值	1.0400元	
基金资产组合	金额(元)	占总资产比例(%)
股票投资	3,239,507,335.02	75.65
存托凭证	——	——
债券投资	——	——
金融衍生品投资	——	——
买入返售金融资产	——	——
银行存款和结算备付金	747,936,530.16	17.47
其他资产	294,535,847.76	6.88

投资前五名股票明细	股票名称	公允价值(元)	占净值比例(%)	投资前五名债券明细	债券名称	公允价值(元)	占净值比例(%)
	吉林敖东	227,432,609.43	5.59		——		
	豫园商城	207,844,650.00	5.10				
	大龙地产	187,260,299.20	4.60				
	招商银行	179,055,512.65	4.40				
	中信证券	167,769,935.82	4.12				

First State Investments 信达澳银基金管理有限公司 FIRST STATE CINDA FUND MANAGEMENT CO.,LTD. | 大事记 MAJOR EVENTS

2009年1月14日

信达澳银精华配置基金在由证券时报社主办、安信证券协办的“2008年度中国明星基金暨最佳托管银行评选”中荣获“2008年度新基金明星奖”。

2009年3月3日

公司发布全新品牌标识语“诚者信达”。标识语中的“诚”有三层含义——诚信立身处世、忠诚履行使命、真诚奉献回报。

2009年4月2日

信达澳银基金旗下第三只基金产品——信达澳银稳定价值债券型基金募集结束，基金合同自4月8日起正式生效，募集总额11.4亿元。

2009年4月13日

公司新版网站正式上线，凸显了网站在提升服务质量、体现客户价值、进行业务及品牌形象宣传等方面的重要作用。

2009年4月18日

公司响应深圳市委、市政府“建设绿色家园，倡导生态文明”的号召，组织深圳总部全体员工参加了莲花山公园的主题植树活动，全体员工亲手植树50余棵。

2009年11月27日

信达澳银基金旗下第四只产品——信达澳银中小盘股票型基金募集结束，基金合同自12月1日起正式生效，募集总额18.68亿元。

2010年4月10日

信达澳银基金在深圳市中心公园和北京市怀柔郊区分别组织了义务植树活动。

2010年4月20日

信达澳银基金向玉树地震灾区捐款30万元，用于支援当地的抗震救灾工作。

信达澳银基金管理有限公司

法定名称	信达澳银基金管理有限公司	**英文名称**	First State Cinda Fund Management Co.,Ltd.		
成立时间	2006年6月5日	**注册资本**	1亿元人民币	**公司属性**	中外合资
法人代表	何加武	**总 经 理**	王重昆	**督 察 长**	黄 晖
公司网址	www.fscinda.com	**客服电话**	400-8888-118　　0755-8316 0160		
联系电话	0755-8317 2666	**传真号码**	0755-8319 9091		
注册地址	广东省深圳市福田区深南大道7088号招商银行大厦24层				
办公地址	广东省深圳市福田区深南大道7088号招商银行大厦24层				

公司简介

信达澳银基金管理有限公司(以下简称“信达澳银基金”)成立于2006年6月5日，由中国信达资产管理股份有限公司和澳洲联邦银行全资附属公司康联首域集团有限公司共同发起，是经中国证监会批准设立的国内首家由国有资产管理公司控股的基金管理公司，也是澳洲在中国合资设立的第一家基金管理公司。公司注册资本1亿元人民币，总部设在深圳，在北京设有分公司。公司中方股东中国信达资产管理股份有限公司出资比例为54%，外方股东康联首域集团有限公司出资比例为46%。

公司建立了健全的法人治理结构，根据《中华人民共和国公司法》的规定设立了股东会、董事会和监事。股东会层面设立公司咨询委员会，董事会层面设立风险控制委员会和薪酬考核委员会两个专门委员会，并建立了独立董事制度。公司总经理负责公司的日常运作，并由经营管理委员会、投资审议委员会和风险管理委员会协助其议事决策。

年度经营

截至2010年6月30日，公司旗下共有5只开放式基金，包括3只股票型基金、1只混合型基金和1只债券型基金。

在产品发行方面，2009年以来，信达澳银基金抓住了市场向好的有利时机，先后募集设立了信达澳银稳定价值债券、信达澳银中小盘股票和信达澳银红利回报股票3只新基金，共募集资金36.05亿元，认购总户数为5.14万户，公司旗下产品线得到了进一步完善。

在投资管理方面，信达澳银基金大力加强投研团队建设，投资业绩稳步提升。旗下基金信达澳银领先增长股票基金成立三年来坚持规范运作，业绩表现稳健，该基金2009年净值增长率达78.42%，根据2009年12月31日晨星业绩排行榜在同类股票型基金中位列前1/3；得益于稳健的业绩增长，公司旗下另一只基金信达澳银精华灵活配置在2009年实现两次分红，每份累计派现0.2元，及时回馈了基金持有人。

客户服务

信达澳银基金自成立以来，在积极拓展业务的同时，也极为重视市场服务和投资者教育，目前公司已建立起全方位的专业服务平台，以专业、勤勉的态度和高度敬业的精神为投资者提供一流的理财服务。2009年，信达澳银基金推出“风雨彩虹，健康理财”活动，通过对投资者进行投资风格测评，让专家为投资者的理财把脉，帮助投资者树立健康的投资理念，从而为投资者的现金规划、子女教育规划、养老规划、保险规划、投资规划等家庭五大理财规划提供理财建议。

社会责任

作为一家富有社会责任感的基金公司，信达澳银基金在为投资者创造财富的同时，积极参与社会公益活动。2010年4月，信达澳银基金积极响应中国证券业协会发起的“证券行业向青海玉树灾区献爱心”的捐款活动，向玉树地震灾区捐款30万元，帮助灾区群众渡过难关、重建家园。此前，在四川汶川8.0级地震发生之后，信达澳银基金公司及员工累计向四川灾区捐款110万元，并发起“寻找地震灾区持有人”活动，为灾区持有人发送慰问短信，提供方便贴心的服务。

2009年管理公募基金概况

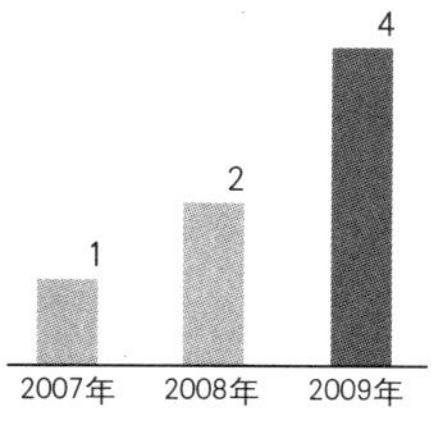

基金数量(只)

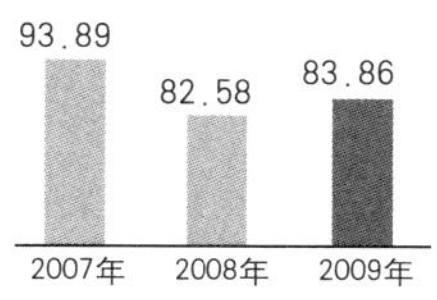

基金份额规模(亿份)

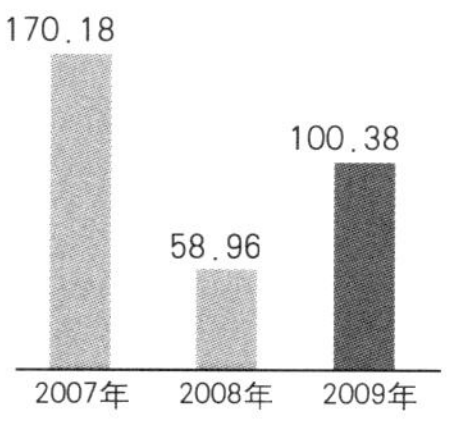

基金资产规模(亿元)

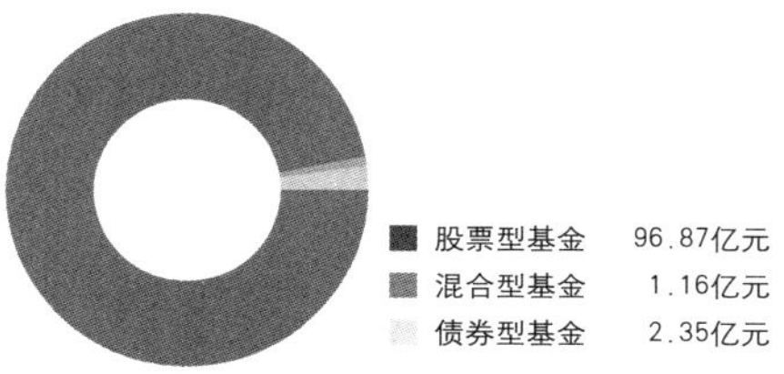

2009年基金资产规模构成

信达澳银领先增长股票型证券投资基金

基本资料

基金简称	信达澳银领先增长股票		交易代码	610001	
风险收益特征	该基金属于收益较高、风险较高的股票型基金产品。				
业绩比较基准	沪深300指数收益率×80%＋中国债券总指数收益率×20%				
合同生效日	2007年3月8日	首募份额	83.34亿份	认购户数	187,642户
基金管理人	信达澳银基金管理有限公司		基金托管人	中国建设银行	
注册登记人	信达澳银基金管理有限公司				

成立来累计净值增长率与同期基准收益率历史走势对比图（%）

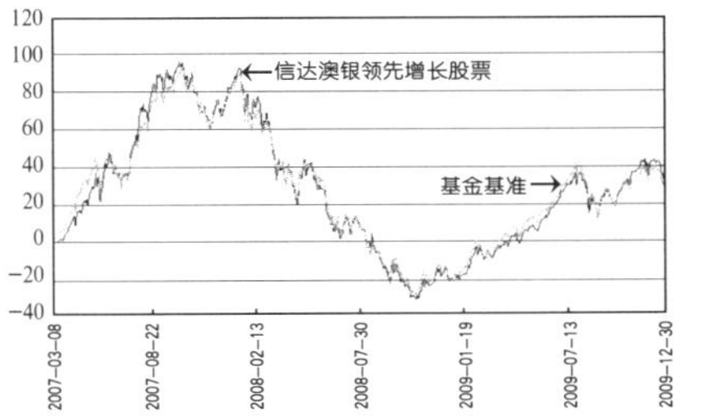

财务指标　　单位：人民币（元）；%

项目＼年度	2010年上半年	2009年	2008年
本期利润	－1,597,232,094.71	4,173,796,380.89	－7,892,745,308.88
本期加权平均净值利润率	－23.95%	56.60	－86.25
期末基金资产净值	5,589,183,906.31	7,818,130,726.43	5,724,449,105.86
期末基金份额净值	0.9198	1.2620	0.7073
本期份额净值增长率	－21.67%	78.42	－55.88
累计份额净值增长率	11.77%	42.69	－20.03
基金收益分配	10派0.800	——	10派2.000

近三年净值增长率与同期基准收益率对比图（%）

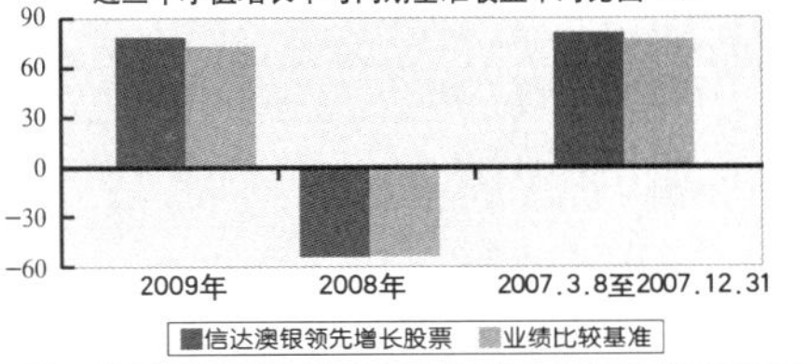

期末基金份额持有人户数	基金份额持有人户数为246,476户，平均每户持有24,654.26份。　（期末截至2010年6月30日）
期末基金份额持有人结构	机构投资者持有31,760,710.29份，占总份额0.52%；个人投资者持有6,044,923,675.46份，占总份额99.48%。

基金业绩表现

2009年信达澳银领先增长股票基金全年净值增长率为78.42%；同期业绩基准收益率为72.85%。

基金管理团队

王战强先生：基金经理、投资总监，武汉大学经济学硕士，13年证券从业经历。曾就职于国泰君安证券公司。2006年6月加入信达澳银基金公司，2008年12月起任领先增长股票基金经理。曾任信达澳银精华配置混合基金经理。

张俊生先生：基金经理助理、投资研究部高级分析师，中国科学技术大学管理学硕士，5年证券从业经历。2005年至2006年就职于广东发展银行总行信用卡中心风险管理处，任信用风险政策组主任；2006年至2009年，就职于鹏华基金管理有限公司研究部，任研究员；2009年7月加入信达澳银基金，曾任信达澳银中小盘股票型证券投资基金基金经理助理（2009年12月29日至2010年5月4日）。

基金运作分析

在2009年的基金运做中，较为成功的方面是一开始对中国经济的回升抱有信心，信达澳银领先增长股票基金从年初保持较高的股票资产配置，并在房地产、家电、黄金、医药等行业方面的研究和布局获得较好收益。2010年，该基金在未来一段时间仍将保持防御的策略，注重估值的合理性和基本面的稳定性，因此行业的配置重点仍主要在消费品、医药、零售、成长性良好的新兴产业和银行等方面。

季度投资组合一览（2009年度）

项目＼季度	第一季度		第二季度		第三季度		第四季度	
基金资产净值	6,886,652,916.17元		8,003,243,371.24元		7,175,843,720.83元		7,818,130,726.43元	
基金份额	7,927,936,930.65份		7,463,980,764.38份		6,807,277,567.56份		6,195,160,824.05份	
基金份额净值	0.8687元		1.0722元		1.0541元		1.2620元	
基金资产组合	市值(元)	占总资产比(%)	市值(元)	占总资产比(%)	市值(元)	占总资产比(%)	市值(元)	占总资产比(%)
股票投资	5,506,640,626.84	79.63	6,935,409,652.09	86.16	6,593,592,807.78	91.59	6,905,599,792.90	87.88
债券投资	1,832,519.00	0.03	337,665,810.80	4.19	117,950,213.00	1.64	55,417,274.91	0.71
资产支持证券投资	——	——	——	——	——	——	——	——
金融衍生品投资	——	——	——	——	——	——	——	——
买入返售金融资产	——	——	——	——	——	——	——	——
银行存款和结算备付金	1,312,062,366.95	18.97	540,495,224.41	6.71	480,160,842.21	6.67	863,356,937.63	10.99
其他资产	94,660,457.52	1.37	235,881,164.96	2.93	7,119,144.80	0.10	33,471,451.97	0.43

投资前五名股票明细

股票名称	公允价值(元)	占净值比(%)	股票名称	公允价值(元)	占净值比(%)	股票名称	公允价值(元)	占净值比(%)	股票名称	公允价值(元)	占净值比(%)
中国石化	326,774,420.30	4.75	招商银行	486,430,877.34	6.08	招商银行	417,058,581.48	5.81	格力电器	479,979,102.92	6.14
攀钢钢钒	314,217,162.24	4.56	华侨城A	449,583,829.20	5.62	格力电器	415,618,918.40	5.79	招商银行	455,180,676.30	5.82
万 科A	305,971,568.64	4.44	贵州茅台	368,179,611.32	4.60	贵州茅台	410,094,525.52	5.71	兴业银行	384,026,557.61	4.91
华侨城A	283,517,457.84	4.12	民生银行	342,479,103.12	4.28	新 和 成	375,371,942.68	5.23	贵州茅台	381,675,884.24	4.88
招商银行	254,975,165.82	3.70	格力电器	338,553,415.20	4.23	华侨城A	369,827,413.50	5.15	深发展A	354,009,537.76	4.53

投资前五名债券明细

债券名称	公允价值(元)	占净值比(%)	债券名称	公允价值(元)	占净值比(%)	债券名称	公允价值(元)	占净值比(%)	债券名称	公允价值(元)	占净值比(%)
08上港债	1,832,519.00	0.03	09铁道CP01	100,040,000.00	1.25	08央票114	87,066,000.00	1.21	09五凌债	29,349,000.00	0.38
			08央票114	87,588,000.00	1.09	09五凌债	29,046,000.00	0.40	09铁岭债	19,993,731.51	0.26
			08国开17	69,587,000.00	0.87	08上港债	1,838,213.00	0.03	王府转债	4,223,993.40	0.05
			08国开20	48,635,000.00	0.61				08上港债	1,850,550.00	0.02
			09五凌债	29,985,000.00	0.37						

信达澳银精华灵活配置混合型证券投资基金

基本资料					
基金简称	信达澳银精华配置混合	交易代码	610002		
风险收益特征	该基金属于风险收益水平中等的基金产品				
业绩比较基准	沪深300指数收益率×60%+中国债券总指数收益率×40%				
合同生效日	2008年7月30日	首募份额	5.34亿份	认购户数	8,514户
基金管理人	信达澳银基金管理有限公司	基金托管人	中国建设银行		
注册登记人	信达澳银基金管理有限公司				

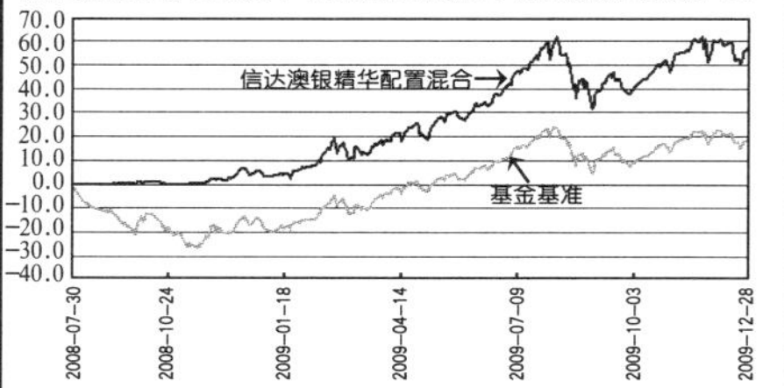

财务指标　单位：人民币（元）；%

项目＼年度	2010年上半年	2009年
本期利润	-16,182,762.15	57,606,072.04
本期加权平均净值利润率	-14.11%	43.54
期末基金资产净值	106,864,374.02	116,415,936.33
期末基金份额净值	1.149	1.328
本期份额净值增长率	-13.48%	53.59
累计份额净值增长率	38.20%	59.73
基金收益分配	——	10派2.000

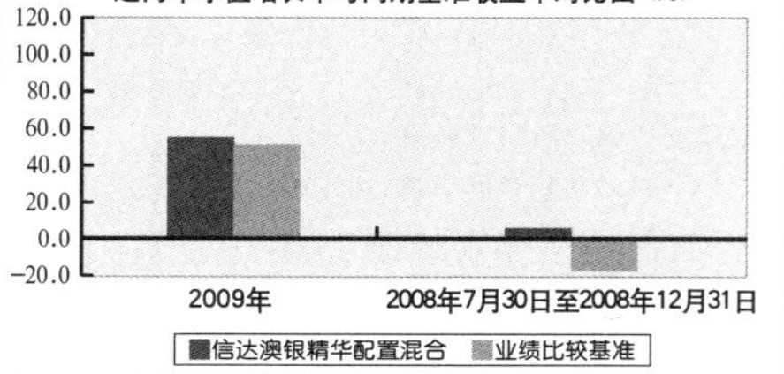

期末基金份额持有人户数	基金份额持有人户数为3,894户，平均每户持有23,889.79份。（期末截至2010年6月30日）
期末基金份额持有人结构	机构投资者持有30,407,339.66份，占总份额32.69%；个人投资者持有62,619,508.25份，占总份额67.31%。

基金业绩表现

截至2009年12月31日，信达澳银精华配置混合基金份额净值为1.328元，全年净值增长率为53.59%；同期业绩基准收益率为51.23%，业绩表现优于基准。

基金管理团队

曾国富先生：基金经理，上海财经大学管理学硕士，13年证券从业经历。曾就职于深圳大华会计师事务所、大鹏证券公司、平安证券公司、国海富兰克林基金管理公司。2006年9月加入信达澳银基金管理公司，曾任投资研究部高级分析师、现任投资总监助理兼股票投资部总经理，兼任信达澳银精华配置混合基金经理（2008年7月起任）和信达澳银中小盘股票基金经理（2009年12月起任）。

李坤元女士：基金经理、投资研究部高级分析师，南开大学经济学硕士，4年证券从业经历。曾就职于天津华宇国际贸易公司、申银万国证券研究所。2007年5月加入信达澳银基金管理公司，（2009年2月至2010年5月）任信达澳银精华配置混合基金经理助理。

基金运作分析

2009年初，信达澳银精华配置混合基金对于国家政策的判断较为准确，1月初开始大幅度提高仓位，尤其是周期品的配置，在下半年政策转向期，该基金及时降低了周期品的配置并适时增加消费品的配置比例，从而使全年基金业绩跑赢比较基准。

季度投资组合一览（2009年度）

项目＼季度	第一季度		第二季度		第三季度		第四季度	
基金资产净值	128,311,688.32元		129,438,631.48元		121,038,410.19元		116,415,936.33元	
基金份额	119,044,599.38份		109,938,494.18份		104,622,176.83份		87,649,476.33份	
基金份额净值	1.078元		1.177元		1.157元		1.328元	
基金资产组合	市值(元)	占总资产比(%)	市值(元)	占总资产比(%)	市值(元)	占总资产比(%)	市值(元)	占总资产比(%)
股票投资	89,798,088.10	69.07	98,495,218.99	75.00	89,401,187.01	73.27	88,940,176.33	75.56
债券投资	20,192,000.00	15.53	20,070,000.00	15.28	1,384,191.60	1.13	1,760,032.97	1.50
资产支持证券投资	——	——	——	——	——	——	——	——
金融衍生品投资	——	——	——	——	——	——	——	——
买入返售金融资产	——	——	——	——	——	——	——	——
银行存款和结算备付金	18,091,886.69	13.92	11,420,271.21	8.70	30,855,979.87	25.29	25,014,778.70	21.25
其他资产	1,928,777.87	1.48	1,334,784.36	1.02	369,258.95	0.3	1,991,570.64	1.69

投资前五名股票明细	股票名称	公允价值(元)	占净值比(%)	股票名称	公允价值(元)	占净值比(%)	股票名称	公允价值(元)	占净值比(%)	股票名称	公允价值(元)	占净值比(%)
	中国石化	5,065,888.90	3.95	招商银行	6,469,901.46	5.00	新和成	6,872,441.72	5.68	兴业银行	5,265,493.75	4.52
	荣信股份	4,694,250.00	3.66	交通银行	5,541,140.99	4.28	招商银行	5,547,200.04	4.58	招商银行	4,885,449.10	4.20
	保利地产	4,657,316.00	3.63	新和成	5,450,341.20	4.21	交通银行	5,122,941.67	4.23	格力电器	4,584,530.10	3.94
	贵州茅台	4,310,322.84	3.36	万科A	5,350,244.25	4.13	浙江医药	4,765,740.00	3.94	中国平安	4,352,110.00	3.74
	中国平安	4,262,990.00	3.32	工商银行	4,875,832.00	3.77	工商银行	4,291,092.00	3.55	苏宁电器	4,081,877.74	3.51

投资前五名债券明细	债券名称	公允价值(元)	占净值比(%)	债券名称	公允价值(元)	占净值比(%)	债券名称	公允价值(元)	占净值比(%)	债券名称	公允价值(元)	占净值比(%)
	07农发14	20,192,000.00	15.74	07农发14	20,070,000.00	15.51	博汇转债	553,726.20	0.46	王府转债	716,223.60	0.62
							厦工转债	351,576.00	0.29	博汇转债	660,248.40	0.57
							龙盛转债	252,747.00	0.21	安泰转债	383,560.97	0.33
							西洋转债	226,142.40	0.19			

信达澳银稳定价值债券型证券投资基金

基本资料

基金简称	信达澳银稳定价值债券	交易代码	A：610003　B：610103		
风险收益特征	该基金为债券型基金，风险收益水平较低，长期预期风险收益高于货币市场基金、低于股票和混合基金。				
业绩比较基准	中国债券总指数收益率				
合同生效日	2009年4月8日	首募份额	11.41亿份	认购户数	12,400户
基金管理人	信达澳银基金管理有限公司	基金托管人	中国建设银行		
注册登记人	信达澳银基金管理有限公司				

财务指标　　单位：人民币（元）；%

项目＼年度	2010年上半年		2009年4月8日至12月31日	
	A	B	A	B
本期利润	482,793.69	890,293.99	913,172.26	464,928.12
本期加权平均净值利润率	0.89%	0.82%	0.65%	0.12%
期末基金资产净值	39,668,428.33	70,241,694.50	75,827,673.95	159,052,532.75
期末基金份额净值	1.013	1.008	1.009	1.005
本期份额净值增长率	0.40%	0.30%	0.90%	0.50%
累计份额净值增长率	1.30%	0.80%	0.90%	0.50%
基金收益分配	——	——	——	——

成立来累计净值增长率与同期基准收益率历史走势对比图（%）

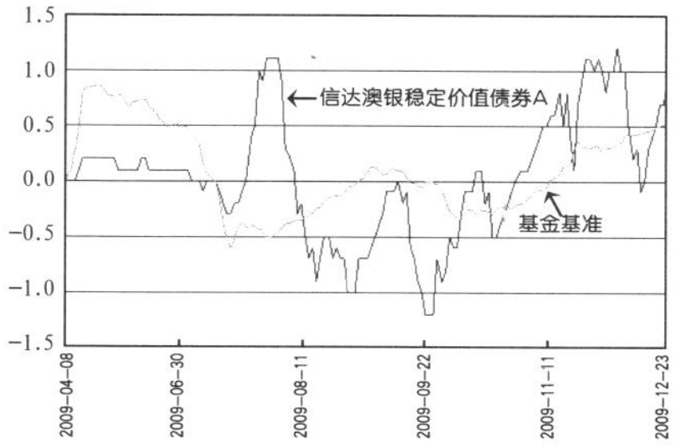

2009年净值增长率与同期基准收益率对北图（%）

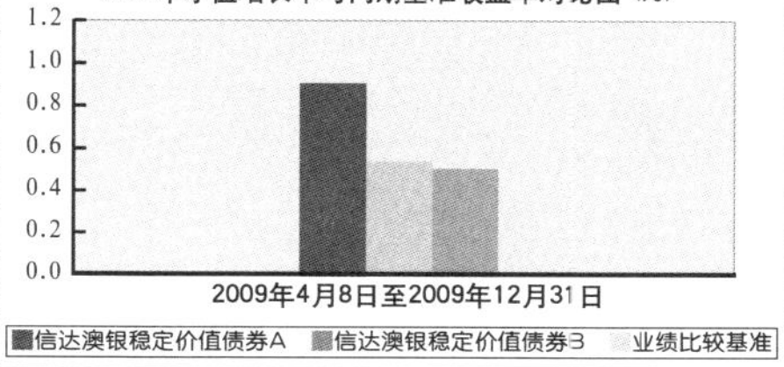

期末基金份额持有人户数	基金份额持有人户数为2,519户，平均每户持有43,211.91份。（期末截至2010年6月30日）
期末基金份额持有人结构	机构投资者持有1,596,841.75份，占总份额1.47%；个人投资者持有107,253,947.89份，占总份额98.53%。

基金业绩表现

信达澳银稳定价值债券基金合同生效于2009年4月8日，截至2009年12月31日，该基金A类净值增长率为0.90%，B类净值增长率为0.50%。

基金管理团队

昌志华先生：基金经理、投资研究部下宏观策略部总经理，理学博士，12年证券从业经历。曾就职于华南理工大学、大鹏证券综合研究所、融通基金管理公司。2006年6月加入信达澳银基金管理公司，2009年4月起任信达澳银稳定价值债券基金经理。

陈绪新先生：基金经理、投资研究部固定收益部总经理，8年证券从业经历，经济学硕士，CFA，FRM。曾就职于国家地震局地震研究所、长江水利水电开发总公司、北京银行总行。2008年10月加入信达澳银基金管理公司，2009年7月起任信达澳银稳定价值债券基金经理。

基金运作分析

信达澳银稳定价值债券基金自2009年4月8日成立以来，缩短组合久期；配置部分信用产品；增加可转换债券在组合中的比例。此外，还积极参与部分新股的申购。

季度投资组合一览（2009年度）

项目＼季度	第二季度			第三季度			第四季度		
	A		B	A		B	A		B
基金资产净值	2.0839亿元		5.7491亿元	1.1442亿元		2.8021亿元	0.7583亿元		1.5905亿元
基金份额	2.0815亿份		5.7480亿份	1.1576亿份		2.8414亿份	0.7518亿份		1.5823亿份
基金份额净值	1.0010元		1.0000元	0.9880元		0.9860元	1.0090元		1.0050元
基金资产组合	市值(元)		占总资产比(%)	市值(元)		占总资产比(%)	市值(元)		占总资产比(%)
股票投资	——		——	28,176,722.26		7.10	17,797,126.99		5.62
债券投资	508,683,308		62.88	355,475,464.20		89.61	192,753,290.09		60.83
金融衍生品投资	——		——	853,522.66		0.22	942,669.04		0.30
买入返售金融资产	——		——	——		——	——		——
银行存款和结算备付金	41,558,634.49		5.14	8,028,292.43		2.02	103,233,797.88		32.58
其他资产	258,763,937.56		31.99	4,146,456.08		1.05	2,162,483.01		0.68
投资前五名股票明细	股票名称	公允价值(元)	占净值比(%)	股票名称	公允价值(元)	占净值比(%)	股票名称	公允价值(元)	占净值比(%)
	——			南山铝业	7,712,580.00	1.95	南山铝业	3,969,000.00	1.69
				中国建筑	7,253,749.12	1.84	中国重工	2,648,136.70	1.13
				中国中冶	3,940,755.64	1.00	招商证券	2,006,690.42	0.85
				信立泰	1,393,946.10	0.35	报喜鸟	1,613,807.04	0.69
				万马电缆	1,367,597.70	0.35	新宙邦	1,239,148.56	0.53
投资前五名债券明细	债券名称	公允价值(元)	占净值比(%)	债券名称	公允价值(元)	占净值比(%)	债券名称	公允价值(元)	占净值比(%)
	09农发01	96,400,000.00	12.31	09央行票据47	49,835,000.00	12.63	21国债⑽	31,914,480.00	13.59
	08国开20	68,089,000.00	8.69	09央行票据41	39,868,000.00	10.10	09铁二股CP01	20,096,000.00	8.56
	08电网CP03	50,345,000.00	6.43	09铁道CP01	30,006,000.00	7.60	09忠旺CP01	20,076,000.00	8.55
	08农发15	50,245,000.00	6.41	08央行票据110	28,887,000.00	7.32	09铁道CP01	20,040,000.00	8.53
	08国开17	49,705,000.00	6.35	09铁二股CP01	20,090,000.00	5.09	09宁交通CP01	20,040,000.00	8.53

信达澳银中小盘股票型证券投资基金

基本资料					
基金简称	信达澳银中小盘股票	交易代码	610004		
风险收益特征	该基金是股票型基金，长期预期风险与收益高于混合基金、债券基金、货币市场基金，属于预期风险收益水平较高的证券投资基金产品。				
业绩比较基准	（天相中盘指数收益率×40%+天相小盘指数收益率×60%）×80%+中国债券总指数收益率×20%				
合同生效日	2009年12月1日	首募份额	18.69亿份	认购户数	29,968户
基金管理人	信达澳银基金管理有限公司	基金托管人	中国建设银行		
注册登记人	信达澳银基金管理有限公司	审计机构	普华永道中天会计师事务所		

成立来累计净值增长率与同期基准收益率历史走势对比图（%）

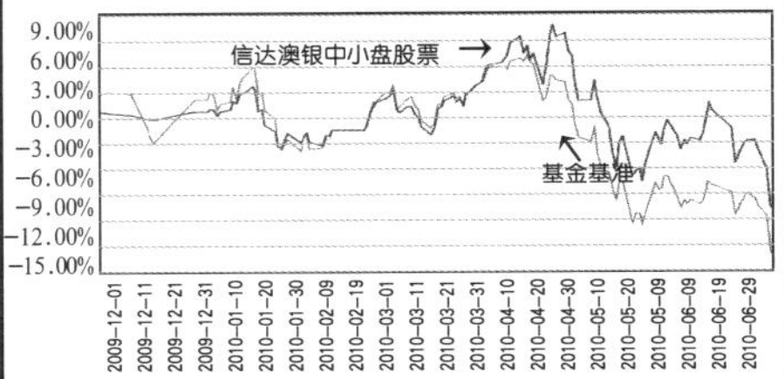

财务指标　单位：人民币（元）；%

项目 \ 年度	2010年1月1日至2010年6月30日
本期利润	-64,842,338.18
本期加权平均净值利润率	-4.78%
期末基金资产净值	865,663,924.44
期末基金份额净值	0.892
本期份额净值增长率	-10.80%
累计份额净值增长率	-10.80%
基金收益分配	——

2010年上半年净值增长率与同期基准收益率对比图（%）

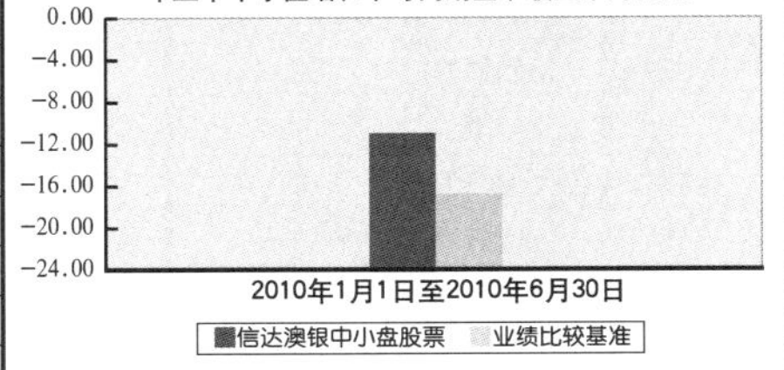

期末基金份额持有人户数	基金份额持有人户数为23,212户，平均每户持有41,811.14份。（期末截至2010年6月30日）
期末基金份额持有人结构	机构投资者持有19,369,863.60份，占总份额2.00%，个人投资者持有951,150,391.41份，占总份额98.00%。

基金业绩表现

截至2010年6月30日，信达澳银中小盘股票基金份额净值为0.892元，本半年度净值增长率为-10.80%，同期业绩基准收益率为-17.27%；业绩表现优于基准。

基金管理团队

黄敬东先生：基金经理，华南理工大学工学硕士，9年证券从业经历。曾就职于南方证券公司、鹏华基金管理公司，历任行业研究员、基金经理助理、基金经理。2009年7月加入信达澳银基金管理公司，现任公司投资副总监，兼任信达澳银中小盘股票基金经理（2010年1月起任）。

曾国富先生：基金经理，上海财经大学管理学硕士，13年证券从业经历。曾就职于深圳大华会计师事务所、大鹏证券公司、平安证券公司、国海富兰克林基金管理公司。2006年9月加入信达澳银基金管理公司，曾任投资研究部高级分析师，现任投资总监助理兼股票投资部总经理，兼任信达澳银精华配置混合基金经理（2008年7月起任）和信达澳银中小盘股票基金经理（2009年12月起任）。

周强松先生：基金经理助理、投资研究部高级分析师，大连理工大学工业管理工程学士，CFA，14年证券从业经历。1996年至2003年任职于君安证券、国泰君安证券研究所，任研究员；2003年至2005年就职于兴安证券，任总裁业务助理。2006年加盟信达澳银基金。

基金运作分析

信达澳银中小盘股票基金自2009年12月1日成立之时，即面临着反复震荡的市场格局。2010年一季度，基于对A股市场短期震荡格局的准确判断和坚持"自下而上"精选个股稳健建仓的投资策略，该基金抓住市场多次反复调整的时机果断建仓。围绕产业与区域结构调整、城市化进程、经济增长方式转型等主线，重点配置了TMT、先进装备制造业、新能源、低碳经济、医药、消费等行业。在顺利完成新基金建仓的同时，取得了较好的投资业绩。该基金2010年二季度对市场的下跌有所准备，对周期性行业进行了回避，而重点增持了部分防守型行业。

信达澳银红利回报股票型证券投资基金

基本资料					
基金简称	信达澳银红利回报股票基金		交易代码	610005	
投资目标	精选红利股票，力争实现基金资产的长期稳定增值。				
业绩比较基准	中证红利指数收益率×80%+中国债券总指数收益率×20%				
风险收益特征	该基金是股票型基金，长期风险与预期收益高于混合型基金、债券型基金及货币市场基金；本基金主要投资于红利股票，属于股票型基金中风险及预期收益相对较低的证券投资基金产品。				
合同生效日	2010年7月28日	上市日期	——	上市地点	——
募集概况	首募份额	认购户数	募集日期		
	5.95亿份	11,995户	2010年6月7日至2010年7月23日		
基金费率	认购费率	不超过1.20%	申购费率	不超过1.50%	
	赎回费率	不超过0.50%			
	管理费率	1.50%	托管费率	0.25%	
基金管理人	信达澳银基金管理有限公司		基金托管人	中国建设银行股份有限公司	
审计机构	普华永道中天会计师事务所		注册登记人	信达澳银基金管理有限公司	

基金管理团队

曾国富先生：股票投资部总经理、基金经理，上海财经大学管理学硕士。13年证券从业经历。历任深圳大华会计师事务所审计部经理，大鹏证券有限责任公司投资银行部业务董事、内部审核委员会委员，平安证券有限责任公司资本市场事业部业务总监、内部审核委员会委员，国海富兰克林基金管理有限公司研究分析部分析员；2006年9月加入信达澳银基金管理有限公司，2010年7月起任信达澳银红利回报股票基金经理。

诺德基金管理有限公司

法定名称	诺德基金管理有限公司	英文名称	Lord Abbett China Asset Management Co.,Ltd.		
成立时间	2006年6月8日	注册资本	1亿元人民币	公司属性	中外合资
法人代表	李格平	总 经 理	杨忆风	督 察 长	张 欣
公司网址	www.lordabbettchina.com	客服电话	400-888-0009		
联系电话	021-6887 9999	传真号码	021-6888 2526		
注册地址	上海市浦东陆家嘴环路1233号汇亚大厦12楼	办公地址	上海市浦东陆家嘴环路1233号汇亚大厦12楼		

公司简介

诺德基金管理有限公司(以下简称"公司")经中国证监会证监基金字[2006]88号文批准设立。公司股东为诺德·安博特资产管理公司、长江证券有限责任公司和清华控股有限公司。公司注册地在上海，注册资本为1亿元人民币。

截至2009年12月31日，诺德基金管理有限公司旗下共管理了4只开放式基金，管理基金资产规模44.73亿元人民币。

2009年旗下开放式基金业绩表现

截至日期：2009年12月31日

(单位：元；%)

基金类型	基金简称	设立日期	基金份额净值	净值增长率①	累计净值增长率②
股票型	诺德价值优势股票	2007-04-19	1.0148	61.82	1.48
	诺德成长优势股票	2009-09-22	1.118	11.80	11.80
混合型	诺德灵活配置混合	2008-11-05	1.2484	24.17	24.84
债券型	诺德增强收益债券	2009-03-04	1.036	3.60	3.60

注：①净值增长率指该基金2009年度的份额净值增长率；②累计净值增长率指该基金设立以来的份额净值增长率。

2009年管理公募基金概况

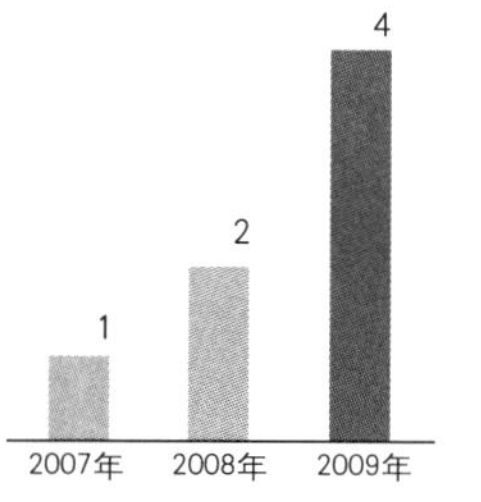

基金数量(只)

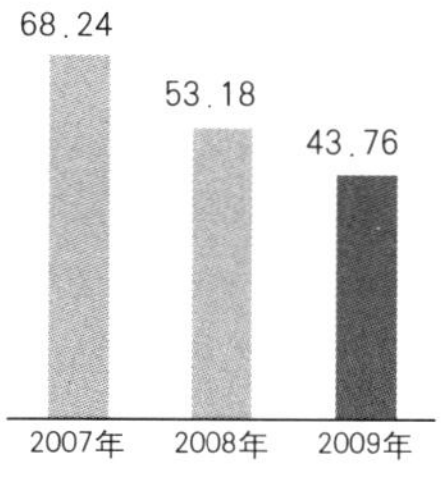

基金份额规模(亿份)

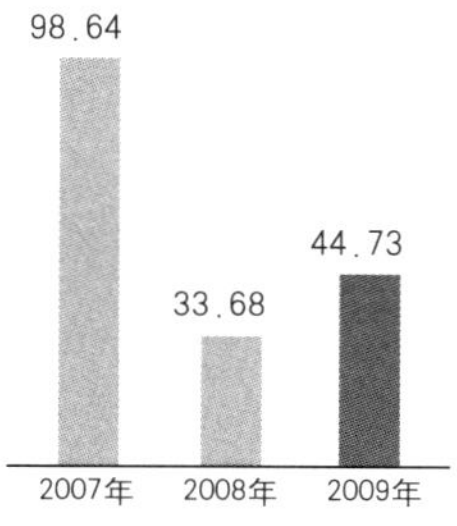

基金资产规模(亿元)

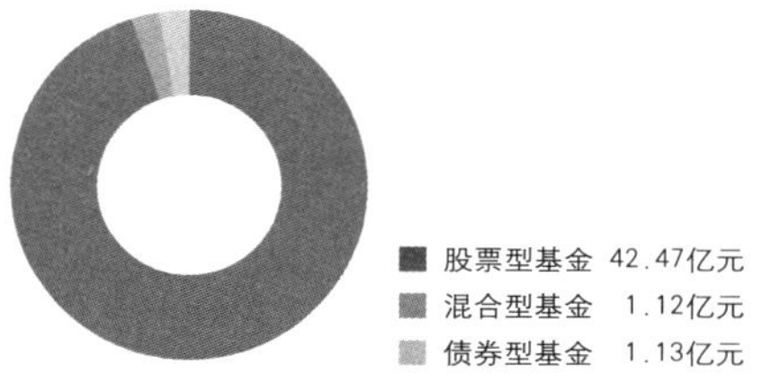

2009年基金资产规模构成

诺德价值优势股票型证券投资基金

基本资料					
基金简称	诺德价值优势股票	交易代码	570001		
风险收益特征	该基金属于中高风险，中高收益的基金品种。				
业绩比较基准	80%×沪深300指数收益率+20%×上证国债指数收益率				
合同生效日	2007年4月19日	首募份额	79.07亿份	认购户数	355,206户
基金管理人	诺德基金管理有限公司	基金托管人	中国建设银行		
注册登记人	诺德基金管理有限公司				

成立来累计净值增长率与同期基准收益率历史走势对比图（%）

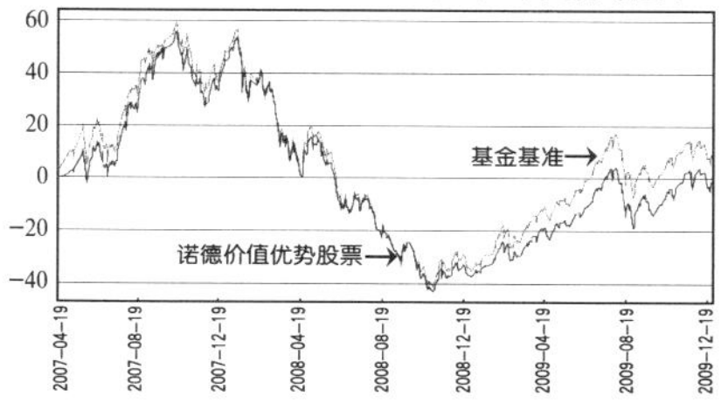

近两年净值增长率与同期基准收益率对比图（%）

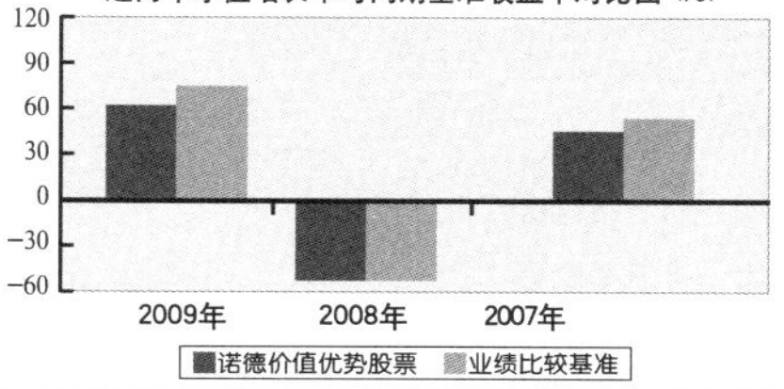

财务指标　单位：人民币（元）；%

项目 \ 年度	2009年	2008年	2007年
本期利润	1,955,560,957.00	−4,670,031,289.37	3,800,879,666.74
本期加权平均净值利润率	47.31	−85.40	36.84
期末基金资产净值	4,157,604,082.80	3,279,482,840.86	9,863,704,773.26
期末基金份额净值	1.0148	0.6271	1.4454
本期份额净值增长率	61.82	−56.61	44.54
累计份额净值增长率	1.48	−37.29	44.54
基金收益分配	——	——	——
期末基金份额持有人户数	基金份额持有人户数为214,054户，平均每户持有19,140.53份。（期末截至2009年12月31日）		
期末基金份额持有人结构	机构投资者持有23,927,613.69份，占总份额0.58%；个人投资者持有4,073,179,065.32份，占总份额99.42%。		

基金业绩表现

2009年诺德价值优势股票基金全年净值增长率为61.82%，同期业绩基准收益率为73.60%。

基金管理团队

戴奇雷先生：基金经理，7年证券从业经历，华中理工大学理学硕士，中欧国际工商学院MBA。曾就职于上海融昌资产公司、广州金骏资产公司。2006年6月加入诺德基金管理公司，先后任研究员、基金经理助理、基金经理和投资研究部经理；2008年5月起任诺德价值优势股票基金经理。

黄　伟先生：基金经理，12年证券从业经历，上海交通大学管理工程硕士，美国Vanderbilt大学工商管理硕士。曾就职于华夏证券上海分公司、AXA Advisors、Worldco LLC、上海证券公司、光大证券公司。2006年10月加入诺德基金管理公司，先后任投资研究部交易主管、行业研究员、基金经理助理；2009年7月起任诺德价值优势股票基金经理。

张　辉先生：基金经理，13年证券从业经历，纽约大学工商管理硕士。2007年9月加入诺德基金管理公司，曾任投资研究部行业研究员、基金经理助理；2009年7月起任诺德价值优势股票基金经理。

基金运作分析

2009年诺德价值优势股票基金遵循均衡稳健的原则，有效控制波动性，一方面分析宏观经济形势对证券市场产生的影响，另一方面寻找具有核心竞争力和可持续增长潜力的优质上市公司，为基金持有人创造稳定的投资回报。

季度投资组合一览

项目 \ 季度	第一季度		第二季度		第三季度		第四季度	
基金资产净值	3,953,990,907.80元		4,516,351,437.13元		3,903,776,051.34元		4,157,604,082.80元	
基金份额	5,161,684,785.89份		4,939,649,809.51份		4,512,079,843.69份		4,097,106,679.01份	
基金份额净值	0.7660元		0.9143元		0.8652元		1.0148元	
基金资产组合	市值(元)	占总资产比(%)	市值(元)	占总资产比(%)	市值(元)	占总资产比(%)	市值(元)	占总资产比(%)
股票投资	3,068,431,687.20	77.26	3,869,292,817.93	83.54	3,210,884,283.33	81.94	3,630,024,043.91	86.55
债券投资	——	——	——	——	2,548,227.00	0.07	——	——
资产支持证券投资	——	——	——	——	——	——	——	——
金融衍生品投资	——	——	——	——	——	——	——	——
买入返售金融资产	398,000,000.00	10.02	330,000,000.00	7.12	——	——	300,000,000.00	7.15
银行存款和结算备付金	449,666,161.08	11.32	418,948,358.84	9.04	699,655,945.17	17.86	262,875,731.76	6.27
其他资产	55,273,041.09	1.39	13,644,255.14	0.29	5,375,254.68	0.14	1,427,272.13	0.03

项目	第一季度			第二季度			第三季度			第四季度		
投资前五名股票明细	股票名称	公允价值(元)	占净值比(%)	股票名称	公允价值(元)	占净值比(%)	股票名称	公允价值(元)	占净值比(%)	股票名称	公允价值(元)	占净值比(%)
	中信证券	119,199,600.00	3.01	招商银行	131,770,800.00	2.92	包钢稀土	91,385,471.64	2.34	兴业银行	132,216,800.00	3.18
	招商银行	111,285,100.26	2.81	工商银行	129,971,600.00	2.88	兴业银行	80,420,200.00	2.06	招商银行	123,281,500.00	2.97
	兴业银行	105,430,309.68	2.67	中信证券	126,603,104.40	2.80	泸州老窖	78,792,000.00	2.02	中国平安	106,323,424.55	2.56
	中国平安	104,814,800.00	2.65	民生银行	125,136,000.00	2.77	西山煤电	77,022,600.00	1.97	一汽轿车	101,294,559.00	2.44
	武钢股份	100,548,000.00	2.54	中国平安	117,714,800.00	2.61	北京银行	76,845,800.00	1.97	八一钢铁	94,880,000.00	2.28
投资前五名债券明细	债券名称	公允价值(元)	占净值比(%)	债券名称	公允价值(元)	占净值比(%)	债券名称	公允价值(元)	占净值比(%)	债券名称	公允价值(元)	占净值比(%)
	——			——			龙盛转债	2,548,227.00	0.07	——		

诺德主题灵活配置混合型证券投资基金

基本资料

基金简称	诺德灵活配置混合	交易代码	571002		
风险收益特征	该基金为偏股型的混合型基金，风险和收益水平高于货币市场基金和债券型基金，低于股票型基金，属于风险较高、收益较高的证券投资基金产品。				
业绩比较基准	60%×沪深300指数+40%×上证国债指数				
合同生效日	2008年11月5日	首募份额	2.39亿份	认购户数	865户
基金管理人	诺德基金管理有限公司	基金托管人	中国建设银行		
注册登记人	诺德基金管理有限公司				

财务指标 单位：人民币(元)；%

项目 \ 年度	2009年	2008年11月5日至2008年12月31日
本期利润	16,088,587.07	565,587.42
本期加权平均净值利润率	23.76	0.35
期末基金资产净值	112,210,246.25	88,832,430.47
期末基金份额净值	1.2484	1.0054
本期份额净值增长率	24.17	0.54
累计份额净值增长率	24.84	0.54
基金收益分配	——	——

成立来累计净值增长率与同期基准收益率历史走势对比图（%）

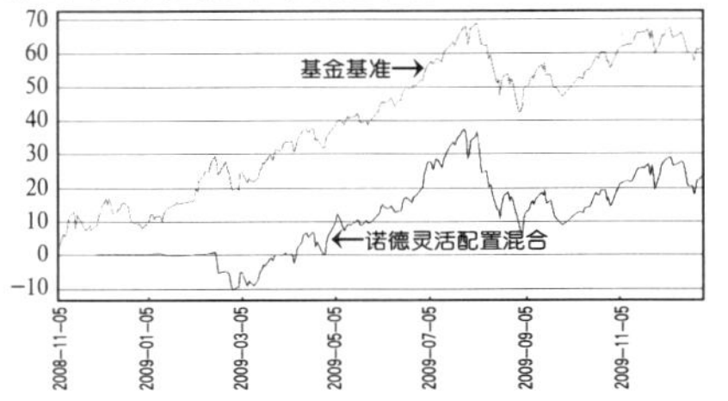

近两年净值增长率与同期基准收益率对比图（%）

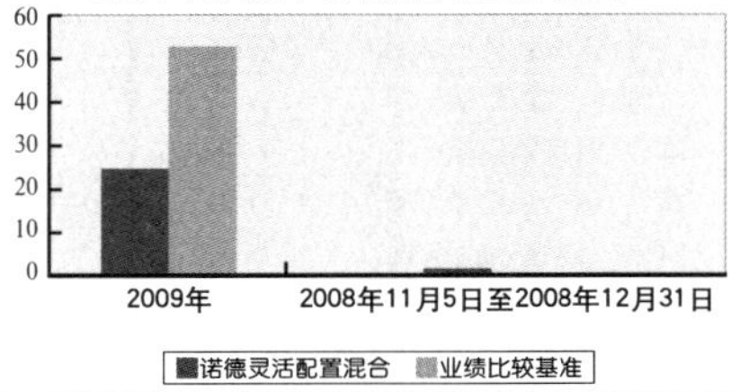

期末基金份额持有人户数	基金份额持有人户数为2,940户，平均每户持有30,573.73份。（期末截至2009年12月31日）
期末基金份额持有人结构	机构投资者持有19,989,005.50份，占总份额22.24%；个人投资者持有69,897,750.15份，占总份额77.76%。

基金业绩表现

2009年诺德灵活配置混合基金全年净值增长率为24.17%，同期业绩基准收益率为52.55%。

基金管理团队

戴奇雷先生：基金经理，华中理工大学理学硕士，中欧国际工商学院MBA，7年证券从业经历。曾就职于上海融昌资产管理公司、广州金骏资产管理公司。2006年6月加入诺德基金管理公司，先后任研究员、基金经理助理、基金经理和投资研究部经理等职；2008年11月起任诺德灵活配置混合基金经理。

张学东先生：基金经理，经济学学士，12年证券从业经历。曾在华夏基金管理公司工作，先后任研究员、基金经理助理等职务。2007年7月加入诺德基金管理公司，先后任基金经理助理、基金经理等职；2009年2月起任诺德灵活配置混合基金经理。

基金运作分析

2009年诺德灵活配置混合基金在投资策略总体上可以分为两个阶段：1—2月间，由于该基金尚处在建仓期，采取了保守的投资策略，以保证本金安全为第一考虑，错失了市场最初的一段反弹行情；从3月份开始，随着各项政策的逐步出台和落实、市场信心的逐步恢复，针对基金规模较小、操作灵活的特点，诺德灵活配置混合基金及时改变策略，采取相对激进的操作策略，较好地把握了此后的行情，业绩有所改善。

季度投资组合一览

项目 \ 季度	第一季度		第二季度		第三季度		第四季度	
基金资产净值	71,061,889.92元		59,729,078.10元		53,501,699.65元		112,210,246.25元	
基金份额	71,162,284.92份		49,554,388.38份		48,846,396.04份		89,886,755.65份	
基金份额净值	0.9986元		1.2053元		1.0953元		1.2484元	
基金资产组合	市值(元)	占总资产比(%)	市值(元)	占总资产比(%)	市值(元)	占总资产比(%)	市值(元)	占总资产比(%)
股票投资	24,503,336.54	30.35	46,585,235.80	74.46	33,639,040.72	61.32	85,240,266.59	74.09
债券投资	2,225,605.00	2.76	——	——	——	——	10,776,250.40	9.37
资产支持证券投资	——	——	——	——	——	——	——	——
金融衍生品投资	——	——	——	——	——	——	——	——
买入返售金融资产	28,000,000.00	34.68	7,000,000.00	11.19	9,000,000.00	16.41	10,000,000.00	8.69
银行存款和结算备付金	24,122,270.30	29.88	7,581,635.41	12.12	10,101,612.13	18.41	8,592,549.63	7.47
其他资产	1,881,333.20	2.33	1,398,295.45	2.23	2,118,098.36	3.86	433,167.25	0.38

投资前五名股票明细

股票名称	公允价值(元)	占净值比(%)	股票名称	公允价值(元)	占净值比(%)	股票名称	公允价值(元)	占净值比(%)	股票名称	公允价值(元)	占净值比(%)
航天科技	2,460,000.00	3.46	西山煤电	4,754,100.00	7.96	宁波银行	2,340,938.04	4.38	兴业银行	4,530,844.00	4.04
中国石化	2,225,000.00	3.13	中国平安	4,223,884.00	7.07	上海汽车	1,975,000.00	3.69	贵州茅台	3,803,968.00	3.39
中国南车	2,200,000.00	3.10	大同煤业	2,910,400.00	4.87	东方电气	1,879,600.00	3.51	北京银行	3,274,262.00	2.92
中信证券	2,164,950.00	3.05	招商银行	2,801,250.00	4.69	中国人寿	1,799,200.00	3.36	盐湖钾肥	3,026,169.00	2.70
中国联通	2,019,500.00	2.84	保利地产	2,789,000.00	4.67	国药股份	1,794,000.00	3.35	新华百货	2,979,019.48	2.65

投资前五名债券明细

债券名称	公允价值(元)	占净值比(%)	债券名称	公允价值(元)	占净值比(%)	债券名称	公允价值(元)	占净值比(%)	债券名称	公允价值(元)	占净值比(%)
21国债(10)	2,035,401.50	2.86							新钢转债	1,829,814.00	1.63
08上港债	190,203.50	0.27							09银基债	1,691,042.00	1.51
									08新湖债	1,664,520.00	1.48
									博汇转债	1,643,992.00	1.47
									王府转债	1,635,233.40	1.46

诺德增强收益债券型证券投资基金

基本资料

基金简称	诺德增强收益债券		交易代码	573003	
风险收益特征	该基金为债券型基金，属于证券投资基金中的较低风险品种，其预期风险与收益高于货币市场基金，低于混合型基金和股票型基金。				
业绩比较基准	中国债券总指数(全价)收益率×90%+沪深300指数收益率×10%				
合同生效日	2009年3月4日	首募份额	11.84亿份	认购户数	8,915户
基金管理人	诺德基金管理有限公司		基金托管人	中国建设银行	
注册登记人	诺德基金管理有限公司				

财务指标 单位：人民币(元)；%

项目 \ 年度	2009年3月4日至2009年12月31日
本期利润	16,813,004.25
本期加权平均净值利润率	3.21
期末基金资产净值	113,439,093.48
期末基金份额净值	1.036
本期份额净值增长率	3.60
累计份额净值增长率	3.60
基金收益分配	——
期末基金份额持有人户数	基金份额持有人户数为2,120户，平均每户持有51,664.26份。(期末截至2009年12月31日)
期末基金份额持有人结构	机构投资者持有500,180.00份，占总份额0.46%；个人投资者持有109,028,062.98份，占总份额99.54%。

成立来累计净值增长率与同期基准收益率历史走势对比图（%）

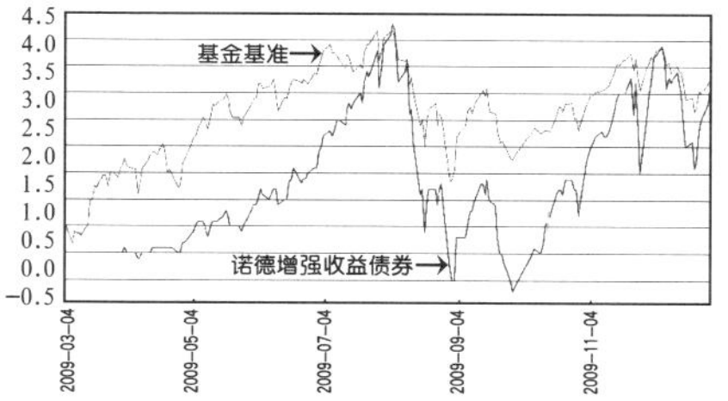

2009年净值增长率与同期基准收益率对比图（%）

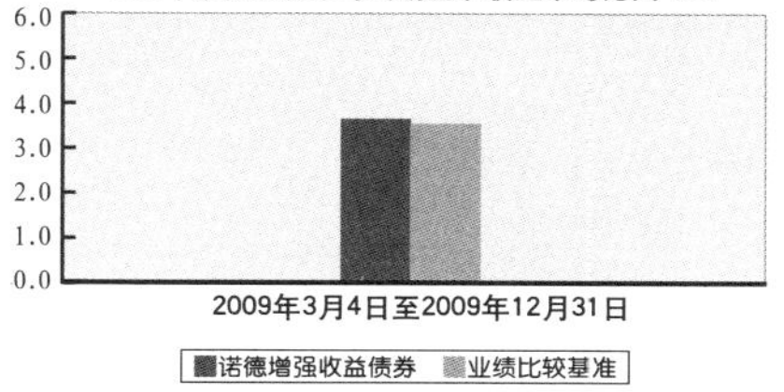

基金业绩表现

诺德增强收益债券基金合同生效于2009年3月4日，截至2009年12月31日，该基金成立以来净值增长率为3.60%，同期业绩基准收益率为3.50%。

基金管理团队

姜光明先生：基金经理，江西财经大学金融学院经济学硕士，6年证券从业经历。2003年11月至2004年8月在兴业证券工作，任研究发展中心可转债研究员；2004年8月至2005年11月在国元证券工作，任债券研究员；2005年12月至2008年10月在太平养老保险投资管理中心工作，先后担任年金基金管理部经理、投资经理等职。2008年11月加入诺德基金管理公司，2009年3月起任诺德增强收益债券基金经理。

基金运作分析

诺德增强收益债券基金于2009年3月4日正式成立。在债市震荡调整的大环境下，该基金自运作以来，债券投资主要以低久期利率品种配置为主，辅以流动性较高的低评级信用品种和正股基本面优异的可转换债券品种；股票投资方面采用自下而上和自上而下相结合的原则，主要投资于未来增长预期确定、估值处于市场低端、定期报告存在较高分红比例的公司以及部分存在主题类投资机会的公司，并通过收益积累，逐级提高股票仓位。

2010年，诺德增强收益债券基金将采用相对稳健的配置思路，在控制风险和保持流动性的基础上，把握债券市场波段性的投资机会，并在维持适度股票资产配置比例的基础上，提高股票组合结构的有效性。

季度投资组合一览

项目 \ 季度	第二季度			第三季度			第四季度		
基金资产净值	494,744,396.86元			306,545,746.41元			113,439,093.48元		
基金份额	486,963,493.87份			308,296,149.61份			109,528,242.98份		
基金份额净值	1.0160元			0.9940元			1.0360元		
基金资产组合	市值(元)		占总资产比(%)	市值(元)		占总资产比(%)	市值(元)		占总资产比(%)
股票投资	65,071,578.62		12.50	33,028,991.16		10.63	12,341,363.75		9.43
债券投资	264,160,353.10		50.75	252,856,392.50		81.41	72,442,976.23		55.35
资产支持证券投资	——		——	——		——	——		——
金融衍生品投资	——		——	——		——	——		——
买入返售金融资产	70,000,000.00		13.45	1,000,000.00		0.32	22,200,000.00		16.96
银行存款和结算备付金	114,129,182.24		21.93	19,732,758.80		6.35	12,090,459.15		9.24
其他资产	7,111,627.61		1.37	3,970,822.96		1.28	11,799,912.66		9.02
投资前五名股票明细	股票名称	公允价值(元)	占净值比(%)	股票名称	公允价值(元)	占净值比(%)	股票名称	公允价值(元)	占净值比(%)
	哈药股份	8,627,280.00	1.74	陆家嘴	5,239,400.00	1.71	中国平安	1,652,700.00	1.46
	深康佳A	7,802,017.92	1.58	S上石化	3,384,542.50	1.10	锦龙股份	1,284,000.00	1.13
	上海机场	6,912,000.00	1.40	福田汽车	3,262,600.00	1.06	金融街	1,213,000.00	1.07
	陆家嘴	6,130,313.70	1.24	锦龙股份	3,251,628.00	1.06	招商证券	1,204,020.13	1.06
	广州友谊	4,176,512.00	0.84	中国建筑	2,901,498.72	0.95	宝钢股份	1,139,880.00	1.00
投资前五名债券明细	债券名称	公允价值(元)	占净值比(%)	债券名称	公允价值(元)	占净值比(%)	债券名称	公允价值(元)	占净值比(%)
	08上港债	22,497,365.80	4.55	21国债(10)	51,380,000.00	16.76	21国债(10)	15,343,500.00	13.53
	21国债(7)	22,409,210.90	4.53	08央行票据47	31,104,000.00	10.15	20国债(4)	15,324,624.00	13.51
	01国开15	20,794,000.00	4.20	08央行票据44	31,095,000.00	10.14	08江铜债	6,899,373.00	6.08
	09张江CP01	20,174,000.00	4.08	20国债(4)	22,349,800.00	7.29	21国债(12)	6,153,000.00	5.42
	08合建投	18,507,903.70	3.74	01国开15	20,568,000.00	6.71	08新湖债	5,335,000.00	4.70

诺德成长优势股票型证券投资基金

基本资料					
基金简称	诺德成长优势股票	交易代码	570005		
风险收益特征	该基金为股票型证券投资基金，是证券投资基金中的较高风险品种。长期平均的风险和预期收益均高于混合型基金、债券型基金和货币市场基金，也高于价值型股票基金。				
业绩比较基准	沪深300指数×80%+上证国债指数×20%				
合同生效日	2009年9月22日	首募份额	5.15亿份	认购户数	2,053户
基金管理人	诺德基金管理有限公司	基金托管人	中国建设银行		
注册登记人	诺德基金管理有限公司				

成立来累计净值增长率与同期基准收益率历史走势对比图（%）

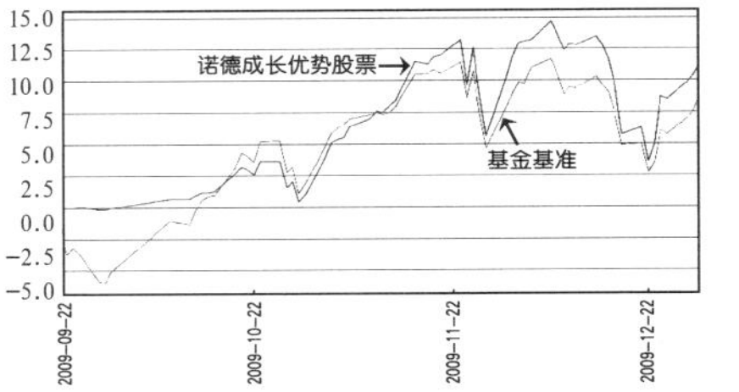

财务指标　　单位：人民币（元）；%

项目 \ 年度	2009年9月22日至2009年12月31日
本期利润	18,218,111.49
本期加权平均净值利润率	11.15
期末基金资产净值	89,335,178.26
期末基金份额净值	1.118
本期份额净值增长率	11.80
累计份额净值增长率	11.80
基金收益分配	——

2009年净值增长率与同期基准收益率对比图（%）

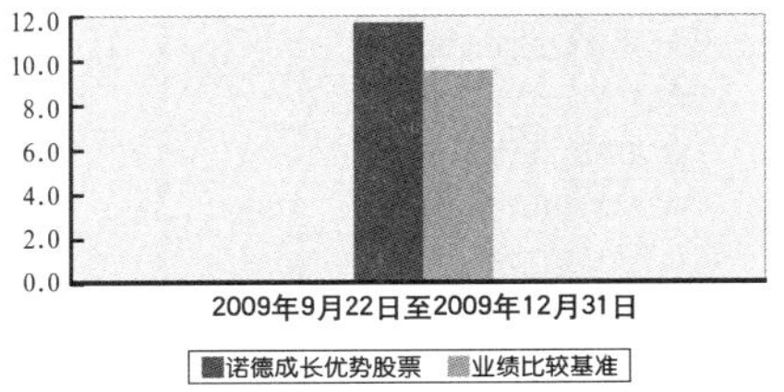

期末基金份额持有人户数	基金份额持有人户数为1,360户，平均每户持有58,745.46份。（期末截至2009年12月31日）
期末基金份额持有人结构	机构投资者持有11,485,148.51份，占总份额14.38%；个人投资者持有68,408,679.47份，占总份额85.62%。

基金业绩表现

诺德成长优势股票基金合同生效于2009年9月22日，截至2009年12月31日，该基金份额净值为1.118元，成立以来净值增长率为11.80%，同期业绩基准收益率为9.39%。

基金管理团队

张学东先生：基金经理，12年证券从业经历，北京第二外国语学院经济学学士。曾在华夏基金管理公司工作。2007年7月加入诺德基金管理公司，先后任诺德价值优势股票基金经理助理、诺德价值优势股票基金经理、诺德主题灵活配置混合基金经理；2009年9月起任诺德成长优势股票基金经理。

胡志伟先生：基金经理，南京大学经济学硕士，12年证券从业经历。曾在江苏证券公司（现"华泰证券股份公司"）、亚洲控股公司工作。2005年8月加入诺德基金管理公司，先后担任公司投资研究部行业研究员、投资研究部副经理等职务；2009年9月起任诺德成长优势股票基金经理。

基金运作分析

诺德成长优势股票基金成立于2009年9月22日，在2009年运作约100个日历日。在经历了三季度的显著调整之后，四季度市场在经济复苏以及政策调整预期之间反复寻求平衡，呈现出前半段震荡走高、后半段高位盘整的态势。从行业结构上看，房地产行业由于受到明确的政策压制、金融服务业由于受到银行大额融资预期的压制，四季度后半段走势大幅落后，而受政策扶持明确的部分消费性行业如汽车、家电、消费电子、餐饮旅游等行业涨幅居前。

基于对行情发展的乐观判断，诺德成长优势股票基金在成立以后采取了快速建仓并保持高仓位的策略，前期受益于市场的上涨，后期出现的震荡行情对净值增长有负面影响；在行业和个股方面，采取相对分散的投资策略，基于对部分行业前景的看好，持有相对较多的家电、电子、食品饮料以及房地产行业个股进行重点投资，其中大消费行业的投资对净值增长贡献较大，而房地产行业的投资一定程度上形成拖累。总体上基金运作平稳，换手率保持在相对较低的水平。

季度投资组合一览

项目 \ 季度	第四季度	
基金资产净值	89,335,178.26元	
基金份额	79,893,827.98份	
基金份额净值	1.1180元	
基金资产组合	金额（元）	占总资产比例（%）
股票投资	82,719,759.00	90.00
存托凭证	——	——
债券投资	——	——
金融衍生品投资	——	——
买入返售金融资产	2,300,000.00	2.50
银行存款和结算备付金	5,559,792.39	6.05
其他资产	1,335,985.76	1.45

投资前五名股票明细	股票名称	公允价值（元）	占净值比例（%）	投资前五名债券明细	债券名称	公允价值（元）	占净值比例（%）
	万科A	5,405,000.00	6.05		——		
	中兴通讯	4,487,000.00	5.02				
	苏宁电器	3,906,640.00	4.37				
	深发展A	3,899,200.00	4.36				
	五粮液	3,799,200.00	4.25				

中欧基金管理有限公司

法定名称	中欧基金管理有限公司	英文名称	Lombarda China Fund Management Co.,Ltd.		
成立时间	2006年7月19日	注册资本	1.2亿元人民币	公司属性	中外合资
法人代表	常 喆	总 经 理	刘建平	督 察 长	马文胜
公司网址	www.lcfunds.com	客服电话	400-700-9700 021-6860 9700		
联系电话	021-6860 9600	传真号码	021-3383 0351		
注册地址	上海市浦东新区花园石桥路66号东亚银行金融大厦8层				
办公地址	上海市浦东新区花园石桥路66号东亚银行金融大厦8层				

公司简介

中欧基金管理有限公司(以下简称"公司")经中国证监会(证监基金字[2006]102号文)批准，于2006年7月19日成立。公司注册资本1.2亿元人民币，股东由意大利意联银行股份有限公司、国都证券有限责任公司和平顶山煤业(集团)有限责任公司共同组成，出资比例分别为49%、47%和4%。

2009年，中欧基金管理有限公司募集设立了3只新基金，募集基金份额43.45亿份。截至2009年12月31日，中欧基金管理有限公司旗下共管理5只开放式基金；管理基金资产规模32.63亿元人民币。

2009年旗下开放式基金业绩表现

截至日期：2009年12月31日

(单位：元；%)

基金类型	基金简称	设立日期	基金份额净值	净值增长率①	累计净值增长率②
股票型	中欧新趋势股票(LOF)	2007-01-29	1.0853	60.41	21.63
	中欧价值发现股票	2009-07-24	0.938	-6.20	-6.20
	中欧中小盘股票	2009-12-30	1.000	——	——
混合型	中欧新蓝筹混合	2008-07-25	1.2356	54.17	51.63
债券型	中欧稳健收益债券A	2009-04-24	1.0198	4.51	4.51
	中欧稳健收益债券C	2009-04-24	1.0175	4.18	4.18

注：①净值增长率指该基金2009年度的份额净值增长率；②累计净值增长率指该基金设立以来的份额净值增长率。

2009年管理公募基金概况

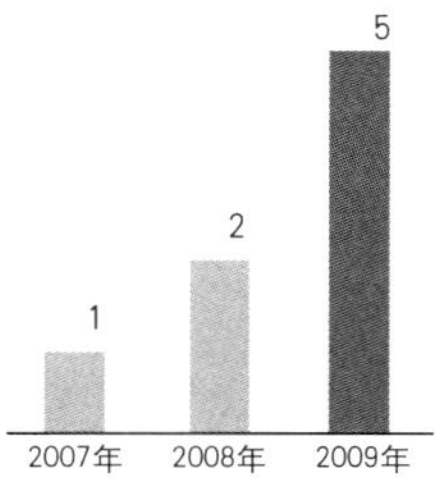

基金数量(只)

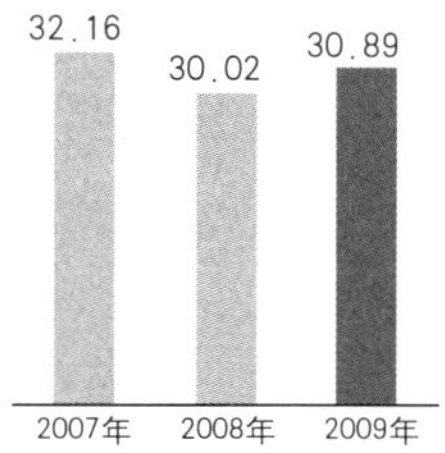

基金份额规模(亿份)

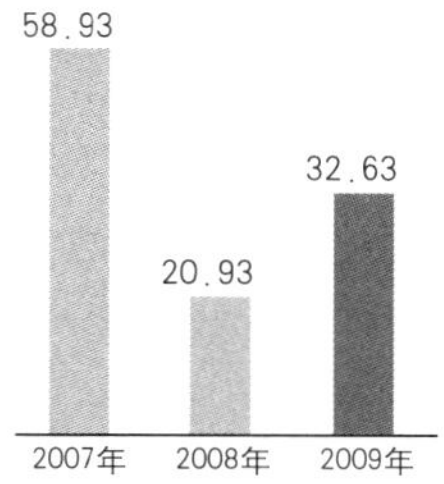

基金资产规模(亿元)

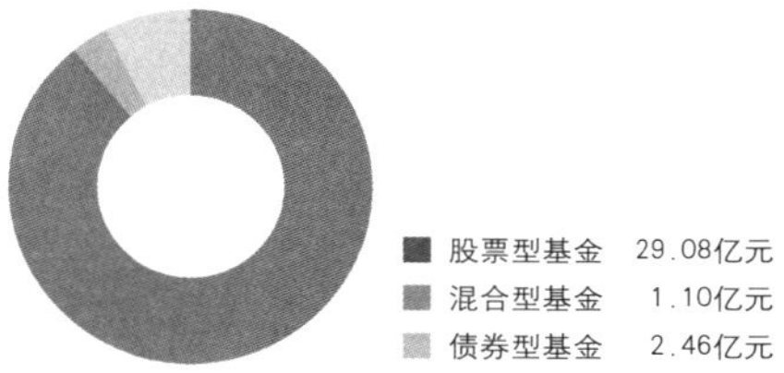

2009年基金资产规模构成

中欧新趋势股票型证券投资基金

基本资料

基金简称	中欧新趋势股票(LOF)	交易代码	166001		
风险收益特征	该基金属于中高风险、追求长期稳定资本增值的股票型基金。在严格控制风险的前提下，该基金投资将以前瞻的眼光把握经济发展与市场变革的中长期趋势，努力挖掘个股与板块、行业的投资机遇。				
业绩比较基准	80%×新华富时中国A600指数+20%×新华富时中国国债指数				
合同生效日	2007年1月29日	首募份额	68.75亿份	认购户数	188,717户
基金管理人	中欧基金管理有限公司	基金托管人	兴业银行		
注册登记人	中国证券登记结算有限责任公司				

成立来累计净值增长率与同期基准收益率历史走势对比图（%）

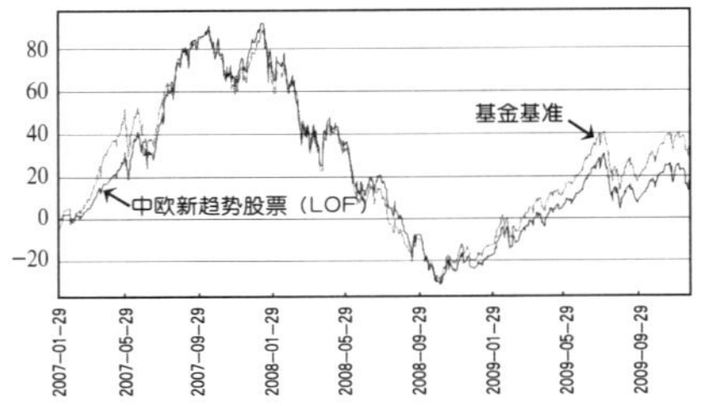

财务指标 单位：人民币（元）；%

项目＼年度	2009年	2008年	2007年
本期利润	1,100,494,353.16	−3,028,478,855.15	3,377,651,140.81
本期加权平均净值利润率	45.78	−90.05	61.52
期末基金资产净值	2,359,142,374.30	1,894,337,411.48	5,892,553,430.70
期末基金份额净值	1.0853	0.6766	1.8322
本期份额净值增长率	60.41	−58.61	83.22
累计份额净值增长率	21.63	−58.61	83.22
基金收益分配	——	10派2.000	——

近三年净值增长率与同期基准收益率对比图（%）

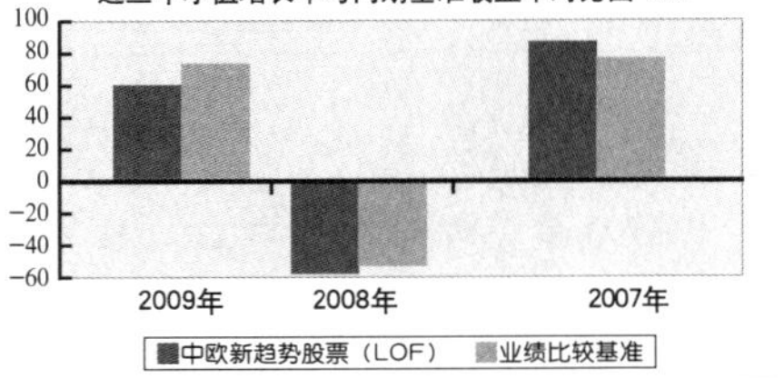

期末基金份额持有人户数	基金份额持有人户数为112,432户，平均每户持有19,333.96份。（期末截至2009年12月31日）
期末基金份额持有人结构	机构投资者持有25,183,243.76份，占总份额1.16%；个人投资者持有2,148,572,097.70份，占总份额98.84%。

基金业绩表现

2009年中欧新趋势股票基金全年净值增长率为60.41%，同期业绩基准收益率为72.91%。

基金管理团队

殷觅智先生：基金经理，18年证券从业经历，伦敦经济学院硕士。曾就职于瑞士银行投资管理公司、朋友天命投资管理公司、宝源投资管理公司、华安基金管理公司、汇丰投资管理公司上海代表处。2005年10月加入中欧基金管理公司，2007年1月至2009年7月任中欧新趋势股票基金经理。

王 磊先生：基金经理、投资副总监，研究生学历，12年证券从业经历。曾就职于中诚信托投资公司、国都证券公司。2005年10月加入中欧基金管理公司，历任基金经理助理、基金经理、投资副总监；2008年8月起任中欧新趋势股票基金经理。

王 海先生：基金经理助理，工商管理硕士，CFA，7年证券从业经历。曾就职于上海中技投资顾问公司、通用技术投资公司、中海基金公司。2009年3月加入中欧基金管理公司，担任中欧新趋势股票基金经理助理。

基金运作分析

从中欧新趋势股票基金2009年的投资结果来看，前一阶段令人满意，原因在于该基金自A股市场在“四万亿”政府投资为导火索刺激下开始反弹以来一直保持较高的股票仓位；后一阶段该基金没有充分把握住市场的风格特点重点投资于小市值股票，没有实现较好的投资收益。具体而言，该基金在汽车、家电行业股票的上涨阶段成功进行重点投资，但在煤炭、有色、房地产等行业的配置上存在阶段性不足。同时，在投机气氛较为明显的市场阶段过于看重上市公司经营质地和理性估值，未能实现与指数的同等收益。

季度投资组合一览

项目＼季度	第一季度		第二季度		第三季度		第四季度	
基金资产净值	2,374,689,559.45元		2,590,664,225.83元		2,270,405,938.90元		2,359,142,374.30元	
基金份额	2,734,554,626.45份		2,570,095,546.79份		2,354,421,629.78份		2,173,755,341.46份	
基金份额净值	0.8684元		1.0080元		0.9643元		1.0853元	
基金资产组合	市值(元)	占总资产比(%)	市值(元)	占总资产比(%)	市值(元)	占总资产比(%)	市值(元)	占总资产比(%)
股票投资	1,995,377,524.68	83.67	2,208,694,317.30	84.31	1,749,117,435.34	76.50	2,144,600,685.95	89.90
债券投资	——	——	——	——	9,793,330.60	0.43	——	——
资产支持证券投资	——	——	——	——	——	——	——	——
金融衍生品投资	——	——	——	——	——	——	——	——
买入返售金融资产	——	——	——	——	——	——	——	——
银行存款和结算备付金	366,469,026.87	15.37	402,080,457.70	15.35	507,731,433.99	22.21	237,816,009.68	9.97
其他资产	22,876,348.07	0.96	8,814,364.67	0.34	19,805,159.60	0.87	3,153,443.81	0.13

投资前五名股票明细

股票名称	公允价值(元)	占净值比(%)	股票名称	公允价值(元)	占净值比(%)	股票名称	公允价值(元)	占净值比(%)	股票名称	公允价值(元)	占净值比(%)
深发展A	111,828,488.66	4.71	浦发银行	165,208,600.84	6.38	中国平安	69,513,502.50	3.06	招商银行	110,127,454.20	4.67
浦发银行	101,944,264.64	4.29	长江电力	117,138,653.84	4.52	招商银行	66,529,480.04	2.93	中国平安	107,728,219.55	4.57
长江电力	95,205,978.56	4.01	思源电气	93,597,283.86	3.61	工商银行	62,725,500.00	2.76	北京银行	73,957,765.22	3.13
中国平安	66,117,136.73	2.78	工商银行	86,177,983.74	3.33	北京银行	57,273,950.09	2.52	西山煤电	69,711,764.00	2.95
中信证券	64,195,428.51	2.70	中信证券	85,357,436.58	3.29	浦发银行	56,526,408.30	2.49	浦发银行	67,231,668.78	2.85

投资前五名债券明细

债券名称	公允价值(元)	占净值比(%)	债券名称	公允价值(元)	占净值比(%)	债券名称	公允价值(元)	占净值比(%)	债券名称	公允价值(元)	占净值比(%)
						博汇转债	7,743,271.60	0.34			
						龙盛转债	2,050,059.00	0.09			

中欧新蓝筹灵活配置混合型证券投资基金

基本资料			
基金简称	中欧新蓝筹混合	交易代码	166002
风险收益特征	该基金的投资目标、投资范围和投资策略决定了该基金属于风险中等，追求长期稳定资本增值的混合型基金。		
业绩比较基准	60%×沪深300指数+35%×上证国债指数+5%×一年期定期存款利率		
合同生效日	2008年7月25日	首募份额	3.25亿份
认购户数	8,290户		
基金管理人	中欧基金管理有限公司	基金托管人	中国建设银行
注册登记人	中国证券登记结算有限责任公司		

财务指标　单位：人民币(元)；%

项目＼年度	2009年	2008年7月25日至2008年12月31日
本期利润	72,129,922.18	-10,535,053.63
本期加权平均净值利润率	50.15	-3.85
期末基金资产净值	109,544,742.95	198,424,754.86
期末基金份额净值	1.2356	0.9835
本期份额净值增长率	54.17	-1.65
累计份额净值增长率	51.63	-1.65
基金收益分配	10派2.700	——

成立来累计净值增长率与同期基准收益率历史走势对比图（%）

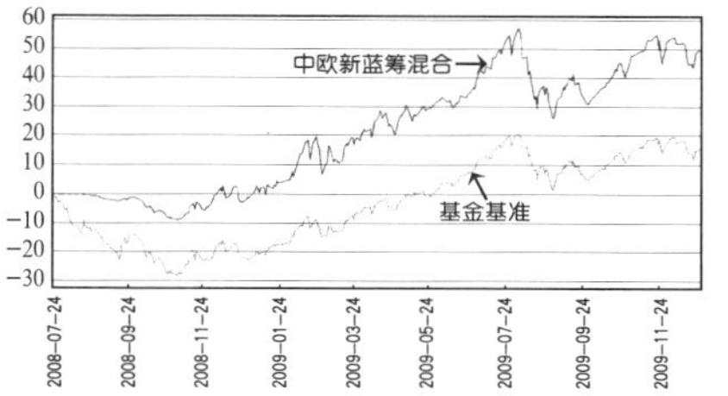

近两年净值增长率与同期基准收益率对比图（%）

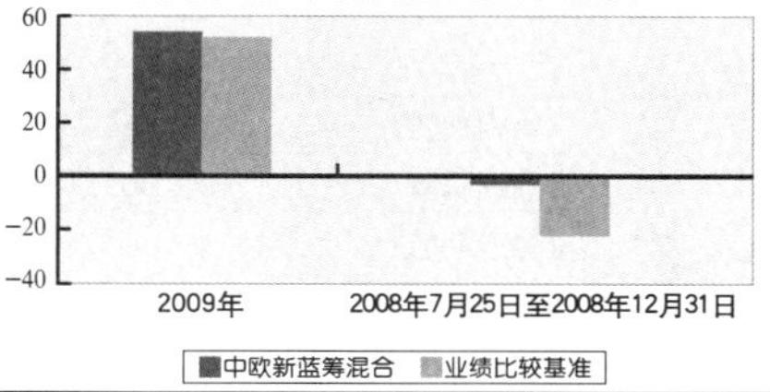

期末基金份额持有人户数	基金份额持有人户数为23,198户，平均每户持有3,821.63份。（期末截至2009年12月31日）
期末基金份额持有人结构	机构投资者持有51,443,887.79份，占总份额58.03%；个人投资者持有37,210,325.42份，占总份额41.97%。

基金业绩表现

2009年中欧新蓝筹混合基金全年净值增长率为54.17%，同期业绩基准收益率为52.65%。

基金管理团队

刘杰文先生：基金经理，经济学博士，12年证券从业经历。曾就职于中国人民银行上海分行、中国人民银行、光大证券公司资产经营部、上海申能资产管理公司。2006年8月加入中欧基金管理公司，2008年7月至2009年9月任中欧新蓝筹混合基金经理。

沈　洋先生：基金经理，金融管理硕士，6年证券从业经历。2006年9月加入中欧基金管理公司，任研究员，高级研究员，基金经理助理、基金经理；2009年6月起任中欧新蓝筹混合基金经理。

王　海先生：基金经理助理，工商管理硕士，CFA，7年证券从业经历。曾就职于中海基金管理公司。2009年3月加入中欧基金管理公司，任中欧新趋势股票基金经理助理、中欧新蓝筹混合基金经理助理。

基金运作分析

2009年中欧新蓝筹混合基金基于对宏观经济的正确分析和判断，在年初及时增加了股票配置，行业配置上重点投资建材、汽车、煤炭、有色等高弹性周期性行业，在一季度取得了较好的投资效果；但二季度由于未充分预测到地产市场的强劲反弹，错失了地产、金融行业的投资机会；下半年该基金考虑到股市经过反弹后已基本反映了经济的复苏，结构性的机会将取代上半年的单边上扬，相应小幅降低了股票仓位，并减持了部分强周期行业，使资产配置和行业配置更加均衡化。

季度投资组合一览

项目＼季度	第一季度		第二季度		第三季度		第四季度	
基金资产净值	176,285,894.61元		129,702,136.59元		105,783,219.78元		109,544,742.95元	
基金份额	146,654,541.88份		103,385,117.65份		98,605,889.04份		88,654,213.21份	
基金份额净值	1.2020元		1.2546元		1.0728元		1.2356元	
基金资产组合	市值(元)	占总资产比(%)	市值(元)	占总资产比(%)	市值(元)	占总资产比(%)	市值(元)	占总资产比(%)
股票投资	130,866,391.04	73.45	94,003,937.65	70.42	75,614,662.74	68.52	80,532,810.76	71.61
债券投资	26,169,612.34	14.69	21,034,177.50	15.76	3,742,248.60	3.39	1,169,430.00	1.04
资产支持证券投资	——	——	——	——	——	——	——	——
金融衍生品投资	——	——	——	——	——	——	——	——
买入返售金融资产	——	——	——	——	——	——	——	——
银行存款和结算备付金	17,778,747.23	9.98	15,588,663.00	11.68	29,842,822.57	27.04	28,427,295.43	25.28
其他资产	3,355,872.27	1.88	2,869,987.78	2.15	1,150,457.43	1.04	2,336,976.29	2.08

投资前五名股票明细	股票名称	公允价值(元)	占净值比(%)	股票名称	公允价值(元)	占净值比(%)	股票名称	公允价值(元)	占净值比(%)	股票名称	公允价值(元)	占净值比(%)
	福田汽车	9,696,320.00	5.50	中国太保	3,804,600.00	2.93	招商银行	3,404,366.08	3.22	招商银行	4,157,564.80	3.80
	平高电气	8,481,638.76	4.81	招商银行	3,799,615.50	2.93	宁波银行	2,675,933.10	2.53	西山煤电	3,989,000.00	3.64
	特变电工	7,402,200.00	4.20	万科A	3,570,000.00	2.75	中国平安	2,154,750.00	2.04	格力电器	3,762,200.00	3.43
	天山股份	7,241,625.84	4.11	浦发银行	3,453,000.00	2.66	特变电工	2,123,000.00	2.01	民生银行	3,687,642.00	3.37
	天威保变	7,087,392.00	4.02	华夏银行	3,180,577.61	2.45	威孚高科	2,089,800.00	1.98	中国太保	3,330,600.00	3.04

投资前五名债券明细	债券名称	公允价值(元)	占净值比(%)	债券名称	公允价值(元)	占净值比(%)	债券名称	公允价值(元)	占净值比(%)	债券名称	公允价值(元)	占净值比(%)
	08万科G2	12,135,874.14	6.88	08万科G2	9,986,354.70	7.70	大荒转债	2,014,828.20	1.90	新钢转债	1,169,430.00	1.07
	99国债(8)	8,083,585.80	4.59	99国债(8)	5,017,881.00	3.87	新钢转债	1,487,250.00	1.41			
	08江铜债	3,655,912.40	2.07	08江铜债	3,665,461.80	2.83	博汇转债	240,170.40	0.23			
	大荒转债	2,294,240.00	1.30	大荒转债	2,364,480.00	1.82						

中欧稳健收益债券型证券投资基金

基本资料

基金简称	中欧稳健收益债券	交易代码	A：166003　C：166004		
风险收益特征	该基金属于债券型基金，属证券投资基金中的中低风险收益品种，其长期平均风险和收益预期低于股票型基金、混合型基金，但高于货币市场基金。				
业绩比较基准	中信标普全债指数				
合同生效日	2009年4月24日	首募份额	21.52亿份	认购户数	16,594户
基金管理人	中欧基金管理有限公司	基金托管人	中国建设银行		
注册登记人	中国证券登记结算有限责任公司				

财务指标　　单位：人民币(元)；%

项目＼年度	2009年4月24日至2009年12月31日	
	A	C
本期利润	7,277,753.39	17,784,088.67
本期加权平均净值利润率	4.35	3.34
期末基金资产净值	71,881,428.29	173,901,770.26
期末基金份额净值	1.0198	1.0175
本期份额净值增长率	4.51	4.18
累计份额净值增长率	4.51	4.18
基金收益分配	10派0.250	10派0.240

成立来累计净值增长率与同期基准收益率历史走势对比图（%）

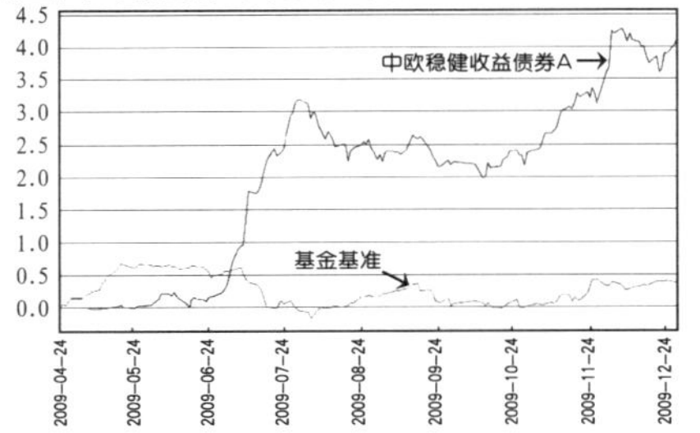

2009年净值增长率与同期基准收益率对比图（%）

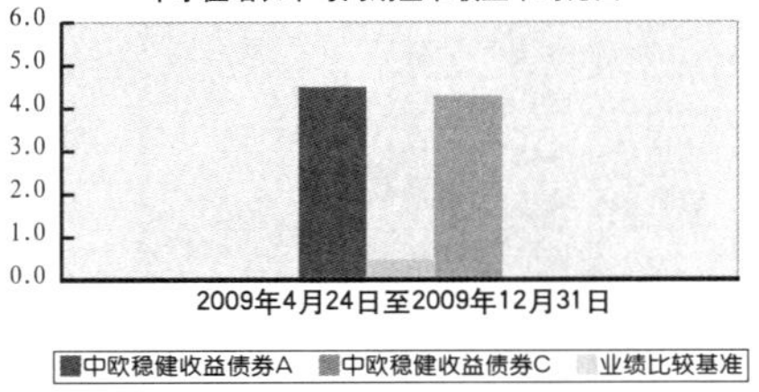

期末基金份额持有人户数	基金份额持有人户数为5,231户，平均每户持有46,148.51户。（期末截至2009年12月31日）
期末基金份额持有人结构	机构投资者持有4,302,241.00份，占总份额1.78%；个人投资者持有237,100,596.31份，占总份额98.22%；

基金业绩表现

中欧稳健收益债券基金合同生效于2009年4月24日，截至2009年12月31日，该基金A类净值增长率为4.51%，C类净值增长率为4.18%。

基金管理团队

刘杰文先生：基金经理，经济学博士，12年证券从业经历。曾就职于中国人民银行、光大证券公司、上海申能资产管理公司。2006年8月加入中欧基金管理公司；2009年4月至2009年12月任中欧稳健收益债券基金经理。

林钟斌先生：基金经理、研究部副总监，世界经济学硕士，10年证券从业经历。曾就职于招商证券研究发展中心，融通基金管理公司。2009年6月加入中欧基金管理公司，任研究部副总监；2009年12月起任中欧稳健收益债券基金经理。

聂曙光先生：基金经理助理、债券研究员，企业管理硕士，5年证券从业经历。2009年9月加入中欧基金管理公司，任中欧稳健收益债券基金经理助理。

基金运作分析

中欧稳健收益债券基金自2009年二季成立后，一直坚持防御性的投资策略，直到四季度之后，开始加大信用债券的投资力度；可转债投资上把握了二季度的上涨行情，并及时在8月份之前减少可转债持仓；新股发行，谨慎适度参与。

季度投资组合一览

项目＼季度	第二季度		第三季度		第四季度	
	A	C	A	C	A	C
基金资产净值	2.3427亿元	6.6425亿元	1.1764亿元	3.4093亿元	0.7188亿元	1.7390亿元
基金份额	2.3364亿份	6.6302亿份	1.1507亿份	3.3417亿份	0.7049亿份	1.7091亿份
基金份额净值	1.0027元	1.0019元	1.0223元	1.0203元	1.0198元	1.0175元
基金资产组合	市值(元)	占总资产比(%)	市值(元)	占总资产比(%)	市值(元)	占总资产比(%)
股票投资	——	——	12,467,756.82	2.67	19,725,741.54	6.62
债券投资	169,779,264.30	18.48	218,153,465.25	46.71	258,465,926.00	86.76
金融衍生品投资	——	——	——	——	——	——
买入返售金融资产	300,000,650.00	32.65	180,000,470.00	38.54	——	——
银行存款和结算备付金	445,407,608.08	48.48	51,285,681.31	10.98	7,100,508.99	2.38
其他资产	3,512,242.87	0.38	5,145,797.90	1.10	12,614,151.53	4.23

投资前五名股票明细	股票名称	公允价值(元)	占净值比(%)	股票名称	公允价值(元)	占净值比(%)	股票名称	公允价值(元)	占净值比(%)
	——			中国建筑	7,253,749.12	1.58	中国建筑	7,378,813.76	3.00
				四川成渝	2,485,692.84	0.54	四川成渝	3,001,240.00	1.22
				光大证券	1,414,954.48	0.31	光大证券	1,645,835.84	0.67
				神开股份	904,481.30	0.20	新朋股份	1,449,922.05	0.59
				中国国旅	350,879.08	0.08	雅致股份	1,063,120.11	0.43

投资前五名债券明细	债券名称	公允价值(元)	占净值比(%)	债券名称	公允价值(元)	占净值比(%)	债券名称	公允价值(元)	占净值比(%)
	09赣州发展债	51,035,000.00	5.68	09央行票据44	49,135,000.00	10.71	08国开13	42,228,000.00	17.18
	南山转债	40,976,089.20	4.56	08长兴债	42,758,072.50	9.32	07国开11	40,404,000.00	16.44
	09丹阳城投债	20,172,000.00	2.25	09怀化债	34,582,630.80	7.54	09亳州债	20,074,000.00	8.17
	08金发债	12,930,703.20	1.44	08新湖债	34,192,011.60	7.46	09鹤城投债	20,000,000.00	8.14
	09华西债	11,011,000.00	1.23	09复地债	19,990,400.00	4.36	09复地债	19,773,000.00	8.04

中欧价值发现股票型证券投资基金

基本资料					
基金简称	中欧价值发现股票	交易代码	166005		
风险收益特征	该基金的投资目标、投资范围和投资策略决定了该基金属于较高风险，较高收益，追求长期稳定资本增值的股票型证券投资基金。				
业绩比较基准	80%×沪深300指数+20%×上证国债指数				
合同生效日	2009年7月24日	首募份额	7.15亿份	认购户数	12,443户
基金管理人	中欧基金管理有限公司	基金托管人	中国建设银行		
注册登记人	中国证券登记结算有限责任公司				

成立来累计净值增长率与同期基准收益率历史走势对比图 (%)

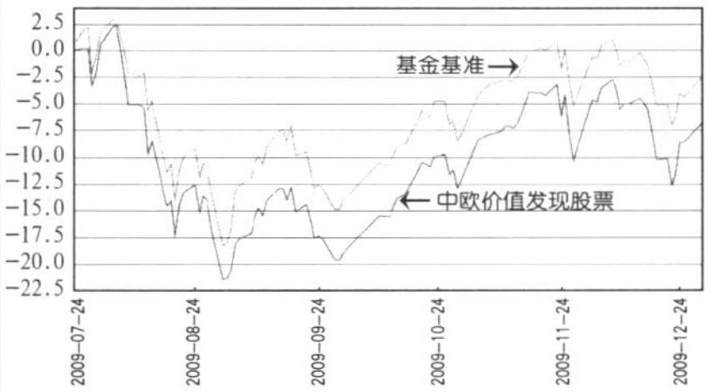

财务指标 单位：人民币(元)；%

项目 \ 年度	2009年7月24日至2009年12月31日
本期利润	-45,878,353.32
本期加权平均净值利润率	-7.49
期末基金资产净值	548,638,094.00
期末基金份额净值	0.938
本期份额净值增长率	-6.20
累计份额净值增长率	-6.20
基金收益分配	——

近两年净值增长率与同期基准收益率对比图 (%)

期末基金份额持有人户数	基金份额持有人户数为11,170户，平均每户持有52,346.84份。 (期末截至2009年12月31日)
期末基金份额持有人结构	机构投资者持有98,403,289.69份，占总份额16.83%；个人投资者持有486,310,923.02份，占总份额83.17%。

基金业绩表现

中欧价值发现股票基金合同生效于2009年7月24日，截至2009年12月31日，该基金份额净值为0.938元，成立以来净值增长率为-6.20%；同期业绩基准收益率为-1.02%。

基金管理团队

王 磊先生：基金经理、投资副总监，研究生学历，12年证券从业经历。历任中诚信托投资公司投资银行部高级经理，国都证券公司研究中心高级研究员、投资经理。2005年10月加入中欧基金管理公司，任基金经理助理、基金经理；2009年7月起任中欧价值发现股票基金经理。

苟开红女士：基金经理，4年证券从业经历，博士，特许金融分析师(CFA)，中国注册会计师协会非执业会员，持有中国非执业律师资格。历任深圳华为技术公司市场财经部高级业务经理、上海荣正投资咨询公司总经理助理、上海亚商企业咨询公司投资银行部业务经理、华泰资产管理公司高级投资经理、研究部副总经理。2009年7月加入中欧基金管理公司，2009年10月起任中欧价值发现股票基金经理。

基金运作分析

中欧价值发现股票基金成立于2009年7月末，由于当时所有的宏观数据和企业盈利增长势头都非常良好，因此该基金在第一个调整的过程中加快了建仓，导致成立初期经历了市场指数的大幅快速下落。面对市场变化，中欧价值发现股票基金积极调整，根据对市场的判断和分析把握住了市场后期的反弹机会，及时提高了基金仓位并对投资品种在结构上作了相应调整，着眼经济结构调整方向增加了大消费类的投资比例，四季度该基金净值较前期有了较多的提升，并跑赢了当季业绩基准。

季度投资组合一览

项目 \ 季度	第三季度			第四季度		
基金资产净值	579,123,488.00元			548,638,094.00元		
基金份额	714,731,726.55份			584,714,212.71份		
基金份额净值	0.8100元			0.9380元		
基金资产组合	市值(元)		占总资产比(%)	市值(元)		占总资产比(%)
股票投资	457,134,030.57		78.52	487,866,146.34		87.57
债券投资	1,721,028.10		0.30	——		——
资产支持证券投资	——		——	——		——
金融衍生品投资	——		——	——		——
买入返售金融资产	——		——	——		——
银行存款和结算备付金	119,025,182.39		20.44	65,829,457.42		11.82
其他资产	4,335,864.92		0.74	3,425,068.01		0.61
投资前五名股票明细	股票名称	公允价值(元)	占净值比(%)	股票名称	公允价值(元)	占净值比(%)
	浦发银行	21,222,000.00	3.66	招商银行	26,551,550.00	4.84
	招商银行	16,272,780.00	2.81	中国平安	26,443,200.00	4.82
	中信证券	15,506,200.00	2.68	深发展A	17,299,434.42	3.15
	特变电工	15,412,980.00	2.66	北京银行	15,386,188.42	2.80
	潍柴动力	15,060,000.00	2.60	辽宁成大	14,990,548.04	2.73
投资前五名债券明细	债券名称	公允价值(元)	占净值比(%)	债券名称	公允价值(元)	占净值比(%)
	博汇转债	1,088,550.10	0.19			
	龙盛转债	632,478.00	0.11			

中欧中小盘股票型证券投资基金（LOF）

<table>
<tr><th colspan="6">基本资料</th></tr>
<tr><td>基金简称</td><td colspan="3">中欧中小盘股票（LOF）</td><td>交易代码</td><td>166006</td></tr>
<tr><td>投资目标</td><td colspan="5">该基金主要通过投资于具有持续成长潜力以及未来成长空间广阔的中小型企业，特别是处于加速成长期的中小型企业，在控制风险的前提下，力争实现基金资产的长期稳定增长。</td></tr>
<tr><td>投资策略</td><td colspan="5">该基金将结合“自上而下”的资产配置策略和“自下而上”的个股精选策略，重点投资于萌芽期和成长期行业中具有持续成长潜力以及未来成长空间广阔的中小型上市公司。同时，结合盈利预测动态调整策略和动量策略，动态调整股票持仓结构。</td></tr>
<tr><td>业绩比较基准</td><td colspan="5">40%×天相中盘指数收益率+40%×天相小盘指数收益率+20%×中信标普全债指数收益率</td></tr>
<tr><td>风险收益特征</td><td colspan="5">该基金属于股票型基金，属证券投资基金中的高风险、高收益品种，其长期平均风险和收益预期高于混合型基金、债券型基金和货币市场基金。</td></tr>
<tr><td>合同生效日</td><td>2009年12月30日</td><td>上市日期</td><td>——</td><td>上市地点</td><td>——</td></tr>
<tr><td rowspan="2">募集概况</td><td>首募份额</td><td>认购户数</td><td colspan="3">募集日期</td></tr>
<tr><td>14.78亿份</td><td>91,142户</td><td colspan="3">2009年12月1日至2009年12月24日</td></tr>
<tr><td rowspan="5">基金费率</td><td>认购费率</td><td colspan="4">认购金额(M) 认购费率
M<50万元 1.20%
50万元≤M<100万元 0.80%
100万≤M<1,000万元 0.50%
M≥1,000万元 单笔1,000元</td></tr>
<tr><td>申购费率</td><td colspan="4">申购金额(M) 申购费率
M<50万元 1.50%
50万元≤M<100万元 1.00%
100万≤M<1,000万元 0.50%
M≥1,000万元 单笔1,000元</td></tr>
<tr><td>赎回费率</td><td colspan="4">持有期限 赎回费率
N<1年 0.50%
1年≤N<2年 0.25%
N≥2年 0.00</td></tr>
<tr><td>管理费率</td><td colspan="4">1.50%</td></tr>
<tr><td>托管费率</td><td colspan="4">0.25%</td></tr>
<tr><td>基金管理人</td><td colspan="2">中欧基金管理有限公司</td><td>基金托管人</td><td colspan="2">中国邮政储蓄银行有限责任公司</td></tr>
<tr><td>审计机构</td><td colspan="2">普华永道中天会计师事务所</td><td>注册登记人</td><td colspan="2">中欧基金管理有限公司</td></tr>
</table>

基金管理团队

沈　洋先生：基金经理，金融管理硕士，6年证券从业经历。历任天相投资顾问公司研究员，红塔证券公司研究员，2006年9月加入中欧基金管理公司，任研究员，高级研究员，中欧新蓝筹混合基金经理助理、基金经理，2009年12月起任中欧中小盘股票基金经理。

GSS KBC Asset Management

金元比联基金管理有限公司 大事记

KBC-GOLDSTATE Fund Management Co.,Ltd. MAJOR EVENTS

2009年3月24日

金元比联丰利债券投资基金成立。

2009年9月12日

金元比联价值增长股票投资基金成立。

2010年2月12日

金元比联核心动力股票投资基金成立。

2010年9月17日

金元比联消费主题股票投资基金成立。

金元比联基金管理有限公司

法定名称	金元比联基金管理有限公司	英文名称	KBC-GOLDSTATE Fund Management Co.,Ltd.		
成立时间	2006年11月13日	注册资本	1.5亿元人民币	公司属性	中外合资
董事长	任开宇	总经理	易强	督察长	符刃
公司网址	www.jykbc.com	客服电话	400-666-0666　021-6160 1898		
联系电话	021-6888 1801	传真号码	021-6888 1875		
注册地址	上海浦东新区花园石桥路33号花旗集团大厦36楼3608室				
办公地址	上海浦东新区花园石桥路33号花旗集团大厦36楼3608室				

公司简介

金元比联基金管理有限公司(以下简称"金元比联基金")成立于2006年11月，是由金元证券有限责任公司和比利时联合资产管理公司共同发起设立的中外合资基金管理公司。公司注册地为上海，注册资本1.5亿元人民币，其中，金元证券有限责任公司持有51%的股份，比利时联合资产管理公司持有49%的股份。比利时联合资产管理公司作为全球最大的保本基金管理人之一，也是比利时最大的基金管理公司。

公司汇聚业内精英，引进比利时联合资产管理公司先进的投资理念和技术，结合团队资深的本土经验，将投资视角覆盖到市场的方方面面。公司自筹建起，就通过借鉴外方股东的风险控制经验，逐步建立了科学合理的治理结构和组织结构，以及有效的风险控制机制。同时，借鉴国际经验，公司建立了一支具备国际水准并谙熟中国资本市场的管理团队，致力于更好地保护基金投资者的合法权益，控制基金管理的风险，为投资者创造长期价值。

年度经营

2009年以来，金元比联基金继续坚持稳健的投资风格、严谨的风险控制流程和务实的经营策略，投资管理工作稳步发展。截至2010年6月30日，公司旗下管理5只开放式基金，包括2只股票型基金、2只混合型基金和1只债券型基金。

产品发行方面，2009年以来，金元比联基金坚持"保本产品"和"多元化产品"的双路径发展模式，在保持自身专注于"保本和结构化产品"特色的同时，加快布局基金产品线，公司相继推出了三只新产品。2009年3月，公司旗下首只债券基金金元比联丰利债券基金募集设立；2009年9月，公司旗下首只偏股型基金金元比联价值增长股票基金募集设立；2010年2月，公司旗下第5只产品金元比联核心动力股票型基金募集设立；三只新基金共募集市场资金约23.24亿元，投资者有效认购户数合计51,357户。

客户服务

在客户服务方面，金元比联基金秉承中外股东丰富的客户服务经验和周全的全球服务理念，致力于为投资者提供专业的理财服务，以满足不同投资者不同阶段的理财需求。在具体工作中，本着"以客为尊，以人为本"的经营理念，金元比联基金始终致力于设计客户贴心的基金产品，拓展客户安心的交易渠道，开发客户舒心的服务体系，提供客户称心的营销活动，创造客户关心的收益水平，力争成为五星级的基金管理公司。

社会责任

作为国内基金行业的新锐公司，金元比联基金在以诚信和专业能力为投资者创造财富的同时，也重视社会慈善事业，致力于成为合格的企业公民。2008年以来，在支援南方雪灾、四川地震抗灾救灾的募捐活动中，金元比联基金及员工积极响应，公司及全体员工累计捐助近16万元。同时，公司还重视开展投资者教育工作，2009年10月26日，由上海证监局指导、上海地区30家基金公司共同主办、部分基金业务机构参与的2009年基金业"传承责任，共谱未来"投资者教育活动启动，金元比联基金亦成为活动的积极参与者之一。

2009年管理公募基金概况

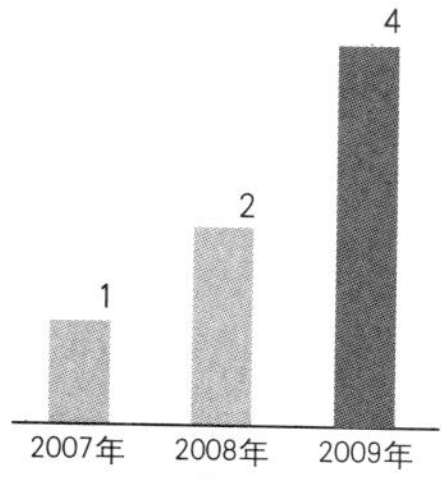

基金数量(只)

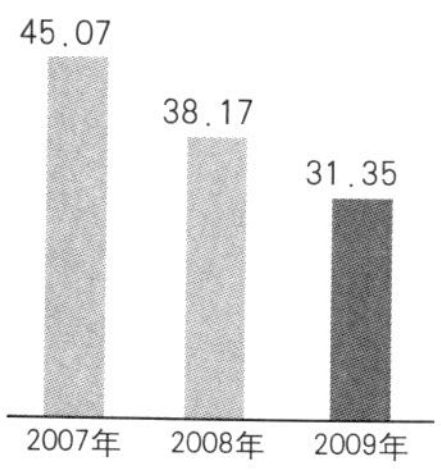

基金份额规模(亿份)

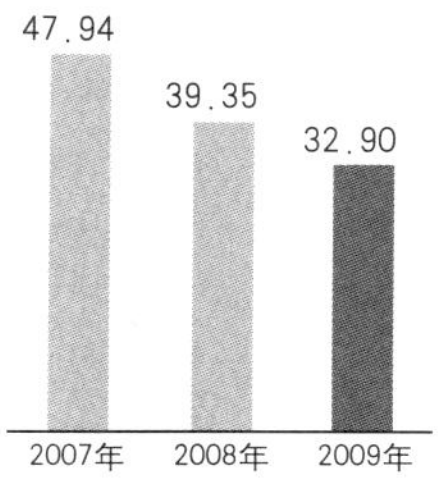

基金资产规模(亿元)

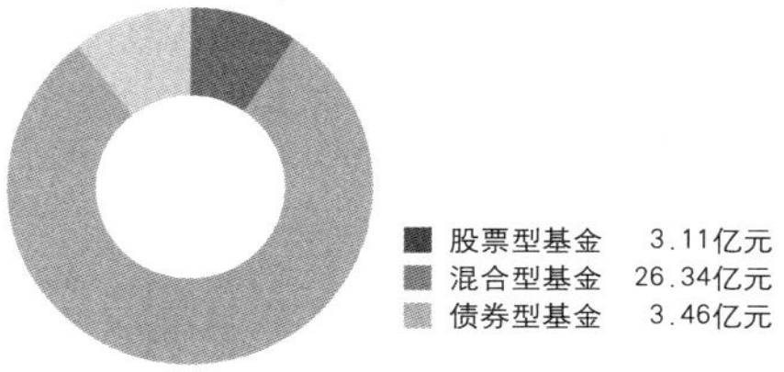

2009年基金资产规模构成

金元比联宝石动力保本混合型证券投资基金

基本资料

基金简称	金元比联宝石保本混合	交易代码	620001		
风险收益特征	该基金为一只保本型基金产品，属于低风险的基金品种。该基金力争在严格控制风险保证保本底线的前提下，谋求实现基金资产的长期稳定增长。				
业绩比较基准	3年凭证式国债收益率				
合同生效日	2007年8月15日	首募份额	49.89亿份	认购户数	138,584户
基金管理人	金元比联基金管理有限公司	基金托管人	中国工商银行		
注册登记人	金元比联基金管理有限公司				

财务指标 单位：人民币(元)；%

项目 \ 年度	2009年	2008年	2007年
本期利润	70,834,888.24	−152,541,555.38	301,579,446.24
本期加权平均净值利润率	2.16	−3.71	5.99
期末基金资产净值	2,534,472,018.84	3,829,047,965.21	4,793,628,104.00
期末基金份额净值	1.0471	1.0310	1.0636
本期份额净值增长率	1.56	−3.07	6.36
累计份额净值增长率	4.71	3.10	6.36
基金收益分配	——	——	——

期末基金份额持有人户数	基金份额持有人户数为76,923户，平均每户持有31,464.75份。（期末截至2009年12月31日）
期末基金份额持有人结构	机构投资者持有19,266,448.32份，占总份额0.80%；个人投资者持有2,401,096,739.44份，占总份额99.20%。

成立来累计净值增长率与同期基准收益率历史走势对比图（%）

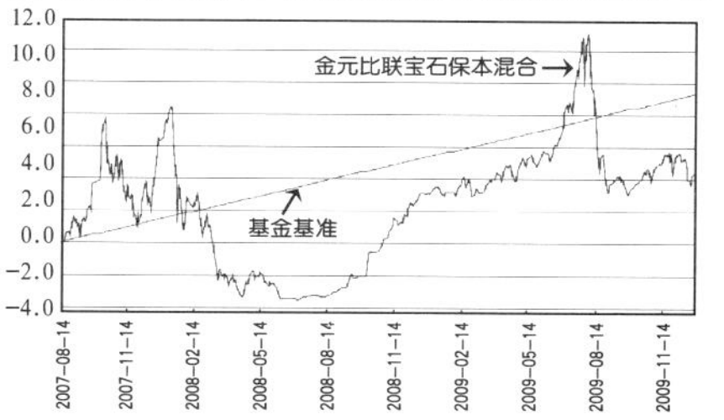

近三年净值增长率与同期基准收益率对比图（%）

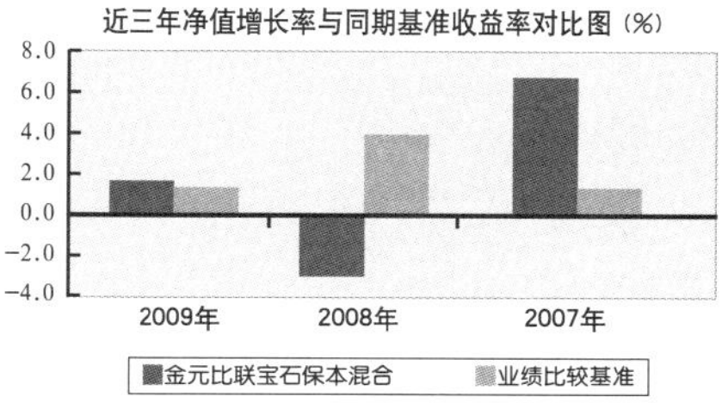

基金业绩表现

截至2009年12月31日，金元比联宝石保本混合基金份额净值为1.0471元，全年净值增长率为1.56%。

基金管理团队

何 旻先生：基金经理，12年证券从业经历，金融经济学硕士，CFA、FRM。曾就职于国泰基金管理公司。2006年加入金元比联基金管理公司，现任金元比联丰利债券基金经理、金元比联宝石保本混合基金经理。

黄 奕女士：基金经理，13年证券从业经历，经济学学士，工商管理硕士。曾就职于苏物贸证券(现东吴证券)公司、国泰君安证券公司、广发证券公司。2008年7月加入金元比联基金管理公司，历任高级研究员、金元比联宝石保本混合基金经理助理；2009年5月起任金元比联宝石保本混合基金经理。

基金运作分析

金元比联宝石保本混合基金2009年业绩不够理想，主要在于8月对市场的错误判断和二季度中对行业配置的失误。一季度，该基金判断股市已经先于宏观经济见底，不断加大股票的仓位。但5月之后，对市场的乐观看法有所反复，没有及时增加股票仓位；进入8月份，市场处于高位时没有及时减仓规避风险，同时，在行业配置上过多依赖周期性行业而忽略消费类行业；四季度，较好地捕捉了汽车和家电类个股，对于公用事业、房地产和银行采取低配策略。

季度投资组合一览

项目 \ 季度	第一季度		第二季度		第三季度		第四季度	
基金资产净值	3,632,136,818.89元		3,349,907,573.07元		2,908,540,841.81元		2,534,472,018.84元	
基金份额	3,486,599,577.57份		3,131,150,703.56份		2,815,424,803.30份		2,420,363,187.76份	
基金份额净值	1.0417元		1.0699元		1.0331元		1.0471元	
基金资产组合	市值(元)	占总资产比(%)	市值(元)	占总资产比(%)	市值(元)	占总资产比(%)	市值(元)	占总资产比(%)
股票投资	367,551,573.45	10.04	806,411,084.31	23.86	268,462,329.92	9.20	332,262,136.98	13.05
债券投资	2,936,783,888.80	80.21	2,282,058,115.00	67.53	2,211,024,173.50	75.76	1,815,182,744.40	71.27
资产支持证券投资	——	——	——	——	——	——	——	——
金融衍生品投资	——	——	——	——	——	——	——	——
买入返售金融资产	——	——	——	——	——	——	——	——
银行存款和结算备付金	311,663,843.00	8.51	252,735,324.28	7.48	409,618,266.26	14.03	365,710,472.89	14.36
其他资产	45,568,445.60	1.24	38,352,004.94	1.13	29,451,907.13	1.01	33,820,406.28	1.33

投资前五名股票明细	股票名称	公允价值(元)	占净值比(%)	股票名称	公允价值(元)	占净值比(%)	股票名称	公允价值(元)	占净值比(%)	股票名称	公允价值(元)	占净值比(%)
	国阳新能	17,469,225.61	0.48	浦发银行	41,796,631.32	1.25	浦发银行	21,224,082.90	0.73	西山煤电	13,946,621.03	0.55
	特变电工	11,046,929.40	0.30	中信证券	33,775,475.94	1.01	西山煤电	17,162,075.54	0.59	神火股份	13,770,586.32	0.54
	中国人寿	10,503,878.11	0.29	中国平安	31,743,873.14	0.95	上海汽车	15,799,980.25	0.54	宝钢股份	13,155,789.78	0.52
	浦发银行	10,440,474.08	0.29	深发展A	29,703,195.06	0.89	潍柴动力	13,235,430.80	0.46	中国平安	13,029,280.81	0.51
	天威保变	10,177,245.00	0.28	招商银行	29,316,112.11	0.88	贵州茅台	13,041,580.02	0.45	上海汽车	13,014,516.84	0.51

投资前五名债券明细	债券名称	公允价值(元)	占净值比(%)	债券名称	公允价值(元)	占净值比(%)	债券名称	公允价值(元)	占净值比(%)	债券名称	公允价值(元)	占净值比(%)
	08央票17	898,280,000.00	24.73	08央票17	941,310,000.00	28.10	08央票35	238,211,000.00	8.19	09央票36	294,870,000.00	11.63
	08央票35	561,323,000.00	15.45	08央票35	450,769,000.00	13.46	08央票17	206,820,000.00	7.11	08央票35	236,440,000.00	9.33
	08央票38	349,701,000.00	9.63	08央票14	209,020,000.00	6.24	09央票37	199,340,000.00	6.85	08央票17	205,300,000.00	8.10
	08央票70	290,220,000.00	7.99	08央票38	136,357,000.00	4.07	09央票36	196,600,000.00	6.76	09央票38	196,560,000.00	7.76
	08央票67	241,700,000.00	6.65	08央票26	104,710,000.00	3.13	09央票38	196,580,000.00	6.76	09央票44	196,500,000.00	7.75

金元比联成长动力灵活配置混合型证券投资基金

基本资料					
基金简称	金元比联成长动力混合	交易代码	620002		
风险收益特征	该基金是一只主动投资的灵活配置混合型基金，其风险收益特征从长期平均及预期来看，低于股票型基金，高于债券型基金、保本型基金与货币市场基金，属于中高风险的基金品种。该基金力争使基金的单位风险收益值从长期平均来看高于业绩比较基准的单位风险收益值。				
业绩比较基准	中信标普300指数收益率×55%+中信标普国债指数收益率×45%				
合同生效日	2008年9月3日	首募份额	3.74亿份	认购户数	5,921户
基金管理人	金元比联基金管理有限公司	基金托管人	中国农业银行		
注册登记人	金元比联基金管理有限公司				

成立来累计净值增长率与同期基准收益率历史走势对比图（%）

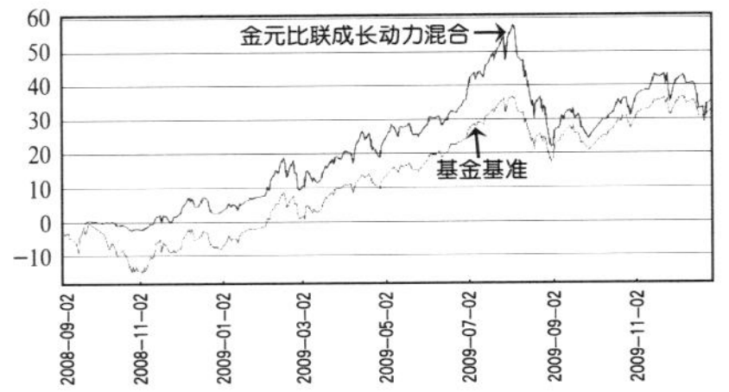

近两年净值增长率与同期基准收益率对比图（%）

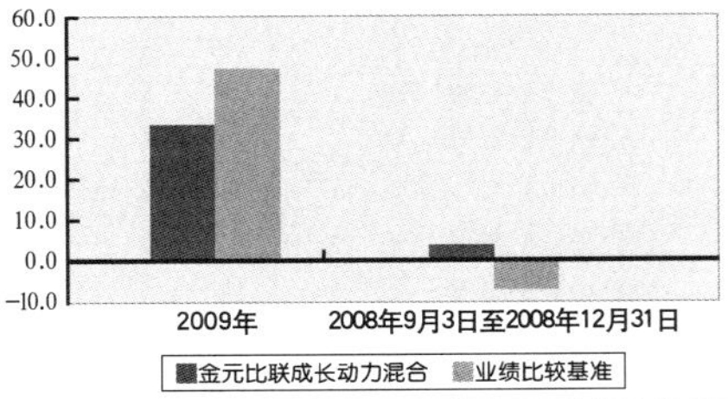

财务指标　　单位：人民币（元）；%

项目 \ 年度	2009年	2008年9月3日至2008年12月31日
本期利润	40,332,727.15	3,879,563.41
本期加权平均净值利润率	36.11	2.18
期末基金资产净值	99,423,671.20	106,429,814.74
期末基金份额净值	1.234	1.029
本期份额净值增长率	33.65	2.90
累计份额净值增长率	37.53	2.90
基金收益分配	10派1.300	——

期末基金份额持有人户数	基金份额持有人户数为4,431户，平均每户持有18,188.94份。（期末截至2009年12月31日）
期末基金份额持有人结构	机构投资者持有23,304,016.18份，占总份额28.91%；个人投资者持有57,291,169.52份，占总份额71.09%。

基金业绩表现

截至2009年12月31日，金元比联成长动力混合基金份额净值为1.234元，全年净值增长率为33.65%。

基金管理团队

万文俊先生：基金经理、副投资总监，13年证券从业经历，经济学学士，工商管理硕士。曾就职于Putnam Investment、The Yankee Group、东方证券公司、上投摩根基金管理公司、汇丰晋信基金管理公司。2008年6月任金元比联基金管理公司副投资总监；2008年9月起任金元比联成长动力混合基金经理。

吴广利先生：基金经理，6年证券从业经历，工学学士，经济学硕士。曾就职于海通证券研究所、长江巴黎百富勤研究部。历任研究员、首席研究员兼金元比联宝石动力保本混合基金经理助理、金元比联成长动力混合基金经理助理；2009年5月起任金元比联成长动力混合基金经理。

基金运作分析

2009年一季度，金元比联成长动力混合基金由于股票资产配置略低而小幅落后于基准；4−7月份该基金大幅提高股票配置比例，在行业配置上重点向金融、地产、煤炭和钢铁等周期性板块倾斜，取得一定成效，基金净值表现逐步追上并大幅超越基准；但是大盘在7月底持续创下新高后，继续重仓持有强周期性的中上游行业股票，导致在8月份的市场调整中蒙受损失；此后的4个月中，业绩未能有出色表现。

季度投资组合一览

项目 \ 季度	第一季度		第二季度		第三季度		第四季度	
基金资产净值	115,030,377.13元		225,894,264.43元		98,737,735.60元		99,423,671.20元	
基金份额	99,462,269.45份		185,680,254.47份		87,743,318.83份		80,595,185.70份	
基金份额净值	1.157元		1.217元		1.125元		1.234元	
基金资产组合	市值(元)	占总资产比(%)	市值(元)	占总资产比(%)	市值(元)	占总资产比(%)	市值(元)	占总资产比(%)
股票投资	54,719,665.52	45.51	173,328,201.95	67.98	67,935,595.58	67.63	74,510,587.78	70.55
债券投资	17,393,400.00	14.47	38,492,600.00	15.10	15,037,135.50	14.97	17,379,836.60	16.46
资产支持证券投资	——	——	——	——	——	——	——	——
金融衍生品投资	——	——	——	——	——	——	——	——
买入返售金融资产	——	——	——	——	——	——	——	——
银行存款和结算备付金	9,894,859.87	8.23	34,783,671.15	13.64	16,280,109.63	16.21	7,512,289.63	7.11
其他资产	38,230,997.57	31.79	8,365,854.82	3.28	1,205,912.36	1.19	6,209,708.97	5.88

	股票名称	公允价值(元)	占净值比(%)	股票名称	公允价值(元)	占净值比(%)	股票名称	公允价值(元)	占净值比(%)	股票名称	公允价值(元)	占净值比(%)
投资前五名股票明细	潍柴动力	3,234,412.60	2.81	浦发银行	7,490,708.00	3.32	上海汽车	3,369,350.00	3.41	西山煤电	6,886,330.37	6.93
	浦发银行	2,708,785.92	2.35	中国平安	7,448,676.00	3.30	泸州老窖	3,108,109.20	3.15	八一钢铁	3,593,616.00	3.61
	中国平安	2,686,153.02	2.34	招商银行	7,289,883.36	3.23	潍柴动力	3,012,000.00	3.05	民生银行	3,577,621.81	3.60
	华侨城A	2,214,371.80	1.93	保利地产	7,232,295.35	3.20	中华企业	2,789,697.14	2.83	上海家化	3,369,815.40	3.39
	西山煤电	2,097,277.80	1.82	华侨城A	7,055,045.80	3.12	王府井	2,714,900.00	2.75	一汽夏利	3,099,985.70	3.12
投资前五名债券明细	债券名称	公允价值(元)	占净值比(%)	债券名称	公允价值(元)	占净值比(%)	债券名称	公允价值(元)	占净值比(%)	债券名称	公允价值(元)	占净值比(%)
	08国开15	16,345,500.00	14.21	20国债(4)	13,946,600.00	6.17	02国债(3)	5,062,500.00	5.13	21国债(10)	5,114,500.00	5.14
	08铁路01	1,047,900.00	0.91	08国开15	10,781,000.00	4.77	20国债(4)	3,860,420.00	3.91	02国债(3)	5,066,500.00	5.10
				02国债(3)	5,070,000.00	2.24	21国债(10)	3,082,800.00	3.12	20国债(4)	3,830,400.00	3.85
	——			21国债(10)	3,071,400.00	1.36	09龙湖债	1,815,660.00	1.84	09龙湖债	1,848,600.00	1.86
				09龙湖债	2,401,200.00	1.06	08铁路01	994,000.00	1.01	08铁路01	1,003,900.00	1.01

金元比联丰利债券型投资基金

基本资料					
基金简称	金元比联丰利债券	交易代码	620003		
风险收益特征	该基金属于债券型基金，其风险收益低于股票型基金和混合型基金，高于货币市场基金。				
业绩比较基准	中信标普全债指数				
合同生效日	2009年3月23日	首募份额	14.75亿份	认购户数	34,707户
基金管理人	金元比联基金管理有限公司	基金托管人	中国农业银行		
注册登记人	金元比联基金管理有限公司				

成立来累计净值增长率与同期基准收益率历史走势对比图（%）

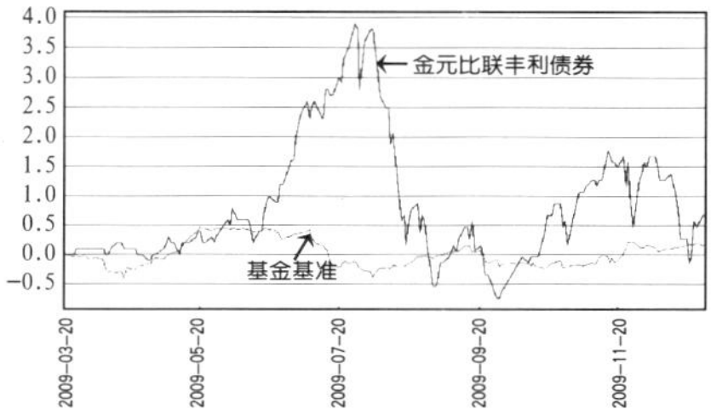

财务指标	单位：人民币（元）；%
项目 \ 年度	2009年3月23日至2009年12月31日
本期利润	19,366,385.82
本期加权平均净值利润率	2.25
期末基金资产净值	345,521,482.54
期末基金份额净值	1.000
本期份额净值增长率	0.97
累计份额净值增长率	0.97
基金收益分配	10派0.100

2009年净值增长率与同期基准收益率对比图（%）

期末基金份额持有人户数	基金份额持有人户数为6,898户，平均每户持有50,113.22份。（期末截至2009年12月31日）
期末基金份额持有人结构	机构投资者持有162,189,655.06份，占总份额46.92%；个人投资者持有183,491,312.99份，占总份额53.08%。

基金业绩表现

金元比联丰利债券基金合同生效于2009年3月23日，截至2009年12月31日，该基金成立以来净值增长率为0.97%；同期业绩基准收益率为0.20%。

基金管理团队

何　旻先生：基金经理，12年证券从业经历，金融经济学硕士。1998年加入国泰基金管理公司，先后任研究开发部行业研究员、综合研究小组（包括债券研究）负责人、基金管理部、固定收益部基金经理助理，固定收益部负责人，基金经理。2006年加入金元比联基金管理公司，现任金元比联宝石动力保本混合基金经理；2009年3月起任金元比联丰利债券基金经理。

李　飞先生：基金经理，6年证券从业经历，经济学硕士，CFA。曾就职于上海聚源数据公司，国盛证券公司；2006年6月加入金元比联基金管理公司，历任宏观策略高级债券研究员，金元比联丰利债券基金经理助理；2009年5月起任金元比联丰利债券基金经理。

基金运作分析

金元比联丰利债券基金成立于2009年3月23日。二季度大部分时间该基金处于封闭期，投资策略相对保守，选择较低的股票仓位。7月末该基金实施首次分红；三季度，在债券投资方面，选择短久期配置。7月份，增加股票仓位，但在8月份市场发生转折时，没有及时做出仓位调整。9月份主要对股票组合的行业配置做出调整；四季度，重点配置2−3年的政府债券，并及时调低组合中长期信用债的比例，增加可转债的比例。对于股票投资，较好地捕捉了汽车和家电类个股的投资机会。

季度投资组合一览

项目 \ 季度	第二季度		第三季度		第四季度	
基金资产净值	1,022,359,890.34元		442,051,226.07元		345,521,482.54元	
基金份额	1,005,899,071.84份		449,084,207.29份		345,680,968.05份	
基金份额净值	1.016元		0.984元		1.000元	
基金资产组合	市值(元)	占总资产比(%)	市值(元)	占总资产比(%)	市值(元)	占总资产比(%)
股票投资	162,887,621.75	15.17	44,418,630.92	9.28	43,012,915.23	12.33
债券投资	663,912,900.00	61.85	358,637,441.70	74.89	278,956,100.08	80.00
资产支持证券投资	——	——	——	——	——	——
金融衍生品投资	——	——	——	——	——	——
买入返售金融资产	——	——	——	——	——	——
银行存款和结算备付金	204,890,467.16	19.09	70,573,137.62	14.74	24,359,657.24	6.99
其他资产	41,786,564.86	3.89	5,237,510.43	1.09	2,377,615.44	0.68

投资前五名股票明细	股票名称	公允价值(元)	占净值比(%)	股票名称	公允价值(元)	占净值比(%)	股票名称	公允价值(元)	占净值比(%)
	浦发银行	12,061,329.00	1.18	贵州茅台	3,088,981.82	0.70	神火股份	2,950,400.00	0.85
	中信证券	9,446,950.62	0.92	民生银行	2,504,927.74	0.57	浦发银行	2,688,670.71	0.78
	招商银行	8,224,178.67	0.80	天威保变	2,423,693.52	0.55	招商银行	2,354,893.25	0.68
	交通银行	7,880,830.76	0.77	中国平安	2,187,907.80	0.49	上海汽车	2,351,700.00	0.68
	民生银行	7,235,141.76	0.71	交通银行	2,049,088.37	0.46	民生银行	2,188,309.41	0.63

投资前五名债券明细	债券名称	公允价值(元)	占净值比(%)	债券名称	公允价值(元)	占净值比(%)	债券名称	公允价值(元)	占净值比(%)
	08国开21	100,250,000.00	9.81	08国开21	99,460,000.00	22.50	08国开21	69,426,000.00	20.09
	09苏国信CP01	100,070,000.00	9.79	09央票45	49,835,000.00	11.27	09央票44	58,950,000.00	17.06
	08农发17	93,213,000.00	9.12	08农发17	40,800,000.00	9.23	08农发17	30,354,000.00	8.78
	08国开15	53,905,000.00	5.27	09苏国信CP01	29,991,000.00	6.78	21国债⑽	30,228,740.80	8.75
	08进出08	52,160,000.00	5.10	09央票42	29,484,000.00	6.67	09苏国信CP01	30,051,000.00	8.70

金元比联价值增长股票型证券投资基金

基本资料			
基金简称	金元比联价值增长股票	交易代码	620004
风险收益特征	该基金是一只主动投资的股票型基金，其风险收益特征从长期平均及预期来看，高于混合型基金、债券型基金与货币市场基金，属于较高风险、较高收益的证券投资基金品种。		
业绩比较基准	沪深300指数收益率×80%＋中证国债指数收益率×20%		
合同生效日	2009年9月11日	首募份额	4.12亿份
		认购户数	7,746户
基金管理人	金元比联基金管理有限公司	基金托管人	中国建设银行
注册登记人	金元比联基金管理有限公司		

成立来累计净值增长率与同期基准收益率历史走势对比图（%）

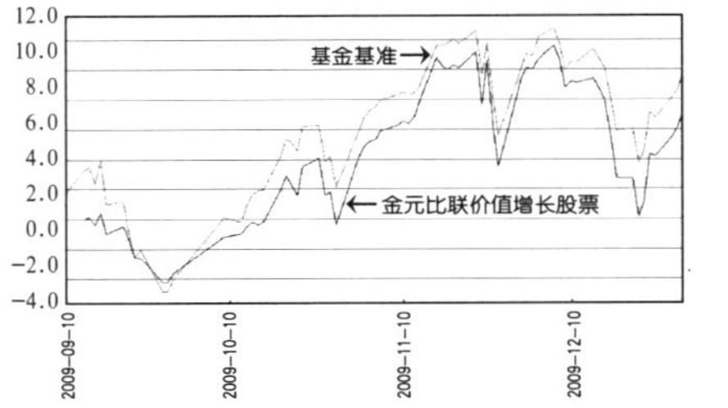

近两年净值增长率与同期基准收益率对比图（%）

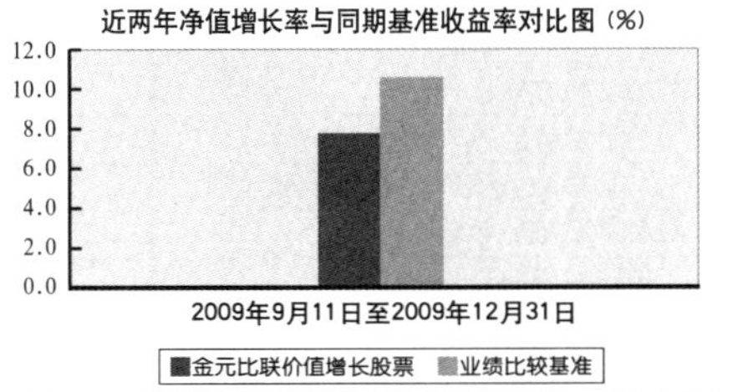

财务指标　单位：人民币（元）；%

项目＼年度	2009年9月11日至2009年12月31日
本期利润	33,840,665.84
本期加权平均净值利润率	8.35
期末基金资产净值	310,625,686.42
期末基金份额净值	1.078
本期份额净值增长率	7.80
累计份额净值增长率	7.80
基金收益分配	——
期末基金份额持有人户数	基金份额持有人户数为5,929户，平均每户持有48,619.27份。（期末截至2009年12月31日）
期末基金份额持有人结构	机构投资者持有95,494,218.14份，占总份额33.13%；个人投资者持有192,769,441.14份，占总份额66.87%。

基金业绩表现

金元比联价值增长股票基金合同生效于2009年9月11日，截至2009年12月31日，该基金份额净值为1.078元，成立以来实现净值增长7.80%。

基金管理团队

万文俊先生：基金经理、副投资总监，13年证券从业经历，北京大学经济学学士，波士顿学院工商管理学院工商管理硕士。历任Putnam Investment分析师、The Yankee Group高级分析师、东方证券公司证券投资部高级投资经理、上投摩根基金管理公司投资经理、汇丰晋信基金管理公司汇丰晋信2016生命周期基金经理，2008年6月任金元比联基金管理公司副投资总监；2009年9月起任金元碧莲价值增长股票基金经理。

基金运作分析

金元比联价值增长股票基金2009年9月11日正式成立之时，A股市场刚刚从一轮累计下跌幅度超过25%的剧烈调整中走出并迅速反弹了15%，但是大部分投资者仍处在惴惴不安的状态之中，关于宽松货币政策即将终结和资本市场流动性面临持续紧缩的议论不绝如缕，对大盘的下一步走势分歧极大。尽管该基金管理人充分认识到股票市场依然存在着一定的风险，但始终对中国宏观经济基本面的持续改善和上市公司在2009年下半年及2010年盈利的继续增长报有强烈的信心，认为股票资产就整体而言估值水平具备相当的吸引力，因此在2009年9月下旬至11月上旬之间充分利用大盘调整的过程将股票资产的比例提高至90%左右，以相对较低的成本在短时间内完成了金元比联价值增长股票基金的建仓任务。

季度投资组合一览

项目＼季度	第四季度	
基金资产净值	310,625,686.42元	
基金份额	288,263,659.28份	
基金份额净值	1.0780元	
基金资产组合	金额(元)	占总资产比例(%)
股票投资	290,627,546.66	91.67
债券投资	——	——
金融衍生品投资	——	——
买入返售金融资产	——	——
银行存款和结算备付金	16,702,621.07	5.27
其他资产	9,719,999.76	3.07

投资前五名股票明细	股票名称	公允价值(元)	占净值比例(%)	投资前五名债券明细	债券名称	公允价值(元)	占净值比例(%)
	西山煤电	15,425,782.12	4.97		——		
	青岛海尔	14,598,657.47	4.70				
	兴业银行	13,632,640.45	4.39				
	招商银行	13,305,142.35	4.28				
	上海家化	12,251,203.30	3.94				

金元比联核心动力股票型证券投资基金

基本资料					
基金简称	金元比联核心动力股票		交易代码	620005	
投资目标	通过运用"核心-卫星"股票投资策略，将大部分基金资产用于完全复制大型上市公司股票指数(中证100指数)的业绩表现，并将部分资产投资于中证100指数以外的具备良好成长潜力且价值被低估的上市公司股票，在控制组合风险的前提下，追求基金资产中长期的稳定增值。				
业绩比较基准	中证100指数收益率×80%+中国债券总指数收益率×20%				
风险收益特征	该基金是一只股票型基金，其风险收益特征从长期平均及预期来看，高于混合型基金、债券型基金与货币市场基金，属于较高风险、较高收益的证券投资基金品种。				
合同生效日	2010年2月11日	上市日期	——	上市地点	——
募集概况	首募份额	认购户数	募集日期		
	4.37亿份	8,094户	2010年1月13日至2010年2月8日		
基金费率	认购费率	不超过1.20%	申购费率	不超过1.50%	
	赎回费率	不超过0.50%			
	管理费率	1.50%	托管费率	0.25%	
基金管理人	金元比联基金管理有限公司		基金托管人	中国工商银行股份有限公司	
审计机构	安永华明会计师事务所		注册登记人	金元比联基金管理有限公司	

基金管理团队

吴广利先生：基金经理。上海交通大学工学学士，北京大学经济学硕士，8年证券、基金从业经验。曾任海通证券研究所研究员、长江巴黎百富勤研究部研究经理；2006年7月加入金元比联基金管理有限公司，历任研究员、首席研究员兼金元比联宝石动力保本混合基金经理助理、金元比联成长动力灵活配置混合基金经理助理，2009年6月起任金元比联成长动力灵活配置混合基金经理，2010年2月起任金元比联核心动力股票基金经理。

金元比联消费主题股票型证券投资基金

基本资料					
基金简称	金元比联消费主题股票		交易代码	620006	
投资目标	在正确认识中国经济发展特点的基础上，重点投资于消费拉动经济增长过程中充分受益的消费主题行业及其中的优势企业，致力于分享中国经济增长及增长方式转变带来的投资机会，力争实现基金资产的中长期稳定增值。				
业绩比较基准	沪深300指数收益率×80%+中国债券总指数收益率×20%				
风险收益特征	该基金是一只具有主题投资风格的股票型基金，其风险收益特征从长期平均及预期来看，高于混合型基金、债券型基金与货币市场基金，属于高预期风险、高预期收益的证券投资基金品种。				
合同生效日	2010年9月15日	上市日期	——	上市地点	——
募集概况	首募份额	认购户数	募集日期		
	4.07亿份	4,101户	2010年8月16日至2010年9月10日		
基金费率	认购费率	不超过1.20%	申购费率	不超过1.50%	
	赎回费率	不超过0.50%			
	管理费率	1.50%	托管费率	0.25%	
基金管理人	金元比联基金管理有限公司		基金托管人	中国工商银行股份有限公司	
审计机构	安永华明会计师事务所		注册登记人	金元比联基金管理有限公司	

基金管理团队

黄　奕女士：基金经理，南京大学经济学学士，香港大学工商管理硕士，15年基金、证券等金融领域从业经验。历任苏物贸证券(现东吴证券)证券分析师，国泰君安证券股份有限公司证券分析师，广发证券股份有限公司研究员、投行业务经理；2008年7月加入金元比联基金管理有限公司，历任高级研究员、金元比联宝石动力保本混合基金经理助理、基金经理，现任金元比联价值增长股票基金经理、金元比联消费主题股票基金经理。

浦银安盛基金管理有限公司

法定名称	浦银安盛基金管理有限公司	英文名称	AXA-SPDB Investment Managers Co.,Ltd.		
成立时间	2007年8月5日	注册资本	2亿元人民币	公司属性	中外合资
法人代表	姜明生	总 经 理	钱 华	督 察 长	喻 庆
公司网址	www.py-axa.com	客服电话	400-8828-999　021-3307 9999		
联系电话	021-2321 2888	传真号码	021-2321 2800		
注册地址	上海市浦东新区浦东大道981号3幢316室	办公地址	上海市淮海中路381号中环广场38楼		

公司简介

浦银安盛基金管理有限公司（以下简称"公司"）成立于2007年8月，由上海浦东发展银行股份有限公司（简称"浦发银行"）、法国安盛投资管理有限公司（简称"安盛投资"）及上海盛融投资有限公司（简称"上海盛融"）共同发起设立，公司总部设在上海，注册资本2亿元人民币，股东持股比例分别为浦发银行51%、安盛投资39%和上海盛融10%。

截至2009年12月31日，浦银安盛基金管理有限公司旗下共管理4只开放式基金，管理基金资产规模18.39亿元人民币。

2009年旗下开放式基金业绩表现

截至日期：2009年12月31日

（单位：元；%）

基金类型	基金简称	设立日期	基金份额净值	净值增长率①	累计净值增长率②
股票型	浦银安盛价值成长股票	2008-04-16	0.954	65.34	-4.60
	浦银安盛红利精选股票	2008-04-16	1.007	——	——
混合型	浦银安盛精致生活混合	2009-06-04	1.042	4.20	4.20
债券型	浦银安盛优化收益债券A	2008-12-30	1.004	0.40	0.40
	浦银安盛优化收益债券C	2008-12-30	1.004	0.50	0.50

注：①净值增长率指该基金2009年度的份额净值增长率；②累计净值增长率指该基金设立以来的份额净值增长率。

2009年管理公募基金概况

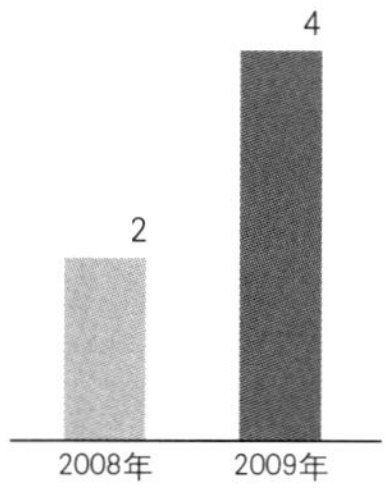

基金数量（只）

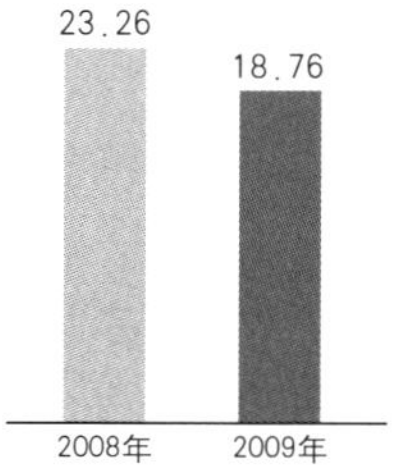

基金份额规模（亿份）

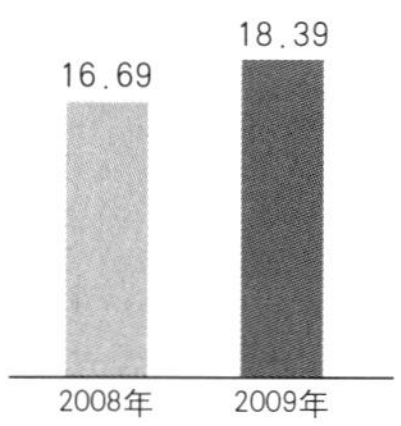

基金资产规模（亿元）

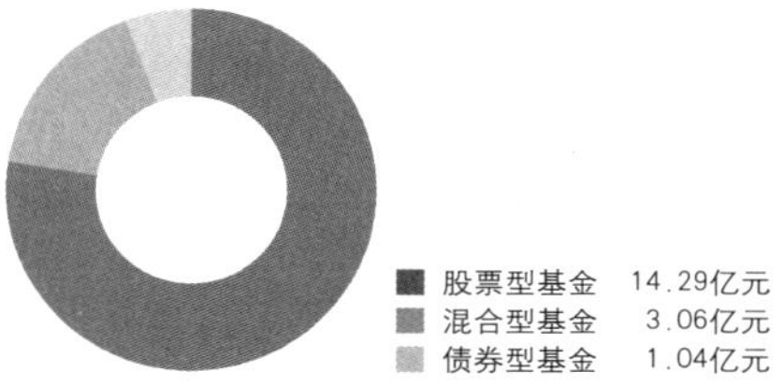

2009年基金资产规模构成

浦银安盛成长价值股票型证券投资基金

基本资料

基金简称	浦银安盛价值成长股票	交易代码	519110		
风险收益特征	该基金为主动操作的股票型基金，坚持长期和基于基本面研究的投资理念，属于高收益、高风险的基金品种。				
业绩比较基准	沪深300指数×75%＋中信标普国债指数×25%				
合同生效日	2008年4月16日	首募份额	17.33亿份	认购户数	25,946户
基金管理人	浦银安盛基金管理有限公司	基金托管人	中国工商银行		
注册登记人	中国证券登记结算有限责任公司				

财务指标 单位：人民币(元)；%

项目 \ 年度	2009年	2008年4月16日至2008年12月31日
本期利润	523,009,043.61	−725,018,930.77
本期加权平均净值利润率	49.41	−57.83
期末基金资产净值	1,081,778,360.44	897,192,977.04
期末基金份额净值	0.954	0.577
本期份额净值增长率	65.34	−42.30
累计份额净值增长率	−4.60	−42.30
基金收益分配	——	——

成立来累计净值增长率与同期基准收益率历史走势对比图（%）

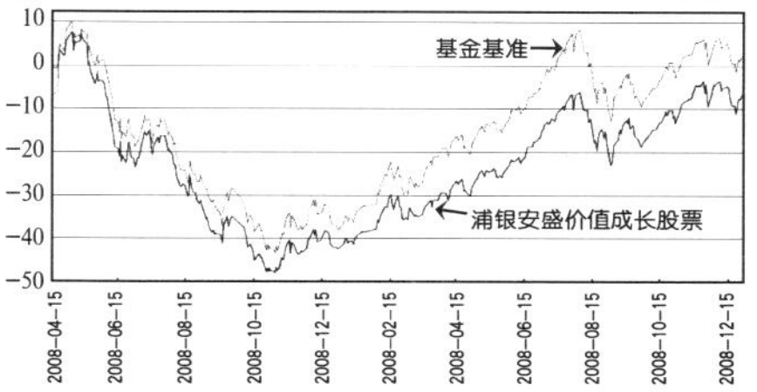

近两年净值增长率与同期基准收益率对比图（%）

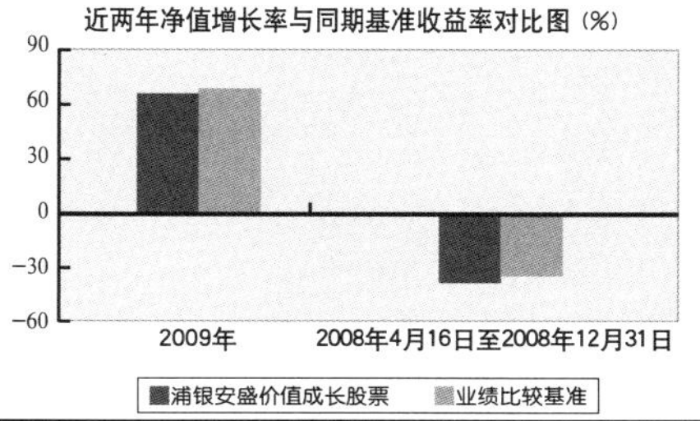

期末基金份额持有人户数	基金份额持有人户数为20,233户，平均每户持有56,069.15份。（期末截至2009年12月31日）
期末基金份额持有人结构	机构投资者持有188,295,456.55份，占总份额16.60%；个人投资者持有946,151,628.27份，占总份额83.40%。

基金业绩表现

2009年，浦银安盛价值成长股票基金全年净值增长率为65.34%；同期业绩基准收益率为68.18%。

基金管理团队

张建宏先生：基金经理、公司副总经理兼首席投资官，9年证券从业经历，博士、国际金融硕士。曾就职于法国AXA IM公司。2007年3月加入浦银安盛基金公司筹备组，任公司副总经理兼首席投资官职务，2009年5月起任浦银安盛价值成长股票基金经理。

方　毅先生：基金经理，17年证券从业经历，工商管理硕士。曾就职于联合证券公司、上海东新国际投资管理公司。2007年3月加入浦银安盛基金公司筹备组，任基金经理助理职务，2009年12月起任浦银安盛红利精选股票基金经理；2009年5月起任浦银安盛价值成长股票基金经理。

秦　鲲先生：基金经理助理，7年证券从业经历，经济学硕士。曾就职于中石化安庆分公司、上海东新国际投资管理公司。2007年4月加入浦银安盛基金公司筹备组；2008年6月起任浦银安盛价值成长股票基金经理助理。

基金运作分析

2009年，综合考虑国内外宏观经济状况等因素，浦银安盛价值成长股票基金根据最新情况修正投资策略，持续上调股票仓位，并将基金资产的行业分布明显偏向于弹性较大的强周期类行业。

季度投资组合一览

项目 \ 季度	第一季度		第二季度		第三季度		第四季度	
基金资产净值	1,022,072,102.91元		1,116,906,185.31元		1,013,774,330.89元		1,081,778,360.44元	
基金份额	1,474,197,577.20份		1,342,136,243.87份		1,235,621,931.34份		1,134,447,084.82份	
基金份额净值	0.693元		0.832元		0.820元		0.954元	
基金资产组合	市值(元)	占总资产比(%)	市值(元)	占总资产比(%)	市值(元)	占总资产比(%)	市值(元)	占总资产比(%)
股票投资	780,657,412.33	75.12	880,266,059.68	78.28	814,128,323.83	79.17	933,920,832.81	85.93
债券投资	75,483,777.90	7.26	132,522,169.80	11.79	29,140,653.50	2.83	9,839,000.00	0.91
资产支持证券投资	——	——	——	——	——	——	——	——
金融衍生品投资	——	——	——	——	——	——	——	——
买入返售金融资产	——	——	——	——	——	——	——	——
银行存款和结算备付金	163,730,072.52	15.76	107,394,103.01	9.55	182,942,720.98	17.79	141,602,686.09	13.03
其他资产	19,306,625.20	1.86	4,287,812.80	0.38	2,080,255.78	0.20	1,484,304.92	0.14

投资前五名股票明细

股票名称	公允价值(元)	占净值比(%)	股票名称	公允价值(元)	占净值比(%)	股票名称	公允价值(元)	占净值比(%)	股票名称	公允价值(元)	占净值比(%)
招商银行	46,197,000.00	4.52	兴业银行	55,665,000.00	4.98	建设银行	44,639,721.00	4.40	兴业银行	40,310,000.00	3.73
中信证券	39,814,704.00	3.90	民生银行	55,440,000.00	4.96	三一重工	43,134,000.00	4.25	民生银行	39,550,000.00	3.66
民生银行	39,014,400.00	3.82	建设银行	50,049,000.00	4.48	民生银行	37,070,000.00	3.66	中国平安	38,563,000.00	3.56
中国平安	38,327,800.00	3.75	中信证券	41,604,372.00	3.72	中国平安	35,490,000.00	3.50	三一重工	36,810,000.00	3.40
贵州茅台	37,864,200.00	3.70	万 科A	38,250,000.00	3.42	北京银行	31,014,000.00	3.06	北京银行	34,812,000.00	3.22

投资前五名债券明细

债券名称	公允价值(元)	占净值比(%)	债券名称	公允价值(元)	占净值比(%)	债券名称	公允价值(元)	占净值比(%)	债券名称	公允价值(元)	占净值比(%)
99国债(8)	25,315,000.00	2.48	99国债(8)	25,175,000.00	2.25	09淄博城运债	19,012,000.00	1.88	09海投债	9,839,000.00	0.91
21国债(10)	17,156,408.50	1.68	09海投债	20,312,000.00	1.82	09海投债	9,834,000.00	0.97			
02国债(3)	15,307,500.00	1.50	09金隅债	19,894,000.00	1.78	博汇转债	294,653.50	0.03			
21国债(7)	8,505,600.00	0.83	09淄博城运债	19,712,000.00	1.76						
21国债(12)	5,162,687.80	0.51	21国债(10)	17,078,007.80	1.53						

浦银安盛优化收益债券型证券投资基金

基本资料

基金简称	浦银安盛优化收益债券	交易代码	A:519111　C:519112		
风险收益特征	该基金为债券型证券投资基金，属于证券投资基金中的较低收益、较低风险品种。				
业绩比较基准	中信标普全债指数				
合同生效日	2008年12月30日	首募份额	7.71亿份	认购户数	8,300户
基金管理人	浦银安盛基金管理有限公司	基金托管人	中国工商银行		
注册登记人	中国证券登记结算有限责任公司				

财务指标　　单位：人民币(元)；%

项目 \ 年度	2009年 A	2009年 C	2008.9.3至2008.12.31 A
本期利润	963,678.32	1,438.25	35,248.44
本期加权平均净值利润率	0.32	0.7031	0.00
期末基金资产净值	104,268,801.23	218,242.29	771,307,408.60
期末基金份额净值	1.004	1.004	1.000
本期份额净值增长率	0.40	0.50	0.00
累计份额净值增长率	0.40	0.50	0.00
基金收益分配	——	——	——

期末基金份额持有人户数	A:基金份额持有人户数为1,984户，平均每户持有52,334.18份。 C:基金份额持有人户数为14户，平均每户持有15,531.15份。(期末截至2009年12月31日)
期末基金份额持有人结构	A:机构投资者持有1,073,723.85份，占总份额1.03%；个人投资者持有102,757,291.68份，占总份额98.97%。 C:机构投资者持有0.00份，占总份额0.00%；个人投资者持有217,436.08份，占总份额100.00%。

成立来累计净值增长率与同期基准收益率历史走势对比图（%）

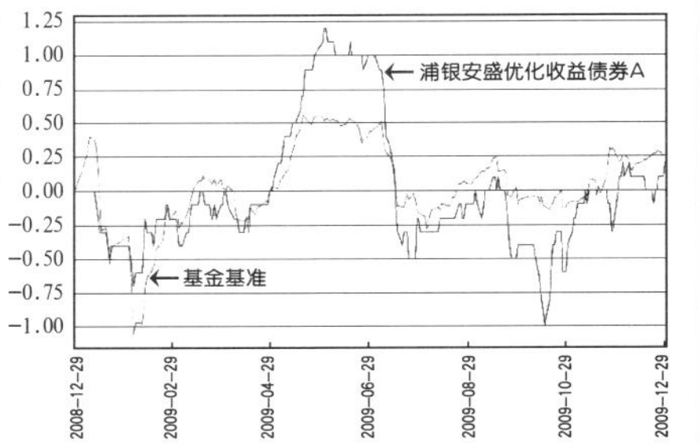

近两年净值增长率与同期基准收益率对比图（%）

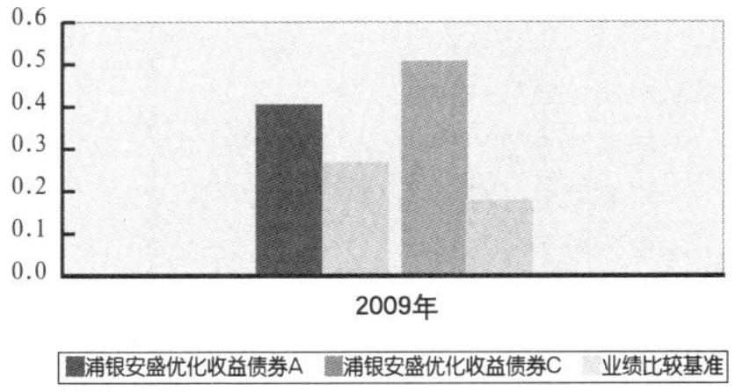

基金业绩表现

2009年浦银安盛优化收益债券基金A类全年净值增长率为0.40%，C类全年净值增长率为0.50%。

基金管理团队

段福印先生：基金经理，12年证券从业经历，硕士。曾就职于华夏证券公司、上海东新国际投资管理公司。2007年4月加入浦银安盛基金管理公司(筹备组)投资部任固定收益投资经理；2009年6月起任浦银安盛精致生活混合基金经理；2008年12月起任浦银安盛优化收益债券基金经理。

薛　铮先生：基金经理助理，4年证券从业经历，硕士。曾就职于红顶金融研究中心、上海证券公司。2009年7月加入浦银安盛基金管理公司，2009年7月起任浦银安盛优化收益债券基金经理。

基金运作分析

2009年浦银安盛优化收益债券基金在二季度完成建仓。在具体操作方面，一季度主要是配置久期较短的利率产品；二季度在一级市场上增加信用产品配置，享受了信用产品估值的上升，并在5月底6月初减持了部分利率产品，有效规避了组合的利率风险；三季度，增加了可转债的配置，并择机在二级市场对转债进行增持和减持，同时积极参与新股的网上申购，可转债投资与新股申购均为基金带来一定的正收益。

季度投资组合一览

项目 \ 季度	第一季度		第二季度		第三季度		第四季度	
					A	C	A	C
基金资产净值	4.5470亿元		2.4914亿元		1.4513亿元	0.0017亿元	1.0427亿元	0.0022亿元
基金份额	4.5507亿份		2.4671亿份		1.4576亿份	0.0017亿份	1.0383亿份	0.0022亿份
基金份额净值	0.9990元		1.0100元		0.9960元	0.9960元	1.0040元	1.0040元
基金资产组合	市值(元)	占总资产比(%)	市值(元)	占总资产比(%)	市值(元)	占总资产比(%)	市值(元)	占总资产比(%)
股票投资	——	——	——	——	73,095.00	0.05	76,365.00	0.07
债券投资	365,418,869.10	70.41	210,170,000.00	82.40	126,947,440.80	87.08	89,449,221.25	84.30
资产支持证券投资	——	——	——	——	——	——	——	——
买入返售金融资产	60,000,000.00	11.56	——	——	——	——	——	——
银行存款和结算备付金	88,260,401.01	17.01	30,510,557.31	11.96	16,468,277.42	11.30	15,441,072.83	14.55
其他资产	5,291,755.11	1.02	14,373,211.32	5.64	2,291,178.00	1.57	1,138,866.01	1.07

投资前五名股票明细

第一季度 股票名称	公允价值(元)	占净值比(%)	第二季度 股票名称	公允价值(元)	占净值比(%)	第三季度 股票名称	公允价值(元)	占净值比(%)	第四季度 股票名称	公允价值(元)	占净值比(%)
——			——			神州泰岳	29,000.00	0.02	中国化学	48,870.00	0.05
						乐普医疗	14,500.00	0.01	新宙邦	14,495.00	0.01
						南风股份	11,445.00	0.01	梅泰诺	13,000.00	0.01
						探路者	9,900.00	0.01	——		
						莱美医药	8,250.00	0.01			

投资前五名债券明细

第一季度 债券名称	公允价值(元)	占净值比(%)	第二季度 债券名称	公允价值(元)	占净值比(%)	第三季度 债券名称	公允价值(元)	占净值比(%)	第四季度 债券名称	公允价值(元)	占净值比(%)
08国债14	32,622,000.00	7.17	08国债22	29,922,000.00	12.01	08国开22	19,862,000.00	13.67	09岳城建债	19,400,000.00	18.57
08国债07	32,232,000.00	7.09	09岳城建债	20,502,000.00	8.23	08国债22	19,456,000.00	13.39	08国债26	19,236,000.00	18.41
08国债22	29,889,000.00	6.57	08国开25	20,030,000.00	8.04	09岳城建债	19,284,000.00	13.27	09农发14	9,913,000.00	9.49
08央票117	29,442,000.00	6.48	08国开22	20,020,000.00	8.04	08国债26	19,198,000.00	13.21	08国开22	9,905,000.00	9.48
08央票92	29,151,000.00	6.41	09常高新债	20,000,000.00	8.03	09无锡交通债	18,994,000.00	13.07	08国债22	9,772,000.00	9.35

浦银安盛精致生活灵活配置混合型证券投资基金

基本资料

基金简称	浦银安盛精致生活混合	交易代码	519113
风险收益特征	该基金为混合型基金，属于证券投资基金中的中等收益、中等风险品种。		
业绩比较基准	中信标普A股综合指数×55%＋中信标普全债指数×45%		
合同生效日	2009年6月4日	首募份额	8.37亿份
认购户数	17,274户		
基金管理人	浦银安盛基金管理有限公司	基金托管人	中国建设银行
注册登记人	中国证券登记结算有限责任公司		

成立来累计净值增长率与同期基准收益率历史走势对比图（%）

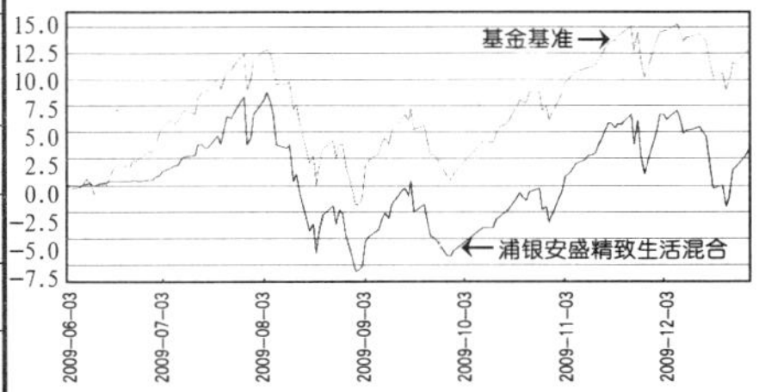

财务指标 单位：人民币（元）；%

项目 \ 年度	2009年6月4日至2009年12月31日
本期利润	32,755,944.64
本期加权平均净值利润率	5.95
期末基金资产净值	305,580,598.06
期末基金份额净值	1.042
本期份额净值增长率	4.20
累计份额净值增长率	4.20
基金收益分配	——

2009年净值增长率与同期基准收益率对比图（%）

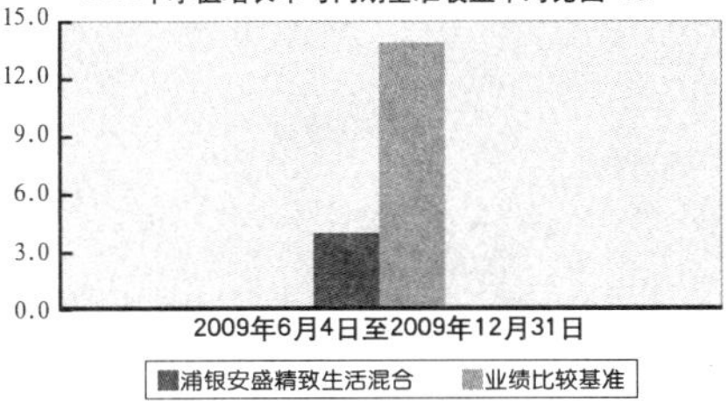

期末基金份额持有人户数	基金份额持有人户数为7,365户，平均每户持有39,811.13份。（期末截至2009年12月31日）
期末基金份额持有人结构	机构投资者持有6,220,475.16份，占总份额2.12%；个人投资者持有286,988,484.72份，占总份额97.88%。

基金业绩表现

浦银安盛精致生活混合基金合同生效于2009年6月4日，截至2009年12月31日，该基金份额净值为1.042元，成立以来净值增长率为4.20%；同期业绩基准收益率为13.82%。

基金管理团队

林 峰先生：基金经理，15年证券从业经历，工商管理硕士。曾就职于上海多家期货、证券经纪公司、上海东新国际投资管理公司资产管理部。2007年3月加入浦银安盛基金管理公司（筹备组）工作，任基金经理助理职务；2009年6月起任浦银安盛精致生活混合基金经理。

段福印先生：基金经理，12年证券从业经历，国际金融学硕士，CFA。曾就职于华夏证券公司、上海东新国际投资管理公司。2007年4月进入浦银安盛基金管理公司（筹备组）投资部任固定收益投资经理之职，主要负责宏观经济研究和固定收益组合管理，2008年12月起任浦银安盛优化收益债券基金经理；2009年6月起任浦银安盛精致生活混合基金经理。

吴 勇先生：基金经理助理，2年证券从业经历，工商管理硕士，CPA，CFA。曾就职于上海电力建设公司、国家开发银行上海市分行。2007年9月加入浦银安盛基金管理公司任研究员，2009年8月起任浦银安盛基金精致生活混合基金经理助理。

季度投资组合一览

项目 \ 季度	第三季度		第四季度	
基金资产净值	479,078,648.08元		305,580,598.06元	
基金份额	510,910,824.24份		293,208,959.88份	
基金份额净值	0.9380元		1.0420元	
基金资产组合	市值(元)	占总资产比(%)	市值(元)	占总资产比(%)
股票投资	233,492,019.72	48.46	214,652,541.58	69.58
债券投资	47,719,610.90	9.90	——	——
资产支持证券投资	——	——	——	——
金融衍生品投资	——	——	——	——
买入返售金融资产	——	——	——	——
银行存款和结算备付金	199,577,338.14	41.42	90,133,375.87	29.22
其他资产	1,072,549.83	0.22	3,727,436.43	1.21

投资前五名股票明细

股票名称	公允价值(元)	占净值比(%)	股票名称	公允价值(元)	占净值比(%)
中国平安	11,154,000.00	2.33	招商银行	9,927,500.00	3.25
交通银行	10,829,000.00	2.26	中国平安	9,916,200.00	3.25
工商银行	9,540,000.00	1.99	国阳新能	8,706,600.00	2.85
许继电气	9,120,000.00	1.90	格力电器	8,682,000.00	2.84
中信证券	8,753,500.00	1.83	深发展A	8,529,500.00	2.79

投资前五名债券明细

债券名称	公允价值(元)	占净值比(%)	债券名称	公允价值(元)	占净值比(%)
09无锡交通债	47,485,000.00	9.91			
博汇转债	234,610.90	0.05			

基金运作分析

浦银安盛精致生活混合基金于2009年6月4日正式生效，本着稳健运作的原则，该基金在建仓期开始之初的一段时间内并未大幅提升股票仓位。同时，由于6–7月份市场仍然处于大幅上涨状态，因此损失较大。这其中，有决策的原因也有对市场判断失误的原因。可以说，6、7月份的策略失误是造成该基金业绩表现欠佳的主要原因。

浦银安盛红利精选股票型证券投资基金

基本资料					
基金简称	浦银安盛红利精选股票		交易代码	519115	
投资目标	该基金在严格进行投资风险管理的前提下，通过投资于盈利能力较高、分红稳定或分红潜力大的上市公司和国内依法公开发行上市的各类债券，力争为投资者提供稳定的当期收益和长期的资本增值。				
业绩比较基准	中证红利指数×75%＋中信标普国债指数×25%				
风险收益特征	该基金为股票型基金，属于证券投资基金中的高收益、高风险品种。				
合同生效日	2009年12月3日	上市日期	——	上市地点	——
募集概况	首募份额	认购户数	募集日期		
	3.70亿份	8,888户	2009年10月28日至2009年11月27日		
基金费率	认购费率	认购金额(M) M<100万元 100万元≤M<500万元 500万≤M<1,000万元 M≥1,000万元	认购费率 1.50% 1.00% 0.30% 1,000元/笔		
	申购费率	申购金额(M) M<100万元 100万元≤M<500万元 500万≤M<1,000万元 M≥1,000万元	申购费率 1.50% 1.00% 0.30% 1,000元/笔		
	赎回费率	持有期限 N<1年 1年≤N<2年 N≥2年	赎回费率 0.50% 0.25% 0.00		
	管理费率	1.50%			
	托管费率	0.25%			
基金管理人	浦银安盛基金管理有限公司		基金托管人	中国工商银行股份有限公司	
审计机构	普华永道中天会计师事务所		注册登记人	中国证券登记结算有限责任公司	

基金管理团队

吴　勇先生：基金经理，工商管理硕士，CPA，CFA。曾任上海电力建设有限责任公司预算主管、国家开发银行上海市分行评审经理。2007年9月起加入浦银安盛基金管理公司，任研究员；2009年8月起任浦银安盛精致生活混合基金经理助理；2010年2月至4月任浦银安盛红利精选股票基金经理助理；2010年4月起任浦银安盛红利精选股票基金经理。

方　毅先生：基金经理，工商管理硕士。曾就职于联合证券公司、上海东新国际投资管理公司。2007年3月加入浦银安盛基金管理公司(筹备组)，任基金经理助理。2009年5月起任浦银安盛价值成长股票基金经理；2009年12月任浦银安盛红利精选股票基金经理。

农银汇理基金管理有限公司

法定名称	农银汇理基金管理有限公司	英文名称	ABC-CA Fund Management Co.,Ltd.		
成立时间	2008年3月18日	注册资本	2.01亿元人民币	公司属性	中外合资
法人代表	杨 琨	总 经 理	许红波	督 察 长	孙昌海
公司网址	www.abc-ca.com	客服电话	021-6109 5599		
联系电话	021-6109 5588	传真号码	021-6109 5556		
注册地址	上海市浦东新区世纪大道1600号陆家嘴商务广场7层				
办公地址	上海市浦东新区世纪大道1600号陆家嘴商务广场7层				

公司简介

农银汇理基金管理有限公司(以下简称"公司")成立于2008年3月18日，是一家中法合资的基金管理公司。公司注册地设在上海市浦东，注册资本2.01亿元人民币，公司股东由中国农业银行、东方汇理资产管理公司、中国铝业股份有限公司组成，股东出资比例分别为51.67%、33.33%、15%。

截至2009年12月31日，农银汇理基金管理有限公司旗下管理4只开放式基金，管理基金资产规模131.73亿元人民币。

2009年旗下开放式基金业绩表现

截至日期：2009年12月31日

(单位：元；%)

基金类型	基金简称	设立日期	基金份额净值	净值增长率①	累计净值增长率②
股票型	农银行业成长股票	2008-08-04	1.2790	67.21	67.89
	农银策略价值股票	2009-09-29	1.0463	4.63	4.63
混合型	农银平衡双利混合	2009-04-08	1.1770	17.70	17.70
债券型	农银恒久增利债券	2008-12-23	1.0015	0.15	0.15

注：①净值增长率指该基金2009年度的份额净值增长率；②累计净值增长率指该基金设立以来的份额净值增长率。

2009年管理公募基金概况

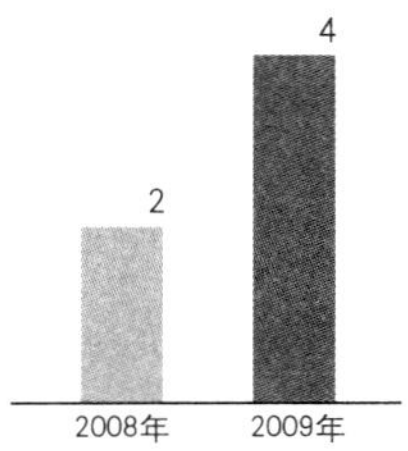

基金数量(只)

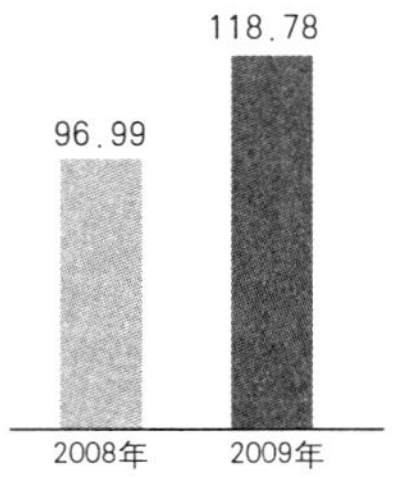

基金份额规模(亿份)

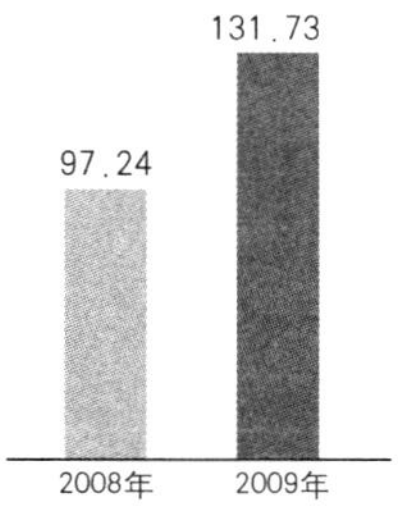

基金资产规模(亿元)

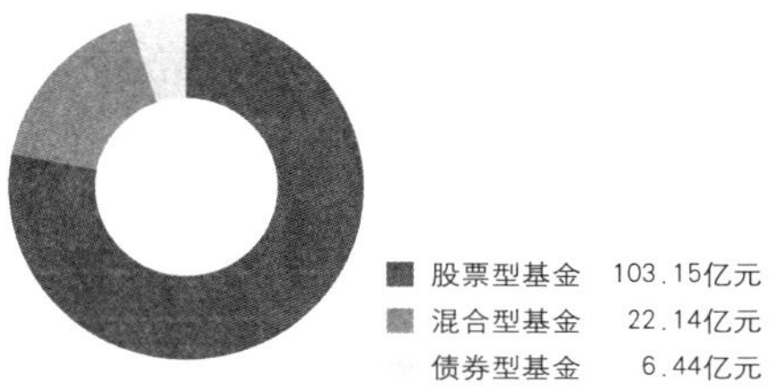

2009年基金资产规模构成

农银汇理行业成长股票型证券投资基金

基本资料					
基金简称	农银行业成长股票	交易代码	660001		
风险收益特征	该基金为股票型基金，属于较高风险、较高收益的基金品种，其风险和收益水平均高于货币市场基金、债券型基金和混合型基金。				
业绩比较基准	75%×沪深300指数+25%×中信全债指数				
合同生效日	2008年8月4日	首募份额	68.43亿份	认购户数	289,786户
基金管理人	农银汇理基金管理有限公司	基金托管人	交通银行		
注册登记人	农银汇理基金管理有限公司				

成立来累计净值增长率与同期基准收益率历史走势对比图（%）

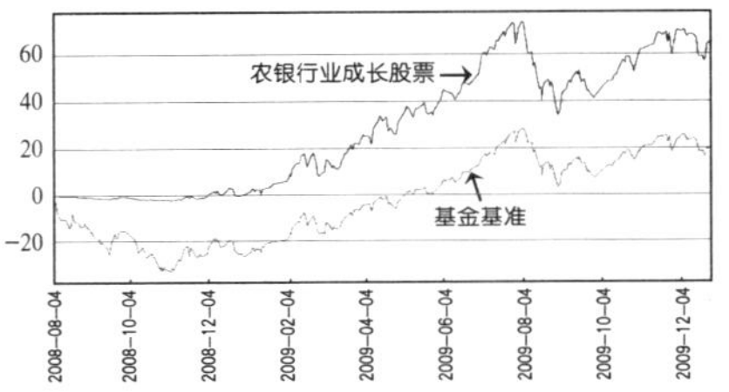

近两年净值增长率与同期基准收益率对比图（%）

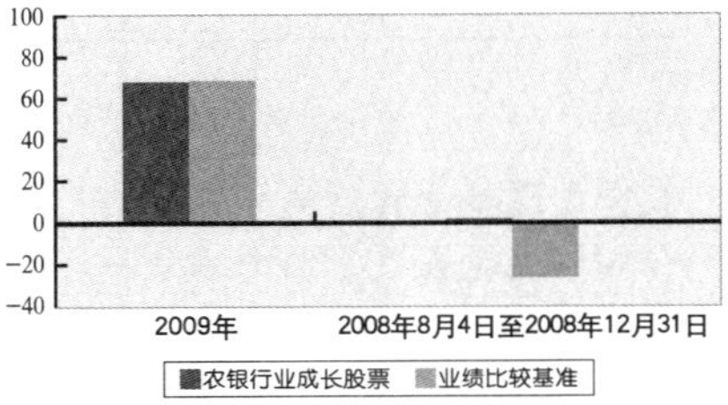

财务指标　　单位：人民币（元）；%

项目 \ 年度	2009年	2008年8月4日至2008年12月31日
本期利润	1,402,530,753.16	−25,087,929.95
本期加权平均净值利润率	54.45	−0.43
期末基金资产净值	2,824,194,437.76	3,794,975,984.88
期末基金份额净值	1.2790	1.0041
本期份额净值增长率	67.21	0.41
累计份额净值增长率	67.89	0.41
基金收益分配	10派4.000	——

期末基金份额持有人户数	基金份额持有人户数为110,441户，平均每户持有19,993.40份。（期末截至2009年12月31日）
期末基金份额持有人结构	机构投资者持有354,822,745.04份，占总份额16.07%；个人投资者持有1,853,268,267.58份，占总份额83.93%。

基金业绩表现

截至2009年12月31日，农银行业成长股票基金份额净值为1.2790元，全年净值增长率为67.21%。

基金管理团队

栾　杰先生：基金经理、公司投资总监，13年证券从业经历，本科。曾就职于华宝信托公司、华宝兴业基金公司。现任农银汇理基金公司投资总监，2008年8月起任农银行业成长股票基金经理。

曹剑飞先生：基金经理，6年证券从业经历，硕士。2008年8月起任农银行业成长股票基金经理。

程　涛先生：基金经理助理，6年证券从业经历，硕士。历任联合证券公司投资银行部高级经理、泰信基金公司基金经理助理、农银汇理基金公司行业研究员；2009年4月起任农银行业成长股票基金经理助理。

基金运作分析

2009年上半年，根据市场的变化，农银行业成长股票基金重点对有色、煤炭、工程机械和水泥进行了重点配置并取得了较好的收益。7月份当月新增信贷大幅下降，二套房贷政策开始收紧，房地产行业率先调整，市场进入宽幅振荡期，该基金对组合做了适当调整，降低周期性行业的配置比例，增加大消费和科技等远离宏观经济的行业的配置。

2009年农银行业成长股票基金净值增长率与业绩基准基本持平，超额收益主要通过对有色、采掘和信息服务等行业的配置取得。

季度投资组合一览

项目 \ 季度	第一季度			第二季度			第三季度			第四季度		
基金资产净值	2,447,819,043.74元			2,435,542,029.63元			2,024,918,178.51元			2,824,194,437.76元		
基金份额	1,985,735,101.06份			1,615,726,919.81份			1,417,321,912.76份			2,208,091,012.62份		
基金份额净值	1.2327元			1.5074元			1.4287元			1.2790元		
基金资产组合	市值(元)		占总资产比(%)	市值(元)		占总资产比(%)	市值(元)		占总资产比(%)	市值(元)		占总资产比(%)
股票投资	1,893,881,230.59		74.35	2,148,956,690.43		85.36	1,718,825,274.34		82.36	2,578,943,899.14		89.59
债券投资	——		——	——		——	22,536,120.60		1.08	——		——
资产支持证券投资	——		——	——		——	——		——	——		——
金融衍生品投资	——		——	——		——	——		——	——		——
买入返售金融资产	——		——	——		——	——		——	——		——
银行存款和结算备付金	472,540,771.33		18.55	276,437,291.13		10.98	335,806,523.76		16.09	267,933,849.89		9.31
其他资产	180,824,623.68		7.10	92,154,610.16		3.66	9,800,797.17		0.47	31,646,824.87		1.10
投资前五名股票明细	股票名称	公允价值(元)	占净值比(%)	股票名称	公允价值(元)	占净值比(%)	股票名称	公允价值(元)	占净值比(%)	股票名称	公允价值(元)	占净值比(%)
	浦发银行	116,176,000.00	4.75	中国平安	120,682,400.00	4.96	东方电气	107,650,565.75	5.32	兴业银行	161,230,607.77	5.71
	兴业银行	91,920,000.00	3.76	万 科A	114,750,000.00	4.71	中国平安	101,400,000.00	5.01	招商银行	137,179,657.05	4.86
	辽宁成大	75,030,000.00	3.07	北京银行	113,820,000.00	4.67	兴业银行	91,233,000.00	4.51	泸州老窖	109,312,000.00	3.87
	中国平安	66,487,000.00	2.72	兴业银行	103,908,000.00	4.27	浦发银行	78,598,585.20	3.88	海通证券	95,950,000.00	3.40
	中创信测	60,444,000.00	2.47	浦发银行	103,590,000.00	4.25	金地集团	64,350,000.00	3.18	中兴通讯	93,065,719.53	3.30
投资前五名债券明细	债券名称	公允价值(元)	占净值比(%)	债券名称	公允价值(元)	占净值比(%)	债券名称	公允价值(元)	占净值比(%)	债券名称	公允价值(元)	占净值比(%)
	——			——			龙盛转债	17,336,979.00	0.86	——		
							厦工转债	2,467,200.00	0.12			
							安泰转债	2,184,574.20	0.11			
							西洋转债	547,367.40	0.03			

农银汇理恒久增利债券型证券投资基金

基本资料					
基金简称	农银恒久增利债券	交易代码	660002		
风险收益特征	该基金产品为较低风险、较低收益的产品类型，其风险和收益水平低于股票型和混合型基金，但高于货币市场基金。				
业绩比较基准	中债国债总指数×50%+中债金融债总指数×30%+中债企业债总指数×20%				
合同生效日	2008年12月23日	首募份额	59.20亿份	认购户数	128,526户
基金管理人	农银汇理基金管理有限公司	基金托管人	交通银行		
注册登记人	农银汇理基金管理有限公司				

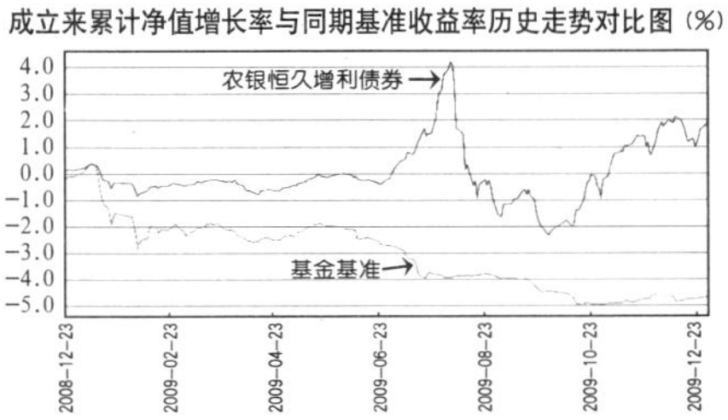

财务指标　单位：人民币（元）；%

项目＼年度	2009年	2008年12月23日至2008年12月31日
本期利润	982,703.71	8,842,269.51
本期加权平均净值利润率	0.05	0.15
期末基金资产净值	644,116,176.20	5,928,664,370.82
期末基金份额净值	1.0222	1.0015
本期份额净值增长率	2.37	0.15
累计份额净值增长率	2.52	0.15
基金收益分配	10派0.030	——

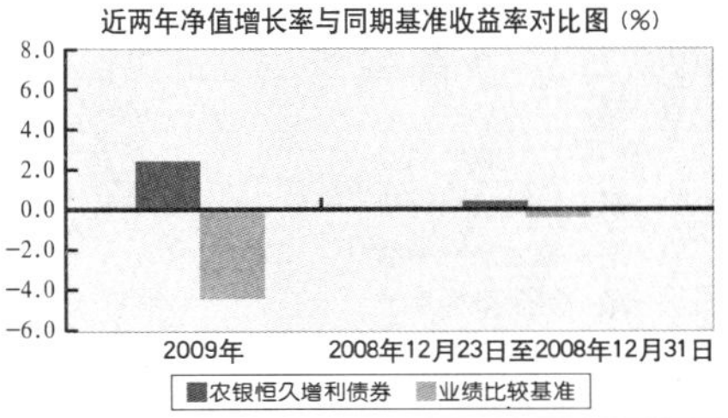

期末基金份额持有人户数	基金份额持有人户数为21,172户，平均每户持有29,761.53份。（期末截至2009年12月31日）
期末基金份额持有人结构	机构投资者持有119,355,881.78份，占总份额18.94%；个人投资者持有510,755,302.49份，占总份额81.06%。

基金业绩表现

截至2009年12月31日，农银恒久增长债券基金份额净值为1.0222元，全年净值增长率为2.37%，同期业绩基准收益率为-4.52%。

基金管理团队

陈加荣先生：基金经理、公司固定收益投资负责人，10年证券从业经历，天津大学管理工程硕士。历任中国平安保险（集团）公司投资管理中心债券研究员、交易员、本外币投资经理；国联安基金公司德盛小盘基金债券投资经理、基金经理助理，德盛稳健基金债券投资经理、基金经理助理；2008年12月起任农银恒久增长债券基金经理。

基金运作分析

2009年，农银恒久增长债券基金努力把握市场波动的脉搏，及时总结经验教训，调整组合资产配置争取收益。

展望2010年一季度，宏观经济持续向好将是大概率事件，高信贷增长、逐步上扬的CPI及加息预期将对普通债券市场形成压制，良好的宏观数据、企业盈利、高信贷与可能提前推出、力度超预期的紧缩措施的角力则将使股市出现很大振荡，现在的市场很聪明，往往提前较长时间对未来变化作出反应，农银恒久增长债券基金将密切关注“预期差”的变化，及时调整组合，在降低波动率的基础上努力创造更好的投资收益。

季度投资组合一览

项目＼季度	第一季度		第二季度		第三季度		第四季度	
基金资产净值	3,020,970,638.47元		1,639,784,604.86元		945,611,938.93元		644,116,176.20元	
基金份额	3,030,399,758.23份		1,642,476,514.91份		966,824,989.11份		630,111,184.27份	
基金份额净值	0.9969元		0.9984元		0.9781元		1.0222元	
基金资产组合	市值(元)	占总资产比(%)	市值(元)	占总资产比(%)	市值(元)	占总资产比(%)	市值(元)	占总资产比(%)
股票投资	——	——	——	——	30,196,667.76	3.15	62,995,931.65	9.59
债券投资	2,385,628,677.11	76.52	1,364,816,885.99	81.91	812,424,441.29	84.63	543,209,018.94	82.69
资产支持证券投资	——	——	——	——	——	——	——	——
金融衍生品投资	——	——	——	——	——	——	——	——
买入返售金融资产	——	——	——	——	——	——	——	——
银行存款和结算备付金	701,145,908.25	22.49	96,389,560.00	5.79	102,897,307.19	10.72	37,354,235.07	5.69
其他资产	30,693,371.76	0.98	204,968,413.73	12.30	14,470,004.96	1.51	13,324,974.05	2.03

	第一季度			第二季度			第三季度			第四季度		
投资前五名股票明细	股票名称	公允价值(元)	占净值比(%)	股票名称	公允价值(元)	占净值比(%)	股票名称	公允价值(元)	占净值比(%)	股票名称	公允价值(元)	占净值比(%)
	——			——			中国建筑	20,914,985.60	2.21	中国建筑	14,160,000.00	2.20
							光大证券	2,387,752.14	0.25	报喜鸟	3,227,614.08	0.50
							中国中冶	1,753,635.12	0.19	招商证券	3,210,739.94	0.50
							桂林三金	1,221,406.26	0.13	华谊兄弟	3,074,535.81	0.48
							神开股份	904,481.30	0.10	海正药业	2,934,980.16	0.46
投资前五名债券明细	债券名称	公允价值(元)	占净值比(%)	债券名称	公允价值(元)	占净值比(%)	债券名称	公允价值(元)	占净值比(%)	债券名称	公允价值(元)	占净值比(%)
	08国开22	402,920,000.00	13.34	09农发03	118,956,000.00	7.25	09农发03	117,888,000.00	12.47	09华西债	59,532,000.00	9.24
	08国债26	370,424,000.00	12.26	08国债26	117,132,000.00	7.14	09华西债	58,704,000.00	6.21	09农发03	39,196,000.00	6.09
	08国开21	282,520,000.00	9.35	08国开25	110,165,000.00	6.72	08农发16	51,560,000.00	5.45	09张江债	30,600,000.00	4.75
	08进出14	213,840,000.00	7.08	08国开22	110,110,000.00	6.71	新钢转债	43,384,867.20	4.59	09中化工债	29,667,000.00	4.61
	08进出11	199,420,000.00	6.60	08国开21	90,225,000.00	5.50	08国债26	38,396,000.00	4.06	09兰城投债	29,412,000.00	4.57

农银汇理平衡双利混合型证券投资基金

基本资料

基金简称	农银平衡双利混合	交易代码	660003		
风险收益特征	该基金是混合型证券投资基金，属于中高风险、中高收益的基金品种，其预期收益和风险水平低于股票型基金，但高于债券型基金。				
业绩比较基准	55%×沪深300 指数+45%×中信全债指数				
合同生效日	2009年4月8日	首募份额	64.66亿份	认购户数	184,553户
基金管理人	农银汇理基金管理有限公司	基金托管人	交通银行		
注册登记人	农银汇理基金管理有限公司				

成立来累计净值增长率与同期基准收益率历史走势对比图（%）

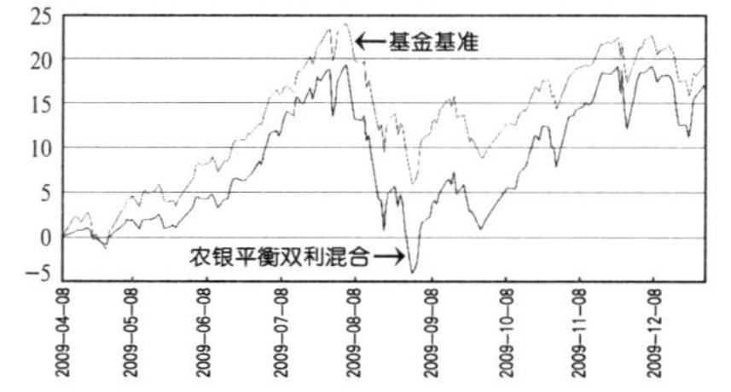

财务指标 单位：人民币（元）；%

项目＼年度	2009年8月4日至2009年12月31日
本期利润	961,925,235.71
本期加权平均净值利润率	20.80
期末基金资产净值	2,214,003,259.15
期末基金份额净值	1.1770
本期份额净值增长率	17.70
累计份额净值增长率	17.70
基金收益分配	——
期末基金份额持有人户数	基金份额持有人户数为83,715户，平均每户持有22,470.02份。（期末截至2009年12月31日）
期末基金份额持有人结构	机构投资者持有73,260,442.77份，占总份额3.89%；个人投资者持有1,807,817,674.65份，占总份额96.11%。

2009年净值增长率与同期基准收益率对比图（%）

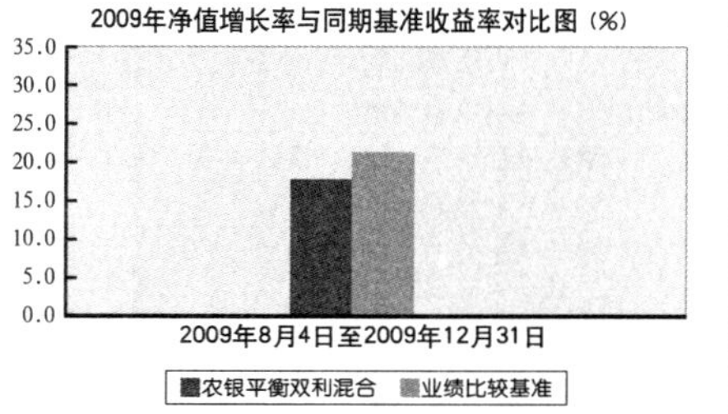

基金业绩表现

2009年农银平衡双利混合基金全年净值增长率为17.70%；同期业绩基准收益率为20.98%。

基金管理团队

郝　兵先生：基金经理、公司投资部副总经理，7年证券从业经历，经济学硕士。曾就职于泰信基金管理公司、中信基金公司、国泰基金公司。曾任泰信先行策略股票基金经理，中信经典配置基金投资经理。现任农银汇理基金公司投资部副总经理，2009年6月起任农银平衡双利基金经理。

付柏瑞先生：基金经理，4年证券从业经历，硕士。曾就职于华宝兴业基金公司、农银汇理基金公司；2009年4月起任农银汇理平衡双利混合基金经理。

陈加荣先生：基金经理、公司固定收益投资负责人，10年证券从业经历，管理学硕士。历任中国平安保险(集团)公司投资管理中心债券研究员、交易员、本外币投资经理；国联安基金公司德盛小盘基金债券投资经理、基金经理助理，德盛稳健基金债券投资经理、基金经理助理。现任农银汇理基金公司固定收益投资负责人；2009年4月起任农银平衡双利混合基金经理。

基金运作分析

2009年上半年，农银平衡双利混合基金重点配置以金融、地产、煤炭和钢铁为代表的周期性行业，下半年，在宏观调控渐行渐近的预期下，该基金重点配置了以新能源和电力设备为代表的成长性行业。

季度投资组合一览

项目＼季度	第二季度		第三季度		第四季度	
基金资产净值	7,122,560,745.03元		3,260,759,162.71元		2,214,003,259.15元	
基金份额	6,594,761,638.65份		3,197,752,928.12份		1,881,078,117.42份	
基金份额净值	1.0800元		1.0197元		1.1770元	
基金资产组合	市值(元)	占总资产比(%)	市值(元)	占总资产比(%)	市值(元)	占总资产比(%)
股票投资	4,209,626,696.89	58.81	2,417,826,025.17	72.30	1,640,321,485.03	72.30
债券投资	——	——	656,036,049.00	19.62	379,469,351.01	16.73
资产支持证券投资	——	——	——	——	——	——
金融衍生品投资	——	——	——	——	——	——
买入返售金融资产	——	——	——	——	——	——
银行存款和结算备付金	2,916,828,063.77	40.75	224,690,477.17	6.72	212,390,679.04	9.36
其他资产	31,509,582.16	0.44	45,575,303.10	1.36	36,510,969.24	1.61

投资前五名股票明细	股票名称	公允价值(元)	占净值比(%)	股票名称	公允价值(元)	占净值比(%)	股票名称	公允价值(元)	占净值比(%)
	万 科A	229,500,000.00	3.22	兴业银行	111,507,000.00	3.42	重庆百货	60,225,000.00	2.72
	中国平安	197,840,000.00	2.78	东方电气	108,540,274.41	3.33	兴业银行	56,434,000.00	2.55
	兴业银行	185,550,000.00	2.61	招商银行	103,607,666.98	3.18	鞍钢股份	55,999,600.00	2.53
	民生银行	182,160,000.00	2.56	中国平安	101,400,000.00	3.11	神火股份	55,320,000.00	2.50
	海通证券	180,928,878.20	2.54	民生银行	101,100,000.00	3.10	招商银行	54,150,000.00	2.45

投资前五名债券明细	债券名称	公允价值(元)	占净值比(%)	债券名称	公允价值(元)	占净值比(%)	债券名称	公允价值(元)	占净值比(%)
	——			09央票37	299,010,000.00	9.17	09央票59	249,175,000.00	11.25
				09央票44	147,405,000.00	4.52	08国开21	29,754,000.00	1.34
				08央票44	51,825,000.00	1.59	09华泰CP01	25,090,000.00	1.13
				09央票45	49,835,000.00	1.53	龙盛转债	20,110,270.40	0.91
				08国开21	29,838,000.00	0.92	09福田债	20,004,000.00	0.90

农银汇理策略价值股票型证券投资基金

基本资料

基金简称	农银策略价值股票	交易代码	660004		
风险收益特征	该基金为股票型证券投资基金，属于证券投资基金中较高风险、较高收益的品种，其风险和收益水平均高于货币市场基金、债券型基金和混合型基金。				
业绩比较基准	75%×沪深300指数+25%×中信标普全债指数				
合同生效日	2009年9月29日	首募份额	77.89亿份	认购户数	197,387户
基金管理人	农银汇理基金管理有限公司	基金托管人	中国建设银行		
注册登记人	农银汇理基金管理有限公司				

成立来累计净值增长率与同期基准收益率历史走势对比图（%）

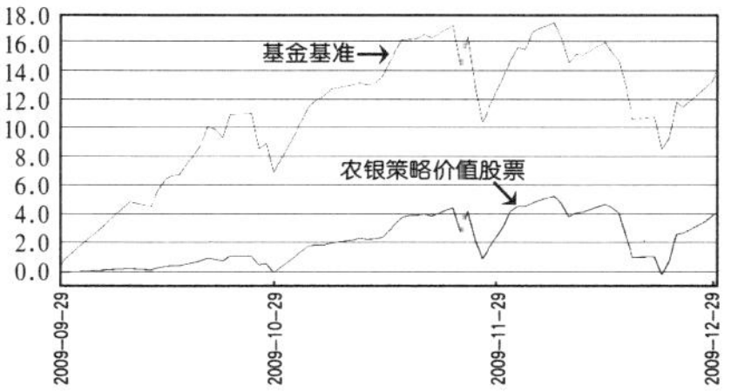

财务指标 单位：人民币（元）；%

项目 \ 年度	2009年9月29日至2009年12月31日
本期利润	357,141,974.48
本期加权平均净值利润率	4.49
期末基金资产净值	7,490,448,280.32
期末基金份额净值	1.0463
本期份额净值增长率	4.63
累计份额净值增长率	4.63
基金收益分配	——

2009年净值增长率与同期基准收益率对比图（%）

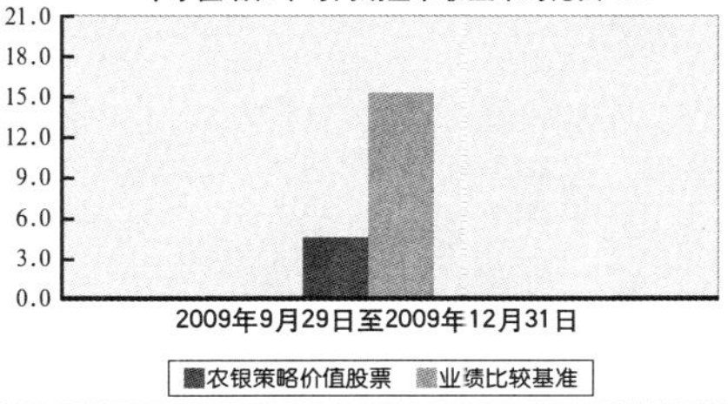

期末基金份额持有人户数	基金份额持有人户数为186,659户，平均每户持有38,352.43份。（期末截至2009年12月31日）
期末基金份额持有人结构	机构投资者持有1,372,192,079.10份，占总份额19.17%；个人投资者持有5,786,634,991.40份，占总份额80.83%。

基金业绩表现

农银策略价值股票基金合同生效于2009年9月29日，截至2009年12月31日，该基金份额净值为1.0463元，成立以来净值增长率为4.63%；同期业绩基准收益率为15.14%。

基金管理团队

栾 杰先生：基金经理、公司投资总监，13年证券从业经历，本科学历。曾任华宝信托公司投资管理部副总经理，华宝兴业基金管理公司投资部总经理、投资副总监。现任农银汇理基金管理公司投资总监；2009年9月起任农银策略价值基金经理。

基金运作分析

农银策略价值股票基金成立于三季度末，此时央行逐步开始回收流动性，力度超过了市场预期，面对全年近十万亿的信贷，同比接近40%的汽车销量增长和创出历史新高的房地产价格及成交量，四季度GDP增速回到了两位数，同时利率水平处于极低水平，该基金经理认为在上述背景下形成的8月上证指数3440很有可能是未来半年内的高点，上涨空间较为有限，因此建仓节奏较为保守，至年底股票仓位增加到65%左右。

同时，行业配置相对均衡并注重防御性，超配医药、食品饮料、商业等消费类行业。

展望2010年，农银策略价值股票基金判断：2010年指数难有好的收益，需要精选个股波段操作，主要配置的方向为大消费、科技通讯、新能源及节能减排领域的公司。投资品、金融地产只有波动的机会。

季度投资组合一览

项目 \ 季度	第四季度	
基金资产净值	7,490,448,280.32元	
基金份额	7,158,827,070.50份	
基金份额净值	1.0463元	
基金资产组合	金额(元)	占总资产比例(%)
股票投资	4,869,152,080.07	59.57
存托凭证	——	——
债券投资	2,013,728,000.00	24.64
金融衍生品投资	——	——
买入返售金融资产	——	——
银行存款和结算备付金	1,145,104,032.80	14.01
其他资产	145,870,093.38	1.78

投资前五名股票明细	股票名称	公允价值(元)	占净值比例(%)	投资前五名债券明细	债券名称	公允价值(元)	占净值比例(%)
	招商银行	234,826,005.55	3.14		09央票51	996,700,000.00	13.31
	兴业银行	233,783,931.81	3.12		09央票53	996,700,000.00	13.31
	东方电气	172,139,642.10	2.30		08联想债	20,328,000.00	0.27
	贵州茅台	169,800,640.52	2.27		——		
	宝钢股份	164,212,358.94	2.19				

民生加银基金管理有限公司

法定名称	民生加银基金管理有限公司	英文名称	MinSheng Royal Fund Management Co.,Ltd.		
成立时间	2008年11月3日	注册资本	2亿元人民币	公司属性	中外合资
法人代表	杨 东	总 经 理	张嘉宾	督 察 长	朱晓光
公司网址	www.msjyfund.com.cn	客服电话	400-8888-388		
联系电话	0755-2399 9888	传真号码	0755-2399 9800		
注册地址	深圳市福田区益田路新世界商务中心42楼	办公地址	深圳市福田区益田路新世界商务中心42、43楼		

公司简介

民生加银基金管理有限公司（以下简称"民生加银基金"）于2008年11月3日成立，是我国第61家基金管理公司，由中国民生银行股份有限公司（China Minsheng Banking Corp., Ltd.）、加拿大皇家银行（Royal Bank of Canada）和三峡财务有限责任公司共同发起设立，持股比例分别为60%、30%和10%。公司注册资本2亿元人民币，注册地深圳。

年度经营

截至2010年3月31日，公司旗下共管理3只开放式基金，包括民生加银品牌蓝筹灵活配置混合型基金、民生加银增强收益债券型基金、民生加银精选股票型基金，三只基金分别于2009年3月27日、2009年7月21日和2010年2月4日成立，共募集资金约67.83亿元，投资者有效认购户数合计约64,752户。此外，公司旗下第四只产品民生加银稳健成长股票型基金募集申请已正式获证监会批准，将于2010年5月24日至6月25日发行，公司产品线正在不断完善。

在投资管理方面，作为国内首家"双银行"股东背景的基金公司，民生加银基金投资风格稳健，自2009年二季度正式投资运作以来，截至2010年3月31日，公司旗下基金连续四个季度获得了正收益。

社会责任

作为一家具有社会责任感的基金公司，民生加银基金秉承回报社会的理念，积极投身于社会捐助与社会慈善事业。2010年4月，青海玉树发生地震，公司积极响应中国证券业协会的号召，加入向玉树地震灾区捐款的行列。2008年四川汶川发生地震后，虽然公司处于筹备期间，但仍然积极动员全体员工通过不同渠道为灾区人民捐款共计10余万元。

2009年旗下开放式基金业绩表现

截至日期：2009年12月31日

（单位：元；%）

基金类型	基金简称	设立日期	基金份额净值	净值增长率①	累计净值增长率②
混合型	民生加银品牌蓝筹混合	2009-03-27	1.207	23.75	23.75
债券型	民生加银增强收益债券A	2009-07-21	1.034	3.40	3.40
	民生加银增强收益债券C	2009-07-21	1.032	3.20	3.20

注：①净值增长率指该基金2009年度的份额净值增长率；②累计净值增长率指该基金设立以来的份额净值增长率。

2009年管理公募基金概况

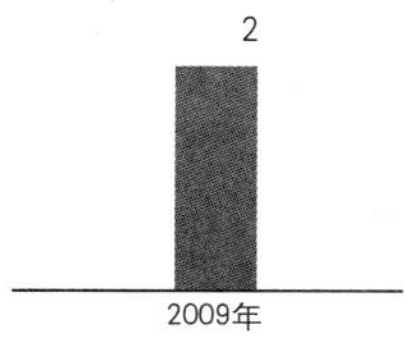

基金数量（只）

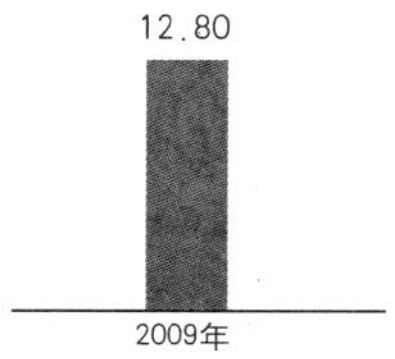

基金份额规模（亿份）

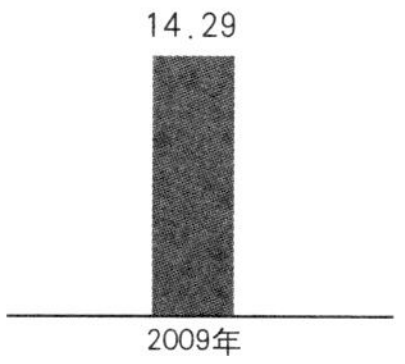

基金资产规模（亿元）

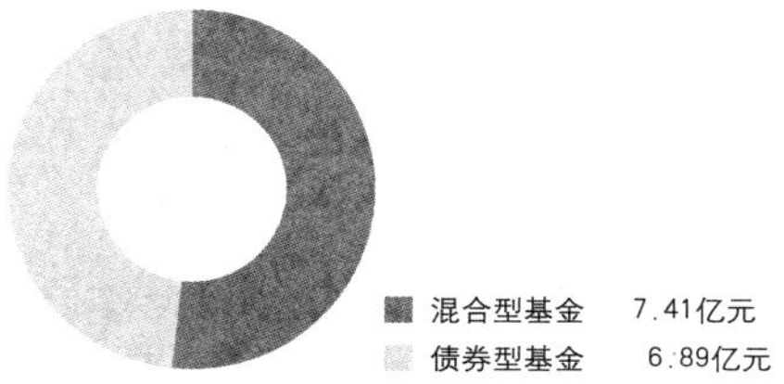

2009年基金资产规模构成

民生加银品牌蓝筹灵活配置混合型证券投资基金

基本资料					
基金简称	民生加银品牌蓝筹混合	交易代码	690001		
风险收益特征	该基金属于主动式混合型证券投资基金，通常预期风险收益水平高于货币市场基金和债券型基金，低于股票型基金。				
业绩比较基准	沪深300指数收益率×60%+上证国债指数收益率×40%				
合同生效日	2009年3月27日	首募份额	27.19亿份	认购户数	25,174户
基金管理人	民生加银基金管理有限公司	基金托管人	中国建设银行		
注册登记人	民生加银基金管理有限公司				

成立来累计净值增长率与同期基准收益率历史走势对比图（%）

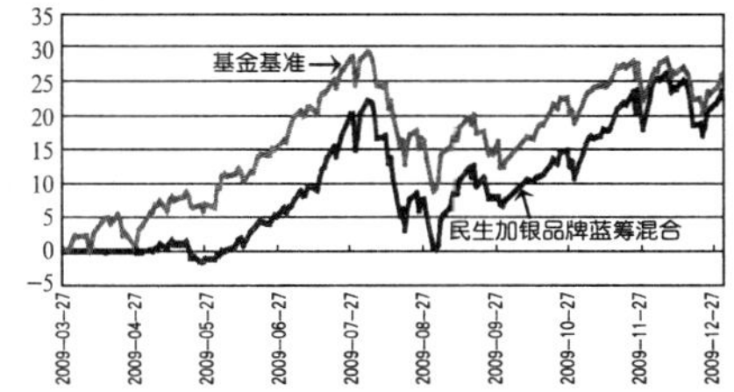

财务指标	单位：人民币（元）；%
项目 / 年度	2009年3月27日至2009年12月31日
本期利润	265,858,787.69
本期加权平均净值利润率	19.84
期末基金资产净值	740,678,088.68
期末基金份额净值	1.207
本期份额净值增长率	23.75
累计份额净值增长率	23.75
基金收益分配	10派0.30

2009年净值增长率与同期基准收益率对比图（%）

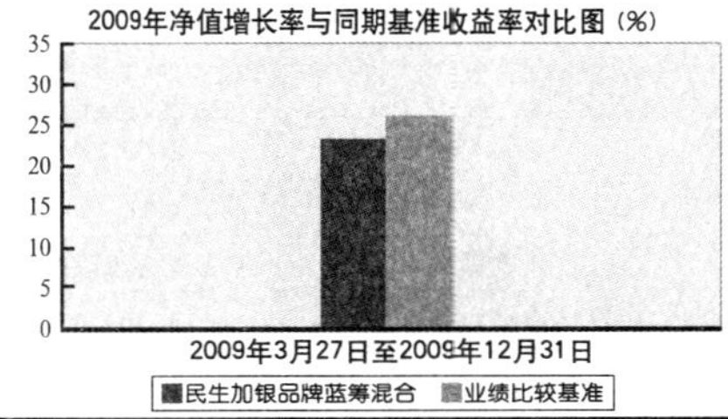

期末基金份额持有人户数	基金份额持有人户数为12,415户，平均每户持有49,432.38份。（期末截至2009年12月31日）
期末基金份额持有人结构	机构投资者持有49,473,001.01份，占总份额8.06%；个人投资者持有564,230,055.89份，占总份额91.94%。

基金业绩表现

民生加银品牌蓝筹混合基金合同生效于2009年3月27日，截至2009年12月31日，该基金成立以来净值增长率为23.75%；同期业绩基准收益率为26.21%。

基金管理团队

陈　东先生：基金经理，11年证券从业经历，武汉大学经济学博士。2008年进入民生加银基金管理公司，现任公司研究部总监，2009年3月起任民生加银品牌蓝筹混合基金经理。

黄钦来先生：基金经理，11年证券从业经历，厦门大学经济学硕士。曾就职于国泰君安证券研究所、鹏华基金管理公司。现任民生加银基金管理公司总经理助理兼投资总监、投资决策委员会主席；2009年3月起任民生加银品牌蓝筹混合基金经理。

基金运作分析

民生加银品牌蓝筹混合基金成立于2009年3月27日，在建仓速度上较为保守。5月份后逐步加大建仓力度，净值稳步提升。三季度该基金较好地把握了市场机会。在股票仓位方面，初期积极加仓，市场进入调整后，及时主动减仓，规避了风险。行业配置方面，初期对有色金属、化工等行业进行积极增持，逐步加大组合的防御性，对金融服务、商业零售、生物医药、食品饮料以及家电等服务和消费类行业进行重点投资，主动减持钢铁、有色金属、地产、化工等周期性行业，取得较好效果。四季度通过灵活的资产配置进一步提高基金的超额收益。在股票仓位方面，进行积极加仓并在大部分时间里保持较高的股票仓位；行业配置方面，对钢铁、纺织服装、交通运输等行业进行积极增持，同时对食品饮料、商业零售等行业中估值较高的个股进行适当减持，效果较好。

季度投资组合一览

项目 / 季度	第二季度		第三季度		第四季度	
基金资产净值	1,446,816,711.28元		869,182,238.30元		740,678,088.68元	
基金份额	1,368,921,153.04份		829,526,665.78份		613,703,056.90份	
基金份额净值	1.057元		1.048元		1.207元	
基金资产组合	市值(元)	占总资产比(%)	市值(元)	占总资产比(%)	市值(元)	占总资产比(%)
股票投资	904,526,559.05	60.48	584,059,695.44	66.53	584,975,338.17	77.91
债券投资	471,535,000.00	31.53	43,483,560.9	4.95	50,799,000.00	6.77
资产支持证券投资	——	——	——	——	——	——
金融衍生品投资	——	——	——	——	——	——
买入返售金融资产	——	——	——	——	——	——
银行存款和结算备付金	113,825,342.51	7.61	236,019,601.17	26.89	106,735,504.00	14.22
其他资产	5,709,795.35	0.38	14,270,024.91	1.63	8,316,340.70	1.11

投资前五名股票明细	股票名称	公允价值(元)	占净值比(%)	股票名称	公允价值(元)	占净值比(%)	股票名称	公允价值(元)	占净值比(%)
	工商银行	73,169,967.48	5.06	招商银行	35,333,585.30	4.07	宁波银行	32,319,071.40	4.36
	神火股份	71,999,480.00	4.98	贵州茅台	34,563,393.58	3.98	贵州茅台	32,206,872.46	4.35
	宝钢股份	68,130,993.92	4.71	新 和 成	33,916,168.40	3.90	烟台万华	29,945,247.99	4.04
	招商银行	67,115,753.82	4.64	烟台万华	32,753,896.72	3.77	工商银行	29,103,504.96	3.93
	中国银行	65,104,681.21	4.50	中国银行	32,369,723.10	3.72	招商银行	27,416,596.25	3.70

投资前五名债券明细	债券名称	公允价值(元)	占净值比(%)	债券名称	公允价值(元)	占净值比(%)	债券名称	公允价值(元)	占净值比(%)
	09农发05	149,550,000.00	10.34	08吉高速债	40,508,000.00	4.66	09铁岭债	20,000,000.00	2.70
	09皖能CP01	100,230,000.00	6.93	09长虹债	1,256,500.00	0.14	09吉安债	10,350,000.00	1.40
	09太不锈CP01	100,050,000.00	6.92	龙盛转债	1,054,944.00	0.12	09威城投	10,280,000.00	1.39
	08吉高速债	41,572,000.00	2.87	西洋转债	547,367.40	0.06	09鹤城投	10,169,000.00	1.37
	09西电CP01	30,045,000.00	2.08	博汇转债	116,749.50	0.01	——		

民生加银增强收益债券型证券投资基金

基本资料						
基金简称	民生加银增强收益债券	交易代码	A:690002　C:690202			
风险收益特征	该基金是债券型证券投资基金，通常预期风险收益水平低于股票型基金和混合型基金，高于货币市场基金，为证券投资基金中的较低风险品种。					
业绩比较基准	中国债券综合指数收益率					
合同生效日	2009年7月21日	首募份额	15.91亿份	认购户数	14,103户	
基金管理人	民生加银基金管理有限公司	基金托管人	中国建设银行			
注册登记人	民生加银基金管理有限公司					

财务指标　　单位：人民币(元)；%

项目＼年度	2009年7月21日至2009年12月31日	
	A	C
本期利润	9,024,329.74	16,883,699.44
本期加权平均净值利润率	3.05	2.02
期末基金资产净值	283,343,217.25	405,195,644.95
期末基金份额净值	1.034	1.032
本期份额净值增长率	3.40	3.20
累计份额净值增长率	3.40	3.20
基金收益分配	——	——

成立来累计净值增长率与同期基准收益率历史走势对比图（%）

2009年净值增长率与同期基准收益率对比图（%）

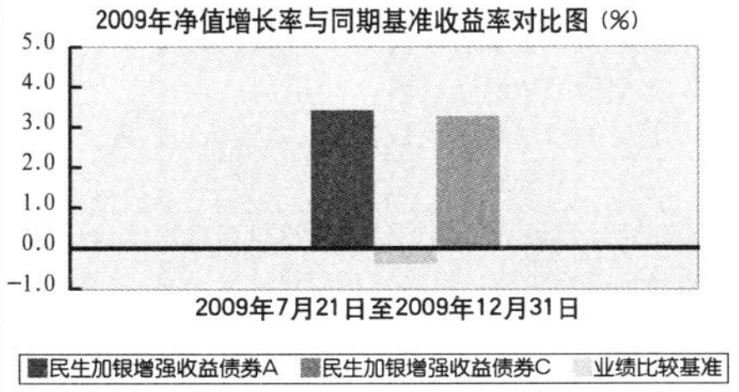

期末基金份额持有人户数	A:基金份额持有人户数为2,290户，平均每户持有119,626.72份。 C:基金份额持有人户数为5,144户，平均每户持有76,296.88份。（期末截至2009年12月31日）
期末基金份额持有人结构	A:机构投资者持有117,559,000.00份，占总份额42.91%；个人投资者持有156,386,188.34份，占总份额57.09%。 C:机构投资者持有39,224,265.71份，占总份额9.99%；个人投资者持有353,246,905.58份，占总份额90.01%。

基金业绩表现

民生加银增强收益债券基金合同生效于2009年7月21日，截至2009年12月31日，该基金A类净值增长率为3.40%，C类净值增长率为3.20%；同期业绩基准收益率为−0.41%。

基金管理团队

傅晓轩先生：基金经理，13年证券从业经历，上海交通大学硕士。曾就职于大鹏证券综合研究所、中国民生银行。2008年加入民生加银基金管理公司，负责固定收益投资及研究业务；2009年7月起任民生加银增强收益债券基金经理。

乐瑞祺先生：基金经理，6年证券从业经历，复旦大学经济学硕士。曾就职于衡泰软件定量研究部、博时基金管理公司。2009年加入民生加银基金管理公司，负责固定收益投资及研究业务；2009年9月起任民生加银增强收益债券基金经理。

陈　东先生：基金经理，11年证券从业经历，博士。曾就职于广发证券公司、天相投资顾问公司、德邦证券。2008年加入民生加银基金管理公司，现任公司研究部总监、民生加银品牌蓝筹混合基金经理；2009年9月起任民生加银增强收益债券基金经理。

季度投资组合一览

项目＼季度	第三季度		第四季度	
	A	C	A	C
基金资产净值	2.9899元	8.7925元	2.8334元	4.0520元
基金份额	2.9996份	8.8273份	2.7395份	3.9247份
基金份额净值	0.9970元	0.9960元	1.0340元	1.0320元
基金资产组合	金额(元)	占总资产比例(%)	金额(元)	占总资产比例(%)
股票投资	39,048,160.10	3.28	73,489,568.56	9.41
债券投资	965,031,721.00	81.17	545,857,048.07	69.93
金融衍生品投资	——	——	——	——
买入返售金融资产	——	——	——	——
银行存款和结算备付金	161,971,812.65	13.62	78,037,094.72	10.00
其他资产	22,852,855.98	1.92	83,178,870.55	10.66

投资前五名股票明细	股票名称	公允价值(元)	占净值比例(%)	股票名称	公允价值(元)	占净值比例(%)
	五粮液	10,451,612.58	0.89	华鲁恒升	5,872,500.00	0.85
	太原重工	5,756,000.00	0.49	辽宁成大	5,713,500.00	0.83
	北京银行	5,513,600.00	0.47	三九医药	5,688,600.00	0.83
	广州友谊	4,675,167.52	0.40	厦门空港	5,473,941.50	0.80
	深圳能源	4,424,000.00	0.38	中国人寿	4,753,500.00	0.69

投资前五名债券明细	债券名称	公允价值(元)	占净值比例(%)	债券名称	公允价值(元)	占净值比例(%)
	08央行票据50	124,440,000.00	10.56	08苏高新	51,555,000.00	7.49
	08央行票据17	124,092,000.00	10.53	01国开15	51,085,000.00	7.42
	08国开22	99,310,000.00	8.43	08国开21	49,590,000.00	7.20
	08央行票据20	51,720,000.00	4.39	08国开22	49,525,000.00	7.19
	01国开15	51,420,000.00	4.36	06马钢债	38,520,000.00	5.59

基金运作分析

民生加银增强收益债券基金成立于2009年7月份，自运作以来，对利率产品集中增持了1−2年期的央票及金融债，适当增持部分信用产品。特别是在四季度信用产品集中发行期间，加大信用产品的投资力度，同时也参与部分高收益信用债的一级市场申购，获得较好的投资回报。股票投资方面，采取较为谨慎的操作，保持较低仓位，较好地规避了三季度股票市场大幅调整的风险。四季度，逐步加大了股票投资比例。

总体而言，在2009年的投资中，该基金对利率产品采取防御型策略，对信用产品进行相对积极的投资，在股票投资方面，采取较为灵活的波段性操作。

纽银梅隆西部基金管理有限公司

公司基本情况

法定名称：纽银梅隆西部基金管理有限公司
英文名称：BNY Mellon Western Fund Management Co., Ltd.
批准设立机关及批准设立文号：中国证监会证监许可[2010]864号
成立时间：2010年7月20日
注册资本：2亿元人民币
公司属性：中外合资
法人代表：安保和
总 经 理：胡 斌
督 察 长：徐剑钧
联系电话：021－3857 2888
公司网址：www.bnyfund.com
客服电话：400－7007－818
注册地址：上海市浦东新区世纪大道100号上海环球金融中心19层
办公地址：上海市浦东新区世纪大道100号上海环球金融中心19层

公司股东结构

公司股东	出资比例
西部证券股份有限公司	51.00%
纽约银行梅隆资产管理国际有限公司	49.00%

第二章

基金托管人及托管业务

Custodians and Their Businesses

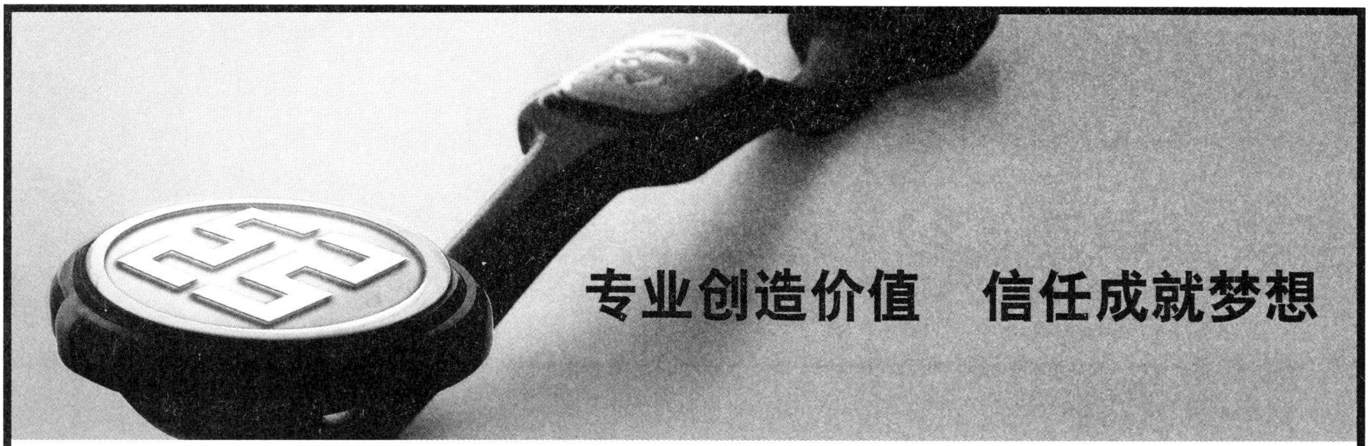

中国工商银行 | 大事记

INDUSTRIAL AND COMMERCIAL BANK OF CHINA | MAJOR EVENTS

（基金托管业务）

2009年12月

启动2009年度托管业务的内控审阅，至2010年4月30日顺利通过SAS70审阅，连续第三年获得SAS70无保留意见的控制及有效性报告。

首次采取随机方式成功组织实施2009年度托管业务灾备应急演练，并达到托管行业灾后两小时内恢复业务处理的国际通行水准。

2010年上半年

连续获得《财资》、《全球托管人》和《环球金融》分别颁发的2009年度中国最佳托管银行奖项，其中工商银行资产托管部总经理获得《财资》设立的年度中国最佳托管银行家个人大奖。

2010年1月

资产托管业务系统境外延伸项目（香港一期）成功投产，3月1日在工银亚洲正式运行，成为工商银行托管业务全球化发展的里程碑事件。

2010年3月

作为主任单位，组织召开中国银行业协会托管业务专业委员会2010年第一次全体会议，会议选举工商银行罗熹副行长为新任常务主任。

2010年4月

举办中国工商银行银基战略合作研讨会，与国内主要基金管理公司负责人就基金托管代销业务合作进行深入交流。

2010年5月

与纽约梅隆银行签署《QFII业务合作主次托管协议》，推进全球托管网络搭建。

2010年10月

中国人寿保险股份有限公司定期存款类资产（包括协议存款与普通定期存款）正式移交工商银行托管，这是目前国内托管的最大一笔存款类资产。

中国工商银行
INDUSTRIAL AND COMMERCIAL BANK OF CHINA

法定名称	中国工商银行股份有限公司	法人代表	姜建清
成立日期 获得托管资格时间	1984年1月1日 1998年2月24日	注册资本 托管部负责人	3,340.1885亿元人民币 周月秋
联系电话 公司网址	010-6610 5799 www.icbc.com.cn	传真号码 电子邮箱	010-6610 5798 webmaster@icbc.com.cn
注册地址	北京市复兴门内大街55号	办公地址	北京市复兴门内大街55号

基本情况

中国工商银行股份有限公司(以下简称中国工商银行)是国内最大的商业银行，2005年10月27日，中国工商银行在上海证券交易所和香港联合交易所成功同日挂牌上市。截至2010年6月末，中国工商银行资产总额12.96万亿元，分支机构数量16,000多家。拥有392万多公司客户、2.3亿多个人客户，建成了覆盖全行的电子化网络，电子银行交易额居国内同业首位，拥有先进的资金清算系统，是中国结算业务量最大的商业银行。在境外22个国家和地区设有24家境外一级营业性机构，分支机构181家，与128个国家和地区的1,424家境外银行建立了代理行关系，初步建成覆盖全球的经营网络。

中国工商银行面对复杂多变的经营环境和日趋激烈的竞争形势，通过加快业务创新和优化经营结构，保持了全球市值、盈利和客户存款第一的上市银行地位。2010年上半年实现净利润849.65亿元，同比增长27.6%，增速同比加快了24.9个百分点，而且盈利基础更为扎实，收益结构得到进一步改善，继续保持了平稳健康的发展态势。

中国工商银行坚持服务创造价值的理念，着力以服务品质的提升促进竞争发展能力的增强。2010年上半年工商银行结合"迎世博"、"迎亚运"活动，深入推进十大服务提升工程的实施，服务工作有了新的改进。上半年，工商银行又获得了"中国最佳银行"、"中国最佳托管银行"等多个国际国内重要奖项和荣誉，在《银行家》全球1,000家大银行一级资本排名上升至第7位，在《财富》"全球500强企业"排名较上年上升5位。

托管业务介绍

1998年2月，经中国人民银行和中国证监会批准，中国工商银行成为中国大陆第一家具备证券投资基金托管资格的商业银行。作为中国大陆托管服务的先行者，中国工商银行自1998年在中国大陆首家提供托管服务以来，秉承"诚实信用、勤勉尽责"的宗旨，依靠严密科学的风险管理和内部控制体系、规范的业务管理模式、先进的业务营运系统和专业的托管服务团队，严格履行托管人职责，为境内外广大投资者、金融资产管理机构和企业客户提供安全、高效、专业的托管服务，展现了优异的市场形象和影响力，赢得了客户的长久信赖与尊重。

资产托管部是中国工商银行专门从事托管服务的部门，设有综合管理处、证券投资基金处、委托资产一处、委托资产二处、全球资产托管处、业务运作中心、交易监督处、研究发展处、信息服务处和内部风险控制处十个处室，设有北京、上海、深圳、浙江和广州5家托管分部。资产托管部共有员工130余人，90%以上员工拥有基金从业资格，部门经理以上管理人员均具有研究生以上学历或高级技术职称。

一、托管业务规模创历史新高

中国工商银行托管规模从1998年的60亿元起步，12年来，保持着年均80%以上的复合增长率，特别是从2003年以来，资产托管规模逐年跨越500亿元、1,000亿元、2,000亿元、4,000亿元、10,000亿元、20,000亿元大关，2010年6月末，已达20,713亿元，再创历史新高。

12年来，中国工商银行在激烈的市场竞争环境下，积极应对市场波动，始终保持着证券投资基金托管市场规模30%左右的份额，在证券投资基金托管、企业年金基金托管、QDII资产托管、信托资产计划托管、基金公司特定客户资产管理托管、银行理财产品托管等方面都保持着市场领先地位。

二、托管服务创新引领行业潮流

创新是中国工商银行托管服务持续发展的动力，也是长期保持市场领先的基础。自1998年以来，中国工商银行在国内率先推出封闭式基金、开放式基金、指数基金、债券型基金、保本型基金、货币市场基金、LOF、ETF、复制基金和分级基金等创新基金产品的托管服务，并成为国内首家对保险资产进行全过程全金额托管的银行、首批QFII和QDII资产托管银行、首批企业年金基金托管银行和首批资产证券化产品托管银行，紧跟市场创新发展步伐，最大化地满足了客户需求，也促进了工商银行托管业务的发展。中国工商银行还在国内率先开展绩效评估、风险管理等托管增值服务，适应各类客户的个性化的托管服务需求。在积极开展托管产品创新的同时，工商银行致力于为国内证券市场和托管市场制度创新出谋献策，在托管领域率先采用的多项业务模式在国内托管行业产生了重大影响。

三、托管产品稳定均衡发展

2010年，我国宏观经济保持持续增长态势，但国内证券市场受多种因素影响呈现震荡下行走势。中国工商银行积极调整托管业务发展策略，大力发展安心账户、银行理财产品、券商客户资产管理计划等场外托管业务和新兴托管业务，有效实现了托管业务的平衡发展。

截至2010年6月末，中国工商银行较上年末新增托管证券投资基金24只（包括4只QDII基金），市场排名第一，托管基金总数达172只（包括7只QDII基金），托管净值市场占比超过29%，继续领先同业。

各类委托型资产托管业务均衡发展，进一步增强了工商银行托管业务的创新能力，业务品种不断丰富，传统业务与新兴业务并肩发展。在企业年金基金托管、QDII资产托管、信托资产计划托管、基金公司特定客户资产管理托管、银行理财产品托管等领域均保持领先地位。

2010年上半年，中国工商银行完善对托管客户的分类服务，企业年金托管资产总规模超过千亿，市场占比超过40%，高居市场首位，与中国石油、中国石化、华能集团、一汽集团等特大型企业集团建立了年金托管业务合作关系。开展保险资产托管强强联合主题营销活动，不断完善对中国人寿、中国平安、泰康人寿等保险公司的个性化服务方案，推动全面合作，保险资产托管规模超过9,000亿元。

全球资产托管业务继续保持国内领先优势，截至2010年6月末，中国工商银行托管QFII客户18家（其中16家已获资格和额度），QFII托管业务客户在中资银行中居首位。2009年，率先开办QDII一对一专户托管业务。截至2010年6月末，新增托管4只QDII基金，托管资产规模居QDII托管市场之首。

四、托管业务网络建设日臻完善

中国工商银行逐步把托管业务从总部扩展到全国，从本地托管向全球托管领域延伸。从2003年起，通过授权管理模式，逐步允许条件成熟的境内分行开办托管业务，目前除西藏分行外的所有分行均得到总行授权开办托管业务，国内托管业务网络布设基本完成。

工商银行始终保持全球化思维和视野，努力构建全球托管服务网络。近年来陆续培育工银亚洲、工银伦敦等启动并开展托管业务，同时与国际著名的全球托管银行建立了密切的沟通合作机制，结成了良好合作关系。随着与境外托管代理人合作的加强和境外分支机构托管业务能力的提高，逐步走向多市场的全球托管领域。

五、科技系统创新层出不穷

中国工商银行是国内唯一自主研发托管系统的托管银行，在系统建设方面始终保持业内领先地位。2008年，"证券投资基金账户集中托管项目"获中国证监会、中国证券业协会和中国期货业协会联合颁发的2007年度证券期货业科学技术奖——最佳创新奖。

2009年，该行顺利完成基金公司直连式自动化对账系统的投产，该系统的推广和应用，极大提升了基金核算工作的效率。按照证监会和上交所的指导和要求，该行开发XBRL的组合净值、季报、半年报、年报信息披露电子化项目，其中XBRL组合净值、季报、半年报电子化信息披露版本已经顺利投产。

2010年1月23日，工商银行资产托管业务系统境外延伸项目（香港一期）成功投产，3月1日开始在工银亚洲正式运行，成为工银亚洲托管业务里程碑式的事件。与此同时，该行加大对全球托管业务的投入力度，在QDII报文系统处理方面实现新的突破；托管指令电子化、自动归档系统顺利开发，巩固了托管业务业务全球延伸的基础。

六、风控水平持续提升

为切实维护各类委托人利益，中国工商银行始终坚持风险管理与业务发展并重的理念，建立了一套完整的托管业务内部风险控制机制，包括事前预防、事中防范和事后核查。事前预防包括制度建设、内控机制建立、风险预测、风险评估、危机处理机制和员工培训；事中防范包括制度执行与遵守、岗位责任明确和相互制约；事后核查包括合规检查和异常事件报告。遵循监管机构要求，实现托管业务"人员、场地、系统"三独立，实行严格的隔离制度。

中国工商银行开展托管业务12年来，在资产估值、会计核算、资金清算、证券交割等方面始终保持良好记录，风险控制收效明显。2005年，中国工商银行在国内率先启动并通过SAS70内控有效性国际专项审计，并从2008年起将SAS70托管业务审计年度化，连年获得SAS70无保留意见的控制及有效性报告。

2007年起，工商银行在国内托管银行中首家实施托管业务灾难恢复应急演练，确保托管业务在遇到突发事件或灾难时能够连续正常运营，更好地履行托管人职责。2009年12月，该行首次采取随机方式，成功实施灾难恢复应急演练，达到灾后两小时内恢复业务处理的国际通行水准。

七、托管业务品牌建设初具成效

2010年，中国工商银行凭借其在国内外托管领域的杰出表现，先后被英国《全球托管人》、香港《财资》和美国《环球金融》杂志评选为"2009年度中国最佳托管银行"。其中，《财资》将在亚太地区证券和基金服务领域有突出贡献的年度行业领导者奖项，授予了该行资产托管部总经理"年度中国最佳托管银行家"称号，是全球仅有的两位获奖人之一。自2004年以来，工商银行已连续获得23项中国最佳托管银行奖项，优良的服务品质获得国内外金融领域的持续认可和广泛好评，行业影响力和品牌知名度与日俱增。

托管证券投资基金业务概览

近三年托管证券投资基金数量与规模

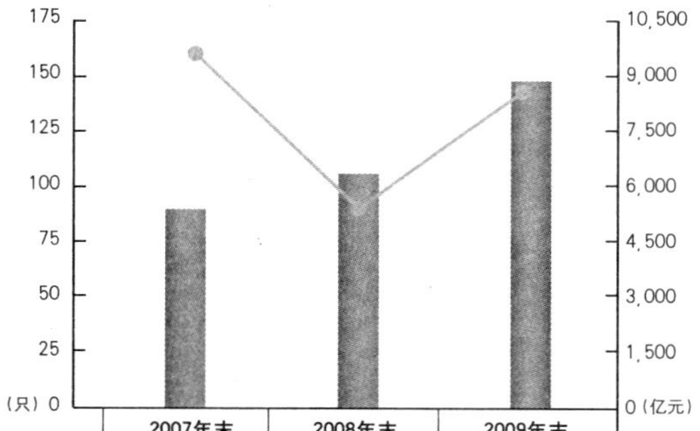

	2007年末	2008年末	2009年末
基金数量	84	109	147
基金资产规模	9,726.17	5,288.79	7,829.98

注：统计数据不含华安国际配置基金（QDII）

近三年新增托管证券投资基金概况

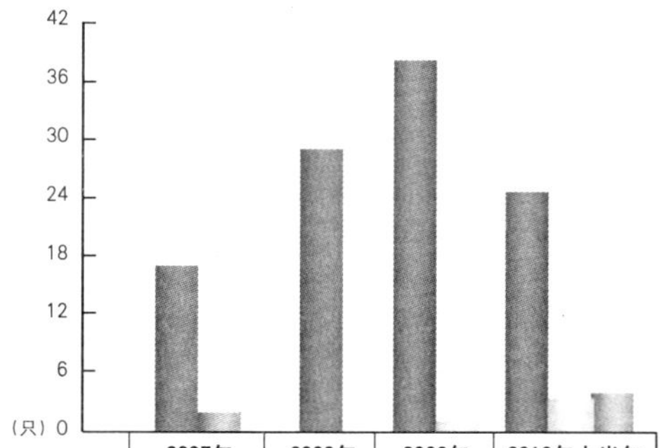

	2007年	2008年	2009年	2010年上半年
新增托管基金数	17	28	38	24
其中：ETF	—	—	1	3
其中：QDII	2	—	—	4

注：2007年新增17只基金（6只为基金转型），实际新增托管基金11只；2008年新增基金28（3只为基金转型），实际新增托管基金25只

托管封闭式基金产品一览(截至2010年6月30日)

序号	基金简称	设立日期	设立规模(亿份)	基金管理人
1	国泰金泰封闭	1998—03—27	20.00	国泰
2	南方开元封闭	1998—03—27	20.00	南方
3	华安安信封闭	1998—06—22	20.00	华安
4	南方天元封闭	1999—08—25	30.00	南方
5	鹏华普丰封闭	1999—07—14	20.00	鹏华
6	长盛同益封闭	1999—04—08	20.00	长盛
7	博时裕泽封闭	2000—03—27	5.00	博时

托管开放式基金产品一览(截至2010年6月30日)

序号	基金简称	设立日期	募集规模(亿份)	基金管理人
1	南方稳健成长混合	2001—09—28	34.89	南方
2	鹏华行业成长混合	2002—05—24	39.77	鹏华
3	南方宝元债券	2002—09—20	49.03	南方
4	华安中国A股增强指数	2002—11—08	30.94	华安
5	南方避险增值混合	2003—06—27	51.93	南方
6	国联安稳健混合	2003—08—08	36.66	国联安
7	融通深证100指数	2003—09—30	4.78	融通
8	融通蓝筹成长混合	2003—09—30	7.66	融通
9	融通债券	2003—09—30	8.73	融通
10	富国天利增长债券	2003—12—02	22.95	富国
11	广发聚富混合	2003—12—03	31.32	广发
12	华安现金富利货币	2003—12—30	42.53	华安
13	南方现金增利货币	2004—03—05	80.50	南方
14	银河银泰混合	2004—03—30	60.13	银河
15	申万巴黎盛利精选混合	2004—04—09	68.09	申万巴黎
16	国联安小盘精选混合	2004—04—12	83.25	国联安
17	兴业可转债混合	2004—05—11	32.82	兴业全球
18	诺安平衡混合	2004—05—21	22.07	诺安
19	博时精选股票	2004—06—22	61.03	博时
20	广发稳健增长混合	2004—07—26	22.97	广发
21	南方积极配置股票(LOF)	2004—10—14	35.36	南方
22	申万巴黎盛利强化配置混合	2004—11—29	6.90	申万巴黎
23	诺安货币	2004—12—06	15.74	诺安
24	华夏上证50ETF	2004—12—30	54.35	华夏
25	中银中国混合(LOF)	2005—01—04	10.63	中银
26	东吴嘉禾优势精选混合	2005—02—01	10.29	东吴

（续上表）

序号	基金简称	设立日期	募集规模（亿份）	基金管理人
27	宝盈泛沿海增长股票	2005–03–08	4.02	宝盈
28	融通巨潮100指数（LOF）	2005–05–12	5.14	融通
29	广发货币	2005–05–20	26.37	广发
30	国富中国收益混合	2005–06–01	6.72	国海富兰克林
31	中银货币	2005–06–07	12.49	中银
32	国联安安心成长混合	2005–07–13	4.09	国联安
33	汇添富优势精选混合	2005–08–25	10.25	汇添富
34	天弘精选混合	2005–10–08	3.39	天弘
35	申万巴黎新动力股票	2005–11–10	6.70	申万巴黎
36	富国天惠成长混合（LOF）	2005–11–16	5.84	富国
37	广发聚丰股票	2005–12–23	3.79	广发
38	诺安股票	2005–12–19	13.16	诺安
39	中银增长股票	2006–03–17	24.59	中银
40	国投瑞银核心企业股票	2006–04–19	26.59	国投瑞银
41	建信货币	2006–04–25	76.61	建信
42	广发策略优选混合	2006–05–17	184.18	广发
43	博时平衡配置混合	2006–05–31	23.65	博时
44	易方达价值精选股票	2006–06–13	117.91	易方达
45	景顺长城新兴成长股票	2006–06–28	59.23	景顺长城
46	申万巴黎收益宝货币	2006–07–07	12.60	申万巴黎
47	南方稳健成长贰号混合	2006–07–25	52.58	南方
48	汇添富均衡增长股票	2006–08–07	49.36	汇添富
49	建信优选成长股票	2006–09–08	61.15	建信
50	中银收益混合	2006–10–11	24.11	中银
51	融通动力先锋股票	2006–11–15	33.64	融通
52	南方绩优成长股票	2006–11–16	124.77	南方
53	诺安价值增长股票	2006–11–21	59.59	诺安
54	申万巴黎新经济混合	2006–12–06	31.07	申万巴黎
55	嘉实策略混合	2006–12–12	419.17	嘉实
56	建信优化配置混合	2007–03–01	96.59	建信
57	汇添富成长焦点股票	2007–03–12	99.99	汇添富
58	中海能源策略混合	2007–03–13	97.45	中海
59	招商核心价值混合	2007–03–30	96.08	招商
60	易方达价值成长混合	2007–04–02	108.75	易方达
61	华安中小盘成长股票①	2007–04–10	98.83	华安
62	博时第三产业股票②	2007–04–12	98.83	博时
63	上投摩根内需动力股票	2007–04–13	98.85	上投摩根
64	鹏华优质治理股票（LOF）	2007–04–25	93.83	鹏华
65	南方成份精选股票③	2007–05–14	106.45	南方

序号	基金简称	设立日期	募集规模(亿份)	基金管理人
66	广发大盘成长混合	2007—06—13	148.52	广发
67	景顺长城精选蓝筹股票	2007—06—18	147.22	景顺长城
68	国投瑞银瑞福分级封闭	2007—07—17	60.00	国投瑞银
69	金元比联宝石保本混合	2007—08—15	48.99	金元比联
70	南方多利增强债券④	2007—08—28	89.77/5.10	南方
71	泰信双息双利债券⑤	2007—10—31	7.43/3.83	泰信
72	南方隆元产业主题股票⑥	2007—11—09	92.64	南方
73	国投瑞银成长优选股票⑦	2008—01—10	28.72	国投瑞银
74	汇添富增强收益债券	2008—03—06	50.50	汇添富
75	华夏希望债券	2008—03—10	93.23	华夏
76	广发增强债券	2008—03—27	48.28	广发
77	中银策略股票	2008—04—03	46.52	中银
78	中海稳健收益债券	2008—04—10	25.93	中海
79	浦银安盛价值成长	2008—04—16	17.33	浦银安盛
80	诺安灵活配置混合	2008—05—20	8.57	诺安
81	上投摩根双核平衡混合	2008—05—21	14.23	上投摩根
82	国投瑞银稳健增长混合	2008—06—11	4.69	国投瑞银
83	南方优选价值股票	2008—06—18	11.40	南方
84	招商大盘蓝筹股票	2008—06—19	8.61	招商
85	泰信优势增长混合	2008—06—25	4.97	泰信
86	建信稳定增利债券	2008—06—25	59.69	建信
87	汇添富蓝筹稳健混合	2008—07—08	7.42	汇添富
88	广发核心精选股票	2008—07—16	12.43	广发
89	嘉实多元债券	2008—09—10	45.80	嘉实
90	景顺长城公司治理股票	2008—10—22	2.73	景顺长城
91	招商安心收益债券	2008—10—22	54.40	招商
92	海富通稳健添利债券	2008—10—24	31.80	海富通
93	南方恒元保本混合	2008—11—12	22.11	南方
94	易方达科翔股票⑧	2008—11—13	3.61	易方达
95	中银稳健增利债券	2008—11—13	22.50	中银
96	富国天鼎中证指数增强⑨	2008—11—20	3.42	富国
97	建信核心精选股票	2008—11—25	5.10	建信
98	申万巴黎添益宝债券	2008—12—04	23.79	申万巴黎
99	广发沪深300指数	2008—12—30	6.54	广发
100	浦银安盛优化收益债券	2008—12—30	7.71	浦银安盛
101	国投瑞银货币	2009—01—19	38.33	国投瑞银
102	交银保本混合	2009—01—21	49.56	交银施罗德
103	汇添富价值精选股票	2009—01—23	15.13	汇添富
104	华宝兴业增强收益债券	2009—02—17	22.58	华宝兴业

（续上表）

序 号	基金简称	设立日期	募集规模(亿份)	基金管理人
105	诺安成长股票	2009—03—10	11.68	诺安
106	国联安增利债券	2009—03—11	30.72	国联安
107	嘉实量化阿尔法股票	2009—03—20	29.61	嘉实
108	南方沪深300指数	2009—03—25	15.81	南方
109	易方达行业领先股票	2009—03—26	40.92	易方达
110	鹏华沪深300指数(LOF)	2009—04—03	19.94	鹏华
111	中银行业优选混合	2009—04—03	19.97	中银
112	华安强化收益债券	2009—04—13	27.55	华安
113	融通内需驱动股票	2009—04—22	29.55	融通
114	银华和谐主题混合	2009—04—27	26.73	银华
115	诺安增利债券	2009—05—27	16.13	诺安
116	博时信用债券	2009—06—10	24.07	博时
117	申万巴黎消费增长股票	2009—06—12	14.64	申万巴黎
118	广发聚瑞股票	2009—06—16	70.71	广发
119	中海量化策略股票	2009—06—24	16.46	中海
120	上投摩根纯债债券	2009—06—24	18.01	上投摩根
121	汇添富上证综合指数	2009—07—01	90.98	汇添富
122	华夏沪深300指数	2009—07—10	247.72	华夏
123	新华泛资源优势混合	2009—07—13	31.32	新华
124	华泰柏瑞行业领先股票	2009—08—03	22.50	华泰柏瑞
125	国投瑞银沪深300指数分级	2009—10—14	32.16	国投瑞银
126	诺安中证100指数	2009—10—27	21.10	诺安
127	建信沪深300指数(LOF)	2009—11—5	53.26	建信
128	长盛量化红利股票	2009—11—25	12.52	长盛
129	广发中证500指数(LOF)	2009—11—26	86.36	广发
130	浦银安盛红利精选股票	2009—12—3	3.70	浦银安盛
131	南方深证成份ETF	2009—12—04	41.28	南方
132	南方深证成份ETF联接	2009—12—09	32.72	南方
133	富国沪深300指数增强	2009—12—16	34.90	富国
134	天弘周期策略股票	2009—12—17	6.99	天弘
135	华安动态灵活配置混合	2009—12—22	28.85	华安
136	汇添富策略回报股票	2009—12—22	32.16	汇添富
137	招商中小盘股票	2009—12—25	26.27	招商
138	嘉实基本面50指数(LOF)	2009—12—30	34.37	嘉实
139	鹏华中证500指数(LOF)	2010—02—05	26.31	鹏华
140	国泰估值优势分级封闭	2010—02—10	8.43	国泰
141	金元比联核心动力股票	2010—02—11	4.37	金元比联
142	申万巴黎沪深300价值指数	2010—02—11	9.25	申万巴黎
143	中海上证50指数增强	2010—03—25	5.52	中海

（续上表）

序号	基金简称	设立日期	募集规模（亿份）	基金管理人
144	易方达上证中盘ETF	2010-03-29	27.52	易方达
145	易方达上证中盘ETF联接	2010-03-31	20.89	易方达
146	国投瑞银沪深300金融地产指数（LOF）	2010-04-09	17.23	国投瑞银
147	海富通中小盘股票	2010-04-14	12.37	海富通
148	金鹰稳健成长股票	2010-04-14	6.49	金鹰
149	华宝兴业上证180价值ETF	2010-04-23	21.09	华宝兴业
150	华宝兴业上证180价值ETF联接	2010-04-23	5.87	华宝兴业
151	诺安中小盘精选股票	2010-04-28	14.29	诺安
152	汇添富民营活力股票	2010-05-05	14.08	汇添富
153	富国通胀通缩主题股票	2010-05-12	14.86	大成
154	建信上证社会责任ETF联接基金	2010-05-28	23.96	建信
155	建信上证社会责任ETF	2010-05-28	4.20	建信
156	大成核心双动力股票	2010-06-22	11.73	大成
157	招商深证100指数	2010-06-22	6.62	招商
158	东吴新创业股票	2010-06-29	4.34	东吴

注：①原安瑞证券投资基金转型；②原裕元证券投资基金转型；③原金元证券投资基金转型；④原南方多利中短期债券投资基金转型；⑤原泰信中短期债券投资基金转型；⑥原隆元证券投资基金转型；⑦原融鑫证券投资基金转型；⑧原科翔证券投资基金转型；⑨原汉鼎证券投资基金转型。以上“封转开”基金募集份额均为集中申购的募集份额。

托管QDII基金产品一览（截至2010年6月30日）

序号	基金简称	设立日期	募集规模（亿份）	基金管理人
1	南方全球精选配置（QDII-FOF）	2007-09-19	299.98	南方
2	上投摩根亚太优势股票（QDII）	2007-10-22	295.72	上投摩根
3	易方达亚洲精选股票（QDII）	2010-01-21	5.92	易方达
4	招商全球资源股票（QDII）	2010-03-25	5.53	招商
5	国投瑞银新兴市场股票（QDII-LOF）	2010-06-10	4.43	国投瑞银
6	汇添富亚澳成熟优选股票QDII	2010-06-25	5.23	汇添富

注：统计数据不含华安国际配置基金（QDII）

中国农业银行 AGRICULTURAL BANK OF CHINA | 大事记 MAJOR EVENTS

（基金托管业务）

2009年2月

中国农业银行成功营销中国人寿保险（集团）公司企业年金基金托管业务。

2009年3月

中国农业银行在中国证券业协会主办的"2009年中国证券投资基金业年会"上荣膺"最佳托管服务银行"称号。

2009年4月

中国农业银行成功中标山东电力集团企业年金基金托管业务。

2009年6月

中国农业银行成功托管国内最大的保险公司——中国人寿股份有限公司银行间债券等资产，成为国内最大的保险资产托管银行，托管资产规模首次突破1万亿元大关。

2009年8月

中国农业银行成功转托管野村证券株式会社QFII资产。

2009年9月

中国农业银行托管业务再次通过SAS70国际内控标准认证，标志着中国农业银行托管业务流程和处理环节均已纳入国际标准的动态风险识别和评估体系，风险管理、内部控制工作的健全性和有效性获得全面认可。

2009年

中国农业银行托管的首只ETF产品——交银上证180公司治理交易型开放式指数证券投资基金（ETF）募集成立。

中国农业银行被SWIFT组织推选为中国SMPG理事会成员机构。

中国农业银行
AGRICULTURAL BANK OF CHINA

法定名称	中国农业银行股份有限公司	法人代表	项俊波
成立日期	2009年1月15日	注册资金	2,700亿元人民币
获得托管资格时间	1998年5月29日	托管部负责人	张 健
联系电话	010-6606 0069	传真号码	010-6320 1816
公司网址	www.abchina.com	电子邮箱	95599bj@abchina.com
注册地址	北京市东城区建国门内大街69号	办公地址	北京市复兴门内大街28号凯晨世贸中心东座F9

基本情况

中国农业银行是新中国设立的第一家商业银行，也是改革开放后第一家恢复成立的国家专业银行。中国农业银行最初成立于1951年，1979年2月再次恢复成立后，成为在农村经济领域占主导地位的国有专业银行。1994年中国农业银行政策性业务向中国农业发展银行划转，1996年农村信用社与农行脱离行政隶属关系后，中国农业银行开始向国有独资商业银行转变。2009年1月15日，中国农业银行完成工商变更登记手续，由国有独资商业银行整体改制为股份有限公司，并更名为“中国农业银行股份有限公司”。2010年7月15日和16日分别在上海证券交易所、香港联合交易所两地挂牌上市。

2009年，中国农业银行全面推进业务经营转型，价值创造力、市场竞争力和风险控制力持续提升。年末总资产88,825.88亿元，各项存款74,976.18亿元，各项贷款41,381.87亿元，资本充足率10.07%，不良贷款率2.91%，全年实现净利润650.02亿元。中国农业银行秉承“诚信立业、稳健行远”的核心价值观和“客户至上、始终如一”的服务理念，充分发挥城乡联动优势，依托庞大的分支机构和电子化网络，向最广大客户提供全面、优质、高效的金融服务。

2009年，在《财富》杂志全球500强排名中，中国农业银行位列第155位；按2008年税前利润计，位列《银行家》杂志“世界银行1,000强”第8位；穆迪信用评级为A1/稳定。

作为一家面向“三农”、城乡联动、融入国际、综合经营的大型商业银行，中国农业银行秉承“大行德广 伴您成长”的服务理念，坚持审慎稳健经营、可持续发展，立足城市和县域两大市场，充分发挥城乡联动优势，实施差异化竞争策略，依托庞大的分支机构、电子化网络和多元化的金融产品，不断朝着为最广大客户群体提供优质金融服务的现代化全能型银行的目标迈进。

托管业务介绍

1998年5月，经中国证监会和中国人民银行批准，中国农业银行成为国内首批获取证券投资基金托管业务资格的商业银行之一。同年7月，中国农业银行证券投资基金托管部成立。2004年9月，经报备中国证监会同意，中国农业银行证券投资基金托管部更名为托管业务部。

中国农业银行按照“主业突出、适度多元”的托管业务发展战略，不断加快产品业务多元化步伐，目前已经全面覆盖证券投资基金、券商资产管理计划、信托计划、保险资产、QFII、QDII、企业年金基金、私募股权基金等所有托管业务品种，成为国内托管产品体系最完善的托管银行之一。截至2010年6月30日，该行托管资产规模达14,003.54亿元，其中托管证券投资基金78只，基金净值规模达2,475.57亿元。以托管资产规模统计，中国农业银行是目前国内第二大托管银行及最大的保险资产托管银行。

中国农业银行严格履行托管人职责，严格按照有关法律法规和规范性文件，为客户提供资产保管、资金清算、会计核算、资产估值及投资监督等优质服务，并按照国际标准构建科学有效的业务营运系统和风险管理体系，成功通过SAS70内部控制审计国际认证。

中国农业银行高度重视客户服务工作，致力于提升创新服务水平。专设新产品研发机构，配备多名具有丰富证券、银行从业经验的高级研究人员，具备雄厚的新产品研发力量，密切跟踪市场趋势和客户的个性化需求，开展新产品和新业务的研发工作。依托全行系统强大的系统资源优势，在做好资产保管、资金清算、会计核算、资产估值等基础服务的同时，不断加大创新力度，致力于为客户提供绩效评估、风险分析、收益代收、代理投票、现金管理等多种增值服务。

经过多年的托管业务实践，中国农业银行已积累了丰富的托管业务经验，锻炼了一支专业水平高、业务素质好、服务能力强的精干员工队伍，拥有一大批高级会计师、高级经济师、高级工程师、律师等金融、技术和法律专家，部门高管人员和各业务负责人均具有长期从事证券和银行业务的工作经验，精通国内外证券市场的运作。

中国农业银行全体员工将继续本着“开拓进取、勤勉尽责、诚实守信、严谨自律”的执业原则，以科学严谨的风险管理和内部控制体系、高效安全的业务营运和技术保障系统、开拓创新的托管服务团队，为广大客户提供安全、专业、高效的托管服务，切实维护资产委托人利益。

托管证券投资基金业务概览

近三年托管证券投资基金数量与规模

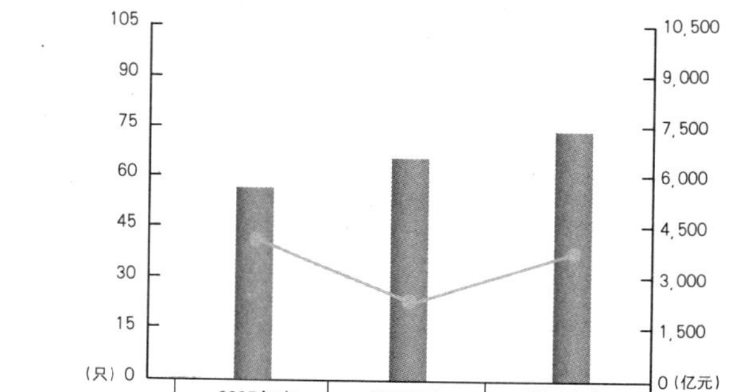

	2007年末	2008年末	2009年末
基金数量	54	64	74
基金资产规模	4,247.08	2,156.32	3,506.08

近三年新增托管证券投资基金概况

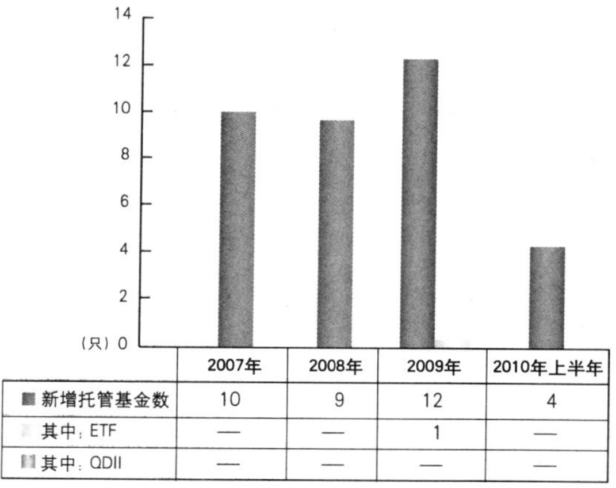

	2007年	2008年	2009年	2010年上半年
新增托管基金数	10	9	12	4
其中：ETF	—	—	1	—
其中：QDII	—	—	—	—

托管封闭式证券投资基金一览（截至2010年6月30日）

序号	基金代码	基金简称	设立日期	设立规模（亿份）	基金管理人
1	500006	基金裕阳	1998-07-25	20.00	博时
2	500005	基金汉盛	1999-05-18	20.00	富国
3	184692	基金裕隆	1999-06-15	30.00	博时
4	184701	基金景福	1999-12-30	30.00	大成
5	184728	基金鸿阳	2001-12-10	20.00	宝盈
6	184721	基金丰和	2002-03-22	30.00	嘉实
7	184722	基金久嘉	2002-07-05	20.00	长城

托管开放式证券投资基金一览(截至2010年6月30日)

序 号	基金代码	基金简称	设立日期	募集规模(亿份)	基金管理人
1	100016	富国天源平衡混合	2002—08—16	46.17	富国
2	080001	长盛成长价值混合	2002—09—18	31.67	长盛
3	213001	宝盈鸿利收益混合	2002—10—08	14.46	宝盈
4	090001	大成价值增长混合	2002—11—11	26.04	大成
5	090002	大成债券基金	2003—06—12	21.53	大成
6	151001	银河稳健混合	2003—08—04	11.87	银河
7	151002	银河收益债券	2003—08—04	18.02	银河
8	510080	长盛全债指数增强债券	2003—10—25	9.25	长盛
9	519999	长信利息收益货币	2004—03—19	70.43	长信
10	510081	长盛动态精选混合	2004—05—21	41.08	长盛
11	260104	景顺长城内需增长股票	2004—06—25	25.21	景顺长城
12	161902	万家增强收益债券①	2004—09—28	21.94	万家
13	090004	大成精选增值混合	2004—12—15	13.36	大成
14	519996	长信银利精选股票	2005—01—17	11.83	长信
15	100022	富国天瑞强势混合	2005—04—05	16.39	富国
16	160606	鹏华货币	2005—04—12	33.54	鹏华
17	398011	中海分红增利混合	2005—06—16	6.03	中海
18	020007	国泰货币	2005—06—21	44.45	国泰
19	519087	新华优选分红混合	2005—09—16	6.19	新华
20	519688	交银精选股票	2005—09—29	48.75	交银施罗德
21	162206	泰达宏利货币	2005—11—10	46.43	泰达宏利
22	519588	交银货币	2006—01—20	47.41	交银施罗德
23	162607	景顺长城资源垄断股票(LOF)	2006—01—26	11.55	景顺长城
24	519300	大成沪深300指数	2006—04—06	18.13	大成
25	550001	信诚四季红混合	2006—04—29	30.06	信诚
26	100025	富国天时货币	2006—06—05	35.19	富国
27	450002	国富弹性市值股票	2006—06—14	29.13	国海富兰克林
28	560001	益民货币市场	2006—07—17	17.15	益民
29	519029	华夏稳增混合	2006—08—09	23.46	华夏
30	200007	长城安心回报混合	2006—08—22	14.17	长城
31	590001	中邮核心优选股票	2006—09—28	15.88	中邮创业
32	260109	景顺长城内需贰号股票	2006—10—11	55.28	景顺长城
33	519692	交银成长股票	2006—10—23	69.36	交银施罗德
34	519100	长盛中证100指数	2006—11—22	40.31	长盛
35	162208	泰达宏利首选企业股票	2006—12—01	85.4	泰达宏利
36	580002	东吴双动力股票	2006—12—15	21.44	东吴
37	160610	鹏华动力增长混合(LOF)	2007—01—09	110.23	鹏华
38	519017	大成积极成长股票②	2007—01—16	106.12	大成

（续上表）

序号	基金代码	基金简称	设立日期	募集规模（亿份）	基金管理人
39	213003	宝盈策略增长股票	2007—01—19	95.68	宝盈
40	020010	国泰金牛创新股票	2007—05—18	88.85	国泰
41	160910	大成创新成长混合（LOF）③	2007—06—12	120.78	大成
42	560003	益民创新优势混合	2007—07—11	72.38	益民
43	590002	中邮核心成长股票	2007—08—17	149.57	中邮创业
44	000031	华夏复兴股票	2007—09—10	49.99	华夏
45	519039	长盛同德主题股票④	2007—10—25	122.57	长盛
46	519019	大成景阳领先股票⑤	2007—12—11	88.38	大成
47	100029	富国天成红利混合	2008—05—28	3.41	富国
48	519991	长信双利优选混合	2008—06—19	5.11	长信
49	450004	国富深化价值股票	2008—07—03	7.59	国海富兰克林
50	310368	申万巴黎竞争优势股票	2008—07—04	3.83	申万巴黎
51	519089	新华优选成长股票	2008—07—25	2.78	新华
52	620002	金元比联成长动力混合	2008—09—03	3.74	金元比联
53	350006	天治稳健双盈债券	2008—11—05	7.88	天治
54	398031	中海蓝筹混合	2008—12—03	7.46	中海
55	519989	长信利丰债券	2008—12—29	8.19	长信
56	620003	金元比联丰利债券	2009—03—23	14.75	金元比联
57	519698	交银先锋股票	2009—04—10	44.71	交银施罗德
58	580005	东吴进取策略混合	2009—05—06	10.49	东吴
59	530009	建信收益增强	2009—06—02	79.64	建信
60	161810	银华内需精选股票（LOF）⑥	2009—07—01	68.14	银华
61	450008	国富沪深300指数	2009—09—03	24.24	国海富兰克林
62	090009	大成行业轮动股票	2009—09—08	30.86	大成
63	160119	南方中证500指数（LOF）	2009—09—25	32.23	南方
64	510010	交银上证180公司治理ETF	2009—09—25	10.09	交银施罗德
65	519686	交银上证180公司治理ETF联接	2009—09—29	70.9	交银施罗德
66	260112	景顺长城能源基建股票	2009—10—20	9.34	景顺长城
67	590003	中邮核心优势混合	2009—10—28	39.42	中邮创业
68	481010	工银中小盘成长股票	2010—02—10	23.18	工银瑞信
69	583001	东吴货币	2010—05—11	44.33	东吴
70	050014	博时创业成长股票	2010—06—01	34.22	博时
71	161713	招商信用添利债券封闭	2010—06—25	21.17	招商

注：①经过持有人投票表决，"万家保本增值"于2007年9月28日转型为债券型基金，并更名为"万家增强收益"；②2006年12月11日，经过持有人投票表决，"基金景业"终止上市，并更名为"大成积极成长股票型基金"；③2007年5月15日，经过持有人投票表决，"基金景博"终止上市，并更名为"大成创新成长混合型基金"；④2007年9月13日，经过持有人投票表决，"基金同德"终止上市，并更名为长盛同德主题增长股票型基金"；⑤2007年11月9日，经过持有人投票表决，"基金景阳"终止上市，并更名为"大成景阳领先股票型基金"；⑥2009年6月18日，经过持有人投票表决，"基金天华"终止上市，并更名为"银华内需精选股票型基金（LOF）"。

中国银行
BANK OF CHINA

法定名称	中国银行股份有限公司	法人代表	肖 钢
成立日期	1983年10月31日	注册资本	2,538.39亿元人民币
获得托管资格时间	1998年7月7日	托管部负责人	董 杰
联系电话	010-6659 4912	传真号码	010-6659 4853
公司网址	www.boc.cn	电子邮箱	——
注册地址	北京西城区复兴门内大街1号	办公地址	北京西城区复兴门内大街1号

基本情况

1912年2月，经孙中山先生批准，中国银行正式成立。在中华人民共和国成立前的37年间，中国银行先后是当时的国家中央银行、国际汇兑银行和外贸专业银行。在动荡的历史年代，中国银行作为民族金融的支柱，以服务大众、振兴民族金融业为己任，稳健经营，锐意进取，各项业务取得了长足发展。新中国成立后，中国银行成为国家指定的外汇外贸专业银行，继续保持和发扬了顽强创业的企业精神，为国家对外经贸发展、开展经济建设作出了贡献。1994年，随着金融体制改革的深化，中国银行由外汇外贸专业银行向功能完善、服务全面的国有商业银行转化。

1994年和1995年，中国银行分别成为香港地区、澳门地区的发钞银行。2004年8月26日，中国银行股份有限公司在北京注册成立，中国银行成为国家控股的股份制商业银行，标志着中国银行向建立拥有良好公司治理机制的现代化股份制商业银行的目标迈出了一大步，中国银行历史翻开了新的一页。中国银行于2006年6月1日在香港联合交易所(股份代号：3988)上市，同年7月5日亦在上海证券交易所(股份代号：601988)挂牌上市，进一步扩大了中国银行在国际市场和国内市场的实力和影响力，为中国银行的百年品牌再添美誉。中国银行是国内主要金融服务提供商之一，业务范围涵盖商业银行、投资银行和保险领域，旗下有中银香港、中银国际、中银保险等控股金融机构。商业银行为中国银行的主营业务，包括公司金融、个人金融和金融市场等业务。目前，中国银行曾先后8次被《欧洲货币》评选为"中国最佳银行"和"中国最佳国内银行"，连续19年入选美国《财富》杂志"世界500强"企业，多次被《财资》评为"中国最佳国内银行"，被美国《环球金融》杂志评为"中国最佳贸易融资银行"及"中国最佳外汇银行"，被《远东经济评论》评为"中国地区产品服务10强企业"，被《亚洲风险》杂志评为2006年度"中国最佳银行"。在美国知名财经杂志《财富》与世界知名的管理咨询公司Hay(合益)集团合作评选的25家"最受赞赏的中国公司"中，中国银行榜上有名。在A+H资本市场整体上市后，中国银行荣获《投资者关系》"最佳IPO投资者关系奖"等多个重要奖项。按核心资本计算，2008年，中国银行在《银行家》公布的世界1,000家大银行中排名第十位。2009年，中国银行荣获《亚洲金融》"中国最佳私人银行"奖项。

作为中国金融行业的百年品牌，中国银行在注重稳健经营的同时积极进取，不断创新，创造了国内银行业的许多第一，在国际结算、外汇资金和贸易融资等领域得到业界和客户的广泛认可和赞誉。中国银行是中国国际化程度最高的银行。1929年，中国银行在伦敦设立第一家海外分行，此后在世界各大金融中心相继开设分支机构，目前拥有遍布全球27个国家和地区的机构网络。中国银行在国内同业中率先引进国际管理技术人才和经营理念，不断向国际化一流大银行的目标迈进。作为北京2008年奥运会唯一的银行合作伙伴，中国银行为国内外客户提供高效优质的金融服务，宣传和普及奥运精神，促进本次体育盛会的圆满成功，从而极大地提升了该行企业形象和社会价值。

托管业务介绍

1998年7月，经中国证监会（证监基金字[1998]24号文）和中国人民银行核准，中国银行成为国内首批五家从事基金托管业务的银行之一。同年10月中国银行总行基金托管部成立，并在上海和深圳设立了托管分部。基金托管部是中国银行负责托管业务市场研究、产品开发、市场营销、业务操作、客户服务和辖内管理的专业职能部门。随着业务范围的不断扩大和服务范围的不断拓宽，2005年初中国银行以上市为契机，对托管业务的组织架构、业务流程和管理流程进行了再造，并将基金托管部正式更名为“托管及投资者服务部”，进一步体现了以客户为中心的经营理念。

按照前、中、后线适当分离的原则，中国银行托管及投资者服务部下设覆盖销售、市场、运营、合规、信息科技、行政管理等多个团队，配备了足够数量的合格人员，拥有员工130余人。中国银行托管及投资者服务部拥有一支高素质的托管队伍，大部分员工具有丰富的银行、证券、基金从业经验，且具有海外工作、学习或培训经历，60%以上的员工具有硕士以上学位或高级职称。总经理室成员、主要业务团队的负责人和高级管理人员曾长期在海外从事金融工作多年，熟悉海内外市场的运作。

中国银行拥有最为齐全的托管客户群和托管产品线，不但拥有全国社保基金理事会、国家开发银行、中国工商银行、中国人寿股份、中国人保股份、美国友邦保险公司、吉林省社保基金、马钢集团、淮北矿业集团、海富通基金、易方达基金、嘉实基金、华夏基金等当今国内各托管子市场上最为重量级的托管客户，还拥有比利时富通集团、美国国际集团、美国景顺集团、加拿大丰业银行、英国渣打银行、日本第一生命保险集团等国际顶级金融机构托管客户。在托管产品方面，目前中国银行的业务范围已经从最初的证券投资基金托管扩大到社保基金、保险资金、合格境外机构投资者（QFII）境内证券投资资金、企业年金、投资连结保险产品、信托资金、券商理财计划资金、私募股权基金、证券化资金、专户理财、产业投资基金等各种机构客户资金托管业务，涵盖了基金、社保、保险、QFII、信托、证券、实业等各个领域。

中国银行一贯重视托管业务和服务的创新，自基金托管部门成立之始，就设立了专门的研发部门，充分保证了在证券投资基金、社保基金、企业年金、保险资金、QFII境内投资资金、券商理财计划、资产证券化资金、QDII（合格境内机构投资者）境外投资等几乎所有的托管领域，中国银行都成为国内首家或首批托管银行。在先行先试的同时，中国银行还积极参与各监管机构组织的课题研究，为推动托管行业标准的建立和完善充分贡献自己的经验和智慧。

近年来在广大客户的信任和支持下，通过持续创新和不断提高客户服务质量，中国银行各项托管业务都获得了快速发展。在证券投资基金和券商理财计划托管方面，中国银行目前托管了29家基金管理公司管理的近90只基金，居同业前列，托管的基金包括股票型基金、债券型基金、平衡型基金、货币市场基金等所有主要的基金类别以及保本基金、上市开放式基金（LOF）、交易所交易基金（ETF）等创新基金产品。中国银行于2009年9月2日募集完成的“中银专户主题1号”特定多个客户资产管理计划（即“一对多专户”产品），为全市场的首单一对多业务。中国银行在该业务上具备了先动优势，影响了行业内的定价模式及费率结构，使该行在一对多专户产品业务中起到了主导作用。在机构客户资产托管方面，中国银行近年来一直处于市场领先地位。2002年10月中国银行公开竞标成为全国社保基金2家托管银行之一，2003年6月正式开始托管运作，首开国内社保基金托管之尝试；2003年10月中国银行公开竞标成为中国人保财险股份公司保险资金唯一托管银行，开国内保险资金托管之先河；2003年初中国银行首批获得QFII托管人资格，并于2004年9月正式为QFII提供托管服务；2004年中国银行与包括电力行业企业年金在内的多家大型企业达成了企业年金托管合作意向，并在企业年金相关法规正式出台后首批为大型企业（马钢集团、淮北矿业等）年金提供规范意义上的托管服务；2005年4月中国银行开始为信托计划提供托管服务；2005年6月中国银行首批为券商创新品种——集合资产管理计划提供代销和托管服务；

2005年7月中国银行正式为马钢集团提供企业年金托管服务，成为首批为规范化运作的企业年金提供托管服务的商业银行；2005年9月中国银行正式为中金–联通资产证券化提供托管服务，成为首家为企业资产证券化提供托管服务的商业银行；2005年12月中国银行正式为国家开发银行提供信贷资产证券化托管服务，成为首家为银行信贷资产证券化提供托管服务的商业银行；2006年1月中国银行正式与吉林社保机构签订托管协议，成为首批为地方社保基金提供托管服务的商业银行；2006年2月中国银行首家为交易所交易基金(ETF)提供银行代销和托管服务；2006年为国内首家商业银行类QDII理财产品——工商银行代客境外理财产品，提供全球托管服务；2007年为首家中外合资基金管理公司QDII基金——嘉实海外中国机会股票型证券投资基金，提供全球托管服务；2008年为国内首家证券公司类QDII集合计划——中金大中华区股票配置集合计划，提供全球托管服务；2008年为国内真正意义上的首家保险公司QDII——中国人寿股份公司自有外汇资金境外投资计划，提供全球托管服务。2009年，中国银行成功叙做首批证券公司单一客户专户理财托管业务。2009年，中国银行受托但任中广核产业投资基金托管人。

在服务于境内机构客户的同时，中国银行还竭诚为合格境外机构投资者(QFII)提供优质托管服务，目前为九家QFII提供托管服务，并与多家潜在QFII进行托管合作的实质洽谈；同时中国银行还被多家外资银行选为其QFII托管业务资金清算代理行。目前中国银行是最大的中资QFII托管银行。

中国银行在全球30多个国家和地区设有800多家分行、子公司及代表处，覆盖了纽约、伦敦、东京、香港、法兰克福和新加坡等主要的国际金融中心，并与近4,000家国外银行建立了代理关系。依托传统的国际业务优势以及与全球托管银行的合作和自身不断的努力，中国银行有信心和能力为境内外客户的全球投资提供更加安全、诚信、规范、勤责、创新、增值的托管服务。

托管证券投资基金业务概览

近三年托管证券投资基金数量与规模

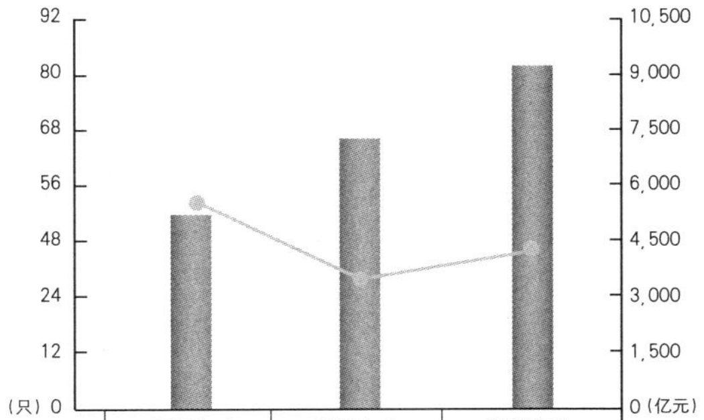

	2007年末	2008年末	2009年末
基金数量	53	67	81
基金资产规模	5,690.45	3,387.66	4,356.59

近三年新增托管证券投资基金概况

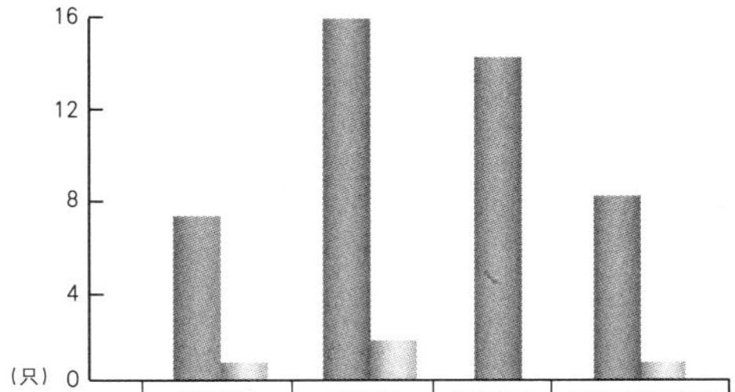

	2007年	2008年	2009年	2010年上半年
新增托管基金数	7	16	14	8
其中：ETF	—	—	—	—
其中：QDII	1	2	—	1

注：2007年新增7只基金(3只为基金转型)，实际新增托管基金4只；2008年新增16只基金(1只为保本基金到期转二期；1只为封基转型)，实际新增托管基金14只。

托管封闭式基金产品一览(截至2010年6月30日)

序 号	基金简称	设立日期	设立规模(亿份)	基金管理人
1	大成景宏封闭	1999–05–04	20.00	大成
2	长盛同盛封闭	1999–11–05	30.00	长盛

托管开放式基金产品一览(截至2010年6月30日)

序号	基金简称	设立日期	募集规模(亿份)	基金管理人
1	易方达平稳增长混合	2002-08-23	46.78	易方达
2	嘉实成长收益混合	2002-11-05	20.02	嘉实
3	银华优势企业混合	2002-11-13	16.83	银华
4	万家180指数	2003-03-17	19.30	万家
5	金鹰成份优选混合	2003-06-16	15.17	金鹰
6	嘉实增长混合	2003-07-09	9.45	嘉实
7	嘉实稳健混合	2003-07-09	10.30	嘉实
8	嘉实债券	2003-07-09	5.87	嘉实
9	华夏回报混合	2003-09-05	37.97	华夏
10	景顺长城优选股票	2003-10-24	8.21	景顺长城
11	景顺长城动力平衡混合	2003-10-24	5.41	景顺长城
12	景顺长城货币	2003-10-24	4.74	景顺长城
13	易方达策略成长混合	2003-12-09	20.35	易方达
14	泰信天天收益货币	2004-02-10	60.23	泰信
15	海富通收益增长混合	2004-03-12	130.74	海富通
16	嘉实服务增值行业混合	2004-04-01	90.30	嘉实
17	招商先锋混合	2004-06-01	16.05	招商
18	大成蓝筹稳健混合	2004-06-03	22.34	大成
19	泰达宏利精选股票	2004-07-09	20.16	泰达宏利
20	华夏大盘精选混合	2004-08-11	19.28	华夏
21	易方达积极成长混合	2004-09-09	11.58	易方达
22	海富通货币	2005-01-04	9.65	海富通
23	易方达货币	2005-02-02	36.22	易方达
24	景顺长城鼎益股票(LOF)	2005-03-16	4.46	景顺长城
25	嘉实货币	2005-03-18	29.47	嘉实
26	华泰柏瑞盛世中国股票	2005-04-27	9.01	华泰柏瑞
27	南方高增长股票(LOF)	2005-07-13	12.77	南方
28	海富通股票	2005-07-29	4.20	海富通
29	嘉实沪深300指数(LOF)	2005-08-29	8.67	嘉实
30	工银核心价值股票	2005-08-31	43.47	工银瑞信
31	华宝兴业动力组合股票	2005-11-17	5.35	华宝兴业
32	易方达深证100ETF	2006-03-24	51.58	易方达
33	嘉实超短债债券	2006-04-26	61.46	嘉实
34	银华优质增长股票	2006-06-09	98.35	银华
35	嘉实主题混合	2006-07-21	55.23	嘉实
36	华夏回报二号混合	2006-08-14	63.27	华夏
37	易方达策略成长二号混合	2006-08-16	36.57	易方达
38	大成2020生命周期混合	2006-09-13	11.13	大成

（续上表）

序号	基金简称	设立日期	募集规模(亿份)	基金管理人
39	国泰金鹏蓝筹混合	2006-09-29	12.49	国泰
40	华宝兴业先进成长股票	2006-11-07	61.14	华宝兴业
41	泰信优质生活股票	2006-12-15	15.92	泰信
42	长盛同智优势混合(LOF)①	2007-01-05	108.39	长盛
43	国富潜力组合股票	2007-03-22	87.57	国海富兰克林
44	海富通精选贰号混合	2007-04-09	86.00	海富通
45	华泰柏瑞积极成长混合	2007-05-29	89.21	华泰柏瑞
46	大成优选封闭	2007-08-01	46.74	大成
47	国泰沪深300指数②	2007-11-11	8.03	国泰
48	华夏行业股票(LOF)③	2007-11-22	124.24	华夏
49	国投瑞银稳定增利债券	2008-01-11	41.96	国投瑞银
50	易方达稳健收益债券④	2008-01-29	114.57	易方达
51	银河成长股票	2008-05-26	3.70	银河
52	嘉实研究精选股票	2008-05-27	18.11	嘉实
53	长盛创新先锋混合	2008-06-04	8.48	长盛
54	国泰金鹿保本(二期)混合⑤	2008-06-12	25.41	国泰
55	易方达中小盘股票	2008-06-19	12.27	易方达
56	华泰柏瑞价值增长股票	2008-07-16	4.06	华泰柏瑞
57	工银大盘蓝筹股票	2008-08-04	14.35	工银瑞信
58	银华领先策略股票	2008-08-20	3.58	银华
59	泰达宏利集利债券	2008-09-26	22.94	泰达宏利
60	华宝兴业大盘精选股票	2008-10-07	4.90	华宝兴业
61	华夏策略混合	2008-10-23	15.84	华夏
62	国富强化收益债券	2008-10-24	10.75	国海富兰克林
63	宝盈核心优势混合	2009-03-17	7.77	宝盈
64	国富成长动力股票	2009-03-25	11.10	国海富兰克林
65	泰信蓝筹精选股票	2009-04-22	10.75	泰信
66	华泰柏瑞货币	2009-05-06	23.40	华泰柏瑞
67	国泰区位优势股票	2009-05-27	19.09	国泰
68	招商行业领先股票	2009-06-19	44.75	招商
69	东方核心动力股票	2009-06-24	7.72	东方
70	金鹰行业优势股票	2009-07-01	21.67	金鹰
71	泰信增强收益债券	2009-07-29	11.76	泰信
72	万家稳健增利债券	2009-08-12	12.83	万家
73	嘉实回报混合	2009-08-18	101.04	嘉实
74	海富通中证100指数(LOF)	2009-10-30	20.87	海富通
75	易方达深证100ETF联接	2009-12-01	189.25	易方达
76	大摩强收益债券	2009-12-29	3.61	摩根士丹利华鑫

（续上表）

序 号	基金简称	设立日期	募集规模(亿份)	基金管理人
77	泰达宏利财富大盘指数	2010-04-23	11.65	泰达宏利
78	华安行业轮动股票	2010-05-11	18.06	华安
79	嘉实价值优势股票	2010-06-07	39.32	嘉实
80	华泰柏瑞量化先行股票	2010-06-22	7.33	华泰柏瑞
81	诺德中小盘股票	2010-06-28	3.64	诺德
82	民生稳健成长股票	2010-06-29	7.76	民生加银

注：①原同智证券投资基金转型；②原国泰金象保本增值混合证券投资基金转型，其募集份额为原基金首募份额；③原兴安证券投资基金转型；④原易方达月月收益中短期债券投资基金转型，其募集份额为原基金首募份额；（以上“封转开”基金募集份额均为集中申购的募集份额）；⑤原金鹿保本混合基金保本到期转二期。

托管QDII基金产品一览(截至2010年6月30日)

序 号	基金简称	设立日期	募集规模(亿份)	基金管理人
1	嘉实海外中国股票(QDII)	2007-10-12	297.50	嘉实
2	工银全球股票(QDII)	2008-02-14	31.56	工银瑞信
3	银华全球优选(QDII-FOF)	2008-05-26	4.17	银华
4	长盛环球行业股票QDII	2010-05-26	3.40	长盛

善建者行

善建者不拔，善抱者不脱。——《道德经》

中国建设银行 | 大事记

China Construction Bank | MAJOR EVENTS

（基金托管业务）

- 2008年，中国建设银行一次性通过了根据美国注册会计师协会（AICPA）颁布的审计准则公告第70号（SAS70）进行的内部控制审计，中国建设银行成为取得国际同业普遍认同并接受的SAS70国际专项认证的托管银行。2010年6月，中国建设银行第三期托管服务SAS70（美国注册会计师协会（AICPA）颁布的服务机构第70号审计标准文件）内部控制审计完成。

- 获得香港财资杂志《The Assets》2008年度中国最佳托管银行（境外客户境内托管）奖。

- 《全球托管人》杂志2009年"新兴市场托管银行服务评选－中国地区"评选中，荣获"国内最佳托管银行"荣誉称号。

- 截至2010年6月末，中国建设银行投资托管业务规模突破万亿，达到10,826.43亿元。

- 由《中国证券报》、中央电视台经济频道等权威机构评选的"2009年中国基金业金牛奖"65只金牛基金中，中国建设银行托管的金牛基金多达25只，占38.46%，遥遥领先于同业。

- 中国建设银行企业年金托管业务、实业投资托管业务都取得突破。实业投资托管业务、企业年金托管业务呈现快速增长势头。实业投资托管规模突破3,000亿元，企业年金基金托管规模突破300亿元，市场排名跃居第二位。

- 2010年上半年，中国建设银行证券投资基金托管业务继续保持良好的发展态势，新增基金托管份额327.87亿份，市场占比位居第一。

中国建设银行
China Construction Bank

法定名称	中国建设银行股份有限公司	法人代表	郭树清
成立日期	2004年9月17日	注册资本	1,942.3025亿元人民币
获得托管资格时间	1998年3月18日	托管部负责人	罗中涛
联系电话	010-6759 7114	传真号码	010-6621 2563
公司网址	www.ccb.com	电子邮箱	——
注册地址	北京市西城区金融大街25号	办公地址	北京市西城区闹市口大街1号院1号楼

基本情况

中国建设银行股份有限公司拥有悠久的经营历史，其前身"中国人民建设银行"于1954年成立，1996年易名为"中国建设银行"。中国建设银行是中国四大商业银行之一。中国建设银行股份有限公司由原中国建设银行于2004年9月分立而成立，承继了原中国建设银行的商业银行业务及相关的资产和负债。中国建设银行（股票代码：939）于2005年10月27日在香港联合交易所主板上市，是中国四大商业银行中首家在海外公开上市的银行。2006年9月11日，中国建设银行又作为第一家H股公司晋身恒生指数。2007年9月25日中国建设银行A股在上海证券交易所上市并开始交易。A股发行后中国建设银行的已发行股份总数为：233,689,084,000股（包括224,689,084,000股H股及9,000,000,000股A股）。

截至2010年6月30日，中国建设银行当年实现净利润707.79亿元，较上年同期增长26.75%。手续费及佣金净收入336.42亿元，较上年同期增长43.63%，在营业收入中的占比提高至21.94%。年化平均资产回报率为1.43%，年化加权平均净资产收益率为24.00%，分别较上年同期提高0.09个百分点和1.46个百分点；净利息收益率为2.41%，呈现企稳回升态势。信贷资产质量继续稳定向好，不良贷款较上年末实现"双降"，拨备覆盖率大幅提高至204.72%。

中国建设银行在中国内地设有1.3万余个分支机构，并在香港、新加坡、法兰克福、约翰内斯堡、东京、首尔、纽约、悉尼及胡志明市设有分行，设立了安徽繁昌建信村镇银行、浙江青田建信华侨村镇银行、浙江武义建信村镇银行、陕西安塞建信村镇银行4家村镇银行，拥有建行亚洲、建银国际，建行伦敦、建信基金、建信金融租赁、建信信托等多家子公司。全行已安装运行自动柜员机（ATM）37,487台，拥有员工约30万人，为客户提供全面的金融服务。

中国建设银行得到市场和业界的支持和广泛认可，2010年上半年共获得50多个国内外奖项。本集团在英国《银行家》杂志公布的"全球商业银行品牌十强"列第2位，为中资银行之首；在美国《福布斯》杂志公布的"2010中国品牌价值50强"列第3位；荣获英国《金融时报》颁发的"中国最佳渠道银行"；被《亚洲金融》杂志评为2010年度"中国最佳银行"；连续三年被香港《资本》杂志评为"中国杰出零售银行"；被中国红十字会总会授予"中国红十字杰出奉献奖章"。

中国建设银行总行设投资托管服务部，下设综合制度处、基金市场处、资产托管处、QFII托管处、基金核算处、基金清算处、监督稽核处和投资托管团队、涉外资产核算团队、养老金托管服务团队、养老金托管市场团队、上海备份中心等12个职能处室，现有员工130余人。2008年，中国建设银行一次性通过了根据美国注册会计师协会（AICPA）颁布的审计准则公告第70号（SAS70）进行的内部控制审计，安永会计师事务所为此提交了无保留意见的报告，中国建设银行成为取得国际同业普遍认同并接受的SAS70国际专项认证的托管银行。

托管业务介绍

中国建设银行积极关注资本市场发展动向，真诚与优秀基金公司、证券公司、保险公司、企业年金等客户合作，不断优化产品结构，不失时机地推出新的托管产品。在服务客户方面，根据不同客户需求，提供个性化服务，不断提高托管服务水平，使各项投资托管业务持续稳定发展。业务发展的主要特点是：

托管业务规模快速增长

截至2010年6月底，中国建设银行投资托管业务总规模突破万亿，达到10，826.43亿元，比上年末增加865.4亿元，增幅8.69%。证券投资基金托管业务继续保持良好的发展态势，新增基金托管份额327.87亿份，市场占比位居第一；托管基金净值继续保持市场第二位，市场占比持续上升，托管基金总净值5，439亿，市场占比25.7%，继续保持市场占比第二及上升趋势，托管基金只数达到158只。其他证券类资产托管业务、QFII和QDII托管业务、企业年金托管业务、实业投资托管业务等都取得可喜成绩。实业投资托管业务、企业年金托管业务呈现突破性增长势头。实业投资托管规模突破3，000亿元，达到3，001.05亿元，增幅183.51%；企业年金基金托管规模达到300亿元，市场排名跃居第二位。

托管业务流程和风险控制进一步规范

中国建设银行遵守《证券投资基金法》和中国证监会、银监会、保监会、劳动和社会保障部等监管部门的规定，勤勉尽责，较好地履行了托管人的各项职责；通过优化业务流程和加强内控管理，防范操作风险；认真完成基金、特定客户资产管理业务、QFII、QDII投资、集合理财、保险托管资产和企业年金等托管业务的日常监督工作，发现问题及时核实和协调，对管理人的投资运作及时进行风险提示；按照中国证监会的要求，建立了相关的基金投资运作监督技术系统环境，切实保证托管资产的安全完整，维护了投资者的利益。

中国建设银行经安永会计师事务所根据国际同业普遍认同并接受的美国注册会计师协会（AICPA）颁布的服务机构第70号审计标准文件（SAS70），完成了严格的内部控制审计。安永会计师事务所对中国建设银行托管业务流程和内部控制的优势给予了充分的肯定。中国建设银行成为取得国际同业普遍认同并接受的SAS70国际专项认证的托管银行。中国建设银行第三期托管服务SAS70（美国注册会计师协会（AICPA）颁布的服务机构第70号审计标准文件）内部控制审计于2010年6月份完成。审计为投资托管服务业务安全、稳定运营提供了可靠的保障。

投资托管业务运营服务水平进一步提高

在客户各类需求不断增加，托管业务品种和投资组合账户数量持续快速增长的情况下，中国建设银行及时准确完成了基金、特定客户资产管理业务、保险、证券、信托、QFII、QDII、养老金、实业投资托管等各类托管业务托管资产的资金清算、会计核算及估值、监督稽核工作，按时完成了各类托管资产日度、月度、季度、半年度及年度报表和报告工作；投资托管服务上海备份中心业务不断扩展，实现了托管业务在北京、上海两地的同时作业，保障了托管资产的安全运营和异地备份；按照新会计准则和中国证监会对于年度报告信息披露的要求，完成了大量托管数据追溯调整及报表的编制、复核工作，确保了新会计准则实施中第一次年度报告信息披露工作的圆满完成；作为首批中国证监会关于基金信息披露标准化工作试点的托管银行之一，中国建设银行顺利完成了XBRL系统开发、调试、培训及与基金公司联网测试工作，加快了基金信息披露标准化的工作进程。

托管证券投资基金业务概览

近三年托管证券投资基金数量与规模

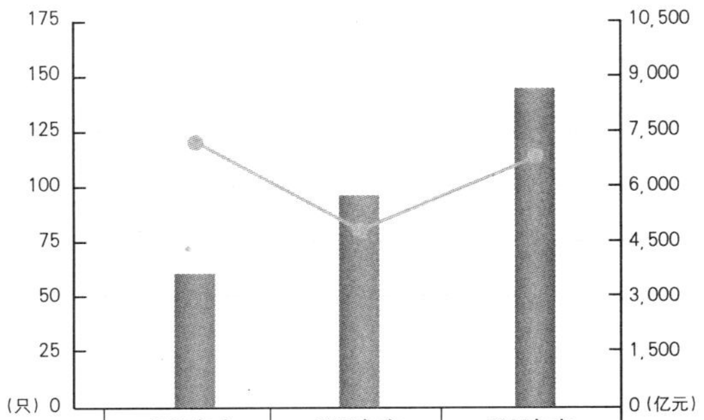

	2007年末	2008年末	2009年末
基金数量	64	96	143
基金资产规模	7,485.10	4,675.94	6,633.95

近三年新增托管证券投资基金概况

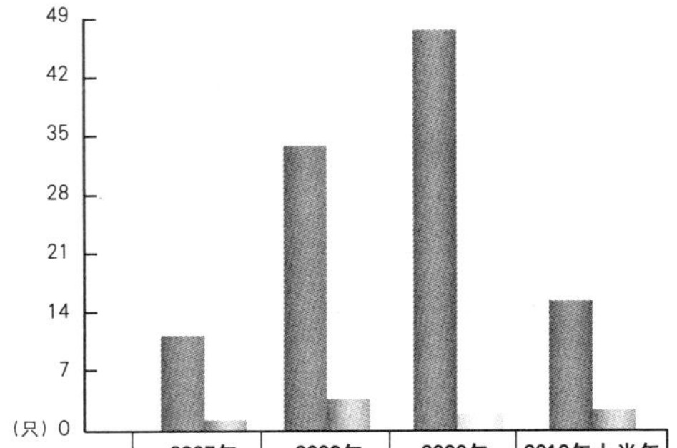

	2007年	2008年	2009年	2010年上半年
新增托管基金数	11	33	48	15
其中：ETF	—	—	1	—
其中：QDII	1	3	—	2

注：2007年新增11只基金（2只为基金转型），实际新增托管基金9只；
2008年新增33只基金（1只为基金转型），实际新增托管基金32只；
2009年新增48只基金（1只为基金转型），实际新增托管基金47只。

托管封闭式基金产品一览（截至2010年6月30日）

序号	基金代码	基金简称	设立规模（亿份）	合同生效日	基金管理人
1	500008	基金兴华	20.00	1998—04—28	华夏
2	500002	基金泰和	20.00	1999—04—08	嘉实
3	500018	基金兴和	30.00	1999—07—14	华夏
4	500011	基金金鑫	30.00	1999—10—21	国泰
5	500038	基金通乾	20.00	2001—08—29	融通
6	500058	基金银丰	30.00	2002—08—15	银河

托管开放式基金产品一览（截至2010年6月30日）

序 号	基金代码	基金简称	募集规模（亿份）	合同生效日	基金管理人
1	000001	华夏成长混合	32.37	2001—12—18	华夏
2	161601	融通新蓝筹混合	22.19	2002—09—13	融通
3	050001	博时价值增长混合	30.47	2002—10—09	博时
4	240001	华宝兴业宝康消费品混合	15.41	2003—07—15	华宝兴业
5	240002	华宝兴业宝康配置混合	10.67	2003—07—15	华宝兴业
6	240003	华宝兴业宝康债券	12.88	2003—07—15	华宝兴业
7	050002	博时沪深300指数	51.23	2003—08—26	博时
8	200001	长城久恒平衡混合	12.84	2003—10—31	长城
9	180002	银华保本增值混合	60.74	2004—03—02	银华
10	003003	华夏现金增利货币	64.26	2004—04—07	华夏基金
11	240005	华宝兴业多策略股票	52.33	2004—05—11	华宝兴业
12	020005	国泰金马稳健混合	12.31	2004—06—18	国泰

序号	基金代码	基金简称	募集规模(亿份)	合同生效日	基金管理人
13	180003	银华-道琼斯88指数	10.86	2004-08-11	银华
14	375010	上投摩根中国优势混合	16.69	2004-09-15	上投摩根
15	400001	东方龙混合	11.31	2004-11-25	东方
16	160505	博时主题行业股票(LOF)	12.1	2005-01-06	博时
17	410001	华富竞争力优选混合	6.01	2005-03-02	华富
18	240006	华宝兴业现金宝	23.14	2005-03-31	华宝兴业
19	370010	上投货币	9.91	2005-04-13	上投摩根
20	002011	华夏红利混合	7.7	2005-06-30	华夏
21	050006	博时稳定	45.8	2005-08-24	博时
22	519001	银华价值优选股票	5.19	2005-09-27	银华
23	377010	上投摩根阿尔法股票	7.68	2005-10-11	上投摩根
24	288002	华夏收入股票	5.44	2005-11-17	华夏
25	482002	工银货币	88.4	2006-03-20	工银瑞信
26	200006	长城消费增值股票	9.16	2006-04-06	长城
27	510180	华安上证180ETF	10.73	2006-04-13	华安
28	373010	上投摩根双息平衡混合	64.36	2006-04-26	上投摩根
29	162207	泰达宏利效率优选混(LOF)	43.35	2006-05-12	泰达宏利
30	159902	华夏中小板ETF	39.66	2006-06-08	华夏
31	519690	交银稳健配置混合	70.16	2006-06-14	交银施罗德
32	240008	华宝兴业收益增长混合	23.4	2006-06-15	华宝兴业
33	410002	华富货币	8.52	2006-06-21	华富
34	483003	工银精选平衡混合	83.7	2006-07-13	工银瑞信
35	160607	鹏华价值优势股票(LOF)	18.77	2006-07-18	鹏华
36	288102	中信稳定双利债券	42.07	2006-07-20	华夏
37	040005	华安宏利股票	16.84	2006-09-06	华安
38	378010	上投摩根成长先锋股票	54.81	2006-09-20	上投摩根
39	050201	博时价值增长贰号混合	16.93	2006-09-27	博时
40	519013	海富通风格优势股票	22.18	2006-10-19	海富通
41	180012	银华富裕主题股票	50.71	2006-11-16	银华
42	000021	华夏优势增长股票	141.02	2006-11-24	华夏
43	550002	信诚精萃成长股票	32.71	2006-11-27	信诚
44	481004	工银稳健成长股票	122.29	2006-12-06	工银瑞信
45	610001	信达澳银领先增长股票	83.34	2007-03-08	信达澳银
46	519021	国泰金鼎价值混合①	106.85	2007-04-11	国泰
47	570001	诺德价值优势股票	79.07	2007-04-19	诺德
48	519035	富国天博创新股票②	60.96	2007-04-27	富国
49	161610	融通领先成长股票(LOF)③	30.6	2007-04-30	融通
50	485105	工银强债	36.81	2007-05-11	工银瑞信
51	240010	华宝兴业行业精选股票	99.99	2007-06-14	华宝兴业
52	481006	工银红利股票	58.41	2007-07-18	工银瑞信

（续上表）

序号	基金代码	基金简称	募集规模(亿份)	合同生效日	基金管理人
53	162209	泰达宏利市值优选股票	118.69	2007-08-03	泰达宏利
54	200008	长城品牌优选股票	113.85	2007-08-06	长城
55	519694	交银蓝筹股票	117.44	2007-08-08	交银施罗德
56	110017	易方达增强回报	29.97	2008-03-19	易方达
57	202009	南方盛元红利股票	62.17	2008-03-21	南方
58	519680	交银增利	103.23	2008-03-31	交银施罗德
59	485107	工银信用添利	48.29	2008-04-14	工银瑞信
60	213008	宝盈资源优选股票④	5.97	2008-04-15	宝盈
61	040009	华安收益	31.31	2008-04-30	华安
62	340007	兴业社会责任股票	13.89	2008-04-30	兴业全球
63	213007	宝盈增强收益	10.74	2008-05-15	宝盈
64	050010	博时特许价值股票	4.77	2008-05-28	博时
65	160612	鹏华丰收债券	21	2008-05-28	鹏华
66	410004	华富收益增强	7.57	2008-05-28	华富
67	400007	东方策略成长股票	3.29	2008-06-03	东方
68	550003	信诚盛世蓝筹股票	4.56	2008-06-04	信诚
69	540004	汇丰晋信2026周期混合	3.35	2008-07-23	汇丰晋信
70	166002	中欧新蓝筹混合	3.25	2008-07-25	中欧
71	610002	信达澳银精华配置混合	5.34	2008-07-30	信达澳银
72	090008	大成强化收益债券	27.64	2008-08-06	大成
73	200009	长城稳健增利债券	12.9	2008-08-27	长城
74	630002	华商盛世成长股票	3.85	2008-09-23	华商
75	550004	信诚三得益债券	19.93	2008-09-27	信诚
76	080003	长盛积极配置债券	13.62	2008-10-08	长盛
77	160613	鹏华盛世创新股票(LOF)	11.45	2008-10-10	鹏华
78	040011	华安核心股票	8.13	2008-10-22	华安
79	161010	富国天丰强化债券	19.98	2008-10-24	富国
80	360008	光大增利债券	13.66	2008-10-29	光大保德信
81	571002	诺德灵活配置混合	2.39	2008-11-05	诺德
82	582001	东吴优信稳健债券	14.82	2008-11-05	东吴
83	180015	银华增强收益债券	24.67	2008-12-03	银华
84	400009	东方稳健回报债券	10.19	2008-12-10	东方
85	410006	华富策略精选混合	2.6	2008-12-24	华富
86	200010	长城双动力股票	4.86	2009-01-15	长城
87	379010	上投摩根中小盘股票	8.26	2009-01-21	上投摩根
88	630003	华商收益增强债券	12.45	2009-01-23	华商
89	360010	光大保德信均衡精选股票	10.41	2009-03-04	光大保德信
90	573003	诺德增强收益债券	11.85	2009-03-04	诺德
91	481009	工银沪深300指数	36.06	2009-03-05	工银瑞信
92	020019	国泰双利债券	19.8	2009-03-11	国泰

序号	基金代码	基金简称	募集规模(亿份)	合同生效日	基金管理人
93	550006	信诚经典优债	15.64	2009-03-11	信诚
94	690001	民生加银品牌蓝筹混合	27.19	2009-03-27	民生加银
95	610003	信达澳银稳定价值债券	11.41	2009-04-08	信达澳银
96	162211	泰达宏利品质生活混合	12.95	2009-04-09	泰达宏利
97	166003	中欧稳健收益债券	21.52	2009-04-24	中欧
98	519670	银河行业股票	6.93	2009-04-24	银河
99	519025	海富通领先成长股票	26.65	2009-04-30	海富通
100	160806	长盛同庆封闭	146.87	2009-05-12	长盛
101	519185	万家精选股票	16.4	2009-05-18	万家
102	519113	浦银安盛精致生活混合	8.37	2009-06-04	浦银安盛
103	100035	富国优化增强债券	58.21	2009-06-10	富国
104	200011	长城景气行业龙头混合	19.65	2009-06-30	长城
105	350007	天治趋势精选混合	5.26	2009-07-15	天治
106	690002	民生增强收益债券	15.91	2009-07-21	民生加银
107	166005	中欧价值发现股票	7.15	2009-07-24	中欧
108	519987	长信恒利优势股票	9.84	2009-07-30	长信
109	213009	宝盈货币	14.55	2009-08-05	宝盈
110	050012	博时策略配置混合	88.04	2009-08-11	博时
111	110020	易方达沪深300指数	167.46	2009-08-26	易方达
112	257050	国联安主题驱动股票	8.44	2009-08-26	国联安
113	550008	信诚优胜精选股票	23.56	2009-08-26	信诚
114	163808	中银中证100指数增强	35.58	2009-09-04	中银
115	206002	鹏华精选成长股票	30.15	2009-09-09	鹏华
116	620004	金元比联价值增长股票	4.12	2009-09-11	金元比联
117	233006	大摩领先优势股票	7.04	2009-09-22	摩根士丹利华鑫
118	570005	诺德成长优势股票	5.15	2009-09-22	诺德
119	040180	华安上证180ETF联接	11.25	2009-09-29	华安
120	240014	华宝兴业中证100指数	20.09	2009-09-29	华宝兴业
121	660004	农银策略价值股票	77.89	2009-09-29	农银汇理
122	161811	银华沪深300指数(LOF)	6.7	2009-10-14	银华
123	160211	国泰中小盘成长股票(LOF)⑤	51.11	2009-10-19	国泰
124	360011	光大保德信动态优选混合	7.33	2009-10-28	光大保德信
125	630005	华商动态阿尔法混合	22.99	2009-11-24	华商
126	610004	信达澳银中小盘股票	18.69	2009-12-01	信达澳银
127	162212	泰达宏利红利先锋股票	13.96	2009-12-03	泰达宏利
128	000061	华夏盛世精选股票	187.1	2009-12-11	华夏基金
129	540007	汇丰晋信中小盘股票	22.34	2009-12-11	汇丰晋信
130	519671	银河沪深300指数	8.71	2009-12-28	银河
131	050013	博时上证超大盘ETF联接	19.06	2009-12-29	博时
132	510020	博时上证超大盘ETF	14.07	2009-12-29	博时

（续上表）

序 号	基金代码	基金简称	募集规模(亿份)	合同生效日	基金管理人
133	580006	东吴新经济股票	8.01	2009—12—30	东吴
134	090010	大成中证红利指数	18.7	2010—02—02	大成基金
135	519093	新华钻石品质企业股票	19.38	2010—02—03	新华
136	690003	民生加银精选股票	24.75	2010—02—03	民生加银
137	213010	宝盈中证100指数增强	2.81	2010—02—08	宝盈
138	550009	信诚中小盘股票	6.04	2010—02—10	信诚基金
139	660005	农银中小盘股票	97.31	2010—03—25	农银汇理
140	163001	长信中证央企100指数(LOF)	7.43	2010—03—26	长信
141	162509	国联安双禧中证100指数分级	9.82	2010—04—16	国联安
142	270022	广发内需增长混合	42.26	2010—04—19	广发
143	233007	大摩卓越成长股票	22.64	2010—05—18	摩根士丹利华鑫
144	630006	华商产业升级股票	9.99	2010—06—18	华商
145	161813	银华信用债券封闭	22.96	2010—06—29	银华
146	519700	交银主题优选混合	32.36	2010—06—30	交银施罗德

注：①原金鼎证券投资基金转型；②原汉博证券投资基金转型；③原通宝证券投资基金转型；④原鸿飞证券投资基金转型；⑤原金盛证券投资基金转型。

托管QDII基金产品一览（截至2010年6月30日）

序 号	基金代码	基金简称	募集规模(亿份)	合同生效日	基金管理人
1	000041	华夏全球股票(QDII)	300.56	2007—10—09	华夏
2	241001	华宝兴业海外中国(QDII)	4.63	2008—05—07	华宝兴业
3	519601	海富通中国海外股(QDII)	5.09	2008—06—27	海富通
4	519696	交银环球精选股票(QDII)	5.08	2008—08—22	交银施罗德
5	160213	国泰纳指(QDII)	5.56	2010—04—29	国泰
6	486002	工银全球精选股票(QDII)	5.86	2010—05—25	工银瑞信

交通银行
BANK OF COMMUNICATIONS

法定名称	交通银行股份有限公司	法人代表	胡怀邦
成立日期 获得托管资格时间	1987年3月30日 1998年7月3日	注册资本 托管部负责人	562.59亿元人民币 谷娜莎
联系电话 公司网址	021-5878 1234 www.bankcomm.com	传真号码 电子邮箱	021-5840 8842 ——
注册地址	上海市浦东新区银城中路188号	办公地址	上海市浦东新区银城中路188号

基本情况

交通银行始建于1908年，是中国历史最悠久的银行之一，也是近代中国发钞行之一。交通银行先后于2005年6月和2007年5月在香港联交所、上交所挂牌上市，是中国2010年上海世博会的商业银行全球合作伙伴。根据英国《银行家》杂志公布的2009年全球1000家银行排名，交通银行总资产排名位列第56位，一级资本排名位列第49位。

托管业务介绍

交通银行托管业务走过了十多年不断发展创新之路，业务领域和范围不断拓宽，服务手段和服务内容不断深化，风险控制能力不断增强，逐步建立并形成了自身业务特色，已成为国内各类资产托管资格齐全的商业银行之一，在市场上树立了良好的服务形象。

交通银行托管业务起步于1998年，是国内第一批五家托管银行之一，拥有齐全的业务资格，包括证券投资基金托管业务资格、委托资产托管资格、全国社会保障基金理事会委托资产与自营资产托管资格、QFII托管资格、QDII托管资格、基本养老保险个人账户托管资格、农村社会保障基金托管资格、投资连结保险产品托管资格、保险资金股票投资托管资格、企业年金基金托管资格、产业投资基金托管资格等。

交通银行一直把业务创新作为托管业务发展的生命线，在国内托管行业中，始终走在业务创新的前列，具有丰富的多领域托管服务创新经验和能力，享有较好的业务创新声誉：托管国内第一只开放式基金，第一只纯债券基金，第一只伞型基金；成功当选亚洲债券二期(ABF2)中国子基金(准QFII)的次托管人；首批开展QFII托管业务；成功托管我国金融市场上第一单租赁权资产证券化业务；成功托管我国首只完全以人民币募集的区域性产业投资基金(渤海产业基金)；首次开展投资股权类集合资金信托计划托管业务，推出国内首单专户理财托管服务，等等。

交通银行在业务起步时就非常重视内控环境的建设，先后建立了一套比较完备、行之有效的内部风险控制机制。交通银行注重引入国际先进的风险管理理念，不断提升风险管理水平。2002年率先进行引入外部审计对托管业务开展内控评审的尝试，2006年成功将国际审计标准SAS70的风控理念引入内控管理，通过评审出具审计报告，并把SAS70标准审计列入交通银行托管业务每年的常规工作予以实施，有效建立了风险控制的长效机制。目前，托管业务已连续第四年通过此项评审，标志着交通银行托管业务内控水平达到国际标准。在完善的制度和监督流程的保障下，交通银行托管业务运作10多年以来，始终保持了良好的业务运营纪录。

交通银行托管业务以快速的服务响应、专业的服务水准、良好的服务质量、灵活的系统功能打造了“专业用心、换您放心”的服务形象，在业内享有较好的口碑，得到了监管部门和客户的认可，被香港著名财经杂志《财资》评为中国地区最佳次托管银行、国内《首席财务官》杂志评为最佳资产托管奖。

交通银行拥有功能先进的托管业务软、硬件系统，并每年投入大量费用进行系统升级。先进的托管技术系统具有足够快速的响应和处理能力，保证交通银行托管业务处理的安全性、稳定性和可靠性。

交通银行资产托管业务具有专业的服务能力，能为市场上12大类托管品种的委托资产提供资产保管、资金清算、会计核算与估值、交易监管等基本托管服务，确保资金汇划顺畅、资产估值准确、投资运作合规、资产保管安全。同时，针对不同客户的个性化需求进行分析研究，不断优化服务内容和服务手段，研发具有前瞻性、领先的托管服务内容，积极延伸托管增值服务，加大托管服务手段的电子化建设，以提供深入的、个性化的托管资产风险和绩效评估、交易清算管理和托管模式设计、网上托管服务等增值服务为目标，不断增加托管服务的附加值，为客户创造更优服务。

交通银行托管服务经过十多年发展已逐步被广大客户认可，形成了一定的品牌形象，与全国社保理事会、国内知名的基金公司、保险公司、证券公司、信托公司等金融机构建立了托管合作关系；在开展企业年金托管业务以来，其服务对象进一步延伸至分布全国涉及电力、航空、铁路运输、烟草、金融、石化、港口、基础设施建设等行业的数家大型企业。此外，交通银行资产托管业务也在积极与知名的全球托管银行展开紧密合作，为境内合格的机构投资者投资境外市场搭建高效的服务平台。

交通银行资产托管业务拥有一支年轻富有经验的业务运作团队，平均年龄30岁，30%以上员工拥有硕士或博士学位，是一支年轻、学历高、富有朝气、技术精湛、经验丰富的专业队伍。资产托管部的员工拥有丰富的工作经验，具有金融、会计、法律、计算机等专业背景和多年银行、证券、基金行业的专业工作经历。

托管证券投资基金业务概览

近三年托管证券投资基金数量与规模

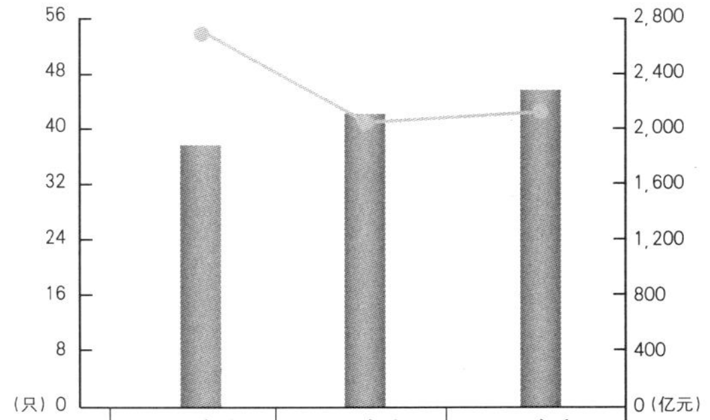

	2007年末	2008年末	2009年末
■ 基金数量	36	42	46
● 基金资产规模	2,775.51	2,063.14	2,178.71

近三年新增托管证券投资基金概况

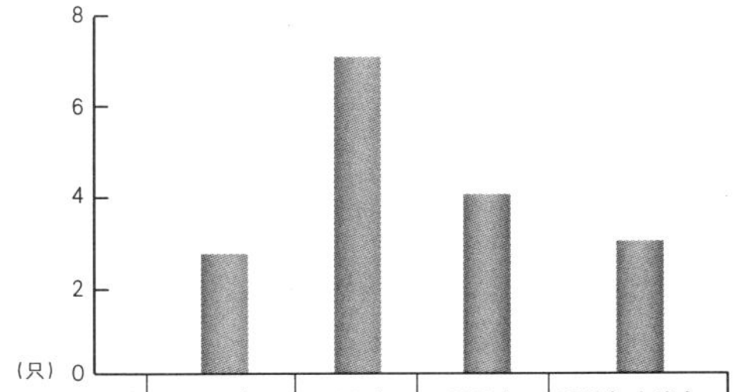

	2007年	2008年	2009年	2010年上半年
■ 新增托管基金数	6	7	4	3

注：2008年新增7只基金（1只为基金转型），实际新增托管基金6只。

信任

兴业银行®
INDUSTRIAL BANK CO.,LTD.

大事记
MAJOR EVENTS

（基金托管业务）

2009年3月

成功主代销并托管兴业有机增长灵活配置混合型证券投资基金。

2009年5月

国际权威媒体英国《金融时报》发布2009年全球企业500强排行榜(FTGlobal 500)，兴业银行以168.14亿美元的总市值首次入围，排名第292位，在所有入围的27家中国大陆企业中排名第16位。

2009年6月

由英国《金融时报》和国际金融公司联合举办的2009年度可持续银行奖评选结果揭晓，兴业银行荣获“年度可持续银行奖”和“年度亚洲可持续银行奖”两项提名，并最终荣获“年度亚洲可持续银行奖”冠军，成为我国目前唯一获此殊荣的金融机构。

2009年7月

根据国际权威媒体英国《银行家》杂志最新公布的2009年度世界1,000家银行排名情况，兴业银行排名再次大幅提升，其中按一级资本排名列117位，比上年提升30位，在国内银行中列第9位；按资产总额排名列108位，比上年提升16位，在国内银行中列第10位。

2009年8月

兴业银行成功托管首只非本行商业银行理财产品。

2009年9月

兴业银行成功托管首只基金特定多个客户资产管理计划。

2009年11月

在第四届21世纪亚洲金融年会暨2009年亚洲银行竞争力排名发布会上，兴业银行荣获“亚洲最佳同业合作银行”大奖。

2009年12月

通过SAS70(美国注册会计师协会审计准则公告第70号)控制及有效性测试独立审计报告。

经中国保监会批准，兴业银行获得保险资金托管资格

2010年6月

兴业银行成功托管首只保险资金投资基础设施债权投资计划。

成功主代销并托管中欧沪深300指数增强型证券投资基金(LOF)。

兴业银行®
INDUSTRIAL BANK CO.,LTD.

法定名称	兴业银行股份有限公司	法人代表	高建平
成立日期	1988年8月26日	注册资本	50亿元人民币
获得托管资格时间	2005年4月26日	托管部负责人	薛瑞锋
联系电话	0591-8783 9338	传真号码	0591-8784 5504
公司网址	www.cib.com.cn	电子邮箱	irm@cib.com.cn
注册地址	福建省福州市湖东路154号	办公地址	福建省福州市湖东路154号

基本情况

兴业银行成立于1988年8月，是经国务院、中国人民银行批准成立的首批股份制商业银行之一，总行设在福建省福州市，2007年2月5日正式在上海证券交易所挂牌上市（股票代码：601166），注册资本59.92亿元。

兴业银行主要经营范围包括：吸收公众存款；发放短期、中期和长期贷款；办理国内外结算；办理票据承兑与贴现；发行金融债券；代理发行、代理兑付、承销政府债券；买卖政府债券、金融债券；代理发行股票以外的有价证券；买卖、代理买卖股票以外的有价证券；资产托管业务；从事同业拆借；买卖、代理买卖外汇；结汇、售汇业务；从事银行卡业务；提供信用证服务及担保；代理收付款项及代理保险业务；提供保管箱服务；财务顾问、资信调查、咨询、见证业务；经中国银行业监督管理机构批准的其他业务。

开业二十三年来，兴业银行始终坚持与客户“同发展、共成长”和“服务源自真诚”的经营理念，致力于为客户提供全面、优质、高效的金融服务。截至2010年9月末，兴业银行资产总额为18,102.67亿元，股东权益为889.07亿元，不良贷款比率为0.48%。前9个月累计实现税后利润135.95亿元。根据英国《银行家》杂志2010年7月发布的全球银行1,000强排名，兴业银行按总资产排名列第93位，按一级资本排名97位。根据美国《福布斯》发布的2010全球上市公司2,000强排名，兴业银行综合排名第245位，在113家上榜的中国内地企业中排名第14位。

目前，兴业银行已在北京、上海、广州、深圳、南京、杭州、天津、沈阳、郑州、济南、重庆、武汉、成都、西安、福州、厦门、太原、昆明、长沙、宁波、温州、义乌、台州、东莞、佛山、无锡、南昌、合肥、乌鲁木齐、大连、青岛、南宁、哈尔滨、石家庄、呼和浩特、长春等全国主要城市设立了55家分行、552家分支机构；拥有全资控股金融租赁公司——兴业金融租赁有限责任公司；在上海、北京设有资金营运中心、信用卡中心、零售银行管理总部、资产托管部、银行合作服务中心、大客户部、投资银行部、期货金融部、基金金融部、贸易金融中心、可持续金融中心等总行经营性机构，建立了网上银行“在线兴业”（www.cib.com.cn）、电话银行“95561”和手机银行“无线兴业”（wap.cib.com.cn），与全球1,000多家银行建立了代理行关系。

截至2010年9月末，兴业银行前十大股东依次为：福建省财政厅、恒生银行有限公司、新政泰达投资有限公司、福建烟草海晟投资管理有限公司、中粮集团有限公司、福建省龙岩市财政局、湖南中烟工业有限责任公司、内蒙古西水创业股份有限公司、易方达50指数证券投资基金、广发聚丰股票型证券投资基金。

托管业务介绍

一、业务资格

2005年2月，兴业银行成立资产托管部。同年4月26日，经中国证监会、中国银监会核准，兴业银行获得证券投资基金托管业务资格。

2006年10月，经中国银监会批准，兴业银行获得开办全国社会保障基金托管业务资格。

2009年12月，经中国保监会批准，兴业银行获得保险资金托管资格。

二、业务发展

截至2010年9月，兴业银行托管资产规模超过2,000亿元。具有丰富的产品线，形成了包括证券投资基金、基金专户、集合资产计划、定向资产、保险资产、QDII资产、信托资产、私募股权基金、银行理财、产业基金、资产证券化等近十余项产品的托管体系。并且与投资基金业、资产管理业、信托业、银行同业建立了相互促进、共同发展的关系。

2005年9月，托管本行首只开放式证券投资基金。

2006年8月，托管本行首只信托计划。

2007年3月，托管本行首只证券集合资产管理计划。

2007年5月，托管本行首只QDII产品。

2008年6月，托管本行首只PE基金。

2008年11月，托管本行首只证券定向资产管理计划。

2009年8月，托管本行首只银行理财产品。

2009年9月，托管本行首只基金专户产品。

2009年12月，托管本行首只集合资金TOT信托计划。

2010年6月，托管本行首只保险专项资产管理计划。

三、风险控制

兴业银行资产托管业务坚持贯彻“内控优先”的要求和“全面、审慎、有效、独立”的内控原则，在内部控制环境、风险识别和评估、内部控制活动、信息交流与反馈、监督评价与纠正等方面不断强化内部控制措施，健全内部控制机制，确保资产托管业务在依法、合规、安全、稳健的基础上快速发展，建立了架构清晰、控制有效的内部控制机制，内部控制的要求在各重要环节均得到有效执行。

2009年12月，外部审计师对兴业银行资产托管业务在相关审计期间内所实施的相关内部控制，在SAS70(美国注册会计师协会审计准则公告第70号)控制及有效性测试独立审计报告中发表了意见，给出了控制描述表达适当，控制目标可以实现的基本结论。

四、服务理念

客户需求是兴业银行营销活动的起点，服务源自真诚是该行资产托管业务的服务宗旨。高学历、经验丰富的专业化托管从业人员、严密有效的风险控制体系、先进完善的托管系统是兴业银行托管业务蓬勃发展的坚实基础。通过发挥全行资源优势和借助本行强大的结算、销售渠道，兴业银行在市场分析、产品研发、营销策划、募集发行到持续销售等环节上力求为客户资产管理提供更多的优质服务。

我们承诺：兴业银行将严格恪守托管业务操守，凭借我行专业化服务能力和处事认真负责的原则，在依法全力保障客户资产安全的前提下，努力实现客户资产运用的多元化需求。我行将通过提供专业化服务、强化服务品质、持续关注细节，树立兴业一流资产托管业务品牌。

托管证券投资基金业务概览

近三年托管证券投资基金数量与规模

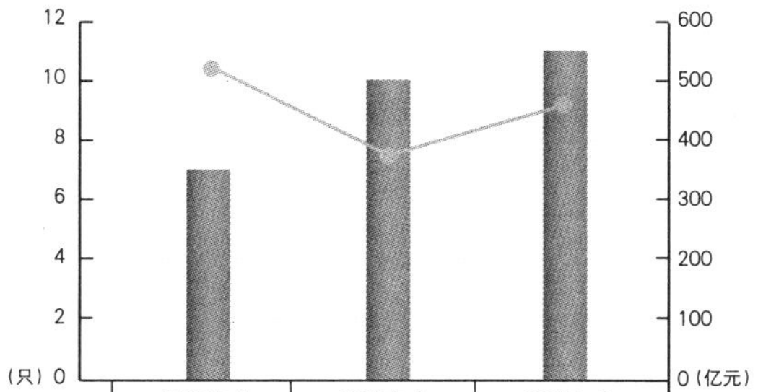

	2007年末	2008年末	2009年末
基金数量	7	10	11
基金资产规模	522.79	370.22	458.24

近三年新增托管证券投资基金概况

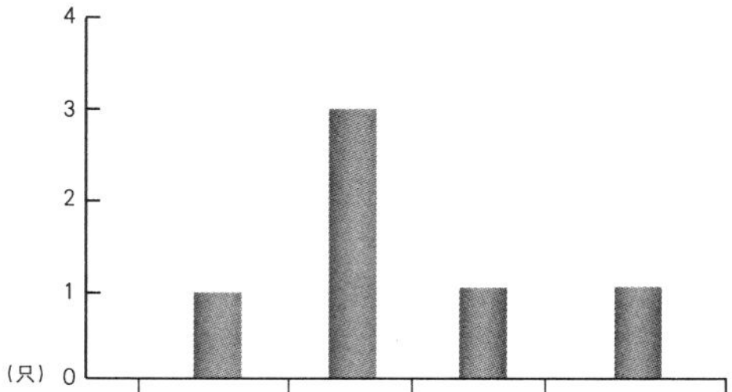

	2007年	2008年	2009年	2010年上半年
新增托管基金数	1	3	1	1

托管开放式基金产品一览（截至2010年6月30日）

序 号	基金简称	设立日期	募集规模(亿份)	基金管理人
1	兴业趋势投资混合(LOF)	2005-11-03	9.28	兴业全球
2	长盛货币	2005-12-12	36.02	长盛
3	光大保德信红利股票	2006-03-24	5.32	光大保德信
4	兴业货币	2006-04-27	17.30	兴业全球
5	兴业全球视野股票	2006-09-20	32.90	兴业全球
6	万家和谐增长混合	2006-11-30	4.92	万家
7	中欧新趋势股票(LOF)	2007-01-29	68.75	中欧
8	天弘永利债券	2008-04-18	6.85	天弘
9	万家双引擎灵活配置混合	2008-06-27	3.54	万家
10	天弘永定	2008-12-02	2.91	天弘
11	兴业有机增长混合	2009-03-25	19.80	兴业全球
12	中欧沪深300指数增强(LOF)	2010-06-24	12.02	中欧

中国民生银行
CHINA MINSHENG BANKING CORP., LTD.

法定名称	中国民生银行股份有限公司	法人代表	董文标
成立日期	1996年1月12日	注册资本	188.23亿元人民币
获得托管资格时间	2004年5月29日	托管部负责人	陈　凌
联系电话	010-5856 0666	传真号码	010-5856 0794
公司网址	www.cmbc.com.cn	电子邮箱	service@cmbc.com.cn
注册地址	北京市东城区正义路4号	办公地址	北京市西城区复兴门内大街2号

基本情况

中国民生银行于1996年1月12日在北京正式成立，是中国首家主要由非公有制企业入股的全国性股份制商业银行，同时又是严格按照《公司法》和《商业银行法》建立的规范的股份制金融企业。多种经济成份在中国金融业的涉足和实现规范的现代企业制度，使中国民生银行有别于国有银行和其他商业银行，而为国内外经济界、金融界所关注。作为中国银行业改革的试验田，民生银行14年来锐意改革、积极进取，业务不断地拓展，规模不断地扩大，效益逐年递增，保持了快速健康的发展势头，为推动中国银行业的改革创新做出了积极贡献。

2000年12月19日，中国民生银行A股股票(600016)在上海证券交易所挂牌上市。2003年3月18日，中国民生银行40亿可转换公司债券在上交所正式挂牌交易。2004年11月8日，中国民生银行通过银行间债券市场成功发行了58亿元人民币次级债券，成为中国第一家在全国银行间债券市场成功私募发行次级债券的商业银行。2009年11月26日，中国民生银行在香港交易所挂牌上市。站在新的历史起点，中国民生银行确定了“做民营企业的银行、小微企业的银行、高端客户的银行”的市场定位，积极推动管理架构和组织体系的调整、业务结构的调整和科技平台的建设，努力实现二次腾飞，打造成特色银行和效益银行，为客户和投资者创造更大的价值和回报。

中国民生银行自上市以来，按照“团结奋进，开拓创新，培育人才；严格管理，规范行为，敬业守法；讲究质量，提高效益，健康发展”的经营发展方针，在改革发展与管理等方面进行了有益探索，先后推出了“大集中”科技平台、“两率”考核机制、“三卡”工程、独立评审制度、八大基础管理系统、集中处理商业模式及事业部改革等制度创新，实现了低风险、快增长、高效益的战略目标，树立了充满生机与活力的崭新的商业银行形象。

截至2009年底，中国民生银行总资产规模达14,263.92亿元，存款总额11,279.38亿元，贷款总额(含贴现)8,829.79亿元，实现净利润121.04亿元，不良贷款率0.84%，保持国内领先水平。

截至2009年12月31日，中国民生银行在北京、上海、广州、深圳、武汉、大连、南京、杭州、太原、石家庄、重庆、西安、福州、济南、宁波、成都、天津、昆明、苏州、青岛、温州、厦门、泉州、郑州、长沙、长春、合肥、南昌、汕头设立了29家分行，在香港设立了1家代表处，机构总数量达到434家。

民生银行的高速发展在国内受到公众和业界的高度关注和认同。2004年在“中国最具生命力企业”评选中，民生银行排名第十八位，获得了“2004年中国最具生命力百强企业”称号；2005年度中国企业信息化500强中，民生银行排名第22位；在“2005年度财经风云榜”评选活动中，民生银行荣获“2005年度最佳网上银行”称号；在“2006民营上市公司100强”中位列第一名，并在市值、社会贡献两项分榜单中名列第一；2007年11月，民生银行获得2007第一财经金融品牌价值榜十佳中资银行称号，同时荣获《21世纪经济报道》等机构评选的“最佳贸易融资银行奖”；2008年7月，民生银行荣获“2008年中国最具生命力百强企业”第三名；2009年，民生银行荣获第五届中国上市公司董事会

“金圆桌奖”之“最佳董事会”奖；2009年民生银行荣获第一财经金融价值榜最佳小微企业服务奖；2009年5月，荣获《亚洲银行家》评选的“中国区贸易金融成就奖”；2009年11月，民生银行在21世纪亚洲金融年会上荣获“2009年亚洲最佳风险管理银行”和“2009年小微企业金融服务创新奖”；2009年12月，民生银行获得“最佳服务私人银行”、“2009年最佳零售银行”、“2009年度最佳营销与服务团队”奖以及“2009年最受尊敬银行”大奖；2010年，民生银行荣获第六届中国上市公司董事会“金圆桌奖”之“优秀董事会”奖；2010年5月，民生银行荣膺英国《金融时报》“最佳贸易金融银行奖”。

此外，中国民生银行在国际上也正享受着越来越高的知名度。在美国著名财经杂志《福布斯》评选的“2006中国顶尖企业十强榜”上，民生银行位列第七名。2007年12月，民生银行荣获《福布斯》颁发的第三届“亚太地区最大规模上市企业50强”奖项。在《2008中国商业银行竞争力评价报告》中民生银行核心竞争力排名第6位，在公司治理和流程银行两个单项评价中位列第一。在英国《银行家》2009年7月公布的一级资本全球银行1000强排名中，民生银行全球排名第107位，在亚洲地区排名第20位，在内地排名第8位。

托管业务介绍

2004年7月9日，经中国证券监督管理委员会和中国银行业监督管理委员会批准，中国民生银行获得证券投资基金托管资格，从此正式加入托管银行的行列。

多元化战略布局业务发展。民生银行依据自身资源禀赋及业务特点，始终坚持多元化经营发展之路，可以开展除QFII以外所有的资产托管业务，目前丰富的产品线涵盖了投资类产品、融资类产品、保险保障类产品、交易类产品及特定目的类产品共五大类，三十多个品种。截至2010年6月末，中国民生银行托管资产规模达1,862亿元。其中，托管证券投资基金8只，总规模达194亿元，基金专户、券商理财、阳光私募、保险资金债权投资计划、股权投资基金、大宗交易资金等新兴产品托管业务发展迅速，多元化战略优势全面显现。

差异化服务打造核心竞争力。基于民生银行机制灵活的特点，民生银行特别注重通过提高业务效率、推行跟踪服务来打造差异化的托管服务体验，为此民生银行积极推进流程银行建设，通过整合行内资源，大力推进“代销+托管”的一站式业务运作模式，在业内首创托管产品审核快速通道以提高时效，建立合同范本库以保障合规，开发新一代核心业务系统以提升资金清算效率，设置服务专员岗位以推行全程跟踪服务，全面优化业务流程，提升客户满意度。

专业化经营支持客户创新。民生银行努力通过业务创新来体现托管服务的专业化价值，2010年，民生银行与银华基金合作发行银华深证100指数分级基金，该产品是迄今为止国内运作最为成功的结构化基金产品，其中银华锐进的业绩表现位列所有开放式基金排名第一位。另外，民生银行还是业内是业内最先启动基金专户理财产品托管业务的托管银行之一，合作机构包括博时、华夏、汇添富、广发、国投瑞银等十多家知名基金管理公司，为客户创造了优异的回报。民生银行通过“托管+担保”模式在基础设施和大型项目方面大力推进与大型保险资产管理公司的托管业务合作，目前合作项目的托管规模达数十亿元。此外，民生银行也是国内少数积极开展股权投资基金托管业务的托管银行之一，目前涉足的包括产业基金在内的股权投资基金项目规模超过100亿。经过6年多的发展，民生银行已经在商业银行理财托管、基金专户理财产品托管、保险资金债权计划托管、股权投资基金(PE)托管、阳光私募等新兴业务领域具备了丰富经验和专业能力。

品牌化运作提升客户价值。民生银行结合自身经营特色，从提升客户价值的角度入手，多年来始终如一地专注于品牌化建设，于2007年正式推出了“托付民生–安享财富”托管业务品牌，针对一些新兴产品，我行推出了不同的子品牌。先后推出了“资产托管好专家”，“民生银行非常2+1基金专户理财”，“安享财富–股权投资基金(PE)综合金融服务”，托管“1+N”等系列品牌，通过品牌整合服务，全力践行“托付民生，安享财富”的品牌理念，真正让客户实现安心托付，全程无忧。

托管证券投资基金业务概览

近三年托管证券投资基金数量与规模

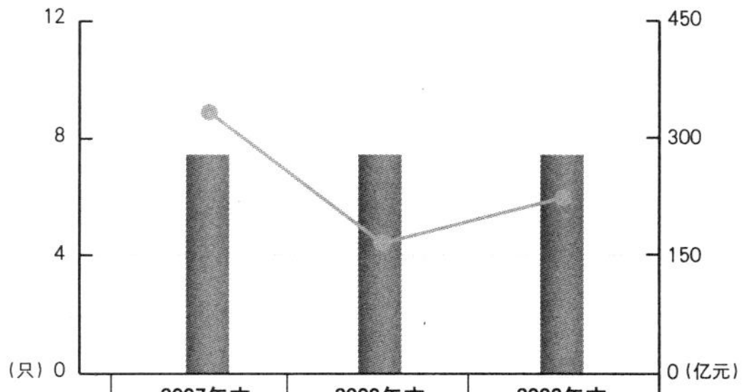

	2007年末	2008年末	2009年末
■基金数量	7	7	7
●基金资产规模	322.43	158.50	233.21

近三年新增托管证券投资基金概况

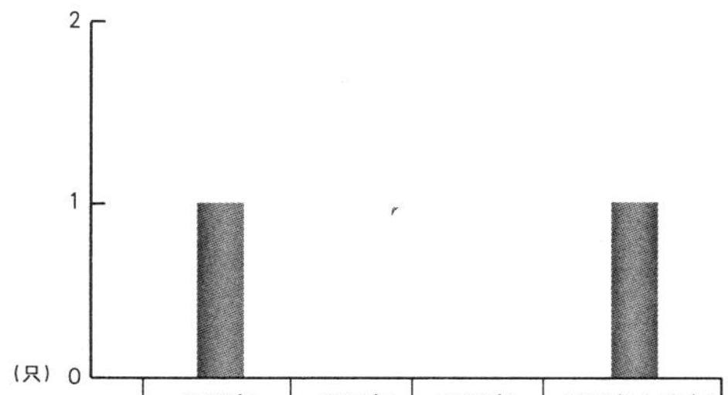

	2007年	2008年	2009年	2010年上半年
■新增托管基金数	1	—	—	1

托管开放式基金产品一览（截至2010年6月30日）

序 号	基金简称	设立日期	募集规模(亿份)	基金管理人
1	天治品质优选混合	2005—01—12	12.13	天治
2	东方精选混合	2006—01—11	46.91	东方
3	融通易支付货币	2006—01—19	3.79	融通
4	天治天得利货币	2006—07—05	18.34	天治
5	东方金账簿货币	2006—08—02	7.44	东方
6	长信增利动态策略股票	2006—11—09	34.64	长信
7	华商领先企业混合	2007—05—15	46.16	华商
8	银华深证100指数分级	2010—05—07	22.04	银华

中国邮政储蓄银行 POSTAL SAVINGS BANK OF CHINA | 大事记 MAJOR EVENTS

（基金托管业务）

2009年7月23日

中国证监会核准中国邮政储蓄银行证券投资基金托管资格（证监许可[2009]673号）。

2009年12月30日

中国邮政储蓄银行托管的第一只公募基金“中欧中小盘证券投资基金（LOF）”正式上线运营。

2010年6月28日

中国邮政储蓄银行托管的第二只公募基金“长信中短债证券投资基金”正式上线运营。

中国邮政储蓄银行
POSTAL SAVINGS BANK OF CHINA

法定名称	中国邮政储蓄银行有限责任公司	法人代表	刘安东
成立日期 获得托管资格时间	2007年3月6日 2009年7月23日	注册资本 托管部负责人	300亿元人民币 徐 进
联系电话 公司网址	010-6886 8109 www.psbc.com	传真号码 电子邮箱	010-6885 8120 ——
注册地址	北京市西城区宣武门西大街131号	办公地址	北京市西城区金融街3号A座

基本情况

中国邮政储蓄银行成立于2007年3月，是在改革邮政储蓄管理体制的基础上组建的全功能商业银行，其前身是1986年恢复开办的邮政储蓄。

经过多年发展，中国邮政储蓄银行已建成国内网络覆盖最广、网点规模最大的商业银行。现拥有37,000多个网点，28,700多台ATM，并建有95580全国统一客户服务中心和网上银行系统，服务触角遍及广袤城乡。截至2010年9月末，本外币账户数逾8亿户，绿卡账户数3.9亿户，总资产规模超过3万亿元。

目前，中国邮政储蓄银行除开办传统的储蓄、国内汇兑、国际汇款、银行卡业务、代收付等基础金融服务外，还相继开办了小额贷款、商务贷款、住房贷款、信用卡、理财、网购支付、结售汇、多币种外币存款等服务个人客户的新业务，以及公司存款、结算、票据贴现、债券投资、资产托管、小企业贷款、公司流动贷款、固定资产贷款、项目贷款、贸易结算等服务公司客户的业务，是我国金融服务领域的一支重要力量。

今后，中国邮政储蓄银行将不断丰富业务品种，不断拓宽营销渠道，不断完善服务功能，为广大客户提供更全面、更便捷的金融服务，努力将自身建设成一家资本充足、内控严密、营运安全、功能齐全、竞争力强的现代化商业银行。

托管业务介绍

2009年7月23日，经中国证券管理委员会（证监许可[2009]673号）和中国银行业监督管理委员会批准，中国邮政储蓄银行有限责任公司获得证券投资基金托管资格。

作为基金托管人，中国邮政储蓄银行严格遵守国家有关托管业务的法律法规、行业监管规章和行内有关管理规定，守法经营、规范运作、严格监察，确保业务的稳健运行，保证基金财产的安全完整，确保有关信息的真实、准确、完整、及时，保护基金份额持有人的合法权益。

在内部控制组织结构上，中国邮政储蓄银行设有风险与内控管理委员会，负责全行风险管理与内部控制工作，对托管业务风险控制工作进行检查指导。托管业务部专门设置风险控制组，配备了专职内控人员负责托管业务的内控监督工作，具有独立行使监督稽核的职权和能力。

在内部控制制度及措施上，中国邮政储蓄银行托管业务部具备系统、完善的制度控制体系，建立了管理制度、控制制度、岗位职责、业务操作流程，可以保证托管业务的规范操作和顺利进行；业务人员具备从业资格；业务管理严格实行复核、审核、检查制度，授权工作实行集中控制，业务印章按规程保管、存放、使用，账户资料严格保管，制约机制严格有效；业务操作区专门设置，封闭管理，实施音像监控；业务信息由专职信息披露人员负责，防止泄密；业务实现自动化操作，防止人为事故的发生，技术系统完整、独立。

截至2010年6月30日，中国邮政储蓄银行托管产品33只，托管规模为211.89亿元。

托管开放式基金产品一览（截至2010年6月30日）

序 号	基金简称	设立日期	募集规模（亿份）	基金管理人
1	中欧中小盘（LOF）	2009—12—30	14.77	中欧
2	长信中短债	2010—06—28	22.34	长信

深圳发展银行
SHENZHEN DEVELOPMENT BANK

法定名称	深圳发展银行股份有限公司	法人代表	肖遂宁
成立日期	1987年12月22日	注册资本	31,0543.4万元人民币
获得托管资格时间	2008年8月6日	托管部负责人	叶 萍
联系电话	0755-2216 8761	传真号码	0755-8208 0406
公司网址	www.sdb.com.cn	电子邮箱	songjing@sdb.com.cn
注册地址	广东省深圳市深南东路5047号	办公地址	广东省深圳市深南东路5047号

基本情况

深圳发展银行股份有限公司（以下简称“深圳发展银行”）是中国第一家面向社会公众公开发行股票并上市的商业银行。1987年5月10日，深圳发展银行以自由认购形式首次向社会公开发售人民币普通股，并于1987年12月22日正式宣告成立。

经过二十多年的快速发展，深圳发展银行综合实力日益增强，自身规模不断扩大，已在北京、上海、广州、深圳、杭州等18个经济发达城市设立了近300家分支机构，并在北京、香港设立代表处，与境外众多国家和地区的600多家银行建立了代理行关系。

2004年，深圳发展银行成功引进了国际战略投资者——美国新桥投资集团（Newbridge Asia AIV III,L.P.），从而成为国内首家外资作为第一大股东的中资股份制商业银行。战略投资者的引入，将国际先进的管理技术与本土经验有效结合，在经营理念、风险管理、财务管理、市场开拓等各个领域为深圳发展银行注入了新的活力。截至2008年底，深圳发展银行资产总额4,744亿元，贷款总额2,837亿元，存款总额3,605亿元，实现净利润6.14亿元。不良贷款余额19亿元，不良贷款率0.68%，一举跻身于国内外不良率最低的商业银行之列。

多年来深圳发展银行积极履行和实践企业社会责任的价值标准和行为准则，坚持诚信合规经营，维护客户利益，为社会提供优质金融产品和服务，保障员工合法权益，注重环保、热衷公益、回馈社会。2008年荣获“30年中国品牌创新奖”、“中国优秀企业十佳单位”等荣誉称号，2007年、2008年连续两年获得“中国企业社会责任突出贡献企业”奖，2008年荣获首届“鹏城慈善奖——慈善企业奖”。

未来的深圳发展银行，将继续遵循“诚信、专业、服务、效率”的理念，秉承为股东创造回报、为客户增添价值、为员工带来发展的宗旨，努力提高盈利能力和服务水平，锐意进取，不断创新，进一步打造核心竞争力，为全面建设国际标准的现代商业银行而不懈努力。

托管业务介绍

2008年8月6日，经中国证券监督管理委员会（证监许可[2008]1037号）和中国银行业监督管理委员会批准，深圳发展银行股份有限公司获得证券投资基金托管资格，正式加入托管银行的行列。

深圳发展银行总行资产托管部，下设综合运营管理室、市场拓展室、估值核算室、合规与投资监督室4个职能处室，现有员工15 人。

在内部控制组织结构方面，深圳发展银行设有总行独立一级部门资产托管部，是全行资产托管业务的管理和运营部门，专门设置了合规与投资监督室，配备了专职内部监察稽核人员负责托管业务的内部控制和风险管理工作，具有独立行使监督稽核工作的职权和能力。

在内部控制制度及措施方面，深圳发展银行资产托管部具备系统、完善的制度控制体系，建立了管理制度、控制制度、岗位职责、业务操作流程，可以保证托管业务的规范操作和顺利进行；业务人员具备从业资格；业务管理严格实行复核、审核、检查制度，授权工作实行集中控制，业务印章按规程保管、存放、使用，账户资料严格保管，制约机制严格有效；业务操作区专门设置，封闭管理，实施音像监控；业务信息由专职信息披露人负责，防止泄密；业务实现自动化操作，防止人为事故的发生，技术系统完整、独立。

作为基金托管人，深圳发展银行严格遵守国家有关托管业务的法律法规、行业监管要求，自觉形成守法经营、规范运作的经营理念和经营风格；确保基金财产的安全完整，确保有关信息的真实、准确、完整、及时，保护基金份额持有人的合法权益；确保内部控制和风险管理体系的有效性；防范和化解经营风险，确保业务的安全、稳健运行，促进经营目标的实现。

在获得基金托管资格后，深圳发展银行确定“抚去繁杂，专注价值”的核心托管理念，创新提出“1小时投资指令处理”和针对基金一对多等私募产品托管的“私募管家”等差异化服务方案，让基金公司真正从繁杂的后台事务和无穷尽的繁琐流程中解脱出来，这是深圳发展银行托管业务的追求和服务价值的体现。2009年7月5日，深圳发展银行托管了首只开放式基金——华富价值增长灵活配置混合型证券投资基金。

托管开放式基金产品一览(截至2010年6月30日)

序 号	基金简称	设立日期	募集规模(亿份)	基金管理人
1	华富价值增长混合	2009-07-05	6.79	华富

招商银行股份有限公司

法定名称	招商银行股份有限公司	法人代表	秦　晓
获得托管资格时间	2002年11月6日	托管部负责人	夏博辉
联系电话	0755-8319 9084	公司网址	www.cmbchina.com
注册地址	深圳市深南大道7088号	办公地址	深圳市深南大道7088号招商银行大厦

托管业务介绍：2002年11月，经中国证监会批准，招商银行获得证券投资基金托管资格。截至2009年12月31日，招商银行共托管了19只证券投资基金，托管基金资产规模457.60亿元人民币。

中国光大银行股份有限公司

法定名称	中国光大银行股份有限公司	法人代表	唐双宁
获得托管资格时间	2002年10月23日	托管部负责人	陈昌宏
联系电话	010-6856 0675	公司网址	www.cebbank.com
注册地址	北京西城区复兴门外大街６号光大大厦	办公地址	北京西城区复兴门外大街６号光大大厦

托管业务介绍：中国光大银行于2002年10月23日获得证券投资基金托管业务资格。截至2009年12月31日，中国光大银行共托管了10只证券投资基金，托管基金资产规模529.96亿元人民币。

上海浦东发展银行股份有限公司

法定名称	上海浦东发展银行股份有限公司	法人代表	吉晓辉
获得托管资格时间	2003年9月10日	托管部负责人	刘长江
联系电话	021-6161 8888	公司网址	www.spdb.com.cn
注册地址	上海市浦东新区浦东南路500号	办公地址	上海市北京东路689号

托管业务介绍：2003年9月10日，经中国证监会批准，上海浦东发展银行获得证券投资基金托管资格。截至2009年12月31日，上海浦东发展银行共托管了7只证券投资基金，托管基金资产规模303.10亿元人民币。

中信银行股份有限公司

法定名称	中信银行股份有限公司	法人代表	孔　丹
获得托管资格时间	2004年8月18日	托管部负责人	刘　勇
联系电话	010-6555 8888	公司网址	www.citicib.com
注册地址	北京东城区朝阳门北大街8号富华大厦C座	办公地址	北京东城区朝阳门北大街8号富华大厦C座

托管业务介绍：2004年8月18日，经中国证监会批准，中信银行获得证券投资基金托管资格。截至2009年12月31日，中信银行共托管了3只证券投资基金，托管基金资产规模89.40亿元人民币。

华夏银行股份有限公司

法定名称	华夏银行股份有限公司	法人代表	吴 建
获得托管资格时间	2005年2月23日	托管部负责人	许 明
联系电话	010–8523 8667	公司网址	www.hxb.com.cn
注册地址	北京市东城区建国门内大街22号	办公地址	北京市东城区建国门内大街22号

托管业务介绍：2005年2月23日，经中国证监会批准，华夏银行获得证券投资基金托管资格。截至2009年12月31日，华夏银行共托管6只证券投资基金，托管基金资产规模105.60亿元人民币。

北京银行股份有限公司

法定名称	北京银行股份有限公司	法人代表	闫冰竹
获得托管资格时间	2008年6月3日	托管部负责人	夏远洋
联系电话	010–6642 6500	公司网址	www.bankofbeijing.com.cn
注册地址	北京市西城区金融大街丙17号	办公地址	北京市西城区金融大街丙17号

托管业务介绍：2008年6月3日，经中国证监会（证监许可[2008]776号）和中国银监会批准，北京银行获得证券投资基金托管资格，正式加入托管银行的行列。

广东发展银行股份有限公司

法定名称	广东发展银行股份有限公司	法人代表	董建岳
获得托管资格时间	2009年5月4日	托管部负责人	禄金山
联系电话	010－6516 9565	公司网址	www.gdb.com.cn
注册地址	北京市东城区大华路2号	办公地址	广东省广州市农林下路83号

托管业务介绍：2009年5月，经中国证监会（证监许可[2009]363号）和中国银监会批准，广东发展银行获得证券投资基金托管资格，正式加入托管银行的行列。

上海银行股份有限公司

法定名称	上海银行股份有限公司	法人代表	宁黎明
获得托管资格时间	2009年8月18日	托管部负责人	廖海燕
联系电话	021–6847 5888	公司网址	www.bankofshanghai.com
注册地址	上海市银城中路168号	办公地址	上海市银城中路168号

托管业务介绍：2009年8月，经中国证监会（证监许可[2009]814号）和中国银监会批准，上海银行获得证券投资基金托管资格，正式加入托管银行的行列。

第三章

其他服务机构

Other Fund Service Providers

中国工商银行 INDUSTRIAL AND COMMERCIAL BANK OF CHINA | 大事记 MAJOR EVENTS

（基金代销业务）

2009年1月

工商银行推出第七批共71支基金定投产品。

2009年4月1日至2010年3月31日

工商银行继续开展“金融@家”个人网上银行基金申购费率优惠。

2009年5月18日至7月31日

工商银行开展“基金定投，伴你‘童’行”主题营销活动。

2009年7月

工商银行推出第八批共37支基金定投产品。

2009年8月27日

工商银行开办代理销售基金管理公司特定多个客户资产管理计划业务。

2010年1月

工商银行推出第九批共42支基金定投产品。

2010年1月至6月

工商银行与多家基金公司联合举办“投资理财知识普及万里行”大型公益活动。

2010年4月1日至2011年3月31日

工商银行继续开展“金融@家”个人电子银行基金申购费率优惠。

中国工商银行

INDUSTRIAL AND COMMERCIAL BANK OF CHINA

法定名称	中国工商银行股份有限公司	法人代表	姜建清
部门负责人	李卫平	办公地址	北京西城区复兴门内大街55号
获得基金代销资格时间	2001年8月31日	客服电话	95588
传真号码	010-6610 7914	公司网址	www.icbc.com.cn

2009年是在金融发展史上留下深刻印记的一年。这一年，全球金融业在应对历史罕见的危机中艰难跋涉，在深刻反省失衡的商业模式和金融秩序的痛苦思索中，推动金融体系的变革与结构调整，全球金融业正在发生深刻影响未来发展趋势的变化。工商银行在这场特大金融危机中虽不可能独善其身，但受益于中国政府积极应对危机的强有力政策措施，受益于中国银行业始终服务于实体经济的基本商业模式，也受益于工商银行一贯坚持的稳健经营方针和持续多年转型发展奠定的坚实基础，不仅幸运地避免了金融危机的直接冲击，而且成功化危为机获得了历史性的发展，成为全球市值、盈利、客户存款第一的上市银行。

业务概况

截至2009年末，工商银行拥有389,827名员工，16,394家境内外机构，为2.16亿个人客户与361万公司客户提供广泛而优质的金融产品和服务。

工商银行坚持用科学发展理念获取新的成长动力，着力通过改善经营结构、加强内部管理、推进创新发展，在严峻复杂的经营环境下保持了健康发展的良好势头，实现了较高的盈利增长。截至2009年末，工商银行总资产达117,850.53亿元，比上年末增长20.78%；总负债111,061.19亿元，较上年增长21.37%；在拨备覆盖率大幅提高至164.41%的情况下实现净利润1,293.50亿元，较上年增长16.37%；每股收益0.39元，加权平均净资产收益率为20.14%，分别较上年增长18.2%和提高0.75个百分点，均创历史新高；成本收入比为32.87%，保持在合理水平；不良贷款余额和不良贷款率连续第十个年头保持双下降，不良率降至1.54%；资本充足率和核心资本充足率分别为12.36%和9.90%，在业务快速发展过程中仍保持了较好的资本充足水平。

2009年，工商银行着力通过加快金融创新和经营转型，不断增强多元化、跨市场的竞争发展能力，不仅巩固了传统业务优势，而且在信用卡、电子银行、投资银行、资产托管、养老金和现金管理等绝大多数新兴业务领域进一步确立了国内领先地位。同时，工商银行把改进服务作为抓机遇、促发展的重要手段，着力通过加快科技和产品创新、推进渠道建设升级和服务模式变革，来提升服务品质，增强竞争客户、赢得市场的能力。IT第四代应用系统（NOVA+）建设进展顺利，科技领先优势进一步扩大；网点分层营销服务体系全面形成，客户服务更加精细化和个性化；电子银行业务替代率超过50%，服务质量和效率大幅提升。国际市场布局取得新的突破，收购了加拿大东亚银行70%的股权，对泰国ACL银行的自愿要约收购正在有序进行，合并诚兴银行和澳门分行成立工银澳门，河内分行开业，获得阿布扎比分行、马来西亚子银行经营牌照。目前，工商银行已在全球20个国家和地区设立了23家营业性机构，分支机构总数达到162家，全球服务能力显著增强。各境外机构在积极应对国际金融危机中加快业务创新和本土化经营，保持了健康快速发展态势。2009年，工商银行所有的境外机构不仅全部实现盈利，而且整体盈利水平有了较大提升。

个人金融业务

2009年，工商银行完善以客户为中心的经营管理体系，提升专业化经营水平，加快个人金融业务经营管理体制转型。推进个人金融业务与公司金融业务协同营销，增强交叉销售，提升产品客户渗透率。完善客户分层服务体系，实施服务精细化管理，扩展客户基础，提高中高端客户比重。加快个人融资服务、理财产品、银行卡等业务创新和推广，提升品牌影响力，推动个人金融业务协调发展。荣获《亚洲银行家》杂志“中国最佳大型零售银行”称号。2009年末，工商银行个人客户2.16亿个，其中，个人贷款客户580万个，储蓄存款和个人贷款馀额均列同业首位，市场份额分别为17.6%和19.3%。在个人理财业务领域，工商银行根据市场变化及时调整产品策略，加强产品和服务创新，完善收益水平分级、风险度互补、流动性嵌套的银行理财产品体系，提升理财服务水平，扩大个人理财市场领先优势。2009年，工商银行境内销售各类个人理财产品15,278亿元。积极推广投资于债券、票据、信贷款等低风险、收益稳定型理财产品；交替发行不同起始时间和期限的超短期理财产品，丰富“灵通快线”产品系列；完善客户分层服务，开发多款中高端客户专属理财产品；开展个人金融产品组合营销，推动个人理财业务与其他个人金融业务协同发展。全年个人银行类理财产品累计销售8,872亿元，比上年增长129.0%，保持同业领先地位。完善基金定投、“利添利”理财服务，推广基金专户理财，全年代理开放式基金销售4,878亿元，同业领先优势明显。深化与保险公司合作，提升“银保通”系统功能，全年代理个人保险销售724亿元，保持同业领先。代理国债销售804亿元，继续保持同业第一。

代销基金业务介绍

2001年8月31日，中国工商银行经中国人民银行和中国证监会批准获得了代销开放式基金业务资格。

2009年，中国工商银行代销的开放式基金涵盖了股票型基金、债券型基金、混合型基金、指数基金、保本基金、货币市场基金、LOFs、QDII、ETF联接等国内主要基金品种，可满足不同风险偏好客户的需求。

遍布全国的营业网点。中国工商银行36家分行的16,000多个营业网点均可为客户办理开放式基金购买和赎回等业务，为投资者提供最大的便利。

安全、稳定的电子银行。投资者通过电话银行95588或网上银行申购、赎回工商银行代销的各只开放式基金，尽享电子银行跨越时空的便捷。

先进的科技系统。中国工商银行在全国率行完成了数据大集中，并具有业界领先的基金业务系统，可及时准确无误地完成各项基金交易，让投资者具有安全放心的保证。

方便的基金净值查询系统。投资者可以光临工商银行各营业网点查询基金净值，更可以通过拨打95588电话银行或登录中国工商银行网站查询基金净值，对自己的资产状况了然于胸，方便了投资者理财。

代销基金产品概况

2009年，中国工商银行全行代理基金销售4,877.88亿元，基金存量达到5,220.74亿份（市值5,389.11亿元），基金客户数达到1,388.17万人，实现代理基金业务收入41.82亿元，在基金代销额、基金存量、业务收入和客户数量等多项指标上继续位居同业第一。

中国农业银行 AGRICULTURAL BANK OF CHINA

法定名称	中国农业银行股份有限公司	法人代表	项俊波
部门负责人	李庆萍	办公地址	北京市东城区建国门内大街69号
获得基金代销资格时间	2001年12月12日	客服电话	95599
传真号码	010-8510 9219	公司网址	www.abchina.com

基本情况

中国农业银行的前身最早可追溯至1951年成立的农业合作银行。上世纪70年代末以来，中国农业银行相继经历了国家专业银行、国有独资商业银行和国有控股商业银行等不同发展阶段。2009年1月15日，整体改制为股份有限公司。

2009年，中国农业银行全面推进业务经营转型，价值创造力、市场竞争力和风险控制力持续提升。年末总资产88,825.88亿元，各项存款74,976.18亿元，各项贷款41,381.87亿元，资本充足率10.07%，不良贷款率2.91%，全年实现净利润650.02亿元。中国农业银行秉承"诚信立业、稳健行远"的核心价值观和"客户至上、始终如一"的服务理念，充分发挥城乡联动优势，依托庞大的分支机构和电子化网络，向最广大客户提供全面、优质、高效的金融服务。

2009年，在《财富》杂志全球500强排名中，中国农业银行位列第155位；按2008年税前利润计，位列《银行家》杂志"世界银行1,000强"第8位。2009年穆迪信用评级为A1/稳定。

2010年7月15日和16日，中国农业银行分别在上海、香港两地挂牌上市，成功实现了全球资本市场历来最大规模的公开发行。

代销基金业务介绍

2001年，经中国人民银行，中国证监会批准，中国农业银行正式获得开放式基金代理销售业务资格。自开办基金代销业务以来，农业银行严格依据有关法规，积极稳妥推进基金代理销售工作，基金业务呈现稳步发展的态势，截至2010年6月末，已经有50家基金公司的600多只基金产品在农业银行上线，涵盖了股票型、混合型、债券型、保本型、货币型、LOF、ETF联接、创新封闭式基金、QDII基金等所有的基金类型，与华夏、嘉实、易方达、博时、南方、广发、大成、富国、汇添富、交银施罗德、景顺长城、兴业全球、农银汇理等位居市场前列的基金公司建立了广泛深入的合作关系。此外，为满足投资者多样化的投资需求，农业银行还提供多只券商集合计划和基金公司"一对多"专户理财产品的代理销售服务。

近年来，中国农业银行进一步加大了市场开拓力度，2010年5月，中国农业银行与15家基金公司建立了战略合作伙伴关系，在银基合作领域做出了积极的探索和尝试，进一步提升了农业银行的品牌形象，也推动着基金代理发行业务迈向新的发展阶段。上半年代理发行的农银汇理中小盘基金、工银瑞信中小盘基金和博时创业成长基金均取得了十分优异的发行成绩，受到基金市场的高度关注和一致好评，农业银行在基金发行市场的影响力与日俱增。与此同时，基金持续营销工作及基金定投业务继续保持健康平稳发展。2010年上半年，共代理销售基金534.5亿元，实现代理销售基金收入7.08亿元，同比增长95.0%，市场份额大幅提升。

投资者教育工作

2010年，中国农业银行携手国内多家知名基金公司精心打造了全新的高端品牌讲坛——“基金宝”财富讲坛，通过邀请知名专家学者在全国重点城市开展巡回演讲，分析经济热点，传播健康的投资理念，让客户紧密把握中国经济和资本市场的脉搏，实现财富保值增值。2010年1—6月份，中国农业银行与国海富兰克林、农银汇理、博时和大成基金分别在北京、上海、郑州和广州举办了四场“基金宝”财富讲坛，邀请巴曙松、龚方雄、曹凤岐等知名专家学者就宏观经济形势、资本市场热点和投资策略、个人财富配置和理财规划等投资者十分关注的问题进行了广泛讨论，共有1,400余名投资人现场参加到活动当中。同时，凤凰网对讲坛进行了全程视频直播，更多的投资人通过网络提问和互动参与到活动当中，受到广大投资人的普遍欢迎。

专业化服务

中国农业银行已建立了一支较高专业水准、为投资者高度负责的基金业务队伍和理财师团队，拥有一大批业务熟练、投资理财知识和经验较丰富的基金业务从业人员和9,650多名拥有AFP、CFP资格的理财师团队，可根据客户需求提供专业化的理财服务。为更好地为投资者提供投资咨询建议，中国农业银行建立了专门的投研团队，并与国际知名基金评价机构晨星公司共同推出了基金组合咨询服务，定期向投资者发布最新投研成果，为投资者的投资决策提供专业参考。中国农业银行通过网上银行、电子邮件和客服短信等多种渠道及时将最新的市场资讯和研究服务传递到投资者，并通过定期或不定期地举办理财沙龙、投资研讨会以及向中高端客户提供量体裁衣式的个性化服务，不断提升客户服务质量。

BANK OF CHINA

法定名称 注册资本	中国银行股份有限公司 2,538.39亿元人民币	法人代表 办公地址	肖　钢 北京西城区复兴门内大街1号
获得基金代销资格时间	2001年12月	部门负责人	梅非奇
联系电话 客服电话	010-6659 4587 95566	传真号码 公司网址	010-6659 4431 www.boc.cn

基本情况

1912年2月，经孙中山先生批准，中国银行正式成立。在中华人民共和国成立前的37年间，中国银行先后是当时的国家中央银行、国际汇兑银行和外贸专业银行。在动荡的历史年代，中国银行作为民族金融的支柱，以服务大众、振兴民族金融业为己任，稳健经营，锐意进取，各项业务取得了长足发展。新中国成立后，中国银行成为国家指定的外汇外贸专业银行，继续保持和发扬了顽强创业的企业精神，为国家对外经贸发展、开展经济建设作出了贡献。1994年，随着金融体制改革的深化，中国银行由外汇外贸专业银行向功能完善、服务全面的国有商业银行转化。

1994年和1995年，中国银行分别成为香港地区、澳门地区的发钞银行。2004年8月26日，中国银行股份有限公司在北京注册成立，中国银行成为国家控股的股份制商业银行，标志着中国银行向建立拥有良好公司治理机制的现代化股份制商业银行的目标迈出了一大步，中国银行历史翻开了新的一页。中国银行于2006年6月1日在香港联合交易所(股份代号：3988)上市，同年7月5日亦在上海证券交易所(股份代号：601988)挂牌上市，进一步扩大了中国银行在国际市场和国内市场的实力和影响力，为中国银行的百年品牌再添美誉。中国银行是国内主要金融服务提供商之一，业务范围涵盖商业银行、投资银行和保险领域，旗下有中银香港、中银国际、中银保险等控股金融机构。商业银行为中国银行的主营业务，包括公司金融、个人金融和金融市场等业务。目前，中国银行曾先后8次被《欧洲货币》评选为"中国最佳银行"和"中国最佳国内银行"，连续19年入选美国《财富》杂志"世界500强"企业，多次被《财资》评为"中国最佳国内银行"，被美国《环球金融》杂志评为"中国最佳贸易融资银行"及"中国最佳外汇银行"，被《远东经济评论》评为"中国地区产品服务10强企业"，被《亚洲风险》杂志评为2006年度"中国最佳银行"。在美国知名财经杂志《财富》与世界知名的管理咨询公司Hay(合益)集团合作评选的25家"最受赞赏的中国公司"中，中国银行榜上有名。在A+H资本市场整体上市后，中国银行荣获《投资者关系》"最佳IPO投资者关系奖"等多个重要奖项。按核心资本计算，2008年，中国银行在《银行家》公布的世界1000家大银行中排名第十位。2009年，中国银行荣获《亚洲金融》"中国最佳私人银行"奖项。

作为中国金融行业的百年品牌，中国银行在注重稳健经营的同时积极进取，不断创新，创造了国内银行业的许多第一，在国际结算、外汇资金和贸易融资等领域得到业界和客户的广泛认可和赞誉。中国银行是中国国际化程度最高的银行。1929年，中国银行在伦敦设立第一家海外分行，此后在世界各大金融中心相继开设分支机构，目前拥有遍布全球27个国家和地区的机构网络。中国银行在国内同业中率先引进国际管理技术人才和经营理念，不断向国际化一流大银行的目标迈进。作为北京2008年奥运会唯一的银行合作伙伴，中国银行为国内外客户提供高效优质的金融服务，宣传和普及奥运精神，促进本次体育盛会的圆满成功，从而极大地提升了该行企业形象和社会价值。

代销业务介绍

2001年12月，经中国人民银行和中国证监会批准，中国银行获得了开放式基金代销业务资格。9年来，中国银行代销业务持续、快速、健康发展。截至目前，中国银行共代销了53家客户的564只开放式基金和多只封闭式基金，多只券商集合理财计划和银行理财产品。中国银行2005年初代销的中信证券避险集合理财计划是国内银行代销同类产品的首批试水，树立了良好的市场形象；而2006年初由中国银行代销并托管的易方达基金公司深圳100ETF产品，是国内第一家银行参与ETF产品发行期间销售；2007年在发行期代销大成优选创新封闭式基金等，持续展示了中国银行的代销能力和创新精神；2008年中国银行推出了代销基金的网银交易和定期定额业务的申购费率优惠活动，满足了客户的需求，同时引导客户树立了长期投资的正确理念。

中国银行在坚持市场化发行、坚持以客户为中心、为客户提供良好理财服务理念的指引下，本着平等互利、实现双赢的原则，与一批品牌优良、经营稳健、具有发展潜力的多家基金管理公司和创新类券商建立了良好的合作伙伴关系。

在与基金行业共同发展的同时，中国银行致力于规范全员基金代销行为，加强风险控制，依法合规进行基金代销组织工作，积极配合有关监管部门的工作，严格自律，共同维护行业和客户的长远利益，促进基金行业的长远和可持续发展。中国银行在拓展基金代销业务工作中，不断总结经验，借鉴国外先进的营销模式，逐渐形成了中国银行基金代销的特色和核心竞争力：

一是与客户共同发展的理念和策略

中国银行致力于与优质基金管理公司和证券公司等建立长期战略伙伴关系，提供优质、高效、持久的一条龙服务；致力于与基金管理公司进行从产品的设计到营销方案、售后服务等全方位、全过程的合作，同时充分反映客户对基金和券商集合理财计划的投资需求。

二是遍布全国的销售和服务网络

中国银行目前可通过全国34家一级分行和直属分行，284家二级分行，10,000多个网点为客户提供代销服务，并可通过理财中心将代销的基金和券商集合理财产品贴身推介给客户，同时可提供差异化理财建议，实现理财服务与代销服务的有机结合。

三是优质的客户群体

在多年的经营中，中国银行拥有相当数量的实力雄厚、综合素质高、投资意识强的优质客户群体。

四是较高专业水准的营销队伍

中国银行内部托管、公司、零售、金融机构等部门整体联动营销，拥有一大批业务熟练、投资理财知识和经验较丰富的代销业务从业人员。

五是投资客户服务制度化

中国银行对基金及券商理财计划投资客户的服务工作已实现客户开发、客户维护和客户信息反馈工作系统化、一体化。中国银行通过定期或不定期地为投资客户举办投资研讨会、向客户提供咨询服务，以及向重点客户提供量体裁衣式的个性化服务，不断提高客户服务质量。此外，中国银行还积极致力于客户服务平台建设，通过理财中心、银行网点、电子银行等多渠道向投资客户提供贴身、便利服务。

2007年国际国内金融市场发生了较大的变化，中国银行及时根据市场环境，加大业务创新的力度。顺利完成了同智基金由"封闭式基金转开放式基金"的各项代销工作；与大成基金公司合作推出了银行端代销封闭式基金的新型销售模式。2008年国内A股市场出现了大幅度调整，上证指数在不到一年的时间里，下跌了4,000多点，基金业务量急剧萎缩，基金销售再度进入困难时期。针对市场环境的变化，本着为客户服务的态度，中行及时调整了销售策略，大力推进基金定期定额交易业务，在全行统一开展了定期定额的推广活动，取得了很好的效果。定期定额引导的强制投资、均衡投资和长期投资理念也获得了客户的认同、市场的认同。同时，通过推出代销基金的网银交易和定期定额业务的申购费率优惠活动，进一步降低了客户的投资成本，满足了客户的需求，鼓励客户树立长期投资的正确理念。中国银行开展了"好投"定期定投业务的品牌营销，并配合开展了广播、定投罗盘、客户营销等一系列活动，2010年,定期定额投资方式在中国银行基金交易中的比重呈快速上升的趋势。

目前，中国银行代销的基金产品则涵盖了股票型、混合型、债券型、保本型、货币型、指数型、LOF、ETF、创新封闭式基金、QDII基金等所有的基金类型，较好地满足了投资人对风险和收益不同偏好的差异化需求。

中国建设银行 China Construction Bank | 大事记 MAJOR EVENTS

（基金代销业务）

● 2010年是中国建设银行开办基金代理业务的第十年，是中国建设银行基金代理业务提升核心竞争力的重要一年。为应对日益激烈的同业竞争，统一该行对基金代理业务的认识，推动基金代理业务持续增长，明确2010年业务发展战略，中国建设银行在年初即制定《中国建设银行2010年基金代理业务发展指导意见》。

● 为深入做好投资者教育工作，提升客户服务水平，中国建设银行于2010年7月－12月联合中证报及第七届“金牛”基金获奖公司开展“金牛”基金系列巡讲活动。本次活动涉及17家分行和9家金牛基金管理公司，共举办巡讲20场次，每场由国内知名经济学家讲解宏观经济形势、金牛奖评委讲解基金理财专业知识、金牛基金经理介绍投资策略等，获得较好的社会反响。

● 2010年，中国建设银行行积极维护、拓展具有良好市场影响力的品牌基金公司，提高品牌基金公司主代销基金的首发规模，全年共代销各类基金114只，其中，主代销基金全部成功发行成立。

● 为进一步提升客户服务质量，强化中国建设银行代销基金“精品策略”，该行于2010年4月－12月开展基金持续营销活动。

● 基金定投是培养客户理性投资观念，从而吸引和固化优质客户的一条主要途径。2010年，中国建设银行着力打造“基金定投业务推广年”，在2010年9月－12月开展基金定投百日营销竞赛活动。

● 2010年，中国建设银行继续对证券业务相关应用系统进行优化，陆续推出新功能，同时，通过对基金产品销售服务流程的优化和标准化，建立客户风险承受能力与基金产品风险等级相匹配的销售模式，建立对客户基金资产组合的自动追踪、动态配置。

交通银行
BANK OF COMMUNICATIONS

法定名称	交通银行股份有限公司	法人代表	胡怀邦
注册资本	562.59亿元人民币	办公地址	上海市浦东新区银城中路188号
获得基金代销资格时间	2001年7月	个金部负责人	杨卫东
联系电话	021-5878 1234	传真号码	021-5840 8842
客服电话	95559	公司网址	www.bankcomm.com

基本情况

交通银行始建于1908年，是中国历史最悠久的银行之一，也是近代中国发钞行之一。交通银行先后于2005年6月和2007年5月在香港联交所、上交所挂牌上市，是中国2010年上海世博会的商业银行全球合作伙伴。根据英国《银行家》杂志公布的2009年全球1,000家银行排名，交通银行总资产排名位列第56位，一级资本排名位列第49位。

代销基金业务介绍

2001年7月，经中国人民银行和中国证监会批准，交通银行获得开放式基金认购、申购、赎回和注册登记代理业务资格，成为我国首家获得开放式基金代理业务资格的商业银行。

2008年，交通银行在基金代销业务上，坚持遵循“交银基金超市”的服务品牌和“用心给您更多”的服务理念，以市场为导向，以客户为中心，引入国际基金评级机构晨星资讯公司，推出“智慧选基”精选基金品牌，以国际化为标准，以科技化为手段，以品种与数量领先，在业内保持了相对优势地位。

2010年7月交通银行推出基金营养组合，基金营养组合是该行为沃德财富客户、交银理财客户推出的专享理财服务，针对不同风险承受能力的投资者，提供相适应的“智慧选基”基金营养组合，包括激进成长型、标准成长型、标准稳健型、保守稳健型、积极保守型、标准保守型六种经典基金营养组合。基金营养组合是基金销售模式的创新，在业内尚属首家。它是从资产配置的角度进行销售，从客户财富管理的角度合理配置基金产品，在分析客户需求和风险承受能力后，针对不同的客户推介相适合的基金组合，体现了交通银行“以客户为中心，将适合的产品销售给适合的客户”的销售原则。

2010年，交通银行根据证券市场不同时段的特点，成功代理发行了光大中小盘基金、鹏华信用增利债券基金、汇丰晋信低碳先锋基金、交银主题优选基金、工银双利债券基金、汇丰晋信消费红利基金等多只开放式基金，创造了当时基金市场上的多个“亮点”；在做好主代销基金发行工作的同时，交通银行还非常重视投资者教育和基金的持续营销工作，组织了多场大型的投资者教育活动和持续营销宣传，获得管理层、基金公司和投资者各方满意。

代销基金产品概况

截至2010年10月31日，交通银行与59家基金公司合作开办业务，共计代销773只开放式基金，是代销开放式基金品种最全、数量最多的商业银行之一。

法定名称	兴业银行股份有限公司	法人代表	高建平
注册资本	50亿元人民币	办公地址	福建省福州市湖东路154号
获得基金代销资格时间	2002年8月	联系电话	0591-87839338
客服电话	95561	公司网址	www.cib.com.cn

基本情况

兴业银行成立于1988年8月，是经国务院、中国人民银行批准成立的首批股份制商业银行之一，总行设在福建省福州市，2007年2月5日正式在上海证券交易所挂牌上市(股票代码：601166)，注册资本59.92亿元。

兴业银行主要经营范围包括：吸收公众存款；发放短期、中期和长期贷款；办理国内外结算；办理票据承兑与贴现；发行金融债券；代理发行、代理兑付、承销政府债券；买卖政府债券、金融债券；代理发行股票以外的有价证券；买卖、代理买卖股票以外的有价证券；资产托管业务；从事同业拆借；买卖、代理买卖外汇；结汇、售汇业务；从事银行卡业务；提供信用证服务及担保；代理收付款项及代理保险业务；提供保管箱服务；财务顾问、资信调查、咨询、见证业务；经中国银行业监督管理机构批准的其他业务。

开业二十三年来，兴业银行始终坚持与客户"同发展、共成长"和"服务源自真诚"的经营理念，致力于为客户提供全面、优质、高效的金融服务。截至2010年9月末，兴业银行资产总额为18,102.67亿元，股东权益为889.07亿元，不良贷款比率为0.48%。前9个月累计实现税后利润135.95亿元。根据英国《银行家》杂志2010年7月发布的全球银行1,000强排名，兴业银行按总资产排名列第93位，按一级资本排名97位。根据美国《福布斯》发布的2010全球上市公司2,000强排名，兴业银行综合排名第245位，在113家上榜的中国内地企业中排名第14位。

目前，兴业银行已在北京、上海、广州、深圳、南京、杭州、天津、沈阳、郑州、济南、重庆、武汉、成都、西安、福州、厦门、太原、昆明、长沙、宁波、温州、义乌、台州、东莞、佛山、无锡、南昌、合肥、乌鲁木齐、大连、青岛、南宁、哈尔滨、石家庄、呼和浩特、长春等全国主要城市设立了55家分行、552家分支机构；拥有全资控股金融租赁公司——兴业金融租赁有限责任公司；在上海、北京设有资金营运中心、信用卡中心、零售银行管理总部、资产托管部、银行合作服务中心、大客户部、投资银行部、期货金融部、基金金融部、贸易金融中心、可持续金融中心等总行经营性机构，建立了网上银行"在线兴业"(www.cib.com.cn)、电话银行"95561"和手机银行"无线兴业"(wap.cib.com.cn)，与全球1,000多家银行建立了代理行关系。

截至2010年9月末，兴业银行前十大股东依次为：福建省财政厅、恒生银行有限公司、新政泰达投资有限公司、福建烟草海晟投资管理有限公司、中粮集团有限公司、福建省龙岩市财政局、湖南中烟工业有限责任公司、内蒙古西水创业股份有限公司、易方达50指数证券投资基金、广发聚丰股票型证券投资基金。

代销基金业务介绍

2002年8月，经中国人民银行和中国证券监督管理委员会批准，兴业银行获得了开放式基金代理销售业务资格。近几年来兴业银行基金代销业务保持良好的发展态势，代销基金产品种类进一步丰富，基金超市业务发展迅速。

精选遴选代销基金。兴业银行建立了从合作基金公司选择、代销基金产品遴选、可行性研究、代销决策到具体执行的机制，加强了对基金公司及基金产品的研究力度，并且从各类投资者不同投资需求出发，主动寻找合作基金产品，丰富基金产品线，积极构筑基金精品超市。

完善渠道建设。兴业银行提供营业网点、7×24小时网上银行、金融自助通、银联通、电话银行等多种渠道，方便投资者购买基金产品，了解基金理财基本知识和基金公告信息等。其中，银联通互联网基金交易方式成为该行亮点，交易量发展迅猛，已为投资者提供近200只基金产品的网上优惠费率的全天候交易服务。

加强科技保障力度。为适应开放式基金代销业务发展的需要，并满足基金公司、广大投资者对基金销售的个性化服务需要，兴业银行对开放式基金代销系统进行了升级维护，以适应新增代销基金产品的需要。

加强基金培训。兴业银行为加强客户经理、柜面人员、客服人员等相关业务人员认对基金产品、基金知识的认识和掌握，以更好地服务于广大投资者，通过集中培训、电子视频会议系统等多渠道举办全行范围的基金专题知识培训。

代销基金产品概况

截至2009年12月31日，兴业银行累计代销168只开放式基金，2009年度累计代销基金61.19亿元，银联通基金销售55.70亿元。代销产品线涵盖了股票型基金、债券型基金、指数型基金、伞型基金、货币市场基金、保本基金等多种类型，为投资者提供了多样化的选择。

浦发银行
SPD BANK

法定名称	上海浦东发展银行股份有限公司	法人代表	吉晓辉
注册资本	88.3亿元人民币	办公地址	上海市中山东一路12号
获得基金代销资格时间	2002年7月	联系电话	021-61616196
客服电话	95528	公司网址	www.spdb.com.cn

基本情况

上海浦东发展银行股份有限公司（以下简称：浦发银行）是1992年8月28日经中国人民银行批准设立、1993年1月9日开业、1999年在上海证券交易所挂牌上市（股票交易代码：600000）的股份制商业银行，总行设在上海。目前，注册资本金88.3亿元。良好的业绩、诚信的声誉，使浦发银行成为中国证券市场中备受关注和尊敬的上市公司。

秉承"笃守诚信、创造卓越"的经营理念，浦发银行积极探索金融创新，资产规模持续扩大，经营实力不断增强。至2010年6月底，公司总资产规模达到17,812亿元，本外币贷款总额10,506亿元，各项存款总额14,446亿元，实现税后利润90.8亿元。在全国27个省、市、自治区，96座重点城市，设立了34家直属分行，600余家营业机构，在香港设立了代表处，员工21,877名，架构起全国性商业银行的经营服务格局。

上市以来，浦发银行连续多年被《亚洲周刊》评为"中国上市公司100强"；2009年5月获评英国《金融时报》全球市值500强企业第269位，跳升153 位，是最大升幅企业之一；2010年2月英国《银行家》杂志发布"全球金融品牌500强"榜单，浦发银行位居76位，居中国内地上榜银行第七位，成为国内银行中品牌价值增幅最高的银行，表现出良好的金融品牌价值；同年7月该杂志发布世界银行1,000强排名，浦发银行按核心资本排名第108位，按总资产规模排名第81位，稳居百强行列；2010年3月荣膺《亚洲银行家》"2005-2009亚洲地区最佳上市银行"，4月荣膺"2010年度中国最强银行"；6月荣膺《福布斯》中文版"中国品牌价值榜50强"第15位，在上榜银行中名列第6位。深耕金融服务的同时，浦发银行积极践行社会责任，致力于打造优秀企业公民。2008年6月评级研究机构Reputex（崇德）公布"中国十佳可持续发展企业"，浦发银行作为中国金融业唯一企业入选；10月浦发银行继2006-2007年蝉联上海美国商会"企业社会责任实践奖"，再度获评"2006-2008年度CSR持续成就特别奖"；2009年12月在"第六届中国最佳企业公民评选"活动中获得"2009年度中国最佳企业公民"大奖；2010年6月获得第五届"大众证券杯"中国上市公司竞争力公信力TOP10调查"最具社会责任上市公司"称号；7月蝉联A股上市公司社会责任报告评级银行业第二位；8月，获评"2010年联合国全球契约·中国企业社会责任"典范报告"奖。

浦发银行将继续推进金融创新，因时而变、顺势而为、乘势而上，以"新思维，心服务"为指引，努力建设成为具有核心竞争优势的现代金融服务企业。

代销基金业务介绍

浦发银行“基金精品屋”引导专业服务理念

浦发银行自2002年开办基金代销业务以来，为满足广大客户的投资要求，致力于与品牌基金公司的业务合作，大力推进各类优秀产品的代销，把基金业务作为一项长远的发展战略加以布置和落实，并坚持长抓不懈。截至2010年9月末，累计代销产品超过500只，产品销量稳步增长，销售人员持证覆盖率高，交易渠道逐渐从柜面延伸到电话银行、网上银行和手机银行，且开通了准7×24小时的交易服务，各类客户均可享受到相应的专业服务。在业务特色之路的探求需要下，在践行企业社会责任的感召下，浦发银行从2006年起全力打造“基金精品屋”，在构建基金超市的基础上，确立了“专业+便捷”为主打的差异化发展战略，体现“基金精品屋”的品牌效应。

回顾“基金精品屋”的发展历程：

（一）2006年，率先联合晨星资讯（中国），以第三方独立、客观的基金评级为切入点，为广大客户精选晨星四星以上基金产品，并在网上银行推出资讯与交易一体化的“基金精品屋·基金频道”，为客户提供一站式基金服务。

（二）2007年，在独立第三方评级基础上，集合研发团队的智慧，建立了自身的基金优选标准和流程，量化分析基金表现，针对不同风险偏好客户推出每月一期“基金精品屋·优中选优”，实现优质基金的二次筛选，让投资有的放矢。

（三）2008年，全面提升服务的品质，特邀12家品牌基金公司组建“基金精品屋·专家顾问团”，共同编写投资策略手册，开设专家顾问团专栏，发布市场投资观点，通过搭建服务平台，让客户受益于银行专业化理财服务。

（四）2009年，持续推进长期投资理念，在优中优选的基础上，大力宣传“基金精品屋·轻松定投”，针对不同客户需求和人生目标进行相匹配，细化了“快乐宝贝”、“财富快车”和“无忧一生”等定投理财计划，变单一的产品销售为通过财富规划服务来销售产品。

（五）2010年，为改变市场中基金销售存在的“有销售，无售后”的现状，提升基金服务水平和客户满意度，浦发银行推出了“基金精品屋·基金诊断”，为客户提供免费的一站式诊断规划及监控跟踪服务，科学的调整现有基金的配置，树立健康的投资理念。

经过几年的精耕细作，浦发银行“基金精品屋”品牌在业内和客户中获得较好的评价，并在2007年获得了世界经理人杂志评选的“2007年度中国最值得信赖的银行理财产品特别奖”。让客户真正受益于银行专业化的理财服务，让老百姓投资理财的过程变得轻松，“专业＋便捷”的品牌内涵一直是浦发银行长期不懈追求的目标。在提升基金专业服务的同时，浦发银行还积极贯彻“笃守诚信、创造卓越”的经营宗旨，将基金业务发展和社会责任紧密结合，积极贯彻落实监管要求，主动做好客户销售适应性工作和开展形式多样的投资者教育工作，着力提高全民的理财意识和能力。

中国邮政储蓄银行 | 大事记
POSTAL SAVINGS BANK OF CHINA | MAJOR EVENTS

（基金代销业务）

2009年9月

邮储银行开办代理销售基金管理公司特定多个客户资产管理计划业务。

2009年12月

邮储银行首只托管基金“中欧中小盘”募集结束。

2010年1月

邮储银行网上基金交易系统“理财通”系统上线。

2010年1月4日至6月30日

邮储银行开展网上申购基金费率4折优惠活动。

2010年6月

邮储银行第二只托管基金“长信中短债”募集结束。

邮储银行个人网银上线，客户可在理财通系统和个人网银系统购买基金。

中国邮政储蓄银行
POSTAL SAVINGS BANK OF CHINA

法定名称	中国邮政储蓄银行有限责任公司	法人代表	刘安东
注册资本	300亿元人民币	办公地址	北京市西城区金融街3号A座
获得基金代销资格时间	2006年8月	客服电话	95580
传真号码	010-6885 8117	公司网址	www.psbc.com

基本情况

中国邮政储蓄银行成立于2007年3月，是在改革邮政储蓄管理体制的基础上组建的全功能商业银行，其前身是1986年恢复开办的邮政储蓄。

经过多年发展，中国邮政储蓄银行已建成国内网络覆盖最广、网点规模最大的商业银行。现拥有37,000多个网点，28,700多台ATM，并建有95580全国统一客户服务中心和网上银行系统，服务触角遍及广袤城乡。截至2010年9月末，本外币账户数逾8亿户，绿卡账户数3.9亿户，总资产规模超过3万亿元。

目前，中国邮政储蓄银行除开办传统的储蓄、国内汇兑、国际汇款、银行卡业务、代收付等基础金融服务外，还相继开办了小额贷款、商务贷款、住房贷款、信用卡、理财、网购支付、结售汇、多币种外币存款等服务个人客户的新业务，以及公司存款、结算、票据贴现、债券投资、资产托管、小企业贷款、公司流动贷款、固定资产贷款、项目贷款、贸易结算等服务公司客户的业务，是我国金融服务领域的一支重要力量。

今后，中国邮政储蓄银行将不断丰富业务品种，不断拓宽营销渠道，不断完善服务功能，为广大客户提供更全面、更便捷的金融服务，努力将自身建设成一家资本充足、内控严密、营运安全、功能齐全、竞争力强的现代化商业银行。

代销基金业务介绍

2006年8月，经中国证券监督管理委员会和中国银行业监督管理委员会批准，中国邮政储蓄银行获得了开放式证券投资基金代销业务资格。四年多来，中国邮政储蓄银行始终坚持以客户利益为中心，逐步稳健推进代销基金业务发展。截至2010年9月，累计代销了40多家基金管理公司的270多只开放式基金。

中国邮政储蓄银行严格遵守法律法规，按照监管部门要求，不断推进人员建设，加强风险控制，规范基金代销业务。该行坚持合法合规的业务发展原则，依托“邮银理财”品牌的发展战略和广泛的客户群体，不断吸纳行业先进经验，逐步形成了独具特色的基金代销业务模式：

广阔的网点覆盖。中国邮政储蓄银行拥有遍布全国城乡的36,000多个营业网点，是投资者身边的银行，能够为客户提供包括基金在内的多种投资理财服务。

便捷的电子渠道。中国邮政储蓄银行开通了个人网银、电话银行等多种电子自助渠道，可办理基金认购、申购、赎回等业务，同时还开展网上申购优惠活动，为客户提供方便优惠的基金服务。

持续的优惠活动。为了更好地服务于投资者，中国邮政储蓄银行大力推广基金定投业务，开展基金定期定额申购费率长期8折优惠活动。同时开展了网上申购费率优惠活动，涵盖多家多只基金产品。

优质的品牌服务。中国邮政储蓄银行不断加强研究，严格服务标准，为投资者提供量身定制的理财规划服务，努力打造优质的服务品牌。该行始终坚持以客户利益为中心，按照监管部门的要求积极开展投资者教育工作，通过各类投资者交流会，理财报告会和理财客户节活动，不断宣传普及基金理财知识，为推动我国基金行业的发展发挥应有的作用。

作为一家新成立的全国范围全功能性商业银行，中国邮政储蓄银行始终秉承“进步与您同步”的发展理念，始终坚持以客户利益为中心的价值观，努力为客户提供专业、安全、便捷、贴心的基金投资理财服务。

上海银行
Bank of Shanghai

法定名称	上海银行股份有限公司	法人代表	宁黎明
注册资本	42.34亿元人民币	获得基金代销资格时间	2005年1月10日
联系电话	021-68475888	客服电话	021-962888
公司网址	www.bankofshanghai.com		
办公地址	中国上海市银城中路168号		

基本情况

上海银行成立于1995年12月29日，是一家由上海市国有股份、中资法人股份、外资股份及众多个人股份共同组成的新型的股份制商业银行，总行位于上海。

上海银行以服务地方经济、服务中小企业、服务市民为特色，以"点滴用心、相伴成长"为服务理念，稳健经营，规范管理，获得了良好的社会效益和经济效益，成为我国银行体系中最具生机和活力的商业银行之一。

2009年，面对国际金融危机的挑战，上海银行认真落实国家宏观政策和监管要求，开拓进取、稳健务实，促增长、调结构、抓渠道、防风险、强基础、迎世博、聚合力，各项经营管理工作推进有序、有力、有节奏，圆满完成了年度经营计划和各项工作任务。截至2009年12月31日，上海银行总资产为4,660.39亿元，存款总额为3,334.21亿元、贷款总额为2,447.04亿元；总负债为4,445.27亿元；全年实现利润总额40.78亿元；资产收益率为0.87%；五级分类后三类不良贷款余额38.91亿元；不良贷款率1.59%；资本充足率10.29%；核心资本充足率8.47%；拨备覆盖率达168.82%。截至2009年底，全行共有31家分支机构，231家营业网点，120家自助银行，员工7,688人；在南京、天津、杭州、宁波、成都、深圳、北京等地分别设立了7家分行。

在经营业绩取得进步的同时，上海银行的品牌形象和市场地位获得进一步提升：在英国《银行家》公布的"全球前1,000家银行"中，按一级资本排序，位列全球银行业第256位；在《亚洲银行家》公布的"2009亚洲银行家300强"规模排行榜中，位列第78位；在"亚洲商业银行竞争力综合排名"中，位列第35位。

代销基金业务介绍

2005年1月10日，经中国证券监督管理委员会批准，上海银行获得开放式证券投资基金代理销售资格。此后，上海银行基金代销业务持续、快速、健康发展。截止2009年底，该行已代销了23家基金管理公司的145只基金产品，代销的开放式基金品种涵盖了股票型、混合型、债券型、指数型、保本型、QDII型、货币型等基金类型，产品系列基本形成，满足不同客户多元化的投资需求。

上海银行一直坚持"基金精品"发展战略，几年来先后与国内多家品牌优良、经营稳健、具有发展潜力的基金管理公司建立了合作伙伴关系。基金销售人员的专业理财素质是上海银行走基金精品路线的基本保障。2009年度上海银行个人金融专业化队伍不断充实壮大，专业化水平得到进一步提升，并建立起了一支由330余名具有国际金融理财师(CFP)、金融理财师(AFP)和注册财务策划师(RFP)等专业理财资格的理财师团队。2009年，该行客户经理与理财中心服务团队获评上海市第六届"十佳理财之星"、"十佳理财团队"、上海证券报2009第三届中国"金理财-全国十佳理财师"、"金理财-全国十佳理财中心"等荣誉称号。同时，上海银行积极致力于客户服务平台建设。通过慧通理财中心、慧通理财专柜、电子银行、电话银行等多渠道，向投资客户提供安全、快捷、便利服务。

加强投资者基金投资风险教育一直是该行近年来的工作重心之一。通过投资者风险教育手册、VIP客户投资理财专题沙龙、组织投资者参加投资策略报告会等多种方式，上海银行正不断引导投资者树立正确投资理念。

CITICS 中信建投证券有限责任公司
CHINA SECURITIES CO.,LTD.

法定名称	中信建投证券有限责任公司	法人代表	张佑君
注册资本	27亿元人民币	办公地址	北京市朝阳区安定路66号4号楼
获得基金代销资格时间	2005年12月	基金销售部负责人	周志钢
联系电话	400-8888-108	传真号码	010-6518 2261
客服电话	400-8888-108	公司网址	www.csc108.com

基本情况

中信建投证券是最早获得基金代销资格的两家券商之一，一贯秉承“规范化、市场化、专业化”的宗旨开展基金代销业务，最早在业内设立专门的基金销售服务部门负责基金代销业务，力求达到代销品种齐全、交易便捷、服务专业，始终坚持客户利益至上，以服务创新积极推进服务水平的提升和完善，与行业共同成长。

代销基金的数量和规模

中信建投证券是全国大型证券公司，代销基金产品覆盖全部管理公司，是国内代销基金产品最多的代销机构之一。

中信建投证券在证券公司中率先代销基金“一对多”专户理财产品，截至2010年12月，中信建投证券共计代销发行16只基金一对多产品，在券商中保持最多，并且代表券商打破了银行对基金“一对多”专户理财业务的垄断。中信建投证券精心打造每一款基金专户产品，与基金公司一起打造专户品牌，成为了具有竞争力品牌业务。

中信建投证券保持代销品种丰富的同时，并且在基金代销总规模上也一直保持在券商的前列，成为一家同时在基金公募业务与专户业务上具有相当市场影响力的证券公司。

技术投入与创新

率先将销售适用性原则在代销系统中应用

中信建投证券始终坚持“规范化、市场化、专业化”的基金业务发展原则，把“规范化”放在首位。根据中国证监会《证券投资基金销售适用性指导意见》和《证券投资基金销售业务信息管理平台管理规定》等相关法规，公司已经严格按照法规要求，于2008年初率先在业内实现了基金风险评价揭示、客户风险承受能力调查评价及建立对于基金产品风险和基金投资人风险承受能力的匹配检验，从而在销售适用性方面保护了投资者的利益。

率先开发智能定投系统，率先开展定投优惠活动

作为第一家推出网上交易费率优惠的券商，中信建投证券针对2008年市场振荡的特点，自主研发并率先推出了智能定投系统，改变了单一扣款期限的模式，并且可以让客户自由选择“按周扣款”、“按月扣款”，自由选择扣款日期，加大了客户的灵活性；同时，在系统中，客户可以较为方便地定义定投用途，如“幸福养老”、“子女教育”、“家庭置业”、“我爱我车”、“孝敬父母”、“周游列国”等，让客户更加便捷地进行投资管理。

2008年7月，中信建投证券经中国证监会许可，成为首家开展基金定时定额申购优惠的券商，给客户带来方便的同时，也给客户带来了实惠。

● 率先开发定时定额赎回系统

针对固定期限归还房贷等具有共性的人性化需求，中信建投证券锐意创新，在业内率先开发定时定额赎回系统，最大程度地满足了客户兼顾流动性管理和优化投资效益的双重需求。

● 日常持续的技术投入

中信建投证券注重代销技术系统的安全性、稳定性，持续不断地进行系统硬软件投入和系统安全性投入，并且完善了日常的数据备份、系统管理等各个环节。目前，中信建投证券基金代销系统同时与全部基金注册登记系统连通，代销全部基金公司产品，并在2010年度实现了安全、平稳运营。

另外，中信建投证券还积极致力于技术流程优化工作，主动与各注册登记机构联系，经过长时期的努力，在数据传输领域实现了从传统拨号方式向综合数据交换平台方式的切换，为提升全行业技术信息化水平做出了自己的贡献。

人员投入情况

● 独立的部门建制

中信建投证券高度重视基金代销业务，成立了独立运作的“基金销售服务部”，基金销售服务部独立于公司经纪业务管理部门、机构业务管理部门和研究部门，在各营业网点设置专门的岗位，实施对公司基金代销业务的统一管理，加强上下沟通，开创了行业的先河。

● 代销网点

中信建投证券作为大型全国性证券公司，目前在全国20多个省市的70个大中城市设有营业网点共计120个，历年来各项经营指标稳居全行业前列。公司全部网点开展基金代销业务。

投资者教育

● 投资者理财课堂

中信建投证券高度注重投资者教育工作，多数营业部都坚持常年开展周末基金理财讲座、基金沙龙等活动，全公司全年组织各类基金报告会超过100场，涉及客户数十万人次。

● 基金宣传品

中信建投证券高度重视基金宣传材料，一方面从中国证券业协会订购了大量“基金投资者手册”分发给客户；另一方面，针对客户特点，公司每年都统一印制包括基金宣传折页、知识手册等各类基金宣传品，保证全系统基金代销业务的规范、健康开展。近年来公司印制相关宣传材料近百万份，取得了良好的教育效果。

● 服务品牌建立推广

长期以来，中信建投证券在致力于业务开展的同时注重品牌建设，每年都开展多种形式的基金营销推广活动，积极参与中国证监会、证券业协会以及证券交易所的各种活动，追求代销业务“品种更齐全，交易更便捷，服务更专业”的执业目标，全力打造“基金理财好顾问”的基金代销业务服务品牌，2010年公司在“基金理财好顾问”的基础上，延伸出“品种丰富基金超市”、“爱心无限智能定投”、“尊贵荣耀基金专户”等子品牌，丰富了品牌内涵，在业内形成了良好的口碑。

毕马威中国

基本情况

毕马威国际

毕马威是全球性的专业服务机构，成员遍布全球146个国家，逾750个城市的成员机构共拥有员工逾140,000人，客户包括国际著名的跨国公司、大企业、大财团和金融机构。毕马威所发布的专业评论和意见受到国际金融市场中的机构投资者、投资基金经理、投资银行及各中介机构的高度关注和重视。金融服务专业队伍是毕马威最具规模、实力最雄厚的行业专责服务队伍，在全球约有21,000名专业人员，负责为20,000多家金融机构提供专业服务。

毕马威中国

毕马威会计师事务所是经财政部批准首家进入中国市场的国际会计师事务所，毕马威中国在北京、沈阳、青岛、上海、南京、成都、杭州、广州、福州、厦门、深圳、香港特别行政区和澳门特别行政区共设有十三家分公司(包括毕马威企业咨询(中国)有限公司)，由超过300名具有丰富经验的合伙人和总监领导，专业人员超过9,000名，其中大部分专业人员具有中国或国际认可的会计师执业资格。毕马威审计37%的香港100大上市公司、21%的内地10大上市公司(按市值计算)，并为多家国有大中型企业提供审计以及咨询服务，在服务大型企业及金融企业方面处于领先地位，实力毋庸置疑。

业务介绍

毕马威的金融服务业务在中国、亚太地区乃至全球一直居于市场的领先地位。金融服务专业队伍是全球毕马威中最具规模、实力最雄厚的行业专责服务队伍。

毕马威在金融服务业享有很高的声誉，在金融服务业拥有的广泛的客户群是毕马威的宝贵资源，这使毕马威积累了丰富的为金融业客户提供专业服务的经验。毕马威为全球100大(按市值计算)金融机构的四分之三提供专业服务，其中毕马威提供审计服务的金融客户包括全球500大银行中的134家，以及全球100大保险公司当中的26家。毕马威全球金融机构客户总数超过20,000家，包括业内领先的基金公司、对冲基金公司、资产管理公司、银行、证券公司以及保险公司等。毕马威的一大优势是有着按服务的行业类别划分业务部门，从而拥有特定行业丰富的专业经验。毕马威有广泛的基金管理业客户群。毕马威在提供审计服务的同时，会从管理层的角度去思考营运问题，并借助与其他业内领先者的合作经验提供有建设性的专业意见。

在国内金融业审计服务市场中，毕马威同样以其优质的服务品质赢得了客户的认可。除了为全球金融客户提供本地服务外，毕马威在本地金融服务业也占据相当的市场份额。截至2010年8月31日，本所在为国内A股上市金融机构提供审计服务的市场份额(按市值计算)为24.5%。毕马威中国具有中国财政部和中国证券监督管理委员会认定的从事证券期货相关业务的资格，目前，毕马威在国内基金管理行业可提供的服务包括：证券投资基金验资和审计、基金管理公司验资和审计、基金管理公司申请筹建或开业申请材料的审阅服务、基金管理公司内部控制制度审阅、信息技术内部审计服务、业务持续经营咨询服务、信息安全咨询服务、信息系统治理咨询服务、信息技术风险评估和诊断审阅、信息技术认证(如SAS70)、全球投资业绩标准(GIPS)验证服务、金融风险评估及分析服务、对金融衍生工具、银行间债券估值提供协助和咨询服务、直接和间接税务规划、税务合规和调查和转移定价咨询。

多年来，毕马威一直与银监会、中国人民银行、财政部以及证监会等监管机构保持着密切沟通，并与监管机构分享自身的专业经验。毕马威曾委派资深合伙人先后担任银监会及证监会的顾问，对监管机构出台的多项政策提供咨询和建议，毕马威也多次受邀请向监管机构提供专题培训和提供咨询服务。另外，毕马威亦经常与财政部、证监会讨论会计制度的修订、《国际财务报告准则》的应用问题，并多次为《金融企业会计制度》等制度的修订提供专业性意见。

毕马威在对国内外金融业客户提供多种服务的过程中，积累和总结了丰富的金融业专门知识，对金融业有着深入的认识，不但熟悉国际金融业的业务运作，还拥有丰富的国内金融业专业知识，能够透过所提供的服务与客户分享毕马威在行业最佳操作模式方面的知识，并协助客户建立竞争优势。毕马威为金融业客户提供的专业知识资料库内容包罗万象，其中包括：

- 有关行业概况的最新刊物：毕马威的分析员和评论员通过所掌握的丰富资源，每个季度针对影响金融业、证券业、投资银行业和资产管理的重大事件提供总结和分析，例如中国证券业调查报告、中国信托业调查报告等
- 《金融前沿系列》：聚集了来自毕马威全球网络的专业人才的卓见，探讨现在和未来金融业的趋势和发展
- 金融业研究报告和网页：载有金融机构的业绩表现概要

更深入了解毕马威中国及全球业务
请登陆毕马威中国网站www.kpmg.com.cn或毕马威国际网站www.kpmg.com

德勤中国金融服务行业（GFSI）

基本情况

中国金融服务行业在最近若干年经历了许多巨大的变化。一些银行和保险公司已经或者计划在国内或国外资本市场上公开发行上市。从2006年底开始，依据中国在加入世界贸易组织时所做出的承诺，中国银行业全面对外开放，国内银行业由此面临了许多新的机遇和挑战。一些中国金融企业雄心勃勃，开始积极调整战略，准备进入海外市场。肇端于2008年美国次级贷款危机的全球金融市场动荡不可避免地给中国金融行业带来冲击，同时也表明完善的风险管理体系对金融行业的重要性。创业板的开放使国内资本市场更加活跃。新的全球金融秩序、日益增长的行业整合、更加严格的监管和合规要求，以及不断变化的国内国际金融市场，使中国金融服务行业的领导人面临着诸多复杂的问题。

德勤全球金融服务行业(GFSI)团队能为面临着这些复杂问题的中国金融企业提供定制的具体解决方案。德勤全球金融服务行业是由德勤金融行业的合伙人和专业人士组成的全球性网络，德勤为世界上的主要金融机构提供专业知识和经验，并通过GFSI与同事分享这些知识和经验。所有服务通过德勤的成员提供，GFSI拥有金融服务业的最佳实务和行业认可的领先理念。德勤深刻了解变革对中国金融服务行业带来的影响，并且时刻关注客户的需求，无论客户是在银行业、保险业或者投资管理行业。

德勤对行业的深刻了解

● 银行和证券行业

在提供专业化服务协助银行与证券客户制定战略并发展技术专长方面，德勤是公认的领先机构——提供个性化的解决方案，从审计与税务服务、风险服务、合规与监管服务至企业转型各方面(包括战略与运营、人力资本、企业应用软件与技术整合)等众多领域。德勤的客户包括国有银行、政策性银行、合资银行、城市与农村商业银行以及在中国大陆与香港/澳门特别行政区运营的外资银行；还为财务公司、租赁公司、证券公司与投资银行提供审计或咨询服务。在德勤全球金融服务行业网络的支持下，并且由于德勤植根于中国数十年，德勤的银行服务与证券专业人士都是行业老将，他们能将行业经验、知识与职能专长结合起来，协助解决目前金融机构面临的复杂问题。

● 保险业

德勤对中国保险业的发展信心十足。作为向保险业提供专业服务的领先机构，德勤与客户共同解决因全球化、技术进步、监管变革、竞争以及不断变化的客户需求所产生的一系列关键问题。德勤将精深的行业知识与技术专长结合起来，针对我们客户的需求提供服务。就全球而言，德勤是全球第二大精算保险咨询公司，为全球前20大保险公司的18家提供服务。在中国，德勤为该行业众多最大、最知名的公司提供服务。

● 投资管理行业

德勤投资管理专业人士为擅长投资管理行业各个领域的多个不同机构提供服务，包括财富管理公司、投资基金、资产管理公司、私募股权公司、主权财富基金和社会保障基金。德勤全球投资管理小组由4,000多名合伙人、经理和员工组成，为众多投资管理公司提供审计和咨询、税务、企业风险管理、监管法规和企业管理咨询等全方位服务。德勤具备遍布全球的资源和服务能力，同时熟知本土市场和个人需求；德勤解决问题的方式能为客户开拓新的业务机会，提供新颖的解决方案，从而给客户带来强有力的竞争优势。

德勤为客户提供全方位的服务

在国内领先的专业服务机构中，德勤是唯一一家全方位结合审计和咨询专业服务能力的机构。德勤的专业服务包括审计、企业风险管理、财务咨询、企业管理咨询和税务五大类别。在每一大项服务类别下面包含针对金融行业客户的具体解决方案。

审 计

德勤已经帮助许多金融企业在海内外多个资本市场融资，或帮助他们同时在不同的市场上市，或协助他们在上市的同时进行私募。德勤的专家小组不仅协助公司在中国A股和B股市场以及中国香港地区和美国市场上市，同时还为他们提供上市后的支持。德勤在服务大型国有金融企业重组上市方面的能力和经验使德勤赢得了包括国有“四大”商业银行和大型股份制商业银行在内的优质客户。自1993年以来，德勤担任了《会计法》以及中国会计准则和会计制度制定、修订的唯一外方顾问，为中国会计准则的发展贡献了绵薄之力。德勤亦拥有国际会计准则领域公认的专家，他们参与撰写了国际会计准则第39章：“金融工具(Financial Instruments)：确认与计量”。德勤为包括大型国有商业银行、股份制商业银行、外资法人银行在内的各类金融机构提供了新会计准则转换咨询服务，也为包括城市商业银行、外资法人银行在内的多家商业银行提供了国际财务报告准则转换咨询服务，对于准则转换积累了丰富的服务经验，建立了德勤独有的准则转换方法论。

企业风险管理服务

风险管理已经成为金融机构尤为关注的重点，这不仅有来自诸如巴塞尔新资本协议的监管行动方案的要求，还有来自企业自发的需求，即通过高效的风险衡量与管理渡过当前全球金融市场的困境。通过使用尖端的工具与方法，德勤全球金融服务业企业风险管理专家可以提高客户风险管理系统与流程的可靠性。德勤在金融服务行业的企业风险管理服务小组由风险经理、交易商、投资经理、监管人员、中间部门专家、运营经理以及信息技术应用专家构成。德勤为客户制定并实施企业范围内的量化方法以管理市场、运营与信贷方面的相关风险。德勤的资本市场服务团队通过采用动态解决方案可以帮助客户提高其风险衡量与管理水平，同时满足合规性需求。动态解决方案将定性与定量的风险衡量技术整合起来，并融入到完善高效的风险管理治理结构与流程中。

德勤拥有数据与建模方面的资深专业人士与业务专家，可以协助客户进行早期的数据治理、数据质量清洗与管理，以及开发、验证并校准高效运营的违约概率、违约损失率、违约敞口与经济资本模型。德勤还可以协助客户制定并/或调整高级衡量法模型以管理操作风险。德勤建模解决方案不仅建立在业务的定性评估基础上，亦建立在数据密集的定量分析流程基础上，得到了各个行政辖区的行业与监管机构的验证与认可。

财务咨询

德勤中国金融服务行业的财务咨询服务团队为商业周期各个阶段提供综合的战略和财务咨询服务。德勤的专业人士致力于为客户提供企业财务顾问服务、财务调查与司法服务、并购交易服务、企业重组服务和估值咨询服务。企业财务顾问服务团队主要为中型公司提供公司财务交易方面的咨询服务，填补了中型国际投资银行留下的空白。财务调查和司法服务团队则帮助金融企业、政府和监管机构有效应对欺诈威胁或复杂的商业争端，重点关注客户的声誉保护、资产追回和资产保护。德勤的并购交易服务专业人士善于评估投资机会，提供客户及时有效做出商业和投资决策所需的咨询服务和专业支持。同时为公司交易的每个阶段提供指引和支持，帮助交易过程顺利完成。重组服务指借助德勤的专业知识和专家团队为经营不善的公司及其股东提供相关服务，与客户、他们的股东和债权人共同努力，最大限度地提高回报率。估值咨询服务涉及运用有效的方法评估目标公司的价值从而进行交易定价，并识别支撑现有投资或收购目标业绩表现的关键价值驱动因素。

管理咨询

从全球角度而言，德勤是全球最大的综合性管理咨询机构和最大的战略咨询公司。在中国，德勤企业管理咨询是商业咨询服务领域公认的领先服务机构。德勤荣获"10大咨询顾问公司"的称号，还被誉为"中国CFO最值得信赖的咨询服务机构"。德勤咨询在国内拥有一支实力强大的、专门服务于金融业的专业咨询服务团队，尤其在银行业的战略制定、流程梳理、人力资源管理、信息系统咨询方面经验丰富，能够运用德勤咨询在长期的咨询服务实践和研究中形成的独特的银行业管理咨询工具和方法论帮助客户解决面临的问题，并协助客户完成项目成果的有效实施。德勤企业管理咨询定位于为中国金融服务行业提供以下服务：风险与资本管理(RM)、财务管理转型(FMT)、治理与监管合规(GRC)、技术集成咨询服务(TI)与人力资本咨询服务(HCAS)。德勤咨询在国内的客户涵盖多家大中型银行、证券公司、保险公司与资产管理公司。

税 务

中国金融业的对外开放为外资金融机构进入国内市场带来了境内投资的重大机遇。另一方面，具备充足外汇储备的中国本土银行亦顶着来自国外机构巨大的竞争压力进军境外市场。德勤全球金融服务业税务小组可以帮助国内外银行清除其在日益变化的税务环境中所面临的潜在障碍并实现其经营目标。他们在金融行业的税务服务包括境内外投资税务服务、并购税务服务、转让定价、税务合规咨询等。

德勤全球及德勤中国金融服务行业纵览

德勤全球金融服务行业

在超过40个国家开展业务

由约1,850名专职合伙人和超过19,300名专业人士组成的全球网络

为金融行业客户提供包括审计、税务、管理咨询和财务咨询在内的全面专业服务

在按照市值排名的全球顶尖金融企业中，德勤为：

25%的排名前20大公司、 23%的排名前50大公司

21%的排名前100大公司、19%的全球250家最大的金融公司提供审计服务

德勤全球金融服务行业为约83%的名列财富500强的金融企业提供服务

德勤中国金融服务行业

德勤的中国金融服务行业团队由近800位专业人士组成，其中包括超过70位合伙人

享有全球资源的本地专业人士，并得到全球金融服务业务中居住在香港及中国大陆的众多海外合伙人的协助

德勤在香港地区的团队是德勤全球金融服务行业亚太地区的卓越中心之一

在中国大陆和香港地区的顶尖金融公司中，德勤为以下企业提供专业服务：

国有"四大"商业银行、最大的股份制专业银行

三家政策性银行中的两家、若干家股份制商业银行和城市及农村商业银行

中国大陆最大的证券公司、中国大陆四家最大的国有资产管理公司中的两家

中国大陆四家最大的保险公司中的两家、香港三家最大型跨国证券／经纪公司

全球最大十家银行中的七家在香港的分支行

联系我们

王鹏程博士　德勤中国金融服务行业联席领导人(北京)

刘明华女士　德勤中国金融服务行业联席领导人(上海)

北京市天元律师事务所

法定名称	北京市天元律师事务所
办公地址	北京市西城区金融大街35号国际企业大厦C座11层
联系电话	010-8809 2188　　传真号码：010-8809 2150
公司网址	www.tylaw.com.cn

[基本情况]

北京市天元律师事务所创建于1992年，是中国最早的合伙制律师事务所之一。

天元律师事务所总部位于北京，并在上海浦东设有分所。

[基金业务介绍]

● **历史业绩**：该所是最早开始涉足证券投资基金业务的律师事务所之一，自2001年开放式证券投资基金刚刚出现时即开始从事相关的法律业务，参与了多只开放式基金的设立募集工作，并与多家基金管理公司建立了长期的友好合作关系，正在提供或曾经提供的法律服务如下：

易方达基金管理有限公司：①担任募集易方达平稳增长证券投资基金的专项法律顾问；②担任募集易方达策略成长证券投资基金的专项法律顾问；③担任募集易方达50指数证券投资基金的专项法律顾问；④担任募集易方达积极成长证券投资基金的专项法律顾问；⑤担任募集易方达月月收益中短期债券投资基金的专项法律顾问；⑥担任募集易方达价值精选股票型证券投资基金的专项法律顾问；⑦担任募集易方达增强回报债券型证券投资基金的专项法律顾问；⑧担任易方达科汇证券投资基金“封转开”的专项法律顾问；⑨担任易方达科翔证券投资基金“封转开”的专项法律顾问。

华夏基金管理有限公司：①担任募集华夏回报证券投资基金的专项法律顾问；②担任募集华夏大盘精选证券投资基金的专项法律顾问；③担任募集华夏优势增长股票型证券投资基金的专项法律顾问；④担任募集华夏全球精选股票型证券投资基金(QDII)的专项法律顾问；⑤担任募集华夏复兴股票型证券投资基金的专项法律顾问；⑥担任国内首支封闭式基金转为开放式基金(兴业证券投资基金转型)的专项法律顾问；⑦担任兴科证券投资基金由封闭式基金转为开放式基金的专项法律顾问；⑧担任兴安证券投资基金由封闭式基金转为开放式基金的专项法律顾问；⑨除担任其基金设立的专项法律顾问之外，该所还担任该公司的常年法律顾问，为其日常业务提供常年的法律咨询服务。

国泰基金管理有限公司：①担任募集国泰纳斯达克100指数证券投资基金(QDII)的专项法律顾问；②除担任其基金设立的专项法律顾问之外，我们还担任该公司的常年法律顾问，为其日常业务提供常年的法律咨询服务。

天治基金管理有限公司：担任发行天治财富增长证券投资基金的专项法律顾问。

宝盈基金管理有限公司：担任该公司的常年法律顾问，为其日常业务提供常年的法律咨询服务。

● **服务范围**：作为基金管理公司的法律顾问，该所的服务范围通常主要包括两个方面：

作为发行某基金产品的专项法律顾问，具体工作范围包括：①就基金产品及其设计进行合法合规性的论证，进行相关的法律研究并参加相关的研讨活动；②起草、审阅、修改相关的基金法律文件，包括基金合同、托管协议、代销协议、招募说明书、担保协议(适用于保本基金)等；③与公司就基金产品涉及的法律文件进行沟通，参加相关会议，提出法律建议或意见；④按照中国证监会的要求对基金公司及基金产品的情况进行尽职调查，并在此基础上出具中国法律意见书；⑤参加基金产品的评审会，回答相关的法律问题。

担任基金公司常年法律顾问，具体工作范围包括：①根据监管部门的要求，就公司的相关事项(如章程变更、股权变更等)进行核查并出具中国法律意见书；②随时为公司的日常业务经营提供口头或书面的法律咨询意见；③起草或协助起草，或审查公司日常业务经营所涉及的合同、协议或其他法律文件(如基金销售的相关表格)，并提出相关法律意见或建议；④为公司起草公司各组织机构的议事或决策程序所需的决议文件、纪要、授权文件或其他法律文件；⑤为公司业务经营中可能涉及的纠纷解决提供法律咨询意见或参加谈判(已进入法院诉讼程序或仲裁程序的除外)；⑥协助处理投资者关系管理的相关法律事务；⑦协助公司处理其业务经营涉及的其他法律事务。

此外，该所还为多家境外资产管理公司的QFII业务提供法律服务：①为高盛资产管理国际有限公司(Goldman Sachs Asset Management International)取得QFII牌照，并在2006年完成2亿美元的基金募集提供法律服务；②为景顺亚洲有限公司取得QFII牌照及2亿美元的投资额度提供法律服务；③为摩根士丹利投资管理有限公司设立摩根士丹利中国A股基金并在纽交所上市提供法律服务。

- **律师团队：**该所作为一家大型的合伙制律师事务所，现共有合伙人45名，律师150余名。涉及证券、基金、并购、投资、知识产权、房地产、诉讼等多个法律服务领域。其中，从事证券投资基金业务的合伙人主要包括：吴冠雄律师、朱小辉律师、陈华律师、杨科律师。

泰康资产管理有限责任公司

公司概述

泰康资产管理有限责任公司是经中国保监会2006年1月保监发改[2006]69号文件批准设立的专业资产管理公司，在泰康人寿资产管理中心的基础上组建而成，是国内债券市场、基金和股票市场最重要的机构投资者之一。

作为泰康业务发展的两翼之一，泰康资产致力于通过优质高效的资产管理，拓展泰康的金融服务领域，增强并提升泰康的价值和综合竞争力。同时，公司积极开拓企业年金、保险同业受托管理以及第三方理财等多种渠道，逐步形成了受托资产增长的新来源。公司坚持"研究驱动投资、专业创造价值"的理念，积极进取、开拓创新、稳健经营，力争为资产委托人创造超越市场基准的优异投资回报。

得益于母公司、监管机构和委托人的大力支持，得益于管理层和全体员工的辛勤付出，公司自成立以来业务规模快速提升，业务结构持续优化，投资业绩稳健优异，投研能力和运营管理水平大大提高，已成为国内资产管理行业的佼佼者和资本市场最大的机构投资者之一。

纵观当前国内外形势，机遇与挑战并存。公司将在继续巩固和发展现有资产管理业务的基础上，充分利用泰康人寿的业务平台和品牌优势，积极创新，努力发展出适合自身特点、具备可持续发展的主营业务。同时，着力加强组织建设和专业建设，优化投资管理体系和风险控制体系，继续以优良的投资业绩回报客户，回馈股东，努力把公司打造成为"国内一流、具有国际水准"的优秀资产管理机构。

重要事项

- 公司前身为泰康人寿资产管理中心
- 2006年3月23日，泰康资产管理有限责任公司正式挂牌营业，成为第二批保监会批准成立的保险资产管理公司中，第一家正式挂牌开业、首家引入独立董事的资产管理公司，也是泰康人寿的第一家完全控股的子公司。天相投资顾问公司董事长林义相和燕京华侨大学校长华生成为公司独立董事。
- 2006年6月，泰康资产首批受聘成为中债收益率曲线与债券估值特聘成员。
- 2006年10月，泰康资产是首批获得人民币利率互换业务资格的保险资产管理公司。
- 2007年2月14日，保监会李克穆副主席一行七人莅临泰康资产管理有限责任公司视察工作并发表重要讲话。
- 2007年3月，公司获批设立100亿规模的"泰康–开泰铁路债权计划"，在数十家保险机构的踊跃认购下成功完成发行工作，并已于2010年4月底到期清算。"泰康–开泰铁路债权计划"是保监会颁布《保险资金间接投资基础设施项目试点管理办法》后，第一个正式签约运作的保险资金间接投资基础设施项目，也是目前业内唯一一单走完全部存续期的基础设施投资计划，意义重大。
- 2007年8月，公司CEO段国圣作为保险业内资产管理公司的唯一代表，被聘任为中国保险业偿付能力监管标准委员会的首届委员。
- 2007年9月3日，保监会杨明生副主席一行五人莅临泰康资产管理有限责任公司视察工作并发表重要讲话。
- 2007年11月9日，泰康资产(香港)有限公司注册成立。2008年8月，泰康资产管理(香港)有限公司经香港证监会批准获得资产管理业务牌照，掀开了公司在境外舞台的运作帷幕，公司向国际化迈出了坚实的一步。

- 2007年11月19日，劳动和社会保障部公布的第二批企业年金管理机构名单中，泰康资产获得投资管理人资格。

- 2008年6月20日，中国保监会批复泰康资产与多家保险机构共同发起设立的“京沪高铁股权投资计划”，总共募集资金160亿元人民币，入股京沪高速铁路股份有限公司，其中公司受泰康人寿委托投资30亿元，占保险团队出资总额的18.7%，充分体现了泰康雄厚的投资实力、多元化的投资策略，并对公司的未来发展具有深远意义。

- 2009年11月，泰康资产获准设立“泰康—养老社区股权投资计划”，筹资总规模为22亿元，投资于北京昌平养老社区项目。该投资计划是新保险法实施后，国内保险资金投资不动产的首个试点项目。

- 2009年10月30日，在开曼注册设立泰康在海外的第一款基金“泰康中国稳健基金”，并于2010年1月5日获得开曼金融管理局批准设立，顺利发行。

- 2009年11月，泰康资产管理有限责任公司内部信用风险评估能力达到保监会规定的保险机构信用风险管理能力标准，公司信用风险管理能力通过保监会备案审核，由此泰康资产成为业内首批四家获得无担保债券投资资格的保险资产管理公司之一。

公司荣誉

- 21世纪经济报道金贝奖——2007年度最佳收益保险产品
- 21世纪经济报道金贝奖——2008年度最佳资产管理团队
- 21世纪经济报道金贝奖——2009年度最佳资产管理团队
- 2009年1月1日，在北京市国家税务局和北京市地方税务局举办的纳税信用企业评选中，获评“纳税信用A级企业”

相关荣誉（以泰康人寿为获奖单位，具体业务由泰康资产开展）

- 2002－2009年连续八年获得全国银行间市场优秀交易成员，交易量100强，并位居保险机构前三名（其中，2004年、2005年、2008年、2009年位居保险机构行业榜首）
- 2004—2010年连续七年作为国开行政策性金融债承销团成员
- 2004—2010年连续七年作为中国人民银行的公开市场一级交易商
- 2004—2007年连续四年全国银行间债券市场债券自营业务优秀结算成员
- 2009年全国银行间债券市场类别结算成员前10名（保险机构类）

深圳市赢时胜信息技术股份有限公司

[基本情况]

深圳市赢时胜信息技术股份有限公司是一家以开发大型金融行业资产管理及托管系列专用软件为核心的高科技企业。公司自证券投资基金1998年成立以来，一直跟随金融行业内及其金融产品的发展，集中精力专注于金融资产管理行业信息系统的研究及开发，通过不懈的努力，成功开发出如下金融资产管理及托管系列专用软件：金融资产大托管系统v3.0、基金财务估值核算管理系统 v2.0、赢证投资管理系统V3.0、赢时胜风险绩效管理系统V2.0、QDII资产投资管理系统、基金投资绩效风险评估分析系统、社保基金投资风险分析系统、地方社保资金投资运作管理系统、保险资产投资管理综合系统……创立了"赢时胜软件"这一优秀品牌。多年来，公司已在金融资产管理及托管业务软件开发方面积累了丰富的经验和雄厚的实力，覆盖金融资产管理的前台、中台、后台全套管理软件系统，成为目前国内金融行业资产管理及托管专业的软件开发商。

公司崇尚以市场为导向、以技术为后盾、以服务为保障的经营宗旨，深入领会客户需求，不断促进产品更新。公司结合先进科技开发思想，凭借软件业最新技术，努力提供最优越、最全面的金融行业资产管理专用软件。"赢时胜"系列软件产品凭借其优秀的品质性能，贴近用户的卓越个性，优质的技术服务，被国内多家托管银行，基金公司，保险保险公司、信托公司、证券公司、机构投资者等金融单位使用，在行业内占领较高的市场份额。

"只有想不到，没有做不到"。客户想不到的，我们要想到；客户想到的，我们要做到。公司员工本着"一切为了用户"的服务宗旨，热情地为客户提供快速、准确、及时的技术服务。公司为用户提供全天候系统维护服务，全面保障用户系统的可靠连续工作。面对中国日益激烈的国际性竞争，公司将以专业化人员、先进系统和优秀产品的完美组合，结合国际软件新潮流、发展新趋势，帮助公司的客户在激烈的竞争中处于领先的地位。公司深信，客户的成功就是公司的成功。在公司不断让用户满意为宗旨的同时，也使自己积累了为用户进行长期定点技术支持和应用服务的丰富经验。为用户提供优质软件和优质服务，让顾客满意，是赢时胜永无止境的追求。

公司目前有520多人，汇聚了一批经验丰富、锐意创新、有志于信息技术研究开发的科技精英，是一个充满活力、创造力和战斗力的年轻群体，公司软件开发人员均具资深的软件开发和证券业务经验，是公司开发金融业务专业软件的坚强技术后盾。作为一个年轻的高新科技企业，正是这批年轻有为、充满朝气的技术人员把智慧、活力和创新都凝集在公司的产品、精神和信誉中，使公司赢得越来越多客户的信赖。

[产品概况]

产品涉及：银行，基金，证券，保险，信托，企业年金，集合理财，委托资产，QFII，QDII。

[联系方式]

深圳总部

电话：0755—88265110　传真：0755—88265113　邮编：518040

地址：深圳市福田区深南大道6033号金运世纪大厦13F

北京分部

电话：010—85015678　传真：010—85015113　邮编：100022

地址：北京市朝阳区建国门外大街甲14号北京广播大厦12F

上海分部

电话：021—61625162　传真：021—61625113　邮编：200127

地址：上海市浦东区峨山路91弄20号陆家嘴软件园9号楼南塔3楼

第四章

境外机构

Overseas Institutions

摩根 資產管理

摩根资产管理(J.P. Morgan Asset Management)为全球著名金融服务集团"摩根大通"(J.P. Morgan Chase & Co.)旗下的资产管理业务品牌，是全球首屈一指的资产管理专家，共管理资产1.2万亿美元(截至2010年6月30日，下同)。

摩根资产管理的投资基地横跨欧洲、亚洲、日本与美国，在伦敦、纽约、东京、香港及哥伦布斯等设有区域中心。摩根资产管理在全球聘有超过650位投资专家，提供包括股票、固定收益、对冲基金、私募基金、地产与多重货币管理等在内的200多种投资策略，为国际金融机构、法人与个人提供多元化的资产管理服务。

在中国，摩根资产管理是最早为内地银行管理"代客境外理财产品"的境外投资管理人之一，为全国投资人提供投资海外的有效方案。目前，摩根资产管理与中国工商银行、建设银行和招商银行就代客境外理财业务进行合作。

2009年度摩根资产管理再获多项殊荣，用一如既往的优异表现，回馈投资者的信任。

- **亚洲资产管理大奖2009(Asia Asset Management Best of the Best Awards)**

  基金管理领导奖
  香港最佳机构资产管理奖
  亚洲债券表现奖
  最创新投资者教育奖

- **亚洲投资者成就奖2010(AsianInvestor Achievement Awards)**

  最佳新兴市场股票组合
  最佳美国大型企业核心股票组合

- **理柏香港基金年奖2010(Lipper Fund Awards)**

  最佳亚洲太平洋股票组合(三年)
  最佳韩国股票组合(三、五、十年)
  最佳泰国股票组合(三、五年)
  最佳新加坡股票组合(五年)
  最佳欧洲股票组合(五年)
  最佳资讯科技股票组合(五年)

[联络方式]

有关摩根资产管理作为境外投资管理人所管理之"代客境外理财产品"详情，请联络内地相关银行。
有关集团资产管理业务在内地之业务拓展，请联络：

北京代表处　摩根富林明资产管理有限公司
北京市西城区金融街7号英蓝国际金融中心1926单位　邮政编码：100140
查询电话：(86)10 5931 8400

香港办事处　摩根富林明基金(亚洲)有限公司
香港中环干诺道中8号遮打大厦21楼
查询电话：(852)2800 2778 / (852)2800 2779
www.jpmorganam.com.hk

STATE STREET

[托管和现金]

概　述

作为一家世界顶级托管银行，道富银行截至2010年3月31日在全球托管和管理的资产达到19万亿美元。道富银行对于市场动向、参与者、固有风险、常规做法、法规和运营事项对客户资产托管影响的方式有着透彻研究和专门知识，而这正是该行的核心托管服务赖以开展的基础所在。除了保管服务外，其托管解决方案还向客户提供综合性报告工具，而这在当今市场上属于必不可少的先决条件。

全球服务能力和无缝服务交付

通过横跨全球100多个市场的托管网络，道富银行提供完整、灵活的解决方案，包括证券结算、保管、收益和股息的代收和汇出、公司行动处理、代理投票、退税、外汇、现金管理及衍生品处理。

道富银行的托管和会计能力是整合在一个单一平台之中，从而为资产所有人和管理人所需的多元资产解决方案提供了坚实基础。通过将多项服务打包到道富银行单一解决方案之中，客户无需额外费用就可以获得合并报告和规模经济所带来的益处，且免除了管理多个第三方服务商之累。同时，由于整个解决方案能够从一个投资数据渠道获取信息，使客户消除了从多个系统共享信息的风险。道富银行将与客户紧密合作，打造定制解决方案，提高客户的业务运营效率和透明度。

作为全球金融服务领导者，道富银行能够与包括监管机构、交易所、中央银行、存管机构和次级托管银行在内的当地市场参与者建立有效的工作关系。通过与这些参与者的信息互动交流，道富银行能够更好地处理市场问题并化解客户的托管风险。

现金服务

有效的现金管理是整个投资策略的有机组织部分，而且对于成功进行基金管理极其重要。道富银行通过客户服务交付平台(my.statestreet.com)提供种类齐全的交易启动和信息交付服务。

现金管理服务包括通知存款账户、定期存款、回购协议和国库券。道富银行开发的这些服务和投资品种有助于投资者改善收益率、风险管理并实现较高的营运杠杆。

[道富环球服务]

投资服务

道富投资服务业务(现称道富环球服务)提供必不可少的金融基础设施，以便在全球范围提供有效的投资服务解决方案。通过资产服务、业务外包和分析能力，客户能够管理营运风险，优化费用结构，提升其服务价值，并抓住所有主要市场的增长机会。道富银行将一致性和创新性融为一体，有助于客户充满信心面向未来。

另类投资解决方案

另类投资解决方案(AIS)团队向机构投资者、对冲基金经理、私募股权基金经理和房地产基金经理提供基金会计、基金行政管理、公司行政管理、风险和信用服务等一整套完整服务，并向对冲基金和私募股权基金提供基金会计、基金行政管理和风险服务等一整套完整服务。

对冲基金服务

连同全面整合、直通式技术处理平台，道富银行提供对冲基金经理所需要的灵活性和快速反应。该行提供的多种服务涵盖整个资产净值计算过程——从与客户前台的完全整合，到中台核对，再到与客户后台的完全整合，并且可以根据客户的营运要求定制服务方案。

私募股权基金服务

道富银行利用自身在私募股权的会计核算、投资者报告和投资组合/投资分析方面深厚的专长和经验提供多种解决方案。如同该行的所有另类服务一样，其通过业内最佳且具有可扩展性的技术基础设施和经证明有效的过程控制为此项专门技术提供支持。

房地产基金服务

道富银行在北美、欧洲和亚洲的分支机构聘有100多名专家，可以为小型初创基金和大型成熟公司提供定制的单一或跨国服务。该行最近还通过收购Mourant国际金融管理公司(MIFA)扩充其服务项目，并提供完整的后台解决方案，实现基金结构在多个国家和地区的有效、高效运作。

公司行政管理服务

道富银行最近通过收购Mourant国际金融管理公司(MIFA)扩充了其另类资产服务项目，包括就债务资本市场和结构性金融工具、重新打包计划及定制公司结构向大型银行和机构客户提供管理和行政管理服务。

机构投资者服务(IIS)

道富银行主要的信托和托管业务服务集中于机构投资者服务(IIS)团队。该行在向所有类别机构投资者提供综合投资服务解决方案方面有着悠久历史，目前公司在服务该市场方面是公认的行业领袖。道富拥有的多种资源使得公司能够通过其投资服务和支持活动将世界各地的公共退休基金、公司养老金计划、Taft-Hartley基金、金融机构、捐赠基金和基金会及固定缴款计划集中在一起。

在提供这些服务过程中，道富银行既能够保持全球的一致性，又能够通过对当地法规、市场和文化的深入了解与客户建立面对面的关系。

投资业务外包

道富银行在向机构资产管理人提供定制投资业务外包服务方面是公认的行业领袖，目前，由其提供行政管理服务的中台资产逾7万亿美元。道富银行的服务涵盖交易周期的各个环节。从交易撮合、结算直到业绩和客户报告功能均可以方便地整合到该行向全球机构投资者提供的会计、托管和基金行政管理全套服务之中。该行提供一系列核心服务，包括交易管理、记录保管、核对、公司行动、数据管理和报告。

通过其增值服务，如客户报告、业绩风险管理和抵押品管理等，该行与每位客户携手打造最适合其特定需要的解决方案。道富银行与客户的合作还超出其基本要求，共同寻找需要改进的领域以及新的机会。

道富投资分析(SSIA)

通过分布在全球的十多个分支机构，道富银行向大约1,000名客户提供业绩和分析服务，涉及的资产总额超过5万亿美元。SSIA提供业绩、风险和策略分析等综合服务，帮助客户监控并评估其投资策略在任何市场及包括另类投资在内的任何资产类别中是否成功。

SSIA在分析、风险、合规和业绩四个主要领域提供多项服务。

道富银行提供及时的分析服务，将投资者的投资业绩与类似投资组合及有关市场信息和基准加以比较分析，从而促进投资者的投资决策过程。该行还提供增值服务，包括咨询和完善的投资风险、合规和交易成本分析，从而为客户提供所需的时间、工具和信息，以实现其收益的最大化。

● **共同基金服务**

自从1924年首次获委任向美国第一支共同基金提供服务以来，道富银行向美国各种共同基金和集合投资基金提供创新、全面的服务并一直处于行业的领先地位，这些服务包括托管会计、基金行政管理、股东记录保管、每日估值等。目前该行的服务覆盖大约56%的美国共同基金市场，道富银行位居世界顶级投资服务商之列。

● **财富管理服务（WMS）**

道富银行提供灵活的投资服务解决方案，以满足财富管理市场客户定制需求。

该行的WMS团队向财富管理市场各个方面提供外包和投资服务解决方案，包括：注册投资顾问和财富经理、信托公司和财富银行、私人财富管理公司、单个及多个家族理财公司。

道富WealthConnect平台是一个全面整合的、涵盖前中后台的托管和财富管理平台。该平台将业内最佳的专有技术和业内领先的第三方技术与该行现有基础设施融为一体，向客户提供全程解决方案。

（截至2009年12月31日）

道富简介

公司历史 — 持续发展

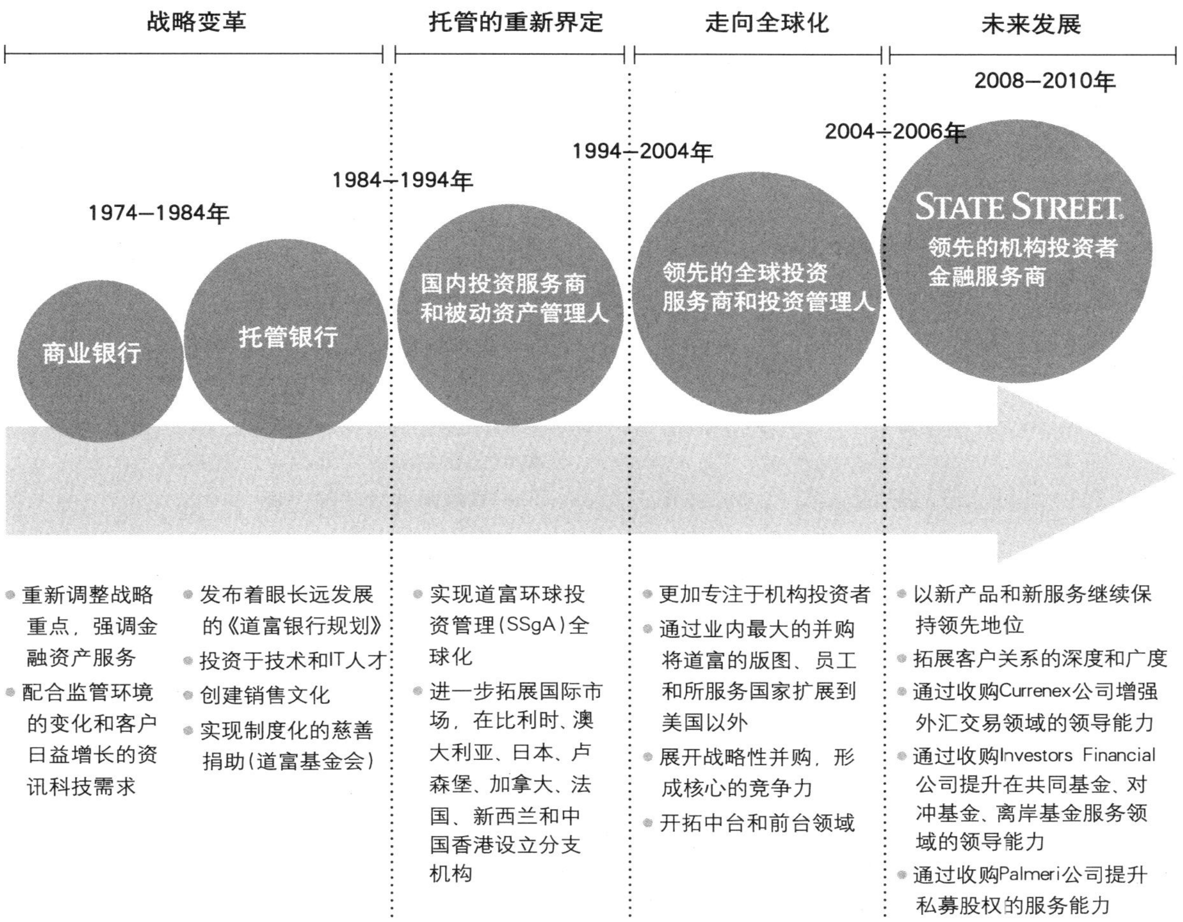

东亚联丰投资管理有限公司

东亚联丰投资管理有限公司(东亚联丰)由东亚银行及德联丰投资(Union Asset Management Holding AG)这两间历史悠久及享负盛名的金融机构合营，揉合了中国和德国的企业文化精粹。作为东亚联丰及德联丰投资的亚洲区资产管理中心，公司在股票、定息产品及多元资产管理方面，以优质的投资表现、客户服务及严谨的基金管理程式，致力为零售客户机构投资者提供卓越的投资服务。

[东亚联丰基金总览]

以下为已获香港证券及期货事务监察委员会认可的基金

东亚联丰资本增长基金	东亚联丰投资系列	东亚联丰尊享组合基金
(亦已获香港强制性公积金计划管理局核准)	中国A股股票	平稳基金
香港股票	日本股票	均衡基金
大中华股票	环宇主题股票	增长基金
亚洲股票	环宇资源股票	进取基金
港元债券	亚洲债券及货币	
环球债券	四季基金	

[所获奖项]

组 织	获奖年份	奖 项
资本杂志	2010年7月	**资本杰出行政品牌2010**—杰出基金经理
美世强积金指数 (Mercer MPF Index)	2010年4月	**截至2009年12月31日的过去12个月**，东亚强积金**名列所有强积金受托人的第一位**
Asia Asset Management	2010年2月	**2009年度最佳国家表现奖** **香港年度最佳联营基金公司**
资本杂志	2009年7月	**资本杰出行政品牌2009**—杰出基金经理
21世纪经济报道	2008年6月	**「金融理财金贝奖」**年度最佳QDII理财产品 基金宝-东亚香港增长基金
21世纪经济报道	2008年6月	**「金融理财金贝奖」**年度最佳外币理财产品 基金宝-东亚香港增长基金
Asia Asset Management	2008年3月	**2007年度最佳投资表现奖** **最佳强积金投资经理(5年)-优异奖**
Asia Asset Management	2008年3月	**2007年度最佳投资表现奖** **东协国家地区(3年)**
AsianInvestor	2007年5月	**2007年度《亚洲投资者》杂志表现大奖** 香港最佳强积金集成信托计划-东亚(强积金)集成信托计划
美世强积金指数 (Mercer MPF Index)	2004—2007	**连续4年名列指数首3位**-东亚(强积金)集成信托计划

[联络方式]

香港中环德辅道中十号东亚银行大厦五楼
电话:(852)3608 0306　传真:(852)3608 6116
电邮地址:info@bea-union-investment.com
公司网址:www.bea-union-investment.com

skandia
先機環球基金

[公司介绍]

Skandia成立于1855年，是全球最大的资产管理服务购买者之一，是从事研究、挑选和监督基金经理业务的先锋。Skandia Investment Group负责Skandia的基金管理业务，总部位于英国，在全球20多个国家开展机构和零售业务。目前，Skandia Investment Group在全球拥有超过200个基金合作伙伴，管理超过100个专户资产，平均每个专户的资产规模达9,000万美元(截至2010年2月28日)。截至2010年9月底，公司自有品牌基金管理规模达205亿美元。

与传统的基金不同，Skandia Investment Group并不是直接操盘基金或成立"基金中的基金"，而是在自己名下募集基金，并委托全球知名资产管理公司或擅长某一领域的投资"精品店"管理基金。透过委外管理的方式，公司致力于为每档基金挑选最佳的基金经理，从而最大化客户利益。在进行基金经理的挑选和监督时，Skandia Investment Group并不仅仅以投资业绩作为标准，而是透过"4P"方式(投资哲学Philosophy、投资程序Process、投资专才People和投资表现Performance)对基金经理进行全面考核。公司位于英国的投研团队约有40名投资专家，他们以"4P"为标准、凭借定量和定性分析对全球的基金经理进行研究，选出符合需要的基金经理，对他们进行实时监督，并于必要时更换。

[热点基金]

Skandia Investment Group旗下的基金不仅涵盖了环球主要市场的股票和债券基金，而且还涉及多元经理最佳概念基金、另类投资基金等领域，旗下一些热点基金包括：

Skandia欧洲最佳概念基金　挑选约10名欧洲顶尖基金经理共同操作欧洲股票基金，每位基金经理负责10只股票，因此基金中的每只股票都是基金经理的最具信心之选。

Skandia全球股票动力基金　在全球挑选约10名顶尖基金经理按各地区占全球GDP的比重(而非股市市值比重)布局股票投资，充分把握各市场的增长机会。

Skandia另类投资基金　投资于水、木材、仿对冲基金等另类投资领域，旨在挖掘与股票债券等传统投资领域相关性低的投资机会。

Skandia新兴市场债券基金　投资于新兴市场美元主权债、本地货币债券和公司债，投研团队的核心成员自1990年成立以来无一人离职。

Skandia完全回报美元债券基金　由"债券天王"Bill Gross亲自操盘，分散投资于政府债、抵押债、投资级别公司债、高息债、新兴市场债和市府债等资产。

[近年所获部分奖项]

Skandia—**2010年理柏台湾最佳债券团体大奖**

Skandia瑞士股票基金—**2010年理柏台湾最佳瑞士股票基金(5年)**

Skandia完全回报美元债券基金—**2010年理柏台湾最佳美元债券基金(3年&5年)**

Skandia完全回报美元债券基金—**2010年理柏香港最佳美元债券基金(3年&5年)**

Skandia亚太股票基金—**2009年理柏台湾最佳亚太(不含日本)股票基金(3年&5年)**

Skandia亚太股票基金—**2009年晨星西班牙基金奖：亚太(不含日本)基金奖**

[联系方式]

先机环球基金(亚太)有限公司
香港中环皇后大道中5号衡怡大厦24楼
电话：(852) 28108626　　传真：(852) 28108065
电邮 info.asia@skandia.com　　www.skandiaglobalfunds.com

第六部分 附 录

Part VI Appendices

附录一 2009年基金行业大事记要

一月份 JANUARY

01-07
经中国证监会批准，杭州银行股份有限公司、华宝证券经纪有限责任获得基金销售业务资格，成为2009年首批获得基金销售业务资格的机构。

01-12
华夏基金管理公司发布公告，经中国证监会批准，中信经典配置、中信稳定双利、中信现金优势、中信红利精选的基金管理人更换为华夏基金管理公司。

01-13
中国证监会主席尚福林在全国证券期货监管工作会议上谈到2009年的工作安排时明确提出，鼓励基金管理公司产品和组织创新，加快推进基金管理公司开展专户理财"一对多"特定资产管理业务。

01-13
中国证监会下发《关于基金管理公司开展特定多个客户资产管理业务有关问题的通知》的征求意见稿至各家基金管理公司。这意味着，继"一对一"专户理财后，基金公司"一对多"专户理财业务即将开闸。

01-15
长城双动力股票基金合同生效成立，成为2009年度成立的首只新基金。

01-16
经中国证监会批准，广发基金管理有限公司获得QDII业务资格；融通基金管理有限公司获得专户理财业务资格。

01-20
申万巴黎基金北京分公司在金融大街富凯大厦举办开业仪式。至此，我国61家基金管理公司在全国设立了近100家分支机构。

01-23
经中国证监会批准，爱建证券有限责任公司获得基金销售业务资格。至此，1月份共有1家银行，3家证券公司获得基金销售业务资格。

01-30
进入2009年以来，新基金发行呈现回暖迹象。根据统计，1月份共有6只新基金成立，其中股票型3只，债券型、货币型和保本型各1只，募集份额共计129亿份，环比增加50.6%

二月份 FEBRUARY

02-10
中国证监会与中央国债登记结算有限责任公司签署合作监管备忘录，再次加强对货币市场基金的监管。

02-23
工银瑞信基金管理公司自该日起解除与瑞士信贷资产管理公司的QDII基金外方投资顾问协议，成为国内QDII基金主动与境外顾问解除合作协议的首例。

02-25
国泰基金管理公司与纳斯达克OMX集团签署独家许可协议，使用纳斯达克100指数在中国开发场内交易产品。

三月份 MARCH

03-02
鹏华基金管理公司旗下鹏华沪深300指数基金(LOF)公开募集，这也是三年来国内首只LOF指数基金面市。

03-16
南方基金管理公司对外宣布，正式签约标准普尔，将在国内市场独家开发跟踪标准普尔500指数(S&P500)的指数化QDII产品。

03-17
中国证监会发布修订后的《基金管理公司投资管理人员管理指导意见》，对基金公司投资管理人员利益冲突等行为予以全面约束。并授权中国证券业协会建立基金经理注册制度。

中国证券业协会发布《基金经理注册登记规则》，于2009年4月1日正式施行。

03-27
由中国证券业协会主办，《中国证券投资基金年鉴》承办的"中国证券投资基金业年会(2009)"在北京隆重召开。本届年会的主题是："考验与跨越，前进中的中国基金业"。来自监管部门领导、基金管理公司、商业银行、证券公司、海外机构等行业相关负责人齐聚一堂，共同探讨中国基金业的发展环境、存在的问题及发展前景。

四月份 APRIL

04-01
为了规范基金的分红行为，保护投资者的合法权益，中国证监会向各基金管理公司下发《证券投资基金收益分配条款的审核指引》，对基金分红的条件、基础、时间等重要内容作出更细致和准确的规定。

04-03
交银施罗德基金管理公司与国内知名企业正式签署国内首单QDII专户合同。继2008年4月签署国内专户业务第一单后，交银施罗德在国内QDII专户业务中再度领先一步。

04-07
海富通基金公司发布公告，旗下海富通中国海外精选基金将以截至3月31日的可分配利润为基准，按照每10份基金份额0.20元的比例派发红利。这是国内QDII基金成立以来实施的首次分红。

04-09
2008年度广东综合纳税百强发布会日前在广州召开，博时、南方两家基金管理公司分别以逾4.2亿元、3.77亿元的纳税总额，跻身广东综合纳税百强，分别排名第73位和第82位。

04-22
证券投资基金2009年一季报全部披露完毕.统计显示，59家基金公司旗下444只基金一季度内累计盈利2961.83亿元(包含公允价值变动损益)，这是2007年四季度以来基金首次实现季度盈利。

五月份 MAY

05-04
经中国证监会批准，广东发展银行股份有限公司获得基金托管资格，成为2009年首家获得基金托管资格的商业银行。

05-05
中国证监会正式公布《关于基金管理公司开展特定多个客户资产管理业务有关问题的规定》，正式宣告基金专户理财“一对多”从2009年6月1日起开闸。

05-12
国内首只可分离交易基金——长盛同庆可分离交易股票型基金合同生效成立。首募当日成功募集资金147亿元，刷新2008年以来新基金的募集规模，同时也开启了基金管理公司对分级基金研究开发的浪潮。

华安基金管理公司发布公告称，对旗下华安上证180ETF基金份额进行拆分。这是国内首只进行拆分的ETF产品，也是自2008年4月以来首只拆分的基金。

05-14
海富通基金管理公司和台湾宝来金融集团成员之一的宝来证券(香港)在上海签署合作备忘录。

05-15
融通基金管理公司发布公告称，鉴于在“周蔷事件”中，融通巨潮100指数(LOF)基金、融通深证100指数基金经理张野有严重违反公司制度规定的行为，公司决定与张野解除劳动合同，予以除名，并聘用新任基金经理接替。

05-18
嘉实基金管理公司发布首期“嘉实中国基金投资者信心指数”，该指数是目前国内首只基金投资者信心指数，旨在直接反映投资者对于基金这一专属资产类别的信心。

05-20
中国工商银行联手国内33家基金管理公司，启动“基金定投，伴你‘童’行”活动。该活动主要针对18岁以下的未成年人，活动时间持续至2009年7月底。

六月份 JUNE

06-01
国内首条“亲子定投热线”正式开通，该热线由上投摩根基金管理公司主持，主要为投资者解答家庭理财、亲子定投等实际问题。

06-02
中国证监会广东监管局组织辖区内易方达、广发、金鹰三家基金管理公司举办以“定投风险揭示”为主题的投资者教育交流活动，标志着“广东辖区基金定投投资者教育宣传周”活动拉开序幕，共有200多位投资者、银行客户经理参与了该活动。

建信收益增强债券基金合同生效成立，募集基金规模79.64亿份，成为2009年募集规模最高的债券型基金。

06-03
继4月7日首次宣布分红后，海富通中国海外精选(QDII)基金再度公告向持有人派发红利，成为QDII基金中分红规模最大的基金，这也是2009年来首只向持有人二度分红的QDII基金。

06-09
市场高度关注的专户一对多“合同指引征求意见稿”下发至基金管理公司，征求意见将持续至2009年6月15日。这意味着基金专户理财“一对多”业务进入实质操作阶段为时不远。

06-10
中国证监会向各基金管理公司、托管银行下发《交易型开放式指数证券投资基金(ETF)联接基金审核指引》，为ETF联接基金在中国境内“破茧而出”扫除法律障碍。

06-12
中国证券业协会和中证指数有限公司宣布，发布中证协基金行业股票估值指数，简称“SAC行业指数”。同时，中国证券业协会向各家基金管理公司、托管银行发布了《关于发布中证协(SAC)基金行业股票估值指数的通知》，自2009年6月15日起，基金选用指数收益法对相关证券进行估值时，可参考SAC行业指数。

06-15
上海证券交易所与中证指数有限公司宣布调整上证180、上证50等指数的样本股，中证指数有限公司同时宣布调整沪深300、中证100、中证500、中证香港100、中证华股系列等指数的样本股。

由南方基金理财中心负责的证券投资基金客户服务工作在ISO9001质量体系的认证工作中顺利通过，获颁认证证书。这标志着南方基金管理公司在国内率先致力打造的全方位客户服务体系日臻完善。

上海市高级人民法院开庭审理华安基金管理公司诉雷曼兄弟国际(欧洲)公司一案，案由为“其他合同纠纷”。

06-17
中国证券业协会发布《网上基金销售信息系统技术指引(征求意见稿)》，要求基金销售机构应将网上开展基金销售业务的风险管理纳入本机构风险控制的总体框架，建立健全网上基金风险控制管理体系。

06-22
中国证券登记结算有限公司发布《开放式基金全额非担保结算业务指引》，于6月29日起实施，该指引旨在配合实施开放式基金全额非担保结算业务。

06-29
中国证监会批准同意华夏基金管理有限公司吸收合并中信基金管理有限责任公司。吸收合并后华夏基金管理有限公司注册资本金为2.38亿元，中信基金管理有限责任公司取消基金管理资格，并依法解散。由此，我国基金管理公司的数量减少至60家。

06-30
随着长城景气行业龙头混合基金公告成立，2009年上半年，我国基金市场共计发行成立了53只新基金，募资总额达到1,401亿元。

七月份 JULY

07-01
银华基金管理公司旗下封闭式基金——基金天华到期，顺利转型为银华内需主题股票型基金(LOF)，成为2009年成立的首只“封转开”基金。

07-06
全国人大财经委召集有关部门专题研究《证券投资基金法》修改。

07-10
华夏沪深300指数基金合同生效正式成立，该基金募集仅三天即公告提前结束，募集规模高达248亿元，成为本年度募集规模最大的证券投资基金。

07-16
经中国证监会批准，中国邮政储蓄银行有限责任公司获得基金托管资格，成为中国第16家托管银行。

07-20
中国证监会基金信息披露网站(http://fund.csrc.gov.cn)正式上线，基金信息披露网站的开通，是自2008年年初中国证监会启动基金信息披露可扩展商业报告语言(XBRL)工作以来，首次以网站平台方式对外展示其应用成果。

07-21
证券投资基金2009年二季度季报全部披露完毕。统计数据显示，60家基金公司旗下473只基金二季度累计盈利3,460.46亿元，较一季度增加497.56亿元，环比增幅达16.79%。这一数据也刷新了基金季度净收益的历史新高。

07-23
全国人大财经委召集各方在北京召开《证券投资基金法》修订的讨论会，会议重点讨论了私募基金的管理原则。这标志着修订《证券投资基金法》已经正式启动。

八月份 AUGUST

08-04

中国证监会向业内发布《基金管理公司特定多个客户资产管理合同内容与格式准则》，并将于2009年8月18日起施行。这意味着基金公司专户"一对多"业务正式开闸。

08-10

经中国证监会批准，上投摩根基金管理有限公司获得专户理财资格。至此，获得专户理财资格的基金管理公司已经达到35家。

08-11

中国证券登记结算有限公司正式发布并实施《中国证券登记结算有限责任公司基金管理公司特定客户资产管理登记结算业务指南》，这标志着中登公司开始接受基金"一对多"开户，意味着基金公司正式开展"一对多"业务又迈进一步。

08-17

中国证监会网站日前公布了第一届创业板发审委委员名单，包括9名证监会以外任职的兼职委员，其中来自投资界的代表有两名：易方达基金管理公司投资总监陈志民和嘉实基金管理公司投资总监戴京焦。

经中国证监会批准，华安、交银施罗德两家基金管理公司成为业内首批获准发行ETF联接基金的公司，ETF联接基金正式开闸。

08-18

《基金管理公司特定多个客户资产管理合同内容与格式准则》正式实施，中国证监会开始接收基金管理公司"一对多"产品方案，30余家具备相关资格的公司踊跃上报了百余份基金专户"一对多"产品方案。

经中国证监会批准，上海银行股份有限公司获得基金托管资格。至此，我国基金托管银行的数量增至17家。

08-21

中国证监会就商业银行参与基金专户"一对多"业务的业绩提成提出修改意见。

九月份 SEPTEMBER

09-01

基金专户理财"一对多"扬帆起航。国内首批36只"一对多"产品正式获得中国证监会批复。其中，银行系基金占据半壁江山：中银基金、建信基金、交银施罗德基金分别上报的5只产品；工银瑞信基金上报的4只产品；招商基金上报的1只产品全部获批，其托管行全部为公司股东。光大保德信基金上报的4只产品全部获批，成为非银行系基金公司中获批产品最多的一家基金公司。

09-02

中银基金管理公司旗下首只专户理财"一对多"产品——中银专户主题1号募集，并在当日售罄，成为国内首只成功募集的基金公司专户理财"一对多"产品。

09-03

国泰、易方达、交银施罗德等3家基金管理公司推出的多只"一对多"产品进入募集程序。

09-10

备受瞩目的夏季达沃斯于2009年9月10日至12日在大连举行，华夏基金管理公司作为境内首家达沃斯年会基金行业会员单位参加本次年会。

09-13

南方基金管理公司日前利通过ISO27001信息安全管理体系审核，获颁ISO27001体系认证证书，成为国内基金行业首家通过ISO27001认证的公司。

09-18

由《中国证券投资基金年鉴》主办、华商基金管理有限公司和《证券时报》共同协办的"2009年基金营销拓展研讨会"在山东泰安举行。近100名行业机构代表出席研讨会，并就当前基金营销的热点和难点问题进行了研讨。

09-21

上海证券交易所总经理张育军在"第三届指数与指数化投资论坛"上指出，指数化投资在我国市场潜力巨大，应大力发展指数与指数化产品。

09-26

经中国证监会批准，新世纪基金管理有限公司正式更名为"新华基金管理有限公司"。

09-27

经中国证监会批准，长信基金管理有限责任公司获得QDII业务资格。至此，我国已经有27家基金管理公司获得QDII资格。

09-29

国内首只ETF联接基金——华安上证180交易型开放式指数联接基金合同生效正式成立，实现了基金业的创新，使得投资者能够以投资于普通开放式基金的资本量投资于交易型开放式指数基金。

10-13

中国证监会向各基金管理公司、商业银行下发《开放式证券投资基金销售费用管理规定(征求意见稿)》。

由南方基金管理公司开发的深证成份指数ETF基金及联接基金获得中国证监会批准。该产品是国内首只跟踪深证成份指数的ETF基金，这也是深证成份指数首次被开发成ETF产品。

10-16

由鹏华基金管理公司冠名的"嘻哈包袱铺"相声剧在深圳首场演出，此次基金管理公司冠名并植入演出的形式，是基金营销创新活动的又一新尝试。

10-17

中国证监会主席尚福林在北京表示，经国务院同意，中国证监会已经批准深交所设立创业板。

10-23

国家外汇管理局向两家基金管理公司批准了15亿美元的外汇额度，其中，易方达基金管理公司获得10亿美元，招商基金管理公司获得5亿美元。这是国家外汇管理局自2008年5月，向交银施罗德基金管理公司批出20亿美元的QDII额度后，首次开闸。

10-29

证券投资基金2009年三季度季报全部披露完毕。统计数据显示，60家基金公司旗下502只基金三季度利润为-554.3亿元，这是年内基金季度利润首现亏损。

10-30

创业板开市仪式在深圳举行，全国28家首批上市的创业板公司在深圳证券交易所挂牌交易，共同敲响上市钟声，宣告中国创业板市场正式拉开帷幕。

十一月份 NOVEMBER

11-01

由上海证监局指导、上海地区30家基金管理公司共同主办的"最受网民关注的基金公司社会责任事件推选活动"启动，在各基金网站及东方财富网正式上线。

11-02

中国证监会副主席姚刚在"金融危机背景下的证券投资者保护"国际研讨会上表示，要进一步强化投资者教育和服务工作，改进投资者保护制度，逐步完善投资者权益保护的途径和方式，建立健全适应我国资本市场发展要求的投资者保护长效机制，促进资本市场稳定健康发展。

11-04

中国证监会发布《中国证监会工作人员行为准则》，从依法监管、勤勉尽责、公正廉洁、保守秘密、回避等五个方面对工作人员的行为进行了约束，明确了证监会领导人员离职后3年内不得到基金公司、证券公司等监管对象中任职。

11-04

由兴业全球基金管理公司、深圳证券信息公司等共同编制的"巨潮-CBN-兴业全球基金社会责任指数"正式诞生。该指数是国内首只跨沪深两市、反映在社会责任履行方面表现良好的公司股票价格变动趋势的指数。

11-04

深圳证券交易所和深圳证券信息有限公司发布公告，该日起正式编制和发布深证300系列指数，向市场各类投资者提供更多的跟踪投资目标指数，推进指数基金产品以及丰富证券市场产品品种。

11-05

深圳证监局发布公告，景顺长城基金公司基金经理涂强，长城基金公司基金经理韩刚、刘海涉嫌利用非公开信息买卖股票，涉嫌账户金额从几十万元至几百万元不等，深圳证监局立即启动稽查提前介入程序，随后正式立案稽查。

11-06

中国证监会发布《证券投资基金评价业务管理暂行办法》，进一步规范证券投资基金评价业务，该办法自2010年1月1日起施行。

11-11

国内首只采用数量化投资方法进行主动增强的沪深300指数基金——富国沪深300增强证券投资基金公开发行。至此，国内量化投资基金已增至5只。

11-16

大陆方面证券及期货监督管理机构代表尚福林与台湾方面金融监督管理机构代表陈冲签署《海峡两岸证券及期货监督管理合作谅解备忘录》。两岸证券及期货监督管理机构将在信息交换、机构设立、协助调查以及人员培训和交流等方面开展监管合作，共同维护两岸证券期货市场的稳定发展。

十二月份 DECEMBER

12-01

中国证监会基金部向各基金管理公司和基金托管银行下发《关于进一步优化基金审核工作有关问题的通知》，对基金产品实行分类审核制度，对不同类别的基金产品分类排队、分类审核。

易方达深100ETF联接基金合同生效成立，募集总额189.25亿份，成为本年度募集规模最大的ETF联接基金。

12-02

由深圳证券交易所、深圳市人民政府、资本市场研究会联合主办的"第八届中国证券投资基金国际论坛"在深圳举行。本次论坛主题为"全球金融危机中资本市场制度变革与基金业发展"，来自国内外基金公司高管与专业人士等约400人出席了论坛。

12-14

中国证监会发布《开放式证券投资基金销售费用管理规定》，2010年3月15日起正式施行。基金销售费用新规的颁布，明确叫停一次性激励。

12-15

经中国证监会批准，河北财达证券经纪有限责任公司获得基金销售业务资格。至此，2009年共有6家城市商业银行和1家农村商业银行获得基金销售业务资格。

12-17

6家基金管理公司发布人事变更公告，其中，公司高管变动2起，基金经理变动4起，创下本年度基金人事变动的最高记录。

国内首只运用"周期策略"全新概念的基金——天弘周期策略股票型基金合同生效正式成立。

12-30

随着东吴新经济股票等4只基金公告成立，2009年新基金发行圆满落幕，全年共有120只新基金宣告成立(包括2只封转开基金)，合计募集资金总额3,853亿元，投资者认购户数达到500万户。

12-31

经中国证监会批准，江苏张家港农村商业银行获得基金销售业务资格，至此，2009年共有5家商业银行获得基金销售业务资格。

附录二　2009年基金行政许可摘要

基金法规文件颁发

颁发日期	批准文号	颁发文件
2009-03-17	证监会公告[2009]3号	基金管理公司投资管理人员管理指导意见
2009-05-05	证监会公告[2009]10号	关于基金管理公司开展特定多个客户资产管理业务有关问题的规定
2009-08-04	证监会公告[2009]20号	基金管理公司特定多个客户资产管理合同内容与格式准则
2009-11-06	证监会命令第64号	证券投资基金评价业务管理暂行办法
2009-12-14	证监会公告[2009]32号	开放式证券投资基金销售费用管理规定

基金公司吸收合并、名称变更获批

获批日期	批准文号	获批基金公司	变更事项
2009-06-29	证监许可[2009]581号	华夏基金管理有限公司 中信基金管理有限责任公司 中信证券股份有限公司	公司吸收合并：华夏基金管理有限公司吸收合并中信基金管理有限责任公司，吸收合并后的华夏基金管理有限公司的注册资本为2.38亿元人民币。
2009-09-15	证监许可[2009]944号	新世纪基金管理有限公司	公司名称变更：公司名称由"新世纪基金管理有限公司"变更为"新华基金管理有限公司"

基金公司业务资格获批

获批日期	批准文号	获批基金公司	获批业务
2009-01-16	证监许可[2009]43号	融通基金管理有限公司	从事特定客户资产管理业务
2009-02-09	证监许可[2009]107号	长信基金管理有限责任公司	从事特定客户资产管理业务
2009-08-10	证监许可[2009]771号	上投摩根基金管理有限公司	从事特定客户资产管理业务
2009-01-16	证监许可[2009]42号	广发基金管理有限公司	从事境外证券投资管理业务
2009-02-09	证监许可[2009]108号	中银基金管理有限公司	从事境外证券投资管理业务
2009-04-23	证监许可[2009]329号	泰达荷银基金管理有限公司	从事境外证券投资管理业务
2009-07-21	证监许可[2009]658号	信诚基金管理有限公司	从事境外证券投资管理业务
2009-09-27	证监许可[2009]1015号	长信基金管理有限责任公司	从事境外证券投资管理业务

商业银行基金托管资格获批

获批日期	批准文号	获批商业银行	获批业务资格
2009-05-04	证监许可[2009]363号	广东发展银行股份有限公司	基金托管资格
2009-07-16	证监许可[2009]673号	中国邮政储蓄银行有限责任公司	基金托管资格
2009-08-18	证监许可[2009]814号	上海银行股份有限公司	基金托管资格

基金销售业务资格获批

获批日期	批准文号	获批机构	获批业务资格
2009—01—07	证监许可[2008]15号	杭州银行股份有限公司	基金销售业务资格
2009—02—23	证监许可[2009]151号	临商银行股份有限公司	基金销售业务资格
2009—05—19	证监许可[2009]409号	温州银行股份有限公司	基金销售业务资格
2009—06—26	证监许可[2009]575号	汉口银行股份有限公司	基金销售业务资格
2009—09—21	证监许可[2009]963号	江苏银行股份有限公司	基金销售业务资格
2009—01—07	证监许可[2009]16号	华宝证券经纪有限责任公司	基金销售业务资格
2009—01—16	证监许可[2009]44号	厦门证券有限公司	基金销售业务资格
2009—01—23	证监许可[2009]85号	爱建证券有限责任公司	基金销售业务资格
2009—03—17	证监许可[2009]234号	英大证券有限责任公司	基金销售业务资格
2009—07—06	证监许可[2009]603号	东兴证券股份有限公司	基金销售业务资格
2009—07—06	证监许可[2009]604号	信达证券股份有限公司	基金销售业务资格
2009—09—07	证监许可[2009]913号	华融证券股份有限公司	基金销售业务资格
2009—10—14	证监许可[2009]1085号	渤海银行股份有限公司	基金销售业务资格
2009—11—19	证监许可[2009]1208号	天风证券经纪有限责任公司	基金销售业务资格
2009—12—14	证监许可[2009]1363号	大通证券股份有限公司	基金销售业务资格
2009—12—25	证监许可[2009]1469号	河北财达证券经纪有限责任公司	基金销售业务资格
2009—12—31	证监许可[2009]1499号	江苏张家港农村商业银行	基金销售业务资格

基金公司设立香港子公司获批

获批日期	批准文号	获批基金公司	设立香港子公司
2009—05—13	证监许可[2009]415号	汇添富基金管理有限公司	汇添富资产管理(香港)有限公司
2009—05—13	证监许可[2009]417号	大成基金管理有限公司	大成国际资产管理有限公司
2009—12—30	证监许可[2009]1495号	博时基金管理有限公司	博时基金(国际)有限公司

基金公司设立分支机构获批

获批日期	批准文号	获批基金公司	设立分支机构
2009—01—15	证监许可[2009]41号	国泰基金管理有限公司	在深圳设立分公司
2009—02—02	证监许可[2009]94号	泰信基金管理有限公司	在北京、深圳设立分公司
2009—02—09	证监许可[2009]110号	大成基金管理有限公司	在沈阳设立分公司
	证监许可[2009]112号	大成基金管理有限公司	在武汉设立分公司
	证监许可[2009]113号	大成基金管理有限公司	在福州设立分公司
	证监许可[2009]114号	大成基金管理有限公司	在成都设立分公司
2009—02—16	证监许可[2009]128号	建信基金管理有限责任公司	在成都设立分公司
2009—02—19	证监许可[2009]147号	东方基金管理有限责任公司	在上海设立分公司
2009—03—13	证监许可[2009]228号	华安基金管理有限公司	在西安设立分公司
	证监许可[2009]229号	华安基金管理有限公司	在广州设立分公司
2009—06—16	证监许可[2009]510号	大成基金管理有限公司	在北京设立理财中心

基金公司变更注册资本获批

获批日期	批准文号	获批基金公司	变更情况
2009-02-09	证监许可[2009]109号	银河基金管理有限公司	注册资本由1亿元增加到1.5亿元。其中，中国银河金融控股有限责任公司增资2,500万元，中国石油天然气集团公司增资625万元，首都机场集团公司增资625万元，上海市城市建设投资开发总公司增资625万元，湖南电广传媒股份有限公司增资625万元.
2009-08-31	证监许可[2009]885号	嘉实基金管理有限公司	注册资本由1亿元增加到1.5亿元。其中，中诚信托有限责任公司增资2,000万元，立信投资有限责任公司增资1,500万元，德意志资产管理(亚洲)有限公司增资1,500万元.
2009-11-03	证监许可[2009]1134号	国联安基金管理有限公司	注册资本由1亿元增加到1.5亿元。其中，国泰君安证券股份有限公司增资2,550万元，安联集团增资2,450万元。

基金公司股东、股权变更获批

获批日期	批准文号	获批基金公司	变更情况
2009-01-06	证监许可[2009]13号	中欧基金管理有限公司	隆巴第及皮埃蒙特银行与Banche Popolari Unite S.c.p.a.合并后的意联银行(Unione di Banche Italiane S.c.p.a.)为公司股东。 变更后的股权结构为：意联银行58,800,000 49%国都证券有限责任公司56,400,000 47%，平顶山煤业(集团)有限责任公司4,800,000 4%。
2009-03-11	证监许可[2009]224号	益民基金管理有限公司	重庆路桥股份有限公司将其持有公司25%股权分别转让给重庆国际信托有限公司、中国新纪元有限公司。 变更后的股权结构为：重庆国际信托有限公司49,000,000 49%，中国新纪元有限公司31,000,000 31%，中山证券有限责任公司20,000,000 20%。
2009-08-06	证监许可[2009]746号	鹏华基金管理有限公司	意大利欧利盛金融集团股份公司(Eurizon Financial Group S.p.A.)将其持有公司49%股权转让给意大利欧利盛资本资产管理股份公司(Eurizon Capital SGR S.p.A.)。 变更后的股权结构为：国信证券股份有限公司75,000,000 50%，意大利欧利盛资本资产管理股份公司73,500,000 49%，深圳市北融信投资发展有限公司1,500,000 1%。
2009-10-14	证监许可[2009]1087号	华安基金管理有限公司	上海沸点投资发展有限公司将其持有公司20%股权转让给国泰君安投资管理股份有限公司. 变更后的股权结构为：上海国际信托有限公司30,000,000 20%，上海电气(集团)总公司30,000,000 20%，上海锦江国际投资管理有限公司30,000,000 20%，上海工业投资(集团)有限公司30,000,000 20%，国泰君安投资管理股份有限公司30,000,000 20%。

（续上表）

获批日期	批准文号	获批基金公司	变更情况
2009-10-28	证监许可[2009]1114号	博时基金管理有限公司	天津港(集团)有限公司、璟安实业有限公司、上海盛业资产管理有限公司和丰益实业发展有限公司分别受让招商证券股份有限公司持有公司6%(600万股)的股权。 变更后的股权结构为：招商证券股份有限公司49,000,000 49%，中国长城资产管理公司25,000,000 25%，天津港(集团)有限公司6,000,000 6%，璟安实业有限公司6,000,000 6%，上海盛业资产管理有限公司6,000,000 6%，丰益实业发展有限公司6,000,000 6%，广厦建设集团有限责任公司2,000,000 2%。
2009-11-06	证监许可[2009]1163号	国泰基金管理有限公司	意大利忠利集团受让中国建银投资有限责任公司持有公司10%股权、万联证券有限责任公司持有公司20%股权。 变更后的股权结构：中国建银投资有限责任公司 66,000,000 60%，意大利忠利集团33,000,000 30%，中国电力财务有限公司11,000,000 10%。

基金公司高管任命获批

获批日期	批准文号	获批基金公司	任命高管
2009-01-07	证监许可[2009]17号	宝盈基金管理有限公司	胡东良任公司副总经理
2009-01-23	证监许可[2009]82号	信诚基金管理有限公司	王俊锋任公司总经理
2009-02-04	证监许可[2009]99号	东方基金管理有限责任公司	吕日任公司督察长
2009-02-06	证监许可[2009]105号	信达澳银基金管理有限公司	王重昆任公司总经理
2009-02-13	证监许可[2009]123号	国投瑞银基金管理有限公司	钱蒙任公司董事长 路博任公司副总经理
2009-02-24	证监许可[2009]161号	国联安基金管理有限公司	周泉恭、王峰任公司副总经理
	证监许可[2009]162号	融通基金管理有限公司	秦玮任公司副总经理
	证监许可[2009]163号	交银施罗德基金管理有限公司	谢卫任公司副总经理
	证监许可[2009]164号	兴业全球基金管理有限公司	兰荣任公司董事长， 杜昌勇、杨卫东任公司副总经理
	证监许可[2009]165号	摩根士丹利华鑫基金管理有限公司	王文学任公司董事长
	证监许可[2009]171号	上投摩根基金管理有限公司	陈星德任公司督察长
2009-02-27	证监许可[2009]182号	中银基金管理有限公司	俞岱曦任公司副总经理
2009-03-05	证监许可[2009]202号	中欧基金管理有限公司	刘建平任公司总经理
2009-03-06	证监许可[2009]207号	华富基金管理有限公司	邹牧任公司副总经理
2009-03-09	证监许可[2009]214号	景顺长城基金管理有限公司	蔡宝美任公司副总经理
2009-03-17	证监许可[2009]233号	摩根士丹利华鑫基金管理有限公司	于华任公司总经理
2009-04-09	证监许可[2009]295号	中邮创业基金管理有限公司	张静任公司副总经理
2009-04-20	证监许可[2009]323号	中海基金管理有限公司	李延刚任公司副总经理

（续上表）

获批日期	批准文号	获批基金公司	任命高管
2009-05-15	证监许可[2009]396号	上投摩根基金管理有限公司	侯明甫任公司副总经理
2009-05-27	证监许可[2009]433号	兴业全球基金管理有限公司	徐天舒任公司副总经理
2009-06-01	证监许可[2009]454号	富国基金管理有限公司	孟朝霞任公司副总经理
2009-06-04	证监许可[2009]468号	银华基金管理有限公司	鲁颂宾、魏瑛任公司副总经理
2009-06-11	证监许可[2009]501号	广发基金管理有限公司	段西军任公司督察长
2009-06-16	证监许可[2009]513号	金元比联基金管理有限公司	冯辞任公司董事长
2009-06-18	证监许可[2009]529号	国投瑞银基金管理有限公司	包爱丽任公司督察长
2009-06-26	证监许可[2009]571号	华宝兴业基金管理有限公司	任志强、黄小薏任公司副总经理
2009-07-07	证监许可[2009]609号	国泰基金管理有限公司	李峰任公司督察长
2009-07-28	证监许可[2009]694号	景顺长城基金管理有限公司	许义明任公司总经理
	证监许可[2009]704号	农银汇理基金管理有限公司	杜明华任公司副总经理
2009-08-11	证监许可[2009]773号	东方基金管理有限责任公司	单宇任公司总经理
2009-08-13	证监许可[2009]789号	摩根士丹利华鑫基金管理有限公司	秦红任公司副总经理
2009-09-01	证监许可[2009]881号	中海基金管理有限公司	陈浩鸣任公司总经理
2009-09-02	证监许可[2009]886号	银河基金管理有限公司	李昇任公司督察长
2009-09-03	证监许可[2009]893号	华夏基金管理有限公司	张后奇、王亚伟任公司副总经理
2009-09-18	证监许可[2009]961号	摩根士丹利华鑫基金管理有限公司	徐卫任公司副总经理
2009-10-19	证监许可[2009]1096号	国海富兰克林基金管理有限公司	李雄厚任公司副总经理
2009-11-02	证监许可[2009]1131号	汇添富基金管理有限公司	于东升任公司副总经理
2009-11-04	证监许可[2009]1144号	华安基金管理有限公司	俞妙根任公司董事长
	证监许可[2009]1145号	浦银安盛基金管理有限公司	姜明生任公司董事长
2009-12-09	证监许可[2009]1329号	万家基金管理有限公司	孙国茂任公司董事长
2009-12-10	证监许可[2009]1342号	华商基金管理有限公司	王锋任公司总经理
2009-12-17	证监许可[2009]1407号	益民基金管理有限公司	祖煜任公司总经理
2009-12-18	证监许可[2009]1409号	泰信基金管理有限公司	桑维英、韩波任公司副总经理

托管银行高管任命获批

获批日期	批准文号	获批托管银行	获批任命高管
2009-05-04	证监许可[2009]364号	广东发展银行股份有限公司	禄金山任资产托管部总经理
2009-07-03	证监许可[2009]600号	华夏银行股份有限公司	许明任资产托管部总经理
2009-07-16	证监许可[2009]674号	中国邮政储蓄银行有限责任公司	徐进任托管业务部总经理
2009-08-18	证监许可[2009]815号	上海银行股份有限公司	廖海燕任资产托管部总经理

合格境外机构投资者托管资格获批

获批日期	批准文号	获批境外机构
2009-08-13	证监许可[2009]800号	花旗银行(中国)有限公司
2009-10-12	证监许可[2009]1088号	渣打银行(中国)有限公司

合格境外机构投资者资格获批

获批日期	批准文号	获批境外机构
2009-02-05	证监许可[2009]100号	韩华投资信托管理株式会社
2009-02-10	证监许可[2009]116号	新兴市场管理有限公司
2009-02-24	证监许可[2009]166号	德意志资产管理有限公司
2009-04-23	证监许可[2009]330号	韩国产业银行
2009-05-04	证监许可[2009]360号	韩国友利银行股份有限公司
2009-05-19	证监许可[2009]411号	马来西亚国家银行
2009-05-27	证监许可[2009]438号	罗祖儒投资管理(香港)有限公司
2009-06-05	证监许可[2009]472号	邓普顿投资顾问有限公司
2009-06-18	证监许可[2009]534号	东亚联丰投资管理有限公司
2009-06-26	证监许可[2009]576号	日本住友信托银行股份有限公司
2009-07-21	证监许可[2009]660号	韩国投资信托运用株式会社
2009-08-06	证监许可[2009]760号	霸菱资产管理有限公司
2009-09-14	证监许可[2009]942号	安石投资管理有限公司
2009-11-06	证监许可[2009]1155号	纽约银行梅隆资产管理国际有限公司
2009-11-20	证监许可[2009]1214号	宏利资产管理(香港)有限公司
2009-11-23	证监许可[2009]1219号	野村资产管理株式会社
2009-12-11	证监许可[2009]1358号	东洋投资信托运用(株)
2009-12-23	证监许可[2009]1426号	加拿大皇家银行
2009-12-28	证监许可[2009]1468号	英杰华投资集团全球服务有限公司

证券投资基金募集获批

获批日期	批准文号	获批基金简称	基金类型	管理人	托管人
2009-01-05	证监许可[2009]6号	工银瑞信沪深300指数	股票型	工银瑞信	建行
2009-01-06	证监许可[2009]5号	宝盈核心优势混合	混合型	宝盈	中行
	证监许可[2009]7号	中银行业优选混合	混合型	中银	工行
2009-01-16	证监许可[2009]39号	信诚经典优债债券	债券型	信诚	建行
	证监许可[2009]40号	国富成长动力股票	股票型	国海富兰克林	中行
	证监许可[2009]41号	鹏华沪深300指数(LOF)	股票型	鹏华	工行
2009-01-22	证监许可[2009]73号	浦银安盛精致生活混合	混合型	浦银安盛	建行
	证监许可[2009]74号	农银平衡双利混合	混合型	农银汇理	交行
	证监许可[2009]75号	国泰双利债券	债券型	国泰	建行
	证监许可[2009]76号	民生加银品牌蓝筹混合	混合型	民生加银	建行
2009-02-05	证监许可[2009]101号	金元比联丰利债券	债券型	金元比联	农行
	证监许可[2009]102号	信达澳银稳定价值债券	债券型	信达澳银	建行
	证监许可[2009]103号	泰信蓝筹精选股票	股票型	泰信	中行

（续上表）

获批日期	批准文号	获批基金简称	基金类型	管理人	托管人
2009—02—13	证监许可[2009]125号	华安强化收益债券	债券型	华安	工行
	证监许可[2009]126号	银华和谐主题混合	混合型	银华	工行
	证监许可[2009]127号	南方沪深300指数	股票型	南方	工行
	证监许可[2009]140号	东吴进取策略混合	混合型	东吴	农行
	证监许可[2009]141号	交银先锋股票	股票型	交银施罗德	农行
2009—03—06	证监许可[2009]208号	中欧稳健收益债券	债券型	中欧	建行
	证监许可[2009]209号	长盛同庆封闭	股票型	长盛	建行
2009—04—03	证监许可[2009]279号	国泰区位优势股票	股票型	国泰	中行
	证监许可[2009]280号	友邦华泰货币	货币型	友邦华泰	中行
	证监许可[2009]281号	建信收益增强债券	债券型	建信	农行
2009—04—10	证监许可[2009]296号	富国优化增强债券	债券型	富国	建行
	证监许可[2009]302号	东方核心动力股票	股票型	东方	中行
2009—04—13	证监许可[2009]308号	诺安增利债券	债券型	诺安	工行
2009—04—15	证监许可[2009]309号	华富价值增长混合	混合型	华富	深圳发展银行
	证监许可[2009]310号	申万巴黎消费增长股票	股票型	申万巴黎	工行
2009—04—23	证监许可[2009]331号	招商行业领先股票	股票型	招商	中行
	证监许可[2009]332号	博时信用债券	债券型	博时	工行
2009—04—27	证监许可[2009]340号	金鹰行业优势股票	股票型	金鹰	中行
2009—04—28	证监许可[2009]343号	汇丰晋信大盘股票	股票型	汇丰晋信	交行
2009—04—29	证监许可[2009]347号	中海量化策略股票	股票型	中海	工行
	证监许可[2009]348号	广发聚瑞股票	股票型	广发	工行
2009—05—04	证监许可[2009]361号	上投摩根纯债	债券型	上投摩根	工行
2009—05—05	证监许可[2009]367号	易方达亚洲精选股票（QDII）	QDII	易方达	工行
2009—05—06	证监许可[2009]370号	天治趋势精选混合	混合型	天治	建行
	证监许可[2009]371号	汇添富上证综合指数	股票型	汇添富	工行
2009—05—11	证监许可[2009]384号	新世纪泛资源优势混合	混合型	新世纪	工行
	证监许可[2009]385号	兴业磐稳增利债券	债券型	兴业全球	交行
	证监许可[2009]386号	长城景气行业龙头混合	混合型	长城	建行
2009—05—19	证监许可[2009]412号	中欧价值发现股票	股票型	中欧	建行
2009—05—27	证监许可[2009]439号	长信恒利优势股票	股票型	长信	建行
2009—06—05	证监许可[2009]471号	诺德成长优势股票	股票型	诺德	建行
	证监许可[2009]473号	民生加银增强收益债券	债券型	民生加银	建行
	证监许可[2009]480号	泰信增强收益债券	债券型	泰信	中行
2009—06—18	证监许可[2009]531号	华夏沪深300指数	股票型	华夏	工行
	证监许可[2009]532号	宝盈货币	货币型	宝盈	建行
	证监许可[2009]533号	万家稳健增利债券	债券型	万家	中行
	证监许可[2009]535号	金元比联价值增长股票	股票型	金元比联	建行
	证监许可[2009]540号	信诚优胜精选股票	股票型	信诚	建行
	证监许可[2009]542号	国联安主题驱动股票	股票型	国联安	建行

获批日期	批准文号	获批基金简称	基金类型	管理人	托管人
2009-06-26	证监许可[2009]577号	工银上证央企50ETF	ETF	工银瑞信	招行
	证监许可[2009]578号	博时策略混合	混合型	博时	建行
2009-07-06	证监许可[2009]605号	嘉实回报混合	混合型	嘉实	中行
2009-07-16	证监许可[2009]645号	鹏华精选成长股票	股票型	鹏华	建行
	证监许可[2009]646号	易方达沪深300指数	股票型	易方达	建行
2009-07-20	证监许可[2009]651号	中银中证100	股票型	中银	建行
	证监许可[2009]652号	国富沪深300指数增强	股票型	国海富兰克林	建行
2009-07-21	证监许可[2009]662号	大摩领先优势股票	股票型	摩根士丹利华鑫	建行
	证监许可[2009]664号	大成行业轮动股票	股票型	大成	农行
2009-08-06	证监许可[2009]754号	华宝兴业中证100指数	股票型	华宝兴业	建行
	证监许可[2009]755号	南方中证500指数(LOF)	股票型	南方	农行
	证监许可[2009]759号	景顺长城能源基建股票	股票型	景顺长城	农行
	证监许可[2009]811号	光大保德信动态优选混合	混合型	光大保德信	建行
2009-08-17	证监许可[2009]793号	银华沪深300指数(LOF)	股票型	银华	建行
	证监许可[2009]794号	华安上证180ETF联接基金	股票型	华安	建行
	证监许可[2009]795号	交银上证180公司治理ETF	ETF	交银施罗德	农行
	证监许可[2009]795号	交银上证180公司治理ETF联接基金	股票型	交银施罗德	农行
2009-08-19	证监许可[2009]810号	信达澳银中小盘股票	股票型	信达澳银	建行
	证监许可[2009]811号	中邮核心优势混合	混合型	中邮创业	农行
2009-08-20	证监许可[2009]821号	农银策略价值股票	股票型	农银汇理	建行
2009-08-28	证监许可[2009]864号	诺安中证100指数	股票型	诺安	工行
	证监许可[2009]865号	国投瑞银瑞和沪深300指数分级	股票型	国投瑞银	工行
2009-08-31	证监许可[2009]879号	海富通中证100指数(LOF)	股票型	海富通	中行
2009-09-01	证监许可[2009]882号	建信沪深300指数(LOF)	股票型	建信	工行
2009-09-04	证监许可[2009]892号	华商动态阿尔法混合	混合型	华商	建行
2009-09-08	证监许可[2009]926号	浦银安盛红利精选股票	股票型	浦银安盛	工行
	证监许可[2009]927号	长盛量化红利股票	股票型	长盛	工行
2009-09-14	证监许可[2009]947号	易方达深证100ETF联接基金	股票型	易方达	中行
	证监许可[2009]948号	泰达荷银红利先锋股票	股票型	泰达荷银	建行
2009-09-21	证监许可[2009]982号	广发中证500指数	股票型	广发	工行
2009-09-28	证监许可[2009]1024号	东吴新经济股票	股票型	东吴	建行
	证监许可[2009]1025号	银河沪深300价值指数	股票型	银河	建行
2009-10-13	证监许可[2009]1065号	天弘周期策略股票	股票型	天弘	工行
	证监许可[2009]1066号	南方深证成份ETF	ETF	南方	工行
	证监许可[2009]1066号	南方深证成份ETF联接基金	股票型	南方	工行
2009-10-14	证监许可[2009]1086号	大摩强收益债券	债券型	摩根士丹利华鑫	中行
2009-10-21	证监许可[2009]1105号	汇丰晋信中小盘股票	股票型	汇丰晋信	建行
	证监许可[2009]1106号	富国沪深300指数增强	股票型	富国	工行
2009-10-29	证监许可[2009]1115号	华安动态灵活配置混合	混合型	华安	工行
	证监许可[2009]1116号	汇添富策略回报股票	股票型	汇添富	工行

（续上表）

获批日期	批准文号	获批基金简称	基金类型	管理人	托管人
2009—11—04	证监许可[2009]1154号	招商中小盘精选股票	股票型	招商	工行
2009—11—06	证监许可[2009]1158号	华富中证100指数	股票型	华富	交行
2009—11—18	证监许可[2009]1191号	申万沪深300价值指数	股票型	申万巴黎	工行
	证监许可[2009]1192号	中欧中小盘股票(LOF)	股票型	中欧	邮储银行
2009—11—23	证监许可[2009]1218号	宝盈中证100指数增强	股票型	宝盈	建行
	证监许可[2009]1220号	新华钻石品质企业股票	股票型	新华	建行
	证监许可[2009]1221号	汇添富亚澳成熟优选股票(QDII)	QDII	汇添富	工行
2009—11—26	证监许可[2009]1257号	华夏盛世精选股票	股票型	华夏	建行
	证监许可[2009]1258号	博时上证超大盘ETF	ETF	博时	建行
	证监许可[2009]1258号	博时上证超大盘ETF联接基金	股票型	博时	建行
2009—12—03	证监许可[2009]1294号	嘉实基本面50指数(LOF)	股票型	嘉实	工行
	证监许可[2009]1295号	国泰估值优势分级封闭	封闭式	国泰	工行
2009—12—08	证监许可[2009]1323号	民生加银精选股票	股票型	民生加银	建行
2009—12—11	证监许可[2009]1356号	金鹰稳健成长股票	股票型	金鹰	工行
	证监许可[2009]1357号	信诚中小盘股票	股票型	信诚	建行
	证监许可[2009]1361号	长信中证中央企业100指数	股票型	长信	建行
2009—12—15	证监许可[2009]1374号	鹏华中证500指数	股票型	鹏华	工行
	证监许可[2009]1375号	国投瑞银新兴市场股票(QDII—LOF)	QDII	国投瑞银	工行
	证监许可[2009]1382号	上投摩根行业轮动股票	股票型	上投摩根	招行
2009—12—22	证监许可[2009]1423号	大成中证红利指数	股票型	大成	建行
	证监许可[2009]1424号	金元比联核心动力股票	股票型	金元比联	工行
	证监许可[2009]1425号	中银蓝筹混合	混合型	中银	招行
2009—12—28	证监许可[2009]1472号	工银中小盘股票	股票型	工银瑞信	农行
2009—12—30	证监许可[2009]1498号	易方达上证中盘ETF	ETF	易方达	工行
	证监许可[2009]1498号	易方达上证中盘ETF联接基金	股票型	易方达	工行
2009—12—31	证监许可[2009]1500号	招商全球资源股票(QDII)	QDII	招商	工行
	证监许可[2009]1501号	长盛环球行业股票(QDII)	QDII	长盛	中行

说明：本节内容来源《中国证券监督管理委员会公告》。文中"泰达荷银基金管理有限公司"现已变更为"泰达宏利基金管理有限公司"；"新世纪基金管理有限公司"现在已更名为"新华基金管理有限公司"；友邦华泰基金管理有限公司"变更为"华泰柏瑞基金管理有限公司"三家基金公司旗下基金名称相应更改。

附录三 基金日历解读

一月份 JANUARY

2009-01-05
南方绩优成长股票基金分红10派0.50元

2009-01-06
中欧基金管理公司股权变更获批

2009-01-07
杭州银行获准基金销售业务资格
华宝证券经纪公司获准基金销售业务资格
富国天利增长债券基金分红10派0.20元

2009-01-08
国投瑞银稳定增利债券基金分红10派0.25元

2009-01-15
长城双动力股票基金合同生效成立，募集规模4.86亿

2009-01-16
融通基金获准从事特定客户资产管理业务
广发基金获准QDII业务资格
厦门证券获准基金销售业务资格
爱建证券获准基金销售业务资格
长城双动力股票基金合同生效成立，募集规模4.86亿

2009-01-19
国投瑞银货币市基金合同生效成立，募集规模38.33亿
华安稳定收益债券基金分红10派0.30元

2009-01-21
交银保本混合基金合同生效成立，募集规模49.56亿
上投摩根中小盘股票基金合同生效成立，募集规模8.26亿

2009-01-23
汇添富价值精选股票基金合同生效成立，募集规模15.13亿
华商收益增强债券基金合同生效成立，募集规模12.45亿

二月份 FEBRUARY

2009-02-06
新华优选成长股票基金分红10派0.50元

2009-02-08
中国证监会颁发《证券投资基金信息披露XBRL模板第3号〈年度报告和半年度报告〉》

2009-02-09
中银基金管理公司获准QDII业务资格
长信基金获准从事特定客户资产管理业务
金鹰中小盘精选混合基金分红10派0.80元
泰信双息双利债券基金分红10派0.50元
富国天丰强化债券封闭基金分红10派0.045元

2009-02-10
天弘永利债券A基金分红10派0.49元
天弘永利债券B基金分红10派0.53元

2009-02-12
金元比联成长动力混合基金分红10派0.30元

2009-02-13
大成策略回报股票基金分红10派1.50元

2009-02-16
易方达稳健收益债券A基金分红10派0.16元
易方达稳健收益债券B基金分红10派0.17元
易方达增强回报债券基金分红10派0.60元

2009-02-17
华宝兴业增强收益债券基金合同生效成立，募集规模22.58亿

2009-02-18
泰信优势增长混合基金分红10派0.30元

2009-02-20
广发增强收益债券基金分红10派0.30元

2009-02-25
嘉实多元A基金分红10派0.08元
嘉实多元B基金分红10派0.06元

2009-02-26
国泰金龙债券基金分红10派0.40元

2009-02-27
信达澳银精华配置混合基金分红10派1.00元
交银增利债券基金分红10派0.41元
交银增利债券C基金分红10派0.36元

三月份 MARCH

2009-03-04
光大保德信均衡精选股票基金合同生效成立，募集规模10.41亿
诺德增强收益债券基金合同生效成立，募集规模11.85亿

2009-03-04
嘉实超短债基金分红10派0.06元

2009-03-05
工银沪深300指数基金合同生效成立，募集规模36.06亿

2009-03-09
银华领先策略股票基金分红10派1.00元

2009-03-10
诺安成长股票基金合同生效成立

（续上表）

获批日期	批准文号	获批基金简称	基金类型	管理人	托管人
2009—11—04	证监许可[2009]1154号	招商中小盘精选股票	股票型	招商	工行
2009—11—06	证监许可[2009]1158号	华富中证100指数	股票型	华富	交行
2009—11—18	证监许可[2009]1191号	申万沪深300价值指数	股票型	申万巴黎	工行
	证监许可[2009]1192号	中欧中小盘股票(LOF)	股票型	中欧	邮储银行
2009—11—23	证监许可[2009]1218号	宝盈中证100指数增强	股票型	宝盈	建行
	证监许可[2009]1220号	新华钻石品质企业股票	股票型	新华	建行
	证监许可[2009]1221号	汇添富亚澳成熟优选股票(QDII)	QDII	汇添富	工行
2009—11—26	证监许可[2009]1257号	华夏盛世精选股票	股票型	华夏	建行
	证监许可[2009]1258号	博时上证超大盘ETF	ETF	博时	建行
	证监许可[2009]1258号	博时上证超大盘ETF联接基金	股票型	博时	建行
2009—12—03	证监许可[2009]1294号	嘉实基本面50指数(LOF)	股票型	嘉实	工行
	证监许可[2009]1295号	国泰估值优势分级封闭	封闭式	国泰	工行
2009—12—08	证监许可[2009]1323号	民生加银精选股票	股票型	民生加银	建行
2009—12—11	证监许可[2009]1356号	金鹰稳健成长股票	股票型	金鹰	工行
	证监许可[2009]1357号	信诚中小盘股票	股票型	信诚	建行
	证监许可[2009]1361号	长信中证中央企业100指数	股票型	长信	建行
2009—12—15	证监许可[2009]1374号	鹏华中证500指数	股票型	鹏华	工行
	证监许可[2009]1375号	国投瑞银新兴市场股票(QDII—LOF)	QDII	国投瑞银	工行
	证监许可[2009]1382号	上投摩根行业轮动股票	股票型	上投摩根	招行
2009—12—22	证监许可[2009]1423号	大成中证红利指数	股票型	大成	建行
	证监许可[2009]1424号	金元比联核心动力股票	股票型	金元比联	工行
	证监许可[2009]1425号	中银蓝筹混合	混合型	中银	招行
2009—12—28	证监许可[2009]1472号	工银中小盘股票	股票型	工银瑞信	农行
2009—12—30	证监许可[2009]1498号	易方达上证中盘ETF	ETF	易方达	工行
	证监许可[2009]1498号	易方达上证中盘ETF联接基金	股票型	易方达	工行
2009—12—31	证监许可[2009]1500号	招商全球资源股票(QDII)	QDII	招商	工行
	证监许可[2009]1501号	长盛环球行业股票(QDII)	QDII	长盛	中行

说明：本节内容来源《中国证券监督管理委员会公告》。文中"泰达荷银基金管理有限公司"现已变更为"泰达宏利基金管理有限公司"；"新世纪基金管理有限公司"现在已更名为"新华基金管理有限公司"；友邦华泰基金管理有限公司"变更为"华泰柏瑞基金管理有限公司"三家基金公司旗下基金名称相应更改.

附录三　基金日历解读

一月份 JANUARY

2009-01-05
南方绩优成长股票基金分红10派0.50元

2009-01-06
中欧基金管理公司股权变更获批

2009-01-07
杭州银行获准基金销售业务资格
华宝证券经纪公司获准基金销售业务资格
富国天利增长债券基金分红10派0.20元

2009-01-08
国投瑞银稳定增利债券基金分红10派0.25元

2009-01-15
长城双动力股票基金合同生效成立，募集规模4.86亿

2009-01-16
融通基金获准从事特定客户资产管理业务
广发基金获准QDII业务资格
厦门证券获准基金销售业务资格
爱建证券获准基金销售业务资格
长城双动力股票基金合同生效成立，募集规模4.86亿

2009-01-19
国投瑞银货币基金合同生效成立，募集规模38.33亿
华安稳定收益债券基金分红10派0.30元

2009-01-21
交银保本混合基金合同生效成立，募集规模49.56亿
上投摩根中小盘股票基金合同生效成立，募集规模8.26亿

2009-01-23
汇添富价值精选股票基金合同生效成立，募集规模15.13亿
华商收益增强债券基金合同生效成立，募集规模12.45亿

二月份 FEBRUARY

2009-02-06
新华优选成长股票基金分红10派0.50元

2009-02-08
中国证监会颁发《证券投资基金信息披露XBRL模板第3号〈年度报告和半年度报告〉》

2009-02-09
中银基金管理公司获准QDII业务资格
长信基金获准从事特定客户资产管理业务
金鹰中小盘精选混合基金分红10派0.80元
泰信双息双利债券基金分红10派0.50元
富国天丰强化债券封闭基金分红10派0.045元

2009-02-10
天弘永利债券A基金分红10派0.49元
天弘永利债券B基金分红10派0.53元

2009-02-12
金元比联成长动力混合基金分红10派0.30元

2009-02-13
大成策略回报股票基金分红10派1.50元

2009-02-16
易方达稳健收益债券A基金分红10派0.16元
易方达稳健收益债券B基金分红10派0.17元
易方达增强回报债券基金分红10派0.60元

2009-02-17
华宝兴业增强收益债券基金合同生效成立，募集规模22.58亿

2009-02-18
泰信优势增长混合基金分红10派0.30元

2009-02-20
广发增强收益债券基金分红10派0.30元

2009-02-25
嘉实多元A基金分红10派0.08元
嘉实多元B基金分红10派0.06元

2009-02-26
国泰金龙债券基金分红10派0.40元

2009-02-27
信达澳银精华配置混合基金分红10派1.00元
交银增利债券基金分红10派0.41元
交银增利债券C基金分红10派0.36元

三月份 MARCH

2009-03-04
光大保德信均衡精选股票基金合同生效成立，募集规模10.41亿
诺德增强收益债券基金合同生效成立，募集规模11.85亿

2009-03-04
嘉实超短债基金分红10派0.06元

2009-03-05
工银沪深300指数基金合同生效成立，募集规模36.06亿

2009-03-09
银华领先策略股票基金分红10派1.00元

2009-03-10
诺安成长股票基金合同生效成立

（续上表）

获批日期	批准文号	获批基金简称	基金类型	管理人	托管人
2009—11—04	证监许可[2009]1154号	招商中小盘精选股票	股票型	招商	工行
2009—11—06	证监许可[2009]1158号	华富中证100指数	股票型	华富	交行
2009—11—18	证监许可[2009]1191号	申万沪深300价值指数	股票型	申万巴黎	工行
	证监许可[2009]1192号	中欧中小盘股票(LOF)	股票型	中欧	邮储银行
2009—11—23	证监许可[2009]1218号	宝盈中证100指数增强	股票型	宝盈	建行
	证监许可[2009]1220号	新华钻石品质企业股票	股票型	新华	建行
	证监许可[2009]1221号	汇添富亚澳成熟优选股票(QDII)	QDII	汇添富	工行
2009—11—26	证监许可[2009]1257号	华夏盛世精选股票	股票型	华夏	建行
	证监许可[2009]1258号	博时上证超大盘ETF	ETF	博时	建行
	证监许可[2009]1258号	博时上证超大盘ETF联接基金	股票型	博时	建行
2009—12—03	证监许可[2009]1294号	嘉实基本面50指数(LOF)	股票型	嘉实	工行
	证监许可[2009]1295号	国泰估值优势分级封闭	封闭式	国泰	工行
2009—12—08	证监许可[2009]1323号	民生加银精选股票	股票型	民生加银	建行
2009—12—11	证监许可[2009]1356号	金鹰稳健成长股票	股票型	金鹰	工行
	证监许可[2009]1357号	信诚中小盘股票	股票型	信诚	建行
	证监许可[2009]1361号	长信中证中央企业100指数	股票型	长信	建行
2009—12—15	证监许可[2009]1374号	鹏华中证500指数	股票型	鹏华	工行
	证监许可[2009]1375号	国投瑞银新兴市场股票(QDII—LOF)	QDII	国投瑞银	工行
	证监许可[2009]1382号	上投摩根行业轮动股票	股票型	上投摩根	招行
2009—12—22	证监许可[2009]1423号	大成中证红利指数	股票型	大成	建行
	证监许可[2009]1424号	金元比联核心动力股票	股票型	金元比联	工行
	证监许可[2009]1425号	中银蓝筹混合	混合型	中银	招行
2009—12—28	证监许可[2009]1472号	工银中小盘股票	股票型	工银瑞信	农行
2009—12—30	证监许可[2009]1498号	易方达上证中盘ETF	ETF	易方达	工行
	证监许可[2009]1498号	易方达上证中盘ETF联接基金	股票型	易方达	工行
2009—12—31	证监许可[2009]1500号	招商全球资源股票(QDII)	QDII	招商	工行
	证监许可[2009]1501号	长盛环球行业股票(QDII)	QDII	长盛	中行

说明：本节内容来源《中国证券监督管理委员会公告》。文中〝泰达荷银基金管理有限公司〞现已变更为〝泰达宏利基金管理有限公司〞；〝新世纪基金管理有限公司〞现在已更名为〝新华基金管理有限公司〞；友邦华泰基金管理有限公司〞变更为〝华泰柏瑞基金管理有限公司〞三家基金公司旗下基金名称相应更改.

附录三　基金日历解读

一月份 JANUARY

2009-01-05
南方绩优成长股票基金分红10派0.50元

2009-01-06
中欧基金管理公司股权变更获批

2009-01-07
杭州银行获准基金销售业务资格
华宝证券经纪公司获准基金销售业务资格
富国天利增长债券基金分红10派0.20元

2009-01-08
国投瑞银稳定增利债券基金分红10派0.25元

2009-01-15
长城双动力股票基金合同生效成立，募集规模4.86亿

2009-01-16
融通基金获准从事特定客户资产管理业务
广发基金获准QDII业务资格
厦门证券获准基金销售业务资格
爱建证券获准基金销售业务资格
长城双动力股票基金合同生效成立，募集规模4.86亿

2009-01-19
国投瑞银货币基金合同生效成立，募集规模38.33亿
华安稳定收益债券基金分红10派0.30元

2009-01-21
交银保本混合基金合同生效成立，募集规模49.56亿
上投摩根中小盘股票基金合同生效成立，募集规模8.26亿

2009-01-23
汇添富价值精选股票基金合同生效成立，募集规模15.13亿
华商收益增强债券基金合同生效成立，募集规模12.45亿

二月份 FEBRUARY

2009-02-06
新华优选成长股票基金分红10派0.50元

2009-02-08
中国证监会颁发《证券投资基金信息披露XBRL模板第3号〈年度报告和半年度报告〉》

2009-02-09
中银基金管理公司获准QDII业务资格
长信基金获准从事特定客户资产管理业务
金鹰中小盘精选混合基金分红10派0.80元
泰信双息双利债券基金分红10派0.50元
富国天丰强化债券封闭基金分红10派0.045元

2009-02-10
天弘永利债券A基金分红10派0.49元
天弘永利债券B基金分红10派0.53元

2009-02-12
金元比联成长动力混合基金分红10派0.30元

2009-02-13
大成策略回报股票基金分红10派1.50元

2009-02-16
易方达稳健收益债券A基金分红10派0.16元
易方达稳健收益债券B基金分红10派0.17元
易方达增强回报债券基金分红10派0.60元

2009-02-17
华宝兴业增强收益债券基金合同生效成立，募集规模22.58亿

2009-02-18
泰信优势增长混合基金分红10派0.30元

2009-02-20
广发增强收益债券基金分红10派0.30元

2009-02-25
嘉实多元A基金分红10派0.08元
嘉实多元B基金分红10派0.06元

2009-02-26
国泰金龙债券基金分红10派0.40元

2009-02-27
信达澳银精华配置混合基金分红10派1.00元
交银增利债券基金分红10派0.41元
交银增利债券C基金分红10派0.36元

三月份 MARCH

2009-03-04
光大保德信均衡精选股票基金合同生效成立，募集规模10.41亿
诺德增强收益债券基金合同生效成立，募集规模11.85亿

2009-03-04
嘉实超短债基金分红10派0.06元

2009-03-05
工银沪深300指数基金合同生效成立，募集规模36.06亿

2009-03-09
银华领先策略股票基金分红10派1.00元

2009-03-10
诺安成长股票基金合同生效成立

募集规模11.68亿

2009-03-11
益民基金管理公司股权变更获批
国联安增利债券基金合同生效成立,募集规模30.72亿
国泰双利债券基金合同生效成立,募集规模19.80亿
信诚经典优债债券基金合同生效成立,募集规模15.64亿

2009-03-12
鹏华盛世创新股票基金分红10派0.30元

2009-03-17
中国证监会颁发《基金管理公司投资管理人员管理指导意见》
宝盈核心优势混合基金合同生效成立,募集规模7.77亿

2009-03-18
融通债券基金分红10派1.00元

2009-03-20
嘉实量化阿尔法股票基金合同生效成立,募集规模29.61亿

2009-03-23
金元比联丰利债券基金合同生效成立,募集规模14.75亿
泰达宏利集利债券基金分红10派0.18元
华泰柏瑞上证红利基金分红10派0.24元

2009-03-24
银河银信添利债券基金分红10派0.22元
华富收益增强债券基金分红10派0.25元

2009-03-25
南方沪深300指数基金合同生效成立,募集规模15.81亿
国富成长动力股票基金合同生效成立,募集规模11.10亿
兴业有机增长混合基金合同生效成立,募集规模19.80亿
工银添利债券基金分红10派0.20元

2009-03-26
易方达行业领先股票基金合同生效成立,募集规模40.92亿
鹏华普天债券基金分红10派0.20元
国富强化收益债券基金分红10派0.10元

2009-03-27
民生加银品牌蓝筹混合基金合同生效成立,募集规模27.19亿
国泰金鹿保本混合(二期)基金分红10派0.50元

2009-03-30
中信稳定双利基金分红10派0.42元
诺安优化收益债券基金分红10派0.10元
华安安信封闭基金分红10派2.60元

2009-03-31
大成债券基金分红10派0.20元
汇添富增收收益债券基金分红10派0.20元

四月份 APRIL

2009-04-01
博时精选股票基金分红10派0.35元
博时主题行业股票基金分红10派1.20元
金鹰红利价值混合基金分红10派0.88元

2009-04-02
华夏债券基金分红10派0.20元
富国天利增长债券基金分红10派0.20元
博时裕阳封闭基金分红10派2.10元

2009-04-03
中银优选混合基金合同生效成立,募集规模19.97亿
鹏华沪深300指数基金合同生效成立,募集规模19.94亿

2009-04-07
国联安稳健混合基金分红10派1.50元
嘉实债券基金分红10派1.50元
嘉实超短债基金分红10派0.03元
嘉实多元债券基金分红10派0.10元

2009-04-08
农银平衡双利混合基金合同生效成立,募集规模64.66亿
信达澳银稳定价值债券基金合同生效成立,募集规模11.41亿
华夏大盘精选混合基金分红10派1.00元
富国天丰强化债券封闭基金分红10派0.08元
富国汉盛封闭基金分红10派3.30元
富国汉兴封闭基金分红10派1.79元

2009-04-09
泰达宏利品质生活混合基金合同生效成立,募集规模12.95亿

2009-04-10
交银先锋股票基金合同生效成立,募集规模44.71亿
广发沪深300指数基金分红10派0.40元
南方多利中短期债券C基金分红10派0.48元
中海稳健收益债券基金分红10派0.30元
华安上证180ETF基金分红10派1.49元
海富通中国海外QDII基金分红10派0.20元

2009-04-13
华安强化收益债券基金合同生效成立,募集规模27.55亿
融通通乾封闭基金分红10派1.00元

2009-04-14
易方达中小盘股票基金分红10派0.40元
鹏华普惠封闭基金分红10派0.48元
鹏华普丰封闭基金分红10派0.054元

2009-04-20
申万巴黎竞争优势股票基金分红10派0.50元
汇添富蓝筹稳健混合基金分红10派0.30元
友邦柏瑞稳本增利债券基金分红10派0.47元

2009-04-21
中国证监会颁发《证券投资基金参与股指期货交易指引》

2009-04-22
融通内需驱动股票基金合同生效成立,募集规模29.55亿
泰信蓝筹精选股票基金合同生效成立,募集规模10.75亿,
南方优选价值股票基金分红10派1.20元
华商盛世成长股票基金分红10派2.65元
华宝兴业宝康配置混合基金分红10派0.50元
华宝兴业宝康消费品混合基金分红

10派0.50元
华宝兴业宝康债券基金分红10派0.30元

2009-04-23
泰达宏利基金管理公司获准QDII业务资格
国富弹性市值股票基金分红10派2.50元
国富潜力组合股票基金分红10派1.00元
国富中国收益混合基金分红10派1.50元
益民红利成长混合基金分红10派0.68元

大成景宏封闭基金分红10派2.10元

2009-04-24
银河行业股票基金合同生效成立，募集规模6.93亿
中欧稳健收益债券基金合同生效成立，募集规模21.52亿
大成策略回报股票基金分红10派1.10元
长信双利优选混合基金分红10派0.40元

2009-04-27
银华和谐主题混合基金合同生效成立，募集规模26.73亿
长城稳健增利债券基金分红10派0.25元

2009-04-28
嘉实研究精选股票基金分红10派0.30元
易方达科翔股票基金分红10派1.50元
易方达科汇灵活配置混合基金分红10派1.50元

2009-04-29
宝盈增强收益债券基金分红10派0.07元

2009-04-30
海富通领先成长股票基金合同生效成立，募集规模26.65亿

五月份 MAY

2009-05-04
广东发展银行获准基金托管资格

2009-05-05
中国证监会颁发《关于基金管理公司开展特定多个客户资产管理业务有关问题的规定》

2009-05-06
海富通领先成长股票基金合同生效成立，募集规模26.65亿
东吴进取策略混合基金合同生效成立募集规模10.49亿
华泰柏瑞货币基金合同生效成立，募集规模23.40亿

2009-05-07
中欧新蓝筹混合基金分红10派1.00元

2009-05-08
广发核心精选股票基金分红10派0.60元
富国天丰强化债券封闭基金分红10派0.07元

2009-05-12
长盛同庆封闭基金合同生效成立，募集规模146.87亿
易方达策略成长基金分红10派0.20元
嘉实超短债基金分红10派0.033元

2009-05-13
大成基金香港子公司获批
汇添富基金香港子公司获批
交银环球精选QDII基金分红10派0.30元

2009-05-14
诺安灵活配置混合基金分红10派1.00元

2009-05-15
国联安红利股票基金分红10派2.00元

2009-05-18
万家精选股票基金合同生效成立，募集规模16.40亿

2009-05-22
国投瑞银创新动力股票基金分红10派0.50元
工银稳健成长股票基金分红10派2.50元
国投瑞银稳健增长混合基金分红10派0.40元
国投瑞银融华债券基金分红10派1.00元

2009-05-25
信达澳银精华配置混合基金分红10派1.00元
华商收益增强债券A基金分红10派0.14元
华商收益增强债券B基金分红10派0.13元

2009-05-26
银河成长股票基金分红10派0.80元
工银核心价值股票基金分红10派1.00元

2009-05-27
国泰区位优势股票基金合同生效成立，募集规模19.09亿
诺安增利债券基金合同生效成立，募集规模16.13亿
中银中国混合基金分红10派0.50元

六月份 JUNE

2009-06-02
建信增强债券基金合同生效成立，募集规模79.64亿

2009-06-03
长信双利优选混合基金分红10派0.80元
华富收益增强债券基金分红10派0.15元

2009-06-04
浦银安盛精致生活混合基金合同生效成立，募集规模8.37亿
长盛创新先锋混合基金分红10派1.30元
金元比联成长动力基金分红10派1.00元

2009-06-05
嘉实超短债基金分红10派0.025元

2009-06-08
海富通中国海外QDII基金分红10派2.50元
银河银信添利债券基金分红10派0.29元
富国天丰强化债券封闭基金分红10派0.08元

2009-06-10
博时信用债券基金合同生效成立，募集规模24.07亿
富国优化增强债券基金合同生效成立，募集规模58.21亿
大成策略回报股票基金分红10派1.40元

2009-06-11
信诚三得益债券基金分红10派0.15元

2009-06-12
申万巴黎消费增长股票基金合同生效成立，募集规模14.64亿
兴业可转债混合基金分红10派0.21元

2009-06-15
大成债券基金分红10派0.10元

2009-06-16
广发聚瑞股票基金合同生效成立，募集规模70.71亿

2009-06-17
泰达宏利风险预算混合基金分红10派1.55元

2009-06-18
大成强化收益债券基金分红10派0.50元

2009-06-19
招商行业领先股票基金合同生效成立募集规模44.75亿
诺安成长股票基金分红10派0.60元

2009-06-24
东方核心动力股票基金合同生效成立，募集规模7.72亿
汇丰晋信大盘股票基金合同生效成立，募集规模28.86亿
上投摩根纯债债券基金合同生效成立，募集规模18.01亿
中海量化策略股票基金合同生效成立，募集规模16.46亿

2009-06-25
银华保本增值混合基金分红10派0.50元
东吴优信稳健债券基金分红10派0.12元

2009-06-26
汉口银行获准基金销售业务资格
国泰双利债券基金分红10派0.10元
天弘永利债券A基金分红10派0.075元
天弘永利债券B基金分红10派0.091元

2009-06-29
华夏基金吸收合并中信基金获批
天弘永定价值成长股票基金分红10派0.70元
中信稳定双利债券基金分红10派0.12元

2009-06-30
长城景气行业龙头混合基金合同生效成立，募集规模19.65亿

七月份 JULY

2009-07-01
汇添富上证综合指数基金合同生效成立，募集规模90.98亿
金鹰行业优势股票基金合同生效成立募集规模21.67亿
银华内需精选股票基金合同生效成立募集规模44.37亿
华夏债券基金分红10派0.20元

2009-07-03
华夏希望债券基金分红10派0.30元

2009-07-06
长信双利优选混合基金分红10派0.80元
嘉实超短债基金分红10派0.027元

2009-07-07
嘉实多元基金分红10派0.10元
富国天利增长债券基金分红10派0.20元
富国天丰强化债券封闭基金分红10派0.09元

2009-07-09
中银优选混合基金分红10派0.30元

2009-07-10
华夏沪深300指数基金合同生效成立，募集规模247.72亿

2009-07-13
新华泛资源优势混合基金合同生效成立，募集规模31.32亿
大成策略回报股票基金分红10派1.50元
工银核心价值股票基金分红10派2.00元
易方达策略成长混合基金分红10派0.20元

2009-07-14
宝盈核心优势混合基金分红10派0.30元

2009-07-15
华富价值增长混合基金合同生效成立募集规模6.79亿
天治趋势精选混合基金合同生效成立募集规模5.26亿

2009-07-16
中国邮政储蓄银行获准基金托管资格
交银环球精选QDII基金分红10派0.50元

2009-07-17
工银沪深300指数基金分红10派1.10元
中海蓝筹混合基金分红10派2.60元

2009-07-20
银华和谐主题混合基金分红10派0.80元
华商收益增强债券A基金分红10派0.15元
华商收益增强债券B基金分红10派0.14元

2009-07-21
信诚基金获准QDII业务资格
民生加银增强收益债券基金合同生效成立，募集规模15.91亿

2009-07-22
申万巴黎竞争优势股票基金分红10派0.50元
申万巴黎盛利强化配置混合基金分红10派0.20元

2009-07-23
兴业磐稳增利债券基金合同生效成立，募集规模14.18亿

2009-07-24
中欧价值发现股票基金合同生效成立，募集规模7.15亿
诺安灵活配置混合基金分红10派1.40元
泰信蓝筹精选股票基金分红10派0.50元
泰信双息双利债券基金分红10派0.30元

2009-07-27
广发核心精选股票基金分红10派1.00元
宝盈核心优势混合基金分红10派0.30元
银河银信添利债券基金分红10派0.30元

2009-07-28
南方优选价值股票基金分红10派1.00元
南方沪深300指数基金分红10派0.60元

2009-07-29
泰信增强收益债券基金合同生效成立，募集规模11.76亿
金元比联丰利债券基金分红10派0.10元
长信双利优选混合基金分红10派1.00元

2009-07-30
长信恒利优势股票基金合同生效成立，募集规模9.84亿
鹏华沪深300指数基金分红10派0.60元
兴业可转债混合基金分红10派0.51元

八月份 AUGUST

2009-08-01
国富潜力组合股票基金分红10派1.50元

2009-08-03
华泰柏瑞行业领先股票基金合同生效成立，募集规模22.50亿
金鹰红利价值混合基金分红10派2.00元

2009-08-04
证监会颁发《基金管理公司特定多个客户资产管理合同内容与格式准则》
泰达宏利品质生活混合基金分红10派1.00元
中欧新蓝筹混合基金分红10派1.70元

2009-08-05
宝盈货币基金合同生效成立，募集规模14.56亿

2009-08-06
鹏华基金管理公司股权变更获批
民生加银品牌蓝筹混合基金分红10派0.30元
汇丰晋信2026周期混合基金分红10派3.20元

2009-08-07
宝盈核心优势混合基金分红10派0.30元

2009-08-10
上投摩根基金管理公司获准从事特定客户资产管理业务
华夏经典混合基金分红10派11.40元
建信核心精选股票基金分红0派5.80元
建信稳定增利债券基金分红10派0.50元
宝盈策略增长股票基金分红10派2.00元
富国天丰强化债券封闭基金分红10派0.07元
工银大盘蓝筹股票基金分红10派1.50元
银河银丰封闭基金分红10派0.16元

2009-08-11
博时策略混合基金合同生效成立，募集规模88.04亿

2009-08-12
万家稳健增利债券基金合同生效成立募集规模12.83亿

2009-08-13
鹏华中国50混合基金分红10派1.00元

2009-08-17
兴业趋势投资混合基金分红10派1.00元

2009-08-18
上海银行获准基金托管资格
嘉实回报混合基金合同生效成立，募集规模101.04亿
景顺长城内需贰号股票基金分红10派6.20元
华商收益增强债券A基金分红10派0.22元
华商收益增强债券B基金分红10派0.21元

2009-08-20
宝盈核心优势混合基金分红10派0.10元

2009-08-21
兴业可转债混合基金分红10派0.40元

2009-08-25
工银沪深300指数基金分红10派0.25元

2009-08-26
易方达沪深300指数基金合同生效成立，募集规模167.46亿
工银上证央企ETF基金合同生效成立，募集规模45.34亿
信诚优胜精选股票基金合同生效成立募集规模23.56亿
国联安主题驱动股票基金合同生效成立，募集规模8.44亿

2009-08-28
光大保德信均衡精选股票基金分红10派1.20元

九月份 SEPTEMBER

2009-09-01
富国天成红利混合基金分红10派0.10元
工银精选平衡混合基金分红10派1.00元

2009-09-03
国富沪深300指数增强基金合同生效成立，募集规模24.24亿

2009-09-04
中银中证100指数增强基金合同生效成立，募集规模35.58亿
南方天元封闭基金分红10派1.10元

2009-09-07
广发沪深300指数基金分红10派1.00元

2009-09-08
大成行业轮动股票基金合同生效成立，募集规模30.86亿
富国天丰强化债券封闭基金分红10派0.09元

2009-09-09
鹏华精选成长股票基金合同生效成立募集规模30.15亿

2009-09-11
金元比联价值增长股票基金合同生效成立，募集规模4.12亿

2009-09-15
新世纪基金获准更名为新华基金
工银核心价值股票基金分红10派1.90元
工银大盘蓝筹股票基金分红10派0.50元

2009-09-17
南方盛元红利股票基金分红10派0.20元

2009-09-21
江苏银行获准基金销售业务资格

2009-09-22
大摩领先优势股票基金合同生效成立，募集规模7.04亿
诺德成长优势股票基金合同生效成立，募集规模5.15亿
国泰金盛封闭基金分红10派4.80元

2009-09-24
华夏债券基金分红10派0.20元

2009-09-25
南方中证500指数基金合同生效成立，募集规模32.23亿
交银上证180公司治理ETF基金合同生效成立，募集规模10.09亿
中信稳定双利债券基金分红10派0.26元

2009-09-27
长信基金获准QDII业务资格

2009-09-29
华宝兴业中证100指数基金合同生效成立，募集规模20.09亿
交银上证180公司治理ETF联接基金合同生效成立，募集规模70.90亿
农银策略价值股票基金合同生效成立募集规模77.89亿
华安上证180ETF联接基金合同生效成立，募集规模11.25亿

十月份 OCTOBER

2009-10-09
华富收益增强债券基金分红10派0.30元

2009-10-14
渤海银行获准基金销售业务资格
华安基金管理公司股权变更获批
国投瑞银沪深300指数分级基金合同生效成立，募集规模32.16亿
银华沪深300指数基金合同生效成立，募集规模6.70亿

2009-10-16
富国天利增长债券基金分红10派0.40元
富国天丰债券封闭基金分红10派0.08元

2009-10-19
国泰中小盘成长股票基金合同生效成立，募集规模45.14亿

2009-10-20
景顺长城能源基建股票基金合同生效成立，募集规模9.34亿

2009-10-21
华泰柏瑞上证红利基金分红10派0.23元

2009-10-26
长盛创新先锋混合基金分红10派0.90元
易方达策略成长混合基金分红10派0.20元

2009-10-27
诺安中证100指数基金合同生效成立，募集规模21.10亿
宝盈核心优势混合基金分红10派0.20元

2009-10-28
博时基金管理公司股权变更获批
光大保德信动态优选混合基金合同生效成立，募集规模7.33亿
中邮核心优势灵活配置混合基金合同生效成立，募集规模39.42亿
南方盛元红利股票基金分红10派0.19元
国富深化价值股票基金分红10派2.00元
汇丰晋信大盘股票基金分红10派0.30元

2009-10-29
长盛全债指数增强债券基金分红10派0.40元

2009-10-30
海富通中证100指数基金合同生效成立，募集规模20.87亿

十一月份 NOVEMBER

2009-11-02
华泰柏瑞价值增长股票基金分红10派3.10元
富国天成红利混合基金分红10派0.10元
金鹰中小盘精选混合基金分红10派1.50元

2009-11-03
华安宏利股票基金分红10派2.30元
银河银信添利债券基金分红10派0.16元

2009-11-05
建信恒久价值股票基金分红10派0.50元

2009-11-05
建信沪深300指数基金合同生效成立，募集规模53.26亿

2009-11-06
中国证监会颁发《证券投资基金评价业务管理暂行办法》
工银增强收益债券基金分红10派0.95元

2009-11-09
富国天丰强化债券封闭基金分红10派0.06元

2009-11-10
银河收益债券基金分红10派1.00元

2009-11-11
交银增利债券基金分红10派0.50元

2009-11-12
宝盈核心优势混合基金分红10派0.40元

2009-11-13
泰信蓝筹精选股票基金分红10派0.50元

2009-11-16
申万巴黎消费增长股票基金分红10派0.15元

2009-11-17
万家双引擎灵活配置混合基金分红10派4.70元

2009-11-18
华安强化收益债券基金分红10派0.10元

2009-11-19
天风证券经纪公司获准基金销售业务资格

2009-11-23
农银行业成长股票基金分红10派4.00元

2009-11-24
华商动态阿尔法混合基金合同生效成立，募集规模22.99亿
天弘永定价值成长股票基金分红10派1.20元

2009-11-25
长盛量化红利股票基金合同生效成立，募集规模12.52亿
中邮核心优势灵活配置混合基金分红10派0.20元
大成债券基金分红10派0.10元

2009-11-26
广发中证500指数基金合同生效成立，募集规模86.36亿
华夏中小板ETF基金分红10派1.00元
宝盈核心优势混合基金分红10派0.20元
工银添利债券基金分红10派0.30元

2009-11-27
大成策略回报股票基金分红10派1.00元
中欧稳健收益债券A基金分红10派0.25元
中欧稳健收益债券C基金分红10派0.24元

2009-11-30
兴业社会责任股票基金分红10派1.90元

十二月份 DECEMBER

2009-12-01
信达澳银中小盘股票基金合同生效成立，募集规模18.69亿
易方达深证100ETF联接基金合同生效成立，募集规模189.25亿

2009-12-02
大成强化收益债券基金分红10派0.50元

2009-12-03
浦银安盛红利精选股票基金合同生效成立，募集规模3.70亿
泰达宏利红利先锋股票基金合同生效成立，募集规模13.96亿

2009-12-04
南方深证成份ETF基金合同生效成立，募集规模41.28亿
嘉实研究精选股票基金分红10派1.80元

2009-12-07
海富通风格优势股票基金分红10派2.00元
嘉实回报混合基金分红10派0.11元

2009-12-08
融通内需驱动股票基金分红10派1.00元
富国天丰强化债券封闭基金分红10派0.05元

2009-12-09
南方深证成份ETF联接基金合同生效成立，募集规模32.72亿
国投瑞银创新动力股票基金分红10派2.00元

2009-12-10
银河银丰封闭基金分红10派1.15元

2009-12-11
华夏盛世股票基金合同生效成立，募集规模187.10亿
汇丰晋信中小盘股票基金合同生效成立，募集规模22.34亿

建信恒久价值股票基金分红10派0.20元
宝盈核心优势混合基金分红10派0.20元
中邮核心优势灵活配置混合基金分红10派0.30元

2009-12-14
中国证监会颁发《开放式证券投资基金销售费用管理规定》
南方恒元保本混合基金分红10派0.20元
南方多利中短期债券基金分红10派0.20元

2009-12-15
融通深证100指数基金分红10派1.80元

2009-12-16
富国沪深300指数增强基金合同生效成立，募集规模34.90亿

2009-12-17
天弘周期策略股票基金合同生效成立募集规模6.99亿
长盛动态精选混合基金分红10派1.00元

2009-12-21
国泰区位优势股票基金分红10派0.45元
长城久富股票基金分红10派0.20元
泰信优势增长混合基金分红10派1.00元

2009-12-22
华安动态灵活配置混合基金合同生效成立，募集规模28.85亿
汇添富策略回报股票基金合同生效成立，募集规模32.16亿
易方达价值精选股票基金分红10派0.60元
易方达科讯股票基金分红10派0.10元
易方达平稳增长混合基金分红10派0.20元
融通蓝筹成长混合基金分红10派1.20元
中信稳定双利基金分红10派0.11元

2009-12-23
诺安成长股票基金分红10派0.80元
诺安灵活配置混合基金分红10派1.80元
华夏债券基金分红10派0.20元
华夏希望债券基金分红10派0.30元
长信利丰债券基金分红10派0.20元

2009-12-24
易方达积极成长混合基金分红10派0.70元
易方达稳健收益债券基金分红0派0.05元

2009-12-25
招商中小盘股票基金合同生效成立，募集规模26.27亿
鹏华优质治理股票基金分红10派0.10元
景顺长城优选股票基金分红10派0.20元
上投摩根成长先锋股票基金分红10派6.80元
华夏成长混合基金分红10派1.00元

2009-12-28
银河沪深300价值指数基金合同生效成立，募集规模8.71亿
国泰金牛创新股票基金分红10派0.20元
国联安红利股票基金分红10派0.10元
泰信蓝筹精选股票基金分红10派0.50元
中银增长股票基金分红10派1.50元
国泰金鹏蓝筹混合基金分红10派0.32元
国泰金鼎价值混合基金分红10派2.00元
国联安稳健混合基金分红10派0.10元
国联安增利债券A基金分红10派0.20元
国联安增利债券B基金分红10派0.15元
华泰柏瑞稳本增利债券基金分红10派0.30元

2009-12-29
博时上证超大盘ETF联接基金合同生效成立，募集规模19.06亿
博时上证超大盘ETF基金合同生效成立募集规模14.07亿
大摩强收益债券基金合同生效成立，募集规模3.61亿
融通动力先锋股票基金分红10派1.20元
天弘永利债券A基金分红10派0.033元
天弘永利债券B基金分红10派0.053元

2009-12-30
博时基金管理公司香港子公司获批
东吴新经济股票基金合同生效成立，募集规模8.01亿
华富中证100指数基金合同生效成立，募集规模3.37亿
嘉实基本面50指数基金合同生效成立募集规模34.37亿
中欧中小盘股票基金合同生效成立，募集规模14.78亿
宝盈增强收益债券基金分红10派0.31元
农银恒久增利债券基金分红10派0.03元

2009-12-31
江苏张家港农村商业银行获准基金销售业务资格
上投摩根双核平衡混合基金分红10派0.50元

附录四 基金产品索引

基金管理人索引

一、以下索引采用主题标题方法编制，对正文部分条目以主题词进行标引；
二、基金管理人索引按成立年度排列，同年度的按成立先后顺序排列；
三、每条索引引用阿拉伯数码标注所在页码。

1998年

1999年

2001年

2002年

2003年

2004年

2005年

2006年

2007年

2008年

2010年

基金托管人索引

一、以下索引采用主题标题方法编制，对正文部分条目以主题词进行标引；
二、每条索引引用阿拉伯数码标注所在页码。

开放式证券投资基金索引

一、以下索引采用主题标题方法编制，对正文部分条目以主题词进行标引；
二、开放式基金产品索引按基金类型排列；
三、每条索引引用阿拉伯数码标注所在页码。

混合型基金

债券型基金

ETF基金

QDII基金

封闭式证券投资基金索引

一、以下索引采用主题标题方法编制，对正文部分条目以主题词进行标引；
二、每条索引引用阿拉伯数码标注所在页码。

注：2009年金盛证券投资基金、天华证券投资基金合同到期已转型为开放式基金。

货币市场基金

基金管理公司股东一览

基金管理公司	公司性质	公司股东	持股比例(%)
国泰基金管理有限公司	中外合资	中国建银投资有限责任公司	60.00
		意大利忠利集团	30.00
		中国电力财务有限公司	10.00
南方基金管理有限公司	中 资	华泰证券股份有限公司	45.00
		深圳市投资控股有限公司	30.00
		厦门国际信托有限公司	15.00
		兴业证券股份有限公司	10.00
华夏基金管理有限公司	中 资	中信证券股份有限公司	100.00
华安基金管理有限公司	中 资	上海国际信托有限公司	20.00
		上海电气(集团)总公司	20.00
		上海锦江国际投资管理有限公司	20.00
		上海工业投资(集团)有限公司	20.00
		国泰君安投资管理股份有限公司	20.00
博时基金管理有限公司	中 资	招商证券股份有限公司	49.00
		中国长城资产管理公司	25.00
		天津港(集团)有限公司	6.00
		璟安实业有限公司	6.00
		上海盛业资产管理有限公司	6.00
		丰益实业发展有限公司	6.00
		广厦建设集团有限责任公司	2.00
鹏华基金管理有限公司	中外合资	国信证券股份有限公司	50.00
		意大利欧利盛资本资产管理股份公司	49.00
		深圳市北融信投资发展有限公司	1.00
嘉实基金管理有限公司	中外合资	中诚信托有限责任公司	40.00
		立信投资有限责任公司	30.00
		德意志资产管理(亚洲)有限公司	30.00
长盛基金管理有限公司	中外合资	国元证券股份有限公司	41.00
		新加坡星展资产管理有限公司	33.00
		安徽省信用担保集团有限公司	13.00
		安徽省投资集团有限责任公司	13.00
大成基金管理有限公司	中 资	中泰信托投资有限责任公司	48.00
		中国银河投资管理有限公司	25.00
		光大证券股份有限公司	25.00
		广东证券股份有限公司	2.00

（续上表）

基金管理公司	公司性质	公司股东	持股比例(%)
富国基金管理有限公司	中外合资	海通证券股份有限公司	27.78
		申银万国证券股份有限公司	27.78
		加拿大蒙特利尔银行	27.78
		山东省国际信托投资公司	16.68
易方达基金管理有限公司	中 资	广东粤财信托有限公司	25.00
		广发证券股份有限公司	25.00
		广东盈峰投资控股集团有限公司	25.00
		广东省广晟资产经营有限公司	16.67
		广州市广永国有资产经营有限公司	8.33
宝盈基金管理有限公司	中 资	中铁信托有限责任公司	49.00
		成都工业投资集团有限公司	26.00
		中国对外经济贸易信托有限公司	25.00
融通基金管理有限公司	中外合资	新时代证券有限责任公司	60.00
		日兴资产管理有限公司	40.00
银华基金管理有限公司	中 资	西南证券有限责任公司	29.00
		第一创业证券有限责任公司	29.00
		山西海鑫实业股份有限公司	21.00
		东北证券股份有限公司	21.00
长城基金管理有限公司	中 资	长城证券有限责任公司	47.06
		东方证券股份有限公司	17.65
		北方国际信托投资股份有限公司	17.65
		中原信托投资有限公司	17.65
泰达宏利基金管理有限公司	中外合资	北方国际信托股份有限公司	51.00
		宏利资产管理(香港)有限公司	49.00
国投瑞银基金管理有限公司	中外合资	国投信托有限公司	51.00
		瑞士银行股份有限公司	49.00
银河基金管理有限公司	中 资	中国银河金融控股有限责任公司	50.00
		中国石油天然气集团公司	12.50
		首都机场集团公司	12.50
		上海市城市建设投资开发总公司	12.50
		湖南电广传媒股份有限公司	12.50
万家基金管理有限公司	中 资	齐鲁证券有限公司	49.00
		上海久事公司	20.00
		深圳市中航投资管理有限公司	20.00
		山东省国有资产投资控股	11.00
金鹰基金管理有限公司	中 资	广州证券有限责任公司	49.00
		广州药业股份有限公司	20.00
		广东美的电器股份有限公司	20.00
		东亚联丰投资管理有限公司	11.00

（续上表）

基金管理公司	公司性质	公司股东	持股比例(%)
招商基金管理有限公司	中外合资	招商银行股份有限公司	33.40
		招商证券股份有限公司	33.30
		荷兰投资资产管理有限公司	33.30
华宝兴业基金管理有限公司	中外合资	华宝信托有限责任公司	51.00
		领先资产管理有限公司	49.00
摩根士丹利华鑫基金管理有限公司	中外合资	华鑫证券有限责任公司	36.00
		摩根士丹利国际控股公司	34.00
		汉唐证券有限责任公司	15.00
		深圳市招融投资控股有限公司	10.00
		深圳市中技实业(集团)有限公司	5.00
海富通基金管理有限公司	中外合资	海通证券股份有限公司	51.00
		富通基金管理公司	49.00
国联安基金管理有限公司	中外合资	国泰君安证券股份有限公司	51.00
		德国安联集团	49.00
长信基金管理有限责任公司	中 资	长江证券股份有限公司	49.00
		上海海欣集团股份有限公司	34.33
		武汉钢铁股份有限公司	16.67
泰信基金管理有限公司	中 资	山东省国际信托有限公司	45.00
		江苏省投资管理有限责任公司	30.00
		青岛国信实业有限公司	25.00
天治基金管理有限公司	中 资	吉林省信托投资有限责任公司	46.16
		中国吉林森林工业集团有限责任公司	38.46
		吉林市国有资产经营有限责任公司	15.38
景顺长城基金管理有限公司	中外合资	长城证券有限责任公司	49.00
		景顺资产管理有限公司	49.00
		开滦(集团)有限责任公司	1.00
		大连实德集团有限公司	1.00
广发基金管理有限公司	中 资	广发证券股份有限公司	48.33
		香江投资有限公司	16.67
		烽火通信科技股份有限公司	16.67
		广东康美药业股份有限公司	10.00
		广州科技风险投资有限公司	8.33
兴业全球基金管理有限公司	中外合资	兴业证券股份有限公司	51.00
		全球人寿保险国际公司	49.00
诺安基金管理有限公司	中 资	中国对外经济贸易信托投资有限公司	40.00
		深圳市捷隆投资有限公司	40.00
		北京中关村科学城建设股份有限公司	20.00

基金管理公司	公司性质	公司股东	持股比例(%)
申万巴黎基金管理有限公司	中外合资	申银万国证券股份有限公司	67.00
		法国巴黎资产管理有限公司	33.00
中海基金管理有限公司	中外合资	中海信托股份有限公司	46.92
		国联证券股份有限公司	37.69
		法国爱德蒙得洛希尔银行股份有限公司	15.39
华富基金管理有限公司	中 资	华安证券有限责任公司	49.00
		安徽省信用担保集团有限公司	27.00
		合肥兴泰控股集团有限公司	24.00
光大保德信基金管理有限公司	中外合资	光大证券股份有限公司	67.00
		保德信投资管理有限公司	33.00
上投摩根基金管理有限公司	中外合资	上海国际信托有限公司	51.00
		摩根富林明资产管理(英国)有限公司	49.00
东方基金管理有限责任公司	中 资	东北证券股份有限公司	46.00
		上海市城投控股股份有限公司	18.00
		中辉国华实业(集团)有限公司	18.00
		河北省国有资产控股运营有限公司	18.00
中银基金管理有限公司	中外合资	中国银行股份有限公司	83.50
		贝莱德投资管理(英国)有限公司	16.50
东吴基金管理有限公司	中 资	东吴证券股份有限公司	49.00
		上海兰生(集团)有限公司	30.00
		江阴澄星实业集团有限公司	21.00
天弘基金管理有限公司	中 资	天津信托投资有限责任公司	48.00
		兵器财务有限责任公司	26.00
		内蒙古君正能源化工股份有限公司	26.00
国海富兰克林基金管理有限公司	中外合资	国海证券有限责任公司	51.00
		邓普顿国际股份有限公司	49.00
华泰柏瑞基金管理有限公司	中外合资	华泰证券有限责任公司	49.00
		柏瑞投资有限责任公司	49.00
		苏州高新技术产业股份有限公司	2.00
新华基金管理有限公司	中 资	新华信托股份有限公司	48.00
		陕西蓝潼电子投资有限公司	30.00
		上海大众环境产业有限公司	22.00
汇添富基金管理有限公司	中 资	东方证券股份有限公司	47.00
		文汇新民联合报业集团	26.50
		中国东方航空集团	26.50
工银瑞信基金管理有限公司	中外合资	中国工商银行股份有限公司	55.00
		瑞士信贷第一波士顿	25.00
		中国远洋运输(集团)总公司	20.00

（续上表）

基金管理公司	公司性质	公司股东	持股比例(%)
交银施罗德基金管理有限公司	中外合资	交通银行股份有限公司	65.00
		施罗德投资管理有限公司	30.00
		中国国际海运集装箱(集团)股份有限公司	5.00
建信基金管理有限责任公司	中外合资	中国建设银行股份有限公司	65.00
		美国信安金融集团	25.00
		中国华电集团公司	10.00
信诚基金管理有限公司	中外合资	中信信托有限责任公司	49.00
		英国保诚集团股份有限公司	49.00
		中新苏州工业园区创业投资有限公司	2.00
汇丰晋信基金管理有限公司	中外合资	山西信托有限责任公司	51.00
		汇丰环球投资管理(英国)有限公司	49.00
益民基金管理有限公司	中 资	重庆国际信托有限公司	49.00
		中国新纪元有限公司	31.00
		中山证券有限责任公司	20.00
华商基金管理有限公司	中 资	华龙证券有限责任公司	46.00
		中国华电集团财务有限公司	34.00
		济钢集团有限公司	20.00
中邮创业基金管理有限公司	中 资	首创证券有限责任公司	47.00
		中国邮政集团公司	29.00
		北京长安投资集团有限公司	24.00
信达澳银基金管理有限公司	中外合资	中国信达资产管理公司	54.00
		康联首域集团有限公司	46.00
诺德基金管理有限公司	中外合资	Lord, Abbett&Co. LLC	49.00
		长江证券股份有限公司	30.00
		清华控股有限公司	21.00
中欧基金管理有限公司	中外合资	意大利意联银行股份有限公司	49.00
		国都证券有限责任公司	47.00
		平顶山煤业(集团)有限责任公司	4.00
金元比联基金管理有限公司	中外合资	金元证券有限责任公司	51.00
		比利时联合资产管理有限公司	49.00
浦银安盛基金管理有限公司	中外合资	上海浦东发展银行股份有限公司	51.00
		法国安盛投资管理公司	39.00
		上海盛融投资有限公司	10.00
农银汇理基金管理有限公司	中外合资	中国农业银行股份有限公司	51.67
		东方汇理资产管理公司	33.33
		中国铝业股份有限公司	15.00
民生加银基金管理有限公司	中外合资	中国民生银行股份有限公司	60.00
		加拿大皇家银行	30.00
		三峡财务有限责任公司	10.00
纽银梅隆西部基金管理公司	中外合资	西部证券股份有限公司	51.00
		纽约银行梅隆资产管理国际有限公司	49.00

（上述统计资料截至2010年6月30日）

基金销售机构一览

基金管理公司直销机构

国泰基金管理有限公司

上海直销柜台

地址：上海浦东新区世纪大道100号上海环球金融中心39楼

客服专线：400-888-8688　021-38569000

传真：021-68775881　公司网址：www.gtfund.com

北京直销柜台

地址：中国北京市西城区金融大街7号第5层

电话：010-66553055　传真：010-66553082

国泰基金电子交易平台

交易网站：www.gtfund.com

南方基金管理有限公司

地址：广东省深圳市福田中心区福华一路六号免税商务大厦塔楼31、32、33层

电话：0755-82763905　0755-82763888

传真：0755-82763900　0755-82763889

客服热线：400-889-8899　客服传真：0755-83887777

华安基金管理有限公司

上海业务总部

地址：上海市浦东新区浦东南路360号新上海国际大厦37楼

电话：021-38969960　传真：021-58406138

北京分公司

地址：北京市西城区金融街7号英蓝国际金融中心522室

电话：010-57635999　传真：010-66214061

广州分公司

地址：广州市天河区天河路228号广晟大厦2202室

电话：020-38350158　传真：020-38350259

西安分公司

地址：西安市碑林区南关正街88号长安国际中心A座706室

电话：029-87651811　传真：029-87651820

成都分公司

地址：成都市人民南路四段19号威斯顿联邦大厦12层1211K-1212L

电话：028-85268583　传真：028-85268827

沈阳分公司

地址：沈阳市沈河区北站路59号财富中心E座2103室

电话：024-22522733　传真：024-22521633

华安电子交易网站：www.huaan.com.cn

华安电子交易手机网站：wap.huaan.com.cn

华安电子交易热线：40088-50099

华夏基金管理有限公司

北京分公司

地址：北京市西城区金融大街33号通泰大厦B座1层

电话：010-88087226/27/28　传真：010-88087225

北京海淀投资理财中心

地址：北京市海淀区中关村南大街11号光大国信大厦一层

电话：010-68458998/68458698/68458718

传真：010-68458598

北京朝阳投资理财中心

地址：北京市朝阳区东三环中路24号双井乐成中心B座1层102

电话：010-67718442/49　传真：010-67718470

北京东中街投资理财中心

地址：北京市东城区东中街29号东环广场B座一层

电话：010-64185181/82/83　传真：010-64185180

北京科学院南路投资理财中心

地址：北京市海淀区中关村科学院南路9号(新科祥园小区大门口一层)

电话：010-82523197/98/99　传真：010-82523196

北京崇文投资理财中心

地址：北京市崇文区广渠门内大街幸福家园4号楼一层

电话：010-67146300/400　传真：010-67133146

北京世纪城投资理财中心

地址：北京市海淀区蓝靛厂时雨园甲2-4号

电话：010-88892832/33/35　传真：010-88892830

北京西三环投资理财中心

地址：北京市海淀区西三环北路甲35号

电话：010-68460370/0639/0796　传真：010-68460232

北京亚运村投资理财中心

地址：北京市朝阳区惠忠里103号洛克时代广场A座一层

电话：010-84871036/37/38/39　传真：010-84871035

北京望京投资理财中心

地址：北京市朝阳区望京南湖东园122楼博泰国际商业广场一层F-36号

电话：010—64743055/2505/0335/5375
传真：010—64746885

上海分公司
地址：上海市浦东新区长柳路115号
电话：021—68547366/7586/7566 传真：021—68547277

深圳分公司
地址：深圳市福田区民田路新华保险大厦108室
电话：0755—82033033/88264716/88264710
传真：0755—82031949

南京分公司
地址：南京市长江路69号江苏保险大厦一楼
电话：025—84733916/3917/3918 传真：025—84733928

杭州分公司
地址：杭州市西湖区杭大路15号嘉华国际商务中心105室
电话：0571—89716606/6607/6608/6609
传真：0571—89716611

广州天河投资理财中心
地址：广州市天河区天河北路579—B号协和新世界一层
电话：020—38460001/1058/1152 传真：020—38461077

博时基金管理有限公司

总公司
地址：深圳市福田区深南大道7088号招商银行大厦35层
电话：0755—83169999 传真：0755—83195190

北京分公司及北京直销中心
地址：北京市建国门内大街18号恒基中心1座23层
电话：010—65187055 传真：010—65187032
统一服务热线：95105568

上海分公司
名称：博时基金管理有限公司上海分公司
地址：上海市黄浦区中山南路28号久事大厦25层
电话：021—33024909 传真：021—63305180

鹏华基金管理有限公司

直销中心
地址：深圳市福田区福华三路168号深圳国际商会中心43层
电话：0755—82021102 传真：0755—82021155

北京分公司
地址：北京市西城区金融大街甲9号502室
电话：010—88082426 传真：010—88082018

上海分公司
地址：上海市浦东新区花园石桥路33 号801B室
电话：021—68876878 传真：021—68876821

武汉分公司
地址：武汉市江汉区建设大道568号新世界国贸大厦I座4312室
电话：027—85557881 传真：027—85557973

广州分公司
地址：广州市珠江新城华夏路10号富力中心24楼07单元
电话：020—38011004 传真：020—38010789

嘉实基金管理有限公司

公司直销中心
地址：北京市朝阳区建国路91号金地中心A座6层
电话：010—65215588 传真：010—65185577

上海直销中心
地址：上海市浦东新区富城路99号震旦国际大楼1702室
电话：021—38789658 传真：021—68880023

成都分公司
地址：成都市人民南路一段86号城市之心30H
电话：028—86202100 传真：028—86202100

深圳分公司
地址：深圳市深南东路5047号发展银行大厦附楼二楼
电话：0755—25870686 传真：0755—25870663

青岛分公司
地址：青岛市市南区香港中路10号颐和国际大厦A座3502室
电话：0532—66777766 传真：0532—66777676

杭州分公司
地址：杭州市西湖区杭大路15号嘉华国际商务中心313室
电话：0571—87759328 传真：0571—87759331

福州分公司
地址：福州市鼓楼区五四路158号环球广场25层04单元
电话：0591—88013673 传真：0591—88013670

南京分公司
地址：南京市白下区中山东路288号新世纪广场A座4202室
电话：025—66671118 传真：025—66671100

广州分公司
地址：广州市天河区天河北路183号大都会广场2415—2416室
电话：020—87555163 传真：020—81552120

长盛基金管理有限公司

直销中心
地址：北京市海淀区北太平庄路 18号城建大厦A座20层
电话：010—82255818 转263、288
传真：010—82255981/82255982

上海分公司
地址：上海市浦东新区浦东南路 256 号华夏银行大厦1601室
电话：021—68889056 传真：021—68869156

华南营销中心
地址：深圳市福田区福中三路1006号诺德中心8层GH单元
电话：0755—88267980 传真：0755—82022118

富国基金管理有限公司

直销机构
地址：上海市浦东新区花园石桥路33号花旗集团大厦5、6层
电话：021—68597070 传真：021—68597979
客户服务热线：95105686 400—888—0688

易方达基金管理有限公司

直销机构：

地址：广州市体育西路189号城建大厦26楼

客服电话：400—881—8088

电话：020—38797023　　传真：400—881—8099

北京分公司

地址：北京市金融大街19号富凯大厦B1007室

电话：010—66574378　　传真：400—881—8099

上海分公司

地址：上海市世纪大道88号金茂大厦2307室

电话：021－50476668　　传真：400—881—8099

宝盈基金管理有限公司

直销机构

地址：深圳市深南大道6008号深圳特区报业大厦15层

电话：0755—83276688　　传真：0755—83515880

融通基金管理有限公司

深圳投资理财中心

地址：深圳市南山区华侨城汉唐大厦13、14层

电话：0755—26948064　　传真：0755—26935005

客服电话：400—883—8088　0755—26948088

北京分公司

地址：北京市西城区金融大街35号国际企业大厦C座1241—1243室

电话：010—66190975　　传真：010—88091635

上海分公司

地址：上海市世纪大道8号国金中心汇丰银行大楼6楼601－602

电话：021—38424882　　传真：021—38424884

银华基金管理有限公司

北京直销中心

地址：北京市东城区东长安街1号东方广场东方经贸城C2办公楼10层

电话：010—58162950　　传真：010—58162951

深圳直销中心

地址：广东省深圳市深南大道6008号特区报业大厦19层

电话：0755—83515002　　传真：0755—83515082

上海分公司

地址：上海市浦东福山路500号城建国际中心702室

电话：021—50817001　　传真：021—50817055

长城基金管理有限公司

地址：深圳市福田区益田路6009号新世界商务中心41层

电话：0755—23982338　　传真：0755—23982328

泰达宏利基金管理有限公司

直销中心

地址：北京市西城区金融大街7号英蓝国际金融中心南楼三层

电话：010—66577619　　010—66577617

传真：010—66577760/61　　公司网址：www.mfcteda.com

客服电话：400—698—8888

泰达宏利基金网上直销系统

交易系统网址：https://etrade.mfcteda.com/etrading/

客服电话：400—698—8888　010—66555662

国投瑞银基金管理有限公司

直销中心

地址：深圳市福田区金田路4028号荣超经贸中心46层

电话：0755—83575993　　0755—83575994

传真：0755—82904048

客服电话：400—880—6868　公司网址：www.ubssdic.com

银河基金管理有限公司

直销中心

地址：上海市世纪大道1568号中建大厦15 楼

公司网站：www.galaxyasset.com(支持网上交易)

客服热线：400—820—0860

直销业务电话：021—38568981/38568519(机构服务专线)

传真交易电话：021—38568985

机构理财部

地址：北京市西城区月坛西街6号A—F座3楼

电话：010—68061308　　021—38568666

传真：010—68017906

北京分公司

地址：北京市西城区月坛西街6号A—F座3楼

电话：010—68068788—6612　传真：010—68017906

广州分公司

地址：广州市水荫路2号华信大厦东座9楼12室

电话：020—37602205　　传真：020—37602384

哈尔滨分公司

地址：哈尔滨市南岗区花园街310号恒运大厦4层

电话：0451—53902200　　传真：0451—53905528

南京分公司

地址：南京市太平南路1号新世纪广场B座805室

电话：025—84671297　　传真：025—84523725

深圳分公司

地址：深圳市福田区民田路178号华融大厦2407室

电话：0755—82707511　　传真：0755—82707599

万家基金管理有限公司

地址：上海市浦东新区福山路450号新天国际大厦23层

电话：021—38619999　　传真：021—38619888

客服电话：400—888—0800　021—68644599

公司网址：www.wjasset.com

金鹰基金管理有限公司
地址：广东省广州市沿江中路298号江湾商业中心22层
电话：020—83282950　　传真：020—83283445
客户服务及投诉电话：4006—135—888
公司网址：www.gefund.com.cn

招商基金管理有限公司
电子商务网上交易平台
交易网站：www.cmfchina.com
交易电话：400—887—9555（免长途话费）
电话：0755—83195018　　传真：0755—83199059
机构一部
地址：上海市浦东南路588号浦发大厦29楼AK单元
电话：021—58796636
机构二部
地址：深圳市深南大道7088号招商银行大厦23楼
电话：0755—83073095
机构三部
地址：北京市西城区武定侯街6号卓著中心2001室
电话：010—66290590
直销交易服务联系方式
地址：深圳市深南大道7088号招商银行大厦23层招商基金市场部客户服务中心
电话：0755—83196359　　0755—83196358
传真：0755—83196360　　备用传真：0755—83199266

华宝兴业基金管理有限公司
直销柜台
地址：上海市世纪大道88号金茂大厦48层
电话：021—38505731/38505732
传真：021—50499663/50499667/50988055
直销e 网金
网上交易网址：www.fsfund.com。

摩根士丹利华鑫基金管理有限公司
直销中心
地址：深圳市福田区中心四路1号嘉里建设广场第二座第17层01—04室
电话：0755—88318898　　传真：0755—82990631
北京分公司
地址：北京市西城区太平桥大街18号丰融国际大厦1005室
电话：010—66155568　　传真：010—66158135
上海办事处
地址：上海市卢湾区桃源路85号永银大厦1202室
电话：021—63343311　　传真：021—63343988
网上直销系统
交易系统网址：https://etrade.msfunds.com.cn/etrading
统一客服电话：400—8888—668

海富通基金管理有限公司
直销中心
地址：上海市浦东新区陆家嘴花园石桥路66号东亚银行金融大厦36—37层
电话：021—38650797　　传真：021—33830160
客户服务电话：40088—40099
公司网址：www.hftfund.com

国联安基金管理有限公司
地址：上海市浦东新区陆家嘴环路1318 号星展银行大厦9楼
客服电话：021—38784766　400—7000—365（免长途话费）
公司网址：www.gtja—allianz.com 或www.vip—funds.com

长信基金管理有限责任公司
直销中心：
地址：上海市浦东新区银城中路68号时代金融中心9楼
电话：021—61009916　　传真：021—61009917
客服电话：400—700—5566　公司网址：www.cxfund.com.cn

泰信基金管理有限公司
地址：上海市浦东新区银城中路200号中银大厦42层
电话：021—50372168　　传真：021—50372269
客服电话：021—38784566
公司网址：www.ftfund.com
北京分公司
地址：北京市西城区广成街4号院1号楼305、306室
电话：010—66215978—506　传真：010—66215968
深圳分公司
地址：深圳市福田区深南大道与民田路交界西南新华保险大厦1308
电话：0755—33988759　　传真：0755—33988757

天治基金管理有限公司
直销中心
地址：上海市复兴西路159号
电话：021—64718300　　传真：021—64375409
客服电话：400—886—4800　021—34064800
公司网址：www.chinanature.com.cn
电子直销
天治基金网上交易平台“E天网”　etrade.chinanature.com.cn

景顺长城基金管理有限公司
直销中心
地址：深圳市中心四路1号嘉里建设广场第1座21层
电话：0755—82370388—1661　传真：0755—22381325
客服电话：400—8888—606
公司网址：www.invescogreatwall.com

广发基金管理有限公司

广州分公司

地址：广州市海珠区琶洲大道东1号保利国际广场南塔32楼
直销中心电话：020—89899073 020—89899042
传真：020—89899069　020—89899070

北京分公司

地址：北京市西城区月坛北街2号月坛大厦17楼
电话：010—68083368　传真：010—68083078

上海分公司

地址：上海市浦东新区陆家嘴东路166号中国保险大厦2908室
电话：021—68885310　传真：021—68885200

网上交易

网上交易系统网址：www.gffunds.com.cn
客服电话：95105828　020—83936999
客服传真：020—34281105

兴业全球基金管理有限公司

直销柜台

地址：上海市浦东张杨路500号时代广场20楼
直销电话：021—58368886/58368919
客服电话：400—678—0099　021—38824536
传真：021—58368869/58368915

网上直销

交易网站：trade.xyfunds.com.cn

诺安基金管理有限公司

深圳直销中心

地址：深圳市深南大道4013号兴业银行大厦19—20层
电话：0755－83026688　传真：0755－83026677

北京分公司

地址：北京市朝阳区光华路甲14号诺安大厦8—9层
电话：010－65863688　传真：010－51309999

上海分公司

地址：上海市浦东新区浦东南路528号上海证券大厦南塔2208室
电话：021—68824795　传真：021—68824617

广州分公司

地址：广州市珠江新城华夏路10号富力中心502
电话：020－38393134　传真：020－38393680

申万巴黎基金管理有限公司

直销中心

地址：上海市淮海中路 300号香港新世界大厦40层
电话：021—23261188　传真：021—23261199
客服电话：400—880—8588　021—962299
公司网址：www.swbnpp.com

中海基金管理有限公司

地址：上海市浦东新区银城中路68号2905—2908室及30层
电话：021—68419518　传真：021—68419328
客服电话：400—888—9788　021—38789788
公司网址：www.zhfund.com

北京分公司

地址：北京市西城区复兴门内大街158号远洋大厦F218
电话：010—66493583　传真：010—66425292

华富基金管理有限公司

地址：上海市浦东新区陆家嘴环路1000号31层
电话：400—700—8001　021—50619688
传真：021—68415680
公司网址：www.hffund.com

光大保德信基金管理有限公司

投资理财中心

地址：上海市延安东路222号外滩中心46楼
电话：021—63352934　021—63352937
传真：021—63350429
客服电话：400—820—2888　021—53524620
公司网址：www.epf.com.cn

上投摩根基金管理有限公司

上海贵宾理财中心

地址：上海市浦东富城路99号震旦国际大楼20楼
电话：400—889—4888　021—38794888
传真：021—68881190

北京贵宾理财中心

地址：北京市西城区金融街七号英蓝国际金融中心19层1925室
电话：010—58369199　传真：010—58369138

深圳贵宾理财中心

地址：深圳市罗湖区深南东路5001号华润大厦2705—07室
电话：0755—82690060　传真：0755—82690104

公司电子交易系统

www.51fund.com
客服热线：400—889—4888

东方基金管理有限责任公司

地址：北京市西城区金融大街28号盈泰商务中心2号楼16层
电话：010—66295910/5925
传真：010—66578690
公司网址：www.orient-fund.com

中银基金管理有限公司

直销中心

地址：上海市浦东新区银城中路200号中银大厦45楼
客服电话：021—38834788　400—888—5566
传真：021—68872488
电子信箱：clientservice@bocim.com

网上直销平台

公司网址：www.bocim.com

东吴基金管理有限公司

直销中心

地址：上海市浦东新区源深路279号

电话：021—50509880　　传真：021—50509884

客服电话：021—50509666

公司网址：www.scfund.com.cn

天弘基金管理有限公司

天津理财中心

地址：天津市河西区马场道59号天津国际经济贸易中心A座16层

电话：022—83310208　　传真：022—83865569

客服电话：400—710—9999　　022—83310988

公司网址：www.thfund.com.cn

北京分公司

地址：北京市西城区金融大街一号金亚光大厦A座15层

电话：010—83571789—6287　　传真：010—83571800

国海富兰克林基金管理有限公司

地址：上海浦东新区富城路99号震旦国际大楼18层

电话：021—3855 5678　　传真：021—6887 0708

华泰柏瑞基金管理有限公司

地址：上海浦东新区民生路1199弄上海证大五道口广场1号17层

电话：021—38601777　　传真：021—50103016

客服电话：400—888—0001　　021—38784638

公司网址：www.huatai—pb.com

新华基金管理有限公司

北京直销中心

地址：北京市海淀区西三环北路11号海通时代商务中心C1座

电话：010—68730999　　传真：010—68731199

网上交易地址：www.ncfund.com.cn

汇添富基金管理有限公司

直销中心

地址：上海市富城路99号震旦国际大楼21楼

电话：021—28932823　　传真：021—28932803

客服电话：400—888—9918

公司网址：www.99fund.com

工银瑞信基金管理有限公司

直销中心

地址：北京市西城区金融大街丙17号北京银行大厦8层

电话：400—811—9999　　010—6658 3194

传真：010—6658 3111

公司网址：www.icbccs.com.cn

交银施罗德基金管理有限公司

直销中心

地址：上海市浦东新区世纪大道201号渣打银行大厦10楼

电话：021—61055023　　传真：021—61055054

客服电话：400—700—5000　　021—61055000

网上交易

公司网址：www.jyfund.com　www.jysld.com
www.bocomschroder.com

建信基金管理有限责任公司

北京总公司

地址：北京市西城区金融大街7号英蓝国际金融中心16层

客服电话：010—66228000　　400—81—95533

客服传真：010—66228001　　客服邮箱：service@ccbfund.cn

直销电话：010—66228800　　直销传真：010—66228801

公司网址：www.ccbfund.cn

深圳分公司

地址：深圳市福田区中心区福中三路诺德金融中心主楼11A

电话：0755—88322283

成都分公司

地址：成都市提督街88号四川建行大厦2809室

电话：028—86766292

北京分公司

地址：北京市西城区金融大街7号英蓝国际金融中心1630室

电话：010—66228888

上海分公司

地址：上海市浦东新区陆家嘴环路900号世界金融大厦36层A座

电话：021—68490095

信诚基金管理有限公司

直销中心

地址：上海市浦东新区世纪大道8号上海国金中心汇丰银行大楼9层

电话：021—68649788

公司网址：www.citicprufunds.com.cn.

益民基金管理有限公司

直销中心

地址：北京西城区宣外大街10号庄胜广场中央办公楼南翼13A

电话：010—63102987　　传真：010—63100608

客服电话：400—6508808

公司网址：www.ymfund.com

华商基金管理有限公司

直销中心

地址：北京市西城区平安里西大街28号中海国际中心19层

电话：010—58573768　　传真：010—58573737

公司网址：www.hsfund.com

中邮创业基金管理有限公司
地址：北京市海淀区西直门北大街60号首钢国际大厦10层
电话：010-82290840
传真：010-82294138
网址：www.postfund.com.cn

信达澳银基金管理有限公司
直销中心
地址：广东省深圳市福田区深南大道7088号招商银行大厦24层
电话：0755-83077068
传真：0755-83077038
客服电话：400-8888-118　0755-83160160
客服传真：0755-83077039
公司网址：www.fscinda.com

诺德基金管理有限公司
地址：上海市浦东陆家嘴环路1233号汇亚大厦12楼
客服电话：400-888-0009　021-68604888
传真：021-68882526
公司网址：www.lordabbettchina.com

中欧基金管理有限公司
地址：上海市浦东新区花园石桥路66号东亚银行金融大厦8层
电话：021-68609602
传真：021-68609601
客服务电话：021-68609700　400-700-9700
公司网址：www.lcfunds.com

金元比联基金管理有限公司
地址：上海市浦东新区花园石桥路33号花旗集团大厦3608
电话：021-68882850　传真：021-68882865
客服电话：400-666-0666　021-61601898
公司网址：www.jykbc.com

浦银安盛基金管理有限公司
上海直销中心
地址：中国上海市淮海中路381号中环广场38楼
电话：021-23212899　传真：021-23212890
客服电话：400-8828-999　021-33079999
电子直销
交易网站：www.py-axa.com

农银汇理基金管理有限公司
直销机构
地址：上海市浦东新区世纪大道1600号浦项商务广场7层
电话：021-61095610　传真：021-61095422
客服电话：40068-95599　021-61095599
公司网址：www.abc-ca.com

纽银梅隆西部基金管理有限公司
直销机构
地址：上海市浦东新区世纪大道100号上海环球金融中心19楼
电话：021-38572888　传真：021-38572860
客服电话：4007-007-818　021-38572666
公司网址：www.bnyfund.com

基金代销机构——商业银行

中国工商银行股份有限公司
基金销售业务核准时间：2001年8月
地址：北京市西城区复兴门内大街55号
客服电话：95588
网址：www.icbc.com.cn

中国农业银行股份有限公司
基金销售业务核准时间：2001年12月
地址：北京市东城区建国门内大街69号
客服电话：95599
网址：www.abchina.com

中国银行股份有限公司
基金销售业务核准时间：2001年12月
地址：北京市西城区复兴门内大街1号
客服电话：95566
网址：www.boc.cn

中国建设银行股份有限公司
基金销售业务核准时间：2001年7月
地址：北京市西城区金融大街25号
客服电话：95533
网址：www.ccb.com

交通银行股份有限公司
基金销售业务核准时间：2001年9月
地址：上海市银城中路188号
客服电话：95559
网址：www.bankcomm.com

中信银行股份有限公司
基金销售业务核准时间：2002年1月
地址：北京市东城区朝阳门北大街8号富华大厦C座
客服电话：95558
网址：www.ecitic.com

深圳发展银行股份有限公司
基金销售业务核准时间：2002年5月
地址：广东省深圳市深南东路5047号
客服电话：95501
网址：www.sdb.com.cn

上海浦东发展银行股份有限公司
基金销售业务核准时间：2002年7月
地址：上海市中山东一路12号
客服电话：95528
网址：www.spdb.com.cn

招商银行股份有限公司
基金销售业务核准时间：2001年12月
地址：广东省深圳市深南大道7088号招商银行大厦
客服电话：95555
网址：www.cmbchina.com

兴业银行股份有限公司
基金销售业务核准时间：2002年8月
地址：上海市江宁路168号兴业大厦9层
客服电话：95561
网址：www.cib.com.cn

中国民生银行股份有限公司
基金销售业务核准时间：2002年9月
地址：北京市西城区复兴门内大街2号
客服电话：95568
网址：www.cmbc.com.cn

中国光大银行股份有限公司
基金销售业务核准时间：2003年1月
地址：北京市西城区复兴门外大街6号光大大厦
客服电话：95595
网址：www.cebbank.com

北京银行股份有限公司
基金销售业务核准时间：2004年10月
地址：北京市西城区金融大街丙17号
客服电话：010–96169
网址：www.bankofbeijing.com.cn

华夏银行股份有限公司
基金销售业务核准时间：2004年11月
地址：北京市东城区建国门内大街22号华夏银行大厦
客服电话：95577
网址：www.hxb.com.cn

上海银行股份有限公司
基金销售业务核准时间：2005年1月
地址：上海市黄浦区中山东二路585号
客服电话：021–962888
网址：www.bankofshanghai.com

广东发展银行股份有限公司
基金销售业务核准时间：2005年7月
地址：广州市农林下路83号广发银行大厦
客服电话：95508
网址：www.gdb.com.cn

平安银行股份有限公司
基金销售业务核准时间：2006年7月
地址：广东省深圳市深南中路1099号平安大厦
客服电话：0755—961202
网址：www.18ebank.com

中国邮政储蓄银行有限责任公司
基金销售业务核准时间：2006年7月
地址：北京市西城区金融大街3号
客服电话：95580
网址：www.psbc.com

宁波银行股份有限公司
基金销售业务核准时间：2008年2月
地址：宁波市中山东路294号
客服电话：96528
网址：www.nbcb.com.cn

上海农村商业银行股份有限公司
基金销售业务核准时间：2008年2月
地址：上海市延安西路728号华敏翰尊国际
客服电话：021—962999
网址：www.shrcb.com

北京农村商业银行股份有限公司
基金销售业务核准时间：2008年4月
地址：北京市西城区阜成门内大街410号
客服电话：96198
网址：www.bjrcb.com

青岛银行股份有限公司
基金销售业务核准时间：2008年5月
地址：青岛市香港中路68号
客服电话：0532—96588
网址：www.qdcb.com

徽商银行股份有限公司
基金销售业务核准时间：2008年7月
地址：合肥市安庆路79号徽商银行大厦
客服电话：96588
网址：www.hsbank.com.cn

浙商银行股份有限公司
基金销售业务核准时间：2008年8月
地址：杭州市庆春路288号
客服电话：95527
网址：www.czbank.com

东莞银行股份有限公司
基金销售业务核准时间：2008年10月
地址：东莞市城区运河东一路193号
客服电话：0769—22118118
网址：www.dongguanbank.cn

南京银行股份有限公司
基金销售业务核准时间：2008年10月
地址：南京市淮海路50号
客服电话：025—96400
网址：www.njcb.com.cn

杭州银行股份有限公司
基金销售业务核准时间：2009年1月
地址：杭州市凤起路432号
客服电话：96523
网址：www.hccb.com.cn

临商银行股份有限公司
基金销售业务核准时间：2009年2月
地址：临沂市沂蒙路336号
客服电话：4006996588
网址：www.lsbchina.com

温州银行股份有限公司
基金销售业务核准时间：2009年5月
地址：温州市车站大道温州银行大楼
客服电话：0577—96699
网址：www.wzcb.com.cn

汉口银行股份有限公司
基金销售业务核准时间：2009年6月
地址：武汉市建设大道933号
客服电话：027—82656666
网址：www.hkbchina.com

江苏银行股份有限公司
基金销售业务核准时间：2009年9月
地址：南京市洪武北路55号置地广场
客服电话：4008696098
网址：www.jsbchina.cn

渤海银行股份有限公司
基金销售业务核准时间：2009年10月
地址：天津市河西区马场道—205号
客服电话：4008888811
网址：www.cbhb.com.cn

江苏张家港农村商业银行股份有限公司
基金销售业务核准时间：2009年12月
地址：江苏省张家港市人民中路66号
客服电话：0512—96065
网址：www.zrcbank.com

深圳农村商业银行股份有限公司
基金销售业务核准时间：2010年1月
地址：深圳市深南东路3038号合作金融大厦
客服电话：961200
网址：www.961200.net

洛阳银行股份有限公司
基金销售业务核准时间：2010年1月
地址：洛阳新区开元大道256号
客服电话：96699
网址：www.bankofluoyang.com.cn

乌鲁木齐商业银行股份有限公司
基金销售业务核准时间：2010年2月
地址：乌鲁木齐市新华北路8号
客服电话：96518
网址：www.uccb.com.cn

烟台银行银行股份有限公司
基金销售业务核准时间：2010年6月
地址：山东省烟台市芝罘区海港路25-18号
客服电话：4008311777
网址：www.ytcb.com

齐商银行银行股份有限公司
基金销售业务核准时间：2010年9月
地址：山东省淄博市张店区金晶大道105号
客服电话：0533-96588
网址：www.qsbank.cc

浙江民泰商业银行股份有限公司
基金销售业务核准时间：2010年10月
地址：浙江省温岭市三星大道168号
客服电话：0576-86109988
网址：www.mintaibank.com

大连银行股份有限公司
基金销售业务核准时间：2010年10月
地址：大连市中山区中山路88号
客服电话：4006640099
网址：www.bankofdl.com

哈尔滨商业银行股份有限公司
基金销售业务核准时间：2010年10月
地址：哈尔滨市道里区尚志大街160号
客服电话：4006096358
网址：www.hrbcb.com.cn

重庆银行股份有限公司
基金销售业务核准时间：2010年11月
地址：重庆市渝中区邹容路153号
客服电话：96899/4007096899
网址：www.cqcbank.com

浙江稠州商业银行股份有限公司
基金销售业务核准时间：2010年11月
地址：浙江省义乌市江滨路义乌乐园东侧
客服电话：0571-96527/4008096527
网址：www.czcb.com.cn

基金代销机构—证券公司

国泰君安证券股份有限公司
基金销售业务核准时间：2002年7月
地址：上海市延平路135号
电话：400-8888-666
网址：www.gtja.com

广发证券股份有限公司
基金销售业务核准时间：2002年8月
地址：广东省广州市天河北路183号大都会广场42楼
电话：020-87555888-875
网址：www.gf.com.cn

国信证券股份有限公司
基金销售业务核准时间：2002年8月
地址：深圳市红岭中路1012号国信证券大厦26层
电话：800-8108-868
网址：www.guosen.com.cn

招商证券股份有限公司
基金销售业务核准时间：2002年8月
地址：深圳市福田区益田路江苏大厦A座39-45层
电话：95565
网址：www.newone.com.cn

华泰联合证券有限责任公司
基金销售业务核准时间：2002年8月
地址：深圳市深南东路5047号发展银行大厦25层
电话：400-8888-555
网址：www.lhzq.com

中信证券股份有限公司
基金销售业务核准时间：2002年8月
地址：北京市朝阳区新源南路6号京城大厦三层
电话：95558
网址：www.cs.ectitic.com

海通证券股份有限公司
基金销售业务核准时间：2002年10月
地址：上海市淮海中路98号金钟广场19层
电话：400-8888-001
网址：www.htsec.com

申银万国证券股份有限公司
基金销售业务核准时间：2002年10月
地址：上海市常熟路171号
电话：021-962505
网址：www.sywg.com.cn

西南证券股份有限公司
基金销售业务核准时间：2003年1月
地址：重庆市渝中区临江支路2号合景国际大厦A座22-25层
电话：023-63786187
网址：www.swsc.com.cn

华龙证券有限责任公司
基金销售业务核准时间：2003年1月
地址：甘肃省兰州市城关区静宁路308号
电话：0931-8730264
网址：www.hlzqgs.com

大同证券有限责任公司
基金销售业务核准时间：2003年1月
地址：山西省太原市青年路8号
电话：0351-4167056
网址：www.dtsbc.com.cn

民生证券股份有限公司
基金销售业务核准时间：2003年1月
地址：北京市朝阳区朝外大街16号中国人寿大厦1901
电话：400-6198-888
网址：www.mszq.com

山西证券股份有限公司
基金销售业务核准时间：2003年1月
地址：山西省太原市府西街69号山西国际贸易中心
电话：0351-8686868
网址：www.sxzq.net

长江证券股份有限公司
基金销售业务核准时间：2003年2月
地址：武汉市江汉区新华路特8号
电话：400-8888-999
网址：www.cjsc.com.cn

中信万通证券有限责任公司
基金销售业务核准时间：2003年2月
地址：青岛市东海西路28号
电话：96577
网址：www.zxwt.com.cn

广州证券有限责任公司
基金销售业务核准时间：2003年2月
地址：广州市先烈中路69号东山广场主楼5楼
电话：020-961303
网址：www.gzs.com.cn

兴业证券股份有限公司
基金销售业务核准时间：2003年2月
地址：上海浦东陆家嘴东路166号/福州市湖东路99号标力大厦18层
电话：021-68419974
网址：www.xyzq.com.cn

华泰证券股份有限公司
基金销售业务核准时间：2003年2月
地址：南京市中山东路90号华泰证券大厦
电话：400-8888-168
网址：www.htsc.com.cn

渤海证券股份有限公司
基金销售业务核准时间：2003年2月
地址：天津市河西区宾水道3号
电话：022-28455588
网址：www.ewww.com.cn

中信金通证券有限责任公司
基金销售业务核准时间：2003年2月
地址：杭州市中河南路11号万凯庭院商务楼A座
电话：0571-96598
网址：www.bigsun.com.cn

万联证券有限责任公司
基金销售业务核准时间：2003年2月
地址：广州市东风东路836号东峻广场3座34-35层
电话：400-8888-133
网址：www.wlzq.com.cn

国元证券股份有限公司
基金销售业务核准时间：2003年2月
地址：安徽省合肥市寿春路179号国元大厦
电话：400-8888-777
网址：www.gyzq.com.cn

湘财证券有限责任公司
基金销售业务核准时间：2003年2月
地址：上海市浦东新区陆家嘴环路958号华能联合大厦5楼
电话：021-68865111
网址：www.xcsc.com

东吴证券股份有限公司
基金销售业务核准时间：2003年12月
地址：江苏省苏州市爱河桥路28号
电话：0512-96288
网址：www.dwjq.com.cn

东方证券股份有限公司
基金销售业务核准时间：2004年4月
地址：上海市中山南路318号2号楼
电话：021-962506
网址：www.dfzq.com.cn

光大证券股份有限公司
基金销售业务核准时间：2004年4月
地址：上海市浦东南路528号上海证券大厦南塔16楼
电话：400-8888-788
网址：www.ebscn.com

上海证券有限责任公司
基金销售业务核准时间：2004年5月
地址：上海市九江路111号4楼
电话：021-962518
网址：www.962518.com

国联证券股份有限公司
基金销售业务核准时间：2004年6月
地址：江苏省无锡市县前东街168号国联大厦6层
电话：0510-82588168
网址：www.glsc.com.cn

浙商证券有限责任公司
基金销售业务核准时间：2004年6月
地址：深圳市福田区益田路江苏大厦A座
电话：95105665
网址：www.stocke.com

平安证券有限责任公司
基金销售业务核准时间：2004年8月
地址：深圳市福田区八卦岭八卦三路平安大厦
电话：95511
网址：www.xmpb.com

华安证券有限责任公司
基金销售业务核准时间：2004年8月
地址：安徽省合肥市阜南路166号A座
电话：96518
网址：www.huaans.com.cn

东北证券股份有限公司
基金销售业务核准时间：2004年7月
地址：吉林省长春市自由大路1138号证券大厦
电话：0431-9668899
网址：www.nesc.cn

南京证券有限责任公司
基金销售业务核准时间：2004年8月
地址：南京市玄武区鼓楼大钟亭8号
电话：025-83364032
网址：www.njzq.com.cn

长城证券股份有限公司
基金销售业务核准时间：2004年8月
地址：深圳市福田区深南大道6008号特区报业大厦
电话：0755-82288968
网址：www.cc168.com.cn

国海证券有限责任公司
基金销售业务核准时间：2004年9月
地址：广西自治区南宁市滨湖路46号
电话：400-8888-100
网址：www.ghzq.com.cn

财富证券有限责任公司
基金销售业务核准时间：2004年9月
地址：湖南省长沙市芙蓉中路二段80号顺天财富中心
电话：0731-4403360
网址：www.cfzq.com

东莞证券有限责任公司
基金销售业务核准时间：2004年9月
地址：广东省东莞市莞城区可园南路1号金源中心
电话：0769-961130
网址：www.dgzq.com.cn

东海证券有限责任公司
基金销售业务核准时间：2004年9月
地址：上海市浦东新区东方路989号中达广场
电话：0519-8166222
网址：www.longone.com.cn

中原证券股份有限公司
基金销售业务核准时间：2004年10月
地址：河南郑州市经三路15号广汇国际贸易大厦
电话：0371-967218
网址：www.ccnew.com

国都证券有限责任公司
基金销售业务核准时间：2004年11月
地址：北京市东城区东直门南大街3号国华投资大厦
电话：800-8108-809
网址：www.guodu.com

恒泰证券股份有限公司
基金销售业务核准时间：2004年11月
地址：内蒙古呼和浩特市新城区东风路111号
电话：0471-4961259
网址：www.cnht.com.cn

中银国际证券有限责任公司
基金销售业务核准时间：2004年11月
地址：上海市浦东银城中路200号中银大厦
电话：021-68604866
网址：www.bocichina.com

齐鲁证券有限公司
基金销售业务核准时间：2004年11月
地址：山东省济南市经十路128号
电话：0531-82084184
网址：www.qlzq.com.cn

华西证券有限责任公司
基金销售业务核准时间：2004年11月
地址：成都市陕西街239号
电话：400-8888-818
网址：www.hx168.com.cn

国盛证券有限责任公司
基金销售业务核准时间：2004年11月
地址：江西省南昌市永叔路15号信达大厦
电话：0791-6285337
网址：www.gsstock.com

新时代证券有限责任公司
基金销售业务核准时间：2004年11月
地址：北京市西城区月坛北街2号月坛大厦15层
电话：010-68083601
网址：www.xsdzq.cn

华林证券有限责任公司
基金销售业务核准时间：2004年11月
地址：深圳市福田区民田路178号华融大厦6楼
电话：400-8802-888
网址：www.chinalions.com

中国国际金融有限公司
基金销售业务核准时间：2004年12月
地址：北京市建国门外大街1号国贸大厦2座
电话：010-85679238
网址：www.cicc.com.cn

宏源证券股份有限公司
基金销售业务核准时间：2004年12月
地址：新疆自治区乌鲁木齐市建设路2号宏源大厦
电话：010-62294600
网址：www.ehongyuan.com

广发华福证券有限责任公司
基金销售业务核准时间：2005年1月
地址：福建省福州市鼓楼区温泉街道五四路157号
电话：0591-96326
网址：www.hfzq.com.cn

世纪证券有限责任公司
基金销售业务核准时间：2005年2月
地址：深圳市深南大道7088号招商银行大厦
电话：0755-83199599
网址：www.csco.com.cn

德邦证券有限责任公司
基金销售业务核准时间：2005年2月
地址：上海浦东新区福山路500号城建国际中心26楼
电话：021-68761616-8125
网址：wwebon.com.cw.tn

第一创业证券有限责任公司
基金销售业务核准时间：2005年3月
地址：深圳市罗湖区笋岗路12号中民时代广场B座
电话：0755-25832686
网址：www.firstcapital.com.cn

金元证券股份有限公司
基金销售业务核准时间：2005年4月
地址：深圳市福田区益田路4001号时代金融中心
电话：400-8888-228
网址：www.jyzq.com.cn

西部证券股份有限公司
基金销售业务核准时间：2005年4月
地址：陕西省西安市东新街232号信托大厦
电话：029-87419999
网址：www.westsecu.com

中航证券有限公司
基金销售业务核准时间：2005年4月
地址：南昌市抚河北路291号江西教育出版大厦
电话：0791-6768763
网址：www.scstock.com

中信建投证券有限责任公司
基金销售业务核准时间：2005年12月
地址：北京市东城区朝内大街188号
电话：400-8888-108
网址：www.csc108.com

财通证券经纪有限责任公司
基金销售业务核准时间：2006年7月
地址：浙江省杭州市解放路111号
电话：0571-96336
网址：www.goodyou.com.cn

安信证券股份有限公司
基金销售业务核准时间：2007年4月
地址：深圳市福田区金田路4018号安联大厦
电话：0755-82825555
网址：www.essences.com.cn

中国银河证券股份有限公司
基金销售业务核准时间：2007年5月
地址：北京市西城区金融街35号国际企业大厦C座
电话：400-8888-888
网址：www.chinastock.com.cn

华鑫证券有限责任公司
基金销售业务核准时间：2008年1月
地址：上海市肇嘉浜路750号
电话：021-64339000
网址：www.cfsc.com.cn

瑞银证券有限责任公司
基金销售业务核准时间：2008年2月
地址：北京市西城区金融大街7号英蓝国际金融中心
电话：010-58328888
网址：www.ubs.com

国金证券有限责任公司
基金销售业务核准时间：2008年3月
地址：成都市东城根上街95号
电话：400-6666-598
网址：www.china598.com

中国建银投资证券有限责任公司
基金销售业务核准时间：2008年3月
地址：深圳市福田区益田路与福华三路交界处
深圳国际商会中心
电话：400-6008-008
网址：www.cjis.cn

中山证券有限责任公司
基金销售业务核准时间：2008年3月
地址：深圳市福田区益田路江苏大厦B座
电话：0755-82943750
网址：www.zszq.com.cn

红塔证券股份有限公司
基金销售业务核准时间：2008年3月
地址：昆明市北京路155号附1号红塔大厦
电话：0871-3577927
网址：www.hongtazq.com

日信证券有限责任公司
核准基金销售资格时间：2008年5月
地址：北京西城区闹市口1号长安兴融中心西楼11层
电话：010-88086830
网址：www.rxzq.com.cn

西藏同信证券有限责任公司
基金销售业务核准时间：2008年5月
地址：上海市永和路118弄东方企业园24号
电话：400-8811-177
网址：www.xzsec.com

方正证券股份有限公司
基金销售业务核准时间：2008年6月
地址：长沙芙蓉中路二段200号
电话：0731-95571
网址：www.foundersc.com

联讯证券有限责任公司
基金销售业务核准时间：2008年6月
地址：广东省惠州市下埔路14号
电话：0752-2119397
网址：www.lxzq.com.cn

天源证券经纪有限公司
基金销售业务核准时间：2008年8月
地址：深圳市民田路新华保险大厦18楼
电话：0755-3333118-8806
网址：www.tyzq.com.cn

江海证券有限公司
基金销售业务核准时间：2008年8月
地址：哈尔滨市香坊区赣水路56号
电话：0451-82269280
网址：www.jhzq.com.cn

银泰证券有限责任公司
基金销售业务核准时间：2008年12月
地址：深圳市福田区竹子林四路紫竹七道18号光大银行大厦
电话：0755-83703759
网址：www.ytzq.net

中国民族证券有限责任公司
基金销售业务核准时间：2008年12月
地址：北京市西城区金融大街5号新盛大厦A座6-9层
电话：400-8895-618
网址：www.e5618.com

华宝证券经纪有限责任公司
基金销售业务核准时间：2009年1月
地址：上海市陆家嘴环路166号未来资产大厦
电话：021-38929908
网址：www.cnhbstock.com

厦门证券有限公司
基金销售业务核准时间：2009年1月
地址：厦门市莲前西路2号莲富大厦17楼
电话：0592-5163588
网址：www.xmzq.com.cn

爱建证券有限责任公司
基金销售业务核准时间：2009年1月
地址：上海市南京西路758号（博爱大厦）20层-25层
电话：021-32229888
网址：www.ajzq.com

英大证券有限责任公司
基金销售业务核准时间：2009年3月
地址：深圳市深南中路华能大厦30楼
电话：0755-26982993
网址：www.vsun.com

4

信达证券股份有限公司
基金销售业务核准时间：2009年7月
地址：北京市西城区三里河东路5号中商大厦10层
电话：400-8008-899
网址：www.cindasc.com

东兴证券股份有限公司
基金销售业务核准时间：2009年7月
地址：北京市西城区金融大街5号新盛大厦B座12-15层
电话：010-66555383
网址：www.dxzq.net

华融证券股份有限公司
基金销售业务核准时间：2009年9月
地址：北京市西城区月坛北街26号恒华国际商务中心A座9层
电话：010-58568162
网址：www.hrsec.com.cn

天风证券有限责任公司
基金销售业务核准时间：2009年11月
地址：武汉市东湖新技术开发区关东园路2号高科大厦四楼
电话：028-86712334
网址：www.tfzq.com

大通证券股份有限公司
基金销售业务核准时间：2009年12月
地址：大连市中山区延安路1号保嘉大厦
电话：400-8169-169
网址：www.estock.com

河北财达证券经纪有限责任公司
基金销售业务核准时间：2009年12月
地址：石家庄市桥西区自强路35号庄家金融大厦
电话：400-6128-888
网址：www.s10000.com

中天证券有限责任公司
基金销售业务核准时间：2010年1月
地址：沈阳市和平区光荣街23甲
电话：400-6180-315
网址：www.stockren.com

财富里昂证券有限责任公司
基金销售业务核准时间：2010年2月
地址：上海市浦东新区福山路500号城建中心15楼
电话：400-6180-315
网址：www.cf-clsa.com

五矿证券经纪有限责任公司
基金销售业务核准时间：2010年4月
地址：深圳市福田区荣超经贸中心47楼
电话：40018-40028
网址：www.wkzq.com.cn

北京高华证券有限责任公司
基金销售业务核准时间：2010年5月
地址：北京市西城区金融大街7号英蓝国际中心18楼
电话：010-66273000
网址：www.ghsl.cn

华创证券有限责任公司
基金销售业务核准时间：2010年6月
地址：贵州省贵阳市中华北路216号华创大厦
电话：0851-960872
网址：www.hczq.com

恒泰长财证券有限责任公司
基金销售业务核准时间：2010年7月
地址：吉林省长春市珠江路439号长财大厦
电话：0431-82951765
网址：www.cczq.net

万和证券经纪有限公司
基金销售业务核准时间：2010年9月
地址：深圳市福田区深南大道7028号时代科技大厦20层西厅
电话：0755-25170332
网址：www.wanhesec.com

中邮证券有限责任公司
基金销售业务核准时间：2010年11月
地址：陕西省西安市太白北路320号华弘大厦
电话：400-8888-005
网址：www.cnpsec.com.cn

基金代销机构—证券投资咨询机构

天相投资顾问有限公司
基金销售业务核准时间：2004年7月
地址：北京市西城区金融大街19号富凯大厦B座701
电话：010-66045666
网址：www.txsec.com